NOUVELLE ENCYCLOPÉDIE THÉOLOGIQUE,

OU NOUVELLE

SÉRIE DE DICTIONNAIRES SUR TOUTES LES PARTIES DE LA SCIENCE RELIGIEUSE,

OFFRANT, EN FRANÇAIS ET PAR ORDRE ALPHABÉTIQUE,

LA PLUS CLAIRE, LA PLUS FACILE, LA PLUS COMMODE, LA PLUS VARIÉE
ET LA PLUS COMPLÈTE DES THÉOLOGIES.

CES DICTIONNAIRES SONT CEUX :

DES LIVRES APOCRYPHES, — DES DÉCRETS DES CONGRÉGATIONS ROMAINES,
— DE DISCIPLINE ECCLÉSIASTIQUE, — DE LÉGISLATION MIXTE, THÉORIQUE ET PRATIQUE, — DE PATROLOGIE,
— DE BIOGRAPHIE CHRÉTIENNE ET ANTI-CHRÉTIENNE, — DES CONFRÉRIES, — D'HISTOIRE ECCLÉSIASTIQUE,
— DES CROISADES, — DES MISSIONS, — DES LÉGENDES, — D'ANECDOTES CHRÉTIENNES, —
D'ASCÉTISME, DES INVOCATIONS A LA VIERGE, ET DES INDULGENCES,
— DES PROPHÉTIES ET DES MIRACLES, — DE BIBLIOGRAPHIE CATHOLIQUE,
— D'ÉRUDITION ECCLÉSIASTIQUE, — DE STATISTIQUE CHRÉTIENNE, — D'ÉCONOMIE CHARITABLE,
— DES PERSÉCUTIONS, — DES ERREURS SOCIALISTES,
— DE PHILOSOPHIE CATHOLIQUE, — DE PHYSIOLOGIE SPIRITUALISTE, — D'ANTIPHILOSOPHISME, —
DES APOLOGISTES INVOLONTAIRES, —
DE LA CHAIRE CHRÉTIENNE, — D'ÉLOQUENCE, *id.*, — DE LITTÉRATURE, *id.*, — D'ARCHÉOLOGIE, *id.*,
— D'ARCHITECTURE, DE PEINTURE ET DE SCULPTURE, *id.*, — DE NUMISMATIQUE, *id.*, — D'HÉRALDIQUE, *id.*,
— DE MUSIQUE, *id.*, — DE PALÉONTOLOGIE, *id.*, — DE BOTANIQUE, *id.*, — DE ZOOLOGIE, *id.*,
— DE MÉDECINE USUELLE, — DES SCIENCES, DES ARTS ET DES MÉTIERS, ETC.

PUBLIÉE

PAR M. L'ABBÉ MIGNE,

ÉDITEUR DE LA BIBLIOTHÈQUE UNIVERSELLE DU CLERGÉ,

OU

DES **COURS COMPLETS** SUR CHAQUE BRANCHE DE LA SCIENCE ECCLÉSIASTIQUE.

PRIX : 6 FR. LE VOL. POUR LE SOUSCRIPTEUR A LA COLLECTION ENTIÈRE, 7 FR., 8 FR., ET MÊME 10 FR. POUR LE
SOUSCRIPTEUR A TEL OU TEL DICTIONNAIRE PARTICULIER.

TOME VINGTIÈME.

DICTIONNAIRE DE PATROLOGIE.

4 VOL. PRIX : 28 FRANCS.

TOME PREMIER.

S'IMPRIME ET SE VEND CHEZ J.-P. MIGNE, ÉDITEUR,
AUX ATELIERS CATHOLIQUES, RUE D'AMBOISE, AU PETIT-MONTROUGE,
BARRIÈRE D'ENFER DE PARIS.

1851

DICTIONNAIRE
DE PATROLOGIE

OU

RÉPERTOIRE HISTORIQUE, BIBLIOGRAPHIQUE, ANALYTIQUE ET CRITIQUE

DES SAINTS PÈRES, DES DOCTEURS ET DE TOUS LES AUTRES ÉCRIVAINS
DES DOUZE PREMIERS SIÈCLES DE L'ÉGLISE,

Contenant, par ordre alphabétique, avec la Biographie des Auteurs,

L'ANALYSE RAISONNÉE

DE LEURS OEUVRES DOGMATIQUES, MORALES, DISCIPLINAIRES, ASCÉTIQUES, ORATOIRES ET LITTÉRAIRES,
LE TABLEAU DE TOUS LEURS ÉCRITS AUTHENTIQUES ET EXISTANTS,
LA NOMENCLATURE DE LEURS ÉCRITS PERDUS,
LA DISCUSSION DE LEURS ÉCRITS DOUTEUX ET SUPPOSÉS,
LE JUGEMENT MOTIVÉ DES PLUS SAGES CRITIQUES DES DIVERS PAYS ET DES DIVERS TEMPS,
AINSI QUE LE CATALOGUE DES MEILLEURES ÉDITIONS QUI LES ONT REPRODUITS;

OUVRAGE POUVANT SERVIR D'INTRODUCTION AU COURS COMPLET DE PATROLOGIE,

RÉDIGÉ ET MIS EN ORDRE

PAR L'ABBÉ A. SEVESTRE,

du diocèse de Chartres.

PUBLIE

PAR M. L'ABBÉ MIGNE,

ÉDITEUR DE LA BIBLIOTHÈQUE UNIVERSELLE DU CLERGÉ,

OU

DES COURS COMPLETS SUR CHAQUE BRANCHE DE LA SCIENCE ECCLÉSIASTIQUE.

TOME PREMIER.

4 VOL. PRIX : 28 FRANCS.

A—C

S'IMPRIME ET SE VEND CHEZ J.-P. MIGNE, ÉDITEUR,
AUX ATELIERS CATHOLIQUES, RUE D'AMBOISE, AU PETIT-MONTROUGE,
BARRIÈRE D'ENFER DE PARIS.

1851

Imprimerie MIGNE, au Petit-Montrouge.

INTRODUCTION.

Diligenter investiga Patrum memoriam; .... et ipsi docebunt te; loquentur tibi, et de corde suo proferent eloquia. (Job. VIII, 8, 10.)

I.

Avant d'entreprendre le travail que nous livrons aujourd'hui au public, nous étions loin d'en comprendre toute la portée, et surtout de nous rendre un compte exact et complet de son immense étendue. La vue de l'ensemble suffisait seule pour nous absorber, et elle était trop grande par elle-même pour nous permettre d'embrasser à la fois, et d'un premier coup d'œil, tous les détails. Ce n'est donc qu'à mesure que les magnifiques trésors de la science catholique, accumulés pendant douze siècles dans les archives de l'Eglise, se sont déroulés sous nos yeux, que nous avons commencé à entrevoir quelle mine précieuse nous avions à exploiter, et quels riches filons d'or nous pouvions faire jaillir, pour notre fortune intellectuelle et celle de nos confrères dans le sacerdoce, de ces couches doctrinales et scientifiques que l'étude et le travail des temps y avaient déposées. En effet, réunir en un petit corps de volumes, et présenter, résumées par ordre alphabétique, toutes les sciences ecclésiastiques, c'est-à-dire toutes les sciences humaines des douze premiers siècles de l'Eglise, depuis les plus hautes conceptions de la théologie dogmatique et morale, jusqu'aux plus simples essais de littérature, tentés aux différentes époques de cette période, avec la biographie des auteurs et l'analyse critique et raisonnée de leurs œuvres, n'est-ce pas ouvrir à tous un trésor, et mettre sous la main et à la disposition de chacun une bonne fortune, qu'il n'aurait pu se procurer autrement qu'à la condition de l'aller chercher dans un nombre infini d'ouvrages où toutes ces richesses se trouvent disséminées?

II.

Cependant, il faut le dire, cet or n'est pas toujours pur ni exempt d'alliage; l'erreur s'y mêle souvent à la foi pour la combattre; le mensonge à la vérité pour s'efforcer de l'obscurcir; l'esprit de l'homme s'y pose en lutte contre l'esprit de Dieu, et, quoique toujours vaincu, il se relève sans cesse pour recommencer le combat. L'esprit de Dieu, comme le soleil, continue de donner à la fois toute sa lumière; mais l'esprit de l'homme, semblable à cette pâle lune qui a ses phases, c'est-à-dire, ses absences et ses retours, sa lucidité et ses taches, sa plénitude et ses disparitions; qui emprunte toute sa lumière des rayons du soleil, et qui pourtant ose les intercepter quelquefois; l'esprit de l'homme aussi s'inscrit souvent en faux contre la vérité, et pousse de temps en temps le délire de l'audace jusqu'à nier le soleil, en s'efforçant de donner un démenti à la parole du Seigneur. Cela est si vrai que nous en retrouvons des exemples déplorables jusque dans les plus beaux génies, et dans ceux-là même que la Providence semblait avoir suscités pour la garde de la foi, la défense de la doctrine et l'honneur éternel du nom chrétien. L'Eglise en effet, depuis tout à l'heure dix-huit siècles, ne tient-elle pas recouverts d'un long crêpe de deuil les grands noms d'Origène et de Tertullien, qui font en même temps sa gloire et sa douleur, et qu'elle cite avec une noble fierté, comme les plus illustres défenseurs de sa doctrine, tout en déplorant amèrement, néanmoins, que les tristes égarements de leurs dernières années la laissent dans une incertitude complète de leur salut et de leur éternité? Et plût à Dieu encore que la foi n'eût jamais rencontré de plus dangereux contradicteurs! Mais l'Eglise a eu d'autres ennemis à repousser, et a reçu dans le combat de plus profondes blessures.

C'est cet antagonisme impie, c'est cette lutte incessante de l'esprit de l'homme contre l'esprit de Dieu, de la raison individuelle contre la raison de tous, du sens humain et particulier contre le sens catholique et universel, qui ont donné naissance à toutes les erreurs. De là les persécutions, les schismes, les hérésies, tous les fléaux, en un mot, qui ont déchiré le cœur de l'Eglise et ensanglanté de nouveau la robe du Sauveur; mais de là aussi les traités victorieux, les apologies triomphantes, les plaidoyers irréfutables en faveur de l'innocence et de la vérité. Partout où des mains impies et sacriléges se sont efforcées d'ébranler les colonnes de l'Eglise, et de faire crouler sur lui-même l'édifice de la foi catholique; partout aussitôt des mains généreuses et chrétiennes, tendues par la force de Dieu, les ont rétablies sur leurs bases, et maintenues sur cette pierre fondamentale de l'angle qui défiera éternellement tous les efforts de l'impiété et toute la puissance de l'enfer. Si, pendant près de trois siècles, le sang des chrétiens n'a cessé de couler dans les cirques et dans les arènes, par l'ordre des proconsuls et des empereurs; pendant trois siècles aussi, des hommes d'une naissance infime, mais devenus grands par le caractère le chrétiens qu'ils avaient reçu dans le baptême, se sont posés en face de ces maîtres du monde, pour leur reprocher le sang répandu, et leur demander, non pas grâce, mais justice pour le peuple chrétien. « On vous appelle pieux, philosophes, défenseurs de la justice, amis de la science et de la vérité, leur dit saint Justin dans sa première *Apologie;* de tous côtés vous vous entendez donner tous ces titres; mais les méritez-vous réellement? C'est l'événement qui le fera voir. Ce n'est ni pour flatter, ni pour solliciter des indulgences et des faveurs, que nous nous approchons du trône. Nous nous présentons pour réclamer la justice qui nous est due, pour prier qu'on nous juge après examen des faits, et qu'on ne s'écarte point à notre égard des premiers principes de l'équité, dont l'application doit nous être commune avec tous les autres sujets de l'empire. » De même, si pendant douze siècles consécutifs, l'esprit d'erreur et de mensonge n'a laissé à l'Église ni trêve ni repos ; si tous ses dogmes ont été contestés, toutes ses vérités établies remises en question, tous les feuillets de son Evangile déchirés et jetés au vent, tous les articles de son Symbole altérés, dénaturés, corrompus, par des novateurs d'autant plus audacieux à propager leurs blasphèmes, qu'ils se sentaient souvent soutenus par le glaive de l'autorité séculière; eh bien, pendant douze siècles aussi, de tous les points de la chrétienté, des légions de défenseurs se sont empressés d'accourir au secours de la foi ; ils se sont groupés autour de ses dogmes attaqués pour les défendre ; ils ont ramassé dans la poussière les feuillets épars de son Evangile, pour les rattacher à ce livre de l'éternité; ils ont recueilli un à un tous les articles de son Symbole, et, après les avoir rendus à leur pureté primitive, ils les ont présentés de nouveau à la croyance et à la vénération des peuples, mais alors victorieux et vengés. Ainsi partout la défense a suivi l'attaque et en a triomphé ; et, quoique souvent le combat ait été vif, la victoire est toujours restée pour le Seigneur. Des insensés, dans le délire de leur orgueil, avaient cru, en semant un peu de poussière au-dessus de leur tête, obscurcir pour jamais le soleil et replonger le monde dans la nuit ; mais un souffle a suffi pour dissiper le nuage et en faire ressortir, plus lumineuse et plus vive, la vérité catholique et éternelle. Alors il n'y a eu d'égarés que les aveugles qui ont fermé leurs yeux pour ne point voir; et il n'y a eu de perdus, sur les pas de ces imposteurs, que les fils de la perdition qui n'ont pas voulu se sauver.

III.

Sans aucun doute, à la tête de ces défenseurs de la foi, il faut placer en première ligne ceux que l'Église appelle ses Pères, et que les siècles suivants ont continué de vénérer jusqu'à nos jours sous le titre de Docteurs ; mais dans cette lutte des esprits, comme dans toutes les autres, à la suite des maîtres viennent les disciples ; sur les pas des chefs se pressent à l'envi et marchent les soldats. Comme les héros d'Homère, ils viennent dire leur mot dans la dispute et apporter leur épée dans le combat. Un coup d'œil rapide jeté en courant sur la succession des siècles suffira pour nous donner une idée de ces légions de milice sainte, qui ont combattu tour à tour les combats du Seigneur, et contribué de leur science, de leurs talents et de leur génie, à remporter toutes les grandes victoires de la vérité.

On le conçoit sans peine, la prédication du christianisme ne pouvait de suite opérer la transformation complète des esprits sur lesquels elle produisait son impression. Toute révolution religieuse a pour effet inévitable de soulever d'autres activités, et de les voir s'élancer loin du but vers lequel elle tend. La religion chrétienne ne pouvait donc se répandre sans entraîner à sa suite la superstition et le fanatisme. Au premier bruit de son apparition, ces formes corrompues, ou plutôt ces compagnons pervers de toute institution excellente, ne pouvaient manquer de se présenter. Déjà les apôtres eux-mêmes avaient eu à livrer des combats contre des esprits extravagants et exaltés, qui, profanateurs du don de Dieu dès le commencement, avaient déposé les premiers germes de l'erreur dans le berceau même du christianisme. Ces germes, en se développant, n'avaient pas tardé à porter leurs fruits. Simon le Magicien avait engendré Ménandre, et tous deux avaient donné naissance à Saturnin et à Basilide, puis, après eux, à toutes les sectes de gnostiques, qui, ressuscitant le dualisme des païens, réussirent à perpétuer pendant longtemps le fameux système des deux principes. L'Evangile, après les apôtres, eut donc plus que jamais besoin de défenseurs. Il les trouva dans les Pères de l'Eglise.

IV.

Mais pour bien faire comprendre les travaux de ces grands hommes, il est nécessaire de rappeler l'état contemporain des discussions philosophiques. D'un côté, la philosophie grecque, impuissante à rien établir de certain, s'était perdue dans un vague besoin de chercher sans fin et de disputer toujours. D'un autre côté, des philosophes profondément convaincus de l'impuissance de la raison, avaient entrepris de justifier le paganisme, en montrant son alliance avec les traditions antiques; ce fut le but poursuivi par l'école d'Alexandrie. Donc, pour faire face à ces deux sortes d'adversaires, les Pères de l'Eglise durent développer un double plan de défense. D'abord, aux philosophes grecs il fallait montrer l'impuissance de la raison; et pour cela il suffisait d'exposer ses contradictions perpétuelles, ses erreurs sans nombre et la nullité absolue de ses systèmes. De là, comme conséquence logique au profit de la religion, jaillissait l'indispensable nécessité d'une base plus solide, l'autorité. C'est dans ce sens que furent dirigés les travaux de saint Justin, d'Arnobe, de Lactance et d'Hermias. Ensuite, aux philosophes qui faisaient appel aux traditions, il fallait montrer que le christianisme seul pouvait revendiquer cet appui, puisqu'il avait la priorité, et que ses dogmes se retrouvaient partout au milieu des ombres de l'idolâtrie. Les principaux d'entre les Pères qui entreprirent cette tâche sont Eusèbe, dans sa *Préparation évangélique*; saint Cyrille, dans ses *Livres contre Julien*, et saint Clément d'Alexandrie dans son livre des *Stromates*, « véritable trésor de science antique, dit l'abbé Gerbet, et dont une phrase a conduit, de nos jours, M. Champollion à son importante découverte sur la manière de lire les hiéroglyphes égyptiens. »

Cependant, dans cette lutte entre le paganisme agonisant et le christianisme à son aurore, la partie n'était pas égale. Soutenu de la triple puissance du génie, de la science et de la vertu, l'Evangile triompha; une partie de ses adversaires se convertit; plusieurs même devinrent ses apologistes, et le petit nombre qui refusa de se rendre fut réduit à se réfugier dans les chimères du mysticisme et de la théurgie. Ce furent, entre autres, Porphyre, Julien, Jamblique et Maxime. Désespérés de ne pouvoir plus s'appuyer ni sur l'autorité, ni sur la raison, ils prétendirent que l'homme pouvait entrer en communication immédiate avec Dieu, et apprendre de lui-même la vérité. Là ils disparurent évanouis dans les nuages de leurs propres pensées.

La philosophie païenne était vaincue, mais le dualisme ne l'était pas; il restait infiltré comme un germe de mort dans toutes les veines du corps social, et, comme nous l'avons remarqué plus haut, toutes les sectes gnostiques s'appliquaient de toutes leurs forces à l'entretenir, à le développer et à l'étendre. C'était le cancer dévorant attaché aux entrailles mêmes de la société, et auquel il fallait arracher le monde pour l'empêcher de périr. Telle fut la tâche de la philosophie chrétienne, tâche immense, sublime, seconde création en quelque sorte, dans laquelle le genre humain devait de nouveau puiser la vie. Eh bien, cette seconde création, Dieu l'opéra, comme la première, par quelques mots sortis de la bouche de son Verbe. Paroles de vie, germes puissants de la régénération universelle, les voici : *Il y en a trois qui rendent témoignage dans le ciel; le Père, le Verbe et le Saint-Esprit, et ces* TROIS *ne sont qu'*UN; *et il y en a trois qui rendent témoignage sur la terre : l'esprit, l'eau et le sang, et ces* TROIS *ne sont qu'*UN (Joan. v, 7 et 8). *Père saint, je vous en conjure, qu'ils soient* UN, *comme nous sommes* UN, *afin qu'ils soient consommés dans l'*UNITÉ (*Joan.* XVII, 22). Ces paroles, qui, sans porter aucune atteinte au grand principe de l'unité, établissent clairement et d'une manière irréfragable la trinité en Dieu et la trinité dans l'homme, furent pour le genre humain des paroles de salut universel. Les Pères en comprirent de suite toute la fécondité, et cette idée de l'unité et de la trinité en toutes choses devint immédiatement la base de leur sublime philosophie. « Nous adorons un Dieu créateur universel. Nous reconnaissons Jésus-Christ comme Fils du vrai et unique Dieu; avec le Père et le Fils, nous adorons le Saint-Esprit qui a parlé par les prophètes, » dit saint Justin dans sa première *Apologie*. Un autre apologiste, Athénagore, dit également : « Nous faisons profession de croire en un seul Dieu, créateur et souverain de l'univers. Vos accusations d'impiété sont sans fondement : elles ne peuvent point s'autoriser de la distinction des personnes Père, Fils et Saint-Esprit, dans le dogme de la Trinité, puisque, dans la croyance des chrétiens, elle n'altère point l'unité de l'essence divine, pas plus que le rayon n'altère le soleil d'où il part. » — « Le Dieu que nous adorons, dit à son tour Tertullien, est *un;* c'est lui qui, pour manifester sa majesté suprême, a tiré du néant cet immense univers avec tout ce qui le compose, les éléments et les esprits. La Parole a commandé, la Sagesse a ordonné, la Puissance a exécuté. » Or, dans le langage de Tertullien, la Parole, la Sagesse, la Puissance, c'est la Trinité. Pour s'en convaincre, il suffit de jeter un coup d'œil sur le chapitre 21 de son *Apologie*, dont nous ne rapportons que ces paroles pour ne pas trop prolonger les citations. Mais, quelque bornées qu'elles soient, elles sont assez explicites cependant pour nous permettre d'en tirer cette conséquence : Dieu est donc unité et trinité. Or l'univers est une manifestation de Dieu, et Dieu ne peut manifester que ce qu'il est. Donc, l'univers aussi est unité et trinité. De même que dans le type immuable, la pluralité des personnes ne rompt pas l'unité de l'essence; de même dans les créatures formées à son image, la pluralité des rapports, la diversité des fonctions ne rompt pas l'unité de nature. Autrement, image de Dieu, le monde, l'homme, l'intelligence, la société périt, si elle perd sa ressemblance avec son type, si elle cesse d'être unité et trinité; car, dit Origène, dans sa réfutation des erreurs de Celse : *La Trinité est le pivot de l'univers.*

Voilà ce que proclament à l'envi toutes ces grandes voix catholiques de l'Orient et de l'Occident. Telle est la magnifique *Inconnue* que les Origène (1), les Cyrille de Jérusalem (2), les Théophile d'Antioche (3), les Grégoire de Nysse (4) et de Nazianze (5), les Basile (6), les Chrysostome (7), les Hilaire de Poitiers (8) et les Augustin (9), s'efforcent

(1) Homil. 9 in *Exod.*, n° 5.
(2) Catéch. 4.
(3) *Ad Autolyc.*, lib. III.
(4) *Contra Eunom.*, lib. I.
(5) Serm. 44 in *Pentecost.*

(6) Homil. *in fide.*
(7) Serm. 3 in *Genes.*
(8) *De Trinitate.*
(9) *De Trinitate.*

de dégager dans leurs investigations, pour la produire au grand jour. On dirait qu'ils ne peuvent ouvrir leur bouche éloquente sans proclamer d'abord ce dogme fondamental. En effet, tout est là. De l'affermissement de ce principe dépendaient la régénération et l'avenir du monde. Aussi avec quel infaillible instinct le génie du mal l'avait compris ! C'est sur ce terrain difficile que dès l'abord il place le combat, et qu'il le soutient pendant six siècles avec un acharnement dont les fastes du monde n'avaient encore et n'ont jamais, depuis, offert d'exemple. Contre les enfants et les vierges du christianisme, l'enfer avait lâché ses tigres et ses lions; contre les Pères et les défenseurs de la foi, il lâche ces gigantesques sectaires dont, plus de quinze siècles après, la puissance, l'astuce et le nom seul font encore pâlir. Depuis Manès, Arius, Macédonius, jusqu'à Elipand et Félix d'Urgel, tous les grands champions de l'erreur tendent à détruire la Trinité. Grâce à la Providence, leurs efforts furent sans succès, et après une lutte de six cents ans, soutenue par nos Pères et nos Docteurs, la Trinité sortit victorieuse, et le genre humain fut sauvé.

V.

Assurés d'avance d'une victoire décisive, ces philosophes chrétiens n'avaient pas attendu la fin du combat pour déduire du principe de la Trinité divine l'existence et la nécessité d'une trinité secondaire dans toutes les œuvres de Dieu. Ils étaient conséquents; l'ordre religieux est le type et le générateur de tous les autres. Image la plus parfaite de la Divinité, l'âme humaine fixa d'abord leur attention. « Nous trouvons en notre âme, dit saint Augustin, le seul que nous citerons après avoir indiqué les autres, trois facultés, la mémoire, l'intelligence, la volonté. Ces trois choses ne sont pas trois vies, mais une vie ; ni trois âmes, mais une âme; conséquemment, elles ne sont pas non plus trois substances, mais une seule substance. Considérées en elles-mêmes, la mémoire, l'intelligence, la volonté, sont appelées vie, âme, substance; considérées relativement à leurs fonctions, elles sont appelées mémoire, intelligence, volonté, et ces trois ne font qu'un. Je trouve cette divine trinité, soit dans l'intelligence, soit dans l'amour. Lorsque j'aime quelque chose, il y a trois choses : moi, l'objet aimé et mon amour. Il en est de même lorsque je connais quelque chose. » Mais ce n'est pas seulement dans l'âme, c'est encore dans le corps de l'homme et dans chacun de ses sens que se trouve l'image de la Trinité, et que se reproduit cette grande loi qui veut que tout effet soit le résultat de trois principes. « Dans la perception d'un objet, dit encore saint Augustin, il y a trois choses qu'il est facile de connaître et de distinguer : d'abord, l'objet que nous voyons, qui pouvait bien exister avant d'être aperçu; ensuite, la vision, qui n'avait pas lieu avant que le corps qui en est l'objet fût tombé sous notre sens ; enfin, ce qui tient notre œil fixé sur cet objet pendant tout le temps que nous le regardons, c'est-à-dire, l'attention de l'esprit. Ainsi des autres sens. » Enfin, l'univers tout entier manifeste son auteur, le Dieu unité et trinité. Après avoir dit que le Saint-Esprit, cet amour substantiel du Père et du Fils, est comme le lien de l'univers qui établit l'ordre et l'harmonie entre toutes les créatures, le grand docteur ajoute : « Dans toutes les œuvres de Dieu vous trouvez l'unité, la forme et l'ordre : l'unité, dans la substance des corps et dans la nature des esprits; la forme, dans la figure ou les qualités des corps et les talents de l'esprit; l'ordre, dans le poids ou la position relative des corps et dans les affections et les puissances de l'âme. Il est donc inévitable que, voyant le Créateur par les choses qu'il a faites, nous voyions aussi la trinité dont l'image se révèle, autant que la chose est possible, *quomodo dignum est*, dans tous les êtres de la création. »

VI.

Malgré notre besoin d'être court, nous avons été obligé d'insister sur cette démonstration, parce qu'en effet ce dogme de la Trinité, ainsi conçu, est comme l'arsenal auquel les Pères de l'Eglise, et avec eux tous les écrivains ecclésiastiques, vont demander des armes pour combattre et repousser toutes les erreurs, pour établir et consolider toutes les vérités. On comprend donc très-bien maintenant que tout est dans la trinité, et que tout en ressort : l'unité de Dieu contre les païens et tous les sectaires qui après eux s'efforcèrent de perpétuer la doctrine des deux principes; la trinité des personnes contre les sabelliens et tous ceux qui, à leur exemple, n'admettaient dans la divinité qu'une seule hypostase sous trois noms différents; la divinité de Jésus-Christ contre Arius et tous ses continuateurs, qui prétextèrent l'incarnation du Verbe pour en faire une créature et rejeter toute espèce de consubstantialité entre le Père et le Fils; la divinité du Saint-Esprit contre Macédonius, qui, trouvant les principes des ariens sans force contre la divinité de Jésus-Christ, trop bien établie dans les saints livres, s'en servit pour démontrer que le Saint-Esprit n'est qu'une créature ; la pluralité de nature en Jésus-Christ contre Eutychès, qui, en réduisant le Verbe à la seule nature divine, le dépouillait de sa qualité de médiateur, et détruisait la réalité de ses souffrances, les bienfaits de sa mort et les promesses de sa résurrection ; l'unité de personne en Jésus-Christ contre Nestorius, qui, admettant une personne divine engendrée du Père de toute éternité, et une personne humaine issue de Marie dans le temps, introduisait la confusion dans la trinité et niait la maternité divine de la Vierge, en lui refusant l'honneur d'avoir donné naissance à celui qui est Dieu et homme tout ensemble ; enfin l'existence du péché originel contre Pélage, la concupiscence qui en est la suite et comme le résidu dans le cœur de l'humanité, la nécessité de la grâce pour faire le bien et son accord avec le libre arbitre.

Telles furent, en résumé, les grandes erreurs qui agitèrent les six premiers siècles de l'Eglise, et qui maintinrent les portes de l'enfer continuellement ouvertes, pour vomir des nuées d'assiégeants furieux contre cette forteresse de l'éternité. Celles qui s'élevèrent par la suite n'en furent que des dérivés, et comme des ruisseaux infects sortis de ces grands fleuves de corruption. La première par ordre de date est celle des monothélites, qui supposaient la nature humaine tellement absorbée par la nature divine qu'elle ne conservait plus d'action propre, et qui, par conséquent, refusaient de reconnaître en Jésus-Christ autre chose qu'une volonté unique et une seule opération. Les iconoclastes les suivirent de près, et eurent pour chef Léon l'Isaurien. Instruits à l'école des Juifs et des Sarrasins, et condamnant à leur exemple le culte des images comme une idolâtrie, ils les brisaient partout où ils les rencontraient, et avec d'autant plus d'impunité qu'ils étaient assurés de l'agrément des empereurs. Aussi, pendant plus de cent vingt ans, ils ne cessèrent de jeter le trouble, le désordre et la confusion dans l'empire, et, par contre-coup, dans l'Eglise tout entière. Le siècle suivant fut marqué par la fameuse dispute des Grecs sur la procession du Saint-Esprit, sous l'épiscopat de Photius, patriarche intrus de Constantinople, dispute qui finit deux siècles plus tard par leur séparation définitive de l'Eglise romaine sous l'influence de Michel Cérularius, prélat intrigant et ambitieux, digne à tous égards de consommer un schisme qu'aucun siècle encore n'a vu s'éteindre, et dont la fin, moins que jamais, ne saurait être prévue de nos jours. Le X° siècle, un des plus tristes de l'histoire de l'Eglise par son ignorance, sa barbarie et le débordement de ses mœurs, vit naître et mourir plusieurs erreurs sur la canonisation des saints, le baptême des cloches, le célibat des prêtres et le culte des reliques; mais elles furent toutes dépassées par l'hérésie que Bérenger publia dans le siècle suivant, sur un des dogmes fondamentaux de la religion, celui qui consomme dès cette vie le chrétien dans la charité, je veux dire la présence réelle de Jésus-Christ au mystère de l'Eucharistie. Cette erreur, adoptée par la plupart des sectaires qui parurent après lui, se transmit d'âge en âge, en passant successivement par les albigeois, Wiclef et les thaborites, pour arriver jusqu'à Luther, qui en fit un des points capitaux de sa réforme. Les vaudois naquirent au XII° siècle, et, sous le nom de *pauvres de Lyon*, ils devinrent en peu de temps si nombreux, qu'ils remplirent la France et firent trembler l'Eglise, en renouvelant les erreurs de Vigilance sur la liturgie, le culte des saints et la hiérarchie ecclésiastique; les erreurs des donatistes, sur la nullité des sacrements conférés par de mauvais prêtres, et sur la nature même de l'Eglise; les erreurs des iconoclastes sur la vénération des images; et surtout en ajoutant à toutes ces extravagances, l'inhabileté de l'Eglise à posséder des biens temporels, et le droit pour tous les chrétiens de s'en emparer. Qui ne voit au premier coup d'œil combien de désordres devaient enfanter de telles doctrines? Aussi se propagèrent-elles pendant des siècles, et il ne fallut rien moins que des croisades pour les comprimer, sans pouvoir les détruire entièrement, puisque nous les retrouvons encore, vivantes et debout, au moment de la Réforme. C'est au commencement du même siècle qu'Abailard fut condamné pour des erreurs qu'il avait enseignées sur la Trinité, la grâce et l'incarnation, erreurs qu'il rétracta depuis, et dont il fit pénitence. Puisse cette pénitence les lui avoir fait pardonner, en effaçant en même temps tous les autres égarements de sa vie !

VII.

Nous croyons avoir parcouru le cercle qui nous était tracé autour des douze premiers siècles de l'Eglise, et pouvoir arrêter ici cette histoire des aberrations dans lesquelles tombe infailliblement l'esprit humain, quand il ose entrer en lutte avec l'esprit du Seigneur. Donc, quoique cette lutte ait été longue, opiniâtre, animée, terrible, nous sommes en mesure d'affirmer qu'à aucune de ces époques l'Eglise ne fut prise au dépourvu et ne manqua de défenseurs. En effet, autour de ces grands athlètes de la foi dont nous avons déjà cité les noms, et plus tard, en observant la succession des âges, à la suite des saint Césaire d'Arles, des saint Grégoire pape, des saint Jean Damascène, des saint Anselme, des Albert le Grand, des Alexandre de Halez, des saint Thomas, des saint Bonaventure et des saint Bernard, nous voyons se presser en groupes nombreux et les seconder de tous leurs efforts : d'abord, tous les souverains pontifes, depuis le pape saint Corneille jusqu'au pape Pélage, qui clôt cette première période, et depuis saint Grégoire le Grand, qui ouvre la période suivante, jusqu'au pape Innocent II qui condamna Abailard et ses erreurs, après qu'elles eurent été réfutées au concile de Soissons par saint Bernard; ensuite tous les saints évêques, depuis saint Ignace, consacré évêque d'Antioche par saint Pierre, jusqu'à saint Grégoire de Tours, et depuis saint Augustin, premier apôtre des Anglais, jusqu'à Fulbert de Chartres, Jean de Salisbury, et le cardinal Matthieu d'Angers; en un mot, tous les saints ministres de l'Eglise, les prêtres, les diacres, les moines, et jusqu'aux pieux laïques que l'Esprit-Saint anima à sa défense, et à qui il inspira l'intelligence de ses dogmes, pour les soutenir et pour les venger. C'est ainsi que les monothélites, combattus par saint Sophrone, évêque de Jérusalem, par saint Maxime et par son disciple Anastase, se virent condamnés dans plusieurs conciles, et anathématisés définitivement au sixième concile général. Nicolas Ier, Adrien II, Jean VIII, et avec eux saint Méthodius, patriarche de

Constantinople, puis, deux siècles plus tard, Pierre d'Antioche et Léon IX s'opposèrent vigoureusement au schisme des Grecs, et finirent par les déclarer excommuniés et retranchés de l'Eglise universelle. Les impiétés de Bérenger ravivèrent partout la foi à la présence réelle, et aussitôt les Ascelin du Bec, les Hugues de Langres, les Alger de Liége, les Eusèbe d'Angers, les Abbon, les Guitmond, les Lanfranc, se levèrent de toutes parts pour venger la croyance catholique et lui conserver intact ce dogme qui contient toutes ses espérances et tout son bonheur. Certes, nous pourrions pousser plus loin cette énumération, et, dans les troubles suscités par l'hérésie des vaudois, multiplier à plaisir les noms et les autorités; mais ils se présenteraient sous notre plume en si grand nombre, que nous nous trouverions dans l'impossibilité absolue de faire un choix parmi tant de personnages. Au reste, nous nous en croyons dispensé par le fait même de leurs victoires; quand on a nommé les chefs, n'a-t-on pas suffisamment fait connaître les soldats?

VIII.

Sans doute tous ne prenaient pas une part également active au combat; mais, tandis que les uns, sur les pas des plus intrépides, se jetaient dans la mêlée et faisaient face à l'ennemi de tous côtés à la fois, les autres, à l'exemple de saint Jérôme, parcouraient les différentes versions de l'Ecriture, collationnaient les textes des Juifs et des Samaritains, épuraient la traduction des Septante, et disposaient ainsi à la Vulgate, qui devint plus tard la version définitive de l'Eglise. Ceux-ci, et qui pourrait en dire le nombre? se livraient avec ardeur à l'étude des saints livres, en extrayaient tout le suc religieux, en pénétraient tous les sens les plus mystiques, en éclaircissaient tous les passages obscurs, et en facilitaient l'intelligence par de pieux et savants commentaires; ceux-là, à l'exemple des saint Chrysostome, des saint Ambroise, des saint Augustin, adressaient à leurs peuples de ces belles et magnifiques homélies, qui sont en même temps des traités complets sur toutes les matières religieuses, et dans lesquelles, à côté de la doctrine la plus orthodoxe, respiraient la foi la plus vive, la morale la plus pure, la piété la plus ardente et la plus sincère. Saint Jérôme jetait les fondements de l'histoire ecclésiastique; Socrate et Sozomène en disposaient les matériaux; chaque chroniqueur tour à tour y apportait sa pierre, et le vénérable Bède couronnait le monument par une histoire complète des dix premiers siècles de l'Eglise. Les canons des apôtres, les canons des conciles, les livres pénitentiaux, les décrets des papes, les édits des empereurs, depuis les fameux édits de persécution jusqu'aux édits catholiques de Constantin le Grand, et jusqu'aux édits extorqués d'Isaac Comnène, qui vit se consommer sous son règne le schisme de Constantinople, tout rencontra des collecteurs qui recueillirent, qui classèrent, qui transmirent ces documents à la postérité. Qui pourrait dire encore combien de vies d'auteurs se sont consumées à recueillir çà et là, sur le théâtre même de leurs actions, de leurs combats, de leurs sacrifices, les actes des martyrs et les vies des saints; à extraire de la multitude des manuscrits épars dans toutes les bibliothèques du monde chrétien, la chronologie des papes, des évêques, des abbés, pour en composer, indépendamment de l'histoire générale, l'histoire de chaque église, de chaque fondation, de chaque monastère? Et ces grands soulèvements de l'Europe contre l'Asie, à la prédication d'un pauvre ermite ou d'un pauvre moine; et ces batailles gigantesques, livrées pour la conquête d'un tombeau, parce que ce tombeau était celui d'un Dieu, et en même temps le berceau d'une foi qui avait conquis l'univers; et ce royaume catholique et français, établi à Jérusalem par l'épée de nos pères, et qui s'y maintint, pendant près d'un siècle, sur les ruines de l'infidélité: tous ces grands faits d'armes, tous ces grands combats, tous ces dévouements sublimes, accomplis sous la croix, eurent aussi leurs historiens et leurs chroniqueurs. Il n'était point rare alors qu'un chevalier, comme Anselme de Ribemont, par exemple, emportât, avec ses armes de guerre, une écritoire et un carnet, pour noter, entre deux batailles, le récit des grandes expéditions dans lesquelles il avait eu sa part de gloire et de dangers. Eh bien! si beaucoup des travaux de ces hommes étaient destinés à se perdre en traversant les siècles, au moins ils ne pouvaient plus périr tout entiers dans les souvenirs de la postérité. Saint Jérôme, dès le commencement, n'avait-il pas inventé la critique et donné naissance à la bibliographie sacrée et à tous ces grands catalogues qui nous ont conservé et transmis, avec les noms des écrivains ecclésiastiques, non-seulement la simple nomenclature, mais souvent aussi l'analyse raisonnée de leurs œuvres?

Cependant les arts et les sciences n'étaient pas négligés davantage. Saint Augustin écrivait sur la musique, et laissait après lui beaucoup d'imitateurs; saint Ambroise établissait dans son Eglise de Milan cette liturgie qui, sous son nom, est devenue la mère de toutes celles qui lui ont succédé; saint Grégoire le Grand fondait le chant catholique, et après plus de quinze siècles d'étude et de méthode, on est encore heureux de revenir de temps en temps à la noble et naïve simplicité du chant Grégorien. A leur tour, la grammaire, la géographie, les mathématiques, rencontraient dans Suidas le Lexicographe, dans Junior le Philosophe, dans Jean le Géomètre, et dans une infinité d'autres, des interprètes capables de sonder tous leurs arcanes et de produire tous leurs problèmes au grand jour, de manière à en rendre la solution accessible à l'intelligence des peuples. De leur côté, les rois ne s'endormaient pas non plus sur le trône, et, malgré les grands travaux du gouvernement et les agitations perpétuelles de leurs règnes, quelques-uns, comme Alfred le Grand, Pépin le Bref, Charlemagne, Louis le Débonnaire, Charles le Chauve, tout en s'occupant de littérature et de théologie, trouvaient encore moyen de laisser après eux ces codes de lois, ces chartes, ces capitulaires, monuments si curieux de la constitution des empires à ces époques reculées, et qui servent encore aujourd'hui à l'étude de nos législateurs.

Mais en dehors des agitations de la politique, des préoccupations de la science, des troubles que les schismes et les hérésies jettent infailliblement dans toute société civile et religieuse, il est une amie que les nécessités du moment vous forcent à négliger quelquefois, mais vers laquelle on retourne toujours avec bonheur, à toutes les époques et dans toutes les phases de la vie, dès qu'on a pu reconquérir un quart d'heure de sa liberté ; une amie qui aime la solitude et qu'on va retrouver à la campagne, comme saint Grégoire de Nazianze, quand le dégoût des villes vous monte au cœur ; une amie qui vit aussi dans le monde et dont on peut cultiver l'amour et réclamer publiquement les faveurs, comme Alype et Possidius sous les yeux de saint Augustin ; une amie enfin, dont l'accueil toujours bienveillant et gracieux réjouit l'âme ou la console, parce qu'elle possède le secret rare et unique d'embellir même le bonheur, et de prêter encore des charmes touchants à la douleur et au deuil. Cette amie, ou plutôt cet ange consolateur, ce bon génie de l'humanité, c'est la poésie ! Qui ne l'a pas appelée à son secours pour traduire les pensées de son âme, pour épancher les sentiments de son cœur, pour perpétuer, en langage divin, les émotions, quelquefois joyeuses et douces, plus souvent pénibles et douloureuses, mais toujours vives et profondes de son existence ? Est-il donc surprenant qu'à ces époques de foi, d'espérance et d'amour, mais aussi de doute, de négation et de combat ; en présence de ces grands spectacles que la religion déployait si souvent à leurs yeux, et de ces luttes acharnées dont elle était le prétexte et la victime, des hommes et surtout des chrétiens, aient éprouvé le besoin de ployer la langue de Virgile et d'Homère au style des prophètes et de l'Evangile, pour redire à l'humanité ce qu'ils avaient dans l'esprit et dans le cœur, pour lui apprendre à louer la Providence, et à bénir le Seigneur dans ses bienfaits ? « Aussi, dit le vénérable Bède, leurs vers inspiraient le mépris du siècle et réchauffaient dans les âmes le désir de la vie éternelle. Ils s'appropriaient si bien les pensées de l'Ecriture, et savaient donner tant de charme à leur poésie, que les plus savants docteurs se plaisaient à les entendre. La création du monde, la chute du premier homme, sa punition perpétuée dans l'humanité, la captivité d'Israël, sa sortie d'Egypte et son entrée dans la terre promise ; l'incarnation du Verbe, toutes les péripéties de sa rédemption, sa résurrection de la tombe, son ascension dans le ciel ; la descente du Saint-Esprit, l'illumination des apôtres, et la conquête miraculeuse du monde à la doctrine de Jésus, faisaient tour à tour le sujet de leurs chants. Ils décrivaient aussi, à grands traits, les terreurs du jugement futur, les horreurs de la géhenne éternelle et le doux repos du céleste royaume ; mais la peinture de la bonté de Dieu et de sa justice leur servit plus souvent encore à ramener les pécheurs à l'amour du bien et à la pratique de la vertu. » C'est dans ce sens et pour atteindre ce but que furent composés les beaux poëmes de Lactance, de Juvencus, de Victor, de Sédulius, de Sévère, de saint Paulin de Nole, de Rusticus, de Théodulphe d'Orléans, de Marbode et de tant d'autres. Quand on ne chantait pas Dieu, on chantait la patrie, on célébrait en vers héroïques ces magnifiques expéditions accomplies sous la croix, et qui n'étaient autre chose qu'une épopée en action à la louange du Rédempteur ; ou bien ces combats et ces assauts livrés au cœur même de la nation, comme Abbon de Saint-Germain des Prés, qui nous a laissé un poëme sur le siège de Paris par Rollon et ses Normands. C'est aussi à ces siècles de foi vive et ardente que nous devons ces belles hymnes catholiques que l'Eglise a conservées dans sa liturgie, et qu'elle chante encore aujourd'hui avec tant d'enthousiasme et tant d'amour. Nous sommes trop blasés, dans notre siècle d'indifférence et de matérialisme, pour bien comprendre tous les effets que produisait la poésie sur ces nations neuves et fraîchement ouvertes à la vie morale et chrétienne ; nous pouvons encore en éprouver le charme quelquefois, mais nous sommes devenus absolument incapables d'en subir la puissance. Qu'on nous pardonne donc de lui avoir accordé tant de place dans cette préface. Peut-être trouvera-t-on que nous avons cédé à un faible, en exagérant son influence ; mais on sera forcé de reconnaître en même temps que nous n'avons fait que répéter une vérité, ou si l'on veut à toute force que nous nous soyons trompé, nous aurons au moins la consolation de l'avoir fait en bonne compagnie.

IX.

Quel temps et quels hommes ! Comment de tels siècles qu'on s'est habitué à considérer comme barbares, pouvaient-ils produire tant de grands hommes, et comment tous ces grands hommes pouvaient-ils suffire aux immenses travaux de tant de siècles ? C'est leur secret, mais ils ne l'ont pas emporté avec eux tout entier. Quoique malheureusement la pratique en soit perdue pour la nôtre, toutefois, elle n'est pas si éloignée encore que nous en ayons oublié tout souvenir, et, qu'au besoin nous ne puissions expliquer quelques-unes de leurs merveilles.

A un moment prévu dans les décrets de la Providence, des hommes marqués du doigt de Dieu, comme saint Antoine en

Orient et saint Benoît en Occident, se firent les instituteurs de la vie ascétique et cloîtrée, ouvrirent les premiers monastères, et leur laissèrent ces admirables règles qui ont survécu à toutes les révolutions, et qui régissent encore, à l'abri du monde, de ses vicissitudes et de ses abus, les ordres religieux de nos jours. Un peu plus tard, mais à un bien petit intervalle, d'autres hommes issus des premiers, car tout s'enchaîne dans les desseins de Dieu, jetaient en Europe, et surtout dans l'Eglise de France, les premiers fondements de ces écoles que la jeunesse studieuse venait fréquenter de si loin, et qui devinrent dans la suite aussi célèbres par la science et la piété des maîtres, que par le zèle, les vertus, les talents et les succès des disciples, dont quelques-uns, comme saint Bernard, surent allier la plus haute science à la plus éminente sainteté, et quelques autres, comme le Français Gerbert sous le nom de Sylvestre II, s'élevèrent jusqu'au faîte suprême des dignités ecclésiastiques, et après tant de pontifes glorieux, surent encore donner du relief à la tiare et honorer la chaire de saint Pierre.

Eh bien, c'est au fond de ces monastères qui étaient en même temps des écoles, c'est dans le secret de leurs étroites cellules que de pauvres religieux, jusque-là ignorés et inconnus, passant du travail des mains aux travaux de l'intelligence, copiaient les anciens manuscrits et nous conservaient les trésors des sciences et des lettres que les Grecs et les Romains nous avaient légués, trésors qui auraient péri infailliblement, si des mains pieuses n'en avaient senti le prix et ne s'étaient empressées à les sauver des ravages des guerres continuelles à ces époques, en en multipliant les copies à l'infini. D'autres, devenus habiles à force de foi, illustraient les Missels, les Antiphoniers et tous les anciens livres liturgiques, de ces merveilleuses peintures, véritables chefs-d'œuvre d'iconographie chrétienne, où l'or se mêlait d'une façon si fantastique et en même temps si intelligente à la magie des couleurs, qu'elles font encore l'admiration, et pourquoi ne le dirions-nous pas, le désespoir des artistes de nos jours. D'autres encore étudiaient les livres saints, pénétraient jusque dans leurs profondeurs les mystères du dogme et de la morale, s'élevaient jusqu'aux plus hauts aperçus de la théologie, et perpétuaient ainsi dans l'Eglise la tradition des Pères et des Docteurs. La grammaire, la rhétorique, la dialectique, la philosophie, la géométrie, l'astronomie, la musique même, et, comme nous l'avons dit, la poésie, n'avaient plus de secrets pour personne; tous les arts, en un mot, toutes les parties de la littérature, toutes les divisions de la science, étaient publiquement enseignés du haut des chaires, et recueillis par une foule de disciples qui, devenus maîtres à leur tour, les transmettaient à la postérité par la voix de l'enseignement. C'est ainsi que partout l'esprit humain se trouvait façonné à louer Dieu et à célébrer ses dons, dans un concert unanime de bénédictions, à moins que, de temps en temps, quelques hommes indignes de puiser dans ses trésors ne se séparassent de la communion universelle, pour tourner contre lui ses dons et ses bienfaits. Mais, à part ces exceptions suscitées par l'esprit d'orgueil, tous, sans souci de la célébrité qui venait les chercher d'elle-même, concouraient à défendre l'Eglise, à la consoler de ses pertes, et à la glorifier, en maintenant constamment rayonnante sur son front la triple auréole de la science, du génie et de la sainteté.

X.

Depuis ce temps, le genre humain a vieilli sans presque rien acquérir de ce qui peut contribuer à établir la vraie science, c'est-à-dire, la science du bonheur et de la vérité. D'autres hommes sont venus qui ont succédé aux premiers, mais sans pouvoir les remplacer. Bien loin de là, malgré le titre de maîtres qu'ils ont usurpé pour séduire les peuples, on ne peut se retenir de les considérer comme des intrus dans la chaire des vrais docteurs. A coup sûr ils n'apportaient ni la lumière ni la vérité, puisqu'en philosophie comme en religion, ils n'ont réussi qu'à établir la confusion des langues et des pensées. Avec eux, les systèmes ont combattu les systèmes, les doctrines ont dévoré les doctrines, le monde s'est trouvé replongé dans une espèce de chaos intellectuel et moral, et comme aux premiers jours, les ténèbres ont recommencé de régner sur la surface de l'abîme. N'est-il pas vrai que depuis trois siècles déjà l'Europe est en proie à un malaise profond, et qu'elle présente partout les symptômes infaillibles d'une grande déviation sociale? Que s'est-il donc passé? Qui a fait sortir ainsi le genre humain de ses voies? Qui l'a replacé de nouveau sur la pente qui conduit aux précipices? Où sont les coupables et quelle est la cause d'un tel désordre? Les coupables, nous les tairons, parce qu'il nous faudrait nommer nos pères; mais la cause, la voici : nous avons perdu Dieu; une philosophie nouvelle l'a retranché de la société. Quel jour, à quelle heure, et comment ce grand déicide s'est-il consommé? Si vous le demandez à l'histoire, elle vous dira : Tournez les yeux du côté de l'Allemagne, et voyez, à la fin du XVᵉ siècle, Luther enfantant le chaos au nom de la liberté. Quel nom pour un tel baptême! Père du dualisme moderne, c'est lui en effet qui, posant le doute en principe, a le premier méconnu et proscrit, au sein même du christianisme, la grande loi du monde, le principe fondamental de l'unité et de la trinité universelle.

Une fois bannie de l'ordre le plus élevé, l'ordre religieux, cette puissante idée a cessé peu à peu de diriger les investigations de l'étude dans les ordres inférieurs, et dès lors le dualisme a envahi successivement toutes les sciences. Aussi, au lieu des principes conservateurs de la sagesse chrétienne, on a commencé de proclamer les maximes les plus étranges ; au lieu de cette trinité que nous avons présentée plus haut comme le germe fécond de toutes les vérités religieuses et sociales, comme la clef d'une explication universelle, comme le moyen de juger de toute la hauteur de l'Evangile et les travaux de l'esprit et les actes du cœur humain, en un mot comme le système divin de la seule philosophie qui soit vraiment digne de ce nom, on a imaginé, quoi?.... Toutes sortes d'utopies toutes plus vaines et plus dangereuses les unes que les autres, le libre examen, par exemple, qui a engendré le doute et reconduit les nations, par la voie de l'incrédulité, jusqu'aux limites de la barbarie, jusqu'aux plus absurdes folies des païens. Car, c'est la foi seule qui affirme ; est-ce qu'il est dans la nature du doute de produire autre chose que la négation et le désordre? « En effet, dit M. l'abbé Gaume, à qui nous avons beaucoup emprunté pour la composition de ce travail, entre l'état actuel et l'état du monde à la naissance du christianisme, voyez quelle analogie frappante. Aujourd'hui comme autrefois, tout n'est-il pas Dieu excepté Dieu lui-même? Aujourd'hui comme autrefois, le dualisme n'est-il pas partout? Dans l'ordre intellectuel, par le rationalisme; dans l'ordre moral, par la révolte générale contre la loi divine; dans l'ordre politique, par la confusion des plus incompatibles théories; dans la famille, par le divorce; dans les sciences par le matérialisme, funeste séparation entre la création physique et la création spirituelle. »

Or, aux mêmes maux les mêmes remèdes. Le principe d'unité et de trinité posé par le christianisme, soutenu, développé, appliqué par les Pères de l'Eglise, a sauvé le monde une fois; lui seul peut le sauver encore. Qu'on nous indique un autre moyen de faire rentrer le Verbe dans son héritage et de mettre ainsi un terme aux angoisses de l'humanité? Qu'ont produit tous les systèmes de philosophie inventés depuis plus de trois cents ans? Des ruines et des décombres, et trop souvent, hélas! des guerres et du sang, des ossements et des morts! Et il devait en être ainsi! Quand on introduit l'anarchie dans les idées, on doit s'attendre à la voir passer presque immédiatement dans les faits. Quand on prêche le doute, on sème la division, et dès lors on n'a plus le droit d'être surpris de la voir germer dans les Etats, dans la société, dans les familles; or si les familles, la société, les Etats se divisent entre eux, comment pourront-ils subsister autrement que dans les convulsions et les déchirements? Les insensés! ils ont remplacé la vérité par le mensonge, et ils s'étonnent de n'avoir produit que du désordre; ils ont bâti sur le sable un édifice sans fondements, et ils sont surpris de régner sur des ruines. En effet, le principe et la fin de toute philosophie, n'est-ce donc pas la vérité? Or la racine de la vérité c'est la foi, comme le fondement de la foi c'est Dieu; et Dieu est en même temps unité et trinité. Hors de là, pour la société point de salut. Et la Trinité, quels autres que les Pères de l'Eglise pourront jamais nous en faire toucher les mystères?

Non, « on ne sait rien, on ne comprend rien, on n'est pas digne du nom de philosophes, quand on ne connaît pas ces maîtres-là. Nous pouvons l'affirmer, tout ce qu'il y a de bon, de grand, de vrai dans les modernes, se trouve dans les Pères. Ils furent les sources, nous ne sommes que les ruisseaux; apprenez à les connaître, et jugez! »

XI.

Ce que nous venons de dire de la philosophie, ne pourrions-nous pas l'appliquer à la littérature, et montrer qu'elle a été faussée dans son principe et détournée de son vrai but par le même esprit d'erreur et de mensonge qui a introduit tant de désordres dans le monde intellectuel et moral des trois derniers siècles? La démonstration nous en serait d'autant plus facile qu'elle n'exigerait que des citations. D'abord c'est M. Victor Hugo qui nous viendrait en aide; car, malgré quelques écarts, personne ne voudra décliner sa compétence dans la question qui nous occupe. Eh bien, voyez comme il envisage l'avénement de l'Evangile dans le monde, et quelles conséquences il en tire au point de vue d'une littérature nouvelle et chrétienne. « Une religion spiritualiste, dit-il, supplantant le paganisme matériel et extérieur, se glisse au cœur de la société antique, la tue, et, dans ce cadavre d'une civilisation décrépite, dépose le germe de la civilisation moderne..... Cette religion est complète parce qu'elle est vraie; entre son dogme et son culte, elle scelle profondément la morale..... Une partie des vérités qu'elle *enseigne* avait peut-être été *soupçonnée* par certains sages de l'antiquité, mais c'est de l'Evangile que date sa pleine, lumineuse et large révélation..... Pythagore, Epicure, Socrate, Platon sont des flambeaux; le Christ, c'est le jour.... Voilà donc une nouvelle religion, une société nouvelle; sur cette double base, il faut que nous voyions grandir une nouvelle poésie. » En effet, une littérature païenne chez des peuples chrétiens, n'est-ce pas une anomalie choquante, un anachronisme monstrueux?

Sans doute, à la naissance du christianisme, ses premiers défenseurs étaient sortis de l'école des païens, et il ne pouvait en être autrement; mais dès le IVe siècle, c'est-à-dire après quelques générations de chrétiens seulement, et aussitôt que la religion, délivrée des entraves de la persécution, put vivre d'une vie propre et naturelle à son origine, les deux génies les plus vastes et les plus complets peut-être parmi ceux que nous honorons sous le titre de docteurs, saint Jérôme et saint Augustin, avaient senti le vide de ces premières études faites dans les écoles de Rome et de Carthage, et signalé les dangers de cette fausse éducation qui, en nourrissant les âmes de toutes les illusions de la fable, leur inspirait un dégoût mortel de la vérité. « J'avais appris, dit saint Augustin, à pleurer la mort de Didon, qui s'était tuée pour avoir trop aimé, et j'étais, ô mon Dieu! insensible à la mort de mon âme séparée de vous, qui êtes sa vie! Si l'on voulait m'interdire cette lecture, je pleurais de n'avoir rien à pleurer.... » Qu'on lise tout ce passage, au premier livre de ses *Confessions*, et l'on verra avec quelle amertume il déplore le mépris qu'il professait alors pour l'Ecriture sainte, mépris tel, qu'il la jugeait indigne d'entrer en parallèle avec les œuvres de Cicéron. Aussi, écoutez sa résolution inspirée par le repentir: « Que ces marchands de grammaire ne m'importunent donc plus! Sans doute, j'ai conservé de ces études inutiles bien des paroles profitables, mais il serait aisé, sans risquer son salut pour une belle locution, de tirer les mêmes connaissances de quelques bons livres. » — Saint Jérôme, à son tour, nous apprend combien cette admiration exclusive pour les auteurs païens, fruit des premières études, est opposée au christianisme, et par conséquent funeste à la société. « Que peut-il y avoir de commun entre des chants profanes et les chastes accords de la harpe de David ? Comment allier le Psalmiste avec Horace, et Virgile avec les saints évangélistes? Il ne nous est pas permis de boire en même temps au calice du Seigneur et au calice des démons. »

Eh bien, après dix siècles de littérature et de philosophie chrétienne et malgré tous les magnifiques modèles que l'esprit religieux avait enfantés, voilà pourtant ce que l'hérésie de Luther a fait! Elle a confondu les deux calices, ou plutôt elle n'en a conservé qu'un seul, dans lequel elle a mêlé le vin de l'erreur au sang de Jésus-Christ. Est-il surprenant que les peuples aient été enivrés, et que depuis si longtemps déjà, toutes les idées soient confondues au sein de l'humanité? La littérature a suivi la philosophie, et toutes les deux, sous le faux manteau de la religion, nous ont reconduits jusqu'aux païens. N'est-ce pas ainsi qu'il en arrive infailliblement toutes les fois qu'on brise la chaîne des traditions? Aussi, dès le seizième siècle, c'est-à-dire, à l'heure même où le paganisme envahissait l'Europe, le célèbre P. Possevin, tremblant pour l'avenir, faisait entendre à l'Italie ces énergiques paroles : « Pourquoi pensez-vous que les hommes se précipitent dans le gouffre de l'iniquité, et s'abandonnent sans retenue à toutes leurs passions ? C'est, n'en doutez pas, que dès leur enfance on leur a enseigné toutes choses, excepté la religion; c'est que dans les écoles on leur fait lire tout, excepté les auteurs chrétiens. Si on y parle de religion, c'est si rarement et avec tant de légèreté, que cette instruction ressemble à une goutte de vin délicieux dans un tonneau de fiel et de vinaigre. »

Cependant, malgré ces avertissements salutaires et bien d'autres encore proclamés par toutes les voix catholiques de l'époque, qui croirait qu'en Europe la France, beaucoup plus qu'aucune autre nation chrétienne, consentit à s'abdiquer elle-même jusqu'à prendre pour modèles exclusifs les Grecs et les Romains, jusqu'à emprisonner dans les formes étudiées de leur langage païen sa parole si naïve et si forte, à l'allure si vive et si franchement dégagée; et cela, parce qu'un homme qu'on appelle encore aujourd'hui le *régent du Parnasse* s'imagina de proscrire de la littérature et des arts l'histoire nationale, où il ne trouvait qu'un fonds stérile et prosaïque, et l'Evangile, qui ne lui présentait qu'austérités. Chez les autres peuples, au moins, cette profanation ne put s'accomplir sans soulever quelques protestations partielles. On vit le génie du Tasse, du Camoëns, de Milton, allumé au foyer du christianisme, frémir d'indignation et lutter contre ce fatal entraînement. Chez nous le sacrilége fut consommé, et personne ne réclama. On dirait que l'esprit français, endormi depuis longtemps, s'estimait encore trop heureux de pouvoir se réveiller païen. Honneur à l'élève du jansénisme, c'est à lui que nous devons de voir, depuis deux siècles, la belle langue de la foi remplacée par le jargon de l'idolâtrie !

« Ainsi fut tranché, s'écrie M. Ch. de Villers, le fil qui attachait notre culture poétique à la culture poétique de nos pères. Nous devînmes infidèles à leur esprit, pour nous livrer sans réserve à un esprit étranger que nous entendions mal, qui n'avait aucun rapport avec notre vie réelle, avec notre religion, avec nos mœurs, avec notre histoire. L'Olympe avec ses idoles remplaça le Ciel des chrétiens.... Et qui voudrait y regarder de près, trouverait peut-être qu'à la longue, c'est de là qu'est né ce refroidissement des âmes pour la religion, pour la simplicité et la sainteté de l'Evangile, pour tout ce qui est véritablement grand, noble et humain. » — Dans son *Essai sur les institutions sociales*, M. Ballanche ne parle pas avec moins de force et de bon sens. Voici ses paroles: « La littérature de toutes les nations résulte de leur propre origine. Les Français ont voulu marier leur littérature native à la littérature des anciens. De là ce quelque chose de factice et d'artificiel qui vient frapper de froideur l'expression même des sentiments; de là cette nature et ces mœurs convenues qui ne sont ni de la société, ni de l'idéal; de là enfin cette perfection de détails, ce fini d'exécution qui annoncent le travail beaucoup plus que l'inspiration. »

Pourquoi ces défauts particuliers à notre littérature, et que nous ne retrouvons pour ainsi dire dans celle d'aucun peuple ? Parce que notre littérature, n'étant l'expression ni de nos mœurs, ni de nos habitudes, ni de nos croyances, ne reproduit que des sentiments et des pensées d'emprunt, et manque nécessairement d'inspiration pour les rendre ; parce que l'inspiration vient d'en haut, et nous la cherchons en bas; parce que nous la demandons aux idoles, au lieu de la demander à Dieu ; parce que nous consultons tous les génies de la fable, au lieu d'interroger les immortels génies de la vérité, les Lactance, les Minutius Félix, les Sulpice Sévère, les Vincent de Lérins, les Ambroise, les Chrysostome, les Basile, les Grégoire, les Hilaire de Poitiers, les Athanase, les Bernard qui nous répondraient avec cette éloquence, cette admirable philosophie, cette puissance et ces charmes divins de langage qui ont su forcer l'admiration même des rhéteurs du paganisme et remplir le monde entier du bruit de leur renommée. « L'éloquence des docteurs de l'Eglise, » dit Châteaubriand, dont tout le *Génie du Christianisme* n'est qu'une magnifique protestation en faveur de la vérité dont nous venons de nous rendre l'écho beaucoup moins intelligent que convaincu, « l'éloquence des docteurs de l'Eglise a quelque chose d'imposant, de fort, de royal, pour ainsi parler, et dont l'autorité vous confond. On sent que leur mission vient d'en haut, et qu'ils enseignent par l'ordre exprès du Tout-Puissant. Et toutefois, au milieu de ces inspirations, leur génie conserve toujours le calme et la majesté. »

Eh bien, au moment solennel où nous vivons, quand la littérature semble vouloir remonter à la vérité de son origine et aller redemander l'inspiration à son berceau, n'est-ce pas faire acte de piété civique et chrétienne que de la rappeler aux sources pures de l'Evangile ?

XII.

Maintenant il nous reste à dire un mot du livre que nous offrons aux lecteurs catholiques, du plan que nous nous sommes proposé et de l'ordre que nous avons suivi dans son exécution. Tous ces hommes des douze premiers siècles, dont nous avons indiqué plus haut, et avec tant de complaisance, les travaux et les œuvres, tant ceux qui ont apporté leur pierre à la construction du temple, que ceux qui l'ont arrachée de ses fondements pour le lancer à la face du Dieu adoré dans son sanctuaire, amis et ennemis, agresseurs et défenseurs, païens, juifs, hérésiarques, chrétiens, comparaissent tour à tour dans nos pages, et viennent rendre compte de leurs œuvres, pour peu qu'ils aient dit un mot dans la cause de l'Eglise, écrit une page, publié des volumes, ou simplement laissé quelques fragments détachés d'ouvrages perdus, fragments que la piété des âges a recueillis, pour les transmettre aux souvenirs de la postérité.

Est-il nécessaire d'expliquer les raisons qui nous ont fait préférer l'ordre alphabétique à tout autre, dans un ouvrage de cette nature ? Encore qu'il ne nous eût pas été imposé par le titre même de *Dictionnaire*, que nous avons pris, nous aurions dû le choisir pour éviter la confusion. On a plutôt trouvé un nom qu'on ne s'est rappelé une date, plutôt mis la main sur la lettre initiale d'un auteur que découvert le rang qu'il doit occuper dans la chronologie de son siècle. Nous avons donc été déterminé par cette considération, que l'ordre alphabétique nous a paru plus favorable et à la frivolité qui veut se distraire, et à la curiosité qui veut s'instruire, et à la science qui veut s'épargner des moments précieux.

Ceci posé, on comprend facilement que, deux objets principaux appelant l'attention du lecteur, ont dû, par conséquent, fixer celle de l'écrivain et le diriger dans l'exécution de son travail : d'abord, la connaissance des auteurs, ensuite la notion de leurs ouvrages. Aussi ce sont les points particuliers que nous nous sommes appliqué à discuter. Pour y procéder avec méthode et éviter la confusion, surtout quand la matière est abondante, nous avons eu soin de la diviser en autant de paragraphes que nous semblait l'exiger son étendue. Le premier est toujours consacré à la biographie de l'écrivain ; le second, à traiter de ses écrits véritables et existants ; le troisième, à faire connaître ses écrits perdus ; le quatrième, à discuter ses écrits douteux ; le cinquième, à parler de ceux qu'on lui a supposés. Sa doctrine, sa manière d'écrire et le jugement qu'on en a porté, font le sujet d'un sixième paragraphe. Enfin, dans le septième, sans nous attacher précisément à donner un catalogue complet des différentes éditions de ses œuvres, nous indiquons au moins les meilleures, c'est-à-dire les plus recherchées des bibliophiles, et particulièrement celles qui ont servi de base à leur reproduction dans le *Cours complet de Patrologie* publié par M. l'abbé Migne.

Dans la vie de nos savants, quoique resserré dans les limites étroites d'une simple biographie, nous avons pris à tâche de faire entrer tout ce qui nous a paru nécessaire pour faire connaître l'homme intérieur et l'homme extérieur, autant que leurs actions ont pu nous aider à juger de leur caractère ; mais nous nous sommes appliqué surtout à mettre en saillie et à faire ressortir le côté littéraire et studieux de leur existence, parce que c'est celui qui présente l'explication la plus naturelle et la plus simple de leur écrits. Pour la discussion de leurs ouvrages, nous avons suivi l'ordre chronologique, et, autant que possible, nous avons pris soin d'en indiquer le motif et l'occasion ; puis nous en avons donné des extraits, souvent même des sommaires, et presque toujours des analyses entières de ceux qui nous ont paru les plus considérables. C'est une permission dont nous avons surtout largement usé à l'égard des ouvrages des Pères de l'Eglise. Cependant, pour ceux-là comme pour les autres, ennemi de toute partialité et dégagé de toute prévention, nous avons mis une attention particulière à rendre justice au mérite de chaque écrivain. Relevant ses qualités, sans nous établir en panégyriste, marquant ses défauts sans nous ériger en censeur, nous n'avons rien avancé sur son compte qui ne nous ait paru, ou exactement vrai, ou du moins appuyé sur les autorités les plus dignes de croyance.

Puisque notre sujet nous amène à dire un mot de ces autorités respectables qui nous ont aidé à formuler nos jugements, c'est ici le moment de déclarer que nous sommes loin d'élever nos prétentions jusqu'au titre d'auteur. Nous avons travaillé sur un fonds qui n'était point à nous; les remarques et les faits que nous citons dans nos pages, nous les avons recueillis dans les meilleurs biographes et dans les plus savants critiques latins et français de tous les temps; puis nous avons reproduit le tout dans un style qui se ressent trop souvent de la diversité des auteurs que nous avons été obligé de consulter, et auxquels nous avons emprunté nos matériaux. Les véritables auteurs sont donc Schram, Lumper, Fabricius, Cave, Oudin, Mabillon, Ellies Du Pin, le cardinal Bellarmin, dom Ceillier, dom Rivet, et tant d'autres, dont nous avons retrouvé les documents épars çà et là dans le *Cours complet de Patrologie*. Nous n'avons donc été que le rédacteur, et plus souvent encore le simple abréviateur de ces immenses collections auxquelles nous avons dû puiser nos documents.

XIII.

Quoi qu'il en soit, et malgré toutes ses imperfections, nous n'hésitons pas à présenter notre travail comme un des plus utiles qui pouvaient être entrepris, non-seulement en faveur de la science religieuse et ecclésiastique, mais eu égard à ces époques où les études n'avaient conservé droit d'asile qu'à l'ombre des églises et des monastères, nous croyons pouvoir ajouter, en faveur de la science universelle. Le savant auteur du *Conspectus de Patrologie* dit, en parlant de cette collection gigantesque et colossale, où la tradition catholique se trouve reproduite dans tous ses détails et dans tout son ensemble : « On doit voir ici une œuvre opportune et toute sociale, pleine d'avenir, et aussi fructueuse pour le monde que pour l'Eglise. Au moment où tout marche à l'unité par la voie des traditions, où tout demande au passé le présent et l'avenir, où l'histoire, la législation, les institutions, les monuments, les mœurs, la vie intime des générations antérieures, revivent et dissipent tant de préjugés, c'est répondre à la pensée de tous les esprits, c'est faire acte d'un zèle que tous les cœurs comprendront, que de rassembler pour la première fois et d'éditer, à ses risques et périls, les plus purs enseignements du passé, et tout l'ensemble de la tradition universelle. »

Eh bien, c'est à l'ombre de ces autorités vénérables et de tous ces grands noms d'écrivains que nous venons abriter ces volumes, qui contiennent l'abrégé dogmatique, analytique et critique de tous leurs écrits et de toutes leurs œuvres. Donc, en les adressant au public de toutes les communions religieuses, scientifiques et littéraires, nous nous croyons autorisé à répéter, après l'auteur cité plus haut, d'abord : « Aux catholiques nos frères, que désormais, s'ils veulent se montrer légitimes enfants de l'Eglise-mère, il faut rejeter toute frivole nouveauté des profanes, s'attacher à la sainte foi des Pères, y coller son âme et y mourir. *Necesse profecto est omnibus deinceps catholicis, qui sese Ecclesiæ matris legitimos filios probare student, ut rejectis profanis profanorum novitatibus, sanctæ sanctorum Patrum fidei inhæreant, adglutinentur, immoriantur.* (Vinc. Lirin., *Common.*)

« A nos frères séparés, de toutes les communions protestantes, nous dirons avec confiance : *Interrogez les Pères, et ils vous instruiront; vos ancêtres, et ils vous diront* qui nous sommes. (*Deut.* XXXII, 7.)

« Aux hommes voués aux investigations de la science élevée et forte, nous disons : *La vraie science est la doctrine des apôtres et l'ancienne tradition de l'Eglise.* (Iren., *Advers. hæres.*, lib. IV, c. 33.)

« Et à vous, amis des lettres et des arts, artistes, antiquaires, archéologues : Voulez-vous voir juste et vrai ? Regardez toute la tradition. *Traditionem apostolorum respiciant omnes, qui recta velint videre.* (Iren., *Advers. hæres.*, lib. III, c. 3.)

« Au clergé enseignant, évangélisant, militant sur tant de champs divers, nous empruntons, pour qu'il nous reconnaisse et nous accueille, son mot de ralliement : Point de nouveauté, mais la Tradition. *Nihil innovetur nisi quod traditum est.* (*Epist. S. Stephani papæ.*)

« Enfin, au monde avide de progrès, nous donnons la tradition du passé pour marcher en avant. *Traditio tibi prætenditur auctrix.* (Tert., *de Coron. milit.*, cap. 4.)

« A la société flottante, nous offrons pour base les coutumes catholiques. *Consuetudo confirmatrix.* (Id., ib.)

« Et à l'Eglise, dont nous sommes les humbles et dociles enfants, nous dédions les monuments de sa foi, qui sauve et conserve l'humanité. *Fides servatrix.* (Id., ib.) »

XIV.

Tel est le plan que nous avons suivi, tel est le but que nous désirons atteindre. Cependant, dans la poursuite de ce but comme dans l'exécution de ce plan, quoique notre travail s'adresse également à tout le monde, nous avons eu particulièrement en vue les intérêts de nos frères dans le sacerdoce. C'est pour eux que nous l'avons entrepris, c'est pour eux que nous espérons l'accomplir, n'ayant au cœur d'autre désir que celui d'aider, autant qu'il est en nous, au développement des fortes études et à la propagation de la science religieuse et ecclésiastique. Puisse ce faible essai en réchauffer le goût dans leur cœur, et leur inspirer l'envie d'aller le puiser à ces grandes sources sacrées, dont nous n'avons détourné quelques ruisseaux que pour leur en faire pressentir la fraîcheur et la fécondité. Seulement, qu'ils nous permettent, en finissant, de réclamer un simple souvenir dans leurs prières, les engageant à réserver toujours toute leur reconnaissance pour Dieu qui a suscité tant de grands hommes, pour l'Eglise qui les a nourris dans son sein, et pour l'esprit de foi qui leur a communiqué tant d'ardeur, de dévouement et de génie.

L'abbé A. SEVESTRE.

DICTIONNAIRE
DE
PATROLOGIE.

A

ABAILARD. — Il est peu d'histoires aussi connues que celle d'Abailard, et cependant il en est peu qui intéressent davantage par la variété et la singularité des événements. Ce qui lui prête un charme particulier, c'est qu'elle a été écrite par lui-même, et qu'il s'y dispense, avec l'impartialité désintéressée d'un historien, l'éloge et le blâme, racontant avec une égale candeur le bien et le mal de sa vie, ses vices et ses vertus. Toutefois, la passion s'y trouve peinte de temps en temps avec des couleurs si vives, que nous engageons nos lecteurs à ne la lire dans l'original qu'avec réserve et précaution. — Pierre ABAILARD naquit en 1079, au bourg de Palais, à trois lieues de Nantes. Son père, qui en était seigneur, s'appelait Bérenger et sa mère Lucie, et, dès le berceau, ils destinèrent ce premier-né à la carrière des armes; mais la vocation d'Abailard en appela de cette décision. Dès l'âge le plus tendre, son goût l'entraîna vers l'étude, et, pour s'y livrer avec moins de distraction, il abandonna à ses frères son droit d'aînesse et ses biens. Ce qui était un travail pour ses camarades n'était qu'un jeu pour lui : poésie, éloquence, philosophie, jurisprudence, théologie, langues grecque, hébraïque et latine, tout lui était facile et tout lui devint bientôt familier, mais il s'attacha principalement à la *philosophie scolastique*. Quoique la Bretagne possédât alors parmi ses professeurs des savants très-distingués, Abailard eut bientôt épuisé leur savoir. Il vint chercher d'autres maîtres à Paris, dont l'Université attirait des écoliers de toutes les parties de l'Europe. Parmi ses professeurs les plus célèbres, on remarquait Guillaume de Champeaux, archidiacre de Paris, qui fut depuis évêque de Châlons-sur-Marne, et ensuite religieux de Cîteaux. C'était le dialecticien le plus redoutable de son temps. Abailard suivit ses cours, et profita si bien de ses leçons, que l'écolier embarrassa souvent le maître, dans ces assauts d'esprit et de subtilités qu'on appelait *thèses publiques*. Ses succès, dans lesquels perçait au moins autant d'orgueil que d'amour de la science, le rendirent odieux aux maîtres et aux écoliers. Pour éviter l'orage qui se formait contre lui, et se mettre plus en état de le braver par la suite, Abailard, plein de confiance en lui-même, se retira à Melun, où il ouvrit une école, qu'il transféra bientôt à Corbeil, pour être plus près de Paris. La jeunesse du maître, qui n'avait alors que 22 ans, n'empêcha pas un grand nombre d'élèves de quitter les écoles de Paris pour venir l'entendre et l'admirer. Mais l'envie et la persécution, à la piste de sa renommée, le suivirent dans sa retraite. Abailard, plus avide de gloire qu'effrayé des dangers qu'elle entraîne, ne répondait à ses rivaux que par de nouveaux succès, et par des études dont l'assiduité excessive épuisa ses forces. Les médecins lui ordonnèrent le repos dans son pays natal. Il obéit à regret, suspendit le cours de ses travaux, soigna sa santé; et, après l'avoir rétablie, il revint à Paris au bout de deux ans, se réconcilia avec son ancien maître, qui tenait alors son école dans l'abbaye de Saint-Victor, dont il avait pris l'habit de chanoine régulier. Ils eurent alors de fréquentes disputes sur les universaux, et Abailard eut l'insigne honneur d'amener Guillaume de Champeaux à partager tous ses sentiments; ce qui mit le comble à sa réputation et lui inspira l'idée d'ouvrir, sur le mont Sainte-Geneviève, une école dont l'éclat extraordinaire fit bientôt déserter toutes les autres. Il enseigna successivement la rhétorique, la philosophie et la théologie. On lit dans les mémoires du temps que le nombre de ses auditeurs s'élevait à plus de 3000, et que dans ce nombre il y en avait de tous les âges et de toutes les nations. C'est de cette école que sont sortis plusieurs docteurs célèbres dans l'Église, tels que Guy du Châtel, depuis cardinal et pape sous le nom de Célestin II; Pierre Lombard, évêque de Paris; Gaudefroi, évêque d'Auxerre; Bérenger, évêque de Poitiers, et saint Bernard lui-même. La méthode qu'employait Abailard dans ses leçons mérite que nous en fassions mention. Il commençait par faire l'éloge de la science, et la censure de ceux qui, suivant une certaine classe d'hommes de ce temps-là, regardaient l'ignorance comme un titre de noblesse; puis il donnait des leçons de logique, de métaphysique, de mathématiques, d'astronomie, de morale, et enfin de théologie. Il lisait à ses élèves des extraits de tous les anciens philosophes grecs et romains, en les invitant à ne s'attacher à aucun en particulier, mais à la vérité seulement, ou plutôt à Dieu, *source de toute vérité*. Enfin il expliquait les saintes Ecritures, dont il était le plus savant et le plus éloquent interprète de son temps. C'est ainsi qu'il devint le maître des maîtres, l'oracle de la philosophie et le docteur à la mode. Cela ne doit pas étonner; il était le seul, dans ce siècle de subtilités scolastiques, qui joignît la science du philosophe et les talents de l'homme de lettres aux agréments de l'homme du monde. Il fut aimé des femmes, autant qu'il était admiré des hommes; et il fut peut-être encore moins insensible à ce dernier genre de séduction qu'à tous les autres. Dans ce temps-là, vivait une jeune demoiselle, âgée de dix-sept ans, nommée Héloïse, nièce de Fulbert, chanoine de Paris : peu de femmes la surpassaient en beauté, aucune ne l'égalait en esprit ou en connaissances de tout genre. Outre la langue latine, elle possédait familièrement les langues grecque et hébraïque et les parlait indifféremment toutes les trois. On ne parlait d'elle qu'avec enthousiasme. Sous prétexte d'achever son éducation, Abailard fut chargé par Fulbert de la voir souvent. L'amour se mit en tiers dans les leçons du professeur, et la passion que son élève lui inspira, fut portée à un tel excès, que pour elle il oublia ses devoirs, ses enseignements et jusqu'à la célébrité, dont il était si avide. Héloïse ne fut pas moins sensible au mérite de son amant, et il en résulta un commerce dangereux, dont le secret transpira bientôt et devint public. Fulbert n'apprit que le dernier les déréglements de sa nièce; il essaya d'y mettre ordre en séparant les deux amants, mais il était trop tard; Héloïse portait dans son sein le fruit de sa faiblesse. Abailard l'enleva, la conduisit en Bretagne, où elle accoucha d'un fils, que son père nomma *Astrolabe*, ou astre brillant, et qui mourut chanoine de Nantes. Abailard songeait alors à l'épouser en secret. Il en fit faire la proposition à Fulbert, qui l'accepta, ne pouvant faire mieux; mais Héloïse n'y consentit qu'avec peine, disant, dans son délire passionné, qu'elle aimait mieux être sa maîtresse que sa femme, dans la crainte que son mariage ne nuisît à la fortune et n'entravât l'avenir de son mari. Cependant le mariage se fit : Abailard, renonçant à son canonicat, épousa Héloïse dans une église de Paris, en présence de l'oncle et de quelques témoins affidés. Aussitôt après la bénédiction nuptiale, Héloïse continua de demeurer chez son oncle; Abailard reprit son ancien appartement et ses leçons; ils se voyaient rarement. Fulbert, mécontent de ce mystère, qui compromettait l'honneur de sa nièce, le divulgua. Mais Héloïse, à qui la prétendue gloire d'Abailard était plus chère que son honneur, nia le mariage avec serment. Fulbert, irrité, la maltraita; et, pour la soustraire à sa tyrannie, Abailard l'enleva une seconde fois, et la mit au couvent d'Argenteuil. L'oncle, se croyant trompé, conçut un projet de vengeance atroce, et l'exécuta, en faisant subir à Abailard une mutilation infâme, dont l'effet devait empoisonner le reste de ses jours. Il alla cacher ses larmes et sa honte dans l'abbaye de Saint-Denis, où il se fit religieux. De son côté, Héloïse, non moins désespérée, prit le voile à Argenteuil. Lorsque le temps eut adouci les chagrins d'Abailard, il consentit à reprendre ses leçons. Il ne tarda pas à retrouver de nombreux élèves, et avec eux des envieux de son mérite. Soit zèle pour la religion, soit jalousie de ses succès, Albéric et Rothulphe, professeurs à Reims, dénoncèrent au concile de Soissons, en 1122, un traité de la Trinité, qu'Abailard venait de composer aux instantes prières de ses élèves, et qui avait été reçu du public avec un applaudissement universel; ils parvinrent à le faire condamner comme hérétique. Abailard, aussi malheureux dans ses écrits que dans ses amours, fut obligé de brûler lui-même son ouvrage en plein concile, avant même qu'il eût été examiné. Par suite des persécutions qui lui furent suscitées, il fut obligé de quitter l'abbaye de Saint-Denis, dont l'abbé Suger était alors le supérieur. Il se retira dans le voisinage de Nogent-sur-Seine, où il fit bâtir, à ses frais, un oratoire qu'il dédia au Saint-Esprit, et qu'il nomma le *Paraclet* ou *Consolateur*. On l'accusa d'hérésie, pour avoir consacré son église au Saint-Esprit, mais il triompha en cette occasion de ses adversaires. Nommé abbé de Saint-Gildas-de-Ruys, dans le diocèse de Vannes, il invita Héloïse et les religieuses d'Argenteuil à venir habiter le Paraclet; il les reçut lui-même dans cette retraite, où les deux malheureux époux se revirent, après onze ans de séparation. Telle fut l'origine du Paraclet, à qui l'on donna depuis le titre d'abbaye. Il fut fondé du consentement de l'évêque de Troyes, et il y eut des bulles de confirmation de la part du pape Innocent II et de plusieurs de ses successeurs. On y suivit d'abord la règle de saint Benoît, mais, à la prière d'Héloïse, Abailard en donna une particulière. Abailard se rendit ensuite à l'abbaye de Saint-Gildas, où il trouva peu de consolation à ses chagrins. Il décrit lui-même sa nouvelle retraite : « J'habite, dit-il, un pays barbare dont la langue m'est inconnue; je n'ai de commerce qu'avec des peuples féroces; mes promenades sont les bords inaccessibles d'une mer agitée; mes moines ne sont connus que par leurs débauches; ils n'ont d'autre règle que de n'en point avoir. Je voudrais, Philinte, que vous vissiez ma maison, vous ne la prendriez jamais pour une abbaye; les portes ne sont ornées que de pieds de biches, d'ours, de sangliers et des dépouilles hideuses des hiboux. » Abailard voulut mettre la réforme dans le monastère de Saint-Gildas; mais sa conduite, le bruit de ses amours, les pensées profanes qu'il avait portées dans sa retraite, et qu'il exprimait encore dans ses lettres avec une éloquence peu religieuse, ne lui permettaient point d'obtenir la gloire d'un réformateur; les moines dont il était le supérieur aimèrent mieux suivre ses exemples que ses conseils; ils lui reprochèrent ses torts sans songer à réformer leurs mœurs, et portèrent même la haine contre leur abbé jusqu'à tenter de s'en délivrer par le poison. Tandis qu'Abailard faisait ainsi de vains efforts pour réformer le monastère de Saint-Gildas, les accusations d'hérésie se renouvelèrent contre lui. On le représenta à saint Bernard comme un homme qui prêchait des nouveautés dangereuses. Saint Bernard refusa d'abord de commencer une lutte avec un homme dont il estimait les lumières; mais à la fin, entraîné par les discours de ses amis, il déféra les livres de la théologie d'Abailard, et les propositions qu'il en avait extraites, au concile de Sens, en 1140; Abailard refusant de les désavouer, et ne pouvant point les justifier, fut condamné. Mais il appela de cette sentence, au pape Innocent II, qui confirma le jugement du concile. Abailard, étrangement surpris qu'on l'eût condamné à Rome sans l'avoir entendu, ne laissa pas de se désister de son appel, et de renoncer au dessein qu'il avait formé d'aller à Rome. En passant par Cluny, il vit Pierre le Vénérable, abbé de ce monastère, homme doux et pieux, aussi compatissant qu'éclairé, qui entreprit de calmer ses chagrins, de le ramener à Dieu, de le réconcilier avec ses ennemis, et de faire relever les censures dont il avait été frappé. Il réussit dans tous ces points, à la grande satisfaction de sa charité. Abailard résolut de finir ses jours dans la retraite; il revit saint Bernard, et les deux hommes les plus célèbres de leur siècle se jurèrent une amitié qui dura jusqu'à la mort. S'il ne trouva point, dans cette solitude qu'il habita deux ans, le repos et le bonheur, qui l'avaient toujours fui, il oublia du moins ses erreurs, et devint l'exemple des cénobites. « Je ne me souviens point, écrivait Pierre le Vénérable, d'avoir vu son semblable en humilité. Je l'obligeais à tenir le premier rang dans notre nombreuse communauté, mais il paraissait le dernier par la pauvreté de ses vêtements; il se refusait non-seulement le superflu, mais l'étroit nécessaire; la prière et la lecture remplissaient tout son temps; il gardait un silence perpétuel, si ce n'est lorsqu'il était forcé de parler, dans les conférences ou les sermons qu'il faisait à la communauté. » Son corps s'affaiblit par les austérités et les jeûnes, et, peut-être aussi par le chagrin qui empoisonna toute sa vie. Il fut envoyé au prieuré de Saint-Marcel, près de Châlons-sur-Saône, où il mourut le 21 avril 1142, âgé de soixante-trois ans. Pierre de Cluny, qui l'aimait tendrement, honora sa mémoire par deux épitaphes latines. Il le compare à Homère et à un astre nouveau qui va reprendre sa place parmi les étoiles du ciel. Nous n'avons pas besoin de signaler ici l'exagération d'un pareil éloge; nous le trouvons plus juste quand il l'appelle le Socrate de la France, le Platon de l'Italie, le maître et le modèle de l'éloquence; et surtout, quand il relève en lui la sagesse qu'il fit paraître, en mettant toute la gloire de ses dernières années à vivre en vrai disciple de la croix.

Écrits. Lettres.

Les Œuvres d'Abailard et d'Héloïse ont été recueillies par les soins de François d'Amboise, conseiller d'Etat, et imprimées à Paris, 1616, avec des notes d'André Duchesne. Cette collection commence par des lettres. La première est adressée à un ami malheureux qui lui demandait des consolations. Abailard, persuadé qu'en cette occasion les exemples sont plus efficaces que les discours, répondit à cet ami par un récit fort détaillé des souffrances et des persécutions qu'il avait eues à supporter depuis sa jeunesse. C'est pourquoi on a intitulé cette lettre l'*Histoire des calamités d'Abailard*. En effet, elle comprend le récit de ses infortunes, depuis sa naissance jusqu'aux mauvais traitements qu'il avait à endurer de la part des moines de Saint-Gildas, et aux inquiétudes que lui inspirait le concile de Sens, à qui sa doctrine venait d'être déférée. Les 3e, 5e, 7e et 8e sont adressées à Héloïse, en réponse à celles qu'il en avait reçues. Nous en avons assez dit sur la nature des liens qui unissaient ces deux amants, qui plus tard devinrent des époux, et, ce qui vaut mieux encore, des religieux, pour être dispensés de reproduire les lettres où les souvenirs du passé viennent quelquefois mêler des sentiments trop mondains à la sainteté des devoirs qu'ils avaient à remplir. Cependant, quoique entrés dans le cloître plutôt par dépit que par piété, on peut dire que leur correspondance semble attester qu'ils ne tardèrent pas à prendre tous les deux l'esprit de leur état. Héloïse, pour obéir à Abailard, ne lui écrivit plus rien ni sur ses peines particulières, ni sur leurs douleurs communes; mais s'élevant jusqu'à des pensées plus salutaires, et se proposant un but utile, elle le pria de lui apprendre, et à ses sœurs, l'origine de leur état, son rang, son autorité dans l'Église, les fondements sur lesquels il reposait, et l'époque de son commencement. « Il est honteux, disait-elle, à des religieuses d'ignorer ces choses, et d'embrasser une profession sans la connaître. Une personne bien née dans le monde sait la généalogie de sa famille : faut-il que nous soyons plus ignorants en religion, et notre état est-il si obscur, qu'on ne puisse en découvrir les commencements?» — Elle lui demandait ensuite une règle pour sa communauté. On y observait celle de saint Benoît, comme dans tous les monastères de filles; mais Héloïse ne la trouvait pas praticable, en plusieurs points, pour les personnes de son sexe. « Ce serait assez pour nous, dit-elle, eu égard à notre faiblesse, si, en matière d'austérité et d'abstinence, nous faisions autant que les évêques, les chanoines réguliers et les autres ecclésiastiques qui composent le clergé, si comme eux nous consentions à garder la chasteté et les jeûnes que l'Eglise ordonne, tant en portant du linge ou mangeant de la viande, et en ne pratiquant d'autres austérités que celles du commun des chrétiens. » Quoiqu'elle détaille les dangers du vin, elle ne laisse pas de vouloir en conserver l'usage à ses religieuses, mais en une quantité qui ne puisse nuire. Enfin, elle prie Abailard de régler l'office divin de façon qu'on ne soit pas obligé de répéter plusieurs fois les mêmes psaumes dans une semaine, ni de faire entrer un prêtre ou un diacre pour chanter la leçon de l'Evangile aux Matines.

La réponse d'Abailard aux demandes d'Héloïse forme deux lettres. Dans la première, il fait voir que l'institution monastique, soit d'hommes, soit de filles, a reçu de Jésus-Christ son établissement, sa perfection et toutes les grâces qui l'accompagnent; que le Sauveur a jeté les fondements de l'état religieux, en assemblant sous sa conduite un certain nombre de personnes de l'un et de l'autre sexe, à qui il a donné les règles d'une vie sainte, et les instructions nécessaires pour rendre à Dieu ce culte intérieur et parfait qui forme les vrais adorateurs. Abailard relève tout ce qui est dit dans l'Evangile à l'avantage des saintes femmes qui suivaient Jésus-Christ; et ce que saint Luc dans les Actes, et saint Paul dans ses Epitres, disent des vierges et des veuves qui faisaient profession de servir Dieu, en assistant ses apôtres de leurs biens. Ensuite il montre, par le témoignage des anciens historiens ecclésiastiques, que le nombre des vierges s'étant multiplié, on les vit, dans presque toutes les villes, se réunir dans une même maison pour y vivre dans les exercices de la piété. Les empereurs les prirent sous leur protection, les évêques et les docteurs de l'Eglise composèrent des traités pour les instruire; leur état paraissait si respectable qu'on choisissait les plus grandes solennités pour leur donner le voile, ce qui ne se pratiquait pas même pour la consécration des évêques.

La seconde lettre est la règle même qu'Abailard composa pour la communauté du Paraclet. — Les coutumes non écrites, dit-il dans la préface, sont promptement altérées. En quelques années, elles subissent des changements capables de dénaturer entièrement les institutions d'une maison religieuse; il lui a donc paru nécessaire de rédiger par écrit les règles qu'on devait suivre au Paraclet. Il les a tirées des communautés les mieux réglées, des instructions des Pères, des maximes de l'Evangile et de tout ce que le bon sens prescrit de plus juste et de plus raisonnable. Il fait consister l'essence de la vie monastique à vivre dans la chasteté, la pauvreté, l'obéissance, le silence, la retraite; et, après s'être étendu beaucoup sur ces vertus, il remarque que pour la distribution des offices il faut s'en tenir à ce qui est ordonné dans le 66ᵉ chapitre de la règle de saint Benoît.

RÈGLE DU PARACLET. *Dignitaires.* — La supérieure a le titre d'abbesse, avec l'autorité sur toutes les officières subalternes, la portière, la cellerière, la robière, l'infirmière, la chantre, la sacristine, dont les noms indiquent les fonctions. Outre les religieuses du chœur, il y aura des sœurs converses, dévouées au service de la communauté, mais qui n'en porteront point l'habit. On choisira pour abbesse celle qui surpassera toutes les autres en piété, en sagesse, en doctrine, en expérience, et dont l'âge sera comme une garantie de la probité de ses mœurs. On ne choisira ni une fille de qualité, parce que ces personnes commandent avec trop d'empire, ni une personne dont la famille habite le pays, à cause des inconvéniens et des dangers qu'entraînerait la multiplicité de ses relations extérieures. Chargée de la conduite des âmes, l'abbesse pensera souvent qu'elle en rendra compte à Dieu. Elle ne sera distinguée de ses sœurs ni pour l'habillement, ni pour la nourriture; elle mangera avec elles et couchera au même dortoir, afin d'avoir l'œil sur sa communauté, et de pourvoir d'autant mieux à ses besoins qu'ils lui seront plus connus. Lorsqu'elle tiendra son conseil, il sera permis à chacune d'exprimer son sentiment, mais la résolution de l'abbesse prévaudra, fût-elle la moins bonne, parce que tout ce qui se fait par obéissance est bien fait.

Religieux. — Il devait y avoir au Paraclet un double monastère, l'un d'hommes, l'autre de filles, mais dans des enceintes séparées, pour ne pas contrevenir à la défense du septième concile général. Le supérieur du monastère d'hommes avait aussi le titre d'abbé; un de ses religieux remplissait les fonctions de procureur, pour le monastère des filles, avec l'intendance de leurs biens, soit à la ville, soit à la campagne, et l'obligation de pourvoir à leurs nécessités corporelles. Toutes relations entre religieux et religieuses étaient formellement interdites; l'abbé même ne pouvait tenir aucune conférence spirituelle qu'en présence de l'abbesse; il devait être, ainsi que ses religieux, du même ordre que les religieuses, et, aussitôt après son élection, il devait prêter serment de fidélité, en présence de l'évêque et de la communauté, avec promesse de s'acquitter fidèlement de sa charge. Les religieux, en faisant leurs vœux, s'obligeaient à ne jamais souffrir que les religieuses fussent molestées; en outre, ils promettaient obéissance à l'abbesse, en faisant profession entre ses mains. Du reste, on voyait la même chose dans l'ordre de Fontevrault, où les religieux étaient soumis à la juridiction de l'abbesse.

Ornements de l'église. — Dans les ornements de l'église, on doit rechercher plutôt la propreté que la magnificence. Point d'or; un ou deux calices en argent; aucune image ni en relief ni en peinture; une croix de bois toute simple fera l'ornement de l'autel. On se contentera de deux cloches, et à la porte du chœur on mettra un bénitier, afin qu'en entrant le matin à l'église, et le soir en en sortant après complies, chacune des sœurs puisse se purifier.

Offices divins. — Les leçons de matines seront distribuées de telle sorte que, dans le cours de l'année, on lise l'Ecriture sainte tout entière. Les commentaires des Pères ou leurs sermons se liront au chapitre ou au réfectoire. Les vigiles ou matines se commenceront à minuit, et les laudes au point du jour; l'intervalle entre ces deux offices sera consacré au sommeil des sœurs. Les lectures se feront dans le cloître. A l'issue de prime, on lira le Martyrologe au chapitre, après quoi, celle qui préside fera une exhortation ou quelque lecture édifiante à la communauté. L'assemblée se terminera par la correction des fautes.

Nourriture. — Il sera permis aux religieuses de manger de la viande, mais seulement une fois le jour, les dimanche, mardi et jeudi. Ces jours-là, on ne leur servira qu'une portion, et quelque fête qui tombe dans le cours de la semaine, on ne changera rien à cet ordre. A défaut de viande, on donnera aux sœurs deux portions d'œufs ou de légumes, et même de poisson. Au souper, elles n'auront que des fruits. La nourriture pour tous les vendredis sera la même qu'au carême. Il n'y aura pas d'autres jeûnes que ceux prescrits par l'Eglise à tous les fidèles; mais depuis les ides de septembre jusqu'à Pâques, on ne fera qu'un repas par jour, où l'on pourra servir de la viande, à l'exception du carême. L'usage du vin est permis, mais en petite quantité et avec un tiers d'eau.

Habits des religieuses. — Les religieuses seront vêtues de noir pour le costume extérieur. Leurs voiles seront d'une toile ou d'une petite étamine noire; ce qui s'entend des professes, et non des novices, qui apparemment le portaient blanc. Les vierges étaient distinguées des veuves par une croix blanche, qu'elles portaient sur leur voile, pour marquer qu'elles appartenaient plus spécialement à Jésus-Christ. Toutes porteront sur leur chair une chemise de grosse toile, et coucheront sur un matelas avec des draps de toile. En hiver elles porteront un manteau qui pourra leur servir de couverture pour la nuit. Leur coiffure sera simple; un bandeau de toile blanche qui descendra sur le front, avec un voile qui couvrira toute la tête. Jamais elles n'iront pieds nus, sous aucun prétexte, même par mortification.

Messes, communions, réfectoire. — L'heure de la messe sera celle de tierce, et elle sera célébrée par le religieux de semaine. On choisira un des plus anciens pour communier les sœurs après le sacrifice. Elles communieront, au moins trois fois l'année, à Pâques, à la Pentecôte, à Noël. Avant chaque communion, elles passeront trois jours en prières et en pratiques d'humilité, et jeûneront au pain et à l'eau. Après la messe, elles travailleront jusqu'à sexte; alors elles iront dîner, à moins que ce ne soit un jour de jeûne; dans ce cas, elles attendront après none, et même après vêpres en carême. En tout temps, on fera la lecture pendant le repas.

Étude de l'Ecriture sainte. — Le dernier article de la règle est conçu en ces termes. « Puisque vous vous privez volontiers de toutes les vaines conversations qui ne font que dessécher le cœur, vous emploierez le temps à l'étude de l'Ecriture sainte, celles surtout à qui Dieu a donné plus de talent, plus d'ouverture d'esprit, plus de grâce pour s'énoncer, afin qu'elles s'instruisent à fond de ce qui regarde la piété et la vie spirituelle. » — Ce sont là les articles principaux de la règle d'Abailard, telle qu'on la retrouve dans les manuscrits de Nantes et de Saint-Victor; mais celui du Paraclet en contient quelques autres que l'on croit être d'Héloïse, comme nous le verrons par la suite.

A saint Bernard. — Viennent ensuite plusieurs lettres tant d'Abailard que de plusieurs autres personnes avec lesquelles il se trouvait en communication; nous ne rendrons compte que de celle qu'il adressa à saint Bernard. En voici l'occasion. Saint Bernard s'étant trouvé au Paraclet, dans un moment où l'on chantait les vêpres, remarqua que la supérieure, en récitant l'Oraison dominicale, disait : *Donnez-nous aujourd'hui notre pain supersubstantiel.* Il fit là-dessus des remontrances à Héloïse, en lui signalant cette locution comme une nouveauté dangereuse. Elle prouva par le texte grec et hébraïque de saint Matthieu qu'il fallait dire: *notre pain supersubstantiel;* mais le saint abbé insistait toujours sur ce que l'on devait s'en tenir à l'usage de l'Eglise. Héloïse donna avis de cette entrevue à Abailard, qui, prenant sa défense, écrivit au saint abbé de Clairvaux qu'on ne pouvait le traiter de novateur pour un terme qui est de l'Ecriture. Saint Matthieu, qui avait entendu l'Oraison dominicale de la bouche même du Sauveur, la rapporte ainsi; on doit plutôt suivre cet évangéliste que saint Luc qui n'en rapporte qu'une partie, et qui n'était pas là quand le Sauveur l'a prononcée. Il ajoute que l'Eglise grecque, qui, ce semble, devrait suivre de préférence la leçon de saint Luc qui a écrit en grec, s'en tient néanmoins à la version de saint Matthieu; puis, venant au reproche de nouveauté, il censure vivement les coutumes de Cîteaux qui s'éloignent en plusieurs points de l'Église universelle. Par exemple, on y disait l'*alleluia,* même après la Septuagésime; aux matines de Noël, Pâques et la Pentecôte; on y récitait l'hymne *Æterne rerum conditor,* au lieu des hymnes propres à ces solennités; et, contrairement à tous les rites de l'Église, on disait un invitatoire, une hymne et même des *Gloria Patri,* à la fin de chaque psaume, pendant les ténèbres de la semaine sainte. « Si vous me répondez, dit-il à saint Bernard, que ces usages sont conformes à la règle de saint Benoît, je vous dirai aussi que l'Oraison dominicale, telle qu'on la récite au Paraclet, est conforme à l'Évangile, dont l'autorité est supérieure à celle de saint Benoît. » Il ajoute que les nouveautés défendues dans l'Église ne sont pas les nouveautés d'expressions, mais les nouveautés de sentiments contraires à la foi;

ce qu'il prouve par l'invention des termes de consubstantiel, de personne, de Trinité, pour expliquer nos mystères, termes que l'on chercherait en vain dans les livres de l'Écriture. Il dit encore qu'il y a une infinité de différences dans les coutumes des églises, et il en conclut que chacun est libre de réciter l'Oraison Dominicale comme il le jugera à propos.

PREMIÈRE APOLOGIE. — Nous avons vu, dans la vie d'Abailard, qu'après sa condamnation au concile de Sens, il en appela au pape, publia son apologie et résolut d'aller à Rome, et qu'il ne fut détourné de son dessin que par Pierre le Vénérable, qui le retint à Cluny, où il fut un sujet d'édification pour tous les religieux de ce monastère. Cette Apologie répondait à dix-sept articles extraits de ses écrits, et condamnés dans cette assemblée. Abailard l'adressa à tous les fidèles. Il eut soin d'en tirer plusieurs copies et de la faire répandre dans le monde.

Il y déclare, 1° que c'est malicieusement qu'on lui a attribué cette proposition, qu'il déteste; savoir que le Père est la toute-puissance; le Fils une certaine puissance, et le Saint-Esprit aucune puissance; tandis qu'au contraire il croit que le Fils et le Saint-Esprit, étant de la substance du Père, n'ont avec lui qu'une même puissance et une même volonté; 2° qu'il reconnaît que le Fils de Dieu seul s'est fait homme pour nous racheter; 3° que Jésus-Christ, comme Fils de Dieu, est né de la substance du Père avant tous les siècles, et que la troisième personne de la sainte Trinité, le Saint-Esprit, procède du Père et du Fils; 4° que la grâce de Dieu est tellement nécessaire à tous les hommes, que ni la nature ni la liberté ne peuvent suffire au salut, parce qu'en effet c'est la grâce qui nous prévient afin que nous voulions, qui nous suit afin que nous puissions, qui nous accompagne afin que nous persévérions; 5° que Dieu ne peut agir que dans les limites du convenable, et qu'il y a beaucoup de choses qu'il ne fera jamais; 6° qu'il y a des péchés d'ignorance occasionnés surtout par la négligence que nous mettons à nous instruire; 7° que Dieu empêche souvent le mal, soit en prévenant l'effet de la mauvaise volonté, soit en la changeant en bien; 8° que nous avons contracté la coulpe et la peine du péché d'Adam, source et cause de tous nos péchés; 9° Abailard confesse encore que ceux qui ont attaché Jésus-Christ à la croix se sont rendus coupables d'un grand crime; 10° que la perfection de la charité, qui n'exclut pas une certaine crainte que les anges et les bienheureux éprouvent même dans le ciel, a été dans l'âme de Jésus-Christ; 11° que la puissance des clefs se trouve dans tous les évêques légitimement ordonnés dans l'Église; 12° que tous ceux qui sont égaux dans l'amour de Dieu et du prochain, le sont aussi en perfection et en mérite; 13° qu'il n'y a aucune différence entre les trois personnes divines, quant à la plénitude du bien et la dignité de la gloire; 14° il proteste qu'il n'a jamais pensé ni dit que le dernier avènement du Fils pouvait être attribué au Père; 15° qu'il croit que l'âme de Jésus-Christ est réellement et substantiellement descendue aux enfers; 16° il déclare encore n'avoir jamais dit ni écrit que l'action, la volonté, la cupidité, le plaisir ne sont pas des péchés, et que nous ne devons pas souhaiter l'extinction de cette cupidité. 17° Après avoir désavoué le livre des Sentences, que l'on faisait passer sous son nom quoiqu'il ne fût pas de lui, il prie les fidèles de ne pas noircir son innocence, en lui imputant des erreurs qu'il n'enseignait pas, et de donner un sens favorable à ce qui leur paraîtrait douteux dans ses écrits. Il faut avouer qu'il y avait plus de légèreté que de malice dans les erreurs que l'on reprochait à Abailard; du moins prend-il Dieu à témoin que, dans tout ce qui lui est reproché par ses accusateurs, il n'avait rien avancé ni par malice ni par orgueil. Cependant on ne comprend pas très-bien comment il a pu nier, dans cette apologie, qu'il eût établi une différence entre la puissance du Père et du Fils et refusé toute puissance au Saint-Esprit, puisque son Introduction à la théologie contient clairement la preuve du contraire.

SECONDE APOLOGIE. — A la suite de cette première Apologie, qui avait pour but de le justifier auprès du monde, il en écrivit une seconde, pour rassurer les religieuses du Paraclet contre les bruits fâcheux qui se répandaient sur lui et sur sa doctrine. Il leur adressa une profession de foi opposée à toutes les erreurs qu'on lui imputait. On jugera de ces erreurs par le désaveu qu'il en fait. « Je déteste, dit-il, l'hérésie de Sabellius, qui soutenait que le Père, le Fils et le Saint-Esprit ne sont qu'une même personne, et par conséquent que le Père a été crucifié, ce qui a fait donner à ses sectateurs le nom de patripassiens. Je crois que le Fils s'est fait homme, en unissant la nature divine et la nature humaine en une même personne; et, qu'après avoir consommé par sa mort l'œuvre de notre rédemption, il est ressuscité et monté au ciel, d'où il viendra juger les vivants et les morts. Je confesse que tous les péchés sont remis par le baptême; que nous avons besoin de la grâce, soit pour commencer, soit pour achever le bien; et, qu'après être tombés, nous pouvons nous relever par la pénitence. Qu'est-il besoin de parler de la résurrection de la chair? Si je ne la croyais pas, je cesserais d'être chrétien. » Il condamne encore l'hérésie d'Arius, se déclare pour la consubstantialité du Fils et du Saint-Esprit avec le Père, reconnaissant que les trois personnes ne forment qu'une seule nature, une seule puissance, une seule divinité. Ce fut après la publication de cette double Apologie que, renonçant à son appel en cour de Rome, il alla s'enfermer à Cluny, puis à Saint-Marcel, où il mourut. Héloïse, qui avait obtenu son corps, demanda à Pierre le Vénérable de lui envoyer l'absolution qu'il avait accordée à Abailard, afin d'en suspendre la cédule au-dessus de son tombeau. Pierre l'envoya signée et scellée de son sceau. Elle était conçue en ces termes : « Moi, Pierre, abbé de Cluny, qui ai reçu Pierre Abailard au nombre de mes religieux, et qui, après l'avoir exhumé secrètement, ai fait présent de son corps à Héloïse, abbesse du Paraclet, et à ses religieuses, je déclare que, par l'autorité du Dieu tout-puissant, et de tous les saints, je l'absous de tous ses péchés, en vertu du du droit que me donne ma charge. »

COMMENTAIRES. — Ces deux Apologies d'Abailard se trouvent suivies, dans l'édition de ses œuvres, de ses Commentaires sur l'Oraison dominicale, le Symbole des Apôtres et celui de saint Athanase. Il suit dans le premier le texte de cette prière telle qu'on la récite dans l'Eglise, sans insister, comme dans la lettre à saint Bernard, sur le terme *supersubstantiel* de la version de saint Mathieu, au lieu de celui de *quotidien* que portait celle de saint Luc. Il remarque, sur le symbole des apôtres, que personne ne tenait un enfant sur les fonts du baptême, qu'auparavant il n'eût récité à haute voix l'Oraison dominicale et le Symbole, en présence du prêtre ; et il prouve cet usage par plusieurs canons des conciles. Tout ce que dit Abailard, dans cette explication du symbole, est conforme à la foi de l'Eglise et peut servir à le justifier des erreurs qu'on lui attribue sur le mystère de la Trinité. Il n'explique qu'en partie le symbole de saint Athanase, mais il en prend l'essentiel. — Son commentaire sur l'Epître aux Romains est divisé en cinq livres, et chaque livre contient l'explication de trois chapitres. Abailard s'y applique principalement à développer le sens de la lettre, et, pour le donner avec plus de suite, il se sert de paraphrases. Il y traite les grandes questions du péché originel, du libre arbitre, de la grâce, de la prédestination, de la réprobation. Dans le recueil des propositions extraites des écrits d'Abailard qui furent lues au concile de Sens et envoyées au pape, celle-ci faisait la huitième : « Quand on dit que les enfants contractent le péché originel, cela doit s'entendre de la peine temporelle et éternelle due à cause de ce péché du premier homme. » d'où il résulterait que nous ne tirons point d'Adam la coulpe du péché originel, mais seulement la peine. Abailard rétracta ce que cette propositon avait d'inexact, dans le huitième article de son Apologie. Il rétracta aussi cette autre proposition, qui se trouve encore dans ce commentaire ; savoir, que Dieu n'a pas donné plus de grâce à celui qui est sauvé qu'à celui qui ne l'est pas, avant que le premier eût coopéré à la grâce : Dieu offre sa grâce à tout le monde ; et il dépend de la liberté des hommes de s'en servir ou de la rejeter. Cette rétractation forme le quatrième article de son Apologie.

SERMONS. — Sur les instances d'Héloïse et de sa communauté, Abailard composa un grand nombre de sermons, où, sans affecter les ornements de l'éloquence, il explique avec netteté les passages de l'Ecriture qui ont rapport au mystère qui fait le sujet de son discours, et en tire des moralités très-solides. Ces discours sont disposés suivant l'ordre des fêtes, en commençant toutefois par la solennité de l'Annonciation, qui est la première dans l'économie de la rédemption. Tous ces discours sont adressés aux religieuses du Paraclet. Dans celui sur la fête de saint Pierre, il remarque que l'Eglise romaine a la prééminence sur toutes les autres, même sur celle de Jérusalem, à cause de la prérogative d'honneur accordée par Jésus-Christ à cet apôtre. Dans le sermon sur saint Paul, il cite comme authentiques les lettres de Sénèque à cet apôtre. Ce qu'il dit de la rencontre de tous les apôtres à la mort de la sainte Vierge, est tiré de saint Grégoire de Tours, et c'est aussi d'après ce père qu'il affirme qu'elle fut enlevée au ciel, où elle réside en corps et en âme. Dans le sermon sur Suzanne, adressé aux religieuses du Paraclet et aux prêtres qui leur disaient la messe, ou les administraient dans leurs maladies, il les reprend sévèrement de quelques familiarités. Le discours sur saint Jean-Baptiste est une invective très-aigre contre quelques chanoines réguliers et quelques moines, mais surtout contre ceux qui, gardant l'habit monastique dans l'épiscopat, menaient une vie contraire à leur profession.

INTRODUCTION A LA THÉOLOGIE. — Les élèves d'Abailard trouvaient tant de plaisir à la lecture de ses écrits philosophiques et littéraires, qu'ils lui demandèrent un abrégé de théologie qui les mît en état, non-seulement d'acquérir l'intelligence des divines Ecritures, mais aussi de défendre, par la force des raisonnements humains, les vérités de la religion contre ceux qui les combattaient. Abailard, après avoir balancé quelque temps, se rendit à leurs désirs, et composa le traité qui a pour titre : Introduction à la théologie. On voit par le prologue qu'il ne pensait à rien moins qu'à innover dans la foi, qu'il n'avait pas même le dessein d'en établir les vérités, mais uniquement de proposer ses opinions sur les moyens de les défendre. C'est pourquoi il est prêt d'avance à corriger les erreurs dans lesquelles il pourra tomber, pourvu qu'on les lui démontre, ou par l'autorité des Ecritures ou par la force de la raison.

L'ouvrage est divisé en trois livres. Dans le premier, il traite sommairement de la foi, de la charité, et des sacrements qui sont nécessaires au salut. Il définit la foi : la croyance aux choses qu'on ne voit pas, c'est-à-dire qui ne sont pas à la portée des sens corporels. La foi regarde le bien, le mal, le présent, le futur. L'espérance, qu'il a comprise dans la foi, comme l'espèce dans son genre, n'a pour objet que les biens futurs, et se définit : l'attente de quelque bien. La charité est un amour honnête dirigé vers la fin qu'on doit se proposer, ce qui la met en opposition avec la cupidité, qui est un amour honteux et deshonnête. Quant au sacrement, Abailard le définit un signe visible de la grâce invisible de Dieu ; ainsi l'eau du baptême est le signe de l'absolution intérieure qui purifie une âme de la tache du péché. Ces principes posés, il vient à l'objet de la foi, qui est un Dieu en trois personnes. Il prouve les attributs de Dieu et la trinité des personnes non-seulement par des passages de l'Ecriture et des Pères mais encore par les témoignages d'Aristote, de Platon et de quelques autres philosophes païens.

Ne doutant point que cette façon de prouver les mystères ne déplût à quelques-uns, il consacre une partie du second livre à justifier sa méthode : 1° par l'exemple de saint Jérôme et des autres docteurs ; 2° en montrant que la dialectique peut servir d'auxiliaire à la religion quand on en fait un bon usage ; 3° en démontrant que, quand on a à convaincre des juifs, des payens, des hérétiques il est avantageux de leur prouver, par des comparaisons et des exemples, que ce que la foi nous enseigne n'est pas contraire à la raison. Après cette digression, Abailard reprend la suite de son sujet, et traite de la nature divine, de la distinction des personnes en Dieu, de leur coéternité, de la génération du Fils, et de la procession du Saint-Esprit. Il prouve, contre les ariens, que le Fils est consubstantiel au Père, et contre les Grecs, que le Saint-Esprit procède du Père et du Fils, et que le terme *filioque* a pu être inséré dans le symbole, pour donner l'idée de l'unité de substance dans les trois personnes. Il compare la Trinité à un cachet de cuivre, et dit, que comme la matière et la figure qui est sur ce cachet ne sont qu'une même substance quoique la matière ne soit pas la figure, ni la figure la matière ; ainsi, quoique le Père le Fils et le Saint-Esprit ne soient qu'une même substance, cependant ces personnes diffèrent assez entre elles pour qu'elles ne puissent pas être confondues sans erreur. Le concile de Sens a reproché à Abailard cette comparaison, qui n'est pas juste, mais en est-il une seule parfaite sur cette matière ? L'exemple qu'il produit, pour faire comprendre la coéternité des personnes, a quelque chose de mieux ; il est tiré de la lumière du soleil, qui existe en même temps que le soleil lui même. Mais la manière dont il distingue la procession du Saint Esprit de la génération du Fils lui a attiré de grands reproches. En effet, il dit que le Fils parce qu'il est engendré est de la substance même du Père, mais que si l'on veut parler avec précision, on ne peut pas en dire autant du Saint-Esprit, quoiqu'il lui soit consubstantiel parce qu'il ne procède pas du Père par voie de génération comme le Fils, mais par voie d'amour. L'erreur d'Abailard est plus dans les termes que dans le sens même de sa proposition, puisqu'il admet la consubstantialité du Saint-Esprit ; qu'il n'y est tombé que pour avoir voulu substituer la subtilité de l'école, aux façons de parler des Pères, qu'il reconnaît s'être exprimés autrement que lui.

Dans le commencement du troisième livre, il fait voir qu'il est bien plus avantageux que l'univers soit gouverné par un seul que par plusieurs ; qu'en effet, c'est un seul Dieu qui l'a créé et qui le gouverne ; il cite là-dessus le témoignage de Cicéron. Traitant ensuite de la puissance de Dieu, il dit : qu'on ne doit pas s'imaginer que Dieu soit impuissant, parce qu'il ne peut pécher ; puisqu'en nous-mêmes pouvoir pécher n'est pas puissance, mais faiblesse. Quand donc on dit que Dieu peut tout, ce n'est pas qu'il puisse tout faire, mais c'est qu'il peut faire tout ce qu'il veut, pourvu qu'il veuille ce qui est convenable : d'où il suit que ce qu'il ne fait pas n'est pas convenable. Abailard avoue que cette opinion lui est particulière. Saint Bernard s'élève contre ces propositions, et Abailard les rétracte dans son Apologie. Il traite ensuite de l'immensité de Dieu, de sa sagesse, de sa bonté et de sa prescience des choses futures ; sur quoi il dit : Quoique Dieu ait tout prévu et préordonné, sa prescience toutefois n'impose aucune nécessité à notre libre arbitre, qu'il définit la délibération par laquelle une âme se détermine à faire une chose ou à ne la pas faire. Il enseigne que cette sorte de liberté ne convient pas à Dieu, mais seulement à ceux qui peuvent changer de volonté, et prendre un parti contraire. Ce qu'il dit sur l'incarnation du Verbe est entièrement conforme à la foi catholique. Du reste, ce troisième livre est imparfait.

THÉOLOGIE— Abailard composa plusieurs autres ouvrages qui n'ont été publiés que depuis quelques années. Le plus considérable est celui qu'il a intitulé : *Théologie chrétienne*. Il est divisé en cinq livres, et il est à remarquer que le premier et le cinquième livres se trouvent presque mot pour mot dans l'*Introduction à la théologie*.

Dans le premier livre il examine ce que c'est que la distinction des personnes en Dieu, et ce que signifient les noms de Père, Fils, et Saint-Esprit. Il rapporte sur ces différents articles les passages de l'Ecriture et des Pères, auxquels il joint les témoignages des philosophes, qui, selon lui, sont parvenus à la connaissance de Dieu par les lumières de la raison et par une sorte de révélation intérieure qu'ils ont méritée par la sobriété de leur vie. A tous les philosophes il préfère Platon et ses disciples, parce que, de l'avis des saints Pères, ils ont eu plus de connaissance de la religion chrétienne, jusqu'à exprimer dans leurs écrits le mystère de la sainte Trinité, reconnaissant un Verbe né de Dieu et coéternel à Dieu, et une troisième personne qu'ils nommaient l'âme du monde. Au témoignage des philosophes dont il fait l'éloge, il ajoute ceux de la sibylle, et la quatrième lettre prétendue de Sénèque à saint Paul.

On trouva mauvais qu'Abailard prouvât les dogmes de la religion par l'autorité des païens, qui ne la connaissaient pas. Il cite en sa faveur l'exemple de saint Jérôme qui se justifiait du même blâme en disant que saint Paul avait cité dans ses épîtres Epiménide et Ménandre. Saint Jérôme savait, dit Abailard, que l'on trouve quelquefois des grains de blé dans les pailles, et, sur les fumiers, des perles plus précieuses que sur les couronnes des rois. Il avoue même, mais sans l'assurer positivement, que tous les philosophes ont eu le don de la foi, et que tous les mystères de la Trinité et de l'Incarnation ont été révélés à quelques-uns d'entre eux; d'où il conclut que rien ne nous oblige à désespérer du salut de ceux qui, avant la venue du Rédempteur, faisaient naturellement ce que prescrit la loi, sans en avoir été instruits. Il décrit la vie humble, sobre, laborieuse des philosophes, et les vertus de quelques empereurs païens, entre autres de Trajan, dont il dit que l'équité et la justice furent si agréables à Dieu, que saint Grégoire le Grand obtint par ses prières que l'âme de ce prince sortirait de l'enfer. Il est surprenant qu'ajoutant foi si légèrement à une histoire fabuleuse, rapportée par Jean Diacre, il ose combattre le sentiment de saint Ambroise, qui, connaissant les bonnes œuvres de l'empereur Valentinien, assurait qu'encore qu'il fût mort avant d'avoir reçu le baptême, il ne laissait pas d'être dans le séjour des élus. On ne doit doit pas être moins surpris qu'il ait cru, sur la foi de Suétone, que Vespasien avait fait des miracles avant d'être empereur. Enfin, Abailard semble préférer les théories de Platon à ce que Moïse a dit de la création.

Le troisième livre est dirigé contre les dialecticiens, qui soutenaient que la raison humaine suffisait pour comprendre la nature de Dieu, et qu'on devait se refuser à croire ce qui ne pouvait ni se prouver ni se défendre par la force de la raison. Il propose la foi de l'Eglise sur l'unité de nature et la Trinité des personnes en Dieu, et il s'explique de façon à effacer tous les soupçons que son ouvrage précédent avait fait naître sur sa doctrine touchant le Saint-Esprit. Il dit que les trois personnes, quoique distinctes, sont égales en tout et coéternelles; que la substance divine est simple, exempte d'accidents et de forme, n'y ayant rien en Dieu qui ne soit Dieu. Il résout ensuite les objections des dialecticiens contre le mystère de la sainte Trinité, et emprunte la plupart de ses solutions aux écrits de saint Jérôme et de saint Augustin.

Il développe la même matière dans le quatrième livre; et, après avoir montré que les trois personnes de la Trinité ne sont pas seulement de simples noms, comme le prétendaient les sabelliens, mais des réalités, ainsi qu'il est marqué au chap. v, v. 7, de la première Epître de saint Jean : *Tres sunt qui testimonium dant in cœlo,... et hi tres unum sunt,* il répond aux difficultés que l'on formait contre la génération du Verbe. C'est dans ce livre qu'il répète ce qu'il a dit dans son introduction à la théologie, que le Père est la pleine puissance, le Fils une certaine puissance, et le Saint-Esprit aucune puissance; expressions que dans son apologie il assure n'être jamais sorties de sa plume, et qu'il rejette avec horreur comme hérésiarques et diaboliques. Il établit la procession du Saint-Esprit, et prouve, contre les Grecs, qu'on a eu raison d'ajouter au symbole la particule *filioque,* en rapportant les passages des Pères, tant grecs que latins.

Son but, dans le cinquième livre, est d'établir la foi en un seul Dieu, la perfection et l'immutabilité du souverain bien. Il enseigne que, comme Dieu veut nécessairement, il agit aussi nécessairement; qu'ainsi il a voulu et créé nécessairement le monde; toutefois il ne s'ensuit pas qu'il ait été oisif avant de le créer, quoique pourtant il ne dût pas le faire plus tôt qu'il ne l'a fait. L'écrivain anonyme qui a combattu la doctrine d'Abailard s'est élevé fortement contre ces façons de parler; et, en effet, il serait difficile de les lui pardonner, s'il n'avait soumis ses écrits au jugement des gens habiles, et, par conséquent, au jugement de l'Eglise.

HEXAMÉRON.—Héloïse avait demandé avec beaucoup d'instances ce commentaire, parce qu'elle avait peine à comprendre certains passages du commencement de la Genèse; Abailard, qui ne savait rien lui refuser, s'appliqua à le rendre le plus parfait possible, en y donnant le sens littéral, moral et allégorique. On croit qu'il s'était retiré déjà à Cluny, et que ce commentaire fut un de ses derniers ouvrages; du moins est-il certain que, dans le temps qu'il le composa, il ne confondait plus l'âme du monde, des étoiles et des planètes avec le Saint-Esprit, comme il l'avait fait en écrivant sa Théologie chrétienne. Il cherche l'intelligence du texte, non seulement dans saint Augustin et dans quelques anciens commentateurs, mais aussi dans l'hébreu. Il remarque sur ces paroles : *Dieu créa,* que les trois personnes de la Trinité concoururent à la création de l'univers, et que leurs œuvres sont indivisibles. Il n'est pas de l'opinion de ceux qui croient que le monde fut créé au printemps, et sa raison est qu'il n'y avait pas encore de soleil dont l'approche fait ce que nous appelons le printemps; mais il incline beaucoup vers le sentiment des interprètes qui pensent que nos premiers parents demeurèrent quelques années dans le Paradis terrestre avant de tomber dans le péché; et il en juge ainsi par le temps qu'il fallut pour inventer une langue et donner un nom à tous les animaux. Sur les volatiles, il dit qu'étant créés des eaux comme les poissons, ils sont moins nourrissants que la chair des quadrupèdes ; c'est pour cela que saint Benoît, qui en a interdit l'usage, ne défend pas de manger de la volaille.

MORALE d'*Abailard.*—Abailard a laissé un traité de morale sous ce titre: *Connaissez-vous vous-mêmes.* Il y donne différents préceptes pour la formation des mœurs, qu'il réduit à la fuite du vice et à la pratique de la vertu. Il examine en quoi consiste le péché, et se fait là-dessus plusieurs questions, dont la solution est qu'il n'y a point de péché sans le consentement de la volonté. La réconciliation du pécheur avec Dieu consiste en trois choses, la pénitence, la confession, la satisfaction. La pénitence qui naît de l'amour de Dieu est utile. Abailard ne fait aucun cas de celle qui n'a d'autre principe que la crainte des peines de l'enfer, parce que, dans ce cas, ce n'est pas le péché qui déplaît, mais la punition qui doit le suivre; au contraire, il ne doute pas que Dieu ne pardonne à celui qui, véritablement contrit de ses fautes, ne trouve pas l'occasion de les confesser et n'a pas le loisir de les expier par la pénitence. Par le péché irrémissible en ce monde et en l'autre, il entend l'impénitence finale. Il dit que les prêtres sont les ministres de la pénitence, et quoique les évêques donnent aux autres le pouvoir d'absoudre, il ne les dispense pas de l'obligation de s'adresser à quelqu'un de leurs inférieurs pour se confesser et en recevoir la satisfaction. Il parle du secret de la confession, comme inviolable, et ne désapprouve pas les pénitents qui, ayant des motifs de douter de la discrétion de leur prélat, s'adressent avec leur permission à d'autres pour se confesser. Sur la fin du traité, Abailard demande s'il appartient généralement à tous les évêques de pouvoir lier et délier, et il répond que le pouvoir des clefs a été accordé aux apôtres personnellement, et non généralement à tous les évêques. Il croit toutefois que ceux qui par leurs vertus sont les imitateurs des apôtres, ont le même pouvoir qu'eux à l'égard des clefs; mais il résulte de cette proposition qu'ils ne l'ont pas précisément en vertu de la dignité épiscopale; ce qui est une erreur dans Abailard.

Autres écrits d'Abailard. — M. Cousin, en 1836, a publié pour la première fois plusieurs écrits d'Abailard qui jusque-là n'avaient pas vu le jour; entre autres, 1° son fameux ouvrage intitulé : *Sic et Non* (*Oui et Non*), recueil d'autorités contradictoires empruntées aux Pères et à l'Ecriture sur les principaux points du dogme; 2° *Fragments de gloses sur l'introduction de Porphyre*; 3° *Catégories et interprétations d'Aristote*; 4° *Sur les Topiques de Boèce*; 5° la *Dialectique*, divisée en cinq parties, dont la première traite des éléments ou parties de la proposition; la deuxième, des propositions simples, dites catégoriques, et des syllogismes qui en dérivent; la troisième, des lieux communs ou principes de toute argumentation; la quatrième, des propositions et syllogismes hypothétiques; la cinquième, de la division et de la définition. Parmi les écrits édités par M. Cousin se trouve aussi un *Fragment précieux sur les espèces et sur les genres*. Ce Fragment est la pièce la plus intéressante du grand procès du Nominalisme et du Réalisme au siècle d'Abailard. Enfin le *Cours complet de Patrologie*, sur le témoignage de M. Dumesnil (*Ann. de Philos.*), publie encore, sous le nom d'Abailard, un livre de *Sentences*, désavoué par l'auteur dans son *Apologie*, et plusieurs poëmes adressés à son fils Astrolabe, avec des rhythmes ou proses sur la sainte Trinité.

On ne peut s'empêcher de convenir qu'Abailard fut un des hommes les plus éclairés de son siècle. Il était à la fois grammairien, orateur, dialecticien, poëte, musicien, philosophe, théologien, mathématicien; mais il n'a rien laissé qui justifie la réputation dont il jouissait parmi ses contemporains. Il excellait dans la dispute. Dans un temps où tout présentait l'image de la guerre et de la barbarie, les écoles étaient une arène où les athlètes s'occupaient moins de convaincre que de terrasser leurs adversaires. Abailard sortit presque toujours triomphant de ces sortes de combats, et tant de victoires fixèrent sur lui l'attention de l'Europe. On peut lui reprocher, avec raison, cette opiniâtreté et cette présomption que devaient lui donner ses nombreux succès de l'école. Sa passion pour Aristote lui fit commettre dans le dogme quelques erreurs que nous avons eu occasion de signaler dans l'analyse de ses ouvrages. Plus philosophe que théologien, il voulut, dans les premières années qu'il se produisit en public, enseigner des matières qu'il n'avait pas approfondies, et pénétrer, par les seules lumières de la raison, dans des mystères inaccessibles au raisonnement humain. De là les reproches qu'il eut à essuyer, soit dans les conciles, soit à Rome, de la part des plus savants hommes de son siècle, et la nécessité où il fut de rétracter, par des monuments publics, des sentiments que la pureté de la foi catholique réprouve et condamne. Si la doctrine d'Abailard ne fut pas toujours irréprochable, sa conduite fut souvent un sujet de scandale; mais telle est l'indulgence du cœur humain pour les faiblesses de l'amour, qu'Abailard doit aujourd'hui une grande partie de sa renommée à ces faiblesses qui le condamnent aux yeux de la morale et de la religion. Ses amours et les malheurs qui en furent la suite défendront toujours son nom de l'oubli des hommes, et la philosophie austère aura longtemps à s'étonner de voir la postérité célébrer, comme un héros de roman, celui que son siècle admirait comme un habile théologien, dont Pierre le Vénérable louait la pénitence, et que saint Bernard eut pour ami après l'avoir combattu comme adversaire. Quelques éloges cependant qu'on donne à Abailard, on ne peut nier qu'il n'ait eu une présomption extrême. Avec moins d'amour-propre il eût été moins célèbre, mais il eût été plus heureux. Ensevelis d'abord au prieuré de Saint-Marcel, ses restes, sur la demande d'Héloïse, furent transportés au Paraclet; mais ils ont subi, depuis, plusieurs translations; et comme s'il eût été dans la destinée d'Abailard de ne trouver le repos ni pendant sa vie ni après sa mort, ses ossements et ceux d'Héloïse ont été transportés à Paris en 1800, déposés pendant quelque temps au Musée des monuments français, et enfin inhumés définitivement au cimetière du Père-Lachaise, où l'on retrouve leur tombeau, charmant monument, qui, à défaut de ces souvenirs, attirerait encore la visite des amateurs par la perfection de son architecture.

ABANDUS, était abbé, sans que l'on puisse dire de quel monastère, et vivait en même temps qu'Abailard, c'est-à-dire, dans le XIIe siècle. Après la condamnation de l'hérésie de Bérenger, et la confession de foi qu'on lui fit signer dans le concile de Rome, il s'éleva, même entre les catholiques, plusieurs questions sur le sens de certains termes dont cette confession est composée. Une de ces questions avait trait à la fraction des espèces sacramentelles dans l'eucharistie. Quelques uns étaient de sentiment que cette fraction ne se faisait que dans les espèces du pain; d'autres voulaient qu'elle s'accomplît dans la chair même de Jésus-Christ. Ils se fondaient sur l'anathème prononcé par la confession de foi, contre quiconque niera que le corps de Jésus-Christ soit touché par le prêtre, rompu entre ses mains, et même déchiré par ses dents. Les auteurs du premier sentiment disaient qu'après le changement du pain et du vin au corps et au sang de Jésus-Christ, les espèces ou accidents continuaient de subsister, et que c'était dans ces espèces que se faisait la fraction; ceux qui soutenaient l'opinion contraire affirmaient qu'après la transsubstantiation, les espèces comme la substance du pain étaient changées au corps de Jésus-Christ. L'abbé Abandus était de ce sentiment, et quoiqu'il admît le dogme de la transsubstantiation, il était d'avis que cette fraction s'opérait dans la chair même du Sauveur. Il écrivit sur la fraction du corps de Jésus-Christ un petit traité, qui se trouve parmi les *Analectes* de dom Mabillon. Il mourut à peu près en même temps qu'Abailard, vers le milieu du XIIe siècle.

ABBON (saint), nommé évêque de Metz en 690, gouverna ce diocèse avec autant de force que de sagesse, jusqu'à l'an 700, qui fut celui de sa mort. Le Martyrologe de sa cathédrale a fixé sa fête au 15 avril. Une charte, donnée par l'évêque Hérimann, en 1090, nous apprend qu'il fit ériger en paroisse l'église de Saint-Jean-Baptiste, dépendante de l'ancienne abbaye de Saint-Félix, connue plus tard sous le nom de Saint-Clément. Il ne nous reste de saint Abbon qu'une lettre adressée à saint Didier, évêque de Cahors, et publiée parmi les écrits de ce pieux pontife.

ABBON, moine. — On a souvent confondu Abbon, moine de Saint-Germain-des-Prés, à Paris, avec Abbon, abbé de Fleury, quoiqu'ils aient vécu dans deux siècles différents, à près de cent ans l'un de l'autre. Abbon de Saint-Germain fit ses études dans ce monastère, où il fut ensuite élevé au diaconat, puis à la prêtrise. La réputation de son savoir, surtout dans les matières de religion, engagea Fratier, évêque de Poitiers, et Fulrade, évêque de Paris, à lui demander quelques instructions pour les prêtres de leurs diocèses. On peut juger de là qu'Abbon vécut jusque vers l'an 923, et peut-être plus longtemps encore, puisque Fulrade ne mourut qu'en 927, et Fratier en 936. Le Nécrologe de Saint-Germain met la mort d'Abbon au 9 mars, mais sans en marquer l'année. Il y est qualifié de prêtre.

SIÉGE DE PARIS, *Poëme*. — Le principal ouvrage d'Abbon est un poëme épique sur le siége de Paris par les Normands. Ce siége, commencé sur la fin de l'année 885, ne finit qu'au dernier jour de janvier de l'an 887. La seule île qu'on appelle aujourd'hui la Cité, et où se trouve l'église Notre-Dame, formait alors toute la ville de Paris, et Odon ou plutôt Eudes, qui depuis fut roi, en était le gouverneur. Abbon était présent au siége. Il a divisé son poëme en trois livres; mais les divers éditeurs n'ont jugé à propos de publier que les deux premiers. Outre que le troisième ne contient rien d'intéressant, et que le manuscrit en est fort imparfait, l'auteur l'a rempli de digressions et de diverses allégories, qu'il a eu soin d'expliquer par des gloses ou scholies aussi peu intelligibles que le texte. Il est accompagné de deux épîtres dédicatoires, l'une adressée à un de ses confrères, nommé Goslin, qui était diacre, et l'autre à Aimoin, qu'il appelle son maître. La première de ces épîtres est en prose, la seconde en vers dactyles. L'ouvrage est intéressant par les faits qu'il contient, et dont voici le résumé.

Sigefroi, qui avait le commandement général de l'armée des Normands, avant d'en venir à la force ouverte contre la ville, demanda à parler à l'évêque. Conduit au palais épiscopal, il pria qu'on lui permît de traverser Paris avec ses troupes, promettant que ses soldats ne commettraient aucun désordre dans ce passage. L'évêque, de concert avec le gouverneur et les principaux seigneurs de Paris, répondit que, le bonheur ou le malheur du royaume dépendant de la garde de cette ville, ils ne pouvaient lui accorder sa demande, et qu'en le refusant, ils ne faisaient que ce qu'il ferait lui-même s'il était à leur place. Sigefroi, irrité, menaça l'évêque de la main, sortit du palais et se disposa à l'attaque de la ville. Pendant toute la durée du siége, l'évêque, autant par sa bravoure que par ses exhortations, anima le peuple à sa défense, persuadé qu'ayant à combattre contre des idolâtres pour des chrétiens, il ne faisait rien de contraire à la douceur épiscopale ni à la sainteté de son caractère. Il fut secondé par son neveu, nommé Ebla, qui, quoique homme de guerre, portait le titre d'abbé, à cause des abbayes dont il jouissait. Ce furent là les chefs des troupes qui défendirent la ville, et qui paraissent le plus souvent dans l'histoire de ce siége. Dans le premier assaut, l'évêque fut blessé d'un coup de flèche, et son écuyer tué d'un coup d'épée à ses côtés. Au second, l'abbé Ebla repoussa les Normands avec grande perte; ils furent encore repoussés dans un troisième assaut, ce qui détermina Sigefroi à s'éloigner. Sur ces entrefaites, l'évêque Gozelin mourut. D'autres Normands s'obstinèrent à pousser le siége et livrèrent divers assauts à la ville. Les assiégés, pour animer les soldats à la défendre contre ces infidèles, arborèrent la croix sur ses retranchements. Les Normands, repoussés de toutes parts, furent enfin obligés de lever le siége. On rapporta la croix dans la ville au chant du *Te Deum*. Un autre abbé, nommé Mars, contribua beaucoup à la défense de Paris. Pendant que le comte Eudes était allé avertir l'empereur Charles de l'extrémité où la ville se trouvait réduite, ce fut lui que l'on choisit pour commander en son absence. L'abbaye de Saint-Germain fut menacée d'un assaut par les Normands, et les religieux n'échappèrent au pillage que par une rançon. Tant qu'elle fut assiégée, toute la ville retentit de prières publiques, et la piété d'Abbon n'hésita pas à attribuer sa délivrance et les succès de l'armée parisienne à l'intercession de saint Vincent, de saint Germain et de sainte Geneviève, dont les reliques étaient solennellement portées en procession par les rues et sur les remparts. — Le manuscrit de ce poëme, tiré du fond de l'abbaye de Saint-Germain, se voit encore aujourd'hui à la Bibliothèque nationale, sous le n° 1633. On en a fait plusieurs éditions, mais la meilleure est la septième, qui a été mise au jour par dom Toussaint Duplessis, dans ses *Nouvelles Annales de Paris*, en 1753. Abbon a réuni dans ses vers tous les défauts des poëtes de son siècle; il écrit mal; ses constructions sont presque toujours vicieuses, et ses métaphores tirées de si loin, qu'à peine la comparaison qu'elles renferment peut-elle se laisser entrevoir. Cependant il a souvent affecté d'employer les propres expressions de Virgile; c'est même le poëte qu'il s'était proposé pour modèle, lorsqu'il entreprit d'écrire l'histoire du siége de Paris. *Maronis proscindebam Eglogas*, dit-il dans son épître dédicatoire. Quoi qu'il en soit, comme il a été témoin de la plus grande partie des événements qu'il raconte, son poëme est précieux pour les détails et la certitude des faits.

SERMONS. — On conserve encore d'Abbon un Recueil de sermons, dont cinq seulement ont été publiés par les soins de d'Achéry, dans son *Spicilége*. Les quatre premiers sont sur la cène du Seigneur, dont on renouvelait la mémoire chaque année au jeudi saint. Non-seulement on distribuait ce jour-là les mystères du corps et du sang du Seigneur; mais on lavait encore les pieds des fidèles; on consacrait le saint chrême, on lavait les autels et le pavé des églises, on purifiait tous les vases sacrés et on réconciliait les pénitents, après toutefois qu'ils avaient fait une confession sincère et donné des preuves non équivoques de repentir. Ce n'était qu'à cette condition qu'ils rentraient dans l'église, dont ils avaient été chassés au commencement du carême, comme Adam fut chassé du paradis terrestre après son péché. Il en fit pénitence pendant plus de six cents ans; et, condamné après sa mort à la prison infernale, il y pleura la faute qui l'avait fait déchoir de son bonheur, jusqu'à ce que Jésus-Christ l'eût absous et délivré en lui ouvrant le paradis. La pénitence d'Adam doit servir de modèle aux pécheurs. Les évêques, qui tiennent la place de Jésus-Christ, ne doivent donc réellement leur accorder l'absolution que lorsqu'ils l'ont méritée par des jeûnes, par la mortification de la chair, par des prières, par des aumônes, par le pardon des injures et par l'éloignement absolu du péché. L'observation du jeûne du carême était si indispensable, que les canons imposaient quarante jours de pénitence à celui qui aurait manqué de l'observer seulement un seul jour. On mettait au nombre des œuvres expiatoires celle d'aller prier dans les différentes églises de la ville. Abbon finit son quatrième discours par cette maxime : Il ne sert de rien de se repentir de son péché, si l'on y retourne après avoir fait pénitence.

Le cinquième, qui a pour objet les progrès du christianisme, est sans contredit le chef-d'œuvre de cet auteur. — Quelques peines qu'il en ait coûté pour établir la religion, elle est venue à bout cependant de détruire toutes les superstitions païennes. Jésus-Christ en est le fondement ferme et immobile; mais, pour la répandre dans toutes les parties du monde, il s'est servi du ministère des apôtres, des martyrs et des autres saints, qui, par l'exemple d'une vie pure, plus encore que par leurs discours, ont ramené les pécheurs du culte des idoles au culte du vrai Dieu. Abbon marque en détail les provinces où chaque apôtre a prêché l'Evangile, le genre de leur mort; les fondations des cathédrales et des monastères par la libéralité des princes chrétiens. Il se montre très-instruit dans l'histoire de l'Eglise, et on trouve dans ce sermon une déclamation vraiment pathétique contre les usurpateurs des biens ecclésiastiques. Les princes et les grands seigneurs de son temps s'en emparaient par toutes sortes de voies injustes; tous moyens leur étaient bons, et la fraude ne servait pas même de prétexte à la violence. Les clercs et les moines, privés de leur subsistance, abandonnaient les cloîtres, qui ne pouvaient plus les nourrir. Cependant, dit-il, il ne faut pas que la perte des biens passagers diminue en rien la pratique et l'amour de la religion, quelques efforts que fassent les princes du siècle pour la perdre et la détruire. Il dit aussi quelque chose des vexations que les chrétiens avaient à souffrir de la part des Danois, des Hongrois et des Normands.

ABBON DE FLEURY. — Abbon, que son savoir et sa vertu rendirent un des personnages les plus importants de son époque, naquit dans le diocèse d'Orléans, vers le milieu du x° siècle. Dès son enfance, son père qui se nommait Létus, et sa mère Ermengarde, l'envoyèrent à l'abbaye de Fleury pour y étudier sous Gundbalus et Christianus, savants professeurs de ce monastère. A un zèle ardent et à un travail excessif, Abbon joignait un jugement sain et le plus grand amour pour les lettres; aussi fut-il en état de les enseigner de bonne heure, ayant fait profession et reçu l'habit religieux. Voulant encore posséder les hautes sciences, il demanda la permission de voyager pour étudier dans les écoles les plus célèbres, et alla successivement de Paris à Reims pour se former dans la dialectique, et de Reims à Orléans, où il apprit la musique, et, sans autre secours que celui des livres, la rhétorique, la géométrie, et de l'astronomie ce qu'il n'avait pu en apprendre dans les écoles étrangères. Vers le même temps, les études étaient tellement tombées en Angleterre, qu'à peine y trouvait-on quelques prêtres qui entendissent le latin. Saint Oswald, archevêque d'Yorck, qui avait étudié à Fleury, y demanda quelques moines habiles pour instruire ceux de l'abbaye de Ramsey qu'il venait de fonder. Abbon, qui n'était encore que diacre, fut député; l'archevêque l'ordonna prêtre et le retint à Ramsey pendant deux ans. Il revint à Fleury sur la fin de 987, et il en fut nommé abbé l'année suivante. Alors, tout entier aux devoirs de sa place, il ne s'occupa qu'à l'étude de l'Ecriture sainte, et à la lecture des Pères dont il fit divers extraits. Il fut souvent interrompu dans ces travaux et par la défense des droits de son abbaye, et par l'obligation où il se trouva d'assister à plusieurs assemblées d'évêques, au concile de Saint-Basle en 991, à celui de Mouzon en 995 et ensuite à celui de Saint-Denis, qui se tint la même année. Il fit aussi deux voyages à Rome; le premier, pour y faire confirmer les priviléges de son monastère; mais le pape Jean XV, qui occupait alors le saint-siège, ne lui fut pas favorable. Il trouva, dans le second, plus d'accès auprès de Grégoire V. Comme il y était allé en qualité d'ambassadeur du roi Robert pour des affaires importantes, ce pape lui accorda ce qu'il demandait, et le chargea, en outre, de remettre le pallium à Arnoul, qu'il avait ordonné de rétablir sur le siége archiépiscopal de Reims. On eut recours à Abbon pour apaiser les troubles qui s'étaient élevés dans les abbayes de Marmoutiers, de Mici et de Saint-Père de Chartres. Les moines de l'abbaye de la Réole, soumise à celle de Fleury, s'étant relâchés de la pureté de leur observance, il y fit deux voyages, dans le dessein d'y rétablir la discipline; mais le second lui fut fatal. Son arrivée y causa une violente émeute; un Gascon lui porta dans le côté gauche un coup de lance dont il mourut le même jour, 13 novembre 1004, après avoir gouverné pendant seize ans l'abbaye de Fleury. On l'honora comme martyr; et on voit par les actes du concile de Limoges, en 1031, que déjà on lui rendait un culte public en plusieurs églises. Ses contemporains avaient la plus haute idée de ses lumières et de son érudition. Fulbert de Chartres l'appelle, dans une de ses épîtres, *summæ philosophiæ abbas et omni divina et sæculari auctoritate, totius Franciæ magister famosissimus*. Il a laissé plusieurs ouvrages dont nous allons rendre compte.

COLLECTION DES ANCIENS CANONS. — Cette compilation, qui a demandé de grandes recherches à son auteur, est dédiée aux rois Hugues et Robert son fils. C'est un monument très-considérable, non seulement parce qu'on en peut tirer de quoi combler les lacunes ou corriger le texte de plusieurs anciens canons des conciles, mais aussi parce qu'on y voit l'état de l'Église de France et les moyens que l'on croyait devoir employer alors pour remédier à ses maux. C'est le but qu'Abbon s'est proposé dans son ouvrage, qu'il a divisé en 52 chapitres.

Il rappelle au roi Hugues les fâcheuses révolutions qui signalèrent les commencements de son règne; révolutions fomentées, non par les étrangers, mais par les premiers de son royaume. Mais il lui représente en même temps que la bonté de Dieu n'avait permis cette épreuve que pour le délivrer de ses ennemis. D'où il prend occasion de lui dire, et à son fils Robert qui partageait avec lui la puissance : « Souvenez-vous des bons rois vos prédécesseurs; soyez justes dans tous vos jugements; toujours prêts à pardonner à des sujets soumis, ne sévissez que contre les rebelles. » Abbon vient ensuite aux devoirs des princes et des sujets, et rapporte là-dessus ce qu'il en avait lu et ce qu'il en pensait lui-même; mais il ne cite jamais les fausses décrétales, quoique alors leur autorité ne fût point contestée. Il commence par l'honneur qui est dû aux églises et aux monastères, et il confirme le droit d'asile établi par les lois de Théodose et de Valentinien. Il se plaint de la vexation de ces seigneurs qu'on appelait avoués, à qui les abbés avaient donné des terres en fief, et qui, au lieu de défendre les églises et les monastères, les pillaient et saisissaient eux-mêmes ce que les ennemis n'avaient point emporté. Abbon rapporte l'origine de ces avoués aux conciles d'Afrique, qui firent demander aux empereurs des scolastiques ou avocats pour soutenir les intérêts de l'Eglise devant les tribunaux séculiers. On les nommait aussi défenseurs.

On distingue dans un Etat trois sortes d'élections : celles du roi ou de l'empereur, des évêques et des abbés. La première se fait du consentement de tout le royaume; la seconde par l'unanimité des citoyens et du clergé, et la troisième par les suffrages de la partie la plus saine de la communauté. La faveur, l'amitié, l'argent ne doivent point être le mobile des élections; mais la sagesse et le mérite du sujet. Le roi, aussitôt après son élection, a droit d'exiger de ses sujets le serment de fidélité, pour le maintien de la concorde dans ses Etats.

L'autorité du siège apostolique de Rome s'étend sur l'Eglise universelle, par suite de celle que Jésus-Christ a accordée à saint Pierre, dont les papes sont les successeurs. On ne doit rien changer à la disposition des évêchés ni des monastères d'hommes et de filles, fondés par les empereurs chrétiens. Refuser d'obéir aux souverains, c'est marquer qu'on les méprise, quand on devrait les craindre et les aimer. Il est des cas où l'on peut dispenser des lois; ce sont les cas de nécessité. A défaut de loi, la coutume oblige dans un Etat; mais elle doit céder aux édits du prince, et n'a de valeur qu'autant qu'elle s'accorde avec l'utilité publique. Il rapporte les lois et les décrets qui défendent la simonie dans les ordinations; qui mettent des bornes aux entreprises des évêques sur les monastères; qui règlent la manière de procéder contre un abbé accusé de prévarication; qui permettent aux évêques de réformer les abus dans les monastères de leurs diocèses; qui défendent aux moines et aux religieuses de comparaître en justice autrement que par un avocat ou défenseur. Ce qu'il dit de l'avarice des clercs, des excommunications injustes, de la continence des prêtres et des diacres, de la défense faite à un évêque de choisir son successeur, n'est qu'un extrait des canons des conciles et des décrétales des papes. Il se sert encore des propres paroles de saint Grégoire, de saint Eucher et de saint Augustin, pour prescrire des règles touchant la fréquente célébration de la messe, la fréquente communion et les dispositions nécessaires à ce sacrement. Les derniers chapitres regardent les peines que l'on doit imposer aux clercs qui ont rendu de faux témoignages; les devoirs de ceux qui portent les armes ou qui sont enrôlés dans la milice spirituelle, c'est-à-dire les ecclésiastiques. S'ils ne sont pas contents, dit Abbon, de ce qu'ils tirent de l'autel, s'ils font quelque commerce et s'ils vendent leurs prières, s'ils reçoivent volontiers des présents des veuves, ils sont des négociants, ils ne sont plus des clercs.

Apologie. — Sur la fin du Xe siècle, il s'éleva une querelle presque générale au sujet du serment de fidélité que les évêques voulaient exiger des abbés, lors de la cérémonie de leur consécration, comme on l'exige ordinairement des évêques. Arnoul, évêque d'Orléans, poussa ses prétentions plus loin qu'aucun autre, et employa toute sorte de moyens pour obliger Abbon à prêter ce serment. L'abbé, qui prévoyait le tort que cette démarche causerait à son monastère, le refusa positivement, en revendiquant l'autorité royale, de qui relevait, au temporel, l'abbaye de Fleury. Arnoul, désespérant de le gagner, se déclara son ennemi, et résolut de l'y contraindre par la force. Comme il se rendait à Tours, pour la fête de saint Martin, les gens de l'évêque l'attaquèrent, et blessèrent à mort quelques personnes de sa suite. Arnoul s'offrit d'en faire réparation : il amena à Abbon quelques-uns des coupables, afin qu'ils fussent battus de verges en sa présence; mais l'abbé s'en défendit, et laissa à Dieu le soin de sa vengeance. Sur ces entrefaites, on assembla un concile à Saint-Denis, près Paris; mais les évêques, au lieu de s'y occuper à rétablir la foi dans sa pureté, et à réformer les abus qui s'étaient glissés dans la discipline de l'Eglise, ne pensèrent qu'à aviser aux moyens d'enlever aux laïques et aux moines les dîmes qu'ils possédaient. Abbon leur résista avec la force que donnent le droit et la vertu. En même temps, une émeute, soulevée par leurs prétentions, força les évêques à se retirer sans avoir rien conclu. Tout le monde jeta sur Abbon la cause de cette violence, ce qui l'obligea à s'en justifier par une Apologie.

Porté par son inclination à la retraite et à l'étude de la philosophie plutôt qu'au gouvernement pastoral d'un monastère, il se plaint, dans son exorde, que sa vie n'ait été qu'une chaîne d'angoisses et de tribulations. Il a vécu au milieu d'ennemis ou d'envieux qui n'ont cessé de le déchirer, quoique pourtant ils n'eussent à lui reprocher que d'avoir pris la défense de son ordre, et proclamé la vérité dans le concile. Leur fureur alla même jusqu'à attenter à sa vie, sans que la crainte de la puissance royale pût les détourner de l'accomplissement de desseins si infâmes. Il prie Dieu de le délivrer de tels ennemis, et déclare qu'il se soumet au jugement des évêques, et qu'il est prêt à leur rendre compte de sa foi, s'ils consentent à juger sa cause suivant les canons. Il distingue dans l'Eglise, pour les femmes comme pour les hommes, trois états différents : pour les unes, les femmes mariées, les veuves et les vierges; pour les autres, les laïcs, les clercs et les moines; mais il ne tient pour clercs que les évêques, les prêtres et les diacres; les ministres inférieurs ayant la liberté de se marier, ne portent qu'abusivement le nom de clercs. L'état des moines lui paraît préférable à celui des clercs, en ce que les premiers, comme Marie, ne sont occupés qu'à l'unique nécessaire. Il combat les prétentions des évêques, parce que l'Eglise n'appartenant qu'à Dieu seul, aucun d'eux ne peut dire : Cette Eglise est à moi. En effet, le Seigneur dit à Pierre, prince des apôtres : *Tu es Pierre, et sur cette pierre je bâtirai mon Eglise;* la mienne, et non pas la tienne. Si donc l'Eglise n'est pas à Pierre, à qui est-elle? Et comment les successeurs de saint Pierre osent-ils s'attribuer une puissance qu'il n'avait pas? Ensuite, il invective contre la simonie; et à ceux qui s'excusaient en répondant qu'ils n'achetaient pas la grâce de l'ordination, mais seulement les biens temporels de l'Eglise, il réplique : C'est comme si vous vouliez avoir le feu sans la matière qui lui sert d'aliment.

On accusait Abbon d'avoir des sentiments contraires aux canons; d'être l'auteur de la sédition soulevée contre les évêques du concile de Saint-Denis; d'avoir fait perdre les bonnes grâces de deux rois à Arnoul d'Orléans, son propre évêque, et d'avoir communiqué avec des excommuniés. Il répond qu'il ne sait à quel canon il aurait pu contrevenir dans cette assemblée, puisque c'est à peine s'il y avait vu ouvrir un livre. Quant à la sédition excitée contre les prélats de ce concile, aucun ne lui en avait donné personnellement le prétexte, et Séguin, archevêque de Sens, qui y avait été le plus maltraité, était son ami et son bienfaiteur. A l'égard d'Arnoul, il dit que si cet évêque avait perdu les bonnes grâces de deux rois, ce ne pouvait être que pour les avoir offensés, en usurpant les biens de l'abbaye de Fleury, dont ils étaient les protecteurs et les maîtres. Il ajoute que s'il a communiqué avec des excommuniés, Arnoul lui en a donné l'exemple, en recevant ceux qui l'avaient attaqué dans son voyage à Tours, quoiqu'ils eussent été excommuniés par Séguin, son archevêque, et par Eudes, évêque de Chartres. Au surplus, on faisait un si grand abus des censures, qu'il n'y avait presque personne dans le royaume qui ne fût excommunié, soit pour avoir mangé avec des excommuniés, soit pour leur avoir donné le baiser de paix. C'est pourquoi il supplie le roi Hugues de remédier à cet abus. On ne peut mettre l'Apologie d'Abbon plus tard qu'au mois d'octobre 996, époque de la mort du roi Hugues Capet, à qui il l'adressa.

LETTRES. — C'est à Pithou que nous devons le recueil des lettres d'Abbon. Elles sont au nombre de quatorze, en y comprenant celles que le pape Grégoire V lui écrivit, et une d'Albert, abbé de Mici, qui est la treizième. La première a rapport au voyage qu'Abbon fit à Rome, en 998, de la part du roi Robert, et pour faire confirmer son mariage avec Berthe, que le pape avait déclaré nul, comme contraire aux lois de l'Eglise, parce que Berthe était parente du roi, et que ce prince avait tenu un des enfants de son premier lit sur les fonts du baptême, ce qui lui avait fait contracter avec elle une alliance ou affinité spirituelle. C'étaient deux empêchements dont il fallait obtenir dispense. N'ayant pu y parvenir, l'abbé de Fleury, à son retour, rendit compte à Grégoire V de ce qui s'était passé à cet égard, et de la disposition où était le roi de quitter Berthe, qu'il ne congédia cependant que quelques années plus tard, en 1001 ou 1004.

A Hervé et aux chanoines de Saint-Martin de Tours. — Archembald, archevêque de Tours, avait attaqué les priviléges des chanoines de Saint-Martin, dont Hervé était trésorier. Abbon, qui l'avait élevé à Fleury, le connaissait particulièrement. Les chanoines s'adressèrent donc à lui pour les défendre contre les prétentions de leur archevêque. L'inscription est commune à tous les chanoines, mais il nomme Hervé en particulier, probablement parce qu'il avait écrit la lettre au nom de tous ses confrères. Il leur témoigne qu'il avait appris par la rumeur publique qu'Archambald voulait attenter aux priviléges de Saint-Martin de Tours; qu'il ne concevait pas comment un prélat, dont l'autorité était habituellement tempérée de tant de douceur, entreprenait de s'opposer aux décrets des pontifes romains et aux instituts des saints canons, qui sont des preuves de l'excellence de l'Eglise romaine et de sa prééminence sur toutes les autres. Il rapporte deux passages de saint Grégoire le Grand, touchant le privilége des monastères, et conclut à ce que l'on avertisse l'archevêque de Tours de ne pas vexer plus longtemps celui de Saint-Martin, et de le laisser jouir paisiblement de ses prérogatives, puisque, en réalité, il n'a pas plus de pouvoir sur ce monastère que n'en ont eu ses prédécesseurs.

A Gausbert. — Vers l'an 997, une division fâcheuse se manifesta dans le monastère de Marmoutiers, à l'occasion de l'abbé Bernier, que saint Mayeul venait d'y établir pour gouverner la communauté, à la place des anciens, qu'il avait déposés. Ceux-ci, pour se venger, accusèrent Bernier de plusieurs crimes. Le principal moteur de l'accusation était un nommé Frédéric, chargé du soin des écoles. Abbon, craignant le scandale, s'efforça de le prévenir en chargeant Gausbert, abbé de Saint-Julien dans le voisinage de Tours, de se transporter sur les lieux et d'informer. Il l'avertit de ne point ajouter foi trop aisément à de certains moines, qui, couverts de peaux de brebis, étaient parvenus à se faire donner asile en plusieurs monastères, où par de faux discours ils séduisaient les simples, ruinaient la réputation de ceux qui valaient mieux qu'eux, et leur imputaient des crimes dont ils n'étaient point coupables. Cela était déjà arrivé dans le monastère de Marmoutiers. Abbon en avait fait des reproches à Gausbert, non qu'il eût concouru au mal avec les méchants, mais parce qu'il n'avait pas usé de toute son autorité, pour réprimer le crime des accusateurs; disant que pour juger l'accusé on aurait dû appeler de divers endroits des juges intègres et étrangers à sa cause. Il rapporte un décret de saint Grégoire le Grand, qui, écrivant à Loup, abbé d'Autun, défend à l'évêque de juger seul dans la cause d'un abbé, et ajoute qu'il avait fait inscrire ce décret dans le privilége qu'il avait obtenu depuis du pape Grégoire V. Il fait voir l'indécence du procédé des moines de Marmoutiers, non-seulement dans les accusations formulées contre leur abbé et qu'on ne devait pas laisser impunies, mais encore parce qu'ils voulaient l'obliger à se justifier par l'épreuve du fer chaud. — On ne voit point quelle fut la réponse de Gausbert à cette lettre, mais on a lieu de croire qu'elle ne fut pas favorable, si l'on en juge par celle qu'Abbon écrivit ensuite à l'abbé Bernier, à qui il dit que c'était en vain qu'il attendait le jugement des gens de bien, pendant que les remords de sa conscience l'accusaient; que le bruit de ses fautes le couvrait d'infamie, et qu'on savait dans le public qu'il avait perdu plusieurs de ses moines par la contagion de sa lèpre. C'est pourquoi, en cas qu'il ne pût se justifier, il l'exhortait à faire satisfaction à ses frères, et à remettre son bâton pastoral entre les mains de l'évêque, afin qu'il donnât sa place à un plus digne. Il paraît qu'on lui substitua Gausbert, qui, en effet, était abbé de Marmoutiers en 1004.

L'inscription de la dixième lettre : *Episcopo amatorum Christi Amator Abbo*, donnerait lieu de juger d'abord qu'elle est écrite à un évêque, mais la suite fait voir qu'Abbon y parle à un de ses amis, qu'il instruit sur la nature et les qualités du serment. C'est tout un traité philosophique de la matière ; cette lettre est la plus curieuse et la mieux écrite du recueil. Il paraît que celui à qui Abbon l'adressa avait été contraint de faire un serment, et doutait s'il était dans l'obligation de le tenir. L'abbé de Fleury fait voir que quand il s'agit de sa propre défense, ou de se laver d'un crime imputé faussement, le serment est permis ; mais lorsque le serment est accompagné de mensonge, c'est un crime qui doit être expié par la pénitence. Le péché de celui qui est contraint de jurer est plus grand que le péché de celui qui ne jure que par crainte de la mort. Le serment arraché par un voleur de ne jamais lui réclamer ce qu'il a pris, n'oblige pas. Il veut que, pour établir l'obligation du serment, on tienne compte des circonstances, des lieux, des temps, des personnes. La promesse faite par un enfant ou par une femme, sans l'aveu des parents ou l'agrément du mari, n'oblige pas. Il condamne tous les mensonges, et signale dans le parjure deux péchés, le mensonge d'abord, et ensuite l'abus du nom de Dieu. Cette lettre est un vrai modèle de dialectique.

Aux moines de Mici. — Les moines de Mici ayant imité ceux de Marmoutiers et dépossédé leur abbé Robert, pour mettre à sa place le moine Lérald, homme d'ailleurs respectable par son savoir, Abbon leur écrivit une lettre, dans laquelle il invective vivement contre ces moines acéphales qui persécutent leurs abbés afin de vivre sans supérieurs, et qui déchirent leurs propres frères par la calomnie, plus féroces en cela que les animaux, dont aucun ne sévit contre son semblable. Venant au fait qui avait occasionné la division à Mici, et l'expulsion de l'abbé, il fait voir qu'il méritait au contraire leur approbation, pour avoir pris le parti d'un innocent qu'on voulait accabler par la calomnie. Il exhorte donc les coupables à rendre à cet abbé l'obéissance qu'ils lui avaient vouée; et s'adressant en particulier à Lérald, qu'il appelle son ancien ami, il le presse de rendre à Robert sa place qu'il avait usurpée, et de faire rentrer ses confrères dans le devoir. La lettre d'Abbon eut son effet, Robert fut rétabli et mourut abbé de Mici en odeur de sainteté.

Sur les dîmes. — La quatorzième lettre est sur les dîmes. Il montre, par l'autorité des Pères, que les dots et les dîmes des églises sont entre les mains des évêques, comme le royaume est entre les mains du roi, afin que par leur autorité ils maintiennent chacun dans la possession de ses biens, suivant les règles de l'équité. La question des dîmes avait été agitée à l'occasion d'une certaine église, bâtie sur le fonds du monastère de Fleury, par un des prédécesseurs d'Abbon. Le fondateur l'avait en même temps dotée, mais d'une partie des biens du monastère, et le curé du lieu voulait jouir de la dîme de ces biens. Abbon soutint qu'on ne lui en devait point, parce que l'abbé qui avait bâti et doté cette église avec les fonds du monastère n'avait pu les aliéner, et que l'abbaye en était toujours demeurée propriétaire. D'où il conclut que les moines devaient continuer dans la possession des églises et les desservir, s'ils sont clercs, sinon ils peuvent et doivent vivre des revenus ou des offrandes des mêmes églises. Sur quoi il rapporte divers passages de saint Grégoire, de saint Ambroise et de saint Jérôme.

A Bernard. — Indépendamment des quatorze lettres publiées par M. Pithou, nous en avons deux autres d'Abbon rapportées par Aimoin dans l'histoire de sa Vie, et toutes deux adressées à Bernard, abbé de Beaulieu dans le Limousin. Guillaume, comte de Toulouse, et l'archevêque de Bourges, lui avaient offert l'évêché de Cahors, sous la rétribution d'une grosse somme d'argent. Bernard consulta là-dessus l'abbé Abbon, qui avait été son maître. Il en reçut une lettre pleine de tendresse et d'amitié, mais aussi toute fervente de zèle pour le maintien du bon ordre et de la discipline. Abbon l'exhorte à ne pas dégénérer de la piété et de la vertu, dont il donnait des preuves dans le gouvernement de son abbaye, à se souvenir des engagements de sa profession et de son obligation à tendre à un degré de perfection qui le mît à l'abri des offenses de Dieu. Il lui fait observer que quand les vendeurs et les acheteurs de bénéfices et dignités ecclésiastiques couvrent leur commerce du vain prétexte qu'ils ne vendent ni n'achètent la bénédiction, mais seulement les revenus de l'Eglise, ils ne se couvrent que de toiles d'araignées qu'il est facile de rompre. Car à qui est l'Eglise, sinon à Dieu? Qui en est le seigneur, si ce n'est Dieu? Si l'Eglise présente a besoin de deux avocats, l'un pour les affaires temporelles et l'autre pour les spirituelles, elle ne les regarde ni l'un ni l'autre comme ses maîtres, et n'accorde à aucun le droit de la vendre, elle qui a été rachetée du sang de Jésus-Christ. Il conseille donc à Bernard de ne point accepter l'évêché de Cahors, au prix d'un acte de simonie qui le mettrait au rang des hérétiques.

Cependant Bernard s'ennuyant de vivre, parce qu'il voyait la charité de plusieurs se refroidir et l'iniquité se multiplier, pensait à tout quitter pour aller à Jérusalem, à l'imitation de son père, qui avait fait ce voyage par un motif de pénitence. Abbon, à qui il s'en ouvrit, lui conseilla le pèlerinage de Rome et du mont Gargan. Il partit accompagné du prêtre Constantin qu'Abbon lui avait donné pour le servir en chemin ; mais à quelque distance il renvoya ce prêtre avec une lettre pour le saint abbé, à qui il demandait lequel des deux lui était le plus avantageux, ou de tout quitter pour ne s'occuper que de son salut, ou de servir le siècle dans la vue d'être utile aux siens. Ce fut pour Abbon le sujet d'une seconde lettre dans laquelle il lui dit de s'examiner lui-même, et de décider s'il fera mieux de renoncer à son abbaye que de continuer à la gouverner. Il lui représente cependant que c'est un bien de remplir les fonctions d'abbé et de chercher à gagner les âmes à Dieu ; mais aussi qu'il vaut mieux chercher son propre salut que de commander à des indociles. Bernard fut depuis évêque de Cahors; mais il parvint à cette dignité par les voies canoniques

Nous joindrons aux lettres d'Abbon la mention de celle que les moines de Fleury écrivirent à tous les abbés au sujet de sa mort. Quoiqu'ils le regardent comme un véritable martyr, ils ne laissent pas de le recommander à leurs prières. Ils en demandent pour eux-mêmes, afin que Dieu daigne les consoler de la perte qu'ils venaient de faire dans la personne de leur chef et de leur père commun. On trouve cette lettre dans les Mélanges de Baluze et dans les Annales de l'ordre.

Abrégé de la vie des Papes. — On a d'Abbon un abrégé chronologique de la vie des papes, depuis saint Pierre jusqu'à Grégoire II, successeur de Constantin en 714. Ce n'est qu'un extrait d'Anastase le Bibliothécaire.

Vie de saint Edmond. — Abbon composa, à la prière des moines de Ramsey, la Vie de saint Edmond roi d'Angleterre, qui est honoré comme martyr. Avant de la publier, il l'envoya à saint Dunstan, pour le prier d'y corriger ce qu'il trouverait de défectueux. Abbon en parle comme du premier de ses ouvrages, et dit qu'il n'était encore que diacre quand il l'écrivit, vers l'an 985, environ 39 ans après le martyre du saint roi, arrivé en 946.

Poésies. — Un manuscrit du Vatican attribue à Abbon de Fleury une lettre et des vers à l'empereur Otton. Peut-être ne doit-on entendre par là que la lettre de cet abbé à Otton III, écrite en trente-cinq vers héroïques, dont les premières et dernières lettres forment de chaque côté le vers suivant par un double acrostiche :

Otto, valens Cæsar, nostro tu cede cothurno.

Outre l'éloge de ce prince, Abbon y fait celui d'Otton II, son père. Aimoin a trouvé cette petite pièce de poésie si belle, qu'il s'est appliqué à en donner la clef, et l'a rapportée tout entière dans la Vie du saint. Abbon, pendant son séjour à Ramsey, fit en quatorze vers élégiaques la description de ce monastère. Dom Mabillon l'a fait imprimer dans ses Annales. On ne peut guère lui contester non plus l'éloge de saint Dunstan, en soixante vers. Il jouissait de la considération de cet évêque ; il en avait été comblé d'honneurs et de présents, pendant son séjour en Angleterre, et le manuscrit où se trouvent ces vers porte le nom d'Abbon. On lui attribue encore d'autres pièces de poésies, mais sur de simples conjectures.

Cycles. — L'auteur de la Vie d'Abbon, après avoir fait remarquer qu'il passait sous silence plusieurs de ses ouvrages, pour ne point ennuyer le lecteur, ajoute qu'il ne doit pas omettre qu'Abbon corrigea, sur le texte même des Évangiles, les cycles des années de l'ère chrétienne ; qu'il les conduisit d'abord depuis l'époque de l'Incarnation du Verbe jusqu'à son temps, et qu'il les augmenta dans la suite, de manière à leur faire contenir un espace d'environ quinze cent quatre-vingt-quinze ans. Il se propose dans cet ouvrage de corriger le cycle pascal de Denis le Petit ; et après l'avoir rapporté, il donne deux modèles de supputation suivant lesquels il aurait dû procéder. Ensuite il rapporte le cycle de saint Cyrille d'Alexandrie ; puis il met un cycle de dix-neuf ans qu'il avait composé lui-même. Il y ajoute diverses supputations, pour trouver chaque année le jour de la lune qui doit régler celui de la fête de Pâques pendant dix-neuf ans. Dans l'édition des ouvrages de Bède, où ce cycle est reproduit, se trouvent cinquante-quatre planches ou tables, dont chacune contient un cycle pascal de dix-neuf ans, ce qui est indiqué dans le travail d'Abbon ; de sorte que par le moyen de ce cycle, on trouvait le jour de la Pâque, depuis la première année de l'Incarnation jusqu'en 1595. La préface qui se lit au commencement explique ce que c'est qu'un cycle pascal. Elle est suivie de huit vers hexamètres qui renferment l'explication des huit colonnes dont chaque cycle est composé. L'éditeur l'a produite sous le nom de Bède, mais dans quelques manuscrits elle porte celui d'Abbon, et nous pensons que c'est à ce dernier qu'il faut s'en tenir.

Il composa aussi, aux instances de ses religieux, un Commentaire sur le cycle pascal de Victorius. Il était abbé lorsqu'il travailla à cet ouvrage, et son but est de rendre intelligible à ses moines, le cycle de Victorius qu'ils n'entendaient pas bien, à cause de la difficulté de combiner les nombres dont il s'était servi. On en trouve divers exemplaires dans la Bibliothèque de Montfaucon. On n'a pas encore imprimé le traité du Comput, ni ceux du mouvement du soleil, de la lune, des planètes dont il est parlé dans l'Histoire de sa vie, mais on les trouve dans les bibliothèques du Vatican et d'Angleterre, avec divers autres traités sur l'astronomie, la grammaire et la dialectique. Aimoin place ce dernier à la tête des ouvrages d'Abbon. On met encore parmi ses écrits une Vie de saint Martin, des homélies sur les Évangiles, un sermon sur la cène, un traité des *Catégories spirituelles* et un autre qui avait pour titre : *Canons des ornements de l'Église romaine.* Il faut attendre qu'on ait rendu publics tous ces ouvrages pour en juger sainement. C'est présumer que de dire qu'il faut entendre par ces canons le recueil de ceux qu'il dédia aux rois Hugues et Robert, et dont le copiste aura mal rendu le titre. Abbon avait fait plusieurs voyages à Rome. Ne pouvait-il pas avoir imaginé quelqu'écrit sur les divers ornements en usage dans cette Église, sur leur forme, le temps et la manière de s'en servir ? Nous ne faisons que présumer, nous ne jugeons pas.

Un sermon prêché à Saint-Pierre de Limoges, le jour de la dédicace de cette église, et qu'Étienne Baluze attribue à Adhémar de Chabannais, parle d'Abbon comme du savant de son siècle le plus accrédité, et celui dont le suffrage était une décision. Il faisait l'honneur des conciles et il appuyait tellement ses raisons de l'autorité des Écritures, que ses discours avaient quelque chose de divin. Du reste, tous ses écrits sont autant de monuments de sa foi et de sa piété. On voit qu'il aimait sincèrement la vérité et les mœurs, qu'il avait en horreur le vice et le mensonge, et qu'au milieu des honneurs qui lui venaient de toutes parts, il conservait l'esprit de son état, qui était un esprit d'humilité et d'abnégation. On s'en aperçoit jusque dans son style; s'il donne des avis, c'est avec douceur et sans faste; il parle à ses disciples avec la modération et la retenue qu'il mettrait à parler à des égaux. Ses lettres à Bernard ne peuvent que plaire au lecteur et le toucher, par les principes qu'elles renferment et la noblesse pleine de douceur avec laquelle ils sont exprimés. Il y a moins d'élégance dans ses autres écrits, mais tout y est plein d'érudition, tout y révèle un génie vaste, pénétrant et complet.

ABDIAS. — Abdias de Babylone est ordinairement compté au nombre des écrivains ecclésiastiques du premier siècle. Il est auteur supposé d'une Histoire du combat des apôtres: *Historia certaminis apostolici*. Né de parents juifs, il nous dit dans sa préface qu'il avait vu Jésus-Christ, qu'il était du nombre des soixante-douze disciples qui s'étaient attachés à ses pas, qu'il avait assisté à la prédication et au martyre de plusieurs apôtres, et qu'il suivit en Perse saint Simon et saint Jude, qui l'ordonnèrent premier évêque de Babylone. Mais en même temps il cite Hégésippe qui n'a vécu que trente ans après l'ascension de Jésus-Christ, et veut nous faire accroire qu'ayant écrit lui-même en hébreu, son ouvrage a été traduit en grec par un nommé Eutrope, son disciple, et du grec en latin par Africain, qui vivait en 221. Ces contradictions démontrent que le prétendu Abdias est un imposteur. Wolfang Luzius, qui déterra le manuscrit de cet ouvrage dans le monastère d'Ossak, en Carinthie, le fit imprimer à Bâle en 1551, comme un monument précieux. Après plusieurs autres éditions, le *Cours complet de Patrologie* l'a reproduit, sans que cette histoire ait acquis plus d'autorité.

ABERCE (saint), que l'on croit avoir été le successeur de saint Papias sur le siége de Hiéraple, en Phrygie, en était encore évêque lorsque Lucius Verus faisait la guerre aux Parthes, vers l'an 163 de Jésus-Christ. Baronius affirme avoir eu entre ses mains l'autographe d'une lettre de ce saint à l'empereur Marc-Aurèle, traduite du grec et pleine d'un esprit apostolique. Il avait promis de la publier dans ses Annales; mais au lieu de tenir sa promesse, il se plaint que cette lettre lui ait été dérobée sans qu'il ait pu découvrir l'auteur de ce larcin. — Surius attribue encore à saint Aberce un ouvrage très-utile, que ce pieux évêque avait composé en faveur des prêtres et des diacres de son Eglise; mais on ne sait pas du tout ce que c'était que ce livre, dont aucun des anciens, du reste, n'a fait mention. L'histoire de saint Aberce, que le même critique a insérée dans son Recueil des Vies des saints, ne mérite aucune croyance, tant elle est mêlée de fables et d'absurdités.

ABGARE, roi d'Edesse, vivait du temps de Jésus-Christ, et Procope dit qu'il jouissait de la faveur d'Auguste. Eusèbe, dans son *Histoire ecclésiastique*, rapporte que ce prince, attaqué d'une maladie très-grave, qu'aucune science humaine ne pouvait guérir, entendit parler des cures miraculeuses que Jésus-Christ opérait en Judée, et qu'il lui écrivit pour le prier de venir lui rendre la santé. « Je connais toutes vos œuvres, lui dit-il; je sais le dédain que vous portent les juifs et les persécutions que vous avez à subir de la part des méchants. Venez donc ici, habiter au milieu de nous; cette ville est petite, mais elle suffira pour nous deux. » Le même historien ajoute que Jésus-Christ répondit au monarque, et que malgré qu'il refusât de l'aller voir, il bénit sa ville et son royaume, et promit de lui envoyer un de ses disciples. En effet, après avoir rapporté le texte de ces deux lettres, Eusèbe ajoute qu'après l'ascension de Jésus-Christ, saint Thomas, un des douze apôtres, envoya dans Edesse Taddée, l'un des soixante-dix disciples, qui convertit Abgare à la foi chrétienne, le guérit miraculeusement et opéra plusieurs autres prodiges. Eusèbe affirme qu'il ne parle que sur des rapports traduits littéralement de la langue syriaque. Malgré l'autorité de cet historien, qui n'élève aucun doute sur l'authenticité de cette histoire, il est permis de penser qu'elle est fabuleuse. Rien ne prouve, en effet, qu'Eusèbe ait possédé la langue syriaque, ni qu'il soit allé lui-même à Edesse pour y consulter les traditions et les archives, d'où il dit avoir tiré ces deux lettres. Le fait n'est rapporté par aucun écrivain ecclésiastique antérieur à lui, et ceux qui lui sont postérieurs n'en ont parlé que rarement. Saint Jérôme en fait mention dans ses *Remarques sur saint Matthieu*, et il s'appuie sans doute sur l'autorité d'Eusèbe, quand il dit : « L'histoire ecclésiastique nous apprend que l'apôtre saint Taddée fut envoyé à Edesse vers le roi Abgare. » Sans prétendre donner raison aux arguments qui peuvent faire rejeter cette histoire, nous ajouterons cependant que la lettre de Jésus-Christ à Abgare paraît avoir été inconnue aux Pères de l'Eglise, qui d'ailleurs étaient persuadés que Jésus-Christ n'avait rien écrit; que cette lettre n'est mentionnée dans aucun ancien catalogue des lois canoniques; et qu'enfin elle ne paraît point avoir fait partie du Nouveau Testament, où, sans aucun doute, une lettre écrite de la propre main du Sauveur aurait obtenu la première place. Ajoutons encore qu'au concile de Rome, tenu en 494, sous le pape Gélase, cette lettre fut rejetée comme apocryphe. Cependant, pour faire preuve d'impartialité envers les partisans de l'opinion contraire, nous leur devons au moins d'émettre quelques-unes des raisons sur lesquelles ils appuient leur croyance. D'abord, ils montrent qu'elle n'est pas contraire à l'Evangile, quoiqu'il n'y soit fait aucune mention de cette correspondance, puisque saint Jean affirme, à la fin de son dernier chapitre, *que le Sauveur a accompli beaucoup d'autres merveilles qui ne sont point écrites dans ce livre, et qu'elles sont si nombreuses que, s'il fallait les rapporter toutes, le monde entier ne serait pas assez vaste pour contenir les livres qui les raconteraient.* Guilaume Cave, à qui nous empruntons les renseignements nécessaires pour cette notice, dit « qu'on ne peut, sans témérité, rejeter un monument d'une antiquité si vénérable ; car, suivant lui, la lettre tout entière, et dans son texte et dans son contexte, ne révèle aucun vestige de fraude, ni rien qui soit indigne de la sagesse, de la bonté et de la grandeur de Jésus-Christ. » Dom Rivet affirme après lui qu'il ne connaît rien qui oblige un chrétien à rejeter ces deux lettres. Pearson, après avoir rappelé qu'Eusèbe avait reçu les premières notions de la foi de saint Ephrem, Syrien d'origine, très-versé dans la littérature de son pays, et de plus, diacre d'Edesse, ajoute : « Pour moi, je reconnais qu'Eusèbe a apporté tant d'attention, tant de zèle et un jugement de critique si consommé dans l'examen qu'il a fait des premiers écrits de l'antiquité chrétienne, qui forment ce que nous appelons la tradition apostolique, que je ne permets à personne, pas plus qu'à moi-même, de douter de sa bonne foi, ni de la génuité des ouvrages qu'il donne comme authentiques. »

Enfin, nous terminerons cet article en rapportant les paroles de Casaubon et de Richard de Montaigu, son successeur sur la chaire de Baronius : « Quant à la lettre que le roi Abgare d'Edesse écrivit au Seigneur, dit le premier, j'aime mieux écouter là-dessus le jugement des docteurs que d'avoir à me prononcer moi-même. » — « Il n'est rien dans ces deux lettres, ajoute le second, qui nous force à les réprouver. Tout y est pieux, modeste et en harmonie avec la charité chrétienne. Cependant, si estimables qu'elles me paraissent, je ne force personne à les croire, je laisse chacun libre d'abonder dans son sens. »

Nous imitons leur réserve, et nous ne prenons de parti exclusif pour aucune opinion. La lettre d'Abgare et la réponse du Sauveur se trouvent reproduites en syriaque, en grec et en latin, dans le *Cours complet de Patrologie.*

ABIBUS, évêque de Dolique, dans le patriarcat d'Antioche, fut un des plus zélés partisans de Nestorius. Son opiniâtreté à refuser la communion de saint Cyrille et de Jean d'Antioche le fit déposer, et l'on mit un autre évêque à la place. Comme Abibus était alors dans un âge très-avancé, cette ordination donna lieu de dire qu'il était mort, ou tombé en démence, ou tout au moins qu'il avait envoyé sa démission à Jean d'Antioche, son métropolitain. Mais Abibus démentit la fausseté de tous ces bruits par une petite lettre qu'il écrivit à Alexandre, à Théodoret, à Marc et aux autres évêques de la province. Cette lettre se retrouve dans l'*Appendix des conciles,* page 837.

ABOUCARA. — On compte parmi les évêques du huitième concile général, Théodore, métropolitain de Carie, connu ordinairement sous le nom d'Aboucara, qui en arabe signifie Père de Carie. Il avait été ordonné ou par saint Ignace, ou par saint Méthodius son prédécesseur ; mais depuis, il avait embrassé le parti de Photius et communiqué avec lui. Il se présenta avec plusieurs autres dans la seconde session du concile, et sur le repentir qu'il témoigna de sa faute, de vive voix et par écrit, il fut reçu suivant l'ordre du pape Adrien, et admis à son rang dans les autres sessions du concile.

Nous avons, sous son nom, plusieurs petits traités dogmatiques, que Gratzer fit imprimer en grec et en latin, à Ingolstadt en 1606, et que M. l'abbé Migne vient de reproduire dans son *Cours complet de Patrologie.* Presque tous ces écrits sont en forme de dialogues, dans lesquels l'auteur fait parler un chrétien avec des infidèles, des hérétiques et des juifs qu'il instruit des vérités de la religion, en satisfaisant à toutes leurs difficultés. — Il traite dans le premier de ces opuscules, des cinq ennemis dont Jésus-Christ nous a délivrés par l'effusion de son sang ; savoir, de la mort, du démon, de la malédiction de la loi, du péché, de l'enfer. Dans le second, il explique certains termes philosophiques ; comme *substance, hypostase,* dont les acéphales et les sévériens abusaient pour établir leur hérésie, parce qu'ils n'en connaissaient pas la vraie signification. Il prouve dans le troisième, par des arguments tirés de la raison, l'existence d'un Dieu. Le quatrième contient une explication de la doctrine de l'Eglise sur l'Incarnation, et l'apologie du concile de Chalcédoine. Le cinquième établit la différence qui existe entre l'humanité et le corps de Jésus-Christ. L'humanité est un terme générique qui s'applique à l'universalité des humains, le corps est une partie de l'humanité qui n'appartient qu'à celui qui le possède. Il apporte dans le sixième, quelques exemples tirés de la nature, qui peuvent nous aider à comprendre comment le péché du premier homme est passé à ses descendants ; et comment, par l'Incarnation du Sauveur, l'expiation de ce péché peut se communiquer à tout le genre humain. Le septième est intitulé : combat de Jésus-Christ avec le démon, et il y démontre qu'Adam fut vaincu en ajoutant foi à cet ennemi plutôt qu'à Dieu. Il emploie les huitième, neuvième et dixième à prouver la divinité de Jésus-Christ contre les Arabes et les Juifs, mais il ne se sert de l'autorité des Ecritures que contre ces derniers, pour leur prouver que le Christ est le Messie promis aux patriarches. — Les cinq opuscules suivants sont contre Nestorius et ses disciples. Il y démontre que Jésus-Christ est Dieu et homme, qu'il réunit en lui la nature divine et la nature humaine pour en former une seule personne. Il développe les mêmes idées dans le seizième, et montre que Marie est vraiment mère de Dieu, parce que c'est dans son sein virginal que s'accomplit l'union des deux natures. Il prouve, dans le dix-septième, qu'encore que les saints de l'Ancien Testament n'aient pas reçu le baptême institué par Jésus-Christ, ils ont cependant été sanctifiés par la foi qu'ils avaient en ce Sauveur. Le dix-huitième contient les preuves de la divinité de Jésus-Christ, sa naissance miraculeuse, ses œuvres et les prophéties accomplies en sa personne. On reconnaît au contraire, dans le suivant, que Mahomet était un imposteur. Le vingtième démontre qu'il était possédé du démon; et le vingt-unième établit la vérité de la religion par la simplicité de son code et par la pureté de ses maximes. Dans le vingt-deuxième, il démontre à un musulman qui se moquait des assertions des Pères de l'Église sur la puissance des paroles eucharistiques, que de même que le pain que nous mangeons se change par divers degrés en notre substance, ainsi par la vertu du sacrement le même pain est aussi changé au corps de Jésus-Christ. Le vingt-troisième est sur la divinité de Jésus-Christ; le vingt-quatrième contre la polygamie. L'auteur en fait ressortir l'abus par deux raisons; la première, c'est qu'elle est contre l'institution du mariage; Dieu ne donna qu'une femme au premier homme; la seconde, c'est qu'elle n'est point nécessaire à la multiplication du genre humain, autrement Dieu l'aurait permise au commencement du monde plutôt qu'en tout autre temps. Les vingt-cinq et vingt-sixième sont consacrés à montrer que le Fils de Dieu est consubstantiel à son Père, et par conséquent engendré de toute éternité. Les deux suivants prouvent l'unité de Dieu en trois personnes, qui ont chacune ses propriétés particulières, quoiqu'elles aient une substance une et identique. Les quatorze derniers reproduisent des matières déjà traitées dans les précédents, à l'exception toutefois du trente-sixième, qui affirme que la vierge mère de Dieu n'est point morte, mais qu'elle s'est endormie au Seigneur, en lui remettant son âme dans un doux sommeil; et du quarante-unième qui prouve que la mort n'est point une substance, qu'elle est la négation de la vie comme le mal est la négation du bien, et que par la mort de l'ange, il faut entendre qu'il a été précipité dans les enfers. — Tous ces opuscules sont écrits avec la rapidité d'un homme que la vérité possède et qui se sent pressé de la répandre et d'en faire profiter ses frères.

ABRAHAM NEPHTAREM, ainsi appelé de Nephtar en Mésopotamie, qui fut le lieu de sa naissance, vivait sur la fin du VI° ou au commencement du VII° siècle. On lui attribue huit discours, qui dans les manuscrits sont intitulés : *De l'institution monastique*. Il dit dans le septième que la foi et la vérité doivent être le principe et la fin de toutes nos actions.

ABSALON, naquit en 1128, dans un village de la Zélande, d'une famille illustre et alliée à la maison régnante de Danemark. Il fut élevé avec le jeune prince Woldemar, et termina ses études dans l'université de Paris, regardée alors comme la première école du monde. A son retour dans sa patrie, il fut élu évêque de Roschild, en 1158, et devint premier ministre et général des armées de Woldemar, qui venait de monter sur le trône. Le Danemark fut redevable à sa valeur, à sa prudence et à sa sagesse de ses conseils, de plus d'un demi-siècle de gloire et de prospérité. A la tête des armées, Absalon réduisit les Wendes, s'empara d'Arkona, leur capitale, y établit la religion chrétienne, et y fonda une église sur les ruines d'un temple fameux, où ce peuple adorait une idole grotesque. Ce ne fut pas la seule conquête d'Absalon : devenu archevêque de Lunden de la manière la plus honorable, il soumit les Scaniens révoltés, et, après l'avénement de Canut VI au trône, il repoussa le duc de Poméranie, son rival, et aida le roi son maître à conquérir le Mecklembourg et l'Estonie. Les affaires de l'État et les guerres qu'il se crut permis de soutenir en personne, suivant les mœurs de son siècle, ne l'empêchèrent pas cependant de s'occuper des intérêts de la religion. Il convoqua, en 1187, un concile national pour régler les cérémonies de l'Église et le chant des offices, travailla à la conversion des peuples qu'il soumit, fonda plusieurs monastères et y fit refleurir la régularité et la ferveur. Absalon aima les lettres, favorisa les écrivains de son temps et chargea le fameux Saxo Grammaticus de composer l'histoire du Danemark. Enfin, après une longue carrière utile à la religion et à sa patrie, il mourut en 1201. Il rédigea lui-même le *Code ecclésiastique de Zélande*, et sa Vie a été écrite par Wandal.

ABSAMIAS, fils de la sœur de saint Ephrem, et prêtre de l'Église d'Édesse, était en grande réputation de doctrine chez les Syriens, vers l'an 400 de Jésus-Christ. Il ne nous reste rien de ses écrits; mais, dans une chronique de la ville d'Édesse, sur l'an 715 de l'ère des Grecs, c'est-à-dire de Jésus-Christ 404, on lit qu'il avait écrit l'histoire des incursions des Huns sur les terres de l'empire, des hymnes et des sermons. On trouve la même chose dans la Chronique de Denis, patriarche des Jacobites, qui la reporte à l'an 708 des Grecs, et de Jésus-Christ 397. Il est encore parlé d'Absamias dans la collection des statuts synodaux d'Hebet-Jesu; mais, au lieu de la qualité de prêtre, on lui donne celle d'évêque d'Édesse. Il ne paraît pas avoir jamais possédé cette dignité.

ACACE, confesseur. — Sur la fin du mois de mars de l'année 250, quelque temps après la publication des édits de Dèce pour persécuter les chrétiens, Acace, évêque d'Orient, fut amené devant le proconsul Marcien, qui lui représenta d'abord l'amour et le respect que l'on devait aux princes. Acace lui répondit que personne ne s'acquittait mieux de ce devoir que les chrétiens, qui priaient continuellement pour l'empereur, pour la prospérité de son règne, pour la gloire de ses armées et pour la paix de tout le monde. Quelques instances que Marcien fit ensuite pour l'obliger à sacrifier à l'empereur, Acace demeura ferme et dit qu'il ne sacrifiait point à un homme; et qu'il n'offrait ses prières qu'au Dieu d'Abraham, d'Isaac et de Jacob, au Très-Haut qui est assis sur les chérubins et les séraphins. Marcien représenta au saint qu'il s'égarait dans une vaine philosophie, et qu'il devait se contenter d'adorer pour vrais dieux ceux qu'il voyait, sans se mettre en peine de ceux qu'il ne voyait pas. Acace, sachant que par ces dieux visibles il entendait particulièrement Apollon, lui objecta les fables d'Hyacinthe, de Daphné et de quelques autres, et conclut que, quand même il irait pour lui de la vie, il n'adorerait jamais comme dieux ceux dont il lui était défendu d'imiter les impuretés. Marcien le menaça de mort s'il ne sacrifiait à Jupiter et à Junon. — J'ai ordre, lui répondit Acace, de ne jamais nier mon Dieu, qui est tout-puissant et éternel, et qui a dit : *Qui me reniera devant les hommes, je le renierai devant mon Père, qui est au ciel.* — Dieu a donc un Fils, reprit Marcien ? — Oui, dit Acace, et ce Fils est le Verbe de grâce et de vérité. — Quel est son nom, ajouta Marcien ? — Il s'appelle Jésus-Christ, répondit Acace. — De quelle femme l'a-t-il eu ? poursuit le proconsul. — Dieu, repartit le martyr, n'a pas engendré son Fils à la manière des hommes. Il a formé de sa main le premier homme, et après lui avoir façonné une figure parfaite et achevée, il lui a communiqué l'âme et l'esprit; mais le Fils de Dieu, le Verbe de vérité, est sorti de son cœur ; c'est pourquoi il est écrit : *Mon cœur a produit une bonne parole.* Marcien lui dit encore : Regardez les cataphryges, gens d'une ancienne religion ; ils ont abandonné leur culte pour sacrifier aux dieux avec nous. Obéissez de même, rassemblez tous les chrétiens de la loi catholique, et embrassez avec eux la religion de l'empereur. — Ce n'est pas moi qui les gouverne, lui répondit Acace, c'est l'ordre de Dieu ; qu'ils m'écoutent, si je leur conseille des choses justes; si je leur en propose de mauvaises, qu'ils me méprisent. Marcien lui demanda son nom et celui des prêtres de son Eglise. — Après avoir fait quelques difficultés, Acace lui répondit : Je suis devant le tribunal, et vous me demandez mon nom? Espérez-vous pouvoir en vaincre plusieurs, quand je suffis pour vous confondre ? Si vous êtes curieux de noms, on m'appelle Acace ; mon nom propre est Agathange, et les autres s'appellent Pison, évêque de Troyes, et Ménandre, prêtre. — Marcien envoya cet interrogatoire à l'empereur Dèce, qui, après avoir pris connaissance du procès-verbal, ne fit que rire de cette dispute ; mais il en conçut une telle estime pour Acace, qu'il ordonna qu'on le mît en liberté. Les actes de la confession d'Acace sont rapportés comme authentiques par Bollandus, Mombritius et dom Ruinart.

ACACE DE BÉRÉE, — né vers l'an 322, embrassa la vie monastique, fut chargé de plusieurs missions importantes par les évêques d'Antioche et de Bérée, parut avec distinction à Rome, où il défendit la doctrine des deux natures en Jésus-Christ devant le pape Damase et fut nommé à l'évêché de Bérée, en 378. Il assista en 381, au concile de Constantinople. Ses négociations auprès du pape Sirice firent cesser le schisme qui désolait depuis 17 ans l'Eglise d'Antioche. D'ami de saint Jean Chrysostome, il devint un de ses plus ardents persécuteurs, en se joignant à Théophile d'Alexandrie. Le rôle qu'il joua dans cette occasion et la part qu'il eut à l'ordination de Porphyre, qu'il fit placer sur le siège d'Antioche, lui attirèrent de la part du pape une sentence d'excommunication, qui ne fut levée qu'au bout de dix ans. Son grand âge ne lui permit pas d'assister au concile d'Ephèse. Il n'approuva pas d'abord les Anathématismes de saint Cyrille ; mais il finit par se réunir aux évêques orthodoxes, après la condamnation de Nestorius. Il mourut âgé de cent douze ans, vers l'an 434, après cinquante-huit années d'épiscopat. Sa conduite inégale dans les affaires de l'Eglise a fait varier les jugements que les anciens historiens ont portés sur son compte. Il était lié avec saint Épiphane et saint Flavien, et il communiqua avec saint Julien, Sabas et saint Basile. Il ne nous reste de lui que quelques lettres, qui prouvent qu'il n'était pas trop favorable à saint Cyrille, dans l'affaire de Nestorius.

A Saint Epiphane. — La première lui est commune avec Paul abbé, et prêtre comme lui d'un monastère non loin de Bérée et de Chalcide. La visite de saint Epiphane leur avait fait tant de plaisir qu'ils souhaitaient ardemment avoir de lui quelque écrit. Sans y penser, il en avait lui-même proposé la matière, en leur apprenant les noms des différentes hérésies qui ont successivement déchiré l'Eglise. Ils le prièrent de leur apprendre aussi quels avaient été les dogmes et les erreurs de chaque secte. Cette lettre, qui fut remise à saint Epiphane par un nommé Marcel, eut son effet, et ce fut pour les contenter que le saint évêque composa contre les hérésies son grand ouvrage, qui ne fut achevé qu'en 376.

A saint Cyrille d'Alexandrie. — Ce fut en 430 qu'il écrivit à saint Cyrille, au sujet des nouvelles erreurs de Nestorius, et de l'anathème prononcé par Dorothée contre ceux qui donnaient à la sainte Vierge le titre de Mère de Dieu. L'exemple d'Apollinaire qui s'était perdu en se confiant dans sa science ; une citation de saint Basile où ce grand docteur dit que les grands mystères sont incompréhensibles aux anges mêmes, et qu'on doit les honorer par le silence, lui servent à montrer combien il est dangereux d'en mesurer la profondeur sur l'intelligence et la sagesse humaine. Il dit ensuite que plusieurs personnages de Constantinople, tant clercs que laïques, trouvaient moyen d'excuser la parole de Dorothée, en pensant que dans un sens, elle pouvait n'être pas contraire à la foi apostolique, ni même à celle de la consubstantialité établie à Nicée et reçue dans toute l'Eglise. Il était bien arrivé autrefois à Paulin d'Antioche d'être traité d'hérétique par les Orientaux, parce qu'il ne voulait pas reconnaître les trois hypostases de la Trinité quoique tout le différend ne consistât que dans les mots. Il eût donc été bon d'étouffer cette parole, plutôt que de la relever pour la combattre. Il espère que saint Cyrille, si plein de charité pour l'Eglise, employera son autorité et sa prudence à mettre fin aux troubles suscités par la parole de Dorothée. Il ajoute : « J'ai fait lire votre lettre à Jean d'Antioche, qui en a été fort touché ; quoiqu'élevé depuis peu à l'épiscopat, il pense comme nous autres vieillards, et se conduit si sagement que tous les évêques d'Orient l'ont en très-grande estime. »

A Alexandre d'Hiéraple. — A la suite du concile d'Ephèse, il écrivit à Alexandre d'Hiéraple une lettre, dans laquelle la personne de saint Cyrille ne fut pas épargnée. Sur la foi de Jean d'Antioche, de Théodoret, d'Alexandre d'Apamée et de quelques autres évêques, il l'accuse d'avoir suspendu la proclamation de sa destitution et de celle de Memnon, son complice, par tout l'empire, et, à force d'intrigues et de présents, d'avoir déterminé l'eunuque Scholastique à étouffer la vérité. Cependant il semble dire dans la même lettre que ce furent les moines, venus en grand nombre à Chalcédoine, qui portèrent Théodose à se déclarer pour le concile. Il reproche encore à saint Cyrille d'avoir profité d'une occasion favorable pour échapper à ses gardes et s'enfuir d'Ephèse.

On cite encore deux lettres d'Acace de Bérée, écrites peu après l'an 416, l'une à saint Cyrille d'Alexandrie, et l'autre à Atticus de Constantinople. Elles regardent l'une et l'autre la mémoire de saint Jean Chrysostome, qu'Acace n'honorait qu'avec une répugnance qu'il ne cherche pas même à dissimuler. Cela ressort surtout de la lettre à Atticus, puisqu'il lui écrit de la part de Théodote, successeur de saint Alexandre sur le siége d'Antioche, en le priant de lui pardonner ce qu'il avait fait en faveur de saint Chrysostome. L'excuse qu'il en donne, c'est qu'il n'avait agi que par nécessité.

Quelque jugement que l'on porte sur Acace, il ne saurait être favorable à son caractère, puisque dans les circonstances les plus graves et les plus sérieuses, il n'a jamais su prendre une détermination complète. Au contraire, par ses fluctuations continuelles entre tous les partis, il a autorisé la postérité à douter de sa foi.

ACACE, disciple d'Eusèbe de Césarée et héritier de ses livres, lui succéda sur le siége épiscopal de cette ville, vers l'an 339. Il était borgne, et on lui en donnait le surnom ; mais comme il avait de grandes qualités personnelles, ce défaut n'empêcha pas qu'il ne fût en grand crédit parmi les ariens, dont il devint le chef, après la mort d'Eusèbe de Nicomédie. On croit que c'est lui que saint Grégoire de Nazianze appelle : la langue des ariens. Il avait en effet beaucoup de savoir et d'éloquence. En 341, il assista au concile d'Antioche et eut beaucoup de part aux formules de foi qu'on y souscrivit. Saint Athanase lui reproche d'y avoir employé des termes qui ne sont point dans l'Ecriture, et le blâme de ce qu'après avoir souscrit à la seconde formule de ce concile, il refusait de confesser le Fils consubstantiel ou égal en substance à son Père, et rejetait la formule de Nicée, à laquelle cependant Eusèbe son maître avait souscrit. Mais Acace était un homme à tout entreprendre en matière d'impiété. Le concile de Sardique le déposa et l'anathématisa en 347 ; mais il sut se maintenir sur son siége, et en 349 ou 350 il remplissait encore les fonctions d'évêque, s'il est vrai, comme on n'en peut guère douter, qu'il ordonna alors saint Cyrille évêque de Jérusalem. Son crédit extraordinaire sur l'empereur Constance lui fit trouver moyen de mettre l'antipape Félix à la place du pape Libère, en 355. Trois ans après, la vacance du siége d'Antioche ayant soulevé quelques difficultés entre saint Cyrille et lui, il le déposa dans un concile des évêques de la province, et le chassa de Jérusalem. La même année il fut obligé, pour plaire à Constance, de chasser et d'excommunier Aétius, quoiqu'il partageât ses sentiments. Il condamna aussi la consubstantialité et la ressemblance en substance, dans le concile d'Antioche, avec Uranius de Tyr, Eudoxe et les autres du parti des anoméens, sous prétexte que les Occidentaux et Osius avaient fait la même chose dans la formule de foi de Sirmium. Ce fut lui avec Eudoxe et quelques autres qui partagea en deux le concile que Constance avait dessein d'assembler, et qui conseilla à ce prince d'indiquer l'un à Rimini et l'autre à Séleucie. Il parut à ce dernier, comme chef des Anoméens, y fut accusé et déposé. On rejeta aussi le nouveau formulaire qu'il avait dressé, comme plein d'impiétés et de contradictions, puisqu'il y condamnait également et la consubstantialité et la ressemblance et la dissemblance en substance. Mais s'y étant pris de manière à arriver à la cour avant les députés du concile, il eut le loisir de se rendre l'empereur favorable et de le prévenir contre le concile et contre eux. Il s'intéressa beaucoup dans l'élection de saint Mélèce pour le siége d'Antioche, et dans le concile qui s'y tint en 361, il prononça un discours sur un passage du livre des Proverbes, ch. VIII, v. 22, qu'il expliqua d'une manière vague et qui tenait le milieu entre la doctrine catholique et l'hérésie arienne. Cependant, comme il avait coutume de régler sa foi sur celle des princes : sachant que Jovien préférait la doctrine de la consubstantialité, il la signa dans le concile d'Antioche, en 363. Il se réunit aux ariens sous Valens, et fut déposé dans le concile de Lampsaque, en 365. Il mourut sur la fin de la même année.

C'était un homme plein de savoir et d'éloquence, mais peu sincère, dominé par l'ambition et par l'esprit d'intrigue. Il écrivit un grand nombre d'ouvrages qui sont perdus. Saint Jérôme le met au rang des plus doctes commentateurs de l'Ecriture, et il lui rend ce témoignage qu'il avait cherché dans ses écrits tout ce qui portait le caractère de la lumière et de la vérité. Il cite de lui six volumes de

Mélanges sur diverses questions, et il en rapporte un grand passage; dix-sept livres sur l'Ecclésiaste, et divers autres traités qu'il ne nomme pas. Saint Epiphane nous a conservé un fragment assez considérable de son traité contre Marcel d'Ancyre. Philostorge le fait auteur de toutes les lettres qui furent écrites au concile de Constantinople en l'an 360 : il ne nous en reste qu'une, qui contient la formule de foi publiée à Séleucie l'année précédente et rapportée par saint Epiphane. De tous ses ouvrages, celui dont on regrette le plus la perte est une *Vie d'Eusèbe*, dont il avait été le disciple et le successeur. Acace travailla à rétablir, sur de nouveaux parchemins, les livres de la bibliothèque de Césarée, et particulièrement ceux d'Origène et de saint Pamphile qui étaient gâtés. On le considère comme le chef d'une branche d'ariens, appelés de son nom *acaciens*.

ACACE, évêque de Mélitine, dans la seconde Arménie, tenait le rang de lecteur dans cette Eglise dès l'an 390. Sa prudence, sa modération et la connaissance qu'il avait tant des lettres humaines que divines, engagèrent Otrée, son évêque, à lui confier l'instruction de sainte Euthyme encore enfant. On ne sait point s'il succéda immédiatement à Otrée dans l'épiscopat; mais on sait qu'il était déjà évêque en 431. Il s'opposa de toutes ses forces à l'hérésie de Nestorius, et fut un des plus ardents défenseurs de saint Cyrille. Cependant un passage de ses discours, dans lequel il semblait affirmer que la divinité a souffert en Jésus-Christ, bien loin de servir la cause du saint patriarche, l'avait fait prendre en aversion par Théodose, qui suspecta longtemps d'hérésie Cyrille et ses fauteurs. Acace assista au concile d'Ephèse; mais avant l'ouverture du synode, il eut, avec Nestorius, qui était son ami, plusieurs entretiens dans lesquels il s'efforça de l'arracher à ses erreurs. Théodote d'Ancyre l'aida dans cette pieuse entreprise. Nestorius, un instant ébranlé, parut vouloir suivre leurs conseils, mais il persévéra dans son impiété, ne pouvant se résoudre, disait-il, à adorer un enfant nourri de lait, ni à donner le nom de Dieu à celui qui s'était enfui en Egypte pour éviter la persécution. Acace et Théodote, voyant qu'il ne répondait à leurs exhortations que par des blasphèmes, préférèrent à son affection le zèle de la foi et de la vérité. Obligés par le concile de raconter les entretiens qu'ils avaient eus avec lui, ils ne purent s'empêcher, quoiqu'en versant des larmes, de rapporter les blasphèmes qu'ils avaient entendus, ajoutant qu'ils étaient prêts à en convaincre leur ami, comme aussi de toutes les erreurs qu'il avait avancées devant eux. De retour dans son diocèse, après la clôture du concile, Acace s'appliqua de toutes ses forces à faire prévaloir l'autorité de ses décrets, et à consolider, au profit de la vérité, la paix conclue entre saint Cyrille et les évêques orientaux. Il gouverna son Eglise avec tant de dignité, qu'après sa mort on ne l'appelait, à Mélitine, que le grand Acace, notre père et notre docteur.

Nous avons encore l'homélie que l'évêque Acace prononça, à Ephèse, en présence du concile; elle fut faite au milieu de la tempête qui semblait prête à submerger tous les défenseurs de la vérité. Le pieux pontife y fait espérer aux Pères du concile que leurs prières réveilleront Jésus-Christ, qu'il leur rendra le calme et les fera heureusement arriver au port. Il donne plusieurs fois à la sainte Vierge la qualité de Mère de Dieu, et dit que celui qui est né d'elle est Dieu, non qu'il ait pris d'elle son commencement, mais parce qu'il a pris d'elle son humanité. Il distingue clairement les deux natures, et dit que celui qui est impassible, selon sa divinité, a souffert pour nous volontairement dans sa chair. C'en était assez pour justifier Acace du reproche qu'Alexandre d'Hiérapole lui adressa, d'avoir soutenu que la Divinité avait souffert en Jésus-Christ. Ce reproche lui fut renouvelé par les députés des évêques orientaux, en présence de l'empereur Théodose, qui témoigna une horreur excessive de ce blasphème; mais Acace n'eut pas de peine à y répondre.

Indépendamment de cette homélie, nous avons encore d'Acace une lettre qu'il écrivit à saint Cyrille, pour l'engager à se réjouir avec lui de ce que le tribun Aristolaüs avait ordre de travailler à la paix, et de parcourir toutes les villes, pour obliger chaque évêque à anathématiser publiquement les dogmes de Nestorius. Il l'exhorte à faire ce voyage avec Aristolaüs, ou tout ou moins à le faire accompagner par un de ses prêtres les plus zélés. Il témoigne, dans la même lettre, qu'il regarde comme une erreur dans ceux mêmes qui niaient qu'il y eût deux fils, de dire néanmoins qu'il y avait deux natures après l'union; car dire que chaque nature a son opération propre, en sorte que l'une ait souffert et l'autre soit demeurée impassible, c'est dire qu'il y a deux fils. Il affirme avoir trouvé cette erreur chez quelques personnes de Germanie, et il prie saint Cyrille d'y veiller avec la plus sérieuse attention. La synodique où l'on trouve cette lettre la rapporte au voyage qu'Aristolaüs fit en Orient pour la paix, c'est-à-dire à l'an 432. En effet, elle convient mieux à cette époque qu'au second voyage qu'Aristolaüs accomplit, en 435, avec de nouveaux ordres pour faire condamner Nestorius. Acace alors n'aurait osé s'élever contre les deux natures, sachant que saint Cyrille avait approuvé cette expression dans la profession de foi des Orientaux. Ce qui la faisait regarder par Acace comme une erreur, c'est qu'il était persuadé que ceux dans qui il la reprenait, entendaient par deux natures, deux fils; au lieu que, conformément à la doctrine de l'Eglise, il ne reconnaissait qu'un Fils en deux natures, parce que le même qui est né du Père avant tous les siècles, est né selon la chair dans les derniers temps, et que le même Seigneur Jésus-Christ, qui a souffert dans sa chair, est impossible dans sa divinité.

ACACE, évêque d'Amida dans la Mésopotamie, se rendit célèbre par ses vertus et surtout par sa charité, vers l'an 420 ou 422. Les Romains, en ravageant la province d'Azanène, firent prisonniers sept mille Perses, qu'ils refusèrent de rendre à leur roi. L'évêque Acace, touché de leur captivité, dans laquelle ils manquaient de tout, même des choses nécessaires à la vie, assembla ses ecclésiastiques et leur tint ce discours : « Dieu n'a besoin de plats ni de pots, puisqu'il ne boit ni ne mange; il est donc juste de vendre quantité de vases d'or et d'argent que l'Eglise possède par la libéralité des fidèles, et d'en employer le prix à racheter et à nourrir ces prisonniers. » De l'argent qu'il retira de cette vente, il paya la rançon de ces captifs, les nourrit quelque temps et les renvoya, après avoir pourvu aux dépenses de leur voyage. Le roi de Perse, touché de cette générosité, demanda une entrevue au respectable évêque, et ce fut principalement à leurs entretiens qu'on attribua la paix qui se conclut entre le monarque persan et l'empereur Théodose le Jeune.

Acace est cité dans le catalogue des écrivains syriens comme ayant écrit quelques lettres sur des matières ecclésiastiques. Maris, écrivain persan, les jugea dignes de ses commentaires, ce qui nous autorise à supposer que c'étaient des lettres canoniques comme celles de saint Basile et de Timothée d'Alexandrie, sur lesquelles les Grecs ont fait aussi des commentaires. On croit que ce Maris, Persan, est le même qui, quelque temps après le concile d'Ephèse, écrivit la fameuse lettre à Ibas d'Edesse, dont nous parlerons dans la suite.

ACACE, patriarche de Constantinople, parvint à cette dignité en 471. Il y porta un caractère ambitieux, entreprenant, versatile. Le premier but d'Acace fut de s'élever, et il ne se rendit pas difficile sur le choix des moyens. Il essaya de faire reconnaître la suprématie de son Eglise sur celles d'Antioche, d'Alexandrie et de Jérusalem. Forcé de ployer sous l'autorité du pape Simplicius, il chercha bientôt à s'en appuyer contre l'empereur Basilisque, qui favorisait Pierre le Foulon, l'un des plus zélés défenseurs de l'hérésie d'Eutychès. Acace souleva Constantinople, et Basilisque ayant été détrôné peu de temps après par Zénon, et s'étant réfugié dans une église, le patriarche l'en arracha et le livra au nouvel empereur. Les vices et l'hérésie de celui-ci ne trouvèrent plus dans Acace un ennemi redoutable. Las de tromper le pape par ses artifices, il se déclara contre lui et porta Zénon à publier, en 485, une formule ou édit d'union qui fut nommé *Hénoticon*, et qui se trouvait entièrement favorable aux Eutychéens. Acace mit tout en œuvre pour faire recevoir cet édit dans les provinces, ce qui lui attira les anathèmes de Rome, que des moines osèrent attacher à son manteau, comme il entrait dans son Eglise. Cité par le pape Félix III, devant un concile assemblé à Rome, le patriarche parut fléchir un moment; mais, à son tour, il anathématisa Félix, fit arrêter les légats, déposa les évêques orthodoxes, en mit de schismatiques à leur place, et persécuta ouvertement les catholiques. En 484, Zénon, irrité contre l'impératrice Ariadne, donna secrètement l'ordre de sa mort; Acace, qui en fut instruit, courut au palais, remontra avec chaleur à ce prince l'énormité du crime, et parvint à l'apaiser. Il mourut paisiblement sur son siége, en 489, après dix-huit ans de patriarcat. Son nom fut rayé des diptyques de Constantinople trente ans après sa mort. Le pape saint Gélase, successeur de Félix, refusa sa communion à ceux qui faisaient difficulté de condamner les erreurs d'Acace.

Il nous reste de lui deux lettres, l'une en grec, adressée à Pierre le Foulon, et l'autre en latin, au pape Simplicius, sur l'état de l'Eglise d'Alexandrie. Dans la lettre à Simplicius, Acace, qui connaissait ses inquiétudes sur le sort de cette Eglise, lui manda la mort de Timothée d'Elure, la fuite de Pierre Mongus, qu'il dépeint comme un hérétique, comme un usurpateur et comme un enfant de ténèbres, et le rétablissement de Timothée Salaphaciale, dont il loue la douceur, la patience et le zèle pour l'observation des canons et de la discipline des Pères. Il n'oublie pas non plus d'informer le saint-père des soins que l'empereur et lui se donnaient pour maintenir la discipline ecclésiastique.

Après la publication de l'*Hénoticon* de Zénon, Acace, voyant que le pape se séparait de lui, se sépara du pape à son tour et retrancha son nom des sacrés diptyques. Comme il ne comptait pour rien la sentence de Rome, il continua jusqu'à sa mort à offrir le saint sacrifice. Le corps de l'Eglise de Constantinople lui demeura uni; mais les abbés Rufin, Hilaire et Talassius aimèrent mieux se séparer de cette Eglise que de celle de Rome. Calandion, évêque d'Antioche, qui s'était toujours déclaré contre Pierre Mongus, fut déposé et chassé de son Eglise par Zénon, sous le prétexte d'avoir favorisé le parti d'Illus, qui s'était révolté avec Léonce contre l'empereur, mais, en effet, parce qu'il persévérait dans la communion du pape Félix et de Jean Talaïa. Calandion fut exilé, et Pierre le Foulon fut rétabli sur le siége d'Antioche, avec l'agrément d'Acace et d'un grand nombre d'évêques d'Orient. Plusieurs autres évêques catholiques furent déposés sans examen, et, au mépris de toutes formes, envoyés en divers exils. Acace était l'âme des persécutions qu'on leur faisait souffrir; mais Zénon, qui l'appuyait de son autorité, n'était pas moins coupable que lui. Acace ayant voulu obliger les évêques d'Orient à communiquer avec Pierre Mongus et Pierre le Foulon, ils s'adressèrent au pape Félix, en le désignant comme l'auteur de tous les maux de l'Eglise. Leurs plaintes occasionnèrent un concile en Italie, où les évêques renouvelèrent les anathèmes déjà prononcés par le saint-siége contre

Acace, Pierre Mongus et Pierre le Foulon. La lettre d'Acace à Pierre le Foulon retrace tous ces faits, les apprécie, les envenime, et sacrifie partout la vérité au profit de l'erreur et du mensonge. Pierre le Foulon ne vécut que trois ans après avoir usurpé une seconde fois le siége d'Antioche. Il mourut, en 488, après avoir persévéré jusqu'à la fin dans ses erreurs.

ACCAS, évêque d'Agulstad. — Accas, disciple de saint Wilfrid, l'accompagna dans un voyage qu'il fit à Rome, en 679, pour demander justice au pape contre ceux qui l'avaient chassé de son évêché d'York. Pendant son absence, Théodore de Cantorbéry ordonna en sa place trois évêques : l'un, nommé Basa, à Angulstad, Cata à York, et Eadhède à Lindisfarne. Cet établissement subsista, malgré que le pape eût ordonné aux évêques anglais de se réconcilier avec saint Wilfrid, et de lui rendre ses églises. Ils se contentèrent seulement de lui restituer ses deux monastères de Ripon et d'Agulstad avec tous leurs revenus. Ce saint étant mort, en 709, Accas, son disciple, lui succéda dans l'évêché d'Agulstad, qu'il gouverna pendant plus de trente ans. Il fut lié d'une amitié très-étroite avec le vénérable Bède, qui lui dédia plusieurs de ses ouvrages, et principalement ceux qu'il avait composés à sa sollicitation. Nous retrouvons en effet, parmi les œuvres de ce dernier, une lettre dans laquelle Accas l'exhorte à commenter les divines Ecritures, et spécialement l'Evangile de saint Luc. Baleus et Pitseus lui attribuent plusieurs écrits, savoir : une *Histoire de la vie et du martyre des saints dont les reliques reposaient dans l'église d'Agulstad* ; un *Traité des offices ecclésiastiques*, à l'usage de la même église, et plusieurs poëmes, ainsi que plusieurs lettres; mais ces écrits ne sont pas arrivés jusqu'à nous.

ACHARD, moine de Clairvaux, en dirigeait les novices sous les ordres de saint Bernard, vers l'an 1140. Il écrivit la Vie de saint Gotcelin, ermite, qu'Arnold Raisius fit imprimer à Douai en 1626. On a de lui aussi un cours de sermons qu'il composa pour ses novices ; le manuscrit a été publié par les soins de M. l'abbé Migne, Paris, 1850. Il est parlé d'Achard dans le premier livre des Miracles des moines de Cîteaux, par Herbert.

ADABI, écrivain persan, a écrit les Actes des saints martyrs de son pays. Ces Actes, recueillis par Assemani, ont été publiés dans le *Cours complet de Patrologie*.

ADALARD ou ADÉLARD, abbé de Corbie, était petit-fils de Charles Martel, fils de Bernard, neveu du roi Pépin, et cousin germain de Charlemagne. Il naquit vers l'an 753, et fut élevé à la cour avec les autres princes. Eginard, en 771, le met au nombre des comtes et des grands qui composaient la cour de Carloman, roi d'Austrasie ; ce qui confirme l'opinion de ceux qui placent la naissance d'Adalard en Belgique, province qui appartenait alors à ce royaume. Dégoûté du monde et des grandeurs, il embrassa la profession monastique à Corbie, en 772. Le désir d'une plus grande obscurité l'engagea à quitter ce monastère pour celui du mont Cassin. Paul Walnefride, qui y demeurait alors, l'y retint pendant quelque temps. Ils s'y lièrent ensemble de cette amitié étroite qui unit deux cœurs également épris du zèle de la science et de l'amour des vertus. Mais la cour de France le rappela, et quelques années après son retour à Corbie, il en fut élu abbé. Ses talents et ses qualités le firent nommer conseiller et principal ministre de Pépin, en 796, lorsque ce prince reçut en apanage le royaume d'Italie. Adalard gouverna avec tant de sagesse, qu'il conserva le même rang auprès de Bernard, fils et successeur de Pépin. Cependant Charlemagne le rappelait quelquefois en France pour se servir de ses lumières. Il l'admit dans ses conseils, et il paraît même, au témoignage d'Hincmar, qu'il y tenait la première place après le roi. Après la mort de ce prince, Bernard, roi d'Italie et neveu de l'empereur Louis le Débonnaire, s'étant révolté contre son oncle, en 817, Wala, prince du sang, qui avait eu beaucoup de part au gouvernement, devint suspect à cet empereur, et fut exilé. Adalard, frère de Wala, fut enveloppé dans sa disgrâce et relégué dans l'île de Noirmoutiers. Son exil dura sept ans, au bout desquels il fut rétabli dans son abbaye, en 822.

L'empereur, qui ne l'avait rappelé qu'après avoir reconnu son innocence, voulut effacer la tache de son exil par des marques publiques de son estime et de sa haute considération. Il l'invita à l'assemblée d'Attigny, et, quelque temps après, à la réunion des Etats qui se tinrent à Compiègne, en 823. La même année, il établit la célèbre abbaye de Corway, ou la nouvelle Corbie, en Saxe, dont son frère avait jeté les premiers fondements. Son but était d'en faire comme un séminaire de missionnaires apostoliques, pour annoncer l'Evangile dans les provinces du Nord, encore plongées dans les ténèbres de l'idolâtrie. Il obtint de l'empereur Louis la confirmation de ce nouvel établissement, avec divers priviléges qui en assuraient la durée.

Il fit plusieurs règlements pour les religieux de ce monastère, puis étant retourné à l'ancienne Corbie, sur la fin de l'an 825, il fut attaqué de la maladie qui le conduisit au tombeau. Avant de mourir, il fit assembler tous ses religieux, les conjura de s'entendre ensemble, dans un esprit de paix, sur le choix de son successeur, fit devant eux sa profession de foi, leur exposa de nouveau ce qu'il leur avait enseigné pendant sa vie, afin d'imprimer plus fortement ses instructions par le souvenir de sa mort ; et, après avoir reçu l'extrême-onction des mains de Hildeman, évêque de Beauvais, il s'endormit saintement dans le Seigneur, le 2 janvier de l'année 826. Il fut enterré sous le clocher de l'église de Saint-Pierre, au milieu de quatre abbés qui avaient gouverné avant lui son monastère, et dont les noms ne sont pas connus. L'épitaphe que l'on grava sur son tombeau révèle la grandeur de sa naissance, sa charité, la pureté de ses mœurs et de sa foi. Il possédait la langue latine, la langue tudesque et la langue française. Il s'était fait un principe de s'attacher à la doctrine de saint Augustin ; c'est pour cela qu'on l'appelait l'Augustin de son temps.

L'historien de sa vie, Paschase Ratbert, qui fut aussi son élève, cite un fragment de lettre qui peut servir de témoignage à son éloquence. Elle est adressée à l'empereur Lothaire, et prouve qu'il savait parler aux princes avec vigueur, quand il s'agissait de la bonne foi qui doit régner parmi les hommes. « S'il est arrivé souvent, lui dit-il, qu'au milieu des guerres les plus sanglantes, les païens même ont gardé cette vertu, quelle stabilité ne doit point avoir l'alliance qu'un chrétien a juré d'observer inviolablement? Que personne ne vous trompe, empereur, je vous en supplie ; lorsqu'on viole la foi donnée à quelqu'un, ce n'est point sur l'homme que tombe le mépris, c'est sur la vérité même, c'est sur Dieu qu'on a pris à témoin de son serment. » C'est tout ce qui nous reste des lettres d'Adalard. Le plus important de ses écrits était un *Traité touchant l'ordre ou l'état du palais et de toute la monarchie française*. Il était divisé en deux parties, et n'est pas parvenu jusqu'à nous.

Les *Statuta antiqua abbatiæ Corbeiensis* se trouvent dans le tome IV du *Spicilége* de d'Achéry, d'où ils ont été extraits par les soins de M. l'abbé Migne, qui les a reproduits dans son *Cours complet de Patrologie*.

Statuts de saint Adalard. — Au retour de son exil, en 822, dans la huitième année de l'empire de Louis-Auguste, il fit de nouveaux statuts pour son abbaye de Corbie. Adalard tenait à fixer, par un règlement, et la dispensation des biens temporels et les diverses fonctions des officiers de cette maison. Ces statuts sont distribués en deux livres, dans lesquels on voit que ce monastère était divisé en six classes. La première comprenait les frères ou les moines. Ils étaient au nombre de trois cent cinquante, lorsqu'il revint à Corbie. Il ordonna qu'à l'avenir ils seraient toujours en pareil nombre, et qu'ils ne pourraient jamais aller au delà de quatre cents. Tous n'étaient pas au même rang ; il y en avait de préposés sur les autres, et d'autres employés à différents ministères. L'abbé tenait la première place, ensuite le prévôt, puis les doyens, le camérier, deux celleriers, et un sénéchal. Le camérier avait soin du vestiaire et des ouvriers ; les celleriers de la nourriture et des voitures nécessaires pour le transport des vivres ; le sénéchal des revenus du monastère. Saint Adalard donna à chacun un mémoire de ce qu'ils devaient faire. La seconde classe comprenait les clercs, dont les uns n'étaient précisément que clercs, et les autres appelés *pulsantes* ou sonneurs, parce qu'ils étaient chargés de sonner les heures de l'office divin, et enfin les écoliers ou étudiants. Les matriculaires et serviteurs faisaient la troisième classe. Il y avait entre eux cette différence : c'est que les premiers étant inscrits sur la matricule du monastère y étaient irrévocablement attachés, tandis que les seconds n'avaient point un état fixe et pouvaient être renvoyés selon que les officiers le jugeraient à propos. Les prébendiers, ainsi nommés, parce qu'ils étaient nourris aux dépens du monastère, étaient dans la quatrième classe. Quelques-uns pensent qu'au lieu de prébendiers, il faut dire pourvoyeurs. Les vassaux formaient la cinquième et les hôtes la sixième. On avait bâti dans le monastère, trois salles pour tous les métiers nécessaires à son entretien ; il y avait aussi des ouvriers pour toutes les usines situées au dehors, le moulin, la lavanderie et autres. Chaque jour, on recevait au moins douze pauvres dans l'hôpital, sans compter les passants. Les clercs étrangers étaient admis au réfectoire. La quantité de blé et autres grains, pour la nourriture de toutes ces personnes, montait, par an, à cinq mille cinq cents boisseaux. Outre cela, le monastère donnait la dîme de tout ce qu'il possédait, ainsi qu'il avait été ordonné dans le concile d'Aix-la-Chapelle. Les frères ou les moines qui servaient à la cuisine gardaient un exact silence, et, afin que ce silence leur fût utile, ils chantaient continuellement des psaumes. Aucun autre moine n'y entrait ; ils donnaient et recevaient par une fenêtre les choses nécessaires. Le cellérier le plus jeune servait à chaque frère une hémine de vin. Le grand nombre de moines dont l'abbaye de Corbie était composée fait supposer qu'on y entretenait la psalmodie perpétuelle, comme dans le monastère de Centule qui n'était pas éloigné, et où il y avait un nombre à peu près égal de religieux. Ces statuts, reproduits dans le *Spicilége* de d'Achery, ont été imprimés avec beaucoup de fautes, parce que le manuscrit d'où on les a tirés se trouve effacé en plusieurs endroits.

Discours de saint Adalard. — Le même manuscrit contenait encore les titres sommaires de soixante et une instructions, que l'abbé avait coutume de donner à ses religieux. Dom Mabillon, qui avait promis de publier les discours, s'est contenté de reproduire cinquante-deux de ces sommaires. Quelque restreints que soient ces sommaires, les matières indiquées témoignent en faveur de la science du saint abbé, et du zèle qu'il mettait à procurer la perfection de ses religieux.

ADALARD, abbé de Blandigni, écrivit une Vie de saint Dunstan, archevêque de Cantorbéry, et dédia son ouvrage à Elphegus, successeur d'Alfric sur le même siège. Henri Warthon en a inséré l'épitre dédicatoire dans le tome II de l'*Angleterre sacrée*. Adalard avait divisé son ouvrage en douze leçons pour être récitées à l'office des Matines, et après chaque leçon, il avait mis un répons qui convenait à l'histoire du saint. Cet ouvrage, qui n'était qu'un abrégé de celui de Bridferth sur le même sujet, n'a jamais été rendu public.

ADALBERON, fils de Godefroi, comte d'Ardenne, fut élevé dans l'abbaye de Gorze, avec plusieurs enfants de la plus haute distinction, que les familles y envoyaient pour les former dans la piété et dans les sciences. Il sortit de cette école très-instruit. Un de ses contemporains n'a pas craint de le compter, au nombre des hommes les plus savants de la Belgique. A la mort d'Odalric, archevêque de Reims, arrivée en novembre 969, Adalberon fut choisi à l'unanimité pour son successeur. Son épiscopat se ressentit des troubles qui agitèrent la France, sur la fin du x° siècle; mais il trouva moyen de concilier tous ses devoirs et de les accomplir, sans rien laisser usurper des biens de l'Eglise qui lui étaient confiés. Il travailla au rétablissement de la discipline, assembla divers conciles, fit revivre les écoles de Reims, dont il confia le soin à Gerbert, et augmenta considérablement les biens de son Eglise. Chancelier du roi Lothaire, mais très-attaché à l'empereur Othon III, et aux deux impératrices Adélaïde et Théophanie, il fit voir, à ceux qui l'avaient accusé d'infidélité envers son souverain, qu'il savait concilier les obligations d'un sujet, avec les égards et les bienséances envers les autres puissances, auxquelles il tenait par les liens de l'amitié. Aussi, Hugues Capet, sacré roi en 987, après la mort de Louis, fils de Lothaire, le continua dans sa dignité de chancelier. Adalberon l'avait sacré à Reims, le 3 de juillet de la même année, au grand mécontentement du prince Charles, frère de Lothaire, qui lui en fit un crime. L'archevêque se justifia, en montrant qu'il n'avait fait que consacrer, par un acte religieux, le choix de la nation. Il mourut, le 3 de janvier de l'an 988, après dix-neuf ans d'épiscopat.

Discours. — Adalberon fonda, en 971, le monastère de Mouzon, dans son diocèse; et, en y installant les moines, il leur fit un discours, pour les exhorter à la pratique exacte de la règle de saint Benoît. Il en fit un second, à l'ouverture du concile, qu'il tint au mois de mai de l'an 962, sur le mont Sainte-Marie, où il rendit compte des motifs qui l'avaient déterminé à mettre à Mouzon, des moines de l'ordre de Saint-Benoît, et du privilége qu'il avait obtenu pour eux du pape Jean XIII. Dans le même concile, il établit Liétald, premier abbé de Mouzon.

Lettres. — Le recueil des *Lettres* de Gerbert en contient plusieurs d'Adalberon, à qui il servit pendant quelque temps de secrétaire. La plupart sont adressées à des personnes de la plus haute distinction, aux impératrices, aux rois, aux princes du sang; il y en a aussi à des archevêques, des évêques et des abbés. On voit qu'il assemblait souvent des conciles, et qu'il employait les censures pour obliger les prêtres de sa dépendance à s'y trouver; qu'on lui fit un crime d'avoir fait nommer son neveu à l'évêché de Verdun, sans la participation du roi Lothaire; et qu'il se justifia, sans que ce différend lui fît rien perdre du respect et de l'attachement qu'il avait pour ce prince, à qui il donna plus tard la qualification d'Astre très-éclatant, en annonçant sa mort à Ecbert archevêque de Trèves. Dans sa lettre au duc Charles il s'excuse du sacre de Hugues Capet, en reproduisant cette pensée : « Qui étais-je, moi, pour donner seul un roi aux Français. Il était l'élu de tous, et non l'élu d'un particulier ; c'est à tort que vous m'attribuez de la haine pour le sang royal; je prends à témoin mon rédempteur, que je ne hais pas ce sang. » A la fin de la dernière lettre, on lit un distique d'Adalberon. Il l'avait fait graver sur le calice dont il se servait, dans la célébration des saints mystères. Le voici, avec sa traduction :

Hinc sitis atque fames fugiant, properate fideles;
Dividit in populos, has, præsul Adalbero, gazas

« Que la soif et la faim disparaissent; accourez fidèles, c'est l'évêque Adalberon, qui distribue au peuple les richesses ici renfermées. » Il fit mettre sur la patène les paroles suivantes : « Vierge Marie, l'évêque Adalberon vous fait ce présent. »

Sentence d'excommunication. — Thibaud avait usurpé le siége épiscopal d'Amiens; on procéda contre lui dans un concile, et ce fut Adalberon qui fut chargé de notifier la sentence. Il le fit par une lettre qu'il lui adressa, après qu'il eut refusé de comparaître à un nouveau concile réuni pour sa réconciliation.

ADALBERON, surnommé Ascelin, naquit en Lorraine d'une famille connue par ses grandes richesses. On ignore en quelle école il fit ses premières études, mais on sait qu'il les continua à Reims, sous Gerbert, vers l'an 970. Il sut gagner l'amitié de son maître, et fit sous lui de tels progrès qu'il passa dans la suite pour un des plus savants hommes de son siècle. S'étant insinué dans les bonnes grâces du roi Lothaire, ce prince le fit élire, quoique jeune encore, évêque de Laon, à la mort de Roricon. Il fut ordonné le dimanche des Rameaux et intronisé le jour de Pâques 977. Il était possesseur d'une fortune immense, qu'il employa à augmenter les revenus de son évêché et de son chapitre. Ses liaisons avec Fulbert de Chartres, les éloges que ce prélat lui prodigua dans ses lettres, forment un préjugé avantageux en faveur de son mérite ; mais aux qualités de l'esprit, il ne sut pas joindre les qualités du cœur. Pontife ambitieux et bas courtisan, il eut la lâcheté de livrer à Hugues Capet Arnould, archevêque de Reims, et Charles, duc de Lorraine, compétiteur de Hugues, auxquels il avait donné asile dans sa ville épiscopale. Il se brouilla, on ne sait pour quel motif, avec Gerbert, son métropolitain, qui lui écrivit une lettre fulminante, dans laquelle il lui reproche vivement sa perfidie et les dommages que l'église de Laon en avait soufferts. Il eut un différend plus grave avec le roi Robert, qui en porta ses plaintes au saint-siége, où il fut cité à venir justifier sa conduite ; mais cette tempête se dissipa, et il rentra presque aussitôt dans les bonnes grâces du roi. Dudon, historien ou plutôt romancier des Normands, le choisit pour revoir et corriger son *Histoire*. S'il faut en croire les flatteries qu'il lui donne, Adalberon était le plus grand et le plus saint évêque de son temps. Il mourut le 19 juillet 1030, après avoir gouverné l'église de Laon pendant cinquante ans.

Adalberon a laissé des écrits en vers et en prose ; il est auteur d'un poëme satirique, composé de 430 vers hexamètres, et dédié au roi Robert. Adrien Valois en a donné une édition en 1663, à la suite du Panégyrique de l'empereur Bérenger. On y trouve quelques traits d'histoire curieux. L'auteur y touche, d'une manière ironique et presque toujours allégoriquement, les travers qui se commettaient dans le royaume de son temps. C'est une occasion pour lui de décharger sa mauvaise humeur sur ceux qu'il n'aimait pas. Gerbert, qui lui avait reproché sa perfidie envers le prince Charles, fut du nombre ; c'est lui qu'il désigne sous le nom de Neptabanus. Adalberon y fait au roi une espèce de crime de son affection pour les moines ; mais ce qui montre mieux encore qu'il est sorti des bornes d'une juste critique, c'est que dans ses censures, il n'épargne pas même saint Odilon, en vénération aux papes, aux empereurs, aux rois, aux plus saints évêques et à toute l'Eglise. Le style allégorique, joint à la mauvaise versification, répand sur tout le poëme une grande obscurité. Néanmoins, on ne laisse pas d'y découvrir çà et là quelques détails intéressants sur la personne du roi Robert, sur les forces et la grandeur de son royaume, et sur certains usages ignorés de nos jours.

Dom Bernard Pez a découvert, dans une bibliothèque de Bavière, le manuscrit d'un autre ouvrage d'Adalberon, adressé à Foulques, évêque d'Amiens, sous ce titre : *De modo recte argumentandi et prædicandi Dialogus*. Il est fâcheux qu'en publiant tant d'autres monuments, il n'ait pas fait à celui-là le même honneur. Nous aurions pu juger si Adalberon était meilleur philosophe et rhéteur qu'habile poëte, et s'il avait réellement autant d'éloquence que Fulbert de Chartres lui en reconnaissait.

ADALBERT (saint), évêque de Prague, né en 939, d'une famille noble de Bohême, étudia à Magdebourg auprès de l'évêque Adalbert dont il prit le nom. De retour à Prague et sacré évêque, il fit d'inutiles efforts pour corriger les mœurs du clergé de Bohême, qui le persécuta et le força de s'enfuir à Rome, où le pape Jean XV le dégagea de ses obligations envers son diocèse. Rentré dans sa patrie que de nouvelles persécutions le forcèrent de quitter une seconde fois, il voyagea en Hongrie, en Pologne, où il se livra avec ardeur au ministère de la prédication. Mais son zèle avait besoin d'une tâche plus pénible et plus dangereuse ; la Prusse était encore idolâtre ; la foi chrétienne n'avait jamais été annoncée à ses habitants. Il s'y rendit avec une faible escorte et obtint d'abord les plus grands succès ; mais entraîné par son zèle, il aborda dans une petite île, dont les sauvages habitants le reçurent fort mal. Le ton impérieux avec lequel il leur ordonna de quitter leurs idoles, excita leur indignation. Ils le saisirent, l'enchaînèrent, et, à l'instigation d'un prêtre païen nommé Ségo, ils le percèrent de coups de lance ; et il obtint ainsi les honneurs du martyre. Cet événement arriva en 997, le 29 avril, jour où l'Eglise célèbre sa fête. On l'appela l'Apôtre de la Prusse. Boleslas, prince de Pologne, racheta son corps, pour une quantité d'or d'un poids égal. — Saint Adalbert passe pour l'auteur du chant guerrier *Boga Rodzica*, que les Polonais ont coutume d'entonner avant de marcher à l'ennemi.

ADALBERT de Metz. — S'il faut en croire Trithème, Adalbert se rendit habile dans toutes sortes de sciences. Il était né dans la Belgique, de parents nobles. Il embrassa de bonne heure la vie monastique. Ses progrès dans les lettres le mirent en état de les enseigner aux autres, dans l'abbaye de Saint-Vincent, à Metz ; ce qu'il ne put faire qu'après l'année 968, époque de sa fondation. La qualité d'écolâtre, le temps et le pays où il vécut, font conjecturer, avec beaucoup de vraisemblance, que cet Adalbert est le scolastique du même nom dont Gerbert a fait l'épitaphe dans une de ses lettres. On y voit qu'il mourut dans un âge peu avancé. Il laissa plusieurs écrits, parmi lesquels Trithème compte une *Chronique* où il donnait la suite de tous les évêques de Metz, jusqu'à Adalberon, mort en 964. C'est tout ce que l'on sait de cet ouvrage. On en cite un autre où Adalbert donnait l'*Abrégé des Morales* de saint Grégoire. Il l'avait fait à la prière du prêtre Hartmann, à qui il le dédia. Sa *Chronique* était adressée à l'évêque Adalberon. Ni l'un ni l'autre de ces écrits n'ont encore vu le jour. Dans le titre de l'*Abrégé des Morales*, Adalbert ne prend que le titre de diacre, mais dans le corps de l'ouvrage il se donne celui de prêtre et de moine ; ce qui peut faire juger que dans le cours de son travail, il avait été élevé au sacerdoce.

ADALBERT, moine d'Hirsauge, à la demande de Baudran, évêque de Spire, fut tiré de son monastère pour être placé à la tête de celui de Clingenau, peu distant de la petite ville de Landau, dans le même diocèse. Il le gouverna avec une sagesse et une habileté telles, que Trithème ne craint pas d'affirmer que s'il fût resté dans son abbaye d'Hirsauge, il l'eût sauvée de la ruine complète qui la désola de son temps. Il vivait à la fin du XIe siècle, et il est auteur de quelques opuscules reproduits dans le *Cours complet de Patrologie*

ADALBERT, que Pitseus dit avoir été

moine bénédictin de la congrégation de Cluny, dans le monastère de Spaldingen, en Angleterre, florissait vers l'an 1160. Il fit des extraits du commentaire de saint Grégoire sur le livre de Job, et les dédia au prêtre Hérimann. L'épître dédicatoire ou prologue se lit dans le premier tome des Anecdotes de dom Martenne. Pitseus fait mention de quelques homélies du moine Adalbert, et d'un de ses ouvrages intitulé : *Miroir de l'état de l'homme*. Ces écrits ont été publiés, pour la première fois, dans le *Cours complet de Patrologie* de M. l'abbé Migne, Paris, 1852.

ADAM, originaire de Paris, était très-instruit dans les arts libéraux. Vers l'an 1059, se rendant à Athènes pour s'y perfectionner dans les sciences des Grecs, il passa à Spalatro, en Dalmatie. L'évêque Laurent, transféré depuis peu à ce siége par le pape Nicolas II, le reçut avec honneur, et le pria de rédiger en meilleur style les Actes du martyre des saints Domnius et Anastase. Adam l'entreprit, et, non content de retoucher l'ancienne légende de ces martyrs, il composa des hymnes en leur honneur, et en vers tout ce qui se chantait dans l'office de saint Domnius. Il ne reste de ces Actes que ce qui s'en est trouvé dans le bréviaire de cette église, ce qui se réduit aux leçons des Matines ; mais nous ne savons si on doit les regarder comme bien dignes de croyance, et cela pour plusieurs raisons, que nous nous contentons d'indiquer. 1° L'original sur lequel Adam travailla était en latin tout barbare ; il avait donc été écrit plusieurs siècles après le martyre de saint Domnius. 2° On le fait disciple de saint Pierre, et établi évêque de Salone par cet apôtre. Ce fait n'est appuyé par aucun historien ecclésiastique. 3° On lit dans ces Actes qu'il baptisait les nouveaux convertis, en puisant de l'eau dans un fleuve. Ce baptême par infusion est contraire à la pratique des premiers siècles, où ce sacrement était conféré par une triple immersion. 4° Ces Actes parlent d'une église dédiée à la sainte Vierge ; on n'en connaît aucune, dans le premier ni dans le second siècle de l'Eglise. Il faut donc l'entendre du VIII° siècle, dans lequel on rapporte que le corps du saint martyr fut transféré de Salone à Spalatro, et déposé dans une église de la sainte Vierge. Toutes ces raisons réunies suffisent pour faire suspecter l'originalité de ces Actes. On ne connaît plus ceux de saint Anastase, retouchés par Adam.

ADAM DE BRÊME, ainsi nommé, non parce que Brême était sa patrie, mais parce qu'il y fut chanoine, naquit en Thuringe ou dans la Misnie. Il se voua de bonne heure à l'état ecclésiastique, et fit ses études dans un couvent. En 1067, Adelbert, archevêque de Brême, le fit chanoine et directeur de l'école de cette ville, place alors non moins importante qu'honorable, puisque ces écoles étaient les seuls établissements d'instruction publique. Adam consacra sa vie tout entière à ces fonctions, à la propagation de la foi chrétienne et à la publication d'une histoire ecclésiastique intitulée : *Historia ecclesiastica Ecclesiarum Hamburgensis et Bremensis vicinorumque locorum septentrionalium, ab anno 788, ad annum 1072*. C'est l'ouvrage le plus précieux et le plus détaillé que nous ayons sur l'histoire de l'établissement du christianisme dans le nord de l'Europe. Comme l'archevêché de Brême était le centre des missions, qu'Adam y fut employé lui-même, et qu'il parcourut les contrées du Nord qu'Anschaire avait visitées 200 ans auparavant, il tira des renseignements importants soit des archives de l'archevêché, soit de la bibliothèque de son couvent, soit enfin des conversations qu'il avait eues avec les idolâtres et les missionnaires. Adam fit un voyage en Danemark ; et le roi Suénon Estrithson, avec lequel il s'entretint plusieurs fois, lui donna des détails précieux sur l'histoire de ce royaume. De retour à Brême, il écrivit un *Traité géographique sur les Etats du Nord*, d'après ce qu'il avait recueilli de la bouche même du roi Suénon, et ce qu'il avait puisé dans l'ouvrage d'Anschaire. Cette description fut publiée d'abord à Stockholm, sous le titre de *Chronographia Scandinaviæ*, 1615, et, ensuite à Leyde, sous ce titre : *De situ Daniæ et reliquarum trans Daniam regionum natura*, 1629. Ce petit traité, quoique plein de fables, est curieux comme le premier essai de géographie qui ait été écrit sur l'Europe septentrionale, notamment sur le Jutland et sur la mer Baltique. On doit aussi à Adam de Brême les premières notions de l'intérieur de la Suède, dont Other et Wolfstan ne connaissaient que les côtes, et de la Russie, dont auparavant le nom seul était connu de l'Europe chrétienne. Il s'étend même sur les îles Britanniques, qu'il n'avait point visitées, et sur lesquelles il se contente de répéter les contes merveilleux de Salin et de Martianus Capella. Adam de Brême avait apporté beaucoup de soins et de patience dans le rassemblement des faits qui forment le fond de ses ouvrages. On ignore l'époque précise de sa mort.

Histoire ecclésiastique. — L'Histoire qu'Adam nous a donnée est divisée en quatre livres, et les livres sont divisés en chapitres. Il débute par l'histoire des Saxons, ce qui lui paraissait nécessaire puisque Hambourg dont il se propose de faire connaître les évêques, est situé dans la Saxe. Les Saxons, depuis longtemps tributaires des Francs, avaient secoué le joug et s'en étaient séparés. Pépin leur fit la guerre ; Charlemagne, son fils, la continua, les Saxons furent vaincus et la paix ne leur fut accordée qu'à la condition qu'ils renonceraient au culte des idoles pour embrasser la religion chrétienne. Le premier de leurs missionnaires fut saint Vilfrid, anglais de naissance ; le second, saint Boniface ; le troisième, saint Villehade avec ses disciples. Ils trouvèrent de la résistance de la part des idolâtres ; mais enfin Nidekind, leur chef, se soumit et reçut le baptême avec les grands seigneurs de la nation. Alors la Saxe fut réduite en province, et l'on y érigea huit évêchés, que l'on déclara suffragants des archevêchés de Cologne et de Mayence.

Adam rapporte l'acte qui en fut passé, et qui est signé de Charlemagne et d'Hildebald, archevêque de Cologne et chapelain du palais. Cet acte est du mois de juillet 788. Le premier évêque de Brême fut Willerie ou Willehaire, l'un des disciples de saint Willehade.

Adam parle ensuite de la conversion des Danois et des autres peuples voisins, par le ministère de saint Anschaire, le premier qui fut sacré archevêque de Hambourg en 833. Il rapporte le siége de Cologne par les Normands, l'incendie de la ville de Hambourg, de son Eglise, de son monastère, de sa bibliothèque, ajoutant que saint Anschaire fut obligé d'en sortir, n'emportant avec lui que les reliques des martyrs. Il se retira à Brême, dont le siége était vacant, et le pape Nicolas Ier l'en institua archevêque, en unissant cette Eglise à celle de Hambourg. Il gouverna la première pendant seize ans, la seconde pendant dix-huit, de sorte qu'il occupa l'épiscopat pendant trente-quatre ans. Ses successeurs dans l'archevêché de Brême, furent Rimberd, Adalgaire, moine de Corbie, Higer, Reginward, Unnus, etc. En donnant la suite de ces évêques dans le second livre, Adam ne se contente pas de les faire connaître par leurs noms, mais il donne un précis de leur vie, la durée de leur épiscopat, la mort des papes, des empereurs, des rois; l'érection des nouveaux évêchés, les métropoles dont ils dépendaient, l'origine des ducs de Saxe, de l'archevêché de Magdebourg et des cinq évêchés qui lui furent soumis. Il prend de là occasion de donner une description des pays où ces églises sont situées, des fleuves qui les arrosent et des peuples qui les habitent. Il passe ensuite au royaume de Danemark, dont le roi Harold embrassa la religion chrétienne, qu'il favorisa toute sa vie. Il nomme les évêques qu'Adaldag, archevêque de Brême, ordonna en Danemarck, les villes où il plaça leurs siéges épiscopaux. Il raconte les troubles dont le christianisme fut agité sous le règne de Suenon, fils d'Harold, qui fut dépouillé, en haine de la religion, par les Danois révoltés et par son fils, dont la rébellion profita à Héric qui s'empara du royaume. Adam descend dans le détail de ce qui regarde Héric, roi de Suède et de Danemark, et son successeur dans ces deux royaumes. Il marque les progrès de la foi dans la Suède, le grand nombre des martyrs chez les nations barbares, et l'érection de nouveaux évêchés chez les Sclaves et les autres peuples du Nord. Il a soin de remarquer que les archevêques de Brême recevaient l'investiture de leur dignité par la crosse que l'empereur leur mettait en main, aussitôt après leur élection, et par le *Pallium* qui leur était envoyé par le pape. Sur la fin du second livre, Adam se plaint du relâchement des mœurs dans le clergé, et le regarde comme plus préjudiciable à l'Eglise, que ne fut l'incendie qui consuma celle de Brême, son trésor, son cloitre, ses livres, ses ornements et les édifices de la ville.

Adam commence son troisième livre par l'éloge de l'archevêque Adalbert, dont il relève toutes les vertus, et en particulier le zèle pour l'accroissement de la religion. Dès la première année de son épiscopat, il s'appliqua à réparer l'église de Brême, le cloître et les autres bâtiments nécessaires à l'habitation des chanoines. Il envoya des députés aux rois du Nord, pour lier amitié avec eux; écrivit aux évêques et aux prêtres établis en Danemark, en Suède et en Norwége, pour les exhorter à la garde de leurs églises et à leur accroissement, en travaillant sans crainte à la conversion des païens. Il força le roi Suénon à se séparer de sa parente, qu'il avait épousée contre les lois de l'Eglise, et démasqua un certain Osmund, qui se disait légat du pape pour la Suède, et faisait porter la croix devant lui comme un archevêque. En Norwége, le roi Harold exerçait une cruelle tyrannie contre les chrétiens; Adalbert, dont les avertissements avaient été méprisés, le fit admonester par le pape Alexandre II. Par sa réconciliation avec le roi Suénon, et par le traité d'alliance qu'il ménagea entre ce prince et l'empereur Henri III, il fit faire de grands progrès à l'Evangile dans tous les pays du Nord, et jusque chez les Sclaves. Il lui venait des députés de l'Islande, du Groënland et des Orcades, lui demander des missionnaires. Cependant ce zèle de la foi et de la gloire de Dieu ne lui faisait pas négliger ce qui contribue aussi à la gloire humaine. Par ses soins, la ville de Brême, quoique petite, devint la Rome du Nord, et on y accourait de toutes parts. Le désir d'ériger son archevêché en patriarcat l'occupait sans cesse; le soin du christianisme naissant chez les Barbares septentrionaux lui fournissait un prétexte spécieux; mais la mort du pape et de l'empereur Henri III coupa court à tous ces projets. Appelé à la régence pendant la minorité d'Henri IV, on peut dire que l'Eglise de Brême se ressentit de l'application qu'il donna aux affaires de l'Etat, en voyant les siennes s'en aller en décadence.

L'historien consacre son quatrième livre à enregistrer tous ses malheurs. Herman, fils de Bernard, duc de Saxe, ravagea l'archevêché de Brême et de Hambourg; mais le roi Henri IV consola, en quelque façon, ces Eglises, en leur envoyant des ornements, des vases d'argent, trois calices d'or, des chandeliers, des encensoirs d'argent et des livres, dont un psautier était écrit en lettres d'or, richesses opimes que l'archevêque Adalbert employa à agrandir son église, en lui acquérant des fiefs et des comtés. Adam se plaint amèrement que, pour payer le prix d'un certain comté, situé dans la Frise, Adalbert ait vendu ou fait briser des croix d'or ornées de pierres précieuses, des autels, des couronnes et d'autres ornements, dont le produit ne put former qu'environ la moitié de la somme, ce qui mit l'Eglise dans la gêne et exposa son archevêque à la risée publique. Vers le même temps, le prince Gothescalc, qui avait aidé à convertir une grande partie de la Sclavonie, fut mis à mort avec le prêtre Ippon et un grand nombre de clercs et de laïques, par ceux-là mêmes qu'il avait convertis à la foi et qui étaient retournés à l'idolâtrie. Ces barbares ravagèrent ensuite toute la province de Hambourg, y mirent tout à feu et à sang, et en chassèrent l'archevêque. Tous ces maux, dit l'historien, nous avaient été annoncés par une comète qui apparut la même année, vers la fête de Pâques. L'archevêque resta trois ans hors de son église; le mauvais état de ses affaires le força de se réconcilier avec ceux qu'il avait traités auparavant avec trop de hauteur. Sa mort, si l'on en croit Adam, fut précédée de plusieurs prodiges; on vit, entre autres, à Brême les crucifix répandre des larmes. Il mourut à Goslar le 16 mars 1072, et fut rapporté à Brême, où on l'enterra dans le chœur de la nouvelle église qu'il avait bâtie. On ne trouva dans son trésor que des reliques de saints et des ornements sacrés. Adam rappelle le concile de Sclcswig et les abus qui le rendirent nécessaire; il rapporte la lettre que le pape Alexandre II écrivit à ce sujet à tous les évêques de Danemark, et deux autres qu'Adalbert adressa lui-même aux évêques soumis à sa métropole, pour les inviter au concile. Il marque ensuite les évêques qu'il avait ordonnés, neuf en Danemark, six en Suède, deux en Norwége, vingt en tout, dont trois demeurèrent inutiles en cherchant plutôt leurs intérêts que les intérêts de Jésus-Christ. Cet archevêque traitait avec beaucoup d'honneur les légats du pape, disant qu'il ne reconnaissait que deux maîtres, le pape et le roi. Le pape lui accorda et à ses successeurs le privilége d'établir des évêchés dans tout le Nord, même malgré les rois, et de choisir dans sa chapelle ceux qu'il voudrait, pour les ordonner évêques.

Pour rendre son histoire plus complète, Adam y avait ajouté, ainsi que nous l'avons dit, une description très-intéressante des royaumes et des provinces du Nord qui avaient embrassé la foi de Jésus-Christ. Outre la description des lieux, il fait des remarques sur les mœurs et les usages des peuples. Il dit des Danois que quand quelqu'un d'eux est convaincu d'un crime de lèze-majesté, il aime mieux qu'on lui tranche la tête que de souffrir les verges ou la bastonnade. C'est une gloire pour eux que de témoigner de la joie lorsqu'ils vont au supplice; ils ont les larmes en horreur, et ils n'en versent pas même à la mort de leurs proches. Les habitants de la Courlande sont si cruels, que tout le monde les fuit; ils sont très-attachés au culte des idoles. Les Islandais adorent des dragons auxquels ils immolent des hommes qu'ils achètent après les avoir examinés et s'être convaincus qu'ils n'ont aucun défaut corporel. Les Suédois punissent de mort l'adultère et la violence faite à une vierge. Ils regardent comme un opprobre de refuser l'hospitalité aux étrangers. Cette nation a un temple fameux à Upsal. Il est tout revêtu d'or, et on y révère les statues de trois dieux, Thar, qui tient la foudre et est comme le Jupiter des anciens Romains; Vadan, qui préside à la guerre, et Friccon, qui donne la paix et les plaisirs. Tous les neuf ans on célèbre à Upsal une fête solennelle, où tous sont obligés d'envoyer leur offrande. Personne n'en est exempt, les chrétiens même sont contraints à se racheter de cette superstition. Dans la Norwége, les peuples sont très-chastes et très-sobres en tout; les nobles, comme les anciens patriarches, gardent les troupeaux et vivent du travail de leurs mains. Les habitants de l'île de Thyle sont de mœurs si douces et si charitables, que tout est commun entre eux et avec les étrangers. Ils regardent leur évêque comme leur roi; ils se règlent sur sa volonté, et tout ce qu'il leur dit, soit de la part de Dieu, soit par l'autorité des divines Ecritures, ils le tiennent pour loi. — Ce traité est suivi d'un épilogue en vers hexamètres, adressé par Adam à l'archevêque Liémar, successeur d'Adalbert. Le poëte y fait l'éloge de ce prélat, de son éloquence, de son intelligence dans les divines Ecritures et de son assiduité à la lecture des Pères. Il compare son élection à celles qui se faisaient dans l'Eglise primitive, et la regarde comme l'époque du rétablissement de la liberté et de la paix dans l'Eglise de Brême et de Hambourg.

Historien sincère et fidèle, Adam proteste, dans la préface de son ouvrage, que la passion n'a eu aucune part à son récit; qu'il n'y a rien hasardé, mais qu'il a rapporté fidèlement les faits, tels qu'il les avait trouvés dans des mémoires authentiques. Il est cité avec éloge dans la *Chronique des Sclaves* par Hermold, et dans les *Annales* de Baronius. Lambecius lui reproche quelques inexactitudes; mais, dit Fabricius, on les pardonne facilement à qui a su réunir des documents si rares et si intéressants pour l'histoire ecclésiastique du Nord.

ADAM DE PETIT-PONT, Anglais d'origine, vint étudier à Paris sous Matthieu d'Angers. Bientôt après, devenu maître à son tour, il ouvrit une école publique sur le Petit-Pont, ce qui lui en fit donner le surnom. Professeur renommé, il ne tarda pas à voir les élèves se presser autour de sa chaire. Il y enseigna successivement la grammaire, la rhétorique, la dialectique; puis il passa de là à l'école de la cathédrale, où il professa la théologie. L'évêque, pour le récompenser, le fit chanoine de l'Eglise de Paris, et plus tard il fut nommé évêque de Saint-Joseph en Angleterre. C'était un fort bel esprit qui savait beaucoup de choses, et se montrait plus attaché à Aristote que tous les autres professeurs. Mais il avait la réputation d'être sujet à l'envie; ce qui l'empêchait de communiquer aisément aux autres les connaissances qu'il avait acquises. Quoique Jean de Salisbury ne fréquentât pas son école, cependant il ne laissa pas de le cultiver, et le gagna tellement par ses assiduités qu'Adam lui découvrait avec complaisance tout ce qu'une longue étude lui avait appris. Il nous reste de lui un traité de dialectique intitulé : *Ars disserendi*, qui confirme complétement la réputation qu'il s'était acquise comme professeur.

ADAM, surnommé l'Ecossais, parce que sa famille était originaire d'Ecosse, où le Prémontré, parce qu'il était religieux de cet ordre, vivait dans le XIIe siècle. Saint Norbert, instituteur de l'ordre des Prémontrés, l'envoya en Ecosse enseigner l'Ecriture sainte et professer la théologie. Il fut depuis tiré de cet emploi, pour être fait évêque de Withern. De là il passa en France, où il mourut en 1180, après s'être distingué par sa piété et par son savoir. C'est tout ce que nous savons de sa vie. Il a laissé plusieurs ouvrages imprimés à Anvers en 1659, entre autres, un *Commentaire sur la Règle de saint Augustin*; un Traité *des trois tabernacles*; un autre, *des trois genres de contemplation*, et quarante-sept sermons sur diverses fêtes de l'année; mais le plus important de ses écrits, et le seul dont nous croyons devoir rendre compte, est celui qui a pour titre: *Soliloque de l'âme*.

Cet ouvrage, divisé en deux livres et dédié aux prieur et religieux de Saint-André d'Ecosse, est écrit en forme de dialogue où la raison fait l'office d'interlocutrice avec l'âme. Dans le 1er livre, Adam fait voir que l'état religieux n'est pas exempt de tentations, parce que la vie de l'homme sur la terre est une guerre continuelle où il faut vaincre pour être couronné. Si les tentations sont plus vives dans la religion que dans le monde, c'est que l'ennemi a besoin de se venger du religieux qui a secoué son joug; au contraire, comme il exerce sans contradiction son empire sur les personnes du monde, il les laisse en paix; aussi la religion fournit-elle des armes plus fortes pour surmonter les tentations; ces armes sont la prière, le chant des psaumes, la méditation des saintes Ecritures, et l'humble confession des péchés. Une autre peine de l'état religieux, mais particulière à l'ordre de Prémontré, c'est qu'à certains jours, en présence de la communauté rassemblée en chapitre, sous la présidence de l'abbé ou du supérieur, les religieux se proclament mutuellement coupables de fautes qui, sans cette proclamation, ne seraient peut-être connues que de celui qui les découvre et de celui qui les a commises. L'âme se plaint, et du peu de compassion que l'abbé témoigne en cette occasion, et du manque de charité dans les proclamations. Adam, sous le nom de la raison, répond qu'en cela les frères n'agissent point par haine, ni par aigreur, mais par un motif de charité et d'amour. Leur but est de se corriger mutuellement, afin qu'il ne reste rien en eux qui déplaise à Jésus-Christ. Il y a de la témérité à accuser de dureté un supérieur qui ne témoigne tant d'attention à écouter les fautes de ses religieux que pour les en absoudre avec connaissance. Il y a de la présomption à approfondir les intentions des supérieurs; il suffit de savoir que leurs préceptes sont de Dieu qu'ils représentent, et qui leur a communiqué son autorité.

Adam fournit encore à la raison des réponses contre les objections de l'âme. La clôture maintient le religieux dans la solitude, où Dieu parle au cœur; la précipitation dans le chant des offices serait une marque qu'on n'honore Dieu que des lèvres; le travail des mains est utile à l'âme, pour la sauver des dangers du désœuvrement, et au corps pour l'entretien de la santé; l'abstinence de viande est une pénitence que le monde partage quelquefois avec eux; les veilles ne sont une souffrance que pour ceux qui ne se couchent pas aux heures prescrites; enfin le silence est nécessaire à la conservation de la religion, de la paix, de la justice et de la sainteté.

Le second livre est une explication de la formule de profession usitée dans l'ordre de Prémontré. Elle est conçue en ces termes : « Je m'offre et me confie à l'Eglise de Dieu, et promets la conversion de mes mœurs et la stabilité dans ce lieu, selon l'Evangile de Jésus-Christ, l'institution apostolique et la règle canonique de saint Augustin. Je promets aussi obéissance, jusqu'à la mort, au supérieur de cette église et à ses successeurs, choisis canoniquement par la plus saine partie de cette congrégation. » Adam dit que la conversion des mœurs consiste à se corriger de ses défauts, à acquérir les vertus opposées, et principalement les vertus de son état; que le vœu de stabilité dans une même maison oblige à y rester jusqu'à la mort; toutefois, il est des cas où l'on peut quitter sa maison de profession, c'est lorsqu'on est élu canoniquement pour en gouverner une autre, et que cette élection s'est faite du consentement de l'abbé. Il met au nombre des fautes grièves le vice de la propriété, et cite ce qui en est dit dans la règle de saint Benoît. Il veut que l'obéissance promise à l'abbé soit sans bornes, à moins qu'il ne commande des choses contraires à la loi de Dieu. Parlant de la confession des péchés, son sentiment est que les religieux doivent la faire à leur abbé, sans que la crainte d'en être trop connus puisse les détourner de ce devoir. Il recommande, comme une des vertus les plus nécessaires, l'amour mutuel entre l'abbé et les religieux. Pourvu que l'on remplisse exactement tous les exercices qui se font en commun, il regarde comme autorisées les prières et les œuvres particulières de piété et de dévotion.

Le style d'Adam se ressent de son époque, et plus encore du pays où il a vécu. Dans un temps où la science était rare, tout ce que des savants écrivaient était précieux et précieusement recueilli. Cette opinion, qui n'est que vraie pour la plupart des écrivains du même siècle, est d'une application complète quand il s'agit des écrivains anglais.

ADAMAN, successeur de Failbeus dans le gouvernement de l'abbaye de Hi, sur les confins de l'Ecosse, vivait, selon Vossius, vers l'an 690. Député de sa nation vers Alfrid, roi de Northumbrie, il eut occasion, pendant le séjour qu'il fit dans ce royaume, d'observer les pratiques de l'Eglise anglicane, qui alors étaient celles de l'Eglise universelle. Elles différaient de celles des Hibernais à plusieurs égards, mais principalement à l'égard de la pâque. Cependant, quoique Adaman se fût conformé, en ce point, à l'usage de l'Eglise romaine, il conservait la tonsure telle que les clercs d'Hibernie avaient coutume de la porter. Un jour étant allé rendre visite à Céolfride, abbé de Wiremouth, celui-ci lui demanda pourquoi, prétendant à la couronne immortelle, il en portait une si imparfaite sur sa tête? « Si vous cherchez, lui dit-il, la société de saint Pierre, comment imitez-vous la tonsure de celui que saint Pierre a anathématisé. » En effet, les Romains, et les Anglais à l'imitation des Romains, ne portaient qu'une couronne de cheveux et se faisaient raser tout le dessus de la tête. Adaman répondit : « Encore que je porte la tonsure de Simon, je n'en déteste pas moins ses erreurs. » Pourtant il se rendit aux avis de Céolfride, et, de retour à son monastère, il voulut engager ses moines à changer leurs anciens usages ; mais ses efforts furent inutiles. Il fut plus heureux en Irlande : presque tous les religieux de son ordre se conformèrent à ce qu'il exigea d'eux. Il profita de cet exemple pour réitérer ses instances dans son monastère de Hi, mais elles n'eurent pas plus de succès. Après une vie de prière et d'étude, il mourut le 23 de septembre, en 704 ou 705, âgé de plus de quatre-vingts ans.

Nous avons d'Adaman une Vie de saint Colomban, apôtre des Pictes ou Ecossais, fondateur et premier abbé du monastère de Hi. Nous pouvons nous en former une idée par quelques passages de la préface qu'il a publiée en tête de cet ouvrage. « C'était un homme d'une vie vénérable et d'une sainte mémoire, notre P. Colomban, le pieux fondateur de notre monastère. Son nom était l'homonyme de celui du prophète Jonas et avait la même signification. Aussi croyons-nous que c'est la Providence elle-même qui a inspiré l'idée de donner un tel nom à cet homme de Dieu. En effet, suivant l'Evangile, c'est sous la forme d'une colombe que le Saint-Esprit assista au baptême de Jésus-Christ. Aussi, dans la plupart des livres sacrés, ce nom sert-il à désigner l'Esprit-Saint. Le Christ recommande à ses disciples de conserver dans leur cœur l'innocence et la simplicité de la colombe. Donc c'était ainsi que devait se nommer celui dont le cœur simple et dont l'âme innocente devaient servir d'asile aux grâces du Saint-Esprit; car dès les premiers jours de l'enfance jusqu'aux derniers jours de l'âge le plus reculé, il n'a jamais cessé de s'en montrer digne par sa candeur et sa simplicité .... Maintenant, en abordant la vie et les actions de saint Colomban, nous nous proposons de les raconter le plus brièvement possible, mais pourtant, sans que cette concision, que nous nous proposons pour règle, ne nous fasse jamais rien omettre de ce qui peut faire ressortir la gloire et les vertus de notre héros. De ses miracles nous ne dirons que quelques mots, mais assez pourtant pour contenter la sainte avidité du lecteur ; car comme nous n'avons que des faits merveilleux à raconter, nous divisons notre récit en trois livres.

« Le premier contiendra ses révélations prophétiques; le second, les prodiges qu'il accomplit par la vertu de Dieu; et le troisième enfin les apparitions angéliques dont il fut favorisé, et les manifestations sublimes que Dieu lui fit entrevoir de ses célestes clartés. »

A la fin de sa préface, il prévient le lecteur qu'il n'avancera rien de douteux ni d'incertain, qu'il ne rapportera que ce qu'il aura appris de gens dignes de foi, ou lu dans des livres aussi sagement écrits que sagement pensés. — Dom Mabillon a publié cette Vie dans le premier volume des Actes de l'ordre de Saint-Benoît. Jacques Basnage en a donné une autre édition dans son *Thesaurus monumentorum ecclesiasticorum historicorum*, et c'est cette dernière qui se trouve reproduite dans le *Cours complet de Patrologie*. Paris, 1850. On a imprimé à Ingolstad, en 1619, sous le nom d'Adaman, une description de la Terre-Sainte ; mais quoique rédigée par lui, nous croyons qu'on en doit faire les premiers honneurs à Arculphe, évêque gaulois. Nous dirons ailleurs, et quand il sera question de sa vie, sur quels titres nous nous appuyons pour revendiquer ainsi en sa faveur la plus belle part dans ce travail.

ADELBERT, ou **ADALBERT**, que l'on a quelquefois confondu avec Adrevald, parce qu'ils vivaient dans le même temps, qu'ils étaient, l'un et l'autre, moines de Fleury, et qu'ils avaient écrit sur la même matière, composa l'Histoire de la translation du corps de saint Benoît de l'abbaye du Mont-Cassin au monastère de Fleury en France. Adrevald, comme nous le verrons, écrivit la relation des miracles opérés par l'intercession du même saint; mais le style de ces deux ouvrages est si différent, qu'on est surpris que des critiques aussi exercés que Trithème et Sigebert aient pu les attribuer au même auteur, surtout quand ils avaient deux noms revendiquant avec une égale autorité leur part respective dans ce double travail. Adalbert mourut au monastère de Fleury le 22 décembre 853, et il composa l'Histoire de cette translation, environ deux cents ans après l'événement. Il l'écrivit en prose; mais elle fut depuis mise en vers par Aimoin de Fleury ; et les Bénédictins l'ont reproduite, sous ces deux formes, dans le tome II des Actes de leur ordre.

ADELBOLD, évêque d'Utrecht, naquit vers la fin du xe siècle, d'une famille noble de l'évêché de Liége. Il y fit ses études sous Hériger, et passa de là dans les écoles de Reims. Doué d'un esprit vif, solide et pénétrant, il fit de grands progrès dans les sciences. Sigebert, en parlant de Fulbert de Chartres, d'Hériger et d'Abbon de Fleury, qui étaient alors en grande réputation de savoir, fait marcher Adelbold de pair avec eux. Sa réputation de savant s'étendit en Allemagne, et l'empereur Henri II, l'ayant attiré à sa cour, l'admit dans son conseil, le nomma son chancelier, et lui fit ensuite obtenir le siége épiscopal d'Utrecht. Ses premiers soins furent de faire réparer les lieux saints, la plupart tombés en dégradation ; il rebâtit l'église de Saint-Martin, l'une des principales de sa ville épiscopale, en releva plusieurs autres et fonda la collégiale de Riel, sous l'invocation de sainte Walburge. La grande activité avec laquelle il travaillait à la prospérité de son évêché ne cessa qu'à sa mort, arrivée le 27 novembre de l'an 1027. Il joignait aux sciences beaucoup de sagesse, de prudence et de courage et le talent de s'exprimer avec éloquence et facilité.

Vie de saint Henri. — Ce prélat laborieux a écrit la *Vie* de son bienfaiteur Henri II : ouvrage estimable, dont il ne reste plus que la première partie ; mais ce fragment fera toujours honneur à Adelbold par la beauté et l'élégance du style, et par la netteté, la précision et l'exactitude qui se font remarquer dans l'exposé et la narration des faits. Il est précédé d'une préface qui contient des règles très-judicieuses sur les devoirs d'un historien, règles dont Adelbold ne s'est point écarté. Le premier devoir d'un historien, dit-il, est de se dépouiller de tout préjugé, de sorte que ni la haine, ni l'amitié, ni l'envie, ni l'adulation ne le dominent, parce qu'autrement, ou il dissimulera la vérité, ou il la taira, ou il présentera le bien sous l'apparence du mal et le mal sous l'apparence du bien, et alors il trompera le lecteur. Il montre qu'il y a injustice à n'aimer dans les histoires que ce qui s'est passé anciennement ; on doit également aimer la narration des faits récents, pourvu qu'ils soient accompagnés de la vérité. En effet, ce qui est ancien pour nous ne l'était pas au moment de son accomplissement ; ce n'est pas le nombre des années qui donne la certitude, c'est la vérité.

Vie de sainte Walburge. — La Vie de sainte Walburge, qui lui est attribuée par Héda et que les Bollandistes ont publiée sous son nom, n'est qu'un abrégé de celle du prêtre Wofhard. Adelbold s'y est assujetti à la manière et au style de son modèle. Cet abrégé est suivi de deux lettres qui lui furent adressées sur la fin de son épiscopat. La première, après avoir fait son éloge, raconte les miracles opérés au tombeau de sainte Walburge, et la seconde en ajoute un omis dans la première relation.

De la grosseur de la sphère. — On a aussi d'Adelbold un traité du diamètre de la sphère, adressé avec une lettre au pape Silvestre II, son ancien maître. Ce n'est pas le seul ouvrage qu'Adelbold ait écrit en ce genre. On en cite un sur l'astronomie, un second sur le cours des astres, et un troisième intitulé *De Minutiis.* Trithème cite en particulier un livre des *Louanges* de la croix, un autre de celles de la Vierge Marie, et plusieurs discours en l'honneur des saints. Adelbold composa le chant des Matines de la fête de saint Martin, et raconta son triomphe sur les Normands qui avaient tenté de se rendre maîtres de la ville de Tours. Dans un synode, où l'empereur Henri II assista avec plusieurs évêques en 1021, il fit ratifier une liste des vassaux libres de l'Eglise et de l'évêché d'Utrecht. Héda l'a publiée dans l'histoire des évêques de cette ville. Le même éditeur attribue aussi à Adelbold un traité, en forme de dialogue, sur la variété des usages dans l'observation de l'Avent ; mais il paraît que ce traité n'est pas de lui. Cependant, à la prière de Bernon, abbé de Richenou, Adelbold écrivit sur le même sujet ; mais il paraît que ce n'était qu'une simple lettre. Adelbold, qui avait été à Rome, était plus en état qu'un autre de rendre compte de la manière dont on y passait l'Avent. On ne le commençait jamais avant le 27 de novembre, ni plus tard que le troisième des Nones de décembre. Le dimanche qui tombait dans l'espace de ces sept jours était célébré comme le premier de l'Avent. C'est tout ce que Bernon nous a conservé de la lettre d'Adelbold, en la distinguant clairement du dialogue d'Hériger sur la même matière. Dans tous ses ouvrages, son style clair, facile et même élégant le place parmi les bons écrivains de son siècle.

ADELHELME, professait la vie monastique dans l'abbaye de Saint-Calais, au diocèse du Mans, quand il en fut tiré pour remplir le siége épiscopal de Séez, en Neustrie, devenu vacant par la mort d'Hildebrand, arrivée au plus tôt en 876, puisque cet évêque assistait, dans la même année, au concile de Pontieu. La promotion d'Adelhelme fut traversée par quelques ambitieux, qui lui firent concurrence et cherchèrent à obtenir sa place à force d'argent. Dans cette occasion, Adelhelme intéressa dans son parti sainte Opportune, vierge et abbesse de Montreuil, morte dans le viiie siècle, et sœur de saint Chrodegang, évêque de Séez, en l'obligeant par vœu d'écrire l'histoire de sa vie et de ses miracles, si elle lui était favorable. Les factions se dissipèrent ; mais Adelhelme, paisible possesseur de sa dignité, négligea d'accomplir sa promesse. L'année même de son ordination, il fut pris par les Normands et conduit captif en Angleterre. Cette infortune et beaucoup d'autres encore le firent souvenir de sa faute ; il renouvela son vœu et fut rendu à son Eglise.

Alors il se mit à écrire la Vie de sainte Opportune. Il n'avait pas encore appris la mort de Charles le Chauve, ce qui fait supposer qu'il écrivait avant le mois d'octobre de l'an 877. Son ouvrage est divisé en deux livres : le premier contient l'histoire de la vie de la sainte ; le second, le récit de ses miracles. Il avait lui-même été témoin d'une partie de ceux qu'il rapporte ; les autres lui avaient été rapportés par des personnes dignes de foi. Les uns et les autres sont racontés avec une bonne foi qui va jusqu'à la candeur. Surius, Dom Mabillon et les Bollandistes ont reproduit cet ouvrage, et Nicolas Gosset, curé chevalier de Sainte-Opportune, en a donné une traduction française, imprimée à Paris en 1654.

Bénédictions. — Le recueil des Bénédictions des évêques, qui se conserve manuscrit à la Bibliothèque Nationale, en contient trente-six, composées par l'évêque Adelhelme. Ce sont celles des dimanches d'après Noël, d'après la Théophanie, comme il l'appelle, jusqu'au Carême, celles d'après Pâques et des dimanches après la Pentecôte. Le titre porte qu'il les composa par ordre de Francon, archevêque de Rouen et son métropolitain, à qui elles ne purent être adressées avant 910, qui fut la première année de son épiscopat. Il paraît que Francon ne demanda ces Bénédictions à l'évêque de Séez, que parce qu'elles manquaient dans le recueil de l'abbé Grimald, publié par Pamelius. Ces bénédictions se donnaient par l'évêque, ou par le prêtre, avant l'*Agnus Dei* de la messe, et étaient suivies de sa communion et de celle des assistants. Elles contenaient ordinairement trois souhaits : dans celle qui est indiquée pour la veille de Noël, l'évêque demande à Dieu que le peuple marche avec fidélité dans la voie de ses commandements, qu'il surmonte les attaques du démon, les tentations de la vie présente, et qu'il reconnaisse que c'est à Dieu que les hommes sont relevables d'être nés et d'avoir été sanctifiés par la régénération. Les trois souhaits de la messe de Noël sont différents ; ils ont pour objet la paix, la rémission des péchés et la science du salut. A chaque souhait formulé par l'évêque, le peuple répondait : *Amen*. Le Bœuf assure que de son temps, c'est-à-dire de 1700 à 1750, ces sortes de bénédictions étaient encore en usage dans les églises de France qui avaient conservé l'ancien rite gallican.

ADELHER, évêque dont le siége épiscopal n'est pas connu, florissait dans la dernière moitié du IXe siècle, et composa un traité de piété pour une recluse nommée Nonsuinde. Il professait la règle de saint Benoît et n'était encore que moine lorsqu'il écrivit le traité dont nous parlons, mais d'un âge assez mûr cependant pour mériter la confiance d'une fille pénitente. Adelher commence les instructions qu'il lui donne par la charité, qu'il lui dépeint, avec saint Paul, comme la plus belle de toutes les vertus. Il traite ensuite de l'humilité, appuyant ce qu'il en dit sur les maximes qu'il avait apprises de la vie des anciens solitaires. Il suit la même méthode dans ce qu'il prescrit sur la continence, le silence, l'abstinence, la simplicité et la modestie dans les habits, la componction du cœur, la prière, le combat des vices, la patience dans les adversités, dans les maladies, à l'exemple de Jésus-Christ, qui fut patient jusqu'à la mort. Afin que Nonsuinde ne désespérât pas d'obtenir, pour ses péchés, le pardon qu'elle sollicitait en les pleurant tous les jours, il rapporte au long l'histoire de l'empereur Théodose, son crime, la fermeté de saint Ambroise à le punir en lui refusant l'entrée du sanctuaire, et la manière dont ce prince effaça son péché et en obtint le pardon. « Si vous accomplissez ce que je vous ai prescrit, lui dit Adelher, sachez que ce ne sera pas par vos propres forces, mais par inspiration et avec le secours de celui qui dit dans l'Evangile : *Sans moi, vous ne pouvez rien faire.* » A l'exception de ce traité, nous ne connaissons rien d'Adelher ; sa vie, son épiscopat, sa mort sont enveloppés dans les mêmes ténèbres. Il avait besoin de cet ouvrage pour sauver son nom de l'oubli.

ADELMAN, chanoine et écolâtre de l'Eglise de Liége, vivait dans le XIe siècle. Il fut formé dans les sciences, avec Bérenger, à l'école du célèbre Fulbert, évêque de Chartres; mais il fit plus d'honneur que son condisciple aux instructions de son maître, ou plutôt de son vénérable *Socrate*, comme il l'appelle lui-même. Il était sous-diacre de l'Eglise de Liége, lorsqu'il vint étudier à Chartres. Réginard, son évêque, écrivit à Fulbert pour lui redemander sa *brebis errante*. Fulbert lui répondit avec politesse qu'il ne devait point regarder Adelman comme une brebis perdue pour son troupeau, qu'il le renverrait incessamment à Liége, dans l'espérance qu'il reviendrait bientôt à Chartres avec un dimissoire en forme. Mais Réginard, usant de son droit, retint Adelman dans son diocèse. Ce changement n'interrompit point le cours de ses études; il les continua sur le plan qu'il les avait commencées, et se rendit habile dans toutes les sciences. Son zèle pour le maintien de la discipline ayant suscité à Wason quelques difficultés, sa place d'écolâtre fut donnée à Adelman, qui la remplit avec honneur pendant plusieurs années. Quelques raisons qu'il ne dit pas l'ayant obligé lui-même, plus tard, de quitter le séjour de Liége, il se retira en Allemagne, et passa de là en Lombardie. C'est alors que l'Eglise de Brescia s'étant trouvée vacante, il fut élu pour la remplir. On place ordinairement son élévation à l'épiscopat à l'an 1048. Il mourut, selon Ughelli, vers l'an 1061, et fut enterré dans l'église des saints Faustin et Jovite martyrs.

Lettre à Bérenger. — Bérenger ayant attaqué, de vive voix et par écrit, la présence réelle de Jésus-Christ dans le sacrement de l'eucharistie, le bruit de cette nouvelle erreur se répandit jusqu'en Allemagne, où Adelman demeurait alors. Il résolut d'en écrire à Bérenger, pour apprendre de lui-même la vérité de ces bruits. Les termes de *frère* et de *cher condisciple*, dont il se sert en lui écrivant, font voir que sa lettre est antérieure aux conciles de Rome et de Verceil, où Bérenger fut condamné, en 1050, puisqu'il n'y dit rien de ces conciles. On croit communément que Bérenger ne commença à répandre ses erreurs que vers l'an 1044 ; et dans cette supposition, Adelman n'aurait écrit sa lettre que vers l'an 1046 ; le bruit de cette nouvelle hérésie n'ayant pu transpirer plutôt en Allemagne. — Quoi qu'il en soit de la date de cette lettre, c'est l'ouvrage d'un esprit cultivé, qui avait le don de penser juste, de raisonner solidement, de s'énoncer avec une grande netteté, de donner à son discours un air simple, naturel, insinuant, persuasif, et dont le zèle pour la vérité ne respirait que l'amour du vrai, sans aucun mélange d'aigreur ou d'amertume. « Je vous nomme mon frère de lait, lui dit-il, à cause de la douce société dans laquelle nous avons si agréablement vécu à l'académie de Chartres, vous plus jeune, moi un peu plus grand, sous la direction de notre vénérable Socrate l'évêque Fulbert. » Adelman fait son éloge, rappelle les doux entretiens qu'ils avaient avec lui ; les instructions qu'il leur donnait, quelquefois les larmes aux yeux, surtout quand il les conjurait de marcher avec soin sur les traces des saints Pères, sans jamais s'en écarter pour suivre des sentiers détournés. Puis, venant aux bruits qui accusaient Bérenger de s'être séparé de l'unité de l'Eglise, en soutenant que ce qu'on immole tous les jours sur l'autel et par toute la terre, n'est pas le vrai corps et le vrai sang de Jésus-Christ, mais seulement une figure et une ressemblance, il le conjure par la miséricorde de Dieu, et par le souvenir si précieux du saint évêque qui avait été leur maître commun, de ne point troubler la paix de l'Eglise catholique, cette cité chrétienne que nos anciens pères ont bâtie ; pour laquelle sont morts tant de milliers de martyrs ; et que tant de saints docteurs ont si bien défendue contre les hérétiques, qu'il n'en est plus aucun qui ose s'élever contre sa doctrine, qu'il ne retombe aussitôt accablé sous les traits de leurs raisonnements. Les manichéens, les ariens et les autres fléaux de l'Eglise sont tombés dans l'oubli ; au contraire, on célèbre la mémoire de saint Jérôme, de saint Ambroise et de saint Augustin qui ont réfuté victorieusement leurs erreurs. « Il est bon, mon frère, à nous qui sommes petits, de nous cacher sous les enseignes de ces chefs dont l'autorité est si grande dans l'Eglise. Quoiqu'en général, *tout homme soit menteur*, ces grands hommes sont véridiques puisqu'ils se sont attachés à celui qui est *la voie, la vérité et la vie*. C'est de lui qu'ils ont appris ce qu'ils nous ont enseigné du sacrement dont nous parlons. » Adelman rapporte la promesse que Jésus-Christ fit à ses disciples, de leur donner un pain qui serait sa propre chair ; puis il montre l'accomplissement de cette promesse dans les paroles mêmes de l'institution de l'Eucharistie, et il ajoute : « Qui est-ce qui ne croit pas que la chose soit ainsi, sinon celui qui ne croit pas à Jésus-Christ ou qui ne croit pas à l'efficacité de ses paroles ? Peut-on douter que celui qui a dit au commencement : *Que la lumière soit et la lumière fut*, n'ait pu dire en prenant du pain, *Ceci est mon corps*, sans pouvoir changer réellement ce pain en sa substance ? Et si, par une vertu secrète et sans prononcer aucune parole, il eut le pouvoir de changer l'eau en vin, refusera-t-on à ses paroles celui de changer le vin en son sang ? » Il montre que comme c'est Jésus-Christ qui baptise par ses ministres, c'est lui aussi qui consacre et qui crée son corps et son sang par la bouche et entre les mains de ses prêtres, Si l'on se plaint que cette transsubstantiation ne soit pas visible, n'en est-il pas de même dans le baptême, où l'âme se trouve sanctifiée par l'eau qui touche le corps, sans que cette sanctification paraisse aux yeux des spectateurs. Dans l'un et dans l'autre sacrement, les choses se passent ainsi afin de donner lieu à la foi, qui cesserait d'être et de mériter, si le mystère qui s'accomplit dans les âmes se matérialisait, pour ainsi dire, jusqu'à tomber sous les sens.

Trithème, en parlant de la lettre d'Adelman, la donne comme très-longue, ce qui ferait supposer qu'il l'avait lue tout entière. Il n'en est venu jusqu'à nous qu'une petite partie, mais elle suffit au moins pour rendre témoignage à la foi de son auteur sur un des dogmes fondamentaux de la croyance catholique.

Autres lettres. — Bérenger répondit à la lettre d'Adelman par un écrit plein d'injures, où il mêle de mauvais sophismes à une fade plaisanterie, l'appelant *Aulumanne* au lieu de l'appeler par son nom. Sigebert parle de cette réponse, et on en trouve des fragments dans le IVᵉ tome des *Anecdoctes* de dom Martenne. Trithème cite un recueil de *Lettres* sous le nom d'Adelman, mais il n'en fait point le détail ; nous ne connaissons que celle qu'il écrivit à Paulin, primicier de Metz et ami de Bérenger, pour savoir de lui à quoi s'en tenir sur les erreurs qu'on lui attribuait, et celle qu'il adressa à Guillaume, un de ses disciples, depuis abbé de Saint-Arnoul à Metz et de Saint-Remi à Reims, pour l'engager à rester dans le clergé, où il pouvait être plus utile à l'Eglise qu'en se retirant dans un cloître.

Rhythmes alphabétiques. — Adelman composa aussi un poëme rhythmique : *De viris illustribus sui temporis*. Ce poëme est nommé *Alphabétique*, parce que chacun des tercets qui le composent commence par une des lettres de l'alphabet rangées par ordre. Tous les tercets finissent par la même rime ; les deux premiers sont de quinze syllabes ; le troisième quelquefois de quinze et souvent de quatorze. Les syllabes sont longues ou brèves indifféremment, excepté les deux dernières qui terminent le verset par un ïambe ; la troisième strophe est la seule où cela ne se rencontre pas. C'est dans cette strophe qu'Adelman fait l'éloge de Fulbert de Chartres, son ancien maître. Il le continue dans les quatre suivantes, où il nous montre ce grand évêque également versé dans les sciences divines et humaines, et donnant tous ses soins à faire refleurir les études dans les Gaules. Il fait connaître, dans les autres tercets, les savants avec qui il avait eu quelques liaisons, et dont la plupart seraient demeurés dans l'obscurité, s'il n'avait pensé à nous apprendre leurs noms et à nous révéler quelques circonstances de leur vie. Il se nomme lui-même dans la dernière strophe, de sorte qu'on ne peut douter qu'Adelman n'ait été vraiment l'auteur de ce poëme, arrivé jusqu'à nous sous son nom. Cette pièce, curieuse par sa concision et la singularité de son goût, est loin d'avoir le mérite littéraire de sa lettre à Bérenger. Ce poëme a été publié pour la première fois par dom Mabillon, dans le tome 1er de ses *Analectes*, et ensuite, conjointement avec la lettre sur l'Eucharistie, dans une édition, soignée et enrichie de notes, publiée par le chanoine Gagliardi, à la fin des sermons de saint Gaudence; *Patavii, ex typis Jos. Comini*, 1720.

ADÉMAR, ou AYMAR, né en 988, de l'ancienne maison de Chabanais, fut placé, dès son enfance, dans le monastère de Saint-Cibard à Angoulême. Il en sortit pour aller continuer ses études à Saint-Martial de Limoges, sous Roger, son oncle paternel, qui y enseignait. Adémar était dès lors moine d'Angoulême. Il raconte que, dans le temps qu'il demeurait au monastère de Saint-Martial, c'est-à-dire vers l'an 1010, il y eut plusieurs signes dans les astres, des sécheresses, des pluies excessives, des pestes et autres calamités; et qu'étant occupé une nuit à contempler les étoiles, il aperçut du côté du midi une grande croix d'où pendait la figure du Sauveur, triste et versant beaucoup de larmes. La croix et la figure du Crucifié étaient couleur de feu et de sang : lui-même ne put retenir ses pleurs; mais il tint secret ce qu'il avait vu, jusqu'au jour où il le consigna par écrit; et il prend Dieu à témoin de la vérité du fait. On voit par la lettre qu'il écrivit sur l'apostolat de saint Martial qu'il était prêtre. Il ne paraît pas qu'il se soit jamais élevé à un degré supérieur. Cette lettre est de l'an 1028 : Adémar n'avait alors que quarante ans. L'auteur de la *Biographie universelle* le fait mourir, deux ans plus tard, dans un voyage qu'il avait entrepris à la Terre-Sainte. Avant de partir pour ce pèlerinage, il donna à l'abbaye de Saint-Martial de Limoges plusieurs volumes qui lui avaient beaucoup coûté à transcrire ou à composer, entre autres, une nomenclature universelle des extraits de Marinus Victorinus, sa Chronique et quelques autres écrits. La note où ce fait est rapporté qualifie Adémar de *grammairien habile et d'heureuse mémoire*.

Chronique. — On a de lui une Chronique depuis l'origine de la monarchie française jusqu'en l'an 1029. Quoiqu'il n'y soit point exact pour la chronologie, et que les événements y soient rapportés sans ordre, elle ne laisse pas d'être un monument utile pour notre histoire, principalement depuis le temps de Charles Martel. Aussi le P. Labbe, qui l'a reproduite, a-t-il retranché beaucoup de choses qui ne présentaient par elles-mêmes rien d'intéressant, ni qui n'eût été déjà raconté par les anciens historiens de la France. Adémar est plus original dans ce qu'il raconte, depuis l'an 829 jusqu'à son temps. Il ne se borne point à l'histoire de France, mais il y fait entrer plusieurs événements qui regardent l'empire, et s'applique à rapporter ce qui se produisit de plus remarquable dans l'Eglise et dans l'Etat. Il pousse même ses remarques jusque sur l'empire d'Orient, sur l'Espagne, l'Italie, l'Angleterre et plusieurs autres royaumes étrangers à la France. Mais il s'applique principalement à faire ressortir ce qui s'est passé dans le royaume d'Aquitaine. Il fait le récit de la mort de Guillaume, comte d'Angoulême, arrivée le 6 avril 1028, quelque temps après son retour d'un voyage à Jérusalem. Dès le commencement du carême, ce comte avait demandé la pénitence aux évêques et aux abbés, et avait employé ce temps à se préparer à la mort. La veille des Rameaux, il reçut l'huile sainte des infirmes et le viatique; puis il rendit son dernier soupir entre les bras de l'évêque Rhadan et des prêtres, après avoir baisé, en l'adorant, le bois de la vraie croix. Il ajoute que, le lendemain, après les cérémonies de la sépulture, les évêques, le clergé et le peuple firent la procession solennelle, avec la station marquée pour le dimanche des Palmes. Il parle ensuite d'un concile tenu à Charrou contre les manichéens, de la défaite des Sarrasins en Espagne par les armes d'Alphonse, roi de Galice, et il finit sa Chronique par le récit de la mort de ce prince.

Notice des abbés de Saint-Martial. — Nous avons encore d'Adémar : *Commemoratio abbatum sancti Martialis*, depuis l'an 848, époque à laquelle les chanoines embrassèrent volontairement la règle monastique, jusqu'en 1020. Ces chanoines, ne se sentant pas assez instruits de la vie nouvelle qu'ils allaient professer, choisirent pour abbé un nommé Dodon, abbé de Saint-Savin, qui ne gouverna leur monastère que pendant trois ans. Le dernier abbé dont parle Adémar était Hugues, qui mourut le 27 de mai 1020. Roger, oncle d'Adémar et son maître dans les sciences, était mort quelque temps auparavant. Un moine, nommé Hélie de Rofiac, a continué cette notice. Adémar ne s'applique pas tellement à donner la suite des abbés de Saint-Martial, qu'il n'y fasse entrer aussi quelques traits de l'histoire des rois et des évêques quand l'occasion s'en présente. Le P. Labbe a également publié cet opuscule dans le tome II de sa *Bibliothèque*.

Lettre sur l'apostolat de saint Martial. — Adémar se rendit surtout célèbre, dans le XIe siècle, par l'ardeur avec laquelle il soutint, contre Benoît, prieur de Cluse, la fameuse querelle sur le prétendu apostolat de saint Martial, d'après de faux actes récemment fabriqués. Le P. Mabillon a reproduit, dans ses *Analecta*, la grande lettre qu'il adressa à ce sujet, à un grand nombre d'évêques, d'abbés, de princes, et même au pape

Jean XIX, afin de se le rendre favorable. Il avait l'apostolat de saint Martial si à cœur, qu'il était prêt à en prendre la défense, même aux dépens de sa vie.

Il raconte comment Benoît, prieur de Cluse en Piémont, s'étant trouvé à une fête de la Nativité de Notre-Dame quelques jours après la tenue du concile de Limoges, y avait combattu l'apostolat de saint Martial, jusqu'à taxer d'ânes et d'ignorants ceux qui le tenaient pour un apôtre. Il qualifiait de péchés les prières et les litanies qu'on lui adressait en cette qualité, et ordonnait de brûler les messes que l'abbé Odalric avait composées en son honneur. Adémar rapporte au long tous les discours que Benoît de Cluse tint en cette occasion, et n'oublie pas surtout les termes avec lesquels il avait parlé de l'abbé Odalric et de lui-même. Il l'accuse de s'être répandu avec complaisance sur ses propres louanges, et d'avoir exalté outre mesure son savoir, ses talents, ses libéralités et ses prétentions à l'abbaye de Cluse, dont son oncle était abbé; en un mot, il n'oublie rien pour l'humilier. Il le charge d'injures, et le traite d'ébionite et d'hérétique. Venant au fait, il prouve l'apostolat de saint Martial par l'autorité d'une ancienne Vie de ce saint, et dans laquelle on lui donne le nom d'apôtre. On y lisait qu'ayant été converti par Jésus-Christ lui-même, il avait assisté à la résurrection de Lazare, frère de Marthe et de Marie; qu'il avait servi à table le jour de la Cène; qu'il était dans la chambre avec les apôtres lorsque le Sauveur y entra, les portes fermées; qu'il reçut avec eux le pouvoir de lier et de délier, et d'aller prêcher l'Evangile; qu'il assista à l'ascension de Jésus-Christ, et que le jour de la Pentecôte il reçut le Saint-Esprit avec le don des langues. Benoît rejetait cette légende, en affirmant qu'elle était l'œuvre d'un moine. Adémar affirme que cela ne se pouvait, d'abord parce qu'il n'y avait que cent soixante ans que les chanoines de Saint-Martial avaient quitté leur institut; ensuite parce que la même Vie, avec toutes ses circonstances, était reçue dans toute la France, l'Espagne, l'Angleterre et l'Italie. Adémar produit aussi un répons d'un ancien bréviaire, dans lequel saint Martial est appelé apôtre de la France; et à la suite du même bréviaire une séquence qui lui confère le même titre.

Benoît de Cluse alléguait une autre Vie de saint Martial en usage dans les Eglises de Lombardie, où l'on disait qu'il avait eu une mission semblable à celle de saint Apollinaire, de saint Saturnin, de saint Denis, de saint Austremoine et de quelques autres prédicateurs qui ont annoncé l'Evangile en certaines provinces de l'Italie ou des Gaules. Adémar rejette cette Vie comme apocryphe, et ajoute que, quand même saint Martial n'aurait pas été disciple de Jésus-Christ, on ne pourrait lui refuser la qualité d'apôtre, pour avoir converti l'Aquitaine, comme on la donne à saint Marc, à saint Luc, à Onésime et à Epaphrodite, qui avaient évangélisé quelques provinces. Il raconte que Gérold, évêque de Limoges, dans un voyage qu'il avait fait à Rome, environ quinze ans auparavant, y avait lu un volume où il était écrit que saint Martial, en venant dans les Gaules, s'était arrêté à Ravenne, et y avait annoncé l'Evangile longtemps avant la prédication de saint Apollinaire. Adémar apporte encore comme preuve de son opinion les anciennes peintures de l'église de Saint-Sauveur, qui représentaient saint Martial servant à table Jésus-Christ et ses apôtres, et d'anciennes litanies où il était invoqué avant les martyrs. Benoît de Cluse soutenait encore qu'on ne devait point donner à saint Martial le titre d'apôtre avant qu'un concile général de tous les évêques des Gaules et d'Italie eût décidé avec le pape ce que l'on doit croire sur ce sujet. Adémar répond qu'encore que le pape, surpris par les conseils des envieux, défendrait de nommer saint Martial parmi les apôtres, il faudrait plutôt obéir à Dieu qu'au pape, qui n'a pas reçu le pouvoir d'absoudre ni d'excommunier les saints, ni surtout d'empêcher l'Eglise de Dieu de bien faire et de bien dire.

Discours. — Dans un sermon qu'il prononça au mois de novembre de l'année 1028, pour la dédicace de l'église de Saint-Sauveur, à Limoges, Adémar appuya fortement son opinion touchant l'apostolat de saint Martial. On en retrouve un long fragment dans le VIIIe tome des Actes de l'ordre de Saint-Benoît. Baluze lui en attribue trois autres, qu'il aurait prononcés dans un concile tenu à Limoges, en 994; mais Adémar n'avait que douze ans à cette époque, puisque, dans la lettre dont nous venons de rendre compte, il affirme lui-même qu'il n'en avait que quarante en 1028. C'est probablement à ces trois discours qu'il faut rapporter le manuscrit de la Bibliothèque Nationale intitulé : *Ademarii de conciliis Lemovicensibus,* ann. 994 et 1031.

Autres écrits. — Rohan, évêque d'Angoulême, avait chargé Adémar de lui faire transcrire l'Histoire des papes, attribuée à Damase. Adémar exécuta cette commission, et mit à la tête de cette histoire un double acrostiche, dont l'un porte le nom de l'évêque, et l'autre celui d'Adémar; mais les vers sont à la louange de Rohan. Cette petite pièce de poésie fait partie des Analectes de dom Mabillon, qui remarque que l'histoire des papes, dans le manuscrit de l'abbaye de Saint-Évroul, ne va que jusqu'à Léon IV. Adémar transcrivit aussi les livres des divins offices d'Amalaire, à qui il donne le prénom de Symphose, dans la note qu'il mit à la fin de ces livres. On en a conservé longtemps le manuscrit dans l'abbaye de Saint-Martial, à Limoges. Il avait composé d'autres ouvrages, restés manuscrits dans différentes bibliothèques.

ADHELME (saint), évêque de Scherburn. — Un des Anglais qui, dans le VIIe siècle, cultivèrent les sciences avec le plus de succès, fut saint Adhelme; on le regarde même comme le premier de sa nation qui s'appliqua à la poésie latine. Il était né d'une famille princière; son père, Kentred, était frère d'Inas, roi d'Ouessant, ou des Saxons occidentaux. Ses parents le firent élever dans le monastère de Saint-Augustin de Cantorbéry, où il apprit les langues grecque et latine, et se perfectionna dans les arts libéraux, sous Adrien, qui en était abbé. De retour en son pays, il se fit moine dans le monastère de Malmesbury, qu'il gouverna en qualité d'abbé pendant trente ans. A la mort de saint Heddi, évêque de Worchester, son diocèse fut partagé en deux, Vinchestre et Scherburn, aujourd'hui Sarisbury. Le premier fut occupé par Daniel, et le second par saint Adhelme, qui en prit possession en 705. Il n'occupa ce siége que quatre ans, et mourut le 25 de mai 709. Quoique Canisius prolonge son épiscopat jusqu'en 716, nous préférons nous ranger à l'opinion la plus commune, parce qu'elle nous paraît aussi la mieux fondée. Il nous reste de lui plusieurs ouvrages dont nous allons donner la nomenclature avec une courte analyse.

Traité contre les Bretons. — Pendant qu'il était abbé de Malmesbury, un concile tenu dans le royaume des Merciens le chargea d'écrire contre les erreurs des Bretons qui continuaient à célébrer la Pâque suivant leur ancien usage, et conservaient diverses pratiques contraires au bien de la paix et de la concorde. Son ouvrage eut du succès et ramena plusieurs Bretons à l'observance légitime de la Pâque. Adhelme l'avait adressé au roi Géronce et au clergé de Damnonie, qui faisait partie du royaume des Saxons occidentaux. Il paraît, par le commencement de ce traité, que saint Adhelme était présent au concile qui le chargea d'écrire. Il insiste surtout sur la nécessité de se conformer au règlement de Nicée pour la célébration de la Pâque, et à l'usage de l'Eglise romaine sur la forme de la tonsure cléricale. Il cite à ce propos les Cycles d'Anatole, de Sulpice Sévère et de Victorius.

Traité de la virginité. — Le livre qui porte ce titre est dédié à l'abbesse Maxime. Il est en vers et en prose, à l'imitation de Sedulius, qui avait écrit de ces deux manières sur le mystère de la Pâque. Le sujet des vers de saint Adhelme est le même que celui de sa prose; ce sont les mêmes preuves, les mêmes exemples, les mêmes autorités; mais on peut dire, à l'honneur de sa poésie, qu'elle présente la pensée avec plus d'énergie, et la rend avec plus de concision. Toute la partie de ce traité écrite en prose est adressée à Hydilicha, supérieure d'un monastère, et à plusieurs autres vierges dont l'inscription du livre révèle les noms. Il fait ressortir avec honneur tous les avantages de la virginité, mais sans blâmer le mariage; il fait l'éloge de ceux qui, sous l'un ou l'autre Testament, ont vécu vierges. Il confond, par une erreur commune aux Grecs, le saint Cyprien qui, après avoir renoncé à la magie, se fit chrétien et souffrit le martyre, avec l'évêque du même nom qui défendit la foi sur le siége de Carthage. En parlant de sainte Agnès, il reproduit les erreurs consignées dans les faux actes de son martyre. Il emprunte l'éloge de saint Benoît et de sa sœur, sainte Scolastique, aux Dialogues de saint Grégoire; mais il ne dit rien des autres Pères d'Occident qui ont écrit des règles pour les religieuses et pour les moines. Entre les écrits apocryphes d'où il a tiré la matière de son ouvrage, on peut citer l'Itinéraire de saint Pierre, la Fausse Donation de Constantin, l'Histoire de la vision qu'eut ce prince, et dans laquelle il reçut l'ordre de bâtir la ville de Constantinople. Le *Traité de la virginité* se trouve en vers dans le recueil de Canisius; en vers et en prose dans la *Bibliothèque des Pères* et dans le *Cours complet de Patrologie*, édité par M. l'abbé Migne en 1850.

Traité des huit vices. — Le traité des vices rappelle l'éloge de la virginité, puisque les vices dont il y est fait mention sont principalement ceux que doivent éviter avec le plus de soin les vierges et les moines. C'est donc avec raison qu'on le place à la suite de cet ouvrage, dont il semble se rapprocher même par le contraste. Il est en vers dans les collections dont nous venons de parler; mais on en trouve aussi quelques parties écrites en prose, dans les cinq, six et septième chapitres du livre *de la Virginité.*

Enigmes et lettres. — Bède attribue à saint Adhelme des énigmes et quelques lettres; et, en effet, nous en avons plusieurs que Martin Delrio a publiées sous son nom, sur la foi de cet auteur. Elles sont sur toutes sortes de sujets; et, dans son prologue, le saint évêque dit qu'il les avait composées à l'imitation de Symphose. Pour ce qui regarde ses lettres, on n'en connaît qu'une adressée à Céolfride, et reproduite dans le recueil des lettres hibernoises. Dom Mabillon cite un ancien manuscrit, où, après le prologue sur les énigmes, on lisait un acrostiche qui exprimait le nom de Jésus. Cet acrostiche ne se trouve dans aucun des imprimés. — Saint Adhelme cultiva aussi la poésie anglaise. Il composa en langue vulgaire divers cantiques pour engager le peuple à ne pas sortir de l'église aussitôt la messe finie, mais à rester quelques instants à genoux pour remercier Dieu des grâces du sacrifice. Quelquefois il se plaçait lui-même sur un pont, au sortir de la ville, et retenait le peuple par ses cantiques. Il se servait de ces pieux moyens pour insinuer ainsi les vérités de la religion, qu'on aurait peut-être moins écoutées dans ses sermons.

Saint Euloge, martyr de Cordoue, faisait un si grand cas des poésies de saint Adhelme, et particulièrement de ses épigrammes, qu'il les rapporta de Pampelune, avec les livres des meilleurs auteurs. Cependant il s'en faut de beaucoup que ces poésies réunissent les grâces et les ornements dont ce genre d'écrire est susceptible. Le pieux auteur n'est pas même pur dans ses expressions, et de temps en temps, jusque dans ses œuvres les mieux rhythmées, on découvre des fautes contre la prosodie. Du reste, ces défauts se conçoivent et se pardonnent facilement à un homme qui a introduit le premier chez sa nation le goût et les règles de la versification latine. Sa prose, lâche et diffuse, comme nous avons eu occasion de le remarquer, est encore chargée de termes inusités et inconnus. Bède trouvait néanmoins qu'il s'exprimait avec netteté; c'était sans doute par comparaison avec les autres écrivains de son siècle, dont le style est presque toujours dur et embarrassé.

ADON (saint), naquit vers le commencement du IX° siècle, d'une famille noble du Gâtinais, au diocèse de Sens. Elevé, dès sa plus tendre jeunesse, à l'abbaye de Ferrières, il s'y consacra à la vie monastique. Il passa ensuite quelque temps au monastère de Prum, d'où il sortit après avoir éprouvé des dégoûts, voyagea en Italie, séjourna cinq ans à Rome, et amassa partout des matériaux pour les ouvrages qu'il composa depuis. A son retour, il fit connaissance avec saint Remi, qui le retint à Lyon, lui confia le soin de l'Église de Saint-Romain, et, à la mort d'Ogilmar, le fit élire archevêque de Vienne. Il fut consacré vers le mois de septembre de l'année 860. Le pape Nicolas lui envoya le *pallium* l'année suivante, confirma les priviléges de l'Église de Vienne, et l'établit son vicaire dans les Gaules pour veiller au maintien de la discipline. L'élévation d'Adon ne lui fit rien changer à l'humilité de sa vie chrétienne. Son clergé attirait sa principale attention. Il fit aussi de sages règlements pour la décence du culte public, fonda des hôpitaux, parut avec éclat dans divers conciles, et en tint lui-même plusieurs à Vienne pour maintenir la pureté de la foi et des mœurs. Adon mérita la confiance des papes Nicolas Ier et Adrien II, et l'estime des rois Charles le Chauve et Louis II, qui déférèrent souvent à ses avis. Il eut part aux affaires publiques qui se traitèrent de son temps; et lorsque Lothaire voulut répudier la reine Théotberge, il fit à ce prince les plus fortes représentations pour l'en détourner. Il mourut, le 16 décembre 875, à l'âge de soixante-seize ans. L'Eglise a honoré sa mémoire d'un culte public, et son nom se trouve dans le Martyrologe romain.

La longue carrière d'Adon fut remplie par les devoirs de la religion et de l'épiscopat, par l'étude des lettres et surtout par celle de l'histoire. Il est auteur de plusieurs écrits dont nous allons rendre compte.

Martyrologe. — Le premier, par ordre de date, est son Martyrologe. Comme il se trouvait à Ravenne, pendant son séjour en Italie, il fit copier un ancien Martyrologe à l'usage de l'Eglise romaine. Nul doute qu'il ne s'occupât, dès lors, d'amasser des matériaux pour la composition de celui qu'il méditait. Ce livre, en effet, lui fut d'un grand secours, pour assigner aux fêtes des martyrs le jour où on devait les célébrer pendant le cours de l'année. Outre ce premier Martyrologe, il fit encore usage de celui du vénérable Bède, augmenté par Florus, et de plusieurs autres recueils, où sont rassemblés les Actes des saints martyrs. Peut-être faut-il entendre par ces recueils les Martyrologes de saint Jérôme, de Raban Maur et de Wandalbert, car il y avait déjà plusieurs années que ce dernier avait publié le sien. Quoi qu'il en soit, on ne peut douter que celui qui porte le nom d'Adon ne soit réellement de lui, puisqu'il s'y nomme lui-même dans l'inscription du prologue. Ce Martyrologe est précédé d'un traité des fêtes des apôtres et des autres saints, voisins des temps apostoliques. Ce traité commence par la fête de saint Pierre et de saint Paul qui se célèbre au mois de juin, et donne de suite, mais sans observer l'ordre des mois, le jour natal de chaque apôtre, ou des martyrs dont l'auteur juge à propos de rapporter la vie, en l'abrégeant du Catalogue illustre de saint Jérôme, de la Chronique d'Eusèbe et d'ailleurs. Il se termine par la fête de la Nativité de la sainte Vierge; et, à ce propos, il parle de sa mort ou de sa *dormition*; c'est ainsi qu'il l'appelle, à l'exemple des Grecs. Il remarque que, tout en ne doutant point que la Mère de Dieu n'ait subi la loi commune imposée à tous les hommes, cependant l'Eglise a mieux aimé ne pas s'expliquer sur les destinées de son corps que d'en dire des choses incertaines et sans preuves. Suit le Martyrologe, qu'il commença, comme Usuard, à la veille de Noël. La plupart des articles en sont beaucoup plus étendus que dans tous les Martyrologes précédents. Ce sont des demi-légendes qui contiennent les principales actions des saints, l'abrégé des Actes et quelquefois les Actes entiers de leur martyre. Aussitôt qu'il parut, ce Martyrologe fut reçu avec avidité, parce qu'il est dans un meilleur ordre que tous ceux qui l'avaient précédé et qu'on n'y trouvait point de jours vides. Adon est le premier qui ait inséré, dans la liste des fêtes, celle de la Toussaint, qu'il dit avoir été établie d'abord à Rome, sous le pape Boniface, ensuite dans toutes les Gaules sous le pape Grégoire, par ordre de Louis le Débonnaire et du consentement des évêques. On remarque qu'il a préféré les anciens Actes de saint Denis à la fabuleuse histoire fabriquée par Hilduin, et qu'il ne confond point sainte Marie-Madeleine avec la pécheresse de l'Evangile.

Chronique. — Le second ouvrage d'Adon, et par son importance et par son étendue, c'est sa Chronique, ou Abrégé de l'histoire universelle, qu'il commence à la création du monde et conduit jusqu'en 874, c'est-à-dire, jusqu'au règne des enfants de Lothaire et au pontificat d'Adrien II. Adon la composa, partie sur les anciens mémoires de Jules l'Africain, d'Eusèbe de Césarée, de saint Jérôme, de Victor de Thunes, et partie sur les mémoires des historiens postérieurs au siècle de Victor. A l'exemple du vénérable Bède, il la divisa en six âges: commençant le premier à la création; le second au jour que Noé sortit de l'arche; le troisième à la naissance d'Abraham; le quatrième au règne de David; le cinquième au retour de la captivité de Babylone; et le sixième à la naissance de Jésus-Christ. Il marque les évêques des principales Eglises de l'Orient et de l'Occident; les hérésies, ceux qui les ont combattues et condamnées; les rois et les empereurs, mais en s'appliquant à donner d'une façon particulière la suite des événements de la monarchie française. Il le fait en très-peu de mots, méthode, du reste, qu'il observe dans tout son ouvrage. Cette Chronique, comme l'ouvrage précédent, annonce une grande connaissance de l'histoire, tant profane qu'ecclésiastique; on voit qu'Adon connaissait les bons auteurs, mais le défaut de critique lui a fait mettre beaucoup de confusion dans cet important travail; ce qui ne l'empêche pas de faire autorité pour les premiers siècles de l'histoire de France.

Vie de saint Didier. — Saint Didier était un des prédécesseurs d'Adon sur le siége de Vienne. En 870, le pieux évêque retoucha les Actes de son martyre, et les rédigea dans un style plus simple et plus net, pour satisfaire aux désirs des peuples de son diocèse. C'est ce qu'il témoigne dans la préface adressée à son Eglise, et où il se donne, à lui, le titre de pécheur. Quelque temps après, il envoya ces Actes aux moines de Saint-Gal, avec des reliques du saint évêque qu'ils lui avaient demandées. Grimoald était alors abbé de ce monastère. Adon confia ce précieux dépôt à un saint prêtre nommé Bérold, qui, suivant le témoignage de Notker, le rendit fidèlement à sa destination. On les retrouve, sous la date du 23 mai, dans le recueil des Bollandistes.

Vie de saint Theudier. — Les moines de Saint-Theudier, vulgairement Saint-Chef, prièrent Adon d'écrire la Vie de ce saint abbé, mort vers l'an 545. Adon leur dédia cet ouvrage, que l'on retrouve dans le premier tome des Actes des saints de l'ordre de Saint-Benoît.

Des autres écrits d'Adon. — Adon avait écrit contre les Grecs schismatiques. Il est parlé de cet ouvrage dans une lettre que le pape Adrien II lui adressa; mais il n'est pas arrivé jusqu'à nous. Ce pape lui en écrivit une seconde, et au commencement de l'une et de l'autre il marque que c'étaient des réponses aux lettres qu'il avait reçues de cet évêque. Il en reçut lui-même six du pape Nicolas, à qui il écrivait souvent. On doit penser aussi qu'Adon fit réponse à la lettre qu'il reçut d'Athanase le Bibliothécaire; mais cette lettre est perdue, comme toutes les autres du même auteur. On lui a attribué l'Histoire de la translation du corps de saint Bernard, archevêque de Vienne; mais cette assertion n'est pas exacte, et dom Mabillon affirme positivement que ce livre est du x° siècle. Le style d'Adon est clair, simple et précis, en un mot, conforme au genre historique, le seul dans lequel il ait écrit.

ADREVALD, moine de Fleury, naquit vers l'an 818, dans un village voisin de ce monastère, où il fit, de bonne heure, profession de la vie religieuse. Né avec du goût pour l'étude, il se rendit recommandable par son savoir et ses talents d'écrivain, cultivant avec une facilité presque égale la prose et la poésie. Il composa plusieurs ouvrages qui le firent connaître avantageusement; d'abord, un traité de l'Eucharistie, contre le fameux Jean Scot, livre savant que d'Achery a publié dans le XII° volume de son *Spicilége*, mais auquel on a reproché, avec justice, de manquer d'ordre et de méthode. Ce livre est un recueil de plusieurs passages des Pères en faveur de la présence réelle; mais ils ne sont pas tous également précis sur la matière, et plusieurs manquent le but que l'auteur voulait atteindre. Il n'exprime pas même clairement le sentiment de Scot sur ce mystère, et on ne sait qu'il le combat que parce qu'il en avertit en tête de son ouvrage, qui porte ce titre: *Du corps et du sang de Jésus-Christ contre les inepties de Jean Scot.*

Livre des miracles de saint Benoît. — Ce livre est un recueil curieux, renfermant plusieurs choses intéressantes sur l'histoire de France. L'auteur raconte tous les miracles qui, depuis la translation des reliques de ce saint, s'étaient opérés, non-seulement à Fleury, mais dans les autres parties de la France. Il y entre aussi dans le détail de la destruction du Mont-Cassin, et c'est par là qu'il commence sa narration. Il marque clairement, dans le 28° chapitre, qu'il écrivait sous le règne de Charles le Chauve, et que, sous Louis le Débonnaire, comme il n'était encore qu'enfant, il avait été témoin des miracles opérés à Fleury par les reliques de saint Denis et de saint Sébastien. Dans le chapitre 36°, il parle de Gauthier, évêque d'Orléans, comme occupant encore ce siége, et il remarque que ce pontife assiste à l'assemblée de Pontion, en 876. Le dernier miracle qu'il rapporte fut opéré sous Charles le Chauve, qui mourut, comme on sait, le 6 octobre 877. Adélère, contemporain d'Adrévald, et, comme lui, moine de Fleury, continua son travail et y ajouta les miracles opérés sous le règne de Louis le Bègue, pendant les années 878 et 879. Ce recueil se trouve dans le II° tome des Actes de l'ordre de Saint-Benoît.

Vie de saint Aigulfe.—Dans la Vie de ce saint martyr, qui fut abbé de Lérins, Adrévald cite l'histoire de la translation des reliques de saint Benoît en France, ce qui prouve qu'il n'écrivit cette Vie qu'après l'an 853. Il prit le fond de sa matière dans les Actes de son martyre, et il y ajouta ce qu'il put découvrir ailleurs des autres circonstances de sa vie. Dom Mabillon l'a publiée, sur un manuscrit de l'abbaye de Fleury, telle qu'elle est sortie de la plume d'Adrévald. Le style en est diffus et un peu affecté, défaut qui se remarque également dans son Histoire des miracles de saint Benoît. On l'accuse aussi, et à juste titre, d'avoir apporté peu de critique dans le choix des documents sur lesquels il a travaillé. Il paraît avoir partagé l'erreur de ceux qui pensaient que, sans rien retrancher de l'éternité de leurs peines, les prières pouvaient apporter quelques adoucissements aux supplices des damnés. Il n'a pas été exempt de quelques-uns des préjugés de son époque et entre autres de celui qui permet de terminer par des combats singuliers les procès que les juges ordinaires ne peuvent décider au contentement des parties.

Si l'on en croit Trithème, critique sérieux et ordinairement bien renseigné, Adrévald avait composé d'autres ouvrages, en prose et en vers, sur l'Ecriture sainte; mais il paraît qu'il ne s'en est conservé qu'un traité manuscrit sur les bénédictions des douze patriarches. Il était autrefois dans la bibliothèque de Saint-Victor; nous ne saurions dire ce qu'il est devenu depuis, ni s'il a survécu à la tempête révolutionnaire qui a détruit tant d'autres monuments de l'antiquité ecclésiastique.

ADRIEN Iᵉʳ, pape. — A la mort d'Etienne III, son successeur fut Adrien Iᵉʳ, élu en 772. Son père se nommait Théodore, et il était né à Rome d'une famille distinguée. Dès ses plus jeunes années il donna de grandes marques de vertu. Le témoignage que la ville de Rome rendait à son mérite engagea le pape Paul Iᵉʳ à l'admettre parmi son clergé. Il le fit notaire régionnaire, puis sous-diacre. Il fut ordonné diacre par Etienne III, et dès lors il commença à annoncer l'Evangile au peuple. Il mit tant de zèle et de piété à remplir les diverses fonctions de son ministère, qu'à la vacance du saint-siége il fut choisi pour le remplir. Son élection se fit le 9 de février 772, dans un moment où l'Eglise de Rome avait le plus grand besoin d'un nouveau protecteur. Les vexations des empereurs d'Orient contre quelques-uns des prédécesseurs d'Adrien avaient inspiré au peuple romain, aussi bien qu'au pape, le désir de se soustraire à la domination de la cour de Constantinople. Cette puissance était d'ailleurs bien affaiblie en Italie, par son éloignement et par l'établissement des Lombards : ceux-ci, de leur côté, n'en agissaient pas toujours très-bien avec la cour de Rome. Quelques-uns de leurs monarques avaient fait aux papes des donations, que leurs successeurs avaient révoquées. Etienne II avait imploré le secours de Pépin pour obliger Astolfe à une entière restitution. Didier, à son tour, revenait sur l'exécution de ce traité, et déjà il avait repris plusieurs villes de l'exarchat de Ravenne, qu'il tenait bloquée elle-même en ravageant son territoire. Adrien, à l'imitation de ses prédécesseurs, s'adressa aussi au roi de France. Charlemagne, qui régnait alors, vint secourir le pontife et porta ses armes dans la Lombardie. Il se rendit à Rome pour visiter Adrien, qui le reçut avec des honneurs extraordinaires. Cette réception se rattache à des faits si intéressants de notre histoire ecclésiastique, que nous nous croyons dans l'obligation de consacrer quelques mots à la décrire. C'était à la fin du carême de l'année 774; le roi Charles, accompagné de plusieurs évêques, de quelques seigneurs et d'un corps de troupe pour sa sûreté, se mit en marche pour Rome, où il voulait entrer le samedi saint qui, cette année-là, se trouvait le 2 avril. Le pape envoya au-devant de lui, jusqu'à dix lieues de Rome, tous les magistrats; et quand il fut à environ une demi-lieue de la ville, il expédia toutes les compagnies de la milice avec leurs chefs en tête et tous les enfants des écoles, portant à la main des rameaux de palmes et d'oliviers, et chantant des acclamations à la louange du roi. On portait aussi devant ce prince les croix des églises; en un mot, on n'avait rien négligé de ce qui pouvait contribuer à agrandir les honneurs qu'on lui rendait. Aussitôt que Charles les aperçut, il descendit de cheval et s'avança à pied jusqu'à l'église de Saint-Pierre. Le pape l'attendait sur le perron avec tout son clergé; ils entrèrent ensemble dans le sanctuaire, le roi ayant la droite sur le pape qu'il tenait par la main. Après que Charlemagne et sa suite se furent prosternés devant la confession de saint Pierre, il pria le pape de lui permettre d'entrer dans Rome, pour y accomplir ses vœux et faire ses prières en diverses églises. Ils descendirent l'un et l'autre près du corps de saint Pierre, avec les seigneurs romains et français, et se promirent sûreté par des serments mutuels. Le pape célébra, en présence du roi, le baptême solennel dans la basilique de Latran, et la messe du jour de Pâques à Sainte-Marie-Majeure; il la renouvela le lundi à Saint-Pierre et le mardi à Saint-Paul ; c'est-à-dire, dans les trois églises que le Missel romain assigne pour les stations des trois jours. Le mercredi, le roi Charles, confirma par actes authentiques les donations faites au pape Etienne, par Pépin son père et son frère Carloman, puis il retourna au siége de Pavie. Didier, pressé de toutes parts, fut obligé de se rendre à discrétion ; on l'envoya en France, dans le monastère de Corbie, où il acheva ses jours dans la pénitence et les exercices de piété. Telle fut la fin du royaume des Lombards. Charles profita de sa victoire pour ajouter le titre de roi des Lombards à son titre de roi des Français. A son départ de Rome, le pape Adrien lui donna le code des canons de l'Eglise romaine, auxquels on avait ajouté les épîtres décrétales des papes Hilarus, Simplice, Félix, Symmaque, Hormisdas et Grégoire II. Adrien avait mis en tête de ce livre un éloge du roi, en vers acrostiches dont les premières lettres marquaient le présent qu'il lui en faisait; dans le corps de la pièce il lui souhaitait d'entrer victorieux dans Pavie, de dompter Didier et de conquérir le royaume des Lombards. Il congratulait ce prince sur son attachement à la foi qu'il avait reçue de ses ancêtres, et sur la protection qu'il accordait à l'Eglise. Quelques-uns rapportent cette lettre au troisième voyage que Charlemagne fit à Rome, en 797; mais Didier, dont il y est fait mention, n'était plus alors à Pavie, ni roi des Lombards. Il est donc plus naturel et plus en harmonie avec la vérité historique de la rattacher à ce voyage triomphal, également glorieux pour le roi et pour le pontife, et dont nous avons donné la description.

Ainsi commençait une révolution mémorable, dont Adrien ne vit pas la fin, le rétablissement de l'empire d'Occident. Il ne fut témoin que de la chute de la monarchie des Lombards. Au reste, il est bon d'observer que la donation de Charlemagne, quoique confirmant celles de Pépin et de Carloman, ne consistait encore qu'en une cession de droits utiles. Adrien en fit un digne usage. Il secourut les Romains affligés de la famine, enrichit l'église de Saint-Pierre de magnifiques ornements, et répandit d'abondantes aumônes. Comme nous le verrons en rendant compte de ses écrits, Adrien envoya des légats qui occupèrent la première place au deuxième concile de Nicée, convoqué contre les Iconoclastes, et à celui de Francfort, où fut condamnée l'opinion d'Elipand. Enfin, il mourut le 26 de décembre 795, après avoir occupé le saint-siége pendant vingt-trois ans dix mois et dix-sept jours. Il fut regretté des Romains, qui le pleurèrent comme un père. Charlemagne l'honora aussi de ses larmes, et lui fit une épitaphe où il joignit son nom royal à celui du pieux pontife, dans ces vers dictés par une religieuse et sainte amitié :

Nomina jungo simul titulis, clarissime, nostra :
Hadrianus, Carolus, rex ego, tuque pater.
Quisque legas versus, devoto pectore, supplex
Amborum mitis, dic, miserere Deus.

Nous avons vu qu'à de grandes vertus Adrien savait joindre de grands talents politiques; maintenant il nous reste à nous occuper de ses talents littéraires, c'est ce que nous ferons en analysant ses œuvres.

Lettre à l'empereur Constantin. — L'Église d'Orient était divisée au sujet du culte des images; pour trancher la question, l'impératrice Irène avait résolu d'assembler un concile général. Elle en écrivit donc au pape Adrien, en son nom et au nom de son fils Constantin, pour le prier d'y assister en personne et de confirmer l'ancienne tradition de l'Eglise. Au cas où il ne pourrait pas s'y rendre, elle le priait de députer des hommes respectables et instruits, chargés de pouvoirs pour le représenter. Adrien répondit à cette lettre que deux papes avaient déjà employé toute leur autorité auprès des empereurs pour les engager à rétablir le culte des images, mais inutilement. Il exhortait ce prince à faire observer en Grèce ce qui se pratiquait en Occident, où, suivant la tradition des Pères, l'on n'adorait que Dieu en esprit et en vérité, et où, bien loin d'en faire des divinités, on ne regardait les images que comme un monument de la vénération des fidèles. Il traitait au long cette question, en disant que s'il était impossible de rétablir le culte des images sans tenir un concile, le premier devoir pour l'empereur, pour sa mère et pour le patriarche de Constantinople, était d'anathématiser, en présence de ses légats, le faux concile qui l'avait condamné, de déposer, par serment, entre les mains du sénat, la déclaration solennelle de laisser au concile toute sa liberté, et de congédier, avec les égards dus à leur dignité, les légats qui le représenteraient, encore que le concile ne se rassemblerait pas.

Le pape Adrien demandait ensuite la restitution des patrimoines de saint Pierre donnés par les empereurs et les autres fidèles, pour le luminaire de l'église et la subsistance des pauvres. Il exigeait qu'on lui rendît la consécration des archevêques et évêques de l'Illyrie, qui avaient toujours été sous la juridiction du saint-siége. Adrien témoignait dans la même lettre, qui est du 26 octobre 785, sa surprise de voir que l'empereur donnait à Taraize le titre de patriarche universel, après l'avoir tiré de sa maison et de son service pour l'élever tout à coup à cette éminente dignité. Pour encourager l'empereur à faire droit à ses réclamations, en restituant à l'Eglise romaine les patrimoines qu'elle possédait en Grèce et en Orient, il lui proposait l'exemple du roi Charlemagne, qui lui avait fait rendre des provinces, des villes, des châteaux et d'autres domaines détenus injustement par les Lombards. Nous ne savons quelle fut la réponse de l'empereur, mais le concile se tint le 24 de septembre 785, et les légats du pape y présidèrent.

Lettre aux évêques d'Espagne. — Vers l'an 790, informé qu'il s'était élevé en Espagne une nouvelle hérésie qui enseignait que, selon la nature humaine, Jésus-Christ n'était que fils adoptif et de nom seulement, il écrivit aussitôt à tous les évêques de ce royaume une lettre circulaire dans laquelle il les exhortait à demeurer fermement attachés à la doctrine de l'Eglise, qui proclame Jésus-Christ le Fils unique du Dieu vivant. Il rapportait plusieurs passages de l'Ecriture et des Pères qui démontrent que le titre d'enfants adoptifs convient bien aux chrétiens, mais non pas à Jésus-Christ, qui est fils par nature. Il se plaignait que quelques-uns, entendant mal le mystère de la prédestination, niaient la liberté ou la relevaient trop, au préjudice de la grâce; que plusieurs contractaient mariage avec des musulmans; qu'il y avait des femmes qui se remariaient du vivant de leur mari; et enfin, que les prêtres étaient ordonnés sans examen. Il leur reprochait aussi de reculer la Pâque au delà du terme marqué par le concile de Nicée. Elipand, l'un des deux évêques qui avaient inventé la nouvelle erreur, écrivit, pour la soutenir, une lettre générale aux évêques de France, et une particulière au roi Charles. Ce prince, après avoir consulté les prélats de son royaume, en écrivit au pape, qui lui répondit par une lettre adressée aux évêques de Galice et d'Espagne, et dans laquelle il réfutait la lettre d'Elipand par plusieurs autorités de l'Ecriture et des Pères. Il insistait principalement sur la confession de saint Pierre, qui, en disant : *Vous êtes le Christ, le Fils du Dieu vivant*, marquait clairement que ce n'est pas par adoption, mais par nature, que Jésus-Christ est Fils de Dieu. Les passages des Pères n'étaient pas moins formels, on y condamnait nettement ceux qui soutiendraient que Jésus-Christ n'est que fils adoptif, comme nous le devenons par le baptême. Adrien finissait sa lettre en exhortant les évêques d'Espagne à se réunir à la foi commune de l'Église, les déclarant, en cas de refus, séparés et anathématisés, par l'autorité du saint-siège apostolique et de saint Pierre, prince des apôtres.

Réponse aux livres Carolins. — Quelques années après, en 794, par les soins du roi Charles, un concile se réunit à Francfort. Adrien y envoya deux légats, avec les actes du second concile de Nicée. Les erreurs d'Elipand y furent condamnées par une lettre synodique ; mais les évêques refusèrent d'accepter les actes de Nicée, persuadés qu'en autorisant le culte des images ils autorisaient l'idolâtrie. Le roi Charles, qui avait des raisons politiques pour désirer la suppression de ces actes, fit présenter à l'approbation du pape les livres Carolins, ainsi nommés, non pas parce que le roi les avait écrits, mais parce qu'en les acceptant, il tenait à les couvrir de son nom et de son autorité. L'empereur déclaré hérétique, son ambition y trouvait son compte, et le pape lui fournissait des moyens d'étendre sa domination aux dépens de Constantin.

Adrien ne se trouva pas peu embarrassé : il avait approuvé les décrets de ce concile, et il savait que la doctrine en était orthodoxe. Comment aurait-il pu condamner l'empereur, pour l'avoir assemblé ou pour en avoir approuvé les sentiments ? Il prit le parti d'accueillir favorablement l'envoyé du roi Charles ; mais, au lieu de donner son approbation aux livres Carolins, il les réfuta article par article, mais sans blesser toutefois les intérêts des personnes, et en ne s'appliquant uniquement qu'à défendre l'ancienne tradition de l'Église, qui était la doctrine de tous ses prédécesseurs. Aussi ne pressa-t-il nullement le roi Charles de recevoir le concile de Nicée, ni de révoquer ce qui s'était fait à Francfort ; il se contenta de prendre ouvertement la défense du culte des images et de montrer qu'à Nicée on n'avait rien décidé là-dessus qui ne fût conforme à la saine doctrine. C'est ce qu'il y a de mieux traité dans sa lettre, et c'est aussi ce qu'elle contenait de plus important. La grande question du culte des images s'y trouve discutée dans toute son étendue ; et, appuyé sur l'autorité des Écritures, des conciles et des Pères, le saint pontife y démontre clairement la différence essentielle que l'Église établit entre le culte de vénération qu'elle rend aux saints et l'adoration qui n'est due qu'à Dieu. Cette réfutation, qui ne laisse passer aucune erreur sans la relever, est écrite avec une prudence et une modération qui prouvent que le pape Adrien savait ménager les personnes et les choses.

Lettres au roi Charles. — Il écrivit encore plusieurs lettres au roi Charles ; elles sont sans date, mais elles paraissent avoir été écrites depuis le premier voyage que ce prince fit à Rome en 774. Il en fit un second en 781, pour y faire baptiser son fils Carloman. Adrien, qui lui administra ce sacrement, le tint lui-même sur les fonts du baptême, et changea son nom en celui de Pépin. Il le sacra ensuite roi d'Italie, et son frère Louis roi d'Aquitaine ; car Charles avait amené avec lui ses deux enfants, ainsi que la reine Hildegarde leur mère. — Dans une autre lettre à ce prince, il se plaint des envahissements de Léon, archevêque de Ravenne, qui s'était emparé de la plupart des villes appartenant à l'Église, sous le prétexte que le roi de France les lui avait données. Il le prie donc de réprimer les entreprises de cet archevêque, et de reconstituer les domaines de l'Église, tels qu'ils l'étaient, sous le pontificat d'Étienne et sous le règne de Pépin. — Il lui écrivit encore pour lui demander du secours contre quatre ducs italiens qui, de concert avec les Grecs, avaient conspiré contre l'Église de Rome et le roi Charles lui-même. Il lui témoigne que les Romains mettaient toute leur confiance dans le roi et le royaume des Français. Charlemagne envoya au pape des députés avec des lettres où il lui marquait que dans peu il ferait le voyage de Rome ; il s'agit probablement du second voyage dont nous venons de parler, et qu'il accomplit, en 781, pour le baptême de son fils. — Dans une autre occasion, le roi Charles envoya à Rome deux abbés, pour savoir quelle conduite il devait tenir à l'égard des Saxons qui, après avoir embrassé la foi, étaient retournés à l'idolâtrie. Adrien lui répondit que, s'ils témoignaient le désir de revenir à l'Église catholique, les évêques devaient les y recevoir, mais en leur imposant une pénitence plus ou moins longue, selon le degré de ferveur de ceux qui l'accompliraient.

Le diacre Adon, qui se trouvait à Rome avec l'abbé Fulrade, avait demandé au pape un corps saint pour le reporter en France. Adrien fut longtemps à délibérer, et, ne pouvant se résoudre à toucher aux reliques des saints, il écrivit au roi Charles, pour le prier d'accepter le corps de saint Candide, martyr, que le pape Paul avait donné à l'évêque Valcher. Mais il demanda en même temps à ce prince de ne point permettre que les évêques, ni les prêtres, portassent les armes dans ses armées. Il l'assura qu'il priait sans cesse pour la prospérité de son règne, pour la conservation de la reine Hildegarde, qu'il appelait sa commère spirituelle. Dans l'Italie et la Toscane, il y avait des évêques qui s'emparaient des diocèses des autres et qui prenaient de l'argent pour les ordinations. La fille d'Erminald avait quitté l'habit de religieuse pour se marier. Adrien supplie donc le roi de s'opposer à tous ces désordres, et de ne recevoir aucun de ceux qui l'allaient trouver, sans une lettre de sa part, comme il n'en recevait point lui-même qui ne lui présentassent ses lettres royales. Il le félicite de la victoire qu'il vient de remporter sur les Saxons, et bénit les effets qu'elle doit produire pour la conversion de ce peuple. Il ajoute que, suivant ses désirs, il avait ordonné des litanies pendant trois jours, la veille de saint Jean, le jour de la fête et la veille de saint Pierre et saint Paul.

Priviléges accordés aux monastères de Tours et de Saint-Denis. Les deux abbés qui étaient venus consulter le pape sur la pénitence à imposer aux Saxons, étaient Ithier de Saint-Martin de Tours et Magenaire de Saint-Denis. Ils obtinrent l'un et l'autre du pape Adrien un privilége portant confirmation du droit d'avoir des évêques particuliers. La date de ces priviléges est du mois de juin de l'an 786.

Les évêques des monastères n'étaient pas titulaires; seulement ils y remplissaient les fonctions épiscopales, comme en des lieux exempts de la juridiction de l'ordinaire; corrigeant et, réformant les abus et, avec le consentement de l'abbé, exerçant leur ministère sacré sur toutes les dépendances des monastères dont ils étaient les pontifes. A la prière du roi Charles, le pape accorda le *pallium* à Ermembert, archevêque de Bourges, parce que cette ville était la métropole de l'Aquitaine. Ce prince l'ayant consulté sur l'élection des évêques de Ravenne, Adrien, dans sa réponse, lui fait le précis de la difficulté soulevée entre Michel, que le roi Didier avait fait élire de force, et Léon, élu canoniquement par le clergé et par le peuple. Il ajoute que c'est ainsi que devait se faire cette élection, sans commissaire de la part du roi, mais avec le consentement de l'évêque de Rome qui avait droit de consacrer cet élu.

Lettre à Tillepin, archevêque de Reims. — La lettre d'Adrien à Tillepin, archevêque de Reims, est une confirmation des anciens droits et priviléges de cette Église. Par la même lettre, il charge ce pontife de s'adjoindre deux autres évêques, et, avec eux, de s'informer exactement de la vie et des mœurs de Lulle, archevêque de Mayence, des formes observées dans son ordination, afin que, sur le rapport qu'ils lui adresseraient de sa foi et de sa doctrine, il pût la confirmer et lui envoyer le pallium. Quoique cette lettre soit rapportée par Flodoard, dans son *Histoire de l'Église de Reims*, on ne laisse pas de la regarder comme douteuse, surtout en ce qui concerne les informations à prendre sur la doctrine et les mœurs de l'archevêque Lulle. Le pape Adrien pouvait-il ignorer qu'il y avait plus de dix-huit ans qu'il remplissait le siége épiscopal de Mayence, et qu'il en avait été fait évêque du consentement du roi Pépin, des évêques, des abbés, du clergé et du peuple de son diocèse, et enfin, qu'il avait été un des principaux ouvriers évangéliques employés par saint Boniface dans la mission de l'Allemagne? Etait-il besoin, après tant d'années d'épiscopat, que le pape confirmât l'élection de Lulle! En admettant qu'Adrien ait chargé l'archevêque de Reims de prendre les informations dont il s'agit, ce ne pouvait être que pour lui accorder ou lui refuser le *pallium* qu'il sollicitait, et non pour confirmer son ordination, qui l'avait sans doute été par les papes précédents, comme c'est la coutume. Du reste, nous retrouverons ailleurs qu'il assista, en 769, au concile de Rome, en sa qualité d'archevêque de Mayence.

Nous ne pousserons pas plus loin l'analyse des œuvres du pape Adrien Ier. De près de cent lettres publiées sous son nom, il y en a plus des deux tiers adressées au roi Charles. Aussi avons-nous eu occasion de remarquer que ce monarque se trouva mêlé aux affaires de l'Église autant et même plus qu'aucun des évêques de son temps. Le style de ces lettres est dur et embarrassé; il faut croire qu'Adrien, qui cultivait la poésie avec quelques succès, les écrivit à la hâte et à mesure que les circonstances l'exigeaient. Dans ce cas-là, il n'est point surprenant qu'il ait sacrifié les beautés de la rhétorique aux besoins de l'Église et à ses devoirs de pasteur. Ses œuvres se trouvent dans le tome LI du *Cours complet de Patrologie*.

ADRIEN II, élu pape le 14 décembre 867, après la mort de Nicolas Ier, était Romain, et son père, qui fut ensuite évêque, se nommait Talare. Il avait refusé deux fois le pontificat, quoiqu'il y eût été porté généralement après la mort de Léon IV et de Benoît III. Cette fois, le concours du peuple et du clergé fut si unanime, et leurs instances si puissantes, qu'il ne put se dispenser d'accepter. Quoique les envoyés de l'empereur Louis fussent à Rome au moment de l'élection, cependant ils n'y furent point invités. Quand ils pensèrent à s'en plaindre, on leur répondit qu'on ne l'avait point fait par mépris pour eux ni pour leur maître, mais de peur qu'il ne passât en coutume d'attendre les envoyés du prince pour l'élection du pape. Louis goûta cette raison, et ayant vu le décret d'élection revêtu de ses souscriptions ordinaires, il écrivit aux Romains pour les congratuler sur le choix qu'ils avaient fait. Adrien fut sacré et intronisé le 14 décembre 867. Tout le monde s'empressa de recevoir la communion de sa main. Il la donna à Theutgaud, archevêque de Trèves, et à Zacharie, évêque d'Anagnia, excommuniés l'un et l'autre par le pape Nicolas son prédécesseur, mais après avoir exigé d'eux une satisfaction convenable. Pendant les cérémonies mêmes de son sacre, Lambert, duc de Spolète, entra à main armée dans Rome et abandonna la ville au pillage. L'empereur Louis, pour l'en punir, lui ôta son duché; le pape l'excommunia, et avec lui tous ceux qui avaient pris part à cette profanation. Quoique parvenu au siége pontifical à l'âge de soixante-seize ans, Adrien y déploya une vigueur qu'on semblait ne devoir pas attendre d'un vieillard. Il poursuivit avec chaleur la condamnation de Photius, patriarche de Constantinople, qu'il fit déposer et soumettre à la pénitence publique. Quoique dans cette affaire, il eût agi de concert avec l'empereur grec et le patriarche Ignace, cependant il se brouilla dans la suite avec l'un et l'autre, pour s'être opposé au rétablissement du patriarche de Carie et des prêtres Bulgares qui avaient participé au schisme de Photius : il voulait qu'ils comparussent à Rome pour y être jugés, quoiqu'ils ne relevassent pas de son siége. Sa conduite avec Lothaire le Jeune fut aussi ferme que prudente. Sans préjuger la question du divorce, qu'il remit à la décision d'un concile, il préféra l'engager à lui demander un pardon général. Adrien fut moins heureux dans le projet qu'il forma de favoriser les prétentions de l'empereur Louis II contre les intérêts de Charles le Chauve, qu'il menaça d'excommunication, comme ayant usurpé la succession de Lothaire. Ce fut à cette occasion que Hincmar de Reims lui remontra avec vigueur que sa dignité ne lui donnait aucun droit de prononcer sur les démêlés qui s'élevaient entre souverains. Adrien n'en persista pas moins à prendre le parti de Carloman, révolté contre son père. Hincmar de Laon, neveu de l'archevêque de Reims, se déclara aussi pour Carloman. Comme il s'était rendu odieux par sa conduite, et qu'il se trouvait sous le coup d'une sentence de plusieurs conciles qui l'avaient condamné, il espérait, en prenant parti avec le pape, infirmer le jugement de ces conciles, et se faire relever de cette condamnation. Mais Adrien éprouva une telle résistance de la part du roi et des évêques de France, qu'à la fin il céda, et fit à Charles le Chauve une réponse remplie de bienveillance et d'éloges. Adrien mourut sur la fin de l'an 872, laissant des souvenirs respectables de ses lumières et des qualités de son cœur. On loue surtout son désintéressement et sa munificence envers les pauvres. Il montra peut-être quelques idées exagérées sur l'autorité pontificale; mais il eut des vertus et répandit des bienfaits; ce qui laissera toujours à sa mémoire un parfum de sainteté. Il a laissé plusieurs lettres dont nous allons essayer de rendre compte; ce qui nous sera d'autant plus facile, que la plupart se trouvent pour ainsi dire éclaircies d'avance par l'étendue que nous avons donnée à cette notice.

Lettre aux évêques de France. — Aussitôt après son ordination, Adrien, en retenant auprès de lui quelques-uns de ceux qui s'étaient montrés les plus opposés à son prédécesseur, donna quelque lieu de croire qu'il partageait leurs sentiments. Les évêques d'Occident, à la sollicitation d'Anastase le Bibliothécaire, et d'Adon, archevêque de Vienne, lui écrivirent pour l'engager à honorer la mémoire du pape Nicolas. Adrien, qui n'était mu par aucun ressentiment personnel, se lava de ce soupçon en prodiguant les plus pompeux éloges à ce pontife, qu'il appela un autre Josué, un nouvel Élie, un Phinée digne de l'éternel sacerdoce. Il se justifia aussi auprès des évêques français, dans la réponse qu'il fit à la lettre synodale du concile de Troyes, le 2 février de l'an 868. Après leur avoir accordé la faveur qu'ils sollicitaient pour Wulfade, archevêque de Bourges, il leur demanda, en retour, de faire inscrire le nom du pape Nicolas dans les diptyques de leurs églises, 'de le faire nommer au sacrifice de la messe, et de résister avec force, de vive voix et par écrit, à toutes les entreprises qui seraient tentées contre sa personne et ses écrits. Il en donne pour raison que, si on rejette un pape ou ses décrets, les ordonnances des évêques n'auront plus de stabilité; et c'en est fait des dogmes de la religion, si on a la liberté de révoquer ou de détruire ce que les évêques, et surtout ceux du premier siége, ont établi là-dessus.

A Adon de Vienne. — Dans sa réponse à Adon, archevêque de Vienne, il revient encore sur le même sujet. Il parle du pape Nicolas, comme d'un nouvel astre que Dieu avait fait lever sur son Église dans des temps ténébreux. Il proteste qu'il ne permettra jamais que l'on touche à ce qu'il avait fait pendant son pontificat, à moins toutefois que les circonstances des temps ne l'obligent d'en user autrement suivant la différence des occasions. Il cite sur cela une maxime de saint Grégoire portant que, de même que l'on doit punir ceux qui persévèrent dans le crime, de même on doit user d'indulgence envers ceux qui en abandonnent les voies.

Au roi Lothaire. — Nous avons dit, dans la notice publiée en tête de cet article, que Lothaire s'était mis dans un cas de divorce, en répudiant Thietberge pour épouser Valdrade. Les prédécesseurs d'Adrien, Benoît III et Nicolas Iᵉʳ, avaient prononcé contre lui l'excommunication. Aussitôt après l'ordination d'Adrien, ce monarque lui écrivit pour l'en féliciter, et en même temps pour l'engager à lui être plus favorable que son prédécesseur. Il se plaignait de l'avoir supplié d'entendre sa justification sans qu'il voulût jamais y consentir. J'espère de vous, ajoutait-il, que vous ne vous refuserez pas au désir ardent que j'ai de vous voir et de vous entretenir. La réponse d'Adrien portait en substance que le saint-siége est toujours prêt à recevoir une digne satisfaction; qu'il pouvait se présenter en toute confiance, s'il se sentait innocent des fautes dont on l'accusait, et qu'encore qu'il en serait coupable, rien ne devait l'empêcher de venir à Rome, pourvu qu'il fût résolu à reconnaître sa faute et à en faire pénitence. Lothaire, peu satisfait de cette réponse, mit dans ses intérêts l'empereur Louis, et il dut tout à sa médiation. Adrien lui accorda l'absolution de Valdrade, et malgré le voyage de Thietberge à Rome, il remit la connaissance de l'affaire à un concile, et releva le monarque de l'excommunication jusqu'à ce que le concile en eût décidé.

A Valdrade. — Il écrivit à Valdrade que, sur l'assurance que l'empereur Louis lui avait donnée qu'elle ne conservait plus aucun commerce avec Lothaire, il avait levé l'excommunication portée contre elle par son prédécesseur, et il l'exhorta à vivre, à l'avenir, sans scandale. En conséquence, il notifia aux évêques de Germanie qu'ils pouvaient lui permettre l'entrée de l'église et la considérer comme rétablie dans la communion des fidèles et la traiter en conséquence. Cette lettre est du 12 février 868.

A Louis, roi de Germanie. — Louis, roi de

Germanie, et Charles le Chauve, dans une entrevue qu'ils avaient eue à Metz, en présence d'Hincmar et de quelques autres évêques de leurs deux royaumes, s'étaient promis de se partager les Etats de Lothaire et de l'empereur, en cas qu'ils en devinssent les maîtres. Adrien écrivit à Louis de Germanie pour l'engager à vivre en paix avec ses deux neveux; et il adressa une seconde lettre conçue dans les mêmes termes à Charles le Chauve, aux grands seigneurs et aux évêques; mais la mort de Lothaire vint faire diversion et couper court à ces difficultés.

Sur le partage des Etats de Lothaire. — A la suite de cet événement, l'empereur Louis, prévoyant que Charles le Chauve ne manquerait pas de s'emparer des Etats de son neveu, mort sans postérité, engagea le pape à écrire plusieurs lettres pour s'opposer à ce coup de main. Adrien en écrivit quatre. La première est adressée aux seigneurs des Etats de Lothaire; la seconde aux seigneurs des Etats de Charles; la troisième aux évêques des deux royaumes, et la quatrième à Hincmar. Toutes ces lettres sont datées du 5 septembre 869; mais quand les légats porteurs de ces lettres arrivèrent en France, Charles s'était déjà emparé des Etats de Lothaire. Il s'était fait couronner roi de Lorraine à Metz, dans une assemblée d'évêques réunis au nombre de sept, et avait reçu l'onction royale des mains d'Hincmar. Le pape, instruit de la conduite du roi Charles, l'en reprit vivement et lui ordonna de quitter les Etats dont il s'était emparé. Il fit des reproches semblables aux seigneurs et aux évêques de France qui avaient eu part à cette usurpation. Il avertissait particulièrement les évêques que si le roi ne changeait de conduite, et s'ils ne lui remontraient son devoir, il viendrait lui-même en France et y ferait sentir toute la puissance de son autorité pontificale. — Le pape alla plus loin : ses légats, suivant ses instructions, firent défense au roi Charles, pendant qu'il entendait la messe à Saint-Denis, de se mêler davantage du royaume de Lorraine. Cette dénonciation choqua le prince, et les légats furent obligés de se retirer. Mais les choses se pacifièrent; Charles leur exposa son droit et les traita depuis avec honneur. Il leur accorda même la grâce de son fils Carloman, qu'il avait fait arrêter pour sa mauvaise conduite.

Lettres en faveur de Carloman. — Cette grâce ne fit que rendre à ce jeune prince la liberté de continuer ses désordres. Le roi son père le fit excommunier par les évêques mêmes qui l'avaient appuyé dans sa révolte, et ensuite par tous les évêques de France. Hincmar de Laon refusa seul de se conformer à ces censures; ce qui fit juger à Charles qu'il était d'intelligence avec Carloman. Ce prince eut recours à la protection du pape, en l'établissant juge des démêlés qu'il avait avec le roi son père. Le pape en écrivit au roi en termes durs et amers; il lui ordonnait de rendre son amitié à son fils, de le rétablir dans les charges et bénéfices qu'il possédait avant sa disgrâce; ajoutant que lorsqu'il aurait obtempéré à tous ses désirs, il enverrait des légats en France pour vider leurs différends. Il écrivit pour le même sujet aux seigneurs et aux évêques de France et de Lorraine; défendant aux seigneurs, sous peine d'excommunication, de prendre les armes contre Carloman, et déclarant aux évêques que toutes les excommunications qu'ils porteraient contre lui seraient nulles, jusqu'à ce que le saint-siége fût informé au fond de cette affaire. Toutes ces lettres n'eurent d'autre effet que d'aigrir les esprits. Le roi fit à celle qu'il avait reçue une réponse fort vive; il donnait clairement à entendre au pape qu'il n'était point d'humeur à en recevoir de semblables à l'avenir. Ce prince envoya sa lettre par Actard, archevêque de Tours, qui portait en même temps à Rome la lettre synodale du concile de Douzy.

Aux évêques de France. — Dans sa réponse aux évêques de cette assemblée, Adrien confirma l'élection d'Actard, et approuva le concile de l'avoir transféré du siége de Nantes, que les Bretons l'avaient forcé d'abandonner, sur le siége archiépiscopal de Tours; mais il désapprouva, dans la même lettre, la sentence portée par le concile de Douzy contre Hincmar de Laon, et ordonna que puisqu'il avait déclaré vouloir se défendre devant le saint-siége, il y viendrait, avec un accusateur légitimement choisi, se faire examiner par un nouveau concile. La lettre au roi Charles contient à peu près la même chose, si ce n'est que le pape lui reproche de n'avoir pas reçu, avec assez de soumission, les corrections paternelles qu'il lui avait adressées dans sa lettre précédente. Le roi lui répondit avec plus de vigueur encore que la première fois. « Dans plusieurs de vos lettres, lui dit-il, vous m'avez appelé parjure, tyran, perfide, et dissipateur des biens ecclésiastiques, sans que j'en sois convaincu; dans celle-ci, vous m'accusez de murmure, ce qui est encore un crime suivant l'Ecriture, et vous voulez que je reçoive agréablement vos corrections? Mais ce serait m'avouer coupable et me rendre, non-seulement indigne des fonctions de roi, mais encore de la communion de l'Eglise. Ecrivez-nous ce qui convient à votre ministère et au nôtre, comme ont fait vos prédécesseurs, et alors nous la recevrons avec joie et reconnaissance. » Il demande au pape, en vertu de quel droit il voudrait obliger un roi, chargé de corriger les méchants et de venger les crimes, d'envoyer à Rome un coupable condamné selon les règles. Il parlait d'Hincmar de Laon, qui, avant sa déposition, avait été convaincu, dans trois conciles, d'entreprises contre le repos public, et qui, après sa déposition, persévérait encore dans sa désobéissance. La réponse des évêques de Douzy était écrite dans le même style. Le pape changea complètement le sien dans la lettre qu'il récrivit au roi Charles. Ce ne sont plus des reproches qu'il lui adresse, mais des louanges; l'assurant, qu'en cas de mort de l'empereur régnant, il souhaiterait l'avoir pour chef, roi, patrice, empereur et défenseur de l'Eglise. A l'égard d'Hincmar de Laon, il déclare qu'il ne veut connaître de son appel que conformément aux canons, et qu'après l'avoir entendu à Rome, il renverra le jugement de son affaire sur les lieux.

A l'empereur Basile et au patriarche Ignace. — Photius, patriarche intrus de Constantinople, venait d'être chassé de son siége par l'empereur Basile; et Ignace, son compétiteur, rétabli dans la possession légitime de son autorité spirituelle. L'empereur, de concert avec le pontife, envoya au pape Adrien des lettres, pour l'informer de ce qui s'était passé. Ils lui demandaient de leur indiquer la conduite à tenir envers ceux qui avaient été ordonnés par Photius ou qui avaient communiqué avec lui; et le priaient en même temps d'avoir compassion de ceux qui, étant tombés dans ces fautes, recouraient à lui comme au souverain pontife et demandaient d'en faire pénitence. Le patriarche Ignace reconnaissait en termes clairs et précis la suprématie des successeurs de saint Pierre sur toute l'Eglise, et leur autorité pour remédier aux maux que les schismes et les hérésies y avaient causés. Il ajoutait que plusieurs de ceux qu'il avait ordonnés lui étaient demeurés fidèles, et que quelques-uns, ordonnés par Photius, après avoir pris son parti dans le premier concile, l'avaient abandonné dans le second. Il mettait de ce nombre Paul, archevêque de Césarée, qui, en effet, refusa de condamner Ignace dans cette seconde assemblée, tenue en 861.

Les envoyés de Constantinople, après avoir présenté ces deux lettres à Adrien, lui donnèrent à examiner un livre plein de faussetés contre le pape Nicolas et l'Eglise romaine. C'étaient les actes du concile que Photius avait tenu contre ce pontife. Adrien le fit examiner par des personnes instruites dans les langues grecque et latine, fit brûler le livre, fulmina un anathème contre son auteur; mais il voulut que l'affaire d'Ignace et de Photius fût jugée sur les lieux, dans un concile qui serait présidé par ses légats. Il envoya trois députés à Constantinople chargés de deux lettres, l'une pour l'empereur et l'autre pour le patriarche. Dans la première, il dit que lui et toute l'Eglise d'Occident avaient appris avec grande joie ce qu'ils avaient fait à l'égard de Photius et d'Ignace. Il remet le jugement des schismatiques au patriarche et à ses légats, avec pouvoir d'user envers eux de douceur et d'indulgence, si ce n'est toutefois envers Photius, dont il veut que l'ordination soit condamnée. Il ajoute qu'à cette occasion l'empereur doit convoquer un concile, où les actes du faux concile de Photius seront brûlés, et les décrets du concile de Rome souscrits par tous les évêques présents, et conservés ensuite dans les archives de l'Eglise de Constantinople. Dans sa réponse à la lettre d'Ignace, Adrien déclare qu'il ne s'écartera en rien de la conduite suivie par son prédécesseur. Il pense qu'on doit donner une place distinguée dans l'Eglise de Constantinople à ceux qui ont souffert persécution pour défendre la cause du droit et de la vérité; mais que pourtant il ne faut pas repousser non plus ceux qui ont pris le parti de l'erreur, s'ils reviennent conduits par le repentir. Il faut les admettre à la pénitence et leur rendre leurs anciennes dignités. Cette lettre est du 8 juin 869.

A l'empereur Basile. — L'année suivante, après la clôture du concile et le départ des légats, l'empereur Basile et le patriarche Ignace écrivirent au pape pour lui demander le rétablissement de Théodore, métropolitain de Carie, que ses légats avaient suspendu des fonctions du sacerdoce. Ils témoignaient, en même temps, être en peine de ces légats, dont ils n'avaient point reçu de nouvelles depuis leur retour.

Le pape fit réponse à l'empereur que les légats étaient arrivés, après avoir essuyé sur la route beaucoup de périls et de mauvais traitements. Il témoigne sa surprise que ce prince, qui les avait demandés avec tant d'instances, les eût renvoyés sans escorte; ce qu'il n'avait pas fait l'empereur Michel, son prédécesseur, dont il aurait dû suivre l'exemple. Il se plaignait aussi, dans la même lettre, que le patriarche Ignace, appuyé de l'autorité impériale, eût osé consacrer un évêque chez les Bulgares. Il le supplie d'empêcher à l'avenir qu'il se permette rien de semblable, sous peine d'encourir les peines canoniques, lui et les évêques qu'il aura ordonnés.

La réponse d'Adrien au patriarche n'est pas arrivée jusqu'à nous ; nous possédons seulement le fragment d'une autre lettre où il lui dit qu'il avait défendu aux prêtres de la dépendance de Constantinople d'exercer aucune fonction en Bulgarie et même par toute l'Eglise, parce qu'ils étaient de la communion de Photius. Il reproche à Ignace d'avoir toléré ces prêtres dans la Bulgarie, quoiqu'ils y fissent plusieurs choses contre les canons, jusqu'à élever tout à coup des laïques au diaconat.

A saint Athanase de Naples. — La ville de Naples avait pour évêque un saint homme, nommé Athanase et frère du gouverneur. Celui-ci étant mort, son fils Sergius, qui lui succéda, importuné des avis salutaires de son oncle, le fit dépouiller de ses habits sacerdotaux et jeter en prison. Le clergé et le peuple vinrent au palais réclamer leur évêque. Sergius ne le rendit qu'au bout de huit jours, encore ne fut-il pas longtemps à se repentir de sa délivrance. Il continua à maltraiter Athanase, pilla le trésor de l'église, et persécuta cruellement les prêtres. Le pape Adrien, averti de ce qui se passait, écrivit une lettre à Sergius et une autre au clergé et au peuple de Naples, menaçant d'anathème ceux qui refuseraient un asile à cet évêque, qui ne s'était caché que pour échapper à la persécution. Les lettres du pape n'ayant produit aucun fruit, Adrien envoya Anastase le

Bibliothécaire et l'abbé Césaire à Naples, pour fulminer l'anathème. Le saint évêque en fut affligé : il alla à Rome, et à sa prière le pape Adrien délivra la ville de l'excommunication.

Si les lettres peignent l'homme et font ressortir son caractère, on peut dire d'Adrien qu'il était d'un caractère humble et modeste, bienfaisant et pacifique; mais en même temps, ferme jusqu'à la roideur, quand il s'agissait de maintenir son autorité et de faire reconnaître la prééminence et les prérogatives du saint-siège.

ADRIEN III, Romain de naissance et fils de Benoît, élu pape, en 884, après la mort de Martin Ier, ne garda la tiare qu'un an et quatre mois. Sa vertu, son zèle, sa fermeté promettaient beaucoup; mais il n'eut que le temps de se déclarer contre Photius, patriarche anathématisé de Constantinople. Ce fut en vain que l'empereur Basile le sollicita d'accorder sa communion à cet hérésiarque; Adrien, à l'exemple de son prédécesseur, le traita comme un blasphémateur de l'Esprit-Saint, et le rejeta au rang des laïques. Basile, irrité, lui écrivit une lettre pleine d'injures et de menaces, mais elle n'arriva à Rome que sous le pontificat d'Etienne V, qui fut consacré le 25 juillet de l'année 885. Adrien était mort, au moment où son courage semblait donner à l'Eglise les plus grandes espérances.

ADRIEN IV, élu pape le 3 décembre 1154, était né vers la fin du siècle précédent à Langley, près Saint-Albans, dans le Hertfordshire. C'est le seul Anglais qui ait été élevé au siége pontifical. Son nom était Brekspère ou Brise-lance. Son père était serviteur dans le monastère de Saint-Albans, où il fut reçu depuis au nombre des religieux. Le fils ne fut pas jugé digne d'y être admis à cause du défaut absolu d'éducation dont son extrême pauvreté était cause. Obligé de mendier son pain et d'aller chercher fortune sous un ciel étranger, il passa la mer, vint à Arles, s'y arrêta quelques années pour faire ses études, passa de là à l'abbaye de Saint-Ruf, près d'Avignon, y fit profession de la règle de saint Augustin, et fut choisi à l'unanimité, en 1137, pour succéder à l'abbé de ce monastère tout composé de chanoines réguliers. Mais l'envie ne tarda pas à lui susciter des querelles; les moines l'accusèrent auprès du pape Eugène III, qui lui donna gain de cause, et dit à ses adversaires en les renvoyant : « Allez, faites choix d'un supérieur avec lequel vous puissiez, ou plutôt avec lequel vous vouliez vivre en paix; celui-ci ne vous sera pas longtemps à charge. » En effet, Eugène le retint près de lui, le fit, en 1146, cardinal évêque d'Albani, et l'envoya ensuite, en qualité de légat, en Danemark et en Norwége. A son retour, il fut traité avec beaucoup de distinction par le pape Anastase IV, auquel il succéda. Le nouveau pontife signala d'abord son zèle contre Arnaud de Bresce, disciple d'Abailard, enthousiaste séditieux et turbulent, dont les sectateurs avaient attaqué et blessé le cardinal Gérard, dans la rue sacrée. Adrien eut ensuite quelques contestations avec l'empereur Frédéric Barberousse. La première s'éleva au sujet du cérémonial qui devait être observé pour l'onction impériale que ce prince reçut du pape. Frédéric se trouva ensuite choqué qu'Adrien le traitât comme un vassal, dans une lettre sur laquelle le pape donna des explications qui adoucirent le prince, et la paix se rétablit entre eux. Elle fut troublée une troisième fois au sujet de la nomination à l'archevêché de Ravenne, qu'Adrien refusait de confirmer. Cette querelle embrasse les questions les plus importantes et se prolongea bien au delà du pontificat d'Adrien, sous le gouvernement de ses successeurs. Dans les intervalles de bonne intelligence et de paix entre Frédéric et Adrien, celui-ci, avec le consentement de l'empereur, voulut soumettre Guillaume, roi de Sicile, qui lui refusait l'hommage de ses Etats et quelques restitutions. Adrien marcha lui-même à la tête d'une armée contre Guillaume. Le succès répondit d'abord à ses espérances, et il refusa des conditions avantageuses; mais la fortune le trahit à son tour, et Guillaume, l'ayant enfermé dans Bénévent, obtint qu'aucun appel de ses tribunaux ne serait porté à la cour de Rome; que le pape n'enverrait point chez lui de légat sans son consentement, et que les élections ecclésiastiques seraient entièrement libres. Il se soumit néanmoins à un tribut annuel.

Henri II, méditant alors la conquête de l'Irlande, en demanda l'investiture au pape, sous prétexte d'arracher ces peuples à l'idolâtrie. Adrien accorda au roi d'Angleterre ce qu'il désirait; et c'est ainsi que les souverains eux-mêmes se soumettaient volontairement à une autorité que, dans d'autres circonstances, ils se faisaient un devoir de méconnaître et de combattre. Ici se terminent les principaux événements politiques du pontificat d'Adrien. Ce pontife, si jaloux de soutenir les droits de son siége et d'augmenter le domaine de saint Pierre, ne le fut point d'enrichir sa famille; il ne laissa pour subsistance à sa mère qui lui survécut, que les charités de l'église de Cantorbéry. Adrien mourut à Anagni, le Ier septembre 1159, avec une grande réputation d'habileté et de vertu. On a de lui des lettres imprimées dans la collection des conciles. Nous allons donner une idée des plus importantes.

A l'archevêque de Thessalonique. — Adrien IV, à l'exemple de ses prédécesseurs, souhaitait ardemment la réunion de l'Eglise de Constantinople à l'Eglise romaine. Il en écrivit à Basile d'Acride, archevêque de Thessalonique, par les deux nonces qu'il envoyait à l'empereur Manuel, en l'exhortant à travailler à cette réunion. « Il n'y a, dit-il, qu'une Eglise, qu'une arche de sanctification, où chacun des fidèles doit entrer pour se sauver du déluge, sous la conduite de saint Pierre. Vous n'ignorez pas que, suivant la doctrine des Pères, l'Eglise romaine a la primauté sur toutes les Eglises, et qu'il a été ainsi ordonné pour ôter entre elles toute division. Revenez donc d'abord à l'unité, et ensuite donnez vos soins pour y faire revenir votre peuple; que tous ceux qui sont chargés des brebis du Seigneur, retournent au troupeau de saint Pierre à qui Jésus-Christ a confié la garde des agneaux et des brebis. » — L'archevêque de Thessalonique répondit au pape qu'il avait lu sa lettre, et écouté sa voix comme les brebis écoutent celle du pasteur; qu'ainsi il ne devait pas le regarder, lui ni les siens, comme des brebis égarées, qui refusent de le reconnaître pour pasteur. Nous sommes, ajoute-t-il, dans la confession de saint Pierre, nous prêchons et nous confessons celui qu'il a confessé; et il en est de même dans toute l'Eglise de Constantinople. Nous n'avons avec vous qu'un même langage sur la foi;….et si quelques petits sujets de scandale nous ont éloignés les uns des autres, Votre Sainteté pourra les faire cesser par son autorité si étendue; elle n'a besoin que de s'entendre avec l'empereur qui est dans les mêmes intentions.

Au roi Louis le Jeune. — Le roi Louis le Jeune avait formé le parti, avec Henri, roi d'Angleterre, d'aller ensemble en Espagne faire la guerre aux infidèles; mais avant de partir, il envoya demander le conseil et les faveurs de l'Eglise romaine, qu'il écoutait comme sa mère. Le pape Adrien, après avoir loué son zèle, lui conseilla de ne pas entrer dans un pays étranger sans avoir pris l'avis des seigneurs et du peuple, parce qu'il serait à craindre que son voyage ne fût sans aucune utilité, qu'il n'eût à s'en repentir et qu'on ne l'accusât d'imprudence et de légèreté. Il rappelle à ce prince le mauvais succès de son voyage à Jérusalem avec le roi Conrad, parce qu'il l'avait entrepris sans avoir pris les précautions nécessaires, ni consulté ceux qui se trouvaient sur les lieux. Il lui rappelle en même temps les reproches que s'attira l'Eglise romaine, pour ne l'avoir pas détourné de ce voyage. Il ajoute que tous ces motifs lui ont fait différer l'exhortation aux peuples de son royaume, que Rohan, évêque d'Evreux, lui avait demandée, et qu'en attendant il lui envoyait ses lettres de protection contre tous ceux qui voudraient attaquer ses Etats pendant son absence. Cette lettre est du 18 février 1159.

A Jean, archevêque de Tolède. — Jean, archevêque de Tolède, souhaitant donner une nouvelle vigueur aux priviléges que ses prédécesseurs avaient obtenus des papes Urbain II, Pascal, Calixte et Eugène, supplia Adrien IV de les confirmer; ce que ce pape fit par deux lettres qu'il lui adressa, la seconde année de son pontificat. En conséquence, il en écrivit une à l'archevêque de Brague pour lui enjoindre d'obéir à celui de Tolède comme à son primat. Par une troisième lettre adressée à l'archevêque Jean, le pape le chargea de s'informer de la vie et des mœurs de l'évêque de Pampelune, dé- noncé en cour de Rome comme coupable de divers crimes.

A Henri Dandole. — Adrien soumit à Henri Dandole, patriarche de Grade, l'archevêché de Zara en Dalmatie, avec les évêchés suffragants, et lui conféra le pouvoir d'en sacrer l'archevêque, sauf l'investiture du *pallium*, qu'il continuerait de recevoir de Rome et du saint-siége. Cette bulle, souscrite par treize cardinaux, est du 13 juin 1157. Par une autre qui porte la même date, il accorda au patriarche de Grade le pouvoir d'ordonner un évêque à Constantinople, et dans toutes les autres villes de l'empire grec, où les Vénitiens avaient des églises. Quoique les Zaretins vissent avec beaucoup de peine leur archevêque soumis au patriarche de Grade, cependant ce pontife, qui se trouvait à Rome, ne laissa pas de donner sa soumission par écrit. On en dressa un acte public, et le pape Adrien informa les Vénitiens de tout ce qui s'était passé dans cette occasion.

Bulles. — Nous avons deux autres bulles du même pape. La première est adressée à Léonat, abbé du monastère de Saint-Clément, dans l'île de Calaure. Cette bulle place le monastère sous la protection du saint-siége, interdit à tout évêque aucune fonction épiscopale, permet aux moines de recevoir les ordres de tout pontife de leur choix, et ordonne que l'abbé sera toujours choisi par les suffrages de la plus saine partie de la communauté, selon Dieu et la règle de saint Benoît. La seconde bulle confirme aux chanoines de Saint-Eusèbe à Auxerre la donation qui leur avait été faite par l'évêque Alain du revenu de la première des prébendes de la cathédrale.

Autres écrits d'Adrien IV. — Outre ses lettres, Adrien IV avait écrit l'histoire de sa légation dans le Nord, un traité de la Conception de la sainte Vierge, des homélies et des catéchèses aux peuples de la Norwége et de la Suède. Il en est fait mention dans la *Bibliothèque pontificale* et dans les *Additions* d'Oldoin Canisius.

Ce n'était pas un homme ordinaire cet Adrien IV, qui s'était élevé de la mendicité et de l'état de domestique à la première dignité de l'Eglise. Il eut du savoir, de l'éloquence, de la générosité; mais ces qualités ne doivent pas empêcher de reconnaître en lui un attachement excessif aux prérogatives de la cour de Rome. Le système de Grégoire VII était dans toute sa vigueur; et c'est une chose digne de remarque qu'il ait été suivi constamment, même par beaucoup de pontifes dont la vie a été digne d'ailleurs de respect et d'admiration.

ADRIEN. — On ne sait pas au juste en quel temps écrivait Adrien : Ussérius croit que c'était vers l'an 533. Ce qu'il y a de certain, c'est qu'il est plus ancien que Cassiodore, qui parle de lui dans un de ses ouvrages où il le joint à Ticonius, à saint Augustin, à saint Eucher et à Jumilius, parce qu'ils avaient tous donné quelques règles pour l'intelligence des divines Ecritures, et expliqué par diverses comparaisons ce qui paraissait inintelligible. L'importance de ces ouvrages avait engagé Cassiodore à les recueillir avec soin ; mais il ne dit point s'il avait traduit ou fait traduire du grec en latin ce qu'Adrien avait écrit sur cette matière. Nous ne possédons plus aujourd'hui son ouvrage qu'en grec et sous le titre d'*Introduction à la sainte Ecriture*. Marquandus le fit imprimer à Augsbourg en 1601 avec les notes de David Haschelius, à qui cette édition est dédiée. Elle a paru depuis dans le tome IX° des Critiques sacrés. Photius, qui avait lu cet écrit d'Adrien, dit qu'il était très-utile pour ceux qui commençaient à étudier les divines Ecritures. Dans les éditions dont nous venons de parler, on a eu soin d'indiquer à la marge tous les endroits, soit de l'Ancien, soit du Nouveau Testament, allégués par Adrien dans son ouvrage.

ADSON, né de parents nobles et riches, dans la Bourgogne Transjurane, que l'on nomme aujourd'hui la Franche-Comté, fut placé dès sa jeunesse dans l'abbaye de Luxeuil pour y apprendre les lettres humaines, et se former en même temps aux habitudes de la piété et de la vertu. Il y embrassa la vie monastique ; mais saint Ganzelin, évêque de Toul, l'en tira pour le charger du soin de l'école épiscopale, qui se tenait alors dans l'abbaye de Saint-Evre. Adson y enseigna pendant plusieurs années, après lesquelles il fut appelé à Montier-en-Der, par l'abbé Albéric, pour travailler avec lui à l'instruction des peuples du voisinage et établir le culte du vrai Dieu dans toute sa pureté. Albéric étant venu à mourir, Adson lui succéda, dans sa charge d'abbé, en 968. Il rétablit le cloître, bâtit une nouvelle église, fit rentrer les biens usurpés, et revendiqua les titres et les priviléges de son monastère qu'on avait transportés ailleurs. Manassé, évêque de Troyes, informé du bon ordre qu'Adson faisait observer, l'invita à partager avec lui le gouvernement de son diocèse. Adson y régla la psalmodie et l'ordre des offices divins, tant pour le carême que pour les autres temps de l'année. Il fit la même chose dans plusieurs églises cathédrales. Brunon, évêque de Langres, eut recours à lui pour réformer les abus introduits dans l'abbaye de Saint-Bénigne à Dijon. Adson, après l'avoir gouvernée pendant deux ans, retourna à Montier-en-Der. Il fut lié avec les savants de son siècle, et en particulier avec Abbon de Fleury et Gerbert d'Aurillac. Il fallait qu'il jouît d'une grande réputation et qu'elle fût méritée, puisque, dans des occasions importantes, des souverains ne dédaignèrent pas de le consulter. Il mourut en 992, dans un voyage qu'il avait entrepris pour visiter les lieux saints, à la suite d'Hilduin, comte d'Arcis en Champagne, qui travaillait à expier, par cet acte de pénitence, les cruautés qu'il avait commises dans la profession des armes. Par respect pour ses vertus, on ne jeta point son corps à la mer, mais l'équipage relâcha à l'île la plus proche, pour lui donner une sépulture honorable. Il nous reste d'Adson quelques ouvrages dont nous allons rendre compte

Traité de l'Antechrist. — Le premier, par ordre de date, est le traité de l'Antechrist, qu'il composa à la demande de la reine Gerberge, épouse de Louis d'Outremer. Cette princesse, informée de la capacité d'Adson, lui avait demandé ce que l'on devait croire de l'Antechrist, de son pouvoir, de ses persécutions, de son origine. Ces questions étaient motivées par les bruits que l'on répandait alors, sur la fin prochaine du monde, et que l'approche de l'an 1000 semblait autoriser. L'Antechrist était donc attendu comme le précurseur obligé de cette catastrophe. Adson composa là-dessus un traité qu'il adressa à la reine. Les vœux qu'il formule, dans sa dédicace, pour la félicité temporelle et éternelle de cette princesse, de son mari et de ses enfants, sont une preuve qu'il l'écrivit avant le 15 octobre de l'an 954, époque de la mort de ce prince. Adson n'était point encore abbé, aussi ne prend-il d'autre qualité que celle de moine et de frère. C'est sur cette épître qu'on est convenu d'attribuer ce traité à Adson comme à son véritable auteur.

Il débute en affirmant, dès le commencement de son livre, que l'Antechrist a toujours eu dans le monde plusieurs ministres, et il range dans cette catégorie tous ceux qui commettent l'iniquité, soit parmi les laïques, soit parmi les prêtres et les moines. Venant ensuite à son origine, il le fait naître de la tribu de Dan, à la manière des autres hommes, et non d'une fille comme quelques-uns l'affirmaient. Conçu et né dans le péché, il sera possédé du démon dès le sein de sa mère. Il sera appelé fils de perdition, parce qu'il s'emploiera de tout son pouvoir à perdre le genre humain, et qu'il sera perdu lui-même à la fin du monde. De Babylone, lieu de sa naissance, il passera à Corozaïn et à Bethzaïda. C'est dans ces deux villes qu'il sera élevé et nourri. De là, il se rendra à Jérusalem, dont il rétablira le temple, y mettra son siége, se fera circoncire et s'annoncera comme le Fils de Dieu. Pour se faire adorer en cette qualité, il enverra ses disciples par toute la terre, fera des miracles inouïs, séduira les hommes et tourmentera les chrétiens qui refuseront de le reconnaître. — Adson, voulant ensuite détruire les faux bruits qui se répandaient, au sujet de la fin prochaine du monde, fait voir, par un passage de saint Paul, que cet homme de péché ne viendra point que tous les royaumes soumis à l'empire romain ne s'en soient séparés ; ce qui n'était pas encore arrivé et n'arrivera jamais, tant qu'il y aura des rois de France, parce que l'un d'eux possédera, dans les derniers temps, l'empire romain tout entier ; et qu'alors il sera le plus grand et le dernier de tous les rois. Adson cite là-dessus un docteur de sa nation qu'il ne nomme pas. Il ajoute, pour seconde preuve, que l'on n'avait pas vu encore les deux prophètes Enoch et Élie, qui devaient être envoyés dans le monde, avant l'arrivée de l'Antechrist, pour le combattre et défendre le peuple de Dieu. Quand même l'Antechrist viendrait bientôt, ce ne serait pas une preuve que le monde dût finir si vite, puisque, selon le prophète Daniel, Dieu laissera un intervalle entre la mort de l'Antechrist et le jugement dernier, pour donner le temps à ceux qu'il aura séduits, de se repentir et de faire pénitence. A la fin du traité, Adson s'adresse encore à la reine Gerberge, pour lui témoigner sa soumission à ses ordres. Cette clause, comme l'épître dédicatoire, sert à confirmer Adson dans la propriété de cet ouvrage.

Vie de saint Frodobert. — A la prière d'Odon, abbé de Moutier-en-Celle, dans le voisinage de Troyes en Champagne, Adson écrivit la Vie de saint Frodobert, fondateur et premier abbé de ce monastère, mort vers l'an 673. Loupel, disciple de ce saint, en avait composé une, mais trop restreinte et trop abrégée. Adson, renseigné par des mémoires plus amples, lui donna plus d'étendue. On trouve dans cet ouvrage tous les caractères qui distinguent les autres écrits d'Adson; c'est-à-dire, la vivacité dans le récit, la simplicité dans le style et la clarté dans les pensées.

Vie de saint Mansuet. — Saint Mansuet fut le premier évêque de Toul; Gérard, un de ses successeurs, chargea Adson d'écrire sa Vie; ce qu'il fit en dédiant son travail à ce pontife. Il le divisa en deux livres; le premier, écrit sur des mémoires peu fidèles et même sur des traditions fabuleuses, n'a pas grande autorité historique; le second est un recueil de miracles opérés au tombeau de saint Mansuet, sous le pontificat de saint Ganzelin. L'auteur en ajoute un, accompli en faveur de saint Gérard, son successeur, qui vivait encore du temps où il le racontait. Ce recueil est d'autant plus digne de foi qu'il ne contient que des faits qui s'étaient passés du vivant de celui qui les rapporte.

Vie de saint Basle. — C'est à la prière de Gerbert, devenu depuis archevêque de Reims, et de l'abbé de Saint-Basle, qui se nommait Adson comme lui, que notre auteur entreprit d'écrire la Vie du fondateur de ce monastère. Il emprunta beaucoup à l'ancienne Vie de saint Frodobert; mais il y ajouta aussi quantité de faits qu'il avait appris de gens dignes de croyance, ou lus dans des histoires écrites avec soin. Il est probable qu'il avait lu celle de Frodoard, où l'on retrouve plusieurs miracles qu'il rapporte après lui.

Nous avons encore d'Adson une Vie de saint Walbert, abbé de Luxeuil, et une Vie de saint Berchaire, un de ses prédécesseurs dans le gouvernement de l'abbaye de Montier-en-Der. Il n'eut pas même le loisir d'achever cet ouvrage, et il mourut sans avoir donné la relation des miracles du saint, qui devait comprendre la dernière moitié de son travail. Un anonyme se chargea de la compléter, et l'on retrouve cette Vie reproduite tout entière dans le second tome des Actes de l'ordre de Saint-Benoît. On attribue encore à Adson plusieurs opuscules en vers, des hymnes et des gloses sur celles de saint Ambroise; un poëme en vers héroïques, dans lequel il reproduisait la Vie de saint Benoit, telle qu'elle est rapportée dans le second livre des Dialogues de saint Grégoire le Grand; il ne nous reste de tout cela que les vers qui se lisent au commencement et à la fin de la Vie de saint Mansuet et l'Epitaphe d'Adson, abbé de Saint-Basle, en douze vers élégiaques rapportés par dom Marlot.

ADVENTIUS, issu d'une famille illustre, fut élevé dans le clergé de l'église de Metz, sous les yeux de Drogon, qui en était évêque, et choisi pour lui succéder, en 855. Il a encouru le reproche d'avoir favorisé le divorce du roi Lothaire avec Thietberge, et son union illégitime avec Waldrade. Il assista à tous les conciles qui se tinrent après son ordination; notamment à ceux de Savonières, de Metz, de Douzy et de Coblentz, en 860, où se trouvaient Louis, roi de Germanie, Charles le Chauve, son frère, et Lothaire, leur neveu. Au concile d'Aix-la-Chapelle, convoqué, la même année, par Lothaire, il arracha à Thietberge des aveux funestes qui amenèrent la séparation. Ce prince ayant obtenu du concile la permission de contracter un autre mariage, dépêcha deux comtes à Rome, pour y faire confirmer cette décision. Quoique la réponse fût loin d'être favorable à ses projets, il passa outre et se maria avec Waldrade, nièce de Gonthier, archevêque de Cologne, et l'un des adversaires les plus prononcés de la reine, quoiqu'il fût son confesseur. Ce mariage causa un grand scandale dans tout l'empire français. Le pape Nicolas Ier envoya deux légats, qui convoquèrent un concile à Metz, en 863. Adventius, qui s'efforça vainement de justifier ce qui avait été fait, fut déposé par le pontife, ainsi que plusieurs autres évêques; et Waldrade fut excommuniée. Touché de repentir, mais ne pouvant se rendre à Rome, à cause de son grand âge et de ses infirmités, il envoya au pape sa déclaration. Elle portait qu'il avait agi de bonne foi dans toute cette affaire, croyant vrai tout ce qu'on en avait exposé au concile de Metz; mais qu'aujourd'hui, revenu de son erreur, il s'en rapportait au jugement du saint-siége, auquel il restait étroitement attaché, et qu'il ne tenait plus Theutgaud ni Gonthier pour évêques. Le roi Charles le Chauve écrivit aussi au pape, en faveur de cet évêque qu'il aimait, et qui avait succédé à son oncle sur le siége de Metz. Le pape accorda sa communion à Adventius, qui fut rétabli sur son siége. Lothaire, craignant d'être excommunié comme Waldrade, fit écrire au pape, par l'évêque de Metz, qu'il l'avait éloignée et qu'il traitait Thietberge en épouse. Ces déclarations inspiraient peu de confiance à Nicolas, et l'inquiétude du prélat était extrême. En 868, ce pontife mourut, et Adventius se hâta d'aller porter au nouveau pape, Adrien II, les félicitations de Lothaire. Ce pape l'accueillit avec des paroles de paix, et Lothaire se rendit à Rome à son tour. Mais ce prince étant mort subitement avant la fin de ce voyage, Charles le Chauve s'empara du royaume de Lorraine. Adventius l'aida de toute son influence, présida la cérémonie du couronnement, à Metz, en 869, et mourut à Paultz, le 31 août 875, dans la dix-huitième année de son épiscopat. Il composa lui-même son Epitaphe, en vingt-quatre vers élégiaques : il y remarque que dans sa jeunesse il en avait composé de joyeux ; dans sa vieillesse, il n'en composait plus que de tristes ; quoique son père fût Saxon, la France lui avait donné le jour ; son élection à l'épiscopat avait été applaudie par le peuple, à l'instruction duquel il avait travaillé toute sa vie.

Ecrits d'Adventius. — Outre l'Epitaphe dont nous venons de parler, il nous reste d'Adventius quelques lettres de sa correspondance, son mémoire présenté au concile de Metz, et quelques pièces conservées par Baronius dans ses Annales.

En présidant à la cérémonie du couronnement de Charles le Chauve comme roi de Lorraine, il fit à sa louange un discours dans lequel, après avoir gémi sur les malheurs du règne précédent, il déclarait aux assistants que Dieu leur ayant ôté leur prince, ils devaient reconnaître pour héritier légitime de sa couronne Charles, roi de France ; que ce prince était prêt, de son côté, à faire serment qu'il gouvernerait son nouvel Etat selon les lois ; qu'il protégerait les églises et les pasteurs, et travaillerait au repos et à l'avantage de toute la nation. Cette harangue, qu'Adventius prononça comme venant de la part de Dieu, fut reçue avec applaudissement.

Il fit aussi, dans le concile de Douzy, en 871, un petit discours dont la conclusion portait que Hincmar de Laon devait être déposé, pour avoir excommunié, sans sujet légitime, plusieurs de ses clercs, et refusé de les rétablir, quoiqu'il eût reçu trois monitions *ad hoc* de la part de son métropolitain. L'écrit d'Adventius, sur la validité du mariage de Lothaire avec Waldrade, est rapporté dans Baronius, avec une préface assez longue, sur l'autorité des rois et des évêques. Il écrivit aussi plusieurs lettres sur la même affaire : une, adressée à Theutgaud, archevêque de Trèves, qui partageait son sentiment sur le divorce de Thietberge ; et une seconde, sur le même sujet, adressée à Hatton, évêque de Verdun. Elles sont, l'une et l'autre, un témoignage du repentir qu'éprouvait Adventius, d'avoir favorisé les passions de Lothaire, et du désir qu'il avait qu'on pût trouver les moyens de faire rentrer le prince en lui-même ; mais ces apparences cachaient un solliciteur. Il prie Theutgaud de brûler sa lettre, et, avec Hatton, il ne s'explique qu'en lui demandant un secret aussi inviolable que celui de la confession. Des deux lettres qu'il écrivit au pape Nicolas Iᵉʳ pour s'excuser d'avoir favorisé le divorce de Thietberge et lui demander la paix, il ne nous reste que celle qu'il lui fit remettre par le prêtre Theudéric. Il paraît que celle du'il avait confiée au moine Belton, porteur des dépêches du roi Charles le Chauve au même pontife, n'est pas arrivée jusqu'à nous. Le saint-père répondit à ces deux lettres par une seule, dans laquelle il se déclarait satisfait de sa démarche et lui rendait sa communion. Il nous reste encore trois lettres d'Adventius au même pontife. Dans l'une, il s'excuse, comme nous l'avons vu, de ne pouvoir assister au concile de Rome, à cause de ses infirmités ; dans l'autre, il se justifie de quelques reproches que le pape lui avait adressés ; et, dans la troisième, il fait l'apologie de la conduite du roi Lothaire envers Thietberge. Les liaisons qu'il eut avec Hincmar de Reims, ne nous permettent pas de douter qu'il ne lui ait écrit plusieurs lettres ; mais ces lettres sont perdues, ou tout au moins n'ont jamais été livrées à l'impression.

ADZENAIRE, abbé de Saint-Remi, voulant effacer ses péchés, fit un décret en faveur des pauvres. Ce décret portait qu'en certains jours de l'année il leur serait distribué, par l'aumônier du monastère, du pain et du vin pour leur réfection. Pour subvenir à ces aumônes, il abandonna ce qu'il avait acquis par son propre travail, avec les biens de son abbaye, dont l'usage n'avait pas encore été bien fixé. Il adressa ce décret à ses religieux vers l'an 1100. Il nous a été conservé par dom Martenne.

ÆLRÈDE, né d'une famille noble, et élevé dès son enfance avec le prince Henri, fils de David, roi d'Ecosse, quitta la cour pour embrasser la vie monastique dans l'abbaye des Bénédictins de Riéval, au diocèse d'York. D'une conduite édifiante, on le chargea, quelques années après sa profession, du soin des novices ; puis il fut élu abbé de ce monastère, qu'il gouverna jusqu'à sa mort, arrivée le 12 de janvier 1166. Bollandus, qui rapporte à ce jour sa vie et ses miracles, lui donne le titre de bienheureux.

Miroir de la charité. — Un des plus importants ouvrages d'Ælrède est celui qui a pour titre : *Miroir de la charité*. Il est divisé en trois livres, dans lesquels l'auteur traite à fond de cette vertu, qui est la mère des autres vertus chrétiennes. Il a fait précéder son écrit d'un sommaire ou abrégé dans lequel il nous montre que nous ne pouvons nous dispenser d'aimer Dieu, parce qu'en l'aimant nous évitons ses châtiments, et nous méritons ses récompenses. C'est une justice d'aimer Dieu, puisqu'il nous a aimés le premier. En possédant la charité, nous possédons la vertu qui rend toutes nos actions agréables à Dieu. Elle est comme un couteau divin, qui retranche de l'âme toutes les passions vicieuses, et qui procure à l'homme un repos qu'il ne peut trouver ni dans les richesses, ni dans la santé du corps, ni dans les plaisirs des sens, parce qu'elle ne s'acquiert que par l'innocence des mœurs, et qu'elle consiste dans l'amour réglé de soi-même et du prochain, double amour qui n'est pour ainsi dire qu'une portion de l'amour de Dieu.

Dans le premier livre, composé de 34 chapitres, Ælrède enseigne que l'homme, fait à l'image de Dieu, est capable de béatitude, et que par son libre arbitre assisté de la grâce, il peut, en aimant Dieu sans cesse, trouver toujours son bonheur dans sa connaissance et dans son souvenir; mais qu'en cessant d'aimer Dieu pour s'attacher à la créature, il tombe dans la misère. Il traite ensuite de la réparation de l'homme par Jésus-Christ, de la grâce de la Rédemption, de son efficacité qui laisse au libre arbitre toute son action, en sorte que c'est l'homme qui fait le bien, et que, prévenu et assisté de la grâce, il le fait librement. Il fait cette distinction entre la grâce donnée à l'homme innocent et la grâce donnée à l'homme pécheur; celle-ci est bien plus forte que la première, à cause des infirmités de la nature corrompue, et du don de la persévérance. Il dit que de tous les animaux, l'homme a la prérogative de s'élever des plaisirs des sens au désir du souverain bien, dont la possession seule peut le rendre véritablement heureux. Le second livre est divisé en 26 chapitres. Ælrède s'y étend sur les effets différents que la charité et la cupidité produisent dans le cœur de l'homme; l'une en calme les passions, l'autre les irrite; mais il avertit qu'il ne faut pas prendre pour charité certaines affections passagères que l'on ressent pour Dieu. Le véritable amour consiste dans un attachement pur, sincère, continuel à sa volonté. Cet amour n'est pas parfait d'abord; il a ses degrés de perfection pour nous élever vers le ciel, comme la cupidité a les siens pour nous abaisser vers la terre.

Dans les 41 chapitres qui composent le troisième livre, l'auteur donne la définition de l'amour, de la charité, de la cupidité, ce qu'il n'avait pas encore fait jusque-là. Sous le nom d'amour, il dit qu'il faut entendre, ou la faculté naturelle qu'a l'âme d'aimer ou de ne pas aimer un objet déterminé, ou l'acte même de cette faculté qui se porte vers un objet bon ou mauvais; la qualité de l'objet détermine la qualité de l'amour, qui est bon ou mauvais, suivant que son objet est bon ou mauvais. Selon Ælrède, la charité et l'amour sont une même chose, avec cette différence que la charité a toujours un bon objet, Dieu ou le prochain, et que l'amour peut en avoir un mauvais. C'est à nous de choisir, et, après notre choix, de consulter la raison pour fixer notre amour. Mais il doit y avoir de l'ordre dans ces amours. Si nous aspirons au comble de la perfection en nous attachant à Dieu, nous devons nous le proposer comme la fin de toutes nos actions, lui rapporter toutes nos abstinences, nos veilles, nos lectures, nos travaux. L'amour de nous-mêmes consiste à pourvoir aux besoins de notre corps et au salut de notre âme. C'est ainsi que nous devons aimer le prochain, et il y a même un ordre à observer dans les attentions que nous inspire cet amour; c'est de préférer ceux qui nous sont les plus proches par le sang, par l'amitié, ou par les bienfaits, en conservant toutefois la volonté de nous rendre utile à tous.

De l'Amitié spirituelle. — Le traité de l'*Amitié spirituelle* est aussi partagé en trois livres. Il est en forme de dialogue, dont les interlocuteurs sont Ælrède, Yves, Gratien et Gauthier. Dès son enfance, Ælrède ne trouvait rien de plus doux que d'aimer et d'être aimé. Cette passion le suivit dans les écoles, sans qu'il en comprît les dangers; ignorant même les lois de l'amitié, il la changeait souvent d'objet. La lecture des livres de Cicéron, sur la même matière, lui donna des sentiments et lui fit connaître en quoi consiste l'amitié. Mais, plus tard, ayant quitté le monde pour se consacrer à Dieu dans un monastère, il s'appliqua à l'étude des Ecritures et y trouva du goût. Comparant ce qu'il avait lu de l'amitié dans les écrits de Cicéron avec ce qu'il en retrouvait dans les livres saints, il était surpris de ne plus éprouver d'attraits que dans la douceur du nom de Jésus assaisonné du sel des divines Ecritures. Cela lui inspira le dessein de tirer de ces livres divins et des écrits des Pères de quoi former un traité, où il prescrirait les règles d'une chaste et sainte amitié.

Il en distingue de trois sortes: l'amitié charnelle, l'amitié mondaine, l'amitié spirituelle. La première tire son origine d'un consentement aux mêmes vices; la seconde de l'espérance du gain et des avantages temporels; la troisième, qui est la seule véritable, n'a pour but ni les voluptés, ni les richesses: c'est une union qui se forme entre des personnes de probité et de bonnes mœurs. Cette amitié est un degré à l'amour de Dieu; aussi ne se trouve-t-elle que dans les bons. Elle ne peut exister entre les méchants, et l'on doit détester le sentiment de ceux qui croient qu'il est permis de manquer à son devoir pour faire plaisir à un ami. En effet, l'amour de Dieu étant le fondement de l'amitié chrétienne, il est nécessaire que Dieu en soit aussi la fin, et que les amis lui rapportent tout ce que l'affection réciproque leur inspire.

Sermons. — On a fait un recueil particulier des sermons d'Ælrède. On en compte trente et un sur la prophétie d'Isaïe, et en particulier sur les chapitres qui touchent aux malheurs de Babylone, des Philistins et des Moabites. Ælrède, qui avait d'abord donné à ses frères une courte explication du commencement de cette prophétie, voyant qu'ils y prenaient goût et qu'ils en retiraient de l'avantage, la continua jusqu'au dernier des malheurs de Moab. Alors, rédigeant par écrit ses homélies, il les envoya à Gilbert, évêque de Londres, pour les examiner et en dire son sentiment. Il s'y applique moins à développer le sens littéral du prophète qu'à en tirer des allégories et des moralités pour l'instruction de ses religieux. Il ne laisse pas de faire ressortir, de temps en temps, des termes mystérieux d'Isaïe, l'accomplissement des prédictions qu'il avait faites sur l'Eglise. Il dit, dans le dixième discours que les deux grandes lumières dont il est parlé dans la Genèse, le soleil et la lune sont la figure des deux grands astres qui brillent dans le firmament de l'Eglise, le sacerdoce et la royauté, le roi et l'évêque, le prince et le clerc, qui produisent toujours un effet admirable, quand ils se tiennent chacun dans les bornes de leur puissance, l'un en présidant aux choses spirituelles, l'autre aux affaires temporelles et séculières. Il rappelle aux évêques les exemples de saint Augustin, de saint Grégoire, de saint Ambroise, de saint Hilaire, et il propose aux rois et aux princes ceux de Théodose et du grand Constantin.

On a aussi d'Ælrède vingt-cinq sermons sur les évangiles des dimanches et des principales fêtes de l'année. Ils sont imprimés dans le tome V de la Bibliothèque de Cîteaux. Le discours sur le second chapitre de saint Luc, où il est dit que Jésus, âgé de douze ans, fut retrouvé dans le temple au milieu des docteurs, a été imprimé dans le II° tome des OEuvres de saint Bernard. L'auteur examine dans ce discours pourquoi Jésus-Christ est né à Bethléem, pourquoi il fuit en Egypte et y demeuré caché, pourquoi il est nourri à Nazareth, et enfin pourquoi, sortant de là pour aller à Jérusalem, il n'y va pas seul, mais sous la conduite de ses parents. Il remarque qu'il était d'usage parmi les Juifs, lorsqu'ils allaient à Jérusalem aux jours des solennités, que les hommes en chemin fussent séparés des femmes, afin de pouvoir s'y présenter avec une plus grande pureté d'âme et de pensées. Ce qui se passa dans le temple entre Jésus et les docteurs lui fournit l'occasion d'établir sa divinité, sa consubstantialité avec le Père et le Saint-Esprit. Quant à ces paroles de saint Luc : *Ses parents ne comprirent point ce qu'il leur disait*, Ælrède croit que cela ne regardait point la sainte Vierge, qui depuis qu'elle avait été remplie du Saint-Esprit, ne pouvait ignorer aucune des choses qui regardaient son Fils. C'est pour cela, dit-il, qu'il est écrit qu'elle conservait toutes ces paroles dans son cœur.

OEuvres historiques. — On trouve d'Ælrède, dans le recueil des historiens anglais, l'Histoire de la guerre de Standard, en 1138; la Généalogie des rois d'Angleterre ; la Vie et les miracles de saint Edouard, roi et confesseur, et la Vie de sainte Marguerite, reine d'Ecosse. Il y a aussi un fragment de son ouvrage intitulé : *Des affaires d'Angleterre*, adressé à Henri II, duc des Normands, et depuis roi, avec le discours que le roi Edgard fit aux évêques et aux supérieurs des monastères. Ce prince, surnommé le Pacifique, voulut rétablir le bon ordre dans le clergé séculier et régulier, assembla les évêques et les supérieurs, et les fit souvenir des soins que lui et ses ancêtres avaient pris de leur procurer les besoins de la vie, la paix et le repos. Il leur représenta les scandales qu'ils causaient par leur mauvaise conduite ou par leur relâchement, en ne corrigeant pas ceux des clercs et des moines qui s'éloignaient des règles de la discipline, et les exhorta à prendre de leur côté le glaive de saint Pierre, pendant que du sien il prendrait le glaive de Constantin pour retrancher tous les désordres qui déshonoraient l'Eglise.

Les bibliothécaires anglais font mention de quelques ouvrages historiques d'Ælrède qui n'ont pas encore été rendus publics; savoir : un livre des Miracles de l'Eglise d'Hagustadt; la Vie de saint Nihien évêque; la Vie de saint Edouard, en vers élégiaques, dédiée à Laurent, abbé de Westminster; celle de David, roi d'Ecosse, en deux livres, adressés à Henri II, roi d'Angleterre ; le second de ces livres donne le précis de la vie des rois anglais, depuis Edelwulfe, père du grand Alfred, jusqu'à Henri II, et une chronique depuis Adam jusqu'à Henri Ier. On attribue aussi à Ælrède d'autres écrits qui n'ont pas encore été imprimés ; en voici les titres : *La flèche de Jonathas ; Des trois hommes ; Des diverses vertus* ; une *Explication du Cantique des cantiques ; Du lien de la perfection* ; un *Dialogue de la nature et des qualités de l'âme*, en deux livres ; *Des douze abus des cloîtres ; De la lecture évangélique* ; un *Dialogue entre l'homme et la raison* ; trois cents *Lettres* ; un *Recueil de sentences choisies ; Des mœurs des prélats ; Des offices des ministres* ; cent *Sermons synodaux* ; un *Traité de la milice chrétienne* ; un de la *Virginité de Marie* ; l'*Histoire de la fondation de Sainte-Marie d'York et des Fontaines*.

Les OEuvres d'Ælrède sont des preuves de la solidité de son esprit et de sa piété ; elles abondent en instructions salutaires, en maximes édifiantes, en règles de conduite et de perfection. Il sait intéresser ses lecteurs par la clarté et la précision de son style, par l'onction qu'il répand sur les vérités de la religion, et par la façon aisée dont il en propose et en fait aimer la pratique.

AGANON, chanoine de Châtillon, écrivit un discours en l'honneur de saint Vurle, prêtre et patron de l'église collégiale de cette ville. Il donne d'abord un précis de la vie du saint ; ensuite, il fait l'histoire de la translation de ses reliques et des miracles accomplis sur son tombeau. Il en cite un opéré en faveur d'un impotent, en présence du roi Robert et des évêques et abbés qu'il avait assemblés à Acry, en 1020, pour y traiter de la paix. Aganon ne composa donc son discours que depuis cette année-là. Il le finit en exhortant ses auditeurs à imiter les vertus du saint, et à invoquer son secours pour la conversion de leurs mœurs et pour la cessation des calamités dont ils étaient affligés. Le P. Etienne le Grand traduisit en français ce discours et le fit imprimer à Autun en 1651.

AGANON, était évêque d'Autun dès l'an 1059, puisque la même année il assista en cette qualité au couronnement du roi Philippe. Des habitants de Bellini, dans son diocèse, ayant à se plaindre des vexations de Raginard, leur seigneur, qui exigeait d'eux des droits exorbitants et inusités, portèrent leurs griefs devant le tribunal de l'évêque. Quoique ce Raginard fût son frère, Aganon, sans avoir égard à la chair et au sang, employa l'autorité de Hugues, duc de Bourgogne, et de Roclène, évêque de Châlons, pour le réduire à se contenter de ce qui lui était dû. L'évêque dressa lui-même l'acte d'accommodement, le jour de la Pentecôte, en présence du clergé, du duc de Bourgogne et de l'évêque de Châlons. Cet acte, daté du mois de mai 1076, est rapporté dans l'Appendice du IV° tome de la *Gaule chrétienne*. Il est suivi d'un autre acte qui contient la fondation de l'église de Saint-Germain et de Saint-Saturnin, à Planèse, par le même Aganon. En 1070, il se trouva au concile d'Anse, à celui d'Issoudun, en 1081, à celui de Meaux, en 1082, et il en tint un lui-même à Autun, en 1094, où le roi Philippe, l'empereur Henri et l'antipape Guibert furent excommuniés. Quelques années auparavant, il avait fait le pèlerinage de Jérusalem, et s'était trouvé, à son retour, à la mort de Grégoire VII, à Salerne. Il mourut lui-même le 25 de juin de l'an 1098.

AGAPET (saint), Romain de naissance et archidiacre de l'Eglise de Rome, fut élu pape en 535, et succéda à Jean II. Il avait une grande force de caractère, il comprenait toute l'importance des devoirs de sa place et les accomplissait à la rigueur. Il quitta Rome pour se rendre à Constantinople où il fut reçu avec pompe, le dix des calendes de mai de la même année. Le but de son voyage était de satisfaire aux instances de Théodat, roi des Goths, qui craignait une guerre de la part de l'empereur, mais aussi et surtout pour s'opposer aux hérétiques et à la protection que leur accordait Justinien. Ils eurent ensemble une discussion sur la question des deux natures en Jésus-Christ, et ce prince, qui avait la faiblesse de vouloir décider en théologie, s'oublia jusqu'à menacer le pape de l'exil s'il refusait plus longtemps de communiquer avec l'eutychien Anthyme. Agapet lui répondit avec la dignité du chef de l'Eglise et du dépositaire de la foi : « Je croyais avoir affaire à un empereur catholique, mais je vois que je n'ai affaire qu'à un Dioclétien. »

La fermeté du pontife imposa à l'empereur et aux hérétiques qu'il favorisait. Anthyme, devenu patriarche de Constantinople par les intrigues de l'impératrice Théodora, retourna à son évêché de Trébizonde, dans la crainte d'être forcé d'accepter le concile de Chalcédoine. Agapet le déclara excommunié, à moins qu'il ne prouvât sa catholicité, en souscrivant aux décisions de ce concile. Mennas, non moins recommandable par son savoir que par sa piété, fut élu patriarche à sa place, et le pape le sacra lui-même. Il tomba malade et mourut à Constantinople, le 17 avril 536, au moment où il se proposait de convoquer un concile, pour faire examiner plusieurs évêques, que les catholiques lui avaient signalés comme eutychiens. Il ne siégea que onze mois et trois semaines. Son corps fut transporté à Rome et enterré dans l'église de Saint-Pierre du Vatican. Il nous reste de lui quelques lettres, que nous allons essayer de faire connaître par une courte et rapide analyse.

Deux lettres à Justinien. — L'empereur Justinien, selon l'usage de ses prédécesseurs, lui avait adressé, après son élection, la même profession de foi qu'il avait déjà présentée à Jean II. Saint Agapet lui en accuse réception et la déclare conforme aux saints canons. Il le félicite de son zèle pour la foi et de sa pieuse sollicitude pour conserver la paix de l'Eglise. Mais il l'assure en même temps qu'il a pris la ferme résolution de consacrer les jours de son pontificat à poursuivre l'hérésie, sous quelque forme qu'elle se présente et quelque manteau qu'elle emprunte pour cacher ses pièges et dissimuler ses dangers. Sans doute les anathèmes lui coûteront à prononcer ; mais il tient encore plus à conserver intact et sans souillure le dépôt de la foi et la sainteté de la doctrine.

La seconde lettre est une lettre de reconnaissance et une réponse aux compliments de congratulation que Justinien lui avait adressés sur son avénement au suprême pontificat. Il le remercie de son dévouement, et, en échange, il lui promet son affection paternelle ; il loue sa foi et il l'engage à faire servir sa persévérance et son zèle à *protéger la croyance catholique*, partout où la pureté de son symbole serait attaquée. Aussi est-ce par esprit de foi qu'il doit refuser d'admettre aux honneurs de l'Eglise, les évêques qui ont mérité d'en déchoir, par l'approbation et le concours coupable qu'ils ont donné au schisme et à l'hérésie. Ce serait partager leur faute et entrer dans leur prévarication que de leur restituer des titres et des honneurs qu'ils ont dédaignés.

Cependant c'est une faute dont la vie de l'empereur Justinien n'a pas toujours été exempte, et, malgré deux professions de foi catholique, qu'il adressa tour à tour au pape Agapet, pendant son séjour à Constantinople, nous avons eu occasion de le surprendre plus d'une fois en flagrant délit de protection accordée à l'hérésie. Mais la fuite de l'eutychien Anthyme, son refus de souscrire au concile de Chalcédoine et l'excommunication que le saint-père fulmina contre lui, parvinrent à lui ouvrir les yeux sur cet imposteur, et il présenta lui-même Mennas pour lui succéder comme patriarche sur le siége de Constantinople.

Aux évêques d'Afrique. — « Depuis longtemps, bien-aimés frères, votre bonheur avait rempli notre cœur d'une joie que nous nous étions empressés de vous communiquer ; mais aujourd'hui que nous possédons entre nos mains les lettres que vous avez adressées à notre saint prédécesseur, nous nous croyons obligés de vous en renouveler l'expression, en vous invitant avec nous à remercier le Seigneur qui nous a délivrés. *Qui liberavit nos ab inimicis nostris, et de manu omnium qui oderunt nos.* » Après ce début, le saint pontife félicite longuement les évêques d'être sortis sains et saufs des mains des hérétiques et d'avoir échappé à leurs persécutions. Il répond ensuite à la consultation qu'ils avaient adressée à son prédécesseur. Eviter pour eux-mêmes et faire éviter à leur troupeau tout contact et toute communication avec les hérétiques tant qu'ils persévéreront dans leurs erreurs; les recevoir avec bonté à leur retour; si leur foi est sincère, avoir pour eux des entrailles de charité; fournir à leurs besoins de nourriture et de vêtements, mais être inflexibles pour les tenir éloignés des charges et des dignités qu'ils ont remplies, de peur de faire entrer dans la bergerie le loup à la place du pasteur : tels sont, en abrégé, les conseils qu'il leur donne, et nous avons déjà eu occasion de remarquer que cette sainte rigueur était l'effet d'une résolution dont le pieux pontife ne s'est jamais départi.

A Réparat. — Il le remercie des lettres flatteuses qu'il lui avait adressées au sujet de sa promotion au souverain pontificat, et il réclame en même temps l'assistance de ses prières, pour l'aider à soutenir le poids de sa charge et à en accomplir toutes les obligations. Il l'avertit aussi qu'il a préparé une réponse aux questions qui lui ont été soumises, en son nom, par Pierre et Caïus, ses frères dans l'épiscopat, mais qu'il se réserve de la lui faire parvenir par ses légats. Cependant il l'exhorte, dans l'intérêt de l'Eglise, et pour la confusion de l'erreur, de publier ce qu'il a écrit en faveur de la foi catholique.

A saint Césaire d'Arles. — Contuméliosus, évêque de Riez, qui avait été déposé dans un concile présidé par saint Césaire, en avait appelé de cette sentence au pape Agapet. Avant de donner des ordres pour la révision de ce procès, le pieux pontife se croit dans l'obligation de prévenir son frère d'Arles des motifs qui l'ont porté à prendre cette décision. Il lui témoigne qu'il eût vivement désiré de n'avoir point à juger après lui dans la cause de l'évêque Contuméliosus, d'autant plus que l'accusation de cet homme lui semblait une double injure à leur propre dignité; mais pourtant, puisqu'il a recours au bénéfice d'un appel au siége apostolique, il ne peut se refuser à le faire entendre. Il a donc résolu, avec la grâce de Dieu, de confier l'examen de cette cause à des hommes qui sauront juger en toute justice, et d'après les saints canons, de la réparation qui lui est due. C'est pourquoi il lui a accordé le jugement qu'il sollicitait, dans la crainte d'attirer sur lui-même cette punition dont parle le livre des Proverbes, ch. XXI : *Qui obturat aurem suam ut non audiat infirmum, et ipse invocabit Dominum, et non erit qui exaudiet eum.* Il supplie donc saint Césaire de suspendre l'effet de la première sentence, et, jusqu'à la révision du procès, de permettre à Contuméliosus de jouir de tous les bénéfices de sa dignité.

Lettre synodale. — On a de saint Agapet une lettre synodale, écrite en grec et en latin, et qui explique sa conduite à Constantinople dans l'affaire d'Anthyme et des autres évêques qui tenaient pour le parti des eutychiens. Il dit qu'à son arrivée, quand, après avoir été admis à l'audience de l'empereur, il vit le siége patriarcal usurpé par cet évêque de Trébizonde, son âme en fut navrée de douleur, d'autant plus qu'à tous ses efforts pour le ramener à la profession de foi catholique, cet hérétique ne répondit que par le mépris. Il rend compte des raisons qui l'ont obligé à le déposer, pour sacrer Mennas à sa place. Cette déchéance et cette promotion, combattues d'abord par l'empereur, obtinrent bientôt tout son assentiment. Anthyme fut oublié, et Mennas fut accueilli, comme si son élection s'était accomplie par le choix unanime du clergé et du peuple. Il invite donc tous les évêques ses frères à se réjouir avec lui de ce succès, et à corroborer par leurs rescrits accoutumés ce jugement du saint-siége.

Cette lettre est suivie de deux adresses, l'une de tous les moines de Constantinople, de Jérusalem et des autres contrées de l'empire, l'autre de tous les évêques catholiques de l'Orient, qui se réunissent de cœur et de conviction, pour anathématiser, avec le saint pape Agapet, les erreurs d'Anthyme, de Sévère et des autres fauteurs de l'hérésie. Ces deux pièces sont suivies de la signature de tous les souscripteurs, avec un mot indiquant leurs titres et leurs dignités.

On attribue aussi au saint pontife Agapet une lettre adressée à Anthyme, dans laquelle l'auteur, après l'avoir convaincu d'hérésie, en lui démontrant que le Christ a réuni deux natures parfaites dans une seule personne, condamne sa doctrine et anathématise ses blasphèmes.

« Quoi donc ! lui dit-il, parce que le Christ est Dieu et homme tout ensemble, vous empruntez les paroles de l'homme pour calomnier la sagesse de Dieu ? Parce qu'il relève, dans sa personne, la nature humaine, vous avez l'audace de rabaisser sa nature divine ? Ah ! quoi que vous fassiez, il y aura toujours dans le Christ deux substances ; une par laquelle il est l'égal de son Père, et une autre qui le rend inférieur à Dieu, et cependant il n'y a qu'un Christ, parce qu'il n'y a qu'une Trinité. De même qu'il ne forme qu'un seul homme, et par son corps et par son âme, de même il ne fait qu'un seul Christ par sa divinité et son humanité ; et le Dieu et l'homme ne forment dans le Christ qu'une seule personne. Le Christ réunit tous ces attributs, nous faisons profession de le reconnaître dans chacun d'eux. — Que Dieu vous ramène au bien, frère, et qu'il vous accorde de revenir à la vraie règle et aux vrais enseignements de la foi. Amen. »

Nous croyons que c'est à tort que l'on attribue à saint Agapet cette lettre, dans laquelle on remarque plusieurs passages évidemment empruntés à la 97e épître du pape saint Léon Ier. Selon Baronius et Sévère

Binius, le style en est tellement différent de celui des autres écrits du même auteur, qu'il annonce nécessairement une autre origine. Il en est de même de la date des calendes de mai 534, époque à laquelle Jean II, prédécesseur du pape Agapet, vivait encore. Il ne mourut que le 26 juin de l'année 535.

Gratien appelle saint Agapet le vase de la foi, la trompette de l'Evangile, l'apôtre de la justice et de la vertu, celui qui, par ses prières et par ses larmes de catholique, rendit aux voiles du temple souillés par les erreurs sacriléges d'Anthyme, leur premier éclat et leur première blancheur. Du reste, toutes ses lettres respirent le zèle, la piété et cette magnanimité pontificale, qui ne sachant flatter ni craindre les hommes, ne cède qu'à la raison et au devoir. Quoique peu volumineux, ses écrits font connaître l'homme, et au besoin ils suffiraient pour laisser deviner sa vie.

AGAPET II, fut élu pape en 946. L'histoire ne dit rien de son origine et peu de chose de sa vie. L'Italie était en proie aux troubles, Bérenger aspirait à la couronne, Agapet voulait lui opposer Othon, roi de Germanie, qui cependant ne fut couronné que par son successeur. Ce pontife envoya aussi à Othon un légat, afin d'assembler un concile, qui se tint à Ingelheim, où l'on jugea les différends entre Hugues, comte de Paris, et Louis d'Outremer, et dans lequel on déposa Hugues du siége métropolitain de Reims qui avait été retiré à Artaud, à cause de sa fidélité envers son souverain légitime. Enfin il mit d'accord l'église de Lorches et celle de Saltzbourg, en leur partageant le droit de métropole. Agapet mourut, en 956, honoré pour ses vertus, et regretté surtout pour sa charité et sa bienfaisance.

Nous avons deux lettres d'Agapet : l'une adressée à Gérard, archevêque de Lorches, à propos du différend dont nous avons parlé. L'Eglise de Lorches avait toujours été métropolitaine des deux Pannonies, jusqu'aux incursions des Huns, qui la ruinèrent et obligèrent l'archevêque à transférer son siége; et c'est à dater de ce moment qu'Arnon avait été établi archevêque de Saltzbourg. Sitôt que la paix fut rendue au pays, Agapet jugea que chacun des deux prélats devait conserver sa dignité, de sorte que l'archevêque de Saltzbourg eut juridiction sur la Pannonie orientale, et celui de Lorches sur la Pannonie occidentale, avec le pays des Moraves, des Sclaves et des Avares, convertis ou à convertir. Comme ce jugement était favorable à Gérard, archevêque de Lorches, le pape Agapet lui en écrivit pour l'informer qu'il l'intronisait de nouveau sur le siége archiépiscopal de cette ville, qu'il rétablissait dans son ancien droit de métropole, en lui continuant à lui et à ses successeurs l'usage du *pallium*, qu'il tenait du pape Léon, d'heureuse mémoire. Agapet rapporte ensuite la teneur du règlement qu'il avait rédigé à ce sujet, et ajoute que si Hérolde, archevêque de Saltzbourg, refuse de s'y soumettre, il perdra sa juridiction.

La seconde lettre est adressée à Aymard, abbé de Cluny, et datée du mois de mars 949. Le pape y confirme la donation que le duc Guillaume avait faite de ses biens à cette abbaye. Il la déclare exempte du domaine des rois, des princes, des ducs, des évêques et de toutes autres personnes, même des parents du fondateur, et accorde aux religieux le droit de se choisir un abbé sans l'agrément d'aucun prince. Il les remet en possession des dîmes qu'on leur avait ôtées, et veut que ce que l'abbé Bernon avait fait pour l'établissement des chapelles dépendantes de Cluny, demeure ferme et maintenu. Il entre dans le détail des biens appartenant à l'abbaye. et en confirme l'usage et la possession.

AGAPET, diacre de la grande Eglise de Constantinople, vivait vers l'an 527 de Jésus-Christ. Il adressa à l'empereur Justinien, lorsqu'il monta sur le trône, un ouvrage en 72 chapitres intitulé : *Charta regia*, et contenant des conseils sur les devoirs d'un prince chrétien. Cet ouvrage fut très-estimé et donna à l'auteur une place parmi les meilleurs écrivains de son époque. Il a été imprimé plusieurs fois ; mais l'édition la plus correcte est celle que Banduri en a donnée dans le Recueil intitulé : *Imperium orientale*, à Paris, 1711. Louis XIII, dans sa jeunesse, l'avait traduit du latin en français.

Agapet représente à Justinien que, Dieu l'ayant élevé à la plus sublime dignité de la terre, il doit l'honorer avec plus de zèle que le reste des hommes ; qu'étant chargé du gouvernail, il doit veiller à ce que le vaisseau de la République ne soit pas brisé par les flots de l'iniquité; qu'ainsi, il doit vouloir et agir de manière à plaire à celui de qui il a reçu la puissance; que pour rendre Dieu attentif à ses demandes, il doit l'être lui-même à celles de ses peuples. Lorsqu'un particulier pèche, le mal en retombe sur lui seul ; mais toute la République se ressent des péchés du prince. Il l'exhorte à rejeter les discours des flatteurs, à accueillir les bons conseils, à faire provision de constance pour toutes les fortunes, et à traiter avec une justice égale le riche et le pauvre. Pour gouverner dignement, il faut qu'il se rende redoutable à ses ennemis par sa vertu, et aimable à ses sujets par des sentiments d'humanité. N'ayant personne en ce monde qui puisse le contraindre à l'observation des lois, c'est à lui de s'en faire une obligation. Il l'engage à fuir la société des méchants, dont la fréquentation le met dans la nécessité d'apprendre le mal et de le tolérer ; à ne confier l'administration des affaires qu'à des hommes de probité reconnue, comme devant rendre compte à Dieu des malversations de ses ministres, et à ne se regarder comme bien affermi sur le trône que lorsqu'il aura trouvé le secret de commander à des hommes qui lui obéiront volontiers. Il veut qu'il s'occupe des moyens de plaire à Dieu, de qui il a reçu son sceptre, persuadé que celui qui est protégé de Dieu surmonte aisément ses ennemis et met ses sujets à couvert de leurs insultes. Il doit imiter Dieu dans ses largesses, et donner libéralement à ceux qui sont dans le besoin; il doit oublier les injures et les pardonner, dans la pensée qu'il a besoin que Dieu lui pardonne ses fautes de tous les jours; car si les particuliers sont dignes de supplices pour leurs mauvaises actions, c'est une faute impardonnable dans un prince de ne pas même faire le bien. Enfin, il lui souhaite de s'amasser par ses bonnes œuvres une abondance de richesses dans le ciel; parce que la mort, qui ne respecte rien, après l'avoir dépouillé de toute la splendeur des dignités mondaines, le présentera pauvre et nu devant le tribunal de Dieu, à qui il devra rendre compte de toutes ses actions.

AGATHON (saint), naquit à Palerme, dans la Sicile. Il entra d'abord dans l'ordre de Saint-Benoît, et se rendit principalement recommandable par une humilité profonde, une douceur admirable de caractère et une rare inclination à faire le bien. L'exactitude et le désintéressement avec lesquels, pendant plusieurs années, il remplit la place de trésorier de l'Eglise romaine, le firent juger digne de succéder à Domnus sur la chaire de saint Pierre. Elu pape et consacré le 26 juin 678, le premier usage qu'il fit de son autorité fut d'abolir le tribut que les empereurs exigeaient des papes au moment de leur élection. Son pontificat est surtout remarquable par la condamnation des Monothélites, qui furent jugés l'année suivante, dans le sixième concile général tenu à Constantinople. Le saint pontife y présida par ses légats, et l'empereur Constantin Pogonat, par les soins duquel les évêques s'étaient rassemblés, assista à toutes les séances, et prit part à toutes les délibérations. Quelques jours auparavant, ce prince avait reçu par la main des légats une lettre du pape Agathon, qui contenait une explication de la foi de l'Eglise sur la Trinité et l'Incarnation, et principalement dans ce dernier mystère, sur la question des deux volontés, dont il établit l'existence et la distinction par plusieurs passages de l'Ecriture expliqués par les saints Pères. On peut dire que cette lettre est le monothélisme réfuté par la constante tradition de l'Eglise romaine. « L'univers catholique, lui dit-il, reconnaît cette Eglise pour la mère et la maîtresse de toutes les autres. Sa primauté vient de saint Pierre, le prince des apôtres, auquel Jésus-Christ confia la conduite de tout son troupeau, avec promesse que sa foi ne faillirait jamais. »

Le prince remit cette lettre aux Pères du concile; ils la reçurent avec respect, et déclarèrent unanimement que Pierre avait parlé par la bouche d'Agathon. Après la clôture du concile, les légats revinrent à Rome chargés des bienfaits de l'empereur et de témoignages d'estime pour Agathon. Ce saint pape procura le rétablissement de saint Wilfrid sur le siége d'York, et combla de bienfaits le clergé et les églises de Rome. Il mourut en 682, après avoir siégé deux ans et demi. Le grand nombre de miracles qui s'opérèrent sur son tombeau lui méritèrent, suivant Anastase, le surnom de Thaumaturge. Il est honoré par les Grecs et les Latins, qui célèbrent sa mémoire le 10 janvier.

Indépendamment de cette lettre à Constantin, nous avons encore sous le nom du pape Agathon une lettre adressée à Ethelrède, roi des Merciens, à Théodore, archevêque de Cantorbéry, à Sexulfe, abbé et élu évêque, et à tous les abbés d'Angleterre, dans laquelle il établit l'abbé de Péterborough, son légat dans tout le royaume, avec pouvoirs d'absoudre ceux qui avaient fait vœu d'aller à Rome aux tombeaux des apôtres, en déclarant qu'il suffisait de visiter l'église de ce monastère pour obtenir les mêmes indulgences. Mais cette pièce est si mal concertée, qu'elle se trahit d'elle-même, et qu'on s'aperçoit, à la première vue, qu'elle a été fabriquée tout exprès pour augmenter les biens et conserver les droits prétendus de l'abbaye de Péterborough. Il serait sans exemple qu'un pape eût écrit une lettre commune à un roi, à un archevêque et à tous les abbés d'un royaume, sans que cette lettre contînt un seul mot à l'adresse de ce roi dont elle portait l'inscription.

AGATHON, diacre, conservateur des Chartes de la grande église de Constantinople, protonotaire et second chancelier du conseil patriarcal, avait assisté au sixième concile œcuménique. Dans un épilogue, ajouté de sa main à la lettre synodique que le patriarche Jean avait adressée au pape Constantin, il marque positivement qu'il avait écrit de suite tous les actes de ce concile, de concert avec Paul, qui fut depuis patriarche de la même Eglise. Il mit au net en lettres ecclésiastiques tous les volumes de ces actes, qui furent scellés et déposés dans les archives du palais impérial, pour y être gardés sûrement, avec la définition de foi du même concile. Il écrivit de même les copies souscrites de cette définition de foi qui furent adressées aux cinq siéges patriarcaux, par ordre de l'empereur Constantin, qui le voulut ainsi, afin que le dépôt de la foi fût à couvert de toute tentative d'altération ou de falsification. Il raconte ensuite comment, après avoir fait brûler l'exemplaire du sixième concile, Philippique fut déposé, et Anastase couronné empereur à sa place; comment l'image du concile fut rétablie, et comment le patriarche Jean écrivit au pape Constantin. On peut juger, par ce récit, du soin avec lequel les actes du sixième concile furent écrits et conservés. L'histoire ne nous apprend plus aucune particularité du diacre Agathon.

AGIUS ou AGIO, fut tiré du monastère de Vabres, dont il était abbé, pour être placé sur le siége épiscopal de Narbonne, vers le mois de juin de l'an 912, quelque temps après la mort d'Arnuste. Quoique son élection eût été faite selon les règles de l'Eglise, elle ne laissa pas d'être traversée par Gérald, qui, à l'aide d'Amélius, évêque d'Uzès, son oncle, et de Rostaing, archevêque d'Arles, vint à bout de s'emparer de l'évêché. Les violences et les fourberies de l'intrus ayant été connues à Rome, le pape Jean X l'excommunia et maintint l'élection d'Agius par une lettre qu'il écrivit aux évêques de la Gaule Narbonnaise. Par la même lettre, il accorda l'usage du *pallium* à Agius, qui depuis continua de jouir paisiblement de son siége. Il est nommé parmi les évêques qui assistèrent, en 915, au concile de Châlons-sur-Saône. En 922, il obtint du roi Charles l'union de deux abbayes à son église, l'une de Saint-Laurent dans le territoire de Narbonne, l'autre de Saint-Etienne à Banioles dans le comté de Bésalu. Il obtint encore du pape Jean X qu'il s'intéresserait pour faire rendre à l'église de Narbonne les biens qu'on lui avait enlevés : Agius lui avait écrit, à ce sujet, conjointement avec Austérius, archevêque de Lyon, dont l'église se trouvait dans le même cas. Il mourut sur la fin de l'an 926, ou au commencement de 927.

Ecrits d'Agius. — Il nous reste de lui un assez long fragment de lettre, qu'il avait écrite sur l'origine de l'abbaye de Vabres en Rouergue, érigée en évêché au commencement du xiv° siècle. Il y avait à Palmat, dans le Périgord, une communauté de serviteurs de Dieu, qui pratiquaient exactement la règle de Saint-Benoît, sous la conduite de l'abbé Adalgase, ne possédant rien en particulier, persuadés que dans la vie religieuse on ne doit avoir ni bien propre, ni propre volonté. Il n'en était pas de même dans les autres monastères du pays, où le prétexte des guerres et des autres calamités du temps, permettaient aux religieux de posséder de leur chef quelque argent ou quelque bien. Les incursions des Marcomans, c'est ainsi qu'on appelait alors les Normands, obligèrent Adalgase à quitter Palmat avec ses religieux. Raimond, comte de Toulouse, et Barlaise sa femme, lui offrirent une retraite et fondèrent pour lui et pour sa communauté le monastère de Vabres. La charte de fondation porte que les religieux auront la liberté de se choisir un abbé suivant la règle. Ce monastère, dont on assigne la fondation à l'année 862, était déjà si célèbre en 894, que saint Géraud, fondateur de celui d'Aurillac, y envoya plusieurs enfants nobles, pour y être élevés dans la discipline régulière. Nous avons encore une autre lettre d'Agius, adressée à deux de ses suffragants, Agambert et Alfonse, pour les prier de solliciter à la cour, où ils se rendaient, un diplôme en faveur de son église. Ces deux pièces sont bien écrites pour leur époque; le style est clair, facile, et sans aucun des embarras et des ambiguïtés qui étaient les défauts particuliers de son temps.

AGNELLO occupa le siége épiscopal de Ravenne, depuis l'année 558 jusqu'en 566. Il combattit l'erreur des ariens, comme nous l'atteste une lettre qu'il écrivit à Arménius, et qu'on retrouve dans la *Bibliothèque des Pères*. Théodulphe, évêque d'Orléans, en fait mention dans son *Traité du Saint-Esprit*, et Enée, évêque de Paris, la cite dans son *Traité contre les Grecs*; M. l'abbé Migne l'a reproduite tout entière dans le tome LVIII de sa *Patrologie*.

La sollicitude qu'il éprouvait pour la foi catholique continuellement attaquée, jetait Arménius dans une perturbation continuelle. Il craignait, pour lui-même, que le dépôt ne s'en altérât dans son cœur. C'est pourquoi Agnello s'empresse de lui écrire : « Le premier devoir, lui dit-il, c'est de croire *que Dieu est parce qu'il est*; maintenant, qu'est-ce que Dieu ? cela ne nous regarde pas ; il n'y a que l'insensé qui dise dans son cœur : *Il n'y a point de Dieu* ; le sage, au contraire, dit à qui veut l'entendre : Je crois en Dieu. Donc, si quelqu'un vous demande : Mais quel est le Dieu auquel vous croyez ? répondez-lui avec cette parole du Deutéronome : *Videte, videte quia ego sum Deus, et non est alius præter me*. Aussi, quand Moïse lui demandait sous quel nom il fallait l'annoncer au peuple d'Israël, ne recevait-il que cette réponse : *Ego sum qui sum; et dicas eis ad quos te mitto : qui est misit me ad vos*, parce que Dieu est toujours le même et ne change jamais ; il n'est pas seulement le Dieu d'hier, mais il est le Dieu d'aujourd'hui ; le passé et l'avenir lui appartiennent également ; il fut toujours Dieu et Père, et il n'a jamais cessé d'être le Père de celui qui n'a jamais cessé d'être son Fils. Il n'eût pu commencer d'être Père qu'à la condition de souffrir violence pour devenir ce qu'il n'était pas.

« Mais on objectera, dit le saint auteur : Ce n'est pas par force mais par volonté qu'il a engendré son Fils ; s'il ne l'eût pas voulu, il ne l'eût pas engendré. — A cela, il n'y a que cette question à faire : Quand le Père voulut engendrer son Fils, possédait-il par lui-même la puissance générative, et pouvait-il concevoir l'idée de s'en servir ? Quelle que soit la réponse, affirmative ou négative, c'est une victoire que vous remportez, ou bien vous forcez vos ennemis à s'en tirer par un blasphème. Car, dit l'Apôtre, *Filius Dei Patris virtus est et sapientia*. Donc c'est blasphémer deux fois que de contester à Dieu le pouvoir et la volonté d'engendrer. »

Battu sur ces deux points, Arius se retranche dans un autre; il demande au catholique : Mais est-ce réellement ou d'une manière fictive qu'il a engendré ? — C'est réellement, répond le catholique. — Donc, ajoute l'hérétique, si cette génération est réelle, celui qui en fut l'objet ne devait pas exister avant qu'elle ne s'accomplît ? — A cette difficulté on peut opposer cette réponse ; on trouve, même dans la nature humaine, malgré son impuissance, des cas où le générateur et l'engendré n'ont qu'un seul et même commencement. Par exemple, c'est la voix de l'homme qui produit la parole, et l'on peut dire que la parole est fille de la voix ; en résulte-t-il qu'elle lui soit inférieure ? s'ensuit-il même que l'une soit l'aînée de l'autre? Nullement, l'une et l'autre naissent en même temps. Pourquoi n'en serait-il pas de même en Dieu? Et puisque le Père est éternel, pourquoi la génération du Fils ne serait-elle pas éternelle, et éternelle, au même titre, la production de l'Esprit-Saint par le Père et par le Fils? Car, à la parole ajoutez son efficacité, et vous obtiendrez une troisième modification de la voix, et vous aurez complété la démonstration de la Trinité. »

Cette lettre, qui nous a paru remarquable et dont nous avons prolongé à dessein les citations, se termine par cette question dont l'hérésie voulait encore faire une difficulté, savoir, si en se faisant homme et en venant au monde, le Fils s'était séparé de son Père. « Pas plus, répondit-il, que la parole qui sort de ma bouche pour entrer dans l'oreille d'un autre, et de l'oreille descendre dans son cœur, ne cesse de rester présente dans mon cœur. » Les ariens ajoutaient encore : Mais si la divinité est indivisible entre les personnes de la Trinité, et si le Père est inséparable du Fils, n'en résulte-t-il pas qu'il a assisté à sa passion et qu'il a enduré avec lui son supplice et ses souffrances? — « Non, répond le saint évêque, la divinité, qui la première a reçu les coups dans la passion du Christ, n'en est pas pour cela restée moins impassible. Parce que la lumière du soleil se reflète sur un arbre, au moment où cet arbre est coupé, en résulte-t-il, quoiqu'elle reçoive la première le coup de cognée, qu'elle en subisse quelque retranchement? Non, elle reste entière et impassible, et cependant l'arbre tombe, le tronc séparé de ses racines. Or, s'il en est ainsi de la lumière, qui n'est qu'une créature, à plus forte raison il doit en être de même de Dieu, qui est la vraie lumière; le Créateur tout-puissant a dû assister impassible à la passion de Jésus-Christ. »

AGNELLO (ANDRÉ), de Ravenne, historien du IV° siècle, a fait l'histoire des évêques et archevêques de sa ville natale. Elle est écrite avec peu d'exactitude; et l'auteur s'y est laissé entraîner à la haine que lui inspiraient les papes le schisme qui divisait alors les Eglises de Ravenne et de Rome, et en particulier la mort de son aïeul ou bisaïeul, qui, ayant conspiré contre Paul Ier, fut enfermé à Rome, et y mourut en prison. Le P. Bianchini, bénédictin, publia, en 1708, et enrichit de notes savantes cet ouvrage, qu'il tira de la bibliothèque de la maison d'Este, et dont le titre est : *Agnelli, qui est Andreas, abbatis Sanctæ Mariæ ad Blachernas, liber pontificalis, seu Vitæ pontificum Ravennatum*, etc., 2 vol. in-4°. — Muratori l'a réimprimé dans son recueil *Scriptores rerum Italicarum*. Malgré les défauts de cette histoire, elle est précieuse, tant par un grand nombre de faits qui ne se trouvent point ailleurs, que par les pièces et les dissertations qui l'accompagnent. Desiderio Sprati, dans un petit commentaire publié en 1460, sur la grandeur, la ruine et la restauration de Ravenne; après lui, Vossius, dans ses *Historiens latins*, et Moréri ont confondu cet Agnello (André), d'abord abbé ou recteur du monastère de Sainte-Marie *ad Blachernas*, et ensuite chanoine de Ravenne, avec l'archevêque Agnello, qui vécut au VI° siècle. C'est peut-être de ce dernier qu'est une lettre que cite Moréri, et qui se trouve dans la *Bibliothèque des Pères*, sous ce titre : *De ratione fidei ad Armenium*.

AGOBARD, né dans la Gaule Belgique, au diocèse de Trèves, à la fin du VIII° siècle, fut ami de Leidrade, archevêque de Lyon, qui le choisit non-seulement pour son coadjuteur, mais encore pour son successeur, et le fit même ordonner par trois évêques. Leidrade avait agi contre les canons, en se choisissant lui-même un successeur. Cette ordination irrégulière fit grand bruit parmi les évêques de France; mais elle fut ratifiée ou plutôt rectifiée par un concile de Mayence, qui remédia à cette irrégularité. Agobard, possesseur légitime de son siège, se joignit, en 818, à ceux qui combattirent la nouvelle hérésie de Félix d'Urgel. Il ne témoigna pas moins de zèle contre les superstitions des Juifs et contre divers abus qui s'étaient glissés dans son diocèse. Il assista, en 822, à l'assemblée d'Attigny, et il s'éleva fortement contre l'usurpation des biens de l'Eglise par les laïques. Il fut aussi du nombre des évêques qui se réunirent à Paris, en 825, pour la défense du culte des images; et il présida au concile qui se tint à Lyon, en 829, par ordre de Louis le Débonnaire. Agobard était un de ces hommes impétueux, qui vont au bien sans ménagement et sans tolérance, et qu'il est facile d'égarer. Il se joignit aux évêques, aux abbés et à tous les seigneurs mécontents qui prirent part à la révolte des enfants de Louis le Débonnaire, et parut, avec Ebbon, à la tête de l'assemblée qui le déposa à Compiègne, en 833, et proclama Lothaire, son fils, empereur à sa place. Il se fit distinguer par ses écrits à ce sujet; et on croit même qu'il fut le rédacteur du bref que le pape Grégoire IV publia contre ce prince. Mais il reconnut son erreur, et après avoir été déposé, en 835, par le concile de Thionville, il fut rétabli et mourut, le 6 juin 840, en Saintonge, où il était allé pour des affaires publiques. On a dit d'Agobard, « qu'il était né dans le siècle d'or de Charlemagne; qu'il avait brillé dans le siècle d'argent de Louis le Débonnaire, et qu'il était mort dans le siècle de fer des enfants de cet empereur. » Nous remarquons cependant qu'il est mort sous le règne de Louis le Débonnaire, puisqu'il le précéda de quatorze jours dans le tombeau.

Agobard était un très-savant personnage, et fut lié avec Adalard et plusieurs autres hommes illustres de son temps. Une note marginale, que l'on croit écrite par Florus, un de ses diacres, sur un manuscrit du Martyrologe de Bède, l'appelle un évêque de sainte mémoire. Il est honoré, à Lyon, d'un culte public, ainsi qu'en Saintonge, où il est appelé saint Aguebaud. Il a laissé un grand nombre d'écrits, dont nous allons exposer rapidement le résumé sommaire. Les trois premiers qu'il composa, et les trois plus célèbres, sont ceux qu'il publia contre Félix d'Urgel, contre les Juifs et contre la loi Gombette.

Contre Félix d'Urgel. — Ce traité, dédié à l'empereur Louis le Débonnaire, n'est presque qu'un recueil des passages des Pères, et entre autres de saint Hilaire de Poitiers, de saint Jérôme, de saint Augustin, de saint Cyrille d'Alexandrie, de Vigile de Tapse, de saint Avit de Vienne, du pape Symmaque, de saint Grégoire le Grand et de Fidentius. Il rapporte tous ces passages pour montrer que, suivant la doctrine de l'Église catholique, il n'y a pas deux fils de Dieu, l'un par nature et l'autre par adoption; ni deux Christs, mais un seul Fils de Dieu et un seul Christ, à la personne duquel la nature divine et la nature humaine se trouvent hypostatiquement unies. Ce traité paraît avoir été publié vers l'an 818.

Contre les juifs. — Nous réunissons ici, sous le même titre, tous les écrits qu'Agobard publia contre les superstitions judaïques. Le premier est en forme de remontrance adressée à l'empereur Louis le Débonnaire. Il se plaint que les juifs étaient venus lui apporter une lettre de sa part, et qu'ils en avaient également remis une autre au vicomte de Lyon, portant ordre de leur prêter secours contre l'archevêque. « Quoiqu'elles fussent revêtues de votre nom et de votre sceau, dit-il, je n'ai pas cru que ces lettres émanassent de vous; mais les juifs s'en faisaient un droit d'insolence, jusqu'à me menacer des commissaires qu'ils avaient obtenus pour les venger des chrétiens. Evrard, le conservateur de leurs droits, Gerric et Frédéric, sont venus, tour à tour, porteurs d'une commission et d'un prétendu capitulaire contre moi. Plusieurs chrétiens ont fui, d'autres ont été arrêtés, tous étaient dans la consternation. » Agobard donne pour raison de cette persécution la défense qu'il avait faite de vendre aux Juifs des esclaves chrétiens, et de souffrir qu'ils en fissent enlever, pour aller les vendre en Espagne; les peines qu'il avait fulminées contre ceux qui observeraient avec eux le sabbat, comme le faisaient quelques femmes, qui travailleraient le dimanche, qui mangeraient à leur table, et qui achèteraient d'eux de la chair ou du vin, par la raison qu'ils ne vendaient aux chrétiens que ce qu'ils croyaient immonde. Il parle ensuite des attentions qu'on prêtait à l'empereur pour les juifs, et de l'appui que leur donnaient les premiers de sa cour; de la permission qu'ils avaient de bâtir de nouvelles synagogues. Il se plaint surtout de la défense que les commissaires avaient faite de tenir des marchés le samedi, afin que les Juifs ne fussent pas empêchés de célébrer le sabbat, quoique cet ordre gênât les chrétiens dans la célébration du dimanche.

Lettre contre les juifs. — Cet ouvrage avait été concerté avec quelques évêques, qui devaient le présenter à Louis le Débonnaire. L'inscription, en effet, porte les noms d'Agobard, de Lyon, de Bernard, évêque de Vienne et de Eaor ou Eaof, qu'on croit être le même que Favon, évêque de Châlons-sur-Saône. Ces prélats rapportent divers passages de saint Hilaire, de saint Ambroise et de plusieurs autres Pères, sur la nécessité d'empêcher toute communication entre les chrétiens et les juifs. Ils font surtout remarquer avec quel zèle saint Ambroise s'opposa à la construction d'une nouvelle synagogue, malgré la permission de l'empereur. Ils citent l'édit du roi Childebert qui défendait aux juifs de se promener dans les places publiques, depuis le jeudi saint jusqu'au jour de Pâques, afin que leur présence ne fût pas une insulte à la douleur des chrétiens. Suivent plusieurs canons des conciles qui défendent tout commerce avec les juifs. Ces évêques décrivent ensuite les erreurs grossières qui régnaient alors parmi la nation juive, qui avait fait de Dieu un être corporel, et de la loi mosaïque une loi antérieure à toute création, et ils montrent que les apôtres, après avoir communiqué avec eux, dans le commencement, ont rompu bien vite tout commerce; au point que saint Paul, prêchant dans la ville de Philippes, ne voulut point entrer dans la maison de Lydie qu'auparavant elle n'eût confessé Jésus-Christ et reçu le baptême avec toute sa famille. Ils finissent leurs remontrances, en rapportant les malédictions prononcées dans les prophètes et dans l'Évangile contre les juifs infidèles.

Consultation contre les juifs. — Les menées des juifs préoccupaient tellement Agobard, qu'il adressa, à leur sujet, une consultation à trois officiers de la cour, savoir : Adolard, abbé de Corbie, Vala, son frère, et Hélisachard, abbé de Saint-Maximin de Trèves. Les juifs achetaient des esclaves païens qu'ils nourrissaient chez eux. Ces esclaves, en apprenant la langue du pays, ne laissaient pas d'entendre parler de la foi et d'assister à la célébration des solennités chrétiennes. Quelques-uns, touchés de ce qu'ils voyaient et de ce qu'ils entendaient, demandaient le baptême. Devons-nous les refuser, demandait Agobard aux trois abbés qu'il consultait ? Les apôtres, disait-il, n'ont jamais attendu le consentement des maîtres pour baptiser les esclaves, parce que les uns et les autres relèvent du même Dieu, au même titre d'enfants. Cependant Agobard trouvait un inconvénient à ce baptême dans les lois françaises qui interdisaient aux juifs le droit de posséder des esclaves chrétiens. Cet inconvénient se trouvait-il levé en restituant aux maîtres le prix de leur rançon? On ne sait quelle fut la réponse à cette consultation; mais il est certain que les juifs obtinrent de Louis le Débonnaire un ordre portant défense de baptiser leurs esclaves sans leur consentement. On croit que cet ordre fut obtenu par cet Evrard dont nous avons déjà parlé, et qui prenait les intérêts des juifs, au préjudice des chrétiens.

Lettres à Hilduin, à Vala et à Nebride. —

Agobard parle de cet ordre dans sa lettre à Hilduin et à Vala, et dans une autre adressée à Nébride, archevêque de Narbonne. Il les prie de se joindre à lui dans cette affaire, les deux premiers, en se servant du crédit dont ils jouissaient à la cour de l'empereur, et le troisième, en consacrant sa réputation de sainteté, qui l'avait fait considérer comme une colonne de l'Eglise en France, à la sauver des vexations des juifs et de leurs défenseurs. « Jésus-Christ, dit-il, en envoyant ses apôtres enseigner et baptiser toutes les nations, leur avait donné une mission générale qui n'exceptait personne, sans distinction d'âge, de sexe, ni de condition, parce que, suivant saint Paul, tous les hommes sont un en Jésus-Christ, les juifs, les gentils, les barbares, les Scythes, les libres, les esclaves. » C'est pourquoi il suppliait le saint archevêque de Narbonne de demeurer ferme dans l'observance des canons, et d'écrire aux évêques ses voisins pour les engager à s'unir entre eux et à travailler d'un commun consentement à délivrer l'Eglise d'un si grand mal.

Contre la loi de Gondebaud. — Gondebaud, roi des Bourguignons, avait donné une loi portant que les procès entre particuliers, au lieu d'être décidés par les voies ordinaires de la justice, se videraient par un combat singulier ou par quelques autres épreuves. Cette loi, promulguée dès le VI° siècle, se trouvait encore en vigueur au IX°, quoique l'expérience journalière en fît voir tous les inconvénients. Agobard adressa à Louis le Débonnaire un écrit pour la faire supprimer. Tous les hommes, dit-il, étant l'ouvrage d'un même Dieu, ils n'ont tous qu'une même foi, qu'une même espérance, qu'une même volonté, comme ils n'ont qu'une même formule de prières; pourquoi donc tant de lois différentes pour les gouverner, et quelquefois des lois si opposées à la charité de Jésus-Christ? Quelle peut être l'utilité d'une loi faite par un prince hérétique, par un ennemi de la foi? Pourquoi un bon chrétien ne pourrait-il plus rendre témoignage dans la cause d'un autre, quand cette cause peut se décider devant témoins? N'est-ce pas une loi injuste que celle qui oblige, pour des choses souvent sans importance, des personnes de faible complexion, des infirmes, des vieillards à se battre, au péril de leur vie, et toujours aux dépens de la charité, vertu si essentielle que, sans elle, la foi, le martyre et toutes les autres vertus ne sont rien? Il rappelle à ce prince le jugement de Salomon, et le moyen habile que Daniel employa pour délivrer Suzanne et confondre ses accusateurs. Il rapporte aussi le résultat d'une conférence dans laquelle saint Avit de Vienne condamnait cette loi devant le roi Gondebaud lui-même; ce prince lui ayant fait observer que, dans ces sortes de combats, il arrivait souvent que la victoire se déclarait en faveur des innocents, le saint évêque lui répondit qu'il suffisait que la partie innocente pût y périr, et qu'au reste, si ceux qui les ordonnent ne se proposaient que de rendre Dieu l'arbitre de ces difficultés, ils feraient beaucoup mieux de s'en tenir à ce qu'il dit dans l'Ecriture : *C'est à moi qu'est réservée la vengeance, et c'est moi qui la ferai.*

Des priviléges et des droits du sacerdoce. — Agobard écrivit ce traité à la suite d'un entretien qu'il avait eu avec Bernard, archevêque de Vienne, sur les vexations que l'on faisait subir aux églises, et sur le mépris que le monde faisait des clercs. Il débute en établissant l'éminence et la dignité du sacerdoce, dont il fait remonter l'origine jusqu'aux deux premiers enfants d'Adam, qui offraient l'un et l'autre des sacrifices au Seigneur. Il rapporte plusieurs passages de l'Ecriture sur l'honneur et le respect que les peuples doivent aux prêtres, et il en cite un dans lequel saint Grégoire le Grand affirme que les sacrements peuvent être administrés par les bons et les mauvais prêtres. Il passe de là à l'état de mépris et d'abjection où le clergé se trouvait de son temps, et il n'en parle qu'avec douleur. Il n'y avait presque pas de laïques favorisés des biens et des honneurs du siècle, qui n'eussent pour domestique un prêtre chargé de leur rendre les services que l'on n'exige ordinairement que des plus bas valets. Aussi les tiraient-ils de leur basse cour ou de leurs métairies pour obliger les évêques à les ordonner; et alors, contents d'avoir dans leurs maisons un ministre pour les offices divins, ils n'assistaient plus aux offices publics, ni à aucune des instructions que se donnaient à l'église. Ces désordres faisaient conjecturer à Agobard que la fin du monde était proche. S'adressant ensuite aux laïques fidèles, il leur enseigne avec quelle foi et quel respect ils doivent traiter les sacrements, sans avoir égard à la conduite des ministres qui en sont les dispensateurs. Il rapporte des passages de saint Augustin, de saint Grégoire le Grand et du pape Anastase, et il distingue, à cette occasion, quatre genres de prêtres : le premier qu'on doit aimer, le second qu'on doit tolérer, le troisième qu'il faut mépriser, et le quatrième qu'il faut anathématiser. On doit aimer les prêtres qui vivent et enseignent bien; tolérer ceux qui enseignent bien et vivent mal; mépriser ceux qui, vivant mal, ne sont pas capables d'enseigner, et anathématiser tous ceux qui enseignent mal, c'est-à-dire les hérétiques, encore que leur vie serait complètement irrépréhensible.

Livre sur le tonnerre et la grêle. — Les orages fréquents, occasionnés à Lyon par le voisinage de deux rivières et de montagnes élevées, furent la matière d'un écrit d'Agobard, qui combattit l'opinion généralement reçue alors, que ces tempêtes étaient excitées à volonté par des sorciers qui tiraient partie de cette erreur. Il montre que cette erreur était fondée sur le mensonge, puisqu'elle attribuait aux hommes ce qui est l'ouvrage de Dieu seul. Quand l'Ecriture, dans le livre de l'Exode, parle de la grêle extraordinaire qui fut la septième plaie d'Egypte, elle dit que ce fut Dieu même qui la fit tomber, et non pas Moïse ni Aaron, qui étaient des hommes justes, ni même Jamnès et Membrès, qui étaient des enchanteurs. Il prouve la même chose par le livre de Josué, où nous lisons que, lorsque l'armée des cinq rois ennemis eut pris la fuite, Dieu fit tomber sur eux une grêle de pierres, qui en fit mourir beaucoup plus que les Israélites n'en avaient immolé par l'épée. Il rapporte divers autres endroits de l'Ecriture, qui attribuent à Dieu les orages et tous les événements extraordinaires, parce que les éléments ne savent obéir qu'à celui qui est l'auteur de la nature.

Traité des images. — L'exagération du culte des images avait été poussée en Orient jusqu'à l'idolâtrie. Les empereurs en avaient écrit plusieurs fois au saint-siége pour obtenir la suppression de cet abus. Une lettre de l'empereur Michel fut lue au concile de Paris, en 825; et après en avoir délibéré, il fut convenu qu'on tenterait de ramener le culte des images à un milieu qui serait de n'obliger personne à en avoir et de ne les interdire à personne, pourvu qu'on ne leur rendît aucun culte d'adoration. C'est en conformité de sentiments avec la décision du concile de Paris qu'Agobard écrivit son traité des images, dans lequel il n'attaque que ceux qui s'oublient jusqu'à leur rendre un culte divin. C'est pourquoi, après avoir rapporté le premier précepte du Décalogue, il cite sur le même sujet, un grand nombre de passages des Pères pour montrer qu'il n'est permis d'adorer que Dieu seul, sans qu'on puisse le représenter par aucune image. Mais il va plus loin ensuite, et soutient qu'on ne doit rendre aucun culte aux images des saints. Il convient que les anciens conservaient les images des apôtres et même celles du Seigneur; mais il dit qu'ils ne leur rendaient aucun culte, et qu'ils ne les gardaient que par amour pour ceux qu'elles représentaient, et pour en conserver la mémoire. C'est par une semblable raison que les catholiques font peindre quelquefois l'histoire de leurs conciles, et en souvenir de la victoire que la vérité y avait remportée sur le mensonge. Il passe aux abus qui s'étaient glissés dans le culte des images, et pour en faire cesser les excès, il va jusqu'à le condamner. Il veut qu'à l'exemple du roi Ezéchias, qui fit mettre en pièces le serpent d'airain, parce que le peuple commençait à s'en faire une idole, on brise aussi les images que l'on idolâtrait et qu'on les réduise en poussière. Agobard s'écarta sur ce point de la modération du concile de Paris, qui, en défendant d'adorer les images, ne permet pas de les briser.

De la dispensation des biens ecclésiastiques. — Un parlement tenu à Attigny en 822, et une seconde assemblée tenue à Compiègne en 823, firent des ordonnances contre les usurpations des biens ecclésiastiques par les seigneurs. Agobard, qui avait assisté à ces deux assemblées, composa un traité sur l'administration des biens de l'Eglise. Il y établit, par l'autorité de l'Ancien et du Nouveau Testament, le droit que les prêtres ont de vivre de l'autel, et fait voir que si les fidèles ont contribué à enrichir l'Eglise, ç'a été afin qu'elle employât ses revenus à nourrir les prédicateurs, les ministres destinés au service des autels, les pauvres et les étrangers. Il invective donc contre ceux qui détournent les revenus de l'Eglise à d'autres usages, souvent même à des usages honteux, et n'épargne là-dessus ni le clergé, ni les laïques détenteurs de ces biens.

Livre des Sentences. — La loi des Bourguignons autorisait non-seulement les combats singuliers et les duels, mais encore les épreuves judiciaires du feu et de l'eau. Pour colorer ces abus de quelque apparence de bien, on leur donnait le nom de jugements de Dieu, comme si Dieu s'était engagé à révéler les coupables par ces sortes d'épreuves. Agobard, qui avait déjà combattu le duel, s'élève aussi contre ce préjugé. Il montre que si Dieu avait permis de chercher, par de semblables moyens, une vérité cachée, il n'aurait point ordonné à Moïse d'établir des juges dans toutes les villes, ni de finir les contestations par des témoins et, à défaut de témoins, par un second. Il ajoute que, quoique Dieu favorise souvent les innocents dans ces sortes d'épreuves, il permet aussi quelquefois que les coupables l'emportent pour des raisons qui, quoique connues de lui seul, n'en sont pas moins justes. Il rapporte que Gondebaud, ayant proposé quelques-unes de ces épreuves à saint Avit, évêque de Vienne, pour décider de la foi entre les catholiques et les hérétiques, ce pontife l'en reprit comme d'une folie. Ce traité est composé des passages de l'Ecriture qui ont trait au sujet. C'est pourquoi il est intitulé: *Livre des sentences divines contre la damnable opinion de ceux qui pensent que l'on peut découvrir la vérité du jugement de Dieu par le feu, par l'eau ou par les armes.*

De la vérité de la foi. — Ce traité, suivi d'une instruction morale adressée au peuple de Lyon, est intitulé *Discours* dans les œuvres d'Agobard, et il semble en effet que cet évêque y parle à des auditeurs. Il explique fort au long les articles du Symbole, et principalement ceux qui regardent les mystères de l'Incarnation et de la Trinité. Il dit clairement que le Saint-Esprit procède du Père et du Fils, et qu'avec l'un et l'autre il mérite nos adorations. Il termine son explication en disant que c'est la foi et l'espérance de l'Eglise catholique qui ont été annoncées dans la loi et les prophètes, dans les cantiques et dans les psaumes, prêchée par les apôtres, attestée par les martyrs et expliquée par les saints docteurs, et que, par conséquent, il y a obligation de rejeter toute doctrine contraire.

Lettre à Louis le Débonnaire. — Nous réunissons ici, sous un même coup d'œil, tout ce qu'Agobard écrivit à propos de la querelle entre l'empereur Louis et ses enfants. Ce prince leur avait partagé ses Etats avant la naissance de Charles, qui fut le dernier.

Pour ne pas le laisser sans apanage, il crut devoir changer quelque chose à ses premiers arrangements, et retirer à Lothaire le titre d'empereur qu'il lui avait donné. L'acte de ce partage, dressé dans le parlement tenu à Aix-la-Chapelle en 817, avait été soumis à l'approbation du pape, qui l'avait confirmé. Tous les sujets de l'empire l'avaient juré, le croyant légitime, et utile à la paix de l'Etat, qui se trouva compromise par les changements que ce prince voulut y apporter. C'est dans ces circonstances qu'Agobard lui écrivit. « Je prends Dieu à témoin, lui dit-il, que je n'ai d'autre motif de vous écrire que la douleur des dangers qui vous menacent, votre personne peut-être moins encore que votre âme. » Il lui rappelle la manière dont il avait associé Lothaire à l'empire, l'approbation que tout le monde avait donnée à cet acte et au partage de ses autres Etats entre Pépin, roi d'Aquitaine, et Louis, roi de Bavière. « Depuis ce temps, ajoute-t-il, les lettres impériales ont toujours porté le nom des deux empereurs; mais un moment de votre volonté a suffi pour tout bouleverser, et le nom de Lothaire a cessé de se lire sur les actes authentiques. Vous avez agi ainsi sans raison; vous avez rejeté, sans consulter Dieu, celui que vous aviez choisi par son conseil. Nous déplorons les maux que ce changement a déjà occasionnés, et nous craignons que la colère de Dieu ne se tourne contre vous. » On place la date de cette lettre en 833, quand les armées des enfants de Louis marchaient contre celles de leur père.

Du gouvernement ecclésiastique et politique. — Cependant Lothaire trouva moyen d'engager dans ses intérêts le pape Grégoire IV, et de l'amener avec lui d'Italie en France. Louis, informé que le pape, entré en France sans son agrément, s'était réfugié dans l'armée de ses ennemis, écrivit une lettre circulaire à tous les évêques pour leur rappeler la fidélité qu'ils devaient à sa personne et à l'Etat. Il ordonnait à Agobard en particulier de se rendre à la cour pour prendre son avis sur la manière dont on devait se conduire envers le pape dans cette circonstance. L'évêque de Lyon n'obéit pas; il se contenta d'envoyer à l'empereur une lettre intitulée : *De la comparaison du gouvernement ecclésiastique avec le politique.* Il relève singulièrement l'autorité du pape, et rapporte, à ce sujet, divers passages du pape Pélage, de saint Léon et du pape Anastase. Après avoir exhorté l'empereur à conserver un grand respect pour le souverain pontife, il ajoute : « Si Grégoire IV venait à la tête d'une armée pour combattre la France, il faudrait se défendre et le repousser; mais puisqu'il n'y vient que pour procurer la paix et la tranquillité de l'Etat, on doit lui obéir. » Pour confirmer à l'empereur la sincérité des bonnes intentions du pape, Agobard disait avoir reçu pendant le temps pascal des lettres par lesquelles il ordonnait des jeûnes et des prières, pour recommander à Dieu le dessein qu'il avait de rétablir la paix dans la maison impériale et dans le royaume.

Apologie des enfants de Louis. — Les évêques qui tenaient le parti de Louis le Débonnaire, ayant écrit au pape une lettre où le manque de respect descendait jusqu'à la menace, Grégoire IV leur répondit avec la dignité que conserve toujours une conscience assurée de ses bonnes intentions. L'empereur, ayant eu connaissance de cette lettre, jugea qu'il ne lui restait plus d'autre parti à prendre que de faire décider l'affaire par une bataille. Les princes ses fils, soit qu'ils en redoutassent l'issue, soit qu'il leur parût honteux d'en venir aux mains avec leur père, lui députèrent le pape pour traiter d'un accommodement. L'empereur, après plusieurs conférences, le renvoya sur la promesse de négocier de bonne foi avec les princes, et de revenir au plus tôt rendre compte de sa négociation. Mais s'il y eut de la bonne foi de la part de Grégoire IV, la suite fit bien voir que la conduite des princes était pleine d'artifices et de tromperies. Dès le lendemain, Lothaire, ayant trouvé le moyen de corrompre les troupes de son père et de les faire passer de son côté, se saisit de sa personne, de l'impératrice Judith et du jeune prince Charles, qui n'avait alors que dix ans. Aussitôt Louis fut déclaré déchu et enfermé dans le monastère de Saint-Médard à Soissons; Charles son fils dans celui de Prum, et l'impératrice sa mère conduite à Tortone, en Lombardie. L'historien Thégan dit que la plaine où Lothaire fit arrêter son père fut appelée *Champ du mensonge*, en mémoire de cette perfidie.

Le pape s'en retourna à Rome très-affligé d'avoir prêté son autorité et son nom à un parti de factieux dans une affaire où on le flattait d'être le médiateur de la paix entre le père et ses enfants. Mais dans cette circonstance, Agobard se déclara plus hautement que jamais pour Lothaire. Il publia un manifeste où il soutenait que les trois frères avaient eu raison de s'élever contre leur père, pour purger son palais des crimes et des factions iniques dont il était infecté. Il rejetait la cause de tous les maux du royaume sur l'impératrice Judith, qu'il accusait d'infidélité envers l'empereur son époux, et de cruauté envers les enfants de son premier mariage. Il applaudissait à l'idée qu'on avait eue de l'enfermer dans un monastère, puisque, après avoir porté trois ans l'habit de religieuse, il ne pouvait plus être permis à Louis de la reprendre. Agobard se plaignait des nouveaux serments qu'on avait fait prêter en faveur du jeune roi Charles, et il blâmait Louis d'avoir fait marcher ses troupes contre ses enfants, au lieu d'employer ses armes à procurer la conversion des barbares. Il donne dans ce manifeste un précis des fautes que ce prince avait commises dans son gouvernement; il les rejette presque toutes sur sa complaisance pour Judith; il conclut qu'il ne peut les expier qu'en s'humiliant sous la main de Dieu et qu'en aspirant à la gloire éternelle, puisque celle du siècle ne lui convient plus, pour avoir été séduit comme Samson par une femme.

Lothaire voulut que ce manifeste fût répandu par tout l'empire, afin de préparer les esprits à ce qui devait s'exécuter au prochain parlement convoqué à Compiègne, pour le 1er octobre 833. On lut dans cette assemblée un mémoire contenant huit chefs d'accusation contre Louis le Débonnaire, et sans l'avoir entendu, il fut conclu à la pluralité des voix que ce prince serait mis en pénitence pour le reste de ses jours. On lui fit quitter l'épée, revêtir l'habit de religieux, et les évêques récitèrent sur lui les oraisons pour l'imposition de la pénitence. Quoique Lothaire eût été présent à toutes ces cérémonies, il ordonna à tous les évêques assistants d'en dresser une relation souscrite de leur main, en mémoire de ce qui s'était passé. Nous avons l'attestation particulière dans laquelle Agobard rapporte en peu de mots les causes de la déposition de Louis, et la manière dont elle s'était faite. Il y parle du mémoire contenant les crimes dont on obligea ce prince de se reconnaître coupable ; les avis que les évêques lui donnèrent pour les expier, le cilice sur lequel il fut obligé de se prosterner en les confessant, et les autres principales circonstances de sa pénitence.

Traité sur l'espérance et la crainte. — Ce traité, composé à la prière d'Ebbon, archevêque de Reims, est un recueil de sentences choisies dans l'Ecriture, et dont l'espérance et la crainte font le sujet. Agobard réunit à dessein ces deux vertus : en effet l'espérance fortifie l'esprit et relève le courage ; la crainte est une espèce de frein qui empêche l'orgueil et la vanité de se mêler à l'espérance ; et, d'un autre côté, si l'espérance ne la soutenait, la crainte pourrait dégénérer en désespoir.

Traité de la divine psalmodie. — Ce traité peut être considéré comme la préface de celui qui a pour titre : *De la correction de l'Antiphonier*. Agobard dit dans cette préface qu'un fou et un calomniateur s'était donné la liberté d'attaquer la sainte Eglise de Lyon, non-seulement de vive voix, mais même par écrit, comme si elle ne suivait pas l'ancien usage dans la célébration des offices, et en particulier dans le chant religieux. C'est ainsi qu'il qualifie Amalaire, prêtre de l'Eglise de Metz, sans le nommer. Il exclut de la liturgie les psaumes populaires, c'est-à-dire les cantiques, et les poésies ou les hymnes composés par les poètes chrétiens. Ensuite il attaque l'ouvrage d'Amalaire intitulé l'*Antiphonier*, et en relève plusieurs antiennes et répons dans lesquels il prétend trouver des faussetés évidentes.

Traité contre les quatre livres d'Amalaire. — Dans l'opuscule précédent, Agobard avait réfuté Amalaire, sans le nommer. Il en fit un dirigé contre lui, où il le nomma, en attaquant son traité des *Offices divins*, mais particulièrement ses réflexions mystiques sur certains passages. Nous verrons, à l'article AMALAIRE, que ses commentaires méritaient bien quelques reproches, mais la critique de son adversaire en mérite encore davantage. La passion l'aveugle quelquefois au point de lui faire oublier la justice et la vérité. Rien n'autorisait Agobard à traiter avec autant de mépris un prêtre d'une science éprouvée, et que l'Eglise de Metz honore comme un saint.

Poésies d'Agobard. — Indépendamment des œuvres sérieuses que nous venons d'analyser, l'ardent archevêque de Lyon s'était livré aussi au culte de la poésie. Il ne nous reste que deux morceaux de ce genre : une Epitaphe de Charlemagne, et une Description de la translation des reliques de saint Cyprien, de saint Spérat, et de saint Pantaléon, sous l'épiscopat de Leidrade.

Ces morceaux ne sont intéressants que par les faits qu'ils rapportent ; du reste, l'auteur a montré par cet essai qu'il ne possédait aucun talent pour la poésie. Il écrivait mieux en prose ; son style est assez clair, mais pourtant dur et surchargé d'érudition. C'était le défaut de son siècle d'entasser ainsi passages sur passages.

AGRIPPA, surnommé CASTOR, florissait vers le milieu du IIe siècle. C'était un homme très-instruit et profondément versé dans la science des divines Ecritures. Eusèbe assure que dans un ouvrage plein de force et d'énergie il avait réfuté victorieusement les erreurs de Basilide, et exposé au grand jour tout le ridicule de ses mystères. Ce traité n'est pas venu jusqu'à nous ; mais, suivant la remarque d'Eusèbe, qui l'avait lu, Agrippa y faisait mention des vingt-quatre livres que Basilide avait composés sur l'Evangile. Il reprochait à cet hérésiarque de n'avoir rejeté les vrais prophètes que pour se donner le droit d'en supposer de faux, auxquels, pour épouvanter les simples, il donnait des noms barbares, comme Barabbas et Barcoph. On voyait aussi, dans ce traité, que Basilide enseignait qu'il était indifférent de manger des viandes offertes aux idoles, et de renoncer la foi durant les persécutions ; et qu'à l'imitation des pythagoriciens, il obligeait ses disciples à garder un silence de cinq ans. Basilide laissa après lui un fils, nommé Isidore, qui enchérit encore sur les impiétés de son père ; ce qui engagea Agrippa à prendre la plume, une seconde fois, pour défendre les vérités de la religion. Mais ce second écrit a eu le même sort que le premier. Eusèbe et saint Jérôme n'en disent rien ; Théodoret seulement en parle dans son premier livre des *Fables des hérétiques*.

AIGNAN ou AGNAN (saint), appelé *Anianus* par les historiens du moyen âge, originaire de Vienne en Dauphiné, fut attiré à Orléans par la réputation du saint évêque Euverte. Ordonné prêtre, il fut chargé de diriger le monastère de Saint-Laurent des Orgerils et succéda dans la suite à Euverte. Il fit rebâtir l'église de Sainte-Croix, fondée par son prédécesseur, et c'est à lui qu'on fait remonter le privilège qu'avaient les évêques d'Orléans de délivrer les prisonniers à leur entrée dans la ville. Il occupait le siége épiscopal depuis soixante ans, lorsque Orléans fut assiégé par Attila, en 451 ; il avait prévu l'invasion des barbares et demandé des secours à Aétius, général des Romains. Lorsque les Huns pressaient le siége et s'étaient déjà rendus maîtres des faubourgs, Aignan soutint le courage des assiégés, jusqu'à l'arrivée des secours qu'on attendait. Il envoya sur le rempart un homme de confiance, chargé d'examiner si l'on n'apercevait rien dans l'éloignement ; le messager revint deux fois, sans lui apporter la moindre espérance ; mais à la troisième fois il déclara qu'il avait découvert un faible nuage, à l'extrémité de l'horizon. « C'est le secours de Dieu ! » s'écria le prélat ; et tout le peuple répéta après lui : *C'est le secours de Dieu !* On aperçut bientôt les étendards des Goths et des Romains, qui, sous la conduite d'Aétius et de Théodoric, venaient au secours d'Orléans. La ville fut sauvée, et les habitants n'attribuèrent pas moins leur délivrance aux vertus et aux prières de leur évêque, qu'au courage des Goths et des Romains. Aignan mourut deux ans après, en 453. On a publié à Orléans, en 1803, un *Abrégé de la vie et des miracles de saint Aignan*.

AIGRADE, moine de Fontenelle, sous l'abbé saint Landebert, qui fut depuis évêque de Lyon, et sous saint Ansbert, qui le fut de Rouen, écrivit, par ordre de Hiltbert, leur successeur immédiat dans le gouvernement du même monastère, la Vie de ses deux saints prédécesseurs. De ces deux Vies, il ne nous en reste qu'une, celle de saint Ansbert ; encore paraît-elle avoir été altérée en plusieurs endroits. Par exemple, on y fait mention de l'irruption des Agariens ou Sarrasins en Provence ; or il est de notoriété historique qu'à l'époque de cette invasion, qui n'arriva que vers l'an 737, l'abbé Hiltbert, à qui Aigrade dédia son ouvrage, ne vivait plus. On y compte aussi les années par celles de l'Incarnation de Notre-Seigneur ; or le calendrier Grégorien, qui inaugura l'ère chrétienne, n'était pas encore en usage dans les Gaules du vivant d'Aigrade. Surius et les Bollandistes, qui ont reproduit cette Vie, en assignent la mémoire au 9 de février ; on la trouve aussi dans le second tome des Actes de l'ordre de Saint-Benoît.

AILERAN (saint), surnommé le Sage, était Hibernais de naissance. On ne sait au juste en quel temps il écrivait ; mais les éditeurs de la *Bibliothèque des Pères* ont mis à la suite des Œuvres de saint Colomban une explication mystique et morale des noms des patriarches que l'Evangile compte parmi les ancêtres de Jésus-Christ. Elle porte le nom de saint Aileran ; c'est le seul monument qui nous reste de cet auteur ; il est très-curieux, et on regrette qu'il ne soit pas arrivé tout entier jusqu'à nous.

AIMERI DE MALAFAYDA, doyen d'Antioche et ensuite patriarche de la même Église, était né à Limoges vers le milieu du XII° siècle. Quoique peu lettré, il ne laissa pas de gouverner son Église avec avantage. On lui attribue la première réforme de l'ordre des Carmes au Mont-Carmel en Syrie. Mais il fit quelque chose de plus intéressant encore pour le bien de la catholicité : il réunit si parfaitement les Maronites au saint-siége, qu'ils renoncèrent sans retour aux erreurs des monothélites dont ils étaient infectés, et embrassèrent toutes les pratiques des catholiques latins. Il nous reste de lui quelques actes et quelques fragments de lettres publiés dans le *Cours complet de Patrologie* de M. l'abbé Migne.

AIMOIN, que l'on a quelquefois confondu avec un écrivain du même nom, moine de Fleury, avait fait profession de la vie monastique dans l'abbaye de Saint-Germain des Prés, sous l'abbé Ebroïn, vers le milieu du IX° siècle. Il y exerça d'abord l'emploi d'écolâtre, et fut promu plus tard à la dignité de chancelier ; deux fonctions, dont l'une exigeait beaucoup de connaissances, et l'autre, une grande expérience dans le maniement des affaires. Il vivait encore en 889, mais on ne sait point l'année de sa mort. Elle est marquée au 9 de juin dans le Nécrologe de son abbaye, qui lui donne la qualité de prêtre.

Histoire de la translation de saint Vincent. — Il composa, vers l'an 869, l'histoire de l'invention des reliques de saint Vincent, martyr d'Espagne, et de leur translation à l'abbaye de Castres, dans le diocèse d'Alby. Il entreprit ce travail à la prière de Bernon, abbé de ce monastère, et il l'exécuta sur le récit d'un prêtre nommé Audalde, qui avait été député en Espagne à cette occasion. — Cette histoire est divisée en deux livres. Dans le premier, Aimoin raconte comment on découvrit le corps du saint martyr et de quelle manière il fut transporté à Castres ; le second rapporte les miracles qui se firent dans cette translation. Theatger, diacre et moine de Castres, ayant vu l'ouvrage d'Aimoin, le pria de le mettre en vers. Aimoin le fit, mais en abrégeant tellement sa prose, qu'il en renferme la substance dans soixante vers. Il ne laissa pas de diviser cette espèce de poëme en deux parties, et chaque partie, en trois chapitres. Les Bollandistes ont inséré cette Histoire dans leur recueil au 22 de janvier, et on la retrouve aussi dans le V° tome des Actes de Saint-Benoît, avec des notes et des observations de dom Mabillon.

Translation des martyrs de Cordoue. — Aimoin composa cette histoire sur les mémoires de deux moines de Saint-Germain, Usuard, auteur du Martyrologe de ce nom, et Odilard, qui avaient accompagné l'un et l'autre ces reliques de Cordoue à Paris. Son ouvrage est divisé en trois livres, précédés d'une préface dans laquelle l'auteur rend compte des motifs qui l'ont porté à écrire. Il consacre le premier livre à raconter la manière dont ces deux moines obtinrent ces reliques, et ce qui se passa dans le transport, depuis leur sortie d'Espagne jusqu'au moment où elles touchèrent la terre de France et furent déposées à Béziers dans un oratoire dédié à la sainte Vierge; le second rapporte les miracles opérés tant à Béziers que sur la route de cette ville à Auxerre, et enfin le troisième relate ceux qui se firent depuis Auxerre jusqu'à Esmont, monastère dépendant de l'abbaye de Saint-Germain, et où la plupart des moines s'étaient retirés à cause de l'incursion des Normands. — Aimoin remarque que l'empereur Charles le Chauve éprouva tant de joie de posséder ce trésor dans ses Etats, qu'il envoya à Cordoue pour s'informer du fait et du genre de leur martyre.

Miracles de saint Germain. — Dès avant le milieu du ixe siècle, par ordre d'Ebroin, leur abbé, deux moines de Saint-Germain avaient recueilli les miracles de ce saint évêque de Paris; mais leur relation n'avait jamais été publiée. L'abbé Gauzelin, voulant en quelque sorte les tirer de l'obscurité, chargea Aimoin de réunir ces deux recueils en un seul, après en avoir retouché le style, corrigé les défauts, retranché les superfluités. Aimoin obéit, et divisa son ouvrage en deux livres. Dans une lettre qui sert de préface, et adressée aux personnes de piété qui le liront, il rend compte des motifs qui l'ont engagé à le composer, et des mémoires dont il s'est servi pour retrouver les faits et en établir la nomenclature. On trouve dans cet écrit plusieurs faits intéressants pour l'histoire de France.

On a attribué à Aimoin l'histoire de la translation des reliques de saint Savin, martyr. Dom Martenne l'a même donnée, sous son nom, dans le tome sixième de sa grande collection de manuscrits; mais la netteté et la simplicité de style sont tout à fait en dehors des habitudes de cet auteur. Aimoin a mis dans tous ses écrits de l'onction, de la piété, de la politesse; mais en général son style est obscur, étudié, prétentieux.

AIMOIN, moine de Saint-Benoît, naquit à Villefranche, en Périgord, vers le milieu du xe siècle. Elevé à Fleury dès ses premières années, il y fit profession de la vie monastique, sous l'abbé Amalbert, en 979. Il eut pour maître dans ses études le célèbre Abbon, depuis abbé de ce monastère. Ses progrès furent si rapides qu'au rapport de Trithème il excellait également dans toutes les sciences. Il n'avança pas moins dans la vertu; et on s'en aperçoit en lisant ses écrits, qui respirent tous une piété aussi tendre que solide. Il fit, au mois d'octobre de l'an 1004, le voyage de la Réole avec Abbon, qui fut massacré sous ses yeux. En voyant couler son sang avec abondance, il devint pâle et tremblant; mais Abbon, au contraire, conservant toute la sérénité de son visage, lui dit : « Que feriez-vous donc si vous étiez blessé vous-même? » Aimoin revint à Fleury, où il s'occupa de plusieurs ouvrages très-utiles pour la postérité. On fixe l'époque de sa mort à peu près à l'an 1008.

Histoire des Français. — Le plus important de ses ouvrages est son Histoire des Français, qu'il dédia à son maître Abbon, à la prière duquel il l'entreprit. Voulant exercer ses talents qui lui étaient connus, Abbon lui ordonna de réduire en un corps d'histoire tout ce qu'il pourrait trouver dans les écrivains, sur la nation des Francs et les rois qui les ont gouvernés, et de reproduire le tout dans une latinité plus pure et un style plus châtié que ne l'avaient fait ces divers historiens. Aimoin obéit, et, profitant de ce que Jules César, Pline et Orose avaient écrit sur cette matière, il entreprit l'*Histoire des Francs* depuis leur origine jusqu'au règne de Pépin le Bref, père de Charlemagne. Il divisa l'ouvrage en quatre livres; traita dans le premier, de cinq rois de la nation; de six dans le deuxième; de sept dans le troisième; de huit et même plus dans le quatrième. Pour éviter la confusion que la ressemblance des noms jette toujours dans une histoire, il mit la généalogie des rois dans un plus grand jour. Enfin, il fit précéder son *Histoire* d'une notice de la Germanie et des Gaules où s'étaient passés les événements dont il devait rendre compte. Tel est le plan de l'ouvrage. Quoique Aimoin ne dise rien dans sa préface, ni de saint Grégoire de Tours, ni de Frédégaire, ni des autres continuateurs de l'histoire des Francs, il est impossible qu'il ne les ait pas consultés, puisque c'étaient les seules sources où il pouvait puiser pour remplir le dessein de son livre. Soit qu'il en ait copié les fautes, soit qu'il en ait commis de nouvelles, il lui est arrivé ce qu'il avait prévu. Son ouvrage a trouvé des censeurs qui l'ont rendu responsable même des oublis des copistes. Pasquier, dans ses Recherches sur la France; Le Cointe, dans ses Annales; Pierre Pithou, dans ses Mémoires des comtes de Champagne, et l'abbé Le Bœuf dans ses Dissertations, ne l'ont point épargné. N'eût-il pas été plus juste de rejeter au moins une partie de la faute sur son continuateur? Car, soit qu'une partie de son œuvre ait été perdue, soit que l'auteur ne l'ait jamais achevée, ce qui nous en reste ne va que jusqu'à la 16e année du règne de Clovis II. La suite est de quelque moine de Saint-Germain des Prés. Cette Histoire manque d'ordre et d'exactitude. Les événements n'y sont pour ainsi dire qu'indiqués, et quelquefois même en contradiction les uns avec les autres. Cependant le style en est plus élégant et plus pur que celui des auteurs du même siècle.

Histoire de la translation de saint Benoît. — Aimoin composa, sur la translation des reliques de saint Benoît, un poëme dont les vers ne sont que la reproduction de ce qu'Adalbert avait écrit en prose sur le même sujet. Il prononça aussi un discours en l'honneur du même saint, dans lequel il ne fit que répéter ce que plusieurs écrivains en avaient dit avant lui, afin que ceux qui ne possédaient pas leurs écrits, connussent au moins ce qu'on y trouvait à la louange de ce patriarche. Puis enfin, aux instances de son abbé et de sa communauté, il continua la relation d'Adrovald et d'Adhéler, sur les miracles opérés depuis la translation de ces reliques dans le monastère de Fleury. L'inscription porte qu'il écrivit cet ouvrage en 1005. On y trouve quelques traits intéressants pour l'histoire de France. Les miracles qu'il rapporte furent opérés depuis le règne du roi Eudes, jusqu'à celui de Robert le Pieux. Mais il ne se borne pas à ceux arrivés à Fleury, il en rapporte aussi d'ailleurs; ce qu'il ne fait cependant qu'avec choix, et en confessant que la discrétion lui en avait fait passer plusieurs sous silence. Ces deux livres sont imprimés au sixième tome des Actes de l'ordre de Saint-Benoît.

Vie de saint Abbon. — Quelque temps après la mort de saint Abbon, Hervé, trésorier de Saint-Martin de Tours, et qui avait été disciple du saint abbé, pria Aimoin d'en écrire la Vie. Aimoin avait été témoin de son martyre et pouvait mieux que personne la raconter. Il le fit, et par une lettre particulière dédia son ouvrage à Hervé. Il prouve, dans la préface, que la mort d'Abbon a été un véritable martyre, puisqu'il l'a soufferte pour la vérité. Il est vrai qu'il n'a pas répandu son sang, en détournant les peuples du culte des idoles, mais il l'a répandu en travaillant à les délivrer de la servitude du vice et du péché. Si l'on objecte qu'il n'a pas été tourmenté longtemps, cela ne peut porter préjudice à sa gloire; plusieurs martyrs ont mérité le royaume du ciel pour une simple sentence de mort prononcée contre eux. Peut-être dira-t-on encore qu'Abbon n'a fait aucun miracle dans sa vie; mais qu'on lise l'histoire des premiers docteurs de l'Eglise, saint Jérôme et saint Augustin, on n'y trouvera aucun signe miraculeux, mais une grande pureté de vie et l'éloquence d'une doctrine salutaire.

Vies des abbés de Fleury. — Dans la Vie de saint Abbon, Aimoin cite un livre où il avait consigné celle des abbés de Fleury ses prédécesseurs. Cet ouvrage est perdu. Il faut en dire autant du Recueil des miracles opérés en Neustrie par l'intercession de saint Benoît. — C'est tout ce que nous savons des ouvrages d'Aimoin de Fleury, que l'on a souvent confondu avec un autre religieux du même nom, moine de Saint-Germain des Prés à Paris. Ils sont écrits avec une pureté et une élégance qui contrastent avec son siècle. On lui reproche de n'avoir pas mis assez de gravité dans le récit des circonstances de la mort de saint Abbon, et inspiré assez d'horreur pour les séditieux qui l'avaient causée. Cependant cet ouvrage restera comme un des plus intéressants parmi les écrits d'Aimoin, à cause des pièces originales qu'il contient, et surtout à cause de certains faits particuliers qui se trouvent liés aux divers événements de l'histoire générale.

AIMON, évêque de Valence, n'est connu dans l'histoire que par l'excommunication qu'il porta contre un certain Aicard, usurpateur des biens de cette Eglise. Avant d'en venir à cette censure, il prit tous les moyens que la prudence lui suggéra, pour l'engager à une restitution. Aicard s'obstinant, Aimon consulta plusieurs évêques sur la résolution où il était de l'excommunier. Tous approuvèrent ce parti. L'évêque procéda donc contre Aicard, l'excommunia et notifia son excommunication à la ville d'Arles, qui était regardée alors comme la capitale de cette partie de la Gaule qu'on appelle la Provence. Elle obéissait à Conrad, roi de la Bourgogne Transjurane. Aimon, qui était son chancelier, ne fit rien sans l'aveu de ce prince. A l'égard de la dénonciation, il l'adressa à la ville d'Arles, en conjurant le gouverneur et les habitants de ne point s'en dessaisir avant de l'avoir fait connaître à tous, et de la laisser déposée sur l'autel de saint Etienne, jusqu'à ce qu'elle eût été lue et entendue de toute la ville, et qu'Aicard et ses complices fussent revenus à résipiscence. L'évêque de Valence ne s'était pas contenté d'excommunier Aicard, il avait frappé de la même censure tous ceux qui avaient participé à son usurpation. Il emprunta à l'Ancien et au Nouveau Testament toutes les formules de malédictions, pour les fulminer contre eux : « Qu'ils périssent au plus tôt, dit-il, par le glaive du Seigneur! Qu'ils soient conduits dans le lieu infernal, et que leur lampe s'éteigne à jamais, s'ils ne se corrigent et ne font pénitence. » Parmi les évêques consultés, se trouvait Guy II, évêque du Puy. Comme il ne fut ordonné qu'en 976 ou 977, on ne peut mettre plus tôt l'excommunication portée par Aimon. Il paraît, par là, qu'il fut longtemps évêque de Valence, puisqu'il en occupait le siège dès l'an 943.

AJO, moine anglais, fit profession de la règle de saint Benoît dans le monastère de Croiland, rétabli en 948 par l'abbé Turquetul, neveu du roi Edouard le Vieux. Il s'y appliqua à l'étude du droit, puis à écrire l'histoire de son monastère. Ce fut Turquetul qui l'engagea à ce travail. Ajo commença son récit à l'an 700, époque de la fondation de cette abbaye, et le conduisit jusqu'en 974, c'est-à-dire jusqu'au règne d'Edgard, dont il était aimé; ce qui faisait une suite d'histoire d'environ 274 ans. Ingulfe, abbé de Croiland, l'a insérée toute entière dans celle qu'il écrivit au commencement du XIIe siècle, et que l'on retrouve dans le recueil des écrivains anglais, imprimé à Oxford en 1684. Ajo mourut dans un âge avancé, quelques mois avant Turquetul, dont les historiens fixent la mort au 11 de juillet de l'année 975.

ALAIN DES ILES, originaire de la Flandre française, fit d'abord profession de la vie monastique dans l'abbaye de Clairvaux, devint ensuite un des premiers abbés de Rivaur, au diocèse de Troyes, et fut enfin nommé à l'évêché d'Auxerre, en 1151. Il le gouverna pendant seize ans, mais les fatigues de l'épiscopat le forcèrent d'y renoncer. Il se démit en 1167, et se retira à Clairvaux, où il mourut en 1182. Il nous reste de lui un *Abrégé de la vie de saint Bernard*, que dom Mabillon a publié en tête de son édition des œuvres du saint docteur.

ALAIN, moine de Farfe, dans le VIIIᵉ siècle, était originaire d'Aquitaine, d'où il passa en Italie, vers l'an 752, et embrassa la vie monastique dans l'abbaye que nous venons de nommer. Après y avoir pratiqué, pendant quelques années, les exercices de la vie régulière, il se retira sur une montagne voisine, où il se fit une occupation de transcrire de bons livres. Guandelbert, abbé de Farfe, ayant quitté le gouvernement de son monastère, Alain fut contraint par ses frères de s'en charger, en 761, ce qu'il fit avec édification jusqu'au 2 de mars de l'année 770, jour auquel il mourut. Il reste de lui un Homiliaire où il a recueilli et classé dans un certain ordre tout ce qu'il y a de plus curieux et de plus instructif dans l'Ecriture sainte, les saints Pères et les auteurs ecclésiastiques, et il en a formé une suite de discours édifiants pour les principales fêtes de l'année. Ces discours étaient disposés suivant l'ordre du calendrier, pour être lus à chacune des solennités, en commençant par la veille de Noël. Le discours du jour traitait du mystère de l'Incarnation, et les autres des mystères dont les solennités que l'on célébrait rappelaient les souvenirs. Celui qui était pour le commencement du Carême, parlait de la patience, du pardon des injures, et d'autres matières analogues à la dévotion de ce saint temps. Il y a aussi dans cet Homiliaire des discours en l'honneur des Apôtres et des martyrs. C'est du moins ce qu'Alain dit dans sa préface, la seule pièce que dom Bernard Pez, bibliothécaire de l'abbaye de Melck, ait jugé à propos de nous conserver, quoiqu'il eût toutes les autres entre les mains. On peut voir cette préface dans le VIᵉ volume de son *Thesaurus anecdotorum*.

ALBÉRIC, moine du Mont-Cassin et cardinal-diacre de l'Eglise romaine, du titre des Quatre-Couronnés, composa l'Apologie du pape Grégoire VII, contre les accusations de Henri IV, roi de Germanie, et un *Traité du corps et du sang du Seigneur*, contre Bérenger. Il réfuta ses erreurs tant de force au concile de Rome, en 1079, qu'il le convainquit et l'obligea à se rétracter. On remarque qu'Albéric ne mit qu'une semaine à la composition de ce traité; mais avant de l'entreprendre, il avait disputé long temps avec Bérenger sans pouvoir le réduire. Il se servit surtout, pour convaincre son adversaire, du témoignage des Pères de l'Eglise. Albéric écrivit aussi la Vie de sainte Scholastique, celle de saint Dominique, l'histoire du martyre de saint Modeste et de saint Césaire; un livre de l'Astronomie, un de la Dialectique; une homélie sur sainte Scholastique, des hymnes et des proses pour les fêtes de Pâques, de l'Assomption, de saint Nicolas et de saint Pierre; des proses sur le jour du jugement, sur les peines de l'enfer sur les joies du paradis; un livre de la Virginité de Marie; un traité sur la Musique en forme de dialogue, et quelques autres opuscules. Ses lettres à Pierre Damien, évêque d'Ostie, étaient en grand nombre. Ce prélat lui en écrivit aussi pour répondre aux questions qu'il lui proposait. On retrouve plusieurs de ses écrits dans les œuvres de Pierre Diacre, dans la Chronique du Mont-Cassin et dans le recueil des Bollandistes. Il mourut à Rome, en 1088, et fut enterré auprès de l'église des Quatre-Couronnés, qui était son titre.

ALBÉRIC de Reims, fléau des Nominaux, et l'un des plus beaux génies de son siècle, fut d'abord élève de l'école de Reims, d'où il passa successivement à celles d'Anselme de Laon et de Guillaume de Champeaux. Au sortir de cette dernière, il donna pendant quelque temps des leçons publiques sur le mont Sainte-Geneviève, à Paris, où il compta Jean de Salisbury parmi ses disciples, comme l'attestent les écrits de ce dernier. Appelé plus tard à diriger l'école de Reims, les étudiants s'y rendirent en si grande foule qu'ils semblaient surpasser le nombre des citoyens. Hugues II, depuis abbé de Marchienne, s'y rendit de Tournay, suivi de plusieurs de ses compatriotes. Le célèbre Gauthier de Mortagne, qui devint plus tard évêque, se fit inscrire aussi au nombre de ses disciples. Albéric réunissait alors en sa personne la dignité d'archidiacre avec celle d'écolâtre. Il avait de l'éloquence, un grand fond de savoir, parlait avec grâce et s'appliquait à faire observer parmi ses élèves la plus exacte discipline. Mais il était diffus dans ses leçons, se déconcertait facilement, et manquait presque toujours d'à-propos pour répondre aux difficultés qui lui étaient proposées.

Ce défaut en découvrit un autre dans le célèbre professeur, et qui prouve que les plus grands hommes ne sont pas toujours à couvert des faiblesses de l'humanité. Gauthier de Mortagne, qui avait beaucoup de pénétration et de subtilité, s'étant aperçu de l'embarras qu'éprouvait Albéric à résoudre les questions difficiles, affectait de lui en faire sans cesse. Le maître, irrité de ce procédé, prit Gauthier en telle aversion, qu'il fut obligé de quitter son école. Au bout de quelque temps, Albéric l'abandonna aussi et se retira à Liége, dont il fut chanoine, puis archevêque de Bourges, en 1136. Il mourut l'an 1141, avec la réputation d'un vertueux et savant prélat.

A peine s'il nous reste quelques vestiges de ses écrits. La seule pièce que nous puissions lui revendiquer avec assurance est une réponse à deux lettres que Gauthier de Mortagne lui avait écrites, pour combattre son opinion, que les seules promesses suffisaient pour opérer le mariage. Cette réponse, insérée par dom Martenne au Iᵉʳ tome de sa grande collection, n'indique à la vérité que par son initiale le nom de l'auteur; mais Albéric est clairement désigné dans les deux lettres de Gauthier, qui, après l'avoir appelé son maître et son ami, ajoute que son opinion avait été soutenue dans l'Eglise

Quant aux solutions que donne Albéric aux difficultés de son ancien disciple, elles ne sont rien moins que satisfaisantes. Les passages des Pères qu'il produit en sa faveur ne prouvent qu'une chose, c'est-à-dire, que ce n'est point la conjonction charnelle, mais le consentement des parties qui fait le mariage. Il ne répond pas à la principale difficulté, savoir que dans son opinion il n'y aurait aucune différence entre les promesses pour l'avenir et l'engagement du présent. Albéric fut encore vivement pressé par Gauthier pour avoir dit que Jésus-Christ n'avait pas craint la mort; nous avons sa lettre écrite à ce sujet, mais la réponse du premier n'existe plus.

ALBÉRON, fils d'Arnou, comte de Chini, avait été élevé dans le clergé de Verdun, et était parvenu par son mérite à la dignité d'archidiacre, qu'il remplissait avec édification. Ursion, évêque de cette ville, ayant déposé sa démission, à Liége, entre les mains de l'empereur Lothaire II et du pape Innocent II, Albéron fut élu pour lui succéder, à la grande satisfaction du prince et du souverain pontife. Au voyage que le saint-père fit de Liége à Paris, le nouvel élu se rendit dans cette dernière ville pour y recevoir de ses mains l'onction du sacerdoce et la consécration épiscopale, aux fêtes de Pâques de l'an 1131. De retour à Verdun, le prélat employa tous ses soins à délivrer cette ville de la tyrannie du comte de Bar. Il y réussit par un stratagème, après avoir inutilement épuisé toutes les voies de la conciliation. La paix rendue à son Église, il y rétablit le bon ordre et lui rendit son ancienne splendeur. Il bâtit une nouvelle cathédrale à la place de celle que l'usurpateur avait ruinée; et, loin de charger son peuple dans l'exécution d'une telle entreprise, il lui donna une preuve éclatante de son désintéressement, en faisant changer la monnaie qui avait été odieusement altérée pendant les troubles. Les travaux de sa cathédrale se trouvant terminés, en 1148, le nouveau temple fut béni par le pape Eugène III, qu'Albéron avait amené du concile de Reims à Verdun, pour cette cérémonie. Ensuite il accompagna le souverain pontife jusqu'à Trèves, d'où il fut député par un concile qui s'y tint alors pour aller examiner les merveilles qu'on publiait de sainte Hildegarde, religieuse de Saint-Rupert, au diocèse de Mayence. De retour en son diocèse, il y fut témoin d'une guerre furieuse entre les Verdunais et les habitants du pays de Metz. Elle finit en 1152, par la médiation de saint Bernard. Albéron gouverna son diocèse pendant quelques années encore, mais le fardeau de l'épiscopat lui semblant plus lourd à mesure qu'il avançait en âge, il résolut de se démettre. Il assembla son peuple, lui fit ses adieux en termes très-touchants, lui indiqua son successeur, et se retira dans l'abbaye de Saint-Paul, habitée par des Prémontrés, au milieu desquels il termina saintement ses jours, en 1158, environ deux ans après son abdication.

Le temps ne nous a conservé des écrits d'Albéron qu'une lettre et deux chartes, insérées dans le *Cours complet de Patrologie* de M. l'abbé Migne. La lettre est adressée au pape Innocent II, pour lui rendre compte des motifs qui l'avaient porté à mettre les Prémontrés à la place des Bénédictins, dans l'abbaye de Saint-Paul, près des murs de Verdun. L'auteur y dit que Vecfrid, l'un de ses prédécesseurs, ayant substitué, vers l'an 960, des moines aux clercs qui desservaient originairement cette église, ceux-là s'étaient comportés d'une manière très-édifiante, pendant un grand nombre d'années; mais qu'enfin dans ces derniers temps ils avaient tellement dégénéré, qu'ils étaient devenus l'opprobre de son diocèse. Pour satisfaire au devoir de sa conscience, il avait été trouver leur abbé Manassès, accompagné de plusieurs abbés et personnes religieuses. Il lui avait remontré le scandale que sa conduite et celle de ses moines excitaient, et en avait tiré une promesse de mieux vivre à l'avenir; mais, au mépris de cette promesse, les désordres ayant continué, il avait été contraint de déposer l'abbé, de le renfermer à Saint-Vanne et de disperser les moines en différentes abbayes; ensuite, après avoir offert le monastère vacant à différents moines, même à ceux de Cluny, qui, comme les autres, avaient refusé de venir le repeupler, il n'avait pas cru pouvoir mieux faire que d'y établir des Prémontrés. Au reste, par cette disposition, il n'avait fait que restituer dans son premier état un monastère fondé primitivement pour des clercs.

Cette assertion d'Albéron, qui affirme avoir appelé des moines de Cluny pour remplacer ceux de Saint-Paul, est formellement contredite par Pierre le Vénérable, dans une lettre adressée au cardinal Mathieu d'Albane, où il se plaint vivement qu'on ait fait à l'ordre religieux l'injure de lui enlever un de ses monastères. Mais cette lettre, qu'on peut lire dans la collection du pieux abbé de Cluny, ne produisit aucun effet. Le pape confirma l'introduction des Prémontrés à Saint-Paul, où ils se sont maintenus avec édification jusqu'aux jours de la suppression des ordres religieux en France.

Les deux chartes d'Albéron ont pour objet, l'une, l'introduction des Prémontrés dans l'abbaye de Saint-Paul, en 1151; l'autre, la fondation de l'abbaye de Chanteloup pour des moines de Cîteaux. On les trouve l'une et l'autre parmi les pièces qui servent de preuve au tome II de l'*Histoire de Lorraine* par dom Calmet, et dans le *Cours complet de Patrologie* de M. l'abbé Migne, Paris, 1852.

ALBÉRON ou **ADALBERON**, qui de primicier de Metz se fit moine de Prum, dont il devint ensuite abbé, et fut enfin élu archevêque de Trèves, à la mort de Lieutfroid de Hesse, vivait dans la première moitié du xiie siècle. L'histoire nous a conservé peu de souvenirs de sa vie, et il ne nous reste de lui que quelques fragments d'écrits reproduits dans le *Cours complet de Patrologie* de M. l'abbé Migne.

ALBERT, moine de Saint-Symphorien de Metz, florissait sur la fin du x° siècle et s'était rendu habile dans les arts libéraux et l'intelligence des saintes Ecritures. Il écrivit l'histoire de ce qui s'était passé de son temps, et son ouvrage se trouve dans le recueil de M. Eccard, imprimé à Leipsick en 1723. La plupart des événements qu'il raconte ont trait à l'histoire profane. Cependant il y dit quelque chose des évêques de Metz et d'Utrecht: Un clerc avait quitté sa profession pour se faire juif et avait répandu, à cette occasion, plusieurs blasphèmes contre la religion chrétienne. Albert réfute solidement les vains raisonnements dont ce clerc appuyait son apostasie, et allègue contre lui les passages de l'Ecriture les plus précis, pour l'établissement du christianisme sur la ruine de la Synagogue. Il dédia son histoire à Bouchard, évêque de Worms, qui l'en remercia par une lettre

ALBERT, trésorier de l'église d'Acqs, aujourd'hui Dax, est auteur d'une *Histoire de l'expédition de Jérusalem*. Il l'écrivit sur la relation de ceux qui avaient accompagné Godefroi de Bouillon dans la croisade. Ce fut pour lui une consolation de mettre par écrit des événements si merveilleux, auxquels il aurait eu volontiers sa part, s'il n'en eût été empêché par des raisons d'obéissance; car il brûlait du désir de visiter la terre sainte, et de faire ses prières sur le tombeau même de Jésus-Christ. Son ouvrage est divisé en douze livres, qui contiennent ce qui s'est passé parmi les croisés depuis l'an 1095 jusqu'en 1121. Cette chronique entre dans un grand détail et paraît très-exacte. L'auteur raconte, dans le sixième livre, qu'après l'entrée des croisés dans Jérusalem, un chrétien qui y demeurait auparavant avec les Sarrasins donna avis à Godefroi de Bouillon, proclamé roi, que, pendant le siège de cette ville, il avait caché une croix d'or, d'une demi-aune de longueur, au milieu de laquelle se trouvait enchâssé un morceau de la vraie croix, dans la crainte que les infidèles ne lui enlevassent cette précieuse relique pour la profaner. Cette nouvelle causa une grande joie parmi les croisés; et au jour du vendredi saint on se rendit processionnellement au lieu où cette croix avait été déposée, et on la rapporta avec crainte et révérence dans l'église du Saint-Sépulcre. Bongars a reproduit cette chronique, sous le nom d'Albert, dans son recueil des *Gesta Dei per Francos*.

ALBUIN. — Sandérus, dans sa *Bibliothèque des manuscrits*, fait mention d'un reclus nommé Albuin, et de plusieurs de ses ouvrages, dont un était adressé à Héribert, ordonné archevêque de Cologne en 999. On imprima, vers le milieu du dernier siècle, l'épître dédicatoire avec quelques lignes de la préface; mais l'ouvrage entier n'a jamais été rendu public. Ce n'est du reste qu'un recueil de passages choisis dans l'Ecriture et dans les écrits des saints Pères, sur la pratique des principales vertus chrétiennes, en commençant par la charité. Il est probable que c'est ce même traité que l'on trouve dans plusieurs bibliothèques, reproduit tantôt sous le titre *De toutes les vertus*, et tantôt, sous celui de *Recueil d'étincelles ou de sentences*. La différence des préfaces a pu seule, à cet égard, mettre en défaut l'érudition des commentateurs. Albuin, dans l'inscription de son livre, prend le titre de prêtre, ce qu'il ne fait pas dans son épître dédicatoire.

ALCHER, cultiva les lettres et la piété dans l'abbaye de Clairvaux, sous le gouvernement de saint Bernard et de ses successeurs. Il était versé non-seulement dans les lettres divines, mais aussi dans les sciences humaines. Il paraît qu'il avait étudié la médecine, puisqu'un autre moine de Clairvaux, nommé Isaac, lui dit dans une lettre : « Si vous jugez à propos de m'écrire sur la structure du corps humain, peut-être vous ferai-je une réponse dans laquelle je vous montrerai comment l'âme reçoit de son plein gré cet instrument de son action et de son plaisir ; comment ensuite elle le conserve avec soin; comment elle le quitte toujours avec regret ; comment elle désire avec empressement de le reprendre après qu'elle l'a quitté malgré elle ; comment enfin elle se réjouira quand elle l'aura repris pour ne plus le perdre. » Alcher était en doute sur ces trois points, parce qu'il ne pouvait comprendre le mystère réellement incompréhensible de l'union de l'âme et du corps. Bien éloigné toutefois de confondre les deux substances qui composent la nature humaine, il fit un traité dans lequel il s'appliquait à faire ressortir leur distinction. Cet ouvrage est le second des quatre livres *De l'âme* imprimés parmi les œuvres de Hugues de Saint-Victor, et le même que le livre *De l'esprit et de l'âme*, dans l'Appendice au tome VI de saint Augustin. Erasme, parlant de ce livre, dit que l'auteur y montre beaucoup de lecture, mais qu'il n'entend point l'art de lier un discours, en sorte que son érudition ressemble à du sable sans chaux. La critique d'André Rivet est un peu moins sévère. « Quoique ce livre, dit-il, soit incontestablement étranger à saint Augustin, il mérite néanmoins d'être lu, et l'on y trouve bien des choses propres à satisfaire la curiosité des lecteurs. » Pour dire à notre tour notre avis sur ce livre, nous le regardons comme un assez bon précis de ce que les anciens ont écrit de mieux sur la nature de l'âme, sa différence d'avec le corps, l'immortalité de son être, et la noblesse de sa destinée. Les éditeurs de saint Augustin, tout en attribuant cet ouvrage à notre auteur, l'ont partagé en soixante-six chapitres, et ont eu soin, ce qui est un travail énorme, de marquer par des notes marginales les auteurs dont Alcher avait emprunté les expressions.

Le traité de l'amour de Dieu (*De diligendo Deo*) est divisé en dix-huit chapitres dans la nouvelle édition de saint Augustin. Sa conformité avec le précédent l'a fait généralement attribuer à Alcher. Au jugement d'Erasme et des théologiens de Louvain, une piété lumineuse et affective est le caractère dominant de cet ouvrage. Le style en est bien différent de celui de saint Augustin; et saint Anselme, Hugues de Saint-Victor et saint Bernard, qu'on y voit cités comme des écrivains récents, témoignent que l'auteur vivait au XIIe siècle. Ce qu'il y a de certain, c'est que l'auteur était un homme du cloître, car il remercie Dieu de l'avoir retiré du monde et de ses dangers. Les mêmes éditeurs inclinent à mettre encore parmi les productions d'Alcher tous les autres écrits qu'ils ont rassemblés dans l'Appendice du VIe tome de saint Augustin, savoir : le *Soliloque de l'âme avec Dieu*, le livre des *Méditations*, l'opuscule de la *Contrition du cœur*, et le *Manuel* formé en partie des méditations de saint Anselme, et en partie du IVe livre de l'âme. Le fondement sur lequel s'appuient les critiques pour attribuer ces livres à Alcher, c'est la grande ressemblance qu'ils ont avec ceux qui ne lui sont plus contestés. Cependant il y a une difficulté pour le *Soliloque*, c'est que le trente-deuxième chapitre est le même, à quelques mots près, que tout le premier chapitre du quatrième concile de Latran, tenu en 1215, sous le pape Innocent III. Le concile aurait-il copié cet endroit, ou serait-il l'original ? C'est une question que nous laissons à résoudre à des érudits plus habiles.

ALCUIN, dont le nom saxon s'écrivait ALCWIN, fut un des écrivains les plus célèbres du VIIIe siècle. Il naquit vers l'an 735, dans la province d'York, d'une famille noble d'Angleterre. Il fut élevé par le vénérable Bède et par Ecbert, archevêque d'York, dont il fut bibliothécaire, et devint abbé de Cantorbéry. Sa réputation traversa les mers; Charlemagne, qui avait eu occasion de le voir à Parme, l'engagea à venir en France; et, pour l'y fixer, il lui donna les abbayes de Ferrières en Gâtinais, de Saint-Loup à Troyes, et le petit monastère de Saint-Josse. Voulant le fixer auprès de sa personne, il le fit son aumônier, et prit de lui des leçons de rhétorique, de dialectique et des autres arts libéraux. C'est de cette époque 780 qu'il faut dater l'établissement de l'école nommée Palatine, parce qu'elle se tenait dans le palais même, où, sous la direction d'Alcuin, les plus habiles instituteurs du temps formaient l'élite de la jeunesse de l'empire. Cette école fleurit sous ses successeurs, et l'Université de Paris s'y rattache par une succession de maîtres non interrompue. A cette école, Alcuin joignit une bibliothèque et une sorte d'académie, dont Charlemagne ne dédaigna pas de faire partie, et dont chaque membre emprunta le nom d'un personnage de l'antiquité. Charlemagne y prit celui de David, et Alcuin celui de Flaccus Albinus. Il repassa en Angleterre, où il fit un séjour de trois ans; mais en 792 il revint en France pour n'en plus sortir. Ce fut alors qu'il fonda, sous les auspices du prince, plusieurs écoles florissantes, à Aix-la-Chapelle, à Paris et ailleurs. Bientôt il joignit au titre de restaurateur des études celui de défenseur de la foi contre Elipand et Félix, évêque d'Urgel, qui renouvelaient en Espagne les erreurs du nestorianisme.

A la mort d'Ithier, abbé de Saint-Martin de Tours, Charlemagne donna cette abbaye à Alcuin, qui en prit le gouvernement vers l'an 796. Ce don royal le rendit puissamment riche, et c'est sans doute au grand nombre de serfs des monastères dont il était le chef qu'Elipand de Tolède fait allusion lorsqu'il lui reproche d'avoir vingt mille esclaves; mais l'éclat de ces richesses n'éblouit ni ne corrompit Alcuin. Après avoir servi utilement son prince dans les négociations, et l'avoir accompagné au concile de Francfort, en 794, il ne cessa de demander sa retraite, sans pouvoir l'obtenir; lorsqu'en 799 Charlemagne l'invita à le suivre à Rome, il s'en excusa sur son grand âge et ses infirmités. En 801, au retour du monarque, il ne reparut à la cour que pour le féliciter sur la couronne impériale que ce prince rapportait de Rome, et sollicita son congé avec de nouvelles instances. L'ayant enfin obtenu, il se retira dans son abbaye de Saint-Martin de Tours, et ouvrit une école où sa réputation attira un grand concours d'auditeurs. Quoique éloigné de la cour, il y conserva toute la considération dont il avait joui, entretint une correspondance suivie avec l'empereur et les princesses, et n'usa de son crédit que pour se dépouiller de ses bénéfices. Délivré alors de tout soin temporel, il se livra entièrement à la prière et à l'étude, et fit de sa main une copie correcte de l'Ancien et du Nouveau Testament. Ce fut dans ces pieux exercices qu'il mourut le 19 mai 804, âgé de près de soixante-dix ans. Il avait, par humilité, voulu rester diacre toute sa vie. Il fut enterré, non dans l'église de Saint-Paul à Cormery, comme plusieurs écrivains l'ont prétendu, mais dans l'église de Saint-Martin de Tours, où l'on grava sur une plaque de cuivre l'épitaphe qu'il s'était composée lui-même. La pureté de ses mœurs, et son zèle pour la défense de la foi catholique lui méritèrent de son vivant la réputation de saint; l'Eglise l'a mis après sa mort au nombre de ses bienheureux. Flodoard, auteur de la Chronique de Saint-Martin de Tours, a écrit sa Vie, et son disciple Rhaban, archevêque de Mayence, lui a donné une place dans son Martyrologe. L'édition la plus complète de ses œuvres est celle renouvelée des Bénédictins, et publiée à Paris, en 1851, par les soins de M. l'abbé Migne. Elle est divisée en huit parties. La première contient ses lettres, la seconde ses œuvres exégétiques, la troisième ses œuvres dogmatiques, la quatrième ses œuvres liturgiques et morales, la cinquième ses œuvres hagiographiques, la sixième ses poésies, la septième ses œuvres didactiques, la huitième les œuvres douteuses et supposées.

Commentaire sur la Genèse. — Le prêtre Sigulfe, disciple d'Alcuin et le compagnon de tous ses voyages, lui avait demandé des éclaircissements sur plusieurs endroits de la Genèse. Alcuin les lui donna dans un commentaire écrit par demandes et par réponses, et qui comprend, en tout, 281 articles, c'est-à-dire, autant que Sigulfe lui avait adressé de questions. Il composa cet écrit étant à la suite du roi Charles, et le tracas des affaires publiques, avec les embarras inséparables des voyages, le forcèrent d'y mettre beaucoup de précipitation. C'est ce qu'il témoigne lui-même dans la préface, où il s'adresse à Sigulfe, comme pour lui faire honneur d'un ouvrage dont il a fourni le sujet. Il remarque en même temps qu'il n'expliquera que les passages historiques de la Genèse, ne se trouvant pas assez de loisirs, pour commenter d'autres endroits du même livre, qu'il regardait comme très-difficiles à entendre. Voici quelques-unes de ces questions avec leur réponse :

Pourquoi Adam ayant été établi le maître du monde, a-t-il reçu une loi de Dieu ? — C'était afin qu'il ne pensât point à s'élever au-dessus de son domaine sur les créatures, et qu'en observant le commandement qui lui avait été fait, il connût qu'il était soumis à son Créateur. — Pourquoi Enoch demeure-t-il si longtemps sans mourir ? — C'est afin de faire connaître aux hommes qu'ils auraient pu tous ne pas mourir, s'ils n'avaient péché. Les autres questions sont dans le même genre, et Alcuin y répond avec la même précision. Il s'étend seulement sur la dernière, qui traite des bénédictions que le patriarche Jacob donna à ses enfants avant de mourir. Il les explique dans leur sens historique et allégorique. Dans le premier, qui est le sens littéral, ces bénédictions s'entendaient de la terre promise qui devait être partagée entre les douze enfants de Jacob. Mais dans le second, qui est le sens allégorique et moral, ces bénédictions s'appliquent à Jésus-Christ et à son Eglise.

On a joint à ces questions un petit traité sur ces paroles de la Genèse : *Faisons l'homme à notre image et à notre ressemblance.* Cet ouvrage, successivement attribué et à saint Augustin et à saint Ambroise, a été restitué à Alcuin par tous les critiques. L'auteur s'applique à y faire ressortir toutes les ressemblances de l'homme avec Dieu. Comme Dieu est un et tout entier partout, et qu'il communique à toutes les choses qu'il gouverne la vie et le mouvement ; de même l'âme est tout entière dans toutes les parties du corps ; elle les vivifie, les meut et les gouverne. Quoique la nature de Dieu soit une, il y a cependant trois personnes en Dieu, le Père, le Fils, et le Saint-Esprit ; eh bien, quoique d'une nature unique, l'âme possède trois facultés distinctes, l'entendement, la mémoire et la volonté. De même que le Fils est engendré du Père, et que le Saint-Esprit procède de l'un et de l'autre ; ainsi la volonté est engendrée de l'entendement, et la mémoire procède de l'entendement et de la volonté. Le Père est Dieu, le Fils est Dieu, le Saint-Esprit est Dieu, et néanmoins ce ne sont pas trois dieux, mais un seul Dieu en trois personnes. L'âme est entendement, elle est volonté, elle est mémoire, et toutefois ce ne sont pas trois âmes dans un même corps, mais une seule âme avec trois facultés. C'est ainsi qu'Alcuin fait ressortir dans l'homme l'image de Dieu. Quant à la ressemblance, il l'explique d'une manière morale, en disant que comme Dieu est charité, qu'il est bon, juste, patient, miséricordieux, ainsi l'homme a été créé pour posséder la charité, et avec elle toutes les vertus qui en découlent.

Explication des psaumes. — Les éditeurs ont réuni, sous ce titre général, trois opuscules qu'Alcuin composa sur les Psaumes. Le premier est une explication morale des sept psaumes de la pénitence ; le second, du psaume 118, et le troisième des psaumes appelés *Graduels*. Alcuin les composa à la prière de son frère Arnon, à qui il les adressa, par une épître dédicatoire. Il déclare qu'il les a écrits sur les explications que les anciens interprètes ont données des mêmes psaumes. Il fait remarquer que les psaumes que nous appelons *pénitentiaux* ont été fixés par les Pères au nombre de sept ; et que le 118ᵉ était en si grande vénération dans l'Eglise, que l'ancienne coutume était de le chanter aux heures canoniales. Il recommande à Arnon d'engager les membres de son clergé à approfondir le sens des psaumes, afin que dans la psalmodie l'esprit accompagnât la voix, et que, selon le conseil de l'Apôtre, ils pussent chanter les louanges de Dieu avec cœur et intelligence. Il finit son travail par un poëme en dix-sept vers hexamètres, où il conjure son évêque de se souvenir de lui au saint autel, et de prier pour la rémission de ses péchés.

De l'usage des psaumes. — Ce traité est divisé en deux parties. A la tête de la première, Alcuin met deux vers élégiaques, dans lesquels il se reconnaît auteur de tout l'ouvrage. Il remarque ensuite que le don de prophétie n'est pas un don habituel et inhérent à celui que Dieu en a favorisé, mais une grâce actuelle, et qui n'agit sur l'âme du prophète que dans les moments de l'inspiration. Il fait voir qu'en approfondissant les psaumes, on y trouve non-seulement les principaux mystères de la religion bien établis, mais aussi des secours pour tous les besoins de l'âme. L'innocence et le repentir, l'amour et la reconnaissance, la tristesse et la joie, le calme et les combats, tous les sentiments de l'âme, toutes les dispositions du cœur, y trouvent toutes les formules de prières et d'actions de grâces qui les aident à exprimer leurs vœux et à les faire monter vers le ciel. Alcuin marque, en détail, les passages des psaumes qui peuvent servir dans les différents besoins spirituels, et y joint des oraisons qu'il avait composées lui-même, en empruntant au Psalmiste les paroles et les sentiments exprimés dans son cantique. — Il suit la même méthode dans la seconde partie, où l'on trouve des prières sur toutes sortes de sujets. Il y donne aussi différentes formules pour la confession des péchés, et l'on peut dire qu'il est rare de trouver des examens de conscience plus détaillés. Nous ne mentionnerons qu'une seule de ces formules, dans laquelle, après avoir fait faire au pénitent une confession de foi sur les mystères de la Trinité et de l'Incarnation, il ajoute, en s'adressant à Jésus-Christ : « Je crois que vous avez été adoré des mages, baptisé par saint Jean dans le Jourdain, présenté au temple, trahi par Judas, flagellé, couronné d'épines, attaché à la croix, enseveli ; qu'après être ressuscité, vous avez bu et mangé pendant quarante jours avec vos disciples, et que le quarantième vous êtes monté au ciel. » Il indique encore des prières et des oraisons pour toutes les heures de l'office, et spécialement pour Complies. Celle de Prime est la même que nous récitons encore aujourd'hui.

Bréviaire. — Alcuin fit une espèce de Bréviaire dans lequel il marqua, en détail, les psaumes que l'on devait dire chaque jour de la semaine, en commençant par le dimanche. Il y joignit des hymnes, des oraisons, des litanies. Le nombre des psaumes est plus grand le dimanche, et pour les autres jours de la semaine ce nombre n'est pas égal. L'office du dimanche finit par une litanie qui est en partie la même que nous récitons encore aujourd'hui. Il n'en met point après l'office de chaque férie, mais après celui du samedi il en indique une fort longue et qu'il distribue en six parties, pour tous les jours, à partir du lundi. Les hymnes qui font partie de ce Bréviaire sont attribuées à saint Ambroise, à Prudence, à Sedulius, à Fortunat et à Eugène de Tolède. C'est à Fortunat qu'il fait honneur du *Pange, lingua, gloriosi,* mais on le croit plutôt de Mamert Claudien. La distribution de l'office est suivie d'un recueil d'oraisons, publiées sous le nom de plusieurs Pères, quoiqu'on ne les trouve point dans leurs écrits ; Alcuin pourrait en avoir extrait la matière et les sentiments. Du reste, au commencement comme à la fin de cette compilation, il est évident qu'il manque quelque chose, ce qui l'empêche d'être complète.

Commentaire sur l'Ecclésiaste. — Trois disciples d'Alcuin, Onias, Candide et Nathanaël, venaient de se voir ravis à sa discipline pour être élevés, le premier à l'épiscopat, le second à la prêtrise, et le troisième au diaconat. Craignant que cette promotion ne devînt pour eux une occasion de s'attacher aux biens et aux honneurs du siècle, il composa, à leur usage, un commentaire sur le livre de l'Ecclésiaste, Commentaire tiré moins de son propre fonds que des explications des anciens Pères de l'Église, et principalement de saint Jérôme. C'est ce qu'il déclare dans l'épître dédicatoire qu'il leur adresse. Il leur recommande aussi de se considérer moins comme les propriétaires que comme les dispensateurs des richesses dont ils avaient le maniement. Il leur conseille de s'en faire des amis auprès de Dieu, en en distribuant le superflu aux pauvres. Il leur cite cet endroit des Proverbes, XIII, 8 : *Les richesses de l'homme sont la rançon de son âme ;* cet autre de l'Evangile : *Faites-vous des trésors dans le ciel, où les vers et la rouille ne les mangent point ;* et cette promesse du Sauveur à ceux qui auront accompli les devoirs de la charité envers les pauvres : *Venez, les bénis de mon Père, posséder le royaume qui vous a été préparé dès le commencement du monde.* Il remarque, d'après les Hébreux, que le livre de l'Ecclésiaste aurait été rejeté, comme bien d'autres de Salomon, dont les titres ne sont pas même connus, s'il n'avait déclaré, à la fin, que le bonheur de l'homme consistait à aimer Dieu et à observer ses commandements. Ce Commentaire est suivi d'un poëme pour en recommander la lecture, et de la prière que Salomon fit à Dieu dans la dédicace du temple de Jérusalem, telle qu'on la trouve au troisième livre des Rois.

Commentaire sur l'Evangile de saint Jean. — Après la mort de Charlemagne, Gisla et Rictrude, l'une fille et l'autre épouse de ce prince, s'étaient retirées dans un monastère qu'on croit être celui d'Argenteuil ou de Chelles, aux environs de Paris. Le désir de se perfectionner dans l'intelligence de l'Ecriture sainte, qu'Alcuin leur avait souvent expliquée, les porta à lui écrire à Tours, pour lui demander un Commentaire sur l'Evangile de saint Jean.

Elles lui rappelaient le soin que saint Jérôme prenait autrefois d'instruire les dames romaines, en leur envoyant, malgré la distance, l'explication des prophéties de l'Ancien Testament. La distance est moins longue de Tours à Paris, et le trajet de la Loire moins dangereux que celui de la mer de Toscane. Alcuin, pour les satisfaire, commenta l'Evangile de saint Jean, et divisa son travail en sept livres. Dans la première préface, il remarque que, suivant la tradition, saint Jean n'avait écrit son Evangile que sur la fin de ses jours, comme il se trouvait relégué dans l'île de Patmos. Il l'écrivit aux instances des évêques d'Asie et de plusieurs autres Églises, pour l'opposer aux hérésies que Marcion, Cérinthe, Ebion et plusieurs autres avaient introduites dans l'Eglise pendant son absence. Comme ils soutenaient que Jésus-Christ n'existait point avant Marie, saint Jean s'appliqua à établir l'éternité du Christ, dont les autres évangélistes n'avaient pas suffisamment parlé. Alcuin se servit, pour composer son Commentaire, des écrits des Pères qui avaient expliqué cet Evangile, soit dans des traités, soit dans des homélies, soit même par fragments détachés, se contentant d'éclaircir quelquefois un passage contesté. Il profita surtout des traités de saint Augustin, des livres de saint Ambroise, des homélies de saint Grégoire le Grand et du vénérable Bède, prenant tour à tour le sens des paroles et les paroles elles-mêmes. Il ajoute, dans sa seconde préface, que si Dieu lui accorde la santé et le loisir, il espère un jour pouvoir expliquer les trois autres Evangiles. Il demande aux saintes femmes à qui son Commentaire est adressé, le secours de leurs prières, et les engage à employer saintement le temps du carême à se préparer à la célébration de la Pâque.

Poëme sur la Bible. — Après qu'Alcuin eut revu et corrigé les livres de la Bible, il mit quelques petites épigrammes au dos des exemplaires sur lesquels il avait travaillé. Baronius fait mention d'un de ces exemplaires qu'il a vu dans une bibliothèque de Rome, et qui avait beaucoup servi à ceux qui, de son temps, furent chargés de corriger la Vulgate. On voit, par ces épigrammes, qu'aux viii° et ix° siècles on donnait à la Bible les titres de *Pandectes*, de *Bibliothèque*. Il s'y nomme lui-même avec le roi Charles, par l'ordre duquel il avait travaillé à la révision du texte des livres saints.

Des œuvres dogmatiques d'Alcuin. — Alcuin, retiré dans son monastère de Saint-Martin de Tours, crut ne pouvoir mieux employer les loisirs dont il jouissait qu'à seconder le zèle de Charlemagne, en l'aidant à répandre les lumières de la foi dans tout l'empire; car ce prince était dès lors élevé à la dignité impériale. Il le dit lui-même expressément, dans l'épître dédicatoire qu'il lui adresse en lui envoyant ses trois livres de la Trinité. Ce fut de lui-même qu'il entreprit cet ouvrage, non pour instruire l'empereur sur la vérité de ce mystère, il en savait tout ce que la foi catholique nous oblige de croire, mais pour combattre ceux qui, niant la nécessité et même l'utilité de la dialectique, le blâmaient d'en avoir appris les règles à Charlemagne. Il s'appuie de l'autorité de saint Augustin, qui, dans les livres de la Trinité, enseigne qu'on ne peut résoudre des questions si profondes qu'en recourant aux subtilités des catégories.

Traité de la Trinité. — Alcuin ne s'arrête pas tellement au mystère dont il traite, qu'il ne propose et ne résolve encore plusieurs questions sur l'incarnation du Verbe. Voici le précis de cet ouvrage. Les philosophes ont placé la béatitude dans ce qui flatte les passions humaines, dans les voluptés, dans les honneurs, dans les richesses temporelles; mais l'Ecriture tout entière ne nous en présente point d'autre que celle dont nous sommes appelés à jouir dans l'éternité. Or personne ne peut parvenir à ce bonheur que par la foi catholique animée de la charité, c'est-à-dire, de l'amour de Dieu aimé pour lui-même, et du prochain aimé pour Dieu. L'Apôtre enseigne en termes exprès la nécessité de cette foi. Elle consiste à croire qu'il y a un Dieu en trois personnes, qui ne sont pas trois dieux, mais un seul, parce que leur nature est une et la même. Quoique personnellement le Père soit autre que le Fils, et le Fils autre que le Saint-Esprit, cependant ils n'ont qu'une nature. D'où vient que Dieu, voulant former l'homme, dit : *Faisons-le à notre image;* terme singulier qui marque l'unité de nature, à la ressemblance de laquelle l'homme a été formé. C'est pourquoi il faut savoir qu'il y a des choses qu'on dit de Dieu *substantivement*, comme lorsqu'on dit : Dieu est grand; et qu'il y en a d'autres qui ne se disent que *relativement*, comme lorsque nous nommons les personnes ; car il y a relation du Père au Fils, du Fils au Père, et du Saint-Esprit à tous les deux. Ce sont ces relations qui constituent la distinction entre les personnes de la Trinité et qui empêchent qu'on ne les confonde entre elles. Il résulte de cette unité de substance dans la Trinité que les trois personnes sont égales en attributs et en perfections. En Dieu on n'admet point d'accident, parce qu'il est immuable et éternel. Tout est commun, dans la Trinité, à toutes les personnes, en ce qui regarde les attributs essentiels à la substance qui leur est commune. C'est la même nature, la même essence pour le Père, le Fils et le Saint-Esprit; mais chacune de ces trois personnes a quelque chose qui lui est propre. Ainsi le Père ne tire pas l'origine de son Fils, le Fils est le seul engendré du Père, et le Saint-Esprit, qui est le produit de l'un et de l'autre, procède du Père et du Fils.

On ne peut pas dire que la substance du Fils soit semblable à celle du Père, il faut dire qu'elle est la même, et que les trois personnes n'ont qu'une substance ; ce qui fait que le Père n'est pas avant le Fils, ni le Fils après le Père, comme le soutenaient les ariens. Il n'en est pas de même des hommes. Encore qu'Abraham et Isaac soient d'une même substance, selon l'humanité, Abraham a sur son fils une priorité de temps que rien ne peut lui ôter, parce que l'homme n'agit et ne procrée que dans le temps. Mais Dieu étant de toute éternité, comme il a toujours été Dieu, il a toujours été Père, ayant un Fils qu'il a engendré égal à lui et de sa propre nature. Il faut en dire autant du Saint-Esprit, *consubstantiel* au Père et au Fils, et non pas seulement *semblable en substance*, comme l'ont affirmé autrefois certains hérétiques. Toutes les créatures tiennent leur être de Dieu, qui les gouverne par sa toute-puissance, comme il remplit toute la création par son immensité. Dieu habite en lui-même, et tous les êtres créés n'ont de vie et de mouvement qu'en Dieu. Un philosophe demandait un jour à un chrétien où était Dieu ? Le chrétien lui répondit : Dites-moi vous-même où il n'est pas? En effet, la Divinité est partout, et tout entière partout. Elle est tout entière dans les méchants par son immensité, et par sa toute-puissance elle les fait vivre; mais elle est plus particulièrement dans les justes, parce qu'à la vie du corps elle ajoute la grâce qui les fait vivre pour le salut. Les uns et les autres ont le libre arbitre ; mais dans les bons Dieu y ajoute sa grâce, afin qu'elle dirige la volonté. S'il n'y avait point de grâce de Dieu, comment le monde serait-il sauvé? et s'il n'y avait point de libre arbitre, comment serait-il jugé ? Nous ne connaissons que deux sortes d'êtres, celui qui n'a point de commencement, c'est Dieu ; et celui qui a commencé, c'est la créature. Or Dieu, pour racheter l'homme, s'est fait homme lui-même en prenant chair dans le sein d'une vierge ; mais de l'union de la divinité avec l'humanité, il n'en résulte aucun changement, ni dans l'une ni dans l'autre de ces deux natures. Le même est *consubstantiel* à son Père, dans la forme de Dieu, et *consubstantiel* à sa mère dans la forme d'esclave, par laquelle il est homme parfait, puisqu'il a une âme et un corps. La pureté de la foi ne permet pas de croire que l'âme de Jésus-Christ n'ait pas eu une pleine connaissance de sa divinité, avec laquelle nous croyons qu'elle ne faisait qu'une seule personne. Il est dit dans le Symbole que Jésus-Christ a été conçu du Saint-Esprit et est né de la vierge Marie ; c'est une grande preuve que l'union personnelle de l'humanité avec la Divinité ne peut être que l'effet de la grâce ; car, puisque cette union date du commencement, on peut conclure que l'humanité n'avait rien fait pour la mériter. — Quelqu'un dira peut-être : Si Jésus-Christ a été conçu du Saint-Esprit, comment n'est-il pas appelé son fils ? — Parce qu'il en résulterait qu'il y aurait deux pères dans la Trinité, l'un de la Divinité, l'autre de l'humanité, ce que personne n'oserait dire, puisque Jésus-Christ, comme homme et comme Dieu, ne forme qu'une seule personne.

Il explique ensuite, fort au long, le mystère de l'incarnation, distinguant avec soin la nature humaine, selon laquelle Jésus-Christ est inférieur à son Père, et la nature divine, par laquelle il lui est égal et *coéternel*. Il montre que Dieu est en Jésus-Christ d'une manière bien différente que dans les saints ; car Jésus-Christ est le Verbe même de Dieu fait homme, tandis que Dieu n'est dans les saints que par sa grâce. Il conclut de là, contre Félix et Elipand, que Jésus-Christ n'est point fils adoptif, mais fils propre et véritable de Dieu, et un seul Dieu avec le Père et le Saint-Esprit, et qu'en lui il n'y a de distinction réelle qu'une distinction de natures, parce qu'il y a deux natures réunies en une seule personne. D'où il résulte que Marie est vraiment mère de Dieu, parce qu'elle est mère du Christ, et qu'il n'y a qu'un seul Christ, qui est Dieu et homme tout ensemble. Il montre que c'est à Jésus-Christ comme homme que le pouvoir a été donné de juger les vivants et les morts. Il parle de ce jugement général, de la différence qu'il y aura entre la résurrection des justes et la résurrection des méchants, et dans la sentence qui prononcera, pour les uns des récompenses, et pour les autres des châtiments éternels. — Ce traité est suivi de vingt-huit questions sur la Trinité, avec leurs réponses, adressées à un moine nommé Frédégise, et qu'Alcuin appelle son cher fils. Elles sont toutes résolues d'après les principes établis dans le traité dont nous venons de donner l'analyse.

De la procession du Saint-Esprit. — La question de la procession du Saint-Esprit fut agitée, pour la première fois, dans le concile de Gentilly, en 767 ; elle fut renouvelée, en 809, dans celui d'Aix-la-Chapelle, et, la même année, dans une conférence tenue à Rome, en présence du pape Léon III, à laquelle assistèrent, par ordre de Charlemagne, plusieurs prélats de France, et entre autres Smaragde, abbé de Saint-Michel, dans le diocèse de Verdun, qui rédigea par écrit les actes de cette conférence. Les Français avaient donné occasion à cette dispute en ajoutant au concile de Constantinople la particule *Filioque*. De là, scission entre les Grecs et les Latins. Le pape Léon approuva la doctrine des Français ; mais, dans un but de conciliation, il défendit l'addition de cette particule au Symbole. Cet avis ne fut point suivi, et Charlemagne donna lui-même commission à l'abbé Smaragde de publier un traité sur ce sujet. Plusieurs savants l'imitèrent, et entre autres Alcuin, qui se trouvait toujours prêt lorsqu'il s'agissait de discuter quelques points de doctrine qui offraient des difficultés.

Son ouvrage est divisé en trois parties. Dans la première, il fait voir que le Saint-Esprit procède du Père et du Fils ; dans la seconde, qu'il est l'esprit du Père et du Fils ; et, dans la troisième, qu'il est envoyé par le Père et par le Fils. Sa méthode de raisonnement, dans chacune de ces parties, est de prouver d'abord par les textes de l'Ecriture, auxquels il ajoute ensuite les témoignages des papes, les passages des Pères grecs et latins, et les décisions des conciles généraux. Les Pères qu'il cite sont : saint Léon pape, saint Grégoire de Nazianze, saint Jérôme, saint Augustin, saint Célestin pape, saint Grégoire le Grand, saint Ambroise, saint Athanase, saint Isidore de Séville, Gennade, prêtre de Marseille, saint Fulgence, Paschase diacre, et Boèce, ce qui prouve l'antiquité de l'ouvrage, puisqu'il n'y en a aucun parmi ces écrivains qui ne soit antérieur au VIIIe siècle.

Sept livres contre Félix d'Urgel. — Félix d'Urgel, de concert avec son disciple Elipand, continuait à répandre en Espagne et dans les Asturies cette erreur dont nous avons déjà parlé, et qui ne reconnaissait, en Jésus-Christ comme homme que le fils adoptif de Dieu. A la tête de ceux qui prirent la défense de la vérité, se trouve Alcuin, qui en écrivit lui-même à l'évêque Félix, dont il reçut une réponse pleine de fiel et d'amertume. Voyant qu'au lieu de rétracter ses erreurs, il employait au contraire toutes les subtilités du sophisme pour les soutenir, Alcuin résolut d'en écrire une réfutation complète, qu'il divisa en sept livres.

Dans le premier, il presse Félix par trois arguments irréfutables : par l'autorité de l'Eglise universelle, par les témoignages de l'Ecriture, et par le sentiment des Pères. « C'est une grande folie à un homme, dit-il, de mettre sa confiance dans son propre sens, au mépris des saints Pères et de toute l'Eglise catholique. La perte de tous les hérétiques ne vient-elle pas de ce qu'ils sont plus attachés à leur propre sentiment qu'à la vérité ? Jamais l'Eglise, depuis la prédication des apôtres jusqu'à nos jours, n'a donné à Jésus-Christ le nom de fils adoptif. Ce nom ne se trouve ni dans les Evangiles, ni dans l'Ancien Testament, ni dans les écrits des apôtres, dans aucun symbole, dans aucun concile, dans aucun ouvrage des saints Pères. Comment les inventeurs d'un pareil titre ne craignent-ils pas l'anathème que saint Paul adressait aux anges mêmes, s'ils annonçaient une doctrine différente de celle qu'il avait prêchée? Ils sont en petit nombre, resserrés dans un coin de l'Europe; du moment donc qu'ils ne trouvent point leur doctrine établie par toute la terre, ils doivent se considérer comme hérétiques. » Il porte ensuite le défi à Félix de citer une nation, une ville, une Église, qui donne à Jésus-Christ le titre de fils adoptif, et il fait ce raisonnement : « Ou Dieu a pu se créer un fils de la chair de la vierge, ou il ne l'a pu. Si cela excède son pouvoir, il n'est plus tout-puissant; s'il l'a pu, sans le vouloir, c'est à vous à rendre raison pourquoi il ne l'a pas voulu. »

Félix disait : Un nouvel homme doit avoir un nom nouveau. — « Qui vous a appris ce nouveau nom? lui demandait Alcuin. Dieu vous a-t-il parlé dans un tourbillon, comme à Job; ou sur les Pyrénées, comme à Moïse sur le mont Sinaï? Peut-être, avec le prophète Isaïe, avez-vous vu le Seigneur assis sur son trône, vous envoyant un de ses séraphins avec un charbon ardent, pour purifier vos lèvres, afin qu'elles pussent prononcer des noms inconnus à tous les siècles passés. » Il rapporte tous les noms par lesquels l'Ancien Testament a désigné Jésus-Christ; il les rapproche de plusieurs passages des Evangiles, où il est positivement appelé le Fils de Dieu, et il confirme cette doctrine par des citations de saint Augustin, de saint Jérôme et de saint Procle de Constantinople. Il demande à Félix si ces paroles du Père, qui furent entendues pendant le baptême de Jésus-Christ : *Celui-ci est mon Fils bien-aimé*, se rapportent à une seule, ou à deux personnes en Jésus-Christ? Si c'est à une seule, donc cette personne est le Fils bien-aimé, quoiqu'en deux natures; si elles se rapportent à la Divinité seule, donc c'est la Divinité qui a été baptisée et non l'humanité, puisque la voix du Père se fit entendre sur celui qui était baptisé.

Félix disait encore qu'un même homme ne pouvait avoir deux pères naturels, et que Jésus-Christ ne pouvait être fils de Dieu comme il était fils de David. — Je réponds à cela, reprenait Alcuin, qu'un père ne peut avoir deux fils en la même personne, un naturel et l'autre adoptif. Et, pour montrer qu'avec ses deux natures Jésus-Christ peut être véritablement fils de Dieu, il rappelle que, bien que l'âme d'un homme ne soit pas sortie du père comme son corps, il ne laisse pas d'être tout entier le propre fils de celui qui a produit son corps. Il rapporte aussi un grand nombre de passages des Pères, pour prouver que Jésus-Christ est vrai Dieu; mais en y ajoutant ceux d'Origène et de Cassien, qui n'ont pas toujours bien saisi le vrai sens des Ecritures, il avertit qu'il n'emprunte que ceux dont la doctrine est conforme à celle des autres docteurs, et qu'en cela il imite saint Jérôme, qui a pris plusieurs choses dans Origène; et saint Paul, qui, dans ses Epîtres, cite des passages tirés des livres des païens. A ce passage de saint Paul que *Dieu était dans le Christ se réconciliant le monde*, et que Félix objectait contre la divinité de Jésus-Christ, Alcuin répond par ce passage de saint Jean (xiv, 26), où Jésus-Christ dit lui-même : *Je suis dans mon Père, et mon Père est en moi*. Félix observait encore qu'il est dit de Jésus-Christ : *Nous l'avons pour avocat auprès du Père*. Alcuin réplique, qu'en effet le Seigneur intercède pour nous, comme il est écrit que le Saint-Esprit prie avec des gémissements inénarrables. Ce sont des expressions figurées, dont le vrai sens est que le Fils et le Saint-Esprit nous portent à prier, en nous accordant la grâce de la prière. Enfin, Alcuin fait remarquer que la plupart des passages des Pères, rapportés par Félix, sont des passages tronqués, corrompus, et, quelquefois même, faussement attribués à leurs auteurs, dont ils dénaturent complétement la doctrine. Il lui reproche d'avoir opposé la liturgie d'Espagne à la liturgie romaine. « Pour nous, lui dit-il, nous avons pour maxime de rejeter tout ce qui ne s'accorde pas avec la foi de l'Eglise universelle. »

Livres contre Elipand. — Alcuin, voyant qu'Elipand s'obstinait dans son erreur, écrivit pour le réfuter. Son ouvrage est divisé en quatre livres : les deux premiers sont employés à combattre une lettre publiée par cet évêque, et les deux autres à la défense de la foi catholique. Sachant que Charlemagne envoyait en Espagne Leidrade, archevêque de Narbonne, Nefrid, archevêque de Lyon, et Benoît, abbé d'Aniane, il leur remit son écrit, afin qu'ils pussent le lire et l'examiner en chemin, avant qu'il le rendit public. Après s'être plaint de la manière dure et indécente dont Elipand l'avait traité, il examine en peu de mots comment son erreur avait été condamnée par les évêques rassemblées à Ratisbonne, en présence du roi Charles et de Félix d'Urgel, et comment le pape Adrien avait confirmé cette condamnation. Il lui oppose la soumission de Félix à cette sentence, soumission entravée d'abord par plusieurs tergiversations de son fait, mais confirmée enfin, au concile d'Aix-la-Chapelle, par une confession de la vraie foi et un retour complet à la doctrine de l'Eglise catholique. Alcuin prend occasion de la démarche de Félix pour exhorter Elipand à suivre son exemple en toute humilité. Puis, lui rappelant cette parole de saint Paul, qu'*il n'appartient qu'à ceux qui sont envoyés de prêcher*, il lui demande au nom de qui il a été envoyé prêcher que Jésus-Christ n'est que le fils adoptif de Dieu? Il lui rappelle que saint Paul lui-même dit nettement que Jésus-Christ est Dieu sur toutes choses, ce qui, à la lettre, signifie qu'il est Dieu par nature et non par adoption. Il allègue encore le témoignage que le Père rendit à Jésus-Christ dans son baptême, et d'autres passages de l'Ecriture qui prouvent jusqu'à l'évidence qu'il est le vrai Fils de Dieu. Il répond, dans le second livre, aux textes sacrés qu'Elipand objectait, pour prouver l'adoption en Jésus-Christ, et il montre que ces textes devaient s'entendre de la nature humaine, à laquelle le Fils de Dieu s'est personnellement uni; mais qu'on ne pouvait en conclure, ni qu'il y eût deux personnes en Jésus-Christ, comme le voulait Nestorius, ni que Jésus-Christ fût fils adoptif de Dieu. Il fait voir ensuite qu'Elipand avait tronqué, ou pris à contre-sens, plusieurs passages des Pères, nommément de saint Ambroise, de saint Augustin et de saint Léon. Il revient sur une question qu'il avait déjà traitée dans son ouvrage précédent, savoir, la contradiction entre la liturgie espagnole et la liturgie romaine. — Dans les deux livres suivants, Alcuin traite du mystère de l'Incarnation, et montre par un grand nombre de citations de l'Ecriture, qu'il y a en Jésus-Christ deux natures unies en une seule personne; qu'il est partout appelé Fils unique de Dieu, et nulle part fils adoptif; enfin, que c'est le même qui est Fils de Dieu et fils de l'homme. Il prouve la même vérité par les témoignages des Pères. Il allègue encore la définition de foi du concile d'Éphèse contre l'hérésie de Nestorius, et le traité du pape Virgile intitulé : *Des deux natures en Jésus-Christ;* puis il finit par celui du rhéteur Victorin, où après nous avoir dit que Dieu nous a prédestinés pour être ses enfants adoptifs en Jésus-Christ, il ajoute : « Ne dira-t-on pas aussi que Jésus-Christ est fils de Dieu par adoption ? Non, jusqu'ici personne n'a osé le dire : Jésus-Christ est fils par nature; c'est nous qui sommes fils par adoption. »

Traité des vertus et des vices. — Alcuin composa ce traité, à la prière du comte Widon ou Guy, qui, engagé dans le tumulte des armes, lui avait demandé des avis pour se diriger dans les exercices de sa profession de manière à ne point perdre de vue la recherche des biens à venir. Alcuin présente son livre à ce seigneur, non comme une pièce d'éloquence, mais comme un témoignage de son affection et du zèle qu'il avait pour son salut. Il est divisé en trente-six chapitres, dont les vingt premiers traitent des vertus et de la manière de les mettre en pratique. Les quatorze suivants, à l'exception de celui où il est parlé de la persévérance dans les bonnes œuvres, traitent des péchés et des vices capitaux, entre lesquels, à l'exemple des Grecs et des Latins, il met la vaine gloire. Il parle dans le trente-cinquième des quatre vertus cardinales, et le trente-sixième est un épilogue où il fait entrer un passage du livre de l'Ecclésiastique en l'attribuant à Salomon. C'est de ce traité que sont tirés plusieurs discours, insérés depuis dans l'appendice de saint Augustin.

Alcuin le commence par la définition de la vraie sagesse, qu'il fait consister dans l'observation des commandements de Dieu, tant de ceux qui ordonnent le bien que de ceux qui interdisent le mal. En effet, comme il ne suffit pas de ne point faire le mal, si on ne fait encore le bien, ce n'est pas assez non plus de faire le bien, si l'on n'évite aussi le mal. Il en est de même de la foi et des œuvres. La foi sans les œuvres est inutile, les œuvres sans la foi ne sauraient profiter à celui qui les accomplit. Souffrez le martyre, méprisez le monde, donnez l'aumône avec profusion; si votre foi n'est accompagnée de la charité, vous ne retirez aucun avantage de vos bonnes œuvres. Et il en sera de même encore si vous les accomplissez sans espérance. Quelque grands que soient nos péchés, nous ne devons jamais désespérer de la bonté de Dieu, qui nous les pardonnera, mais à la condition de les expier par le repentir, et non d'y persévérer, dans l'espérance du pardon. Si Dieu est indulgent envers ceux qui se corrigent en demandant miséricorde, il punit avec justice les pécheurs impénitents, qui s'obstinent à persévérer dans leurs péchés. La foi s'alimente par la lecture des livres saints; l'espérance entretient l'âme dans la paix de Dieu, et la charité fait germer la patience, vertu essentielle au chrétien, et nécessaire dans toutes les circonstances de la vie. Du reste, on peut dire que, par la patience, la charité fait naître toutes les autres vertus : la pénitence, la mortification, l'humilité, la crainte du Seigneur; et, par contre-coup, brise et détruit tous les vices : l'orgueil, la cupidité, l'envie, la luxure, la colère et la paresse. — En traitant des vices et des vertus, il fait observer que, dans la vie d'un chrétien, c'est moins le commencement de la bonne œuvre que l'on cherche, que la fin, c'est-à-dire la persévérance, qui seule sera récompensée. Judas fut d'abord apôtre, et il finit en trahissant son Dieu. Saul, au contraire, commença par être persécuteur, et il finit avoir le titre mérité d'Apôtre des nations. Ce n'est donc pas celui qui commence bien, mais celui qui finit bien qui sera sauvé. Il encourage le comte Widon à persévérer dans la carrière qu'il avait embrassée. L'état séculier et la profession des armes ne sont point des obstacles à la conquête du royaume des cieux. Dieu a promis également sa félicité à tous les hommes, il en accordera donc la possession à tout âge, à tout sexe, à toute personne, sans autre distinction que celle du mérite et de la vertu.

Des sacrements. — Le livre qui porte ce titre n'est rien autre chose qu'un recueil de collectes, de secrètes, de préfaces, de post-communions, pour trente-deux messes différentes. La messe du dimanche est en l'honneur de la sainte Trinité, avec la collecte et la préface que nous récitons encore aujourd'hui; celle du lundi est pour la rémission des péchés; du mardi, pour implorer le suffrage des saints anges; du mercredi, pour invoquer la divine sagesse; du jeudi, pour obtenir la charité; du vendredi, en l'honneur de la sainte croix, et du samedi, à la sainte Vierge. Les autres sont en général pour un ou plusieurs apôtres, pour un ou plusieurs martyrs; saint Augustin est le seul qui ait une messe particulière, et il en est une, *Quotidienne*, en l'honneur de tous les saints.

A la suite de ces œuvres dogmatiques, nous nous contenterons de mentionner quelques livres faussement attribués à Alcuin; la supposition est tellement évidente, qu'il serait inutile de perdre du temps à la démontrer. Le premier de ces livres est celui qui a pour titre : *Des offices divins*. Au rapport du savant critique dom Mabillon, ce livre n'est qu'une compilation tirée des écrits de divers auteurs, dont plusieurs même sont de beaucoup postérieurs au siècle du célèbre aumônier de Charlemagne. Le chapitre 40e est un traité de Remi d'Auxerre sur la messe, et dans le 18e chapitre, on lit une lettre d'Hilpéric, moine de Saint-Gal, dans le xie siècle. Outre cela, on rencontre dans cet ouvrage des fautes de chronologie, de linguistique et d'étymologie si grossières, que ce serait faire injure à Alcuin que de le lui attribuer.

Le second des ouvrages supposés est un recueil de trois homélies, si disparates de style, qu'elles annoncent évidemment trois auteurs différents, sans qu'aucune puisse être attribuée à Alcuin. La première est sur ces paroles de la Sagesse : *Lorsque tout reposait dans un paisible sommeil*; la seconde explique le commencement de l'Evangile selon saint Matthieu : *Le livre de la génération de Jésus-Christ*, et la troisième est en l'honneur de tous les saints. On trouve celle-ci parmi les homélies de saint Augustin et du vénérable Bède; on ne sait à qui attribuer les deux autres, mais on peut affirmer qu'aucune ne répond au génie d'Alcuin.

Enfin, Duchêne, sur l'autorité de deux manuscrits, l'un de M. de Trou et l'autre de la Bibliothèque du Roi, a publié, sous le nom d'Alcuin, une vie de l'Antechrist; mais on ne doute plus aujourd'hui qu'elle ne soit d'Adson, abbé de Montier-en-Der, à la fin du xe siècle. Ce livre fut écrit à la prière de la reine Gerberge, femme de Louis d'Outremer, comme on le voit par une lettre que l'auteur lui-même adresse à cette princesse.

Traité sur les sept arts libéraux. — Nous remettons à la troisième partie des œuvres de notre auteur ce traité et quelques autres, parce qu'ils nous semblent appartenir beaucoup plus naturellement à la science et à la littérature qu'au dogme et à la théologie. Il ne nous reste de ce livre que ce qui regarde la grammaire et la rhétorique. La préface même qui se trouve en tête n'est pas d'Alcuin, mais de Cassiodore, dans son traité sur le même sujet. Alcuin composa un autre traité sur la grammaire en forme de dialogue entre un Français et un Saxon; un autre sur la rhétorique et les vertus, aussi en forme de dialogue qu'il établit entre lui et le roi Charlemagne; et un troisième sur la dialectique, où il observe la même forme dialoguée, avec les mêmes interlocuteurs que dans le précédent. Nous passons légèrement sur ces sortes d'ouvrages, parce qu'ils intéressent peu notre dessein.

Vie de saint Martin. — Cet ouvrage est composé de deux petits discours, dont le premier contient la vie de saint Martin, évêque de Tours et patron de son abbaye, et l'autre les circonstances de sa mort. L'un et l'autre sont tirés de Sulpice Sévère, sur lequel Alcuin ne fait qu'amplifier, selon la remarque de saint Odilon, abbé de Cluny, en mettant dans un plus grand jour certaines parties de la vie du saint évêque que Sévère Sulpice avait rapportées avec plus de précision.

Vie de saint Vast. — Un anonyme avait écrit la Vie de saint Vast, évêque d'Arras. Soit qu'elle fût peu correcte en elle-même, soit qu'avec le temps il s'y fût glissé plusieurs erreurs, l'abbé Randon engagea Alcuin à la corriger. C'était en 796, environ cent trente ans après la mort du saint évêque. Alcuin, qui ne pouvait rien refuser à l'abbé Randon, fit ce qu'il lui demandait; mais, en retouchant la Vie de saint Vast, il y fit tant de changements, qu'on ne reconnut plus l'original. Nous avons deux lettres où il parle de cette Vie : une première à Randon, et une seconde à cet abbé et à ses religieux. La Vie de saint Vast par Alcuin se trouve dans Bollandus au 6 de février. Elle est divisée en cinq chapitres, dont le dernier rapporte l'histoire de la translation de ses reliques par saint Aubert. Bollandus y a joint un discours d'Alcuin, adressé aux moines de Saint-Vast, pour les engager à imiter les vertus qu'il avait rapportées dans sa Vie. Il y joint encore deux vers à l'abbé Randon, en le priant de ne point mesurer ses présents selon leur valeur intrinsèque, mais sur l'affection qu'il lui portait; et l'Epitaphe de saint Vast, en dix vers élégiaques, aussi composée par Alcuin.

Vie de saint Riquier. — Alcuin se trouvant à Centule, à la suite de Charlemagne, Angilbert, qui en était abbé, le pria de rédiger, dans un style plus châtié et plus poli, une ancienne Vie de saint Riquier. Outre cette ancienne Vie, on lui fournit encore un livre des miracles de saint Riquier. Quoique le style n'en fût pas meilleur que celui de la Vie du saint, Alcuin ne crut pas devoir le corriger; il lui laissa sa simplicité primitive, qui le faisait entendre et goûter du peuple; mais il corrigea la Vie même et la dédia à Charlemagne, à qui il donna le titre d'Auguste, ce qui autorise à croire qu'il ne travailla à cet ouvrage qu'après l'an 800. Cette Vie se retrouve dans le recueil des Œuvres d'Alcuin, mais le livre des miracles ne subsiste plus.

Vie de saint Willibrode. — Quoique le vénérable Bède, dans son *Histoire ecclésiastique d'Angleterre*, eût parlé assez au long de saint Willibrode, évêque d'Utrecht, cependant il était loin d'avoir rapporté toutes les circonstances de sa vie. Beornred, abbé d'Epternac, et parent de ce saint, pria Alcuin de transmettre ses vertus à la postérité. Nous n'avons plus la lettre qu'il lui écrivit à ce sujet, mais il paraît qu'elle fut assez pressante, puisque Alcuin écrivit l'ouvrage qui lui était demandé. — Il dit lui-même qu'il a divisé la Vie du saint en deux livres, l'un en prose et l'autre en vers : le premier pour être lu publiquement dans l'église, le jour de la fête du saint; le second pour n'être lu que des savants, dans le cabinet. Au livre en prose il ajouta une homélie, qu'il souhaite être digne des vertus du saint abbé; au livre en vers, il joignit une élégie sur saint Wilgise, père de saint Willibrode, dont le corps reposait dans une cellule de la province de Northumbre, dans le duché d'York.

Lettres d'Alcuin. — Les lettres se trouvent disséminées dans tout le corps de ses œuvres. Alcuin les écrivait suivant ses préoccupations du moment, et on peut leur appliquer la division que nous avons employée en analysant ses livres.

Lettre à Daphnin. — Cette lettre est une amplification mystique du Cantique des cantiques, et principalement de ces paroles : *Il y a soixante reines et quatre-vingts concubines ou femmes du second rang.* Alcuin, par les reines, entend les pasteurs de l'Eglise, qui, par amour pour Jésus-Christ son époux, travaillent à lui donner une nombreuse postérité, et par leurs instructions et par l'administration des sacrements; par les concubines, il entend ceux qui cherchent dans les travaux de l'épiscopat, non à gagner le ciel, mais à s'enrichir sur la terre.

Lettre à Charlemagne. — Le roi Charles avait chargé Candide, disciple d'Alcuin, de lui demander quelle différence il y avait, entre ces mots, *æternum* et *sempiternum*, *immortale* et *perpetuum*, *sæculum*, *ævum* et *tempus*. Alcuin, dans sa réponse, marque les différents sens de ces termes. Suivant lui, *æternum* et *sempiternum* ont la même signification; ils marquent ce qui est éternel; la seule différence, c'est qu'on a ajouté l'adverbe *semper* au mot *æternum*. Le terme *perpetuum* indique ce qui reste toujours et ne change jamais. La différence entre éternel et immortel consiste, en ce que tout ce qui est immortel n'est pas éternel, tandis que tout ce qui est éternel est immortel. Ainsi l'âme humaine n'est pas éternelle, puisqu'elle a eu un commencement, et cependant elle est immortelle, puisqu'elle ne doit jamais finir. Quant aux termes *ævum* et *tempus*, ils différent, en ce que le premier, que l'on rend en français par *siècle* ou *perpétuité*, est stable, et que le second, ou le *temps*, est sujet au changement. Il ne met aucune différence entre *sæculum* et *tempus*; seulement il remarque que *sæculum* est quelquefois pris dans l'Ecriture dans le sens d'éternité.

Lettre à Elipand. — Cette lettre paraît avoir été écrite avant le concile de Francfort, en 794, puisque Alcuin ne dit pas un mot de cette assemblée. Comme Elipand était un vieillard respectable, et par la dignité de son siége, qui était le premier de l'Espagne, et par la réputation de sainteté qu'il s'était acquise parmi les autres évêques, il le traite avec beaucoup d'honneur et de distinction, employant les termes les plus mesurés et les prières les plus humbles pour le retirer de l'erreur. — Il lui représente qu'en parlant de Jésus-Christ, on ne doit point employer d'autres noms que ceux qui sont autorisés par l'Evangile ou par la tradition apostolique; que jusque-là, celui de Fils adoptif a été inconnu, et que les raisons, dont l'évêque Félix s'était appuyé pour faire valoir ce terme, étant insuffisantes, il devait lui-même s'en abstenir. Alcuin répète la plupart des arguments allégués contre Félix, et conjure Elipand, par le sang précieux de Jésus-Christ et par le terrible jugement du dernier jour, de communiquer sa lettre aux autres évêques d'Espagne.

Lettre au prêtre Odvin. — Alcuin avait eu sous sa discipline, pendant plusieurs années, un nommé Odvin, qui y fit tant de progrès, qu'il fut jugé digne du sacerdoce. Son maître, voulant le mettre en état d'en remplir les fonctions avec décence, lui écrivit une lettre, dans laquelle il lui explique avec détail toutes les cérémonies qui se pratiquent dans l'administration du baptême. Il l'avertit qu'il n'est pas permis d'en omettre aucune, parce qu'elles ont été établies par les saints Pères. Ces cérémonies sont les mêmes que nous pratiquons encore aujourd'hui, à la réserve des trois immersions qui ont été supprimées. On y donnait aussi aux nouveaux baptisés les sacrements de confirmation et d'eucharistie, ce que nous ne faisons plus.

A Charlemagne. — Alcuin, occupé dans l'école de Tours à enseigner à ses disciples l'Ecriture sainte, la grammaire, l'astronomie, et les autres sciences, trouvait qu'il manquait des livres nécessaires pour les former ce qu'il appelait l'érudition scolastique. Mais se souvenant qu'il avait possédé autrefois de ces sortes de livres en Angleterre, il pria le roi Charles de trouver bon qu'il envoyât en ce pays quelqu'un chargé de les rapporter en France.

Dans une autre lettre au même, il distingue trois degrés de l'autorité souveraine, savoir : le pape, l'empereur, le roi. Le pape Léon III occupait alors le saint-siége, mais ses ennemis avaient fait tous leurs efforts pour l'en chasser; ils lui avaient crevé les yeux et coupé la langue. En Orient, l'impératrice Irène, mère du jeune Constantin, voulant régner seule, avait fait crever les yeux à son fils, avec une violence telle qu'il en mourut. Alcuin dit que le jeune prince occupait la dignité impériale et la puissance séculière dans la seconde Rome, c'est-à-dire à Constantinople. Il relève beaucoup la dignité royale dans la personne du roi Charles, parce qu'en effet il surpassait tous les souverains de son siècle en puissance, en savoir, en sagesse. Il dit que le salut des Eglises était entre ses mains, qu'il était le vengeur des crimes, le guide de ceux qui s'étaient égarés, le consolateur des affligés, l'appui et le rémunérateur des bons; c'est pourquoi, il l'exhorte à prendre soin du chef de l'Eglise, qui venait d'être si maltraité. Charles, en effet, fut sensible à cette prière : il passa en Italie et rétablit Léon III sur le saint-siége.

Au pape Léon. — Cette lettre est des plus humbles. Il y déclare qu'il a toujours aimé les princes et les pasteurs de la sainte Eglise romaine, dans le désir d'être mis, par leur intercession, au nombre des brebis dont Jésus-Christ lui-même confia le soin à saint Pierre. Il appelle le pape Léon, vicaire des apôtres, héritier des Pères, prince de l'Eglise, le nourricier de l'unique colombe immaculée, et se jette en esprit à ses pieds, pour lui demander d'être délivré des liens de ses péchés, par la puissance de l'autorité apostolique. Angilbert, abbé de Centule, porteur de cette lettre, était chargé de demander de sa part quelques grâces au pape.

Poésies d'Alcuin. — André Duchesne, dans sa collection des poëmes d'Alcuin, en compte jusqu'à 272, mais il y en a plusieurs qui ne sont pas de lui. Angilbert, abbé de Centule, le vénérable Bède et Charlemagne lui-même, en ont composé un certain nombre. Pour ceux qu'on doit attribuer à Alcuin et que Duchesne a réunis dans son recueil, ils sont presque tous sur des sujets de piété. Il y en a en l'honneur de Jésus-Christ, de la sainte vierge, des apôtres, de la croix, des anges et des saints, d'autres à la louange de Charlemagne et de la reine Hildegarde, et quelques-uns sur le rétablissement des églises et des monastères. La poésie d'Alcuin est comme le reste de ses œuvres, elle se ressent de son siècle, qui, au rapport de Fabricius, était l'époque de la moyenne et basse latinité.

Confession de foi d'Alcuin. — La Confession de foi que le P. Chifflet fit imprimer, en 1656, sous le nom d'Alcuin, souleva parmi les savants une grande contestation. Trois ans après sa publication, l'auteur de l'office du Saint-Sacrement, en inséra quelques passages dans son livre, mais en même temps il exprima des doutes sur son authenticité. Le ministre Daillé poussa la chose plus loin encore, et soutint qu'Alcuin n'en était pas l'auteur. Mais dom Mabillon, dans une dissertation imprimée dans le premier tome de ses Analectes, prouva la *génuité* de cet ouvrage, et appuya par de nouvelles preuves le sentiment de ceux qui l'attribuaient au pieux aumônier de Charlemagne. Les preuves de dom Mabillon nous paraissent sans réplique. La première est tirée de l'antiquité du manuscrit sur lequel le P. Chifflet a donné cet ouvrage. Tous les caractères sont du temps de Charlemagne, ou à peu près. Cette preuve est démonstrative, mais elle ne l'est que pour ceux qui sont connaisseurs en ce genre, et qui ont examiné par eux-mêmes les caractères du manuscrit, pour juger sainement de son antiquité. C'est pourquoi le critique l'atteste, non-seulement pour l'avoir vu lui-même, mais encore sur le témoignage de plusieurs savants qui ont parcouru le manuscrit, et en ont porté un jugement semblable au sien. Il tire une seconde preuve du titre même de cet ouvrage, qui porte écrit en toutes lettres : *Albini confessio fidei.* Ce titre était écrit originairement en lettres rouges, mais l'encre qu'on a passée sur ces anciens caractères, n'enlève rien à la valeur de l'inscription. Enfin, il démontre, par plusieurs façons de parler de cette Confession de foi, que l'auteur écrivait avant le siècle des scolastiques. Ainsi, lorsqu'il dit, dans le second chapitre de la première partie : *Je prie le Père par le Fils, je prie le Fils par le Père, et je prie le Saint-Esprit par le Père et le Fils;* ces expressions ne répondent nullement à l'exactitude théologique, avec laquelle les scolastiques parlaient de nos mystères. Il en est de même de l'*omousios* des Grecs, qu'il traduit par le terme de *co-essentiel*, et que les scolastiques n'avaient pas manqué de traduire par le mot consacré depuis de *consubstantiel.* Dom Mabillon apporte encore plusieurs autres raisons tirées de l'œuvre même en litige, et qui toutes combattent aussi victorieusement en faveur de son sentiment. En effet, le caractère connu de l'auteur, sa position particulière à la cour de Charlemagne, des rapprochements de pensées et une grande similitude de style ne sauraient plus aujourd'hui laisser subsister aucun doute.

La Confession de foi d'Alcuin est divisée en quatre livres. Il traite dans le premier de l'unité de Dieu en trois personnes; dans le second, de l'incarnation du Verbe, en montrant que le Fils de Dieu, Jésus-Christ, est un et le même dans les deux natures, Dieu-Homme et Homme-Dieu. Enfin, dans le troisième, il revient sur l'unité de Dieu en trois personnes, mais il y expose aussi sa foi sur plusieurs autres dogmes de la religion. Il enseigne en particulier, que le Saint-Esprit procède du Père et du Fils, que la sainte Vierge est vraiment mère de Dieu, que l'âme créée par Dieu est immortelle; et il anathématise ceux qui soutiennent que les âmes ont péché avant leur union avec le corps, ou qu'elles ont demeuré dans le siècle avant cette union. Mais il avoue qu'il ne sait ni quand ni comment elles ont été faites, ni quelle est leur origine; seulement il ajoute que, par le péché d'Adam, tous les hommes sont devenus prévaricateurs. Il cite les oraisons que l'Eglise fait le vendredi saint pour la conversion des pécheurs et des juifs. Il s'explique clairement sur le culte des reliques, condamne ceux qui disent les commandements de Dieu impossibles, ou qui ne mettent aucune différence entre les mérites des saints; enfin il reçoit avec respect les écrits des Pères, les décrets des conciles et les décrétales des papes. Il combat, dans le même livre, les hérétiques qui ont erré sur la Trinité et l'incarnation; il donne l'explication du Symbole; il déteste les abus de la simonie et déplore le peu de conscience que l'on mettait, de son temps, dans le choix des ministres des autels. Le quatrième livre a pour titre : *Du corps et du sang du Seigneur.* Alcuin y établit, en plus d'un endroit, la foi de l'Eglise sur la présence réelle et la transsubstantiation. Après avoir cité un passage des Dialogues de saint Grégoire sur l'efficacité des paroles de la consécration, il ajoute que l'eucharistie est consacrée, et continuera d'être consacrée, par la vertu des paroles de Jésus-Christ, et qu'encore que les prêtres soient les ministres de ce sacrement, en offrant à l'autel le pain et le vin, néanmoins, c'est Jésus-Christ qui opère, et, par la majesté de sa divine puissance, par la vertu de son Esprit consolateur, et par la bénédiction d'en haut, forme son corps et son sang. Ce corps est divisé par parties, et cependant il est tout entier dans chacune ; il est mangé par tout le peuple, et cependant il ne diminue point ; il est tout entier dans le ciel et tout entier dans le cœur des fidèles. Il donne des preuves, pour montrer qu'on ne doit point douter de la vérité d'un si grand mystère. Il explique par une raison mystique le mélange de l'eau avec le vin dans le calice ; et il finit par une longue prière à Dieu, à qui il demande la grâce de pratiquer la vertu et de fuir le vice ; reconnaissant avec humilité que depuis qu'il avait pris l'habit monastique, il était tombé dans plusieurs fautes. Un écrivain protestant, Basnage, n'a pu se dispenser de reconnaître que la transsubstantiation était positivement enseignée dans cette Confession, et son témoignage ne laissa pas d'avoir une certaine force sur ses coreligionnaires. Au 28e chapitre du second livre, l'auteur semble approuver qu'un moribond se confesse à ceux qui sont présents, ne fussent-ils que simples laïques ; évidemment ce passage ne doit point s'entendre de la confession sacramentelle qui ne se peut faire qu'aux prêtres, mais seulement d'un acte d'humilité, qui, accompagné du désir de se confesser à un prêtre, peut en quelque sorte suppléer au sacrement, parce que Dieu ne méprise point un cœur contrit et humilié. On doit encore expliquer favorablement ce qu'il dit au 7e chapitre du quatrième livre, que le sacrifice n'est corps et sang de Jésus-Christ que pour les justes et non pour les pécheurs. L'auteur ici ne veut dire autre chose, sinon que le corps et le sang de Jésus-Christ ne produisent leur effet surnaturel, qui est de vivifier et de nourrir l'âme, que dans les justes qui les reçoivent ; de sorte qu'encore qu'il soit réellement dans les méchants, il n'y est pas néanmoins comme cette nourriture divine qui donne la vie à ceux qui la mangent.

Livre du Comte. — Le livre qui porte ce titre a seulement été corrigé et remis en meilleur ordre par Alcuin. Ce n'était qu'un lectionnaire qui indiquait les Epîtres et les Évangiles pour chaque fête et chaque férie de l'année. On lisait, dans un manuscrit de l'Eglise de Chartres, que ce fut Charlemagne qui engagea Alcuin dans ce travail.

Homiliaire. — On peut en dire autant de son Homiliaire. Si l'on en croit l'auteur de sa Vie, ce fut par ordre du même prince qu'il le composa ; cet Homiliaire était en deux volumes. Peut-être ne fit-il qu'augmenter ou corriger celui de Paul Diacre, qui était aussi en deux volumes ; car si l'on veut à toute force le faire auteur d'un ouvrage de ce genre, nous n'en voyons pas d'autre à lui attribuer.

DES OUVRAGES D'ALCUIN QUI SONT PERDUS.

L'auteur de la Vie d'Alcuin, qui lui était presque contemporain, compte au nombre de ses écrits un Commentaire sur quatre Epîtres de saint Paul, savoir : les Epîtres aux Ephésiens, à Tite, à Philémon et aux Hébreux. Vincent de Beauvais lui attribue des explications sur les Proverbes et le Cantique des cantiques. Dom Montfaucon, dans sa *Nouvelle Bibliothèque des manuscrits,* en cite un qui contient des Commentaires d'Alcuin sur l'Ecclésiaste, sur Jérémie et les Lamentations, et un autre intitulé : *Petites Gloses sur l'Evangile de saint Jean ;* et Fabricius lui prête un opuscule intitulé : *Généalogie de Jésus-Christ.* Tous ces ouvrages ont été reproduits par M. l'abbé Migne dans son *Cours complet de Patrologie.*

On cite encore sous le nom d'Alcuin plusieurs Homélies, également mentionnées par les critiques ; un poème sur les patriarches de l'Ancien Testament ; un traité qui a pour titre : *Récapitulation de la foi catholique,* par demandes et par réponses, et un autre intitulé : *l'Aurore.* Aucun de ces ouvrages n'est arrivé jusqu'à nous. Nous ne savons pas si l'opuscule intitulé : *De l'utilité de l'âme* est différent de celui adressé à la vierge Eulalie sous le titre : *De la raison de l'âme ;* mais on ne peut douter qu'outre les sept livres contre Félix d'Urgel, Alcuin ne l'ait combattu par un autre ouvrage auquel il donne le titre de *Lettre de charité,* parce qu'il y exhortait cet évêque à renoncer à ses erreurs. Enfin, entre autres livres, on attribue encore à Alcuin une *Vie de Charlemagne.* Elle était en prose et en vers, comme l'atteste un manuscrit de la bibliothèque de M. de Thou, et Eginhard, qui a écrit l'histoire du même prince, y renvoie pour réparer les omissions qui auraient pu se glisser dans la sienne. Nous arrêtons ici cette nomenclature, que nous pourrions allonger encore d'un grand nombre d'écrits, sans produire aucune preuve qu'il en soit l'auteur.

Dominé par le désir de faire refleurir dans les Gaules les beaux siècles d'Athènes et de Rome, Alcuin fonda un grand nombre d'écoles, et cultiva lui-même les beaux-arts pour les enseigner aux élèves qui s'y rendaient en foule. Grammairien, rhéteur, astronome, poète, philosophe, théologien, Alcuin savait le latin, le grec, l'hébreu, et réunissait toutes les connaissances de son temps ; mais on s'aperçoit sans peine qu'il avait une science plus étendue que profonde. Ses écrits se ressentent du goût de son siècle, et ils sont loin de justifier aujourd'hui l'estime de ses contemporains, qui l'appelaient le sanctuaire des arts libéraux : *Artium liberalium sacrarium ;* mais il est juste aussi d'insister sur les services qu'il a rendus aux lettres, dans la nuit profonde dont les ténèbres couvraient alors l'Europe tout entière. Les plus intéressants de ses ouvrages sont ceux qu'il écrivit pour la défense de la foi. Il l'établit sur des bases solides, et pousse vivement ses ennemis, qu'il combat toujours avec bonheur, quand il emploie contre eux les paroles de l'Écriture et des Pères. Mais il réussit moins quand il a recours aux armes de la dialectique humaine; ses raisonnements allongés manquent quelquefois de nerf et de justesse, et il est souvent obscur jusqu'à devenir insaisissable et incompréhensible. Il est plus clair et plus net dans ses traités de morale, et en particulier dans celui des vertus et des vices, dont la lecture ne peut être que d'une grande utilité. Ses Commentaires n'ont rien d'original, ce sont des extraits des anciens interprètes, auxquels il a emprunté ce qu'ils avaient de plus remarquable dans leurs explications des saintes Écritures. Sa poésie manque de verve et de couleur; la plupart de ses vers ne diffèrent de la prose que par le rhythme, et encore tombe-t-il assez souvent dans des fautes contre la prosodie. Après ses livres dogmatiques, ce qu'on lit avec le plus de plaisir, ce sont ses lettres; soit parce qu'on y rencontre partout des détails intéressants ayant trait aux faits les plus curieux de l'histoire et de la discipline ecclésiastique, soit à cause de la douceur et de la modestie qu'il y fait paraître à toutes les pages. Mais à part ces observations critiques que nous ne consignons ici qu'à regret, on peut dire que sur tous les points de la religion sa doctrine est d'une pureté et d'une orthodoxie irréprochables. Il ne laissa jamais passer une occasion de marquer son zèle pour la foi, en la défendant contre les attaques de ses ennemis.

ALDELBALD, moine de Cluny, mit des prologues à chacun des livres de la Vie de saint Maïeul, écrite par Syrus. Pour embellir cette Vie et en rendre la lecture plus attrayante, il la sema de vers, qui n'ajoutent rien aux faits rapportés par le premier auteur, si ce n'est qu'au commencement du premier livre il parle des ravages que les Sarrasins commirent dans l'île de Lérins, circonstance absolument étrangère à la vie de saint Maïeul. Dom Mabillon l'a détachée de la Vie de ce saint, et l'a placée ensuite comme appendice à la Vie de saint Porcaire, abbé de Lérins, sous qui arriva l'invasion des Sarrasins. Syrus publia son ouvrage avant le premier jour de l'an 1049, ce qui assigne le travail d'Aldelbald à la seconde partie du xie siècle.

ALDRIC (saint), évêque de Sens. — Aldric, que l'Église compte au rang de ses saints, naquit, en l'an 775, d'une famille noble du Gâtinais. Dès sa première jeunesse, il fut placé dans le monastère de Ferrières, où, après s'être formé à la vertu et aux sciences sous l'abbé Sigulfe, il fut ordonné diacre en 818, et prêtre en 820, par Jérémie, archevêque de Sens, qui l'avait appelé auprès de lui. La même année, l'empereur Louis le Débonnaire l'ayant appelé à sa cour, fut si content de la manière brillante dont Aldric avait réfuté certains incrédules qui combattaient la foi chrétienne, qu'il lui confia le soin de l'école du palais, et lui donna entrée dans son conseil. Il devint dans la suite chancelier de Pépin, roi d'Aquitaine. Sigulfe étant mort, en 821, Aldric quitta la cour pour aller prendre le gouvernement de l'abbaye de Ferrières. Il en fut tiré au commencement de l'an 829 pour remplir le siége archiépiscopal de Sens, devenu vacant par la mort de Jérémie, arrivée l'année précédente. Louis le Débonnaire, qui pensait à rassembler un concile nombreux à Paris, voulut que l'archevêque de Sens s'y trouvât. Ce concile, en effet, fut composé des quatre provinces de Reims, de Sens, de Tours et de Rouen. Aldric y fut chargé, avec Ebbon de Reims, de travailler à la réforme de l'abbaye de Saint-Benoît. Il fut du nombre des évêques qui, en 834, invalidèrent, à Thionville, tout ce qui avait été fait par les évêques révoltés contre l'empereur Louis. Enfin, comme il pensait à quitter son évêché pour aller finir ses jours à Ferrières, il fut attaqué de la maladie dont il mourut le 10 octobre 836.

La première année de son épiscopat, il écrivit une lettre à Frothaire, évêque de Toul, pour le prier de lui obtenir de Dieu la grâce de gouverner sagement le troupeau qui venait de lui être confié. Cette lettre a été reproduite parmi celles de Frothaire dans le quatrième volume des Actes de l'ordre de Saint-Benoît, avec un privilége que saint Aldric accorda au monastère de Saint-Remi de Sens, après qu'il l'eut transféré d'un faubourg de cette ville à Varcilles. Ces deux pièces se trouvent également dans la collection complète des Pères et des écrivains ecclésiastiques, publiée par M. l'abbé Migne, à Montrouge, en 1850.

Privilége de saint Aldric. — Pour donner plus de poids au privilége que saint Aldric voulait accorder aux moines de Saint-Remi, il le fit approuver et souscrire dans une assemblée de vingt-huit évêques et de trois abbés. Il marque, dans le préambule, qu'ils étaient tous des États de l'empereur Lothaire; ce qui fait voir qu'il donna ce privilége, en 833, après que ce prince eut détrôné Louis le Débonnaire. Le monastère de Saint-Remi avait été le théâtre de divisions qui avaient presque ressemblé à des guerres, et, soit négligence des moines, soit misère et pénurie de la communauté, on ne pouvait presque plus y accomplir les exercices de la règle de saint Benoît. C'est ce qui porta Aldric, de l'avis de son chapitre et des notables de la ville de Sens, à transférer ce monastère dans un lieu plus sain nommé Varcilles, à la condition que les religieux n'y dépasseraient pas le nombre de trente, jusqu'à ce que les revenus fussent augmentés. Il recommanda aux évêques de Sens, ses successeurs, de faire ordonner pour abbé de ce monastère celui que la communauté aurait choisi, à la condition qu'il serait de mœurs pures et de foi éprouvée.

Il voulait, en cas que le monastère ne pût fournir un religieux digne d'en être abbé, qu'on en prît un dans quelque autre monastère de la province de Sens, mais avec l'agrément des abbés voisins et de l'évêque diocésain. Il leur recommanda encore de ne point exiger de trop lourdes redevances des moines de Saint-Remi, mais de se contenter de recevoir d'eux, chaque année, un cheval et un bouclier avec une lance ; à moins que l'obligation d'aller à quelque expédition publique les mît dans la nécessité d'exiger davantage. Saint Aldric fit aussi transporter à Varcilles les reliques des saints, désormais négligées dans le monastère de Sens, jusqu'à ne plus avoir de visiteurs ni de lampes allumées devant leurs autels.

ALDRIC (saint), évêque du Mans. — Aldric, fils d'un gentilhomme saxon et de Gérilde de Bavière, tous deux issus du sang royal, mais sujets de l'empire français, naquit vers l'an 800, et passa ses premières années à la cour de Charlemagne, où son père le mena dès l'âge de douze ans. La douceur de ses mœurs le rendit agréable au roi et à tous les grands. Il donnait le jour au service de son prince, et la nuit à la prière et aux exercices de piété. Sa vocation pour l'état ecclésiastique le fit renoncer aux charges importantes que Louis le Débonnaire voulut lui conférer. Il quitta la cour d'Aix-la-Chapelle, et se rendit à Metz, où il entra dans le clergé, aux grands applaudissements de l'évêque et de la ville tout entière. Il apprit le chant romain, la grammaire et les autres sciences ecclésiastiques. Après avoir passé par tous les degrés de la cléricature, il fut appelé au sacerdoce par le choix du clergé et du peuple. Ses prédications gagnèrent à Dieu et à l'Eglise un grand nombre de personnes, et Drogon, qui l'avait ordonné, l'établit grand chantre, puis lui confia le soin des écoles, et enfin, pour le récompenser des services qu'il avait rendus, il le nomma primicier, dignité qui lui conférait le droit d'inspection sur tout le clergé de la ville et du diocèse, même sur les monastères. Au bruit de sa réputation, l'empereur Louis le fit revenir à la cour, et le prit pour son confesseur. Quatre mois plus tard, le siége du Mans étant venu à vaquer, Landran, archevêque de Tours et métropolitain de la province, Roricon, comte du Mans, tous les nobles du diocèse, avec les palatins, le clergé et le peuple, l'élurent pour leur évêque. L'empereur ayant agréé cette élection, Aldric fut consacré par Landran dans l'église métropolitaine de Tours, le 22 décembre 832 ; il était alors âgé d'environ trente-deux ans, et il y resta paisiblement jusqu'à la mort de Louis le Débonnaire. Lothaire l'en chassa, et il n'y fut rétabli qu'après que ce prince eut été vaincu par Charles II, en 841. Aldric employa le repos dont il jouit depuis à rétablir la discipline parmi le clergé de son diocèse ; il le gouverna avec beaucoup de sagesse et l'édifia par ses vertus ; il assista à plusieurs conciles : à celui d'Aix-la-Chapelle, en 836 ; à celui de Paris, en 849 ; et il se serait rendu, en 853, à celui de Compiègne, s'il n'en eût été empêché par la paralysie qui le conduisit au tombeau, le 9 de janvier 856, après vingt-trois ans d'épiscopat.

Ecrits de saint Aldric. — Les capitulaires du concile de Soissons, tenu sous Charles le Chauve, en 853, parlent de la lettre qu'il écrivit aux évêques du concile de Compiègne. On y voit qu'après avoir donné les raisons qui l'empêchaient de sortir de son diocèse, il priait ces évêques de l'aider de leurs prières pendant sa vie et après sa mort. Touchés de sa situation, les Pères du concile lui envoyèrent Amalric, son métropolitain, pour le consoler et pourvoir aux besoins de son Eglise. La lettre d'Aldric n'est pas venue jusqu'à nous.

Il avait fait un recueil de canons tirés des conciles, des décrétales des papes, des capitulaires des empereurs chrétiens, savoir de Pépin, de Charlemagne et de Louis le Débonnaire, pour servir de règle au clergé ; et il avait mis à la tête de ce recueil des préfaces qui rendaient compte de l'ouvrage tout entier. On regrette la perte de ce précieux monument, connu sous le nom de Capitulaires d'Aldric ; le IXe siècle n'avait rien produit d'aussi savant ni d'aussi judicieux dans ce genre.

Il ne nous reste de ce saint évêque que trois Testaments et quelques règlements de discipline publiés par Baluze. Ses deux premiers Testaments sont datés du jour de Pâques de l'an 837, c'est-à-dire du 1er avril. Il y dispose de certaines redevances en faveur de diverses Eglises de son diocèse, afin de les mettre en état de recevoir les processions de la ville et de la campagne qui s'y rendraient cinq fois l'année, au jour marqué. Une de ces processions devait se faire au jour anniversaire de son ordination. Le troisième testament n'a ni date ni suscription ; seulement il y est fait mention expresse qu'il fut écrit de l'agrément de l'empereur Louis, et avec le consentement de l'archevêque métropolitain de Tours et des autres évêques de la province. C'est une donation d'une partie de ses biens aux églises et aux monastères de son diocèse, ainsi qu'aux pauvres et à quelques autres de ses amis. Il leur recommande de prier pour lui après sa mort, et de chanter des vigiles et des messes le jour de son anniversaire, pour la rémission de ses péchés.

On a de lui un Règlement pour le luminaire de son église cathédrale, variant suivant les solennités. On ne devait allumer, dans les jours ordinaires, que trois lampes et un cierge, depuis le soir jusqu'au matin, excepté pendant les nocturnes, où on allumait dix lampes et cinq cierges. Mais, aux jours de grandes solennités, il y avait quatre-vingt-dix lampes et dix cierges.

Au mois de mai de l'année 840, il tint, dans sa ville épiscopale, un synode, auquel il convoqua les prêtres, les diacres et les moines. Après le discours d'ouverture, il se concerta avec eux pour établir et régler, par différents statuts, les messes et les prières que l'évêque devait faire dire pour son clergé, le clergé pour son évêque, et tous les membres du clergé les uns pour les autres, soit de leur vivant, soit après leur mort. Le nombre de ces messes est fixé à douze pour les vivants et autant pour les morts, dont les noms devaient être inscrits au synode. Ce Règlement est suivi, dans les Actes de la Vie de saint Aldric, de plusieurs formules de messes, qui apparemment furent composées à la suite de cette assemblée. Les unes sont pour les vivants, les autres pour les morts, et toutes ont des préfaces particulières. Il paraît qu'à cette époque on récitait encore pendant le canon les noms de tous ceux qui étaient inscrits dans les diptyques. Les disciples de saint Aldric ont inséré dans ses Actes quantité de monuments ou chartes accordées par Louis le Débonnaire, en faveur de ce saint prélat, ou des monastères et des églises qu'il avait établis ou restaurés.

ALEXANDRE II, élu pape en 1061, s'appelait Anselme de Badage ou de Baggio, et était issu d'une ancienne et noble famille du Milanais. Il montra de bonne heure des talents et des vertus, et fut honoré de deux légations par Etienne IX et Nicolas II, l'une dans le Milanais, et l'autre en Allemagne. Il devint ensuite évêque de Lucques, puis, à la mort du pape Nicolas II, il fut choisi pour gouverner l'Eglise à sa place, et consacré le 30 de septembre, après trois mois de vacance du saint-siége. Comme cette élection s'était faite sans le consentement du roi Henri et de l'impératrice Agnès, sa mère, Guibert de Parme, chancelier d'Italie, excita les évêques lombards à ne point reconnaître Alexandre, et à se choisir un pape qui leur fût dévoué, c'est-à-dire qui eût de la condescendance pour leurs faiblesses, la plupart, dit Fleury, étant simoniaques et concubinaires. Ils suivirent ce conseil et passèrent les monts, portant une couronne d'or pour le jeune Henri, avec l'offre de la dignité de patrice. Cette démarche les fit accueillir de l'impératrice-mère. Offensée qu'on eût procédé à l'élection d'un pape sans son consentement, elle la regarda comme non avenue, et, de l'avis de son conseil, elle fit élire évêque de Parme Cadaloüs, qui prit le nom d'Honorius II, et fut sacré, le 28 octobre, par les évêques de Verceil et de Plaisance, l'un et l'autre concubinaires publics. Cadaloüs lui-même, concubinaire et simoniaque, avait été excommunié dans trois conciles différents. Cependant, fort de son élection, cet antipape voulut en appeler aux armes pour la soutenir. Il se présenta à l'improviste devant Rome, le 14 avril 1062. Ses troupes remportèrent d'abord quelque avantage, mais Godefroy, duc de Toscane, étant accouru au secours des Romains, Cadaloüs fut pris et obtint, avec beaucoup de peine, la permission de retourner à Parme. Il ne renonça pour cela ni à son entreprise ni à ses prétentions sur la papauté. Déposé, en présence du roi, dans un concile assemblé à Osbor en Saxe, par les soins d'Annau, archevêque de Cologne, condamné de nouveau comme simoniaque par le concile de Mantoue, il voulut joindre la ruse à la force. Ayant appris le départ de l'archevêque de Cologne, il rentra secrètement dans Rome, se glissa dans la cité Léonina, où, à force de soldats et d'argent, il parvint à s'emparer de Saint-Pierre. Le peuple y accourut en foule, et les soldats de Cadaloüs furent tellement épouvantés, qu'ils se dispersèrent et coururent se cacher. Contraint d'en sortir lui-même, Cadaloüs se réfugia dans le château Saint-Ange, où il se maintint assiégé pendant deux ans, au bout desquels il s'échappa déguisé en pèlerin, après s'être racheté à prix d'argent des mains du gouverneur. Cet intrus ne survécut pas longtemps à cette catastrophe; il mourut dans la même année, après avoir demandé et obtenu le pardon d'Alexandre. Devenu paisible possesseur de son siége, ce pieux pontife s'appliqua à terminer plusieurs disputes sur des matières ecclésiastiques, entre autres celle qui concernait les degrés de parenté dans la prohibition des mariages, et que l'on nommait l'hérésie des incestueux. Il tint à cet effet deux conciles, vers l'an 1065. Avec le secours de Godefroy, duc de Toscane, il délivra l'Eglise romaine des incursions des Normands. Guillaume, duc de Normandie, s'étant mis en devoir de maintenir ses droits à la couronne d'Angleterre, après la mort du roi Edouard, Alexandre lui donna un étendard comme une marque de la protection de saint Pierre. Après l'expédition, Guillaume donna au pape l'étendard d'Harold, qu'il avait vaincu. Il y ajouta de grandes sommes en or et en argent pour le denier de saint Pierre; et cette union fut encore cimentée par les soins que le pape se donna pour assurer la primatie à l'archevêché de Cantorbéry, occupé alors par Lanfranc. Il accorda à Vradislas, duc de Bohême, l'usage de la mitre, privilége dont n'avait joui jusque-là aucun prince laïque. Sur l'avis de Pierre Damien, son légat au concile de Mayence, il refusa au roi Henri la permission de répudier Berthe, fille du marquis d'Italie, qu'il avait épousée depuis peu. On verra dans l'analyse de ses lettres les autres circonstances de son pontificat, qui fut de onze ans, six mois et vingt-deux jours. Il mourut à Rome, le 21 avril 1073, et fut universellement regretté. Ceux qui mettent sa mort au 1er mai la confondent avec le jour de sa sépulture. Il est resté de lui quarante-cinq lettres, toutes relatives à des points de discipline et de morale religieuse.

Aux Milanais. — Sa lettre à ses compatriotes est une exhortation à la pratique des vertus chrétiennes. Il avait surtout à cœur la chasteté des clercs, et souhaitait ardemment de voir l'incontinence bannie du clergé sous son pontificat.

A Harold, roi de Norwége. — Cette lettre prouve l'influence religieuse qu'exerçait alors, pour le bien de l'humanité, le pontife romain, aussi bien dans les glaces du Nord que dans les sables brûlants du Midi : « Comme vous êtes encore peu instruit dans la foi et la sainte discipline, c'est à nous, lui dit-il, qui avons la charge de toute l'Eglise, de vous éclairer par de fréquents avertissements; mais la distance des lieux nous empêchant de le faire par nous-même, nous en avons chargé Adalbert, archevêque de Brême, notre vicaire et notre légat. Il s'est plaint à nous que les évêques de votre province, ou ne sont point sacrés, ou qu'ils vont se faire sacrer, pour de l'argent, en Angleterre et en France. C'est pourquoi, par l'autorité de saint Pierre et de saint Paul, nous vous admonestons, vous et vos évêques, de rendre à notre légat la même obéissance que vous devez au saint-siége. »

Lettre synodale à tous les évêques. — En 1063, Alexandre tint un concile à Rome, assisté de plus de cent évêques. Quelques moines y accusèrent publiquement d'hérésie et de simonie Pierre, évêque de Florence, et s'offrirent de prouver l'une et l'autre par l'épreuve du feu. Le pape rejeta leur proposition, et se contenta de renouveler les anciens canons, faits contre les simoniaques dans le concile de Rome, tenu, en 1059, sous le pontificat de son prédécesseur. Il en ajouta quelques autres, et les adressa par une lettre circulaire à tous les évêques. Ils sont au nombre de douze, dont voici les principaux. — Le premier veut qu'on dépose sans miséricorde tous ceux qui ont été ordonnés par simonie. Le second permet par indulgence, à ceux qui ont reçu les ordres d'un évêque simoniaque, de continuer leurs fonctions. Il est défendu, par le troisième, d'entendre la messe d'un prêtre qu'on sait avoir une concubine, et à tout prêtre et à tout diacre d'en avoir, sous peine d'être interdits de leurs fonctions. Le quatrième porte que les prêtres et les diacres ordonnés pour une église auront une demeure commune dans le voisinage de cette église. On croit reconnaître dans ce canon l'origine des chanoines réguliers. Le septième défend à un prêtre de tenir deux églises à la fois. Le dixième prive de la communion un laïque qui entretiendra une concubine avec sa femme. Enfin, le douzième défend d'élever un laïque à aucun degré du saint ministère, qu'il n'ait auparavant changé d'habit et vécu saintement parmi les clercs.

A Gervais, archevêque de Reims. — On trouve dans la collection des conciles quatorze lettres du même pape à Gervais, archevêque de Reims. Presque toutes ont trait à la répression de la simonie, ou à des contestations entre les évêques, des abbés et les moines. Par une lettre particulière, Alexandre lui adjoignit l'archevêque de Sens, et les commit l'un et l'autre, avec leurs suffragants, pour examiner la cause du divorce entre le comte Radulfe et sa femme, et ordonner à ce sujet ce qu'ils croiraient convenable, se réservant de confirmer leur sentence. La dernière lettre à Gervais est à l'occasion des reliques de saint Menne que l'évêque de Châlons-sur-Marne avait enlevées de l'église dédiée sous l'invocation de ce saint. Le pape ordonna de les y rapporter.

Constitutions pour l'Eglise de Milan. — A Milan, la simonie et l'incontinence étaient les vices dominants du clergé. Le diacre Arialde, touché de ces désordres, les combattait avec zèle, secondé par Herlambaud son ami. Guy, archevêque de cette ville, le fit arrêter, et dans la crainte qu'il ne s'échappât, le fit massacrer par deux clercs coupables des mêmes crimes que l'archevêque. Le martyr d'Arialde arriva le 27 juin 1066. L'année suivante, le pape Alexandre, voulant essayer de remédier aux maux de cette Eglise, envoya à Milan deux légats, Mainard, cardinal-évêque de Sainte-Rufine, et Jean, prêtre-cardinal. Ils y firent plusieurs règlements portant des peines contre les clercs simoniaques et concubinaires, et enjoignant aux seigneurs laïques de venir en aide à l'autorité religieuse, pour appréhender les coupables qu'ils découvriraient sur leurs terres, et les déférer aux tribunaux ecclésiastiques. On défend aux laïques de faire aucune violence à un clerc même coupable, soit dans sa personne, soit dans ses biens, à l'exception toutefois de son bénéfice ecclésiastique. La date de ce règlement est du 1er août 1067. Pour lui donner plus de vigueur, les deux légats ordonnèrent une amende pécuniaire contre les contrevenants : cent livres de deniers si c'est l'archevêque, vingt livres pour les capitaines, dix pour un vassal et cinq pour un négociant, le tout au profit de l'Eglise métropolitaine.

Aux évêques de Danemark. — En Danemark, l'évêque de Fari, nommé Edbert, s'étant rendu coupable d'un grand nombre de crimes, Adalbert archevêque de Brême et légat du pape, le cita à son tribunal. Edbert fut trois ans sans vouloir y comparaître. L'archevêque s'en plaignit à Alexandre II, qui en écrivit à tous les évêques du royaume, pour les engager à faire rentrer Edbert dans l'obéissance qu'il devait au légat. Ce fut apparemment en conséquence de cette lettre qu'Adalbert convoqua, en 1072, un concile à Schleswig avec le secours du roi.

A Landulphe. — Un nommé Landulphe s'étant fait moine, après avoir extorqué par menaces le consentement de sa femme, avait depuis quitté son monastère pour retourner auprès d'elle. Inquiet s'il lui était permis de vivre avec elle comme auparavant, il consulta le pape Alexandre, qui lui répondit que, n'ayant pu s'engager dans un monastère sans le consentement de sa femme, et sans qu'elle-même prît de son côté la résolution de s'enfermer dans un cloître, c'était à lui et à elle de s'examiner sur ce point. Jusque-là il ne trouvait pas qu'il y eût lieu de l'obliger à s'en séparer.

Au clergé de Naples. — Il s'était élevé une dispute en Italie, au sujet des degrés de parenté dans lesquels il était défendu de contracter mariage. Toute la différence des opinions venait de ce que les uns comptaient les degrés de parenté selon les lois civiles, et les autres suivant les canons. Or deux degrés suivant les lois ne faisant qu'un seul degré canonique, il en résultait que les frères, qui d'après les lois, sont au second degré, ne sont qu'au premier d'après les canons. Alexandre fit examiner cette difficulté dans un concile qu'il assembla à Rome, en 1065. Il y fut décidé que l'on compterait les degrés de parenté suivant l'ancien usage de l'Eglise, quand il s'agirait de mariage ; c'est-à-dire qu'on ne pourrait en contracter entre parents qu'après le septième degré, parce que passé cette génération, les canons ne reconnaissent plus de parenté. La lettre d'Alexandre au clergé de Naples est conforme à ce décret. Il l'autorise par une lettre de saint Grégoire à saint Augustin, apôtre d'Angleterre. Il cite la même lettre dans celle qu'il écrivit aux clercs et aux juges d'Italie ; mais comme quelques-uns prétendaient que saint Grégoire y permet les mariages aux troisième et quatrième degrés, Alexandre en rapporta une autre du même pape à Félix de Messine, où il est dit que saint Grégoire en avait usé ainsi par indulgence pour les Anglais.

A Lanfranc. — Ayant appris que quelques clercs séculiers, soutenus par la puissance laïque, voulaient chasser les moines de l'église de Saint-Sauveur à Cantorbéry, pour y mettre des clercs, et faire le même changement dans toutes les cathédrales d'Angleterre, il en écrivit à Lanfranc, alors archevêque de Cantorbéry. Il défend sous peine d'anathème de faire aucun changement dans ces églises, puisque les moines y avaient été établis par ordre de saint Grégoire, et que le pape Boniface V avait confirmé cet établissement. Les moines ont continué de desservir les cathédrales d'Angleterre jusqu'au schisme d'Henri VIII.

A Odric abbé de Vendôme. — Cette lettre contient un privilége qui déclare l'abbaye de Vendôme immédiatement soumise au saint-siége, avec la clause d'y recevoir les légats apostoliques et de subvenir à tous les besoins de leur séjour, suivant les moyens du monastère. Il accorde aussi aux moines de Vendôme la faculté de se choisir un abbé entre eux, et en cas qu'ils n'en trouveraient point qui leur parût digne de leur choix, d'en prendre un à Cluny ou à Marmoutiers. Il ajoute que l'élu ira lui-même à Rome pour se faire bénir, mais que pourtant si ce voyage lui devenait trop onéreux, il pourrait recevoir la bénédiction abbatiale de tout évêque catholique, ce qui n'exemptera pas les moines de l'obligation d'envoyer à Rome le décret d'élection, afin qu'on y puisse juger si elle a été faite selon Dieu et la règle de saint Benoît. Il paraît par la suite de ce privilége qu'il avait été accordé du consentement de l'évêque de Chartres, dans le diocèse duquel l'abbaye de Vendôme se trouvait située.

A Hugues, abbé de Cluny. — A la requête de l'abbé Hugues, Alexandre confirma toutes les donations faites au monastère de Cluny, l'exempta de toute juridiction épiscopale, avec pouvoir à l'abbé d'envoyer ses moines à quel évêque il lui plairait pour l'ordination ; enfin il leur accorda de ne pouvoir être excommuniés ni interdits que par le jugement du saint-siége.

Autres lettres. — Une lettre à Gébéhard, archevêque de Salzbourg, lui permet d'ériger un évêché dans la partie de son diocèse qui lui paraîtrait avoir besoin de cette institution ; une seconde autorise Altman, évêque de Passau, à établir une comunauté de chanoines réguliers dans le faubourg de sa ville épiscopale, pour la desserte de l'église fondée par l'impératrice Agnès ; et une troisième, enfin, adressée à Jean, évêque d'Avranches. Il s'agissait de transférer cet évêque de son siége à celui de Rouen. Guillaume, roi d'Angleterre, souhaitait cette translation et l'avait fait demander à Rome par l'évêque de Sion et par l'abbé Lanfranc. Alexandre accorda cette grâce en considération de ceux qui la sollicitaient, et surtout de l'avantage qui devait en résulter pour l'église de Rouen.

A Lanfranc, légat en Angleterre. — Quoique la primatie de l'Eglise d'Angleterre fût depuis longtemps attachée au siége de Cantorbéry, l'archevêque d'York ne laissa pas d'y prétendre et de vouloir l'enlever à l'archevêque de Cantorbéry qui en était en possession depuis l'établissement du christianisme dans ce royaume. Alexandre II renvoya la décision de cette difficulté à Lanfranc, son légat, qui, l'ayant examinée en présence des abbés et des moines, assistés du conseil des évêques, arrêta qu'en ce qui regarde la religion, l'archevêque d'York serait soumis à celui de Cantorbéry, comme primat de toute l'Angleterre. Guillaume de Malesbury rapporte cet événement à l'an 1072. Un des derniers actes du pontificat d'Alexandre II, qui fut consacré tout entier au bon ordre et au maintien de la discipline, fut de rétablir la vie commune parmi les chanoines de Saint-Jean de Latran. D'une pureté de mœurs irréprochable, sa vie fut exempte de tout soupçon. Il était plein de savoir et d'éloquence, d'une vivacité d'esprit extraordinaire et constamment appliqué à veiller aux besoins de son Eglise, qui étaient les besoins de la chrétienté tout entière.

ALEXANDRE III, était de Sienne, et se nommait Roland Rainuce. D'abord chanoine de Pise, il fut appelé à Rome par le pape Eugène, qui le combla de distinctions et le fit chancelier. Elu pape le 7 septembre 1159, après la mort d'Adrien IV, son élection fut troublée par des violences inconnues jusqu'alors. De vingt-cinq cardinaux qui y concoururent, trois lui refusèrent leurs suffrages et choisirent Octavien, l'un d'entre eux, sous le nom de Victor III. Cet Octavien était cardinal du titre de Sainte-Cécile ; les deux autres étaient Jean de Marsan, du titre de Saint-Martin, et, Guy de Crème, du titre de Saint-Calixte. Alexandre était déjà revêtu de la chape écarlate, lorsque Victor la lui arracha ; un des sénateurs présents s'en saisit, mais Victor, aidé de son chapelain, s'en empara de nouveau, et voulant s'en revêtir avec précipitation, dit Fleury, il la mit à contre-sens ; ce qui fit dire qu'il avait été élu à rebours. Cette scène indécente et ridicule obligea Alexandre et ses amis de se retirer dans la forteresse de Saint-Pierre, d'où les soldats de Victor les firent transporter dans une prison étroite située au delà du Tibre ; mais ils en furent délivrés au bout de trois jours par le peuple, qui avait à sa tête Hector Frangipane et plusieurs autres patriciens. Cet événement fut accompagné d'une joie universelle. Alexandre, conduit à quelques milles de Rome, dans un lieu nommé *Sancta Nympha*, y fût sacré par les évêques d'Ostie, de Sabine et de Porto, assistés de cinq autres évêques ; tous les cardinaux de son parti, un grand nombre de prêtres et d'abbés, et les Romains en foule assistèrent à cette cérémonie. Victor, de son côté, trouva avec peine, et après plus d'un mois de recherches, trois évêques qui consentirent à coopérer à son sacre. Les deux adversaires écrivirent, chacun de leur côté, à Frédéric Barberousse pour avoir son approbation. Ce prince les manda l'un et l'autre au concile de Pavie, ou plutôt au conciliabule qu'il réunit à Pavie, en 1150. Alexandre, condamné par contumace et déposé, s'en vengea en excommuniant Frédéric, dans une assemblée d'évêques et de cardinaux tenue à Anagni, et déclara ses sujets déliés du serment de fidélité. Persécuté avec acharnement par l'empereur et par l'antipape, il se réfugia en France, où régnait Louis le Jeune alors en guerre avec Henri III, roi d'Angleterre et duc de Normandie. Arnould, évêque de Lisieux, conçut le projet de faire reconnaître le pape par les deux monarques, ce qui s'exécuta d'abord dans deux assemblées tenues en France et en Angleterre, et enfin dans un concile général tenu à Toulouse, après la conclusion de la paix entre les deux couronnes. Alexandre se fit également reconnaître en Palestine par la puissance des croisés. Ce fut en France que le pape Alexandre connut Thomas Becquet, archevêque de Cantorbéry, dont le meurtre excita tant de trouble et d'indignation. La canonisation du saint martyr et l'absolution d'Henri II, furent l'ouvrage d'Alexandre. Cependant, Victor, après avoir obtenu quelques partisans en Italie, mourut à Lucques, où le clergé refusa de l'enterrer, comme schismatique et comme intrus. Frédéric ne lui fit pas moins donner pour successeur Guy de Crème, qui prit le nom de Pascal III. Le nouvel antipape n'exista pas longtemps, et fut remplacé par Jean, abbé de Sturme, que l'on nomma Calixte III. Après son abjuration, qui suivit son élection de près, quelques schismatiques élurent Lando Sitino, de la famille des Frangipanes, qu'ils nommèrent Innocent III ; mais son règne fut si court et sa puissance fut si nulle, que la plupart des historiens ont dédaigné de s'occuper de lui. Alexandre, délivré de ses compétiteurs, était retourné en Italie où le vœu général l'avait rappelé. Il lui restait encore à vaincre l'inimitié de Frédéric ; mais cet empereur, qui avait conçu le projet de la monarchie universelle, voyant le bonheur de ses armes troublé par la révolte de la Lombardie et par la perte de la bataille navale de Lignano, fit lui-même proposer la paix au pontife. On se donna rendez-vous à Venise, où l'empereur baisa les pieds de celui contre lequel il s'était armé. Quelques historiens ont raconté de cette réunion des détails injurieux pour la mémoire des deux souverains. Rien de plus faux, par exemple, ou de plus opposé au caractère du pontife, que la fable qui rapporte qu'il mit le pied sur la gorge de l'empereur en disant : *Super aspidem et basiliscum ambulabis*. Les plus grands ennemis du saint-siège avouent que c'est un conte destitué de toute vraisemblance, et qu'il ne se passa rien alors que ce qui s'est toujours pratiqué depuis, dans de pareilles entrevues. Alexandre rentra avec gloire dans la capitale du monde chrétien ; son premier soin fut de remédier aux maux causés par un long schisme. Il assembla le troisième concile de Latran. Ce concile, où assistèrent tous les députés d'Occident, et où l'Eglise d'Orient fut aussi représentée, s'occupa de réformes nécessaires dans toutes les parties. Alexandre étendit ses soins partout où il y avait des erreurs à combattre et des maux à guérir. Le mauvais état de la Palestine l'engagea à publier une nouvelle croisade, qui fut acceptée par Philippe-Auguste et par Henri II, roi d'Angleterre. Alexandre se montra inspiré par ces grandes vues qui honorent la politique et font aimer la religion. Ce fut lui, dit le président Hénault, qui au nom du troisième concile de Latran, déclara que tous les chrétiens devaient être exempts de la servitude, ou plutôt de l'esclavage, parce que, suivant Fleury, il ne peut être question ici que de l'ancien état politique ; il a été le premier pape qui s'est réservé la canonisation des saints ; règlement profondément sage et nécessaire, non-seulement pour rendre la canonisation respectable et la faire accepter, mais surtout pour remédier aux abus et à la légèreté avec laquelle la plupart des métropolitains procédaient à un jugement de cette importance. Alexandre III mourut le 31 août 1181, à Citta di Castello, après vingt-deux ans d'un pontificat pénible et glorieux. Il montra une grande fermeté dans ses malheurs, de la modération dans la prospérité, des lumières dans l'administration, une douceur évangélique, et, quelquefois une juste et sage sévérité envers ses ennemis. On a beaucoup parlé de son savoir et de son éloquence, mais on ne dit point qu'il ait laissé d'autres écrits que des lettres.

Elles sont en très-grand nombre et elles ont été recueillies par plusieurs écrivains. Nous ne nous arrêterons point à énumérer toutes les collections qu'on en a faites, et nous ne rendrons compte seulement que de celles qui nous paraîtront les plus intéressantes. Il y en a beaucoup qui nous initient à ses voyages, et qui nous révèlent quelques circonstances du schisme, avec les noms et qualités de ceux qui en étaient les fauteurs ; d'autres concernant les affaires particulières à une province ecclésiastique, comme sont, par exemple, celles qui ont trait à ce qui s'est passé dans la métropole de Reims, sous l'archevêque Henri ; d'autres enfin regardaient les besoins de l'Eglise universelle.

Au roi des Indes. — Comme il était à Ripaste, vers la fin de septembre 1177, il écrivit au roi des Indes, vulgairement appelé le prêtre Jean, une lettre, dans laquelle il lui disait : « Depuis longtemps le bruit public et les rapports de plusieurs personnes dignes de foi nous ont appris que, faisant profession de la religion chrétienne, vous vous appliquez continuellement à des œuvres de piété et à tout ce qui peut vous rendre agréable à Dieu. Mais notre fils bien-aimé, le médecin Philippe, qui s'est souvent entretenu de vos dispositions avec les grands de votre royaume, nous a dit que vous souhaiteriez être instruit de la doctrine catholique et apostolique, et n'avoir d'autre foi que celle du saint-siége. Il a ajouté que vous souhaiteriez ardemment avoir à Rome une église ou tout au moins un autel dans l'église de Saint-Pierre et du Saint-Sépulcre, où des hommes sages et prudents de votre royaume pussent demeurer et s'instruire à fonds dans la vraie croyance catholique, afin de vous en instruire plus tard, vous et vos peuples. Désirant donc, comme nous y sommes obligés par les devoirs de notre ministère, vous retirer des erreurs dans lesquelles vous êtes à l'égard de la foi chrétienne, nous vous envoyons le même médecin, homme habile et discret, bien instruit des articles de cette foi, sur lesquels vous ne paraissez pas d'accord avec nous, afin que vous puissiez sans crainte recevoir de lui des instructions qui vous éclaireront sur vos erreurs. C'est pourquoi nous vous prions de l'accueillir favorablement, d'écouter ce qu'il vous dira de notre part, et d'envoyer vers nous avec lui, des personnes graves chargées de lettres, empreintes de votre sceau, qui nous initient parfaitement à vos intentions. » Suivant quelques historiens anglais qui rapportent cette lettre, ce roi des Indes régnait à l'extrémité de l'Orient, était chrétien de croyance, mais de la communion de Nestorius.

Aux évêques de Suède. — Il régnait plusieurs abus criants dans le royaume de Suède. Les laïques pour de l'argent disposaient à leur gré des églises, sans consulter les évêques ; d'où il arrivait que toutes sortes de prêtres vagabonds remplissaient les fonctions sacerdotales, sans examen et avec le seul agrément de l'autorité séculière. On obligeait les clercs à plaider devant les tribunaux séculiers, et on les jugeait d'après les lois civiles ; on les soumettait même aux épreuves du fer chaud et du duel, et on les frappait ou on les tuait impunément. Des femmes corrompues faisaient périr les enfants qui naissaient de leurs débauches ; il s'en trouvait quelquefois d'étouffés dans le lit de leurs parents ; on commettait des incestes et tous les crimes d'impudicité. Des prêtres employaient à la messe de la lie de vin, et se contentaient de miettes de pain trempées dans le calice. Des laïques, quoique chrétiens, se mariaient clandestinement et sans la bénédiction du prêtre, ce qui occasionnait souvent des divorces et faisait passer le concubinage en habitude. Le pape en écrivit à l'archevêque d'Upsal et à ses suffragants ; et, sachant que la plupart de ces abus venaient d'ignorance, il rapporta sur tous ces cas des autorités de l'Ecriture, des décrétales et des Pères. Il prescrit aux mères qui auront fait périr leurs enfants, en les étouffant par inadvertance, trois ans de pénitence, si ces enfants étaient baptisés, et cinq s'ils ne l'étaient pas. Quant aux autres abominations, il veut que l'on envoie les coupables à Rome visiter les tombeaux des apôtres, afin que les fatigues du voyage leur servent à fléchir la justice de Dieu. Il défend les mariages jusqu'au sixième degré de consanguinité, en ordonnant toutefois de ne pas séparer ceux qui jusque-là s'étaient mariés dans le quatrième ou le cinquième. A l'égard du sacrifice de l'autel, il défend de l'offrir autrement que Jésus-Christ l'a institué, et qu'il est offert dans l'Eglise romaine, c'est-à-dire avec du pain seul et du vin mélangé d'un peu d'eau. Dans une autre lettre, le pape Alexandre communique aux autres prélats une plainte que l'on avait adressée au saint-siège, contre les Finlandais. Quand ces peuples se trouvaient pressés par les armées de leurs ennemis, ils promettaient d'embrasser la religion chrétienne, et demandaient avec empressement des missionnaires pour les instruire ; mais à peine l'armée était-elle retirée, qu'ils maltraitaient les missionnaires et renonçaient à la foi. Le pape exhorte donc le chef et les évêques à ne pas laisser plus longtemps le christianisme exposé à une pareille dérision, à se faire livrer les places des Finlandais, et à prendre si bien leurs mesures, que ces peuples ne puissent plus les tromper ; mais qu'ils soient contraints de garder la foi chrétienne, quand une fois ils l'auront embrassée.

Sur la conversion de l'Estonie. — Foulques, moine de Moustier-la-Celle, au diocèse de Troyes, venait d'être consacré évêque d'Estonie, province située sur la mer Baltique. Avant de se rendre à sa mission, il alla trouver le pape Alexandre, à Tusculum, pour avoir de lui des lettres qui l'accréditassent dans le ministère qu'Esquil, archevêque de Lunden et primat de Suède, lui avait confié. Dans une lettre adressée à tous les évêques de Danemarck, le pape Alexandre les exhorte à soulager l'indigence de l'évêque Foulques et à le mettre en état de pouvoir soutenir ses travaux pour la conversion de l'Estonie. Par une autre lettre aux rois et aux princes de Danemark, de Norwége et de Gothie, il les excite à réprimer, par la force des armes, la férocité des Estoniens et des autres païens de ces contrées, qui ne cessaient de molester les chrétiens et les autres serviteurs de Dieu, et à cet effet le pape leur accorde l'indulgence d'une année, comme aux pèlerins qui visitent le saint sépulcre, et il assure à ceux qui mourront dans les combats, après avoir reçu la pénitence, la rémission de leurs péchés. Il paraît, par cette lettre, que les églises du Nord étaient très-attachées à l'Eglise romaine, et qu'elles n'avaient pris aucune part au schisme. Alexandre écrivit encore à l'archevêque de Drontheim, en Norwége, d'adjoindre à Foulques, évêque d'Estonie, le moine Nicolas, originaire de cette province, homme sage et prudent, afin de l'aider dans la conversion de ces peuples.

Au cardinal Pierre, légat en France. — Il y a plusieurs lettres du pape Alexandre III à Pierre, cardinal du titre de Saint-Chrysogone, légat en France. Dans la première, qui est de 1176, il lui ordonne de presser l'exécution du mariage entre Richard, second fils du roi d'Angleterre, et la fille du roi de France, la princesse Alix, qu'il retenait dans ses Etats, et de lui enjoindre de l'épouser ou de la restituer à son père dans l'espace de quarante jours, sous peine de voir lancer l'interdit sur toutes les terres de son obéissance, avec ordre aux archevêques de Cantorbéry, de Bordeaux, et à l'évêque de Poitiers, de le faire observer. Dans une autre, il ordonne de déclarer publiquement excommuniés ceux qui avaient tué l'évêque de Cambrai. Par une troisième, il le charge de renvoyer à Rome, ou de rapporter luimême, ou enfin de mettre en dépôt entre les mains de l'abbé de Saint-Germain des Prés, l'argenterie que le défunt évêque de Porto avait déposée dans l'église de Saint-Martial de Limoges. Dans une quatrième lettre, il lui donne commission d'exhorter le roi de France et d'autres princes à se croiser, pour aider Manuel Comnène, empereur de Constantinople, à détruire les Turcs et à propager la gloire du nom chrétien. — On voit, par d'autres lettres, que l'empereur Manuel Comnène avait reconnu Alexandre III pour pape légitime, sur le témoignage seul du roi Louis VII, et que le respect que cet empereur portait au pape allait jusqu'à lui faire désirer d'avoir une part dans ses prières. On est donc autorisé à penser que Manuel Comnène se croyait dans la communion de l'Eglise romaine ; du reste, on sait qu'il avait dessein de réunir les deux Eglises, comme elles l'avaient été primitivement, afin qu'il n'y eût plus qu'un seul peuple sous un même chef, qu'un seul troupeau sous un même pasteur.

Au roi Louis VII. — L'empereur Fréderic, pensant aux maux que le schisme causait, convint avec Louis, roi de France, d'une assemblée sur la Saône, pour le jour de la Décollation de saint Jean-Baptiste, 1162, afin d'aviser aux moyens de l'éteindre. Jugeant que la présence du duc Matthieu de Lorraine pourrait être nécessaire, il l'invita à se trouver à Besançon quatre jours avant ce terme. Mais Alexandre III écrivit à Hugues, évêque de Soissons, de détourner le roi de France d'assister à cette conférence, dans la prévision qu'elle serait préjudiciable au bien de l'Eglise. Le pape écrivit aussi à ce prince une lettre où il relève son attachement et celui des rois de France, ses prédécesseurs, à l'Eglise romaine ; les services qu'elle en avait reçus dans tous ses besoins, et l'amour de prédilection que le saint-siége témoignait pour sa personne. Il lui donna avis, par une autre lettre, du retour de l'empereur Frédéric à l'obéissance et à l'unité de l'Eglise. Il manda la même nouvelle à Guillaume, archevêque de Sens, et à ses suffragants. Parmi beaucoup d'autres lettres adressées au roi Louis, il en est une dans laquelle il lui explique dans un sens tout spirituel toutes les parties de la rose d'or qu'il lui envoyait.

A Henri, archevêque de Reims. — Le pape Alexandre écrivit à Henri, archevêque de Reims, pour l'engager à assister, autant qu'il le pourrait, les croisés qui souffraient beaucoup dans leur expédition, et pour déterminer le roi Louis VII à régler, dans une assemblée du clergé de son royaume, un subside pour fournir à leurs besoins. Par une autre lettre, il chargea le même archevêque d'empêcher le mariage de la fille du roi Louis avec le fils de l'empereur Frédéric, disant que cette alliance avec le persécuteur de l'Eglise pourrait lui être pernicieuse et créer des dangers pour son Etat. Il ajoutait que si le roi voulait accorder la main de sa fille à l'empereur de Constantinople, il travaillerait lui-même à faire conclure ce mariage, qui ne pourrait que lui être honorable et avantageux. Croyant qu'il était important pour le bien et l'honneur du royaume de France, que le roi Louis le Jeune fît couronner et sacrer Philippe, son fils, le pape Alexandre chargea l'archevêque Henri d'y engager ce monarque. Il lui propose l'exemple de l'empereur de Constantinople, qui, pour prévenir les troubles qui pourraient agiter l'empire après sa mort, venait de faire couronner son fils, quoique à peine âgé de trois ans, en exigeant pour lui le serment de fidélité de la part de tous ses sujets. Cependant le roi Louis ne fit faire cette cérémonie que quelques années après, c'est-à-dire en 1179. Il charge ailleurs le même archevêque d'exhorter le roi de France à rétablir la paix entre l'Eglise et l'empire, et à se reconcilier avec le roi d'Angleterre ; il le prie de travailler lui-même à cette réconciliation, et à celle du roi d'Angleterre avec ses enfants. L'archevêque de Reims, ne sachant s'il pouvait, sans blesser sa conscience ou les droits et la dignité de son Eglise, accepter l'hommage de l'évêque de Liége, qui était schismatique, consulta le pape Alexandre, qui lui répondit de ne point communiquer avec cet intrus, qu'il ne se fût auparavant réuni à l'Eglise catholique. Pourtant, si, en refusant son hommage, les droits et la dignité de l'église de Reims devaient en souffrir quelques atteintes, il laissait à sa prudence à décider ce qu'il y aurait de mieux à faire. Toutefois il l'avertit d'user tellement des biens temporels, qu'ils ne lui fassent point perdre de vue les biens de l'éternité.

Voilà, sur une collection de plus de 500 lettres écrites par le pape Alexandre, celles que nous avons cru devoir choisir pour donner une idée de son zèle et de son talent. Quoiqu'en petit nombre, elles suffiront pour montrer que les troubles de l'Eglise de Rome et les difficultés particulières qu'il eut à surmonter pour reconquérir son siége, usurpé jusqu'à quatre fois, ne l'empêchèrent point de s'occuper activement des besoins de l'Eglise universelle.

ALEXANDRE, patriarche d'Alexandrie, succéda, en 313, à saint Achillas. Arius, qui avait eu des prétentions sur ce siége, devint furieux de la préférence donnée à Alexandre, et ne pouvant l'attaquer dans ses mœurs, il le calomnia sur sa doctrine, en enseignant lui-même une doctrine nouvelle et toute contraire. Le saint évêque, touché des progrès de l'erreur, n'y opposa d'abord que des voies de douceur, d'exhortation et de persuasion, dans l'espoir de le ramener par sa modération, qui lui attira même le blâme de quelques catholiques zélés ; mais n'ayant pu rien gagner sur son esprit, il le cita devant une assemblée du clergé d'Alexandrie, et, sur le refus de l'hérésiarque de renoncer à ses erreurs, il l'excommunia avec ses sectateurs. Cette sentence fut confirmée, en 320, dans le concile d'Alexandrie, par près de cent évêques, dont il ratifia le jugement par une lettre circulaire au pape saint Silvestre et à tous les prélats catholiques. Le célèbre Osius, chargé par l'empereur Constantin d'aller prendre des informations sur les lieux, approuva sa conduite. Saint Alexandre assista au concile général de Nicée, où il se fit accompagner par saint Athanase, qui n'était encore que diacre, et il mourut le 26 février 326, après avoir désigné pour son successeur.

Son amour pour l'Eglise ne se borna point à s'opposer de vive voix à ceux qui en corrompaient la doctrine, il fit encore tous ses efforts pour ramener à la foi ceux qui avaient été assez simples pour se laisser séduire par l'esprit de mensonge. Il composa, dans ce but, un mémoire qu'il appelle *Tome*, et dont le dessein était de montrer la vérité autorisée par le consentement universel de tous les peuples. Il l'envoya dans toutes les provinces d'Orient, pour le faire signer des évêques ; et il était déjà revêtu d'un grand nombre de ces signatures lorsqu'il écrivit à saint Alexandre de Constantinople. Comme tous les évêques, en lui envoyant leurs signatures, lui adressaient des lettres pleines d'indignation contre ces nouveaux ennemis de la foi, il eut grand soin de les recueillir, comme autant d'approbations données à la justice de sa cause. Arius, de son côté, en faisait autant des lettres que les évêques de son parti lui écrivaient pour sa défense. Outre ce mémoire, saint Alexandre écrivit plusieurs lettres, auxquelles saint Épiphane donne le titre de *Circulaires*, et que l'on conservait encore de son temps jusqu'au nombre de soixante-dix.

De toutes les lettres que le saint patriarche écrivit pour la défense de la divinité du Verbe, il n'en reste que deux : une générale, adressée à tous les évêques de l'Église catholique, et la seconde à saint Alexandre de Constantinople. — Il commence la première en exposant les raisons qui l'avaient porté à l'écrire. D'un côté la loi de l'union épiscopale, qui oblige tous les évêques à s'intéresser à ce qui se passe dans chaque partie de l'Église, ne lui permettait pas de leur cacher les maux causés par l'hérésie d'Arius ; d'un autre côté, il était nécessaire de leur faire connaître, non-seulement ceux qui avaient été excommuniés avec cet hérésiarque, mais encore ceux qui prenaient son parti, et nommément Eusèbe de Nicomédie, qui écrivait partout en sa faveur. Il expose ensuite en ces termes le système de la nouvelle hérésie. « Ils disent, contre l'autorité de l'Écriture : Dieu n'a pas toujours été père ; il a été un temps où il ne l'était point. Le Verbe de Dieu n'a pas toujours été, il a été fait de rien ; ce Fils est une créature et un ouvrage. Il n'est point semblable au Père en substance, ni son Verbe véritable, ni sa vraie sagesse, ayant été fait lui même par le Verbe propre de Dieu et par la sagesse qui est en Dieu, et par laquelle il a tout fait. C'est pourquoi il est changeant et altérable de sa nature, comme toutes les créatures raisonnables. Il est étranger, différent, séparé de la substance de Dieu. Le Père est ineffable pour le Fils, qui ne le connaît pas parfaitement ; car le Fils ne connaît pas même sa propre substance. Il a été fait pour nous, afin d'être comme l'instrument par lequel Dieu nous a créés ; il n'aurait point été si Dieu n'avait voulu nous faire. On leur a demandé si le Verbe de Dieu peut changer, comme a fait le démon, et ils n'ont pas eu horreur de répondre : Oui, il le peut, parce qu'il est d'une nature changeante, puisqu'il a pu être engendré et créé. Comme Arius et ses sectateurs soutenaient tout cela avec impudence, nous les avons anathématisés. Car qui jamais a rien ouï de semblable ?... Qui peut entendre dire à saint Jean : *Au commencement était le Verbe*, sans condamner ceux qui disent : Il a été un temps où le Verbe n'était point ? Qui peut lire dans l'Evangile, en parlant du Fils unique : *Tout a été fait par lui*, sans détester ceux qui disent que le Fils est une créature ? Comment peut-il être dissemblable à la Père en substance, puisqu'il dit : *Celui qui me voit, voit aussi mon Père !* Comment peut-il être sujet au changement, lui qui dit : *Mon Père et moi, nous ne sommes qu'un ?* Quant à ce blasphème, que le Fils ne connaît pas parfaitement le Père, il renverse cette parole du Seigneur : *Comme le Père me connaît, je connais le Père.* Car si le Père connaît parfaitement le Fils, et qu'il ne soit pas permis de parler autrement, il est évident que le Fils connaît aussi parfaitement le Père. C'est ainsi que nous les avons souvent réfutés par les divines Ecritures. Après les avoir entendus nous-mêmes débiter leurs impiétés, nous les avons anathématisés et déclarés étrangers à la foi et à l'Eglise catholiques, et nous en avons donné avis à votre piété, nos chers et vénérables confrères, afin que si quelqu'un d'entre eux a l'audace de se présenter à vous, vous ne le receviez point ; car il nous convient, à nous qui sommes chrétiens, d'éviter comme des ennemis de Dieu et des corrupteurs des âmes, ceux qui tiennent des discours et qui professent des sentiments contraires à la parole de Jésus-Christ. Il est bon même de ne pas les saluer, dans la crainte de participer à leurs crimes. » On voit ici que saint Alexandre recevait comme authentique la seconde Épître de saint Jean. Avant d'envoyer cette lettre, il convoqua à Alexandrie les prêtres et les diacres de cette ville et de la Maréotte, et leur parla ainsi : « Quoique vous ayez déjà souscrit aux lettres que j'ai envoyées aux sectateurs d'Arius... et que vous ayez déclaré la droiture de vos sentiments, conformes en tout à la doctrine de l'Eglise catholique ; cependant, puisque j'ai exposé à tous nos confrères mes sentiments sur la doctrine des ariens, j'ai voulu vous faire connaître ce que j'écris maintenant, afin que vous témoigniez y consentir, appuyant de votre suffrage la déposition d'Arius, de Piste et de leurs adhérents. Il est à propos que vous sachiez ce que nous écrivons, et que chacun de vous l'ait dans le cœur, comme s'il l'avait écrit lui-même. » Trente-six prêtres et quarante-quatre diacres souscrivirent à la lettre de saint Alexandre. Le premier des prêtres est Colluthe, différent apparemment de celui qui donna son nom à la secte des colluthiens ; parmi les diacres, il y a deux Athanase, dont l'un, sans doute, fut son successeur sur le siége patriarchal d'Alexandrie.

A saint Alexandre de Constantinople. — La lettre au saint évêque de Constantinople nous a été conservée par Théodoret. Le sujet est à peu près le même que celui de la précédente. Il prie l'évêque de Byzance et tous les autres évêques de la Thrace, de ne recevoir ni les personnes, ni les lettres des ariens, de signer la confession de foi qu'il leur envoyait, et de joindre leur suscription à celles d'un grand nombre d'autres dont il leur adressait les lettres avec la sienne. Il dévoile d'abord l'origine de l'hérésie arienne, qui fut l'avarice et l'ambition, et les met au courant de la conspiration qu'Arius et Achillas avaient tramée contre l'Eglise. Il ajoute qu'il a été obligé de les retrancher de la communion catholique, et de les chasser de l'Eglise, qui fait profession d'adorer la divinité de Jésus-Christ. Saint Alexandre met ensuite la doctrine de l'Eglise en opposition avec celle des hérétiques. Pour montrer que le Verbe ne doit pas être mis au nombre des choses tirées du néant, il examine ces paroles qui commencent l'Evangile de saint Jean : *Au commencement était le Verbe, et le Verbe était en Dieu, et le Verbe était Dieu. Il était au commencement. Toutes choses ont été faites par lui et rien de ce qui a été fait n'a été fait sans lui.* « Or, dit-il, si toutes choses ont été faites par lui, comment celui qui a donné l'être à toutes les créatures peut-il n'avoir pas toujours été ? Car la raison ne peut comprendre que l'ouvrier soit de même nature que l'ouvrage. Il est impossible d'être au commencement et d'avoir commencé d'être ; au lieu qu'on ne voit aucune distance entre le Père et le Fils, pas même concevable par la pensée. Saint Jean, considérant donc de loin que le Verbe était au-dessus de l'idée des créatures, n'a point voulu parler de sa génération, n'osant employer les mêmes mots pour nommer le Créateur et la créature ; non que le Verbe ne soit engendré, il n'y a que le Père qui ne le soit point, mais parce que la production ineffable du Fils unique de Dieu surpasse la pensée des évangélistes, peut-être même celle des anges. » Il applique ici ces paroles tirées des Epîtres de saint Paul, où, en parlant du Fils, le grand Apôtre affirme : *Qu'il est né avant toute créature ; que Dieu l'a établi héritier de tout, et qu'il a fait par lui les siècles mêmes ; que tout a été créé par lui dans le ciel et sur la terre, les choses visibles et invisibles, les principautés, les puissances, les trônes et les dominations ; enfin qu'il est avant toutes choses.* Il cite encore ce passage, où saint Paul, en parlant du Verbe déclare sa filiation véritable, propre, naturelle : *Il n'a pas épargné son propre Fils, mais il l'a livré à la mort pour nous tous.* Il rapporte aussi ce passage de l'Evangile : *Celui-ci est mon fils bien-aimé en qui j'ai mis toutes mes complaisances ;* et ces deux des psaumes : *Le Seigneur m'a dit : Vous êtes mon Fils, et je vous ai engendré de mon sein dès avant l'aurore :* Tout cela pour montrer qu'il est Fils véritablement et par nature.

Il témoigne ensuite qu'il se trouvait en état de produire beaucoup d'autres preuves de cette vérité, mais qu'il aimait mieux s'en abstenir, n'ayant à parler qu'à des personnes qui partageaient ses sentiments et étaient instruites de Dieu même. Il ajoute qu'ils ne pouvaient pas ignorer que la doctrine d'Arius ne fût celle d'Ebion et d'Artémas, et qu'elle n'eût du rapport avec celle de Paul de Samosate, chassé de l'Eglise par un concile et par le jugement de tous les évêques du monde. Puis, revenant à Arius et à ses sectateurs, son zèle s'anime particulièrement contre le mépris qu'ils faisaient de la tradition de l'Eglise, et la gloire qu'ils se donnaient d'être eux-mêmes les auteurs de leur doctrine. Ensuite, pour répondre aux calomnies qu'ils publiaient contre lui, il fait une profession de foi, dont nous reproduisons ici les principaux passages : « Nous croyons, avec l'Eglise catholique, en un seul Père, non engendré, qui n'a aucun principe de son être; qui est immuable, inaltérable, toujours le même, incapable de progrès ou de diminution, qui a donné la Loi, les Prophètes et les Évangiles; qui est le Seigneur des patriarches, des apôtres et de tous les saints; et en un seul Seigneur, Jésus-Christ, le Fils de Dieu, engendré, non du néant, mais du Père; non à la manière des corps, par retranchement et par écoulement, comme le veulent Sabellius et Valentin, mais d'une manière ineffable et inénarrable, comme il est dit: *Qui racontera jamais sa génération?* et comme il le dit lui-même: *Personne ne connaît qui est le Père que le Fils, et personne ne connaît qui est le Fils, que le Père.* — Nous confessons encore un seul Saint-Esprit, qui a également sanctifié les saints de l'Ancien Testament, et les docteurs divins de la loi nouvelle; une seule Eglise catholique et apostolique, toujours invincible, quoique tout le monde conspire à lui faire la guerre; toujours victorieuse des attaques de l'hérésie, par la confiance que nous donne le père de famille, dans ce passage de l'Evangile: *Prenez courage, j'ai vaincu le monde.* —Après cela, nous reconnaissons la résurrection des morts dont Jésus-Christ est le premier né, ayant pris de Marie, la mère de Dieu, un corps réel et non pas seulement apparent. Sur la fin des siècles, il a habité avec le genre humain pour détruire le péché; il a été crucifié, il est mort, sans aucun préjudice pour sa divinité, et après sa résurrection il est monté au ciel, où il est assis à la droite de la divine majesté. Voilà ce que nous enseignons, ce que nous prêchons; voilà les dogmes apostoliques de l'Eglise, pour lesquels nous sommes prêts à souffrir la mort, sans appréhender les menaces de ceux qui usent de violence pour nous les faire abjurer. Arius, Achillas, et les autres qui combattent avec lui ces vérités ont été chassés de l'Eglise, suivant cette parole de saint Paul: *Si quelqu'un vous annonce un autre Evangile que celui que vous avez reçu, qu'il soit anathème!* Donc, qu'aucun de vous ne reçoive ces hommes, que nos frères ont excommuniés; que personne n'écoute leurs discours, ni ne lise leurs écrits, ce sont des imposteurs qui ne disent jamais la vérité. Condamnez-les avec nous, à l'exemple de nos confrères, qui ont souscrit au mémoire que je vous envoie, avec leurs lettres, par mon fils le diacre Apion. Il y en a de toute l'Egypte et de la Thébaïde, de la Libye et de la Pentapole, de Syrie, de Lycie, de Pamphilie d'Asie, de Cappadoce et des provinces circonvoisines. Je m'attends à recevoir de vous des lettres semblables; car après plusieurs autres remèdes, j'ai cru que cet accord unanime de tous les évêques achèverait de guérir ceux qu'ils ont trompés.»

— Cette lettre de saint Alexandre à l'évêque de Constantinople passe à juste titre pour un traité de théologie complet. En effet, la divinité du Verbe, sa génération antérieure à tous les siècles, sa filiation éternelle du Père y sont démontrées avec une évidence qui exclut toute objection. Saint Alexandre était un zélé défenseur des dogmes apostoliques, mais en même temps un esprit calme et paisible; son style est clair et lumineux comme la foi; doux et paisible comme la charité. On voit qu'il n'a pressé qu'à regret la condamnation d'Arius, après avoir épuisé en sa faveur tous les moyens de conciliation qui pouvaient encore le ramener au culte de la vérité.

ALEXANDRE d'Hiéraple, l'un des plus obstinés partisans de Nestorius, se rendit au concile d'Ephèse en compagnie de Jean d'Antioche. Mais celui-ci s'étant arrêté à quelque distance de la ville, Alexandre le prévint et y arriva avec un autre évêque du même nom, le 20 juin de l'année 431. Il l'intrigua beaucoup pour retarder l'ouverture du concile jusqu'à l'arrivée de Jean d'Antioche; il signa même un acte par lequel plusieurs évêques le demandaient; mais, voyant qu'on ne tenait aucun compte de ses remontrances, il s'en plaignit et s'unit à Jean dans toutes les procédures qui se firent contre le concile lui-même, et en particulier contre saint Cyrille et Memnon. Il signa aussi la relation que Nestorius adressa à l'empereur pour se plaindre du concile. Son union avec Jean d'Antioche le fit comprendre dans la sentence que le concile prononça contre cet évêque et ses complices; et comme les autres il fut retranché de la communion catholique. Comme il honorait singulièrement Acace de Bérée, il lui écrivit pour lui apprendre la déposition de saint Cyrille, et lui adressa en même temps un passage d'Acace de Mélitine qui lui semblait attaquer la divinité de Jésus-Christ, mais qui, en effet, était susceptible d'un sens tout contraire. Son amitié pour Nestorius en fit un ennemi acharné de saint Cyrille, avec lequel il ne voulut jamais souscrire à aucune capitulation. Il poussa si loin la haine de ce patriarche, qu'il renonça à la communion de Jean d'Antioche, de Théodoret et des autres évêques orientaux qui s'étaient réunis à lui pour le bien de la paix. Menacé d'être dépossédé de son siège, il en appela au pontife de Rome, qui rejeta son appel; et comme il continuait de déblatérer contre saint Cyrille et la maternité divine de la sainte Vierge, un édit de l'empereur le relégua aux mines de Famothin, en Egypte, où il mourut dans son inflexibilité.

Il nous reste de lui vingt-trois lettres, qui toutes ont trait à l'histoire du nestorianisme et à la sentence de condamnation que le concile d'Ephèse prononça contre Nestorius et ses partisans. Nous allons en citer quelques passages qui nous démontreront jusqu'à l'évidence l'entêtement que mit Alexandre à persévérer dans ses erreurs. Dans une réponse qu'il fit à Acace, qui lui avait envoyé une lettre de saint Cyrille, il dit qu'il y avait déjà quarante ans qu'il pleurait ses péchés dans les mortifications d'une vie pénitente, mais qu'il avait aimé la vraie foi dès le premier jour, et qu'il l'aimerait jusqu'à la mort. En envoyant cette lettre à André de Samosate, ainsi que quelques autres pièces qu'il avait reçues, il protesta qu'il perdrait son évêché et qu'il se couperait la main droite plutôt que de reconnaître Cyrille pour catholique, tant qu'il parlerait comme il faisait, et qu'il ne confesserait pas clairement que Jésus-Christ est Dieu et homme ; qu'il a souffert selon l'humanité, et qu'il est ressuscité par la vertu du Verbe de Dieu. Il dit en peu de mots ce qui s'était passé dans le concile d'Antioche. Dans une autre lettre, il lui proteste avec serment que s'il ne peut s'unir dans les mystères avec Cyrille, ce n'est ni par animosité, ni par esprit de contention, ni par haine, ni par amitié pour personne, mais qu'il n'a devant les yeux que Dieu et Jean. — Après la réunion de Jean d'Antioche avec saint Cyrille, il se plaignit amèrement de sa conduite à André de Samosate, et l'assura qu'il n'aurait point de part avec ceux qui avaient embrassé cette paix, soit qu'on lui proposât l'exil, la mort, le précipice, le feu ou les bêtes. « Dieu me donnera, dit-il, la force de tout souffrir plutôt que de communiquer avec eux. » A Théodoret, il disait aussi sur le même sujet : « Je ne consentirai point aux propositions que Paul d'Emèse a faites et que l'Egyptien Cyrille a reçues, quand on me condamnerait à mille morts et que le monde entier y souscrirait. » Il insiste surtout sur le nom de Mère de Dieu que saint Cyrille voulait qu'on donnât à la sainte Vierge, et dit qu'il ne consent à l'admettre qu'à la condition d'y ajouter celui de Mère de Christ. Après le concile de Zeugma, où André de Samosate et Théodoret se réunirent à la communion de saint Cyrille, il écrivit à André : « Je ne communique plus avec vous ni avec Cyrille : Vous avez fait ce qui est en vous, vous avez cherché la brebis égarée, elle ne veut pas être trouvée. Tenez-vous désormais en repos ; nous nous verrons les uns et les autres devant le tribunal de Dieu. » Quand Théodoret, à la prière de quelques saints solitaires, se fut réuni à Jean d'Antioche, il écrivit à Alexandre pour lui en exposer les motifs et les raisons ; Alexandre lui répondit : « Je suis affligé de l'empressement des saints moines contre nous ; mais quand ils ressusciteraient tout ce qu'il y a de morts depuis le commencement du monde, je les prie de se tenir en repos et de prier pour nous. S'ils nous condamnent, que Dieu leur pardonne. Ils ne sont pas de plus grande autorité que les apôtres, ou les anges du ciel que Jésus-Christ anathématisa par la bouche de saint Paul, s'ils prêchent au delà de son Evangile. Si vous les voyez, assurez-les que, quand même Jean d'Antioche me donnerait tout le royaume des cieux, je ne communiquerai pas avec lui qu'auparavant l'on ait réformé ce qui a causé le naufrage de la foi. Dieu soit loué ! Ils ont pour eux les conciles, les siéges, les royaumes, les juges ; et nous, nous avons Dieu et la pureté de sa foi. » Théodoret, ne voulant rien négliger pour retirer ce vieillard de ses erreurs lui écrivit, coup sur coup, plusieurs lettres qui le pressaient de hâter son retour à l'union catholique : « Je crois que vous n'avez rien omis, lui répondit-il pour le salut de ma malheureuse âme ; vous avez même fait plus que le pasteur de l'Evangile, qui n'a cherché qu'une fois la brebis égarée. Restez donc en repos et cessez à l'avenir de vous fatiguer, et nous aussi. Je ne veux pas suivre un homme aussi changeant que vous ; et je vous conjure par la sainte Trinité de me laisser tranquille. »

Tous les autres efforts de Théodoret pour gagner Alexandre furent inutiles. Il se fit une loi de fuir la vue, l'entretien, et jusqu'au souvenir même de ceux qui pouvaient se croire autorisés à lui parler de cette affaire. Il les considérait comme des gens qui étaient retournés de cœur en Egypte et qui ne cherchaient tous qu'à le tenter et à l'abattre. C'est ce qu'il dit dans une lettre à Mélèce de Mopsueste. Il cessa aussitôt tout commerce de lettres, même avec les amis les plus intimes, et il persévéra dans sa résolution jusqu'à la mort.

ALEXANDRE (saint), évêque de Jérusalem, eut pour premier maître dans l'étude des lettres saintes le célèbre Pantène, qu'il appelait son seigneur et son père. Il se mit ensuite sous la direction de saint Clément, qui lui avait succédé dans l'école des Catéchèses d'Alexandrie, et il se lia avec lui d'une amitié intime. Ce fut pendant son séjour en cette ville qu'il fit connaissance avec Origène, disciple comme lui de ces deux grands hommes. Ayant été élu évêque d'une ville de la Cappadoce que l'on croit être Flaviade, il s'y rendit illustre par le courage généreux qu'il déploya dans la persécution de Sévère, et par la confession publique qu'il fit du nom et de la gloire de Jésus-Christ. Cependant, il ne lui fut pas donné alors de la sceller de son sang, mais il passa plusieurs années en prison, et il y était encore, en 211, au commencement du règne de Caracalla, lorsque Asclépiade fut fait évêque d'Antioche, après la mort de saint Sérapion.

Ce fut à cette occasion qu'il écrivit à l'Eglise d'Antioche pour la féliciter du choix qu'elle venait de faire de saint Asclépiade, qui comme lui avait confessé Jésus-Christ dans la persécution. Cette lettre fut portée par saint Clément d'Alexandrie, qui gouvernait son Eglise pendant son absence. Elle était conçue en ces termes : « Alexandre, serviteur de Dieu et prisonnier de Jésus-Christ, à la sainte Eglise d'Antioche, salut en Notre-Seigneur. Quand j'ai appris qu'Asclépiade, digne par sa foi des plus hautes fonctions du saint ministère, venait d'être élevé par la divine Providence au gouvernement de votre Eglise, le Seigneur a adouci les fers dont j'étais chargé dans ma prison et me les a rendus légers. » Sur la fin il disait : « Je vous envoie cette lettre par le bienheureux prêtre Clément, homme d'une vertu éprouvée, que la providence de Dieu a placé dans nos contrées pour affermir l'Eglise de Jésus-Christ. » L'année suivante, Alexandre étant sorti de prison, reçut de

Dieu, dans un songe, l'ordre d'aller visiter Jérusalem et les saints lieux. Ce fut pendant ce voyage que Narcisse, évêque de cette ville, le choisit pour son coadjuteur dans le gouvernement de son diocèse. C'est le premier exemple d'un évêque transféré d'un siége à un autre et donné pour coadjuteur à un évêque vivant ; mais il faut observer que cette exception aux règles canoniques était fondée sur l'extrême vieillesse de Narcisse, et qu'elle eut lieu dans un concile des évêques de Palestine convoqués à ce sujet. Ils occupaient ensemble le siége de Jérusalem, lorsque saint Alexandre écrivit aux antinoïtes : « Je vous salue de la part de Narcisse, qui a tenu ici avant moi la place d'évêque, et qui, âgé de plus de cent seize ans, me reste uni par les prières. Nous vous conjurons ensemble de conserver entre vous une paix et une union inaltérables. »

Cependant les travaux de son épiscopat ne lui firent point négliger le culte des sciences. Il s'appliqua à former à Jérusalem une bibliothèque nombreuse, dans laquelle il recueillit les lettres et les écrits des plus grands hommes de son siècle. Cette bibliothèque subsistait encore du temps d'Eusèbe de Césarée, à qui elle fournit de grandes ressources pour la composition de son *Histoire ecclésiastique*. Saint Alexandre, qui avait été le condisciple d'Origène, fut aussi son défenseur. Il l'autorisa à prêcher lorsqu'il n'était encore que simple laïque, lui imposa les mains pour l'élever au sacerdoce, et le soutint dans les persécutions qu'il eut à essuyer de la part de Démétrius, son évêque. Ils furent même si unis ensemble, qu'ils ne pouvaient presque plus se séparer. Ce saint évêque, qui avait déjà confessé la foi en 204, et était resté sept ans dans les fers, fut arrêté une seconde fois sous la persécution de l'empereur Dèce, et mourut de misère en prison, à Césarée, en 251. Indépendamment des deux lettres dont nous avons parlé, il nous reste quelques fragments de plusieurs autres, qui nous ont été conservés par Eusèbe : une à Démétrius en faveur d'Origène, une à Origène lui-même, et quelques autres à divers particuliers. On voit par sa lettre à l'Eglise d'Antioche, et par celle qu'il écrivit aux antinoïtes, combien il avait de zèle pour l'honneur et la paix des Eglises. Origène loue son extrême douceur, qui se révélait dans toutes les instructions qu'il adressait à son peuple. Quoique saint Jérôme ne lui attribue pas d'autres écrits que des lettres, il n'a pas laissé cependant de le mettre au nombre des écrivains ecclésiastiques.

ALEXANDRE, moine grec de l'île de Chypre, dont la naissance n'est pas bien connue, est placé communément parmi les écrivains qui vivaient au XIIe siècle. Nous avons de lui un *Discours* sur l'apôtre saint Barnabé et sur l'invention de ses reliques, imprimé, en grec et en latin, dans le tome IIe de la collection des Bollandistes au 11 du mois de Juin. Il suppose dans un endroit que saint Paul se rendit à Jérusalem aussitôt après sa conversion ; cependant cet apôtre assure lui-même, dans son *Epître aux Galates*, qu'il n'y alla que trois ans plus tard pour voir saint Pierre. Le moine Alexandre a encore composé un *Discours* historique sur l'invention de la sainte croix, que le P. Combefis a fait imprimer, dans le tome VIe de la *Bibliothèque des prédicateurs*. Il s'y montre très-ignorant dans l'histoire de l'Église. Nous en citerons quelques exemples. Il dit que les Pères du Concile de Nicée séparèrent de leur communion tous ceux qui demeurèrent attachés à l'opinion d'Arius et d'Eusèbe de Nicomédie, les condamnèrent à l'exil et mirent d'autres évêques à leur place ; or il est certain que les prélats qui favorisaient le parti des Ariens souscrivirent, quoique frauduleusement pour la plupart, à la formule de Nicée ; et l'on ne voit nulle part que le concile ait excommunié ou exilé ceux qui avaient accepté son symbole. Il avança encore que Macaire, évêque de Jérusalem, alla au-devant de l'impératrice Hélène avec tous ses comprovinciaux, comme si cet évêque eût été dès lors métropolitain ou patriarche, dignité à laquelle les évêques de Jérusalem ne furent élevés que longtemps après. Enfin Alexandre se trompe dans la chronologie des empereurs et des évêques de Jérusalem ; c'est pourquoi les Bollandistes n'ont fait aucun cas de cette homélie, qui ne se trouve que dans la *Bibliothèque des prédicateurs* du P. Combefis.

ALEXANDRE, abbé de Télési dans le royaume de Naples, mit par écrit les exploits mémorables du roi Roger, fils de Roger, comte de Sicile. Il dédia son ouvrage à ce prince, par une épître qui est moins un éloge à son adresse qu'une instruction sur ses devoirs. Alexandre éprouva d'abord quelques scrupules à travailler sur une matière de cette nature, qui l'obligeait à faire des récits de sang et de carnage ; mais il se rassura, en pensant que la peinture de la guerre et de ses désordres apprendrait peut-être aux princes à la détester et à cultiver la paix. Son Histoire, reproduite par Muratori, est divisée en quatre livres, dont le dernier semble avoir été achevé en 1136. On lit, au 28e chapitre du troisième livre, que le roi Roger, en visitant les forteresses de ses États, vint au monastère de Télési, où, après avoir fait ses prières, au pied du maître-autel, l'abbé et les religieux lui donnèrent, en plein chapitre, des lettres de fraternité, comme ils en avaient donné auparavant au comte Roger son père. L'abbé Alexandre commence son Histoire à la mort de Guillaume, duc de la Pouille, arrivée, en 1127, et la finit, en 1135. Quoiqu'il ne s'applique pas à marquer la date des événements, il les raconte cependant de façon à leur donner de l'autorité.

ALEXANDRE, chanoine de la cathédrale de Liége, au XIIe siècle, entreprit l'Histoire des évêques de cette église, à la sollicitation de la vénérable Ide, abbesse de Sainte-Cécile de Cologne, qui avait été sa marraine. Le dessein de cette abbesse était moins d'avoir une histoire suivie des évêques de Liége que celle de saint Ebergise, évêque de Tongres, dont on possédait les reliques à Cologne, et celle de Wason, l'un de ses successeurs, mort en 1048. Alexandre divisa son ouvrage en deux parties : dans la première, il donna, en l'abrégeant du travail de l'abbé Hériger, l'histoire des vingt-sept premiers évêques de Liége, jusqu'à l'épiscopat de saint Remacle. Il commence la seconde à saint Théodard, et la finit à Wason, dont il donne une histoire beaucoup plus détaillée que celle d'aucun de ses prédécesseurs. Il se conformait en cela aux désirs manifestés par la pieuse abbesse, à qui il dédia son ouvrage aussitôt qu'il fut terminé. Anselme nous a conservé un fragment de l'épître dédicatoire; et c'est tout ce que nous savons de l'écrit d'Alexandre. (*Voy.* ANSELME, chan. de Liége.)

ALEXANDRE, d'abord moine du Bec, et ensuite de Cantorbéry, vivait dans ce monastère, sous l'épiscopat de saint Anselme. Wion et Possevin lui attribuent un recueil de sentences tirées des discours que le saint archevêque adressait de vive voix aux religieux et au peuple. Si ce recueil est le même que celui qui se trouve dans l'appendice ajouté aux œuvres de notre saint, on peut dire que la dernière partie est tirée, mot pour mot, de la dernière de ses homélies *sur l'Epître aux Hébreux.*

ALEXIS (ARISTÈNE), économe de la grande église de Constantinople, composa, vers l'an 1160, ses *Scholies sur la Synopse des canons.* Guillaume Beveregius les a fait imprimer, en grec et en latin, dans ses Pandectes, à Oxford, 1672. Cette *Synopse* elle-même, que quelques savants font remonter à une époque bien antérieure, a été publiée sous son nom par Christophe Justal, dans le II° tome de la *Bibliothèque canonique*, Paris, 1661. L'auteur, quel qu'il soit, a suivi l'ordre du code de l'Eglise universelle, mettant au commencement de sa collection les canons des apôtres, et à la fin ceux des conciles de Sardique, de Carthage, de Trulle, et des trois épîtres canoniques de saint Basile. Aristène, consulté par le concile tenu à Constantinople en 1166, au sujet de Nicéphore, patriarche de Jérusalem, produisit contre lui le 37° canon du concile de Trulle. Il paraît que ce patriarche n'était pas présent; du moins son nom ne figure pas parmi les évêques qui souscrivirent aux décrets de ce concile; mais il y est fait mention de Nicéphore de la nouvelle Césarée et de Nicéphore de Rhodes. Le patriarche Nicéphore assista à un autre concile qui se tint à Constantinople, la 23° année du règne de Manuel Comnène.

ALFRED, surnommé LE GRAND, avec bien plus de justice que tant d'autres monarques, succéda, dans le royaume d'Angleterre, à son frère Ethelred, en 871. Il était le sixième roi de la dynastie Saxonne, et le plus jeune des cinq fils du roi Ethelwof. Après avoir, à force d'habileté et de courage, reconquis son royaume sur les Danois qui l'avaient usurpé, il le policorrectionna, fit des lois, établit un jury et divisa l'Angleterre en comtés, à chacun desquels il assigna plusieurs centaines de familles. Il encouragea le commerce, protégea les négociants, leur fournit des vaisseaux et fit succéder la politesse et les arts à la barbarie qui avait désolé ses Etats. L'Angleterre lui doit l'Université d'Oxford. Il fit venir des livres de Rome pour former sa bibliothèque, et s'annonça partout comme le restaurateur des lettres et des sciences. Les prêtres anglais de son temps savaient peu de latin; il l'apprit le premier et le fit apprendre. Il fit traduire en langue du pays les livres dont l'intelligence est nécessaire à tout le monde, obligea les jeunes gens, surtout ceux qui étaient nés libres et qui avaient de quoi subsister, à apprendre à lire, pour profiter au moins de ce qui était écrit en anglais; et il était d'avis qu'on enseignât le latin à ceux qu'on voulait faire arriver aux dignités de l'Eglise ou aux charges du royaume. On peut le compter au nombre des rois auteurs. Il envoya un exemplaire de sa traduction du *Pastoral* de saint Grégoire à chaque siége épiscopal de l'Angleterre, avec une écritoire de cinquante marcs, défendant à qui que ce fût de séparer l'écritoire du livre, ni d'enlever le livre de l'Eglise, si ce n'est pour en tirer des copies. Excellent historien, il travaillait à orner l'esprit de ses sujets et à exciter leur émulation par des ouvrages d'histoire nationale ou étrangère, que tantôt il composait lui-même, et tantôt il traduisait du latin. Il eut même recours à la poésie pour les enflammer davantage; et, en lisant quelques-unes de ses productions historiques qu'on a eu le bonheur de conserver, on regrette d'autant plus vivement la perte de ses poëmes, qu'ils sont cités dans les anciennes chroniques comme les meilleurs de son temps. Roi citoyen, il avait pour axiome favori, et il le consigna dans son testament, que *les Anglais devaient être aussi libres que leurs pensées.* Roi philosophe, il voulait que l'instruction fût un bien commun à tous ses sujets, en punissant par des amendes les parents qui n'envoyaient pas leurs enfants aux écoles publiques; et il proclamait en même temps dans ses lois que « la raison et l'intelligence étant les signes privilégiés de l'espèce humaine, c'était la dégrader et se révolter contre le Créateur, que d'ôter à sa plus noble créature l'exercice des facultés par lesquelles il a distingué l'homme de la bête. » Enfin, roi religieux, il fonda toutes les bases et de l'instruction et de la législation sur le christianisme, sur le respect pour les ministres comme pour les préceptes de l'Evangile, pour la hiérarchie comme pour le caractère de l'apostolat, depuis le chef suprême jusqu'au dernier des pasteurs. Les écrits qu'on a eu le bonheur de conserver d'Alfred le Grand, sont : un recueil de *Lois des différents peuples;* les *Lois des Saxons occidentaux;* un *Traité contre les mauvais juges;* des *Sentences des sages;* des *Paraboles;* les *Différentes fortunes des rois.* Outre le

Pastoral de saint Grégoire dont nous avons parlé, il traduisit aussi ses *Dialogues*, aidé par Véréfride, évêque de Vorschestre; la *Consolation de la Philosophie* de Boëce, et une partie des *Psaumes de David*. Asser de Ménève, évêque de Schiburn, qui vécut à sa cour et qui fut un de ses maîtres dans les sciences, a écrit son histoire, à laquelle nous avons emprunté la plupart des détails de cette biographie. Nous la terminerons par un trait emprunté au même auteur, et qui achèvera de caractériser notre héros. La manière dont il partageait son temps lui donnait les moyens de vaquer à tout, aux affaires, à l'étude et à la prière. Il divisa les vingt-quatre heures du jour en trois parties égales, l'une pour les exercices de piété, l'autre pour le sommeil, la lecture et la récréation, et la troisième pour les soins de son royaume. Comme il n'y avait point encore d'horloges, il fit faire six cierges qui duraient chacun quatre heures, et ses chapelains l'avertissaient tour à tour, lorsqu'il y en avait un de consumé. A la fleur de son âge et au plus haut point de sa gloire, il avait fait vœu de garder fidèlement cette distribution de temps, et il n'y manqua jamais. Ce grand roi mourut l'an 900, regretté comme un père et comme un héros par son peuple, dont il avait été le législateur et le défenseur. Alfred réunissait les qualités qui caractérisent le saint, le guerrier, l'homme d'Etat. Il est nommé parmi les saints, sous le 26 d'octobre, dans deux calendriers saxons; et sous le 28 du même mois, dans le Martyrologe anglais de Wilson.

Les lois du roi Alfred pour la réformation des mœurs et le châtiment des crimes se lisent dans la collection des conciles, où elles sont divisées, en trois parties: celles de la première sont tirées de l'Ecriture sainte; celles de la seconde, des lois des Saxons; et la troisième est le résumé des décisions d'un concile ou assemblée générale de la Nation, où les Anglais et les Danois convinrent entre eux de la paix. Presque toutes les peines imposées par ces lois sont pécuniaires. Le droit d'asile pour les églises y est établi. Il y est dit que si l'on prête de l'argent à un religieux, sans la permission de son supérieur, et que l'argent vienne à être perdu, la perte sera pour le créancier. Il paraît que, les jours de fêtes, les esclaves n'étaient point dispensés des œuvres serviles qui étaient de leur office. On abandonnait à leur profit tout ce qu'ils faisaient aux jeûnes des Quatre-Temps. On chômait les douze jours d'après la fête de Noël, le jour du dimanche, sept jours avant Pâques et autant après, la fête de saint Pierre et saint Paul, celle de saint Grégoire, la semaine entière de la Nativité de la sainte Vierge, et la fête de tous les Saints. Si quelqu'un était convaincu d'avoir négocié le dimanche, on le condamnait à perdre la somme entière. Un homme libre surpris à travailler un jour de fête perdait sa liberté. On observait aussi de suspendre l'exécution des criminels aux jours de fêtes et aux dimanches.

Quoique, dans la notice biographique, nous nous soyons appliqués à donner une idée de ses œuvres, en résumant son caractère par la nature des travaux qu'il a accomplis, cependant, avant de finir, nous ne pouvons résister au plaisir de citer un passage de la préface du *Pastoral* de saint Grégoire. L'auteur s'adresse à l'évêque de Londres, à qui il avait envoyé sa traduction. « La nation anglaise, lui dit-il, avait autrefois, tant parmi les ecclésiastiques que parmi les séculiers, des hommes si instruits et si curieux d'instruire les autres, que les étrangers venaient chez nous pour se former dans les sciences; mais quand j'ai commencé à régner, c'est à peine si en deçà de l'Humbre, on trouvait quelques Anglais qui entendissent leurs prières les plus communes; et je ne me souviens pas d'en avoir vu un seul au midi de la Tamise. Aujourd'hui, grâce à Dieu, il y a en place des personnes capables d'enseigner; ne soyez donc pas moins libéral de la science de Dieu qui vous a été donnée, que des biens de la fortune que vous tenez des hasards de la naissance et des faveurs de votre position. » Nous tenions à citer ce passage, parce qu'il confirme tout ce que avons dit du roi Alfred, en le présentant comme le défenseur de la religion et le restaurateur des lettres. Terminons par cette citation d'Henri Spelman, qui, transporté d'un vif enthousiasme, le peint ainsi, dans sa *Collection des conciles d'Angleterre*: « O Alfred, la merveille et l'étonnement de tous les siècles! Si nous réfléchissons sur sa religion et sa piété, nous croirons qu'il a toujours vécu dans un cloître; si nous pensons à ses exploits guerriers, nous jugerons qu'il n'a jamais quitté les camps; si nous nous rappelons son savoir et ses écrits, nous estimerons qu'il a passé toute sa vie dans une école; si nous faisons attention à la sagesse de son gouvernement et aux lois qu'il a promulguées, nous resterons convaincus que l'étude de la politique a absorbé tous ses instants. »

ALFRIC (saint). — On ne sait ni l'époque ni le lieu de la naissance de saint Alfric; on sait seulement qu'il appartenait à une famille distinguée par sa noblesse et qu'il embrassa la vie monastique dans le monastère d'Abbendon. L'opinion commune est qu'il en fut abbé, mais le décret de son élection à l'évêché de Wilton lui donne seulement la qualification de moine. Il succéda sur ce siège épiscopal à Sirice, qui, en 989, fut fait archevêque de Cantorbéry; et en 996 il passa lui-même à ce premier siège de l'Eglise d'Angleterre, et l'occupa dix ans. Il fit le voyage de Rome à pied pour demander le *Pallium* au pape. Presque toutes les années de son épiscopat sont datées de ses bienfaits et de ceux du roi Athelred en faveur des églises et des monastères. Ce prince témoigne dans un de ses diplomes que c'est à la sagesse et à la vigilance pastorale d'Alfric qu'il doit d'avoir appris à observer les commandements de Dieu. Le pieux archevêque mourut le 28 août 1006. Son corps, d'abord inhumé dans le monastère d'Abbendon, fut rapporté à Cantorbéry, où il est honoré comme un saint.

Il se rendit non moins célèbre par son savoir que par ses vertus. Un auteur du temps dit qu'il dépassait de beaucoup les bornes ordinaires; mais il n'est point aisé de distinguer ses ouvrages de ceux attribués à un autre Alfric, qui d'abbé de Malmesbury devint archevêque d'York, et mourut en 1051. Nous ne rendrons donc compte que de quelques-uns qui lui appartiennent sans conteste. De ce nombre est la lettre à Vulfin.

Il paraît que saint Alfric n'était encore que simple moine lorsqu'il l'écrivit. Elle est en anglais et en forme de discours que l'évêque adresse à son clergé, dont les mœurs étaient si corrompues, que c'est à peine s'il avait le courage d'y apporter remède. Alfric y suppléa par ce discours qu'il adressa à l'évêque réformateur. Comme il ne s'agissait que de réprimer les excès des prêtres, des diacres et des autres ministres inférieurs, il supprime ce qui est dit du devoir des évêques dans les canons de Nicée et des autres conciles, supposant que Vulfin ne devait pas ignorer que sa dignité lui imposait l'obligation de servir par ses bonnes mœurs de modèle à son clergé. Cette lettre est divisée en vingt-cinq articles qui ne contiennent rien que l'on ne retrouve dans les anciens canons. Quoique Alfric reconnaisse qu'il s'est tenu dans l'Église un grand nombre de conciles, où l'on a établi la foi contre les hérétiques, il ne parle cependant que des quatre premiers, pour lesquels il témoigne autant de vénération que pour les quatre Évangiles.

Homélies. — On trouve dans les bibliothèques d'Angleterre une quantité d'homélies sous le nom d'Alfric, la plupart en langue saxonne. On en avait choisi vingt-quatre pour être lues publiquement au peuple, quand l'évêque ou le prêtre le jugeait à propos. Les douze premières traitent divers points d'histoire ou de morale; les autres sont sur les principales fêtes de l'année. Celle du jour de Pâques est tirée en grande partie du traité de Ratramme intitulé: *Du corps et du sang du Seigneur*. Il est donc à présumer qu'Alfric partageait ses sentiments sur la présence réelle. Voici ses paroles : « Pourquoi la sainte eucharistie est-elle appelée le corps et le sang de Jésus-Christ, si elle ne l'est véritablement? Il est vrai que le pain et le vin consacrés par le prêtre montrent extérieurement aux sens une chose autre que celle qui paraît intérieurement aux yeux de l'âme par la foi. Extérieurement c'est du pain et du vin tant par l'espèce que par la saveur; et cependant, après la consécration, par un mystère ou sacrement spirituel, sous les emblèmes du pain et du vin, se trouvent le corps et le sang de Jésus-Christ. » Il dit la même chose dans un autre discours. « Le Seigneur, qui avant sa passion consacra l'eucharistie, en affirmant que le pain était son corps et le vin véritablement son sang, consacre encore lui-même tous les jours par les mains du prêtre le pain en son corps et le vin en son sang, par un mystère spirituel, comme nous le lisons dans les livres. Mais ce pain vivifiant n'est aucunement le même corps dans lequel Jésus-Christ a souffert, ni le vin sacré le même sang du Sauveur qui fut répandu sur la croix; mais s'il ne l'est point quant à la matière de la chose, il l'est quant à sa spiritualité. » — Ces deux passages objectés avec confiance par les ennemis de la transsubstantiation, sont loin de leur être favorables. Si Alfric ne l'avait pas reconnue, aurait-il dit qu'après la consécration le pain et le vin sont *véritablement* le corps et le sang de Jésus-Christ? Est-ce ainsi que s'exprimerait un homme qui serait persuadé que le corps et le sang du Seigneur n'existent que *virtuellement* dans l'eucharistie? En ajoutant que le corps et le sang y sont par un sacrement spirituel, cet évêque veut-il dire autre chose, sinon qu'ils imitent dans ce sacrement une manière d'exister spirituelle et ineffable, imperceptible aux sens humains? Quand il dit que ce n'est pas le même corps qui a souffert, ni le même sang qui a été répandu, cela ne doit s'entendre que de la manière d'exister de ce corps. Il n'est ni visible, ni palpable dans l'eucharistie; ses membres n'y remplissent plus les mêmes fonctions que sur la terre et sur la croix. Il est dans l'eucharistie d'une manière spirituelle et invisible; mais c'est substantiellement le même corps qui était sur la terre et qui est dans le ciel, quoiqu'il s'y trouve d'une façon bien différente. — Nous avons choisi à dessein ces deux citations, parce qu'elles nous ont ménagé l'occasion de faire une réponse aux mêmes difficultés, que nous avons lues, il y a quelques années déjà, dans un volume de l'*Encyclopédie universelle*, aux articles EUCHARISTIE et TRANSSUBSTANTIATION.

On cite un grand nombre d'autres ouvrages, sous le nom de saint Alfric, mais on ne saura jamais à quoi s'en tenir, tant qu'on n'aura pas trouvé moyen de les distinguer de ceux de l'archevêque d'York; ce qui ne se peut qu'avec le secours des manuscrits d'Angleterre.

ALFRID, évêque de Munster et un des successeurs de saint Lutger sur ce siège, écrivit sa Vie et la dédia aux moines du monastère de Saint-Sauveur, qui l'avaient prié de l'écrire. Elle est divisée en deux livres, dans les éditions de Bollandus, dom Mabillon et Leibnitz, et elle en a trois dans quelques autres. Ce dernier est un recueil des miracles opérés au tombeau du saint évêque. Il y est parlé d'un jeune homme, nommé Adam, mis en pénitence publique pour avoir tué son frère Henri, dans une querelle qu'ils avaient eue ensemble. Jonas, évêque d'Orléans, rendit contre lui une sentence portant qu'il serait fouetté de verges; qu'après avoir passé un an en prison, il serait envoyé en exil, et qu'il s'y rendrait pieds nus, sans porter de linge, le corps et les bras ceints de cercles de fer, et astreint à un jeûne rigoureux. On la retrouve dans Bollandus, au 3 de mars. Alfrid occupa le siége de Munster pendant dix ans, et mourut en 849.

ALGER ou ALGERUS, pieux et savant prêtre de l'Eglise de Liége, fut d'abord doyen de la collégiale de Saint-Barthélemi, directeur de l'école, et chanoine de la cathédrale de la même ville. L'amour de l'étude, et plus encore son goût pour la retraite lui firent refuser les offres avantageuses de plusieurs évêques d'Allemagne, qui sur sa grande réputation cherchèrent à l'attirer auprès d'eux. Mais, plus touché de son salut que des biens qu'on lui proposait, il alla s'enfermer à Cluny, pour y vivre dans la retraite et dans l'observance exacte de la règle de saint Bernard. Pierre le Vénérable en était alors abbé. Ecrivant à Albéron, évêque de Liége, il fait l'éloge d'Alger et de ses écrits. Il le compte pour le troisième des scoliastes de Liége qui s'étaient retirés dans son monastère. On conservait, dans les archives de cette abbaye, l'acte de donation que lui fit Alger au jour de sa profession monastique. On ne sait pas bien l'année de sa mort. Le P. Pagi la met en 1152, et rien n'empêche qu'on s'en tienne à cette époque.

Traité de l'Eucharistie. — L'ouvrage qui lui a donné le plus de réputation est celui qu'il a composé sur l'eucharistie. Pierre le Vénérable le préfère aux écrits de Lanfranc et de Guitmond d'Averse sur la même matière ; mais sans refuser pourtant à ces écrivains les éloges qu'ils méritaient. Néanmoins on rencontre çà et là dans le traité quelques expressions peu correctes que nous relèverons dans l'analyse. Alger rapporte dans le prologue les diverses erreurs répandues de son temps sur cet auguste mystère. Les uns, dit-il, croient que le pain et le vin ne sont pas plus changés dans l'eucharistie, que l'eau et l'huile du chrême ne sont changés dans le baptême, de sorte qu'ils ne sont que la figure du corps et du sang de Jésus-Christ. D'autres prétendent que Jésus-Christ est dans le pain, comme le Verbe était dans la chair par l'incarnation ; c'est ce qu'on appelle l'erreur de l'*impanation.* Il y en a qui pensent que l'indignité du prêtre est un obstacle à la transsubstantiation ; d'autres que le changement se fait par la consécration, mais que le corps de Jésus-Christ ne demeure pas dans ce sacrement pour ceux qui le reçoivent indignement. Enfin, la dernière erreur est de ceux qui croient qu'après la communion, le corps de Jésus-Christ est sujet aux suites des aliments ordinaires. La méthode qu'Alger se prescrit pour détruire toutes ces erreurs est de ne s'appuyer que sur l'autorité de l'Ecriture et des Pères. Il avertit ses lecteurs que si le mystère de l'eucharistie est incompréhensible, il n'est pas pour cela incroyable, parce que l'étendue de nos connaissances n'est nullement la mesure du pouvoir de Dieu. Son traité est divisé en trois livres.

Le premier est consacré à prouver la vérité du corps de Jésus-Christ dans l'eucharistie. Dieu s'est fait homme, afin que, incompréhensible de sa nature, il se fît connaître à nous par la nôtre ; il s'est fait notre chef par son incarnation et par sa mort, afin que nous devinssions ses membres. Par l'eucharistie, il fait plus, il s'unit à nous et nous incorpore pour ainsi dire à lui-même. Alger donne toutes les définitions de l'eucharistie, puis il distingue le sacrement et la chose du sacrement. Le sacrement est la forme, la figure, tout ce qui est visible dans le pain et le vin ; mais la substance invisible, couverte de ce sacrement, celle en qui la substance du pain et du vin est changée, est véritablement et à proprement parler le corps de Jésus-Christ. Il démontre contre les impanateurs que ce changement n'a aucun rapport avec celui qui s'est fait dans l'incarnation. Dans ce mystère, c'est un Dieu fait chair, sans être changé en chair, et la chair reste ; dans l'eucharistie, le pain et le vin cessent de subsister ; ils ont été changés au corps et au sang de Jésus-Christ. Ce n'est pas la forme, mais la substance du pain qui est changée ; la forme demeure, afin de donner lieu au mérite de la foi. Il donne pour certain que le corps de Jésus-Christ tel que nous le recevons, est absolument et substantiellement le même corps qu'il donna à ses disciples ; que la foi de l'Eglise universelle, depuis son établissement, est que c'est la vraie chair du Sauveur que l'on immole sur l'autel ; et que, malgré que Jésus-Christ se soit séparé de nous en sa forme humaine, lorsqu'il est monté au ciel, il ne laisse pas de demeurer substantiellement avec nous dans le sacrement de son corps et de son sang. Au reste, quoique ce soit le même Christ qui a été offert sur la croix, qui s'offre encore tous les jours sur l'autel ; cependant ce sacrifice ne s'accomplit pas de la même manière. Sur la croix, Jésus-Christ a été réellement mis à mort pour nous ; sur l'autel, il n'est immolé que mystiquement et en mémoire de sa passion. Et cependant c'est le même sacrifice ; s'il en était autrement, il serait superflu, celui de la croix ayant été suffisant pour nous communiquer la vie éternelle. Alger rapporte ici la profession de foi par laquelle Bérenger condamne son erreur, et reconnaît qu'après la consécration le pain et le vin sont le vrai corps et le vrai sang de Jésus-Christ. Il confirme cette doctrine par l'autorité de saint Augustin, et il allègue un passage de ce Père où il est dit que les mœurs bonnes ou mauvaises du ministre ne nuisent point à l'efficacité de la consécration ; pas plus que la différence de mœurs n'empêche ceux qui communient de recevoir réellement le corps et le sang du Seigneur. Il prescrit les moyens de le recevoir dignement, et il montre que les impudiques, plus que les autres pécheurs, doivent redouter de s'en approcher, parce qu'il est l'Agneau de Dieu, le Fils de la Vierge, et qu'il est rare que l'impudicité soit accompagnée d'une véritable pénitence.

Dès le commencement du second livre, Alger combat l'opinion de ceux qu'on appelait stercoranistes, parce qu'ils croyaient que l'eucharistie subissait le sort des aliments ordinaires. Deux anonymes du ixᵉ siècle, traitant cette question, dirent nettement qu'ils ne pouvaient s'imaginer qu'un si grand mystère fût exposé à des suites si honteuses; Alger épousa ce sentiment et l'expliqua avec plus d'étendue, en soutenant qu'aucune partie de l'eucharistie ne souffre ni corruption ni altération, ces accidents ne tombant que sur les espèces et non sur la substance du sacrement. Il convient néanmoins que les espèces du pain et du vin ne pouvant être éternelles, il est nécessaire qu'elles aient une fin; mais il veut que cette défectibilité ne soit accompagnée d'aucune tache de la corruption; et au besoin il a recours, pour les garantir, au ministère des anges. Tout ce discours d'Alger n'a pour but que de sauver le respect dû au sacrement de l'autel. Il est d'accord là-dessus avec saint Jean Damascène, le théologien le plus accrédité de l'Eglise grecque. Guitmond d'Averse avait soutenu aussi la même opinion; on ne peut donc l'accuser de nouveauté, quoique, dans les siècles suivants, les théologiens n'aient pas fait difficulté de dire que les espèces sacramentelles sont sujettes à la corruption. On demandait pourquoi Dieu, qui est invisible et qui veut être adoré en esprit et en vérité, a ordonné à son Eglise un sacrifice visible? Alger répond que c'est afin de nous exciter plus vivement au souvenir de ses grâces, et que l'homme étant composé de corps et d'âme, il était juste qu'il offrît à Dieu des sacrifices corporels et spirituels. Cette réponse est tirée de saint Augustin, au xᵉ livre de la *Cité de Dieu*. — On demandait encore pourquoi l'eucharistie n'est pas composée du seul sacrement, ou de l'immolation du corps et du sang de Jésus-Christ sans sacrement? — Alger répond que si l'eucharistie n'était qu'un simple sacrement, elle ne différerait pas des sacrifices de l'ancienne loi, qui n'étaient que des figures, tandis que dans son corps et dans son sang, Jésus-Christ a donné à son Eglise la vérité, renouvelant tous les jours sur l'autel la rédemption qu'il avait opérée une seule fois sur la croix. Il n'a pas voulu se donner à nous sans sacrement, parce que s'il se fût donné à découvert et sans voile, personne n'eût osé en approcher, quelque forme qu'il eût adoptée, soit celle qu'il avait avant sa mort, soit celle qu'il prit après sa résurrection. D'ailleurs, il convenait que son corps et son sang dans l'eucharistie fussent couverts d'un voile, autant pour exciter la foi des chrétiens que pour enlever aux païens tout prétexte à d'infâmes accusations.—Pourquoi, demandait-on encore, Dieu exige-t-il tant de foi dans ce sacrement? C'est, dit Alger, qu'Adam s'étant perdu pour avoir ajouté trop de foi aux paroles du démon qui lui conseillait de manger du fruit défendu, il faut que nous nous sauvions en croyant à la parole de Dieu qui nous ordonne de manger le corps et le sang de Jésus-Christ. Il résout encore plusieurs autres questions, entre autres, celles des deux consécrations, qui se font séparément à l'imitation de Jésus-Christ, et celle du pain qui doit servir de matière au sacrement. Après avoir combiné les raisons des Grecs et des Latins sur l'usage du pain azyme et du pain fermenté, il dit, qu'encore qu'on se puisse servir de l'un ou de l'autre, il est mieux de faire usage dans le sacrifice de pain azyme dont l'Eglise latine s'est servie dès le commencement.

Dans le troisième livre, Alger examine si les prêtres qui sont hors de l'unité, comme les hérétiques, les schismatiques, consacrent véritablement l'eucharistie. Il rapporte quelques passages de saint Augustin, de saint Jérôme, du pape Pélage et de quelques autres anciens, qui semblent dire que hors de l'Eglise il n'y a point de véritable sacrifice; mais ayant posé pour principe que la validité des sacrements ne dépend ni de la foi ni de la piété du ministre, il en conclut que, comme les schismatiques et les hérétiques peuvent baptiser validement, ils peuvent aussi consacrer l'eucharistie. Il apporte en preuve les passages de saint Augustin où ce Père dit que les sacrements des hérétiques et des schismatiques sont de l'Eglise et se font dans l'Eglise, pourvu qu'ils les administrent et les consacrent suivant les rites de l'Eglise catholique. Alger répond aux passages des Pères qui paraissent contraires à son sentiment, et dit qu'on doit les entendre non des sacrements en eux-mêmes, dont ils n'attaquent pas la validité, mais de l'abus que ces ministres en font, et de l'inutilité de ces sacrements à leur égard, puisqu'au lieu d'en tirer avantage, ils les font tourner à leur perte et à leur damnation. — En examinant si les sacrements sont valides lorsque, soit par malice, soit par négligence, on ajoute ou l'on change quelque chose aux paroles sacramentelles, il dit que, pourvu que l'on prononce les paroles essentielles et dans la forme ordinaire, le sacrement a son effet, eût-on, par oubli ou par ignorance, omis ou changé quelque chose dans les paroles du sacrement. En général, cependant, il défend d'introduire dans la célébration des mystères les nouveautés des sectes et des hérésies, et veut qu'on s'en tienne exactement à ce qui a été institué par Jésus-Christ.

Nous avons dit plus haut que Pierre le Vénérable préférait le traité d'Alger sur l'eucharistie aux écrits de Lanfranc et de Guitmond d'Averse sur le même sujet. Ses paroles sont assez remarquables pour que nous croyions devoir les rapporter. « Lanfranc, dit-il, a bien écrit sur l'eucharistie; il a traité son sujet pleinement et parfaitement; Guitmond l'a traité encore avec une plus grande plénitude de perfection; mais Alger les a surpassés tous les deux. » Erasme, parlant de cet excellent ouvrage à un évêque, disait : « Je n'ai jamais douté de la vérité du corps et du sang de Jésus-Christ; mais j'avoue que la lecture de ce livre, également docte et pieux, m'a fortifié dans cette croyance et en a augmenté le respect dans mon cœur. »

De la miséricorde et de la justice. — Ce traité est divisé en trois parties. La première traite de la miséricorde prescrite par les canons envers les pécheurs. Alger examine de quelle manière on doit en user et jusqu'à quel temps; la seconde traite de la justice : l'auteur y fait voir comment et en quel ordre elle doit se rendre dans l'Eglise, pour le maintien de la discipline; la troisième traite des hérésies de son temps, et Alger montre en quoi leur doctrine diffère de celle de l'Eglise catholique, et en quoi elles diffèrent même entre elles. C'est un recueil de passages tirés des livres des saints Pères, des canons et des décrétales des papes, accompagnés de courtes réflexions de l'auteur, qui sont presque toujours justes. Alger s'élève fortement contre la simonie; et, distinguant entre la puissance royale et la puissance pontificale, il dit que, comme les prêtres doivent être soumis aux rois en ce qui touche aux choses terrestres; ainsi les rois doivent être bien plus complètement soumis aux pontifes dans les choses de la religion et de la foi. Il établit les prérogatives du siège apostolique sur toutes les Eglises, son droit de juger leurs causes par appel, de condamner seul les hérétiques, et d'absoudre ceux qui auraient été condamnés injustement dans quelque concile.

Du libre arbitre. — Ce traité pour le temps est un petit chef-d'œuvre de précision et de netteté sur les matières les plus difficiles de la théologie, et qui contient plus de choses que beaucoup d'in-folios scolastiques. Il est divisé en cinq chapitres, et voici en résumé ce qu'il contient. Adam, avant son péché, était tellement libre qu'il ne pouvait être contraint ni pour le bien ni pour le mal. Il pouvait tomber de lui-même dans le péché, et ne pouvait se soutenir dans l'état de sa création qu'avec la grâce de Dieu. Abusé par trop de confiance dans ses propres forces, il consentit librement aux mauvais conseils du démon. Par sa chute, tous ses descendants en sont devenus les esclaves, et ils l'ont été jusqu'à ce que le Seigneur nous eût rétablis dans notre premier degré de liberté. La prédestination des bons à la vie et des méchants à la mort éternelle ne nuit en rien à notre libre arbitre. Dieu a prévu que par sa grâce nous serions vertueux, ou que de nous-mêmes nous serions pervers. Quel inconvénient y a-t-il que, selon les divers mérites qu'il a prévus, il ait prédestiné les uns à la gloire et les autres aux supplices ? Sa prévision éternelle n'impose aucune nécessité aux bons ni aux méchants. Aussi l'on ne peut douter que par nos mérites et par nos prières, nous ne puissions obtenir une place parmi les prédestinés, parce que Dieu, en prédestinant les bons, les prédestine de façon à ce qu'ils obtiennent eux-mêmes cette prédestination. Mais il faut remarquer, qu'encore que notre libre arbitre soit exempt de contrainte extérieure, il peut bien de lui-même vouloir le mal; mais il ne peut vouloir le bien que par une inspiration de la grâce de Dieu. Alger, dans ce traité, ne procède que par raisonnement, et n'allègue aucune autorité des Pères de l'Eglise ni même de l'Ecriture qui ait un rapport direct à sa matière.

Alger avait composé beaucoup d'autres ouvrages et même des poëmes qui ne sont pas venus jusqu'à nous. On regrette surtout ses *Lettres* à diverses personnes et à diverses églises, qui avaient pour objet des sujets très-importants, et son *Histoire de l'Eglise de Liége*, dans laquelle il s'était appliqué à réunir tous les documents qu'il avait pu se procurer sur son antiquité et ses priviléges, afin qu'à l'avenir quelques élèves inquiets et amateurs de nouveautés ne s'avisassent pas de contester ses anciennes prérogatives.

ALINARD ou HALYNARD, archevêque de Lyon dans le xi⁰ siècle, tirait son origine de la Bourgogne, où il naquit d'une famille noble et distinguée. Son père était de Langres et sa mère d'Autun. Cette dernière ville fut probablement le lieu de sa naissance, puisque Vautier, qui en était évêque, le leva des fonts du baptême et prit soin de son éducation. Il fut mis ensuite sous la discipline de Brunon, évêque de Langres, qui l'admit dans le clergé de sa cathédrale. Mais Alinard renonça à la dignité qu'il occupait dans ce chapitre, pour se rendre à Saint-Bénigne de Dijon, où il se fit moine, sous la direction de l'abbé Guillaume. Ses parents le firent enlever de force, et promener par dérision avec les habits de son ordre, afin que l'humiliation qu'il en recevrait le fît changer de résolution. Alinard se raffermit au contraire dans ses premiers desseins, et devint successivement prieur, puis abbé de Saint-Bénigne, après la mort de Guillaume, arrivée en 1031. Sa sagesse et sa sainteté lui méritèrent l'estime des rois Robert et Henri I⁰ʳ, et des empereurs Conrad et Henri III, et lorsque le siége archiépiscopal de Lyon vint à vaquer, le clergé et le peuple de cette ville demandèrent Alinard pour leur archevêque. Le pieux et modeste abbé n'accepta cette éminente dignité que sur l'ordre qui lui en fut donné par le pape Grégoire VI, en 1046. L'année suivante, il accompagna l'empereur Henri, dans un voyage que ce prince fit à Rome pour y recevoir la couronne de l'empire, et, par son affabilité et son éloquence, il plut extrêmement aux Romains, qui le souhaitèrent pour pape après la mort de Clément II; il se tint caché jusqu'après l'élection de Léon IX. Alinard accompagna le nouveau pontife, en France, à Rome, au Mont-Cassin, assista à plusieurs conciles, entre autres à celui qui fut tenu contre les erreurs de Bérenger, et fut employé dans les négociations qui précédèrent la paix entre les Normands et les habitants de l'Italie inférieure. Au moment d'entreprendre un voyage en Allemagne, le pape le pria de prendre part, jusqu'à son retour, à l'administration des affaires de l'Eglise. C'est dans ces circonstances qu'Alinard mourut empoisonné, à ce qu'on a cru, par un mauvais évêque qui, ayant été déposé, était venu en cour de Rome solliciter son rétablissement.

Cette mort arriva le 29 de juillet de l'an 1052, après sept années d'épiscopat. Outre ses ornements et son argenterie, il donna aussi un grand nombre de livres à l'abbaye de Saint-Bénigne de Dijon. Il était versé dans toutes les sciences, mais il s'appliquait particulièrement à la géométrie et à la physique. Il aimait tellement la lecture, qu'il s'en occupait même en voyageant à cheval. C'est par cette assiduité qu'il parvint à surpasser tous ceux de son temps dans la connaissance des lois et de la philosophie; car il lisait aussi les livres des philosophes et des sages du monde, mais il avait soin de ne graver dans sa mémoire que ce qu'ils ont enseigné d'utile, et de rejeter, comme un poison, tout ce qui dans leurs écrits lui semblait de nature à corrompre les mœurs.

Lettres. — On ne voit pas néanmoins qu'il ait laissé aucun monument de son savoir. Nous n'avons de lui que quelques lettres, encore sont-elles fort courtes; mais elles suffisent pour donner une idée de la douceur de son caractère et de la politesse de son style. — La première est adressée au pape Jean XIX, qu'il qualifie de maître de tout l'univers et de pape universel. Alinard le supplie de ne point se rendre aux désirs des chanoines de Dijon, qui voulaient revendiquer son autorité pour s'approprier l'ancien cimetière de l'abbaye de Saint-Bénigne. — Il écrivit une seconde lettre sur le même sujet, au premier sénateur et duc des Romains, à qui il dit : « Nous ne demandons rien d'injuste, mais seulement d'être maintenus dans notre ancienne possession. » — La troisième est aux moines de Saint-Bénigne qui lui avaient écrit que saint Odilon devait venir les visiter. Ne pouvant se trouver à son abbaye, il les exhorte à ne rien négliger pour la réception d'un abbé si respectable, et à profiter de l'exemple de ses vertus pour se rendre plus fervent dans le service de Jésus-Christ. — La quatrième lettre fut écrite de Rome, vers l'an 1051 : elle est adressée aux chanoines de Lyon. Alinard, se sentant en danger de mort, les prie de lui pardonner les fautes qui avaient pu les offenser, dans sa conduite envers eux, pendant son épiscopat. Il leur donne des conseils pour le choix de son successeur; il les invite à ne point chercher parmi des étrangers, comme on avait fait jusque-là, et il leur désigne le prévôt Humbert, qu'il croyait d'autant plus propre à remplir cette place, qu'il s'en croyait moins digne lui-même. Ensuite il fait quelques dispositions de ses biens, dont il souhaitait qu'une partie fût donnée à sa cathédrale et l'autre à l'abbaye d'Ainai, dont il se disait le débiteur. Pérard a publié les deux premières lettres dans son recueil de pièces pour l'histoire de Bourgogne; et les deux autres se trouvent dans le II° tome du *Spicilége* de dom d'Achéry, et dans le IV° de la *Nouvelle Gaule chrétienne.*

ALMANNE, moine d'Hautvilliers, se consacra à Dieu, dès sa jeunesse, dans le monastère du même nom. Theudoin nous apprend qu'il s'y appliqua avec succès à l'étude des sciences divines et humaines, et qu'il devint digne d'être élevé au sacerdoce. C'est à sa prière qu'il consentit à donner une nouvelle Vie de saint Memmie, vulgairement saint Menge, premier évêque de Châlons-sur-Marne, dont Theudoin était prévôt. Il est vraisemblable qu'Almanne consulta deux autres Vies du même saint, l'une écrite vers la fin du vi°, et l'autre, à la fin du vii° siècle; mais ce qui prouve qu'il ne les adopte pas en toutes choses, c'est qu'au lieu de rapporter, comme l'ont fait les auteurs, la mission de saint Memmie à l'apostolat de saint Pierre, il ne la place que sous le pontificat du pape saint Clément, le second successeur du prince des apôtres. Theudoin lui en fit des reproches qui arrivèrent jusqu'à son cœur : Almanne fit paraître dans sa réponse de grands sentiments d'humilité, et surtout un grand repentir de ses fautes. Le désir de ne s'occuper qu'à les pleurer lui fit refuser d'abord de reprendre cette Vie, mais il se rendit ensuite, en déclarant qu'encore qu'il ne méprisât ni les règles de la grammaire, ni la beauté du style, il ne s'appliquerait cependant qu'à rapporter avec simplicité les actions de ce saint évêque, telles qu'il les avait apprises de l'antiquité, c'est-à-dire, des anciens mémoires qu'on lui avait fournis. Dom Mabillon affirme que de son temps, cette Vie se conservait manuscrite dans les archives de l'Eglise de Châlons-sur-Marne. On ne sait pas au juste l'année de la mort d'Almanne, mais son épitaphe et le Nécrologe d'Hautvilliers en marquent le jour, qu'ils assignent au 22 juin. Ses autres écrits sont une Vie de saint Nivard, archevêque de Reims; de saint Sindulfe, prêtre du même diocèse, mort vers l'an 600; de sainte Hélène, mère de Constantin; l'Histoire de la translation des reliques de cette sainte de Rome à Hautvilliers; et des *Lamentations* sur les ravages que les Normands commirent en France lors de leur invasion; cet ouvrage, composé à l'imitation des *Lamentations* de Jérémie, était divisé en quatre alphabets. On n'a pas encore publié la Vie de saint Nivard; dom Mabillon en cite un passage dans le xv° livre de ses Annales; celle de saint Sindulfe se trouve dans le premier volume des Actes de l'ordre de Saint-Benoît; celle de sainte Hélène est tout entière dans le III° tome des Bollandistes, au 18 du mois d'août, avec l'Histoire de la translation de ses reliques et la relation de ses miracles. Pour ce qui est des *Lamentations,* le premier des ouvrages d'Almanne dont il soit fait mention dans le Nécrologe d'Hautvilliers, il ne nous en reste plus rien. Il en est de même de la Vie de saint Berchaire, que les auteurs de la *Gallia vetus,* messieurs de Sainte-Marthe, attribuent à Almanne. Dom Morlot la cite sans nom d'auteur; Nicolas Camusat la fit imprimer en 1620, et depuis on ne retrouve aucun vestige de cette Histoire du premier abbé d'Hautvilliers.

ALPHANE, d'abord moine, ensuite abbé,

puis enfin archevêque de Salerne, fut un des hommes qui s'illustrèrent le plus, au XIᵉ siècle, par la publication d'ouvrages utiles à l'Eglise et à la société. Il était revêtu de la dignité épiscopale dès l'an 1057, et assista au concile de Rome, sous le pape Nicolas II, en 1059. Il était philosophe, théologien, orateur et poëte, possédant parfaitement le sens des divines Ecritures et les dogmes de la religion chrétienne. On a de lui les Actes du martyre de sainte Christine, et deux hymnes à sa louange; un poëme en l'honneur de saint Benoît, adressé à Pandulphe, évêque de Marsi; des hymnes sur sainte Sabine; l'Eloge, en vers, des moines du Mont-Cassin avec l'Histoire de ce monastère; des Hymnes sur saint Maur, saint Matthieu, saint Fortunat, saint Nicolas; un poëme, en vers héroïques, sur le martyre des douze frères de Bénévent; un sur l'église de Saint-Jean-Baptiste au Mont-Cassin, et quantités d'épitaphes pour des personnes recommandables par leur vertu; un Discours sur le chapitre IXᵉ de saint Matthieu; un livre sur le mystère de l'Incarnation, un de l'union de l'âme avec le corps et un des quatre humeurs dont le corps humain est composé. La plupart de ces opuscules se trouvent dans le XIIᵉ tome des Annales de Baronius; les autres n'ont pas encore été imprimés, et on dit même qu'ils ont disparu de la bibliothèque du Mont-Cassin. Alphane mourut en odeur de sainteté en 1086.

Il y eut un autre Alphane qui occupa le siège archiépiscopal de Salerne jusqu'en 1121. La Chronique de Bénévent, publiée par Antoine Caraccioli, le fait auteur de plusieurs poëmes qui appartiennent évidemment à son prédécesseur; mais les plus savants critiques reconnaissent qu'on lui doit au moins l'Epitaphe de Pierre Léon, trisaïeul de l'empereur Rodolphe Iᵉʳ, et celle de Bernard, évêque de Préneste, rapportées toutes les deux par Baronius et Lambecius, aux années 1107 et 1111.

ALULPHE, qui vivait dans le XIIᵉ siècle, était moine de Saint-Martin de Tournay. A l'exemple de Paterius, il fit des extraits des ouvrages de saint Grégoire, pour en former un Commentaire sur l'Ancien et le Nouveau Testament. Il en composa trois recueils différents, auxquels il en ajouta un quatrième, qui ne contenait que des sentences tirées des mêmes ouvrages, et qui, au rapport d'Hérimane, moine du même monastère, était très-utile. Il donna à ces quatre recueils le titre de *Grégorial*. Dom Ceillier assure que, de son temps, ils existaient encore, écrits de la propre main de l'auteur, dans l'abbaye de Saint-Martin de Tournay. On n'en a publié que le troisième, qui est une explication des quatre Evangiles, des Actes des apôtres, des Epîtres de saint Paul, de celles que nous appelons Catholiques et de l'Apocalypse de saint Jean. Les deux autres regardaient les livres de l'Ancien Testament. Il terminait le quatrième par deux vers hexamètres, où il implorait les prières du saint docteur pour obtenir la paix et le repos de l'autre vie. Il ne s'en tient pas toujours aux termes de son modèle; souvent il se contente d'en prendre le sens, et ajoute aussi ses explications.

ALVAR, était natif de Cordoue, et passait de son temps pour le plus grand docteur de l'Eglise d'Espagne. Il fait assez connaître lui-même qu'il était prêtre, ou au moins revêtu de quelque dignité ecclésiastique qui le mettait au-dessus des diacres, puisqu'il écrit qu'en une certaine occasion il ordonna à un diacre de son Eglise de lire une lettre de saint Epiphane où il était question des erreurs d'Origène et de l'ordination d'un prêtre du monastère de Jérusalem. Il était ami de saint Euloge, qui lui adressait ses ouvrages pour les soumettre à sa critique et à sa correction. On ne sait point au juste l'année de sa mort, mais on ne peut douter qu'il n'ait survécu au moins d'un an à ce glorieux martyr de Cordoue, puisque, dans une hymne composée à sa louange, il parle de la fête instituée dans l'Eglise de Cordoue, au jour anniversaire de son martyre. Ainsi on ne peut donc placer la mort d'Alvar avant le 11 mars de l'an 860, et peut-être n'arriva-t-elle que plusieurs mois après. Alvar avait composé plusieurs écrits; quelques-uns se sont conservés, les autres sont perdus.

Lettre à saint Euloge. — Euloge, qui déférait en tout aux avis d'Alvar, et qui n'entreprenait presque rien sans avoir pris son conseil, lui avait adressé trois lettres : la première, pour l'instruire de sa captivité, qu'il n'avait encourue que pour avoir exhorté les chrétiens au martyre par ses instructions. Mais, dit-il, bien loin de s'en repentir, comme les ennemis de la foi l'espéraient, il venait de composer une instruction nouvelle pour deux vierges nommées Flore et Marie. Il prie Alvar de l'examiner et d'en polir le style avant de la leur envoyer. La seconde est pour l'informer du martyre de ces deux saintes filles et lui rendre compte de l'interrogatoire qu'elles avaient eu à subir avant la sentence de mort. Il avait appris ces détails de la bouche même de Flore, lorsqu'on la renvoya du tribunal à la prison. La troisième lettre accompagnait le premier livre du *Mémorial des saints* qu'il envoyait à Alvar. Comme il souhaitait vivement que cet ouvrage passât à la postérité, Euloge lui demandait en grâce d'en corriger le style, en consentant à y ajouter par sa signature le poids et l'autorité de son nom.

Alvar ne répondit qu'à la dernière de ces trois lettres, et sa réponse fut toute d'éloges et de remercîments. Il trouvait réunis, dans les trois livres du *Mémorial des saints*, et le style des apôtres, et l'éloquence des orateurs, et la narration des meilleurs historiens de la Grèce et de Rome, et ne souffrait qu'avec peine que le saint eût soumis à son jugement et à sa censure un écrit qui n'avait pu être composé que par inspiration divine, et qui ne pouvait jamais être mis trop tôt entre les mains des peuples. — Sans doute c'était flatter saint Euloge, aux dépens de la vérité, que de comparer sa manière d'écrire à celle de Cicéron, de Tite-Live et de Démosthènes ; il leur était à tous de beaucoup inférieur, et pour le style, et pour la pureté du langage. Il écrivait dans un siècle où la bonne latinité était entièrement corrompue en Espagne, par le mélange des Arabes et des autres peuples barbares. Aussi peut-on l'accuser avec justice d'avoir souvent confondu les genres, négligé les nombres, interverti l'ordre des cas, en un mot péché contre les règles les plus simples de la grammaire et de la syntaxe ; mais ce qu'on ne peut refuser à ses écrits, c'est une onction qui n'est pas commune ; on y sent respirer partout une âme pleine de zèle pour la foi, un cœur noble, généreux et avide du martyre. Il n'est donc pas surprenant qu'Alvar ne l'ait jugé que sur ces qualités, d'autant plus que, vivant dans le même siècle, il n'était pas entièrement à l'abri de ses défauts. La réponse qu'il adressa à Euloge n'est pas exempte de quelques taches, et il arriva plus d'une fois qu'en voulant s'élever jusqu'au ' sublime, son style ne réussit à atteindre que l'affectation.

Réponse à Aurèle. — Alvar fut consulté aussi par un chrétien fervent nommé Aurèle, qui de concert avec sa femme, bien loin de fuir la persécution, convoitait au contraire avec ardeur la couronne qu'elle lui présentait ; mais toutefois, avant de la poursuivre ostensiblement, il désirait avoir son avis sur le zèle qu'il éprouvait pour le martyre. Alvar lui conseilla de se consulter longtemps lui-même sur les tourments qu'il aurait à souffrir ; d'examiner s'il recherchait plus le mérite du martyre devant Dieu que la gloire qui lui en reviendrait devant les hommes ; mais, après cet examen sérieux, d'obéir à la réponse de sa conscience.

Vie de saint Euloge. — Si le style de ses lettres pèche quelquefois par trop de recherche et d'affectation, en revanche il est plus simple et plus naturel dans l'Histoire de saint Euloge. Surius et Bollandus ont rapporté cette Vie à la date du 11 mars. On la trouve aussi en tête de ses ouvrages dans l'édition de Complut ; elle y est suivie d'une Epitaphe qu'Alvar fit mettre sur son tombeau, d'une prière par laquelle il implore son secours, en le faisant souvenir de leur ancienne amitié et d'une hymne en son honneur que l'on devait chanter tous les ans, au jour anniversaire de sa fête. Personne ne conteste cette hymne à Alvar, et elle porte son nom dans plusieurs manuscrits. A la Vie de saint Euloge, Alvar joignit celle d'une de ses compagnes de prison et de martyre, sainte Léocritie, qui fut décapitée quatre jours après lui. Il rapporte que le corps de cette sainte fille, ayant été jeté dans le fleuve Bétis, il en fut tiré providentiellement et enterré à Saint-Genest de Testios. Ambroise Moralès qui a recueilli ses ouvrages, attribue également à Alvar deux autres écrits ; l'un intitulé *Livre des étincelles*, composé des sentences des Pères, sur les vertus et les vices, et distribué par lieux communs. Il a été imprimé à Bâle, sans nom d'auteur. L'autre porte le titre de *Catalogue lumineux* de ceux qui avaient été mis à mort pour la foi de Jésus-Christ. L'auteur n'a probablement prétendu réunir que les noms de ceux qui ont souffert le martyre à Cordoue, car c'est en cette ville que ce Catalogue fut dressé en 854 ; on ne l'a pas encore rendu public. — Du reste, nous aurons occasion de revenir sur les écrits d'Alvar quand nous aurons à parler de la Vie de saint Euloge et de ses œuvres.

ALWALON, n'est connu que par une lettre adressée à un évêque, dont le nom n'est désigné que par un L. Cet évêque y est appelé *souverain pontife*, titre qui se donnait quelquefois à d'autres qu'aux papes, comme on le voit par la Vie de saint Gérard, évêque de Toul, où Brunon, archevêque de Cologne, est qualifié de *summus pontifex*. Alwalon priait cet évêque anonyme de le faire absoudre de l'excommunication qu'il avait encourue. Sa demande lui fut accordée à certaines conditions, que l'évêque notifia à l'abbé Hildric, que l'on croit avoir été abbé de Saint-Germain d'Auxerre.

ALYPIUS, curé de l'église des Saints-Apôtres, à Constantinople, témoigna son zèle pour la foi à la naissance de l'hérésie de Nestorius. Nous avons de lui une *Lettre* adressée à saint Cyrille, et qu'il lui fit remettre à Ephèse par le diacre Candidien. Alypius félicite ce saint évêque sur sa constance à défendre la vérité, et sur le succès avec lequel il avait ramené à son culte la plus grande partie de ceux qui s'en étaient éloignés. C'est lui qui a fermé la gueule du dragon et terrassé l'idole de Bel. Il lui attribue la foi d'Elie, le zèle de Phinées, les vertus de Théophile, son oncle, et la gloire du martyre. En effet, il l'avait méritée par des combats semblables à ceux que le grand Athanase soutint autrefois pour établir la consubstantialité du Verbe contre Arius. Alypius eut part aussi à la requête pleine de force et de générosité que le clergé de Constantinople adressa à l'empereur Théodose, pour la liberté de saint Cyrille et la condamnation de Nestorius.

AMALAIRE (Fortunatus), d'abord moine de Madelac, fut fait archevêque de Trèves en 810, et rétablit, l'année suivante, la religion chrétienne dans la partie de la Saxe située au delà de l'Ebre. C'est lui qui consacra la première église de Hambourg, En 813, il fut envoyé avec Pierre, abbé de Nonantulle, en ambassade à Constantinople, pour ratifier la paix que Charlemagne avait conclue avec l'empereur Michel Curopalate. L'année suivante, au retour de son voyage, il mourut dans son diocèse. On montrait encore, avant la révolution de 1793, dans la bibliothèque de l'église cathédrale de Trèves, un manuscrit dont Amalaire fit présent à l'abbaye de Saint-Euchaire, connue depuis sous le nom de Saint-Mathias, et, sur ce manuscrit, une inscription signée de la main même de cet évêque, où il défend à qui que ce soit, riche ou pauvre, savant ou ignorant, de l'enleveer à cette abbaye.

Nous avons d'Amalaire un *Traité du baptême*, imprimé parmi les Œuvres et sous le nom d'Alcuin. C'est une réponse à la lettre circulaire par laquelle Charlemagne avait consulté les métropolitains de ses États sur ce sacrement. En effet, Amalaire marque dès le commencement qu'il n'a fait cette réponse que pour ne pas désobéir aux ordres de ce prince, qu'il appelle très-chrétien; mais que, ne se sentant pas assez de capacité pour résoudre par lui-même toutes les difficultés proposées, il en avait cherché la solution dans les écrits des saints Pères. — Par suite de la désobéissance d'Adam, les hommes étant sous le joug du péché dès le moment de leur naissance, ils ne peuvent être délivrés que par une seconde naissance qui se fait dans le baptême. Pour y être admis, il est donc nécessaire de savoir ce que l'on est auparavant, et ce que l'on devient par la grâce de ce sacrement. Celui à qui l'on donne cette instruction est appelé catéchumène, ou bien auditeur, parce qu'on lui apprend ce qu'il doit croire et ce qu'il doit pratiquer, puisque la foi sans les œuvres est impuissante à lui procurer le salut. Amalaire renvoie sur cet article au livre de saint Augustin, intitulé : *De la manière de catéchiser les ignorants*. Sur les questions suivantes, il renvoie à l'Ordre romain. Il y avait d'ordinaire sept scrutins ou examens, dans lesquels on instruisait le catéchumène. On lui apprenait à faire le signe de la croix sur son front, à réciter l'Oraison dominicale et le Symbole que les apôtres composèrent entre eux avant de se disperser pour annoncer l'Evangile par toute la terre. Amalaire explique cette Oraison, le Symbole et toutes les cérémonies du scrutin, les exorcismes et les insufflations qui ont pour but de chasser le démon. Le sel bénit, que l'on met dans la bouche du catéchumène, est pour le faire souvenir que ses paroles doivent être assaisonnées du sel de la sagesse. Amalaire n'omet aucune des cérémonies qui précèdent, qui accompagnent, qui suivent le baptême. Il s'explique sur le baptême des enfants qui n'ont pas encore l'usage de raison, et il ne doute point qu'ils ne reçoivent tout l'effet de ce sacrement.

A la suite de ce *Traité du baptême*, Amalaire met sa confession de foi, en insistant particulièrement sur les mystères de la Trinité et de l'Incarnation. Il ajoute, pour répondre à la lettre de l'empereur Charles, qui souhaitait de savoir comment les archevêques et leurs suffragants instruisaient les peuples; il ajoute que, ne sachant si par suffragant il fallait entendre les prêtres, les abbés et les diacres, ou bien les évêques dépendant de l'église métropolitaine, il n'avait osé interroger ces derniers; mais qu'il avait souvent averti les autres d'instruire le peuple de Dieu, et leur en avait enseigné la manière. — Amalaire avait également rédigé par écrit la relation de son ambassade à Constantinople; mais ce livre, qui subsistait encore dans le XIe siècle, n'est pas arrivé jusqu'à nous.

AMALAIRE (Symphose), qui fut successivement diacre, puis prêtre de l'Eglise de Metz, à laquelle il appartenait par droit de naissance, ensuite abbé de Hornbac, au même diocèse, avait étudié sous Alcuin, et eut ensuite, sous Louis le Débonnaire, la direction des écoles du Palais. Chorévêque du diocèse de Lyon, puis de celui de Metz, on prétend même qu'il fut revêtu de la dignité épiscopale, mais ce point d'histoire paraît d'autant moins prouvé, que le siège qu'on lui donne était occupé par Agobard, archevêque de Lyon, de son temps. Il assista en 825 au concile de Paris, qui le députa en cour pour y porter, avec Halitgaire, l'ouvrage de cette assemblée sur le culte des images. Quelques auteurs lui attribuent l'ouvrage qui parut, en 847, en faveur du sentiment d'Hincmar de Reims, sur la prédestination; mais il paraît très-vraisemblable qu'Amalaire était mort depuis au moins dix ans quand cet ouvrage parut. Il passait pour le plus savant homme de son siècle dans la liturgie, et la lecture de ses ouvrages est bien propre à lui confirmer cette réputation. On a de lui plusieurs écrits dont le principal est, sans contredit, son traité des *Offices ecclésiastiques*. Nous allons dire un mot de chacun, pour essayer d'en donner une idée à nos lecteurs.

Règle pour les chanoines. — Le premier des écrits d'Amalaire, par ordre de date, est la règle qu'il composa pour des chanoines. L'empereur Louis en fit envoyer un exemplaire à toutes les églises cathédrales de son empire, avec ordre de l'observer, suivant la prescription arrêtée dans le concile d'Aix-la-Chapelle. Ce prince écrivit à ce sujet à tous les métropolitains. Il nous reste encore trois de ces circulaires adressées, l'une à Magnus, de Sens, l'autre à Sicarius, de Bordeaux, et la troisième à Arnon, de Salzbourg. Cette règle fut observée, jusqu'au XIe siècle, dans la plupart des églises cathédrales et collégiales de France. Elle est divisée en 145 articles, mais il n'y a que les 113 premiers qui soient réellement d'Amalaire; encore ne sont-ce que des extraits des Pères et des conciles sur les devoirs des évêques et des clercs. Ces extraits finissent par les deux sermons que saint Augustin a faits sur la vie commune. Les autres articles, à partir du 14, sont tirés textuellement du concile d'Aix-la-Chapelle, en 816, ce qui, joint à l'approbation donnée par ce concile, la fit passer sous son nom. Cette règle, avec une autre pour les religieuses chanoinesses, ne peut pas être contestée à Amalaire, qui les composa avec le secours des livres que l'empereur lui fit fournir de la bibliothèque du palais.

Des Offices ecclésiastiques. — Ce traité est divisé en quatre livres. On l'a quelquefois attribué à Amalaire, archevêque de Trèves, mais on est revenu de cette erreur, et on convient unanimement qu'il est d'Amalaire, diacre ou prêtre de Metz, sous le nom duquel il est cité par Adhémar. Il le dédia en 820 à l'empereur Louis le Débonnaire, qui l'envoya examiner à Rome, en 827. Amalaire profita des lumières du saint-siège pour corriger son ouvrage, dont il publia lui-même une seconde édition à son retour.

Le premier livre traite des fêtes mobiles de toute l'année, en commençant au dimanche de la Septuagésime. Il marque en détail les introïts, les épîtres et les évangiles de toutes les messes; ce sont les mêmes que nous disons encore. On avait coutume, depuis le jour de Pâques jusqu'au mercredi de la Quinquagésime, de célébrer la messe à l'heure de Tierce, mais à partir de ce jour, qui inaugurait le carême, et pendant toute la durée du jeûne, on ne la célébrait qu'à l'heure de None. Il fait remarquer qu'on ajoutait une leçon tirée d'Ézéchiel, et un répons à la messe du mercredi de la quatrième semaine de carême, parce que c'était en ce jour-là que les prêtres touchaient de leurs doigts les oreilles et les narines des catéchumènes, qu'ils leur expliquaient le commencement des quatre Évangiles, et leur distribuaient l'Oraison dominicale et le Symbole pour les réciter le samedi saint. Il explique la cérémonie des rameaux et les offices des autres jours de la semaine sainte, qui se célébraient comme nous le faisons encore aujourd'hui; seulement, au vendredi saint, le prêtre communiait le peuple après s'être communié lui-même, avec l'hostie consacrée la veille. On ne disait point de messe le samedi saint, elle était réservée à la nuit suivante, à laquelle tout l'office du jour était renvoyé. Saint Jérôme rapporte comme une tradition apostolique, que la veille de Pâques il n'était pas permis de congédier le peuple avant minuit. Le même jour, l'archidiacre de Rome faisait les *agnus Dei* de cire mêlée d'huile, que le pape bénissait, et que l'on distribuait au peuple, à l'octave de Pâques, pour les brûler et en parfumer leurs maisons, en souvenir de leur communion. Il paraît qu'on faisait un même usage du cierge pascal, après qu'il avait été béni par le diacre, et qu'il avait servi pendant la semaine de Pâques. La formule de cette bénédiction était l'*Exultet* que nous chantons encore dans la même cérémonie. Elle était suivie des leçons que nous appelons prophéties, et du baptême des catéchumènes. La veille de Pâques, on l'administrait la nuit, au lieu que la veille de la Pentecôte on baptisait à None, c'est-à-dire à trois heures après midi. Nous ne rapporterons point ce qu'il dit des autres cérémonies du baptême, des onctions qu'on faisait aux catéchumènes, et de l'habit blanc dont on revêtait le baptisé; nous remarquerons seulement que pendant la semaine de Pâques, on conduisait tous les jours à l'église les néophytes précédés du cierge pascal, et que, depuis ce jour jusqu'à la Septuagésime, on chantait les dimanches et les fêtes *Alleluia* à la fin des répons. On jeûnait les trois jours qui précédaient la fête de l'Ascension, et ces jours étaient employés à faire des prières publiques et des processions; mais en France, la coutume de jeûner ne subsistait déjà plus du temps d'Amalaire. Il décrit l'office de la veille et du jour de la Pentecôte, et finit son premier livre par une remarque sur la messe des saints Innocents, qui se célébrait sans *Gloria in excelsis*, ni *Alleluia*, pour ne point mêler des chants de joie aux gémissements et aux lamentations des mères qui pleuraient leurs enfants massacrés par Hérode. Il remarqua encore qu'on cessait de se donner le baiser de paix depuis le jeudi de la cène du Seigneur jusqu'au jour de Pâques, afin de ne pas participer au baiser de Judas, ni à la trahison des Juifs.

Le second livre traite du jeûne des Quatre-Temps, des leçons que l'on dit en ces jours, des différents ministères de l'Église, depuis les clercs jusqu'aux évêques, et des divers ornements qu'ils doivent employer dans l'exercice de leurs fonctions. Autrefois, dans l'Église romaine, on lisait six leçons en grec et en latin, au jour de l'ordination, c'est-à-dire le samedi des Quatre-Temps. Il remarque que de son temps cet usage s'observait encore à Constantinople, et il en donne pour raison que cette lecture dans les deux langues marquait l'union qui existait entre les deux Églises. Il donne plusieurs définitions du nom de clercs; il décrit la forme de la tonsure, et il remarque que saint Paul ne comprenait que les prêtres et les diacres au nombre des ministres de l'Église, parce qu'ils sont les seuls absolument nécessaires; mais il fait observer en même temps que l'Apôtre était bien éloigné d'en exclure les évêques, qui ont reçu la plénitude du sacerdoce. Dans la suite des temps, l'Église s'étant augmentée, le service ecclésiastique s'est aussi multiplié. De là l'origine des sous-diacres et des autres ministres inférieurs. Amalaire marque les offices de chacun et les rites de leur ordination, à peu près comme nous les retrouvons encore dans le Pontifical. Il dit que les archevêques portent le *pallium* par dessus tous leurs ornements, comme autrefois le grand prêtre, chez les Juifs, portait seul une lame d'or sur son front; le *pallium* sert à distinguer les archevêques des évêques.

Le troisième livre est consacré à expliquer l'ordinaire de la messe, et toutes les prières et toutes les cérémonies qui étaient en usage dans les messes solennelles. On appelait les fidèles à l'Église par le son d'une cloche; c'était aux prêtres à la sonner, et il n'y avait rien de bas dans cet office, puisqu'en l'exerçant, ils ne faisaient qu'imiter les enfants d'Aaron. On donnait aux Églises le nom de basilique, parce qu'elles servaient au culte du Dieu roi. Amalaire entre dans un grand détail de tout ce qui se faisait pendant la liturgie; il explique le canon de la messe, et remarque que ces paroles : *Dies-*

que nostros in tua pace disponas y ont été ajoutées par saint Grégoire. Voici comment il s'exprime sur le mystère de la *transsubstantiation* : « Nous croyons que la nature simple du pain et du vin mêlé d'eau se change ici en une nature raisonnable, celle du corps et du sang de Jésus-Christ. » Il joint le terme de *raisonnable* à celui de nature, par allusion à ces paroles du canon de la messe : *Oblationem rationabilem*, qu'il venait d'expliquer. « O grande et admirable foi de l'Eglise sainte, reprend-il, qui voit de ses yeux ce que les mortels ne voient point, parce que cette foi leur manque ! Elle voit ce qu'elle doit croire, quoiqu'elle ne voie point encore ce qu'il est en sa forme. Elle croit que le sacrifice présent est porté par la main des anges devant la face du Seigneur, et qu'il doit cependant être mangé par la bouche de l'homme ; car elle croit que c'est le corps et le sang de Jésus-Christ, et que les âmes de ceux qui le mangent sont par cela même remplies de bénédictions célestes. » Des témoignages si formels de la foi d'Amalaire sur la transsubstantiation auraient dû le mettre à l'abri de tout soupçon d'erreur, et lui faire pardonner quelques expressions impropres, hasardées dans l'explication de ce mystère. N'est-ce pas admettre la présence réelle que d'affirmer que l'Eglise fait réciter à haute voix l'Oraison Dominicale, au canon de la messe, afin que cette prière nous purifie de nos péchés avant la participation du corps et du sang de Notre-Seigneur, de peur que nous ne mangions indignement le corps et le sang de Jésus-Christ ? Amalaire remarque que les diacres, avant de participer à ce sacrement, lavaient leurs mains, et que chaque fidèle doit en faire de même avant la communion ; il observe aussi que la dernière oraison qui se dit aux messes du carême, après la postcommunion, et qui commence par ces mots : *Humiliate capita vestra Deo*, est une bénédiction pour ceux qui n'ont pas communié. De son temps on célébrait trois messes le jour de la saint Jean-Baptiste, et, comme aujourd'hui, aux messes des morts on supprimait le *Gloria in excelsis*, l'*Alleluia*, et le baiser de paix.

Le quatrième livre est consacré à marquer toutes les heures canoniales du jour et de la nuit, et les prières assignées à chacune pour tous les jours de la semaine. On y trouve les offices des Matines du dimanche, depuis la Septuagésime jusqu'à Pâques, et les particularités des quatorze jours que l'on compte depuis le dimanche de la Passion jusqu'à celui de la Résurrection.— Amalaire répète quelque chose de ce qu'il avait déjà dit sur certaines fêtes ou cérémonies de l'année, et rapporte, au sujet des Grandes Litanies ou Rogations, ce qu'on en lit dans les écrits de saint Grégoire le Grand. Il parle encore des octaves des principales fêtes de l'année et de l'office de l'Avent ; des obsèques et des offices des morts que l'on faisait aux troisième, septième et trentième jours. Il dit qu'en certains endroits on priait pour les morts, en tout temps, aux offices du matin et du soir, excepté aux jours de la Pentecôte et autres grandes solennités ; qu'il y avait des lieux où l'on célébrait, chaque jour, une messe pour le repos de leur âme, et quelques-uns même où l'on chantait un office composé de neuf psaumes, de neuf leçons et d'autant de répons, au commencement de chaque mois. — Tel est le résumé succinct de cet ouvrage, dont le but est de rendre raison des prières et des cérémonies qui composent l'office divin. Le livre est utile et curieux ; mais il vaudrait tout autant si l'auteur s'était moins arrêté à rechercher les sens mystiques. — Agobard et Florus, l'un archevêque et l'autre diacre de Lyon l'attaquèrent vivement. Quelques expressions nouvelles sur l'eucharistie fournirent matière à l'accusation qu'ils lui intentèrent au concile de Thionville, qui donna gain de cause à l'auteur, et au concile de Quercy, qui jugea l'ouvrage dangereux. Quoi qu'il en soit, cette sentence ne diminua en rien l'estime dont il jouissait.

Antiphonier. — Le but d'Amalaire, dans cet ouvrage, est de concilier le rite romain avec le rite gallican. Ce n'est qu'une compilation des Antiphoniers de Rome et de France, dont il fit un tout, en les corrigeant les uns sur les autres ; mais afin que l'on connût, et l'exactitude de son travail, et les sources où il avait puisé, il imagina de mettre à la marge un R, pour indiquer qu'il suivait l'Antiphonier romain, et un M, quand il ne faisait que copier celui de l'Eglise de Metz. Dans les endroits où il s'écartait de ces deux Antiphoniers, il mit en marge un I et un C, comme pour prier qu'on usât envers lui d'indulgence et de charité. Il fut aidé dans son travail par un prêtre savant et studieux, nommé Elisagor, qui fut depuis chancelier de l'empereur Louis et abbé de Saint-Maximin de Trèves et de Centule. Amalaire, craignant qu'on ne lui reprochât de mêler, dans un même ouvrage, les usages des diverses Eglises, prévint cette objection, en rapportant dans sa préface la réponse du pape saint Grégoire à saint Augustin, apôtre d'Angleterre, quand il lui permit de prendre tout ce qu'il trouverait de mieux, soit dans les coutumes de l'Eglise romaine, soit dans celles des Eglises de France ou de toute autre Eglise, pour l'édification de celle d'Angleterre, parce que encore que la foi soit une partout, les usages ne sont pas partout les mêmes. L'Antiphonier d'Amalaire est composé de quatre-vingts chapitres, dans lesquels il marque en détail les antiennes et les répons de toutes les fêtes de l'année. Le treizième traite en particulier des sept antiennes qui se disent les sept derniers jours de l'avent et qui commencent par un O. Amalaire en explique le sens, et suit cette méthode dans tout le reste de l'ouvrage.

Sur l'office de la messe. — Nous avons encore, sans le titre d'*Eglogue*, un traité sur l'office de la messe. Amalaire s'attache particulièrement à décrire l'ordre que l'on suivait à Rome dans la célébration des saints mystères. Il distribue l'office de la messe en quinze parties, et donne à chacune une explication qui n'est rien moins que littérale. Il dit, par exemple, que tout ce qui se passe dans cet office, jusqu'à la lecture de l'Evangile exclusivement, regarde le premier avénement de Jésus-Christ jusqu'au temps où il se rendit à Jérusalem pour y souffrir la mort; que l'épître appartient à la prédication de saint Jean, etc... Les autres explications sont dans le même goût. Ainsi l'avantage de ce livre, comme de tous les autres du même auteur, consiste dans l'assurance qu'il nous donne que les prières et les cérémonies de la messe et des autres offices, tels qu'on les célébrait de son temps, sont les mêmes qui se trouvent marquées, soit dans le Sacramentaire de saint Grégoire, soit dans l'Ordre romain; de sorte que son témoignage nous suffit pour justifier l'antiquité de notre liturgie. La messe qu'il décrit dans son *Eglogue* est la messe pontificale.

Lettres d'Amalaire. — Il nous reste quelques lettres qui nous sont parvenues sous le nom d'Amalaire. D'abord, une à Jérémie, archevêque de Sens, et une autre à Jonas, évêque d'Orléans; la première, pour savoir comment on devait prononcer le nom de Jésus; la seconde, pour fixer la véritable abréviation de ce nom divin. En France, la plupart prononçaient *Gisus*; mais après un voyage de Charlemagne à Rome, la prononciation de Jésus devint universelle; seulement Amalaire pensait que ce mot exigeait une aspiration et devait s'écrire ainsi : *Jhesu*. — Il y avait deux manières aussi d'abréger le même nom. Les uns l'écrivaient JHC et les autres JHS; Jonas répondit que, comme on abrége le nom de Christ par ces deux lettres X et R, on devait abréger celui de Jésus par celles-ci JHS. — La lettre à Rantgaire, évêque de Noyon, touche à une question plus importante. Ce pontife avait demandé à Amalaire comment il entendait ces paroles dont Jésus-Christ se servit pour l'institution de l'eucharistie : *Ceci est le calice de mon sang, du nouveau et éternel Testament, le mystère de la foi.* Amalaire répondit qu'il y avait eu aussi un calice de l'Ancien Testament, et qu'il en est parlé dans le XXIV° chapitre de l'Exode. Suivant lui, c'est le calice que le Seigneur a consommé dans la cène, et il s'appuie sur ce passage où saint Luc dit, après avoir parlé du même mystère : *Désormais je ne boirai plus de ce fruit de la vigne, jusqu'à ce que le règne de Dieu soit arrivé.* Le calice de l'Ancien Testament regorgeait du sang des animaux sans raison, et n'était que la figure du sang de Jésus-Christ. C'est Jésus-Christ lui-même qui nous a donné le calice dans lequel nous buvons son sang, lorsqu'il ajoute, après la Cène : *C'est ici le calice de mon sang, du nouveau et éternel Testament, lequel sera répandu pour vous et pour plusieurs, pour la rémission des péchés.* Amalaire pouvait-il marquer en termes plus clairs et plus précis la présence réelle, qu'en disant que nous buvons dans le calice le vrai sang de Jésus-Christ, le même qui est sorti de son côté?

Lettre sur le carême. — La dernière lettre attribuée à Amalaire est intitulée : *De l'observation du carême.* On n'y voit aucune forme de lettre, et elle n'est adressée à personne; le commencement même fait voir qu'elle est la suite de quelque traité de morale et de discipline. Amalaire y reprend un abus assez commun touchant l'heure de rompre le jeûne en carême. Plusieurs s'imaginaient qu'on pouvait le rompre aussitôt qu'on avait entendu sonner l'heure de None. Ceux-là, dit-il, ne sont pas censés jeûner, qui mangent avant la célébration de l'office. Il faut aller à la messe, et lorsqu'on l'a entendue, qu'on a assisté à l'office du soir et fait l'aumône, on peut prendre son repas. Si quelqu'un, par un légitime empêchement, ne peut venir à la messe, il ne lui est permis de rompre son jeûne qu'à l'heure où finit l'office du soir, et après avoir fait sa prière. Tous les fidèles, excepté ceux qui sont excommuniés, doivent recevoir les sacrements du corps et du sang de Jésus-Christ tous les Dimanches, le jeudi de la Cène, le samedi saint, le jour de la Résurrection et tous les jours de la semaine de Pâques. Il faut donc avertir le peuple de ne pas s'approcher indifféremment du corps et du sang du Seigneur, mais aussi de ne pas s'en abstenir trop longtemps; de s'y préparer par la continence, par l'aumône, par la prière, par la pénitence qui rachète les fautes, et par la pratique de toutes les vertus qui achèvent de purifier les âmes.

Tels sont, en résumé, les écrits d'Amalaire Symphose, écrits auxquels la critique n'a rien enlevé, ni de leur orthodoxie, ni de l'estime que l'Eglise leur accorde depuis le IX° siècle. On les retrouve dans le *Cours complet de Patrologie*, où M. l'abbé Migne a réuni tous les ouvrages des Pères et des écrivains ecclésiastiques. Amalaire mourut, en 837, à Saint-Arnoult de Metz, où l'on voyait son tombeau et où il était honoré comme saint.

AMAND (saint), naquit, non loin des plages de l'Océan armoricain, au pays d'Herbauges, qui faisait alors partie du royaume d'Aquitaine, de parents également distingués par leur naissance et par leur vertu. Après avoir consacré les premières années de son enfance à l'étude des belles-lettres, il quitta la maison paternelle, se retira dans une île, que l'on croit être aujourd'hui l'île d'Oye, et prit l'habit religieux dans un monastère situé à quarante mille des côtes de la France. Au bout de quelques mois de profession, il obtint de son supérieur la permission de voyager pour la cause de l'Evangile. Il fut un de ces hommes apostoliques qui portèrent les lumières de la foi dans ces parties de nos provinces qui étaient encore plongées dans les ténèbres de l'idolâtrie. Après avoir parcouru successivement toutes les provinces de la France, semant le bon grain de la parole et faisant germer partout des chrétiens sur ses pas, il se rendit à Rome, où il reçut le titre d'évêque régionnaire, revint par la Belgique, fonda deux monastères à Gand un troisième à Enone, qui porte encore aujourd'hui son nom, puis traversa le Danube et alla fixer son siége à Utrecht, qu'il gouverna pendant quelques années en qualité d'évêque. Il fit le plus grand honneur à son épiscopat tant par ses prédications que par son zèle à étendre l'ordre monastique. Son mérite était si généralement reconnu, que le pape saint Martin le choisit entre tous les autres prélats de l'Eglise gallicane, pour lui adresser les Actes de son concile, contre les monothélites, afin qu'il les communiquât à ses confrères dans l'épiscopat. Il en reçut également des livres qui l'aidèrent à développer les bonnes études dans les monastères qu'il avait fondés. Sa vie fut constamment partagée entre les soins de ces monastères et les travaux de la prédication. Dieu honora ses dernières années du don des miracles, et il mourut en 679.

On a de lui une Charte par laquelle il fait don à l'abbé André d'un terrain pour y bâtir un monastère. Cet acte est daté de Laon, le 18 des calendes de septembre, la cinquième année du règne de Childéric, et écrit tout entier de la main du diacre Radobert, à la prière du saint donateur.

Quelques années avant sa mort, Baudemond, prêtre et moine d'Elnone, qui devint plus tard l'historien de sa vie, fut choisi par saint Amand pour écrire le testament par lequel il demandait à être enterré au milieu de ses frères, dans son monastère d'Elnone. Il en existe encore un ancien exemplaire, en tête duquel est une gravure où sont représentés les témoins qui le souscrivirent. Ces deux pièces ont été reproduites, dans le tome LXXXVII° du *Cours complet de Patrologie* publié par M. l'abbé Migne, Paris, 1851, et elles sont suivies de deux Hymnes en l'honneur du saint apôtre.

AMAND, surnommé DE CASTELLO, d'abord chanoine de l'église de Tournay, ensuite moine de l'abbaye de Saint-Martin, dans la même ville, florissait vers l'année 1113 et les suivantes. Devenu prieur d'Anchin, il ne fit qu'y passer, et fut enfin nommé abbé de Marchienne, dont il fit restaurer l'abbaye ; car, d'après le témoignage d'Hérimann, il la trouva aussi dépourvue d'édifices et de richesses que d'esprit religieux ; ce que Jean Beuzelin, dans sa *Galloflandria*, atteste par une foule de documents tirés de l'histoire de cette époque. Dans le temps qu'il était encore prieur d'Anchin, il écrivit en forme de lettre, *La vie et la mort du vénérable Odon, évêque de Cambrai*, ouvrage dont le double manuscrit s'est longtemps conservé dans la bibliothèque de ce monastère et dans celle de Saint-Martin de Tournay. Arnold Baissius l'a publié pour la première fois dans sa *Belgique chrétienne*, en 1634. Gérard Vossius fait mention de cet écrit dans le II° livre de ses *Historiens latins*. Comme le vénérable évêque de Cambrai mourut dans cet exil d'Anchin le 13 des calendes de juillet 1119 ou 1120, on se croit fondé à conclure qu'Amand de Castello écrivit sa lettre peu de temps après, et que par conséquent il vivait à la même époque. Son ouvrage est reproduit dans le *Cours complet de Patrologie*.

AMAURI, naquit à Nééle, au diocèse de Noyon, vers le milieu du XII° siècle. Il est un de ceux qui, ayant passé en Orient à la faveur des croisades, y remplirent les premières dignités ecclésiastiques. Il fut le septième patriarche latin que la France donna à l'Eglise de Jérusalem. Ses écrits ont été reproduits dans le *Cours complet de Patrologie* de M. l'abbé Migne.

AMBLARD, moine de Fleury, et ensuite abbé de Solignac, à la prière du roi Robert, et d'Hervé, trésorier de Saint-Martin de Tours, fit copier la Vie de saint Eloi, dont les exemplaires étaient devenus fort rares. Il vérifia lui-même cette copie, et l'adressa à Hervé, avec une lettre dans laquelle il lui rend compte de son exactitude, et le prie de la faire passer au roi Robert. Dom Mabillon a fait imprimer la lettre d'Amblard au livre LII de ses *Annales*. Amblard vivait dans le X° siècle, mais on ne peut préciser ni sa naissance, ni sa mort.

AMBROISE (saint), naquit vers l'an 340. Son père, qui se nommait Ambroise lui-même, et qui comptait des consuls parmi ses ancêtres, était préfet du prétoire, une des premières dignités de l'empire ; et comme préfet particulier des Gaules, il résidait à Arles, à Lyon ou à Trèves, mais plus souvent dans cette dernière ville, ce qui porte à croire qu'Ambroise y vint au monde. Les présages qui avaient signalé la naissance de Platon se renouvelèrent autour de son berceau, et, l'on peut dire que jamais docteur de l'Eglise ne s'approcha autant du grand philosophe de l'antiquité, par la douceur du style et le charme particulier du discours. On raconte qu'un essaim d'abeilles couvrit son visage, pendant qu'il dormait dans la cour du prétoire, et qu'après avoir pénétré jusque dans la bouche de l'enfant, elles voltigèrent quelque temps autour de lui, et disparurent dans les airs. Sa famille crut dès lors qu'il était appelé à quelque chose de grand. On dit encore qu'étant à Rome, où sa mère et sa sœur s'étaient retirées après la mort de leur père, il leur présenta, un jour, sa main à baiser, en disant qu'il deviendrait évêque. L'éducation d'Ambroise fut celle qu'on donne aux enfants de son rang, et elle justifia toutes les espérances qu'avaient fait naître ses premières années. Les maîtres les plus habiles lui enseignèrent les sciences, et il fut formé à la vertu par les leçons, et surtout par les exemples touchants de sa mère et de sa sœur, sainte Marcelline, qui avait reçu des mains du pape Libère le voile des vierges. Ses études terminées, Ambroise quitta Rome et vint à Milan avec son frère Satyre. Ils suivirent tous deux la carrière du barreau, et Ambroise y débuta avec tant de succès, que Petronius Probus, préfet d'Italie, le mit au nombre de ses assesseurs, et l'établit, peu de temps après, gouverneur des provinces consulaires de la Ligurie, dont Milan était la métropole. L'empereur Valentinien confirma ce choix, en y ajoutant la dignité du consulat. C'est alors qu'au départ d'Ambroise pour prendre possession de son gouvernement, le préfet Probus lui dit : *Allez, et agissez, non en juge, mais en évêque.* Ce vertueux magistrat avait vu avec peine la sévérité dont usaient la plupart des gouverneurs, à l'exemple de Valentinien. Ambroise retint d'autant plus aisément cette belle leçon, qu'elle convenait mieux à la bonté de son caractère. Sa douceur lui gagna les peuples, et la sagesse qu'il fit paraître dans son administration lui acquit tellement leur estime, qu'ils pensèrent à faire de leur gouverneur leur évêque. Auxence, que les ariens avaient placé sur le siège de Milan, après en avoir éloigné saint Denis, venait de mourir : les évêques de la province s'étaient assemblés et délibéraient sur le choix d'un successeur. Les catholiques et les ariens demandaient, les uns et les autres, un évêque de leur croyance; une sédition violente s'était élevée; on était sur le point d'en venir aux mains, lorsque Ambroise se rendit à l'Église pour faire cesser le tumulte; son éloquence émut tous les cœurs. On dit qu'un enfant s'étant écrié : *Ambroise évêque!* un cri unanime se fit entendre, et que tous, ariens et catholiques, le demandèrent pour pasteur. Ambroise, étonné et interdit, sort de l'église et ne songe qu'aux moyens d'éloigner de lui le fardeau redoutable qu'on veut lui imposer. Il ne néglige rien pour s'en faire déclarer indigne ; mais, voyant qu'il n'y avait plus de résistance possible, il se soumit et accepta la charge de pasteur. Il n'était encore que catéchumène, mais son élection ayant passé pour miraculeuse, on le dispensa des règles ordinaires ; il fut baptisé par un évêque catholique, le 30 de novembre de l'an 374; il reçut tous les ordres, dans le cours d'une semaine, et fut consacré évêque, huit jours après son baptême, le 7 de décembre, jour auquel les Grecs et les Latins célèbrent encore aujourd'hui l'anniversaire de son ordination.

Ambroise, élevé à l'épiscopat d'une manière aussi extraordinaire, ne tarda pas à répandre au loin l'éclat des plus sublimes vertus. Saint Basile, du fond de l'Orient, s'estimait heureux de correspondre avec lui, et les deux jeunes empereurs Gratien et Valentinien le regardaient comme leur père ; Justine elle-même, malgré son attachement à l'arianisme, révérait Ambroise, et eut souvent recours à lui dans des conjonctures difficiles ; mais, méconnaissant, plus tard, les services dont elle lui était redevable, elle profita de la paix qu'il avait rendue à l'empire, par son traité avec le tyran Maxime, pour lui susciter mille traverses, en exigeant de lui qu'il permît aux ariens d'avoir une église à Milan. Il eut à lutter, pendant plusieurs années contre l'audace et intrigue des sectaires, contre les menaces et les persécutions de tout genre ; mais le ciel, toujours favorable aux pieux desseins de cet intrépide défenseur de la foi, lui accorda enfin un triomphe que promettait sa fermeté et que faisaient désirer ses vertus. Dès lors Ambroise ne fut plus inquiété au sujet de l'arianisme ; il profita du repos dont il jouissait pour travailler à plusieurs ouvrages utiles. Il ramena à la foi catholique un grand nombre d'ariens et plusieurs autres hérétiques, et il enfanta à Jésus-Christ le célèbre Augustin, qui depuis fut une des plus grandes lumières de l'Église. L'animosité de l'impératrice Justine le força souvent, pour échapper à la persécution, de se retirer dans son église comme dans un lieu d'asile ; les fidèles de Milan avaient coutume de l'y suivre, et il passait la nuit à les exhorter et à prier avec eux. Ce fut à cette occasion qu'il établit l'usage de chanter les hymnes et les psaumes sur un mode rhythmé qu'il emprunta aux Églises d'Orient. Ce fut aussi dans ce temps-là que Dieu, pour le consoler de ses épreuves, lui révéla le lieu où étaient ensevelis les corps des saints martyrs Gervais et Protais, dont la translation fut une fête publique qui fit oublier à la ville de Milan tous les maux de la persécution.

Cependant la paix conclue avec Maxime n'était qu'une trêve : ce tyran menaçait de nouveau l'Italie, et Ambroise, député vers lui par l'impératrice Justine, ne put, pour cette fois, garantir cette contrée de son invasion. Théodose, successeur de Valens, après plusieurs victoires remportées sur Maxime, qui fut tué en 388, rétablit Valentinien dans ses États et dans ceux que Gratien avait occupés. Il vint à Milan, et fut reçu par l'évêque et par le peuple comme un libérateur. Mais deux ans s'étaient à peine écoulés, depuis ces heureux événements, que le cœur du saint pontife fut déchiré par la nouvelle du massacre de Thessalonique, ordonné par Théodose. Ambroise, qui avait obtenu autrefois la grâce des habitants de cette ville, apprenant la manière terrible dont ils venaient d'expier cette seconde sédition, fut accablé de la plus profonde douleur. Dans son premier chagrin, il s'abstient d'écrire à Théodose, qui avait quitté Milan quelques jours avant d'ordonner le massacre. Il sort lui-même de la ville, souffrant et malade, et va se livrer, dans le silence de la campagne, au regret de n'avoir pu empêcher l'exécution de cet ordre barbare. Enfin, au bout de quelques jours, il écrit à l'empereur une lettre touchante, où il lui représente l'énormité de son crime, et lui dit que le péché ne s'efface que par les larmes. Tout le monde connaît la fermeté de saint Ambroise ; personne n'ignore la pénitence de Théodose ; et depuis quinze siècles, l'univers catholique tout entier ne sait ce qu'il doit admirer le plus, ou du repentir du monarque, ou du courage du pontife. Théodose, réconcilié avec l'Église après huit mois de pénitence, fut toujours, depuis, l'ami de saint Ambroise, qu'il eut pour panégyriste après sa mort. Cependant le zèle de la foi, les fatigues de l'épiscopat, les douleurs de la persécution, avaient avancé pour lui l'âge de la vieillesse : il tomba malade vers le mois de février de l'année 397 ; son troupeau, alarmé pour ses jours, l'envoya conjurer d'en demander à Dieu la prolongation. On regardait l'Italie comme menacée d'une ruine totale par la mort d'un évêque respecté des barbares eux-mêmes, chéri du peuple, des princes et des empereurs, et dont l'autorité imposait aux méchants, et étendait le règne de la vertu. Le vendredi saint, troisième jour d'avril, le saint évêque, malgré les fatigues d'une maladie longue et rigoureuse, demeura en prières depuis cinq heures du soir jusqu'après minuit, heure à laquelle il expira, âgé d'environ cinquante-sept ans, après avoir occupé pendant vingt-trois années le siége de Milan. Son corps fut porté dans la grande église de cette ville, que l'on nomma depuis *Basilique Ambrosienne*. Il s'était montré toute sa vie doux, compatissant, affable, sensible à l'amitié, modeste, ennemi du faste et de la grandeur, et n'usant de son crédit que pour l'avantage des autres ; et cependant, comme nous l'avons vu, capable de porter la fermeté et le courage de sa foi, jusqu'au dévouement, jusqu'au sacrifice, et, au besoin, jusqu'au martyre. Ses écrits, dont nous allons donner l'analyse, portent l'empreinte de son caractère ; il y règne beaucoup de douceur et d'onction, mais de temps en temps aussi, et suivant les sujets, beaucoup de force et une grande majesté. La meilleure édition de ses Œuvres est celle publiée par les soins de M. l'abbé Migne, aux *Ateliers catholiques* de Montrouge ; elle comprend, en 4 volumes in-4°, tous les écrits connus du saint docteur.

ÉCRITS DE SAINT AMBROISE. — 1ʳᵉ *Classe.*

Hexaméron, en 389. — Les écrits de saint Ambroise se divisent en deux classes principales : les uns ont rapport à l'Ecriture sainte, les autres traitent de différentes matières de dogme, de morale et de discipline. A la tête des œuvres de la première classe, il faut placer l'Hexaméron, c'est-à-dire le traité de la création des six jours, quoique pourtant le saint docteur ne l'ait écrit que dans les dernières années de sa vie. Il l'eut distribué d'abord en neuf discours, qu'à l'exemple de saint Basile il réduisit lui-même à six, correspondant aux six jours de la création dont ils expliquaient l'histoire. Le but de cet ouvrage est de réfuter, après les avoir exposées, les opinions diverses des philosophes païens, sur la naissance du monde, sa durée, son unité, et de montrer qu'on doit s'en rapporter au système de Moïse, comme au système le plus rationnel, c'est-à-dire que l'univers est l'œuvre de Dieu qui a tout créé par son Verbe. Ses idées sur la création sont fraîches, ingénieuses, vivaces et colorées, comme cette création elle-même qui s'émeut et palpite, pour la première fois, sous les yeux de son créateur. Il en fixe l'époque au printemps, et il appuie son opinion sur ce passage du chapitre XII de l'Exode : *Mensis iste vobis principium mensium, primus erit in mensibus anni*. Les ténèbres qui couvraient la surface de l'abîme lui fournissent l'occasion de parler de la nature du mal, et de prouver qu'il n'y a d'autre mal, dans le monde, que le péché. Cette parole *Fiat lux*, dans laquelle il découvre un commandement, lui sert à démontrer que la volonté de Dieu est la cause et la règle de toutes choses créées, et cette règle lui sert d'argument, pour expliquer la création tout entière.

Du Paradis, en 375. — Le livre du Paradis fut écrit peu de temps après la promotion merveilleuse d'Ambroise à l'épiscopat. Saint Augustin cite ce livre et en rapporte plusieurs passages, dans les écrits qu'il a publiés contre Julien le pélagien. Le but que le saint auteur se proposa dans cet ouvrage fut de prémunir les simples contre les artifices dont les hérétiques se servaient pour les engager dans l'erreur par de fausses interprétations des divines Ecritures. Il examine, dans ce livre, quel est l'auteur du paradis, ce que c'est que le paradis, et où est le paradis ; quel fut l'entretien que le serpent eut avec Eve, et quelles ruses il employa pour la séduire. Il traite toutes ces questions, plus ingénieuses qu'utiles, avec beaucoup d'élégance et une grande habileté, en s'attachant moins au sens littéral qu'au sens allégorique et spirituel. Par le paradis il entend l'âme, par l'arbre de vie il entend la sagesse et la science de la vertu. Pourtant il ne laisse pas de reconnaître que, pris à la lettre, le mot de *paradis* indique un lieu matériel où Dieu plaça l'homme aussitôt après sa création. Il explique du démon, notre ennemi, ce qui est dit du serpent, sans cependant désapprouver ceux qui prenaient dans un sens figuré tout ce qui se passa entre lui et la première femme, en attribuant la chute de nos premiers parents à une faute de volupté. Il remarque que l'homme fut créé avant d'être mis dans le paradis, au lieu que la femme fut créée dans le paradis même, pendant le sommeil d'Adam. Il résout plusieurs objections soulevées par les hérétiques, contre l'arbre de vie et la défense de manger de son fruit sous peine de mort ; il établit, contre les manichéens, l'unité d'un Dieu créateur et d'un premier principe. Il démontre jusqu'à l'évidence qu'un Dieu a pu permettre que l'homme fût tenté, et même qu'il succombât à la tentation, puisque sa faute n'était pas sans remède, et qu'il pouvait, par la pénitence et les mérites du Sauveur, recouvrer une grâce plus abondante que celle dont il était déchu par son péché.

Sur Caïn et sur Abel, en 375. — Le commencement de ces deux livres témoigne que saint Ambroise les composa aussitôt après le précédent, puisque plusieurs anciens manuscrits les ont reproduits, pendant longtemps, sous le titre de IIᵉ *livre du Paradis*. Le saint docteur y traite de la naissance, de la vie, des mœurs, et surtout des sacrifices de Caïn et d'Abel. Il montre que ces deux premiers-nés d'entre les humains étaient la figure de deux partis opposés, de deux peuples ennemis, les bons et les méchants, les juifs et les gentils, les hérétiques et les chrétiens. Ce livre est beaucoup plus allégorique que littéral; cependant on ne laisse pas d'y rencontrer plusieurs moralités pleines d'un grand sens, de belles instructions, des maximes solides et des descriptions vives et pathétiques du vice, et particulièrement de l'avarice, de l'ivrognerie et de la volupté. Suivant le saint évêque de Milan, les sacrifices de Caïn avaient deux défauts qui les empêchaient d'être agréables à Dieu : le premier, c'est qu'il tarda trop à les lui offrir; le second, c'est qu'il négligea de lui présenter les prémices des fruits qu'avait produits la terre fécondée par la rosée du ciel et le travail de ses mains; tandis qu'Abel, au contraire, offrait à Dieu les prémices de ses troupeaux, et les offrait avec un cœur pur, ardent, et heureux de les voir acceptés.

De l'Arche de Noé, en 379. — Le livre de l'Arche de Noé comprend l'histoire du déluge, et la vie du saint patriarche qui, après ce grand cataclysme, devint le reproducteur de l'humanité. Le saint docteur explique chaque partie de ce drame, ou plutôt de ce bouleversement universel, tantôt en suivant le sens littéral, tantôt en suivant le sens allégorique et spirituel, et toujours, avec autant d'éloquence et de noblesse que de jugement et d'exactitude. Les figures qu'il emploie sont justes, les allégories intéressantes, et les pensées vives et élevées. Il y a peu d'ouvrages de saint Ambroise qui soient mieux travaillés que celui-ci; c'est dommage que nous ne le possédions pas tout entier, et qu'il présente tant de lacunes. Le saint docteur l'écrivit dans un temps de calamités et de misères : l'Eglise était agitée par plusieurs tempêtes; à la persécution de Valens avait succédé l'invasion des barbares, et il est probable que plusieurs pièces de ces manuscrits se seront trouvées ainsi perdues, au milieu de tous ces orages.

Sur Abraham, en 387. — Le travail que nous avons sur Abraham ne formait, dans le principe, que deux parties d'un même ouvrage, mais ces deux parties différaient si fort entre elles, que dans la suite on en a fait deux livres. — Le premier décrit les actions et les vertus du saint patriarche, et le présente aux philosophes comme le modèle du sage dans sa foi, dans sa soumission, dans son sacrifice; parce qu'encore que l'immolation n'ait pas été consommée, le consentement de la volonté a été complet. Il exalte en même temps les vertus de Sara, et la propose à toutes les femmes comme le modèle des épouses et des mères chrétiennes. — Le second livre, moins intéressant que le premier, répète les actions d'Abraham pour en tirer un sens plus spirituel, en les appliquant à la vie intérieure et aux différents moyens par lesquels l'homme tombé peut encore se relever de sa chute et arriver à la plus belle perfection. — Une remarque générale à faire sur les livres des patriarches et sur la plupart des autres ouvrages de saint Ambroise portant le même titre, c'est qu'ils ont tous été composés des sermons que le pieux évêque adressait à son peuple; ce qui explique un peu, je ne dirai pas la diffusion, parce que les pensées y sont toujours suivies et magnifiquement exprimées, mais le manque d'ordre et de méthode inséparable de ces sortes d'ouvrages.

Sur Isaac, en 387. — Au livre d'Abraham succède naturellement le livre d'Isaac, comme l'effet ressort de la cause, comme le fils succède à son père. Du reste, ces deux livres sont du même âge, et ont été écrits en même temps, c'est-à-dire qu'ils ont été recueillis des sermons du saint docteur, dont la vie de ces patriarches formait le texte, la morale et l'application. A l'occasion du mariage d'Isaac avec Rébecca, Ambroise traite de l'union du Verbe avec l'âme, et il distingue quatre degrés par lesquels l'âme doit monter pour arriver à la perfection de cette union. — Le premier consiste à fuir toutes les voluptés et tous les plaisirs du siècle, à l'exemple de Rébecca, qui fuit les lieux habités, cherche les solitudes, et rencontre, à la fontaine du désert, l'époux que Dieu lui avait destiné. En effet, c'est en le poursuivant avec une sainte ardeur, à travers le désert et les solitudes, que l'âme rencontre le Seigneur, le principe de toute connaissance, la source de toute vérité, suivant cette parole du prophète : *Sitivi ad Deum fontem vivum*. — Le second degré pour arriver à cette union ineffable de l'âme avec le Verbe, c'est donc de désirer le baiser de l'époux, en s'appliquant à le mériter, à force de prières et d'amour. — Le troisième degré, c'est de recevoir ce baiser tout spirituel par lequel l'âme s'attache au Verbe, et qui opère en elle comme une sainte transfusion de l'esprit divin. — Enfin, le dernier degré pour l'âme, et celui qui complète son union intime avec l'objet de son amour, c'est d'être introduite dans la tente de l'époux, d'y obtenir une place d'honneur à ses côtés, et de la conserver toujours par la persévérance dans l'amour et la charité. Ce qui lui donne occasion de proclamer, en finissant, la sublimité de l'âme et la perfection de la charité.

Du bien de la mort, en 387. — Dans quelques anciens manuscrits, ce livre est intitulé : *Livre troisième des patriarches;* apparemment parce qu'il reproduit, en les développant, les dernières pensées qui terminent le livre précédent; mais le titre que nous lui donnons, cité plusieurs fois par saint Augustin, est celui que l'usage a fait prévaloir. — Le saint docteur y distingue d'abord trois sortes de mort : la mort du péché, qui tue l'âme, suivant cette expression d'Ezéchiel, ch. XVIII, v. 4 : *Anima quæ peccaverit morietur;* ensuite, la mort mystique dont parle saint Paul (*Rom.* ch. VI, v. 4), par laquelle, avec Jésus-Christ on meurt au péché, pour partager le bonheur de sa résurrection et ne revivre qu'en Dieu; enfin, la mort naturelle, qui termine la vie par la séparation de l'âme et du corps. — La première, malheur immense, puisqu'elle entraîne la perte de Dieu et la privation des jouissances de l'éternité; la seconde, bien infini, puisque dès cette vie, par la charité, elle fait descendre toutes les félicités du ciel dans nos cœurs; la troisième, pour plusieurs, tient le milieu entre les deux autres; elle est aimée des bons, qui la souhaitent comme une délivrance et un bonheur, mais elle est détestée des méchants, qui la redoutent comme une peine, une punition, une vengeance. Saint Ambroise prend le parti des justes contre les pécheurs, et soutient qu'il ne nous est pas avantageux de vivre longtemps. Pour preuve, il apporte les gémissements des saints : *Desiderium habens dissolvi et esse cum Christo;* les inquiétudes, les misères, les souffrances du corps, l'asservissement aux besoins de la vie, qui énervent la vigueur de l'âme; les péchés que l'on commet tous les jours, les dangers d'en augmenter le nombre, et les tentations continuelles qui font de la vie comme une guerre intestine et un combat de tous les instants. « La mort, dit-il, nous affranchit de toutes ces misères; elle sépare en nous ce qui était en guerre; elle rétablit le calme après la tempête; elle n'empire pas notre état, mais elle le transforme, pour le perfectionner et le rendre heureux. » Il lui est facile de démontrer ensuite que la mort n'a rien de terrible par elle-même, mais seulement par l'opinion qu'on en a. « Or la crainte, ajoute-t-il, n'est que dans l'opinion, et l'opinion ne vient que de la faiblesse de notre nature : elle est donc contraire à la vérité. » — « Si la mort est un mal, poursuit-il, comment les jeunes gens ne craignent-ils pas de devenir vieux, puisque la vieillesse les conduit à un âge voisin de la mort ? A la mort, l'âme est délivrée et le corps se corrompt; celle qui est délivrée se réjouit de sa délivrance, et celui qui se corrompt ne sent point sa corruption. »

De la fuite du siècle, en 387. — Le titre de ce livre annonce de lui-même son objet et son but. Il est rempli de belles et solides instructions sur la vanité du monde, sur les dangers de ses charmes, sur la fragilité de notre nature, et sur ce mauvais penchant qui nous entraîne sans cesse vers toutes les voluptés. Or l'homme ne peut fuir le siècle sans le secours de Dieu, et cependant cette fuite lui est nécessaire, utile, glorieuse. Qu'est-ce que fuir le siècle, sinon imiter Moïse, qui a fui devant Pharaon; Jacob, qui, à la prière de sa mère, a fui devant Esaü; David, qui a fui devant Saül, et Jésus-Christ lui-même, qui a fui devant les Juifs qui cherchaient à le faire mourir avant l'heure marquée par son Père. — Pourquoi devons-nous fuir le siècle ? Parce que dans le siècle tout est vide, fantôme, néant; parce qu'il n'y a que des ombres et point de soleil, de la fumée et point de lumière, des simulacres et point de réalité. C'est pourquoi, comme Moïse, si nous voulons voir le Dieu d'Abraham, d'Isaac et de Jacob, et contempler les merveilles de sa présence, nous avons besoin de quitter nos sandales, de dénouer nos ceintures, de nous dépouiller des vêtements de l'iniquité, et de fuir le monde, enfin, pour pouvoir posséder Dieu. Mais comment fuir le siècle ? Au plus tôt, sans regret, sans hésitation, sans même détourner la tête pour lui dire un dernier adieu; de peur que le sacrifice de ce dernier adieu ne vous retienne dans ses filets : *Velociter ne comprehendatur.* — Où donc fuir, alors ? Où l'on est assuré de trouver le Seigneur; *Quo comprehendam Dominum.* Or, par la grâce d'une bonne vie, on est assuré de trouver Dieu partout. *In bona vita, gratia Domini comprehenditur.* — En effet, fuir le siècle, ce n'est pas s'en séparer corporellement, mais c'est oublier son corps, pour tourner son âme vers Dieu, par les pensées de la foi, par les aspirations de l'espérance, par tous les élans de la charité.

De Jacob et de la vie bienheureuse, en 387. — L'année 387 fut une des années les plus fécondes dans la vie du saint docteur, puisque c'est à cette date encore qu'il faut assigner la publication des deux livres de Jacob et de la vie bienheureuse. — Le premier de ces livres ne traite pas précisément des matières que le titre annonce, mais il s'applique à donner des leçons de piété aux nouveaux chrétiens, pour leur apprendre à acquérir la sainteté et la perfection, à laquelle ils s'étaient engagés dans le baptême. Il leur recommande la docilité de l'esprit, la prudence dans les paroles et la rectitude dans les jugements; car, encore que la raison dépourvue de la grâce ne puisse pas extirper en nous toutes les concupiscences, elle peut au moins en régler les saillies et en modérer les excès. C'est pourquoi il conseille tous les genres de tempérance, et surtout celle qui consiste à réprimer la colère, qui est la passion la plus opposée à la charité, qui est Dieu; celle qui humilie le plus l'orgueil, c'est-à-dire, le péché des démons, celui qui a fait entrer la mort dans le monde, à la suite du péché. — Mais, après avoir signalé toutes ces passions, qui font le malheur de la vie, le saint docteur montre en quoi consiste le bonheur du sage. Le vrai sage, celui qui a trouvé Dieu et qui le possède, possède en lui tous les bonheurs. Quoiqu'il sente, comme les autres hommes, les pertes, les afflictions, la captivité, les douleurs, la maladie, la mort, il n'en est point ébranlé; sa vertu le met au-dessus de tout, parce que la jouissance et la possession de Dieu le dédommagent de tout. — Le saint évêque confirme, dans le second livre, les maximes générales établies dans le premier, et il les appuie de l'exemple du patriarche Jacob, montrant ainsi, par les diverses actions de sa vie, que les afflictions, les traverses, l'exil même, ne l'ont pas empêché d'être heureux, de rencontrer les anges sur son chemin, de lutter avec Dieu sous la figure de son messager; et, quoiqu'aveugle, de prolonger ses jours jusqu'à une vieillesse heureuse, et de mourir en bénissant le Seigneur. Il ajoute à ces exemples ceux du grand prêtre Éléazar, que toutes les tentatives d'Antiochus ne purent rendre infidèle, et des sept fils des Machabées, que leur mère elle-même encouragea à supporter toutes les souffrances jusqu'au martyre, et le martyre jusqu'à la mort. Il prend occasion de là pour donner des conseils aux pères et aux mères sur l'éducation des enfants que la Providence leur confie. Il oppose l'exemple de la mère des Machabées, qui aima ses sept fils jusqu'à les sacrifier au Seigneur, à l'exemple de Rébecca, qui, par les suites de sa prédilection irréfléchie pour Jacob, produisit, entre lui et son frère Esaü, une haine, une division, une guerre qui dura presque autant que leur vie, puisque ce ne fut que dans leur vieillesse, après le retour du saint patriarche de la maison de Laban, que s'accomplit la réconciliation. Cependant cette substitution frauduleuse, de la part d'une mère, n'empêcha pas Dieu, qui fait tout servir à ses desseins, de choisir l'enfant de la bénédiction pour en faire un des ancêtres de son Christ.

De Joseph, en 387. — Après avoir montré, comme il le dit lui-même, le modèle d'une obéissance pleine de zèle et de foi dans Abraham ; celui d'une pureté d'esprit simple et sincère dans Isaac, et celui d'une grande force de courage et d'une patience admirable dans Jacob, il propose enfin Joseph comme le modèle de la chasteté, et il attribue à cette vertu l'amour de préférence que Jacob lui témoignait. Il prend encore occasion de là pour revenir sur ses conseils aux pères et mères, sur l'égalité qui doit présider au partage de leur amour entre tous leurs enfants. — Ensuite il explique mystiquement ce qui est dit de Joseph vendu par ses frères, du sang dans lequel ils trempèrent sa robe, des vingt pièces d'argent au prix desquelles il fut vendu, de sa servitude en Égypte et des autres circonstances de sa vie, qui en firent comme l'emblème anticipé de la passion du Sauveur. — Il décrit, avec tous les ornements de son éloquence, la résistance de Joseph aux séductions de la femme de Putiphar, dont il représente les ruses et les artifices avec les plus vives couleurs et les traits les plus saisissants. — Enfin, en parlant des autres enfants de Jacob, il compare la haine qu'ils portaient à Joseph, à la haine dont les Juifs poursuivaient Jésus-Christ, et, quoique cette figure soit toute mystérieuse, il prouve que le symbole en est des plus significatifs et des plus complets.

De la bénédiction des patriarches, en 387. — Ce livre n'est que la suite des précédents, et forme, principalement, comme une seconde partie au livre de Joseph. Il exalte la bénédiction que les pères donnent à leurs enfants, et il montre que ceux qui la reçoivent sont bénis, tandis que ceux qui s'attirent la malédiction de leur père sont maudits dans le temps et dans l'éternité. C'est une grâce que Dieu a attachée aux mains des parents, afin d'exciter les fils à s'acquitter envers eux des devoirs que leur imposent la reconnaissance et la piété. Il fait ressortir de là quelque chose, comme un traité complet, sur les obligations des fils envers les auteurs de leurs jours. — Après ce prélude, il entre dans le détail des bénédictions que Jacob, sur le point de mourir, donne à ses enfants, et il les explique toutes dans un sens mystique. Ainsi, la bénédiction de Ruben, le premier-né de ses fils, auquel il reproche sa dureté, semble moins une bénédiction qu'une prophétie, annonçant la dureté des Juifs et leur acharnement à persécuter le Sauveur. De la tribu de Siméon sont les scribes, et de celle de Lévi les prêtres et les lévites, qui tinrent conseil entre eux sur les moyens de surprendre Jésus dans ses paroles, et qui se surpassèrent en méchanceté au moment de sa passion et de sa mort. La bénédiction de Juda est une vraie parole de salut, puisqu'elle contient la promesse du Sauveur qui doit naître de la postérité de ce patriarche, et sortir de la tribu de Juda. Zabulon habitera les bords de la mer ; les navires arriveront jusqu'à lui, et ses vaisseaux s'étendront jusqu'aux plages de Tyr et de Sidon ; et cependant, calme au milieu des tempêtes, il verra le naufrage des autres sans en être ébranlé, parce que leurs périls ne sauraient l'atteindre ; comme les Juifs et les hérétiques, qui voient, tous les jours, leur nacelle fragile se briser contre le rocher de l'Église, parce qu'ils ont renié le pilote divin qui seul pouvait les conduire au port. Issachar, courbé sous le joug du travail, nous représente le Christ courbé sous le poids de sa croix ; il est le modèle du laboureur, et il verra la terre se fertiliser sous ses efforts, parce qu'il saura y semer de bon grain et donner une racine profonde aux arbres qui lui rapporteront des fruits. La bénédiction de Dan est une prophétie des temps futurs. Ces paroles : *Il jugera son peuple ; semblable à un serpent dans le sentier qui mordra le pied du cheval, afin que celui qui le monte tombe à la renverse* ; ces paroles marquent que l'Antechrist sortira de la tribu de ce nom. La bénédiction de Gad est la figure de la tentation que les scribes et les pharisiens firent subir au Sauveur à propos du tribut à payer à César : *Il sera tenté*, dit le saint patriarche, *mais il renverra la tentation aux pieds de ses tentateurs*. La bénédiction d'Aser est une promesse de l'eucharistie. *Le pain d'Aser qui sera excellent et dans lequel les rois trouveront leurs délices*, n'est autre chose que ce pain de pur froment que le prêtre consacre tous les jours, et qui devient ainsi la nourriture des saints, la rémission des péchés et le préservatif de la mort éternelle. La bénédiction de Joseph est une figure de Jésus-Christ, et toute la prophétie ne fait rien autre chose que de développer les mystérieux rapports qui se rencontrent entre la vie de ce pieux patriarche et celle du Sauveur. Enfin, le saint docteur applique la bénédiction de Benjamin à saint Paul. *Benjamin, qui le matin se lève comme un loup qui cherche sa nourriture, et qui le soir la partage entre les princes*, est le symbole de ce juif, au zèle ardent et plein de rage, qui, par un miracle de la grâce, de persécuteur devint apôtre, pour évangéliser les enfants de ceux qu'il avait fait conduire au martyre.

D'Elie et du jeûne, en 390. — Ce livre est un recueil de sermons que saint Ambroise semble avoir prêchés, pendant le carême, dans son église de Milan. Il est divisé en trois parties. La première traite du jeûne, et particulièrement de celui du carême, et nous le représente comme un combat. C'est par le jeûne que Jésus-Christ surmonta les tentations du démon, et qu'Elie opéra tous les prodiges que l'Ecriture sainte lui attribue; le ciel fermé au peuple juif, en punition de son sacrilége, la résurrection du fils de la veuve de Sarepta, la pluie qui tomba après une sécheresse de plus de trois ans, les eaux du Jourdain suspendues dans leur course, ce fleuve traversé à pied sec, et enfin le saint prophète enlevé au ciel dans un char de feu. Il rapproche de l'exemple d'Elie l'exemple de Jean-Baptiste, qui s'est élevé par le jeûne au-dessus de tout ce qui paraissait possible aux forces de la nature humaine, de sorte qu'il a justifié la parole du Sauveur, qui ne l'appelait pas un homme, mais un ange. Saint Ambroise qualifie encore le jeûne, en le désignant comme la nourriture de l'âme, la vie des anges, la racine de la grâce, le remède du salut et le fondement de la chasteté. C'est un vêtement qui couvre le chrétien de sainteté et de lumière, et qui le garantit de cette nudité devenue honteuse par le péché d'Adam. Pour en traiter avec ordre, il en fait voir l'antiquité, qu'il reporte jusqu'au commencement du monde, et les exemples qu'il en donne sont trop curieux pour que nous renoncions au plaisir de les citer. Le premier jour du monde, quand Dieu créa la lumière, fut un jour de jeûne; le second jour, quand il arrondit le firmament, fut un jour de jeûne; le troisième jour, quand il rendit la terre féconde et lui confia le germe de toutes les plantes et de tous les fruits, fut un jour de jeûne; le quatrième jour, quand il lança dans l'espace les deux grands astres destinés à présider au jour et à la nuit, fut un jour de jeûne; le cinquième jour, quand il créa les poissons qui nagent dans les eaux, et les oiseaux qui volent dans l'air, fut encore un jour de jeûne; enfin, le sixième jour, après la création des bêtes et des êtres animés, commença l'usage de la nourriture, qui marqua ainsi la fin des travaux du Créateur. N'est-ce pas une preuve évidente, ajoute le saint évêque, que le jeûne est la première loi du monde, celle que devait poser d'abord le Seigneur, puisque la première tentation et la première faute de l'humanité devaient être une tentation et une faute de gourmandise?

Dans la seconde partie, il s'élève fortement contre l'ivresse et l'intempérance du vin. Noé, dit-il, ne s'enivra qu'une fois, et encore ce fut bien innocemment, puisqu'il ne connaissait pas la force de la liqueur que lui-même avait donnée au monde. Abraham, honoré de la visite des anges, ne leur présenta pas du vin, mais il fit tuer un veau et leur servit du beurre et du lait; Moïse, pour secourir le peuple altéré, se contenta de rendre potables les eaux de Mara; et ailleurs, lorsque Dieu lui commanda de frapper le rocher, il lui dit : *Vous frapperez le rocher, et il en jaillira de l'eau, et le peuple boira.* C'est l'abstinence du vin qui délivra la mère de Samson de l'opprobre de la stérilité. Le jeûne est l'école de la continence, la discipline de la chasteté, la règle de la vertu, l'art qui forme les hommes à la douceur, l'attrait de la charité, la grâce des vieillards, la garde des jeunes gens. On n'a jamais entendu dire que personne fût mort pour avoir observé le jeûne; tandis qu'on en peut citer plusieurs qui ont rendu l'âme dans des repas. Holopherne, Aman, moururent par l'excès du vin et de la bonne chère; Judith et Esther, au contraire, sauvèrent le peuple de Dieu par le jeûne. — Dans la troisième partie, il signale la licence effrénée de la table, comme la mère de tous les vices, le foyer de toutes les débauches, la source de toutes les folies, l'excitant de toutes les fureurs et le conseiller de tous les crimes. « Mortifions donc notre corps par le jeûne, fuyons la société de ceux qui se livrent à d'indécentes libations, dans la crainte que Moïse ne vienne, qu'il n'appelle ses lévites, et qu'il ne fasse punir de mort ceux pour qui l'intempérance aura été une cause de chute et de scandale. » Il presse surtout les catéchumènes de se purifier de leurs souillures par le baptême, et reprend avec force ceux qui, pour vivre dans une plus grande liberté, différaient, jusqu'à la fin de leur vie, de recevoir ce sacrement.

De Naboth, en 395. — Ce livre fut écrit sous la minorité de l'empereur Honorius, qui fut un temps de malheurs et de vexations pour les pauvres. Ce fut donc une œuvre d'à-propos, entièrement inspirée par la nécessité des circonstances. Le saint docteur débute dans ce travail, en rapportant, d'après saint Luc, la parabole de ce riche qui se propose de démolir ses greniers, afin d'en faire bâtir de plus spacieux, au lieu d'être touché de la misère du pauvre, et de s'écrier, dans un élan de compassion et de charité : J'ouvrirai mes greniers, afin que ceux qui ont faim y entrent et prennent de quoi se rassasier. — Il reprend ensuite l'histoire d'Achab, qui fait mourir Naboth afin de pouvoir s'emparer de sa vigne. Il s'élève avec véhémence contre la dureté des riches qui se font les oppresseurs des pauvres, en les faisant servir à la satisfaction de toutes leurs cupidités. Combien de malheureux succombent sous les excès d'un travail ingrat, qui n'a d'autre résultat pour eux que de procurer aux riches un plaisir? La faim du riche, son luxe, son ambition, son avarice, toutes ses passions enfin, deviennent ordinairement pour le pauvre une source de douleur et de mort. Et cependant il s'en faut que cette exigence oppressive leur procure le bonheur. Le pauvre se contente de peu, le riche n'est jamais satisfait. Fût-il roi, comme Achab, il envie la vigne de son voisin; possédât-il la plus grande partie de la terre, il souffre de ce qu'un autre possède à côté de lui. Les richesses les plus immenses ne sont pas capables de le rendre heureux, puisqu'elles sont impuissantes à apaiser les désirs de son cœur. Ses vertus mêmes, ses jeûnes, ses bonnes œuvres sont viciés dans leur germe, et la sécheresse de l'avarice les empêche de pouvoir porter des fruits de grâce et de bonheur.

De Tobie, en 377. — Cet ouvrage comprend deux livres. Il est composé tout entier de quelques sermons prononcés vers l'année 376. Saint Ambroise prend occasion de l'argent prêté par Tobie à Gabélus son parent, pour s'élever avec force contre l'usure. Il fait ressortir par plusieurs exemples l'impiété et la cruauté des usuriers, qu'il compare à l'Océan, qui absorbe toujours et qui ne se remplit jamais. Il prouve que l'usure est interdite par la loi ancienne, condamnée par l'Evangile, tolérée, tout au plus, envers les ennemis de la patrie, et absolument défendue à tous les hommes, dans le commerce ordinaire de la vie, comme un attentat à la fraternité. La seule usure qui soit permise, c'est l'usure de la reconnaissance, que l'on s'assure par des bienfaits ; c'est l'usure de l'aumône, par laquelle nous prêtons au Seigneur, qui nous récompensera au centuple des sacrifices que la charité aura obtenus de notre cœur. A ceux qui, pour s'autoriser dans leurs prêts usuraires, prétextaient que l'usure était un usage ancien qui avait mérité de prévaloir, il répondait : Il est vrai que l'usure n'est pas une nouveauté, mais que le péché est aussi très-ancien ; il est au monde depuis le temps d'Ève ; la prévarication de la loi n'est pas moins ancienne que la misère de l'homme, et c'est ce qui a obligé Jésus-Christ à venir au monde, afin d'abolir cet ancien état et d'en établir un nouveau, c'est-à-dire de renouveler par sa grâce ce qui était devenu vieux par le péché. — En un mot, ce livre est un traité complet de la matière, exposée, défendue, discutée et victorieusement établie, au point de vue des usages et de la sévérité de discipline en vigueur à cette époque des premiers siècles.

De la plainte de Job et de David, en 383. — Ce traité comprend quatre livres : le premier, composé des plaintes contenues dans les premiers chapitres du livre de Job, et le second, répétant les plaintes que David laisse échapper de son cœur, dans le XLI° et le XLII° de ses psaumes. Saint Ambroise expose les plaintes et les doléances de ces deux patriarches sur leur faiblesse et la misère de l'homme, sans cesse exposé au danger des tentations, aux persécutions des méchants, aux maladies, aux infortunes, et souvent entraîné dans des désordres et des excès dont il lui faudra rendre un compte sévère au tribunal du souverain juge. — Il remarque donc, avec beaucoup de justice, que pour ceux qui souffrent, c'est une grande consolation de n'être pas dans le péché, et de pouvoir penser que les maux qu'ils endurent ne leur sont pas envoyés en punition de leurs fautes.

Les deux autres livres ne sont, pour le saint docteur, qu'un moyen de répondre à ceux qui se scandalisent de voir le juste souffrir en cette vie, tandis que souvent l'impie est heureux d'un bonheur que rien ne vient troubler. Il établit sa réponse sur les paroles de Job lui-même, qui ne se sentait jamais plus fort que lorsqu'il était infirme, parce que sa vertu se perfectionnait dans les souffrances, et que son âme, délivrée des liens de la chair, ne vivait plus que de la vie de l'esprit, qui est Dieu. Les grandes maximes exposées par David dans son psaume LXXII lui servent aussi d'argument invincible pour établir la même vérité. Dieu est toujours bon pour les justes, tandis que les pécheurs sont revêtus de leur iniquité comme d'un manteau ; leur bonheur apparent est la punition de leurs fautes, bien plus que la récompense de leur vertu ; c'est un songe, une illusion, qui aboutissent à la mort éternelle. Mais les justes, au contraire, ont toujours Dieu à leur droite pour les soutenir, sa providence pour les consoler, sa possession et son amour pour les satisfaire, en les comblant de tous ses bienfaits.

Apologie de David, en 384. — Le but de ce livre, sans aucun doute, n'est pas d'excuser David des crimes d'homicide et d'adultère dont il s'était rendu coupable; mais de rassurer, au contraire, la foi de quelques fidèles offensés dans leur pudeur, en montrant que, si par sa chute il est tombé bien bas, il s'est relevé bien haut par l'aveu de son crime et par sa pénitence ; ce qui est rare parmi les personnes du monde, ce qui est presque unique parmi les rois. « Trouvez-moi, dit-il, parmi les personnes élevées en dignité, quelqu'un qui supporte facilement qu'on le reprenne ? Et cependant, repris de sa faute par un simple particulier, David, tout roi qu'il était, ne s'emporta pas ; il reconnut son crime, et le confessa au milieu des larmes et des sanglots. » — Après avoir remarqué que la chute des justes, qui pèchent plutôt par fragilité que par malice de cœur, leur tourne quelquefois en bien, parce qu'ils se relèvent avec plus de ferveur, parce qu'ils courent avec plus d'âme dans la carrière des vertus, et enfin parce que cette chute nous sert à nous-mêmes d'instruction, c'est-à-dire qu'elle nous donne occasion de nous édifier, non-seulement de leur innocence et de leur sainteté, mais aussi de leur repentir et de la grandeur de leur pénitence, il finit par une paraphrase du psaume *Miserere*, qui n'est autre chose que le repentir du saint roi, mis en évidence et en action par ses plaintes et ses gémissements.

Explication de quelques psaumes, 384. — Ce livre contient des explications sur douze psaumes que le saint docteur a commentés, en empruntant successivement les textes et les citations suivant l'ordre de ses pensées et la logique de ses discours ; car cet ouvrage, comme plusieurs des précédents, est composé des passages recueillis de ses homélies et de ses sermons. Il y aurait trop à dire pour donner une idée de ce livre, et les bornes de notre travail ne nous permettent pas de multiplier tant de citations à l'appui de nos éloges. Nous aimons mieux renvoyer à l'auteur lui-même; et, à l'exemple de plusieurs commentateurs des Pères, résumer notre pensée par ces réflexions, qui inspireront peut-être le désir de lire le livre tout entier.

C'est de tous les écrits de saint Ambroise, celui qui passe généralement pour être le plus beau, le plus médité, le plus instructif. Il semble que le saint docteur s'y soit appliqué à faire ressortir tout ce que l'élégance a de plus noble dans les pensées, de plus exquis dans les sentiments, de plus brillant et de plus vivement coloré dans les expressions. Juste dans le choix des figures, plus merveilleux encore dans ses descriptions, il charme le cœur, il entraîne l'esprit, il subjugue la raison par la beauté, la vivacité, la grâce naturelle, la promptitude et la sûreté de ses traits. On y respire partout l'odeur de la plus saine morale, le parfum de la doctrine la plus pure, en même temps que l'auteur y fait preuve d'une piété tendre, d'un zèle ardent et éclairé, et de la plus touchante modestie jointe au plus rare et au plus parfait savoir.

Sur l'Evangile de saint Luc, 383. — Comme toutes les autres œuvres de saint Ambroise sur l'Ecriture sainte, le Commentaire sur l'Evangile de saint Luc est la réunion de plusieurs discours qu'il a retouchés et augmentés pour en faire un corps d'ouvrage qu'il a divisé en six livres. Le saint évêque est le premier des auteurs latins qui ait entrepris d'expliquer cet Evangile. Il s'applique principalement, dans ce Commentaire, à concilier les contradictions apparentes qui se trouvent entre les évangélistes; ce qui lui donne occasion d'éclaircir divers passages des autres Evangiles, ceux surtout qui présentent quelques difficultés particulières, ou qui renferment des faits dont saint Luc n'a point parlé. — Il s'attache de préférence au sens littéral et historique; ce qui ne l'empêche pas cependant de s'arrêter souvent au sens mystique et moral, entremêlant ainsi les explications critiques d'excellentes règles pour la conduite et la réformation des mœurs. Il ne néglige aucune occasion de combattre les hérésies qui régnaient de son temps, et il poursuit, en particulier, celles de Manichée, de Photius et des ariens. C'est à ces derniers surtout qu'il en veut, comme aux plus accrédités et aux plus dangereux ennemis de la foi de Jésus-Christ. On dirait même qu'il n'entreprit l'explication de l'Evangile de saint Luc que pour avoir lieu de combattre ces adversaires, et de mettre à nu le vide et le mensonge de leurs doctrines.

OEUVRES DE LA SECONDE CLASSE.

Ici commence une nouvelle série des œuvres du saint docteur, et qui renferme tous ceux de ses ouvrages qui n'ont pas trait directement à l'Ecriture sainte. Cependant les préceptes qu'il y donne ne cessent pas, pour cela, d'être appuyés sur ce fondement inébranlable de toute morale et de toute vérité. Le premier des livres compris dans cette seconde classe, celui qui se présente avant tous les autres, est le suivant :

Traité des offices. — Ce livre, intitulé *des Offices des ministres*, est un des plus excellents traités de saint Ambroise. Le pieux évêque désirait que les mœurs de son clergé servissent de modèle à son peuple; c'est pourquoi, non content d'avoir instruit ses prêtres de vive voix, il voulut encore leur laisser par écrit ses instructions, afin qu'ils eussent constamment sous les yeux sa doctrine et ses conseils. Il a divisé cet ouvrage en trois livres, à l'imitation du traité que Cicéron a publié sous le même titre. Du reste, il en suit la méthode, mais pourtant avec cette liberté de l'écrivain supérieur qui imprime toujours à son livre le cachet de l'originalité.

1er *Livre.*—Le premier devoir d'un évêque, c'est d'instruire ; mais avant d'instruire il faut savoir se taire, et se former, dans le silence de la prière et de l'étude, au sublime ministère de la parole et de l'instruction, suivant cette maxime de l'Ecriture : *Homo sapiens tacebit usque ad tempus.* Il n'en résulte pas qu'on soit dans l'obligation de se condamner à un silence perpétuel ; car, suivant l'Ecriture encore, s'il y a un temps de se taire, il y a aussi un temps de parler. Dieu nous demandera compte d'une parole inutile, il est vrai ; mais ne nous demandera-t-il pas un compte plus sévère d'un silence affecté et infructueux ? David ne se fit pas une loi de ne parler jamais, mais de ne parler qu'avec réserve ; et surtout de se taire devant les imprécations de ses ennemis. Nous devons donc, à l'exemple du saint roi, souffrir dans le silence les plus mauvais traitements, sans laisser éclater nos ressentiments et sans repousser les injures par des injures. Ce furent ces réflexions, que saint Ambroise faisait en méditant le psaume xxxviiie, qui lui inspirèrent l'idée de traiter des offices, en appliquant ses préceptes et ses conseils aux devoirs de ses prêtres, qu'il aimait tous comme ses enfants.

Les philosophes distinguaient trois sortes d'offices ou de devoirs : l'honnête, l'utile, et ce qu'il y a de plus excellent dans l'un et dans l'autre, c'est-à-dire, le plus honnête et le plus utile, mais le tout par rapport à la vie présente. Pour nous, dit saint Ambroise, nous mesurons cela sur d'autres règles ; nous envisageons ce qui est honnête et utile, plutôt par rapport à l'éternité qu'à la vie du temps, plutôt en vue du bonheur de l'âme qu'en vue de la satisfaction des sens. Puis il divise tous les offices en deux classes, l'une comprenant les offices des moins parfaits, et l'autre les offices des plus parfaits ; et, suivant le degré de perfection atteint, il recommande aux uns la pratique des préceptes, et aux autres la pratique des conseils. D'où il résulte que le but qu'il se propose, c'est d'enseigner aux prêtres et aux chrétiens les moyens d'arriver à la justice d'abord, pour pouvoir atteindre ensuite à la plus haute perfection.

C'est cet office que les Grecs appelaient rectitude, parce qu'il redresse et corrige les défauts qui peuvent se glisser quelquefois dans l'accomplissement des autres. Il fonde cette distinction, et sur la réponse que Jésus-Christ fit à ce jeune homme de l'Évangile qui lui demandait ce qu'il avait à faire pour posséder la vie éternelle : *Gardez*, lui dit-il, *les commandements; vous ne tuerez point*, etc..., et sur ce qu'il lui ajouta : *Si vous voulez être parfait, allez, vendez vos biens et donnez-les aux pauvres, et vous aurez un trésor dans le ciel; alors venez et suivez-moi.*

Après ces considérations préliminaires, toujours un peu longues chez le saint docteur, il en vient au détail des offices ou des devoirs des jeunes gens ; savoir : la crainte de Dieu, la soumission aux parents, le respect des vieillards, la chasteté, l'humilité, la douceur, la modestie. Il fait un éloge particulier de cette vertu, qui est le plus bel ornement de la jeunesse, et qu'il appelle la gardienne de la chasteté. En effet, dit-il, de même que la gravité convient au vieillard, la pétulance à l'enfant, ainsi la modestie est l'apanage naturel du jeune homme. —Aussi il la recommande dans les paroles; pour lui, le silence est un acte de modestie : dans la prière, à l'exemple du publicain qui n'osait pas même lever ses regards vers le ciel; dans le maintien, car l'état de l'âme se révèle ordinairement par la pose et les habitudes du corps; dans la démarche, qui ne doit être ni trop précipitée ni trop lente, mais calme et posée, avec une tenue digne, un certain poids de gravité, qui excluent également l'étude et l'artifice, car l'affectation dépare la nature; dans les discours et dans le choix de ceux avec qui on veut lier commerce, afin que tout mot déplacé, toute parole obscène, soient chassés des conversations ; dans les regards, qui doivent être toujours assez modestes pour fuir la vue de tout ce qui peut blesser la pudeur, soit sur nous-mêmes, soit sur les autres.

A ces conseils utiles à tous les chrétiens, il en ajoute d'autres qui regardent spécialement les ecclésiastiques : fuir le commerce des femmes, éviter les festins, réprimer la colère, s'observer dans les pensées, dans les désirs, dans les conversations, et jusque dans les récréations, qui doivent toujours être graves; un ecclésiastique ne peut ni ne doit se permettre les jeux.—Il réduit à trois les règles qu'il donne pour bien vivre : 1° tenir les passions sous le joug de la raison; 2° ne mettre ni trop d'empressement ni trop de négligence dans la gestion des affaires; 3° faire toutes choses dans l'ordre et en leur temps. C'est en observant ces règles qu'Abraham, Isaac, Jacob, Joseph, Job, David, sont devenus de parfaits modèles de prudence, de justice, de force et de tempérance.

Il traite en particulier de ces quatre vertus; il en donne la définition, les rapports mutuels; il en examine les différentes parties, et il propose d'excellents préceptes pour les observer. Les philosophes païens se sont contentés d'en donner des descriptions stériles; les chrétiens seuls en ont eu des idées justes et pratiques. A la tête de toutes les autres vertus, il place la prudence, qui en est la mère et qui nous inspire le goût du beau, du vrai, du juste, de l'honnête, et de toutes les qualités qui font de la créature un homme, et de l'homme un chrétien. —La justice est une vertu éminemment sociale, qui ne se borne pas seulement à rendre à chacun ce qui lui est dû, mais qui conseille encore et qui règle la bienfaisance. La justice est la base de la société, le fondement des devoirs qui lient les hommes entre eux. — La force, dont parle saint Ambroise, ne consiste pas seulement dans la vigueur du corps, mais dans la vertu de l'âme. Elle convient également à tous les chrétiens, mais elle est l'apanage particulier des ecclésiastiques. Il la recommande à tous et dans toutes les positions de la vie. Dans le calme, il veut que l'on fasse provision de force contre les maux futurs; dans la prospérité, il veut que l'on se mette au-dessus des honneurs, des richesses et des plaisirs; dans l'adversité, il commande de supporter avec patience les peines et les afflictions, les médisances et les calomnies, la ruine des biens, la perte des emplois, en un mot toutes les tribulations qui abattent si ordinairement le courage des hommes; dans la guerre, soit qu'on la soutienne contre les ennemis de son salut, soit qu'on la fasse contre les ennemis de la patrie, il veut des hommes de courage qui ne sachent ni reculer, ni faiblir, ni trembler; dans la persécution, il veut des chrétiens qui soient de véritables disciples du Sauveur, c'est-à-dire obéissants jusqu'à la mort, et forts jusqu'au martyre, —La tempérance, telle que le saint docteur la comprend et l'applique dans ce traité, c'est la vertu qui consiste à savoir choisir, et pour soi-même et pour les autres, un emploi qui convienne, et dont les tous devoirs puissent être facilement accomplis. Elle se manifeste par la tranquillité de l'esprit, par la modération des passions, par la retenue et par une certaine bienséance : c'est précisément cette bienséance qui constitue le beau et l'honnête, lesquels se tiennent si étroitement, qu'on ne peut les séparer, puisqu'à eux deux ils constituent deux genres de beauté particuliers, la beauté des formes et la beauté de la vie. La beauté des formes n'est rien quand elle est seule et qu'elle n'est pas accompagnée de tous les agréments de la pudeur; la beauté de la vie est tout quand elle conduit avec elle le cortége de toutes les vertus. Or la première de toutes ces vertus, c'est la modération, qui consiste à être maître de soi-même, et à tenir dans une égale dépendance et son cœur et ses sens. De là il prend occasion de recommander spécialement aux lévites le désintéressement et la chasteté; mais en termes si particuliers et si précis, qu'on est autorisé à conclure qu'il regardait déjà le célibat ecclésiastique comme une obligation et comme un devoir.

II° *Livre.* — Le bonheur de la vie s'acquiert par la pratique de l'honnêteté, non point comme les philosophes anciens l'ont compris, mais comme l'enseigne l'Ecriture sainte, qui le fait consister dans la connaissance de Dieu et dans le fruit des bonnes œuvres. Ainsi, ce que le monde appelle des maux n'exclut pas la béatitude, tandis que ce qu'il appelle des biens est souvent un obstacle au bonheur. Il n'y a de vraiment heureux que ce qui est juste, utile et honnête; et il n'y a de vraiment utile que la piété, puisqu'elle est utile à tout, et qu'elle comprend également tous les genres de la justice et de l'honnêteté. *Pietas ad omnia utilis est.* Elle inspire la haine du vice, l'estime de la bonne renommée, l'amour des conseils et la pratique de la charité. A ce propos il s'applique particulièrement à prescrire les règles de l'aumône. Suivant lui, un des plus importants devoirs de la charité, c'est de défendre les faibles, d'accueillir les étrangers, de racheter les captifs, de délivrer les débiteurs, de soulager les veuves, de protéger les pupilles et de nourrir les petits enfants. Mais il veut de l'ordre et de la méthode dans la distribution de l'aumône. Il recommande aux prêtres surtout de la faire avec économie et avec une scrupuleuse distinction des personnes, distinction également exempte de préférence et de prévention. Il fait remarquer à son clergé qu'il n'est point défendu d'ambitionner les charges de l'Eglise, mais il veut qu'on se dispose à les mériter par une intention pure, et qu'on les accomplisse avec cette droiture simple et sans affectation qui est aussi éloignée du rigorisme que du relâchement. Il trace à grands traits les devoirs d'un évêque envers ses prêtres, et les devoirs réciproques que les ministres du Seigneur se doivent entre eux. Il les exhorte surtout au mépris des richesses, leur enjoignant de vendre jusqu'aux vases sacrés de l'Eglise, s'il le fallait, pour la rançon des captifs. Ici le pieux évêque n'ordonne que ce qu'il a pratiqué lui-même; et comme les ariens avaient argué de cette vente pour en faire contre lui un chef d'accusation, il s'en défend avec force, et écrit là-dessus la plus chaleureuse justification. Il y a dans sa défense tant d'élévation d'âme et une si ardente charité, que nous ne pouvons résister au plaisir d'en citer au moins un passage. Il s'adresse à ses prêtres. « Pourquoi avez-vous souffert, leur dit-il, que tant de pauvres mourussent de faim? N'aviez-vous pas de l'or avec lequel vous pouviez leur fournir des vivres? Pourquoi avez-vous enduré que tant de captifs aient été exposés en vente, et, faute de rachat, mis à mort par les ennemis? Ne valait-il pas mieux conserver des vases vivants que des vases inanimés?... Si Jésus-Christ vous adressait ce reproche, lui répondriez-vous : J'ai eu peur que les ornements ne manquassent au temple de Dieu? Mais ne vous répliquerait-il pas aussitôt : Les sacrements et les mystères n'ont pas besoin d'or; ce n'est pas par l'éclat de l'or qu'on les rend vénérables, puisqu'on ne les achète pas avec de l'or; au lieu que le rachat des captifs est l'ornement des mystères; car ce sont là véritablement des vases précieux, ceux qui rachètent les âmes de la mort; car c'est là le véritable trésor du Seigneur, celui qui opère le même prodige qu'a opéré son sang, un prodige de délivrance et de rédemption. »

III° *Livre.* Une des fins que le saint docteur se propose principalement dans son troisième livre, c'est de nous apprendre à converser avec nous-mêmes à l'exemple de David, qui s'entretenait avec son cœur : *Dixi : Custodiam vias meas...*; de Salomon, qui nous conseille de boire de l'eau de notre propre vase : *Bibe aquam de vasis tuis;* de Moïse, qui parlait en se taisant, qui combattait sans se remuer, qui triomphait de ses ennemis sans les toucher; d'Elie, qui par une seule parole ferma le ciel pour trois ans; d'Elisée, qui par ses prières rendit aveugles tous les soldats envoyés par le roi de Syrie pour le prendre; et enfin par l'exemple des apôtres eux-mêmes, dont l'ombre guérissait les malades sur leur passage. Il en conclut que le juste n'est jamais seul, puisqu'il est toujours avec Dieu, puisque rien ne peut le séparer de la charité de Jésus-Christ. — Il distingue deux sortes de sagesse : la sagesse commune et la sagesse parfaite, la sagesse de l'homme présent et la sagesse de l'homme futur, et il démontre que Dieu seul possède toutes les sagesses et toutes les perfections. La sagesse commune, c'est la sagesse de l'homme charnel qui ne cherche que son bien, sa satisfaction, sa gloire à tout prix, et quelquefois même aux dépens d'autrui. La sagesse parfaite, c'est la sagesse du chrétien, qui cherche moins ce qui lui est utile que ce qui l'est à tout le monde, s'oubliant habituellement lui-même pour le bien de l'humanité. Il infère de là que, pour procurer son propre bien, on ne peut pas porter atteinte au bien d'autrui; car rien n'est utile à un seul sans être utile à tous; rien n'est nuisible à un seul, sans l'être en même temps pour tout le corps de la société. De même que tout le corps souffre de la douleur d'un de ses membres, de même le malheur d'un seul homme brise tous les liens de la grande communion humaine, rassemblée dans l'Eglise, qui est le corps de la foi et de la charité. Sur ce principe, le saint docteur conclut qu'un chrétien vraiment sage ne doit point conserver sa vie aux dépens d'un autre; que dans un naufrage il ne doit point arracher aux mains d'un autre la planche qui peut le sauver; et même que, attaqué par un voleur, il doit s'abstenir de le frapper, de peur qu'en défendant sa vie, il ne détruise la charité. Il appuie sa décision sur ce passage de l'Evangile : *Remitte gladium tuum in va-*

ginam; qui enim ferit gladio, gladio peribit. Il interdit le trafic du blé, et il s'élève avec force contre ceux qui, dans des temps de stérilité, ferment l'entrée de leur ville aux étrangers, comme à Rome, d'où la disette avait fait chasser beaucoup de pauvres qui y résidaient depuis longtemps.

En toutes circonstances, c'est donc toujours l'honnête qui doit être préféré à l'utile. Aussi condamne-t-il formellement tout trafic dans les clercs, toute ruse employée en vue d'un gain sordide, toute fraude dans les écrits, tout faux dans les contrats. Il recommande, dans la gestion des affaires, la bonne foi, la justice, l'équité, et surtout la plus grande discrétion dans les promesses et la plus scrupuleuse fidélité à les accomplir; discrétion, pour ne point faire de promesses imprudentes, et dont l'accomplissement serait un crime, comme l'homicide d'Hérode et le parricide de Jephté; et fidélité aussi inébranlable que celle des anciens patriarches, qui ne promettaient à Dieu que des choses utiles à leurs frères, et qui mettaient toute leur gloire à tenir parole. Il cite les exemples de Judith, de Moïse, de Tobie, d'Elisée, de Suzanne, d'Esther, de Jonathas, d'Abimelech et de Jean-Baptiste, qui ont toujours préféré le juste et l'honnête à tous les avantages temporels et à tous les intérêts de la vie. Enfin il termine ce dernier livre de son traité par l'éloge de l'amitié chrétienne, les devoirs qu'elle impose, et les fruits de douce piété qu'elle peut produire pour le bonheur.

Il conclut enfin en disant à ceux pour qui ce livre a été écrit que l'expérience leur apprendra, avec l'âge, si les préceptes qu'il renferme et les exemples de vertu qu'il cite des anciens patriarches pourront leur être de quelque utilité.

De la Virginité, en 377. — Une des premières vertus de la religion, c'est la virginité. Le premier devoir d'un pontife est donc d'en inspirer le goût, d'en cultiver l'esprit, d'en propager le culte, en la faisant aimer et bénir. C'est donc dans ce but que le saint évêque de Milan composa, sur cette matière, un grand nombre de discours qu'il débita avec tant de force et d'éloquence, que sa réputation s'en répandit jusqu'au delà des mers. A la prière de sainte Marcelline, sa sœur, il consentit à rédiger par écrit ce qu'il avait prononcé de vive voix devant les fidèles, et publia ses sermons en forme de traité qu'il divisa en trois parties, ou trois livres.

1er *Livre.* — Le premier livre commence par une préface, dans laquelle il parle de lui-même avec l'expression de la plus complète humilité. Il pousse la modestie jusqu'à se reconnaître incapable de traiter une matière aussi délicate et aussi relevée. Cependant, dit-il, il l'entreprend, non en comptant sur la force et la beauté de son génie, mais sur le secours du ciel, qui ne manque jamais aux bonnes intentions. Il n'est pas plus difficile à Dieu, pour la gloire de son Eglise, de faire sortir du fonds stérile de son esprit les fleurs de l'éloquence la plus vive et la plus variée, qu'il ne lui fut difficile autrefois de faire fleurir la verge d'Aaron conservée dans le tabernacle. — Il entre ensuite en matière par l'éloge de sainte Agnès, dont on célébrait la fête le jour de son premier sermon. Il fait ressortir, par une élégante et magnifique description, les vertus de cette illustre vierge, qui a eu le singulier mérite d'offrir, en même temps et dans une seule victime, deux sacrifices à la fois, l'un de chasteté et l'autre de religion. — Il traite ensuite de la virginité, qu'il exalte, non pas tant parce qu'elle se rencontre dans les martyrs et qu'elle inspire le goût et l'ardeur de ce sacrifice, que parce qu'elle descend du ciel et qu'elle refait l'homme à l'image de Dieu. Les païens ne l'ont pas connue : la chasteté des vestales et des prêtresses de Pallas n'était pas une virginité, puisqu'elle n'était ni perpétuelle, ni fondée sur l'innocence des mœurs. Limitée par l'âge, elle entretenait l'espérance, en fomentant les désirs de la dépravation. La virginité chrétienne, au contraire, est une exemption de toutes souillures, même des plus innocentes et des plus permises. Aussi, quoiqu'elle ne soit que de conseil beaucoup plus que de précepte, elle est cependant bien plus excellente que le mariage. De là un parallèle de ces deux états où tout l'avantage demeure évidemment aux vierges. Nous n'en citerons rien, nous aimons mieux renvoyer au livre; en les retouchant, nous déparerions les beautés de l'auteur.

IIe *Livre.* — Le saint docteur expose ensuite les devoirs des vierges, et leur enseigne les règles de conduite qu'elles doivent observer, moins encore en leur donnant des préceptes qu'en leur proposant des exemples, et le plus parfait de tous, c'est-à-dire celui en qui se trouvent réunis tous les traits de la perfection, c'est celui de la sainte Vierge. En effet, rien n'est beau, rien n'est doux, rien n'est frais et suave comme le tableau qu'il fait de sa vie, en l'esquissant, à grands traits, de couleurs qu'il emprunte tour à tour à l'Evangile et à l'Ancien Testament. Le second exemple est celui de sainte Thècle, dont tout le monde connaît la pudeur jusque dans le martyre, puisque les brutes elles-mêmes ont respecté dans sa chair les membres convoités par la brutalité des hommes. — Enfin, il termine la série de ces exemples par celui d'une vierge d'Antioche qui, placée dans l'alternative ou de perdre la vie ou de perdre la virginité, fut exposée, dans un lupanar, à la brutalité du premier qui viendrait pour abuser de ses charmes. La Providence permit que ce fût un soldat chrétien, qui se contenta de changer d'habits avec elle, et lui donna ainsi le moyen de sortir vierge d'un lieu de débauche et de prostitution. Le tyran, instruit de ce qui s'était passé, condamna le soldat à mort; la vierge vint lui disputer les honneurs du combat; mais on les mit d'accord, en leur donnant à tous les deux la palme du martyre. — Après un pareil trait, s'écrie le saint docteur, qu'est-ce donc que l'amitié de Damon et de Pythias, si célèbres chez les philosophes païens?... Là, ce sont deux hommes ; mais ici il y a une jeune fille, obligée de vaincre la faiblesse de son sexe ; là, ce sont deux amis unis depuis longtemps par les liens les plus étroits ; mais ici ce sont deux personnes qui ne se connaissent point ; dans le premier de ces exemples, l'un des deux ne pouvait éviter la mort ; dans le second, au contraire, il était au pouvoir de la vierge et du soldat de se sauver tous les deux : une faiblesse suffisait pour les faire absoudre.

III° *Livre.* — Comme ce livre, bien qu'écrit pour tout le monde, a été spécialement dédié à sa sœur sainte Marcelline, le saint docteur lui rappelle le discours prononcé par le pape Libère, dans la cérémonie de ses vœux. Ensuite, s'adressant à la société des vierges chrétiennes, il leur recommande à toutes l'accomplissement des devoirs de leur profession, c'est-à-dire, la sobriété dans les repas, la modération dans les habitudes, la fuite du monde, le silence, et, à l'exemple de sa sœur, le don de la prière et le don des larmes ; mais il s'élève surtout avec une sainte véhémence contre tous les plaisirs défendus, et en particulier contre celui de la danse. Il leur rappelle le mot d'un célèbre orateur païen : *Nemo saltat sobrius, nisi insanit*; et il leur expose les suites criminelles de la danse d'Hérodiade, qui fut cause de la mort de Jean-Baptiste. — Enfin, il termine son traité en répondant à la question que sainte Marcelline lui avait posée, savoir, ce qu'il faut penser des vierges qui se sont donné la mort à elles-mêmes plutôt que de tomber entre les mains des persécuteurs. Il répond que ce zèle n'est point contraire à la loi de l'Évangile, parce qu'il est à présumer qu'il vient de Dieu. Il appuie sa réponse des exemples de sainte Pélagie et de sainte Sothère, qui ont cherché dans la mort volontaire un refuge pour se mettre à l'abri de l'impure brutalité des tyrans.

Livre des veuves, en 377. — Ce livre suivit de près le traité de la Virginité. Saint Ambroise l'écrivit à l'occasion d'une veuve qu'il avait exhortée à quitter le deuil de son mari, et qui abusait de ce conseil jusqu'à s'en faire le prétexte public d'un second mariage, dans un âge où l'on ne doit plus penser qu'à mourir. Craignant de passer dans le monde pour conseiller les secondes noces, il composa ce traité, dans lequel il s'appliqua à relever la gloire du veuvage presque jusqu'à la hauteur de la virginité. Les preuves qu'il en apporte, c'est d'abord le témoignage de saint Paul, qui confond dans un même éloge et les veuves et les vierges, dont toute la vie doit être de travailler à se rendre saintes de corps et d'esprit, en ne s'occupant que des choses du Seigneur ; mais il cite aussi, avec une complaisance de prédilection, les exemples de plusieurs veuves de l'Ancien et du Nouveau Testament, de Noémi, Judith, Débora, Anne, Jahel, de la veuve de Sarepta et de la belle-mère de saint Pierre. Il raconte les grâces et les bénédictions dont leur viduité a été honorée, et il exhorte les vierges chrétiennes à les imiter dans leurs vertus et dans leurs perfections. Il fait voir ensuite la faiblesse des raisons dont les femmes ont coutume de se servir pour s'engager dans les liens d'un second mariage ; cependant, en conseillant la viduité comme un état plus parfait, il a soin de déclarer qu'il n'en fait point un précepte, et qu'il est loin de condamner les secondes noces ; bien plus, à propos des troisièmes et des quatrièmes, il se contente de dire qu'il ne les approuve pas, sans les condamner précisément comme une prostitution et comme un crime.

Pour ce qui est du mariage en général, il en prend la défense contre les marcionites, les manichéens et les autres hérétiques de son temps qui le condamnaient. Il les traite de loups revêtus de peaux de brebis, qui voulaient porter les autres à une chasteté qu'ils n'observaient pas ; de pharisiens hypocrites, qui accablaient les autres sous la pesanteur d'un fardeau qu'ils ne voulaient pas seulement toucher du bout du doigt. Enfin il déclare que tout ce qu'il a dit sur la viduité n'est pas un précepte, mais un conseil ; qu'il s'est proposé, dans son livre, non de tendre des pièges pour faire tomber les autres, mais de s'acquitter de sa charge de pasteur, qui est de cultiver le champ de l'Eglise, d'y faire fleurir la virginité dans tout son éclat, d'y faire régner la gravité des veuves dans toute sa force et dans toute sa vigueur, et d'y recueillir les fruits de la continence conjugale dans toute leur abondance et dans toute leur fécondité.

Éducation d'une vierge, 391. — Ce livre, adressé à une vierge d'Antioche, nommée Ambrosie et consacrée à Jésus-Christ par le saint pontife, n'a pu être composé, au plus tôt, que vers la fin de l'an 391, puisqu'il y attaque l'hérésie de Bonose, qui fut condamné, pour la première fois, dans le concile de Capoue, tenu la même année.

Après avoir esquissé l'éloge de la virginité, qu'il termine en disant que ses principaux devoirs sont la retraite, le silence et l'oraison, saint Ambroise entreprend l'apologie du sexe, et montre que c'est à tort qu'on accuse les femmes d'être la cause des misères du genre humain, et un sujet perpétuel de scandale et de chute parmi les hommes. Le péché de la femme a été moins grave, dès le principe, que le péché de l'homme ; car, si l'homme n'a pu résister à la femme, qui est un être si faible et si débile, comment la femme aurait-elle résisté à l'ange, qui lui est si supérieur en force et en pouvoir ? Si l'homme n'a pu garder le commandement qu'il avait reçu de Dieu, comment la femme aurait-elle mieux observé le commandement de son mari ? L'excuse d'Eve coupable est donc dans le péché d'Adam. Si elle a péché avant l'homme, elle a été la première à avouer sa faute, qu'elle continue d'expier encore tous les jours ; et si Eve a occasionné la condamnation du genre humain, Marie a réparé cette perte, et bien au delà, par l'enfantement du Sauveur. — A ce propos il attaque l'hérésie de ceux qui niaient la virginité perpétuelle de la

Mère de Dieu. Il répond d'abord aux objections qui forment le fonds de leur système.

Le terme de *femme*, dont l'Ecriture se sert en désignant la sainte Vierge : *Quid mihi et tibi, mulier?* ne blesse en aucune manière sa virginité; c'est un mot qui désigne le sexe et non le mariage. Eve le portait avant que son mari ne l'eût connue, puisqu'elle l'avait reçu dès le paradis terrestre. — Ce qui est dit en saint Matthieu : *Maria inventa est, antequam convenirent, in utero habens de Spiritu sancto*, n'intéresse point non plus la virginité perpétuelle de Marie. C'est la coutume de l'Ecriture de marquer clairement ce qu'elle veut faire connaître, sans s'arrêter à la question incidente. Par la même raison, on ne peut pas dire que Joseph ait connu la sainte Vierge, parce qu'il est écrit plus bas : *Non cognovit eam donec peperit filium;* pas plus qu'on ne peut dire que Dieu ait cessé d'être Dieu, parce qu'il est écrit dans Isaïe : *Ego sum Deus, et donec senescatis, ego sum.* Quant à l'argument tiré des frères de Jésus-Christ dont il est parlé dans l'Evangile, on peut répondre qu'ils ont appartenu à saint Joseph et non à Marie, et qu'au surplus le nom de frères s'accorde indifféremment à tous les individus d'une même race, à tous les citoyens d'une même nation.

C'est sur les débris de ce système que le saint docteur établit les fondements de la doctrine catholique, et il l'appuie sur toutes les raisons connues. — Sur la prophétie d'Ezéchiel : *Et ait ad me Dominus : Porta hæc clausa erit, et nemo aperiet, et nemo transibit per eam, quoniam Dominus Deus Israel transibit per eam, et erit clausa;* sur la parole de l'Evangile : *Quod ex ea nascetur, de Spiritu sancto est;* sur les mythes, sur les symboles, sur les figures de l'Ancien Testament qui la désignent comme le rejeton de la tige de Jessé qui ne produit qu'une fleur; comme une couronne de beauté entre les mains du Seigneur; comme une nuée légère et transparente; comme la fleur des champs, comme le lis des vallées, comme la myrrhe exhalant ses premiers parfums; enfin sur toutes les raisons de convenance, par lesquelles la théologie, d'accord avec la piété exceptionnelle de la Vierge, a coutume de venger le plus belle vertu et le plus admirable privilège de cette sainte Mère de Dieu.

Exhortation à la virginité, 393. — Ce livre est composé d'un discours que le saint évêque de Milan prononça, à Florence, lors de la dédicace d'une église qu'une pieuse veuve, nommée Julienne, y avait fait bâtir. C'est cette église qui depuis fut nommée basilique Ambrosienne. On a donné à ce sermon de circonstance le titre d'exhortation à la virginité; parce que la plus grande partie en est consacrée à l'instruction des trois filles de cette sainte veuve. Saint Ambroise fait l'éloge de sa piété, et il en donne pour preuve l'église qu'elle vient de faire construire; la belle éducation qu'elle a donnée à ses enfants; la constance avec laquelle elle supporte la perte de son mari, et les conseils pressants par lesquels elle encourageait ses trois filles et son fils à devenir les héritiers de ses vertus. Il la fait parler elle-même, et la représente traçant à ses filles une peinture naturelle et saisissante des inconvénients du mariage, de la servitude attachée à cet état, des avantages de la virginité et du bonheur de ne jamais posséder d'autre époux que Jésus-Christ. Les livres saints ont accordé à plusieurs femmes de grands éloges; mais ce n'est qu'aux vierges qu'ils reconnaissent le privilège d'avoir procuré le salut des peuples. C'est une vierge qui, dans l'Ancien Testament, fait passer à pied sec la mer Rouge aux Hébreux; c'est une vierge qui, au temps de l'Evangile, enfante l'auteur et le rédempteur du monde. L'Eglise est vierge; la fille de Sion est vierge; Jérusalem, cette ville qui est dans le ciel, est vierge, et c'est à un apôtre vierge que Jésus-Christ mourant confie sa mère. Aux instructions qu'il met dans la bouche de cette mère, saint Ambroise croit devoir ajouter les siennes. Il s'étend sur le zèle avec lequel elles doivent s'appliquer à chercher, jour et nuit, le Sauveur dans le silence, dans la prière et dans la méditation des saintes Ecritures. Il leur prescrit la vigilance sur elles-mêmes, le chant des psaumes, la récitation du symbole, le détachement de la vie, l'amour de la pureté, le mépris des ornements mondains, la simplicité évangélique, la fuite des plaisirs, l'amour des larmes et le culte de la douleur. Ensuite, s'adressant à Julienne, il lui promet que Dieu la récompensera de lui avoir consacré tous ses enfants, et il finit en conjurant le Seigneur de laisser tomber un regard paternel sur le temple qu'il vient de lui dédier, sur les autels érigés en son honneur, et sur les pierres spirituelles dont on lui avait ménagé un tabernacle vraiment digne de sa présence et de son cœur; il le supplie d'exaucer les prières de ceux qui l'invoqueront dans ce saint lieu, et d'avoir pour agréables les sacrifices qui y sont offerts.

De la chute d'une vierge. — Une vierge, nommée Suzanne, s'était laissé corrompre. Le saint prélat l'exhorte à racheter sa faute par son repentir, et à en faire pénitence dans la douleur et dans les larmes. Les règles qu'il trace de cette pénitence, en témoignant, par leur austérité de la grandeur de la faute, démontrent, mieux que tout le reste, l'excellence de la virginité. Il invective ensuite violemment le séducteur de la vierge; il le traite de fils du serpent, d'agent du démon, de profanateur du temple de Dieu, et il le menace du sort de Balthazar, qui, avec ses concubines et ses courtisans, avait osé boire dans les vases sacrés, ravis par Nabuchodonosor au temple de Jérusalem. Puis enfin, revenant à Suzanne, après lui avoir conseillé, une dernière fois, tous les gémissements et toutes les lamentations du repentir, il la console en lui montrant, dans l'avenir, après ces jours de réparation, le pardon de Dieu et l'espérance du bonheur éternel.

Des mystères, 387. — Quelques protestants ont contesté à saint Ambroise la propriété de ce livre; mais les plus raisonnables d'entre eux, tels que Blondel, Forbesius et plusieurs autres, sont convenus qu'il fallait laisser ce saint évêque en possession d'un traité qui a toujours porté son nom, et qui d'ailleurs se fait suffisamment reconnaître par sa doctrine et par son style. — Ce livre n'est autre chose qu'une instruction que le saint docteur fit aux nouveaux baptisés, la veille de Pâques, et dans laquelle il leur expliqua les trois sacrements que la primitive Église avait coutume de conférer, le même jour, savoir : le baptême, la confirmation, l'eucharistie.

On commençait les cérémonies du baptême par ouvrir les oreilles du catéchumène en lui disant *Ephpheta*, Ouvrez-vous, afin qu'il sût ce qu'on lui demandait et ce qu'il devait répondre. On l'introduisait ensuite dans le Saint des saints, pour y recevoir le caractère de la régénération; mais auparavant, en présence du diacre, du prêtre et de l'évêque, il renonçait au démon, en se tournant vers l'occident, comme pour lui résister en face, après quoi il regardait l'orient, comme pour contempler Jésus-Christ. C'est à ce moment que l'évêque faisait la bénédiction du bain sacré, suivant les rites que l'Église observe encore de nos jours; enfin on plongeait le catéchumène dans les eaux adoucies par le signe de la croix; et dès lors il était purifié de toutes ses souillures, il était lavé de tous ses péchés. Car il y a trois choses qui rendent témoignage dans le baptême : *Spiritus, aqua, et sanguis;* l'absence d'une seule suffit pour rendre nul l'effet de ce sacrement. En effet, qu'est-ce que l'eau sans la croix de Jésus-Christ ? Un élément ordinaire; et cependant, point de régénération sans l'eau, point de salut sans le Saint-Esprit : *Nisi quis renatus fuerit ex aqua et Spiritu sancto*; point de baptême non plus, partant, point de grâce, point de vie, s'il n'est conféré au nom du Père, du Fils, et du Saint-Esprit : *Baptisantes eos in nomine Patris, et Filii, et Spiritus sancti.*

Au sortir des fonts, le nouveau baptisé courbait la tête sous la main de l'évêque, qui lui imposait l'onction qui le consacrait parmi la race choisie, la tribu privilégiée, la nation bénie du Seigneur; puis on lui lavait les pieds, comme Jésus-Christ le fit à ses apôtres, et on le revêtait de la robe blanche, en signe d'innocence et de pureté. Après quoi il recevait le sceau spirituel, l'esprit de sagesse et d'intelligence, l'esprit de force et de conseil, l'esprit de connaissance et de piété et l'esprit de la sainte crainte, dans le sacrement de confirmation qui lui était conféré par ces paroles de l'Épître aux Corinthiens que l'évêque récitait tout haut : *Dieu le Père vous a marqué de son sceau; Jésus-Christ Notre-Seigneur vous a confirmé et a déposé les arrhes du Saint-Esprit dans votre cœur.*

Ainsi purifié par le baptême, fortifié par la confirmation, dépouillé du vieil homme et revêtu de la jeunesse de l'aigle, le nouveau baptisé s'avançait vers l'autel du Seigneur, en répétant avec le Psalmiste : *Introibo ad altare Dei, ad Deum qui lætificat juventutem meam.* Là, voyant le saint autel orné et paré, il s'écriait, dans l'élan de son admiration et de sa reconnaissance : *Parasti, Domine, in conspectu meo mensam... Dominus regit me et nihil mihi deerit, et in loco pascuæ ibi me collocavit.* Et il assistait pour la première fois au saint sacrifice et se nourrissait de la chair de l'agneau de Dieu.— Pour démontrer l'excellence de l'eucharistie, saint Ambroise explique les figures de l'Ancien Testament, le sacrifice de Melchisédech, la manne du désert, l'eau que Moïse tira du rocher, et il fait ressortir de tout cela des preuves de la présence réelle et de la transsubstantiation du pain et du vin au corps et au sang de Jésus-Christ.

Ici, nous ne pouvons résister au plaisir de citer un des plus beaux passages de ce livre, dans lequel le saint docteur élève la dignité du style et la magnificence des pensées presque jusqu'à la hauteur de ce sujet divin. « Considérez, dit-il, quel est le plus excellent, ou de cette nourriture que Dieu donnait aux Israélites dans le désert, et qu'on appelait le pain des anges ; ou de la chair de Jésus-Christ, qui est le corps de la vie même ? Celle-là tombait du ciel, celle-ci est au-dessus du ciel ; celle-là était la manne des cieux, celle-ci est la manne du Seigneur des cieux ; celle-là était sujette à se corrompre, quand on la gardait d'un jour à l'autre ; celle-ci est tellement éloignée de la corruption, que quiconque la mangera avec piété deviendra incorruptible. L'eau coula d'un rocher en faveur des Juifs, mais pour vous le sang coule de Jésus-Christ même; cette eau les désaltéra pendant quelques heures, le sang de Jésus-Christ vous lave et vous purifie pour l'éternité. Le Juif, boit et a encore soif; mais quand vous aurez bu de ce saint breuvage, vous ne pourrez plus être altérés ; toutes ces figures n'étaient que l'ombre, l'eucharistie est la vérité. »

Des sacrements. — On attribue encore à saint Ambroise six livres de sacrements; mais, au rapport de dom Ceillier et de plusieurs critiques des plus érudits, ces livres ne lui appartiennent pas : ils appuient cette exclusion de plusieurs raisonnements dont voici les principaux : 1° parce que les anciens auteurs ne les ont jamais cités sous le nom de saint Ambroise; 2° parce que les plus anciens manuscrits du saint docteur n'en font point mention; 3° parce que ces livres ne sont rien autre chose qu'une répétition et une imitation de ce qu'il a dit, dans ses traités des mystères et de l'institution des vierges; 4° parce que le style ne ressemble en rien à celui du saint docteur, toujours remarquable par son élégance et sa précision; 5° parce qu'il emprunte ses textes à une version de l'Écriture qui a toujours été réprouvée par saint Ambroise; 6° parce que, enfin, au témoignage de saint Augustin, ce livre des sacrements n'était pas compris dans le catalogue des autres ouvrages du saint docteur.

De la Pénitence, 393.—Les deux livres de la pénitence ont été écrits contre les novatiens. Le but de l'auteur est de prouver que l'Eglise possède le pouvoir de remettre tous les péchés, excepté le péché originel, effacé par le baptême. Après avoir expliqué la pénitence dans toutes ses parties, et comme vertu et comme sacrement, le pieux évêque exhorte tous les chrétiens à l'embrasser avec ardeur et à la pratiquer avec zèle, comme un dernier moyen de salut.

Il débute par un éloge de la douceur catholique, qu'il met en opposition avec la dureté des novatiens qui repoussent et qui excluent de l'amour de Dieu et de l'espérance des biens à venir ceux que le Sauveur est venu chercher sur la terre pour les soulager et les sauver; ceux que sa grace continue de poursuivre tous les jours, jusqu'à ce qu'elle les ait atteints et ramenés par la pénitence dans le bercail de l'Eglise, qui est comme le vestibule du ciel.— C'est à tort, dit-il, que les novatiens refusent la communion à ceux qui sont tombés en faute, puisque le Sauveur, en instituant la pénitence, n'excepte aucun crime de son pardon. *Quorum remiseritis peccata remittuntur.* L'Eglise a-t-elle le droit d'en user autrement que le Sauveur? Il réfute une à une toutes les objections des novatiens, soit qu'ils les tirent de l'immutabilité de Dieu, qui ne peut changer ainsi sa colère en amour; soit qu'ils essaient de les faire ressortir de la fausse inutilité de prier, pour l'homme qui a péché contre Dieu, et pour celui dont le péché va jusqu'à la mort. Il montre que, dans ce cas-là, ce n'est pas Dieu qui change, mais le pécheur qui convertit son ingratitude en repentir; que nulle part l'Ecriture n'a défendu de prier pour le pécheur, mais que l'expression objectée : *Quis orabit?* marque seulement, pour certains crimes, la difficulté d'obtenir le pardon; et qu'enfin il n'est point de péché qui aille jusqu'à la mort, puisque Dieu a tellement aimé le monde, qu'il a donné son Fils unique, afin que tous ceux qui croiront en lui ne meurent point, mais qu'ils possèdent la vie éternelle. Par conséquent, que les ministres de l'Eglise ne doivent point refuser l'absolution, pour quelque crime que ce soit; qu'ils doivent traiter les plus grands pécheurs avec beaucoup d'indulgence et de bonté; que toute leur sévérité ne doit aboutir qu'à humilier la chair par les exercices de la mortification, pour guérir l'âme du pécheur par la pénitence; qu'ils ne doivent le livrer à Satan, c'est-à-dire, le priver de la participation des sacrements, que pour un certain temps; mais qu'ensuite ils doivent lui en ouvrir l'accès, lorsqu'il a mérité cette grâce par ses bonnes œuvres, et par les prières et les gémissements des fidèles qui ont sollicité sa réconciliation et son rétablissement.

Ce n'est pas seulement avec tout le zèle de la foi, mais avec toute la promptitude de la soumission, qu'il veut qu'on embrasse la pénitence; dans la crainte que le père de famille, venant visiter l'arbre qu'il a planté dans sa vigne, et le trouvant dépourvu de fruits, ne le fasse couper et jeter au feu. C'est sans hésitation et sans retard qu'il faut confesser ses fautes, malgré la honte et l'humiliation. Abraham s'est considéré comme une cendre et une poussière, et il a trouvé grâce devant Dieu; Job lui-même a retrouvé sur son fumier le centuple des biens qu'il avait perdus. Ne rougissons donc pas de confesser les fautes que nous avons commises; car, c'est justement la honte de cet aveu qui, comme le soc de la charrue, labourera le champ de notre cœur, en retournera les épines, et lui fera produire des fruits pour l'éternité.—Il répond ensuite aux deux principales objections des novatiens; la première tirée de ce passage de saint Paul aux Hébreux : *Impossibile est enim eos qui semel sunt illuminati.... rursus renovari ad pœnitentiam*, etc.... Il leur oppose la conduite de saint Paul lui-même, qui reçoit dans la communion de l'Eglise l'incestueux de Corinthe, et il leur prouve, par les termes du passage objecté, qu'il ne pouvait s'entendre que du baptême, parce que le baptême imprime en nous le mystère de la croix, selon ces autres paroles du même apôtre : *Quicunque baptizati sumus in Christo Jesu, in mortem ipsius baptizati sumus, consepulti ei per baptismum.* Il est impossible que saint Paul ait voulu opposer ses instructions à la doctrine de Jésus-Christ, qui, par la parabole de l'enfant prodigue, nous apprend qu'on ne doit rejeter aucun pécheur, quelque crime qu'il ait commis, pourvu qu'il donne des signes de repentir et qu'il expie ses égarements par de dignes fruits de pénitence.

La seconde objection se tire de cette parole du Sauveur : *Omne peccatum et blasphemia remittetur hominibus; Spiritus autem blasphemia non remittetur hominibus; et quicunque dixerit verbum contra filium hominis remittetur ei; qui autem dixerit contra Spiritum sanctum, non remittetur ei, neque in hoc sœculo, neque in futuro.* Mais, comme le fait remarquer le saint docteur, ce sont ces textes mêmes qui détruisent tout le système des novatiens. Puisqu'il est écrit que tout péché, tout blasphème, seraient pardonnés aux hommes, pourquoi ne leur pardonnez-vous rien? Remettez-leur toutes les fautes, et n'exceptez seulement de votre indulgence que le péché contre le Saint-Esprit. — Non, poursuit-il, nous appartenons à un bon maître, toujours prêt à accorder son pardon, et qui n'attend que la conversion du pécheur pour le sauver. Il n'en excepte ni le peuple juif, qui blasphémait contre le Saint-Esprit, en attribuant à Béelzébub les miracles du Sauveur; ni Simon le Magicien, qui voulait acquérir à prix d'argent les dons de Dieu; ni aucun des hérésiarques qui, par leurs nouveautés impies, jetaient le trouble dans l'Eglise et déchiraient le sein de cette mère commune de tous les fidèles. Judas lui-même eût été pardonné, si, au lieu de témoigner aux Juifs le repentir de son crime, il l'eût témoigné à Jésus-Christ lui-même.

Les novatiens arguaient encore de cette

parole des Actes des apôtres, où saint Pierre dit : *Roga Deum, si forte remittatur tibi hæc cogitatio cordis tui?* Mais le saint docteur leur fait observer qu'il ne s'agit là que de Simon le Magicien, qui, au lieu de croire, ne pensait qu'à séduire les croyants, et que cette expression, *si forte*, ne marque pas toujours un doute, puisque les auteurs profanes, aussi bien que les auteurs sacrés, l'emploient souvent dans le sens d'une affirmation. — Il nous donne pour modèle d'une vraie pénitence celle des Ephraïmites, dont parle Jérémie, et il nous exhorte à nous soumettre à Dieu plutôt que de rester soumis au péché, en différant plus longtemps l'aveu de nos crimes et en en retardant l'expiation. Il en signale les conditions, il en détermine les œuvres, qui doivent être des œuvres d'humilité, de foi, de charité, mais de cette charité parfaite qui agit moins par crainte des châtiments que par le désir de nous rendre de nouveau agréables au Seigneur, en rentrant dans la communion des saints. Il prend occasion de là pour recommander la pénitence publique :

« Qui peut souffrir, dit-il, que vous ayez honte de prier le Seigneur, vous qui n'avez pas honte de prier un homme? Pouvez-vous rougir de paraître en suppliant devant Dieu, qui vous connaît, quand vous ne rougissez pas de déclarer devant un homme des fautes qu'il ne peut connaître que par votre confession? » Que rien donc ne vous détourne de la pénitence qui, après tout, n'est qu'une condition qui vous est commune avec tous les saints; mais c'est faire injure à la miséricorde de penser qu'on puisse faire pénitence plus d'une fois : comme il n'y a qu'un baptême, il n'y a aussi qu'une pénitence, c'est-à-dire une pénitence qui se fasse en public, car la pénitence de tous les jours est pour les imperfections de tous les jours; l'autre pénitence est pour les grandes fautes, et ne doit pas se renouveler. Enfin, il termine en montrant la nécessité d'une pénitence prompte, et en prouvant par plusieurs passages de l'Ecriture les dangers que l'on court en la remettant tous les jours au lendemain.

De la foi. — Un des principaux ouvrages de saint Ambroise, et peut-être le plus important de tous, c'est celui qu'il intitula : *De la foi*. Il est divisé en cinq livres; les deux premiers furent écrits sur la fin de l'année 377, à la prière de l'empereur Gratien, qui, avant d'aller combattre les Goths et secourir son oncle Valens, avait demandé à l'évêque de Milan un traité où la divinité de Jésus-Christ fût si solidement établie qu'il pût s'en servir comme d'un préservatif pour lui-même, et en même temps comme d'une arme pour combattre les mauvaises doctrines qui avaient cours en Orient, et surtout l'arianisme, que Valens appuyait de tout son crédit. — Saint Ambroise eut d'abord quelque peine à s'y résoudre, mais le pieux empereur l'en pressa si fort, qu'il ne put résister plus longtemps à ses désirs. Il écrivit donc en quelques jours ses deux premiers livres, pour ne pas retarder le départ du prince. Quelque temps après, Gratien lui en témoigna sa reconnaissance, en le priant de lui envoyer de nouveau ces deux livres, mais avec quelques augmentations, pour prouver la divinité du Saint-Esprit, et répondre aux objections que les ariens soulevaient contre la divinité de Jésus-Christ. Il en composa trois autres, dont on met l'époque en 379, c'est-à-dire après le retour de Gratien en Occident.

1er *Livre*. — Les premières paroles du premier livre sont un éloge à la piété de l'empereur, qui ne vient pas à lui, comme la reine de Saba, pour apprendre la sagesse de la bouche de Salomon, mais pour appuyer la doctrine de l'évêque de tout le poids de son autorité impériale. Il n'a rien à apprendre, puisque, dès le berceau, Dieu a déposé dans son cœur toutes les pieuses croyances, toutes les saintes affections de la charité. — Il entre ensuite en matière, en faisant ressortir la différence qui existe entre la foi catholique et la perfidie arienne, et il établit l'unité de nature en Dieu et la trinité de personnes; la génération éternelle de Jésus-Christ comme Dieu, puisqu'il en a les attributs, et que l'Ecriture le nomme de quatre noms qui marquent évidemment sa divinité. Il prouve l'unité de nature et l'égalité divine entre le Père et le Fils par cette parole de la Genèse : *Pluit Dominus a Domino;* par ce verset des psaumes : *Unxit te Deus, Deus tuus, oleo lætitiæ præ consortibus tuis;* par ce passage d'Isaïe : *In te est Deus, et non est Deus præter te;* par ce mot de Jérémie : *Hic Deus noster, et non reputabitur alius Deus;* par ce passage de Baruch, appliqué au Fils : *Qui est cum hominibus conversatus, hic est Deus noster et non æstimabitur alius ad eum;* et enfin par cette sentence significative de saint Paul : *Unus Deus Pater, ex quo omnia.* — Il expose ensuite les erreurs des ariens, et il les réfute en continuant de démontrer par l'Ecriture que le Fils n'a été ni fait ni créé, qu'il n'a point commencé dans le temps, mais qu'il est éternel comme le Père, et en tout semblable à lui; en un mot, qu'il est, à proprement parler, le vrai Fils du Père, suivant cette expression de saint Paul : *Filius Dei proprius... quem tradidit Pater, et qui tradidit semetipsum pro nobis.* Il prémunit les catholiques contre les systèmes des philosophes, dont les sophismes faisaient toute la force des ariens. Il les exhorte à s'en tenir, en matière de foi, à la formule de Nicée, qui contient le symbole catholique, et il termine en priant Dieu d'inspirer à ses lecteurs, et surtout au pieux empereur Gratien, la grâce de ne jamais rien préférer au précieux dépôt de la foi.

IIe *Livre*. — Dans ce livre le saint docteur continue à montrer que la divinité est le partage du Fils; puisqu'il en porte tous les noms, il doit en posséder tous les attributs, toutes les propriétés. Il explique comment tous ces termes : *A Patre missus..... minor Patre..... Obediens usque ad mortem..... Filius ad dexterum Dei sedens, judex vivorum et mortuorum*, etc., bien loin de porter atteinte à la divinité de Jésus-Christ, comme le prétendaient les ariens, ne servent, au contraire, qu'à la mettre en relief, en faisant la part de l'humanité; ce qui l'autorise à établir la distinction des deux natures en Jésus-Christ, et à constater par là même la présence de deux volontés. C'est comme homme qu'il est envoyé par le Père, qu'il est moindre que le Père; c'est comme homme qu'il est soumis au Père, et qu'il a poussé l'obéissance jusqu'à la mort; c'est comme homme qu'il est ressuscité, qu'il est monté au ciel, et qu'il en redescendra pour juger tous les hommes; mais comme Dieu il est bon, il est grand, il est libre, il est tout-puissant, c'est-à-dire, il est l'égal de son Père, et il ne forme qu'un même Dieu avec le Père et le Saint-Esprit, suivant cette parole de l'Ecriture : *Sanctus, sanctus, sanctus, Dominus Deus Sabaoth.* Il s'élève contre l'impiété des ariens qui refusent de reconnaître un Dieu dans celui que saint Pierre a proclamé : *Christus Filius Dei vivi!* Il les menace des châtiments de Dieu, qu'ils déshonorent : *Qui non honorificat Filium, non honorificat Patrem qui misit eum;* car tout ce que possède le Père appartient au Fils : *Omnia quæ Pater habet mea sunt;* et tous ceux que le Fils condamne, le Père les a déjà condamnés. Enfin, il termine son livre en promettant à Gratien la victoire sur les Goths, et il espère que le fruit de cette victoire sera la paix et le bonheur de l'Eglise.

IIIe *Livre.* — Ce troisième livre contient une partie des faits et des démonstrations exposés dans les deux autres; mais il agrandit le cercle des preuves, en fournissant aux catholiques de nouveaux moyens de combattre l'esprit de mensonge. Il soutient qu'Arius n'est tombé dans l'erreur que pour n'avoir pas su distinguer deux natures en Jésus-Christ, tandis qu'avec cette distinction toutes les objections tombent d'elles-mêmes, et les passages les plus contestés de l'Ecriture s'expliquent aisément en appliquant au Dieu ce qui ressort évidemment du Dieu, et à l'homme ce qui rentre dans les conditions de l'humanité. Ainsi, quand l'Ecriture appelle Dieu le Très-Haut : *Tu solus altissimus super omnem terram,* elle dit aussi de Jésus-Christ : *Tu puer propheta Altissimi vocaberis;* quand elle le déclare le seul puissant, *quia beatus et solus potens,* elle met aussi dans la bouche du Père ce témoignage en faveur de la puissance du Fils : *Posui adjutorium super potentem.* Ainsi Jésus-Christ ne sépare point sa majesté de la majesté de son Père : *Qui me erubuerit et sermones meos, hunc et filius hominis erubescet cum venerit in majestate sua, et Patris, et sanctorum angelorum.* — Et saint Pierre déclare, contre les ariens qui voudraient diviser le royaume de Dieu afin de l'ébranler, qu'il n'y a point de différence entre le royaume du Fils et le royaume du Père : *Ministrabitur vobis introitus in æternum imperium Dei et Domini nostri conservatoris Jesu Christi;* que, par conséquent, les termes *factus, creatus, datus est,* doivent s'entendre, ou bien suivant la formule ordinaire usitée dans le langage des Ecritures, ou bien en les appliquant exclusivement à l'humanité du Sauveur. A quoi il ajoute que, puisque le terme de *substance* est employé souvent dans les saints livres, les ariens donc ne rejettent le terme *consubstantiel* que parce qu'ils ne veulent pas confesser que le Verbe est fils de Dieu. Il avertit les catholiques de ne pas se laisser prendre à leurs professions de foi, qu'ils changent, qu'ils multiplient, qu'ils déguisent pour les faire passer, mais de s'en tenir invariablement à la foi de Nicée. — Il finit en prévenant, dans son dernier chapitre, une objection qu'on aurait pu lui faire contre la divinité de Jésus-Christ, parce qu'il est dit, aux Actes des apôtres, que saint Etienne le vit debout, à la droite de Dieu : *Stantem ad dexteram Dei;* mais cette parole ne prouve rien contre la foi de l'Eglise, puisque c'est à lui que le saint martyr recommande son âme : *Domine Jesu, recipe spiritum meum,* puisque c'est de lui qu'il implore le pardon de ses persécuteurs : *Domine, ne statuas illis hoc peccatum.* En lui demandant cette double grâce, il lui reconnaissait donc le pouvoir de l'accorder.

IVe *Livre.* — Il n'est pas étonnant que la science, dépourvue de la foi, ait commis tant d'erreurs sur la divinité, puisque de Dieu le Père et de son Fils Jesus-Christ, Notre-Seigneur, ni les anges ni les hommes n'ont pu rien connaître que par la révélation. Aussi toutes les objections des ariens ne sont-elles que des subtilités inventées, aux dépens de la doctrine, par la démangeaison du raisonnement. — Il est écrit, disaient-ils : *Omnis viri caput Christus est, caput autem Christi Deus.* — Cela est vrai, répond saint Ambroise, puisque entre l'homme et la femme il y a unité de nature, égalité de substance; et encore qu'il en serait autrement, cela ne prouverait rien, puisque l'Apôtre n'a pas dit : *Caput Christi Pater,* mais, *caput Christi Deus,* parce qu'en effet Dieu, comme créateur, est le chef de l'humanité de Jésus-Christ.

Il est encore écrit, ajoutaient-ils : *Non potest Filius facere a se ipso quidquam, nisi quod viderit Patrem facientem;* mais cette difficulté se trouve levée par les paroles qui terminent immédiatement le verset : *Quæcunque enim ille fecerit, hæc et Filius similiter facit;* ces paroles établissent évidemment, entre le Père le Fils, non-seulement similitude, mais unité d'opération. Tout est donc possible au Fils : s'il est dit qu'il ne peut agir par lui-même, c'est qu'il agit indivisiblement avec le Père, et qu'il est son Verbe vivant, son action efficace, et l'opérateur de ses œuvres. L'impuissance d'engendrer n'est pas une imperfection dans le Fils, mais un attribut particulier de la nature divine qui n'existe que dans le Père, et qui prouve une fois de plus qu'en Dieu il n'y a ni faiblesse ni impuissance, mais force et unité; car ce n'est pas par sa volonté, mais par sa nature, que le Père a engendré son Fils. Or, comme sa nature est éternelle, il en résulte que, dans le Fils, la génération marque l'éternité et exclut toute idée de commencement. Quoiqu'on dise que son Père l'ait envoyé, cela ne prouve rien contre la divinité du Fils. Son Père l'a envoyé dans le monde, par son incarnation humaine; et, sa mission accomplie, son Père l'a retiré du monde par sa résurrection. Du reste, à l'égard des personnes divines, la mission n'est pas une marque d'infériorité, puisque nous lisons dans Isaïe que le Fils est envoyé non-seulement par le Père, mais par le Saint-Esprit; et dans saint Jean, que le Père et le Fils envoient le Saint-Esprit. Quant à ces paroles du Sauveur : *Ego sum vitis, Pater meus agricola est*, elles ne s'entendent que de l'humanité de Jésus-Christ; car, de même que le vigneron cultive la vigne, ainsi le Père a cultivé la chair de Jésus-Christ, qui a pu croître par l'âge, être coupée dans sa passion, et donner à l'arbre de la croix assez de séve et de vigueur pour abriter le genre humain tout entier à l'ombre de ses rameaux.

v° *Livre*. — Ce livre est encore consacré tout entier à établir la divinité des trois personnes, et particulièrement la divinité du Fils, et à réfuter les objections que les Ariens multipliaient en proportion des preuves que le saint docteur apportait contre leurs systèmes. Ils prétendaient que ces paroles du Sauveur, *Vita œterna, ut cognoscant te Deum virum et, quem misisti, Jesum Christum*, marquaient, entre son Père et lui, une différence de nature. Mais saint Ambroise leur démontre en deux mots qu'elles établissent la divinité, puisque la connaissance du Fils, comme la connaissance du Père, est également nécessaire au salut. Le terme *seul* est employé quelquefois, dans l'Ecriture, pour désigner le Père; mais, bien loin d'être un terme d'exclusion à l'égard du Fils, il n'est, au contraire, qu'un mot significatif usité dans les saints livres pour marquer l'unité de Dieu; car dès le commencement le Verbe existait, et il existait en Dieu : *Et Verbum erat apud Deum*. D'où il résulte évidemment qu'on ne doit pas séparer le Fils du Père, pas même dans l'accomplissement de ses actes extérieurs, ni dans l'œuvre de sa création, puisqu'à ce passage d'Isaïe, *Ego extendi cœlum solus*, on peut opposer bien d'autres passages de l'Ecriture, et en particulier le chapitre huitième des Proverbes tout entier : *Quando præparabat cœlum, aderam*, etc....., sans que l'unité de nature entre le Père et le Fils emporte nécessairement la pluralité des dieux, puisque la pluralité résulte bien plus naturellement de la différence que de l'unité. — Pour ce qui est dit de l'adoration que le Fils rend à son Père : *Vos adoratis quod nescitis, nos adoramus quod scimus*, Jésus-Christ, là, parle comme homme, et parle à des hommes; mais quand il ajoute aussitôt : *Sed venit hora, et nunc est, quando veri adoratores adorabunt Patrem in spiritu et veritate*, alors il parle comme Dieu, puisqu'il s'exclut lui-même de ces devoirs de l'adoration. Il en est de même de cette réponse qu'il fit aux enfants de Zébédée : *Sedere ad dexteram meam non est meum dare vobis, sed quibus paratum est a Patre meo*; il est évident qu'il parle de lui comme homme, puisqu'il leur demande ensuite s'ils pourraient boire le calice de sa passion. Il applique à l'humanité de Jésus-Christ ce qui est dit de sa mission parmi les hommes, et ces paroles de David : *Dixit Dominus Domino meo*..... En général, il périme toutes les difficultés de l'Ecriture, en maintenant toujours en Jésus-Christ la distinction des deux natures et des deux générations. Il n'est pas jusqu'à la formule du baptême qui ne fournît aux ariens des moyens d'appuyer leur erreur : ils cherchaient à la faire ressortir de l'ordre même des mots qui composent cette formule; mais saint Ambroise les appela des interprètes juifs, et leur ferma la bouche en produisant plusieurs passages des Ecritures où le Fils est nommé avant le Père. Quant aux autres paroles du Sauveur qui semblent exprimer un doute, ou bien il les explique dans leur sens littéral, ou bien il tranche la question en les attribuant à l'humanité. Enfin, il termine son dernier livre par une prière qui est un hymne magnifique à l'existence de la Trinité.

Du Saint-Esprit, 381.— Les trois livres du Saint-Esprit, comme nous l'avons fait remarquer, dans l'analyse de l'ouvrage précédent, ont été écrits à la prière de Gratien, à qui le saint évêque les adressa dans les premiers mois de l'année 381. Suivant le témoignage de saint Jérôme, le style en est faible, lâche, diffus, décoloré, sans dialectique et presque sans raisonnement. C'est une compilation des Grecs, et en particulier d'un magnifique ouvrage de Didyme, dont le pieux docteur d'Occident n'a tiré qu'un mauvais livre latin. Mais Rufin nous fait remarquer que l'admiration exclusive de saint Jérôme pour l'œuvre de Didyme l'a emporté un peu trop loin dans la critique du livre de saint Ambroise, quoiqu'il ne soit en partie composé que d'emprunts faits aux meilleurs ouvrages écrits sur le Saint-Esprit.

1ᵉʳ *Livre*. — Le premier livre commence par un prologue où la victoire de Gédéon et le sacrifice d'un chevreau qu'il immole sur une pierre avec des pains sans levain, nous sont montrés, non-seulement comme une figure de Jésus-Christ et de la liberté conquise par sa rédemption; mais aussi il trouve dans le prodige de la rosée qui tombait tantôt sur l'aire, et tantôt sur la toison, un symbole de la grâce du Saint-Esprit qui devait passer des Juifs aux chrétiens, et rassembler successivement, dans le sein de l'Eglise l'universalité du genre humain. On ne peut sans impiété ranger l'Esprit-Saint au nombre des créatures, puisqu'en disant de Dieu, *Universa serviunt tibi*, il ne le met pas au nombre des choses qui obéissent; puisqu'en affirmant de Jésus-Christ, *Omnia per ipsum facta sunt*, il se sépare des choses qui ont été faites; puisqu'il est l'esprit de Dieu, l'esprit de vérité; *Quem ego mittam a*

Patre meo Spiritum veritatis; l'esprit de Jésus-Christ : *Unguentum Christi;* l'esprit de vie, par lequel la charité est répandue dans tous les cœurs : *Diffusa est charitas Dei in cordibus nostris per Spiritum sanctum;* l'esprit qui a parlé par les prophètes et les apôtres : *Non enim vos estis qui loquimini, sed Spiritus Patris vestri qui loquitur in vobis.* Aussi, le blasphème contre l'Esprit-Saint est-il considéré comme un crime irrémissible : *Qui blasphemaverit in Spiritum sanctum, neque hic, neque in futurum remittetur;* parce que le blasphème contre le Saint-Esprit est un blasphème contre la Divinité. Il possède en effet tous les attributs de Dieu : il était avant le commencement : *Spiritus Dei ferebatur super aquas;* rien ne lui met de bornes, rien ne le circonscrit, rien n'impose de limites à sa puissance : *Quo ibo a Spiritu tuo?* Il est répandu sur toute chair : *Effundam de Spiritu meo super omnem carnem,* et il remplit l'univers tout entier des dons de sa grâce et de son amour : *Spiritus Domini replevit orbem terrarum.* Que faut-il de plus pour assimiler l'Esprit-Saint aux autres personnes divines? C'est en son nom, singularisé dans le nom de la Trinité, que le baptême est conféré à toutes les nations.

II° *Livre.* — La croyance à la Trinité remonte à l'origine des choses. Nous en trouvons le dogme expliqué dès les premières pages de la Genèse : Au commencement, Dieu créa le ciel et la terre ; son esprit était porté sur les eaux, tandis que le Fils tirait la lumière des ténèbres, et établissait la distinction de la nuit et du jour.— Après ce prologue, qui ouvre le second livre, il aborde son sujet par l'histoire de Samson, qui marcha de prodiges en prodiges, tant que l'esprit de Dieu fut avec lui, mais qui vit s'éteindre son courage et se briser sa force, dès qu'il fut privé de ce secours. En effet, l'Esprit-Saint est la vertu de Dieu, la vertu du Père et du Fils, la vertu de la Trinité: *Accipietis virtutem, adveniente in vos Spiritu sancto;* et la vie éternelle consiste autant à connaître le Saint-Esprit qu'à connaître le Père et le Fils. *Spiritus est qui vivificat.* Aussi cette action vivificatrice appartient-elle indivisiblement aux trois personnes divines : *Qui suscitavit Christum ex mortuis, vivificabit et mortalia corpora vestra propter inhabitantem ejus Spiritum in vobis.* Le Saint-Esprit est donc créateur avec le Père et le Fils : *Verbo Domini cœli firmati sunt, et spiritu oris ejus omnis virtus eorum.* En effet, comme le Père, il a contribué également de sa substance à former la chair du Fils dans le sein de la sainte Vierge : *Quod ex eo nascetur, de Spiritu sancto est.* Il est donc un même Dieu avec le Père et le Fils, et, comme eux, digne des mêmes hommages, de la même adoration, puisque, par une action inséparable de l'influence des deux personnes, il opère avec elles la régénération spirituelle des âmes : *Quod natum est de spiritu, spiritus est.*—Il explique ce passage objecté par les macédoniens : *Ecce ego firmans tonitruum et creans ventum,* en démontrant, par le rapprochement des deux expressions, que l'*esprit,* ici, doit s'entendre du vent que Dieu créa avec le tonnerre. — Il réfute encore un grand nombre d'objections qui ne sont que des chicanes de mots, des vétilles de syllabes. Ainsi, la différence qu'il y a entre la particule *dans* et la particule *avec,* le porte à conclure, par plusieurs passages du Nouveau Testament où elles sont employées, que ces sortes de particules ont un sens conjonctif, et non distinctif à l'égard des personnes divines. Il prouve que la vocation à la foi, la révélation, le don de prophétie, sont des dons du Saint-Esprit aussi bien que des bienfaits du Père et du Fils, qui nous manifestent évidemment, dans les trois personnes, unité de nature et unité d'opération. La vocation à la foi est l'œuvre du Saint-Esprit, puisque c'est lui qui a inspiré aux apôtres d'appeler saint Barnabé et Saul aux fonctions de l'apostolat : le premier, afin de combler le vide laissé dans leur saint collège par la trahison de Judas, et le second, pour aller prêcher l'Evangile de Dieu à toutes les nations de la terre. La révélation est encore l'œuvre de l'Esprit-Saint, puisque Dieu nous a tout révélé par le Saint-Esprit : *Nobis revelavit Deus per Spiritum sanctum.* C'est encore du Saint-Esprit que vient le don de prophétie, ainsi que les apôtres le témoignent eux-mêmes par ce passage des Actes qui termine une interprétation publique qu'ils faisaient des prophéties, *Visum est Spiritui sancto et nobis.* Enfin il détruit cette objection : *Spiritus omnia scrutatur, etiam profunda Dei,* en démontrant qu'il n'en résulte pas que le Saint-Esprit pénètre des choses qui lui étaient inconnues, puisqu'il est dit au verset qui suit : *Quæ Desunt, nemo cognovit, nisi Spiritus Dei.* Ce n'est donc pas par l'étude qu'il possède cette connaissance, mais elle est en lui par unité de nature et par uniformité de substance avec Dieu.

III° *Livre.* — Quoique l'Esprit-Saint soit l'envoyé du Père et du Fils, comme nous le témoignent ces deux passages de l'Evangile de saint Jean : *Paracletus quem mittet Pater in nomine meo...* Et plus bas : *Cum autem venerit Paracletus quem ego mittam vobis a Patre, Spiritus veritatis;* il ne s'ensuit pas, pour cela, qu'il soit inférieur à aucune de ces deux personnes, puisqu'il est écrit du Fils qu'il est lui-même envoyé par l'esprit de Dieu pour évangéliser les pauvres et prêcher aux captifs l'avénement de la liberté. *Spiritus Domini super me, propter quod unxit me; evangelizare pauperibus misit me, prædicare captivis remissionem, et cœcis visum.* Il est appelé le doigt de Dieu, comme Jésus-Christ est appelé le fils de sa droite. Ce sont des façons de parler que l'Ecriture emploie pour nous faciliter l'intelligence des choses divines, et qui nous marquent dans les trois personnes unité de nature et d'opération; car nous trouvons presque partout ces termes usités à propos des œuvres de la création. Le Saint-Esprit est donc Dieu avec le Père et le Fils, puisque, conjointement avec eux, il doit juger le monde : *Arguet mundum de peccato, de justitia, et de judicio*; puisque le Fils lui-même ne juge point sans le Saint-Esprit : *Quem Dominus Jesus interficiet spiritu oris sui.* S'il est Dieu, il n'est donc pas plus permis de l'affliger : *Nolite contristare Spiritum sanctum Dei, in quo signati estis;* pas plus permis de le tenter : *Hæc dicit Spiritus sanctus : secundum diem tentationis in deserto, ubi tentaverunt me patres vestri, probaverunt et viderunt opera mea;* qu'il n'est permis d'affliger Dieu : *Contristastis me in omnibus his, dicit Dominus;* ni de tenter Jésus-Christ : *Non tentemus Christum, sicut quidam eorum tentaverunt, et a serpentibus perierunt;* mais au contraire, nous sommes dans l'obligation de lui rendre, comme au Père et au Fils, le même culte d'adoration; car ils sont trois qui rendent témoignage dans le ciel : *Tres sunt qui testimonium dant in cœlo, Pater, Verbum et Spiritus sanctus; et hi tres unum sunt.* — Toutefois, ce tribut d'adoration rendu au Père, au Fils et au Saint-Esprit, n'implique pas la croyance de trois dieux, puisqu'en proclamant séparément la sainteté des trois personnes pour établir la distinction de la Trinité, nous nous résumons par un seul mot qui marque l'unité de Dieu : *Sanctus, sanctus, sanctus Dominus Sabaoth.* — Le reste du livre est une récapitulation des preuves apportées dans les deux précédents; mais il consacre son dernier chapitre à faire ressortir l'unité de Dieu dans la trinité des personnes : unité de règne, unité de puissance, unité de majesté, et il le ferme enfin par cette apostrophe à Arius : « Maintenant, Arius, sépare, si tu l'oses, l'Esprit-Saint de la société du Père et du Fils, et tu verras le ciel crouler sur ta tête; car l'Esprit est la force de Dieu : porter la main sur lui, c'est attaquer la Divinité tout entière. »

De l'Incarnation. — Le traité de l'Incarnation était d'abord un discours auquel le saint évêque donna dans la suite la forme d'un livre. Il le prononça vers l'an 382, pour réfuter les objections que deux chambellans de l'empereur Gratien, entichés d'arianisme, lui avaient proposées. Saint Ambroise, qui leur avait demandé deux jours pour préparer sa réponse, ne les trouva plus au nombre de ses auditeurs; une chute de cheval leur avait donné la mort sans leur laisser le temps de se reconnaître et de revenir à de meilleurs sentiments. Le discours n'en fut pas moins prononcé, en présence d'un concours nombreux de peuple et de fidèles; ses principaux arguments sont dirigés contre les erreurs des apollinaristes.

Saint Ambroise commence son livre par le dénombrement des hérétiques qui ont erré sur le Fils de Dieu : les juifs, qui ne veulent pas reconnaître le Fils de Dieu dans le fils de Marie; les eunomiens, qui font sortir la génération du Christ des traditions de la philosophie; les sabelliens, qui confondent le Fils avec le Père et n'en font qu'une seule personne; les marcionites, qui distinguent deux dieux successifs, l'un de l'Ancien et l'autre du Nouveau Testament; les manichéens et les valentiniens, qui nient que le Christ se soit réellement revêtu de la chair humaine; puis il arrive aux hérétiques de son temps, et, sans nommer les apollinaristes, il attaque vertement ceux qui de son temps enseignaient que le Christ n'avait pris de l'homme que la chair et lui refusaient une âme raisonnable. Il compare leur crime à celui de Caïn, qui offrait un sacrifice odieux au Seigneur, et il leur applique à tous la malédiction dont il fut frappé. Entrant ensuite en matière, il emploie les termes les plus convaincants de l'Ecriture pour prouver, contre les ariens, l'éternité et la divinité du Verbe : l'éternité, puisque le Verbe était dès le commencement : *In principio erat Verbum*, c'est-à-dire avant tous les temps, et même avant les anges; car, bien qu'on ne puisse assigner l'époque de leur création, on est toujours certain qu'ils ont commencé, tandis que l'Ecriture ne dit pas un mot qui puisse impliquer, pour le Verbe, l'idée d'un commencement, puisqu'au contraire le saint évangéliste ajoute aussitôt : *Et Verbum erat apud Deum, et Deus erat Verbum.* Du reste, la divinité du Verbe a été proclamée hautement par saint Pierre dans cette belle réponse provoquée par le Christ lui-même, quand, demandant à ses disciples ce qu'ils pensaient de lui : *Quem vos me esse dicitis?* l'Apôtre lui répondit incontinent : *Tu es Christus Filius Dei vivi*, témoignage que le Christ accepta comme une profession de foi, comme un hommage à sa divinité. Aussi, pour l'en récompenser, l'établit-il immédiatement le chef de son Eglise : *Tu es Petrus, et super hanc petram ædificabo Ecclesiam meam.* Depuis, la foi de saint Pierre est le fondement de l'Eglise, car la foi de l'Eglise consiste à croire que le Christ est le Fils de Dieu, qu'il est né de Père de toute éternité, qu'il est né dans le temps de la vierge Marie, et que ces deux naissances, si différentes qu'elles soient, ne sont pourtant pas incompatibles. Le Père a engendré le Verbe, la Vierge a donné naissance à l'homme, et l'homme uni au Verbe est devenu le Sauveur.

Il démontre ensuite à tous ces hérésiarques que toutes leurs erreurs provenaient du même fonds d'égarement, c'est-à-dire de l'obstination qu'ils mettaient à confondre la chair de Jésus-Christ avec sa divinité, ne séparant jamais en lui le Dieu de l'homme, de sorte qu'on peut affirmer, en toute vérité, que le Christ souffrait et ne souffrait pas, qu'il mourait et ne mourait pas, qu'il ressuscitait et ne ressuscitait pas, puisque, comme Dieu, il restait toujours impassible, immortel, sans commencement et sans fin. — C'est donc une erreur de soutenir, comme le faisaient certains hérétiques, que le Christ n'a pris que le fantôme de l'humanité. Ce ne peut être un fantôme, puisqu'il est né, puisqu'il a conversé parmi les hommes, puisqu'il leur a prêché son Evangile, puisqu'il est mort : *Spiritus carnem et ossa non habet.* — C'est une erreur plus grande encore, d'affirmer qu'il y a deux personnes en Jésus-Christ, savoir : le Verbe qui s'est fait chair, et le Fils de Dieu. Cette parole : *Et Verbum caro factum est*, ne comporte pas cette distinction, et, quoiqu'à la fin du chapitre nous lisions : *Et habitavit in nobis*, nous nous rappelons ce que nous avons lu au commencement : *Deus erat Verbum*. C'est ce que l'ange Gabriel déclarait en propres termes à la sainte Vierge, quand, pour la rassurer, il lui disait : *Quod nascetur ex te sanctum, Filius Dei vocabitur.* — Enfin, c'est le comble de l'erreur ou plutôt de la folie de soutenir que le Christ n'a pas pris une âme humaine dans la crainte qu'elle ne fût exposée aux révoltes de la chair; comme si celui qui soutenait la chair par sa grâce pouvait en redouter, pour son propre compte, les ardeurs et les aiguillons? Si les ardeurs de la chair l'épouvantaient si fort, pourquoi se fait-il fait chair et a-t-il pris un corps? Est-ce que celui qui venait racheter pouvait craindre le péché? Non, il a pris un corps afin de nous donner, dans sa résurrection, un gage de notre résurrection future, et il a pris une âme afin de pouvoir la sacrifier pour le salut de son troupeau. *Animam meam pono pro ovibus meis.* Et d'ailleurs, ne lisons-nous pas dans saint Luc : *Et Jesus proficiebat ætate et sapientia*? Ces deux progrès s'appliquent évidemment à l'humanité de Jésus-Christ : or, si l'âge est indiqué pour le corps, la sagesse est affirmée pour l'âme. Il en résulte donc que, dès l'enfance, le Sauveur donnait des preuves d'une âme humaine raisonnable et parfaite.

Ici finissait le discours prononcé dans la basilique Portienne; mais en le transformant en livre, le saint docteur crut, à la prière de l'empereur Gratien, devoir répondre à une difficulté dont les ariens faisaient leur plus fort argument. Cette difficulté roulait tout entière sur les mots *genitus* et *ingenitus*, et ils en concluaient que le Fils étant engendré ne pouvait être de même nature que le Père qui n'est pas engendré, et que, par conséquent, il ne lui est pas consubstantiel; mais il leur ferme la bouche en les défiant de lui montrer ces deux termes dans l'Ecriture, puis il termine par une profession de foi, dans laquelle il déclare le Fils en tout semblable à son Père.

Lettres. — Il ne nous reste en tout que quatre-vingt-onze lettres de saint Ambroise, mais il s'en faut de beaucoup qu'elles forment la collection complète de celles qu'il a écrites. Son zèle pour la foi, son ardeur infatigable à poursuivre l'hérésie, les grandes luttes auxquelles il s'est trouvé mêlé dans le cours de son épiscopat, tout nous autorise à penser qu'il s'en est perdu un grand nombre avant d'arriver jusqu'à nous. Du reste, il nous serait bien difficile d'analyser même celles qui ont survécu. Nous nous arrêterons seulement sur quelques-unes, nous attachant de préférence à celles qui semblent jeter quelque lumière sur ses ouvrages, qui justifient sa doctrine, et qui mettent en relief la physionomie de son siècle.

La première, par ordre de date, est adressée à l'empereur Gratien, en réponse à celle qu'il avait reçue lui-même de ce jeune prince après l'envoi de ses deux premiers livres sur la foi. Le saint évêque n'y expose rien qui puisse ajouter à ce que nous en avons dit en faisant l'analyse de ce livre. Il félicite Gratien de son retour, il l'assure que sa sollicitude ne l'a pas abandonné, mais que son cœur a toujours été avec lui et au milieu de son armée.

Trois lettres à l'empereur Valentinien. — La première fut écrite pour détourner le jeune prince de la restauration des idoles et des sacrifices païens, parce que, si c'est un devoir pour tous les sujets de l'empire de soutenir les princes de la terre, c'est un devoir pour les empereurs de maintenir intact le dépôt sacré de la foi et de combattre pour la gloire du Dieu tout-puissant, sans quoi leur salut ne peut être assuré. — La seconde a pour but de réfuter le rapport par lequel Symmaque, préfet de Rome, suppliait les empereurs, au nom du sénat, de restaurer le culte des anciens dieux, de relever l'autel de la Victoire, sur lequel les ancêtres avaient coutume de jurer, et de rendre aux vestales et aux sacrificateurs les biens qui leur étaient assignés par les lois. Le saint docteur y montre clairement, par des raisonnements appuyés sur des faits, que les idoles n'ont jamais rendu aucun service à la patrie, puisqu'elles n'ont pu empêcher Annibal d'arriver en vainqueur jusqu'aux portes de Rome; tandis qu'Attilius et Camille ont triomphé depuis la destruction de l'autel de la Victoire. Un empereur chrétien, dit-il, ne doit savoir honorer que les autels de Jésus-Christ. Si l'on accorde aux vestales la rançon de leur virginité, à ce prix que donnera-t-on en récompense aux vierges chrétiennes? A quoi bon entretenir aux frais du trésor les prêtres et les sacrificateurs des faux dieux? Qu'ils nous montrent l'usage qu'ils font de leurs richesses. L'Eglise, au moins, emploie ses revenus à racheter les captifs, à nourrir les pauvres et à envoyer des secours aux exilés. Il n'y a donc aucun motif de revenir aux folies du passé, puisqu'il n'y a aucun bien à attendre, aucune vengeance à redouter de la part des idoles, et qu'il y a tout à craindre et tout à espérer du vrai Dieu. — La troisième lettre répond à une assignation que Dalmace, tribun et notaire, lui avait faite de comparaître au tribunal de l'empereur, assisté de juges qu'il aurait choisis, pour y faire juger sa cause et celle d'Auxence. Le saint évêque y décline la compétence d'un pareil tribunal, en rappelant à l'empereur lui-même que Valentinien, son père, avait déclaré par une loi que, dans les causes ecclésiastiques, les prêtres seuls pouvaient juger les prêtres, et les évêques leurs frères dans l'épiscopat. Qui peut nier, ajoute-t-il, que, dans les matières de la foi, les empereurs ne soient jugés par les évêques, et jamais les évêques par les empereurs? Il finit en témoignant de son attachement inébranlable à la foi de Nicée, dont ni le glaive, ni la mort ne pourront jamais le séparer, et il déclare formellement à l'empereur qu'il ne se présentera point à son tribunal Il n'y pourrait paraître, tout au plus, que pour protester; mais il ne doit pas accepter la lutte dans son palais, parce qu'il n'en connaît ni les secrets ni les issues.

Discours contre Auxence. — Cependant, le bruit de ce différend entre l'évêque et l'empereur s'était répandu par la ville; saint Ambroise s'était renfermé dans son église, et le peuple s'y était porté en foule pour le défendre contre la violence des soldats qui gardaient les portes, avec ordre d'y laisser pénétrer tout le monde, mais de ne permettre à personne d'en sortir. Le pasteur et le troupeau passèrent ainsi quelques jours dans le bercail, et le saint évêque consolait et fortifiait la foi de son peuple par ses discours. Il ne nous en reste qu'un seul, que nous reproduisons en son entier, autant pour faire voir l'éloquence naturelle et puissante du pieux docteur, que parce qu'il peint la lutte, et qu'il témoigne de l'état des esprits et des dispositions du peuple de Milan pour son pontife. Le voici :

« Je vous vois plus troublés qu'à l'ordinaire et plus appliqués à me garder; je m'en étonne, si ce n'est peut-être que vous avez vu des tribuns m'ordonner, de la part de l'empereur, d'aller partout où je voudrais, permettant à chacun de me suivre. Avez-vous donc craint de me voir abandonner et l'Eglise et mon peuple pour me sauver? Mais vous avez pu remarquer la réponse que j'ai faite, qu'il ne m'est pas possible d'abandonner l'Eglise, parce que je crains plus le Seigneur du monde que l'empereur du siècle. Si l'on me tirait de force hors de l'église, on pourrait en chasser mon corps, non mon esprit; si l'empereur agissait en prince, je souffrirais en évêque. Pourquoi donc vous êtes-vous troublés? Je ne vous abandonnerai jamais volontairement, mais je ne sais point résister à la violence. Je pourrai m'affliger, je pourrai pleurer et gémir; mes pleurs sont mes armes contre les armes, contre les soldats, contre les Goths; car telles sont les défenses d'un évêque : mais aussi, je ne sais ni fuir ni quitter l'église, de peur qu'on ne croie que je le fasse par la crainte d'une peine plus rigoureuse. Vous savez vous-mêmes que la déférence que j'ai pour l'empereur ne m'a jamais fait commettre de lâcheté, et que, loin de craindre les maux dont on me menace, je suis toujours prêt à les souffrir. Si j'étais sûr qu'on ne livrât pas l'église aux ariens, et s'il convenait qu'un évêque se défendît dans le palais comme dans l'église, je ne ferais aucune difficulté d'obéir aux ordres de l'empereur. Mais ne sait-on pas que les causes de la foi ne doivent être traitées que dans l'église? Ni les soldats qui nous environnent, ni le bruit de leurs armes ne m'ébranlent pas. Je crains seulement que, pendant que vous me retenez, on ne prenne quelque résolution contre vous ; car je ne sais plus craindre et trembler que pour vous. On m'a proposé de livrer les vases sacrés; j'ai répondu que si l'on me demandait ma terre, mon or, mon argent, je l'offrirais volontiers; mais je ne puis rien ôter au temple de Dieu, ni livrer ce que je n'ai reçu que pour le garder. Si on en veut à mon corps et à ma vie, vous devez être seulement les spectateurs du combat; si Dieu m'y a destiné, toutes vos précautions sont inutiles. Celui qui m'aime ne peut me le témoigner qu'en me laissant devenir la victime de Jésus-Christ. Vous êtes troublés d'avoir trouvé ouverte une porte par laquelle on dit qu'un aveugle s'est fait un passage pour retourner chez lui. Reconnaissez donc que la garde des hommes ne sert de rien; n'ayez plus d'inquiétude, il n'arrivera que ce que Jésus-Christ veut, et ce qu'il y a de plus expédient pour tous. Si l'empereur demande un tribut, nous ne le lui refusons pas : les terres de l'église payent tribut; il peut les prendre, aucun de nous ne s'y oppose; je ne les donne pas, mais je ne les refuse pas non plus; la contribution du peuple est plus que suffisante pour les pauvres. On nous reproche l'or que nous leur distribuons; loin de le nier, j'en fais gloire; les prières des pauvres sont ma défense; ces aveugles, ces boiteux, ces vieillards sont plus forts que les guerriers les plus robustes. Nous rendons à César ce qui est à César, et à Dieu ce qui est à Dieu; le tribut est à César et l'Eglise est à Dieu. Personne ne peut dire que ce soit manque de respect à l'empereur; qu'y a-t-il de plus à son honneur que de le dire fils de l'Eglise? L'empereur est dans l'Eglise, et non au-dessus; et il est de son devoir d'en soutenir les intérêts. »

Lettres à sainte Marcelline. — Il nous reste plusieurs lettres de saint Ambroise à sa sœur : une première, dans laquelle il lui rappelle toutes les difficultés, toutes les peines qu'il a eues à vaincre, les menaces à essuyer, les persécutions à subir, les périls à éluder, pour conserver à son troupeau la basilique que l'empereur voulait faire livrer aux ariens, et il décrit, avec tout le charme et toute la modestie d'un simple récit, la force de courage et la persévérance de volonté qu'il a été obligé de déployer pour réussir.

La seconde lettre raconte la découverte des reliques des saints martyrs Gervais et Protais, dont les noms et la sépulture étaient oubliés depuis longtemps; les miracles qui se sont accomplis sur leur tombeau, et leur translation dans la basilique Ambrosienne, où il fit déposer leurs corps sous le côté droit du maître-autel, réservant le côté gauche pour lui-même. Il bénit Dieu d'avoir envoyé à son Eglise un secours si puissant, dans un temps où elle en avait si grand besoin, et il déclare qu'il ne demande plus pour elle d'autres défenseurs.

Mettons, dit-il, ces victimes de triomphe au lieu même où Jésus-Christ est hostie; mais qu'il soit sur l'autel, lui qui a souffert pour tous, et sous l'autel ceux qu'il a rachetés par sa passion. A propos des miracles opérés par ces saints ossements, et dont les ariens contestaient la sincérité, il leur demande ce qu'ils ne croient pas. Est-ce la puissance, dans les martyrs, de secourir quelqu'un? C'est ne pas croire en Jésus-Christ, car il dit : *Qui credit in me, et opera quæ ego facio, ipse faciet, et majora horum faciet.* Quel est donc l'objet de leur envie? Est-ce moi? Mais ce n'est pas moi qui fais les miracles. Sont-ce les martyrs? ils montrent donc que la croyance des martyrs est plus puissante que la leur; autrement ils n'en seraient pas jaloux. Puis il finit en rapportant un miracle que Dieu avait opéré, le même jour, en faveur de la croyance au mystère de la sainte Trinité.

Enfin, une troisième lettre fut adressée à sainte Marcelline, à propos d'une synagogue incendiée par les chrétiens de Callinique, et que l'empereur Théodose voulait forcer l'évêque à faire rebâtir. Saint Ambroise raconte à sa sœur comment, après son retour d'Aquilée à Milan, il parla publiquement au prince pour lui représenter avec fermeté l'obligation où sont les pasteurs de prendre en main le bâton de noyer, pour corriger par la dureté ceux que la douceur est impuissante à convaincre; ce que l'Apôtre nous insinue lui-même par cette parole, quand il nous dit : *Quid vultis : in virga veniam ad vos, an in charitate spirituque mansuetudinis?* L'empereur se plaignit que le saint évêque eût prêché contre lui : — Au contraire, reprit le pieux docteur, j'ai parlé pour vous, car je n'ai dit que ce qui pouvait vous être utile. L'empereur convint que l'ordre qu'il avait donné de rebâtir la synagogue était trop dur, et il promit de corriger son rescrit. Alors, après lui avoir fait observer par deux fois qu'il n'agissait que sur sa parole impériale, Ambroise remonta à l'autel pour y continuer l'oblation des saints mystères, ce que, certes, il n'eût pas fait autrement. « En vérité, dit-il, j'y goûtai une telle abondance de consolations, que je ne doutai pas un instant que cette grâce de l'empereur ne fût agréable à Dieu, et qu'il n'eût rempli le sanctuaire de sa présence.

Deux lettres à Théodose. — La première est celle qu'il lui écrivit pour faire révoquer l'ordre de rebâtir la synagogue de Callinique. Cette lettre est ferme, et cependant la vivacité des termes n'exclut pas le respect dû à la majesté; c'est un évêque qui parle à un prince, mais il lui parle comme le représentant de celui par qui règnent les rois. — « Si je suis indigne que vous m'écoutiez, lui écrit-il, je suis indigne aussi d'offrir pour vous le saint sacrifice. Comment donc n'écouteriez-vous pas celui dont vous souhaiteriez que Dieu accueillît pour vous les prières et les vœux? » Ensuite, venant au fait, il se plaint qu'on ait condamné l'évêque : supposez, dit-il, que la timidité soit plus forte en lui que le zèle, ne craignez-vous point de vous rendre coupable de sa prévarication, de la prévarication du chef de la milice qui ferait exécuter ce mandat, de la prévarication des chrétiens qui coopéreraient de leurs deniers à cette restauration?

Ne serait-ce pas un scandale étrange, de voir celui à qui est confié le saint *Labarum* marqué au nom de Jésus-Christ, s'empresser à rebâtir le temple de ceux qui ont crucifié le Sauveur? Le maintien de l'ordre et de la police ne dépend pas d'une synagogue incendiée, et c'est à tort qu'on invoquerait la justice et le droit des nations; car combien d'églises, combien de saintes basiliques les juifs n'ont-ils pas incendiées eux-mêmes, à Gaza, à Ascalon, à Beyrouth et ailleurs, au temps de la persécution de Julien l'Apostat? Il lui rappelle la tentative sacrilège de ce prince et sa punition, et il le conjure de ne pas l'imiter. Il se complaît à retracer à son cœur le souvenir de ses belles qualités et de ses belles vertus; il lui parle des grâces qu'il a obtenues de lui, la liberté des captifs, la délivrance des condamnés et l'amour des ennemis porté jusqu'au sublime du dévouement. Il déplore que tant de foi, tant de piété se trouve obscurcie par l'oubli d'une seule action. Pour moi, lui dit-il, j'ai pris le moyen le plus respectueux de vous avertir de votre faute, je vous ai écrit dans votre palais; mais si cela devenait nécessaire, vous m'entendriez à l'église.

La seconde lettre fut adressée à Théodose au sujet du massacre de Thessalonique. A la nouvelle de cet attentat, le saint évêque fut affligé jusqu'au fond du cœur. Il ne voulut pas aller trouver l'empereur pour lui reprocher son crime; mais, afin de lui laisser le temps de rentrer en lui-même et de prendre conseil de sa conscience, il alla passer deux ou trois jours à la campagne. C'est de là qu'il écrivit à l'empereur, pour l'engager à la pénitence.

« Ni les sentiments de l'amitié, lui dit-il, ni le souvenir des grâces accordées à mes supplications, n'ont pu me retenir; et cependant, en m'éloignant, je ne suis pas un ingrat; je fais au contraire preuve de reconnaissance, et je vais vous l'expliquer. Ce qui s'est accompli à Thessalonique surpasse toute mémoire; jamais jusque-là on n'avait eu idée d'une pareille atrocité; et cependant, malgré mes prières et mes remontrances, je n'ai pu empêcher le massacre de s'accomplir. Tous les évêques des Gaules, rassemblés en concile à Milan, en ont gémi; tous ont qualifié la cruauté d'un pareil acte; tous l'ont déclaré indigne de la communion d'Ambroise. Ce serait donc manquer à ma conscience, et soulever contre moi la conscience indignée de mes frères, si, après un pareil crime, je vous admettais à la réconciliation sans pénitence. — Et qui donc vous empêcherait de vous y soumettre? David, le roi-prophète et un des ancêtres du Christ selon la chair, s'est humilié à la prédication de Nathan, et, en présence de tout le peuple assemblé par ses ordres, il s'est frappé la poitrine en confessant la grandeur de son péché : *Peccavi vehementer.* Et Job, un des puissants de son siècle, rougissait-il de confesser ses fautes? *Peccatum meum non abscondi.*

« Ce n'est donc pas pour vous confondre

que je vous écris ces choses, mais pour vous exciter par ces exemples à laver votre règne de cette faute, en humiliant votre âme devant Dieu. Vous êtes homme, la tentation vous assiége, vous devez savoir la vaincre. Le péché ne se rachète que par la pénitence. Je vous conseille, je vous prie, je vous exhorte, je vous conjure, vous dont la piété a toujours été pour le démon un sujet d'envie, de pleurer le massacre de tant d'innocents. Je n'ai aucune raison de compter sur votre résistance, et cependant j'ai plusieurs raisons de la craindre. C'est pourquoi je n'ose offrir devant vous les saints mystères, parce que j'ai été averti, en songe, que l'hostie immolée en votre présence ne pourrait plaire au Dieu qui aime mieux la miséricorde que le sacrifice. — Je vous aime, dit-il en finissant, et je prie Dieu pour vous; si vous le croyez, rendez-vous à la vérité de mes paroles; si vous ne le croyez pas, souffrez que je donne à Dieu la préférence. »

Ici finissent les lettres, que nous avons citées, en bien petit nombre, mais en les choisissant spécialement parmi celles qui font ressortir la conduite, le caractère et le talent de saint Ambroise, comme écrivain et comme pasteur.

Sur la mort de Satyre. — La mort de son frère devait faire impression sur son cœur. Les deux livres qu'il écrivit à ce sujet ne sont rien autre chose que deux oraisons funèbres qu'il prononça en présence des restes inanimés de celui qui avait puisé avec lui la vie au sein de la même mère, et passé les premières années sous le même toit. Il raconte l'histoire de sa vie et fait l'éloge de ses vertus; mais il s'attache particulièrement, dans le second livre, à traiter de la foi en la résurrection.

1er *Livre.* — Son exorde est une action de grâces dans laquelle il remercie Dieu d'avoir fait tomber sur sa famille les maux dont l'Eglise semblait menacée par une irruption des barbares, aimant mieux souffrir la perte d'un des siens qu'avoir à redouter les dangers de tous. D'ailleurs, la mort des justes est une joie plutôt qu'une douleur, et leur âme réclame plutôt des prières que des larmes. — Il rappelle ensuite le sa int commerce d'amitié qui existait entre son frère et lui, et dans ce détail tous ses termes viennent du cœur, toutes ses paroles respirent l'amour fraternel. Il se console en pensant qu'il a pu rendre à son frère les derniers devoirs de la piété, et il se félicite de ce qu'à l'avenir rien ne pourra le séparer de ses reliques et de son tombeau. Ensuite il passe à l'éloge de ses vertus, et il le loue principalement de sa foi dans l'eucharistie, qu'il portait toujours sur lui enveloppée dans un mouchoir, son état de catéchumène ne lui permettant ni de la voir ni de la toucher. Il rend justice à la pureté de sa religion, qui lui fait refuser le baptême des mains d'un évêque schismatique, et il parle avec charme de sa douceur, de sa continence, de sa charité, de sa simplicité, de sa tempérance; puis, après avoir consolé sa sœur, il donne à son frère son dernier adieu et son dernier baiser; il recommande son âme à Dieu, et le supplie de ne pas tarder à les réunir tous dans son sein.

IIe *Livre.* — Le second livre, qui porte pour titre : *De la foi en la résurrection*, a pour but de démontrer trois choses, savoir : 1° que la mort est une dette commune imposée à tous les hommes; 2° qu'elle nous délivre des chagrins du siècle; 3° que, sous l'apparence d'un sommeil qui nous repose des travaux de ce monde, elle nous prépare à la résurrection. Qui donc, à ce prix, ne se consolerait de mourir? La mort est commune à tous; qu'y a-t-il de plus absurde que de la déplorer comme un malheur particulier? On dit qu'il y a eu des peuples qui déploraient la naissance des hommes et qui célébraient leur mort. C'est aussi notre usage, à nous, et, dans le langage catholique, on appelle le jour de la mort, le jour de la naissance des saints. Les pleurs dans un homme sont la marque d'un cœur efféminé, puisque, pour Dieu, pour sa patrie, il doit toujours être prêt à mourir. Sans doute il est naturel de pleurer ceux qu'on a aimés, mais il faut le faire avec modération, avec mesure, et ne pas pleurer comme des femmes qui craignent qu'on ne doute de leur douleur. La mort n'est pas un mal; au contraire, elle est un refuge, un repos; car qui donc n'a pas été éprouvé par les adversités et les douleurs de la vie? Jacob, Joseph, David, tous les patriarches, en un mot, n'ont-ils pas été visités par tous les chagrins et tous les maux? David pleura le fils qu'il avait eu de Bersabée, mais il le pleura seulement dans sa maladie; à sa mort, au contraire, il se consola, dans l'espérance de sa résurrection. — Il apporte ensuite trois preuves de la résurrection, dont voici la substance : 1° Le corps est le serviteur de l'âme et l'instrument de ses œuvres; il est donc juste et raisonnable qu'avec l'âme il soit récompensé ou puni du bien ou du mal de la vie. 2° Tout meurt et tout renaît dans la nature : on sème un grain de blé, et ce grain ressuscite; pourquoi la terre, qui reçoit le corps, ne pourrait-elle le faire renaître également, puisqu'elle produit cet effet à l'égard de toutes les créatures? 3° Toutes les résurrections citées dans l'Ecriture, celle de Lazare, celle de la fille du prince de la Synagogue, du fils de la veuve de Naïm, celle de Jésus-Christ, ne sont que des gages et des garanties de notre résurrection. Aussi le saint évêque proteste-t-il, en finissant son discours, qu'il veut vivre et mourir dans cette douce croyance. « C'est mon bien, dit-il, de croire cette vérité; c'est mon bonheur de me nourrir de cette espérance, ce me serait un supplice de ne le point croire, et ce m'est une grâce de l'attendre. »

Oraison funèbre de Valentinien. — La mort du jeune Valentinien, arrivée par la perfidie du comte Arbogaste, un samedi 15 mai, de l'année 392, fut encore pour le pieux pontife un nouveau sujet de douleur, et la matière d'un nouveau discours. En présence de son corps, rapporté à Milan par ordre de Théodose, qui régla lui-même le cérémonial de l'inhumation, saint Ambroise prononça l'oraison funèbre de ce prince. Il fait voir que sa mort, véritable calamité pour toute l'Italie, devait être surtout un sujet de deuil pour l'Eglise, qui perdait en lui un second Gratien, c'est-à-dire un ornement et un protecteur. Il exalte ses vertus, qu'il portait jusqu'à la perfection; sa piété, qui se refusait à rendre des jugements de sang les jours de fêtes consacrées au Seigneur; sa justice, qui lui faisait examiner lui-même la cause des accusés avant de prononcer leur condamnation; son zèle pour le culte de Dieu, qui lui fit refuser le rétablissement du culte de la Victoire; son amour pour le peuple, dont il diminua les impôts et à qui il sacrifia sa vie, en l'allant défendre contre les irruptions des barbares; son ardent désir du baptême, qu'une mort précipitée l'empêcha de recevoir. Mais, dit le saint docteur, puisqu'il l'a demandé, il l'a reçu, car il est écrit : *Justus si morte præventus fuerit, anima ejus in requie erit.* — Il trace ensuite le portrait de son cher Valentinien, qu'il appelle son enfant, jeune, candide, pudibond, et représentant dans toutes ses formes l'image du Christ. *Est meus juvenis, candidus, rubens, habens in se imaginem Christi.* Après avoir loué la beauté de son corps, il exalte la beauté de son âme, et il applique à l'un et à l'autre quelques versets du Cantique des cantiques, mais avec tant de réserve et de modestie, que la pudeur la plus délicate, la plus méticuleuse ne saurait s'en offenser. Il confond dans les mêmes regrets, dans la même douleur, la perte de Valentinien et de Gratien, qui se ressemblaient si bien et par le cœur et par les œuvres. Il termine enfin son discours en exhortant ses auditeurs à réunir leurs prières et leurs vœux aux prières du sacrifice qu'il va offrir sur l'autel, afin de leur rendre Dieu propice, et de leur faire ouvrir les portes de l'éternité.

Oraison funèbre de Théodose. — Trois ans plus tard, l'éloquence du saint évêque rendait les mêmes devoirs à la mémoire de l'empereur Théodose, mort à Milan même, le 17 de janvier. Son fils Honorius, appelé par lui en Italie, fit transporter son corps à Constantinople, afin qu'il y fût enterré dans le tombeau des empereurs. Mais, avant de mettre son projet à exécution, il fit rendre à son père les honneurs dus à sa dignité, et célébrer les services usités, en ce temps-là, au septième et au quarantième jour. C'est dans ce dernier service que saint Ambroise prononça son discours, en présence d'Honorius et de l'armée.

Il débute tout à coup, et il entre dans son sujet en prenant à témoin de la douleur publique le deuil de la nature tout entière, comme si le ciel et la terre, le monde et les éléments avaient voulu pleurer d'avance le prince qui venait d'être enlevé au monde et à l'Eglise. Mais, dit-il, en quittant l'empire, il n'a fait que changer de royaume; il règne encore, par les mérites de sa piété, dans la Jérusalem céleste, dans les tabernacles de Jésus-Christ. Il console ses enfants, en leur disant que leur père ne les avait pas abandonnés, puisqu'il les laissait héritiers de ses vertus, de la grâce de Jesus-Christ et de la fidélité de son armée. Il félicite en particulier Honorius d'avoir imité la piété de Joseph, en rendant à son père les devoirs du quarantième jour; puis, s'adressant aux soldats, il leur rappelle que, si la piété de Théodose leur a mérité des victoires, leur piété à eux doit être de soutenir et de protéger la jeunesse de ses enfants. Il trace ensuite à grands traits l'esquisse de toutes ses vertus, et il les rapporte toutes au principe de l'amour de Dieu. J'ai aimé, fait-il dire à Théodose, en lui appliquant les premières paroles du psaume cxiv, c'est pourquoi le Seigneur daigne entendre la voix de mes prières : *Dilexi, quoniam exaudivit Dominus vocem orationis meæ.* Et en effet, il a aimé le Seigneur, puisqu'il a observé sa loi, respecté ses préceptes, accompli ses commandements ; puisqu'il a aimé ses ennemis, pardonné les offenses, oublié les attentats à sa personne, et amnistié de sa grâce les usurpateurs mêmes de son empire. *Dilexi*, puisque Dieu a entendu son appel et lui a tendu la main pour le relever dans sa chute et le ressusciter dans sa mort; faisant ainsi allusion à la grande faute de sa vie, faute dont il s'était si glorieusement relevé, par la plus noble et la plus sublime des pénitences. *Dilexi* : il a vraiment aimé, puisque dans toutes les fortunes, dans le bonheur comme dans l'adversité, dans les succès comme dans les revers, il a été calme, doux, résigné, la tribulation augmentant en lui la patience, la patience produisant l'épreuve, et l'épreuve alimentant l'espérance; puisqu'en tout il s'est proposé Dieu pour modèle, et qu'il s'est efforcé de l'imiter jusqu'à la mort, dans sa justice et dans sa miséricorde, ne séparant jamais l'application de ces deux vertus. Après avoir ainsi mis en relief la belle image de Théodose, il la présente tout à coup environnée d'une auréole de gloire dans la société des saints, où il retrouve son fils Gratien et sa fille Pulchérie, deux gages qu'il avait donnés à l'éternité, doux royaume dans lequel il se trouve réuni à sa chère famille et au grand Constantin, à qui l'empire doit la reconnaissance inappréciable de posséder le dépôt de la vraie foi. L'éloge de Constantin amène naturellement celui de sa mère. Il félicite longuement sainte Hélène de la découverte qu'elle fit de la croix du Sauveur, et il raconte avec amour tout ce que sa douce piété lui fit accomplir, dans ces lieux célèbres par la rédemption de l'humanité. Il termine son discours en témoignant à Honorius le regret qu'il éprouve de ne pouvoir accompagner jusqu'à Constantinople le corps de son père; mais il s'en console en pensant qu'il va prendre possession de son dernier empire, escorté par toutes les milices d'en haut, les anges et les saints se glorifiant de lui faire cortége jusque dans l'éternité.

Quelques critiques protestants, et, entre autres, les pasteurs de Magdebourg, ont contesté à saint Ambroise la propriété de ce discours; mais l'homogénéité du style, la liaison des événements, les applications de l'Ecriture, et quelques circonstances qui témoignent de l'action personnelle qu'il a exercée dans la vie de ce prince, prouvent surabondamment qu'on ne peut l'attribuer à d'autres qu'au saint évêque de Milan. Et d'ailleurs, il n'appartenait à personne mieux qu'à lui de prononcer l'éloge de Théodose. Après avoir châtié sa faute par les humiliations publiques de la pénitence, ne lui devait-il pas d'exalter sa mémoire aux yeux de l'Eglise, en exposant le triomphe de ses vertus?

Hymnes. — Sans doute saint Ambroise a composé plusieurs hymnes; il en parle lui-même dans plusieurs endroits de ses écrits, et, aux jours de la persécution de Valentinien, nous le trouvons les chantant avec le peuple rassemblé autour de lui dans la basilique de Milan. Paulin en fait mention, et saint Augustin l'atteste; mais il s'en faut de beaucoup que le pieux évêque soit l'auteur de tous les chants publiés sous son nom. Les critiques les plus judicieux réduisent à douze, tout au plus, ceux de ces écrits lyriques qui semblent revêtus d'un caractère d'authenticité assez clairement démontrée pour qu'on doive les attribuer à leur auteur. C'est à tort aussi qu'on fait honneur à saint Ambroise du *Te Deum.* Cet honneur ne lui revient pas plus qu'à saint Augustin qui, citant lui-même plusieurs des hymnes du pieux évêque qui l'avait baptisé, ne dit pas un mot de ce cantique. Il est hors de doute que la composition de cet admirable morceau est antérieure à l'épiscopat de ces deux Pères, puisque nous les voyons le chantant tous les deux en chœur dans la cathédrale de Milan, après le baptême de saint Augustin. L'erreur, pour ce chant comme pour bien d'autres, vient de ce que plusieurs Bréviaires, à l'imitation de celui des Bénédictins, ont donné le nom d'*Ambrosiennes* aux hymnes de leur office, soit que les unes fussent réellement l'œuvre de saint Ambroise, soit que les autres fussent faites à l'imitation de celles qu'avait composées le pieux docteur.

Maintenant que les écrits du saint évêque de Milan sont connus par l'analyse que nous venons d'en faire, qu'il nous soit permis d'ajouter un dernier mot, pour achever de les caractériser. Ils remplissent habituellement cette double obligation imposée à tous les écrivains par les maîtres de la science, et qui consiste à plaire et à instruire en même temps. Aussi pleins de majesté, de force, de vivacité, que d'agréments, de douceur et d'onction, il est peu des vérités importantes de la religion, soit spéculatives, soit morales, qui ne s'y trouvent développées avec art, solidement établies et résolues avec une clarté de logique qui n'en exclut pas la profondeur. Aussi, dès le moment de leur publication, tous ses ouvrages ont-ils été mis au nombre des livres que l'Eglise reconnaît et propose aux fidèles comme règle de la foi. Ordinairement l'Ecriture sainte y est expliquée dans un sens moral et allégorique; mais saint Ambroise ne néglige pas pour cela de s'occuper du sens littéral; au contraire, il en donne très-souvent l'explication, et le fait toujours avec tant de justesse, que saint Augustin a cru pouvoir le qualifier de docte interprète des saintes Ecritures et d'homme profondément versé dans leur intelligence. Il est vrai que, pour s'aider dans cette étude, il a souvent recours aux écrits des anciens qui ont travaillé avant lui sur cette matière: aux écrits d'Origène, par exemple, de saint Hippolyte, de Didyme, de saint Basile et de Philon; mais il le fait en se rendant maître de leurs pensées, sans jamais copier leurs paroles ni s'approprier leur style. S'il ne leur fait pas honneur des commentaires qu'il leur emprunte, c'est que le nom d'Origène, devenu odieux dans l'Eglise par les erreurs auxquelles il servait de manteau, l'aurait rendu suspect lui-même. Or, il ne convenait pas qu'en supprimant le nom d'un écrivain aussi célèbre, et sous tant de rapports aussi recommandable qu'Origène, il en nommât d'autres dont il avait également profité. La connaissance de la langue grecque, qu'il possédait parfaitement, le mettait en état de profiter des écrits de ces grands hommes; il avoue que ce secours lui fut souvent nécessaire, puisqu'il s'était trouvé tout à coup nommé évêque sans aucune connaissance des matières ecclésiastiques, et cependant obligé d'en traiter tous les jours, ne fût-ce que pour les enseigner aux autres. Toutefois, ces sources ne furent pas les seules où il puisa sa doctrine; il plongea surtout dans les divines Ecritures, qu'il appelle lui-même un océan où toutes les énigmes des prophètes et les plus profonds mystères de la foi ont leur solution, et où l'on découvre partout des fontaines d'eaux qui rejaillissent jusqu'à la vie éternelle.

Sa morale est pure; chacun des traités qu'il a composés sur ce sujet est au-dessus de tout éloge. Pourtant on peut dire qu'il s'est comme surpassé lui-même dans l'explication du psaume CXVIII; rien de plus beau, de plus onctueux, de plus touchant que ce commentaire; c'est un trésor des vérités de la morale la plus pure et des maximes de la vie chrétienne la plus parfaite; vérités et maximes exposées avec autant d'esprit et d'éloquence que de zèle pastoral et de fervente piété.

Ses livres sur la foi, sur la divinité du Saint-Esprit et sur l'Incarnation sont écrits avec l'exactitude théologique la plus scrupuleuse, et un style qui se tient presque constamment à la hauteur de ces grands mystères. On y reconnaît un homme de Dieu, un catholique, un évêque, défendant avec toute l'ardeur de la foi des vérités pour lesquelles il avait déjà exposé son sang et sa vie.

Enfin, tous ces ouvrages ont mérité à saint Ambroise le titre de *très-illustre docteur de l'Eglise*, de *forteresse de la foi*, d'*orateur de la catholicité*, et l'ont fait révérer comme un astre, aux rayons splendides, qui a éclairé de sa lumière toutes les contrées de l'Occident.

AMBROISE, homme de lettres et de qualité, ayant été convaincu par Origène de la vérité de notre doctrine, quitta l'hérésie de Valentin, suivant Eusèbe, ou de Marcion, suivant saint Epiphane et saint Jérôme, et fit profession de la foi enseignée par l'Eglise. Il resta ami d'Origène, mais on ne sait s'il le suivit dans ses erreurs. Nous n'avons de lui qu'un fragment que Ruthénius nous a conservé, et qui se trouve publié avec ses notes dans le *Cours complet de Patrologie* de M. l'abbé Migne.

AMBROISE (saint), gouvernait l'Eglise de Cahors, sous le règne de Pépin le Bref, et soutenait les fonctions épiscopales par une assiduité persévérante aux veilles et à la prière. Plein de compassion pour les pauvres, il leur distribuait avec abondance ses propres biens avec les revenus de son église. Cette vie de charité, si convenable à un bon pasteur, lui attira le mépris d'un grand nombre, qui la qualifiaient de dissipation. Au mépris succéda la haine, et le saint prélat, pour en éviter les suites, prit le parti de se cacher dans une caverne, à quelque distance de la ville. Après y avoir passé trois ans dans des austérités incroyables, Dieu le découvrit par plusieurs prodiges. Alors l'évêque qui occupait sa place et le peuple de Cahors le pressèrent de reprendre son siége, mais Ambroise le refusa constamment. Il fit le voyage de Rome, d'où il revint en France, au tombeau de saint Martin, et se retira ensuite dans le Berri, où il finit ses jours le 16 d'octobre de l'année 770. La ville de Bourges a érigé une église sous son invocation.

C'est à ce prélat que Casimir Oudin veut faire honneur non-seulement des six livres des *Sacrements*, qui portent le nom de saint Ambroise de Milan, quoiqu'ils ne soient pas de lui, mais encore du *Traité des mystères*, qui appartient incontestablement à ce saint docteur. A l'égard de ce dernier livre, son allégation ne saurait se soutenir ni contre une tradition constante et non interrompue, qui l'attribue à saint Ambroise, ni contre le style, qui rappelle à chaque page la manière de ce saint docteur, c'est-à-dire une manière et un style tout à fait étrangers à la latinité du viiie siècle. Nous en dirons autant du traité des *Sacrements*; nous nous croyons également le droit de nier qu'il soit l'œuvre du saint évêque de Cahors, et deux raisons suffiront pour le constater et détruire les prétentions d'Oudin. La première se prend d'un manuscrit de Saint-Gall, tout entier en lettres majuscules, et contenant ce traité, sans nom d'auteur. Dès avant 1687, ce manuscrit se trouvait déjà ancien de plus de mille ans, et par conséquent antérieur de plus d'un siècle à l'écrivain auquel il s'efforce de l'attribuer. La seconde raison qui ne permet de faire honneur de cet écrit, ni à saint Ambroise de Cahors, ni à aucun écrivain de son siècle, c'est la pureté du langage. Quoiqu'on n'y trouve aucune des beautés de style qui distinguent le traité des *Mystères*, qui lui a servi de modèle, on y découvre néanmoins dans le choix des termes une pureté qui s'était perdue depuis la décadence de l'empire en Occident. Du reste, on peut lire dans le *Cours complet de Patrologie* publié par M. l'abbé Migne une savante dissertation sur ce sujet.

AMBROISE, prêtre de Milan, dans le xe siècle, écrivit à Atton, évêque de Verceil, pour lui demander des éclaircissements sur les noms de prêtresses et de diaconesses, dont il est fait mention dans les anciens canons des conciles. Sa lettre est imprimée parmi les œuvres d'Atton, avec la réponse du savant pontife. On les lira l'un et l'autre avec plaisir, comme donnant des renseignements très-curieux sur les usages des premiers temps.

AMBROISE AUTPERT, abbé. — Trithème et plusieurs écrivains postérieurs placent Ambroise Autpert parmi les auteurs ecclésiastiques qui fleurirent sur la fin du ixe siècle. Mais il recule lui-même son existence à une époque antérieure de plus de cent ans, puisqu'il dit, dans la conclusion de son Commentaire sur l'Apocalypse, qu'il l'avait achevé sous le pontificat du pape Paul et le règne de Didier, roi des Lombards, c'est-à-dire l'an 757 et 767. Il était né dans les Gaules, d'une famille qui tenait dans le monde un rang distingué ; lui-même y occupa une position considérable, s'il est vrai, comme le dit l'auteur de sa Vie, qu'il ait été précepteur de Charlemagne, et depuis archichancelier de la cour impériale ; mais cet écrivain paraît avoir été mal informé. Ambroise était moine de Saint-Vincent de Bénévent, sur la rivière de Volturne, avant que Charlemagne parvînt à l'empire des Français. Ce fut dans ce monastère qu'il étudia les divines Ecritures. Il n'ignorait pas les emprunts que la plupart des docteurs de l'Eglise avaient faits aux richesses de l'Egypte en la quittant. On lui offrit de les partager avec eux ; mais il refusa constamment de puiser dans les écrits de Cicéron, de Platon, d'Homère, de Virgile, de Donat, de Pompée, de Servius, et des auteurs profanes, trouvant plus de plaisir à la lecture de l'Evangile, et gagnant plus à écouter un pauvre pêcheur qu'un orateur superbe, et à s'entretenir avec Dieu qu'avec les hommes. A l'étude de l'Ecriture sainte il joignit celle des saints Pères, et principalement de saint Augustin et de saint Grégoire le Grand.

Elevé au sacerdoce, il consacra son zèle à en remplir saintement les fonctions, soit en offrant les saints mystères, soit en prêchant aux autres les vérités qu'il avait apprises dans la méditation des divines Ecritures. Il aurait même cru résister à la voix de Dieu, s'il avait négligé de mettre par écrit ce qui lui paraissait utile pour la postérité. Il disait à cela que, puisque Dieu avait bien prophétisé autrefois par la bouche des impies et des sacriléges, il ne pouvait être indigne de sa majesté qu'un homme pécheur comme lui, mais chrétien, annonçât sa parole. Il préférait la vertu à la doctrine, parce que c'est par la perfection de la vertu que Dieu nous conduit à la vie éternelle. Il souhaitait donc que, s'il ne pouvait obtenir la vertu et la science, Dieu lui retirât la science pour lui laisser la vertu.

Après la mort de Jean, abbé du monastère de Saint-Vincent, Ambroise Autpert fut choisi pour lui succéder par les moines français qui s'y trouvaient en grand nombre; mais les moines lombards élurent un d'entre eux, nommé Poton. De là, division dans le monastère, chacun des deux partis tenant pour l'abbé de son choix. Le roi Charles renvoya la connaissance de ce différend au pape Adrien. Mais l'abbé Autpert, ayant entrepris lui-même un voyage de Rome, pour presser cette décision, mourut subitement en route le 19 juillet 778, après avoir porté le titre d'abbé un an deux mois et vingt-cinq jours.

Commentaire sur l'Apocalypse. — Le plus considérable des écrits d'Ambroise Autpert est son *Commentaire sur l'Apocalypse.* On l'a souvent attribué à saint Ambroise de Milan; mais il faut croire que la conformité du nom fut la cause de cette erreur; car, outre qu'il y est parlé de la règle de saint Benoît, qui ne fut écrite que bien longtemps après la mort du grand évêque de Milan, Autpert s'y nomme lui-même dans l'épilogue, où il marque qu'il écrivit ce livre sous le règne de Didier, roi des Lombards. Ce Commentaire est divisé en dix livres, tous précédés d'une préface ou prologue. Avant de l'entreprendre, le saint abbé avait lu tout ce que Victorin, saint Jérôme, l'évêque Primase, saint Augustin et saint Grégoire le Grand, Tychonius lui-même et quelques autres donatistes avaient écrit sur la même matière. Les explications qu'ils en avaient données, au lieu de le détourner d'en produire de nouvelles, devinrent pour lui un encouragement; car, ou bien ces écrivains n'avaient pas expliqué ce livre de suite et dans son entier, ou ils n'en avaient pas développé tous les mystères, ou enfin leurs explications n'étaient pas à la portée de tout le monde. Il prit dans leurs écrits ce qu'il trouva de mieux, et y ajouta beaucoup du sien, ou plutôt de ce qu'il avait appris de Dieu par le don de sa grâce; car il ne doutait pas que Dieu ne l'eût excité à composer cet ouvrage. A ceux qui soutenaient que l'Apocalypse ne devait être commentée par personne, parce qu'il est défendu d'y rien ajouter ni d'en rien retrancher, et que Salomon, dans le livre des Proverbes, fait aussi la même défense de rien ajouter à la parole de Dieu, il répond que cela n'a pas empêché les saints Pères d'interpréter les divines Ecritures. Il ajoute qu'elles ont besoin d'explication, et notamment l'Apocalypse, qui, prise dans son sens littéral, ne serait pas intelligible. Quoi que Ambroise Autpert pût dire pour justifier son dessein, il n'en fut pas moins blâmé. On lui répondait que le temps d'expliquer les Ecritures était passé. Mais lui, pour se mettre à couvert de ces censures, soumit son Commentaire à l'examen du pape Etienne III, en le priant de lui donner son approbation authentique, ce qu'aucun auteur n'avait fait avant lui. Il semble insinuer que ses adversaires s'étaient adressés au pape pour l'obliger à supprimer son ouvrage, mais qu'au lieu de les écouter, le saint pontife l'avait exhorté lui-même à le rendre public. Ambroise le publia en effet, et lui donna le titre de *Miroir des simples,* parce qu'il l'avait écrit avec tant de clarté, qu'il pouvait être entendu des moins intelligents. Le style en est clair, facile et net; mais aujourd'hui, dans les manuscrits comme dans les imprimés qui nous en restent, nous ne connaissons plus cet ouvrage que sous le titre de *Commentaire.*

Il est tout à la fois littéral, allégorique et moral. Ambroise explique les termes obscurs et peu usités qui se rencontrent souvent dans ce livre, et quand le sens littéral lui paraît être le sens naturel du texte, il s'y attache sans en rechercher un autre; sinon, il l'explique par un sens moral ou allégorique. Mais il n'approfondit pas toujours tous les mystères cachés sous le sens de la lettre. Il y avait encore de son temps des Orientaux qui doutaient de la canonicité de l'Apocalypse; cela lui paraissait d'autant plus surprenant que ce livre porte avec lui tous les caractères qui rendent un livre canonique. C'est un apôtre qui l'a écrit, et le lieu où il le composa y est désigné. C'est Jésus-Christ qui y parle, qui y annonce son retour, et qui y confirme par serment que ce qu'il a prédit de son second avénement va s'accomplir. C'est le raisonnement que fait Ambroise Autpert sur ces dernières paroles de l'Apocalypse: *Celui qui rend témoignage de ceci dit certainement: Je viens bientôt.*

Il ne faut pas omettre le témoignage qu'il rend à la présence réelle de Jésus-Christ dans l'eucharistie. Voici ses paroles: « Comme nous avons dit, sur l'autorité de saint Jean, que les victorieux seuls seraient nourris de la manne cachée, il nous reste à examiner maintenant comment il se fait, ainsi que nous le voyons tous les jours, que ceux qui ont été vaincus par l'ancien ennemi des hommes ne laissent pas de participer au corps et au sang de Notre-Seigneur. » Sur quoi le saint docteur fait remarquer qu'il n'y a que les vainqueurs en effet qui le reçoivent dignement et pour la vie, tandis que les vaincus le reçoivent indignement et pour la mort. C'est de la même manière qu'il veut qu'on entende cette parole du Seigneur: *Qui manducat meam carnem et bibit meum sanguinem, in me manet, et ego in eo.* Dieu ne demeure qu'en ceux qui le reçoivent avec la foi, la pureté du cœur et la conformité que l'on doit avoir avec la passion de Jésus-Christ. « Ç'a été, dit-il, pour figurer cette vérité que Dieu a donné autrefois dans le désert cette manne qui, selon le témoignage de l'Evangile, n'a pu empêcher de mourir ceux qui la mangeaient, parce que, restant incrédules, ils ne mangeaient pas de cette manne spirituelle et cachée qui promet aux fidèles l'immortalité. Ce qui fait que Jésus-Christ, parlant aux juifs issus du peuple sorti de l'Egypte, leur dit : *Nisi manducaveritis carnem Filii hominis....... non habebitis vitam in vobis.* »

Nous remarquerons encore qu'en expliquant, dans le dixième livre, ces paroles de l'Apocalypse : *Qui sitit veniat, et qui vult accipiat aquam vitæ gratis,* Ambroise Autpert enseigne que Dieu, par un effet de sa grâce, et sans égard pour les mérites précédents, change la volonté de l'homme, fait vouloir celui qui ne voulait pas, et donne ensuite la liberté de puiser à la source des plaisirs éternels. Il s'objecte que saint Paul semble s'attribuer à lui-même la volonté de faire le bien, lorsqu'il dit que le vouloir est au dedans de lui, mais qu'il ne trouve point moyen d'accomplir ce qu'il veut. A quoi il répond que l'Apôtre reconnaît lui-même que c'était de Dieu qu'il tenait cette bonne volonté. *Quid habes quod non accepisti?*

Sur ces paroles, où saint Jean dit, en parlant de l'ange : *Je tombai devant ses pieds pour l'adorer,* Ambroise Autpert remarque qu'avant l'incarnation du Fils de Dieu les anges avaient été adorés; que cela n'était point défendu, parce qu'alors les anges paraissaient au-dessus de nous; mais que Jésus-Christ, par sa rédemption, nous ayant égalés à eux, il n'est plus permis de les adorer, ni de rendre à la créature un culte qui n'est dû qu'à Dieu. Il s'étonne donc que saint Jean se soit jeté deux fois devant les pieds de l'ange, quoique dès la première fois il eût reçu de sa bouche la défense de se prosterner devant lui. Pour justifier cet apôtre, il dit qu'il est tenté de croire à une vision ou à un entraînement d'admiration irréfléchi, qui lui avait fait oublier la défense d'adorer son compagnon. Autpert donne encore dans un autre sentiment qui n'est pas moins singulier. Le voici : l'homme, étant déchu de son premier état par la faute de notre premier père, est devenu en quelque sorte semblable aux bêtes, et dès lors méprisable aux anges. Il oublie que les anges sont les députés de Dieu auprès des fidèles, et qu'avant l'incarnation ils ont été souvent chargés de transmettre ses ordres aux patriarches; ils ne pouvaient mépriser ceux qu'ils savaient être aimés de Dieu.

Le commentaire de Haimon, évêque d'Halberstadt, sur l'Apocalypse, n'est, à peu de chose près, qu'un abrégé de celui d'Ambroise. Gérard, évêque de Cambrai, dans sa lettre aux archidiacres de Liége, en cite un endroit en le lui attribuant. On est surpris que l'auteur de sa Vie n'en dise rien dans le catalogue qu'il donne de ses écrits. Il en marque un qui, suivant l'anonyme de Molk, est intitulé : *Combat des vices et des vertus.*

Autpert composa ce traité à l'imitation de la *Psycomachie* ou du combat de l'âme, du poëte Aurèle Prudence, et l'adressa à Lantfrid, prêtre et abbé en Bavière. On cite un manuscrit, d'environ huit cents ans, qui porte le nom d'Ambroise Autpert, soit à cause de la conformité du style avec le *Commentaire sur l'Apocalypse,* soit parce que l'auteur déclare assez nettement qu'il professait la vie monastique et qu'il écrivait pour des moines. Ce traité débute par une explication mystique de ce passage de saint Paul : *Et omnes qui pie volunt vivere in Christo Jesu, persecutionem patientur.* L'auteur demande comment ces paroles de l'Apôtre pouvaient avoir leur accomplissement, dans un temps où, grâce à la faveur des princes chrétiens, l'Eglise jouissait de la plus grande tranquillité ? Autpert fait voir que si l'Eglise n'était plus exposée aux persécutions ouvertes des tyrans, les fidèles avaient à souffrir en tout temps une persécution cachée et intérieure, c'est-à-dire la révolte incessante du vice contre la vertu. Or cette persécution, si elle n'est pas plus cruelle, est au moins plus dangereuse que la persécution momentanée des tyrans puisqu'elle n'a pour fin que la fin de l'existence. Il entre à ce propos dans le détail des combats que le vice livre à la vertu; l'orgueil à l'humilité, la vaine gloire à la crainte du Seigneur, l'hypocrisie à la vraie religion, la haine et l'envie à la concorde et à la charité fraternelle, la colère à la patience, la gourmandise à la sobriété, l'attachement aux biens périssables et aux plaisirs sensuels, à l'amour de la pureté et au désir de la céleste patrie. Il montre ensuite, contre ceux qui s'appuyaient sur ce passage de l'Evangile : *Non est propheta sine honore, nisi in patria sua,* pour prétendre qu'il y avait nécessité de sortir de son pays, si l'on voulait arriver à la perfection évangélique, qu'ils ne comprenaient pas le vrai sens des Ecritures. Il n'est pas nécessaire, pour devenir parfait, d'abandonner matériellement sa patrie, ses biens, ses parents, ses amis, mais de s'en détacher d'esprit et de cœur pour s'attacher à Dieu. Il cite les exemples de saint Paul ermite, de saint Antoine, qui, quoique nés dans la Thébaïde s'y sont sanctifiés; de saint Hilarion, dont la Palestine vit la naissance et les perfections; de saint Gervais et de saint Protais qui, après avoir pratiqué pendant plus de dix ans la vie monastique à Milan et dans leur propre maison, mirent le sceau à leur perfection par le martyre.

Vies des saints Paldon, Tason et Taton. — Ambroise, comme il n'était encore que moine, écrivit par ordre de son supérieur, les Vies de saint Paldon, Tason et Taton, fondateurs et successivement abbés de Saint-Vincent sur le Volturne. Elle est citée par Paul Diacre et par l'auteur anonyme qui nous a laissé une chronique de cette abbaye. Son but, dans cet ouvrage, était de ranimer la ferveur des moines de son temps par l'exemple des vertus des saints abbés qui avaient gouverné leur monastère. C'est pourquoi il s'applique moins à rapporter leurs miracles que les moyens dont ils se sont servis pour vaincre le monde, et le démon qui est le prince du monde. Cette Vie est écrite en prose, ce qui n'a pas empêché Ambroise d'intercaler dans sa narration plusieurs vers qui prouvent qu'il n'était point étranger à la poésie. Elle est écrite avec beaucoup de gravité, de discernement et de sagesse. Ambroise, sur le témoignage de personnes dignes de foi, raconte dans l'article qui regarde l'abbé Tason, successeur de Paldon, que son zèle pour l'observance régulière fit repentir quelques moines de la communauté de l'avoir choisi, et qu'ils pensèrent à le déposer, pour mettre à sa place Taton, plus âgé que lui de plusieurs années. Le pape Grégoire II, que l'on fit juge de ce différend, blâma leur conduite et leur imposa une pénitence. La mort prompte dont la plupart furent frappés peu de temps après fut généralement regardée comme un châtiment de leur rébellion. Toutefois il y a lieu d'espérer que Dieu leur a fait miséricorde ; mais peut-être, ajoute Ambroise, ont-ils eu besoin de passer par le feu du purgatoire pour se purifier entièrement de leurs péchés.

Commentaires et homélies. — La Chronique de Saint-Vincent, déjà citée, met parmi les ouvrages d'Ambroise Autpert plusieurs commentaires sur l'Ecriture, et notamment sur le Lévitique, l'Exode, les Nombres, le Deutéronome, le Cantique des cantiques, le livre de Josué et les Psaumes ; mais l'authenticité de ces livres lui est contestée par plusieurs des critiques anciens, ordinairement les mieux renseignés et ceux dont la décision a le plus de poids ; nous pensons donc avec eux qu'il n'y a pas plus de raison de les attribuer à Autpert qu'à tout autre écrivain ecclésiastique du nom d'Ambroise.

Il en est de même des homélies sur lesquelles on n'a pas des données plus certaines. On croit généralement qu'il en a composé, mais personne ne peut en assigner le nombre, ni en indiquer le sujet, si ce n'est qu'elles étaient sur les Evangiles. Dom Martenne en a publié trois sous le nom d'Autpert, et quoiqu'elles lui soient contestées par plusieurs critiques, nous croyons que ce sont les seules que l'on puisse revendiquer pour lui avec quelque vraisemblance. La première, qui est sur la *cupidité*, est tout à fait dans son style. Il y démontre que la cupidité est la racine de tous les maux, la source de tous les vices, vice commun à toutes les classes de la société, depuis la misère jusqu'à l'opulence, mais vice inhérent à la richesse, qui possède tous les moyens de le satisfaire. C'est donc contre les riches principalement qu'il invective, contre les juges qui vendent la justice, contre les avares qui abusent de leurs richesses. Il représente aux uns et aux autres l'instabilité de la vie présente, et dans la vie future les supplices destinés à ceux qui auront mal vécu. Il leur prescrit les moyens d'éviter ces supplices, en quittant la voie large qui conduit à la perdition pour entrer dans la voie qui conduit à la vie. — La seconde homélie est sur la *Purification*. Autpert y donne l'explication de l'évangile qu'on a coutume de lire ce jour-là. Il est tiré du chapitre II de saint Luc ; mais au lieu de la finir au 32e verset, comme nous le faisons aujourd'hui, on ne le finissait alors qu'au 40e. Voici ce qu'elle contient de remarquable : « Si l'on fait attention au mystère qui fait l'objet de cette fête, dit-il, elle doit être aussi solennelle pour nous que les fêtes de Noël, de l'Epiphanie, de la Circoncision ; à Rome, on la célébrait avec toute la pompe d'un grand jour. Tous les fidèles de la ville se rassemblaient en un même lieu pour la solenniser de concert, chacun ayant un cierge à la main. L'entrée de l'église était défendue à quiconque ne portait pas ce symbole visible de la lumière intérieure de la foi, nécessaire à ceux qui venaient au temple, pour offrir Jésus-Christ, ou plutôt pour le recevoir. » L'ablution que l'on fait pour l'enfant n'est point dans le but de le racheter, puisqu'il n'est pas né pécheur ; Marie, non plus, n'avait pas besoin d'être purifiée, puisqu'elle n'avait pas conçu d'après les voies ordinaires ; mais il n'est pas surprenant qu'elle se soumette à la loi que son fils n'était pas venu enfreindre mais accomplir. » Il parle ensuite de l'offrande ordinaire de deux tourterelles et de deux colombes, et il dit qu'il est croyable que Marie offrit l'un et l'autre pour ne rien omettre de ce qui était la figure de l'Eglise. Il dit aussi que le glaive dont son âme devait être percée devait s'entendre de ses tribulations et de ses douleurs au pied du Calvaire où son fils devait mourir crucifié.

Autpert établit clairement la distinction des deux natures en Jésus-Christ, et leur union en une seule personne. Enfin, la troisième homélie est sur la *Transfiguration*. On y reconnaît le style et le génie d'Ambroise Autpert ; elle est reproduite sous son nom dans les plus anciens manuscrits, et il y en a même quelques-uns qui affirment qu'elle fut prononcée devant les moines de Saint-Vincent. C'est une explication allégorique et morale de l'évangile du jour. Par la pierre sur laquelle Jésus-Christ dit qu'il bâtira son Eglise, il entend, non saint Pierre, mais Jésus-Christ lui-même.

On attribue encore à Ambroise Autpert deux autres homélies, l'une sur l'Assomption de la sainte Vierge, et l'autre sur son Annonciation ; un discours sur la Dédicace de l'Eglise ; un traité sur les péchés mortels, multipliés par sept, et un recueil de lettres. De ces homélies et de ce discours il reste encore quelques fragments, mais rien ne prouve qu'ils soient réellement son ouvrage ; du traité, nous n'avons que peu ou point de connaissance, et de ses lettres nous ne possédons que celle qu'il écrivit au pape Etienne III pour soumettre à son approbation le *Commentaire sur l'Apocalypse*, et qui se trouve imprimée en tête de ce livre.

Il suffirait presque de lire les œuvres d'Ambroise Autpert pour connaître sa vie, ou du moins pour retrouver l'homme moral sous les enveloppes de l'écrivain. Son style est comme sa personne, clair, simple, facile et net. Il parle avec gravité, il juge avec discernement, il conclut avec sagesse. Dans tout ce qu'il a écrit on retrouve, soit pour lui, soit pour les autres, comme un parti pris de rectitude et de sainteté. Aussi, quels qu'aient été ses succès pour la perfection de ses moines, on peut dire qu'il a réussi complétement pour lui même, puisque l'Eglise l'honore sous le titre de bienheureux.

AMÉ, qu'on dit avoir été Béarnais de naissance, fut élevé, en considération de ses mérites, sur le siége épiscopal d'Oléron vers l'an 1073, et établi par Grégoire VII son légat dans la Gaule Narbonnaise, la Gascogne et l'Espagne. Au commencement de l'année suivante, il tint à Poitiers un concile pour la dissolution du mariage de Guillaume, duc d'Aquitaine, avec Aldéard, sa parente. Ils se séparèrent en effet, et le pape en écrivit au duc pour le louer de sa soumission aux ordres du saint-siège. En 1077, Amé fut envoyé en Espagne, avec l'abbé de Saint-Pons de Tomières, pour faire revivre le royaume les droits du siége apostolique que les Sarrasins avaient abolis. Il assembla un concile à Gironne, et un second au château de Bezalu, où il excommunia Guifroi, archevêque de Narbonne, qui s'était rendu indigne de l'épiscopat. En 1079, Grégoire VII, écrivant à Centule, vicomte de Béarn, pour l'exhorter à se séparer de sa femme qui était sa parente, et à faire pénitence, lui conseillant de prendre là-dessus les avis de son légat Amé. Il l'envoya la même année dans la Bretagne, pour arrêter le cours des fausses pénitences qu'on introduisait dans cette province. Il présida au concile de Bordeaux, tenu en octobre de la même année, et à un autre qui s'y tint en 1080, et dans lequel Bérenger fut obligé de rendre compte de sa foi. Le siége de Bordeaux étant venu à vaquer, Amé fut choisi, en 1089, par le concile de la province pour le remplir. Il se trouva, en 1095, au concile de Clermont avec le pape Urbain II, qu'il reconduisit jusqu'à Rome, après l'avoir toutefois engagé à passer par Bordeaux et à y consacrer son église cathédrale. Le détail des affaires qu'Amé termina pendant sa légation nous mènerait trop loin; nous en avons touché quelques-unes; le reste se présentera dans l'examen de ses ouvrages. Il mourut le 22 mai 1101.

Lettres. — Amé n'était encore qu'évêque d'Oléron, mais légat du saint-siège, lorsqu'il écrivit à Rodulphe, archevêque de Tours, en 1079, pour l'inviter à un concile qu'il devait tenir à Bordeaux sur la fin de septembre de la même année. Il chargeait en même temps ce prélat, de faire arrêter l'abbé de Saint-Savin, qui, convaincu de simonie en présence de ses moines assemblés en chapitre, s'était enfui, emportant avec lui des reliques et des ornements de son église. Il le priait de le renvoyer à l'évêque de Poitiers, ou au moins les effets qu'il avait soustraits à son monastère. Il ordonnait au même archevêque de citer devant lui Geoffroi de Prully, comte de Vendôme, et de l'obliger, sous peine d'excommunication, à quitter la femme qu'il avait épousée contre la loi de Dieu. Cette lettre a été reproduite par Jean Maan, dans son *Histoire de l'Eglise de Tours*, Paris, 1667. — Il y a une seconde lettre d'Amé, écrite en qualité d'archevêque de Bordeaux et adressée à Geoffroi, abbé de Vendôme, à qui il donne avis qu'on lui avait restitué l'église de Saint-Georges, au diocèse d'Oléron. Il écrivit, en 1090, au pape Urbain II, pour l'engager à prendre sous sa protection les chanoines réguliers de Saint-Antonin en Rouergue; et en 1099, il fit restituer à Foulques, abbé de Sainte-Croix, à Bordeaux, l'église de Saint-Michel qu'on lui disputait.

Canons du concile de Gironne. — On doit regarder les canons du concile de Gironne comme son ouvrage. Dom Martenne leur a donné place dans le IVe volume de ses *Anecdotes*. Sept évêques, avec l'archidiacre d'Urgel, qui représentait son évêque, assistèrent à ce concile. On y fit treize canons, dirigés presque tous contre les prêtres simoniaques et concubinaires. Quelques-uns même supposent que jusque-là le mariage avait été toléré dans le clergé, puisque le premier déclare privés de leur grade et de leurs fonctions ceux qui se marieront à l'avenir; et que le second défend aux enfants des prêtres, des diacres et des sous-diacres, de jouir dans la même église, des honneurs de leurs pères. La plupart de ces canons avaient été publiés déjà dans un autre concile, tenu dans la même ville dix ans auparavant, par huit évêques, deux députés pour des évêques absents, et sept abbés, qui avaient à leur tête le légat Hugues Leblanc, cardinal de la sainte Eglise romaine. Il y fut ordonné de plus que l'on payerait la dîme et les prémices, tant des ouvrages des mains que des fruits de la campagne, des moulins, des jardins, des arbres et des animaux, et que ceux qui, après avoir répudié leur femme, en avaient épousé une autre, la répudieraient pour reprendre la première.

Nous ne connaissons pas d'autres ouvrages du pieux archevêque de Bordeaux. Ses devoirs de légat l'obligeaient à une action trop incessante pour lui laisser le temps d'écrire des ouvrages de longue haleine et qui eussent demandé de profondes méditations.

AMÉ, moine du Mont-Cassin, était originaire de la Campanie, et fut élevé à l'épiscopat, mais on ne sait de quelle église. Pierre Diacre en parle comme d'un poëte admirable, et donne pour preuve de sa capacité en ce genre, son poëme sur les Actes des apôtres saint Pierre et saint Paul dédié à Grégoire VIII, et divisé en quatre livres. Les autres ouvrages qu'il lui attribue sont l'*Eloge* de ce pape, un traité *des douze prières*, un autre *de la Jérusalem céleste*, et huit livres de l'*Histoire des Normands*, qu'il adressa à l'abbé Didier, connu depuis sous le nom de Victor III. Baluze et dom Mabillon conjecturent que cet Amé est le même qui fut archevêque de Bordeaux et légat du pape

Grégoire VII; mais les raisons qu'ils en donnent ne nous paraissent pas fondées.

AMÉDÉE, d'abord religieux de l'ordre de Cîteaux, ensuite abbé de Haute-Colombe, fut fait évêque de Constance en 1148. Il est parlé de lui dans la 34ᵉ lettre de Nicolas de Clairvaux, dans la Chronique de Cîteaux par Aubert le Mire, et dans la Vie de saint Bernard par Alain d'Auxerre et Arnauld de Bonneval. Il est auteur de huit sermons tous à la louange de la sainte Vierge. Dans les deux derniers, il célèbre le triomphe de son Assomption, et ne doute nullement qu'elle n'ait été élevée au ciel en corps et en âme, sans que sa chair ait été assujettie à la corruption de la mort. Ces discours sont écrits avec élégance, et sont pleins de sentiments de piété. On croit qu'Amédée de Constance mourut le 27 septembre de l'an 1160. Il ne faut pas le confondre avec un autre Amédée, de l'ordre des Franciscains, mort en 1482.

AMOLON, diacre de l'église de Lyon, disciple d'Agobard et ensuite son successeur sur le siège de cette métropole, la gouverna avec beaucoup de zèle et de sagesse, depuis son élection, en 840, jusqu'au moment de sa mort, en 852. Il jouit d'une grande considération auprès du roi Charles le Chauve, qui suivait volontiers ses conseils, et du pape Léon IV, à qui ce prince l'avait apparemment recommandé. Loup, abbé de Ferrières, parle d'un concile assemblé à Lyon au sujet du prêtre Godelgaire. Les autres actes de son épiscopat ne nous sont connus que par ses écrits, dont nous allons donner l'analyse. Quoiqu'il ne nous en reste qu'un petit nombre, on peut dire cependant qu'ils suffisent pour nous inspirer une idée avantageuse de son esprit et de son savoir.

Lettre à Théobalde. — Le principal est une lettre curieuse à Théobalde, évêque de Langres, sur de prétendues reliques apportées de Rome par des moines vagabonds, et sur des convulsions que quelques femmes éprouvaient en présence de ces reliques et qu'on voulait faire passer pour des miracles. Ces prétendus miracles se multiplièrent à un tel point et avec des circonstances habituellement si compromettantes, que Théobalde résolut de consulter Amolon, son métropolitain, pour savoir ce qu'il devait faire des reliques et penser des convulsions qui agitaient toutes les personnes qui les approchaient pour les vénérer. Amolon répondit que ces reliques ne présentant aucune preuve d'authenticité, il fallait les retirer de l'église et les enterrer dans un lieu convenable, sans les laisser plus longtemps exposées à la vénération des peuples. Il rapporte le décret du pape Gélase qui recommande, en pareil cas, les plus grandes précautions pour ne pas fournir au peuple ignorant matière à superstition. Il entre ensuite en matière, et discute la réalité des miracles qui s'opéraient à leur approche ou à leur contact. « Qui donc, dans les églises ou aux tombeaux des martyrs, dit-il, a jamais entendu parler de ces sortes de miracles, qui, bien loin de guérir les personnes, font perdre à celles qui se portent bien la santé et la raison? A-t-on jamais vu d'exemples que des filles innocentes, guéries par les prières des saints, soient frappées de nouveau si elles retournent chez leurs parents; ou que les saints guérissent les femmes pour les séparer de leurs maris et les punir plus cruellement si elles tentent de se réunir à eux? » Il rappelle quelques faits semblables qui avaient signalé l'épiscopat de son prédécesseur, et les ordonnances sévères qu'Agobard avait publiées pour faire cesser ces impostures. Il recommande aux fidèles de demeurer chacun dans leurs paroisses, et, en cas de maladie, de faire venir, selon le précepte de l'Apôtre, les prêtres pour prier sur eux avec l'onction de l'huile donnée au nom du Seigneur. Amolon ne défend pas aux peuples de visiter les églises des saints, mais il remarque qu'il y a des jours solennels où ils peuvent le faire avec plus de piété et de dévotion, par exemple aux jours des Rogations et des processions indiquées pour les différents besoins, en carême, aux fêtes des saints et même en d'autres jours, pourvu que ces visites se fassent en silence et sans ostentation. Il joignit à sa lettre une copie de celle qu'Agobard écrivit à l'évêque de Narbonne en pareille circonstance.

Lettre à Gothescald. — Il y avait déjà quelque temps qu'il s'était élevé en France une grande contestation au sujet de la prédestination et de la grâce, lorsque Amolon reçut du moine Gothescald, prisonnier à Hautevillers, un écrit adressé aux évêques qui avaient eu part à sa condamnation. Amolon, jugeant imprudent de communiquer avec un homme condamné, mais dur aussi de rejeter la prière d'un malheureux, résolut de lui écrire, mais en adressant sa réponse à Hincmar, son évêque et son métropolitain. Il lui témoigne sa douleur des nouveautés qu'il avait répandues en Germanie, et des questions inutiles qu'il y avait agitées. Il lui affirme que la lecture de ses écrits lui avait fait connaître combien ses sentiments étaient dangereux et contraires à la doctrine de l'Eglise. Amolon les réduit à sept propositions, auxquelles il oppose ce que l'Eglise nous enseigne sur chacune. Ce que vous affirmez d'abord, lui dit-il, qu'aucun de ceux qui sont rachetés par le sang de Jésus-Christ ne peut périr, blesse toutes nos croyances, puisqu'il résulte de votre opinion qu'aucun baptisé ne saurait être damné, ou que les baptisés qui se damnent n'ont pas reçu le véritable baptême, ni participé aux grâces de la rédemption. La seconde proposition portait que les véritables et très-saints sacrements de l'Eglise, le baptême, l'eucharistie, l'imposition des mains ne sont donnés que pour la forme à ceux qui périssent, parce qu'ils ne sont pas rachetés du sang de Jésus-Christ. Or, il est prouvé par les témoignages de l'Ecriture que les sacrements produisent leurs effets dans ceux-là mêmes qui ne persévèrent pas dans le bien. Gothescald disait, dans sa troisième proposition, que les enfants et les adultes baptisés qui ne sont pas au nombre des élus, n'ont jamais été membres de Jésus-Christ ni de son Eglise, pas même au moment du baptême. Amolon taxe de blasphème contre Dieu la quatrième proposition portant que les réprouvés sont tellement prédestinés à la mort éternelle qu'aucun d'eux ne peut être sauvé. Cette idée préoccupait Gothescald, au point qu'il en fit l'objet de sa cinquième proposition, quand il dit que la prédestination des réprouvés à leur perte est aussi irrévocable que Dieu est immuable. La sixième proposition, en établissant que Dieu et les saints se réjouissent de la perte des réprouvés, est horrible et contraire à tous les enseignements de l'Ecriture, car Dieu ne veut pas la mort de l'impie, mais qu'il se convertisse et qu'il vive. Enfin, la septième proposition n'était qu'une diatribe de Gothescald contre les évêques qui l'avaient condamné. Il les traitait d'hérétiques et de rabanistes, au mépris de Raban Maur, un des plus savants évêques de son temps : Amolon lui fait sentir vivement ses égarements et ses excès; au lieu de travailler à les réparer par son repentir et par ses larmes, il lui reproche de n'avoir à la bouche que des paroles d'amertume et de malédiction contre l'Eglise et ses pasteurs. Mais il se radoucit bientôt et l'exhorte à l'humilité et à l'obéissance. Il le renvoie à un concile des Gaules qu'on croit être le second concile d'Orange, tenu sous saint Césaire d'Arles, en 529, pour y apprendre ce qu'il devait croire sur la grâce et le libre arbitre, sur la prescience et la prédestination. Cette lettre à Gothescald respire d'un bout à l'autre la douceur et la modération ; ses erreurs y sont réfutées avec un ton de charité toute paternelle, et rien n'eût été plus propre à l'en tirer, si, chez cet infortuné comme chez tous les hérésiarques, l'esprit d'orgueil ne fût venu au secours de l'esprit de mensonge.

Sur la grâce et la prédestination. — On a encore d'Amolon des opuscules où les questions de la grâce, de la prédestination et du libre arbitre sont traitées suivant les principes de saint Augustin. Le premier est un opuscule intitulé : *Réponse à la question d'une certaine personne.* Quelques-uns l'ont attribué au diacre Florus, mais dans un manuscrit de Trèves il est donné sous le nom d'Amolon, et il précède sa lettre à Gothescald. L'auteur y enseigne trois choses : la première, que la prescience de Dieu n'impose à l'homme aucune nécessité d'agir; la seconde, que, comme Dieu a prédestiné ses élus, afin qu'ils fussent bons avec le secours de sa grâce, par un juste jugement il a prédestiné les réprouvés à la damnation éternelle, non parce qu'ils n'ont pu se sauver, mais parce qu'ils ne l'ont pas voulu ; de sorte qu'ils sont eux-mêmes la cause de leur perte et les artisans de leur damnation. La troisième, que Dieu, en faisant l'homme, lui a donné le libre arbitre ; mais ce libre arbitre ayant été vicié et corrompu par le péché, n'a plus de force pour faire le bien s'il n'est renouvelé par la foi du seul Médiateur et par le don du Saint-Esprit.

Le second est sans commencement et sans titre, le P. Sirmond l'attribue à Amolon, parce qu'il suit sa lettre à Gothescald, et l'on peut dire aussi qu'il est assez du génie de cet évêque. Voici ce qu'il contient : c'est par la grâce que les hommes sont sauvés en Jésus-Christ, l'unique Médiateur, c'est-à-dire par un don tout gratuit de la bonté de Dieu, et qu'aucun mérite antérieur n'a provoqué. C'est par cette grâce que Dieu le Père attire à son Fils ceux qu'il lui plaît de choisir, et qu'il les attire non par nécessité ni par contrainte, mais par la douceur toute volontaire du plaisir et de l'amour, selon cette parole du Fils lui-même : *Nul ne peut venir à moi si mon Père qui m'a envoyé, ne l'attire.* Nous devons croire aussi à la prescience, par laquelle Dieu connaît, dans sa sagesse éternelle, toutes les choses futures, et les bonnes qu'il fait et qu'il récompense, et les mauvaises qu'il ne fait pas, mais qu'il juge et condamne. Nous devons croire encore à la prédestination et à l'élection des saints, non pas dans ce sens que Dieu les a prédestinés parce qu'il a prévu qu'ils deviendraient justes d'eux-mêmes, mais il les a prévus et prédestinés, pour les justifier gratuitement par sa grâce.— Enfin, nous devons croire que le libre arbitre a été donné à l'homme dès le commencement, mais qu'il a été tellement vicié par le péché d'Adam, qu'il ne peut plus s'élever jusqu'à l'amour de la vérité et de la justice, s'il n'est excité, soutenu et fortifié par la grâce de Jésus-Christ. On ne prêche pas cette doctrine pour ôter à l'homme fidèle l'espérance du salut, mais pour lui inspirer les sentiments d'humilité qui l'engagent à se remettre entre les mains de Dieu et à attendre tout du secours de sa grâce et de sa bonté.

Recueil des sentences de saint Augustin. — Le P. Sirmond, toujours sur l'autorité du même manuscrit, fait encore Amolon auteur d'un recueil des sentences de saint Augustin sur la prédestination, la grâce et le libre arbitre. En le lui attribuant, il faut reconnaître qu'il a été un des disciples les plus fidèles de ce Père, et des plus attachés à sa doctrine. Il la regarde comme la règle infaillible de la foi catholique sur la transfusion du péché d'Adam dans tout le genre humain ; sur le libre arbitre vicié dans le premier homme et rétabli par le second ; sur la grâce de Dieu par laquelle le genre humain est sauvé ; sur la forme de la justice des fidèles en cette vie ; sur l'utilité de la correction et des exhortations ; sur la prédestination, la vocation et l'élection des élus ; sur le don de la persévérance et sur l'avantage que l'on retire des prières, des aumônes et des autres œuvres de piété. Ce recueil est composé de six chapitres, et chaque chapitre est divisé en plusieurs articles, dans lesquels il établit la doctrine de l'Eglise par des passages de saint Augustin, en indiquant avec soin les endroits de ses livres auxquels il les avait empruntés

Traité contre les Juifs.—Nous avons vu à l'article d'Agobard tous les mouvements que cet archevêque s'était donnés pour arrêter les empiétements des juifs. Cependant tant de précautions ne les empêchèrent pas de se maintenir à Lyon, jusque sous l'épiscopat de son successeur. Amolon écrivit contre eux un petit traité rempli d'érudition, que le P. Chifflet attribue faussement à Raban Maur, quoique Trithème affirme l'avoir lu sous le nom de son véritable auteur. Le but d'Amolon, dans ce traité, est d'obliger les Juifs à se contenir dans les bornes qui leur sont prescrites par les lois de l'Eglise et de l'Etat, de manière à ce que leur commerce ne puisse en aucune sorte porter atteinte à la religion chrétienne. C'est pourquoi Amolon rapporte les lois et les décrets, tant des conciles que des empereurs, contre les Juifs.—Il est à remarquer que ceux qui ont parlé des ouvrages de Raban ne lui ont jamais donné ce traité, et ce qui prouve qu'il n'est pas de lui, c'est que l'auteur affirme qu'il était évêque en 846, c'est-à-dire un an avant que Raban fût élevé à l'épiscopat. On ne retrouve nulle part aucun monument historique qui atteste que Raban ait jamais fait des plaintes contre les juifs de son diocèse, ni porté aucun décret contre eux ; tandis que l'auteur de ce traité dit qu'en attaquant les Juifs il ne fait que suivre les vestiges de son prédécesseur, qui avait beaucoup écrit contre ceux de cette nation. Or il n'est personne qu'Amolon à qui cette particularité puisse s'appliquer avec plus de justice et de vérité. Du reste elle se trouve justifiée autant par les habitudes de son zèle que par la nécessité de sa position.

AMMON (saint), appelé *Amoün* en langue syriaque, était Egyptien de naissance et issu d'une famille noble et riche. Demeuré orphelin à l'âge de vingt-deux ans, ses tuteurs l'obligèrent à se marier. Le jour des noces, il se prêta à toutes les cérémonies accoutumées, se couronna, accompagna son épouse dans la chambre, et jusque sur le lit nuptial ; mais après que tout le monde se fut retiré, il se leva, s'assit sur un siége, et lut à sa femme l'éloge que saint Paul fait de la virginité. Aidé de la grâce de Dieu, qui le prédestinait à ses desseins, il lui persuada facilement de s'engager à vivre avec lui dans une continence perpétuelle. Ammon fut le premier solitaire qui habita la montagne de Nitrie, où il donna naissance à ces monastères qui depuis devinrent si célèbres dans l'Eglise. Il y vécut vingt-deux ans, mais il en descendait deux fois l'année pour aller voir sa femme. Ils n'usaient l'un et l'autre que de pain sec, et passaient quelquefois un ou deux jours sans manger. On rapporte de lui un grand nombre de miracles, dont la réputation se répandit jusqu'à la montagne de saint Antoine, où il était fort connu de ce grand anachorète qu'il allait quelquefois visiter, quoique sa Thébaïde fût à treize journées de Nitrie. Il était aussi très-connu de saint Athanase, à qui il écrivit pour le consulter sur quelques scrupules de ses moines, et de qui il reçut une réponse dans laquelle ce grand patriarche l'exhortait à leur interdire toute question oiseuse, toute dispute inutile et capable de les détourner de leurs habitudes ordinaires de prière et de méditation. L'année de la mort de saint Ammon ne paraît pas certaine, mais on croit communément qu'elle arriva vers l'an 345. Sozomène paraît le mettre entre ceux qui florissaient sous le règne de Constantin, dès avant le concile de Nicée.

Synésius, répondant à une personne qui lui avait demandé si l'étude des livres était nécessaire, fait voir que non, quand l'esprit est sain et le cœur pur ; et il propose à ce sujet l'exemple d'Ammon l'Egyptien, qui vraisemblablement est celui de Nitrie. Il affirme qu'un tel homme peut, par la seule force de son raisonnement, et sans avoir besoin de recourir à la méthode enseignée par la philosophie, arriver à la contemplation la plus sublime, et à la connaissance de la vérité la plus parfaite, parce que des hommes tels qu'Ammon et Antoine possèdent un caractère et un génie à qui il est également facile de vouloir et d'exécuter.— Nous n'avons plus la lettre de saint Ammon à saint Athanase ; mais on a de lui, dans le recueil des œuvres de saint Ephrem, un discours divisé en dix-neuf articles et traduit par Gérard Vossius. Saint Ammon y exhorte ses disciples à imiter les humiliations de Jésus-Christ, à regarder comme une gloire les opprobres qu'ils souffriront de la part des hommes pour la cause de Dieu ; à prier pour ceux qui les leur avaient fait subir, toutes les fois qu'ils s'en souviendraient ; à s'affliger, au contraire, des honneurs et des louanges, en demandant à Dieu de les en priver, parce qu'ils s'en étaient rendus plus indignes que le reste des hommes par leurs péchés ; à éviter avec soin tout ce qui peut blesser la pureté de l'âme ; à conserver l'humilité du cœur dans leurs discours, dans leurs vêtements et dans leurs actions ; à implorer chaque jour la miséricorde de Dieu, dans l'attente continuelle de la mort, sans se laisser jamais aller au rire et à la joie ; à mortifier leur corps par le travail et le jeûne ; à nourrir leur âme de la méditation des saintes Ecritures ; à garder partout la modestie qu'ils observent pendant la célébration des saints mystères ; à conformer leur volonté à celle de Dieu dans tous les événements de la vie. Il veut que, quelque bien qu'ils fassent, ils se persuadent qu'ils n'ont jamais rempli leur devoir ; que dans les événements fâcheux ils ne laissent échapper aucune parole, qu'ils n'aient auparavant rendu la tranquillité à leur cœur par la prière. S'il s'agit de la correction fraternelle, bien loin d'y mettre de la colère, ils doivent au contraire y mettre beaucoup de douceur, et veiller avec autant d'assiduité sur eux-mêmes, que si dans le moment ils devaient mourir, ou se trouver assaillis de quelque grande tentation. Qu'ils ne désirent rien que ce qu'il plaira à Dieu de leur donner, ne recevant que des fruits de justice et non d'iniquité, parce qu'il vaut mieux posséder peu avec la crainte du Seigneur, que beaucoup par une injustice. Qu'ils ne parlent que quand il y aura nécessité, c'est-à-dire après qu'ils auront remarqué qu'il vaut mieux parler que se taire. Enfin, que, comme ils s'abstiennent de la fornication, ils évitent aussi de pécher par les yeux, par l'âme, par la bouche; qu'ils ne jettent jamais de regards sur une femme sans nécessité; qu'ils n'écoutent point la médisance et ne perdent jamais leur temps à des discours inutiles.

AMMONIUS SACCAS, ainsi nommé parce qu'il fut, dit-on, porte-sacs dans sa jeunesse, était natif d'Alexandrie, et vivait vers la fin du II° siècle. Ses parents, qui étaient pauvres et chrétiens, l'avaient élevé dans leur religion. Dégoûté de l'état pénible qu'il exerçait, il le quitta pour se livrer à l'étude de la philosophie, dans laquelle on croit qu'il eut pour maître Pantænus. Au bout de quelques années, il ouvrit une école et se fit un grand nombre de disciples, dont les plus célèbres furent Hérennius, Origène, Plotin, Adamance, Longin et Olympe d'Alexandrie. On regarde ordinairement cette école comme la première de la philosophie éclectique, ou des nouveaux platoniciens. Ammonius, au rapport d'Hiéroclès, sut faire briller la lumière au milieu des ténèbres de tous les systèmes, et rendre un corps visible à cette science si difforme et si défigurée. Il pénétra dans les véritables sentiments d'Aristote et de Platon, en fit ressortir la conformité dans les points les plus importants, et enseigna à ses disciples une philosophie toute calme, toute paisible, et exempte de ces disputes qui faisaient dégénérer l'argumentation en combat. Il y a lieu de croire qu'en instruisant ses disciples dans la philosophie de Platon, Ammonius ne négligeait rien pour leur inspirer en même temps l'amour de Jésus-Christ, qui est cette vérité même et cette sagesse immuable dont Platon veut que nous approchions sans cesse jusqu'à ce que nous lui soyons complètement unis. C'est au moins ce qu'on peut conjecturer du zèle qu'il témoigna pour la vérité dans les livres qu'il écrivit, soit pour la défendre, soit pour la persuader aux autres.

Eusèbe et saint Jérôme parlent d'un de ses livres qui avait pour titre : *De la conformité de Moïse avec Jésus*. Ammonius en avait composé beaucoup d'autres, mais il n'en est qu'un seul qui soit arrivé jusqu'à nous; c'est une *Concorde des quatre évangélistes*. On la trouve au commencement du VII° tome de la *Bibliothèque des Pères*. Cette concorde commence par saint Luc, parce que l'ordre de la narration l'exigeait ainsi; cependant elle rapporte presque tous les autres évangélistes à saint Matthieu, en joignant au texte de celui-ci les extraits des trois autres. Ensuite, pour distinguer, dans cette Concorde, ce qui appartient à chaque évangéliste en particulier, et ce qui est dit par un ou par plusieurs en même temps, Ammonius inventa ce que saint Jérôme appelle des canons évangéliques, qui depuis ont été imités par Eusèbe. Victor de Capoue parle de ces canons, mais les copistes les ont négligés, et nous n'en trouvons plus qu'au commencement de quelques Bibles grecques et latines. Baronius remarque que cette Concorde est composée uniquement du texte des écrivains sacrés, sans y ajouter un mot, ni en retrancher un seul. On a attribué à Ammonius une *Vie d'Aristote* et des Commentaires sur sa philosophie; mais Photius assure qu'ils sont d'un auteur du même nom, qui vivait sous l'empire d'Anastase.

Les écrits d'Ammonius lui méritèrent l'estime des critiques les plus savants et les plus judicieux. Eusèbe témoigne que de son temps ils étaient entre les mains de tous ceux qui aimaient les belles choses. Saint Jérôme loue en particulier, comme une pièce pleine d'élégance, son traité *de la conformité de Moïse avec Jésus-Christ*, et il appelle l'auteur un homme éloquent et un habile philosophe. Longin, qui avait été son disciple, dit de lui, et d'un autre qu'il ne nomme pas, qu'ils surpassaient de beaucoup en intelligence et en lumière tous ceux qu'il avait connus. Enfin Porphyre le regardait lui-même comme le plus grand philosophe de son siècle.

AMPHILOQUE (saint), que saint Jérôme met au rang de saint Basile et de saint Grégoire de Nazianze, tant pour la science ecclésiastique que pour les connaissances profanes, était comme eux originaire de Cappadoce. Il exerça dans sa jeunesse la profession de rhéteur, puis celle d'avocat, et s'acquit beaucoup de réputation dans l'une et dans l'autre. Il se retira ensuite dans la solitude, par le conseil de saint Grégoire de Nazianze, pour s'y consacrer entièrement à Dieu. Amphiloque se trouvant à Icone au moment où cette ville était privée de son pasteur, le clergé et le peuple se réunirent d'une voix unanime pour le porter sur ce siège. On croit que saint Grégoire de Nazianze ne fut pas étranger à cet événement, qui est de l'an 374. Le ministère pastoral lui inspirait tant de crainte, qu'il fallut l'enlever de force pour l'honorer de la dignité épiscopale, et lui confier le gouvernement de toute la Lycaonie. Cependant le nouveau prélat se fit bientôt connaître par son zèle et ses talents. Il parut avec éclat dans plusieurs conciles. Il en tint un à Icone, contre les macédoniens; saint Basile ne put s'y trouver, mais son livre du Saint-Esprit, qu'il avait envoyé à saint Amphiloque, y parla pour lui. Après ce concile, tenu en 376, il se trouva, en 381, au concile général de Constantinople, et présida à celui de Side en Phamphilie, où furent condamnés les Messaliens, dont l'hérésie naissante commençait à infecter son troupeau. Enfin, il assista encore à un second concile de Constantinople, qui se tint en 383, et il y a toute apparence que ce fut à cette époque que se produisit un fait que Sozomène et Théodoret lui attribuent dans leur Histoire. L'empereur Théodose lui ayant refusé une loi pour défendre aux ariens de tenir leurs assemblées, il affecta, dans une circonstance, de ne point rendre au jeune Arcadius, nouvellement créé Auguste, les honneurs d'usage. Théodose lui en témoigna sa surprise et son mécontentement. « Eh quoi ! seigneur, lui répondit Amphiloque, vous ne voulez pas qu'on manque de respect à votre fils, et vous souffrez ceux qui blasphèment contre le Fils de Dieu ! » Cette prompte répartie produisit son effet ; car l'empereur rendit aussitôt une loi pour défendre les assemblées publiques de tous les hérétiques. On ignore l'époque précise de la mort de cet évêque ; on sait seulement qu'il vivait encore en 394, et qu'il mourut dans un âge très-avancé. L'Église célèbre sa fête le 23 novembre.

Il avait composé plusieurs ouvrages contre les hérésies de son temps, et spécialement contre les messaliens. Il ne nous en reste que des fragments assez longs, dans les conciles d'Ephèse et de Chalcédoine, et dans les auteurs ecclésiastiques de cette époque. Cotelier a publié sa lettre aux évêques macédoniens, à l'occasion du concile d'Icone. Cette lettre est une réponse à celle que lui avaient adressée plusieurs évêques de la Macédoine, pour lui demander d'une voix unanime de se réunir à l'Église catholique ; mais ils voulaient savoir pourquoi le concile de Nicée, n'ayant rien décidé touchant la divinité et la consubstantialité du Saint-Esprit, on s'obstinait à les obliger à la confesser. Il paraît que ces évêques s'étaient laissé entraîner dans le parti des macédoniens. Saint Amphiloque, après avoir loué la constance avec laquelle on disait qu'ils avaient souffert pour la foi de Jésus-Christ, leur affirme, au nom du concile, qu'il reconnaît celui de Nicée pour vraiment catholique et apostolique, qu'il conserve pure la foi qui y fut établie, et souhaite qu'elle demeure inébranlable. Si les Pères de ce concile ont traité fort au long de la divinité du Fils, c'est qu'il était nécessaire d'étouffer l'hérésie d'Arius dans sa naissance, tandis qu'ils n'avaient pas les mêmes raisons de démontrer la divinité du Saint-Esprit, qui n'était alors contestée par personne ; cependant le symbole dressé dans ce concile, en disant positivement qu'il faut croire au Saint-Esprit, comme on croit au Père et au Fils, en dit assez pour qu'il ne soit pas permis d'établir deux natures différentes dans la Trinité. Il y ajoute que, depuis la tenue de ce concile, le démon ayant essayé d'ébranler les Églises et répandu des doutes sur la divinité du Saint-Esprit, il fallait les dissiper, en recourant aux mêmes sources où les Pères de Nicée avaient puisé la foi, c'est-à-dire aux divines Écritures, dans lesquelles Jésus-Christ nous a ordonné de baptiser au nom du Saint-Esprit, aussi bien qu'au nom du Père et du Fils. N'est-ce pas nous obliger par là à le proclamer Dieu au même titre que les deux autres personnes ? Par ce précepte, il détruit en même temps toutes les hérésies qui combattent la divinité du Saint-Esprit, puisqu'il établit un seul Dieu et une seule nature en trois personnes, ou trois hypostases. Car il n'y a point de milieu entre Dieu et la créature : si nous plaçons le Saint-Esprit à ce rang, il ne nous est plus permis de baptiser en son nom. Il exhorta donc ces évêques à joindre le Saint-Esprit avec le Père et le Fils, dans la glorification qui, suivant l'usage de l'Église, terminait les psaumes, les prières et les discours. Il finit sa lettre en affirmant, avec protestation, que ceux qui blasphèment le Saint-Esprit tombent dans un péché irrémissible et encourent la condamnation des Ariens.

Outre cette lettre, saint Amphiloque en avait écrit une autre à Séleuque, neveu de sainte Olympiade ; et Anastase Sinaïte, saint Ephrem et Léonce de Byzance nous en ont conservé quelques fragments. Elle était en forme d'instruction sur le mystère de l'Incarnation. Le saint évêque y établissait également l'union et la distinction des deux natures en Jésus-Christ, sans aucune atteinte pour l'unité de personne. — Ses lettres à saint Basile sur son ordination, une autre au même saint, touchant les Églises d'Isaurie, et une troisième qu'il lui écrivit sur la fête de Noël, ne sont pas venues jusqu'à nous. Saint Amphiloque affirmait positivement, dans cette dernière, que Jésus-Christ, suivant sa nature divine, est consubstantiel à Dieu, et qu'il est consubstantiel à sa mère suivant la nature humaine. Il avait écrit plusieurs discours, qui sont perdus ; nous n'en connaissons que les sujets et les textes, qui nous ont été conservés par les écrivains contemporains. Il y a d'autres passages de ses écrits rapportés dans plusieurs conciles, ainsi que nous l'avons remarqué, dans la réponse de saint Cyrille aux Orientaux, dans saint Jean de Damas, dans Anastase Sinaïte, dans saint Ephrem d'Antioche et dans quelques autres auteurs qui ne marquent pas d'où ils les avaient tirés. Le Père Combefis en rapporte un de la lettre qu'il écrivit à Pancaire, diacre de l'église de Side, dans lequel saint Amphiloque taxe d'impiété et condamne tous ceux qui diraient que Jésus-Christ n'a pas été libre et exempt de toute nécessité dans ses deux natures.

On a attribué à saint Amphiloque plusieurs ouvrages, qui ne sont pas de lui ; entre autres, le poëme à Séleuque, imprimé parmi les œuvres de saint Grégoire de Nazianze, et qui lui appartient ; huit homélies, dont le style dur, embarrassé et presque sans aucune élégance, conviendrait beaucoup mieux à Amphiloque de Cyzique, contemporain et ami de Photius, qui vivait vers l'an 860. Il est probable que c'est la ressemblance des noms qui aura causé cette erreur. Nous ne pouvons rien dire de quelques autres écrits qui portent le nom de saint Amphiloque, puisqu'ils n'ont jamais été imprimés ni même traduits en latin. De ce nombre sont : une exhortation à la vertu, une homélie sur les larmes et le royaume de Dieu, et une autre sur les arbres fruitiers. Holstenius, qui possédait ces trois discours, ne les a pas jugés dignes apparemment d'être livrés à la publicité. Michel Glycas, dans la première partie de ses *Annales*, met saint Amphiloque au nombre des anciens qui ont cru que les anges et les autres créatures invisibles avaient été créés avant le monde matériel et les êtres visibles.

Il serait difficile de juger sainement des écrits de saint Amphiloque par le peu qui nous en reste ; mais sur la parole de saint Jérôme, qui l'assimile à saint Basile et à saint Grégoire de Nazianze, nous croyons pouvoir affirmer sans crainte qu'on n'y trouve pas moins d'éloquence que d'érudition. Plusieurs conciles s'en sont servis pour établir la divinité de Jésus-Christ et la distinction des natures ; et dans leurs actes ils mettent saint Amphiloque au rang des plus saints évêques, et élèvent son autorité à la hauteur de celle des martyrs. Aussi Théodoret, qui vivait peu de temps après lui, lui donne le titre de saint, d'excellent, d'admirable, et le range parmi les plus généreux défenseurs de la foi. Saint Grégoire, qui avait été à même d'apprécier son zèle et sa vertu par l'étroite liaison qui les avait unis, l'appelle un pontife sans tache, un ange et un héraut de la vérité. Peut-on jamais trop regretter la perte des écrits d'un auteur qui, par son savoir autant que par sa piété, a mérité d'aussi grands éloges ?

ANASTASE Ier (saint), pape. — Après la mort du pape saint Sirice, arrivée au commencement de décembre de l'année 398, le saint-siège ne resta vacant que vingt jours, et saint Anastase fut appelé à lui succéder. Il dut son élévation à la gloire que ses travaux et ses combats lui avaient acquise. Saint Jérôme l'appelle « un homme éminent, d'une vie sainte, d'une riche pauvreté et d'une infatigable sollicitude apostolique : *Virum ditissimæ paupertatis et apostolicæ sollicitudinis.* » Le témoignage de saint Innocent, qui lui succéda, n'est pas moins flatteur : « Ses mérites étaient si grands, dit-il, si au-dessus de la mesure ordinaire, qu'ils semblaient excéder les forces de l'humanité...., tant la pureté de sa vie et l'abondance de sa doctrine lui donnaient de force et d'autorité pour gouverner l'Eglise et le peuple de Dieu. *Ejus merita tanta fuere ac talia, ut jam excederent humanæ conversationis consortium..... præ vitæ puritate et abundantia doctrinæ, qua populum Dei toto ecclesiasticæ auctoritatis rigore regebat.* » Pasteur vigilant, il mettait tout son zèle et il consacrait toute son ardeur à veiller à la pureté de l'Eglise de Jésus-Christ, dans la crainte que quelque nouveauté impie ne vînt troubler la foi ou en altérer l'intégrité dans le cœur du troupeau confié à ses soins. Mais, dit toujours saint Jérôme, à qui nous empruntons les plus belles particularités de cette notice, Rome ne mérita pas de conserver longtemps un si grand pontife ; Dieu l'enleva de ce monde pour lui épargner la douleur de voir le sac de sa ville capitale par Alaric, roi des Goths, en 410 ; ou bien plutôt encore, Dieu le ravit à la terre, dans la crainte que par ses prières et par ses larmes il ne parvînt à le fléchir et à lui faire suspendre l'exécution de sa sentence : *Ne semel latam sententiam precibus suis flectere conaretur.* Saint Anastase mourut le 14 décembre de l'année 401, après avoir occupé le siége pontifical trois ans et trois mois environ. C'est l'opinion de Baronius, opinion contestée par quelques-uns, qui n'ajoutent que dix jours aux trois années du règne du saint pontife, mais à laquelle nous n'hésitons pas de nous ranger cependant, parce que nous la voyons appuyée des autorités les plus compétentes en matière de chronologie.

Quoique les assauts livrés à l'Eglise l'aient toujours trouvé à son poste, qu'il n'ait fait défaut à aucun de ses besoins, et qu'il n'ait cessé d'écrire pour sa défense, cependant il ne nous reste de ce zélé pontife que deux lettres : l'une connue depuis longtemps, et adressée à Jean, évêque de Jérusalem, et l'autre découverte dans le dernier siècle, et adressée à Simplicien, évêque de Milan. Ces deux lettres avaient pour but de les prémunir contre les erreurs d'Origène. Nul doute que dans la première Origène n'ait été condamné ; la seule question qui divise les savants, c'est de savoir si Rufin, son traducteur, a été condamné avec lui. La question nous semble résolue par le texte même de la lettre, dans laquelle le saint pontife sépare évidemment les deux causes. La traduction du livre d'Origène et sa doctrine par conséquent s'y trouvent condamnées, comme tendant à obscurcir dans l'esprit des peuples les vérités de la foi, fondées sur la tradition des Pères et des apôtres. Ce sont les termes mêmes qu'il emploie en écrivant à Jean, évêque de Jérusalem : *Hoc igitur mente concepi,..... fidem apostolorum et majorum traditione firmatam..... illum voluisse dissolvere.* Quant à Rufin, il ne condamne point sa personne, et laisse à Dieu le soin de juger de l'intention qu'il avait eue en traduisant le *Périarchon*. « Je l'approuve, dit le saint pontife, si, en dénonçant un pareil fait à l'exécration des peuples, il ne s'est proposé pour but que de démasquer un auteur caché jusqu'ici sous le manteau de sa renommée ; au contraire, si c'est en approuvant de si pernicieuses erreurs, et pour les produire à la connaissance des peuples, qu'il s'en est fait le traducteur et l'interprète, eh bien ! pour tout fruit de son travail et de ses efforts, il n'emportera que la triste satisfaction d'avoir, par son propre jugement, et sur la foi d'une opinion nouvelle et isolée, renversé les dogmes primitifs de la religion, les seuls qui, depuis les apôtres jusqu'à nous, aient réuni tous les chrétiens dans une même croyance et une même foi. »

Dans le paragraphe suivant, le saint docteur déclare, sans détours et sans équivoques, qu'il condamne positivement les erreurs d'Origène. « Loin de l'Eglise romaine, dit-il, une pareille doctrine, qui n'est rien moins que catholique! Certes, il n'arrivera jamais que, par aucun motif, on puisse nous contraindre à admettre des dogmes que notre conscience et les intérêts de la vérité nous forcent de condamner. C'est pourquoi nous espérons que le Christ, dont la providence attentive veille sur tout l'univers, daignera approuver notre sentence. Il nous était impossible de tolérer plus longtemps dans l'Eglise de Dieu des erreurs qui la déshonorent, qui détruisent la sainteté des mœurs, qui font gémir la piété et qui perpétuent les querelles, les dissensions, les haines parmi la société des chrétiens, que Dieu a tous créés frères. » Dans le même paragraphe, le saint pontife parle aussi d'une lettre sur le même objet et dans le même sens, qu'il se propose d'écrire à Vénérius de Milan, qu'il appelle son frère dans l'épiscopat; il promet de veiller au maintien de la foi, et, autant qu'il le pourra par ses écrits et par ses lettres, de prémunir contre l'erreur tous les peuples de la terre, qu'il appelle les parties de son corps. Enfin, il se réjouit et remercie Dieu d'avoir inspiré aux pieux empereur la sage pensée de publier des édits pour interdire aux chrétiens la lecture des livres d'Origène, et il déclare condamnés par la sentence des princes tous ceux que cette lecture impie dénoncera comme coupables. Il revient, en finissant, sur le compte de Rufin, et il reproche à l'évêque Jean de s'obstiner à le poursuivre de ses vagues soupçons; pour le rappeler à des sentiments plus modérés, il lui propose cette sentence du livre des Rois, XIV, 7 : *Non sic homo ut Deus; nam Deus videt in corde, homo videt in facie.* « C'est pourquoi, lui dit-il, ô cher frère ! examinez avec soin si c'est avec intention et dans le but de les approuver, que Rufin a traduit en latin les œuvres d'Origène, et alors il vous sera permis de considérer comme coupable celui qui applaudit aux erreurs des autres. Cependant, sachez bien que nous l'avons tellement perdu de vue, que nous ne tenons pas même à connaître et son séjour et ses actions. A lui de voir désormais où il pourra se faire absoudre. »

C'est ce dernier mot, qui termine la lettre, qui en avait porté plusieurs à croire à une condamnation. Mais il ne s'agit ici de l'absolution d'aucune sentence canonique fulminée contre Rufin, mais seulement des vagues soupçons que sa traduction d'Origène avait soulevés contre lui. Le saint pontife n'aurait pu contredire ainsi, à la fin d'une lettre aussi brève, ce qu'il avait dit au commencement, où il déclare abandonner Rufin au jugement de Dieu et de sa conscience. *Rufinum conscientiæ suæ divinam habere arbitram majestatem declarat.*

La seconde lettre de saint Anastase, adressée à Simplicien, évêque de Milan, fut publiée dans le dernier siècle par Dominique Vallarsi, qui l'avait recueillie d'un ancien manuscrit de la bibliothèque Ambrosienne, où il découvrit encore d'autres richesses littéraires. Comme la première, elle traite aussi des erreurs d'Origène, aux progrès desquelles elle s'oppose avec force et persévérance.

« C'est avec une grande sollicitude, dit-il, qu'un pasteur doit veiller à la garde de son troupeau. Semblable à la sentinelle qui, placée au sommet d'une tour, veille nuit et jour au salut de la ville, ou au pilote qui, redoutant pour son vaisseau l'heure et les périls de la tempête, fait tous ses efforts pour le maintenir contre la fureur des flots et le choc des rochers du rivage: ainsi notre frère dans l'épiscopat, Théophile, si vénérable par sa sainteté, lutte de courage et ne cesse de veiller sur le peuple de Dieu, afin de lui conserver les avantages du salut et de garantir les diverses Eglises de l'invasion des impiétés d'Origène.

« Par des lettres méditées et convenues dans une assemblée mémorable, j'invite votre sainteté à observer chez vous la conduite que nous tenons à Rome, la ville du prince des apôtres et celle que le glorieux Pierre a confirmée dans la foi, et à veiller à ce que personne ne lise, contre notre défense, les doctrines que nous avons dénoncées et condamnées; nous vous demandons, avec les prières les plus vives et les plus pressantes, de ne pas vous éloigner d'un iota des principes évangéliques que le Christ, Fils de Dieu, vous a lui-même enseignés; mais au contraire de vous rappeler sans cesse cet avertissement du grand Apôtre : *Si quis vobis evangelizaverit præter quod evangelizatum est, anathema sit!* C'est pour rester fidèles à ce précepte que nous avons publiquement désavoué et puni tout ce qu'Origène a écrit de contraire à la foi.

« Nous avons chargé de ces lettres, avec l'espoir qu'il les remettra à votre sainteté, le prêtre Eusèbe, homme plein d'ardeur pour Dieu et de zèle pour la pureté de la doctrine. Il nous en a exposé quelques chapitres qui nous ont fait horreur par l'impiété de leurs blasphèmes; et si, par hasard, quelques autres vous étaient dénoncés, sachez d'avance que nous les condamnons pareillement, avec leur auteur. Dieu vous garde et vous conserve, cher frère et si vénérable seigneur! »

Indépendamment de ces deux lettres, saint Anastase en avait écrit un grand nombre d'autres, dont il ne nous reste pour ainsi dire plus que la nomenclature. Saint Paulin, qui devint plus tard évêque de Nole, mais qui n'était alors que simple prêtre, en reçut plusieurs, comme il s'en félicite dans une lettre adressée à Delphinus. « Sachez, vénérable pontife, lui dit-il, que votre saint frère le pape Anastase n'a pas dédaigné notre humilité. Car dès qu'il eut l'occasion de nous témoigner sa sollicitude, non-seulement il n'a pas attendu de démarche de notre part, mais c'est l'assurance de son affection qui a devancé l'expression de la nôtre. Aussitôt après son ordination, il adressa aux évêques de la Campanie des lettres où notre nom se trouvait répété avec amour, et dans lesquelles il leur déclarait sa tendresse, et donnait à tous des exemples de sa bienveillance à notre égard. Peu de temps après, au jour de sa naissance, il ne dédaigna pas de nous adresser une invitation, honneur qui ne s'échange habituellement qu'entre confrères élevés au même degré dans le sacerdoce. Bien loin de s'offenser de notre refus, il a répondu en père à notre lettre et accueilli avec bonté les excuses que nous lui présentions de notre absence. » On voit, par ce fragment des épîtres de saint Paulin, qu'il y eut au moins quatre à cinq lettres échangées entre les deux saints, et parmi lesquelles il en faut attribuer trois à saint Anastase.

Il écrivit aussi à Anysius, pour l'établir métropolitain de l'Illyrie, avec pouvoir de connaître des causes qui se jugeraient dans toutes les parties de cette contrée. Une lettre du pape saint Innocent, au même Anysius, atteste cette particularité, puisqu'en le confirmant dans ces fonctions, il lui dit « qu'il ne peut que lui conserver une dignité qui lui a été accordée par d'aussi grands papes que ses prédécesseurs, Damase et Sirice, de si sainte mémoire, et surtout par Anastase, dont l'Eglise conserve un si glorieux souvenir. » Ces paroles de saint Innocent ont cela de remarquable qu'on en peut conclure que la dignité de vicaire apostolique de l'Illyrie n'était pas inhérente au titre d'évêque de Thessalonique, mais que la collation s'en renouvelait chaque fois qu'un nouveau pontife montait sur la chaire de saint Pierre.

La lettre à Jean, évêque de Jérusalem, nous a déjà fait connaître l'intention où était le saint pontife d'écrire à Vénérius, évêque de Milan, pour lui expliquer les erreurs pernicieuses découvertes dans un livre d'Origène, que Rufin venait de traduire en latin.

Les évêques d'Afrique, rassemblés à Carthage, avaient désigné un de leurs frères pour aller exposer au saint pape Anastase et à Vénérius, évêque de Milan, les besoins de leurs Eglises, qui manquaient de clercs, et pour solliciter en même temps la permission d'élever aux ordres les enfants baptisés par les hérétiques. En adressant cette demande aux pieux pontifes, ils leur faisaient remarquer qu'elle avait été refusée déjà par leurs deux prédécesseurs, le pape saint Sirice et saint Ambroise. Saint Anastase leur renvoya presque aussitôt une réponse pleine de bienveillance, dans laquelle il les assurait de sa sollicitude toute paternelle pour les besoins de leurs Eglises. Aussi, dans une seconde assemblée, tenue le 13 septembre de la même année 401, ils la lurent en public, et ils décidèrent qu'il en serait fait mention dans le livre de leurs actes synodaux. Et, en effet, nous en retrouvons le souvenir conservé en ces termes : « A la lecture de ces lettres, dans lesquelles notre vénérable frère Anastase, évêque de l'Eglise de Rome, avec une sollicitude paternelle qui n'est égalée que par sa charité, nous exhorte à nous défier des ruses et des manœuvres des donatistes, qui ne cherchent que les moyens de jeter le trouble dans l'Eglise d'Afrique, nous remercions le Seigneur d'avoir daigné inspirer à ce saint pontife une tendresse si attentive pour tous les membres de Jésus-Christ, qui ne forment qu'un seul corps, quoique dispersés sur tous les points de l'univers. » Ici s'arrête le chapitre qui constate la réponse de saint Anastase ; quant aux enfants baptisés dans le schisme des donatistes, et à leur admission au nombre des clercs, il n'en est pas question. Du reste, le refus du saint pontife nous semble facile à présumer, et de la défiance qu'il insinue contre ces hérétiques, et de nouvelles lettres qu'il écrivit plus tard aux évêques de la même contrée.

Saint Jérôme, dans l'année même où il finissait le troisième livre de son Apologie, nous signale des lettres contre Rufin adressées par saint Anastase aux Eglises d'Orient. Ce traducteur d'Origène affectait d'arguer de faux une lettre écrite, l'année précédente, à Jean, évêque de Jérusalem. — « Eh bien, lui répond saint Jérôme, passe pour la lettre de l'année précédente, je vous accorde qu'elle soit de mon invention ; mais les lettres récentes adressées aux Eglises d'Orient, qui les a écrites ? Quand vous verrez de quelles fleurs le pape Anastase vous couronne, vous penserez plutôt à vous défendre qu'à m'accuser. » Puis, détachant quelques-unes de ces fleurs et les plaçant sous les yeux de Rufin, il ajoute : « Allez le trouver, défendez-vous d'être coupable, demandez-lui compte de l'injure qu'il vous a faite, en votre absence, en vous signalant à tout l'Orient comme un propagateur d'impiété, en vous marquant au front du stigmate de l'hérésie, en vous accusant de n'avoir traduit les livres d'Origène que pour ruiner, dans le cœur des chrétiens, la foi qu'ils avaient reçue des apôtres, et de n'avoir fait précéder votre traduction d'une préface que pour ajouter de la force et de la violence aux poisons de l'erreur. Certes, une telle condamnation n'a rien de léger, quand elle tombe de la plume du pontife universel ! »

Il n'est peut-être pas inutile de remarquer que saint Jérôme, en rendant compte de cette dernière lettre de saint Anastase, s'attache probablement moins à en reproduire les paroles qu'à en faire ressortir le sens ; mais il y a tout lieu de croire que, malgré son zèle pour la foi, le pieux pontife a été beaucoup moins dur que les expressions qui semblent lui être prêtées par son ardent commentateur.

Un des prédécesseurs du pape Innocent avait porté contre Photin, évêque d'Illyrie, une sentence qui parut au saint pontife constituer un fait d'une certaine gravité. Dans la suite, les évêques de Macédoine, prenant en main la défense de leur collègue, parvinrent à démontrer que la bonne foi du saint-siège avait été trompée, et que ce jugement lui avait été arraché subrepticement et par surprise. Innocent, partagé entre la crainte de condamner ses prédécesseurs, dont il était difficile de retrouver toutes les sentences, et le désir d'accorder quelque chose aux réclamations de tant de pieux pontifes, changea la sentence qui condamnait Photin, et lui permit de reprendre son siége. Les recherches que cette révision de jugement lui occasionna le mirent à même de se convaincre qu'il n'avait pu être rendu que par saint Anastase, mais dans les derniers jours de son pontificat ; de sorte que la mort ne lui laissa le temps ni de réparer ni de punir la surprise. Du reste, en corrigeant cette sentence, le saint pape Innocent établit positivement cette doctrine, qu'il n'est personne de si saint, fût-il placé sur la chaire même de saint Pierre, dont on ne puisse surprendre et égarer la justice.

Isidorus Mercator n'a pas plus épargné ce saint pape que les autres. Son recueil lui attribue faussement deux décrétales, l'une adressée à tous les évêques de la Bourgogne et de la Germanie, et l'autre à un homme de piété, nommé Nérien, pour le consoler de la perte de ses parents. Mais la supposition a été découverte par Baronius, qui l'a mise au jour, en détruisant, par les preuves critiques les plus certaines, tous les arguments de cet imposteur.

Le peu d'écrits qui nous restent de saint Anastase ne nous permettent guère de porter un jugement critique bien établi sur sa manière et sur ses œuvres. Tous les écrivains catholiques qui vivaient à son époque en ont parlé comme d'un homme éminent, d'une doctrine sûre et d'une élocution parfaite. Autant que nous avons pu en juger, son style nous a paru, comme son caractère, ferme sans dureté, vif sans emportement, doux sans faiblesse, abondant sans profusion ni superfluité, mais cependant, quelquefois obscur, confus, embarrassé. Dans ses deux lettres à Jean et à Simplicien, nous avons trouvé des phrases d'une construction si inextricable que l'intelligence nous en a semblé presque impossible. Mais à part ces défauts, qui étaient déjà les défauts de son siècle, pendant les trois ans qu'il occupa le siége de Rome il défendit intrépidement la foi et maintint avec une ardeur incomparable la discipline ecclésiastique.

ANASTASE II. — Après la mort du pape Gélase, on choisit pour lui succéder Anastase, second du nom, Romain de naissance et fils d'un nommé Pierre. On ne sait si c'est le même Anastase qui fut chargé de lire la lettre du pape Félix dans le concile de Rome, en 485, et les requêtes de Misène dans le concile de l'an 495. Son élection se fit le 28 novembre 496, après un interrègne de sept jours. Il ne tint le saint-siége qu'un an onze mois et vingt-quatre jours, depuis le consulat de Paul jusqu'à celui de Jean le Scythe et de Paulin.

Ses premiers soins, dès son élévation au pontificat, furent de travailler à ramener les ariens et à rétablir la paix de l'Eglise. Il envoya, à cet effet, des légats à Constantinople, avec une lettre pour l'empereur Anastase, dans laquelle il témoignait à ce prince un désir ardent de la réunion, et le priait avec instance d'y travailler lui-même. Les légats qu'il choisit pour cette mission furent les évêques Crescone et Germain, dont les siéges ne nous sont point connus.

Toute la difficulté pour arriver à cette réunion consistait à obtenir que le nom d'Acace, évêque arien de Constantinople, fût enlevé des sacrés diptyques. Le pape pria donc l'empereur, en termes très-humbles, de le faire enlever, et de ne pas permettre que, pour une chose si peu importante et qui ne regardait qu'un seul homme, on déchirât plus longtemps la robe de Jésus-Christ. Il représente à Anastase que le pape Félix, qui avait prononcé la sentence contre Acace, et Acace lui-même, étaient devant Dieu, à qui rien n'est caché. Il fallait donc réserver à Dieu seul le jugement de l'un et de l'autre, mais, en attendant, supprimer le nom d'Acace, pour éviter le scandale. Il ajoute qu'il s'était abstenu de lui parler de sa conduite, dans la crainte de l'ennuyer par la longueur des détails ; il avait chargé ses légats de l'en instruire. Pourtant si l'empereur le désirait, il s'offrait de le faire lui-même, afin de le convaincre que, dans la sentence rendue contre Acace, le saint-siége n'avait cédé à aucun mouvement d'orgueil, mais qu'il avait jugé sur des crimes certains, autant qu'il est donné à l'homme d'arriver à la certitude. Il cherche à lui faire sentir combien il serait glorieux pour lui d'employer son pouvoir, sa sagesse, ses exhortations, à ramener l'Eglise d'Alexandrie à la véritable foi catholique. Ensuite il rassure les Grecs sur la crainte qu'ils témoignaient envers tous ceux qui avaient reçu d'Acace le baptême ou l'ordination, depuis la sentence de déposition prononcée contre lui. Il déclare qu'il tient pour valides les sacrements conférés par cet évêque, et prouve par l'autorité de l'Ecriture qu'il a pu les administrer sans porter aucune atteinte à leur effet spirituel, puisque c'est Jésus-Christ seul qui le confère. Acace donc n'a nui qu'à lui-même, et non pas à ceux qui ont reçu de ses mains le baptême et l'ordination. Pour montrer que l'indignité du ministre ne nuit point à la vérité des sacrements, même quand ils sont donnés hors de l'Eglise, par un adultère ou par un voleur, il allègue d'abord ce qui est dit de Jésus-Christ dans saint Jean : *Super quem videris Spiritum descendentem super eum, hic est qui baptizat in Spiritu sancto*; ensuite il établit cette comparaison : Si les rayons de ce soleil visible pénètrent dans les lieux les plus sales sans en contracter aucune tache, à plus forte raison celui qui a créé le soleil peut-il opérer, sans que son action soit infirmée par l'indignité du ministre. Il dit encore que tous les bienfaits que Judas a conférés en vertu de sa dignité et comme il siégeait encore dans le collége des apôtres, n'ont souffert aucune altération, aucune diminution de ses mauvaises qualités de voleur et de sacrilège.

Requête des Alexandrins au pape Anastase. — Le bruit s'étant répandu par toute l'Eglise d'Orient que des légats du pape étaient venus à Constantinople pour y traiter de la paix, deux apocrisiaires de l'Eglise d'Alexandrie, Dioscore, prêtre, et Quérémon, lecteur, leur présentèrent une requête dans laquelle ils demandaient d'être reçus à la communion du pape. Cette requête n'est pas seulement adressée aux deux légats, mais aussi à Festus, député du roi Théodoric auprès de l'empereur Anastase. — Les Alexandrins exposent que l'Eglise de Rome et celle d'Alexandrie ayant eu un même fondateur, saint Pierre, imité en tout par saint Marc, elles ont toujours tenu la même doctrine et la même foi; qu'il a existé entre elles une union si intime, que lorsqu'il s'est agi de tenir des conciles en Orient, l'évêque de Rome a délégué celui d'Alexandrie pour présider et agir en son nom dans ces assemblées; que la division entre ces deux Eglises n'avait été occasionnée que par une mauvaise traduction de la lettre de saint Léon au concile de Chalcédoine, traduction qui rendait cette lettre pleine d'erreurs nestoriennes, et dont Théodoret et les autres évêques du parti étaient les auteurs. « Voulant, disent-ils, donner des preuves au saint-siége que nous tenons la foi du prince des apôtres, de son disciple saint Marc et des Pères du concile de Nicée, notre Eglise a envoyé des députés à Rome; mais les manœuvres d'un homme chassé de notre ville, pour sa mauvaise doctrine, les ont empêchés d'être accueillis, et ils furent obligés de revenir sans avoir pu même obtenir une audience du pape. Plus tard le diacre Photin, député par l'évêque de Thessalonique vers le pape Anastase, nous assura, à Constantinople, que ce pape n'approuvait aucun des changements ni des additions faits à la lettre de saint Léon. C'est pourquoi, ô vénérables députés, nous souhaitons ardemment communiquer avec vous sur ce sujet. » Les deux légats y consentirent et leur donnèrent satisfaction à l'égard de la lettre de saint Léon. Alors Dioscore et Quérémon leur présentèrent une confession de foi, demandant, si elle se trouvait conforme à celle de l'Eglise de Rome, la liberté pour celle d'Alexandrie de s'y réunir. Dans cette confession, ils déclarent qu'ils recevaient le symbole de Nicée, approuvé par les cent-cinquante Pères de Constantinople et par le concile d'Ephèse sous saint Célestin, comme la seule vraie règle de la foi; mais ils remarquent en même temps que le concile d'Ephèse avait défendu d'en établir une autre, remarque qu'ils ne faisaient, ce semble, que pour se donner le droit de rejeter le concile de Chalcédoine, dont, en effet, ils ne disent pas un mot. Ils déclarent aussi qu'ils admettaient les douze anathèmes de saint Cyrille.

Après cette profession générale, ils en firent une particulière, dans laquelle ils confessent que Jésus-Christ est consubstantiel à son Père selon la divinité, et consubstantiel à nous selon l'humanité; qu'il est descendu du ciel après avoir été conçu du Saint-Esprit et de Marie, vierge et mère de Dieu; qu'il n'y a qu'un seul Fils et non pas deux, les miracles et les souffrances étant d'un seul et même Fils de Dieu. Ils condamnent ceux qui admettaient en lui de la confusion, de la division, ou qui soutenaient qu'il ne s'est incarné qu'en apparence, parce que dans l'incarnation il ne s'est pas fait d'augmentation du Fils, et que la trinité des personnes est toujours demeurée la même. Ils disent anathème à Nestorius et à Eutychès, et à tous leurs adhérents, dans tous les temps, dans tous les lieux; mais ils soutiennent que la doctrine de Dioscore, de Timothée et de Pierre a été conforme à celle qu'ils viennent d'exposer, et s'offrent de la justifier. Ils conjurent les légats, à leur retour à Rome, de présenter cette confession au pape, afin qu'il l'approuve et les reçoive à sa communion. Les légats la reçurent et promirent de la porter au pape, qui serait toujours prêt à entendre les députés d'Alexandrie et à éclairer leurs doutes. Ils ajoutèrent qu'on ne les avait point chargés d'entrer dans la difficulté qu'ils faisaient, au sujet de Dioscore, d'Elure et de Mongus; mais que, pour avoir la paix, il fallait que l'Eglise d'Alexandrie retranchât leurs noms des diptyques. Tel est le contenu de la requête des deux apocrisiaires d'Alexandrie aux légats; ils en retirent une copie pour la présenter au jugement de Dieu, en cas que le saint-siége refusât de contribuer à la paix. Mais la mort du pape arriva avant que cette question pût être soumise à son jugement.

Lettre à Clovis. — Dès le commencement de son pontificat, il écrivit, par le prêtre Camerius, au roi Clovis, pour lui témoigner sa joie de ce qu'il venait d'embrasser la foi chrétienne. Cette lettre est une preuve de l'amour d'Anastase pour l'Eglise. « Consolez votre mère, ô glorieux et illustre fils de l'Eglise, et servez-lui de colonne de fer! Car la charité de plusieurs se refroidit, et notre nacelle est agitée par de violentes tempêtes, et battue par les vagues furieuses que les artifices des méchants poussent contre elle. Mais nous espérons contre toute espérance, et nous louons le Seigneur, qui vous a délivré de la puissance des ténèbres, et qui, pour le salut de l'Eglise, nous a ménagé en vous un grand prince qui puisse la défendre et opposer le bouclier de la foi aux efforts des hommes dangereux qui ne cessent de l'attaquer. Continuez vos glorieux desseins, et que le Seigneur tout-puissant étende sur vous et sur votre royaume sa céleste protection; qu'il ordonne à ses anges de vous aider dans toutes vos entreprises, de vous garder dans toutes vos voies; que sa droite vous seconde et vous fasse triompher de tous vos ennemis. »

Lettre à Ursicin. — Ce fut vers le même temps qu'il écrivit à Ursicin, le même que saint Gélase, son prédécesseur, avait envoyé aux évêques de Dardanie, pour leur expliquer la doctrine du saint-siége sur les hérésies qui troublaient alors l'Église d'Orient. Il ne nous reste que quelques fragments de cette lettre, que Baluze a tirés de deux anciens manuscrits, l'un de l'église de Beauvais et l'autre de l'abbaye de Corbie. Anastase y explique le mystère de l'incarnation, et montre que Jésus-Christ est un dans les deux natures, sans aucun mélange de la nature divine et de la nature humaine. C'est pourquoi il confesse que Jésus-Christ, Fils unique de Dieu, né du Père avant tous les siècles et sans commencement, s'est incarné dans les derniers temps au sein de la vierge Marie ; qu'il est homme parfait, puisqu'il a pris une âme et un corps ; consubstantiel à son Père selon la divinité, consubstantiel à nous selon l'humanité, l'union des deux natures s'est opérée en lui d'une manière ineffable ; de sorte qu'il n'y a qu'un Christ, qui est en même temps fils de l'homme et Fils de Dieu ; Fils unique du Père et le premier né d'entre les morts ; coéternel à son Père, et comme Dieu, créateur de toutes choses ; et cependant, né dans le temps, selon la chair, qu'il n'a pas apportée du ciel, mais qu'il a tirée de la masse de notre substance, c'est-à-dire de la chair de la sainte Vierge : ce qui s'est fait sans que le Verbe ait été changé en chair et ait paru comme un fantôme ; non, mais tout en conservant immuablement et inconvertiblement sa propre substance, il s'est uni à notre nature et ne s'en est jamais séparé, pas même lorsqu'il est ressuscité des morts ; et, par un prodige permanent de sa bonté pour nous, il ne peut plus même s'en séparer.

Règlement sur les priviléges de Vienne. — Anastase, à la prière de saint Avit, évêque de Vienne, avait établi entre lui et l'évêque d'Arles un règlement qui étendait sa juridiction sur les évêques voisins. Eonius, évêque d'Arles, en porta ses plaintes à Symmaque, qui, après avoir pris connaissance de l'affaire, annula le règlement de son prédécesseur. Saint Avit se plaignit à son tour, et Symmaque lui répondit le 30 octobre 501 : « Si vous pouvez montrer qu'Anastase, mon prédécesseur, a eu raison de faire ce qu'il a fait, nous serons ravis de voir qu'il n'a point contrevenu aux canons. Il est quelquefois nécessaire de relâcher de la rigueur de la loi, pour un bien que la loi même aurait ordonné, si elle l'avait prévu. »

Du reste, cette erreur, ou cette faiblesse, ne prouve rien contre la justice et la sainteté d'Anastase, dont nous avons eu occasion d'admirer la foi, la douce piété et le zèle persévérant non-seulement à poursuivre et à démasquer l'erreur, mais aussi à ramener et à recueillir les égarés.

ANASTASE III, élu pape en 911, après la mort de Sergius III, n'occupa le saint-siége que deux ans et quelques mois. Il est loué pour la douceur de son gouvernement. Il nous reste de lui deux lettres, publiées dans le *Cours complet de Patrologie*, de M. l'abbé Migne. Montrouge, 1850.

ANASTASE IV, élu pape le 9 juillet 1153, succéda au pape Eugène III. Son nom était Conrad ; il était Romain de naissance, évêque de Sabine et cardinal. Élevé sur le siége de Saint-Pierre dans un âge très-avancé, il n'y resta qu'un an et cinq mois, et mourut le 2 de décembre 1154. Il favorisa l'ordre naissant de Sain-Jean de Jérusalem. C'était, dit Fleury, un vieillard d'une grande vertu et d'une expérience consommée dans les affaires de la cour de Rome. Nous avons neuf lettres de ce pontife, imprimées dans le recueil de Labbe.

Les sept premières sont pour réprimer les vexations infligées par les bourgeois de Vézelay et le comte de Nevers à l'abbé et à l'abbaye du même nom. Elles sont adressées aux archevêques de Sens et de Bourges et à quelques évêques. Il y en a une à Louis VII, roi de France, et une autre à tous les évêques du royaume. La septième est adressée à Ponce, abbé de Vézelay ; le pape l'exhorte à supporter ses maux avec patience, et lui défend d'accorder dans son église aucune marque d'honneur ou de distinction au comte de Nevers.

Dans la lettre à Engelbad, archevêque de Tours, Anastase lui ordonne de s'informer avec soin de la conduite de l'évêque de Tréguier, et de lui en rendre compte par écrit, après l'avoir entendu lui-même, en présence de personnes discrètes et de son clergé. Au cas qu'il serait trouvé coupable des crimes dont on l'accusait, il lui commandait de le suspendre d'abord de ses fonctions, et de l'envoyer ensuite à Rome, pour y être puni suivant la rigueur des canons.

Il y a une lettre du même pontife aux chanoines réguliers de Saint-Jean de Latran, dont il confirme l'institution, les biens et les priviléges ; et une autre aux chevaliers de Saint-Jean de Jérusalem, auxquels il accorde la propriété de toutes les oblations, faites et à faire à l'hôpital de cette ville, pour l'entretien des pèlerins et des pauvres. Ce pape leur accorde encore l'exemption de la dîme pour toutes les terres qu'ils cultiveront par eux-mêmes ou feront cultiver dans le même but ; avec défense aux évêques de prononcer aucune sentence d'interdit, de suspense ou d'excommunication, dans les églises dépendantes de cet ordre. La bulle est datée du 12 des calendes de novembre de l'an 1154. — Dom Martenne a publié une autre bulle, datée de la première année du pontificat d'Anastase, en faveur de l'abbé de Savigny et de ses successeurs, qu'il confirme dans la juridiction et l'autorité qu'ils avaient sur tous les monastères dépendants de cette abbaye. Il cite tous ces monastères, parmi lesquels se trouve celui de la Trappe.

ANASTASE LE SINAÏTE. — Anastase était prêtre et moine du mont Sinaï, d'où lui est venu le surnom sous lequel il est connu de la postérité. Les Grecs l'appellent le nouveau

Moïse, persuadés que, menant une vie contemplative sur cette montagne, il y avait vu Dieu et conversé familièrement avec lui, comme cet ancien législateur. Il florissait sur la fin du vi° siècle. Il sortit souvent de sa solitude et parcourut l'Egypte et la Syrie pour la défense de l'Eglise. Etant dans la ville d'Alexandrie, il confondit publiquement les hérétiques acéphales, et leur montra, avec la dernière évidence, qu'ils ne pouvaient condamner saint Flavien, sans condamner en même temps tous les Pères de l'Eglise. Ses raisons furent si convaincantes, que le peuple témoigna une grande indignation contre ces hérétiques, et pensa même les lapider. Le saint prit ensuite la plume et composa contre eux le livre intitulé : *Guide du vrai chemin.*

Anastase y établit d'abord plusieurs règles pour découvrir les pièges des sévériens et les éviter. On appelait ainsi les partisans du faux patriarche Sévère, considéré de son temps comme le chef des eutychéens. A la tête de toutes les obligations, il met celle d'une vie pure et innocente, afin que l'âme puisse servir de demeure au Saint-Esprit. Ensuite il veut qu'on sache exactement les définitions les plus essentielles; qu'on ait une parfaite connaissance des sentiments de ses adversaires et de leurs écrits, afin de les confondre par eux-mêmes; qu'on s'applique à l'étude de l'Ecriture sainte, avec une grande simplicité de cœur, sans s'opiniâtrer à vouloir approfondir ce qui surpasse l'intelligence humaine; qu'on sache distinguer ce qui doit s'entendre à la lettre d'avec ce qui est dit métaphoriquement; qu'on croie enfin, sur différents points de doctrine, des traditions qui ne sont point exprimées dans l'Ecriture sainte. Il ajoute qu'il est bon de savoir qu'il y a deux manières de disputer avec les hérétiques : l'une en proposant des passages de l'Ecriture sainte; l'autre en tirant ses preuves de la chose même en contestation. Cette dernière façon de discuter est la plus solide et la plus efficace, parce que l'on peut altérer et corrompre les paroles de l'Ecriture, et opposer un passage à un autre pour la mettre en contradiction. Il exige aussi la science de la chronologie, et ne veut pas qu'on permette à un adversaire embarrassé et hors d'état de répondre, de passer à une autre question avant d'avoir résolu celle qui est en cause.

Anastase fait l'application de tous ces principes dans son ouvrage; car, après avoir démontré, dans une exposition de foi, que les catholiques reconnaissent en Jésus-Christ deux natures, deux volontés et deux opérations, il explique, pour plus grande clarté et pour éviter toute équivoque, non-seulement ce que c'est que nature, volonté, opération, propriété, mais encore tous les termes usités dans l'Eglise catholique quand on parle des mystères de la Trinité et de l'Incarnation, en donnant des définitions particulières pour chacun de ces termes. Puis il propose toutes les hérésies qu'un orthodoxe doit rejeter, particulièrement celles qui ne confessent pas que la sainte Vierge est vraiment mère de Dieu; qui assurent qu'il y a deux personnes en Jésus-Christ; que la divinité fut séparée de son corps sur la croix et dans le tombeau; qui tiennent une foi différente de celle des conciles de Nicée, de Constantinople, d'Ephèse, de Chalcédoine, et des anciens Pères de l'Eglise, saint Denis, saint Clément, saint Irénée, saint Ambroise, saint Athanase, et plusieurs autres que nous nous dispensons de nommer après lui. Il fait en peu de mots l'analyse de la foi sur la Trinité et l'Incarnation, à quoi il ajoute la liste de ceux qui ont attaqué ces mystères, en commençant par Simon le Magicien et en finissant par Nestorius. Il témoigne de son respect pour les cinq premiers conciles généraux et pour la doctrine qui y est établie, et qui est la seule catholique, méritant notre croyance et notre vénération. Il prend ensuite corps à corps l'hérésie de Sévère, renouvelée de celle d'Eutychès, et montre qu'elle tire son origine de celles des manichéens, des valentiniens, des marcionites et des ariens, et que par conséquent elle a été condamnée non-seulement dans le concile de Chalcédoine, avec la personne de Dioscore, mais aussi par tous les Pères de l'Eglise, par les écrivains sacrés de l'Ancien et du Nouveau Testament et par le concile de Nicée. Les passages qu'il rapporte proclament tous en Jésus-Christ l'union de deux natures parfaites en une seule personne.

Considérations anagogiques. — Outre le livre dont nous venons de parler, il composa plusieurs ouvrages ascétiques qui sont par venus jusqu'à nous. De ce nombre sont les *Considérations anagogiques* sur l'Hexaméron ou le travail des six jours. Il y a plus d'ordre dans ce livre que dans le précédent, mais il ne peut être d'un grand secours pour l'intelligence de l'histoire, parce qu'il explique presque tout dans un sens mystique et allégorique, en avertissant toutefois qu'il ne prétend pas détruire le sens littéral, ni blâmer les explications que les Pères ont données de la création. Il dédia cet ouvrage à Théophile, qu'il appelle son fils; et il est cité sous son nom par Michel Glycas, et divisé en douze livres.

Anastase profite de tous les commentaires qui avaient été écrits avant lui sur l'ouvrage des six jours, et il dit que l'histoire de la création ne doit pas tellement s'entendre à la lettre, qu'on ne puisse encore l'appliquer à l'Eglise de Jésus-Christ. Il rappelle que saint Justin Martyr, Philon, comme lui contemporain des apôtres, Papias, saint Irénée, Pantène et saint Clément d'Alexandrie, ont interprété de l'Eglise ce que l'Ecriture rapporte du paradis terrestre; que d'autres, prenant à la lettre ce qui y est dit des apparitions de Dieu, des discours du serpent, sont tombés dans des erreurs considérables. Les uns se sont imaginé que Dieu avait une forme corporelle; les autres, croyant devoir aux conseils du serpent la propagation du genre humain, lui ont rendu des actions de grâces et ont porté le nom d'ophites ou serpentins. Il cite un livre intitulé : *Testament de nos premiers pères*, dans lequel il était dit qu'Adam avait été placé dans le paradis terrestre le quarantième jour après sa création, et il remarque que ce livre ne se trouvait pas dans le canon des Juifs. Il blâme Origène d'avoir méprisé dans ses commentaires le sens historique, pour ne s'attacher qu'à des allégories imaginaires, et dit que c'est avec justice qu'il a été condamné par un concile. Au contraire il loue beaucoup les commentaires qu'ont faits sur le même sujet saint Ambroise, saint Basile, saint Chrysostome et plusieurs autres, parce qu'ils se sont tous appliqués à donner le sens de la lettre. Il traite Aquila d'impie, pour avoir mal traduit un passage de l'Ecriture, l'expliquant dans un sens qui tendait à accuser Dieu de mensonge. Il relève l'erreur d'Origène sur la préexistence des âmes, et constate qu'elle a été solidement réfutée par Méthodius. Il l'accuse aussi d'avoir nié la résurrection des corps. Il cite les *Hexaples*, mais sans indiquer l'auteur, et, à propos de ce passage où il est dit que Dieu fit sortir l'homme du paradis terrestre, de peur que, mangeant du fruit de l'arbre de vie, il ne vécût éternellement, il se propose la question suivante : Tous ceux qui dans l'Eglise mangent le pain de vie échapperont-ils à la damnation éternelle? Il répond que plusieurs ont mangé de ce pain, et sont morts pour l'éternité. Il cite l'exemple de Judas, de Simon le Magicien, et des Corinthiens dont parle saint Paul, qui ont été condamnés parce qu'ils l'ont mangé indignement; au contraire, dit-il, il y en a beaucoup dans les déserts qui, privés de cette divine nourriture, ne laisseront pas de posséder la vie éternelle, parce que, unis avec Dieu par sa grâce, ils restent participants habituels de son corps, étant eux-mêmes le pain de vie, le corps et le sang de Dieu, sa maison, son temple, son autel, sa victime pure et son onction sacrée. D'où il conclut que par l'arbre de vie il faut entendre l'union de Dieu avec l'homme, par la participation mystérieuse de son corps et de son sang.

Les 154 questions. — Ce livre n'est, pour ainsi dire, qu'une compilation des passages des Pères et des conciles sur la vie spirituelle. Entre plusieurs maximes utiles résultant de ces questions, on peut remarquer les suivantes. — Quoique l'on ne puisse être vrai chrétien sans la foi et les bonnes œuvres, cependant elles ne suffisent pas pour rendre un homme parfait; il lui faut encore l'humilité. — Il y avait chez les Grecs des espèces de moines qui passaient leur vie dans le repos et dans le silence, et qui, contents d'adorer Dieu en esprit, ne fréquentaient pas les églises, s'abstenaient des assemblées des fidèles, et négligeaient la communion du corps et du sang de Jésus-Christ. Les gens sages désapprouvaient leur conduite, parce qu'encore qu'on puisse prier et adorer Dieu en tous lieux, il n'est rien qui lui soit plus agréable que le sacrifice extérieur de l'eucharistie. — Pour faire pénitence de ses fautes, il ne suffit pas de s'en abstenir dans la suite, il faut encore faire servir à la justice les membres qui ont servi à l'iniquité. — Dieu ne nous abandonne ordinairement que pour nous punir ou nous convertir; c'est à nous à examiner quel sujet nous avons donné à Dieu de nous abandonner. — Nous ne serons pas damnés pour n'avoir point orné les églises, mais pour n'avoir pas soulagé les pauvres. — Les exemples d'Abraham, de Job, de David, qui étaient mariés, qui avaient des enfants, des biens à gouverner et de grandes charges à remplir, doivent ôter aux gens du monde tout prétexte de négliger leur salut. L'Apôtre dit que toute puissance vient de Dieu, mais il ne dit pas que Dieu ait établi tous les princes; il en donne quelquefois de mauvais pour punir les peuples, mais il ne les donne pas tous : il permet seulement qu'ils soient choisis, ou qu'ils parviennent par d'autres voies à la dignité de princes. — Le mot *fortune*, dans l'idée des païens, est un terme exclusif de la providence de Dieu, qui gouverne tout; le chrétien ne doit donc point s'en servir. — Prédire l'avenir et faire des miracles n'est pas toujours une preuve de sainteté; on ne lit point que Jean-Baptiste, le plus grand parmi les enfants des hommes, ait fait des miracles, tandis que Judas est censé en avoir accompli, puisqu'il fut envoyé avec les apôtres pour guérir les lépreux et ressusciter les morts. — Puisque, selon l'Ecriture, il y a deux Jérusalem, l'une terrestre et l'autre céleste, on ne peut donc douter qu'il n'y ait aussi deux paradis, l'un où Adam fut placé après sa création, l'autre qui est le séjour des bienheureux. — Anastase fixe à douze ans le temps où les enfants sont capables d'offenser Dieu, et il ne croit pas même qu'ils en soient tous capables à cet âge-là. — Quoique l'Eglise reçoive à la pénitence les fornicateurs et les hérétiques, cependant elle accorde la communion à ceux-ci plutôt qu'à ceux-là : la raison de cette différence est d'engager les hérétiques à se convertir, et les fornicateurs à ne plus retomber dans leurs péchés. — A propos de la résurrection des corps, sur laquelle on ne doit avoir aucun doute, il dit que si les âmes se connaissent dans l'autre monde, ce ne sera que par une permission particulière de Dieu, et non en vertu de leurs facultés naturelles. S'il ne s'agissait, dans les persécutions, que de la perte des biens temporels, il ne serait pas permis de fuir; mais la fuite est permise quand il y a danger pour le salut.

Discours. — Canisius a publié, sous le nom d'Anastase le Sinaïte, trois discours qui lui ont paru si solides et si importants, qu'il en conseille la lecture aux prédicateurs et à tous ceux qui sont chargés de la direction des âmes. Le premier, qui fut prêché le cinquième dimanche de carême, a pour titre : *De la sacrée Synaxe*, ou assemblée dans laquelle les chrétiens recevaient la sainte eucharistie. — Ce discours commence par un éloge du livre des Psaumes. On les chantait tous les jours dans les assemblées, et rien ne pouvait être plus utile aux fidèles, parce que David y établit parfaitement la vraie religion, puisque, d'un côté, il enseigne ce qu'il faut croire, et de l'autre ce qu'il faut pratiquer. On emploie des années entières à apprendre les arts et les professions utiles à la société : est-ce trop de passer toute sa vie à apprendre à connaître Dieu et à le servir? Le contraire arrive tous les jours : l'ambition fait oublier Dieu. On fait plus que s'oublier soi-même, on se trompe; on va plus loin, on se hait mutuellement; on juge tout le monde et on ne pardonne à personne. Nous ne savons ce que c'est que de gémir sur nos désordres; la crainte de Dieu n'est point en nous. Nous passons des jours entiers aux spectacles et aux plaisirs; mais si la leçon de l'Evangile est plus longue que de coutume, si le prêtre qui offre le sacrifice célèbre trop lentement, on s'endort ou l'on témoigne par son attitude toute la pesanteur de son ennui. Est-ce là assister au sacrifice ? Il en est qui viennent recevoir le corps de Jésus-Christ et le sang divin répandu pour le salut du monde avec un cœur souillé de rapines et de désordres? Est-ce là communier ? Ce n'est pas assez de se laver les mains pour avoir le corps net; il faut laver ses fautes dans la confession et dans les larmes, et s'approcher des mystères inviolables avec un cœur contrit et humilié. Y en a-t-il, direz-vous, qui soient dignes d'en approcher ? — J'en connais, et vous le deviendrez quand vous voudrez. Tout est dans la pénitence; accomplissez-en les œuvres, et vous deviendrez dignes de posséder Dieu.— Anastase rapporte en cet endroit une partie des prières que le prêtre, comme médiateur entre Dieu et les hommes, récitait à haute voix pour disposer le peuple à s'unir à lui dans l'oblation des mystères. L'Oraison Dominicale, qui se disait avant la communion, lui fournit l'occasion d'insister fortement sur le pardon des injures. « J'en entends plusieurs qui disent : Malheur à moi ! je ne sais que faire pour me sauver. Je ne puis jeûner ; je ne sais veiller; la continence surpasse mes forces; il m'est trop dur de quitter le monde : comment donc pourrai-je me sauver ? — Je vous le montrerai, dit ce Père : *Pardonnez, et il vous sera pardonné.* Voilà un chemin court pour arriver au salut. En voulez-vous un autre ? *Ne jugez pas, et vous ne serez pas jugés.* Cette voie de salut ne prescrit ni jeûnes, ni veille, ni travail. Celui qui juge avant l'avénement de Jésus-Christ est un usurpateur du droit de Jésus-Christ. Sur toutes choses ne jugez point un prêtre sur des fautes secrètes et incertaines, ne dites pas : C'est un pécheur qui offre le sacrifice; il est coupable, il est indigne. La grâce du Saint-Esprit ne descend pas sur la personne, mais sur les dons. Il y a un autre juge des choses secrètes, qui les connaît et qui les examine; c'est Dieu qui doit le juger, et, après Dieu, son évêque. Pourquoi, n'étant que simple brebis, voulez-vous juger votre pasteur? » Anastase ne reconnaît qu'un cas où le peuple a le droit de juger son pasteur, c'est quand il erre visiblement dans la foi. Dans ce cas-là ils doivent se rappeler qu'ils sont brebis et le fuir comme un loup; crier anathème sur lui et sur sa nouvelle doctrine, suivant ce précepte de saint Paul : *Quand un ange du ciel vous annoncerait un Evangile différent de celui que nous vous avons annoncé, qu'il soit anathème.*

Les deux discours suivants semblent pris l'un de l'autre, et contiennent tous les deux une explication du VIIᵉ psaume. Il est vraisemblable qu'Anastase, ayant eu deux occasions différentes d'expliquer le même psaume, aura répété dans son second discours une partie de ce qu'il avait dit dans le premier. Cela, du reste, est assez ordinaire aux prédicateurs qui se trouvent obligés de traiter plusieurs fois la même matière. On pourrait au besoin en trouver des exemples même dans Bossuet, qui a quelquefois plusieurs exordes pour le même discours. L'exorde du premier témoigne qu'Anastase le prêcha au commencement du jeûne du carême. Le psaume qui en fait la matière convenait au temps. On y voit un pécheur qui, pénétré de la douleur de ses fautes, les confesse, s'en humilie, les pleure et n'omet rien pour détourner les châtiments dont il est menacé de la part de Dieu; et ce qu'il y a de consolant, c'est qu'il en obtient le pardon. L'explication qu'en donne Anastase est purement morale, mais parfaitement touchée. En parlant de la vertu des larmes dans la pénitence, il dit que, de même que nous renaissons par l'eau et par le Saint-Esprit dans le baptême, ainsi nous sommes baptisés de nouveau par les larmes et le feu de la componction, qui l'un et l'autre nous purifient et nous rendent participants du Saint-Esprit : car ni le baptême, ni la vraie douleur qui nous arrache des larmes, ne se donnent sans le Saint-Esprit. Anastase distingue, à cette occasion, plusieurs sortes de larmes : les larmes naturelles qu'on répand sur un mort, qui naissent de l'ivresse, de l'abondance des humeurs, ou du chagrin de n'avoir pas réussi dans des projets ambitieux. Il y en a d'autres qui ont pour principe la crainte de Dieu, l'appréhension de la mort ou des supplices éternels. Celles-ci, quand on y persévère, conduisent à des larmes plus parfaites, qui viennent du désir de voir Dieu et de le posséder. C'est de celles-là que parle le prophète, et qu'il répandait lui-même dans l'amertume de son cœur pour avoir péché contre Dieu.

Saint Jean Damascène, dans son *Traité des Images*, fait mention d'un discours d'Anastase sur le nouveau dimanche. Je ne sais si ce qu'il rapporte sur l'image de saint Théodore était tiré du même discours ou d'un autre. Quoi qu'il en soit, Anastase raconte qu'il y avait dans une église située à quatre milles de Damas une image de ce saint. Un jour les Sarrazins y étant entrés avec leurs chevaux et leurs équipages, l'un d'eux tira une flèche contre l'image de saint Théodore, qui se trouva percée à l'épaule droite; aussitôt il en sortit du sang avec abondance. Il cite pour témoins de ce miracle beaucoup de personnes qui l'avaient vu de leurs yeux et qui vivaient encore. Lui-même avait vu l'image et constaté de près les vestiges de sang, qui s'y faisaient toujours remarquer.

On attribue encore à Anastase quelques autres écrits, dont plusieurs n'ont jamais été imprimés. Ceux de ses ouvrages que nous avons lus ont du feu, de l'onction, de l'élégance, et exhalent partout les parfums de la plus tendre piété.

ANASTASE (saint), nommé patriarche d'Antioche, en 561, se déclara avec beaucoup de zèle contre cette branche d'eutychiens qui soutenaient que Jésus-Christ, pendant sa vie mortelle, avait une chair incorruptible et impassible. L'empereur Justinien, qui les protégeait, était sur le point de faire sentir à Anastase les effets de son ressentiment, lorsqu'il mourut. Justin le jeune, son successeur, à qui le saint patriarche avait refusé de l'argent, en le traitant de peste du genre humain, le fit déposer de l'épiscopat et chasser de la ville d'Antioche. Les intrigues de Jean, patriarche d'Alexandrie, et de Jean de Constantinople, ne contribuèrent pas peu à maintenir contre lui cette sentence d'exil. Cependant il ne laissait pas d'être reconnu pour patriarche d'Antioche par l'Eglise romaine. Saint Grégoire le Grand lui adressa, comme à Grégoire qui occupait son siége, la lettre synodale qu'il écrivit à la suite du concile qu'il tint à Rome en 591. Il s'adressa même à l'empereur pour obtenir que, si on ne lui permettait pas de retourner à son siége, on lui laissât du moins la liberté de venir à Rome, avec l'usage du *pallium* pour célébrer la messe à Saint-Pierre avec le pape. Mais Grégoire étant mort, et l'empereur Maurice ayant succédé à Justin dans le gouvernement de l'empire, Anastase rentra dans son église, vingt-trois ans après en avoir été chassé, et il y vécut paisiblement jusqu'à sa mort, arrivée en 598, cinq ans après son retour. Il avait occupé pendant seize ans, à deux reprises différentes, le siége patriarcal d'Antioche. Saint Grégoire qui lui écrivit plusieurs lettres, et pour le consoler dans ses adversités, et pour le congratuler sur son retour, en parla toujours avec le plus grand respect, en louant sa charité et en se recommandant à ses prières. Il marque clairement dans ces lettres qu'il en avait reçu d'Anastase, où le saint patriarche lui exprimait le désir qu'il avait eu d'aller à Rome.

Anastase était très-habile dans la science des divines Ecritures, et très-versé dans la langue latine. Ce fut lui que l'empereur Maurice chargea de traduire en grec le *Pastoral* de saint Grégoire, pour l'usage des Eglises d'Orient. Il avait composé aussi, contre les *incorruptibles*, un traité dont il ne nous reste de lui que huit discours; trois reproduits en grec dans l'*Auctuarium* du Père Combefis, et cinq autres dans les *Lectiones antiquæ* de Canisius. La collection du Père Combefis contient deux discours sur l'Annonciation et un sur la Transfiguration. On voit dans le premier que cette fête se célébrait le 25 mars, le jour même où le premier homme avait été créé. Anastase croit que Dieu commença l'ouvrage de la création le 20 du même mois, c'est-à-dire à l'équinoxe du printemps, et il en conclut qu'il était convenable que Dieu se fît chair, pour réparer l'homme, le jour même de sa création. — Dans le second discours, il donne plusieurs fois le titre de mère de Dieu à la Vierge, et assure que le Fils unique de Dieu par nature a pris dans son sein une chair consubstantielle à la nôtre. Dans son troisième discours, il se demande pourquoi Jésus-Christ ne prit avec lui que trois apôtres pour les rendre témoins de sa transfiguration. A quoi il répond qu'il n'était pas juste que Judas fût spectateur de si grands mystères, ni qu'il fût seul exclus de cette manifestation divine, dans la crainte qu'en se voyant préférer les autres, il ne prît de là occasion de trahir son maître.

Les cinq discours imprimés dans le premier volume des *Anciennes Leçons* de Canisius, ne forment qu'un corps d'instruction dont le titre général est : *Des dogmes de la vraie foi.* Il commence le premier, qui est sur le mystère de la Trinité, en montrant, par les premières paroles de l'Evangile de saint Jean, que le Verbe est Dieu; et par ces autres paroles de Jésus-Christ, rapportées par le même évangéliste : *Si je ne fais pas les œuvres de mon Père, ne me croyez pas; mais si je les fais, quand même vous ne voudriez pas me croire, croyez au moins mes œuvres,* il montre que le Fils de Dieu est consubstantiel à son Père. En effet, est-il preuve plus convaincante de la consubstantialité du Père et du Fils que l'identité de leur opération? Il n'est pas dit que le Fils fait des œuvres semblables, mais qu'il accomplit les mêmes œuvres que le Père. Il prouve aussi que le Saint-Esprit est consubstantiel au Père et au Fils; qu'il est appelé Esprit, parce qu'il procède du Père, tandis que le Verbe est appelé Fils parce qu'il en est engendré; mais que, la différence d'origine n'emportant point une différence de nature, le Père, le Fils et le Saint-Esprit sont d'une même substance, et trois personnes en un seul Dieu. La différence des noms donnés aux trois personnes de la Trinité n'est pas une preuve de la différence de nature : le Père n'est pas Dieu précisément parce qu'il est Père; on ne peut pas non plus contester la divinité au Fils parce qu'il n'est pas Père, et ainsi du Saint-Esprit parce qu'il n'est ni le Père ni le Fils. Mais le Père est Dieu, le Fils est Dieu, le Saint-Esprit est Dieu, parce qu'il est éternel, incréé, immuable, incorruptible, auteur de la vie et créateur de toutes choses. La Trinité n'admet point d'inégalité. S'il est dit dans l'Ecriture que le Père est plus grand que le Fils, cela doit s'entendre de l'origine que le Fils tire du Père, et non de la substance, qui est la même dans le Père et le Fils. On peut dire, en tant qu'homme, que le Fils est moindre que son Père, mais non en tant qu'engendré de lui avant tous les siècles. Anastase n'examine point comment le Verbe est engendré, ni comment le Saint-Esprit procède; il dit que ce sont là des questions qu'on ne peut approfondir sans danger.

Le dessein du second discours est d'établir l'immensité de Dieu, que quelques-uns voulaient circonscrire dans des bornes de leur invention, en prétendant qu'il n'était point dans ce monde. Anastase leur oppose ce raisonnement : L'opération en Dieu est inséparable de sa substance; il opère dans tout le monde, puisqu'il l'a créé et qu'il le conserve à chaque instant; il est donc substantiellement dans le monde. Etre borné, c'est le propre des créatures corporelles; Dieu n'est ni créé ni corporel, il ne peut donc être limité par aucunes bornes. D'ailleurs il est écrit que l'*Esprit du Seigneur remplit toute la terre*, et que, soit qu'on monte jusqu'au ciel, soit qu'on descende jusqu'aux enfers, on ne peut se sauver de devant sa face.

Le troisième discours est sur l'incarnation. Anastase y fait envisager la chute du premier homme comme la cause de tous les maux de l'humanité, et par conséquent comme la cause de l'incarnation du Fils de Dieu, qui ne voulant point laisser périr la créature qu'il avait formée de ses mains, s'est fait homme lui-même pour la racheter. Il trouve dans l'union de l'âme avec le corps un exemple de l'union de la divinité avec l'humanité qui s'est accomplie en Jésus-Christ sans mélange ni confusion des deux natures; le Verbe s'étant uni tout entier à toute la chair qu'il s'était formée de celle de la Vierge, et à l'âme raisonnable, sans le secours des causes ordinaires de la génération, et par la seule vertu du Très-Haut; en sorte qu'il nous est consubstantiel selon son humanité. Ce qu'il y a de plus admirable dans ce mystère, c'est que les deux natures qui se sont unies gardent chacune leurs propriétés naturelles, quoiqu'il n'y ait qu'une seule personne. Jésus-Christ est ce composé qui résulte de l'union des deux natures; union si inséparable que la nature divine ne peut être sans la nature humaine et la nature humaine sans la nature divine. Quoique les natures unies en Jésus-Christ soient différentes, cela étant nécessaire pour la manifestation du mystère, il n'y a qu'une personne qui est celle du Verbe. C'est toujours le Fils unique de Dieu, même après l'incarnation. Telle est la doctrine de tous les théologiens et de tous les docteurs de l'Eglise catholique; ils enseignent que c'est le même qui est Dieu et homme. Nous adorons un seul et même Christ, qui était Dieu avant l'incarnation, qui est demeuré Dieu après l'incarnation, qui s'est uni à une substance différente, pour sauver ce qui lui était devenu consubstantiel selon l'humanité. C'est pourquoi nous reconnaissons en lui deux générations différentes. Autre est la génération qu'il tire de son Père, et autre la génération qu'il tire e sa mère; et cependant quoique différemment engendré c'est toujours le même Christ, et ces deux générations sont si admirables l'une et l'autre, que le langage humain ne peut les exprimer, ni l'intelligence humaine les comprendre.

La passion du Sauveur fait le fond du quatrième discours. Elle avait été prédite par les prophètes longtemps avant son accomplissement, et elle était nécessaire, autant pour la gloire de Jésus-Christ que pour le salut du genre humain. D'où vient qu'après sa résurrection il disait à ses disciples : *Toute puissance m'a été donnée dans le ciel et sur la terre :* paroles qui montrent, dans les circonstances où il les prononça, que sa mort sur la croix était la cause de la gloire dont il jouissait après sa résurrection. Mais s'il a souffert, ce n'est que selon son humanité. Toutefois, quoique la divinité soit demeurée impassible, c'est Dieu qui a souffert; les douleurs étaient de la chair, les miracles appartenaient à la divinité; mais la chair en tirait sa gloire, parce qu'elle était la chair du Verbe de Dieu, qui s'attribuait ainsi les douleurs de la substance à laquelle il s'était uni.

Anastase commence son discours de la Résurrection par les preuves de la mort de Jésus-Christ rapportées dans l'Evangile, où nous lisons que les soldats rompirent les jambes des deux voleurs crucifiés à ses côtés; mais qu'étant venus à Jésus, et l'ayant trouvé mort, ils ne lui rompirent point les jambes; que Joseph d'Arimathie ayant demandé son corps pour l'ensevelir, Pilate s'étonna qu'il fût déjà mort; et que les princes des prêtres, pour s'assurer du sépulcre où on l'avait mis, en scellèrent la pierre et y placèrent des gardes. Il remarque que, par un effet de la Providence, tous ces témoignages de la mort du Sauveur ont été consignés par écrit, afin que l'on ne pût douter de sa résurrection, attestée d'ailleurs par l'ange qui apparut aux femmes, par les soldats qui gardaient le sépulcre, par les linceuls qui enveloppaient son corps et qui furent trouvés dans le tombeau, par do fréquentes apparitions à ses apôtres, qui eurent la permission de le toucher et de manger avec lui, qui jouirent pendant quarante jours du bonheur de sa présence et de sa conversation, et qui eurent la joie de le voir monter au ciel.

Anastase avait composé un grand nombre d'autres écrits : la plupart sont perdus; quelques-uns, conservés en manuscrit, n'ont jamais vu le jour de la publicité par l'impression. Tel est le discours qu'il fit à son peuple, en 593, lorsqu'il remonta sur son siège, au retour de son exil, et que le Père Labbe affirme avoir vu manuscrit dans la Bibliothèque du Roi, qui conservait aussi, à la même époque, des discours sur la Visitation de Marie, sur le dimanche des Rameaux, sur la Décollation de saint Jean-Baptiste; et un panégyrique de saint Nicolas. Enfin on retrouve encore plusieurs fragments de ses écrits dans la *Somme des Conciles.*

ANASTASE. — L'histoire ne nous fournit rien sur les premières années d'Anastase, mais on peut juger de son savoir et de ses qualités personnelles par l'importance des fonctions qui lui étaient confiées. Il fut bibliothécaire de l'Eglise romaine et abbé d'un monastère de la Vierge-Marie, au delà du Tibre. Il ne faut pas le confondre avec un autre Anastase, cardinal du titre de Saint-Marcel, et aussi bibliothécaire, déposé par le pape Adrien II, dans un concile tenu à Rome en 868. Celui dont nous parlons assista en 869, au VIII° concile général, à Constantinople, où Photius fut condamné. Ses connaissances, et le talent qu'il avait de parler avec une égale facilité les langues grecque et latine, y furent très-utiles aux légats du pape pendant toute la durée de ce concile.

Actes du VIII° concile. — De retour de Constantinople à Rome, Anastase présenta une copie des Actes du VIII° concile général au pape Adrien, qui le reçut avec plaisir et le chargea de la traduire en latin. Cette traduction est précédée d'une longue préface où il se donne le titre d'abbé et de bibliothécaire du siége apostolique. Il y fait l'histoire du schisme de Photius, des conciles qu'il rassembla contre le patriarche Ignace, de ses mouvements auprès du pape Nicolas Ier pour se faire reconnaître patriarche de Constantinople, de ses impostures et de ses excès envers les évêques qui lui étaient contraires. Après avoir montré que le schisme de Photius avait nécessité la réunion de cette assemblée, il prouve qu'elle méritait le nom de concile général, au même titre que les sept premiers. Il n'oublie pas de faire remarquer qu'il y avait été député de l'empereur Louis, avec deux personnages illustres, Suppon, parent de l'impératrice Ingelberge, et Évrard, maître d'hôtel de l'empereur. Venant ensuite à sa traduction, il dit qu'il s'était appliqué à la rendre si littérale et si exacte, qu'on n'aura aucune peine à la comprendre, surtout en s'aidant des annotations qu'il avait placées à la marge pour plus grand éclaircissement.

Actes du VII° concile. — Anastase traduisit également, du grec en latin, les Actes du II° concile de Nicée, qui est le VII° général. Il dédia cette traduction au pape Jean VIII, mort au mois de décembre de l'an 882. Cette traduction a les mêmes défauts que la précédente : en s'appliquant, autant que le permettait la diversité des deux langues, à rendre mot pour mot le texte grec en latin, il a sacrifié le mérite du style au mérite de l'exactitude.

Vies des saints. — Le pape Nicolas Ier engagea Anastase à traduire la Vie de saint Jean l'Aumônier et celle de saint Démétrius, martyr; on retrouve la première dans les Bollandistes, et la seconde dans les Analectes de dom Mabillon. Elle est dédiée à l'empereur Charles le Chauve. Il ne reste plus de la Vie de saint Denys l'Aréopagite que la préface, placée par Anastase en tête de sa traduction, et dans laquelle il déclare qu'au lieu de s'attacher à la lettre, il s'est appliqué à reproduire de bonne foi le sens du livre.
— Dom Mabillon, dans un voyage qu'il fit à Rome, vit dans la bibliothèque de Sainte-Croix en Jérusalem la traduction latine des Actes de 1480 martyrs. Il en rapporte le prologue, dans lequel Anastase déclare qu'il entreprit cette traduction après avoir fini celle du martyre de saint Pierre, évêque d'Alexandrie. La dernière traduction d'Anastase, dont nous ayons connaissance, est celle d'un discours prononcé par saint Théodore Studite, abbé de Constantinople, en l'honneur de saint Barthélemy.

Vies des papes. — L'ouvrage qui a le plus contribué à la célébrité d'Anastase, c'est son *Liber pontificalis*, ou Recueil des vies des Papes, depuis saint Pierre jusqu'à Nicolas Ier, dont il était contemporain et auquel il a survécu. Il fut imprimé pour la première fois à Mayence, en 1602. Après une possession paisible de plus d'un siècle, on s'est avisé, dans le siècle dernier, de lui contester sérieusement la propriété de ce livre imprimé sous son nom. C'était le sentiment de Joseph et François Bianchini, qui en ont publié, en 1718, une édition dédiée au pape Clément IX. Luc Holstenius, Schelstrad et plusieurs autres critiques se sont rangés à leur opinion; et Muratori, en la reproduisant dans son grand recueil de *Scriptis rerum italicarum*, tom. III, l'a accompagnée de dissertations savantes, écrites à différentes époques et par différents auteurs. Il en résulte qu'Anastase ne fut point proprement l'auteur, mais seulement le rédacteur de ces Vies; qu'il les tira des anciens Catalogues des pontifes romains, des Actes des martyrs et d'autres mémoires soigneusement conservés dans les archives de l'Eglise romaine; qu'enfin, il n'a composé que les Vies de quelques-uns des papes de son temps, sans qu'il soit même possible d'en déterminer avec précision le nombre, ni de reconnaître avec certitude celles qui sont réellement de lui, les auteurs de ces dissertations n'étant pas d'accord sur ce point. Cependant cette variété de sentiments ne diminue en rien l'autorité de ces Vies. Tous conviennent qu'elles sont authentiques, et qu'elles sont extraites, ou des anciennes archives de Rome, ou de monuments que l'on ne peut suspecter.

Histoire ecclésiastique. — L'ouvrage le plus considérable d'Anastase, après celui dont nous venons de parler, est son *Histoire ecclésiastique*, ou, comme il l'appelle lui-même, la *Chronographie tripartite*, parce qu'elle est tirée de trois Chroniques différentes; savoir, de saint Nicéphore, de Georges Syncelle et de Théophane. Elle contient ce qui s'est passé depuis le commencement du monde jusqu'au règne de Léon l'Arménien. Il n'en coûta à Anastase que de traduire les passages qu'il emprunta à chacune de ces Chroniques; et il le fit à la prière de Jean, diacre de l'Eglise romaine, que le Père Sirmond croit être le même qui a écrit, en quatre livres, la Vie de saint Grégoire. La

Chronographie fut imprimée à Paris en 1649.

On doit encore à Anastase la traduction de plusieurs pièces pouvant servir de matériaux à l'histoire du monothélisme, et qu'il réunit en un recueil à l'adresse du diacre Jean, pour l'aider dans le grand travail qu'il avait entrepris sur l'histoire ecclésiastique. On ne sait pas au juste en quelle année il mourut : Baronius met sa mort en 886, d'autres quelques années plus tard, mais sans lui assigner aucune époque. Quoi qu'il en soit, fidèle dans le récit des événements de son temps, Anastase est regardé avec justice comme un des meilleurs écrivains de son siècle. Moins appliqué à polir son style qu'à dire le vrai, on trouve partout, dans ses écrits, un air de simplicité qui exclut jusqu'au plus petit soupçon de déguisement. Si l'on ne peut lui accorder l'élégance du langage, on ne peut pas non plus lui en refuser la fidélité.

ANASTASE, abbé. — Il serait difficile de préciser le temps auquel Anastase a vécu, et d'indiquer exactement la situation de son monastère. Canisius le fait abbé de Saint-Euthymius, et dit que ce fut lui qui, en 749, inspira à saint Jean Damascène l'idée de composer son traité du *Trisagion*, pour le tirer d'erreur. Cependant, dans son livre contre les Juifs, Anastase dit qu'il y avait huit cents ans que la ville de Jérusalem avait été détruite par Tite et Vespasien ; ce qui porterait à conclure qu'il écrivait vers l'an 875, c'est-à-dire plus de quatre-vingts ans après la mort de saint Jean Damascène, arrivée vers l'an 787. Mais cette difficulté chronologique n'a point embarrassé Canisius, ni plusieurs autres qui ont adopté son sentiment. Elle est cependant considérable ; car on ne peut dire que ce soit une faute d'inadvertance, ni de la part d'Anastase ni de la part des copistes, puisqu'elle se trouve reproduite quelques lignes plus bas, et qu'on la lit encore deux pages auparavant. Il est donc plus simple de placer l'existence d'Anastase dans le IX° siècle, et dire que ce fut à l'occasion d'un abbé du même nom que saint Jean Damascène composa son traité du *Trisagion*.

Il nous reste d'Anastase un *Traité contre les Juifs*, dans lequel il fait voir que le Messie promis par la loi et annoncé par les prophètes est venu ; que ce Messie est Dieu et homme tout ensemble, et qu'il n'est autre que Jésus-Christ. Il prouve qu'il est le Messie, parce qu'en lui ont été accomplies toutes les prédictions qui l'annonçaient ; qu'il est homme par ses souffrances, qu'il est Dieu par ses miracles. L'argument qu'il tire de l'établissement de la religion chrétienne par toute la terre, malgré l'opposition des juifs et les persécutions des païens, est plein d'une force de logique irréfutable. Comme on pouvait lui demander pourquoi, en annonçant Jésus-Christ, les prophètes ne se sont point servis de termes clairs et formels, il répond que le Messie devant mettre fin à la loi et aux sacrifices, les prophètes ne devaient l'annoncer que sous des termes voilés, parce que autrement les juifs les auraient lapidés, et jeté au feu leurs prophéties, au préjudice de la vérité et de la religion. Il donne de suite toutes celles qui regardent le mystère de l'incarnation ; puis il répond au reproche que les juifs faisaient aux chrétiens d'adorer les images et les croix. Il leur demande à eux-mêmes pourquoi ils adoraient le livre de la Loi, qui n'était composé que de cuir et de peau, et pourquoi Jacob avait adoré le haut du bâton de Joseph ? Comme ils auraient pu répondre qu'ils n'adoraient point la matière dont est composé le livre de la Loi, mais la vertu des paroles qu'il contenait, et que Jacob n'avait point adoré le bâton de Joseph, mais Joseph lui-même, il ajoute : Et nous autres aussi chrétiens, nous n'adorons point la nature du bois ; à Dieu ne plaise ! mais Jésus-Christ qui y est attaché. En honorant les images, nous honorons les saints. Loin que les peintures soient par elles-mêmes l'objet de notre culte, souvent, quand elles sont vieilles, effacées, pourries, mangées des vers, nous les brûlons et nous en faisons de nouvelles, uniquement pour conserver la mémoire de ceux qu'elles représentent. Il montre la différence du culte que les juifs rendaient à l'image de Nabuchodonosor à Babylone, avec celui que les chrétiens rendent à l'image de Jésus-Christ sur la croix. Ils ne disent pas : *Gloire au bois ou à la peinture !* mais ils disent : *Gloire au Dieu des saints !* tandis que les juifs, en adorant l'image de Nabuchodonosor disaient : Gloire à Nabuchodonosor !

Comme les juifs reprochaient aux chrétiens de mettre leur confiance dans un homme mort, il leur répond d'abord qu'ils avaient eux-mêmes mis la leur dans un serpent d'airain ; puis il prouve, par un grand nombre de témoignages de l'Ancien Testament, que la mort de Jésus-Christ avait été prédite, comme devant être le prix de la rédemption du genre humain ; qu'il était véritablement le Messie, et qu'en lui se sont accomplis tous les oracles des prophètes. Il cite le témoignage de saint Jean-Baptiste, de Nicodème, de Nathanael, de Joseph d'Arimathie, de Bizas et d'Alexandre, qui assistaient aux noces de Cana, lorsqu'il changea l'eau en vin ; et celui de Joseph, historien des Juifs. Il continue, dans le reste de son traité, d'expliquer les prophéties qui regardent la venue du Messie et la conversion des gentils à la foi ; mais il s'attache principalement à développer celle des septante semaines de Daniel, qui, suivant lui, avait prédit la destruction de Jérusalem sous Tite et Vespasien. Il fait voir encore que les juifs eux-mêmes ont aidé à l'accomplissement de ces prophéties, en tentant jusqu'à trois fois de rebâtir le temple : une première fois sous Adrien, une seconde sous Constantin, et la troisième sous Julien l'Apostat, sans que leurs efforts aient jamais pu réussir. Jusque-là toutes leurs captivités précédentes, avaient eu une fin et un terme limité ; mais aujourd'hui, errants et dispersés, sans sacerdoce, sans sacrifices, sans autels, ils ne conservent pas même, après huit siècles de bannissement, l'espérance de rentrer dans leur patrie. — Ce traité mérite d'être lu; Turrien l'a traduit en latin, et la *Bibliothèque des Pères* l'a reproduit dans son XIII° volume. On l'y retrouve suivi d'un recueil des preuves de la religion chrétienne contre les juifs. Ces preuves sont tirées de l'Ecriture sainte et des auteurs qui avaient traité la même matière. On y remarque surtout un passage de saint Anastase, qui, soutenant que la foi catholique est la seule véritable, en donnait pour preuve que Dieu n'avait confié qu'à ses croyants la garde des saints lieux où tous les mystères de la rédemption se sont accomplis, savoir, Nazareth, Thabor, Bethléhem, Sion, Golgotha et le lieu de la résurrection. Ce recueil, comme le traité d'Anastase, paraît être du IX° siècle.

ANASTASE (saint), ermite. — Anastase naquit à Venise dans le commencement du XI° siècle. Il y fut élevé, sous les yeux de sa famille, dans l'étude des sciences et les pratiques de la piété, jusqu'à ce que, faisant de sérieuses réflexions sur les dangers inséparables de la possession des richesses et des autres avantages temporels, il les abandonna pour se retirer dans un cloître et y mener une vie pauvre et mortifiée. Il choisit le monastère du Mont-Saint-Michel, appelé *in periculo maris*. Il y était encore en 1058. Mais l'abbé, dont on ignore le nom, ayant été convaincu de simonie, Anastase en sortit et se retira dans une île, sur les côtes de la mer, où il vécut en ermite. L'éclat de ses vertus inspira à saint Anselme, alors abbé du Bec, le désir de le connaître; sa réputation parvint aussi jusqu'à saint Hugues, abbé de Cluny, qui l'engagea à venir s'établir dans son monastère. Anastase y passa environ sept ans, au bout desquels il fut envoyé par le pape Grégoire VII, pour prêcher l'Evangile à quelques restes de musulmans qui survivaient encore en Espagne. Voyant que sa parole faisait peu d'impression sur leur cœur, il revint à Cluny, accompagna l'abbé Hugues dans le cours de ses visites, et donna des instructions aux moines. Mais Anastase, qui se sentait toujours de l'attrait pour la vie érémitique, obtint de lui la permission de se retirer dans les Pyrénées. Il y passa trois ans, prêchant la parole du salut à ceux qui venaient le visiter, jusqu'à ce que son abbé le rappela à Cluny, pour donner à ses moines un exemple de vertu. Anastase obéit, mais il mourut au retour, à Daydes, dans l'ancien diocèse de Rieux, vers l'an 1085. Sa Vie, qui fut écrite peu de temps après sa mort, rapporte plusieurs miracles opérés par son intercession.

Nous avons de lui un petit traité en forme de lettre sur l'eucharistie. Dom Mabillon croit que ce traité avait été adressé à Guillaume, abbé de Cormeil, qu'Anastase avait pu connaître lorsqu'il n'était encore que moine du Bec. Guillaume l'avait prié de lui dire ce qu'il croyait du corps et du sang du Seigneur. — « Je crois, lui répondit Anastase, que le sacro-saint corps du Seigneur, qui chaque jour est consacré sur l'autel par le ministère du prêtre, est, sans aucun doute, la vraie chair qui a souffert sur la croix, et le vrai sang qui est sorti de son côté, comme il nous l'affirme lui-même, quand il dit : *Caro mea vere est cibus, et sanguis meus vere est potus.* Je crois que la chair que nous mangeons, pour la rémission de nos péchés, n'est autre que celle qui est née de la vierge Marie, et qui est ressuscitée du tombeau, comme le sang que nous buvons est le même qui est sorti de son côté. « Il condamne l'erreur de ceux qui, jugeant l'eucharistie plutôt par les yeux du corps que par les yeux de la foi, disent que le corps de Jésus-Christ n'est qu'en figure dans l'eucharistie, même après la consécration; et que le pain y reste matériellement et en réalité; ce qu'il appelle une folie contre la foi. Mais il ne fait pas difficulté de reconnaître qu'il est permis, en parlant de l'eucharistie, de se servir des termes de pain et de chair, de sacrement et de figure, pourvu qu'on en croie ce qu'il en croyait lui-même, c'est-à-dire que c'est la vraie chair et le vrai sang du Sauveur. Pour éviter la prolixité, il ne cite les témoignages que de trois anciens Pères, saint Cyprien, saint Augustin et saint Ambroise, et il se contente de nommer un grand nombre d'autres saints docteurs qui ont pensé de même sur ce mystère; ce qui fait voir qu'il s'était appliqué sérieusement à la lecture des saints Pères. Son traité se trouve parmi les écrits de Lanfranc, et dans le tome I" de l'*Histoire de l'Université de Paris*, par du Boulay, qui, de concert avec Ellies Dupin, place Anastase parmi les disciples de Bérenger, qui abandonnèrent leur maître et son hérésie. On ne voit rien dans cette lettre ni ailleurs qui puisse autoriser une telle supposition.

ANASTASE, archevêque de Césarée en Palestine, gouvernait cette Eglise en même temps que Jean était patriarche d'Antioche, c'est-à-dire à la fin du XII° siècle. C'est ce qu'il exprime clairement dans son *Traité du jeûne*, le seul ouvrage que nous ayons de lui, et que Catelier a fait entrer dans le tome III° des *Monuments de l'Eglise grecque.* Il est intitulé : *Du jeûne de la très-glorieuse Vierge mère de Dieu*, apparemment parce qu'il se terminait à la fête de son Assomption. Anastase prouve l'antiquité, ou plutôt la légitimité de ce jeûne, par l'autorité du Synodique, et par le témoignage de Jean, métropolitain de Nicée, qui en effet parlent de trois jeûnes considérables dans le cours de l'année : le premier avant Noël, le second avant Pâques, le troisième avant l'Assomption de la sainte Vierge. — La raison de l'institution de ce jeûne était de se purifier pour célébrer la fête de la Mère de Dieu, comme on se purifie pour solenniser celles du Fils de Dieu, les jours de sa naissance selon la chair, et de sa résurrection. Le jeûne de la sainte Vierge se célébrait dans toute l'Eglise d'Orient à Césarée, à Constantinople, à Antioche et ailleurs. Il paraît qu'il n'était que de quatorze jours ; qu'il commençait le 1er août et qu'on jeûnait même au jour de la Transfiguration. On jeûnait aussi quelques jours avant l'Exaltation de la sainte croix ; mais ce jeûne n'était pas général. Anastase rejette quelques jeûnes établis par les hérétiques, contre la pratique de l'Eglise, entre autres celui qu'ils nommaient *Artzibur*. Par le Synodique, où le jeûne de la sainte Vierge est prescrit, il entend le synode assemblé à Constantinople par les empereurs Romain l'Ancien et Constantin Porphyrogénète. On y réforma les abus et les désordres que les seconde, troisième et quatrième noces avaient occasionnés, et on éteignit les schismes qui en avaient été les suites. C'est pourquoi il fut appelé un synode d'union.

ANATOLE (saint) d'Alexandrie florissait dans la dernière moitié du IIIe siècle. Né de parents chrétiens, il avait reçu une brillante éducation, et Eusèbe nous le représente comme un des hommes les plus habiles de de son temps dans la connaissance des lettres humaines. La philosophie, l'arithmétique, la géométrie, l'astronomie, la logique, la rhétorique, la physique, lui étaient également familières. Il excellait dans toutes ces branches de la science ; ce qui porta les habitants d'Alexandrie à le prier de fonder une école dans leur ville. Il y enseigna les principes d'Aristote, et il devint ainsi le restaurateur de la philosophie péripatéticienne, que l'école de Plotin avait fait abandonner. Mais, vers l'an 269, Anatole, passant par Laodicée pour se rendre au dernier concile réuni à Antioche contre les erreurs de Paul de Samosate, fut retenu par les fidèles de cette Eglise, qui le choisirent pour évêque, à la place de saint Eusèbe, son ami, qui venait de mourir. Saint Anatole vivait encore sous l'empire de Carus, c'est-à-dire l'an 282 ou 283 de Jésus-Christ.

Quoiqu'il n'ait pas composé beaucoup de livres, néanmoins on peut juger de son éloquence et de la profondeur de sa doctrine par le petit nombre d'écrits qu'il nous a laissés, et principalement par le traité qu'il a fait pour confirmer son opinion touchant le jour auquel on doit célébrer la Pâque. Saint Jérôme, qui loue tous ses écrits comme remplis de la science des Ecritures et de la philosophie, faisait un cas tout particulier de son livre de la Pâque. Saint Anatole le composa à la prière d'un de ses amis, à qui il le dédia sans le nommer. Ce canon commence à l'an de Jésus-Christ 276, et contient un cycle pascal de dix-neuf ans, dans lequel l'auteur fixe l'équinoxe du printemps au 22 de mars. Il fait voir, par l'autorité de Philon, de Josèphe, de Musée et d'Aristobule, qu'il dit être un des soixante-dix interprètes qui traduisirent l'Ecriture sainte sous Ptolémée, que la Pâque doit se célébrer le quatorzième de la lune après l'équinoxe. Il ajoute que ceux à qui il était ordonné de la célébrer le dimanche pouvaient la retarder jusqu'au vingtième de la lune ; mais il fait un crime à ceux qui reculaient jusqu'au vingt-deux

ou vingt-troisième jour la célébration de cette solennité. De son temps il était encore d'usage, parmi les Asiatiques, de faire la Pâque le quatorzième de la lune, en quelque jour de la semaine qu'il tombât, pourvu que ce fût après l'équinoxe ; mais à Rome et dans tous les endroits où saint Pierre et saint Paul avaient prêché l'Evangile, on ne la célébrait que le dimanche. Il établit pour règle que si le septième des calendes d'avril se rencontre un dimanche avec le quatorzième de la lune, on doit pour cette année célébrer la Pâque ce jour-là. Il appelle Origène le plus savant homme et le plus habile computiste de son siècle, et cite de lui un excellent Traité sur la Pâque, comme aussi le Cycle pascal de saint Hippolyte, et en général les écrits d'Isidore, de Jérôme et de Clément sur la même matière. — Outre cet écrit, saint Jérôme fait mention de dix livres sur les principes de l'arithmétique, également propres à faire connaître l'étendue du génie de saint Anatole. Fabricius dans sa bibliothèque grecque nous en a conservé quelques fragments.

ANDRÉ, évêque de Samosate, florissait vers l'an 431. Une maladie l'empêcha d'assister au concile d'Ephèse. Quelque temps avant la réunion de ce concile, il avait été chargé par Jean d'Antioche de réfuter les douze Anathématismes de saint Cyrille. Il le fit en effet, mais de manière à faire croire qu'il n'avait pas entendu l'écrit qu'il avait entrepris de combattre ; car il admet souvent ce que le saint patriarche enseigne, et le condamne plusieurs fois sur de faux sens qu'il lui attribue. Il tâche aussi de trouver des contradictions entre les Anathématismes et les autres écrits de ce Père, particulièrement son épître aux solitaires et son homélie sur la Pâque. Nous avons encore cet écrit, avec les réponses de saint Cyrille, dans les œuvres de ce dernier. Rabbula, évêque d'Edesse, ayant lu l'ouvrage d'André de Samosate, le condamna, et dit anathème à tous ceux qui le liraient. Après la publication de l'écrit que saint Cyrille avait fait pour sa justification, André en composa un second, mais moins modéré que le premier, et dans lequel il prétendait réfuter ce que saint Cyrille et Rabbula avaient écrit contre Théodoret. Nous ne l'avons plus. Il ne nous en reste qu'un fragment, rapporté par Anastase le Sinaïte, qui y trouvait tant d'aigreur, qu'il en prend sujet de qualifier l'auteur de *dragon cruel*, qui vomissait le venin de l'hérésie de Nestorius. André fut du nombre des évêques qui, en 432, se trouvèrent au concile d'Antioche pour y délibérer sur les conditions de la paix ; mais, ayant enfin reconnu la catholicité de saint Cyrille, il embrassa sa communion. Il se réconcilia aussi avec Rabbula, et entra depuis dans la communion de saint Procle. En 444, il fut appelé au concile que Domnus avait convoqué pour juger l'affaire d'Athanase, évêque de Perrha ; mais, n'ayant pu s'y rendre, il s'en excusa par une lettre. Il nous en reste plusieurs de lui rapportées dans le *Synodique* du P. Lupus. On ne sait point au juste l'époque de sa mort; mais on trouve un Rufin, évêque de Samosate, qui assista au concile de Chalcédoine en 451.

ANDRÉ DE CRÈTE.—André était né à Damas. Après y avoir fait ses études, il se rendit à Jérusalem, où il mena pendant quelque temps la vie monastique, ce qui lui a fait donner quelquefois le surnom de Jérosolymitain. De Jérusalem il passa à Constantinople, où il s'acquit une grande réputation par son éloquence et par sa vertu. L'Eglise de Crète se trouvant vacante, il en fut élu archevêque. Il occupait déjà ce siége sous le règne de Justinien II. Ce prince ayant été tué, en 711, Philippique fut nommé empereur à sa place. Comme il favorisait les monothélites, il fit condamner le sixième concile général qui les avait anathématisés, chassa de l'Eglise de Constantinople le patriarche Cyrus, et lui substitua Jean, qui soutenait avec lui le parti de ces novateurs. André de Crète s'associa à Germain, métropolitain de Cyzique, pour seconder l'empereur dans cette entreprise; mais il confessa ensuite la doctrine des deux volontés en Jésus-Christ. L'histoire ne nous fournit rien des autres circonstances de sa vie; elle ne nous apprend pas non plus l'année de sa mort. Le P. Combefis a publié, sous le nom de cet archevêque, plusieurs discours, un poëme en vers iambiques et un commentaire sur l'Apocalypse. Parmi les discours qui lui sont attribués, il en est plusieurs qui appartiennent évidemment à un auteur qui lui est postérieur de plus d'un siècle.

Les discours que nous avons sous le nom d'André de Crète sont plus intéressants par la beauté et la noblesse du style que par le fond des choses. Il puise souvent à des sources douteuses, mais il en tire des documents que l'on regardait de son temps comme authentiques. Par exemple, excepté les noms de saint Joachim et de sainte Anne, on ne trouve rien dans l'Ecriture ni dans les anciens sur les parents de la sainte Vierge. André décrit leur intérieur, et dit qu'étant stériles l'un et l'autre, ils l'avaient obtenue de Dieu par leurs prières. Il parle de sa présentation, et des chœurs des vierges qui l'accompagnèrent dans cette cérémonie; il semble même dire qu'elle fut élevée dans le temple, sous les yeux de celui qui remplissait les fonctions sacerdotales au moment de sa présentation. L'histoire de l'Eglise ne nous apprend rien de semblable.—Les trois discours sur la mort ou le sommeil de la sainte Vierge sont fondés sur ce qu'on en lit dans des écrits faussement attribués à saint Denis l'Aréopagite. André les cite plusieurs fois, principalement le livre des dons divins, dont il rapporte un long passage. A cette objection que ni les apôtres ni les évangélistes n'ont parlé de la mort de la sainte Vierge, il répond, sur une tradition fort incertaine, qu'ils n'ont pu le faire, puisqu'elle a vécu plus longtemps qu'eux tous. —Ce qu'il dit du martyre de saint Georges n'est pas mieux fondé dans l'antiquité. Cependant il en avait les Actes sous les yeux, et il y renvoie ses auditeurs pour leur faire admirer la constance de sa foi; mais il y a toute apparence que ces Actes étaient les mêmes qui furent condamnés à Rome, sous le pontificat de Gélase, en 494; car nous n'en connaissons point aujourd'hui qui ne portent par eux-mêmes des marques évidentes de fausseté.—Ce que son poëme en vers iambiques présente de plus remarquable, c'est qu'il lui a été dicté par la reconnaissance. Il est adressé en forme de remerciements à l'archidiacre Agathon. On y voit qu'après avoir lu les Actes du sixième concile général, qu'il lui avait envoyés, André quitta le parti des Monothélites et reconnut, avec toute l'Eglise, deux volontés et deux opérations en Jésus-Christ. On a attribué à André de Crète un commentaire sur l'Apocalypse, qui, en effet, porte son nom dans quelques anciens manuscrits; mais il en existe un plus grand nombre qui le donnent à André, évêque de Césarée en Cappadoce. *Voy:* l'article suivant.

ANDRÉ, évêque de Césarée, vivait sur la fin du VIII° ou au commencement du IX° siècle. Il est auteur d'un Commentaire sur l'Apocalypse, dont Arétas, son successeur, s'est beaucoup servi. Cet écrit n'est pour ainsi dire qu'une compilation de ceux des anciens. André le dit expressément dans son prologue, et il le répète plus d'une fois dans le cours de l'ouvrage. Cette façon d'expliquer l'Ecriture sainte était commune à l'époque où vivait l'auteur. Le commentaire qui porte le nom d'André lui est non-seulement attribué par Arétas, mais encore dans plusieurs anciens manuscrits de la bibliothèque des moines de saint Basile, à Rome. Entre un grand nombre d'anciens interprètes dont André a fait usage, il n'oublie ni saint Denis l'Aréopagite, ni saint Basile, dont les noms se trouvent cités dans le même chapitre et à la même page de son commentaire. Ce livre est dédié à un nommé Macaire, et divisé en 72 chapitres et vingt-quatre discours. Il est plus mystique que littéral. Il a été traduit en latin par Pelton, qui le fit imprimer à Ingolstadt en 1574, d'où il est passé dans toutes les Bibliothèques des Pères. André composa un autre ouvrage qui n'a pas encore été rendu public. Il est intitulé : *Thérapeutique* ou service spirituel, et divisé en deux livres. On y trouve, traitée au long, la question de savoir où vont les âmes après leur séparation d'avec le corps. — Quant aux deux *Chaines* ou Commentaires sur les Proverbes de Salomon et sur la prophétie d'Isaïe, dont il est parlé dans Lambécius, ils ne sont pas d'André de Césarée ; mais les critiques se croient fondés sur des renseignements assez certains pour les attribuer au prêtre nommé André, qui écrivait vers l'an 1240.

ANDRÉA, prêtre et chanoine de Bergame, vivait à la fin du IX° siècle. Il est auteur d'une *Chronique* qui s'étend depuis l'entrée des Lombards en Italie jusqu'à la mort de l'empereur Louis II, c'est-à-dire jusqu'en

874 et un peu au delà. Elle a été publiée par Muratori, dans le premier volume de ses *Antiquités d'Italie*. L'auteur y raconte lui-même que, l'empereur étant mort à Brescia, son corps fut porté à Milan, et qu'il fut un de ceux qui le portèrent dans toute l'étendue du diocèse de Bergame, c'est-à-dire depuis l'Oglio jusqu'à l'Adda.

ANDREAS LEUCANDER, est compté au nombre des plus savants moines qui illustrèrent l'abbaye de Fleury au XI° siècle. Il vivait peu de temps après le règne du roi Robert, et peut-être même du vivant de ce prince. Il est un de ceux qui continuèrent la relation des miracles opérés par l'invocation de saint Benoît. Son recueil est inséré entre celui d'Aimoin et celui de Raoul Tortaire, qui n'a fait que mettre en vers ce qu'André avait écrit en prose. André est encore auteur d'une *Vie* de Gauzelin, abbé de Fleury et en même temps archevêque de Bourges. Les éditeurs du Glossaire de Du Cange la citent plusieurs fois et nous apprennent qu'elle était divisée en deux livres. A la fin de la *Vie* de Gauzelin, se trouve son épitaphe en quatorze vers élégiaques, qui prouvent qu'André n'avait rien qui le distinguât des autres versificateurs de son siècle.

ANDREAS SYLVIUS, prieur de Marchienne, abbaye de l'ordre de Saint-Benoît, dans le territoire de Douai en Belgique, florissait vers l'an 1190. Il écrivit une histoire abrégée de la race des Mérovingiens, que Raphaël Beauchamps publia enrichie de notes et augmentée de plusieurs continuations, en 4 vol. à Douai, 1633.

Ce fut par les conseils de Pierre, qui d'abbé de Cîteaux devint évêque d'Arras en 1180, et mourut en 1203, que Andreas entreprit cet abrégé, ce qui nous permet de fixer l'époque à laquelle il florissait. Il écrivit encore deux livres des miracles de sainte Rictrude. On les retrouve sans nom d'auteur, à la date du 12 mai, dans les Continuateurs de Bollandus. Enfin on lui attribue une *Chronique de l'abbaye de Marchienne*, écrite pendant la prélature de l'abbé Simon, c'est-à-dire, de 1199 à 1202. Cette *Chronique*, longtemps conservée manuscrite dans la bibliothèque des jésuites d'Anvers, a été publiée par Andreas Valerius dans sa *Bibliothèque belge*, éditée à Louvain en 1643.

ANDRONIC CAMATÈRE, parent de l'empereur Manuel Comnène, fut élevé par ce prince à la dignité de gouverneur de Constantinople et de commandant des gardes. Il écrivit un traité contre la croyance des Latins sur la procession du Saint-Esprit. Cet écrit, en forme de dialogue, avait pour interlocuteurs l'empereur Comnène et les cardinaux romains. Il fut réfuté par Jean Veccus, patriarche de Constantinople, et nous n'en possédons aujourd'hui que ce que le réfutateur nous en a conservé. Andronic y soutenait, avec toute la force de son éloquence, que le Saint-Esprit ne procède que du Père, et que s'il est envoyé par le Fils aux fidèles, ce n'est que comme ministre du Père, sans qu'il ait aucune part à son origine. Il apporte en preuve plusieurs passages du Nouveau Testament et des Pères de l'Eglise, faisant sur chaque passage des réflexions qui tendent à en dénaturer le vrai sens. Chacun de ses raisonnements tient du sophisme. Voici les principes sur lesquels roule tout son ouvrage : 1° C'est le propre du Père de produire l'Esprit. 2° Tout ce qu'on assure de la Trinité est d'un ou de trois. 3° Tout ce qu'on dit des personnes divines est personnel ou naturel. 4° Tout ce que le Père produit de lui-même, il le produit à raison de sa personne et non de sa nature. 5° Le Saint-Esprit est du Père *contiguement* et immédiatement. Jean Veccus développe toutes les subtilités de Camatère, et met en évidence le vrai sens de l'Ecriture et des Pères, prouvant, par les passages mêmes allégués par Andronic, que le Saint-Esprit procède du Père et du Fils, et qu'il est consubstantiel à ces deux personnes de la Trinité. Andronic avait composé d'autres ouvrages que l'on conserve dans la bibliothèque de Bavière ; savoir, une conférence entre le même empereur et Pierre, docteur des Arméniens, et un petit traité des deux natures en Jésus-Christ. Ces ouvrages n'ont jamais été imprimés. Andronic vivait à la fin du XII° siècle.

ANDRONICIEN. — On met ordinairement Andronicien parmi les auteurs qui ont vécu sur la fin du VI° siècle ou au commencement du VII°. Il serait peut-être mieux de le placer dans les IV° et V° siècles, où l'hérésie d'Eunome, contre laquelle il écrivit, occupait beaucoup les défenseurs de la foi catholique. Photius, qui avait lu deux livres d'Andronicien contre les eunomiens, dit qu'il promettait beaucoup dans ses préfaces, mais qu'il n'exécutait pas dans le corps de l'ouvrage ce qu'il avait promis ; ce vide se fait sentir particulièrement dans le second livre. Andronicien avait les mœurs, l'esprit et la manière d'écrire d'un philosophe, mais il était chrétien de religion. Nous n'avons plus son ouvrage.

ANGÉLOME, diacre et religieux bénédictin de l'abbaye de Luxeuil, au commencement du IX° siècle, se distingua, dans ces temps d'ignorance, par son goût pour l'étude. L'école de cette abbaye possédait un maître d'une grande réputation, nommé Mellin, lorsque Angélome y fit profession de la vie monastique. Ce fut sous lui qu'il étudia les lettres et l'Ecriture sainte, et apparemment aussi le grec et l'hébreu, car Angélome n'était point étranger à ces deux langues. On ne voit point qu'il ait présidé lui-même à cette école ; mais il nous apprend qu'il fut appelé pour enseigner les lettres dans celle du palais du roi Lothaire, qui l'honorait de sa bienveillance. C'est donc à tort que quelques biographes ont affirmé que ce prince avait tenté vainement de l'attirer à sa cour. Il y séjourna quelque temps, entièrement livré aux devoirs de sa charge, après quoi il retourna à Luxeuil, où il composa en latin un grand nombre d'ouvrages, dont la plupart se sont perdus. Nous allons rendre compte de ceux qui ont été conservés dans la bibliothèque de ce monastère, où il mourut vers l'an 855. Il ne prend lui-même que la qualité de diacre dans ses écrits.

Commentaire sur la Genèse. — Le plus considérable est son *Commentaire sur la Genèse*, publié par dom Bernard Pez, et imprimé à Augsbourg en 1721, sur deux manuscrits, l'un de 800 et l'autre de 500 ans. Il est dédié à Léotric, nouvellement élu prieur de son abbaye. Le dessein d'Angélome n'était d'abord de donner que l'explication littérale de l'ouvrage des six jours de la création ; mais son supérieur l'obligea par la suite à expliquer le livre de la Genèse tout entier. Angélome eut recours aux explications de saint Jérôme, de saint Augustin, de saint Isidore et du vénérable Bède, et quand leurs commentaires ne lui paraissaient pas suffisants, il y ajoutait les explications qu'il avait entendues ou recueillies par tradition. Quoiqu'il s'attache à reproduire le sens littéral, surtout dans les premiers chapitres, cependant il ne laisse pas de donner aussi le sens moral et spirituel. Il passe sans les commenter les endroits qui s'entendent d'eux-mêmes, et pour abréger son travail il se contente souvent de prendre le sens des anciens commentateurs, sans rapporter leurs paroles. Il cite l'Hébreu, les Septante, Aquila, Théodotion et les autres versions de la Bible, lorsqu'il est besoin d'éclaircir le texte de la Vulgate. Il examine quel est l'auteur de la Genèse, et il l'attribue à Moïse ; ce n'est pas qu'il considère cette question comme importante, puisqu'il suffit de savoir que le livre est l'œuvre du Saint-Esprit. Il enseigne que si le premier homme n'eût pas péché, ses descendants ne se seraient pas succédé dans la mort, mais que, le nombre des élus nécessaires pour remplacer celui des anges prévaricateurs étant complet, ils auraient tous passé du paradis terrestre dans la céleste patrie, sans avoir été soumis à la triste nécessité de mourir. De ce qu'il est écrit que Dieu mit l'homme dans un paradis de délices, il en conclut qu'il avait été créé dans un autre lieu. Il croit qu'avant le péché Dieu parlait à l'homme comme il parle aux anges, mais que depuis sa prévarication il lui fait parler par une créature. Il attribue au démon tous les discours que l'Ecriture prête au serpent, et dit que le diable se servit de cet animal pour séduire la femme. En parlant de l'arc-en-ciel, il dit qu'il n'est pas probable que ce météore se fût produit avant le déluge, puisque les pluies qui en font la matière n'avaient jamais été connues. Il est à croire que la terre recevait sa fécondité, comme l'Egypte, des rosées produites par les eaux des fleuves et des fontaines. Suivant lui, Abraham ne commit pas d'adultère en prenant Agar pour femme du vivant de Sara, d'abord parce que la loi de l'Evangile qui défend la polygamie n'était pas encore publiée, ensuite parce que ce patriarche ayant reçu de Dieu la promesse de la multiplication de sa race, il lui était permis d'ignorer par quelle femme lui viendrait cette fécondité.

Sur les quatre livres des Rois. — L'auteur suit dans ce Commentaire la même méthode que dans le précédent. C'est un tissu d'explications tirées des anciens commentateurs, auxquelles il joint les enseignements de son maître Mellin, et souvent aussi ses propres pensées. Outre l'ordre qu'il en avait reçu de Drogon, son abbé, fils de Charlemagne et frère de l'empereur Louis, il se sentait porté lui-même à donner un commentaire suivi des quatre livres des Rois, par deux autres motifs : le premier, c'est que personne jusque là ne les avait expliqués tout entiers ; le second, c'est qu'il tenait à montrer qu'outre le sens littéral et historique, ces livres étaient susceptibles de plusieurs autres interprétations. C'est ce qu'il établit dans deux préfaces générales, dont l'une est en prose et l'autre en vers. Dans la première, il montre qu'on peut trouver dans ces livres autant de sens différents qu'il y a de sceaux dans l'Apocalypse, c'est-à-dire sept, et il en produit autant d'exemples tirés des livres des Rois. Le premier est le sens historique, le second allégorique ; le troisième mixte, c'est-à-dire participant des deux premiers ; le quatrième théologique, représentant l'essence immuable de la Trinité, tantôt sous des noms propres, tantôt sous des noms figurés ; le cinquième est parabolique, le sixième figuratif des deux avénements du Sauveur, qu'il distingue afin qu'on ne puisse les confondre, et le septième moral. Angélome se nomme lui-même à la fin de sa préface en vers, de sorte qu'on ne peut douter qu'il ne soit réellement l'auteur de l'ouvrage. Outre ces deux préfaces générales, il en a mis une particulière à la tête de chaque livre. Ce Commentaire est cité par Sigebert, et Trithème en faisait si grand cas, qu'il avoue n'en avoir jamais lu un meilleur.

Sur le Cantique des cantiques. — Angélome écrivit cet ouvrage aux instances de l'empereur Lothaire, dans le palais duquel il avait enseigné les lettres ; mais pour ne rien faire contre l'ordre de la discipline régulière, il ne voulut l'entreprendre qu'après en avoir obtenu la permission de son abbé. Drogon, bien loin de s'y refuser, y ajouta même l'ordre de commencer au plus tôt ce travail. Comme dans ses écrits précédents, Angélome eut recours aux Commentaires des anciens, principalement à ceux de saint Grégoire le Grand et aux explications de son maître Mellin, auxquelles il ajouta ses propres conjectures. Comme c'était un livre dont Lothaire voulait s'occuper dans ses heures de loisir, Angélome le composa en forme de manuel. Il se contenta de n'y mettre que ce qui était absolument nécessaire pour l'intelligence du texte, sans s'astreindre à rapporter les paroles mêmes des anciens commentateurs, ce qui aurait trop grossi le volume. Il se borne donc à donner le sens spirituel et allégorique, parce que dans ce cantique on ne doit rien chercher autre chose que les mystères de l'époux et de l'épouse, c'est-à-dire de Jésus-Christ et de son Eglise. C'est même une obligation morale d'en exclure absolument le sens de la lettre, qui ne pourrait inspirer que des sentiments contraires à la bienséance et à la pudeur. C'est la remarque qu'il fait dans son épître dédicatoire à l'empereur. Il exhorte ce prince à ne point s'attacher au sens historique de ce livre, mais à rechercher, sous les fleurs des allégories, les instructions morales qu'il y avait répandues. Il l'exhorte aussi à la lecture des autres livres sacrés et des Commentaires des anciens interprètes. Ce qui fait voir qu'Angélome acheva son ouvrage du vivant de ce prince, et que c'est par erreur que quelques-uns ont avancé qu'il ne fut publié qu'après sa mort, arrivée au mois de septembre 855. Du reste, ni dans sa préface, ni dans son épilogue, ni dans aucun autre de ses ouvrages, Angélome ne dit un mot de la mort de Lothaire.

Sur l'Evangile. — Angélome, dans son prologue sur la Genèse, rappelle qu'avant de commenter ce livre il avait déjà expliqué les quatre Evangiles. Ces Commentaires n'ont jamais été publiés, et il faut que les exemplaires en aient été bien rares, puisqu'ils n'ont été connus ni de Sigebert ni de Trithème. Ce dernier lui attribue un *Traité des offices divins* et quelques autres ouvrages qu'il ne nomme point, ce qui prouve qu'il ne les avait pas vus. Son témoignage à cet égard ne fait donc pas autorité. On donne quelquefois à tous les Commentaires composés par Angélome le titre de *Stromates* ou tapisseries, parce qu'ils sont tissus de différents passages qu'il a extraits des écrits des Pères. Son style est simple, clair et précis, tel qu'il convient à ces sortes d'ouvrages ; seulement quelques-uns de ces Commentaires, et en particulier ceux sur le Cantique des Cantiques et sur le livre des Rois, portent l'empreinte de l'esprit bizarre et grossier du ixᵉ siècle.

ANGELRAMNE, qu'on a nommé aussi quelquefois Ingelram ou Enguerrand, reçut sa première éducation au monastère de Gorze, d'où il passa à celui de Celleneuve, connu depuis sous le nom de Saint-Avold. Après y avoir fait profession et pratiqué, pendant quelques années, les exercices de la vie monastique, il en fut tiré, à la mort d'Etienne, abbé de Sénones, pour être élu à sa place. Il avait lui-même demandé cette abbaye au roi Charlemagne. Saint Chrodegang, évêque de Metz, étant mort en 766, Angelramne fut choisi pour lui succéder, après une vacance de plus de deux ans. Il fut consacré le 25 de septembre de l'an 768, et prit, comme son prédécesseur, le titre d'archevêque. Il y joignit dans la suite ceux d'archichapelain ou de grand aumônier du roi, et d'apocrisiaire ou de nonce du pape en France. Ce fut le roi Charles lui-même qui lui obtint du pape Adrien cette dernière qualité. Il désirait conserver Angelramne à sa cour, afin de trouver constamment en lui un juge des affaires ecclésiastiques. En acceptant l'évêché de Metz, au lieu de quitter l'abbaye de Sénones, il profita de son autorité pour la réunir à son Église ; et, par ce moyen, cette abbaye, qui jusque-là avait porté le titre d'abbaye impériale, devint abbaye épiscopale ; ce qui ne laissa pas que de causer beaucoup de chagrin à ses religieux. Richer, dans la Chronique de ce monastère, désapprouve la conduite que tinrent les moines en cette occasion, disant qu'il leur avait été plus avantageux de voir leur monastère soumis à l'Église de Metz, parce qu'en demeurant sous la puissance impériale, il en aurait été accablé, ainsi que plusieurs autres Églises voisines, soit par les exactions des troupes de l'empereur, soit par les incursions des ennemis. Sous son pontificat, l'Église de Metz se rendit célèbre par l'établissement qu'elle fit d'une école de chant ecclésiastique. On y étudiait le chant grégorien ou romain que les rois Pépin et Charlemagne avaient mis en usage dans les églises de France, comme plus parfait et plus mélodieux que le chant à l'usage des Français. Angelramne fit encore honneur à son épiscopat, en engageant Paul Warnefride, diacre du Mont-Cassin, à écrire l'Histoire des évêques de Metz ses prédécesseurs. Il embellit le tombeau de saint Nabor avec les libéralités du roi Charles ; mais sa mort, arrivée le 26 octobre 791, l'empêcha de mettre la dernière main à cet ouvrage.

Pendant sa vie, il avait eu un démêlé avec les évêques des Gaules. L'histoire n'en a jamais donné au juste le vrai motif ; mais comme ils l'avaient accusé d'avoir violé les canons, on croit avec beaucoup de vraisemblance que leurs plaintes roulaient sur ce grief. En effet, Angelramne, retenu à la cour par ses doubles fonctions d'archichapelain et de nonce du pape, ne résidait point dans son diocèse. Il composa pour sa justification un écrit ou plutôt une collection de canons, qu'il présenta au pape Adrien pendant que l'on examinait son affaire. Cette collection est datée du 19 septembre de l'an 785. Elle porte dans quelques exemplaires le nom d'Adrien, comme si ce pape l'eût donnée à Angelramne ; mais il en existe d'autres où il est expressément dit que ce fut Angelramne qui la présenta au pape. Cette opinion nous paraît d'autant plus probable, que l'on trouve dans cette collection des extraits de plusieurs fausses décrétales dont il n'y a aucuns vestiges dans le code des canons que le même pape avait adressés au roi Charles, dix ans auparavant. La collection d'Angelramne est composée de quatre-vingts canons. Presque tous traitent de la façon de procéder dans les affaires ecclésiastiques et il s'agit de contravention aux règles de l'Eglise. La qualité des juges et des accusateurs, la compétence des tribunaux s'y trouvent également spécifiées et établies. Antoine Augustin a fait des notes sur chacun de ces canons, dans lesquelles il marque les endroits d'où ils sont tirés, si c'est des fausses décrétales, des conciles ou des écrits des saints Pères. Le cinquante-sixième est un extrait du faux concile de Synuesse, où l'on suppose qu'il fut décidé que le pape n'est soumis au jugement de personne, par la raison qu'il est dit dans l'Evangile que le disciple n'est pas plus grand que le maître. Angelramne est le premier qui ait fait usage de ces fausses décrétales, mais sans les citer. Riculphe, archevêque de Mayence, ne tarda pas à les répandre en France ; mais ce ne fut que plus tard qu'on les connut à Rome.

C'est en quelque sorte à Angelramne que nous devons la Vie de saint Tron ou Trudon, puisque ce fut par ses ordres qu'un diacre de son Église, nommé Donat, l'écrivit. Aussi en fait-il honneur à son évêque, dans l'épître dédicatoire qu'il lui adresse en tête de cet ouvrage.

ANGILBERT (saint), abbé de Centule, dans le IX° siècle, était fils d'un des grands de la cour de Pépin le Bref. Il fut disciple d'Alcuin et condisciple de Charlemagne. Elevé dans le palais, c'était l'homme le plus aimable de la cour de ce prince, qui lui fit épouser sa fille Berthe. Il était membre de l'académie du palais, et Charlemagne l'appelait son Homère, soit parce que Angilbert faisait ses délices de la lecture de ce poëte, soit parce qu'il composait lui-même des vers. On trouve quelques pièces de sa façon dans Duchêne, dans les œuvres d'Alcuin et dans d'autres recueils. Etant tombé malade au château de Centule en Ponthieu, il fit vœu, s'il en relevait, d'embrasser la vie monastique à Saint-Riquier ; ce qu'il exécuta, du consentement de sa femme, qui prit le voile en même temps. Charlemagne l'arracha de son cloître, pendant qu'il en était abbé, pour le faire secrétaire d'Etat et maître de sa chapelle. Ce prince le chargea successivement de trois ambassades à Rome : la première, en 792, pour y conduire Félix d'Urgel, convaincu d'hérésie dans le concile de Ratisbonne, assemblé la même année ; la seconde, en 794, pour porter au pape Adrien les Actes du concile de Francfort avec les livres Carolins ; la troisième, en 796, pour aller féliciter, de la part du roi, le pape Léon III sur son exaltation. Charles ayant fait Pépin son fils roi d'Italie, lui donna Angilbert pour premier ministre. Nous avons une lettre d'Alcuin adressée à Angilbert, primicier du palais du roi Pépin. A cette qualité, Alcuin ajoute celle de fidèle ami ; et, dans une lettre à Damietas ou Riculfe, archevêque de Mayence, il lui donne un nom plus doux encore, il l'appelle son fils. En effet, telle était l'affection qui unissait ce grand homme à ses élèves : tous le considéraient comme un père ; Charlemagne lui-même se faisait honneur d'être nommé son fils et de partager ce titre avec tous ceux qui, comme lui, étaient venus puiser la science aux mêmes sources. Angilbert était un de ceux que ce prince affectionnait le plus. Il le choisit pour l'accompagner à Rome, en 800, lorsqu'il y fut couronné empereur d'Occident. Angilbert profita des libéralités du nouvel empereur pour rétablir le monastère de Centule, dont il avait été fait abbé dès l'an 794 ; mais il s'appliqua surtout à y faire observer une exacte et rigoureuse discipline. En 811, il souscrivit avec les évêques, les abbés et les comtes, au testament que fit l'empereur pour régler le partage de ses trésors et de ses meubles. Il ne survécut que de vingt jours à ce prince : Charlemagne mourut le 28 janvier 814, et Angilbert le 18 février de la même année. L'Église le mit au nombre de ses saints.

Il nous reste d'Angilbert un poëme en soixante-huit vers élégiaques, dans lesquels il félicite Pépin, roi d'Italie, sur le bonheur qu'il avait eu de revoir le roi Charles et sur la joie que cette entrevue avait causée à la famille royale et à toute la France. On rapporte cet événement au voyage que Pépin fit à Aix-la-Chapelle en 796, après la victoire qu'il avait remportée sur les Huns. Le poëme 177°, publié dans le recueil d'Alcuin, est incontestablement d'Angilbert. Il s'y nomme lui-même, en se recommandant aux prières de ses lecteurs. C'est un éloge de saint Riquier et de saint Eloi, pour lesquels Angilbert avait une grande vénération. Il implore le secours de leurs prières, et comme s'ils eussent eu part à sa conversion, il les supplie d'achever ce qu'ils avaient commencé. Il prie Jésus-Christ de bénir l'église qu'il venait de faire bâtir, et d'exaucer les vœux que ses serviteurs viendraient lui offrir. Cette église, la plus belle du VIII° siècle, était dédiée au Sauveur, sous le vocable de Saint-Riquier. Elle avait deux tours très-élevées ; dans celle qui était à l'Occident, Angilbert fit mettre une inscription en douze vers élégiaques, contenant une prière à Dieu, pour la paix des peuples et la prospérité de l'empereur Charles, qui avait contribué à la construction de ce superbe édifice. La dédicace solennelle s'en fit par Magénard, archevêque de Rouen, par Georges, évêque d'Amiens, et dix autres évêques dont deux étaient légats du saint-siége. Ces prélats firent en même temps la consécration de deux autres églises du même monastère, l'une en l'honneur de la sainte Vierge et des Apôtres, et l'autre sous l'invocation de saint Benoît, et des autres abbés de l'ordre qui avaient pratiqué exactement les exercices de la règle. Angilbert rassembla jusqu'à trois cents religieux et cent enfants dans ce saint lieu. Il les divisa en trois chœurs, pour y chanter continuellement l'office dans chacune de ces trois églises, selon l'usage de la psalmodie perpétuelle, déjà établie en plusieurs monastères. Outre l'inscription qu'il avait mise dans la tour occidentale, il en fit graver une autre sur le marbre même du pavé de l'autel de saint Riquier, pour attester qu'il fit faire ce pavé dans un motif d'amour de Dieu et pour assurer son salut. L'épitaphe de saint Chaidoc, confesseur, et celle de saint Fricore, sont aussi de saint Angilbert ; on les trouve dans le tome V des

Actes de l'ordre de Saint-Benoît et dans les Bollandistes. Ce fut lui aussi, comme nous l'avons vu, qui engagea Alcuin à retoucher l'ancienne Vie de saint Riquier.

Règlements de saint Angilbert. — Il rédigea lui-même par écrit tout ce qu'il avait fait dans le monastère de Centule, depuis qu'il en était abbé, soit par rapport aux bâtiments, soit par rapport à l'ordre qu'il avait établi dans la célébration des offices divins. Ce mémoire est conservé par dom Mabillon et Bollandus. On y voit qu'outre les trois églises dont nous venons de parler, il en bâtit une quatrième en l'honneur des trois archanges saint Michel, saint Gabriel et saint Raphaël. Il les enrichit d'un grand nombre de reliques, d'ornements précieux et de vases sacrés. Il y avait dans ces quatre églises jusqu'à trente autels, deux couronnes d'or, six lampes d'argent, deux calices d'or avec leurs patènes; un troisième calice d'or plus grand que les deux autres, et une table incrustée d'or et d'argent, sur laquelle reposait le corps de saint Riquier. Entre les livres à l'usage de l'église, il y en avait un qui contenait l'Évangile écrit en lettres d'or; sa couverture était formée de deux tables d'argent garnies d'or et de pierreries, d'un travail merveilleux. Il ordonna que, pour chaque jour, on chanterait, à divers autels et à divers chœurs, trente messes auxquelles assisteraient trente frères, sans compter les deux messes solennelles qui doivent se dire en communauté le matin et à midi; et que dans ces messes on ferait tous les jours mémoire du pape Adrien, de l'empereur Charles, de son épouse et de ses enfants. Il posa encore pour règle que, les jours de Pâques et de Noël, tous les frères, assistant à la messe dans l'église du Sauveur, y recevraient la communion des mains du prêtre qui l'aurait chantée, tandis que d'autres prêtres, accompagnés de diacres et de sous-diacres, la distribueraient au peuple, l'un aux hommes et l'autre aux femmes, afin que tous, ayant communié ensemble, pussent recevoir la bénédiction à la fin de la messe. Aux jours des Grandes Litanies ou des Rogations, sept églises voisines venaient en procession à l'église de Saint-Riquier, où, ayant fait leurs prières, tous se mettaient sur deux rangs, les hommes d'un côté, les femmes de l'autre, jusqu'à ce que les frères ou religieux de l'abbaye sortissent de l'église. Ils étaient précédés d'un ministre portant un vase rempli d'eau bénite, de trois autres portant des encensoirs, de sept croix, de la grande châsse de saint Riquier, enrichie d'or et de pierres précieuses, et de quelques autres châsses ornées d'or et d'argent, et dans lesquelles il y avait des reliques des saints. Suivaient les diacres, les sous-diacres, les acolytes, les exorcistes, les lecteurs, les portiers et tous les moines du monastère, marchant sept à sept, de peur qu'en ne marchant que deux ou trois de front, la colonne ne fût trop longue. Venaient ensuite les plus nobles des deux sexes, invités par le prévôt ou doyen du monastère, puis les sept églises ou paroisses, précédées chacune de leurs croix, et suivies de jeunes garçons et de jeunes filles chantant l'Oraison Dominicale, le Symbole et autres prières semblables. Le peuple terminait cette procession, où chacun marchait à pieds, à l'exception de ceux que l'âge et les infirmités obligeaient de suivre à cheval. Pendant tout le cours de ces Grandes Litanies, les psaumes, les antiennes, les hymnes étaient alternés par le chant de trois symboles, celui des apôtres, celui de Constantinople et celui de saint Athanase. A la suite de la litanie générale, les moines avec les enfants en chantaient trois autres, dont la première est appelée gallicane, la seconde italique, la troisième romaine. On chantait le *Te Deum*, au retour, et enfin commençait la messe solennelle dans l'église de Saint-Sauveur. Voilà tout ce que l'histoire nous apprend des écrits et des statuts de saint Angilbert. Mais on a sans doute perdu beaucoup de ses lettres. Il en avait reçu plusieurs d'Alcuin et du roi Charles, auxquelles il est à présumer qu'il fit des réponses. Théodulphe d'Orléans lui adressa un de ses poèmes. Alcuin parle souvent de lui dans ses lettres, dans ses poésies, et surtout dans sa préface de la *Vie* de saint Riquier.

ANGILBERT, moine et ensuite abbé de Corbie, n'a laissé d'autre monument de son savoir que deux petites pièces de poésie, l'une en vers élégiaques et l'autre en hexamètres. Dans la première, placée en tête des quatre livres de la *Doctrine chrétienne* de saint Augustin, qu'il avait fait copier pour le roi Louis, frère de Carloman, il donne le précis de cet ouvrage, avec un éloge du prince, qu'il loue surtout de sa piété, de son humilité, de son application à méditer, jour et nuit, les vérités établies dans les *livres saints*. Dans la seconde, qui sert de *postscriptum* au même ouvrage, il exhorte le lecteur à rendre grâces à Dieu, créateur de toutes choses; à bénir le saint docteur qui a composé les quatre livres de la *Doctrine chrétienne*, et à prier pour la conservation du roi et de sa famille. Ces deux poëmes ont été publiés par dom Mabillon, dans le tome II de ses *Analectes*, réimprimés à Paris en 1723. Angilbert mourut le 5 février 890.

ANNEMOND, fils de Sigonius, gouverneur de Lyon, fut lui-même évêque de cette ville. Il signa en cette qualité un diplôme par lequel Clovis le Jeune confirmait, en 653, les libertés accordées au monastère de Saint-Denis. Faussement accusé d'avoir conspiré avec son frère la perte du royaume, ils furent mis à mort par l'ordre du roi Clotaire et de la reine Bathilde. L'Église de Lyon l'honore comme un martyr, et célèbre sa fête le 4 des Calendes d'octobre. Il ne nous reste de lui qu'une *Charte* adressée au monastère de Saint-Pierre de Lyon, par laquelle il lui accorde de nouveaux dons et confirme les anciens. Il rappelle principalement le legs généreux accordé, trois siècles auparavant, par un gentilhomme nommé Albert, qui y avait consacré à Dieu ses deux filles.

ANNIEN, moine. — Georges le Syncelle place sous le règne de l'empereur Arcade et de Théophile, patriarche d'Alexandrie, un moine d'Égypte, nommé Annien, à qui il attribue sur l'histoire un ouvrage plus exact et plus précis que celui de Panadore, qui vivait dans le même pays et dans le même temps. Cet ouvrage renfermait un Cycle pascal de 532 ans, éclairci par diverses remarques qui annonçaient beaucoup d'études et un grand fonds de jugement. Georges avait promis de le donner, avec un semblable de sa façon; mais ni l'un ni l'autre ne sont arrivés jusqu'à nous. Il loue Annien de ce qu'il avait fixé la naissance de Jésus-Christ à l'an 5500 du monde, en commençant l'année au 1er janvier, et sa résurrection le 25 mars de l'an 5534. Annien prétendait, au rapport de Georges, avoir trouvé plusieurs fautes dans la Chronologie d'Eusèbe de Césarée, et il convient qu'il a quelquefois raison. Pour le prouver, il rapporte un passage où Annien cite la Chronologie de Jules l'Africain, et fait voir qu'Eusèbe a fait une omission de 290 ans.

ANSBERT (saint), évêque de Rouen, naquit à Chaussy, village du Vexin, d'une famille noble. Ses progrès dans les lettres furent rapides, et il parut, jeune encore, à la cour de Clotaire III, où le chancelier Robert voulut lui faire épouser sa fille Angradisme; mais Ansbert, qui projetait dès lors de se consacrer à Dieu, préféra le célibat au mariage. Son mérite l'ayant fait élever à la dignité de chancelier, il n'en fut pas moins entraîné par son penchant pour la vie solitaire. Il quitta brusquement la cour, et alla s'enfermer dans l'abbaye de Fontenelle. Il en devint abbé, à la mort de saint Vandregisile, connu plus communément sous le nom de saint Vandrille, et il marcha sur ses traces et sur celles de saint Lambert, ses deux prédécesseurs. Il instruisit ses moines autant par ses exemples que par ses discours, et il fit des règlements dont il était le premier et le plus scrupuleux observateur. Saint Ouen, qui l'avait ordonné prêtre, se trouvant à la cour du roi Théodoric III, pria ce prince de le lui donner pour successeur, alléguant qu'il était également désiré par le clergé et par le peuple. Aussi, à peine ce pieux prélat eut-il rendu son âme à Dieu, que Théodoric fit aussitôt mander l'abbé Ansbert, sous prétexte de prendre son avis sur une affaire importante. Le saint, soupçonnant le motif qui le faisait appeler à la cour, refusa de s'y rendre; mais, sur les ordres réitérés du roi, il obéit, et fut sacré en 683 archevêque par saint Lambert de Lyon. Il se voua dès lors tout entier à l'instruction des fidèles, au soulagement des pauvres et au gouvernement de son Église, dont il ne négligea aucun des besoins. La cinquième année de son épiscopat, il tint un concile à Rouen avec Ratbert de Tours, Régule de Reims, treize autres évêques, quatre abbés, plusieurs prêtres et quelques diacres. Les actes de cette assemblée sont perdus. Quelque temps après, sur une fausse accusation, Pépin d'Héristal, déjà mécontent de sa sévérité, l'arracha à son Église, et le fit reléguer dans le monastère d'Aumont en Hainaut, où il mourut en 698, dans les exercices de la bienfaisance et de la piété, au moment même où il venait d'être autorisé à retourner dans son diocèse. Son corps fut transporté à l'abbaye de Fontenelle, pour y être inhumé, selon sa volonté. C'est à Aumont, pendant son exil, qu'il composa divers traités de piété pour l'édification des moines qui dépendaient de ce monastère; mais ces traités ne sont pas venus jusqu'à nous. Pourtant, il semble qu'on ne doit pas les distinguer d'un recueil de questions, qu'au rapport de la chronique de Fontenelle saint Ansbert avait adressées à un reclus nommé Siwin; c'est l'opinion de plusieurs critiques, et Aigrade, auteur de sa Vie, appuie cette conjecture en disant que ces traités furent principalement composés pour des personnes qui demeuraient hors de l'enceinte du monastère d'Aumont. On a attribué à saint Ansbert le second et le troisième sermon sur l'Assomption de la sainte Vierge, imprimés sous le nom de saint Ildephonse, archevêque de Tolède. Mais on n'y trouve rien qui puisse autoriser ce sentiment.

ANSCHAIRE (saint), ou plutôt Ansgaire, comme il paraît par une charte de Louis le Débonnaire, naquit en Picardie le 8 septembre 801, et fut élevé dans le monastère des Bénédictins de Corbie. Il y fit de tels progrès dans les sciences, qu'en 821 il passa dans le nouveau monastère du même nom, que Louis le Débonnaire venait d'ériger, en Saxe, sur les bords du Weser. L'empereur, de concert avec Adhalard, abbé de l'ancienne Corbie, l'avait nommé recteur de la nouvelle école, avec pouvoir de gouverner le monastère. Quelques années plus tard, vers l'an 826, Harald, roi de Danemark, étant sur le point de quitter Mayence, où il avait été baptisé, pour retourner dans ses États, demanda des missionnaires qui pussent y introduire le christianisme. Grégoire IV désigna Anschaire, qui, accompagné du moine Antbert, son ami, entreprit cette pénible tâche. Il obtint d'abord de grands succès et fonda une école chrétienne à Hadeby, aujourd'hui Schelwig; mais le zèle ardent d'Harald ayant soulevé ses sujets, il fut obligé de s'enfuir, et Anschaire avec lui. Peu de temps après, le roi de Suède Biœrn ayant envoyé des ambassadeurs à Louis le Pieux, empereur d'Allemagne, Anschaire les suivit à leur retour. Le roi lui accorda la permission d'enseigner publiquement le christianisme dans ses États, non sans avoir préalablement consulté les idoles, et obtenu d'elles une réponse favorable aux projets du missionnaire chrétien. Anschaire convertit un grand nombre des principaux de la cour, et revint se retirer dans un couvent d'Aix-la-Chapelle, en 831. Louis le Pieux ayant érigé Hambourg en métropole, Anschaire en fut nommé premier archevêque, et reçut la consécration épiscopale des mains de Drogon, évêque de Metz. Peu après, le pape Pascal, en lui envoyant le *pallium*, lui conféra le titre de légat dans le Nord. Mais, en 845, Anschaire vit l'église et le couvent de sa ville archiépiscopale pillés et livrés aux flammes par des brigands; il n'eut que le temps de s'enfuir presque nu à Brême. Il se retira alors dans l'asile que lui offrait une femme chrétienne, nommée Jékia et nouvellement convertie. C'était un bois appelé Ramslou, situé à trois milles de Hambourg, au milieu duquel le saint archevêque se bâtit une habitation qui devint plus tard un monastère et un des plus beaux chapitres de l'Allemagne, au duché de Lunebourg. Sur ces entrefaites, l'évêque de Brême, Leuterich, étant venu à mourir, l'empereur Louis II nomma Anschaire à sa place; et dès lors cet évêché fut irrévocablement réuni à l'archevêché de Hambourg. Le zèle d'Anschaire ne lui permit pas de jouir de sa nouvelle dignité. Il retourna en Danemark, acquit la faveur du roi Eric, et donna, dans ce royaume, une base plus solide à la religion chrétienne. Il réussit également en Suède, auprès du roi Olof ou Olaüs, dans le Holstein et dans toutes les contrées voisines, où régnait encore l'idolâtrie. Son ardeur pour la conversion des peuples septentrionaux connaissait si peu de bornes, qu'on croit qu'il pénétra jusqu'en Islande, et même, selon quelques auteurs, jusqu'au Groënland. Aussi, l'a-t-on surnommé, à juste titre, l'apôtre du Nord, *Aquilonarium apostolus*. De retour à Brême, il y mourut le 3 février 864, douze ans après la réunion des deux siéges, et dans la trente-quatrième année de son épiscopat. Il fonda des hôpitaux, des monastères; il visitait lui-même les pauvres et les malades, rachetait les prisonniers, et remplissait avec la plus scrupuleuse exactitude tous les devoirs du culte. A sa mort, le pape Nicolas Ier le mit au nombre des saints. Sa Vie, que dom Mabillon a publiée avec de savantes remarques, a été écrite par saint Rambert, son successeur sur le siége de Hambourg. Rambert adressa la Vie de son maître aux moines de l'ancienne Corbie, et non pas de la nouvelle, comme quelques critiques l'ont affirmé. Cela paraît clairement par le neuvième chapitre, où, s'adressant aux religieux de ce premier monastère, il leur dit : « C'est chez vous qu'il a reçu la tonsure, qu'il a été instruit dans la discipline ecclésiastique, qu'il a été offert à Dieu et qu'il a promis l'obéissance; c'est de chez vous qu'il a été tiré, avec d'autres frères, pour être conduit dans cette partie de la Saxe où fut fondé un second monastère de votre nom. » Deux siècles plus tard, Gualdon, moine de l'ancienne Corbie, surnommée la Française, écrivit, en vers héroïques, une seconde Vie de saint Anschaire. Elle ne diffère de celle de Rambert que par la poésie, ce qui a dispensé dom Mabillon de la reproduire toute entière. Elle est dédiée à Autbert, qui fut le compagnon de son apostolat chez les peuples du Nord.

Ecrits de saint Anschaire. — Saint Anchaire avait écrit plusieurs ouvrages; mais il ne nous reste de lui que quelques lettres; le livre de la vie et des miracles de saint Willehad, premier évêque de Brême, et un choix de sentences tirées de l'Ecriture, et qu'il récitait, en forme de prières, à la fin des psaumes.

Lettres. — Anschaire écrivit aux évêques d'Allemagne, pour recommander à leurs prières la mission qu'il avait entreprise dans les pays septentrionaux. Il marque que, dans le temps qu'il écrivait, on avait déjà bâti, en Suède et en Danemark, des églises où les prêtres catholiques exerçaient librement leurs fonctions. Il fait honneur des progrès de l'Evangile aux attentions de l'empereur Louis, pour le succès de sa mission, et au zèle d'Ebbon de Reims. Dans la crainte que la connaissance de ces choses ne soit perdue pour la postérité, il prie ces évêques de conserver dans leurs bibliothèques, non-seulement la lettre qu'il leur écrivait, mais aussi les priviléges accordés par le saint-siége à cette mission; le diplôme de Louis le Pieux sur son ordination; et le décret par lequel le pape Grégoire IV le nommait son légat, lui accordait l'usage du *pallium* pendant la célébration des saints mystères, comme aussi de coiffer sa tête de la mitre et de porter la croix devant lui; ce qui montre que les évêques ne prenaient pas indistinctement toutes ces marques d'honneur, sans un privilége particulier du saint siége.

L'auteur de sa Vie parle de quelques autres lettres de saint Anschaire aux évêques, aux princes chrétiens, et particulièrement aux rois de Danemark; nous ne les avons plus. Nous possédons seulement quelques fragments, qui nous autorisent à croire qu'il avait écrit à Gonthier, archevêque de Cologne, pour lui demander son consentement à la réunion des Eglises de Brême et de Hambourg, et au pape Nicolas Ier, à qui Gonthier avait renvoyé la décision de cette affaire. Le pape, jugeant que cette réunion pouvait aider à la conversion des païens, la confirma par ses lettres datées de 858. C'est à partir de ce moment que le saint apôtre du Nord ajoute le titre d'évêque de Brême à celui d'archevêque de Hambourg.

Vie de saint Willehad. — Saint Anschaire ne signe de son nom que le second livre de la Vie de saint Willehad, premier évêque de Brême, quoiqu'il n'y ait aucun lieu de douter qu'il ne soit également l'auteur du premier. C'est le même génie qui a inspiré les deux livres, et le même style se révèle et se trahit partout. Peut-être le saint auteur n'a-t-il agi ainsi que parce qu'ayant à rapporter un grand nombre de miracles, il lui a paru nécessaire d'en corroborer le récit de l'autorité de son nom, pour les rendre plus croyables. En effet, ils s'étaient tous accomplis dans son diocèse, et la plupart sous ses yeux. Il avertit que ces miracles ne commencèrent qu'après la Pentecôte de l'an 860, c'est-à-dire environ soixante-dix ans après la mort de son glorieux prédécesseur, arrivée en 791. Il désigne les lieux où les faits se sont passés, les noms des malades, et la nature des maladies dont ils ont été guéris. Le P. Mabillon a inséré la Vie de saint Willehad dans le IV volume des Actes de l'ordre de Saint-Benoît. C'est un ouvrage écrit avec beaucoup de sagesse et d'élégance. Il est précédé de deux prologues que l'on regardera comme des chefs-d'œuvre, si l'on considère surtout le temps où vivait l'auteur.

Sentences de l'Ecriture. — Il est dit dans la Vie de saint Anschaire qu'il avait recueilli en notes et reproduit par abréviations un grand nombre de sentences de l'Ecriture et des Pères sur toute sorte de sujets pieux, mais principalement sur ceux qui étaient les plus propres à exciter la componction et l'effusion des larmes. C'est de celles-ci qu'il forma de courtes prières, à réciter à la fin de chaque psaume, afin de leur donner comme un nouvel agrément: aussi avait-il coutume de les appeler *fard*, et ces prières n'étaient que pour lui. Il les récitait seul, en secret, après avoir chanté le psaume avec ses frères. L'un d'eux le pressa avec tant d'instances de lui en faire part, qu'il lui permit de les transcrire; ce qu'il fit si secrètement que, du vivant de saint Anschaire, personne n'en eut connaissance; mais après sa mort ce religieux les communiqua à tous ceux qui témoignèrent le désir de les voir. Albert Krantz en parle comme si elles eussent existé de son temps. Suivant lui, ce *compendium* du psautier, qui résumait en quelques sentences choisies toute la substance religieuse de chaque psaume, n'était qu'un bien petit livre, sans doute, mais un grand monument de la piété de saint Anschaire : *Psalterium... devotionis Anscharii breve, sed clarissimum monumentum.* Il fait aussi mention d'un Missel de saint Anschaire. Pendant sa dernière maladie, ce saint archevêque ordonna de faire un recueil de tous les priviléges accordés par le saint-siége à sa mission du Nord. Il ne nous reste que le décret de Grégoire IV dont nous avons parlé, et celui de Nicolas I", au sujet de l'union des Eglises de Brême et de Hambourg.

ANSCHER, d'abord moine et ensuite abbé de Saint-Riquier, après la mort de Gervin, en 1098, inaugura son gouvernement en faisant recueillir et mettre en ordre toutes les chartes de son monastère. Dans les premières années de sa profession, il avait écrit la Vie de saint Angilbert; il y ajouta, après sa promotion à la dignité abbatiale, un livre de ses miracles qu'il présenta avec la Vie même à Raoul, archevêque de Reims, pour l'engager à faire exhumer le corps du saint. C'était en 1110; il présenta les mêmes titres au pape Pascal II, en lui demandant la même grâce. Elle lui fut accordée; le pape mit Angilbert au nombre des saints, et fixa sa fête au 18 de février. Alors Anscher fit transporter son corps du vestibule dans l'intérieur même de la basilique du Sauveur. Pour donner plus d'authenticité aux miracles qui se faisaient à son tombeau, Anscher avait prié Geoffroi, évêque d'Amiens, et un prêtre d'une sainte vie, de se transporter sur les lieux, afin de les constater comme témoins oculaires; ce qu'ils firent l'un et l'autre, et Anscher n'a garde d'omettre cette particularité dans son recueil. Hariulphe, qui avait écrit la Vie du même saint, composa, du vivant même d'Anscher, une élégie dans laquelle il relève la noblesse de sa naissance, la pureté de ses mœurs, sa piété, la solidité de son esprit, son application à réparer les torts faits à son monastère et à faire respecter les corps des saints. On voit, dans les Annales Bénédictines, où cette élégie se trouve conservée, qu'Anscher signa comme témoin, avec la qualité d'abbé de Saint-Riquier, la charte de donation d'un personnat dans l'église de Sainte-Marie, faite à l'abbaye de Marmoutiers, en 1100, par Gervin, évêque d'Amiens. On ne sait pas au juste l'époque de la mort d'Anscher. Dom Mabillon a reproduit la vie de saint Angilbert dans le tome V des Actes de l'ordre de Saint-Benoît, avec des observations et des notes de sa façon.

ANSÉGISE (saint), issu du sang royal, était fils d'Anastase et d'Himilrade, qui le mirent dans le monastère de Fontenelle, pour y être élevé sous les yeux de l'abbé Gervold, son parent. Il y embrassa depuis la profession monastique, et fit de grands progrès dans les lettres divines et humaines. Le roi Charles, à qui Gervold le fit connaître, lui confia l'administration de plusieurs affaires importantes, dont il s'acquitta avec succès. Il eut aussi la confiance de Louis le Débonnaire, et reçut de ces deux princes plusieurs abbayes; les unes pour en prendre l'administration, les autres à titre de bénéfice; mais il ne manqua jamais d'en employer les revenus à l'avantage même de ces monastères, en sorte qu'il pouvait en être regardé comme le second fondateur. Il s'appliqua partout à faire revivre la discipline monastique, et, afin de venir en aide à l'instruction des moines, il pourvut les bibliothèques des couvents d'une grande quantité de bons livres. C'est à lui qu'on est redevable du premier recueil des Capitulaires de nos rois. Ce fut par reconnaissance, autant que par le respect qu'il portait aux deux princes ses bienfaiteurs, qu'il rassembla leurs Capitulaires, épars de côté et d'autre, sur des feuilles volantes. Il envisagea aussi dans son travail l'utilité que l'Eglise et l'Etat pouvaient en tirer. Il divisa son recueil en quatre livres, mit dans le premier les Capitulaires de Charlemagne sur les affaires ecclésiastiques; dans le second, ceux de Louis le Débonnaire sur les mêmes matières; dans le troisième, les Capitulaires de Charles sur les matières civiles; et, dans le quatrième, ceux de Louis sur les mêmes sujets. Il ajouta à ce dernier livre trois appendices, où il fit entrer les Capitulaires imparfaits de ces deux princes et ceux qu'ils avaient répétés. Trithème attribue quelques autres ouvrages à Anségise, mais on ne les connaît que par la nomenclature qu'il en donne. On trouve dans le Spicilége de dom Mabillon une partie de son testament et une constitution qu'il avait faite pour pourvoir aux besoins des moines de Fontenelle. Ces deux pièces ont été réimprimées dans les Bollandistes, dans les Actes de l'ordre de Saint-Benoît, et dans le *Cours complet de Patrologie* publié par M. l'abbé Migne, Montrouge, 1850. L'Église a mis Anségise au nombre des saints, et les Bollandistes assignent sa fête au 20 juillet.

ANSEL, chanoine de Notre-Dame de Paris, fit ses premières études dans l'école de cette église, qui avait ses clercs et ses écolâtres particuliers, et se rendit ensuite à Jérusalem, où il remplit la dignité de chantre de l'église du Saint-Sépulcre. Il nous reste de lui une lettre écrite des lieux saints. Il y avait vingt-quatre ans qu'il avait quitté l'école épiscopale lorsqu'il l'écrivit. Elle est adressée à l'évêque Galon et aux premiers chanoines de la cathédrale; ce qui montre que sa date doit être des premières années du XIIe siècle. Cette lettre se trouve reproduite dans le *Cours complet de Patrologie* de M. l'abbé Migne, Paris, 1851.

ANSELME (saint), de Cantorbéry. — Anselme était originaire d'Aost, dans cette partie de la Gaule Cisalpine qui forme aujourd'hui le Piémont. On met sa naissance vers l'an 1034. Son heureux naturel et les pieuses leçons de sa mère Ermemberge lui inspirèrent de bonne heure le goût de la vertu. Il pria l'abbé d'un monastère voisin de lui donner l'habit religieux; mais la crainte du père l'empêcha d'exaucer les vœux du jeune postulant. Anselme se démentit ensuite de cette ferveur, et se livra, après la mort de sa mère, à toutes les vanités du monde. La Providence permit qu'un différend qu'il eut avec son père l'obligeât de quitter sa patrie. Il se retira à Avranches, d'où la réputation de Lanfranc l'attira bientôt à l'abbaye du Bec. En y prenant de cet habile maître les leçons des sciences humaines, il y prit aussi celles de la vertu, et se sentit inspiré de se donner entièrement à Dieu; mais il était indécis de savoir s'il resterait dans le monde pour y servir le Seigneur, ou s'il se ferait moine ou ermite. L'archevêque de Rouen, qu'il consulta, le fit décider pour la vie monastique, et son inclination le porta aussitôt vers le Bec ou Cluny. Cependant un reste de vanité l'arrêtait encore; il craignait de ne pas se distinguer dans des communautés où il y avait tant de sujets éminents. « Je ne pourrai, disait-il, l'emporter au Bec sur l'érudition de Lanfranc, ni à Cluny sur la sainteté de tant de religieux qui observent une si rigoureuse discipline. » Mais, revenant tout à coup à lui-même : « Quelle étrange illusion me séduit! s'écrie-t-il. Tu te fais donc moine pour l'emporter sur les autres? Ne devrais-tu pas plutôt te proposer de te faire oublier? » Il opta pour le Bec, où il prit l'habit de Saint-Benoît, et en quelques années devint successivement prieur et abbé. Il eut occasion d'aller plusieurs fois en Angleterre, où il acquit une telle réputation, que Guillaume le Roux, étant tombé malade, voulut être assisté par lui, et le nomma ensuite archevêque de Cantorbéry, quatre ans après la mort de Lanfranc, qui n'avait pas encore été remplacé. Anselme n'accepta cet honneur qu'après la plus héroïque résistance, et à la condition qu'on restituerait à cet archevêché toutes les terres dont il avait été dépouillé par Guillaume lui-même. Il n'était guère permis de compter sur une union durable entre un prélat étranger et un prince qui annonçait devoir marcher sur les traces de son père. Aussi avait-il prédit lui-même cette division aux évêques et aux seigneurs qui le pressaient de souscrire à son élection. « Savez-vous, leur dit-il, ce que vous venez de faire? Vous attachez à la même charrue un taureau indompté et une vieille brebis. Il en arrivera que le taureau déchirera la brebis, qui pouvait être utile en donnant de la laine, du lait et des agneaux. » Quoi qu'il en soit, la brebis tint tête au taureau; Anselme lutta avec courage, et de là il s'ensuivit entre lui et le roi un état de dissension continuelle. Cependant Guillaume ayant besoin d'argent pour la guerre qu'il avait entreprise contre son frère Richard, duc de Normandie, l'archevêque lui offrit 500 livres sterlings, somme considérable pour le temps; mais que Guillaume trouva trop modique et refusa avec humeur. Ils eurent un sujet de mécontentement plus sérieux encore, à l'époque où l'antipape Guibert, reconnu sous le nom de Clément III par le roi et par le plus grand nombre des prélats du royaume, disputait la tiare à Urbain II. Anselme désirait rétablir l'autorité de ce dernier en Angleterre, et était bien résolu de se passer du consentement de Guillaume, qui d'un autre côté ne supportait pas l'idée que ses sujets promissent obéissance à un pape que lui-même n'avait pas reconnu. Il convoqua un synode pour déposer le prélat qui osait lui résister. L'affaire s'accommoda, moyennant quelques concessions mutuelles; mais Anselme ayant vainement demandé la restitution de tous les revenus de son siége, se décida, quoiqu'ayant reçu une défense expresse de s'éloigner, à aller appuyer lui-même l'appel qu'il avait fait à la cour de Rome, où il fut accueilli comme un zélé serviteur du saint-siége. Il suivit Urbain au concile de Bari, en 1098, y défendit la procession du Saint-Esprit contre les Grecs, et soutint avec vigueur le droit du clergé de nommer exclusivement aux dignités ecclésiastiques, sans prêter foi et hommage à aucun laïque; mais la cour de Rome avait intérêt à faire sa paix avec Guillaume; elle ne tarda pas à abandonner Anselme, qui, rebuté et affligé, partit pour Lyon, et y resta jusqu'à la mort du roi, en 1100. Henri Ier, son successeur, parvenu au trône par une usurpation, ne négligeait rien pour s'y maintenir. Sachant à quel point l'archevêque de Cantorbéry s'était concilié l'affection du peuple, il lui envoya plusieurs messages pour le rappeler. Anselme céda à ses instances, et fut reçu avec les plus grands honneurs, ce qui n'empêcha pas qu'une contestation très-vive ne s'élevât presque aussitôt entre le roi et le prélat. Celui-ci, qui avait déjà rendu hommage à Guillaume le Roux, refusait de le renouveler entre les mains du nouveau souverain. Malgré ce refus, quand le duc de Normandie menaça d'envahir l'Angleterre, Anselme fournit au roi des secours d'hommes considérables, employa tout son crédit auprès des barons, et alla même jusqu'à parcourir à cheval les rangs de l'armée, pour exciter l'ardeur des soldats. Peu de temps après, il fut encore obligé de faire un voyage à Rome, avec le consentement de Henri Ier, et, après des lenteurs et des difficultés de toute espèce, il se retira une seconde fois à Lyon, puis à son abbaye du Bec, où il entretint une correspondance avec la cour de Rome, et finit par obtenir une convention en vertu de laquelle la cour de Rome conservait le droit spirituel de donner les investitures, et devait seule envoyer aux évêques la croix et l'anneau pastoral, tandis que le roi d'Angleterre recevrait d'eux le serment de fidélité pour leurs propriétés et priviléges temporels. Ce fut alors que Henri, voulant terminer tous les sujets de discussion, prit le parti de se rendre en personne à l'abbaye du Bec, où Anselme était malade, et le ramena dans ses Etats, où le prélat fut accueilli par les démonstrations de joie les plus vives. La vénération qu'Anselme sut inspirer au peuple doit être surtout attribuée à la sévérité de ses mœurs et à l'énergie avec laquelle il lutta contre les abus du pouvoir. Il insista fortement sur la nécessité du célibat ecclésiastique, et fut le premier qui le prescrivit en Angleterre, où le synode national tenu à Westminster, en 1102, en fit une loi religieuse. Cependant ce pieux archevêque ne fit guère que languir après le retour de son second exil. Le roi Henri lui avait si complétement rendu sa confiance, que quand il sortait d'Angleterre pour visiter son duché de Normandie, il lui laissait pendant son absence la régence du royaume. Mais les travaux d'Anselme l'avaient tellement affaibli, qu'on n'espérait plus pouvoir le conserver longtemps. Il était tombé dans un dégoût si universel de toute nourriture, qu'il ne mangeait plus que par raison et pour ne pas mourir. Il ne redoutait pas sa fin, mais il aurait désiré pouvoir la reculer. Il se trouva mal le dimanche des Rameaux de l'an 1109, et sur la réflexion d'un de ses religieux que Dieu l'appellerait à lui pour la fête de Pâques, il répondit : « Si c'est sa sainte volonté, j'obéirai volontiers, mais je souhaiterais qu'il me laissât encore sur la terre le temps d'achever un traité que je médite sur l'origine de l'âme, car je doute qu'après ma mort quelqu'un puisse le finir. » Le mardi saint au soir, on le pria de donner sa bénédiction à son clergé, au roi et à la reine, aux princes leurs enfants et à tout le peuple d'Angleterre. Il le fit aussitôt ; mais il était si faible qu'on ne pouvait plus l'entendre. La nuit du mercredi saint, comme on lui lisait la Passion du jour, il entra en agonie. On le mit aussitôt sur le cilice et la cendre, et il expira, vers la pointe du jour, le 21 avril 1109, dans la seizième année de son épiscopat, et la soixante-seizième de sa vie. Nous ne rapporterons pas les miracles extraordinaires qui lui sont attribués, et dont Jean de Salisbury, un de ses contemporains, a laissé le récit. Anselme possédait un grand fond d'instruction pour l'époque où il vivait. Ses ouvrages nombreux ont eu plusieurs éditions, depuis celle de Nuremberg, in-fol., 1491, jusqu'à celle de Paris, par dom Gabriel Gerberon, réimprimée en 1721, et une autre donnée à Venise, 2 vol. in-fol., 1744.

De la procession du Saint-Esprit. — Le concile indiqué à Bari par le pape Urbain II s'y tint au mois d'octobre de l'an 1098. Il voulut qu'Anselme y assistât, afin d'y faire triompher la vérité par son érudition. Les Grecs firent un long discours pour appuyer leurs erreurs sur la procession du Saint-Esprit. Le pontife, l'ayant entendu, s'écria : « Père et maître Anselme, où êtes-vous ? » Anselme se leva, et s'offrit de réfuter sur-le-champ les faux raisonnements des Grecs. Mais comme la séance avait été assez longue, on remit l'affaire au lendemain. Anselme, qui joignait à une grande érudition en théologie la justesse et la précision d'une saine dialectique, parla contre les Grecs avec autant de force que de modestie. Eadmer, un des historiens de sa vie, qui assistait son archevêque dans cette dispute, dit que depuis il traita la même matière par écrit, mais avec plus de soin encore et plus d'exactitude. Il envoya des copies de ce traité à ceux de ses amis qui lui en avaient demandé, mais particulièrement à Hildebert, évêque du Mans, qui l'avait pressé de composer cet ouvrage, dont on met l'époque à l'an 1100. Il porte le titre de *Livre* dans les éditions les plus modernes, et il est divisé en vingt-neuf chapitres, sans compter le prologue et l'épilogue.

On trouve d'abord dans ce traité les articles de foi communs aux Grecs et aux Latins en ce qui regarde le mystère de la sainte Trinité. Ils croient les uns et les autres qu'il n'y a qu'un Dieu en trois personnes ; que chaque personne est esprit, avec cette différence que le Père et le Fils ne sont l'esprit d'aucun, au lieu que le Saint-Esprit est l'esprit du Père et du Fils. Les Latins ajoutent qu'il procède de l'un et de l'autre ; les Grecs soutiennent qu'il ne procède que du Père. Saint Anselme démontre d'abord que le Fils et le Saint-Esprit tirent leur origine du Père, l'un par la génération, l'autre par la procession ; ensuite, que le Fils ne reçoit rien du Saint-Esprit ; et enfin que le Saint-Esprit procède du Père et du Fils, parce qu'il est l'esprit de l'un et de l'autre, et qu'il est également envoyé par tous les deux, comme l'Evangile le marque en termes clairs et précis. En effet, on y lit que *quand l'Esprit de vérité sera venu, il ne parlera pas de lui-même, mais il dira tout ce qu'il aura entendu, et il annoncera les choses à venir. C'est lui,* ajoute Jésus-Christ, *qui me glorifiera, parce qu'il prendra de ce qui est à moi et vous l'annoncera.* Saint Anselme insiste surtout sur ces paroles du Fils : *Il prendra de ce qui est à moi.* L'Ecriture, en effet, ne pouvait marquer plus clairement que le Saint-Esprit tient son essence du Fils et qu'il en procède. Il rapporte d'autres passages qui tendent à la même fin. Les Grecs disaient quelquefois que le Saint-Esprit procède du Père par le Fils ; il leur prouve que cette façon de parler inintelligible n'est nullement fondée sur l'Ecriture. Les Grecs se plaignaient qu'on eût ajouté au Symbole l'expression *Filioque* sans leur consentement. Saint Anselme répond que l'éloignement des lieux ne l'a pas permis, et que d'ailleurs ce consentement n'était point nécessaire, parce qu'il n'y avait aucun doute sur l'article ajouté au Symbole. Il prouve que cette procession n'emporte aucune priorité d'origine ; en sorte que le Saint-Esprit n'en est pas moins égal au Père et au Fils, tout étant commun aux trois personnes, excepté ce qui est propre et relatif à chacune, comme la paternité, la filiation, la procession.

De la chute du diable. — Il est parlé de ce livre dans plusieurs écrits de saint Anselme. Il l'écrivit, suivant l'auteur de sa Vie, comme il était encore prieur du Bec, c'est-à-dire de l'an 1063 jusqu'à 1077, où il fut élu abbé. Quoique Dieu n'ait pas donné aux mauvais anges le don de la persévérance, qu'ils ne pouvaient tenir que de lui, il prouve cependant qu'ils n'ont pas laissé de pécher en ne persévérant pas, parce qu'en effet ils ne l'ont pas voulu. Les bons anges avaient le même pouvoir d'abandonner le bien, dans lequel ils avaient été créés ; ils s'y sont maintenus, et Dieu les a confirmés dans sa grâce ; les mauvais anges, au contraire, par leur péché, se sont mis hors d'état de recouvrer jamais le bien qu'ils ont perdu. Saint Anselme traite, à cette occasion, de la nature du mal et de son origine. Il soutient que le mal n'est que la négation du bien et de la justice. Néanmoins on peut dire que Dieu est auteur du mal, en ce qu'il ne l'empêche pas ; comme on dit qu'il induit en tentation lorsqu'il n'en délivre pas. On peut donc dire, en un autre sens, qu'il fait la mauvaise volonté de la créature ; non en tant que mauvaise, mais en tant qu'elle est volonté et cause des mauvaises actions. Il ne croit pas que les anges, bons ou mauvais, aient pu prévoir leur persévérance ou leur chute, ni la peine dont elle a été punie.

Pourquoi Dieu s'est fait homme ? — Le dialogue qui porte ce titre est dû aux instances du moine Boson, des interlocuteurs. Saint Anselme le commença en Angleterre et ne put l'achever qu'en Italie, où les mauvais traitements de Guillaume le Roux le forcèrent de se retirer. Il faut l'entendre lui-même expliquer l'occasion de cet ouvrage dans le premier chapitre. « Plusieurs personnes, dit-il, m'ont prié souvent et avec beaucoup d'instances de mettre par écrit les raisons que je rendais de ma foi sur un certain point du dogme ; non pour arriver à la foi par la raison, mais pour entendre expliquer les motifs de leur croyance et pour en rendre témoignage aux autres. C'est la question que nous font les infidèles, en se moquant de notre simplicité, quand ils nous demandent par quelle nécessité Dieu s'est fait homme et a rendu la vie au monde par sa mort, puisqu'il pouvait le faire autrement, soit par un ange, soit par un homme, ou même par sa seule volonté. » L'ouvrage est divisé en deux livres. Le premier contient les sophismes que les infidèles apportaient pour montrer que la religion chrétienne est contraire à la raison, et les réponses que les chrétiens opposaient à ces objections. C'est faire injure à Dieu, disaient les infidèles, de dire qu'il est né d'une femme, qu'il a été nourri de lait, qu'il a souffert, qu'il est mort. — Au contraire, répondaient les chrétiens, Dieu a montré sa sagesse et sa bonté pour les hommes dans l'économie de l'incarnation. Puisque la mort était entrée dans le monde par la désobéissance de l'homme ; puisque le péché, qui nous a causé la mort, avait commencé par la femme, il fallait l'auteur de notre justice et de notre salut se fît homme et naquît d'une femme. Quant à cette objection, qu'il est indigne de Dieu d'être sujet aux souffrances et à la mort qui sont les suites de l'incarnation, il est aisé de répondre que tous ces inconvénients disparaissent, si l'on considère que Jésus-Christ comme Dieu n'a rien souffert, et que comme homme il n'a souffert que ce qu'il a bien voulu souffrir, sans y être contraint, mais en accomplissant volontairement ce qu'il savait être la volonté de son Père. — Il fait voir ensuite que, le péché étant une dette, il ne convenait pas à Dieu de le laisser impuni. La chute des anges avait laissé un vide dans le ciel ; Dieu avait à cœur de le combler, et l'homme n'y pouvait prétendre qu'après une satisfaction proportionnée à la grandeur de son péché. Or cette satisfaction était au-dessus des forces de l'humanité : il fallait donc un Homme-Dieu.

Il montre dans le second livre que l'homme a été créé juste, pour être heureux en jouissant de Dieu ; qu'il ne serait pas mort s'il n'eût point péché, et qu'il ressuscitera un jour, pour jouir avec son corps de la félicité éternelle. Mais, dit-il, l'humanité ne peut arriver là que par un Homme-Dieu : donc l'incarnation a été nécessaire au salut du genre humain. Mais, pour atteindre ce but, il fallait que notre médiateur fût en même temps Dieu parfait et homme parfait ; de la race d'Adam selon son humanité, fils d'une vierge selon la chair, et réunissant en lui deux natures en une seule personne, exempte de péché et soumise à la mort, par dévouement et par choix ; c'est-à-dire qu'en consentant à sacrifier sa vie pour le salut des hommes, son sang avait été plus que suffisant pour effacer tous les péchés du monde, même les péchés de ses bourreaux. Entrant alors dans le détail des circonstances de l'incarnation, Boson lui demande comment Dieu eût pu prendre un corps de la masse corrompue, sans en prendre le péché; car, encore que sa conception ait été pure, il est né d'une vierge conçue dans le péché. Saint Anselme répond que, « cet homme étant indubitablement Dieu et l'auteur de notre réconciliation, il est également certain qu'il est sans péché. » A l'égard de la sainte Vierge, il ne dit rien autre chose, sinon que « Dieu, avant de naître d'elle, l'avait entièrement purifiée. » Sur la fin de l'ouvrage, il donne diverses raisons de l'impossibilité de la réconciliation du démon et des autres mauvais anges. La principale est, « qu'étant tombés eux-mêmes, et sans avoir été poussés de personne, c'est à eux de se relever, ce qu'ils ne pourront jamais. » Les infidèles dont il parle dans son traité étaient les Juifs ou les Musulmans d'Espagne. Il pouvait également l'adresser aux païens, puisqu'il n'argumente en faveur de nos mystères que par des raisonnements appuyés sur les lumières de la raison.

De la conception virginale. — Ce fut encore aux instances du moine Boson qu'Anselme composa le traité de la conception virginale et du péché originel. Cet écrit rentre dans la matière du précédent, mais en la traitant avec plus d'étendue. Il commence par la définition du péché originel, ainsi nommé parce que tous les descendants d'Adam le contractent leur origine, par le fait même de leur conception. Il dit ensuite qu'il ne commence à infecter l'homme qu'après l'union de l'âme au corps dans le sein de la mère; qu'il est le péché personnel d'Adam, mais qu'il passe à tous ses descendants par la voie ordinaire de la génération; en sorte que tous naissent avec ce péché, excepté celui qui est né de la Vierge d'une manière miraculeuse et contre les lois de la nature. C'est la raison par laquelle saint Anselme démontre que Jésus-Christ, quoique né de la masse corrompue, n'a contracté aucun péché en se faisant homme. Il dit aussi que ce qui avait servi à la formation de son corps dans le sein de sa mère n'avait rien d'immonde; il soutient même que le germe de la génération de tous les hommes n'a rien d'impur par lui-même, et que nous ne naissons avec le péché originel que par la nécessité de satisfaire pour le péché d'Adam, qui nous est communiqué par la génération. Il propose diverses questions qui ont rapport au péché originel : entre autres, pourquoi ce péché est moins considérable dans les enfants que dans Adam; et la raison de cette différence vient de ce qu'Adam a péché par sa propre volonté... Il décide, sans aucune ambiguïté, que « les enfants morts sans baptême sont damnés »; et pour montrer que Dieu, en les punissant pour la faute de leur père, ne commet pas d'injustice, il fait cette comparaison : « Si un homme et sa femme, élevés, sans aucun mérite de leur part, à la plus haute dignité, s'en rendaient indignes par un crime commis de concert, et, déchus de cette dignité, se voyaient condamnés à la servitude, qui s'aviserait de trouver mauvais que les enfants engendrés dans cet esclavage fussent réduits au même état? »

De la vérité. — Le traité *de la vérité*, comme celui du libre arbitre qui le suit, est en forme de dialogue. Saint Anselme ne se souvenait point d'avoir lu nulle part la définition de la vérité. Avant de la donner lui-même, il en expose plusieurs exemples. « On dit qu'un discours est vrai quand il affirme ce qui est et qu'il nie ce qui n'est pas; nous pensons vrai quand nous voulons ce qui est juste, et nous sommes dans le vrai toutes les fois que nous faisons le bien. Il y a même une vérité dans nos sensations, parce que nos sens nous rapportent toujours vrai; s'ils nous sont une occasion d'erreur, ce n'est que par la précipitation de notre jugement. » Enfin, « la vérité est dans l'essence de toutes choses, parce qu'elles sont et doivent être relativement à la suprême vérité, qui est l'essence même des choses. D'où il suit que la vérité des choses est leur rectitude autant qu'elle peut être conçue par l'esprit; car cette rectitude n'est pas perceptible aux yeux du corps. » Il raisonne sur la justice comme sur la vérité, mais il la fait consister plutôt dans la volonté de celui qui agit que dans l'action même.

De la volonté. — Dans un petit traité *sur la volonté*, il dit qu'elle est l'instrument naturel de l'âme, et il y distingue deux affections principales, l'une qui est inséparable de l'âme même, et qui consiste à vouloir toujours ce qui lui est commode; l'autre qui peut en être séparée, comme la liberté du choix entre la justice et l'iniquité. Ensuite il distingue en Dieu trois volontés : une efficiente, qui fait tout ce qu'elle veut; l'autre qui approuve tout ce qui est : *Et vidit Deus quod esset bonum;* et la troisième qui ne fait que permettre qu'une chose soit, sans la faire ni l'approuver. Saint Anselme traite aussi du pouvoir, qu'il définit en général l'aptitude à une chose.

Du libre arbitre. — Le pouvoir de pécher n'est point nécessaire à la liberté, puisque le libre arbitre n'est autre chose que le pouvoir de conserver la droiture de la volonté. Les anges et les hommes, avant leur chute, ont eu le libre arbitre, et par conséquent ont conservé autant qu'ils l'ont voulu la droiture de leur volonté. La faute d'Adam, en lui portant atteinte, ne l'a pas fait périr. « Cette rectitude, dit saint Anselme, est un don de Dieu, et il n'est point au pouvoir de l'homme de la recouvrer, après l'avoir perdue, si Dieu ne la lui rend. » Il ajoute qu'en pareil cas Dieu fait un plus grand miracle qu'en rendant la vie à un mort, et la raison qu'il en donne, c'est que « le corps, en mourant, ne pèche point, et, par conséquent, ne se rend pas indigne de ressusciter; au lieu que la volonté en perdant sa rectitude pèche, et par là mérite d'en être privée pour toujours. » Il distingue le libre arbitre en incréé et créé : le premier est de Dieu; le second est des anges et de l'homme, et se subdivise en deux, suivant qu'on a conservé la droiture de volonté ou qu'on l'a perdue. Il range les premiers parmi les anges qui ont persévéré dans le bien, les seconds parmi les mauvais anges ou les hommes, avec cette différence pourtant que l'homme seul peut recouvrer cette rectitude de volonté avec le secours de Dieu.

Monologue de la Trinité. — Cet ouvrage est divisé en soixante-dix-neuf chapitres, dans lesquels saint Anselme prouve, par des arguments tirés de la raison, tout ce que la foi nous enseigne de l'existence et de la nature de Dieu. Il commence par les preuves de l'existence de la Divinité, puis il vient à la connaissance de sa nature en trois personnes, autant que la raison, aidée de la foi, peut nous les faire connaître. Il suit ce que saint Augustin avait dit sur cette matière dans ses livres sur la Trinité; mais il n'hésite pas de dire, avec les Grecs, qu'il y a en Dieu trois substances, et une seule essence ou nature, prenant le terme de substance pour celui de personne, comme il s'en explique lui-même dans la préface de son livre. Ses raisonnements sont très-métaphysiques, et tellement enchaînés les uns dans les autres, qu'il est difficile d'en saisir la suite, et d'en sentir toute la puissance. Il s'entretient avec lui-même, ou avec Dieu, sur l'existence de cet Etre suprême et sur tous ses attributs. Il montre qu'il est tout ce que la foi nous en apprend : éternel, immuable, tout-puissant, immense, incompréhensible, juste, pieux, miséricordieux et vrai. La vérité, la justice, la bonté, ne sont en Dieu qu'une même chose. Pour donner une idée de l'origine des personnes en Dieu, il propose l'exemple d'une fontaine d'où naît d'abord un ruisseau, puis un lac ou un fleuve. Ce n'est qu'une même eau dans la fontaine, dans le ruisseau, dans le lac ou dans le fleuve; et toutefois la fontaine n'est pas le ruisseau, ni le ruisseau le lac ou le fleuve. Le ruisseau naît de la fontaine, et non pas du lac; le lac naît de la fontaine et du ruisseau. Le ruisseau est tout entier de la fontaine, et le lac tout entier de la fontaine et du ruisseau. La nature divine est une dans le Père, le Fils et le Saint-Esprit, mais chacune de ces personnes a ses propriétés qui la distinguent des autres. Le Père ne tire son origine de personne; le Fils est engendré du Père, et le Saint-Esprit procède du Père et du Fils.

Concorde de la prescience et de la prédestination. — Le dernier des ouvrages de saint Anselme, suivant l'ordre des temps, est la *Concorde de la prescience et de la prédestination.* Il le composa sur la fin de sa vie et quand les forces lui manquaient; aussi fut-il longtemps à l'achever. Il s'y propose trois questions, qu'il résout séparément. La première est de savoir comment la prescience en Dieu ne nuit pas au libre arbitre de l'homme, puisque ce que Dieu a prévu arrive nécessairement, et que cependant le libre arbitre exclut toute nécessité. Le saint docteur répond : « Il n'y a point d'incompatibilité entre la prescience et le libre arbitre, parce que Dieu ne prévoit les choses que comme elles se feront, sans imposer à l'agent libre aucune nécessité d'agir. Il prévoit la mauvaise action du pécheur, mais il prévoit aussi qu'il péchera librement. Si donc la prescience de Dieu emporte dans ce cas une nécessité, elle n'est point antécédente, mais subséquente, c'est-à-dire que le pécheur ne commettra pas un crime parce que Dieu l'a prévu, mais Dieu l'a prévu parce que le pécheur le commettra librement. » Il fait voir ensuite que si la prescience imposait la nécessité, Dieu même ne serait pas libre; il ferait tout par nécessité, puisqu'il a tout prévu avant de le faire. Il rapporte divers exemples de l'Ecriture qui prouvent qu'il y a beaucoup de choses qui passent pour nécessaires et immuables par rapport à l'éternité, et qui ne laissent pas de s'exécuter dans le temps très-librement. Tel est le décret de la prédestination des élus, dont il est parlé dans l'Epître aux Romains.

Mais ce décret lui-même n'est-il pas contraire à la liberté de l'homme? C'est la seconde question, et saint Anselme y répond que la prédestination n'est pas plus contraire à la liberté que la prescience, parce que Dieu, en prédestinant quelqu'un, ne nécessite pas sa volonté au bien, pas plus qu'il ne nécessite au mal celui qu'il réprouve. Il laisse à l'un et à l'autre l'usage absolu de leur liberté. »

La troisième question traite de l'accord de la grâce avec la liberté. Saint Anselme fait voir, d'abord, par l'autorité de l'Ecriture, la nécessité de la grâce pour toute bonne action, et la liberté que l'homme possède de faire le bien quand il veut. Il distingue ensuite l'action de la grâce dans les adultes et dans les enfants. « Dans les enfants, dit-il, la grâce seule opère le salut; dans les adultes elle l'opère avec le libre arbitre et en l'aidant, parce qu'en effet, sans la grâce, le libre arbitre ne pourrait pas même conserver la rectitude qu'il n'a acquise que par elle. » Il explique les passages de l'Ecriture qui semblent tout donner à la grâce à l'exclusion du libre arbitre, et ceux qui paraissent tout attribuer au libre arbitre à l'exclusion de la grâce.

Du pain azyme et du pain fermenté. — Ce traité est adressé à Valerann, évêque de de Numbourg, qui était encore engagé dans le schisme des Grecs. Le saint docteur y établit que, ni l'une ni l'autre de ces qualités ne changent la substance du pain, on peut, sauf l'essence du sacrifice, l'offrir avec du pain azyme ou du pain fermenté. Toutefois il est mieux de préférer le premier, parce que Jésus-Christ en a usé ainsi. Il explique ensuite les passages objectés par les Grecs, à peu près comme les anciens auteurs l'avaient fait avant lui.

Homélies. — Les traités dont nous venons de parler composent la première partie des ouvrages de saint Anselme; la seconde renferme ses écrits oratoires, ascétiques et moraux. Il n'est pas douteux qu'un évêque aussi zélé, et qui avait l'éloquence en partage, n'ait souvent instruit son peuple. Son historien l'a remarqué plus d'une fois dans le récit de sa vie, où l'on voit que, n'étant encore qu'abbé du Bec, il prêchait souvent ses religieux. Cependant il ne nous reste que seize homélies, et encore n'est-on pas certain qu'elles soient toutes de lui.

Méditations. — On peut en dire autant du

recueil de ses *Méditations*, qui en comprend vingt-une. Le prologue publié en tête nous apprend que saint Anselme les composa pour exciter ses lecteurs à aimer et craindre Dieu, et les aider à s'examiner et à se connaître eux-mêmes. C'est pourquoi il leur conseille de les lire avec calme, modération, et sans s'astreindre à une lecture entière. Il les partagea en plusieurs paragraphes, afin que chacun fût libre de les commencer ou de les finir à son gré, et d'éviter par ce moyen l'ennui que cause toujours la longueur.

Oraisons. — Ses oraisons, dans le recueil qui nous en reste, sont au nombre de 74, la plupart faites pour ses amis. On les a distribuées suivant l'ordre des matières. La première est à la sainte Trinité; la seconde au Père, par les mérites de Jésus-Christ; les onze suivantes à Dieu; la quatorzième au Saint-Esprit, et les autres, jusqu'à la vingt-huitième inclusivement, à Jésus-Christ. Il y en a plusieurs pour le prêtre avant la messe, pendant le sacrifice et avant la communion. Viennent ensuite des rhythmes et des oraisons adressés à Dieu, à la croix, à la Vierge et à tous les saints, et une oraison générale pour le patron de l'église dans laquelle on célèbre les saints mystères. Toutes ces oraisons ont été en grande estime dans l'Eglise. Saint Thomas, un de ses successeurs sur le siége de Cantorbéry, et qui vivait dans le même siècle, en possédait un recueil où il faisait ses prières avant d'offrir le sacrifice, et depuis elles ont passé à l'usage commun de tous les fidèles.

Lettres. — On a remarqué dans la Vie de saint Anselme qu'il demeura trente-trois ans à l'abbaye du Bec, qu'il y fut trois ans simple religieux, quinze ans prieur, et quinze ans abbé; après quoi on l'éleva au siége de Cantorbéry, qu'il occupa environ seize ans. C'est l'ordre suivi dans la distribution de ses lettres, qui forment la troisième partie de ses ouvrages. Elles sont au nombre de 426. Nous ne parlerons que de quelques-unes qui nous ont paru plus intéressantes.

La première est à Lanfranc, pour le féliciter de sa promotion à l'épiscopat. Elle était accompagnée d'un petit présent pour le nouvel élu, et d'une autre lettre pour Odon et Lanzon, deux moines de Cantorbéry, dans laquelle il leur prescrivait, suivant leurs désirs, un plan de vie plus sainte que celle qu'ils avaient menée jusqu'alors. Il les exhorte à la lecture de l'Écriture sainte, dans laquelle ils trouveront toutes les lumières nécessaires pour se conduire sagement et pour se faire comprendre au nombre des prédestinés.

Un moine, nommé Hugues, l'avait consulté sur la façon de se comporter envers son supérieur, dont les mœurs étaient mauvaises et avec lequel, par cette raison, il ne pouvait vivre en paix. Saint Anselme lui conseille, ou de se séparer de ce supérieur, avec sa permission, ou de lui obéir en patience et en silence, parce qu'on n'est point obligé de reprendre ceux qui s'offensent des remontrances au lieu de s'en corriger.

Un abbé, nommé Rainaud, lui avait demandé son *Monologue.* Saint Anselme ne put le lui refuser; mais il lui recommanda de ne le communiquer ni à des vétilleux, ni à de grands parleurs. Il craignait qu'ils ne condamnassent ses expressions sans les comprendre, comme il était déjà arrivé à quelques-uns, qui, remarquant qu'il s'était servi du terme de *substance*, au lieu de *personne*, en parlant de la sainte Trinité, s'imaginaient qu'il admettait en Dieu trois substances proprement dites, quoique sous ce nom il entendît avec les Grecs ce que les Latins entendent ordinairement par le mot de *personne*.

Roscelin, chanoine de Compiègne, enseignait que les trois personnes de la Trinité étaient trois choses réellement distinctes comme le sont trois anges ou trois âmes, et il soutenait que dans cette distinction on ne pouvait concevoir comment le Père et le Saint-Esprit ne se seraient pas incarnés avec le Fils. Il essayait de donner cours à ses erreurs, en disant que saint Anselme pensait là-dessus comme lui. Le saint abbé, averti, s'efforça d'abord de donner un bon sens à la proposition de Roscelin, disant que sans doute par les trois choses il entendait les trois relations qui distinguent entre elles les trois personnes de la Trinité; ce qui est avoué de tout le monde. Mais, faisant attention qu'il ajoutait que les trois personnes n'ont qu'une même volonté et une même puissance, il en conclut que, ces attributs étant dans les personnes, non selon les relations, mais selon la substance, il fallait que Roscelin admît trois dieux, ou ne sût ce qu'il disait. Ayant appris ensuite que Roscelin, en distinguant en Dieu trois choses, soutenait qu'on pouvait dire aussi qu'il y a trois dieux, il adressa une seconde lettre à Foulques, évêque de Beauvais, le priant de la faire lire dans le concile que Rainaud devait assembler à Reims. Il fait profession de croire tout ce qui est contenu dans les Symboles des apôtres, de Constantinople et de saint Athanase, et il dit anathème à l'erreur de Roscelin.

Les travaux de l'épiscopat ne lui faisaient rien relâcher de ses jeûnes, de sorte qu'on craignait qu'il ne succombât à ses austérités. Mathilde, reine d'Angleterre, lui écrivit là-dessus une lettre très-sage et pleine de charité. Elle lui rappela l'exemple de saint Paul, qui ordonnait à son disciple Timothée de boire un peu de vin; et celui de saint Grégoire, qui, épuisé par les travaux de la prédication, ne faisait aucune difficulté de réparer ses forces par la nourriture. Elle joignit les présents aux remontrances, et le bon archevêque la remercia, en l'exhortant à prendre la défense de l'honneur et des intérêts de l'Eglise.

Il écrivit deux lettres à Baudouin, roi de Jérusalem, pour l'exhorter à se conduire, lui et son peuple, suivant la loi de Dieu, dans le lieu où s'est accomplie la rédemption du genre humain, et de se rendre par ses bonnes œuvres le modèle de tous les rois.

Mais la plus importante des lettres de saint

Anselme, celle qui a presque la valeur d'un traité, c'est sa lettre sur l'Eucharistie. Il y enseigne que, « toute la nature de l'homme étant corrompue par le péché et dans son âme et dans son corps, il a fallu que Dieu, qui venait racheter l'une et l'autre, s'unît à tous les deux, afin que l'âme de l'homme fût rachetée par l'âme de Jésus-Christ, et son corps par le corps de Jésus-Christ. C'est pour les représenter qu'on offre sur l'autel du pain et du vin. Lorsque nous y recevons dignement ce pain fait corps, notre corps participe à l'immortalité de celui de Jésus-Christ; de même notre âme devient conforme à la sienne en prenant le vin changé en son sang, rien n'ayant paru plus propre à représenter l'âme de Jésus-Christ que le sang, qui en est le siége. Ce n'est pas qu'en recevant le sang de Jésus-Christ on ne reçoive que son âme, et réciproquement; non, dans la réception de son sang, comme dans la communion de son corps, on reçoit Jésus-Christ tout entier et comme homme et comme Dieu. » Il dit ensuite que la coutume de recevoir séparément les deux espèces vient de ce que Jésus-Christ les donna ainsi à ses disciples dans la dernière cène, afin qu'ils comprissent qu'ils devaient se conformer à lui, et selon l'âme et selon le corps. Ensuite il s'explique en ces termes la présence réelle ou la transsubstantiation : « Suivant les définitions des saints Pères, nous devons croire que le pain déposé sur l'autel est changé par les paroles solennelles au corps de Jésus-Christ; que la substance du pain et du vin ne demeure pas, mais seulement l'espèce ou apparence, savoir : la forme, la couleur et le goût. » Il convient que les infidèles comme les fidèles, les méchants comme les bons, reçoivent substantiellement le corps de Jésus-Christ, mais avec cette différence que les uns le reçoivent avec fruit, et qu'ils en sont fortifiés et affermis dans la vertu, tandis que les autres le reçoivent pour leur condamnation. Il cite, à ce propos, un passage de saint Augustin, tiré de son IVe livre du Baptême.

Traité ascétique. — Cet ouvrage, le dernier dans la collection des Œuvres de saint Anselme, est divisé en cinq chapitres. Le premier traite de la fin qu'un moine doit se proposer, qui est de se sanctifier dans son état, en s'occupant continuellement de Dieu et des choses divines. Il distingue, dans le second, les principes de nos pensées : les unes nous viennent de Dieu, les autres de nous-mêmes, et plusieurs du démon. Celles qui nous viennent de Dieu éclairent notre esprit et nous aident à avancer dans la vertu; celles qui viennent de nous naissent de la mémoire et des souvenirs; celles qui nous portent au vice, c'est le démon qui nous les inspire. Il est parlé, dans le troisième, du combat de la chair contre l'esprit; dans le quatrième, des divers degrés de chasteté. Cette vertu renferme la pureté de l'âme comme celle du corps; on l'acquiert et on la conserve par la mortification de la chair et la pratique des bonnes œuvres. Le cinquième chapitre est intitulé : *De la science spirituelle.* Il n'en est pas de cette science comme des profanes, que les personnes vicieuses peuvent acquérir. Elle n'entre en société ni avec l'iniquité, ni avec les ténèbres, mais seulement avec la justice et les autres vertus.

Saint Anselme fut un des plus célèbres docteurs de son temps, et le premier qui allia avec la théologie cette précision dialectique et cette méthode scolastique qui donne tant de force aux preuves de la vérité, et qui confond l'erreur en découvrant ses sophismes. Il est vrai que dans les siècles suivants on a quelquefois abusé de cette méthode; on a fait de la théologie une espèce de logique contentieuse, souvent une audacieuse métaphysique qui s'exerçait témérairement et sans fruit sur des questions où la simple foi répand plus de lumières que toutes les spéculations; mais cela ne prouve rien contre la théologie scolastique en elle-même. Elle est nécessaire, jusqu'à un certain point, pour confondre toutes les espèces d'hérétiques, mais surtout ceux qui, comme les ariens, s'arment de la subtilité du raisonnement plutôt que de l'autorité des livres saints. Ses ouvrages ascétiques sont instructifs, édifiants, pleins d'onction et d'une certaine tendresse d'amour pour Dieu, qui échauffe les cœurs les plus insensibles. Un style simple, naturel, clair et concis, fait le principal mérite de ses lettres. On juge par le poëme lugubre qu'il composa à la mort de Lanfranc que, quoiqu'il fit des vers, il manquait du génie particulier qui fait les poëtes.

ANSELME, moine de Saint-Remi de Reims, fut chargé par Hérimar, son abbé, de mettre par écrit tout ce qui s'était passé dans la dédicace de son Eglise par le pape Léon IX; les actes du concile que le saint pontife tint dans l'église qu'il venait de consacrer, et les miracles opérés par l'intercession du grand évêque qui avait donné l'onction sainte au premier roi chrétien. Anselme y ajouta la relation du voyage de Léon IX, de Rome à Reims; de sorte que son écrit est quelquefois intitulé : *Itinéraire du pape Léon IX en France.* C'est sous ce titre qu'il est nommé par Sigebert. Trithème dit que Anselme y a recueilli tout ce que ce pape fit en France, soit dans les conciles, soit en d'autres assemblées. Hérimar était alors abbé de Saint-Remi. Aussitôt que son église fut achevée, il envoya des députés à Rome prier le pape d'en venir faire la dédicace. Léon IX répondit qu'encore qu'aucune affaire ne l'appellerait en France, sa piété envers saint Remi serait un motif suffisant pour le déterminer à venir consacrer l'église construite sous son nom. L'abbé, prévenu de son départ de Rome, invita le roi Henri à honorer cette cérémonie de sa présence, et à ordonner aux évêques de son royaume d'y assister. Le roi le promit. Hérimar envoya des lettres dans toutes les provinces de France et les pays voisins, invitant les fidèles à se trouver à cette solennité, tant par respect pour leur saint patron que dans le but d'y recevoir la bénédiction apostolique. Le pape, de son côté, adressa des mandements aux évêques et aux abbés, les convoquant à Reims pour le 1er octobre 1049, afin d'assister au concile qu'il se proposait de tenir aussitôt après cette dédicace. On en commença la cérémonie ce jour-là même; elle fut achevée le lendemain. L'ouverture du concile se fit la troisième jour du mois ; le quatrième, ou tint la seconde session, et la dernière le jour suivant. Nous n'avons point à rendre compte ici des actes de ce concile; nous observerons seulement que le pape y donna une bulle portant que personne ne célébrerait la messe sur le maître-autel de l'église de Saint-Remi, que l'archevêque de Reims et l'abbé de ce monastère. Cependant, deux fois l'année, sept prêtres, choisis parmi le clergé de Reims, pourraient y offrir le saint sacrifice : savoir, la seconde fête de Pâques et la veille de l'Ascension, selon la coutume de l'Église de Rome. Anselme rapporte cette bulle, avec la lettre du pape Léon IX aux évêques et aux fidèles de toute la France. L'ouvrage d'Anselme se trouve tout entier dans le VIIIe tome des Actes de l'ordre de Saint-Benoît, avec les notes de dom Mabillon. Tout cet écrit se distingue par une noble simplicité, beaucoup d'ordre et un choix de détails qui font plaisir.

ANSELME, chanoine de Liége, florissait au XIe siècle. Il était de condition noble, et joignait à beaucoup d'esprit une grande intégrité de mœurs. Son mérite le rendit cher à Wason, évêque de Liége en 1041, et à Théoduin, qui lui succéda en 1058. Il fit avec celui-ci le voyage de Rome en 1053, et à son retour il fut élu doyen de la cathédrale de Liége. Il eut part, en 1055, au choix que l'on fit d'un abbé de Saint-Hubert, et avec Godelcalc, homme de vertu et de probité, il contribua à faire tomber les suffrages sur Thierry, dont la réputation de piété n'était pas moins bien établie. A son retour de Rome, l'empereur Henri, qui avait su apprécier Anselme pendant son voyage, le demanda à l'évêque Théoduin, pour le mettre à la tête de l'école de Fulde. Il continua, par l'ordre de ses supérieurs, l'*Histoire des évêques de Liége*, commencée par Hériger, abbé de Lobbes en 991, et déjà continuée par un autre chanoine de Liége, nommé Alexandre, qui avait entrepris ce travail à la sollicitation de la bienheureuse Ide, abbesse de Sainte-Cécile de Cologne.

Anselme divisa son *Histoire* en deux parties comme l'avait fait Alexandre; mais là où celui-ci n'avait donné qu'un abrégé de l'*Histoire* d'Hériger, il la reproduisit tout entière, en la divisant par chapitres et en donnant un titre à chacun, pour en faciliter la lecture et la rendre plus méthodique. Il composa la seconde partie sur des Mémoires qu'on lui fournit, sur le témoignage de personnes dignes de foi, sur ce qu'il avait vu lui-même et sur ce qu'il trouva dans l'ouvrage d'Alexandre. Il commença comme lui sa seconde partie à l'épiscopat de saint Théodard et la finit à celui de Wason. Il dédia le tout à Amon, qui avait été ordonné archevêque de Cologne l'année précédente, 1055. L'*Histoire des évêques de Liége* comprend également celle des évêques de Tongres et de Maestricht, qui n'ont occupé successivement qu'un même siége épiscopal, placé d'abord à Tongres, puis à Maestricht, et fixé enfin à Liége. Dom Martène et dom Ursin Durand, de la congrégation de Saint-Maur, ont reproduit, en l'abrégeant, le travail d'Anselme. L'édition la plus complète est celle que dom Mabillon paraît avoir faite sur l'original, puisque le manuscrit d'où il l'a tirée datait déjà de plus de six cents ans. On la retrouve au tome IX des *Actes de l'ordre de Saint-Benoît*. Anselme vivait encore en 1056, époque à laquelle il publia son *Histoire*. On ne sait de combien d'années il survécut à cette publication.

ANSELME (saint), évêque de Lucques, fut, parmi les partisans du pape Grégoire VII, un de ceux qui montrèrent le plus de zèle à le défendre contre ses calomniateurs. Il naquit à Mantoue, et s'appliqua, dès sa jeunesse, à l'étude de la grammaire et de la dialectique. A son entrée dans le clergé, le pape Alexandre II, qui avait conservé le gouvernement du diocèse de Lucques jusque sous la tiare pontificale, l'envoya à l'empereur Henri, pour recevoir l'investiture de cet évêché. Anselme, qui ne reconnaissait pas aux puissances séculières le droit de conférer les dignités ecclésiastiques, revint d'Allemagne sans avoir rien réclamé de l'empereur. Il se soumit plus tard, puis en eut des scrupules, et, feignant un pèlerinage, il alla se faire moine dans l'abbaye de Cluny. Il n'en sortit, pour reprendre le gouvernement de son Église, que sur un ordre exprès du pape Grégoire VII, qui lui permit de conserver l'habit monastique. Il produisit de grands fruits dans son diocèse par ses prédications. Mais, en vertu d'un décret du pape Léon IX, ayant voulu obliger les chanoines de sa cathédrale à la vie commune, il éprouva de leur part une telle résistance, que, malgré deux lettres du pape Grégoire, qui leur reprochait leur indocilité, et deux conciles qui condamnaient leurs rébellions, Anselme fut obligé de quitter sa ville épiscopale, et se retira auprès de la comtesse Mathilde, dont le pape l'avait fait le directeur. Il l'aida de ses conseils dans le maniement des affaires séculières, mais toujours en lui faisant observer les lois de l'équité que prescrivent l'Évangile et les canons : il y avait alors peu d'évêques en Lombardie. Le pape Grégoire confia à Anselme le soin de toutes les églises qui manquaient de pasteurs, et l'établit, à cet effet, son légat dans cette province. Tous accouraient à lui : les catholiques pour recevoir sa bénédiction, les excommuniés pour être absous ; d'autres pour être promus aux ordres sacrés. S'il arrivait à quelques schismatiques d'entrer en discussion avec lui, il leur fermait la bouche et leur rendait la réplique impossible, par sa doctrine et son éloquence; car il possédait une vaste érudition, il savait par cœur toute l'Ecriture sainte, et lorsqu'il était interrogé sur quelque passage, il disait aussitôt comment chaque saint Père l'avait expliqué. Il disait la messe tous les jours, et s'il lui arrivait d'en être empêché par quelque affaire, il en restait chagrin pour le reste de la journée. Sentant sa fin approcher, il recommanda à ceux qui l'entouraient de persévérer dans la foi et dans la doctrine du pape Grégoire VII. Il mourut à Mantoue, le 18 mars 1086, dans la treizième année de son épiscopat. On a de lui plusieurs ouvrages. Le premier, par ordre de date est son

Apologie pour Grégoire VII. — Cet ouvrage est divisé en deux livres. Anselme prouve dans le premier que Guibert ne pouvait s'attribuer le soin de l'Eglise universelle, puisqu'elle avait un pape légitime, et élu suivant les canons; par conséquent qu'il n'était qu'un usurpateur, et que le roi, dont il prenait la défense, renversait toutes les lois de l'Eglise en vendant les évêchés ou en ne les accordant que sous la condition des investitures. Il allègue grand nombre de passages contre les schismatiques, et rejette sur eux la fâcheuse nécessité où l'on s'était trouvé de prendre les armes pour la défense de l'Eglise. Il exhorte Guibert à quitter le schisme, à se réunir à l'Eglise, qui est la mère de tous les chrétiens, en l'assurant que, dans la joie de son retour, elle imitera tout ce que fit le père de famille pour l'enfant prodigue.

Dans le second livre, il fait voir que ce n'est point aux princes de la terre qu'il appartient de donner des pasteurs à l'Eglise, mais que, par un usage établi depuis les apôtres, c'est au clergé, d'accord avec le peuple chrétien, de pourvoir de pasteurs les églises vacantes. Les empereurs Zénon et Anastase, l'un et l'autre de la secte des eutychiens, sont les premiers qui aient substitué des évêques de leur communion à des évêques catholiques. Plus tard, si quelques empereurs d'Occident ont ordonné que le décret de l'élection du pape leur serait envoyé, d'autres ont révoqué cette ordonnance, ou du moins aucun d'eux n'a touché jamais à l'élection faite à Rome. Il rapporte les autorités des papes et des conciles sur les élections des évêques, et montre que dans les premiers siècles les princes séculiers n'y avaient d'autre part que celle que l'Eglise voulait bien leur accorder, c'est-à-dire de les corroborer de leur approbation. A cette objection, qu'un concile de Rome, présidé par Nicolas II, avait décrété que le pape ne serait sacré qu'après que son élection aurait été notifiée à l'empereur, il répond que les rois d'Allemagne s'étaient rendus indignes de cette faveur, en déposant des papes qui ne peuvent être déposés ni jugés par personne, et en en choisissant d'autres sans la participation du clergé et du peuple romain, à qui cette élection appartient de droit, d'après un décret de ce même concile. Il donne pour dernière raison que le pape Nicolas II était homme, et qu'il a pu faillir par surprise; que le pape Boniface II fit de même un décret qui fut annulé après sa mort, comme contraire aux canons. — Il vient ensuite au pouvoir que les princes avaient usurpé sur l'Eglise, en s'arrogeant le droit d'investiture. Il entre dans le détail des inconvénients qui résultent de l'exercice de ce pouvoir. C'est une source de simonie, parce qu'on achète les faveurs du prince ou par argent ou par flatterie; c'est la cause des désordres de l'Eglise, parce que les princes nomment souvent à des évêchés des sujets indignes, faute de les connaître, et quelquefois aussi parce qu'ils aiment à voir dans ces places des pasteurs lâches, et qui n'osent reprendre les péchés des grands. — Il décrit les scandales que donnent à l'Eglise de semblables pasteurs. Ils ne pensent à leurs troupeaux que pour en tirer la graisse; ils ne s'occupent que des vanités du siècle; ils partagent tous les plaisirs de la cour; à peine si trois à quatre fois l'année ils trouvent le temps de visiter leur Eglise, pendant que les canons interdisent à un évêque de s'absenter trois dimanches de suite de sa cathédrale. On dira qu'il faut des clercs aux princes pour le service divin; mais n'est-il pas plus raisonnable que l'évêque, dans le diocèse duquel le prince fait sa demeure, lui envoie des clercs vertueux pour cet usage? C'est, ajoute Anselme, pour remédier à tous ces désordres, que Grégoire VII a défendu les investitures dans un concile de Rome où se trouvaient réunis plus de cinquante évêques. Il prouve par les Capitulaires de Charlemagne et de Louis le Débonnaire, que pour se conformer aux décrets des conciles généraux, des papes et des saints Pères, ces princes ont déclaré que l'élection des évêques appartenait au clergé et au peuple; que l'on devait remplir le siège vacant par un sujet du diocèse, et qu'il ne fallait avoir égard, dans l'élection, ni à la faveur, ni aux présents, mais au seul mérite de la personne. Ce qui lui donne occasion de parler des simoniaques, comme le concile d'Antioche parlait des schismatiques, en invoquant contre eux la répression de la puissance séculière. Enfin il termine son second livre par l'annonce d'un traité contre ceux qui prétendent que les biens de l'Eglise sont sous la dépendance des princes, en sorte qu'ils peuvent en disposer.

Canisius, à qui nous devons l'Apologie de Grégoire VII, dit qu'elle est suivie, dans le même manuscrit, d'un traité ou recueil de passages, dans lesquels Anselme s'applique à démontrer que les biens et les revenus de l'Eglise ne sont nullement à la disposition du roi. Il doute si ce recueil n'est pas une suite ou même un troisième livre de l'Apologie de Grégoire VII contre Guibert. Les passages sont tirés de l'Ecriture, des conciles, des décrétales des papes, soit fausses, soit véritables, parce qu'on ne les distinguait point encore de son temps. On trouve ces deux ouvrages dans le tome III des *Leçons* de Canisius et dans la *Bibliothèque des Pères.*

Autres écrits. — On n'a pas encore imprimé deux autres écrits dont il est parlé dans la Vie de saint Anselme; savoir, une explication des *Lamentations de Jérémie* et une du *Psautier*. Il entreprit celle-ci à la prière de la comtesse Mathilde, mais la mort ne lui laissa pas le temps de l'achever. Elle le surprit à la fin du dernier verset du psaume CXXIX : *Nous vous avons béni, Seigneur !* On lui attribue encore une collection de canons divisée en treize livres. Elle se trouve dans la bibliothèque du Vatican, sous le nom du bienheureux Anselme, évêque de Lucques. Dom Mabillon, qui avait une copie tirée de ce manuscrit, rapporte le titre de chaque livre, sans examiner si l'ouvrage est de l'auteur dont il porte le nom, ne doutant pas apparemment qu'il ne fût de cet évêque. Quelques-uns ont exprimé des doutes à cet égard, mais nous croyons que l'autorité des anciens manuscrits, où le nom d'Anselme se lit avec la qualité d'évêque de Lucques, doit l'emporter sur toutes les preuves négatives. Wading a fait imprimer, sous le nom de saint Anselme, quatre opuscules en forme de méditations ; le premier sur l'*Oraison Dominicale*, le second sur l'*Ave Maria*, le troisième sur le *Salve, Regina*, et le quatrième sur les *actions de Jésus-Christ*. On les a reproduits tous les quatre dans le XXVII° tome de la *Bibliothèque des Pères*, avec la préface où Wading affirme, d'après plusieurs critiques, qu'ils sont attribués à saint Anselme, dans un manuscrit du monastère de Saint-Benoît, à Mantoue. Mais on ne reconnaît dans aucun de ces écrits le génie ni le style de saint Anselme. C'est un tissu d'exclamations froides et déplacées, d'expressions basses et quelquefois indécentes. Les sentiments sont loin d'y répondre à la noblesse du sujet. L'auteur paraît être un dévot à froid qui veut donner le change à son public, en faisant prendre pour le feu de l'amour divin la glace de son cœur. Le style de saint Anselme est simple, noble, toujours à la hauteur de sa pensée, et exprimant naturellement et sans emphase les sentiments d'un cœur plein de charité.

ANSELME de Laon, doyen et archidiacre de cette église, professa d'abord avec réputation à l'Université de Paris, et ensuite à l'école de Laon, qu'il dirigea successivement avec son frère Raoul, comme lui docteur habile et maître consommé. Le siége épiscopal ayant vaqué deux ans, après la mort d'Ingelvan, le clergé se détermina à lui donner pour successeur Gaudri, référendaire du roi d'Angleterre. Gaudri était riche, mais plus guerrier qu'ecclésiastique. Anselme, ne le jugeant pas digne de l'épiscopat, s'opposa seul à son élection ; mais il fut aussi le seul à lui témoigner de l'attention au moment de ses disgrâces. Les bourgeois, irrités qu'il eût entrepris de dissoudre la commune ou société qu'ils avaient faite entre eux, pour se défendre contre les nobles, jurèrent sa mort. Anselme l'en avertit ; et quelques jours après, quand il succomba sous leurs coups, Anselme fut le seul qui prit soin de sa sépulture, en le faisant enterrer à la hâte dans l'église de Saint-Vincent. Anselme, au rapport de Guibert, fit plus de catholiques par ses leçons sur l'Écriture sainte et par la pureté de sa foi, que les erreurs du temps n'en pervertirent. Il eut parmi ses écoliers Guillaume de Champeaux, et plusieurs autres illustres personnages qui furent dans la suite élevés à l'épiscopat. Il était déjà très-avancé en âge lorsque Pierre Abailard vint prendre ses leçons. Soit que la vieillesse le mît hors d'état de les continuer avec la même force et le même éclat qu'auparavant, soit que le disciple se crût plus savant que le maître, Abailard parle d'Anselme avec mépris. Suivant lui, il ne savait résoudre les doutes de personne, et devait plus au long temps qu'il avait enseigné, qu'à son esprit et à sa mémoire, la grande réputation dont il jouissait. Il le comparait à un arbre qui montrait quelquefois de belles feuilles, mais qui ne portait point de fruit. Mais la postérité, qui ne se contente pas d'une figure poétique pour former son opinion, en a appelé de ce jugement d'Abailard, et conservé aux écrits et à la personne d'Anselme son estime et sa vénération.

Il a composé plusieurs écrits, dont quelques-uns ont été rendus publics ; entre autres, une *Glose interlinéaire sur la Bible*, qui est entre les mains de tout le monde, et à laquelle on a joint les gloses ordinaires de Nicolas de Lyre et de Hugues de Saint-Thierry. Henri de Gand en fait mention dans son Catalogue des écrivains ecclésiastiques. Les *Commentaires sur le Cantique des cantiques et sur l'Apocalypse*, imprimés dans le recueil des ouvrages de saint Anselme, dans les éditions de 1573 et 1612, sont d'Anselme de Laon. C'est le sentiment d'Oudin, qui les a lus sous son nom dans les manuscrits. Trithème lui attribue un *Commentaires sur les Psaumes*; Sandérus cite de lui des *Lettres* qui ne sont point imprimées. On possède à la Bibliothèque Nationale un *Commentaire sur saint Matthieu*, qui n'a jamais été publié. C'est à tort qu'on lui attribue celui qui se trouve parmi les œuvres de saint Anselme de Cantorbéry, et seize Homélies sur les Évangiles, imprimées dans le même recueil. Ces deux ouvrages sont de Pierre Babion, moine anglais, qui écrivait vers l'an 1360. On en juge ainsi et par le génie et par le style de l'auteur, mais surtout par un manuscrit de la Bibliothèque Nationale, où ce commentaire porte son nom.

ANSELME, comte de Ribemont, non moins illustre par sa piété que par sa naissance, après avoir employé une partie de ses biens à fonder les abbayes de Saint-Amand, d'Anchin et de Notre-Dame de Ribemont, prit parti dans la Croisade résolue au concile de Clermont, en 1095. Les historiens du temps lui donnent le premier rang après Godefroy de Bouillon, chef de cette expédition, et relèvent beaucoup sa valeur, sa générosité, sa magnificence, son art de diriger l'attaque des places et de gouverner des armées. Il fut tué d'un coup de pierre au siége du château d'Archos. Guibert de Nogent, qui rapporte ce fait, dit que l'armée des Français perdit beaucoup à sa mort, et qu'il fut honoré comme un martyr, ainsi que plusieurs de ceux qui périrent en cette guerre. Sa mort arriva au mois d'avril 1099, avant que les croisés eussent levé le siége d'Archos.

Selon Guibert de Nogent, dont nous avons déjà invoqué le témoignage, il rendit un service signalé aux gens de lettres en rédigeant par écrit tout ce qui se passa parmi les croisés dans la Romanie et l'Arménie, et en racontant de quelle manière ils s'emparèrent de la ville de Nicée en Bithynie. Anselme fit aussi la relation de la prise d'Antioche, et des combats que les croisés eurent à soutenir contre les émirs de Galépie, de Damas et de Jérusalem. Il adressa ces deux relations à Manassé II, archevêque de Reims. La première est perdue ; la seconde a été publiée par dom Luc d'Achéry, dans le tome VII de son *Spicilége*. Anselme y fait mention de la première, qui décrivait le siége et la prise de Nicée, le 20 juin 1097. On forma le siége d'Antioche le 21 octobre de la même année. Ce siége dura sept mois, après lesquels l'armée chrétienne se rendit, par intelligences, maîtresse de la place. Pendant ce temps les croisés eurent beaucoup à souffrir, et par les sorties que les assiégés ne cessaient de faire tous les jours, et par le manque de vivres, et par la perte des hommes et des chevaux. Anselme s'applique à faire ressortir dans tous ces événements la main de Dieu, qui voulut punir les croisés de leur orgueil, parce qu'ils n'attribuaient qu'à eux-mêmes et à leur valeur toutes les victoires qu'ils avaient remportées. Le comte, au contraire, bien loin de penser comme eux, rend grâces à Dieu de tous les succès de l'expédition, de la victoire sur les Turcs, de l'abondance qui succéda à la disette dans le camp des chrétiens, et de la reddition de la ville avant qu'elle pût être secourue par les Perses, qui avaient déjà passé l'Euphrate. On la dépeupla et l'on mit à mort tous les païens qui s'y trouvaient ; cependant il en restait encore dans le château. Trois jours après, le roi de Perse arriva avec le sultan de Damas et celui de Jérusalem. Ils mirent le siége devant Antioche, et affamèrent les chrétiens. Dans cette extrémité, ils découvrirent la lance qui avait percé le côté du Sauveur, et après avoir confessé leurs péchés et reçu la communion, ils firent une sortie, précédés de cette lance et du bois de la vraie croix, mirent les ennemis en fuite, en tuèrent un grand nombre, et rentrèrent victorieux en rendant grâces à Dieu de la victoire. Anselme en donna avis à l'archevêque de Reims, et le conjura de prier avec plus de ferveur encore pour le succès de la croisade. Après l'avoir chargé de veiller au maintien de la paix dans ses terres et d'empêcher que les églises et les pauvres ne fussent opprimés par les tyrans, il ajouta : « Maintenant, la porte de la terre sainte nous est ouverte ; et, entre autres bons événements, le roi de Babylone nous a envoyé des députés pour nous assurer qu'il était soumis à nos ordres. Nous conjurons tous ceux qui liront cette lettre de prier pour nous et pour nos morts. » — On ne manqua pas en France de leur rendre ces bons offices. L'archevêque de Reims écrivit à Lambert, évêque d'Arras, de faire prier dans toutes les églises de son diocèse pour le succès de la croisade, pour les évêques du Puy et d'Orange, pour Anselme de Ribemont et pour tous ceux qui, dans cette expédition, avaient fini leur vie par un glorieux martyre.

Charte d'Anselme. — On a dit plus haut qu'Anselme avait fondé le monastère de Ribemont en l'honneur de notre Dame et de saint Nicolas. La charte de fondation que ce comte écrivit lui-même est datée de Laon, la 23ᵉ année du règne de Philippe, roi de France, et de Jésus-Christ 1073. Elle porte que cette église sera exempte de toute charge et de toute servitude, sauf la soumission aux églises de Reims et de Laon ; que les moines auront la liberté de choisir leur abbé, et que l'élu sera présenté à l'évêque ou par le comte, ou par quelqu'un de ses héritiers, pour être béni et recevoir la charge des âmes par la transmission du bâton pastoral. Elinand, évêque de Laon, Renaud de Reims, et Renaud, comte de Soissons, souscrivirent à cette charte. Le roi Philippe la confirma par un diplôme daté de Ribemont, en 1074. Vingt ans plus tard, Geoffroi, fils d'Anselme, ratifia toutes les donations faites par son père, et abandonna l'église de Saint-Germain, située dans le château même de Ribemont, à l'évêque Barthélemy, qui la fit desservir par des moines.

La lettre du comte Anselme, écrite avec toute la naïveté et la foi candide de cette époque, est un titre à la reconnaissance des historiens, comme sa charte est un monument éternel de sa piété. En la lisant, on trouve tout simple qu'il ait été en même temps un héros et un martyr.

ANSELME, évêque d'Havelberge, suffragant de Magdebourg, en Basse-Saxe, se rendit recommandable par sa doctrine et par ses écrits. Très-versé dans les lettres humaines et la belle littérature, il fit son étude spéciale des écrits des Pères, et sut en tirer des armes pour la défense des dogmes de la religion. Envoyé par l'empereur Lothaire II en qualité d'ambassadeur à Constantinople, il eut avec les évêques grecs les plus habiles des conférences sur les questions qui les divisaient avec l'Église romaine. Ces évêques avaient eux-mêmes provoqué la dispute, et quoiqu'Anselme défendît avec force la doctrine catholique, tout se passa avec convenance et modération. Quelques années après son retour, Anselme, attaqué d'un mal de gorge qui lui laissait à peine la liberté de parler, fut miraculeusement guéri par saint Bernard, qui prêchait alors la croisade en Allemagne. Il vivait encore en 1149, comme on le voit par une lettre du pape Eugène III au roi Conrad, et dont Anselme fut le porteur. Le pieux pontife le chargeait, avec Artric, archevêque de Brême, de consoler ce monarque du mauvais succès de la croisade, dont il était de retour. Cette lettre est du 24 juin 1149.

Conférences avec les Grecs. — Dans le cours de la même année, se trouvant à Tusculum auprès du pape Eugène III, peu de temps après le départ d'un évêque grec, ambassadeur de Constantinople, qui avait proposé plusieurs objections contre la doctrine et les rites latins, ce pontife le pria de composer un traité en forme de dialogue, où il reproduirait, autant que possible, les discussions qui avaient fait le sujet de ses conférences de Constantinople. — Anselme obéit avec humilité ; il n'affecta dans son écrit ni le ton ni l'autorité d'un maître ; mais il se contenta de reproduire ce que ses souvenirs lui en avaient conservé. On avait choisi pour discuter avec lui Néchitès, archevêque de Nicomédie, le plus renommé des douze docteurs qui gouvernaient les études, et celui dont les réponses, dans des questions difficiles, passaient pour des sentences irrévocables. La conférence se tint dans le quartier des Pisans, près l'église de Sainte-Irène. Outre les Grecs, il s'y trouva plusieurs Latins, et, entre autres, un nommé Moïse de Bergame, qui servit d'interprète. Anselme, en rapportant ces conférences, évita l'écueil de quelques controversistes latins qui, n'ayant ouï les Grecs qu'en passant, leur prêtent quelquefois ce qu'ils n'ont pas dit. Son ouvrage a pour titre *Antylimenon*, ou recueil d'objections. Il est précédé d'un traité *de la perpétuité et de l'uniformité de l'Église.*

Il y avait des hommes que la multitude des ordres religieux choquait, et qui ne se montraient pas moins scandalisés de la variété de leurs observances que de la diversité des pratiques, des coutumes et des lois qu'ils remarquaient dans la religion chrétienne. C'est à ces gens oisifs, comme il les appelle, que l'évêque d'Havalberge répond dans ce traité. Ils en voulaient particulièrement aux ordres religieux nouvellement établis, dont ils censuraient le vêtement, les pratiques et la règle. Ils auraient voulu réduire tous ces ordres aux moines qui vivaient sous la règle de saint Benoît, et aux chanoines réguliers qui observaient celle de saint Augustin. Aussi, quand il arrivait qu'un de ces religieux s'éloignât de son devoir, ils en faisaient retomber le blâme sur l'ordre tout entier, et pour un seul apostat ils décriaient ceux qui vivaient dans la crainte de Dieu et les habitudes de la plus stricte observance. Pour répondre à toutes ces objections, Anselme fait voir que l'Église est une dans la foi et dans la charité ; qu'elle n'est qu'un corps vivifié et gouverné par le Saint-Esprit ; qu'encore qu'il y ait diversité de grâces, de dons spirituels, de ministères, d'opérations, il n'y a néanmoins, selon saint Paul, qu'un même Esprit et un même Dieu. A des époques différentes, sous l'Ancien et le Nouveau Testament, il y a eu différents sacrifices pour honorer Dieu et fléchir sa justice ; sans le secours de la loi écrite, Noé et Abraham ont été agréables au Seigneur par la foi, et quoique les anciens patriarches ignorassent beaucoup des articles de la foi, on ne laisse pas de croire cependant qu'ils n'aient été sauvés par la croyance qu'ils avaient au Messie futur, puisque la doctrine établie dans l'ancienne comme dans la nouvelle loi a été autorisée par des prodiges, et que si la première ne parlait clairement que de Dieu le Père, et obscurément du Fils, sa divinité comme celle du Saint-Esprit a été manifestée dans la seconde. Anselme explique ensuite les sept sceaux de l'Apocalypse des sept états différents de l'Église, et il conclut que les changements arrivés dans la discipline, ayant eu pour principe la vicissitude des temps et une condescendance nécessaire pour l'infirmité humaine, ne doivent scandaliser personne, parce qu'encore que la manière de vivre varie parmi les hommes, la foi reste toujours uniforme et intacte.

Premier Dialogue. — La principale objection des Grecs contre les Latins regardait la procession du Saint-Esprit. Ils soutenaient qu'on ne pouvait le faire procéder du Père et du Fils sans admettre en Dieu une pluralité de principes. Anselme répond qu'il n'y a en Dieu qu'un seul principe, et que le Saint-Esprit, en procédant du Père et du Fils, n'en procède que comme d'un seul principe, parce que le Père et le Fils sont un, en sorte que nier cette procession du Saint-Esprit c'est nier son existence, et conséquemment renverser le mystère de la sainte Trinité. En effet, être et procéder est une même chose à l'égard du Saint-Esprit, parce que sa procession est substantielle, et comme le Fils est Dieu de Dieu, il est avec le Père un même principe du Saint-Esprit, à cause de l'unité de substance. Il rapporte les passages de l'Écriture qui établissent cette procession, et ajoute que si l'Évangile ne l'exprime pas positivement, il ne dit rien non plus qui y soit contraire. On peut donc, sans témérité, s'en rapporter aux symboles de la foi et aux décisions des conciles. Les Grecs ont bien accepté la consubstantialité du Fils, la maternité divine de la Vierge et la divinité du Saint-Esprit, quoique ces expressions ne soient pas formellement dans l'Écriture, mais seulement en substance. Il produit plusieurs passages des Pères grecs, de Didyme, de saint Cyrille, de saint Chrysostome et du symbole de saint Athanase, où ces Pères établissent la procession du Saint-Esprit. Il rapporte aussi les témoignages des Pères latins, de saint Jérôme, de saint Augustin, de saint Hilaire, dont les écrits proclament la même doctrine. Il rejette le langage de ceux qui disaient que le Saint-Esprit procède du Père par le Fils, et fait ressortir le ridicule de l'exemple qu'ils apportaient pour le justifier. Le résultat de la première conférence fut qu'on exprima des deux côtés le vœu d'un concile général des deux Églises, réunies par l'autorité du pape et du consentement des empereurs, pour y décider la question de la procession du Saint-Esprit.

Second Dialogue. — Dans la seconde conférence, qui se tint à la basilique de Sainte-Sophie, l'archevêque Néchitès invectiva contre l'Église romaine. Quoiqu'il ne lui refusât pas le premier rang entre les églises patriarcales, ni le droit de présider au concile général, il avança qu'elle s'était séparée de l'Eglise d'Orient par sa hauteur; que, célébrant ses conciles avec les évêques d'Occident, elle ne pouvait obliger les Grecs à recevoir ses décrets, ni leur envoyer ses ordres; qu'on ne trouvait dans aucun symbole qu'il fût ordonné de confesser en particulier l'Eglise romaine, mais une Eglise une, sainte, catholique et apostolique; que, quoiqu'il eût pour elle de la vénération, il ne croyait pas que les Grecs dussent quitter leurs rites pour adopter les siens, sans les avoir soumis auparavant à l'examen de la raison, éclairée par le témoignage des Ecritures.

L'évêque d'Havelberge, qui avait déjà prouvé par l'autorité de l'Ecriture que la primauté de l'Eglise romaine est de droit divin; qu'elle a sur les Eglises patriarcales d'Orient le privilége de n'avoir jamais été infectée d'aucune hérésie, interrompit l'archevêque de Nicomédie, pour faire remarquer à l'assemblée que ce prélat ne connaissait ni la religion de l'Eglise romaine, ni sa sincérité, ni sa douceur, ni son équité, ni sa sagesse, ni sa charité envers tout le monde; ni son exactitude dans l'examen des causes ecclésiastiques, ni sa liberté à rendre ses jugements. S'il eût connu en elle toutes ces grandes qualités, comme elle les possède en effet, il n'en aurait pas parlé de la sorte, mais se serait rangé de lui-même à sa communion et à son obéissance. Après avoir prouvé que l'établissement du patriarcat de Constantinople était une entreprise des conciles de Constantinople et de Chalcédoine, il fait voir que cette ville, pour être devenue le siége des empereurs, n'est pas pour cela la maîtresse des Eglises; autrement il faudrait en dire autant de celle d'Antioche et des autres où les empereurs ont séjourné; d'où il résulterait qu'il y aurait non un Pierre, prince des apôtres, mais plusieurs, ce qui est absurde, puisque l'Eglise, qui est une, ne doit avoir qu'un chef. Il établit pour maxime que l'on ne doit tenir aucun concile que le pape n'y préside par lui-même ou par ses légats, et il en donne des preuves par le détail des conciles tenus même en Orient. Néchitès convint que tout ce qu'Anselme avait dit sur ce sujet se trouvait dans les archives de l'église de Sainte-Sophie.

On proposa ensuite la question des azymes, et l'on convint que la chose étant indifférente en elle-même, puisqu'à Rome on permettait aux Grecs de consacrer avec du pain fermenté, la variété des usages en ce point n'aurait jamais dû fournir un sujet de division entre les deux Eglises. On reconnut toutefois qu'il serait difficile aux Grecs de changer à cet égard une pratique qui était passée en habitude, sans l'autorité d'un concile général. — Il y avait un autre point sur lequel les Grecs se séparaient encore des Latins; c'était l'usage de ne mettre de l'eau dans le calice qu'après la consécration. Néchitès en donne pour raison que l'Ecriture ne dit point que, dans sa dernière cène, Jésus-Christ ait mêlé de l'eau au vin du calice. Il ajoute que si les Grecs en mettent après la consécration, c'est afin que le peuple, représenté par cette eau, se trouve sanctifié, par son union au sacrifice et sa participation au sacrement. Il reconnaît en termes clairs que le vin offert dans le calice est changé, par le ministère du prêtre et par la vertu des paroles sacramentelles, au sang de la nouvelle et éternelle alliance. Répondant aux reproches que l'on faisait aux Grecs de rebaptiser les Latins, il les rejette comme des calomnies qui ne se sont accréditées que par l'ignorance où ceux-ci étaient des rites grecs. Il proteste qu'on ne rebaptisait jamais ceux qui l'avaient été au nom de la sainte Trinité. Si l'on oignait d'huile ceux qui passaient des Latins aux Grecs, c'était dans le doute qu'ils eussent reçu le sacrement de l'onction; qu'ils n'administraient à personne quand ils avaient des preuves du contraire. Cette seconde conférence se termina, comme la première, par le vœu d'un concile universel: toute l'assemblée applaudit en rendant grâces à Dieu, et en demandant que l'on mît par écrit ce qui venait de se passer.

On attribue à Anselme un ouvrage d'un autre genre, intitulé: *Apologie des chanoines réguliers;* mais les plus savants critiques le croient l'œuvre d'un auteur contemporain qui portait le même nom. Du reste, le style diffère complètement de celui des Dialogues; il n'est ni aussi net, ni aussi bien soutenu, et il s'en faut beaucoup que les raisonnements présentent la même justesse et la même solidité. Les applications de l'Ecriture sont froides, et presque toujours déplacées et inutiles. Anselme composa aussi plusieurs Vies de saints, et écrivit un grand nombre de lettres, mais ces ouvrages ne sont pas venus jusqu'à nous.

ANTIOCHUS, moine. — L'an 614 de Jésus-Christ et la cinquième année du règne d'Héraclius, les Perses ayant passé le Jourdain, conquis la Palestine et pris d'assaut la ville de Jérusalem, tuèrent plusieurs milliers de clercs, de moines et de religieuses, brûlèrent les églises et pillèrent le Saint-Sépulcre, auquel ils ravirent ce qu'il possédait de plus précieux, ses vases sacrés, ses reliques et le bois de la vraie croix. Cinq ans plus tard, en 619, ils s'emparèrent d'Ancyre, capitale de la Galatie, près de laquelle était le monastère d'Ataline. L'abbé Eustache et ses moines furent obligés d'abandonner le pays pour échapper aux infidèles. Ne pouvant emporter avec eux beaucoup de livres, l'abbé écrivit à Antiochus, moine de la laure de Saint-Sabas en Palestine, à quatre-vingts stades de Jérusalem, pour lui demander un abrégé de l'Ecriture sainte qui pût contenir, en un seul volume facile à porter, tout ce qui est nécessaire au salut. Il le pria en même temps de lui raconter la mort et les vertus de quarante-quatre moines de la même laure tués par les Arabes lors de la prise de Jérusalem.

Antiochus obtempéra aux désirs d'Eustache, et fit ce que cet abbé lui avait demandé, mais avec moins d'exactitude qu'il l'eût fait si la crainte des barbares ne l'eût forcé, comme les autres, à changer continuellement de demeure. Il mit en tête de son ouvrage la lettre qu'il avait reçue de l'abbé d'Attaline ; puis, venant au récit du martyre de ses confrères, il raconte que huit jours avant la prise de Jérusalem, la laure de Saint-Sabas fut attaquée par les Arabes. De tous les moines qui la composaient en grand nombre, il n'en resta que quarante-quatre des plus anciens et des plus vertueux. Ces barbares, après avoir pillé l'église, les tourmentèrent cruellement pendant plusieurs jours, pour les obliger à découvrir les richesses du monastère ; mais, se voyant frustrés dans leurs espérances, ils entrèrent en fureur et les mirent en pièces. Ce fut avec un visage gai et en rendant grâces à Dieu qu'ils reçurent la mort. Depuis longtemps ils n'avaient qu'un désir, celui de se réunir à Jésus-Christ. Il parle ensuite de ce qui lui était arrivé à lui-même et à ses frères, depuis l'incursion des Arabes, des maux qu'ils causèrent dans la ville de Jérusalem, et de la perte de la vraie croix.

L'Abrégé de l'Ecriture qu'Antiochus composa pour l'abbé Eustache est intitulé : *Paradectes*, parce qu'il comprend 130 discours moraux qui renferment des préceptes et des maximes sur les principaux devoirs du chrétien, appuyés de divers passages de l'Ecriture et des anciens docteurs. C'est comme un corps de théologie morale. Il est précédé d'un prologue dans lequel l'auteur rend compte des motifs qui l'ont porté à écrire. Il donne, dans le dernier chapitre, le catalogue de toutes les hérésies, depuis celle de Simon le Magicien jusqu'à celle des sévériens et des jacobites, ainsi nommés de Jacob Zanzale, Syrien de naissance et disciple de Sévère. Il proteste, pour sa part, qu'il s'en tient, avec l'Eglise, à ce qu'ont enseigné Athanase, saint Basile, saint Grégoire de Nazianze, saint Jean Chrysostome et saint Cyrille d'Alexandrie. Suit une Exomologèse, ou prière, dans laquelle Antiochus reconnaît que c'est en punition des péchés des chrétiens que Dieu a permis que les sanctuaires fussent abandonnés, le peuple traîné en captivité, les corps des saints arrachés des tombeaux et laissés sans sépultures, et la croix de Jésus-Christ, l'espérance de notre salut, la force et l'ornement de la religion, enlevée par les barbares. Il rappelle à Dieu ses miséricordes, et le conjure d'en faire ressentir les effets à son peuple. L'ouvrage d'Antiochus a été inséré dans toutes les bibliothèques des Pères, et il se trouve reproduit dans le *Cours complet de Patrologie* édité par M. l'abbé Migne, à Montrouge.

ANTIPATRE, évêque de Bostres en Arabie, ne gouverna cette Eglise qu'après la mort de Constantin, qui assistait encore au concile de Chalcédoine en 451. Le nom d'Antipatre se lit parmi ceux des évêques à qui l'empereur Léon adressa une lettre circulaire, pour savoir d'eux ce qu'ils pensaient du concile de Chalcédoine et de la personne de Timothée d'Elure. C'était vers l'an 460 ; ainsi Antipatre était dès lors évêque de Bostres. André de Césarée cite un passage de ses écrits dans le 22e discours de son *Commentaire sur l'Apocalypse*.

Antipatre composa plusieurs ouvrages, dont le plus considérable paraît avoir été la réfutation de l'Apologie de saint Pamphyle pour Origène. Elle était divisée en plusieurs livres ou discours, comme on le voit par les fragments du premier livre, qui furent cités dans le second concile de Nicée. Il y en a un plus grand nombre et de plus longs dans les *Parallèles* de saint Jean Damascène. On lit dans la *Vie de saint Sabas* par Cyrille de Scythople, que l'abbé Gélase, voyant l'origénisme se répandre de plus en plus, fit lire publiquement dans l'église de l'écrit d'Antipatre contre les dogmes d'Origène. Antipatre fut chargé par saint Euthymius de plaider l'innocence et de tirer de prison un certain Térébon, préfet de la tribu des Sarrasins, arrêté par le gouverneur d'Arabie, sur de fausses accusations. Lambécius parle d'une homélie d'Antipatre sur saint Jean-Baptiste, sur le silence de Zacharie et sur la Salutation de la sainte Vierge ; il ne nous en reste aucun monument. On en cite une sur la Théophanie ou baptême de Jésus-Christ, et une autre sur la femme affligée d'une perte de sang ; on en retrouve un passage dans les Actes du second concile de Nicée. Les manuscrits anglais présentent un grand nombre d'homélies sous le nom d'Antipatre de Bostres ; mais la plupart de ces discours sont supposés ou appartiennent à un homonyme inconnu. Du temps d'Antipatre, on ne connaissait pas encore les fêtes de la Présentation de la sainte Vierge au temple, de son Entrée, de son Assomption.

ANTOINE, écrivain du IIe ou IIIe siècle. — Nous avons, sous le nom d'Antoine, un poëme contre les gentils, intitulé : *Carmen adversus gentes*. L'affinité du sujet, la similitude du titre, l'ont fait réunir, par tous les éditeurs de la *Bibliothèque des Pères*, à celui que Commodien composa contre les dieux des païens avec cette inscription : *Adversus gentium deos*. A la fin du dernier siècle, Muratorius l'a publié, sous le nom de saint Paulin de Nole ; mais, comme l'a fort judicieusement observé, dans un ouvrage critique édité à Paris en 1717, le savant bénédictin Jean Liron, ce n'est pas à saint Paulin qu'il faut faire honneur de cet ouvrage, mais à un nommé Antoine, chrétien récemment converti des superstitions du paganisme à la foi de Jésus-Christ. Du reste, le *Journal des savants* de la même année, journal dont personne n'a jamais songé à décliner la compétence en fait d'érudition, est d'accord là-dessus avec l'auteur de la *Bibliothèque historique et critique des écrivains de la congrégation de Saint-Maur*.

Quel fut donc cet Antoine auteur du poëme contre les gentils ? Certes, nous confessons ici, sans honte et sans arrière-pensée, toute notre impuissance à le faire connaître.

S'il avait écrit en grec, peut-être parviendrions-nous à le découvrir plus facilement parmi les écrivains de cette langue; ou tout au moins nous rencontrerions un auteur de ce nom, à qui nous pourrions, avec quelque vraisemblance, attribuer son ouvrage. Mais c'est précisément la nécessité de le rechercher parmi les écrivains latins qui dépiste la critique et la met en défaut.

A la vérité, à la fin de son livre intitulé : *Choix d'arguments critiques*, et publié à Hambourg en 1725, Fabricius attribue le poëme en question à un certain Antoine de Fussala, mais sans donner aucune raison motivée de son sentiment. Or, si par cet Antoine il entend celui dont plusieurs lettres de saint Augustin nous ont conservé le souvenir, le savant érudit est tombé dans une grave erreur. En effet, l'Antoine dont il est question ici, avant de se faire chrétien, avait été longtemps attaché au culte des faux dieux, comme il est facile de s'en convaincre par plusieurs passages de son poëme. Et d'abord dès le début, il avoue dans ses premiers vers qu'il a étudié toutes les sectes, comparé toutes les doctrines, parcouru le cercle de tous les systèmes et qu'il n'a rien découvert de plus sage que de s'attacher au Christ et de croire à ses enseignements.

« *Discussi, fateor, sectas Antonius omnes;*
Plurima quæsivi, per singula quæque cucurri,
Sed nihil inveni melius quam credere Christo. »

Plus loin, vers le milieu de l'ouvrage, après avoir rapporté toutes les fables de la théologie dont il fait voir en passant tout le vide et tout le ridicule, sans oublier d'étaler au grand jour tous les crimes et toutes les turpitudes des faux dieux, il ajoute : « Et pourtant, aux jours de mon aveuglement, j'ai honoré tout cela d'un culte; mais la tempête n'a pas été longue, mon incertitude s'est trouvée bientôt fixée; la sainte Eglise m'a ouvert un port salutaire, où j'ai trouvé un refuge contre la fureur des flots :

« *Hæc ego cuncta prius, clarum cum lumen adeptus,*
Neque diu incertum et tot tempestatibus actum,
Sancta salutari suscepit Ecclesia portu,
Postque vagos fluctus tranquilla sede locavit. »

Puis enfin, quelques vers plus bas, il bénit le gouvernement de la Providence, qui dispose tout pour le salut de ses élus; et il la remercie, après l'avoir retiré des ténèbres de l'erreur, d'éclairer encore de ses lumières divines la voie qui doit le conduire à la félicité.

« *Rector enim noster sic undique cuncta gubernat;*
Ut modo quis nobis errorem mentis ademit,
Hic meliora via paradisi lumina pandat. »

Ces citations ont un double but, celui de faire connaître un peu le style et la versification du poëte, sur lesquels la critique ne peut pas insister beaucoup, à propos d'un ouvrage aussi court; mais aussi, et surtout, celui de démontrer que c'est à tort que l'on confond l'auteur de ce poëme avec Antoine de Fussala, qui évidemment était né de parents chrétiens. C'est ainsi que saint Augustin en parle dans sa lettre 161° : « Fussala était une forteresse située sur les confins du territoire d'Hippone; jusque-là elle n'avait pas eu d'évêque; j'offris à ses habitants, sans qu'ils me l'eussent demandé, un nommé Antoine, que je possédais alors dans mon clergé et que j'avais fait élever dans un monastère dès sa plus tendre enfance. »

Les auteurs de l'*Histoire littéraire de la France* ont voulu aussi émettre leur avis dans la question, en produisant un autre Antoine dont il est fait mention dans les lettres de saint Jérôme; mais cet avis n'est qu'une simple conjecture, qui nous paraît également dénuée de toute espèce de fondement.

Quoi qu'il en soit, si l'on se trouve dans une ignorance complète sur la personne de l'auteur, on ne peut pas en affirmer autant du mérite de son œuvre. Les folies du paganisme, les crimes de ses dieux, les turpitudes de leur culte y sont exposés avec une concision qui n'ôte rien à la force de ses raisonnements, à l'amertume de son ironie, mais qui, au contraire, achève de les tuer sous la honte et le ridicule. A leur tour, les vérités primitives de la religion, l'existence de Dieu, la génération du Verbe, l'action du Saint-Esprit dans la création du genre humain, la chute de l'homme, l'incarnation de Jésus-Christ et les incommensurables bienfaits de sa rédemption y sont présentés et rendus avec un choix de pensées, une exactitude rigoureuse d'expressions et une magnificence de figures qui maintiennent constamment le vers à la hauteur de son sujet.

ANTOINE (saint), patriarche des cénobites, naquit en 251, au village de Côme, près d'Héraclée, dans la haute Egypte. Ses parents, après lui avoir donné une éducation chrétienne, furent enlevés de ce monde, et le laissèrent, à l'âge de dix-huit ans, possesseur d'une fortune considérable. Ces paroles de Jésus-Christ, adressées au jeune homme de l'Evangile : *Vendez ce que vous avez, donnez-le aux pauvres, et vous aurez un trésor dans le ciel*, firent une telle impression sur lui, qu'il vendit ses terres, en distribua le prix aux pauvres, et se retira dans le désert pour se livrer à toutes les rigueurs de la vie ascétique. Les tentations que le démon lui fit éprouver dans cet état, et qui troublèrent pendant vingt ans sa solitude, sont célèbres dans l'antiquité ecclésiastique, aussi bien que les mortifications par lesquelles il sortit victorieux de ces longs et rudes combats qui lui valurent le don des miracles. Antoine vivait isolé, au milieu des décombres d'un vieux château situé sur une haute montagne, sans autre communication avec les hommes que par un vieux serviteur, qui lui portait de temps en temps quelques aliments; un cilice qui lui servait de tunique, couvert d'un manteau de peau de brebis, attaché par une ceinture, formait son vêtement. Six onces de pain trempé dans l'eau, un peu de sel et quelques dattes, étaient sa nourriture de tous les jours, lorsqu'il ne jeûnait pas. Il ne s'interrompait, dans la contemplation des choses célestes, dans la méditation des vérités éternelles, que par le travail des mains, soit pour cultiver une portion de terre, soit pour faire des nattes, dont la vente lui procurait encore de quoi soulager les pauvres. La réputation de sa sainteté attira auprès de lui de nombreux disciples. Il descendit de sa montagne pour les rassembler dans le monastère de Phaium, composé de diverses cellules, ou plutôt de huttes et de cabanes, éparses çà et là. Le désir d'une vie plus retirée le porta ensuite à s'enfoncer plus avant dans le désert. Il s'arrêta au pied d'une montagne dont l'aspect seul était effrayant. L'affluence des personnes qui l'y suivirent l'obligea de former en cet endroit un nouveau monastère semblable au premier, après quoi il gravit sur le sommet escarpé de la montagne, y bâtit une cellule, et y fixa sa demeure. Bientôt d'autres monastères s'établirent dans cette partie du désert, de sorte que les vastes solitudes de la Thébaïde furent couvertes de cénobites, dont les uns remplissaient ces monastères, les autres s'enterraient dans des cavernes formées par l'extraction des pierres qui avaient servi à la construction des fameuses pyramides. Le nombre de ces habitants du désert s'élevait, à sa mort, à plus de 15,000. — Saint Athanase, que la persécution avait souvent contraint de se réfugier dans ces retraites profondes, nous trace ainsi le tableau de la vie qu'on y menait : « Les monastères, dit-il, comme autant de temples, sont remplis de personnes dont la vie se passe à chanter des psaumes, à lire, à prier, à jeûner, à veiller, qui mettent toutes leurs espérances dans les biens à venir, sont unies par les liens d'une charité admirable, et travaillent moins pour leur propre entretien que pour celui des pauvres : c'est comme une vaste région absolument séparée du monde, et dont les heureux habitants n'ont d'autre soin que celui de s'exercer dans la justice et la piété. » Les différents monastères avaient chacun leur supérieur, et tous ces supérieurs étaient subordonnés à Antoine, qui avait conservé la surintendance générale sur toutes les colonies religieuses du désert. Lorsqu'il ne pouvait point y faire de visites, il leur adressait des lettres et des instructions pour les entretenir dans leur première ferveur. Il descendait encore de sa montagne pour satisfaire à l'empressement des gens du monde, qui venaient le consulter sur leurs besoins spirituels. Quoique Antoine ne se fût point appliqué à l'étude des sciences et des belles-lettres, la lecture des Livres saints et ses propres méditations l'avaient mis en état de défendre la religion contre ses ennemis. Des philosophes païens, curieux de voir un solitaire dont la renommée publiait tant de merveilles, allaient souvent le voir pour disputer avec lui. Plusieurs, frappés de la force et de la clarté avec lesquelles il confondait leurs sophismes, prouvait la vérité du christianisme et dévoilait les absurdités du paganisme, se convertirent à la foi. Deux fois il fut obligé de quitter sa solitude, et de se rendre à Alexandrie : la première, en 311, pendant la persécution de Maximien, pour servir les chrétiens retenus en prison ou condamnés aux mines, et les encourager en présence des juges, et jusque sous la hache des bourreaux, à persévérer dans la foi de Nicée ; la seconde, à la prière de saint Athanase, en 355, pour confondre les ariens, qui voulaient le faire regarder comme un de leurs partisans, et le peuple courait en foule pour lui entendre prêcher la doctrine de Jésus-Christ. Constantin le Grand, qui le traitait de *Père*, lui écrivit de sa propre main pour lui demander le secours de ses prières, en sollicitant comme une faveur quelques mots de réponse à sa tendresse filiale. À la première de ces lettres, le saint avait rassemblé ses solitaires et leur avait dit, sans montrer aucune sorte d'émotion : « Les maîtres du siècle nous ont écrit ; mais quelle relation peut-il y avoir entre eux et des hommes qui ignorent jusqu'au langage du monde, auquel ils sont étrangers ? Si vous admirez la condescendance d'un empereur, formé de poussière aussi bien que nous, et qui doit pareillement retourner en poussière, quel doit être votre étonnement en pensant que le Monarque éternel nous a tracé la loi de sa propre main, et nous a parlé par son propre Fils ? » Cependant les frères lui ayant représenté qu'un empereur si chrétien méritait les plus grands égards, et qu'il pourrait se scandaliser d'un détachement dont il ne pénétrerait pas le motif, il ouvrit la lettre, et y fit une réponse que saint Athanase nous a conservée. Antoine, sentant sa fin approcher, entreprit, pour la dernière fois, la visite de ses monastères ; il se retira ensuite sur le sommet de sa montagne, avec ses deux plus chers disciples, Macaire et Amathas. Il leur défendit d'embaumer son corps, suivant l'usage des Égyptiens, qu'il avait souvent condamné comme une pratique vaine et superstitieuse. Il leur recommanda de l'enterrer comme les anciens patriarches, de garder le secret sur le lieu de sa sépulture, et d'envoyer son manteau à saint Athanase, afin de prouver par là qu'il mourait dans sa communion. Après quelques autres dispositions semblables : « Adieu, mes enfants, leur dit-il, Antoine s'en va ; il n'est plus avec vous. » C'est ainsi qu'il expira paisiblement, en 356, à l'âge de cent cinq ans, sans que ses grandes austérités lui eussent jamais fait éprouver aucune des infirmités qui sont le partage ordinaire de la vieillesse.

Ses lettres, écrites en langue égyptienne, ont été traduites en grec, et du grec en mauvais latin dans la *Bibliothèque des Pères* ; il ne nous reste plus aujourd'hui que cette dernière version. Quelques critiques lui attribuent aussi une *Règle* et des *Sermons* ; mais il n'en est fait mention ni dans sa Vie, écrite par saint Athanase, ni dans aucun autre monument de l'antiquité. Ses exemples et ses instructions étaient la règle vivante à laquelle ses disciples avaient l'habitude de se conformer. Le corps de saint Antoine fut découvert en 561, transféré solennellement à Alexandrie, et de là, un siècle après, à Constantinople, pour le soustraire aux ravages des Sarrasins. De cette ville il fut transporté dans le diocèse de Vienne, en Dauphiné, à la fin du x° siècle. Un seigneur de cette province, nommé Josselin, auquel l'empereur de Constantinople en avait fait présent, le déposa dans l'église priorale de la Motte-Saint-Didier, laquelle devint ensuite le chef-lieu de l'ordre de Saint-Antoine. Cet ordre, fondé par Albert de Bavière, comte de Hainaut, afin de faire la guerre aux Turcs, a été supprimé et incorporé à celui de Malte, par deux bulles en date des 17 décembre 1776 et 7 mai 1777.

Lettre à Constantin. — A la nouvelle des troubles et des périls qui affligeaient l'Eglise d'Alexandrie, le pieux solitaire n'eut pas besoin qu'on le pressât de solliciter en faveur du saint évêque Athanase, si nécessaire à son peuple et à toute l'Eglise d'Orient. Il écrivit avec zèle, et Constantin lui répondit avec distinction et avec bonté, mais sans lui accorder les grâces qu'il sollicitait. « Il ne pouvait, disait-il, mépriser le jugement d'un concile : un petit nombre de personnes peuvent bien être soupçonnées de juger avec partialité et par passion ; mais on ne peut pas croire qu'un si grand nombre d'évêques, la plupart pieux et savants, se soient coalisés contre Athanase, sans être mus autrement que par l'imposture et la calomnie. Au reste, cet Athanase est un insolent, un brouillon, un superbe et un séditieux. » C'est ainsi que les ennemis de ce saint évêque l'avaient caractérisé auprès de l'empereur. La seconde lettre de saint Antoine à l'empereur Constantin est celle qu'il lui répondit à la prière de ses moines, et dont saint Athanase nous a conservé le précis. Il témoigne à l'empereur et à ses deux fils sa joie de ce qu'ils adoraient Jésus-Christ. Il les exhorte à ne pas faire grand cas des choses présentes, mais à penser plutôt au jugement à venir ; à considérer que Jésus-Christ est le seul roi véritable et éternel ; à avoir beaucoup de clémence et d'humanité, et enfin, à rendre la justice et à prendre soin des pauvres. Tillemont, dans le tome VI de son *Histoire ecclésiastique*, nous apprend qu'à son avénement à l'empire, Constantius écrivit à saint Antoine, pour le prier de venir à Constantinople. Le saint, délibérant sur ce qu'il devait faire en cette occasion, prit l'avis de Paul le Simple, un de ses disciples, qui lui fit cette réponse : « On vous appellera Antoine, si vous y allez ; et si vous n'y allez pas, vous serez l'abbé Antoine. » Il voulait dire par là que le monde n'honore la vertu que dans ceux qui le fuient.

Les sept lettres de saint Antoine, qui nous sont conservées dans la *Bibliothèque des Pères*, roulent toutes sur des matières de piété. La première, qui est adressée aux frères en général, traite de trois manières différentes dont Dieu nous appelle à lui : par des inspirations intérieures, par la lecture des Livres saints, et par les tentations et les afflictions qu'il nous envoie. — La seconde est adressée aux Arsenoïtes en particulier. Saint Jérôme la regarde comme la plus considérable de toutes. Elle est pleine de tendresse, et mêlée de réflexions édifiantes sur la bonté de Dieu, qui nous a donné son Fils pour nous racheter, et sur les ruses du démon, toujours attentif à nous perdre. Il y remarque que les bons et les mauvais anges ont reçu différents noms suivant leurs différentes actions. Les bons ont été nommés archanges, trônes, puissances, dominations, etc., pour avoir obéi aux ordres du Créateur; les noms de diable et de Satan ont été donnés aux méchants, à cause de leurs crimes. C'est par une raison semblable qu'on a donné à certains hommes le nom de patriarches, de prophètes, de rois, de prêtres, de juges, d'apôtres, à cause de leurs vertus. — Dans la troisième, qu'il écrivit à ses moines, après leur avoir représenté les bienfaits de Dieu envers nous, et particulièrement son incarnation, ses souffrances et sa mort, il les exhorte à ne désirer que les biens à venir, en s'efforçant de les mériter par une vie sainte. — Dans la quatrième, il leur dit que l'avénement de Jésus-Christ est proche, et qu'ils doivent s'y préparer en s'exerçant à la vertu par la componction du cœur. Il y appelle l'Eglise catholique la maison de vérité. — Dans la cinquième, pour les engager à veiller sur eux-mêmes, il leur représente combien les anges sont sensibles au salut et à la perte des hommes, et combien est grand le péché, qui n'a pu être effacé que par la mort du Fils de Dieu. Il dit nettement que toutes choses n'ont qu'un même principe, les anges comme les hommes, le ciel comme la terre, excepté la parfaite et bienheureuse Trinité du Père, du Fils et du Saint-Esprit. — Il marque, dans la sixième, ce que la Providence a fait dans tous les âges pour le salut de l'humanité, dont la plaie était si profonde qu'elle n'a pu être guérie que par le Fils unique de Dieu. — La septième est imparfaite. Il y exhorte ses frères à travailler à se connaître eux-mêmes pour arriver à la connaissance de Dieu. Sur la fin, il parle de l'hérésie d'Arius. On trouve dans ces lettres plusieurs phrases empruntées les unes des autres et reproduites dans les mêmes termes ; quelques-unes mêmes n'ont que peu ou point de sens. Peut-être le texte a-t-il été altéré et corrompu par la faute des traducteurs.

A Balacius. — A la nouvelle des violences que le duc Balacius commettait dans Alexandrie, pour maintenir Grégoire sur le siége épiscopal, d'où l'on avait fait descendre Athanase, Antoine lui écrivit en ces termes : « Je vois la colère de Dieu fondre sur toi ; cesse donc de persécuter les chrétiens, de peur qu'elle ne te surprenne ; car elle est prête à tomber. » Balacius se mit à rire, jeta la lettre par terre et cracha dessus. Il maltraita ceux qui l'avaient apportée, et les chargea de porter cette réponse à Antoine : « Puisque tu prends soin des moines, je vais aussi venir à toi. » Mais, cinq jours après, la prédiction d'Antoine s'était réalisée : Balacius était mort en voyage, ayant eu la cuisse déchirée par le cheval de Nestorius, vicaire d'Egypte, qui l'accompagnait.

A saint Théodore de Tabenne. — Il nous reste de saint Antoine une lettre fort courte, adressée à saint Théodore, successeur d'Orsise, à Tabenne. Elle lui fut remise par deux de ses religieux, qui, en revenant d'Alexandrie, avaient passé par le désert du saint anachorète, et obtenu de lui cette marque d'affection pour leur abbé. Saint Antoine, beaucoup plus âgé que saint Théodore, l'appelle son fils, et lui fait part d'une révélation dans laquelle Dieu lui avait fait connaître qu'il userait d'indulgence envers tous les vrais adorateurs de Jésus-Christ, qui, après être tombés dans quelque faute, depuis leur baptême, en témoigneraient un vrai et profond repentir. Cette lettre, suivant le désir de saint Antoine, fut lue en présence de tous les frères, pour qui elle fut un sujet de douce et pieuse édification.

Saint Athanase, en décrivant les actions du *divin Antoine*, comme l'appelle saint Grégoire de Nazianze, a fait, sous la forme d'une histoire, la règle de la vie religieuse. Aussi saint Chrysostome exhortait-il ses auditeurs à la lire pour y apprendre la vraie sagesse par l'exemple de ce saint, qui avait presque égalé la gloire et la vertu des apôtres; qui avait paru rempli de l'esprit de prophétie; qui a montré par ses exemples ce que Jésus-Christ commande par ses préceptes; et qui a été lui-même une des plus admirables preuves de la vérité de notre religion, puisqu'il n'est aucune secte qui puisse revendiquer un aussi grand homme. C'est lui, dit Sozomène, qui a établi la vie solitaire dans toute sa perfection et dans toute sa pureté, par les exercices continuels des plus sublimes vertus.

ANTOINE, surnommé Mélisse, parce qu'à l'exemple des abeilles il avait sucé le miel des écrits des Pères et des livres de l'Ancien et du Nouveau Testament, était Grec d'origine. Il s'appliqua à faire des extraits des saints Pères, et à les rédiger par ordre, de manière à mettre d'un seul coup sous les yeux des lecteurs tout ce que les anciens avaient écrit sur un même point de dogme, de morale et de discipline. Entre un grand nombre de Pères et d'écrivains ecclésiastiques, il cite Photius et Théophylacte, qu'on croit avoir été archevêque en Bulgarie sur la fin du xi siècle, et qui mourut en 1090. On est donc autorisé à croire qu'il écrivit à peu près vers le même temps, puisque Jean d'Antioche le cite lui-même dans ses églogues ascétiques publiées en 1098. Les extraits d'Antoine sont distribués en lieux communs, sous cent soixante-seize titres, qui traitent chacun d'une matière particulière. Tous ces titres sont divisés en deux livres; soixante-seize dans le premier, et cent dans le second; le dernier titre regarde la participation des saints mystères. Ces deux livres ont été traduits du grec en latin, par Conrad Gesner, et imprimés dans ces deux langues à Zurich, en 1546. C'est d'après cette édition qu'ils ont été reproduits, mais en latin seulement, dans l'*Ancienne Bibliothèque des Pères*, à Paris, 1589. Antoine Mélisse, parlant de la confession des péchés, dit qu'il est nécessaire de la faire aux mêmes ministres à qui la dispensation des divins mystères est confiée.

ANTONINUS HONORATUS, évêque de Constantine en Afrique, vivait au v° siècle. Dans la persécution que Genséric, roi des Vandales, suscita contre les catholiques en faveur des ariens et pour aider à la propagation de leurs doctrines, Antoninus écrivit à un Espagnol nommé Arcade, pour le consoler dans son exil, le soutenir dans sa foi, et le préparer à des épreuves plus dures encore, si elles étaient dans les desseins de la Providence. Sa lettre, qui ne manque pas d'élégance, est écrite d'un style grave, palpitant de sentiments généreux et chrétiens, et exhalant, au rapport de Baronius, ce parfum de piété primitive qui rappelle les écrits des apôtres. On ne sait au juste à quelle date la reporter, mais on croit généralement qu'elle fut écrite entre les années 437 et 440.

« Courage, âme fidèle, dit-il à Arcade, courage ! réjouissez-vous, comme un confesseur de l'unité, d'avoir mérité de souffrir pour le nom de Jésus-Christ, et de porter, avec les apôtres, les stigmates de la persécution. Déjà le serpent gît sous vos pieds; il a pu vous combattre, mais il n'a pu vous vaincre. Je vous en prie, écrasez-lui la tête; qu'il ne se relève pas dans cette arène de votre martyre, et que rien ne soit capable de vous ébranler ! C'est avec amour que le Christ vous contemple; c'est avec bonheur que les anges viennent à votre secours; la tourbe des démons a les yeux fixés sur votre talon; qu'une défection de votre part ne change pas en joie leurs larmes de fureur. Tout le chœur des martyrs qui vous ont précédé vous observe, vous encourage, vous présente la couronne. Ah! je vous en supplie, attachez-vous à ce que vous tenez, de peur qu'un autre ne reçoive votre récompense. *Tene quod tenes, ne alter accipiat coronam tuam*. Le combat n'est que l'effort d'un instant, la victoire est la jouissance de l'éternité. Vous avez commencé, achevez votre œuvre; aujourd'hui vous devez comprendre le but de vos souffrances. »

Pour l'encourager, il lui rappelle l'exemple de Job, que ni l'amour de la famille, ni l'attrait des richesses, ni les prières de ses amis n'ont pu vaincre; l'exemple d'Adam, qui s'est laissé séduire par sa femme, et qui a entraîné dans sa chute sa postérité tout entière; l'exemple des Machabées, que leur mère elle-même exhortait à la mort, qui se réjouit maintenant de partager leur couronne. « C'est dans le sein d'une mère aussi, lui dit-il que Dieu, nous a fait puiser la vie, et si pour la foi il vous en demande aujourd'hui le sacrifice, c'est afin de vous faire jouir de toute sa majesté. Voyez le monde, il doit périr; voyez le soleil, la lune, les étoiles, tous les astres, ils doivent s'éteindre ; mais en sortant victorieuse de ce combat, votre âme vivra pour l'éternité. »

C'est pour la vérité qu'il l'encourage à combattre, et il lui en explique les mystères les plus fortement contestés par les novateurs : l'unité de Dieu, la trinité des personnes dans l'essence divine, et cependant l'incarnation, qui n'appartient qu'au Verbe, parce qu'elle ne s'est accomplie que dans la seconde personne, sans séparer le Fils du Père et du Saint-Esprit, et sans rien retrancher de leur puissance infinie. Il emploie des comparaisons pour rendre ces vérités plus accessibles à l'intelligence, et il confesse que c'est une grande douleur pour lui, tout en les expliquant, de pouvoir à peine les comprendre, et de ne se rendre compte de ses paroles qu'avec son cœur. « Et cependant, dit-il, c'est là la vraie règle de la foi. Souffrir pour la défendre, c'est s'assurer les avantages du martyre. » Il lui rappelle les humiliations et les douleurs de Jésus-Christ, le fiel de sa croix, les souffrances de sa passion, sa mort entre deux voleurs ; mort heureuse, endurée par un innocent pour racheter les fautes de tous les coupables. « Eh bien, lui dit-il en finissant, vous voici dans l'arène, marchez-y d'un pied ferme, sans crainte, sans frayeur, sans fausse appréhension. Qu'avez-vous à redouter ? Toute l'Eglise est en instances pour demander à Dieu votre victoire ; l'Eglise vous considère déjà comme un Etienne, et vous honore à l'égal de ce saint martyr. Oh ! ne nous confondez pas devant le siècle, ne nous humiliez pas aux yeux de nos ennemis. Le Seigneur vous soutient, l'Eglise vous assiste ; vos souffrances d'aujourd'hui rachètent vos fautes passées ; vous n'avez plus qu'à attendre sans crainte une couronne qui ne peut vous manquer. »

ANTONINUS, sous le nom duquel la relation d'un voyage aux lieux saints est arrivée jusqu'à nous, nous est complétement inconnu. Un manuscrit de Tournay et un autre de la bibliothèque du Vatican attribuent cet écrit à un Antonin dont ils font un martyr. Le P. Daniel, dans sa *Vigne du Carmel*, et Molanus, dans son *Martyrologe*, fixent sa fête au 13 novembre. Baronius, en parlant du même ouvrage, renvoie le lecteur au livre VIII° de Pierre *de Natalibus*, où on lit au chapitre 133 : « Saint Antonin, martyr, quitta les confins de Plaisance, parcourut les provinces de l'Orient, où il opéra beaucoup de miracles ; mais, fait prisonnier par les infidèles, il eut la tête tranchée, et termina sa vie par un glorieux martyre. » Si l'auteur s'en était tenu là, ou avait continué sa notice sur la même donnée, le lecteur pourrait être fixé ; mais on lit, quelques pages plus loin, que ce saint Antonin fit partie de la légion Théhéenne et qu'il partagea avec saint Maurice la gloire de son martyre. » Or une pareille assertion n'enlève-t-elle pas tout crédit au livre, toute autorité au nom de son auteur ? Il est impossible que le même Antonin ait combattu avec la légion Théhéenne en 297, et ait fait toutes les découvertes dont il parle dans la terre sainte, qui ne commença à être connue que sous Constantin, dont l'avénement à l'empire ne date que de 527. Maintenant, qui a tort ? qui a raison ? A quelle époque faut-il faire remonter l'existence de cet Antonin ? C'est une triple question que nous nous sentons complétement incapables de résoudre. Nous aimons mieux nous en rapporter au jugement de Léon Allatius, à qui la bibliothèque Vaticane était familière, puisqu'il en a extrait un grand nombre d'écrits ignorés, pour les publier dans ses *Mélanges*, et qui cependant a jugé celui qui porte le nom de saint Antonin indigne de la publicité, non-seulement parce qu'il révèle la date d'une origine qui n'est pas la sienne, mais encore parce qu'il est rempli de fables puériles et d'erreurs grossières. Le récit en est confus, indigeste, sans ordre. Les contrées et les lieux passent indistinctement sous les yeux du lecteur sans liaison et sans suite. On dirait que l'auteur ne s'est jamais levé de son grabat, et qu'il n'a voyagé qu'en songe. Quoi qu'il en soit, il se trouve reproduit tout entier dans le *Cours complet de Patrologie*, parce que l'éditeur, M. l'abbé Migne, s'est appliqué avant tout à remplir ses promesses, en publiant jusqu'au dernier des écrivains ecclésiastiques. Il a cru devoir également lui conserver son titre, non qu'il croie à son autorité, mais par respect pour un nom qui nous a été transmis par les siècles.

APOLLINAIRE, l'hérésiarque, qu'à l'exemple de saint Jérôme nous plaçons au nombre des écrivains ecclésiastiques, était fils d'un autre Apollinaire, Alexandrin de naissance ; mais qui, après avoir professé la grammaire à Béryte, était venu s'établir à Laodicée en Syrie, et y avait eu de son mariage le jeune Apollinaire dont nous allons parler. A la mort de sa femme, Apollinaire père fut fait prêtre de l'Eglise de Laodicée, et son fils lecteur. Celui-ci, étant jeune, s'exerça particulièrement à la grammaire. Comme il était doué d'une pénétration d'esprit admirable, il apprit en peu de temps la dialectique, l'éloquence et toutes les autres sciences des Grecs. Il se rendit aussi très-habile dans la philosophie, et apprit même la langue hébraïque. Toutes ces connaissances, et celles qu'il acquit depuis par la lecture des livres saints, lui donnèrent une extrême facilité d'écrire sur toutes sortes de sujets. Pendant que son père enseignait la grammaire à Laodicée, il y professait la rhétorique. C'était sous l'épiscopat de Théodote, c'est-à-dire avant l'an 335. Le père et le fils s'étaient liés d'amitié avec un sophiste païen, nommé Epiphane, sous lequel le jeune Apollinaire avait étudié l'éloquence. Théodote, craignant que cette liaison ne devînt préjudiciable à leur foi, leur interdit avec lui toute fréquentation. Mais l'amitié qu'ils avaient pour ce sophiste l'emporta sur l'obéissance qu'ils devaient à leur évêque. Ayant assisté un jour à une cérémonie profane, où Epiphane déclama un hymne qu'il avait composé en l'honneur de Bacchus, Théodote, qui en fut averti, les reprit publiquement de cette faute, et les sépara de l'Eglise. Ils témoignèrent leur repentir par des larmes et des jeûnes, et l'évêque les rétablit quelque temps après. Nous ne mentionnons ici cette anecdote que parce qu'elle révèle, dans le jeune Apollinaire, cette tendance à l'esprit d'insubordination, qui plus tard devait l'entraîner si loin dans l'erreur.

Saint Athanase, passant par Laodicée à son retour d'Egypte, se lia avec lui d'une étroite amitié ; car, quoique Théodote, et après lui Georges, son successeur, fussent du parti des ariens, Apollinaire était catholique, et l'Eglise attendait de lui un de ses plus brillants défenseurs. En effet, il prit ouvertement la défense des dogmes apostoliques, et il souffrit la persécution et l'exil plutôt que de s'accorder jamais avec les ariens. Il vécut toujours d'une manière très-édifiante. Toutes ces vertus, vraies ou feintes, car Théodoret semble douter qu'elles aient été sincères, le firent élever sur le siège épiscopal de Laodicée en Syrie, au plus tard en l'an 362, puisque cette année-là même saint Athanase nous apprend qu'il envoya des députés au concile d'Alexandrie.

Jusque-là il s'était rendu recommandable par ses travaux en faveur des chrétiens. Julien l'Apostat leur ayant interdit l'usage des livres païens, Apollinaire s'efforça, avec son père, de suppléer au défaut de ces livres par ceux qu'ils composèrent ensemble. On a d'eux ainsi, 1° une *Grammaire* ou *Rhétorique*, dont les exemples, imités des plus beaux endroits des orateurs et des poètes profanes, étaient présentés dans un sens conforme aux préceptes et aux faits de l'Evangile ; 2° les livres historiques de l'*Ancien Testament*, jusqu'au règne de Saül, mis en vers historiques, et divisés en vingt-quatre livres, distingués par les vingt-quatre lettres de l'alphabet grec, comme Homère avait fait pour son *Odyssée* et son *Iliade*. On assure qu'ils eurent le talent d'y faire passer les tours et les expressions des meilleurs auteurs, imitant parfaitement Homère dans le genre héroïque, Ménandre dans la comédie et Pindare dans l'ode ; ne voulant pas qu'il manquât rien à l'instruction des chrétiens, de ce que les païens avaient inventé ; 3° les quatre Evangiles en forme de dialogues dans le goût de ceux de Platon ; 4° une tragédie sur la Passion de Jésus-Christ, qui se trouve dans les Œuvres de saint Grégoire de Nazianze ; 5° un Traité des différents âges de la vie des hommes ; 6° trente livres contre Julien ; 7° une paraphrase des psaumes en vers hexamètres, reproduite dans la *Bibliothèque des Pères*. Il serait fort difficile de savoir au juste lesquels de ces ouvrages appartenaient au père ou au fils ; il paraît seulement que la plupart ont été faits en commun.

Outre les poésies dont nous venons de parler, Apollinaire en composa d'autres sur toutes sortes de sujets. Il les faisait chanter à la place des hymnes sacrés dont les catholiques avaient coutume de se servir. Les hommes, en buvant et en travaillant ; les femmes en vaquant aux soins de leur ménage ou en filant leur laine, avaient constamment ses airs à la bouche. Parmi ses odes et ses chansons, il y en avait de sérieuses et de badines, quelques-unes pour les jours de fête, le plus grand nombre pour tous les temps ; mais toutes néanmoins tendaient à louer Dieu et à le bénir dans ses bienfaits. Il s'attira un grand nombre de sectateurs par l'agrément de ses vers, en leur faisant boire lentement et à petits traits le venin de ses erreurs.

On ne saurait dire comment Apollinaire, qui avait été un des plus zélés défenseurs de la consubstantialité du Verbe contre les ariens, devint tout à coup le détracteur effréné des deux plus touchants mystères de la foi, les dogmes de l'Incarnation et de la Rédemption ; à moins d'attribuer ce brusque changement à cet esprit d'insubordination dont nous avons parlé, et que Dieu punit toujours dans l'homme, en le destituant de sa lumière et en l'abandonnant aux mains de son propre conseil. En méditant sur les passages de l'Ecriture qui donnent à Jésus-Christ tous les attributs de la divinité, il jugea qu'une âme humaine lui était inutile, et que par conséquent il n'en avait point pris, ou que du moins l'âme humaine à laquelle le Verbe s'était uni n'était qu'une âme sensitive, dénuée d'intelligence ; et que le Verbe divin présidait à toutes ses actions et remplissait toutes les fonctions de l'âme. Cette opinion avait son fondement dans les principes de la philosophie qui suppose dans l'homme une âme raisonnable, intelligente, capable d'éprouver l'agitation des passions, et une âme purement sensitive et incapable d'intelligence. Il suivait de là que Jésus-Christ ne s'était point fait homme, puisqu'il n'avait qu'un corps, qui est la partie la moins noble de la nature humaine. Apollinaire enseignait encore que le corps de Jésus-Christ venu du ciel était impassible ; qu'il était descendu dans le sein de la Vierge, mais qu'il n'était point né d'elle ; qu'il n'avait souffert et n'était mort qu'en apparence. Ses disciples ajoutèrent à ses impiétés beaucoup d'autres rêveries, prises des Manichéens, sur la nature du péché ; de Tertullien, sur l'origine de l'âme ; de Sabellius, sur la confusion des personnes divines. On ne sait pas au juste en quelle année Apollinaire commença à répandre ses erreurs ; mais elles furent condamnées pour la première fois en 362, par saint Athanase, son ancien ami, dans le concile d'Alexandrie, où l'on épargna sa personne, qui n'y fut pas même nommée, en considération des services qu'il avait rendus précédemment à l'Eglise, et dans l'espoir de le ramener à la vraie foi. Ce procédé n'ayant pu le faire revenir à de meilleurs sentiments, les conciles de Rome, en 377, et d'Antioche l'année suivante, l'anathématisèrent, et il fut définitivement condamné dans le second concile œcuménique tenu à Constantinople, en 381. Il mourut la même année, dans un âge assez avancé, après avoir persévéré jusqu'à la fin dans ses erreurs, sans autre perspective que sa réprobation pour avoir voulu chercher des routes nouvelles, au lieu de suivre avec la docilité d'un enfant la simplicité de la foi et la pureté de l'Evangile.

Outre la démangeaison d'une curiosité naturelle qui l'entraînait toujours au delà des bornes, la méthode qu'il suivit dans l'étude de la théologie ne contribua pas peu à le faire tomber dans les erreurs dont nous venons de faire le dénombrement. En effet, au lieu de fonder sa théologie sur des preuves tirées des Livres sacrés, il l'établissait sur des raisonnements humains et sur de prétendues démonstrations géométriques. Il aimait aussi à réfuter tout ce que les autres disaient, affectant par là de montrer la force de son esprit, et cet amour de la dispute fut encore une cause de ses malheurs. Comme il avait une très-grande facilité d'écrire, il composa un si grand nombre d'ouvrages que ses disciples en tiraient vanité. Indépendamment de ceux dont nous avons déjà parlé, et qu'il composa en collaboration avec son père, Apollinaire, au rapport de saint Jérôme, écrivit des livres innombrables sur l'Ecriture. Il traduisit en grec les livres de l'Ancien Testament, s'appliquant à joindre de suite ce que les interprètes ses prédécesseurs avaient ajouté les uns aux autres. Saint Jérôme loue son dessein, mais il le blâme de n'avoir pas agi d'après la science, et d'avoir fait une suite des paroles de l'Ecriture, plutôt selon son propre jugement que selon la règle de la vérité. Le même Père le blâme encore d'avoir suivi, sur un endroit de l'*Ecclésiaste*, la version de Symmaque plutôt que les versions accréditées; en agissant ainsi, il a également offensé les juifs et les chrétiens; les juifs, parce qu'il s'éloignait du texte hébreu; les chrétiens, parce qu'il avait méprisé les Septante.

Apollinaire composa dans sa jeunesse des Commentaires sur les prophètes, mais avec une telle précision qu'il effleurait plutôt le sens qu'on pouvait leur donner, qu'il ne l'expliquait réellement. En effet, il se contente de parcourir le texte, passe beaucoup d'endroits qui auraient exigé de longues explications, et n'en donne pour ainsi dire que des extraits; de sorte qu'en lisant son ouvrage on croit lire des titres de chapitres plutôt qu'un commentaire. Il tombe dans la même faute en commentant le prophète Osée. C'est probablement dans son commentaire sur Daniel qu'il rejeta l'histoire de Suzanne.

Un des plus connus parmi les ouvrages d'Apollinaire, c'est son discours intitulé: *Pour la vérité*, et adressé à Julien l'Apostat et aux philosophes païens. Mais son chef-d'œuvre, et celui de tous ses écrits qui lui fait le plus d'honneur, ce sont ses trente livres en faveur de la religion chrétienne, et contre le philosophe Porphyre. Si nous en croyons Philostorge, Apollinaire y surpassait Eusèbe de Césarée, et même saint Méthode, qui avait traité avant lui la même matière. Il écrivit aussi contre les manichéens, contre les eunomiens, contre Marcel d'Ancyre, qu'il accusait de sabellianisme, contre Origène, qu'il renverse par la force de ses ouvrages, comme le témoigne Théophile d'Alexandrie. Apollinaire composa deux volumes pour la défense de l'erreur des millénaires, contre saint Denis d'Alexandrie, qui l'avait réfutée; un autre intitulé: *De la résurrection*, dans lequel il prétendait que le judaïsme serait rétabli dans son entier, qu'on observerait de nouveau les cérémonies légales et qu'on recommencerait à adorer dans le temple de Jérusalem; et un autre enfin sur l'Incarnation, qui, au rapport de saint Basile, causa tant de troubles parmi ceux qui le lurent, que peu d'entre eux conservèrent l'ancienne forme de la doctrine et de la piété. C'est ce dernier écrit que saint Grégoire de Nysse a réfuté dans un de ses traités.

Apollinaire se glorifiait d'avoir reçu un nombre infini de lettres de saint Athanase, de saint Sérapion, de Thmuïs et de tous les autres grands hommes qui brillèrent comme des astres dans l'Eglise de son temps. Nous n'en connaissons aucune de saint Sérapion à Apollinaire; mais comme il n'était encore que simple laïque, saint Basile, qui l'était aussi, lui écrivit une lettre de civilité, mais jamais de lettres canoniques qui pussent servir de témoignages qu'il avait communiqué avec cet hérésiarque. Il est possible qu'il en ait reçu de saint Athanase, mais celles qu'on lui attribue sont évidemment fausses et supposées. Apollinaire, de son côté, en écrivit un grand nombre, et sous toute sorte de noms, mais particulièrement sous le nom du pape Jules, dont il abusa avec une impiété qui ne peut être égalée que par son impudence. — Après lui, sa secte se divisa en plusieurs branches, qui finirent par aller se fondre dans l'eutychianisme.

Apollinaire était regardé comme un des premiers hommes de son temps, pour les talents, l'érudition et la piété. Vincent de Lérins, Eusèbe et d'autres anciens auteurs certifient que, dans une foule d'ouvrages, il avait confondu les hérésies, et réfuté victorieusement les calomnies de Porphyre contre les chrétiens. Ils reconnaissent qu'il eût été une des principales colonnes de l'Eglise, s'il ne se fût précipité dans l'erreur. Mais il avait une telle confiance en son propre mérite, qu'il se perdit dans sa science et s'aveugla dans sa lumière.

APOLLONE (saint), martyr. — Quelques années après la mort de Marc-Aurèle, Commode, qui lui avait succédé, ayant pris en affection et honoré du titre d'impératrice une nommée Marcia, qui protégeait les chrétiens, les laissa en paix à sa considération. Pendant ce moment de calme, la parole de

Dieu se répandit avec de grands fruits, et l'on vit des peuples innombrables embrasser la foi de l'Evangile; mais parmi les personnages illustres qui augmentèrent alors le nombre des fidèles, le seul dont nous ayons connaissance est saint Apollone, homme célèbre par sa science des belles-lettres et de la philosophie, mais plus encore par la pureté de sa foi. Saint Jérôme lui donne la qualité de sénateur romain, et tous ceux qui ont écrit après lui lui ont conservé la possession de ce titre. Malgré l'édit de Marc-Aurèle qui défendait, sous peine de la vie, d'accuser les chrétiens, Apollone fut accusé par un misérable esclave, nommé Sévère, que le préfet Pérennis condamna à être rompu vif. Quant à saint Apollone, Pérennis l'exhorta à renoncer à sa foi, pour ne pas perdre sa fortune; mais comme il demeurait ferme, il le condamna à aller rendre compte de sa religion devant le sénat. Le saint composa donc une Apologie très-adroite, très-éloquente et remplie de tant de lumières, qu'au jugement de saint Jérôme on ne savait ce qu'on devait le plus admirer, de l'érudition du siècle ou de la science des divines Ecritures. Il la lut en présence des sénateurs assemblés; mais comme il y avait encore une loi de l'Etat qui défendait d'absoudre un chrétien, cité en justice pour sa religion, à moins qu'il n'y renonçât, saint Apollone fut condamné à avoir la tête tranchée. Il subit son arrêt vers l'an 186 de Jésus-Christ, la sixième année de l'empire de Commode. Eusèbe avait rapporté plus amplement l'histoire de ce saint, dans son recueil des Actes des martyrs; il y avait inséré toutes les réponses qu'il fit au préfet Pérennis, avec l'Apologie qu'il avait lue en plein sénat, mais nous n'avons plus ni le recueil d'Eusèbe, ni aucun des écrits de saint Apollone.

APOLLONIUS. — Les montanistes rencontrèrent un adversaire redoutable dans un nommé Apollonius. Eusèbe, dans son Histoire ecclésiastique, nous a conservé quelques fragments d'un ouvrage qu'il écrivit contre eux, dans lequel il examinait les mœurs des auteurs de cette secte, et réfutait pied à pied leurs fausses prophéties. Parlant de Montan, il lui reproche d'avoir appris à rompre le mariage et le jeûne, d'avoir donné le nom de Jérusalem à Pépuze et à Tymion, petit bourg de Phrygie, afin d'y attirer le peuple; d'avoir établi des gens pour lever de l'argent sous le nom d'oblations, et assigné des récompenses à ceux qui prêcheraient sa doctrine. Quant aux femmes qui avaient quitté leurs maris pour suivre Montan, il montre que c'est à tort qu'on voudrait faire passer Priscille pour vierge et les autres pour prophétesses, puisque, contre la défense de l'Ecriture, elles avaient reçu de l'or, de l'argent et des étoffes précieuses. Apollonius reprenait encore deux personnes de cette secte, qui se vantaient d'être martyrs. L'un, appelé Thémison, ayant donné de l'argent pour sortir de prison, avait écrit une lettre catholique, à l'imitation des apôtres, pour favoriser les impiétés des montanistes; l'autre, nommé Alexandre, homme de bonne chère, convaincu publiquement de larcin et de plusieurs autres crimes, et jugé à Ephèse par Emile Phrotin, gouverneur d'Asie. « Il nous serait aisé, ajoute Apollonius, de dire la même chose de plusieurs d'entre eux, et de les convaincre de déréglements dans leurs mœurs. Dites-moi, peint-il ses cheveux, frotte-t-il ses yeux d'antimoine, a-t-il soin de se parer, joue-t-il aux dés, prête-t-il à usure? Qu'ils nous répondent franchement si toutes ses actions sont permises ou non, et alors je leur montrerai qu'ils les ont faites. »

Eusèbe remarque que l'ouvrage d'Apollonius contenait un grand nombre d'autres arguments très-forts contre l'hérésie des montanistes, et qu'il employait, pour la réfuter, l'autorité de l'*Apocalypse* de saint Jean. Il remarque, en passant, que cet apôtre avait ressuscité un mort à Ephèse. Apollonius écrivait quarante ans après l'hérésie de Montan, c'est-à-dire vers l'an 211, car Eusèbe fait remonter l'origine des montanistes à l'année 171.

APOLLONIUS DE NOVARE. — Le Bigne, Aubert le Myre et plusieurs autres bibliothécaires ont placé Pierre Apollonius Collatius, prêtre de l'Eglise de Novare, parmi les auteurs qui ont écrit dans le VIIe siècle, et c'est sur ce fondement que son poëme intitulé: *De la ruine de Jérusalem sous Tite et Vespasien*, a été réuni, dans le XIIe tome de la *Bibliothèque des Pères*, aux poésies d'Eugène de Tolède, qui écrivait dans ce temps-là. Mais, depuis que dom Mabillon a découvert, sur plusieurs manuscrits de la bibliothèque de Florence, que cet Apollonius est le même qui adressa à Laurent de Médicis un autre poëme en vers héroïques, intitulé: *Le combat de David et de Goliath*, on ne doute plus qu'il n'ait vécu sur la fin du XVe siècle, au même temps que Laurent de Médicis. Apollonius, outre ces deux pièces de poésie, composa plusieurs épigrammes, dont une est l'épitaphe du pape Paul II, et une autre celle de Sixte IV, dont Onufre a écrit la Vie.

APONIUS. — On ne peut se dispenser de mettre Aponius parmi les auteurs qui ont vécu sur la fin du VIIe siècle ou au commencement du VIIIe. Il est souvent cité par le vénérable Bède, qui mourut en 735. Aponius fit un *Commentaire sur le Cantique des cantiques*. Il l'entreprit aux instances d'un serviteur de Dieu nommé Arménius, à qui il le dédia. C'est une allégorie soutenue de l'alliance de Jésus-Christ avec l'Eglise. Les critiques venus après lui en ont largement profité. Ce Commentaire est divisé en six livres, dont le premier est une espèce de préface. Dans les suivants, Aponius explique chaque verset du Cantique, et fait voir que tout ce qui est dit de l'époux et de l'épouse doit s'entendre de Jésus-Christ et de son Eglise. Il remarque que les chrétiens, qui sont les membres de cette Eglise, reçoivent le baiser de l'Epoux divin quand ils participent au corps et au sang de Jésus-Christ dans l'eucharistie ; que, tout devant être fait au nom et pour la plus grande gloire de Dieu, c'est pour cela que le mariage même doit être béni par les prêtres du Seigneur ; que, quand une fois on a abandonné la vraie foi et qu'on est sorti du troupeau que Jésus-Christ a confié à saint Pierre, pour prendre le parti de l'hérésie, on tombe de jour en jour en de nouvelles erreurs ; que c'est en vain que l'on travaille à faire croître en soi les vertus, si l'on ne commence par en déraciner les vices ; que le mariage de Jésus-Christ avec l'Eglise s'est accompli par l'effusion de son sang ; c'est par les eaux du baptême que le Seigneur a rendu son Epouse pure et sans tache. Enfin, dans les exhortations que l'on adresse aux peuples, c'est dans les écrits des apôtres qu'il faut aller puiser les saintes maximes de la vertu, plutôt que de s'amuser à cueillir des fleurs d'éloquence dans les auteurs profanes. Cet ouvrage est écrit avec beaucoup d'esprit et de savoir, et les anciens ne nous en ont guère laissé de meilleur en ce genre. Luc, abbé du Mont-Saint-Corneille, de l'ordre des Prémontrés, dans le XII° siècle, a fait un abrégé de ce commentaire, que l'on trouve inséré dans le XIV° volume de la *Bibliothèque des Pères*; mais M. l'abbé Migne l'a restitué à sa pureté primitive, en le reproduisant complétement dans sa grande publication des écrits des saints Pères.

APRIGIUS, évêque de Badajoz, ville d'Espagne dans l'Estramadure, était un homme plein de savoir et d'éloquence. Il composa, vers l'an 540, un *Commentaire sur l'Apocalypse* de saint Jean. Ce livre était écrit dans un style plein de noblesse et d'élévation, et il donnait au texte du saint apôtre un sens allégorique et purement spirituel. Isidore de Séville, qui l'avait lu, affirme qu'Aprigius avait mieux réussi dans l'explication de l'*Apocalypse* que la plupart de ceux qui l'avaient précédé dans ce travail. Nous n'avons plus ce Commentaire ; mais Loaïsa, dans ses Notes sur le Catalogue de saint Isidore, témoigne avoir vu un manuscrit en lettres gothiques composé des Commentaires que Victorin, Isidore et Aprigius avaient écrits sur le même livre. Aprigius composa divers autres ouvrages, dont nous ne savons pas même les titres. Il florissait sous le règne de Théodius.

AQUILA de Synope, païen d'origine, embrassa le christianisme sous l'empire d'Adrien, vers l'an 129 de Jésus-Christ. Mais son attachement opiniâtre aux rêveries de l'astrologie judiciaire l'ayant fait chasser de l'Eglise, il passa dans la religion des juifs. Devenu rabbin, il acquit une connaissance exacte de la langue hébraïque, et s'appliqua à traduire l'Ancien Testament d'hébreu en grec. Quoique sa version, dont il ne reste plus que des fragments, fût faite mot à mot sur le texte hébreu, on voit bien que le dessein de cacher la honte de son apostasie l'avait engagé à détourner le sens des passages favorables au christianisme. « Aquila, dit Bossuet, fit sa version exprès pour contredire celle des Septante, dont les Eglises se servaient à l'exemple des apôtres, et pour affaiblir les témoignages qui regardaient Jésus-Christ, Justinien en défendit la lecture aux juifs. Cependant saint Jérôme dit qu'en examinant continuellement la traduction d'Aquila, il y trouve tous les jours plusieurs choses qui sont favorables à notre croyance ; ce qui prouve seulement qu'Aquila n'a pas tout altéré, que bien des choses ont échappé à sa mauvaise intention, et que la vérité, comme il arrive toujours, s'est fait jour à travers les artifices de l'erreur. La version grecque de la Bible par Aquila est la première qui ait été faite depuis celle des Septante.

Saint Epiphane rapporte que l'empereur Adrien le nomma intendant de ses bâtiments, et le chargea de rebâtir Jérusalem sous le nom d'*Ælia Capitolina*. C'est là qu'ayant occasion de voir les premiers disciples de Jésus-Christ, et que, touché de la pureté de leur vie et des grands exemples de vertus qu'il leur voyait pratiquer, il demanda et obtint le baptême, dont il devait perdre la grâce sitôt après.

AQUILIUS SEVERUS. — Saint Jérôme met au rang des écrivains ecclésiastiques un certain Aquilius Sévère, que nous ne connaissons pas d'ailleurs. Il était Espagnol d'origine et de la famille de ce Sévère à qui Lactance adressa deux livres de ses épîtres. Aquilius mourut sous le règne de Valentinien, c'est-à-dire vers l'an 376. Il avait écrit une histoire de sa vie, en prose et en vers, sous le titre de *Catastrophe* ou *Tentation*. Mais il n'en est rien arrivé jusqu'à nous

ARATOR, secrétaire et intendant des finances d'Athalaric, puis sous-diacre de l'Eglise de Rome, florissait au VI° siècle. Il était Ligurien d'origine, mais de son temps la Ligurie comprenait une grande partie de la Lombardie, et Milan en était la ville principale. De là les différents avis émis par la critique sur la vraie patrie d'Arator : les uns réclament pour la côte de Gênes, les autres pour Milan, et d'autres pour Pavie, l'honneur de l'avoir produit. On croit communément qu'il naquit en 490. Son père, qui se nommait aussi Arator, avait été célèbre par son érudition et son éloquence, comme l'atteste un passage d'une lettre d'Athalaric, dans laquelle il lui dit qu'encore qu'il ne se fût pas livré à l'étude des anciens, les livres de son père auraient pu lui servir de modèle et compléter son instruction ; car, ajoute-t-il, « nous savons que c'était un homme plein de science, et qui s'était acquis dans les lettres une réputation aussi brillante que méritée. » Après la mort de son père, il fut élevé chez Laurentius, évêque de Milan. Ce pontife confia ses études aux meilleurs maîtres de son temps : il étudia la grammaire sous Deuterius, et Ennode lui donna des leçons d'éloquence et de poésie. Il y fit des progrès si rapides, qu'au rapport d'Athalaric, « il parlait le latin aussi facilement que sa langue maternelle, et quelquefois avec tant d'éloquence, qu'on pouvait dire que la Ligurie avait aussi ses Cicérons. » Il occupa successivement plusieurs emplois, et les remplit tous avec distinction. La milice, la judicature, le barreau, furent pour lui autant d'occasions de montrer ses talents, et surtout d'exercer ses qualités et ses vertus. Plusieurs historiens en ont fait aussi un homme d'Etat, et nous avons cru qu'il avait été secrétaire et intendant d'un roi. Comme il jouissait de la confiance et de la considération publique, il fut chargé de plusieurs négociations, et, entre autres, Athalaric le députa comme ambassadeur auprès de l'empereur Justinien. Mais c'est surtout par ses écrits, bien plus que par ses titres politiques, qu'il se recommande aux souvenirs de la postérité. Il mourut en 556. Il avait d'abord exercé son talent pour la poésie sur des sujets profanes; mais, après qu'il eut changé d'état, il ne s'exerça plus que sur des sujets religieux. Indépendamment des *Actes des apôtres*, en vers latins, qu'il présenta au pape Vigile en 544, il nous reste de lui trois épîtres : une à un abbé nommé Florien, une autre au pape Vigile, et la troisième à Parthénius. Les deux premières ont été reproduites, avec le poème, dans toutes les Bibliothèques des Pères; la troisième a été publiée pour la première fois par le P. Sirmond, à la fin de son édition d'Ennodius. M. l'abbé Migne, dans le tome LXVIII° de son *Cours complet de Patrologie*, donne toutes les œuvres religieuses de cet auteur.

L'Épître à Florien porte en titre cette inscription : *A mon vénérable et saint maître l'abbé Florien, si spirituellement initié dans la grâce de Jésus-Christ*. Il le félicite sur la maturité d'esprit avec laquelle, dans ses chants, il sait donner des leçons aux vieillards et leur ouvrir le chemin du ciel; il appelle son attention sur les vers de son poème, et le prie de leur faire un accueil bienveillant. Sans doute le style est pauvre pour un si riche sujet; mais une goutte d'eau elle-même tient sa place dans l'Océan. Que le nombre et la grandeur des volumes qui vous entourent ne vous en fassent pas dédaigner un plus petit; l'auteur de la nature lui-même a varié ses productions, et c'est la même terre qui tire de son sein la pâture des lions et des fourmis..... C'est pourquoi, sans rien changer à l'ordre de vos études, suspendez-les, et accordez quelques instants à la lecture d'une œuvre inspirée par une cause pieuse.

L'Épître au pape Vigile, dans laquelle, au titre de *seigneur* et de *béatitude apostolique*, il ajoute celui de premier prêtre de l'univers, est une dédicace de son poème. Il fait allusion aux malheurs de la guerre, aux craintes qu'elle lui faisait éprouver, depuis qu'il n'en partageait plus le spectacle que confondu parmi le peuple. Il félicite le saint-père d'avoir brisé les chaînes de son troupeau et rapporté sur ses épaules ses brebis arrachées au glaive. Pour sa part, il est heureux d'avoir échappé à ce péril du corps; maintenant il ne doit plus penser qu'au salut de son âme. La tempête est apaisée, il a quitté la mer, et, en abordant le rivage, sa première pensée est de remercier le ciel. C'est pourquoi il a entrepris de célébrer les grands travaux apostoliques qui ont ouvert à la foi tous les chemins de l'univers, et de chanter, dans un poème exempt de toute fiction, l'histoire dont saint Luc a rapporté les actes. Cette œuvre, il la dédie au saint-père, comme un témoignage de son amour, et il le prie de l'accueillir en même temps comme une dette payée à ses mérites.

Les Actes des apôtres. — C'était la coutume, chez les anciens, d'appeler *Actes publics* les registres où l'on consignait tous les faits qui s'étaient accomplis sous le gouvernement des consuls ou des empereurs. C'est cette coutume, sans doute, qui a inspiré à saint Luc de donner le même titre au livre où il consignait tous les faits opérés par les apôtres, avant leur séparation pour la conquête du monde à la foi de l'Evangile. Parmi nos livres religieux, il n'en est peut-être pas un seul qui expose avec plus de foi, plus de conscience historique, et en l'appuyant d'exemples plus frappants et d'autorités plus irréfutables, la doctrine de la vérité.

Premier livre. — L'auteur débute par l'ascension du Sauveur. Il nous montre Jésus-Christ remontant au ciel, d'où il était descendu; tous les patriarches sont à sa suite, les anges viennent à sa rencontre, et forment, autour de son humanité glorifiée, comme un cortège invisible. Il va ouvrir une porte scellée, et préparer une place dans un royaume jusque-là vide des prémices de l'humanité; mais, avant de quitter ses apôtres, il leur a laissé ses promesses et ses derniers adieux. L'effet ne s'en fait pas longtemps attendre ; le Saint-Esprit descend sur eux, en langues de feu; sa présence les transforme et en fait des hommes nouveaux; une ardeur inconnue bouillonne dans leur cœur; un courage sans précédents leur fait désirer les combats de la foi. Pierre annonce aux juifs la vertu du Crucifié ; il leur reproche le crime de sa mort; il les exhorte à le racheter par le repentir, et dans le baptême à chercher le salut. Il leur rappelle les menaces fulminées contre eux, la ruine de Jérusalem, leur dispersion sur tous les points de l'univers, où ils deviendront un objet de mépris et d'opprobre aux yeux de tous les peuples. Il rapporte ensuite tous les miracles que le chef des apôtres opérait à l'appui de ses discours : le boiteux redressé à la porte du temple, le châtiment d'Ananie et de Saphire, les infirmes que son ombre guérit sur son passage, la guérison du paralytique de Lidda, la résurrection de Tabite et les mystères de la prison d'où l'ange vint le délivrer en brisant ses chaînes. Et cependant il n'omet aucun des faits communs à tous les apôtres ; il décrit avec complaisance la douce communauté dans laquelle ils vivaient; les liens étroits de charité qui unissaient cette première famille chrétienne, dont tous les membres ne semblaient avoir qu'une âme et qu'un cœur, toujours unis, toujours disposés à rendre grâces à Dieu. Il peint tour à tour l'étonnement des juifs, qui retrouvaient au milieu du temple les apôtres qu'ils avaient emprisonnés la veille; l'ordination des sept diacres qu'ils avaient choisis pour les aider dans les travaux de leur ministère; le supplice de saint Etienne, le premier des martyrs; la confusion de Simon quand il vint offrir à saint Pierre de l'argent pour payer les dons du Saint-Esprit; l'eunuque de la reine Candace baptisé par saint Philippe; Corneille visité par un ange, et Saul frappé de cécité, sur le chemin de Damas, au moment où il s'y rendait pour activer la persécution contre les chrétiens.

Deuxième livre. — Ici s'arrête le premier livre; le second tout entier est consacré à célébrer l'apostolat de saint Paul. Il décrit ses peines, ses travaux, ses souffrances, ses courses réitérées à travers le vieux monde romain, composé de tant de peuples vaincus, qu'il évangélisait en passant, et qu'il confiait à ses disciples, après les avoir amenés à la foi de l'Evangile; ce qui lui a fait mériter le titre glorieux d'Apôtre des nations. Il rappelle sa foi, ses miracles, ses succès à Jérusalem, à Antioche, à Listres, à Philippes, à Corinthe, à Ephèse, à Milet, à Rome, et dans tant d'autres lieux encore; en un mot, partout où se sont portés les pas de ce messager de la bonne nouvelle du salut. Ils s'arrêtèrent enfin sur le chemin d'Ostie, à quelques milles de Rome, où, en sa qualité de citoyen romain, le grand Apôtre obtint l'insigne honneur d'avoir la tête tranchée. Mais la religion était établie, Rome était devenue la capitale de la foi, et, depuis un an déjà, saint Lin gouvernait l'Eglise de Dieu du haut de cette chaire apostolique que saint Pierre avait fondée à côté du trône des Césars.

Epître à Parthénius. — Dans un séjour qu'il fit à Ravenne, Arator retrouva un autre Ennode dans Parthénius, qui s'appliqua à perfectionner son goût pour la poésie. Il avait là en même temps un maître et un modèle. Aussi se souvint-il si bien de ses leçons, qu'en lui envoyant le poëme des *Actes des apôtres*, qu'il venait de terminer, il lui en témoigna toute sa reconnaissance. L'épître qu'il lui adressa à cette occasion est un éloge continuel; il le loue de sa naissance, de la noblesse de son origine, de la puissance de ses aïeux, en un mot, de tous les mérites acquis par ses ancêtres, et dont il se montre le si légitime héritier. Mais il le félicite surtout des qualités de son esprit et de son immense talent pour la poésie. Pour lui point de thème impossible, point de sujet trop élevé, point de héros trop glorieux; il sait prendre toutes les formes, soutenir tous les tons, se placer à toutes les hauteurs. Rien ne lui manque de ce qui fait les grands hommes. « Aussi, pendant notre séjour à Ravenne, lui dit Arator, c'était un bonheur pour moi de vous entendre proclamer les grands noms dont vous avez consigné la gloire dans vos livres. C'est vous qui m'avez appris à lire ces éphémérides que César a écrites pour son histoire. Quelquefois un doux charme vous ramenait à célébrer la gloire de ces poëtes dont l'art mensonger a revêtu la fable de toutes les couleurs de la poésie; mais bientôt vous reveniez à vos sujets bien-aimés, et comme Ambroise, dont un essaim d'abeilles avait prédit toute la douceur, vous chantiez des hymnes que Licentius n'eût pas écrites avec plus d'art, ni Sidonius modulées avec plus d'amour.... Hélas! et moi aussi, dans mes jeunes années, je m'étais laissé aller au charme trompeur de célébrer dans mes vers des sujets profanes; mais vos exemples et vos conseils m'ont inspiré la pieuse résolution de ne plus consacrer ma voix qu'à chanter les louanges de Dieu. » Il lui explique ensuite comment, après sa consécration religieuse, la pensée lui est venue d'exercer sa poésie sur les livres sacrés. Il hésitait entre l'Ancien et le Nouveau Testament, entre la Genèse qui décrit le commencement du monde, et les Actes des apôtres qui rapportent les commencements de l'Evangile. Les travaux apostoliques ont ému son âme, et il s'est décidé à chanter la création du monde chrétien. Il a présenté son poëme au pape Vigile, qui l'a accueilli avec bienveillance; peut-être ne serait-il pas trop indigne de l'approbation de Parthénius.

Ainsi que nous l'avons remarqué, c'est à quelques lettres et à son poëme des *Actes des apôtres* que se réduisent les œuvres connues du poëte Arator. Si l'on ne peut dire que ses vers sont beaux, on ne peut pas affirmer non plus qu'ils soient *plats*, comme l'ont fait certains critiques, probablement plus exigeants que connaisseurs. Dans un poëme purement historique, ou, si on l'aime mieux, dans une histoire versifiée, prétendre trouver le style et l'inspiration de l'*Enéide*, c'est oublier son *Art poétique*, et demander à un sujet plus qu'il ne comporte. A une époque où la langue latine était mieux connue qu'aujourd'hui, le pape Vigile fut si satisfait de ces vers, qu'il ordonna de les lire publiquement dans l'église de Saint-Pierre-aux-Liens. L'ouvrage y fut universellement applaudi, et presque tous les critiques que nous avons sous les yeux, Venantius, Ebrhard de Béthune, Alexandre de Latour, Bède, Berthius, Heins et plusieurs autres qui se sont succédé dans la suite des siècles, ont mêlé leur approbation à ce premier concert d'applaudissements, sanctionné, dès le principe, par un rescrit du saint-père on ne peut plus honorable pour notre auteur.

ARBOGASTE (saint). — La Vie de saint Arbogaste, évêque de Strasbourg, écrite par Uthon, un de ses successeurs, nous apprend qu'il fut élevé sur le siège épiscopal de cette ville après la mort de l'évêque Radthaire, vers l'an 670, et qu'il gouverna ce diocèse jusqu'à sa mort, arrivée en 678. On lui attribue un recueil d'homélies, en forme de commentaire, sur les Epîtres de saint Paul. Cet ouvrage n'a pas été imprimé.

ARCHELAUS, évêque de Cascar en Mésopotamie, s'illustra autant par sa piété que par son savoir. C'était un homme d'un esprit vif, entreprenant, plein de zèle pour la défense de la foi, et s'appliquant de toute ses forces à garantir son troupeau des dangers de l'erreur. Manès, qui avait trouvé moyen de s'échapper des prisons de Sapor, roi des Perses, s'était réfugié dans la partie de la Mésopotamie qui formait le diocèse de Cascar. Il s'annonçait partout comme un nouvel apôtre, envoyé pour réformer la religion et pour purger la terre de ses erreurs. Il écrivit en cette qualité à Marcel, homme distingué par sa piété, et surtout influent par son crédit et par sa fortune. Marcel communiqua la lettre à Archelaüs, et, de concert avec l'évêque, il pria Manès de se rendre à Cascar, pour y expliquer ses sentiments. Manès, en arrivant à Cascar, descendit chez Marcel, qui lui proposa une conférence avec son évêque. On prit pour juges de la dispute les hommes les plus éclairés et les moins susceptibles de partialité dans leur jugement. Ces juges furent Manipe, savant grammairien et habile orateur; Egialée, médecin très-célèbre, et deux frères, Claude et Cléobule, qui avaient un nom distingué parmi les rhéteurs. La maison de Marcel fut ouverte à tout le monde, et Manès commença la dispute. Il se posa comme l'apôtre, ou plutôt comme le Paraclet promis par Jésus-Christ, et chercha à établir son erreur des deux principes, non seulement sur des arguments de raison, mais encore sur des preuves tirées de l'Ecriture elle-même.

Archélaüs, dans sa réponse, attaqua d'abord la qualité d'apôtre de Jésus-Christ que prenait Manès; il demanda sur quelles preuves il fondait sa mission, quels miracles ou quels prodiges il avait faits, et Manès ne pouvait en citer aucun. Par ce moyen, Archélaüs dépouillait Manès de son autorité, et réduisait sa doctrine à un système ordinaire, dont il sapait les fondements. Il prouva, contre Manès, qu'il était impossible de supposer deux êtres éternels et nécessaires, dont l'un est bon et l'autre mauvais, puisque deux êtres qui existent par la nécessité de leur nature ne peuvent avoir des attributs différents, ni faire deux êtres différents; ou s'il en est ainsi, ils sont bornés et n'existent plus par leur nature; ils ne sont plus éternels indépendants. Si les objets que l'on regarde comme mauvais sont l'ouvrage d'un principe essentiellement malfaisant, pourquoi ne trouve-t-on point dans la nature de mal pur et sans mélange de bien? Choisissez dans les objets qui vous ont fait imaginer un principe malfaisant et coéternel au Dieu suprême, vous n'en trouverez aucun qui n'ait quelque qualité bienfaisante, quelque propriété utile. Le démon, que l'on voudrait faire regarder comme un principe coéternel à l'Etre suprême, est, dans son origine, une créature innocente qui ne s'est dépravée que par l'abus qu'elle a fait de sa liberté. Tels sont, en général, les principes qu'Archélaüs opposa à Manès. Tout le monde sentit la force de ses raisons, et personne ne fut ni ébranlé, ni ébloui par les sophismes de son adversaire. Archélaüs garantit le peuple de la séduction, en l'éclairant. Quels ravages un homme tel que Manès n'eût-il pas faits dans le diocèse de Cascar, si Archélaüs n'eût été qu'un honnête homme sans talent, ou qu'un grand seigneur sans lumières! Manès enseigne librement sa doctrine à Cascar; Archélaüs le combat avec les armes de la raison et de la foi; il présente la vérité du christianisme dans tout son jour, et Manès est regardé par toute la province comme un imposteur. Désespérant de faire des prosélytes, il repasse en Perse, où des soldats de Sapor l'arrêtent et le font mourir, vers la fin du III° siècle.

La relation de cette conférence ne fut point écrite par Archélaüs, comme quelques auteurs l'ont avancé. Saint Jérôme croyait qu'elle avait été traduite du syriaque en grec par Hégémoine; mais Photius prouve qu'Hégémoine en est lui-même l'auteur. Ce point d'histoire a été fort bien éclairci par Joseph Assemani, dans son Appendice au tome Ier de la *Bibliothèque orientale*. Zacagni en composa sur le grec une traduction latine qui subsiste encore de nos jours.

ARCULPHE, évêque gaulois, vivait dans la dernière moitié du VII° siècle, mais l'histoire ne fait point mention de son siége épiscopal. Il entreprit, vers l'an 640, un voyage en Orient; et, dans la société d'un ermite bourguignon, nommé Pierre, il visita la Palestine et les saints lieux. Ils séjournèrent pendant neuf mois tant à Jérusalem que dans les environs, après quoi ils parcoururent toute la terre sainte et poussèrent jusqu'à Tyr et à Damas, ne demeurant que très-peu de temps en chaque endroit. Arculphe, s'étant embarqué à Joppé, passa à Alexandrie, de là à l'île de Crète, puis à Constantinople, d'où il vint par mer en Sicile, et ensuite à Rome. Il y resta quelques mois, après lesquels il reprit la mer, dans le dessein de rentrer en France. Mais, au lieu d'y aborder, une tempête le jeta sur les côtes occidentales de la Grande-Bretagne, où, après avoir couru plusieurs dangers, il aborda enfin à l'île de Hi, dans le voisinage d'un monastère gouverné par Adaman. Cet abbé l'accueillit avec l'hospitalité la plus bienveillante, et après lui avoir fait raconter ce qu'il avait vu de plus remarquable dans ses voyages, il le rédigea par écrit, et composa de la sorte un ouvrage arrivé jusqu'à nous, sous le titre de *Libri de situ terræ sanctæ*. Ce fut, dans le moyen âge, un des livres classiques des pèlerins de Jérusalem; et il contribua puissamment à faire naître le désir de visiter ces contrées. Quoique rédigé par Adaman, nous avons cru devoir en laisser l'honneur à Arculphe, dont, après tout, il ne fut que le secrétaire. C'est l'opinion du vénérable Bède, qui faisait tant de cas de cette description, qu'il en a donné un précis dans son *Histoire ecclésiastique d'Angleterre*, et que plus tard il en a tiré le fonds de son traité des saints lieux. Cet ouvrage est divisé en trois livres : le premier parle de la situation de Jérusalem ; de l'église du Saint-Sépulcre ; de celle de la Sainte-Vierge, dans la vallée de Josaphat, où il dit que l'on voyait son tombeau, mais qu'on ne savait dans quel temps ni par qui son corps en avait été enlevé, ni en quel lieu il attendait la résurrection. Il remarque qu'auprès de la basilique du Calvaire il y avait une chambre ou cabinet où l'on permettait aux pèlerins de toucher et de baiser le calice que Jésus-Christ bénit le jour de la Cène, et qu'il donna à ses disciples ; ce calice est d'argent et à deux anses ; il contient environ ce qu'on appelait autrefois un setier de France ; dedans est l'éponge, que l'on trempa dans le vinaigre pour en faire boire au Sauveur sur la croix. La lance dont on perça son côté est conservée sous le portique de la basilique de Constantin ; on montre aussi le suaire dont on couvrit la tête de Jésus dans le tombeau. Arculphe avait vu tout cela de ses yeux. Il vit encore un linge que l'on disait avoir été travaillé par la sainte Vierge, et sur lequel étaient retracées les figures des douze apôtres et de Jésus-Christ. Une partie de ce linge était de couleur rouge et l'autre de couleur verte. On montrait, à Jérusalem, les tombeaux de saint Siméon et de saint Joseph, l'un père et l'autre époux de la sainte Vierge. Il y avait sur la montagne des Oliviers une église de forme ronde et dont le dôme était ouvert par le haut ; on l'avait faite ainsi pour conserver à la postérité le souvenir de la route que Jésus-Christ avait prise en montant au ciel. L'impression de ses pieds subsistait encore, et quoiqu'on eût tenté souvent de paver cet endroit, comme le reste de l'église, on n'y avait jamais réussi. Ce premier livre parle encore d'un monastère bâti auprès du tombeau de Lazare.

On trouve dans le second la description de Nazareth, de la grotte où le Fils de Dieu a pris naissance selon la chair, des sépulcres de David, de saint Jérôme et de quelques autres anciens monuments. On y fait aussi mention du Jourdain, et de l'endroit du fleuve où Jésus-Christ reçut le baptême des mains de saint Jean. A cette occasion, le saint voyageur remarque que dans le désert où le Précurseur s'était retiré il y avait des sauterelles dont les pauvres se nourrissaient en les faisant cuire avec de l'huile, et des arbres dont les feuilles larges et longues avaient la couleur du lait et le goût du miel ; il suppose que ce doit être là ce que l'Evangile appelle du miel sauvage.

Adaman, pour donner du poids à ce qu'Arculphe lui avait raconté de Tyr et de la montagne du Thabor, dit qu'il s'accorde avec ce que saint Jérôme en a écrit dans ses Commentaires ; et, après avoir parlé d'Alexandrie et de ce que cette ville a de plus remarquable, particulièrement de son port et du tombeau de saint Marc, il commence son troisième livre par la description de Constantinople. On gardait dans une église de cette ville la vraie croix, qu'on n'exposait publiquement et élevée sur un autel d'or que les trois derniers jours de la semaine sainte. Le jour de la Cène du Seigneur, l'empereur, suivi de l'armée, entrait dans cette église, qu'on appelait la Rotonde, s'approchait de l'autel, et, le visage incliné, baisait la croix du salut. Après lui, tous les assistants faisaient de même, chacun à son tour, suivant son âge et sa condition. Le vendredi saint, l'impératrice et les princesses, les dames de qualité et les femmes du commun, répétaient la même cérémonie et dans le même ordre. Le samedi était réservé aux évêques et à tout le clergé. Après que tous lui avaient rendu ainsi cet hommage d'amour et de reconnaissance, on la renfermait dans son reliquaire, où elle restait jusqu'à l'année suivante. Arculphe assure que quand on ouvrait la boîte où elle était enfermée, il en sortait une odeur admirable. Il parle de deux hommes de la lie du peuple, qui furent miraculeusement punis pour avoir insulté une image de la sainte Vierge et une statue en marbre représentant saint Georges martyr. En approchant de la Sicile, il vit les feux que jette le mont Vulcain ; il assure qu'on entendait cette montagne gronder avec autant de force que le tonnerre, surtout les jours de vendredi et le samedi.

C'est ici que s'arrête ce livre, qui, malgré l'âpreté de son style, ses idiotismes saxons fondus dans un latin dégénéré, se fait lire avec tout l'intérêt qui s'attache aux lieux qu'il décrit et aux grands souvenirs qu'il évoque dans tous les cœurs.

ARDON, surnommé Smaragde, moine du monastère d'Aniane, y fut élevé sous les yeux de l'abbé Benoît. Il mérita par sa vertu d'être élevé au sacerdoce, et, par sa capacité, d'être placé à la tête de l'école qui venait d'y être établie. Dans l'année 794, il assista, avec son abbé, au concile de Francfort. Plus tard, des ordres de Louis le Débonnaire, qui l'appelait à sa cour, ayant mis Benoît dans la nécessité de quitter son monastère, Ardon fut choisi pour gouverner Aniane à sa place. Il y mourut, le 7 de mars 843. Ce fut à lui que les moines d'Inde s'adressèrent, en 821, pour avoir la Vie de Benoît, qui, après avoir quitté Aniane, était devenu leur abbé. Ardon l'écrivit, en effet : mais en la leur envoyant, il les pria de la communiquer à Hélisacar, afin qu'il pût la lire et juger de son travail. Hélisacar était le successeur de Benoît dans le gouvernement de leur monastère. Cette Vie, souvent imprimée, se trouve reproduite dans la collection complète des Pères et des écrivains ecclésiastiques publiée par M. l'abbé Migne, à Montrouge, 1851. Le V⁰ volume des *Actes de l'ordre de Saint-Benoît* y a joint le fragment d'un discours prononcé à Aniane, le jour de la dédicace de l'église de Saint-Sauveur ; mais nous croyons que c'est à tort qu'on en fait honneur à

Ardon. Il est vrai que ce discours porte son nom dans plusieurs manuscrits, mais le texte lui-même prouve jusqu'à l'évidence qu'il est d'un auteur plus récent. En effet, l'orateur avance, que, de son temps, la basilique d'Aniane menaçait ruine, et il reporte à une tradition ancienne ce qu'il raconte de la fondation du monastère. Or rien de tout cela ne saurait convenir à Ardon, disciple de Benoît d'Aniane, qui en avait vu jeter les fondements et qui avait assisté à la dédicace de l'église. On lui a attribué encore d'autres écrits; mais depuis on a découvert qu'ils étaient de Smaragde, abbé de Saint-Mihiel, au diocèse de Verdun. Le style d'Ardon est clair, grave et posé; mais il a peut-être le défaut d'être un peu diffus.

ARÉTAS, évêque de Césarée en Cappadoce, au VI° siècle, est auteur d'un *Commentaire sur l'Apocalypse*. Il le composa sur celui d'André, son prédécesseur, dont il rapporte de temps en temps les explications. Mais il eut recours aussi aux écrits des anciens, au nombre desquels il cite souvent saint Grégoire le Théologien, Eusèbe de Césarée et saint Justin, à qui il donne le titre de Grand. Il donne le sens littéral et spirituel de ce livre, qu'il explique d'un bout à l'autre avec autant de netteté que le texte le permet. Son Commentaire est divisé en soixante-douze chapitres, quoique, dans nos Bibles, l'*Apocalypse* n'en ait que vingt-deux. Il remarque que quelques-uns en ont contesté l'authenticité; mais en la comparant avec l'Évangile et la première Épître du même apôtre, il n'y a pas lieu de douter que saint Jean n'en soit l'auteur. D'ailleurs elle lui est attribuée par saint Grégoire le Théologien, par saint Basile, par saint Cyrille, par Papias, par saint Irénée et par saint Hippolyte, qui sont des témoins dignes de foi. Au 2° verset du I° chapitre, où saint Jean dit qu'*il a rendu témoignage de tout ce qu'il a vu*, quelques exemplaires ajoutaient, *et de tout ce qu'il a ouï, et de tout ce qui est, et de tout ce qui doit se faire à l'avenir.* C'est la remarque d'Arétas. Il entend par les sept Églises auxquelles l'apôtre adresse la parole, toutes les Églises de l'univers qui sont unies en ce monde par le lien d'une même communion. Il cite les paroles que l'on attribue à saint Denis lorsque le soleil s'obscurcit à la mort du Sauveur. Il enseigne que nos prières étant présentées à Dieu par les anges, qui veillent sur nous, elles en deviennent plus agréables et d'une meilleure odeur, même les prières des saints, qui sont déjà bonnes par elles-mêmes. Il paraît prendre à la lettre ce qu'on lit dans quelques prophètes, que le jugement dernier se fera sur la terre signifiée par la vallée de Josaphat, parce qu'il y a eu plusieurs combats livrés dans cette vallée. Enfin il paraît croire que l'Antechrist viendra des pays orientaux, de la Perse, par exemple, où la tribu de Dan est établie. Ce Commentaire, imprimé en grec d'abord, avec les Commentaires d'Œcuménius, fut traduit en latin par un moine du Mont-Cassin, nommé Maxime Florentin, et inséré au tome IX° de la *Bibliothèque des Pères*. Nous avons aussi d'Arétas un discours latin en l'honneur des saints martyrs Samone, Carie et Abibus, que Surius nous a conservé au 15 de novembre.

ARIALD, prêtre du Mont-Cassin, à la fin du XI° siècle, composa divers traités qui, au jugement de Pierre Diacre, étaient écrits avec élégance. Il n'a pas jugé à propos de nous en faire connaître même les titres.

ARIBON (Synisus), premier abbé du monastère de Saint-Denis de Schlecdorf en Bavière, dont on rapporte la fondation à l'an 753, fut élevé sur le siége de Freissingen, l'an 760, et mourut en 783. On a de lui la *Vie de saint Emmeran* et la *Vie de saint Corbinien*, premier évêque de Freisingen, toutes les deux publiées par Surius. Canisius a reproduit la première au tome III de son *Thesaurus*, et la seconde se trouve insérée au tome III des *Actes* de dom Mabillon.

ARIBON, était né dans la Norique, d'une famille noble et distinguée. Sage, prudent, et réunissant dans sa personne toutes les qualités propres à entrer dans le conseil des princes, il exerçait les fonctions d'archichapelain de l'empereur Henri III, lorsqu'on le choisit pour remplir le siége de Mayence, devenu vacant par la mort d'Archambauld. Son élection se fit au commencement de novembre 1021, et il fut sacré le 30 du même mois, par Gothard, évêque d'Hildesheim. Il couronna l'empereur Conrad II en 1024. Son zèle pour la discipline ecclésiastique lui fit assembler plusieurs synodes dont nous avons encore les décrets. Étant à Paderborn, avec l'empereur Conrad, à la fête de Noël 1030, il demanda à ce prince la permission d'aller à Rome. Il en fit le voyage au mois de février de l'année suivante. Au retour, il fut attaqué d'une maladie dont il mourut le 13 avril 1031, après dix ans d'épiscopat. Trithème cite de lui plusieurs lettres, une entre autres adressée à Bernon, abbé de Richenow, et un *Commentaire* sur les quinze psaumes graduels, dédié au même abbé. Sigebert en fait aussi mention; mais il ne paraît pas qu'aucun des écrits d'Aribon ait été rendu public.

ARIBON, que l'on croit avoir été moine d'Hirsauge, est auteur d'un *Traité de musique*, qu'il dédia à son évêque diocésain. Il y fait mention de Wilhelme, abbé d'Hirsauge, qui lui avait donné des conseils pour la composition de son ouvrage. Aussi lui donne-t-il, en reconnaissance le titre de prince des musiciens, d'Orphée et de Pythagore moderne. Trithème croit qu'il écrivait au plus tard en 1091, époque à laquelle mourut cet abbé. Dom Bernard Pez a donné une partie de la préface ou épître dédicatoire de ce traité. L'évêque à qui elle est adressée y est nommé Ellenhardus.

ARIDIUS (saint), plus vulgairement connu sous le nom de saint YRIEIX ou IRIER, était originaire de cette partie de la Gaule ultérieure qui formait autrefois la province d'Aquitaine. Il naquit à Limoges, en 511, d'une famille patricienne, moins distinguée encore par la noblesse de son extraction que par ses habitudes de piété et de vertu. Son père s'appelait Jucundus et sa mère Pélagie. Saint Grégoire de Tours compare leur intérieur, avant la naissance du saint, à celui d'Elisabeth et de Zacharie, excepté toutefois qu'il y manquait un saint Jean. La présence d'Aridius acheva de compléter la comparaison. Dès ses plus jeunes années, on s'appliqua à lui inculquer les principes d'une foi droite et à nourrir son cœur des plus saintes maximes de la religion. Plus tard, par les soins de Joconde son père, favori du roi Théodebert, il fit de si grands progrès dans l'étude des belles-lettres, que tout le monde admirait le charme de son élocution et la douce chaleur de son éloquence. Présenté lui-même à la cour de ce prince, il gagna son affection, et devint son chancelier. Mais, après la mort de Joconde, il quitta la cour, renonça aux espérances flatteuses que lui offrait la faveur du monarque, et retourna à Limoges, pour consoler sa mère Pélagie. Il était alors dans la force de l'âge; le désir de sa sanctification, la crainte des jugements du Seigneur le portèrent à ouvrir son âme à saint Nicetius, évêque de Trèves, dans une confession générale qu'il lui fit de tous les faits de sa jeunesse et de son adolescence. C'est à la suite de cette confession qu'il prit la résolution de renoncer au monde, aux pompes du siècle, aux vaines adulations des palais, pour ne servir que Dieu sous une règle sévère, et en se livrant aux rigueurs d'une pénitence qui devait lui ouvrir les portes du ciel. Ayant donc confié à sa mère l'administration de ses biens, qui étaient considérables, il bâtit et fonda le monastère d'Atane, qui depuis a pris le nom de son fondateur. Il y reçut tous ceux de ses serfs qui voulurent le suivre, et il les affranchit en les admettant à la vie religieuse. La principale occupation de ces pieux solitaires consistait à transcrire des livres que leur abbé distribuait aux paroisses voisines de son monastère.

Le 31 octobre de l'année 572, la onzième année du règne de Sigebert, à qui Limoges appartenait, Aridius écrivit de sa main son testament, revêtu de toutes les formules que la loi emploie encore aujourd'hui. Dès le commencement, il déclare que cet acte lui est commun avec Pélagie sa mère, saine, comme lui, d'esprit et de jugement, et que tous deux sont maîtres de leurs biens. Ils instituent saint Martin leur légataire universel, mais non toutefois sans donner des biens considérables au monastère d'Atane. — Après avoir indiqué en détail les vases d'or, d'argent et autres choses précieuses qu'il léguait, et marqué le prix de chaque objet, Aridius affranchit un grand nombre d'esclaves des deux sexes, mariés et non mariés, auxquels il assigna une certaine quantité de terres ou de vignes à cultiver, sans autres charges qu'une légère redevance à payer à saint Martin ou à son monastère. Ce testament est vraiment un acte précieux pour l'histoire et pour l'archéologie de cette époque; aussi, dom Mabillon n'a-t-il pas oublié de l'insérer dans ses *Analecta*, ch. 8, où on peut le lire tout entier, avec la Vie du saint.

Aridius mourut au mois de juillet 591; saint Grégoire de Tours rapporte au long les miracles qui ont illustré sa vie et glorifié son tombeau; mais ce n'est qu'avec réserve qu'il faut s'en rapporter à cette relation, à laquelle l'esprit de critique n'a pas toujours présidé. Quoi qu'il en soit, sa sainteté s'est manifestée par des preuves assez irrécusables pour que l'Église lui accordât les honneurs d'un culte. On célèbre sa fête le 25 août. Le monastère qu'il fonda devint plus tard une collégiale de Chanoines réguliers, autour de laquelle se forma la ville de Saint-Yrieix, aujourd'hui chef-lieu d'arrondissement du département de la Haute-Vienne.

ARISTÉE, un des officiers de la cour du roi Ptolémée Philadelphe, sous le règne duquel se fit la traduction des Septante, en écrivit l'histoire, dont voici le précis très-succinct, mais, autant que possible, dégagé de toutes les fables dont on l'a surchargé par la suite. Ptolémée Philadelphe, ayant mis toute son application à amasser dans la bibliothèque d'Alexandrie une infinité de livres, dont le nombre s'élevait déjà à plus de deux cent mille volumes, apprit que les livres des juifs méritaient d'y occuper une place distinguée, et désira les réunir à ceux qu'il possédait. Sur le conseil d'Aristée, de Sozibius de Tarente et d'André, tous trois officiers de sa garde, il rendit la liberté à tous les juifs retenus captifs dans ses États, et fit écrire au grand prêtre Eléazar, pour le prier de lui envoyer les livres de la Loi, avec des traducteurs capables de les rendre d'hébreu en grec. Aristée et André furent du nombre des ambassadeurs qui portèrent la lettre du roi au grand prêtre, avec de riches présents. Eléazar se rendit à ses désirs, lui envoya le livre de la Loi, avec soixante-dix juifs versés dans la langue grecque et hébraïque pour en faire la traduction. Il écrivit en même temps au roi pour le remercier de ses présents, louer sa piété envers Dieu, et la générosité dont il avait usé envers les juifs de ses États. Ptolémée Philadelphe reçut avec bonté les députés d'Eléazar, et témoigna un grand respect pour les livres saints qu'ils avaient apportés avec eux. Il confia ensuite les traducteurs à Démétrius de Phalère, bibliothécaire d'Alexandrie, qui les conduisit dans l'île de Pharos, et les introduisit dans une maison située au bord de la mer et éloignée de tout bruit, afin qu'ils pussent vaquer sans trouble à la traduction des livres saints. Ils commencèrent donc à y travailler, discutant entre eux tout ce qui présentait quelque difficulté, et lorsque la chose était arrêtée et en état d'être mise au net, ils la remettaient à Démétrius, qui la faisait écrire par des copistes. Ils travaillaient ainsi depuis le matin jusqu'à la neuvième heure, c'est-à-dire jusqu'à trois heures avant le coucher du soleil. Le lendemain, après les prières et les ablutions faites, ils se remettaient à l'œuvre, et continuèrent ainsi pendant soixante-dix jours. Quand l'ouvrage fut achevé, ils le remirent entre les mains de Démétrius, qui en fit la lecture dans l'assemblée des juifs d'Alexandrie, afin qu'ils jugeassent de sa conformité avec l'original. Ils en furent satisfaits, et comblèrent de louanges Démétrius, qui leur avait procuré cette version, et les interprètes qui l'avaient faite. Le roi, informé de tout ce qui s'était passé, en témoigna beaucoup de satisfaction, et après avoir reçu avec de grandes marques de vénération l'ouvrage des interprètes, il le fit mettre dans sa bibliothèque, où il commanda qu'il fût gardé avec soin. Il combla de louanges les septante traducteurs, et les renvoya en Judée chargés de riches présents, tant pour eux que pour le grand prêtre Eléazar. Voilà le précis très-sommaire de cette histoire, qu'Aristée a dédiée à son frère Philocrate, à qui il rend compte de tout, comme témoin oculaire et parfaitement instruit de ce qu'il raconte. Saint Justin martyr rapporte aussi l'histoire de cette traduction, mais d'une façon toute différente. Les Talmuds de Jérusalem et de Babylone en parlent également dans un autre sens, et enfin les Samaritains revendiquent pour eux les honneurs de ce travail. On peut consulter là-dessus l'excellent *Dictionnaire de la Bible* publié par M. l'abbé James, dans l'*Encyclopédie théologique*; on comprendra aisément que les bornes de notre travail ne nous permettent pas de nous étendre au delà de l'écrit que nous analysons. La plupart des critiques modernes s'inscrivent en faux contre le récit d'Aristée, sur la manière dont se fit la version des Septante; et il faut avouer que leurs raisons sont plausibles, si on les applique à l'histoire telle qu'elle est arrivée jusqu'à nous. En effet, bien que nous en croyions Aristée le véritable auteur, nous reconnaissons cependant que cette histoire, lorsque Josèphe s'en servit, environ trois cent cinquante ans après Aristée, n'était plus telle que l'auteur l'avait écrite, c'est-à-dire que quelque juif, vraisemblablement, l'avait défigurée en y ajoutant des circonstances fabuleuses. Aux suppositions, et, disons-le, aux bévues qu'ont faites quelques critiques, et que d'autres ont adoptées comme choses certaines, nous opposons, non pas ce que Josèphe dit d'Aristée, dans son XII° livre des *Antiquités judaïques*, mais le témoignage d'Hécatée d'Abdère, qui se trouvait à la cour du roi d'Egypte au moment de la traduction des Septante, et qui met notre auteur au nombre de ceux qui furent députés vers le grand prêtre Eléazar, avec Démétrius de Phalère, qui passait pour le plus savant homme de son temps, et André, capitaine des gardes. Nul doute donc qu'Aristée ait existé et qu'il ne soit bien réellement auteur d'une histoire de la version des Septante.

ARISTIDE, apologiste de la religion, était Athénien de naissance et philosophe de profession. On dit qu'il en garda l'habit même après avoir embrassé la foi; ce que fit aussi saint Justin, comme nous le verrons dans la suite. Quoique saint Jérôme ait fait honneur à l'Apologie de Quadrat de la paix rendue à l'Eglise, il faut néanmoins convenir que saint Aristide mérite de partager cette gloire avec lui. L'empereur Adrien se trouvant à Athènes, en 125, il lui présenta lui-même une Apologie de la religion, qui fut fort bien accueillie. Usuard et Adon ajoutent que, non content de défendre la foi par ses écrits, il soutint encore la divinité de Jésus-Christ dans un magnifique discours qu'il prononça en présence de l'empereur, et dans lequel, suivant le premier, il faisait mention du martyre de saint Denis l'Aréopagite. Quoi qu'il en soit, fortifiée ou non du discours que ces deux auteurs prêtent à saint Aristide, son Apologie contribua à faire rendre le célèbre édit par lequel l'empereur ordonna de ne faire mourir personne qu'après une accusation et une conviction juridiques de son crime, ce qui, étant appliqué aux chrétiens, leur procura plus de calme qu'ils n'en avaient eu jusque-là. Cet ouvrage, qui fut regardé comme un monument de l'esprit et de l'éloquence de son auteur, est perdu. Saint Jérôme, qui l'avait lu, nous apprend qu'il était rempli de passages choisis des philosophes. Ce que nous avons dit plus haut nous donne lieu de croire que cette Apologie se conservait encore du temps d'Usuard et d'Adon, et un auteur du XVIII° siècle, La Guillétière, dans un livre intitulé : *Athènes ancienne et moderne*, assure que quelques caloyers se vantent encore de la posséder dans la bibliothèque du monastère de Médelli, à six milles d'Athènes; mais on ne peut guère compter sur leur parole.

ARISTOBULE, juif d'Alexandrie et philosophe péripatéticien, composa un commentaire en grec sur le Pentateuque, et le dédia à Ptolémée Philométor. Son but, dans cet ouvrage très-volumineux, était de prouver que les anciens philosophes grecs avaient profité des livres de Moïse, et que le peuple juif et son histoire n'avaient point été inconnus aux historiens grecs. Pour y parvenir, il se permit de forger un grand nombre de passages de poètes et d'historiens, et il le fit avec assez d'art pour tromper, non-seulement quelques Pères de l'Eglise, mais encore des écrivains profanes. Eusèbe nous a conservé ses ouvrages, et le *Cours complet de Patrologie* les a reproduits.

ARISTON. — Dans les commencements du règne de Tite-Antonin, vers l'an 140 de Jésus-Christ, vivait un juif converti à la foi, nommé Ariston. Il était de Pella, ville située à l'extrémité de la Pérée, du côté du septentrion. Cet auteur avait composé contre les juifs un livre en forme de dialogue, auquel il avait donné pour titre : *Dispute entre Jason et Papisque*. C'était le nom des deux interlocuteurs. Jason, qui était Juif d'origine et chrétien de religion, y prenait la défense du christianisme; Papisque, au contraire, qui était un juif d'Alexandrie, y défendait ses superstitions avec l'opiniâtreté commune à ceux de sa nation. Cependant Jason le convainquit si bien par les Ecritures mêmes des juifs, c'est-à-dire par les livres de l'Ancien Testament, et lui montra avec tant de lucidité que tous les oracles où il est parlé du Messie se sont accomplis en Jésus-Christ, que Papisque, éclairé intérieurement par les lumières de l'Esprit-Saint, crut à la divinité de Jésus-Christ et pria Jason de lui faire obtenir le sceau de sa foi et de sa religion, c'est-à-dire le baptême.

Celse l'épicurien, reprochant aux chrétiens que tous les livres écrits en faveur de leur religion ne contenaient rien que de méprisable, citait entre autres celui dont nous parlons, plus digne, à son avis, d'inspirer l'indignation que le rire. Origène en appelle à tous ceux qui voudront se donner la peine de le lire sans prévention, et il soutient qu'ils se feront une idée moins désavantageuse du livre que de celui qui le condamne. Et, en effet, il montre que ce livre contient des preuves très-solides de la vérité de la religion, et que, bien loin de ne mettre dans la bouche de l'interlocuteur juif que de faibles raisons afin de le convaincre plus aisément, l'auteur au contraire lui fournit tout ce qu'il y a de plus fort contre la religion chrétienne. Pourtant il reconnaît que cet écrit était un des moins concluants de tous ceux qui avaient été composés pour la défense de notre foi, et il avoue qu'il était plus capable d'instruire les simples que de satisfaire les personnes qui veulent être convaincues par le raisonnement. Il rejette ce défaut sur la simplicité de la forme, qui n'a su ni féconder le fonds ni le faire valoir.

Saint Jérôme n'a point parlé de cette *Dispute* dans son livre des hommes illustres, mais il l'a citée en deux autres endroits de ses ouvrages. Il lui donne le titre d'*Altercation*, et dit qu'elle était écrite en grec. Plus tard, un chrétien nommé Celse, jugeant qu'elle pourrait être utile pour convaincre les juifs, la traduisit du grec en latin et l'adressa à un saint évêque, nommé Vigile, qui savait l'une et l'autre langues, afin qu'il pût juger de sa fidélité. Nous avons encore la préface du traducteur, mais cette traduction n'est pas venue jusqu'à nous.

Saint Jérôme, en parlant de ce Dialogue, dit qu'au commencement du livre de la Genèse, on lisait, selon l'hébreu, que *Dieu avait fait le ciel et la terre dans son Fils*, et que là où nous lisons dans le Deutéronome : *Maudit de Dieu celui qui est pendu au bois*, Ariston lisait : *La malédiction de Dieu qui est pendu au bois*. C'est du même écrivain qu'Eusèbe avait appris que la dix-huitième année du règne d'Adrien, la guerre s'étant échauffée entre les Juifs et les Romains, ceux-ci s'opiniâtrèrent tellement au siége de Béthora, que la plus grande partie des habitants de cette ville périrent de faim et de privations; que le reste en fut chassé, et qu'Adrien donna un édit portant défense à tous les Juifs d'approcher des environs de Jérusalem. Eusèbe ne dit pas de quel ouvrage d'Ariston il avait tiré ces circonstances; mais rien n'empêche qu'il les ait lues dans son Dialogue entre Jason et Papisque, sans qu'il soit besoin de supposer à cet auteur une histoire suivie de la ruine des Juifs. Ariston a pu rapporter, comme preuve de l'accomplissement des prophéties contre les Juifs, l'édit d'Adrien, ainsi que Tertullien l'a fait depuis dans un de ses traités.

ARIUS, chef et fondateur de l'hérésie arienne, qui désola si cruellement l'Eglise des premiers siècles, était originaire de la Libye Cyrénaïque, ou, selon d'autres, d'Alexandrie. C'était un homme d'une taille avantageuse, d'une figure imposante, d'un maintien grave et qui inspirait le respect. Son abord affable et gracieux, sa conversation douce et agréable appelaient la confiance. Des mœurs austères, un air pénitent, un zèle apparent pour la religion, soutenu par des connaissances assez étendues dans les sciences profanes et ecclésiastiques, et par un rare talent pour la dialectique, faisaient espérer que l'Eglise trouverait en sa personne un grand secours contre ses ennemis. Malheureusement tout cela couvrait un fond de mélancolie, d'inquiétude, d'ambition et un goût secret pour les nouveautés, qui, joints à tant de qualités éminentes, n'en firent qu'un dangereux chef de parti. Ces qualités en imposèrent à trois saints patriarches qui se succédèrent immédiatement sur le siége d'Alexandrie : à Pierre, qui l'ordonna diacre, et fut ensuite obligé de l'interdire, à cause de ses liaisons avec les méléciens; à Achillas, qui, touché de son repentir hypocrite, l'éleva au sacerdoce; et à Alexandre, qui lui donna le premier rang dans son clergé, et le chargea du soin d'une église considérable. Après la mort de saint Achillas, Arius, qui s'était mis sur les rangs pour le remplacer, avait conçu une violente jalousie de la préférence donnée à Alexandre, bien résolu de saisir la première occasion de s'en venger. Un jour que le patriarche, conférant avec son clergé, dit qu'il y avait unité de substance dans les trois personnes divines, Arius l'accusa hautement de donner dans l'erreur de Sabellius, qui avait confondu ces trois personnes, et il soutint que le Fils, étant d'une substance différente de celle du Père, n'était qu'une pure créature tirée du néant. Alexandre fit voir qu'Arius n'avait pas une idée juste de la personne du Verbe; qu'il était éternel comme le Père, et non pas produit dans le temps, ce qui anéantirait le dogme de sa divinité. Arius, plein de sa difficulté, ne s'occupa plus qu'à poursuivre Alexandre, et à prouver que le Verbe était créature. Cette doctrine révolta l'Eglise d'Alexandrie, et devint l'objet principal de la discussion; on oublia Sabellius, et Arius ne s'occupa plus qu'à chercher des raisons pour défendre ses erreurs. Les sophismes sont toujours séduisants lorsqu'ils attaquent un mystère : Arius se fit des partisans et causa des divisions dans le clergé d'Alexandrie. Alexandre crut qu'en permettant à Arius et aux siens de proposer leurs difficultés et de les soutenir, on parviendrait mieux à les détromper que par des coups d'autorité et des condamnations, qui, lorsqu'elles sont prématurées, arrêtent rarement l'erreur, irritent toujours, et n'éclairent jamais. Lorsque le patriarche crut que sa modération pouvait avoir des suites fâcheuses ; il assembla un concile à Alexandrie ; dans lequel Arius défendit sa doctrine ; il prétendit que le Verbe avait été tiré du néant, parce qu'il était impossible qu'il fût éternel, comme son Père ; autrement on ne pourrait concevoir qu'il eût existé après lui. Or, en pareil cas, n'est-il pas clair, disait-il, que le Fils serait en même temps engendré et non engendré ? D'ailleurs, si le Père n'a pas tiré son Fils du néant, il faut qu'il l'ait tiré de sa substance, ce qui est impossible. L'Ecriture, ajoutait-il encore, ne nous donne point une autre idée du Verbe ; le Verbe dit lui-même au chapitre viii des *Proverbes*, que Dieu l'a créé au commencement de ses voies. Dieu dit qu'il l'a engendré, et cette manière de produire est une vraie création ; puisque l'Ecriture l'applique aussi bien aux hommes qu'au Verbe, comme on le voit dans les passages où Dieu dit qu'il a engendré des hommes qui l'ont méprisé. Les Pères du concile d'Alexandrie s'appuyèrent sur ces aveux, ou plutôt sur ces principes d'Arius, pour le juger. Si le Verbe, disaient-ils, est une créature, il a toutes les imperfections de la créature, il est sujet à toutes ses vicissitudes, il n'est pas tout-puissant, il ne sait pas tout ; car ces imperfections sont l'apanage essentiel d'une créature, quelque parfaite qu'on la suppose. Les conséquences étaient évidentes, et Arius ne pouvait le méconnaître.

Après avoir ainsi fixé la doctrine de ce novateur, les Pères du concile en prouvèrent la fausseté par tous les passages de l'Ecriture qui attribuent au Verbe l'immutabilité et toute la science, par ceux qui disent expressément que tout a été fait par lui et pour lui, et que rien de ce qui a été fait n'a été fait sans lui. Ces derniers passages surtout fournissaient aux catholiques des arguments péremptoires ; car si rien de ce qui a été créé ne l'a été sans le Verbe, il est évident que le Verbe n'a point été créé, parce qu'alors quelque chose aurait été créé sans lui ; puisqu'un être en aucune manière ne peut être cause de lui-même. A l'évidence de ces preuves tirées de l'Ecriture, les Pères du concile d'Alexandrie joignaient la doctrine de l'Eglise universelle, qui avait toujours reconnu la divinité du Verbe, et séparé de sa communion ceux qui l'attaquaient.

Arius alors se trouve comme placé entre la nécessité de reconnaître la divinité du Verbe et l'impossibilité de concevoir un Fils coéternel à son Père. Il avait fait tous ses efforts pour arriver à l'intelligence de ce mystère, et du sentiment de son impuissance à le concevoir il était passé à la persuasion de l'impossibilité effective qu'un Fils soit coéternel à son père, et il avait fait de cette impossibilité la base de son sentiment. Il croyait, d'un côté, qu'il était impossible que le Verbe fût coéternel au Père, et, de l'autre, la divinité du Verbe était si clairement enseignée dans l'Ecriture et par l'Eglise, qu'il était impossible de la méconnaître. Arius conclut de là que la création du Verbe et sa divinité étaient deux vérités qu'il fallait également croire, et il reconnut que le Verbe était une créature, et cependant vrai Dieu et égal à son Père. — C'est ainsi que l'amour-propre et la préoccupation changent, aux yeux des hommes, les mystères en absurdités, et les contradictions les plus manifestes en vérités évidentes. Arius avait rejeté la Trinité, qu'il ne comprenait pas, mais qui ne renferme point de contradiction, et il ne soupçonnait pas qu'il se contredit en réunissant dans le Verbe l'essence de la Divinité et celle de la créature, en supposant que le Verbe avait toutes les perfections possibles, et en soutenant qu'il manquait de la première de toutes les perfections, celle d'exister par lui-même. La doctrine d'Arius fut condamnée dans le concile, et lui-même excommunié. Ce jugement, bien loin de l'ébranler, ne lui donna que plus d'ardeur pour défendre son sentiment. Il l'exposa sans déguisement dans une profession de foi qu'il envoya à plusieurs évêques, les priant de l'éclairer s'il était dans l'erreur, ou de le protéger et de le défendre s'il était catholique.

Il y a dans tous les hommes un sentiment inné de compassion, qui agit toujours en faveur d'un homme condamné, surtout lorsqu'il proteste et qu'il ne demande qu'à s'éclairer pour se soumettre. Arius trouva donc des protecteurs, même parmi les évêques. Eusèbe de Nicomédie assembla un concile des évêques de la province de Bithynie, et ce concile écrivit des lettres circulaires à tous les évêques d'Orient, pour les porter à recevoir Arius à la communion, comme soutenant la vérité ; ils écrivirent aussi à Alexandre, pour qu'il admît Arius à sa communion. Alexandre, de son côté écrivit des lettres circulaires, dans lesquelles il censurait fortement Eusèbe de ce qu'il protégeait Arius et le recommandait aux évêques. La lettre d'Alexandre irrita Eusèbe, et ces deux prélats devinrent ennemis irréconciliables. Arius, condamné par Alexandre et par un concile, mais défendu par plusieurs évêques, ne se représenta plus que comme un malheureux qu'on persécutait. Il était poëte et musicien, et fournissait des chants spirituels aux gens de travail et aux dévots. Il mit sa doctrine en cantiques, ce qui contribua beaucoup à la répandre parmi le peuple. C'est un moyen que Valentin et Harmonius avaient employé avant lui, et qui a souvent réussi aux hérétiques. Apollinaire l'employa à son tour, et lui dut beaucoup plus qu'à ses écrits la propagation de ses erreurs. Ainsi le parti d'Arius se grossit insensiblement, et, malgré la subtilité des questions qu'il agitait, il intéressa jusqu'au peuple dans sa querelle. On vit donc les évêques, le clergé et le peuple divisés. Bientôt les disputes s'échauffèrent, firent du bruit, et les comédiens, qui étaient païens, en prirent occasion de jouer la religion chrétienne sur leurs théâtres.

Constantin n'envisagea d'abord cette querelle qu'en politique, et écrivit à Alexandre et à Arius qu'ils étaient des fous de se diviser pour des choses qu'ils n'entendaient pas et qui n'étaient de nulle importance. L'erreur d'Arius était d'une trop grande importance pour que les catholiques y restassent aussi indifférents que le leur conseillait l'empereur. Alexandre écrivit partout pour en prévenir les progrès et en faire connaître les dangers. De leur côté, Arius et ses partisans faisaient tous leurs efforts pour décrier la doctrine d'Alexandre. Les catholiques et les ariens s'imputaient réciproquement les conséquences les plus odieuses qu'ils pouvaient tirer des principes de leurs adversaires. Ces chocs continuels échauffèrent les deux partis jusqu'à la sédition. Constantin sentit qu'il ne pouvait se dispenser de prendre part à leurs querelles, et qu'il fallait penser sérieusement à les calmer. Il convoqua un concile de toutes les provinces de l'empire romain, et les évêques s'assemblèrent à Nicée, en 325.

Arius, appelé dans des conférences préliminaires, exposa sa doctrine sans détour, et la soutint avec impudence. Il comparut ensuite dans le concile, où elle fut examinée contradictoirement, en présence de Constantin: Plusieurs formules de profession de foi y furent proposées. Arius rejeta toutes celles où la divinité de Jésus-Christ et la consubstantialité du Verbe étaient exprimées. Les orthodoxes s'arrêtèrent à la profession de foi qui nous est parvenue sous le nom de *Symbole de Nicée*, et dont voici les principaux articles, qui réfutent l'erreur d'Arius : *Nous croyons en un seul Seigneur Jésus-Christ, Fils de Dieu, Fils unique du Père, Dieu né de Dieu, lumière émanée de la lumière, vrai Dieu né du vrai Dieu, engendré et non pas fait, consubstantiel à son Père.* Arius n'ayant voulu ni céder à l'autorité des Pères, ni se rendre à leurs pressantes sollicitations, fut anathématisé par le concile, et exilé en Illyrie par l'empereur avec les deux seuls évêques qui lui étaient restés attachés. Telle fut la décision de ce célèbre concile, qui se termina le 25 août.

Ce fut probablement vers la même époque que Constantin fit sa Constitution contre les assemblées et publiques et particulières des hérétiques. Cet édit, et plusieurs autres qui le suivirent abaissèrent prodigieusement le parti d'Arius ; et presque toutes les hérésies disparurent pour un instant de l'empire romain.

Arius cependant avait beaucoup de partisans, et parmi ces disciples secrets, un prêtre que Constance, sœur de Constantin, recommanda, en mourant, à son frère, comme un homme extrêmement vertueux et fort attaché au service de sa maison. Ce prêtre acquit bientôt l'estime et la confiance de l'empereur ; il lui parla d'Arius en le lui représentant comme un homme injustement persécuté, et dont les sentiments étaient les mêmes que ceux du concile qui l'avait condamné. Constantin, surpris de ce discours, témoigna que si Arius voulait souscrire au concile de Nicée, il lui permettrait de paraître devant lui et le renverrait avec honneur à Alexandrie. Arius obéit, et présenta à l'empereur une profession de foi, dans laquelle il déclarait : « qu'il croyait que le Fils était né du Père avant tous les siècles, et que la Raison, qui est Dieu, avait fait toutes choses, tant dans le ciel que sur la terre. » Si Constantin fut réellement satisfait de cette déclaration, il fallait, ou qu'il eût changé de sentiment, ou qu'il n'eût pas compris le Symbole de Nicée, ou enfin que les entretiens de ce prêtre l'eussent étrangement abusé sur les erreurs de l'arianisme. Quoi qu'il en soit, il permit à Arius de retourner à Alexandrie; les évêques ariens rentrèrent peu à peu en faveur, et les autres furent rappelés de l'exil.

Les édits de Constantin n'ayant produit que l'apparence du calme, les disputes se ranimèrent bientôt, et elles étaient déjà devenues fort vives, après le rappel des évêques exilés. A force d'examiner le terme *consubstantiel*, il y eut des prélats qui s'en scandalisèrent ; on disputa, on se brouilla, et enfin on s'attaqua avec une témérité outrée et le plus aveugle acharnement. « Leurs querelles, dit Socrate, ne ressemblaient pas mal à un combat nocturne. Ceux qui rejetaient le mot *consubstantiel* croyaient que les autres introduisaient par là le sentiment de Sabellius et de Montan, et les traitaient d'impies ; comme niant l'existence du Fils de Dieu ; au contraire, ceux qui s'attachaient au mot *consubstantiel*, croyant que les autres voulaient introduire la pluralité des dieux, en avaient autant d'aversion que si on avait voulu rétablir le paganisme. Eustathe, évêque d'Antioche, accusait Eusèbe de Césarée de corrompre la croyance de Nicée ; Eusèbe s'en défendait en accusant à son tour Eustathe de sabellianisme. » Il est donc certain, par le récit de Socrate, que, même parmi les défenseurs d'Arius, il y en avait beaucoup qui ne combattaient point la consubstantialité du Verbe, et qui ne rejetaient cette expression que parce qu'ils croyaient qu'on lui donnait un sens contraire à la distinction des personnes de la Trinité ; et par là même favorable à l'erreur de Sabellius, qui les confondait.

Pour juger la querelle d'Eustathe et d'Eusèbe, on assembla un concile à Antioche, l'an 329 ; il était composé d'évêques qui n'avaient signé le concile de Nicée que par force. Eustathe y fut condamné et déposé ; et Eusèbe de Césarée nommé pour remplir le siège d'Antioche à sa place. La ville se partagea en deux camps, qui s'animèrent tellement l'un contre l'autre, qu'on en serait venu inévitablement aux mains, sans la présence d'un officier de l'empereur, qui arrêta la sédition, en faisant comprendre au peuple qu'Eustathe méritait d'être déposé.

Après la déposition d'Eustathe, le concile

travailla à procurer le retour d'Arius. Constantin le renvoya à Alexandrie pour y reprendre possession de son église ; mais le grand Athanase, successeur de saint Alexandre, qui connaissait la fourberie de cet hérétique, ne voulut jamais l'y admettre ; il répondit qu'on ne recevait point dans l'Eglise ceux qui avaient été excommuniés. Arius eut plus de succès dans les conciles de Tyr et de Jérusalem, où les eusébiens, qui y dominaient, le reçurent sans difficulté à leur communion, et le recommandèrent à saint Athanase, qui connaissait trop bien ses ruses et celles de ses partisans pour se laisser prendre à une semblable recommandation. Arius, mandé à Constantinople pour y rendre compte des troubles que sa présence excitait à Alexandrie, présenta à l'empereur une troisième confession de foi, rédigée avec tant d'artifice, que l'hérésie n'y paraissait point. Il protesta même avec serment de sa soumission au concile de Nicée. Le patriarche Alexandre fit de vains efforts pour détromper l'empereur. Il eut ordre de recevoir Arius. Les eusébiens menacèrent de l'introduire de force dans l'église, si le patriarche entreprenait de s'y opposer. Alors le saint vieillard, prosterné au pied de l'autel, fondant en larmes, et le visage contre terre, adressa cette prière à Dieu : « Seigneur, si Arius doit être reçu dans l'église, retirez votre serviteur de ce monde ; mais si vous avez encore pitié de votre troupeau, ne permettez pas que votre héritage soit livré à l'opprobre, ne souffrez pas qu'il soit souillé par la présence de cet hérésiarque. » Cependant les eusébiens s'avançaient en triomphe. Arius, à leur tête, haranguait le peuple, qui les suivait en foule. Comme on approchait de la place Constantinienne, et qu'on apercevait au fond le temple où l'hérésiarque devait être solennellement rétabli, il pâlit à la vue de tout le monde, éprouva une soudaine frayeur et de violents remords. Pressé par un besoin naturel, il alla dans un lieu retiré, et l'histoire rapporte que, lorsqu'étonné de ce qu'il ne reparaissait plus, on alla le chercher, il fut trouvé mort dans une affreuse attitude, rendant une grande abondance de sang avec une partie de ses entrailles. Ceci arriva l'an de Jésus-Christ 336. Digne fin d'un impie, trop semblable, pendant sa vie, au perfide Judas, pour ne pas lui ressembler dans les circonstances de sa mort. Ce dénouement si effrayant, et qui passa pour miraculeux, causa autant d'abattement aux ariens que d'espoir aux fidèles orthodoxes. Les sectateurs d'Arius dirent qu'il avait été empoisonné ; mais les catholiques regardèrent cet événement, vraiment extraordinaire dans la circonstance, comme une grâce accordée aux prières de saint Alexandre. Pendant longtemps ils ne s'approchèrent qu'avec horreur du lieu où cette scène tragique s'était accomplie. Un arien l'acheta par la suite et le convertit à un autre usage, afin d'effacer, ou tout au moins d'affaiblir la mémoire de cet opprobre. Il s'en faut bien que son hérésie mourût avec lui. On est surpris et effrayé de toutes les scènes horribles que présente l'histoire de l'arianisme. L'impiété, l'hypocrisie, la dissimulation, la malice, la perfidie des ariens paraîtraient incroyables, si elles n'étaient appuyées sur le témoignage de tous les historiens du temps, et de saint Athanase lui-même. Soutenu par la puissance impériale, il s'enhardit et ne connut plus de bornes dans ses orgueilleuses prétentions. Ses progrès en Occident furent moins rapides et moins considérables. Cependant deux évêques ariens y firent des prosélytes ; ils firent entendre à beaucoup de prélats que, pour rendre la paix à l'Eglise, il ne s'agissait que de sacrifier quelques termes amphibologiques. Il y eut un certain nombre d'évêques occidentaux qui souscrivirent à Rimini une formule arienne, tandis que les ariens d'Orient, assemblés à Nicée, en souscrivirent une à peu près semblable. En sorte que le monde, dit saint Jérôme, fut étonné de se trouver tout à coup arien. Mais cet accord ne fut pas durable ; la plupart de ceux qui avaient souscrit la formule de Rimini se rétractèrent. Cependant l'arianisme domina toujours à la cour et dans la capitale, jusqu'au règne du grand Théodose. Mais, à la fin du IVe siècle, les ariens se trouvèrent réduits, par les lois des empereurs, à n'avoir ni églises ni évêques dans toute l'étendue de l'empire. Les Vandales portèrent cette hérésie en Afrique, et les Visigoths en Espagne, d'où elle se répandit chez les Bourguignons et les Francs ; mais, abjurée tour à tour par les souverains qui l'avaient protégée, elle disparut insensiblement après la conversion de Clovis. Il y avait près de neuf siècles qu'elle était ensevelie sous ses ruines, lorsque, au commencement du XVIe, Erasme fut soupçonné de vouloir la réveiller, mais il se justifia de cette imputation. On n'en pourrait dire autant de la Réforme : l'arianisme ressuscita du principe même de sa constitution, qui soumet tous les dogmes de la religion à l'examen particulier. Capiton, Cellarius, Servat, guidés par ce principe, combattirent la consubstantialité du Verbe. L'arianisme se répandit en Allemagne, en Pologne, en Hollande, en Angleterre, à Genève, et forma une infinité de sectes en ces différents pays. Parmi les noms inscrits sur la liste des nouveaux ariens, on distingue les Locke, les Newton, les Clarcke, les Whiston, les Leclerc, les Sandius et les Zuickerfi. Heureusement, l'arianisme moderne, réduit à n'être qu'une erreur systématique, n'a point fait de fanatiques comme l'ancien. Néanmoins ses progrès ont paru si alarmants pour la religion en Angleterre, qu'on y a fait, dans le siècle dernier, pour le combattre, une fondation semblable à celle que Boyle avait faite, dans le siècle précédent pour combattre l'athéisme. S'il fallait convenir qu'aujourd'hui, un grand nombre de théologiens de l'Allemagne protestante sont bien au-delà de l'arianisme, on devrait en gémir sans doute ! Eh bien, il en est ainsi !

A l'exception de deux lettres, l'une adressée à Eusèbe de Nicomédie, et qui nous a été conservée par Théodoret, et l'autre écrite en son nom et au nom de ses partisans, à Alexandre, évêque d'Alexandrie, et qu'on retrouve au livre des *Synodes* de saint Athanase, on ne dit pas qu'Arius ait écrit autre chose que les *Cantiques* burlesques dont nous avons parlé, pour propager sa doctrine dans les campagnes et l'insinuer plus facilement jusque dans les dernières classes du peuple. Il y en avait pour les matelots, les meuniers, les voyageurs; en un mot, pour tous les corps d'état qui composent la société, depuis le laboureur jusqu'à l'artisan; mais le plus fameux, connu sous le nom de *Thalie*, était celui qu'il avait écrit sur la mesure et sur l'air des chansons efféminées que Sotade, poëte païen, avait composées autrefois pour les festins et les danses profanes. On en retrouve quelques extraits dans les livres que saint Athanase a écrits contre l'hérésie des ariens. Il y a lieu de croire qu'il avait entremêlé ses chants de récitatifs en prose, afin de les accommoder mieux à l'intelligence et aux habitudes de ses lecteurs.

ARNALLI (Raymond), moine de Saint-Victor de Marseille, avait été envoyé à Rome pour des affaires importantes de sa communauté. Le cheval qu'il montait étant venu à lui manquer en chemin, il prit conseil de lui-même. Ne pouvant avancer, moins encore terminer sa mission, il eut honte de s'en retourner sans avoir rien fait. Pour que son voyage ne lui fût pas inutile, il conçut donc le dessein d'étudier la jurisprudence en Italie, à l'imitation d'un grand nombre d'écoliers qui y affluaient de toutes parts, et surtout de sa province, pour le même objet. Il écrivit à Bernard, abbé de Saint-Victor, pour en obtenir sa permission, le priant en même temps de subvenir aux frais de cette étude, ou d'en charger le prieur de Pise, car c'était en cette ville qu'il se proposait de séjourner. Il lui promet qu'en cas de progrès dans la science du droit, il n'en abusera pas pour faire le métier d'avocat devant les tribunaux séculiers, mais qu'il consacrera toutes ses connaissances à soutenir les intérêts de son monastère. Cette lettre, qui ne porte pour signature que la première lettre du prénom de l'auteur, qui est un R, est adressée à son abbé, qu'il ne désigne également que par l'initiale de son nom, qui était Bernard, qui fut, en effet, abbé de Saint-Victor depuis 1065 jusqu'en 1079. Une autre lettre adressée au même abbé Bernard en désigne positivement Raymond Arnalli comme l'auteur. On la trouve imprimée dans le Ier tome de la grande collection de dom Martenne.

ARNAULD DE BONNEVAL, que l'on nomme aussi quelquefois Arnauld de Chartres, parce qu'il était abbé de Bonneval en ce diocèse, était ami de saint Bernard, qui lui écrivit sa dernière lettre, quelques jours avant sa mort. Jeune encore, il fit profession de la règle de saint Benoît dans l'abbaye de Marmoutiers, et il en fut tiré pour gouverner celle de Bonneval, après la mort ou l'abdication de l'abbé Bernier, vers l'an 1144. Arnauld eut beaucoup à souffrir dans le gouvernement de son abbaye. Le persécuteur inconnu qui avait tourmenté ses trois prédécesseurs le traita si inhumainement, qu'il fut obligé de se pourvoir à Rome. Arnauld fut reçu avec honneur par le pape Lucius II, qui lui accorda un privilége pour son monastère. Cette grâce du saint-siége ne le mit pas à couvert de la persécution, et il fit un second voyage à Rome, sous le pontificat d'Adrien IV, pour obtenir la permission de quitter son abbaye. Il retourna à Marmoutiers, où il mourut quelques années après. L'histoire ne fait point connaître ce persécuteur des abbés de Bonneval, mais il paraît qu'il était étranger au monastère. Le Martyrologe de France fait mémoire d'Arnauld comme d'un homme de pieuse mémoire, aussi célèbre par son savoir que par ses vertus.

Vie de saint Bernard. — Presque aussitôt après la mort du saint abbé de Clairvaux, les religieux de ce monastère, connaissant l'amitié qu'il avait eue pour Arnauld, l'engagèrent à continuer l'histoire de sa Vie, commencée par Guillaume de Saint-Thierry. Il reconnaît dans sa préface qu'il y avait à Clairvaux des hommes instruits, aussi capables que lui de mettre la dernière main à cet ouvrage, mais que, cherchant leur gloire plutôt dans la croix de Jésus-Christ qu'à composer des livres, ils se déchargeaient volontiers sur les autres des travaux qu'ils eussent accomplis eux-mêmes avec plus de perfection. Il marque aussi que le premier historien, Guillaume de Saint-Thierry, était mort. L'ouvrage d'Arnauld forme le second livre de la Vie de saint Bernard. Il le commence au pontificat d'Innocent II et le finit au différend qui s'éleva entre le roi Louis le Jeune et Thibauld, comte de Champagne. C'est à tort, comme l'a prouvé dom Mabillon, que cet ouvrage a été attribué à un autre Arnauld, abbé de Bonneval en Dauphiné.

Des œuvres cardinales de Jésus-Christ. — Arnauld ne mit point son nom à la tête de ce traité, ce qui l'a fait faussement attribuer à saint Cyprien, mais il se fait suffisamment connaître au pape Adrien IV, à qui il le dédia. On ne peut donc en mettre la publication avant l'an 1154, époque où Adrien fut élevé au suprême pontificat. C'est un composé de douze discours moraux qu'il avait prononcés au jour de la célébration des mystères qui en font le sujet. Tous ces mystères ont rapport à Jésus-Christ; ils sont le fondement de la religion qu'il a établie; c'est pour cela qu'Arnauld a intitulé son traité: *Des œuvres cardinales de Jésus-Christ*. Voici ce qu'il nous a offert de plus remarquable.

Dans tous les temps il a été nécessaire d'expier par quelques remèdes le péché originel, qui s'est communiqué à toute la postérité d'Adam. Ces remèdes ont été ou les sacrifices, ou la circoncision, ou le baptême. Il y a un baptême de sang, aussi efficace que le baptême d'eau ; c'est de celui-là qu'ont été baptisés les Innocents massacrés par Hérode, et que le sont encore les martyrs de la foi quand ils ne peuvent recevoir le premier. Jésus-Christ l'a reçu des mains de saint Jean, non qu'il en eût besoin, mais pour en faire une loi éternelle à tous les hommes. Dès que le prêtre l'administre dans les formes et avec les paroles de l'institution, le Saint-Esprit répand intérieurement dans le baptême la plénitude de la grâce, et donne au sacrement sa perfection. C'est pourquoi le baptême est valide, fût-il conféré par un ministre indigne. Que ce soit Paul ou Judas qui baptise, c'est Jésus-Christ qui lave et efface les péchés. Le baptême de Jean ne lavait que les corps, celui de Jésus-Christ purifie les âmes. C'est par l'Esprit-Saint ou par son esprit que Jésus-Christ fut conduit dans le désert pour y être tenté du démon.

Le pain que le Sauveur présentait à ses disciples, dans la dernière cène, est resté le même en apparence, mais il a changé de de nature et s'est fait chair par la toute-puissance du Verbe. C'est une nourriture qui donne la vie à l'âme et l'accroissement au corps. L'homme animal ne doit point être admis parmi les convives du Seigneur ; tout ce qui tient à la chair et au sang doit être exclus de cette assemblée. L'eucharistie est un sacrifice continuel, un holocauste permanent ; quelque nombreuse que soit la multitude, elle ne le consume pas, et le laps des années ne le fait point vieillir. Ce n'est que dans l'Eglise que l'on mange la chair de l'Agneau ; et personne n'y a part que le véritable israélite.

On ne doit réitérer ni le baptême ni l'ordination, parce que il n'est pas permis d'annuler ce que le Saint-Esprit a sanctifié ; et comme la divinité est la même dans le Saint-Esprit que dans Jésus-Christ, il s'ensuit que ce qu'ils ont statué est d'une égale autorité. L'enseignement même des apôtres doit être accepté avec la même soumission que celui de Jésus-Christ, parce qu'il a eu le Saint-Esprit pour inspirateur. Arnauld insiste beaucoup sur le lavement des pieds, et nous le représente comme un acte d'humilité capable d'effacer nos fautes journalières. Dans son sermon sur la Cène, il parle de tout ce qui se pratiquait en ce jour : la consécration du saint chrême, la bénédiction des huiles pour le baptême, la confirmation et l'ordination ; on réconciliait les pécheurs à l'église, et on rendait la communion aux excommuniés. Les juges ouvraient les prisons, et les criminels condamnés étaient rendus à la liberté.

Sermons d'Arnauld. — Le discours sur la Passion est une paraphrase du cantique d'Habacuc ; celui de la Résurrection affirme, d'après quelques anciens auteurs, qu'on croyait qu'Adam avait été enterré au lieu même où la croix de Jésus-Christ fut plantée sur le Calvaire, de sorte que ce premier homme fut sanctifié par l'effusion de ce sang divin. Dans le discours des louanges de Marie, il croit que saint Joseph survécut au crucifiement de Jésus-Christ. L'Ecriture n'en dit rien; comme elle ne nous apprend pas non plus si c'est avec son âme seule, ou avec son âme réunie à son corps, que la sainte Vierge est montée au ciel. Arnauld ne veut rien décider là-dessus ; il croit seulement que son séjour sur la terre ne fut pas long après la mort de son Fils.

Des sept paroles de Jésus-Christ sur la croix. — Ce livre commence par l'explication de ces paroles : *Mon Dieu, mon Dieu, pourquoi m'avez-vous abandonné?* et finit à celles-ci : *Mon Père, je remets mon âme entre vos mains.* Arnauld fait voir que toutes ces façons de parler regardaient l'humanité de Jésus-Christ, et non sa divinité. C'est en distinguant les deux natures qu'il concilie ce qui, à première vue, paraît contraire à la foi de Jésus-Christ sur l'incarnation du Verbe. Comme homme, il se plaint qu'il est abandonné ; comme Dieu, il accorde le paradis au bon larron. Titelman relève la douceur du style, la gravité des sentiments, la solidité des pensées et l'onction qui se fait sentir dans tout le cours de l'ouvrage.

Ouvrage des six jours. — L'abbé de Bonneval prouve, dans la préface de ce traité, que les livres de Moïse sont les plus anciens livres connus. Il cite ensuite, dans le corps de l'ouvrage, les Commentaires de saint Ambroise et de saint Basile sur cette matière ; mais il traite mal Origène et son livre des *Principes*. Il l'accuse d'avoir introduit dans l'Eglise les dogmes de Platon, l'erreur touchant le salut des démons et la préexistence des âmes. Quoique Moïse ne dise rien de la création des anges, on ne peut douter qu'il n'en ait eu connaissance, puisqu'en plusieurs endroits de ses livres il parle des esprits célestes. Arnauld croit qu'il les a compris dans la création du ciel. Du reste, l'auteur s'attache plus au sens moral et allégorique qu'au sens littéral dans tout ce qu'il dit sur l'ouvrage des six jours.

Autres écrits d'Arnauld. — Dom Mabillon, étant à Cîteaux, transcrivit deux ouvrages de l'abbé de Bonneval. L'un avait pour titre : *Des dons du Saint-Esprit*, et l'autre un Commentaire sur le psaume CXXXII, divisé en cinq homélies. Ces deux opuscules ont été publiés par Casimir Oudin, à Leyde, 1692. Les *Méditations* d'Arnauld se trouvent dans l'édition des œuvres de saint Cyprien, Oxford, 1682. On conserve à Clairvaux un commentaire sur la prophétie d'Isaïe ; Trithème parle de ses lettres dans le Catalogue qu'il donne de ses ouvrages ; il n'est pas douteux qu'il n'en ait publié un grand nombre, et Arnould, évêque de Lizieux, fait même mention de plusieurs, mais aucune n'est arrivée jusqu'à nous.

ARNOBE L'Ancien, rhéteur distingué, se rendit célèbre par un écrit qu'il publia contre les païens, ce qui le fit ranger au nombre des apologistes de la religion chrétienne. Il naquit à Sicque, en Numidie, dans le IIIe

siècle; cette ville, comme on sait, faisait partie de la province proconsulaire d'Afrique. Chargé d'enseigner la rhétorique dans sa patrie, son savoir et son éloquence lui acquirent une grande réputation. Dans ces premiers temps, dit Origène, l'Esprit de Dieu frappait souvent les âmes d'une impression subite, par un songe ou une vision qui les portait à embrasser le christianisme. Arnobe, pressé par une impulsion de cette nature, quitta aussitôt le paganisme, pour obéir à une voix qui lui parla d'en haut, et dans laquelle il crut reconnaître la volonté de Dieu. Mais comme, dans ses leçons, il s'était jusque-là fortement prononcé contre la religion chrétienne, l'évêque de Sicque exigea, avant de l'admettre au baptême, qu'il constatât sa conversion par quelque acte public. Ce fut pour remplir cette condition qu'Arnobe, qui souhaitait vivement d'être baptisé, parce que son retour était sincère, composa plusieurs écrits pleins de force et d'éloquence, et dont il ne nous reste plus que ses sept livres contre les gentils. Dès lors l'Eglise s'empressa d'ouvrir la barrière qu'elle tenait fermée devant lui, et l'admit avec bonheur dans son sein. Trithème a même prétendu qu'il fut par la suite élevé aux ordres sacrés; mais aucun des anciens n'a parlé de cette circonstance, ni de ce qu'il fit, même après son baptême. Son nom a été célèbre dans toute l'antiquité, soit par les nouveaux écrits qu'il composa et que nous n'avons plus, soit pour avoir été le maître de Lactance; celui de tous les Pères latins qui a écrit avec le plus de netteté et de politesse, et dont le style se rapproche davantage de l'éloquence de Cicéron. Selon l'opinion la plus commune, l'ouvrage d'Arnobe date du commencement du IV° siècle, au temps de la persécution de Dioclétien. On croit que le dernier livre ne nous est pas parvenu dans toute son intégrité. La meilleure édition de ses Œuvres est celle revue par Saumaise et publiée à Leyde en 1651. On la préfère à toutes les autres, à cause de la correction du texte, mais plus encore à cause des notes critiques que plusieurs savants y ont jointes. C'est cette édition de choix que M. l'abbé Migne a reproduite dans sa collection universelle des Pères et des Docteurs de l'Eglise, collection enrichie encore de tout ce qu'ont produit de plus remarquable, sur le dogme, la morale et la discipline, les autres écrivains ecclésiastiques:

CONTRE LES GENTILS. 1er *Livre*. — Comme nous l'avons dit, nous n'avons que sept livres d'Arnobe contre les gentils; et on convient généralement qu'il n'en composa pas davantage. Quelques éditions ont bien parlé d'un VIIIe livre, mais il est bien reconnu aujourd'hui que ce livre était l'œuvre de Minutius Félix.

Dès le début de son premier livre, il avoue sans peine que si la religion chrétienne était la cause de toutes les calamités publiques, comme les païens l'en accusaient, ce serait là une preuve évidente de sa fausseté. Mais il fait ressortir en même temps tout le vide de cette accusation, en démontrant que tous les fléaux dont ils rejetaient la cause sur le mépris de leurs dieux, s'étaient fait sentir bien des fois déjà avant l'établissement du christianisme. Au contraire, c'était depuis la prédication de l'Evangile que ces calamités étaient devenues moins fréquentes, tandis que s'il était vrai que les chrétiens fussent la cause des guerres, des famines, des pestes et autres fléaux semblables, ils auraient dû, depuis trois cents ans, les subir sans interruption, à moins que les païens ne veuillent faire de leurs dieux des dieux de théâtre, qui, dans le premier moment se fâchent et s'apaisent sans raison, pour s'irriter plus tard au souvenir des injures qu'on leur a faites, sans faire attention même qu'ils les avaient pardonnées; ce qui ne peut convenir à un vrai Dieu. La persécution contre les chrétiens était donc une persécution injuste, puisqu'il était prouvé qu'ils n'adoraient pas d'autre Dieu que le souverain Créateur de toutes choses, éternel, infini, incorporel, qui existait avant toutes les fausses divinités, sans être limité par aucun temps ni resserré par aucun espace. Mais, disaient les païens, ce n'est point pour adorer un être souverain que vous encourrez l'indignation de nos dieux; mais c'est parce que vous rendez des honneurs divins à un homme mort sur une croix. « Mais, répliquait Arnobe, vos dieux sont donc des envieux et des jaloux, puisqu'ils trouvent mauvais qu'on accorde à un autre les honneurs qu'ils acceptent les bien pour eux-mêmes parce qu'on a bien voulu les leur décerner avant qu'ils eussent rien fait pour les mériter. Vous êtes donc injustes, quand, adorant des hommes qui ont été sujets à toutes les infirmités humaines, vous trouvez à redire que les chrétiens adorent Jésus-Christ, qui leur a fait mille fois plus de bien que les païens n'en ont jamais reçu de tous leurs dieux ? Le supplice de la croix ne porte aucune atteinte à la gloire de Jésus-Christ, l'ignominie de cette mort n'enlève rien à l'éclat de ses discours ni de ses œuvres; il l'a endurée, non parce qu'il la méritait, mais par la cruauté de ceux qui l'ont fait mourir. »

Arnobe prouve ensuite la divinité de Jésus-Christ, d'abord par le grand nombre de miracles qu'il a opérés, non avec le secours de la magie, comme on avait l'impudence de le soutenir, mais par sa puissance personnelle et divine; ensuite par la rapide propagation de sa doctrine, quoiqu'il n'eût employé pour la répandre dans le monde que des gens sans lettres et sans nom.

Mais les païens niaient tous ces faits; ils soutenaient que les livres des chrétiens où ils se trouvaient consignés étaient l'œuvre d'hommes ignorants et grossiers, qui n'avaient pas moins péché contre la vérité de l'histoire que contre la pureté de la langue dans laquelle ils avaient écrit. Arnobe n'a pas de peine à démontrer toute la fausseté de cette accusation: En effet, y a-t-il apparence que ceux qui ont écrit la vie de Jésus-Christ aient été assez fourbes pour se dire témoins oculaires de faits qu'ils n'avaient point vus, ni assez fous pour les aller débiter par le monde, sans autre espérance que d'encourir la haine des nations et de s'exposer à la mort? Si les miracles de Jésus-Christ n'avaient pas été plus clairs que le jour, on n'eût jamais vu tant de peuples, si éloignés les uns des autres, si différents dans leurs mœurs, dans leurs coutumes, dans leur langage, se réunir pour l'embrasser de tous les points de l'univers.

Si Jésus-Christ est Dieu, disaient encore les païens, pourquoi s'est-il montré comme un homme et pourquoi est-il mort ainsi ?— C'était, répond Arnobe, afin de converser avec les hommes, de les faire jouir de sa présence, et d'accomplir ainsi l'œuvre de leur rédemption; du reste, il est mort, non comme Dieu, mais comme homme, par un effet de sa volonté et sans que ses ennemis eussent jamais pu réussir à l'y contraindre.

II° *Livre.* — Un grand sujet de plainte de la part des païens, c'était que Jésus-Christ avait entièrement aboli le culte de leurs dieux. — « C'est vrai, leur répond Arnobe, mais en cela Jésus-Christ est bien moins digne de votre haine que de votre amour, puisqu'il vous fait connaître l'objet de la véritable religion, le seul vrai Dieu, que tout homme est naturellement forcé d'admettre et de proclamer comme l'auteur de tout bien et le créateur de l'univers. » La multitude des conversions à la foi de l'Évangile, la constance des martyrs dans les tourments, les progrès de la religion au fort des plus sanglantes persécutions, lui fournissent des arguments pour prouver que c'est à tort qu'on accusait les chrétiens de légèreté dans leur croyance, puisque Jésus-Christ a attesté la vérité de sa doctrine par des miracles incontestables, tandis que Platon, Cronius, Numénius et tous les philosophes dont les païens suivaient les opinions, ne les avaient autorisées par aucun prodige. Au contraire, l'opinion de Platon sur la nature et l'origine de l'âme est fausse en principe et d'une conséquence dangereuse pour les mœurs; on en peut dire autant de celle d'Épicure, qui enseignait que l'âme mourait avec le corps. Arnobe soutient que l'âme est immortelle; mais il avoue ingénûment qu'il ne sait point d'où elle tire son origine; ce qui peut s'ignorer sans préjudice de la foi et sans que les païens en puissent tirer aucun avantage contre la religion, puisque la création du monde, le lieu et la situation du soleil et de la lune, le changement des saisons, étaient pour eux autant de mystères impénétrables.

Il répond ensuite à plusieurs questions que les païens proposaient sur la manière dont Jésus-Christ a racheté le monde. Il dit que les âmes de ceux mêmes qui sont morts avant sa venue ont eu part aux bienfaits de cette rédemption universelle; que Jésus-Christ appelle indistinctement tous les hommes au salut; qu'il leur accorde également à tous le pouvoir de venir à lui, sans exception d'âge, de sexe, de condition ni de personne, mais qu'il laisse à chacun la liberté de profiter ou de ne pas profiter de cette grâce; cependant, quoiqu'il ne contraigne personne d'ajouter foi à ses promesses, lui seul a le pouvoir de doter nos âmes du salut et de l'immortalité. C'est moins l'antiquité de son établissement que par la grandeur du Dieu qu'elle adore, qu'on doit estimer une religion; les dieux des païens ne subsistaient pas il y a deux mille ans ; tandis que le Dieu tout-puissant des chrétiens n'est point né dans le temps, mais qu'il est éternel, ou plutôt l'éternité même. On ne peut donc leur reprocher d'adorer un Dieu nouveau, mais un Dieu dont ils ont ignoré longtemps l'existence, quoique de tout temps les honneurs divins lui fussent dus. Ils ne sauraient dire pourquoi il a tant tardé d'envoyer son Christ; mais ils sont convenus que tout ce qui regarde notre salut s'est accompli à l'heure et d'après l'ordre arrêté dans les décrets immuables de la Divinité. C'est à tort que les persécutions auxquels les chrétiens sont exposés leur servent de prétexte d'accuser le Dieu de l'Évangile, puisque leurs dieux eux-mêmes ne les mettent pas à couvert de la peste, de la guerre et de tant d'autres fléaux dont ils ont été affligés dans tous les temps. D'ailleurs, il importe peu aux chrétiens d'être persécutés en ce monde, puisque, n'ayant rien à y espérer, il n'ont rien à y perdre, et que la mort, qui les en fait sortir, leur ouvre les portes de l'éternité.

III° *et* IV° *Livres.* — Dans ces deux livres, Arnobe explique par diverses raisons le refus que faisaient les chrétiens d'adorer les idoles. La première, c'est que, reconnaissant pour Dieu le souverain maître du ciel et de la terre et le créateur de toutes choses, ils n'étaient nullement dans l'obligation d'en adorer d'autres; d'autant plus que les païens n'avaient jamais pu leur prouver qu'il en existât, et qu'ils ignorent eux-mêmes où résident ceux qu'ils adorent comme des dieux; ils n'en connaissent pas le nombre, et ils sont absolument incapables de donner une raison des différents noms sous lesquels ils les invoquent. Les autres raisons sont prises dans la nature même de la divinité et s'expliquent toutes seules : en effet, il est facile de comprendre que les chrétiens ne pouvaient s'expliquer qu'un être immortel, aussi grand et aussi parfait que Dieu, pût être de différents sexes, mâle et femelle tout ensemble. Les dieux des païens étaient non-seulement matériels et revêtus d'un corps, mais ils n'en adoraient aucun qui n'eût exercé quelque art ou quelque métier sur la terre. Les uns avaient été médecins, les autres chasseurs, d'autres pasteurs, et ainsi du reste; la plupart n'étaient que des choses personnifiées, c'est-à-dire des mots vides, des noms sans réalité : tels étaient les dieux de la *Paix,* de la *Concorde,* de la *Victoire,* auxquels ils ne laissaient pas cependant de consacrer des temples et des autels. C'est donc en vain qu'ils prétendaient que ces dieux, invoqués par leurs devins ou aruspices, et appelés par leur nom, se présentaient d'eux-mêmes et répondaient exactement à ceux qui venaient les consulter. Rien n'était moins avéré que ces faits, et, au contraire, on voyait souvent que ces sortes d'oracles étaient suivis d'un effet entièrement opposé aux promesses de la prédiction. Ce qui rendait encore le culte des dieux indigne de tout esprit raisonnable, c'est qu'il y en avait plusieurs du même nom, trois Jupiters, quatre Vulcains, trois Dianes, quatre Vénus, en sorte qu'il était impossible de distinguer entre eux quel était le véritable Jupiter ou le véritable Vulcain. Outre cela, leur origine était honteuse et infâme, et les païens eux-mêmes n'hésitaient pas à les reconnaître pour coupables de plusieurs crimes, comme de vols, d'adultères, de rapts, d'homicides et autres actions de cette nature. Certes ! ils n'auraient pu sans impiété leur attribuer de tels forfaits, ni permettre à leurs poëtes de les représenter sur la scène, s'ils n'avaient eu foi dans la vérité de ces imputations.

Ve *Livre.* — Les différents événements de la vie des dieux fournissent encore à Arnobe les preuves de la fausseté de leur culte. En effet, les moyens employés par Numa Pompilius, second roi de Rome, pour apprendre de Jupiter l'expiation des foudres, c'est-à-dire les pratiques religieuses à observer pour détourner la colère du ciel; les amours de Cybèle et d'Atys, celles de Jupiter; celles de la Bonne Déesse, que son mari Faunus fit mourir à coups de bâton, parce qu'elle avait bu avec excès et qu'elle s'était enivrée; les orgies qui se commettaient dans les Bacchanales et les autres fêtes des dieux, ne sont guère propres à fournir des arguments en faveur de leur divinité. Il est vrai que les païens donnaient à toutes ces histoires un tour mystérieux; mais Arnobe leur démontre qu'ils le faisaient sans fondement. D'ailleurs, si toutes les actions des dieux étaient des mystères, c'était une témérité à eux de les exposer, comme ils le faisaient, aux yeux de tout le monde, et bien plus, une impiété révoltante d'appliquer leurs noms à des choses indignes, à des actions sales et déshonnêtes. C'est ainsi qu'ils avaient déshonoré le nom de Vénus, en en faisant le symbole de l'impudicité.

VIe et VIIe *Livres.* — Après avoir ainsi fait ressortir le ridicule et l'odieux du polythéisme, Arnobe emploie le reste de son ouvrage à détruire les objections que les païens formulaient contre la religion chrétienne. La principale était que les chrétiens n'avaient point de temples. Arnobe avoue le fait, et il dit que les chrétiens en agissaient de la sorte, dans la conviction que ce serait faire injure à la Divinité que de l'enfermer entre des murailles, et de la soumettre aux besoins d'une demeure matérielle, comme tous les êtres vivants de la création. Dieu a tout créé, il pourvoit aux besoins de chaque être, et lui-même n'a besoin de rien. — Ce n'est point pour mettre nos dieux à l'abri des injures de l'air que nous leur bâtissons des temples, répondaient les païens, mais c'est afin que nous puissions leur parler de plus près, nous entretenir en quelque sorte avec eux, et jouir de toute la plénitude de leur présence; d'autant que nous savons par expérience qu'ils n'entendent point lorsqu'on les invoque en plein air. C'est une erreur qu'Arnobe réfute sans peine au profit du christianisme, puisqu'il est dans la nature même du vrai Dieu d'entendre, dans tous les endroits du monde, les prières qu'on lui adresse, de pénétrer même jusqu'aux plus secrètes pensées de ceux qui l'invoquent, et d'être également présent en tout lieu, en remplissant l'univers de son immensité.

Un autre chef d'accusation que les païens faisaient valoir contre les chrétiens, c'est qu'ils n'adoraient point d'idoles et ne leur offraient aucuns sacrifices. A quoi Arnobe répondait par ce raisonnement : Ou il est assuré que les dieux sont dans le ciel, ou cela n'est pas certain. Dans le premier cas, c'est donc à eux, et non pas aux idoles qui les représentent, qu'il faut adresser ses prières; dans le second cas, pourquoi ériger des statues à des êtres dont on suspecte la divinité? Ensuite il leur démontre que c'était une folie à eux de croire qu'aussitôt après leur consécration, ces idoles devenaient la demeure de la divinité; paraît-il vraisemblable que ces prétendues divinités consentissent à quitter le ciel, qu'on suppose être leur demeure naturelle, pour venir habiter dans des idoles, qui ne sont pas même capables de les mettre à couvert des insultes de leurs ennemis, puisqu'on est obligé d'employer des chiens pour veiller à leur conservation? Quant aux sacrifices, Arnobe soutient qu'on ne doit point en offrir aux dieux; et il se fonde premièrement sur l'autorité de Varron, qui dit en termes exprès que les dieux se soucient peu des sacrifices et n'en exigent de personne; secondement, parce qu'on ne peut offrir de sacrifices aux dieux que pour deux raisons : ou bien afin qu'ils se nourrissent des viandes qui leur sont immolées, ou bien pour apaiser leur colère et se les rendre favorables. Or ces deux motifs sont également déraisonnables et impies, puisqu'il ne convient aux dieux d'être sujets ni au besoin, ni à la passion, ni à la colère, ni à la faim.

Sur la fin de son ouvrage, Arnobe s'applique à démontrer la fausseté de plusieurs histoires que les païens avaient inventées pour autoriser le culte de leurs dieux. Mais il ne répond point à une objection qu'il s'était adressée lui-même à propos de la foudre qui tomba sur le Capitole, et de la statue de Jupiter qui fut renversée. C'est ce silence que les critiques et les commentateurs n'acceptent que comme une lacune qui les autorise à affirmer que son ouvrage n'est pas complet, ou que du moins le dernier de ses livres n'est jamais parvenu tout entier jusqu'à nous.

Arnobe, au jugement de saint Jérôme, est inégal et confus, et on ne trouve ni ordre ni méthode dans ses ouvrages. L'enseignement de la rhétorique qu'il professait, l'ayant obligé de lire les auteurs profanes anciens et modernes, il s'était rendu très-habile dans la théologie païenne, où il puisa depuis les arguments qui lui servirent à la terrasser; mais, comme tous les nouveaux convertis qui connaissent mieux le faible de la religion qu'ils abandonnent que les dogmes de la religion qu'ils embrassent, il montra plus d'habileté à combattre le paganisme qu'à défendre le christianisme. Il écrivit son ouvrage n'étant encore que catéchumène, avant d'avoir eu le temps de s'instruire des dogmes de la religion. C'est ce défaut d'instruction qui l'a fait tomber dans quelques erreurs sur l'origine et la nature de l'âme, et sur d'autres vérités importantes très-mal présentées dans ses livres. Mais ces inadvertances ou ces oublis ne doivent pas tirer à conséquence pour son orthodoxie, d'autant qu'il ne s'est point attaché opiniâtrement aux erreurs qu'on lui reproche, et que, dans d'autres passages, il s'explique plus exactement sur ces vérités. Vossius appelle Arnobe le Varron des écrivains ecclésiastiques. Son style africain est dur, enflé, et quelquefois obscur jusqu'à la confusion; on y remarque cependant une certaine élégance, de l'énergie, des tours délicats, des raisonnements subtils. Il a du talent pour une raillerie fine et ingénieuse dans la manière dont il représente la théologie païenne; mais s'il se permet quelquefois la satire, il ne s'oublie jamais jusqu'à la personnalité. Jamais il ne cite l'Écriture, et quoiqu'il rapporte plusieurs miracles contenus dans les saints Évangiles, il les expose sans indiquer la source; ce qui donne lieu de croire qu'il les connaissait plutôt pour les avoir entendus raconter, que pour les avoir lus lui-même dans les livres sacrés. Cependant il déclare assez clairement qu'avant d'écrire en faveur de la religion chrétienne, il avait parcouru les ouvrages des Pères qui avaient traité la même matière avant lui. Il emprunte même très-souvent les propres paroles de saint Clément d'Alexandrie, mais sans le citer. Il en use de même à l'égard de Cicéron, dont il a copié tant de choses, que saint Jérôme n'hésite pas d'affirmer que les sept livres d'Arnobe ne sont presque qu'un abrégé des Dialogues de cet orateur; mais n'est-il pas excusé par son titre de rhéteur et de professeur d'éloquence? Quoi qu'il en soit, Arnobe mérite une belle place parmi les apologistes de la religion chrétienne, et à l'époque où il les écrivit, ses livres venaient dans leur temps, et ne pouvaient manquer d'arriver à leur adresse.

ARNOBE, que l'on a surnommé LE JEUNE, pour le distinguer d'un autre écrivain du même nom qui florissait vers la fin du v° siècle, sous le règne de l'empereur Dioclétien, était, suivant l'opinion la plus commune, d'origine gauloise. La manière dont il parle de la grâce donne lieu de croire qu'il écrivait dans un temps où ces matières agitaient et divisaient les docteurs. Il prend visiblement le parti des semipélagiens contre la doctrine de saint Augustin et de ses disciples; ce qui fait supposer qu'il vivait vers le milieu du v° siècle. Ce qu'il rapporte de la désolation des villes et des provinces dont il attribue la cause à l'inobservance de la discipline ecclésiastique, convient surtout à cette époque. Il est un endroit de son commentaire sur le psaume cv, dans lequel il semble se ranger au nombre des évêques, ou tout au moins des prêtres, puisqu'il rappelle qu'il était nourri avec les autres, des oblations que l'on faisait pour les morts.

Nous avons de lui un *Commentaire sur les Psaumes*. Perdu pendant longtemps, ce livre fut retrouvé, dans le monastère de Frankendal, entre Spire et Worms, avec la dédicace adressée par Arnobe lui-même à Léonce et Rustique, deux évêques qui l'avaient engagé à l'entreprendre. Il profita, pour le composer, de tout ce qu'il trouva de bon dans les anciens interprètes, et principalement dans Origène, ce qui porte à croire qu'il eut quelque connaissance de la langue grecque. Il expose d'abord le psaume tout entier, puis il en donne une explication abrégée, si succincte, qu'elle ne peut être considérée que comme une espèce de paraphrase. Le but qu'il se propose dans ce Commentaire, c'est de découvrir dans les psaumes toute l'économie de l'Incarnation. C'est pourquoi il s'attache exclusivement au sens allégorique, et rapporte à Jésus-Christ et à son Église le texte entier des psaumes. Dans son commentaire sur le psaume CIX, il réfute l'hérésie de Photin, qui n'a commencé à paraître que vers l'an 347, c'est-à-dire plusieurs années après Arnobe l'Ancien, qui a écrit contre les gentils. (*Voy.* l'art. précédent.) En expliquant le psaume CXXXVIII, il se sert de quelques expressions africaines, et de certaines façons de lire que saint Augustin reprenait dans le peuple d'Hippone; quelques-uns en ont conjecturé qu'Arnobe le Jeune était Africain de naissance, et qu'il avait écrit ses Commentaires pour l'usage de cette province; mais ne pouvait-il pas tout aussi bien avoir emprunté ces locutions aux interprètes dont il s'était servi?

On ne peut pas apporter la même excuse pour les endroits où il favorise ouvertement les erreurs des semipélagiens. On voit bien dans ces passages que c'est lui qui parle en son nom, et qu'il y propose, non le sentiment des autres, mais son sentiment propre et personnel. Il y établit, à l'exemple de ces hérétiques, une grâce générale prévenante, qu'il fait consister dans l'incarnation du Fils de Dieu pour le salut des hommes, dans les exemples de vertu qu'il leur a laissés; dans ses instructions, dans ses miracles, dans sa passion et dans l'accomplissement de tous les autres mystères qui ont dépendu de la volonté de Dieu sans que les hommes même aient songé à les demander. C'est dans son Commentaire du psaume cxlvi qu'il s'en explique surtout catégoriquement. Après avoir établi cette grâce générale qui prévient la volonté de tous les hommes, il dit que la volonté de l'homme prévient à son tour la grâce de Dieu dans le baptême; qu'il croit déjà, avant de recevoir ce sacrement, qu'il commence par offrir au prêtre une volonté parfaite, qu'il fait profession orale de la foi, et que c'est par ces degrés différents qu'il s'élève jusqu'à la grâce sanctifiante que le baptême lui confère. Il ajoute que l'homme peut publier cette grâce, parce que la foi, jointe au désir lui a fait obtenir tous les dons de Dieu. Ce n'est pas seulement en passant et par irréflexion qu'il enseigne cette doctrine, condamnée depuis dans le concile d'Orange, mais c'est avec une intention arrêtée et en répondant aux objections des disciples de saint Augustin. Il les traite de *prédestinatiens*, terme inventé par les hérétiques pour rendre odieux ceux qui suivaient la doctrine du saint docteur. Comme eux, Arnobe traite d'hérésie la doctrine de la prédestination; il soutient qu'elle détruit le libre arbitre, en mettant l'homme dans la fatale nécessité de pécher. Il rejette absolument la double prédestination, soutenant qu'on ne pouvait l'appuyer, ni sur ces paroles de saint Paul : *Jacob dilexi, Esau autem odio habui* ; et ailleurs: *Cui vult miseretur et quem vult indurat*, ni sur un autre texte de l'Ecriture. En expliquant ce passage du psaume xc : *Cadent a latere tuo mille, et decem millia a dextris tuis*, il remarque que le prophète ne dit rien du côté gauche, qui représente le libre arbitre : mais qu'il ne parle que du côté droit, parce que c'est dans la droite qu'est le secours de Dieu; cependant ce n'est pas sans raison qu'il a nommé en premier lieu le côté, parce qu'il est au pouvoir de notre libre arbitre de croire d'abord, et d'obtenir ensuite la grâce par le mérite de la foi. Dans sa paraphrase du psaume L, il remarque que David ne dit pas qu'il a été conçu avec le péché, mais dans le péché : *Ecce enim in iniquitatibus conceptus sum, et in peccatis concepit me mater mea*. Il désignait par là le péché de sa mère, et non pas un péché qui fût commun à l'humanité tout entière; parce que tout péché se forme d'abord dans le cœur, et s'accomplit ensuite par la parole et par les œuvres. Ainsi celui qui ne fait que de naître se trouve enveloppé dans la condamnation d'Adam, mais il n'a point de péché qui lui soit propre. Il est vrai que ces dernières paroles peuvent s'entendre du péché actuel, dont les enfants ne sont pas capables; et cette interprétation paraît d'autant plus juste, qu'Arnobe lui-même reconnaît ailleurs que tout le genre humain a péri dans la prévarication d'Adam, et que c'est pour lui rendre la vie que le Fils de Dieu s'est fait homme; c'est le péché d'Adam qui nous a fait mourir, c'est la mort de Jésus-Christ qui nous a rendu la vie. Il y a même plusieurs endroits, dans son commentaire, où il parle de la grâce en catholique, confessant la nécessité de son secours pour être délivré des agitations qui troublent notre cœur. Il appelle Jésus-Christ notre force et la lumière de nos yeux. Il dit ailleurs, et contre les pélagiens qui croyaient à la toute-puissance du libre arbitre, que c'était se tromper que de prétendre que le libre arbitre fût assez fort pour pouvoir se passer du secours de Dieu. Il remarque avec raison que s'il est dangereux de dépouiller l'homme de son libre arbitre, parce que ce serait ôter le péché et ouvrir la porte à toutes sortes de dissolutions, il ne l'est pas moins d'accorder tant de puissance au libre arbitre, qu'il n'ait plus besoin de la force du Seigneur. Il dit encore qu'il ne faut pas présumer du libre arbitre qui nous a été donné, mais tout attendre de Dieu, parce que le libre arbitre est quelquefois vaincu, tandis que Dieu ne peut jamais l'être. Enfin il enseigne que la nature humaine étant aussi faible qu'elle l'est devenue par suite de la corruption du péché, elle ne peut rien faire de bien sans le secours de la grâce, et sans que la volonté de l'homme soit dirigée par la volonté du Créateur.

Mais toutes ces façons de parler étaient souvent communes aux semipélagiens. Ils reconnaissaient des grâces générales accordées à tous les hommes; ils ne faisaient pas difficulté d'avouer que le libre arbitre avait besoin de la grâce de Jésus-Christ pour opérer le bien; ils admettaient encore l'existence du péché originel et la nécessité du baptême, imposée même aux enfants pour être sauvés. Toutefois cela ne les empêchait pas d'enseigner, en même temps que la grâce nous est donnée suivant nos mérites, que la persévérance dans le bien dépend du libre arbitre, qui établit aussi la différence entre ceux qui veulent et ceux qui ne veulent pas être sauvés. La grâce générale, qui, dans le sentiment d'Arnobe, prévient la volonté de l'individu, n'est qu'une grâce extérieure, également commune aux fidèles et aux infidèles. Il dit nettement, comme nous venons de le remarquer, que le bon mouvement de notre volonté suffit pour nous mériter la grâce justifiante que nous recevons dans le baptême. Il fonde ce mérite sur les bons désirs et sur la foi de l'homme, qu'il attribue non à la grâce intérieure et excitante, mais au libre arbitre. S'il enseigne que Dieu nous prévient par ses grâces générales, il enseigne aussi que nous prévenons la grâce de Dieu par notre bonne volonté, et qu'en nous la foi précède la grâce que nous recevons au baptême. — Du reste Fauste de Riez tenait absolument le même langage ; il s'appuyait comme Cassien, de l'exemple de Corneille le centurion, en qui ils soutenaient l'un et l'autre que la bonne volonté avait prévenu la grâce de Dieu.

On a plusieurs éditions des *Commentaires d'Arnobe sur les Psaumes*, mais la meilleure parmi les anciennes, est celle imprimée à Lyon en 1677, et insérée dans la *Bibliothèque des Pères*. C'est celle qu'a reproduite, en la perfectionnant, M. l'abbé Migne, dans son *Cours complet de Patrologie*. Ces Commentaires sont suivis de petites annotations sur certains passages des Evangiles de saint Jean, de saint Matthieu et de saint Luc. Quoique, dans toutes les éditions précédentes, ces annotations soient publiées sous le nom d'Arnobe, toutefois on n'a aucune preuve positive qu'elles soient réellement de lui. La seule induction probable, c'est que l'auteur de ces notes rappelle la manière d'Arnobe, en expliquant presque toujours l'Ecriture sainte dans un sens allégorique.

On trouve aussi dans cette même *Bibliothèque des Pères*, reproduite par notre édition, un Dialogue ou Dispute entre un catholique qui prend le nom d'Arnobe et un disciple d'Eutychès, nommé Sérapion. Le fond de cette discussion est le mystère de la Trinité et celui de l'Incarnation ; mais l'auteur y touche en même temps de l'accord de la grâce et du libre arbitre. Feuardent et quelques autres critiques attribuent cet écrit à l'auteur du *Commentaire sur les Psaumes*, et les raisons qu'ils en donnent sont que ces deux ouvrages sont écrits avec la même précision et la même vivacité de pensées, que le style en est également négligé, que les mêmes expressions s'y reproduisent souvent, et que l'on y combat les mêmes erreurs. On peut ajouter à ces témoignages celui d'Alcuin, qui cite cet ouvrage sous le nom d'Arnobe, nom que plusieurs anciens manuscrits lui ont conservé. Cependant, si ce dialogue est réellement de lui, il faut qu'Arnobe ait bien changé de sentiment sur la grâce ; car dans son Commentaire il se déclare en plusieurs endroits contre la doctrine de saint Augustin, sans toutefois le nommer, tandis que dans sa conférence avec Sérapion il ne parle qu'avec éloge de ce savant docteur de l'Eglise. Il soutient que sa doctrine ne diffère en rien de celle des apôtres, qu'il l'embrasse avec le même respect, et qu'il en prend la défense avec le même dévouement. Enfin il adhère partout à ce que saint Augustin dit de la grâce et de sa nécessité pour surmonter les tentations.

La conformité de style, de doctrine et d'expressions fit encore attribuer à Arnobe un ouvrage intitulé, *Prædestinatus*, parce que l'auteur y combat certains hérétiques qu'il appelle *prædestinatiens*; mais la plupart des anciens critiques lui en ont vivement contesté la propriété. Hincmar l'attribue à Hygin, qui avait écrit une *Histoire des hérésies*; d'autres à Primase, disciple de saint Augustin, et le célèbre Mabillon ne s'éloigne pas trop de ce sentiment ; Piccinardi soutient que le *Prædestinatus* est, ou de Vincent de Saint-Victor, contre qui saint Augustin écrivit ses quatre livres *sur l'Origine de l'âme*, ou du prêtre Vincent, qui, d'après Gennade, composa un *Commentaire sur les Psaumes*. De toutes ces opinions, celle qui l'attribue à Arnobe le Jeune nous paraît la plus vraisemblable. Cet ouvrage est évidemment du milieu du ve siècle, époque de son Commentaire, dans lequel on retrouve le terme de *prædestinatiens*, employé exactement dans le même sens qu'au IIIe livre du *Prædestinatus*. Ce qu'Arnobe dit de la volonté de l'homme qui précède la grâce du baptême, le *Prædestinatus* le dit du baptême et de la pénitence. Le Commentaire, en établissant une grâce générale prévenante, la fait consister dans l'action par laquelle, indépendamment de la volonté et du désir de l'homme, Dieu s'est incarné pour lui, afin de le porter à la vertu par ses exemples. Le *Prædestinatus* fait consister aussi la grâce qui précède la volonté de l'homme dans la révélation par laquelle Dieu lui montre la vie éternelle, pour qu'il y établisse son plaisir, et le feu éternel, afin que la crainte de ce châtiment le lui fasse éviter. Cette grâce, dit-il, précède la volonté de l'homme, parce qu'elle le presse et l'invite à venir. Enfin, comme Arnobe dans son Commentaire, l'auteur du *Prædestinatus* affirme que le Fils de Dieu est venu délivrer le monde de la mort, sans que les hommes l'aient voulu ni même demandé, et qu'il est descendu du ciel pour y remonter et y faire entrer tous les hommes avec lui.

Les renseignements que l'antiquité nous a laissés sur Arnobe nous paraissent si vagues, si incertains, que nous n'adoptons aucune opinion sur ces deux derniers écrits ; nous laissons chacun libre de se former la sienne.

ARNOLD, moine de Saint-Mathias, à Trèves, se rendit utile au public, vers la fin du XIe siècle, en enseignant les lettres dans cette abbaye, et en écrivant sur diverses matières intéressantes. En réponse à une lettre flatteuse qu'il avait reçue de Marianus Scotus, il lui adressa un traité du *Comput ecclésiastique*. Il composa aussi un livre en vers sur les *Proverbes* de Salomon et un autre du *Cyclepascal*, ou de la manière de trouver Pâques.

ARNOLD, évêque d'Halberstadt, n'est connu que par une lettre qu'il écrivit à Henri, évêque de Virtzbourg, à propos de l'érection de l'évêché de Bamberg. Ce prélat, qui n'avait consenti à la mutilation de son diocèse qu'à la condition qu'on lui accorderait le titre d'archevêque et que le nouvel évêché lui serait soumis, témoignait tout haut son mécontentement de ce qu'on lui avait manqué de parole. Au mois de novembre de l'année 1007, il refusa de se trouver à l'assemblée de Francfort, où le roi voulait faire souscrire une lettre par tous les évêques de son royaume. C'est à cette occasion qu'Arnold d'Halberstadt, qui était son ami, lui écrivit une lettre très-pressante, dans laquelle il lui remontrait qu'il n'avait aucune raison de se roidir contre les intentions du roi Henri. Si le diocèse de Virtzbourg perdait quelque peu de terrain dans l'érection de Bamberg en évêché, en échange, son Eglise y gagnait les avantages de la fécondité par la production d'une nouvelle Eglise. Cette lettre a été publiée dans les *Mélanges* de Baluze. Il paraît qu'Arnold en avait écrit plusieurs autres au même prélat, mais elles ne sont pas venues jusqu'à nous.

ARNOLD, autre écrivain du même temps, naquit en Allemagne d'une famille distinguée. Il renonça aux dignités de sa maison, pour se consacrer à Dieu dans le monastère de Saint-Emmeramm à Ratisbonne. Il en fut depuis prévôt et composa plusieurs écrits en l'honneur de ce saint, qui fut, dit-on, évêque de Poitiers dans les Gaules, mais qui abandonna son siége et son troupeau pour aller en Pannonie travailler à la conversion des infidèles, vers l'an 697. On a deux livres d'Arnold : l'un des miracles de ce saint évêque, et l'autre, qui est en forme de dialogue, traite des vertus des saints qui ont été enterrés dans son monastère. Ils sont imprimés tous les deux dans le IIIe volume des *Leçons* de Canisius. Arnold dit quelque chose, dans son premier livre, des évêques et ducs de Bavière, de saint Boniface, archevêque de Mayence, et promet de parler, dans le second, de saint Volfgang, évêque de Ratisbonne, et de saint Romuald, abbé dans la même ville. Saint Volfgang l'avait fait venir de Trèves pour le mettre à la tête du monastère de Saint-Emmeramm, depuis longtemps dépourvu d'abbé ; les évêques en portaient le titre, non pour en remplir les fonctions, mais pour en tirer les revenus. C'est par ce début qu'Arnold commence son second livre ; et il remarque que ce fut par ces évêques abbés que le relâchement s'introduisit parmi les moines. Il donne le catalogue des évêques de Ratisbonne, et raconte les miracles qui s'opéraient dans l'église de Saint-Emmeramm, au tombeau de saint Volfgang, avec la même candeur qu'il avait rapporté ceux de saint Emmeramm, dans le premier livre. Il compte cinq abbés dans son monastère depuis la mort de saint Romuald ; celui sous lequel il écrivait se nommait Udalric ; il avait été chanoine, et son mérite l'avait fait choisir pour abbé. Arnold donne de grands éloges à un serviteur de Dieu, nommé Gonthier, qui vivait encore, et à quelques autres qui s'étaient rendus recommandables, tant en France qu'en Italie.

Lettre. — Canisius ajoute aux deux opuscules que nous venons de citer, une lettre d'Arnold à l'abbé Burchard, prédécesseur d'Udalric, à qui il rend compte des premières années de sa conversion et de ses études. Il lut d'abord les livres des prophètes, mais il les quitta pour les écrits de saint Hilaire, de saint Ambroise, de saint Grégoire de Nazianze, de saint Chrysostome, de saint Jérôme, de saint Augustin, de saint Grégoire pape et de saint Isidore de Séville. Il porte un jugement sur leur style, et ajoute que plus il avait pris de plaisir à la lecture de leurs ouvrages, moins il en trouvait dans les écrits qui lui apprenaient l'histoire domestique de son monastère. Ayant entrepris, avec la permission de son abbé, de rétablir l'histoire de saint Emmeramm, il fut contrarié dans son travail par ses confrères, qui ne pouvaient souffrir qu'on touchât aux écrits des anciens, même pour les perfectionner. Arnold, cédant pour un temps, se retira en Saxe, emportant avec lui l'histoire de son saint fondateur. Il fit connaissance à Magdebourg avec Meginfroid, qui y tenait une école publique, et l'engagea à écrire lui-même la vie du saint martyr. Meginfroid demanda du temps, et pour gage de sa promesse, il donna à Arnold une hymne en vers saphiques à la louange de ce saint. L'ouvrage ne fut achevé qu'au bout de trois ans, quoique Meginfroid ne fît que corriger le style de Cirinus, le premier auteur. Arnold utilisa son séjour en Pannonie en composant des antiennes et des répons pour l'office de saint Emmeramm.

Homélie. — Dom Bernard Pez a donné, sur un manuscrit de la bibliothèque de Saint-Emmeramm, une homélie d'Arnold sur les huit béatitudes. Les pensées en sont solides et le style plus pur et plus correct que celui de ouvrages dont nous venons de parler. Par pauvreté d'esprit, il entend la pauvreté volontaire ; suivant lui, les pacifiques sont ceux qui s'appliquent non-seulement à avoir la paix avec eux-mêmes et avec Dieu, mais à apaiser les dissensions qui s'élèvent parmi leurs frères et à rétablir partout la concorde. Il compte une neuvième béatitude qui n'appartient qu'aux martyrs, celle qui consiste à souffrir la persécution de la part des hommes. Il fait, à cette occasion, un précis de la vie de saint Emmeramm, qui ne contient que ce que nous en avons dit plus haut. Suit un poëme acrostiche qu'Arnold ajouta à la Vie de ce saint composée par Meginfroid.

ARNOLF. — Sigebert parle d'un moine nommé Arnolf, à qui il attribue un poëme composé des plus belles sentences du livre des *Proverbes*, que l'auteur expliquait dans le sens littéral et allégorique. On ne sait si cet Arnolf est le même que le précédent.

ARNON, d'abord doyen, et ensuite successeur de son frère Géroch, dans la prévôté de Reicherspergh, en Bavière, vers l'an 1169, écrivit un long ouvrage *sur l'Eucharistie.* Voyant que Folmar, prévôt de Treffenstein en Franconie, le chargeait d'injures en ses écrits, et particulièrement dans sa lettre a l'archevêque de Saltzbourg, Arnon entreprit de le venger et d'établir la vérité de la présence réelle, contre laquelle Folmar avait débité quelques erreurs. De ce grand ouvrage, que l'on conserve tout entier dans les bibliothèques de Bavière, Stevart n'a rendu public, dans ses anciennes Leçons, que le prologue et le commencement du livre. On voit que, quoique Arnon en voulût particulièrement à Folmar, il n'était pas fâché de répandre et de propager partout l'apologie de son frère, dont il défend la personne et les sentiments. Les autorités qu'il emploie pour établir les dogmes de la foi, sont l'Écriture sainte et les Pères de l'Église. Outre son erreur sur l'eucharistie, où il disait que la chair de Jésus-Christ se trouvait sans les os et le sang sans la chair, sous les espèces du pain et du vin, Folmar donnait encore dans le nestorianisme ; mais il paraît que cette seconde erreur n'était qu'une conséquence de la première. Arnon les réfute l'une et l'autre dans son ouvrage. Stevart lui reproche d'être tombé lui-même dans l'erreur opposée des eutychiens ; mais il est si ordinaire, dans la chaleur de la réfutation, de laisser échapper quelques paroles peu exactes, que c'est plutôt sur le dessein général que sur quelques termes peu mesurés qu'on doit juger du sentiment de l'auteur. Il nous semble qu'il s'explique bien catholiquement sur la distinction des deux natures, lorsqu'il confesse avec l'Eglise que le Fils de la Vierge est aussi Fils de Dieu, que comme il est Dieu tout entier, il est aussi homme tout entier, et qu'on doit le reconnaître en même temps pour Fils de la Vierge et de Dieu. On peut voir aussi sur cet ouvrage le tome XIII de la *Bibliothèque des Pères*, édition de Cologne, et l'*Auctuarium* d'Aubert Le Mire. Arnon était un homme recommandable par sa piété sa science et son zèle pour la réforme des congrégations des Chanoines réguliers, comme on le voit dans un ouvrage intitulé : *Scutum canonicorum*, où il parle de la façon de vivre, des coutumes et des observances des Chanoines réguliers de son temps. Il y a beaucoup de piété et d'onction dans cet écrit et l'auteur y soutient que l'état de Chanoine régulier peut être aussi parfait que celui de moine. Cette pièce n'est pas une des moindres publiées dans le Ier tome des *Mélanges* de Raymond Duolli, Augsbourg, 1723. Arnon mourut au mois de janvier 1180, onze ans environ après son frère Géroch. La *Chronique de Reicherspergh* le qualifie d'*heureuse mémoire*.

ARNOUL, évêque d'Orléans. — L'Eglise d'Orléans, dans un assez court intervalle, posséda deux évêques du nom d'Arnoul : le premier qui succéda, en 970, à Ermenthée, son oncle ; le second qui fut promu à ce siège vers l'an 985 ; ce qui fait qu'on les a quelquefois confondus. C'est du dernier que nous allons parler. Il était d'une ancienne noblesse et riche en patrimoine. La seconde année de son épiscopat, Hugues Capet, qui venait d'être sacré à Reims, fit couronner son fils Robert à Orléans, pour lui assurer la succession. Quoique Séguin archevêque de Sens, fût le prélat consécrateur, il est hors de doute qu'Arnoul eut beaucoup de part à cette cérémonie, qui s'accomplit dans son église cathédrale, le 1er janvier 988. Il se trouva avec le même archevêque au concile qui se tint en 991 dans l'abbaye de Saint-Basle pour la déposition d'Arnoul, archevêque de Reims. Son savoir et son éloquence le firent choisir pour porter la parole et diriger la procédure. Il assista aussi, en 996, à celui de Saint-Denis, où, au lieu de traiter du rétablissement de la discipline, comme on en était convenu, les évêques ne s'occupèrent que des moyens de reprendre aux moines ou aux laïques les dîmes qu'on leur avait cédées. Il ne se passa rien de plus remarquable sous son épiscopat, et l'on croit généralement qu'il mourut en 997. Il nous reste de lui quelques discours et des lettres.

Discours au concile de Saint-Basle. — L'archevêché de Reims étant devenu vacant par la mort d'Adalbéron, Arnoul, fils naturel du roi Lothaire, fut mis à sa place. Quoique son élection eût été faite dans les règles, Gerbert d'Aurillac, qu'Adalbéron avait désigné pour son successeur, trouva moyen de la traverser. On formula contre Arnoul divers chefs d'accusation, dont un allait jusqu'au crime de lèse-majesté. Il se tint à ce sujet, le 17 juin de l'an 991, dans l'abbaye de Saint-Basle, à quatre lieues de Reims, un concile où se trouvèrent six évêques de cette province, un de la province de Bourges, trois de celle de Lyon, et trois de la province de Sens : entre autres, Arnoul d'Orléans, qui y remplit les fonctions de promoteur. Il ouvrit la séance par une courte exhortation adressée aux évêques, pour les engager à agir sans passion et avec toute liberté. Il exposa le motif de la réunion, en disant qu'il s'agissait de savoir si l'archevêque Arnoul avait, comme on l'en accusait, contribué à faire prendre et piller la ville de Reims. La honte de cette trahison, poursuit-il, retombe sur nous tous ; si nous avons des lois justes, et si nous sommes fidèles à nos princes, nous devons punir selon ces lois un homme si coupable. Ecoutons donc ceux qui ont quelques plaintes à faire, qui ont été témoins de la chose, et qui peuvent affirmer comment elle s'est passée, et, les parties entendues, nous jugerons suivant les canons. Avant d'en venir au jugement, il offrit à quiconque le voudrait la liberté de défendre l'accusé. » L'archevêque de Sens, président du concile, en fit de même ; trois hommes de mérite prirent la défense de l'accusé, et citèrent plusieurs fausses décrétales à son avantage. Leur conclusion était, que l'affaire n'ayant point été portée au saint-siège, on ne pouvait procéder contre lui définitivement. On soutint, d'autre part, qu'elle avait été dénoncée au pape Jean XV, et qu'après tout, cette considération ne devait point empêcher de procéder au jugement ; sur quoi on allégua ce qui s'était passé en Afrique, dans l'affaire d'Apiarius. Arnoul d'Orléans, prenant la parole, dit beaucoup de choses, qui, pressées rigoureusement, tendraient au mépris du saint-siège, mais qu'on peut excuser en comprenant bien sa pensée, qu'il résume ainsi : « Honorons l'Eglise romaine, plus que ne le faisaient les évêques d'Afrique, et consultons la comme on l'a fait dans la cause d'Arnoul. Si son jugement est juste, nous le recevrons en paix ; s'il ne l'est pas, nous ferons ce que l'Apôtre ordonne, c'est-à-dire nous n'écouterons pas même un ange du ciel contre l'Evangile. Si Rome se tait, comme elle le fait à présent, nous consulterons les lois et nous les ferons accomplir. » L'évêque d'Orléans était bien éloigné de faire schisme avec l'Eglise romaine, mais il était frappé de deux choses : du silence du saint-siège dans la cause d'Arnoul de Reims, et des déréglements de la cour de Rome, qui semblait destituée de tout secours divin et abandonnée à la plus honteuse dépravation. Il voulait parler des scandales de Jean XII et de plusieurs de ses successeurs. « Pourquoi, dit-il, met-on sur le premier siège celui qui ne mériterait pas même la dernière place parmi le clergé? S'il n'a que la science sans charité, ce n'est qu'un antechrist, assis dans le temple du Seigneur et s'y faisant adorer comme un dieu; s'il ne possède ni l'une ni l'autre de ces deux qualités, c'est une idole, et le consulter, c'est consulter le marbre. » Quelques adoucissements que l'on apporte aux expressions de l'orateur, elles passeront toujours pour peu ménagées. Elles firent néanmoins impression sur l'esprit des défenseurs d'Arnoul, qui l'abandonnèrent. L'archevêque s'avoua coupable; on le déposa; Gerbert fut mis à sa place, mais ensuite chassé de Reims, et Arnoul rétabli. Arnoul d'Orléans, qui fut l'âme de ce concile, passait pour un prélat respectable par son savoir, par sa vertu et par son attachement aux règles de la discipline ecclésiastique. C'est le témoignage que lui rend Aimoin, moine de Fleury, témoignage d'autant moins suspect, qu'il n'avait pas lieu d'être content de cet évêque, dont il connaissait l'éloignement pour Abbon, son abbé, et pour les autres supérieurs de ce monastère.

ARNOUL de Reims. — Arnoul était fils naturel du roi Lothaire. Destiné à l'état ecclésiastique, il fut placé dans le clergé de Laon, et devint chanoine de la cathédrale. Quelque temps après la mort d'Adalbéron, arrivée en janvier 988, il fut choisi, quoique jeune encore, pour le remplacer sur le siège de Reims. L'acte de son élection fait son éloge, sans néanmoins dissimuler le vice de sa naissance. Il prit parti en faveur du prince Charles, son oncle, contre Hugues Capet, qui s'était emparé de la couronne. Accusé de révolte et de trahison, il fut déposé dans un concile, que Hugues convoqua à l'abbaye de Saint-Basle et relégué à Orléans. Gerbert, ordonné à sa place, occupa son siège pendant quelques années; mais, devenu pape, à la mort de Hugues Capet, son premier soin fut de réintégrer son ancien compétiteur. Arnoul continua de gouverner son église assez paisiblement jusqu'au 11 mars 1023, qu'il mourut.

Ce qui nous reste de ses écrits n'a de valeur que comme pièces originales pour servir à l'histoire de son temps. Nous avons de lui: 1° son serment de fidélité au roi Hugues. Il est conçu en termes dignes, et pourrait servir de modèle en pareille occasion. 2° Un décret d'excommunication contre ceux qui avaient pillé l'église et la ville de Reims, jusqu'à ce qu'ils eussent restitué. La pièce, quoique d'un style véhément, est assez bien écrite pour son époque. Arnoul la publia pour se justifier de l'accusation d'avoir livré sa ville. Cette pièce en attira une autre dans le même genre de la part des évêques de la province, afin d'appuyer la justification de leur métropolitain; puis, comme un titre en bonne forme de l'inconstance humaine, on retrouve aussi une autre pièce que les mêmes prélats adressèrent au pape Jean XV pour appuyer les plaintes de Hugues Capet contre l'archevêque Arnoul. 3° Il nous reste encore l'acte de renonciation, par lequel il se reconnaît indigne de l'épiscopat et consent qu'un autre soit élu à sa place. Il est fait sur le modèle de celui qu'Ebbon, un de ses prédécesseurs, donna en semblable circonstance. 4° Les écrits que publia Gerbert pour la défense de sa cause, supposent qu'Arnoul en fit autant de son côté; mais il ne nous en reste plus rien. Seulement il y a deux de ses lettres parmi celles de Gerbert, et une troisième qu'Hariulphe a fait entrer dans sa *Chronique de Saint-Riquier*. Elle est adressée à l'abbé Ingelard et lui est fort honorable.

ARNOUL, Milanais de naissance, était, comme il dit lui-même, petit-neveu du frère de l'archevêque Arnoul, qui occupait le siége de Milan sous le règne du grand Otton. Il florissait sous le pontificat de Grégoire VII, et tenait, avec beaucoup d'autres, le parti des prêtres mariés; mais il changea depuis de sentiment, et rétracta ce que la contagion des temps lui avait fait dire de moins mesuré sur cette matière. Il écrivit d'un style simple et correct l'*Histoire de Milan*, en quatre livres, qui renferment l'espace de cent cinquante-deux ans, depuis l'avénement de Hugues, roi de Bourgogne, au gouvernement de l'Italie, en 925, jusqu'en 1076. Ainsi l'on y trouve les démêlés de Henri IV, roi de Germanie, avec le pape Grégoire VII; la destitution de ce prince, et l'élection de Rodolphe. Il parle avec respect de ce pontife, et, déplorant le schisme qui divisait alors les chrétiens, il en rejette la cause sur la désobéissance à l'Eglise romaine, qui, dit-il, n'est jamais tombée dans l'erreur, depuis le moment où Jésus-Christ a dit à saint Pierre: *J'ai prié pour vous, afin que votre foi ne faillît jamais.* D'où il conclut que celui qui tient une doctrine contraire à l'Eglise romaine n'est pas catholique. Le premier évêque de Milan dont il fait l'histoire est Arderic, qui gouverna cette Eglise pendant vingt-deux ans; mais au dernier chapitre du iv° livre il fait remonter la fondation de ce siége jusqu'à l'apôtre saint Barnabé. Il allègue, pour soutenir cette prétention, la lettre supposée de saint Jérôme à Cromace, et les faux *Actes des apôtres*, sous le nom de Dorothée, disciple de saint Denis l'Aréopagite. Muratori a fait réimprimer l'ouvrage d'Arnoul dans le tome IV de son Recueil latin des écrivains qui ont travaillé à l'histoire d'Italie.

ARNOUL, moine de Saint-André d'Avignon, au xi° siècle, se rendit recommandable par divers ouvrages de littérature. Le premier est une *Chronologie* qui commence à la création du monde. Arnoul compte de là jusqu'à la venue de Jésus-Christ 5025 ans; depuis la naissance du Sauveur jusqu'à la quatrième année du règne de Charles le Chauve, 854 ans, et de cette année jusqu'à celle où il écrivait, 172 ans; ce qui revient à l'an 1026, époque de la mort de la comtesse Adalax, femme de Guillaume, comte de Provence et belle-mère du roi Robert. Son second écrit est un Martyrologe ou calendrier. Le troisième est un traité des poids et des mesures, où il dit que la livre est de douze onces, et qu'elle pèse vingt sous; ce qui peut servir à faire comprendre ce qu'on lit dans les Actes du concile d'Aix-la-Chapelle, en 817, que la livre de pain assignée par la règle de saint Benoît à un moine pour chaque jour devait peser trente sous. A l'égard des nourritures liquides, Arnoul dit que l'hémine de vin, dont il est parlé dans la même règle, pesait une livre selon quelques-uns, et selon d'autres une livre et demie. Il traitait dans un quatrième ouvrage des auteurs que l'on devait admettre ou rejeter, selon le décret du pape Gélase. Il en avait écrit un cinquième sur le solstice, et un sixième sur le jour de la passion et de la mort de Notre-Seigneur Jésus-Christ. Aucun de ces ouvrages n'a encore été rendu public. Sigebert attribue à un moine nommé Arnoul un recueil en vers des plus belles sentences de Salomon, dont il donnait le sens littéral et spirituel. On ne sait si c'est le même que le moine de Saint-André d'Avignon.

ARNOUL de Lisieux. — Arnoul, connu dans l'histoire par ses écrits, par sa grande expérience dans la conduite des affaires, et par la faveur dont il jouit auprès du roi Henri II d'Angleterre, fut d'abord archidiacre de Séez, puis évêque de Lisieux, en 1141. Quoique neveu de l'évêque Jean, il fut néanmoins proclamé son successeur, par le clergé et par le peuple, qui n'eurent égard dans cette élection qu'à l'intégrité des mœurs et à la capacité du candidat de leur choix. Aussi, malgré les oppositions de Geoffroi, comte d'Anjou, son élection, patronnée par Pierre le vénérable et par saint Bernard, fut-elle confirmée par le pape Innocent II, et Arnoul resta paisible possesseur de son siége. Six ans plus tard, il entreprit le voyage d'outre-mer avec le roi Louis le Jeune, et fut de retour en 1149. Il assista, en 1154, au couronnement d'Henri II, et ne contribua pas peu à le retenir dans les sentiments de l'orthodoxie, à une époque où l'empereur Frédéric prenait le parti de l'antipape Octavien, contre Alexandre III, récemment élevé sur le siége de saint Pierre. Arnoul se trouva au concile que ce pape convoqua à Tours, en 1163, et fut même chargé d'en faire l'ouverture par un discours, dans lequel il exhorta les évêques à se déclarer courageusement pour l'unité de l'Eglise contre les schismatiques, et pour sa liberté contre les tyrans qui l'opprimaient. Arnoul voulut profiter de la bienveillance dont l'honorait Henri II, pour le réconcilier avec saint Thomas de Cantorbéry, mais ses efforts furent inutiles, et nous voyons qu'à la conférence qui se tint à Chinon, en 1166, il conseilla à ce prince d'éviter l'interdit de son royaume et l'excommunication de sa personne, en faisant un appel au pape. Le chagrin qu'il ressentit de cette division entre le roi et le premier prélat d'Angleterre lui inspira la résolution de se retirer dans un monastère, projet qu'il n'exécuta que quelques années plus tard, en se faisant chanoine régulier de Saint-Victor, de Paris, où il mourut, le 31 août 1182. Arnoul a laissé plusieurs ouvrages, dont nous allons essayer de donner une idée, par une rapide analyse.

Traité du schisme. — Après la mort d'Honorius II, arrivée le 14 février 1130, on lui donna pour successeur Grégoire, cardinal de Saint-Ange, qui prit le nom d'Innocent II. Son élection, traversée par celle de l'antipape Anaclet II, occasionna un schisme dans l'Eglise. Arnoul, qui n'était encore qu'archidiacre de Séez, étudiait alors en Italie les lois romaines. Son attachement à l'Eglise et les bienfaits qu'il avait reçus du pape Innocent et de Geoffroi de Chartres, légat du saint-siége, l'engagèrent à défendre son élection, et à s'élever contre Girard, évêque d'Angoulême, qui favorisait en France le parti d'Anaclet. Arnoul fait une peinture très-vive des désordres de la vie de cet évêque, des défauts de son élection, de ses rapines, de ses exactions pendant son épiscopat, de ses ordinations simoniaques, de ses excès dans la promotion de ses parents aux dignités de l'Eglise dont ils étaient indignes, de sa négligence à punir les crimes scandaleux et publics de quelques-uns de ses clercs, de son avarice, qu'il trouvait moyen de satisfaire en abusant de l'autorité que lui donnait sa qualité de légat. Il dépeint avec des couleurs plus sombres encore la vie de Pierre de Léon ou de l'antipape Anaclet, et il la montre souillée de tant de crimes, qu'on le regardait comme l'Antechrist, parce qu'il était né d'un père juif, et qu'on doutait qu'il fût lui-même chrétien. Venant ensuite au pape Innocent II, Arnoul relève la probité de ses mœurs, et surtout sa modestie, dont il donna des preuves éclatantes en refusant constamment le suprême pontificat, jusqu'à ce qu'il fût forcé de l'accepter. Il démontre la canonicité de son élection, que Girard d'Angoulême proclama lui-même dans une lettre écrite pour le complimenter de son intronisation. Il ajoute que c'est le refus d'Innocent II de le confirmer dans sa charge de légat qui détermina Gérard à se joindre aux schismatiques, et à se déclarer hautement en faveur de l'antipape Anaclet. Il parle de ses intrigues auprès des princes et des évêques, pour lui gagner des partisans parmi les peuples qui leur étaient soumis, et il n'oublie pas surtout de reprocher à Gérard son intrusion sur le siége archiépiscopal de Bordeaux, où il n'avait été appelé ni par le clergé ni par le peuple. Parmi les religieux qui se déclarèrent constamment pour le pape Innocent II, il met les Chartreux, les Cisterciens et les Clunistes, et suppose visiblement qu'il était reconnu des rois, des empereurs, des princes et de presque tout l'univers.

Sermons. — Arnoul a laissé des sermons qui ne sont inférieurs à aucun de ceux publiés dans un temps où l'art oratoire se trouvait comme absorbé par les questions de la théologie. Voici quelques aperçus d'un discours sur l'Annonciation. Aussitôt qu'elle eut donné son consentement aux paroles de l'ange, la Vierge se trouva purifiée du péché originel et même des autres péchés, si elle pouvait en avoir commis quelques-uns; afin qu'ayant recouvré dans l'innocence la dignité de la première création, la nature divine pût s'unir à la nature humaine purifiée de toute souillure. Il ajoute que, bien loin de souffrir quelque atteinte dans sa virginité par la conception et l'enfantement, cette mère de Dieu fut élevée à un degré d'honneur d'autant plus parfait que sa conception était plus miraculeuse; Dieu ayant ajouté à l'honneur de la virginité qu'elle avait conservée, celui de la fécondité, par un miracle dont lui seul possède le secret. Il enseigne que l'union personnelle des deux natures en Jésus-Christ s'est accomplie sans mélange ni confusion; elles sont demeurées substantiellement les mêmes après comme avant l'union. Quoique l'incarnation soit l'ouvrage des trois personnes de la Trinité, la seconde seule s'est incarnée; quand on dit de Jésus-Christ des choses qui paraissent incompatibles, il faut l'expliquer par la distinction des natures, en attribuant à l'humanité les faiblesses humaines, et à la divinité, la majesté des opérations divines. Il dit qu'encore qu'il n'ait pas été consommé, le mariage de la sainte Vierge avec saint Joseph ne laissait pas d'être véritable, parce que l'essence du mariage consiste dans l'union des volontés et le consentement mutuel des époux. Il apporte l'exemple de sainte Cécile et de Tiburce, qui de concert vécurent dans le célibat après le mariage.

Lettres. — Il reste d'Arnoul un grand nombre de lettres, écrites avec élégance; nous en mentionnerons seulement quelques-unes, choisissant de préférence celles qui ont trait à l'histoire de son temps.

A saint Thomas de Cantorbéry. — Vivement affligé de la division qui existait entre le roi Henri II et saint Thomas de Cantorbéry, il écrivit à ce pieux archevêque une très-longue lettre, où, après lui avoir donné des avis sur la manière dont il devait se conduire pour recouvrer les bonnes grâces de son souverain, il lui dit : « Pour moi, je vous servirai fidèlement et avec affection, sachant que vous sacrifiez votre fortune et votre personne pour l'intérêt de vos frères; mais il faudra d'abord témoigner que je vous suis contraire, parce que si je paraissais votre ami, je ne serais ni cru ni écouté. La dissimulation sera un moyen de vous servir plus utilement. » Dans une lettre adressée au pape Alexandre III, il l'assura que la puissance séculière n'avait eu aucune part à l'élection de cet archevêque, et que ses mérites seuls l'avaient porté sur le siége de Cantorbéry.

A Henri II d'Angleterre. — Le zèle qu'il avait témoigné pour la défense du saint archevêque de Cantorbéry lui avait fait perdre la faveur du monarque anglais; quoique déjà avancé en âge, Arnoul lui écrivit pour lui redemander sa bienveillance. Il le fait souvenir que tant qu'il avait suivi ses conseils il avait été obéi et respecté de ses sujets, et que son royaume s'était maintenu dans une tranquillité parfaite, parce qu'alors la raison, la justice et la miséricorde dirigeaient toutes ses actions; mais que depuis qu'il s'était livré aux conseils des flatteurs, il n'avait connu d'autres lois que sa volonté, ou plutôt qu'il avait subi la volonté des autres, en croyant accomplir la sienne. Il leur représente que Dieu n'a donné aux rois la puissance et les richesses que pour la garde et la défense des peuples, et non pour user de violence contre eux.

A Gilles, archevêque de Rouen. — Gilles, archevêque de Rouen, avait prié Arnoul de recueillir les lettres qu'il avait écrites à diverses personnes. Arnoul lui répondit que ce n'était qu'avec peine qu'il lui accordait sa demande, dans la crainte de s'attirer le mépris du public, qui ne manquerait pas de l'accuser de vanité et d'aveuglement en publiant des lettres qui ne méritaient pas de voir le jour. Comme il n'en avait conservé aucune copie, il fut obligé de redemander les originaux. Il convient que les lettres qu'il avait écrites dans sa jeunesse étaient d'un style plus châtié, plus limpide, plus élégant, plus sentencieux; mais que, dans un âge plus avancé, il s'était moins appliqué à orner ses lettres de figures que à les rendre utiles, comme il convenait à un évêque, qui ne doit jamais oublier la fin de sa vocation. Il ajoute que, dans la vieillesse, l'esprit est plus lent et moins fécond, surtout quand il s'agit d'écrire à des personnes élevées, ou de traiter sérieusement des questions d'affaires.

Aux évêques d'Angleterre. — Nous avons dit ailleurs qu'aussitôt qu'il eut appris la promotion d'Alexandre III, l'évêque de Lisieux lui adressa une lettre de félicitation, dans laquelle il le reconnaît pour le vicaire de saint Pierre, l'évêque et le pasteur de tous ceux qui portent le nom de chrétiens. Alexandre, sensible à cet acte de bon vouloir, en remercia Arnoul, en le priant de lui continuer ses soins auprès du roi d'Angleterre, des évêques et des seigneurs du pays. Arnoul écrivit donc aux évêques anglais, pour leur faire connaître la canonicité de l'élection d'Alexandre III. Il en détailla toutes les circonstances, en les rapprochant de celles qui signalèrent l'élection de l'antipape Octavien. On trouvait réunies dans Alexandre toutes les qualités personnelles nécessaires à un pape, de la naissance, du savoir, l'assemblage de toutes les vertus. Elu dans les règles, il fut ordonné par l'évêque d'Ostie, à qui cette consécration appartient de droit. Il fut reconnu par les cardinaux et par les évêques qui remplissaient les fonctions de légats auprès des diverses nations. Toute l'Eglise jouirait d'une paix complète, si Octavien ne s'était mis sous la protection de l'empereur Frédéric, qu'il savait disposé à le soutenir. En effet, ajoute Arnoul, ce prince saisit avec empressement cette occasion, tant cherchée par ses prédécesseurs, de soumettre l'Eglise romaine à leur empire; c'est pour cela qu'ils ont favorisé les schismatiques et excité des séditions dans Rome. Il montre ensuite qu'on ne pouvait reconnaître Octavien pour pape, puisqu'il n'avait été élu que par un évêque et deux cardinaux; qu'il avait pris de lui-même les ornements pontificaux, avait employé la violence pour s'asseoir le premier dans la chaire pontificale, et s'emparer du palais; qu'il n'avait été consacré qu'en présence d'un petit nombre de personnes, et par des évêques mendiés de tous les côtés. Aussi, manquant de confiance en sa cause, il avait constitué l'empereur arbitre absolu de sa destinée; en recevant, par l'anneau et le bâton, l'investiture de ses mains, il avait fait triompher l'empire du sacerdoce. C'est donc en vain qu'on faisait valoir pour son élection le concile de Pavie, puisque les évêques n'y avaient eu aucune liberté, qu'on n'y avait produit que des mensonges, et qu'on n'avait pu y rendre valide une élection vicieuse dans son principe. Il oppose à ce conciliabule les assemblées tenues en France pour la réception du pape Alexandre, et il dit à cette occasion : « Béni soit Dieu qui, comme toujours, a accordé à l'Eglise de France la grâce de reconnaître la vérité, et de ne pas s'écarter du chemin de la justice! » Enfin, il dit aux évêques d'Angleterre que, bien que le roi eût reconnu dès le commencement le pape Alexandre, cependant il ne voulait publier d'édit à ce sujet qu'après les avoir consultés.

A Arnauld, abbé de Bonneval. — Ce que dit l'évêque de Lisieux dans sa lettre à Arnauld, abbé de Bonneval, sur le sacrifice de la messe, mérite d'être rapporté. « On ne peut rien offrir de plus précieux que Jésus-Christ, rien de plus efficace que ce sacrifice, rien de plus utile à celui qui l'offre et à celui pour qui il est offert, à moins que l'indignité des personnes ne le rende inutile par l'opposition de leurs mœurs à la dignité de ce sacrifice. Il faut que celui qui l'offre ait les mains pures, de peur que celui qui est digne de toute vénération ne soit immolé pour un vil prix; mais il faut aussi que celui pour qui il est offert en reconnaisse la valeur par sa foi, qu'il l'aime, qu'il le désire, qu'il en fasse un sacrifice de propitiation, qui lui donne confiance d'obtenir de Dieu grâce et miséricorde. Par la réunion de ces dispositions saintes dans les deux parties, le sacrifice est utile à l'un et à l'autre, et il arrive que ceux qui l'offrent pour les autres l'offrent aussi pour eux-mêmes. Qu'il est grand ce bienfait qui profite à celui qui le reçoit et à celui qui le donne! Quelque étendue que soit la charité du prêtre envers certaines personnes, le sacrifice qu'il offre est tout entier pour tous, et tout entier pour chacun. Quoique communiqué à plusieurs, son intégrité n'en est pas divisée, ni sa vertu diminuée parce qu'un grand nombre y participe. Il est tout à vous et tout à moi. Je l'ai offert tout entier pour vous, et je l'ai néanmoins réservé tout entier pour mon utilité particulière. »

Poésies d'Arnoul. — L'évêque de Lisieux s'occupait quelquefois de poésies, et plusieurs de ses poëmes sont arrivés jusqu'à nous. Le premier est sur la nativité de Jésus-Christ, et les autres sur différentes matières qui n'ont que peu ou point de rapport à la religion, comme sur le changement des saisons, sur le retour du printemps; celui qui est adressé à deux jeunes amants pèche par trop de liberté; c'est apparemment un des fruits de la jeunesse de l'auteur. Arnoul composa aussi diverses épitaphes, entre autres, pour le roi Henri, pour l'impératrice Mathilde, pour Algar, évêque de Constance, et Hugues, archevêque de Rouen. L'épigramme sur Jésus-Christ attaché à la croix est en quatre vers élégiaques. Dans une autre, qui couronne ses œuvres poétiques, il affirme ingénument, en parlant de lui-même, qu'en Normandie il passait pour un poëte célèbre, mais qu'en France on convenait généralement qu'il n'avait pas son semblable. Il est vrai que c'est à son neveu qu'il fait cette confidence, et le titre de poëte qu'il lui donne devait lui faire trouver tout simple ce que nous regardons, nous, comme une exagération. Du reste, son vers a de la dignité, et, quoique plus gêné, le talent s'y révèle comme dans tous ses écrits. Il suffit de parcourir ses ouvrages pour y retrouver partout, sous l'élégance du style, les traces d'un esprit fin, délicat et pénétrant. Ses OEuvres ont été imprimées dans la *Bibliothèque des Pères.*

ARNOULD, célèbre prédicateur flamand, remarquable par l'austérité de sa vie, par la singularité de son costume, mais plus encore par son savoir et le succès de ses prédications. A l'annonce de la grande croisade, il se sentit inspiré de marcher sur les traces de saint Bernard, pour exhorter les peuples de la France et de l'Allemagne à s'enrôler dans cette sainte milice. Comme il ignorait également les langues romance et tudesque, il prit avec lui Lambert, abbé de Gembloux, qui expliquait au peuple, dans la langue du pays, ce qu'il disait en latin. Les croisés s'étant partagés, les uns pour aller en Palestine, les autres pour aller combattre les Maures d'Espagne, Arnould suivit ces derniers, qui étaient commandés par le comte Arnoul d'Archost. Le principal fruit de leur expédition fut la prise de Lisbonne, qu'ils emportèrent le 21 octobre 1147. Notre prédicateur envoya la relation de ce siége à Milon, évêque de Térouane, dans une lettre que dom Martenne a publiée au tome 1er de sa grande collection, sur deux manuscrits, l'un d'Anchin, et l'autre de Gembloux.

On y voit que l'armée chrétienne, composée de Lorrains, de Flamands et d'Anglais, se rassembla en Angleterre, d'où elle partit le vendredi des Rogations, le 23 mai de cette année-là, sur une flotte de 200 voiles qu'une violente tempête sépara après quelques jours de navigation. Environ cinquante vaisseaux, au nombre desquels se trouvait celui que montait notre auteur, abordèrent le 31 mai dans un port d'Espagne appelé Gozzem. Là, après trois jours de repos, ils s'embarquèrent et touchèrent à un autre port nommé Viver. Ils remirent à la voile le vendredi avant la Pentecôte, et vinrent débarquer au port de Fambré, qui n'est qu'à huit milles de Saint-Jacques en Galice. Ils se rendirent incontinent à ce lieu célèbre, pour y passer la solennité. Huit jours après, ils remontèrent sur leurs vaisseaux, et allèrent attendre le reste de la flotte à Portugalette, ville située à l'embouchure du Douro. Pendant onze jours que dura leur station, l'évêque du lieu leur fournit abondamment les vivres et les autres choses dont ils avaient besoin. Enfin, toute la flotte se trouvant réunie, on fit voile vers Lisbonne, devant laquelle on arriva le 28 juin, veille de la fête des apôtres saint Pierre et saint Paul. Dès le même jour, le roi d'Espagne, Alphonse Henriquès, parut en vue de la place avec son armée de terre. On opéra la descente aussitôt, et le 1ᵉʳ juillet, les faubourgs étaient emportés; mais dans le cours du mois on livra à la ville plusieurs assauts, sans obtenir beaucoup de succès. L'avantage de son assiette, la bonté et la solidité de ses fortifications, et le courage des assiégés, menaçaient les croisés d'une longue résistance, sans même leur promettre une victoire bien certaine. Ces pronostics, loin de les abattre, stimulèrent leurs efforts et doublèrent leur industrie. Ils imaginèrent de construire deux grandes tours de bois sur les bords du fleuve, l'une à l'orient de la ville, où les Flamands se logèrent, et l'autre à l'occident, occupée par les Anglais. Outre cela, ils élevèrent quatre ponts appuyés sur chacun six vaisseaux, d'où l'on pouvait passer sur les murs de la place. Les assiégés, dans leurs sorties, ruinaient une partie de ces ouvrages, mais heureusement ils étaient réparés presque aussitôt. Enfin, après quatre mois de siége, une mine ayant fait sauter deux cents pieds de muraille, les croisés, encouragés par le roi d'Espagne, firent effort pour entrer par la brèche. Le combat fut vif et opiniâtre, mais les assiégés, épuisés de fatigues et à bout de ressources, demandèrent à capituler, le 21 octobre, jour de la fête de sainte Ursule. La proposition fut acceptée et les conditions furent que la ville demeurerait au roi d'Espagne, et le butin aux croisés.

Tel est le précis de la relation d'Arnould, différente de celle de Robert du Mont, adoptée par Fleury dans son *Histoire ecclésiastique*. Celle-ci fait attaquer la ville par les croisés de dessus leurs vaisseaux, tandis que le roi d'Espagne l'assiégeait par terre. Notre auteur, au contraire, témoin oculaire des faits, atteste que les croisés, débarquant aussitôt après leur arrivée, placèrent leurs tentes dans la campagne, et firent sur terre, avec les Espagnols, presque toutes les opérations du siége.

ARNULPHE, évêque de Rochester, sous le règne de Henri 1ᵉʳ, était né à Beauvais, vers l'an 1050. Après avoir été assez longtemps moine dans l'abbaye de Saint-Lucien à Beauvais, voyant qu'il ne pouvait ni corriger ni supporter certains dérèglements, il pensa à aller s'établir ailleurs; mais avant de faire cette démarche, il consulta Lanfranc, qu'il avait eu pour maître à l'abbaye du Bec. Cet archevêque, qui connaissait ses talents, lui persuada de venir à Cantorbéry. Il y fut fait prieur du monastère de Saint-Augustin, par saint Anselme, successeur de Lanfranc, ensuite abbé de Burck, et enfin évêque de Rochester en 1114. Il donna dans tous ces offices des preuves de sa prudence et de sa probité. Son épiscopat fut de neuf ans et quelques jours, et il mourut au mois de mars 1124, âgé de quatre-vingt-quatre ans.

On lui attribue une Histoire de l'église de Rochester, connue sous le titre de *Textus Roffensis;* il n'en reste qu'un extrait, publié par Warton, dans son *Anglia sacra*. Nous ne connaissons d'Arnulphe que deux lettres assez longues pour mériter le titre de traités. La première est adressée à Walquelin, évêque de Windsor. Dans une conférence qu'ils avaient eue ensemble à Cantorbéry, Arnulphe avait soutenu, malgré les objections de ce prélat, qu'une femme, coupable d'adultère avec le fils de son mari devait en être séparée; et il avait appuyé son sentiment de l'autorité des Pères, des conciles, des livres pénitentiels et des usages de l'Eglise. Walquelin s'en tenait aux paroles de l'Evangile et de saint Paul, prétendant qu'elles décidaient en sa faveur. Contents l'un et l'autre de leurs preuves, ils s'étaient séparés sans avoir résolu la question. Arnulphe la reprit par écrit, et prouva que les passages de l'Ecriture allégués par Walquelin ne devaient s'entendre que d'une séparation volontaire entre deux personnes qui n'étaient pas coupables d'adultère, séparation qui ne pouvait s'accomplir que sur le consentement réciproque des deux partis. Venant ensuite aux preuves de sa proposition, il cite les décrets des conciles de Mayence, de Verberie, de Tribar, les épîtres décrétales des papes Innocent et Célestin 1ᵉʳ, et la coutume de l'Eglise, qu'on ne peut, selon saint Augustin, violer sans péché. Il s'objecte que le mari étant innocent, il y aurait injustice à le séparer de sa femme pour une faute commise avec son fils. Mais il répond que l'homme et la femme n'étant qu'un corps et qu'une chair par leur union, ils méritent d'être punis dans ce qui fait qu'ils ne sont qu'un; car, selon saint Augustin, non-seulement il est permis à un mari de se séparer de sa femme, lorsqu'elle est tombée en fornication, mais il le doit même, de peur qu'à son exemple il ne tombe à son tour. Cela n'est pas contraire au conseil que l'Apôtre donne au mari fidèle de demeurer avec sa femme infidèle, parce que ce conseil n'impose aucune nécessité au mari; le même apôtre ayant dit que celui qui s'unit à une adultère devient un même corps avec elle, il suit de là que la femme dont il est question étant devenue par l'adultère un même corps avec le fils de son mari; ce mari en habitant avec elle habitera en même temps avec sa femme et sa fille. Il cite l'exemple de David qui ne voulut plus connaître ses concubines après qu'elles eurent eu commerce avec son fils Absalon.

La seconde lettre d'Arnulphe est une réponse à cinq questions que Lambert, abbé de Munster, lui avait adressées sur l'eucharistie. Voici la première de ces questions : Pourquoi donnait-on alors aux communiants l'hostie trempée dans le sang, puisque Jésus-Christ avait donné à ses apôtres son corps et son sang séparément? Arnulphe répond que Jésus-Christ étant venu pour le salut des hommes, a enseigné à ses apôtres, de vive voix ou par son exemple, ce qui était nécessaire pour la réparation de l'humanité, mais qu'il n'en a pas prescrit la manière, laissant à son Eglise le pouvoir de la déterminer. Ainsi, en ordonnant le baptême, il n'a pas dit : Vous baptiserez de cette façon ; vous plongerez une fois, ou vous plongerez trois fois ; vous ferez le scrutin ; vous consacrerez le chrême ; mais il a dit seulement : *Allez, baptisez toutes les nations, au nom du Père, du Fils et du Saint-Esprit.* D'où il suit que, pourvu que l'on baptise, la manière de baptiser peut varier, soit par raison de nécessité, soit par raison de décence. La façon d'administrer les sacrements a varié avec les époques et suivant les besoins des temps ; les sacrements sont toujours restés les mêmes. Il donne pour raison de la coutume introduite alors, de tremper l'eucharistie dans le sang de Jésus-Christ, la crainte bien fondée qu'il n'arrivât quelque accident, lorsque le prêtre donnait le calice à une grande multitude. Il ajoute qu'on ne doit pas appréhender d'imiter Judas, à qui le Sauveur donna un morceau de pain trempé, puisque ce fait n'a aucun rapport à la communion eucharistique.

La seconde question était de savoir pourquoi l'on met la quatrième partie de l'hostie dans le calice? Arnulphe répond que la coutume n'est pas de mettre la quatrième, mais la troisième partie de l'hostie dans le calice, parce qu'on la partage, non en quatre mais en trois. Il donne pour raison de cette division en trois parties, que l'hostie qui est sur l'autel doit être consommée par le célébrant, le diacre et le sous-diacre. Le consécrateur prend dans le calice la partie qui lui arrive, et il réserve sur la patène les deux autres parties pour ses deux ministres, s'ils sont présents ; dans leur absence, il absorbe l'hostie tout entière. La division de l'hostie en trois peut encore figurer le corps mystique de Jésus-Christ ; c'est-à-dire, l'Eglise composée de trois ordres, du clergé, des veuves et des personnes mariées ; ou les trois personnes de la Trinité ; ou les trois états de Jésus-Christ, sur la terre, au tombeau et dans le ciel.

Lambert demandait, en troisième lieu, pourquoi l'on recevait le sang de Jésus-Christ séparément de son corps, et son corps séparément de son sang ? — Arnulphe répond qu'on le fait ainsi pour imiter Jésus-Christ lui-même, qui, dans l'Evangile, propose la communion de son corps séparément de celle de son sang. Cependant il ne laisse pas d'être vrai que nous recevons Jésus-Christ tout entier sous chaque espèce, son sang avec son corps, et son corps avec son sang.

Voici la quatrième question : Reçoit-on, dans l'eucharistie, l'âme avec le corps de Jésus-Christ? — Arnulphe, en y répondant, rejette les vaines subtilités que la vanité, plutôt que l'amour de la religion, faisait naître à propos des sacrements. Il veut qu'au lieu de perdre son temps en disputes, on croie sans hésiter que l'eucharistie est le corps et le sang de Jésus-Christ, puisqu'il l'a dit lui-même, et qu'étant la vérité il n'a pu mentir. N'a-t-il pu accomplir, comme tout-puissant, ce qui est au-dessus des lumières de notre raison? Au contraire, c'est même pour cela que l'eucharistie est appelée un mystère de foi, parce que la foi seule en pénètre le secret. C'est donc sans raison que l'on demande si la chair de Jésus-Christ dans l'eucharistie est morte ou immortelle ; si elle est animée, ou si elle ne l'est pas? La question est aussi oiseuse et aussi vaine que si l'on demandait aux fidèles si l'hostie consacrée où nous voyons toutes les apparences du pain est bien réellement du pain. N'a-t-on pas répondu à tout quand on a dit que Jésus-Christ est tout seul, et qu'il est tout entier dans l'eucharistie?

La cinquième question regarde le sens de ces paroles du prophète : *Qui sait si Dieu ne changera pas, et s'il ne pardonnera pas ; s'il ne laissera point après lui de bénédiction?* — Arnulphe fait voir par les paroles du même prophète Joël, qui précèdent immédiatement celles que nous venons de rapporter, que le changement de Dieu consiste dans le pardon qu'il accorde au pécheur converti. Par la bénédiction qu'il laisse après lui, il faut entendre la paix et la grâce qu'il donne à ceux qui le suivent et qui accomplissent sa volonté.

Ces deux lettres d'Arnulphe sentent le disciple de Lanfranc ; elles sont écrites d'un style clair, précis, qui ne manque ni d'élégance ni de solidité. Dom Luc d'Achéry les a insérées toutes les deux dans le tome II de son *Spicilége.*

ARSÈNE (saint), anachorète d'Egypte, naquit à Rome vers la fin du IVe siècle, d'une famille alliée à plusieurs sénateurs. Dès son enfance, il se montra plein d'ardeur pour l'étude et pour la pratique de la vertu, et se rendit bientôt habile dans la connaissance des auteurs grecs et latins et de l'Histoire sainte. Ayant embrassé l'état ecclésiastique, il fut ordonné diacre et vécut longtemps dans la retraite ; mais l'empereur Théodose cherchant un gouverneur pour l'éducation de ses enfants, son choix tomba sur Arsène, qui fut élevé à la dignité de sénateur, et nommé tuteur des jeunes princes. L'empereur voulut qu'Arsène eût un grand train et cent domestiques richement vêtus furent attachés à son service. Un jour que Théodose était allé voir les jeunes princes pendant leurs études, il les trouva assis, tandis qu'Arsène était debout devant eux. Il fit de vifs reproches à ses enfants, les dépouilla, pour quelque temps, des marques de leur dignité, et ordonna que pendant leurs leçons ils fussent debout et Arsène assis. Mais tous ces honneurs ne remplissaient pas le cœur d'Arsène. Doué d'une âme vive et tendre, et peut-être en secret tourmenté par une passion que sa piété cherchait à étouffer, il ne soupirait qu'après la solitude. Un jour Arcadius, un des enfants de Théodose, ayant commis une faute, Arsène voulut l'en punir; mais le jeune prince n'en devint que plus indocile et plus opiniâtre. Arsène profita de cette occasion pour quitter la cour; il s'embarqua secrètement sur un vaisseau qui faisait voile pour Alexandrie, d'où il se rendit dans le désert de Scété pour y vivre en anachorète. L'empire romain s'écroulait sous les coups des barbares; le monde était ravagé par tous les genres de fléaux, et ne présentait partout que le spectacle de la plus honteuse barbarie. Dans cet affreux désordre, beaucoup de chrétiens oublièrent ces paroles de l'Ecriture : *Il n'est pas bon que l'homme soit seul*, et se refugièrent dans les lieux écartés. Lorsque Arsène arriva dans le désert de Scété, et qu'il parla de la cour de Constantinople aux anachorètes depuis longtemps retirés du monde, il leur causa la plus vive surprise. Dans leur simplicité, ils ne concevaient pas que des hommes s'occupassent à bâtir des villes, à rechercher les pompes et la vaine gloire, ni qu'ils daignassent occuper des trônes; mais ce qu'ils comprenaient beaucoup moins encore, c'était la corruption, la perfidie, l'impiété; ils ne pouvaient s'expliquer les récits d'Arsène. Comme il venait de quitter un monde qui leur était inconnu, et qui ne leur inspirait que des défiances, ils résolurent de le soumettre aux plus rudes épreuves, pour savoir si une vaine curiosité ne l'avait point amené dans le désert. Saint Jean surnommé le Nain, leur supérieur, s'assit avec ses frères pour prendre un peu de nourriture, et laissa Arsène debout, sans faire attention à lui. Cette épreuve devait paraître dure à un homme élevé à la cour; mais elle fut suivie d'une autre plus dure encore. Au milieu du repas, saint Jean prend un morceau de pain qu'il jette à terre devant Arsène, en lui disant avec un air de mépris qu'il peut manger s'il a faim. Arsène se couche à terre et mange dans cette posture. Saint Jean édifié de tant d'humilité, n'exigea plus d'autre épreuve. « Allez, dit-il aux frères, retournez dans vos cellules avec la bénédiction du Seigneur; priez pour nous; cet homme est appelé à la vie religieuse. » Dès lors Arsène prit sa place parmi les Pères du désert. Comme les autres anachorètes, il faisait des nattes et des ouvrages de jonc, se nourrissait de pain noir et couchait sur la terre. Cependant Théodose, affligé de sa fuite, le fit chercher dans tout son empire. Après la mort de ce prince, Arcadius, qui lui succéda, n'oublia pas non plus Arsène, et voulut le rappeler à la cour. Ayant appris qu'il était dans les déserts de Scété, il lui écrivit pour se recommander à ses prières. Dans sa lettre, il lui offrait de lui abandonner les tributs de l'Egypte, pour être employés aux besoins des monastères et au soulagement des pauvres. Le pieux cénobite se contenta de répondre à l'envoyé de l'empereur : « Je prie Dieu qu'il nous pardonne à tous nos péchés; quant à la distribution de l'argent, je ne suis point capable d'un tel emploi, étant déjà mort au monde. » De tous les moines de Scété, il n'y en avait point qui fût plus pauvre, plus humble, plus mal nourri et plus mal vêtu que l'ancien gouverneur d'Arcade. Dans une longue maladie, il fut secouru par la charité de ses frères, et transporté dans un logement plus commode que le sien; on le coucha sur un lit fait de peaux de bêtes, un oreiller fut placé sous sa tête affaiblie; un des moines étant venu le voir, se scandalisa de le trouver ainsi couché, et s'écria qu'il ne reconnaissait pas le Père Arsène. Le supérieur demanda alors au moine, qui témoignait sa surprise, quelle avait été sa profession avant d'être cénobite? « J'étais berger, répondit-il, et j'avais beaucoup de peine à vivre. — Vous voyez l'abbé Arsène, répliqua le supérieur; il fut le père des empereurs; il avait à sa suite cent esclaves habillés de soie; il était mollement couché sur des lits magnifiques; pour vous, qui étiez berger, vous vous trouviez plus mal à votre aise dans le monde qu'ici. » Le bon moine, touché de ces paroles, s'humilia et se retira plein de respect pour Arsène. Un des officiers de l'empereur apporta un jour à Arsène le testament d'un sénateur de ses parents qui lui donnait tous ses biens; le solitaire refusa l'héritage en disant : « Je suis mort avant mon parent, je ne puis être son héritier. » Il continua à vivre dans la pauvreté et la mortification; lorsqu'il se ressouvenait des jours qu'il avait passés à la cour des empereurs, il ne pouvait retenir ses larmes, et rien ne pouvait l'arracher à sa solitude, ni le détourner de la pensée de Dieu. Un jour une dame romaine, nommée Mélanie, qui avait quitté Rome pour voir le père Arsène, parut à la porte de sa cellule et se jeta à ses pieds; le serviteur de Dieu lui dit : « Une femme ne doit point quitter sa maison et traverser les mers, pour satisfaire une vaine curiosité. » Mélanie, toujours prosternée, le conjura de se souvenir d'elle et de prier Dieu pour sa sanctification. « Je prie Dieu, lui répondit-il, de ne jamais me ressouvenir de vous. » Il s'agenouilla plein de trouble, et les yeux mouillés de pleurs. Arsène avait un goût si profond pour la retraite qu'il évitait jusqu'à la société de ses frères du désert; il ne leur parlait presque jamais. « Je me suis toujours repenti d'avoir conversé avec les hommes, et jamais d'avoir gardé le silence. » Il recevait néanmoins les avis des plus simples d'entre les moines. « J'ai eu la science des Grecs et des Romains, mais les hommes les plus simples sont plus avancés que moi dans la science de la vertu. Les hommes simples sont ceux qui plaisent à Dieu; car il veut des âmes qui ne soient pas toujours devant un miroir pour se composer avec art. » Arsène avait quarante ans lorsqu'il quitta la cour de Constantinople; après avoir passé plusieurs années dans le désert de Scété, il fut obligé de le quitter quelque temps, à cause d'une irruption que firent les Masiques, peuple barbare de la Libye. Le danger passé, il revint dans sa cellule; mais il fut obligé de l'abandonner pour toujours, vers l'an 434, à cause d'une seconde irruption des barbares qui massacrèrent plusieurs ermites. Il se retira d'abord sur le roc de Troë, vis-à-vis de Memphis, et dix ans après, à Canope, près d'Alexandrie. Le voisinage d'une ville lui fit regretter le désert; il revint à Troë, où il mourut. Voyant approcher sa dernière heure, il fondait en larmes. « Vous craignez donc de mourir, lui dit un de ses disciples? — J'avoue, répondit-il, que je suis saisi de crainte, et que cette crainte ne m'a point quitté depuis que je suis dans le désert. » Il était âgé de quatre-vingt-quinze ans, et en avait passé cinquante dans la solitude. Les compagnons d'Arsène lui donnèrent la sépulture, en disant : Heureux Arsène, d'avoir pleuré sur lui-même tant qu'il était sur la terre! Saint Arsène a été souvent cité comme le modèle de la vie monastique. Il est nommé sous le 19 juillet dans le Martyrologe romain.

Nous avons sous son nom un petit discours, ou plutôt une exhortation aux solitaires, pour les garantir contre les divers pièges du démon. Le saint y remarque qu'il ne suffit point d'avoir recours aux jeûnes, aux veilles, ni aux autres mortifications corporelles pour purifier sa chair; mais qu'on doit en même temps travailler à détruire les vices de l'âme. Ceux qui ne s'appliquent qu'à la pureté du corps sont semblables à des statues dont les dehors brillent par l'éclat de l'or ou de l'airain, et dont le dedans n'est que boue et pourriture. — Il remarque encore que le démon se sert des apparences même du bien pour nous jeter dans le désordre. A l'un, il inspire l'amour de l'hospitalité, pour l'engager, sous le prétexte de bien recevoir ses hôtes, dans des excès de bouche ou d'autres vices qui sont la suite de l'intempérance; à un autre, il persuade de faire l'aumône, afin de lui inspirer l'amour de l'argent. Il en laisse quelques-uns sans les tenter, afin que, se croyant au-dessus de tous les vices, ils tombent dans le péché d'orgueil. Il conseille donc aux solitaires d'être sans cesse sur leurs gardes, et de s'appliquer à découvrir de quel côté et avec quelles armes le démon viendra les attaquer.

Parmi les autres instructions qu'on lui attribue dans les Vies des Pères, voici quelques-unes des plus remarquables : Un solitaire lui dit un jour : « Que dois-je faire, mon père? mon esprit est sans cesse rempli de pensées impures qui ne me donnent aucun repos, j'en suis extrêmement affligé. » Saint Arsène lui répondit : « Quand vous vous apercevez que le démon répand dans votre cœur les semences de ces pensées, ne vous en préoccupez pas. Les démons peuvent nous les suggérer, et ils n'y manquent jamais, mais ils n'ont pas le pouvoir de nous y faire consentir. — Mais que ferai-je? lui dit ce solitaire; je suis faible, et la passion me tourmente. — Que firent les Madianites? lui répliqua saint Arsène. Ils parèrent leurs filles et les présentèrent aux Israélites; mais ils n'obligèrent pas ceux-ci de venir les trouver. Ceux qui le voulurent y allèrent; les autres, au contraire, n'eurent que des paroles de colère et de mépris contre ceux qui avaient péché avec ces filles; quelques-uns même vengèrent dans leur sang le crime qu'ils avaient commis avec elles. Faites-en de même des pensées de fornication. Quand vous les sentez s'élever, quand vous les entendez comme vous parler dans votre cœur, ne leur répondez point, mais levez-vous, priez, gémissez, dites à Jésus-Christ : *Fils de Dieu, ayez pitié de moi !* »

Un autre jour, le même solitaire lui disait : « Je travaille de toutes mes forces à méditer ce que j'ai appris par cœur de l'Ecriture sainte, sans que mon esprit en ait été touché, parce que je ne comprends pas bien le sens des paroles que je médite, ce qui me met dans une grande tristesse. — Mon fils, lui répondit le saint abbé, n'en continuez pas moins à méditer ces paroles de vie et de salut. J'ai appris de plusieurs saints Pères que, malgré que ceux qui conjurent les serpents n'entendent pas toujours les mots dont ils se servent, les serpents néanmoins ne laissent pas d'en sentir la force, puisqu'ils perdent leur venin et restent sans aucun pouvoir de nuire; ainsi, encore que nous n'entendrions pas le sens de l'Ecriture sainte, il suffit que les démons l'entendent. Epouvantés par la puissance de ces divines paroles, et ne pouvant résister à ces mots sacrés que l'Esprit-Saint a proférés par la bouche des prophètes et des apôtres, ils nous quittent et s'enfuient. »

Saint Arsène racontait qu'un bon Père de Scété, admirable dans ses actions, mais simple dans sa foi, errait par ignorance, en disant que le pain que nous recevons dans la communion n'était pas le véritable corps de Jésus-Christ; mais seulement sa figure. Deux anciens Pères, qui avaient appris qu'il parlait ainsi par pure simplicité, vinrent le trouver et lui dirent : « Un infidèle nous disait, il y a quelque temps, que le pain que nous prenons dans la sainte communion n'est que la figure du corps de Jésus-Christ. » Ce solitaire leur répondit : « C'est moi-même qui ai dit cela. » Ils lui repartirent : « Au nom de Dieu, mon Père, ne persévérez pas dans une telle opinion; mais, comme l'Eglise catholique nous l'enseigne, croyez avec nous que le pain est le corps de Jésus-Christ et le vin son sang, non pas en figure, mais en vérité. Comme Dieu, au commencement, prit de la terre et en forma l'homme à son image, sans que personne ose nier que l'homme soit l'image de Dieu, ainsi nous croyons que ce pain dont Jésus-Christ a dit : *Ceci est mon corps*, l'est véritablement et en réalité. — Si je ne le vois de mes propres yeux, leur répond le solitaire, je ne le croirai point. —

Alors prions Dieu durant toute cette semaine, lui dirent les religieux, et espérons qu'il nous donnera la connaissance de ce grand mystère. » Le bon vieillard se joignit à eux et pria en ces termes : « Jésus-Christ, mon Seigneur et mon maître, vous voyez dans le fond de mon cœur que ce n'est point par obstination, mais par ignorance, que je ne puis croire ce qu'ils me disent; donnez-m'en, s'il vous plaît, la connaissance. » Les deux autres, de leur côté, s'étant retirés dans leur cellule, adressèrent aussi à Dieu cette prière : « Seigneur, révélez, s'il vous plaît, ce mystère à ce bon vieillard, afin qu'entrant avec nous dans la vraie croyance, il ne vous serve pas inutilement. » Dieu les exauça tous les trois. La semaine écoulée, ils se rendirent ensemble le dimanche à l'église, où ils s'agenouillèrent sur une botte de jonc, en plaçant le bon vieillard au milieu d'eux. Après l'oblation des pains sur l'autel, Dieu leur ouvrit les yeux, et tous les trois ils virent Jésus-Christ sous la figure d'un enfant qu'un ange immolait et coupait en morceaux, à mesure que le prêtre rompait le pain et le divisait en parcelles pour le partager aux communiants. Le bon vieillard s'approchant pour communier à son tour, il reçut seul, au lieu de pain, de la chair toute sanglante. Saisi de crainte à la vue de cet objet, il s'écria : « Seigneur, je crois que ce pain qui est sur l'autel est votre corps, et que ce vin est votre sang ! » Il n'eut pas plutôt achevé ces paroles qu'il ne retrouva plus dans sa main que du pain, tel qu'on le distribue dans nos mystères ; il le porta à sa bouche et rendit grâces à Dieu. Les deux autres solitaires lui firent comprendre que c'était pour condescendre à notre faiblesse et pour s'accommoder à notre nature, que Dieu avait voulu changer son corps et son sang aux deux substances qui nous servent d'aliment de tous les jours. Ils le remercièrent ensemble de ce que sa bonté n'avait pas permis que les pieux travaux de ce bon solitaire lui fussent inutiles ; après quoi chacun retourna à sa cellule.

ARSÈNE, moine du monastère de Philotée sur le mont Athos, dans le XIIe siècle, nous a laissé une collection abrégée des canons, disposée non selon l'ordre chronologique des conciles, comme sont la plupart des Synopses canoniques, mais par titres particuliers dans lesquels l'auteur a recueilli sur une même matière les canons des divers conciles qui y ont rapport. Il cite en particulier les canons des apôtres, ceux des conciles de Nicée, d'Ancyre, de Néocésarée, de Gangres, d'Antioche, de Laodicée, de Constantinople, d'Éphèse, de Chalcédoine, de Sardique, de Carthage, et les autres que l'on trouve dans le Code Africain; les actes du procès entre Bagade et Agapius, qui prétendaient l'un et l'autre à l'évêché de Bostres, jugé à Constantinople en 394 ; les canons du concile *in Trullo* en 680, du second de Nicée en 787 ; l'Épître canonique de saint Grégoire Thaumaturge, de saint Denis, de saint Basile, de Timothée, patriarche d'Alexandrie, de Théophile, de Pierre et de Cyrille, archevêque de la même église, de saint Grégoire de Nysse, de saint Grégoire de Nazianze, de saint Basile, de saint Amphiloque et et quelques autres anciens monuments ecclésiastiques.

Le premier article de cette collection regarde la sainte et consubstantielle Trinité ; le second, les assemblées qui se tiennent dans les églises et la mémoire qu'on y fait des martyrs ; le troisième, l'observation des saint canons ; le quatrième, la lecture des livres de l'Ancien et du Nouveau Testament et des écrits des Pères, avec l'obligation pour les évêques de tirer de ces sources consacrées les instructions qu'ils doivent adresser au peuple, tous les dimanches ; le cinquième, la défense de lire dans l'église les livres apocryphes et les martyrologes non authentiques, sous peine de déposition des ministres sacrés et d'anathème contre les laïques. Le sixième interdit de consacrer une église sans y mettre des reliques des martyrs, et d'y célébrer les saints mystères en présence des hérétiques. Il est inutile d'entrer dans un plus long détail, il suffit de savoir que les articles suivants, comme ceux qui précèdent, ne font que rapporter les canons sur différents points de dogme et de discipline catholique. Cette collection fait partie du IIe tome de la *Bibliothèque canonique* de Justel, imprimée à Paris en 1661. Arsène fit pour les rites des empereurs ce qu'il avait fait pour les canons des conciles, mais il n'en est rien venu jusqu'à nous. Justel pense que cet Arsène est le même qui fut patriarche à Nicée en 1255, puis à Constantinople même en 1261, après que cette ville fut restituée aux Grecs ; mais il faut remarquer que ce patriache avait été moine, non d'Athos, mais de Nicée même et d'Apollonodiade, ainsi que l'atteste la chronographie Ephraïm cité par Léon Allatius.

ARTAUD, que ses disgrâces ont rendu fameux dans l'histoire, fut d'abord moine de Saint-Remi de Reims. A la mort de Seulfe, après une vacance de sept ans, remplie par un enfant, le roi Raoul contraignit les clercs et laïques à élire un archevêque légitime. Le choix tomba sur Artaud, qui fut ordonné en 932, par dix-huit évêques tant de France que de Bourgogne. Le nouveau prélat envoya aussitôt à Rome demander le *pallium*, qu'il ne reçut que l'année suivante. En 935, il tint dans l'église de Sainte-Macre, un concile où, de concert avec sept de ses suffragants, il prit de justes mesures contre les ravisseurs des biens ecclésiastiques. Ce remède était particulièrement nécessaire au diocèse de Reims, dont les terres et les domaines avaient été pillés par Héribert, comte de Vermandois, père de l'archevêque enfant. L'année suivante, Artaud sacra à Laon Louis d'Outremer roi France, en présence des seigneurs et de plus de vingt évêques. Cette cérémonie, qui lui valut, à lui et à son église le titre de comte avec le droit de battre monnaie, lui attira aussi l'indignation d'Héribert et de Hugues, comte de Paris. Ces seigneurs, aidés de Guillaume, duc de Normandie, et de quelques évêques, mirent, en 940, le siége devant Reims, et, au bout de six jours, Artaud, abandonné de ses vassaux, fut obligé de se rendre. Ses ennemis l'obligèrent à résigner son archevêché et à quitter le diocèse. Il s'enfuit à Laon et se présenta devant la cour, qui s'y trouvait alors. On mit tout en usage pour l'intimider et pour le faire consentir à l'ordination de Hugues, son jeune compétiteur, qui n'avait pas encore vingt ans. Mais Artaud tint ferme, et menaça de l'excommunication et de l'appel au pape, si on élisait un autre archevêque de Reims pendant sa vie. Hugues fut cependant ordonné dans une assemblée d'évêques tenue à Soissons, en 941. Depuis ce temps-là le droit à l'archevêché de Reims fut l'objet d'une longue contestation entre les deux prétendants, jusqu'à ce qu'en 947, le roi Louis, assisté d'Othon, roi de Germanie, fit rétablir Artaud sur son siége. Son rétablissement fut confirmé par un concile tenu à Verdun, dans le cours de la même année, et par deux autres tenus, l'année suivante, l'un à Mouson et l'autre à Ingelheim. Dans ce dernier, son compétiteur fut frappé d'une sentence d'excommunication, qui fut confirmée par le souverain pontife. Notre prélat, devenu ainsi paisible possesseur de son Eglise, employa les jours de calme à y rétablir le bon ordre; ce qu'il exécuta plus encore par ses exemples que par ses discours. Il étendit sa vigilance jusque sur l'abbaye de saint Basle, où il remit des moines à la place des clercs qui s'y étaient introduits. Au mois de septembre 948, il assista au concile de Trèves, où Hugues, comte de Paris, fut excommunié jusqu'à ce qu'il rentrât dans le devoir envers le roi Louis, son souverain. Artaud y donna des marques de sa clémence à l'égard de Gui, évêque de Soissons, un des consécrateurs de Hugues, en le faisant absoudre à sa prière. Il tint lui-même un concile à l'abbaye de Saint-Thierry, en 953, et l'année suivante, il sacra roi France Lothaire fils du roi Louis d'Outremer. Ces deux princes lui donnèrent des marques de leur confiance, en l'honorant successivement du titre de leur grand chancelier. Il mourut, après 22 ans d'épiscopat, le 31 septembre 961, et fut enterré aux pieds du corps de saint Remi. Toujours le même, dans la bonne comme dans la mauvaise fortune, il fit preuve d'un courage et d'une constance inébranlables, au milieu des tempêtes dont il fut agité. Sa modestie, la pureté de ses mœurs, son zèle et son application au bon gouvernement de son diocèse en firent un des grands évêques de son siècle.

Il a laissé une relation de ses démêlés avec le jeune Hugues, que l'on trouve dans l'*Histoire de l'Eglise de Reims*, le *Gallia christiana* et ailleurs. C'est sans contredit un des morceaux d'histoire les plus estimables du xe siècle. Le style en est clair, aisé, naturel et d'une concision qui n'altère en rien la narration des faits. Cette relation est écrite en forme de lettre, et adressée à Marin, légat du pape, et aux autres prélats qui composaient le concile d'Ingelheim en 948. Elle fut lue dans l'assemblée, et servit à instruire sa cause qui y fut jugée favorablement, puisque son compétiteur fut excommunié. Le mérite de cette relation doit faire regretter vivement la perte des autres écrits qu'Artaud publia pour la défense de sa cause, et spécialement la plainte qu'il dit avoir adressée au pape Agapet II. Il la rédigea aussitôt après le concile de Mouson, c'est-à-dire en janvier 948, et elle fut emportée à Rome par les députés d'Othon, roi de Germanie.

ARZUNITA n'est connu que par Assemani, qui lui attribue les Actes des saints martyrs de la Perse. Recueillis de la collection de cet auteur, ils ont été publiés dans le *Cours complet de Patrologie*.

ASCELIN, né en Poitou, fut moine de l'abbaye du Bec, et non de Saint-Evroult, comme quelques auteurs l'ont affirmé. Il avait été disciple de Lanfranc, et, à l'exemple de son maître, il combattit les erreurs de Bérenger. Il assista, en 1050, avec deux de ses confrères, à la conférence que Guillaume le Bâtard, duc de Normandie, avait indiquée à Brionne, pour y examiner les doctrines de cet hérésiarque. La conférence tourna à l'avantage de la foi catholique. Bérenger, réduit au silence par Ascelin, fut obligé de se rétracter. La confusion qu'il en reçut ne l'empêcha pas de s'adresser à lui, pour se plaindre de la manière dont on l'avait traité dans cette assemblée. Ses reproches tombaient particulièrement sur un autre moine du Bec, nommé Guillaume, qui l'accusait d'avoir reconnu Jean Scot pour hérétique. Il se flattait, dans une seconde conférence, de se justifier de toutes les accusations formées contre lui. Ascelin, en recevant la lettre de Bérenger, espérait y trouver quelques marques de la sincérité de sa conversion; mais il eut le chagrin de le voir endurci plus que jamais dans ses erreurs. C'est ce qu'il lui témoigne dans sa réponse.

Il la commence par l'apologie de cette proposition de Guillaume, que Bérenger traitait de sacrilége: *Tout homme doit, à Pâques, s'approcher de la table du Seigneur*. Nous sommes témoin, dit Ascelin, que Guillaume a dit seulement qu'on devait s'en approcher, à moins qu'on ne fût coupable de quelque crime qui obligeât à s'en abstenir; ce qu'il ne fallait faire cependant que par ordre de son confesseur; parce qu'agir autrement ce serait rendre inutiles les clefs de l'Eglise. Pour moi, continue Ascelin, j'ai soutenu ce que je croirai toute ma vie, comme certain et indubitable, que par la vertu du Saint-Esprit et le ministère du prêtre, le pain et le vin sur l'autel, deviennent le vrai corps et le vrai sang de Jésus-Christ. Il ajoute que le livre de Jean Scot a pour but d'établir une doctrine contraire, et qu'il est surprenant que Bérenger en fasse l'éloge, lui qui avouait ne l'avoir pas lu tout entier. Il adopte avec vénération et avec amour ce que Pachase et les autres catholiques enseignent, savoir, que les fidèles reçoivent à l'autel le vrai corps et le vrai sang de Jésus-Christ. Il soutient qu'en cela il ne combat point les raisons de la nature, il n'adore que la volonté de Dieu qui est toute-puissante, et qui fait tout ce qu'elle veut. Or Dieu a voulu que, par la vertu du Saint-Esprit et la grâce du sacerdoce, le pain et le vin consacrés sur l'autel fussent créés potentiellement son vrai corps et son vrai sang, et qu'en les créant chaque jour, ils fussent chaque jour immolés. Je le crois sur parole, et j'accepte comme son corps ce qu'il donnait à ses disciples en leur disant : *Accipite et comedite : Hoc est corpus meum.* Il reproche encore à Bérenger d'avoir tergiversé dans ses opinions sur Jean Scot, de l'avoir abandonné à la conférence de Brionne, et aujourd'hui de penser contrairement à la croyance de l'Eglise universelle sur l'eucharistie, et d'abandonner le chemin droit et battu que nous ont montré nos maîtres, si sages et si catholiques, pour suivre le chemin solitaire et tortueux de l'erreur. Il finit en l'exhortant avec amour à renoncer à ses mauvais sentiments, à cesser de répandre des opinions nouvelles et inouïes, à rejeter le livre de Jean Scot, condamné au concile de Verceil, qu'il nomme lui-même un concile plénier, et à revenir à la tradition catholique, qui est celle des apôtres. Ce concile de Verceil fut tenu au mois de septembre de l'an 1050, et présidé par le pape Léon IX. Il faut donc mettre la lettre d'Ascelin quelque temps après cette assemblée, à qui il donne le titre de plénière, parce qu'il y vint des évêques des diverses nations. Cette lettre est le seul monument que l'on possède du savoir d'Ascelin. Elle a été imprimée à Paris parmi les œuvres de Lanfranc, en 1648, et dans la *Collection des conciles* du P. Labbe.

ASCLÉPIADE, ne nous est connu que par Lactance, qui nous a conservé quelques fragments d'un traité qui avait pour titre : *De la providence du souverain Dieu,* et qui avait été écrit par cet auteur. Personne, parmi les anciens, n'a parlé de cet ouvrage. Ces fragments, recueillis par Routhenius, ont été publiés dans le *Cours complet de Patrologie.*

ASCLEPIUS, évêque en Afrique d'un petit bourg dans le territoire de Bagaï en Numidie, avait écrit contre les ariens; il écrivait aussi contre les donatistes, dans le temps que Gennade composait son *Catalogue des hommes illustres.* Il dit d'Asclepius qu'il était fort estimé pour son talent d'improviser sur-le-champ des instructions et des discours. Ses écrits ne sont pas venus jusqu'à nous.

ASSER DE MÉNÈVE, ainsi nommé du lieu de sa naissance, fit profession de la règle de saint Benoît dans le monastère de Saint-David. C'est ainsi qu'on appelait la cathédrale de Ménève, parce qu'elle était desservie par des religieux de cet ordre. Après y avoir reçu la tonsure cléricale, il fut promu aux ordres sacrés par l'archevêque de la province de Galles, son parent, qui avait choisi Ménève pour sa résidence. Ses progrès dans les lettres et dans la vertu le firent connaître du roi Alfred, qui l'appela à sa cour, où il avait déjà réuni plusieurs savants étrangers, dans le but de rétablir les études en Angleterre, et d'y soutenir la religion. Asser ne consentit à demeurer auprès de ce prince qu'à la condition de retourner à son Eglise, de temps en temps, et d'y passer une partie de l'année. Il ne s'absentait jamais qu'après en avoir obtenu la permission de sa communauté, qui la lui refusait d'autant moins qu'elle avait besoin de s'assurer la protection d'Alfred contre les violences d'Heimeid, roi de Galles. L'occupation d'Asser à la cour était de lire au roi les bons auteurs, et d'en conférer avec lui ; car ce prince n'avait point étudié dans sa jeunesse, et il avait plus de douze ans quand il apprit à lire. Il confia à Asser l'éducation de son fils, lui donna l'investiture de plusieurs monastères, et le choisit enfin pour remplir le siége épiscopal de Schiburn, aujourd'hui Salisbury. On assure que c'est d'après ses conseils que ce monarque fonda l'université d'Oxford. Asser mourut en 883, suivant quelques biographes, et en 909 suivant les autres. Nous nous rangeons à cette dernière opinion, qui nous paraît la plus probable, et qui est aussi celle du plus grand nombre. Il est auteur d'une *Vie du roi Alfred* jusqu'à sa quarante-cinquième année. Son style, grave et naturel, donne à cet ouvrage un air de vérité qui ne permet pas de rien retrancher des grands éloges qu'il fait de ce prince. Nous n'en reproduirons rien ici, parce que la notice biographique que nous avons donnée avant de rendre compte des œuvres de ce monarque n'est autre chose que l'analyse de cet écrit. (*Voy.* ALFRED, roi d'Angleterre.) Cette *Vie,* écrite par Asser en langue latine, fût imprimée à Londres, en caractères saxons, avec une préface dans la même langue.—On lui attribue un autre ouvrage que le docteur Thomas Gale fit imprimer à Oxford, en 1691, sous le titre d'*Annales*. C'est un recueil des écrits de quinze historiens anglais, saxons, anglo-danois, parmi lesquels se trouve une *Chronique* du monastère de Saint-Néot, que quelques critiques attribuent à Asser. On l'appelle *Chronique de Saint-Néot,* parce qu'elle fut trouvée dans ce monastère ; mais l'inscription est plus récente que le manuscrit, de sorte qu'on n'en peut tirer une preuve certaine qu'Asser en soit l'auteur. On pourrait même en induire le contraire, puisqu'il y est parlé de sa mort, à la date de 909, et que la chronique va jusqu'en 914 ; mais cette raison n'est pas non plus sans réplique, parce qu'il se peut qu'un autre écrivain se soit fait le continuateur d'Asser, en poursuivant sa chronique jusqu'à cette année. C'est l'opinion de Balæus. Cette *Chronique* commence à l'année 596, et Marianus Scotus en a fait entrer la plus grande partie dans la sienne. Asser a la réputation d'un historien exact et véridique.

ASTÈRE.—Saint Jérôme parle d'un Astère

qu'il met au nombre des écrivains ecclésiastiques. C'est Astère de Scythople, à qui il accorde une grande connaissance des lettres divines et humaines. Il ne dit point en quel temps il a vécu ; seulement, il le place entre Théodore d'Héraclée, mort vers l'an 355, et Apollinaire, dont il n'est plus parlé dans l'histoire de l'Eglise après l'an 382. Astère de Scythople avait fait un *Commentaire sur les Psaumes;* cet ouvrage est perdu.

ASTÈRE (URBAIN), prêtre, après avoir souvent réfuté de vive voix les erreurs des montanistes, écrivit contre eux un ouvrage dont il ne nous reste plus que quelques fragments. Il était divisé en trois livres, et adressé à un de ses amis nommé Avircius Marcellus. On y voit le commencement et les progrès de l'hérésie de Montan, jusqu'à la mort de cet hérésiarque. Le premier de ces fragments, qui servait de préface à l'ouvrage, commence ainsi : « Quoique depuis longtemps, mon cher Avircius, vous m'ayez exhorté à écrire contre les erreurs de Miltiade, cependant jusqu'ici j'ai balancé à le faire, non que je trouve aucune difficulté à établir la vérité sur les débris du mensonge, mais dans la crainte qu'on ne m'accusât de vouloir ajouter quelque chose aux paroles de l'Evangile ; sachant qu'il n'est permis à personne d'y rien ajouter ni d'en rien retrancher. Mais naguère, en passant à Ancyre, dans la Galatie, j'y trouvai l'Eglise troublée par la nouvelle ou plutôt par la fausse prophétie ; avec l'aide de Dieu, je discourus pendant plusieurs jours sur cette matière, et je combattis ces hérétiques avec tant de force, que j'eus le bonheur de les confondre et de confirmer les fidèles dans la vraie foi. Les prêtres d'Ancyre, en présence de Zotique Otrène, notre frère et collègue au sacerdoce, me prièrent de leur laisser par écrit le discours que j'avais fait ; ne pouvant le leur accorder sur-le-champ, je promis de l'écrire à loisir et de le leur envoyer. »

Dans le second fragment, Astère Urbain fait une peinture de Montan, et expose en ces termes l'origine de son schisme et de sa conspiration contre l'Eglise : « Dans cette partie de la Mysie qui touche au pays des Phrygiens, se trouve un bourg nommé Ardaba. Ce fut là que Montan, nouvellement converti à la foi, mais poussé d'une ambition excessive et d'un désir déréglé de parvenir aux premières charges de l'Eglise, donna prise sur lui à l'ennemi. Gratus était alors gouverneur de l'Asie. Montan, rempli de l'esprit du démon, commença à débiter des nouveautés dangereuses, et une doctrine contraire à celle que l'Eglise tient de la tradition des anciens. Plusieurs parmi ses auditeurs, se rappelant que Dieu nous a commandé d'éviter les faux prophètes, le conjuraient de se taire et de ne pas troubler plus longtemps l'esprit des peuples. D'autres, moins attentifs aux défenses du ciel, exhortaient au contraire ce séducteur à parler. En même temps le démon suscita deux femmes, qui, remplies de son esprit, débitèrent les mêmes impertinences que Montan. Habituellement cet esprit flattait ses auditeurs par de vaines espérances, mais de temps en temps aussi, il les reprenait afin de montrer qu'il n'épargnait pas le vice. Il n'y avait qu'un petit nombre de Phrygiens qui fussent infectés de cette erreur, et ils s'appliquaient à noircir par des calomnies atroces l'Eglise répandue par toute la terre. Ils y mettaient d'autant plus d'acharnement, que l'Eglise avait déclaré leur doctrine impie, et retranché de sa communion ceux qui la professaient. »

Le troisième fragment est tiré du second livre d'Astère Urbain. Suivant Eusèbe, il y rapportait la manière dont étaient morts les différents auteurs de l'hérésie des montanistes. Voici comment il parle de celle de Montan, de Maximille et de quelques autres de la même secte : « Puisqu'ils nous accusent de tuer les prophètes parce que nous n'avons point voulu recevoir leurs impostures, je les conjure, au nom de Dieu, de me dire si, depuis que Montan et ses femmes ont commencé de débiter leurs rêveries, quelqu'un de leur secte a été persécuté par les juifs, ou mis à mort par les impies. Aucun d'eux n'a été crucifié pour le nom de Jésus-Christ, aucune femme n'a été fouettée ni lapidée dans les Synagogues des juifs. Montan et Maximille sont morts, dit-on, d'une manière toute différente ; car on assure qu'ils se sont pendus et qu'ils sont morts de la mort de Judas. On prétend que Théodote, le premier qui ait donné cours à leurs prophéties, s'étant abandonné à l'esprit d'erreur, fut enlevé dans les airs et périt misérablement en retombant. »

Astère ajoutait ensuite beaucoup d'autres choses pour réfuter les fausses prédictions de Maximille, et il parlait ainsi des guerres et des autres désordres qu'elle avait annoncés : « La fausseté de cette prédiction n'est-elle pas évidente, puisque depuis plus de treize ans que cette femme est morte, il n'y a eu aucune guerre ni générale, ni particulière, mais que par la miséricorde de Dieu les chrétiens ont joui d'une paix profonde ? »

Voyant que les montanistes, convaincus d'erreur, se rejetaient sur les martyrs de leur cause, et prétendaient que leur constance dans les tourments était une preuve certaine de la puissance de l'esprit prophétique qui résidait en eux, Astère réfuta cette objection dans un troisième livre. Tous les hérétiques se vantent d'avoir eu des martyrs, mais cela ne prouve nullement que la vérité soit de leur côté. Il parle aussi dans le même livre d'un écrivain nommé Miltiade, qui avait écrit contre les montanistes, puis il fait ainsi l'énumération des prophètes de l'Ancien Testament : « Le faux prophète parle dans une extase simulée pleine de hardiesse et d'emportement, et son ignorance se change en folie. Ils ne sauraient montrer, ni dans l'Ancien ni dans le Nouveau Testament, aucun prophète qui ait été agité d'un pareil esprit. Ils ne le montreront ni d'Agabe, ni de Judas, ni de Silas, ni des filles de Philippe, ni d'Ammiade, ni de Quadratus, ni de plusieurs autres qui n'ont eu aucune communication avec eux. Puisqu'ils publient que les femmes de la secte de Montan ont succédé au don de prophétie dont ces hommes ont été remplis, qu'ils nous apprennent qui sont ceux qui ont succédé à Montan et à ses femmes. Car, selon que le dit l'Apôtre, le don de prophétie doit se perpétuer dans l'Eglise jusqu'à la venue du Sauveur. Or, quoiqu'il y ait quatorze ans que Maximille soit morte, ils ne peuvent montrer parmi eux aucun prophète depuis elle. » Cet auteur disait encore qu'il avait fait un abrégé du livre où Miltiade faisait voir que les véritables prophètes ne perdaient pas la faculté de juger en prophétisant, mais cet abrégé n'est pas venu jusqu'à nous, non plus que le livre de Miltiade.

ASTÈRE (saint), métropolitain d'Amasée, dans le Pont, eut pour premier maître un esclave affranchi qui s'était rendu célèbre par ses connaissances, et surtout par celle des lois. On ne sait pas en quel endroit ce saint se mit sous sa discipline, ni quelle science il apprit de lui; mais on ne peut guère douter qu'il n'en ait pris des leçons d'éloquence et de droit. Du moins paraît-il certain qu'il en étudia les règles, puisqu'il affirme lui-même, dans un endroit de ses ouvrages, qu'il avait paru au barreau avec distinction. Il le quitta pour embrasser l'état ecclésiastique, et fut choisi pour succéder à Eulale, archevêque d'Amasée, vers la fin du IVe siècle. Il se montra dans cette place très-zélé pour la pureté de la foi, très-attentif à instruire les peuples confiés à ses soins. Il vécut jusqu'à une extrême vieillesse. Dans un de ses discours, il parle de la persécution de Julien l'Apostat en homme qui en a été témoin et qui connaissait à fond le caractère faux et les artifices de cet imposteur. Il paraît qu'on doit placer sa mort après l'an 400, puisqu'il marque lui-même qu'il vivait après le consulat d'Eutrope, dont l'histoire place au commencement du Ve siècle. Photius le qualifie de bienheureux. Adrien II parle de l'estime qu'on avait dans tout l'Orient pour sa personne et ses écrits, et le septième concile œcuménique le considère comme un des Pères de la tradition ecclésiastique, ce qui le fait compter au nombre des Docteurs de l'Eglise.

Nous avons de saint Astère divers *Discours* ou homélies qui ne lui sont contestées de personne ; elles ne sont pas toutes de la même force ni d'une égale beauté ; mais c'est partout le même style, au service du même génie. La première est sur l'abus des richesses, et le saint docteur y explique la parabole du mauvais riche et de Lazare. Après un exorde où il remarque que le Sauveur a cherché à inspirer aux hommes l'horreur du vice et l'amour de la vertu par quelque chose de plus efficace que des préceptes et des maximes, c'est-à-dire par des exemples et par des œuvres, il entre en matière et n'emploie que ces deux paroles pour condamner les excès du luxe et de la richesse : *Un homme riche qui était vêtu de pourpre et de fin lin.* En effet, la couleur de pourpre était fort chère et assez inutile, et le lin était une étoffe dont on pouvait facilement se passer. Il rappelle les chrétiens au premier usage des vêtements. Que demande donc la règle de la bienséance ? Dieu a revêtu les animaux d'une laine épaisse, afin que les hommes pussent l'apprêter et s'en faire des habits pour se garantir de l'intempérie des saisons. Il déclame fortement contre ceux qui, ne se contentant pas de la laine, recherchaient avec empressement les étoffes de soie teinte de la pourpre la plus éclatante ; qui avaient recours, pour satisfaire leur luxe, à des ouvriers habiles qui traçaient sur ces étoffes toutes sortes de dessins et de fleurs pour s'en faire des vêtements, à eux, à leurs femmes et à leurs enfants. Ils paraissaient en public revêtus de ce costume bizarre, comme s'ils ne songeaient qu'à divertir les passants ; on les prendrait pour des murailles peintes. Il y en avait d'autres qui, conservant quelque teinture de piété jusque dans les ornements du luxe, prenaient des dessins dans l'histoire de l'Evangile, et portaient les personnages reproduits sur leurs vêtements. « Ne faites point peindre Jésus-Christ, leur dit ce saint évêque ; c'est bien assez qu'il se soit humilié jusqu'à se revêtir de notre chair, et que vous portiez le Verbe dans votre cœur. Ne brodez point sur vos habits la figure du paralytique ; mais allez chercher les pauvres malades qui ne peuvent venir à vous : ne vous amusez point à regarder cette femme qui fut guérie d'un flux de sang ; mais appliquez-vous à soulager les veuves qui sont dans l'affliction : il ne sert de rien de jeter les yeux sur la pécheresse qui se prosterne aux pieds du Sauveur ; mais que le souvenir de vos péchés vous attendrisse et vous fasse verser des larmes : ne faites point tracer sur vous la figure de Lazare sortant du tombeau ; mais plutôt songez sérieusement à votre résurrection. » On voit bien que saint Astère ne condamne ici ces sortes de peintures que dans ceux qui les faisaient servir à leur luxe et à leur vanité. C'est l'explication que les Pères de Nicée donnèrent à ce passage, dont les iconoclastes voulaient abuser, contre l'honneur que l'Eglise rend aux images de Jésus-Christ et des saints. — Le saint docteur invective ensuite contre les plaisirs de la table et de la bonne chère, dont il décrit tous les raffinements et toutes les inventions, et il rappelle les riches au moment fatal, qui, en séparant l'âme d'avec le corps, les arrachera à toutes leurs jouissances et à tous leurs plaisirs. Il passe ensuite à l'explication de la seconde partie de la parabole, qui regarde un pauvre appelé Lazare. Il décrit avec des expressions très-pathétiques l'extrême misère où il était réduit, et la dureté inflexible du mauvais riche à son égard. Il ne pourrait s'empêcher de déplorer les malheurs de Lazare, si la fin de son histoire répondait à son commencement, et s'il ne devait pas trouver dans ses disgrâces mêmes des trésors de bonheur. Il donne un sens mystique à ce qui est dit du sein d'Abraham, dans lequel Lazare fut reçu, et de l'abîme qui séparait ce patriarche d'avec le mauvais riche.

Sur l'économe infidèle. — Rien ne nous appartient de ce que nous possédons ; nous ne sommes dans le monde que des étrangers. La vie est si fragile et les biens en sont si variables, que nous n'en sommes que des économes, et que nous devons nous tenir prêts constamment à rendre compte de notre administration. Il compare la possession des richesses de la terre au repos que prend un voyageur, sous un bel arbre chargé de feuilles, dont le sommet large et touffu offre une ombre agréable. Plusieurs jouissent de ces richesses tour à tour ; mais elles n'appartiennent qu'à Dieu qui est immortel et incorruptible. C'est pourquoi je ne puis assez m'étonner lorsque j'entends des personnes qui disent : *mon champ, ma maison ;* avec trois lettres, ils s'érigent en souverains d'une chose dont ils ne sont pas les maîtres. Il raisonne des palais des princes et des marques distinctives de la dignité des grands dans le même sens ; chacun n'en a l'usage que pour un certain temps : comme la bière et le drap mortuaire servent à plusieurs cadavres, ainsi les ornements de la magistrature servent à plusieurs magistrats. — Il passe de l'usage des biens à celui des cinq sens que Dieu nous a donnés pour la commodité de la vie ; il leur prescrit des lois, et il veut qu'ils les observent. Ils ne sont les maîtres ni d'eux-mêmes ni de leurs mouvements. L'œil a la permission de contempler la nature et tous les objets de la création, mais il doit éviter les spectacles qui pourraient ternir la candeur de son âme en blessant l'honnêteté. Il vaut mieux que nos sens restent plongés dans les ténèbres, sans mouvements et sans action, que d'être les instruments du crime. Saint Astère entre dans le détail de ce que l'on doit permettre ou refuser à chacun de ses sens. Il traite ensuite de l'usage que nous devons faire de nos biens, et pour le régler il emprunte ces paroles de l'Evangile : *Donnez à manger à ceux qui ont faim ; couvrez ceux qui sont nus ; ayez soin des malades ; ne négligez point les pauvres ; et n'ayez d'inquiétude de vous-mêmes, ni de ce que vous ferez le lendemain.* Enfin, il nous rappelle que nous n'avons que la vie présente pour travailler à notre salut ; que dans l'autre nous serons jugés suivant la conduite que nous aurons tenue en ce monde. Soyons donc de sages économes, et travaillons à nous assurer auprès de Dieu des amis qui nous reçoivent dans ses tabernacles éternels.

Contre l'avarice. — Ce discours fut prononcé le jour de la fête des martyrs qui depuis longtemps se célébrait à Amasée avec beaucoup de pompe et de magnificence. Les populations des campagnes voisines y étaient accourues ; plusieurs prélats prirent successivement la parole et prononcèrent des discours propres à sanctifier les mœurs. Saint Astère, à qui sa position de métropolitain interdisait le silence, prit pour sujet de son allocution, l'avarice, à l'occasion d'une foire que la grande affluence d'étrangers avait fait établir ce jour-là. Il dit que l'avarice ne consiste pas seulement dans un désir immodéré d'amasser du bien et des richesses, mais qu'en général on peut la définir une passion déréglée d'avoir plus que le nécessaire. Il regarde le démon comme le chef des avares, parce que, ne se contentant pas de son titre et de sa dignité d'archange, il se révolta contre Dieu, et perdit sur-le-champ la dignité qu'il possédait. Il entre ensuite dans le détail de ceux que l'Ecriture nous représente comme tels, et fait en ces termes le portrait d'un avare :

« Odieux à ses proches, insupportable à ses domestiques, inutile à ses amis, dur et sans complaisance envers les étrangers, incommode à ses voisins, importun à sa femme, oublieux de l'éducation de ses enfants qui lui demanderait de la dépense, se refusant à lui-même le nécessaire, il est inquiet, il rêve nuit et jour, il parle, il raisonne en lui-même comme un insensé. En dépit de son abondance, il gémit comme s'il manquait de tout ; il n'ose toucher à son bien ni en jouir ; il désire avec inquiétude ce qu'il n'a pas ; il jette des yeux de concupiscence sur le bien d'autrui pour conserver ce qu'il possède. L'avidité insatiable qui le dévore l'empêche de goûter aucun plaisir. A peine mange-t-il pour se nourrir ; son âme meurt de faim comme son corps ; il ne fait aucunes bonnes œuvres, et ses mains ne s'ouvrent jamais pour distribuer l'aumône ; le bonheur public le rend malheureux ; les désastres et les calamités font sa joie. Il voudrait voir le peuple accablé de tributs et d'impôts, afin de prêter son argent à une plus grosse usure, et de contraindre ainsi les plus pauvres à lui céder leurs meubles et leurs champs, en échange des intérêts qu'ils ne pourraient acquitter. »

Le saint docteur demande à un homme de ce caractère ce qu'il veut faire de tant de richesses inutiles ? — Si c'est pour le plaisir de les voir, il peut satisfaire sa curiosité en allant chez les orfèvres et les banquiers. Pour se guérir de cette passion ridicule, il exhorte ceux qui en sont atteints à songer au temps où, couverts d'un peu de terre, ils seront dépouillés de tous les biens qu'ils auront amassés avec si grande peine. Si votre bien est légitimement acquis, faites-en un bon usage, à l'exemple de Job ; sinon, rendez ce que vous avez pris, ou mieux encore, imitez Zachée qui s'offrit d'en restituer le quadruple. Il décrit fort au long les désordres que produit l'avarice ; les guerres et les dissensions qu'elle cause entre les Etats ; et finit son discours en prouvant, par divers exemples tirés de l'Ecriture, que la divine Providence conserve tous ses ouvrages, et que ceux qui ont la foi ne manquent jamais de rien.

Contre l'abus des étrennes. — Il fit ce discours sous le consulat d'Eutrope, c'est-à-dire en l'an 400, dont le premier jour était un dimanche. Il dit qu'on a peine à découvrir l'origine de cette fête et qu'on n'en éprouve pas moins à rendre raison de la joie qu'on y faisait paraître, ni des dépenses qu'elle occasionnait. Il n'en est pas ainsi des solennités qui sont instituées à la gloire de Dieu : celles-là, nous en rendons raison ; mais quel motif a-t-on de donner au jour des calendes le nom de fête? Ce nom ne lui convient nullement, puisque ce jour-là on n'éprouve que de l'ennui, soit qu'on se montre en public, soit qu'on se tienne enfermé dans sa maison. Le petit peuple s'attroupe et va par bandes à toutes les portes souhaiter à chacun un heureux commencement d'année. Il s'attache de préférence aux maisons des financiers, et les fatigue de ses importunités jusqu'à ce qu'ils aient donné de l'argent. Une troupe succède à l'autre ; le bruit ne cesse pas, et il faut toujours donner. Voilà sans doute une belle fête, qui n'est inventée que pour dépouiller les gens malgré eux. Ce jour-là, les laboureurs n'osaient paraître en public, dans la crainte d'être maltraités ; les soldats s'y livraient à des jeux contraires aux lois de l'empire ; les consuls s'y ruinaient par des dépenses excessives, afin de faire inscrire leurs noms parmi ceux qui briguaient les premières charges. Il s'élève avec force contre ces abus, et rapporte la fin malheureuse de quelques-uns de ces consuls.

Contre le divorce. — Ce discours a pour texte la question que les juifs proposèrent à Jésus-Christ, savoir, s'il est permis à un homme de répudier sa femme pour quelque cause que ce soit. Dans l'intention des pharisiens, cette question était un piège tendu au Sauveur dans le but de le rendre odieux aux femmes plus disposées que les hommes à croire à ses miracles et à sa divinité. Il rapporte ensuite la réponse par laquelle il confondit les pharisiens, en disant qu'il n'y avait que la mort ou l'adultère qui pût rompre un mariage. Saint Astère le définit une société de corps et de l'âme dans laquelle les affections doivent s'unir comme les corps. Si vous regardez votre femme par rapport à la création, elle est votre sœur, et vous avez tous deux la même origine ; mais la cérémonie des noces et du mariage vous unit d'une façon bien plus particulière, bien plus intime. Vous voulez rompre des nœuds que la raison et la nature ont serrés ; comment pourrez-vous donc vous dégager d'une promesse si authentique, et dont vous avez pris Dieu à témoin? Les lois divines et humaines vous ordonnent de respecter vos femmes et de les chérir. Saint Astère entre dans le détail des services qu'une femme rend à son mari, et il cite l'exemple d'une femme de sa connaissance qui, pour ne point se séparer de son mari, obligé de fuir et de se cacher, se fit couper les cheveux et prit des habits d'homme pour le suivre, se condamnant ainsi de bon cœur à une servitude volontaire. Il répond ensuite aux plaintes que les maris faisaient de leurs femmes et dit : « Quand vous vous êtes mariés, ne connaissiez-vous pas l'humeur des femmes? En est-il une seule qui soit exempte de faiblesse ou de péché aussi bien que les hommes? Il n'y a que Dieu seul à qui on ne puisse rien reprocher. Ne faites-vous point de fautes vous-mêmes? Vos manières et vos actions ne causent-elles jamais de chagrin à votre femme? » Il décrit les dérèglements de la plupart des hommes, et se moque des prétextes frivoles qu'ils inventent pour pallier le divorce. Les mariages se font par deux motifs : par amitié, ou par l'espérance d'avoir des enfants ; ces deux raisons ne se trouvent point dans l'adultère. On étouffe l'amitié qu'on avait pour son mari en se prostituant à un autre. La gloire de la lignée se perd, puisque les enfants de l'époux légitime se trouvent confondus avec ceux de l'adultère. Voilà pourquoi l'adultère peut excuser le divorce. Il le condamne aussi bien dans les hommes que dans les femmes, et ne craint nullement de contredire sur ce point les législateurs politiques qui laissaient aux hommes une grande liberté. Les lois romaines regardaient la fornication comme indifférente ; le saint évêque leur oppose les lois éternelles, et affirme, d'après saint Paul, que Dieu condamnera les fornicateurs et les adultères.

Sur l'histoire de Daniel et de Susanne. — Cette homélie est un chef-d'œuvre : le saint évêque trouve dans le simple récit de l'Ecriture une ample matière à édifier son peuple, par l'exemple de deux jeunes gens qui s'étaient également rendus recommandables, l'un en portant un arrêt plein d'équité, l'autre en subissant patiemment une sentence injuste qui la perdait d'honneur. Entre les belles pensées morales dont cette paraphrase est pleine, on peut remarquer celles-ci : Le serpent a triomphé de deux hommes ; mais une femme a remporté dans ce combat une glorieuse victoire sur le serpent. Il n'a pas trouvé dans Susanne la légèreté de la première femme ; il n'y a trouvé qu'un amour inviolable de la chasteté, une fidélité inébranlable aux ordres de Dieu, une force qui surpassait celle des hommes, et un cœur résolu de vaincre. Un pécheur, après avoir fait le premier pas, s'abandonne aux dernières iniquités. Le premier crime est comme le premier nœud d'une chaîne, tous les autres en déroulent. Comme les bonnes actions attirent les bonnes actions, ainsi les péchés attirent les péchés. La pensée de l'adultère inspira aux vieillards le désir de faire périr une innocente. Que les femmes se règlent sur la conduite de Susanne ; qu'elles restent fidèles à leurs époux, comme elle l'a été au sien, au péril de leur honneur et de leur vie. Que ceux dont l'âge devrait avoir mûri les pensées et apaisé le feu des désirs, aient horreur de ces infâmes vieillards ; que les magistrats appréhendent la fin misérable de ces mauvais juges; enfin, que Daniel soit le modèle de tous les jeunes gens. Toutes les conditions dont l'Église, comme le monde, se trouve composée, se sanctifiant ainsi chacune selon son état, l'assemblée des chrétiens deviendra sainte et agréable à Jésus-Christ.

Sur l'aveugle-né. — Ce discours commence par une profession de foi dans laquelle le saint orateur reconnaît le Fils égal et coéternel au Père. Photius relève beaucoup la description de l'œil, et en effet elle est fort belle, et les inductions que le pieux évêque en tire sont d'une élévation de pensées et de sentiments admirables. Il n'est point de plus bel ouvrage que l'œil parmi les choses créées; il nous élève à la connaissance de Dieu. La perfection de ce chef-d'œuvre me fait connaître la sagesse et l'habileté de l'ouvrier. S'il n'y avait point d'yeux, tant de beaux ouvrages seraient demeurés ensevelis dans l'oubli, et personne n'aurait pu remarquer la sagesse incomparable du Créateur qui les a produits. C'est pour cela que Jésus-Christ donna des yeux à l'aveugle-né, afin que, débarrassé des pensées de la chair, il pût s'élever par la contemplation jusqu'à la splendeur de la divinité.

Sur saint Pierre et saint Paul. — Ce discours est remarquable en ce qu'il pose et établit la suprématie de l'Eglise romaine sur toutes les Églises du monde. En effet, le saint docteur y enseigne que la juridiction spéciale qui fut accordée au prince des apôtres s'étend sur tous les fidèles de l'Orient et de l'Occident. Jésus-Christ l'a constitué son vicaire, c'est-à-dire le père, le pasteur et le maître de tous ceux qui devaient croire à l'Evangile. Il aborde ensuite le panégyrique de saint Paul; il retrace à grands traits sa vision sur le chemin de Damas, son baptême qu'il reçut des mains d'Ananie, ses travaux apostoliques pour la conversion des gentils, sa dispute avec saint Pierre sur les cérémonies légales, dans laquelle il résista courageusement à cet apôtre et sut lui adresser des reproches mêlés de douceur et de sévérité, son désintéressement dans la prédication de l'Evangile, ne demandant aucune récompense et travaillant à gagner de ses mains le pain qui devait le nourrir. « Profitons de ce grand exemple, dit le saint orateur, nous qui sommes revêtus du sacerdoce. Non-seulement les autels nous donnent de quoi subsister, mais ils nous enrichissent et nous aident à passer commodément la vie. Nous mettons le bien de l'Église au rang de nos effets et nous commandons aux fidèles comme à des esclaves. Le sacerdoce n'est pas une domination, c'est plutôt une servitude; ce n'est point une dignité qui exige de l'appareil et de la magnificence, c'est la dispensation d'une discipline modeste et réservée. » Il termine l'éloge de ce grand apôtre par le récit de son voyage à Rome et de son martyre. Après qu'il eut porté la lumière de l'Evangile dans toutes les parties du monde, il vint à Rome pour instruire un peuple qui commandait à tous les autres; en ramenant les Romains à Jésus-Christ, il espérait avec raison que toutes les nations suivraient leur exemple. Pierre était déjà à Rome, travaillant au même ouvrage; ils réunirent leurs forces pour agir avec plus d'efficacité. Les leçons de retenue et de chasteté qu'ils faisaient au peuple offensèrent Néron. Il crut qu'on voulait lui ravir la puissance, en lui interdisant les plaisirs; il fit emprisonner les deux apôtres, qui reçurent le même jour la couronne du martyre. L'un mourut crucifié la tête en bas, et l'autre fut décapité. On voit par ce discours que dès le temps de saint Astère, la fête de ces saints apôtres se célébrait universellement le même jour et avec de grandes solennités.

Sur saint Phocas. — Ce discours fut prononcé dans une église consacrée à la gloire de ce bienheureux martyr. Astère y raconte la vie, les vertus, le martyre du héros de Synople, sa gloire dans l'Église et la vénération que lui ont vouée les chrétiens de tout l'univers. Les Romains, qui conservent avec beaucoup de piété le chef du saint martyr, lui rendent presque les mêmes devoirs qu'aux reliques des apôtres. Les matelots adoucissent les ennuis d'une longue navigation par des hymnes qu'ils chantent à sa gloire; ils ont sans cesse à la bouche le nom de Phocas, qui tant de fois leur a donné des marques signalées de sa protection. Il apparaît souvent la nuit lorsque le vaisseau est menacé d'une grosse tempête; il réveille le pilote endormi sur le gouvernail, il serre lui-même les cordages et prend soin de la voile; il se met à la proue du navire, pour lui faire éviter les écueils. C'est une coutume parmi les matelots, de recevoir saint Phocas à leur table. Par un moyen ingénieux qui satisfait leur piété et révèle en même temps la naïveté de leurs habitudes, ils achètent alternativement la portion du saint martyr, et quand ils sont arrivés au port, ils en distribuent l'argent aux pauvres. Les princes ne l'admirent pas moins que le peuple, et les barbares mêmes le respectent. Un de leurs rois donna sa couronne toute brillante d'or et de pierreries, avec une cuirasse d'une matière précieuse, en priant le saint martyr de l'offrir au Seigneur. Par cette espèce de tribut, il voulait remercier Dieu du royaume qu'il tenait de sa munificence, et de la vertu guerrière qu'il lui avait inspirée.

Sur les saints martyrs. — Dans ce discours, le pieux évêque d'Amasée s'exprime comme le fait encore aujourd'hui l'Église catholique sur l'invocation des saints, sur le culte des reliques, sur les miracles opérés par leurs vertus. — Les martyrs sont nos maîtres et nos modèles; nous devons les suivre et les imiter. Ils préféraient Dieu à ce qu'ils avaient de plus cher; pourquoi ne modérerions-nous pas des affections déréglées? Ils ont souffert le fer et le feu pour le nom de Jésus-Christ, et il n'est point de belles actions qu'ils n'aient accomplies pour triompher de la mort même en expirant. Voilà pourquoi nous conservons leurs corps comme des gages précieux, comme des vases de bénédiction. Nous honorons leurs reliques, nous

nous mettons sous leur protection, et c'est avec plaisir que nous voyons les peuples venir en foule s'agenouiller au pied de leurs tombeaux. Les martyrs gardent l'Eglise comme des soldats gardent des citadelles. Ceux qui sont accablés sous le malheur y viennent comme à un asile, pour s'y reposer et y trouver la consolation ; les saints sont leurs intercesseurs auprès de Dieu. Les pères et les mères prennent leurs enfants entre leurs bras, et sans se soucier de la médecine et des médecins, ils viennent les offrir à quelqu'un des martyrs en le priant d'être leur médiateur auprès de Dieu. « Vous qui êtes mort pour Jésus-Christ, lui disent-ils, demandez-lui la santé de mon enfant. C'est une gloire pour vous de nous secourir dans nos besoins ; que votre sang nous guérisse, comme le sang de Jésus-Christ a guéri l'univers. » Un autre, sur le point de se marier, adresse ses prières aux martyrs afin qu'ils bénissent son mariage. Les mariniers ne mettent la voile au vent qu'après avoir invoqué le maître de la mer par l'intercession des martyrs. Les pauvres les regardent comme leurs pères. L'univers retentit de leurs louanges. Les anciens racontent à leurs petits-fils l'histoire et les belles actions des martyrs, il n'est point d'endroit si reculé où l'on ne célèbre leur victoire ; toutes les saisons leur consacrent ce qu'elles ont de meilleur, pour rehausser l'éclat de leur solennité.

Sur le martyre de sainte Euphémie. — La relation du martyre de sainte Euphémie ressemble plutôt à une amplification de rhétoricien qu'à un discours prêché par un évêque. On croit généralement que saint Astère le composa pour s'exercer dans sa jeunesse et pendant qu'il étudiait à Chalcédoine. On en jugera par la manière dont il le commence. « Il y a peu de jours, dit-il, j'avais entre les mains les œuvres de Démosthènes ; je lisais cette belle et vive déclamation qu'il composa contre Eschine. Après une lecture assez longue, je jugeai à propos de chercher un peu de distraction dans la promenade, pour rendre quelques forces à mon esprit épuisé. Je sortis de ma maison, je fis quelques tours sur la place publique avec mes amis. » Tout cela convient-il à un saint évêque uniquement occupé du soin de son troupeau ? Ce qu'il ajoute en parlant d'un tableau représentant le martyre de la sainte convient également à un jeune orateur : « Les enfants des muses n'employèrent pas des couleurs moins vives que les peintres. » Néanmoins, on ne peut douter raisonnablement que cette pièce ne soit de saint Astère. Photius la lui attribue et il fonde son assertion sur la ressemblance qu'elle a avec la description de l'œil dans l'homélie de l'aveugle-né. Elle fut lue sous son nom dans la quatrième et la sixième action du 7ᵉ concile général.

Sur la pénitence. — L'histoire du festin que le Pharisien fit au Sauveur, forme la matière de ce discours. Saint Astère y trouve un remède pour nous guérir de notre orgueil en nous montrant, par l'autorité même de l'Evangile, que le Sauveur du monde, qui était pur et sans tache et le seul juste, n'a pas dédaigné de converser familièrement avec des gens dont les mœurs étaient dépravées ; non pour participer à leurs désordres, mais pour leur communiquer sa sainteté. Pour faire sentir combien est grande la bonté de Dieu, il fait remarquer qu'avant de se montrer lui-même aux hommes, il leur a envoyé ses prophètes pour les exhorter à la pénitence. Sa miséricorde est infinie, il ne veut point la mort du pécheur, il attend qu'il se convertisse. Il rapporte plusieurs exemples de grands pécheurs convertis à Dieu par la pénitence. Il cite l'exemple de la femme pécheresse comme le modèle d'une bonne pénitence. Nous sommes malades, et Dieu est un médecin, pourquoi ne pas lui demander la guérison de nos maux ? Pourquoi souffrir que la plaie s'envenime, qu'elle s'enflamme, qu'elle nous dévore ? Les délices ont altéré votre santé, guérissez-vous par les jeûnes : l'incontinence rend votre esprit malade, appliquez-y le remède de la tempérance. L'avarice et l'amour de l'or vous ont fait tomber dans une espèce de fièvre, apaisez ce feu par la libéralité et par l'aumône. Le mensonge a manqué vous faire périr, l'amour de la vérité vous sauvera. La pénitence efface et dissout les crimes commis par la pensée et par les actions ; examinons la nature du mal qui nous travaille et appliquons-y le remède propre à nous guérir. Découvrons notre âme aux prêtres, comme nous montrons nos blessures au médecin ; et ils nous sauveront en nous guérissant.

Sur le commencement du jeûne. — Après avoir posé pour principe que l'homme est composé de deux parties d'un mérite inégal, savoir, d'une âme et d'un corps, saint Astère fait voir que le jeûne est utile à l'un et à l'autre. C'est pourquoi il nous exhorte à accepter avec joie le jeûne du carême, comme le maître de la tempérance, la mère de la vertu, la nourrice des enfants de Dieu, la tranquillité des âmes et le soutien de la vie. Les anges, dit-il, gardent la maison de celui qui jeûne, et l'accompagnent partout pour le défendre ; au contraire, celui qui s'abandonne à la bonne chère pendant le carême n'a d'autres compagnons que les démons. Il fait voir, par plusieurs exemples tirés de l'Ecriture, combien l'intempérance est nuisible. Il appelle le jeûne le frère de lait de tous les saints et le commencement de toutes les bonnes œuvres, puisque les prophètes et les saints qui ont accompli les plus grands miracles, et le Sauveur lui-même, ont commencé par le jeûne. Ne comptez pas les jours du carême, comme un mercenaire paresseux, dans l'impatience que ce temps soit écoulé. Donnez quelque chose à l'âme et non pas tout au corps. Je consens que vous donniez dix mois entiers et même un peu plus au corps ; mais donnez au moins le carême entier à l'âme, afin qu'elle se tire de la boue du péché par la tempérance. Dites à votre ventre, lorsqu'il vous presse de lui donner à manger : *L'homme ne vit pas seulement de pain, mais* de *toute parole qui sort de la bouche de Dieu*. Il finit son discours en exhortant ceux qui étaient séparés de l'Eglise à s'y réunir : « Si vous suivez encore les cérémonies judaïques, leur dit-il, de quelle utilité vous sera le jeûne ? Il veut aussi qu'il soit accompagné de modestie, et qu'on en bannisse les danses qui marquent la dissolution du cœur.

Sur saint Etienne, premier martyr. — Ce discours présente quelque analogie avec celui que saint Grégoire de Nysse a écrit sur le même sujet, ce qui fait que plusieurs critiques le lui ont attribué ; mais cette analogie est plutôt dans les pensées que dans les expressions. Saint Astère le prononça le lendemain de la naissance de Jésus-Christ, jour auquel l'Eglise célèbre la fête de saint Etienne. Ce grand homme, qui est comme les prémices des martyrs, nous enseigne à quels travaux nous devons nous exposer pour la gloire de Jésus-Christ. Les apôtres l'ont devancé par le temps, mais il les a devancés par sa mort. Il est le premier qui ait fait la guerre au démon et qui ait remporté la victoire. Le saint docteur rapporte ce qui est dit dans les *Actes* et les discours que son héros adressa aux juifs qui voulaient le lapider. Il relève sa constance dans les tourments, sa charité qui va jusqu'à prier pour ses persécuteurs. Parlant ensuite de la vision qu'eut saint Etienne au moment de sa mort, il dit que Dieu l'a permise, en prévision des erreurs dans lesquelles les hommes devaient tomber. Comme l'hérésie de Sabellius devait infecter l'Eglise dans la suite des temps, Dieu, pour précautionner les hommes contre ses séducteurs, a voulu se montrer dans toute la gloire de sa Trinité. Il fait voir à Etienne le Fils dans une personne parfaite qu'il place à sa droite, pour faire ressortir les hypostases par la distinction des personnes. Il est vrai que le saint-Esprit ne paraît point dans cette vision; mais n'est-il pas désigné personnellement, dans cette remarque que l'Ecriture fait sur le discours du saint martyr, quand elle dit en parlant des Juifs : *Mais ils ne pouvaient résister à la sagesse et à l'Esprit qui parlait en lui?*

Discours perdus. — Saint Astère avait composé beaucoup d'autres discours que nous n'avons plus. Le premier, sur la charité, expliquait ces paroles de saint Luc : *Un homme qui descendait de Jérusalem à Jéricho.* Le saint orateur donnait à cette histoire un sens figuré. Dans le second, sur la prière, il expliquait cet autre passage du même évangéliste : *Deux hommes montèrent au temple pour y faire leur prière.* Il trouvait dans la prière une preuve de l'existence et de la toute-puissance de Dieu. En effet, on ne demande point les choses dont on croit avoir besoin, sans être persuadé qu'il y a un Dieu qui écoute nos prières, et qui peut nous accorder ce que nous lui demandons. Dans un discours sur Zachée, il disait que, quoique né à Jéricho, capitale des Chananéens, il était enfant d'Abraham, non selon la chair, mais par adoption, à cause de ses bonnes œuvres. Dans l'explication sur la parabole de l'enfant prodigue, il dit que la robe que le père lui fit apporter et l'anneau qu'il lui mit au doigt marquaient la double renaissance qui s'opère dans le baptême et la pénitence. Il prenait le sujet d'un discours sur les maîtres et les serviteurs, dans le miracle opéré par Jésus-Christ en guérissant le serviteur du Centurion. Photius dit que saint Astère y employait toute son éloquence à exhorter les domestiques à une obéissance prompte et sincère, les maîtres à traiter leurs domestiques fraternellement et avec douceur. Ce discours lui offrit l'occasion de payer publiquement sa dette de reconnaissance à l'esclave sous lequel il avait étudié les premiers éléments des lettres. Son discours sur Jaïre et l'Hémorroïsse lui fournit des réflexions remarquables sur la reconnaissance que cette femme témoigna à Jésus-Christ. Elle était de la ville de Pancade en Palestine; de retour chez elle après le miracle opéré en sa faveur, elle érigea une statue d'airain en l'honneur de celui qui l'avait guérie. Cette statue subsista pendant plusieurs années, comme un monument destiné à confondre les impostures de ceux qui traitaient les évangélistes de faussaires. Sosomène dit que cette statue subsista jusqu'au règne de Julien, qui la remplaça par la sienne; mais, frappée par le tonnerre, l'image de l'Apostat n'offrit bientôt plus qu'un tronc noirci par le feu du ciel.

On attribue encore à saint Astère plusieurs autres ouvrages qui paraissent appartenir à un autre écrivain du même nom. Il nous en reste assez du saint archevêque d'Amasée, pour pouvoir formuler un jugement complet, en affirmant qu'ils resteront dans l'Eglise comme un monument éternel de son éloquence et de sa piété. Malgré quelques termes extraordinaires et cette éloquence asiatique qui approche de la diffusion, les réflexions en sont justes et solides; l'expression naturelle, élégante et animée; la vivacité des images y est jointe à la beauté du style et à la variété des descriptions; on y découvre une imagination forte et féconde, un génie pénétrant et maître de son sujet et le talent si rare d'arriver au cœur par des mouvements toujours puisés dans la nature.

ASTÈRE, sophiste arien. — Astère était originaire de Cappadoce. Il exerça pendant quelque temps sa profession, qui était d'enseigner la philosophie, les belles-lettres et l'éloquence; mais il la quitta pour se faire chrétien. Il fut un des plus zélés eusébiens, et se trouva partout avec eux dans leurs assemblées. Toutefois, ils n'osèrent l'élever à l'épiscopat, parce qu'il avait sacrifié aux idoles, dans la persécution de Maximilien Hercule. Mais ils l'engagèrent à composer divers écrits pour appuyer leurs erreurs. Astère s'oublia dans ses livres, jusqu'à publier contre Jésus-Christ plusieurs blasphèmes que saint Athanase relève et réfute dans plus d'un endroit. Non content de les avoir mis par écrit, Astère, à la sollicitation des eusébiens, travaillait à les répandre de tous côtés. Il eut même la hardiesse de les lire publiquement dans les églises de Syrie, et de s'asseoir pour cette fonction dans des chaires dont son simple titre de laïque lui interdisait l'abord. Marcel d'Ancyre entreprit de réfuter son dernier ouvrage ; ce qui n'empêcha pas les eusébiens de s'appliquer à le lire, ainsi que tous ceux qu'il avait composés. On a quelquefois confondu cet Astère avec un arien du même nom qui devint évêque dans sa secte, et que saint Julien Sabas fit mourir par sa prière, dans la ville de Cyr, vers l'an 372. Mais on n'a pas réfléchi qu'un homme qui avait déjà professé la philosophie quand il sacrifia aux idoles en 304, ne pouvait plus être en état de prêcher contre la doctrine de l'Eglise en 372; et que cet encens qu'il avait brûlé sur l'autel des faux dieux empêcha les ariens de l'élever aux honneurs de l'épiscopat. Il ne nous reste plus rien des Commentaires d'Astère sur les Psaumes, sur les Evangiles et sur l'Epître aux Romains cités par saint Jérôme. Mais on trouve divers fragments de ses écrits contre Marcel d'Ancyre dans les OEuvres de saint Athanase. Ce Père lui donne le titre de sophiste et d'avocat de l'hérésie arienne. Il l'appelle même quelquefois *sophiste à plusieurs têtes*.

ASTRONOME. — Un des historiens de Louis le Débonnaire ne nous est connu que sous la dénomination d'Astronome, parce qu'en effet il passait, à la cour de ce prince, pour très-versé dans l'astronomie. Il le dit lui-même, à l'occasion de la comète qui parut au milieu de la semaine de Pâques, en 837, dans le signe de la Vierge ; et qui, après une révolution de vingt-cinq jours, alla se perdre dans la tête du Taureau. L'empereur, curieux de ces sortes de phénomènes, lui demanda ce qu'il en pensait. L'Astronome lui dit une partie de sa pensée, et lui dissimula le reste. Louis s'en apercevant : « Il y a une chose, lui dit-il, que vous me cachez, c'est la signification de ce prodige ; suivant le bruit public, il annonce un changement de règne et la mort d'un prince. » Pour le rassurer, l'Astronome lui cita le passage de la prophétie de Jérémie, où nous lisons : *Ne craignez point les signes du ciel qui épouvantent les gentils.* Cet écrivain passa une partie de sa vie à la cour de l'empereur, et il paraît qu'il en était officier, dès les premières années de son règne, puisque dans son prologue il dit avoir appris d'Eginhard ce qu'il rapporte de Louis le Débonnaire, jusqu'au temps où il parvint à l'empire ; et que, pour le reste de ses actions il en avait été lui-même le témoin. Il commence son *Histoire* à l'an 778, qui fut celui de la naissance de Louis, et la finit en 840, qui fut celui de sa mort. Il entre dans un plus grand détail que n'a fait Thégan, autre historien du même prince, mais ils sont d'accord dans le récit des principaux événements. Il n'approuve pas la froideur que Louis le Débonnaire fit paraître à la réception du pape Grégoire IV ; et il reconnaît que ce prince aurait dû le recevoir avec plus de décence. En parlant de la révolte de Lothaire et de ses autres fils, des évêques qui suivirent le parti des jeunes princes, et qui, dans cette occasion, manquèrent de fidélité à leur empereur, il ménage beaucoup ses termes, mais sans dissimuler en rien la grandeur de leur faute ; ce qui prouve qu'il savait dire la vérité sans choquer personne. Cette *Histoire* est d'une grande exactitude ; l'interpolateur d'Aimoin, qu'on croit être un moine de Saint-Germain des Prés, l'a insérée dans son ouvrage, et elle se trouve également reproduite dans le recueil de Reuberus, imprimé à Francfort en 1584. M. le président Cousin l'a traduite en français dans son *Histoire de l'empire d'Occident*. Elle jette beaucoup de jour sur l'histoire de l'Eglise, dans les démêlés qui suivirent la mort de Charlemagne et le partage de son empire entre ses descendants.

ATHANASE (saint). — Voici une vraie figure d'athlète trempé pour les grandes luttes, et capable de les soutenir avec un courage poussé jusqu'aux dernières limites de la persévérance. Athanase, dit la Bletterie, était le plus grand homme de son siècle, et, peut-être qu'à tout prendre, l'Eglise n'en a jamais vu naître de plus grand dans son sein. Ce grand docteur, qui devint plus tard patriarche d'Alexandrie, naquit dans cette même ville vers l'an 296. Après avoir reçu dans sa famille une éducation chrétienne, il passa dans la maison de saint Alexandre, son archevêque, qui se chargea de le diriger dans ses études, et qui le fit ensuite son secrétaire. Bientôt, attiré par la grande réputation de saint Antoine, il alla mener pendant quelque temps la vie ascétique auprès de ce célèbre anachorète. Il ne le quitta que pour entrer dans les ordres et recevoir le diaconat des mains de son évêque. Saint Alexandre le produisit au concile de Nicée, où ses vertus naissantes et les talents qu'il déploya dans les discussions contre Arius, frappèrent les Pères de surprise et de respect. Quoique très-jeune encore, il eut beaucoup de part aux dispositions qui y furent arrêtées. C'est à cette cause qu'il faut rapporter la haine que lui vouèrent les ariens, et les persécutions qu'ils ne cessèrent de lui susciter jusqu'à sa mort. Six mois après le concile saint Alexandre mourant le désigna comme son successeur. Ce choix fut accueilli par les vœux unanimes du clergé et du peuple, et tous les évêques d'Egypte le confirmèrent. A cette nouvelle, les méléciens et les ariens, qui n'étaient séparés que par des nuances d'opinions, mais qui n'en étaient pour cela que plus ennemis, déposèrent leur animosité réciproque pour se liguer contre lui. A partir de ce moment, sa vie n'offre plus qu'une suite de combats, d'où la vérité sortit triomphante, mais toujours aux dépens de son propre repos. Les imputations les plus absurdes furent le prélude des procédés les plus atroces. Ses ennemis l'accusèrent d'abord d'avoir imposé une espèce de tribut sur l'Egypte, d'avoir fourni de l'argent à des séditieux, d'avoir fait briser un calice, renverser l'autel d'une église, brûler les livres saints, d'avoir coupé le bras à un évêque mélécien, et de s'en servir pour des opérations magiques. Quoique convaincu de la fausseté des deux premières accusations, l'empereur Constantin renvoya les autres à l'examen des évêques ariens, qui le déposèrent, d'abord dans le concile de Tyr, et plus tard dans celui de Jérusalem. Athanase n'en continua pas moins ses fonctions; mais l'empereur n'ayant pu obtenir de lui le rétablissement d'Arius dans la communion de l'Eglise, relégua le saint patriarche à Trèves. Ce premier exil cessa au bout d'un an et quelques mois, à la mort de Constantin. Les peuples, curieux d'admirer le généreux défenseur de la foi de Nicée, accoururent de toute part sur son passage, et son entrée à Alexandrie ressembla à une pompe triomphale. Désespérés de son retour, les ariens le dénoncèrent de nouveau, comme un séditieux qui retenait à Alexandrie la flotte destinée à l'approvisionnement de Constantinople, comme un homme avide qui détournait à son profit les grains accordés par le gouvernement pour la subsistance des vierges, des clercs et pour le service de l'autel; quatre-vingt-dix évêques ariens, réunis à Antioche, le condamnèrent sans preuves; cent évêques orthodoxes, réunis à Alexandrie, le déclarèrent innocent. Le pape Jules confirma le jugement rendu à Alexandrie, et plus de trois cents évêques tant d'Orient que d'Occident, rassemblés à Sardique, approuvèrent sa sentence. Il eut la liberté de remonter sur son siége, et, comme le premier, son second retour fut un second triomphe, mais marqué, cette fois, par le repentir et la rétractation d'un grand nombre d'évêques que l'erreur avait séduits. Mais la mort de Constant, en laissant Constance seul maître de l'empire, donna libre carrière aux ariens pour reprendre leur système de persécution. Malgré son innocence proclamée par les conciles précédents, Athanase fut condamné de nouveau, dans ceux d'Arles et de Milan, tenus sous l'influence de la faction arienne. Les évêques qui refusèrent de souscrire à la condamnation furent exilés. Le gouverneur d'Alexandrie eut ordre de le chasser de son siége; mais fort de son innocence, entouré de ses clercs et de ses moines, Athanase résista, et il fallut l'arracher à cette garde d'honneur, qui faisait un rempart autour de sa personne, pour parvenir à le soumettre aux exigences de l'édit impérial. Proscrit pour la troisième fois, il se réfugia dans les déserts de l'Egypte; ses ennemis l'y poursuivirent; sa tête y fut mise à prix, et les solitaires auxquels on ne put arracher le secret de sa retraite, furent, ou indignement tourmentés, ou impitoyablement massacrés. Et cependant c'est au milieu de cette vie errante, c'est dans cette atmosphère de persécutions, c'est au fond de cette retraite inaccessible, qu'il composa tant d'écrits éloquents, destinés à raffermir la foi des fidèles, à dévoiler les artifices de ses ennemis et à jeter l'effroi dans l'âme de ses persécuteurs. Julien, en montant sur le trône, permit aux évêques orthodoxes de rentrer dans leurs églises; Athanase reparut au milieu de son peuple; mais le zèle des païens, encouragé par l'Apostat couronné, devint un nouveau motif d'exil. Le saint patriarche se vit obligé de regagner la Thébaïde, pour mettre sa vie en sûreté. Les règnes suivants lui offrirent les mêmes vicissitudes; il passa successivement de la persécution au calme, et du calme à la persécution. Jovien le supporta; Valens, son successeur, entièrement livré aux ariens, le força de chercher un asile parmi les tombeaux de ses pères. Cependant, après quatre mois de tourments, il lui fut permis de rentrer dans son église, et ce fut pour y passer enfin paisiblement le reste de ses jours, dans l'exercice de ses fonctions, jusqu'à sa mort, arrivée en 373, après quarante-six ans d'épiscopat dont l'exil et les autres combats de la foi avaient absorbé la plus grande partie.

« Athanase d'après un critique connu et compétent dans la matière, avait l'esprit juste, vif et pénétrant, le cœur généreux et désintéressé, un courage de sang-froid, et pour ainsi dire, un héroïsme uni, toujours égal, sans impétuosités, ni saillies; une foi vive, une charité sans bornes, une humilité profonde, un christianisme mâle, simple comme l'Evangile; une éloquence naturelle, semée de traits perçants, forte de choses, allant droit au but, et d'une précision rare dans les Grecs de ce temps-là. L'austérité de sa vie rendait sa vertu respectable; sa douceur dans le commerce le faisait aimer. Le calme et la sérénité de son âme se peignaient sur son visage. Jamais, ni les Grecs ni les Romains n'aimèrent autant la patrie qu'Athanase n'aima l'Eglise, dont les intérêts furent toujours inséparables des siens. Une longue expérience l'avait rompu aux affaires; l'adversité lui avait donné un coup d'œil admirable pour apercevoir des ressources, même humaines, quand tout paraissait désespéré. Personne ne discerna mieux que lui les moments de se produire et de se cacher, ceux de la parole ou du silence, de l'action ou du repos. Il sut fixer l'inconstance du peuple, trouver une nouvelle patrie dans les lieux de son exil, entretenir des correspondances, ménager des protections, lier entre eux les orthodoxes, encourager les plus timides, d'un faible ami se ne faire jamais un ennemi, excuser les faiblesses, avec une charité et une beauté d'âme qui font sentir que, s'il condamnait les voies de rigueur en matière de religion, c'était moins par intérêt que par principe et caractère. Julien, qui ne persécutait pas les autres évêques, du moins ouvertement, regardait comme un coup d'Etat de lui ôter la vie, dans la persuasion que la destinée du christianisme était attachée à celle d'Athanase. »

A cet éloge indirect qui a bien sa portée, puisqu'il fait honneur à l'intrépidité avec laquelle il défendit sa foi, nous pouvons ajouter l'éloge moral de saint Grégoire de Nazianze, qui dit de lui que *louer Athanase, c'est louer la vertu même*.

Ses écrits, dont nous allons nous occuper, ne sont pas tous de même nature. Il y en a plusieurs de polémique, ou de controverse, quelques-uns d'historiques et beaucoup de moraux; et tous en si grande estime chez les anciens, qu'un d'eux disait à un saint abbé, qu'à défaut de papier il devait les transcrire sur ses vêtements. C'est en nous conformant à cette division, aussi simple que naturelle, que nous les examinerons successivement, au point de vue de la logique et de la foi. Le premier de ces écrits, selon l'ordre des temps, est celui qui a pour titre :

Discours contre les païens. — Il est divisé en deux parties : la première traite de la vanité des idoles, et la seconde de l'existence du vrai Dieu. — Les idoles sont les enfants de la corruption, inventés pour la satisfaction des sens. L'homme, en s'attachant à la matière, a placé toutes ses pensées, tous ses désirs, tout son bonheur dans la matière. Ses plaisirs sensuels sont devenus pour lui sa fin unique, suprême, éternelle; et, à force de vivre pour son corps, chaque jouissance matérielle est devenue pour lui un Dieu. Il n'est donc pas surprenant qu'il se soit choisi, dans les choses sensibles, non pas un, mais plusieurs dieux. Il démontre le ridicule de cette pluralité, qu'in'aboutit qu'à l'impossible.

Le vide de l'idolâtrie est une première démonstration de l'existence du vrai Dieu. La connaissance de notre âme, la vue des choses sensibles, le spectacle de la création sans cesse présent à nos yeux, nous conduisent à l'idée et à la croyance d'un Créateur, c'est-à-dire d'un Dieu unique, qui est en même temps providence; dont le Verbe crée et dont l'esprit gouverne l'univers. Autrement, comment expliquerait-on l'uniformité régulière, inaltérable, infaillible des lois qui régissent la création ?

Le *Discours sur l'Incarnation* n'est que la conséquence du précédent, et il forme également deux parties : la première traite de la création du monde; la seconde, de la rédemption du genre humain par le Verbe.

Après avoir rappelé les œuvres de la création, en témoignage que Dieu a fait toutes choses par son Verbe, il aborde la chute de l'homme, pour arriver à la nécessité de l'incarnation. Il la prouve, contre les juifs, par l'accord des prophéties avec l'Evangile, et contre les païens, en leur montrant qu'il n'était pas indigne d'un Dieu de naître, de vivre et de mourir, puisqu'il venait pour nous relever, nous guérir et nous sauver. Oui, il venait pour nous racheter de la malédiction du péché, il devait donc mourir d'une mort de malédiction; mais, en mourant ainsi, il devait montrer qu'il était Dieu! C'est ce qu'il prouva surabondamment par sa résurrection, puisqu'il retira lui-même son corps du tombeau, et qu'il imposa sa doctrine, sa foi, sa morale, sa croyance et son culte au monde païen tout entier.

De l'exposition de la foi. — Ce petit traité n'est que le développement raisonné de la croyance catholique sur les mystères de la Trinité et de l'Incarnation, et comme une profession de foi particulière sur cette matière. « Nous croyons, dit-il, en un seul Père tout-puissant, créateur des choses visibles et invisibles, qui existe par lui-même et qui ne tire son être que de lui; nous croyons en un seul Fils, Verbe unique, Sagesse incréée, engendré du Père sans commencement et de toute éternité, vrai Dieu de vrai Dieu, conçu d'une manière ineffable, né du sein d'une vierge sans tache, qui s'est fait homme pour souffrir sur la croix, qui nous a rachetés par ses souffrances et par sa mort; qui est ressuscité pour nous garantir notre propre résurrection, et qui est remonté aux cieux afin de nous préparer une place dans son propre royaume. Nous croyons au Saint-Esprit qui opère ses œuvres avec le Père et le Fils, et qui pénètre tout, même ce qu'il y a de plus caché dans la profondeur des mystères de Dieu. » Et il finit en prononçant l'anathème et en fulminant l'excommunication contre tous les hérétiques qui professaient des dogmes contraires.

Omnia mihi a Patre tradita sunt. — Le traité composé sur ces paroles a pour but de combattre les fausses interprétations que leur donnaient Eusèbe de Nicomédie et les autres fauteurs de l'arianisme. Ils inféraient de ces paroles : *Toutes choses m'ont été données par mon Père*, que le Fils de Dieu n'était ni éternel, ni engendré, et ils raisonnaient ainsi : Si toutes choses ont été données au Fils, il y a donc eu un temps où il ne les avait pas? S'il ne les a pas toujours eues, il n'est donc pas engendré du Père. Pour détruire cette vaine subtilité, Athanase n'a besoin que d'établir la différence qui existe entre le Verbe, qui est le maître et le créateur de toutes choses, et Jésus-Christ, à qui toutes choses ont été données, comme au médecin qui devait nous guérir des morsures du serpent, comme à la vie qui devait nous délivrer de la mort, comme à la lumière qui devait nous éclairer, comme à la raison qui devait nous convaincre; afin que toutes choses ayant été faites par le Verbe, toutes choses fussent également renouvelées par Jésus-Christ. On peut encore entendre ces paroles de l'incarnation, qui, s'étant accomplie dans le temps, a communiqué au Fils ce que jusque-là il ne possédait pas, c'est-à-dire l'humanité. — Ces autres paroles de Jésus-Christ : *Tout ce qu'a mon Père est à moi*; lui servent à prouver l'unité de substance entre le Père et le Fils, et il termine enfin en disant que le mot *saint*, répété jusqu'à trois fois par les anges, marque en Dieu trois hypostases ou trois personnes parfaites, et que le mot *Seigneur*, qui ne s'y trouve qu'une seule fois prononcé, démontre que ces trois personnes n'ont qu'une substance unique et ne forment qu'un même Dieu.

Lettre aux évêques orthodoxes. — L'an 341, après que Grégoire, par d'horribles violences, se fût emparé du siège épiscopal d'Alexandrie, saint Athanase écrivit une lettre encyclique qu'il adressa à tous les évêques de la chrétienté. Il leur raconte l'histoire de ce lévite dont la femme avait été violée, et pour s'en faire l'application, il leur montre que dans les circonstances perplexes où il se trouve, il ne s'agit pas seulement d'une femme que l'on viole, mais de l'Eglise que l'on outrage, et du sanctuaire que l'on déshonore par cette profanation. Il les conjure de maintenir le respect des anciens canons, qui nous ont été légués par les anciens comme des règles saintes pour la conduite et le gouvernement des Eglises. Il entre dans le détail des violences commises à Alexandrie par Grégoire et les autres ariens, les persécutions exercées contre lui, les sacrements refusés aux catholiques, et la nécessité de retirer cette Eglise des mains de ce mercenaire, pour la remettre de nouveau entre les mains du vrai pasteur.

Apologie. — De retour à Alexandrie, vers l'an 349, Athanase employa ses premiers moments de loisir à composer son *Apologie* contre les ariens. C'est ce qu'il témoigne assez clairement lui-même dans un passage où, parlant des deux exils qu'il avait subis par leur faute, il marque qu'il n'y avait pas longtemps qu'il était quitte des maux qu'il avait endurés dans le dernier. On peut donc assigner la publication de cet écrit à l'an 351, puisqu'il est terminé par le récit de ce qui se passa en 350.

Quoique cette pièce soit très-longue, le saint docteur y parle très-peu; excepté la préface et la conclusion qui lui appartiennent, tout le reste n'est qu'un tissu de pièces réunies pour sa défense. Ainsi le décret du concile d'Alexandrie qui le justifie de l'accusation d'homicide et qui déclare son élection canonique; le décret du concile de Tyr qui l'absout du crime de sacrilége et du crime, peut-être plus grand encore, d'avoir détourné à son profit le froment envoyé par l'empereur pour être distribué aux pauvres; la lettre du pape Jules et le décret du concile de Rome qui témoignent que celui de Tyr ne l'a pas trouvé coupable et que celui de Sardique a proclamé son innocence; enfin les lettres des empereurs Constant et Constantius, qui ont fait retirer des greffes et déclarer nuls tous les actes écrits contre lui.

Des décrets de Nicée. — Ce traité, en forme de lettre, fut écrit à l'occasion d'une dispute qu'un des amis de saint Athanase avait eue avec les ariens. Comme cet ami était habile et éloquent, il ne lui avait pas été difficile de les confondre. Cependant, les termes de *substance* et de *consubstantiel*, adoptés par les Pères de ce concile, quoiqu'ils ne se trouvent nulle part dans les Ecritures, inquiétèrent sa conscience, et il témoigna à Athanase le désir de savoir tout ce qui s'était passé dans cette catholique assemblée. Le saint docteur répondit par un traité qui contient tout l'historique du concile. Il en rapporte toutes les circonstances remarquables, la conduite des ariens, l'exposition de leur doctrine, leurs raisonnements, leurs subterfuges, leurs tergiversations, et enfin leur adhésion hypocrite et forcée à la doctrine catholique, jusqu'à admettre le terme de *consubstantialité*, inventé par les évêques de Nicée pour marquer l'identité de substance entre le Père et le Fils. Tout le reste n'est qu'une vaine question de mots, sans portée, sans issue, sans principe et sans but. Le saint docteur fait prompte et facile justice de ces termes, en les ramenant à leur simple et naturelle interprétation.

Apologie de saint Denis. — Saint Denis avait été un des prédécesseurs de saint Athanase sur le siége d'Alexandrie. Les ariens que les catholiques pressaient par des autorités tirées des Ecritures, ne trouvèrent pas d'autre moyen de se défendre qu'en alléguant quelques passages des écrits de ce saint évêque, et qui semblaient en effet favoriser leurs erreurs. Athanase entreprit l'apologie de son saint prédécesseur; il rapporta les propres paroles dont les ariens abusaient pour soutenir, qu'en Dieu le Fils est d'une autre substance que le Père; il démontra jusqu'à l'évidence que le pieux pontife ne les avait appliquées qu'à l'humanité de Jésus-Christ, puisqu'il s'agissait de détruire l'erreur des sabelliens, qui confondaient le Père avec le Fils, en leur accordant également à tous les deux les attributions de l'humanité; et il prouva en même temps, par plusieurs autres passages, que son illustre prédécesseur faisait profession de croire et d'enseigner qu'il y a entre le Père et le Fils unité de substance, égalité de nature, réciprocité et universalité de perfections.

Lettre à Draconce. — Un pauvre moine, nommé Draconce, venait d'être promu à l'épiscopat; mais, soit crainte de la persécution, soit qu'il se jugeât indigne d'une aussi haute dignité, il ne put se résoudre à accepter cette charge, il s'enfuit et se cacha. Saint Athanase, qui était lié avec lui d'une étroite amitié, fut sensiblement touché de sa fuite, et, pour l'engager à revenir, il lui fit remettre par un de ses prêtres, qui fut depuis confesseur, une lettre dans laquelle il lui oppose vivement tous les motifs qui lui faisaient une obligation de retour. Il lui fait voir que c'est mal à lui de décliner les charges de l'épiscopat, après en avoir reçu la consécration; que sa fuite peut être un scandale et une occasion de chute pour les faibles; que l'utilité de l'Eglise, le bien du prochain, l'exemple des saints, l'ardeur de la récompense, tout lui fait un devoir de revenir au milieu de son troupeau; que ses vœux de religion ne sont point incompatibles avec ses devoirs de pasteur, et il lui cite le nom de plusieurs saints qui de moines sont devenus évêques. « Hâtez-vous, lui dit-il en finissant, hâtez-vous de revenir! Qui annoncera au peuple le jour de la Pâque en votre absence? Qui lui apprendra à le solenniser dignement pendant votre fuite? » — Une lettre si touchante ne pouvait manquer de produire son effet. Draconce accepta l'épiscopat, et avec plusieurs autres évêques il fut banni en

356, par l'ordre de Constantius, à la sollicitation des ariens.

Circulaire aux évêques d'Egypte et de Libye. — L'empereur Constance avait déjà commencé la persécution dont nous venons de parler; Georges de Cappadoce était sur le point de s'emparer à main armée d'Alexandrie, lorsque saint Athanase, ayant appris que les ariens avaient l'audace de proposer à la souscription des évêques d'Egypte et de Libye un écrit qui contenait tout le venin de leurs doctrines, se crut dans l'obligation de les avertir, afin qu'ils fussent sur leurs gardes, après avoir été prémunis contre le danger. Il s'acquitta de ce devoir par un écrit auquel, avec tous les critiques grecs, nous conservons le titre de lettre, quoique plusieurs éditions latines l'aient qualifié de *Premier discours aux ariens.*

Le saint docteur commence sa lettre par louer la bonté de Jésus-Christ, qui, en nous avertissant qu'il naîtrait des hérésies, nous a donné, par sa doctrine et par sa grâce, les moyens de les éviter. Il s'étend sur les ruses du démon, sur les vaines subtilités des hérétiques, qui abusent des Ecritures pour donner cours à leurs erreurs. Il met les évêques en garde contre la formule de foi que les ariens leur avaient envoyée à souscrire; et il démontre que cette tentative de leur part avait deux fins : la première, de couvrir par leurs signatures la honte du nom d'Arius, sans paraître partager ses erreurs; la seconde, d'obscurcir la foi de Nicée, jusqu'à en effacer complètement la formule et le symbole. Enfin, il termine sa lettre par le récit de la mort d'Arius, mort si extraordinaire, si affreuse, que les catholiques regardèrent cet événement comme un effet miraculeux des prières de saint Athanase. (*Voy.* ARIUS.)

Apologie contre les ariens. — Ce fut dans le désert, et peu de temps après sa fuite d'Alexandrie, qu'Athanase écrivit son *Apologie* à Constance, apologie que les ariens empêchèrent d'arriver jusqu'à cet empereur. Nous en avons rendu compte plus haut, et nous ne la mentionnons ici que pour mémoire.

Deuxième apologie. — L'année suivante, Athanase écrivit une deuxième *Apologie,* pour justifier sa fuite, contre les calomnies des ariens. Il montre combien il sied mal à ses persécuteurs de lui reprocher l'exil auquel il s'est condamné pour échapper à leurs persécutions, et il se justifie pleinement de cette action, qu'ils taxaient de lâcheté et d'apostasie, par l'exemple des prophètes, des apôtres et de Jésus-Christ lui-même.

Lettres. — Nous avons du saint docteur un grand nombre de lettres; quelques-unes dont nous avons déjà parlé, et d'autres dont nous nous contenterons d'indiquer le sujet, sans entrer dans le détail de ce qu'elles contiennent. 1° Une lettre explicative sur les décrets du concile de Nicée. — 2° Une autre, pour justifier saint Denis d'Alexandrie du reproche d'avoir donné dans l'arianisme en voulant combattre les sabelliens. — 3° Pour reprocher à Draconce sa pusillanimité, quand, pour fuir la persécution ou échapper aux honneurs de l'épiscopat, il se cacha et abandonna le soin de son troupeau. — 4° Pour exhorter les évêques d'Egypte et de Libye à s'opposer énergiquement aux ruses et aux efforts des ariens, dont il réfute avec chaleur les erreurs et l'impiété. — 5° Pour donner à Sérapion, qui la demandait, la description sombre et lugubre de la mort d'Arius, suivant le rapport du prêtre Macaire, qui avait été témoin oculaire de cet affreux événement. — 6° Quatre lettres au même évêque de Thmues. Le saint docteur les a écrites dans le désert, pour défendre contre les ariens la divinité du Fils, sa consubstantialité avec le Père et la divinité du Saint-Esprit; en établissant la différence réelle qui existe entre les anges qui ne sont que les ministres de Dieu et les exécuteurs de ses ordres, et l'Esprit divin qui est le trait d'union entre le Père et le Fils, qui procède également de l'un et de l'autre, et qui n'est autre chose que l'amour réciproque des deux premières personnes servant à former la troisième hypostase de la Trinité. — 7° Une lettre que le saint évêque adressa aux fidèles d'Antioche, pour les exhorter à éviter toute communication avec Arius. Il profite de cette circonstance pour condamner et vouer à l'exécration de tous les catholiques les dogmes impies de Sabellius, de Paul de Samosate et de tous les manichéens. — 8° Pour remercier l'empereur Jovien de l'avoir rappelé sur son siège après la mort de Julien l'Apostat. Dans cette lettre, le saint docteur fait l'apologie du concile de Nicée, et venge son symbole en le montrant revêtu de l'approbation de tout l'univers. — 9° Une lettre collective de quatre-vingt-dix évêques d'Egypte et de Libye aux évêques de la province d'Afrique pour faire prévaloir l'autorité du concile de Nicée sur le prétendu concile de Rimini et les autres conciliabules des ariens. — 10° La fameuse lettre à Epictète, évêque de Corinthe, lettre célèbre dans toute l'antiquité chrétienne, et écrite pour démontrer que c'est par son essence divine seulement que le Verbe est consubstantiel au Père, et non par son corps et son humanité, ainsi que l'avaient exprimé, devant un concile, certains catholiques qui exagéraient la doctrine de Nicée, et qui se déclarèrent plus tard disciples d'Apollinaire. — 11° La lettre à Adelphius, évêque d'Onuphis, auquel il démontre qu'en adorant le Verbe fait homme on n'adore pas la chair qui est une chose créée, mais la divinité du Verbe inséparablement unie à la chair. — 12° La lettre à Marcellin, sur la lecture et sur l'interprétation des psaumes, où il les montre comme un traité complet de dogme et de morale : de dogme, par toutes les prophéties dont nous retrouvons l'accomplissement dans le Verbe; de morale, par les préceptes qu'ils contiennent, par les sentiments qu'ils inspirent, par les soulagements et les consolations qu'ils apportent dans toutes les positions et pour tous les besoins de la vie. — 13° Outre ces lettres de saint Athanase, il en existe encore plusieurs écrites par lui sur divers sujets : une à Antiochus et à Jean, pour défendre saint Basile accusé de méconnaître la divinité du Saint-Esprit, parce que, tout en la prêchant fortement, il s'abstenait, pour ménager les faibles, de lui donner le titre de Dieu ; une autre à un prêtre nommé Pallade, pour l'engager à exhorter les moines de Césarée à revenir à de meilleurs sentiments et à cesser, envers leur saint évêque Basile, une résistance qui blessait si profondément son cœur paternel ; une autre, comme c'était la coutume d'alors, pour annoncer, dans les provinces dépendantes de son diocèse d'Alexandrie, le jour auquel on devait célébrer la fête de Pâque ; une autre à Rufinien, pour lui apprendre comment il devait se comporter envers ceux qui renonçaient aux erreurs d'Arius et revenaient aux saines doctrines de la foi. Le saint docteur distinguait entre les chefs de l'hérésie et ceux que l'ignorance ou la crainte des persécutions avaient entraînés dans l'égarement. Il fallait pardonner à tous, refuser aux premiers toute place dans le clergé, mais y admettre les autres suivant le rang de leur ordination ; une lettre à Lucifer, que saint Athanase qualifie de confesseur, pour le remercier d'avoir pris sa défense devant l'empereur Constance, pour le congratuler de sa fermeté et le prier, au nom des autres confesseurs ses frères, de lui envoyer une copie de cet écrit, afin que tous fussent informés de sa force et de sa constance ; une lettre aux solitaires, pour les prémunir contre les tentatives des ariens qui venaient chercher à les séduire jusque dans leurs solitudes, afin de se vanter ensuite de les posséder dans leur communion ; enfin, une lettre aux fidèles d'Alexandrie, pour les consoler de voir les ariens en possession de leurs temples. Il les exhorte à mettre leur confiance en Dieu. « Les ariens ont des lieux d'assemblée, leur dit-il, et vous vous avez la foi des apôtres. Au milieu de vos églises ils sont des étrangers dans la foi ; et vous, même en dehors de vos églises, vous avez toujours la foi dans le cœur. »

Outre ces lettres, dont nous n'avons indiqué que les principales, il en est un grand nombre que Photius avait lues et qui ne sont pas venues jusqu'à nous. La plupart étaient écrites pour justifier sa conduite ou sa foi. Il en est de même des lettres festales dont il est parlé dans saint Jérôme, et que la Vie de saint Athanase, écrite en arabe, fait monter jusqu'à quarante-huit. Mais nous regrettons particulièrement la lettre adressée à saint Basile à propos d'un général d'armée, gouverneur de la Libye. Athanase, informé des crimes dont cet officier se rendait coupable, par ses cruautés et par ses débauches, l'avait excommunié. Il en écrivit aussitôt à saint Basile, et probablement aux autres évêques de la contrée, pour leur demander de n'avoir avec lui aucune communication, ni de feu, ni d'eau, ni de couvert.

QUATRE DISCOURS CONTRE LES ARIENS.—Ces discours forment la partie principale des œuvres dogmatiques de saint Athanase ; ils sont tellement liés ensemble qu'on s'aperçoit au premier coup d'œil qu'ils ne doivent former qu'un seul tout. Le commencement du premier annonce un ouvrage tout neuf et sans aucun rapport de ressemblance avec ceux qui l'avaient précédé. Le quatrième tout seul finit par la doxologie ordinaire ; ce qui marque évidemment qu'il était le dernier et la conclusion des trois autres.

Premier discours.—Dans son premier discours, le saint docteur attaque l'erreur de front, en accusant les ariens de nouveauté. « Toutes les anciennes erreurs, dit-il, se sont manifestées d'elles-mêmes ; et de tout temps leur impiété a été visible à tous les yeux ; mais l'hérésie d'Arius, qui est la dernière de toutes, voyant les autres publiquement condamnées, se déguise par ses subtilités ; et en affectant des dehors de christianisme, elle porte quelques personnes à s'élever contre Jésus-Christ. C'est pour cela que j'ai cru nécessaire d'en faire comme la dissection, et d'ouvrir, pour ainsi parler, ce sépulcre devant tous, afin que chacun pût en constater la mauvaise odeur. » Donc, d'après le saint docteur, c'est se tromper et méconnaître complètement le christianisme et ceux qui en font profession, que de donner le nom de chrétiens à ses sectateurs. D'ailleurs, la dénomination d'ariens, qu'ils ont prise, n'est-elle pas comme un aveu, de leur part, qu'ils sont étrangers à l'Eglise ? Nous nous appelons chrétiens, nous, et les évêques ont beau se succéder dans nos Eglises, il n'est aucun de nos fidèles qui abandonne le nom de son maître pour prendre le nom de ses pasteurs. « Mais vous, leur dit-il, en prenant le nom d'Arius, ne témoignez-vous pas que vous n'êtes que d'hier et que vous ne descendez pas de Jésus-Christ ? » Entrant ensuite en matière et abordant la discussion des erreurs d'Arius, il l'accuse d'avoir dérobé à toutes les hérésies précédentes pour composer la sienne ; et il le prouve en réduisant cette doctrine de mensonge à sa plus simple expression. Il justifie l'Ecriture par l'Ecriture, et, aidé de l'interprétation générale de l'Eglise, il pulvérise et réduit à néant toutes les objections des ariens.

Deuxième discours. — Le second discours est consacré tout entier à éclaircir les passages de l'Ecriture objectés par les ariens ; de manière, par la discussion, à en faire ressortir la croyance catholique dans tout l'éclat de sa vérité ; c'est-à-dire, de manière à établir la divinité de Jésus-Christ distincte de l'humanité du Verbe, et cependant unie à la chair du Sauveur. Ils objectaient surtout trois textes qui leur paraissaient décisifs. Le premier était tiré de l'Epître aux Hébreux, où saint Paul dit : *Considérez Jésus, qui est l'apôtre et le pontife de la religion que nous professons, et qui est fidèle à celui qui l'a établi dans cette fonction.* Ils empruntent le second aux *Actes des apôtres*, où nous lisons ces paroles de saint Pierre : *Que toute la maison d'Israel sache donc certainement que Dieu a fait Seigneur et Christ ce Jésus que vous avez crucifié.* Enfin le troisième, extrait du livre des *Proverbes*, nous découvre cette parole qui s'applique au Verbe : *Le Seigneur m'a créé la première de ses voies.* Le saint docteur résout toutes ces objections en démontrant qu'il y a dans l'Ecriture des passages qui prouvent la divinité du Verbe, et d'autres qui établissent son humanité, puisque Jésus-Christ était le fils de l'Homme, en même temps que le Fils de Dieu.

Troisième discours. — On peut distinguer trois parties dans ce discours. La première traite de l'unité du Père et du Fils. Il fait voir que cette parole de l'Evangile : *Ego in Patre, et Pater in me est*, doit s'entendre à la lettre, et que le Fils est vraiment dans le Père et le Père vraiment dans le Fils ; non comme deux vases qui remplissent mutuellement leur vide, ni comme Dieu habite dans ses saints, ni même comme nous avons en lui l'être, le mouvement et la vie ; mais en raison d'une essence unique, d'une nature égale et d'une même divinité. La seconde partie explique certains passages de l'Ecriture ayant trait à l'humanité de Jésus-Christ, et dont les ariens abusaient pour combattre sa divinité. Enfin, la troisième partie répond aux objections qui ici se multiplient à l'infini. L'ardent docteur poursuit l'erreur dans tous ses retranchements, il l'examine sous toutes ses formes, il la dépouille de toutes les peaux dont elle s'enveloppe, il la saisit par tous ses endroits faibles, et il ne l'abandonne que lorsqu'il l'a pleinement convaincue de mensonge.

Quatrième discours. — Saint Athanase s'applique à prouver qu'il n'y a qu'un Dieu, tant parce que le Fils a relation au Père, qu'il est Dieu de Dieu et jamais séparé de son Père, que parce qu'il n'y a qu'un seul principe de la Divinité, qu'une seule essence, qu'une seule substance divine. Mais il s'applique à prouver en même temps que le Père et le Fils sont deux personnes distinctes qu'il faut bien se garder de confondre ensemble. Voici son raisonnement : Ou le Verbe de Dieu existe de lui-même, ou il a été fait au dehors, ou il est engendré du Père. Or il n'existe pas de lui-même ; autrement il y aurait deux principes ; il n'a pas été fait au dehors non plus, car alors il serait au nombre des choses créées ; il reste donc qu'il soit engendré, et par conséquent distinct du Père, le même ne pouvant être en même temps la cause et l'effet. — De même que la notion du Fils lui a servi à établir la distinction des personnes contre les sabelliens, de même, par la notion du Père, il prouve aux ariens que le Fils est éternel. Dieu n'a jamais été sans son Verbe, puisque son Verbe est sa Sagesse, et qu'il n'a jamais cessé d'être Sagesse. Donc on ne peut assigner un temps où le Verbe n'ait pas existé. — Il répond ensuite aux eusébiens, qui soutenaient que le terme de *fils* est un terme purement *appellatif*, qui ne comporte pas l'idée de *nature* ni de *substance*. Ce n'est pas comprendre la propre parole de Jésus-Christ, qui affirme positivement le contraire, quand il dit : *Mon Père et moi nous sommes un.* En effet, cette parole marque clairement que le Père et le Fils sont deux et un tout ensemble : un en substance, puisque le Fils est consubstantiel au Père, deux en personnes, puisque le Fils est autre que le Père. Ne s'en distingue-t-il pas évidemment, quand il dit : *Mon Père et moi, Ego et Pater unum sumus ?* Cela est tellement palpable que la fin de la phrase n'affirme l'unité de substance qu'après avoir positivement établi la distinction de personnes. — Enfin, le reste du discours est consacré tout entier à réfuter toutes les erreurs qui avaient cours, de son temps, contre le mystère de la Trinité.

Traité des Synodes. — Ce traité fut écrit pendant la tenue même des conciles de Rimini et de Séleucie, c'est-à-dire vers la fin de l'année 359. — Le but du saint docteur est autant de rapporter les actes et les décisions de ces deux assemblées que de signaler et mettre à nu les tergiversations et l'hypocrisie des ariens, qui publièrent successivement jusqu'à onze formules de foi différentes, pour surprendre la conscience des évêques. Il venge en même temps le symbole adopté à Nicée, en maintenant, avec toute la force du droit et toute la logique de la raison le terme de *consubstantialité*, inspiré d'en haut, pour marquer l'unité de substance entre le Père et le Fils.

Ce traité est divisé en trois parties. Dans la première, saint Athanase raconte ce qui s'est passé aux conciles de Rimini et de Séleucie. Il démontre que ces deux assemblées ont été convoquées à la sollicitation des ariens, sous le prétexte spécieux d'établir la foi en Jésus-Christ, mais en réalité dans le but de détruire celle du concile de Nicée, après laquelle il ne reste plus rien à chercher, puisqu'elle a catholiquement défini tous les points du dogme les plus contestés.

La seconde partie fait ressortir les variations continuelles des ariens dans l'exposition de leur foi et la défense de leurs doctrines. Le saint docteur rapporte ce qu'ils ont dit dans tous les temps, depuis les premiers blasphèmes publiés par Arius dans sa *Thalie*, jusqu'aux derniers blasphèmes imaginés par ses sectateurs, dans la lettre qu'ils écrivirent à saint Alexandre, évêque d'Alexandrie. Il y ajoute divers extraits des lettres d'Eusèbe de Nicomédie, de Narcisse de Pétrophile, et même des écrits du sophiste Astérius, qui s'était fait, suivant l'expression de saint Athanase, l'avocat de l'hérésie. De là il passe aux conciles tenus par les ariens, aux différentes formules qu'ils ont souscrites depuis celle du concile de Jérusalem, en 335, jusqu'à celle de Séleucie, en 359 ; de sorte qu'il énumère de suite, et par ordre de date, les onze formules de foi dont nous avons parlé plus haut. Il fait dans la dernière de ces formules, arrêtée à Antioche en 361, qu'à force de contester l'identité de substance entre le Père et le

Fils, ils allèrent jusqu'à faire une créature du Verbe, en soutenant qu'il avait été tiré du néant.

Les ariens n'avaient qu'un but, dans tous ces conciles et par toutes ces professions de foi, dont la dernière anathématisait toujours toutes les précédentes, c'était d'abolir le concile de Nicée et d'effacer de ses canons le terme de *consubstantiel*. Athanase soutient avec vigueur la défense de cette expression, dans la troisième partie de son traité; et il la venge suffisamment de leurs attaques en la montrant comme un terme accueilli avec applaudissements par les évêques rassemblés à Nicée de toutes les parties de la chrétienté. Il termine son traité par la lettre de Constance aux évêques de Rimini et par la réponse qu'ils y firent; mais il remarque lui-même qu'il n'y avait ajouté ces deux pièces qu'après coup.

Vie de saint Antoine. — Ce fut environ vers l'an 365, à la fin des persécutions qu'il avait subies, et comme il demeurait encore dans la solitude, qu'à la prière des moines, Athanase entreprit d'écrire la Vie de saint Antoine. Cet ouvrage, composé en grec, fut presque immédiatement traduit en latin par Évagre, qui n'était alors que prêtre, et qui devint plus tard évêque d'Antioche. Quoique tronquée, on ne peut douter que cette pièce ne soit l'œuvre de saint Athanase, puisque les meilleurs critiques du temps, saint Grégoire de Nazianze, saint Jérôme, saint Augustin, Pallade, Rufin et plusieurs autres, la plupart contemporains, s'entendent pour la lui attribuer. Cette Vie a été composée sur les souvenirs que le saint docteur avait rapportés du désert à la suite de ses persécutions, et sur les confidences des solitaires qui, dans un but d'édification, avaient trahi le secret des vertus de leur pieux fondateur. Pas plus qu'aucun des Pères de son époque, qui ne manquaient ni d'esprit, ni de capacité, ni de critique, saint Athanase ne révoque en doute ni les tentations, ni les combats que le pieux anachorète eut à soutenir contre les démons; et il trouve, dans plusieurs passages de l'Evangile, des textes qui établissent et qui justifient leur puissance.

Traité de l'Incarnation. — Il serait difficile de dire en quel temps saint Athanase composa cet ouvrage; cependant on ne peut en faire remonter la publication avant le commencement de l'an 360, puisqu'il y combat les anoméens et les macédoniens qui, avant cette époque, n'avaient pas encore répandu leurs erreurs.

Ce traité est divisé en trois parties. Dans la première, le saint docteur répond aux objections des anoméens contre la divinité de Jésus-Christ, en appliquant tous les passages objectés, soit de l'Ancien, soit du Nouveau Testament, à Jésus-Christ comme homme et non à Jésus-Christ comme Dieu. La seconde partie traite de la divinité du Saint-Esprit, et démontre, par les raisonnements théologiques les plus concluants, qu'il est consubstantiel aux deux autres personnes de la Trinité : 1° parce que, partout où l'Ecriture parle du Père et du Fils, elle y joint toujours le Saint-Esprit et n'oublie jamais de le glorifier avec eux; 2° parce que le baptême nous est donné au nom du Saint-Esprit aussi bien qu'au nom du Père et du Fils, et que, par ce baptême, nous devenons fils de Dieu, les trois personnes entre elles ne formant qu'un seul Dieu; 3° parce que saint Paul attribue au Saint-Esprit les paroles que le prophète Isaïe attribue au Père, et l'apôtre saint Jean au Fils; d'où il résulte clairement que le Père, le Fils et le Saint-Esprit ne sont qu'un seul et même Dieu; 4° parce que l'Ecriture dit du Saint-Esprit ce qu'elle affirme du Père et du Fils, en assignant également aux trois personnes les mêmes opérations. Saint Athanase insiste beaucoup sur cette dernière preuve, et l'appuie d'un grand nombre de textes qu'il est facile de vérifier dans les Ecritures. La troisième partie est employée tout entière à prouver la divinité de Jésus-Christ contre les ariens, en faisant voir qu'il y a en lui deux volontés en rapport avec ses deux natures, ce qui établit évidemment la distinction entre sa divinité et son humanité, et démontre l'existence de toutes les deux.

Deux livres contre Apollinaire. — Saint Athanase composa ces deux livres dans les dernières années de sa vie, et peu de temps après sa lettre à Epictète, c'est-à-dire vers l'an 372.

Il commence le premier par le détail des erreurs d'Apollinaire, et il ne lui est pas difficile de montrer qu'elles n'ont entre elles aucune liaison. Apollinaire avait été un des plus zélés défenseurs de la consubstantialité du Verbe; il l'avait prouvée contre les ariens par une infinité de passages dans lesquels l'Ecriture donne à Jésus-Christ tous les attributs de la divinité. Il jugea donc que le corps de Jésus-Christ n'avait pas été créé, mais qu'il était descendu du ciel, et par conséquent d'une autre nature que le nôtre; en sorte qu'il avait été homme plutôt en apparence qu'en réalité; que la chair de Jésus-Christ était consubstantielle à sa divinité; que le Verbe n'avait pas pris d'âme raisonnable ou d'entendement humain, parce que l'âme raisonnable est la source du péché; mais seulement la chair, c'est-à-dire le corps et l'âme sensitive, la divinité ayant présidé à toutes ses actions et rempli en lui toutes les fonctions de l'entendement; enfin, que le Verbe n'était en Jésus-Christ que comme il était dans les prophètes, un don de Dieu et une émanation du Saint-Esprit. Sans nommer Apollinaire, qui ne s'était pas encore déclaré ouvertement, saint Athanase montre, contradictoirement à ses doctrines, que Jésus-Christ étant né des hommes selon la chair, qu'étant mort et ressuscité, ainsi que l'avaient annoncé les prophètes et qu'il l'avait prédit lui-même, on ne peut dire que son corps soit descendu du ciel, ni qu'il n'ait été homme qu'en apparence. La chair, pour avoir été unie à un être incréé, n'en est pas devenue pour cela céleste et incréée, puisque cette union s'est accomplie dans le sein de la vierge Marie, puisque Jésus-Christ est né, qu'il a été enveloppé de langes, couché dans un berceau, déposé entre les bras de Siméon et circoncis dans le temple suivant la loi ; puisqu'à mesure qu'il avançait en âge, il a pris de l'accroissement ; puisqu'il a souffert, qu'il est mort et qu'il est ressuscité. Tant de vicissitudes ne sauraient être le partage d'un corps céleste et incréé !

Il témoigne, en second lieu, par divers endroits de l'Ecriture où il est parlé de l'incarnation et de la rédemption, que la chair ne saurait être consubstantielle à la Divinité, puisqu'il s'ensuivrait que la Divinité a été capable de naître, de souffrir et de mourir, et que ces accidents se seraient produits non-seulement dans le Fils, mais dans le Père et le Saint-Esprit, de sorte que la chair divinisée eût formé comme une quatrième personne dans la Trinité.

Passant au troisième chef des erreurs d'Apollinaire, il prouve, par le nom même de Jésus-Christ, qu'il est Dieu et homme tout ensemble, et il fait voir enfin que le Verbe n'est pas descendu en lui, comme en l'un des prophètes ; car qui d'entre eux, dit-il, étant Dieu, s'est fait homme ? Pourquoi la loi sous laquelle les prophètes ont vécu n'a-t-elle rien conduit à sa perfection ? Pourquoi Jésus-Christ dit-il : « Vous ne serez véritablement libres que si le Fils vous met en liberté. *Si ergo vos Filius liberaverit vere liberi eritis?* » Saint Jean, ch. VIII, v. 36.

Dans le second livre, saint Athanase entreprend de démontrer que Jésus-Christ est vraiment homme, par son nom même de Christ, qui renferme l'idée d'humanité dans sa signification ; par les évangélistes saint Matthieu et saint Marc, aux livres desquels nous lisons que Jésus-Christ est né du Saint-Esprit et de la vierge Marie, de la race de David, d'Abraham et d'Adam ; par saint Paul, qui dit, dans plusieurs endroits de ses épîtres, que Jésus-Christ a pris dans le sein de la Vierge tout ce qui est de l'homme, excepté le péché, c'est-à-dire tout ce qui est créé de Dieu, excepté le mal qui est l'ouvrage du démon. Si le Christ est homme, ajoutaient encore les apollinaristes, il fait donc partie du monde ; or une partie du monde ne saurait sauver le monde tout entier.

Saint Athanase qualifie ce sophisme de diabolique, et il y répond par ce mot du psalmiste : « Ce que le frère ne rachète point, l'homme le rachètera : *Si frater non redimit, redimet homo.* » Il est donc clair qu'en se faisant chair le Verbe a communiqué une surabondance merveilleuse de grâces à la nature dans laquelle le péché avait été commis ; c'est-à-dire qu'en la prenant sans péché, il l'a conservée sans péché, afin de pouvoir la livrer à la mort, pour racheter le péché. Le péché n'est donc pas essentiel à la nature de l'homme : c'est moins une substance qu'un accident, un héritage du premier père, un vieux levain de corruption déposé dans les âmes par la transmission du premier péché. Enfin, il réfute le blasphème des apollinaristes, qui, voulant que la divinité tînt lieu d'âme en Jésus-Christ, soutenaient que Dieu avait souffert dans la chair du Sauveur. Il montre que la Divinité est impassible, incapable de crainte, de souffrance et de mort, et que si Dieu a souffert en Jésus-Christ, il a souffert dans la nature humaine à laquelle il s'était uni, et nullement en sa nature divine ; autrement les juifs auraient vaincu Dieu, et il ne serait plus ni immuable, ni éternel.

Commentaire sur les psaumes. — Marcellin, un des amis de saint Athanase, relevait de maladie, et pendant sa convalescence il s'occupait de l'étude des saints livres, et surtout de l'étude des psaumes. Pour lui en faciliter l'intelligence, le pieux docteur lui écrivit une longue lettre sur la manière de les interpréter avec avantage pour l'esprit et pour le cœur. Cette lettre est citée avec éloge par Cassiodore et par les Pères du septième concile œcuménique. C'est l'analyse de cette lettre que nous donnons ici, en lui restituant son véritable titre de *Commentaire des psaumes.*

Au dire de saint Athanase, il n'est qu'historien dans cet écrit ; ce n'est pas en son nom qu'il parle, il ne fait que rapporter les sentiments d'un saint vieillard sur l'intelligence et le mystère des psaumes. Il dit donc après lui : « Qu'encore qu'on puisse remarquer l'unité d'un même esprit dans tout le corps des saintes Ecritures, cependant le livre des psaumes a une grâce qui lui est propre et qui mérite une attention particulière, c'est qu'il n'est personne qui ne puisse y découvrir les passions de son âme fidèlement décrites et naïvement représentées, les changements qu'elles opèrent, les ravages qu'elles produisent, et personne, par conséquent, qui ne puisse apprendre, de la lecture et de la méditation des psaumes, à les connaître, à les captiver et à réformer ses mœurs. Outre les lois marquées dans les autres livres de l'Ecriture, outre les prophéties touchant l'avènement du Sauveur, outre l'histoire des rois et des saints qui se trouvent également dans les psaumes, chacun peut y découvrir encore ce qu'il doit faire pour guérir les maladies de son cœur. » On y apprend, non-seulement qu'il faut faire pénitence, ce que les autres livres de l'Ecriture nous enseignent, mais encore comment il faut la faire, comment il faut souffrir les afflictions, comment il faut rendre grâces au Seigneur, comment il faut se conduire dans les persécutions, quels sont les persécuteurs qu'il faut braver et quels sont les persécuteurs qu'il faut fuir, quelles prières nous devons employer, de quels termes nous devons nous servir pour converser avec Dieu, pour l'appeler à notre secours ou pour le remercier de notre délivrance. A la réserve des prophéties qui concernent Jésus-Christ, chacun peut s'appliquer ce qu'il découvre dans les psaumes, chacun peut s'y reconnaître comme s'il lisait ses propres paroles; chacun les reçoit, chacun les chante, chacun les lit, comme si toutes ces choses le regardaient en particulier et n'avaient été écrites que pour lui seul. Il remarque que les psaumes peuvent être divisés en différentes classes, selon les différents modes dans lesquels ils ont été composés. Il y en a qui sont écrits dans un style prophétique, d'autres qui ont le style de l'historien qui narre et qui raconte ; plusieurs sont des prières, un plus grand nombre un chant de louanges et des cantiques d'actions de grâces ; en sorte qu'ils peuvent être utiles dans toutes les positions, dans tous les événements de la vie. Il entre dans le détail de ces positions, il énumère tous ces événements, et il indique pour chacun le psaume qu'il convient de réciter. Il condamne l'opinion de ceux qui se persuadaient qu'on ne chantait les psaumes qu'à cause du plaisir que l'oreille trouvait dans la mélodie du chant. On les chante, dit-il, comme David les chantait devant Saül pour bannir la passion furieuse de ce prince, pour rétablir son âme dans le calme et dans la paix, et pour se rendre lui-même agréable à Dieu. C'est ainsi que les prêtres chantaient autrefois les psaumes ; les peuples rentraient en eux-mêmes à ces divins accords, et semblaient se réunir aux concerts éternels que les esprits bienheureux chantent autour du trône de Dieu. Enfin il veut qu'on regarde tout ce qui est dans les psaumes comme inspiré de Dieu, qu'on en respecte jusqu'aux termes, défendant de toucher même aux plus simples, sous prétexte de les remplacer par de plus élégants. Il fait dire au saint vieillard dont il rapporte le discours, qu'il avait appris de gens prudents et dignes de foi, qu'autrefois dans Israël la simple lecture des livres saints suffisait pour chasser les démons et déjouer tous les pièges qu'ils tendaient aux hommes. Aussi disait-il que ceux-là étaient dignes de tout blâme qui, dans les exorcismes, au lieu des paroles de l'Écriture, en employaient de leur invention. Cette prétention à l'élégance du langage les rendait souvent la risée des démons, comme il arriva aux enfants du juif Scéva, dont il est parlé aux *Actes des apôtres*.

Outre ces réflexions générales sur les psaumes, saint Athanase les expliqua tous en particulier, comme le témoignent Théodoret, saint Germain de Constantinople, le pape Adrien Ier, et plusieurs autres écrivains ecclésiastiques, qui rapportent divers fragments de ses *Commentaires sur les psaumes*. Dans les Œuvres de saint Athanase traduites en latin, ces commentaires prennent le titre d'*Expositions*. Il paraît que ceux que nous avons aujourd'hui sous son nom sont indubitablement de lui ; car on y remarque son style, certaines locutions qui lui sont particulières, et qui se retrouvent fréquemment dans ses écrits. Par exemple, dans ses livres sur les ariens, il s'applique à prouver que l'homme ne pouvait être racheté que par l'incarnation de Jésus-Christ ; il établit la même chose dans ses Commentaires. Il est particulier à saint Athanase de désigner le Fils unique de Dieu par le terme appellatif de bien-aimé ; il est désigné sous le même nom dans le Commentaire dont nous parlons. C'est la coutume de saint Athanase, lorsqu'il combat les ariens, de désigner le Fils de Dieu comme substantiel à son Père, et de donner à la sainte Vierge le titre de Mère de Dieu ; l'auteur du Commentaire se sert des mêmes expressions ; il va même jusqu'à donner plusieurs fois à Jésus-Christ la qualification d'*Homo dominicus*, et on a vu, par l'analyse que nous avons faite de ses écrits, que c'est là un terme particulièrement affectionné par le saint docteur. Nul doute donc que ce Commentaire ne soit son œuvre, d'autant plus qu'il ne laisse passer aucune occasion d'établir la divinité de Jésus-Christ, si vivement attaquée par les ariens, et si chaleureusement défendue par le saint patriarche d'Alexandrie. Certes, nous ne sommes pas de ces critiques qui revendiquent jusqu'à la dernière page, jusqu'à la moindre phrase, jusqu'au plus petit mot, pour en faire hommage à la mémoire de l'auteur dont ils louent le talent et les vertus. Au contraire, nous aimons à reconnaître dans l'ouvrage de saint Athanase plusieurs passages tirés des écrits d'Origène, de Didyme, d'Apollinaire, d'Hésychius et de quelques autres ; mais quel est l'auteur, et surtout quel est le commentateur qui n'ait pas profité du travail de ses devanciers ? Saint Athanase l'a fait, et il a bien fait ; pour expliquer les livres saints, on ne saurait s'entourer de trop de lumière, et on ne saurait jamais perdre en allant puiser ses connaissances aux sources de l'Église, c'est-à-dire aux sources de la vérité. Dans ce travail purement explicatif, sans précisément négliger l'intelligence de la lettre, saint Athanase s'applique surtout à développer le sens moral, et il le fait avec beaucoup de netteté et une remarquable précision. Pourtant il met ordinairement, en tête du psaume qu'il entreprend d'expliquer, un argument ou sommaire qui reproduit en peu de mots le sens littéral de tout le psaume. Il a coutume aussi, pour déterminer le sens d'un verset, d'en fixer la ponctuation ; et pour cela il a recours non-seulement au texte hébreu, mais aussi aux versions d'Aquila, de Symmaque, des Septante et de Théodotion, ce qui lui donne la facilité de rendre ses explications plus claires, plus orthodoxes et plus catholiquement précises. Il propose son sentiment sur les auteurs des psaumes, il reconnaît que la plupart sont de David ; mais il n'hésite pas à en attribuer un certain nombre à ceux dont ils portent le nom ; il dit qu'on en a fait honneur à David, quoiqu'il n'en fût pas l'auteur, parce qu'il avait choisi lui-même les chantres qui les ont composés. Sur la fin de ce Commentaire, il avertit les solitaires, en faveur de qui il paraît avoir travaillé, d'étudier avec soin le sens de chaque mot, et de se bien persuader, lorsqu'ils voient le Psalmiste se répandre en imprécations contre ses ennemis, que c'est aux démons qu'il en veut, c'est-à-dire aux ennemis de notre salut.

Outre les œuvres dont nous venons de rendre compte dans une analyse succincte et rapide, le célèbre critique D. Montfaucon, qui avait fait une étude particulière des travaux du saint docteur, rapporte encore plusieurs fragments d'écrits qui n'ont jamais été complets, ou qui ne sont jamais parvenus entièrement jusqu'à nous.

C'est ainsi qu'il reproduit deux fragments assez longs d'une explication du livre de Job, tirés l'un et l'autre de divers écrits de saint Athanase; le premier du second discours contre les ariens, le second de la première lettre à Sérapion, évêque de Thmues; nous ne voyons rien d'ailleurs qui puisse nous autoriser à lui attribuer un commentaire particulier sur ce livre.

Mais on ne peut douter qu'il n'ait commenté l'*Ecclésiaste* et le *Cantique des cantiques*; Photius le dit expressément, et les fragments que nous possédons sur le dernier de ces livres n'ont rien qui ne soit vraiment digne de saint Athanase.

Nous avons de saint Athanase plusieurs longs fragments de Commentaires sur l'Évangile de saint Matthieu; plusieurs anciens manuscrits les lui attribuent; mais saint Jérôme, Théodoret, Photius, n'en disent rien, et il nous semble difficile que ce saint évêque, presque constamment éloigné de son église par les persécutions, ait trouvé assez de loisir pour suffire à tant de travaux. Nous dirons la même chose du Commentaire sur l'Évangile de saint Luc; l'auteur y fait paraître du zèle pour la défense de la divinité du Verbe et la gloire de la Vierge, qu'il appelle Mère de Dieu.

On ne voit nulle part qu'il ait expliqué les Épîtres de saint Paul, et on doute que ce que nous avons sous son nom soit de lui.

Il n'en est pas de même de l'*Explication du Symbole*, qui nous paraît convenir parfaitement à saint Athanase. Elle commence absolument comme l'*Exposition de foi* qu'il adressa à l'empereur Jovien. L'auteur y emploie le terme d'*hypostase* pour signifier la substance, ce qui était en usage de son temps, et ce que le saint docteur a fait lui-même, comme nous avons déjà eu occasion de le remarquer.

Théodoret fait mention d'un grand discours sur la foi; le pape Gélase en parle aussi, et on ne doute point que Rufin ne l'ait eu en vue lorsqu'il en cite un de saint Athanase, où Jésus-Christ se trouve désigné par cette appellation *Homo Dominicus*. En effet, ces mots se trouvent répétés jusqu'à sept fois. Ce discours, longtemps caché, a été enfin rendu au jour en 1706, dans la fameuse Collection des Pères grecs recueillie et publiée par dom Bernard de Montfaucon. Saint Athanase y bat en ruine l'hérésie d'Arius, et réfute sans peine les sophismes dont on cherchait à l'appuyer. Il s'applique particulièrement à établir la différence exprimée par l'Écriture entre la nature humaine et la nature divine de Jésus-Christ; il fait remarquer qu'elle s'exprime tout autrement lorsqu'elle parle de l'homme conçu au sein de Marie, et du Verbe engendré du Père avant tous les siècles. Enfin, il fait ressortir le ridicule de ceux qui s'autorisaient de ces paroles de saint Jean: *Et Verbum caro factum est*, pour affirmer que le Verbe s'était matérialisé en se faisant homme.

On trouve, à la suite de ce grand discours, deux fragments historiques, l'un de saint Athanase, où il raconte comment Paul de Samosate, secondé par une femme juive nommée Zénobie, était parvenu à répandre ses erreurs; cependant, ajoute-t-il, la protection de cette femme ne l'empêcha pas d'être condamné par les évêques assemblés au concile, et déposé de l'épiscopat. L'autre fragment contient le récit de la conspiration d'Étienne d'Antioche, contre Euphratas et Vincent, que l'empereur Constant avait envoyés au concile de Sardique pour y plaider la cause du saint patriarche d'Alexandrie; ce qui fait douter avec raison que cet écrit soit vraiment son ouvrage.

Il en est des écrits de saint Athanase comme de ceux de bien d'autres auteurs. Ils ne sont pas tous de la même beauté, ni composés avec le même soin, le même poli, la même perfection. Mais chez lui cette différence a été moins un effet de l'âge que du défaut de loisir; car, par sa lettre à Épictète et par quelques autres ouvrages publiés sur la fin de sa vie, on voit qu'il écrivait alors avec autant de feu que dans un âge moins avancé. Habituellement, il sait proportionner son style à tous les sujets, le soutenant toujours à la portée des personnes à qui il parle; il assaisonne son discours de tant de grâce, de force et de modestie, qu'on entre naturellement et comme de soi-même dans l'intelligence des vérités qu'il établit. Ses raisonnements sont vifs, concluants, bien suivis; ses preuves sont claires et presque toujours appuyées de l'autorité des Écritures. Souvent, pour les rendre plus sensibles, il les accompagne de paraboles, de similitudes si familières aux Orientaux. Quoique son langage soit très-pur, on ne laisse pas d'y remarquer de temps en temps quelques tournures exotiques, quelques termes étrangers. Apparemment qu'il se les était appropriés pendant ses voyages et son séjour en Occident. Son style est net, simple, limpide, dégagé de tout ornement superflu; mais il est plein de sens, de vivacité, de force, et surtout d'une ténacité de logique inébranlable. Ses lettres et ses apologies sont écrites avec une grâce naturelle, qui n'exclut ni la noblesse, ni la grandeur. Ses Commentaires sont un modèle de précision sans obscurité; dans ses ouvrages historiques, jamais le récit ne se trouve interrompu par des digressions inutiles et hors de propos; vif et animé dans ses polémiques, il ne craint point d'user de termes durs contre les ennemis de la vérité. Qui sait? en les couvrant d'une confusion salutaire, peut-être les ramènera-t-il à l'amour du vrai ? et encore que sa sévérité manquerait son but à leur égard, elle servirait toujours à inspirer aux fidèles un saint éloignement de leurs doctrines et de leurs mœurs. Mais quand il traite des matières de la religion avec ceux qui ne les discutent que pour les mieux comprendre, il le fait avec un zèle et une complaisance qui ne peuvent être surpassés que par son affabilité et sa douceur. Enfin, pour résumer notre opinion par les mots qui nous ont servi à l'établir dès le commencement, nous dirons, encore une fois, que si Athanase n'a pas été le plus grand des écrivains ecclésiastiques, il a été le plus intrépide parmi les défenseurs de la foi.

ATHÉNAGORE. — L'histoire ne nous apprend presque rien de la vie d'Athénagore. On sait seulement qu'il était d'Athènes, qu'il vivait sous le règne de Marc-Aurèle et de son fils Commode, et que de philosophe païen il devint un des plus zélés défenseurs de la religion chrétienne. Un auteur du v° siècle rapporte sur lui diverses particularités ; entre autres, qu'il fut le fondateur de la célèbre école d'Alexandrie, et qu'il eut pour disciple saint Clément ; mais nous ne voyons nulle part que les savants aient jamais ajouté beaucoup de foi à ces assertions. Nous avons d'Athénagore deux ouvrages considérables : le premier est une apologie de la religion, présentée aux empereurs Marc-Aurèle et Commode, sous le titre de *Légation pour les chrétiens* ; le second est un *Traité de la résurrection des morts*. Eusèbe ni saint Jérôme ne parlent de cette apologie ; mais saint Méthode, évêque d'Olympe et martyr sous la persécution de Dioclétien, en cite un passage sous le nom d'Athénagore. Du reste, tous les manuscrits grecs la lui attribuent, et elle réunit tellement tous les caractères d'une pièce originale, que personne aujourd'hui ne lui en conteste l'authenticité.

Dès le commencement de ce plaidoyer, Athénagore se plaint que les chrétiens soient les seuls qui n'aient point la liberté de vivre suivant leurs lois et leur religion ; tandis qu'il est permis à tous les autres peuples de suivre celles qu'ils ont reçues de leurs pères, si ridicules et si déraisonnables qu'elles puissent être. L'auteur s'applique ensuite à justifier les chrétiens de toutes les calomnies qu'on imaginait contre eux. Il entre dans le détail des crimes dont les païens les accusaient et il les réduit à trois principaux. « Il en est trois, dit-il, que l'on nous reproche ordinairement : l'athéisme, les repas de chair humaine, les incestes. Si nous en sommes coupables, n'épargnez ni âge ni sexe ; mais si ce sont des calomnies sans fondement, c'est à vous d'examiner nos mœurs, notre doctrine, notre attachement à votre service, et de nous accorder la même justice qu'à nos adversaires. »

Il lave les chrétiens du reproche d'athéisme, en disant qu'ils sont bien loin de professer les sentiments de Diagore qui, ne reconnaissant aucun dieu, ne faisait pas difficulté d'allumer son feu et de faire cuire ses aliments aux dépens d'une statue d'Hercule qu'il possédait dans sa maison, sans se préoccuper le moins du monde de l'injure qu'il faisait à cette prétendue divinité. Les chrétiens adorent un Dieu unique, créateur de tout, qui n'a point commencé et qui a tout produit par son Verbe. Les poëtes, comme Euripide, Sophocle et plusieurs autres ; les philosophes, comme Aristote, Platon et les Stoïciens, n'ont reconnu qu'un esprit souverain qui a fait tous les corps, ou du moins qui les gouverne, et ils ont enseigné sur ce sujet à peu près la même doctrine que les chrétiens. « Pourquoi donc, ajoute-t-il, laisse-t-on aux autres la liberté de dire et d'écrire tout ce qu'ils veulent sur la Divinité, quoiqu'ils ne soient dirigés dans leurs recherches que par les faibles lumières de la raison ; tandis qu'on déploie toute la sévérité des lois contre nous, qui pouvons donner des preuves certaines de notre foi ? » Il prouve ensuite, et par la raison et par l'autorité des prophètes, qu'il ne peut y avoir qu'un Dieu, que ce Dieu est éternel, invisible, impassible, incompréhensible, immense, qui ne peut être connu que par la pensée et que les chrétiens adorent.

« Ce Dieu, poursuit Athénagore, a un Fils qui est son Verbe, c'est-à-dire son idée, sa vertu, par qui toutes choses ont été faites ; et ce même Esprit qui a parlé dans les prophètes, et qui pour nous est aussi un écoulement de Dieu, qui en procède comme le rayon procède du soleil. Qui donc n'aura pas lieu de s'étonner qu'on nous accuse d'athéisme, nous qui reconnaissons un Dieu Père, un Dieu Fils et un Dieu Saint-Esprit, qui sont unis en puissance et distingués en ordre ? Mais nous n'en restons pas là ; nous reconnaissons encore une multitude d'anges et de ministres que le Créateur a distribués en différentes classes par son Verbe pour conserver l'ordre des éléments et des saisons, des cieux et de l'univers. » Athénagore entre ensuite dans le détail des mœurs des chrétiens, et montre combien ils étaient éloignés de tous les vices dont on les accusait, et particulièrement du crime d'inceste qui leur était publiquement imputé. Persuadés, selon leur doctrine, que Dieu est présent jour et nuit à toutes leurs actions, qu'il entend la moindre de leurs paroles, qu'il voit clair dans chacune de leurs pensées ; est-il vraisemblable qu'ils veuillent se livrer à des crimes à la justice de ce juge tout-puissant ? Non, ils sont si éloignés de se souiller par des incestes qu'ils ne se permettent pas même des regards tant soit peu libres ; et s'ils se donnent le baiser de paix dans leurs assemblées, ce n'est qu'avec une extrême précaution, et en bannissant de leur cœur la moindre pensée impure. « Chacun de nous, en prenant une femme, selon nos lois, ne se propose d'autre but dans le mariage que celui d'avoir des enfants. Il imite le laboureur qui, ayant une fois confié son grain à la terre, attend la moisson avec patience. Il y en a même plusieurs parmi nous qui vieillissent dans le célibat, afin de rester ainsi plus unis à Dieu. Enfin, ou nous demeurons vierges jusqu'à la mort, ou nous ne nous marions qu'une seule fois; car les secondes noces sont regardées parmi nous comme un honnête adultère.— Il n'était pas difficile à Athénagore de réfuter la calomnie des repas de chair humaine. La patience que les chrétiens faisaient paraître dans la persécution, n'osant même résister à ceux qui les frappaient, montrait clairement qu'on ne pouvait sans extravagance les faire passer pour homicides. Peut-on manger la chair d'un homme sans l'avoir tué, et si les chrétiens en étaient venus à de telles extrémités, auraient-ils pu se cacher de leurs esclaves? Ils sont là, qu'on les interroge.— Comment en effet, dit-il, peut-on accuser de tuer et de manger des hommes ceux qui ne peuvent pas même assister au supplice d'un homme justement condamné, qui ont renoncé aux spectacles du cirque et des gladiateurs, dans la persuasion où ils sont qu'il y a peu de différence entre regarder un meurtre et le commettre? Il finit en remontrant aux empereurs que personne n'est plus digne de leur attention que les chrétiens, qui, tout dévoués au service de leurs princes, offrent à Dieu leurs prières pour la prospérité de l'empire.

Cette *Apologie* est suivie du *Traité de la résurrection des morts.* On peut le diviser en deux parties. Dans la première, l'auteur expose que l'on n'a aucune raison de douter de la résurrection des morts, cette résurrection n'étant ni incroyable en elle-même, ni impossible à Dieu, ni contraire à sa volonté. Car, quelques changements que subisse le corps d'un homme après sa mort, qu'il soit dévoré par les bêtes, consumé par le feu ou englouti dans les eaux, il est certain que Dieu peut réunir chacun de ses membres et les rétablir dans leur état primitif. Non-seulement il en a le pouvoir, mais il en a encore la volonté. S'il ne l'avait pas, ce serait ou parce que la résurrection des corps léserait les droits d'un tiers, ou parce qu'elle serait indigne de Dieu. Or elle ne blesse personne, pas même l'âme, qui, ayant habité le corps pendant qu'il était mortel, doit l'estimer bien plus encore après qu'il est revêtu d'immortalité. On ne peut pas dire non plus que la résurrection soit indigne de Dieu; car s'il n'a pas estimé qu'il fût au-dessous de lui de créer un corps corruptible et mortel, pourquoi croirait-il s'abaisser en le ressuscitant immortel et incorruptible?—Dans la seconde partie, Athénagore prouve le dogme de la résurrection, 1° par la fin que Dieu s'est proposée en créant l'homme, et qui est de le faire vivre éternellement; 2° par la nature même de l'homme, qui, composé dès son origine d'un corps et d'une âme, aurait en vain été créé ainsi, s'il n'y avait qu'une de ces deux parties, c'est-à-dire l'âme qui subsistât éternellement; 3° par le jugement que l'homme doit subir sur toutes ses actions; car il n'est pas juste que l'âme, qui par elle-même n'est point susceptible des plaisirs des sens, en porte seule la peine; ni que le corps, qui par lui-même est incapable de discernement, soit seul puni pour des péchés qui appartiennent particulièrement à la pensée; 4° par la fin de l'homme, qui, étant né pour jouir des biens éternels, n'en jouirait pas complétement, si son corps, qui lui a servi d'instrument pour les mériter, ne se trouvait réuni à son âme après la résurrection.

Voilà tout ce que nous savons des écrits d'Athénagore. Scultet lui attribue douze livres de sa Vie, écrits par lui-même; mais Gesner, sur l'autorité duquel il s'appuie, n'en dit pas un mot.— Martin Fumée, seigneur de Genillé, a publié comme traduit d'Athénagore un roman intitulé : *Du vrai et parfait amour.* Mais peut-être cette prétendue traduction est-elle l'original même, ou tout au plus l'œuvre de Philander, à qui l'abbé Lenglet l'attribue. Ce qu'il y a de certain, c'est que cet écrit est de beaucoup postérieur au siècle d'Athénagore, puisque l'auteur, quel qu'il soit, remarque que de son temps la Grèce n'était plus florissante, et que les sciences étaient entièrement négligées à Athènes, qui, longtemps encore après la mort du saint apologiste, passa pour la mère et la nourrice des philosophes, des orateurs et des poètes. Cependant, tout insipide que soit ce roman, et quelque mince qu'en soit le mérite, on peut louer l'intention de l'auteur, qui voulait l'opposer au roman obscène des *Amours de Théagène et de Chariclée.*

Les œuvres d'Athénagore l'ont placé parmi les lumières de l'Eglise et les plus beaux ornements des siècles chrétiens. On y trouve en effet beaucoup d'esprit, d'érudition, d'éloquence, et une connaissance approfondie des mystères de la religion. Ses ouvrages sont écrits avec méthode, mais le style en est peut-être un peu trop diffus, trop embarrassé de parenthèses, trop accidenté. Ses raisonnements sont soutenus et développés avec une logique qui ne se dément nulle part, surtout dans son *Apologie* en faveur des chrétiens. Peut-être trouvera-t-on moins de force dans quelques passages de son *Traité sur la résurrection des morts;* mais nous pensons qu'il faut attribuer cette différence à la difficulté de la matière. Il est peu d'auteurs dans l'antiquité qui se soient expliqués avec autant de précision que lui sur la divinité, l'unité de substance, la distinction des personnes; sur la génération éternelle du Verbe, et sur la procession du Saint-Esprit, qu'il nomme un écoulement de Dieu, de qui il procède comme le rayon procède du soleil, ou plutôt avec qui il n'est que le même foyer de lumière.

ATHÉNODORE, philosophe de Tarse, suivant Sévin, aurait enseigné les belles-lettres à saint Paul, avant que celui-ci ne pensât à suivre les leçons de Gamaliel, ni à étudier les Ecritures aux pieds de ce fameux docteur de la loi. Il était païen, et l'histoire ne dit pas qu'il se soit converti à la prédication de son ancien disciple. Du reste, le savant dom Calmet, et après lui, M. l'abbé James, qui a continué et complété son *Dictionnaire de la Bible*, nous mettent en garde contre certaines particularités de la famille et de l'éducation du grand apôtre, qui ne méritent pas d'être rapportées. Ceux qui désireraient de plus amples renseignements sur ce philosophe peuvent consulter la dissertation de Sévin et la notice placée en tête des œuvres d'Athénagore, parmi les écrivains orientaux du premier siècle de l'ère chrétienne.

ATHÉNOGÈNE. — On peut ranger parmi les auteurs du III° siècle le saint martyr Athénogène, qui, au moment d'être consumé par les flammes, composa une Hymne qu'il laissa à ses disciples comme un gage de son amitié. Saint Basile la cite avec éloges, et met Athénogène au nombre de ceux qui ont parlé d'une manière orthodoxe de la divinité du Saint-Esprit. On croit qu'il souffrit le martyre dans la persécution de Dioclétien, mais cela ne nous paraît pas suffisamment démontré. Les actes de son martyre, attribués à Métaphraste, ne nous présentent aucun air de vérité.

ATTICUS, évêque de Constantinople. — Atticus, originaire de Sébaste en Arménie, fut élevé dès son enfance dans la discipline monastique, par des moines qui, à l'exemple d'Eustathe leur évêque, suivaient la doctrine des macédoniens. Mais dès qu'Atticus fut un peu avancé en âge, il abandonna l'erreur pour embrasser la foi catholique. Quelques années après, il fut ordonné prêtre de l'Eglise de Constantinople, et il se joignit à ceux qui par leurs intrigues parvinrent à chasser de cette ville le saint évêque Chrysostome. Un auteur contemporain l'accuse même d'avoir été le principal moteur de toute la cabale. Ce qu'il y a de certain, c'est que Arsace et lui se portèrent plusieurs fois témoins contre le saint pontife, dans le conciliabule du Chêne, en 403, et qu'ils pressèrent tous deux sa condamnation. Après qu'il eut été chassé de Constantinople, en 404, Arsace fut mis à sa place, mais celui-ci étant mort l'année suivante, Atticus fut préféré à plusieurs autres et ordonné évêque, du vivant même de saint Jean Chrysostome, le pasteur légitime. Le pape Innocent et plusieurs évêques d'Orient désapprouvèrent cette élection. Innocent envoya ses légats pour rétablir saint Jean Chrysostome, mais ils furent maltraités par le parti d'Atticus, sans qu'il soit certain qu'Atticus y eut part : tout se faisant par ordre de l'impératrice Eudoxie, qui gouvernait despotiquement. Ce qui peut en faire douter c'est qu'après la mort de saint Jean, le pape lui accorda sa communion, à condition qu'il rétablirait dans les diptyques de son Eglise le nom du saint patriarche ; ce qu'Atticus exécuta sans répugnance. Devenu possesseur légitime de son siége, il édifia son troupeau et l'instruisit.

Les pélagiens, sous prétexte de demander un concile, avaient député à Constantinople, vers l'an 422, quelques-uns de leurs évêques, qui surent déguiser sous de fausses apparences leurs sentiments impies. Atticus les ayant démasqués, leur opposa la foi apostolique et l'ancienne tradition de l'Eglise. Il les poursuivit avec tant de vigueur, qu'il ne leur laissa pas même le temps de séjourner dans la ville, d'où ils furent obligés de sortir tout couverts de confusion. Il envoya aussitôt à Rome les actes de ce qu'il avait fait contre eux. En 425, il se rendit à Nicée pour ordonner un évêque, et y eut un entretien avec Asclépiade, évêque de cette ville, pour les novatiens. En quittant Nicée, il invita un prêtre nommé Calliope à le visiter dans sa ville patriarcale, en le pressant de se mettre en route avant la fin de l'automne, parce que s'il tardait davantage il ne le trouverait plus. En effet, il mourut le 10 d'octobre de la même année.

ECRITS. *Lettre à saint Cyrille.* — Il nous reste de lui quelques écrits, et en particulier sa lettre à saint Cyrille d'Alexandrie, où il se justifie de la nécessité où il s'était trouvé de remettre le nom de saint Chrysostome dans les diptyques de son Eglise. Mais dans cette lettre, pas plus que dans les autres qui sont arrivées jusqu'à nous, il ne dit rien ni de son intrusion à l'épiscopat, ni de l'injustice de la persécution qu'il avait fait subir à ce saint évêque. Il raconte le voyage de saint Alexandre à Constantinople pour l'engager à rétablir la mémoire de saint Chrysostome ; la lettre que Théodote lui avait fait écrire par Acace de Bérée, pour le prier de lui pardonner ce qu'il avait fait par nécessité ; le tumulte que cette lettre et le prêtre qui en était porteur excitèrent dans Constantinople. Atticus, sur la parole de l'empereur qu'il avait consulté, établit pour maxime qu'il y a des occasions où il faut préférer le bien de la paix à l'exactitude des règles, quoiqu'on ne doive pas accoutumer le peuple à gouverner comme dans une démocratie. « Au reste, dit-il ensuite, je ne crois point avoir péché contre les canons ; car on nomme seulement le bienheureux Jean parmi les évêques défunts, les laïques et les femmes ; et personne n'ignore qu'il y ait une grande différence entre les morts et les vivants, puisqu'on n'inscrit pas même leurs noms sur le même livre. La sépulture honorable de Saül n'a point déshonoré David ; l'arien Eudoxe ne nuit point aux apôtres, quoique placé sous le même autel ; Paulin et Evagre, auteurs du schisme d'Antioche, ont été reçus après leur mort dans les sacrés diptyques, pour maintenir la paix et la concorde parmi le peuple. Commandez donc, pour la même raison, aux églises d'Egypte, d'inscrire dans leurs tables le nom de ce *mort*, afin de rendre la paix à toutes les Eglises du monde. »

A Pierre et à Edésius. — Nous avons encore une lettre d'Atticus aux diacres Pierre et Edésius. Il y fait mention de celle qu'il avait écrite à saint Cyrille, et les prie de s'intéresser pour la réunion des esprits et le rétablissement de la paix dans toutes les Eglises, en travaillant à faire remettre dans les diptyques le nom de saint Chrysostome.

Lettre à Calliope. — Socrate rapporte d'Atticus une troisième lettre, qu'il écrivit à Calliope, prêtre de Nicée, en lui envoyant trois cents écus d'or pour subvenir aux besoins des pauvres de sa ville. Quoiqu'il le laisse maître absolu d'en régler la distribution comme il lui plaira, cependant il le prie de donner de préférence à ceux qui ont honte de mendier. Il lui témoigne aussi le désir qu'il proportionne ses secours au besoin des personnes, sans faire aucune acception des croyances et des cultes.

Lettre à l'Eglise d'Afrique. — Dans le cours de l'année 419, les évêques du concile de Carthage ayant écrit à Atticus par le sous-diacre Marcel, pour le prier de leur envoyer la copie des canons du concile de Nicée, la plus authentique qu'il eût dans son Eglise, Atticus la leur envoya par le même sous-diacre, avec une lettre dans laquelle il se plaignait en quelque sorte de la privation qu'il avait éprouvée de n'avoir pu le retenir à Constantinople plus longtemps.

Autres écrits d'Atticus. — Nous avons dans les actes du concile d'Ephèse trois passages tirés d'un sermon prêché par Atticus au jour de la naissance du Seigneur, et dans lequel il établit clairement qu'il y a deux natures en Jésus-Christ. Dans une lettre à Eupsichius, citée par le concile de Chalcédoine, mais dont il ne nous reste qu'un fragment, il établissait également l'union des deux natures en Jésus-Christ, en sorte que chacune conservait sa propriété. Gennade et Marcellin nous apprennent qu'il avait aussi condamné par avance l'hérésie de Nestorius, dans un livre intitulé : *De la foi et de la virginité*, adressé aux reines, c'est-à-dire à Pulchérie et à Flaccille, filles de l'empereur Arcade. Saint Cyrille d'Alexandrie met Atticus au nombre des anciens qui, dans leurs écrits, ont appelé la sainte Vierge, mère de Dieu.

Socrate nous a conservé quelques paroles de l'entretien qu'il eut avec Asclépiade, évêque des novatiens à Nicée. Pendant son séjour en cette ville, il lui demanda depuis combien de temps il était évêque des novatiens. Celui-ci lui ayant répondu qu'il y avait cinquante ans. — Vous êtes heureux, lui répliqua Atticus, d'avoir passé si longtemps dans une aussi sainte fonction. — Une autre fois, il lui dit : Je loue Novat, mais je n'approuve pas les novatiens. Asclépiade, étonné de cette parole, lui en demanda la raison ; Atticus lui répondit : Je loue Novat de n'avoir pas voulu admettre à la communion ceux qui avaient sacrifié aux idoles, et je ne les aurais pas admis davantage ; mais je ne saurais souffrir que les novatiens excommuniassent les laïques pour des fautes légères et sans aucune gravité. Asclépiade lui répondit : Outre l'idolâtrie, il y a à la mort, comme parle l'Ecriture, plusieurs péchés pour lesquels vous retranchez les clercs de la communion ; eh bien, nous en retranchons les laïques à notre tour, réservant à Dieu le pouvoir de leur pardonner. — Les paroles d'Atticus, prises à la rigueur, pourraient donner lieu de douter de la pureté de sa foi et de l'accuser de tendance au novatianisme ; nous aimons mieux croire qu'il n'y avait dans sa conduite que tolérance et charité. Saint Cyrille et le pape saint Célestin font son éloge, et se servent de son témoignage contre les erreurs de Nestorius. Les conciles d'Ephèse et de Chalcédoine citent ses écrits pour en composer, avec les témoignages des autres Pères, une chaîne de traditions contre les nestoriens et les eutychiens. Saint Prosper loue le zèle avec lequel il opposa aux pélagiens l'antiquité de la foi. Socrate, dont nous avons déjà invoqué le témoignage, accorde à Atticus un grand sens naturel, un jugement élevé et une application soutenue pour l'étude, mais il relève surtout son amour pour les ouvrages des anciens et des plus célèbres philosophes. Il est vrai qu'il était moins instruit dans les lettres divines, puisque, suivant Pallade, il n'y avait pas même appris comment un évêque doit se conduire. N'étant encore que prêtre, il composait ses sermons et les apprenait par cœur avant de les débiter ; mais, devenu moins timide après son élévation à l'épiscopat, il prêchait sur-le-champ, et sa parole même n'en était que plus riche et plus relevée. Malgré cela, ses discours étaient toujours médiocres ; on s'y pressait peu, et quoiqu'ils ne fussent pas absolument dépourvus d'érudition, ses auditeurs ne pensaient pas qu'ils valussent la peine de les écrire. Cette remarque est de Sozomène ; elle ressemble beaucoup à la critique d'un ennemi ; pour notre part, sans approuver en toutes choses la conduite d'Atticus, nous pensons mieux de celui qui sut mériter les éloges de trois grands saints.

ATTON, évêque de Verceil, se rendit recommandable par sa doctrine et par l'ardeur de son zèle pour la réforme des mœurs et le rétablissement de la discipline parmi le clergé. Il était fils du comte Adalgaire, et, au rapport du cardinal Bellarmin, il était considéré comme un Père de l'Eglise par les théologiens de son temps. Il y a apparence qu'il fut du nombre de ceux qui suivirent Hugues, comte d'Arles, lorsqu'en 926 il fut fait roi d'Italie, et que ce prince, pour se l'attacher, lui donna l'évêché de Verceil. La confiance que le roi Hugues lui avait témoignée passa à Lothaire, son fils et son successeur, qui choisit Atton pour un de ses conseillers, et le nomma grand chancelier de son royaume, en 954. Il remplit avec zèle ses devoirs de chancelier et d'évêque, et on croit généralement qu'il ne vécut pas au delà de l'an 960.

Capitulaire. — On a de cet évêque un Capitulaire distribué en cent chapitres, presque tous tirés des anciens conciles, des écrits de Théodulphe d'Orléans et autres écrivains qui ont traité de la même matière. Atton exhorte les curés de son diocèse à lire assidûment cet ouvrage, à le prendre pour règle de leur conduite et de la conduite des peuples qui sont confiés à leurs soins, se souvenant qu'ils répondront devant Dieu dès âmes perdues par leur faute. Ils doivent donc mettre autant de soin à éviter l'ignorance, mère de toutes les erreurs, qu'à conserver la saine doctrine, trésor de la vérité. Aussi exige-t-il que tous les prêtres, diacres, sous-diacres et autres ministres approchant des autels, sachent par cœur le Symbole de la foi catholique qui porte le nom de saint Athanase; que les laïques mêmes rivalisent de zèle avec les clercs pour orner leurs âmes des dogmes de la vérité, de la beauté, de la pudeur, de la splendeur, de la justice, de la candeur, de la piété et de la bonne odeur de toutes les vertus. Huit jours avant Pâques, on donnait le Symbole à ceux qui étaient admis au baptême. Hors de cette solennité et de celle de la Pentecôte, le cas de nécessité seul pouvait autoriser l'administration de ce sacrement. C'était de l'évêque diocésain et non d'un autre que les prêtres devaient recevoir le saint chrême avant Pâques. Le synode devait se tenir au moins une fois l'année, ce qui n'exemptait pas les curés de l'obligation de s'assembler, au premier jour de chaque mois, pour conférer sur les matières de la foi, sur l'administration des sacrements et autres choses qui regardaient leur ministère. Atton ne défend ni ne conseille les discussions théologiques sur les points contestés; mais il veut qu'on s'en tienne à la doctrine du siége apostolique, à l'exclusion de toute autre. Le carême était de sept semaines, pendant lesquelles tous les clercs devaient s'abstenir de viande, passer les jours et les nuits en prières, dans le chant des hymnes et des psaumes et dans les pratiques de la pénitence et de la mortification; mais on ne jeûnait ni le dimanche ni le jeudi. Défense de donner des jeux et des spectacles les jours de dimanche et de fête; de célébrer les calendes de janvier à la manière des païens, et de faire des noces en carême ni aux fêtes des martyrs. Atton règle ensuite ce que les prêtres doivent observer à l'égard des pénitents, en leur imposant toujours une expiation proportionnée à la qualité des personnes et à la grandeur des péchés. Les cinq derniers chapitres contiennent diverses instructions, tirées de la Règle de saint Benoît. L'auteur entre dans un grand détail des livres dont la lecture est permise ou défendue, et des conciles reçus dans l'Eglise, parmi lesquels il ne compte que les quatre premiers conciles généraux, de Nicée, de Constantinople, d'Ephèse et de Chalcédoine. Il dit anathème à quiconque ne reçoit pas la lettre de saint Léon à Flavien. En général, il reçoit toutes les décrétales des papes, même les fausses, dont il cite plusieurs décrets dans son Capitulaire. Il met au rang des écrits apocryphes la lettre d'Abgar à Jésus-Christ avec la réponse; les OEuvres de Cassien, de de Fauste de Riez; les Actes du martyre de saint Georges, de saint Quirice et de sainte Juliette, et suit en tout le décret du pape Gélase sur les livres approuvés ou défendus.

Des souffrances de l'Eglise. — Un des livres les plus sérieux d'Atton, son chef-d'œuvre, et celui qui peint le mieux les travers et la barbarie de son époque, c'est son *Traité des souffrances de l'Eglise*. Il est divisé en trois parties. L'auteur établit, dans la première, que l'Eglise fondée sur la pierre ferme de la foi apostolique est inébranlable. De quelque manière qu'on l'attaque, elle peut résister à tous les assauts, parce qu'en tout temps, si elle a des persécuteurs, elle a aussi des défenseurs. Il met au rang des persécutions les abus qui se sont glissés dans les mœurs et dans la discipline, notamment dans les jugements des évêques. Accusés par leurs ennemis, on ne les jugeait point suivant les canons; mais à défaut de preuves, on exigeait d'eux le serment ou le duel. Sans doute on ne les obligeait pas à se battre en personne, mais on les forçait à trouver quelqu'un qui consentît à se battre pour eux. C'était, comme le remarque Atton, se justifier d'un crime par un crime. Les laïques disaient: Faut-il donc laisser impunies les fautes des évêques et des prêtres? — Non, répond cet auteur, mais il ne convient point aux laïques de juger ceux qui ont reçu le pouvoir de juger même les anges. Il faut les corriger selon les règles. Les évêques ne peuvent être condamnés que par le pape, quoique l'instruction de leur procès puisse être faite par le concile de la province. C'est aux évêques à juger les prêtres; les laïques n'ont droit de s'en mêler que sur leur invitation. Il se plaint amèrement de la puissance séculière, qui, au lieu de servir d'appui à l'autorité ecclésiastique, la supprimait, et dans les élections des évêques et dans le jugement des clercs.

La seconde partie traite des élections et des ordinations des évêques; Dieu, tant dans l'Ancien que dans le Nouveau Testament, a choisi lui-même ses prêtres; et il n'est pas douteux que Dieu ne préside encore à l'ordination d'un évêque, quand son élection s'est faite d'après les règles consacrées par les canons. Mais, ajoute Atton, les princes méprisent ces règles et veulent que leur volonté l'emporte; comme ils tiennent peu à la religion, peu leur importe l'honneur de l'épiscopat. Ils ne font attention, dans l'examen de la personne, ni à la charité, ni à la foi, ni aux autres vertus; ils ne consultent que les richesses et la parenté. Quelques-uns sont tellement aveuglés qu'ils élèvent des enfants à l'épiscopat. Comment ne craignent-ils pas de confier le ministère et la charge des âmes à des enfants qui ne savent pas même ce que c'est qu'une âme, qui ignorent jusqu'aux premiers éléments de la nature humaine, qui sont obligés de recevoir des leçons et des verges de la main d'un maître, tandis que le devoir d'un évêque est d'enseigner, de corriger et de juger les autres? Il rapporte ce que saint Paul et après lui les saints Pères ont dit des qualités d'un évêque, et il montre qu'on n'en peut trouver aucune dans un enfant. Et cependant on ne laissait pas de donner une apparence de formé canonique à son élection. L'enfant était amené au milieu de l'assemblée ; on demandait au peuple ce qu'il pensait du sujet. De gré ou de force il applaudissait au choix du candidat ; on recueillait les suffrages, et l'élection était proclamée.

Toute la troisième partie est dirigée contre l'abus qu'on faisait des biens de l'Eglise. Après la mort ou l'expulsion d'un évêque, ces biens étaient abandonnés au pillage des séculiers, tandis que les règles de la discipline obligeaient les économes de l'église d'en prendre soin, jusqu'à l'ordination du successeur. « Qu'importe, dit Atton, qu'on pille les biens de l'église avant ou après la mort de l'évêque ? A quoi bon garder le trésor de l'église, si l'on s'empare de ce qui est dans les granges et dans les celliers ? Non-seulement on dissipe tout ce qui est en nature, mais sous le nom de l'évêque futur, on vend encore tous les fruits à recueillir ; on diffère son ordination jusqu'à ce que tout soit absorbé, puis on donne l'évêché à celui qui en offre le plus, d'où il résulte qu'il n'est point de terres plus souvent pillées et vendues que les terres de l'église. Par quels sacrifices ces voleurs peuvent-ils expier leurs crimes ? » Il faut remarquer attentivement, dit Atton, qu'encore que Dieu, pour châtier nos fautes, afflige ainsi son Eglise, cependant il ne permet point que ses élus concourent à de telles déprédations ; il en abandonne la faute à ceux qu'il prédestine à ses vengeances. — Ce traité révèle, chez l'auteur, un grand fonds d'érudition, mais il est difficile d'en faire une analyse exacte, à cause des fréquentes lacunes du manuscrit qui coupent le texte presque à chaque page.

Lettres. — On peut en dire autant de ses lettres, qui ne sont arrivées jusqu'à nous que morcelées et par fragments. Il y en a une contre les superstitions, dans laquelle il défend aux fidèles de son diocèse de croire aux augures, aux signes du ciel, et aux vaines prédictions de quelques hommes, qui prenaient le nom de prophètes et qui n'étaient que des imposteurs ; une autre contre l'incontinence des clercs, dans le diocèse de Verceil. Cette incontinence était arrivée à un tel excès, qu'Atton crut devoir s'en plaindre aux coupables eux-mêmes, dans une lettre circulaire qu'il leur adressa. Cette lettre est forte et pathétique, digne à tous égards d'un grand évêque. Il est inutile de s'étendre sur les désordres contre lesquels il exerce son zèle et son ardeur ; qu'il nous suffise de constater que cette lettre fit changer de conduite à un grand nombre. La dernière est adressée à tous les évêques ; en voici l'occasion. Le roi Béranger et son fils Adalbert, devenus odieux par leur gouvernement tyrannique, craignaient une révolte de la part de leurs sujets. Ils crurent la prévenir en demandant des otages aux évêques, afin de s'assurer de leur fidélité. Atton en écrivit à ses confrères pour avoir leur avis ; mais en même temps il leur fit connaître qu'il ne pensait pas qu'on dût accorder ces otages ; et il en apporte plusieurs raisons : d'abord, il est sans exemple que des évêques en aient jamais donné, et en ce cas comme en d'autres, ils ne doivent rien ajouter à la fidélité due aux rois, si ce n'est par le conseil du pape et pour quelque grande utilité ; ensuite, parce que l'Ecriture et les Pères, en commandant la soumission aux princes, n'imposent pas d'autre obligation que celle de contribuer à la paix de l'Etat et au salut de celui qui le gouverne ; enfin, parce qu'il y aurait injustice à exposer des otages innocents à souffrir par la faute des évêques, quand ce sont les évêques eux-mêmes qui sont obligés à s'exposer pour les autres. Il conclut qu'il faut prier Dieu pour la conservation des rois, lui demander pour eux plus de confiance dans la fidélité des évêques, et pour les évêques plus de fermeté dans l'accomplissement du devoir et plus d'union entre eux.

Dans ses lettres, comme dans tous ses ouvrages, le style d'Atton est vif et rapide, ce qui n'enlève rien au naturel et à la simplicité. Ses écrits sont remplis de passages de l'Ecriture, des conciles et des Pères. On voit qu'il en avait fait une étude sérieuse, et qu'il les possédait, car il les cite toujours à propos.

ATTON, disciple de Constantin, et comme lui moine du Mont-Cassin, avait été chapelain de l'impératrice Agnès. Il mit en vers romans quelques-uns des livres de médecine que son maître avait traduits des langues étrangères. On le croit aussi auteur d'une traduction dans la même langue, de l'Histoire de Sicile composée par Geoffroi de Malaterre ; mais au lieu de la reproduire en quatre livres, comme l'avait divisée l'auteur, Atton la partagea en dix, et la dédia à l'abbé Didier. Cette traduction se conserve à la Bibliothèque Nationale parmi les manuscrits de M. Colbert.

ATTON de Troyes. — Atton, après avoir été successivement archidiacre et doyen de Sens, fut élevé, en 1122, sur le siége épiscopal de Troyes. L'histoire le range au nombre des bons évêques de son temps, mais elle n'entre pas dans un grand détail de sa vie. Il assista, en 1127, au concile qui fut célébré dans sa ville épiscopale, par le cardinal Matthieu d'Albane. Appelé, en 1134, au concile de Pise, il fut du nombre des prélats français que des brigands dévalisèrent au retour, près de Ponte-Tremoli. Le butin qu'ils firent sur lui ne dut pas être considérable ; car, dès l'an 1128, dans le cours d'une maladie qu'il croyait mortelle, il s'était dépouillé de tous ses biens en faveur des pauvres. Les abbayes du Paraclet et de Larivoux, fondées en son diocèse, l'une en 1129, et l'autre dix ans plus tard, en 1139, lui doivent la confirmation de leur établissement. Abailard, fondateur de la première, s'était acquis son estime ; mais il la perdit sitôt qu'il eut manifesté ses erreurs. L'évêque de Troyes fut un de ses juges au concile de Sens, en 1140, et signa sa condamnation avec les autres prélats. Malgré son caractère pacifique,

Atton eut avec ses diocésains de fréquentes et vives contestations, qui l'obligèrent d'aller ou de députer à Rome presque tous les ans. Ces contretemps fortifièrent l'attrait qu'il s'était toujours senti pour la solitude. En 1145, cédant enfin aux instances réitérées de Pierre le Vénérable, il descendit de son siége, se rendit auprès de cet abbé, et mourut entre ses bras, le 29 août de la même année.

Ce prélat entretint, dans le cours de son épiscopat, un grand commerce de lettres avec les abbés de Clairvaux et de Cluny. Nous avons plusieurs de celles qu'ils lui écrivirent, mais il ne nous reste, en tout, que trois des siennes adressées à ce dernier et recueillies parmi celles de sa collection. La première, qui est la 35e du second livre, ne peut être bien entendue sans un précis des deux précédentes, auxquelles elle sert de réponse. Atton, ayant fait une ordination dans le prieuré de la Charité-sur-Loire, Hugues de Mâcon, évêque d'Auxerre, dans le diocèse duquel se trouvait ce monastère s'en plaignit comme d'un empiétement sur ses droits. L'évêque de Troyes, intimidé de ces plaintes, en écrivit à l'abbé de Cluny. Il le consultait en même temps sur ce qu'il avait à faire vis-à-vis de Guérin, frère de l'archidiacre Gibuin, qui voulait le contraindre à lui conférer une prébende, en vertu d'une expectative qu'il avait obtenue du pape. Pierre le Vénérable lui répondit, sur le premier point, qu'un ancien évêque, comme lui, ne devait point redouter les menaces d'un nouvel évêque sans expérience ; qu'il fallait, par un silence prudent, laisser tomber cette ferveur novice, qui persuadait au nouveau prélat d'Auxerre que tout lui était permis ; que lorsque, plus expérimenté et plus familiarisé avec sa nouvelle dignité, il aurait appris à distinguer ses droits réels de ses prétentions, on lui montrerait des priviléges de Rome anciens et nouveaux, qui permettent aux religieux de Cluny de se faire ordonner par tel évêque qu'il leur plaira de choisir. Alors, s'il est véritablement notre ami, comme il n'a cessé de le dire, il mettra fin à ses plaintes par considération pour nous ; autrement, ce ne sera pas à vous, je vous le déclare, mais à nous qu'il aura affaire. — Sur le second point, l'abbé de Cluny lui dit qu'il ne voit rien d'excessif dans les ordres du pape à l'égard du clerc Guérin, puisque ces ordres portent que l'évêque lui donnera une prébende s'il en vaque, ou lui réservera la première vacante. Telle est la substance de la première des deux lettres de Pierre le Vénérable. La seconde roule sur ce clerc Guérin, qui, mécontent des retards de son évêque, avait pris avec son frère le chemin de Rome, pour porter ses plaintes au pape. En passant par Cluny, l'abbé les interrogea sur l'objet de leur voyage. Ils alléguèrent une commission de l'Église de Langres. « Mais l'embarras de leur réponse, dit-il, me fit juger qu'ils me cachaient leur principal dessein. Je leur remontrai l'indécence de leur procédé à votre égard, et je le fis si heureusement, qu'ils me promirent de bien vivre désormais avec vous. » Mais ils ajoutèrent qu'ils ne pouvaient se dispenser de continuer, parce qu'ils étaient réellement chargés de la commission dont ils m'avaient parlé.

La réponse d'Atton à ces deux lettres, qui lui furent remises presque en même temps, commence par un éloge magnifique de l'abbé de Cluny. « Vous êtes, lui dit-il, un vase d'or, un vase d'élection dans la maison du Seigneur, le miroir et le modèle de la vie religieuse. Votre conscience est pure devant Dieu ; votre réputation est sainte parmi les hommes ; vos œuvres sont droites et vos paroles salutaires. » Il lui confirme ensuite ce qu'il savait déjà, c'est-à-dire que l'évêque d'Auxerre avait mis bas les armes avant le combat, et qu'il ne voulait se compromettre ni avec son collègue, ni avec l'ordre de Cluny. Au sujet du clerc Guérin et de son frère l'archidiacre, il le remercie du soin qu'il avait pris de les ramener à leur devoir, et se félicite avec lui de son plein succès. Il promet de garder une prébende au premier, à moins que le saint-siège, qui la lui a accordée, ne change d'avis. Notre prélat termine sa lettre en implorant du vénérable abbé de Cluny le secours de ses prières, et en lui adressant les compliments de plusieurs religieux qui vraisemblablement habitaient son diocèse.

La seconde lettre d'Atton à l'abbé Pierre lui fut remise par Nicolas de Clairvaux, secrétaire de saint Bernard, comme il se rendait à Rome pour les affaires de l'Église de Troyes. Elle consiste presque tout entière en tendres reproches sur la durée de son silence. En finissant, Atton lui demande ce qu'il doit répondre à l'archidiacre Gibuin, ce qui fait croire que cet homme avait suscité quelque nouveau procès à son évêque.

La troisième lettre d'Atton paraît n'avoir précédé que de peu de temps son abdication. Elle a pour objet de répondre aux instances que Pierre le Vénérable lui réitérait de quitter une épouse querelleuse et ennemie de la paix, et d'obéir enfin au vœu qu'il avait fait de se rendre à Cluny. Atton s'excuse, en demandant le temps de terminer certaines affaires indispensables. — Ces trois lettres sont écrites avec sagesse, et révèlent un esprit cultivé par l'étude.

Un des derniers et des plus honorables monuments de son épiscopat, est un décret qu'il rendit, de l'aveu de son chapitre, en 1145, en présence du légat Albéric, contre la non-résidence des chanoines forains. Cet acte porte : 1° que ces chanoines, inutiles et mercenaires, ne recevront plus annuellement que 20 sous, à moins qu'ils ne viennent faire le service en personne ; 2° que désormais on ne détachera plus de la mense commune des frères aucune prébende particulière, pour quelque personne que ce soit. On excepte néanmoins de la première clause l'abbaye de Cluny, à qui Atton lui-même avait donné, à la demande du pape Innocent, une prébende dans son église, par un acte rapporté à la suite de ce décret, dont la bibliothèque de ce monastère, Gibuin, dont le nom est revenu plusieurs fois dans le cours de ce récit, écrivit et souscrivit, comme chancelier, le décret d'Atton contre les chanoines forains.

ATTON, quatrième abbé de Vallombreuse, né à Pacensis en Espagne, et mort en 1153, écrivit la *Vie de saint Jean Gualbert*, fondateur de cette abbaye, à laquelle il donna le nom de Vallombreuse à cause du site qu'il avait choisi pour y établir sa nouvelle congrégation. Atton met au nombre des premiers bienfaiteurs de cette abbaye l'empereur Conrad, ainsi que l'impératrice Giselle, son épouse; avec leur fils, le roi Henri, auquel il donne le titre de très-glorieux monarque. Il nous donne bien les noms de ceux qui vinrent dans la suite se ranger sous la conduite du saint fondateur, mais il ne fait nullement connaître les premiers compagnons, qui abandonnèrent le monastère de Saint-Miniat pour le suivre dans son désert. Les deux autres abbés, qui succédèrent à Atton, après le saint fondateur, furent Rodulphe, désigné par lui-même pour lui succéder, et Rustique, qui avait été prieur de Passignano, dans le monastère où saint Jean Gualbert mourut.

AUDENTIUS, écrivain espagnol, est placé par Gennade au nombre des hommes illustres. Il avait écrit contre les manichéens, les sabelliens, les ariens. On cite de lui, en particulier, un livre contre les photiniens, intitulé : *De la foi contre les hérétiques*. Il y faisait voir que le Fils est coéternel au Père, et qu'il n'a pas commencé à être Dieu lorsqu'il est né de la Vierge par l'opération du Saint-Esprit. On croit qu'il écrivait sous le règne de Constantius ; mais il ne nous reste pas plus de cet écrit que de ses autres ouvrages.

AUDRADE, moine de Trois-Fontaines, et que la Chronique d'Albéric qualifie aussi de corévêque de Sens, se rendit célèbre par ses visions ou révélations. Il en eut une dans laquelle saint Pierre lui apparut, et lui ordonna d'entreprendre le voyage de Rome. Il se mit en chemin, avec la permission de Wénilon, son archevêque, et étant arrivé à Rome en 849, il présenta ses écrits au pape Léon IV, qui les reçut avec respect. De retour à Sens, il fut appelé au concile qui se tint à Paris au mois de novembre de la même année. Il y fut déposé, et tous les autres corévêques de France avec lui. On voit par là qu'il manque quelque chose aux Actes de ce concile, puisqu'il n'y est rien dit des autres corévêques, dont quelque temps auparavant Rhaban avait pris la défense dans un livre fait exprès. Audrade, quoique déposé, continua cependant de parler et d'agir comme un homme favorisé de visions surnaturelles et de saintes révélations. Le roi Charles essaya plus d'une fois de le convaincre d'imposture ; mais Audrade soutint toujours son personnage. Il vivait encore au commencement de l'année 854, et on ne saurait indiquer au juste l'époque de sa mort.

Il laissa de ses révélations un recueil, qui n'a pas été imprimé. Nous n'en avons que quelques traits historiques recueillis par Duchesne, qui les tira d'un manuscrit que le P. Sirmond avait en sa possession. Voici un des faits consignés dans ce manuscrit, et rapporté par Duchesne. L'Église de Chartres étant vacante, Charles le Chauve nomma pour la remplir un diacre nommé Burchard, dont la réputation n'était pas bien établie. Wénilon, archevêque de Sens, à qui ce prince avait commandé de l'ordonner, engagea Audrade à prier Dieu de lui faire connaître sa volonté. Wénilon, qui était parent de ce diacre, désirait secrètement une réponse favorable ; mais pourtant il ne voulait pas non plus sacrifier son devoir à ses affections. Pendant qu'Audrade était en prières, Dieu lui fit entendre une voix qui disait : *Maudit le jour auquel Burchard sera évêque !* Cette réponse, transmise au roi par l'archevêque, n'empêcha point qu'au mois de mai de l'an 853, un concile ne se tînt à Sens pour l'ordination de Burchard. Audrade assista à cette assemblée, et, par ordre de Wénilon, il déclara aux évêques ce qu'il avait entendu dans cette vision. Les évêques, intimidés par une défense si expresse, se séparèrent sans avoir rien fait. Cependant l'ordre du roi prévalut, et quelques évêques ayant consenti à l'ordination de Burchard, elle se fit dans le cours du mois de juin suivant. Audrade dit qu'elle attira la colère de Dieu sur tout l'univers. En effet, l'année qui suivit cette ordination fut une année fatale, marquée par toutes sortes de tempêtes et d'événements fâcheux ; un vent brûlant dessécha toutes les vignes dans le mois de juillet ; et les Normands, ayant passé la Loire, brûlèrent le monastère et l'église de Saint-Martin de Tours. — Le moine Albéric a inséré aussi quelques fragments des révélations d'Audrade dans sa Chronique, et tout nous porte à croire que le recueil n'en fut pas publié avant la fin de l'année 853, puisqu'il rend compte de plusieurs événements qui s'accomplirent au mois de novembre de la même année. Avant cet ouvrage, Audrade en avait composé un autre, qui, s'il faut en croire ses révélations, lui avait coûté beaucoup de peine et de travail. Ce livre, intitulé : *Fontaine de vie*, était en vers héroïques. Il lui donne le titre de *vénérable*, et on croit que ce fut le même qu'il présenta au pape Léon IV, en 849. Malgré l'approbation pontificale dont il est revêtu, ce poëme ne peut faire grand honneur à son auteur, tant les vers en sont incorrects, informes et négligés.

AUGUSTIN (saint). — Un des génies qui dirigèrent avec une puissance incomparable le développement de la discipline ecclésiastique, et qui exercèrent sur leur siècle et sur les destinées de l'Église l'influence la plus active et la moins contestée, sans contredit, c'est le génie ardent de saint Augustin. Il est du petit nombre de ces hommes qui, par les luttes les plus pénibles, se sont préparés, dès les premiers jours de leur jeunesse, à des travaux extraordinaires. Ses œuvres sont de celles qui se rapportent à la vie de l'âme ; aussi est-ce dans son âme que furent livrés ses premiers combats, et est-ce par son âme qu'il remporta dans la suite toutes ses victoires. Les circonstances extérieures de sa vie n'ont d'intérêt qu'autant qu'elles sont racontées par lui-même; ce qu'il fait admirablement dans ses *Confessions*, et ce qui nous dispense d'y insister, pour le moment, puisque nous aurons à rendre compte de ce livre, ainsi que de tous les autres, auxquels il semble tenir lieu de préface et d'introduction.

Augustin (Aurèle), naquit à Tagaste, en Numidie, le 13 novembre de l'année 354. Son père, nommé Patrice, avait plus de naissance que de fortune, et Monique, sa pieuse mère, voulut le devenir deux fois en s'appliquant à former son esprit, après avoir formé son corps. Son premier soin, aussitôt après la naissance d'Augustin, fut de le faire marquer du signe de la croix et de lui faire goûter ce sel divin et mystérieux qui est l'emblème de la vraie sagesse, en le mettant au nombre des catéchumènes. Il reçut de ses parents, qui étaient chrétiens, l'éducation donnée communément, dans sa patrie, à ceux qui se destinaient à suivre une des carrières ouvertes à la science. Tout jeune encore, il se distingua par un vif désir de connaître les objets qui enflamment l'imagination, mais il s'excuse, en même temps, de sa paresse à acquérir les connaissances par lesquelles plus tard son nom fut si brillamment illustré. L'ardeur d'âme dont il était doué, et qui formait le trait le plus saillant de son caractère, le poussa de bonne heure à commettre des actions légères, à concevoir des espérances ambitieuses, à montrer de l'ostentation et à se livrer surtout, lorsqu'il eut atteint l'adolescence, aux débauches de la volupté. Mais les larmes, plus encore que les avertissements de sainte Monique, sa mère pieuse et profondément vénérée, produisirent, sur cette imagination vive, une durable impression. Dès sa jeunesse la plus tendre, cette femme distinguée l'avait habitué à chercher son salut dans la doctrine de Jésus-Christ, et dans le temps même qu'il s'abandonnait à ses égarements, elle reçut du ciel la promesse que le fils de tant de prières et de tant de larmes ne pourrait être à jamais perdu. Ce qui parle encore plus haut que l'amour de sa mère, en faveur de la noblesse de son âme, c'est la sincère amitié qu'il inspira à de pieux jeunes gens ses concitoyens, Alype, Nébride et Romanien qui devinrent des saints avec lui, et qui lui restèrent fidèles jusqu'au tombeau. Son père étant mort et sa mère restée veuve avec peu de ressources, il trouva dans cette amitié les moyens de fortune qui lui manquaient, pour poursuivre ses études scientifiques et le but que lui désignait son ambition. A Carthage, où il étudia la rhétorique, il fut entouré de nouvelles séductions; ses exercices littéraires enflammaient en lui la convoitise des honneurs, surexcitée d'ailleurs par toutes les jouissances du succès. Les attraits du plaisir le captivaient toujours plus fortement, mais il sentit bientôt l'ignominie de la servitude qu'il subissait, et, sans contracter précisément d'engagement légitime, il s'arrêta à une liaison unique, à laquelle il promit et garda fidélité. C'est alors qu'il fut gagné par la secte des manichéens. Cependant, les exhortations de Cicéron qu'il avait lues dans Hortensius avaient laissé une profonde impression dans son esprit avide de savoir; mais, par le cœur, il se portait de préférence vers la philosophie de ces hérésiarques, parce qu'au fond ils professaient, comme sa mère, la doctrine du Christ. Toutefois, le manichéisme d'Augustin ne paraît pas avoir été profond. Les principes généraux du dualisme, qu'il reconnut particulièrement dans la lutte de la chair avec l'esprit, telle qu'elle existe dans l'homme pécheur; puis, les représentations sensibles de la doctrine des émanations semblent avoir été principalement ce qu'il s'en appropria. Ce fut plus tard qu'il pénétra dans les mystères des élus, mystères qui, bien loin de satisfaire son besoin de connaître et d'apprendre, n'excitèrent en lui que des hésitations et des doutes, et provoquèrent bientôt la défiance et l'abjuration. Il nous parle du premier de ses écrits qu'il composa dans un esprit manichéen, et qui est perdu; c'est son traité *De la beauté et de la convenance (De pulchro et apto)*. Ce qu'il cite de cet écrit témoigne de son penchant au dogmatisme et aux représentations sensibles, mais annonce en même temps un respect pour le beau qui tranche singulièrement avec le culte grossier rendu à la nature par les manichéens. Du reste, ce respect du beau constitue un des traits saillants et peut-être le plus persistant du caractère de saint Augustin.

Les principes de son éducation scientifique complétés, il enseigna successivement la rhétorique à Tagaste, à Carthage et à Rome, où il se rendit malgré sa mère, qui eût voulu le retenir en Afrique. Là, il eut encore des relations avec les manichéens; mais il ne conservait déjà plus aucune confiance en leurs doctrines. Bientôt des motifs temporels l'engagèrent à se charger d'une chaire de rhétorique à Milan; l'éloquence de l'évêque saint Ambroise l'attira aux assemblées de l'Eglise catholique; peu à peu la persuasion gagna son âme, et il acquit, avec le temps, une meilleure opinion de la foi, jusqu'à ce qu'il y revint entièrement, par cette conversion qui depuis l'a rendu si célèbre et en a fait un si grand saint. Dire au prix de quelles luttes et de quels combats, de quels liens rompus, de quelles passions brisées, de quelles craintes, de quelles espérances, de quels regrets, de quels désirs, cette conversion s'accomplit, c'est ce que nous renonçons à décrire, après l'admirable récit que le saint docteur nous en a laissé lui-même dans ses *Confessions*. Il venait de lire les livres de Platon; cette philosophie idéale avait rempli son âme d'une noble ardeur, il se sentait soulevé au-dessus du matérialisme, et, placé tout à fait sur le seuil de la religion, il ne lui fallait plus qu'un coup de la grâce pour le faire pénétrer jusque dans le sanctuaire. Ce secours d'en haut ne lui manqua pas; une voix du ciel parla à son cœur, un passage des Epîtres de saint Paul fixa tous ses doutes, toutes ses irrésolutions. Il abjura ses erreurs, il renonça à ses désordres, et il se retira à la campagne, où il se livra, avec tout l'entraînement d'un nouveau converti, à l'étude de l'Ecriture sainte et des sciences divines. Il en revint, pour recevoir à Milan le baptême des mains de saint Ambroise; puis, après avoir enseveli, dans ses prières et dans ses larmes, la sainte mère que le Seigneur lui avait donnée, il retourna en Afrique où il fut d'abord ordonné prêtre en 391, et, au bout de quelques années, en 395, consacré évêque d'Hippone, en remplacement du saint vieillard Valère qu'il avait aidé dans les travaux de son épiscopat. Depuis lors, la vie de saint Augustin est essentiellement mêlée à ses écrits; chacun de ses livres est une partie inhérente de son histoire, et ils témoignent tous de son zèle, de son ardeur et de son intrépidité infatigable à défendre les doctrines de la foi partout où elles se trouvent attaquées par l'esprit d'erreur et de mensonge. Les manichéens, les donatistes et les pélagiens sont tour à tour atteints, convaincus et condamnés par la puissance de sa logique, par la force de son éloquence, par les sentences des conciles et par les excommunications de l'Eglise dont il est en même temps l'égide et la lumière, le disciple dévoué et le plus ardent défenseur. Il n'acceptait rien en dehors de l'Eglise; pour lui, en matière de croyance et de foi, sa conviction était que l'Eglise est la grande, ou plutôt l'unique institutrice de l'humanité. En effet, Dieu ne peut déshériter la famille humaine des moyens externes qui lui sont nécessaires pour le perfectionnement de son éducation dogmatique et morale; or où trouver tous ces moyens réunis ensemble, ailleurs que dans l'Eglise catholique? Voilà d'où venait son zèle à étendre le cercle de l'Eglise, et sans prétendre la fixer, à y concentrer de plus en plus la plénitude des lumières. Il la considérait comme une unité vivante, susceptible d'acquérir tous les jours une connaissance plus grande et plus claire des choses divines. Comprenant la doctrine catholique dans une voie de développement et d'évolution vive, il appliquait toute son activité à en assurer les progrès. Aussi est-ce au profit de l'Eglise qu'il déploya tous ses efforts; il ne consentit à s'en écarter d'aucune façon; il ne se livra à aucune investigation qui lui fût propre; il n'adopta aucune opinion personnelle qui ne fût sanctionnée par l'Eglise; il ne voulut rien savoir au delà de ce que l'Eglise enseignait. Par conséquent, il devait lui paraître de la plus haute importance de rendre la doctrine de l'Eglise indépendante, et de l'investir d'une autorité prépondérante et suprême. Il trouvait déjà cette autorité dans les conciles généraux; mais, en s'appuyant sur l'Ecriture sainte, il proclama, après études faites, le jugement progressivement formé de ces conciles, comme absolument obligatoire pour toute l'Eglise et pour tous ses membres.

Cependant, ces préoccupations incessantes du dogme catholique, attaqué tous les jours dans son intégrité et dans sa pureté, ne ralentissaient en rien le zèle du saint évêque pour le gouvernement moral et religieux de son peuple. Simple prêtre, il demeura dans un monastère de religieux qu'il avait lui-même fondé à Hippone; mais sa qualité d'évêque l'obligeant plus tard à se trouver en relations presque continuelles avec des étrangers, il réunit autour de lui, dans sa maison épiscopale, les prêtres, les diacres et les sous-diacres qui desservaient son église. Il vivait avec eux, de cette vie de communauté primitive et parfaite qui a rendu si célèbres les chrétiens de l'Eglise de Jérusalem. Posséder tout en commun, jouir de tout en commun, c'était la loi obligatoire à laquelle s'engageaient tous ceux qui entraient dans son clergé. Il n'ordonnait aucun clerc qu'il n'eût consenti à demeurer avec lui, à la condition de ne rien posséder en propre. Celui qui avait apporté quelque chose et celui qui n'avait rien donné vivaient en égaux sur le fonds de la communauté, sans autre distinction, devant Dieu et devant les hommes, que celle du mérite et de la vertu. En un mot, le pieux pontife était parvenu à réaliser le plus bel idéal de la vie de famille, et tous les jours son palais épiscopal en offrait les plus grands exemples à l'admiration des peuples qui lui étaient confiés.

La prédilection de son clergé ne lui faisait rien négliger des soins paternels qu'il devait à son troupeau. Il s'occupait en même temps des intérêts matériels et religieux des fidèles de son Eglise. C'est ainsi qu'il fit transporter à Hippone les reliques de saint Etienne, le premier des martyrs, et qu'en les plaçant dans une chapelle spéciale érigée en leur honneur, il ranima la piété de ses ouailles et restaura le culte des saints parmi son peuple; c'est ainsi qu'il apaisa par ses réclamations, par ses démarches, par ses lettres, par ses écrits, et même par des instructions orales et des sermons particuliers, les troubles qui s'étaient élevés dans le monastère d'Adrumette, au sujet de la *grâce* et de l'*incarnation;* c'est ainsi, enfin, qu'il s'opposa à l'invasion des Vandales, qui, passés d'Espagne en Afrique, parcouraient dans tous les sens cette belle province pleine d'abondance et de richesse, pillant, ravageant, brûlant, massacrant tout ce qu'ils rencontraient sur leur passage; jusqu'à ce que, sous la conduite de leur roi Genséric, ils vinrent mettre le siège devant Hippone. Augustin, quoique âgé de plus de soixante-quinze ans, ne se laissa point abattre par cette nouvelle épreuve; il prodigua ses secours et ses consolations à son troupeau malheureux. Pendant tout le siège de cette ville, et au milieu même des assauts que les Vandales lui livraient, il eut la consolation d'avoir avec lui plusieurs évêques, et entre autres, Possidius de Calame, l'un de ses plus illustres disciples. Ils mêlaient ensemble leur douleur, leurs gémissements et leurs larmes; ils en faisaient un sacrifice commun au Père des miséricordes, en l'appelant au secours de la patrie. Augustin surtout demandait à Dieu, si les jours marqués dans ses décrets pour la délivrance d'Hippone n'étaient pas encore arrivés, de donner à son peuple la force de supporter les maux dont il était menacé, ou de le retirer du monde, en acceptant la vie du pasteur comme une hostie de propitiation pour le salut du troupeau. Sa prière fut exaucée, il mourut le troisième mois du siége, le 28 août de l'année 430, après avoir consacré quarante années de sa vie à réparer les désordres de sa jeunesse et à défendre, avec toute la vigueur d'un esprit formé aux luttes de l'intelligence, les dogmes de l'Église contre les attaques des novateurs qui avaient cherché à l'ébranler jusque dans les fondements de sa doctrine et de sa foi.

On rendit de grands honneurs à sa mémoire; quelques années après sa mort, son corps fut transporté en Sardaigne, et vers le VIII° siècle, déposé dans l'église de Saint-Pierre de Pavie, où il a continué d'être, depuis, l'objet de la vénération universelle. Son disciple, saint Posside, a écrit sa *Vie* et rassemblé ses ouvrages. En s'adressant aux lecteurs, dans la préface de son histoire, il dit du saint pontife avec lequel il a vécu: « Je crois que ceux qui ont eu le bonheur de l'entendre lui-même parler dans l'église ont eu plus d'avantages pour profiter de ses lumières, que ceux qui ne liront que ses écrits; mais ils en ont eu incomparablement moins que ceux qui ont été les témoins de ses actions et de sa vie; car Augustin n'a rien enseigné qu'il n'eût lui-même pratiqué. »

Ses ouvrages lui ont acquis une gloire immortelle. On y voit une vaste étendue de génie, beaucoup de justesse et de pénétration d'esprit, une grande force de logique et une énergie d'argumentation admirable. L'examen critique que nous publions ici de chacun de ses livres, quoique bref et succinct, suffira, nous l'espérons, pour en donner une haute idée, et inspirer à tous les amateurs des études fortes et solides le désir de s'en convaincre en les lisant. La meilleure édition de ses œuvres et qui reproduit complétement celle des Bénédictins, est l'édition, en 12 volumes in-4°, publiée sous la direction de M. l'abbé Migne, aux *Ateliers catholiques de Montrouge*. Nous suivons, dans notre compte rendu, le classement des ouvrages tel qu'il est établi dans cette belle édition donnée à Paris en 1845.

ANALYSE DES ŒUVRES DE SAINT AUGUSTIN.

Ier VOLUME.

Rétractations.

Les Œuvres de saint Augustin sont d'autant plus faciles à apprécier, qu'il en a fait lui-même une analyse critique dans ses *Rétractations*, c'est-à-dire dans le livre où il a revu, annoté, éclairci, corrigé les passages obscurs, les jugements défectueux et les opinions erronées de ses autres ouvrages.

Les *Rétractations* forment deux livres qui furent publiés vers l'an 428. Le premier contient une révision complète de tous les écrits que le saint auteur avait composés avant son épiscopat, et même avant son baptême; le second continue de repasser, en les amendant, tous les livres qu'il publia comme évêque, jusqu'à celui qui porte pour titre : *De la correction et de la grâce*, et qu'il fit paraître en 426, à peu près quatre ans avant sa mort.

Le livre des *Rétractations* présente ce caractère particulier, original, unique jusque-là, c'est qu'on dirait que l'auteur ne s'y est proposé pour but que d'abaisser son mérite d'écrivain et de penseur, au profit de la foi et de l'humilité chrétienne. Il y est inflexible pour lui-même, et il s'y reprend avec la plus sévère et la plus implacable modestie. Il ne se fait pas grâce d'un mot, d'un terme équivoque, d'une locution obscure, ni du moindre passage susceptible d'une fausse interprétation. Il blâme, il désapprouve, il condamne, il anathématise sans pitié, dans ses premiers ouvrages, tout ce qui lui paraît non-seulement opposé à la doctrine de l'Eglise, mais même simplement éloigné des règles de la foi dont il n'était pas encore bien instruit. Aussi, bien souvent, est-ce plutôt par la pieuse appréhension d'une conscience scrupuleuse, que par la conviction d'une sérieuse réalité qu'il se juge ainsi lui-même, afin, dit-il, d'avoir moins à redouter la sévérité des jugements du Seigneur.

Pourtant, le but unique de l'ouvrage est moins de rétracter des erreurs ou de relever des fautes, que d'empêcher, ainsi que nous l'avons dit plus haut, qu'on abusât, dans la suite, de l'autorité de son nom, en donnant à sa parole et à ses écrits, une interprétation contraire à la foi et aux saines doctrines de l'Eglise. C'est pour cela qu'il s'applique à les commenter, à les expliquer, à les *catholiciser*, pour ainsi dire, ou bien en les complétant par des textes de l'Ecriture qui les justifient, ou bien en renvoyant à d'autres traités dans lesquels il avait donné depuis, sur les mêmes matières, une plus ample et plus exacte définition.

Confessions (écrites vers l'an 400).

De tous les livres de saint Augustin, celui qui a recueilli le plus de suffrages, soulevé le plus d'admiration, réuni, dans le cours des siècles, le plus de lecteurs; celui que l'on retrouve indistinctement entre les mains de tout le monde; dans toutes les bibliothèques et sur tous les bureaux; aussi bien dans la collection du philosophe et de l'homme du siècle, que dans celles du savant et du chrétien, assurément, c'est le livre des *Confessions*, c'est-à-dire le livre qui nous fait connaître le génie, les goûts, les habitudes, la probité, la foi, toutes les qualités et tous les défauts du converti de Milan, qui devint bientôt l'évêque d'Hippone, le défenseur de la foi, la terreur de l'hérésie et la lumière de la catholicité tout entière. Point de lecture plus attachante, ni où le sérieux de l'utile soit plus agréablement racheté par tout l'attrait du plaisir. En effet, c'est un tableau complet, un portrait en pied que le saint docteur y trace de lui-même. Il se dessine et il se peint, à toutes les époques et à tous les âges de la vie ; dans les langes du berceau, dans les jeux de l'enfance, dans les études et les travaux de l'adolescent, dans les erreurs et les excès du jeune homme, dans le repentir et la conversion du chrétien, dans la foi et la piété du prêtre, dans le zèle et la charité du pontife, et jusque dans les dernières ardeurs du vieillard qui, comme un saint athlète de Jésus-Christ, veut mourir les armes à la main, en défendant de sa plume les doctrines de l'Eglise, travesties et défigurées par l'esprit d'erreur et de mensonge. Tous les faits de son existence, et ceux qui ont été commis en public et sous les yeux des hommes, et ceux qui se sont passés dans la conscience et qui n'ont eu que Dieu pour témoin; le bien et le mal, le vice et la vertu, les fautes les plus honteuses et les plus sublimes perfections; il confesse tout, il décrit tout, il transmet tout à la postérité, comme un gage éternel de la miséricorde de Dieu envers lui, et comme un monument impérissable de son repentir et de sa reconnaissance. Du reste, dit-il, il ne s'est proposé qu'un but, c'est de faire honneur à la justice et à la bonté de Dieu, du bien et du mal de sa vie; puisque c'est la connaissance de ses misères et le souvenir des bienfaits d'en haut qui ont allumé l'amour de Dieu dans son cœur. L'analyse des *Confessions* nous servira donc ici à compléter la biographie du saint évêque, et, malgré la réserve et la sobriété de citations que nous nous sommes imposées, nous en dirons assez cependant, en parcourant rapidement les treize livres qui composent cet ouvrage, pour donner à tous une idée de la personne, du génie et des actions de son auteur.

Premier livre. — Après une magnifique invocation à la Divinité dont la grandeur surpasse toutes nos idées, dont la sagesse excède tous nos sentiments, que tout invoque et qui entend toutes les prières, qui remplit tout et que rien ne remplit, dont les perfections sont inexplicables et la majesté incompréhensible, et qui est tout amour, toute indulgence et tout pardon, saint Augustin en vient à parler des jours de sa naissance et de son berceau, de ces jours privilégiés et bénis du ciel, où la Providence s'était déguisée pour lui en mère et en nourrice. Il décrit ces premiers moments de la vie, alternés de veilles et de sommeil, ses premiers ris et ses premiers pleurs, ses premières sensations et ses premiers efforts pour essayer de manifester ses volontés; et il en conclut que cette première enfance même n'est pas exempte de fautes, tant la corruption est naturelle à l'homme et lui a été profondément inoculée par le péché de sa génération. Il rapporte l'exemple d'un enfant qui ne parlait pas encore, et qui était déjà si transporté de rage et de jalousie contre un autre qui puisait avec lui le lait à la même source, qu'il en était tout pâle et qu'il ne regardait qu'avec des yeux de haine et de vengeance ce convive intrus du sein maternel. Il revient sur lui-même, il parle de ses premiers bégayements et de ses efforts souvent trompés pour traduire par la parole ses impressions et ses volontés. Mais cependant l'enfance s'élargit, la raison se développe, le moment de l'étude arrive, l'éducation commence avec tous ses rêves, toutes ses séductions, tous ses défauts. Alors, la vanité des parents s'ébaudit à surcharger la mémoire des enfants de toutes les fictions de la fable, de tous les rêves des poëtes et des tableaux les plus vifs et les plus saisissants de la licence et de la volupté; comme si, pour former l'esprit, il était nécessaire de dégrader le cœur, en souillant l'imagination, et en étouffant sous l'attrait des chimères le goût et l'amour de la vérité, et comme si les saintes Écritures, où tout retentit des louanges de Dieu, exalte sa grandeur et sa magnificence, célèbre sa miséricorde et son amour, n'étaient pas mille fois plus aptes à remplir la capacité de l'âme et à fixer la mobilité du cœur, que toutes ces fumées de la folie et de la vanité. Il raconte sa haine de l'étude, son amour du jeu, son ardeur pour les spectacles et les divertissements profanes, en un mot, tous les empêchements, tous les obstacles qui s'opposaient au véritable succès de son instruction; et il en conclut, avec la raison de l'expérience, que dès l'enfance même on puise, dans le vice d'une fausse éducation, toutes les imperfections et tous les défauts qui suivent l'homme dans la vie et qui l'accompagnent jusqu'au tombeau. Aussi rend-il grâces à Dieu du peu de bien qu'il retrouve dans les souvenirs de son enfance, parce que ce bien ne lui appartient pas, et qu'à Dieu seul en doit remonter la gloire et la reconnaissance.

Deuxième livre. — Cependant l'adolescence arrive, conduisant avec elle ces inquiétudes secrètes, ces désirs inconnus, ces ardeurs immodérées qui ne s'assouvissent et ne s'apaisent que dans l'effervescence des plaisirs et les jouissances sensuelles de la corruption. Le pieux évêque repasse, dans toute l'amertume de son cœur, les hontes et les turpitudes de sa seizième année, cet âge auquel l'amitié ne suffit plus, et qui ne sait pas encore séparer l'amour pur des exigences de la débauche et du débordement des passions. Il avoue le déshonneur de sa jeunesse et la profondeur de ses chutes au désœuvrement du foyer paternel et à la liberté illimitée dont il jouissait habituellement, sans que personne s'occupât de mettre un frein à l'impétuosité de sa nature qui l'emportait à tous les excès. Il confesse cependant que, même au milieu de ses désordres, il était moins entraîné au vice par l'amour du vice en lui-même, que par une fausse idée qu'il se faisait du bonheur et de la beauté, puisque Dieu seul est bon et parfait : bon, parce qu'il lui faisait sentir quelquefois l'aiguillon de sa verge dans les jouissances les plus vives et les plus délirantes de ses plaisirs; parfait, parce que, pour lui rendre la réconciliation plus facile, sa grâce l'avait garanti de chutes profondes et de déréglements plus complets. A propos d'un vol qu'il avait commis la nuit avec ses compagnons de jeu et de plaisirs, il s'accuse avec amertume, il se juge avec sévérité, et il se condamne, avec d'autant plus de rigueur, que ce qui lui faisait commettre ce larcin, ce n'était pas le besoin, puisque rien ne lui manquait, mais le plaisir d'entrer en société de crime avec ses complices. Il prend de là occasion de s'élever fortement contre ces amitiés particulières, contre les liaisons de la faiblesse et de l'inexpérience, qui sont la perte de la jeunesse et la ruine des mœurs. Enfin, il termine son livre en détestant ses fautes, qui ne lui ont valu que des larmes et des repentirs, et en confessant qu'en Dieu seul se trouve la justice éternelle, l'innocence souveraine, la beauté divine, un bonheur mélangé d'aucun dégoût, une paix profonde, et une vie exempte de trouble et d'agitation.

Troisième livre. — Le voilà devenu grand, le voilà délivré du joug de la famille et des entraves des premières études; il a quitté sa petite ville de Tagaste, et nous le retrouvons à Carthage, libre de toute surveillance et de toute autorité, mais retenu plus que jamais par tous les liens des passions qu'il y a apportées avec lui. Il fait marcher de front et avec une égale ardeur l'étude et la débauche, puisant, dans les livres de Cicéron, les préceptes de l'éloquence et de la philosophie; et dans la société des courtisanes, les habitudes des folles amours. Il faisait consister tout son bonheur dans le plaisir d'aimer et d'être aimé; et, il faut convenir qu'il fut assez malheureux pour réussir aussi bien dans l'un que dans l'autre. Sa passion pour les spectacles et les représentations théâtrales était comme une huile qu'il jetait sur le feu de l'amour impur, et qui le rendait de jour en jour plus vif et plus ardent dans son cœur. Cependant il confesse que la lecture d'Hortensius apporta quelque changement dans son âme, et, pour un moment du moins, lui fit tourner vers Dieu ses pensées et ses vœux. Il entreprit d'étudier les saintes Écritures; mais l'humilité du style, l'étrangeté des figures, l'obscurité des mystères le détournèrent bientôt de sa résolution. Du reste, ce retour sur lui-même, au milieu des passions, ces aspirations vers un état meilleur et plus rapproché de la divinité, cachaient encore un des plus grands dangers qu'il eût courus. L'ignorance où il était sur la nature du mal et sur la nature de Dieu, sur la véritable justice, et sur les moyens de concilier l'immutabilité divine avec la diversité des pratiques qu'il a autorisées dans tous les temps, fit tomber Augustin dans les erreurs et les extravagances des manichéens. Il ne faisait pas attention que cette justice éternelle n'en demeure pas moins essentiellement immuable, quoique ses ordonnances aient varié suivant les circonstances et les temps. Il y a des choses qui ne sont justes que par rapport aux temps et aux circonstances, et celles-là peuvent changer; il en est d'autres qui le sont par nature même et par essence, et celles-là ne changent pas, elles restent et demeurent justes pour le temps et pour l'éternité.

Pendant qu'il donnait ainsi dans toutes ces erreurs, qu'il traite lui-même de folies, sa sainte mère, depuis neuf ans, ne cessait de répandre devant Dieu ses prières et ses larmes, en implorant la conversion de son fils. Un songe l'avertit qu'elle avait été exaucée. A partir de ce jour, elle consentit à habiter avec lui sous le même toit et à prendre ses repas à la même table, ce qu'elle n'avait pas fait depuis ses égarements. Aussi le jour n'était pas éloigné où les écailles devaient tomber des yeux d'Augustin.

Quatrième livre. — Le temps était proche, mais il n'était pas encore arrivé. Augustin, disciple de l'erreur, s'était fait maître pour l'enseigner à son tour, et il mettait tout son zèle à en propager les doctrines. La rhétorique qu'il professait était moins un cours de belles-lettres pour l'instruction de ses élèves, dont il vante cependant l'aptitude et les talents, qu'un cours de nouveautés impies, où il mettait toutes les ressources de son éloquence au service de la secte qui le retenait dans ses liens. Cet esclavage, pourtant, ne l'avait pas empêché de prendre une autre chaîne, mais cette fois du moins il y avait déjà un peu d'amélioration dans le mal. Il s'était attaché à une femme et lui restait fidèle; il ne manquait à leur union que la sanction divine du mariage; c'était assez pour qu'il n'y trouvât pas le bonheur. Il s'étourdissait en se donnant toutes les satisfactions de l'amour-propre, toutes les distractions de la vanité; il poursuivait les vaines fumées de la gloire populaire, heureux d'avoir remporté le prix de poésie et partagé les applaudissements du théâtre avec les vils histrions qui représentaient ses ouvrages. Il avait tellement émoussé en lui le sens du vrai, qu'il donna de front dans les extravagances de l'astrologie judiciaire, mais avec une opiniâtreté telle, que tous les raisonnements d'un vieux médecin fondés sur l'expérience que donnent les années et sur les démonstrations de la science naturelle, eurent peine à l'en détacher. Ce qui réussit le mieux, mais en lui portant un coup qui retentit longtemps jusqu'au fond de son cœur, ce fut la mort d'un ami qu'il avait eu pour compagnon d'études et de plaisirs depuis l'enfance. Il en ressentit une impression telle qu'il ne comprenait plus rien à la vie; il s'étonnait de rencontrer des vivants, et cependant il redoutait de mourir, dans la crainte que celui qu'il avait aimé ne mourût tout entier. Il le regardait comme une partie de lui-même, et il désirait vivre afin que son ami se survécût en lui. Certes, une telle amitié est rare, c'est justement pour cela qu'elle est sublime; mais après tout, ce n'est qu'une amitié humaine, exposée à toutes les vicissitudes de la séparation et de la mort, tandis que dans l'amitié chrétienne on ne perd jamais ses amis, parce qu'on est toujours assuré de les retrouver en Dieu. Aussi cette mort fut-elle pour lui un coup du ciel : il commença d'envisager le monde sous son aspect fragile, passager et mortel, et il ne voulut plus aimer qu'en Dieu, qui ne passe point, mais qui reste et qui demeure, pour nous rendre éternellement beaucoup plus que nous n'avons perdu, puisque c'est lui qui se donne à nous. *Fecisti nos, Domine, ad te, et irrequietum est cor nostrum, donec requiescat in te.*

Cinquième livre. — Parmi les choses qui contribuèrent le plus à le dégoûter des manichéens, on doit mettre en première ligne ses conversations avec Fauste, un des principaux chefs de leur secte. On lui avait annoncé que toutes ses objections seraient résolues par cet habile sophiste ; ils s'abouchèrent ensemble, mais Augustin ne vit en lui qu'un homme agréable et peu savant, plus spirituel qu'instruit, et détournant adroitement les questions pour éluder les difficultés. — Et cependant les inquiétudes continuaient de ronger son cœur ; quelque éloigné qu'il fût de Dieu par la foi, il ne pouvait cependant éviter sa présence ; le doute le torturait, il avait besoin d'une solution ; ne la trouvant pas à Carthage, dont le relâchement des mœurs et l'indiscipline des écoliers lui avaient rendu le séjour odieux, il alla demander à Rome la paix qu'il ne devait trouver qu'à Milan. Il remplissait une chaire de professeur de rhétorique, en même temps que saint Ambroise occupait le siége épiscopal de cette ville. La célébrité de ses prédications attira Augustin comme tous les autres ; et quoi qu'il ne s'y rendît d'abord que comme curieux et pour juger de l'éloquence de l'orateur, il en vint peu à peu non-seulement à goûter la diction, mais encore à se laisser pénétrer par la doctrine du saint pontife. Il voyait sans regrets toutes les erreurs qu'il avait si longtemps professées s'en aller une à une dans les ténèbres d'où elles étaient sorties ; mais il n'avait pas encore le regard assez exercé, ni l'œil assez solide, pour contempler de front toutes les lumières de la vérité. Cependant il en avait assez aperçu pour désirer d'en voir davantage. Ce fut même là le motif qui lui fit prendre la résolution de rester catéchumène, jusqu'à ce que la vérité se fût révélée à lui tout entière.

Sixième livre. — C'est dans ces dispositions d'esprit et de cœur que sa mère le trouva, lorsqu'elle vint le rejoindre à Milan. Il n'était plus manichéen, mais il n'était pas encore catholique. Cependant ses méditations devenaient de plus en plus profondes ; sa vie prenait chaque jour plus de gravité. Il visitait saint Ambroise, il se nourrissait de sa doctrine, il prenait goût à l'Ecriture sainte qu'il lisait, cette fois, avec intelligence et bonheur. Il confessait l'obligation de se soumettre à son autorité, par l'impuissance absolue où est l'homme d'arriver à la connaissance de la vérité, par la seule voie de l'étude et du raisonnement. Il ne lui fut pas difficile de reconnaître le vide de la gloire et le néant de l'ambition, et il commença à faire bon marché de la fortune, du jour où il rencontra un pauvre mendiant se donner plus de bonheur avec un peu de vin, qu'il n'en avait jamais goûté dans ses plus brillants succès. Il n'en fut pas de même des plaisirs de l'amour charnel, dont il ne pouvait parvenir à éteindre la passion dans son cœur. L'espérance d'un mariage lui avait fait quitter la femme avec laquelle il vivait depuis longtemps ; mais, comme il s'en fallait encore de quelques années que la jeune fille qu'on lui destinait fût nubile, il n'eut pas la patience d'attendre. Il prit une nouvelle concubine, dont les complaisances n'eurent jamais la vertu de cicatriser les blessures que le départ de la première avait laissées dans son cœur. Et il vivait, continuant de croupir dans son bourbier, malgré les exemples de sagesse et les conseils de continence que ne cessaient de lui donner ses vertueux amis Alype et Nébride, deux anges gardiens qu'il s'efforçait d'entraîner dans ses voies, en les séduisant par l'attrait du plaisir. « O voies égarées, s'écrie-t-il, où m'avez-vous conduit ? Malheur à l'âme audacieuse, ô mon Dieu ! qui, en s'éloignant de vous, espère trouver ailleurs meilleur que vous ! En vain elle se tourne et se retourne de tous les côtés, elle ne rencontre partout que peines, inquiétudes et douleurs, parce que vous seul, ô mon Dieu ! êtes son repos. »

Septième livre. — Son adolescence était morte au milieu des luttes et des combats, et par sa trentième année il entrait dans la force de la maturité de la jeunesse pour continuer la lutte entre son esprit et l'esprit du Seigneur. Mais au moins, cette fois, il l'acceptait sans arrière-pensée, et il la soutenait avec une ardeur digne d'être couronnée par le succès. A force d'études, il parvint à s'approcher de la vérité. Il dégagea l'idée de Dieu de l'idée de la matière, et, posant en principe que ce qui est incorruptible vaut mieux que ce qui est corruptible, il en conclut que Dieu ne peut pas être corruptible, parce qu'alors on pourrait concevoir quelque chose de meilleur que Dieu. C'est de la même manière qu'il parvint à découvrir l'origine du mal, parce que Dieu étant essentiellement bon de sa nature, il ne pouvait avoir rien créé que de bon. Ce ne fut pas sans surprise et sans joie qu'il trouva dans les livres des platoniciens toutes les grandes vérités de la foi touchant le Verbe de Dieu, et sa divinité infinie, et sa génération éternelle, et l'humilité de son incarnation. Cette découverte le fit rentrer en lui-même ; il entrevit, dans la partie la plus intime de son âme, la lumière éternelle et immuable, et il comprit, avec le secours de la grâce, que ce qu'il cherchait existait au-dessus de toutes choses, au-dessus de toutes créatures ; non pas comme l'huile est au-dessus de l'eau, et le ciel au-dessus de la terre, mais comme celui qui a tout fait est au-dessus de tout ce qu'il a fait, à un degré immense et dans des proportions infinies. De sorte qu'on peut dire que les créatures sont et ne sont pas : elles sont en tant qu'elles existent, elles ne sont pas parce qu'elles ne peuvent pas être ce qu'est Dieu, qui seul possède l'être parfait, puisque lui seul est immuable. Dieu a tout fait, et tout ce que Dieu a fait est bon; toutes les œuvres de la création chantent ses louanges; Dieu n'est donc pas l'auteur du mal? Le mal est l'opposé du bien, comme le faux est l'opposé du vrai; et, bien loin d'être une substance, il n'est que la dépravation d'une âme dont la volonté se détourne de Dieu. Le saint docteur confesse qu'il en était encore là, mais il était bien près d'en sortir. Les livres des platoniciens lui avaient donné la science, et la science avait engendré l'orgueil; les livres saints, au contraire, et en particulier les Epîtres de saint Paul, lui avaient inspiré l'humilité, parce qu'il y retrouvait, non-seulement toutes les vérités qu'il avait apprises dans les philosophes, mais, à côté et bien au-dessus de ces vérités, la grâce de Dieu qui nous empêche de nous glorifier de nos connaissances, puisque nous n'avons rien que nous ne l'ayons reçu. *Quid habes quod non accepisti?*

Huitième livre. — La lecture des saints livres avait porté son fruit, la grâce de Dieu avait brisé la glace de son cœur; son âme flottait encore dans le doute, pleine de trouble et d'anxiété, mais elle était avide d'un changement. Tout le portait vers une résolution sublime, mais il était toujours retenu dans le vice par les liens de l'habitude. Il était las de sa chaîne, mais il avait besoin d'une main amie pour l'aider à la briser. Dieu lui tendit la main d'un saint vieillard, nommé Simplicien, dont toute la longue carrière s'était passée dans la prière et les bonnes œuvres, dans le culte du Seigneur et la pratique de la charité. Augustin alla lui demander des conseils pour réformer sa vie. Le récit qu'il entendit de la conversion de Victorin, un des rhéteurs les plus célèbres de son temps, à l'éloquence duquel le sénat romain, composé en grande partie de ses disciples, avait fait élever une statue dans le Forum, fit une telle impression sur son cœur qu'il en fut tout ébranlé. La vie de saint Antoine, l'histoire de ses macérations et de ses austérités, achevèrent de le vaincre; il sentit en lui un mouvement extraordinaire; une lutte décisive s'engagea dans son âme, la lutte de l'esprit contre la chair, la lutte des deux volontés dont les manichéens avaient fait deux natures. L'orage gronda dans son cœur; il quitta son ami Alype; il alla se coucher sous un figuier, où, se roulant par terre et laissant échapper en même temps ses prières et ses sanglots, il demanda à Dieu de lui donner la force de se vaincre lui-même. Alors il lui sembla entendre sortir d'une maison voisine une voix qui disait : *Prenez et lisez.* Il se leva, et prenant les Epîtres de saint Paul, il les ouvrit au hasard, puis avec une inexprimable angoisse, il y lut: *Ne vivez pas dans les festins ni dans l'impudicité; revêtez-vous de Notre-Seigneur Jésus-Christ et ne cherchez pas à contenter votre chair, suivant les désirs de votre sensualité.*

Il n'en lut pas, il n'avait plus besoin d'en lire davantage. Dès ce moment, il se sentit soulagé et tranquille; son sort fut fixé. Il indiqua d'un signe à son ami Alype le passage du livre qui l'avait changé; Alype le lut, et, s'appliquant à lui-même le verset suivant, il résolut de suivre Augustin dans sa conversion. La première émotion passée, ils se lèvent tous deux, ils vont trouver sainte Monique, ils lui racontent ce qui s'était passé et la résolution qu'ils avaient arrêtée. La pieuse mère tressaille, se réjouit, triomphe et rend grâces à Dieu de lui avoir accordé mille fois au delà de ce qu'elle lui avait demandé avec tant de prières et tant de larmes?

Cette scène, la plus merveilleuse peut-être qui se soit passée dans le cœur d'un homme, est tracée d'une façon admirable dans les *Confessions;* on ne saurait rien lire de plus vrai, de plus saisissant et de plus élevé. Cette époque de la vie d'Augustin a paru si intéressante, que l'Eglise, par un privilège que le pieux docteur ne partage qu'avec saint Paul, l'a consacrée par une solennité qui se célèbre tous les ans au 5 du mois de mai. Au reste, ce privilège est moins une faveur qu'une justice, de tous les docteurs de l'Eglise, n'est-ce pas celui qui, par son activité et son ardeur, se rapproche le plus des travaux du grand apôtre?

Neuvième livre. — La conversion d'Augustin devait porter bonheur à tous ses amis : Vérécundus et Nébride imitèrent Alype dans son attachement pour le pieux néophyte, et tous ensemble ils rivalisèrent de zèle pour le suivre dans son retour au Seigneur. Dès que le saint professeur put renoncer à l'enseignement des lettres profanes, ils se retirèrent à la campagne, et là, sous l'influence de sa direction, mais plus encore de ses exemples, ils devinrent en peu de temps de parfaits chrétiens. Sainte Monique présidait à cette pieuse société, dans laquelle on se livrait sans cesse à de religieux entretiens, à des études assidues, de profondes méditations. Augustin lisait les psaumes, composait divers ouvrages, tenait avec ses amis des conférences que ceux-ci recueillaient, et dont plusieurs nous sont parvenues. Ce fut ainsi qu'il se prépara au baptême. Il le reçut à Milan, dans sa trente-troisième année, des mains de saint Ambroise, en même temps qu'Alype et Adéodat, l'enfant de son péché, qui devint ainsi son contemporain dans la grâce et la régénération. Il rappelle ici ce que nous avons dit dans notre étude sur saint Ambroise et assigne à peu près à l'époque de son baptême l'institution de la psalmodie et du chant religieux dans l'Eglise de Milan, la découverte des reliques des saints martyrs Gervais et Protais, et il confirme ainsi, de l'autorité de son témoignage, les miracles opérés au moment de leur translation. Après tant de grâces reçues coup sur coup, Dieu lui ménageait une grande douleur; il perdit sa mère, et la religion seule eut le pouvoir de tempérer le chagrin amer qu'il en ressentit. Pour s'en consoler, il aimait à se rappeler la pureté de ses mœurs, la douceur de ses habitudes, le dévouement de son cœur; il repassait avec une douloureuse complaisance les entretiens de ses derniers jours, les paroles de ses derniers instants, ses derniers désirs et ses dernières volontés; et, par esprit de foi plus encore que par soumission, il mit tout son zèle et toute sa piété filiale à les accomplir. Il pria, il offrit le saint sacrifice pour sa mère; il recommanda son âme à Dieu avec l'âme de son père, et depuis lors il ne sépara plus ces deux mémoires dans ses prières et dans son cœur.

Dixième livre. — Après tant d'épreuves accompagnées de tant de bienfaits, Augustin s'arrête un instant pour faire un retour sur lui-même : il cherche à démêler au fond de sa conscience, non pas ce qu'il avait été, mais ce qu'il était réellement, au moment où il écrivait ses *Confessions*, et quels motifs l'avaient déterminé à les rendre publiques. C'était pour réveiller parmi ses lecteurs les coupables qui lui ressemblaient, afin qu'au lieu de s'endormir dans le mal, en désespérant de leur guérison, ils se sentissent excités, au contraire, par les merveilles de la miséricorde de Dieu, qui donne des forces aux plus faibles, et qui communique sa grâce aux indignes dès qu'ils reconnaissent leur faiblesse et qu'ils confessent leur indignité. Aussi, pour sa part, il ne craint pas d'assurer qu'il aime véritablement Dieu, et qu'il a commencé de l'aimer dès le moment même de sa conversion. Son amour vient de sa reconnaissance, et sa reconnaissance, du souvenir des bienfaits du Seigneur. L'amour de Dieu a donc sa racine dans la mémoire du cœur, et si les autres facultés de l'âme nous apprennent à le reconnaître, la mémoire seule, en nous empêchant de l'oublier, nous le fait aimer. « Pourquoi donc, vous ai-je connue si tard, ô beauté toujours ancienne et toujours nouvelle? s'écrie-t-il, et pourquoi donc, avant de m'attacher à vous, suis-je resté si longtemps attaché à de misérables beautés qui ne sont que l'ouvrage de vos mains? » Et, toutefois, cet amour de Dieu qu'il éprouva si vif et si ardent, et qu'il peint dans son cœur en traits si purs et si enflammés, ne le met pas toujours à couvert de toutes les tentations qui naissent des trois branches de la concupiscence; mais en même temps qu'il les signale, il indique les moyens de résistance qui lui ont aidé à les soumettre et à les dompter. Soit que ces tentations viennent de l'esprit et du cœur, soit qu'elles naissent de la chair et des sens, il en décrit la nature, les artifices, les dangers; et il trouve en lui-même, avec la grâce de Dieu et la médiation de Jésus-Christ, c'est-à-dire, dans son âme et sa volonté, les remèdes propres à les guérir.

Onzième livre. — Cependant le zèle du nouveau converti était infatigable ; un instant il avait faibli sous le poids de ses fautes et de ses misères, jusqu'à penser à tout quitter pour se retirer dans la solitude ; mais le souvenir de Jésus-Christ et de sa médiation universelle, rappelé à son cœur par ces paroles de l'Apôtre : *Pro omnibus Christus mortuus est, ut et qui vivunt jam non sibi vivant, sed ei qui pro ipsis mortuus est*, le ramena bien vite à sa véritable vocation. Il s'appliqua avec ardeur à l'étude des Ecritures, et il demanda à Dieu de lui en donner l'intelligence. Les premières paroles de la Genèse le mènent à la découverte de la première des vérités ; la création lui révèle le Créateur. « *Il ne faut qu'ouvrir les yeux*, dit-il, *pour voir que toutes les créatures ne sont que parce qu'elles ont été faites, et qu'elles n'ont pu se produire elles-mêmes puisque, pour cela, il aurait fallu qu'elles eussent été avant d'être. C'est donc le Seigneur qui les a faites, et elles ne sont bonnes que parce qu'il est bon.* » De quel instrument s'est-il servi, sur quelle matière a-t-il travaillé pour en faire sortir la création? Il n'en est pas de Dieu comme des hommes, il n'a eu qu'un mot à dire, et tout a été fait, qu'un ordre à donner, et la création tout entière est sortie du néant pour le servir. *Dixit, et facta sunt ; mandavit, et creata sunt.* Point de matière préexistante : d'où serait-elle venue, et comment aurait-elle préexisté? L'Etre divin est la source unique de tout être, et rien n'existe que par sa création. Or c'est par sa parole que Dieu a créé le monde, et cette parole est son Verbe, et ce Verbe est son fils ; c'est donc par son Verbe qu'il parle, c'est donc par son Fils qu'il commande et se fait obéir? Mais toutes ces choses sont ineffables, et qui pourrait les faire comprendre?... Pourtant, avant de la prononcer, cette parole qui a créé l'univers, que faisait Dieu? — Il se reposait dans son éternité. En effet, si par le ciel et la terre, il faut entendre tout ce qu'il y a de créé, on peut dire qu'avant que Dieu eût tout fait, il ne faisait rien ; car tout ce qu'il aurait pu faire n'aurait été que créatures; or, avant qu'il fît ce qui comprend toute créature, il n'en faisait aucune. C'est donc se tromper que d'imaginer, avant la création, un nombre incalculable de siècles que Dieu aurait laissé passer sans travailler à ce grand ouvrage. Comment cela se serait-il fait, puisque Dieu est l'auteur du temps et qu'il a créé lui-même tous les siècles? Dieu ne connaît ni avant, ni après ; il n'a point de veille et point de lendemain ; Dieu n'a qu'un jour, et ce jour c'est l'éternité. C'est dans ce jour qu'il a produit son Verbe, qu'il a engendré son Fils, suivant l'expression du Psalmiste : *Ego hodie genui te*. L'étude de l'éternité le conduit naturellement à l'étude du temps ; le moyen de les mieux connaître l'un et l'autre, c'est de les comparer pour en faire ressortir la différence. Mais après une longue dissertation, il convient que si le temps est la chose du monde la plus connue, elle est aussi la plus difficile à expliquer.

Douzième livre. — La philosophie de la Bible le tient en haleine ; il se plaît dans cette investigation des secrets de Dieu, et il continue de chercher à pénétrer ce qu'il y a de compréhensible dans les lois de sa création. Ces premières paroles de la Genèse : *In principio Deus creavit cœlum et terram*, lui donnent occasion d'admettre une création primitive, antérieure à toute création partielle, c'est-à-dire aux opérations successives des six jours. Par le ciel que Dieu créa d'abord, il entend les créatures spirituelles, les intelligences qui contemplent sans cesse la face du Seigneur ; par la terre, qui fut également créée dès le commencement, il comprend la matière informe dont Dieu s'est servi pour former le corps de toutes les créatures. Il convient qu'on peut donner d'autres interprétations tout aussi rationnelles, tout aussi plausibles, mais il s'en tient à la sienne qu'il croit bonne ; et nous y adhérons d'autant plus volontiers que nous la trouvons plus en harmonie avec les nouvelles découvertes de la géologie moderne. Cependant, pour mettre son système d'interprétation dans un plus grand jour, et pour le rendre plus accessible à toutes les intelligences, il distingue quatre sortes de priorités : une priorité d'éternité, celle de Dieu, qui précède toutes choses ; une priorité de temps, celle de la fleur qui précède le fruit ; une priorité de valeur et de préférence, celle du fruit qui surpasse la fleur ; et enfin une priorité de nature et d'origine, celle du son qui précède le chant, à qui il sert de matière. « Du reste, dit-il, les saints livres sont susceptibles de bien des interprétations. Ce que j'en ai dit me semble juste et vrai ; un autre peut y découvrir d'autres sens, et mille autres y voir briller d'autres vérités ; si tous ces sens sont justes, si toutes ces interprétations sont vraies, il en résultera, sans contradiction aucune, que ces significations diverses et non différentes, sont des dons particuliers de l'Esprit-Saint et des fruits multiples de la révélation, puisque l'Ecriture contient toute vérité. »

Treizième livre.—En effet, à l'ouverture du livre et dès le début, dans les premières pages et jusque dans les premiers mots de la Genèse, Augustin découvre que tout respire la grandeur et la bonté de Dieu ; son être se manifeste tout entier dans la production des êtres, dans la perfection des créatures qu'il a formées de ses mains, sans qu'il en eût besoin ni pour sa béatitude, ni pour sa gloire ; car cette création merveilleuse se révèle aussitôt comme l'œuvre de la Trinité. Sans doute, cette Trinité ne nous apparaît encore que comme une énigme, à travers un voile et dans la glace d'un miroir, mais il suffit qu'elle se montre assez pour qu'on puisse constater sa présence, dans la volonté du Père qui se décide à créer ; dans la parole du *Fils* qui tire le monde du néant, et dans l'action du *Saint-Esprit*, qui plane sur toute cette création, pour en disposer avec sagesse et discernement toutes les parties, suivant ce passage de la Genèse : *Spiritus Dei ferebatur super aquas.* Autrement, comment interpréter cette élévation, ou plutôt cette suspension du Saint-Esprit au-dessus des eaux, si on ne l'entend pas de la suréminence de la divinité au-dessus de toutes les choses sujettes aux vicissitudes et aux changements ? Et cependant, qui comprend la Trinité et qui n'en parle pas ? Tout le monde en parle, et personne ne sait ce qu'il en dit ; et cependant, même dans le choc des idées et la divergence des opinions, cette céleste vision ne passe jamais devant une âme sans y laisser la paix. Les hommes n'ont besoin que de rentrer en eux-mêmes pour y trouver quelque chose de semblable, quelque chose qui puisse, au moins, leur donner une idée de ce mystère ; c'est l'être, l'intelligence et la volonté. Je suis cette même chose qui connaît et qui veut ; je connais que je suis et que je veux, et je veux être et connaître. Tout cela se rencontre dans une seule substance vivante, dans une seule âme, dans une seule essence. Et pourtant quelque réelle que soit la différence entre ces trois choses, elles n'en sont pas moins absolument inséparables. Alors, reprenant, dans un sens allégorique, l'explication des premiers versets de la Genèse, le saint docteur en fait ressortir toute l'économie de l'établissement de l'Eglise et de la sanctification de l'homme, la seule fin que Dieu se soit proposée dans les œuvres de sa création. Il reprend un à un, il examine, il commente, il explique les travaux des six jours ; et avec le Seigneur, il y applaudit en les proclamant bons : *Et vidit Deus quod essent omnia valde bona.* Ce qui lui donne occasion de nous présenter le repos du septième jour comme un emblème de l'éternité. « Alors, dit-il à Dieu, vous vous reposerez en nous, de la même manière que vous opérez en nous maintenant, et ce repos dont nous jouirons sera votre repos, parce que vous nous en ferez jouir ; comme les bonnes œuvres que nous faisons maintenant sont vos œuvres, parce que c'est vous qui nous les faites accomplir. »

Comme nous l'avons dit, cette analyse des *Confessions*, si succincte et si imparfaite qu'elle soit, suffit donc pour compléter la vie d'Augustin. De tous ses ouvrages, il n'en est aucun qui ait contribué à jeter sur lui plus d'intérêt. Sans doute, la science, les vertus, la constance des saints sont un objet d'éternelle vénération ; mais la piété de saint Augustin avait ce caractère d'amour passionné pour Dieu, qui, dans tous les siècles, a toujours séduit et entraîné. Les récits qu'il fait de ses fautes, de son orageuse jeunesse, l'effet progressif des sentiments religieux sur son âme, qui resta faible longtemps encore après avoir été persuadée ; tout cela, en le rapprochant de nous, plus qu'aucun des autres Pères de l'Eglise, le rend naturellement moins étranger à notre humanité. Ses *Confessions* sont une prière continuelle ; il s'adresse sans cesse à Dieu avec une sorte de familiarité d'adoration singulière et touchante ; il le supplie de lui donner la lumière nécessaire pour découvrir les fautes de sa vie, et il exhale avec force des sentiments de honte et de repentir. Sans doute, ses scrupules comme son style ont parfois trop de subtilité, mais c'est moins le défaut de son génie que le défaut de son temps. Les écoles de philosophie, le goût particulier aux Africains, et le caractère général de l'esprit à cette époque, ont pu l'éloigner quelquefois de la simplicité, mais jamais du naturel et de la vérité.

Livres contre les académiciens (écrits en 386).—Ici, nous rentrons dans l'ordre naturel des publications du saint auteur, pour ne plus nous en écarter, et nous continuerons dans la suite à donner à la date qui lui appartient l'analyse de chacun de ses ouvrages. Les trois livres *contre les académiciens* sont les premiers qu'il composa après le traité *de la bienséance et de la beauté*, que nous avons perdu. Imbu, pendant de longues années, de la doctrine de ces philosophes touchant la perception ou l'intelligence du vrai, il résolut de combattre leurs erreurs aussitôt que son retour à la foi l'eut mis en possession de la vérité. C'est dans ce but qu'il recueillit et publia, sous une forme dialoguée, le fruit de ses méditations personnelles et des pieux entretiens qu'il eut avec ses amis de solitude. Il les dédia à Romanien, son compatriote, en l'exhortant à l'étude de la philosophie.—La discussion commence entre Licentius, fils de Romanien, et Trigétius, pour se continuer ensuite entre Alype et saint Augustin lui-même. Il s'agit de savoir si la vie bienheureuse consiste dans la connaissance du vrai, ou simplement sa recherche, et même, à défaut de l'un et de l'autre, dans la découverte du vraisemblable. Il donne, à ce propos, la définition de la sagesse et de l'erreur; il explique les avantages de l'une et les dangers de l'autre; il fait ressortir la différence de système entre les opinions de la nouvelle et de l'ancienne Académie, et il condamne vivement cette double assertion de Zénon, dont les académiciens avaient fait deux axiomes : On ne peut rien comprendre ; donc il ne faut rien admettre ! Augustin, au contraire, raisonne dans un sens tout opposé, et il conclut qu'avec l'aide de Dieu on peut arriver à l'intelligence et à la possession de la vérité.

Livre de la Vie bienheureuse (écrit en 386). —Ce livre est du même âge que le précédent, et, comme lui, il nous initie aux graves entretiens et aux discussions de haute philosophie chrétienne qu'Augustin agitait de temps en temps avec ses amis, retirés, dans sa société, à la campagne de Vérécundus. Il est divisé en trois chapitres, qui rendent compte des conférences de trois jours, et dont la conclusion logique est que, même dès cette vie, la connaissance et l'amour de Dieu peuvent conduire l'homme à la béatitude.

Nous sommes composés d'une âme et d'un corps ; et, comme le corps a besoin de nourriture pour vivre, de même l'âme a besoin de la science pour se nourrir. « Nous voulons être heureux, n'est-ce pas ? dit-il en s'adressant à ses amis. Eh bien ! pensez-vous que celui-là soit heureux qui n'a pas ce qu'il veut ?—Non, répondirent-ils unanimement.—Pensez-vous davantage que celui-là soit heureux qui possède tout ce qu'il désire ? — Oui, répondit sa pieuse mère, pourvu que tout ce qu'il désire soit bon.— Fort bien, ma mère, répondit avec effusion le pieux fils, vous avez trouvé là le plus grand secret de la philosophie ; mais la possession des choses créées, quoique bonne en elle-même, suffit-elle pour donner le bonheur ?— Non, poursuit sainte Monique, puisqu'elles ne peuvent l'assurer et qu'on n'en jouit qu'avec crainte de les perdre.— Donc, pour être heureux, reprend-il avec assurance, il faut posséder un bien permanent, un bien qui reste et qui demeure sans que rien puisse le ravir. » Or ce bien, c'est Dieu seul. Ainsi celui qui possède Dieu est heureux, et celui-là seul le possède qui vit bien, c'est-à-dire qui fait sa volonté. »

La même raison qui prive du bonheur celui qui n'a pas tout ce qu'il veut, empêche justement les académiciens de le posséder. Personne ne cherche sans avoir le désir de trouver ; or ils ne cessent de chercher la vérité, ils veulent donc la découvrir, ils veulent revendiquer pour eux l'honneur de cette découverte ; mais comme cette découverte ne se réalise jamais, il s'ensuit donc qu'ils ne peuvent pas être heureux, puisqu'ils n'ont pas tout ce qu'ils veulent, et qu'ils ne sont pas même véritablement sages, puisqu'il est inouï qu'un vrai sage ne soit pas heureux. — Le secret du bonheur, c'est la possession de Dieu, mais la possession de Dieu ne consiste pas seulement à bien vivre en accomplissant sa volonté ; elle consiste encore à n'être possédé par aucun esprit impur. Or il en est de deux sortes qui peuvent ravir le bonheur : l'un qui envahit l'âme, qui trouble les sens, et qui pousse quelquefois l'homme jusqu'à la fureur ; on le chasse par l'imposition des mains, par les prières et par les exorcismes de l'Eglise ; l'autre qui rend l'âme immonde par les erreurs qui l'obscurcissent et les passions qui la souillent, et celui-là on le chasse par la chasteté, c'est-à-dire par une vie exempte non-seulement de toute impudicité, mais de toute faute qui éloigne une âme de Dieu et qui l'empêche de s'attacher à lui.— Les biens temporels ne servent de rien pour le bonheur. Sans doute tout homme qui est dans l'indigence est malheureux, et tout malheureux est dans l'indigence. Le riche est dans l'indigence, puisque, malgré ses richesses, il a encore des désirs et n'a pas de sécurité ; le pauvre est dans l'indigence, puisqu'il manque de tout ce qu'il désire ; mais la plus grande, la plus profonde, la plus lamentable de toutes les misères, c'est l'indigence de la sagesse, parce que celui en qui la sagesse abonde n'a plus rien à désirer, puisque Dieu est avec lui. « Cherchons donc le Seigneur, dit-il, dans la conclusion de son livre ;

cherchons-le avec zèle, sans relâche et sans fin, jusqu'à ce que nous l'ayons trouvé. Allons à lui comme à la source de toute vérité, comme au foyer de tout amour, afin que nous puissions le connaître et l'aimer, ce qui constitue, même pour la vie présente, la véritable béatitude.

Deux livres de l'ordre (en 386). — Saint Augustin rend compte, avec un charme particulier, des circonstances qui lui ont inspiré l'idée d'écrire cet ouvrage. C'était pendant une nuit d'étude, comme l'étaient à peu près toutes ses nuits; il repassait en silence toutes les pensées qui s'agitaient en foule dans son cœur, sans qu'il s'en rendît compte, ni qu'il sût précisément d'où elles lui venaient. Bref, il veillait, lorsqu'un léger bruit vint frapper son oreille et arracher son esprit à toute autre préoccupation. C'était un cours d'eau qui s'échappait par le canal des bains, en courant sur les cailloux avec un murmure tantôt clair et limpide, et tantôt vif et précipité. Augustin en recherchait la cause, sans qu'aucune se présentât à sa pensée, lorsque tout à coup Licentius et Trigeste, qui ne dormaient pas plus que lui, vinrent le trouver. — Avez-vous remarqué, leur dit-il, comme cette eau coule avec un son inégal et inconstant? — Ce bruit n'est pas nouveau pour moi, lui répondit Licentius, et je l'ai toujours attribué à l'abondance des feuilles que l'automne fait tomber dans le bassin, et qui, en obstruant l'ouverture du canal, forcent les eaux de s'en échapper avec plus ou moins de murmure, suivant qu'elles sont plus captives, ou qu'elles sortent avec plus de liberté. — Augustin admira la justesse de la réponse, et conclut pour puisqu'il y avait une raison à tout, il devait y avoir également un ordre pour régler tout. Alors, passant des considérations physiques aux considérations morales, il en arrive à traiter de l'ordre dans sa plus grande étendue.

Premier livre. — C'est cet entretien qui donna lieu à l'ouvrage que nous avons sous ce titre. Il est divisé en deux livres, et chaque livre contient deux conférences. Il s'applique à démontrer, dans la première, que les biens et les maux sont dans l'ordre de la Providence: les biens, parce que Dieu les aime et qu'il les donne; les maux, parce que Dieu les souffre et les permet, de sorte qu'il ne se passe rien dans le monde sans que la volonté de Dieu y soit pour quelque chose. Tout est utile, lorsque tout est dans l'ordre; et les sciences humaines elles-mêmes, pour l'homme sage et judicieux qui en use avec discernement, peuvent servir beaucoup à éclairer l'intelligence et former la raison. — C'est l'ordre qui nous conduit à Dieu; mais qu'est-ce que l'ordre, sinon le sentiment qui nous fait accomplir toute chose, suivant la pensée et l'institution de Dieu? Ainsi l'amour de la vaine gloire dans les jeunes étudiants, l'émulation qui ne vient que de la vanité, ne sont plus dans l'ordre providentiel, dès qu'ils sont détournés de leur but, qui est la science, qui nous aide à connaître Dieu. — Pendant qu'il faisait l'application de ces principes à Licentius et à Trigeste, qui s'étaient laissés aller à quelques légèretés, sainte Monique entra, et Augustin en prit occasion de démontrer que les femmes ne devaient pas être exclues de l'étude de la philosophie, puisque, d'après sa définition même, la philosophie n'est autre chose que l'amour de la sagesse.

Deuxième livre. — Or la sagesse consiste à vivre avec Dieu, sans jamais sortir de l'ordre établi par la Providence. Le vrai sage est celui que Dieu possède et gouverne, qui le comprend et qui ne s'occupe que de lui, soit dans ses méditations solitaires, soit dans ses conversations avec les hommes. Et cependant, parce que le sage comprend la folie, il ne s'ensuit pas que la folie soit avec Dieu. La folie est, pour l'âme, ce que les ténèbres sont pour le corps, dont les yeux, avec toute leur perspicacité, ne peuvent sonder toute la profondeur. Néanmoins, quoique les insensés paraissent agir contre l'ordre, leurs actions n'en rentrent pas moins dans le système providentiel, en faisant ressortir la supériorité de la raison. Sans doute, il est des choses qui nous paraissent obscures, et que nous avons peine à nous expliquer; mais il y a deux voies qui nous sont toujours ouvertes pour arriver à leur connaissance, c'est-à-dire qu'il y a deux moyens infaillibles de démêler l'erreur de la vérité; c'est l'autorité et la raison : la raison, qui n'est autre chose que le sens intime, l'intelligence individuelle; et l'autorité, qui est la raison de Dieu manifestée par la révélation. C'est par cette dernière voie seulement que nous pouvons arriver à la connaissance des mystères. La folie est l'aberration de l'esprit, le mal est l'aberration du cœur; et si l'un est en dehors de l'ordre de la sagesse, l'autre est en dehors de l'ordre de la justice, dans lequel Dieu le force de rentrer cependant, en cette vie, par la privation de ses grâces, et dans l'autre, par ses châtiments. — De ces questions métaphysiques, il passe aux préceptes de la morale, et trace à ses disciples les meilleures règles à suivre, soit dans leurs mœurs, soit dans les devoirs particuliers des emplois qui leur sont confiés. Il leur donne un règlement d'études et leur enseigne qu'on apprend et par autorité et par raison : par autorité divine, qui ne propose jamais rien que de vrai, et par autorité humaine, sujette à l'erreur quand elle n'est que la raison d'un seul, mais essentiellement infaillible quand elle est la raison de tous. C'est elle qui a inventé les sciences, la grammaire, la dialectique, la rhétorique, la géométrie, l'arithmétique et l'astronomie, toutes sciences utiles quand on les rapporte à Dieu, et qu'elles servent de moyen d'arriver à la vraie sagesse, c'est-à-dire à la connaissance de notre âme et de Dieu, de notre principe, de notre destinée et de notre fin.

Soliloques (écrits en 386 ou 387). — Nous dérogeons, pour un instant, à l'ordre suivi dans toutes les éditions des Bénédictins, qui classent habituellement les ouvrages du saint docteur d'après la date de leur publication. Mais le livre des *Soliloques*, et par la nature des questions qui y sont traitées, et par les sentiments de vive piété qui s'en exhalent presque à chaque page, nous a paru tellement à part et en dehors de tous ceux qui doivent suivre, que nous avons cru pouvoir le placer presque immédiatement à la suite des *Confessions*, avec lesquelles, du reste, il a une affinité si naturelle, qu'il semble en être comme la continuation. La forme suivie dans cet ouvrage diffère complétement de la forme usitée dans les précédents. Au lieu d'y discuter avec ses amis, le pieux néophyte s'y entretient avec lui-même. De là le titre de *Soliloques*, terme nouveau d'une prononciation assez dure, mais très-propre à rendre sa pensée et à manifester la chose, en la caractérisant.

Cet ouvrage se divise en deux livres.

Premier livre. — Le premier est une peinture délicieuse de l'état de son âme et des jouissances qu'il éprouve à dompter le reste de ses passions, pour s'attacher à Dieu et ne servir que lui seul : Dieu, qui est la vérité, la sagesse, la vie, la béatitude ; par qui tous les biens sont communiqués aux hommes ; Dieu, qui les retire de l'erreur, qui les place dans les voies du salut, qui les soutient de sa grâce, qui les réchauffe de son amour, qui les nourrit de ses bienfaits. — Après une prière magnifique dont nous n'avons reproduit que quelques mots, il se recueille en lui-même, il se sonde, il s'interroge, il se répond : « J'ai prié le Seigneur, dit-il, qu'ai-je besoin de savoir ? Ah ! j'ai besoin de savoir tout ce que j'ai demandé ! Or, je n'ai rien demandé à Dieu que deux choses : de le connaître, et de me connaître moi-même. » Ensuite il s'adresse à lui-même cette supposition : « Si quelqu'un te disait : Je te ferai connaître Dieu comme tu connais Alype, ne serais-tu pas reconnaissant ? Ne trouverais-tu pas que c'est assez ? — Je serais reconnaissant, se répond-il, mais je désirerais encore davantage. Je voudrais connaître Dieu mieux que je ne connais les vérités mathématiques les plus clairement démontrées, autrement, et au delà de tout ce que Plotinus et Platon m'en ont jamais appris ; je voudrais connaître Dieu mieux que je ne connais le soleil, et que sa divinité se révélât à mon âme plus visiblement que la lumière de cet astre ne se manifeste à mes yeux. » — Or, je ne puis connaître Dieu que par la foi, l'espérance et la charité. — « Par la foi, je le vois ; par l'espérance, je le possède ; par la charité, je le goûte et j'en jouis. Donc, plus ma foi est grande, plus mon espérance est vive, plus mon amour est ardent, et plus je suis capable de voir, de posséder et de goûter le Seigneur. » — Certes, voilà une grande ardeur, une noble ambition, placées dans une grande âme et dans un grand cœur ; mais cette ardeur est-elle unique, et cette sainte ambition exclut-elle tous les désirs ? — Il se pose la question, et il interroge sa conscience, qui lui répond : « Je pourrais affirmer, suivant la disposition de cœur où je me sens actuellement, que je n'aime rien davantage ; mais je crois plus prudent d'avouer que je n'en sais rien. Pourtant il me semble qu'il n'y a que trois choses dont je puisse être touché : la perte de mes amis, la crainte de la douleur et l'appréhension de la mort. » — Les richesses, les honneurs, les plaisirs de la bouche et les jouissances sensuelles ne sont plus rien pour lui ; s'il ressent encore de temps en temps les aiguillons de la chair, c'est pour lui une occasion de s'humilier, en présence de ses souvenirs, de recourir à Dieu pour obtenir la force d'y résister, et de se jeter entre ses bras pour en être garanti.

Deuxième livre. — Cette confiance, sans doute, révèle une grande connaissance de Dieu, en rendant témoignage à sa bonté, à sa providence et à son amour ; mais elle ne révèle pas encore la connaissance de soi-même. Or, on ne peut se connaître soi-même qu'autant que l'on connaît son âme, c'est-à-dire qu'autant que l'on peut se rendre compte de ses pensées, de ses affections, de ses désirs, de ses tendances et de ses volontés ; et l'on ne peut arriver jusqu'à cette connaissance complète de son être intérieur que par la lumière intuitive et parfaite de la vérité. C'est là précisément ce qui est la cause de bien des erreurs parmi les hommes, c'est qu'ils ne savent pas distinguer et qu'ils confondent presque toujours la vérité avec le vrai ; et cependant il y a entre les deux une grande différence ; car, de même que l'homme vertueux peut mourir sans que la vertu meure, ainsi le vrai peut périr sans que la vérité périsse jamais. La vérité vient de Dieu, et, comme lui, elle est éternelle ; si Dieu l'a mise dans notre âme, c'est donc pour lui communiquer l'immortalité.

De l'immortalité de l'âme (écrit en 387). — Le livre *de l'immortalité de l'âme* n'est que la suite et comme le corollaire des *Soliloques*. Saint Augustin l'a écrit pour compléter la question de l'âme, qu'il pensait avoir traitée trop superficiellement au second livre de cet ouvrage. Du reste, ce n'est que la réunion de toutes les preuves qui peuvent établir la démonstration de cette vérité. En voici l'analyse. La science est éternelle ; donc l'âme, qui est le siège de la science, doit participer à son immortalité. La raison et l'âme ne sont qu'un ; or, l'âme, qui en est la demeure, doit être immuable et immortelle comme la raison. — La matière ne peut être anéantie ; quelques divisions qu'on en fasse, elle subsiste toujours ; pourquoi l'âme serait-elle de pire condition ? L'essence de l'âme c'est la vie, elle ne peut donc en être privée. Plus on la dégage des sens, plus elle comprend facilement les choses ; on ne peut la confondre avec le corps, pas plus qu'elle ne peut elle-même être changée en corps ; car elle ne peut ni le vouloir ni y être contrainte. Tous ces principes sont discutés avec beaucoup de finesse et de subtilité, et ce petit ouvrage est, à lui seul, une preuve convaincante de l'habileté du saint docteur dans l'art de la dialectique.

De la quantité de l'âme (en 388). — Ce traité a beaucoup de rapport avec le précédent ;

on l'a réuni ici, parce qu'il discute et établit la même matière. C'est un dialogue entre saint Augustin et Evodius; celui-ci lui pose six questions, et le saint docteur répond seulement aux trois premières. — D'où vient l'âme? lui demanda Evodius. — Cette question peut s'entendre de deux manières, répond saint Augustin, c'est-à-dire de son origine et de sa nature. Or, son origine est en Dieu, puisque c'est Dieu qui l'a créée, et sa nature est spirituelle et inexplicable, puisqu'elle n'a rien de semblable aux corps. — Quelle est la qualité de l'âme? poursuit Evodius. — La qualité de l'âme, réplique saint Augustin, c'est d'être semblable à Dieu. Enfin, Evodius arrive à demander *la quantité* de l'âme, et c'est la réponse à cette question qui fait le fond du livre tout entier. Le savant docteur fait remarquer qu'il n'en est pas de l'âme comme du corps, qui peut se mesurer par sa dimension et son étendue. L'âme ne se mesure pas, ou bien elle ne se mesure que par sa grandeur spirituelle, c'est-à-dire son intelligence, sa force et sa volonté. Il distingue l'âme de l'homme de l'âme des bêtes; il accorde à celles-ci un instinct qu'il appelle un sentiment dénué de raison, tandis que l'âme de l'homme possède des qualités supérieures, qu'il dénombre en les rapportant à sept principales, ayant chacune leur propriété. D'où il conclut qu'entre toutes les créatures, l'âme de l'homme est celle qui se rapproche le plus de la nature de Dieu.

De la Musique (en 389). — Ces six livres, commencés à Milan en 381 par Augustin, qui avait quitté sa retraite pour venir recevoir le baptême, ne furent achevés que huit ans plus tard, après son retour en Afrique. Ils étaient destinés, dans la pensée de l'auteur, à faire partie d'une série de traités qu'il se proposait de publier sur toutes les branches de la science. C'est le seul des ouvrages de cette nature qui soit arrivé jusqu'à nous; les autres étaient déjà perdus du vivant de l'auteur, comme il le témoigne lui-même dans le livre de ses *Rétractations*.

Le traité *de la Musique* comprend six livres : le premier traite de la musique en général, après en avoir donné la définition; le second, des syllabes et des pieds; les trois suivants, de la mesure, de la cadence et des vers; et le sixième, enfin, du but moral de la musique, dont l'harmonie doit élever l'esprit et le cœur au sentiment et au goût d'une harmonie toute céleste et toute divine.

Le livre du maître (en 389). — Ce livre est un dialogue entre saint Augustin et son fils Adéodat. La date en est clairement indiquée dans les *Confessions*, et le saint docteur ne s'y propose que de faire prévaloir l'enseignement de Dieu sur l'enseignement humain, en montrant que ce ne sont pas les paroles des hommes qui nous instruisent, mais la vérité éternelle, c'est-à-dire Jésus-Christ, le Verbe de Dieu, qui nous inspire intérieurement toute vérité.

Livres du libre arbitre (en 388). — Le traité *du libre arbitre* comprend trois livres, que le saint docteur a écrits dans le but de réfuter les erreurs des manichéens, erreurs malheureuses qu'il avait partagées pendant si longtemps.

Le premier livre traite la question si difficile de l'origine du mal, et après en avoir exploré la source et expliqué les actes, il conclut que tout le mal vient du libre arbitre, qui se fait volontairement l'esclave de la cupidité. C'est notre volonté qui fait notre bonheur ou notre malheur; et, si nous ne sommes pas heureux, malgré tout notre désir de le devenir, c'est que nous ne voulons pas conformer notre vie à la volonté de Dieu, dont cependant l'accomplissement seul peut nous assurer la paix.

Le second livre résout la difficulté de savoir pourquoi Dieu a laissé à l'homme la liberté de pécher, liberté qui ne lui est préjudiciable que parce qu'il en abuse pour le mal, au lieu d'en profiter pour le bien. Il prend de là occasion de démontrer comment Dieu existe, comment il est la source de tous les biens, et comment la liberté de notre volonté, quoique souvent viciée dans son principe et détournée de son vrai but, peut cependant compter comme le premier de tous les biens moraux, puisque c'est elle qui fait le mérite de toutes nos actions.

Le devoir de la volonté, dit-il, dans son troisième livre, c'est donc de s'attacher au souverain bien, le seul qui puisse rendre l'homme heureux ou malheureux, suivant qu'il s'en approche ou s'en éloigne volontairement. Or, si Dieu favorise l'un par sa grâce, il permet l'autre par sa justice, puisqu'il a créé l'homme libre, sans que cette liberté nuise en rien à sa prescience; puisque, bien loin de nous enlever le libre choix de nos actions, cette prescience, au contraire, n'est rien autre chose, en Dieu, que la connaissance antérieure du libre choix de nos volontés. C'est dans ce livre que le saint docteur traite et résout les grandes questions du péché originel, de l'union de l'âme avec le corps, et du sort des enfants qui meurent avant d'avoir reçu le baptême : questions qu'il discute longuement, que nous pourrions reproduire *in extenso*, en sortant des bornes naturelles que la nécessité nous impose, mais que la précision théologique ne nous permet pas d'analyser.

Des mœurs de l'Eglise catholique (en 388). — A peu près en même temps qu'il s'attachait définitivement à l'Eglise par le baptême, après avoir goûté le suc de sa morale dans les austérités, les méditations et les travaux de sa pénitence, le saint docteur entreprit d'écrire les deux livres *des mœurs de l'Eglise catholique et des mœurs des manichéens*, afin de faire ressortir, par le contraste, la vérité du dogme et la sainteté de la doctrine chrétienne.

En tête de cette double question, et pour aider à la résoudre, il pose, comme principe admis et incontesté, qu'il n'est personne qui ne désire être heureux, ce qui lui donne occasion d'établir où se trouve le vrai bonheur. C'est après ce début qu'il entre en matière, en démontrant, dans son premier livre, que l'Eglise seule nous met en possession du souverain bien. Or, pour nous rendre heureux, le souverain bien doit avoir deux qualités: la première, qu'il n'existe au-dessus de lui aucun autre bien; la seconde, qu'il ne puisse nous être ravi sans que nous l'ayons perdu par notre faute; sans quoi il ne serait pas le bien suprême, puisqu'il n'y aurait point de constance, point de fixité dans sa possession. Le souverain bien n'est donc qu'en Dieu, puisque l'Evangile, les écrits des apôtres, les livres de l'Ancien Testament, témoignent que Dieu seul possède ces deux qualités, puisque seul il est la fin à laquelle nous devons rapporter tout, nos pensées, nos desseins, nos actions, notre vie, et dans le présent et pour l'éternité. Donc ce désir inné de félicité consiste à chercher Dieu pour le posséder. Nous cherchons Dieu en l'aimant; nous le possédons, non pas en devenant ce qu'il est, mais en nous attachant à lui, de manière, comme le dit saint Paul, que *ni la vie, ni la mort, ni quelque créature que ce soit, ne puissent nous séparer de son amour*. Cependant, pour être uni à Dieu et le posséder ainsi, le chrétien a besoin de réunir, non pas virtuellement et en théorie, mais actuellement et en pratique, la prudence, la justice, la force et la tempérance; car ces quatre vertus ne sont que des expressions de l'amour. La tempérance est un amour qui se conserve pur et incorruptible pour Dieu; la force, un amour qui souffre tout pour Dieu; la prudence, un amour qui discerne entre ce qui peut nous conduire à Dieu, ou nous retenir dans les liens des passions qui nous en éloignent; enfin la justice, qui ne sert que Dieu, en accomplissant envers toutes les créatures le bien que l'amour du Créateur nous impose. Ce qui l'autorise à préconiser tous les devoirs de la charité, et à terminer son premier livre par un admirable tableau des mœurs, des vertus, des perfections des chrétiens, constamment réchauffés dans le sein de l'Eglise catholique, au vrai foyer de l'amour divin, qui est l'amour unique, et cependant l'amour universel.

Des mœurs des manichéens. — Toutes les folies des manichéens tiennent au point capital de leur hérésie, c'est-à-dire à la confusion des deux principes; car ce sont précisément leurs rêves bizarres sur la nature et l'origine du mal qui leur ont fait méconnaître l'origine et la nature du bien, en plaçant le souverain bonheur de l'homme ailleurs que dans l'amour qui nous unit à Dieu, par la pratique de toutes les vertus; et ailleurs que dans la charité, qui confond toutes les créatures dans l'amour de Dieu. — Il n'est rien, dans l'ordre des choses créées, qui soit bien ou mal de soi-même et par sa nature; il n'est que Dieu, qui n'est pas créé, qui soit le souverain bien, parce qu'il est le bien unique, nécessaire, éternel. Tous les autres biens de l'homme ne sont des biens que parce que la grâce et la pratique des vertus les ont rapprochés du seul bien qui vient de Dieu; le mal ne vient pas de Dieu, parce qu'au lieu de nous en rapprocher, il nous en éloigne; le mal est la négation du bien, l'opposé du bien, l'ennemi du bien; ce n'est pas une substance, c'est un vide; ce n'est pas une réalité, c'est un défaut, une déviation. — Il examine enfin ce qu'ils appelaient les trois sceaux de la bouche, de la main et du sein, qui étaient la cause et le but de toutes leurs abstinences et de toutes leurs pratiques superstitieuses; comme si un homme pouvait être innocent et chaste par cela seul que sa bouche n'avait point proféré de blasphèmes; sa main, point accompli d'actions honteuses; et son cœur, jamais servi de foyer aux mauvaises passions. Que deviendront son innocence et sa vertu, s'il ne sait point garder ses yeux, fermer ses oreilles, garantir son odorat, de manière à rendre ces trois sens aveugles à tout spectacle infâme, sourds à toutes paroles licencieuses, et impassibles à tous les parfums de la sensualité? Et d'ailleurs, en réduisant seulement à la mortification de trois sens la source de tout bien, on ne parvient pas même à s'excuser du mal, encore moins à se faire absoudre des crimes dont on a été convaincu. C'était le cas des manichéens, et saint Augustin le dévoile et le leur reproche vivement, c'est-à-dire sans amertume et sans fiel, mais avec justice et sévérité.

De la vraie religion (en 390). — Saint Augustin assigne lui-même la date de ce livre, en nous apprenant qu'il est le dernier de ceux qu'il composa avant d'être ordonné prêtre. Quoique le saint docteur s'y adresse généralement à tous les hommes, cependant il parle plus particulièrement à Romanien, son bienfaiteur et son ami.

Le premier principe du livre est celui-ci, savoir: que la religion qui nous enseigne à n'adorer qu'un Dieu est la seule qui soit capable de nous conduire à la vérité, à la vertu, à la félicité. De là il conclut naturellement l'erreur de ceux qui ont mieux aimé adorer plusieurs dieux qu'un seul, même quand cette erreur venait de philosophes tels que Socrate et Platon; philosophes assez inconséquents pour rester unis avec le peuple dans les pratiques du culte extérieur, quand ils différaient essentiellement avec lui et de pensées et même de langage sur la divinité. Ce n'est donc pas chez les philosophes, qui approuvent par leurs actions ce qu'ils condamnent par leurs discours, qu'il faut chercher la vraie religion, pas plus que dans la confusion du paganisme, dans l'impureté de l'hérésie, dans la langueur du schisme et dans l'aveuglement et l'obstination des juifs. Elle n'est que dans l'Eglise catholique, qui fait servir la fausseté de toutes ces doctrines à établir la vérité de sa croyance et la divinité de sa foi. C'est donc à l'Eglise catholique qu'il faut s'en tenir; c'est donc à la communion de cette Eglise qu'il faut s'attacher, la seule, du reste, qui soit appelée catholique partout et par tous, aussi bien par ses ennemis que par ses enfants. — Or, le premier fondement de cette religion est l'histoire et la prophétie, qui nous manifestent également la conduite de la Providence pour la réparation et le salut du genre humain. Sa seconde base, aussi solide que la première, repose sur les préceptes qui doivent régler notre vie et purifier nos âmes et nos cœurs, afin de nous rendre capables des choses spirituelles, c'est-à-dire capables de connaître l'unité de Dieu dans sa trinité de personnes, et de croire à l'incarnation et à tous les autres mystères qui en sont la suite et la conséquence. En effet il n'est point de mystère où la bonté de Dieu envers les hommes ait jamais tant éclaté que dans le mystère de l'incarnation, puisque c'est celui par lequel Dieu s'est fait semblable à nous, afin de nous sauver. — Il donne ensuite cette règle pour l'intelligence de l'Ecriture : c'est d'expliquer ce qu'elle a d'obscur et d'embarrassé par ce qu'elle a de clair et de facile à entendre. A ce propos, il établit entre les deux Testaments la distinction si connue de la loi de crainte et de la loi d'amour ; il en fait ressortir la double conduite de Dieu envers les juifs et les chrétiens, le peu de préceptes imposés aux uns et le grand nombre d'obligations imposées aux autres, en disant que Dieu a agi comme un bon médecin qui soulage les plus faibles par ses ministres et les plus forts par lui-même. Il traite, en finissant, de la nature du mal, et le fait consister dans l'attachement vicieux de la volonté aux créatures. Il ne distingue que deux voies qui conduisent au salut, l'autorité et la raison : l'autorité, qui réside dans les livres saints et dans l'enseignement de l'Eglise, dépositaire de toute vérité ; et la raison, qui, illuminée par la grâce d'en haut, avertit l'homme de se détacher des créatures pour ne s'attacher qu'à Dieu.

Règle aux serviteurs de Dieu. — Cet opuscule, qui termine le premier volume des œuvres du saint docteur, n'est autre chose qu'un répertoire de préceptes, de conseils, de sentences pieuses, recueillis dans un but d'ardente charité, et que saint Augustin adressa dans le principe à des religieuses. Plus tard on l'appropria à des hommes, sans même tenir compte de la différence naturelle du genre de vie que la Providence a établi entre les sexes.

Du reste on y traite de l'amour de Dieu, qui est la source de l'amour du prochain ; de l'union des cœurs, qui résulte de la communauté des biens, de l'humilité, de l'oraison, du jeûne, de la modestie et du maintien, de la douceur pour les infirmes et de la correction fraternelle, du pardon des offenses et de la confession des fautes, et enfin de l'obéissance aux supérieurs, et de la stricte et consciencieuse observance de la règle, qui est l'âme de l'ordre dans tout monastère.

Lettres de saint Augustin. — Les lettres sont pour les grands hommes ce que les yeux sont pour le corps ; elles sont le miroir de l'âme. Aussi, on peut dire que le saint docteur se peint tout entier dans celles qu'il nous a laissées. Il y développe sa belle âme ; il y fait admirer une vaste étendue de connaissances, il y révèle une science naturelle, une prudence consommée, un zèle ardent pour les intérêts de l'Eglise, un amour constant pour la vérité, une piété tendre et solide, une bonté qui ne se refusait à personne, et une modestie sans égale. Consulté de toutes parts, et sur toutes sortes de questions, plusieurs de ses réponses sont des traités complets. On y trouve, presque tout entière, l'histoire ecclésiastique de son temps, et principalement celle des pélagiens et des donatistes, qu'il a le plus combattus, après les manichéens.

Il nous reste de lui 270 lettres, divisées en quatre classes : depuis sa conversion jusqu'à son épiscopat ; depuis son épiscopat jusqu'à l'hérésie de Pélage ; depuis l'hérésie de Pélage jusqu'à la fin de sa vie ; et la quatrième classe contient les lettres dont la date nous est inconnue.

Entre les lettres de la première classe, nous en trouvons plusieurs, depuis la lettre 9e jusqu'à la lettre 14e, adressées à Nébride en réponse à cette question, savoir : comment les démons peuvent agir sur notre âme, lui imprimer des pensées, et lui faire voir, pendant les songes du sommeil, tout ce qui leur plaît ? Le saint docteur répond en quelques mots, se contentant de découvrir les sources, et ne doutant pas que Nébride n'y puise de quoi résoudre cette difficulté. Il ajoute ensuite que les démons excitent en nous des pensées et des songes, en remuant les parties du corps qui peuvent faire impression sur l'âme, de la même manière que les musiciens excitent en nous certaines pensées, certaines passions, certaines affections, par l'harmonie de leurs instruments. Il accorde même aux démons beaucoup plus de facilité à remuer les parties intérieures du corps que n'en possèdent les musiciens dans leurs instruments pour en remuer les parties extérieures et sensuelles, par la raison que les uns ont une subtilité surnaturelle que les autres n'ont pas.

Dans sa lettre 21e, adressée par Augustin à Valère, évêque d'Hippone en 391, on est touché de l'entendre raconter comment il avait été ordonné prêtre malgré lui ; les larmes qu'il avait versées pendant son ordination ; les craintes que lui faisait concevoir la charge du ministère pastoral, et le bonheur qu'il éprouverait à recourir, avec la permission de son évêque, à tous les remèdes et à tous les confortants puisés dans l'étude des saintes Ecritures, pour en tirer des forces proportionnées à un si périlleux emploi.

La lettre 23e, écrite en 392, est adressée à Maximin, évêque donatiste, accusé d'avoir rebaptisé un diacre de l'Eglise de Matagène dépendante d'Hippone. Le saint prêtre lui écrit pour le forcer à confesser le fait, ou à faire profession d'orthodoxie. Il lui demande, à défaut d'une conférence publique, au moins une réponse à sa lettre, afin que la paix de l'Eglise ne soit pas plus longtemps ébranlée. Le rescrit de cette lettre a cela de particulier, c'est que, malgré le schisme qui séparait Maximin de la communion catholique, saint Augustin ne laisse pas de le qualifier de son très-cher seigneur et très-vénérable frère, et pour l'édification publique, il rend compte de toutes ces qualifications. Il l'appelle son *seigneur*, dit-il, parce qu'il ne lui écrit que dans des sentiments de charité et pour lui rendre service ; il le traite de *très-cher*, parce qu'il lui souhaitait les mêmes biens qu'à lui-même ; enfin, il lui donne le nom de *frère*, parce que tant qu'il vivrait il n'y avait point à désespérer de son salut. En effet, Maximin justifia cette dernière prévision, il se convertit, et l'on voit dans la *Cité de Dieu*, chap. 8°, qu'en haine de son retour à l'unité, les donatistes publièrent contre lui ce décret, qui prouve de la façon la plus significative la tolérance du schisme et la charité de l'hérésie : *Quiconque sera lié de communion avec Maximin, on brûlera sa maison!*

La lettre 28° divisée en plusieurs chapitres dans les œuvres de saint Augustin, et écrite en 395, a pour but de prier saint Jérôme de traduire en latin les meilleurs interprètes grecs sur l'Ecriture, plutôt que de traduire l'Ecriture tout entière même sur le texte hébreu. *Pour ce qui est d'une nouvelle version de l'Ecriture*, lui dit-il, *il vous suffirait de marquer les passages où vous vous éloignez des Septante, dont la version est celle qui a le plus d'autorité.* Il regrette l'explication que le pieux solitaire avait donnée du passage de l'Épître aux Galates, où saint Paul reprit saint Pierre de la dissimulation dont il usait envers les gentils. Ce n'est qu'avec peine qu'il voit ce Père se déclarer partisan du mensonge. Rien de plus dangereux, dit-il, qua d'en admettre un seul, fût-il léger ou officieux, car c'est porter atteinte à toute la véracité des Ecritures, et ébranler par là même les fondements de la foi. Il lui témoigne le désir qu'il éprouve de pouvoir conférer avec lui sur les études chrétiennes auxquelles ils s'appliquent tous les deux, et lui envoie en même temps quelques-uns de ses livres, en le priant de les corriger avec cette sévérité charitable qu'on se doit entre frères.

La lettre 33° fut adressée à Proculien, évêque donatiste, en 396. Après une discussion dans laquelle il croyait avoir été offensé par Evodius, ami particulier d'Augustin, cet évêque schismatique témoigna le désir de conférer personnellement avec le saint docteur. Augustin lui répondit aussitôt qu'il acceptait la conférence, en présence de témoins choisis par Proculien lui-même, mais à la condition qu'on écrirait tout ce qui serait dit de part et d'autre, afin de ne pas parler en vain. Il lui propose de conférer, comme il lui plaira, de vive voix ou par écrit, en prenant l'engagement tous les deux de lire, plus tard, leurs lettres au peuple rassemblé, afin de pouvoir arriver à cette union tant désirée qui les rassemblera tous dans un même bercail, afin qu'il n'y ait plus qu'un seul troupeau et un seul pasteur.

Contrairement à la coutume de toutes les autres Eglises, l'Eglise romaine avait adopté le jeûne du samedi. Un prêtre nommé Casulan écrivit à saint Augustin pour le consulter ; nous croyons pouvoir résumer la réponse du saint docteur, comme il le fait lui-même (lettre 36°), avec ce précepte de l'Apôtre : *Qui manducat, non manducantem non spernat ; et qui non manducat, manducantem non judicet.* Il finit cette lettre, où la question du jeûne est longuement développée par une réponse de saint Ambroise. — Comme Augustin habitait Milan avec sa mère, cette sainte femme était inquiète de savoir si elle était dans l'obligation de jeûner le samedi, suivant la coutume de l'Eglise d'où elle sortait, ou de s'en dispenser, suivant la coutume de Milan? Pour lever ses scrupules et fixer ses doutes, Augustin alla consulter saint Ambroise, qui lui répondit en lui prescrivant ce qu'il faisait lui-même. « Quand je suis à Milan, lui dit-il, je ne jeûne point le samedi ; mais je jeûne ce jour-là quand je suis à Rome. Suivez les coutumes de l'Eglise où vous vous trouvez, et vous ne serez pour personne et personne ne sera pour vous un sujet de scandale. » C'est de cette réponse du grand évêque de Milan que la théologie a tiré son axiome :

Si Romæ fueris, romano vivito more ;
Si fueris alibi, vivito sicut ibi.

Cette lettre est la 36° de celles que nous avons conservées de saint Augustin, et fut adressée à Casulan en 396 ; elle est la première des lettres de la seconde classe.

La lettre 41°, écrite à Aurèle, évêque de Carthage, en 397, nous révèle un fait historique assez curieux ; c'est que jusque-là, dans les Eglises d'Afrique, le ministère de la prédication avait été refusé aux simples prêtres, puisqu'en son nom et en celui d'Alype, Augustin félicite ce prélat d'avoir préféré le bien de l'Eglise à l'honneur de la prélature, et permettant, contre la coutume du pays, à de simples prêtres, d'annoncer, même en sa présence, la parole. Il le prie en même temps de lui envoyer quelques-uns des sermons de ces nouveaux prédicateurs.

Publicola, homme puissant, mais d'une conscience timorée, avait écrit à saint Augustin pour en obtenir la solution de dix-huit difficultés qui roulaient presque toutes sur le serment qu'on exigeait des païens barbares, en les faisant jurer par leurs faux dieux. Saint Augustin, dans une lettre écrite en 398, et qui est la 46° de son recueil, répond qu'en principe il n'est point défendu d'exiger le serment, mais ceux qui jurent par les idoles pèchent deux fois, d'abord en prêtant un serment détestable, ensuite en commettant un parjure. Donc, quand il s'agit des païens, on ne doit pas exiger ce serment ; cependant, quand il est donné, il est permis de s'en servir.

(Lettre 52°.) Séverin, donatiste et parent de saint Augustin, lui écrivit, vers l'an 400, dans des termes qui pouvaient faire pressentir un retour à l'Eglise catholique; le saint évêque s'empressa de lui témoigner, dans sa réponse, combien il gémissait de voir qu'étant frères selon la chair, ils n'étaient pas unis dans le corps de Jésus-Christ. Ne voyez-vous pas, lui-dit-il, que l'hérésie de Donat est une insulte à la croyance de l'univers? C'est un corps condamné à la stérilité, puisque, hors de l'Afrique, il ne s'étend nulle part; c'est une branche morte retranchée de la racine des Eglises d'Orient, d'où l'Evangile a été porté en Afrique. Puisque vous et les vôtres vous adorez la terre qu'on vous apporte de ces heureuses contrées, pourquoi donc rebaptisez-vous les chrétiens de ces Eglises, quand ils se rangent à vos doctrines; ne comptez-vous pour rien le caractère qu'ils ont reçu dans le baptême?

Les deux lettres 54° et 55°, écrites dans la même année, en réponse aux questions de Janvier, sont d'une telle longueur, que saint Augustin lui-même les a comprises dans le livre de ses *Rétractations*. Elles roulent sur la question de savoir en quoi, suivant les régions et les climats, les coutumes des Eglises diffèrent ou sont d'accord sur les sacrements tels que l'eucharistie et le baptême; sur les jours de fête et sur les jeûnes. Elles traitent des rites qu'on ne peut négliger sans crime, et de ceux qu'on ne peut supprimer sans inconvénient; du mystère du samedi, de la pénitence du carême et du chant de l'Eglise.

(Lettre 61°.) Vers l'an 401, un homme de considération, nommé Théodore, avait écrit à saint Augustin pour savoir de lui comment il recevrait les clercs donatistes qui voudraient se réunir à l'Eglise. Le zélé pontife lui répondit incontinent qu'il les recevrait dans le degré de leur ordination. Nous ne condamnons en eux, leur dit-il, que leur séparation; mais qu'ils viennent, qu'ils se réunissent à notre communion, nous embrasserons en eux des frères avec lesquels nous voudrons demeurer dans l'unité de l'esprit et dans les liens de la paix.

(Lettre 92°.) Italique, dame romaine, avait demandé au saint évêque des consolations sur la mort de son mari. Augustin lui répondit qu'elle devait puiser ses consolations dans la foi, l'espérance et la charité que le Saint-Esprit communique aux saints dans la présence de Jésus-Christ qu'elle porte dans son cœur, et dans la promesse de retrouver en Dieu celui qu'elle a perdu. Il réfute l'opinion qui soutient qu'on peut voir Dieu des yeux du corps, et qu'après la résurrection les saints et même les réprouvés verraient ainsi la Divinité. « Ils n'en seront pas plus capables, dit-il, au ciel que sur la terre, puisque les yeux ne peuvent voir que ce qui occupe quelque espace, ce qu'on ne peut affirmer de Dieu. » Nous ne verrons Dieu qu'autant que nous serons semblables à lui; or, c'est par l'âme et non par le corps que nous ressemblons à Dieu: ce n'est donc que par l'âme que nous le verrons dans les cieux.

Jésus-Christ lui-même, en tant qu'homme, ne peut que par son âme contempler la Divinité.

(Lettre 101°.) Un prêtre de Carthage, nommé Déogratias, avait soumis au saint docteur six questions qui lui avaient été proposées par un païen. La première consistait à savoir si la résurrection qui nous est promise serait semblable à celle de Jésus-Christ ou à celle de Lazare. Augustin répondit qu'elle serait semblable à celle de Jésus-Christ, puisqu'une fois ressuscités, nous ne devions plus mourir. — Voici la seconde : Si l'on ne peut être sauvé que par Jésus-Christ, que sont devenus ceux qui ont vécu avant sa rédemption? — Le saint docteur répond que Jésus-Christ étant le Verbe de Dieu, qui a gouverné le monde dès le commencement, tous ceux qui ont observé ses préceptes ont été sauvés par la foi qu'ils avaient qu'il était en Dieu le Sauveur qui devait venir sur la terre. — La troisième trahit son origine païenne à ne pas s'y méprendre ; la voici : Pourquoi condamner les victimes, l'encens et les sacrifices, puisque dès les premiers temps on a honoré Dieu de cette manière, et qu'on nous le représente comme ayant besoin des prémices de la terre? Dieu, répond saint Augustin, n'a besoin ni de nos offrandes, ni de nos sacrifices; le culte que nous lui rendons ne tourne pas à son profit, mais au nôtre. Il n'est qu'un seul sacrifice, et on ne peut l'offrir qu'au seul vrai Dieu : c'est le sacrifice du Nouveau Testament, c'est-à-dire l'effusion du sang de Jésus-Christ. — La quatrième est sur l'éternité des peines. Que signifient des peines éternelles, puisque l'Evangile lui-même affirme : *Qua mensura mensi fueritis, ita remetietur vobis?* L'éternité ne se mesure pas. — C'est une impertinence indigne d'un philosophe, répond saint Augustin, de dire que toutes les mesures sont bornées par un certain espace de temps, puisqu'il y a des choses que le temps ne mesure pas. Tous les jours on dit qu'un homme sera traité comme il aura traité les autres, quoique lui ni les autres ne reçoivent pas précisément le même traitement. Cette parole de l'Evangile signifie seulement que les hommes seront punis ou récompensés, en raison de la volonté qui les aura portés à faire du bien ou du mal aux autres; que les péchés et les peines ne se mesurent pas par le temps, mais par la volonté, qui, dans le pécheur, voudrait être éternelle pour jouir éternellement du plaisir défendu. — La cinquième suppose que Salomon avait dit qu'il n'y avait point de Fils de Dieu. Saint Augustin se contente de citer deux textes de Salomon qui affirment le contraire. *Ante colles ego parturiebar;* et plus loin, au même livre des Proverbes : *Quod ejus nomen est, et quod nomen Filii ejus?* Enfin, la sixième question soulève, de la part du saint docteur, une réponse sérieuse aux sales railleries que se permettaient les païens sur l'histoire de Jonas. Cette lettre est la 101° et elle fut écrite en 408.

Deux ans plus tard, en 410, Dioscore avait écrit à saint Augustin pour lui soumettre plusieurs questions de philosophie tirées des livres de Cicéron, en le priant de les examiner mûrement avant d'y répondre. Le saint docteur lui répond par les lettres 117ᵉ et 118ᵉ en lui disant que ces sortes de questions ne conviennent ni au caractère d'un évêque, ni aux études d'un chrétien, qui peut employer bien plus utilement ses loisirs, en les appliquant à la recherche du souverain bien, le seul but raisonnable de la philosophie chrétienne. Cependant il fait ressortir, d'après Cicéron lui-même, les absurdités dans lesquelles les philosophes étaient tombés sur la nature de Dieu, sur la génération du Verbe, sur les principes de la sagesse et sur la source de la vérité, et il conclut en lui faisant remarquer qu'aussitôt que la doctrine de Jésus-Christ eut commencé de se répandre sur la terre, plusieurs platoniciens s'étaient rangés sous l'étendard de la croix, convaincus que ce Christ était l'Homme-Dieu, en qui la sagesse immuable s'était incarnée, et par la bouche duquel elle avait annoncé aux hommes les paroles de la vérité.

La lettre 120ᵉ répond à tous les scrupules que Consentius lui avait exprimés sur le mystère de la Trinité. Il l'engage, avec le prophète, à commencer par croire pour mieux comprendre; il s'étend ensuite sur les moyens de connaître les choses invisibles, et il finit en exposant positivement à Consentius ce qu'il fallait croire sur la nature et la substance de la Trinité. Cette lettre est de la même année que la précédente.

Ici nous abordons les lettres de la troisième classe, qui comprend toutes celles que le saint docteur a écrites depuis l'hérésie de Pélage jusqu'à sa mort.

Les lettres 124ᵉ, 125ᵉ et 126ᵉ, adressées à Albine, à Pinien, à Mélanie et à Alype, sont des lettres d'amitié dédiées à une famille dont les bons sentiments lui étaient connus, mais de cette amitié pastorale et chrétienne, comme l'évêque d'Hippone savait la comprendre et la pratiquer; c'est-à-dire de cette amitié qui ne néglige ni les intérêts de la foi, ni les préceptes de la morale, ni les règles de la perfection.

(Lettre 127ᵉ.) Peu de temps après le siége de Rome, en 411, saint Augustin écrivit à Armentaire et à sa femme Pauline, pour les exhorter à mépriser la vie présente, ses peines, ses soucis, ses déceptions, ses douleurs, et à se retourner du côté de l'éternité, en continuant d'observer avec scrupule le double vœu de continence qu'ils avaient volontairement juré au Seigneur. Et, d'ailleurs, leur dit-il, où aboutissent tous ces soins qu'on se donne en cette vie pour éviter la mort, sinon qu'à nous tenir plus longtemps dans la peine, puisqu'on ne fuit la mort présente que pour rester constamment tourmenté, dans l'avenir, par la crainte possible de tous les genres de mort?

(Lettre 130ᵉ et 131ᵉ.) Rome était à peine remise des secousses que l'invasion des Goths lui avait fait subir, lorsque, craignant un retour d'Alaric, Proba avec Julienne sa bru et sa fille Démétriade, se retirèrent en Afrique. Elles écrivirent à saint Augustin, qui leur répondit, et c'est à cet échange de plusieurs lettres qu'ils eurent ensemble que nous devons la précieuse instruction que le pieux pontife nous a laissée sur les devoirs des veuves et sur la prière. Aussi, pour obtenir cette paix qui, selon l'expression de l'Apôtre, *exsuperat omnem sensum*, le saint docteur exhorte-t-il ces vénérables matrones, les plus illustres parmi les dames romaines, à ne la chercher ni dans les richesses, ni dans les dignités de la vie présente, mais dans la vie de l'âme et dans la pureté du cœur. Cette vie heureuse, désirée de tout le monde, même des méchants, ne consiste pas à avoir tout ce que l'on veut, mais à ne vouloir que ce qui est dans l'ordre; de sorte que, dans la prière, la règle à suivre c'est la volonté de Dieu, la grâce à demander, c'est l'accomplissement de l'ordre établi de Dieu. C'est dans ce sens qu'il explique, en la commentant, l'*Oraison Dominicale*. Il ajoute que le jeûne, la privation volontaire des plaisirs de la vie, la patience dans les afflictions, donnent beaucoup de force à la prière. Il explique en quel sens le Saint-Esprit prie en nous, et il conclut en adressant lui-même cette supplique à Proba : « Souvenez-vous, lui dit-il, de prier aussi beaucoup pour moi, car je serais fâché que, sous prétexte de respecter ma dignité, qui m'expose à une infinité de périls, vous me refusiez un secours dont je sens avoir un si grand besoin. »

(Lettre 137ᵉ.) Volusien, charmé de la beauté du style et de l'élévation des pensées que saint Augustin lui avait exprimées dans une lettre précédente, lui écrit de nouveau pour lui soumettre quelques difficultés qu'il avait entendu proposer contre le mystère de l'incarnation. Comme Volusien avait témoigné à Marcellin qu'il avait encore beaucoup d'autres obscurités sur lesquelles il souhaitait d'être éclairci, notamment sur le changement et l'abolition des cérémonies de l'Ancien Testament et sur les préceptes de la loi nouvelle, dont la perfection lui semblait incompatible avec les devoirs de la vie civile et le bien des États, ils se réunirent tous les deux, pour les rédiger et les soumettre ensemble à l'appréciation et au jugement de saint Augustin. L'objection contre le mystère de l'incarnation n'était que l'amplification de cette pensée : *Peut-on croire que le maître du monde, celui qui l'a fait, qui le gouverne et qui le remplit, se soit renfermé pendant neuf mois dans le sein d'une vierge ?* — Saint Augustin, dans une réponse qui forme la lettre 137ᵉ de sa collection, résout cette difficulté en disant que nous nous faisons de fausses idées sur l'incarnation de Dieu. Il ne s'agit pas ici d'une immensité matérielle, comme l'eau, l'air, la lumière, qui remplissent tout ce qui les contient; mais il s'agit de l'immensité de Dieu, c'est-à-dire d'un être spirituel qui remplit tout et que rien ne remplit. Dieu agit dans le monde et sur la nature tout entière, à la perfection des actes près, de la même manière que l'âme agit sur le corps, de sorte qu'on a répondu à ceux qui demandent comment Dieu a pu s'unir à l'homme, en leur demandant de nous dire, à leur tour, comment l'âme est unie au corps. Il rappelle les motifs de l'incarnation arrêtée avant tous les siècles, les prédictions des prophètes et la croyance universelle de tous les âges, qui témoignent de la foi du genre humain dans l'avénement de ce mystère. A ce sujet, il expose, en raccourci, les vérités fondamentales de la foi, en commençant par la promesse et passant par les prophéties pour arriver à l'accomplissement par la naissance, la vie, la mort de Jésus-Christ, l'établissement de son Église, ses luttes, ses combats, ses triomphes. — Après cette longue suite de preuves, qui forment comme un traité abrégé de la religion, il répond d'un seul mot à ceux qui accusaient la doctrine chrétienne d'être opposée aux devoirs de la vie civile et au bien des empires : « Vous ne pensez ainsi, leur dit-il, que parce que vous souhaitez plutôt que l'empire subsiste par l'impunité du vice que par la pratique de la vertu. Mais il n'en est pas de Dieu comme des rois de la terre : sa justice est exigeante et ne laisse rien passer. *Non exies inde donec reddas usque ad novissimum quadrantem.*

(Lettre 140e). En 412, un catéchumène, nommé Honorat, avait posé, à saint Augustin cinq questions que nous reproduisons successivement, en analysant les réponses du saint docteur.

1° A ces paroles : *Deus, Deus meus, utquid dereliquisti me?* il répond que, comme tout le reste du psaume d'où elles sont tirées, ces expressions sont un langage que Jésus-Christ a emprunté à l'infirmité de notre nature; elles ne doivent pas s'entendre du Verbe de Dieu, mais seulement de l'humanité du Sauveur, qui le rendait sujet à la mort, et à la mort de la croix. — Il en est de même des paroles qui forment la deuxième objection : *Non mea, sed tua voluntas fiat.* — Quant aux quatre dimensions dont parle saint Paul, et qui font le sujet de la troisième question, il montre qu'elles conviennent à la charité, qui s'exerce par les bonnes œuvres, en étendant le bien à tous les besoins qu'elle peut soulager, c'est là sa largeur, *Latitudo;* qui supporte les adversités de la vie avec patience, en persévérant dans l'amour de la vérité, c'est là sa longueur, *Longitudo;* qui, dans l'un comme dans l'autre cas, n'a pour objet que la vérité permanente qui lui est promise au ciel; c'est là, sa hauteur, *Altitudo;* et qui enfin provient d'un principe caché qui nous est impénétrable, et qui n'est autre chose que le trésor de la sagesse et de la science de Dieu, et c'est là sa profondeur, *Profundum.*— La quatrième difficulté vient du terme de *ténèbres extérieures* emprunté à la parabole et appliqué aux vierges folles. Saint Augustin l'explique par la conduite même de ces filles mondaines qui cherchent la récompense de leurs bonnes œuvres plutôt dans les louanges des hommes que dans les bénédictions de Dieu.— Enfin il lève la dernière difficulté, en appliquant cette parole de saint Jean : *Et Verbum caro factum est*, au mystère de l'incarnation, à l'union de la nature humaine avec la divinité de Jésus-Christ. Il s'est fait, dit-il, le Fils de l'homme par la nature, afin de nous rendre, par la grâce de l'adoption, les enfants de Dieu.

(Lettre 147 et 148e.) Dans une lettre à Paulin, et dans une autre à Fortunatien, évêque de Sinique, écrites toutes les deux en 413, il traite encore, à leur prière, de la vision de Dieu, pour prouver de nouveau qu'il ne peut être vu des yeux du corps. Il rassemble tous les textes de l'Ecriture qui démontrent qu'on peut voir Dieu; mais il rapproche de ces textes ceux qui témoignent que Dieu s'est fait voir aux hommes, par exemple, aux patriarches Abraham, Isaac et Jacob..., et il en explique la différence, en disant de ces textes que les uns regardent l'avenir, les autres le passé; et qu'encore que personne n'ait jamais vu Dieu, cela n'empêche pas que ceux qui deviendront ses enfants par la pureté de leur cœur ne puissent le voir un jour. Mais il n'en résulte pas qu'ils puissent jamais le voir des yeux du corps, même glorifié par la résurrection, comme nous voyons les choses sensibles, puisque, sous aucun rapport, Dieu ne peut tomber sous les sens. Il appuie son opinion des témoignages de saint Ambroise, de saint Jérôme, et de saint Grégoire d'Elvire, au sentiment duquel il consent à se soumettre complétement, s'il parvient à prouver que nos corps spiritualisés participeront tellement de la nature des âmes, qu'après la résurrection ils en partageront la simplicité.

La lettre 149e, adressée à saint Paulin en 414, a pour but de satisfaire à plusieurs questions soulevées par ce pieux pontife sur les Psaumes, les Evangiles et les Epîtres de saint Paul, à propos de l'état des juifs. Il explique les différents textes objectés, dans le sens de l'accomplissement des prophéties, dont nous avons sous les yeux la réalisation. Nation toujours persécutée, toujours dispersée, et cependant toujours vivace, toujours subsistante pour témoigner de la justice et de l'accomplissement des volontés du Seigneur. Pierre éternelle d'achoppement, pierre de scandale posée entre les nations, et cependant, pierre de témoignage inébranlable en faveur de la vérité. Ce qui n'empêche pas qu'on ne puisse adresser pour eux au Seigneur des prières et des supplications: et à ce propos le saint docteur distingue entre les supplications et les prières : les prières sont les demandes que chacun fait au ciel, et les supplications sont les prières de tous, présentées par ceux qui ont été établis les ministres du Très-Haut.

(Lettre 169e.) Dans le cours de la même année, Evode avait écrit à saint Augustin pour lui proposer deux questions : la première, sur l'origine de l'âme de Jésus-Christ; la seconde, sur un passage de l'Epître de saint Pierre, où il est dit que Jésus-Christ a prêché aux esprits qui étaient dans la prison et qu'il les a délivrés de leurs peines. — Le saint docteur répond à la seconde question avant d'aborder la première. Il dit : 1° que personne ne peut douter que Jésus-Christ ne soit descendu aux enfers ; 2° qu'en y descendant, il n'en a pas délivré tous les hommes, mais seulement ceux qui étaient assez justes pour mériter d'être délivrés ; 3° que la croyance de l'Eglise est qu'il en a retiré notre premier père, les patriarches, les prophètes et tous les justes qui, au moment de sa mort, ne se trouvaient pas précisément dans ce qu'on entend par les enfers, mais dans le lieu que l'Ecriture appelle le sein d'Abraham ; 4° que le passage de saint Pierre doit s'entendre des esprits de ceux qui vivaient du temps de Noé, que le Christ éclaira par sa grâce pendant qu'ils vivaient sur la terre, et qu'il arracha des limbes après sa mort ; 5° que la naissance de Jésus-Christ n'a point été souillée par le péché, parce que la concupiscence n'a point eu de part à la formation de sa chair dans le sein de la Vierge qui le mit au monde. A ce propos, il rend compte des opinions qui partageaient les chrétiens de son temps sur la nature et l'origine des âmes, et il conclut en affirmant que l'âme de Jésus-Christ n'a point été sujette à la souillure du péché, et par conséquent à la mort et à la condamnation.

(Lettre 180°.) Une lettre qu'Augustin écrivit en 416 à Océanus, ami particulier de saint Jérome, témoigne que ce Père s'était rendu au sentiment de l'évêque d'Hippone sur le sens de l'Epître aux Galates, où il est dit que saint Paul résista en face à saint Pierre pour condamner le mensonge, même officieux, commis dans le but de faire prévaloir la vérité. Le saint docteur distingue entre le mensonge et la métaphore, à propos d'un texte que ce personnage avait apporté et que l'Evangile met dans la bouche même de Jésus-Christ.

(Lettre 185°.) L'année suivante, le comte Boniface, importuné par les donatistes, écrivit à saint Augustin pour lui demander ce qu'ils étaient, et en quoi ils différaient des ariens. La réponse ne se fit pas attendre. « Les ariens, dit le saint évêque, soutiennent que le Père, le Fils et le Saint-Esprit sont d'une substance différente ; les donatistes, au contraire, reconnaissent dans les trois personnes identité de substance. Ce n'est qu'au sujet de l'unité de communion qu'ils sont séparés de l'Eglise, parce qu'ils refusent opiniâtrement d'admettre l'unité de personne en Jésus-Christ. Il s'étend ensuite sur les lois de répression que l'empereur Honorius avait publiées contre eux, et il en justifie l'équité, l'utilité, la nécessité.

(Lettre 186°.) L'hérésie de Pélage lui tenait au moins autant à cœur que le schisme de Donat. Ayant appris que saint Paulin et quelques membres du clergé de Nole conservaient encore quelques sentiments de déférence pour ce novateur, le saint évêque leur écrivit, en son nom et au nom d'Alype, pour qui ils professaient une profonde vénération.

Le but de cette lettre est de réfuter Pélage et d'établir la doctrine de la grâce et de la prédestination. Cet hérésiarque, soit dans son livre *Des forces de la nature*, soit dans ses lettres particulières, enseignait, à la vérité, que nous tenons du Créateur la possibilité de vouloir et d'agir, mais il réduisait cette grâce au seul libre arbitre ; de sorte qu'entre les païens et les chrétiens, les saints et les impies, les fidèles et les infidèles, il n'y avait point de différence dans les grâces accordées, et que la mort de Jésus-Christ devenait un sacrifice inutile, puisque les seules forces de la nature pouvaient nous faire acquérir la justice qui sauve et qui garantit le salut. — Dès le moment de sa naissance, les conciles, les papes, les évêques combattirent cette doctrine pernicieuse, en déclarant que la grâce de Jésus-Christ sauve tous les hommes non-seulement par la rémission des péchés, mais par un secours efficace, qui éclaire l'esprit, qui touche la volonté et qui fait éviter le mal et pratiquer le bien, en vertu du libre arbitre, c'est-à-dire du libre choix de la volonté ; de sorte que, dénués de ce secours, nous ne pouvons ni vouloir ni accomplir aucun acte de piété, de justice et de vertu. Et il rapporte, à ce sujet, tous les textes de l'Ecriture qui établissent la doctrine catholique. Comme cette lettre est très-concise malgré sa longueur, comme ses déductions logiques sont très-pressantes et très-serrées, nous y renvoyons nos lecteurs avec d'autant plus d'assurance que nous pouvons leur promettre que, dans l'espace de quelques pages, ils trouveront tout un traité sur la matière.

(Lettre 189°.) Saint Augustin qui, dans plusieurs de ses lettres, avait déjà eu occasion de parler de l'âme, s'en exprime catégoriquement et pour ainsi dire *ex-professo*, dans une lettre à Optat, écrite en 418. — En principe, il suppose le péché originel comme indubitable, et il en a le droit, puisqu'il en a prouvé précédemment l'existence ; ensuite il déclare que, quand il a écrit qu'on peut ignorer sans crime quelle est l'origine de l'âme, c'est à la condition qu'on tiendra pour certain : 1° qu'elle n'est point de la substance de Dieu, mais créée ; 2° qu'elle est un esprit, et non un corps ; 3° qu'elle n'est point unie au corps en punition des péchés commis dans une autre vie, mais qu'elle est placée dans la vie du siècle pour y gagner la vie de l'éternité. — Il établit ensuite la justification sur la foi en Jésus-Christ, la prédestination des élus sur la grâce de Jésus-Christ qui les sépare de la masse de perdition ; la mort éternelle des enfants nés sans baptême sur la nécessité de la régénération, sans laquelle on ne peut être sauvé. — Sans admettre précisément l'opinion de la propagation des âmes, il la croit plus probable que celle de la création journalière ; cependant, il ne veut rien décider sur cette matière. Il ne condamne pas les pélagiens parce qu'ils sont de cette dernière opinion, mais parce qu'ils en tirent une conséquence contraire à l'existence du péché originel, puisque l'Eglise, par la voix de ses pontifes

Innocent et Zozime, a déclaré cette croyance de foi catholique et universelle.

(Lettre 205°.) En 420, Consentius avait demandé à saint Augustin si le corps de Jésus-Christ conservait au ciel les mêmes parties, les mêmes proportions et les mêmes traits qu'il avait sur la terre; le saint évêque lui répond par une profession de foi tirée de l'Evangile. « Je crois, dit-il, que le corps de Jésus-Christ est dans le ciel tel qu'il était sur la terre, au moment où il la quitta pour remonter vers son Père, puisque, se montrant à ses disciples, il leur fit toucher ses pieds, ses mains, ses os, sa chair, afin qu'ils ne pussent douter de sa résurrection. Or, comme il est monté au ciel tel que les apôtres l'avaient vu sur la terre, il est hors de doute qu'à la fin des temps il descendra du ciel tel qu'il y est monté.

(Lettre 217°.) Un homme marquant de l'Eglise de Carthage, nommé Vital, avait publié sur la grâce quelques opinions que le saint docteur trouva erronées. Il enseignait, par exemple, que de nous-mêmes, et par un mouvement de volonté qui nous est propre, nous pouvons, sans aucun secours divin, commencer de croire en Dieu et nous soumettre à l'Evangile. Augustin, pour réfuter cette erreur, qu'on appela depuis celle des semi-pélagiens, lui écrivit une longue lettre, dans laquelle il résume en 12 articles tout ce que l'on doit croire sur la grâce; puis, faisant l'application de sa doctrine à la dispute présente, il conclut, contre Vital, que la grâce ne nous est pas donnée en raison de notre vouloir, mais que notre vouloir même est une disposition que Dieu opère en nous par la grâce.

(Lettre 218°.) L'année 428 fut une année douloureuse pour l'Eglise. L'évêque Honorat avait demandé à saint Augustin s'il était permis aux clercs, et même aux évêques, de fuir et d'abandonner leur troupeau, dans les moments de persécution. Saint Augustin lui répond aussitôt qu'il n'y a que deux circonstances où il soit permis aux ecclésiastiques de se retirer : d'abord, quand on les poursuit personnellement, parce qu'alors ceux de leurs confrères qui ne sont pas inquiétés peuvent les suppléer dans les soins de leur ministère; mais lorsque le péril menace également tout le monde, évêques, clercs et laïques, ce n'est pas à ceux dont le devoir est de secourir les autres qu'il appartient de les abandonner. Les évêques surtout doivent demeurer au milieu de leur peuple pour vivre et mourir avec lui, suivant qu'il plaira à la volonté de Dieu d'en ordonner. Cependant, le saint docteur convient que dans les calamités publiques il est permis à une partie du clergé de se soustraire par la fuite à la persécution, afin d'être en état de servir l'Eglise dans des temps plus calmes et plus prospères; mais c'est à la condition qu'il en restera d'autres pour occuper leurs places et remplir leurs fonctions. Si, par extraordinaire, la persécution ne sévissait que contre les ecclésiastiques, il serait à souhaiter que, pendant que les uns fuient, les autres prissent le courageux parti de demeurer, afin que l'Eglise ne fût pas abandonnée.

Nous ne faisons mention ici qu'avec la plus extrême sobriété des lettres de la quatrième catégorie, parce que, n'ayant point de date connue, elles perdent de leur intérêt du moment, puisqu'on ne sait plus à quels événements les rattacher.

(Lettre 222°.) La première de cette classe, et la 222° de la collection de saint Augustin, est adressée aux habitants de Madaure, qui pour la plupart étaient encore idolâtres. Le zélé pontife leur écrit pour leur présenter la lumière et les exhorter à embrasser la religion chrétienne. Il les ébranle par la crainte, il les persuade par la vérité, il cherche à les soumettre par l'exposition des mystères; il emploie la terreur du dernier jugement, l'accomplissement des prédictions marquées dans les Ecritures, qui ne laissent plus aux infidèles aucune excuse d'ignorance, puisqu'au moment où il parle, Jésus-Christ est connu partout. Son nom est aussi bien dans la bouche des justes que dans la bouche des parjures, sur les lèvres des princes que sur les lèvres des sujets, et il retentit répété par tous les échos de l'univers. Il termine sa lettre en leur expliquant brièvement, avec clarté et simplicité, sans cependant s'écarter de l'exactitude de la foi, la doctrine de la Trinité et de l'Incarnation.

« Si le Verbe s'est fait chair, leur dit-il, si, en Jésus-Christ le Fils de Dieu s'est humilié jusqu'à l'homme, ç'a été pour confondre son orgueil, en lui enseignant à s'humilier, à l'exemple d'un Dieu. Aussi, n'est-ce pas Jésus-Christ revêtu de la majesté royale, ni riche des biens de ce monde que nous vous annonçons, mais Jésus-Christ pauvre, humble, crucifié. »

(Lettres 223° et 225°.) Saint Augustin avait écrit au philosophe Longinien, pour lui demander ce qu'il pensait du Christ, et quel culte il fallait rendre à Dieu ? — Suivant les principes de Platon, Longinien lui répondit qu'il fallait aller au seul vrai Dieu par une vie pure, par la société des dieux inférieurs, que les chrétiens appellent les anges, et par les expiations et les sacrifices. Quant à ce qui regarde Jésus-Christ, il ne veut ni n'ose en rien dire, parce qu'il ne le connaît pas. — Augustin se crut dans l'obligation de lui écrire de nouveau pour louer sa retenue touchant Jésus-Christ; mais il lui demande en même temps de lui marquer si les expiations dont il parlait étaient nécessaires, même avec une vie pure, et si elles en étaient une cause, une partie ou un effet; ou bien si elles en différaient essentiellement, comme les fruits du crime diffèrent essentiellement des fruits de la vertu. — On ne sait si Longinien fit une réponse, ni s'il se convertit, car depuis il n'en est plus question, ni dans les œuvres ni dans la Vie de saint Augustin.

Possidius, évêque de Calame, avait demandé à saint Augustin de lui enseigner un moyen de remédier au luxe qui régnait parmi son peuple. Le saint pontife lui répond que, pour les parures d'or et les étoffes précieuses, il ne peut les défendre aux personnes mariées, qui ont besoin de se plaire réciproquement; pourtant il lui défend de souffrir que les femmes, même mariées, laissent voir leurs cheveux, puisque l'Apôtre veut qu'elles soient voilées. Il interdit complétement le fard, qui ne peut plaire, même aux maris, puisque c'est un moyen de les tromper. La vraie parure des chrétiens, dit-il, ne consiste pas en cela, mais dans la modestie et la pureté des mœurs.

(Lettre 262°.) Une dame, nommée Cédicie, avait fait vœu de continence, à l'insu de son mari; elle parvint à le lui faire ratifier, et ils vécurent ainsi pendant plusieurs années. Mais, outre-passant les bornes d'un vrai zèle, elle se vêtit de noir comme une veuve, et distribua, de son chef, tout son bien aux pauvres. Son mari, qui en fut averti, entra dans une grande colère, et, rompant le vœu de continence qu'il avait consenti, il se livra à tous les excès de l'adultère. Cédicie, effrayée de ce résultat, et ne sachant plus quel parti prendre, consulta saint Augustin, qui lui fit ouvrir les yeux sur son imprudence. Il lui démontre, par l'autorité de l'Ecriture, que le vœu de continence, pour les personnes mariées, ne peut être prononcé que du consentement mutuel des deux époux; que la femme et le mari ont une égale puissance sur le corps l'un de l'autre, et que l'Apôtre, qui a promulgué cette loi divine, ne lui a assigné aucun terme. Il la reprend d'avoir irrité son mari par des aumônes et des profusions à contre-temps; il la blâme de son changement de costume, et il l'exhorte à prier avec larmes pour la conversion de celui dont elle a peut-être mis, par sa faute, le salut en danger.

(Lettre 263°.) Une autre dame, nommée Séleucienne, avait entrepris de ramener à Jésus-Christ un novatien avec lequel elle était en relation; elle écrivit à saint Augustin, pour le prier de la conseiller et de la diriger dans cette entreprise. Le saint évêque lui répondit en détruisant les objections qui lui avaient été présentées par cet hérésiarque; par exemple, sur le baptême et sur la conversion de saint Pierre. Puisqu'il avoue, dit le saint docteur, que tous les autres apôtres ont été baptisés, comment ose-t-il refuser ce privilége au prince des apôtres ? Il convient néanmoins que quand saint Pierre renia Jésus-Christ, on peut dire qu'il n'avait encore été baptisé que dans l'eau, et que la pénitence qu'il fit après sa faute ne doit pas se confondre avec la pénitence canonique telle que l'Eglise la pratique et la comprend. Sur quoi il distingue deux sortes de pénitence : celle qui précède, et celle qui suit le baptême. La première est comme un préliminaire et une préparation au sacrement, la seconde est elle-même un sacrement dont la pratique est absolument nécessaire pour obtenir le pardon des fautes qui forcent un chrétien de s'éloigner de l'autel et de la communion. — Indépendamment de la pénitence, considérée sous ce double rapport, il en distingue une troisième, qui n'est autre que la pénitence habituelle par laquelle nous demandons et nous obtenons de Dieu le pardon des offenses que nous commettons tous les jours.

(Lettre 266°.) L'amour du mieux dans le bien, et le désir de la perfection dans la vertu s'étaient emparés du cœur d'une jeune fille, nommée Florentine. Ses parents prièrent saint Augustin de prévenir ses vœux, en lui offrant lui-même ses conseils, qu'elle n'osait lui demander. Le pieux prélat le fit avec une rare et touchante humilité. « Si je sais, lui dit-il, ce que vous souhaitez apprendre, je vous en ferai part avec bonheur; si vous me demandez des choses préjudiciables à votre foi, je tâcherai de vous faire comprendre qu'il vous est plus avantageux de les ignorer; enfin, si vous me demandez des choses utiles et que je ne sache pas moi-même, je m'appliquerai à en obtenir la connaissance du Seigneur, pour satisfaire aux besoins de votre âme. »

Nous terminons ici l'analyse des lettres du saint docteur. Pour ceux de nos lecteurs qui la trouveraient trop longue, nous avons deux raisons à faire valoir, et qui nous assurent d'avance leur pardon : la première, c'est que cette correspondance, dans la collection de ses OEuvres, ne contient rien moins qu'un volume in-4°; la seconde, c'est qu'il est permis de s'oublier en si bonne compagnie. Nous abordons le III° volume, qui renferme tous les traités sur l'Ecriture sainte.

De la doctrine chrétienne (en 397). — Le but de ce traité est de donner des règles et des préceptes pour entendre soi-même et pour expliquer aux autres l'Ecriture sainte. Ces deux objets forment la division naturelle de l'ouvrage, dont les trois premiers livres sont consacrés à l'intelligence de l'Ecriture, et le quatrième à la méthode de l'expliquer de manière à la faire comprendre. On l'a mis en tête des autres traités, afin qu'il pût servir comme de préface à tous les commentaires du pieux docteur sur les saints livres. Commencé au début de son épiscopat, vers l'an 397, il ne fut achevé qu'en 426, comme il le témoigne lui-même dans ses *Rétractations*. Du reste, au jugement de Bossuet, ce livre contient à lui seul plus de préceptes pour l'intelligence de l'Ecriture que tous les docteurs n'en ont jamais publié dans tous leurs ouvrages.

Premier livre. — Le premier livre commence par des réflexions assez vagues, et établit seulement des principes généraux. Il remarque que toutes nos connaissances sont des signes ou des choses; mais que les choses s'expriment par des signes. Il distingue deux sortes de choses : les unes dont on peut jouir, les autres dont on ne doit que se servir. — Celles dont on peut jouir, c'est Dieu, et nous sommes conduits à cette jouissance, qui s'élève presque jusqu'à la possession, par l'incarnation de son Verbe, par sa passion, par sa mort, sa résurrection, son ascension, et par les sacrements de son

Eglise, qui possède la clef de tous ses trésors divins, et qui peut nous communiquer tous ses dons. Les choses dont on ne doit que se servir sont les créatures. Il n'est pas permis d'en jouir, parce qu'alors on les considérerait comme la fin dernière; mais il est permis de s'en servir, en les aimant comme soi-même par rapport à Dieu. Toute la plénitude de la loi est dans ce double précepte de la charité, qui doit nous servir de règle pour l'intelligence de l'Ecriture tout entière. Tout sens qui ne se rapporte pas à la charité n'est pas le véritable sens; au contraire, toute interprétation qui s'y rapporte, encore qu'elle n'ait pas été dans l'intention de l'écrivain sacré, dont cependant il ne faut pas s'éloigner, est une interprétation utile. D'où il conclut que celui qui est bien persuadé que la science de l'Ecriture n'est autre chose que cette charité dont parle saint Paul, et qui vient *de corde puro, et conscientia bona, et fide non ficta*, et qui a vraiment le cœur pur, la conscience bonne et la foi éclairée, celui-là peut sans crainte se donner à l'étude des saints livres.

Deuxième livre — De la connaissance des choses il passe, dans son second livre, à la connaissance des signes, dont il donne la définition, et qu'il divise en signes naturels et en signes de convention. A la tête de ces derniers, il place la parole; l'écriture, qui fixe la parole et qui la conserve, tient le second rang, ce qui l'amène naturellement à parler de la diversité des langues et des différentes versions de l'Ecriture sainte. Les livres sacrés n'ont été primitivement écrits que dans une seule langue; mais, dans la suite, s'étant répandus dans l'univers par les traductions des interprètes, cette divine Ecriture est arrivée à la connaissance de tous les peuples. L'obscurité qui se rencontre de temps en temps dans ces livres a aussi son utilité; elle humilie l'orgueil de l'homme, et le soumet plus facilement aux inspirations de l'Esprit-Saint, qui nourrit les affamés par la lecture des endroits clairs, et qui empêche le dégoût des autres par l'exercice intellectuel que leur donnent les passages obscurs. Il fait suivre ces explications d'un catalogue de livres canoniques entièrement conforme au nôtre, et il propose deux règles à suivre pour arriver à l'intelligence des obscurités de l'Ecriture. La première, c'est la connaissance de la langue dans laquelle les saints livres ont été écrits; la seconde, c'est de consulter, en les comparant, les différentes versions des deux Testaments. Parmi les versions latines, il préfère la Vulgate, comme plus littérale et plus claire; parmi les versions grecques, il s'en tient à celle des Septante, à laquelle il accorde presque l'autorité divine de l'inspiration.

Troisième livre. — Souvent, dans les saintes Ecritures, on rencontre des ambiguïtés provenant de la distinction des points et des virgules, qui, différemment placés, peuvent changer le sens des textes; saint Augustin donne des règles pour les éclaircir. La première c'est la règle de la foi, qui veut qu'on rejette la distinction qui présente un sens hérétique. Dans le cas où l'ambiguïté d'un texte offrirait deux sens catholiques, il veut qu'on suive celui qui s'accorde le mieux avec le contexte, et s'ils s'accordent également, il laisse alors la liberté de suivre le plus probable. Il expose ensuite les règles nécessaires pour distinguer le sens propre du sens figuré. La première et la plus usitée, c'est qu'il faut être convaincu que tout ce que l'on ne peut accorder, ni avec l'honnêteté des mœurs, ni avec la vérité de la foi, en l'expliquant à la lettre, doit avoir nécessairement un sens figuré. La seconde, c'est de juger de l'honnêteté, non par les préjugés de la coutume et de l'opinion, mais par les principes de la foi et de la charité. Il y a des actions que l'Ecriture loue et qui ressemblent à des crimes, quoique l'Ecriture semble les attribuer quelquefois aux plus saints personnages de l'Ancien Testament, agissant par le conseil et l'inspiration de Dieu: saint Augustin commande de les expliquer d'une manière figurée. Du reste, il pose une règle qui doit trancher la question, la voici : Si la loi défend un crime et commande un bien, il n'y a point de figure; au contraire, si la loi semble commander un crime et interdire un bien, alors c'est une figure, et la prendre dans son sens littéral serait faire injure à Dieu.

Quatrième livre. — Le quatrième livre est un traité complet de rhétorique appliquée à l'Ecriture sainte. Il entre dans de grands détails sur les qualités d'un orateur chrétien, à qui, suivant lui, il importe beaucoup plus de parler avec sagesse qu'avec élégance. Il montre, par plusieurs exemples des Épîtres de saint Paul et de la prophétie d'Amos, que l'éloquence est jointe à la sagesse dans les auteurs sacrés; mais il ajoute que, si on peut les prendre pour modèles dans les passages clairs et lucides de ces écrits, on doit éviter de les imiter dans les choses enveloppées d'obscurités et de mystères, parce que ce qui, chez eux, est un effet de l'inspiration divine, deviendrait un défaut dans l'orateur chargé de les interpréter. Il expose, d'après Cicéron, les devoirs d'un orateur, qui sont de plaire, d'instruire et de toucher; et, pour atteindre ce triple but, il distingue trois genres d'éloquence qui doivent se proportionner aux sujets à traiter, suivant qu'ils sont petits, médiocres ou sublimes. De là trois sortes de styles dont le saint docteur apporte des exemples qu'il tire de l'Ecriture, et particulièrement de saint Paul, mais qu'il emprunte aussi à quelques écrivains ecclésiastiques, notamment à saint Cyprien et saint Ambroise. Mais, quelque sublimité de discours qu'emploie un orateur chrétien, sa vie aura encore plus d'autorité si elle répond à ses paroles; tandis que, s'il vit mal, il pourra bien instruire ceux qui ont besoin de savoir, mais il ne gagnera rien pour lui, et fera très-peu profiter les autres.

Deux livres de la Genèse contre les manichéens. — Les manichéens avaient soulevé, sur les trois premiers chapitres de la Genèse, les plus pitoyables difficultés, et s'étaient permis, contre l'œuvre de la création, les interprétations les plus impertinentes et les plus impies. Saint Augustin les réfute dans ses deux livres sur la Genèse, en donnant à chacun des versets contestés les applications les plus raisonnables, explications habituellement littérales, mais pourtant aussi quelquefois allégoriques et figurées. Comme le but de ces livres était de détromper ceux que les novateurs abusaient, il les écrivit dans le style le plus simple et le plus clair, afin que chacun pût en profiter.

Livre imparfait. — Saint Augustin, indépendamment de ses autres travaux sur la Genèse, avait composé un livre où il se proposait pour but de démontrer, contre les manichéens, que l'histoire de la création, prise à la lettre, n'était pas aussi ridicule qu'ils le prétendaient. Mais il avance lui-même que le défaut d'études sur ces matières lui fit trouver l'entreprise au-dessus de ses forces, et le contraignit à l'abandonner; ce qui fit donner à son livre le titre d'*imparfait.* Mais il y revint plus tard, fortifié par l'étude, et peut-être aussi par la grâce de l'épiscopat, et il nous laissa douze livres, dans lesquels il explique le texte de la Genèse depuis le premier mot de la création jusqu'à l'expulsion du paradis terrestre. Cet ouvrage, commencé en 401, ne fut fini qu'en 415.

Douze livres sur la Genèse. — Cet ouvrage est du même âge que le précédent, et il ne présente pas plus de méthode dans la pensée qui a présidé à sa conception que dans le style et l'agencement de ses parties. L'auteur examine tous les mots, fait naître une infinité de questions dont il laisse la plupart sans réponse, ou s'il donne quelques solutions ce sont des solutions mystiques, qui le plus souvent s'éloignent de la lettre, au lieu de s'en rapprocher. Cependant le texte a besoin de servir de fondement à l'explication morale, pour qu'elle conserve quelque valeur. Après avoir parlé des corps et expliqué la création matérielle, il traite aussi plusieurs lieux communs sur la nature des anges et de l'âme, sur la chute de l'ange et la chute de l'homme, sur les mystères du nombre *six*, sur l'enfer et le paradis, les visions, et, en un mot, sur presque tous les sujets qui se rencontrent sur sa route, et qui lui présentent quelque affinité avec celui qui fait l'objet de son étude. Suivant lui, les anges sont l'ouvrage du premier jour; ils ont été créés avec la lumière; ils connaissent non-seulement ce qui est caché en Dieu, mais encore ce qui est caché dans l'homme. Le royaume des cieux n'a point pour eux de mystères, et ils savent que, délivrés un jour de l'exil, nous leur serons associés dans la patrie. Il s'étend beaucoup sur la nature et sur l'origine de l'âme, sans décider ce qu'il faut en croire. Néanmoins, il paraît favorable à l'opinion qui veut qu'une âme soit produite par une autre âme; mais il prouve qu'elle ne fait point partie de la substance de Dieu, qu'elle ne tire point son origine des anges, et que sa substance est absolument distincte de la substance des corps. Il explique la chute des anges et la chute des hommes; il parle de l'utilité des tentations, et il représente la chute de notre premier père comme une sainte leçon que Dieu a voulu donner aux prédestinés. A propos des différentes visions dont il est parlé dans l'Ecriture, il donne des règles pour les expliquer, et il conteste et nie absolument que Dieu ait pu se montrer sous une forme humaine; car la substance de Dieu, étant invisible et tout entière partout, n'a pu apparaître aux sens corporels d'Adam et de sa moitié pour un mouvement attaché à un lieu défini, et qui ait passé avec le temps.

Sept livres de locutions et de questions (419). — Ce fut quelques années plus tard, en 419, que le saint docteur publia ses livres *des locutions et des questions* sur les premiers livres de l'Ecriture sainte. Il travailla à ces deux ouvrages en même temps, comme il le témoigne lui-même dans le livre de ses *Rétractations,* ce qui explique les citations qu'il emprunte et les renvois qu'il fait de temps en temps des uns aux autres — Les sept livres qui portent le premier de ces deux titres ne sont rien autre chose qu'un recueil de locutions particulières à l'Ecriture, locutions naturelles au grec et à l'hébreu, mais insolites et presque absolument inusitées dans le latin; ce qui donne lieu au lecteur qui n'en tient pas compte, d'y chercher un sens mystérieux dans l'explication. Le saint docteur propose encore ici la méthode qu'il a déjà recommandée bien des fois, et qui consiste à expliquer les passages obscurs par les passages plus clairs des saints livres où les mêmes locutions sont employées. Il prend lui-même la peine de recueillir un à un chacun de ces idiotismes, quelquefois en commentant, mais plus souvent en se contentant de signaler les expressions. Cassiodore trouve ces livres admirables, et dit que saint Augustin prouve magnifiquement que toutes les figures du discours, si vantées par les grammairiens et les orateurs, ont leur place brillante marquée dans l'Écriture. L'Écriture, suivant lui, a des beautés qu'aucun des génies du siècle n'est parvenu à imiter.

C'est en lisant les Écritures et en collationnant ensemble les différents exemplaires de l'édition des *Septante*, auxquels il joignit les versions d'Aquila et de Théodotion, et quelquefois aussi la version latine traduite de l'hébreu, qu'il composa son livre de *Questions.* Il mit par écrit toutes les difficultés qu'il rencontra dans le texte de l'Ecriture, marquant les unes, examinant les autres, et ne donnant de solution qu'à celles qu'il pouvait éclaircir sans s'arrêter. Son dessein n'était pas de traiter les choses à fond; il ne voulait seulement que décharger sa mémoire et se ménager pour l'avenir un répertoire où il pourrait puiser au besoin. C'est pour cela qu'il donna le nom de *Questions* à cet ouvrage. Cependant il ne laisse pas d'y éclaircir et d'y résoudre un grand nombre de difficultés, en priant ses lecteurs de ne pas rejeter un ouvrage à cause de la simplicité de son style, mais de s'attacher seulement à la vérité, qu'on ne cherche pas précisément pour en parler, mais dont on parle pour la poursuivre et la découvrir. C'est dans ce sens, et pour arriver à ce but, qu'il examine et résout plusieurs difficultés tirées des sept livres qui ont exercé son intelligence et ses méditations.

Notes sur Job. — Nous ne dirons rien des *Notes* sur le livre de Job, ouvrage fort imparfait, que saint Augustin écrivit en marge d'un exemplaire de ce patriarche. C'est sans son consentement qu'on les en a retirées pour en faire un livre particulier. Nous ne le mentionnons ici que parce qu'elles ont toujours continué de figurer dans le catalogue de ses œuvres.

Miroir de l'Ecriture. — Il en est de même du *Miroir de l'Ecriture.* Ce n'est ni un commentaire, ni un travail particulier sur la Bible, mais un simple recueil de passages très-indistinctement tirés des livres de l'Ancien et du Nouveau Testament, contenant des préceptes et des instructions sur les mœurs; ce qui n'empêche pas ces deux livres d'avoir une certaine étendue.

De l'Accord des évangélistes. — On brisait encore les statues des idoles par ordre de l'autorité, lorsque saint Augustin commença son ouvrage *de l'Accord des évangélistes.* On ne peut donc faire remonter sa publication plus haut que vers l'an 399, ni la faire descendre plus bas qu'en 401, suivant ce qu'il en rapporte dans ses *Rétractations.* Il travailla à cet ouvrage sans interruption, et négligea même, pour le finir, les livres de la Trinité qu'il avait commencés, tant il était pressé de fermer la bouche aux hérétiques, qui soutenaient que les évangélistes ne s'entendaient pas. Ce travail lui coûta beaucoup, comme il le confessa lui-même, et comme il est facile de le comprendre, puisque, destitué de tous les secours qu'ont eus depuis ceux qui ont travaillé sur cette matière, il ne leur a néanmoins laissé que très-peu de choses à ajouter à ses découvertes. Cet ouvrage est divisé en quatre livres, dont le dessein général est de montrer qu'il n'y a rien dans les évangélistes qui ne soit parfaitement d'accord, sinon dans les termes, au moins dans l'application.

Après avoir, dans le premier livre, établi l'autorité, distingué le style, fixé le nombre et déterminé l'ordre des quatre évangélistes, le saint docteur répond à ceux qui demandent pourquoi Jésus-Christ n'a pas écrit lui-même son Evangile, et il réfute ceux qui lui attribuent des livres de magie. Il soutient que les disciples du Sauveur, bien loin de dépasser la vérité en le présentant comme Dieu à l'adoration de l'univers, n'ont accompli encore que ce qu'il leur avait commandé en proscrivant le culte de toutes les autres divinités. Il appuie cette doctrine de la prédication des apôtres, des écrits des prophètes qui ont annoncé qu'elle serait publiée par toute la terre. Il témoigne hautement que les Romains, qui n'avaient refusé d'adorer le Dieu unique que parce qu'il défendait le culte des dieux étrangers, s'étaient entièrement soumis à sa loi. Donc, s'il a souffert que les juifs fussent vaincus à cause de leurs prévarications, il n'a pas été vaincu par l'opposition des peuples, puisqu'il a brisé toutes les idoles, et imposé par la conviction son culte à toutes les nations de l'univers. Les trois autres livres sont consacrés à faire ressortir par des textes l'accord parfait qui règne entre les quatre évangélistes, dont deux ont été choisis parmi les apôtres, et deux hors de cette sainte assemblée, afin que l'on ne pût pas dire qu'il y eût une différence sérieuse entre ceux qui avaient vu de leurs yeux les actions de Jésus-Christ, et ceux qui ne les avaient apprises que par tradition.

Sermon sur la montagne. — Ce fut immédiatement après la dispute qu'il eut sur la foi et sur le Symbole, dans le concile d'Hippone, que le saint évêque publia, en deux livres, son explication du sermon sur la montagne. On ne saurait trop dire pourquoi il commença ses recherches sur l'Evangile par le Commentaire de ce discours, à moins que ce ne soit, comme il le témoigne lui-même, parce qu'il contient à lui seul toute la perfection des préceptes évangéliques qui peuvent servir à former un chrétien : c'est-à-dire, la charité fraternelle poussée jusqu'à l'abnégation, l'oubli des injures élevé jusqu'à l'amour des humiliations et des outrages, et le culte de la prière, dont il nous laisse le modèle divin dans la magnifique oraison que tous les siècles n'ont cessé de répéter depuis, sous le nom d'Oraison du Seigneur.

Questions sur l'Evangile. — Ce que saint Augustin avait fait pour les sept premiers livres de l'Ancien Testament, il le renouvela pour les Evangiles; il écrivit deux livres de questions qu'il rédigea sans ordre, à mesure que le temps, les circonstances et les difficultés les faisaient naître. Néanmoins, pour épargner des recherches à ses lecteurs, il donna des titres à toutes les questions qui lui furent faites, et qu'il a éclaircies. Le premier livre en contient quarante-sept, sur divers points de saint Matthieu, et le second, cinquante et une sur l'Evangile de saint Luc. A la suite de ces questions, on en a imprimé dix-sept autres sur saint Matthieu, et dont la propriété est contestée au saint docteur; mais le style a tant de ressemblance avec le sien, qu'après Possidius nous ne craignons pas de les publier sous son nom, et de les comprendre dans le catalogue de ses œuvres.

Traités sur l'Evangile de saint Jean. — Ces traités ne sont autre chose qu'une longue suite d'homélies recueillies pendant que le saint pontife les prêchait au peuple. Elles ont été revues et rédigées par lui-même, en forme de traités, sur ses premiers manuscrits. Il nous en est parvenu ainsi cent vingt-quatre, plus deux sur l'Epître du même apôtre, et qui servent également à compléter la collection.

Il avait coutume de lire, dans l'Evangile du jour, le passage qu'il voulait éclaircir, et il en donnait ensuite au peuple l'explication. Les préoccupations du dogme, attaqué par les novateurs de son siècle, ne lui font jamais perdre de vue les préceptes de la morale et de la charité. Les premières paroles de l'Evangile qui ont trait à la génération du Verbe et à la création de l'univers, lui fournissent l'occasion de combattre les manichéens. Y a-t-il rien de plus noble que l'ange parmi les créatures, ou rien de plus méprisable que le ver? Cependant le même qui a créé l'ange a créé aussi le ver, l'un pour le louer dans le ciel, l'autre pour ramper sur la terre; en sorte que toutes les créatures, sans en excepter aucune, les grandes et les petites, celles qui sont au plus haut des cieux, et celles qui sont au centre de la terre, tout ce qui est esprit et tout ce qui est corps, tout ce qui a quelque forme, quelque assemblage, quelque convenance des parties, enfin toute substance qui peut être pesée, nombrée, mesurée, a été faite par celui dont il est écrit : *Omnia in mensura, et numero, et pondere disposuisti.* — Ces paroles de Jésus-Christ : *Sicut palmes non potest ferre fructum a semetipso, nisi manserit in vite, sic nec vos, nisi in me manseritis,* lui inspirent un magnifique éloge de la grâce contre les pélagiens. Il poursuit les philosophes, et il flagelle l'inconséquence de leur conduite, en la mettant en opposition avec leurs raisonnements. On voit par leurs livres qu'ils ont connu le Verbe, tel que saint Jean l'a démontré, et cependant l'orgueil les a arrêtés tous devant la croix de Jésus-Christ. Il parle de la correction fraternelle, de la confiance dans la miséricorde divine, de la fuite du monde, du détachement des biens terrestres, de l'observance des commandements, de l'utilité de la crainte, de l'horreur des petites fautes, et de la pratique habituelle des bonnes œuvres; et dans tous ces détails il a son cœur sur ses lèvres; les paroles coulent de source, et il fait passer son âme dans l'âme de ses auditeurs.

Questions sur l'Epître aux Romains. — Saint Augustin n'était encore que prêtre lorsqu'il fit un voyage à Carthage, en 394. Il se rencontra dans une société où la lecture de l'Epître de saint Paul aux Romains donna occasion à ceux qui étaient présents de lui adresser, sur différents passages de cette Epître, plusieurs questions auxquelles il répondit. Ce sont ces réponses, recueillies avec sa permission, qui forment ce livre, composé de quatre-vingt-quatre questions et d'autant de réponses.

Cependant, quelques erreurs qui semblaient favoriser la doctrine des semi-pélagiens, échappées à la précipitation de la réplique dans cet ouvrage, lui inspirèrent, plus tard, l'idée d'expliquer l'Epître tout entière; mais la longueur et la difficulté d'un si vaste dessein le lui firent abandonner. Il n'acheva que le premier livre de cette *Explication*. Il s'arrêta au titre qu'il explique, ainsi que la solution que Paul, apôtre de Jésus-Christ, adresse à tous les saints de l'Eglise qui est à Rome. Il est vrai que la question du péché contre le Saint-Esprit, péché qu'il fait consister dans l'impénitence finale, le retint assez longtemps, et le fit entrer dans de grandes considérations.

Explication de l'Epître aux Galates. — Entre cette explication et l'apparition du livre des quatre-vingt-quatre questions sur la même Epître, saint Augustin expliqua l'Epître aux Galates, non par fragments, comme celle aux Romains, mais de suite et d'une seule haleine; ce qui ne forme néanmoins qu'un seul livre, parce que le saint docteur se contente d'éclaircir le texte, sans s'éloigner de son sujet. Il y dit que tous ceux qui ont été justifiés sous la loi de l'Ancien Testament, l'ont été par la même foi que nous, à la seule différence qu'ils adoraient dans le futur ce que nous adorons dans le passé, et qu'ils vivaient dans la crainte du jugement à venir. Une règle qu'il prescrit pour la correction des pécheurs, c'est de travailler à les guérir, et non à les insulter; à les secourir, et non à leur faire des reproches, afin que, rentrant en eux-mêmes, et que, réfléchissant sur la douceur de la correction, ils se reprennent plus sévèrement eux-mêmes, et reviennent à de meilleures œuvres.

Explication des psaumes. — Un des livres les plus estimés parmi ceux que saint Augustin composa sur l'Ecriture sainte, assurément, c'est son *Explication des psaumes* Il avait d'abord commencé d'en développer le sens littéral et mystique, dans ses homélies au peuple, mais sans se proposer précisément pour but de les commenter tous. Ce fut à la prière de son père, soit qu'on doive entendre par ce nom Aurèle de Carthage, ou le saint vieillard Valère, dont il était alors coadjuteur, qu'il consentit à entreprendre et à exécuter ce commentaire au complet. Une lettre écrite à saint Paulin, en 414, témoigne qu'il avait déjà commencé, et une seconde, écrite à Evodius, sur la fin de 415, témoigne qu'il n'avait pas encore fini ce travail, puisqu'il le prie de ne pas l'en détourner en lui proposant d'autres questions. Nous sommes donc autorisés à fixer la fin de cet ouvrage à l'année 416.

L'ardent orateur expliquait les cantiques de David, partie en parlant au peuple, partie en les dictant à ses scribes, et souvent même de ces deux manières à la fois. Possidius distingue en particulier ceux que ce Père a dictés, et il remarque que ce sont les plus courts. Les autres, paraphrasés devant le peuple, sont beaucoup plus animés, plus remplis, parce qu'il cherchait à y satisfaire l'avidité de ses auditeurs pour les doctrines de l'Eglise. Quelquefois il en fait ressortir des exhortations si véhémentes, si pathétiques, qu'on ne peut les lire sans en être touché, et sans ressentir son cœur embrasé du même feu qui consumait les disciples sur le chemin d'Emmaüs : *Nonne cor nostrum ardens erat in nobis, dum loqueretur in via?* Il cite lui-même ses Commentaires sur les psaumes, dans son livre de la *Cité de Dieu* et il y renvoie ceux qui seraient curieux de connaître toutes les prophéties de David sur Jésus-Christ et sur son Eglise. Cassiodore y recourut lorsqu'il entreprit une nouvelle explication, et il reconnaît avoir tiré quelques ruisseaux de cette mer de science et de charité. C'est ainsi qu'il appelle ces Commentaires, dont il parle ailleurs comme d'un ouvrage traité avec autant de soin que d'étendue. Du reste, il est rare, dans ce Commentaire, que le saint docteur s'arrête beaucoup à développer le sens littéral des psaumes. Pour peu qu'il soit intelligible, il l'abandonne pour passer au sens figuré; cherchant et trouvant partout Jésus-Christ et son corps, qui est l'Église, avec la double charité, qui est toute la loi et les prophètes. Il suit cette méthode dans ses discours, et même dans ses explications écrites, où il était libre de préférer le sens qui lui plairait. Quelquefois il donne jusqu'à trois sens au même psaume, l'entendant d'abord de Jésus-Christ, ensuite de l'Eglise, qui est son corps, puis de chacun des fidèles, qui sont ses membres. Il rapporte à la charité toutes les connaissances, toutes les instructions contenues dans les paroles du prophète royal, et la raison qu'il en donne, c'est qu'il est écrit dans l'Evangile que toute la loi et les prophètes consistent dans les deux préceptes de la charité de Dieu et du prochain, charité que saint Paul appelle la fin de toute la loi: *Finis præcepti est charitas*. Sur une pareille donnée, on comprend facilement que les réflexions morales abondent. Il faut les lire, pour avoir une idée de toutes celles que le pieux pontife a su tirer de son cœur.

Sermons. — La plus belle de toutes les fonctions du ministère pastoral, le sacrifice excepté, à coup sûr c'est la prédication, c'est-à-dire l'enseignement oral de la parole de Dieu, et, par l'éloquence illuminée de la foi, la propagation de la vérité.

Quoique saint Augustin prêchât déjà n'étant encore que simple prêtre, néanmoins il le fit avec plus d'application, plus de zèle et plus d'autorité après son épiscopat. Il élevait la voix partout où on l'en priait, et, dans tous les pays qu'il évangélisait de sa parole, on voyait les fruits de cette semence divine s'accroître, pour le bien de l'Église et la multiplication des chrétiens, à mesure qu'il les répandait. Il ne cessa d'exercer cette sublime fonction jusqu'à sa mort, toujours avec la même assiduité, la même force, le même jugement. Tous ses sermons sont rangés en cinq classes: la première en contient cent quatre-vingt-trois sur divers passages des Ecritures; la deuxième, qu'on appelle des *Sermons du Temps*, comprend tous ceux que le saint pontife prêche aux grandes solennités de l'année. La troisième classe est composée de soixante-neuf sermons sur les fêtes des saints, et particulièrement sur celles des martyrs, et presque tous ces discours roulent sur le culte qu'on doit leur rendre, et sur les avantages à retirer de leur intercession. La quatrième classe ne comprend que vingt-trois sermons sur des sujets divers: les uns sur la divinité de Jésus-Christ; les autres sur plusieurs sujets de morale, comme l'amour de Dieu, la crainte, la pénitence, le mépris du monde, les mœurs et la vie des clercs, la paix et la concorde, et la résurrection des morts. Indépendamment de ces quatre classes, qui comprennent les sermons réellement prononcés par le saint évêque, et dont l'origine est incontestable, il y a encore deux classes de sermons qu'on nomme sermons apocryphes, ou sermons douteux, parce que leur origine n'est pas bien démontrée, ou parce qu'ils sont, de toute évidence, faussement attribués à saint Augustin.

Du reste, tous ces sermons, qui semblent pour la plupart faits sur-le-champ, sont de simples homélies, où l'on voit un pasteur qui instruit ses brebis, un maître ses disciples, un père ses enfants. Ils sont écrits sans art et sans plan; mais on voit qu'il savait imprimer ses instructions dans les esprits par des expressions agréables, des pensées vives et subtiles, des figures saisissantes et adaptées au génie des Africains, qui en étaient quelquefois touchés jusqu'aux larmes. C'était habituellement le but qu'il se proposait; il ne cessait de frapper qu'il n'eût fait jaillir l'eau de la pierre. Les hérétiques, comme les chrétiens, y accouraient en foule, et ils faisaient un tel cas de sa parole, que, pour n'en rien perdre, ils l'écrivaient à mesure qu'elle leur était annoncée. Nul doute qu'il n'ait réussi à en ramener plusieurs à la foi qu'ils avaient reniée, et dans le bercail de l'Eglise qu'ils avaient abandonné.

Solution des quatre-vingt-trois questions. — Après son retour en Afrique, Alype, Possidius et ses autres amis, profitant de ses moments de loisir, lui adressaient plusieurs questions, auxquelles il s'empressait de répondre, sans observer plus d'ordre dans leur solution qu'ils n'en mettaient eux-mêmes à l'interroger. Il donnait ses réponses au hasard, sans se préoccuper même de la façon dont elles étaient recueillies. Cassiodore en parle avec éloge, et loue particulièrement la sagesse et la prudence qui les ont inspirées. Elles roulent presque toutes sur les discussions de son temps, et forment comme un arsenal où le saint docteur s'était ménagé des armes pour combattre toutes les hérésies.

Deux livres à Simplicien. — Deux autres livres de questions sont dédiés à Simplicien, le même auquel le saint évêque s'adressa en 356 pour lui découvrir les agitations de son âme, et apprendre de lui quel genre de vie il devait embrasser. Augustin lui avait voué une grande reconnaissance, et il se fit un devoir de répondre aux difficultés que ce saint personnage lui avait proposées. Simplicien venait de succéder à saint Ambroise sur le siége de Milan, quand le grand évêque d'Hippone lui fit hommage de son traité. Il est divisé en deux livres. Dans le premier, il raisonne sur deux passages de l'Epître aux Romains, à propos de ce qui est écrit, dans le chap. VII, de l'homme qui, étant sous sa loi, n'accomplit pas cependant tout ce que la loi commande, et dans le chap. IX, qui traite simultanément de la vocation de Jacob et de la réprobation d'Esaü. Ces deux passages lui donnent lieu d'établir fortement la nécessité de la grâce pour toutes les bonnes œuvres, et même pour le commencement de la foi, et de montrer que la vocation qui vient de Dieu est un acte purement gratuit. — Le second contient la solution de quelques difficultés tirées de l'Ancien Testament : Sur l'esprit qui posséda Saül, sur le repentir que Dieu éprouva de l'avoir établi roi ; sur l'histoire de la pythonisse qui lui fit apparaître l'ombre de Samuel ; sur le sens de cette parole, où il est dit que David s'assit devant le Seigneur ; sur la mort du fils de la veuve de Sarepta, et sur l'esprit d'aveuglement qui s'empara du roi Achab dans les derniers jours de sa royauté.

Huit questions de Dulcitius (en 422). — Un tribun, nommé Dulcitius, le même que les empereurs avaient chargé de faire exécuter en Afrique leurs décrets contre les donatistes, avait écrit à saint Augustin pour lui soumettre huit difficultés, auxquelles le saint docteur avait déjà répondu dans ses écrits précédents. Aussi se contenta-t-il de lui envoyer les solutions extraites de ses livres, ne s'appliquant qu'à éclaircir la cinquième, qui consistait à savoir comment Dieu avait pu appeler David un homme selon son cœur, lui qui s'était rendu coupable de tant de forfaits. La réponse du pieux évêque est de la simplicité la plus naturelle et la plus parfaite : ce n'est point comme pécheur, mais comme pénitent que David est devenu un prince suivant le cœur de Dieu.

De la croyance des choses qu'on ne voit point. — Ce livre, que les docteurs de Louvain avaient mis au rang des livres supposés, et qu'Érasme lui-même avait attribué à Hugues de Saint-Victor, a été restitué à saint Augustin avec d'autant plus de justice, que ce Père le cite lui-même dans sa lettre au comte Darius, qui est la 131ᵉ de sa collection. — Le dessein qu'il s'est proposé dans cet ouvrage, c'est de démontrer que, dans la religion chrétienne, on peut sans témérité croire des choses qui ne se voient pas, puisque tous les jours, parmi les hommes, on croit à la bienveillance et à l'amitié sans en rien voir. Mais de ce que l'on ne voit rien dans les mystères de la religion, s'ensuit-il que l'on croit sans preuves ? Non, et le savant docteur explique bien positivement qu'il n'est pas une seule des vérités de la foi qui ne soit clairement démontrée. D'où il conclut en exhortant les chrétiens à demeurer fermes dans la foi, sans se laisser séduire ni par les païens, ni par les juifs, ni par les hérétiques, ni par les mauvais catholiques, ennemis plus dangereux que les païens, et d'autant plus à craindre qu'ils se rencontrent au sein même de l'Église.

De la foi et du Symbole. — C'était pendant un synode que les évêques d'Afrique tenaient à Hippone, en 393, qu'Augustin, qui n'était encore que simple prêtre, fit, à leur prière, un discours sur le Symbole et sur la foi. De ce discours il fit plus tard un livre qui est ainsi parvenu jusqu'à nous. Il y explique tous les articles du Symbole, s'attachant de préférence à faire ressortir victorieusement les dogmes de la foi qui avaient été les plus contestés par les hérétiques de son siècle, et en particulier par les manichéens.

De la foi et des œuvres. — Le but de ce livre est de réfuter trois erreurs, et par là d'arriver à cette triple démonstration, savoir : 1° qu'il faut user de la plus grande discrétion pour admettre les catéchumènes au baptême, parce que la discipline de l'Église exige qu'elle ne souffre pas de pécheurs dans son sein ; 2° que les catéchumènes ont besoin de recevoir, avec les principes de la foi, les vraies règles de la vie chrétienne ; 3° que le baptême enfin devient inutile pour le salut sans la conversion du cœur, c'est-à-dire, sans le changement d'une vie mauvaise en une vie meilleure et parfaite.

Manuel de la foi, de l'espérance et de la charité. — Un grand seigneur de Rome, nommé Laurent et frère de Dulcitius, avait témoigné le désir de posséder un petit livre qui contînt l'abrégé de la religion chrétienne. C'est pour satisfaire à ce désir qu'Augustin lui adressa ce Manuel, dans lequel il rapporte toute la religion aux trois vertus théologales de la foi, de l'espérance et de la charité. En effet, quand on sait tout ce que l'on doit croire, quand on attend tout ce que l'on doit espérer, quand on possède tout ce que l'on doit aimer, on sait tout ce que la religion comprend, tout ce qu'elle enseigne, tout ce qu'elle promet, tout ce qu'elle impose. Il explique ce que l'on doit croire, en suivant l'ordre du Symbole, ce qui lui donne lieu de rejeter toutes les erreurs contraires à la doctrine de l'Église, sans en nommer les auteurs. Il démontre qu'un chrétien ne peut espérer qu'en Dieu, et que l'Oraison Dominicale lui indique tous les objets de son espérance ; enfin, il prouve jusqu'à l'évidence qu'un chrétien ne doit aimer que Dieu, et ne rien aimer que pour Dieu, parce que l'amour de Dieu renferme en lui-même la charité universelle. Aussi, dit-il, quand, en parlant de quelqu'un, on demande s'il est homme de bien, on ne s'informe pas de ce qu'il croit, mais de ce qu'il aime, parce qu'on est certain que celui qui aime ce que l'on doit aimer croit ce que l'on doit croire, et espère ce que l'on doit espérer.

Du combat chrétien. — Suivant saint Augustin lui-même, le livre *du Combat* chrétien est le troisième de ceux qu'il composa depuis son avénement à l'épiscopat ; ce qui nous permet de fixer sa date à l'année 396 ou 397, au plus tard. Il est écrit d'un style simple et proportionné à l'intelligence des moines à qui il l'adressait, et qu'il déclare lui-même peu instruits de la langue latine. Le combat chrétien, c'est le combat contre le démon, notre adversaire naturel, le prince de toutes les cupidités et l'ennemi de toutes les vertus. Le seul moyen de le vaincre, c'est donc de combattre toutes les cupidités, et de réduire notre corps en servitude. Or, notre corps est esclave quand il est soumis à l'esprit, et l'esprit est vainqueur quand il est soumis à Dieu, à qui toute créature est assujettie, soit volontairement, soit par nécessité. Dans ce combat, l'homme est armé par la foi, et soutenu dans ses faiblesses par le secours des grâces que Jésus-Christ lui a méritées par sa mort. Ensuite, l'explication détaillée de chacun des articles du Symbole lui donne l'occasion de réfuter toutes les erreurs de son temps, et de les signaler à l'attention des chrétiens, afin qu'ils puissent les éviter.

Traité du catéchisme (en 400). — Le traité du Catéchisme a été composé à la prière d'un diacre de Carthage, nommé Déogratias, qui s'était adressé à saint Augustin pour en obtenir une méthode qui lui facilitât l'enseignement des vérités de la foi. Le saint docteur le console des ennuis et des dégoûts que cette fonction lui faisait éprouver, et lui conseille de commencer ses instructions par l'histoire de la création, et d'aller de suite, en passant rapidement sur chaque détail, jusqu'aux temps de l'Eglise présente. Il lui propose ensuite deux discours très-beaux, comme modèles des instructions à donner à ceux qui demandaient le baptême. Le premier renferme un précis des événements les plus remarquables depuis la création du monde jusqu'après la dispersion des apôtres; le second revient sur le même sujet, mais avec bien plus de justesse encore et bien plus de précision.

Livre de la continence. — C'est à tort qu'Erasme avait attribué ce livre à Hugues de Saint-Victor, puisque, dans sa lettre au comte Darius, saint Augustin le reconnaît lui-même pour son ouvrage, et que Possidius l'a rangé, sous le titre de *Discours*, dans le catalogue de ses OEuvres. Ce livre a pour texte le deuxième verset du psaume CXL : *Pone, Domine, custodiam ori meo, et ostium circumstantiæ labiis meis; ne declines cor meum in verba malitiæ, ad excusandas excusationes in peccatis.* — Après avoir exposé son sujet et loué la continence, il entre de suite en matière en démontrant que le principal ou plutôt l'unique office de cette vertu doit être de réprimer les passions de l'âme et du corps, et que, par conséquent, elle impose l'obligation de se tenir sur ses gardes, afin que les délectations de la concupiscence ne l'emportent pas, dans l'âme, sur les délectations de la sagesse. Il nous engage à ne pas compter sur nos propres forces pour la combattre; car si elle peut être attaquée par la loi, elle ne peut être vaincue que par la grâce. — Il rapporte, pour les condamner, les différentes excuses que les pécheurs allèguent pour couvrir leurs fautes, et il démontre qu'entre tous les autres mécréants les manichéens ont excellé dans ce genre d'iniquité. Il prouve contre eux que la révolte de la chair contre l'esprit ne vient pas d'un mélange chimérique de deux natures produites par deux principes contraires, mais de la révolte de notre nature soulevée par le péché contre elle-même, et que la continence doit régler, en réprimant également les mouvements désordonnés de l'âme et du corps.

Du bien du mariage. — Le livre *du bien du mariage* a suivi de près celui *de la continence*, et date de la même année. Le but du saint docteur a été de réfuter l'erreur de Jovinien, qui enseignait que la virginité n'avait pas plus de mérite que la chasteté conjugale. Pour montrer qu'on pouvait défendre la sainteté du mariage contre les manichéens, et en même temps proclamer l'excellence de la virginité, il publia deux livres qui portent ce double titre, et qui répondent successivement à ces deux erreurs. Il prouve qu'à plusieurs titres le mariage est honorable, et que non-seulement il est préférable à la fornication, mais encore qu'il est bon par son institution même, et que son usage est exempt de tout péché, quoique pourtant la continence soit un état plus parfait. Dans les premiers temps, il était nécessaire que les hommes se mariassent, parce que le Messie devait naître d'eux; mais aujourd'hui cette nécessité ne subsiste plus, et le mariage semble destiné à devenir l'état particulier de ceux qui ne peuvent vivre dans la continence. Ce qui n'empêche pas le mariage d'être une institution sainte, qui unit les hommes entre eux par les liens de la nature et de la parenté. Il réduit à quatre les avantages du mariage, savoir : la société des deux sexes, le bon usage de la convoitise qui se trouve réglée, la procréation des enfants et la fidélité mutuelle des deux conjoints.

De la Virginité. — Si la continence est une vertu préférable au mariage, la virginité est une perfection que le Christ a élevée presque jusqu'à la dignité divine en choisissant une vierge pour mère, et en faisant pour ainsi dire participer toutes les vierges qui l'ont imitée aux sublimes honneurs de cette maternité. Ensuite il fait ressortir la différence qu'il y a entre consentir aux désirs honteux de la chair et ressentir des maux et des affections dans sa chair; c'est un crime de souffrir le premier, c'est une peine de subir le second, et cette peine bien supportée devient un mérite. Enfin il termine son livre en recommandant aux vierges d'aimer le Sauveur de tout le surplus de l'amour dont elles auraient aimé un mari, car il ne leur est pas permis de n'aimer que peu celui pour l'amour duquel elles ont renoncé à tout autre amour.

De la Viduité (en 414). — C'est pour le bien des veuves et pour leur instruction que le pieux évêque écrivit ce livre. Sans condamner les secondes noces, ni même toutes les suivantes, il montre que l'état de viduité doit être préféré à celui du mariage. Quoique ce soit un crime de se marier après avoir fait vœu de continence, néanmoins il regarde ces mariages comme validement contractés, et il condamne ceux qui les taxent d'adultères. Le reste du livre est rempli de pieuses instructions pour Julienne et sa fille Démétriade, à qui il était adressé; mais cependant, en réalité, le saint auteur l'avait écrit pour tout le monde, afin d'étendre à un plus grand nombre le goût et la pratique du bien.

Des mariages adultérins (414). — Une question délicate à traiter et plus difficile encore à décider, c'est de savoir s'il est permis à un mari et à une femme de se remarier, après divorce conclu pour cause de fornication. Pollentius, à qui ces livres sont adressés, soutenait que non-seulement il était permis à un mari de quitter sa femme adultère, mais aussi qu'il ne lui était pas défendu d'en épouser une autre. Saint Augustin, au contraire, soutenait que ni l'un ni l'autre n'est permis, et tous deux s'appuyaient sur le même passage de saint Matthieu : *Dico autem vobis quia quicunque dimiserit uxorem nisi ob fornicationem, et aliam duxerit, mœchatur ; et qui dimissam duxerit, mœchatur;* et sur cet autre passage de saint Paul : *Iis autem qui matrimonio juncti sunt, præcipio, non ego, sed Dominus, uxorem a viro non discedere; quod si discesserit, manere innuptam;* mais, tout en invoquant l'autorité des mêmes textes, ils les expliquaient différemment. Saint Augustin s'étend beaucoup sur le sens qu'il donne à ces textes, et qui est le sens le plus catholique, en même temps qu'il est le sens le plus naturel, et il établit son opinion par plusieurs raisonnements qui, sans répondre précisément à toutes les difficultés, indiquent cependant assez de vues pour les résoudre.

Du mensonge et contre le mensonge (420). — Ces deux livres ont été composés à la prière de Consentius, qui, dans son ardeur à réfuter les priscillianistes, croyait qu'on pouvait se servir de leurs armes et user contre eux de leurs propres déguisements. Saint Augustin combat son zèle aveugle et le ramène facilement à la pratique de la vérité. Après avoir défini le mensonge, il se pose cette question, savoir, s'il est jamais permis de mentir. Il pèse les raisons de part et d'autre, et il distingue huit sortes de mensonges, qu'il condamne tous les uns après les autres, et il finit en déclarant le mensonge un péché. Plusieurs années après, faisant la revue de ses ouvrages, il trouva ce livre si obscur et si embarrassé, que, pour l'éclaircir, il résolut d'écrire de nouveau sur la même matière. C'est à cette résolution que nous devons son livre *contre le mensonge*. Le saint docteur y revient sur les mêmes raisonnements, mais pour les mettre en relief et les faire ressortir davantage. Il les applique à la question proposée par Consentius, et il décide qu'il n'est pas plus permis de réfuter le mensonge par le mensonge que de combattre le blasphème par le blasphème. Il explique les traits de l'Ancien Testament qui ressemblent à des mensonges, en les prenant au sens figuratif, et il nie formellement que le Nouveau Testament donne un seul exemple de mensonge. La question, suivant lui, n'est pas de savoir si le mensonge peut être utile, mais s'il est un mal ; d'où il conclut qu'il n'est pas permis de mentir ni pour sauver sa vie, ni pour assurer le salut éternel de son prochain.

Du travail des moines (400). — Saint Augustin avait à peine fondé, en Afrique, la vie monacale, que cette institution se répandit aussitôt en plusieurs endroits de la province, et principalement à Carthage, où ils avaient plusieurs monastères dans lesquels ils ne menaient pas tous le même genre de vie. Les uns, suivant le précepte de l'Apôtre, travaillaient de leurs mains pour vivre; les autres comptaient sur la charité des fidèles, et ne voulaient vivre que d'oblations. Ils se vantaient d'être plus évangéliques que les premiers, puisqu'ils accomplissaient à la lettre le précepte du Sauveur : *Respicite volatilia cœli, quoniam non serunt neque metunt... Considerate lilia agri, quoniam non laborant neque nent....* Saint Augustin loue les uns et blâme les autres, qu'il condamne par le seul passage où saint Paul recommande aux chrétiens de Thessalonique de manger leur pain en travaillant en silence, et par l'exemple même du grand apôtre, qui se félicitait de n'avoir mangé gratuitement le pain de personne, mais d'avoir travaillé de ses mains, pour n'être à charge à aucun de ses disciples. — Les moines s'excusaient en disant qu'ils vaquaient à la psalmodie, à la prière, à la lecture de la parole de Dieu ; mais Augustin, sans condamner ces œuvres, leur répondait que, puisqu'ils trouvaient bien le temps de manger, ils pouvaient aussi trouver le temps d'accomplir le précepte apostolique du travail, qui, bien loin d'exclure la pratique de la prière, s'en trouve presque toujours allégé.

De la divination des démons (de 406 à 411). — Un grand nombre de chrétiens étaient étonnés, et plusieurs même scandalisés que les démons eussent pu faire des prédictions sans que Dieu en ait empêché l'accomplissement. Saint Augustin les explique en les attribuant à l'intelligence de ces esprits, dont la perspicacité surpasse de beaucoup celle de notre âme ; il ajoute que toutes ces prédictions avaient trait à des faits matériels et même à des faits humains qu'ils pouvaient prévoir ; ce qui fait que leurs prédictions, si souvent fausses, ont pu se trouver vraies quelquefois ; et cette distinction suffit pour les faire différer essentiellement de celles des prophètes, qu'on n'a pu encore trouver en défaut.

Du soin des morts (421). — Saint Paulin, évêque de Nole, avait écrit à saint Augustin pour lui demander son sentiment sur les sépultures accordées dans les églises dédiées aux reliques des saints martyrs. Le saint évêque, accablé d'affaires, fut longtemps à répondre ; mais, au lieu d'une lettre il lui écrivit un livre, afin, dit-il, de prolonger le plaisir de l'entretien. — Il témoigne, dans ce livre, que le corps peut fort bien se passer de sépulture, sans que l'âme en subisse quelque dommage ; mais que cependant le lieu de la sépulture du corps peut devenir pour l'âme une occasion de mérites et de délivrance, parce que la présence des saintes reliques des martyrs peut ranimer la foi, exciter la piété des fidèles qui prient pour les morts, et faire de ces saints eux-mêmes des intercesseurs puissants auprès de Dieu. Il rapporte plusieurs histoires d'apparitions, mais sans en rien conclure, en quelque ordre moral qu'elles se soient accomplies.

De la Patience. — Le livre *de la Patience* a été contesté à saint Augustin, sous le prétexte qu'il n'en parle pas dans ses *Rétractations;* mais il le cite dans ses lettres, et en particulier dans sa lettre au comte Darius, la 231ᵉ de sa collection. — C'est un traité plutôt dogmatique que moral, dans lequel le saint auteur distingue la patience qui est vertu de celle qui est souffrance; et il exhorte tous les chrétiens à cultiver de grand cœur ce sentiment de force surnaturelle qui nous fait supporter tous les maux présents pour l'amour de Dieu et les récompenses de l'éternité; sentiment dans lequel le libre arbitre n'entre pour rien, mais auquel, au contraire, la grâce de Dieu toute seule peut communiquer de l'efficacité.

De l'utilité du jeûne. — Il en est de même de ce discours, contesté comme le livre précédent; il est évidemment du saint docteur; on y retrouve son esprit et son style, et Possidius le cite dans le catalogue de ses Œuvres. Le but du pieux pontife, dans cet opuscule, est de nous prouver que le jeûne, qui nous assimile aux anges, est absolument nécessaire pour dompter la chair. Sans la regarder précisément comme une ennemie de l'esprit, ainsi que le faisaient les manichéens, il convient cependant que ses révoltes sont une peine du péché, et que, par conséquent, il est bon quelquefois de la priver des plaisirs permis, afin de la détacher davantage des plaisirs défendus. Diminuer les plaisirs de la chair, c'est augmenter les joies de l'âme. Les païens jeûnent, les juifs jeûnent; les hérétiques jeûnent; les chrétiens jeûnent : quelle différence y a-t-il donc dans une pénitence qui semble la même pour tous? Le saint docteur l'explique par un seul mot de l'Évangile : *Vade prius reconciliari.*

Le discours *de la ruine de Rome* est le troisième de ceux que le saint docteur composa sur ce sujet. Il y témoigne que la nouvelle de ces maux tira bien des gémissements de son cœur et lui fit répandre bien des larmes; mais il remarque, en même temps, que ces catastrophes sont toujours une suite et une punition de nos péchés. Cependant il ne doute pas que Rome ne renfermât plus de cinquante justes, puisque Dieu ne la traita pas comme Sodome, et qu'après le passage de sa colère, elle peut encore se relever de ses ruines. Il rappelle un fait merveilleux qui s'était passé à Constantinople, et qui montre comment un peuple menacé des châtiments de Dieu peut sauver sa ville et ses foyers par la ferveur de sa pénitence.

De la Cité de Dieu (426). — Ici nous entrons dans un autre ordre d'idées, nous abordons un autre genre d'ouvrages; nous sortons des domaines du dogme et de la morale, qui contiennent, en germe, toutes les racines de la foi et de la piété, pour pénétrer franchement dans les régions de la controverse et de la polémique, où tous ces principes sont vigoureusement défendus contre les attaques incessantes de leurs adversaires. Sans contredit, le plus beau, le plus complet de ces livres, celui dont l'intérêt a survécu tout entier à la chaleur des controverses, c'est la *Cité de Dieu.*

Lorsqu'en 410 Rome fut prise par Alaric, et que la plus belle partie du monde civilisé fut en proie à la rapacité des barbares, de toutes parts il s'éleva des clameurs contre la religion. Le reste des païens et des philosophes se prit à dire que depuis l'établissement du christianisme le monde était de plus en plus livré à d'effroyables calamités. Saint Augustin entreprit alors de démontrer combien, même lorsqu'elle est éclairée par la plus pure philosophie, l'idolâtrie est impuissante à donner aux hommes le bonheur? Cet ouvrage est divisé en vingt-deux livres. Les cinq premiers sont consacrés à réfuter ceux qui soutiennent que le culte de plusieurs divinités est nécessaire au bien du monde, et que tous les malheurs dont l'univers gémit ne sont arrivés que parce que ce culte a été interdit; chose impossible, puisque ces calamités ont été également partagées par les païens et par les chrétiens, et que les femmes chrétiennes n'ont pas été plus à l'abri de la brutalité du soldat que les femmes des païens. — Les cinq livres suivants combattent l'erreur de ceux qui, tout en demeurant d'accord que les mêmes calamités sont arrivées dans tous les temps, ne veulent pas cependant qu'on en puisse rien conclure contre le paganisme, dont le culte peut être très-utile même pour le bonheur d'une autre vie. Ces dix premiers livres, qui ont pour but de réfuter les objections chimériques des païens, forment la première partie de cet ouvrage; mais le saint docteur, craignant qu'on ne lui reprochât de n'oser mettre en contraste les dogmes catholiques avec les folles superstitions du paganisme, emploie la dernière partie de son traité à établir la doctrine et les sentiments de l'Église.

La seconde partie contient douze livres : quatre sont consacrés à constater la naissance des deux cités, celle de Dieu et celle du monde; diverses dans leur origine, diverses dans leurs habitants, dont l'une, établie par les anges, a précédé immédiatement l'autre créée pour l'usage de l'homme; et ces deux créations étaient bonnes. *Et vidit Deus quod omnia essent valde bona.* S'il y a eu, parmi les anges, des bons et des mauvais, cette différence ne peut être attribuée à leur nature, mais à leur volonté; comme aussi, si l'homme n'a pas persévéré dans le bien, ce n'est pas par défaut de nature, mais parce que dès le commencement sa volonté a été pervertie et viciée par le démon; c'est sa désobéissance qui a engendré la mort, et la mort, comme tous les maux qui la précèdent et qui la suivent, n'est que la peine infligée par Dieu à la nature de l'homme corrompue par le péché. De cette sorte, la différence entre les deux cités est palpable pour quiconque sait apprécier les choses, juger du juste et de l'injuste, et séparer le crime de la vertu. — Les quatre livres suivants constatent les progrès de ces deux cités. La cité de Dieu, c'est donc la cité des bons; dans le ciel, la cité des anges et des élus; dans l'Eglise, la cité des prédestinés et des saints. La cité du monde, c'est la cité des méchants. Celle-ci, personnifiée par Caïn, qui bâtit et devint citoyen de la terre; celle-là, personnifiée dans Abel, qui ne bâtit point, parce qu'il était citoyen du ciel. Il fait ressortir la même différence, après le déluge, dans la diversité de croyance et de conduite observée par les enfants de Noë, et il la retrace surtout à grands traits dans l'histoire du peuple juif séparé, par sa croyance, de toutes les nations de la terre et appelé à former le noyau de l'Eglise qui devait recruter ses citoyens parmi toutes les nations. Comme toute chose a sa naissance et ses progrès, toute chose doit également avoir sa fin; or la fin de ces deux cités ici-bas, c'est le commencement des deux éternités précédées de deux morts, de deux résurrections et de deux jugements, ce qui donne lieu au saint docteur de traiter du ciel et de l'enfer, de justifier la peine de l'un et d'exquisser une peinture merveilleuse des grandes récompenses de l'autre.

Rien d'admirable comme l'explication qu'il donne de la cité céleste, c'est-à-dire de l'Eglise de Dieu, qui subsiste là-haut dans toute sa gloire, mais dont quelques fragments se trouvent cependant disposés parmi la cité de la terre. C'est l'opposition continuelle de l'amour des choses de ce monde avec l'amour des choses divines, et leur combat commencé depuis la chute des anges et se renouvelant sans cesse au sein de l'humanité. Presque toute la doctrine de saint Augustin se retrouve dans ce livre, qui est, sans aucun doute, le plus magnifique tableau de la religion chrétienne. Elle y est présentée, comme dans tous ses écrits, avec une douceur pénétrante. Il semble toujours appeler les hommes au bonheur et à la plénitude de l'âme, non pas seulement pour l'éternité, mais même pour la vie présente; et il parlait d'après son expérience personnelle, puisque, plein de passions et de scrupules, il n'avait pu trouver de calme et de repos que dans cet asile. En effet, où le cœur de l'homme peut-il se reposer mieux que sur le cœur de Dieu?

Traité des hérésies. — Si le plus grand devoir d'un docteur catholique est de défendre et de venger, contre les attaques de l'hérésie, les vérités de la foi qu'il a expliquées par sa parole et corroborées par l'action pratique de sa vie, assurément personne ne mérite mieux le titre de docteur que saint Augustin, parce que personne n'a accompli cette mission sublime avec plus d'habileté et de bonheur. Aussi saint Jérôme ne balance-t-il pas à le placer à la tête de tous les Pères de l'Eglise. Courage! lui écrit-il dans une de ses lettres, l'univers catholique vous contemple, et tous les chrétiens vous vénèrent comme le restaurateur intrépide de l'antique foi de Jésus-Christ. — L'ouvrage que nous venons d'analyser ne pouvait nous suggérer ces réflexions, puisqu'il est tout entier écrit contre les païens; mais elles se trouvent ici à leur place naturelle, c'est-à-dire en tête des livres que l'infatigable docteur a écrits contre les infidèles et les hérétiques. — Le premier de ces livres est celui écrit en 528, à la prière du diacre Quodvultdeus, à qui il est dédié, sous le titre de *Traité des hérésies*.

Ce livre devait avoir deux parties : la première destinée à faire connaître toutes les hérésies qui s'étaient élevées contre la foi depuis la prédication de Jésus-Christ jusqu'au temps du saint docteur; et la seconde devait exposer toutes les erreurs de doctrine qui peuvent constituer une hérésie, et invoquer en même temps des règles infaillibles pour les reconnaître et s'en garantir. Cette dernière partie, évidemment la plus difficile à résoudre, ne le fut jamais : saint Augustin fut prévenu par la mort avant d'avoir pu la commencer. Il ne nous reste donc que la première partie, qui, bien loin d'être un traité, n'est tout au plus qu'un catalogue fort succinct contenant le nom des différentes sectes hérétiques, et exposant leurs principales erreurs. Il commence à Simon le Magicien, pour finir à Pélage, et il renferme en tout quatre-vingt-huit hérésies.

Traité contre les juifs. — On ne sait point l'époque où fut écrit le traité contre les juifs, que l'on retrouve dans quelques anciennes éditions sous le titre de *Discours sur l'Incarnation*. Nous aimons mieux celui qui a prévalu depuis l'édition des Bénédictins, et sous lequel nous le reproduisons, puisque le discours est consacré tout entier à convaincre les juifs de leur infidélité, par le témoignage même des livres sacrés qui contiennent tous les dogmes de leur croyance. Il déploie sous leurs yeux les pages de l'Ancien Testament, et leur montre l'accomplissement clair et incontestable des prophéties qui annoncent la naissance, la vie, la passion, la mort de Jésus-Christ, et toutes les conséquences de ce grand événement, c'est-à-dire la réprobation des juifs, la vocation des gentils, l'abolition de la loi, des cérémonies et des sacrifices mosaïques, qui devaient être remplacés par une loi plus parfaite, par des cérémonies plus augustes et par un sacrifice d'un mérite immense, infini, par le sacrifice d'un Dieu.

De l'utilité de la foi. — Le premier des ouvrages que saint Augustin composa après son élévation au sacerdoce, c'est le livre *de l'utilité de la foi*. Il l'adresse à son ami Honorat, pour le désabuser des erreurs des Manichéens, dans lesquelles il était engagé lui-même. Il lui fait voir la différence qu'il y a entre un hérésiarque et un homme qui s'est laissé surprendre à l'erreur. Il justifie d'abord l'Ancien Testament, en montrant que, pour l'histoire, la morale et l'allégorie, il est entièrement d'accord avec le nouveau, et, que l'Eglise donne à l'un et l'autre un sens que les manichéens ne peuvent condamner. Il sape entièrement leurs principes, en affirmant qu'il est nécessaire de croire avant de savoir, comme on croit à la rhétorique et à la philosophie avant d'avoir acquis les premières notions de ces deux sciences; comme les enfants croient à la religion avant que ses dogmes leur aient été expliqués. Plus tard, la raison nous fait comprendre les choses que l'autorité nous a fait croire. Il faut donc croire d'abord, pour rechercher la religion, car si l'on ne croyait pas qu'il y en eût une, pourquoi la chercher? Et si on la recherche, pourquoi vouloir la trouver ailleurs que dans les livres sacrés qui en contiennent les dogmes, et dont l'Eglise seule possède le sens et peut nous donner l'intelligence?

Livre des deux âmes. — Après ce premier livre, qui sape l'hérésie des manichéens dans son principal fondement, c'est-à-dire la négation de toute autorité en matière de foi, saint Augustin écrivit le livre *des deux âmes*, pour combattre la plus grossière de leurs erreurs, qui consistait à soutenir qu'il y avait deux âmes dans l'homme : une bonne, de substance divine, et principe de tout le bien qui se fait en nous ; une autre mauvaise, de la nature des ténèbres et sortie de la chair, source de toutes les concupiscences et de tous les mouvements déréglés qui nous portent au mal, et nous le font accomplir. Or, le saint docteur s'applique à prouver, dans ce livre, deux choses : d'abord, que l'âme, étant esprit et vie, est beaucoup plus parfaite que la lumière corporelle que les manichéens attribuaient à Dieu ; ensuite, qu'il n'y a ni nature, ni substance originellement mauvaise, mais que dans toute substance et dans toute nature le mal ne vient que de l'abus de la liberté. A propos de la liberté, la plupart des commentateurs ont remarqué que dans ce livre le saint docteur accordait tellement au libre arbitre, que certains passages pouvaient peut-être porter quelque atteinte à la doctrine de la grâce et à la croyance du péché originel.

Contre Fortunat (en 392).—Il y avait en ce temps-là dans la ville d'Hippone un prêtre nommé Fortunat, fameux manichéen, qui avait séduit déjà plusieurs habitants. Les catholiques engagèrent saint Augustin à entrer en conférence avec lui. Des notaires furent choisis de part et d'autre pour tenir acte de la conférence, et c'est cet écrit, conservé parmi les œuvres du saint docteur, qui forme le sujet de ce livre. La dispute ne dura que deux jours, et la question agitée fut celle de la nature et de l'origine du mal. Saint Augustin soutient que le mal ne vient que du mauvais usage du libre arbitre ; le manichéen, au contraire, prétend que le mal provient du mauvais principe, aussi éternel que Dieu. — Le premier jour de la conférence, le manichéen se défendit assez bien ; mais le lendemain, n'ayant pu répondre aux objections d'Augustin, il se retira d'Hippone tout couvert de confusion.

Contre Adimante (394). — Deux ans plus tard, après une lecture rapide de quelques œuvres d'Adimante, qui avait été disciple de Manès, Augustin entreprit de mettre en rapport et d'accorder entre eux les endroits de l'Ancien et du Nouveau Testament dans lesquels cet hérétique s'était appliqué à découvrir de la contradiction. Mais après avoir réfuté le disciple, il s'attaqua au maître, et publia contre Manès lui-même un livre en réponse à sa lettre *du fondement*. Il combat les mensonges de cet hérésiarque, et il établit en même temps les motifs qui le tiennent attaché à la foi de l'Eglise ; savoir, le consentement unanime des peuples, l'autorité fondée sur les miracles, soutenue par l'espérance, perfectionnée par la charité, confirmée par les siècles et la succession des évêques depuis saint Pierre jusqu'à nous ; et enfin le nom d'Eglise catholique, qui est tellement propre à la véritable Eglise, qu'aucun des hérétiques n'a jamais osé l'appliquer aux lieux de leurs assemblées. Il recense ensuite les principes contenus dans la lettre de Manès, et il démontre que non-seulement cet hérésiarque ne prouve pas ce qu'il avance, mais qu'il est presque partout en contradiction avec la raison et le bon sens.

Contre Fauste (en 400).—De tous les ouvrages que saint Augustin a écrits contre les manichéens, le plus considérable est son traité contre Fauste, traité divisé en trente-trois livres qui contiennent le fond de trente-trois disputes ou conférences. Ces livres sont plus ou moins longs, suivant que ceux de Fauste lui fournissaient plus ou moins de matière. Ils sont tous consacrés à réfuter les erreurs et à anathématiser les blasphèmes et les impiétés de cet hérésiarque, un des plus subtils, des plus rusés, et, partant, des plus dangereux que la secte ait produits. Aussi, quoique né de basse extraction, son parti avait-il fait un évêque de cet Africain, à qui la ville de Milève avait donné le jour. A force d'avoir lu quelques discours de Cicéron, quelques passages de Sénèque, quelques vers des poètes et les livres de la secte les mieux écrits en latin, il s'était acquis une facilité d'expression qui faisait briller son discours et le rendait d'autant plus séducteur. Saint Augustin n'eut pas de peine à réduire aux abois cette rhétorique d'emprunt, et à en triompher par la force du raisonnement et de la vérité. Il le fit avec cette force et cette solidité que son génie tout seul savait apporter en aide à la parole de Dieu et à l'interprétation des Ecritures.

Contre Félix (404).—Félix, un des docteurs, ou pour parler le langage des manichéens, un des élus de la secte, étant venu à Hippone pour y semer ses erreurs, témoigna le désir d'entrer en conférence avec saint Augustin. L'ardent évêque n'eut garde de refuser la dispute ; il se mit en communication avec Félix, et la discussion commença le jour même que celui-ci avait proposé. Quoiqu'il y ait eu trois conférences tenues, il ne nous reste aujourd'hui que la matière des deux dernières, parce que ce sont les seules dont les actes aient été rédigés par écrit. Au bonheur ordinaire d'assurer le triomphe de la vérité par la logique de ses raisonnements, le saint évêque éprouva la consolation de pouvoir ajouter le bonheur d'une conversion : Félix, convaincu, reconnut son erreur, anathématisa Manichée et poussa l'humilité jusqu'à s'anathématiser lui-même ; c'est avec une joie que tout cœur catholique peut comprendre, que le pieux évêque le reçut au sein de l'Eglise.

De la nature du bien (404). — Ce livre, composé la même année, a pour but d'établir une vérité que le saint docteur avait déjà souvent vengée contre les attaques incessantes des manichéens. Dieu, dit-il, est d'une nature immuable, bon par essence et principe de tout bien. Tous les êtres qu'il a créés, spirituels et corporels, sont également bons par nature ; ce qu'il y a de mal en eux ne vient que de l'erreur du libre arbitre et de la corruption de la volonté. Du reste, les manichéens tombent dans la faute reprochée à tous les impies dont parle l'Ecriture. *Dicentes malum bonum et bonum malum.*

Contre Secondin (en 405). — Un nommé Secondin, Romain d'origine, et qui n'avait parmi les manichéens que le rang d'auditeur, écrivit à l'évêque d'Hippone une lettre pleine d'admiration pour son talent, de respect pour son caractère et d'amitié pour sa personne, ce qui pourtant ne l'empêchait pas de le plaindre de combattre la doctrine de Manichée, et de l'accuser de ne l'avoir abandonnée que par crainte et par ambition des honneurs temporels. — Sans descendre jusqu'à se justifier de ces imputations, le pieux docteur, dans sa réponse, rend compte, avec beaucoup de modestie, des motifs qui l'ont déterminé à abandonner Manès et ses erreurs. Ensuite il traite avec étendue la cause de l'Eglise, et renverse avec tant de force les principes de cette secte, que dans la suite il préféra cet écrit à tous ceux qu'il avait publiés déjà sur le même sujet. Il presse Secondin, et il le confond en lui prouvant que les manichéens se rendent coupables tous les jours de ce crime anathématisé par saint Paul, en accordant à la créature le culte souverain qui n'est dû qu'au Créateur.

Contre l'adversaire de la loi et des prophètes (420). — Vers l'an 420, il arriva qu'un livre sans nom d'auteur fut mis en vente dans la ville même de Carthage. Suivant l'habitude des manichéens, la loi et les prophètes y étaient condamnés avec impiété, et l'Ancien et le Nouveau Testament accusés d'erreur, de contradiction et même de ridicule. Saint Augustin répondit par deux livres à l'auteur inconnu, qui semblait avoir ramassé partout ses arguments contre la foi. Dans le premier il venge l'Ancien Testament des ridicules interprétations de l'hérésie ; et dans le second il démontre clairement, victorieusement, que les passages du Nouveau Testament dont il abusait pour décrier l'Ancien, ne servaient au contraire qu'à corroborer la foi catholique et à justifier la doctrine de l'Eglise. Il renvoie aux livres qu'il avait déjà composés contre les manichéens, pour la réfutation d'un autre écrit qui se trouvait joint au précédent, et dans lequel le même auteur prétendait que la chair n'avait pas été formée de Dieu. Du reste, ces deux livres sont cités dans le Catalogue de Possidius ; et Cassiodore en fait l'éloge, en témoignant que le saint docteur y a éclairci beaucoup de questions des livres sacrés.

Livre à Orose (415). — Paul Orose, jeune prêtre espagnol, plein de zèle pour la foi, écrivit à saint Augustin pour en obtenir des enseignements et des conseils qui l'aidassent à combattre les erreurs répandues dans son pays. Comme ces erreurs étaient principalement celles de Priscille et d'Origène, le saint évêque d'Hippone lui répond en réfutant les arguments de ces deux sectaires. Dans ce petit traité, il rejette les erreurs suivantes, qui consistaient à soutenir : 1° que l'âme est d'une nature divine ; 2° que les tourments des démons et des damnés devaient avoir une fin ; 3° que le règne de Jésus-Christ ne sera pas éternel ; 4° que les âmes et les anges sont purifiés en ce monde ; 5° que les astres sont animés ; 6° que les anges sont sujets à la concupiscence et peuvent commettre des péchés. Et il démontre la vérité avec une force et une lucidité capables d'éclairer les plus aveugles et de convaincre les plus entêtés.

Contre un discours des ariens (418). — Maintenant, nous sortons du manichéisme pour entrer dans l'arianisme ; autre arène, et cependant même genre de luttes et de combats. Les arguments apportés par ces deux sectes contre la foi de l'Église ont tant d'affinité entre eux, que le saint docteur n'emploie que les mêmes armes pour les combattre. Voilà pourquoi nous passerons rapidement sur les preuves, pour ne pas nous répéter trop souvent dans le cours de cette analyse.

Un discours arien avait été répandu dans Hippone ; quoique le saint évêque ne connût aucun partisan de cette secte dans sa ville épiscopale, il entreprit cependant de le réfuter, pour préserver les fidèles de ce nouveau souffle de l'esprit de mensonge. Toutes les nouvelles difficultés soulevées contre la divinité du Fils et du Saint-Esprit y sont combattues avec les arguments que nous avons rapportés ailleurs, mais reproduits ici avec plus de force et de concision que jamais.

Conférence avec Maximin (428). — Les *Rétractations* ne font aucune mention de cette conférence, ni des deux livres qu'Augustin écrivit contre Maximin, évêque arien ; c'est qu'apparemment cette conférence et ces deux écrits sont postérieurs au livre des *Rétractations*. Mais Possidius en parle dans la Vie du saint docteur, et les cite dans le Catalogue de ses œuvres. La conférence se tint à Hippone en 428 ; elle se passa en discours de part et d'autre ; mais comme Maximin avait péroré beaucoup plus longtemps que l'évêque catholique, et surtout avait parlé le dernier, il se vanta d'avoir remporté la victoire. Ce fut pour apaiser cette jactance que saint Augustin écrivit les deux livres à Maximin, dans lesquels il retrace les faits de la conférence, et s'applique surtout à réfuter les derniers arguments de cet imposteur.

De la Trinité (de 400 à 416).— Le traité *de la Trinité* est de tous les ouvrages du saint docteur celui à la composition duquel il consacra le plus d'années. Ainsi qu'il l'avoue dans une lettre à Aurélius, il était encore jeune quand il l'entreprit, et, au moment de sa publication, il avait eu le temps déjà de devenir un vieillard. Commencé en 400, il ne fut fini qu'en 416; mais dans ce long intervalle il fut interrompu bien souvent, pour courir aux armes et soutenir contre l'hérésie les saintes luttes de la foi. Le traité *de la Trinité* est plutôt un traité dogmatique sur ce mystère, le plus profond des mystères de la religion, qu'un livre de polémique contre les hérétiques et leurs erreurs. Il ne s'attache pas tant à réfuter leurs arguments et à établir le dogme de l'Eglise, qu'à produire des raisonnements subtils sur les différentes manières d'expliquer et de faire comprendre ce mystère. Les questions les plus variées, les difficultés les plus ardues, y sont abordées avec ordre et résolues avec une force de logique incomparable.

Le premier livre établit, sur le témoignage des Ecritures, l'égalité entre les trois personnes divines et l'unité dans la Trinité ; en justifiant, par une interprétation catholique des saints livres, l'égalité du Fils, contre les objections des hérétiques et des impies. — Le second livre démontre que, quoique l'Ecriture attribue au Fils et au Saint-Esprit certains offices qu'elle n'attribue pas au Père, cela ne prouve nullement qu'il y ait entre eux différence de nature, mais seulement différence de personnalité.—Dans le troisième livre, il examine si Dieu, dans ses apparitions sensibles, a formé des créatures, pour se faire connaître par elles aux hommes, ou si ces apparitions se sont faites par le ministère des anges, qui se seraient servis d'un corps pour opérer ces manifestations. Contrairement aux opinions émises par tous les Pères ses prédécesseurs, il se range à cette dernière supposition. — Le quatrième livre explique la mission du Fils de Dieu ; quoique envoyé, il n'est pas inférieur à son Père, pas plus que le Saint-Esprit n'est inférieur aux deux autres personnes, parce qu'il a été député par le Père et le Fils.— Le cinquième réfute les sophismes des hérétiques contre le mystère de la Trinité. — Dans le sixième, le saint docteur examine en quel sens le Fils est appelé *la sagesse et la puissance du Père*, si le Père est sage par lui-même, ou bien, s'il est seulement le Père de la sagesse. — Dans le septième, il décide la question posée au livre précédent, en faisant voir que le Père n'est pas seulement père de la puissance et de la sagesse, mais qu'il possède en lui-même ces deux attributs, également communs aux deux autres personnes qui forment avec lui la Trinité. — Dans le huitième livre, après avoir montré que les trois personnes ensemble ne sont pas plus grandes qu'une seule, il entre dans la seconde partie de son sujet, en exhortant les hommes à s'élever à la connaissance de Dieu par la charité. — Le neuvième livre nous montre dans l'homme l'image de la Trinité. Il a été fait à la ressemblance de Dieu, avec un esprit, une connaissance de soi-même et un amour par lequel il s'aime naturellement, sans étude et sans effort. — Le dixième livre reproduit le même phénomène dans l'intelligence, la mémoire et la volonté. — Le onzième et les suivants jusqu'au quinzième, recherchent et poursuivent cette image dans l'homme extérieur et dans le sens intérieur, dans la sagesse et dans la science. — Enfin, dans le quinzième, le saint docteur conclut que, bien que nous voyions partout des images de la Trinité, nous ne pouvons l'apercevoir ici-bas qu'en figure et en énigme, et que c'est dans l'autre vie seulement que nous la contemplerons dans les proportions immuables et infinies de son éternité.

Des écrits contre les donatistes. — Jusque-là, quelques efforts que le saint docteur se soit imposés pour défendre la doctrine de l'Eglise contre les impiétés de Manichée et d'Arius, on peut dire que ces efforts ne sont rien en comparaison du zèle humain, doux, conciliant, mais en même temps ardent et infatigable qu'il déploya pour ramener les donatistes à l'unité de la communion chrétienne. Environ quarante trois ans avant la naissance du saint évêque, et quelque temps après la persécution de Dioclétien, leur hérésie se forma d'un accès de zèle qui plus tard la rendit la plus intolérante de toutes les sectes. Ils prétendaient que tous les évêques qui s'étaient montrés faibles dans la persécution avaient perdu leurs pouvoirs, qu'ils n'avaient pu, depuis, ni les exercer, ni les communiquer. Ils regardaient comme nuls les sacrements administrés par ces évêques et par leurs successeurs ; et, dans leur prétendue rigidité, ils condamnaient l'Eglise pour avoir le droit de la persécuter, et ils s'abandonnaient à mille désordres. Augustin se livra avec ardeur au travail de les ramener par ses livres, ses conférences, ses sermons, et assez souvent il avait le bonheur d'y réussir. Plus jaloux d'éteindre le schisme par des mesures pacifiques que de s'acquérir la gloire du triomphe par des victoires éclatantes, il chercha tous les moyens de douceur qui lui parurent propres à les rapprocher. Il engagea même les préfets à modifier en leur faveur la rigueur des lois impériales, toutes les fois que la sécurité publique n'y était pas intéressée. On le vit s'adresser aux plus considérables d'entre eux, à leurs évêques surtout, pour les amener à des discussions amicales, et les aller interpeller jusque dans leurs assemblées. « Au nom de Dieu, leur disait-il, cherchons ensemble et de bonne foi la vérité. — Gardez vos brebis, lui répondait souvent l'évêque donatiste, et laissez-nous les nôtres. — Fort bien, répliquait Augustin, voilà mes brebis et voici les vôtres, mais où est le troupeau de Jésus Christ? » Les donatistes, redoutant son éloquence, incidentaient sur des règles d'étiquette. Augustin, guidé par l'esprit de charité, leur ôtait ce moyen illusoire, en s'élevant au-dessus des formes canoniques, toutes les fois que l'occasion de conserver ou de rétablir l'unité se présenta, soit en les mettant à l'écart, soit en suspendant leur exercice. C'est ainsi qu'il fit décréter par le concile de Carthage, en 401, que l'on pourrait admettre, dans leurs grades respectifs, ceux des ecclésiastiques donatistes qui voudraient se réunir, surtout lorsque cette condescendance tendrait à faciliter d'autres réunions. C'est ainsi que pour préliminaire à cette célèbre conférence de Carthage, il décida les évêques catholiques à proposer la cession de leurs siéges s'ils succombaient dans la dispute, et à recevoir les évêques donatistes en partage de leurs dignités et de leur ministère si ceux-ci triomphaient; et, dans le cas où les peuples témoigneraient de la répugnance à voir en même temps deux évêques sur un même siége, à donner l'un et l'autre leur démission, en faveur d'un troisième qui serait élu canoniquement. « C'est pour le peuple chrétien que nous sommes évêques, disait-il; la dignité épiscopale nous sera bien plus honorable si, en la quittant, nous réunissons le troupeau de Jésus-Christ, que de le disperser en le conservant. Dans les causes importantes, où il s'agit de détruire de grandes scissions et de faire cesser de grands scandales, il faut savoir se relâcher d'une trop grande sévérité, et employer tous les remèdes que suggère la charité chrétienne. Que les donatistes reviennent à l'Église, qu'ils soient prêtres, évêques pour la défendre, comme ils l'avaient été dans le schisme pour la combattre; bien loin d'en concevoir de la jalousie, au contraire nous les exhortons à venir, nous les allons chercher dans les rues, sur les chemins, par les haies, pour les ramener, et nous les embrassons tendrement lorsqu'ils sont rentrés dans le bercail; qu'ils viennent, et que la paix se fasse, voilà tout ce que nous demandons. »

Ce fut en publiant hautement ces grandes maximes d'ordre public et de charité chrétienne qu'Augustin contint dans le silence ceux de ses collègues dont la mesure proposée aurait pu révolter l'ambition; qu'il réprima les murmures de certains catholiques qui, peu instruits de l'esprit de l'Église, osaient le blâmer, et qu'il a mérité l'admiration de la postérité. — Plus de cinq cents évêques, de part et d'autre, s'étaient rendus à Carthage. La conférence ouverte le 1er juin de l'année 411 dura trois jours. Augustin, l'organe des orthodoxes, démontra l'universalité de la véritable Église que les donatistes prétendaient concentrer dans leur société. Plusieurs évêques rentrèrent dans le sein de l'unité avec leur troupeau de fidèles et de pasteurs, et l'on apprit ainsi, par la conduite de ce grand et saint pontife d'Hippone, quelle est la voie qu'il faut suivre pour terminer heureusement les guerres religieuses.

Après ce coup d'œil rapide jeté sur l'ensemble des travaux du saint docteur contre le schisme des donatistes, il nous sera plus facile d'aborder les détails, et il ne nous restera plus que peu de choses à dire de chaque ouvrage en particulier. Cependant nous ne négligerons pas l'analyse du fond, mais nous nous efforcerons de caractériser les choses le plus brièvement possible.

Psaume Abécédaire (en 392). — Le premier des ouvrages que le saint docteur publia contre les donatistes est le *Psaume abécédaire*, ainsi appelé dans ses *Rétractations*, parce qu'il est divisé en plusieurs strophes, dont chacune commence par une lettre empruntée à l'ordre de l'alphabet. C'est une espèce de cantique rimé, avec un refrain alternatif, et qui devait être chanté par le peuple. Comme ce psaume contenait toute l'histoire du schisme et la réfutation de chacune de ses erreurs, le saint auteur avait choisi ce genre simple et populaire, afin d'en graver plus profondément les vérités dans la mémoire des chrétiens. Ce psaume était précédé d'un prologue que nous n'avons plus, et suivi d'un épilogue qui nous reste, et dans lequel l'Église, comme une mère, s'adresse aux donatistes pour les engager à rentrer dans son sein.

Contre la lettre à Parménien. — Avant les trois livres qu'il publia, en réponse à la lettre de Parménien, évêque donatiste de Carthage, saint Augustin avoue qu'il avait déjà combattu leur secte dans plusieurs de ses écrits, par des traités, par des sermons, par des lettres que nous possédons encore, et surtout par la réfutation du grand Donat, que nous avons perdue. — Parménien avait écrit contre Ticonius, le premier qui avait fait schisme dans leur parti, une lettre dans laquelle il abusait de divers passages des Écritures pour justifier les erreurs des donatistes. Saint Augustin, pressé par les instantes prières de ses frères, en entreprit la réfutation qu'il publia en trois livres, et dont le but est de prouver que les bons ne sont pas souillés par le commerce des méchants, en demeurant avec eux dans l'unité de la même Église et la participation des mêmes sacrements.

Le premier livre rappelle la lettre de Ticonius, que saint Augustin relève avec un éloge d'autant mieux mérité qu'elle contient un magnifique exposé de la doctrine catholique, doctrine qu'il n'embrassa cependant jamais tout entière, puisqu'il eut le malheur de persévérer dans le schisme jusqu'à sa mort. Le saint docteur fait, en même temps, bonne justice des injures et des récriminations de Parménien contre les chrétiens, en montrant que c'est en tout droit et toute raison que les lois humaines prescrivent des châtiments contre le schisme et l'hérésie. — Dans le second livre, il répond aux objections des donatistes, qui s'autorisaient de quelques passages d'Isaïe contraires à la communion avec les méchants, pour persévérer dans leur schisme; et c'est sans peine qu'il les confond en leur rétorquant leurs propres arguments, et surtout en opposant leur conduite à leurs doctrines, puisqu'ils communiquaient avec Optat, qui ne s'était fait connaître chez eux que par ses crimes. Il démontre ensuite que tous les passages de l'Ecriture qui défendent la communication avec les méchants, ne doivent s'entendre que de l'approbation donnée à leurs crimes, puisque, d'après l'Evangile même, l'Eglise est comme un champ où l'ivraie doit rester mêlée au bon grain jusqu'à ce que Jésus-Christ en fasse la séparation à la fin des siècles. Le reste du livre et le troisième tout entier sont consacrés à réfuter des objections du même genre, et quelquefois absolument identiques, comme, par exemple, celle tirée de ce passage de Jérémie, et dont Parménien se prévalait plus que de toutes les autres : *Quid paleis ad triticum?* En effet, la comparaison entre la paille et le blé est toute simple à établir. Ils poussent dans le même champ, ils sont portés sur la même racine, ils sont foulés ensemble dans l'aire, et il ne sont séparés que dans le grenier, où le blé est séparé de la paille par le père de famille lui-même. La séparation des bons et des méchants ne doit donc s'accomplir que dans l'éternité?

Du baptême (en 400). — Saint Augustin, qui n'avait fait qu'aborder la question du baptême, dans ses livres contre Parménien, y revient ici, dans un ouvrage spécial, pour la traiter avec plus d'exactitude et d'étendue. Ce traité est divisé en sept livres, qui semblent avoir été composés tout d'une haleine, et publiés vers l'an 400. Il y répond à toutes les objections des donatistes contre la doctrine de l'Eglise, et principalement à celles qu'ils tiraient des écrits et de la conduite de saint Cyprien.

Le dessein du premier livre est de montrer que le baptême peut être conféré, hors de la communion catholique, par les hérétiques et les schismatiques; cependant il exhorte les catholiques à ne pas le recevoir, parce qu'il ne peut servir à sauver ceux qui vivent dans le schisme et l'hérésie. Il fait le même raisonnement à l'égard de l'ordre, et il se fonde sur ce que l'on ne soumettait pas à une réordination ceux qui abandonnaient le schisme, mais qu'au contraire on les conservait dans leurs grades quand leurs besoins de l'Eglise le réclamaient. — Le second livre est consacré à démontrer que c'est en vain que les donatistes s'appuient sur l'autorité de saint Cyprien. Dans une question où l'Eglise n'avait encore rien décidé, le saint évêque pouvait bien avoir son sentiment personnel, qui, du reste, est plus favorable à la foi qu'à l'erreur. Et d'ailleurs saint Cyprien n'avait donné dans l'opinion d'un second baptême que sur la pratique d'Agrippin, son prédécesseur, et il croit qu'il ne l'avait embrassée que pour conserver la paix de l'Eglise, et garantir son union des déchirements et de la scission d'un schisme.

Le troisième livre réfute le grand argument des donatistes, qui s'autorisent du concile de Carthage et de la lettre de saint Cyprien à Jubaïen pour réclamer la rebaptisation. L'examen de ces deux pièces suffit au saint docteur pour faire justice de leurs réclamations, puisque dans cette lettre, comme dans les séances du concile, le saint évêque de Carthage permet à chacun de ses confrères d'avoir son opinion et d'émettre son avis sur la question, sans vouloir qu'on excommunie personne. La grande raison que saint Cyprien faisait valoir contre le baptême des hérésies, c'est qu'un homme baptisé dans l'hérésie ne devient point le temple de l'Esprit-Saint. Mais saint Augustin, dans son quatrième livre, démontre clairement qu'il en est ainsi dans l'Eglise, où un pécheur baptisé ne devient le temple de Dieu qu'à la condition d'abandonner son péché, et que, par conséquent, l'objection ne prouve rien contre le baptême. De tout cela le saint docteur conclut, dans ses quatre derniers livres, que Dieu confère le sacrement de sa grâce, même par les méchants, quoiqu'il ne communique sa grâce que par lui-même ou par les ministres qui appartiennent à la colombe, dont ils sont les membres. Il convient, avec saint Cyprien, que les hérétiques ne peuvent remettre les péchés; mais il nie qu'ils ne puissent donner le baptême. Ce sacrement n'exige qu'un acte que chacun peut accomplir, tandis que l'autre se confère en vertu d'un jugement exigé par la foi.

Contre les lettres de Pétilien. — Saint Augustin se trouvait à Cyrthe ou Constantine en Numidie, avec Fortunat, évêque catholique de cette Eglise, lorsqu'on lui présenta une lettre que Pétilien, évêque donatiste de cette ville, venait d'écrire à ses prêtres. Ce Pétilien était un ancien avocat qui avait acquis une certaine célébrité dans le barreau, et qui poussait la vanité jusqu'à s'attribuer le nom de *Paraclet*, qui lui avait été décerné par ses flatteurs. Augustin résolut de lui répondre, et le fit par une lettre adressée aux fidèles de son diocèse. Cette lettre forme le premier livre de sa réponse ; mais comme on ne lui avait communiqué d'abord qu'une partie de l'écrit de Pétilien, il se crut dans l'obligation d'ajouter un second livre au premier, aussitôt que l'autre partie lui fut connue. Pétilien les ayant lus y répondit par des injures et des calomnies, comme il arrive toujours quand la raison manque, et c'est cette réplique du saint docteur qui forme son troisième livre, où il démontre avec raison l'inutilité des reproches personnels dans les questions de dogme. Dans de pareilles discussions, en effet, l'autorité de l'homme n'est rien, mais c'est la cause de Dieu qui est tout.

Epître contre les donatistes. — A la suite

de cette triple réponse à Pétilien, Augustin écrivit aux catholiques de son diocèse une longue lettre qui porte ordinairement le titre de *Livre de l'unité de l'Eglise* ou *Epître contre les donatistes*. Laissant de côté toutes les discussions de fait, il n'emploie, pour établir la base et les fondements de la véritable Eglise, que l'autorité de l'Ecriture sainte. Il rejette, en matière de controverse, toute autre interprétation que l'interprétation littérale, et il en conclut que la véritable Eglise doit être universelle et répandue par toute la terre; ce qui lui fournit des moyens faciles de réfuter les donatistes, qui abusaient des textes pour montrer que l'Eglise n'existait que chez eux.

Contre Cresconius (en 409). — Vers l'an 409, un grammairien donatiste, nommé Cresconius, ayant lu le premier livre en réponse à la lettre de Pétilien, y fit une réplique qu'il adressa à Augustin lui-même. L'évêque d'Hippone lui répondit d'abord par trois livres; mais, voyant ensuite que leur schisme entre Maximien et Primien était un argument suffisant pour répondre à tout, il composa le quatrième. Il commence par justifier l'éloquence et la dialectique des calomnies de Cresconius, qui voulait les interdire aux chrétiens, et il démontre que ces deux parties de l'art oratoire ne sont réellement à craindre que pour ceux qui attaquent la vérité. « A quoi bon, dit-il, cette excuse? Vous ai-je contraint de réfuter mes ouvrages? et, si vous les attaquez, ne puis-je employer ce que j'ai d'éloquence à les défendre? » C'est une question de liberté naturelle, dont il montre l'usage confirmé par l'exemple des apôtres et de Jésus-Christ lui-même.

De l'unité du baptême (en 410). — L'occasion se présenta de nouveau de lutter contre Pétilien, et le saint docteur le fit avec le même avantage. Ce fut au sujet d'un livre dans lequel cet évêque schismatique prétendait démontrer que les donatistes seuls possédaient le pouvoir d'administrer le baptême. Quoiqu'il eût souvent traité la même matière, Augustin ne crut pas devoir se refuser à ce nouveau combat. Son arme fut un livre, et ce livre fut une victoire. Ce n'est pas que le saint docteur émette aucun argument nouveau sur cette question, mais il rajeunit les raisons qu'il a déjà données, en les présentant avec de nouvelles couleurs et sous un nouveau jour.

Conférences de Carthage (411). — Nous avons tracé l'historique de cette conférence dans l'aperçu préliminaire que nous avons placé en tête des écrits du saint docteur contre le schisme de Donat et de ses adhérents. Il ne nous reste donc que peu de choses à en dire, et tout au plus à rendre un compte succinct et rapide de ce qui se passa dans chacune de ces conférences.

La première séance se tint à Carthage le 1ᵉʳ juin de l'année 411; les évêques donatistes s'y trouvèrent, au nombre de 278, et les évêques catholiques au nombre de 286. Sur l'ordre de Marcellin, que l'empereur Honorius avait chargé de présider à cette assemblée, sept évêques furent désignés, de part et d'autre, pour prendre la parole et discuter les questions, et sept autres évêques pour les assister et leur servir de conseil, puis enfin quatre évêques encore pour surveiller l'exactitude et la fidélité des notaires qui devaient reproduire les discussions. Il fut arrêté que chacun signerait ce qu'il aurait dit, et que le tout serait communiqué au peuple. — La première conférence se passa en contestations personnelles sur la qualité des évêques; la seconde fut consacrée à examiner les actes de la première, et le seul incident remarquable, c'est que les donatistes ayant refusé de s'asseoir, les évêques catholiques résolurent de rester debout, et Marcellin lui-même, quoique représentant de l'empereur, fit enlever son siége. Le 8 juin, jour de la troisième séance, après plusieurs contestations sur les qualités des demandeurs et des défendeurs, saint Augustin attaqua de suite la question à fond, en demandant aux évêques donatistes quelle était l'Eglise catholique? Ils se trouvèrent forcés d'avouer que c'était celle qui se trouvait répandue par toute la terre. Cet aveu suffit pour les faire juger, et dès cet instant leur cause fut perdue. La quatrième conférence ne contient que la sentence prononcée par Marcellin sur la discussion, sentence qu'il lut en présence des évêques assemblés pour déclarer les catholiques vainqueurs. — La conférence terminée, et le jugement du commissaire prononcé, Augustin se crut dans l'obligation de prémunir les laïques de bonne foi contre les séductions des évêques donatistes que la réunion de Carthage avait justement condamnés, puisqu'elle ne l'avait fait que sur les assertions produites par eux-mêmes et confirmées par leur signature.

Discours au peuple de Césarée (418). — Quelques années après la conférence de Carthage, saint Augustin et plusieurs de ses confrères dans l'épiscopat se rencontrèrent à Césarée, avec Emérite, un des évêques donatistes qui, dans cette assemblée, s'était particulièrement signalé par la défense de son parti. Le saint docteur aborda sur la place publique, et, après un échange mutuel de politesses, il l'engagea à se rendre avec lui à l'église, ce qu'Emérite accepta sans difficulté. Là, Augustin monta en chaire, fit au peuple l'historique de la conférence de Carthage, somma Emérite lui-même de rendre témoignage à la vérité de ses assertions, et résolut de nouveau tous les points contestés de la doctrine catholique, sans difficulté, sans contradiction. Deux jours plus tard, il se trouva de nouveau en face d'Emérite; il lui reprocha son obstination à demeurer dans le schisme, puisqu'il n'avait pas même de raisons à faire valoir en sa faveur. Emérite balbutia quelques mots, qui ne firent que confirmer sa défaite et celle de son parti. Dans cette circonstance, le pieux évêque fut consolé de l'entêtement d'Emérite par la conversion d'un grand nombre de donatis-

Contre Gaudence (420). — Gaudence, évêque de Thamugade, qui avait été un des commissaires donatistes dans la conférence de Carthage, avait menacé de se brûler, lui et les siens, dans son église, si Dulcitius, tribun en Afrique, faisait exécuter les ordres de l'empereur. Il lui écrivit, à ce sujet, deux lettres que cet officier adressa à saint Augustin, pour le prier d'y répondre. Le saint évêque se rejeta d'abord sur ses occupations pour se dispenser d'y répondre ; mais à la fin, cependant, il publia une réplique, en deux livres, dans laquelle il réfute, l'une après l'autre, toutes les objections contenues dans les deux lettres de l'évêque schismatique. Ce n'est du reste, comme il en conviait lui-même, que la reproduction de tous les arguments qu'il avait déjà fait valoir contre cette secte et ses fauteurs. Le schisme d'ailleurs s'affaiblissait de jour en jour, les conversions se multipliaient dans une proportion innombrable. Augustin renonça à le combattre plus longtemps et le laissa mourir de sa belle mort. Les deux livres contre Gaudence furent le dernier coup qu'il lui porta ; les besoins de l'Eglise l'appelaient ailleurs ; un autre champ de bataille s'ouvrait à son activité et à son courage ; il n'eut garde d'y faire défaut, et, comme toujours, il combattit aux premiers rangs.

Des écrits contre les Pélagiens. — Augustin était encore aux prises avec les donatistes, lorsque l'affaire la plus importante que l'Eglise ait peut-être jamais eue à démêler l'appela à de nouvelles luttes, qui furent pour lui de nouvelles victoires. « Dès que Pélage parut, dit Bossuet, les particuliers, les évêques, les conciles, les papes, tout le monde, en un mot, tant en Orient qu'en Occident, tournèrent les yeux vers Augustin, comme vers celui qu'on chargeait, par un suffrage commun, de la cause de l'Eglise. On le consultait de tous côtés sur cette hérésie, dont il découvrit d'abord le venin, pendant qu'elle se cachait encore sous une apparence trompeuse et des termes enveloppés. » Il l'attaqua dans des sermons et dans des écrits avant qu'elle eût été condamnée, sans toutefois nommer les chefs, dans l'espérance de les gagner par la modération de ses procédés. Mais quand Pélage eut surpris le concile de Diospolis par une confession captieuse ; quand ses disciples, vaincus en Afrique, eurent trouvé des protecteurs à Rome et jusque sur la chaire de saint Pierre, alors Augustin ne se contint plus, il appela tous ses collègues au secours de la vérité, il les souleva contre l'impiété et le blasphème, et, après les avoir électrisés par son éloquence, il devint le régulateur de toutes leurs démarches, l'âme de tous leurs conciles, et l'hérésie eut affaire, en lui, à un terrible jouteur qui ne lui laissa de repos qu'après qu'il l'eut vaincue.

Pélage, auteur de cette nouveauté impie, était né dans la Grande-Bretagne, de parents pauvres qui n'avaient pu faire aucuns frais pour son instruction. Il embrassa la profession monastique, sans toutefois entrer dans les ordres, et demeura longtemps à Rome, où il acquit une grande réputation de vertu. Saint Paulin l'honorait de son amitié, et Augustin lui-même lui accordait son estime. Trois livres qu'il composa sur la Trinité, et un recueil de sentences morales empruntées à l'Ecriture lui acquirent une renommée scientifique qui le perdit. Il entreprit de dogmatiser, et la grâce devint le thème de toutes ses erreurs. Du reste, ces nouveautés n'étaient pas de son invention, elles avaient déjà cours en Orient, et Pélage les avait apprises d'un nommé Rufin qui, trop adroit pour les enseigner lui-même, s'était servi de l'autorité de ce moine pour les propager. Il se fit bientôt des partisans qui, avec lui, devinrent des disciples zélés de l'erreur. A leur tête il faut placer Célestius, de race prétorienne, eunuque de naissance, qui, après avoir exercé la profession d'avocat, s'était retiré dans un monastère. C'est là qu'il connut Pélage, embrassa sa doctrine et commença avec lui à déclamer contre le péché originel. La grâce, le libre arbitre, la prédestination, devinrent le thème ordinaire de leurs discours. Le maître et le disciple avaient tous deux beaucoup d'esprit et de subtilité ; mais Célestius possédait une liberté et une hardiesse qui assuraient à sa parole bien plus de succès. Ils prêchaient déjà depuis quelque temps, lorsqu'à la prière du tribun Marcellin, le même qui avait présidé la conférence de Carthage, Augustin résolut de les combattre ouvertement, et fit paraître son livre

Du mérite des péchés et de leur rémission (412). — Cet ouvrage est divisé en trois livres. Le premier est consacré à réfuter cette objection des pélagiens qui soutenaient qu'Adam serait mort quand même il n'aurait pas péché, et que sa postérité ne pouvait pas plus hériter de sa faute que de sa punition. Augustin leur ferme la bouche d'un seul mot, en leur objectant le texte formel de l'Ecriture : *Pulvis es et in pulverem reverteris*. Après des paroles aussi positives, il est impossible d'interpréter dans un sens purement spirituel la punition que Dieu infligea à l'homme à la suite de sa désobéissance. Il en résulte donc que la mort, bien loin d'être une nécessité de la nature, n'est qu'une conséquence du péché ; conséquence dont Adam a posé le principe et qui doit s'étendre sur toute sa postérité, jusqu'à ses derniers descendants ; conséquence malheureuse, sans doute, puisqu'elle est le résultat d'une faute qui retombe également sur tous ; mais heureuse faute qui nous a valu tous les bénéfices de la grâce et de la rédemption : *Felix culpa quæ talem meruit habere redemptorem*. En effet, nous n'avons hérité d'un seul homme que le péché d'origine ; et par la grâce que Jésus-Christ nous communique dans le baptême, nous obtenons la rémission de celui-là et de tous les autres. — Il traite ensuite de l'état des enfants morts sans baptême, état de damnation, puisqu'ils seront éternellement privés de posséder Dieu ; mais, à part cette souffrance morale, il n'ose affirmer qu'ils puissent en éprouver dans les sens, ce qui établit une énorme différence entre leur position et celle des autres damnés.

Les pélagiens soutenaient que le libre arbitre seul suffisait pour ne pas pécher. S'il en est ainsi, leur répond le saint docteur, c'est donc à tort que nous demandons à Dieu qu'il ne nous laisse point succomber à la tentation. — Il aborde ensuite la matière du second livre, qu'il réduit à ces quatre questions : Sans doute, l'homme, en vertu de son libre arbitre, peut, à toute force, vivre sans péché, surtout quand ce libre arbitre est soutenu par la grâce de Jésus-Christ; cependant on peut affirmer qu'il n'est aucun homme dont la vie soit absolument exempte de faute, parce qu'il n'est aucun homme qui connaisse tout ce qui est bien et qui l'accomplisse; qui comprenne tout ce qui est mal et qui soit assez constamment sur ses gardes pour l'éviter. Le seul qui ait été, qui soit, et qui sera toujours exempt de faute, c'est Jésus-Christ, celui qui a racheté nos fautes; mais celui-là n'est pas seulement un homme, il est aussi un Dieu ! — Ce ne fut qu'après coup que saint Augustin ajouta un troisième livre aux deux premiers. Ayant trouvé, par hasard, les notes que Pélage avait écrites sur les Epîtres de saint Paul, il y remarqua de nouveaux arguments auxquels il se crut obligé de répondre, afin de prouver la transmission des fautes, l'existence du péché originel et ses conséquences invariables, qui se révèlent dans toutes les âmes par les peines, les douleurs et la mort que leur union avec le corps les force de subir. Mais comme tous meurent en Adam, tous peuvent revivre en Jésus-Christ par le baptême; d'où il conclut que si c'est un devoir de prêter secours aux pupilles et aux orphelins, c'est un devoir bien plus grand de procurer aux enfants la grâce du baptême qu'ils ne peuvent demander.

De l'esprit et de la lettre (414). — Marcellin, à qui l'ouvrage précédent avait été adressé, surpris d'y lire que, quoique par la toute-puissance de la grâce, l'homme pût vivre sans péché, cependant on ne pouvait citer que Jésus-Christ comme exemple d'une vie aussi pure et aussi parfaite, en écrivit à saint Augustin pour avoir une explication. Le saint évêque se hâta de la lui donner dans un nouvel ouvrage qu'il intitula : *De l'esprit et de la lettre*, en prenant pour texte ce passage de saint Paul : *Littera occidit, spiritus autem vivificat*. Ce fut avec empressement que le saint docteur saisit l'occasion de discuter avec les pélagiens la grande question de l'efficacité de la grâce ; et, pour l'établir, il s'applique à démontrer que les secours qui nous aide à accomplir ici-bas le bien et la justice, ne nous vient pas seulement de la sainteté des préceptes que la loi de Dieu nous impose, mais de la force et de l'élan que l'esprit de grâce imprime à notre volonté, sans laquelle, après tout, il nous est impossible d'espérer aucun bien. C'est dans ce sens qu'il est écrit que *la lettre tue*, parce qu'elle présente tous les témoignages nécessaires pour constater la prévarication des coupables, et aucun pour établir la justification des impies. Il conclut son livre en achevant de montrer, à la fin, la question qu'il avait abordée dès le commencement, savoir, qu'une chose peut être possible, quoiqu'il n'y en ait point d'exemple, puisque, avec la grâce de Dieu, tout est possible au chrétien, même la justice parfaite, qui ne s'est jamais trouvée qu'en Jésus-Christ.

De la nature et de la grâce (415). — Deux jeunes religieux, séduits d'abord par les erreurs de Pélage, mais détrompés par saint Augustin, lui adressèrent un livre dans lequel cet hérésiarque exaltait les forces de la nature au préjudice de la grâce de Dieu. Le saint docteur résolut de le combattre, se mit à l'œuvre aussitôt, et dédia sa réfutation à Jacques et à Timase, qui l'en remercièrent par une lettre que son affection pour eux nous a conservée. — Les premiers chapitres du livre sont consacrés à donner une définition claire et exacte de la nature et de la grâce. Il s'applique à prouver que la nature, issue de la chair d'Adam et propagée par sa prévarication, destituée de sa force primitive et de la pureté originelle de sa création, a besoin des secours de la grâce pour échapper à la colère de Dieu et atteindre à la perfection de la justice et de la vertu. Il en résulte donc évidemment que c'est avec justice que Dieu soumet à sa vengeance les fautes de la nature, puisque la grâce étant un don gratuit, accordé en dehors de tout mérite précédent de la part de l'homme, Dieu peut condamner justement ceux qui ne veulent pas en profiter en la faisant servir à leur justification et à leur salut. Il aborde ensuite les objections de Pélage, qui anéantit la grâce au profit de la nature, et les détruit sans peine l'une après l'autre. Il n'a besoin, pour cela, que d'exposer les principes catholiques touchant la chute de l'homme, la dégradation de la nature, qui en est la suite, et, par conséquent, la nécessité de la grâce pour sa réhabilitation. Toutefois, comme Pélage ne s'était pas encore publiquement déclaré contre l'Eglise, il lui fait la grâce de taire son nom, afin de lui laisser le temps de se repentir.

De la perfection de la justice de l'homme. — Deux évêques catholiques, Eutrope et Paul, avaient remis à saint Augustin un écrit apporté de Sicile en Afrique, où il fut mis en circulation sous ce titre : *Définitions attribuées à Célestius*. Ce pamphlet renfermait plusieurs raisonnements fort courts et fort serrés, appuyés d'un grand nombre de passages de l'Ecriture, dont le but était de démontrer qu'il y avait dans la nature de l'homme une force telle que, par sa seule volonté, il pouvait arriver dès cette vie à la plus haute perfection. Saint Augustin reprend un à un tous les arguments de l'hérétique, et, les résout dans un style aussi bref, aussi concis, mais beaucoup plus clair que celui de l'objection.

Célestius demandait si l'homme peut éviter le péché ? — Il le peut, répond le saint docteur, si la nature viciée par le péché est guérie par la grâce de Jésus-Christ. Il demandait ensuite si le péché nous est naturel ou accidentel ? — Augustin répond que, le péché n'est point le fait de la nature primitive, mais de la nature corrompue, et que par conséquent il est accidentel. — Il demandait encore si le péché est un acte ou une chose ? — C'est un acte, répond saint Augustin, comme de boiter est un acte : l'un est un défaut naturel, qui peut être guéri par un remède humain ; l'autre est un défaut moral, qui ne peut être guéri que par la grâce de Dieu. — Comment donc, disait Célestius, est-il arrivé que l'homme soit devenu pécheur ? est-ce par nécessité de sa nature, ou par son libre arbitre ? Dans le premier cas, il n'est donc pas coupable ; dans le second, il est donc plus porté au mal qu'au bien. — C'est par son libre arbitre, répond le saint docteur, que l'homme est tombé dans le péché ; mais, par une corruption qui n'est que la juste peine de sa faute, il se trouve aussitôt réduit à un esclavage tel qu'il crie vers Dieu : *De necessitatibus meis erue me;* et il a besoin de la grâce de Dieu pour redevenir vraiment libre. — Si l'homme ne peut être sans péché, ajoutait Célestius, cela vient de sa nature, et en ce cas il n'est point blâmable ; ou cela vient de sa volonté, qui peut aisément se changer en une volonté contraire. — Sans aucun doute, ce changement est possible, répond Augustin, mais il n'est possible qu'avec la grâce de Dieu ; c'est par sa propre volonté qu'il a vicié son âme, mais c'est par la grâce de Dieu seulement qu'il peut la guérir. — Nous passons sous silence un grand nombre d'autres arguments que le saint docteur réduit à néant, avec une précision de termes et une rigueur de logique qui lui assurent facilement la victoire. Il répond aux différents passages de l'Ecriture cités par Célestius, en les ramenant à leur véritable et catholique interprétation, dont ils n'avaient été détournés que dans le but évident de favoriser le mensonge. Nous nous sommes étendus longuement sur cet ouvrage du disciple, parce que sa parole avait au moins autant d'autorité que celle du maître, et qu'avec Pélage, Célestius avait contribué à donner son nom à l'hérésie.

Des actes de Pélage (en 415). — Pélage, accusé d'hérésie, fut cité en 415 devant les évêques assemblés à Jérusalem, pour y rendre compte de sa doctrine. La dispute fut longue, et, à la demande d'un prêtre espagnol nommé Orose, il fut arrêté qu'on enverrait des députés et des lettres au pape Innocent, et que, de part et d'autre, on s'en rapporterait à la décision de Rome. Mais, au mois de décembre de la même année, il se tint une seconde assemblée en Palestine, dans une ville nommée Diospolis. Deux évêque gaulois, Héros d'Arles et Lazare d'Aix, avaient réduit en abrégé les erreurs recueillies des livres de Pélage et de Célestius, en y ajoutant les articles sur lesquels le concile de Carthage l'avait condamné. Mais une maladie ayant empêché ces deux évêques de se rendre à l'assemblée, Pélage se justifia d'autant plus facilement qu'il ne lui restait plus d'accusateurs. On rédigea par écrit ce qui fut dit des deux côtés, et Pélage ne fut renvoyé absous qu'après avoir condamné sa doctrine et anathématisé ses erreurs. Les actes de cette conférence furent envoyés à saint Augustin ; le pieux docteur était depuis trop longtemps aux prises avec l'esprit d'erreur, pour ne pas connaître ses ruses. Il les examina attentivement, et après avoir découvert les artifices ordinaires de cet esprit de mensonge, il écrivit ce livre pour leur démontrer, de la façon la plus évidente, qu'ils avaient été victimes de la plus perfide dissimulation. Il fait ressortir toutes les obscurités, toutes les expressions ambiguës, toutes les interprétations équivoques sous lesquelles le génie de l'erreur a caché ses impiétés. En un mot, il lui enlève sa peau de brebis et ne laisse plus que le loup, qui apparait, avec toute sa rage et sa lâcheté, aux yeux effrayés des pasteurs. Les évêques ouvrirent les yeux, et comme, après tout, Pélage avait condamné lui-même toutes ses erreurs, cette condamnation fut solennellement confirmée par tous les évêques, que son hypocrisie avait un instant trompés sur ses intentions.

De la grâce de Jésus-Christ et du péché originel (418). — Cependant l'hérésie pélagienne venait de subir coup sur coup deux condamnations : celle du pape Innocent et celle de Zozime son successeur. Ces condamnations successives ne ralentissaient point le zèle d'Augustin, qui avait pour habitude de n'abandonner le génie de l'erreur qu'après l'avoir terrassé. Il écrivit deux ouvrages qu'il intitula, l'un : *De la grâce,* et l'autre : *Du péché originel,* et dans lesquels il traite et résout catholiquement les questions les plus contestées : d'abord, la question du libre arbitre, en prouvant, par le texte même de saint Paul, qu'il ne suffit en nous qu'autant qu'il est joint à la grâce de Dieu qui opère l'action après avoir inspiré la volonté. *Deus enim est qui operatur in vobis et velle et perficere pro bona voluntate;* ensuite la question du péché originel, et, pour la résoudre avec les arguments de la foi, il met en présence deux hommes, Adam et Jésus-Christ, l'un qui nous a perdus, l'autre qui nous a sauvés ; l'un qui, par son péché, nous a assujettis à la mort, et l'autre qui, par ses mérites, nous a rendus à la vie; et il prouve, par plusieurs textes des Ecritures, qu'après la faute d'Adam il n'y a plus qu'un médiateur possible entre Dieu et les hommes, Jésus-Christ, et que personne, sous aucune loi, n'a jamais pu être sauvé que par la foi en ce médiateur, qui devait être le Sauveur de l'humanité.

Du mariage et de la concupiscence (419). — Les Pélagiens avaient publié un écrit dans lequel ils prétendaient qu'en établissant le dogme du péché originel saint Augustin avait condamné le mariage. Le comte Valère, à qui cet écrit était adressé, le renvoya immédiatement au saint évêque, qui le réfuta aussitôt par les deux livres *de la Concupiscence et du mariage*. Le but du saint auteur est de prouver que la pudicité conjugale est un don de Dieu, aussi bien que la continence, et que le blâme qu'il inflige à la concupiscence n'emporte nullement la condamnation du mariage, puisque le mariage, au lieu d'en être la cause, en est le remède; mais indique seulement, ou plutôt démontre, à n'en pas douter, que la source de cette concupiscence est le péché. Or, pour l'éviter, il engage les personnes mariées à mettre en pratique le précepte de l'Apôtre : *Hæc est voluntas Dei, sanctificatio vestra, ut abstineatis vos a fornicatione; ut sciat unusquisque vestrum vas suum possidere in sanctificatione et honore, non in passione desiderii, sicut et gentes quæ ignorant Deum.* D'où il résulte que le but du mariage et la fin qu'un chrétien doit se proposer dans l'accomplissement de l'acte qu'il autorise, doit être de procréer des disciples à Jésus-Christ et des citoyens pour le ciel. — Les pélagiens demandaient comment cette concupiscence pouvait encore rester dans un chrétien après sa régénération? — Elle reste, répond le saint docteur, non pas comme une faute, mais comme cet état de faiblesse et de langueur qui survit ordinairement à toute maladie, et qui s'aggrave ou diminue, à proportion qu'on en éloigne la cause ou qu'on en rapproche le principe, mais qui ne s'éteint jamais entièrement, puisque l'Apôtre lui-même se plaignait d'en ressentir les effets : *Angelus Satanæ qui me colaphizet*. — Dès que ce premier livre *du Mariage et de la concupiscence* eut été rendu public, un pélagien, nommé Julien, écrivit aussitôt pour le réfuter quatre gros livres de compilations empruntées à toutes les hérésies; mais comme cet ouvrage ne s'attaque sérieusement qu'au péché originel, le saint docteur réfute toutes ses objections avec un succès d'autant plus facile, qu'il n'a besoin pour cela que de le renvoyer au texte de l'Apôtre, en le défiant de lui attribuer un autre sens raisonnable que celui de l'interprétation catholique. Ainsi la question n'est donc pas de savoir si le péché originel est dans la volonté de l'enfant, dans le mariage en lui-même ou dans l'acte par lequel le père et la mère en usent légitimement; mais la question est tout entière dans cette assertion de saint Paul, qui forme la base de la croyance universelle : *Per unum hominem peccatum intravit in mundum, et per peccatum mors, et ita in omnes homines mors pertransiit, in quo omnes peccaverunt* (Rom. v, 11).

Livres de l'âme (420). — Un jeune homme de la Mauritanie Césarienne, nommé Victor, d'assez bonnes mœurs du reste, mais dont le zèle était plus ardent que sa foi n'était éclairée, entreprit de répondre à un ouvrage dans lequel le saint docteur avouait lui-même son ignorance sur la question de savoir si toutes les âmes venaient, par propagation, de celle d'Adam, ou si Dieu en créait de nouvelles à la naissance de chaque individu. Ces deux propositions déplurent à Victor; il ne pouvait concevoir qu'un homme aussi éminent qu'Augustin regardât la propagation des âmes comme une chose probable, et qu'il soutînt que l'âme était un esprit et non pas un corps. Il écrivit contre lui deux livres qu'il adressa à un prêtre espagnol, nommé Pierre, et dans lesquels il fit entrer plusieurs sentiments pélagiens, et d'autres plus mauvais encore. — Saint Augustin lui répondit par un ouvrage en quatre livres. Le premier est adressé à un moine, nommé René, qui lui avait fait passer les deux livres de son jeune antagoniste. Le saint docteur y loue les talents naturels de Victor, et attribue à sa jeunesse et à son inexpérience les erreurs inouïes dans lesquelles il est tombé en entreprenant de résoudre une question évidemment au-dessus de ses forces. Il établit son sentiment sur la nature des âmes, ses doutes raisonnés sur le mode de leur création, et démontre que l'opinion de Victor, qui, au lieu d'admettre la propagation, exige une création nouvelle à la naissance de chaque individu, n'est appuyée que sur des termes vagues, ambigus, en dehors de la question, et ne concluant logiquement rien. — Le second livre est adressé au prêtre Pierre, et contient en même temps un avertissement et un reproche : le reproche d'avoir loué avec exagération les deux livres que ce jeune laïque lui avait dédiés, et l'avertissement de se bien garder d'accepter, comme autant de dogmes catholiques, toutes les témérités qu'il avait publiées contre la foi. Il détaille les erreurs de Victor, il en fait ressortir la gravité, il les réfute brièvement, et il termine en suppliant Pierre de faire tous ses efforts pour amener le jeune auteur à en publier lui-même la rétractation. — Les deux derniers livres sont adressés à Victor lui-même; le saint docteur lui marque ce qu'il a à corriger dans ses écrits et dans sa foi. Il lui rappelle sommairement les propositions et les paradoxes qu'il a réfutés dans les livres précédents, et il réduit à onze chefs toutes ses erreurs de doctrine. Il lui fait observer que c'est à tort qu'il a blâmé ses doutes et son hésitation sur l'origine des âmes, puisque c'est une question que personne n'a encore osé définir. Il prouve l'immatérialité de l'âme, sa spiritualité, la différence évidente de ses facultés avec les facultés du corps, et le vide et le ridicule de cette triple distinction que Victor établit entre l'âme, l'esprit et le corps, en attribuant leur création à diverses qualités de la matière. — Quelque temps après, Victor, touché de la façon charitable dont le saint évêque l'avait traité dans cette discussion, lui écrivit pour lui témoigner sa reconnaissance, et lui apprendre en même temps qu'il avait abjuré toutes ses erreurs.

A Boniface, contre les pélagiens (420). — Pendant que Boniface, successeur de Zozime, gouvernait l'Église de Rome, deux lettres que les pélagiens faisaient circuler secrètement en Italie, furent surprises par les fidèles et remises au pieux pontife. L'une de ces lettres était de Julien, qui l'avait envoyée secrètement à Rome pour y augmenter le nombre de ses disciples; et l'autre de dix-huit évêques pélagiens, qui l'avaient adressée à Rufus, évêque de Thessalonique. Saint Alype, qui se trouvait alors à Rome, les rapporta, de la part du pape Boniface, à saint Augustin, qui s'empressa de dédier au pieux pontife les quatre livres qu'il publia aussitôt pour les réfuter. — Après avoir témoigné sa reconnaissance au pape Boniface, pour toutes les assurances d'affection qu'il lui avait fait donner par son ami, saint Alype, Augustin aborde aussitôt, avec Julien, la question du libre arbitre et de la grâce. Il profite des louanges que cet hérésiarque prodiguait aux anciens justes, pour le forcer de convenir qu'ils n'avaient pu être sauvés que par la foi en Jésus-Christ; que c'est à tort qu'après avoir confessé la nécessité de la grâce pour tous, il rejette la nécessité du baptême pour les enfants, dont il n'efface pas les péchés, mais auxquels il ouvre seulement le royaume des cieux; et que les catholiques avaient raison de leur dire anathème, non pas parce qu'ils soutenaient que la grâce nous a été donnée par Jésus-Christ, mais parce qu'en la proclamant la récompense de nos mérites, ils niaient la gratuité de ce don du Sauveur, sans lequel nul ne peut user utilement du libre arbitre. — Les deux livres suivants sont une réponse à la lettre des dix-huit évêques à Rufus de Thessalonique. — Saint Augustin établit un parallèle entre les manichéens et les pélagiens, et montre que les catholiques les condamnaient avec raison, comme également opposés à la doctrine de l'Eglise sur la grâce et sur le baptême. Il justifie le clergé de Rome du reproche de prévarication dont les pélagiens l'accusaient, et leur prouve que l'indulgence dont le pape Zozime avait usé pendant quelque temps envers Célestius était un délai accordé à son repentir, et non une approbation donnée à ses erreurs. Il distingue entre le destin et la grâce, et, tout en convenant que Dieu inspire souvent l'amour du bien à l'homme qui résiste, il montre qu'il ne le fait pas contre sa volonté, mais en convertissant sa volonté. Il attaque ensuite l'hérésie de Pélage, en faisant l'exposé de la doctrine catholique sur l'utilité de la loi, sur la vertu et les effets du baptême; il explique les différences qui se trouvent entre les deux testaments, il compare les prophètes avec les apôtres, discute leur justice et leurs perfections, et il finit enfin par démasquer l'hérésie de Pélage en la réduisant à cinq chefs capitaux : l'éloge de la créature, l'éloge du mariage, l'éloge de la loi, l'éloge du libre arbitre et l'éloge des saints, et il clôt sa discussion en citant des témoignages qui prouvent évidemment que, sur la question du péché originel, du libre arbitre et de la grâce, saint Cyprien et saint Ambroise sont complétement d'accord avec la doctrine et l'enseignement habituel de l'Eglise.

Contre Julien (421). — Julien, dont la vie avait été accidentée d'erreurs, d'obscénités et de folies, et qui venait en troisième, comme chef de parti, après Célestius et Pélage, avait écrit plusieurs livres pour combattre les ouvrages de saint Augustin, et en particulier son traité *du Mariage et de la concupiscence.* L'infatigable évêque se crut dans l'obligation de répondre, et il le fit en six livres, dans lesquels il combattit, l'une après l'autre, toutes ses erreurs. — Julien prétendait que la croyance du péché originel était la condamnation du mariage, et s'en autorisait pour traiter les catholiques de manichéens; mais le saint docteur justifie bien vite l'Eglise de cette accusation, en montrant que les plus illustres défenseurs de la foi catholique, depuis saint Irénée, évêque de Lyon et contemporain des apôtres, jusqu'aux évêques des conciles de Milève et de Carthage, ont tous fait, dans tous les temps, profession de croire que les enfants ont besoin d'être délivrés, par la grâce de Jésus-Christ, du péché contracté par la naissance charnelle qu'ils tirent d'Adam. Tous les arguments de Julien se réduisaient à cinq, qui servaient de base à l'hérésie des pélagiens; il disait : Si Dieu est le créateur des hommes, il n'est pas possible qu'ils viennent au monde avec quelque chose de mauvais; si le mariage est bon, il ne peut rien produire de mauvais; si tous les péchés sont remis par le baptême, ceux qui naissent de parents régénérés ne peuvent être coupables de péché originel; si Dieu est juste, il ne peut punir les péchés des pères dans les enfants; si la nature humaine est capable de s'élever jusqu'à la justice parfaite, on ne peut donc lui attribuer de vices naturels. — Saint Augustin adopte toutes ces propositions, et se contente d'en déduire toutes les conséquences par des raisonnements théologiques qu'il emprunte aux écrits des docteurs les plus illustres parmi ceux qui l'avaient précédé dans la défense de la foi. — Les quatre derniers livres sont consacrés à réfuter les quatre livres de Julien et, successivement, toutes les assertions erronées contenues dans chacun de ses livres; mais comme toutes ces assertions, aux termes près, sont identiquement les mêmes que celles de Célestius et de Pélage, nous ne nous croyons pas dans l'obligation de les reproduire, pas plus que la réfutation qu'y opposa le saint docteur, avec cette logique ferme et ce zèle éloquent que la foi seule peut inspirer.

De la grâce et du libre arbitre (426). — Les questions de la grâce et du libre arbitre étaient tellement à l'ordre du jour, qu'on s'en préoccupait partout, jusqu'au fond des solitudes et derrière les hautes murailles des monastères, où la divergence des opinions faisait souvent naître des disputes qui dégénéraient en querelles religieuses dans ces asiles du calme et de la paix. Ce fut pour apaiser une de ces querelles, suscitée du reste par deux lettres du saint docteur, que des religieux d'un monastère d'Adrumète avaient mal interprétées, qu'il résolut d'écrire son livre *du Libre Arbitre et de la Grâce*. Il est adressé à Valentin et aux autres religieux qui servaient Dieu dans la même congrégation. — Dès le commencement de ce livre, il leur recommande de ne pas se troubler par l'obscurité de cette question, de garder entre eux la paix et la charité, en rendant grâces à Dieu des choses qu'ils concevaient, et en lui demandant l'intelligence de celles qu'ils ne pouvaient comprendre. Ensuite il les exhorte à se tenir en garde contre deux dangers : celui de nier le libre arbitre en défendant la grâce, et celui de nier la grâce en défendant le libre arbitre. Il prouve, par des témoignages de l'Ecriture, que l'homme est doué de libre arbitre, et que cependant il lui est impossible d'opérer le plus petit bien sans la grâce de Dieu ; de sorte que le bien et la vertu appartiennent en même temps et à la grâce de Dieu et au concours libre que la volonté de l'homme apporte à la grâce. — Il prouve contre les pélagiens que la grâce nous est octroyée en dehors de tout mérite, puisque nous ne pouvons posséder de mérite que par la grâce, et que tout pour nous est une grâce, jusqu'à la vie éternelle, qui est la plus magnifique récompense de nos bonnes œuvres. Donc, et la connaissance de la loi, et la bonté de la nature, et les mérites mêmes de la rédemption, ne sont des grâces qu'en ce sens qu'elles nous facilitent l'accomplissement de la loi, en nous délivrant des tentations de la concupiscence et de la domination du péché, mais non en produisant notre salut. Il combat les vaines subtilités des pélagiens, entre la grâce accordée aux mérites des bonnes œuvres, et la grâce accordée aux mérites de la bonne volonté. Il prouve que Dieu ne nous commande rien d'impossible, et qu'il nous donne toujours des grâces suffisantes pour accomplir ce qu'il y a de difficile dans ses commandements ; car la charité, qui est le premier mobile de toutes nos bonnes œuvres, n'est en nous qu'autant que Dieu l'a déposée dans nos cœurs, pour les diriger par une opération secrète, ou même visible, mais toujours juste de sa providence, vers le mal ou vers le bien ; soit qu'il agisse par miséricorde ou par justice, en nous donnant occasion d'augmenter nos mérites par la résistance. Et pour dernière preuve de la gratuité de la grâce, il apporte l'exemple concluant des enfants, qui sont sauvés ou perdus suivant qu'ils ont reçu le baptême ou qu'ils meurent privés de ce sacrement.

De la correction et de la grâce (426). — Ce livre, le dernier de ceux dont saint Augustin parle dans ses *Rétractations*, fait suite naturelle au précédent, dont il est comme le corollaire ; il complète la pensée de l'auteur, et justifie sa doctrine des fausses inductions qu'un moine d'Adrumète en avait tirées. Comme son aîné, il est adressé à Valentin, supérieur de ce monastère. — Le saint auteur débute en établissant la doctrine de l'Eglise, touchant la loi, la grâce et le libre arbitre. Il montre que nous ne sommes libres pour le bien que par la grâce de Dieu, et que non-seulement cette grâce nous le propose, mais qu'elle nous le fait faire. Il aborde ensuite la question qui fait le sujet de son livre, et la reproduit sous différentes faces, afin de se ménager l'occasion de compléter sa réponse. — Pourquoi, disaient ces religieux, nous prêche-t-on le bien, en nous imposant l'obligation de nous éloigner du mal, si ce n'est pas nous qui le faisons, mais si c'est Dieu qui nous le fait vouloir et accomplir ? — C'est l'esprit de Dieu qui nous pousse, répond saint Augustin, afin que nous fassions ce que nous devons faire. Si donc nous ne faisons pas le bien, ou si nous ne le faisons pas tout entier, ou si nous ne le faisons pas avec amour, prions, afin de recevoir le don qui nous manque pour l'accomplir ! — Donc, ajoutaient ces moines, que nos supérieurs se contentent seulement de nous ordonner ce que nous devons faire ; qu'ils prient, afin d'obtenir que nous le fassions ; mais qu'ils ne nous corrigent pas quand nous ne l'avons point fait. — Les apôtres, dit saint Augustin, ordonnaient ce que l'on devait faire, ils reprenaient quand on ne le faisait pas, et ils priaient afin qu'on le fît. — Mais est-ce notre faute, objectaient encore ces religieux, si nous ne possédons pas ce que Dieu ne nous a point donné, puisque lui seul est l'auteur et le dispensateur de ce don si précieux, et que la volonté même doit être préparée par le Seigneur ? — C'est votre faute si vous êtes méchants, disait saint Augustin, et c'est une faute plus grande encore si vous ne voulez pas qu'on vous reprenne de votre malice ; comme s'il fallait louer les fautes au lieu de les blâmer ; et comme si la honte, la crainte et le regret d'être repris ne pouvaient pas exciter à la prière et obtenir des grâces de conversion. — Le saint docteur répond à toutes les autres objections en distinguant entre la grâce actuelle qui nous fait opérer le bien accidentellement et seulement dans le moment où la providence de Dieu nous en fournit l'occasion, et la persévérance qui nous le fait opérer jusqu'à la fin, et qui est comme un flot continuel de toutes les grâces de Dieu, du cœur de qui découlent tous les dons parfaits. Il distingue aussi entre la grâce telle qu'elle existait en Adam, avant son péché, et la grâce par laquelle Jésus-Christ nous a retirés de la masse corrompue du péché. Il termine enfin par la doctrine de la prédestination, en enseignant clairement que Dieu veut que tous les hommes soient sauvés, mais sans leur rien ôter du libre arbitre, dont le bon ou le mauvais usage peut garantir ou ruiner leur salut.

De la prédestination des saints et du don de la persévérance. — La publication des ouvrages que saint Augustin écrivit contre les pélagiens, souleva dans les Gaules, et principalement à Marseille, plusieurs réclamations de la part des savants et des hommes les plus versés dans ces sortes de discussions. Il y eut un grand nombre de catholiques, des prêtres, et même des évêques, non moins recommandables par leur piété que par leur vaste érudition, qui crurent apercevoir, dans ce qu'il avait publié de la vocation des élus fondée sur le décret de la volonté de Dieu, des enseignements contraires à la doctrine des Pères et au sentiment commun des fidèles. La lecture du livre *De la correction et de la grâce*, que la Providence fit tomber entre leurs mains, en désabusa plusieurs en les éclairant ; mais les préventions, malgré cela, persistaient encore dans un grand nombre. Saint Prosper écrivit à Hippone pour obtenir du pieux évêque de nouvelles explications, capables de faire voir clair aux plus aveugles et de convaincre les plus entêtés. — Cependant, les mêmes questions divisaient la Sicile, et un nommé Hilaire, disciple de saint Augustin, quoiqu'il fût autre que le saint évêque d'Arles, son ami, lui écrivit deux lettres, pour l'en prévenir et lui demander des instructions qui pussent prémunir sa foi et la foi des fidèles de son pays contre les dangers de l'erreur.

Au reçu de ces lettres, le pieux docteur fut affligé de voir que l'on osait encore résister à la doctrine de l'Eglise, confirmée par tant d'autorités divines ; toutefois il ne put se refuser au zèle de ses vertueux correspondants, et, quoiqu'il eût déjà tant écrit sur cette matière, et qu'il fût accablé sous le poids des années et sous le fardeau de mille autres occupations, il ne laissa pas de composer ces deux livres, qu'il leur adressa sous le titre : *De la prédestination des saints et du don de la persévérance*.

Jusque-là il avait bien montré dans ses écrits précédents comment le mal provient de la volonté de l'homme, mais il n'avait pas encore déterminé jusqu'à quel point cette volonté était souveraine. Il s'applique donc à décider cette question dans ces deux livres, dont nous rendons compte sans entreprendre de les analyser. Evitant l'hérésie des pélagiens et des semipélagiens, qui donnaient une extension indéfinie au libre arbitre, et voulaient que la grâce fût une récompense, et non pas une cause des mérites de l'homme, il établit que le premier commencement de la foi n'est pas moins un don de la grâce que toute la suite des bonnes œuvres. Cette doctrine est fort délicate, et saint Augustin convenait lui-même que, dès qu'on parle du libre arbitre, il semble que l'on nie la grâce, et réciproquement. La prédestination diffère de la grâce, puisqu'elle n'en est que la préparation, et elle diffère en même temps de la prescience ; car, par la prescience, Dieu connaît même ce qu'il ne fera point, comme le péché, et, par la prédestination, il prévoit ce qu'il veut faire, puisqu'il ne promet que ce qui dépend de lui. Le plus illustre exemple de prédestination et de grâce est Jésus-Christ. Qu'avait fait cet homme, qui n'était pas encore, pour être uni au Verbe par la plus étroite unité, c'est-à-dire l'unité de personne ? Nous voyons donc, dans notre chef, la source de la grâce qui s'est répandue dans tous ses membres ; car saint Paul affirme expressément qu'*il a été prédestiné*... et qu'*il est l'auteur et le consommateur de notre foi*.

— Saint Augustin distingue aussi deux sortes de vocations : une commune à ceux qui refusent de venir aux noces, et une particulière aux prédestinés, mais qu'il ne faut pas confondre avec la prédestination. Le Père nous a choisis en Jésus-Christ avant la création du monde, non pas parce que nous devons être saints, mais afin que nous le fussions : *Ut essemus sancti et immaculati* ; tandis qu'il ne nous a prédestinés que pour le plaisir de sa volonté. — Le second livre est intitulé : *De la persévérance*, parce qu'il commence par établir que la persévérance finale nécessaire au salut n'est pas moins un don de Dieu que le commencement de la foi, et il le prouve principalement par la prière et les grâces qui en sont les récompenses. Mais il revient ensuite sur le mystère de la prédestination. A part les preuves qu'il apporte pour en démontrer l'existence, les explications qu'il donne nous semblent si obscures et si embrouillées, que nous renonçons à en reproduire quelque chose, dans la crainte de nous mettre en contradiction avec la vérité. Du reste, le saint docteur lui-même convient que la prédestination est un mystère impénétrable, puisqu'il termine son livre par ces mots : « Ceux qui lisent ceci, s'ils l'entendent, qu'ils en rendent grâces à Dieu ; s'ils ne l'entendent pas, qu'ils le prient de les instruire. Ceux qui croient que je me trompe, qu'ils considèrent très-attentivement ce que j'ai dit, de peur qu'ils ne se trompent eux-mêmes. Pour moi, je rends grâces à Dieu, quand ceux qui lisent mes ouvrages m'instruisent, me corrigent ; et c'est ce que j'attends principalement des docteurs de l'Eglise, s'ils daignent lire ce que j'écris. »

De l'Ouvrage imparfait contre Julien. — Le dernier ouvrage de saint Augustin fut sa seconde réponse à Julien, réponse qu'il n'acheva pas, ce qui lui fit donner le titre d'*Ouvrage imparfait*. Julien ignorait, ou du moins feignait d'ignorer qu'Augustin eût écrit six livres pour répondre à ses quatre premiers ; s'il faut l'en croire, il ne savait pas même que le saint docteur les eût lus ; il en écrivit donc huit autres, qu'il adressa à l'évêque pélagien Florus, un de ceux qui s'étaient retirés avec lui de Constantinople. Saint Augustin avait peine à se résoudre à répondre, d'autant plus que ces huit livres ne contenaient que des injures, des imputations vagues et des raisonnements sans portée ; mais son ami, saint Alype l'en pressa si fort, qu'à la fin il l'entreprit. Il y travailla jusqu'à sa mort, et n'en écrivit que six livres, qui répondent aux six premiers des huit de Julien ; les deux autres sont restés sans réponse. Il cite d'abord les assertions de son adversaire, et il répond à chacune, article par article. Comme Julien ne faisait guère que répéter ce qu'il avait écrit dans son premier ouvrage, saint Augustin tombe, à son tour, dans bien des redites ; mais quoiqu'il en soit, on ne laisse pas d'y trouver çà et là des passages très-forts et de la logique la plus concluante et la plus victorieuse.

Si Adam, disait Julien, outre le péché qu'il

a commis par sa propre volonté, a renversé l'état de notre nature, il était donc nécessaire que Jésus-Christ réparât les débris causés par la chute du premier homme, et qu'il accomplît cette réparation de la même manière qu'Adam avait causé la ruine ; c'est-à-dire que, la ruine ayant été complète, la réparation devait être également complète. Or, cependant, elle ne l'était pas, puisqu'elle n'avait pas replacé les hommes dans le même état où ils étaient avant le péché; puisqu'ils restaient soumis aux mouvements de la concupiscence ; puisque le libre arbitre ne leur était pas rendu ; puisqu'ils n'avaient pas le même pouvoir de briller par l'éclat de toutes les vertus, tandis qu'ils possédaient toujours celui de se souiller par l'ordure de tous les vices. « Jésus-Christ a réparé notre nature, répond saint Augustin, mais pas comme vous l'entendez. Si les baptisés ne sont pas aussitôt délivrés de tous leurs maux, quoiqu'ils aient obtenu la rémission des péchés, c'est que cela était nécessaire pour nourrir leur foi et exercer leur vertu ; si Dieu permet qu'ils soient encore assujettis aux mouvements de la concupiscence, il leur donne sa grâce pour les combattre ; s'ils sont vaincus jusqu'à pécher véniellement dans cette lutte, la faute leur en est remise dans la prière ; s'ils tombent jusqu'aux profondeurs du péché mortel, Dieu consent encore à les en relever, mais à la condition qu'ils achèteront son pardon par toutes les humiliations de la pénitence. » — Pour couper court à une question que ce pélagien avait déjà plusieurs fois répétée, sur la manière dont les enfants naissent coupables du péché originel, il lui répond par deux textes de l'Ecriture, qui expliquent en même temps la chute et la réparation : *C'est par le péché d'un seul homme que les hommes sont tombés dans la damnation ; c'est par la justice d'un seul qu'ils peuvent arriver à la justification et au salut.* — Le péché d'un seul a fait entrer la mort dans le monde, et la mort d'un seul a sauvé l'humanité tout entière. « Vous n'osez pas nier, lui dit-il, que Jésus-Christ soit mort même pour les petits enfants ; vous ne pouvez donc pas nier davantage qu'ils ne soient nés coupables, et que, par conséquent, le baptême ne leur soit nécessaire pour être sauvés. » — Enfin, après bien des erreurs réfutées, saint Augustin se justifie du reproche que Julien lui adressait de s'emporter avec fureur contre la loi, en voulant à toute force lui faire imposer aux hommes des commandements qu'ils n'avaient pas le pouvoir d'accomplir. — Ce reproche est faux, répond le saint docteur, Dieu ne commande aux hommes que ce qu'ils peuvent faire, mais c'est lui qui donne ce pouvoir à ceux qui le possèdent et qui accomplissent ses commandements, comme c'est lui qui commande à ceux qui ne l'ont pas de lui demander par la prière le pouvoir qui leur manque.

Maintenant que l'analyse partielle de chacun des ouvrages du saint docteur est consommée, qu'il nous soit permis d'ajouter un dernier mot sur sa personne, sur son génie et sur ses œuvres.

Pour en juger sainement et en connaissance de cause, il ne faut pas les envisager toutes à la fois ; mais, sans les séparer précisément dans leur ensemble, on peut les diviser en raison de la diversité des matières qui y sont traitées. Les livres qu'il a composés contre les philosophes païens sont admirables, et par la pureté et l'élégance du style, et par la justesse et la solidité des raisons, et par la variété et la profondeur des pensées, et surtout par la clarté et la lucidité calme et limpide des solutions qu'il donne aux difficultés les plus épineuses du dogme, difficultés que les plus habiles avaient vainement tenté d'éclaircir avant lui. Quelque abstraites que soient les matières développées par son génie, il les met dans un si grand jour, qu'elles deviennent aussitôt accessibles à toutes les intelligences et visibles pour tous les yeux.

Nous avons dit ce que nous pensons de ses lettres, nous n'y reviendrons pas ; nous ne croyons pas devoir répéter non plus notre opinion sur ses discours. Les premières révèlent un père, les seconds un pasteur ; les unes et les autres révèlent un docteur et un maître, mais en même temps un confident, un conseiller et un ami, qui sait allier le zèle et l'ardeur d'un apôtre aux plus douces onctions de la charité.

Ses Commentaires sur l'Ecriture sont un modèle d'interprétation. Quoiqu'il vécût du temps de saint Jérôme, le premier des interprètes, il est toujours à sa hauteur, et souvent même il s'élève bien au-dessus de ce Père, parce qu'il consacre à cette étude, ordinairement si sèche et si ardue, toutes les fleurs de son éloquence, toutes les ressources de son génie. Aussi sa réputation, en ce genre, était si bien établie, que les plus grands évêques de son temps, saint Simplicien de Milan, saint Paulin de Nole, saint Evodius d'Usales, et beaucoup d'autres encore, avaient coutume de recourir à lui pour en recevoir l'éclaircissement des passages qui leur présentaient de l'embarras et de l'obscurité. Il est donc à regretter qu'il n'ait pu suivre les conseils que lui donnaient les Pères des conciles de Carthage et de Numidie, et qu'il n'ait pas commenté l'Ecriture tout entière.

Il est vrai que d'autres travaux stimulaient son ardeur, et présentaient un aliment à l'impatience et à l'impétuosité de son zèle. L'Eglise était déchirée par le schisme et l'hérésie ; elle réclamait un défenseur ; Augustin se présenta : il aimait la lutte, accepta le combat, et personne n'était plus capable de le soutenir. La nature l'avait taillé en athlète, et la grâce l'avait revêtu d'une armure solide et impénétrable.

Jusque-là nul des anciens docteurs n'avait mieux réussi à établir les vérités de la religion et à les défendre contre l'esprit de nouveauté et de mensonge. Son arme ordinaire était l'autorité de l'Ecriture et de la tradition, qu'il soutenait encore de toutes les forces de la logique et du raisonnement.

Aucune des subtilités de ses adversaires ne lui échappait, il les suivait dans tous leurs détours, il savait déjouer toutes leurs ruses, et ne laissait passer aucun de leurs sophismes sans en tirer raison et sans en faire une justice complète et exemplaire. Aussi ses travaux, à cet égard, le rendirent-ils célèbre par toute la terre; il y fut révéré comme le restaurateur de la foi ancienne. Les hérétiques le haïssaient de cette haine instinctive que l'erreur porte à la vérité, et que, pour sa plus grande gloire, tous les catholiques s'appliquaient à changer en vénération et en amour.

Ses œuvres morales sont remplies de préceptes excellents et de ces règles immuables et éternelles auxquelles les circonstances et les temps ne sauraient rien changer, et pour la fuite du mal, et pour la pratique du bien, et pour l'élévation de la vertu jusqu'à la perfection. On ne sait ce qu'on doit y admirer davantage, de la sainteté du pontife, de la science du philosophe, de la profonde connaissance de l'historien, et de cette douce et suave délicatesse de style qui charme tellement, que quand on a achevé de les lire, on regrette qu'ils soient finis, et on succombe souvent à la tentation de les recommencer.

Les questions les plus élevées et les plus profondes, les plus épineuses et les plus obscures, les plus déliées et les plus insaisissables lui sont familières. Il sait les aborder, les saisir, les élucider et les rendre palpables. On dirait qu'il a écrit sous l'inspiration immédiate de la Divinité, qui, pour l'en récompenser, sauva ses ouvrages de l'incendie de la ville d'Hippone. Pour être convaincu de la justesse de cette appréciation, il suffit de se rappeler l'analyse succincte que nous avons donnée de ses écrits *sur la grâce, le libre arbitre* et *la prédestination*, les trois points sans contredit les plus ténébreux et les plus impénétrables de la théologie catholique. Certes! il fallait quelque chose qui ressemblât à l'illumination d'en haut, pour pouvoir démêler la vérité de l'erreur au fond de tous ces mystères!

Quelques jésuites, emportés par leur ardeur contre les jansénistes, ont parlé de saint Augustin sans respect, sans justice et sans décence; mais aujourd'hui que ces querelles sont apaisées, chacun rend hommage à son talent, à son caractère et à ses vertus. On peut dire que, parmi les Pères de l'Eglise, il y en a eu de plus savants, de plus habiles dans le langage et d'un goût plus pur; il y en a eu aussi qui ont eu occasion de souffrir davantage pour la foi; mais il n'en est point qui attire plus à la religion, qui la fasse aimer davantage, et qui, par l'action touchante de sa parole, pénètre plus avant dans le cœur de l'homme. Il a été surnommé le *Docteur de la grâce*, et les peintres, dans leurs tableaux, lui ont donné pour symbole un cœur enflammé. Mais, pour joindre un peu de critique à la louange, nous nous hasarderons jusqu'à reprendre certains défauts qui n'appartiennent pas à l'homme, encore moins au prêtre et au pontife, mais seulement à l'écrivain et à son siècle. Ainsi on peut dire qu'on trouve trop d'allégories dans ses écrits; mais elles lui fournissaient une certaine facilité pour appuyer les discours qu'il donnait à son peuple; on y rencontre souvent des pointes, des antithèses et quelquefois jusqu'à des rimes même, genre alors en vogue, mais qu'il n'admit que fort tard dans ses discours. Ses premiers écrits sont cités partout comme des modèles dans le genre de traiter les grandes questions de doctrine; et, suivant la remarque d'Erasme, s'il affaiblit depuis son style, ce ne fut que pour s'accommoder au goût de ceux à qui il parlait. Dans l'appréciation d'un auteur, il faut lui tenir compte des temps et des lieux où il vivait; saint Augustin vivait en Afrique, et il écrivait à une époque de décadence. Les Carthaginois ne parlaient pas le latin comme les Romains, et depuis longtemps, à Rome même, le siècle d'Auguste était passé. Dans Augustin donc, les défauts de l'écrivain appartenaient à son siècle; à lui, ses qualités, son talent, son génie, à lui seul et à la Providence qui lui a tout donné, et à qui il a tout rendu.

AUGUSTIN (saint), apôtre de l'Angleterre. — Saint Augustin, ou Austin, premier archevêque de Cantorbéry, fut envoyé, en 596, par saint Grégoire le Grand, pour prêcher le christianisme en Angleterre, qui le regarde comme son apôtre. Ce pontife lui associa pour cette mission quelques Bénédictins du monastère de Saint-André de Rome, dont il était prieur, et commença par lui conférer l'épiscopat. Augustin s'étant d'abord arrêté à la cour de Brunehault, reine de France, fit de là avec ses compagnons un premier voyage en Angleterre; mais, effrayé des difficultés à surmonter et des dangers à courir en venant proposer une religion nouvelle à un peuple barbare et dont la langue lui était complétement inconnue, il adressa quelques représentations à la cour de Rome. Le pape tint ferme dans son dessein; seulement il autorisa le missionnaire à prendre avec lui quelques interprètes choisis parmi les Francs, dont le langage était à peu près le même que celui des Anglo-Saxons. Cette fois ils furent mieux accueillis qu'ils n'avaient osé l'espérer par Ethelbert, roi de Kent. Ce prince, loin de se montrer opposé à la doctrine catholique, laissait à sa femme Berthe, fille de Charibert, et aux Français qu'elle avait amenés avec elle, le libre exercice de leur religion. Il leur donna lui-même un établissement à Durovernum, qui fut depuis appelé Cantorbéry. Après une conférence où, par l'entremise de ses interprètes, Augustin exposa devant le roi les principes fondamentaux de la religion chrétienne, et reçut en conséquence la permission de tenter quelques conversions, il se mit à prêcher l'Evangile, et ne fit d'abord que peu de prosélytes. Mais lorsque Ethelbert eut consenti à recevoir le baptême, son exemple fut suivi par un grand nombre de ses sujets. Bientôt l'influence de l'envoyé de saint Grégoire s'étendit si loin, que dans un seul jour, celui de Noël, il baptisa plus de dix mille personnes dans les eaux de la Swale. A défaut de prêtres suffisants pour les besoins de la cérémonie, Augustin bénit les eaux de la rivière, puis ordonna au peuple assemblé d'y entrer deux à deux, et de se conférer mutuellement, au nom de la Trinité, le sacrement de régénération. Dans les premiers temps de sa mission, il fut loin de forcer les consciences, et se borna à convertir les temples païens en églises chrétiennes; mais ses rapides succès ayant étendu ses vues et augmenté son zèle, il forma le désir d'obtenir, en qualité d'archevêque de Cantorbéry, l'autorité suprême sur toute l'Eglise d'Angleterre, quoique à peine encore formée. Il obtint en effet l'agrément du pape, et reçut de lui le *pallium*, avec des instructions pour ériger douze évêchés dont il devait être le métropolitain. La rapidité de ces conversions n'était pas seulement l'effet du zèle du saint missionnaire ou du spectacle de ses vertus, mais encore celui des merveilles que Dieu opérait par son ministère. Le bruit s'en répandait dans toute l'Europe, et saint Grégoire lui donna à cette occasion des avis d'autant plus remarquables qu'ils servent à constater la notoriété et la certitude de ces merveilles. « Prenez garde, lui écrivait-il, de tomber dans l'orgueil et la vaine gloire à l'occasion des miracles et des dons célestes que Dieu fait éclater au milieu de la nation qu'il a choisie. Parmi les choses que vous faites à l'extérieur, ayez soin de vous juger vous-même intérieurement. Tâchez de bien comprendre ce que vous êtes personnellement... Ayez toujours devant les yeux les fautes que vous pouvez avoir commises par paroles ou par actions, afin que le souvenir de vos infidélités étouffe les mouvements d'orgueil qui pourraient s'élever dans votre cœur. Au reste, vous devez vous persuader que le don des miracles est une faveur accordée, non à vous, mais à ceux dont Dieu veut le salut. »

Quelques écrivains protestants, tels que Rapin Thoyras, ont cru que leur haine contre la religion catholique les dispensait d'être justes envers celui qui l'avait établie en Angleterre. Ils ont parlé d'Augustin d'une manière injurieuse; ils ont calomnié son caractère, ses actions, ses vues. Voici ce qui a donné lieu à ces diatribes et à ces injures. L'attachement d'Augustin pour le saint-siége lui fit tenter des efforts pour amener sous sa juridiction les évêques anglais du pays de Galles, qui différaient de l'Eglise romaine par la célébration de la Pâque et par quelques autres pratiques. Mais les anciens Bretons étaient aussi jaloux de leurs droits religieux que de leur liberté civile. On a reproché injustement au premier archevêque de Cantorbéry d'avoir employé d'autres moyens que ceux de la persuasion pour arriver à ses fins, et d'avoir excité le roi Ethelbert à tomber, les armes à la main, sur ces évêques qui refusaient de reconnaître l'autorité pontificale. Mais, quoi qu'il en soit de ces reproches, et laissant à part les lumières et les vertus d'Augustin, qui en sont la réfutation, nous pouvons dire qu'il a pour lui des faits qui ne cesseront de faire son éloge, au jugement même de la plus exigeante philosophie, c'est le changement incontestable opéré depuis sa mission dans les mœurs de l'Angleterre. Il mourut en 604, selon Warton, d'autres disent en 607 ou 614, après avoir nommé Laurence son successeur.

Il est hors de doute que la mission apostolique de saint Augustin ne l'ait mis dans l'obligation de communiquer souvent avec la cour de Rome sur les besoins spirituels de ce peuple nouveau qu'il ramenait des ténèbres de l'idolâtrie aux saintes lumières de la foi, de la vie des sens à la vie de l'esprit, et des excentricités matérielles de la chair aux divines puretés de l'Evangile. Mais de toutes ces lettres, aucune n'a survécu, excepté quelques fragments insérés dans la collection de saint Grégoire le Grand. Ces fragments sont ce que naturellement on peut les supposer, c'est-à-dire des consultations adressées par l'ardent missionnaire au souverain pontife, qui lui répond sur toutes les questions de foi, de morale et de discipline, comme le peut faire le docteur de l'Eglise universelle. Nous avons en plus deux lettres écrites par le même pontife au saint apôtre de l'Angleterre : la première, pour le féliciter sur la conversion miraculeuse de ce peuple, et le tenir en garde contre les insinuations que l'esprit d'orgueil pourrait lui suggérer à propos de ces merveilles; nous en avons cité un passage dans sa biographie; la seconde, pour répondre, par un bref de collation, à la demande qu'il avait faite du *pallium*. La même lettre érige le diocèse de Londres, accorde à Augustin tous les pouvoirs pour ordonner l'évêque, et l'institue primat de toute la Grande-Bretagne. Il existe encore, dans les lettres de saint Grégoire, plusieurs passages dans lesquels le saint pontife recommande avec une sollicitude toute paternelle l'apôtre de l'Angleterre à la bienveillance des évêques et du clergé dont il visiterait les diocèses en se rendant à sa mission.

Il nous reste encore comme monument de son apostolat l'acte de fondation de l'abbaye de Saint-Augustin à Cantorbéry. Cet acte fait mention de tous les travaux accomplis par le saint évêque et des succès miraculeux dont la Providence a couronné sa mission dans ce royaume. Il est daté de la ville même de Cantorbéry, l'an du Seigneur 605, et porte, avec les signatures d'Ethelbert, roi de Kent, et de l'archevêque Augustin, huit autres signatures qui conservent à la reconnaissance des siècles les noms des compagnons de son apostolat dans la conversion d'un grand peuple.

Cet acte de fondation est suivi du privilége authentique accordé par Augustin lui-même à ce monastère, érigé hors des murs de sa métropole, et consacré sous le vocable de saint Pierre, saint Paul et de tous les apôtres. Royalement doté par la munificence d'Ethelbert, et également exempt de toute juridiction civile et ecclésiastique, ce monastère ne relevait que de son abbé, qui était électif, choisi parmi les religieux de l'abbaye et le premier entre ses frères. Il était le collègue et l'égal de chacun ; il n'était le maître de personne, et cependant il était le supérieur de tous, ou plutôt la règle seule était maîtresse et souveraine. Ce privilége, confirmé par les lettres d'Ethelbert, écrit du consentement de Mellite, évêque de Londres, de Juste, évêque de Rofensy, et du vénérable Pierre, premier abbé du monastère des Saints-Apôtres, fut soumis à l'approbation du saint-siége, et revêtu de tous les caractères de l'autorité apostolique qui devaient lui donner force de loi pour l'avenir.

AUNAIRE (saint), ou AUNACAIRE, évêque d'Auxerre au VI° siècle, assista au concile de Paris, en 573, au premier de Mâcon, en 581, et à un autre qui se tint dans la même ville quatre ans plus tard. Il eut part aussi à la lettre que les évêques, réunis à la cour du roi Gontran, écrivirent aux évêques du premier concile de Poitiers. Il tint aussi dans son diocèse un synode, où il avait appelé sept abbés, trente-quatre prêtres et trois diacres. Les actes de ce concile sont datés de la dix-septième année du règne de Chilpéric, de Jésus-Christ 578. L'évêque Aunaire en fit confirmer les statuts par le roi Gontran. On y dressa quarante-cinq canons, dont voici les plus propres à donner une idée des mœurs et de la discipline de l'Église gallicane à cette époque. Par le premier il était défendu « de se déguiser *en vache ou en cerf* au premier jour de janvier, ou de donner des *étrennes diaboliques ;* mais on pouvait en ce jour se rendre service les uns aux autres comme dans tout autre jour de l'année. » Le texte porte : *Cervolo vel vitula facere.* Le premier jour de janvier était alors consacré par les païens ou les mauvais chrétiens à se déguiser, en prenant la figure de divers animaux. Le troisième canon défend « de s'assembler dans des maisons particulières pour célébrer les veilles des fêtes, et d'acquitter des vœux à des buissons, à des arbres, à des fontaines, ou de faire des figures de pied et d'homme avec du linge. » Le texte porte : *Pede et homine lineo.* Fleury a lu *ligneo*, puisqu'il a traduit *des pieds de bois ;* cependant toutes les éditions portent *lineo.* Le neuvième canon défend « aux laïques de danser dans les églises, d'y faire chanter des filles, ou d'y donner des festins. » Le même évêque régla aussi les processions que l'on devait faire tous les jours de chaque mois dans les paroisses de son diocèse. La ville d'Auxerre, qui était comptée pour la première, marchait le premier jour, Appoigny le second, et les autres à leur tour. Il désigna les églises d'Auxerre où les processions devaient se terminer : le premier jour de janvier à Saint-Germain, le premier de février à Saint-Amateur ; le premier de mars à Saint-Marien, et ainsi des autres. Il régla encore la manière de célébrer les vigiles dans l'église cathédrale de Saint-Etienne ; il en marqua pour tous les jours de la semaine, excepté le samedi, et partagea tour à tour l'exercice de ces fonctions entre les clercs et les moines. Sa vénération pour saint Amateur et saint Germain lui inspira le dessein de faire écrire leur vie. Il s'adressa pour ce sujet à un prêtre nommé Etienne, venu d'Afrique dans les Gaules, et incorporé depuis au clergé d'Auxerre, lui demandant d'écrire en prose la Vie de saint Amateur, et en vers celle de saint Germain. Malgré la conviction qu'il avait de son incapacité, Etienne répondit cependant qu'il ferait ce que le saint évêque lui demandait, et le priait humblement de lui pardonner les fautes et la rusticité de son style. On trouve dans le cinquième tome des *Conciles* deux lettres du pape Pélage à Aunaire, en réponse à deux qu'il avait reçues de ce saint évêque. La première est datée du 5 octobre de la septième année de Tibère, c'est-à-dire à l'an 580. Le pape loue Aunaire du désir qu'il avait eu de faire le voyage de Rome, s'il n'en eût été empêché par les mouvements des troupes ennemies, c'est-à-dire des Lombards, qui étaient entrés en Italie. Il lui reproche doucement de ne s'être pas assez intéressé auprès des princes français pour les engager à prêter du secours à l'Église de Rome, dans un temps où elle avait tout à craindre de l'invasion de ces barbares, et l'exhorte à user du moins de tout son crédit pour les détourner de faire alliance avec eux. Dans la seconde, qui était également une réponse à une lettre par laquelle Aunaire lui avait donné avis des progrès que la religion catholique faisait dans les Gaules, où l'on bâtissait un grand nombre d'églises, Pélage lui dit que, puisque lui et les autres évêques gaulois avaient une même foi avec l'Eglise romaine, ils devaient aussi s'intéresser par leurs prières à lui procurer la paix et la tranquillité. Cette réponse est du 1ᵉʳ novembre de l'an 586. Les deux lettres d'Aunaire sont perdues.

AURÈLE (PRUDENCE - CLÉMENT), poëte chrétien, naquit vers l'an 348, dans la province Tarragonaise. Deux villes d'Espagne se disputent la gloire de lui avoir servi de berceau ; et les plus célèbres critiques ont longtemps agité cette question, sans pouvoir la trancher. Du reste, Prudence lui-même semble avoir pris à tâche de l'obscurcir, dans ses vers, en donnant également à ces deux villes le doux titre de patrie. On ne sait pas au juste quelle fut sa famille, mais les fonctions qu'il a occupées permettent de supposer qu'elle appartenait à la plus haute noblesse de son temps : du moins c'est ainsi que la plupart des anciens biographes l'ont pensé. Il reçut une éducation soignée, et s'appliqua surtout à la culture des lettres et de la poésie. Dans sa jeunesse, il exerça la profession d'avocat, et fut ensuite nommé juge, ou bien, suivant Tillemont, gouverneur de quelques villes, et même de la province Tarragonaise, qu'il administra à deux reprises différentes avec le titre de préfet. Plus tard il quitta la toge pour les armes, et, sans être précisément attaché à l'armée active, il eut un grade dans la milice du palais. L'empereur Honorius l'investit d'une charge honorable à sa cour, mais c'est par erreur que quelques écrivains supposent qu'il fut créé consul. Loin d'augmenter sa fortune dans ces emplois, au contraire il l'avait beaucoup diminuée par ses largesses, et d'injustes procès que lui suscitèrent ses ennemis le dépouillèrent encore de la plus grande partie de ce qui lui restait. Mais le malheur n'abattit point son courage, et s'il regretta la perte de ses richesses, c'était parce qu'il ne pouvait plus les partager avec les pauvres. Des motifs qu'on n'a pu deviner, et qui n'inspirèrent à la critique que des suppositions invraisemblables, l'obligèrent de recourir à la protection de l'empereur. Il fit le voyage de Rome en 405, suivant les uns, et, suivant les autres, à l'opinion desquels le savant Tillemont s'est rangé, en 407; et il profita de son séjour dans la capitale du monde chrétien, pour visiter les tombeaux des saints martyrs. Dès qu'il eut terminé ses affaires, il rentra dans la solitude qu'il s'était choisie en Espagne : il y passa le reste de sa vie dans la prière, dans la pratique des actes de piété et dans l'étude et la culture des lettres, auxquelles il resta fidèle jusqu'à sa mort. Ce dernier moment fut plus mystérieux encore que celui de sa naissance, puisque les biographes les plus sérieux en font varier l'époque depuis l'année 413 jusqu'à l'année 424.

Plusieurs anciens critiques se sont autorisés de ces vers, que l'on retrouve dans la préface de ses Œuvres,

Tum lasciva protervitas,
Et luxus petulans, heu ! pudet, ac piget :
Fœdavit juvenem nequitiæ sordibus ac luto,

pour accuser sa jeunesse de tous les excès et de tous les déréglements qui ne sont que trop souvent l'écueil de cet âge. Ludwig le compare à saint Augustin, avec lequel il n'a aucune ressemblance, puisque ce saint évêque d'Hippone a fait une confession complète et détaillée, en insistant sur toutes les circonstances de ses crimes. Riscus, qui écrivait en espagnol, s'est montré plus exagéré encore : il l'accuse de s'être abandonné à tous les désordres en laissant traîner son cœur corrompu dans les plus sales plaisirs et dans les plus honteuses délices de la chair. Fabricius enfin, ordinairement si judicieux, semble s'être donné pour tâche de les surpasser en exagération, puisqu'il va jusqu'à taxer Aurèle Prudence de partialité et d'injustice dans ses jugements. Pour nous, nous avouons sans peine que ces accusations, si graves qu'elles paraissent, ne produisent sur notre esprit qu'une impression médiocre. Qui ne sait que la plupart des saints se sont considérés comme de grands coupables, en dénonçant quelquefois, comme des crimes infâmes, les actions les plus simples et les plus indifférentes de leur vie? Il est possible que la jeunesse de Prudence Aurèle n'ait pas toujours été exempte de folies et de légèretés, mais sa confession même ne nous semble pas fournir des motifs suffisants pour en presser les termes et souiller sa mémoire des plus hideux forfaits. Quoi qu'il en soit, il reconnut les erreurs de sa conduite, et il les expia par un repentir sincère. Il nous apprend lui-même qu'il avait cinquante-sept ans quand il prit la résolution de ne plus exercer sa plume et son talent poétique que sur des sujets chrétiens.

Prudence a donc un avantage précieux sur un nombre infini de poëtes, c'est de n'avoir traité dans ses vers que des sujets de piété. Le premier de ses poëmes, dans l'édition que nous suivons, est celui qui a pour titre *Cathemerinon*, ou hymnes du jour. Il comprend des hymnes pour toutes les heures de la journée auxquelles on avait coutume de prier : comme au point du jour, au lever du soleil, avant et après les repas, à la chute du soir et avant le sommeil. Indépendamment de ces hymnes, écrites pour aider la piété de chaque jour, il en renferme d'autres pour des époques ou des solennités particulières; une pour inaugurer le jeûne du carême, et une autre pour le clore, une pour les obsèques des morts, une pour le huitième jour des calendes de janvier, qui correspond au jour de Noël, et une pour la fête de l'Epiphanie, ce qui fait douze hymnes en tout. La cinquième est intitulée : *Lorsqu'on allumait le cierge pascal*, mais il paraît qu'elle servait tous les jours, au moment où l'on allumait les lumières. En effet, l'Eglise a toujours professé tant de respect pour cet instant solennel du jour, qu'on croit que c'est de là qu'est venue l'heure de vêpres. C'est dans le prologue qui précède ces hymnes que Prudence marque l'époque de sa naissance, sous le consulat de Salia. L'Eglise chante une partie des deux premières dans les offices de Laudes du mardi et du mercredi. Dans la sixième, écrite pour l'heure du sommeil, il recommande de ne jamais se mettre au lit sans avoir tracé un signe de croix sur son front et sur son cœur. La septième nous apprend que le jeûne du carême était de quarante jours. La neuvième, qui n'a point d'heure assignée, est tout entière en l'honneur de Jésus-Christ, dont elle rapporte la naissance, la vie, les miracles, la mort et l'ascension glorieuse dans le ciel. Dans la dixième, il établit la résurrection des morts par divers exemples, et particulièrement par celui d'un grain de blé, qui se reproduit après avoir pourri dans le sein de la terre. Il ajoute que les soins des vivants pour orner la tombe des morts sont une preuve qu'ils ne considèrent la mort que comme un sommeil, et qu'ils ne doutent point de leur future résurrection. La onzième, écrite pour le jour de Noël, nous montre que le Fils de Dieu, né avant tous les temps, et par qui toutes choses ont été faites, s'est incarné au sein d'une vierge, et, pour racheter l'homme, est né dans les derniers temps. Enfin, c'est de la douzième que l'on a tiré les hymnes que l'Eglise chante au jour de l'Epiphanie et à la fête des Innocents.

Apothéose. — Le traité qui a pour titre *Apothéose* est écrit pour défendre la foi de l'Église contre les différentes hérésies qui l'ont attaquée, notamment contre celles des noétiens, des sabelliens, des juifs, des ébionites, des manichéens, des marcionites. Prudence montre contre les noétiens que ce n'est pas le Père qui a souffert la mort pour nous, mais le Fils, c'est-à-dire le Verbe, qui, sorti du Père, a pris dans les entrailles d'une vierge la nature et la forme de l'humanité, sous laquelle il s'est rendu visible autrement qu'il n'avait apparu à Moïse. Contre les sabelliens, il démontre que notre salut, notre vie, notre foi consistent à reconnaître que le Père, le Fils et le Saint-Esprit, quoique distingués dans leur personnalité, ne forment toutefois qu'un seul Dieu. Contre les juifs, il expose les prophéties des livres saints accomplies en Jésus-Christ, l'empire du démon détruit par sa mort, les oracles du paganisme condamnés au silence, leur dispersion par toute la terre en punition du crime commis sur le Golgotha, et enfin les progrès et le bonheur des gentils, depuis qu'ils ont embrassé sa doctrine et qu'ils l'ont reconnu comme Dieu. Contre les ébionites, Jésus-Christ n'est pas seulement un homme, mais aussi un Dieu ; sa mort prouve son humanité ; sa divinité n'a presque pas besoin de preuves, elle éclate assez dans ses miracles. Quelles raisons auraient eues les mages de se prosterner devant son berceau pour l'adorer, s'ils n'avaient reconnu qu'un souffle divin animait un corps si délicat, et que ce petit enfant possédait en lui-même la souveraine puissance. Contre les manichéens ou fantastiques, il démontre qu'on ne peut attribuer à Jésus-Christ un corps aérien, sans faire passer sa vie tout entière pour une suite de mensonges qui retomberaient sur Dieu même, qui dès lors cesserait de l'être, puisque Dieu est vérité. Si Jésus-Christ n'a pas eu un vrai corps, comment Marie l'a-t-elle enfanté ? Fera-t-on passer pour des songes la généalogie qu'en a tracée saint Matthieu, et la description historique que les quatre évangélistes nous ont laissée de sa mort ? Les marcionites enseignaient que l'âme de Jésus-Christ seule était ressuscitée. Prudence répond qu'en ce cas la mort n'aurait pas été vaincue par celle de Jésus Christ, puisqu'alors il n'y aurait qu'une partie de l'homme qui ressusciterait. Mais non, l'homme ressuscitera tel qu'il est, dans son état de vie parfait, avec la même chair, sans en excepter une seule de ses parties.

Hamartigénie. — Une autre erreur des marcionites, c'était d'admettre deux principes, ou deux dieux : l'un cause du bien, l'autre cause du mal, et tous les deux éternels. C'est pour réfuter cette erreur que Prudence composa l'*Hamartigénie*, c'est-à-dire, *de l'origine du péché*. Il établit d'abord qu'il ne peut y avoir deux dieux ni deux principes éternels, parce qu'ils ne seraient tout-puissants ni l'un ni l'autre, par la raison qu'un pouvoir partagé ne reste plus entier. Or, ce n'est pas là l'idée que nous avons de Dieu ; son pouvoir est sans bornes, il n'en souffre pas le partage, nécessairement il est un. Il n'y a qu'un soleil pour éclairer le monde pendant l'année. Si l'on admet deux principes qui soient dieux, pourquoi n'en pas admettre des milliers ? Pourquoi n'en pas accorder un particulier aux différentes espèces de créatures ? Alors l'idolâtrie se trouvera justifiée. Il convient cependant qu'il y a un principe du mal, c'est le démon, qui, loin d'être Dieu, est condamné aux feux de l'enfer, pour avoir voulu s'égaler à Dieu. Ayant séduit l'homme par le ministère du serpent, le monde est tombé dans la corruption du péché. Il décrit les suites de la faute du premier homme, les divers crimes dont ses descendants se sont souillés depuis, quoiqu'il fût en leur pouvoir de les éviter, puisque Dieu nous a donné à tous une âme capable de prévenir le péché. — Marcion disait : *Si Dieu ne veut point qu'il y ait du mal, que ne le défend-il ? Que ne nous empêche-t-il de le commettre ?* — « Dieu, répond Prudence, aurait accordé à l'homme de bien pauvres prérogatives, si, en le faisant roi de l'univers, il ne l'avait pas fait roi de lui-même, avec la liberté d'agir comme il lui plairait, et de faire le bien et le mal à sa volonté. Dieu s'est contenté de manifester sa loi à l'homme et de l'abandonner ensuite à son libre arbitre ; pour le bien, il promet des récompenses ; pour le mal, il réserve des châtiments : à chacun de choisir. Il termine son poëme par une prière à Jésus-Christ, dans laquelle, se croyant indigne du ciel, à cause de ses fautes, il demande seulement de n'être point dans l'enfer, consentant à être placé dans un autre lieu où un feu moins ardent pourrait le purifier. Par là il nous semble désigner assez clairement le purgatoire, le seul lieu d'expiation que l'Église admette entre l'enfer et le ciel.

Psychomachie. — La *Psychomachie* décrit les combats qui se passent dans l'âme entre certains vices et les vertus qui leur sont opposées. Le premier est entre la foi et l'idolâtrie ; le second entre la pudeur et la débauche ; le troisième entre la patience et la colère ; le quatrième entre l'orgueil et l'humilité ; le cinquième entre l'intempérance et la sobriété ; le sixième entre l'avarice et la pitié, et le septième entre la paix et la discorde. Abraham, à la nouvelle que Loth son neveu était tombé au pouvoir de ses ennemis, qui l'avaient réduit à l'esclavage et dépouillé de tous ses biens, combat pour lui, le délivre et le ramène avec ses serviteurs et tout ce qu'on lui avait pris. A son retour, ce patriarche victorieux rencontre sur son chemin le prêtre du Seigneur qui lui offre des rafraîchissements. Eh bien ! Jésus-Christ en présente aussi à ceux qui sont sortis vainqueurs de la lutte contre les passions. Tel est en substance le prologue qu'Aurèle a mis en tête de sa *Psychomachie*. Dans le corps du poëme, il décrit tous les moyens que les passions vicieuses mettent en jeu pour arriver à dominer dans un cœur, et les armes dont se servent les vertus opposées pour les en chasser, ou tout au moins pour paralyser leurs efforts. Il représente aussi la laideur du vice, en opposition avec la beauté de la vertu. Il y reconnaît que nous adorons un seul Dieu en trois personnes, et que Jésus-Christ est Dieu par son Père; que le baptême efface la tache du péché d'origine; qu'au lieu de la manne dont nos pères furent nourris dans le désert, nous mangeons, nous, la chair de Jésus-Christ.

Dyttocheon. — On a contesté à Prudence le poëme qui porte ce titre, parce que le style en paraît moins orné et moins poli que celui de ses autres poésies; mais un grand nombre de critiques, cependant, y reconnaissent son style, ses manières de parler, ses termes favoris, ses allégories et les pensées habituelles qu'il développe si souvent dans le reste de ses ouvrages. Il faut donc s'en rapporter à Gennade, qui le lui attribue, et qui le publie sous ce titre de *Dyttocheon*, mot grec qui signifie un double mets, parce qu'en effet le pieux poëte y donne à ses lecteurs une nourriture spirituelle tirée des deux Testaments. Plusieurs auteurs l'intitulent aussi *Enchiridion*, ou *Manuel de l'Ancien et du Nouveau Testament*. Le poëte ne s'attache point à donner une histoire suivie des livres sacrés, mais il en reproduit seulement les traits les plus frappants, qu'il s'efforce d'embellir des charmes de la poésie, sans se préoccuper de les relier entre eux. Tout le poëme est en vers hexamètres, divisé par quatrains.

A Symmaque. — Il y avait à Rome, dans le lieu où le sénat tenait ses assemblées, un autel de la Victoire sur lequel on avait coutume de jurer et d'offrir des sacrifices aux idoles. Les sénateurs chrétiens étaient dans l'obligation d'assister avec les païens à ces cérémonies profanes. Constance, dans un voyage à Rome en 357, fit enlever cet autel; quoiqu'il ne fût encore que catéchumène, il se serait cru souillé par sa présence. Julien l'Apostat le fit rétablir dès le commencement de son règne. Valentinien ne crut pas devoir y toucher; Gratien, non-seulement le fit détruire, mais il se saisit aussi des revenus destinés à assurer la perpétuité des sacrifices et l'entretien des prêtres des idoles. La loi que ce prince donna à ce sujet fit beaucoup de peine aux sénateurs païens. Ils résolurent de lui adresser une requête, et l'orateur Symmaque fut choisi pour lui présenter leurs plaintes; mais de leur côté et en bien plus grand nombre, les sénateurs chrétiens protestèrent en public et en particulier, qu'ils ne viendraient plus au sénat si l'empereur faisait droit à cette demande des païens. Le pape Damase fit passer leur requête à saint Ambroise, qui la présenta lui-même à Gratien. Elle produisit sur ce prince l'impression qu'elle devait produire : il refusa aux sénateurs païens l'audience qu'ils avaient demandée. Ils la présentèrent successivement et sans plus de succès à Valentinien II et à Théodose, à qui ils envoyèrent des députés, en 388. Symmaque, qui leur servait encore d'organe en cette circonstance, fut enlevé par ordre de l'empereur et conduit à cent milles de Rome. Saint Ambroise avait déjà réfuté par écrit les raisons alléguées par Symmaque dans sa requête. Prudence Aurèle travailla sur le même sujet; il composa ses deux livres peu après la bataille de Pollence, donnée le jour de Pâques de l'année 403. Les armes de l'empereur Honorius y furent victorieuses, et Alaric se vit forcé de se retirer avec ses troupes sur l'Apennin. Prudence traite dans le premier livre du culte des faux dieux. Il montre que ceux que l'on a divinisés ainsi n'ont jamais mérité le nom de dieux, ni par leurs mœurs, ni par leurs actions, ni par les services rendus à la patrie, mais qu'au contraire la plupart de ces hommes s'étaient souillés par les crimes les plus infâmes. Il attaque aussi le culte que les païens rendaient aux astres et aux éléments, sous des noms empruntés, et les excès qui se commettaient dans les spectacles des gladiateurs. Il s'adresse à la ville de Rome, et l'engage à quitter toutes ces vaines superstitions, pour se ranger sous l'étendard de la croix, qui plus d'une fois déjà avait fait remporter à ses princes de brillantes victoires. Il propose pour exemples un grand nombre de sénateurs qui avaient embrassé la foi, et le peuple de cette capitale de l'empire qui ne professait plus que du mépris pour les autels des fausses divinités. Il représente à Symmaque que le Dieu qu'il refusait d'adorer était le même qui lui avait donné le proconsulat d'Afrique et la préfecture de Rome; qu'il lui serait bien plus honorable, en même temps qu'il se montrerait plus reconnaissant, d'employer son éloquence à relever les grandeurs du vrai Dieu, qu'à faire l'éloge des idoles inventées par les passions de ses ancêtres.

Dans son second livre, Prudence réfute les raisons sur lesquelles Symmaque appuyait sa requête. La plus spécieuse était que chacun doit rester dans la religion qui lui a été transmise par ses ancêtres. Prudence, tirant avantage de cette maxime, lui répond qu'à ce compte les chrétiens sont loin d'être dans l'erreur, puisqu'ils adorent le même Dieu qui était adoré avant le déluge, et qui n'a jamais cessé d'être adoré dans tous les siècles, tandis que les Romains ne pouvaient se dispenser de reconnaître qu'ils avaient innové dans leur religion, et qu'ils avaient aujourd'hui un plus grand nombre de temples et de divinités qu'au temps d'Hector. Venant ensuite à la bataille de Pollence, il montre que si elle fut gagnée, ce ne fut point par le secours de Jupiter, puisqu'ils marchèrent au combat sous l'étendard du Sauveur, et qu'ils ne sonnèrent la charge, pour aller à l'ennemi, qu'après avoir adoré Jésus-Christ sur les autels, et imprimé le signe de sa croix sur leur front. Prudence invite Rome à souhaiter la présence de l'empereur **Honorius**, afin de lui témoigner toute la joie qu'elle ressentait de sa victoire. Pour lui, il le conjure d'abolir les spectacles de gladiateurs, qui souvent se tuaient entre eux pour le plaisir de la multitude. Il lui cite l'exemple du grand Théodose, son père, qui avait interdit les combats de taureaux, quoique ce divertissement fût beaucoup moins barbare et moins criminel.

Péristéphanon. — Le poëme *des Couronnes* est composé de quatorze hymnes, la plupart en l'honneur des martyrs d'Espagne. Prudence ne dit que peu de chose des saints Hémétère et Quélidoine, martyrisés à Calahorre, ville de la Castille, qui, avec Saragosse, revendiquait les honneurs de son berceau. Les persécuteurs avaient fait brûler, avec beaucoup d'autres, les actes de leur martyre. Cependant il remarque que leur culte était si étendu, que de tous les points de l'Espagne on venait à leurs tombeaux, au pied desquels personne ne priait en vain. Il met saint Laurent au nombre des martyrs d'Espagne, parce qu'en effet il y était né; il en fait de même de sainte Eulalie, martyre en 304, et née à Mérida, capitale de la Lusitanie. Les dix-huit martyrs dont il parle ensuite souffrirent la même année à Saragosse, où ils furent enterrés dans un même tombeau. Dans l'hymne composé en l'honneur de ces martyrs, il dit que Jésus-Christ est sur toutes les places publiques et qu'il habite partout; mais il est visible qu'il entend cela de l'efficacité de son sang, qui partout chasse les démons, et de la lumière de son Evangile, qui éclaire le monde. Ce fut à Valence que souffrit saint Vincent, diacre de l'Eglise de Saragosse. Prudence lui adresse une prière très-vive, et le supplie d'être son intercesseur au pied du trône du Père, et d'obtenir de la miséricorde de Jésus-Christ le pardon de ses fautes. Aux martyrs d'Espagne, Prudence en joint d'autres qui ont souffert en divers pays. Dans l'hymne de saint Romain, il entre en détail la vanité du culte des faux dieux, dont il donne l'histoire en peu de mots. Il établit ensuite l'unité de Dieu, que l'existence du Fils ne saurait infirmer, puisque ce Fils est le même Dieu que le Père, coéternel à lui, et avec lui la cause et le principe des jours et des temps. Il rappelle qu'il s'est fait voir aux hommes, en prenant un corps mortel, lui qui est l'immortalité, afin qu'ayant expié nos faiblesses, il pût nous faire passer dans son royaume. L'hymne sur saint Pierre et saint Paul remarque, contrairement à la croyance générale, que ces deux apôtres souffrirent le même jour, mais non pas la même année. Saint Paul ne versa son sang qu'un an après saint Pierre, dans la même prairie, près d'un marais, sur les bords du Tibre. Le désir qu'il éprouvait de quitter son corps pour vivre avec Jésus-Christ fut accompli, au jour et à l'heure que l'esprit de prophétie lui avait fait connaître. Il eut la tête tranchée, comme il convenait à un citoyen romain. Son corps fut enterré sur le chemin d'Ostie, à la place où l'on bâtit depuis l'église magnifique qui subsiste encore. Saint Pierre fut crucifié la tête en bas, comme il l'avait demandé lui-même aux exécuteurs, et ses restes furent déposés au Vatican, près le chemin Triomphal.

Prudence a toujours passé pour le plus savant des poëtes chrétiens. C'est surtout dans ses livres contre Symmaque qu'il donne des preuves de son érudition et de la beauté de son génie. Ses vers ont du feu, de l'élégance et de la majesté. Quelques critiques trouvent son style un peu rude, et relèvent plusieurs fautes contre la prosodie; mais tous conviennent que ses différentes compositions respirent un véritable enthousiasme, et qu'aucun poëte n'a montré plus de connaissances dans l'histoire et les antiquités. Saint Sidoine Apollinaire le compare à Horace, et assure que, chez les personnes les plus éminentes par leur savoir, on retrouvait sa poésie parmi les œuvres des plus grands auteurs. Jean Leclerc et Bayle reprochent à Prudence d'avoir avancé quelques opinions peu orthodoxes; mais on doit d'autant plus l'excuser de s'être trompé, dans des matières dont il n'avait pas fait une étude approfondie, que d'ailleurs il est absolument impossible de douter de la sincérité de sa foi.

AURÈLE (saint), évêque de Carthage, a sa place marquée parmi les plus illustres Pères de l'Eglise. Saint Fulgence n'hésite pas à le mettre au rang des Athanase, des Grégoire de Nazianze, des Basile, des Ambroise, des Hilaire, des Augustin, en un mot, de tous les saints et savants pontifes qui, veillant à la garde de l'Eglise de Dieu, se sont opposés aux erreurs naissantes et ont combattu les progrès des erreurs établies, en défendant le troupeau de l'invasion des vieux loups, et en démasquant, sous la peau de brebis, les loups nouveaux qui se cachaient dans le bercail.

On ne sait pas au juste en quelle année il fut promu au siége de Carthage; tout ce que l'on peut affirmer, c'est qu'il n'était pas encore évêque en 390, puisque nous voyons le deuxième concile de cette province présidé par Genethlius, son prédécesseur. Mais comme l'histoire nous apprend que celui-ci mourut peu de temps après, dans le cours de l'année suivante, ou au commencement de 392, nous sommes autorisés à fixer à cette époque l'élévation de saint Aurèle à l'épiscopat. Il en est de même de l'année de sa mort, que l'on ne peut également établir que sur des conjectures. Il vivait encore en 427, puisque, dans son trente-deuxième livre de la *Cité de Dieu*, publié la même année, saint Augustin dit, en parlant des diacres de l'Eglise de Carthage : « Au nombre desquels se trouvait alors et reste seul aujourd'hui Aurélius, évêque, digne de tous nos hommages et de toute notre vénération. » Le second livre des *Rétractations*, achevé la même année, fait également mention de son existence; bien plus, il vivait encore en 429, puisque, dans sa lettre 231, adressée, vers cette époque, au comte Darius, saint Augustin, en lui parlant de plusieurs livres qu'il lui avait fait passer sans qu'il les eût demandés, lui dit : « Si vous pouvez les lire tous pendant votre séjour en Afrique, daignez m'informer du jugement que vous en aurez porté, ou au moins commandez qu'il soit remis à mon vénérable seigneur et frère Aurèle de Carthage. » Enfin, dans le livre que Paulin, diacre de Milan, composa à la mémoire de saint Ambroise, nous voyons que, l'année suivante, c'est-à-dire en 430, Célestius de Carthage, pour les derniers chapitres d'un écrit qu'il venait de publier, fut dénoncé à saint Aurèle, son évêque. C'est donc à cette année, la même qui vit finir saint Augustin, qu'il faut assigner la mort de ce vénérable vieillard, qui s'éteignit comme un flambeau, après avoir brillé pendant quarante ans sur le premier siége épiscopal de l'Afrique.

Outre ses allocutions aux évêques et au clergé d'Afrique, et dont le souvenir se trouve encore consigné dans les archives de cette Eglise, saint Aurèle avait écrit un grand nombre de lettres dont le savant Tillemont nous détaille avec soin la nomenclature et les titres. De tous ces écrits du saint évêque, il ne nous reste qu'une lettre encyclique, adressée à tous les évêques des deux départements, la Byzacène et l'Arzengytane, qui constituaient la province ecclésiastique de Carthage, sur la condamnation de Pélage et de Célestius.

« Il n'est aucun de vous, vénérables et bien-aimés frères, leur dit-il, qui ne conserve dans son cœur le souvenir du concile de Carthage et de la condamnation qui s'ensuivit contre Célestius, Pélage et leurs doctrines. Mais puisque, pour l'honneur du Dieu *qui tient dans ses mains le cœur des rois*, la pieuse autorité des princes chrétiens, qui sont aussi les gardiens de la foi et de la pureté du dogme catholique, nous a chargé, malgré notre bassesse, de dénoncer cette sentence à nos confrères dans l'épiscopat, nous nous sommes empressé, vénérables frères, de vous donner avis de ces lettres, afin que vous puissiez empêcher de s'insinuer, dans quelque partie que ce soit de vos provinces, la moindre connaissance de ces doctrines détestables, qui distillent le venin du serpent, et que l'Eglise universelle a anathématisées.

« C'est donc dans ce but, que les besoins de l'Eglise ont rendu si nécessaire, que je vous adresse ces ordonnances des empereurs, avec la lettre qui les accompagnait quand je les ai reçues. Après lecture, chacun de vous jugera, dans sa sagesse, en quels termes il lui convient d'y souscrire, soit qu'il ait déjà apposé sa signature au bas des actes synodaux, soit que des nécessités de position l'aient empêché d'assister à ce concile général de toute l'Afrique. En souscrivant ainsi à la condamnation de ces hérétiques, par une approbation aussi complète, aussi universelle, vous couperez court à tout soupçon, et vous enlèverez à la défiance ombrageuse le droit de vous accuser de dissimulation et de négligence, et peut-être d'hypocrite et ténébreuse perversité. »

La collection des Actes du concile de Carthage nous a conservé plusieurs des paroles prononcées par le saint pontife dans cette grande et catholique assemblée ; mais ce sont des mots, des phrases, des propositions, des arguments présentés, soutenus, rétorqués comme il arrive habituellement dans ces sortes de discussions, et peut-être plus encore dans les discussions doctrinales que dans toutes les autres. On comprendra facilement que, isolées de leurs précédents et de leurs conséquents, qui seuls les font ressortir en leur conservant un à-propos, ces paroles du saint évêque échappent à toute traduction.

On a attribué aussi à saint Aurèle une lettre adressée au pape Damase, en réponse à une lettre précédente qu'il aurait reçue de ce pontife ; mais ces deux lettres sont évidemment controuvées, et Baronius en a démontré la supposition avec des arguments qui n'admettent pas de réplique.

Disons, à la louange de ce pieux pontife, que les longues années de son épiscopat furent toutes consacrées à la défense de la foi et au maintien du dogme catholique contre les attaques du schisme et de l'hérésie. Ses premiers combats furent contre les donatistes, et il montra un grand zèle pour les ramener au sein de l'unité. Il n'en déploya pas moins dans l'affaire des pélagiens, et il fut le premier qui condamna Célestius, disciple de Pélage. Quatre ans plus tard, ce fut le tour de Pélage lui-même, dont il anathématisa la doctrine avant même que saint Augustin se fût mis sur les rangs pour le combattre. Puisque nous venons d'écrire le nom de saint Augustin, disons en finissant, et pour couronner l'éloge de saint Aurèle, qu'il eut l'insigne honneur de rester toute sa vie l'ami intime de ce savant et glorieux évêque d'Hippone.

AURÉLIEN (saint), fut nommé évêque d'Arles en 545. Aussitôt après son élévation à cette dignité, il envoya demander au pape Vigile le *pallium*, avec le titre de vicaire apostolique du saint-siége. Sa requête était appuyée de lettres de recommandation du roi Childebert, qui sollicitaient la même grâce en sa faveur. Le pape, en la lui accordant, lui donna le pouvoir de terminer, avec l'assistance d'un certain nombre d'évêques, les différends qui pourraient naître entre les prélats soumis à sa juridiction. Mais le bref qui contenait ces pouvoirs y mettait cette restriction : « Si, ce qu'à Dieu ne plaise, dit le souverain pontife, il s'élève des disputes sur la foi, ou s'il se présente quelque autre cause majeure, , après avoir vérifié les faits et dressé votre rapport, réservez-en le jugement et la décision au siége apostolique ; car nous trouvons dans les archives de l'Eglise romaine que c'est ainsi qu'avaient coutume d'en user, à l'égard de nos prédécesseurs, ceux des vôtres qui ont été hononorés de la qualité de vicaires du saint-siége. »

Saint Aurélien est un des évêques d'Occident qui furent le plus alarmés de ce que Vigile avait signé la condamnation des trois chapitres, dans la grande querelle du nestorianisme. Pour le tranquilliser, ce pontife lui écrivit une lettre pleine de modération et de raisonnement, que nous aurons occasion de voir en rendant compte de ses œuvres. Le saint évêque d'Arles fit plusieurs établissements utiles et édifiants. Il instruisit avec zèle et avec cette force d'éloquence que l'esprit de Dieu communique toujours à ceux qu'il a établis les guides des peuples et des rois. Il donna des règles pleines de sagesse aux solitaires et aux religieuses de deux grands monastères de sa fondation, qu'il avait établis dans sa ville épiscopale. Il mourut saintement le 12 avril 553, comme le prouve, contre quelques historiens, une inscription découverte, en 1308, sur son tombeau, dans l'église de Saint Nizier, à Lyon.

Ce qui nous reste des écrits de saint Aurélien d'Arles se réduit aux deux règles qu'il a imposées aux deux monastères de sa fondation ; règles sages et parfaitement appropriées à la vocation et au sexe particulier des personnes auxquelles il les destinait. Nous n'entrerons pas dans l'appréciation de ces règles ; mais, pour en faire comprendre l'esprit, nous nous contenterons de reproduire le prologue qui les précède. Elles sont adressées : *Aux saints et vénérables frères, que la miséricorde de Dieu et les bienfaits du roi Childebert ont réunis dans les monastères fondés par nous* Aurélien, *évêque d'Arles.* « Par une inspiration de Dieu, dont la miséricorde n'a fait que seconder nos bonnes intentions, après avoir obtenu de vous des actes de renoncement aux joies et aux voluptés de la vie, nous venons vous demander encore des vœux de chasteté et de virginité qui ne laissent plus survivre dans votre cœur et dans vos entrailles que l'amour et la crainte du Seigneur. C'est pourquoi ces deux maximes doivent vous servir de précepte et de règle : *Juravi et statui custodire judicia justitiæ tuæ* (*Psal.* cxviii) ; et : *Mihi mundus crucifixus est, et ego mundo.* Donc, avec l'aide de Dieu et le concours de sa grâce, dans ce monastère que nous venons de construire, vous ne devez vous proposer qu'un but, votre perfection. C'est pour cela que nous avons institué une règle et une discipline qui vous facilite l'entrée de cette voie, et qui vous aide à marcher jusqu'au terme, qui est le royaume des cieux. »

Indépendamment de ces deux règles, il nous reste de saint Aurélien quelques fragments d'une lettre au roi Théodebert ; fragments qui ne contiennent que l'éloge de ce prince, sans même l'appliquer à un sujet particulier, ce qui nous dispense d'en dire un mot.

AURÉLIEN. — Si l'on s'en rapportait au témoignage de Sigebert, Aurélien, auteur d'un traité *du Chant et de la musique*, aurait été clerc de l'Eglise de Reims ; mais il est visible que ce chroniqueur s'est trompé. Le manuscrit de Saint-Amand qualifie Aurélien de moine, en tête de son traité, et, dans l'épître dédicatoire qui l'accompagne, il est facile de reconnaître un moine qui s'adresse à son supérieur. Ce supérieur, c'était Bernard, abbé de Réomé ou du Moutier-Saint-Jean, dans le diocèse de Langres. Aurélien l'ayant offensé par quelque faute qu'il ne déclare pas, chercha à rentrer dans ses bonnes grâces en lui dédiant son livre *de la Musique*. Non content de le commencer par une épître dédicatoire, selon la coutume, il en mit une seconde à la fin, et l'une et l'autre remplies des louanges de son abbé, à qui il donne le titre d'archichantre, probablement à cause de sa science et de son habileté musicales. Quoique dom Martenne eût en main l'ouvrage tout entier, il n'en a publié que ces deux épîtres, augmentées d'un épilogue qui roule encore sur les éloges de Bernard. Aurélien préférait la musique à tous les arts libéraux, et il soutient que chez les anciens il était aussi honteux de l'ignorer que d'ignorer les lettres.

AURÉMOND, abbé du Mairé. — La seule raison qu'on ait de placer Aurémond au nombre des écrivains ecclésiastiques, c'est qu'on le croit auteur d'une *Vie de saint Junien*, premier abbé et fondateur de l'abbaye du Mairé, mort vers l'an 587. Ulfin Boëce, qui vivait sous le règne de Louis le Débonnaire, et qui écrivit, après cet auteur, la *Vie* du même saint, marque en effet très-clairement qu'il avait été guidé dans son récit par les mémoires d'Aurémond. « Saint Junien, dit-il, s'exerça avec tant d'assiduité et tant de constance à la pratique des commandements de Dieu, et il commença à se rendre si recommandable par la perfection de ses vertus, que, rempli de temps en temps de l'esprit de prophétie, il voyait les choses dont il était éloigné, et les prédisait dans l'avenir bien longtemps avant qu'elles ne fussent accomplies. J'en rapporterai quelques exemples, les choisissant surtout parmi ceux qu'Aurémond, son fils spirituel, son compagnon inséparable, son ministre et son disciple, transmit à la postérité, après la mort du saint homme. » Boëce ajoute, dans un autre endroit de son histoire : « Plusieurs de ses miracles sont parvenus à notre connaissance, par le récit qu'en a fait Aurémond, qui lui a longtemps survécu, gouvernant après lui le troupeau confié à ses soins, c'est-à-dire le monastère du Mairé, dont il fut élu second abbé immédiatement après la mort de saint Junien. Certes, il faudrait torturer les termes de Boëce et faire violence à sa phrase, en la prenant autrement qu'à la lettre, pour l'expliquer de je ne sais quelle tradition orale dont Aurémond aurait été le principe. Aussi tous ceux qui ont lu ce passage et qui en ont pesé les termes, les ont-ils entendus d'une *Vie* de saint Junien écrite par Aurémond, et dans laquelle Boëce aurait puisé des renseignements pour composer la sienne. C'est encore sur le témoignage écrit d'Aurémond que Boëce nous apprend que saint Junien, qui le baptisa, fut en même temps son parrain, et qu'il lui donna au baptême le nom d'Aurémond, parce qu'ayant rencontré sa mère enceinte de lui, et réduite à la plus extrême nécessité, il lui avait donné une pièce d'or pour la soulager elle-même et fournir aux premiers besoins de son enfant. Plus tard, il prit soin de son éducation, le fit élever au sacerdoce, et partagea avec lui le gouvernement de son monastère. Il ne nous reste de l'écrit d'Aurémond que ce qui s'en trouve rapporté dans celui de Boëce. Ce qu'il dit de saint Junien, qui le baptisa et le leva en même temps des fonts du baptême est remarquable. Saint Remi, archevêque de Reims, en usa de même à l'égard de Clovis, comme on le voit dans son testament. On lit aussi dans la *Vie* de l'abbé Sidolus qu'il tint sur les fonts du baptême un enfant. Mais le concile d'Auxerre, tenu vers l'an 580, défendit, par son 25ᵉ canon, aux abbés et aux moines d'être parrains. On met la mort d'Aurémond vers l'an 625. Le monastère du Mairé, dont il fut abbé pendant trente-huit ans, a été transféré depuis sa mort à Noiaillé, à deux lieues de Poitiers.

AUSPICE (saint), que l'on s'accorde à regarder comme le cinquième évêque de Toul et le successeur immédiat de Celsin, se rendit célèbre, parmi les évêques des Gaules, par son éloquence, par sa foi, par ses œuvres, et par tous les genres de mérite qui font en même temps les grands hommes et les grands saints. Saint Sidoine Apollinaire, son contemporain, qui occupait à la même époque le siége de Clermont en Auvergne, avait été prié par le comte Arbogaste de lui donner quelques explications des livres sacrés. Soit que le temps lui manquât pour satisfaire aux pieux désirs du comte, soit qu'il voulût le mettre en communication avec deux de ses frères dans l'épiscopat, et lui faire ainsi connaître les trésors qu'il avait sous la main, il lui répondit qu'il était inutile d'appeler la lumière de si loin, quand elle rayonnait partout autour de lui. En effet, n'avait-il pas Jamblique, évêque de Trèves, homme parfait et à qui l'estime universelle accordait toutes les vertus qu'il possédait réellement dans son cœur, et Auspice, évêque de Toul, que toutes les Gaules révéraient également et pour son savoir et pour sa sainteté ? Le comte Arbogaste était gouverneur de Trèves. C'était un homme juste, chaste, ennemi du faste, ami de la sobriété, et non moins recommandable par les qualités de son esprit que par les qualités de son cœur. Il était éloquent, disert, érudit, et il écrivait la langue latine avec une pureté de diction qui rappelait les beaux siècles de sa littérature. Semblable aux capitaines de l'ancienne Rome, il savait également manier et la plume et l'épée. Il était bon, civil, affable, d'un accueil égal et toujours facile ; il gouvernait la ville de Trèves avec beaucoup de sagesse, et tout le peuple bénissait à l'envi sa domination. Il se plaisait surtout à la lecture des livres saints, en sorte que, tout laïque qu'il était, on pouvait dire qu'il possédait les mérites et les qualités d'un évêque. Mais on soupçonnait un peu son désintéressement, et l'on craignait qu'il n'aimât trop les richesses, dans un temps où les vicissitudes continuelles des guerres ne permettaient pas même aux plus avides de les garder pour eux, encore moins de les transmettre à leurs enfants. Saint Auspice, qui l'avait vu à son passage à Toul, lui écrivit, quelque temps après son retour à Trèves, pour l'exhorter à rentrer en lui-même, à sonder sa conscience, à se rendre un compte exact et rigoureux de l'état de son âme, et à arracher enfin jusqu'aux moindres racines d'un vice si dangereux, s'il en reconnaissait la présence dans son cœur. Le remède qu'il lui prescrivit pour cela, c'était de s'abstenir tellement du bien d'autrui, qu'il fût prêt à sacrifier même le sien pour la nourriture et l'entretien des saints et des pauvres. C'est pour là qu'il veut que le comte Arbogaste se prépare à la dignité qu'il lui assure être dans l'ordre de ses destinées. Il semble même ajouter qu'une voix miraculeuse l'avait annoncée solennellement aux peuples comme une grâce et un bienfait du ciel. Cette lettre de saint Auspice, qui, par la beauté du style, l'élévation des pensées, le choix des descriptions, ressemble à une espèce de poëme, est le seul monument qui nous reste de sa science, de son zèle et de sa vertu. On l'a imprimée pour la première fois dans les *Annales de Trèves*, dans l'*Histoire ecclésiastique et politique de la ville de Toul*, en 1707, et c'est de là que M. l'abbé Migne l'a tirée, pour la reproduire dans son *Cours complet de tous les Pères et écrivains ecclésiastiques*, édité à Paris, 1844.

AUTEMONDE, treizième évêque de Toul, composa, sur la fin du VIᵉ siècle, quelques écrits et des répons en l'honneur de saint Evre, l'un de ses prédécesseurs, pour transmettre à la postérité la mémoire de ses actions, et à donner ainsi plus de solennité au culte qui lui était rendu dans une église érigée sous son nom dans un des faubourgs de la ville. Dom Mabillon entend par ces écrits la *Vie de saint Evre*. Il remarque que, dans cette *Vie*, il est fait mention que ce saint évêque, passant à Châlons-sur-Saône, demanda à Adrien la liberté de trois prisonniers qui se trouvaient dans les fers. Cette grâce lui ayant été refusée, il l'obtint de Dieu par ses prières. A ce propos, le savant critique observe judicieusement qu'il y a faute dans l'anonyme qui a donné les Actes des évêques de Toul. En prenant Adrien pour l'empereur du même nom, il s'est imaginé faussement que saint Evre vivait dès le commencement du IIᵉ siècle, tandis que ce nom d'Adrien désignait tout simplement le juge ou le gouverneur de Châlons.

AVESGAUD, abbé de la Couture, dans un des faubourgs du Mans, ne doit pas être confondu avec un autre Avesgaud, abbé de Saint-Vincent dans la même ville, qui assista au sacre du roi Philippe, en 1059. Celui dont nous parlons ne fut élevé à la dignité d'abbé qu'en 1061, comme cela résulte évidemment d'une lettre qu'il écrivit vers ce temps-là. Non-seulement il n'y prend que la qualité de moine, mais il n'en donne même aucune à saint Anselme, à qui cette lettre est adressée, et qui ne fut prieur du Bec que l'année suivante. Il gouverna son monastère jusqu'à sa mort, arrivée en 1079, et il eut Johel pour successeur. L'histoire parle d'un troisième Avesgaud, de la maison de Bellesme, comme le précédent, et qui mourut évêque du Mans en 1036. Peut-être sortaient-ils tous trois de la même souche, puisqu'en parlant de sa famille, l'abbé de la Couture la donne comme très-puissante dans le pays du Maine.

Avesgaud n'écrivait pas mal, comme on le voit par sa lettre à saint Anselme. C'est l'unique production de sa plume qui soit venue jusqu'à nous, et nous devons à Baluze de l'avoir tirée de l'obscurité. L'objet que s'y proposait l'auteur était d'engager Anselme à se charger pour un temps de l'instruction d'un de ses neveux. Cette lettre n'eut point d'autre effet que d'attirer à Avesgaud la belle réponse qui fait la seizième lettre du premier livre d'Anselme, dans laquelle celui-ci répond d'une manière aussi modeste qu'ingénieuse à un vers de Perse qu'Avesgaud lui avait cité. On aurait de quoi être surpris de voir que Le Bec, qui avait ouvert à la jeunesse une école publique, ait refusé en cette rencontre un jeune élève de condition; mais l'étonnement cesse quand on réfléchit qu'il ne s'agissait que des premières leçons de la grammaire, qu'Anselme ne pouvait se charger de donner, puisqu'il était occupé à enseigner les hautes sciences.

AVIT (saint), archevêque de Vienne. — *Avitus*, qui, dans une de ses lettres, se donne aussi les noms d'*Alcimus Æditius*, naquit en Auvergne, au milieu du v° siècle, d'une famille patricienne et sénatoriale. Il prend lui-même le titre de sénateur, dans une lettre qu'il écrivit aux princes du sénat, à l'occasion du jugement rendu en faveur du pape Symmaque. Son père se nommait Isicius, sa mère se nommait Audence, et tous deux, fidèles à la foi, vivaient dans la crainte de Dieu et la pratique de toutes les vertus dont ils cherchaient à répandre le goût et à propager l'amour dans toute leur famille. Avit, quoique le puîné de quatre enfants, eut le bonheur insigne d'être régénéré en Jésus-Christ et de recevoir le baptême des mains mêmes de saint Mamert, alors évêque de Vienne. A la mort de ce pieux pontife, Isicius, qui, du consentement de sa femme, avait embrassé le parti de la continence, fut choisi pour le remplacer sur le siége épiscopal. Il y avait alors en cette ville un rhéteur célèbre nommé Sapaude; on pense que ce fut sous lui qu'Avit se forma dans les belles-lettres; mais il joignit toujours à l'étude de l'éloquence et de la poésie une piété solide dont il avait reçu les premiers éléments dans la maison paternelle. La mort de son père, arrivée en 490, fit penser à lui pour le remplacer dans sa charge et ses fonctions d'évêque. Avit devint un des plus illustres prélats des Gaules, par son savoir, ses talents et ses vertus pastorales. Son mérite le fit respecter de Clovis, encore idolâtre, et de Gondebaud, roi de Bourgogne, quoique arien. Ce dernier prince le chargea d'écrire contre les eutychéens, et le saint évêque s'en acquitta avec succès. Dans la célèbre conférence qui se tint à Lyon, en 499, entre les évêques catholiques et les évêques ariens, ce fut Avit qui fut désigné pour porter la parole, et il le fit avec tant d'éloquence et tant de raison, qu'en présence du duc de Bourgogne il réduisit ses adversaires à ne pouvoir répondre autrement que par des clameurs et des injures, ce qui contribua à en ramener un grand nombre dans le sein de l'Eglise. Gondebaud, retenu par des considérations politiques, persista dans ses erreurs; mais après sa mort, son fils Sigismond se rendit aux pressantes sollicitations de saint Avit. Ce prince, sur de fausses accusations, ayant eu le malheur de tremper ses mains dans le sang de son fils, le saint lui fit sentir l'indignité de son crime, et l'engagea, pour le réparer, à rebâtir le fameux monastère d'Agaune ou de Saint-Maurice en Valais. Ce fut là qu'il se retira et qu'il mourut dans les exercices de la plus sévère pénitence. A partir de cette époque, on ne sait plus rien de la vie de notre saint, si ce n'est qu'il présida le concile d'Epaune, et qu'il eut la plus grande part aux règlements salutaires qui y furent adoptés. Il mourut, selon l'opinion la plus commune, le 5 février de l'an 525. L'historien de sa Vie, Ennode, le qualifie de très-illustre entre les évêques des Gaules, et il ajoute que la science et l'érudition semblaient l'avoir choisi pour en faire leur demeure et le lieu éclatant où elles aimaient à déposer leurs trésors.

Nous avons de saint Avit un grand nombre de lettres, des homélies et des poëmes. Selon notre habitude, nous rendrons compte de quelques-unes de ces lettres, en les choisissant, autant que possible, dans tous les genres; nous analyserons les homélies et les poëmes.

Première lettre à Gondebaud. — La première lettre est adressée au roi Gondebaud. Ce prince avait proposé au saint évêque deux questions, l'une sur le sens de ces paroles de saint Marc, chap. vii, v. 11 et 12 : *Si dixerit homo patri :aut matri, Corban (quod est donum) quodcunque ex me tibi profuerit; et ultra non dimittitis eum quidquam facere patri suo, aut matri;* l'autre sur la divinité du Saint-Esprit. Saint Avit répond que le terme de *Corban*, que nous traduisons en latin par *don*, signifie, dans la langue hébraïque, le présent que l'on offrait à Dieu par dévotion. Ce sont les scribes et les pharisiens que Jésus-Christ fait parler en cet endroit, et la suite du texte marque évidemment que ces docteurs enseignaient, dans une vue d'intérêt propre, que lorsqu'on offrait à Dieu quelque chose, il n'était pas besoin de s'inquiéter si ce don était nécessaire à la subsistance de son père et de sa mère; maxime absolument contraire au précepte du Seigneur, qui veut que nous honorions nos parents, non-seulement de paroles, mais par la conduite et par les actes. Saint Avit, faisant allusion au terme de l'Évangile en cet endroit : *Non dimittitis*, c'est-à-dire, *non missum faciatis*, y trouve l'origine de la formule, *Ite, missa est*; et il dit qu'elle était en usage dans les palais des princes, dans les salles du prétoire, dans les églises, pour congédier le peuple lorsque l'assemblée était finie. A propos du terme *Raca*, dont Gondebaud lui avait apparemment demandé la signification, il répond qu'en hébreu, comme en grec et en latin, ce terme signifie *vide*, et que Dieu nous défend d'appeler nos frères de ce nom, parce que c'est un opprobre de qualifier ainsi celui qui n'est pas *vide* de la grâce du salut. — A la seconde question, sur la divinité du Saint-Esprit, le saint docteur répond au prince que les évêques ariens l'avaient trompé, en lui faisant entendre que Dieu avait soufflé son esprit dans l'âme, tandis qu'il est écrit que Dieu répandit sur le visage de l'homme, formé du limon de la terre, un souffle qui lui communiqua l'âme et la vie. L'Incorporel peut répandre le souffle de la vie; mais l'action même de souffler ne peut s'attribuer qu'à ce qui possède un corps. Il montre donc que l'esprit de vie communiqué par Dieu au premier homme n'était pas la substance même du Saint-Esprit, mais l'âme qui devait animer son corps et que l'Ecriture appelle ainsi. Autrement il faudrait dire que c'est l'Esprit-Saint qui pèche en nous, et que nous implorons la rémission de ses fautes lorsque nous prions pour les âmes des morts; or une pareille assertion ne peut se soutenir sans blasphème. Il ajoute que jusqu'ici personne n'a encore distingué le Saint-Esprit de l'Esprit consolateur; et cependant il y a cette différence entre l'esprit de l'homme et l'Esprit de Dieu, que l'un, qui n'est autre chose que le souffle qui l'anime, commence par la création; tandis que l'autre, providence éternelle, ne s'accorde que par bonté. Il finit sa lettre en pressant le roi de ne plus permettre aux évêques ariens de prêcher en sa présence, puisqu'ils refusaient de s'instruire eux-mêmes de la vérité; il l'engage à se séparer d'eux et à faire ouvertement profession de la foi catholique.

Deuxième lettre au même. — Indépendamment de cette lettre, nous en avons trois autres du saint évêque adressées au même prince : une, en réponse à celle dont nous avons parlé dans sa vie, et par laquelle Gondebaud le priait de combattre les erreurs d'Eutychès par les preuves les plus fortes de l'Ecriture. Saint Avit raconte en peu de mots la naissance, les progrès et la condamnation de l'hérésie, affirmant qu'Eutychès ne l'avait imaginée qu'afin de se faire un nom par ses nouveautés, et de s'élever ainsi à l'épiscopat. Du reste, ce n'était pas publiquement et par des écrits, mais par des discours clandestins et dans des conversations secrètes, qu'il avait établi son erreur. Selon le pieux docteur, Eutychès niait que le Fils de Dieu se fût incarné dans le sein d'une femme, et soutenait qu'il avait apporté un corps du ciel. En conséquence, il refusait à Marie le titre de Mère de Dieu; mais saint Avit se trompe en disant que cet hérésiarque la reconnaissait comme mère du Christ. Par suite de cette erreur, tout en combattant l'hérésie d'Eutychès, il attaque surtout celle de Nestorius, en démontrant victorieusement, par l'autorité de l'Ecriture, qu'il y a en Jésus-Christ deux natures unies en une seule personne, qu'il est en même temps Fils de Dieu et fils de l'homme, engendré du Père, sans la participation d'aucune mère, et conçu dans le sein de sa mère sans la participation d'aucun homme; enfin, que ce n'est pas par grâce, mais par nature même qu'il est Dieu.

Troisième lettre au même. — La lettre suivante n'est que la suite de celle-ci. Saint Avit continue de combattre Nestorius, en démontrant que Jésus-Christ a été Dieu et homme parfait; puis ensuite, revenant à Eutychès, il prouve que Jésus-Christ nous est consubstantiel, qu'il a pris un corps de la même nature que le nôtre, et non pas un corps fantastique, comme cet hérésiarque le prétendait. Il cite, en témoignage de la vérité, le passage d'Isaïe où il est dit, en parlant du Sauveur : *Vere languores nostros ipse tulit, et dolores nostros ipse portavit;.... et livore ejus sanati sumus*; celui de saint Jean, où nous voyons que Jésus-Christ pleura la mort de Lazare avant de le ressusciter; cet autre du même évangéliste, qui rapporte que Jésus-Christ, voulant convaincre saint Thomas de sa résurrection, dit à cet apôtre : *Infer digitum tuum huc, et vide manus meas, et affer manum tuam, et mitte in latus meum, et noli esse incredulus sed fidelis*; et enfin ce passage de saint Luc, où le Sauveur ressuscité dit à ses disciples : *Palpate et videte quia spiritus carnem et ossa non habet, sicut me videtis habere*. Peut-on rien dire de plus positif, pour montrer que le corps de Jésus-Christ n'était ni une ombre, ni un fantôme? Saint Avit prouve encore la même vérité, par un autre passage du même évangéliste où il est dit que le Sauveur, après avoir rappelé à ses apôtres qu'il fallait que tout ce qui a été écrit dans la loi de Moïse, dans les prophètes et dans les psaumes fût accompli, les emmena avec lui jusqu'à Béthanie; là, levant les mains au ciel, il les bénit et en les bénissant il se sépara d'eux et s'enleva de lui-même dans le ciel.

Quatrième lettre au même. — Un écrivain, nommé Benoît Paulin, avait demandé à Fauste de Riez, un des plus fameux ariens de ce temps-là, si la pénitence qu'un homme chargé de péchés fait à l'article de la mort était bonne. Fauste n'hésita pas à répondre qu'elle était inutile. Gondebaud, surpris de la réponse de cet évêque, consulta saint Avit pour en apprendre la vérité. Le saint évêque lui répondit aussitôt que non-seulement c'était contre le vrai, mais qu'il y avait même de la dureté à soutenir que la pénitence momentanée faite à l'article de la mort est inutile, et ne profite de rien à celui qui la fait. Certes, l'humilité de celui qui, dans ce moment suprême, confesse à Dieu ses péchés, ne peut rester sans fruit ni manquer de fléchir la miséricorde du Seigneur, et l'on doit croire que tous les hommes devant être jugés suivant l'état de leur conscience à l'heure de la mort, la seule volonté de se corriger, pourvu qu'elle soit vraie et sincère, doit suffire pour toucher le cœur de Dieu et le rendre favorable au repentir. Il donne pour exemple de pénitences momentanées qui ont fléchi la colère du Très-Haut, celle des Ninivites, qui, dans l'espace de trois jours, détournèrent le glaive vengeur prêt à les détruire. Il conclut de là qu'il y a de l'impiété à refuser la pénitence à ceux qui l'implorent avec instances et avec larmes ; mais il exige en même temps que l'on punisse sévèrement ceux qui, après l'avoir reçue, retombent dans leurs péchés, faisant ainsi, par un abus déplorable, une cause de perte et de mort, d'un remède qui leur est accordé pour le salut.

Sixième lettre, à Victorius. — Victorius, évêque de Grenoble, avait demandé à saint Avit, si les catholiques pouvaient se livrer aux exercices de leur culte dans les églises ou oratoires des hérétiques, en les purifiant par une nouvelle consécration. Le saint docteur répond : non. Il est bien vrai que, par l'imposition des mains de l'évêque, la tache de l'hérésie est ôtée à celui qui revient à l'Eglise, et que la plénitude de la foi lui est rendue du moment qu'il en renouvelle une profession sincère ; mais on ne voit pas comment une chose insensible, comme l'est un édifice, devenu souillé par l'usage qu'en ont fait les hérétiques, peut être purifié par une nouvelle consécration. Si l'on convient une fois que l'on peut consacrer de nouveau un autel profané par l'hérésie, il faudra convenir aussi que le pain qu'ils ont déposé sur cet autel peut être offert sur les nôtres. Il prétend que la bénédiction des choses insensibles ne peut leur enlever l'impureté qu'elles ont contractée, et qu'il n'appartient qu'à ceux qui ne craignent pas de rebaptiser de réitérer la consécration d'une église. Il en dit autant des calices, des patènes et des autres vases sacrés qui ont servi au culte des hérétiques. Il appuie cette décision d'un passage du Deutéronome où il est dit qu'on ne fit usage des encensoirs de Coré, Dathan et Abiron, qu'après que le feu en eut purifié le métal et les eut changés en lames ; encore ne servirent-ils que pour perpétuer le souvenir de la vengeance de Dieu sur ces séditieux.

Onzième et douzième lettre, à Apollinaire. — Apollinaire, évêque de Valence, et frère aîné de saint Avit, lui écrivit qu'il avait eu en dormant, un songe. Là nuit de l'anniversaire de la mort de sa sœur, il sentit entre ses mains quelque chose qui l'embarrassait, et il crut entrevoir, pendant son sommeil, une colombe d'une couleur rouge et extraordinaire qui, s'étant posée à côté de lui, le tirait. A son réveil, il se souvint qu'il avait omis de célébrer cet anniversaire, et il prit ce songe pour un avertissement que sa sœur lui donnait de lui rendre ce devoir de piété fraternelle. Il en instruisit son frère, qui lui répondit qu'on avait célébré l'anniversaire de leur sœur à Vienne, et qu'au surplus la faute qu'il avait faite était très-pardonnable, puisqu'il s'en accusait. « Vous avez, je l'avoue, lui dit-il, contrevenu à la coutume ; mais par une réfervescence de piété, souvenez-vous, à l'avenir, du jour anniversaire de la mort de notre sœur. » Il ajoute qu'il regarde ce songe comme un avertissement du ciel, pour ne point omettre, à l'avenir, ce qu'il ne lui était pas permis d'oublier.

Quinzième lettre, à Victorius. — Un nommé Vincomalus, du diocèse de Grenoble, après la mort de sa femme, en avait épousé la sœur et vivait avec elle depuis plusieurs années. L'évêque Victorius consulta saint Avit, son métropolitain, sur ce qu'il avait à faire dans cette occasion ; s'il devait les séparer et quelle pénitence il devait leur imposer. Le saint évêque lui répondit qu'il ne devait pas souffrir plus longtemps ce désordre, mais leur enjoindre incontinent de se séparer, frapper l'homme d'anathème et les excommunier l'un et l'autre, jusqu'à ce qu'ils fissent preuve d'obéissance par une pénitence publique de leur faute. Néanmoins il rappelle à Victorius que sa qualité d'évêque lui donne le pouvoir de tempérer la rigueur de cette sentence, et de traiter plus doucement les coupables, s'ils témoignaient un sincère repentir de leur faute. Vincomalus étant venu lui-même trouver le saint évêque de Vienne, lui promit de réparer sa faute, en se séparant de cette femme aussitôt après son retour à Grenoble. Saint Avit écrivit une seconde lettre à Victorius, où, après lui avoir marqué ce qui s'était passé entre lui et son diocésain, il lui conseillait de modérer la sentence portée contre ce malheureux, de se contenter de rompre son mariage par un simple divorce, et de ne pas le traiter suivant toute la rigueur des canons. Pourtant il avertit Victorius de ne pas trop se fier à la parole d'un homme que sa vie précédente rendait peu digne de foi, et de ne lui pardonner que sous la caution de ceux qui intercéderaient pour lui. Il ajoute qu'on doit lui conseiller la pénitence, mais ne pas la lui imposer malgré lui.

Vingt-sixième lettre, à un évêque. — La vingt-sixième lettre est adressée à un évêque qu'elle ne nomme point. Saint Avit le reprend de la facilité avec laquelle il avait révélé nos mystères aux impafaits, c'est-à-dire aux hérétiques. Mais comme cet évêque lui avait demandé s'il était permis d'élever aux premières dignités de l'Eglise un évêque qui avait abjuré l'hérésie, le saint docteur lui répond qu'on peut l'élever à quelque grade que ce soit du sacerdoce, pourvu que dans sa vie et dans ses mœurs, il n'y ait rien qui s'y oppose. « Car pourquoi, dit-il, celui-là ne gouvernerait-il pas le troupeau de Jésus-

Christ, qui à reconnu sagement que les ouailles qu'il avait conduites jusque-là n'étaient pas les ouailles du Seigneur? Pourquoi ne serait-il pas élevé parmi nous au sacerdoce, après avoir quitté, par amour pour la vérité, le faux sacerdoce qu'il exerçait? Qu'il devienne de laïque un véritable évêque, lui qui de faux évêque qu'il était, a bien voulu devenir laïque. Qu'il gouverne son peuple dans notre Église, lui qui a quitté la sienne; et méprisé un peuple étranger?

Quarante-unième lettre; à Clovis. — Saint Avit écrivit à Clovis pour le féliciter sur son baptême; il en décrit avec complaisance la solennité et les avantages. Il le congratule surtout de l'avoir reçu le jour de la Nativité du Seigneur, et non pas la veille de Pâques, comme le dit Hincmar. Il témoigne le désir que Dieu se serve de ce roi, pour amener à la connaissance de la vraie religion les nations éloignées qui vivaient encore dans les ténèbres; il l'exhorte à leur envoyer des ambassadeurs, en lui représentant qu'il doit, par un motif de reconnaissance, travailler à l'œuvre du Dieu dont il avait reçu tant de bienfaits. Il parle à Clovis d'un homme de guerre retenu captif ou en otage chez le roi Gondebaud, et il cherche à l'intéresser à sa délivrance. En effet, par la médiation de Clovis, le crédit de l'empereur Anastase et les sollicitations du roi Sigismond, Gondebaud se laissa fléchir, et rendit ce jeune homme à son père. Du reste toute cette négociation se trouve détaillée dans les lettres à Clovis, au sénateur Vitalien et au roi Sigismond.

La plupart des autres lettres de saint Avit n'ont rien de bien remarquable. Ce sont des invitations à des solennités, ou bien des compliments à l'occasion des principales fêtes de l'année, et surtout des fêtes de la Naissance et de la Résurrection du Seigneur. Il était d'usage alors que les évêques s'écrivissent dans ces circonstances, pour se donner des marques d'amitié et s'instruire mutuellement de la manière dont ils avaient célébré ces fêtes.

Homélies. — A la prière de plusieurs de ses amis, saint Avit composa un recueil de ses Homélies, comme il nous l'apprend lui-même dans une de ses lettres à son frère Apollinaire. De tous ces discours il ne nous en reste que deux complets, sur le premier et le troisième jour des Rogations. Il nous marque, dans la première de ces homélies, que la dévotion des Rogations, qui avait pris naissance dans les Gaules, s'était répandue presque aussitôt par toute la terre, pour la purifier, par cette satisfaction annuelle, des désordres qui l'inondaient. Il rappelle que cette fête pénible et laborieuse, comme il la nomme, fut établie par saint Mamert, un de ses prédécesseurs; mais qu'il fallut une extrême nécessité pour forcer les cœurs des Viennois à se soumettre à une telle humiliation, et qu'ils n'embrassèrent cette pénitence que parce qu'ils la considéraient comme un remède nécessaire à leurs maux. Il entre dans le détail de ces maux; grand nombre d'incendies, de fréquents tremblements de terre, des bruits extraordinaires que l'on entendait la nuit, des animaux sauvages qui erraient par les rues de la ville, et dont la présence répandait la terreur dans tous les esprits. Les impies, dissimulant ce qu'ils en pensaient, attribuaient ces événements au hasard; les plus sages les regardaient comme des signes de la colère de Dieu, et comme un présage de la ruine totale de leur ville. Ce qui acheva de les fixer dans cette conviction, fut l'incendie qui se déclara dans la nuit qui précède le jour de Pâques. Le feu prit à l'hôtel-de-ville situé sur le point le plus élevé de Vienne. La nouvelle s'en étant répandue parmi le peuple, déjà assemblé à l'église, tous en sortirent pour garantir leurs maisons et leurs biens des ravages de cet incendie. Saint Mamert, seul, impassible, demeura devant les saints autels, où il éteignit le feu par l'abondance de ses prières et de ses larmes. C'est dans cette même nuit, qu'il forma le dessein d'instituer les Rogations, dont il prescrivit plus tard les rubriques, en indiquant les psaumes et les prières qui devaient les accompagner. Il destina à cette pénitence les trois jours qui précèdent immédiatement la fête de l'Ascension, en désignant lui-même les différentes églises pour les processions ou stations de chacun de ces jours. Quelques églises firent d'abord les Rogations dans des temps différents, mais bientôt elles s'accordèrent toutes pour les célébrer aux mêmes jours. A ce propos, saint Avit fait une remarque sur l'avantage des prières et des bonnes œuvres accomplies en commun. Outre que l'union du peuple, dans ces exercices de pénitence, est un puissant motif pour y engager même ceux qui n'auraient pas voulu se joindre aux autres, l'humilité de l'un anime celle de l'autre, et personne ne rougit de s'avouer coupable là où tout le monde s'accuse; dans un combat où tous s'unissent contre un ennemi commun, le plus lâche est encouragé par la valeur de ses compagnons. Les forts couvrent les faibles qui, par cette union, acquièrent la gloire d'être comptés dans l'armée des vaillants. Il résulte de là que quand on a remporté une victoire, tous y ont pris part, et, quoique peu aient combattu, chacun néanmoins participe au triomphe. Donc, quelque faible que soit une personne dans la vertu, qu'elle s'unisse aux autres, et ses prières obtiendront ce qu'elles n'eussent pu obtenir par elles-mêmes. Saint Avit appuie cette réflexion de l'exemple des Ninivites, où les enfants, joints aux vieillards, apaisèrent par leurs jeûnes la colère du Seigneur. Il explique ensuite le passage du huitième chapitre de saint Mathieu, où il est dit que Jésus-Christ ayant commandé aux vents et à la mer, la tempête qui avait jeté la frayeur dans l'âme des disciples, s'apaisa tout à coup. Il se sert avec avantage des événements fâcheux qui s'accomplirent alors, pour engager son peuple à recourir à Jésus-Christ et à lui demander avec instance de ne point les abandonner dans le cours de leur navigation, et de commander aux tempêtes du siècle d'apaiser leur fureur.

Deuxième homélie. — La deuxième homélie, qui, comme nous l'avons dit, est pour le troisième jour des Rogations, nous a été rendue en 1717 par dom Martenne, qui la recueillit sur un manuscrit de la Grande-Chartreuse. Entre autres choses, saint Avit remarque qu'au troisième jour des Rogations on lisait, dans divers offices, la prophétie d'Amos, dont il explique le troisième chapitre, en montrant que ce qui y est dit ne regarde pas les juifs, comme ils s'en flattaient, mais les chrétiens, qui sont le véritable peuple de Dieu. Dans un ancien Lectionnaire à l'usage de l'Eglise gallicane, reproduit par dom Mabillon d'un manuscrit de l'abbaye de Luxeuil, il est marqué qu'on lisait pour le troisième jour des Rogations, non pas la prophétie d'Amos, mais à Tierce, la première Epître de saint Paul; à Sexte, la première de saint Jean; et à None, le livre de Judith. Ce qui fait voir que les offices divins ne se célébraient pas d'une manière uniforme dans l'Eglise de France, qu'on n'y observait pas le même ordre dans la lecture des saints livres, et que chaque évêque réglait ces choses suivant sa volonté.

Pour ce qui est des autres homélies dont saint Avit avait fait un recueil que saint Grégoire de Tours avait vu, il ne nous en reste plus que les titres ou quelques fragments, dont les plus considérables nous ont été conservés par Florus, diacre de l'Eglise de Lyon, dans son *Commentaire sur les Epîtres de saint Paul.* Mais il est difficile de dire à quelles homélies ces divers fragments appartiennent. Florus rapporte aussi différents fragments des livres de saint Avit contre le *Fantôme,* c'est-à-dire contre l'hérésie de ceux qui soutenaient que Jésus-Christ n'avait pris qu'une chair fantastique et une apparence de corps; de ses livres contre les Ariens, d'un livre sur la Naissance de Jésus-Christ et d'un autre sur sa divinité. Adon attribue au même saint deux traités contre les hérésies de Nestorius et d'Eutychès; mais il y a apparence qu'il entend, par ces traités, les deux lettres adressées au roi Gondebaud, et dans lesquelles, à la prière de ce prince, saint Avit réfute ces deux hérésiarques.

On voit par ce qui nous reste de ces ouvrages perdus, que saint Avit avait eu souvent occasion de défendre la foi contre les hérétiques de son temps. Il démontre contre les ariens qu'Abraham, Moïse et les prophètes, n'avaient été sauvés que par Jésus-Christ, qu'ils ne souhaitaient tant son avénement que parce qu'ils attendaient de lui leur salut; qu'on ne peut douter qu'ils aient cru en lui, puisqu'ils en ont si souvent parlé et avec des termes si clairs et si précis; que, comme personne ne périt que par le vieil Adam, personne n'est sauvé que par le nouveau, qui est Jésus-Christ. Il prouve que Jésus-Christ est Fils de Dieu par nature, et non seulement par grâce et par adoption; que s'il a été attaché à la croix, la divinité n'a rien souffert, mais seulement l'humanité, car il y a en Jésus-Christ deux substances unies en une seule personne, ce qui fait qu'il est Dieu et homme tout ensemble. Ces deux substances ne forment pas deux dieux, mais un seul, qui étant de deux natures, s'est fait médiateur entre Dieu et les hommes. Il dit qu'il ne sait pas ce que l'on doit penser de la fête de la Pentecôte, ni de la descente du Saint-Esprit, si l'on ne croit pas qu'il soit Dieu. Quel honneur, en effet, lui rendent en ce jour les hérétiques qui le mettent au rang des créatures? L'Eglise ne nous ordonne-t-elle pas, dans le symbole, de croire en lui comme en une personne de la Trinité? Puisque, selon l'apôtre, il pénètre tout, même les profondeurs de Dieu, c'est-à-dire ce qu'il y a en Dieu de plus intime et de plus caché, la profondeur de ses connaissances est donc une preuve de son égalité avec le Père et le Fils, de qui nous affirmons qu'il procède. Abraham, assis à la porte de sa tente, vit trois personnes lui apparaître, et, courant à leur rencontre, il les adora et dit : *Domine, si inveni gratiam in oculis tuis, ne transeas servum tuum.* « Certes, dit le saint docteur, aucun des trois ne l'emportait sur les deux autres, ni par le luxe des vêtements, ni par la dignité des formes; mais, connaissant le mystère de l'indivisible Trinité, le saint patriarche les prie en un seul nom, *Domine,* parce qu'il y a trois personnes dans l'unité de nature, et une seule substance dans la Trinité. » — Saint Avit trouve dans l'eau et le sang qui sortirent du côté de Jésus-Christ les deux sources du salut, le baptême et le martyre, et il dit que dans l'Eglise, les uns, après avoir été régénérés dans cette eau, finissent par une sainte mort; les autres trouvent leur salut dans le sang qu'ils répandent avec constance pour la vérité; les uns sont sauvés parce qu'ils meurent pour Jésus-Christ, les autres sont sauvés parce qu'ils ont vécu pour lui en conformant leur vie aux obligations de ses commandements. — Le Sauveur a poussé la bonté jusqu'à nous laisser tout entière la substance qu'il a prise pour nous. Les hommes laissent leurs biens à leurs héritiers, Jésus-Christ s'est donné lui-même à nous, en nous léguant pour nourriture la chair et le sang de son corps. C'est ce que dit saint Avit dans un des fragments de son discours sur l'institution de l'eucharistie, où il explique de quelle manière s'est faite cette institution.

Poëmes de saint Avit. — Les poëmes de saint Avit sont précédés d'une lettre en forme de préface. Elle est adressée à son frère Apollinaire, évêque de Valence, qui l'avait prié de recueillir ses poésies en un corps d'ouvrage. Saint Avit marque que, sur la prière de ses amis, il avait déjà fait la même chose pour ses homélies. Il reconnaît que ses épigrammes étaient en assez grand nombre pour former un volume d'une juste grosseur, mais que, ne pouvant les retrouver, il était dans la nécessité de ne publier que le poëme qu'il avait composé sur l'histoire de Moïse. Il prie ceux qui le liront d'avoir plus d'égard à son dessein qu'à sa poésie, pour laquelle il réclame l'indulgence, parce qu'il craint de n'avoir pas bien observé toutes les règles de l'art. Le jugement favorable qu'en avait porté Apollinaire, fils de saint Sidoine, ne le rassurait point, quoiqu'il ne pût douter de la pénétration et de l'habileté du censeur à qui il avait soumis son ouvrage. Il est divisé en cinq livres, dont le premier, de 325 vers, traite de la création du monde jusqu'à cet endroit de la Genèse où il est dit que Dieu mit nos premiers parents dans le paradis terrestre. Le second en comprend 423; il traite de la chute de l'homme, et, à l'occasion du péché dans lequel la première femme engagea son mari, saint Avit raconte les désordres qui amenèrent la ruine de Sodome. L'arrêt que Dieu prononça contre Adam et Ève et contre le serpent fait la matière du troisième livre, composé de 425 vers. Pour montrer que Dieu ne laisse jamais impunie la transgression de ses lois, le saint fait une paraphrase de la parabole du mauvais riche et de Lazare, rapportée par saint Luc; puis il continue de narrer les suites fâcheuses du péché de nos premiers pères, qu'il dit être au-dessus de toute expression; et il s'adresse à Jésus-Christ comme au seul être capable de réparer notre perte et de guérir nos langueurs. Dans le quatrième, qui contient 658 vers, il fait une description du déluge, de ses précédents et de ses suites. Le sujet du cinquième est le passage de la mer Rouge; ce livre contient 719 vers.

Le poëme de saint Avit, adressé à sa sœur Fuscine, est compté pour un sixième livre. Apollinaire, son frère, le pria de le rendre public, et quelques amis se joignirent à lui pour obtenir cette grâce. Le saint ne l'accorda qu'avec peine et à la condition que ce poëme ne serait connu que dans sa famille ou de ceux qui leur étaient unis par les liens d'une même religion. Il déclara en même temps qu'il renonçait pour toujours à la poésie, à moins que la nécessité de quelque épigramme ne l'y engageât quelquefois. Il regardait cette occupation comme au-dessous de son âge et de sa dignité épiscopale, l'un et l'autre demandaient un genre d'écrire plus sérieux, et surtout plus à la portée de ceux qu'il devait instruire. Il avait donné à ce poëme le titre d'*Epigramme* d'abord; mais sur la remontrance de son frère, il lui donna celui de *Livre*, qui lui convient mieux, et par la gravité du sujet, et par son étendue, qui est de 666 vers hexamètres comme ceux des poëmes précédents. Il est intitulé : *Éloge de la chasteté*, pour la consolation de sa sœur Fuscine, vierge consacrée au Seigneur. Il commence l'histoire de sa vie dès son baptême, marquant avec quelle simplicité et quelle candeur elle vécut jusqu'à l'âge de douze ans, où elle consacra à Dieu sa virginité. Pure dans ses mœurs, modeste dans ses vêtements, elle méprisa tous les ornements du siècle. La suite de sa vie ne différa point de son commencement, sinon qu'elle acquérait tous les jours de nouvelles vertus, et ne s'appliquait qu'à plaire à Jésus-Christ, qu'elle avait choisi pour son époux. Il cite, en passant, quelque chose du poëte Prudence sur la virginité. Parmi les livres sacrés auxquels il emprunte l'éloge de cette vertu, on compte le livre de Job, ceux de Judith, de Tobie, d'Esdras et le chapitre de Daniel où l'histoire de Suzanne est racontée. Il parle de sainte Eugénie comme d'une vierge célèbre par l'éclat de ses vertus; mais lorsqu'il ajoute que, travestie en homme, elle avait gouverné longtemps un monastère d'hommes, il paraît avoir ajouté foi aux actes de cette sainte, qui, en ce fait comme en beaucoup d'autres, se trouvent en contradiction avec l'histoire de l'Église.

Les écrits de saint Avit feront toujours preuve de son esprit, de son savoir et de son éloquence. Les ouvrages qui nous restent de lui annoncent qu'il était très-versé dans l'Écriture sainte et la théologie, et qu'il avait quelque connaissance du grec et de l'hébreu. On y remarque partout de belles pensées, mais souvent le style en est dur, obscur, embarrassé; c'était le défaut de son siècle. Ses vers valent mieux que sa prose; il y a de l'invention, de la facilité; les plans de ses poëmes sont bien tracés et bien conduits. Les fragments qui nous restent de ses traités contre les ariens nous font regretter la perte de ceux que nous n'avons plus. Il n'y a aucun lieu de douter qu'il n'y ait déployé autant de force d'esprit et de subtilité de raisonnement qu'il en montra dans la conférence de Lyon, où il réduisit au silence les ennemis de la foi catholique, en parlant avec une grâce et une éloquence qui le firent comparer à Cicéron. Ses lettres, adressées pour la plupart, à des souverains, à des évêques, à des laïques de distinction, sont précieuses, par divers points de discipline, de morale et d'histoire qui y sont traités et éclaircis. Comme nous l'avons remarqué, on y trouve des traces de la *Prière pour les morts*, des détails curieux sur l'institution des *Rogations*, et la véritable signification du mot *messe*, qui était la formule usitée partout pour congédier une assemblée. Quoi qu'il en soit, en outre des talents de l'écrivain, que chacun lui reconnaît, il est impossible de ne pas accorder à notre saint évêque de Vienne une force de caractère et une indépendance de génie qui expliquent la part qu'il prit aux affaires de l'Église, les services qu'il rendit à celles des Gaules en particulier, et l'action salutaire qu'il exerça sur tout son siècle.

AUXILIUS, prêtre du xe siècle, ordonné par le pape Formose, publia en 907 trois traités contre le pape Sergius III, pour soutenir la validité des ordinations faites par Formose. Dom Mabillon, et le P. Morin, de l'Oratoire, qui ont recueilli ces traités et qui les ont mis au jour, conjecturent que l'auteur était Français. Auxilius dit nettement qu'il avait reçu l'ordre sacré des mains du pape Formose, mais il ne s'explique nulle part sur le lieu de sa naissance.

Premier livre. — Il se propose deux questions à résoudre dans ces traités : la première consistait à savoir si le pape Formose avait été élevé canoniquement sur la chaire de saint Pierre; la seconde, si les ordinations qu'il avait célébrées, étant pape, pouvaient passer pour canoniques et valides. La solution de la seconde de ces questions dépendait de la première. — Dans le premier de ces traités, qui est purement philosophique, Auxilius, avec toute la rigueur de la forme scolastique, démontre que Formose, déposé d'abord par le pape Jean VIII, avait ensuite été réintégré sur son siége par le pape Marin; que ce rétablissement, opéré en présence de plusieurs évêques qu'il pourrait citer, lui avait donné le droit d'exercer toutes les fonctions épiscopales, et même, que sa translation sur la chaire de saint Pierre, encore qu'il eût fait le serment de n'y monter jamais, ne pouvait invalider son ordination. Il en est de l'ordination comme du baptême : ces deux sacrements ne peuvent se réitérer, parce qu'ils ne peuvent s'effacer. Le baptême donné par un hérétique ne se réitère point par un catholique; un évêque tombé dans l'hérésie ne perd pour cela ni sa consécration ni le droit que lui donne son caractère de pontife; à plus forte raison Formose l'avait donc conservé, puisqu'il était catholique et orthodoxe. Auxilius fait l'éloge de ce pape, qui, pendant toute sa vie, n'avait goûté ni chair ni vin; qui, jusqu'à l'âge de quatre-vingts ans, avait vécu dans une continence parfaite, et qui, en prêchant la foi aux Bulgares, les avait attirés à la vraie religion autant par la sainteté de ses mœurs que par ses discours. Pour couper court aux objections de ses adversaires, il établit en principe que dans l'administration des sacrements c'est Dieu qui opère par le ministère de ses prêtres, et que ce que les ministres ne donnent pas d'eux-mêmes, ils le donnent par le droit de leur ordination.

Deuxième livre. — Ce livre est divisé en quarante chapitres. Ce n'est qu'un recueil de passages empruntés partout, pour prouver, d'abord, qu'il y a des cas où les translations d'évêques sont permises, et, en second lieu, qu'il n'est pas plus permis de réitérer l'ordination que le baptême, et que les ordinations faites par un évêque condamné sont valides. Il cité sur le premier article la fausse décrétale du pape Auterus, qui affirme positivement que celui-là n'est pas censé transféré qui passe d'un siége à un autre, non par ambition, mais parce que les besoins des lieux le mettent plus à même d'être utile à l'Eglise et aux peuples. Comme on pouvait lui objecter qu'Auterus vivait avant le concile de Nicée, où ces translations avaient été défendues, il apporte plusieurs exemples de translations opérées depuis : de saint Grégoire de Nazianze, de Périgènes, de Dosithée et de plusieurs évêques de l'Eglise grecque. Il n'en cite point de l'Eglise latine; mais venant au 15° canon de Nicée, et aux deux premiers de Sardique, il montre qu'ils n'interdisent que les translations faites par un motif d'ambition, d'avarice ou de domination. Sur le second article, qui regarde les ordinations faites par Formose, il allègue un grand nombre de passages des Pères, de saint Innocent, de saint Augustin, de saint Léon, de saint Grégoire et du pape Anastase, qui tous ont enseigné que les ordinations faites par des évêques condamnés étaient valides, et qui, dans la pratique, se sont conduits en raison de leurs enseignements, en admettant aux mêmes degrés d'honneur, et sans renouveler leur ordination, tous les clercs qui avaient donné dans l'erreur de Novat, ou qui avaient reçu les ordres des mains des papes Vigile et Libère, dont l'un était tombé dans l'hérésie, et l'autre avait été condamné comme simoniaque et homicide. Il ajoute que si l'on révoquait en doute la validité des ordinations de Formose, il s'ensuivrait que depuis environ vingt ans la religion chrétienne aurait été bannie de l'Italie; c'est en vain qu'on y aurait administré les sacrements, célébré le sacrifice, exercé aucune fonction sacerdotale, puisque l'Eglise tout entière aurait été coupable d'avoir approuvé ces ordinations dans un concile tenu à Rome sous Jean IX, en 899. Si Formose a été mal ordonné, on ne peut s'en prendre qu'au peuple romain, qui l'a choisi, au clergé et aux grands de la ville de Rome, qui, tant qu'il a vécu, ont reçu de lui avec affection l'hostie du corps et du sang de Jésus-Christ, et ont communiqué avec lui dans toutes les solennités de l'Eglise. On ne peut donc rien reprocher à ceux qui, affrontant de grands dangers, sont venus des pays les plus lointains recevoir l'ordination du saint-siége apostolique, préférant l'onction de saint Pierre à celle de tous ses frères dans l'apostolat. La conclusion qu'il tire de ce traité est que lui et tous ceux que Formose a ordonnés, doivent conserver leur degré d'honneur, en attendant le jugement d'un concile universel.

Troisième livre. — Léon, évêque de Nole, ayant été ordonné par Formose, se trouvait violemment pressé de reconnaître son ordination nulle, comme si l'imposition des mains de ce pape ne lui avait communiqué aucun caractère. Ne sachant comment se tirer d'oppression, il consulta quelques Français habiles établis à Bénévent. Leur réponse fut qu'il ne pouvait sans crime se faire réordonner. Il restait à résoudre les objections qu'on lui faisait à ce sujet : Léon les envoya à Auxilius, en le priant de lui en donner la solution. Auxilius la lui fit remettre en y joignant les deux traités qu'il avait écrits sur la même matière. Il l'avertit de ne point chercher dans ce nouvel ouvrage des raisonnements en forme, ni aucune des subtilités de la logique. « Nous sommes, dit-il, les disciples d'un pêcheur, et quoique nous soyons assis dans sa barque, nous ne laissons pas d'essuyer la tempête; mais nous invoquons le Dominateur de toutes choses, afin qu'il commande aux vents et à la mer, et que le calme succède à l'agitation des flots. » — On objectait d'abord que Formose avait quitté son épouse pour en enlever une autre, c'est-à-dire son siége épiscopal de Porto, pour ravir le saint-siége à celui qui devait en être légitimement ordonné évêque; d'où l'on concluait que c'était un hypocrite, un évêque feint et imaginaire, qui n'avait jamais été pape, et dont les ordinations devaient être regardées comme nulles et non avenues. — Auxilius répond que, pendant plusieurs années, Formose a été reconnu pape, non-seulement dans l'empire romain, mais aussi chez les nations barbares, puisque, selon la coutume, il est venu à Rome des clercs des nations les plus éloignées pour recevoir de lui l'ordination. Il importe peu à la question de savoir ce qu'a été Formose, puisque saint Léon a déclaré que l'on devait chasser les faux évêques, sans que l'on pût pour cela déclarer nulles leurs ordinations. Il reproduit ensuite toutes les preuves de l'écrit précédent, et démontre, par les autorités du pape Anastase et de saint Augustin, qu'un hypocrite et un réprouvé peuvent ordonner validement, parce que ce n'est point par eux, mais par leur ministère, que le Saint-Esprit opère le salut. — On objectait, en second lieu, l'exemple de l'antipape Constantin, dont les ordinations furent déclarées nulles, au point qu'on obligea les clercs à se faire ordonner de nouveau par le pape Etienne, son successeur. — Auxilius approuve la déposition de Constantin, qui ne pouvait être regardé comme pape légitime, puisqu'il s'était emparé du saint-siége à main armée; mais il blâme qu'on ait soumis à une nouvelle consécration ceux qui avaient reçu les ordres de sa main. Il oppose à cette conduite l'autorité de saint Léon, d'Anastase et de saint Grégoire, qui ont condamné les réordinations. Il passe ensuite à l'obéissance due au pape, et au serment qu'il exigeait de reconnaître pour fausses les ordinations de Formose. Il déclare qu'on est déchargé de toute obligation d'obéir aux supérieurs, quand ce qu'ils commandent est un crime, le serment n'étant obligatoire que pour le bien. On n'est donc pas obligé de se trouver à un synode indiqué par le pape, quand le sujet en est évidemment mauvais, comme de casser ou de réitérer les ordinations légitimes. Il y a des fautes des supérieurs que l'on doit taire, et d'autres qu'il faut dénoncer; du nombre de celles-ci sont les fautes contre la foi et la discipline catholique. — A cette objection de ses adversaires, que tous les évêques, et le vicaire de saint Pierre surtout, ayant reçu du ciel le pouvoir de lier et de délier, ce qu'ils ont lié, en quelque manière que ce soit, doit demeurer lié; il dit que, suivant l'explication de saint Jérôme, les évêques ne doivent point s'imaginer qu'ils aient le droit de condamner l'innocent et d'absoudre le coupable; Dieu juge des pécheurs par leur vie et non par la sentence du prêtre.

Après ces préliminaires, il descend dans l'examen de l'affaire de Formose, et dit d'abord qu'après avoir été présenté au jugement de Dieu, il ne peut plus être jugé par les hommes; mais cela ne regardant que sa personne, il répond ensuite à ce qui pouvait intéresser ceux qu'il avait ordonnés. — Il n'a pu, disait-on, être évêque, et encore moins pape, après sa déposition, d'autant plus qu'étant déposé il a juré sur les saints Évangiles de ne jamais rentrer dans Rome ni dans son évêché. — S'il a été déposé par l'autorité du saint-siége, dit Auxilius, il a été réconcilié par la même autorité. A l'égard du serment qu'on a exigé de lui, il serait jugé détestable, même par les païens, puisqu'il s'est réduit à faire jurer à Formose qu'il n'irait jamais au tombeau des apôtres demander sa réconciliation, et qu'il ne souffrirait point son rétablissement. — C'est par ambition, ajoutaient ses adversaires, qu'il a quitté son évêché de Porto, et poussé par le désir de monter sur le saint-siége. — Ce fait, répond Auxilius, n'est point certain; il faut le laisser au jugement de Dieu; mais toute la ville de Rome et les pays circonvoisins attestent la sainteté de sa vie. Au reste, qu'y a-t-il de surprenant que quelques-uns en aient dit du mal, puisqu'il est écrit du Sauveur : *Les uns disaient qu'il est bon; les autres répondaient : Non; mais il séduit le peuple?* Formose aussi a séduit les Romains. — La plus forte des objections contre Formose était, qu'étant venu pour se faire ordonner pape, il avait souffert qu'on lui imposât les mains comme s'il n'eût pas été évêque; par là, non-seulement il n'avait pas acquis la dignité pontificale, mais il avait même perdu la dignité épiscopale qu'il possédait auparavant. — A cette difficulté, Auxilius donne deux solutions : il dit d'abord que, par cette seconde ordination, Formose, au lieu de perdre la dignité épiscopale qui est inamissible, avait reçu seulement une augmentation de l'ordre sacré; ensuite il nie le fait, et dit : « J'ai interrogé ceux qui ont assisté à l'intronisation de Formose, et tous m'ont rapporté qu'il était très-faux que dans cette cérémonie il eût reçu l'imposition des mains. » Il rejette donc le témoignage des adversaires de Formose sur ce fait, et il ajoute que ceux qui se déclaraient contre lui étant tout à la fois juges et parties, il faudrait, pour terminer cette affaire dans les règles, assembler un concile universel, où le roi assisterait, à l'exemple de Constantin. Par là on ôterait le scandale, et on rétablirait la paix dans l'Eglise et dans les consciences. — Il relève, en finissant, les inhumanités du pape Etienne, et ne craint point de dire que ce pape et ses partisans avaient agi en cette rencontre comme des bêtes féroces; que quand même la translation de Formose à un autre siége aurait été illicite, ils auraient dû la tolérer avec douceur, sans l'exagérer par des cruautés sans exemple, et défendre à l'avenir, dans un concile général, de jamais faire à Rome de semblables élections. Il prévient l'objection qu'on aurait pu lui faire, qu'étant étranger, il ne lui appartenait pas de se mêler des différends qui s'agitaient en Italie ; mais il montre que tout homme, sans exception de lieux ni de circonstances, peut rendre témoignage du vrai.

Il règne dans tout l'ouvrage d'Auxilius beaucoup d'érudition, une grande force de caractère, et une rare liberté de langage ; mais tous les principes n'en sont pas également sûrs. Il avance, contre le sentiment des théologiens, que l'ordination reçue par force est valable, et qu'il en est de même du baptême donné par violence à un adulte. En accusant de novatianisme Osius et les Pères du concile de Sardique, il ne faisait pas attention que ce concile ne se croyait pas seulement en droit de punir les évêques qui passaient d'un siége à un autre, mais aussi de leur pardonner, ce qui était diamétralement opposé à l'erreur des novatiens. Il aurait dû encore s'expliquer plus clairement qu'il ne l'a fait sur l'obéissance due au saint-siége et sur la distinction entre le siége et le pontife, comme aussi parler avec plus de modération des papes Libère, Vigile et Etienne III. Quoi qu'il en soit, cette œuvre est une œuvre de courage, et en même temps un acte de reconnaissance envers la main qui l'avait sacré par l'onction du sacerdoce. Le style en est simple, mais dur, embarrassé et souvent surchargé de termes barbares.

B

BACHIARIUS, Breton d'origine et disciple de saint Patrice, s'il faut en croire Baleus et Pitseus, fut élevé dans le monastère de Bannochorn, au midi de l'Ecosse, et s'y livra particulièrement à l'étude des mathématiques. Suivant Gennade, qui paraît posséder sur son existence les renseignements les plus certains, Bachiarius était un véritable savant, pour qui la philosophie chrétienne n'avait pas de secrets, et qui, cherchant Dieu avant tout, entreprit de voyager dans l'intérêt de ses mœurs et pour sauver l'intégrité de sa vie. Il florissait au milieu du v° siècle, vers l'an 440. On a de lui un *Livre apologétique* de sa foi, adressé au pontife de la ville de Rome qu'on croit être le pape saint Léon le Grand. L'auteur s'y défend de l'accusation de pélagianisme qu'on lui avait imputée, et prouve contre ses calomniateurs qu'il n'avait entrepris ses voyages que pour échapper aux troubles qui désolaient sa patrie. Ce livre, ainsi qu'une lettre adressée à Januarius, avec ce titre : *De recipiendis lapsis*, ont été publiés par Muratori dans le tome II de ses *Anedoctes*, Milan, 1698, et reproduits, par M. l'abbé Migne, dans son *Cours complet de Patrologie*, Paris, 1849. On attribue encore au même auteur un livre des *Pronostics de la naissance*, mais il n'est pas arrivé jusqu'à nous.

BACQUYLLE, évêque de Corinthe, florissait sous le règne de Sévère, et fut un des plus grands pontifes de son temps. Eusèbe et saint Jérôme lui attribuent la lettre synodale du concile d'Achaïe. Ce dernier appelle cette lettre un fort beau livre, et dit qu'elle exprimait le sentiment de tous les évêques au nom de qui elle fut écrite.

BALSAMON (Théodore), né à Constantinople dans le xii° siècle, fut fait chancelier et bibliothécaire de Sainte-Sophie, puis prévôt des Blaquernes, et enfin patriarche d'Antioche, en 1186. Il ne put cependant pas aller remplir les fonctions de cette dernière place, parce que les Latins étaient alors maîtres de cette ville et y avaient un évêque de leur communion. Isaac l'Ange ayant dessein de placer sur le siège de Constantinople son prophète Dosithée, déjà patriarche de Jérusalem, contre la disposition des canons qui condamnaient les translations, chargea Balsamon de proposer la question dans une assemblée d'évêques, en lui laissant entrevoir que ce choix le regardait. Ce prélat, en qui l'étude n'avait pas éteint l'ambition, fit aisément passer la proposition ; mais il n'en fut que pour la honte, lorsqu'il vit Dosithée occuper le patriarcat de la ville impériale qu'il avait convoité. La plupart des évêques, fâchés d'avoir coopéré à une décision qui devait avoir un tel résultat, adressèrent des réclamations à l'empereur, qui remplaça Dosithée par Georges Xiphilin, grand trésorier de l'Église de Constantinople.

Commentaire sur les canons apostoliques, etc.— Il paraît que Balsamon fut lié avec ce prélat, puisqu'il lui dédia son *Commentaire sur les canons des apôtres* des sept conciles œcuméniques, sur le Code de l'Eglise d'Afrique et sur les épîtres canoniques des Pères grecs, saint Grégoire et saint Basile. Ce fut par l'ordre de l'empereur Manuel Comnène qu'il entreprit cet ouvrage, mais il ne le rendit public qu'après l'élection de Xiphilin au patriarcat. Ce *Commentaire* fut imprimé en grec et en latin, avec des notes de Guillaume Beveregius, à Oxford, en 1672, dans la Pandecte des canons.

Exposition du Nomocanon de Photius. — Dans la préface de ce *Commentaire*, entrepris aussi par l'ordre de Manuel Comnène, Balsamon prévient qu'il marquera les lois en vigueur de son temps et celles qui, s'étant trouvées abrogées par la dernière correction du Code, sous l'empereur Constantin Porphyrogenète, n'avaient pu être insérées dans les *Basiliques*, composées après la mort de Photius. Il ajoute qu'il citera les livres des *Basiliques* où se trouvent les lois alléguées par Photius, selon les titres du Code et du Digeste. Cette remarque était nécessaire, pour que le lecteur pût distinguer les lois qui avaient autorité du vivant de Photius, et celles qui n'obligeaient plus lorsque Balsamon écrivait. Dans son Commentaire sur le chapitre I" du titre 8° où Photius attribue à Constantinople les prérogatives de l'ancienne Rome, Théodore remarque qu'il n'en est rien dit dans les *Basiliques*; et, après avoir rapporté comme authentique la donation de Constantin où sont contenus les priviléges de Rome, il ajoute que quelques archevêques de Constantinople ont essayé de se les attribuer, mais sans y réussir.

Constitutions ecclésiastiques.— La *Bibliothèque du droit canonique ancien* contient encore, sous le titre de *Paratitles*, la collection que Balsamon a faite des Constitutions ecclésiastiques. Ce travail est divisé en deux livres. Les lois rapportées par Théodore Balsamon sont tirées du Code Justinien, du Digeste, des Institutes, des Novelles et d'une Novelle particulière de l'empereur Héraclius où il est parlé des priviléges des évêques, des clercs, et de ceux qui mènent une vie solitaire. Les principales matières de cette collection regardent ce que la foi catholique nous enseigne, la manière dont on doit traiter les choses saintes, les biens qui appartiennent à l'Eglise, les qualités, les priviléges et le pouvoir de ses ministres, les hérétiques, les apostats, les juifs. Il y a un titre particulier sur l'unité du baptême, où il est dit quelque chose de ce sacrement conféré par les hérétiques.

Réponses à diverses questions de droit.— Après avoir résolu plusieurs questions de droit qui lui avaient été présentées par Marc, patriarche d'Alexandrie, Balsamon donne le premier rang parmi les patriarches à celui d'Antioche, en supposant, mais sans le prouver, que saint Évode, premier évêque de cette ville après saint Pierre, avait été ordonné par cet apôtre. Il dit ensuite que le chef des apôtres établit saint Marc évêque d'Alexandrie, saint Jacques évêque de Jérusalem et saint André de Thrace; qu'environ trois cents ans plus tard, l'empereur Constantin, après avoir embrassé le christianisme, nomma saint Sylvestre pape de l'ancienne Rome, en sorte qu'il fut le premier pontife de cette ville. Il ajoute que le siége de l'empire ayant été transféré de l'ancienne Rome à Bizance, l'évêque Métrophane prit le titre d'archevêque, et reçut du premier concile de Constantinople les priviléges de l'ancienne Rome, comme pontife de la nouvelle; qu'encore que le pape ait été retranché des églises, ce retranchement n'a porté aucun préjudice au bel ordre établi par les canons. Balsamon est le premier qui ait dit que les Grecs se fussent séparés de la communion du pape, et on ne connaît pas d'ailleurs le décret de cette séparation jqu'il déplore amèrement, en témoignant le désir que le pape y mette fin par quelque concession.

LETTRES : *Au peuple d'Antioche.*—Consulté par le peuple de son Eglise si l'on devait jeûner la veille des fêtes des apôtres, de la Transfiguration de Notre-Seigneur, de l'Assomption de la sainte Vierge et de la Naissance de Jésus-Christ, qu'il appelle les quatres grandes fêtes de l'année, Balsamon répondit que, comme dans la loi ancienne les cinq grandes fêtes des Juifs étaient précédées d'un jeûne, on devait jeûner également dans la loi nouvelle avant les solennités dont on vient de parler. Quelques-uns, se contentant d'observer exactement le jeûne de quarante jours avant Pâques, croyaient faire une œuvre de surérogation en jeûnant quatre jours avant ces fêtes, s'en excusaient en disant que ces jeûnes n'étaient ordonnés ni par les canons ni par la tradition. Balsamon leur répond qu'ayant jeûné le carême à l'exemple de Jésus-Christ, nous devons, comme de bons pénitents, multiplier par le jeûne et par l'oraison nos moyens de salut. Il fixe à sept jours les jeûnes de ces quatre fêtes. Il en est fait mention dans le Droit grec-romain; cependant le Type n'en marque que trois, et ne dit rien de celui de la Transfiguration.

A Théodose, supérieur de Papicius.— Les moines du monastère de Papicius trouvaient mauvais que Théodose, leur supérieur, donnât l'habit monastique et la tonsure à ceux qui venaient pour embrasser la profession religieuse, sans les avoir soumis à l'épreuve de trois ans prescrite par les *Ascétiques* de saint Basile. Ils se plaignaient encore que les épreuves fussent plus longues pour ceux qui, attaqués de fréquentes tentations, combattaient contre les ennemis invisibles, que pour les gens de guerre qui, en quittant le métier des armes, recevaient presque aussitôt l'habit et la tonsure monastiques. Balsamon, consulté par Théodose, répond au premier article que saint Basile, saint Pacôme et Cassien, ne prescrivent cette épreuve de trois ans dans aucun endroit de leurs ouvrages, et que les anciens Pères ne demandent autre chose sinon que l'on instruise exactement les novices des dogmes de la religion, des moyens de réformer leurs mœurs, et qu'on exige d'eux des marques de leur amour pour Dieu. Il fait voir ensuite que le cinquième canon du premier-second concile de Constantinople (c'est ainsi qu'il l'appelle) n'ordonne l'épreuve de trois ans que pour ceux qui ne sont pas accoutumés à combattre leurs passions, et de six mois seulement pour les personnes de piété, et que ni les uns ni les autres, pendant le temps de leur épreuve, ne portaient l'habit monastique. Du reste, la Novelle de Justinien déclarait la même chose; d'où il conclut que les moines de Papicius étaient mal fondés à s'autoriser de ces décrets contre la conduite de leur abbé; qu'il lui était permis de consacrer un moine, en lui donnant la tonsure et l'habit à volonté. Il confirme son sentiment par un passage du quatrième livre des *Basiliques*, où il est dit qu'un abbé peut donner, quand il lui plaît, l'habit monastique à celui qu'il sait être de condition libre et de bonnes mœurs.

A l'archevêque de Grade. — Lambecius, dans ses *Commentaires sur la bibliothèque impériale*, fait mention d'une lettre de Théodore Balsamon à l'archevêque de Grade ou d'Aquilée, dans laquelle il entreprend de lui démontrer qu'il n'a aucun droit au titre de patriarche. On lui attribue aussi les Actes du martyre de Théodore, d'Orient et de Claude.

Balsamon vécut jusqu'à la prise de Constantinople par les Latins, qui s'en emparèrent le 12 avril 1204. C'est le plus habile canoniste qu'aient eu les Grecs. Il ne paraît cependant pas très-versé dans la critique ni dans la connaissance de l'antiquité ecclésiastique. Ses ouvrages annoncent d'ailleurs trop d'animosité contre les Latins.

BARADAT (saint), était Syrien de naissance et solitaire du diocèse de Cyr. Théodoret, qui a écrit sa *Vie*, nous apprend qu'il passait ses jours dans une espèce de cage, ouverte de toutes parts, et qui le laissait exposé à toutes les intempéries des saisons; ses vêtements étaient faits de peaux de bêtes sauvages. La singularité de cette pénitence le fit soupçonner d'ostentation et d'orgueil; mais la promptitude avec laquelle il obéit au patriarche d'Antioche, qui lui ordonnait de quitter sa demeure, prouve qu'il n'y tenait pas par des motifs humains.

Après le concile de Chalcédoine, l'empereur Léon écrivit non-seulement aux évêques de tout l'empire romain, mais aussi aux plus illustres solitaires, pour savoir d'eux ce qu'ils pensaient de ce concile et de l'ordination de Timothée Elure sur le siége patriarcal d'Alexandrie. Parmi les réponses de ces derniers à la lettre circulaire de l'empereur, nous avons celle de Baradat, datée de la seconde année du règne de Léon, c'est-à-dire, de l'an 458. Elle est pleine de l'éloge de ce prince, dont il loue le zèle pour la cause de l'Eglise. Il désapprouve la conduite de ceux qui, ne voulant reconnaître d'autre concile que celui de Nicée, rejetaient les décrets de Chalcédoine. Il fait voir que la foi établie dans ce concile est fondée sur les divines Ecritures; puis, faisant allusion au charbon ardent que l'ange ne put prendre sur l'autel qu'avec des pinces de fer, il dit que dans la loi nouvelle il est accordé aux prêtres du Seigneur de tenir entre leurs mains le corps sacré du Fils de Dieu, figuré par ce charbon, sans en être brûlés lorsqu'ils font part aux hommes d'une nourriture éternelle.

BARDESANES, hérésiarque du IIe siècle, que l'on nomme aussi quelquefois le Babylonien, était Syrien d'origine, de la ville d'Edesse en Mésopotamie. Outre sa langue naturelle, dans laquelle il était très-éloquent, il savait aussi la langue des Grecs et possédait à fond les sciences des Chaldéens, c'est-à-dire les mathématiques et l'astronomie. C'était un génie fin et délié, cultivé par l'étude de la philosophie, qui se fit d'abord une grande réputation par son zèle pour la défense de la religion. Rien de plus édifiant que la vie de Bardesanes, tant qu'il demeura dans le sein de l'Eglise; il y parut non-seulement comme un chrétien vraiment orthodoxe, mais comme un des plus intrépides prédicateurs de l'Evangile. Le philosophe Apollonius, se trouvant à Edesse avec l'empereur, tenta d'enlever un si beau génie au christianisme; mais ni promesses ni menaces ne purent l'ébranler. On ne sait par quelle voie, ni à quelle époque précise, cet homme, dont le savoir, l'éloquence et les talents avaient fait la gloire de l'Eglise, excité l'admiration des païens mêmes, et qui avait confessé la foi devant Marc-Aurèle, se laissa entraîner dans l'hérésie des valentiniens. Il n'y persista pas longtemps; mais il ne s'en releva que pour tomber dans d'autres erreurs, en voulant chercher la solution de cette question qui égare tant de philosophes : « Pourquoi y a-t-il du mal dans le monde ? » Séduit par les charmes apparents de la philosophie orientale, il l'adopta avec empressement, en la modifiant de manière à rendre son système moins révoltant que celui des marcionites, contre lesquels il avait composé des Dialogues très-estimés. Il devint le chef d'une nouvelle secte, dont les partisans s'appelèrent de son nom bardésianites. On ne sait point au juste quelle était sa doctrine. L'auteur de la *Biographie universelle* la lui fait définir ainsi : Il y a, disait-il, un Dieu suprême, pur et bienfaisant, absolument exempt d'imperfections, et étranger à toute espèce de mal. Il y a aussi un prince des ténèbres, la source de tous les désordres et de toutes les imperfections. Le Dieu suprême a créé le monde sans aucun mélange de mal. Il a donné l'existence à tous les hommes qui sont sortis de ses mains, purs, innocents, revêtus de corps subtils, doués d'une nature céleste. Le prince des ténèbres les ayant séduits et portés au péché, le Dieu suprême a permis qu'ils soient tombés dans des corps grossiers, formés d'une matière corrompue par le mauvais principe, qui avait introduit la dépravation et le désordre dans le monde moral; de là ce conflit perpétuel chez l'homme entre sa raison et ses passions. C'est pour l'affranchir de cette servitude que Jésus-Christ est descendu des régions supérieures avec un corps céleste, afin d'enseigner aux hommes à dompter et à soumettre leurs corps terrestres par l'abstinence, le jeûne et la contemplation. » Il résulte de cet exposé qu'il admettait deux principes, tirant leur être d'eux-mêmes, et créant, l'un le bien et l'autre le mal; qu'il enseignait que Jésus-Christ, quoique conçu et enfanté par la sainte Vierge, ne lui avait rien pris de sa substance, mais qu'il avait apporté du ciel le corps avec lequel il apparut sur la terre. Il niait aussi la résurrection des morts, ce qui a droit de surprendre dans un homme qui faisait profession de recevoir tous les livres de l'Ancien et du Nouveau Testament. Bardesanes avait beaucoup de talent pour la poésie et pour la musique. Il mit sa doctrine en vers, et il en composa des hymnes que le peuple chantait. Ce moyen lui servit merveilleusement à propager ses erreurs. Ce fut pour en détruire l'illusion que saint Ephrem, diacre de l'Eglise d'Edesse, qui florissait au milieu du IVe siècle, mit aussi en musique et en vers la doctrine de l'Eglise. La secte des bardésianites subsista longtemps en Syrie.

La Providence a permis que presque tous les écrits qui nous restent de Bardesanes aient été entrepris pour la défense de la vérité. Au nombre de ces ouvrages, Eusèbe et saint Jérôme marquent des Dialogues contre Marcion, et un nombre infini de volumes contre presque tous les hérétiques de son temps. Il avait publié aussi plusieurs écrits contre la persécution que l'on faisait alors subir aux chrétiens. Le plus célèbre et le plus fort de tous, au jugement de saint Jérôme, était un *Dialogue sur le Destin*. Ce Dialogue était dirigé contre un astrologue nommé Abidas, et Bardesanes l'avait dédié à un de ses amis, qu'il appelle Antonin, et il s'y donne un nommé Philippe pour interlocuteur. On voit, par les passages qu'en rapporte Eusèbe, que les chrétiens étaient déjà répandus dans toutes les parties et même dans toutes les villes du monde. L'auteur y reconnaît en termes exprès le libre arbitre, et il y suit entièrement la foi et la doctrine de l'Église. Saint Jérôme, qui n'avait lu les livres de Bardesanes que dans la traduction grecque, dit qu'il était facile de juger, par la force et le feu qui s'y révélaient encore, combien cet auteur devait être éloquent dans sa langue naturelle. Il avait un esprit si vif et un génie si beau, que les philosophes eux-mêmes en étaient dans l'admiration. — On trouve aussi, dans saint Jérôme et dans Porphyre, quelques fragments de sa relation d'un voyage aux Indes, que le désir de connaître la philosophie des brachmanes lui avait fait entreprendre. Ces deux auteurs en citent des détails intéressants sur la philosophie de Brama, sur la manière de vivre des samanéens, qui quittaient leurs femmes pour observer la continence. Ils racontent après lui leurs entretiens spirituels, leur tempérance et les épreuves qu'ils faisaient subir aux novices avant de les admettre dans leur société. — L'histoire de Bardesanes et de sa secte a été écrite par Frédéric Struntzius, et imprimée à Wittemberg, en 1710. Nous y renvoyons ceux qui seraient curieux d'en connaître davantage sur sa personne et sur ses œuvres.

BARDUS, qui avait été pénitencier de saint Anselme, évêque de Lucques, et qui ne l'avait point quitté pendant bien longtemps, a écrit sa *Vie*, et consigné le récit des miracles opérés de son vivant et à son tombeau. Il en rapporte un dont il fait honneur à Grégoire VII. Ce pape, en mourant, avait envoyé sa mitre à saint Anselme. Il arriva, quelque temps après, qu'Ubalde, évêque de Mantoue, fut affligé d'une maladie de rate, qui lui causa des ulcères par tout le corps. Les médecins ayant inutilement épuisé tous leurs remèdes, on appliqua la mitre de Grégoire VII sur la partie où l'évêque éprouvait les plus vives douleurs, et aussitôt il recouvra une santé parfaite. Il attribue à saint Anselme plusieurs ouvrages, à la tête desquels il met l'*Apologie pour le pape Grégoire VII*, et la lettre à l'antipape Guibert pour l'exhorter à revenir de son erreur et à effacer ses crimes par la pénitence.

BARNABÉ (saint), juif de la tribu de Lévi, naquit dans l'île de Chypre. Ayant goûté la doctrine de Jésus-Christ, il vendit une terre et en apporta le prix aux apôtres. Il fut envoyé à Antioche pour y affermir les nouveaux chrétiens. Il se rendit ensuite à Tarse en Cilicie, pour en ramener saint Paul à Antioche, où ils furent déclarés tous deux apôtres des gentils. Ils annoncèrent l'Evangile ensemble en diverses contrées, jusqu'à ce qu'il s'en alla avec saint Marc prêcher en Chypre, où les juifs de Salamine le lapidèrent, suivant la plus commune opinion, l'an de Jésus-Christ 63.

Les Actes et l'Evangile qui portent le nom de saint Barnabé sont des ouvrages supposés et indignes du saint apôtre; mais on ne peut douter que saint Barnabé n'ait écrit une lettre, puisqu'elle est citée par saint Clément d'Alexandrie et par Origène. Eusèbe et saint Jérôme l'ont reconnue comme véritable, et, s'ils lui donnent le titre d'apocryphe, ce n'est pas pour en contester l'authenticité, mais seulement pour la distinguer des autres épîtres qui sont comprises dans le Canon des Ecritures. Elle était connue avant la fin du II° siècle, et on la lisait anciennement dans les églises. Le style a le caractère des temps apostoliques, et elle fut adressée aux juifs convertis, peu de temps après la destruction du temple de Jérusalem, pour leur prouver l'abolition des cérémonies légales par la prédication de l'Evangile, et les convaincre de la nécessité de l'incarnation. L'auteur y dit que les six jours de la création signifient, dans un sens allégorique, six mille ans, après la révolution desquels arrivera l'embrasement général, idée qui lui est commune avec plusieurs anciens Pères. On y trouve plusieurs allégories et un grand nombre de comparaisons tirées des propriétés des animaux. C'était assez le génie des juifs et la manière d'écrire des premiers chrétiens. Cette lettre, publiée pour la première fois à Paris par le P. Ménard, en 1645, se retrouve encore, en grec et en latin, dans le *Recueil des Pères apostoliques* de Cotelier, réimprimé à Amsterdam par les soins de Leclerc, en 1724. Enfin elle a été reproduite dans le *Cours complet de Patrologie*.

BARTHÉLEMY d'Edesse. — Il y avait environ cent ans que Mahomet avait établi sa secte, lorsqu'un moine d'Edesse en Syrie, nommé Barthélemy, écrivit pour la combattre. Cela ressort d'un endroit de son traité où il suppose clairement qu'il y avait eu entre les Orientaux une dispute touchant le culte des images. Or cette dispute commença vers l'an 725, ce qui nous permet de fixer après cette époque la publication du livre de Barthélemy. Ce traité fut imprimé pour la première fois en 1685; Barthélemy y fait voir que Mahomet n'a été ni prophète, ni apôtre de Dieu, et que sa vie, toute de corruption, n'a été qu'une suite de débauches et de crimes. Il y démontre encore que l'Alcoran, publié sous son nom, n'est point de lui, mais d'un écrivain habile et célèbre, nommé Othman, qui, ayant recueilli les divers écrits de Mahomet, en composa par ordre du calife Abubaker, un volume à qui l'on donna depuis le titre d'*Alcoran*.

BARTHÉLEMY, succéda à Albert dans la dignité d'abbé de Marmoutiers, vers l'an 1063; mais il n'en jouit paisiblement qu'après avoir surmonté les obstacles que Geoffroi le Barbu lui opposa. Toute son attention, pendant tout le cours de son gouvernement, fut de maintenir une exacte discipline et de faire fleurir les études dans son monastère. Il mourut au mois de février 1084. Wiligrin, évêque du Mans, avait, du consentement de ses chanoines, soumis à Marmoutiers le monastère de Vivoin. Arnauld, son successeur, voulant changer cette disposition, l'abbé Barthélemy s'y opposa, mais avec mesure et en prenant les voies de la douceur et de la politesse. Il écrivit à l'évêque Arnauld qu'il ne pouvait être que surpris de l'avoir pour ennemi, dans une circonstance où il pouvait espérer de l'avoir pour défenseur; et en effet, il en eût été ainsi, si tout autre s'était opposé à l'union établie par son prédécesseur, entre l'église de Vivoin et le monastère de Marmoutiers. N'est-ce pas une société de prières et de bonnes œuvres pour tous les temps et surtout pour l'heure de la mort, qui s'est établie entre vos chanoines de Saint-Julien et nous? C'est vous-même qui avez dressé l'acte de cette société, et l'évêque Wiligrin et les principaux de votre église n'ont fait que confirmer ce que vous aviez consenti. N'est-il pas d'usage, dans les églises de France, d'Aquitaine et de toute la Gaule, qu'un acte, autorisé du consentement d'un chapitre, demeure stable? Souffrirait-on qu'une personne séculière se mît en devoir de le rompre et de l'annuler? Il s'adresse ensuite aux chanoines, en les priant de ne pas permettre que l'on porte atteinte à ce qui avait été fait, mais il proteste aussi qu'il ne portera l'affaire devant aucun tribunal. Barthélemy accompagna sa lettre de présents pour l'évêque, afin de calmer sa colère contre les moines de Marmoutiers. En effet, Arnauld changea de sentiment, et laissa subsister l'union. Dom Mabillon remarque que, dans le même temps, beaucoup d'autres monastères se réunirent à l'abbaye de Marmoutiers, mais il serait trop long de les rapporter. Le nom de Barthélemy se lit dans quelques Martyrologes, mais l'Église ne lui a pas encore décerné de culte. On avait autrefois à Marmoutiers l'histoire de sa vie et de ses miracles; elle ne se trouve plus. Raoul, archevêque de Tours, ne pouvant déchiffrer une bulle que le pape Grégoire VII lui avait adressée, eut en vain recours à ses chanoines. L'abbé Barthélemy la lut et la transcrivit. Cette bulle était de l'an 1075, en caractères romains. L'écrivain qui rapporte cette anecdote en conclut qu'il y avait une parfaite intelligence entre l'archevêque et les religieux de Marmoutiers.

BARTHÉLEMY de Laon. — Barthélemy, fils de Falcon, seigneur du Mont-Jura, et d'Adèle de Rouci, était cousin du roi Alphonse d'Aragon, et petit-neveu de Manassès, archevêque de Reims. Il fut élevé sous les yeux de ce prélat, qui en fit un chanoine et ensuite le nomma trésorier de son église. Ces faveurs n'étaient qu'une justice, et Barthélemy les avait méritées par la régularité de ses mœurs et son application à l'étude. L'Église de Laon le choisit pour évêque, en 1113. Elle avait besoin d'un pontife sage et prudent; elle le rencontra dans Barthélemy. A son arrivée, il ne trouva ni cathédrale, ni palais épiscopal; l'incendie qui suivit l'assassinat de Gaudri, son prédécesseur, avait tout réduit en cendres. Il mit tous ses soins à relever ces ruines, et dès l'année suivante la cathédrale se trouvait restaurée. Son attention se porta ensuite sur les abbayes de son diocèse, lesquelles avaient aussi beaucoup souffert des derniers troubles. Notre prélat y rétablit l'ordre et en fonda neuf autres, dont la plus célèbre est celle de Prémontré, qui date de l'an 1120. Ne pouvant introduire la réforme parmi les religieuses de Saint-Jean de Laon, il se vit contraint de les chasser pour donner sa maison aux Bénédictins. Lui-même ayant déposé la mitre, en 1151, se retira dans l'abbaye de Foigny, qu'il avait érigée à l'ordre de Cîteaux, et y embrassa la vie monastique, dont il remplit tous les devoirs jusqu'à sa mort, arrivée en 1158.

Ses écrits. — Barthélemy, après sa retraite, fut inquiété par Gauthier de Mortagne, son successeur, comme ayant dissipé les biens de son église. Cette accusation donna lieu à une lettre apologétique, qu'il écrivit en 1154 à l'archevêque Samson, pour être lue au concile qui se tenait alors dans sa métropole. Il ne se donne que le titre de pauvre moine de Foigny, et il commence sa justification par la description du triste état où était réduite l'église de Laon lorsqu'il en prit possession. Pour rééditier la cathédrale, dont les revenus étaient fort minces, il n'employa que ses épargnes et les aumônes des fidèles, sans toucher aux fonds de sa manse. La seule chose qu'il en retrancha fut la redevance d'un certain nombre de porcs qu'il donna aux chanoines, pour se délivrer de l'embarras que ces animaux lui causaient lorsqu'ils lui étaient amenés. Il avait remis la règle et le bon ordre dans les cinq abbayes subsistantes à son arrivée; il avait procuré l'établissement de neuf monastères nouveaux, qui florissaient par le nombre et la ferveur des religieux. « Est-ce donc là mon crime, dit Barthélemy, d'avoir rétabli les anciennes églises et d'en avoir fondé de nouvelles? Il est vrai, poursuit-il, que j'ai démembré une terre de mon évêché pour fonder l'abbaye de Prémontré; mais cette terre, stérile et inculte, était si peu de chose, qu'elle pouvait suffire à peine pour entretenir deux charrues. Pouvais-je donner moins à un homme tel que Norbert, que le pape Calixte lui-même m'avait recommandé, en me chargeant de lui procurer un établissement, et de l'assister de tout mon pouvoir? J'ai encore remis, ajoute-t-il, quelques menus droits de l'évêché sur certaines terres, en faveur de la donation que les propriétaires en avaient faite à des églises. Mais en cela j'ai agi de concert avec l'archevêque de Reims et à sa recommandation. Du reste, tout le temporel de l'évêché de Laon est encore aujourd'hui tel que je l'ai trouvé, si ce n'est que j'y ai fait des améliorations. » — Le fait ainsi exposé suivant la vérité, Barthélemy ne craint pas de remettre le jugement de sa cause entre les mains de son métropolitain et des vénérables prélats rassemblés avec lui en concile. Cette lettre, qui porte le cachet de l'humilité et de la candeur, révèle partout cette noble assurance qu'inspire le témoignage d'une conscience pure et tranquille. Gauthier de Mortagne rendit justice à son prédécesseur et confirma les donations qu'il avait faites à l'abbaye de Prémontré.

Sa retraite fut encore troublée par les prétentions que l'abbaye de Prume faisait valoir sur un domaine du diocèse de Laon, nommé Hanape, dont Barthélemy avait mis en possession les Prémontrés. Il écrivit à Nicolas, abbé de Prum, une lettre dans laquelle il lui certifie que, pendant environ trente-huit ans qu'il a gouverné le diocèse de Laon, il n'a jamais vu de religieux de son ordre dans le lieu contesté, ni personne qui l'ait régi en leur nom; qu'il a été paisiblement possédé par les Prémontrés pendant plusieurs années, et que lorsqu'il fit la bénédiction de l'église, au moment de leur intronisation, personne n'y fit opposition, quoiqu'il y eût dans le voisinage des religieux de Prum, qui ne purent manquer d'en être avertis. Cette lettre, écrite dans le même style que la précédente, respire aussi les mêmes sentiments.

On a encore de Barthélemy les chartes de fondation des neuf monastères dont nous avons parlé. Ces diplômes, avec les deux lettres que nous venons d'analyser, se trouvent reproduits dans le *Cours complet de Patrologie.*

BASILE (saint), archevêque de Césarée en Cappadoce, docteur de l'Eglise, naquit en cette ville, sur la fin de l'année 329, d'une famille originaire du Pont, où elle avait tenu un rang considérable. Son père, qui se nommait Basile aussi, était non moins recommandable par son éloquence que par sa vertu. Il eut pour mère sainte Emélie, pour sœur sainte Macrine, pour frères saint Grégoire de Nysse et saint Pierre de Sébaste. Ses ancêtres lui offraient d'autres saints également distingués par divers genres de mérite et de perfection. Basile semblait donc destiné par sa naissance, par les exemples domestiques qu'il avait sous les yeux, et par les talents dont la Providence l'avait doué, à devenir un des personnages les plus éminents de l'Eglise. Ces magnifiques espérances ne furent pas trompées : après avoir fait ses études dans la province du Pont avec un succès éclatant, il alla suivre, à Constantinople, les leçons de Libanius, le plus célèbre rhéteur de son temps. Libanius, enthousiasmé de ses heureuses dispositions, frappé de ses vertus naissantes, le distingua bien vite de la foule de ses disciples et conserva pendant toute sa vie la plus haute estime pour sa personne. Au sortir de cette école, Basile alla se perfectionner à Athènes, où l'on accourait de toutes parts pour se former à la pureté du langage et à cette élégance attique qui ont rendu si célèbres les grands écrivains de la Grèce. Là il retrouva Grégoire de Nazianze, son ancien ami et son émule pour la piété, les talents et l'ardeur à s'instruire. Après s'y être perfectionné dans l'art oratoire, après y avoir amassé un trésor de connaissances dans les sciences profanes, il résista aux propositions avantageuses qui lui furent faites pour l'engager à s'y fixer au rang des maîtres; il revint dans sa patrie, de laquelle on pressentait déjà qu'il serait la gloire et l'ornement. Il y remplit pendant quelque temps une chaire de rhétorique, et parut avec éclat dans le barreau; mais la crainte que les applaudissements qu'il recevait dans ce double emploi ne lui enflassent le cœur, le fit renoncer à des états profanes où il éclipsait tous ses concurrents pour se consacrer entièrement à Dieu. Il reçut le baptême en 357, vendit et distribua son bien aux pauvres, parcourut les monastères de la Syrie, de la Mésopotamie et de l'Egypte, où les sujets d'édification qu'il trouva le consolèrent du triste spectacle des ravages que l'arianisme faisait dans tout l'Orient. A son retour, Basile fut obligé de se séparer de la communion de Dianée, son évêque, qui avait eu la faiblesse de souscrire la formule arienne de Rimini. Ce fut alors qu'il se retira dans les déserts du Pont, non loin du monastère de filles que sa mère et sa sœur avaient fondé, sur les bords de l'Iris. Il en établit un pour les hommes sur l'autre côté de la rivière, et y rassembla les solitaires dispersés dans le voisinage, pour leur faire embrasser la vie cénobitique, qu'il préférait à la vie solitaire, dont l'isolement lui semblait offrir de grands dangers. Ces établissements s'étant multipliés dans le Pont et dans la Cappadoce, il leur donna une règle commune, et en conserva l'inspection générale, même après qu'il fut devenu évêque. Dianée, attaqué d'une maladie qui le conduisit au tombeau, le rappela à Césarée, et dès que cet évêque lui eut protesté que c'était sans en connaître le venin qu'il avait souscrit la formule de Rimini, n'ayant jamais prétendu par là renoncer à la foi de Nicée, Basile ne fit aucune difficulté de rentrer sous sa juridiction et de lui prodiguer tous les soins qu'exigeait son état de mourant. A cette époque, il n'était encore que lecteur. Eusèbe, successeur de Dianée, l'ordonna prêtre, en 364. Ses succès dans la prédication éveillèrent la jalousie d'Eusèbe, qui lui interdit l'exercice du saint ministère, ce qui lui donna la liberté de retourner dans ses monastères du Pont. L'empereur Valens s'étant rendu peu après à Césarée pour mettre les ariens en possession des églises catholiques, Eusèbe, hors d'état de lui résister, se rendit aux vœux des fidèles, et rappela Basile. Sa présence fit cesser les divisions qui régnaient, à son sujet, parmi les orthodoxes; son zèle fit échouer le projet de Valens, et son éloquence fit ouvrir les greniers des riches, pour nourrir les pauvres qu'une affreuse famine avait réduits à la plus extrême misère. La mort de l'évêque Eusèbe l'ayant porté, en 370, sur le siége de Césarée, cette Église prit dès lors une nouvelle face. Il mit tous ses soins à former son clergé et à inspirer la ferveur à tous les fidèles; en un mot, il déploya un zèle actif à s'acquitter de toutes les fonctions de son ministère. Ce zèle s'étendit même au delà des bornes de son diocèse. L'Église d'Antioche était déchirée par un schisme, d'autant plus difficile à éteindre, que chaque parti avait un homme distingué à sa tête. Tous ses efforts pour y rétablir l'harmonie furent sans succès, mais il fut plus heureux auprès des évêques macédoniens qui témoignaient le désir de rentrer dans l'unité et de se rattacher à l'Église. Saint Basile se contenta de leur faire admettre la foi de Nicée, en confessant que le Saint-Esprit n'est pas une créature. Il était bien convaincu qu'une fois rentrés dans la communion catholique, il les ramènerait facilement, dans des conférences amicales, à en proclamer la divinité. Cette condescendance, blâmée par quelques catholiques d'un zèle outré, fut approuvée par saint Athanase, et elle affaiblit considérablement le parti de l'arianisme. Valens, toujours obsédé par les chefs de ce parti, reprit le projet de faire communiquer ensemble les ariens et les catholiques; la terreur marchait à sa suite dans toutes les provinces qu'il traversait. Les évêques, intimidés, faiblissaient devant ses menaces. Le préfet Modeste, qui le précédait, avait ordre surtout de soumettre l'archevêque de Césarée. Modeste, assis sur son tribunal, entouré de ses licteurs armés de leurs faisceaux, fait comparaître Basile, le menace de la confiscation de ses biens, de l'exil, des tourments, de la mort même, s'il ne se réunit à la religion de l'empereur. Le saint prélat, avec la sérénité peinte sur son visage, lui présente quelques livres qui formaient toute sa fortune; il lui montre les haillons misérables qui le défendaient à peine contre l'intempérie des saisons; il lui parle de son séjour sur la terre comme d'un lieu d'exil, du ciel comme de la véritable patrie, après laquelle il soupire, de son corps exténué dont les premiers tourments détruiront promptement le frêle édifice et le réuniront à son Créateur, pour lequel seul il vit. Modeste, étonné de cette tranquille intrépidité : « Personne, lui dit-il, ne m'a encore parlé avec une telle audace. — C'est, lui répondit simplement Basile, que vous n'avez pas encore rencontré un évêque. Dans les circonstances ordinaires de la vie, nous sommes les plus doux et les plus soumis de tous les hommes; mais quand on touche à la religion que nous devons défendre, à la foi dont nous sommes les gardiens, alors nous méprisons tout pour Dieu, sans que rien soit capable de nous ébranler. » Une pareille résignation imposa au préfet et à l'empereur lui-même, devant lequel on le fit comparaître le lendemain, et on résolut de le laisser tranquille. Cependant Basile savait tempérer par une sage condescendance la rigueur de son ministère. Valens s'étant rendu à l'église le jour de l'Épiphanie, n'osa pas se présenter à la communion, prévenu qu'elle lui serait refusée; mais il fit son offrande, qui fut acceptée; le saint pontife pensait que dans une circonstance si extraordinaire, il était prudant de relâcher quelque chose de la rigidité des règles, pour ne pas humilier la majesté impériale, ni provoquer son ressentiment. Cependant, quelque temps après, Valens, excité par les ariens, voulut exiler saint Basile; mais, on rapporte que trois plumes se brisèrent, l'une après l'autre, entre ses doigts, et que, saisi de crainte, il ne songea plus à troubler son repos. Le zélé pontife employa les dernières années de sa vie à réunir les Églises d'Orient et d'Occident, parmi lesquelles les disputes de Mélèce et de Paulin, tous deux évêques d'Antioche, entretenaient la division. Il érigea un évêché à Sasimes et le donna à son ami saint Grégoire de Nazianze; il écrivit contre Apollinaire et contre Eustathe de Sébaste. Sa santé, que les rigueurs de la pénitence avaient toujours rendue très-chancelante, s'affaiblit de plus en plus. Enfin, épuisé de mortifications et de travaux, il mourut le 1er janvier de l'année 379, universellement regretté, non-seulement par les chrétiens, mais par les juifs et les païens eux-mêmes, qui le regardaient tous comme un père. Saint Grégoire de Nazianze se chargea d'exprimer les regrets des uns et des autres, dans l'oraison funèbre qu'il prononça à ses funérailles, et qu'on regarde comme un des discours les plus touchants de cet orateur chrétien. Les ouvrages de saint Basile consistent en des Homélies, des Discours, des Morales, cinq livres contre Eunomius, un livre du Saint-Esprit, un commentaire sur Isaïe, et plus de trois cents lettres très-instructives sur des sujets de dogme, de morale et de discipline ecclésiastique. Le style de saint Basile est pur et élégant, ses expressions sont grandes et sublimes, ses pensées nobles et pleines de majesté. Il excelle dans les Panégyriques; ses raisonnements sont pleins de force, sa doctrine profonde, tous ses ouvrages remplis d'érudition. Nous regrettons vivement que l'étroite mesure qui nous est imposée, dans l'analyse que nous publions de ses œuvres, ne nous permette pas de donner une plus haute idée de ses brillantes qualités. C'est bien peu faire connaître celui que Théodoret appelle le flambeau de la Cappadoce, ou plutôt de l'univers, et dont il ne parle presque jamais sans lui donner le nom de Grand, que la postérité lui a conservé jusqu'à nos jours, et qu'il continuera de porter dans l'Église jusqu'à la fin des temps.

Hexaméron. — De tous les ouvrages que saint Basile a composés sur l'Écriture sainte, celui qui lui a fait le plus d'honneur par son mérite, sans contredit, c'est son recueil d'homélies sur les six jours de la création. Saint Grégoire de Nazianze confesse que ces homélies lui ont fait connaître les raisons de la création, et qu'il y a plus appris à admirer le Créateur que par la contemplation même de ses œuvres. Il nous reste neuf de ces homélies; saint Jérôme n'en comptait pas davantage de son temps, et Cassiodore les appelle des livres. Le saint docteur s'attache exclusivement à l'explication de la lettre, et il regarde comme inutiles les différents sens allégoriques que plusieurs ont recherchés. « Pour moi, dit-il, aucun terme n'est ignoble, je les accepte tous, je les explique dans leur sens propre et naturel; car je ne rougis pas de l'Évangile. »

Première homélie. — Toute la première homélie est consacrée à l'explication de ces paroles de la Genèse : *In principio Deus creavit cœlum et terram.* De ce que le monde a eu un commencement, le saint docteur en conclut qu'il doit avoir une fin, et il le prouve par ce raisonnement : Un tout est essentiellement de la même nature que les parties qui le composent; si, comme l'expérience le fait voir, ces parties sont sujettes à se corrompre et à périr, le tout est donc nécessairement exposé à subir les mêmes vicissitudes. Mais par ce monde il n'entend que les choses sensibles, puisqu'il croit que la création des anges avait précédé celle de la matière. Il ne rejette pas l'opinion de quelques interprètes qui pensent que Dieu créa tout en un instant; il la regarde même comme probable, mais il s'en tient à l'ordre marqué par Moïse, qu'il appelle formellement l'historien des six jours. Il rapporte au premier jour la création de tous les éléments, quoique Moïse n'y fasse mention que de la terre. Il montre que cette création est l'œuvre d'un Dieu bon, sage et puissant, qui applique sa bonté, sa sagesse et sa puissance à produire tout ce que le monde contient de beau, d'utile et de vraiment grand. *In principio fecit Deus, uti bonus quod utile est, uti sapiens quod pulcherrimum est, uti potens quod maximum est.*

Deuxième homélie. — L'explication du second verset de la Genèse forme le sujet de la seconde homélie. Nous remarquerons, en passant, que le saint docteur se sert habituellement d'une traduction particulière qui diffère, au moins quant à l'exactitude, du texte de la Vulgate et des Septante. Voici le verset tel que nous le lisons dans la traduction latine de ses œuvres : *Terra autem erat invisibilis et incomposita.* Il en explique les termes en ce sens : Ce qui donne à la terre sa forme et sa perfection, c'est sa fécondité, la germination des plantes, des arbres, des fleurs, en un mot, tout ce luxe de végétation que la parole créatrice n'avait pas encore fait jaillir de ses entrailles. Il apporte trois raisons pour prouver qu'elle était invisible : c'est qu'il n'y avait pas d'homme pour la contempler, qu'elle était ensevelie sous les eaux, et enfin, que la lumière n'avait pas encore été créée. Il détruit ensuite par le ridicule le système de ceux qui soutenaient l'éternité de la matière. En effet, n'est-ce pas réduire Dieu à la condition de l'artisan, qui ne fait que donner une forme à la matière qu'il travaille, sans avoir la puissance de la créer lui-même? Comme les marcionites et les valentiniens abusaient du texte suivant, *Sed et tenebræ super abyssum,* pour établir l'existence d'un mauvais principe, saint Basile démontre, par tous les raisonnements connus, l'absurdité de deux principes contraires. Il ajoute qu'on ne peut penser sans impiété qu'un Dieu bon ait créé un mauvais principe, le bien ne pouvant engendrer le mal. Ces ténèbres, qui couvraient la face de l'abîme n'étaient donc pas une substance, mais un défaut de lumière. Enfin, il croit qu'on peut entendre ces paroles : *Spiritus Dei ferebatur super aquas,* de la masse de l'air, puisque le mot *spiritus* comporte aussi cette signification; mais pourtant il aime mieux s'en tenir aux sentiments des anciens, et entre autres à celui d'un docte Syrien, qu'on croit être saint Ephrem, diacre d'Édesse, qui appliquait ces paroles au Saint-Esprit, en supposant qu'il couvrait les eaux pour les féconder.

Troisième homélie. — Nous restons fidèles à la traduction suivie par saint Basile, en reproduisant exactement les passages de la Bible qui servent de textes à ses discours. La troisième homélie est dans l'explication de ce verset : *Et dixit Deus : Fiat firmamentum in medio aquæ, et sit discernens inter aquam et aquam.* Le saint docteur examine si ce firmament est différent du ciel que Dieu fit dès le commencement; pourquoi il nous paraît en forme de voûte; quelle est sa substance, et pourquoi il est entre les eaux. Comme certains hérétiques soutenaient qu'il n'y avait qu'un seul ciel, il leur prouve le contraire : 1° par le témoignage de saint Paul, qui fut élevé jusqu'au troisième ciel; 2° par celui du Psalmiste, qui invite les cieux des cieux à louer le Seigneur; 3° par le texte même de Moïse, qui appelle ce second ciel *firmament,* pour le distinguer du premier, à qui il donne un autre nom, et dont il indique également l'usage.

Quatrième homélie. — La réunion des eaux en un seul bassin forme le sujet de ce discours, dont voici le texte : *Et dixit Deus : Congregetur aqua quæ sub cœlo est in congregationem unam, et appareat arida.* Cette homélie roule sur deux questions que s'est proposées le saint docteur : la première, Dieu avait-il besoin de commander aux eaux de se rassembler en un seul lieu, puisque de leur nature elles sont fluides? la seconde, pourquoi, après avoir reçu l'ordre divin de se condenser en un lieu unique, en voyons-nous tant d'amas divers? Voici, en résumé, ses deux réponses : d'abord, nous savons quelle est présentement la nature de l'eau, mais nous ne pouvons savoir ce qu'elle était au moment de sa création ; nous sommes dans l'obligation de croire que c'est la voix de Dieu qui a donné à chaque être créé la forme qu'il devait conserver dans la suite et jusqu'à la fin des temps. Ensuite il dit que le texte de Moïse ne s'entend que d'un considérable amas d'eau, et qu'encore qu'on voudrait en faire un bassin unique, il aurait, pour auxiliaire de la vérité, le témoignage de tous les voyageurs, qui prétendent que tous les amas d'eau particuliers se joignent et communiquent ensemble par quelques voies souterraines et inconnues.

Cinquième homélie. — Le verset suivant : *Germinet terra herbam feni, seminans semen suum juxta genus, et lignum fructiferum faciens fructum juxta genus cujus semen in ipso,* sert de matière à la cinquième homélie, qui traite de la fécondité de la terre. Suivant le saint interprète, la parole de Dieu eut tant de puissance, que, dès le moment même, la terre fut couverte de toutes ses productions ; le foin germa dans les prés, le grain dans les champs, les arbres se chargèrent de fruits, les forêts se couvrirent d'arbres pour servir aux besoins de l'homme et des animaux qui devaient plus tard peupler la terre.

Sixième homélie. — Voici le texte de ce discours : *Et dixit Deus : Fiant luminaria in firmamento cœli, ad illuminationem super terram, ut discernant inter diem et noctem.* Le sujet développé par le saint docteur est donc le travail du quatrième jour, c'est-à-dire la création des deux grands corps lumineux que Dieu plaça dans le firmament, l'un pour présider au jour, et qu'il appela soleil, et l'autre qu'il nomma lune, et qui fut chargée de présider à la nuit. Suivant saint Basile, ces différentes locutions de l'Ecriture : *Dieu dit,* et *Dieu fit,* indiquent positivement l'opération de deux personnes, l'une qui parle et l'autre qui agit. Du reste, il fait la même remarque en beaucoup d'autres endroits. Enfin, il ajoute qu'en parlant du soleil que Dieu fit pour éclairer le monde, Moïse n'est point en contradiction avec lui-même, car la lumière, dont il rapporte la création au premier jour, n'était que la matière dont Dieu forma ensuite ce grand corps lumineux qu'il appela soleil.

Septième homélie. — La septième homélie explique l'ouvrage du cinquième jour, c'est-à-dire la création des reptiles et des poissons. Elle a pour texte ce verset de la Genèse : *Et dixit Deus : Producant aquæ reptilia animarum viventium juxta genus, et volatilia volantia secundum firmamentum cœli juxta genus.* La description de leur nature, de leurs habitudes, de leurs propriétés, sont pour lui une occasion de faire admirer les merveilles de la sagesse de Dieu, et d'en tirer, pour ses auditeurs, des leçons morales de l'intérêt le plus attachant et de la plus haute instruction. Il s'applique surtout à décrire les poissons de mer ; et l'accouplement de la murène, qui, d'après plusieurs naturalistes, sort du fond de l'eau pour frayer avec la vipère, lui fournit de sages conseils sur les devoirs réciproques que les époux se doivent entre eux.

Huitième homélie. — Les oiseaux, dont il n'avait pas parlé dans le discours précédent, font le sujet de la huitième homélie. Cette matière est traitée fort au long. Le saint docteur explique la nature, les propriétés, les différences, le caractère et l'industrie des oiseaux ; les rapports qu'ils ont avec les poissons, puisque, d'après leur conformation naturelle, on voit que le Créateur les a destinés à planer dans l'air, comme le poisson nage dans les eaux. Il avance, comme un fait dont il paraît ne pas douter, qu'il y avait des espèces d'oiseaux, entre autres le vautour, qui engendraient sans s'accoupler. Suivant lui, le but de Dieu, dans ces phénomènes de la nature, aurait été de nous fournir des motifs de croire des mystères que nous ne comprenons pas, comme la virginité de Marie après l'enfantement.

Neuvième homélie. — Enfin la neuvième homélie est consacrée à la description des animaux terrestres. Les animaux sauvages, les animaux domestiques, les animaux carnassiers, sont dépeints tour à tour par saint Basile, en homme qui a étudié la nature et qui la connaît. Chaque sujet qu'il examine, qu'il colore, qu'il décrit, le porte à bénir le Créateur, en l'admirant dans la perfection de ses œuvres, et il fait passer sa reconnaissance et son admiration dans l'âme de ses auditeurs. Pourtant, dans cette homélie comme dans les précédentes, il cède un peu aux préjugés du peuple, et parle quelquefois des choses suivant les opinions de son temps. Sur la fin, il dit quelques mots de l'homme et de sa création, mais seulement pour annoncer que, dans les homélies suivantes, il parlera de sa nature, de ses rapports avec les objets créés, de sa ressemblance avec le Créateur. Mais il est certain qu'il n'en a rien dit, et que son ouvrage sur l'*Hexaméron* est resté imparfait, soit que ses infirmités, ou quelques travaux pressants l'aient forcé de l'interrompre. Dans une œuvre jusque-là si remplie, c'est un vide qui pour tout le monde équivaut à une perte. Aussi Socrate nous assure que saint Grégoire de Nysse entreprit de le combler, en achevant l'œuvre du saint Basile. En effet, toutes les éditions des livres du saint docteur ont publié sous son nom, à partir du moyen âge, trois homélies qui font suite aux siennes : deux sur la formation de l'homme, et une troisième sur le paradis terrestre ; mais il est facile de reconnaître, et à la disposition du sujet, et à la différence du style, que c'est faussement qu'elles ont été attribuées au savant archevêque de Césarée.

Homélies sur les psaumes. — Saint Basile n'était encore que simple prêtre lorsqu'il entreprit l'explication des psaumes ; et l'on voit, dans la plupart de ces homélies, qu'il les avait prêchées au peuple ; car, dans celles-là même qui ne se terminent point par la doxologie ordinaire, il est aisé de remarquer qu'il parlait devant une assemblée. Il ne nous en reste que treize qu'on puisse regarder comme authentiques, puisqu'elles lui ont été constamment attribuées.

Homélie sur le premier psaume.—L'exorde de cette homélie est comme un aperçu général de la matière, un prologue magnifique dans lequel le saint docteur relève, en termes pompeux, l'excellence, la beauté, l'utilité des psaumes. Il y trouve réunis tous les avantages répandus dans les autres livres de l'Ecriture ; c'est une théologie complète, qui nous développe tous les mystères de la religion, qui nous enseigne toutes les règles de la morale, qui nous insinue tous les conseils de la vertu. Il entre ensuite en matière, et commente le premier verset du psaume *Beatus vir qui non abiit in concilio impiorum*. Il cherche quelle est la vraie béatitude de l'homme, et il trouve que Dieu, étant le souverain bien, doit être le seul qui puisse posséder le souverain bonheur. C'est donc en vain que nous le cherchons dans les richesses, dans la santé du corps, dans les honneurs de la vie. Il n'est qu'en Dieu ; nous l'augmentons ou nous le diminuons, nous l'acquérons ou nous le perdons, suivant que nous nous apppochons, que nous nous éloignons ou que nous nous séparons de Dieu. Or on s'approche, on s'éloigne ou on se sépare de Dieu par le bien ou le mal de la vie, par le péché ou par la vertu. Aussi celui-là est-il proclamé heureux, qui n'a point fréquenté les assemblées des impies, qui n'a point bu le poison de leurs mauvaises doctrines, qui n'a point conservé le levain de leurs erreurs, ni proféré les blasphèmes qu'ils exhalent tous les jours contre Dieu. *Beatus vir qui non abiit in concilio impiorum!* Heureux encore celui qui ne s'est point arrêté dans la voie des pécheurs ! En effet, la vie est un chemin, l'homme est un voyageur ; chacun de ses pas doit le conduire vers un but ; or il y a deux voies : une large et spacieuse, c'est la voie du péché qui conduit à la mort ; une étroite et difficile, c'est la voie de la vertu qui conduit à la vie éternelle. *Beatus qui in via peccatorum non stetit!* Bienheureux enfin, celui qui ne s'est pas assis dans la chaire de pestilence, qui n'a pas croupi dans son péché, qui n'a pas lassé la patience de Dieu à attendre son retour, sans jamais revenir à lui par la pénitence ! *Beatus qui in cathedra pestilentiæ non sedit!* Mais plus heureux mille fois celui qui fait la volonté du Seigneur et qui passe les jours et les nuits à méditer sa loi sainte et ses divins commandements !

L'analyse de cette homélie, quelque défectueuse qu'elle soit, suffira, nous l'espérons, pour donner une idée de toutes les autres. On voit que le saint docteur, commandé par son sujet, s'écarte de la règle unique qu'il s'était imposée dans l'*Hexaméron*. En effet, saint Grégoire de Nazianze remarque que, pour rendre l'Ecriture intelligible à tout le monde, même aux personnes les moins éclairées, le pieux commentateur ne se contentait plus d'en expliquer la lettre, mais qu'il en approfondissait encore tous les sens dont elle est susceptible, c'est-à-dire que, outre le sens littéral, il cherchait à découvrir et à développer le sens moral et allégorique, caché sous le texte des psaumes.

Livres contre Eunomius. — Eunome était originaire de Cappadoce ; il avait beaucoup d'esprit naturel ; des prêtres ariens auxquels il s'attacha l'instruisirent. Il adopta leurs sentiments et fut fait évêque de Cyzique. Il devint arien si outré que le zèle de l'erreur le fit tomber dans le sabellianisme. La divinité de Jésus-Christ était comme le pivot de toutes les disputes entre les catholiques et les ariens. Les catholiques admettaient, dans la substance divine, un Père qui n'était point engendré et un Fils qui l'était, et qui cependant était consubstantiel à son Père et coéternel avec lui. Eunome crut qu'il fallait examiner ce dogme en lui-même, et voir si effectivement on pouvait admettre, dans la substance divine, deux principes dont l'un était engendré et l'autre ne l'était pas. Pour décider cette question, il partit d'un point également reconnu et par les catholiques et par les ariens, savoir, la simplicité de Dieu. Il crut qu'on ne pouvait supposer, dans une chose simple, deux principes, dont l'un était engendrant et l'autre engendré ; une chose simple, selon lui, pouvait avoir différents rapports, mais elle ne pouvait contenir des principes différents. De là les ariens avaient conclu que le Père et le Fils étaient deux substances distinguées, et comme on ne pouvait admettre plusieurs dieux, ils avaient jugé que le Verbe ou Fils était créature et non pas Dieu. Mais Eunome poussait plus loin les conséquences de ce principe : il concluait que non-seulement on ne pouvait supposer dans l'essence divine un Père et un Fils, mais qu'on ne pouvait même y admettre plusieurs attributs. Ainsi la sagesse, la vérité, la justice, n'étaient que l'essence divine considérée sous différents rapports, c'est-à-dire des noms différents donnés à la même chose, selon les relations particulières qu'elle avait avec les objets extérieurs. Voilà l'erreur qu'Eunome ajouta à l'arianisme, pour la faire valoir, il avait l'insolence de se vanter, à l'exemple d'Aétius, son maître, de connaître Dieu aussi parfaitement que Dieu se connaît lui-même.

Saint Basile lui répond en cinq livres ; et, au rapport des critiques les plus versés dans la matière, tels que saint Amphiloque, Théodoret, les Pères du concile de Chalcédoine, l'empereur Justinien, saint Ephrem d'Antioche et Léonce de Byzance, cette réfutation a été célèbre dans toute l'antiquité.

Premier livre.—Avant de détruire tous les vains raisonnements d'Eunome, le saint docteur lui reproche le titre d'*Apologie* qu'il avait donné à son livre. Puisqu'il n'avait été jusque-là ni combattu ni accusé par personne, ce titre ne pouvait être qu'un stratagème imaginé pour donner plus facilement cours à ses erreurs. Il lui reproche aussi d'avoir trompé les simples, en leur proposant une profession de foi conçue en termes vagues, indéfinis, la même, en un mot, que présenta autrefois Arius au saint pape Alexandre, dans la vue de le séduire. Entrant ensuite en matière, il relève la contradiction dans laquelle tombait Eunome, quand il venait dire d'abord que l'ingénération était une suite de l'essence de Dieu, et quand il affirmait l'instant d'après que l'ingénération était l'essence même de Dieu. « En soutenant que l'ingénération est l'essence même de Dieu, Eunome, dit saint Basile, fournit des armes contre sa propre doctrine. On pourra dire, en effet, de tous les autres attributs de Dieu, par exemple, de son invisibilité, de son immutabilité, de son immensité, qu'ils sont de son essence : dès lors il sera plus raisonnable de croire que le Fils, à qui ces attributs conviennent également, est de la substance du Père, que d'en inférer qu'il est d'une substance différente, à cause du seul attribut de non engendré qu'il ne possède pas. »

Il fait voir, du reste, qu'il importe peu de savoir si le terme de non engendré est privatif ou positif. Il est de même nature que ceux d'incorruptible, d'immortel, d'invisible. En parlant de Dieu, nous employons des termes de deux sortes : les uns, comme *sagesse, justice, puissance*, marquent les perfections qui sont en Dieu; les autres, comme *mutabilité, étendue*, expriment les imperfections qui ne sauraient être en lui. Or le terme de *non engendré* étant de ce dernier genre, il exprime plutôt ce que Dieu n'est pas qu'il ne marque ce qu'il est : ainsi l'ingénération n'est donc pas l'essence même de Dieu.

Deuxième livre. — Eunome, pour autoriser ses blasphèmes, appelait le Fils *créature* ou *géniture*. Le saint auteur lui demande en quel endroit des Écritures ou des saints Pères, le Fils porte l'une ou l'autre de ces deux dénominations ? « Ce ne peut être dans les *Actes des apôtres*, dit-il, où saint Pierre, adressant la parole aux juifs, leur dit positivement : *Sciat tota domus Israel quod Dominum ipsum et Christum fecit Deus, hunc Jesum quem vos crucifixistis*; puisqu'il est évident que ces paroles n'ont aucun rapport à l'existence que le Fils de Dieu possède avant tous les siècles, mais à Jésus-Christ comme homme, qui, en cette qualité, a reçu de Dieu le souverain empire sur toutes les créatures. Dans ce passage des *Actes*, le terme *Seigneur* n'est donc pas un terme de substance, mais de pouvoir et d'autorité. » Le saint docteur ajoute : Quand bien même le terme *fecit* se rapporterait à la génération divine du Verbe, Eunome ne pourrait s'en autoriser pour appeler le Fils *créature* ou *géniture*, parce qu'il y a toujours de la témérité à donner des noms que l'on a inventés, à celui qui a reçu de Dieu un nom qui est au-dessus de tous les noms. *Filius meus es tu, ego hodie genui te.* Il ne lui dit pas, vous êtes ma *géniture*, il lui dit : *Vous êtes* mon Fils : *Filius meus es tu.*

Eunome se servait de divers arguments pour établir son impiété, il disait : « Il est impossible qu'une chose soit préexistante à sa génération : le Fils ne pouvait donc être avant qu'il fût engendré. » Saint Basile fait voir que ce sophisme n'est fondé que sur une fausse supposition, savoir, que le Verbe n'est pas éternel ; c'est pourquoi il prouve que le Père l'a engendré de toute éternité. C'est une perfection au Père d'engendrer ; il n'a donc pu être un moment sans cette perfection. Ensuite le Fils a fait les siècles avec le Père ; peut-on dire, sans contradiction, qu'il a été fait lui-même depuis les siècles ? Enfin le texte de saint Jean est formel : *In principio erat Verbum, et Verbum erat apud Deum, et Deus erat Verbum.* Or, imaginer quelque chose de plus ancien que le commencement, c'est admettre l'éternité.

Troisième livre. — Le troisième livre réfute une attaque à la divinité du Saint-Esprit. Eunome prétendait avoir appris des saints que le Saint-Esprit est le troisième en ordre et en dignité ; d'où il concluait qu'il était aussi le troisième en nature ; qu'il était créature du Fils, comme le Fils était créature du Père, que par conséquent il n'était point Dieu et n'avait aucun pouvoir de créer. Saint Basile lui demande quels sont les saints qui ont pu lui apprendre cette doctrine, ou plutôt, ces blasphèmes ? Il établit ensuite l'unité de nature du Saint-Esprit avec le Père et le Fils, et il la démontre par trois raisons essentielles. 1° D'abord, il est appelé *bon*, nom qui est propre à Dieu ; il est nommé *saint* comme le Père et le Fils, et c'est pour marquer la sainteté commune aux trois personnes de la Trinité, que les séraphins chantent par trois fois dans Isaïe : *Saint, saint, saint !* Il est appelé *Esprit* et ce nom lui est commun avec le Père et le Fils. *Deus spiritus est, et eos qui adorant eum in spiritu et veritate oportet adorare.* — La seconde raison de saint Basile, c'est que les opérations qui sont communes au Père et au Fils, le sont aussi au Saint-Esprit, puisqu'il concourut avec eux à la création de l'univers. *Verbo Domini cœli firmati sunt, et spiritu oris ejus omnis virtus eorum* ; puisqu'il est présent en tout lieu et qu'il pénètre tout : *Quo ibo a spiritu tuo, et quo a facie tua fugiam ?* — Enfin, la troisième raison apportée par le docteur, c'est que nous sommes admis par le Saint-Esprit aussi bien que par le Fils, à la glorieuse qualité d'enfants adoptifs de Dieu, puisque le baptême nous est donné *au nom du Père, du Fils et du Saint-Esprit.*

Quatrième livre. — On peut diviser le quatrième livre en deux parties : dans la première, saint Basile démontre, par des raisons analogues à celles qu'il a déjà données, que le Fils n'est pas créé du Père, qu'il est Dieu par nature, qu'il est consubstantiel au Père, et que le terme de *non engendré* signifie, dans le Père, non sa nature, mais sa manière d'exister. La seconde partie est consacrée à réfuter divers passages dont Eunome se servait pour combattre la divinité de Jésus-Christ. Comme ces passages sont exactement ceux que les ariens avaient objectés avant lui, et que le saint docteur les réfuta avec tous les arguments de ses devanciers, nous nous abstiendrons de les analyser, et pour la réfutation complète, nous renvoyons nos lecteurs à l'étude critique que nous avons publiée sur saint Cyrille de Jérusalem. (*Voy.* Cyrille de Jérusalem.)

Cinquième livre. — Le cinquième livre, qui est intitulé : *Du Saint-Esprit*, n'est qu'un répertoire, ou une récapitulation de toutes les autorités empruntées à l'Ecriture, et qui prouvent la divinité du Saint-Esprit, en démontrant qu'il est de même nature que le Père et le Fils, puisque les saints livres lui attribuent tout ce qui est attribué au Père et au Fils, savoir : la création du ciel et de la terre, des anges et des hommes, le pouvoir de parler par la voix des prophètes, et de remettre les péchés par le ministère des apôtres. Le Saint-Esprit, dit le pieux docteur, est l'esprit du Père et du Fils, éternel comme eux, et leur égal en substance. Comme le Fils est le Verbe ou la parole de Dieu, ainsi le Saint-Esprit est le Verbe ou la parole du Fils. De même que le Père ne fait rien sans le Fils; ainsi le Fils ne fait rien sans le Saint-Esprit qui procède également et du Père et du Fils. Il est un avec eux; comme eux il est saint et sanctificateur; c'est lui qui donne la vie et l'immortalité, qui relève ceux qui tombent, qui soutient ceux qui chancellent, qui sanctifie ceux qui persévèrent, et qui purifie non-seulement les hommes, mais les anges, les archanges et les vertus des cieux.

Pour compléter cette analyse, que nous n'avons fait qu'esquisser très-rapidement, qu'il nous soit permis d'ajouter à la réfutation du saint docteur un raisonnement général qui résumera, à lui seul, tous ceux que les bornes de ce travail ne nous permettaient pas de reproduire. Cet argument, du reste, répond victorieusement à ce que nous avons exposé plus haut du système d'Eunome. Le voici :

Une substance simple ne peut contenir plusieurs principes qui soient des substances ou des parties de substance; c'est tomber dans une contradiction manifeste que de l'avancer; mais on ne voit pas qu'une substance simple ne puisse renfermer plusieurs choses qui ne soient ni des substances, ni des parties de substance. La substance divine étant infinie, quel homme oserait dire qu'elle ne renferme pas en effet des principes étrangers à toute substance ? Pour oser le dire, il faudrait voir clairement l'essence de la divinité, et ce ne serait pas assez de la voir, il faudrait encore la comprendre et connaître Dieu comme il se connaît lui-même. Or il n'y a que le Fils de Dieu pour connaître son Père comme son Père le connaît, et il n'y a que l'Esprit de Dieu pour pénétrer dans les secrets de la nature de Dieu. *Ea quæ sunt Dei, nemo cognovit, nisi Spiritus Dei* (*I Cor.* II, 11). Voilà pourquoi les Pères qui réfutèrent Eunome, tels que saint Basile et saint Jean Chrysostome, lui ont toujours opposé l'incompréhensibilité de la nature divine.

Homélies. — Il nous reste du saint docteur une longue suite d'homélies sur divers sujets de dogme, de morale, de discipline religieuse et ecclésiastique. Nous en analyserons seulement quelques-unes que nous aurons soin de choisir dans tous les genres, pour donner une idée de la manière et des ressources du saint orateur.

Sur le jeûne. — Le texte de cette homélie est emprunté à ces paroles du psaume LXXX : *Buccinate in neomenia tuba, in insigni die solemnitatis vestræ*; et le saint docteur les applique au jeûne. Pour le rendre recommandable à ses auditeurs, il en montre l'antiquité, la nécessité, l'efficacité : l'antiquité, par la défense que Dieu fit à l'homme, aussitôt après sa création, de manger du fruit défendu, et par l'exemple d'un grand nombre de saints personnages de l'Ancien Testament; la nécessité, parce que les hommes, blessés par le péché, ne peuvent être guéris que par la pénitence, et que la pénitence, sans le jeûne, est infructueuse et sans profit pour le salut; l'efficacité du jeûne se trouve prouvée par plusieurs exemples, et surtout par celui des Ninivites, qui ne purent éviter la colère de Dieu qu'en jeûnant et en faisant jeûner jusqu'aux animaux domestiques qui les servaient. Il oppose aux avantages du jeûne les crimes et les maladies que causent la débauche et l'intempérance; mais il veut que le jeûne du corps soit accompagné du jeûne de l'esprit, c'est-à-dire, il veut qu'en s'abstenant des aliments corporels, on s'abstienne aussi du péché, des ressentiments, des haines, des procès, de l'usure et de tous les crimes.

Sur la prière — Ce passage de saint Paul : *Sine intermissione orate, in omnibus gratias agite*, fait le sujet d'une homélie sur la prière. Par la prière continuelle, dit le saint docteur, il ne faut pas entendre celle qui se dit de bouche, mais la prière du cœur, c'est-à-dire la pensée de Dieu et les bonnes œuvres, pratiquées en vue de plaire à Dieu. Quant à l'action de grâces, c'est le devoir de notre vie tout entière. Il n'est aucun instant de la vie qui puisse en être exempt; nous devons rendre grâces à Dieu de tout, même de la perte de nos amis, de nos proches, de nos biens; nous devons bénir sa providence dans les afflictions et les calamités, parce que c'est un bien pour nous que Dieu nous humilie, puisque les souffrances de ce siècle n'ont aucune proportion avec la gloire du siècle futur; puisque nous ne sommes jamais punis, en ce monde, selon la grandeur de nos fautes, mais selon la grandeur des miséricordes de Dieu, qui nous sollicitent à l'expiation par le repentir. Cependant cette nécessité de bénir Dieu en toutes choses n'exclut pas la compassion que nous devons aux maux du prochain, suivant le conseil de l'Apôtre qui nous exhorte à pleurer avec ceux qui pleurent. « Il est du devoir, nous dit saint Basile, de s'affliger avec le prochain des maux qu'il souffre, lorsque ce sont de vrais maux, et non des accidents naturels. Il faut pleurer avec ceux à qui le regret de leurs péchés arrache des larmes, et aussi pour ceux qui ne les pleurent point, comme saint Paul pleurait pour les ennemis de Jésus-Christ et Jérémie pour ceux qui périssaient d'entre le peuple de Dieu. Ce sont ces larmes que l'Evangile met au nombre des béatitudes. »

Sur l'avarice. — La parabole du riche qui, ne sachant pas qu'il devait mourir la nuit suivante, se disposait à bâtir de nouveaux greniers, fournit à saint Basile le sujet d'un discours contre l'avarice. Deux sortes de tentations, également difficiles à surmonter, éprouvent les hommes. Les uns, comme Job, sont tentés par l'adversité; les autres, comme le riche de cette parabole, sont tentés par l'affluence du bonheur. Job soutint la tentation sans en être ébranlé; mais ce riche, embarrassé de son abondance, se demandait : *Que ferai-je?* « L'abondance, dit saint Basile, rend cet homme malheureux, et il souffre plus encore de celle qu'il attend. La terre ne lui produit point de revenus, mais des soupirs, des soins, des inquiétudes. Il se lamente comme un pauvre, et, à l'entendre, on dirait qu'il n'a ni de quoi se nourrir, ni de quoi se vêtir. Il lui était si aisé de se tirer d'embarras en disant, comme le patriarche Joseph : *Venez, vous tous qui avez besoin de pain, participer aux bienfaits dont le Seigneur m'a comblé.* » Le saint orateur exhorte les riches, à ne se regarder que comme les économes et les dispensateurs des biens que Dieu leur a donnés, en imitant la terre qui ne produit rien pour elle, et tout pour les autres. « L'aumône, dit-il, est une semence qui rapporte avec usure à celui qui la donne. Rien n'est plus contraire à l'humanité que d'attendre la cherté des vivres pour ouvrir ses greniers; c'est trafiquer indignement sur la misère des hommes, et faire servir à son avarice la colère de Dieu, qui pèse sur eux dans les temps de calamités..... D'où vous viennent ces biens et d'où les avez-vous apportés? N'êtes-vous pas sortis nus du sein de votre mère, et ne retournerez-vous pas nus dans celui de la terre? Si vous dites qu'ils vous viennent du hasard, vous êtes un impie, qui ne reconnaissez point celui qui les a créés; si vous avouez qu'ils vous viennent de Dieu, alors dites-nous pourquoi vous les avez reçus, pourquoi Dieu dispense avec tant d'inégalité les biens de la vie, pourquoi il vous fait riche, vous, tandis que d'autres sont pauvres? N'est-ce pas afin qu'en dispensant fidèlement ces biens, vous méritiez la récompense que le pauvre mérite tous les jours par ses privations et sa patience à les supporter? Quel est l'avare, sinon celui qui ne se contente pas de ce qui suffit? Quel est le voleur, sinon celui qui emporte le bien d'autrui? Vous êtes donc un avare et un voleur, vous qui vous appropriez ce qui vous a été donné pour les autres. »

Contre les ivrognes. — Un scandale arrivé le jour de Pâques fut l'occasion de ce discours. Quelques femmes s'étaient assemblées dans une basilique des martyrs, hors des murs de la ville, et s'y étaient livrées, dans la société de jeunes hommes, à des danses indécentes, sans respect ni pour la sainteté du jour, ni pour la sainteté du lieu. Saint Basile en fut pénétré de douleur, et, voyant tous ses discours du carême devenus inutiles par les excès d'un seul jour, il lui en coûtait de donner au peuple de nouvelles instructions; comme un laboureur ne sème qu'à regret un champ où la première semence n'a pas levé. Néanmoins il se résolut à continuer de l'instruire : effrayé, dit-il, par ce qui arriva à Jérémie, qui, ne voulant plus porter la parole de Dieu à un peuple indocile, sentit s'allumer dans ses entrailles un feu qui le consumait et dont il ne pouvait endurer les ardeurs. Il parla donc au peuple de Césarée le lendemain de Pâques, et prit pour sujet de son discours le scandale de la veille, qu'il attribuait à l'excès du vin. Pour inspirer une vive horreur de l'ivrognerie, le saint docteur en énumère toutes les suites fâcheuses, et pour l'esprit et pour le corps. Il montre qu'elle rend l'homme pire que les brutes; qu'elle est la mère de l'incontinence et de l'impureté; qu'elle détruit la santé du corps, en même temps qu'elle ruine celle de l'âme; qu'elle stimule toutes les ardeurs, qu'elle fomente tous les vices; qu'un homme ivre est semblable à ces idoles des nations dont parle le psalmiste, qui ont des yeux et ne voient point, des oreilles et n'entendent point, dont les mains sont paralysées et dont les pieds sont morts. Il dit à ceux qui pressaient de boire leurs invités : « Vous avez fait de la table du festin un champ de bataille; vous faites sortir de chez vous des jeunes gens que l'on mène par la main, comme s'ils sortaient d'un combat avec des blessures qui les empêchent de marcher. Vous perdez, par la quantité de vin que vous leur faites boire, la force de leur âge; vous les invitez comme des amis et vous les chassez de chez vous comme des morts, après avoir éteint leur vie dans les excès de l'intempérance. »

Après cette invective, il s'élève fortement contre les ris immodérés, les chansons obscènes, les danses, et en général, contre tout ce qui se passe de mauvais et de licencieux dans les assemblées où les deux sexes se trouvent confondus. Il exhorte ceux qui avaient causé le scandale de la veille à réparer leur faute en faisant pénitence, par les jeûnes, les prières, le chant des psaumes, les mortifications et les aumônes. Cette pièce est très-éloquente; elle est citée par saint Isidore de Péluse, qui y renvoie Zosime, pour s'y reconnaître en se voyant tel qu'il était. Il paraît aussi qu'elle était connue de saint Ambroise.

Panégyrique de saint Mamas. — Ce saint était très-célèbre dans la Cappadoce; on l'invoquait pour différents besoins, et saint Basile relève l'efficacité de sa protection dans les dangers des voyages, dans les maladies, dans diverses autres afflictions; et il prend à témoin des merveilles qu'il en rapporte, ses auditeurs eux-mêmes qui savaient que plusieurs familles lui avaient dû la résurrection de leurs enfants. On croit que saint Mamas souffrit le martyre sous Dioclétien. Le saint docteur ne dit rien de ses souffrances, il ne parle même de sa vie que pour dire qu'il avait été berger. Il prend occasion de cette circonstance pour parler des bons pasteurs de l'Eglise et des mercenaires. Sur la fin, il fait une digression contre les ariens, dans laquelle il professe : « Que le Fils est non-seulement semblable au Père, mais qu'il est une même chose avec lui; que dans l'hypostase du Fils est la figure parfaite, la forme et l'image du Père, selon ce qui est écrit : *Je suis dans le Père et le Père est en moi;* que ces paroles n'expriment que l'identité des caractères de la Divinité, et non la confusion des essences. » Dans une autre de ses homélies, saint Basile définit le terme d'*hypostase* par celui de *gloire*, de sorte que quand saint Paul appelle le Fils *le caractère de l'hypostase* du Père, c'est comme s'il disait qu'il est *la splendeur de la gloire* du Père.

Ascétiques. — Sous le titre d'*Ascétiques*, on comprend communément trois discours détachés, le traité du Jugement de Dieu, celui de la Foi, les Morales, deux autres discours sans titre particulier, les grandes règles, au nombre de cinquante-cinq, les trois cent treize petites règles, quelques règlements pour la punition des moines et des religieuses, et les Constitutions monastiques. Du temps de Photius, les *Ascétiques* étaient divisées en deux livres, et on ne doutait point que saint Basile en fût l'auteur. Vers l'an 357, le saint docteur forma le dessein de se rendre dans une solitude ; l'exemple des vertus qu'il avait vu pratiquer aux moines avait excité son admiration, et il résolut d'imiter leur genre de vie. Il se retira donc au pied d'une montagne, dans un lieu sauvage environné de bois, de vallées profondes et d'un fleuve tombant dans un précipice. Il en fit lui-même une description agréable à son ami saint Grégoire, qui lui répondit par une plaisanterie; preuve que l'austérité de ces saints personnages n'enlevait rien à l'enjouement de leur esprit. La lettre de saint Basile est fameuse : il rend compte sérieusement des occupations de la solitude, il en montre l'utilité, pour fixer les pensées et apaiser les passions du cœur. « L'occupation du solitaire est d'imiter les anges en s'appliquant à la prière et aux louanges du Créateur dès le commencement de la journée. Au lever du soleil, il se met au travail, qu'il accompagne toujours de prières. Il médite l'Ecriture, pour acquérir les vertus et former ses mœurs sur l'exemple des saints. La prière succède à la lecture, pour rendre les instructions plus efficaces..... L'humilité du solitaire doit paraître dans **tout son extérieur**, l'œil triste et baissé, les cheveux négligés, l'habit simple et sans ornement, tel que le portaient ceux qui étaient en deuil. Dans l'usage de la nourriture, il ne doit chercher qu'à satisfaire un besoin, qu'à obéir à une des nécessités de la nature. Le pain et l'eau avec quelques légumes doivent lui suffire, dans l'état ordinaire de santé. Le repas doit être précédé et suivi de prières; sur les vingt-quatre heures du jour, c'est tout au plus s'il peut en consacrer une aux soins du corps, et autant que possible il faut que ce soit la même heure tous les jours. Il faut que le sommeil soit léger comme la nourriture, et que le milieu de la nuit soit, pour le solitaire, ce qu'est le matin pour tout le monde, afin qu'il profite du recueillement de la nuit pour méditer en silence les moyens de se purifier de ses péchés et d'avancer dans la perfection. » Cette lettre, dont nous avons reproduit à dessein une longue citation, est un abrégé de ce que saint Basile enseigna depuis, dans ses règles; ce qui nous dispensera de les analyser.

Il pratiquait le premier les règles qu'il imposait à ses solitaires; il vivait dans une extrême pauvreté, n'ayant pour se couvrir qu'un seul vêtement, c'est-à-dire une tunique et un manteau. Il se nourrissait de pain, de sel et de quelques herbes; l'eau faisait son unique boisson. Il devint si pâle et si maigre, qu'il semblait n'avoir presque pas de vie. Il portait un cilice, mais il n'en usait que la nuit, afin de le mieux cacher. Il n'avait pour lit que la terre, et ne faisait jamais de feu. Comme il était d'une nature très-délicate, ses austérités lui attirèrent des maladies si fréquentes, qu'elles devinrent presque continuelles. Dans ses jours de plus grande force, il était encore plus faible que les malades ordinaires.

Saint Grégoire de Nazianze vint se joindre à lui et à ses autres compagnons de solitude. Ils priaient ensemble, ils travaillaient de leurs mains, ils étudiaient l'Ecriture sainte, et afin de la mieux comprendre, ils se servaient des anciens interprètes et particulièrement d'Origène, dont ils firent ensemble un extrait sous le nom de *Philocolie.* Cet ouvrage, dont le titre signifie *amour du beau*, était en effet un choix des plus beaux passages d'Origène.

Saint Basile eut bientôt dans sa retraite un grand nombre de disciples qu'il élevait à Dieu. Il leur écrivit, en divers temps, plusieurs préceptes de piété, que les moines d'Orient ont pris pour règle. Ce sont ces œuvres que l'on nomme généralement les *Ascétiques* de saint Basile. Le premier traité est un recueil de passages de l'Ecriture, sous le nom de *Morales*. Le pieux docteur y choisit de préférence les sentences des saints livres qui marquent le plus expressément ce qui est agréable à Dieu et ce qui lui déplaît, ce qui touche doucement son cœur et ce qui l'offense. Il en tire des conseils à l'usage des personnes pieuses pour leur apprendre à s'éloigner de leur volonté propre, de la coutume, des traditions humaines, et à s'attacher uniquement à l'Evangile.

Les autres traités ascétiques sont les *Règles*. Elles sont de deux sortes : les *grandes*, qui sont plus étendues, mais moins nombreuses, puisqu'il n'y en a que cinquante-cinq ; les petites qui contiennent jusqu'à trois cent treize articles, mais plus courts. Les unes et les autres sont rédigées par demandes et par réponses. Les grandes règles contiennent les principes de la vie spirituelle, expliqués à fond et toujours par l'autorité de l'Ecriture sainte ; les petites entrent plus dans le détail des choses, mais ni les unes ni les autres ne contiennent guère de préceptes qui ne soient aussi bien à l'usage des chrétiens que des solitaires.

Du Saint-Esprit. — Ce livre fut écrit à la prière de saint Amphiloque, évêque d'Icone, et en voici l'occasion. Priant un jour devant le peuple assemblé, Basile rendait gloire à Dieu, tantôt en disant : *Gloire au Père avec le Fils et le Saint-Esprit*; et tantôt en disant : *Gloire au Père, par le Fils dans le Saint-Esprit.* Quelques-uns des assistants qui suivaient les erreurs d'Aétius en furent choqués ; ils accusèrent le saint docteur de se servir de termes nouveaux et contradictoires. Saint Amphiloque le pria d'éclaircir ses termes, d'en développer le sens, d'en faire ressortir la force, d'en montrer la vérité. La réponse de saint Basile fut le livre *du Saint-Esprit.*

Le premier chapitre de ce livre est une préface, dans laquelle le saint docteur expose les raisons qui l'ont engagé à l'écrire ; ce sont celles que nous avons données plus haut. Il y remarque qu'en matière de théologie il n'y a rien à négliger, mais qu'au contraire il faut tout approfondir. Il fait remarquer que les sectateurs d'Aétius n'attachaient tant d'importance aux termes de la doxologie ordinaire, qu'afin d'en conclure que les trois personnes de la Trinité n'étaient pas même semblables en substance. Ils se fondaient sur cette opinion, dont Aétius avait fait la base de son erreur, savoir : que ce qui est exprimé différemment est différent en nature, et que ce qui diffère en nature est différent dans l'expression. C'est par ce passage de saint Paul qu'ils prétendaient démontrer la dissemblance des personnes divines : *Unus Deus et Pater, ex quo omnia ; et unus Dominus Jesus Christus, per quem omnia ; et unus Spiritus sanctus, in quo omnia.* Ils concluaient que la différence des termes établissait une différence d'attributions, et par conséquent une différence de nature entre les personnes divines.

Le saint docteur n'a besoin que des textes de l'Ecriture pour réfuter l'objection d'Aétius. Il lui montre, par divers passages de l'Ancien et du Nouveau Testament, que les saints livres emploient indistinctement les mêmes termes pour les appliquer tour à tour à chacune des trois personnes. Il déclare qu'il se fait honneur d'être accusé de nouveauté, puisque cette accusation n'a pour motif que la gloire égale qu'il rend au Père, au Fils et au Saint-Esprit ; les confondant tous trois dans une substance unique, et accordant à chacun la même divinité. Saint Basile remarque les différents noms que l'Ecriture donne au Saint-Esprit, entre autres celui d'*Esprit de Dieu*, d'*Esprit de vérité*, d'*Esprit droit*, d'*Esprit principal* ; mais il ajoute que c'est celui d'*Esprit-Saint* qui lui est propre. Il prouve qu'il est éternel, infini, immense, incorporel ; qu'il n'est inférieur aux deux autres personnes ni en nature, ni en dignité ; et que le baptême conféré en son nom le met au même rang que le Père et le Fils. Donc, séparer le Saint-Esprit des deux autres personnes, c'est violer la foi professée dans le baptême, c'est se déshériter de la grâce de ce sacrement, c'est se constituer prévaricateur du vœu qu'on y a fait et de l'alliance qu'on y a contractée avec Dieu. Quelques-uns, appuyés sur un passage de l'Epître aux Galates, soutenaient que le baptême donné au nom de Jésus-Christ était suffisant ; il leur répond que le nom de Jésus-Christ désigne toute la Trinité, savoir : Dieu qui a oint, le Fils qui est oint, et le Saint-Esprit qui est l'onction même. Cependant, loin d'en conclure que le baptême ainsi donné puisse suffire, il veut au contraire que l'on s'en tienne à la forme prescrite et usitée dans l'Eglise, de baptiser au nom des trois personnes. Les aétiens tiraient encore une objection de l'eau qui sert de matière au sacrement ; mais le saint docteur la trouve si futile, que ce n'est qu'avec peine qu'il se résout à y répondre. L'eau n'a de vertu dans le baptême que par la présence du Saint-Esprit ; ce qui établit la différence entre le baptême de saint Jean et celui de Jésus-Christ : l'un n'était qu'un baptême d'eau pour disposer à la pénitence ; Jésus-Christ, au contraire, a baptisé dans le Saint-Esprit pour la rémission des péchés.

Il prouve ensuite la divinité de l'Esprit-Saint par les opérations qui lui sont communes avec les deux autres personnes de la Trinité, par la création de l'univers, par l'économie de l'incarnation, par le jugement dernier où il jugera, avec le Père et le Fils, les vivants et les morts. « Partout, dit le saint docteur, les Ecritures lui attribuent des opérations qui ne conviennent qu'à Dieu, comme de chasser les démons, de remettre les péchés, de ressusciter les morts ; il y parle en maître, comme le Père, et il y est qualifié de Seigneur et d'incompréhensible. » Il prouve encore qu'on ne peut mettre le Saint-Esprit au rang des créatures, parce qu'il est bon de lui-même comme le Père et le Fils, parce qu'il connaît les profondeurs de Dieu et qu'il donne la vie ; les créatures, au contraire, n'ont de bonté que par participation, ne connaissent les secrets de Dieu que par révélation, et ne possèdent de vie que ce qu'elles en reçoivent de l'Esprit vivificateur.

Après cela, saint Basile entreprend d'expliquer les divers sens de ces particules *dans* et *avec*. Il montre que dire, *le Père et le Fils avec le Saint-Esprit*, signifie la même chose que de dire, *le Père, le Fils et le Saint-Esprit*. Si cette expression ne se trouve pas dans l'Ecriture, on n'y trouve pas davantage celle dont les aétiens voulaient qu'on se servît : *Gloire au Père par le Fils unique, dans le Saint-Esprit.*

Pour autoriser cette formule de doxologie, qui lui attirait le reproche de nouveauté, le saint docteur dit : « Entre les dogmes que l'on conserve dans l'Eglise par l'instruction et la prédication, les uns nous viennent de l'Ecriture, les autres de la tradition des apôtres, par laquelle nous les avons reçus ; en religion, les uns et les autres ont donc la même force : c'est ce dont chacun convient, pour peu qu'il soit instruit des maximes ecclésiastiques. Car, si nous entreprenions de rejeter les coutumes non écrites, comme n'étant pas de grande autorité, nous ferions des blessures mortelles à l'Evangile, et la prédication ne serait plus qu'un mot. Par exemple, qui nous a enseigné par écrit de marquer du signe de la croix les catéchumènes, qui espèrent au nom de Jésus-Christ ? Quelle écriture nous a appris à nous tourner vers l'orient pendant la prière ? Qui des saints a transmis par écrit les prières, qui accompagnent la consécration du pain de l'eucharistie et du calice de bénédiction ? Nous bénissons aussi l'eau du baptême, l'huile de l'onction et le baptisé ; en vertu de quelle écriture ? N'est-ce pas par la tradition tacite et secrète ? Et l'onction même de l'huile, et les trois immersions, et tant d'autres cérémonies du baptême, comme de renoncer à Satan et à ses anges, de quelle écriture nous viennent-elles ? N'est-ce pas des instructions particulières que nos pères nous ont conservées, en les tenant à l'abri d'une vaine curiosité, convaincus que le silence assure la vénération due aux mystères ? Etait-il convenable, en effet, de transmettre par écrit ce qu'il n'était pas permis de faire connaître à ceux qui n'étaient pas baptisés ? » Après avoir rapporté plusieurs usages catholiques qui ne sont pas expressément marqués dans l'Evangile, le saint docteur conclut que, puisqu'il y a tant de choses que nous ne possédons que par tradition, on ne doit pas blâmer l'usage d'une simple particule, dont les anciens se sont servis. Le premier témoignage qu'il invoque en faveur de cet usage est celui d'Eusèbe de Cappadoce, qui lui avait conféré le baptême et les ordres. Puis, remontant plus haut, il rapporte ceux de saint Clément de Rome, de saint Denys d'Alexandrie, d'Eusèbe de Césarée, d'Origène, de saint Grégoire le Thaumaturge, de Firmilien, et de Mélèce, évêque dans le Pont. « C'est donc mal à propos, dit-il, qu'on me fait passer pour un novateur, qu'on me persécute et qu'on me calomnie, puisque j'ai la liturgie de l'Eglise de mon côté. » Il finit son livre par une description très-vive de l'état malheureux de l'Eglise, qu'il compare à une armée navale, qui en vient aux mains avec ses ennemis pendant la crise d'une horrible tempête.

Plusieurs conciles, la plupart des évêques de l'Orient, le clergé de toutes les Eglises souscrivirent avec applaudissement à la doctrine enseignée par le savant prélat, dans son livre *du Saint-Esprit*. On peut s'en convaincre par un décret du concile de Chalcédoine adressé à plusieurs évêques réunis en synode dans une ville de la Cappadoce. Saint Amphiloque le lut publiquement devant les évêques de Lycaonie rassemblés dans sa ville épiscopale, pour les dédommager de l'absence de Basile, que ses infirmités avaient retenu loin de ses confrères.

Lettres. — Les lettres de saint Basile sont en grand nombre; on en compte plus de trois cents, qui sont parvenues jusqu'à nous sous son nom. On comprend facilement que les bornes de cette étude ne nous permettent pas de les analyser jusqu'à la dernière. Nous nous contenterons seulement d'en citer quelques extraits, pour en donner une idée à nos lecteurs.

Lettre à Nectaire. — Saint Basile était encore dans sa solitude, lorsqu'il apprit la mort du fils de Nectaire. Cette nouvelle l'affligea vivement : la mort de ce jeune homme éteignait une race illustre, enlevait une espérance à la patrie, et plongeait une malheureuse famille dans la douleur et dans les larmes. Basile ne feint point d'exagérer ce malheur; mais, pour aider Nectaire à le soutenir, il lui dit : « Dans nos malheurs, la raison doit nous rappeler que la condition humaine est exposée à toutes sortes d'afflictions. En effet, ne voit-on pas tous les jours l'exemple d'infortunes semblables à la vôtre? Et cependant Dieu défend aux fidèles de s'affliger pour ceux qui meurent, puisqu'il leur a donné l'espérance de la résurrection, puisqu'il a promis à leur patience la couronne de la gloire. Sans doute nous ne pouvons pas pénétrer les secrets de Dieu, mais nous devons nous soumettre à ses ordres, quelque douloureux qu'ils nous soient à subir. Dieu nous aime, il sait mieux que nous et comment il doit ménager les choses pour notre plus grand bien, et pourquoi il n'a pas assigné le même terme à toutes les existences. » Il lui rappelle la résignation sublime de Job à la nouvelle de la mort de ses enfants, et cependant il en regrettait dix écrasés sous les ruines de la même maison. « Pour vous, lui dit-il, vous n'avez point perdu votre fils, vous l'avez rendu à celui qui vous l'avait donné ; sa vie n'est pas éteinte, elle est devenue meilleure ; la terre ne couvre point cet enfant si cher, il a été reçu dans le ciel. »

Lettre à ses religieux. — Sur la fin de l'année 359, Basile se trouvait à Constantinople avec deux évêques que le concile de Séleucie avaient députés vers l'empereur Constance. C'est là qu'il apprit que Dionée, évêque, venait de souscrire à la formule de Rimini. Quoique plein de respect et d'affection pour ce prélat, Basile en fut si vivement touché, qu'il s'éloigna de lui et se retira auprès de son ami, saint Grégoire ; probablement à Nazianze même. C'est de cette ville qu'il écrivit à ses religieux pour justifier son éloignement, qui du reste n'était pas un abandon.

« J'avoue, leur dit-il, que je suis un fugitif, et je ne puis le nier, mais voici la cause de ma faute, puisque vous désirez l'apprendre. Le motif principal qui m'a porté à agir ainsi a été l'impression qu'a faite dans mon esprit un accident inopiné qui m'a frappé en un instant. Outre cela, j'ai été saisi d'un désir extrême de m'instruire des maximes de la divine *sagesse*, et de m'appliquer à l'étude de cette philosophie, qui fait profession de l'enseigner. Ayant donc trouvé Grégoire, ce vaisseau d'élection, ce puits de la science, cette bouche de Jésus-Christ, je vous conjure de m'accorder un peu de temps pour jouir d'un si grand bien. L'habitude que l'on contracte de s'entretenir continuellement avec Dieu et d'en entendre parler, fait qu'on se familiarise insensiblement avec la divine contemplation, et ce n'est qu'avec peine et le plus tard possible, qu'on abandonne ce doux et pieux exercice. » Saint Basile leur expose ensuite la situation présente de ses affaires ; il les avertit de se donner de garde que personne n'altère jamais la pureté de leur foi. Il cherche surtout à les prémunir contre les sectateurs d'Arius, qu'il compare aux Philistins ; il fait un abrégé de leurs blasphèmes, réfute le reproche qu'ils adressaient aux catholiques d'adorer trois dieux, et, par une explication dogmatique et exacte de la foi, il leur démontre que Dieu est un, non pas en nombre, mais en substance, et que, par conséquent, en parlant des rapports du Fils avec le Père, on doit rejeter les termes de *semblable* et de *dissemblable*, pour admettre celui de *consubstantiel*, que l'Eglise a consacré.

Lettre à Césarie. — Une dame, nommée Césarie, avait consulté saint Basile pour apprendre de lui s'il était utile de communier tous les jours, et si, en l'absence des prêtres et des diacres, il était permis à un laïque de se communier lui-même? A la première question, le saint docteur répondit : « Sans aucun doute, il est très-utile de communier tous les jours, de se nourrir du corps et du sang de Jésus-Christ, puisqu'il a dit lui-même, en termes exprès : *Celui qui mange ma chair et qui boit mon sang aura la vie éternelle.* » Il ajoute néanmoins que ce n'était pas la coutume dans l'Eglise de Césarée, et qu'on n'y communiait que quatre fois la semaine, le dimanche, le mercredi, le vendredi et le samedi, à moins qu'aux autres jours on ne célébrât la fête de quelques saints martyrs. — La seconde question est décidée en quelques mots. Dans les temps de persécutions, chacun se communiait de sa propre main, en l'absence du prêtre et du ministre. Du reste, c'était une pratique autorisée par la coutume. Tous les solitaires, qui vivent dans les déserts, prennent de leurs propres mains le corps de Jésus-Christ, lorsqu'ils n'ont point de prêtres. A Alexandrie et dans le reste de l'Egypte, le peuple a toujours dans sa maison de quoi communier. Dans l'Eglise même, le prêtre dépose une partie du pain eucharistique ; celui qui la reçoit a la liberté de la porter lui-même à sa bouche. C'est donc la même chose, qu'il en reçoive une partie ou qu'il en reçoive plusieurs.

Lettres à saint Amphiloque. — Nous avons six lettres adressées à saint Amphiloque, évêque d'Icone. Dans la première, écrite sur la fin de l'année 375, saint Basile lui parle des troubles que Démosthènes et les ariens avaient excités dans l'Eglise de Doare, en y plaçant pour évêque un esclave fugitif, et cela par les intrigues d'une femme sans religion. Il lui parle aussi de la retraite de saint Grégoire de Nysse, son frère, contre lequel les hérétiques tramaient encore quelques nouvelles persécutions à la cour. Il le presse enfin de venir le voir, et lui dit qu'il lui aurait déjà envoyé son livre *du Saint-Esprit*, s'il n'avait su qu'il désirait l'avoir écrit sur parchemin.

Dans sa seconde lettre, il le remercie des cadeaux qu'il avait reçus de sa part, aux fêtes de Noël ; ces cadeaux consistaient en chandelles de cire et en dragées. « Je les regarde, lui dit-il, comme des symboles de la forte et heureuse vieillesse que vous me souhaitez ; mais j'ai les dents si usées et si affaiblies, qu'elles ne me permettent plus de manger des dragées. » Nous avons cité ce passage pour donner une idée de l'innocence des mœurs et de l'aimable simplicité des évêques de ce temps-là : et pourtant ces évêques étaient de grands saints et de grands docteurs.

Trois questions de saint Amphiloque, auxquelles Basile fait trois réponses, font le sujet des lettres suivantes. L'une de ces questions regardait l'essence de Dieu, que les anoméens se vantaient de comprendre. Le saint docteur démontre que cela est impossible, mais qu'avec le secours de l'Esprit-saint, l'âme peut la connaître, autant qu'une majesté infinie peut être connue par un esprit aussi borné que le nôtre. Il réfute ce sophisme des anoméens qui demandaient aux orthodoxes : *Connaissez-vous ce que vous adorez ou ne le connaissez-vous pas?* « Nous connaissons, répond Basile, les attributs et les opérations de Dieu, mais nous ne comprenons ni son essence, ni sa nature ; la foi nous fait croire qu'il est, mais la même foi et la raison nous enseignent qu'il est incompréhensible. » A cette autre question des mêmes hérétiques : *La connaissance précède-t-elle la foi ou la foi la connaissance?* il répond : « La connaissance est le principe de la foi, puisque l'on connaît par les créatures qu'il y a un Dieu, qu'il est sage, qu'il est juste, qu'il est bon. La foi suit immédiatement cette connaissance, et l'adoration suit la foi. » Enfin, pour rabaisser la gloire du Fils de Dieu, les anoméens objectaient sans cesse ce fameux passage de saint Marc : *Pour ce qui est de ce jour et de cette heure, nul ne les connaît que mon Père, pas même les anges, pas même le Fils;* le saint docteur dit que ce passage doit s'entendre en ce sens : « Personne ne connaît ni ce jour, ni cette heure, pas même le Fils, si le Père ne le lui avait révélé ; parce que, de même qu'il tire de son Père sa substance, sa sagesse, sa gloire, sa divinité, il en tire aussi ses connaissances. » Il croit encore qu'on peut expliquer ce passage de l'humanité de Jésus-Christ, et nous avons eu occasion de remarquer que c'était le sentiment de plusieurs autres saints docteurs.

Epîtres canoniques. — Saint Basile écrivit aussi à saint Amphiloque trois épîtres canoniques, très-célèbres dans l'antiquité. On en compte les canons de suite jusqu'au nombre de quatre-vingt-cinq. Ce sont des réponses aux questions que saint Amphiloque lui avait proposées sur divers points de discipline, principalement sur la pénitence, à l'occasion de plusieurs cas particuliers. Saint Basile décide tout suivant les anciennes règles et la coutume établie dans l'Eglise.

Le premier canon regarde le baptême des hérétiques. Saint Basile distingue entre l'hérésie, le schisme et l'assemblée illicite, et, cela supposé, il dit que les anciens rejetaient entièrement le baptême des hérétiques et recevaient celui des autres. «Toutefois, ajoute-t-il, il faut suivre les usages, qui varient suivant les lieux; c'est-à-dire, il faut examiner comment chaque espèce d'hérétique donne le baptême dans le pays où son hérésie domine; car on doit rejeter celui qui n'est point donné selon la forme que l'Eglise a reçue de Jésus-Christ.»

Plusieurs canons regardent les homicides. On doit compter pour homicide la femme qui a détruit volontairement son fruit, sans distinguer s'il était formé ou non : sa pénitence est de dix ans. On traite de même la femme qui, étant accouchée en chemin, a abandonné son enfant. L'homicide est celui qui a donné la mort à son prochain, soit en l'attaquant, soit en se défendant; mais il faut soigneusement distinguer l'homicide volontaire de l'homicide involontaire. La pénitence de l'homicide volontaire est de vingt ans, et l'autre de dix. L'homicide commis en guerre, quoique volontaire, n'est point compté pour crime, étant le fait d'une légitime défense; cependant, le saint docteur pense qu'il serait peut-être bon de conseiller à ceux qui l'ont commis de s'abstenir de la communion pendant trois ans, comme n'ayant pas les mains pures. L'empoisonnement et la magie sont traités comme homicide. Celui qui ouvre un tombeau doit faire dix ans de pénitence, comme pour l'homicide involontaire.

Il y a un grand nombre de canons sur le mariage, sur les secondes et même sur les troisièmes noces. Pour l'adultère, la pénitence est de quinze ans. Les femmes ne sont pas soumises à la pénitence publique, de peur de les exposer à être punies de mort; mais elles sont privées de la communion, jusqu'à ce que le temps de leur pénitence soit accompli; elles sont condamnées à se tenir debout pendant les prières. L'homme marié, péchant avec une femme qui ne l'est pas, n'est pas puni comme adultère. La femme ne peut pas quitter son mari adultère; le mari doit quitter sa femme. Le mari abandonné par sa femme pouvait en épouser une autre, sans que celle-ci pût être accusée d'adultère.

Les secondes noces obligeaient à pénitence, selon les uns d'un an, de deux ans selon les autres. Notre coutume, dit saint Basile, est de séparer cinq ans pour les troisièmes noces; les quatrièmes noces étaient considérées comme polygamie. Les mariages incestueux sont punis comme l'adultère. La fille qui s'est laissé séduire fera trois ans de pénitence; celle qui a souffert violence n'est soumise à aucune peine. Les filles qui avaient fait profession de virginité étant hérétiques, et s'étaient mariées ensuite, n'étaient point punies; et en général il n'y avait point de pénitence publique pour les péchés commis avant le baptême. Il va sans dire qu'il est question ici des hérétiques dont le baptême était nul, pour défaut de forme.

Le saint docteur termine ses épîtres canoniques par des réflexions générales qui pouvaient servir de règles à son pieux ami. « En général, dit-il, si le pécheur travaille avec ferveur à accomplir sa pénitence, on peut lui en abréger le temps : s'il a grande peine, au contraire, à se détacher de ses mauvaises habitudes, le temps tout seul ne lui servira de rien; car le temps n'est donné à la pénitence que pour qu'elle puisse porter ses fruits. Gardons-nous donc, ajoute-t-il, de nous exposer à périr avec eux; ayons devant les yeux le jour terrible du jugement; avertissons-les nuit et jour, en public et en particulier; avant toutes choses, demandons à Dieu de pouvoir les gagner; mais si nous ne pouvons y réussir, tâchons au moins de sauver nos âmes de la damnation éternelle.»

Du Baptême. — Nous avons remis à parler ici des deux livres *du Baptême*, parce que plusieurs critiques les ont mis au rang des écrits supposés. Ils appuyaient la supposition sur la différence qu'ils remarquaient entre le style de ces livres et le style habituel des autres écrits du saint docteur. Mais, si le langage n'a ni l'éclat, ni la netteté, ni la précision ordinaire du savant écrivain, ce ne sont là que des questions de forme, et l'on peut dire que le fonds de l'ouvrage lui appartient en propre. En effet, on y retrouve tous ses sentiments : sa foi, sa piété, son ardeur s'y font remarquer partout; et d'ailleurs, ce qui suffit pour lever toute espèce de doute, c'est qu'il y cite comme de lui, les *Morales* et les *petites Règles* que personne n'a jamais pensé à lui contester. Nous allons indiquer seulement ce que ces deux livres contiennent de plus remarquable.

Dans le premier livre, il s'applique à montrer que l'instruction doit précéder le baptême ; c'est par la prédication qu'on arrive à la foi, et c'est la foi qui fait qu'on renonce au monde, aux passions, à toutes les vanités du siècle et à la vie même, pour être admis dans l'Eglise, qui est la société des enfants de Dieu. Pour entrer dans le royaume des cieux, il ne suffit pas d'être baptisé, mais il faut éviter le mal qui nous en exclut, et pratiquer tout le bien auquel Jésus-Christ a attaché la possession de ce royaume. Il établit la différence entre les baptêmes de Moïse, de saint Jean et de Jésus-Christ. Le baptême de Moïse exigeait beaucoup d'appareil, des sacrifices de plusieurs sortes, des purifications, et l'obligation d'observer les jours et les temps ; et cependant il ne remettait pas indifféremment toutes sortes de péchés. Celui de saint Jean, au contraire, les remettait tous sans distinction, sans délai, et sans autre obligation que de s'en accuser, dans un esprit de pénitence et avec un vrai repentir. Mais le baptême de Jésus-Christ est bien d'une autre élévation, d'une autre efficacité : il purifie notre première génération qui s'était accomplie dans les souillures du péché; il répare en nous l'image de Dieu, dont la faute de notre premier père avait terni l'éclat, jusqu'à l'effacer ; il nous fait mourir au péché et revivre à la justice ; il nous crucifie avec Jésus-Christ, il nous ensevelit dans son tombeau, et par la vertu de l'Esprit-Saint il nous ressuscite avec lui, pour être revêtus de sa gloire et de son immortalité. Il exprime en ces termes les effets de l'invocation des trois personnes divines, dans la formule du baptême : « Etre baptisé au nom du Saint-Esprit, c'est être engendré de nouveau, suivant cette parole du Sauveur en saint Jean, chap. III : *Quod natum est ex carne caro est, et quod natum est ex spiritu spiritus est ;* après cette génération dans l'Esprit-Saint, être baptisé au nom du Fils, c'est être revêtu de Jésus-Christ, et ainsi revêtus de cet homme nouveau qui a été créé selon Dieu, nous sommes baptisés au nom du Père, et nous devenons les enfants de la Trinité. » Il ajoute qu'après avoir été régénérés par le baptême, nous avons besoin d'être nourris du pain de la vie éternelle. Il appuie tout ce qu'il avance de l'autorité des Evangiles et des Epîtres de saint Paul, dont il rapporte un si grand nombre de passages, que ce premier livre n'en est pour ainsi dire qu'un tissu. C'est peut-être ce luxe de citations, si prodigieusement multipliées, qui a fait supposer à quelques critiques, et à dom Ceillier entre autres, que saint Basile n'avait fourni que les matériaux, mais qu'un autre avait écrit l'ouvrage.

Le second livre contient des réponses à plusieurs questions. L'auteur y parle de la vie que doit mener le baptisé; vie de mort au monde et d'attachement à Dieu. Si Moïse a éloigné des sacrifices de la loi ancienne tous ceux qui étaient impurs, quelle pureté angélique ne faut-il donc pas à celui qui offre le sacrifice de la loi nouvelle et qui touche le corps du Seigneur? C'est alors plus que jamais que, suivant le précepte de l'Apôtre, il faut être pur de tout ce qui souille l'esprit et le corps. Or cette pureté n'est pas moins nécessaire aux fidèles qui veulent participer à la grâce de ce redoutable mystère. Il recommande ensuite l'obéissance aux préceptes, et montre que toute infraction est punissable et mérite la vengeance divine, suivant cette menace générale de Jésus-Christ : *Qui spernit me et non accipit verba mea, habet qui judicet eum* (Joan., XII, 48). On pèche non-seulement en faisant le mal, mais en omettant de faire le bien; non-seulement en n'accomplissant pas les choses commandées, mais en les accomplissant autrement qu'elles sont commandées. Il parle de l'édification mutuelle, de l'assistance réciproque que nous nous devons les uns aux autres, de l'amour de Dieu, qui doit enfanter l'amour du prochain, et de l'amour du prochain, qui doit nous réunir tous dans l'amour de Dieu.

Indépendamment de ces ouvrages qui portent tous, sans même en excepter le dernier, le cachet évident du saint docteur, il en existe un certain nombre d'autres qui lui ont été attribués à diverses époques, et imprimés dans la collection de ses OEuvres. L'opinion presque unanime des critiques les plus célèbres nous autorise à les regarder comme supposés, ce qui nous décharge de l'obligation d'en dire un mot.

Les écrits de saint Basile ne lui acquirent pas moins de réputation que ses vertus. Il devint célèbre tout à coup, et dans tout le monde ses ouvrages le firent regarder comme un astre destiné à éclairer l'univers. Chacun y applaudit avec enthousiasme, et partout on les attendait avec la même impatience, on les désirait avec la même ardeur, que les fidèles de toutes les Eglises désiraient les Epîtres de saint Paul. L'Eglise et la cour, les académies et les tribunaux, les princes et les particuliers, les laïques et les prêtres, ceux qui avaient renoncé au tumulte du monde pour vivre en communauté, et ceux qui étaient encore dans les embarras du siècle, tous faisaient de l'étude et de la méditation de ces livres leur joie, leurs délices, leur bonheur. C'est au point qu'on était convaincu qu'il suffisait de les étudier pour devenir un savant, et que celui qui en possédait la doctrine était un docteur consommé. Ce sont les paroles de saint Grégoire de Nazianze, qui ajoute : « Quand je lis son *Hexaméron*, il me semble que je suis auprès du Créateur de l'univers, et que j'entre avec lui dans tous les secrets de la création. Ses livres contre les hérétiques sont comme le feu qui dévora Sodome, et qui réduisit en cendres ces langues scélérates et impies. Ses écrits sur l'Esprit-Saint me persuadent qu'il est Dieu; et, fondé sur les raisonnements de Basile, c'est avec assurance que j'annonce au peuple cette vérité. Ses panégyriques à la louange des martyrs me donnent le mépris de mon corps, m'inspirent le courage qui fait les héros, et alors je brûle de me trouver dans de semblables combats pour partager avec eux la récompense de la victoire. »

A cet éloge de saint Grégoire, éloge emprunté au panégyrique de son illustre ami, qu'il prononça lui-même dans l'église de Césarée, ajoutons quelques mots de critique rapide, et indulgente jusqu'à l'admiration. Le seul reproche qu'on puisse adresser à saint Basile, comme écrivain, c'est d'être tombé dans le défaut des rhéteurs qui avaient été ses maîtres, c'est-à-dire d'avoir trop prodigué les ornements, les tableaux agréables, les descriptions fleuries. L'*Hexaméron*, regardé à juste titre comme son chef-d'œuvre, est plein d'érudition et de variété. Il y a seulement, çà et là, quelques opinions qui attestent l'état d'imperfection où était alors l'étude de la physique et de l'histoire naturelle; mais ce défaut, comme le précédent, est un défaut de l'époque et non de l'écrivain. Ses lettres sont un des ouvrages les plus curieux et les plus savants de l'antiquité; elles sont écrites avec noblesse, et une pureté de style remarquable. L'état des Eglises d'Orient et d'Occident y est dépeint sous des traits naturels; un grand nombre de questions de doctrine, de discipline et de morale y sont décidées avec beaucoup d'habileté et de prudence. Il y en a plusieurs de consolations et d'exhortations qui sont très-édifiantes et très-fortes. Celles qui ne sont que de compliments, renferment, pour la plupart, des pensées ingénieuses et solides. En un mot, dans les petites comme dans les grandes choses, le saint docteur sait se proportionner à son sujet et montrer partout un talent d'écrivain consommé. Ce qui distingue le caractère particulier de son éloquence, c'est une excellente dialectique, des connaissances étendues et variées, des mouvements vrais, une imagination riche, de grandes pensées, de sublimes conceptions, un fréquent usage de l'Ecriture sainte, une diction pure, une précision unique, beaucoup d'ordre, de clarté, d'élégance dans le style. Photius, si bon juge en cette matière, regarde son talent comme le plus propre, dans les actions publiques, à persuader les esprits et à entraîner les cœurs.

BASILE d'Ancyre, contemporain d'Eusèbe d'Emèse, fut, comme lui, un suppôt et un défenseur de l'hérésie arienne. Il professait la médecine et avait la réputation d'un homme éloquent et capable d'instruire. Ces qualités le firent choisir, en 336, par les eusébiens pour l'élever sur le siège épiscopal d'Ancyre, à la place de Marcel qu'ils venaient de déposer, comme convaincu de sabellianisme. Une ordination si illégitime le fit regarder par les catholiques comme un loup qui avait forcé la porte de la bergerie. Aussi, lorsqu'en 347 il vint à Sardique avec les autres évêques de son parti, les Pères du concile ordonnèrent qu'on ne le traitât, ni comme évêque, ni même comme chrétien. Ils interdirent toute espèce de communication avec lui, défendant qu'on lui écrivît des lettres, ni qu'on reçût aucune des siennes. Au contraire, ils déclarèrent Marcel d'Ancyre innocent, et écrivirent à son Eglise de rejeter Basile pour le recevoir. Mais, chassé presque aussitôt par l'empereur Constance, Marcel fut obligé d'abandonner une seconde fois son siége à Basile. C'est en cette qualité d'évêque d'Ancyre qu'il assista, en 351, au concile de Sirmium, où Photin fut déposé de son siége, après avoir entendu prononcer sa condamnation. Basile fut comme l'âme de ce concile, et c'est à lui principalement, et à Sylvain de Tarse, qu'on attribue la formule de foi qui y fut dressée. Photin, à qui on la présenta, refusa d'y mettre sa signature, et se plaignit à l'empereur du procédé des évêques. Il demanda à entrer en conférence avec eux, et le pria de nommer des juges pour y présider. Constance nomma des juges, et Basile d'Ancyre fut choisi pour porter la parole contre Photin. Celui-ci fut vaincu et condamné; on dressa trois copies de la conférence, dont une resta entre les mains de Basile. Sur la fin de la même année, il disputa avec le même avantage contre Aétius, que l'empereur exila en punition des blasphèmes qu'il avait prononcés dans la conférence. Il paraît que Basile d'Ancyre eut part à l'intrusion de l'antipape Félix, puisque, entre autres raisons qu'on eut plus tard de le déposer, on allégua les troubles qu'il avait causés dans l'Eglise de Rome. Les partisans d'Arius s'étant divisés, vers l'an 357, Basile d'Ancyre se trouva, avec Georges de Laodicée, à la tête de ceux qu'on appela depuis semi-ariens. Quoiqu'ils ne confessassent point le Fils consubstantiel au Père, ils avouaient cependant qu'il lui est semblable en nature, et ils s'exprimaient sur cette matière en des termes qui approchaient fort de la vérité catholique. Tel était au moins Basile d'Ancyre; ce qui fait dire à saint Athanase, dans son *Traité des synodes*, qu'on ne devait point le considérer comme un ennemi de l'Eglise. En 358, à la prière de Georges de Laodicée, il assembla un concile à Ancyre, dans lequel il fit condamner la seconde formule de Sirmium et les anoméens ou purs ariens. A la suite de ce concile, il fut député auprès de l'empereur pour lui demander le maintien des décrets de Sirmium qui avaient établi que le Fils est semblable en substance à son Père. Ce prince le reçut, lui et les autres, avec beaucoup d'honneur, et accorda à leurs prières la tenue d'un nouveau concile à Sirmium, où plusieurs évêques se trouvaient réunis à la suite de l'empereur. Basile et ceux de son parti firent signer leur formulaire aux anoméens, et les obligèrent à désavouer ce qu'ils avaient fait pour la suppression de la consubstantialité et de la ressemblance en substance. Les anoméens lui reprochèrent de leur avoir extorqué cet acte par la violence et les vexations, et, quelque temps après, les évêques qui se trouvaient encore à Sirmium s'avisèrent de dresser une nouvelle formule, de laquelle ils exclurent le mot de *substance*, se bornant à déclarer le Fils semblable au Père en toutes choses. Il y eut de grandes difficultés pour la signature. Basile, qui soupçonnait de la fraude dans la suppression du mot *substance*, signa la formule, mais avec réserve, et en déclarant que quand il confessait le Fils semblable au Père *en toutes choses*, il n'entendait pas seulement quant à la volonté, mais aussi quant à l'existence et à l'être même. Malgré cette précaution, sa condescendance lui fût reprochée au concile de Séleucie, qui se tint l'année suivante, et on lui reprocha en outre les troubles qu'il avait excités à Sirmium, et les violences qu'il avait commises contre les aétiens. L'empereur lui-même l'accusa avec amertume d'avoir suscité la tempête qui bouleversait l'Eglise. Les évêques du concile de Constantinople formèrent contre lui une accusation semblable, et en prirent sujet de le déposer. Il fut ensuite banni en Illyrie, et les ariens mirent Athanase à sa place. Basile vivait encore en 363, comme on le voit par une requête que les Macédoniens présentèrent au nouvel empereur Jovien, tant au nom de Basile d'Ancyre que de Sylvain de Tarse et de quelques autres évêques. Il avait composé plusieurs ouvrages, savoir : un contre Marcel, son prédécesseur, un autre de la Virginité, et plusieurs dont saint Jérôme ne rapporte pas même les titres. Nous n'avons plus que son *Exposition de foi*, que saint Epiphane a mise après la lettre du concile d'Ancyre.

Cette *Exposition de foi*, quoique due tout entière à la plume de Basile, est un acte collectif, souscrit par Georges de Laodicée et plusieurs autres semi-ariens, dans lequel, insistant sur la ressemblance *en toutes choses* que la troisième formule de Sirmium avait reconnue entre le Père et le Fils, il en conclut, de l'aveu même de ceux qui avaient souscrit cette formule, que le Fils est donc aussi semblable à son Père en substance, puisque autrement il ne lui ressemblerait pas en toutes choses. Il y établit aussi cette ressemblance parfaite entre le Père et le Fils, par l'autorité des divines Ecritures. — Saint Athanase rapporte un autre passage des écrits de Basile d'Ancyre sur la même matière, et dans lequel il reconnaît que le Fils n'est pas seulement semblable au Père, mais de la même substance que le Père ; d'où il résulte que, tout en n'admettant pas le terme *consubstantiel*, il ne laissait pas d'être dans le sentiment de l'Eglise sur la consubstantialité.

BASILE, archevêque de Séleucie, que quelques-uns ont mal à propos confondu avec un autre Basile ami de saint Chrysostome, monta sur ce siége vers l'an 440. Il assista au concile de Constantinople en 448, où il combattit et condamna Eutychès, et, l'année suivante, au conciliabule d'Ephèse, où, cédant à la terreur qu'inspirait Dioscore, il eut la faiblesse de souscrire au rétablissement de l'hérésiarque et à la déposition de Flavien, en anathématisant les deux natures en Jésus-Christ, dont il avait pris la défense dans le concile précédent ; mais lorsque la paix eut été rendue à l'Eglise, sous l'empereur Marcien, il reconnut sa faute, en demanda pardon au concile de Chalcédoine et fut admis à la communion des orthodoxes. L'histoire garde le silence sur les autres actions de sa vie, qu'il termina, à ce que l'on croit, vers 458, dans une extrême vieillesse. On lui donna le titre de bienheureux dans la conférence de 533 ; mais néanmoins, ni l'Eglise grecque, ni l'Eglise latine, ne l'ont mis au nombre des saints. Nous avons sous son nom quarante discours, quelques homélies et une *Vie de sainte Thècle*, composée sur d'anciens mémoires qui inspirent peu de confiance sur leur authenticité.

Discours. — Le premier des discours de Basile est sur la création. Il y remarque que Dieu a mis un tel ordre dans les choses créées, qu'elles nous servent comme d'échelle pour nous élever jusqu'à sa connaissance. Suivant lui, les anges voyaient les créatures à mesure que Dieu leur donnait l'être ; mais ils ne voyaient point le Créateur de qui ils venaient de recevoir eux-mêmes leur existence. Il trouve dans le terme pluriel dont se sert l'Ecriture : FAISONS *l'homme à* NOTRE *image*, une preuve de la trinité des personnes et de l'unité de substance. Les cinq discours suivants expliquent l'histoire de l'humanité jusqu'au déluge. Basile traite de folie l'opinion de ceux qui, par les enfants de Dieu qui eurent commerce avec les filles des hommes, entendaient les anges ; au lieu d'expliquer cet endroit des enfants de Seth, qui s'allièrent avec les filles de la race de Caïn. Selon lui, la raison pour laquelle une partie des animaux de chaque espèce fut conservée, c'est afin qu'en en créant de nouveaux, Dieu ne parût pas avoir condamné la première création, ni s'être repenti de ce qu'il avait fait. Il semble dire que, de son temps, on voyait encore des restes de l'arche sur les montagnes d'Arménie où elle s'était arrêtée. Il fait dans le septième une peinture très-touchante du sacrifice d'Abraham, qui représentait celui de Jésus-Christ ; mais comme le glaive de ce patriarche ne toucha point la chair de son enfant, ainsi la croix du Fils unique du Très-Haut ne toucha point sa divinité. Basile trouve dans Elisée, qui fait le sujet du dixième discours, une figure de Jésus-Christ, et dans le fils de la Sunamite ressuscité par ce prophète, la figure du peuple gentil. Il était mort par le péché ; Jésus-Christ est venu comme un autre Elisée ; il a appliqué ses yeux, ses mains, ses pieds et tous ses autres membres sur les membres de ce peuple, et lui a rendu la vie. Il remarque, dans le douzième, que, quoique Dieu haïsse l'âme pécheresse, il reconnaît toujours en elle sa créature, et il en a pitié. Il y décrit la manière dont le prophète Jonas prêcha la pénitence aux Ninivites, le zèle de ces peuples à recourir à la clémence de Dieu, la sincérité de leur douleur et la bonté du Seigneur à leur égard. Les marques d'une vraie pénitence, dit ce Père, sont une âme qui gémit de ses fautes, des yeux qui les pleurent, l'amendement des mœurs, la fuite de l'impiété, la mortification de la chair, le serrement du cœur et le renoncement à toute injustice. Lorsque Dieu voit le pécheur expier ainsi ses crimes, il ne rougit point de révoquer la sentence qu'il avait prononcée contre lui, il retire ses menaces et il annulle son décret. Il montre, dans le treizième, comment Jonas avait été la figure de Jésus-Christ. Sa croix et sa passion avaient été symbolisées dans le sacrifice d'Abraham ; sa naissance d'une vierge, rendue croyable par la fécondité de Sara, dans un âge avancé. Le baptême avait été marqué dans le passage de la mer Rouge, et le genre de mort du Sauveur dans le serpent que Moïse fit élever sur un tronc d'arbre dans le désert ; enfin tout ce qui s'est accompli dans l'Ancien Testament était une figure du Nouveau. Les trois jours que Jonas passa dans le ventre de la baleine annonçaient ceux que le Sauveur devait passer dans les entrailles de la terre. — Les quatre discours suivants regardent l'histoire de David. Basile relève, dans les trois premiers, les bienfaits signalés dont Dieu favorisa ce prince, en le destinant au trône, comme il n'était encore occupé qu'à garder les troupeaux. Il rapporte non à la force naturelle de David, mais au secours immédiat de Dieu, les victoires qu'il remporta sur les ennemis de son peuple, et particulièrement celle où le géant Goliath fut vaincu. Dans le quatrième, à l'occasion de l'adultère de David et de sa pénitence, il dit quelque chose de la chute de saint Pierre et de son retour à Dieu par les larmes et le repentir ; il lui donne le titre de *coryphée des apôtres*, de premier des disciples de Jésus-Christ, et d'exact interprète des mystères que le Fils avait appris du Père.

Il n'y a rien de bien remarquable dans les autres discours de Basile, qui sont presque tous sur le Nouveau Testament. Il établit dans le vingt-quatrième l'unité de substance, de pouvoir et d'honneur entre le Père et le Fils, et la distinction claire et précise des deux natures dans le Sauveur. Le vingt-septième est contre la fête et les spectacles des jeux Olympiques. Pour détourner les chrétiens d'y assister, il leur dit : « Si la mort venait vous surprendre pendant que vous assistez à ces jeux, en quel rang Jésus-Christ vous mettrait-il dans l'autre monde? Serait-ce au rang des gentils? Mais vous portez avec vous le symbole de la foi. Serait-ce au rang des fidèles? Comment pourrait-il y placer celui qui se mêle aux assemblées des païens? » Enfin, le trente-neuvième, qui est sur l'Annonciation, donne à la sainte Vierge le titre de Mère de Dieu, et affirme nettement qu'il n'y a qu'une nature divine en trois personnes.

Lettre à l'empereur Léon. — Rien n'empêche qu'on n'attribue à Basile la lettre des évêques d'Isaurie à l'empereur Léon, en 458; elle est assez de son style, et on voit qu'elle fut écrite à la suite d'un concile qu'il avait assemblé des évêques de la province. Nous n'avons cette lettre qu'en latin. Basile la commence par l'éloge de ce prince, qu'il compare au grand Constantin, dont il relève aussi les vertus, mais surtout son zèle pour la vraie foi. Il demande ensuite à Léon de maintenir les décisions qui avaient été prises dans le concile de Chalcédoine contre l'hérésie d'Eutychès, puisque ce concile n'avait rien décidé qu'en conformité de doctrine avec ceux de Nicée, de Constantinople et d'Éphèse, et qui n'eût été enseigné par saint Cyrille et par saint Célestin. Il condamne l'intrusion de Timothée Eluze sur le siége épiscopal d'Alexandrie, et, suivant les décrets des saints Pères, il opine qu'il ne mérite aucune indulgence. Basile souscrivit le premier à cette lettre, en sa qualité de métropolitain d'Isaurie, et après lui seize évêques de la même province.

Vie de sainte Thècle. — Si l'on en croit Photius, on doit encore attribuer à Basile, divers écrits en vers et en prose, où cet évêque racontait les actions, les combats et les victoires de sainte Thècle, dont les reliques étaient à Séleucie, dans une église hors de la ville. Nous n'avons plus le poëme de Basile, mais il nous reste, sous son nom, une *Vie de sainte Thècle*, divisée en deux livres, et en prose. Vossius a voulu lui contester cet ouvrage sur le peu de vraisemblance des faits qui y sont rapportés; mais nous aimons mieux nous en tenir aux anciens manuscrits, qui le lui attribuent tous unanimement. Le style, du reste, n'est pas différent de celui de ses homélies, si ce n'est qu'il est plus diffus. Néanmoins, la *Vie de sainte Thècle*, pour être de Basile de Séleucie, n'en est pas plus authentique. Il convient lui-même qu'il l'a composée sur d'anciens mémoires qui contenaient l'histoire de sainte Thècle et de saint Paul. C'était apparemment le livre des voyages de saint Paul et de sainte Thècle qu'un prêtre d'Asie avait composé sous le nom de cet apôtre. Tertullien, et après lui saint Jérôme, nous apprennent que ce prêtre, convaincu de cette fausseté, et l'ayant avouée à saint Jean, fut déposé pour ce sujet. Le pape Gélase a rejeté ce livre comme apocryphe. On trouve en effet dans la *Vie* de cette sainte des choses qui en démontrent la supposition jusqu'à l'évidence; comme lorsqu'il y est dit que saint Paul lui ordonna d'aller prêcher l'Évangile, et qu'il partagea avec elle l'apostolat que Jésus-Christ lui avait confié; qu'elle baptisait également les hommes et les femmes, après leur avoir annoncé la parole de salut, et accompli un grand nombre de miracles semblables à ceux que saint Pierre avait faits à Antioche et à Rome, saint Paul à Athènes et saint Jean à Éphèse. Basile ajouta à cette *Vie* un recueil de miracles arrivés de son temps, ou peu avant lui. Il avait appris une partie de ce qu'il raconte de personnes dignes de foi, hommes et femmes; et afin qu'on pût s'assurer de la vérité des choses, il indique les lieux, les temps et les personnes auxquels elles sont arrivées. Il termine sa narration par le récit de ce fait, dans lequel il fut lui-même acteur. Comme il se lassait de recueillir ses miracles, tant ils étaient nombreux, la sainte lui apparut un jour, assise auprès de lui dans son cabinet d'étude; et, prenant le cahier où il avait commencé de les écrire, elle semblait en lire le récit avec plaisir, et lui témoignait, en souriant, qu'elle était contente de son travail et qu'elle l'exhortait à le continuer et à le finir.

Les Œuvres de Basile ont été imprimées à la suite de celles de saint Grégoire le Thaumaturge, dans la *Bibliothèque des Pères*, en

1626. Photius reconnaît en lui un génie vif, élevé, un style figuré, plein de feu et d'une harmonie plus soutenue que celle d'aucun des autres auteurs grecs. Il est cependant clair, doux et coulant; mais la surabondance des tropes, par leur retour continuel, lasse, ennuie, indispose le lecteur contre lui. Il est impossible de ne le pas condamner, comme un homme qui ignore le secret d'accorder l'art avec la nature. Toutefois, ce défaut ne rend son discours ni bas, ni obscur; et on le voit rarement tomber dans de froides allusions. Ajoutons pourtant que les pensées en sont, pour la plupart, peu naturelles et les réflexions peu touchantes. Il n'y approfondit presque jamais aucune vérité; soit morale soit théologique, et il paraît s'être plus occupé d'une vaine éloquence de mots que de l'instruction et de l'édification de ses auditeurs.

BASILE, de Cilicie, était prêtre de l'Eglise d'Antioche dans le temps que Flavien en occupait le siége et qu'Anastase gouvernait l'empire, c'est-à-dire à la fin du v⁰ et au commencement du vi⁰ siècle. Il avait composé une *Histoire ecclésiastique*, divisée en trois livres, dont le premier commençait à l'avénement de l'empereur Marcien, en 450, et finissait à la mort du pape saint Simplice, en 483. Le second renfermait ce qui s'est passé depuis Zénon jusqu'à la mort d'Anastase, en 518; et le troisième racontait l'élection de Justin, avec quelques circonstances du commencement de son règne. Pour pièces justificatives des faits qu'il avançait, Basile rapportait plusieurs correspondances d'évêques, ce qui coupait le fil de sa narration et la rendait obscure et embarrassée. Le style en était incorrect, inégal et sans exactitude. Son ouvrage contre Jean de Scythopole ne valait pas mieux. Ce n'était presque qu'un composé de sophismes et d'invectives, dans lequel l'injure descendait jusqu'à la trivialité et la bassesse. Le but de cet ouvrage était de combattre l'union personnelle des deux natures en Jésus-Christ, et de montrer qu'il est nécessaire d'admettre deux fils, l'un de Dieu, l'autre de Marie. C'était se déclarer ouvertement pour l'hérésie de Nestorius. Toutefois Basile ne le nommait pas, mais il louait Diodore de Tarse et Théodore de Mopsueste. Il ne condamnait pas non plus clairement saint Cyrille, mais il lui reprochait, dans le douzième de ses Anathématismes, de parler de Dieu comme ayant souffert la mort. Il ne nous reste rien de ses écrits, et nous les connaissons seulement par ce que Photius et Suidas nous en ont rapporté.

BASILE LE MACÉDONIEN, empereur d'Orient, naquit de parents pauvres, dans un bourg de Macédoine, près d'Andrinople. Il porta les armes en qualité de simple soldat et fut fait prisonnier par les Bulgares, lorsqu'ils s'emparèrent de cette ville, en 813. Echappé de sa prison à l'âge de vingt-cinq ans, il se rendit à Constantinople sous les habits de la misère, n'ayant pour tout bien qu'une besace et un bâton. Il fut recueilli par un gardien de nuit qui devint son protecteur et le fit entrer, comme écuyer, chez un des officiers de l'empereur Michel III. Il eut occasion de plaire à l'empereur en domptant un cheval fougueux auquel il tenait beaucoup. Une fois dans les bonnes grâces du prince, il s'éleva rapidement jusqu'au grade d'accubiteur ou de chambellan, en 861. Plus tard, un meurtre, accompagné de sacrilége et de parjure, l'ayant débarrassé de Bardas, homme puissant et généreux, Michel l'en récompensa en l'associant à l'empire, en 866. Basile, de mendiant devenu empereur, voulut retirer Michel de ses désordres. Ce prince, ennuyé de trouver un censeur dans un homme à qui il avait donné la pourpre, résolut de le faire mourir. Basile, instruit de ce projet, se hâta d'en prévenir l'exécution en faisant poignarder le tyran, à la suite d'une orgie, en 867. Parvenu au trône par le crime, Basile s'y fit remarquer par ses vertus et de grandes qualités. Il donna ses premiers soins à fermer les plaies de l'Eglise et celles de l'Etat. Il remit sur le trône patriarcal Ignace, et en chassa Photius, qu'il rétablit un an après. Basile mit aussi tous ses soins à faire refleurir la justice, à réformer les abus, à consolider la paix de l'empire par des traités et par la conversion des peuples barbares. C'est sous son règne que les Russes embrassèrent le christianisme et la doctrine de l'Eglise grecque. Il réprima les manichéens qui désolaient les provinces depuis leur révolte sous le règne de Théodore, et battit les Sarrasins, en Orient, en Italie, sur les côtes de l'Ionie et de la Grèce. Le trésor public était épuisé par les profusions de Michel. Une sage économie remplit ce vide; tous les exacteurs furent recherchés et punis. Les complices des débauches du dernier empereur furent condamnés à rendre la moitié des folles largesses dont ils avaient été gratifiés. Après un règne de dix-sept ans, Basile mourut d'une blessure qu'un cerf lui fit à la chasse, en 886. « Ce fut un malheur pour ce prince, dit l'histoire du Bas-Empire, d'être né dans ces temps d'atrocité et de barbarie. Ses grandes qualités, propres à en faire un héros, furent altérées par la rouille de son siècle. On peut cependant conjecturer que s'il eût eu des successeurs semblables à lui, l'empire eût réparé ses pertes. Il n'eut que la gloire d'en avoir retardé la chute. Aussi laborieux que vigilant, il fut toujours à la tête du gouvernement et des armées. Il aimait la vérité, et n'espérant guère la trouver dans la bouche des courtisans, il la cherchait dans l'histoire. Il prenait conseil des exemples qu'elle lui présentait. A ses yeux, la haute vertu tenait lieu de la plus éminente dignité; il admettait dans sa familiarité; il oubliait même la majesté impériale pour aller visiter ceux qui portaient ce noble caractère. Plein de tendresse pour ses sujets, il apportait la plus grande précaution à ne leur donner que des gouverneurs et des magistrats qui fussent les défenseurs de ceux dont il était le père. » Photius le séduisit, en lui dressant une généalogie par laquelle il le faisait descendre de parents illustres. C'est sous ce prince qu'on entendit les premières cloches à Constantinople ; c'était un présent que les Vénitiens lui avaient fait, en 872. Il forma le projet d'un corps de droit qu'on a nommé les *Basiliques*, et qui fut terminé par son fils. Il nous reste de lui quelques lettres dans la *Bibliothèque des Pères*, et des avis qu'il adressa à son fils Léon le Philosophe. Cet ouvrage, divisé en soixante chapitres, respire la morale la plus pure et se trouve dans le Ier volume de l'*Imperium Orientale* du P. Banduri. L'abbé Cavoleau en a donné une traduction libre à Nantes, en 1782. On y trouve beaucoup de maximes dans le genre de la suivante : « Croyez sincèrement à la religion, et qu'elle soit en tout temps la règle de votre vie. La foi est le premier de tous les biens ; c'est elle qui épure nos actions, et donne à la vertu ce dernier degré de mieux qui l'élève jusqu'à la perfection. » Ces différents écrits se trouvent reproduits dans le *Cours complet de Patrologie* publié par M. l'abbé Migne.

BASILE d'Acride métropolitain, de Thessalonique, florissait vers l'an 1154. Ce fut en cette année qu'il reçut du pape Adrien IV une lettre dans laquelle ce pontife l'engageait à renoncer au schisme grec, en travaillant à procurer la réunion des deux Églises, et lui recommandait les deux nonces qu'il envoyait à l'empereur Manuel Comnène. La réponse de Basile a été imprimée dans le *Code du droit grec-romain* et dans les *Annales* de Baronius, sur l'an 1155. L'archevêque de Thessalonique dit au pape : « Si nous étions ce que nous vous paraissons, comment, très-saint Père, pourriez-vous nous nommer autrement que des brebis égarées, et ne pas nous considérer comme la drachme perdue, comme le mort déposé depuis plusieurs jours le tombeau ? Mais ne pensez pas ainsi de nous. Nous ne posons d'autre fondement que celui qui est déjà posé ; nous prêchons et enseignons avec vous une même doctrine, moi et tous ceux qui appartiennent au grand siège apostolique de Constantinople. La foi est la même dans les deux Églises ; on y offre le même sacrifice, c'est-à-dire Jésus-Christ, l'agneau qui efface les péchés du monde. Quoiqu'il y ait encore entre nous quelque petits sujets de division, il sera au pouvoir de Votre Sainteté de les enlever, comme des pierres qui embarrassent le chemin, et d'établir l'unité avec le secours de l'empereur, à la volonté duquel nous obéirons. » On trouve encore dans le *Code du droit grec-romain* une réponse du même Basile au grand sacellaire de Durazzo, qui lui avait adressé une question sur les mariages contractés dans les degrés défendus de consanguinité.

BASILIDE. — Tout ce que l'on sait de Basilide, c'est qu'il était évêque d'une des Églises de la Pentapole. Il avait écrit à saint Denis d'Alexandrie, pour le consulter sur plusieurs points de discipline. Le principal était de savoir à quelle heure on pouvait rompre le jeûne le jour de Pâques. En effet, la coutume des Églises sur ce point variait suivant les localités. Quelques-uns étaient d'avis qu'il fallait attendre le chant du coq, après avoir passé le samedi sans manger ; c'était l'usage de Rome. En Egypte, on rompait le jeûne plus tôt, c'est-à-dire dès le soir du samedi. La seconde question adressée par Basilide à son métropolitain lui demandait si l'on devait permettre l'entrée de l'Église et la participation des saints mystères aux femmes nouvellement accouchées et à celles qui souffraient de leurs incommodités mensuelles. La lettre de Basilide n'est pas arrivée jusqu'à nous ; on n'en connaît le sujet que par la réponse du saint évêque d'Alexandrie. Il est remarquable que dans cette lettre le saint confesseur qualifie plusieurs fois Basilide du titre de fils bien-aimé, quoiqu'il le reconnaisse aussi pour évêque, en l'appelant son frère et le compagnon de son ministère : « Vous nous avez fait ces questions, lui dit-il, non par ignorance, mais pour nous faire honneur et entretenir la concorde ; moi j'ai déclaré ma pensée, non en maître mais avec la simplicité qu'il convient de garder entre nous. »

BAUDEMOND, d'origine germanique et disciple de saint Amand, avait fait profession au monastère d'Elnone, et vivait en 680. Il a écrit la vie de son saint précepteur, mort évêque d'Utrecht l'année précédente. Recueillie d'abord par Surius, cette *Vie* a été insérée, au 6 de février, dans le recueil des Bollandistes. Dom Mabillon, en la reproduisant, y ajoute un appendice des Miracles du saint, de son Testament et de l'Invention de ses reliques, rédigé par un témoin oculaire dont le nom n'est pas arrivé jusqu'à nous.

BAUDONIVIE, religieuse du monastère de Sainte-Croix que sainte Radégonde avait fondé à Poitiers, y fut élevée sous les yeux de cette sainte reine. Témoin oculaire de ses grandes actions, et instruite par la sainte ou par d'autres de ce qu'elle n'avait pas vu elle-même, elle fut chargée par Dédimie, son abbesse, et les autres religieuses de la communauté, de rédiger par écrit ce qu'elle en savait. Longtemps elle se défendit sur son incapacité, mais il fallut obéir. Rien de plus édifiant que les sentiments de modestie qu'elle fit paraître et dans son refus et dans son obéissance. Elle avait sous les yeux la *Vie* de cette sainte, écrite par Fortunat qu'elle appelle un homme apostolique ; elle s'attacha donc uniquement à ne rapporter que ce qu'il avait omis. C'est pourquoi elle passa sous silence la naissance de la sainte reine, son mariage avec le roi Clotaire, sa fuite de la cour et sa profession monastique entre les mains de saint Médard, évêque de Noyon. Ce qu'elle exalte le plus en Radégonde, c'est l'exemple qu'elle donnait à ses sœurs, dans le temps même qu'Agnès était leur abbesse. Jamais elle n'ordonnait rien qu'elle ne l'eût fait la première. Si elle recevait la visite de quelque serviteur de Dieu, aussitôt elle l'interrogeait sur son genre de vie, et si elle apprenait de lui quelques exercices de piété qu'elle n'eût pas encore mis en pratique, elle l'y mettait aussitôt et exhortait les autres à en faire de même. Elle établit dans son monastère l'usage de lire la parole de Dieu pendant le repas de la communauté. Baudonivie rapporte plusieurs miracles que la sainte fit de son vivant, et d'autres qui s'opérèrent à son tombeau après sa mort. Le récit qu'elle en fait est si grave, si simple et si naturel, qu'on ne peut refuser d'y ajouter foi. Elle remarque que pendant qu'on portait en terre le corps de la sainte, les ministres chantaient *Alleluia*, tandis que de dessus les murs du monastère les religieuses ne répondaient à ce chant de joie que par des lamentations. Cet usage de chanter l'*Alleluia* dans les obsèques subsiste encore aujourd'hui parmi les Grecs, surtout aux funérailles des prêtres. Elle remarque aussi que c'était la coutume des monastères, aux environs de Poitiers, de venir dans cette ville le jour de la fête de saint Hilaire, et d'y célébrer les veilles jusqu'à minuit; à cette heure toutes les communautés, avec leur abbé en tête, retournaient à leur Église réciter l'office jusqu'au jour. Dédimie, à qui elle adressa son ouvrage, était la troisième abbesse depuis la fondation du monastère; la seconde avait été Leubonère et la première Agnès; on ne voit nulle part que Baudonivie ait jamais occupé cette place.

BAUDOUIN, frère du célèbre Godefroi de Bouillon, chef de la première croisade, fut élevé avec soin dans les lettres et destiné d'abord à l'état ecclésiastique. Il fut même pourvu de plusieurs bénéfices dans les Églises de Reims, de Cambrai et de Liège; mais ayant renoncé à cet état pour embrasser celui des armes, il accompagna Godefroi, son frère, à la première croisade, et se distingua dans presque toutes les affaires qui signalèrent cette expédition. Au moment où les croisés traversaient l'Asie Mineure et se dirigeaient vers Antioche, Baudouin fut envoyé avec Tancrède vers la Cilicie, pour découvrir le pays et recevoir la soumission des villes qu'ils devaient rencontrer sur leur passage. Séparé de Tancrède, avec qui il avait eu de violents démêlés pour la possession de Tarse et de Malmittra, il fut appelé, peu de temps après, par les habitants et le prince d'Edesse. Il traversa l'Euphrate, accompagné de quatre-vingts cavaliers, et il entra dans la ville, où il fut reçu avec enthousiasme par le peuple. Quinze jours après son arrivée, les habitants d'Edesse, qui haïssaient leur prince, formèrent le dessein de s'en défaire pour mettre Baudouin à sa place. Il le massacrèrent inhumainement sous ses yeux, sans qu'il pût obtenir grâce pour lui. C'est ainsi que Baudouin acquit la principauté d'Edesse, selon le récit de Foulcher, témoin oculaire de l'événement. Le lendemain, ils élurent Baudouin à sa place, et le mirent en possession de la citadelle et de tous les trésors. Aussitôt, le nouveau prince fit la guerre aux Turcs qui étaient dans ses États, et se rendit redoutable. Il jouissait tranquillement de sa principauté, lorsque la mort du roi Godefroi lui procura la couronne. Si la nouvelle de cette mort lui causa quelque douleur, elle fut bientôt oubliée par la joie qu'il éprouva de lui succéder. C'est la remarque de son chapelain, qui a écrit son histoire. *Dolens aliquantulum de fratris morte, sed plus gaudens de hæreditate.*

Néanmoins il y eut un complot formé par Tancrède et le patriarche pour faire tomber la couronne sur la tête de Boëmond; mais le refus du comte de Toulouse le dissipa presque aussitôt, et les seigneurs de Jérusalem élurent Baudouin le 18 octobre. Le prince d'Edesse n'attendit pas la nouvelle de son élection pour prendre le chemin de ses États. Persuadé qu'on l'attendait pour succéder à son frère, il abandonna le comté d'Edesse à son cousin, Baudouin du Bourg; il se mit à la tête de cent quarante hommes, et partit d'Edesse le 2 octobre pour se rendre à Jérusalem. Il essuya de grands dangers sur la route, et le chapelain Foulcher, qui l'accompagnait, avoue, avec beaucoup de franchise et de candeur, qu'il eut mieux aimé être à Chartres ou à Orléans que de se trouver dans de pareilles rencontres. *Ego quidem vel Carnoti, vel Aurelianis mollem esse quam ibi.* A son arrivée à Jérusalem, Baudouin n'hésita pas à prendre le titre de roi, que son frère avait refusé; ce qui fait que les historiens ont coutume de le désigner comme le premier des rois latins de Jérusalem. Il fut couronné le jour de Noël de l'an de 1100, dans la basilique de la Vierge, à Bethléhem. Ce prince fit la guerre pendant tout son règne; souvent vainqueur, quelquefois vaincu, jamais abattu par les revers, il ne laissa de repos ni à ses soldats ni à ses ennemis. Sous son règne, la ville de Tripoli, après un siége de plusieurs années, se rendit aux chrétiens, et fut le quatrième des établissements ou principautés fondés par les Latins en Orient. Baudouin ajouta par ses conquêtes au royaume de Jérusalem, les villes de Saint-Jean-d'Acre, de Bérouth, de Sidon et plusieurs autres de la côte de Phénicie. Il allait entreprendre le siége de Tyr, lorsqu'il mourut d'une dyssenterie, après un règne de dix-huit ans. Son corps, apporté à Jérusalem, y arriva le dimanche des Rameaux, au moment où la procession descendait de la montagne des Oliviers dans la vallée de Josaphat. Il fut enterré près du roi Godefroi son frère dans l'église du Saint-Sépulcre. Baudouin, dit Guillaume de Tyr, s'était proposé Godefroi son frère pour modèle, et l'on peut dire qu'il possédait toutes les vertus civiles et militaires qui faisaient comme l'apanage de cette noble famille; mais s'il avait son courage et son intrépidité dans les combats, son zèle et son activité dans le gouvernement des affaires, il s'en fallait de beaucoup qu'il eût la même régularité de mœurs, et la même piété; toutefois il mettait tant de soin à éviter le scandale, que les familiers de son palais s'apercevaient à peine de ses débauches.

Tout ce que nous connaissons des écrits de Baudouin se réduit à une lettre qu'il écrivit au pape Paschal, pour lui demander que toutes les villes dont il ferait la conquête fussent soumises, pour le spirituel, à la juridiction du patriarche de Jérusalem. Le pape y consentit par sa réponse au roi, datée du 11 de juillet, et il écrivit en même temps au patriarche Gibelin une lettre sur le même sujet. Il est à croire que ces deux lettres furent écrites avant l'an 1112, puisque le patriarche de Jérusalem mourut le 6 avril de cette année-là. Ainsi il ne jouit pas longtemps de la faveur qu'il avait obtenue : d'ailleurs, Bernard d'Antioche, prélat respectable, étant informé de ce que le pape avait accordé à l'Eglise de Jérusalem, au préjudice de la sienne, lui écrivit et en obtint la révocation. Paschal, dans sa réponse pleine de bonté et de modestie, attribua tout ce qu'il avait fait à son ignorance de la situation des deux diocèses. Il lui témoigne qu'il est bien éloigné de vouloir causer de la division parmi ses frères, qu'il ne désire rien tant que d'entretenir la paix parmi eux, en conservant chaque Eglise dans la possession de ses droits. Paschal écrivit encore l'année suivante au patriarche d'Antioche et au roi Baudouin. Dans ces deux lettres, il rend compte des vues qu'il s'était proposées en accordant ce qu'on lui avait demandé en faveur de l'Eglise de Jérusalem. Il déclare que son intention est que chaque Eglise se renferme dans ses limites ; qu'il ne peut point s'écarter des saintes constitutions de ses pères, et qu'il ne veut point que la dignité ecclésiastique soit diminuée par la considération de la puissance des princes, ni la puissance des princes par la considération de la dignité ecclésiastique.

Nous ne devons pas omettre ici que l'église de Bethléhem fut redevable à Baudouin de la dignité épiscopale, à laquelle elle fut élevée par le pape Paschal II en 1110. Ce prince, voulant honorer son royaume, et en même temps témoigner sa reconnaissance à Dieu de qui il l'avait reçu, forma le dessein d'ériger en cathédrale l'église de Bethléhem, qui n'était auparavant qu'un simple prieuré. Il y avait été couronné roi, et ce fut un des motifs qui le portèrent à s'intéresser à la gloire de cette église. Guillaume de Tyr nous a conservé une charte, datée de l'an 1110, qui nous apprend de quelle manière Baudouin fit exécuter son projet sous le pontificat de Paschal II.

BAUDOUIN, moine de Saint-Remi de Reims, est auteur d'une ample relation des miracles opérés sous ses yeux, dans son monastère, vers l'an 1145, par l'intercession de saint Gibrien, prêtre, mort au commencement du VIe siècle. Ce fut par l'ordre du vénérable Odon, son abbé, qu'il entreprit cet ouvrage. Dès le début, il prend Jésus-Christ à témoin qu'il n'avance aucun fait contraire à la vérité ; qu'il ne rapporte que ce qu'il a vu de ses yeux et touché de ses mains, ayant lui-même aidé à porter les malades jusqu'à la châsse du saint, les ayant soignés pendant trois, neuf, et même quelquefois douze jours, et ne les ayant congédiés qu'après s'être assuré de leur guérison. Le corps de l'ouvrage est distribué en trois livres. Dans le premier, Baudouin, après un précis de la vie de saint Gibrien et de la translation de son corps à Saint-Remi, raconte les miracles opérés depuis le 16 avril jusqu'au 11 mai suivant. Ceux qui s'accomplirent depuis cette époque jusqu'au 3 juin occupent le second livre ; les guérisons arrivées pendant le reste de ce mois et dans le cours des deux autres forment la matière du troisième livre. Tout cet ouvrage est écrit avec un ton de simplicité et de candeur qui atteste la bonne foi. L'auteur, du reste, paraît un homme instruit et éclairé. Il n'est pas un de ces *miraculés* qu'il ne fasse connaître par son nom, par celui de sa famille et par le lieu de sa naissance et de son séjour. Quoiqu'il entre dans de grands détails, il s'écarte rarement de son sujet ; ses réflexions sont judicieuses et toujours placées à propos ; en un mot, sa relation paraît tout à fait digne de croyance. On pourrait peut-être lui reprocher d'avoir pris quelquefois pour miracle ce qui n'était que l'effet d'une révolution naturelle, mais il n'y aurait là tout au plus qu'un défaut de discernement et non de sincérité.

Baudouin confirme ce que l'histoire nous apprend de l'état florissant des écoles de Reims au XIIe siècle. On y venait étudier même des pays étrangers. Notre auteur nomme un clerc, appelé Jean, qui s'y était rendu de Saint-David, au pays de Galles, patrie de saint Gibrien. Il parle aussi d'un autre clerc, nommé Robert, qui, étant venu perfectionner ses études à Châlons-sur-Marne, y avait contracté une fâcheuse infirmité dont il fut guéri par les mérites du saint. — Les laïques assistaient encore, dans ce siècle, aux offices de la nuit. Hugues de Rouci étant aux matines de Saint-Remi avec la comtesse Richilde, son épouse, toute sa cour et un grand nombre de peuple furent témoins, d'un miracle qui s'opéra devant les reliques de saint Gibrien. Baudouin semble dire, en un endroit, qu'on regardait alors les longues chevelures comme un luxe défendu, puisqu'on obligeait les pénitents à se faire couper les cheveux avant de se confesser. Il nous reste du même auteur dix vers hexamètres qui se trouvent rimés au milieu, au lieu de l'être à la fin ; c'est tout ce qu'ils offrent de remarquable. Ces écrits, conservés longtemps dans les archives de Saint-Remi de Reims, ont été publiés par les Bollandistes, et reproduits dans le *Cours complet de Patrologie* publié par M. l'abbé Migne.

BAUDOUIN, comte de Flandre et de Hainaut, naquit à Valenciennes en 1171, de Baudouin, comte de Hainaut, et de Marguerite, sœur de Philippe, comte de Flandre. Dès l'âge de dix-huit ans sa bravoure lui mérita d'être armé chevalier par Henri, roi des Romains. Il épousa Marie de Champagne, nièce de Philippe, roi de France, et, en l'an 1200, il prit la croix avec elle, avec Henri son frère et Thierry son neveu. Selon la louable habitude des princes croisés, il consacra au soulagement de ses sujets les moments qui précédèrent son départ, et quitta ses Etats, après en avoir confié le gouvernement à son frère Philippe, marquis de Namur, à Guillaume son oncle, et à Bouchard d'Avesnes, chevalier qui jouissait d'une grande considération. La flotte qui devait les transporter, réunie à Venise en 1202, fit voile vers Constantinople, où à leur arrivée le prince Alexis vint, au nom de son père Isaac, solliciter l'assistance des croisés. Baudouin se déclara hautement en faveur de ce prince malheureux. Les croisés mirent le siége devant Constantinople, et s'étant emparés de la ville après quelques assauts, ils songèrent à placer un de leurs chefs sur le trône que la mort d'Alexis et de son père venait de laisser vacant. Parmi ceux qui pouvaient aspirer à l'empire, Baudouin et le marquis de Montferrat réunissaient presque tous les suffrages de l'armée. Baudouin fut élu, et couronné dans l'église de Sainte-Sophie, avec toute la pompe du cérémonial grec, le 9 mai 1204. On ne pouvait faire un meilleur choix. Baudouin était humain, prudent, courageux, et possédait tous les talents militaires. Son règne fut cependant aussi malheureux que court. Les Grecs, méprisés par les Français, qui refusaient de les recevoir dans leur armée, en mirent à mort un grand nombre, qu'ils surprirent en différentes occasions. Ayant fait alliance avec les Bulgares, quoique depuis longtemps ces peuples fussent leurs ennemis, Joannice, roi de cette nation, prince aussi ambitieux que cruel, entra dans l'empire avec une armée formidable. Il marcha vers Andrinople, pour faire lever le siége que Baudouin y avait mis. Il fallut en venir à une bataille rangée. Baudouin y montra la plus grande valeur; mais la fortune s'étant tournée contre lui, il fut battu et fait prisonnier, le 15 avril 1205. Ce prince, abandonné à la discrétion d'une nation féroce, fut chargé de chaînes et conduit à Ternobe, capitale de la basse Mysie, où on le laissa, pendant seize mois, languir dans les fers. Après cette longue captivité, le roi des Bulgares le fit mourir cruellement, à l'âge de trente-cinq ans. Les uns disent qu'on lui coupa la tête, les bras et les jambes, et qu'on jeta son cadavre aux bêtes et aux oiseaux de proie; les autres, qu'on le fit manger par les chiens; d'autres, que Joannice fit garnir son crâne d'un cercle d'or, pour lui servir de coupe dans ses repas. C'est ainsi que finit Baudouin, premier empereur latin de Constantinople. Plus longtemps captif que monarque, il n'avait régné que onze mois, depuis son couronnement jusqu'à la bataille d'Andrinople. L'incertitude des circonstances de sa mort jeta du doute sur sa mort même; et un imposteur, qui prit son nom, abusa pendant quelque temps la Flandre et le Hainaut. On a de Baudouin quelques *Lettres* qui rendent compte de son expédition et de son couronnement. Elles ont été recueillies par dom Martenne et Arnoul de Lubec, et reproduites dans le *Cours complet de Patrologie* publié par M. l'abbé Migne.

BAUDOUIN IV, surnommé LE LÉPREUX, était fils d'Amaury, et lui succéda sur le trône de Jérusalem après sa mort, arrivée en 1174. Comme il était né avec de grandes infirmités, Raymond III, comte de Tripoli, fils du marquis de Montferrat et de Sibylle sa sœur, fut nommé régent pendant la minorité du jeune Baudouin. Le royaume, agité par les prétentions de la noblesse et du clergé, marchait vers sa décadence. Saladin, à la tête d'une puissante armée, avait quitté l'Egypte et s'était avancé dans la Palestine. Le jeune Baudouin, devenu majeur, alla à sa rencontre, le battit dans le voisinage d'Ascalon, et le força de se retirer sur les bords du Nil. Cette victoire ranima l'espoir des chrétiens, mais la fortune ne tarda pas à se déclarer pour les infidèles. Saladin, irrité de sa défaite, recommença bientôt la guerre, rencontra l'armée chrétienne sur les bords du Jourdain et la tailla en pièces. Dans l'état critique où se trouva de nouveau le royaume de Jérusalem, on demanda à Saladin une trêve, qu'il n'eût pas accordée si la famine n'eût désolé les provinces, et qu'il vendit néanmoins à prix d'argent. Il trouva bientôt un prétexte de la rompre, repassa le Jourdain, et mit tout à feu et à sang. Baudouin, qui, à cause de ses infirmités, n'était plus en état de marcher à la tête de ses troupes, laissa le commandement de l'armée chrétienne à Guy de Luzignan, son beau-frère, qu'il avait nommé régent du royaume; mais celui-ci manqua de la bravoure nécessaire pour profiter des circonstances, et Baudouin se vit dans la nécessité de lui retirer le gouvernement, pour le confier de nouveau à Raymond. Dans cet état de choses, Baudouin fut assez heureux pour obtenir une nouvelle trêve de Saladin. On résolut d'en profiter pour demander des secours en Occident. Héraclius, patriarche, fut envoyé en Europe pour solliciter une nouvelle croisade; mais il revint sans avoir rien obtenu. Le royaume de Jérusalem était toujours troublé par des factions, et menacé par les Sarrasins. C'est dans ces circonstances fâcheuses que Baudouin mourut, après avoir désigné pour successeur Baudouin V, fils de Sibylle sa sœur, et du marquis de Montferrat. Ce dernier, encore en bas âge, mourut au bout de sept mois, empoisonné, à ce qu'on croit, par sa mère, qui avait épousé en secondes noces Guy de Lusignan, à qui elle voulait assurer la couronne. Un an après la mort de Baudouin V, la ville de Jérusalem tomba au pouvoir de Saladin. On a de Baudouin le Lépreux quelques Chartes et la lettre qu'il écrivit en Europe pour demander des secours. Ces pièces se trouvent reproduites dans le *Cours complet de Patrologie* publié par M. l'abbé Migne.

BAUDRI, évêque de Dol, naquit vers le milieu du XIe siècle à Meung-sur-Loire, près d'Orléans, et fit de très-bonnes études à Angers, dont l'école était alors célèbre. Il embrassa la vie monastique à Bourgueil en Anjou, et en devint abbé en 1079. Son mérite le fit élever plus tard sur le siége épiscopal de Dol. Il garda dans l'épiscopat les observances monastiques, et se plaisait à vivre avec des moines; toutes les fois que l'occasion s'en présentait. Le pape Pascal II lui accorda en 1107 l'usage du *pallium*. Les Bas-Bretons, peuple alors barbare, ignorant et livré à toutes sortes de désordres, offraient une ample carrière à son zèle ; il s'y livra avec une ardeur infatigable ; mais enfin, dégoûté par le peu de succès de sa mission, il alla chercher quelques consolations dans les monastères d'Angleterre, où la discipline régulière venait d'être rétablie dans toute sa ferveur. Etant repassé en Normandie, il retrouva le même spectacle et l'accueil le plus favorable dans tous les grands monastères. Il se fixa, les dernières années de sa vie, dans une terre de la même province, dépendante de son évêché de Dol, s'y livra à l'instruction des peuples du voisinage, y construisit deux églises et y termina ses jours, dans un âge très-avancé, le 7 janvier 1129 ou 1130. Baudri, soit comme abbé de Bourgueil, soit comme évêque de Dol, fit différents voyages à Rome, fut appelé et assista à presque tous les conciles de son temps.

Il composa plusieurs ouvrages, dont les principaux sont une *Histoire de la première croisade*, qu'il entreprit à l'âge de soixante ans, et qu'il divisa en quatre livres. Elle se trouve dans le recueil de Bongars, sous ce titre : *Historiæ Hierosolymitanæ libri quatuor*. Elle va depuis 1095 jusqu'à 1099. Le fond en est pris de Theudebade, historien exact, dont l'ouvrage est inséré dans les Historiens de France de Duchesne, avec une savante préface de Besl. Baudri en retoucha le style barbare ; il y ajouta ce qu'il avait appris de témoins oculaires, et la fit revoir par Pierre, abbé de Maillezais, qui avait fait partie de l'expédition. C'est le plus considérable de ses ouvrages, et il est renommé pour son exactitude et la netteté de son exécution. Orderic Vital, son contemporain et son ami, l'a souvent copié textuellement, se contentant d'ajouter à sa narration quelques faits nouveaux qu'il avait appris des croisés.

Il publia aussi une Chronique des évêques de Dol, sous ce titre : *Gesta pontificum Dolensium*. Nous n'en avons que des extraits, dans l'*Histoire de Bretagne* de Lebaud, par lesquels on juge que l'auteur s'était particulièrement proposé d'établir le prétendu droit métropolitain de son siége, qu'il faisait remonter à saint Samson, évêque de Dol au VIᵉ siècle.

On a encore de lui la *Vie* du bienheureux Robert d'Arbrissel, dont il avait été l'ami et le confident. Les mémoires lui ont manqué pour la rendre complète ; mais, telle qu'elle est, elle porte un caractère de véracité qui appelle la confiance, et c'est un monument important pour l'histoire monastique du XIIᵉ siècle. Elle fut imprimée à La Flèche, en 1641, avec la relation de la dernière maladie et de la mort de Robert, par André, son confesseur, et des notes de Michel Cosnier, sur les droits de l'abbesse de Fontevrault. Le P. Chevalier, jésuite, l'a traduite en français, à La Flèche, 1647. — On attribue en outre à Baudri la *Vie* de Hugues, archevêque de Rouen, et la Relation de son voyage en Bretagne : deux livres de la *Vie* de saint Samson, évêque de Dol ; celles de saint Magloire, évêque de la même ville, et de saint Maclou, évêque d'Alet.

Baudri a composé quelques autres ouvrages, entre autres une *Lettre curieuse aux moines de Fécamp*, sur les mœurs des Bas-Bretons et l'état des monastères en Angleterre et en Normandie. On la trouve dans les Historiens de France de dom Bouquet. Il nous rappelle dans cette lettre qu'il avait été environ trente ans abbé de Bourgueil ; que, mécontent de ses moines et des Bretons, il avait fait divers voyages en Normandie, principalement sur la Rille, où l'église de Dol possédait des fonds de terre ; que là il s'occupait à écrire ou à prêcher, visitant de temps en temps les monastères du voisinage, Fécamp, Fontenelle, Jumiéges et quelques autres. Il alla aussi au Bec, et passa en Angleterre, dont le séjour lui paraissait préférable à celui de la Bretagne, qu'il regardait comme un exil. Il fait l'éloge de la régularité que l'on observait au Bec et à Fécamp. Moins content de la réception qui lui avait été faite dans les autres monastères de Normandie, il dit qu'en quelques-uns on lui avait témoigné beaucoup d'humanité le premier jour, mais le second ce n'était plus que froideur ; il aurait pu se croire avec d'autres hommes, s'il n'avait remarqué, aux traits de leurs visages, que c'étaient bien les mêmes qui lui avaient fait tant d'accueil à son arrivée. Baudri parle aussi, dans la même lettre, des orgues qu'il avait vues à Fécamp, et dont quelques-uns condamnaient l'usage dans les monastères ; ils ne faisaient pas attention, dit-il, que la musique est propre à adoucir les mouvements de l'âme. Pour lui, quoiqu'il ne prît pas grand plaisir à les entendre, il en concevait l'utilité, parce qu'en voyant tous ces tuyaux, agités par le même souffle, s'accorder pour reproduire le même chant, il en concluait la nécessité où sont tous les hommes inspirés de Dieu de se réunir dans un même sentiment et une même volonté. — Cette lettre est rapportée tout entière dans la *Neustrie pieuse* du P. du Moustier, imprimée à Rouen en 1663.

Comme il se mêlait de poésie, Baudri fit, en ce genre, l'éloge de plusieurs personnes illustres ; de Godefroi, chancelier de Reims ; d'Odon, cardinal-évêque d'Ostie ; de Cécile, fille du roi Guillaume, avec un grand nombre d'épitaphes, conservées dans le IVᵉ tome de la collection d'André Duchesne ; mais parmi les manuscrits de ce savant historiographe, on remarque surtout un poëme historique sur les événements du règne de Philippe Iᵉʳ, et le fragment d'un grand poëme sur la conquête d'Angleterre par Guillaume le Bâtard. Du reste, comme l'observe judicieusement l'abbé Lebœuf, il y a plus d'abondance que de délicatesse dans ses poésies ; il écrivait mieux en prose. Malgré leurs défauts, cependant, elles ont une utilité, celle de nous faire connaître plusieurs hommes de mérite qui vivaient de son temps, et qu'on ne connaîtrait peut-être pas, s'il ne les avait loués de leur vivant ou après leur mort. Cependant, son goût plutôt que son talent pour la poésie, ou, si on l'aime mieux, sa passion pour les lettres profanes, en le mettant en relation avec tous les beaux esprits de son temps, le détourna d'abord des devoirs de son état, et l'empêcha de travailler au rétablissement de la vie régulière, qui s'était prodigieusement relâchée sous son prédécesseur. Ce relâchement allait au point que Baudri compare à un juif un de ses moines qui voulait observer le précepte de l'Église sur l'abstinence du samedi :

Sabbata custodis, tanquam Judæus Apella,
Cum tamen alterius legis iter teneas.

C'est là un reproche d'autant plus singulier, qu'au rapport de Pierre le Vénérable, les comédiens mêmes, à cette époque, s'astreignaient à la loi de l'Église sur cet article. Yves de Chartres, dans une lettre au pape Urbain, au sujet des prétendants à l'évêché d'Orléans, devenu vacant par la mort de Sanction, en 1098, met de ce nombre l'abbé de Bourgueil, mais en faisant entendre clairement qu'il avait employé des voies simoniaques pour parvenir à cette dignité. A force d'argent, il avait mis dans ses intérêts la reine Bertrade, mais il fut supplanté par Jean, son compétiteur, qui avait acheté la faveur du roi Philippe Ier à un plus haut prix. Comme il s'en plaignait à ce prince : « Laissez-moi d'abord, lui répondit-il, profiter de l'argent de votre concurrent; ensuite faites-le déposer, et j'aurai égard à votre requête. » On croit que cette mortification, jointe aux grands exemples de pénitence qu'il avait sous les yeux dans le nouvel établissement de Fontevrault, à trois lieues de son abbaye, le fit rentrer en lui-même; car depuis cette époque sa vie n'a plus rien présenté que d'édifiant, au point que, selon les historiens du nom siècle, il obtint le siége épiscopal de Dol en considération de sa piété et de ses vertus.

BAUDRI, chantre de l'église de Térouane, naquit à Cambrai dans le XIe siècle, et vivait encore en 1095. Il avait été secrétaire de saint Lietbert et de Gérard II, évêques de Cambrai, et passait pour un homme très-érudit. Ce qui nous reste de ses écrits justifie cette réputation. On a de lui une *Chronique de Cambrai*, qu'il entreprit par ordre de Gérard, son évêque. Elle est divisée en trois livres, et comprend ce qui s'est passé dans les églises de Cambrai et d'Arras depuis le règne de Clovis, premier roi chrétien, jusqu'à l'an 1070. On trouve dans le premier livre l'histoire des évêques de ces deux églises, qui ne faisaient alors qu'un seul diocèse ; dans le second, les fondations des églises particulières et des monastères; dans le troisième, l'histoire de Gérard Ier et de saint Lietbert, son successeur. Il n'y est rien dit de Gérard II, parce qu'il vivait encore lorsque Baudri travaillait à son ouvrage. Il proteste, dans le prologue, qu'il n'avancera rien de faux ni de douteux; rien qu'il n'ait lu dans les annales, dans les écrits des Pères, dans les gestes des rois, dans les chartes ou archives des églises. L'ouvrage terminé, il l'envoya à Renaud, archevêque de Reims, pour en avoir son sentiment. Ce prélat préféra à son jugement propre celui de Sigebert, écrivain éclairé et de grande réputation, qui en loua l'exactitude. Comparant Baudri à une abeille laborieuse, il dit qu'ayant parcouru toute l'histoire ecclésiastique, il en avait tiré soigneusement tout ce qui avait rapport à l'exécution de son dessein. Le style en est grave, net, précis et conforme au genre historique. Georges Colvenier, docteur en théologie et professeur à l'Université de Douai, en a donné une édition en 1615. Il n'a rien négligé pour rendre l'ouvrage intéressant, il en a expliqué le texte par un grand nombre de notes et d'observations, et les termes obscurs et inusités par un glossaire. Dans la préface, il fait connaître Baudri, le dessein de son ouvrage, ce qu'en ont dit les écrivains de cet âge et des siècles suivants. — Deux lettres, rapportées dans la préface de Colvenier, l'une de Gérard II, évêque de Cambrai, et l'autre de Godefroi d'Amiens, attribuent également à Baudri la *Chronique de Térouane;* mais elle est restée dans l'obscurité des bibliothèques du Mans, où elle fut, dit-on, transportée par le cardinal Philippe de Luxembourg, au moment de la translation de Térouane à cet évêché.

On ne doute pas non plus que Baudri ne soit auteur de la *Vie* de saint Gaucher, évêque de Cambrai au VIIe siècle. Toutefois ce travail ne saurait passer pour original, puisqu'il se servit de deux autres Vies, qu'il ne fit que refondre pour en donner une troisième disposée en un meilleur ordre. Il la divisa en trois livres, dont le premier contient la vie du saint jusqu'à son épiscopat; le second, sa conduite pendant qu'il fut évêque ; le troisième, ses miracles. Il entreprit ce travail à la prière de l'évêque Gérard II, et il l'avait achevé avant de commencer sa *Chronique*, puisqu'en parlant des miracles de saint Gaucher, il renvoie à ce qui en avait été dit dans cette *Vie*. Les Bollandistes l'ont donnée au 11 du mois d'août. — Colvenier cite souvent, dans ses notes sur la *Chronique de Cambrai*, la *Vie* de saint Lietbert, par un anonyme qui écrivait, dit-il, à une époque où l'on voyait encore beaucoup de personnes qui avaient connu le saint évêque, et qui avaient été témoins de ses vertus. Cette raison nous semble assez concluante pour attribuer cette *Vie* à Baudri, qui, ayant servi de secrétaire au saint prélat, avait été plus à même qu'aucun autre de pouvoir apprécier ses actions. Il est vrai que dom Luc d'Achéry, qui l'a reproduite dans le IXe tome de son *Spicilége*, ne s'est point déclaré pour cet écrivain ; mais il ne s'est pas déclaré pour un autre non plus, et il nous suffit qu'elle lui soit attribuée par plusieurs des critiques de son temps.

Baudri, en quittant le diocèse de Cambrai, fut pourvu, comme nous l'avons dit, de la dignité de chantre de l'église de Térouane.

Il l'occupait encore en 1095. On ne sait point au juste l'époque de sa mort.

BAUDRI, surnommé LE ROUGE, fils d'Albert, seigneur de Sarchonville, en Artois, évêque de Noyon et de Tournay, mourut en 1112. On ne connaît de ce prélat que quatre lettres concernant le rétablissement de l'évêché d'Arras. Par la première, il prie Lambert, évêque de cette ville, de conférer les ordres sacrés à sept de ses clercs, qu'il lui désigne par leur nom. La seconde est une lettre de recommandation au même évêque, en faveur d'un clerc du diocèse de Noyon, qui voulait passer dans celui d'Arras. Dans la troisième, il prie Lambert de donner le voile à une pauvre femme du diocèse de Noyon, et de l'admettre au nombre des pénitentes de Jésus-Christ, apparemment au nombre des veuves. Il lui donne avis, dans la quatrième, qu'il avait accordé au prêtre Bernard la permission de sortir du diocèse pour passer à celui d'Arras; et en le mettant sous son obéissance, il lui demande d'accorder à ce prêtre le pouvoir d'exercer les fonctions de son ordre. On trouve dans plusieurs recueils, et en particulier dans celui de dom d'Achéry, quantité de Chartes de Baudri de Noyon pour des églises et des monastères dont il avait été le bienfaiteur. Elevé dans l'église de Noyon, il en fut successivement chanoine, archidiacre, puis évêque. Il fut sacré le premier dimanche après l'Epiphanie de l'an 1099, et tint l'épiscopat pendant treize ans.

BÉATUS, prêtre et moine dans les montagnes des Asturies, fut un de ceux qui résistèrent avec le plus d'ardeur aux erreurs d'Elipand, pendant que Félix d'Urgel travaillait à les propager en deçà des Pyrénées. Il fut aidé par Ethérius, son disciple, depuis évêque d'Osma; et ils prirent avec tant de zèle la défense de la vérité, soit de vive voix, soit par écrit, qu'un grand nombre de ceux qui étaient déjà infectés du poison de l'hérésie retournèrent à l'Eglise catholique. Elipand l'ayant appris, écrivit, dans la colère, à un moine des Asturies, nommé Fidel, une lettre où il se plaignait en termes très-durs de la conduite de Béatus et d'Ethérius. Il disait du premier qu'il était encore jeune et qu'il n'avait conféré jusqu'ici qu'avec des ignorants et des schismatiques; et il comparait le second à Bonose le photinien et à Fauste le manichéen. Dans la même lettre, Elipand développait fort nettement son erreur, en déclarant hérétique quiconque ne confessait pas avec lui que Jésus-Christ est fils adoptif selon la chair et non selon la divinité. « Je vous prie, ajoutait-il, en parlant à l'abbé Fidel, déployez votre zèle et extirpez cette erreur parmi vous; afin que, comme le Seigneur a déraciné par ses serviteurs l'hérésie des migétiens touchant la célébration de la Pâque dans la province Bétique, il se serve ainsi de vous pour arracher de la province des Asturies l'erreur béatienne. » La lettre d'Elipand était du mois d'octobre 785; le 26 du mois suivant, dans une visite qu'ils firent à l'abbé Fidel, Béatus et Ethérius ayant eu connaissance que cette lettre était répandue dans toute l'Asturie, résolurent d'y faire une réponse. Elle parut bientôt après dans un livre publié par Béatus.

Le pieux moine divisa son travail en deux livres, écrits l'un et l'autre sans ordre et sans méthode, mais avec assez de feu et de solidité. Il montre dans le premier, encore qu'il ne nous soit pas donné de connaître comment le Fils de Dieu est né, nous pouvons néanmoins nous convaincre et croire qu'il est né; que personne n'est dispensé de croire qu'il est en même temps le Fils de Dieu et le fils de Marie; que saint Pierre a reconnu et confessé la divinité de Jésus-Christ, et qu'elle n'est pas moins établie par les miracles qu'il a faits que par les témoignages de l'Ecriture. Il convient que le nom de Christ a été donné quelquefois aux hommes, mais il soutient qu'il n'y est affirmé d'aucun d'eux, comme de Jésus-Christ, qu'il est notre Dieu; qu'aucun n'a été appelé la vertu de Dieu, la sagesse de Dieu, et n'est mort pour le salut du monde. Il remarque que l'erreur d'Elipand était déjà passée en France, et que, comme en Espagne, elle y avait mis la division parmi les évêques. Il rapporte ensuite la confession de foi d'Elipand, où il n'admet qu'une union morale entre les trois personnes de la Trinité; sa lettre à Félix, où il anathématise ceux qui combattaient son opinion sur l'adoption de Jésus-Christ. Béatus en réfute la doctrine, et fait voir d'abord que le symbole d'Elipand diffère en tout de celui de l'Eglise catholique, et qu'il ne fait que répéter sur la Trinité ce que Sabellius en avait dit avant lui; il montre ensuite qu'en soutenant dans le même symbole que ce n'est pas par celui qui est né de la Vierge et qui n'est fils que par grâce et par adoption, que Dieu a créé les choses visibles et invisibles, mais par celui qui est fils par nature; il tombe nécessairement dans l'hérésie de Nestorius, qui distinguait deux Christs et deux fils. Il montra par l'Ecriture qu'il n'y a qu'un Fils, et que c'est le même qui est né de la race de David selon la chair, et qui est Dieu sur toutes choses; et que, comme l'homme composé de deux substances n'est qu'une seule personne qui se nomme Pierre, de même Jésus-Christ, quoique de deux natures, n'est qu'une seule personne, et se nomme Christ. Il apporte plusieurs comparaisons pour rendre cette vérité sensible, et la confirme par les prières de l'Eglise.

Dans le second livre, Béatus répond aux injures dont Elipand l'avait chargé, en le traitant d'hérétique et d'Antechrist, dans sa lettre à l'abbé Fidel; puis, l'attaquant lui-même sur sa doctrine, il montre qu'elle est différente de celle que l'Eglise catholique enseignait par toute la terre; que dès lors c'était lui qui devait passer pour hérétique, puisqu'il ne croyait pas ce que croit l'Eglise universelle. Il lui oppose les instructions qui précédaient et accompagnaient le baptême; le symbole que l'Eglise avait reçu des apôtres mêmes et celui du concile de Nicée, et montre que Jésus-Christ y est établi clairement, non pas Fils de Dieu par adoption, mais par nature, et que le même qui est né de la Vierge est celui par qui toutes choses ont été faites. Il s'étend ensuite sur des choses qui n'ont que peu ou point de rapport à cette vérité. Cependant, parmi les choses étrangères à la question qu'il avait à traiter avec Élipand, il en est qui sont intéressantes pour le dogme même qu'il défendait : par exemple, l'hommage que les chrétiens rendaient à Jésus-Christ par le signe de la croix, en l'employant dans toutes les actions sérieuses de la vie, et en le multipliant jusqu'à l'infini dans le saint sacrifice de l'autel. C'est Jésus-Christ lui-même qui est prêtre et hostie ; le pain, qui est son corps, a été cuit par le bois de la croix, et le vin qui coule sur l'autel, est son sang qui continue de se répandre pour le salut de l'humanité. Il prescrit des règles pour la communion, et convient que le sacrement de baptême peut être administré validement par les hérétiques, pourvu qu'ils le confèrent au nom du Père, du Fils et du Saint-Esprit ; que toutefois ce sacrement ne sert de rien hors de l'Eglise catholique, ce que Béatus ne pouvait entendre que des adultes, comme on le voit par ce qu'il ajoute, que, comme le baptême conféré dans l'Eglise à ceux qui ont une vraie foi leur procure le salut, il ne sert qu'à la confusion de ceux qui l'ont reçu hors de l'Eglise, à moins qu'ils n'y reviennent.... Car, dit-il plus loin, il n'y a point de salut hors de l'Eglise catholique, eût-on répandu son sang pour le nom de Jésus-Christ.

L'auteur de la *Vie* de Béatus nous apprend qu'à la nouvelle de l'abjuration de Félix, Élipand indiqua lui-même un concile à Tolède, où il présenta une confession de foi dans laquelle il reconnaissait que le Fils unique de Dieu, consubstantiel à son Père, n'est pas seulement Fils de Dieu par adoption, mais par nature et en réalité. Les Pères le reçurent avec larmes et se réconcilièrent avec lui. De son côté, s'étant dépouillé de son ancienne aversion contre Béatus et Ethérius, il les reçut avec bonté et les proclama les défenseurs de la foi et les patrons de la vérité catholique. Le même historien ajoute qu'à la suite de ce concile, la foi et la concorde se trouvant rétablies dans les Eglises d'Espagne, l'abbé Béatus se retira auprès de la reine Abasinde, qu'il dirigea en qualité d'aumônier jusqu'à sa mort. Il lui attribue un *Commentaire sur l'Apocalypse* qui n'est pas venu jusqu'à nous ; et il fixe sa mort au 19 février de l'an 798.

BÈDE, dit LE VÉNÉRABLE, a été revendiqué par l'Angleterre et l'Italie ; mais il nous apprend lui-même qu'il naquit en Northumbrie, sur les confins de l'Ecosse, dans le territoire du double monastère de Weremouth et de Jarrow. L'année de sa naissance peut s'inférer de celle où il finit son *Histoire*: il l'acheva en 731, et il avait alors cinquante-neuf ans : il était donc né en 673. Il fut élevé au monastère de Saint-Paul, à Jarrow, près de l'embouchure de la rivière de Tyne. Il se fit remarquer de bonne heure par sa piété et par son application à l'étude ; il fut ordonné diacre à dix-neuf ans et prêtre à trente. La réputation de son savoir s'étant répandue en Europe, le pape Sergius le fit inviter à venir à Rome, pour l'aider de ses lumières dans l'examen de certaines affaires ecclésiastiques. Ce fut son abbé, saint Céolfrid, qui fit le voyage à sa place ; Bède, ne croyant pas devoir se rendre à cette invitation, borna toute son ambition à cultiver en paix les lettres, et à instruire les jeunes religieux de son couvent. On compte parmi ses disciples Eusèbe, qui fut depuis abbé de Weremouth, Euthberg son successeur, et Egtbert, qui, de moine d'York, en devint archevêque. Il paraît par une lettre de Bède qu'il fit le voyage d'York pour lui rendre visite, et qu'il passa quelques jours avec lui dans son monastère. Les historiens qui ont parlé de lui relèvent avec de grands éloges son zèle pour la vérité, sa foi et la pureté de ses mœurs, son savoir et sa modestie. Il passait sans interruption de ses prières à l'étude, et de l'étude à ses prières, croyant, comme son maître, l'évêque Beverly, qu'un des premiers devoirs de la vie d'un religieux était de la rendre utile. Telle était son ardeur pour le travail, qu'il ne l'interrompit point jusqu'à son dernier moment. La nuit de sa mort, comme il dictait quelques passages qu'il voulait extraire des ouvrages de saint Isidore, le jeune moine qui écrivait sous sa dictée lui dit qu'il ne restait plus qu'un chapitre, mais il lui fit observer en même temps qu'il paraissait éprouver une grande difficulté à parler. « Non, dit Bède, prenez une autre plume et écrivez le plus vite que vous pourrez. » Lorsqu'il n'y eut plus qu'un passage, Bède lui recommanda encore de se presser ; et, lorsque le jeune homme lui eut dit : C'est fait : — « Vous avez dit la vérité, lui répondit Bède, c'est fait ; » et quelques instants après il expira. D'autres racontent autrement l'histoire de sa mort. Le mardi d'avant l'Ascension de l'an 735, sentant sa fin approcher, il fit appeler les prêtres et les moines du monastère, et les pria de célébrer des messes et de faire des prières pour lui, en disant qu'il était temps qu'il retournât vers celui qui l'avait créé. Sur le soir, on lui fit remarquer qu'il manquait encore un dernier verset à une traduction de l'Evangile de saint Jean qu'il avait entreprise pour l'usage du peuple ; Bède se fit présenter ce verset, et après en avoir achevé la traduction, il pria ceux qui l'entouraient de le déposer sur le pavé de sa cellule, où il rendit son âme à Dieu, en chantant *Gloire au Père, au Fils et au Saint-Esprit*. Avant de mourir, il fit prendre dans sa cassette du poivre, des mouchoirs et des parfums qu'il distribua aux prêtres de son monastère. On trouve des exemples de semblables présents dans les lettres de saint Boniface, archevêque de Mayence, et de plusieurs autres du même temps. C'est ce qu'on appelait *eulogies*, et ces sortes de présents n'étaient point défendus par la règle de saint Benoît, pourvu qu'on les fît avec l'agrément de l'abbé.

On a disputé sur l'origine du titre de *Vé*

nérable constamment attaché au nom de Bède. Quelques-uns prétendent qu'il était de son temps en si grande vénération, que, par un honneur singulier et jusqu'alors sans exemple, on ordonna que, de son vivant, ses homélies seraient lues dans les églises, comme faisant partie du service divin ; mais on était embarrassé, en faisant cette lecture du titre à donner à l'auteur : celui de *saint* ne pouvait convenir à un homme vivant ; son nom sans titre paraissait trop sec ; on trouva enfin celui de *Vénérable*, qui est resté. Mais il s'en faut que cette explication ait été généralement adoptée ; ce qui paraît plus certain, c'est qu'on ne donna jamais à Bède le nom de *Vénérable* durant sa vie, mais très-promptement après sa mort ; expression sans doute du respect qu'il avait inspiré, et qui, répétée par l'assentiment général, s'est attachée à son nom, et est devenue ainsi un titre particulier, et l'un des plus honorables qui puissent être conférés par les hommes.

La plus ample édition des ouvrages de Bède est celle publiée à Montrouge en 1850, par les soins de M. l'abbé Migne. Ils y sont distribués en six volumes, et dans l'ordre le plus convenable, puisqu'on a eu soin de reléguer à la fin de chaque volume, et en forme d'appendice, les ouvrages douteux ou supposés. Du reste, le choix était d'autant plus facile à faire, que Bède a rédigé lui-même un catalogue de tous les écrits qu'il avait composés jusqu'à l'an 731, c'est-à-dire quatre ans avant sa mort. Comme ces écrits sont très-volumineux, nous espérons qu'on nous permettra de ne nous arrêter qu'à ceux qui portent son nom, et qui se présentent revêtus de son aveu ; encore nous contenterons-nous d'indiquer les uns, et de rendre compte, par l'analyse, des plus importants.

Les traités de l'*Orthographe*, de l'*Art poétique*, des *Figures et des tropes de l'Ecriture sainte*, sont des écrits qu'il avait composés pour l'instruction des jeunes religieux qu'il enseignait dans son couvent. Il en est de même des traités qui suivent, et en général de tous ses ouvrages didactiques, quoique conçus et exécutés dans un ordre plus élevé. Le traité de la *Nature des choses* est une description du ciel et de la terre aussi étendue et aussi complète que pouvaient la comporter les développements de la science à son époque. Le traité de l'*Ordre des temps* est divisé en deux livres ; le premier finit à la cinquième année du règne de Tibère Absimore, de Jésus-Christ 702, et le second, qui est plus long, pousse l'ordre des temps jusqu'à la neuvième année de Léon l'Isaurien, c'est-à-dire de Jésus-Christ 725. Il convient dans la préface qu'il l'entreprit à la prière de ses frères, qui trouvaient qu'il ne s'était pas assez étendu dans le premier. Comme il avait compté les années du monde suivant le calcul des Hébreux, il craignait qu'on lui fît des reproches de l'avoir préféré à celui des Septante ; dans son second livre, partout où ces deux calculs diffèrent, il a soin de les rapporter ensemble, laissant ainsi à son lecteur la liberté de choisir celui qui lui paraîtra le plus exact et le plus précis. Il témoigne de la vénération pour cette ancienne traduction, et ne blâme point les interprètes qui l'ont suivie ; mais il se déclare pour la vérité hébraïque, qu'il regarde comme la plus pure, puisque saint Jérôme, saint Augustin et Eusèbe de Césarée l'ont préférée aux Septante, pour le calcul des temps. En parlant des mois dans le 13ᵉ chapitre, il remarque que les anciens Anglais comptaient les leurs suivant le cours de la lune, d'où il arrivait quelquefois qu'il se trouvait treize mois dans une même année, et dans ce cas ils renvoyaient le treizième à la saison de l'été. Le grand ouvrage de l'*Ordre des temps* est dédié à l'abbé Hucbert.

Bède composa le livre *des six âges du monde* neuf ans après la mort de son abbé Céolfrid, et la neuvième année de l'empereur Léon. Il établit le premier âge depuis Adam jusqu'à Noé ; le second, depuis Noé jusqu'à Abraham ; le troisième, depuis Abraham jusqu'à David ; le quatrième, depuis David jusqu'à la captivité de Babylone, en marquant le nombre d'années qui s'écoulèrent dans l'intervalle de ces différents âges, et d'après le calcul des Septante, et d'après celui des Hébreux. Il date le cinquième de la sortie de Babylone jusqu'à la naissance du Sauveur, et le sixième depuis la naissance de Jésus-Christ jusqu'à la consommation des siècles. Il donne de suite les événements les plus remarquables dans les différents empires, dans la Synagogue, dans l'Eglise ; et il n'oublie pas de mettre au nombre des conciles généraux le sixième, tenu à Constantinople en 681. Cette Chronique contient tout ce qui s'est passé pendant le cours de 4680 ans, c'est-à-dire jusqu'à l'an 725 de l'ère chrétienne. Ce fut en cette année que Luitprand, informé que les Sarrasins avaient ravagé la Sardaigne et souillé le lieu où reposait le corps de saint Augustin, l'acheta à grand prix, et le fit transporter à Pavie, avec tous les honneurs dus à ce sublime docteur.

Histoire ecclésiastique des Anglais. — Cet ouvrage, que les Anglais regardent comme le fondement de leur histoire ecclésiastique, malgré un mélange de légendes absurdes, objets alors d'une croyance générale, n'en est pas moins un ouvrage étonnant pour un siècle où il n'existait aucun écrit en ce genre, même aucuns matériaux pour le rédiger, en sorte qu'il a exigé des recherches immenses. Bède l'entreprit à la prière de l'abbé Albin, homme très-docte, qui avait été disciple de saint Théodore, archevêque de Cantorbéry. Albin ne se contenta pas d'exciter Bède à ce travail, mais il lui fournit encore les mémoires de tout ce qui s'était passé dans la province de Cantorbéry et les pays voisins sous l'apostolat de saint Augustin et des autres prédicateurs de l'Evangile, envoyés par saint Grégoire le Grand pour convertir l'Angleterre. Northelme, prêtre de l'Eglise de Londres, qui lui remit ces mémoires, étant allé à Rome, obtint du pape Grégoire III la permission de chercher dans les archives de l'Eglise tout ce qui pouvait concerner l'histoire d'Angleterre. Il y trouva plusieurs lettres de saint Grégoire le Grand et des autres papes, qu'il communiqua à Bède à son retour à Londres. Daniel, évêque des Saxons occidentaux, lui fournit des mémoires sur l'histoire ecclésiastique de sa province et sur celle des Saxons méridionaux et de l'île d'Oüiet. Les moines du monastère de Lestinguen lui apprirent la conversion des Merciens à la foi de Jésus-Christ. Pour ce qui regarde l'histoire des Anglais orientaux, il en fut instruit partie par les écrits qu'on lui communiqua, partie par la tradition des anciens et par le récit de l'abbé Eli. L'évêque Cynebert et plusieurs autres personnes fidèles lui firent part de ce qu'ils savaient touchant la propagation de la foi dans la province de Léndessig; quant à celle de Northumbrie, où il était né, ce qu'il n'avait pu connaître de lui-même, il l'apprit des moines de Lindisfarne et de plusieurs autres personnes dignes de foi. C'est Bède lui-même qui rend compte de tous ces détails au roi Céolulfe à qui il dédia son Histoire, qu'il ne consentit à faire paraître qu'après qu'elle fut revêtue de son approbation.

Elle est divisée en cinq livres, dont le premier commence par la description de la Bretagne et des mœurs de ses anciens habitants. Ensuite il marque les empereurs romains qui sont entrés dans la Bretagne, et met Jules César le premier. Il fixe son passage dans l'île à la 593ᵉ année après la fondation de Rome, soixante ans avant la naissance de Jésus-Christ, sous le consulat de Lucius Bibulus. Il ajoute que Lucius, roi des Bretons, écrivait au pape Eleuthère, qui occupait le saint-siège sous Antonin et Commode, pour le prier d'envoyer des prédicateurs de l'Evangile chez les Bretons; que ce pape en envoya, et que les Bretons reçurent la foi de Jésus-Christ, qu'ils conservèrent inviolablement jusqu'à l'empire de Dioclétien, qui excita contre eux une violente persécution. Plusieurs souffrirent le martyre, entre autres saint Alban, dont le prêtre Fortunat a fait l'éloge dans son poëme en l'honneur des vierges. Bède donne de suite, mais en peu de mots, ce qui se passa dans l'Eglise d'Angleterre jusqu'à la mission du moine saint Augustin, qu'il raconte dans tous ses détails. Il commence son second livre à la mort du pape saint Grégoire le Grand, et il rapporte, tant dans ce livre que dans les suivants, les conversions faites par saint Augustin, les évêchés qu'il établit en Angleterre, la succession des évêques, la propagation de l'Evangile en diverses provinces, les difficultés qui s'élevèrent pour la célébration de la pâque et sur quelques autres usages de l'Eglise, les conciles assemblés pour terminer ces différends, et les conseils que les rois et les évêques tinrent entre eux pour la destruction de l'idolâtrie. Il y parle aussi de l'établissement des monastères et des abbés les plus célèbres. Son cinquième et dernier livre finit à l'an 731 de l'Incarnation, comme aussi l'abrégé qu'il publia de cette Histoire.

Martyrologe. — Bède parle lui-même, dans le catalogue de ses ouvrages, d'un Martyrologe, consacré à conserver le souvenir des martyrs, en indiquant non-seulement le jour où ils avaient souffert, quand il avait pu le découvrir, mais encore le genre de leur mort, et le nom des juges sous lesquels ils avaient vaincu le monde. Usuard assure que Bède avait laissé cent quatre-vingts jours vides dans son Martyrologe, n'ayant pu trouver apparemment des martyrs pour tous les jours de l'année. Florus, diacre de Lyon, en suppléa plusieurs, mais non pas tous, ainsi que le remarque Adon de Vienne, à qui il était réservé de le compléter. Cet ouvrage, tant désiré des savants, a été publié par les Bollandistes, dans le second tome du mois de mars, avec les additions de Florus et de quelques autres, qu'ils firent imprimer en petits caractères, dans la crainte qu'on ne les confondît avec le texte de Bède. On y trouve néanmoins la fête de tous les saints, qui ne fut établie que par le pape Grégoire III; il est possible que Bède l'ait insérée dans son Martyrologe, puisqu'il vécut encore quatre ans après l'élection de ce pontife.

Vies de saint Cuthbert et de saint Félix, etc. — En dehors de son Martyrologe, il écrivit aussi la *Vie* de saint Cuthbert, évêque de Lindisfarne, et celle de saint Félix, évêque de Nole en Campanie : la première en vers et en prose, la seconde en prose, traduite des vers de saint Paulin.

Des lieux saints. — Le traité *des saints lieux*, dont il se reconnaît l'auteur dans une épigramme qu'il a mise à la fin, n'est qu'un abrégé des descriptions que d'autres en avaient faites avant lui, princioalement Arculphe et le prêtre Adamnan.

Commentaires sur l'Ancien Testament. — Bède ne travailla pas de suite aux Commentaires qu'il nous a laissés sur la Genèse. Il expliqua d'abord les trois premiers chapitres, jusqu'à l'endroit où il est dit qu'Adam fut chassé du paradis, remettant à expliquer le reste après qu'il aurait achevé son Commentaire sur Esdras. Cet ouvrage fini, il reprit l'explication de la Genèse, et la conduisit jusqu'à la naissance d'Isaac et l'expulsion d'Ismaël. Le premier travail était d'abord divisé en deux livres qu'il avait dédiés à l'évêque Accas; mais, après qu'il eut achevé l'explication de la Genèse jusqu'à la naissance d'Isaac, de ces deux livres il n'en fit qu'un, et deux du reste de son Commentaire. Aussi, dans son Catalogue ne compte-t-il que trois livres. Dom Martenne les a extraits et publiés sur un ancien manuscrit de l'abbaye de Corbie.

Outre ce Commentaire sur les vingt premiers chapitres de la Genèse, il en avait fait un sur tout le *Pentateuque* de Moïse. Ce Commentaire est tout à la fois littéral, moral et allégorique. L'auteur ne s'astreint pas à donner l'explication du texte entier de l'Ecriture ; il ne s'arrête qu'à ce qui lui paraît en avoir besoin.

Son Commentaire sur le livre des *Rois* est tout allégorique. Apparemment que l'évêque Accas, à qui il est dédié, l'avait demandé dans ce goût-là. On a mis à la suite les réponses de Bède aux trente questions que Northelme, prêtre de Londres, et depuis archevêque de Cantorbéry, lui avait proposées sur plusieurs passages obscurs du livre des *Rois*; Bède les éclaircit avec le secours de ceux qui avaient avant lui travaillé la même matière.

Ses Commentaires sur *Esdras et Néhémie* sont divisés en trois livres. Il convient, dans la préface, que les explications de saint Jérôme sur les prophètes lui avaient été d'un grand secours pour expliquer le texte d'Esdras et de Néhémie. Il entreprit ce travail aux instances de l'abbé Accas.

Bède fait de l'histoire de *Tobie* une allégorie qu'il applique à Jésus-Christ et à son Eglise. Nous avons aussi trois livres d'explications sur les *Proverbes* de Salomon et sept sur le *Cantique des Cantiques*. Le premier de ces deux ouvrages est un abrégé des livres de saint Augustin contre Julien, évêque d'Eclane; il prémunit ses lecteurs contre les poisons de l'hérésie pélagienne, dont les livres de Julien étaient infectés. Enfin, il explique allégoriquement ce que l'Exode rapporte de la construction de l'arche d'alliance, du tabernacle et des habits sacerdotaux.

Commentaires sur le Nouveau Testament. — S'il n'y a point de preuves que le Commentaire sur l'Evangile de saint Matthieu soit du vénérable Bède, il n'y a non plus à point non plus qu'il n'en soit pas, si ce n'est qu'il n'en est rien dit dans son Catalogue ; mais il pourrait avoir été composé depuis. — Au contraire, il y fait mention de son Commentaire sur l'Evangile de saint Marc, divisé en quatre livres, à la tête desquels il a mis un prologue, où il démontre, par le témoignage de plusieurs anciens, que saint Marc est véritablement auteur de l'Evangile qui porte son nom. — Pour composer son Commentaire sur l'Evangile de saint Luc, Bède remarque qu'il se servit des écrits de saint Ambroise, de saint Augustin, de saint Jérôme, et de saint Grégoire le Grand, qu'il appelle l'apôtre de la Grande-Bretagne, apparemment parce qu'il y avait envoyé des missionnaires. Accas, qui l'avait chargé de ce travail, exigeait de lui qu'il marquât en particulier les passages de chaque Père d'où il avait tiré ses explications ; mais, trouvant ce travail trop difficile, en raison de son utilité, Bède se contenta d'indiquer en marge les noms des écrivains auxquels il avait fait des emprunts. — Quoique son Catalogue ne parle point de Commentaires sur l'Evangile de saint Jean, cependant on ne peut guère douter qu'il n'en ait composé. Jonas, évêque d'Orléans, qui écrivait sous le règne de Louis le Pieux, cite plusieurs versets de l'explication que Bède a donnée de cet Evangile : et Alcuin dans la préface de son Commentaire sur saint Jean, avoue qu'il avait beaucoup emprunté à celui de Bède. Nous avons vu plus haut que dans sa dernière maladie il traduisait encore cet Evangile en langue vulgaire. Au reste, ces Commentaires paraissent n'être qu'un abrégé de ceux de saint Augustin, parmi lesquels il mêle de temps en temps les explications de quelques autres Pères, comme on le voit dans le quatrième chapitre, où il rapporte celle que saint Grégoire a donnée de la guérison miraculeuse du fils d'un officier de Capharnaüm.

Ce fut encore à la prière de l'évêque Accas qu'il entreprit de commenter les *Actes des apôtres*. Il eut recours aux explications que plusieurs interprètes catholiques en avaient données, et il se servit surtout du poëme d'Arator, sous-diacre de l'Eglise romaine. — Bède se reconnaît auteur du Commentaire sur les sept *Epîtres canoniques* ; et, dans son prologue sur le livre des *Actes*, il convient que son explication de la première Epître de saint Jean est tirée en grande partie des homélies de saint Augustin sur le même ouvrage ; pourtant il convient qu'il a inséré un peu de ses pensées dans l'explication des derniers versets. — Il parle aussi de son Commentaire sur l'*Apocalypse*, qu'il avait achevé avant de travailler au livre des *Actes*. Ce Commentaire est dédié à Eusèbe, aux instances duquel il l'avait entrepris, et divisé en trois livres. Il rapporte, dans le prologue, les sept règles de Tychonius pour l'intelligence des divines Ecritures.

Il y avait plusieurs années que les Commentaires de Bède sur les *Actes des apôtres* étaient devenus publics, lorsqu'il conçut le dessein d'en corriger quelques passages qui lui paraissaient peu exacts, et de donner sur d'autres de plus amples explications. Il s'aperçut aussi qu'il n'avait pas toujours bien rendu le texte grec, ou par la faute des exemplaires, ou par celle des interprètes qu'il avait suivis. Il crut donc devoir, à l'exemple de saint Augustin, publier un livre de *Rétractations*, mais seulement pour rectifier ce Commentaire. Cet ouvrage, divisé en vingt-huit chapitres, dont la plupart sont très-courts, n'est point mentionné dans son Catalogue, apparemment parce qu'il ne l'écrivit que dans ses dernières années. On peut aussi regarder comme une suite de ses *Rétractations* les cinq questions sur les *Actes des apôtres*, qui n'ont pour but que d'en expliquer quelques endroits. Pour ce qui est du Commentaire sur toutes les Epîtres de saint Paul, il est certain que Bède en a composé un, puisque dom Mabillon affirme l'avoir trouvé dans deux manuscrits, l'un du IXe et l'autre du VIIIe siècle, mais différents de celui qui est imprimé dans le recueil de ses OEuvres.

Homélies. — Il s'en faut de beaucoup que Bède soit l'auteur de toutes les homélies publiées sous son nom. Les plus anciens manuscrits, ne nous en présentent que quarante-neuf. Elles y sont partagées en deux livres, et c'est la distribution que Bède en avait faite lui-même, comme il le témoigne dans son Catalogue. Il est bon d'indiquer ici le sujet de chacune, afin que d'un côté le lecteur connaisse les véritables homélies de Bède, et que de l'autre il puisse se former une idée de la liberté avec laquelle les copistes ont fait l'attribution d'un nombre infini d'ouvrages qu'ils ont trouvés sans nom d'auteur.

La première des homélies de Bède, rapportée dans le premier livre de cet ancien manuscrit, est sur ces paroles de saint Luc : *L'ange Gabriel fut envoyé de Dieu à une vierge;* la seconde est celle-ci : *Aussitôt après être parti avec promptitude;* la troisième, sur cet endroit de saint Marc : *Jean était dans le désert;* la quatrième, sur ce qu'on lit dans saint Jean : *Alors Jean rendit ce témoignage;* la cinquième, sur ces paroles de saint Matthieu : *Marie sa mère ayant épousé Joseph;* la sixième, sur ce qui est dit dans saint Luc : *Les bergers se dirent les uns aux autres;* la septième, sur le commencement de l'Evangile selon saint Jean : *Au commencement était le Verbe;* la huitième, sur le commandement que Jésus fit à saint Pierre en lui disant : *Suivez-moi;* la neuvième, sur ces paroles de saint Matthieu : *Alors Jésus vint de Galilée au Jourdain;* la dixième, sur cet endroit du même évangéliste : *Un ange du Seigneur apparut à Joseph;* la onzième, sur le second chapitre de saint Luc : *Le huitième jour, auquel l'enfant devait être circoncis, étant arrivé;* la douzième, sur cet autre endroit de saint Luc : *Son père et sa mère allaient tous les ans à Jérusalem;* la treizième, sur ces paroles de saint Jean : *Il se fit des noces à Cana en Galilée;* la quatorzième, sur ces autres du même saint Jean : *Jean vit que Jésus venait à lui;* la quinzième : *Le temps de la purification de Marie étant accompli;* la seizième, sur cet endroit de saint Jean : *La fête des Juifs étant arrivée, Jésus s'en alla à Jérusalem;* la dix-septième, sur cet autre du même Evangile : *Jésus voulut s'en aller en Galilée;* la dix-huitième, sur ces paroles de saint Matthieu : *Le Fils de l'homme doit venir dans la gloire de son Père;* la vingtième, sur celle-ci : *Etant parti de ce lieu-là, il se retira du côté de Tyr et de Sidon;* la vingt-unième, sur le commencement du sixième chapitre de saint Jean : *Jésus s'en alla ensuite au delà de la mer de Galilée;* la vingt-deuxième, sur le douzième verset du second chapitre : *Jésus alla à Capharnaüm avec sa mère;* la vingt-troisième, sur l'évangile du dimanche des Rameaux : *Lorsque Jésus approchait de Jérusalem;* la vingt-quatrième, sur celui du quatrième dimanche du carême, où il est dit : *Le jour de Pâques était proche;* la vingt-cinquième, sur l'évangile du jeudi saint : *Avant la fête de Pâques, Jésus sachant que son heure était venue.*

Les homélies du second livre, dans le même manuscrit, sont au nombre de vingt-quatre. Dans la première, Bède explique l'évangile de la veille de Pâques; dans la seconde, l'évangile du mardi après Pâques; dans la troisième, l'évangile du vendredi de la même semaine; dans la quatrième, celui du samedi; dans la cinquième, l'évangile du troisième dimanche après Pâques; dans la sixième, l'évangile du quatrième; dans la septième, celui du cinquième; dans la huitième, l'évangile du jour de Rogations; dans la neuvième, l'évangile de l'Ascension; dans la dixième, l'évangile du dimanche dans l'octave; dans la onzième, l'évangile de la veille de la Pentecôte; dans la douzième, l'évangile du dimanche suivant, qui commence ainsi : *Il y avait un homme d'entre les pharisiens nommé Nicodème;* dans la treizième, l'évangile de la veille de saint Jean; dans la quatorzième, l'évangile du jour de saint Jean; dans la quinzième, l'évangile de la veille de saint Pierre et saint Paul; dans la seizième, l'évangile du jour de cette fête; dans la dix-septième, l'évangile tiré du chapitre xix de saint Matthieu, où Jésus-Christ promet le centuple à ceux qui quittent tout pour le suivre; dans la dix-septième, l'évangile de la fête de saint Jacques, apôtre; dans la dix-neuvième, le passage de saint Matthieu où il est dit que Jésus se retira du côté de Tyr et de Sidon; dans la vingtième, l'évangile pour la fête de la Décollation de saint Jean-Baptiste; dans la vingt-unième, l'évangile de la Dédicace, sur ces paroles : *On faisait à Jérusalem la dédicace, et c'était l'hiver;* dans la vingt-deuxième, l'évangile de la fête de saint Matthieu apôtre; dans le vingt-troisième, l'évangile pour la fête de saint André, et dans la vingt-quatrième, l'évangile où nous lisons que Jésus voulut se retirer en Galilée. — On sait, par le détail des homélies renfermées dans les manuscrits dont nous avons parlé, et dont le plus nouveau remonte déjà à plus de sept cents ans, qu'il faut rejeter toutes celles qui n'y sont point comprises, ou du moins la plus grande partie. Il se pourrait que Bède en eût composé quelques-unes après la publication de son Catalogue.

Explication du temple de Salomon. — Bède fait mention de cet ouvrage dans son Catalogue, et ce qui prouve qu'il est de lui, c'est que, sur la fin du vingt-quatrième chapitre, il cite ses livres *du Tabernacle et des habits sacerdotaux.* Nous verrons dans la suite qu'il adressa cet ouvrage à Albin, en reconnaissance de quelques présents qu'il en avait reçus. Cette explication est purement allégorique, et composée de diverses réflexions tirées des anciens Pères de l'Eglise.

Commentaires sur Habacuc. — Bède composa aussi un *Commentaire sur Habacuc,* à la prière de sa sœur, qui s'était consacrée à Dieu dans un monastère. Il suit, dans l'explication de ce prophète la version des Septante, et se propose pour but de montrer qu'Habacuc a prédit l'incarnation du Verbe, la passion de Jésus-Christ, la réprobation des Juifs et la vocation des gentils. Il remarque qu'il était d'usage, dans toute l'Eglise, de réciter ce cantique dans les Laudes matutinales de tous les vendredis de l'année, parce que le mystère de la passion accompli ce jour-là y est clairement exprimé.

Histoire des abbés de Weremouth et de Jarrow. — On lui doit encore l'histoire des cinq abbés qui, jusqu'à son temps, avaient gouverné les deux monastères de Weremouth et de Jarrow; savoir, de saint Bernard Biscop, de saint Céolfrid, d'Esteruin, de Sigefrid et de Witberg ou Huetbergt.

Lettres. — Le Catalogue de ses ouvrages marque un livre de *Lettres à diverses personnes;* ces lettres sont perdues; il ne nous en reste que deux qui ne faisaient pas partie de ce livre. La première est adressée à Egbert, auprès duquel il s'excuse de n'avoir pu lui faire une visite qu'il lui avait promise. Il l'exhorte à éviter les conversations inutiles, à s'appliquer à la méditation des saintes Ecritures, principalement des Epîtres de saint Paul à Timothée et à Tite, du *Pastoral* de saint Grégoire et de ses homélies sur l'Evangile. Il lui recommande d'avoir toujours auprès de lui des personnes capables de l'aider dans le ministère, et de ne pas imiter certains évêques qui ne se font accompagner que de gens de plaisir et de bonne chère. Ensuite il lui représente que, ne pouvant seul parcourir son diocèse en un an, il devait établir des prêtres dans chaque village pour instruire et administrer les sacrements. Il fait remarquer à Egbert qu'il y avait plusieurs villages dans les montagnes qui n'avaient jamais vu d'évêques dans l'exercice de leurs fonctions spirituelles, ni reçu d'instructions de personne, et qui toutefois n'étaient pas exempts de payer des redevances à l'évêque. C'était donc recevoir, sans prêcher, l'argent que Jésus-Christ défend de recevoir même en prêchant. Bède lui représente qu'il y avait un moyen de remédier à ce désordre, c'était de multiplier le nombre des évêchés dans l'Angleterre, et principalement dans le comté d'York. Parmi les instructions qu'il conseille à Egbert de donner à ses peuples, il insiste sur la fréquente communion, et il ajoute que les gens même mariés la pratiqueraient volontiers, si on leur prescrivait les bornes de la continence qu'ils sont obligés d'observer en s'approchant des sacrements.

La seconde lettre est adressée à Albin, abbé de Saint-Pierre de Cantorbéry. Il avait envoyé à Bède quelques petits présents et plusieurs mémoires qui lui étaient nécessaires pour composer son *Histoire ecclésiastique d'Angleterre.* Aussitôt que Bède l'eut achevée, il la lui adressa avec son explication allégorique de la structure du temple de Salomon, qu'il désirait posséder. Il le remercie de ses présents, se recommande à ses prières, et le prie de demander pour lui les prières de toutes les personnes à qui il jugerait à propos de communiquer ses ouvrages.

Les contemporains de Bède n'ont pu le considérer que par rapport à son siècle, et en le considérant ainsi nous comprenons l'exagération de leurs éloges, quoique sans la partager. Quelques modernes, particulièrement des écrivains français, sont tombés dans une exagération contraire, et ont rabaissé ses ouvrages bien au-dessous de leur valeur : « On chercherait en vain dans ses livres, dit un auteur, les fleurs de l'éloquence et les ornements de la rhétorique, mais on y trouve en récompense beaucoup de naturel, de précision et de clarté. Il y règne une simplicité aimable, avec un ton de franchise, de zèle et de piété qui intéressent le lecteur. La candeur et l'amour de la vérité caractérisent ses livres historiques, et si l'on dit qu'il a porté quelquefois la crédulité trop loin, on doit au moins convenir qu'aucune personne judicieuse ne révoquera jamais en doute sa sincérité. Dans ses Commentaires, il s'est souvent contenté d'abréger ou de ranger dans un ordre méthodique ceux de saint Augustin, de saint Ambroise, de saint Jérôme, de saint Basile et des autres commentateurs. Il n'en a point agi de la sorte pour éviter le travail, ni par défaut de génie, comme l'ont prétendu quelques modernes. Son but était de s'attacher plus étroitement à la tradition de l'Eglise, dans l'interprétation des livres saints. Aussi, dans tout ce que les Pères avaient laissé à faire, suit-il pas à pas leurs principes, de peur de s'écarter de la tradition dans la moindre chose. Les meilleurs juges avouent que dans les morceaux qui sont entièrement de lui, il ne le cède ni en solidité ni en jugement aux plus habiles d'entre les Pères. » Saint Boniface, archevêque de Mayence, a fait en un mot l'éloge de Bède, en l'appelant le flambeau de l'Eglise (*candela Ecclesiæ*). On conviendra sans peine que ce titre lui est dû, si l'on fait attention à la pureté de sa doctrine, à l'étendue de ses connaissances, et au grand nombre de ses écrits, qui tous ont pour but l'éclaircissement des vérités de la religion.

BELLATOR, prêtre italien de la fin du ve siècle, n'est guère connu que par ce qu'on en lit dans les ouvrages de Cassiodore. Il avait composé, sur le livre de Ruth, un Commentaire en deux volumes que cet écrivain joignit aux recueils d'Origène sur l'Eptateuque. Indépendamment de ce premier écrit, il avait expliqué, en huit livres, celui de la Sagesse et commenté les livres de Tobie, d'Esther, de Judith et des Machabées. Il ne fit point de commentaire sur Esdras, mais il traduisit en latin les deux homélies d'Origène sur cet ouvrage. Cassiodore parle de cet écrivain en termes fort honorables; il l'appelle un prêtre très-religieux, et lui donne le titre d'ami.

BENNON, écrivain allemand du xie siècle, fut créé cardinal par l'antipape Guibert, qui se fit nommer Clément III. Zélé partisan de cet intrus, il multiplia ses attaques contre plusieurs pontifes, accusant Sylvestre II de magie, Grégoire VII de simonie, et publia, sous le titre de *Vie de Grégoire VII*, une espèce de libelle qui n'est qu'une satire continuelle des œuvres de ce pontife. Il lui reproche d'avoir été disciple de Bérenger, et d'avoir favorisé ses erreurs, malgré sa conduite au concile de Tours, en 1055, où, comme légat du saint-siége, il ne reçut cet hérésiarque à la communion romaine qu'après qu'il eut souscrit de sa main son abjuration. Il l'accuse d'avoir indiqué des prières et un jeûne de trois jours, non pour le succès du concile, mais pour demander à Dieu ce qu'on doit croire sur le mystère de l'Eucharistie. Ce cardinal faisait beaucoup d'autres reproches à Grégoire VII, comme d'avoir été élu le jour même de la mort d'Alexandre II, contrairement aux canons, qui défendent d'élire un pape avant le troisième jour qui suit la sépulture du défunt ; d'avoir excommunié le roi Henri, contre le sentiment des cardinaux, et sans observer l'ordre judiciaire, et de porter habituellement avec lui un livre de nécromancie. Il mêle à ces reproches des histoires fabuleuses, remarquant, par exemple, que, lorsque le pape se leva de sa chaire pour prononcer la sentence d'excommunication contre ce prince, cette chaire, quoique neuve, se fendit d'un seul coup en plusieurs morceaux, Dieu le permettant ainsi, pour annoncer le schisme qui devait être la suite de cette excommunication. Il dit, à l'occasion du livre de nécromancie, que le pape se l'étant fait apporter par ses domestiques, ils l'ouvrirent et en lurent quelques pages ; mais qu'aussitôt les démons leur apparurent, leur demandant pourquoi ils les avaient appelés. Quelle foi ajouter à un accusateur de ce caractère ?—On n'a pas laissé de mettre au jour ses deux lettres contre le pape Grégoire, adressées à l'Eglise romaine. Elles ont même eu plusieurs éditions, dont la dernière est celle imprimée à Londres, dans le recueil d'Edouard Brown, en 1690.

BENOIT II, Romain de naissance, dont le père ne nous est connu que sous le nom de Jean, fut élu pape le 26 juin 684, onze mois et quelques jours après la mort du pape Léon II, son prédécesseur. Benoît, élevé dans l'amour de la pauvreté, était patient, doux, libéral, très-instruit dans la science des saintes Ecritures et du chant ecclésiastique. Dès les premiers jours de son pontificat, il s'occupa d'ordonner la convocation du quatorzième concile de Tolède, pour y faire recevoir la définition du sixième concile œcuménique, tenu à Constantinople. Il tenta, mais en vain, de convertir Macaire d'Antioche. Il répara les églises de Saint-Pierre, de Saint-Valentin et de Sainte-Marie. Il mourut le 7 mai 685. L'Eglise l'a mis au nombre des saints. On a, sous le nom de ce pontife, deux lettres publiées dans la *Somme des conciles*, et reproduites dans le *Cours complet de Patrologie* de M. l'abbé Migne ; mais les meilleurs critiques les croient supposées.

BENOIT VIII, fils de Grégoire, comte de Tusculum, fut d'abord évêque de Porto, puis succéda à Sergius IV sur le siège apostolique. Il fut élu pape au mois de juillet 1012, en concurrence avec un autre Grégoire, dont la faction eut le dessous. Mais elle se releva bientôt, et Benoît, chassé de Rome, fut obligé de venir en Saxe implorer le secours de Henri, roi d'Italie, depuis empereur et mis au nombre des saints. L'année suivante, le monarque, voulant venger l'injure faite au saint-siége, assembla son armée et passa en Italie. Au bruit de son arrivée l'antipape Grégoire prit la fuite, et Benoît VIII rentra en libre possession de sa dignité, pour poser la couronne impériale sur la tête de son libérateur. En 1016, les Sarrasins ayant fait une irruption en Toscane, s'emparèrent de la ville de Lune, en chassèrent l'évêque et se rendirent maîtres du pays. Benoît assembla aussitôt les évêques et les défenseurs des églises, et leur ordonna de marcher avec lui contre l'ennemi commun. Le succès répondit aux efforts du pontife : les Sarrasins furent taillés en pièces ; leur roi se sauva avec peine ; la reine fut prise et eut la tête coupée. Le pape partagea ses riches dépouilles avec l'empereur. Le monarque irrité envoya au pape un sac rempli de châtaignes, en lui signifiant que l'année suivante il reviendrait avec autant de soldats. Benoît répondit à ce défi par une allégorie du même genre, et envoya au Sarrasin un petit sac plein de grains de millet, en lui disant qu'il pouvait revenir et qu'il trouverait autant et plus de gens armés pour le défendre. La même année l'Italie eut une autre guerre à soutenir contre les Grecs, qui avaient subjugué une partie de la province de Bénévent. Un seigneur normand, nommé Raoul, vint à Rome offrir le secours de son bras et de ses compagnons pour en chasser les ennemis. Benoît accepta cet appui, et le succès répondit aux espérances. C'est à cette époque qu'il faut rapporter les commencements de la gloire qui devait accompagner le nom des Normands dans cette partie de l'Italie. En 1020, le pape retourna en Allemagne pour presser l'envoi de nouveaux secours contre les Grecs, qui cette fois menaçaient Rome elle-même. Henri y vint en personne avec son armée, et, appuyé par de nouveaux renforts de Normands, il obtint des victoires complètes et décisives. Benoît avait tenu dans la même année un concile à Pavie, pour la réforme des mœurs ecclésiastiques. Il mourut le 14 juillet 1024 après onze ans, onze mois et vingt et un jours de pontificat.

Concile de Pavie. — Ce concile s'assembla le 1ᵉʳ août de l'an 1020. Benoît l'ouvrit par un long discours contre la vie licencieuse des clercs, et le mauvais usage qu'ils faisaient des biens de l'Eglise, les employant à entretenir publiquement des femmes et à élever leurs enfants. Il fit voir, par l'autorité du concile de Nicée, qu'il n'est pas permis aux clercs d'avoir avec eux, dans la même maison, d'autres femmes que leur mère et leur sœur. Les papes saint Sirice et saint Léon ayant défendu le mariage, même aux sous-diacres, il soutint qu'il devait être interdit à plus forte raison aux diacres, aux prêtres et aux évêques, et que, par conséquent, tous les enfants nés depuis leur engagement dans les ordres sont illégitimes... Les clercs débauchés objectaient que saint Paul permet à chacun d'avoir sa femme pour éviter la fornication. Le pape répond que l'Apôtre ne parle que des laïques, et que si l'hérétique Jovinien l'a expliqué des clercs, il s'est éloigné en cela de la doctrine du concile de Nicée et des Pères, et il rapporte les passages de leurs livres. Tous les canons de ce concile, au nombre de sept, ont été rendus dans le sens de ce discours.

Lettres. — Il reste quatre lettres de Benoît VIII en faveur du monastère de Saint-Bénigne de Dijon : les deux premières sont du mois de novembre de l'an 1012, et adressées à Brunon, évêque de Langres, à qui il recommande ce monastère, et l'abbé Guillaume, qui le gouvernait alors. Il marque qu'il avait, lui, tous les priviléges qui lui avaient été soumis, et qu'il les avait confirmés ; quoiqu'il connût l'affection de cet évêque pour les moines de Saint-Bénigne, il ne laisse pas de lui défendre, et à tous ses successeurs, d'interrompre l'office divin dans ce monastère. — Les deux autres lettres sont à l'abbé Guillaume, à qui il témoigne combien il prenait de part aux vexations qu'on lui faisait subir ; mais en même temps il le loue de la patience avec laquelle il supportait les mauvais traitements de ses ennemis. Il l'exhorte toutefois à ne pas souffrir la dilapidation des biens de son monastère, et à laisser agir l'évêque Bénigne, à qui il avait ordonné d'en prendre la défense. Cet évêque avait pris l'habit dans le monastère de Saint-Bénigne de Dijon. Le pape lui permet de faire des ordinations dans le monastère, mais seulement avec l'autorisation de l'abbé Guillaume. Ces quatre lettres se trouvent dans le Recueil des pièces servant à l'*Histoire de Bourgogne*, par Etienne Pérard, à Paris, 1667.

On a encore de Benoît VIII deux bulles : une datée du mois de juillet 1013, en faveur de l'Eglise de Bamberg, et l'autre pour confirmer les droits et priviléges du monastère de Brémet en Italie, datée de l'an 1014. Ses autres travaux sont peu connus.

BENOIT IX, élu pape vers le mois de juin 1033, succéda à Jean XIX, dont il était le neveu. Il se nommait Théophylacte, et n'avait que douze ans au moment de son élection. Il est vrai qu'Albéric, son père, comte de Tusculum, la lui avait procurée à prix d'or, et dès le commencement il montra par l'infamie de ses mœurs qu'il était digne d'un pareil marché. Le peuple romain, lassé de ses rapines et de ses cruautés, le chassa de Rome. Il y rentra quelque temps après... Désespérant de s'y maintenir, il vendit le pontificat comme il l'avait acheté. Il reprit la tiare pour la troisième fois, le 8 novembre 1047, et la garda jusqu'au 19 juillet 1048. Enfin, touché de repentir, il fit appeler Barthélemy, abbé de la Grotte-Ferrée, lui confessa ses péchés et lui demanda le remède. Le saint directeur ne lui dissimula point qu'il était indigne du sacerdoce, et qu'il devait se réconcilier avec Dieu par la pénitence. Benoît suivit ce conseil, et renonça aussitôt à sa dignité. Dès ce moment, l'histoire semble le perdre de vue, et la fin de sa vie politique contribue à jeter de l'obscurité sur sa fin naturelle. On croit cependant qu'il mourut en 1054, dans ce même monastère où il expiait la honte et les erreurs de sa vie licencieuse auprès du Consolateur que les remords de sa conscience lui avaient indiqué. Durant ce pontificat scandaleux, l'Eglise jouit de la paix, et le respect que l'univers chrétien portait au siége de Pierre ne souffrit aucune atteinte. « Il est remarquable, dit un historien, que, sous quelques pontifes vicieux ou ineptes, il n'y ait eu ni troubles ni hérésies, et que l'Eglise ait joui d'une tranquillité qu'elle n'eut point sous les pontifes les plus sages. Dieu veillait alors particulièrement sur son ouvrage, et suppléait, en quelque sorte, aux soins et aux qualités de celui auquel il était confié. » Il nous reste, comme monument de ce pontificat, quelques lettres et des priviléges qui se trouvent reproduits dans le *Cours complet de Patrologie* de M. l'abbé Migne.

BENOIT (saint), chef de l'ordre célèbre qui depuis plus de quatorze cents ans porte son nom, est regardé comme le fondateur des ordres monastiques en Occident, ainsi que saint Antoine le fut en Orient deux siècles avant lui. Il naquit l'an 480, au territoire de Norcia, dans le duché de Spolette, d'une famille riche et illustrée. Pierre Diacre nous apprend que son père se nommait Eutrope, sa mère Abondantia, et qu'il était frère jumeau de sainte Scholastique. Ses parents l'envoyèrent de bonne heure à Rome, où il fit ses premières études. Il s'y distingua par son esprit, ses succès et surtout sa bonne conduite, chose assez difficile dans la capitale du monde, qui, malgré l'éloignement de ses maîtres, avait conservé le goût des fêtes, ses spectacles, le goût des arts et celui des plaisirs. Dès l'âge de dix-sept ans, Benoît, dégoûté du monde et désabusé de ses faux biens, se retira secrètement de Rome pour aller méditer les vérités saintes dans une caverne affreuse, au milieu du désert de Subiaco, à quarante lieues de la ville éternelle. Il y demeura pendant trois ans, seul, inconnu à l'univers entier, excepté à un moine des environs, nommé Romain, qui l'avait instruit des devoirs de la vie érémitique, et qui lui apportait, tous les huit jours, la modique subsistance nécessaire à sa vie ; il la lui descendait au moyen d'une corde à laquelle était attachée une sonnette pour l'avertir de son arrivée. Un secret si extraordinaire ne pouvait rester longtemps caché, et l'étrange vie que menait le jeune Benoît finit par exciter la curiosité et ensuite l'admiration de tous ceux qui entendirent parler de lui. On voulut voir et examiner de plus près ce prodige d'abstinence et d'humilité. La foule des curieux augmentait chaque jour ; le désert de Subiaco devint un point de réunion et un objet de pèlerinage pour un grand nombre d'habitants des environs qui, attirés par l'ascendant d'une grande vertu, voulaient voir un saint et entendre un apôtre. L'apôtre leur prêchait les vérités de la religion avec une onction qui les touchait ; et le saint achevait de les convertir. A quelque distance de Subiaco, il y avait un monastère dont l'abbé venait de mourir ; tous les suffrages de la communauté s'accordaient à lui donner Benoît pour successeur. Après bien des refus, le pieux solitaire, cédant à leurs instances, consentit à devenir leur abbé. Mais comme il voulait les corriger en les obligeant à une vie plus conforme à leur état, ils se liguèrent contre lui et prirent le parti de s'en défaire par le poison. Un jour donc qu'il était à table pour prendre son repas, on lui présenta à bénir le premier verre qui était pour lui, et chaque religieux, suivant la coutume du monastère, tenait son verre à la main, afin qu'il fût béni en même temps. Benoît étendit la main, traça le signe de la croix, et aussitôt le verre qui contenait le breuvage de mort se cassa. L'homme de Dieu comprit ce que c'était, et, se levant de table, il dit aux moines d'un visage tranquille : « Que le Dieu tout-puissant vous pardonne, mes frères ; pourquoi m'avez-vous voulu traiter de la sorte ? Ne vous avais-je pas prédit que vos mœurs et les miennes ne pourraient jamais s'accorder ? Allez chercher un supérieur qui vous convienne ; pour moi, ma mission est remplie, et je ne vous importunerai pas plus longtemps de mes remontrances. » A ces mots, il quitta le monastère et reprit le chemin de sa solitude. C'était vers l'an 510. De retour à Subiaco, il s'y entretint avec lui-même sous les yeux de Celui qui sonde les cœurs et les reins, continuellement occupé de la prière et de la lecture des saints livres. Ses vertus et ses miracles attirèrent de nouveau la foule à son désert. Ses visiteurs devinrent ses disciples et voulurent rester et vivre avec lui. Il y consentit, et il bâtit avec eux des cellules pour les loger ; il sema des grains et des légumes pour les nourrir. La terre se vivifiait sous leurs mains, et la petite colonie s'augmentait tous les jours. Dans un temps où le paganisme n'était pas encore abattu, de si grands triomphes de la religion chrétienne devaient naturellement lui attirer et les sarcasmes des esprits forts, et le zèle envieux des esprits faibles : Benoît fut calomnié, persécuté. Il résista quelque temps à l'orage ; mais, s'apercevant que rien ne pouvait changer ni adoucir l'humeur de ses ennemis, il leur abandonna le champ de bataille et conduisit sa petite colonie au Mont-Cassin. Il y trouva d'autres idolâtres, mais non d'autres persécuteurs. Il eut peu de peine à les convertir par ses éloquentes prédications. Leur temple était consacré au culte d'Apollon ; il en fit un oratoire consacré au culte du vrai Dieu. Ces idolâtres, devenus chrétiens, l'aidèrent à construire un vaste monastère, qui est devenu depuis le chef-lieu et le berceau de presque tous les ordres religieux de l'Europe. Le nom du fondateur devint célèbre en Italie. Totila,

roi des Goths, ne fut point insensible au désir de voir un homme dont la renommée disait tant de bien ; mais en même temps il voulut s'amuser à tromper la pénétration miraculeuse dont on le disait doué. Il se mit à la suite d'un de ses écuyers qu'il avait fait revêtir d'habits royaux ; dans cet équipage il se présenta devant le modeste abbé du Mont-Cassin, mais celui-ci eut peu de peine à démêler la supercherie : l'habitude du commandement avait imprimé sans doute dans les yeux et sur le front du conquérant des caractères de fierté qui n'échappèrent point à la sagacité du religieux. Sans s'arrêter aux apparences, il alla droit au-devant de celui qui voulait le tromper, et il osa lui parler en homme que ses vertus mettaient au-dessus de tous les rangs. Il lui reprocha ses cruautés, ses injustices et ses conquêtes ; il alla plus loin, il osa lui prédire sa fin prochaine, en l'invitant à profiter du peu de temps qui lui restait à vivre pour réparer une partie des maux qu'il avait faits au monde. Soit conviction, soit étonnement, le fier barbare ne s'offensa point de cette noble hardiesse, et l'on dit même que depuis ce moment il fut plus humain. Quelque temps après cette visite, saint Benoît s'entretenant avec l'évêque de Canose des ravages de Totila, cet évêque lui disait : Vous verrez que ce roi la ruinera jusqu'à en faire une solitude. — Non, lui répondit saint Benoît, la ville de Rome ne sera point dépeuplée par les barbares, mais elle sera battue de tempêtes, de foudres et de tremblements de terre ; elle s'affaiblira comme un arbre qui sèche sur sa racine. Saint Grégoire rend témoignage de l'accomplissement de cette prophétie, et dit que de son temps la ville de Rome ne présentait plus qu'un spectacle affreux de bouleversements et de ruines.

Le même pape nous apprend que sainte Scholastique venait une fois tous les ans voir son frère, qui, accompagné de ses disciples, allait la recevoir à quelque distance de son monastère, dans une métairie dépendant du Mont-Cassin. Ils passaient la journée ensemble à louer Dieu et à s'entretenir de choses saintes, après quoi ils se séparaient pour reprendre chacun le chemin de sa solitude. Ce fut à la suite d'une de ces entrevues que Benoît fut averti miraculeusement de la mort de sa sœur ; il fit apporter son corps à son monastère et déposer dans le tombeau qu'il avait préparé pour lui-même. Saint Benoît ne lui survécut pas longtemps. Dans le cours de la même année, il prédit sa mort à quelques-uns de ses disciples, en leur recommandant le secret. Six jours avant qu'elle n'arrivât, il fit ouvrir son tombeau ; aussitôt il fut saisi d'une fièvre violente, et comme elle allait tous les jours en augmentant, le sixième il se fit porter dans l'oratoire, reçut le corps et le sang de Jésus-Christ, et, levant les yeux et les mains au ciel, entre les bras de ses religieux qui le soutenaient, il rendit son âme à Dieu, dans la soixante-troisième année de son âge, le samedi 21 mars 543, qui se trouvait la veille du dimanche de la Passion. Son corps resta déposé au Mont-Cassin jusqu'au temps où les Lombards, ayant fait une irruption dans ce pays, y pillèrent et détruisirent le monastère. On ignore si les restes du saint fondateur périrent dans l'incendie, mais ils devinrent par la suite un sujet de contestation entre les Bénédictins de France et ceux d'Italie, qui, chacun de son côté, en revendiquaient la possession. Quoi qu'il en soit de cette contestation, aujourd'hui peu importante, saint Benoît laissa à ses disciples, dans l'exemple de sa vie, une succession plus riche et plus précieuse que celle de ses dépouilles mortelles. Ce qu'il avait constamment pratiqué dans le cours de sa longue pénitence, il en fit la règle de leur conduite. « Voulez-vous, disait saint Grégoire, avoir un abrégé de la Règle de saint Benoît, lisez sa vie. Voulez-vous avoir un abrégé de sa vie, lisez sa Règle. »

Analyse de la Règle. — Cette Règle est divisée en soixante-treize chapitres, précédée d'une préface, dans laquelle le saint abbé exhorte ceux qui désirent la mettre en pratique, à demander à Dieu son secours par des prières ardentes et réitérées, et à s'y préparer par les mouvements d'une foi sincère et par les bonnes œuvres, sans lesquelles on n'arrive jamais à la vie de l'éternité. Il déclare que cette Règle est comme une école où l'on apprend à servir Dieu; son dessein est de n'y rien ordonner de trop rude et de trop difficile; si quelques points en paraissent un peu austères, c'est que la raison et la justice le veulent ainsi pour purifier l'âme de ses vices. Du reste, on ne doit pas s'en effrayer, puisque l'Evangile nous assure que l'entrée de la voie du salut est étroite. Mais, ajoute-t-il, à mesure que l'on fait du progrès dans l'observance régulière et dans la foi, le cœur venant à s'ouvrir et à se dilater par la douceur ineffable de l'amour, on court avec joie dans le chemin des commandements; et celui qui persévère jusqu'à la mort à pratiquer la doctrine de Jésus-Christ dans le monastère mérite d'avoir part à son royaume.

Après ce préambule, saint Benoît commence sa Règle par la distinction de quatre sortes de moines : la première est celle des cénobites qui vivent dans une communauté réglée sous la conduite d'un abbé; la seconde, des anachorètes ou ermites, qui, après s'être éprouvés longtemps dans un monastère, se retirent dans un désert pour y mener seuls une vie encore plus parfaite que celle des communautés; la troisième est celle des sarabaïtes, qui demeurent deux ou trois ensemble, vivant à leur guise, sans règle qui les gouverne, sans pasteur qui les dirige. Ils témoignent par leur tonsure qu'ils se sont consacrés à Dieu, mais leur conduite manifeste trop ouvertement qu'ils ne sont pas encore détachés du monde; enfin, la quatrième est celle des moines gyrovagues ou vagabonds, qui courent de monastère en monastère, esclaves de leur bouche et de leurs plaisirs. C'est la pire espèce de toutes. C'est uniquement pour les cénobites que saint Benoît a écrit sa règle.

De l'abbé et des autres supérieurs. — L'abbé chargé du gouvernement des âmes doit toujours se souvenir qu'il en rendra compte au jugement de Dieu, où il se fera un examen rigoureux de sa doctrine et de l'obéissance de ses disciples. Il ne doit faire acception de personne dans le monastère; le plus grand devant Dieu est celui qui est le plus vertueux. Il est de son devoir de se faire tout à tous pour les gagner tous à Jésus-Christ. Il doit faire surtout plus d'attention au salut des âmes qu'aux intérêts temporels, se souvenant qu'il est écrit que rien ne manque à ceux qui craignent Dieu. Dans les affaires importantes, il ne peut se dispenser d'assembler la communauté, d'en exposer le sujet, en demandant l'avis de chacun, même des plus jeunes, parce que Dieu révèle quelquefois à l'enfant ce qu'il tient caché au vieillard; mais après avoir mûrement examiné tous les avis, la décision dépend de lui seul, et chacun est obligé d'obéir. Dans les choses moins sérieuses, il lui suffit de consulter les anciens. Pour l'élection d'un abbé, la communauté doit avoir égard à la sagesse et à la doctrine du sujet, plutôt qu'au rang qu'il tient dans le monastère. L'obligation où il est de plus profiter que de présider demande qu'il soit docte, versé dans la connaissance des Ecritures, afin d'en tirer des enseignements; qu'il soit chaste, sobre, miséricordieux, haïssant les vices, aimant les frères et se faisant obéir plus encore par amour que par crainte. S'il arrive que la communauté choisisse un abbé qui en dissimule les vices et les désordres, l'évêque diocésain ou les abbés doivent pourvoir la maison de Dieu d'un dispensateur plus fidèle. Pour obvier à tout conflit d'autorité entre les différents dignitaires de l'ordre, saint Benoît veut que l'abbé ait l'entière disposition de son monastère, et qu'il établisse lui-même les doyens et les prieurs, pourvu qu'il fasse ce choix avec le conseil des anciens. Le prieur est chargé par la Règle de faire tout ce que l'abbé lui commande. L'office des doyens est de veiller sur dix moines; leurs mœurs et leurs capacités doivent donc être telles que l'abbé puisse avec assurance leur confier une partie de sa charge. Outre ces officiers pour le gouvernement du monastère, la Règle en marque d'autres pour le service ordinaire. Elle veut, par exemple, que le cellerier soit sage, d'un esprit mûr et discret, sobre par tempérament et doux par caractère; qu'il ne se laisse aller ni à l'avarice ni à la prodigalité, mais qu'il fasse tout avec discrétion et avec mesure. Dans les grandes communautés on lui donnait des aides afin qu'il pût remplir plus aisément les devoirs de sa charge. L'abbé commettait à quelque autre moine de bonne vie le soin des instruments, des habits et autres choses semblables, dont il retenait lui-même un mémoire pour se souvenir de ce qu'il avait donné quand les frères se succédaient dans l'exercice de ces emplois.

Réception des novices. — Un sujet n'était admis dans le monastère qu'après que l'on avait éprouvé sa vocation. On le laissait pendant plusieurs jours frapper à la porte, qui ne s'ouvrait qu'à sa persévérance. On le gardait pendant quelque temps dans le logement des hôtes, ensuite dans celui des novices, où l'on confiait sa conduite à quelque ancien, qui examinait avec soin toutes ses actions pour savoir s'il cherchait Dieu avec sincérité. L'ancien l'avertissait de toutes les peines qui se rencontraient sur le chemin du ciel. Si, après deux mois, le novice persévérait, on lui lisait la Règle par ordre et de suite, en lui disant : « Voilà la loi sous laquelle vous voulez combattre; si vous pouvez la garder, entrez; si vous ne le pouvez pas, retirez-vous librement. » Au bout de six mois, on lui en faisait une seconde lecture, et une troisième quatre mois après. Enfin, après un an de persévérance, on le recevait avec la promesse de garder tout ce que la Règle ordonne. Il faisait sa profession dans l'oratoire, en présence de toute la communauté, rédigeait ou faisait rédiger par écrit ses engagements, et les déposait signés de sa main sur le maître-autel. Si quelqu'un de l'ordre des prêtres demandait à être reçu en promettant d'observer la Règle, après les épreuves ordinaires on l'admettait dans la communauté, où, par respect pour le sacerdoce, on lui donnait la première place après l'abbé, sous la discipline duquel il continuait de vivre, célébrant la messe et faisant les bénédictions. Du reste, chacun tenait dans le monastère le rang de sa réception, à moins que l'abbé n'en disposât autrement, par égard pour le mérite de la personne. Mais il ne devait jamais admettre un moine d'un autre monastère sans le consentement de son abbé ou sans lettres de recommandation.

Offices divins. — Voici quelle est la disposition de l'office divin, tant pour le jour que pour la nuit. Pendant l'hiver, c'est-à-dire depuis le 1ᵉʳ novembre jusqu'à Pâques, on se lèvera à la huitième heure de la nuit, ce qui équivaut à deux heures du matin; et pendant l'été, depuis Pâques jusqu'au mois de novembre, on disposera les heures des Matines de manière à pouvoir commencer les Laudes au point du jour. Chaque jour, à Matines, on chantera douze psaumes qui seront précédés du xcivᵉ et d'une hymne. Après six psaumes, tous les frères étant assis, ils liront l'un après l'autre trois leçons, à chacune desquelles on ajoutera un répons dont le troisième sera terminé par le *Gloria Patri*, etc. Ensuite on récitera six autres psaumes avec *Alleluia*, puis une leçon de l'Apôtre avec le verset et la litanie *Kyrie eleison*. Ainsi finira l'office de la nuit. En été, on récitera le même nombre de psaumes; mais comme les nuits sont plus courtes, au lieu des trois leçons ordinaires, on en dira une par cœur de l'Ancien Testament, qui sera suivie d'un répons bref. Les leçons des Vigiles ou Matines seront de l'Ecriture sainte, ou des explications qu'en ont données les docteurs et les Pères orthodoxes. Les jours de dimanche on se lèvera plus matin, et après avoir chanté six psaumes et le verset, on lira quatre leçons avec autant de répons, en ajoutant au quatrième le *Gloria Patri*, au commencement duquel chacun se lèvera par respect pour la sainte Trinité. Après ces leçons on dira par ordre six autres psaumes avec leurs antiennes et le verset, en y ajoutant quatre leçons et leurs répons, puis trois cantiques tirés des prophètes et quatre leçons du Nouveau Testament. A la fin du quatrième répons, l'abbé entonnera l'hymne *Te Deum laudamus*, suivi de la leçon de l'Evangile, de l'hymne *Te decet laus* et de la bénédiction; après quoi l'on commencera les Laudes, qui devront, autant que possible, se réciter au point du jour. Les autres heures, Prime, Tierce, Sexte et None, commenceront toujours par le verset *Deus, in adjutorium*, et l'hymne propre à chacune de ces heures; on récitera trois psaumes, et l'on finira par la leçon, le verset et la litanie. Aux Vêpres, on dira quatre psaumes avec antiennes, puis une leçon de l'Apôtre, une hymne de saint Ambroise, le verset, le cantique *Magnificat*, la litanie et l'Oraison Dominicale pour finir. Aux Complies on dira, sans les chanter, trois psaumes et trois antiennes, suivis de l'hymne, d'une leçon avec son verset, de la litanie et de la bénédiction. Saint Benoît, pour marquer la fin de chaque office, se sert de ces paroles : *Missæ sint*, par lesquelles il congédiait l'assistance et lui annonçait que l'office était terminé.

Travail des mains et lectures. — Après les offices divins, le reste de la journée devait être employé au travail des mains et à la lecture des bons livres. Depuis Pâques jusqu'au 1ᵉʳ octobre, les religieux sortant le matin travaillaient depuis la première heure jusqu'à la quatrième, c'est-à-dire depuis six heures jusqu'à dix, après quoi ils vaquaient à la lecture jusqu'à Sexte. Après le repas qui suivait Sexte, ils se reposaient sur leurs lits en silence. On disait None vers le milieu de la huitième heure, puis on travaillait jusqu'à Vêpres; ce qui faisait environ sept heures de travail par jour avec deux heures de lecture. Dans l'hiver ces heures étaient variées, mais le même temps était consacré à ces deux occupations. En carême, la lecture durait depuis le matin jusqu'à Tierce, et le travail depuis neuf heures jusqu'à quatre; le dimanche, tous vaquaient à la lecture, excepté ceux qui étaient chargés de divers emplois. Ceux qui travaillaient trop loin de la maison pour revenir à l'oratoire aux heures accoutumées, se mettaient à genoux sur le lieu du travail, et récitaient leur office avec crainte. Ceux qui se trouvaient en voyage le disaient aussi aux heures prescrites, comme ils le pouvaient. Personne ne choisissait son travail, il était imposé par les supérieurs; et ceux qui savaient des métiers ne pouvaient les exercer qu'avec la permission de l'abbé. La distinction que saint Benoît fait des artisans et de ceux qui ne l'étaient pas montre que le commun des moines n'était que de simples ouvriers. Ces artisans étaient de simples laïques, et il paraît même qu'il y en avait peu alors qui fussent initiés dans les ordres sacrés. Mais comme on recevait des clercs et des prêtres dans le monastère, et que l'habit était commun à tous, ils n'étaient distingués que par la tonsure.

Habits des moines. — On donnait aux moines des vêtements plus chauds ou plus froids, selon la différence du climat qu'ils habitaient. Saint Benoît affirme que dans les lieux tempérés il suffisait que chacun eût une cuculle et une tunique, la première plus épaisse pour l'hiver, plus légère pour l'été, et un scapulaire pour le travail. C'était depuis longtemps l'habit ordinaire des pauvres et des gens de la campagne. Il ne marque point la couleur de ces vêtements, mais l'usage ancien est que la cuculle et le scapulaire soient noirs et la tunique blanche; elle se mettait immédiatement sur la chair. La cuculle avait un capuce et enveloppait les épaules en descendant sur le reste du corps. Le scapulaire aussi avait un capuce. Les moines s'en servaient pendant le travail, parce qu'alors ils ôtaient leur cuculle pour la reprendre aussitôt après et la porter le reste du jour. Chacun avait deux tuniques et deux cuculles, soit pour changer pendant la nuit, soit pour les laver. Ils les prenaient au vestiaire commun et y remettaient les vieilles. Ils en prenaient aussi de meilleures que celles qu'ils portaient ordinairement, lorsqu'il leur arrivait de sortir du monastère; mais à leur retour ils étaient obligés de les remettre, après les avoir lavées. On donnait aux pauvres les habits que les moines rendaient lorsqu'ils en recevaient de neufs. L'étoffe de ces vêtements était commune et fabriquée dans le pays. La garniture des lits consistait en une paillasse, une couverture de laine et un chevet. Chacun avait son lit, mais ils couchaient plusieurs dans le même lieu, sous la surveillance d'un ancien, qui, à la lueur d'une lampe qui brûlait toute la nuit, observait la conduite des autres. Ils dormaient tout vêtus, même avec leur ceinture, afin d'être toujours prêts pour l'office. Les jeunes étaient confondus avec les anciens, et ils s'éveillaient doucement l'un l'autre, pour ôter toute excuse à la paresse.

De la nourriture. — La Règle ordonne pour chaque repas deux portions cuites, afin que celui qui ne pourrait manger de l'une mangeât de l'autre; s'il se trouvait des fruits ou des herbes nouvelles, elle permettait d'en ajouter une troisième; le terme *pulmentarium* dont saint Benoît se sert signifie, à proprement parler, des légumes. On ne leur donnait qu'une livre de pain par jour, même pour ceux où l'on faisait deux repas. Dans ce cas, le cellerier réservait la troisième partie de cette livre pour la rendre au souper; pourtant il était au pouvoir de l'abbé d'augmenter cette portion dans un cas de besoin ou de travail extraordinaire. L'hémine ou mesure de vin était de dix-huit onces. On en donnait douze à dîner et six à souper, et lorsqu'on ne faisait qu'un repas on la servait tout entière. Si le travail ou la chaleur l'exigeait, on augmentait cette mesure. Au reste, saint Benoît n'accorde l'usage du vin que dans les lieux qui en produisaient, ou dans les monastères qui avaient le moyen d'en acheter. Il défend la chair d'animaux à quatre pieds, à tous, excepté aux malades et aux infirmes. Il ne veut pas non plus qu'on donne aux enfants une aussi grande quantité de nourriture qu'aux personnes âgées, afin que tous évitent les excès. Depuis le jour de Pâques jusqu'à la Pentecôte, le dîner se faisait à l'heure de Sexte et le souper le soir; mais après la Pentecôte et pendant tout l'été, il y avait obligation de jeûner jusqu'à None, le mercredi et le vendredi de chaque semaine. Depuis le 3 septembre jusqu'au commencement du carême, on ne mangeait qu'à None, et, pendant le carême, après les Vêpres, dont l'heure devait être réglée de manière à ce qu'on n'eût pas besoin de lumière pendant son repas. On faisait la lecture à tous les repas, et chaque semaine le lecteur était choisi dans la communauté. Les moines se servaient les uns les autres, et aucun n'était dispensé du service de la cuisine que pour cause de maladie ou d'occupation plus sérieuse.

Les malades, les hôtes, les voyages. — Saint Benoît veut qu'on serve les malades comme si c'était la personne même de Jésus-Christ. Il y avait une chambre réservée pour eux, et un religieux craignant Dieu pour les servir. On leur permettait l'usage de la viande et des bains toutes les fois qu'ils étaient jugés nécessaires, mais on permettait rarement les bains en santé, et jamais aux jeunes. Lorsqu'on était averti de l'arrivée d'un hôte, le prieur et quelques religieux venaient le recevoir avec toute sorte d'égards et de charité. On le menait ensuite à l'oratoire, puis on lui donnait le baiser de paix. On faisait en sa présence quelque lecture pour son édification. Le supérieur rompait le jeûne, à moins qu'il ne fût ordonné par l'Eglise, et après lui avoir donné à laver les mains, l'abbé mangeait avec lui, appelant, pour les assister et les servir, tels frères qu'il lui plaisait, pourvu qu'il laissât toujours quelques-uns des anciens pour maintenir la discipline dans la communauté. Il y avait aussi un religieux chargé de la chambre des hôtes; mais personne ne leur parlait, excepté celui destiné à les recevoir. Les moines envoyés au dehors se recommandaient aux prières de l'abbé et de tous les frères. On faisait mémoire des absents à la dernière oraison de chaque office; et à leur retour, prosternés dans l'oratoire, ils demandaient pardon à Dieu des fautes qu'ils avaient commises dans leur voyage. Il leur était expressément défendu de rien dire de ce qu'ils avaient vu ou entendu au dehors, ces sortes de rapports causant beaucoup de mal. Pour ôter aux moines tout prétexte de sortir, le monastère était bâti de manière à ce qu'on eût au dedans toutes les choses nécessaires, l'eau, le jardin, le moulin, la boulangerie et les métiers différents. La porte était gardée par quelque sage vieillard qui sût porter la parole et rapporter la réponse.

Corrections. — Les corrections différaient suivant la grandeur des fautes. Quand un moine désobéissant violait la Règle, les anciens l'avertissaient en secret une fois ou deux, suivant le précepte de l'Evangile ; s'il ne se corrigeait point, on le reprenait publiquement ; et si, après cela, il demeurait incorrigible, on l'excommuniait ; si par endurcissement il méprisait l'excommunication, on le condamnait au jeûne et on le faisait passer par les verges. Il y avait plusieurs sortes d'excommunications. Celui qui, pour quelques fautes légères, était privé de la table commune, ne commençait point de psaume ni d'antienne dans l'église, et ne récitait aucune leçon jusqu'à ce qu'il eût satisfait. Il ne prenait son repas qu'après les religieux, à l'heure et en la quantité que l'abbé désignait. Celui qui était tombé en quelque grande faute était privé de la table commune et de l'office du chœur. Personne ne lui parlait, et il était séparé de tous, même pendant le travail, suivant cette parole de l'Apôtre : *Celui qui est coupable de ce crime est livré au démon pour mortifier sa chair, afin que son âme soit sauvée au jour du Seigneur.* L'application que fait saint Benoît de ces paroles de saint Paul donne lieu de croire qu'il parle ici d'une véritable censure ecclésiastique. Le moine excommunié de la sorte prenait seul son repas, sans que sa portion fût bénie par ses frères. Il n'était permis à aucun religieux de lui parler ni de lui écrire, sous peine d'encourir la même excommunication. Voici quelle était sa pénitence : prosterné devant la porte de l'oratoire pendant la célébration de l'office divin, il gardait un profond silence ; mais, la tête contre terre et le corps étendu, il se jetait aux pieds de tous ceux qui en sortaient, jusqu'à ce que l'abbé jugeât qu'il avait satisfait. S'il se refusait à cette satisfaction, on le châtiait de verges ; et si ce châtiment le laissait incorrigible, on le chassait du monastère, de peur qu'il ne corrompît les autres. Le religieux ainsi chassé pouvait être reçu jusqu'à trois fois, en donnant des espérances de conversion ; mais, passé ce terme, la porte lui était irrévocablement fermée. Saint Benoît, en finissant sa Règle, dit qu'il l'avait tracée pour établir les principes d'une vie honnête, et aussi quelques commencements des vertus chrétiennes ; ceux, dit-il, qui tendent à une plus grande perfection, en trouveront les règles dans les Conférences de Cassien, les Vies des Pères et la Règle de saint Basile. Il est clair qu'il y avait puisé lui-même pour formuler celle qu'il imposa à sa communauté.

Cette Règle, adoptée par la plus grande partie des ordres religieux de l'Europe, est, suivant l'expression de saint Grégoire le Grand, aussi remarquable par le style que par l'esprit de sagesse qui l'a dictée : *Discretione præcipua, sermone luculenta.* « Saint Benoît, dit Linguet, ne prétendait pas, comme saint Pacôme, l'avoir reçue d'un ange ; mais il faut avouer qu'elle était plus douce, plus humaine, et, s'il est permis de le dire, plus raisonnable qu'aucune de celles qui l'avaient précédée dans les autres parties du monde. » Elle n'ordonnait rien qui surpassât les forces de l'homme ; elle n'exigeait ni macérations extraordinaires, ni efforts surnaturels ; elle renfermait les principes de conduite les plus propres à contenir en paix une multitude d'hommes rassemblés et vivant en commun ; elle tendait surtout à les détourner de cette contemplation oisive et dangereuse qui avait produit tant de maux dans les monastères d'Orient. Le travail des mains, prescrit par ce saint législateur, fut à la fois un principe de santé pour ses disciples, la cause de la plus grande tranquillité dans son ordre, qui était très-étendu, et les sources d'une véritable prospérité dans les Etats qui eurent le bon esprit de le recevoir et de le protéger. Ces religieux, qui passaient une partie de la journée à défricher les landes, à dessécher les marais, à fertiliser les terres, rentraient modestement dans leurs cellules pour se livrer à d'autres travaux non moins utiles et plus relevés. Ils étudiaient les livres saints ; ils enseignaient le dogme et la morale ; ils copiaient les anciens manuscrits ; ils nous conservaient les trésors des sciences et des lettres que les Grecs et les Romains nous avaient légués, mais qui auraient péri avec leur puissance, si de pieux cénobites n'en avaient senti le prix et n'en avaient multiplié les copies, tandis que les Goths et les Vandales, les soldats et les barbares de toutes les nations pillaient et ensanglantaient la terre. Ce fut au fond des monastères, que l'opinion rendait alors sacrés, que furent conservés, même au milieu des guerres les plus désastreuses, les précieux restes de l'antiquité. Sans ces lieux d'asile, que notre orgueil dédaigne aujourd'hui, nous aurions été forcés de recommencer tout ce qui a été fait, et de créer une seconde fois les sciences, les lettres et les arts. Voltaire lui-même a rendu justice à ces utiles travaux. « Ce fut, dit-il, en parlant de l'ordre de Saint-Benoît, une consolation qu'il y eût de ces asiles ouverts à tous ceux qui voulaient fuir l'oppression du gouvernement goth et vandal. Presque tout ce qui n'était pas seigneur de château était esclave : on échappait, dans la douceur des cloîtres, à la tyrannie et à la guerre..... Le peu de connaissances qui restaient chez les barbares fut perpétué dans les monastères. Les Bénédictins transcrivaient quelques livres ; peu à peu il sortit quelques inventions utiles des cloîtres. D'ailleurs, ces religieux cultivaient la terre, chantaient les louanges de Dieu, vivaient sobrement, étaient hospitaliers, et leurs exemples pouvaient servir à mitiger la férocité de ces temps de barbarie. » Certes, ce sont là des titres à la reconnaissance des hommes, et il faudrait taxer d'ingratitude la nation qui ne les accepterait pas. L'ordre de Saint-Benoît, répandu dans tous les Etats catholiques, prospéra longtemps, à l'abri des sages institutions qui entretenaient et garantissaient la pieuse ferveur de ses membres; il déclina dès que l'esprit des institutions s'affaiblit; les réformes devinrent nécessaires, et celles qu'on y introduisit en différents temps ont détaché du tronc principal différentes branches connues depuis longtemps sous le nom *Congrégations*, dont les plus célèbres sont celles de Cluny, qui doit sa naissance à saint Bernon, son abbé, en 910; celle du Mont-Cassin, qui fut établie en 1408 et renouvelée en 1504; celle de Saint-Vanne et de Saint-Hidulphe, établie en Lorraine, dans le xvii° siècle, par dom Didier de la Cour; et celle de Saint-Maur, fondée par le même en 1621, qui avait son siége principal à l'abbaye de Saint-Germain-des-Prés, et qui, tous les trois ans, tenait un chapitre dans celle de Marmoutiers près de Tours. Toutes ces congrégations se sont soutenues avec honneur dans l'Eglise et dans les sciences, jusqu'à l'époque du grand bouleversement révolutionnaire qui, en passant le niveau sur les temples, décréta Dieu d'ostracisme et l'exila de la société. Il était réservé à nos jours de recomposition religieuse et morale d'assister à la résurrection d'un des ordres religieux qui ont rendu le plus de services à la science et à la civilisation. L'abbaye de Solesmes, au diocèse du Mans, a repris les exercices de la Règle de saint Benoît, en 1833, et a été érigée canoniquement en chef de congrégation, par un décret de Grégoire XVI rendu en 1837. Sous le titre de *Congrégation de France*, les Bénédictins de Solesmes sont déclarés, aux termes du décret pontifical, héritiers et continuateurs des trois congrégations de Cluny, de Saint-Vanne et de Saint-Maur. Déjà vingt-sept volumes ont été publiés par ces moines de nos jours, et on peut juger, rien qu'aux titres de leurs œuvres, qu'ils n'ont pas dégénéré de leurs aînés, mais qu'ils continuent d'être, comme eux, les investigateurs de la science et les gardiens des traditions catholiques. En effet, les *Origines de l'Eglise romaine*, les *Institutions liturgiques* de dom Guéranger; le *Manuel des sciences ecclésiastiques* de dom Lacombe; les *Etudes sur les Bollandistes*; l'*Histoire de saint Léger et de l'Eglise des Francs au* vii° *siècle*, et le *Spicilegium Solesmense* de dom Pitra, ou collection d'ouvrages inédits des Pères des douze premiers siècles, dont le recueil, publié en deux séries, ne formera pas moins de 10 volumes, sont autant de trésors nouveaux, qui ne donnent un démenti ni aux richesses du passé, ni aux espérances de l'avenir. Faisons des vœux pour que cet ordre prospère et grandisse parmi nous; la France, quoi qu'on en dise, aime les études sérieuses : les Bénédictins y sont donc à leur place, et ne sauraient y perdre leur droit de cité.

BENOIT (saint) d'Aniane, le plus illustre restaurateur de la discipline monastique en Occident, et l'une des plus brillantes lumières de son ordre, après le patriarche dont il portait le nom, naquit en Septimanie, aujourd'hui le Languedoc. Sa famille, distinguée par sa noblesse, descendait des anciens Goths, et son père, nommé Aigulfe, était comte de Maguelone et s'était distingué par sa valeur et sa fidélité aux rois français. On l'envoya fort jeune à la cour, où il fut successivement échanson de Pépin et de Charlemagne, qui le comblèrent de faveurs. A l'âge de vingt ans, il échappa au danger de se noyer dans le Tésin, en voulant sauver son frère. Il alla, en 774, prendre l'habit religieux à l'abbaye de Saint-Seine, en Bourgogne, au moment même où le roi Charles se rendait maître de l'Italie. Il y donna de si grands exemples de vertu, qu'à la mort de leur abbé, les moines lui proposèrent de l'élire à sa place. Il refusa cette offre, parce qu'il ne les voyait pas disposés à embrasser la réforme qu'il méditait, et il se retira, dès l'an 780, dans une terre de sa famille, au diocèse de Maguelone, dont le siége épiscopal fut transporté à Montpellier en 1536. Là il se bâtit d'abord un petit ermitage; mais le grand nombre de disciples que sa réputation y attira le mit dans la nécessité de construire un monastère plus spacieux, dans lequel il réunit en peu de temps plus de trois cents moines sous sa conduite. Telle fut l'origine de la célèbre abbaye d'Aniane, qui, ayant pris son nom du ruisseau voisin, le communiqua à son saint fondateur. C'était tout à la fois une école ouverte à la piété et à l'étude des belles-lettres. Les moines, sans cesser de s'y exercer à la vertu, s'y occupaient à copier de bons livres et à s'instruire de toutes les sciences convenables à leur état. Le saint abbé s'appliqua à y réunir une bibliothèque nombreuse, et ne négligea rien pour encourager de si louables occupations. Non-seulement il y recevait des moines étrangers à son ordre, mais il y donnait asile aux ecclésiastiques qui s'y rendaient de tous les pays, et leur fournissait à tous des maîtres capables de les bien instruire. Par là, son monastère devint insensiblement comme le séminaire d'où les églises des provinces voisines tirèrent pendant bien longtemps leurs évêques. On ne saurait apprécier les services qu'il rendit aux lettres, ni dire combien il contribua au renouvellement des études en France. Ce fut de ce monastère que l'esprit de saint Benoît se répandit dans toute la France, et de la France dans les pays étrangers, comme il s'était autrefois répandu du Mont-Cassin dans l'Italie, et de l'Italie dans tout le reste de l'Occident. Louis le Débonnaire, n'étant encore que roi d'Aquitaine, lui soumit tous les monastères de son royaume, afin qu'il y rétablît la discipline régulière, et plus tard, quand il eut succédé à Charlemagne son père, il lui accorda la même autorité sur tous ceux de l'empire français. C'est ainsi que nos plus célèbres abbayes lui durent successivement la réforme qui les ramena à la pureté de l'observance primitive. La vie ascétique à laquelle

Benoît était voué ne l'empêcha pas de prendre intérêt aux affaires générales de l'Eglise. Charlemagne l'avait envoyé, en 779 et 780, avec Leidrade de Lyon, et Néfride de Narbonne, à Urgel, pour travailler à la conversion de Félix, évêque de cette ville, contre lequel ils tinrent plusieurs conciles. Benoît réfuta ses erreurs dans plusieurs traités remplis d'une saine théologie. Louis le Débonnaire, qui ne pouvait se passer de ses conseils, fit bâtir le monastère d'Inde, près d'Aix-la-Chapelle, afin de l'avoir toujours auprès de lui. Il présida, en 817, à une assemblée d'abbés pour le rétablissement de la discipline monastique, et fut le principal auteur des canons du concile d'Aix-la-Chapelle sur le même objet. Il passa les dernières années de sa vie dans un état d'infirmité habituelle, et mourut dans son monastère d'Inde, le 11 février 821, à l'âge de soixante-quatorze ans. L'empereur Louis ne fut pas le seul qui révéra sa vertu. Les plus grands personnages de son temps recherchèrent son amitié et se tinrent honorés de se voir en liaison avec lui. Tels sont, entre autres, Théodulfe d'Orléans, Leidrade de Lyon, Néfride de Narbonne, et le célèbre Alcuin, abbé de Saint-Denis et ministre de Charlemagne. Ce dernier surtout était en relation si suivie avec notre saint abbé, qu'il y aurait de quoi faire un volume entier des lettres qu'ils s'écrivirent. Théodulfe employait quelquefois sa muse à célébrer son mérite et ses vertus, et, dans un de ses poèmes, il ne fait pas difficulté de le comparer au grand saint Benoît du Mont-Cassin, patriarche des moines d'Occident.

Il nous reste de saint Benoît d'Aniane divers écrits qui sont tout à la fois des monuments de sa piété et de son érudition, de son zèle pour l'intégrité de la foi et de son amour pour l'observation de la discipline dans les cloîtres.

Nous avons présenté saint Benoît d'Aniane comme le restaurateur de la discipline régulière ; il n'est donc pas surprenant que le premier et le plus important de ses écrits soit un *Code de règles*, c'est-à-dire une collection de toutes les règles monastiques connues de son temps. On prétend qu'il composa ce recueil comme il n'était encore que simple religieux de Saint-Seine. Depuis qu'il fut abbé, il ordonna qu'on en lirait tous les jours quelque chose dans la conférence ou assemblée du matin.

Ce recueil est divisé en trois parties. Dans la première sont réunies les Règles des Pères d'Orient ; celles de saint Antoine, de saint Isaïe, de saint Macaire, de saint Pacôme et de quelques autres, au nombre de dix. La seconde partie contient les Règles des Pères d'Occident ; on en compte jusqu'à quatorze, à la tête desquelles se trouve celle de saint Benoît. La troisième partie comprend les Règles des autres Pères de l'Eglise pour des religieuses, comme celles de saint Augustin, de saint Césaire d'Arles, de saint Aurélien, de saint Donat, de saint Léandre et d'un autre Père inconnu. On y trouve jointe aujourd'hui celle de saint Ælrède, abbé de Ridol en Angleterre, mais on ne doute point que ce ne soit une addition faite après coup, dans le but de compléter le recueil, puisqu'il est certain que cet abbé était contemporain de David, roi d'Ecosse, et de saint Bernard de Clairvaux. — A la suite de toutes ces Règles, vient un appendice, où l'on a recueilli plusieurs exhortations des Pères grecs et latins aux moines et aux vierges. Il y en a, entre autres, de saint Basile d'Evagre, de saint Eucher de Lyon, de Fauste de Riez et de saint Césaire d'Arles. Nul doute que cet appendice ne soit l'œuvre de saint Benoît, puisque l'auteur de sa Vie, saint Ardon Smaragde, qui fut son disciple, le compte au nombre de ses écrits.

Le second ouvrage attribué à notre saint par le même auteur est la *Concorde des règles*. On la regarde avec justice comme une suite du *Code* dont on vient de parler, et comme le premier, ou au moins un des premiers commentaires de la Règle de saint Benoît du Mont-Cassin. Sigebert caractérise fort bien cette *Concorde*, en disant qu'elle a été faite pour montrer que les Règles des anciens ne diffèrent point de la Règle de saint Benoît, et que celle-ci, sans s'écarter de leur esprit, perfectionne toutes les autres. Dans une petite préface en prose, où il donne de grandes preuves de sa modestie et de son humilité, saint Benoît d'Aniane nous apprend lui-même à quelle occasion il entreprit cette *Concorde*. Certains moines lâches et négligents trouvaient mauvais que, ne s'étant engagés qu'à suivre la Règle de saint Benoît, on leur en lût tous les jours plusieurs autres, qui n'y avaient, disaient-ils, aucun rapport. Le saint abbé les désabuse dans cet ouvrage, en leur montrant que saint Benoît, leur patriarche, n'a rien prescrit qui ne se trouve parfaitement conforme aux prescriptions des autres Pères de la vie ascétique. C'est ce qu'il exécute en rapportant à chaque texte de sa Règle les passages des autres Règles sur le même sujet. On compte jusqu'à vingt-six Règles confrontées dans cette *Concorde*, et deux entre autres, celle de saint Jérôme et celle de Cassien, qui ne se trouvent pas dans le *Code* précédent. L'ouvrage est divisé en soixante-dix-sept chapitres, quoiqu'on n'en distingue que soixante-treize dans la Règle de saint Benoît. Cette différence vient de ce que l'auteur en a divisé quelques-uns, et particulièrement la préface, qui forme plusieurs chapitres. Du reste, il a suivi le texte de la Règle, en plaçant le chapitre qui traite de l'élection de l'abbé immédiatement avant celui qui prescrit ce qu'il doit être. La petite préface en prose est suivie d'une autre en vers hexamètres, qui dénotent un certain talent de versification, quoiqu'il s'y trouve quelques fautes contre la prosodie. L'abbé Smaragde fit un grand usage de cette *Concorde*, dans le Commentaire qu'il publia sur la Règle de saint Benoît.

Nous avons encore, sous le nom de saint Benoît d'Aniane, quatre opuscules contre les erreurs de Félix d'Urgel, que Baluze a insérés dans V° tome de ses *Miscellanées*. Le premier de ces écrits est un recueil de témoignages tirés de l'Ecriture pour établir les mystères de l'Incarnation et de la Trinité, et pour inspirer l'horreur de la rebaptisation. Quoique l'auteur s'y soit astreint à une très-grande précision, cependant il ne laisse pas de faire valoir les autorités qu'il rapporte, et d'en tirer des conséquences, qu'il appuie partout des raisonnements les plus judicieux. Il établit tellement le dogme opposé à l'hérésie de Félix d'Urgel, qu'il y réfute aussi les fausses subtilités des ariens, tant sur la divinité du Verbe que sur celle du Saint-Esprit. C'est à l'occasion de ces hérétiques qu'il combat la rebaptisation.

Le second de ces opuscules est intitulé : *Discours de Benoît, diacre, contre l'impiété de Félix*; mais il n'y a pas lieu de douter qu'il ne soit sorti de la plume du même auteur. Il est la suite du premier, puisqu'il nous apprend qu'il n'y a attaqué les ariens que parce que les sectateurs de Félix d'Urgel avaient épousé leurs sentiments. Dans celui-ci, il les combat de front, en prouvant que Jésus-Christ est essentiellement vrai Fils de Dieu, et non par adoption; qu'il n'y a en lui qu'une seule personne, quoiqu'il y ait deux natures distinctes. A l'autorité de l'Ecriture il joint celle des conciles et des Pères, et, comme dans le premier, il les appuie par une force de raisonnement capable de convaincre.

Le troisième écrit est une lettre adressée, comme les deux traités précédents, à un nommé Garnier, que l'auteur qualifie du titre de *fils*, c'est-à-dire de disciple. Cette lettre est fort obscure, à cause des lacunes qui se trouvent dans le manuscrit. Certains passages feraient juger que ce Garnier aurait été autrefois engagé dans les erreurs de l'adoption, et que ce serait pour l'affermir dans son retour à la vérité que l'auteur aurait entrepris ses ouvrages. Quoi qu'il en soit, saint Benoît lui donne, dans cette lettre, divers avis qui tendent à le mettre en garde contre les hérétiques dont il parle. Il l'exhorte à allier la prudence avec la simplicité et la vraie foi, et surtout avec les bonnes mœurs, sans quoi, dit-il, celles-ci ne serviraient de rien pour le salut. A la fin, il cite un assez long passage du Symbole de saint Athanase, sans le nommer. Cette lettre, quoique obscure comme nous l'avons dit, est cependant pleine d'érudition.

Enfin, le quatrième opuscule, dont le titre est assez singulier, contient sur le mystère de la sainte Trinité une profession de foi en forme de prière dans laquelle l'auteur adresse la parole à Dieu même, avec les saints transports d'une piété aussi tendre qu'éclairée.

Malgré la correspondance établie entre le bienheureux Alcuin et le saint restaurateur de l'ordre de Saint-Benoît, correspondance que nous avons rappelée pour rester fidèles à la vérité historique, cependant aucune de ces lettres n'est arrivée jusqu'à nous. Nous n'en possédons que deux, l'une adressée à George, abbé d'Aniane, et écrite par saint Benoît la veille de sa mort; et l'autre à Nébride ou Néfride, archevêque de Narbonne, écrite aussi dans le cours de la maladie dont il mourut. Il est probable que ces deux lettres auraient subi le sort de toutes les autres, si saint Ardon n'eût pris soin de les ajouter à la Vie du saint abbé, comme son dernier testament et la dernière expression de son cœur.

On lui attribue encore un grand nombre d'œuvres manuscrites, dont quelques-unes même ont été imprimées, mais elles manquent des preuves de génuité qui nous autorisent à les analyser sous son nom. Du reste, nous croyons en avoir dit assez pour faire connaître les travaux du saint fondateur d'Aniane; ses vertus lui assurent à jamais la vénération de la postérité. Ses Œuvres, publiées primitivement dans plusieurs recueils, ont été réunies sous son nom, et reproduites dans le *Cours complet de Patrologie*, tome CIII.

BENOIT, surnommé Guaifer, moine du Mont-Cassin, composa la *Vie* de saint Secondin, évêque de Troyes en Pouille, avec des hymnes en son honneur, qu'Ughelli a fait imprimer dans le Iᵉʳ tome de l'*Italie sacrée*. Ses autres opuscules se sont conservés longtemps, manuscrits sur parchemin, dans la bibliothèque de son monastère. Ce sont des homélies sur l'Avent, sur les fêtes de Noël, de l'Epiphanie, sur les dimanches de la Septuagésime et des Rameaux, et sur la Cène du Seigneur. Il y avait aussi un poëme à la louange du Psautier; un autre sur le miracle d'un homme qui s'était tué lui-même, et qui avait été ressuscité par saint Jacques, et un troisième sur la conversion de quelques pêcheurs de la ville de Salerne. On y trouvait enfin l'éloge en vers de l'évêque saint Martin, et une homélie sur le martyre du pape saint Luce. Benoît était originaire de Salerne. Devenu moine de Cassin, sous l'abbé Didier, il y fit de grands progrès dans les sciences et dans la vertu. Pierre Diacre le loue en particulier pour son éloquence. On croit qu'il mourut vers le milieu du XIIᵉ siècle.

BERENGAUD, moine de Ferrières, est auteur d'un *Commentaire sur l'Apocalypse* de saint Jean, que plusieurs écrivains, après Gesner, ont attribué à Béranger. Il a été imprimé sous son nom dans l'Appendice des Œuvres de saint Ambroise, et on ne peut disconvenir que l'auteur ait professé la Règle de saint Benoît, ce qui ne convient nullement à ce détracteur de l'eucharistie.

BÉRENGER, aussi fameux par ses variations que célèbre par ses erreurs, naquit à Tours, au commencement du XIᵉ siècle, d'une famille riche et distinguée. Après avoir fait ses premières études dans sa ville natale, il alla les perfectionner à Chartres, sous le célèbre Fulbert. Là il eut pour condisciples plusieurs écoliers du premier mérite. Adelman, l'un d'entre eux, qui devait le réfuter plus tard, nous apprend que Bérenger, alors dans son adolescence, était un des privilégiés à qui le vénérable maître, après ses leçons publiques, donnait des leçons particulières. Aussi y fit-il de grands progrès dans la grammaire, l'éloquence, la dialectique et tous les arts libéraux. De retour dans sa patrie vers l'an 1031, il fut admis dans le clergé de Saint-Martin, où son oncle Vautier lui céda une terre qu'il tenait du chapitre, à titre de redevance annuelle, ce qui lui a fait donner quelquefois la qualification de chanoine de Tours. Dans la suite il remplit successivement les fonctions de trésorier et de chambrier ; mais le titre sous lequel il est le plus connu est celui de scolastique, ou *écolâtre*, comme on disait alors, dont il remplit la charge après Adam, sous lequel il avait peut-être étudié lui-même. L'école de Tours avait déjà quelque renommée : Raginal, qui y avait enseigné en qualité de sous-écolâtre, y avait apporté la méthode et la doctrine de Fulbert ; mais elle acquit sous la direction de Bérenger un si grand lustre, qu'elle semblait avoir éclipsé toutes les autres. En effet, Bérenger avait tout ce qu'il fallait pour soutenir cette brillante réputation, s'il ne se fût pas mêlé de théologie, ou si, en s'en mêlant, il ne se fût pas écarté de la ligne suivie par les saints Pères. On reconnaissait en lui du génie, un esprit supérieur, de grandes dispositions pour l'éloquence, du feu, de l'invention, du pathétique, et il passait pour exceller dans les arts libéraux, principalement dans la dialectique. Il ne manquait pas non plus d'érudition, et avait beaucoup lu les auteurs des bons siècles. Toutes ces belles qualités étaient soutenues par une vie exemplaire, frugale et conforme en tout à l'état qu'il avait embrassé. Bérenger se fit un grand nom, et son mérite lui attira de toutes parts une foule de disciples, dont les principaux furent Eusèbe Brunon, qui devint évêque d'Angers en 1047, et le savant Hildebert, d'abord évêque du Mans, et ensuite archevêque de Tours. Les amis que nous lui connaissons doivent nous faire juger de son mérite et de l'estime qu'ils en faisaient. Frolland, évêque de Senlis, lui portait un si grand respect, qu'en lui écrivant il lui donnait la qualité de *seigneur*, et le nommait toujours avant lui dans l'inscription de ses lettres. Hugues de Langres lui donnait aussi la qualité de *prêtre très-respectable*. Paulin lui était si dévoué, qu'il se faisait un mérite de copier les livres qui lui manquaient à Tours. Mais de tous les amis du savant scolastique, aucun ne lui donna des marques plus réelles de son estime et de son attachement qu'Hubert de Vendôme, évêque d'Angers, qui le choisit pour remplir le seul archidiaconé qu'il y eût alors dans son Eglise. Tel était Bérenger, estimé et honoré de tous ceux qui le connaissaient, lorsque l'ambition le fit donner dans la nouveauté, la nouveauté dans l'hérésie, et l'hérésie dans tous les travers d'un caractère froissé dans son orgueil. Piqué d'avoir été vaincu par Lanfranc sur une question peu importante, outré de voir qu'on désertait son école pour se rendre à celle de son rival, il imagina de se distinguer par des opinions singulières ; et prenant Scot Erigène pour guide, il attaqua le mystère de l'eucharistie. La passion de la vaine gloire fut le seul motif de son innovation dans la foi ; et l'obstination qu'il mit à soutenir ce nouveau personnage opéra en lui un changement complet. Il ne fit plus usage de son talent et de son génie que pour chercher des moyens assortis à son entreprise et les mettre en œuvre afin d'en assurer le succès. De prêtre auparavant humble, édifiant, réglé dans ses mœurs, Bérenger devint tout à coup d'un orgueil outré et d'une vanité excessive. On remarquait dans sa conduite et dans tous ses discours cette arrogance et cette ostentation qui font le caractère habituel de l'hérésie. Ce qu'il avait de feu, de pathétique et d'autres dispositions pour l'éloquence, se changea en fougue et en fureur, et s'évapora en invectives grossières. De même toute sa dialectique dégénéra en un art purement sophistique, dont les raisonnements irréguliers portaient à faux, par l'absence d'un principe, comme Lanfranc l'en a publiquement convaincu. Tant il est vrai qu'en tout temps les armes de ceux qui attaquent la foi s'émoussent et se brisent contre le bouclier qui la protège. Bérenger, voyant que ses faux raisonnements ne suffisaient pas à grossir le nombre de ses disciples, s'avisa d'un autre artifice qui ne lui réussit que trop. Il eut recours aux largesses, et il ne rougit pas d'employer l'or et l'argent à se faire des partisans de ses erreurs. Mais, si marqués qu'ils fussent, ses succès ne furent cependant pas exempts de contradictions. Hugues de Langres, Adelman de Bresse et Brunon d'Angers cherchèrent inutilement à le ramener à de meilleures pensées. Ses écrits, portés à Rome, y furent condamnés dans deux conciles tenus par le pape Léon IX, en 1050, à Rome et à Verceil, et sa personne excommuniée. Il se retira à l'abbaye de Préaux en Normandie, espérant d'être soutenu par Guillaume le Bâtard ; mais ce jeune prince ayant convoqué à Brionne les évêques et les plus habiles théologiens de ses Etats, Bérenger y fut confondu et condamné de nouveau. Le concile de Paris, en octobre 1050, ne le traita pas mieux, et le priva même de ses bénéfices. Cette perte lui fut plus sensible que les peines spirituelles, et le disposa à donner la rétractation de ses erreurs, dans celui de Tours, en 1055, qui le reçut à la communion de l'Eglise ; mais il n'en continua pas moins de dogmatiser en secret. Cité au concile de Rome, en 1059, par le pape Nicolas II, il fut confondu par Abbon et par Lanfranc, abjura ses erreurs, brûla ses livres, et ne fut pas plutôt rentré en France qu'il protesta contre sa rétractation, comme lui ayant été arrachée par la crainte, et recommença à dogmatiser. Mais enfin Grégoire VI, ayant convoqué un nouveau concile à Rome en 1078, Bérenger y condamna de bonne foi ses erreurs, revint en France et alla passer les huit dernières années de sa vie dans la petite île de Saint-Côme près Tours, livré aux exercices de la plus rigoureuse pénitence, jusqu'à sa mort, arrivée le 6 janvier

1088, à l'âge de quatre-vingt-dix ans, mais après avoir rendu encore raison de sa foi dans le concile de Bordeaux, tenu par deux légats, en octobre 1087. Oudin, et parmi les protestants, Cave et plusieurs autres, ont révoqué en doute la conversion de Bérenger, mais ce doute est détruit par le témoignage de tous ses contemporains. Le moine Clarius, qui n'écrivait que dix ans après la mort de Bérenger, et qui habitait un monastère peu éloigné de Tours, atteste qu'il mourut dans la foi de l'Eglise, en bon et fervent catholique : *Fidelis et vere catholicus vitam finivit*. Richard de Poitiers, moine de Cluny, nous certifie la même vérité : *Erravit in fide, sed postea correxit errorem*. Un autre écrivain du même siècle apporte en confirmation du fait les deux vers suivants, qu'on attribuait alors à Bérenger :

Constat in altari carnem, de pane creari ;
Ipsa caro Deus est : qui negat hoc reus est.

Nous pourrions joindre à ces autorités, celles de Vincent de Beauvais, de Jean d'Ypres et de la *Chronique* de Saint-Martin de Tours, continuée par Jean, moine de Marmoutiers, après le milieu du XII° siècle. Mais le fait que nous établissons n'en a pas besoin. Le silence de Bérenger, qui autrefois avait été si ardent à défendre ses erreurs, suffit tout seul pour attester son retour à la vérité ; et s'il ne suffisait pas, nous en trouverions une preuve péremptoire dans la tradition du chapitre de Saint-Martin, qui, tant que l'Eglise de Saint-Côme a subsisté, allait tous les ans, le jour de son anniversaire, chanter un *De profundis* sur son tombeau ; et par celle de la cathédrale d'Angers, qui avait placé le nom de Bérenger dans son Ménologe. Les mêmes auteurs protestants dont nous avons déjà parlé exagèrent le nombre des disciples de Bérenger ; ses contemporains ne les font pas monter au delà de trois cents. Ils prétendent aussi qu'il n'eut que des moines pour adversaires, et sur cette liste nous trouvons les plus grands évêques et les plus savants théologiens de son siècle. Dom Mabillon a cru qu'il s'était borné à attaquer le dogme de la transsubstantiation, sans toucher à celui de la présence réelle, mais il est facile de se convaincre, par ses écrits et par ceux de ses adversaires, qu'il ne respecta pas plus le dernier dogme que le premier. Du reste, tous les historiens témoignent que son opinion, quelle qu'elle pût être, fut regardée comme nouvelle dès qu'elle parut ; nous l'avons vue effectivement condamnée par tous les conciles de l'Italie et de la France. Ce fut le scandale causé par l'erreur de Bérenger qui donna lieu à la cérémonie de l'élévation de l'hostie et du calice au moment de la consécration, afin de rendre un hommage plus éclatant à la vérité du corps et du sang de Jésus-Christ dans l'eucharistie.

L'attachement de Bérenger à ses erreurs, son zèle opiniâtre à les soutenir, furent cause qu'il composa un grand nombre d'écrits pour les répandre. C'est ce que nous apprend son histoire, et ce qui nous est attesté par Sigebert, qui vivait du temps de notre scolastique. Cependant il ne nous en reste aujourd'hui qu'un petit nombre ; la plupart de ses autres productions se sont perdues.

Lettres. — Ce qui nous reste de ses lettres semble avoir précédé tous ses autres écrits, et il faut placer parmi les premières la longue lettre qu'il écrivit à des ermites, et la réponse à un clerc qui l'avait consulté au sujet d'un différend qu'il avait avec son évêque. Ces deux lettres ne contiennent rien qui ait trait aux erreurs qu'il enseigna dans la suite, ce qui les fait regarder comme les premières productions de sa plume. Celle aux ermites est remplie de conseils pieux qui tendent à faire haïr le vice, surtout l'orgueil, que notre auteur signale comme le vice le plus habituel parmi les solitaires, et à faire aimer la vertu. Il insiste particulièrement sur la faiblesse de l'homme, la nécessité et la force de la grâce.

La seconde lettre, quoique sage dans ses décisions, n'est pas autrement intéressante. La personne qui consulte avait marqué à Bérenger que son évêque venait d'excommunier un diacre pour s'être marié. Bérenger répond qu'il lui semble que le prélat est allé trop contre les canons, à moins que le diacre n'y ait joint la contumace. Il résulte de là que cette lettre a été écrite avant les décrets du pape Léon IX et de ses premiers successeurs, contre les clercs incontinents. Ces deux lettres ont été tirées de l'oubli par les soins de dom Martenne et de dom Durand.

Sigebert donne à entendre que Bérenger en écrivit plusieurs à Lanfranc, comme il n'était encore que prieur du Bec. L'unique qui nous reste est fort courte, mais décisive ; les sentiments de l'auteur y sont tranchés, et il s'y déclare nettement en faveur de Jean Scot sur le sacrement de l'autel, et reproche à Lanfranc de les regarder comme hérétiques en leur préférant les sentiments de Paschase. Il va même jusqu'à lui dire que s'il tient Jean Scot pour hérétique, il doit porter le même jugement de saint Ambroise, de saint Jérôme, de saint Augustin, pour ne rien dire des autres Pères. Cette lettre, adressée à Lanfranc, ne l'ayant pas trouvé en Normandie, fut envoyée à Rome, où il était alors. On en fit lecture dans le concile qu'y tint le pape Léon IX, en 1050 ; l'auteur y fut excommunié, et Lanfranc obligé de se justifier des mauvais soupçons que cette lettre faisait planer sur lui.

Après la conférence de Brionne, qui suivit de près la lettre à Lanfranc, Bérenger écrivit à un autre moine du Bec, nommé Ascelin. Il se déclare, avec une nouvelle extravagance, pour les opinions de Jean Scot, qu'il avoue néanmoins n'avoir pas lu tout entier, jusqu'à dire que c'est une impiété de le regarder comme hérétique, et que c'est démentir toutes les raisons de la nature et la doctrine de l'Evangile et des apôtres, de croire avec Paschase que dans le sacrement de l'eucharistie, la substance du pain se retire absolument. Cette lettre attira à son auteur la belle réponse d'Ascelin, dont nous avons rendu compte en son lieu.

Nous avons encore une lettre de Bérenger à un abbé Richard, qui ne nous est point connu d'ailleurs. Elle suivit la tenue du concile de Paris, en octobre 1050. Il s'y plaint que le roi l'ait privé de son bénéfice; il prie Richard d'intercéder auprès de ce prince, afin d'en obtenir pour lui quelque dédommagement. Il persévère encore dans son attachement pour Jean Scot, s'offrant de montrer au roi et à qui il lui plaira que c'est très-injustement qu'au concile de Verceil on l'a condamné pour approuver Paschase. — On n'a point la lettre que Bérenger écrivit au clergé de Chartres, après avoir passé par cette ville, au retour de la conférence de Brionne. Il s'en est perdu plusieurs autres encore, comme il paraît en particulier par celles d'Eusèbe d'Angers et de Paulin, primicier de Metz, qui lui sont adressées.

La réponse qu'il fit à celle d'Adelman, son ancien condisciple à l'école de Fulbert, est plutôt un traité en forme qu'une simple lettre. Il ne nous en reste que des fragments, que dom Martenne et dom Durand ont tirés d'un manuscrit de Gemblou, pour les donner au public. Bérenger y débute par se justifier de l'erreur des manichéens, qui voulaient que Jésus-Christ n'eût qu'un corps apparent et fantastique, en admettant clairement le dogme catholique opposé à cette hérésie. Il en usa sans doute ainsi pour éloigner l'accusation que l'on portait contre lui de scandaliser l'Église, en ne reconnaissant dans l'eucharistie qu'un corps intellectuel et pour ainsi dire incorporel, comme Hugues, évêque de Langres, le lui avait reproché publiquement. Cependant, malgré ce début, tout le reste de l'écrit tend à nier la transsubstantiation avec la réalité, et à ne reconnaître dans le sacrement de l'autel qu'une présence qui se fait par l'entendement et la foi des fidèles. Bérenger, pour établir son sentiment, emploie les raisonnements de la dialectique et l'autorité des Pères, surtout de saint Augustin, dont il répète jusqu'à satiété, et en les détournant de leur sens propre et naturel, une infinité de passages. Aux faux raisonnements et à l'abus de l'autorité des Pères, Bérenger joint une insigne mauvaise foi, ce qui n'est que trop ordinaire à ceux qui combattent la vérité. Pour faire tomber sous le ridicule le sentiment de Paschase Radbert touchant l'eucharistie, il lui attribue calomnieusement d'avoir avancé qu'il s'y trouve une petite partie, *portiunculam*, de la chair du Seigneur que l'homme manie et mange à l'autel.

Sigebert, qui avait lu cette réponse de Bérenger, la caractérise parfaitement, quand il dit qu'elle est écrite d'un style hautain et méprisant, et qu'au lieu d'y reconnaître la bonté d'un ami qui cherche à ramener un frère de ses erreurs, il ne s'y occupe que du soin de défendre son opinion sur les mystères de Jésus-Christ. A force de multiplier les sophismes, pour combattre la simplicité de la foi, il ne réussit ni à édifier ses lecteurs, ni à se justifier lui-même; il embrouille ce qui est clair, et il n'éclaircit rien de ce qui est obscur.

Autres écrits. — Ce défaut de Bérenger est encore plus palpable dans l'écrit qu'il publia pour rétracter la profession de foi qu'il avait souscrite et jurée, au concile de Rome, en 1059, sous le pape Nicolas II. On n'a rien imprimé de cet écrit, que ce qui se trouve intercalé dans la réponse triomphante qu'y opposa Lanfranc, environ vingt ans après. Cet illustre et savant défenseur de la foi eucharistique y a suivi la même méthode que saint Augustin employa autrefois contre Julien d'Eclane, en copiant en tête de chaque article le texte de son adversaire, afin de mettre plus d'ordre dans la réfutation. Lanfranc avertit qu'il ne rapporte pas le texte entier, parce qu'il n'entrait pas dans son dessein d'arracher les quelques roses que Bérenger avait mêlées aux épines de la discussion; il lui suffisait de se maintenir dans les bornes du sujet, et de ne rien laisser passer sans réponse. C'est ce même ouvrage que Guitmond, évêque d'Averse, réfuta avec autant de lumière que de solidité.

Dom Martenne et dom Durand ont publié, sur le manuscrit de Gemblou, un autre écrit de Bérenger, en l'accompagnant de leurs observations préliminaires. Il est intitulé : *Serment de Bérenger, clerc de Tours, prêté à Rome, dans l'église de Latran, sous le pontificat de Grégoire VII.*

L'écrit commence par la profession de foi que Bérenger souscrivit et jura d'observer, au concile de Rome, tenu à la Toussaint de l'an 1078, et roule en partie sur ce qui se passa dans cette ville à l'égard de l'auteur, avant et après la célébration de ce concile. Mais la plus grande partie est employée à discuter et à révoquer une autre formule de foi souscrite dans un autre concile tenu à Rome au mois de février de l'année suivante; formule dans laquelle on avait exprimé que le pain et vin sont changés substantiellement à la vraie chair et au vrai sang de Jésus-Christ après la consécration. C'est principalement pour combattre la force de ces expressions que Bérenger emploie ici, comme dans l'ouvrage précédent, et les raisonnements de la dialectique et l'autorité des Pères, nommément de saint Augustin, dont il cite plusieurs passages, qu'il avait déjà essayé de faire valoir dans une autre rétractation. On voit par tout ce qu'il dit que non-seulement il rejetait le dogme de la transsubstantiation, mais qu'il ne croyait même à la présence du corps de Jésus-Christ qu'en vertu de l'acte de foi, ou, comme le lui reprochait Hugues de Langres, par un effort de l'entendement. Il n'y parle pas avantageusement de Lanfranc, qu'il eût cependant plus maltraité encore, si ce grand homme n'avait réfuté son écrit précédent. Mais ce fut l'apparition de celui-ci qui le détermina à prendre la plume pour confondre les absurdités de ces deux livres dans une même réfutation.

Clarius nous apprend que Bérenger, sur la fin de sa vie, composa une pièce en vers commençant par ces mots : *Juste judex*. Dom Martenne et dom Durand l'ayant exhumée d'un manuscrit de l'abbaye de Marmoutiers, la donnèrent au public. Elle se compose de soixante-douze petits vers, et respire partout la piété et l'humilité chrétienne. Cependant, quoiqu'il y soit fait mention de la Trinité, de l'Incarnation, de la Passion du Sauveur et de la vertu de sa croix, on n'y lit pas un mot ni pour ni contre le mystère de l'Eucharistie.

De toutes les professions de foi que Bérenger souscrivit dans les conciles, tant à Rome par trois fois différentes, qu'à Tours, à Poitiers et à Bordeaux, on ne nous en a conservé que trois ; encore ne lui appartiennent-elles qu'en tant qu'il les souscrivit et jura de suivre la doctrine qu'elles exprimaient touchant le sacrement de l'autel. Ces professions de foi sont assez connues pour que nous n'ayons pas besoin de les rapporter.

Bérenger écrivit plusieurs autres ouvrages qui ne sont pas parvenus jusqu'à nous ; on lui en attribue aussi un certain nombre dont la propriété ne nous paraît pas assez justifiée pour que nous puissions les lui revendiquer. Tels sont, entre autres, un *Traité du Sacrement de l'autel*, un *Commentaire sur le Cantique des cantiques*, un autre *sur l'Apocalypse de saint Jean*, un *Traité de la vie solitaire*, un *Traité de l'Incarnation* et un recueil d'*Homélies*. Il s'en faut de beaucoup que les ouvrages de Bérenger justifient la grande réputation qu'il eut de son vivant. Le style en est sec, dur, semé de laconismes qui l'embarrassent, et qui empêchent de saisir aisément la pensée de l'auteur. Quelle différence entre celui de Lanfranc, d'Adelman, d'Anselme, et de quelques autres de ses contemporains. On n'y reconnaît presque nulle part l'un des plus habiles grammairiens de son siècle.

BÉRENGER, vicomte de Narbonne, présenta au concile de Toulouse une longue plainte, en forme de mémoire, contre Guifroi, son archevêque, qu'il chargeait de plusieurs graves accusations. Elle se trouve reproduite dans le *Cours complet de Patrologie* publié par M. l'abbé Migne.

BÉRENGOSE, que le IV⁰ volume de l'ancienne *Gaule chrétienne* met au nombre des abbés de Saint-Maximin de Trèves, vivait sous le règne de l'empereur Henri V, de qui il obtint un privilége pour son abbaye. Cette pièce se trouve conservée dans le Nécrologe de Saint-Arnoult de Metz, à la date de 1115. — On a sous le nom de Bérengose, dans la *Bibliothèque des Pères* de Cologne et dans le XIIᵉ tome de celle de Lyon, en 1677, trois livres *de l'Invention de la croix de Notre-Seigneur* ; un *du Mystère du bois de la Croix* ; un autre *de la Lumière visible et invisible dont les anciens Pères ont mérité d'être éclairés*, et cinq sermons sur les martyrs, les confesseurs, la dédicace de l'Eglise et la vénération des reliques. Dans le troisième livre *de l'Invention de la Croix*, Bérengose marque assez clairement qu'il avait demeuré à Trèves, par la description qu'il fait de la magnificence des édifices que sainte Hélène y avait fait construire, et qui subsistaient encore en partie du vivant de l'auteur. Il adopte comme certaine la fausse chronique du baptême de Constantin. Ce qu'il dit de l'invention de la croix n'est ni fondé dans l'antiquité, ni même vraisemblable. En général il montre dans ce traité une crédulité dénuée de critique, et plus de piété que de lumières. Le traité suivant est une suite de réflexions morales et allégoriques sur le mystère de la croix. Ses discours sur les martyrs et les confesseurs sont communs à tous les saints, et il n'y donne l'histoire d'aucun en particulier. Dans le discours sur la dédicace et la vénération des reliques, il dit qu'il faut croire qu'aux jours de leur fête les âmes des saints descendent vers leurs corps et intercèdent pour tous ceux qui viennent les visiter. — On a souvent attribué à Bérengose un *Commentaire sur l'Apocalypse* que les anciens critiques ont publié parmi les écrits de saint Ambroise, mais rien ne prouve qu'il en soit l'auteur. Il est fait mention dans les lettres de Loup d'un moine, nommé Bérengaud, qu'il envoya vers l'an 857 à Auxerre pour y achever ses études sous Héric, qui professait avec réputation à l'abbaye de Saint-Germain. Il était moine de Saint-Benoît, et très-instruit dans les belles-lettres et les divines Ecritures, ce qui rend la supposition plus vraisemblable. En effet, il fallait la réunion de toutes ces connaissances pour écrire un Commentaire qui, par la beauté de son style et la solidité de ses explications, a mérité les éloges des plus habiles interprètes, entre autres, de Denis le Chartreux et de Bossuet lui-même.

BERNARD, abbé de Saint-Gal, était un homme qui passait pour savant. Il gouvernait le monastère de Saint-Gal à la fin du IXᵉ siècle, et les études y étaient cultivées sous sa direction avec autant d'éclat que de succès. Aussi un grand évêque de son temps lui rendait-il ce témoignage qu'il brillait autant par sa science qu'il se distinguait par son exacte discipline. On a de cet abbé un petit avertissement, qui contient des avis généraux, mais très-salutaires, donnés à un de ses moines pour se bien conduire dans le cours de ses études.

BERNARD, archevêque de Tolède. — Bernard, né à la Salvetat, dans le diocèse d'Agen, se destina d'abord à l'Eglise, puis, changeant de dessein, il prit le parti des armes. Plus tard, à la suite d'une maladie, il revint à ses premières pensées, et fit profession de la vie monastique à Saint-Orens d'Auch. Saint Hugues, abbé de Cluny, l'appela auprès de lui. Quelque temps après, le roi Alphonse, pensant aux moyens de rendre le monastère de Saint-Fagon aussi célèbre en Espagne que Cluny l'était en France, demanda à saint Hugues un sujet digne d'être abbé de cette maison. Le pieux moine lui envoya Bernard, dont il connaissait le mérite et la régularité. Il ne fut pas longtemps en Espagne sans se faire aimer, et le roi ayant assemblé un concile à Tolède, en 1088, pour l'élection d'un archevêque, Bernard fut élu à l'unanimité. La même année, il se saisit à main armée de la grande mosquée de Léon, y érigea des autels et fit mettre des cloches dans ses tours. Cette entreprise faillit avoir des suites fâcheuses, parce que le roi avait promis aux Maures le libre exercice de leur culte. Quelque temps après, il alla à Rome, porter des plaintes contre Richard, abbé de Saint-Victor et légat du saint-siège. Il en revint avec le *pallium* et une bulle qui l'établissait primat sur toute l'Espagne; elle est datée du 15 octobre 1088. Bernard présida au concile de Léon en 1091, de Nîmes en 1096, et de Gironne en 1097. S'étant croisé pour la terre sainte, il partit, après avoir recommandé son église au clergé du pays; mais il était à peine à trois jours de distance, qu'il apprit qu'on l'avait remplacé par un autre archevêque. Il revint sur ses pas, dégrada l'intrus qu'il trouva sur son siège, et, confiant de nouveau la desserte de son église aux moines de Saint-Fagon, il reprit la route de la terre sainte. Le pape Urbain le dispensa de son vœu, et l'obligea de retourner à Tolède, dont l'église avait besoin de sa présence. Il ramena de France en Espagne des hommes savants et vertueux, qui furent dans la suite élevés aux premières places de l'Eglise. On met la mort de Bernard avec la fin de la guerre du roi Alphonse contre les Maures, c'est-à-dire au mois d'avril 1126. Il avait gardé l'épiscopat pendant quarante-quatre ans. Les historiens espagnols varient sur le lieu de sa sépulture: l'opinion la plus commune est qu'il fut inhumé à Tolède, dans l'église de la Sainte-Vierge, qui avait été auparavant une mosquée des Maures.

On lui attribue, mais non sans conteste, quatre discours sur le *Salve Regina*. — Il dit dans le premier que dans son ordre on chantait le *Salve Regina* quatre fois l'année, c'est-à-dire aux quatre solennités de la sainte Vierge, la Purification, l'Annonciation, l'Assomption et la Nativité, les autres fêtes de la Mère de Dieu n'ayant été instituées que plus tard. L'ordre dont il parle est sans doute celui de Cluny, où Pierre le Vénérable témoigne que cette antienne était en usage, comme elle le fut depuis dans l'ordre de Citeaux. On lit dans le même discours qu'elle avait été composée par les saints; cependant quelques-uns l'attribuent à Hermann Contract, à qui l'on ne donne pas ordinairement le titre de saint; d'autres à saint Bernard, et le critique Durand à Pierre, évêque de Compostelle. Le second discours a en tête trois vers hexamètres à la louange de la sainte Vierge: le troisième et le quatrième, quatre vers de la même mesure, dont le sujet est pris de l'antienne. On voit dans le quatrième que la sainte Vierge a été exempte de tout péché originel et actuel, parce qu'elle fut sanctifiée dès le sein de sa mère, et que c'est pour cela qu'on célèbre la fête de sa Nativité. On voit que la doctrine de la conception immaculée a de profondes racines dans le passé, et qu'il n'est point surprenant que l'Eglise en ait fait un dogme de nos jours. On remarque que l'auteur supprimait le mot *Mater*, et qu'il lisait de suite: *Salve, Regina misericordiæ*.

BERNARD d'Angers, dont on ne connaît point autrement la famille, avait un frère beaucoup plus jeune que lui, nommé Robert et surnommé l'Angevin, qui fut abbé de Cormeri en Touraine. On se croit autorisé à conjecturer de là qu'il était originaire de l'Anjou. Il quitta sa patrie pour aller se mettre sous la discipline de Fulbert de Chartres. Pendant qu'il y étudiait, il conçut une dévotion particulière pour sainte Foi, dont il y avait alors, hors des murs de la ville, une petite chapelle qu'il visitait souvent tant pour prier que pour étudier plus en repos. Les miracles que Dieu opérait au tombeau de cette sainte faisaient alors beaucoup de bruit; on en débitait à Chartres de si extraordinaires, que Bernard ne pouvait les croire. Pour s'assurer de la vérité, il résolut de recourir à la source et de faire un voyage à l'abbaye de Conques en Rouergue, où se conservait le corps de la sainte. Il paraît même qu'il s'y engagea par une espèce de vœu, dont il fut forcé de différer l'accomplissement. L'évêque d'Angers, qui était alors Hubert de Vendôme, l'appela près de lui pour lui confier la direction de l'école épiscopale. Bernard en prit soin pendant trois ans, avec le double regret de ne pouvoir accomplir son vœu et de se voir engagé avec des écoliers si peu avancés, qu'il ne pouvait profiter pour lui-même des leçons qu'il leur donnait. Enfin il quitta brusquement Angers, et accomplit son pèlerinage. Il recueillit sur les lieux tous les miracles de la sainte dont on put lui donner des preuves certaines, et les envoya à Chartres, à Fulbert, son maître. On suppose que Bernard retourna à Angers, où il continua d'exercer l'emploi de scolastique, mais on n'en a aucune preuve positive. On en a encore moins pour prolonger ses jours jusqu'en 1054. Peut-être aura-t-on pris l'année de la mort de son frère pour le terme de la vie de Bernard. Ce qu'il y a de certain, c'est qu'il florissait à Chartres, sous l'épiscopat de Fulbert, et même dès l'année 1010; or il y a loin de cette époque à celle de 1054.

Le principal écrit de Bernard est son recueil des miracles de sainte Foi, imprimé par les soins du P. Labbe, mais sans nom d'auteur, parce que l'épître dédicatoire où il se fait connaître manquait à son manuscrit. Dom Mabillon l'ayant déterrée dans un autre manuscrit de l'abbaye de Saint-Père, à Chartres, en a fait part au public. Le recueil est composé de vingt-deux chapitres, disposés au hasard et sans choix. Il paraît que tous les miracles lui étaient bons, pourvu toutefois qu'ils fussent bien prouvés. Bernard s'est particulièrement attaché à cette certitude, ce qui l'autorisait à inviter ceux qui les suspectaient à se transporter sur les lieux, afin de s'en convaincre par eux-mêmes. Tillemont lui rend cette justice, que ses narrations sont fort circonstanciées, et ordinairement appuyées par des témoins oculaires; mais il observe avec raison qu'il y en a d'étranges, et que l'avant-dernière surtout n'est propre qu'à rendre les autres suspectes d'illusions. Bernard atteste néanmoins qu'il l'avait apprise d'un vénérable abbé qui la tenait de la personne même à qui la chose était arrivée. Quoique la relation de notre scolastique ne contienne que des miracles, on ne laisse pas d'y trouver cependant plusieurs faits qui servent à compléter l'histoire de ce temps-là. C'est à ce titre que les historiens du Languedoc rapportent parmi leurs preuves un long fragment de l'écrit de Bernard. Si Catel en avait eu connaissance, il n'aurait pas donné à la femme de Guillaume, comte de Toulouse, à la fin du xe siècle et au commencement du suivant, le nom d'Alfonse ou Delfonse; il y aurait vu qu'elle se nommait Arsinde.

Bernard a laissé un autre écrit de sa façon. C'est la relation d'un pèlerinage qu'il fit, en 1020, avec quelques Angevins, ses compatriotes, à Notre-Dame du Puy en Velay. Ménard, dans ses *Ecrivains d'Anjou*, en rapporte un fragment qu'il a tiré du P. Gissey.

BERNARD, moine de Cluny, fit un recueil des anciens usages de cette abbaye, afin de les conserver à la postérité, et d'empêcher, autant qu'il était en lui, les innovations, source ordinaire de la décadence de la discipline régulière. Il en conçut le dessein à l'occasion des difficultés qui naissaient chaque jour entre les jeunes religieux et les anciens au sujet de ces usages, et il l'exécuta par l'ordre du saint abbé Hugues, à qui il le dédia. On n'en trouve que l'épître dédicatoire dans la bibliothèque de l'abbaye de Cluny; mais dom Marquart a donné l'ouvrage entier dans son recueil intitulé : *Ancienne discipline monastique*, imprimé à Paris en 1726. Trithème parle de Bernard avec éloges.

BERNARD, moine de la Nouvelle-Corbie, en Saxe, adressa à Herdevic, archevêque de Magdebourg depuis l'an 1079 jusqu'en 1110, un livre écrit d'un style assez orné, mais mordant et incisif, contre l'empereur Henri IV. Sigebert et Trithème en font mention.

BERNARD (saint), ce grand homme de Dieu que l'Eglise honore comme le dernier des saints Pères, et qui fut considéré de son temps comme l'organe du Saint-Esprit et l'interprète de la volonté du Très-Haut, naquit à Fontaines, dans le duché de Bourgogne, à une demi-lieue de Dijon, sur la fin de 1090 ou au commencement de 1091. Il eut pour père Tescelin, issu des comtes de Châtillon, et pour mère Aleth, de la maison de Montbar, plus recommandables encore par leur piété que par la noblesse de leur naissance et l'éclat de leurs ancêtres. Bernard pouvait donc prétendre à la gloire et aux places qui en sont le prix, mais il leur préféra les douceurs de la retraite et les plaisirs de l'étude. Après avoir paru avec éclat dans l'Université de Paris, qui réunissait alors les plus célèbres professeurs de l'Europe et de nombreux élèves de tous les pays du monde, le jeune Bernard, dégoûté de la vanité des sciences humaines, résolut d'aller s'ensevelir dans un cloître, où, par l'ascendant qu'il exerçait déjà sur les esprits, il parvint à entraîner à sa suite trente de ses compagnons d'étude, la plupart de la première noblesse, et les décida à entrer à Cîteaux. Comme ils se mettaient en route pour s'y rendre, Guy, l'aîné de la famille, rencontrant le dernier de leurs frères, Nivard, encore enfant, qui jouait sur la place publique avec d'autres enfants de son âge : « Adieu, mon frère Nivard; lui dit-il, nous vous laissons tous nos biens; désormais la succession paternelle vous appartient tout entière. — C'est-à-dire que vous me laissez la terre; répondit Nivard, et que vous prenez le ciel; le partage n'est pas égal. » Ces belles dispositions se développèrent avec les années; Nivard resta alors avec son père, mais dès qu'il fut en âge, rien ne put le retenir, il suivit l'exemple de ses aînés, et se retira dans un monastère. La bénédiction du ciel s'étendit dans la suite à toute la famille; Tescelin, leur père; et leur sœur Humbeline, embrassèrent la vie religieuse et moururent dans les plus saintes pratiques de la perfection. Etienne était abbé de Cîteaux, lorsque Bernard s'y présenta suivi de ses trente compagnons; l'austérité de l'ordre en avait retardé jusqu'alors les accroissements, et le nombre des religieux en était petit : ce fut donc avec une joie sensible que le pieux abbé accueillit une si nombreuse et si florissante recrue. Bernard y prononça ses vœux en 1113, et pendant deux ans il y vécut caché dans la solitude, comme une lumière sous le boisseau; mais Dieu ne tarda pas à le mettre sur le chandelier, pour éclairer l'Eglise tout entière. Il inspira à l'abbé Etienne le dessein d'établir une nouvelle abbaye de son ordre, près de la rivière d'Aube, dans un désert affreux, qui passait pour une retraite de voleurs, et qu'on n'avait connu jusque-là que sous le nom de *Vallée d'absinthe*. Douze moines, avec quelques cabanes pour cellules, mais Bernard pour abbé, firent bientôt de cette retraite un lieu de prière, un temple du Dieu vivant. Ce désert, qu'ils défrichèrent de leurs propres mains, ne tarda pas à devenir célèbre dans tout le monde chrétien, qui changea son nom de *Vallée d'absinthe* en celui de *Clairvaux*, ou vallée illustre, qu'il porte encore. Le nom de Bernard se répandit au loin avec le bruit de ses vertus et l'éclat de ses lumières. Il eut jusqu'à sept cents novices à la fois. Le pape Eugène III, des cardinaux et une foule d'évêques furent tirés de ce monastère. De toutes parts on s'adressait à lui, soit pour terminer des différends politiques, soit pour éclaircir des doutes dans les controverses religieuses, soit pour prévenir des schismes dans l'Eglise, soit enfin pour réparer des scandales dans la société. En 1128, il fut chargé par le grand maître des Templiers de rédiger les statuts de l'ordre. En 1130, le roi Louis le Gros le nomma arbitre pour décider lequel des deux papes Innocent II ou Anaclet était le légitime successeur de saint Pierre. Le jeune Bernard décida la question en faveur d'Innocent II, et l'Eglise se rangea à son avis. Quelque temps après, ayant été envoyé à Milan pour réconcilier cette Eglise, qui s'était jetée dans le parti de l'antipape Anaclet, les moyens qu'il employa obtinrent un tel succès, que le peuple et le clergé, pleins de reconnaissance et d'enthousiasme pour le saint arbitre, se réunirent pour l'élever sur le trône épiscopal qu'avait illustré saint Ambroise. Bernard se refusa à leur empressement et à tous les honneurs qu'on voulait lui rendre. Il revint modestement en France, et rentra dans son cloître avec la même simplicité qu'il en était sorti. Il eut la consolation d'y retrouver sa communauté dans une union parfaite, et le nombre des religieux s'était accru si considérablement, que, pour les contenir, il fut obligé de transporter son monastère dans un lieu plus commode et plus étendu. Thibault, comte de Champagne, les évêques voisins et plusieurs nobles et riches marchands fournirent aux frais de ces nouvelles constructions. Le zèle que saint Bernard avait déployé pour hâter la fin d'un schisme funeste, il le retrouva pour combattre l'hérésie naissante; il gémit de cette nécessité qui fait de sa vie un long combat. « Le lion est vaincu, dit-il, maintenant il faut lutter contre le dragon. » Le lion, c'était l'antipape Anaclet; le dragon, c'est Abailard; et, comme le dragon joint la ruse à la force, le venin à la violence, il n'aura pas trop contre lui de toutes les forces de son génie et de l'assistance de l'Eglise : aussi, pour préparer son triomphe sur un adversaire aussi redoutable, il réveille sur tous les points le zèle des docteurs de la foi, et avant de paraître devant le concile convoqué à Sens en 1140, il a si bien montré l'imminence du danger que la sentence est déjà portée dans l'esprit des juges. On a souvent reproché depuis à l'abbé de Clairvaux la vivacité de ses poursuites contre Abailard et la chaleur qu'il apporta à provoquer sa condamnation; mais sa conduite révèle abondamment qu'il n'avait d'autre passion dans le cœur que celle de la pureté de la foi, et une preuve qu'il n'y mit point d'animosité personnelle et sut bien distinguer Abailard de ses opinions, c'est qu'il se réconcilia sincèrement avec lui dès qu'il les eut abjurées. Nous aurons occasion de revenir sur cette question dans l'examen des écrits que le saint docteur publia contre les erreurs d'Abailard. (*Voy.* aussi l'article ABAILARD.) Nous arrivons à une grande époque de notre histoire, et à un des événements les plus importants de la vie de saint Bernard. Il fut chargé par Eugène III, un de ses anciens religieux devenu souverain pontife, de prêcher la croisade, et il s'acquitta de cette commission avec son zèle ordinaire et un succès prodigieux. Il échauffa tellement les esprits, et l'enthousiasme qu'il sut inspirer pour cette expédition fut si véhément, que, suivant une de ses propres expressions, les villes et les châteaux furent changés en déserts, et qu'on ne voyait partout que des veuves dont les maris n'étaient pas morts. Louis VII voulut se croiser, Bernard l'en pressait. Suger, au contraire, fit tous ses efforts pour le détourner d'un voyage où il y avait tout à craindre et rien à espérer. L'estime que le roi avait conçue pour ces deux grands hommes balança quelque temps sa résolution; tous deux, en effet, étaient recommandables par un rare mérite, quoique d'un genre différent. Le premier, moins encore par le brillant de l'esprit que par une grande réputation de sainteté, s'était attiré une considération personnelle bien au-dessus de l'autorité même ; le second, par un génie supérieur, soutenu d'une vaste capacité et d'une probité reconnue, s'était acquis dans le public et dans le cœur du roi une confiance qui les honorait l'un et l'autre; l'abbé de Clairvaux, avec l'air et l'enthousiasme d'un prophète, en avait toute l'inflexibilité ; l'abbé de Saint-Denis, avec plus de connaissance du monde, était plus retenu, plus insinuant, mieux fait pour tenir le gouvernail de l'Etat. L'un et l'autre n'agissaient que par de nobles vues ; Bernard ne songeait qu'aux intérêts de la religion ; Suger cherchait à concilier le bien de la religion avec le bien de l'Etat; mais il ne fut point écouté, le prophète l'emporta sur le politique; le roi se croisa, la France et l'Europe s'ébranlèrent jusque dans leurs fondements, pour se précipiter sur l'Asie. Il semblait que les Français, dégoûtés du riche pays de leurs ancêtres, allaient chercher un autre établissement dans une nouvelle terre. On envoyait une quenouille et un fuseau à quiconque pouvait se croiser et ne le faisait pas. Un bruit se répandit que l'abbé de Clairvaux avait des révélations et faisait des miracles; un de ses disciples publia dans un écrit qu'à sa parole les aveugles avaient vu, les boiteux avaient marché, les malades avaient été guéris. Toute la France fut convaincue que le ciel ordonnait la croisade, et si fort prévenue que le succès de cette expédition dépendait du saint religieux, que, dans une assemblée tenue la même année à Chartres, on lui offrit le commandement général de l'armée; mais l'exemple de Pierre l'Ermite était trop récent pour être suivi, et Bernard avait trop d'esprit pour s'exposer au même ridicule. Il refusa donc un emploi qui ne convenait point à un homme de son état ; et tandis que tant de braves gens allaient aveuglément chercher en Orient la gloire ou la mort, Bernard, content de son rôle de prédicateur et de thaumaturge, s'occupa à réfuter les erreurs du moine Raoul, fanatique furieux, qui engageait les chrétiens, au nom d'un Dieu de paix, à égorger tous les Juifs ; il réfuta les erreurs de Pierre de Bruys, de Gilbert de la Porée ; il confondit Éon de l'Étoile, et les partisans d'Arnauld de Brescia, disciple d'Abailard, *écuyer de cet autre Goliath*, comme disait saint Bernard, et qui poussait l'audace et la résolution beaucoup plus loin que son maître. Le mauvais succès de la croisade excita de violentes réclamations contre celui qu'on en regardait généralement comme l'auteur ; mais il n'en fut pas longtemps responsable aux yeux de ses contemporains. Les désastres des croisés l'affligèrent sans troubler sa conscience, et il pouvait répondre à ceux qui les lui imputaient qu'il n'était pas comptable du succès de l'entreprise, et qu'autant qu'il était en lui les infidèles avaient été vaincus et la chrétienté victorieuse. Du reste, nous verrons, en rendant compte de son *Apologie*, qu'il sut rejeter sur ses véritables auteurs la faute de ce mauvais succès. Au milieu des agitations que lui causèrent tant de voyages, de missions et de contradictions, il se plaignait souvent de la vie mondaine qu'il menait malgré lui. « Je ne sais plus, disait-il, ce que je suis ; je ne vis ni en religieux ni en mondain. » Résolu de mettre un terme à cette dissipation, il rentra dans son abbaye de Clairvaux, où il se livra jusqu'à la fin de sa vie à l'étude des livres saints et aux exercices de la plus rigoureuse pénitence. Mais ses forces ne répondirent pas longtemps à l'activité de son zèle ; il s'avança rapidement vers la tombe, qui s'ouvrit enfin pour lui après plusieurs années de souffrances, et qui le reçut chargé de gloire, au milieu des regrets de l'Europe entière, qu'il avait remuée par son éloquence, servie par ses travaux, édifiée par ses vertus. La transition fut douce pour lui de la terre au ciel : il l'avait longuement préparée d'avance par la sainteté de sa vie, et, pour emprunter une expression de Gerson, son âme avait les *deux ailes qui emportent vers Dieu, la simplicité et la pureté*. Il mourut le 20 avril 1153, dans la soixante-troisième année de son âge, après avoir fondé, tant en France qu'en Italie et en Allemagne, cent soixante maisons de son ordre. Il fut canonisé, avec une solennité sans exemple, vingt ans après sa mort, par le pape Alexandre III, et l'Eglise célèbre sa fête le 20 août. De toutes les éditions des ouvrages de saint Bernard, la seule qui soit consultée aujourd'hui par les savants est celle de dom Mabillon, 1690, en 2 vol. in-fol., dont le premier renferme tous les écrits qui sont véritablement de lui, savoir : 1° des *Lettres* ; 2° des *Traités* ; 3° des *Sermons* ; 4° un *Commentaire sur le Cantique des cantiques*.

Lettres. — Ses lettres sont au nombre de plus de quatre cents : elles ont pour objet différentes questions de discipline, de dogme et de morale, et les affaires de son temps.

Première lettre. — Dans la première lettre, adressée à son neveu Robert, que le goût de l'oisiveté et la recherche d'une règle moins austère avaient fait passer de Clairvaux à Cluny, saint Bernard a épuisé tous les arguments qu'il reproduit avec tant de complaisance lorsqu'il veut attirer à lui de nouveaux prosélytes ou ramener des brebis échappées du bercail. Cette lettre se termine par une éloquente exhortation. « Lève-toi, soldat du Christ, secoue la poussière qui te couvre, reviens sur le champ de bataille pour combattre avec plus de courage après la fuite, et pour triompher avec plus de gloire. Le Christ compte beaucoup de soldats qui ont commencé courageusement, qui ont persévéré, qui ont vaincu ; mais il en a peu qui, revenus sur leurs pas, aient bravé les dangers qu'ils avaient évités, et mis en fuite l'ennemi devant lequel ils avaient fui ; et comme toute rareté est précieuse, je me réjouis de ce que tu peux être parmi ceux qui sont d'autant plus illustres qu'ils sont moins nombreux. D'ailleurs, si tu es timide, pourquoi craindre où la crainte est déplacée, et ne pas craindre où elle est légitime ? Penses-tu, pour avoir fui, n'être plus à la portée des mains ennemies ? L'ennemi aime mieux la poursuite que la lutte, et presse plus hardiment un fuyard qui présente le dos qu'un athlète qui lui montre le visage. En sécurité après avoir jeté tes armes, tu dors de longues matinées, à l'heure même où le Christ est sorti du tombeau, et tu ignores que, désarmé et plus timide, tu n'en es que moins redoutable à tes adversaires. Ils assiègent en foule ta demeure, et tu dors ! Mais les voilà qui franchissent le fossé, ils forcent la haie et pénètrent par la porte. Est-il plus sûr pour toi qu'ils te surprennent seul qu'avec tes compagnons, nu et couché dans ton lit, qu'armé et debout dans le camp ? Réveille-toi, arme-toi, va retrouver les tiens que tu as désertés, et que la peur qui t'en sépare te réunisse à eux. Soldat efféminé, pourquoi redouter le poids et la dureté des armes ? Mais ne sais-tu pas que l'ardeur du combat et le sifflement des flèches allègent le bouclier et rendent insensible la pesanteur du casque et de la cuirasse ? En passant de l'ombre au soleil, de l'oisiveté au travail, tout paraît pénible au commencement ; mais à mesure qu'on perd ses vieilles habitudes pour en prendre de nouvelles, les obstacles s'aplanissent, et ce qu'on croyait impossible devient aisé, grâce à l'accoutumance. Les soldats même les plus braves se troublent aux premiers accents de la trompette, mais lorsque le combat est engagé, l'espoir de la victoire et la crainte de la défaite les rendent intrépides. Pourquoi tremblerais-tu, entouré de tes frères sous les armes, les anges à tes côtés, et à leur tête le Christ, animant les siens de sa voix, et criant : *Ayez confiance, j'ai vaincu le monde !* Si le Christ est pour nous, qui est contre nous ? Tu peux être tranquille sur le combat, puisque tu l'es sur la victoire. O combat plein d'assurance avec le Christ et pour le Christ, dans lequel ni blessé, ni renversé à terre, ni foulé aux pieds, ni mille fois mort s'il était possible de mourir mille fois, tu ne seras privé de la victoire, à moins de fuir, car la fuite est la seule cause de la défaite ! En fuyant, tu peux perdre la victoire ; en mourant, non ! Heureux, si tu meurs dans le combat; car une fois mort, tu seras couronné! Malheur à toi, si, en refusant le combat, tu perds en même temps et la victoire et la couronne! »

Deuxième lettre, à Foulques. — L'esprit de prosélytisme, le besoin de gagner des âmes à la vie religieuse dicte encore à saint Bernard des peintures ravissantes de la joie intérieure des justes, en opposition avec les plaisirs troublés du siècle. On peut s'en convaincre en lisant la lettre qu'il adressa au jeune Foulques, que son oncle avait arraché au cloître par l'appât des honneurs et des plaisirs mondains. Après une admirable description des joies d'une âme qui se repose dans la paix de la conscience et dans l'amour de son Dieu : « Tu ne peux pas, lui dit-il, tu ne peux pas boire en même temps au calice du Seigneur et à la coupe du démon. La coupe du démon, c'est la superbe, l'invective et l'envie ; c'est la crapule et l'ivresse, et lorsque cette impure liqueur a rempli ton esprit ou ton ventre, il n'y a plus de place pour le Christ. Ne t'étonne pas de mes paroles ; ce n'est pas dans la maison de ton oncle que tu peux t'enivrer au calice du Seigneur. Pourquoi ? parce que c'est une maison de délices. De même que l'eau et le feu ne peuvent rester ensemble, les délices de l'esprit et de la chair ne souffrent pas d'être unis. Le Christ, en voyant cette ivresse des sens, ne daigne pas approcher de vos âmes son breuvage plus doux que le miel. »

Douzième lettre, à Guigues. — Saint Bernard, qui n'avait point oublié l'accueil touchant que lui avaient fait, dans une première visite à la Chartreuse, l'abbé Guigues et ses religieux, leur témoigne par cette lettre la douleur qu'il éprouva d'avoir passé auprès de leur monastère sans pouvoir s'y arrêter, ni se recueillir seulement quelques jours avec eux. « Passer si près de votre désert, leur dit-il, et n'y point entrer pour vous aller voir et vous faire souvenir de mon indigence et de mes besoins, c'est un procédé dont il me serait peut-être aisé de me justifier auprès de vous ; mais je vous avoue que c'est toujours un malheur dont je ne puis me consoler. Je m'emporte contre mes occupations qui m'en empêchent, car je n'ai rien négligé, mais il m'a été impossible de faire autrement. Je souffre souvent de semblables contre-temps ; aussi ai-je lieu de m'emporter souvent, et je vous assure qu'il n'est point d'âme sainte pour qui je ne puisse être un sujet de compassion. Si personne n'avait pitié de ma misère, je serais trop malheureux! Ayez donc pitié de moi, non parce que j'en suis digne, mais parce que je suis pauvre et affligé! Répandez sur moi votre miséricorde, vous sur qui celle du Seigneur s'est si abondamment répandue, quand il vous a retirés du monde et de ses tempêtes, pour vous mettre en état de le servir sans rien craindre! Quel bonheur pour vous, durant les mauvais jours, d'être cachés dans son tabernacle, où l'espérance vous nourrit à l'ombre de ses ailes, jusqu'à ce que l'iniquité soit passée! Pour moi, je me vois environné de périls, pauvre, nu, destiné à souffrir toutes sortes de peines, faible comme un oiseau sans plumes, toujours hors de son nid, et continuellement exposé aux vents et à tous les tourbillons de l'air ; pauvre jeune homme, lancé au milieu des agitations et des troubles, où toutes les lumières de ma raison s'éteignent et m'abandonnent. Aussi, quoique je ne mérite pas votre compassion, au moins que tant de maux me l'assurent! »

Vingt-sixième lettre, à Guy, évêque de Lausanne. — Saint Bernard marque en quatre lignes à ce prélat les devoirs d'un évêque. « Vous êtes chargé d'un emploi très-pénible, vous avez besoin de courage ; vous êtes établi surveillant de la maison d'Israël, vous avez besoin de prudence ; vous êtes redevable aux fous et aux sages, vous avez besoin d'équité ; enfin, pour ne pas vous perdre en sauvant les autres, vous avez surtout besoin de tempérance et de sobriété. »

Soixante-douzième lettre, à l'abbé Renaud. — La lettre qu'il écrivit à Renaud, abbé de Foigny, est un admirable exemple de sa modestie. On voit qu'il tremble quand on lui donne de ces titres d'honneur que la plupart des hommes poursuivent avec tant d'ambition et qui les satisfont quelquefois plus que les dignités elles-mêmes. Il a en vue les titres de *père* et de *dom*, qui, dans la Règle de saint Benoît, ne furent d'abord accordés qu'au seul abbé, mais qui dans la suite s'étendirent à tous les religieux honorés du sacerdoce. « Ne vous étonnez-pas, dit-il à l'abbé Renaud, si les titres d'honneur m'effrayent ; je sens que je n'ai pas de quoi remplir de si beaux noms ; peut-être convient-il à votre politesse de me les donner ; mais il ne convient nullement à mon indignité de les accueillir, ni de m'y complaire..... Il me vient à l'esprit un nombre infini de règles de la vérité. *Les premiers seront les derniers, et les derniers seront les premiers ; Que le plus grand d'entre vous soit comme le plus petit ; Plus vous êtes grand, plus vous devez vous humilier en toutes choses; Ne soyez point appelés maîtres par les hommes; N'appelez personne sur la terre votre père.* Ainsi, plus vous m'élevez par vos éloges, plus vous m'accablez par le poids de ces préceptes, et je ne chante pas, mais je gémis en lisant ce psaume: *Après avoir été élevé, j'ai été humilié et rempli de trouble; et en m'élevant, vous me mettez en danger d'être brisé.....* Cessez donc, mon très-cher, cessez de m'élever par des louanges que je ne mérite pas, car c'est plutôt m'accabler. Par un excès d'affection, vous vous joignez à mes ennemis, et souvent je m'en plains à Dieu dans mes prières en lui disant: *Ceux qui me louent conspirent contre moi.* Aussitôt j'entends le Seigneur qui répond à ma plainte et me dit: *Ceux qui vous appellent heureux vous trompent.....* Pour en revenir à vous, à l'exemple de l'Apôtre, je ne dois pas dominer sur votre religion : au contraire, je vous en félicite sincèrement ; mais je vous rappelle en même temps la parole du Seigneur : nous n'avons qu'un père dans le ciel, et sur la terre nous sommes tous frères les uns des autres. C'est avec raison qu'armé du bouclier de la vérité, j'ai repoussé ces grands noms de *père* et de *maître*, dont vous avez cru plutôt m'honorer que me charger; et j'ai pensé qu'il serait plus dans l'ordre de leur substituer les noms de *frère* et de *compagnon*, soit à cause de la communauté d'héritage et de l'égalité de condition, soit de crainte que si je venais à usurper ce qui n'appartient qu'à Dieu, je ne l'entendisse peut-être me dire : *Si je suis votre maître, où est la crainte que vous me devez? si je suis votre père, où est le respect dont vous m'honorez?* Je ne nie pas que je n'aie pour vous l'affection d'un père, mais je ne m'en veux pas attribuer l'autorité, bien que je vous sois, ce me semble, uni par une tendresse toute paternelle. »

Soixante-dix-huitième lettre, à l'abbé Suger. — Parmi les lettres de saint Bernard, une des plus remarquables est celle qu'il écrivit à l'abbé Suger, à l'occasion de la réforme que celui-ci introduisit à l'abbaye de Saint-Denis. « Cette maison, dit-il, servit en même temps aux affaires de la cour et aux armées du roi; le cloître était environné de gens de guerre, et on y a vu souvent des femmes s'y promener avec immodestie. Maintenant on y fait de saintes lectures; on y chante les louanges de Dieu; on y étudie les livres pieux; on y garde un éternel silence; on y est absorbé en Dieu ; on s'y applique à conserver la chasteté, à faire fleurir la discipline régulière et à conserver ce recueillement profond qui élève l'esprit au ciel. » — Il ne rappelle dans cette lettre les dérèglements passés, que pour rehausser l'éclat de la réforme établie par l'abbé Suger; mais il invective vivement contre Etienne de Garlande, qui, tout à la fois archidiacre, doyen, prévôt de diverses églises et grand maître de la maison du roi, faisait un assemblage monstrueux du prélat et du guerrier, allait de pair avec les évêques par le rang qu'il tenait dans le clergé, et s'élevait parmi les officiers de guerre au-dessus des généraux d'armées. « Qui n'est indigné, dit-il, ou qui ne murmure au moins en soi-même, de voir un diacre, contre le précepte de l'Evangile, servir en même temps Dieu et l'argent, tellement élevé par les honneurs ecclésiastiques, qu'il semble n'être pas inférieur aux évêques, et si fort engagé dans les emplois de la guerre, qu'on le préfère à tous les commandants? Dites-moi, je vous prie, quel est ce monstrueux assemblage, vouloir être en même temps clerc et soldat, et n'être pourtant ni l'un ni l'autre ? L'abus n'est-il pas égal, ou quand un diacre sert de premier officier à la table du roi, ou quand un tel officier sert aux divins mystères? Qui n'admirera, ou plutôt qui n'aura horreur de voir la même personne porter les armes et commander une armée, puis, revêtu d'une aube et d'une étole, lire l'Evangile dans l'église, faire sonner la trompette qui annonce le signal du combat, et proclamer aux peuples les ordonnances de l'évêque ? Est-ce qu'il rougit de l'Evangile dont le vase d'élection fait toute sa gloire? A-t-il honte de paraître un clerc, et trouve-t-il plus honorable de paraître soldat ? Préfère-t-il la cour à l'Eglise, la table du roi à l'autel de Jésus-Christ, la coupe des démons au calice du Seigneur ? On a trop de raisons de le croire, puisqu'il sacrifie tous ses titres religieux au plaisir d'être appelé *grand maître* de la maison du roi. Oh! l'horrible et le nouveau renversement! Est-il donc plus glorieux d'être appelé serviteur de l'homme que serviteur de Dieu ? Et regarde-t-on comme un plus grand honneur de servir un roi de la terre que le Roi du ciel? Préférer la milice au clergé et la cour à l'Eglise, n'est-ce pas préférer la terre au ciel et l'homme à Dieu lui-même? Est-il donc plus beau d'être appelé maître d'hôtel que d'être appelé doyen ou archidiacre? Oui, sans doute, mais pour un laïque, et non pour un clerc; pour un courtisan, et non pour un diacre ! — Je voulais attaquer cet abus encore plus vivement,...... mais j'ai craint de vous déplaire, et je l'ai épargné, parce qu'on dit qu'il vous est uni depuis longtemps par une étroite amitié. Cependant, je ne voudrais pas que vous eussiez un ami qui ne le fût pas de la vérité. Si néanmoins vous persévérez à l'aimer, montrez que vous l'aimez sincèrement, en faisant de lui un ami de la vérité ; car votre union ne sera véritable qu'autant que ce sera la vérité qui vous unira. »

Cent sixième lettre, à Henri de Murdach. — Par cette lettre, saint Bernard s'efforce de déterminer le docteur Murdach, Anglais de nation, qui avait compté Yves et Guillaume au nombre de ses élèves, à embrasser la vie religieuse, et lui en expose en peu de mots les délices. « Faut-il s'étonner, lui dit-il, si vous flottez toujours au gré des vents d'une fortune riante ou ennemie, puisque vous n'avez point encore affermi vos pieds sur la pierre? Dès que vous aurez résolu fortement et juré de garder les ordonnances de la justice du Seigneur, rien ne pourra plus vous séparer de l'amour de Jésus-Christ. Oh ! si vous saviez! Mais, que dis-je? l'œil n'a point vu, et Dieu seul connaît ce qu'il prépare à ceux qui l'aiment...... Celui qui a des oreilles pour entendre, peut l'écouter maintenant qu'il crie au milieu du temple : *Si quelqu'un a soif, qu'il vienne à moi et qu'il boive;... Venez à moi, vous tous qui travaillez et qui gémissez sous vos fardeaux, et je vous soulagerai.* Pouvez-vous craindre les défaillances? Si vous aimez à boire de ces eaux troubles que répandent les nuées de l'air, combien plus aimerez-vous celles qui sortent des sources claires et pures du Sauveur ! Si seulement une fois vous aviez goûté, en passant, de ce froment pur et choisi qui rassasie Jérusalem, avec quelle joie abandonneriez-vous aux juifs grossiers et charnels leurs croûtes sèches à ronger ? Si je pouvais mériter un jour de vous avoir pour compagnon dans l'école de Jésus-Christ..... fiez-vous-en à mon expérience, vous en apprendrez plus dans les bois que dans les livres. Les arbres et les déserts vous enseigneront ce que pas un docteur ne peut vous dire. Doutez-vous que vous ne puissiez sucer le miel et tirer l'huile des plus durs rochers? La douceur du miel ne distillera-t-elle plus des montagnes? le lait ne coulera-t-il plus des collines? les vallées ne seront-elles plus remplies de froment? Une foule de pensées s'offre à mon esprit; je souhaiterais vous les développer toutes, et à peine puis-je me contenir; cependant vous ne demandez pas des discours, mais des prières. Daignez donc, Seigneur, ouvrir son cœur à votre loi et à vos préceptes. Adieu. Je dis la même chose à Guillaume et à Yves, que puis-je vous dire davantage à tous les trois? Vous savez que je voudrais vous voir, et pourquoi j'en ai tant d'envie; mais il est impossible ni que vous sachiez, ni que je puisse vous exprimer combien je le désire. »

Cent soixante-quatorzième lettre, aux chanoines de Lyon. — Cette lettre est devenue fameuse, en ce qu'elle traite une question que l'Eglise n'a décidée que plusieurs siècles plus tard, et encore sans l'imposer comme un article de foi. Il s'agit de la *Conception de la sainte Vierge*, dont les chanoines de Lyon avaient institué la fête, contre toutes les règles et sans aucune participation de l'autorité épiscopale. Saint Bernard, en matière de dévotion, n'en voulait point d'arbitraire, et ne reconnaissait d'institutions saintes que celles qui avaient la révélation ou les oracles de l'Eglise pour garant. Inébranlablement attaché à ces deux principes de vérité, il les suivit dans sa lettre, et, quelque précises que fussent d'ailleurs les raisons alléguées pour justifier l'institution de la nouvelle solennité, il ne se fit nullement scrupule de les combattre, parce qu'elles n'étaient point revêtues du sceau de l'autorité qu'il réclamait pour déterminer les fidèles.

« Il est certain, dit-il, et il faut l'avouer, qu'entre toutes les Eglises de France, celle de Lyon, jusqu'à présent, a été regardée comme la plus considérable et la plus illustre, tant par l'éminence de son siége épiscopal, que par la pureté de ses sentiments et le bon esprit de sa discipline. Car où vit-on jamais mieux l'exactitude des règles, la sévérité des mœurs, la prudence des conseils, la force des autorités, surtout lorsqu'il s'est agi des solennités ecclésiastiques? Jamais on ne l'a vue se presser de souscrire à des nouveautés soudainement introduites; et cette Eglise, toujours dirigée par la sagesse, n'a jamais souffert que sa gloire fût obscurcie par la moindre légèreté. Aussi je cherche avec un extrême étonnement les raisons que peuvent avoir eues de nos jours quelques personnes de votre chapitre, pour vouloir ternir tout votre éclat, en introduisant une solennité nouvelle. On ne peut, dites-vous, trop honorer la Mère du Seigneur; vous avez raison, mais la gloire de cette reine est amie de la justice. Cette Vierge royale n'a pas besoin de faux titres d'honneurs; elle a assez de ses titres réels et de tant de dignités dont elle est revêtue. Honorez la pureté de son corps, la sainteté de sa vie; admirez la fécondité dans une vierge, respectez sa maternité divine, élevez-la pour avoir conçu sans aucune dépendance de la convoitise, pour avoir enfanté sans douleur; publiez qu'elle est respectée des anges, désirée des nations, reconnue des patriarches, annoncée par les prophètes, choisie entre toutes les vierges d'Israël et préférée à toutes; glorifiez-la comme ayant trouvé grâce devant Dieu, comme la médiatrice du salut et la réparatrice du genre humain; enfin exaltez celle qui, dans le royaume céleste, est élevée au-dessus de tous les chœurs des anges. Voilà ce que lui chante l'Eglise, et les louanges qu'elle m'apprend à lui chanter. Je suis en assurance, quand je ne crois et ne professe que ce que j'ai appris d'elle; mais pour ce qu'elle ne m'apprend point, j'avoue que je me fais un scrupule de m'y soumettre. J'ai donc appris de l'Eglise à célébrer avec une grande vénération le jour où, enlevée à cette terre de malédiction et de mort, elle a fait son entrée dans le ciel. J'ai encore appris de l'Eglise à reconnaître sans hésiter, comme une solennité sainte, la naissance de cette Vierge incomparable, et je crois très-certainement, avec la même Eglise, qu'elle a reçu la sanctification dans le sein de sa mère, et qu'elle en est sortie sanctifiée..... La Mère du Seigneur était donc sainte avant de naître, et l'Eglise ne se trompe point..... Je crois même qu'elle a reçu une plus grande mesure de sainteté, qui n'a pas seulement sanctifié sa naissance, mais qui l'a même préservée, dans le cours de sa vie, de toute atteinte du péché, ce qu'on ne croit pas avoir été accordé à aucun autre enfant; car il était convenable que, par le privilége d'une sainteté spéciale, la Reine des vierges passât toute sa vie sans commettre le plus léger péché, puisqu'en mettant au monde celui qui devait exterminer le péché et la mort, elle obtenait à tous les hommes le don de la justice et de la vie. Sa naissance a donc été sainte, et elle a été sanctifiée par l'immense sainteté qui devait sortir de son sein. » Il termine sa lettre par cette déclaration, qui décide tout : « Pour moi, ce que j'en écris, ne doit pas préjudicier aux sentiments des personnes plus sages et plus éclairées que moi, et reste absolument subordonné à celui de l'Eglise romaine. Son autorité, son examen, voilà le tribunal auquel je défère cette question, comme toutes les questions de même nature, prêt à me rétracter, si elle en jugeait autrement. » Aujourd'hui, quoique la question n'ait jamais été décidée dogmatiquement, on peut la regarder cependant comme tranchée par la pratique générale, qui ne permet plus de douter que Marie ait été conçue sans péché. Le saint concile de Trente, dans la session où il traite du péché originel, déclare positivement que son intention est de ne point comprendre dans son décret la bienheureuse et immaculée Mère de Dieu.

Cent quatre-vingt-septième lettre, contre les erreurs d'Abailard. — Nous avons trois lettres écrites dans le but d'obtenir la condamnation des erreurs d'Abailard. La première est adressée aux évêques qui devaient s'assembler à Sens, pour les exhorter à soutenir courageusement la cause de la religion : « Il s'est répandu en bien des endroits, leur dit-il, un bruit qui, sans doute, est venu jusqu'à vous ; c'est que l'on m'a invité à me trouver à Sens dans l'octave de la Pentecôte, afin d'y prendre la défense de la foi. Cette affaire ne m'est pas personnelle ; mais elle m'est commune avec vous. C'est pourquoi je vous conjure hardiment de vous montrer des ennemis dans le besoin ; je ne dis pas seulement mes amis, mais ceux de Jésus-Christ même, dont l'épouse crie vers vous du milieu d'une forêt d'hérésies et d'un amas d'erreurs qui croissent à l'ombre de votre protection et de votre sauvegarde, et dont elle est presque étouffée. C'est à l'ami de l'époux de ne le point abandonner dans l'affliction et la nécessité. Ne vous étonnez donc pas que je vous anime ainsi tout à coup, et que je vous donne si peu de temps ; car notre ennemi, par son adresse et ses ruses accoutumées, a tout disposé de la sorte, afin de nous surprendre et de nous contraindre à combattre sans armes. »

Saint Bernard adressa la seconde aux évêques et aux cardinaux de la cour de Rome, pour les avertir de se tenir sur leurs gardes, et de veiller à la destruction des mêmes erreurs. « Lisez, s'il vous plaît, leur dit-il, lisez le livre d'Abailard qu'il appelle *de la Théologie* ; vous vous le procurerez aisément, puisqu'il s'est vanté que plusieurs à la cour romaine le possédaient. Remarquez ce qu'il y dit de la Trinité, de la génération du Fils, de la procession du Saint-Esprit, et une infinité d'autres choses que des âmes et des oreilles catholiques ne sont point habituées à entendre. Lisez le livre de ses *Sentences*, et un autre qu'il a intitulé : *Connaissez-vous vous-même*, et considérez de quelle multitude de sacriléges et d'erreurs ils sont remplis. Voyez ce qu'il pense de l'âme de Jésus-Christ, de sa personne, de sa descente aux enfers, du sacrement de l'autel, de la puissance de lier et de délier, du péché originel, de la concupiscence, du libre arbitre et de la volonté ; et si vous trouvez que l'indignation qui m'anime soit juste, animez-vous de même, et ne le faites pas en vain ; conduisez-vous selon le rang que vous tenez, selon l'emploi que vous exercez, selon le pouvoir que vous avez reçu. »

La troisième est adressée au pape Innocent. Saint Bernard lui expose l'affliction de son cœur causée par l'apparition de ces erreurs, qui se sont produites tout à coup à la la fin du schisme. Il supplie le pape Innocent d'y apporter un prompt remède. « Il est nécessaire, lui dit-il, qu'il arrive des scandales, mais ils sont toujours pénibles quand ils se produisent, et c'est pour cela que le prophète dit : *Qui me donnera les ailes de la colombe pour m'envoler dans un lieu de repos?* L'Apôtre souhaitait aussi sa dissolution pour se reposer avec Jésus-Christ : et un autre saint encore disait : *C'est assez, Seigneur, retirez mon âme de mon corps, car je ne suis pas meilleur que mes pères.* J'ai maintenant quelque chose de commun avec les saints, non par le mérite, mais par les désirs, puisque je voudrais être enlevé du milieu des hommes ; et j'avoue que je suis vaincu par l'abattement de mon esprit et par les tempêtes..... Insensé que je suis ! je me promettais depuis longtemps un état tranquille, parce que la rage du lion avait passé et que la paix était rendue à l'Eglise. Il est vrai qu'elle jouit du repos, mais non pas moi. J'ignorais que j'étais encore dans la vallée des larmes, et que la terre que j'habite ne produit plus que des ronces et des épines ; ... car la douleur n'est point dissipée, mais renouvelée ; les larmes coulent comme des torrents, parce que les maux prennent de nouvelles forces..... Nous avons échappé au lion, mais nous sommes tombés dans les embûches du dragon, qui n'exercera peut-être pas moins de ravages que cet autre qui rugissait du haut des montagnes ; mais il n'est déjà plus caché, et plût au Seigneur que le venin de ses doctrines fût encore enseveli dans ses pensées, et qu'il ne se répandît pas publiquement par les rues et dans les carrefours ! .....

« Goliath s'avance et paraît la tête haute, environné de tout son fastueux appareil. Son écuyer, Arnaud de Bresse, marche devant lui. Une écaille les joint l'un à l'autre, et il ne passe pas le moindre souffle entre eux. L'abeille qui était en France a sifflé pour appeler l'abeille qui était en Italie, et toutes deux se sont réunies ensemble contre le Seigneur et contre son Christ...... Enfin, à sa sollicitation, l'archevêque de Sens m'écrivit et arrêta le jour où, devant lui et les évêques, ses suffragants, il devait essayer d'établir ces dogmes détestables, et me manda d'être assez hardi pour m'y opposer et les détruire. Je refusai d'abord, parce que je ne suis qu'un enfant, tandis que dès sa plus tendre jeunesse il fait la guerre ; et puis je regardais comme une indignité de commettre avec ces petites raisons humaines l'autorité de la foi solidement établie sur les fondements stables et certains de la vérité. Je disais que c'était assez de ses écrits pour l'accuser, et qu'il ne m'appartenait pas, mais aux évêques, de juger des dogmes, et que cette discussion était de leur ministère. Cela lui fit encore élever la voix ; il appelle plusieurs personnes et rassemble tous ses adhérents. Je ne me soucie pas de rapporter ce qu'il écrivit de moi à ses disciples. Il répandit partout qu'il devait me répondre à Sens, au jour qui avait été fixé. Tout le monde en fut instruit, et je ne pus l'ignorer. Je dissimulai d'abord, car je ne me sentais point assez ébranlé par des bruits populaires ; mais néanmoins, quoique avec peine et en pleurant, je me rendis dans la suite au conseil de mes amis, qui, voyant que tout semblait se préparer à un spectacle, craignaient que mon absence ne scandalisât les peuples et ne donnât plus de force aux ennemis de la vérité, s'il n'y avait personne pour s'opposer à l'erreur et pour y répondre. Je me trouvai donc au lieu et au jour arrêtés, sans préparation, je l'avoue, et sans armes, sinon que je repassais dans mon esprit ces paroles : *Ne pré-*

parez point ce que vous avez à dire; car dans le temps nécessaire, il vous sera donné ce que vous devrez répondre; et ces autres encore : Le Seigneur est mon secours ; je ne craindrai point tout ce que l'homme me pourrait faire. Outre les évêques et les abbés, il s'y trouva plusieurs religieux, plusieurs professeurs des écoles, un grand nombre de savants ecclésiastiques, et, de plus, le roi y était présent. On produisit d'abord quelques endroits extraits de ses livres, mais sitôt qu'on commença à les lire, il ne voulut pas les entendre, et sortit, en appelant de ses juges, qui avaient été choisis, ce que je ne crois pas qu'on doive lui permettre. Or, tous ces extraits ayant été examinés, tous les assistants les ont trouvés contraires aux dogmes et aux vérités de la foi catholique, et je dis ceci pour ma justification, afin qu'on ne croie pas que, dans une affaire de cette importance, je me sois conduit témérairement ou avec légèreté.
— Pour vous, digne successeur de Pierre, c'est à vous de juger si le siége de cet apôtre doit servir d'asile à cet autre *Pierre* qui en attaque la foi. Comme ami de l'époux, vous aviserez aux moyens de garantir l'épouse des *lèvres injustes* et de la *langue trompeuse*. Mais pour parler plus hardiment à mon seigneur, veillez sur vous-même, mon très-cher Père, et sur la grâce que Dieu a mise en vous. N'est-ce pas lui qui, dans le temps où vous étiez petit à vos yeux, vous a établi sur les nations et sur les royaumes ? Dans quel dessein, sinon afin que vous arrachiez, que vous détruisiez, que vous édifiiez, que vous plantiez ? Faites donc attention quel est celui qui vous a fait sortir de la maison de votre père, qui a répandu sur vous l'onction de sa miséricorde, jusqu'à présent et pour l'avenir. »

Cent quatre-vingt-quinzième lettre, à l'évêque de Constance. — Arnaud de Bresse, chassé de la France et repoussé de l'Italie, s'était retiré à Constance sur le Rhin. Disciple d'Abailard, il poussait la résolution et l'audace beaucoup plus loin que son maître. Il représente bien mieux que lui l'indépendance de la pensée, l'insurrection de la raison contre la foi. La discussion n'était pas pour lui un simple exercice de l'intelligence, mais un prélude à l'action. Ses doctrines et ses actes sont des réminiscences de l'antiquité républicaine et des pressentiments de la philosophie moderne. Ce fut le plus redoutable des novateurs que combattit saint Bernard, et la crainte qu'il lui inspirait fut telle qu'elle entraîna l'abbé de Clairvaux aux emportements de la colère. On peut s'en convaincre par la lettre qu'il écrivit à Herman d'Arbonne, évêque de Constance, pour l'engager à le chasser de son diocèse.

« Si le père de famille, lui dit-il, savait à quelle heure le voleur doit venir, il veillerait assurément et ne laisserait pas percer sa maison. Vous savez que de nuit un voleur s'est glissé, non pas dans votre maison, mais dans celle du Seigneur, qui vous est confiée. On ne peut douter que vous ne soyez informé de ce qui se passe chez vous, puisque la nouvelle nous en est venue, à nous qui habitons des régions éloignées. Il ne faut pas s'étonner que vous n'ayez pu prévoir l'heure, ni observer le temps que ce voleur a pris pour se glisser dans la nuit. Mais on aurait sujet d'être étrangement surpris, si vous ne le reconnaissiez pas maintenant que vous l'avez sous vos mains, si vous ne l'arrêtiez pas maintenant que vous le tenez, si vous ne l'empêchiez pas d'enlever vos dépouilles, ou plutôt les conquêtes de Jésus-Christ, les âmes en qui il a imprimé son image et qu'il a rachetées de son sang. Peut-être hésitez-vous encore, ignorant de qui je veux parler. Eh bien ! c'est d'Arnauld de Bresse, et plût au Seigneur que sa doctrine fût aussi pure que sa vie est austère ! car si vous voulez être plus instruit, c'est un homme qui ne boit ni ne mange, mais qui, comme le démon, est affamé ou altéré du sang des âmes. Il est de ceux que l'Apôtre a définis dans le chapitre III de sa IIe Épître à Timothée, et que le Seigneur lui-même a désignés par ces paroles : *Ils viendront à vous sous des vêtements de brebis, mais à l'intérieur ce sont des loups ravissants*..... Il ne connaît point la voie de la paix. C'est l'ennemi de la croix de Jésus-Christ, l'auteur de la discorde, l'inventeur des schismes, le perturbateur du repos public, le destructeur de l'unité. Ses dents sont des armes et des flèches, et sa langue une épée tranchante ; ses discours sont plus doux que l'huile, et ce sont des traits enflammés. Ses manières insinuantes, et les dehors d'une vertu contrefaite lui gagnent la faveur et l'amitié des grands et des riches. Comme il le dit lui-même, il se tient en embuscade avec les forts pour donner la mort à l'innocent. Mais lorsqu'il aura gagné leur confiance et leur amitié, vous le verrez s'élever ouvertement contre le clergé, et, soutenu de l'autorité tyrannique des gens de guerre, s'élever même contre les évêques et faire d'affreux ravages dans tout l'ordre ecclésiastique. »

Sur la croisade. — Cette analyse, quoique restreinte, des lettres de saint Bernard, suffira, nous l'espérons, pour donner une idée de sa manière et de son style, surtout quand nous aurons reproduit quelques passages de celles qu'il a écrites sur la croisade. L'influence qu'il a exercée sur les événements de son temps, et l'impression que ces événements ont produite sur lui, sont un sujet d'étude toujours curieux dans la vie d'un grand homme. Or cette impression ne se révèle nulle part mieux que dans sa correspondance. La première de ces lettres est adressée au pape Eugène. Saint Bernard l'excite à venir au secours de l'Eglise, en lui disant que la perte de la ville d'Edesse et la défaite des troupes qui la défendaient ne doivent pas le décourager.

« Ce n'est point une parole en l'air qui s'est fait entendre, lui dit-il, elle n'afflige et n'accable que trop. Mais qui s'en afflige, ou plutôt qui ne s'en afflige pas ? Il n'y a que des enfants de colère, à qui la colère n'est pas sensible, qui ne pleurent point avec ceux qui pleurent, mais qui se réjouissent et qui sont transportés de joie dans les plus grands désastres. Enfin, la tristesse est universelle, parce que l'intérêt l'est aussi. Vous avez eu raison de donner des louanges au zèle très-juste de notre Eglise de France, et de l'encourager par l'autorité de vos lettres. Je vous déclare que dans une affaire de cette importance, il ne faut agir ni avec nonchalance, ni avec frayeur. J'ai lu dans un philosophe qu'un homme n'est pas vaillant lorsque, dans les occasions, son courage ne croît point avec les difficultés et les obstacles; et j'ajoute qu'un homme qui a de la foi doit, au milieu des tourments, devenir encore plus fidèle. Les eaux sont entrées jusque dans l'âme de Jésus-Christ : on l'a touché à la prunelle de l'œil. Il est temps de tirer l'une et l'autre épée dans cette nouvelle passion qu'endure aujourd'hui le Sauveur. Qui donc le peut mieux que vous? Ces deux glaives appartiennent à Pierre : l'un pour être tiré par son ordre, et l'autre de sa propre main et par nécessité; car, en parlant de celle qui semblait moins lui appartenir, il dit : *Remettez votre épée dans le fourreau;* elle était donc à lui; mais il devait attendre, pour la tirer, l'ordre de son Dieu.

« Je suis persuadé qu'il est temps et qu'il est nécessaire de les tirer toutes les deux, pour la défense de l'Eglise d'Orient. Vous devez vous armer de zèle pour celui dont vous occupez la place. Quelle est cette conduite? Etre à la tête du commandement, et en éviter les fonctions ! Il me semble entendre la voix de Jésus-Christ qui crie : Je viens encore à Jérusalem pour y être crucifié? S'il y en a de tièdes, s'il y en a de sourds à cette voix, il n'est pas permis à un successeur de Pierre de ne point répondre. Il parlera lui-même, et il dira : *Quand tout le monde serait scandalisé, je ne le serai jamais !* Loin d'être effrayé par les pertes de la première année, il travaillera avec plus d'efforts à les réparer. Est-ce qu'un homme n'est plus obligé de faire ce qu'il doit, parce que Dieu fait ce qu'il veut? Pour moi, en ma qualité de chrétien et de fidèle, je concevrai de meilleures espérances dans de si grands maux, et je regarderai comme un vrai sujet de joie que nous soyons tombés dans ces afflictions. Nous mangeons en effet un pain de douleur, et nous buvons un vin bien amer; mais pourquoi vous défier, ami de l'époux, comme si, dans ses desseins, il n'avait pas réservé le meilleur jusqu'à présent? Qui sait si, après nous avoir affligés, il ne nous comblera pas de ses faveurs? C'est ainsi que le Dieu souverain a coutume d'en agir; je parle à un homme qui ne l'ignore pas. Quand donc les hommes ont-ils reçu de plus grands biens, sinon après avoir été éprouvés par de grands maux? Car, pour ne rien dire de tous les autres, le bienfait si singulier et si merveilleux de la rédemption n'a-t-il pas été précédé de la mort du Rédempteur?

« Vous donc, ami de l'époux, montrez dans le besoin que vous êtes un véritable ami. Si, comme vous le devez, vous avez pour Jésus-Christ ce triple amour sur lequel fut interrogé votre prédécesseur; si vous l'aimez de tout votre cœur, de toute votre âme et de toutes vos forces, vous ne réserverez rien dans le péril affreux où se trouve son épouse; mais vous emploierez tout ce que vous avez de force, de zèle, d'attention, d'autorité, de puissance, à la secourir. Quand le danger est extraordinaire, le secours doit l'être aussi. Les fondements sont ébranlés, et tous les efforts possibles ne sont pas de trop pour les opposer aux dangers qui nous menacent; je vous le dis avec confiance, mais avec sincérité, parce qu'il y va de vos intérêts. »

Il lui témoigne combien il est surpris qu'à l'assemblée de Chartres on ait pensé à le choisir pour le mettre à la tête de cette expédition, qui, indépendamment des connaissances spéciales qui lui manquaient pour la diriger et la conduire, était tout à fait en dehors de ses mœurs et des devoirs de son état. « Mais, dit-il, je n'ai que faire de renseigner votre sagesse sur cela; vous savez positivement à quoi vous en tenir. Je vous conjure seulement, par cette charité dont vous m'êtes toujours redevable, de ne pas m'exposer plus longtemps aux différentes volontés des hommes; mais, pour bien remplir votre devoir, consultez la volonté divine, et faites en sorte qu'elle s'accomplisse sur la terre comme vous croyez qu'elle est résolue dans le ciel. »

Dans une lettre adressée à son oncle André, chevalier du Temple, saint Bernard déplore le malheureux succès de la sainte entreprise, et lui témoigne le désir de le voir bientôt. « J'étais au lit, malade, lui dit-il, quand votre dernière lettre m'est arrivée; j'ai tendu les mains pour la recevoir; je l'ai lue et relue avec joie; mais j'en aurais éprouvé bien plus encore à vous voir. J'y ai remarqué le désir ardent que vous aviez de me venir joindre, et les alarmes que vous inspiraient les dangers où se trouve exposé le pays que le Seigneur a honoré de sa présence, et la ville qu'il a consacrée par l'effusion de son sang. Malheur à nos princes ! ils n'ont rien fait de bon dans la terre du Seigneur; et dans leurs Etats, où ils se sont hâtés de revenir, ils commettent des maux incroyables, et ne savent plus compatir à l'affliction de Joseph. Ils ont du pouvoir pour le mal, et quand il s'agit de faire le bien, ils n'en ont plus. Cependant nous espérons que Dieu ne rejettera pas son peuple et n'abandonnera pas son héritage. La droite du Très-Haut fera éclater sa puissance, et son bras donnera du secours à ses serviteurs, afin que les hommes reconnaissent qu'il vaut mieux se confier à Dieu que de placer son espoir dans les princes. Vous faites bien de vous comparer à une fourmi; car que sont autre chose que des fourmis les enfants des hommes et les habitants de la terre, comme nous tous qui nous occupons de tant de choses vaines et inutiles ? Quelles richesses reviennent à l'homme pour toutes les peines dont il se fatigue sous le soleil? Sachons donc nous élever plus haut, et ne vivons plus que dans le ciel. C'est là, mon cher André, c'est là que vous recevrez la récompense de vos travaux. Vous combattez sous le soleil, mais pour celui dont le trône est placé au-dessus des soleils. Nous combattons ici ; mais c'est de là que nous attendons la récompense des vainqueurs. Sous le soleil tout est indigence ; au-dessus tout est richesse, et un jour Dieu versera dans notre âme la bonne mesure, la mesure pleine, pressée, surabondante de tous les biens.

« Vous désirez me voir, me dites-vous, et l'accomplissement de vos souhaits dépend de ma volonté. Que vous dirai-je? Je souhaite que vous veniez, et je le crains ; mon âme flotte et se débat entre ces deux sentiments : je ne sais auquel m'arrêter..... Mais si vous venez, ne différez pas, dans la crainte de ne plus me trouver,..... car je ne crois pas que j'aie encore longtemps à demeurer sur la terre avant de consommer mon sacrifice. Qui me donnera, avec le bon plaisir du divin Maître, de recevoir, avant l'heure du départ, quelque soulagement de votre douce et chère présence ? »

Dans une lettre écrite au peuple et au clergé de la Franconie, saint Bernard les exhorte à prendre les armes contre les infidèles, pour la défense de l'Eglise d'Orient. « Voici, mes frères, leur dit-il, le temps favorable ; voici le jour de miséricorde et de salut. Toute la terre est émue et ébranlée, parce que le Seigneur du ciel commence à perdre sa propre terre ; ce pays où le Verbe, sorti du sein du Père, a paru visiblement enseigner les peuples, et où, pendant plus de trente ans, il a daigné vivre et converser parmi les hommes. Cette terre lui appartient, puisqu'il l'a rendue célèbre par ses miracles, arrosée de son sang et consacrée par les premières fleurs de sa résurrection. Aujourd'hui, pour nous punir de nos fautes, les ennemis de la croix ont levé la tête, ravagé la terre promise et passé ses habitants au fil de l'épée. Si personne ne s'y oppose, ils viendront attaquer la ville du Dieu vivant, renverser les monuments sacrés de la rédemption, profaner les lieux sanctifiés par le sang de l'Agneau. Déjà leurs lèvres impies ne dissimulent plus le dessein qu'ils ont de s'emparer du sanctuaire de la religion, et de fouler aux pieds le lit où, pour l'amour de nous, Jésus-Christ s'est endormi du sommeil de la mort.

« Que faites-vous, vaillants hommes ? à quoi vous amusez-vous, fidèles serviteurs de la croix? Abandonnerez-vous ainsi les choses saintes aux chiens et les perles divines aux pourceaux ? Combien de pécheurs confessent avec larmes leurs péchés, dans ces lieux où ils en ont obtenu le pardon, après que le glaive de nos pères en eut chassé les abominations des païens ? L'homme ennemi le voit; il en est jaloux, et il grince les dents de rage, et il anime tous les instruments de son impiété, bien résolu de ne laisser nulle part aucuns vestiges de ces grands objets de la ferveur. Si, ce qu'à Dieu ne plaise, il devient le maître de ces sanctuaires consacrés, quelle douleur pour les siècles à venir ; mais pour nous quelle confusion infinie, quel opprobre éternel ! »

Nous arrêterons ici la reproduction des lettres de saint Bernard. Peut-être trouvera-t-on que nous avons bien peu cité, sur une collection de près de cinq cents ; mais les bornes de ce travail ne nous permettent pas de nous étendre davantage, et nous aurons atteint notre but, si nous avons inspiré le désir de lire les autres dans les œuvres du pieux et savant docteur. Il est temps que nous donnions une idée de ses traités théologiques et moraux. Le plus important est celui qui a pour titre :

De la considération. — Cet ouvrage est dédié au pape Eugène, et saint Bernard se propose de lui donner des conseils, moins comme un maître que comme un père et un ami, parce qu'il conserva toujours pour Eugène, qui avait été son disciple à Clairvaux, une affection paternelle. Après lui avoir exprimé ces sentiments dans le prologue, il commence son premier livre par compatir à la peine qu'Eugène avait ressentie, en se voyant arraché au doux repos de sa solitude pour être appliqué à un travail continuel et accablant. Il l'exhorte ensuite à se défier des effets que produit l'assiduité aux grandes occupations. Un fardeau, qui dans le principe paraît insupportable, devient plus léger à mesure qu'on s'y accoutume ; ensuite on ne le sent plus, et enfin on y prend plaisir. C'est ainsi que l'on tombe dans l'endurcissement du cœur, et de là dans l'aversion du bien. Il fait une description de ces funestes effets, et conseille au pape de les prévenir en ne se livrant qu'avec ménagement aux occupations extérieures, et en se réservant des moments de loisir pour s'entretenir avec lui-même.

« Ne m'opposez point ce que dit l'Apôtre : qu'étant libre, il s'est fait esclave de tout le monde. Pensez-vous que de toutes les parties de l'univers, on voyait venir à lui des ambitieux, des avares, des simoniaques, des sacriléges, des concubinaires, des incestueux et une infinité de semblables monstres, pour obtenir les dignités ecclésiastiques, ou pour y être maintenus par l'autorité apostolique ? Non ; il s'était fait esclave de tous pour les gagner à Jésus-Christ, et nullement pour contenter leur avarice. Vous ferez une chose plus digne de votre apostolat en écoutant ce que l'Apôtre dit ailleurs : *Vous avez été racheté chèrement, ne vous faites pas esclave des hommes.* — Or est-il rien de plus servile, et surtout de plus indigne d'un souverain pontife que de travailler continuellement à de telles affaires et pour de telles gens ?... Vous vous croyez redevable aux sages et aux insensés ; mais ne soyez pas le seul que vous refusiez de servir. Souvenez-vous de vous rendre à vous-même, je ne dis pas toujours, ni même souvent, mais du moins par intervalle. » De là le saint docteur vient naturellement à traiter des principales vertus, de la piété, qu'il ne distingue presque pas de la considération même; grande et magnifique matière pour un esprit saintement philosophe, si Eugène ne dédaignait pas de s'y engager. Il convient que ses prédécesseurs, particulièrement les derniers, se sont attachés à un autre objet, et que, touchés des piéges qu'ils voyaient tendre à l'innocence, ils se sont fait un devoir de la défendre juridiquement, selon le style et les procédures du barreau; mais il lui représente en même temps qu'il y a aussi de bons papes qui ont trouvé le temps de méditer; témoin saint Grégoire, qui, sous le fer des barbares et pendant le tumulte de Rome assiégée, continuait soigneusement son explication d'Ezéchiel dans ce qu'elle a de plus difficile. Si la malignité du siècle présent, les fraudes, les calomnies, les violences, dont son zèle voudrait purger la chrétienté, l'obligent à suivre la route qu'on lui a tracée par rapport aux procès, du moins l'exhorte-t-il à en retrancher les abus, à réprimer la licence des plaidoyers, à empêcher les formalités ruineuses, à réformer, en un mot, tout ce qui n'y est bon qu'à sauver ou opprimer les parties au gré des officiers, et à proportion de l'argent qu'ils reçoivent. Il fait entre autres une peinture des avocats, qui pourrait passer pour une mordante invective, si la nature des reproches et la droiture d'un aussi grand saint ne nous persuadaient qu'il ne condamne que ce que la conscience publique et l'indignation des honnêtes gens avaient déjà condamné avant lui. « Je m'étonne, dit-il, qu'avec de la religion on puisse supporter les harangues et les plaidoyers des avocats, qui servent plus à embrouiller la vérité qu'à la faire connaître..... Une narration courte et simple était la voie la plus sûre pour distinguer la vérité de l'erreur et la mettre dans tout son jour. »

Deuxième livre. — Saint Bernard commence son second livre en présentant son Apologie sur la croisade, dont on faisait retomber sur lui le mauvais succès, quoiqu'il ne l'eût prêchée qu'aux instances du roi Louis et par ordre du pape, c'est-à-dire de Dieu même; ensuite il revient à son sujet, et définit la *considération* une recherche attentive de la vérité, la distinguant par là de la contemplation, qui suppose une vérité déjà connue.

Il divise en quatre l'objet de la considération, et dit: « Vous devez premièrement vous considérer vous-même, puis ce qui est au-dessous de vous, ce qui vous environne, ce qui vous surpasse. » Il développe le premier point, en s'étendant sur les devoirs du prélat qui, comme la mission du prophète, consistent à arracher et à détruire, à édifier et à planter. « Il n'y a rien là, dit-il, qui sente le faste, mais le travail; c'est un ministère et non une domination, et vous n'êtes pas plus qu'un prophète. Vous êtes sur une chaire élevée, et vous devez voir de plus loin; il ne vous est pas permis d'être oisif, chargé comme vous l'êtes du soin de toutes les Eglises...... Vous devez dompter les loups, et non pas dominer sur les brebis. Votre noblesse consiste dans la pureté des mœurs, dans la fermeté de la foi et dans l'humilité, cette vertu le plus bel ornement d'un prélat au faîte des grandeurs. » Il relève ensuite la dignité du pape, successeur de saint Pierre, pasteur non-seulement des brebis, mais des pasteurs eux-mêmes, avec la plénitude de la puissance; vicaire de Jésus-Christ pour gouverner non un seul peuple, mais tous les peuples. Toutefois, suivant saint Bernard, les évêques sont aussi des vicaires de Jésus-Christ, puisque, quoique plus bornés, c'est de lui qu'ils tiennent leurs pouvoirs. Il exhorte ensuite le pape Eugène à examiner les progrès qu'il a faits dans la vertu; s'il est plus patient, plus doux, plus humble, plus affable, plus courageux, plus sérieux, plus défiant de lui-même; quel est son zèle, quelle est son indulgence et sa discrétion pour régler l'un et l'autre. « Donnez-vous de garde de faire acception des personnes, et défiez-vous surtout de la facilité à croire les mauvais rapports, vice qui pullule d'ordinaire autour de ceux qui sont constitués en dignité. »

Troisième livre. — Dans le troisième livre, saint Bernard représente au pape les choses qui sont au-dessous de lui, c'est-à-dire le monde entier, dont l'administration lui était confiée, et non pas la possession, puisqu'elle n'appartient qu'à Dieu seul. « Vous présidez, lui dit-il, aux affaires de tout le monde, mais pour y pourvoir, pour y veiller, pour y donner ordre, pour y être utile. Le père de famille vous a établi pour gouverner, et non pour régner.... Vous devez étendre vos soins sur tous; d'abord sur les infidèles pour procurer leur conversion; car pourquoi mettre des bornes à la prédication de l'Evangile? Attendrons-nous que la foi les rencontre par hasard et sans leur être annoncée? Ensuite sur les Grecs, que le schisme divise et sépare de notre communion; sur les hérétiques, dont les détestables doctrines s'insinuent partout en cachette, et nous attaquent même ouvertement en quelques lieux, principalement vers le Midi; enfin, sur les catholiques mêmes qui désolent l'Eglise par leur intérêt et leur ambition. O ambition! s'écrie le saint homme, après avoir désigné ce vice par tous les vices qu'il produit et qu'il fait éclore, ô ambition! toi qui es la croix des ambitieux, peut-il arriver que tu leur plaises, et que tu sois toujours l'âme de leurs résolutions et de leurs affaires, toi la cause de leurs inquiétudes et de leurs tourments! » Il vient ensuite à l'abus des appels. On en appelait au pape de toutes les points du monde. Quoique rien ne soit plus beau que de mettre les faibles à couvert de l'oppression, il loue cependant le pape de renvoyer les appelants devant leurs juges naturels, ou devant des commissaires en état d'instruire leur cause. Suivant lui, cette façon de rendre la justice est la plus prompte et la plus assurée. Saint Bernard fait voir que les pasteurs de l'Eglise doivent rechercher moins leur utilité particulière que le bien de leurs sujets; et après avoir rappelé plusieurs exemples du désintéressement du pape Eugène, il lui adresse la plainte générale des Églises au sujet des exemptions acordées par le saint-siège. « On soustrait, dit-il, les abbés aux évêques, les évêques aux archevêques, les archevêques aux primats ou patriarches. Vous faites connaître en cela que vous avez la plénitude de la puissance, mais peut-être aux dépens de la justice. Vous le faites parce que vous le pouvez, mais le devez-vous faire? C'est une question. On vous a établi, non pour ôter, mais pour conserver à chacun son degré et son rang d'honneur. » Il est aussi du devoir du pape, selon saint Bernard, de faire attention à tout l'état ecclésiastique, et d'examiner si les peuples sont soumis au clergé et les prêtres à Dieu ; si dans les maisons religieuses on garde l'ordre et la discipline ; si les censures de l'Église sont en vigueur contre le mal et contre l'hérésie, et si les décrets apostoliques sont observés exactement. Ce saint abbé était particulièrement affligé qu'on fît déjà si peu de cas des décrets qu'Eugène lui-même avait publiés au dernier concile de Reims. Le luxe et l'immodestie des habits restaient les mêmes dans le clergé ; sous prétexte qu'il importait peu devant Dieu comment l'on était vêtu, pourvu que la vie fût réglée : l'ecclésiastique empruntait sans scrupule tous les dehors du séculier, et, composé en quelque façon de l'un et de l'autre, il paraissait une sorte d'amphibie qu'on ne pouvait plus définir. « Mais, répond notre saint, cette sorte de costume est une marque de désordre dans l'esprit et dans les mœurs. Pourquoi des clercs veulent-ils paraître autre chose que ce qu'ils sont? Ils ont l'habit de soldat et le revenu de clercs, et ils ne font les fonctions ni de l'un ni de l'autre ; car ils ne combattent par comme les premiers, et ils ne prêchent point l'Evangile comme les derniers. De quel ordre sont-ils? *Chacun*, dit l'Apôtre, *ressuscitera dans son ordre*. Dans quel ordre ressusciteront-ils ? Ceux qui ont péché sans ordre périront-ils sans ordre? Si l'on croit que Dieu, qui est la sagesse souveraine, ne laisse rien dans le monde qui ne soit dans l'ordre, je crains bien qu'il ne les place dans le lieu du désordre, où règne une horreur éternelle. »

Quatrième livre. — Quoique la première intention de saint Bernard ne fût que de donner des conseils au pape dans ses livres de la *Considération*, on voit que la morale s'en étend à bien d'autres ; et c'est ce qui les rend si précieux. Il examine dans le quatrième livre ce qui entourait le saint-père : le peuple de Rome, les cardinaux, les ministres, son domestique. Le peuple de Rome, depuis longtemps, se comportait avec une arrogance et une mutinerie qui soulevaient contre lui le monde entier. « Vos diocésains sont des Romains, dit le saint abbé, ce nom renferme tout ! » Mais, quelque réservé que soit saint Bernard, que n'y ajoute-t-il pas? Il les regardait alors comme détestés et décriés à un point qui ôtait jusqu'à la délicatesse qu'on pourrait avoir d'en parler mal. Il exhorte Eugène à réformer ce peuple rebelle et endurci dans le mal, par la parole et non par le fer, en employant le glaive spirituel et non le glaive matériel, le premier devant être tiré par la main du prêtre, le second par la main du soldat, qui toutefois ne doit en faire usage qu'avec le conseil du prêtre, et sur l'ordre de l'empereur. C'est en ce sens qu'il dit ici que les deux glaives appartiennent à l'Eglise. Encore qu'elle ne puisse tirer elle-même le glaive du sang, elle s'en sert par la main du prince, et le prince ne doit l'employer qu'après avoir consulté le pontife, pour savoir de lui si la guerre est juste.

Saint Bernard recommande au pape beaucoup d'attention dans le choix des cardinaux : il lui conseille de les prendre d'un âge mûr, puisqu'ils doivent juger le monde, et de choisir pour ses légats des personnages d'une vie exemplaire, qui ne cherchent dans leur légation que le bien des âmes, qui reviennent en cour fatigués et non chargés ; qui puissent se glorifier, non d'avoir rapporté les choses les plus curieuses, mais d'avoir donné la paix aux royaumes, la loi aux barbares, le repos aux monastères, et rétabli l'ordre et la discipline dans les Eglises. Il cite l'exemple édifiant de deux légats, l'un, le cardinal Martin, légat en Transylvanie, qui revint du pays de l'or, si dépourvu d'argent, qu'à peine put-il regagner Florence ; l'autre, Geoffroi, évêque de Chartres, légat en Aquitaine, qui fit à ses frais toutes les dépenses de sa légation, sans vouloir accepter aucun présent, pas même deux plats de bois artistement travaillés qu'une dame lui offrit par dévotion.

L'usage qui, dans les solennités, plaçait les officiers du pape près de sa personne pour la commodité du service, leur avait inspiré l'ambition de conserver le même rang dans les assemblées régulières. Saint Bernard expose qu'il est indécent que ces officiers aient rang avant les prêtres, et que la coutume en cette circonstance doit passer pour une usurpation. Il conseille au pape de confier le soin de sa maison à un homme fidèle et prudent, afin d'avoir tout le temps de vaquer lui-même aux affaires de sa conscience et de l'Eglise. N'est-il pas indigne d'un évêque d'entrer dans les détails d'un ménage? Cependant il veut que le pape, comme les évêques, se préoccupe assez de la discipline de sa maison, pour n'y laisser passer aucun désordre impuni. Dans une récapitulation des quatre premiers livres, il dit au pape Eugène : « Considérez que la sainte Eglise romaine, où par la grâce de Dieu vous présidez, est la mère et non la maîtresse des églises ; que vous n'êtes pas le seigneur des évêques, mais l'un d'entre eux, le frère de ceux qui aiment Dieu, et le compagnon de ceux qui le craignent ; que vous devez être l'exemple de la piété, le soutien de la vérité, le défenseur de la foi, le dispensateur des canons, le tuteur des ouailles, le refuge des opprimés. »

Cinquième livre. — Quoique les livres précédents soient intitulés de la *Considération*, cependant ils ne laissent pas de contenir plusieurs choses qui ont rapport à la vie active. Le cinquième, au contraire, ne traite que de la *considération* ou *contemplation*, c'est-à-dire des objets qui sont au-dessus de nous. Saint Bernard entend par là Dieu et les anges : Dieu, qui nous est supérieur par nature, et les anges par la grâce seulement, puisque la raison nous est commune avec eux. Il propose trois moyens de parvenir à la connaissance de Dieu et de ses anges : l'opinion, la foi, l'entendement, et commence par la considération des esprits célestes, dont il rapporte la hiérarchie, qu'il termine en disant, d'après la doctrine de saint Paul, qu'on croit que Dieu en a donné un à chaque homme pour le garder et pour le servir. Il passe ensuite à la contemplation de Dieu, de son essence et des mystères de la Trinité et de l'Incarnation. La divinité par laquelle on affirme que Dieu est Dieu, n'est autre chose que Dieu lui-même. Il est sa forme et son essence, un, simple, indivisible. Il n'est point composé de parties comme le corps, ni sujet aux changements ; il est toujours le même et de la même manière. Dieu est toutefois trinité ; mais en admettant en Dieu la trinité, nous ne détruisons pas l'unité. Nous disons séparément le Père, le Fils, et le Saint-Esprit, et néanmoins ce ne sont pas trois dieux, mais un seul Dieu. Il n'y a qu'une substance, mais trois personnes. Mais comment se peut rencontrer la pluralité de l'unité, et l'unité de la pluralité ?..... L'examiner c'est témérité ; le croire c'est piété ; le connaître c'est la vraie voie et la vie éternelle. Saint Bernard distingue diverses sortes d'unités, et met au premier rang l'unité de Dieu en trois personnes. Passant ensuite au mystère de l'Incarnation, il enseigne qu'en Jésus-Christ le Verbe, l'âme et la chair ne sont qu'une même personne, sans confusion des essences ou des natures ; qu'ainsi ces trois choses demeurent dans leur nombre sans préjudice de l'autorité de la personne. Il revient une seconde fois à la définition de Dieu, et dit : « Quant à l'universalité des choses, c'est la fin ; par rapport à l'élection des élus, c'est le salut ; enfin, à l'égard de Dieu même, il est le seul qui le sache ; c'est une volonté toute-puissante, une lumière éternelle, une vertu parfaite, une raison immuable et sa souveraine béatitude ; il est autant le supplice des superbes que la gloire des humbles, et comme il récompense les bonnes œuvres par sa bonté, il punit les crimes par sa justice, et sa bonté comme sa justice sont infinies. »

Des mœurs et des devoirs des évêques. — Ce livre est adressé à Henri, successeur de Daimberd, archevêque de Sens. Ce pontife, après avoir longtemps négligé son diocèse pour se livrer aux délices de la cour, fut enfin ramené au bien par Geoffroi, évêque de Chartres, et Burchard, évêque de Meaux. Il s'adressa à saint Bernard, pour obtenir de lui un ouvrage qui pût l'affermir dans le nouveau genre de vie qu'il avait embrassé. Le saint abbé lui envoya aussitôt l'opuscule intitulé : *Des mœurs et des devoirs des évêques*. La composition de cet écrit est de l'an 1126. — Il fait remarquer à Henri que la gloire et la dignité épiscopale ne consistent ni dans la pompe des habits, ni dans la magnificence des équipages, ni dans la somptuosité des palais, mais dans l'innocence des mœurs, dans l'application aux devoirs de l'épiscopat, dans l'exercice des bonnes œuvres. « Les pauvres qui vont nus et qui ont faim crient : Que nous servent à nous tant d'habits étalés sur des perches ou pliés dans des coffres ? Ce que vous prodiguez nous appartient, et c'est à nous que vous dérobez ce que vous dépensez si inutilement. » Il lui recommande en particulier les vertus de chasteté, de charité et d'humilité ; mais il veut que sa charité naisse d'un cœur pur, d'une bonne conscience et d'une foi sincère. La pureté de cœur doit avoir deux objets ; la gloire de Dieu et le bien du prochain ; la bonne conscience consiste à se repentir du mal et à n'en plus commettre ; la foi sincère est celle qui se soutient et agit par charité. La plupart, n'envisageant dans l'épiscopat que l'éclat et non la peine qui y est attachée, rougissaient de rester aux bas rangs du clergé, et couraient avec vivacité aux honneurs. L'ambition était sans bornes. Saint Bernard gémissait sur ces abus, dont il était témoin ; et, rappelant ce qui se passait dans les premiers siècles, où l'on ne trouvait qu'avec peine des personnes qui voulussent se charger de l'épiscopat, tant ce poste leur semblait au-dessus de leurs forces, il blâme l'empressement que les clercs de son temps témoignaient pour un ministère qu'ils n'étaient pas en état de remplir, et que l'avarice et l'ambition leur faisaient seules poursuivre. « Tout le clergé, dit-il, sans distinction d'âge, de rang ni de savoir, court aux emplois ecclésiastiques, comme si ce soin devait l'exempter de tous les soins de la vie. O ambition sans bornes, ô avarice insatiable ! »

De la réforme des clercs. — Saint Bernard se trouvant, en 1124, dans les environs de Paris, Etienne, qui en était alors évêque, le pria de s'y rendre et d'y prêcher. Le pieux abbé, qui ne se produisait en public que le moins qu'il pouvait, s'y refusa d'abord ; mais le lendemain, se sentant plus de confiance pour toucher les cœurs, il fit dire à l'évêque qu'il prêcherait. Il le fit, comme toujours, devant un clergé très-nombreux, et le discours qu'il donna en cette occasion est intitulé : *De la réforme des clercs*. Il est très-vif et très-pressant. L'auteur y attaque surtout ceux qui témoignaient trop d'avidité pour les dignités de l'Eglise, et qui s'engageaient dans les ordres sacrés, sans réflexion et sans examen ; mais il y traite aussi de la conversion des mœurs et de la pénitence. Il fait voir que personne ne peut se convertir à Dieu qu'avec le secours de sa grâce prévenante. Lorsqu'il a fait retentir sa voix dans l'âme du pécheur, c'est à nous à lui obéir, à ouvrir les yeux à la lumière qu'il répand sur nos ténèbres pour nous faire apercevoir nos iniquités. Ce n'est qu'en cette vie qu'on peut les effacer par la pénitence, puisque dans les damnés le péché sera aussi irrémissible que la pénitence sera durable. Saint Bernard trouve que les remords sont avantageux pour détourner les pécheurs du péché, et qu'ainsi il ne faut pas étouffer le ver rongeur qui les pique en cette vie. Il conseille à celui qui pense sérieusement à sa conversion de commencer ce salutaire ouvrage en s'abstenant de nouveaux péchés avant de déraciner ses anciennes et mauvaises habitudes. Pour lui en faciliter le moyen, il lui représente la vanité et l'inconstance des biens et des plaisirs du monde, la fausse sécurité du pécheur, qui se persuade follement qu'il n'est vu de personne, tandis que Dieu le voit et qu'il est aperçu de son bon et mauvais ange.

Ce n'est pas assez pour une vraie conversion de s'éloigner du mal, il faut faire le bien et en rapporter la gloire à Dieu. Le temps de la pénitence est celui de pleurer les péchés; mais le pénitent ne doit pas se laisser absorber par la tristesse; il faut qu'il adoucisse l'âcreté de ses larmes par l'espérance de la consolation et des douceurs que la vie spirituelle réserve aux vrais convertis. Le saint abbé s'élève avec force contre les clercs avides et incontinents. « Nous n'accusons pas tout le monde, dit-il, mais aussi ne pouvons-nous pas excuser chacun. Le Seigneur s'est réservé plusieurs milliers de serviteurs fidèles, et si cette race sainte ne nous excusait par sa justice, il y aurait longtemps que nous serions renversés comme Sodome, et que le feu du ciel nous aurait dévorés..... On court de toutes parts aux ordres sacrés, et l'on voit des hommes se charger, sans crainte et sans réflexion, de ministères qui font trembler les anges. Ils ne craignent point de porter la marque du royaume céleste, ni la couronne de cet empire, tandis que l'avarice règne en eux, que l'ambition les gouverne, que l'orgueil les domine, qu'ils sont les esclaves de l'iniquité et des passions infâmes. Peut-être même, si nous creusions dans leur vie secrète, si nous percions la muraille, comme dit Ezéchiel, trouverions-nous l'abomination dans la maison de Dieu. »

Du précepte et de la dispense. — Quelques moines de Saint-Père-en-Vallée, à Chartres, adressèrent successivement, et à l'insu de leur abbé, deux lettres à saint Bernard, pour le consulter sur l'obligation de la règle de saint Benoît qu'ils professaient. Le pieux abbé de Clairvaux leur fit transmettre sa réponse par Roger, abbé de Coulombs, au même diocèse. Cette lettre est adressée à l'abbé de Saint-Père, et ensuite, avec son agrément, à ses moines. Le but de la première question est de savoir si tout ce qui est contenu dans la Règle de saint Benoît est de précepte, et si cette Règle contient quelques articles qui ne soient que de conseil. Bernard répond : que cette Règle est de précepte pour tous ceux qui ont fait vœu librement de l'observer; d'où il suit que tout ce qu'elle contient est d'obligation pour eux. » Mais il distingue entre ce qui est dit des vertus spirituelles, comme la charité, la douceur, l'humilité, et tout ce que prescrivent les observances extérieures, telles que la psalmodie, l'abstinence, le silence, le travail des mains. Les préceptes touchant les vertus venant de Dieu même, ne souffrent pas de dispense; mais on peut, dans le besoin, en accorder pour les observances monastiques, parce qu'elles ne sont bonnes ni naturellement, ni par elles-mêmes, et qu'elles n'ont été instituées que pour procurer ou conserver la charité. Tant qu'elles remplissent ce but, le supérieur même ne peut dispenser de ces observances; mais si elles viennent à être contraires à la charité, alors il pourra en dispenser. Saint Bernard, après avoir cité les témoignages du pape Gélase et de saint Léon, remarque que saint Benoît, en laissant à l'abbé le pouvoir de dispenser dans les besoins de cette nature, ne remet pas cette dispense à sa volonté seule, puisqu'il est lui-même tenu à l'observance de la règle, mais à sa prudence, puisqu'il rendra compte à Dieu de tous ses jugements.

La seconde question des moines de Saint-Père roulait sur les degrés d'obéissance. Saint Bernard répond qu'il est du devoir de tous d'obéir à Dieu plutôt qu'aux hommes; aux maîtres plutôt qu'aux disciples, et, entre les maîtres, plutôt à ceux de la maison qu'aux étrangers; que, pour juger du degré d'obligation dans l'obéissance, il faut faire attention à la qualité de celui qui commande et à l'importance de son commandement. Il observe que l'obéissance que l'on rend par amour est préférable à celle que l'on rend par crainte, l'une étant de nécessité, l'autre de charité, que, pour obéir parfaitement, il faut faire ce qui est commandé, dans l'intention même de celui qui l'a commandé. Il décide que celui qui pèche par mépris pour sa règle est plus coupable que celui qui y contrevient par négligence; la raison qu'il en donne, c'est que la désobéissance du premier vient de son orgueil, et la désobéissance du second n'est que l'effet de sa langueur et de sa paresse. Il en infère que le mépris rend mortel le péché, qui ne serait que véniel par légèreté de la matière, s'il n'y entrait que de la négligence.

Apologie. — Rien ne souleva plus les esprits contre saint Bernard que son livre contre les moines de Cluny. Ils étaient alors en si grand nombre et en si bonne odeur de sainteté, qu'on ne pouvait les attaquer sans s'attirer une infinité d'adversaires. Cet ouvrage trouve encore aujourd'hui des censeurs, qui le regardent comme la production d'un zèle outré. Ils oublient que saint Bernard a été suscité de Dieu pour réparer les brèches faites à la discipline de l'Eglise, et plus particulièrement à l'ordre monastique. Cet écrit est arrivé jusqu'à nous sous le titre d'*Apologie*, et il est adressé à Guillaume de Saint-Thierry. Le pieux auteur proteste que lui et les siens sont bien éloignés de blâmer un ordre aussi respectable que celui de Cluny, et qui possède de saints personnages que l'on regarde généralement comme les flambeaux de l'univers. Il montre ensuite que la variété des ordres religieux ne doit en aucune façon rompre le lien de l'unité et de la charité. La raison qu'il en donne, c'est que l'on ne trouverait jamais un repos assuré, si chacun de ceux qui choisissent un ordre particulier méprisait ceux qui vivent autrement, ou croyait en être méprisé, puisqu'il n'est pas possible qu'un même homme embrasse tous les ordres, ni qu'un même ordre embrasse tous les hommes. Il compare les différents ordres dont l'Eglise est composée à la tunique de Joseph, qui, quoique de couleur différente, était une, en signe de la charité qui doit réunir tous les ordres en un même amour. « Je les loue tous, ajoute-t-il, et je les aime, pourvu qu'ils vivent avec piété et justice dans l'Eglise, et si je n'en embrasse qu'un seul par la pratique, je les embrasse tous par la charité, qui me procurera, je le dis avec confiance, le fruit des observances que je ne pratique pas. » S'adressant ensuite aux moines de son ordre, il leur demande qui les avait établis juges des autres, et pourquoi ils se glorifiaient d'observer leur règle, précisément quand ils y contrevenaient le plus en méprisant autrui.

Dans la seconde partie, saint Bernard parle des pratiques de Cluny, et reproche aux moines de Cîteaux de les conserver indiscrétement, puisqu'ils n'avaient pas le droit de juger les serviteurs d'autrui. Il avoue sans peine que les instituteurs de l'ordre de Cluny en ont tellement réglé la discipline, que plusieurs peuvent y trouver le salut. Il se garde bien de mettre sur leur compte toutes les vanités et toutes les superfluités que quelques particuliers y avaient introduites. « J'admire, dit-il, que des moines aient imaginé tant d'intempérance dans les repas, tant de luxe dans les habits, tant de somptuosité dans les meubles et les appartements ; mais ce qui me surpasse, c'est que plus on s'y laisse aller, plus, dit-on, il y a de religion dans l'ordre, et mieux la règle y est observée. » Venant au détail, il blâme la profusion des repas que l'on faisait aux étrangers ; et, comparant la façon de les recevoir avec ce qui se passait à cet égard du temps de saint Antoine, il dit : « Lorsqu'il arrivait à ces saints cénobites de se rendre des visites de charité, ils étaient si avides de recevoir les uns des autres le pain des âmes, qu'ils oubliaient le pain du corps, et passaient souvent le jour entier sans manger, uniquement occupés des choses spirituelles, mais maintenant il ne se trouve personne qui demande le pain céleste, personne qui le distribue. On ne s'entretient ni des divines Ecritures, ni de ce qui regarde le salut de l'âme ; ce ne sont, pendant les repas, que discours frivoles dont on se repaît l'oreille, à mesure que la bouche se remplit d'aliments. » Il passe des superfluités de la table au luxe des habits. La Règle de saint Benoît ordonne que les moines seront habillés des étoffes les plus communes et les moins chères ; mais on ne s'en tenait pas là, et le religieux se faisait tailler un frac dans la même pièce où le chevalier se coupait un manteau ; de sorte que les hommes les plus qualifiés du siècle, fussent-ils rois ou empereurs, n'eussent pas dédaigné les habits d'un moine, qui eussent été à leur forme et dans leur taille. C'était aux abbés à réprimer ces désordres, mais ils en étaient eux-mêmes coupables. Celui-là ne reprend pas avec liberté qui est lui-même répréhensible. Saint Bernard leur reproche la magnificence de leurs équipages, souvent si nombreux en hommes et en chevaux, que la suite d'un abbé aurait pu suffire à deux évêques. Il blâme la somptuosité des églises, le luxe des ornements et des peintures, qui rappellent en quelque sorte les anciens rites des juifs ; mais il s'élève surtout avec force contre les peintures grotesques dont on chargeait alors les murailles des cloîtres, et qui représentaient des combats, des chasses, des singes, des lions, des centaures et autres monstres, dont la vue ne pouvait que donner des distractions aux moines qui y faisaient habituellement leurs lectures.

Eloge de la nouvelle milice. — Ce traité, adressé à Hugues, grand maître des chevaliers du Temple, a été composé par saint Bernard vers l'an 1135. Cet ordre avait été établi en 1118, par quelques pieux chevaliers qui avaient fait vœu, entre les mains du patriarche de Jérusalem, de vivre comme des chanoines réguliers, dans la chasteté et l'obéissance, sans rien posséder en propre. Cette institution fut approuvée dans le concile de Troyes de l'an 1128. Le traité de saint Bernard n'est pas une règle, mais un éloge de cet ordre, et une exhortation qu'il fait aux chevaliers du Temple de s'acquitter des devoirs de leur milice. « Le monde, dit-il, apprend avec étonnement qu'il y a une nouvelle milice établie dans le pays que Notre-Seigneur a honoré de sa présence corporelle, afin que, comme il y a exterminé lui-même les princes de ténèbres, il en chasse encore leurs satellites par les bras de ces courageux défenseurs, et qu'il rachète de nouveau son peuple. Ce genre de milice est tout nouveau, et les siècles passés n'ont rien vu de semblable ; on y livre deux combats tout à la fois, l'un contre la chair et le sang, et l'autre contre les ennemis spirituels ; dans l'un on résiste à un ennemi corporel par les forces du corps ; dans l'autre, on déclare la guerre aux vices et aux démons...... La cause et la fin de cette milice ne sont pas moins admirables ; car toutes les guerres qui se font entre les hommes ont pour cause, ou des mouvements de colère, ou l'ambition et la vaine gloire, ou le désir de se mettre en possession de quelque héritage ; et la fin qu'on s'y propose est toujours un intérêt temporel. Les chevaliers du Temple n'agissent par aucun de ces motifs, et se proposent une tout autre fin. Ils font la guerre du Seigneur sans craindre de pécher en tuant ses ennemis, ou de périr s'ils sont tués; qu'ils tuent ou qu'ils soient tués, c'est toujours pour Jésus-Christ; s'ils tuent, c'est le profit de Jésus-Christ; s'ils sont tués, c'est leur salut..... Enfin la vie et les mœurs de ces chevaliers doivent faire honte à tous ceux qui se mêlent du métier de la guerre; ils ne font rien que par l'ordre de leur prieur; ils n'ont rien que ce qu'il leur donne; ils vivent sous une règle commune, sans femmes et sans enfants; ils n'ont rien en propre, pas même leur volonté; ils ne jouent à aucun jeu, n'assistent à aucun spectacle, ne prennent aucun plaisir et ne cherchent, dans l'issue de leurs combats, que la gloire du Seigneur. » Après cet éloge, saint Bernard les exhorte à s'acquitter courageusement des devoirs de leur milice, en faisant des réflexions mystiques sur la considération des lieux saints

Des degrés d'humilité et d'orgueil. — Ce traité est dédié par saint Bernard à Geoffroi, son parent, d'abord prieur de Clairvaux et ensuite évêque de Langres. Les degrés d'humilité que saint Bernard se propose d'y examiner sont ceux dont il est parlé dans la Règle de saint Benoît. On peut, selon saint Bernard, définir l'humilité une vertu par laquelle l'homme, se connaissant véritablement tel qu'il est, devient méprisable à lui-même. Il nous la fait envisager comme le chemin qui mène à la vérité, et la connaissance de cette vérité comme le fruit de cette vertu. Il distingue ensuite trois degrés dans la connaissance de la vérité : la connaissance de sa propre misère, pour en gémir et en devenir plus humble et plus compatissant; la connaissance des infirmités du prochain, pour devenir plus charitable et plus miséricordieux; et l'art de purifier l'œil du cœur, pour pouvoir contempler les choses célestes et divines. Toutes ces connaissances sont en nous l'ouvrage de Dieu, ou, comme dit saint Bernard, « c'est la sainte Trinité qui les opère en nous. » Venant ensuite à l'explication des douze degrés d'humilité, il dit : « Nous les comprendrons lorsque nous aurons remarqué les douze degrés d'orgueil qui leur sont opposés; le dernier degré d'orgueil répond au premier degré d'humilité, parce qu'en rétrogradant on commence à monter par où l'on a cessé de descendre. » Par exemple, le douzième degré d'orgueil est l'habitude de pécher: donc le premier degré d'humilité doit être de renoncer au péché; d'où il prend occasion de donner aux moines des instructions très-solides.

De l'amour de Dieu. — Entre plusieurs questions que le cardinal Haimeric, chancelier de l'Eglise romaine, avait adressées à saint Bernard, il y en avait une sur l'amour de Dieu; c'est la réponse à cette question qui fait le sujet de ce traité.

« Vous voulez savoir de moi pourquoi et comment on doit aimer Dieu? Je vous réponds que la raison de l'aimer, c'est qu'il est Dieu, et que la manière de l'aimer, c'est de l'aimer sans mesure. Nous devons l'aimer pour lui-même, soit parce qu'on ne peut rien aimer de plus juste ni de plus profitable que lui; soit parce qu'il nous a aimés le premier, sans que nous le méritions, et qu'il nous comble chaque jour de ses bienfaits, en fournissant aux besoins de notre corps et de notre âme. L'infidèle même est averti par la voix de la nature qu'il doit aimer celui de qui il tient tout ce qu'il est et qui pourvoit à ses besoins. » Mais les chrétiens y sont obligés par des motifs bien plus pressants : par la considération du sang que Jésus-Christ a répandu pour les racheter, de la réparation de leurs péchés par sa mort, et de la gloire dont il leur a ouvert le chemin par sa résurrection, son ascension et quantité d'autres bienfaits plus abondants sous la loi nouvelle que sous la loi ancienne; d'où il résulte pour eux une obligation plus étroite d'aimer Dieu que pour ceux qui vivaient avant la venue de Jésus-Christ. « Je me dois doublement à Dieu, dit saint Bernard, et pour m'avoir fait, et pour m'avoir racheté : dans la création, il m'a donné à moi-même; dans la rédemption, il s'est donné à moi, et en se donnant à moi il m'a rendu à moi. Par cette raison, je me dois deux fois à lui. Que lui rendrai-je? Quand je pourrais me donner mille fois, que serait-ce en comparaison de ce que je lui dois? Que suis-je, en effet, par rapport à Dieu? » Saint Bernard prouve encore l'obligation d'aimer Dieu par la considération de l'avantage qui nous en revient; car, quoique le véritable amour n'agisse pas en vue de la récompense, il ne laisse pas de la mériter. « L'amour véritable, dit-il, est content de lui-même; il a une récompense, c'est l'objet aimé. » Il distingue quatre degrés d'amour : le premier, par lequel l'homme s'aime pour lui-même; le second, par lequel l'homme, sentant qu'il a besoin de Dieu, commence à l'aimer, mais toujours par rapport à lui-même; le troisième, par lequel l'homme, frappé des perfections infinies de Dieu, l'aime de cet amour qu'on appelle chaste, parce qu'il est désintéressé; enfin le quatrième consiste à ne s'aimer soi-même que pour Dieu. « Heureux, dit saint Bernard, celui qui a mérité de parvenir à ce degré d'amour. » Mais il ne croit pas qu'en cette vie on parvienne à la perfection de la charité; il pense que cet état n'est réservé qu'aux bienheureux; encore n'en jouiront-ils qu'après la résurrection.

De la grâce et du libre arbitre. — Voici quelle fut l'occasion de ce traité ; c'est saint Bernard lui-même qui nous rend compte des motifs qui l'ont porté à l'entreprendre. « Comme je parlais un jour en public, dit-il, et que je me reconnaissais redevable à Dieu, qui m'avait prévenu dans le bien, du progrès que j'y faisais et de l'espérance où j'étais de le conduire à la perfection, un des assistants me dit : Que faites-vous donc, ou quelle récompense espérez-vous, si c'est Dieu qui fait tout. » Ce fut pour développer la première réponse qu'il avait donnée sur-le-champ à cette objection, que saint Bernard entreprit son traité *de la Grâce et du libre arbitre*. Il remarque que deux choses sont nécessaires pour faire le bien, l'instruction et le secours; qu'il est besoin que Dieu, qui m'éclaire par ses ministres, me donne la force de faire ce qu'il m'apprend et ce qu'il me conseille, puisque, selon l'Apôtre, c'est lui qui donne le vouloir et l'action. « Que l'on me demande, ajoute saint Bernard, où sont mes maîtres dans le bien, je répondrai, avec le même apôtre : *Il nous a sauvés, non à cause des œuvres de justice que nous eussions faites, mais à cause de sa miséricorde*. Et encore : *Le salut ne dépend ni de celui qui veut, ni de celui qui court, mais de Dieu, qui fait miséricorde, et sans lequel nous ne pouvons rien faire*. »

Il remarque en second lieu que, « lorsque la grâce opère en nous le salut, le libre arbitre coopère en donnant son consentement, en obéissant à Dieu, qui commande, en ajoutant foi à ses promesses, en lui rendant grâces de ses bienfaits. » Pour mettre cette vérité dans un plus grand jour, il enseigne que le consentement est un acte de la volonté ; que la volonté est un mouvement raisonnable qui préside aux sens et à l'appétit ; qu'elle ne se meut jamais sans la raison, parce que la raison l'accompagne et la suit, et qu'elle lui est donnée pour l'éclairer, et non pour la détruire ; d'où il suit qu'elle n'impose aucune nécessité à la volonté, puisque autrement elle la détruirait. En effet, la liberté est essentielle à la volonté ; où il y a nécessité, il n'y a point de volonté, et, par une suite nécessaire, où il y a nécessité, il n'y a point de liberté, et conséquemment point de mérite. D'où vient que dans les enfants, dans les insensés, dans ceux qui dorment, les actions sont sans mérite ni démérite, parce que, comme ils ne sont pas maîtres de leur raison, ils n'ont pas non plus l'usage de leur liberté. Le libre arbitre est appelé *libre*, à cause de la volonté, et *arbitre*, à cause de la raison. Il y a trois sortes de libertés : la liberté naturelle, la liberté de la grâce, la liberté de la gloire. Nous avons reçu la première par la création, cette liberté nous exempte de la nécessité ; la seconde par la régénération, elle nous délivre du péché ; la troisième, qui ne nous sera accordée qu'avec la possession de la gloire éternelle, nous assurera la victoire sur la corruption et sur la mort. La liberté qui exempte de nécessité convient également à Dieu et à toutes les créatures raisonnables, soit bonnes, soit mauvaises. Elle ne se perd ni par le péché, ni par la misère ; elle se trouve au même degré dans le juste et dans l'impie, dans l'homme comme dans l'ange, avec cette différence seule que dans les justes elle est plus réglée. C'est le libre arbitre qui nous fait vouloir, mais c'est la grâce qui nous fait vouloir le bien... Que nous appartenions à Dieu comme bons, que nous soyons au démon comme méchants, nous conservons toujours notre liberté, qui détermine le mérite de nos actions. Cependant, quoique nous nous rendions esclaves du démon par notre volonté, ce n'est pas par elle que nous nous assujettissons à Dieu ; c'est par sa grâce, qui donne le vouloir parfait pour opérer le bien.

Au reste, il ne faut pas croire que le libre arbitre consiste à pouvoir, également et avec la même facilité, se porter au bien et au mal ; autrement ni Dieu, ni les anges, ni les saints, qui ne peuvent faire le mal, ne seraient pas libres, non plus que les démons, qui ne peuvent plus faire le bien ; mais on doit plutôt l'appeler libre arbitre, parce que, soit que la volonté se porte au bien, soit qu'elle se porte au mal, elle le fait librement ; l'homme ne pouvant être bon ou mauvais que par sa volonté. Saint Bernard fait voir que la grâce ne déroge en rien au libre arbitre, et qu'encore qu'il soit dit dans l'Ecriture que Dieu nous attire à lui, il ne nous sauve pas pour cela malgré nous ; il ne nous sauve qu'en nous faisant vouloir le bien, soit qu'il nous effraie par ses menaces, soit qu'il nous éprouve par les adversités. « Celui-là, dit-il, ne souhaitait-il pas d'être attiré, qui demandait avec tant d'ardeur dans les cantiques : *Attirez-moi après vous, et je courrai à l'odeur de vos parfums?* » Il faut, selon lui, dire la même chose de la concupiscence. Elle ne nous contraint pas au mal. La tentation, quelque forte qu'elle soit, ne violente pas notre volonté et ne nous enlève pas notre liberté. Il donne pour exemple la tentation à laquelle succomba saint Pierre. Cet apôtre aima mieux mentir que mourir, et conserver la vie de son corps que la vie de son âme. Il aimait Jésus-Christ, mais il s'aimait encore plus lui-même, et cet amour de préférence fut entièrement libre. Comme il préféra librement la vie de son corps à la vie de son âme, il ne renonça Jésus-Christ que parce qu'il le voulut et par préférence. Or, ce qui est volontaire par préférence est libre ; si la volonté peut être contrainte, ce n'est que par elle-même. Il suit de là qu'à l'exception du péché originel, tous les autres péchés sont l'effet de la volonté, qui s'y porte sans contrainte de la part des objets extérieurs. Mais le libre arbitre, qui a dans lui-même le principe de sa damnation, n'a pas celui de son salut. Ses efforts pour le bien sont vains, si la grâce ne les aide, et il n'en fait aucun, si la grâce ne l'excite. Les mérites du salut sont donc l'effet de la miséricorde de Dieu, qui a divisé les dons qu'il nous fait en mérites et en récompenses : de sorte que tout est don de Dieu, nos mérites et les récompenses que Dieu nous accorde.

Il enseigne que nos bonnes œuvres sont en même temps nos mérites et des dons de Dieu : nos mérites, parce que c'est l'ouvrage de notre libre arbitre ; des dons de Dieu, parce que le consentement libre de notre propre volonté a été un effet de sa grâce. « Ce ne sont pas mes paroles, dit saint Bernard, ce sont celles de l'Apôtre qui attribuent à Dieu, et non au libre arbitre, tout le bien qui peut être dans l'homme, c'est-à-dire le penser, le vouloir et l'action. Dieu fait le premier sans nous, le second avec nous, et le troisième par nous. Comme nous ne pouvons pas nous prévenir nous-mêmes, il est hors de doute que le commencement de notre salut vient de Dieu et non de nous, et qu'il ne se fait pas même avec nous ; mais le consentement et l'action, quoiqu'ils ne soient pas de nous, ne se font pas néanmoins sans nous. » Saint Bernard s'explique clairement en disant : « Dieu, en nous inspirant une bonne volonté, nous prévient et nous unit à lui par le consentement, et en nous donnant le pouvoir d'accomplir le bien que nous voulons, ce qu'il opère en nous se manifeste au dehors par les œuvres. On doit donc attribuer à la grâce toutes les œuvres du salut : c'est elle qui excite le libre arbitre, lorsqu'elle sème en nous de bonnes pensées ; qui le guérit, lorsqu'elle change son affection et sa volonté ; qui le fortifie, pour le conduire à l'accomplissement d'une action ; qui le conserve, de peur qu'il n'éprouve quelque affaiblissement dans le bien; mais ce que la grâce a commencé seule, s'accomplit par elle et par le libre arbitre. Leur opération est commune et non particulière ; ils agissent conjointement et non séparément. La grâce ne fait pas une partie de l'œuvre, et le libre arbitre l'autre ; ils opèrent ensemble par une opération indivisible. Le libre arbitre fait tout et la grâce fait tout; mais comme la grâce fait tout dans le libre arbitre, de même le libre arbitre fait tout par la grâce. » Après cette double explication de l'action de la grâce sur le libre arbitre, et de l'action du libre arbitre sous l'influence de la grâce, saint Bernard termine son traité par cette réflexion, qu'il n'a pu déplaire à ses lecteurs, puisqu'il n'a fait que suivre la doctrine de saint Paul.

Dom Mabillon, qui a édité cet ouvrage, dit qu'il renferme dans sa brièveté plus de substance et de doctrine solide que les plus grands volumes sur la même matière. Le style en est vif et lumineux, les termes simples et appropriés au sujet ; le discours aisé, naturel, mais en même temps nerveux et bien nourri, toujours clair, toujours élégant, marche à sa conclusion sans faiblesse, ni langueur. « L'auteur, en se débarrassant des expressions triviales de l'école, a trouvé le moyen de n'être ni trop précis dans ses raisonnements, ni trop diffus dans ses conclusions. C'est comme un fleuve dont les eaux ont un cours égal, tranquille, majestueux, qui annonce l'abondance de leur source. » On voit qu'il n'a puisé ce qu'il dit qu'en lui-même, ou plutôt qu'il l'a reçu de Dieu, qui le lui a communiqué dans la méditation continuelle des saintes Ecritures, et particulièrement des Epitres de saint Paul.

Du Baptême. — Le traité *du Baptême*, qui n'est qu'une lettre adressée à Hugues de Saint-Victor, a été écrit pour réfuter quelques opinions d'un anonyme qui avait avancé : 1° que le baptême de Jésus-Christ avait été d'obligation, depuis que Notre-Seigneur avait dit à Nicodème : *Quiconque n'est pas né de nouveau par l'eau et par le Saint-Esprit n'entrera point dans le royaume des cieux*; 2° que personne ne peut être sauvé sans recevoir actuellement le sacrement de baptême, ou le martyre à sa place ; 3° que les patriarches de l'Ancien Testament ont eu une connaissance aussi claire de l'incarnation que les chrétiens ; 4° qu'il n'y a point de péché d'ignorance ; 5° que saint Bernard s'est trompé en écrivant dans ses homélies que les anges n'avaient pas connu le dessein de Dieu touchant l'incarnation.

Saint Bernard réfute chacun de ces sentiments par autant de réponses, dont voici les principales. Il dit qu'il y avait de la dureté à soutenir qu'une instruction, faite en secret à Nicodème, eût force de loi dans tout l'univers. Une loi qui n'est pas publiée ne saurait faire de prévaricateurs. Il n'en est pas d'une loi positive comme de la loi naturelle, qui n'a pas besoin de promulgation, parce qu'elle est gravée dans le cœur; mais la nature ni la raison n'enseignent nulle part qu'on ne puisse être sauvé sans baptême. La loi du baptême est donc une loi positive, une institution de Jésus-Christ, que les apôtres ont été chargés d'annoncer; maintenant qu'elle a été publiée jusqu'aux confins de la terre, le mépris de cette loi serait inexcusable, parce qu'on ne saurait prétexter l'ignorance. Saint Bernard enseigne ensuite qu'avant Jésus-Christ il y avait pour le péché originel d'autres remèdes que le baptême : la foi et les sacrifices sauvaient les adultes fidèles qui se trouvaient parmi les idolâtres ; la foi des parents sauvait les enfants, et les juifs étaient sauvés par la circoncision. Il renvoie l'anonyme à saint Ambroise et à saint Augustin qui, le premier dans son oraison funèbre de Valentinien, le second dans son IV° livre contre Donat, ont cru que celui qui désire sincèrement le baptême en reçoit le fruit lorsqu'il se trouve dans l'impuissance de se faire baptiser réellement, et pensent que si le martyre supplée au baptême, c'est moins à cause du supplice qu'à cause de la foi qui l'accompagne ; sans cette foi, il ne serait qu'un vain tourment. Pour ce qui est des enfants, comme leur âge les met hors d'état d'avoir la foi et de se convertir à Dieu, il n'est de salut pour eux que dans le baptême, parce qu'alors la foi d'autrui supplée à celle dont ils ne sont pas capables. Quant à la proposition de l'anonyme, qui n'admettait aucun péché d'ignorance, saint Bernard se contente de le mettre en contradiction avec lui-même. En lui rappelant qu'il avait avancé plus haut que le précepte du baptême donné secrètement à Nicodème obligeait même ceux qui ne pouvaient en avoir eu connaissance, il en résulte, comme conséquence nécessaire, qu'il y a des péchés d'ignorance. « Et d'ailleurs, dit-il, David ne demande-t-il pas pardon à Dieu des péchés commis par ignorance? Et la loi de Moïse n'ordonne-t-elle pas des satisfactions particulières pour ces sortes de péchés ? »

Contre les erreurs d'Abailard. — Abailard

avait entrepris d'expliquer le mystère de la Trinité, et de montrer le rapport des trois personnes entre elles. L'habile dialecticien s'était fourvoyé en voulant porter la clarté sur des questions qui doivent rester enveloppées. Saint Bernard lui montre qu'il a laissé le mystère aussi obscur et qu'il l'a rendu contradictoire. Pour lui, il maintient le dogme, il ne l'explique pas ; il se contente de faire voir que la solution de son adversaire le dénature, et il lui demande compte de la trinité et de l'unité divine compromises par ses Commentaires. « Je m'étonne, dit-il, qu'un esprit aussi pénétrant, avec toutes ses prétentions à la science, après avoir reconnu que le Saint-Esprit est consubstantiel au Père et au Fils, vienne ensuite nier qu'il procède de la substance du Père et du Fils, à moins que, par hasard, il ne veuille que ceux-ci procèdent de la sienne : prétention inouïe et insoutenable ! Mais si le Saint-Esprit n'est pas de la substance du Père et du Fils, et que le Père et le Fils ne soient pas de la substance du Saint-Esprit, que devient, je le demande, la consubstantialité ? Qu'il avoue donc, avec l'Eglise, que les trois personnes ont même substance, ou qu'il le nie avec Arius, et qu'il proclame ouvertement que le Saint-Esprit n'est qu'une créature. Ensuite, si le Fils est de la substance du Père, et que le Saint-Esprit n'en soit pas, il faut qu'ils diffèrent l'un de l'autre, non-seulement parce que le Saint-Esprit n'est pas né du Père comme le Fils, mais encore parce que le Fils est de la substance du Père et que le Saint-Esprit n'en est pas. Or, jusqu'à présent, l'Eglise n'a pas reconnu cette dernière différence. Si nous l'admettons, où est la trinité, où est l'unité ? Ainsi la dualité remplace la trinité ; car on ne saurait admettre au partage une personne dont la substance n'aurait rien de commun avec celle des deux autres. Qu'il cesse donc de détacher de la substance commune la procession du Saint-Esprit, de peur d'enlever par une double impiété le nombre à la trinité et de l'attribuer à l'unité; énormités que repousse également la foi chrétienne. »
On comprend, par ces traits de polémique ardente, que le héros de la dialectique a trouvé son maître. Une seconde citation nous en convaincra encore davantage, et nous donnera une idée suffisante de ce traité. Abailard avait dit qu'il pensait, contre le témoignage de tous les docteurs de la foi, que le Christ n'était pas venu pour délivrer le monde de l'empire du démon, parce que le démon n'avait été que le geôlier et non le maître des hommes. Cette témérité de la raison individuelle met l'indignation au cœur de saint Bernard, et voici en quels termes il l'exhale : « Qu'y a-t-il de plus insupportable en ces paroles, ou le blasphème ou l'arrogance ? Quoi de plus damnable, la témérité ou l'impiété ? Ne serait-il pas plus juste de fermer par le bâillon une pareille bouche, que de la réfuter par le raisonnement ? Ne provoque-t-il pas contre lui toutes les mains, celui dont la main s'élève contre tous? Tous, dit-il, pensent ainsi, et moi je pense autrement ! Hé ! qui donc es-tu ? qu'apportes-tu de meilleur ? quelle subtile découverte as-tu faite ? quelle secrète révélation nous montres-tu qui ait échappé aux saints, qui ait trompé les sages? Sans doute cet homme va nous servir une boisson dérobée, une nourriture longtemps cachée. Parle donc, dis-nous quelle est cette chose qui te paraît à toi, et qui n'a paru à personne auparavant ? N'est-ce pas que le Fils de Dieu s'est fait homme pour autre chose que pour la délivrance de l'homme ? Certes, cela n'a paru à personne, si ce n'est à toi. Mais, voyons, où as-tu trouvé cela ? Tu ne le tiens ni du sage, ni du prophète, ni de l'apôtre, ni de Dieu même. C'est de Dieu que le maître des nations tenait ce qu'il leur a transmis. Le Maître de tous professe que sa doctrine ne lui appartient pas : *Ce n'est pas de moi-même que je parle*, nous dit-il ; toi, au contraire, tu nous donnes du tien ; tu nous donnes ce que tu n'as reçu de personne. Celui qui ment parle de lui-même : à toi donc, à toi seul, ce qui vient de toi : pour moi, j'écoute les prophètes et les apôtres, j'obéis à l'Evangile, mais non pas à l'Evangile selon *Pierre*. Tu nous bâtis un nouvel évangile, mais l'Eglise n'accepte pas ce cinquième évangéliste. Que nous dit la loi, que disent les prophètes, les apôtres et les successeurs des apôtres? sinon ce que tu nies tout seul, savoir, que Dieu s'est fait homme pour délivrer l'humanité. Or, si un ange venait du ciel pour nous annoncer le contraire, anathème sur cet ange lui-même ! »—Quelle logique et quelle véhémence ! Comme la foi chrétienne fait explosion dans cette invective ! Quelle sainte colère contre cet homme qui vient audacieusement opposer sa raison à l'autorité, sa croyance individuelle à la foi de tous ! Que dire de cette protestation contre le messager céleste qui viendrait donner un démenti à la foi du genre humain ? Rien, aux yeux de l'intrépide croyant, ne peut l'emporter sur l'Evangile et la tradition; non pas même le ciel, qui n'a pas le droit de retirer sa parole et de la contredire. Le doute, ce principe d'incurable faiblesse, n'a jamais effleuré l'esprit de saint Bernard, et l'assurance que lui donnait sa conviction valait autant que ses arguments pour terrasser ses adversaires.

A la suite de ces traités, l'éditeur a placé, dans la collection des OEuvres de saint Bernard, deux opuscules que nous nous contenterons d'indiquer, parce qu'ils sont loin d'avoir l'importance dogmatique et littéraire des autres écrits du pieux docteur. Le premier est une *Vie* de saint Malachie, archevêque d'Irlande, mort à Clairvaux le 2 novembre 1148, au retour d'un voyage qu'il avait fait à Rome pour y recevoir le *pallium*. Saint Bernard, qui avait prononcé son oraison funèbre le jour même de son décès, écrivit sa Vie à la prière de l'abbé Congan et des autres religieux que l'ordre de Cîteaux avait en Irlande, pour les consoler de la mort de leur archevêque. Le second est un traité du chant ou de la correction de l'Antiphonier, que saint Bernard exécuta avec l'aide de plusieurs religieux, et qui fut adopté par l'ordre de Citeaux et déclaré obligatoire pour toutes les maisons qui en dépendaient.

Sermons. — Il nous reste à parler de ses sermons. Avant d'en reproduire quelques extraits, il nous parait utile de citer le témoignage d'un chroniqueur contemporain qui nous aidera à les apprécier. Le voici dans sa naïve simplicité. « Celui qui l'avait détaché du sein de sa mère pour l'œuvre de la prédication, lui avait donné, dans un faible corps, une voix forte et capable de se faire entendre. Ses discours, toutes les fois que l'occasion se présentait de parler pour l'édification des âmes, étaient appropriés à l'intelligence, à la condition et aux mœurs de ses auditeurs. Il parlait aux campagnards comme s'il eût toujours vécu à la campagne, et aux autres classes d'hommes comme s'il eût consacré toute sa vie à l'étude de leurs œuvres. Docte avec les savants, simple avec les simples, riche des préceptes de la sagesse et de la perfection avec les hommes spirituels, il se mettait à la portée de tous, désirant les gagner tous à Jésus-Christ........ Le miel et le lait découlaient de sa langue, et néanmoins la loi de feu était dans sa bouche. *Mel et lac sub lingua ejus, nihilominus in ore ejus ignea lex.* » Geoffroi de Clairvaux, auteur de sa Vie, à qui nous empruntons ce passage, ajoute quelques traits qui achèvent de peindre la personne même du saint orateur. « Sa taille, bien qu'ordinaire, paraissait élevée à cause de l'élégance des formes; la grâce sévère répandue sur son visage tenait plus de l'esprit que de la chair; elle était comme le signe extérieur de la beauté de son âme; une certaine pureté angélique et la simplicité de la colombe rayonnaient dans ses yeux; une légère teinte colorait ses joues, et une chevelure blonde tombait sur son cou, d'une blancheur éblouissante; son corps amaigri portait les traces de ses austérités, et semblait, dans sa légèreté, l'enveloppe d'un pur esprit. » De tels dehors au service d'une telle éloquence expliquent la pieuse illusion de ses contemporains, qui voyaient dans saint Bernard un interprète et un envoyé de Dieu. Son habitude, avant de parler en public, était de méditer profondément le sujet qu'il voulait traiter, et de s'abandonner ensuite, pour l'expression de ses idées, aux chances de l'improvisation; c'est le procédé des grands orateurs, et le plus sûr moyen d'unir l'éclat à la solidité. La parole de saint Bernard était abondante et serrée, parce qu'il était maître de sa pensée; il tirait surtout sa force de la connaissance approfondie du cœur humain et des livres saints; ces sources intarissables alimentaient sans cesse son intelligence, et lui permettaient de toujours produire sans jamais s'épuiser. Il est vraisemblable que saint Bernard n'a écrit aucun de ses sermons avant de les prononcer; on les recueillait pendant qu'il parlait, et il retouchait ensuite le travail de ses auditeurs. On a souvent discuté pour décider si saint Bernard avait prêché en latin ou en langue vulgaire. Les solutions exclusives de ce problème sont également fausses. Dans le cloître et dans les assemblées des clercs, saint Bernard prêchait en latin; hors du cloître, quand le peuple accourait pour l'entendre, il parlait la langue du peuple. C'est en langue vulgaire qu'il a prêché la croisade en Allemagne et en France; en France seul, et en Allemagne avec des interprètes qui traduisaient sur-le-champ ses discours; mais malheureusement aucun des monuments de cette éloquence populaire ne nous est parvenu, et tous les sermons que nous possédons ont été évidemment prononcés en latin. Ces réflexions sont de M. Géruzez, auquel nous continuerons d'emprunter pour tout ce qui regarde les sermons de saint Bernard. « La plupart des discours que nous possédons, dit-il, sont plus remarquables par la grâce que par la véhémence, par la doctrine que par la passion, par l'habile disposition des parties et l'enchaînement des preuves que par le mouvement. C'est qu'un grand nombre de ses discours ont été prononcés dans l'enceinte de Clairvaux, devant de pieux cénobites dont les passions étaient vaincues et la foi inébranlable. L'orateur songe plutôt à leur faire aimer et connaître la religion qu'à les épouvanter par la crainte des châtiments. Lorsqu'il s'anime, c'est lorsqu'il jette les yeux au dehors sur la corruption des grands et les désordres du clergé séculier, ou lorsque la contemplation des souffrances du Christ et des vertus de sa divine Mère l'emportent jusqu'à l'enthousiasme. Mais saint Bernard est si naturellement éloquent, que, même lorsqu'il disserte ou qu'il enseigne, une douce chaleur circule sous ses raisonnements et atteste l'action d'un foyer intérieur dont les flammes sont contenues. »

Les sermons de saint Bernard sont divisés en trois classes. La première contient ce que l'on appelle les sermons du *Temps*; la seconde, les panégyriques ou sermons des *Saints*, et la troisième les *Sermons divers*; ceux-ci sont au nombre de cent vingt-cinq. Il y en a sur l'incertitude et la brièveté de la vie, sur l'obéissance, sur le cantique d'Ezéchias et sur plusieurs autres endroits de l'Ecriture; sur le baptême, sur les dons du Saint-Esprit, et sur quantité d'autres sujets. On comprend aisément que nos emprunts dans cette immense collection, qui ne comprend pas moins de deux cent cinquante-quatre discours, ne peuvent être que fort restreints; mais nos citations suffiront cependant pour compléter cette étude et mettre en relief les talents oratoires du saint docteur.

Ses sujets de prédilection, dans ses homélies adressées aux moines de Clairvaux, sont tendres et affectueux. C'est tantôt la naissance du Christ et son enfance, plus souvent les douces vertus de la vierge Marie, et plus souvent encore l'explication mystique du Cantique des cantiques, divin épithalame, chef-d'œuvre de poésie mélancolique, soupir de l'âme mêlé aux terribles accents des prophètes et aux sublimes accords de la harpe de David. Voici quelques traits de cette éloquence tempérée, qui semblent un prélude lointain aux touchantes inspirations de Massillon. Nous les empruntons au premier sermon sur la naissance de Notre-Seigneur. « O homme! que crains-tu? Pourquoi trembler à la face du Seigneur qui s'approche? Il vient non pour juger, mais pour sauver la terre. Jadis un serviteur infidèle t'a persuadé d'enlever furtivement le diadème royal pour en ceindre ta tête. Surpris dans ton larcin, comment n'aurais-tu pas tremblé? Comment ne pas éviter la face du Seigneur? Peut-être portait-il déjà le glaive flamboyant. Maintenant tu vis dans l'exil, et tu trempes des sueurs de ton visage le pain qui te nourrit. Et voici qu'une voix a été entendue sur la terre, annonçant la venue du Maître du monde. Où iras-tu pour éviter le souffle de son esprit? Où fuiras-tu pour ne pas rencontrer son visage? Garde-toi de fuir, garde-toi de trembler. Il ne vient pas armé, il ne cherche pas pour punir, mais pour délivrer ; et pour que tu ne dises pas encore une fois : *J'ai entendu ta voix et je me suis caché*, le voilà enfant et sans voix, et si ses vagissements doivent faire trembler quelqu'un, ce n'est pas toi. Il s'est fait tout petit, et la Vierge sa mère enveloppe de langes ses membres délicats, et tu trembles encore de frayeur! Mais tu vas savoir qu'il ne vient pas pour te perdre, mais pour te sauver ; non pour t'enchaîner, mais pour t'affranchir, car il combat déjà contre tes ennemis. Par la vertu et la sagesse de Dieu, il met le pied sur le cou des grands et des superbes. »

C'est toujours sur ce ton de noble affection et de pieuse sympathie que saint Bernard parle des rapports de l'homme et du Fils de Dieu ; mais son éloquence s'épure et s'attendrit encore, sans rien perdre de son élévation, lorsqu'il célèbre les vertus et les mérites de la Vierge. On comprend facilement la prédilection des vrais chrétiens, j'entends ceux qui ne séparent pas l'amour de Dieu de l'amour de l'humanité ; on comprend, dis-je, leur prédilection pour la vierge Marie, symbole de pureté et d'amour, médiatrice aimable entre la terre et le ciel ; aussi saint Bernard est-il inépuisable dans les tendres effusions de sa reconnaissance. Il faudrait citer des sermons entiers pour apprécier cette éloquence séraphique. Je me contenterai de ces deux passages, tirés du même discours sur le 5ᵉ dimanche de l'Avent : « L'ange Gabriel fut donc envoyé de Dieu dans la ville de Nazareth. A qui? *A une vierge, mariée à un homme qui se nommait Joseph.* Quelle est cette vierge si vénérable, qu'elle mérite d'être saluée par un ange, et si humble en même temps qu'elle est la femme d'un charpentier? Le beau mélange que celui de la virginité et de l'humilité ! Que Dieu aime une âme dans laquelle l'humilité fait valoir la virginité, et la virginité fait briller l'humilité! Mais de quels respects surtout n'est pas digne celle en qui l'humilité est relevée par la fécondité, et la virginité consacrée par l'enfantement! Vous voyez qu'elle est vierge et qu'elle est humble ; soyez humble au moins, si vous ne pouvez être vierge...... » Après s'être demandé laquelle de ces deux vertus plaît le mieux au Seigneur, il résout cette question délicate et difficile par ce texte d'Isaïe : *Sur qui, dit le Seigneur, reposera mon Esprit, si ce n'est sur ceux qui sont humbles et paisibles?* et il ajoute : « Remarquez qu'il dit sur les humbles, et non pas sur les vierges. Ainsi, si Marie n'avait pas été humble, le Saint-Esprit ne se serait pas reposé sur elle ; s'il ne s'était pas reposé sur elle, elle n'aurait pas conçu du Saint-Esprit ; car comment concevoir du Saint-Esprit sans le Saint-Esprit ? Il paraît donc, comme elle dit elle-même, que Dieu regarda l'humilité de sa servante plutôt que sa virginité, afin qu'elle conçût du Saint-Esprit ; et si c'est sa virginité qui la rendit agréable au Seigneur, c'est son humilité qui la rendit mère. » Mais c'est pour célébrer le nom de la Vierge qu'il trouve les expressions les plus brillantes et les plus élevées, les plus tendres et les plus affectueuses. Il va chercher toutes ses comparaisons dans le ciel ; et s'il consent encore à abaisser ses regards vers la terre, c'est pour la montrer à l'humanité comme l'astre du salut. « Le nom de la Vierge était Marie. *Et nomen virginis Maria!* Ajoutons quelques mots, dit-il, sur ce nom qui signifie étoile de la mer, et convient parfaitement à la Vierge qui porta Dieu dans son sein. C'est avec raison qu'on la compare à un astre ; car, de même que l'étoile envoie ses rayons sans en être altérée, la Vierge enfante un fils sans rien perdre de sa pureté. Le rayon ne diminue pas la clarté de l'étoile, de même que le fils n'enlève rien à la pureté de la mère. Elle est donc cette noble étoile de Jacob, dont le rayon illumine l'univers entier, dont la splendeur éclaire les hauts lieux et pénètre les abîmes. Elle parcourt la terre, échauffe les âmes plus que les corps, vivifiant les vertus et consumant les vices ; elle est cette étoile brillante, élevée au-dessus de la mer immense, étincelante de mérites et rayonnante de vertus. Oh! qui que tu sois qui comprends que, dans le cours de cette vie, tu flottes au milieu des orages et des tempêtes, plutôt que tu ne marches sur la terre ferme et solide, ne détourne pas les yeux de cette lumière, si tu ne veux pas être englouti par les flots soulevés! Si le souffle des tentations s'élève, si tu cours vers les écueils des tribulations, lève les yeux vers cette étoile, invoque Marie ! Si la colère ou l'avarice, ou les séductions de la chair font chavirer ta frêle nacelle, lève les yeux vers Marie ! Si le souvenir de crimes honteux, si les remords de ta conscience, si la crainte du jugement t'entraînent vers le gouffre de la tristesse, vers l'abîme du désespoir, songe à Marie ! Dans les périls, dans les angoisses, dans le doute, songe à Marie, invoque Marie ; qu'elle soit toujours sur tes lèvres, toujours dans ton cœur ; à ce prix tu auras l'appui de ses prières, l'exemple de ses vertus. En la suivant, tu ne dévies pas ; en l'implorant, tu espères ; en y pensant, tu évites l'erreur. Si elle te tient la main, tu ne peux tomber ; si elle te protége, tu n'as rien à craindre ; si elle te guide, point de fatigue, et sa faveur te conduit au but, et tu éprouves en toi-même avec quelle justice il est écrit : *Et le nom de la Vierge était Marie !* »

Cependant cet orateur, aux effusions si tendres et si affectueuses, s'anime et sait montrer de la véhémence lorsque le vice excite son indignation. Il tonne contre la corruption des grands de la terre, puissants pour le mal, impuissants pour le bien ; il déplore dans l'amertume de son cœur les maux qu'enfantent la cupidité et l'ambition, et, après avoir frappé les hommes du siècle, il n'épargne pas davantage le clergé, dont il combat la dissolution et l'hypocrisie. Dans un discours où il trace à grands traits les destinées de l'Eglise, après l'avoir montrée éprouvée par la persécution et l'hérésie, et sortant victorieuse de cette double épreuve, il arrive à la corruption de ses enfants, et il se demande qui la sauvera de ce nouveau péril. « Maintenant, par la miséricorde de Dieu, voici des temps libres de ce double fléau, mais souillés par *la chose qui marche dans les ténèbres*. Malheur à cette génération travaillée par la maladie des pharisiens, je veux dire l'hypocrisie, si toutefois on peut appeler ainsi une maladie qui ne peut se cacher, à cause du nombre des malades, et qui n'y songe plus par impudence. Ce venin circule aujourd'hui dans toutes les veines de l'Eglise ; plus il s'étend, plus le mal est désespéré, et d'autant plus dangereux qu'il est intérieur ; car s'il s'élevait ouvertement un ennemi hérétique, on le pousserait dehors, et il serait desséché ; si c'était un ennemi violent, on se cacherait pour éviter sa rencontre. Maintenant, qui chasser et de qui se cacher ? Tous sont amis et tous sont ennemis ; tous sont les siens et tous sont ses adversaires ; tous sont dans sa maison, mais en guerre intestine ; tous sont près d'elle, mais tous ne cherchent pas son bien ; ils sont les ministres du Christ et les serviteurs de l'Antechrist ; ils marchent honorés des biens du Seigneur, et sans souci d'honorer Dieu. De là cet éclat de courtisanes qui frappe nos yeux, ces vêtements d'histrions, cette parure royale ; de là ces freins, ces selles, ces harnais, ces éperons dorés et plus brillants que les autels ; de là ces tables splendides par les mets et les coupes ; de là ces longs repas et ces ivresses ; de là ces cithares, ces lyres et ces flûtes ; de là ces pressoirs écumants qui vomissent leurs vins dans des celliers bien garnis ; ces barriques de parfums et ces bourses qui regorgent d'or. C'est pour cela qu'ils veulent être et qu'ils sont doyens, archidiacres, évêques, archevêques. Ces honneurs ne sont pas donnés au mérite, mais à *la chose qui marche dans les ténèbres*, à l'hypocrisie. Il a été prédit autrefois, et les temps sont arrivés : *Voici dans la paix mon amertume la plus amère*. Amère d'abord dans la mort des martyrs, plus amère dans la révolte des hérétiques, plus amère encore dans les mœurs de ses enfants. Elle ne peut ni les mettre en fuite, ni les fuir, tant ils ont pris de force, tant leur nombre s'est multiplié. La plaie de l'Eglise est intérieure et incurable, et c'est pour cela que dans la paix son amertume est plus amère. Mais quelle paix ? C'est la paix et ce n'est pas elle ; paix du côté des païens et des hérétiques, et non du côté de ses enfants. Ecoutez les gémissements de son cœur : *J'ai nourri, j'ai exalté mes fils, et ils m'ont méprisée*, et ils m'ont souillée par la honte de leur vie, la honte de leurs paroles, la honte de leur commerce, enfin par *la chose qui marche dans les ténèbres* : NEGOTIO PERAMBULANTE IN TENEBRIS. » Certes, les adversaires de l'Eglise catholique ont broyé contre elle bien des couleurs ; les yeux se sont fatigués à parcourir leurs tableaux ; mais ont-ils jamais peint avec plus d'énergie que saint Bernard la corruption du clergé ? Qu'on lise tout entier ce 33⁰ sermon sur le *Cantique des cantiques*, que l'on consulte son traité *du Devoir des évêques*, que l'on parcoure ses lettres et quelques autres de ses sermons, et l'on se convaincra qu'il reproduit souvent les mêmes plaintes, toujours avec la même douleur chrétienne, le même zèle et la même véhémence de réformateur.

Quelquefois la pensée de saint Bernard prend une teinte de profonde mélancolie lorsqu'elle s'émeut dans la contemplation du sacrifice du Fils de Dieu et des misères de l'humanité. Ce caractère est surtout sensible dans l'admirable sermon *sur la passion*, où il examine successivement l'œuvre, la manière et la cause de cette mystérieuse immolation du Juste pour l'expiation des crimes du genre humain. Après avoir fait admirer la patience, l'humilité et la charité du Rédempteur, il s'écrie : « Que votre passion, Seigneur, est merveilleuse ! Elle a guéri toutes les nôtres ; elle a expié toutes nos iniquités ; elle est devenue un remède infaillible contre toutes nos maladies ; car peut-il y en avoir de si mortelles que votre mort ne les guérisse ? » Ne croit-on pas entendre Pascal, ou Bossuet lorsque, considérant l'abaissement sublime de Jésus-Christ couvert d'ignominie et confondu parmi les plus vils scélérats, il s'écrie : « Le voilà comme le dernier des hommes, homme de douleurs que Dieu frappe et humilie ; est-il rien de plus bas et de plus élevé ? O humilité ! ô grandeur ! opprobre de l'humanité et gloire des anges ! Un tel sacrifice sera-t-il sans vertu ? » Pascal est-il plus beau dans sa sublime antithèse sur les misères et les grandeurs de l'homme, et ne serait-on pas tenté d'en attribuer l'inspiration à saint Bernard, si l'on ne savait d'ailleurs qu'il l'a puisée dans Montaigne. Mais voici, dans le même sermon, un tableau de la condition humaine, qui se rapproche encore davantage de la manière de l'auteur des *Pensées* : « Le péché originel n'infecte pas seulement le genre humain dans son tout, mais encore dans chacune de ses parties; de sorte qu'il n'est pas un seul être dans l'humanité qui puisse s'y soustraire. La vie de l'homme en est infectée dans tout son cours, depuis l'instant où sa mère le conçoit jusqu'à celui où la mère commune ouvre ses entrailles pour l'engloutir. Nous sommes engendrés dans l'ordure, réchauffés dans les ténèbres, enfantés dans la douleur. Avant de venir au jour, nous chargeons le ventre de nos mères; en sortant de leur sein, nous les déchirons comme des vipères, et c'est merveille que nous ne soyons pas nous-mêmes déchirés. Notre premier cri est un vagissement de douleur, et c'est justice, puisque nous entrons dans la vallée des larmes, où nous éprouvons que la sentence du saint homme Job nous est applicable de tout point : *L'homme né de la femme vit peu de temps, et sa vie est pleine de beaucoup de misères.* L'homme est né de la femme ; quoi de plus vil ? Et de peur que par hasard il ne se flatte dans l'espérance des voluptés des sens, dès son entrée au monde il reçoit le terrible avis du départ, lorsqu'on lui dit : *La vie est courte ;* et qu'il ne s'imagine pas que ce petit espace, entre sa venue et sa sortie, soit libre pour lui : elle est pleine de beaucoup de misères. Oui, misères nombreuses, innombrables misères ; misères du corps, misères du cœur, misères pendant le sommeil, misères pendant la veille, misères de tous côtés. »

Le zèle religieux de saint Bernard, dit M. Géruzez, qui a apprécié avec un rare talent de critique l'éloquence du saint docteur, n'avait pas banni de son âme les sentiments de la nature et les affections de famille. Il les subordonnait à des intérêts plus élevés ; il les contenait pour donner un cours plus libre au zèle apostolique qui fermentait dans son âme ; mais ces affections contenues éclataient avec plus de vivacité lorsque la nature faisait violence à la contrainte qu'il s'était imposée. La sensibilité de son cœur se montra surtout lorsque, vaincu par la douleur, il exhala les regrets que lui causait la mort de son frère Gérard. Cette oraison funèbre donne la mesure de la puissance pathétique du talent de saint Bernard. Gérard avait pris part, sous la direction du saint abbé, à l'administration de Clairvaux ; son bon sens avait souvent dirigé le génie de son frère, son activité lui avait épargné des soins fastidieux ; il avait été le compagnon de ses courses évangéliques à travers l'Italie. C'est au retour de ce voyage que Gérard mourut. Saint Bernard dissimula sa douleur : il assista l'œil sec aux funérailles de son frère ; mais cet effort avait surmonté son courage : quelques jours après, il monta en chaire comme pour développer un verset du *Cantique des cantiques ;* mais bientôt les paroles lui manquèrent sur le texte qu'il avait choisi et la pensée qui l'oppressait fit éruption : « Pourquoi dissimuler, s'écrie-t-il, quand le feu que je cache en moi-même brûle ma poitrine et dévore mes entrailles ? Qu'y a-t-il de commun entre ce Cantique et moi qui suis dans l'amertume ?... J'ai fait violence à mon cœur, et j'ai dissimulé jusqu'ici, de peur que l'affection ne parût triompher de la foi.... Mais cette douleur refoulée a poussé des racines plus profondes ; elle est, comme je le sens, devenue plus cuisante, parce qu'elle n'a pas trouvé d'issue. Je l'avoue, je suis vaincu ; il faut que ce que je souffre au-dedans paraisse au dehors, mais que ce soit sous les yeux de mes fils qui, connaissant la perte que j'ai faite, doivent juger ma douleur avec plus d'indulgence et lui porter de plus douces consolations.

« Vous savez, ô mes fils, à quel point ma douleur est juste, et digne de pitié le coup qui m'a frappé. Car vous avez vu combien était fidèle le compagnon qui me délaisse sur la route où nous marchions ensemble ; quelle était la vigilance de ses soins, l'activité de ses travaux, la douceur de ses mœurs. Est-il quelqu'un qui me soit si nécessaire ? quelqu'un qui m'aime aussi tendrement ? Il était mon frère par la naissance, mais plus encore par la religion. Je vous en supplie, plaignez ma destinée, vous qui savez tout cela. J'étais faible de corps, et il me soutenait ; pusillanime, et il me fortifiait ; paresseux et négligent, et il me réveillait ; sans prévoyance et sans mémoire, et il m'avertissait. Pourquoi m'as-tu été arraché ? Pourquoi m'es-tu enlevé, toi dont l'âme se confondait avec la mienne, homme selon mon cœur ? Nous nous sommes aimés pendant la vie, comment sommes-nous séparés dans la mort ? Amère séparation que la mort seule pouvait accomplir ! Car comment me quitterais-tu, vivant, pendant ma vie ? Cet horrible divorce est tout entier l'ouvrage de la mort. Quelle autre que la mort, ennemie de toute douceur, n'aurait épargné le bien si doux de notre mutuel amour ? O mort ! tu as bien réussi, puisque d'un seul coup ta fureur a frappé deux victimes. »

Saint Bernard continue d'exhaler sa douleur en rappelant toutes les vertus de son frère, tous les services qu'il en a reçus, tous les témoignages de son amitié ; et il ajoute, comme pour justifier ses gémissements : « Son âme et mon âme, son cœur et mon cœur étaient un seul cœur et une seule âme ; le glaive qui l'a traversée l'a partagée par le milieu. Le ciel a reçu l'une de ces moitiés, l'autre est demeurée dans la fange ; et moi, moi qui suis cette misérable portion privée de la meilleure partie d'elle-même, on me dira : Ne pleurez point ? Mes entrailles ont été arrachées de mon sein, et l'on me dira : Ne souffrez point. Je souffre, et je souffre malgré moi, parce que mon courage n'est pas un courage de pierre, parce que ma chair n'est pas de bronze ; je souffre et je me plains, et ma douleur est toujours devant moi. »

Enfin, en terminant cette longue plainte, il se rappelle que, lorsque son frère était mourant en Italie, il n'avait demandé à Dieu, pour toute grâce, que de donner à Gérard la force de terminer son voyage et de ne le rappeler à lui qu'après leur retour à Clairvaux. « Seigneur, s'écrie-t-il, tu m'as exaucé ! Il s'est rétabli, et nous avons achevé la tâche que tu nous avais imposée; nous sommes revenus la joie dans le cœur, et chargés de nos trophées pacifiques. J'avais presque oublié notre convention; mais tu te l'es rappelée..... J'ai honte de ces sanglots qui m'accusent de prévarication; il suffit, tu as repris ton bien, tu as réclamé ton serviteur. Ces pleurs marquent le terme de mes paroles; c'est à toi, Seigneur, de marquer le terme et la mesure de nos larmes. » Cette oraison funèbre, ouverte par une explosion involontaire de la douleur, et fermée brusquement par des sanglots, est le témoignage le plus irrécusable de la sensibilité de saint Bernard. Comme elle nous montrait son âme et son éloquence sous un jour nouveau, nous nous sommes attaché à la faire connaître dans son ensemble, ce qui ne nous empêche pas d'inviter nos lecteurs à la lire tout entière dans l'original. Elle forme le 26° sermon sur le *Cantique des cantiques*.

Nous ne résisterons point au plaisir de terminer cette étude, en continuant d'emprunter à M. Géruzez le jugement critique et raisonné qu'il porte sur saint Bernard et sur ses œuvres. Un professeur d'éloquence aussi distingué est plus capable et surtout plus compétent que bien d'autres pour apprécier le mérite d'un aussi grand docteur.

« Les passages que je viens de réunir, dit-il, à la fin d'une dissertation sur le même sujet, suffisent pour donner une idée exacte du style et de l'éloquence de saint Bernard : Ils mettent en lumière ses grandes qualités, sans dissimuler ses défauts. Le rhéteur paraît quelquefois à côté de l'orateur, mais il ne l'efface pas, parce que la vérité du sentiment, la grandeur des idées et la vigueur logique subsistent sous la recherche de l'expression. Pour le langage, saint Bernard suit l'école de saint Augustin plutôt que celle de Cicéron. Il cherche ses effets non-seulement dans le contraste des idées, mais dans le rapport des sons qui redouble le choc des antithèses. Au reste, la forme antithétique est si naturelle à la pensée de saint Bernard, qu'elle semble spontanée. Il est certain qu'elle se produisait sans efforts; car la plupart des morceaux que j'ai cités ne sont pas moins remarquables par le luxe des antithèses et des métaphores que par le naturel du sentiment et le mouvement de la pensée. L'obscurité mystique dépare quelquefois les sermons de notre orateur, parce que, persuadé qu'il est qu'il n'y a pas dans les saintes Ecritures et dans la vie de Jésus-Christ un seul fait, un seul mot qui n'ait un sens symbolique et mystérieux, il sonde ces profondeurs cachées, sans y porter toujours la lumière, au moins pour des yeux profanes.

« Quoi qu'il en soit de ces défauts, si l'on rapproche la vie et les œuvres du saint docteur, on n'hésite pas à se rappeler l'antique définition de l'orateur. Sa parole est puissante, parce qu'elle est sincère : il vise moins à se faire applaudir qu'à persuader et à toucher, et on pourrait lui appliquer ses propres paroles : *Illius doctoris libenter audio vocem, qui non sibi plausum, sed mihi planctum moveat.* Toutefois il était habile à exciter les applaudissements comme les sanglots. Il savait aussi qu'il fallait joindre à l'autorité de la parole les exemples d'une vie irréprochable. C'est encore lui qui nous le dit : *Un pasteur qui possède la science sans pratiquer la vertu, fait moins de bien par la fécondité de sa doctrine, que de mal par la stérilité de sa vie.* La critique doit signaler les taches qui se mêlent aux grandes qualités oratoires de saint Bernard; mais elle doit reconnaître qu'elles n'en obscurcissent pas l'éclat. La puissance du génie ne prévient pas toujours les écarts du goût, mais elle les fait oublier. »

Pour achever de faire connaître saint Bernard, nous rapprocherons ici, sous un même coup d'œil, les paroles par lesquelles le savant professeur de la Sorbonne ouvre sa thèse, et celles qui lui servent de conclusion. Nos lecteurs seront heureux, nous l'espérons, de voir un homme aussi éminent, un critique aussi judicieux, parler d'un Père de l'Eglise avec l'admiration d'un philosophe et la foi d'un chrétien. Voici les paroles de son exorde : « Archimède disait : *Donnez-moi un point d'appui et un levier et je soulèverai le monde.* Ce que le géomètre de Syracuse cherchait dans l'ordre physique, un simple religieux du moyen âge l'a trouvé dans l'ordre moral. Saint Bernard a soulevé le monde chrétien sans autre point d'appui que la foi catholique, sans autres leviers que l'éloquence et la vertu. Ces forces furent les ressorts de son autorité, autorité prodigieuse, car elle s'appuyait surtout ce que les hommes dédaignent; la pauvreté, la simplicité du cœur, le mépris des dignités du siècle. Nulle part ailleurs n'apparaissent plus clairement la vanité de l'appareil extérieur de la puissance, et la supériorité de la force morale dans le gouvernement des peuples. Saint Bernard fut, au XII° siècle, le véritable souverain de la chrétienté. Réformateur des mœurs, arbitre des querelles politiques et religieuses, promoteur des grandes entreprises du monde catholique, sa main se montre dans tous les événements, et sa pensée dans tous les conseils. Je vais tâcher de faire comprendre comment s'éleva cette grande puissance, en dehors et au-dessus de la hiérarchie sociale et quels furent les caractères de cette parole dominatrice..... » Voici maintenant les réflexions par lesquelles M. Géruzez conclut cette belle étude sur le dernier de nos saints Pères : « Dans le cours de cette dissertation, je n'ai pas essayé de déguiser l'admiration que m'inspirent le caractère et le génie de saint Bernard. J'ai cédé, je l'avoue, à l'ascendant qu'il exerça sur ses contemporains; mais je ne l'ai pas fait aveuglément. L'étude assidue de sa vie et de ses œuvres m'a convaincu de ses lumières et de son désintéressement; et comme je n'ai pas trouvé une inconséquence dans ses doctrines, une souillure morale dans ses actes, une tache de sang dans sa vie politique, je n'hésite pas à voir en lui l'expression la plus élevée du véritable esprit chrétien, et la plus pure lumière d'un siècle auquel n'ont manqué ni les grands talents, ni les grands caractères. »

BERNARD de Morlas, embrassa l'observance de Cluny et vécut sous le généralat de Pierre le Vénérable, qui l'honorait d'une estime singulière. L'époque de sa naissance nous est inconnue aussi bien que celle de sa mort, et son nom même n'a été sauvé de l'oubli que par les écrits qu'il a laissés.

Le plus considérable de ses ouvrages est un poëme dactylique en trois livres composés de chacun mille vers, dont le second pied rime partout avec le quatrième, outre la rime finale qui est entre chaque distique. Il a pour titre : *De contemptu mundi.* Bernard en fit hommage à son abbé par une épître dédicatoire qui, d'après Fabricius, n'a jamais vu le jour, quoiqu'on la retrouve dans presque toutes les éditions. L'auteur, après avoir soumis son ouvrage à la censure de son Mécène, lui rend compte des motifs qui l'ont porté à traiter son sujet plutôt en vers qu'en prose, savoir : les charmes si connus de la poésie, l'autorité des écrivains sacrés qui n'ont pas dédaigné d'employer quelquefois ce langage, et l'inspiration d'en haut qui n'a pas dédaigné de venir à son secours. « Sans cela, dit-il, comment aurais-je pu exécuter une pareille entreprise, surtout dans le genre de vers que j'ai choisi ? » On voit par cette préface que Bernard avait une haute idée de son travail, dont il appréciait sans doute le mérite sur la difficulté de l'exécution. Il rappelle ensuite à son abbé que, s'étant rencontrés à Nogent-le-Rotrou, il avait bien voulu agréer quelques-uns de ses écrits, et témoigner le désir de posséder celui qu'il lui envoie. Il donne ainsi le plan de son poëme : « Le premier livre a pour objet le mépris du monde. La matière des deux autres et l'intention dans laquelle je la traite se répondent parfaitement, car j'y fais la description des vices dans la vue d'en détourner mes lecteurs. »

Tout ce livre roule sur la caducité des choses humaines, sur le jugement dernier que l'auteur, suivant le préjugé du temps, regarde comme très-proche, et sur ses suites. Dans les deux autres livres, il déclare avec une grande liberté contre les vices qu'il voyait régner dans tous les Etats ; et la peinture qu'il fait de son siècle en donnerait la plus affreuse idée, si l'on ne savait que l'enthousiasme des poëtes ne les emporte bien souvent au delà des bornes de la réalité. Le portrait qu'il y fait de la cour de Rome et de l'état corrompu de l'Eglise lui a valu plus tard bien des éloges de la part des protestants. Ils ne sont pas les seuls cependant qui aient fait estime de cette satire ; les catholiques l'ont admirée avant eux, et assurément elle le mérite, du moins par les sentiments de piété qu'elle exhale, et par le zèle que l'auteur y fait éclater contre les abus. Ce n'est pas une raison de la présenter comme un modèle de goût et de génie, à l'exemple de Barthius et de Jérémie de Padoue ; car prodiguer de pareils titres à des ouvrages de pur mécanisme tel que celui-ci, c'est presque une profanation. Fauchet se montre plus judicieux dans le jugement qu'il en porte ; car, dit-il, en parlant des rimes multipliées dont cette pièce est tissue, « au lieu de perdre son temps en ces ouvrages et inventions meurtrières des gentils esprits, Bernard aurait mieux fait de l'employer à imiter les Grecs et les Romains. »

Dans l'édition d'Eilhard Lubin, publiée à Rostoch en 1610, ces trois livres *du Mépris du monde* sont suivis d'un poëme du même auteur intitulé : *De la vanité du monde et de l'amour de la vie éternelle.* Ce sont encore des vers léonins, mais différents des premiers ; en ce qu'ils riment tantôt les uns avec les autres, tantôt chacun avec soi-même en cette manière :

Cartula nostra tibi mittit, Rainalde, salutes,
Plura videbis ibi, si non hæc dona refutes.
Dulcia sunt animis solatia quæ tibi mando.
Sed prosunt minime, nisi serves hæc operando.
Vox divina sonat quod nemo spem sibi ponat
In rebus mundi, quæ causam dant pereundi.

Ce Rainald à qui ces vers sont adressés était encore en bas âge, car l'auteur termine les instructions qu'il lui donne en lui disant que ce qu'il ne peut comprendre aujourd'hui, la Providence lui accordera plus tard de le saisir et d'en profiter.

Le génie de Bernard de Morlas se fait encore sensiblement remarquer dans un écrit mêlé de vers et de proses rimées en l'honneur de la sainte Vierge. Il commence par une préface en vers hexamètres, où l'auteur demande à Dieu la sagesse pour chanter dignement les louanges de Marie. Suivent dix-sept proses dont l'hémistiche, dans chaque ligne, rime pareillement avec la fin ; après quoi, vient une ode, en manière de vers saphiques, rimée dans le même goût. Dans ces chants, comme dans les deux écrits dont on vient de rendre compte, l'auteur fait revenir la fragilité des biens du monde, la solidité de ceux qui nous sont préparés dans le ciel, et la nécessité de la pénitence pour les mériter ; tous traits rendus d'une manière qui décèle visiblement la plume de Bernard de Morlas. — Le bienheureux Casimir de Pologne récitait chaque jour une partie de la seconde prose qui commence par ces mots : *Omni die dic Mariæ mea, laudes, anima ;* et il l'avait divisée en six décades pour chaque jour de la semaine. Les auteurs de sa Vie observent même qu'il avait ordonné en mourant de la mettre sous sa tête dans son tombeau. A son exemple, les Polonais eurent une dévotion particulière pour cette hymne, qu'ils insérèrent dans tous leurs livres de prières.

La plume de Bernard de Morlas n'enfanta pas seulement des vers. Nous avons aussi, parmi les œuvres supposées du saint abbé de Clairvaux, deux écrits en forme d'instruction qui réclament évidemment la paternité de notre auteur. Le premier roule sur la parabole de l'*économe infidèle,* et est adressé au cardinal Mathieu d'Albane, qui avait été prieur de Saint-Martin-des-Champs. Dans une épître dédicatoire, il remarque que ce n'est qu'en tremblant qu'il soumet cet ouvrage à sa prudence et à sa discrétion. Il ajoute qu'il lui envoie un canif à manche d'ivoire, afin qu'il puisse en retrancher, avec les propres armes de l'auteur, ce qui lui paraîtra digne de sa censure. Dom Mabillon dit que ce discours est au-dessous de tout ce qu'a écrit saint Bernard, et le range parmi les écrits supposés. Mais pour ne pas répondre à l'éloquence de ce Père, il n'en résulte pas qu'il soit absolument digne de mépris. C'est une pièce allégorique et morale où il y a des choses très-solides rendues en très-bon style, de l'érudition, mais peu de méthode, quelques idées singulières et trop de mysticité.

L'autre ouvrage en prose de Bernard de Morlas est l'*Instruction du Prêtre*, ou, comme portent les manuscrits, *La perle du Crucifix (Gemma Crucifixi)*. Cette production, tracée dans le même goût que la précédente, porte également le nom de Bernard dans la préface, et est adressée à un prêtre. Les trois parties dont elle se compose ont pour but d'établir que le Fils de Dieu s'est donné à nous en mourant pour nous, qu'il se donne à nous dans l'eucharistie, et qu'il doit se donner à nous dans l'éternité. Si l'érudition et les sentiments de piété dont cette pièce abonde étaient rangés dans un meilleur ordre, elle aurait assurément son mérite. L'auteur s'y déclare poëte par trois vers qu'il cite de lui; ce qui nous confirme dans l'opinion qui nous la fait attribuer à Bernard de Morlas.

BERNARD D'UTRECHT, n'est connu que par son *Commentaire sur les Eglogues de Théodule*. Cet auteur introduisait dans son dialogue deux personnes disputant sur la religion, et une troisième qui jugeait sans partialité ce que les deux autres avaient dit pour la défense réciproque de leur cause. Le but de cet ouvrage était d'établir la vérité de la religion chrétienne sur les débris du paganisme. C'est pourquoi il rapportait d'un côté les passages de l'Écriture en faveur de l'Evangile, et montrait de l'autre, par les histoires fabuleuses du polythéisme, qu'il était insoutenable. Bernard, chargé de l'école épiscopale d'Utrecht, expliqua à ses élèves les Eglogues de Théodule en trois sens différents : le littéral, l'allégorique et le moral. Pour plus grand éclaircissement, il joignit à ce commentaire une explication des termes qui pouvaient arrêter des commençants. Nous n'avons que la préface imprimée de cet ouvrage, que l'on retrouve entier manuscrit dans plusieurs bibliothèques. Sigebert, à portée de connaître l'auteur, le qualifie de clerc ou chanoine d'Utrecht, et ne lui attribue point d'autre ouvrage que ce Commentaire. C'est un argument contre ceux qui n'ont fait qu'un même écrivain de Bernard d'Utrecht et d'un autre Bernard, surnommé Sylvestre, dont il nous reste un écrit en prose intercalée de vers, dédié à un docteur célèbre, nommé Térice, qui assista au concile de Soissons en 1120.

BERNARD, abbé de Fontcaud à la fin du XIIᵉ siècle, employa son savoir à combattre les vaudois. Quelques-uns de ses écrits ont été reproduits dans le *Cours complet de Patrologie* publié par M. Migne.

BERNARD, et non BERTRAND, comme le nomment quelques auteurs modernes, d'abord moine à la Chaise-Dieu, devint ensuite prieur de Saint-Gemme, en Saintonge, monastère dépendant de cette abbaye. Pénétré de vénération pour la mémoire de saint Robert, fondateur de la Chaise-Dieu, il composa sur sa vie et ses miracles un ouvrage divisé en trois parties. Dans la première il se propose de suppléer à ce que Gérard de Vannes et Marbode avaient omis, ou n'avaient pas suffisamment détaillé, en traitant des merveilles opérées par ce saint pendant sa vie. La seconde a pour objet celles que Dieu avait accordées à son intercession depuis sa mort. La troisième enfin donne la liste des abbés qui ont succédé à saint Robert jusqu'en 1160, et des moines que Dieu avait favorisés du don des miracles pendant cet intervalle.

Les faits sont racontés sans ordre et sans liaison, et la plupart sont de nature à ne pas trouver facilement créance dans l'esprit des lecteurs. Cependant, ce qu'il rapporte est d'autant moins à négliger, qu'il assure en avoir été témoin, ou l'avoir appris de personnes sous les yeux desquelles les choses s'étaient passées. Ce qui donne encore quelque valeur à cette production, c'est qu'on y trouve des traits de la discipline ecclésiastique et des mœurs de ce temps-là. Par exemple, on y voit que les gentilshommes du canton se faisaient un devoir d'apporter à saint Robert leurs enfants à baptiser le samedi saint. Raimond, comte de Saint-Gilles, vient faire un vœu au tombeau du saint, de ne tenir que de lui le comté de Toulouse, si par son intercession il obtient de Dieu la grâce de s'en mettre en possession. La messe du samedi saint se célébrait encore, au XIIᵉ siècle, pendant la nuit de Pâques. Enfin Bernard remarque qu'aux vigiles de Pâques et de la Pentecôte les clercs ne récitaient que trois leçons, au lieu que les moines en récitaient douze.

Outre cette production, Bernard avait encore écrit la *Vie* d'Etienne, premier disciple de saint Robert, et l'*Histoire des fondateurs du prieuré de Saint-Gemme*. On ignore si ces deux écrits se sont conservés, et l'époque précise de la mort de l'auteur est inconnue. Il nous avertit lui-même qu'il écrivait son Histoire de saint Robert en 1160, mais il fallait qu'il fût alors fort âgé pour avoir conversé avec des disciples du saint, mort en 1060. L'ouvrage de Bernard, publié par les Bollandistes, à la date du 24 avril, a été reproduit dans le *Cours complet de Patrologie* de M. Migne.

BERNARD DE VARAN, embrassa d'abord la vie religieuse au monastère d'Ambournai dans le Bugey. Le désir d'une plus grande perfection l'ayant porté depuis à passer dans l'ordre des Chartreux, il obtint de Didier, son abbé, un fonds de terre appelé *les portes*, pour y bâtir un monastère de cette observance. La charte de fondation, rapportée par Guichenon, parmi les preuves de son *Histoire de Bresse*, est de l'an 1115. Bernard rassembla en peu de temps, dans cette solitude, une communauté dont il fut prieur jusqu'en 1146 ou 1147, qu'il se démit en faveur de Bernard des Portes. A la mort de celui-ci, il fit élire à sa place Anthelme, qui devint plus tard évêque de Belley. Ce fut une des dernières circonstances de sa vie, qu'il termina par une sainte mort, le 12 janvier de l'an 1153.

De plusieurs lettres de piété qu'il écrivit et qui se sont conservées longtemps en manuscrit, trois seulement ont été rendues publiques. La première est intitulée : *De la fuite du siècle*. C'est une invitation pressante à deux laïques nommés Aymond, de quitter le siècle pour entrer dans la religion. Bernard y insiste beaucoup sur le danger des conversions tardives et sur l'incertitude du moment de la mort. On ne saurait rien écrire de plus solide, ni qui montre un zèle plus éclairé et plus fervent. C'est le jugement que porte de cette lettre Leroy, abbé de Haute-Fontaine, qui en a donné la traduction dans le second volume de sa *Solitude chrétienne*.

La seconde lettre a pour but d'encourager les religieuses de Lyon à persévérer dans la réforme qu'elles venaient d'embrasser. On croit que c'étaient les religieuses de Saint-Pierre, établies en cette ville dès le VI° siècle.

La troisième contient un détail des observances que le reclus Renaud doit accomplir. Notre auteur recommande surtout la discrétion comme une vertu essentielle pour avancer dans la piété. « Car il n'arrive que trop souvent, dit-il, en parlant des novices, qu'après avoir fait des tentatives au-dessus de leurs forces, par une indiscrétion compagne ordinaire de l'inexpérience, ou ils cessent de persévérer, ce qui est fâcheux, ou ils tombent dans des infirmités corporelles et dans un affaiblissement d'esprit, qui les forcent à revenir à des bagatelles et des adoucissements auxquels ils auraient dû renoncer sans retour. » Pour la confession, il dit à Renaud de faire venir du monastère un homme religieux et discret pour lui déclarer, comme à son père, tout ce que sa conscience lui découvrira de répréhensible aux yeux du Seigneur. « Mais souvenez-vous, ajoute-t-il, que votre examen ne doit pas rouler seulement sur les bonnes actions que vous avez faites négligemment, ou sur les paroles indiscrètes qui vous sont échappées, mais encore sur les fautes que vous avez commises par la pensée. Ecrivez tout cela sur des tablettes ou sur du parchemin, pour le confesser ensuite de mémoire. » L'abbé de Haute-Fontaine a fait à cette lettre comme à la première les honneurs de sa traduction ; et elles se trouvent reproduites toutes les trois, avec leur texte original, dans le *Cours complet de Patrologie*, publié par M. l'abbé Migne (1).

BERNARD des Portes, ainsi appelé parce qu'il aida à fonder, en 1115, la Chartreuse de ce nom, avait fait profession de la règle de saint Benoît dans le monastère d'Ambournai, avant de se mettre à la tête de sa nouvelle communauté. Saint Bernard, lié d'amitié avec les religieux de ce monastère, et surtout avec Bernard, leur prieur, les allait voir quelquefois. Celui-ci demandait avec empressement au saint abbé de Clairvaux des sermons sur le *Cantique des cantiques*. « Que ne suis-je capable, répondait saint Bernard, de quelque production digne de vous ! Pourrais-je alors refuser quelque chose à une personne pour qui je sacrifierais ma propre vie, à un ami intime, à un cher et tendre frère en Jésus-Christ que j'aime de toute l'étendue de mon cœur ? »

Bernard resta prieur des Portes jusqu'en 1147 ; mais ses infirmités, plus encore que son grand âge, l'obligèrent, cette même année, de se démettre de cette charge entre les mains d'Anthelme, qui avait été autrefois son novice. Bernard mourut le 12 février 1152.

Lettres. — Nous n'avons aucune des lettres qu'il écrivit à saint Bernard, et très-peu de celles qu'il avait adressées à diverses personnes. On lit dans un manuscrit de la Chartreuse des Portes qu'elles traitaient de matières de piété et des devoirs de la vie religieuse. Il y en avait une surtout qui, au jugement de l'auteur du manuscrit, était palpitante d'intérêt et pleine de beautés du premier ordre. C'était celle adressée à Ismion, abbé d'Ambournai, pour lui rendre compte de sa sortie de son monastère et de sa retraite dans le désert des Portes. La première des trois qui nous restent est adressée à Aymon de Varennes et à Aymon de Rohières, et porte pour titre :

De la fuite du siècle. — Bernard les presse de quitter le monde pour vivre dans la retraite, où il leur promet des plaisirs bien plus solides que tous ceux qu'ils ont goûtés. Il leur fait voir le danger des conversions tardives, parce qu'en les renvoyant à quelque maladie dangereuse ou au moment de la mort, ce n'est pas nous qui mettons fin à nos crimes, mais c'est Dieu qui nous fait sortir de cette vie pour nous en punir.

Aux religieuses de Lyon. — La seconde lettre est adressée aux religieuses de Sainte-Eulalie de Lyon, le seul monastère de filles qu'il y eût alors dans cette ville. Bernard les exhorte à persévérer avec joie dans la vie régulière qu'elles venaient d'embrasser. Il veut que celles qui avaient pris avec zèle le parti de la réforme consolent celles qui ne s'y étaient soumises qu'avec peine ; qu'elles prient pour elles, et qu'elles les invitent par

(1) Quoique cet article et le précédent nous semblent appartenir à un seul personnage, auquel les mêmes œuvres sont attribuées sous deux noms différents, néanmoins nous avons cru devoir les reproduire séparément, par respect pour les anciens critiques qui en ont tous usé ainsi.

leur exemple à prier elles-mêmes, et à faire de nécessité vertu. Il leur expose les différentes tentations que nous avons à subir en cette vie, et leur fait voir qu'il n'y a que le consentement aux suggestions de l'ennemi qui soit un péché.

A Raynaud. — Le moine Raynaud vivait en reclus dans un ermitage à deux lieues de la Chartreuse des Portes ; il avait demandé une règle de vie à Bernard, qui lui donna la suivante : En été, depuis Complies jusqu'à Prime et en hiver jusqu'à Tierce, vous garderez un silence exact, à moins qu'il n'y ait une grande nécessité de le rompre ; ce que vous ne ferez qu'en peu de mots. Ne souffrez pas que personne vous entretienne de choses vaines et inutiles ni des affaires extérieures. N'écoutez que des choses dont vous puissiez rendre grâces à Dieu. Que tous ceux qui viennent vous voir vous disent des choses édifiantes et qu'elles en entendent de vous. Si ce sont des savants, écoutez-les plutôt que de leur parler. Partagez votre temps entre la prière, la lecture des livres saints, la psalmodie et le travail des mains, à l'exception du dimanche, où vous vous occuperez exclusivement d'œuvres spirituelles. Soit qu'on vous donne les besoins de la vie, soit que vous vous les procuriez par votre travail, donnez ce qui vous restera aux pauvres, sans rien retenir au delà de votre besoin. N'usez que de chemises de laine, et pour vêtements extérieurs, servez-vous de peaux. Ne vous livrez point à de grandes abstinences ; contentez-vous de jeûner les vendredis, ne prenant en ce jour qu'un seul repas, sans vin ; à moins que ce ne soit un jour de fête. Si vous voulez en user de même les mercredis, c'est tout ce que vous pourrez faire. Depuis le mois de septembre jusqu'à Pâques, vous ne mangerez qu'une fois par jour ; mais depuis Pâques jusqu'au 5 de ce mois, vous ferez deux repas et vous boirez du vin mêlé d'eau. Jamais vous ne mangerez de chair qu'en cas de maladie. Pour l'office divin, vous suivrez l'usage des clercs. En été vous ferez la méridienne, suivant la coutume des moines. Dans vos prières vous vous souviendrez de vos bienfaiteurs et de tous les fidèles, tant vivants que trépassés. Bernard lui recommande ensuite la pratique des vertus de charité et d'humilité ; après quoi, il lui conseille de se choisir dans le monastère un religieux sage et discret, auquel il puisse de temps en temps confesser ses péchés. Il l'engage à les écrire sur une tablette de cire, ou bien à s'en accuser de mémoire.

BERNARD de Chartres, qu'Oudin a faussement confondu avec Bernard d'Utrecht, est aussi appelé quelquefois Bernard *Sylvestris*. Voici ce que l'histoire nous apprend sur ce personnage. Chargé d'enseigner les humanités à l'école de Chartres, il fit usage d'une méthode qui produisit autant de fruits qu'elle surprit par sa nouveauté. Presque tous ses collègues ne traitaient les belles-lettres que par routine, et d'après de fort mauvais modèles. Bernard chercha les modèles du goût dans l'antiquité, et s'attacha de préférence à l'école de Quintilien. A l'exemple de ce grand maître, il commençait par les fondements de l'élocution, c'est-à-dire par les règles de la grammaire, qu'il expliquait avec autant de clarté que de précision. Passant ensuite à l'élégance du style, il montrait le juste milieu qu'il doit tenir entre la négligence et l'affectation. Il apprenait aussi à mettre de la justesse dans les raisonnements, soit pour rendre sensibles les vérités qu'on a dessein d'établir, soit pour faire rejeter les erreurs qu'on entreprend de réfuter. Tous ses documents étaient appuyés d'exemples empruntés aux auteurs de la bonne antiquité, auxquels il opposait quelquefois les compositions modernes, moins par démangeaison de critique que pour faire sentir par ce contraste combien le vrai l'emporte sur le faux, surtout en éloquence. Un des avis qu'il inculquait le plus souvent était de se prémunir contre la prétention de vouloir embrasser toutes les sciences. C'était la manie de son siècle, et l'écueil ordinaire où venaient échouer les talents. Un professeur de ce mérite ne pouvait manquer d'avoir des contradicteurs ; Bernard en eut, et des plus envenimés. On le taxait d'orgueil et de témérité, pour s'être écarté des routes frayées par les maîtres ; on sifflait ses règles, on traitait de minutieux les détails où il descendait. Lui, cependant, insensible à ces traits, se contentait de les repousser par ses succès, qui furent tels, si l'on en croit l'écrivain qui nous sert de guide, qu'en un an il mettait un esprit passablement ouvert en état de parler et d'écrire correctement le latin. Ce qui est certain, c'est que les plus habiles professeurs de son temps, tels que Gilbert de la Porée, son disciple, Abailard, Richard l'évêque, Guillaume de Conches, se firent un devoir de marcher sur ses traces. Bernard ne s'appliquait pas moins à former les mœurs qu'à cultiver l'esprit de ses écoliers. Il avait coutume de terminer sa classe, tous les jours, par un discours pathétique sur les devoirs du christianisme ; et son exemple appuyait ses exhortations. Cependant, quelque adonné qu'il fût à cette partie de la littérature, elle n'absorbait pas tellement tous ses loisirs qu'elle ne lui en laissât encore pour vaquer à des sciences plus relevées. La justesse de son esprit, naturellement bon dialecticien, lui rendit facile l'étude de la philosophie. Néanmoins, ce ne fut que dans un âge assez avancé que la pensée lui vint d'en donner des leçons ; mais il y réussit de manière à passer pour un des plus habiles philosophes de son temps. Nous verrons bientôt pourtant qu'il s'en fallait de beaucoup que sa doctrine fût toujours à l'abri de la censure. On ignore la date de sa mort. L'épithète de *vieillard de Chartres*, que lui donne Jean de Sarisbery, prouve qu'il poussa fort loin sa carrière. Il écrivait encore sous le pontificat d'Eugène III, mais il n'existait plus lorsque Jean de Sarisbery travaillait à son *Polycratique*, c'est-à-dire, en 1156 ; car cet écrivain y parle de certains défauts de ses ouvrages, avec une liberté qu'il ne se permettait jamais à l'égard des auteurs vivants. Otton de Freisingen le met au nombre des écrivains qui firent refleurir les lettres au XIIᵉ siècle.

Ses écrits. — Après ce que nous venons de dire, on s'attend peut-être à trouver autant de chefs-d'œuvre de goût dans chacun des ouvrages dont nous allons rendre compte; mais le style est un art; il y a loin du professeur à l'écrivain, et de la connaissance des règles à l'application. Il ne fut pas donné à ce scolastique habile de franchir absolument cet intervalle, et de mettre autant d'élégance et de correction dans ses écrits que de méthode et de lumière dans ses leçons. Jean de Sarisbery, son historien et son admirateur, avoue lui-même qu'il n'était que médiocrement touché des charmes de sa poésie; c'était cependant son plus beau titre; car nous aurons bientôt occasion de voir que sa prose était bien inférieure à ses vers.

Le premier de ses ouvrages, par ordre chronologique, est celui qui a pour titre: *Formula vitæ honestæ*. Trompés par l'identité du nom, les anciens éditeurs n'ont pas fait difficulté de l'attribuer à saint Bernard de Clairvaux; mais dom Mabillon l'a relégué parmi ses œuvres supposées, comme indigne de la plume de ce grand homme. Le P. Théophile Raynaud le restitua à Bernard *Sylvestris*, sur l'autorité de quelques manuscrits auxquels on n'a rien à opposer. Ce n'est pas que les avis exprimés dans cet écrit, avis donnés à une personne de communauté, ne soient, pour la plupart, solides et accompagnés d'une certaine onction; mais il faut convenir qu'ils sont rangés sans ordre et exprimés dans un style manifestement étranger à l'abbé de Clairvaux. Philippe Lebel, curé de Luzarches, l'a traduit en français, sous le nom de saint Bernard.

Un autre écrit de notre auteur, qui a paru aussi parmi les œuvres attribuées au saint abbé de Clairvaux, est une lettre touchant les devoirs d'un père de famille, adressée à un chevalier, nommé Raymond, au château d'Amboise. Dom Montfaucon, dans le tome II de sa *Bibliothèque des manuscrits*, a reproduit cette lettre, avec deux des plus anciennes traductions qui aient été faites en notre langue. La première, antérieure à la seconde au moins d'un siècle, semble se rapprocher tout à fait des temps où vivait notre auteur. Nous croyons faire plaisir à nos lecteurs en reproduisant cette traduction en regard du texte même de la lettre.

Gratioso et felici militi D. Raymundo Castri Ambrosii, Bernardus in senium deductus, salutem. — Doceri petis a nobis de cura et modo rei familiaris utilius gubernandæ, et qualiter patresfamilias debeant se habere. Ad quod sic respondemus, quod licet rerum mundanarum, et exitus negotiorum sub fortuna laborent, non tamen hoc timore vivendi regula est omittenda. Audi ergo et attende quod, si in domo tua sumptus et reditus sunt æquales, casus inopinatus poterit destruere statum ejus.

Ce gracious et bienheureis en fortune et richesce Raymond chevalier Sire don Chasteil Ambroise, Bernard demens ou tems de villece, salut. — Demandei aiz à nous de estre ensignés de lai cusason et de lai cure, de lai manière de plus profitablement gouverneir les choses et chevances familiaires, et comme li peire de la maignée qui est chief et gouvernour de l'osteil, sa doit avoir et maintenir; a quoi nous te respondons que ja soit ce que toutes choses mondaines et l'estoit en l'issue de toutes besognes labourouses de sous fortune, ne doit-on mie pour ce laissier la riegle de vivre. Escoute et prens varde que se en tai maison les despens et revenus sont égaulz. Car et avenue soubdains dont on ne se pren varde, porroit destruire ton estait.

Le plus considérable et, sans contredit, le plus curieux des écrits de Bernard, est un traité philosophique, divisé en deux parties, sous ces titres, *Megacosmus* et *Microcosmus*, c'est-à-dire le grand et le petit monde; production mélangée de prose et de vers à l'imitation de Boëce, dans son livre *de la Consolation de la philosophie*. L'ouvrage est dédié au docteur Terric ou Tirrique, le même sans doute qui avait été le maître d'Abailard, et qui prit sa défense au concile de Soissons. Le temps où il fut composé se trouve désigné dans les deux vers suivants:

*Munificens Deitas Eugenum commodat orbi,
Donat et in solo munere cuncta simul.*

C'était donc sous le pontificat d'Eugène III, et vraisemblablement peu après son exaltation. Une analyse de cette singulière production ne saurait qu'intéresser nos lecteurs.

Dans la première partie, l'auteur, supposant toutes choses encore ensevelies dans le chaos, qu'il désigne par le nom de *Sylva*, introduit la Nature, qui se plaint à Noys, c'est-à-dire à la Providence, de la confusion où elle laisse l'univers plongé depuis si longtemps. Elle demande avec instances qu'il se débrouille, qu'il prenne une nouvelle face et se polisse. Touchée de ses plaintes, Noys se met en devoir de la satisfaire. Pour dissiper le chaos, sa première opération est de séparer les quatre éléments. Elle dispose ensuite les neuf hiérarchies des anges, après quoi elle sème d'étoiles le firmament, et y attache les différentes constellations, sous lesquelles elle place les orbes célestes, et dans ces orbes elle enchâsse les planètes. Suit la détermination des quatre vents cardinaux, à laquelle succède la formation du globe terrestre posé au milieu de l'univers. Bernard s'arrête sur ce dernier objet pour décrire toutes les richesses qu'il renferme.

Le microcosme a pour objet la formation de l'homme. Noys adresse d'abord la parole à la Nature, et se félicite avec elle d'avoir poli la matière; mais elle sent que, pour rendre le monde parfait, il faut y mettre un animal intelligent, c'est-à-dire l'homme. Elle promet de travailler à ce grand ouvrage, et pour y réussir, elle commande à la Nature d'aller implorer le secours d'Uranie, qui est la reine des astres, afin qu'elle vienne joindre son art à celui de Noys. La Nature obéit et se met en route pour le ciel ; mais dans quelle partie de cet espace immense pourra-t-elle rencontrer Uranie ? Elle soupçonne que la déesse fait sa demeure dans la région nommée *Anostros*. C'est un séjour voisin de la région éthérée, et dont la température est à peu près la même. Autant il est élevé au-dessus de l'air, autant il est dégagé de ses affections. Une matière pure et liquide en forme l'élément ; on n'y aperçoit aucun nuage, on n'y éprouve aucune vicissitude de saisons ; une lumière vive et pure y brille sans interruption. La Nature, après de longs circuits, arrive dans cette contrée, mais la reine des astres ne s'y rencontre pas. Résolue de la trouver, la Nature entre successivement dans les cinq cercles parallèles ; elle va d'une colure à l'autre ; elle se promène dans la voie lactée qui touche les deux tropiques. Près du signe du Cancer, elle aperçoit le peuple des âmes destinées à passer dans des corps. Ces substances pures et simples n'envisageaient leur sort qu'avec horreur, et regardaient comme une prison le domicile qui leur était préparé. Elles manifestaient ces sentiments par des soupirs et des sanglots ; et à les voir, on eût dit qu'elles étaient à la veille de leurs funérailles. Ce spectacle arrête quelque temps les regards de la Nature. Elle continue son voyage, et dirige sa route par la ligne du solstice vers l'orbite du soleil. Là, placée à la partie la plus élevée du ciel des constellations, elle étend sa vue sur tout ce qui est au-dessous d'elles, et nulle part elle n'aperçoit Uranie. Enfin, parvenue au dernier cercle du firmament, la déesse *Pantamorphos*, ainsi appelée parce qu'elle préside à toutes les révolutions qui arrivent dans le monde inférieur, se présente à elle, et lui montre celle qui était l'objet de son voyage. Uranie, au premier coup d'œil, devine le sujet qui amène la Nature. Dans un assez long entretien qu'elles ont ensemble, la déesse consent de concourir avec elle à la formation de l'homme ; mais pour donner à l'âme humaine toute la perfection dont elle est susceptible, elle veut, avant que de l'incorporer, la conduire par toutes les planètes, afin qu'elle apprenne quel est leur pouvoir sur les choses de la terre, et que par là elle soit en état de discerner ce qui est nécessaire et ce qui est libre. A l'égard du corps humain, Uranie déclare à la Nature que ce travail ne la regarde point, mais la déesse Physis, très-habile en toutes sortes d'ouvrages matériels ; qu'elle consent seulement à lui servir de guide pour l'aller trouver. Aussitôt elles se mettent en marche, conduisant avec elles une âme qu'Uranie avait appelée pour la présenter à Physis. En descendant par les orbes des planètes, Uranie fait remarquer à ses deux compagnes l'ascendant bénin des unes et l'influence maligne des autres sur les corps sublunaires. Elle leur fait considérer la disposition admirable et les ordres différents des cieux. Elle les entretient sur les différents degrés de perfection qui sont dans les êtres intelligents. Enfin, tout en conversant, elles arrivent au paradis terrestre. Là elles rencontrent Physis, assise entre la Rhétorique et la Poétique, dans un jardin délicieux qui charme également par l'émail de ses fleurs, et par les douces odeurs qu'elles exhalent. Uranie et la Nature l'ayant abordée, lui exposent le motif de leur visite, et lui tracent le plan qu'elle doit exécuter. Physis incontinent se met à l'œuvre ; le corps humain est promptement achevé, l'âme en prend possession et l'homme est formé.

Tel est le plan de cette composition, dans laquelle il est difficile de ne pas reconnaître quelques traces de génie. Mais il s'en faut bien que, pour l'élégance et le goût, Bernard atteigne l'original qu'il s'est proposé d'imiter. Sa prose est guindée et d'une obscurité qui la rend souvent incompréhensible. Sa poésie, quoique plus facile et plus claire, est très-inégale, souvent élevée, mais quelquefois aussi basse et rampante. Il y a une infinité d'endroits dans cet ouvrage, où notre poëte philosophe s'écarte de la vérité. En général, son système, fondé sur les idées de Platon, admet une partie des erreurs de ce philosophe. Comme lui, Bernard prête au monde une âme universelle, et il donne cette âme pour le principe qui anime toute la nature, qui la rend féconde et qui l'empêche de périr. Ces extravagances et quelques autres semblables n'empêchèrent pas ce livre d'obtenir un succès brillant dès qu'il parut. Pierre le Chantre, qui écrivait sur la fin du XIIe siècle, en parle comme d'un ouvrage estimé de tous les gens de lettres. Eberhart de Béthune, qui florissait au commencement du siècle suivant, le nomme entre les poëmes qu'on lisait, de son temps, dans les écoles. Le grand nombre de manuscrits, où cet ouvrage se rencontre encore de nos jours est une nouvelle preuve de la grande estime dont il a joui. On le trouve répandu partout, avec quelque différence de titre, et dans les bibliothèques de France, et dans les bibliothèques de l'étranger.

Tel était l'entêtement de Bernard pour l'astrologie judiciaire, que, non content de l'avoir enseignée dans son *Mégacosme*, il fit encore deux ouvrages exprès pour la défendre. Ce sont deux poëmes en vers élégiaques, dont le premier commence par ce distique :

Semper ut ex aliqua felices parte querantur.
Leges humanæ conditionis habent.

L'autre, intitulé : *De gemellis*, débute par ce vers :

Roma duos habuit, res est, non fabula vana.

On y suppose deux jumeaux, dont l'un a été très-heureux, et l'autre malheureux, pendant tout le cours de leur vie ; et cela par la force du destin et l'influence des astres.

Enfin, on trouve encore dans le même manuscrit un petit poëme intitulé : *De paupere ingrato*. Ce distique en forme le début :

Mœsta parens miseræ paupertas anxietatis
Afflictis satis est, dura superque nimis.

C'est une fiction où il s'agit d'un pauvre

qui, étant sur le point de se pendre pour se soustraire à la misère, en est détourné par un soldat charitable. L'ingrat intente ensuite un procès à son bienfaiteur. On ne dit point quel fut le jugement, et le poëme finit par ce vers.

Res hæc judicibus discutienda datur.

Jean de Sarisbery attribue encore à Bernard quelques ouvrages, dont les manuscrits mêmes sont inconnus. Nous n'avons donc pas à en rendre compte. La plupart de ceux que nous venons d'analyser se trouvent reproduits dans le *Cours complet de Patrologie* publié par M. l'abbé Migne.

BERNER ou BERNIER, qui s'est fait quelque réputation par son savoir, mais plus encore par sa piété et par ses vertus, embrassa d'abord la profession monastique à l'abbaye de Saint-Remi de Reims. Il en fut tiré, en 948, et envoyé à la tête d'une colonie, avec le titre d'abbé, rétablir la discipline régulière au monastère d'Homblières, en Vermandois. Cette abbaye était originairement habitée par des religieuses; mais les scandales de leur vie les ayant fait chasser, elles furent remplacées par des moines. Dès l'an 956, le roi Lothaire eut soin de faire confirmer ce changement par le pape Jean XII, qui donna, à cet effet, une bulle adressée au vénérable abbé Bernier. C'est ainsi qu'il est qualifié. Bernier fit admirer sa prudence et sa sagesse dans le gouvernement de ce nouveau monastère. L'odeur des vertus qu'on y pratiquait y attira plusieurs sujets, qui allèrent s'y consacrer au service de Dieu; et plus tard, quand il s'agit de réformer l'abbaye de Saint-Quentin en l'Ile, les moines d'Homblières furent préférés à tous pour faire revivre la règle de saint Benoît. Les soins du spirituel ne lui firent nullement négliger les intérêts temporels de sa communauté. Il l'administra avec sagesse, et sut profiter de la protection de Gerberge, reine de France, et de quelques autres seigneurs, pour augmenter les revenus d'Homblières. Il continua de la régir ainsi, jusqu'en 981, et peut-être même 982, qu'il eut Albric pour successeur. La piété de Bernier était si reconnue que, plus d'un siècle après sa mort, on le qualifiait encore d'abbé de sainte mémoire.

Il nous reste de lui trois opuscules qu'on doit regarder comme trois parties différentes du même ouvrage. Aussi paraît-il qu'ils furent écrits de suite et sans interruption, et qu'ils ne faisaient primitivement qu'un tout, quoiqu'on les trouve séparément dans les manuscrits et dans les imprimés. Ces opuscules sont: 1° la *Vie* de sainte Hunégonde, première abbesse d'Homblières, morte vers l'an 698; 2° l'*Histoire* de sa translation qui se fit en 946; 3° la *Relation* de ses miracles. On apprend par la dernière partie de cet ouvrage que l'auteur ne le composa, ou au moins ne le finit au plus tôt qu'en 964, puisqu'il y rapporte un miracle opéré la même année.

Bernier, dans son premier opuscule, a manié sa matière en homme d'esprit et de jugement. Il n'a écrit cette *Vie* que sur des traditions orales et déjà fort éloignées de leur source, puisqu'il y avait alors près de trois siècles que les événements étaient arrivés. Donc, à défaut de faits pour former un écrit d'une étendue raisonnable, il y a suppléé par l'abondance des paroles, sans donner néanmoins ni dans le merveilleux, ni dans l'extraordinaire, encore moins dans la minutie. Tout ce qu'il dit est sensé, quoique grossi et paraphrasé, et respire la piété dont il faisait profession. Son style est simple, agréable, assez pur pour son siècle, et beaucoup meilleur que celui d'une infinité d'autres légendes. La profession de foi qu'il fait faire à la sainte en présence du pape, quoiqu'un peu longue de détails, est aussi exacte qu'édifiante. Une preuve évidente qu'il cherchait à grossir les faits qu'il rapporte, au lieu d'en restreindre la narration, c'est qu'en nous apprenant que sainte Hunégonde avait reçu le voile de la main du pape, il y joint l'oraison ou prière qui accompagnait alors cette pieuse cérémonie : prière, du reste, que toutes les vierges consacrées à Dieu devraient avoir toujours présente à l'esprit et au cœur, afin d'y conformer leur conduite. Baronius faisait tant de cas de cet écrit qu'il en a copié deux assez longs morceaux dans ses *Annales*.

Le style des deux autres opuscules pèche par la même diffusion, qui s'y trouve également rachetée par l'onction de la plus tendre piété. L'auteur a soin d'y nommer les personnes dont il parle, et d'y marquer la date des événements qu'il raconte, ce qu'il n'avait pu faire dans l'histoire de la vie. Le second opuscule, qui contient celle de la translation, ne porte point d'autre titre que celui de préface. Il paraît que l'auteur ne l'avait regardé que comme un discours préliminaire à la relation des miracles qui forme tout le sujet du troisième. — Dom Mabillon, le premier éditeur qui ait réuni ces trois opuscules en un seul corps d'histoire, y a ajouté le récit d'une autre translation du corps de la même sainte, ou plutôt du transfert qu'on en fit d'une châsse dans une autre, en l'an 1051 ; cet écrit forme comme un supplément à celui de Bernier, et rapporte avec beaucoup d'ordre et assez de détails tout ce qui se passa de mémorable à cette cérémonie. L'auteur ne l'écrivit que sous le règne de Philippe Ier, c'est-à-dire plusieurs années après l'événement, et la manière dont il en parle donne à entendre qu'il n'était ni témoin oculaire, ni moine de la maison. Quoi qu'il en soit, il paraît avoir eu de bons mémoires, et possédait un talent réel d'écrivain. — On a attribué à l'abbé Bernier un *Sermon* sur la Nativité de la sainte Vierge, et un écrit intitulé : *Pourquoi l'on fait, tous les samedis, commémoration de cette bienheureuse Mère de Dieu;* mais il y a lieu de croire, comme nous l'expliquerons ailleurs, que ces deux écrits sont l'œuvre de Bernon, abbé de Richenow.

BERNON, abbé de Richenow. — Bernon,

nommé aussi Bernard, et quelquefois Quodvultdeus, fut d'abord moine de Fleury-sur-Loire, et député en 999, avec quelques autres religieux de ce monastère, au concile d'Orléans, où l'on devait agiter une difficulté survenue à propos de la durée de l'Avent. Il passa de là à l'abbaye de Prum, où il enseigna les belles-lettres avec une réputation qui le fit connaître du saint roi Henri. Ce prince le choisit, en 1008, pour remplacer Immon, abbé de Richenow, que sa trop grande sévérité avait fait sortir de ce monastère. Bernon y fut reçu avec joie, y vit revenir les moines dispersés, en rétablit les usines, et reçut la bénédiction abbatiale, des mains de Lontpert évêque de Constance. Il gouverna sa communauté pendant quarante ans, à la plus grande édification de tous, et apprit à ses frères à observer la règle de saint Benoît plus encore par ses exemples que par ses discours. En 1013, il accompagna le roi Henri dans son voyage de Rome, où il assista à la cérémonie de son couronnement, qui se fit le 22 février de l'année suivante, par le pape Benoît VIII. Bernon raconte que ce prince demanda aux prêtres de Rome pourquoi, après l'évangile, ils ne chantaient pas le Symbole, comme cela se pratiquait dans les autres églises. Ils répondirent que l'Eglise romaine n'ayant jamais été infectée d'aucune hérésie, n'avait pas besoin de déclarer sa foi par un Symbole. Cependant le pape, à la persuasion du nouvel empereur, le fit chanter dans la suite aux messes solennelles. Bernon ayant envoyé, en 1032, les priviléges de son monastère au pape Jean XIX pour en avoir la confirmation, en obtint un nouveau, celui de se servir de sandales et autres ornements pontificaux pendant la célébration des saints mystères. Ce privilége lui fut enlevé par Warmanne, évêque de Constance, qui s'en était plaint au roi, comme d'une usurpation. C'est le premier exemple d'un semblable privilége, que les abbés devaient partager plus tard avec les pontifes. Bernon mourut le 7 juin de l'année 1048, et fut remplacé par Udalric, doyen de son monastère.

Traité de la messe. — Le premier de ses ouvrages est son *Traité de la messe*, qu'il publia après son retour de Rome, vers l'an 1014. Il est divisé en sept chapitres. Dans le premier, Bernon remarque que la liturgie de son temps n'était pas la même que celle de l'Eglise naissante ; qu'on a ajouté beaucoup de choses au Canon de la messe ; que l'on a multiplié les prières de l'office qui la précède ; que les Latins ont pris des Grecs l'usage de chanter plusieurs fois le *Kyrie eleison* ; que les Espagnols eurent peine à chanter le Graduel avec l'*Alleluia*, entre la lecture de l'épître et celle de l'évangile ; que dans leurs églises, on chantait chaque dimanche, et aux jours des fêtes des martyrs, l'hymne des trois enfants dans la fournaise, tandis que dans l'Eglise romaine on ne le chante que quatre fois l'année aux Quatre-Temps ; que le Symbole qu'on chante après l'évangile n'est pas celui de Nicée mais de Constantinople. A l'égard de l'Offertoire, du *Trisagion* et de l'*Agnus Dei*, et même de la Post-communion, il paraît persuadé que tout cela a été ajouté à la liturgie, et que dans les premiers siècles on offrait et l'on communiait en silence, comme cela se pratique encore aujourd'hui le samedi saint. Dans le second chapitre, il combat l'opinion de ceux qui prétendaient qu'on ne doit chanter le *Gloria in excelsis* qu'à Pâques. — Dans le troisième, il fait mention d'une dispute arrivée pendant qu'il était en France, au sujet de l'octave de la Pentecôte, qui se célébrait pendant huit jours, suivant l'usage, mais que quelques-uns voulaient réduire à sept, parce qu'on ne compte que sept dons du Saint-Esprit. Bernon leur oppose les huit béatitudes que saint Augustin compare aux dons du Saint-Esprit, et montre par ce parallèle que cette octave doit avoir huit jours. Il ne contredit ni ceux qui comptaient cinq dimanches dans l'Avent, ni ceux qui n'en admettaient que quatre. Il donne des raisons mystiques de l'un et de l'autre usage. Il en donne aussi de quelques variétés qui se trouvaient dans les diverses distributions des offices de l'année. Il pose pour principe, d'après saint Augustin, que dans les choses où l'Ecriture sainte ne s'explique pas nettement, il faut s'en tenir à la coutume et aux décrets des anciens ; d'où il conclut que l'on doit observer les jeûnes des Quatre-Temps et autres établis dans l'Eglise. Les anciens Sacramentaires prescrivent douze leçons pour les samedis des Quatre-Temps, dont six étaient lues en grec et six en latin à Rome. Les Grecs suivent encore aujourd'hui cet usage pour marquer l'union de croyance entre les deux peuples. Les leçons étaient partagées en douze, parce qu'il y avait autant de lecteurs. C'est la remarque d'Amalaire, que Bernon copie ici mot à mot. On trouve ce traité dans toutes les bibliothèques des Pères.

Du jeûne des Quatre-Temps. — Bernon, dans ce traité, apporte diverses raisons allégoriques pour fixer les jeûnes des Quatre-Temps en certaines semaines des mois de mars, de juin, de septembre et de décembre. Elles sont les mêmes qu'il a déjà données dans le dernier chapitre du traité précédent, excepté qu'elles n'y sont point présentées en forme de dialogue. Dom Bernard Pez a donné ce traité dans le tome IV de ses *Anecdotes*.

De l'Avent. — Nous avons déjà vu que dans le xe siècle on n'était pas d'accord sur la durée de l'Avent. Bernon crut devoir s'expliquer là-dessus. Il adressa son écrit à Aribon, archevêque de Mayence, le priant de lever ses doutes sur ce sujet. Il arrivait quelquefois que la fête de Noël tombait un lundi, et la veille conséquemment un dimanche. Les uns voulaient que ce dimanche fût compté pour le quatrième de l'Avent, quoiqu'on y fît l'office de la vigile ; les autres soutenaient que l'Avent devant avoir ses quatre semaines pleines, il fallait consacrer spécialement le dimanche à cette vigile. Ils n'en donnaient pour toute raison que l'ordre réglé pour les offices dans les quatre semaines de l'Avent. Suivant ces différentes manières de compter, l'Avent, en certaines églises, était de quatre semaines pleines et un jour en plus ; en d'autres, il n'était que de trois semaines et quelques jours, quoiqu'il y eût quatre dimanches. Bernon prend parti pour ce dernier usage, et dit, après le vénérable Bède, que l'on ne doit jamais commencer l'Avent plus tôt que le 27 novembre, ni plus tard que le 3 décembre. Il cite à son appui la coutume de Rome et de toute la France, et le livre que l'abbé Hériger avait composé sur cette matière. Aribon donna son approbation à l'écrit de Bernon, qui y ajouta quelques citations d'un livre *des Offices* qu'il attribue à saint Hilaire de Poitiers, quoiqu'il n'en soit fait aucune mention dans le catalogue des écrits de ce Père ; mais l'autorité du concile d'Orléans, auquel il avait assisté, suffit pour réduire au silence ses adversaires, puisque ce concile publia un décret pour la célébration de l'Avent, en quatre dimanches. Cet écrit se trouve avec le précédent dans le tome IV des *Anecdotes* de dom Bernard Pez.

De la Musique. — Sigebert, en parlant des écrits de Bernon, relève un de grands éloges ceux qu'il avait composés sur la musique ; on en connaît quatre : le premier, intitulé *Tonarius* ou *Des tons de la musique*, adressé à Piligrin, archevêque de Cataloque. Dom B. Pez en a donné le prologue et le premier chapitre ; le second a pour titre : *De la diversité consonnante des tons ;* il est en forme de dialogue, et dom Pez n'en a donné que la préface ; le troisième traite *des instruments de musique ;* il n'est point imprimé. Thithème en ajoute un quatrième qui traitait *de la mesure du monocorde ;* Sigebert remarque que Bernon ne s'y assujettissait point aux règles données par Boëce pour cette mesure.

Lettres. — Dom Bernard Pez rapporte onze lettres de Bernon dans le tome V de ses *Anecdotes ;* nous allons rendre compte seulement de deux qui nous ont paru plus intéressantes que les autres. La première est adressée à Frédéric, un de ses amis qui s'était trouvé avec lui à Cologne. Comme ils devisaient ensemble, la conversation était tombée sur les écrits de Cassien, et Frédéric lui avait demandé comment cet auteur, qui avait écrit tant d'ouvrages utiles pour l'institution des moines avait pu se rendre répréhensible en d'autres ? Bernon répond à cette question, d'abord en rapportant le jugement de Cassiodore sur les écrits de Cassien, la censure que saint Prosper en a faite, et le correctif que Victor, évêque de Martyrite en Afrique, s'est cru obligé d'y apporter pour en rendre la lecture utile et sans danger. Il montre ensuite que Cassien a erré principalement en ce qui touche aux forces du libre arbitre ; enseignant que parmi les élus il y en a que Dieu sauve par sa grâce, et d'autres que la nature justifie par la force du libre arbitre. Pour mettre la chose en évidence, Bernon transcrit les propres paroles de Cassien, avec les remarques de saint Prosper. Il avertit le lecteur de ne parcourir ses écrits qu'avec précaution, parce que les corrections de Victor étaient perdues. — La seconde est adressée au roi Henri le Noir, dans le temps que ce prince était à Zurich, c'est-à-dire vers l'an 1045. Il le loue d'avoir accueilli avec bonté Pierre, roi de Hongrie, qui était venu lui demander grâce, et le félicite, non-seulement de n'avoir tiré de lui aucune vengeance, mais de l'avoir même aidé à rentrer dans ses Etats. Bernon, joignit à sa lettre deux sermons, l'un sur l'Epiphanie, et l'autre sur la Cène, en priant, le roi Henri de les ajouter aux écrits qu'il possédait déjà de lui, s'il les en jugeait dignes. Nous n'avons de cette lettre que quelques fragments rapportés par dom Mabillon dans le tome IV de ses *Annales*.

Vie de saint Udalric. — Le fond de cet ouvrage est tiré de la Vie de ce saint évêque d'Augsbourg, que le prêtre Gérard avait composée. Bernon s'appliqua seulement à rendre avec plus de précision ce que le premier historien avait traité avec trop d'étendue ; à mettre dans un plus grand jour ce qu'il avait trop abrégé, et à donner plus de suite et plus d'ordre aux faits qu'il avait rapportés, ce qu'il fait en maintenant constamment son style au niveau de l'intelligence de ses lecteurs.

Vie de saint Méginrad. — On n'a point de preuves certaines que Bernon soit auteur de la Vie du saint ermite Méginrad, martyr chez les Suisses. Ce qui porte à le croire, c'est que le corps de ce saint solitaire, qui avait été enterré dans le monastère de Richenow, fut levé de terre pendant que Bernon en était abbé, et que la canonisation s'en fit par le pape Benoît IX, sans doute à sa sollicitation et sur sa vie et les actes de son martyre qu'il aura été obligé de produire à Rome pour l'obtenir. Ces deux Vies se trouvent dans Surius et dans les Bollandistes.

Poésies — Il ne paraît pas que Bernon ait eu beaucoup de goût pour les vers, si l'on en juge par l'inscription qui se lit en tête d'un commentaire dont il fit présent à l'empereur Henri III. Elle n'est recommandable que par les sentiments d'humilité que l'auteur y fait paraître, et par l'attachement qu'il y témoigne pour son prince. Dans tous ses autres ouvrages, la diction de Bernon est nette, polie et pleine de précision.

BERNOUIN, évêque de Clermont, est resté ignoré pendant plusieurs siècles, et son nom n'a recommencé à être connu qu'après qu'on eut découvert quelques-unes de ses poésies. Il y donne lui-même quelques traits de son histoire, dans une assez longue épitaphe qu'il a faite pour son tombeau. Suivant ce qu'il nous apprend, il avait beaucoup figuré dans le monde, et y avait possédé de grands biens. Son nom et son mérite avaient pénétré jusqu'aux princes régnants qui l'honoraient de leur amitié et de leur confiance. Entre ces princes, il nomme Charlemagne, en lui donnant le titre d'Auguste. Avec son secours, Bernouin fit bâtir une grande église en l'honneur de saint Allire, y déposa ses reliques et y choisit lui-même sa sépulture, ce qui ne peut s'entendre que de l'église du monastère de Saint-Allire, situé dans un des faubourgs de Clermont en Auvergne. Tous ces caractères ne laissent presque aucun lieu de douter que ce ne soit ce prélat plutôt que Bernouin, archevêque de Besançon, qui en 811, souscrivit, avec plusieurs autres évêques et abbés, au testament de Charlemagne. Il est certain d'ailleurs que Bernouin de Besançon ne florissait que sous Louis le Débonnaire et Charles le Chauve ; il n'est donc pas probable qu'il ait pu apposer sa signature au bas du testament de Charlemagne. Il serait difficile de marquer le temps juste auquel mourut celui qui fait le sujet de cet article ; on n'en trouve rien dans aucun monument ; mais on peut supposer qu'il vécut jusqu'en 825.

Ce qu'on a publié de ses poésies consiste en quatre pièces. La première contient trente vers élégiaques, et paraît avoir été faite pour être gravée en inscription à l'entrée d'une église, probablement celle de Saint-Allire. L'auteur prie Dieu d'écouter favorablement les prières de ceux qui viendront l'y invoquer, et de prendre sous sa protection l'empereur Charles, par la libéralité duquel il avait fini cet édifice ; puis s'adressant au saint lui-même, il le supplie de lui obtenir la rémission de ses péchés, et à ce prince la grâce de parvenir aux récompenses de l'éternité. La seconde pièce ne contient que douze vers de la même mesure que les précédents. C'est encore une inscription pour apprendre à ceux qui la liront que l'église où elle devait être mise était l'ouvrage de l'évêque Bernouin ; que le corps de saint Allire y reposait, et que ce saint était très-puissant auprès de Dieu. La troisième est l'épitaphe dont nous avons parlé, et la quatrième une prose cadencée et ornée même d'une espèce de rime. Elle roule sur le même sujet que la première pièce, et paraît avoir été faite pour embellir la même église.

On voit que si Bernouin, pour se reposer des fatigues de l'épiscopat, se permettait quelquefois les délassements de la poésie, il ne le faisait qu'en traitant des sujets dignes d'un saint évêque. L'esprit de piété qui règne dans ses vers les a fait comparer par quelques critiques à ceux du grand saint Paulin de Nole. Du reste, personne n'hésite à lui accorder le talent de la versification. — Dom Mabillon, à qui l'on est redevable de la découverte de ces poésies, les a publiées dans l'appendice du XI⁰ volume de ses *Annales*, et on les retrouve tout entières dans le *Cours complet de Patrologie* publié par M. l'abbé Migne.

BÉROLD, bibliothécaire du dôme de l'église de Milan, et auteur du plus ancien recueil que l'on connaisse des rites de la liturgie Ambrosienne, écrivait vers l'an 1123. (Consulter, pour l'ordre de la messe Ambrosienne, le *Dictionnaire de liturgie* de M. l'abbé Pascal, publié dans l'*Encyclopédie théologique* de M. l'abbé Migne.)

BERTCHRAN ou BERTRAND, onzième évêque du Mans, se rendit célèbre par la sublimité de son génie et par la beauté de ses vers. Fortunat, qui les avait lus et qui pouvait en juger autant qu'aucun autre homme de son siècle, dit que Rome n'avait rien vu de plus parfait en ce genre. Il n'en est venu aucun jusqu'à nous, et tout ce qui nous reste de Bertchran est un testament extrêmement long, qu'il dicta lui-même à son secrétaire, et qui prouve qu'il était très-versé dans la connaissance des lois. Ce testament est daté de la trente-deuxième année du règne de Clotaire II, c'est-à-dire de l'an 615. Bertchran s'était consacré dès sa jeunesse au service de Dieu, et avait reçu la tonsure cléricale au tombeau de saint Martin. Admis dans le clergé de Paris, il remplissait encore les fonctions d'archidiacre dans cette église, lorsqu'il fut choisi en 586, pour occuper le siège épiscopal du Mans, vacant par la mort de Baldégisile. L'année suivante, le roi Gontran l'envoya en ambassade vers les chefs des Bretons, qui avaient fait une irruption sur le territoire nantais, et le succès couronna sa négociation. En 589, il assista à l'assemblée qui se tint à la cour de ce prince, à l'occasion des troubles arrivés dans le monastère de sainte Radegonde à Poitiers. Il semblerait, si l'on en croit Mabillon, qu'après la mort du roi Gontran on voulut l'obliger de manquer de fidélité à Clotaire II, à qui la ville du Mans appartenait, et qu'il fut chassé de sa ville épiscopale, mais qu'il y revint aussitôt que Clotaire fut maître de la monarchie. Il profita de la tranquillité dont il jouit le reste de ses jours pour fonder des monastères, entre autres, celui de Saint-Pierre de la Couture, où il fut enterré en juillet 623. Fortunat fit deux poëmes en son honneur ; dans le premier, il relève l'amour tendre qu'il avait pour son peuple, et l'amour que son peuple lui portait ; dans le second, il fait l'éloge de ses écrits c'est-à-dire de ses vers, car il ne marque point qu'il ait jamais rien écrit en prose.

BERTHAIRE, Français de nation et d'origine royale, embrassa la vie religieuse dans le monastère du Mont-Cassin, et y fit briller tant de vertus, qu'après la mort de Bassatius, arrivée en 857, il fut élu abbé aux suffrages unanimes de tous les moines. Son gouvernement fut signalé par de grandes calamités ; l'Italie fut ravagée par les Sarrasins, qui promenèrent partout le fer et la flamme. Pour garantir son monastère des dangers de leur attaque, il le fit ceindre de murs et entourer de fortifications ; puis il bâtit la ville de Saint-Germain au pied de la montagne. Les malheurs de l'Italie l'obligèrent à faire plusieurs voyages en France, où il demanda et obtint de l'empereur Louis plusieurs secours contre les Sarrasins. Il obtint même à force de prières le secours de sa présence, et après lui avoir fait les honneurs de l'hospitalité dans son monastère, il le suivit en Apulie, où la guerre se faisait avec le plus d'acharnement. Dans un voyage qu'il fit à Rome, en 879, il usa de toute son influence sur le pape Jean VIII pour réintégrer sur son siège Landulphe, évêque de Capoue, qu'une sédition de ses diocésains en avait chassé. Il ne redoutait rien tant que de voir s'affaiblir par des dissensions intestines les forces dont l'Italie avait si grand besoin pour se défendre contre l'ennemi commun. L'an 884, les Sarrasins, après un assaut, s'étant emparés du Mont-Cassin, massacrèrent l'abbé Berthaire, à l'autel même où il offrait le saint sacrifice, le 11 des calendes de novembre, jour où l'Eglise l'honore comme martyr.

Il a laissé plusieurs ouvrages, en vers et en prose, écrits avec une égale élégance; mais parmi ceux de ses écrits qui nous restent, celui qui mérite la première place est son *Recueil de sentences* tirées de l'Ancien et du Nouveau Testament, et divisées en deux livres, que plusieurs Bibliothèques des Pères ont attribués à Julien de Tolède, mais que Jean-Baptiste Maire et Léon d'Ostie ont victorieusement restitués à leur véritable auteur. Pierre Diacre lui attribue aussi un poème de la vie, de la mort et des miracles de saint Benoît, publié parmi les poésies de Prosper Marting; un sermon sur saint Luc l'évangéliste, que l'on retrouve dans le Bréviaire de l'ordre de Saint-Benoît; un livre de Sermons et d'Homélies conservé manuscrit dans la bibliothèque du Mont-Cassin. On lui fait honneur encore de plusieurs autres ouvrages, tels que : *Questions* sur les deux Testaments; *Exhortations* adressées à ses moines, aux jours de fêtes des saints ; deux livres de *Médecine*, et plusieurs écrits sur la *Grammaire*; mais aucun n'est arrivé jusqu'à nous.

BERTHAIRE, prêtre de Verdun, vivait vers l'an 888, à l'époque de l'incendie qui réduisit en cendres l'église cathédrale, avec la plus grande partie de ses livres et de ses anciens monuments. Il crut qu'il serait intéressant pour la postérité de lui apprendre du moins ce qu'il savait des anciens évêques de cette Eglise, soit pour en avoir lu l'histoire dans ces livres avant qu'ils ne fussent consumés par les flammes, soit pour l'avoir apprise par la tradition des fidèles. Il dédia son ouvrage à Dadon, évêque de Verdun en 875. Ce n'est qu'un très-petit abrégé des évêques qui ont occupé ce siége, depuis saint Saintin jusqu'à Dadon, dont il ne rapporte même que quelques particularités. Les deux évêques dont il parle avec plus d'étendue sont Attan et Berhard, parce qu'ils étaient de son temps. Un moine anonyme de Saint-Vanne a continué cette Histoire jusqu'à l'épiscopat de Thierry, qu'il donna pour le quarantième évêque de Verdun. L'Histoire et sa Continuation se trouvent dans le tome XII° du *Spicilége* de dom Luc d'Achéry.

BERTHOLD, prêtre du diocèse de Constance, dans le XI° siècle, a continué la *Chronique* d'Hermann Contract, depuis l'an 1054, époque de la mort de cet historien, jusqu'à l'an 1100. Il s'est appliqué particulièrement à rapporter ce qui se passa de considérable dans la dispute de Grégoire VII avec le roi Henri IV; et on s'aperçoit aisément qu'il tenait le parti du pontife. Sa *Chronique*, quoique estimable, n'est pas exempte de fautes. Il en commet une quand il dit que le clergé de Metz, ayant refusé pour évêque celui que le roi Henri leur substitué à Hermann, en choisit un qui fut sacré à la mi-carême, par Gébehard, évêque de Constance et légat du saint-siége. Hugues de Flavigny, maire de Verdun et témoin oculaire, raconte que l'élu du clergé de Metz fut ordonné par l'archevêque de Lyon, assisté des évêques de Mâcon et de Langres, la première semaine de carême. Il remarque que cette ordination aurait dû se faire par l'archevêque de Trèves, métropolitain, mais qu'on ne s'adressa point à lui, parce qu'il s'était déclaré pour l'antipape Guibert contre Grégoire VII. On croit que Berthold est le même que Bernold, qualifié aussi prêtre de Constance. Jacques Hottinger cite de lui des réponses aux objections des schismatiques, et diverses lettres où il traitait de la loi d'excommunication, de la solution du serment de fidélité, du salut des enfants qui ont reçu le baptême des excommuniés, de l'acquisition des églises par argent, et des devoirs des prêtres; et il en marque le sujet dans ses additions au tome IV de l'*Histoire ecclésiastique helvétique* imprimée en allemand. On croit encore que Berthold est le même que le prêtre Bernard, dont l'anonyme de Malk dit qu'il composa, de concert avec son collègue Alboin, un écrit utile *sur l'incontinence des clercs*; l'*Apologétique* des décrets publiés par le pape Grégoire VII, dans un concile de Rome, contre les clercs simoniaques et incontinents; un livre *de la puissance des prêtres*; un *de la concorde des offices*; un *de la confession* et une *Chronique*. Berthold composa une *Apologétique* pour le pape Grégoire, ou Traité des sacrements des excommuniés, selon le sentiment des Pères. Il est le premier de ceux que Gretzer a fait imprimer sous le nom de Berthold, dans le tome VI° de ses ouvrages. Il met ensuite l'*Apologétique* de l'excommunication, prononcée par le pape Grégoire VII; les actes du concile qu'il tint à Rome, en 1074, et plusieurs lettres dont il serait trop long de rendre compte. Tous ces opuscules portent tantôt le nom de Berthold, tantôt celui de Bernold, et quelquefois celui de Bernard. La qualification de prêtre, ou de maître des écoles de Constance, appliquée indifféremment à ces trois noms, fait supposer qu'ils ne désignaient qu'une seule et même personne. Du reste, dans l'anonyme de Molk, comme dans Gretzer et dans Hottinger, ces trois noms sont souvent confondus pour désigner les mêmes ouvrages. Bellarmin dit que Berthold est un écrivain pieux et fidèle; mais les écrivains protestants l'accusent de s'être montré partisan trop déclaré du saint-siége. Berthold mourut vers l'an 1100.

BÉRYLLE, était évêque de Bostres en Arabie. Après avoir gouverné quelque temps son Eglise avec un zèle qui lui acquit une grande réputation de vertu, il voulut y introduire une doctrine étrangère à la foi. Il enseignait que Jésus-Christ n'avait eu aucune existence qui lui fût propre et personnelle, avant de paraître parmi les hommes, et qu'il ne possédait d'autre divinité que celle du Père, qui habitait en lui comme il avait habité dans les prophètes. Ainsi, à l'exemple d'Artemon et de Sabellius, il anéantissait la personnalité divine du Verbe éternel. Plusieurs évêques se réunirent et discutèrent avec lui pour le tirer d'erreur; mais son opiniâtreté les obligea à appeler Origène, qui se trouvait alors en Grèce, peut-être même à Athènes. Origène eut d'abord quelques entretiens familiers avec Bérylle pour le sonder; mais dès qu'il eut reconnu quelle était sa doctrine, il lui en fit voir la fausseté avec une charité si douce, mais en même temps par des preuves si fortes et si convaincantes, qu'il le ramena à l'orthodoxie de la foi. On voyait encore, du temps d'Eusèbe, les actes de tout ce qui s'était passé dans cette affaire, les décrets du concile assemblé à ce sujet, les écrits de Bérylle et les conférences qu'Origène avait eues avec lui dans l'église de Bostres. Saint Jérôme avait lu les conférences d'Origène avec Bérylle, les lettres que cet évêque lui écrivit en actions de grâces, et celles qu'Origène lui répondit. Il lui attribue encore divers opuscules, dont il n'indique pas le sujet. Aucun n'est arrivé jusqu'à nous. Socrate cite la lettre des évêques assemblés contre Bérylle pour montrer qu'avec saint Irénée, saint Clément d'Alexandrie et beaucoup d'autres anciens, ils accordaient une âme humaine à Jésus-Christ. Bérylle vécut sous les règnes d'Alexandre Sévère et de Maximin et Gordien, qui lui succédèrent dans le gouvernement de l'empire.

BOÈCE, connu dans l'antiquité sous les noms d'*Anitius Manlius Torquatus Severinus Boetius*, fut un des hommes les plus illustres des Ve et VIe siècles, par sa naissance, ses vertus, ses talents, ses services, ses dignités et ses malheurs. Il naquit à Rome, vers l'an 470, d'une des plus anciennes et des plus riches familles de cette ville, et d'un père qui fut trois fois consul. L'empire d'Occident se trouvait alors désolé par les incursions des barbares, qui s'étaient partagé ses plus belles provinces, après avoir détruit les plus anciens monuments de la puissance romaine. Maîtres de Rome et de l'Italie, l'hérésie arienne dont ils faisaient profession y reprit de nouvelles forces, qui se manifestèrent par la persécution des catholiques. Ce fut à cette époque de malheurs que la Providence fit naître Boèce pour être un jour le défenseur de la vérité. Flavius Boëce, son père, ayant reconnu en lui, dès ses premières années, d'heureuses dispositions pour les sciences et pour la vertu, n'omit rien de ce qui pouvait en favoriser le développement. On a cru mal à propos, d'après le livre *De disciplina scholarium*, faussement attribué à Boèce, et qui paraît être de Denis le Chartreux, qu'il avait été envoyé très-jeune à Athènes; mais il est prouvé qu'il reçut à Rome une brillante éducation, sous les yeux de son père et les maîtres les plus habiles de son temps. Ce fut alors que, riche de son propre fonds, il alla à Athènes, qui était encore le centre du goût et des lettres. Là il se nourrit, sous les plus célèbres philosophes et orateurs, de toutes les sciences de la Grèce, et puisa à leur école ce genre de philosophie qui caractérise tous ses écrits. Il lut tous les ouvrages des anciens, et traduisit même en sa langue ce qu'ils avaient produit de meilleur, savoir la *Musique* de Pythagore, l'*Astronomie* de Ptolémée, l'*Arithmétique* de Nicomaque, la *Géométrie* d'Euclide, la *Théologie* de Platon, la *Logique* d'Aristote et les *Mécaniques* d'Archimède. Cassiodore, qui avait lu ces traductions, les trouvait si parfaites qu'il n'a pas craint de les préférer aux originaux. La mort de Flavius, son père, arrivée en 490, trois ans après son dernier consulat, obligea Boèce à revenir à Rome. Il y fut quelque temps après déclaré patrice; et par considération pour sa famille, il consentit à s'engager dans le mariage. Il épousa Elpis, fille de Festus, également recommandable par sa piété, son savoir et ses talents. On lui attribue quelques hymnes du Bréviaire romain, qui sont encore en usage aujourd'hui, entre autres, celle que l'Eglise chante à la fête des apôtres saint Pierre et saint Paul. A la mort de sa première femme, Boèce épousa en secondes noces Rusticienne, fille de Symmaque, sénateur romain; et Dieu bénit ce mariage par une nombreuse postérité. Le roi Théodoric s'étant présenté pour entrer dans Rome, sur la fin de l'an 500, le sénat alla fort loin à sa rencontre, et Boèce fut choisi, comme le plus éloquent des sénateurs, pour porter la parole dans cette circonstance. Il le fit avec tant de dignité qu'il plut également au roi, aux Goths et aux Romains. Théodoric surtout fut si charmé de la générosité de ses sentiments, de l'étendue de ses connaissances et de sa rare capacité pour les affaires, qu'il le fit maître du palais et des offices, les deux charges de la cour qui donnaient le plus d'autorité dans l'Etat et le plus d'accès auprès du trône. Boèce se forma alors un système de politique fondé sur la vertu, et mit tout en œuvre pour le faire goûter à Théodoric. Il empêcha ce prince arien de persécuter les catholiques, l'engagea même à les prendre sous sa protection; il lui persuada de diminuer les impôts, de ménager ses finances avec une sage économie, d'entretenir en temps de paix des troupes bien disciplinées, afin de donner du relief à la majesté royale, et d'imposer aux puissances ennemies. Il insista fortement sur la nécessité de n'accorder les places qu'au mérite, de faire observer strictement les lois, et d'en punir la transgression avec sévérité. Il l'exhorta à protéger les sciences et les beaux-arts, ainsi que ceux qui les cultivaient avec succès ; à être magnifique dans les édifices publics, ainsi que dans certaines fêtes qui relèvent aux yeux du peuple l'éclat de la souveraineté. Cependant le soin des affaires publiques ne lui faisait pas négliger l'étude des sciences divines et humaines. Il se dérobait, à cet effet, tous les moments qu'il aurait pu donner à ses plaisirs. Jamais on ne le vit au Cirque, ni au théâtre, ni au bain, ni à aucune de ces assemblées mondaines si fort en usage à Rome. Souvent même il prenait sur son repos pour se livrer à l'étude. Par ce moyen, il se trouva en état de composer un grand nombre d'ouvrages dont la plupart sont venus jusqu'à nous. Quelques évêques d'Orient s'étant plaints au pape Symmaque des progrès que l'hérésie eutychienne faisait dans leurs diocèses, et des mouvements que les partisans de l'erreur se donnaient pour éluder les décisions du concile de Chalcédoine, le saint pontife assembla les évêques qui se trouvaient présents à Rome, les principaux de son clergé et les personnes les plus instruites du sénat et du peuple, pour leur faire part de cette lettre et prendre leurs conseils. La lettre fut lue en pleine assemblée ; mais Boëce, qui y avait assisté, ne crut pas devoir s'expliquer avant d'avoir examiné avec soin la question ; il remit à son premier loisir la réfutation des erreurs d'Eutychès et de Nestorius. Nous avons encore le Traité qu'il composa à cette occasion, pour montrer qu'il y a en Jésus-Christ deux natures unies en une seule personne. Il est adressé à Jean, archidiacre de Rome, qui avait assisté à la conférence. — Il y avait deux choses à Rome qui déshonoraient cette grande ville depuis que les nations barbares s'étaient emparées du gouvernement : les manichéens d'une part et les magiciens de l'autre, qui avaient déjà engagé dans leurs superstitions plusieurs personnes de qualité et même des sénateurs. Boëce, après avoir gémi longtemps dans le secret de son âme, crut devoir faire là-dessus des remontrances au pape Symmaque. Il lui exposa la grandeur du mal, et ne craignit pas de lui proposer le fer et le feu, comme l'unique remède capable de le guérir. Le saint pontife recula devant les éventualités d'une telle exécution ; mais Boëce fit si bien qu'il fit renouveler par le roi Théodoric les anciennes lois des empereurs chrétiens, qui défendaient à tous les sujets de l'empire d'exercer aucun art magique ; de sorte que les manichéens et les magiciens furent chassés de la ville. On se saisit de leurs livres et de leurs simulacres qui furent brûlés dans un bûcher dressé devant la porte de la basilique de Latran. Le zèle que les Romains firent paraître dans cette occasion effraya tellement ces imposteurs, qu'on n'en vit plus jamais aucun dans Rome. Boëce, croyant avoir trouvé la source de ces désordres dans l'ignorance où la plupart des Romains étaient ensevelis, forma le dessein de donner au public un cours complet de philosophie, afin qu'en ouvrant l'esprit des jeunes gens il pût les élever, par la connaissance des effets de la nature, jusqu'à la connaissance du Créateur. Cependant Boëce était toujours l'oracle de Théodoric et l'idole de la nation des Goths. Les plus grands honneurs ne paraissaient point encore suffisants pour récompenser son mérite et ses vertus. Trois fois on l'éleva au consulat, et, par une distinction unique ; il posséda, en 510, cette auguste dignité sans collègue. Ses deux fils, jeunes encore, furent désignés consuls pour l'année 522 ; c'était un privilège réservé aux fils des empereurs. Il les vit tous les deux portés sur un char par toute la ville, accompagnés du sénat et suivis d'un concours prodigieux ; il eut lui-même une place au Cirque, au milieu des deux consuls, reçut les compliments du roi aux acclamations de tout le peuple. Ce jour-là il prononça le panégyrique de Théodoric dans le sénat, après quoi on lui mit une couronne sur la tête, et il fut proclamé prince de l'éloquence. Mais Boëce semblait n'être monté si haut que pour faire une plus grande chute. Ses amis, ses richesses, ses honneurs, ses services, ne purent le garantir des coups de la fortune. Tant que Théodoric se conduisit d'après ses conseils, son règne mérita de servir de modèle aux bons princes ; mais, devenu vieux, il devint mélancolique, jaloux et défiant pour tous ceux qui l'approchaient. Il donna toute sa confiance à deux Goths, Trigille et Conigaste, aussi avares que perfides, et qui écrasèrent le peuple par des impôts excessifs. Dans une disette, ils achetaient à bas prix du blé qu'ils faisaient conduire dans les greniers du prince, pour le vendre plus tard à un prix très-élevé. Boëce se chargea de porter aux pieds du trône les soupirs et les larmes des provinces. Ses représentations furent inutiles : résolu de tenter un dernier effort, il exposa au roi, en plein sénat, les manœuvres des sangsues publiques ; il ne craignit point de défendre le sénat lui-même, accusé de conspiration pour délivrer l'Italie du joug des Goths qui l'opprimaient. Les hommes injustes qu'il avait réprimés dans son ministère, les usurpateurs qu'il avait punis, lui avaient suscité un grand nombre d'ennemis. Ils se réunirent tous alors pour donner à ses dernières démarches les plus mauvaises intentions. Son courage fut regardé comme un acte de rébellion, sa défense du sénat comme une preuve de complicité avec ce corps. Théodoric fit prononcer contre lui un décret qui le déclarait coupable de haute trahison. Il fut arrêté avec son beau-père Symmaque, renfermé au château de Pavie, où l'on montre encore aujourd'hui une tour qui, suivant la tradition populaire, leur servit de prison. Relégué plus tard dans un autre château situé sur le territoire de Calvance, au milieu d'un désert également éloigné de Pavie et de Rome, il fut mis à mort avec des circonstances qui font frémir d'horreur. On lui serra la tête avec une corde attachée à une roue, qui en tournant lui fit sortir les deux yeux; on l'étendit enfin sur une poutre, où deux bourreaux le frappaient avec des bâtons sur toutes les parties du corps, et, comme il respirait encore, ils l'assommèrent avec une hache, le 23 octobre 526. Ses biens avaient été confisqués, mais Amalasonte les rendit depuis à sa veuve, qui fit relever ses statues. Les catholiques enlevèrent son corps et l'enterrèrent religieusement à Pavie. Deux cents ans après il fut déposé dans l'église de Saint-Augustin, par ordre du roi Luitprand, qui lui érigea un mausolée que l'on voyait encore à la fin du dernier siècle, avant la destruction de cette magnifique église. Othon III lui en fit ériger un autre, sur lequel furent gravées d'honorables inscriptions. Les Bollandistes lui donnent le titre de saint. Son nom a été inséré, sous ce titre, dans le Calendrier de Ferrarius, et dans ceux de quelques Eglises d'Italie, qui l'honorent le 23 octobre. Boëce a laissé après lui plusieurs ouvrages, mais tous n'ont pas pour l'Eglise la même importance. Il y en a qui sont purement philosophiques, et d'autres qui traitent des matières les plus essentielles de la religion. Ces derniers sont en plus petit nombre; mais, comme ils appartiennent plus particulièrement à notre sujet, nous les analyserons avec plus d'étendue; pour les autres, nous nous contenterons d'en donner une légère idée.

Des deux natures et d'une personne en Jésus-Christ. — Le premier traité théologique de Boëce, selon l'ordre des temps, est celui qui a pour titre : *Des deux natures et d'une personne en Jésus-Christ,* contre les erreurs d'Eutychès et de Nestorius. Il le composa vers l'an 513, et nous avons dit plus haut à quelle occasion. — Avant d'entrer en matière, Boëce établit comme base de toute discussion la définition exacte et rigoureuse des termes de *personne* et de *nature.* Il prétend avec raison, que partout où des contestations se sont élevées sur le mystère de l'Incarnation, la division s'est faite dans les esprits, ou par le défaut de connaissance de ces termes, ou parce qu'on avait omis d'en fixer la valeur. Il montre donc qu'il y a une différence essentielle entre la signification des termes de *nature, d'essence* ou de *substance,* et celle de *personne.* Suivant lui, toute la source de l'erreur de Nestorius vient de ce que, ne pouvant pas croire qu'il y eût des natures sans personne, il a confondu l'une avec l'autre, et enseigné conséquemment que, puisque Jésus-Christ réunissait en lui les deux natures divine et humaine, avec toutes leurs propriétés, il devait réunir également deux personnes. « La nature, dit Boëce, est une propriété spécifique de chaque substance ; la personne est une subsistance individuelle de la nature raisonnable.»

Il prouve ensuite, contre Nestorius, qu'il n'y a qu'une personne en Jésus-Christ, parce que s'il y en avait deux, comme il y a deux natures, il n'y aurait point d'union véritable. Jésus-Christ ne serait pas un, il faudrait en admettre deux ; autrement on n'aurait pas plus de raisons d'accorder cette qualité à une personne qu'à l'autre. Ou c'est la nature divine que Nestorius appelle Jésus-Christ, ou c'est la nature humaine, ou enfin les deux natures réunies. Si c'est la nature divine, Jésus-Christ est Dieu et non pas homme ; si c'est la nature humaine, Jésus-Christ est homme et non pas Dieu; si enfin, ce sont les deux natures ensemble, Nestorius est forcé de convenir qu'il y a en Jésus-Christ deux natures réunies en une seule personne. Autrement, si chaque nature en Jésus-Christ conserve sa personnalité, comme il n'est point d'union personnelle et hypostatique possible entre deux natures si dissemblables, il en résultera, comme conséquence de ses faux principes, que le genre humain n'a pu encore être racheté ; que la naissance de Jésus-Christ n'est qu'un fait ordinaire, qui ne nous a point procuré le salut ; et que les prophètes nous ont fait illusion en nous promettant que le monde serait sauvé par la naissance du Christ.

Il fait voir ensuite qu'Eutychès s'est égaré par un principe semblable à celui qui a jeté Nestorius dans l'erreur. L'un et l'autre n'ont erré que parce qu'ils se sont imaginé faussement qu'il ne pouvait y avoir de nature existante, sans qu'elle subsistât dans une personne. « Il y a deux natures en Jésus-Christ, disait Nestorius ; donc il y a aussi deux personnes. » Eutychès, par un raisonnement semblable, répondait : « Il n'y a qu'une personne en Jésus-Christ ; donc il n'y a également qu'une nature. » On lui objectait l'évidence, en lui disant : Autre est la nature de l'homme, et autre est la nature de Dieu. — Il répondait : Oui, avant l'union hypostatique ou personnelle, la nature humaine de Jésus-Christ était différente de sa nature divine ; mais depuis cette union, les deux natures n'en font plus qu'une. — Là-dessus Boëce lui demande en quel temps s'est faite cette union, ou plutôt cette confusion de natures. Est-ce dans l'instant de la conception de Jésus-Christ, ou au moment de sa résurrection ? Si c'est dans l'instant de sa conception, il en résulte que Jésus-Christ était homme avant d'être conçu dans le sein de Marie, et que la nature humaine, qui allait se joindre à la nature divine, existait déjà, puisque, selon Eutychès, avant l'union, c'étaient deux natures distinctes ; mais il en résulte en même temps que Marie n'est point la mère de Jésus-Christ et que par conséquent toutes les promesses faites à Abraham et à David, que le Christ naîtrait de leur race, ont été vaines; que Jésus-Christ lui-même s'est rendu coupable de mensonge en s'appelant le fils de l'homme; puisque, pour être le fils de l'homme, il aurait fallu qu'il tirât sa chair de l'homme. En second lieu, si c'est après la résurrection que les deux natures ont été confondues, l'homme n'a donc pas été racheté, le péché d'Adam subsiste donc encore, et la passion de Jésus-Christ a été inutile, puisqu'il n'a pu satisfaire à la justice de Dieu qu'à la condition de souffrir comme homme, et de donner comme Dieu un mérite infini à ses souffrances? Boëce ajoute que le mélange des deux natures n'a pu se faire qu'en trois manières : ou par la transformation de la nature divine en nature humaine, ou par le changement de la nature humaine en nature divine, ou en formant de ces deux natures une troisième qui fût un composé des deux sans être à proprement parler ni l'une ni l'autre. Le premier de ces changements est impossible; la nature divine, essentiellement impassible et immuable, ne peut devenir passible et sujette au changement; le second n'est pas même supposable; un corps ne peut pas plus devenir un esprit qu'un esprit peut devenir un corps. Les substances même corporelles ne peuvent se changer l'une dans l'autre, qu'autant qu'elles ont pour sujet une matière qui leur est commune. Les eutychiens disaient que Jésus-Christ était de deux natures, mais qu'il ne subsistait qu'en une seule, c'est-à-dire qu'ils voulaient insinuer, sous ces expressions, que de la nature divine et de la nature humaine il s'en était formé une troisième qui était la nature de Jésus-Christ. Boëce démontre que ce changement n'est pas plus possible que les deux autres. En effet, cette double proposition : Jésus-Christ est de deux natures, mais il ne subsiste qu'en une seule, renferme évidemment une contradiction. Comment se pourrait-il qu'une chose fût composée de deux natures, lorsque ces deux natures ne subsistent plus? Il établit ensuite la foi de l'Eglise catholique, qui enseigne que non-seulement Jésus-Christ est composé de deux natures, mais qu'il subsiste en deux natures. Chacune de ces deux natures est en lui entière et parfaite; il subsiste en elles, parce qu'elles demeurent effectivement, et il en est composé, parce que de l'union de ces deux natures subsistantes résulte la personne de Jésus-Christ. Il restait à expliquer la communication des propriétés de ces deux natures, et à montrer de quelle manière Dieu s'est fait homme, et de quelle manière l'homme est devenu Dieu, c'est-à-dire comment le même Jésus-Christ est en même temps Dieu et homme, fils de l'homme et Fils de Dieu. C'est ce qu'il fait en rapportant le tout à la personnalité, qui, faisant subsister simultanément ces deux natures, leur rend communes toutes leurs propriétés, par une appropriation que nous appelons, en théologie, *communication des idiomes*. Donc, encore que l'humanité seule ait souffert, nous ne laissons pas de dire que Dieu a souffert, non que la divinité se soit changée, mais parce qu'elle s'est unie à l'humanité. Mais, soit que l'on distingue les propriétés de chaque nature, soit qu'on les confonde en affirmant de la nature divine ce qui appartient à la nature humaine, et réciproquement, néanmoins c'est la nature humaine qui est homme parfait et Dieu parfait, à cause de l'union de ces deux natures en une seule personne.

Pour montrer que le corps de Jésus-Christ n'avait point été formé dans le sein de Marie, plusieurs, parmi les partisans d'Eutychès, alléguaient ce raisonnement des valentiniens : « Notre chair ne peut être considérée que sous deux rapports : ou dans l'état de l'innocence d'Adam, ou bien dans celui auquel le péché d'Adam l'a réduite. Or Jésus-Christ n'a point pris celle d'Adam innocent; s'il l'avait prise, comme elle n'est pas la nôtre, il ne nous aurait pas rachetés, parce qu'il n'a racheté que ce qui en avait besoin. Adam dans l'état d'innocence ne fut souillé d'aucun péché; mais il avait le pouvoir de pécher. Au contraire, Jésus-Christ n'a jamais péché, et n'a jamais eu le pouvoir de pécher : il n'a donc pas pris la chair d'Adam considéré avant sa chute. On ne peut pas dire non plus que Jésus-Christ ait pris la chair d'Adam criminel, car cette chair est non-seulement infectée d'une corruption générale répandue sur tous les descendants du premier homme, mais elle conserve encore, comme une peine de sa faute, une pente naturelle au péché. Or il n'y a jamais eu dans Jésus-Christ aucune pente au péché. Ce n'est donc pas la chair criminelle d'Adam qu'il a prise, et puisqu'il n'a pris ni celle d'Adam innocent, ni celle d'Adam coupable, il n'a donc pas pris la nôtre? »

Pour répondre à cette objection, Boëce envisage la nature humaine sous trois aspects différents : « avant le péché d'Adam, dans la supposition qu'Adam n'eût pas péché, et après son péché. Le premier état est réel : l'homme alors n'était souillé d'aucun péché et ne mourait pas, mais il pouvait pécher et mourir. Le second est hypothétique : si Adam fût demeuré soumis aux ordres de Dieu, non-seulement il n'aurait pas péché, mais il n'aurait pu pécher, parce que alors il aurait été confirmé dans la grâce. » Le troisième état est le nôtre; l'homme peut pécher et mourir, et il pèche et meurt effectivement. Ces deux dernières conditions sont comme les deux extrêmes de la nature humaine. L'une aurait été la récompense de la soumission d'Adam aux ordres de son Créateur; l'autre est la peine de sa révolte, avec la pente au mal, l'impuissance de se relever de sa chute par ses propres forces, et la mort. La première condition tient le milieu entre les deux autres; on n'y voit ni mort ni péché, mais seulement le pouvoir de pécher et de mourir. Jésus-Christ a pris de ces trois états ce qui pouvait convenir à son humanité pour opérer notre salut. Il a pris du premier l'impeccabilité, à laquelle l'homme serait parvenu s'il eût été fidèle, à Dieu ; du second, les fonctions propres à l'homme, comme de manger, boire et dormir ; et du troisième, l'assujettissement à la mort. D'où Boëce conclut que ce n'est pas seulement la chair d'Adam pécheur que Jésus-Christ a prise, mais celle d'Adam innocent, ce qu'il a été en effet ; et celle d'Adam impeccable, ce qu'il aurait dû être, s'il fût demeuré dans l'obéissance qu'il devait à Dieu.

Tel est l'ouvrage de Boëce. Le style en est extrêmement concis, ce qui le rend très-obscur. Gilbert de la Porée, évêque de Poitiers, a essayé de l'expliquer par un long commentaire, mais ses recherches n'ont servi qu'à embrouiller le texte, et à le rendre plus obscur encore. Ce Commentaire se trouve imprimé à la suite du Traité dans plusieurs éditions. Boëce termine son livre par un acte de vraie modestie chrétienne : d'un côté il reconnaît que d'autres peuvent avoir traité la matière beaucoup mieux que lui, et il se range à leur sentiment sur tous les points où il se serait égaré ; de l'autre, il confesse que tout ce qui peut se lire de bon et de bien dit dans son livre, ne vient pas de lui, mais de Dieu, qui est la plénitude de tous les biens et la source d'où découle tout don parfait.

De l'unité de Dieu. — Les difficultés qui s'élevaient de jour en jour sur la religion, surtout à propos de certains termes que l'on inventait pour rapprocher notre foi des idées ordinaires et pour la mettre à la portée commune de toutes les intelligences, engagèrent Boëce à composer deux autres traités, dont l'un a pour but de montrer l'unité de Dieu dans la Trinité, et l'autre l'identité de substance dans les trois personnes de la Trinité. Le premier est adressé à Symmaque, qu'il en établit le juge et le censeur.

Ce traité est conçu en termes très-abstraits, qui marquent combien Boëce était versé dans les subtilités de la philosophie péripatéticienne. Dès le commencement, il observe que plusieurs sectes ont usurpé le nom de chrétien, qui n'appartient proprement qu'à l'Eglise catholique, qui de toutes les extrémités de l'univers réunit tous les hommes dans la profession d'une même foi. Il enseigne que cette foi consiste à reconnaître et à adorer un Dieu Père, un Dieu Fils, et un Dieu Saint-Esprit, mais de manière à n'adorer dans ces trois personnes qu'un seul Dieu. Il prouve l'unité de Dieu, par la raison qu'il ne peut y avoir de diversité dans la nature divine, puisqu'on n'y trouve ni genre, ni espèce, ni accident, ni rien de ce qui constitue la diversité. Il démontre que les ariens, en attribuant au Père des perfections qu'ils refusaient au Fils, étaient forcés d'admettre une diversité de nature entre le Père et le Fils, mais que les catholiques évitaient cette erreur, en n'accordant au Père aucune qualité ni aucune perfection qui ne fût également dans le Fils et le Saint-Esprit. Il ajoute qu'aucune différence, ni générique, ni spécifique, ni numérale, ne pouvant exister entre les trois personnes de la Trinité, elles conservaient entre elles une parfaite unité de substance et une entière égalité de perfections.

Boëce reconnaît que la trinité de personnes en un seul Dieu est un mystère incompréhensible. La raison qu'il en donne, c'est que la nature divine étant une forme très-simple, incapable d'offrir aucune image à notre intelligence, notre intelligence, dont toutes les connaissances, dans l'état présent de la vie, dépendent de l'imagination et des sens, est impuissante quand il s'agit d'approfondir ce mystère si au-dessus de sa portée. Venant ensuite au fond du mystère lui-même, il montre que l'idée la plus parfaite que nous puissions concevoir de Dieu est celle qu'il nous a donnée, quand il a dit : *Ego sum qui sum*. termes qui nous font comprendre que Dieu est une forme très-simple, sans aucune partie, et conséquemment indivisible, parce qu'il n'y a que la forme qui donne l'être. Par exemple, une statue, soit de bronze, soit de pierre, n'est point une statue par la matière dont elle est composée, mais par la forme et la figure empreintes sur cette matière. De plus, si c'est la forme et non pas la matière qui donne l'être, c'est une conséquence nécessaire que Dieu ne soit pas matière, mais qu'il soit tout esprit, parce qu'il est tout être. On ne peut pas dire la même chose des créatures, parce qu'il n'y en a aucune qui soit d'elle-même ce qu'elle est, mais seulement par les parties dont elle est composée, de sorte que ce sont les parties qui la composent qui déterminent son être. Ainsi le corps et l'âme constituent l'homme ; cependant l'homme n'est ni son corps ni son âme, mais son essence consiste dans l'union de ces deux parties. De la simplicité de la forme de Dieu découlent tous les attributs et toutes les prérogatives de la Divinité ; son indépendance, puisqu'elle subsiste par elle même ; sa toute-puissance, puisqu'elle ne tire son pouvoir d'aucun être qui lui soit différent, et son unité indivisible, puisqu'elle n'est composée d'aucunes parties qui puissent être les membres de la Divinité, et donner lieu ainsi à la pluralité des dieux. Dans les créatures, soit corporelles, soit spirituelles, les accidents sont reçus dans le sujet, les accidents corporels dans la matière, les accidents spirituels dans l'être spirituel ; mais en Dieu il n'y a jamais accident, et dès lors il est immuable et éternel.

Mais si Dieu est un et indivisible, et qu'il ne puisse y avoir en lui ni nombre ni pluralité, pourquoi répétons-nous trois fois le nom de Dieu en disant : Le Père est Dieu, le Fils est Dieu, le Saint-Esprit est Dieu ? L'unité plusieurs fois répétée ne fait-elle pas un nombre, et, par une conséquence nécessaire, une pluralité ? Boëce, pour répondre à cette objection, distingue deux sortes d'unité : l'une numérique, et l'autre numérante, comme s'il disait que pour faire un nombre il ne suffit pas de multiplier l'unité qui compte, mais il faut encore multiplier l'unité de la chose qui est comptée. En ce sens, l'unité numérique seule fait nombre, tandis que l'unité numérante reste toujours à l'état d'unité. Il explique sa distinction par cet exemple : Quand je dirais : Soleil, soleil, soleil, cela ne ferait pas trois soleils ; ce ne serait qu'une triple répétition de la même chose. De même, lorsque je dis : Le Père est Dieu, le Fils est Dieu, le Saint-Esprit est Dieu, cela ne fait pas trois dieux ; ce n'est qu'une répétition de la même divinité, attribuée au Père, au Fils et au Saint-Esprit. Il pénètre plus avant dans les profondeurs du mystère ; il établit les relations qu'ont entre elles les trois personnes de la Trinité, et il conclut en disant : Le Père est Dieu, le Fils est Dieu, le Saint-Esprit est Dieu, parce qu'en Dieu il ne se trouve aucune différence par laquelle Dieu puisse différer de Dieu. C'est pour cela que les trois personnes ne font qu'un seul et même Dieu ; car il n'y a point de diversité là où il n'y a point de pluralité, et là où la pluralité manque se trouve une parfaite unité. Rien n'a pu être engendré de Dieu que Dieu. — Il est à remarquer que Boëce, pour exprimer la génération du Fils et la spiration du Saint-Esprit, se sert également du terme de *procession*. Gilbert de la Porée, dans le Commentaire qu'il a publié sur ce traité, a avancé plusieurs propositions qui ont été taxées d'erreurs.

Si le Père, le Fils et le Saint-Esprit peuvent être affirmés substantiellement la divinité. — Ce traité est adressé à Jean, diacre de l'Eglise romaine. Il est en forme de lettre, et il roule sur ce principe, savoir, que tous les attributs absolus se pouvant affirmer substantiellement de Dieu, ils peuvent s'affirmer également des trois personnes de la Trinité, parce que, possédant toutes les trois toute la divinité en substance, et toutes les perfections de cette nature, il faut que tout ce qui se dit substantiellement de la nature divine se puisse affirmer aussi de chaque personne en particulier. Mais il n'en est pas ainsi des attributs relatifs. On ne peut pas dire du Fils qu'il est le Père, ni du Saint-Esprit qu'il est le Père et le Fils, ni conséquemment que la divinité soit ou le Père, ou le Fils, ou le Saint-Esprit, quoiqu'elle soit renfermée dans ces trois personnes. Au contraire, on dit bien de chacune de ces personnes qu'elle est la sagesse, la vérité, la bonté, la justice, parce que ces termes marquant des attributs absolus, c'est-à-dire, sans dépendance, sans relation, sans rapport à une personne plutôt qu'à une autre, ils peuvent être affirmés substantiellement de la Divinité, comme convenant tous à chaque personne divine, au Père comme au Fils, et au Fils comme au Père et au Saint-Esprit. Ce principe posé, Boëce s'exprime en ces termes sur la proposition qui fait la matière de son traité. « La trinité consiste dans la pluralité des personnes, et l'unité dans la simplicité de la substance. Si les personnes sont divisées, et la substance indivisible, il est nécessaire que le terme qui tire son origine des personnes ne se rapporte point à la substance ; or la diversité ou distinction des personnes constitue la trinité : donc la trinité ne peut s'affirmer de la substance ou de la nature divine. Il ressort de là que ni le Père, ni le Fils, ni le Saint-Esprit, ni la trinité ne peuvent s'affirmer substantiellement de Dieu, parce que, comme on l'a dit, ce sont là des termes relatifs. Mais ceux de Dieu, de vérité, de justice, de bonté, de toute-puissance, de substance, d'immutabilité, de vertu, de sagesse, et autres semblables, peuvent se dire substantiellement de la divinité, parce que ce sont des termes absolus qui marquent les perfections communes à chaque personne divine. »

Si tout ce qui existe est bon. — Le diacre Jean, discutant un jour avec un philosophe namichén, se trouva embarrassée par cette question : Comment est-il possible que tout être soit bon, et que la bonté, qui n'est point un être substantiel, puisse convenir à toutes les substances en vertu de leur être ? » Il pria Boëce d'écrire sur cette matière, ce qu'il fit en lui dédiant le traité dont nous avons indiqué le titre. Pour résoudre cette question, il pose divers principes ; dont l'un est qu'il faut mettre une différence entre la substance et l'accident ; et l'autre, que l'essence des choses est d'elle-même si simple, qu'elle ne souffre point de composition. Ensuite il fait voir que, les créatures n'étant bonnes que par participation de la bonté de l'être qui les a créées, tous les êtres sont à cet égard essentiellement bons. Toutefois, leur bonté est bien différente de celle de Dieu, non-seulement parce que celle de Dieu est immense et sans bornes, qualités qui ne conviennent point à la bonté des créatures, mais encore parce que l'on ne peut concevoir que la nature de Dieu ne soit pas la bonté même, au lieu que la nature des êtres créés n'est bonne que par participation de la bonté de l'être incréé.

Confession de foi. — Boëce composa cet ouvrage dans un temps où l'Eglise, déchirée par les schismes et les hérésies, semblait attendre de lui qu'il fît connaître publiquement qu'il ne professait d'autre foi que celle qu'il avait reçue dans le sein de l'Eglise catholique, où il avait été instruit et baptisé. — Cette foi, comme il le remarque d'abord, est établie sur l'autorité des deux Testaments ; mais elle ne s'est répandue par toute la terre qu'à l'avénement de Jésus-Christ : d'où vient qu'on lui donne le titre de foi ou de religion chrétienne. Elle consiste à croire que la substance ou la nature divine du Père, du Fils et du Saint-Esprit, est de toute éternité et avant tous les temps ; que le Père est Dieu, que le Fils est Dieu, que le Saint-Esprit est Dieu, sans que néanmoins ce soient trois dieux, mais un seul Dieu ; que le Père a un Fils engendré de sa propre substance, et qui lui est coéternel, mais qui n'est pas le même que le Père ; que le Père n'a jamais été Fils, ni le Fils, Père; que le Saint-Esprit n'est ni Père ni Fils, n'étant ni engendrant, ni engendré, mais qu'il procède du Père et du Fils, sans que nous puissions expliquer clairement cette procession, non plus que la manière dont le Fils est engendré de la substance du Père. Cette foi est appuyée sur les divines Écritures, dont les hérétiques, faute d'en comprendre bien le sens, ont tiré plusieurs erreurs. Boëce rapporte celles des sabelliens, des ariens et des manichéens. Il ajoute que Dieu, sans souffrir aucun changement dans sa nature, a volontairement créé le monde, non de sa substance, de peur qu'on le crût divin, ni d'une matière préexistante, de peur qu'on ne crût que quelque chose existât auparavant, contre la volonté de Dieu, mais de rien et par sa seule parole. C'est de la même sorte que Dieu a créé les anges, divisés en plusieurs ordres, pour habiter le ciel, et les hommes pour peupler la terre. Il rappelle la chute des anges, qui furent bannis du ciel, et la chute de l'homme, qui fut chassé du paradis terrestre. C'est par la révélation de Dieu, dit Boëce, que Moïse a appris toutes ces choses, comme le témoignent les livres qu'il a écrits. — Cette prévarication du premier homme a causé la corruption des âmes et des corps, et introduit la mort dans le monde à la suite du péché. Il décrit en peu de mots les suites fâcheuses du péché d'Adam; les dissensions, les guerres, les déréglements des hommes que Dieu punit par un déluge, dont Noé seul fut sauvé avec ses enfants. Les hommes s'étant multipliés de nouveau, les vices se multiplièrent avec eux; Dieu, qui ne voulait plus leur infliger la même punition, aima mieux choisir quelqu'un d'entre eux pour en faire naître son propre Fils selon la chair. Il choisit la race d'Abraham. Boëce en trace succinctement la généalogie, raconte le séjour des descendants de ce patriarche en Égypte, leur sortie miraculeuse de ce pays, le passage de la mer Rouge, la promulgation de la loi sur le mont Sinaï, les victoires des Israélites sur les nations infidèles, leur établissement dans la terre promise, les diverses formes de leur gouvernement, qui fut administré à la fin par des rois, tirés tous de la tribu de Juda jusqu'à Hérode, qui était un étranger. Ce fut sous son règne que vécut la bienheureuse vierge Marie, issue de la race royale de David et mère du Libérateur des nations.

Dieu donc, dans les derniers temps, envoya son Fils unique, qu'il fit naître d'une vierge, afin que le salut du genre humain, compromis par la désobéissance du premier homme, fût rétabli par un Homme-Dieu; et comme une femme avait introduit la mort dans l'humanité, il voulut qu'une autre femme apportât aux hommes la source même de la vie. On ne doit pas regarder comme vile, parce qu'il est issu d'une vierge, la naissance du Fils de Dieu; sa naissance comme sa conception sont au-dessus des règles ordinaires de la nature. C'est par l'opération du Saint-Esprit que cette vierge a conçu le Fils de Dieu; elle l'a enfanté vierge, et elle est demeurée vierge après son enfantement. Le fils qu'elle a engendré est en même temps Fils de Dieu et fils de l'homme, de sorte qu'on voit se révéler simultanément en sa personne et les grandeurs de la nature divine et les faiblesses de la nature humaine. Quelque vraie que fût cette doctrine, il s'est rencontré des hommes qui l'ont combattue; entre autres, Nestorius et Eutychès. Il rapporte ensuite la vie de Jésus-Christ, ses enseignements, son baptême, l'élection des douze apôtres, sa passion, sa mort, sa résurrection, et, avant son ascension glorieuse au ciel, l'institution des sacrements, qu'il laissa comme des remèdes infaillibles pour guérir les plaies profondes que le péché avait laissées au cœur de l'humanité.

La doctrine céleste de l'Évangile s'étant répandue par tout l'univers, il s'est fait une union des peuples qui l'ont embrassée; on a établi des églises, et il s'est formé un corps qui a rempli toute la terre. Le chef de ce corps est Jésus-Christ monté au ciel, où il attend ceux de ses membres qui, avec le secours de sa grâce, auront mérité le bonheur : car c'est là le point principal de notre religion, de croire que non seulement nos âmes ne périssent point, mais que nos corps mêmes, que la mort paraissait avoir dissous, ressusciteront dans leur ancien état, pour jouir de la gloire. Il parle du compte que chaque homme rendra à Dieu après la mort, de la destruction générale qui se fera de tout ce qui est corruptible, de la récompense due aux différents mérites des hommes, et finit en disant que la béatitude consistera dans la vision de Dieu, que les saints connaîtront, autant qu'il peut être donné à une créature de connaître le Créateur. Alors, comblant le vide laissé par la perte des anges, ils rempliront la cité céleste, dont le Fils de la Vierge est le roi, et là la joie sera éternelle, et les louanges du Créateur feront à jamais le plaisir, la nourriture et l'occupation des bienheureux.

Voilà en substance ce que contient la Confession, ou plutôt l'exposition de foi de Boëce, que René Vallin, son éditeur, appelle un *livre d'or*, parce qu'en effet elle est une des plus suivies, des plus exactes et des plus complètes qui nous soient venues de l'antiquité.

Consolation de la philosophie. — De tous les écrits de Boëce, le plus célèbre, sans contredit, est la *Consolation de la philosophie*, qu'il composa dans la prison de Pavie, sans le secours d'aucun livre. C'est un dialogue entre lui et la sagesse incréée, sur la vérité d'une providence prouvée par la raison. Quoique les sentiments de piété qu'il y déploie soient ceux d'un parfait chrétien, cela n'a pas empêché Glaréanus d'avancer que ce livre est plus philosophique que religieux, et de prétendre qu'il n'était pas de Boëce, parce que le nom de Jésus-Christ ne s'y trouve pas prononcé. Cet ouvrage, partie en vers, partie en prose, est écrit en forme de dialogues et divisé en cinq livres.

Le premier commence par des vers élégiaques, où, après avoir exprimé les motifs de sa douleur, il dit qu'il n'est rien en ce monde sur quoi l'on puisse moins compter que sur le brillant de la fortune et les applaudissements des hommes, puisque celui-là n'était pas solidement établi qui n'a pu éviter de tomber. Il raconte ensuite, mais en prose, comment, s'entretenant de ces tristes pensées, appuyé sur son lit, la Sagesse lui apparut sous la figure d'une vierge d'une beauté admirable, qui portait sur le bas de sa robe trois caractères grecs, dont l'un exprimait la philosophie pratique et l'autre la philosophie spéculative ; et comment s'étant approchée de lui, elle avait essuyé ses larmes et dissipé les ténèbres dont son esprit était offusqué. Il rapporte au long les discours que la Sagesse lui tint, et la manière dont il lui exposa lui-même les causes de sa disgrâce, disant que tout son crime était d'avoir voulu conserver la vie et l'honneur du sénat.

Le second livre renferme les motifs que la Sagesse emploie pour le consoler, en lui faisant voir qu'il ne lui était rien arrivé qui ne fût commun à tous les hommes ; que la nature de la fortune est d'être inconstante, et que, s'il avait à se plaindre d'elle, elle pourrait à son tour lui reprocher son ingratitude, puisqu'elle n'avait cessé jusque-là de le combler de biens et de dignités. Les douceurs de la félicité humaine étant toujours mêlées d'amertume, et sans aucune stabilité, l'homme doit donc savoir que son bonheur ne saurait consister dans ce qui est caduc et périssable et qu'il n'y a que le souverain bien qui puisse établir sa véritable félicité.

La Sagesse continue, dans le troisième livre, à montrer en quoi consiste la vraie béatitude, qu'elle définit un état parfait et permanent où tous les biens se trouvent réunis. Puis, parcourant les différentes opinions des anciens philosophes, elle fait voir le néant de toutes les créatures dans lesquelles ils ont fait consister le bonheur. La souveraineté même n'est pas exempte de vide, puisque, réduite à elle-même, elle ne se suffit pas, et que, pour la soutenir, la défendre et la conserver, les rois sur leurs trônes ont plus besoin de secours étrangers que les hommes les plus infimes pour se maintenir dans leur condition.

Elle s'applique à prouver, dans le quatrième livre, que, même dès cette vie, les gens de bien sont toujours en honneur et en crédit, et que les méchants y sont toujours faibles, impuissants et méprisés ; que le crime n'y est jamais sans punition, ni la vertu sans récompense. Elle convient que les méchants ne laissent pas de faire ce qu'ils veulent, lorsqu'ils sont en autorité ; mais elle soutient qu'avec cela ils sont impuissants, puisqu'ils n'ont pas ce qu'ils désirent. Ils désirent malgré eux d'être heureux, et ils ne peuvent le devenir par leurs actions. Il n'en est pas ainsi de l'homme vertueux : « les méchants ont beau attaquer sa vertu, une malice étrangère ne ternira jamais la gloire qui lui est propre, et ne pourra lui enlever la possession du souverain bien, qui doit être la récompense de ses grandes actions. Après avoir parlé des peines qui attendent les méchants dans une autre vie, la Sagesse montre à Boëce que celui qui commet l'injustice est plus malheureux que celui qui la souffre, parce qu'il n'y a que le péché qui rende l'homme véritablement malheureux. Mais pourquoi, demande Boëce, voit-on les gens de bien exposés aux supplices que les lois n'ont prononcés que contre les criminels, tandis que les méchants emportent le prix qui n'est destiné qu'à la vertu ? La Sagesse répond : Encore qu'une disposition si extraordinaire n'ait pas de raison connue des hommes, ils ne doivent nullement douter de sa justice, puisqu'elle ne se réalise que par l'ordre de Dieu. La demande de Boëce lui fournit l'occasion d'expliquer ce que c'est que la Providence et ce que c'est que le destin. La Providence est cette divine raison qui réside dans le premier principe de toutes choses et qui ordonne tout ; le destin est la disposition inhérente aux causes secondes par laquelle la Providence rattache chaque chose et chaque événement particulier à l'ordre général qu'elle a établi. La Providence embrasse toutes choses en général ; le destin ne regarde que les particulières. Quoique ces deux choses soient différentes, l'une dépend de l'autre, et l'ordre du destin coule nécessairement de la Providence de Dieu. D'où il résulte que tout ce qui est soumis au destin l'est aussi à la Providence, à qui le destin lui-même est soumis.

Le cinquième livre traite du hasard, de la liberté, et de la manière de l'accorder avec la prescience de Dieu. Le hasard, suivant la définition des philosophes, est un événement auquel on ne s'attend pas, et qui arrive par le concours des causes secondes. Boëce ne disconvenait pas de l'enchaînement admirable qui se remarque dans le concours des causes secondes ; mais, croyant que la volonté des hommes y était infailliblement assujettie, il en concluait qu'elle n'avait plus de liberté. Il n'y a, lui répond la Sagesse, aucune créature raisonnable sans liberté, parce qu'elle n'est raisonnable qu'autant qu'elle peut se servir de sa raison naturelle. Elle fait consister la liberté à vouloir ou ne pas vouloir, à vouloir une chose ou une autre, ajoutant que cette liberté est proportionnée aux différentes natures raisonnables. Ainsi, elle est plus grande dans les anges que dans les hommes, dans les saints que dans les pécheurs, parce que le détachement des choses sensibles et l'affranchissement des passions peuvent seuls conduire l'homme à la véritable liberté. Comment se peut-il, objecte Boëce, que, Dieu connaissant toutes choses de toute éternité, l'homme cependant demeure toujours libre ? N'y a-t-il pas là contradiction ? Si Dieu voit tout de toute éternité, et s'il est infaillible dans sa connaissance, il est nécessaire que ses prévisions se réalisent, dès lors, non-seulement les actions des hommes, mais encore leurs desseins, leurs volontés, ne sont plus libres, et ne peuvent s'accomplir autrement que Dieu l'a prévu. Nous convenons, répond la Sagesse, que les choses que Dieu a prévues arriveront infailliblement, mais nous disons que la prescience de Dieu ne leur impose aucune nécessité. Ne voyons-nous pas plusieurs choses qui se passent sous nos yeux, sans que notre connaissance les rende nécessaires? Si donc la connaissance des choses présentes ne leur impose aucune nécessité, pourquoi la prescience des choses futures en Dieu en imposerait-elle aucune à celles qu'il a prévues? Pour mettre cette vérité dans tout son jour, elle fait ce raisonnement : Dieu est éternel ; or l'éternité est la possession entière, simultanée et parfaite d'une vie sans fin et sans terme. Dans cette éternité il n'y a rien de passé, rien de futur, mais tout est toujours présent et tout à la fois. Donc, comme la connaissance que nous avons des choses présentes ne leur impose aucune nécessité, de même la divine providence, en regardant les choses futures qui lui sont présentes, ne leur impose aucune nécessité. La manière dont Dieu les connaît dans son éternité n'influe pas davantage sur les créatures, que notre manière de les connaître dans le temps. Toutes les choses que Dieu a prévues arrivent donc infailliblement, mais les unes arrivent parce qu'elles partent de la liberté de l'homme, sans rien perdre de leur propre nature, puisqu'avant de se produire, elles auraient pu ne pas être; et les autres arrivent par une absolue et inévitable nécessité. Mais, direz-vous, s'il dépend de moi de changer le décret de Dieu, je pourrais donc rendre vaine sa prescience? Non, répond la Sagesse, vous pouvez bien changer de dessein et de résolution; mais Dieu, qui vous en a donné le pouvoir, sait si vous le ferez ou ne le ferez pas ; il ne peut ignorer le parti que vous prendrez. Ainsi, vous ne pouvez jamais rendre vaine sa prescience, pas plus que vous ne pouvez éviter le regard d'un œil vif et clairvoyant fixé sur vous, à quelques actions différentes que vous vous portiez par le libre choix de votre volonté.

De tous les autres écrits de Boëce qui sont venus jusqu'à nous, il n'en est aucun qui ait rapport à la religion ; l'auteur y traite de la philosophie ou des beaux-arts.

Ecrits sur Porphyre. — Victorin, célèbre pour avoir enseigné la rhétorique à Rome avec applaudissements, avait traduit en latin l'introduction de Porphyre à la philosophie d'Aristote, mais sans se préoccuper de la lettre ni s'attacher aux termes. Boëce, après avoir parcouru, avec un de ses amis, nommé Fabius, tous les endroits défectueux de cette traduction, en donna une plus fidèle, qu'il intitula *Dialogues*, parce qu'elle était le fruit de deux conversations. Il y ajouta un commentaire divisé en cinq livres, que nous avons encore.

Ecrits sur Aristote. — Nous avons aussi ses quatre livres de l'interprétation d'Aristote, dans lesquels il éclaircit les termes des Catégories qui ont par eux-mêmes une signification. Il y ajoute deux sortes de Commentaires, l'un qu'il appelle de la première édition, et qui est très-succinct, dans lequel il se contente de rendre mot à mot le sens littéral du texte, parce qu'il n'avait en vue que d'instruire les commençants ; l'autre, de la seconde édition, qui est beaucoup plus long, parce qu'il y donne des explications qui ne conviennent qu'à ceux qui sont plus avancés. Boëce ne fit point de commentaire sur les *Analytiques* d'Aristote qu'il avait traduites ; mais il traita à fond du syllogisme, de la définition et de la division, dans un ouvrage qu'il fit exprès et qui est divisé en sept livres. Il est précédé d'une introduction au syllogisme, où il donna les premiers éléments de l'art de raisonner. Sa traduction des *Topiques* et des deux livres des *Sophismes* ou arguments captieux n'est accompagnée d'aucun commentaire.

Ecrits sur Cicéron. — Mais il commenta ceux que Cicéron avait faits sur la même matière, et qui portaient aussi le titre de *Topiques*. Il fit de plus un ouvrage distribué en quatre livres, pour faire ressortir la différence entre les *Topiques* d'Aristote et ceux de Cicéron. Son but était d'indiquer les sources particulières où un philosophe et un orateur doivent puiser leurs arguments.

De l'unité et des livres des Mathématiques. — Dans son petit traité *de l'Unité*, il montre que chaque chose est une par l'unité, comme le blanc est blanc par sa blancheur. Des quatre parties des *Mathématiques* que Boëce avait traitées, l'*Astronomie* est perdue; mais nous avons de lui deux livres de l'*Arithmétique*, deux de la *Géométrie* et cinq de la *Musique*. — Il remarque, au commencement du premier livre, que la musique a fait les délices de toutes les nations, même les plus barbares. Il rapporte plusieurs exemples de son efficacité pour calmer les passions, mais il reconnaît en même temps qu'elle peut aussi les allumer. C'est ce qui a porté plusieurs législateurs à bannir de leurs républiques les symphonies molles et efféminées.

L'abbé Trithème fait mention d'un recueil de lettres que Boëce avait écrites à diverses personnes ; nous ne l'avons plus. Il paraît que Baronius avait lu de lui un livre de *Commentaires sur l'énonciation*; on ne l'a pas encore rendu public. Murmellius, après un dénombrement des écrits de Boëce que nous possédons, ajoute qu'il en avait composé plusieurs autres, tant en vers qu'en prose ; ils sont perdus, ou du moins ils n'ont jamais été publiés.

On peut dire de ceux qui nous restent qu'ils sont les meilleurs que nous aient légués l'antiquité chrétienne. On y admire l'élévation des pensées, la noblesse des sentiments, la facilité et la justesse des expressions, dans les matières même les plus abstraites, et une pureté de style au-dessus des autres écrivains de son siècle ; seulement on peut y reprendre çà et là quelques répétitions et quelques arguments, en petit nombre, plus subtils que solides. Poëte, orateur, théologien, il conçoit avec une facilité surprenante, et son exécution excelle presque également dans tous les genres. Nous avons vu que Cassiodore préférait ses traductions aux originaux. Ses ouvrages sur les différentes parties des mathématiques et sur la musique, tout imparfaits qu'il les ait laissés, annoncent néanmoins dans leur auteur une grande capacité qui embrassait toutes les sciences, et y réussissait dans un siècle barbare, et jusque sous la tyrannie des Goths. Les vers dont sa prose est entremêlée dans ses livres *de la Consolation de la philosophie*, annoncent, dit Vossius, un génie véritablement romain. Si l'on trouve moins de clarté dans ses traités théologiques que dans ses autres ouvrages, cela vient non-seulement de la sublimité des matières qu'il y développe, mais aussi de ce qu'il s'est servi de certains termes usités dans l'école d'Aristote, et qui ne sont entendus que des initiés. Il ne dissimule pas même que c'est à dessein qu'il a employé ce genre d'écrire, en parlant de nos mystères, afin que ce qu'il en disait ne fût pas connu de tout le monde, mais seulement de Symmaque, pour qui il écrivait, et qui était comme lui dans le secret de ces sortes d'expressions.

BONIFACE Ier, élu pape en décembre 418, succéda à Zozime. Une faction opposée nommait en même temps l'archidiacre Eulalius, protégé par Symmaque, préfet de Rome. L'empereur Honorius, informé de ce schisme, ordonna aux deux concurrents de sortir de Rome, et de n'y exercer aucune fonction avant d'avoir été jugés à Ravenne, où il avait assemblé les évêques à cet effet. On était alors dans la semaine de Pâques, et Achille, évêque de Spolette, fut commis par l'empereur pour célébrer pontificalement pendant cette solemnité. Boniface obéit, mais Eulalius, ayant contrevenu à la défense de l'empereur, fut chassé de Rome et déclaré intrus. Boniface resta paisible possesseur du saint-siége; il gouverna sagement pendant quatre ans environ. Ce fut sous son pontificat que mourut saint Jérôme, et ce fut à lui que saint Augustin adressa ses quatre livres en réponse aux deux lettres des pélagiens. Ce même pape soutint avec fermeté les droits du saint-siége sur l'Illyrie, que le patriarche de Constantinople voulait détacher de sa juridiction. Cette contestation, traitée entre les empereurs Honorius et Théodose, fut terminée au gré de Boniface. Il mourut en 422, le 25 octobre, et fut enterré dans le cimetière de Sainte-Félicité, où il avait fait élever un oratoire. Après sa mort, quelques factieux voulurent rappeler Eulalius, qui refusa de quitter sa retraite de Campanie, où il mourut un an après. L'Eglise a placé Boniface au nombre des saints. Il nous reste de lui quelques lettres, dont nous allons rendre compte.

A Patrocle et aux évêques des Gaules.— Dans l'année 419, les ecclésiastiques de la ville de Valence présentèrent au pape Boniface une requête contre Maxime, leur évêque, dans laquelle ils l'accusaient de plusieurs crimes, prétendant qu'ils les avait commis à la vue de toute la province de Vienne. Le pape, dans sa réponse, qui est datée du 13 juin 419, dit qu'il eût pu depuis longtemps condamner Maxime, sur le refus qu'il faisait de se justifier, mais que, pour ne pas donner lieu de l'accuser de précipitation, il veut bien accorder à cet évêque jusqu'au 1er novembre pour venir se présenter devant les évêques de sa province, à l'assemblée desquels il remet le jugement des crimes dont il était accusé; passé ce terme, présent ou absent, il sera jugé, sans autre délai. Le pape ajoute qu'il est nécessaire qu'il confirme, après qu'on lui en aura fait le rapport, le jugement que le concile aura rendu dans cette occasion. Et afin, dit-il, que Maxime ne puisse s'excuser sur l'ignorance, nous envoyons des lettres par toutes les provinces.

A Rufus.—Vers le mois d'août de la même année, les Corinthiens adressèrent au pape Boniface une requête à cette occasion. Il y avait chez eux un nommé Périgène, homme d'une grande réputation, qui, après avoir passé par tous les degrés du clergé, y exerçait depuis plusieurs années les fonctions de prêtre, à la grande édification de tous. Nommé évêque de Patras en Achaïe, il fut rejeté par le peuple, qui ne lui permit pas même d'entrer dans la ville. Quelque temps après, les Corinthiens, à la mort de leur évêque, écrivirent au pape pour lui demander la translation de Périgène du siége de Patras à celui de Corinthe. Boniface, ne voulant ni répondre aux Corinthiens, ni écrire à Périgène qu'il n'eût pris sur cela l'avis de Rufus, vicaire du saint-siége dans les Eglises d'Illyrie, lui écrivit une lettre dans laquelle, après l'avoir loué de sa vigilance à remplir ses fonctions et lui avoir recommandé le soin des provinces qui lui étaient confiées, il le prie de le mettre au courant de l'affaire de Périgène aussitôt qu'il aurait pris des informations exactes sur les faits énoncés dans la requête des Corinthiens. Personne ne formant de plaintes, Rufus appuya par sa réponse la demande des Corinthiens, et se déclara pour l'élection de Périgène contre quelques personnes qui voulaient s'y opposer. Boniface l'établit évêque de Corinthe, ordonna qu'il serait intronisé sur le siége métropolitain de cette ville, et envoya pour cela un pouvoir particulier à Rufus.

A Honorius.— Pendant l'été de l'année suivante, le pape Boniface fut attaqué d'une longue et douloureuse maladie. Dans la crainte que sa mort ne suscitât des brigues et des cabales pour l'élection de son successeur, il écrivit à l'empereur Honorius de laisser à l'Eglise la liberté qu'elle avait eue sous les empereurs païens de maintenir ses anciens règlements. Pour l'y engager, il lui rappelle les prières que l'Eglise faisait, dans la célébration des saints mystères, pour la prospérité de son empire. Il relève le zèle que ce prince faisait paraître pour la religion, en maintenant la vérité, en détruisant le culte des idoles, en réprimant l'insolence des hérétiques. Cette lettre est du 1er juillet. L'empereur y repondait par un rescrit qui promettait au saint pontife l'accomplissement de ses vœux.

A Rufus, aux évêques de Thessalie et de Macédoine. — Les évêques de Thessalie avaient obtenu de l'empereur Théodose quelques exemptions contre les priviléges de l'Eglise romaine. Leur but était de se soustraire à la juridiction particulière de Rome et de Thessalonique. Ils avaient trouvé moyen, en favorisant ses prétentions, d'intéresser à leur cause Atticus, évêque de Constantinople. Ils contestaient à Rufus l'autorité que Rome lui donnait dans l'Illyrie, et parlaient d'assembler un concile à Corinthe pour examiner l'ordination de Périgène. Ce fut à cette occasion que le pape Boniface écrivit trois lettres, datées du 11 mars 422. La première est adressée à Rufus, à qui il mande de tenir ferme contre les novateurs qui cherchaient à s'attribuer une dignité qui ne leur était pas due. Il l'exhorte à soutenir de tout son pouvoir l'autorité du saint-siége, dont il est le représentant, sans se laisser abattre par les orages et les tempêtes d'une mer agitée. Il le charge ensuite d'examiner le différend entre Pérébius de Pharsale et ses confrères dans l'épiscopat, et de déclarer Maxime déposé du sacerdoce pour vice d'ordination. — Dans la seconde lettre, adressée aux évêques de Thessalie, le pape les gourmande très-fort de mépriser l'autorité de Rufus; il l'appuie de tout son pouvoir et leur défend d'ordonner aucun évêque dans l'Illyrie sans sa participation, ajoutant que si Rufus a commis quelque faute, ils pouvaient en faire leurs plaintes au saint-siége. — La troisième lettre est adressée à Rufus en particulier, et en général à tous les évêques qui devaient s'assembler à Corinthe pour examiner l'élection de Périgène. Boniface la commence en disant que saint Pierre a reçu de Jésus-Christ le soin de l'Eglise universelle. Il déclare ensuite que, l'affaire de Périgène ayant été consommée par le saint-siége après une mûre délibération, il n'était plus permis à ces évêques de l'examiner. Il se plaint fortement de l'évêque de Constantinople, qu'il accuse d'orgueil et d'usurpation. Il fait voir que, suivant les canons, l'Eglise de cette ville n'est pas la seconde après l'Eglise romaine, mais que celles d'Alexandrie et d'Antioche ont la prééminence sur elle. Néanmoins ces deux Eglises ont eu recours à l'Eglise romaine dans les grandes affaires, en particulier sous l'épiscopat de saint Athanase et de Pierre d'Alexandrie, et sous celui de Mélèce et de Flavien, évêques d'Antioche. C'est pourquoi, ajoute-t-il, je vous défends de vous assembler pour remettre en question l'ordination de Périgène. Si, depuis qu'il a été établi évêque par notre autorité, on prétend qu'il ait commis quelque faute, notre frère Rufus en prendra connaissance et nous en fera le rapport. Il confirme l'autorité qu'il lui avait donnée, et exhorte les évêques de l'Illyrie à lui obéir en tout, sous peine d'être séparés de la communion du saint-siége.

On croit avec assez de vraisemblance que le pape Boniface sollicita la constitution de l'empereur Honorius, mentionnée dans une lettre que ce prince écrivit de Ravenne à Aurélius de Carthage, le 9 juin 419. Elle porte que, pour réprimer l'opiniâtreté de certains évêques qui soutiennent encore la doctrine de Pélage, il est enjoint à Aurélius de les avertir que ceux qui ne souscriront pas sa condamnation seront déposés de l'épiscopat, chassés des villes et excommuniés. On lui attribue quelques décrets; mais on n'en retrouve aucun vestige dans ses lettres, et l'opinion des critiques les mieux accrédités est qu'ils ne sont pas de lui.

BONIFACE II, Romain de naissance, fils de Sigisvult, de la race des Goths, fut élu pape dans le mois d'octobre 530, et succéda à Félix IV. Nommé par une partie du clergé, du sénat et du peuple assemblés dans la basilique de Constantin, il eut pour concurrent Dioscore, que l'autre partie des électeurs proclama dans la basilique de Jules; mais la crainte d'un schisme s'évanouit au bout de quelques jours, par la mort de son compétiteur. Boniface, resté paisible possesseur du saint-siége, fit condamner Dioscore, et cependant reçut à la communion tous ceux de son parti. Ensuite il se laissa gouverner par le diacre Vigile, qui chercha à s'assurer d'avance l'avantage de lui succéder. Boniface assembla donc les évêques suffragants de Rome et tout son clergé, et les obligea par serment à lui donner Vigile pour successeur. Cet acte, contraire aux canons, ayant été rédigé et signé par toute l'assemblée, excita une réclamation universelle. La cour, le sénat et le peuple se récrièrent contre une innovation qui détruisait toute espèce de liberté dans les élections. Boniface, après avoir persisté quelque temps dans sa prétention, s'en désista enfin et détruisit lui-même cette convention, extorquée à sa faiblesse et à sa simplicité. Il mourut le 8 novembre 532. On lui attribue plusieurs lettres, mais on ne possède en réalité que celle qu'il répondit à saint Césaire d'Arles.

Le saint docteur des Gaules avait écrit au pape Félix d'abord, et ensuite à Boniface II, pour les prier de confirmer par l'autorité du saint-siége la doctrine de la grâce prévenante, en déclarant que c'est elle qui nous inspire le commencement de la foi et de la bonne volonté. Ces deux lettres sont perdues. Boniface, dans sa réponse, dit que les Pères, surtout saint Augustin, et les papes ses prédécesseurs, ont prouvé avec tant d'étendue que la foi même est un don de Dieu qu'il n'est plus permis d'en douter, ni à lui de revenir sur la même matière; d'autant que Césaire avait démontré cette vérité par plusieurs passages de l'Ecriture rapportés dans sa lettre. En effet, il y avait marqué que les évêques des Gaules, assemblés en concile à Orange, étaient convenus unanimement que la foi par laquelle nous croyons en Jésus-Christ est conférée par la grâce prévenante de Dieu; et que sans le secours de cette grâce nous ne pouvons rien faire de bon selon Dieu, ni le vouloir, ni le commencer. Le Sauveur n'a-t-il pas dit : *Sine me nil potestis facere?* Il est donc certain et catholique, ajoute Boniface, que dans tous les biens spirituels dont la foi est le principe, la miséricorde de Dieu nous prévient lorsque nous ne voulons pas, afin de nous aider à vouloir; qu'elle est en nous lorsque nous voulons, afin de nous aider à persévérer dans cette volonté. Il prouve cette doctrine par divers passages de l'Ecriture, et dit qu'il ne peut assez s'étonner qu'il y ait encore des personnes qui pensent le contraire, et qui, infectées d'une ancienne erreur, attribuent à la nature ce qui est un bienfait de la grâce de Jésus-Christ, l'auteur et le consommateur de notre foi.—On retrouve cette lettre dans les *Epist. Rom. pontificum* de dom Coustant.

BONIFACE III, né Romain, fils de Jean Candiote, fut élu pape le 15 février 606, près d'un an après la mort de Sabinien. Il avait été nonce à Constantinople du temps de Phocas. A son avénement, il obtint de cet empereur la conservation de la primauté de son Eglise, contre les prétentions des patriarches de Constantinople. Il ne nous reste de lui aucun écrit, mais nous avons un précis des Actes du concile qu'il assembla à Rome, et dans lequel il fut défendu, sous peine d'anathème, de parler d'un successeur du vivant du pape, ou de quelque autre évêque; seulement, trois jours après ses funérailles, on devait s'assembler pour procéder à une nouvelle élection. Boniface III mourut le 12 novembre 606, huit mois et vingt-trois jours après son intronisation.

BONIFACE IV, fils d'un médecin nommé Jean, naquit à Valérie, au pays des Marses, fut élu pape le 8 septembre 607, après la mort de Boniface III et plus de dix mois de vacance du saint-siége. Il obtint de l'empereur Phocas le Panthéon qu'Agrippa avait fait élever, dit-on, en l'honneur de tous les dieux, et le consacra à tous les martyrs et à la Vierge, sous le nom de Sainte-Marie de la Rotonde. Ce fut à lui que saint Colomban s'adressa pour obtenir la permission de suivre la tradition des anciens, particulièrement dans la célébration de la fête de Pâques. Il lui écrivit encore sur l'affaire des *trois chapitres*; mais la réponse de ce pape n'est pas arrivée jusqu'à nous. Mellit, évêque de Londres, alla à Rome pour traiter avec lui des affaires d'Angleterre. Le pape lui donna une place parmi les évêques d'Italie, dans un concile qu'il tint et où l'on régla plusieurs choses qui concernaient la vie et le repas des moines. A son retour en Angleterre, Boniface lui remit un exemplaire des Actes du concile, avec une lettre pour le roi Ethelbert, dans laquelle, après avoir loué ce monarque de son zèle pour la foi, il l'autorise à introduire les réformes qu'il avait demandées, dans le monastère que le saint apôtre Augustin avait fondé à Cantorbéry, sous le nom de Saint-Sauveur, et dont le bienheureux Laurent était alors abbé. Boniface mourut en 614, après six ans et huit mois de pontificat. Il avait fait de sa maison un monastère, et lui avait légué de grands biens. L'Eglise honore sa mémoire le 25 de mai, jour auquel il fut inhumé à Saint-Pierre.

BONIFACE V, successeur de Deusdedit, fut ordonné le 29 décembre de l'année 617. Il était originaire de Naples. Pendant son pontificat, qui fut de sept années et quelques mois, il écrivit trois lettres sur la conversion des Anglais. La première est adressée à Juste, qui d'évêque de Raffe ou Rochester, était devenu archevêque de Cantorbéry. C'est une réponse à la lettre qu'il en avait reçue. Il le félicite du succès de ses travaux apostoliques, l'exhorte à les continuer, en l'assurant que Dieu lui en donnerait la récompense. Il lui déclare ensuite qu'il lui envoyait le *pallium*, avec pouvoir de s'en servir dans la célébration des saints mystères, et d'ordonner des évêques pour faciliter la propagation de l'Evangile parmi les nations qui n'étaient pas encore converties. — La seconde est adressée à Edwin, roi de Northumbrie : voici à quelle occasion. Ce prince avait fait demander en mariage Edelburge, sœur d'Etelbalde, roi de Kant; on lui fit réponse qu'il n'était pas permis de donner une fille chrétienne à un païen. Edwin offrit à Edelburge et à tous ceux de sa suite, même aux prêtres, liberté entière de leur religion, avec l'engagement de se faire chrétien, si, après l'avoir fait examiner par des gens sages, il lui était démontré que cette religion est la plus sainte et la plus digne de Dieu. Sur cette réponse, on lui donna Edelburge en mariage. Le pape, informé des bonnes dispositions de ce monarque, lui écrivit pour l'exhorter à embrasser la foi, par la considération de la grandeur du vrai Dieu, créateur du ciel et de la terre, de qui, comme tous les autres princes du monde, il avait reçu l'autorité royale. A l'exemple d'Etelbalde son voisin et de sa femme Edelburge, il lui fait sentir toute la vanité des idoles et de leur culte et le presse de se faire régénérer dans les eaux du baptême, afin de jouir un jour de la gloire que Dieu réserve à ceux qui auront embrassé sa foi. La troisième lettre est à Edelburge. Boniface conjure cette princesse d'user de tout son pouvoir pour gagner à Dieu le roi son époux. Il la félicite en même temps de sa conversion, qu'il avait apprise par les mêmes personnes qui lui avaient annoncé celle du roi Etelbalde son frère. Le pape avait joint à ces lettres des présents pour le roi et la reine de Northumbrie ; au roi, il envoyait une chemise ornée d'or et un manteau; à la reine, un miroir d'argent avec un peigne d'ivoire garni d'or. Edwin, instruit et convaincu de la vérité par l'évêque Paulin, qui avait suivi Edelburge à la cour, renonça à l'idolâtrie, brisa ses idoles, et reçut le baptême, en 627, qui était la onzième année de son règne. Le pieux pape Boniface n'eut pas la joie d'apprendre une nouvelle qui eût été si agréable pour son cœur. Il était mort deux ans auparavant, le 25 octobre 625.

BONIFACE (saint), archevêque de Mayence. — Boniface, apôtre de la Germanie, mérite d'être mieux connu qu'il ne l'est par les biographies religieuses, puisqu'il rendit toute l'Allemagne chrétienne et qu'elle lui doit sa première civilisation. Né en Angleterre dans le Devonshire vers l'an 680, il avait reçu au baptême le nom de Winfrid, qu'il quitta par la suite. Après avoir passé treize ans dans le monastère d'Exeter, il entra dans celui de Nutcell, où il professa la rhétorique, l'histoire et la théologie. A l'âge de trente ans, il fut élevé au sacerdoce ; il jouissait déjà de l'estime et de la confiance de Brithwald, archevêque de Cantorbéry, et des évêques de la province, qui ne délibéraient dans leurs synodes qu'après avoir demandé son avis. A cette époque, une grande partie de l'Europe était encore idolâtre. L'Angleterre donna pour apôtre à l'Allemagne saint Boniface, à la Suède saint Sigefride, à la Frise saint Swidvert. Ce fut l'an 715 que Boniface conçut le projet d'aller annoncer la foi aux Frisons ; mais la guerre qui s'était élevée entre Charles Martel et Radbod, roi de la Frise, apportait de grands obstacles à cette mission ; cependant Boniface était déjà arrivé à Utrecht, capitale du royaume, lorsque Radbod lui refusa de commencer les travaux de son apostolat ; le saint reprit la route de la Grande-Bretagne, et rentra dans son monastère, dont il fut élu abbé après la mort de Winbert ; mais, se croyant appelé à la conversion des infidèles, il obtint qu'un autre fût nommé à sa place, et vers l'année 718, il se rendit à Rome, où il exposa son dessein à Grégoire II, qui occupait alors le saint-siége. Le pape, l'envisageant d'un air serein, lui demanda s'il avait des lettres de son évêque. Boniface tira de dessous son manteau une lettre cachetée pour le pape, et une autre ouverte, qui était une recommandation générale à tous les chrétiens suivant la coutume. Elles étaient l'une et l'autre de Daniel, évêque de Winchester. Grégoire, les ayant lues, retint quelque temps Boniface pour conférer avec lui, et lui donna ensuite plein pouvoir d'annoncer l'Evangile aux peuples de la Germanie. Boniface commença ses fonctions apostoliques dans la Thuringe et dans la Bavière. Charles-Martel étant devenu maître de la Frise par la mort de Radbod, Boniface passa trois ans dans cette contrée, et y convertit un grand nombre d'idolâtres. Il parcourut ensuite la Hesse et la Saxe, baptisant leurs habitants, et consacrant des églises dans les temples des faux dieux. Grégoire II l'appela à Rome en 723 ; il le sacra évêque, lui donna un recueil de canons qui devaient lui servir de règle, et le recommanda par des lettres particulières à Charles-Martel, aux princes et aux évêques qui pouvaient le servir dans les travaux de son apostolat. Son ordination se fit le 30 novembre, jour de saint André. Boniface y prêta serment de garder la pureté de la foi et l'unité de l'Eglise, de ne concourir en tout avec le pape à propager son empire et à n'avoir aucune communication avec les évêques qui n'observeraient pas les canons. Il écrivit ce serment de sa propre main, et le déposa sur le tombeau de saint Pierre. Willibald, son disciple et son historien, dit que ce fut en cette occasion que le pape changea son nom de Winfrid en celui de Boniface. De retour dans la Hesse, il y fonda des églises et des monastères, il fit venir de la Grande-Bretagne des colonies de prêtres, de moines et de religieuses, dont les noms, pour la plupart, se trouvent inscrits dans les martyrologes et les calendriers. Tous ces collaborateurs du saint apôtre furent répartis par lui dans la Thuringe, la Saxe et la Bavière. En 731, ayant appris l'ordination de Grégoire III, il lui écrivit pour lui demander sa communion et son amitié. Grégoire III lui répondit en lui envoyant le *pallium* et en l'établissant archevêque et primat de toute l'Allemagne, avec pleins pouvoirs d'ériger des évêchés dans tous les lieux où il les jugerait utiles. En 738, Boniface fit un troisième voyage à Rome. Le pape le nomma légat du saint-siége en Allemagne. Il n'y avait pour toute la Bavière que l'évêché de Passau. Boniface érigea dans ce duché les siéges de Fresingen et de Ratisbonne ; il érigea ensuite l'évêché d'Erfurt pour la Thuringe ; celui de Barabourg, transféré depuis à Panderborn, pour la Hesse ; celui de Wurtzbourg, pour la Franconie ; et celui d'Eichstedt, dans le Palatinat de Bavière. En 739, il rétablit le siége de Juvavia ou Saltzbourg, érigé, dans les premières années du même siècle, par saint Rupert. Grégoire III et Zacharie, son successeur, confirmèrent tout ce que Boniface avait fait pour l'Eglise d'Allemagne. Charles Martel étant mort en 741, Carloman, son fils, lui succéda dans la mairie d'Austrasie ; et vainqueur des ducs de Bavière et de Saxe, il seconda le zèle de Boniface pour la propagation de la foi. Ce fut même par les conseils du saint, que, dégoûté du monde, ce prince reçut l'habit religieux, à Rome, des mains du pape Zacharie, et qu'il fonda sur le mont Soracte un monastère où il passa plusieurs années. Pépin, frère de Carloman, ayant été élu roi de France en 752, voulut être sacré par l'évêque le plus célèbre de ses Etats : il choisit Boniface. On croit que ce prélat n'avait point approuvé le changement de dynastie, la réclusion de Childeric III dans le monastère de Saint-Bertin, et celle de Thierry, fils du dernier roi mérovingien, dans l'abbaye de Fontenelle en Normandie ; mais il se rendit, avec tous les ordres de l'Etat, à cette décision du pape Zacharie, « qu'il valait mieux reconnaître pour roi celui en qui résidait l'autorité suprême : » *Melius esse illum vocari regem, apud quem summa potestas consisteret.* Boniface sacra Pépin le Bref à Soissons. Il présida ensuite au synode qui fut assemblé dans cette ville. Quoiqu'il fût depuis longtemps évêque, il n'avait point encore de siége fixe. Pépin le nomma à l'évêché de Mayence, et le pape Zacharie, érigeant ce siége en métropole, lui soumit les évêchés de Cologne, de Tongres, d'Utrecht, de Coire et de Constance ; les évêchés de Strasbourg, de Spire, de Worms qui relevaient précédemment du siége de Trèves et de tous les évêchés que l'apôtre d'Allemagne avait institués. Boniface tint au moins huit conciles dans la Thuringe, la Bavière, l'Austrasie et la Neustrie. Il est appelé légat de saint Pierre et du saint-siége dans le premier concile qu'il assembla en Allemagne. On voit, par les actes des conciles de Leptines et de Soissons, que les pouvoirs attachés à sa dignité de légat s'étaient aussi étendus en France. En 746, il fonda, dans le cercle du Haut-Rhin, l'abbaye de Fulde, qui a produit tant d'hommes célèbres, et dont l'abbé fut déclaré, en 968, primat de tous les abbés d'Allemagne. Boniface avait déjà fondé plusieurs abbayes, à Fridislar, à Hamelbourg, à Ordorf, et il faut le remarquer, parce que dans ces temps-là la construction d'un monastère était le commencement d'un bourg ou d'une ville. Boniface fit venir d'Angleterre les ouvrages de Bède, qu'il appelait *la lampe de l'Eglise*, les Epîtres de saint Pierre écrites en lettres d'or, et plusieurs autres livres. En 754, il choisit pour son successeur, avec la permission du pape Zacharie et du roi Pépin, saint Lulle, qui avait été moine de Malesbury ; c'était un de ses nombreux disciples, presque tous venus de la Grande-Bretagne. Il le sacra archevêque de Mayence. Libre désormais des soins de l'épiscopat, il reprit ses courses apostoliques pour la conversion des infidèles. Il prêchait l'Evangile aux peuples barbares qui habitaient les contrées les plus reculées de la Frise. Il avait fait dresser des tentes auprès de Dockum, à six lieues de Levvarden ; il devait administrer, en pleine campagne, la confirmation aux néophytes, dont le nombre était trop grand pour tenir dans une église. Des barbares armés fondirent, la veille de la Pentecôte, sur camp de chrétiens paisibles, et massacrèrent Boniface, le 5 juin 755. Avec lui périrent Eabon, évêque, trois prêtres, trois diacres, quatre moines et quarante-huit laïques. Boniface était âgé d'environ soixante-quinze ans. Son corps fut transféré successivement à Utrecht, à Mayence et à Fulde. On conserve dans cette abbaye une copie des Evangiles écrite de sa main, et un autre volume teint du sang de ce martyr. — On a de saint Boniface un recueil de *Lettres*, publié par Serrarius, en 1605; un recueil de *Canons* reproduit par dom Luc d'Achéry, au tome IX de son *Spicilége*, et le fragment d'un écrit *sur la pénitence*.

Lettres. — Le recueil de ses lettres en contient cent cinquante-deux ; mais il n'y en a que trente-neuf qui soient de lui ; les autres lui ont été adressées par des papes, des évêques, des princes, etc... Nous en mentionnerons quelques-unes pour en donner une idée.

A Daniel. — Dans sa lettre à Daniel, évêque de Vinchester, il parle du serment que le pape Grégoire II lui avait fait prêter, à son ordination, de ne jamais communiquer avec les évêques qui n'observaient pas les canons. Forcé, dit-il, de chercher une protection à la cour de France, nous ne pouvons éviter avec ces gens-là la communication corporelle que les canons nous interdisent ; seulement nous ne communions pas avec eux dans la célébration des mystères. Sans la protection du prince français, il ne peut ni gouverner les peuples, ni défendre les prêtres, les moines et les servantes de Dieu, ni empêcher les cérémonies païennes et l'idolâtrie en Allemagne. Néanmoins, comme il craignait qu'il n'y eût du péché, il priait Daniel de lui donner son avis sur cette communication.

Aux évêques d'Angleterre. — Sa lettre à tous les évêques, prêtres, diacres, chanoines, abbés et abbesses, et à tous les catholiques anglais, a pour but de les engager à prier Dieu, qui veut le salut de tous les hommes, de répandre sa bénédiction sur ses travaux apostoliques. Il marque en même temps que sa mission avait déjà été autorisée par le consentement de deux papes, Grégoire II et Grégoire III, d'où il est aisé de conclure que cette lettre fut écrite après l'an 731. — Dans une première lettre adressée à Elbert, archevêque d'York, il se qualifie légat en Allemagne de la part du siége apostolique. Il rend grâces à ce prélat des livres qu'il lui avait envoyés, et comme il savait que les lettres du pape saint Grégoire étaient peu connues en Angleterre, il lui en adresse un exemplaire qu'il avait reçu du trésor de Rome. Il lui demande quelques-uns des ouvrages du vénérable Bède, dont la réputation était passée jusqu'en Allemagne. — Il renouvelle la même demande dans une seconde lettre, où il le prie en même temps de lui faire passer une cloche, et de recevoir en échange de petits lits de poil de chèvre.

A Pételme et à Nothelme. — Les évêques de France et d'Italie faisaient un crime à un homme d'épouser, étant veuve, la mère d'un enfant qu'il aurait tenu sur les fonts de baptême. Saint Boniface, n'osant trancher cette difficulté, pria l'évêque Pételme de lui dire là-dessus son sentiment, et de lui marquer s'il en avait trouvé la solution dans les auteurs ecclésiastiques, avouant que, pour lui, il ne se souvenait pas d'avoir rien lu de semblable dans les canons, et qu'il ne s'expliquait pas comment une alliance spirituelle pouvait constituer un empêchement au mariage, puisque par le baptême nous sommes tous enfants de l'Eglise, et par conséquent frères et sœurs. — Il adressa la même question à l'archevêque Nothelme, en le priant de lui marquer en quelle année de l'Incarnation les missionnaires envoyés par saint Grégoire commencèrent à prêcher l'Evangile aux Anglais, et de lui envoyer les questions proposées par saint Augustin à saint Grégoire, avec les réponses du saint pontife.

A Ethelbade. — Sa lettre au roi des Merciens commence par un éloge et finit par une réprimande vraiment apostolique. Il loue d'abord ce prince de sa libéralité envers les pauvres, de sa vigueur à réprimer les violences, et de son attention à maintenir la justice et la paix dans ses Etats. Ensuite il le reprend avec une sainte liberté d'avoir dédaigné le mariage et de s'abandonner à la débauche jusqu'à violer des vierges consacrées à Dieu. Il lui fait voir par plusieurs passages de l'Ecriture que l'incontinence est du nombre des péchés qui excluent du royaume des cieux ; et afin de lui faire comprendre combien l'adultère et la débauche étaient en horreur même chez les païens, il décrit le supplice dont les anciens Saxons les punissaient. « Si une fille, dit-il, a déshonoré la maison de son père, si une femme a manqué de fidélité à son mari, quelquefois ils la contraignent à se pendre elle-même, et, après l'avoir brûlée, ils pendent sur le bûcher celui qui l'a corrompue ; quelquefois ils assemblent une troupe de femmes qui la promènent par les villes, et, après avoir coupé ses vêtements, la déchirent à coups de fouets, et la morcèlent à coups de couteaux jusqu'à ce que la mort vienne la délivrer.» Il fait sentir à ce prince de quelle fâcheuse conséquence son exemple était pour ses sujets, et lui représente que partout en France et en Italie, les Anglais étaient décriés pour leur débauche.

A Ecbert. — Un des prêtres que saint Boniface employait dans sa mission tomba dans un péché d'impureté et en fit pénitence. Cela ne suffisait pas pour tranquilliser le saint évêque, et dans le doute s'il devait lui laisser continuer les fonctions de son ministère, il consulta Ecbert, archevêque d'York, en lui demandant si c'est un moindre mal de permettre à ce prêtre l'exercice de ses fonctions, n'en ayant point pour le remplacer, que de laisser périr une multitude de païens faute de ministres. En dégradant un prêtre coupable et en le rétablissant après sa pénitence, il craignait que sa faute ne devînt publique et ne fût un sujet de scandale au peuple et de mépris pour le sacerdoce, qui était en honneur parmi ces nations.

A l'abbé Fulrade. — Après avoir choisi Lulle pour son successeur, il écrivit à Fulrade, abbé de Saint-Denis, en le priant de faire agréer ce choix au roi Pépin. Vous m'avez témoigné de l'amitié dans tous mes besoins ; achevez, lui dit-il, ce que vous avez si bien commencé, et rapportez au roi qu'il y a toute apparence que mes infirmités devaut bientôt terminer ma vie, je le conjure de me faire savoir dès à présent quelle grâce il veut faire à mes disciples après ma mort. Ils sont presque tous étrangers ; les uns prêtres, répandus en divers lieux pour le service de l'Eglise ; les autres moines établis dans notre petit monastère, où ils prennent soin de l'éducation des enfants. Il demande pour eux la protection de Fulrade. Ces prêtres, établis sur la frontière des païens, menaient une vie très-pauvre ; ils pouvaient gagner leur nourriture, mais non le vêtement, s'ils n'étaient secourus d'ailleurs. L'autre grâce qu'il demande à Fulrade était de faire établir Lulle pour le service des églises, afin qu'il fût le docteur des prêtres, des moines et des peuples. Le roi Pépin donna son consentement, et Lulle fut ordonné archevêque de Mayence.

Au pape Etienne. — Sous le pontificat de Sergius, un prêtre d'une abstinence merveilleuse et d'une grande sainteté, Saxon d'origine et nommé Villibrode, étant venu à Rome, ce pape l'ordonna évêque et l'envoya prêcher l'Evangile aux païens qui habitaient la Frise. Il en convertit un grand nombre pendant cinquante ans qu'il demeura dans cette province, ruina les temples des idoles, bâtit des églises, et une entre autres qu'il dédia au Saint-Sauveur, et dont il fit son siège épiscopal dans la ville d'Utrecht. Il mourut en paix, après avoir substitué un évêque à sa place. Carloman, roi des Français, recommanda cette Eglise à saint Boniface, qui y consacra un évêque. Quelque temps après, sous le prétexte que cette ville était de sa dépendance, l'évêque de Cologne voulut s'attribuer Utrecht et en supprimer le siège épiscopal. Saint Boniface s'y opposa, et en écrivit au pape Etienne pour savoir ce qu'il pensait sur cette difficulté. Il le priait aussi de faire copier dans les archives de l'Eglise de Rome tout ce que le pape Sergius avait écrit, à ce sujet, à l'évêque Villebrode.

A Cutbert. — En répondant aux lettres de Cutbert, archevêque de Cantorbéry, Boniface lui fait part du concile qu'il avait tenu en 742, et des règlements qu'y avaient été arrêtés, mais il ne les rapporte que sommairement. Il dit ensuite beaucoup de choses sur les devoirs des pasteurs, et exhorte Cutbert à s'acquitter fidèlement de ceux que lui impose son caractère de pontife. Combattons, lui dit-il, pour le Seigneur, dans ces jours d'affliction et d'amertume. Mourons, si Dieu le veut, pour les saintes lois de nos pères, afin d'arriver avec eux à l'héritage éternel. Ne soyons pas des chiens muets, des sentinelles endormies, ou des mercenaires qui fuient à la vue du loup ; soyons des pasteurs soigneux, vigilants, prêchant aux grands et aux petits, aux riches et aux pauvres, à tout âge et à toute condition, autant que Dieu nous en donnera le pouvoir, à temps et à contretemps, à propos et hors de propos, comme il est dit aux livres saints, et comme le répète le *Pastoral* de saint Grégoire. Il ne dissimule pas à Cutbert que l'honnêteté et la pudeur de l'Eglise d'Angleterre étaient décriées en Allemagne, et qu'on ne pourrait y remédier qu'en employant l'autorité royale et celle d'un concile, pour défendre aux femmes et aux religieuses les voyages à Rome, qui n'étaient qu'un prétexte pour couvrir le libertinage.

Canons. — Parmi les pièces anciennes qui composent le tome IX° du *Spicilége* de dom Luc d'Achéry, se trouve un recueil de Canons qui portent le nom de saint Boniface. Ce n'est, à proprement parler, qu'un extrait des anciens conciles, où l'auteur s'est attaché à transcrire uniquement ce qui regarde la conduite des évêques et des prêtres dans le gouvernement de l'Eglise et l'administration des sacrements. Ce recueil est divisé en trente-six articles, dont voici les plus remarquables. — Les prêtres n'iront jamais en voyage, sans porter avec eux le saint chrême, l'huile bénite et l'eucharistie, afin que, le cas échéant, ils soient toujours prêts à donner les secours de leur ministère à ceux qui en auraient besoin. Défense à un prêtre de célébrer la messe sur un autel où l'évêque l'aura dite le même jour. On doit baptiser sans scrupule ceux dont le baptême paraît douteux; mais alors, on se sert de cette formule : Si tu n'es pas baptisé, je te baptise au nom du Père, etc. Le prêtre, après avoir reçu la confession des pénitents, doit les réconcilier chacun par la prière; mais s'ils sont en danger de mort, il doit les réconcilier sans délai, et leur donner la communion. Les prêtres auront soin, les jours de dimanches, d'annoncer les fêtes que le peuple doit chômer. Nous remarquons que pour les fêtes de Noël, de Pâques et de la Pentecôte, il spécifie les trois jours comme fêtes d'obligation. — Ce recueil de Canons se trouve aussi dans l'appendice des conciles du Père Labbe, qui ne donne pas d'autre preuve qu'il soit de saint Boniface, que l'autorité du manuscrit d'où il a été tiré.

Homélies. — C'est encore sur l'autorité seule des manuscrits, que l'on nous a donné quinze homélies sous le nom de saint Boniface. Pourtant ce qui peut contribuer à l'en faire reconnaître pour l'auteur, c'est un style grave et simple, et qui révèle partout un homme vraiment apostolique, et fortement appliqué à confirmer dans les bonnes mœurs ceux à qui il avait enseigné les principes de la foi.

Dans la première, qui est intitulée : *De la vraie foi*, saint Boniface pose pour fondements que sans elle personne ne peut parvenir à la béatitude, parce qu'elle est le commencement du salut. Ensuite il propose tous les articles de la foi catholique, tels que nous les récitons dans le Symbole, en faisant remarquer, dans celui qui regarde le Saint-Esprit, qu'il procède du Père et du Fils. — Il traite, dans la seconde, de l'origine de la nature humaine, et donne de suite l'histoire des deux premiers êtres, des biens qu'ils avaient à espérer dans le paradis terrestre, de leur désobéissance, des suites de leur péché, qu'ils ont communiquées à tous leurs descendants, de l'incarnation du Fils de Dieu, pour la rédemption des hommes, de sa naissance dans la ville de Bethléem; il paraît que cette homélie fut prêchée le jour de Noël. La troisième est intitulé : *De la double pratique de la justice*, que le saint fait consister à éviter le mal, sur quoi il entre dans le détail de tous les péchés; et à faire le bien, c'est-à-dire à accomplir les commandements de Dieu. Il explique dans la quatrième les huit béatitudes évangéliques rapportées par saint Matthieu. La cinquième traite de la foi et des œuvres de charité. La foi étant morte sans les œuvres, il est nécessaire d'aimer de cœur celui qu'on a confessé de bouche, ce qui ne se peut faire que par l'accomplissement de ses commandements.

La sixième traite des péchés capitaux, et des principaux commandements. A la tête des péchés capitaux il met le culte des idoles, qui renferme tous les sacrifices profanes, soit qu'on les offrît aux idoles mêmes, soit sur des fontaines, ou au pied des arbres dans les forêts. Dans la septième, qui a pour titre : *De la foi et de la charité*, saint Boniface dit que celui-là est bienheureux qui, en croyant ce qu'il faut croire, vit comme il faut vivre, et qui, en vivant bien, conserve une foi pure et entière; la foi est la première vertu qui assujettit l'âme à Dieu; la charité, qui ne vient qu'ensuite, est cependant la principale, car sans elle rien ne peut plaire à Dieu. Il enseigne dans la huitième de quelle manière on doit vivre ici-bas et quelle sera la vie du siècle futur. Il dit dans la neuvième que, quoiqu'il n'y ait dans l'Eglise qu'une seule foi qui puisse opérer tout dans la charité, cependant chaque état a ses obligations particulières. Il est du devoir des évêques de défendre le mal, de consoler les faibles et de corriger les impudents; du devoir des peuples d'honorer les rois et de les craindre, parce qu'il n'est point de puissance qui ne vienne de Dieu; du devoir des juges de protéger les veuves et les orphelins, et de ne se laisser jamais corrompre par des présents; du devoir des riches de donner leurs biens à ceux qui en ont besoin, et de ne jamais usurper l'héritage des pauvres. En un mot, saint Boniface parcourt tous les états, et marque les obligations de chacun. « La dixième est intitulée : *De l'incarnation du Fils de Dieu et de la rédemption du genre humain*. Le saint apôtre y montre comment l'homme, créé à l'image de Dieu, est déchu de la félicité de son premier état par le péché, et ce qu'il en a coûté à Jésus-Christ pour le délivrer des supplices éternels. Il parle dans la onzième des deux règnes établis de Dieu, l'un en ce monde et l'autre dans le siècle futur. Pour régner dans l'un, il faut avoir vécu chrétiennement dans l'autre. La douzième est une exhortation au jeûne du carême, et la treizième également. Ce Père veut que, pour rendre le jeûne parfait, l'âme s'applique aux œuvres de vertu, tandis que le corps se prive des aliments nécessaires à la satisfaction de ses besoins. La quatorzième est sur la solennité de Pâques. Esclaves de la mort par le péché, Jésus-Christ nous a délivrés par l'effusion de son sang; et sa résurrection est un gage assuré de notre propre résurrection. Enfin il explique dans la quinzième quelles sont les œuvres du diable et les pompes auxquelles nous renonçons dans le baptême. Il met de ce nombre l'idolâtrie, l'homicide, la calomnie, les enchantements, les sortiléges, et en général toutes les superstitions.

Sur la pénitence. — On trouve dans le tome VII des *Conciles* le fragment d'un écrit sur la manière d'abréger la longueur des pénitences que les anciens canons prescrivaient pour l'expiation de certains péchés. Il porte le nom de saint Boniface, archevêque, sans dire qu'il le fût de Mayence.

Ecrits perdus. — Strabon rapporte que saint Boniface, consulté s'il était permis de célébrer les saints mystères dans des vases de bois, répondit : « Quand les évêques étaient d'or, ils se servaient de calices de bois ; aujourd'hui que les évêques sont de bois, ils se servent de calices d'or. » Cette phrase, répétée à une époque mémorable de notre histoire, a commencé la fortune parlementaire d'un homme. A quoi tiennent les réputations ! Le pape Zacharie cite de lui un traité *de l'unité de la foi catholique*, adressé à tous les évêques, à tous les prêtres et à tous les fidèles. Il est vraisemblable que le saint apôtre avait composé cet ouvrage pour détromper ceux qui avaient suivi le parti d'Adalbert et de Clément, menacés l'un et l'autre, par le pape Zacharie, d'être déposés du sacerdoce avec anathème, s'ils persistaient dans leurs erreurs ; ou pour réfuter Samson, que le même pape condamna à Rome parce qu'il soutenait que par la seule imposition des mains on pouvait devenir chrétien sans baptême. Ce qui fait pencher pour ce sentiment, c'est que Zacharie, après avoir parlé dans sa lettre à Boniface de ce Samson, qui était un prêtre écossais, et qu'il avait cru devoir condamner, ajoute aussitôt qu'il avait reçu le volume *de l'Unité*, dont nous parlons.

Le style de saint Boniface n'est ni élégant ni pur ; au contraire, il est souvent dur et incorrect, mais on y remarque beaucoup de clarté, de simplicité et d'onction, et ses pensées sont toujours justes et solides. Quoiqu'il eût beaucoup de lumières, il consultait volontiers, et dans les cas mêmes où il aurait pu facilement décider tout seul, il aimait mieux s'en rapporter au jugement des autres qu'au sien propre. Il redoutait toute responsabilité.

BONISON, était évêque de Sutri dans le voisinage de Rome, lorsque le roi Henri le chassa de son siége, avec plusieurs autres évêques fidèles au pape Grégoire VII. Il fut souvent obligé de changer de demeure pour éviter la persécution. Pendant un séjour qu'il fit à Plaisance, les catholiques de cette ville le choisirent pour évêque ; mais, continuant à se déclarer contre l'antipape Guibert, ceux de son parti l'arrêtèrent, le mirent en prison, lui coupèrent les membres et lui arrachèrent les yeux. Il mourut dans les tourments le 14 juillet 1089, après avoir gouverné l'Eglise de Plaisance environ six mois. Son corps fut porté à Crémone et enterré dans l'église de Saint-Laurent, où on lui dressa une épitaphe en trois vers hexamètres, qui le qualifie de martyr.

On lui attribue un recueil d'*Extraits des Canons*; un traité *des Sacrements*, dédié à Gauthier, abbé de Léon ; une *Chronique des pontifes romains*, qu'il commence à saint Pierre et finit à Urbain II. Cette *Chronique* servait de préface à un ouvrage considérable intitulé *Décrétale*, ou Compilation des décrets ecclésiastiques, tirée de l'Ecriture sainte, des conciles, des papes, des saints Pères et autres écrivains orthodoxes, et divisée par lieux communs en sept livres. Le P. Pagi en a rapporté quelques endroits intéressants pour l'histoire de Grégoire VI, de Clément II, de Léon IX, de Benoît X, d'Alexandre II, de Grégoire VII et de l'antipape Guibert, connu sous le nom de Clément III. Outre cette *Chronique*, Bonison fit en deux livres l'histoire des pontifes romains. Le premier contenait ce qui s'était passé depuis Benoît IX, soit papes ou antipapes, jusqu'à la mort de Grégoire VII, en 1085. Ce livre était adressé à un ami. Il parlait dans le second des deux premières années du pontificat d'Urbain II, élu le 12 mars de l'an 1088. Bonison fit encore un extrait des ouvrages de saint Augustin, qu'il divisa en huit livres, sous le titre de *Paradis Augustinien*. On le conserve dans la bibliothèque impériale à Vienne. L'ouvrage est dédié à Jean Walbert, premier abbé de Vallombreuse. Casimir Oudin a rapporté tout entière l'épître dédicatoire, qui contient le sommaire de chaque livre.

BOUCHART, évêque de Worms. — Bouchart naquit dans la Hesse, de parents nobles qui l'envoyèrent étudier d'abord à Coblentz, puis à l'abbaye de Lobes et à Liége. Trithème le fait moine de Lobes, et le continuateur de Folcuin le fait chanoine de Liége. Villegise, archevêque de Mayence, l'éleva dans les ordres sacrés jusqu'au diaconat, et se l'attacha par divers bienfaits. Présenté par ce prélat à l'empereur Otton III, à son retour de Rome en Saxe, il fut choisi pour succéder à Francon, dans l'évêché de Worms. Villegise triompha de ses résistances et le sacra lui-même, en 1006 ou 1008. Bouchart était jeune encore et plein d'ardeur pour l'étude. N'ayant personne auprès de lui qui pût seconder ses désirs, il pria Baudric, évêque de Liége, de lui envoyer un homme instruit pour l'aider dans l'étude des divines Ecritures. Baudric lui envoya le moine Olbert, depuis abbé de Gembloours, qui était alors en grande réputation. Les progrès de Bouchart furent si rapides, qu'il devint en peu de temps un des plus savants évêques de son siècle. Sa vie était édifiante ; il ne vivait que de pain et d'eau, de légumes et de fruits. Il passait une partie de la nuit à visiter les pauvres, faisait de longues prières, répandait d'abondantes aumônes et célébrait la sainte messe tous les jours. En 1022, il assista au concile de Selingstad ; et c'est lui qui nous a conservé les vingt canons qui y furent élaborés. Il ne survécut que quatre ans, et mourut au mois d'août de l'an 1026. On ne lui trouva pour tout argent que trois deniers ; mais on découvrit en revanche, au fond d'un coffret, un cilice et une chaîne de fer usée d'un côté. Avant de mourir, il donna l'absolution à tous ceux qu'il avait excommuniés, et fit à tous ceux qui l'entouraient dans ses derniers moments une exhortation pathétique sur la vanité des richesses et l'inconstance des grandeurs de la vie.

Le plus considérable de ses ouvrages est son *Décret*. Il fut aidé dans ce travail par Vauthier, évêque de Spire, qui l'avait excité à l'entreprendre ; par Brunechon, prévôt de l'Eglise de Worms, à qui il le dédia, et par Olbert, son maître, qui, suivant Sigebert, éternisa sa mémoire en contribuant à un ouvrage si utile au public. Bouchart y fit entrer tout ce qui lui parut intéresser son sujet dans les canons des apôtres, dans les conciles d'outremer, d'Orient, d'Allemagne, de France, d'Espagne, dans les décrets des papes, dans les livres saints, dans les écrits des Pères, dans les Pénitentiels de Rome, de Théodore de Cantorbéry et de Bède. Il reconnaît lui-même dans la préface qu'il n'y avait rien de lui dans cet ouvrage. Ce fut afin de le persuader aux lecteurs qu'il indiqua les sources où il avait puisé. On remarque toutefois qu'il n'a pas toujours puisé dans les originaux, qu'il a souvent copié la collection de Rhéginon, et qu'il est peu de fausses décrétales dont il ne rapporte au moins quelques passages. Le dessein de Bouchart dans la composition de ce décret fut de rétablir dans son diocèse l'observance des canons, d'en instruire les prêtres chargés de la conduite des âmes, et de faire revivre les pénitences canoniques, ignorées ou négligées alors pour la plupart. Il divisa son ouvrage en vingt livres.

Le premier traite de l'autorité du pape et de sa primauté, du pouvoir des patriarches, des primats, des métropolitains, des conciles, des jugements ecclésiastiques, de l'ordination des évêques et de leurs devoirs. Le second s'occupe du clergé secondaire, de ses qualités, de ses fonctions, de son entretien ; le troisième, des églises et de leurs biens temporels, des livres canoniques et de ceux qui doivent être rejetés comme apocryphes ; le quatrième, de l'administration des sacrements ; le cinquième, de l'eucharistie. On trouve dans le sixième le détail des crimes et de leur pénitence ; dans le septième, l'explication des degrés dans lesquels le mariage est défendu ; dans le huitième, les obligations des personnes consacrées à Dieu et leurs pénitences quand elles ont agi contre leurs vœux. Le neuvième traite des vierges et des veuves qui n'ont pas reçu le voile ; des ravisseurs, des mariages légitimes, du concubinage, des fautes des gens mariés et des pénitences qu'ils doivent faire. Les trois livres suivants règlent les pénitences que méritent les enchanteurs, les voleurs, les parjures et autres pécheurs semblables. Le treizième regarde le jeûne du carême ; le quatorzième, la pénitence à imposer pour la crapule et l'ivrognerie. Le quinzième traite des empereurs, des princes, de tous ceux qui ont autorité, et de leur ministère ; le seizième, de la manière de juger les faux témoins et de leur pénitence ; le dix-septième, de la pénitence des fornicateurs et des incestueux ; le dix-huitième, de la visite des infirmes, de leur pénitence et de leur réconciliation. Le dix-neuvième explique les moyens de racheter à tout âge la pénitence qu'on a méritée ; mais ce rachat de pénitence n'était que pour ceux qui ne pouvaient l'accomplir à la lettre. On ne les en dispensait pas absolument, mais on la communiait de manière à ce qu'ils eussent toujours à subir quelque peine pour l'expiation de leurs fautes. Le vingtième livre est appelé : *Des spéculations*, parce qu'il y est parlé de la Providence, de la prédestination, de l'avénement de l'Antechrist et de ses œuvres, de la résurrection, du jugement, de l'enfer et de la vie éternelle.

Toutes les éditions du *Décret* de Bouchart sont incomplètes. On le lit avec beaucoup plus d'étendue dans les manuscrits où, suivant la remarque de Baluze, le vingtième livre, qui dans l'édition de Paris de 1550 n'est que de cent chapitres, en contient cent cinquante-huit. Un anonyme, dont on ne connaît ni l'âge ni la qualité, fit un abrégé de cet ouvrage. On le trouve dans les anciennes *leçons* de Canisius, édition d'Anvers, en 1725.—Bouchart est auteur de la *Loi de famille*, imprimée à la suite de son *Décret* dans l'édition de Cologne. On appelle ainsi les lois qu'il donna à la famille de saint Pierre, c'est aux habitants des terres dépendantes de sa cathédrale, pour régler leurs affaires, tant civiles que criminelles. On a de lui encore une lettre à Alpert, moine de Saint-Symphorien de Metz, qui lui avait dédié son traité *De la variété des temps*. Il le remercia de cette attention en faisant l'éloge de l'ouvrage et de l'auteur.

Bouchart fonda plusieurs monastères, et un collége de vingt chanoines, sous le nom de Saint-Paul. Il rétablit la vie commune dans les monastères de Saint-Cyriac et de Saint-André, et assista à deux conciles, l'un à Trotmann, en 1006, où le roi, de l'avis des évêques présents, fit supprimer plusieurs choses qui tournaient au préjudice de l'Eglise ; et l'autre à Francfort, l'année suivante, où, à la prière de l'empereur Henri, on termina l'affaire de l'élection de l'évêché de Bamberg.

BOUON, élevé dès sa jeunesse dans l'abbaye de Saint-Bertin, où il cultiva en même temps les belles-lettres et la piété, en devint abbé à la mort de Rodéric, arrivée en 1043. Ce fut à lui que Fohard dédia l'abrégé qu'il avait fait de la Vie de ce saint fondateur. On en retrouve l'épître dédicatoire dans le tome III des *Actes* de dom Mabillon ; avec l'histoire de l'invention et de la translation des reliques du même saint, par Bouon lui-même. Cet ouvrage est précédé d'une lettre à Guy, archevêque de Reims, qui avait présidé à la cérémonie. Dans cette lettre, le pieux abbé lui donne avis que ses religieux le pressaient de mettre par écrit toutes les circonstances de cette translation, mais qu'il ne voulait l'entreprendre qu'après avoir connu son sentiment. L'archevêque, dans sa réponse, lui ordonna d'écrire cette histoire dans tous ses détails, sans en rien omettre, mais aussi sans y rien rapporter autre chose que la vérité. L'abbé Bouon obéit, et dédia cet écrit à Guy, son métropolitain, et à tout le clergé de Reims. Témoin oculaire de ce qui s'était passé, son récit mérite toute croyance. Cette translation se fit le 2 mai de l'an 1052. Quelque temps auparavant, Drogon, évêque de Terrouane, avait écrit à l'archevêque de Reims pour lui apprendre qu'on venait de découvrir le corps du saint, et pour savoir de lui ce qu'il y avait à faire. Guy répondit qu'après en avoir conféré avec son clergé, on était convenu d'indiquer un jeûne de trois jours et des prières pour obtenir là-dessus les lumières d'en haut. Bouon a fait entrer ces deux lettres dans sa narration. Il parle aussi du dessein qu'il avait eu d'y détailler les raisons qui avaient engagé saint Folcuin, évêque de Terrouane au IX° siècle, à cacher le corps de saint Bertin ; mais, craignant de trop interrompre le fil de son histoire, il remit à un autre temps la publication de cet écrit. Nous ne savons si depuis il a réalisé cette intention, mais il ne nous en reste aucun monument. En 1056, Bouon obtint de Baudouin, comte de Flandre, un privilége en faveur de son abbaye. L'année suivante il fit un voyage à Rome, où le pape Victor II accorda aux moines de Saint-Bertin la liberté de se choisir un abbé sans la participation de l'évêque de Terrouane. A son retour, il passa par Saint-Denis, d'où il rapporta des reliques de saint Denis l'Aréopagite, qu'il mit, en 1063, dans une même châsse avec celles de saint Bertin. Bouon mourut le 10 décembre 1065, après avoir gouverné pendant 24 ans l'abbaye de Saint-Bertin.

BRAULION (saint), vulgairement Braule, succéda à Jean son frère sur le siége épiscopal de Saragosse, en 627. Les hagiographes, les historiens ecclésiastiques lui ont à peine consacré quelques lignes, et son nom même est aujourd'hui peu connu. Cependant il est digne d'être inscrit non-seulement dans les légendes et les biographies, mais aussi dans un *Dictionnaire* tel que le nôtre, où ne trouvent point place tant de noms vulgaires qui grossissent sans intérêt d'autres recueils, mais où sont admis pour la première fois d'anciens noms injustement oubliés. Braulion a mérité lui-même le bel éloge qu'il a fait de saint Isidore de Séville, son contemporain et son ami. « Il releva, dit-il, l'Espagne, tombée en décadence ; il rétablit les monuments des anciens, et nous préserva de la rusticité et de la barbarie. » Braulion fut un des plus savants hommes de son siècle, un des prélats les plus distingués de l'Eglise d'Espagne. Son zèle, sa science, ses travaux contribuèrent beaucoup à y réformer la discipline, à y rétablir l'étude des lettres divines et le goût des lettres humaines, qu'il cultivait lui-même avec succès. Il assista aux 4°, 5° et 6° conciles tenus à Tolède en 633, 636 et 638, et siégea sous les rois visigoths Sisenand, Chintila, Tulca et Chindasuind. Saint Ildefonse lui donne environ vingt ans d'épiscopat, ce qui nous permet de fixer sa mort vers l'an 646. Son corps fut découvert en 1270, et il est conservé à Rome, dans la basilique de Sainte-Marie-Majeure.

Nous avons de lui une *Vie* de saint Emilien, moine de Saint-Benoît et patron des Espagnes. Il l'écrivit à la prière du prêtre Fronimien, à qui il l'adresse par une lettre publiée en tête de cette *Vie*, dans le tome Ier des *Actes de l'ordre de Saint-Benoît*. Il y dit qu'Emilien embrassa d'abord la vie érémitique, mais qu'ensuite il fut appelé à la desserte d'une paroisse par l'évêque de Tarazona. C'est là qu'on a bâti depuis un célèbre monastère sous le nom de Saint-Emilien, qui y est surnommé *de la Cuculle*, pour le distinguer de Saint-Emilien, de Verceil et de quelques autres saints du même nom. Braulion ajouta à cette *Vie* une hymne en vers iambiques, où il célèbre les vertus du saint ; et, pour donner plus d'éclat à son culte, il ordonna qu'au jour de sa fête on chanterait une messe solennelle en présence de toute la communauté. La crainte seule de trop allonger les offices l'empêcha de préparer un discours pour cette circonstance.

On trouve deux de ses lettres à saint Isidore dans le recueil des œuvres de ce Père ; mais son premier titre littéraire est peut-être dans le fameux *Traité des étymologies* ou *des origines*, que saint Isidore composa à sa prière ; qu'il lui dédia, et qu'en mourant il laissa imparfait. Braulion acheva, mit en ordre et divisa en vingt livres ce grand ouvrage, qui, embrassant presque tous les arts et toutes les sciences, consiste en de courtes définitions, suivies d'étymologies qui ne sont point toujours heureuses, mais où l'on trouve le sens véritable de divers mots grecs et latins, dont la tradition était encore vivante au commencement du VIII° siècle.

On a de lui encore le *Triomphe des martyrs de Saragosse* ; la *Vie et le martyre de sainte Léocadie* ; un *Eloge de saint Isidore de Séville*, avec le catalogue de ses ouvrages. Saint Ildefonse a fait l'éloge de saint Braulion, dans son supplément au traité de saint Isidore, *De claris præsertim Hispaniæ scriptoribus*. André Schott, dans l'édition qu'il a publiée de cet ouvrage, à Tolède, 1592, a inséré plusieurs écrits historiques de saint Braulion, comme premiers appendices au livre de saint Isidore. Nous renvoyons donc à l'analyse des œuvres de ce Père ceux de nos lecteurs qui voudraient faire plus ample connaissance avec le zèle, les talents et les vertus de ce pieux évêque de Saragosse, qui fut son contemporain, son ami, et, pour quelques-uns de ses ouvrages aussi, son continuateur.

BRAVON (Florent), bénédictin anglais du monastère de Worchester, était très-instruit dans les lettres divines et humaines, et se fit par ses ouvrages une grande réputation. Il composa une *Chronique* qui relate les faits depuis le commencement du monde jusqu'à l'an 1118. Ce n'est à proprement parler qu'une compilation des anciennes, et en particulier de celles de Gildas, de Bède, de Marianus, de Sigebert ; mais on lui doit la connaissance des événements qui s'accomplirent sous les rois qui régnèrent de son temps, c'est-à-dire sous Guillaume le Conquérant et ses deux fils, Guillaume le Roux et Henri Ier, rois d'Angleterre. Il ne vit même qu'une partie du règne de ce dernier prince, s'il est vrai, comme plusieurs historiens l'affirment, qu'il mourut au mois de juillet 1118. Cette *Chronique* fut imprimée pour la première fois à Londres, en 1592, avec un autre écrit de Florent Bravon, intitulé : *Livre de la race royale des Anglais*, ou *Généalogie des rois d'Angleterre*. Florent y combat le Comput de Denys le Petit, en faisant remarquer que sa manière de compter les années de l'Incarnation est contraire à l'Evangile, puisque la première année de l'ère évangélique n'est que la première du Comput Dionysien.

BRIDFERHT, était moine de Ramsey, et avait vécu dans ce monastère sous la discipline d'Abbon de Fleury, que saint Oswald en fit abbé pendant son séjour en Angleterre. Il est auteur d'une Vie de saint Dunstan, que les Bollandistes ont donnée au 19 de mai. Elle ne mérite de passer pour originale que parce qu'elle est la première qui ait été publiée, et que l'auteur assure qu'il avait été témoin de la plupart des faits qu'il rapporte. Elle est écrite d'un style barbare et ampoulé. On trouve parmi les manuscrits de la bibliothèque de Bodléi, un Comput des Latins, des Grecs, des Hébreux, des Egyptiens et des Anglais, sous le nom de Bridferht de Ramsey. Il composa aussi des Commentaires sur le traité de Bède qui a pour titre : *De la nature des choses et des temps*. Ils sont imprimés dans le tome II des OEuvres de ce Père.

BRISTANUS, moine de Croyland, en Angleterre, et grand chantre de l'ordre de Saint-Benoît, florissait vers l'an 870, et se distinguait autant par son talent de poëte que par son habileté de musicien. Il écrivit, sur les cendres encore chaudes de son monastère, incendié par les Danois, une remarquable description de ce désastre. C'est un poëme en vers élégiaques qui, par l'élégance de son style, la facilité de la versification et l'élévation habituelle des pensées, est au-dessus de tout ce qu'on a publié dans le même siècle. Pitseus, qui l'a reproduit d'après Ingulfe, en rapporte ainsi les deux premiers vers :

Quomodo sola sedes dudum regina domorum
Nobilis ecclesia, et nuper amica Dei ?

Ce poëme se retrouve tout entier dans le *Cours complet de Patrologie* publié par M. l'abbé Migne.

BRUNO (saint), fondateur de l'ordre des Chartreux, naquit à Cologne, vers l'an 1030, d'une famille noble et ancienne, qui subsistait encore en Allemagne au milieu du XVIIIe siècle. Ses parents le firent élever sous leurs yeux dans l'école de la collégiale de Saint-Cunibert, à laquelle l'évêque Annon l'attacha par un canonicat. Plus tard, le désir de se perfectionner dans les sciences le conduisit à Reims, dont l'école jouissait alors d'une grande réputation. Il y parcourut avec distinction la carrière de toutes les sciences, et excella surtout dans la philosophie et la théologie. L'archevêque Gervais, ravi de ses progrès et de sa sagesse exemplaire, lui conféra d'abord la dignité de scolastique, dont dépendait l'instruction des clercs, puis celle de chancelier, qui lui donnait la direction des écoles publiques de la ville, et l'inspection sur toutes les grandes études du diocèse. Il eut pour disciples des hommes qui rendirent son nom célèbre, et dont plusieurs furent élevés aux plus éminentes dignités de l'Eglise, entre autres Odon, qui devint pape sous le nom d'Urbain II. L'Eglise de Reims avait alors pour archevêque Manassès, dont la conduite irrégulière n'était qu'une conséquence de son intrusion simoniaque dans l'épiscopat. Bruno, secondé par le prévôt de l'Eglise de Reims et par un autre chanoine nommé Ponce, en porta des plaintes à Hugues, évêque de Die, et légat du saint-siége. L'archevêque, cité au concile d'Autun en 1077, refusa d'y comparaître. Condamné par contumace, et déclaré suspendu de ses fonctions, il déchargea sa colère sur ses accusateurs, les dépouilla de leurs biens, et les força de se réfugier au château du comte de Roucy, pour mettre leurs personnes à l'abri de ses violences. Tant de dérèglements le firent enfin déposer au concile de Lyon, en 1080. Le chapitre de Reims jeta les yeux sur Bruno pour lui succéder; mais la vue des désordres de Manassès lui avait inspiré depuis longtemps le désir d'aller vivre dans la solitude. Il s'arracha donc aux empressements de ses confrères, et avec six de ses compagnons, il alla trouver saint Hugues, évêque de Grenoble, qui les conduisit lui-même, en 1084, dans le désert appelé Chartreuse, à quatre lieues de cette ville, désert affreux, d'un abord presque inaccessible, et qui depuis donna son nom à l'ordre célèbre qui y prit naissance. Ce fut là, dans une étroite vallée dominée par deux rochers escarpés couronnés de bois et couverts une grande partie de l'année de neiges et de brouillards épais, que Bruno et ses compagnons construisirent un oratoire, de petites cellules isolées, comme les anciennes laures de la Palestine, et jetèrent les fondements d'un des plus saints ordres monastiques. Les habitants de ce désert se multiplièrent en peu d'années. Ils bâtirent leur église sur une hauteur, qu'ils entourèrent de leurs cellules, où ils logèrent d'abord deux à deux. Bientôt après, chacun eut la sienne. Leurs successeurs, en abattant les bois, formèrent des jardins, à force de travail et d'art. Ils établirent des usines, firent exploiter les mines, animèrent l'industrie et vivifièrent ainsi par leurs soins un lieu qui semblait n'être destiné qu'à un repaire de bêtes féroces. Bruno vivait paisiblement dans son désert, chéri de ses disciples comme un père l'est de ses enfants, lorsque Urbain II, dont il avait été le maître, l'appela, en 1089, auprès de lui pour l'aider de ses conseils dans le gouvernement de l'Eglise. Il obéit contre son gré, et fut suivi de tout son troupeau, qui, bientôt après, dégoûté du séjour de Rome, revint à la Chartreuse, sous la conduite de Landwin. La dissipation de la cour romaine ne lui convenait point; ses instances auprès du pontife pour obtenir la permission de regagner sa retraite furent sans effet. Il refusa l'archevêché de *Reggio*, qu'Urbain voulait lui conférer sur les instances du clergé et du peuple; mais enfin il lui fut permis, en 1094, d'aller fonder une nouvelle Chartreuse dans la solitude *della Torre*, au diocèse de Squillace, en Calabre. Il y reprit son ancien genre de vie, gouverna cette nouvelle colonie avec la même sagesse qu'il avait gouverné la première, et mourut saintement, entre les bras de ses disciples, le 6 octobre 1101. Comme il sentait sa fin approcher, il assembla ses frères, et fit, en leur présence, une confession de toute sa vie. Ensuite, il s'expliqua en termes clairs et précis sur les principaux articles de notre foi, et particulièrement sur le dogme de l'eucharistie, attaqué par l'erreur de Bérenger. Saint Bruno fut inhumé dans l'église de la Torre, derrière le maître-autel. Aussitôt après sa mort, ses disciples écrivirent des lettres particulières pour l'annoncer dans les provinces, et jusqu'en Angleterre. C'était la coutume d'en user ainsi pour demander des prières, même pour les plus saints personnages, dans la persuasion où l'on était qu'il n'y a point de juste qui ne puisse être coupable de quelque péché. On fait monter à près de deux cents les réponses qu'ils reçurent. La plupart étaient des éloges du savoir et de la vertu du saint. Surius en a publié une partie à la fin de la Vie de saint Bruno, et l'on trouve les autres dans une Vie imprimée en caractères gothiques, l'année d'après sa canonisation, en 1514. Saint Bruno était l'un des plus savants hommes de son temps. Nous avons de lui des *Commentaires* sur les psaumes et les Epîtres de saint Paul, et deux lettres.

Sur les psaumes. — Ce Commentaire est précédé d'un prologue, dans lequel le saint auteur remarque que le Psautier a pris son nom d'un instrument de musique dont on se servait dans le chant de ces cantiques. Suivant les divers titres des psaumes, l'intention de David a été d'annoncer les mystères de l'incarnation, de la naissance, de la passion, de la résurrection de Jésus-Christ, ce qui regarde le salut des bons et les supplices éternels des méchants, et de montrer que Dieu est louable en tout, et quand il sauve les uns par un effet de sa miséricorde, et quand il punit les autres pour satisfaire à sa justice. Il fait observer, d'après Arator, que le roi-prophète a suivi dans ses psaumes la mesure des vers lyriques. Il distingue ensuite trois sens : le naturel ou littéral, le moral, et le sens mystique ou spirituel. C'est à ce dernier que saint Bruno s'attache, comme étant le sens que le Saint-Esprit a surtout en vue dans les psaumes, c'est-à-dire Jésus-Christ et son Eglise. Il donne aussi le sens littéral et moral, et lorsqu'il se rencontre quelque difficulté entre le texte hébreu et les versions qu'on en a faites, il en avertit. Ce qu'il dit sur les titres des psaumes est travaillé avec soin. Pour en donner le sens avec plus d'exactitude, il recourt au texte original et aux plus savants interprètes, comme à saint Jérôme et à saint Augustin. Il n'explique point de suite chaque verset d'un psaume, mais il en fait une analyse qui donne l'intelligence du psaume tout entier. Ses explications ne sont point chargées de passages des anciens interprètes, mais il les appuie des témoignages de l'Ecriture. Quoiqu'il sût l'hébreu, il ne laisse pas de recourir aux explications que d'autres avaient données avant lui de certains termes. En parlant de Jésus-Christ il l'appelle *Homo Dominicus*. Il enseigne que tous les hommes qui naissent par les voies ordinaires de la nature sont coupables du péché originel, et que la concupiscence est une peine de ce péché, qui a affaibli en nous le libre arbitre sans nous l'ôter. Il dit ailleurs que Dieu, en permettant que son Eglise fût enveloppée de persécutions, y a mis des bornes, de peur qu'elle ne fût accablée. Il signale aussi la coutume des hérétiques, de commencer par séduire les simples et les ignorants, parce qu'il ne leur serait pas aussi facile de gagner ceux qui sont prudents et éclairés. Nous remarquons encore dans ces Commentaires que nos anges gardiens serviront de témoins, au jour du jugement, de nos bonnes et mauvaises œuvres, excepté celles qui auront été remises par la pénitence; que celui-là est censé être complétement abandonné de la grâce qui s'attribue à lui seul tout le mérite d'une bonne action, au lieu de s'en glorifier dans le Seigneur; que si Adam n'avait point péché, notre corps serait devenu immortel et impassible; que dans une bonne œuvre le libre arbitre agit aidé de la grâce; que les saints qui sont dans le ciel nous protégent en cette vie par le mérite de leurs prières; qu'il n'y a point de vrai sacrifice hors de l'Eglise catholique; et, enfin, que c'est l'habitude des hérétiques de mêler plusieurs vérités à leurs erreurs, afin de les propager plus facilement en les rendant plus acceptables. Saint Bruno cite ici saint Prosper et Tertullien. Il cite le premier en plusieurs endroits, et c'est presque le seul Père dont il rapporte textuellement les paroles. D'ordinaire, il prend le sens de ce que les autres ont dit, et le rend en son style, qui est clair, naturel, plein de concision, et soutenu sans gêne et sans obscurité.

Sur les Epîtres de saint Paul. — Il met un prologue et quelquefois deux à la tête de chaque Epître, pour en expliquer le sujet, et faire connaître les personnes à qui elle s'adresse. A l'égard du péché originel, dont tous les hommes naissent coupables, il dit que toute la masse du genre humain fut corrompue dans les lombes d'Adam par son péché. Il ajoute que ces paroles : *La mort a régné depuis Adam jusqu'à Moïse, à l'égard de ceux mêmes qui n'ont pas péché comme Adam*, signifient qu'elle a exercé son règne, non-seulement sur ceux qui au péché originei ont ajouté des péchés actuels, mais sur les enfants mêmes, quoiqu'ils n'aient pas péché volontairement en Adam. Il enseigne que, dans le choix des élus et la réprobation des damnés, Dieu n'a aucun égard ni à leurs mérites antérieurs, ni à ceux de leurs parents; qu'il en agit ainsi afin qu'il soit constant que toute élection vient de lui et de sa grâce, et non de l'élu et de ses œuvres; c'est-à-dire qu'elle est l'effet de la miséricorde de Dieu qui l'appelle. Il explique cela par l'exemple de Jacob et d'Esaü. L'un a été choisi sans aucun mérite précédent de sa part, et l'autre réprouvé sans aucun crime antérieur, mais parce que Dieu avait prévu que l'un coopérerait à ses grâces, et que l'autre en abuserait. Il raisonne de même à l'égard des enfants qui meurent sans baptême. Au reste, il déclare nettement que la prédestination et la réprobation n'imposent aucune nécessité aux élus de faire le bien, ni aux réprouvés de faire le mal; que les uns et les autres agissent librement; sans cela il n'y aurait dans les élus aucun mérite pour le salut, et dans les réprouvés aucune cause de damnation. En expliquant, à propos de l'Epître aux Corinthiens, les paroles de l'institution de l'eucharistie, il établit clairement le mystère de la transsubstantiation, et il dit que si, après les paroles sacramentelles, les apparences du pain et du vin conservent encore leur saveur, c'est pour empêcher que ceux qui les reçoivent n'en soient détournés, ce qui arriverait si on les leur présentait sous les espèces de la chair et du sang. Théodore de la Pierre a joint aux quatorze Epîtres de saint Paul celle qui est aux Laodicéens, mais sans commentaire. Elle se trouve aussi dans l'édition de 1509.

Lettres. — Nous avons dit qu'il nous restait de saint Bruno deux lettres. La première est adressée à Raoul le Verd, prévôt de l'Eglise de Reims. Ils étaient amis depuis longtemps et en correspondance suivie. Bruno, voyant qu'il ne recevait point de réponse à la dernière lettre qu'il avait écrite, envoya celle-ci par un des siens. Il y fait la description du désert qu'il habitait alors dans la Calabre, et il n'omet rien de ce qui pouvait le rendre intéressant à son ami et l'y attirer. Il emploie pour cela un motif puissant : le vœu qu'ils avaient fait ensemble avec Fulcius, de quitter le siècle au plus tôt, et d'embrasser l'état monastique. Raoul ne se pressait point d'accomplir sa promesse. Saint Bruno lui représente qu'on ne doit point mentir à Dieu, et qu'il ne doit être retenu dans le monde ni par les richesses qu'il y possède, ni par les honneurs, ni par l'affection de son archevêque. Il le conjure de ne plus différer, de peur que la mort ne le surprenne avant l'accomplissement de son vœu. Il l'exhorte à venir par dévotion à saint Nicolas, dont les reliques reposaient à Bari, dans la Pouille ; de passer de là dans son désert de Calabre, et de lui apporter ou de lui envoyer la Vie de saint Remi, dont on ne trouvait point d'exemplaires en Italie.

La seconde lettre est écrite du désert de Calabre. Landwin, prieur de la Grande-Chartreuse, qui l'était venu voir, lui avait dit tant de bien de sa communauté, et en particulier des frères lais ou convers, qu'il crut devoir les congratuler sur leur exactitude dans la pratique de la vie religieuse. Il dit d'eux que s'ils n'avaient pas la connaissance des lettres humaines, Dieu avait gravé dans leur cœur son amour et l'intelligence de sa loi, ce qu'ils faisaient voir par leurs œuvres. Il les exhorte à la persévérance, et il leur recommande de prendre soin de la santé de Landwin, leur prieur, sans écouter les répugnances qu'il témoignerait à se faire soulager, dans la crainte d'introduire, par son exemple, quelques relâchements dans la discipline. Ces deux lettres ont été traduites en français par Jacques Corbin, et imprimées dans son *Histoire des Chartreux*, 1653.

Tous les ouvrages de saint Bruno, d'un latin qui ne le cède à aucun des autres écrivains de la même époque, prouvent qu'il était versé dans la connaissance du grec et de l'hébreu, et dans celle des Pères. Presque tous les premiers compagnons de sa retraite avaient fait de bonnes études. Il transmit le même goût à ses disciples, recommanda qu'on établît des bibliothèques dans toutes les maisons de l'ordre, et qu'on les fournît de bons livres. Une de leurs principales occupations était de ramasser et de copier d'anciens manuscrits. Le bienheureux Guigues, cinquième général de l'ordre, qui suppléa à l'absence de règle en rédigeant, en 1228, les usages et les coutumes qui s'étaient transmis depuis le saint fondateur, en fit un article capital de ses statuts. Chaque particulier n'était pas libre de corriger arbitrairement les endroits défectueux, il fallait que la correction subît l'examen du chapitre de la maison. Voilà comment leur travail en ce genre a contribué à conserver la pureté du texte de la Bible et des Pères, et comment les bibliothèques des Chartreux ont fourni un grand nombre de manuscrits précieux aux nouveaux éditeurs de ces sortes d'ouvrages. Nous avons plusieurs éditions des OEuvres de saint Bruno; une, extraordinairement rare, publiée à Paris, en 1524, par Josse Badius, et les deux autres, données par le chartreux Petréius, sont de Cologne, in-folio, 1611 et 1640.

BRUNON eut pour père Henri Ier, dit l'Oiseleur, roi de Germanie, pour mère la reine sainte Mathilde, et pour frère Othon Ier, empereur d'Occident. Dès l'âge de quatre ans, on l'envoya à Utrecht faire ses premières études, sous la direction de l'évêque Baldric. Sitôt qu'il eut appris les grammaires grecque et latine, on lui fit lire le poète Prudence, auquel il prit tant de goût, qu'il en possédait parfaitement et le texte et ce qu'il y a de plus difficile dans le sens des paroles. Après cette étude, le jeune élève se porta à lire les auteurs de la littérature grecque et latine, et il n'en trouva aucun qui fût au-dessus de sa pénétration. Othon, étant parvenu à la couronne, appela Brunon à sa cour, où il fut un modèle de doctrine et de vertu. Là, à l'aide des plus savants hommes, il entreprit d'approfondir toutes les sciences. Parmi ses maîtres on ne nous fait connaître qu'un évêque hibernois, nommé Israël, et le docte Rathier, qui ne le quitta qu'après lui avoir communiqué toutes les grandes connaissances qu'il avait acquises lui-même. Cependant ses occupations littéraires ne l'empêchèrent jamais de venir au secours des malheureux, et la science qu'il acquit ne servit qu'à le rendre plus humble, tout en lui donnant plus de gravité. Quoique jeune encore, on lui confia l'administration de quelques monastères, entre autres de l'abbaye de Lauresheim; mais il ne s'en servit que pour les faire rebâtir, leur rendre leurs anciens priviléges, et y faire revivre l'esprit de saint Benoît. On prétend qu'il embrassa lui-même l'état monastique; mais l'auteur de sa Vie n'en dit rien; seulement Flodoard lui donne le titre d'abbé, et remarque qu'il assista en cette qualité au concile de Verdun, tenu en 947. Une conduite aussi édifiante, de la part d'un jeune prince, lui acquit une réputation de sagesse incomparable. Il devint le conseil des évêques; le roi Othon, son frère, le fit son archichapelain; et Wicfrid, archevêque de Cologne, étant mort, le clergé, les nobles et le peuple s'accordèrent unanimement à demander Brunon pour son successeur. Après son ordination, qui fut suivie de la remise du *pallium*, de la part du pape Agapet, ses premiers soins se portèrent naturellement sur les besoins de son Eglise; il travailla surtout à faire régner l'union entre les communautés, et à établir dans le clergé une exacte discipline. Les moyens de réforme qu'il employa avec le plus de succès furent de se montrer comme le modèle du désintéressement et de la simplicité. Un prélat aussi zélé n'avait garde de négliger l'instruction de son peuple : aussi remarque-t-on qu'il avait un talent singulier pour annoncer la parole de Dieu, et expliquer l'Ecriture. Dans l'année même de son avénement au siége de Cologne, Othon lui confia l'administration du duché de Lorraine, l'employa dans diverses négociations, et, forcé de se rendre en Italie, le laissa à la tête des affaires de l'Etat. Brunon remplit ces nouvelles fonctions sans manquer en rien aux devoirs de l'épiscopat. Il fit voir qu'il n'était pas moins habile politique que grand évêque. La Lorraine était alors agitée de grands troubles : le peuple y était inquiet, turbulent, porté à la révolte, et le clergé déréglé. Brunon trouva le secret de remédier à tous ces maux. Il se fit craindre des méchants, honorer des bons, et réussit à y établir une police admirable, malgré les contradictions qu'il y rencontra. Cette résidence en Lorraine le mit à portée de veiller aux intérêts du jeune Lothaire, roi de France, son neveu. Il n'omit rien pour le maintenir sur le trône, et réussit à le faire régner paisiblement à la place du roi son père. S'étant rendu à Compiégne pour mettre la dernière main à cette bonne œuvre, il y tomba malade, et se fit transporter à Reims, où il mourut le 11 octobre 965, dans la quarantième année de son âge et la douzième de son épiscopat.

Après avoir approfondi avec une supériorité de génie incontestable tout ce que contenaient les écrits des philosophes, des historiens, des poëtes et des orateurs de l'antiquité, Brunon ne pouvait que s'être fait un grand fonds d'érudition profane. La littérature sacrée ne lui était pas moins familière, et il dut à la connaissance qu'il en avait acquise de pouvoir pénétrer le vrai sens des Ecritures, et de les expliquer avec autant d'étendue que de subtilité. Il y puisa aussi de quoi fournir à la dispute et à la prédication, pour lesquelles il avait un talent incomparable, et les savants de sa cour n'agitaient presque aucune question dont il ne donnât le premier la solution. L'exemple d'un prince aussi zélé pour les sciences inspira à tous le goût de l'étude, jusque-là fort négligée. Il se fit alors en Germanie, en faveur des lettres, le même mouvement qui s'accomplit en France sous le règne de Charlemagne. On y renouvela l'étude des sept arts libéraux, et on travailla sérieusement à polir la langue. Ces heureuses influences, qui avaient leur source dans les occupations littéraires de Brunon, pénétrèrent jusqu'en Lorraine, où ce prince fit longtemps son séjour.

Une érudition aussi vaste et aussi solide devait, ce semble, produire quantité de bons ouvrages; cependant il ne nous reste que peu de choses des productions du savant archevêque. L'historien de sa Vie nous apprend en général qu'il était fort appliqué à composer des écrits considérables, mais il n'en spécifie aucun en particulier. Seulement il parle de la lettre synodique, comme il l'appelle, que Brunon écrivit au pape Agapet, aussitôt après son ordination. Il rapporte aussi une lettre très-courte, ou plutôt un simple billet que le docte prélat adressait de Lorraine à Chrestien, abbé de Saint-Pantaléon, pour l'exhorter à se perfectionner dans toutes les vertus. Cette lettre est d'un laconisme extrême. Le même écrivain rapporte encore le discours que le saint fit au lit de la mort. C'est un morceau où l'éloquence est sans cesse à la hauteur de la piété et de la foi. A cette notice un peu générale, qui nous est laissée par Roger, son historien, il faut joindre ce que nous savons d'ailleurs des écrits de saint Brunon.

Il laissa de sa façon un commentaire sur les quatre évangélistes. Ce livre existait encore du temps de Sixte de Sienne, et cet écrivain, qui l'avait vu dans la bibliothèque des Dominicains de Bologne, assure qu'il n'était pas à négliger. Il doit donc paraître surprenant que les critiques qui en ont publié tant d'autres dans ces derniers siècles, n'aient pas fait le même honneur à celui-ci, qui ne pouvait que vivement piquer la curiosité des lecteurs.

Brunon nous apprend lui-même, dès les premiers mots du Commentaire précédent, qu'il en avait composé un autre sur les cinq livres de Moïse. *Post Pentateuchum Moysis, ut nova veteribus jungeremus*, etc. Outre ces Commentaires, on attribue à notre savant archevêque quelques Vies de saints, mais on n'en cite aucune en particulier. Enfin, on nous a conservé le Testament qu'il fit à la mort ; mais cette pièce n'est intéressante que par la multiplicité des legs pieux qu'elle contient.

Un des traits particuliers au génie de saint Brunon, c'est qu'il savait le communiquer à ses disciples. Roger, son historien, assure qu'on voyait briller en eux toutes les ressources de l'éloquence, avec le fonds d'une littérature presque universelle. Plusieurs furent élevés à l'épiscopat, et s'y distinguèrent autant par leur vertu que par leur savoir.

BRUNON, évêque de Langres, était d'une naissance illustre et proche parent du roi Lothaire. Ragenald, son père, seigneur de Roucy, portait le titre de comte de Reims, et sa mère était fille de Gerberge et de Gislebert, duc de Lorraine. Brunon fut d'abord chanoine de Reims, où il prit des leçons de Gerbert, qui dirigeait alors les écoles de cette ville. En 980, quoiqu'il n'eût encore que vingt-quatre ans, Lothaire lui donna l'évêché de Langres. Il fut ordonné l'année suivante par Bouchard, archevêque de Lyon, et entra en possession de son église. Dès lors il mit tout son zèle à s'acquitter de ses devoirs de pasteur. Un de ses premiers soins fut d'établir la réforme de Cluny dans l'abbaye de Saint-Bénigne de Dijon, en lui donnant pour abbé le bienheureux Guillaume, qui, dans la suite, devint lui-même le réformateur de plusieurs autres monastères. Brunon fit refleurir les études à l'école de Langres, et il eut le bonheur de lui voir produire des sujets tels qu'Halinard et Odolric, qui se succédèrent sur le siége de Lyon, et qui marquèrent tous deux parmi les plus beaux génies de leur temps. Les auteurs sont partagés sur l'année de la mort de ce grand évêque ; nous pensons qu'on peut s'en rapporter à la *Chronique de Saint-Bénigne*, qui la place au 31 janvier de l'année 1016, après trente-cinq ans d'épiscopat. Il ne nous reste que très-peu d'écrits de Brunon, et le peu que nous en avons est très-incomplet.

Dom Martenne et dom Durand nous ont donné le commencement d'une de ses lettres adressée à Heldric, abbé de Saint-Germain d'Auxerre, et à toute sa communauté. Ce fragment est si court, qu'il n'est pas même possible de deviner quel était le sujet de la lettre. Le manuscrit d'où il a été tiré n'en contenait pas davantage. Brunon y emploie cette formule, devenue depuis si fort en usage, *Evêque par la grâce de Dieu*. Les mêmes éditeurs ont publié, sur un manuscrit de l'abbaye de Saint-Alcire en Auvergne, une autre lettre assez longue, sans nom d'auteur, mais que les meilleurs érudits croient pouvoir attribuer à Brunon. Nul doute qu'elle ne soit d'un évêque de Langres, puisqu'elle est adressée aux jeunes clercs qu'on y élevait dans l'église cathédrale, et aux maîtres qui étaient chargés de les instruire et de les former dans la piété. Dans cette lettre, après quelques avis généraux, l'auteur vient au but principal, le soin que cette jeunesse devait avoir de recourir souvent au sacrement de pénitence. C'est à quoi il les exhorte par toutes sortes de motifs, avec une tendresse de père et une onction capable de remuer les cœurs : de sorte que la lettre pourrait porter pour titre *De confessione clericorum*, comme nous avons déjà un traité *De singularitate clericorum*. Ce traité n'était pas inconnu à l'auteur de la lettre, qui semble l'avoir pris pour modèle en quelques endroits ; et qui l'a effectivement imité en ce qu'il n'emploie que l'autorité de l'Ecriture et le raisonnement. Il ne nous reste guère d'écrits de piété de ce temps-là qui puissent être placés au-dessus de cette lettre.

Brunon écrivit quelques autres lettres qui ne sont pas arrivées jusqu'à nous, comme cela se voit particulièrement par les deux que lui adresse le pape Benoît VIII ; mais nous avons de lui deux chartes curieuses, et qui méritent d'être remarquées : dans l'une, qui est datée de l'an 1006, il prend, en parlant de lui-même, le titre de majesté, *Nostram adiens Majestatem*. On a vu que Gerbert donnait le même titre à de simples évêques ; mais ce titre est réservé depuis longtemps aux seules têtes couronnées. L'autre charte de Brunon, datée de 1008, confirme aux moines de Saint-Bénigne les pouvoirs qu'ils avaient de prêcher et d'entendre les confessions. Les Œuvres de Brunon, extraites de plusieurs recueils, ont été reproduites dans le *Cours complet de Patrologie* publié par M. l'abbé Migne.

BRUNON, à qui on donne le titre de moine, pour le distinguer des autres écrivains du même nom, vivait à la fin du XI° siècle. On ne sait point de quel monastère il était ; mais ses liaisons avec Wérinther, évêque de Mersbourg, donnent lieu de croire qu'il habitait ce diocèse, qui fait partie de la Saxe. Ce fut à cet évêque qu'il dédia l'histoire de la guerre entre le roi Henri et les Saxons. La matière lui parut assez intéressante pour la postérité. Il fit ce qu'il put pour la rendre fidèle, et il l'écrivit sur le rapport de ceux qui avaient suivi l'expédition ou servi dans cette guerre. Quoique, dans sa préface, il ne dise rien de Grégoire VII, ni de ses démêlés avec le roi Henri, il ne pouvait guère se dispenser d'en parler dans le corps de l'ouvrage, puisqu'il se proposait de faire connaître ce prince tel qu'il avait été dès les premières années de son adolescence, afin que le lecteur fût moins surpris de le voir entreprendre dans l'âge viril une guerre aussi ruineuse. Brunon, en effet, dépeint le roi Henri comme un prince coupable d'homicides et d'adultères, qui ne prenait conseil que de ceux qui flattaient ses passions et qui l'autorisaient dans ses désordres. Il joint à l'histoire de la guerre de Saxe celle du schisme que ce roi occasionna en déposant Grégoire VII, et en lui substituant l'antipape Guibert. Il fait mention des conciles de Rome tenus de son temps, de la sentence d'excommunication et de déposition prononcée contre le roi Henri ; de l'élection du roi Rodolphe et de Herman, son successeur ; des diverses assemblées tenues dans l'empire par les deux partis de Grégoire et de Guibert, embrassés par Henri, Rodolphe ou Herman, en opposition l'un contre l'autre ; et, pour mieux constater les faits qu'il rapporte, il donne en entier les lettres qui y ont trait, soit celles du pape Grégoire ou des évêques qui lui étaient attachés, soit celles du roi Henri. Il y en a deux de Wérinther, archevêque de Magdebourg, au nom de tous les évêques, ducs et comte de Saxe; une à Sigefroi, archevêque de Mayence, pour le supplier de porter ce prince à la clémence et à la paix, et une en réponse à l'abbé Frédéric, qui lui avait écrit de travailler lui-même à faire la paix avec le roi Henri. La lettre du clergé et du peuple de Magdebourg à Udon est sur le même sujet. La *Chronique* de Brunon commence à l'an 1073, et finit en 1083. Elle se trouve dans le tome I*er* des écrivains d'Allemagne, par Freherus.

BRUNON, évêque de Wurtzbourg.—Brunon, qui avait su se rendre agréable à Dieu et aux hommes par la sainteté de sa vie et par sa charité, fut choisi pour succéder à Méginhard, dans l'évêché de Wurtzbourg, au mois de septembre de l'an 1033. C'était un homme plein de science et d'un zèle à toute épreuve pour la propagation de la religion chrétienne, dont il s'appliquait à répandre la foi dans les pays qui ne la connaissaient pas encore. Il était Allemand de naissance, et oncle paternel de l'empereur Conrad, dont il fut toujours chéri. Il rétablit de fond en comble la grande église de Wurtzbourg, qui menaçait ruines, et consacra à cette restauration tout le patrimoine qu'il possédait en Saxe, lieu de sa naissance. C'est dans cette église, dédiée à saint Kylien, martyr, qu'il fut inhumé, au mois de mai 1045, après environ douze ans d'épiscopat. Nous avons de lui un *Commentaire sur le Psautier*, où il fait usage du texte hébreu et de la version des Septante, marquant par des astérisques et autres signes leur différence avec l'ancienne version latine. Il a tiré des écrits des Pères sur le même livre ; en particulier de saint Augustin, de saint Jérôme, de Cassiodore, de saint Grégoire et du vénérable Bède. Ses explications sont très-courtes, mais claires et solides. Il donne les sens littéral, moral et allégorique. Brunon fit aussi un *Commentaire sur les cantiques de l'Ancien et du Nouveau Testament*, sur l'*Oraison Dominicale*, sur le *Symbole des apôtres*, sur celui qui porte le nom de saint Athanase, et un sur le *Pentateuque*. On les retrouve dans le tome XVIII de la *Bibliothèque des Pères*, à Lyon, 1677. Brunon savait le grec, l'hébreu, et parlait bien le latin. Il est exact dans le dogme, et donne du relief aux vérités de la religion, en les exposant dans un grand jour. On lira avec édification les prières placées à la tête de chaque psaume, et qui sont ordinairement tirées du psaume lui-même.

BRUNON, évêque d'Angers. — Brunon, plus connu sous le nom d'Eusèbe, succéda, dans l'évêché d'Angers, à Hubert de Vendôme, mort au mois de mars de l'année 1057; mais il ne fut ordonné que dans le mois de décembre suivant. Théoduin l'accuse d'avoir donné d'abord dans les erreurs de Bérenger. Il assista, en 1049, au concile de Reims, convoqué par le pape Léon IX ; en 1058, à la dédicace de l'église de Saint-Jean d'Angély ; en 1062, à celle du monastère de Saint-Sauveur, et au concile de Poitiers, en 1078, présidé par Hugues de Die, légat du pape Grégoire VII. Les chroniques d'Anjou s'accordent à mettre la mort d'Eusèbe Brunon au mois d'août 1081, et lui donnent pour successeur Geoffroi, qu'elles disent avoir été élevé sur le siége épiscopal le 8 mai de la même année, ce qui suppose que Brunon avait abdiqué quelque temps avant sa mort. Dès l'an 1062, il avait dissipé les soupçons que ses liaisons avec Bérenger avaient fait naître dans l'esprit de plusieurs. S'étant trouvé la même année avec Hugues, archevêque de Besançon, et plusieurs autres savants personnages, à l'assemblée qui se tint dans la chapelle du comte d'Anjou, on y éteignit quelques étincelles de cette hérésie qui tentait de se reproduire. C'est lui-même qui rapporte ce fait dans sa lettre à cet hérésiarque. Il lui donne le titre de frère et de très-cher collègue dans le sacerdoce, soit parce qu'il le croyait sincèrement converti, soit parce qu'il voulait ralentir en lui l'ardeur qu'il témoignait pour une dispute réglée dans laquelle ses adversaires examineraient avec lui un passage tiré du livre *des Sacrements* attribué à saint Ambroise. Eusèbe, qui avait pris le parti de ne plus disputer sur cette matière, conseilla à Bérenger d'en user de même à l'avenir, et de s'en tenir à ce que la vérité nous enseigne ; puis, ayant rapporté les propres paroles dont Jésus-Christ se servit dans la consécration de l'eucharistie, il déclare que, pour lui, il croit et confesse qu'après que le prêtre les a prononcées, le pain est le vrai corps de Jésus-Christ, et le vin son vrai sang, par la vertu et l'opération du Verbe, par qui toutes choses ont été faites. Si quelqu'un, ajoute-t-il, me demande comment cela se peut faire, je lui réponds que ce n'est point par les règles ordinaires de la nature qu'il faut en juger, mais selon la toute-puissance de Dieu, qui fait tout ce qu'il veut, au ciel, sur la terre et dans les abîmes. Il fait voir ensuite qu'il n'y a pas plus de difficultés à croire l'eucharistie qu'à croire le mystère de l'incarnation, ou les facultés merveilleuses du corps de Jésus-Christ ressuscité. Après s'être exprimé en termes si clairs sur l'eucharistie, il déclare que, si l'on assemblait de nouveaux conciles pour y délibérer sur cette matière, il refusera d'y assister, regardant cette cause comme finie. Il ne dissimule pas les reproches qu'elle lui avait attirés de la part de ses voisins, et suspend son jugement sur le motif qu'on avait eu de faire naître cette dispute dans l'Eglise. Cette lettre d'Eusèbe Brunon se trouve dans le traité de François de Roye *sur la vie de Bérenger*, in-4°, Angers, 1656.

BRUNON, abbé de Montier-en-Der, succéda à Milon, au commencement de 1050. Il reçut la bénédiction abbatiale à Rome, dans la chapelle de Latran, où le pape Léon IX, qui en faisait la cérémonie, lui donna son nom, c'est-à-dire celui qu'il portait étant évêque de Toul. Brunon se nommait auparavant Wandelger, comme il nous l'apprend lui-même dans un traité avec le comte Rodolphe. Il assista à plusieurs conciles, invité par les évêques qui connaissaient son mérite. Il fut considéré des papes Léon IX, Etienne, Nicolas, Victor et Alexandre, à l'égal des principaux évêques de son temps. Outre le soin qu'il prit d'enrichir son monastère de divers priviléges, il recueillit les miracles de saint Berchaire, et chargea un moine anonyme de continuer la Vie de ce saint, commencée par Adson. C'est de là que nous avons tiré tout ce que nous savons de sa vie et de ses travaux.

BRUNON (saint), né à Soleria en Piémont, avait été élevé au monastère de Sainte-Perpétue, dans le diocèse d'Asti. Il passa de là à Bologne, pour y achever ses études, et ensuite à Segni, où il fut admis par l'évêque dans le chapitre des chanoines de la cathédrale. Quelque temps après il fit le voyage de Rome, et y disputa fortement contre Bérenger, au concile qui s'y tint en 1079, devant Grégoire VII, qui, pour le récompenser, le fit évêque de Segni, dans la Campanie. Il quitta ce siége en 1104, pour aller embrasser la vie monastique au Mont-Cassin, dont il devint abbé en 1107; mais Paschal II, pressé par les sollicitations des habitants de Segni, l'obligea de reprendre le gouvernement de son ancienne église, où il mourut en 1123 : il fut canonisé en 1183, par le pape Luce III, soixante ans après sa mort. Dom Maur Marquesi, moine et doyen du Mont-Cassin, donna, en 1652, à Venise, une édition de ses OEuvres, avec une bonne dissertation dans laquelle il explique les passages qui offrent des difficultés. C'est cette édition que nous allons suivre pour en rendre compte.

Commentaires. — Le premier volume comprend ses Commentaires sur les cinq livres de Moïse, sur Job, sur le Psautier, sur le Cantique des cantiques et sur l'Apocalypse. Il donne d'abord le sens littéral, puis l'allégorique, auxquels il ajoute quelquefois le moral, surtout dans son Commentaire sur le Psautier, qu'il composa, aux instances de l'abbé Pérégrin. Il remarque dans la préface qu'étant jeune il avait expliqué les psaumes d'après une autre version que la Vulgate. L'auteur anonyme de sa Vie nous apprend que c'était celle dont on se servait alors dans l'Eglise de France. Il explique le Cantique des cantiques de l'union de Jésus-Christ avec l'Eglise et l'âme fidèle. Son Commentaire sur Job est mêlé d'explications littérales, morales et allégoriques. Il en rapporte beaucoup d'endroits à Jésus-Christ et à son Eglise. Le Commentaire sur l'Apocalypse est divisé en sept livres, selon le nombre des sept Eglises et des sept anges ou évêques, dont il est parlé dans ce livre. La *Bibliothèque des historiens de France*, du P. Lelong, fait mention d'un Commentaire de Brunon, sur le prophète Isaïe et sur les livres des Juges et de Judith. On ne les a pas encore imprimés.

Sermons. — Le second volume contient cent quarante-cinq sermons ou homélies, dont la plupart ont été imprimés sous le nom d'Eusèbe d'Emèse, soit dans la *Bibliothèque des Pères*, soit dans celle *des prédicateurs*, du Père Cambefis, où elles portent aussi quelquefois les noms de saint Jérôme, de saint Augustin, de saint Eucher. Dom Marchesi les a toutes restituées à l'évêque de Segni, sur l'autorité de plusieurs anciens manuscrits, tant de cette église que du Vatican et d'ailleurs; sur la conformité du style et sur le témoignage de Pierre Diacre, qui attribue à cet évêque les mêmes discours que l'on a publiés sous le nom d'Eusèbe. Ces cent quarante-cinq homélies sont suivies d'un traité en forme de scholies sur le cantique de Zacharie, d'un autre sur l'incarnation et la sépulture du Sauveur, où il montre qu'encore qu'il n'ait été dans le tombeau que depuis la nuit du vendredi jusqu'au dimanche matin, il n'a pas laissé d'y être trois jours, en prenant une partie du jour pour le tout.

Traités. — Le troisième volume comprend quelques traités, dont le principal est celui qui porte pour titre : *Du sacrifice azyme*, que Brunon écrivit en faveur des moines d'Occident, établis à Constantinople, que les Grecs voulaient contraindre à user de pain fermenté dans la célébration des mystères. Il pose pour principe que le sacrifice offert à Rome et à Constantinople étant le même, la différence de rites entre ces deux Eglises ne doit pas être un sujet de division, parce que encore que les usages diffèrent, ces Eglises restent unies en Jésus-Christ par le lien d'une même foi. Il dit ensuite que les Latins sont bien plus autorisés à offrir du pain azyme que les Grecs du pain fermenté, parce qu'ils sont fondés sur l'ordonnance de la loi ancienne et sur l'exemple de Jésus-Christ, qui a institué l'eucharistie avec du pain azyme, à n'en pas douter, puisqu'il l'a instituée en célébrant la Pâque suivant les rites de l'Ancien Testament. Il soutient qu'à l'imitation de Jésus-Christ, Pierre et tous ses successeurs ont consacré avec du pain azyme, même saint Grégoire le Grand, lorsqu'il était à Constantinople.

Traité des mystères. Ce traité a pour titre dans les œuvres de Brunon ; *Des sacrements de l'Eglise, des mystères et des rites ecclésiastiques.* Il le commence par l'explication des cérémonies de la dédicace des églises, où il marque en détail ce que signifient l'eau, le sel, l'hysope, les lettres de l'alphabet écrites sur le pavé de l'église, la cendre, l'huile, le baume, les douze cierges, l'autel, l'église elle-même, l'amict, l'éphod, l'étole, la tunique, la dalmatique, la planète, la chape, la mitre et les autres ornements pontificaux. Il finit par les cérémonies de la consécration d'un évêque. Il était d'usage de revêtir de pourpre le souverain pontife. Brunon en rapporte l'origine à la donation que l'empereur Constantin fit au pape saint Sylvestre de tous les ornements de l'empire, et dit que, dans les processions solennelles, on en revêtait ses successeurs.

Traité de l'état de l'Eglise. — La simonie était si répandue dans l'Église, au temps de Léon IX, que, cinquante ans après sa mort, quelques-uns doutaient de l'existence du sacerdoce. Si tous les évêques d'alors étaient simoniaques, disaient-ils, que devons-nous penser de ceux qu'ils ont ordonnés? Brunon distingue entre ceux qui ont reçu les ordres des évêques connus comme simoniaques, et ceux qui les ont reçus d'évêques infectés de simonie, mais non connus comme tels. Il croit l'ordination des premiers nulle, et celle des seconds valide, parce que le Saint-Esprit opère même par un mauvais ministre..... Sont-ils donc, s'objecte-t-il, plus mauvais que les ariens, les novatiens et autres hérétiques, que l'Eglise reçoit lorsqu'ils reviennent à l'unité, et à qui elle conserve les degrés du ministère qu'ils occupaient dans leur secte? Il répond que ces hérétiques, en opposition avec l'Eglise sur quelques points de doctrine, étaient d'accord sur l'ordination, tandis que l'erreur des simoniaques consistait à croire que l'on pouvait vendre et acheter les dons du Saint-Esprit, ce qui rendait leur ordination nulle dans son principe. Il assimile l'ordination des hérétiques à leurs baptêmes; ces deux sacrements sont valides, et ne se réitèrent point quand ils ont été administrés dans les formes prescrites, quoiqu'en général ils n'aient pas la même vertu que lorsqu'ils sont administrés dans l'Eglise. D'où vient que Brunon en excepte les ordinations simoniaques? Pour répondre à cette difficulté, on peut remarquer, avec d'habiles théologiens, qu'il est au pouvoir de l'Église, pour le maintien du bon ordre et de la discipline, d'apposer certaines conditions à la matière des sacrements, dont l'inobservation les rend nuls, comme elle l'a fait pour le sacrement du mariage. Alors on peut comprendre comment, ne pouvant effacer dans un évêque simoniaque le caractère épiscopal, elle peut en infirmer l'action et en neutraliser l'effet par l'autorité de ses lois. Tel est le sentiment d'un grand nombre de théologiens, à la tête desquels se trouve le pape Innocent III.

Vies de saints. — Nous avons deux *Vies de saints* composées par l'évêque de Segni: l'une de Léon IX, imprimée à la suite du *Traité des mystères;* et l'autre de saint Pierre, évêque d'Anagnia, célèbre par sa doctrine, sa vertu, ses miracles, et mis au rang des saints par le pape Paschal II, sur la relation que Brunon avait faite de ses actions et des guérisons miraculeuses opérées à son tombeau. Cette relation se trouve parmi ses OEuvres, avec l'acte de canonisation; mais la Vie du saint évêque d'Anagnia ne se lit que dans les Bollandistes, au 3ᵉ jour du mois d'août.

Lettres. — En 1111, le roi Henri s'étant saisi par violence de la personne de Paschal II, le retint en prison jusqu'à ce qu'il lui eût extorqué le droit d'investiture. Cette concession, où la liberté n'avait aucune part, attira au pape beaucoup de reproches. On censura sa faiblesse, et on lui fit entendre que l'évêque de Segni était à la tête des mécontents. Ce fut à cette occasion qu'il écrivit deux lettres, les seules qui nous restent de lui. Dans la première, adressée à Pierre, évêque de Porto, il blâme ouvertement ceux qui justifiaient la conduite du pape dans la concession des investitures. Dans la seconde, adressée au pape lui-même, il lui dit : « Mes ennemis répandent le bruit que je ne vous aime pas et que je parle mal de vous; c'est un mensonge. Je vous aime comme mon père, et comme je dois aimer mon seigneur; et de votre vivant je ne veux point reconnaître d'autre pontife que vous. Mais l'amour de préférence que je dois à Dieu ne me permet pas de vous aimer plus que celui qui nous a créés tous les deux. » C'est par ce motif qu'il se défend d'approuver le traité que Paschal avait conclu avec l'empereur, traité qu'il fait envisager comme honteux à la religion, contraire à la liberté de l'Eglise, aux constitutions apostoliques et à la constitution qu'il avait publiée lui-même, portant condamnation de tous les clercs qui recevraient l'institution des mains d'un laïque. « Ayez donc, lui dit-il en finissant, compassion de l'Eglise de Dieu, de l'épouse de Jésus-Christ, et faites en sorte qu'elle recouvre par votre prudence la liberté qu'elle semble avoir perdue par vous. Je ne fais aucun cas de la concession que vous avez faite à l'empereur, ni du serment par lequel vous l'avez confirmée. Violez-le, et je ne vous en serai pas moins soumis. »

Des louanges de l'Eglise. — Cet ouvrage, qui portait primitivement le titre de *Sentences,* est distribué en six livres. Dans le premier, Brunon traite du paradis terrestre, de l'arche de Noé, du tabernacle, du temple de Salomon, de l'épouse des cantiques et de la Jérusalem terrestre, qui sont autant de figures de l'Eglise de Dieu, des basiliques dédiées en son honneur, de leur dédicace et des quatre Evangiles. Les ornements de l'Eglise font la matière du second livre; et par ces ornements, Brunon entend la foi, l'espérance, la charité, et les quatre vertus cardinales, auxquelles il ajoute la soumission et l'abstinence. L'Eglise n'est pas toujours revêtue de tous ces ornements; elle a porté longtemps avec éclat celui de la foi, parce qu'il était nécessaire pour la conversion des infidèles ; alors elle faisait des miracles. Brunon parle, dans le troisième livre, du nouveau monde et des nouveaux cieux, c'est-à-dire de ce que Jésus-Christ a fait et établi de nouveau dans son Eglise, par lui-même, par ses apôtres, par sa doctrine, par la vertu de ses sacrements et par la conversion des pécheurs et des infidèles. Le quatrième contient dix-huit sermons sur les grandes fêtes de l'année ; le cinquième en contient cinq sur les fêtes de la sainte Vierge, et le sixième comprend vingt-deux discours sur les martyrs, sur les confesseurs et sur les autres saints. Il y a beaucoup de ces discours qui sont perdus. On trouve çà et là, dans ce dernier livre, quelques vers qui ne se recommandent par aucune espèce d'originalité.

Tous les écrits de Brunon se distinguent par la netteté, la précision du style, l'érudition qui y règne et la piété qu'on y respire. Il s'y rencontre néanmoins quelques passages embarrassés ; mais en s'aidant de la dissertation de dom Marchesi, il est facile de résoudre ces difficultés.

BULGARANUS, Goth d'origine et Espagnol de nation, jouissait du titre de comte et florissait vers l'an 610. Gondemar, roi des Goths, l'avait établi préfet de la Gaule Narbonnaise, et il s'acquitta avec zèle des affaires de son gouvernement. Il nous reste de lui six lettres adressées les unes à ce prince, et les autres aux plus illustres évêques de son temps. Ce sont des monuments précieux qui nous initient à la connaissance de plusieurs événements de cette époque dont les historiens avaient négligé de nous conserver le souvenir. On les a longtemps conservées manuscrites dans les archives de l'église d'Oviédo. Ambroise Moralès les a publiées le premier dans le XIIe livre de son *Histoire* : et on les trouve reproduites dans le *Cours complet de Patrologie*, publié par M. l'abbé Migne.

BURCHARD, notaire de Frédéric Barberousse, écrivit une lettre sur la victoire remportée par cet empereur, et sur la ruine de Milan qui en fut la suite, en 1162. Cette lettre, adressée à Nicolas, abbé de Siegbourg, et conservée par Freher, au tome Ier des *Ecrivains de l'Allemagne*, est reproduite aussi dans le *Cours complet de Patrologie* publié par M. l'abbé Migne.

BURCHART, d'abord abbé de Balerne et ensuite de Bellevaux, deux monastères de l'ordre de Saint-Bernard, situés dans cette partie du duché de Bourgogne qui formait la Franche-Comté, a mis sa signature au bas d'une Vie de saint Bernard, si l'on en croit Du Cange, qui déclare l'avoir trouvée dans un manuscrit de l'abbaye de Saint-Germain. Il justifie en même temps l'existence de cette signature, en lui attribuant un dernier chapitre au livre de la Vie de saint Bernard, écrite par Guillaume de Saint-Théodore. Ce chapitre se retrouve parmi les Œuvres du saint abbé de Clairvaux dans l'édition de dom Mabillon, et a été reproduit dans le *Cours complet de Patrologie* publié par M. l'abbé Migne. On trouve aussi dans la correspondance de saint Bernard une lettre adressée à cet abbé de Balerne. Elle est la 146e de la collection.

BURGONDION, jurisconsulte et citoyen de Pise, était contemporain du pape Eugène III, qui l'engagea à traduire les Œuvres de saint Jean Damascène. Fabricius, qui rapporte ce fait, lui attribue plusieurs traductions des Pères grecs, entre autres, celle d'un ouvrage de saint Grégoire de Nysse, ou plutôt de l'évêque Némésius, qui a pour titre : *De la nature de l'homme*. Cette traduction est dédiée à Frédéric Ier, empereur des Romains. On prétend qu'il traduisit aussi le Commentaire de saint Chrysostome sur saint Mathieu. Burgondion mourut en 1194.

C

CAIUS, savant auteur ecclésiastique, vivait au commencement du IIIe siècle, et fut disciple de saint Irénée, ce qui porte à croire qu'il était né dans la Gaule. Il se retira à Rome, fut agrégé au clergé de cette Eglise, sous le pontificat de Victor et de Zéphirin, et ordonné évêque des nations, vers l'an 210, pour aller prêcher la foi dans les pays barbares, sans être attaché à aucun lieu en particulier. Caïus est surtout célèbre par une conférence qu'il eut à Rome avec Procle, l'un des chefs montanistes. Eusèbe nous a conservé des fragments précieux de la relation qu'il en avait écrite en forme de dialogue. C'est de cet ouvrage que cet historien a tiré ce qu'il rapporte des tombeaux des apôtres, fondateurs de l'Eglise de Rome, dont l'un, dit-il, est au Vatican et l'autre sur le chemin d'Ostie. C'est encore sur le rapport de Caïus qu'il dit que l'apôtre saint Philippe mourut et fut enterré à Hiéraple ; que saint Jean l'Evangéliste portait une lame sur son front et fut enterré à Ephèse. Caïus est le premier auteur connu qui ait combattu le millénarisme, en écrivant contre Cérinthe. On lui attribue divers ouvrages contre Alcinoüs, où il prouve que la nation juive est beaucoup plus ancienne que celle des Grecs ; contre Artemon, en faveur de la divinité de Jésus-Christ. Eusèbe, saint Jérôme, Théodoret, Photius nous ont conservé quelques fragments de ses ouvrages. A la manière dont les anciens en parlent on doit vivement en regretter la perte.

CAIUS, souverain pontife, était originaire de Dalmatie, et parent de l'empereur Dioclétien. Suivant les anciens pontificaux, il fut élu le 16 décembre 283, et succéda à saint Eutychien. Il siégea douze ans quatre mois et sept jours, sous les empereurs Carus, Carinus, Numérien et Dioclétien. Il mourut le 21 avril 296, et il est nommé le 22 dans le Calendrier de Libère. Pendant la première persécution que Dioclétien excita contre les chrétiens, et qui dura près de deux ans,

Caïus se sauva de Rome; mais du fond de sa retraite, il ne cessa d'encourager les confesseurs et les martyrs, dont un des plus illustres fut saint Sébastien. Quoiqu'il n'ait point subi le martyre, ses dangers et ses souffrances lui en ont fait décerner le culte par l'Eglise. On a sous son nom un Décret dans lequel il ordonne que les clercs passeront par les sept ordres avant d'être sacrés évêques. Ce Décret intitulé : *Decretum circa ordinandos*, se trouve reproduit dans le *Cours complet de Patrologie*.

CALDONE, était évêque en Afrique, vers l'an 250. Il écrivit à saint Cyprien, au sujet des *tombés*, une lettre entièrement conforme à la discipline et à la foi de l'Eglise. « La nécessité des temps, lui disait-il, nous défend d'accorder légèrement la paix à ceux qui sont tombés. Cependant ceux qui, après avoir sacrifié aux idoles, ont été tentés de nouveau, et se sont bannis volontairement, me semblent avoir effacé leur péché, puisqu'ils ont abandonné leurs terres et leurs maisons pour faire pénitence et suivre Jésus-Christ. » Caldone, après avoir cité plusieurs personnes qui se trouvaient dans ces conditions, termine sa lettre en disant : « Quoique je croie qu'on doive leur donner la paix, cependant je les ai renvoyés à votre conseil, afin de ne rien faire de contraire à la discipline. Ecrivez-moi donc ce que vous avez résolu en commun. » Saint Cyprien approuva entièrement sa conduite, et, pour lui apprendre comment il s'était gouverné lui-même, il lui envoya cinq lettres qu'il avait écrites sur le même sujet, et le pria de les propager, afin que lui et ses confrères fussent gouvernés par le même esprit dans le Seigneur. Plus tard, saint Cyprien l'envoya à Carthage, afin de pourvoir aux besoins des pauvres et à l'examen des ordinands. Il l'établit son vicaire, avec pouvoir de déclarer excommuniés Félicissime et Augende, ainsi que tous ceux qui avaient suivi leur parti. Cette lettre de Caldone se trouve reproduite parmi les OEuvres de saint Cyprien.

CALIXTE II. — Sous ce nom, Guy, le plus jeune des cinq fils de Guillaume Tête-Hardie, comte de Bourgogne, fut élu pape et gouverna l'Eglise pendant cinq ans. Il naquit à Quingey, petite ville de ce comté, vers le milieu du XIᵉ siècle. A l'exemple de Hugues, le troisième de ses frères, qui devint plus tard archevêque de Besançon, il embrassa de bonne heure l'état ecclésiastique. Sur l'autorité d'un écrivain de l'ordre de Citeaux, Hugues Menard le fait moine de Saint-Benoît; mais ce fait ne paraît pas certain. Elu archevêque de Vienne en 1083, il gouverna cette Eglise pendant près de trente-six ans avec beaucoup de sagesse. L'an 1096, il assista avec l'archevêque de Besançon, son frère, au concile que le pape Urbain II tint dans la ville de Nîmes. Les deux frères y prirent la défense d'Isarn, évêque de Toulouse, contre les clercs réguliers de Saint-Sernin, et soutinrent ses intérêts avec tant de zèle, que, quoique prévenu en faveur des clercs, le pape n'osa décider l'affaire. Le traité que le pape Pascal II fit en 1111 avec l'empereur Henri V, donna occasion à l'archevêque de Vienne de signaler son amour pour l'Eglise, en écrivant directement au pape pour lui témoigner la surprise que ce traité lui avait causée. L'an 1115, notre prélat tint, par ordre du pape, un concile à Tournus pour y décider la grande affaire des églises de Saint-Jean et de Saint-Etienne de Besançon, qui toutes deux prétendaient au titre de métropole, discussion qui ne put être terminée que par la réunion des deux églises en une seule. L'an 1117, notre prélat tint encore un concile à Dijon, à la suite duquel il fonda l'abbaye de Bonneval, le premier monastère de Citeaux établi dans le Dauphiné. Le pape Gélase, successeur de Pascal II, obligé de quitter Rome et de chercher un asile en France contre l'empereur Henri V, vit à son passage à Vienne Guy de Bourgogne, et l'engagea à se rendre à l'abbaye de Cluny, où son dessein était de se retirer; mais Gélase mourut avant l'arrivée de l'archevêque, et les cardinaux qui avaient suivi ce pontife se hâtèrent de lui nommer un successeur. Guy de Bourgogne fut élu à Cluny, le 1ᵉʳ février 1119. Il était parent de l'empereur et des rois de France et d'Angleterre, oncle d'Adelaïde de Savoie, épouse de Louis le Gros. Ses vertus et ses talents, qui répondaient à sa haute naissance, le firent choisir dans les circonstances difficiles où se trouvait la cour de Rome, et il fut jugé propre à terminer les troubles qui désolaient l'Eglise depuis cinquante ans. L'antipape Maurice Bourdin, qui avait pris le nom de Grégoire VIII, s'était emparé de cette ville et du siège pontifical, et, après en avoir chassé Gélase II, y avait couronné l'empereur Henri V. La querelle des investitures, cause de tous les troubles, était dans sa plus grande effervescence. Calixte craignait que sa nomination ne fût pas ratifiée à Rome : elle y fut cependant reçue avec joie. L'Allemagne elle-même y applaudit, et l'empereur Henri, forcé de céder à l'opinion générale, promit de se trouver au concile que Calixte indiqua à Reims pour établir la paix entre l'Eglise et l'Empire. Le pape envoya des députés à l'empereur, qui parut disposé à traiter. Le concile s'ouvrit à Reims le 20 octobre; on y condamna les simoniaques, les prêtres concubinaires, et tous ceux qui exigeaient un salaire pour les sépultures et pour les baptêmes. Dès le lendemain de l'ouverture du concile, Calixte se rendit à Mouzon, pour conférer avec Henri; ces démarches furent alors inutiles. Le pape revint à Reims sans avoir rien conclu, et ce ne fut qu'en 1122, le 13 septembre, que cette négociation fut terminée à la diète de Wurtzbourg, par un accord entre les légats du pape et les députés de Henri. L'empereur, par ce traité, conserve le droit de faire les élections en sa présence, et d'investir l'élu des régales par le sceptre, et le pape se réserve l'investiture par la crosse et l'anneau. L'empereur restitue tous les domaines confisqués sur l'Eglise depuis le commencement de la discorde, et les deux parties contractantes se promettent mutuellement une paix durable et sincère. La réconciliation fut solennelle ; l'empereur communia des mains de l'évêque d'Ostie, qui lui donna le baiser de paix. Au concile de Reims, Louis le Gros, roi de France, était venu se plaindre de l'invasion de la Normandie par Henri, roi d'Angleterre, et des mauvais traitements qu'il faisait subir au duc Robert, vassal de la couronne de France; Calixte ne prétendit point interposer son autorité, car les conciles alors, par la présence des ambassadeurs et des souverains, se trouvaient souvent transformés en assemblées politiques, où l'on discutait des intérêts temporels; mais dans cette occasion Calixte se contenta d'agir comme médiateur. Il vint à Rome en 1120, pour y rétablir le véritable siége pontifical ; il y fut reçu avec les démonstrations les plus sincères de l'allégresse publique. Sa grâce et son affabilité lui gagnèrent l'affection du plus grand nombre. Il alla néanmoins dans la Pouille, implorer le secours des Normands contre l'antipape Bourdin, qui fut obligé de quitter la ville. Ce fut pendant son voyage dans la Pouille que Calixte donna l'investiture de ce duché et de celui de Calabre à Guillaume, qui lui en fit hommage lige, ainsi que Robert Guiscard, son aïeul, et Roger, son père, l'avaient fait aux pontifes précédents. Le pape tint ensuite un concile général qui est compté pour le neuvième œcuménique, et comme le premier de Latran. On y remarque, parmi plusieurs décrets, celui qui annule toutes les ordinations faites par l'antipape Bourdin, et celui qui défend l'usurpation des biens de l'Eglise romaine, et particulièrement de la ville de Bénévent, sous peine d'anathème. Ce fut dans ce concile qu'on décida d'envoyer des secours aux chrétiens d'Asie. Calixte paya lui-même la rançon de Baudouin II, roi de Jérusalem, et fit une partie des frais pour l'équipement de la flotte que les Vénitiens armèrent pour la défense de ce monarque. Il aida aussi le roi d'Espagne, Alphonse VI, contre les Maures, et fit la guerre à Roger, roi de Sicile, qui s'était ligué avec l'empereur d'Orient contre les Vénitiens ; il le vainquit, le fit prisonnier et lui rendit la liberté quelque temps après. Calixte mourut le 12 décembre 1124. Son pontificat ne fut pas sans gloire. Il rétablit la paix dans l'Eglise et la capitale du monde chrétien ; il soumit quelques comtes et autres petits tyrans, dont il fit raser les forteresses; il rétablit la sûreté au dedans et au dehors; il répara quelques monuments, et donna des aqueducs à la ville de Rome. Il orna et enrichit l'église de Saint-Pierre, en empêchant des gens puissants de piller les offrandes qui lui étaient destinées.

Ses écrits. — Il ne nous reste de ce pape que des *Lettres* et des *Priviléges*. La plupart de ces *Priviléges* furent recueillis par Gratien, de son vivant même ou peu de temps après sa mort; mais ses *Lettres* ne nous sont parvenues qu'au nombre de trente-cinq, ce qui nous donne le droit de nous plaindre qu'on n'ait pas mis plus de soin à nous les conserver; car il est impossible qu'un prélat qui a occupé pendant trente-six ans le siége de Vienne, et pendant six années la chaire de saint Pierre, ne se soit pas trouvé soumis, par les exigences mêmes de sa position, à une plus fréquente nécessité de correspondance. La première de ces lettres qui nous soit restée est celle qu'il écrivit au pape Paschal II, après le concile de Vienne tenu le 16 septembre 1111, et dans laquelle il lui demande confirmation de ce qui y avait été décidé. Il maltraite fort l'empereur dans sa lettre, quoiqu'il fût son proche parent; il ne lui épargne pas même l'odieuse qualification de cruel tyran, *crudelissimi tyranni*. Il déclare nettement au pape que, s'il ne ratifie pas ce qu'ils ont décidé, il les mettra dans le cas de lui désobéir. *Propitius sit Deus, quia nos a vestra subjectione et obedientia repellitis*. — Elu pape le 1er février 1119, Calixte écrivit, aussitôt après son sacre, qui se célébra le 9 du même mois, des lettres circulaires aux archevêques, évêques et autres prélats. La *Chronique de Saxe* nous a conservé celle qu'il adressa à Adalbert, archevêque de Mayence; encore est-elle incomplète. — La même année, Calixte, allant de Vienne au Puits, écrivit une lettre datée du 16 avril, à Frédéric, archevêque de Cologne, dans laquelle il l'exhorte à combattre avec courage, comme il l'avait fait, l'assurant de la puissante protection de celui qui commande à la mer et aux vents : « Je n'ignore pas, lui dit-il, que les ennemis de l'Eglise peuvent aboyer et la menacer. » Il marque ensuite que, pour mettre les simples à l'abri de la séduction, il invite tous ceux qui croient avoir des sujets de plainte contre l'Eglise, à venir au concile qu'il doit tenir à Reims l'automne prochain. Il est visible que cette lettre est une réponse à Frédéric, qui lui avait proposé ses difficultés; mais la lettre de ce prélat est perdue. — Le 17 juillet 1120, après la clôture du concile de Toulouse, passant par Saint-Théodard, aujourd'hui Montauban, Calixte donna à Bérenger, abbé de la Grasse, l'église de Saint-Pierre *de Valeriis*, dépendante du saint-siége, pour en rétablir le temporel et le spirituel, et écrivit en même temps à une illustre dame, nommée Jussolme, protectrice de cette église, une lettre de remerciments, par laquelle il la prie de continuer ses largesses et sa protection. — Le 8 septembre de la même année, après avoir consacré le maître-autel de l'abbaye de Ronceray, il écrivit aux évêques du Mans et d'Avranches, au comte de Mortagne, et aux châtelains de Fougères, de Mayenne et de Saint-Hilaire, en faveur de Vital, abbé de Savigny, qu'il déclare avoir pris sous sa protection. Vers la mi-novembre de l'an 1119, Calixte eut à Gisors une entrevue avec le roi d'Angleterre; ce qu'on en sait, c'est qu'il s'y agit d'affaires très-importantes, et que l'année suivante la paix, qui en était l'objet principal, fut conclue entre la France et l'Angleterre. Avant de quitter Vienne, Calixte ne voulut pas se séparer de l'Eglise qu'il avait gouvernée pendant trente-six ans sans lui donner de nouvelles marques de son tendre attachement, en lui accordant la primatie sur les sept provinces qui formaient l'ancienne Narbonnaise; mais la bulle ne fut expédiée que le 25 février 1123. La même année, Calixte tint dans l'église de Saint-Jean de Latran le concile qu'il y avait indiqué. L'ouverture s'en fit le troisième dimanche de carême; il n'y eut que deux sessions, dans lesquelles on dressa plusieurs canons contre les ordinations simoniaques, le concubinage des prêtres et différents abus qui s'étaient introduits dans l'Eglise. Les ordinations faites par l'antipape Bourdin après son excommunication furent déclarées nulles. L'an 1124, Calixte reçut des lettres d'Otton, évêque de Bamberg, par lesquelles ce prélat l'informait que Boleslas, duc de Pologne, demandait des prêtres pour instruire les peuples de Poméranie. Il consentit sans peine à des demandes aussi justes, et confirma toutes les fondations faites par Boleslas, par des lettres authentiques, qui sont les 7e et 8e dans la collection des conciles. L'an 1124, il écrivit à Aldelhelme, abbé d'Engelberg, ordre de Saint-Benoît, pour confirmer la fondation de son monastère; on peut remarquer dans cette bulle que ce fut Calixte qui lui confirma ce nom, qui signifie *mont des anges*.

Il ne nous reste des discours de ce pontife que ceux qu'il prononça au concile de Reims, et que le P. Labbe a insérés dans sa grande collection.

Plusieurs écrivains anciens et modernes ont attribué à Calixte un livre des *miracles de saint Jacques*, à la tête duquel se trouve une lettre qui porte le nom de ce pape; mais il est clairement démontré aujourd'hui que la lettre et le livre n'ont jamais été l'œuvre de ce pontife. A la suite de ce recueil se trouvent plusieurs autres ouvrages, savoir, l'histoire du martyre du saint apôtre, sous le titre de *Passio sancti Jacobi*, quatre sermons sur le même sujet, à l'occasion des différentes solennités de cet apôtre; mais, au dire des meilleurs critiques, tous ces ouvrages portent les mêmes caractères de supposition. Parmi les écrits dont les bibliographes font encore honneur au pape Calixte, il s'en trouve deux dont il faut dire un mot. Le premier, qui porte pour titre : *De obitu et vita sanctorum*, est le même, au jugement de Fabricius, qui a été si longtemps attribué à saint Isidore de Séville. *De vita et morte sanctorum*; c'est la production d'un imposteur, qui a voulu autoriser de deux noms respectables les fables ridicules qu'il y a entassées. Le second ouvrage est un traité des remèdes connu sous ce titre : *Thesaurus pauperum*. Nous ne savons sous quel prétexte on a pu l'attribuer à Calixte; son véritable auteur est Jean XIX ou Jean XXI, qui s'appelait Pierre Julien, ou autrement Pierre d'Espagne. Il est positivement désigné sous ce nom dans un manuscrit de la bibliothèque publique de Cambridge : *Thesaurus pauperum a Petro Hispano editus*. Enfin, un bibliographe, sur l'autorité de Molanus, parle encore d'un écrit publié sous ce titre : *De contractibus illicitis*. Il ne nous est pas connu d'ailleurs.

CANDIDE, auteur arien, florissait vers l'an 364. Il nous reste de lui un livre intitulé : *De la génération divine*, qui fut réfuté dès son apparition par le rhéteur africain Marius Victorinus. Plusieurs critiques lui attribuent également une lettre au même Victorinus; mais, s'il faut en croire Oudin et quelques autres, cette lettre n'est qu'un fragment informe de son livre de la *Génération divine*. Ces deux pièces, recueillies par dom Mabillon, ont été imprimées parmi les OEuvres de Marius Victorinus, dans le *Cours complet de Patrologie*.

CANDIDE, surnommé Bruyn, reçut sa première éducation au monastère de Fulde, et y embrassa la vie monastique sous l'abbé Baugulfe. Il fut ensuite envoyé en France avec un autre moine de son abbaye, nommé Modeste, pour y perfectionner ses études. Au bout de quelques années il retourna à Fulde, où il fut élevé au sacerdoce. Il supporta avec patience, comme tous ses frères, les mauvais traitements qui signalèrent l'administration de l'abbé Ratgar; mais il en fut dédommagé par les bonnes grâces de l'abbé saint Eigil, qu'on fut obligé de substituer à ce tyran, après l'avoir relégué loin de son abbaye, en 817. Candide entra si avant dans la confidence du nouvel abbé, que celui-ci lui faisait part de tous ses desseins, et se plaisait à conférer avec lui sur des points de doctrine et de piété. Il se trouva présent à la translation du corps de saint Boniface, et il semble, par la manière dont il en parle, que ce fut lui qui donna le dessein du nouveau tombeau, dans lequel ses reliques furent déposées. Raban ayant succédé à saint Eigil, mort en 822, choisit Candide pour le remplacer à la tête des écoles. Sous ce nouveau modérateur, l'académie de Fulde conserva toute sa réputation. Quand il lui arrivait quelquefois de n'avoir pas assez d'étudiants pour l'occuper, il consacrait son temps à écrire pour la postérité. On ne sait ni en quelle année il mourut, ni s'il dirigea longtemps les écoles de sa maison. Il se donne lui-même pour un homme âgé dès le vivant de saint Eigil, dont il écrivit la Vie sous le gouvernement de l'abbé Raban, qui finit en 842.

Candide laissa plusieurs ouvrages, dont quelques-uns, par la négligence des siècles qui l'ont suivi, ne sont pas venus jusqu'à nous. Le plus connu parmi ceux qui nous restent, quoique peut-être un des derniers par le temps où il fut composé, est la Vie de saint Eigil, abbé de Fulde. L'auteur en avait conçu le dessein du vivant même du saint abbé, et il ne tarda pas à l'exécuter longtemps après sa mort. Il le fit à la persuasion de l'abbé Raban, dans les moments de loisir que lui laissait son emploi d'écolâtre. Il a divisé son ouvage en deux livres, l'un en prose et l'autre en vers héroïques, qui contiennent à peu près les mêmes faits. Candide ne voulut pas les séparer en deux ouvrages différents, afin que le lecteur pût suppléer par l'un à ce qui manquerait à l'autre. L'ouvrage fini, Candide le dédia à Modeste, qu'il qualifie de confrère dans le sacerdoce et la profession monastique; c'est probablement le même avec lequel il vint achever ses études en France. L'objet principal que l'auteur se propose dans cette Vie, c'est de faire connaître en quelles circonstances et de quelle manière se fit l'élection de saint Eigil, et de signaler les principaux événements de son administration, qui ne fut que de quatre ans. Il s'arrête en particulier à détailler la cérémonie de la dédicace de l'église de Fulde, et la translation du corps de saint Boniface, jusqu'à mettre en vers le *Te Deum* et d'autres prières qu'on employa dans cette solennité. On a peu d'histoires de ce temps-là qui aient plus d'autorité, ni qui méritent plus de créance. C'est non-seulement un auteur contemporain qui parle, mais encore un homme de poids, d'érudition, de piété et qui avait été témoin oculaire de ce qu'il rapporte. On remarque cependant que les discours qu'il fait tenir à l'empereur Louis le Débonnaire et à Heistulfe, archevêque de Mayence, sont trop étendus et trop recherchés pour qu'il n'y ait pas mêlé quelque chose du sien. La prose de l'auteur n'est pas des moins soignées de son siècle, et sa poésie, quoiqu'elle ait ses défauts, fait juger qu'il avait du génie pour la versification. Son ouvrage, d'abord imprimé à Mayence par les soins du jésuite Christophe Brower, en 1616, fut réimprimé depuis par dom Mabillon, qui le fait entrer dans le tome V⁰ des Actes de l'ordre de Saint-Benoît.

Dom Bernard Pez, si avantageusement connu dans la république des lettres, nous a donné, parmi les anciens monuments dont il a enrichi l'Eglise, deux autres ouvrages, tirés d'un manuscrit de Saint-Emmeram de Ratisbonne, sur lequel ils portent le nom de Candide, prêtre; mais à cette qualité de prêtre l'auteur a cru devoir ajouter celle de disciple d'Alcuin, quoiqu'elle ne se lise nulle part dans le manuscrit. Cependant, à examiner les choses de plus près, il est difficile de ne pas appeler de ce jugement. D'abord, il est incontestable, et le savant éditeur l'avoue lui-même, que c'est un moine qui parle; or il n'y a point de preuves que le disciple d'Alcuin fut jamais moine; ensuite, Candide de Fulde était un homme de lettres qui employait ses talents à écrire pour la postérité, ce que personne ne nous apprend de l'autre Candide; enfin, à toutes ces présomptions que nous venons de signaler, se réunit encore la conformité du style entre les autres écrits de Candide de Fulde et ceux dont il est ici question, à cette différence près, qu'il est un peu plus simple dans les uns que dans les autres. Dom Mabillon, il est vrai, avait déjà attribué ces écrits au disciple d'Alcuin, mais c'était en voyage, au moment d'une première découverte, et pour compléter par une qualification le nom qui se lisait sur le manuscrit, sans avoir cherché à justifier son opinion par aucun examen.

Rien n'empêche donc de restituer au moine de Fulde les deux écrits en question.

Le premier de ces ouvrages est une explication de la passion du Sauveur, suivant la concorde des évangélistes. On voit par la préface que c'est un ou plusieurs discours adressés par un moine à sa communauté pendant la semaine sainte. Après leur avoir exposé en peu de mots le dessein de l'Eglise en renouvelant chaque année la mémoire de la passion de Jésus-Christ, et les avoir exhortés à s'en pénétrer, il leur dit qu'il serait trop long de leur expliquer cette passion, en suivant par ordre le texte de chaque évangéliste; mais qu'il va faire une concorde de tous les quatre qui leur expliquera en peu de mots le même sujet. C'est pourquoi son ouvrage commence par ces paroles : *Textus Passionis Domini ordinabilis per quatuor evangelistas*. L'auteur a assez bien réussi à donner une histoire suivie de la Passion, dans laquelle néanmoins, pour éviter les répétitions qui ne renferment aucun fait principal, il ne fait pas entrer toutes les circonstances. Il la commence au dessein que formèrent les Juifs d'ôter la vie à Jésus-Christ et la finit à sa sépulture. L'explication qu'il fait du texte est succincte, partie littérale, partie spirituelle, mais il s'attache particulièrement au sens moral auquel il joint de temps en temps des réflexions rapides, mais toujours très-judicieuses. Il n'a point fait entrer dans sa concorde les deux épées dont parle saint Luc : ainsi, il ne dit rien de la fameuse allégorie des deux glaives, le spirituel et le temporel, qui n'a été inventée que dans les siècles postérieurs. Seulement sur ces paroles et les suivantes : *Frapperons-nous de l'épée?* il observe que le prédicateur de la vérité ne se sert point du glaive matériel pour se venger de son adversaire par l'effusion de son sang, mais qu'il emploie le glaive spirituel, c'est-à-dire la parole de Dieu pour défendre les fidèles, et séparer les infidèles de la communion chrétienne. A cette occasion, il rapporte ce que firent saint Pierre et saint Paul, l'un à l'égard de Simon, et l'autre à l'égard du magicien Elimas. En parlant du renoncement de saint Pierre, il fait remarquer que cet apôtre n'avait pas encore reçu le Saint-Esprit. C'est pourquoi, dit-il, il expérimente sur-le-champ de quoi est capable la faiblesse humaine, quand elle est destituée du don de Dieu. En général, la doctrine de Candide sur tous les points de dogme et de morale qu'il touche est très-pure et très-saine. Il s'explique sur la grâce et la prédestination en vrai disciple de saint Augustin, et son style est simple, naturel et concis.

Le second écrit de Candide, publié par dom Bernard Pez, est une réponse dogmatique à cette difficulté; savoir: si Jésus-Christ a pu voir Dieu des yeux du corps? Cette réponse est adressée à un moine à qui la question avait été faite, et qui en avait demandé à Candide la solution. — Candide remarque d'abord qu'il ignore absolument si la question a jamais été agitée par les anciens Pères ou d'autres, mais que, malgré cela, il va dire ce qu'il en pense. Il pose pour premier principe avoué de tous les catholiques, que Dieu, étant esprit, est vu de l'esprit et non du corps. Il passe ensuite à l'application de ce principe, à la question proposée, et fait à son tour cette demande à celui qui lui avait écrit. « Pouvez-vous en cette vie, lui dit-il, et, au cas que vous le puissiez, voulez-vous voir la vérité des yeux du corps? Si vous me répondez que vous ne le pouvez ni ne le voulez, je vous dirai : Sachez que Jésus-Christ n'a point voulu voir Dieu autrement qu'il ne peut être vu; qu'il ne veut ni n'a voulu que ce qu'il a pu, et qu'il ne peut que ce qu'il veut, parce que la volonté et le pouvoir de Dieu ne sont autre chose que Dieu même. » De là Candide conclut que Jésus-Christ n'a pas voulu voir Dieu des yeux du corps, parce qu'il ne veut que ce qui est possible, mais qu'en se revêtant de notre nature, son esprit a continué de voir Dieu, qu'il n'avait point cessé de voir avant son incarnation. Quant aux créatures, il conclut trois choses : que les esprits, pourvu qu'ils soient purs, peuvent voir Dieu, non comme il se voit lui-même, mais autant qu'il veut bien le leur accorder; que les corps, quels qu'ils puissent être, ne le peuvent point voir, et enfin que les esprits et les corps qui ne sont point purs, non-seulement ne peuvent point voir Dieu, mais qu'il se tient même bien éloigné de leur vue. Ces points de théologie ainsi établis, l'auteur passe à un point de morale qu'il tire de son sujet même, ce qui fait comme une seconde partie à sa réponse. Il avait avancé qu'il n'y avait que les esprits ou les âmes pures qui pussent voir Dieu : il prend occasion de là d'exhorter celui à qui il répond, et en sa personne les autres moines de sa maison, à purifier leurs cœurs et à devenir devant Dieu ce qu'ils paraissent aux yeux des hommes; ce qui suppose qu'ils étaient en réputation de sainteté. Candide vient ensuite aux moyens propres à purifier le cœur, et il indique la pratique des vertus chrétiennes, entre lesquelles la foi, l'espérance et la charité tiennent le premier rang. Il insiste principalement sur la charité, « sans laquelle, dit-il, toutes les autres vertus ne sont rien. Car si vous êtes humbles et que vous n'aimiez pas celui sous les yeux de qui vous vous humiliez, votre humilité est une fausse vertu. Si vous êtes patients, et que vous n'aimiez pas celui pour qui vous souffrez, c'est une patience chimérique. De même si vous avez la foi sans aimer celui qui en est l'objet, vous ne faites que ce que font les démons. Enfin, si vous espérez sans aimer celui de qui vous attendez la réalisation de vos espérances, vos espérances sont vaines. C'est pourquoi, conclut l'auteur, il faut que tout se fasse avec la charité : *Ideo omnia cum charitate fiant.* »

Candide, en parlant de la sorte, fait paraître beaucoup de modestie; nous ne pouvons mieux en donner l'idée qu'en employant ses propres paroles. « Si ce que je viens de dire, ajoute-t-il, vous paraît véritable, contentez-vous-en. Si au contraire cela ne vous paraît pas tel, pardonnez-moi, parce que je suis homme et que je puis me tromper. J'aime cependant la vérité, et par conséquent à y être rappelé si je m'en écarte. » Il finit sa réponse par ces deux vers, qui témoignent que son intention était qu'elle fût communiquée à toutes sortes de personnes :

Pasce jubente pio patres, juvenesque novellos
Christo, quo valeant dulces gustare loquelas.

Candide, à la sollicitation de saint Eigil, comme il nous l'apprend lui-même, avait écrit aussi la Vie du bienheureux Baugulfe, abbé de Fulde avant Ratgar, prédécesseur de saint Eigil. Aucun éditeur, que l'on sache, n'a encore publié cet ouvrage, et l'on a tout lieu de craindre qu'il soit perdu. Cette perte est d'autant plus à regretter que l'écrit était plus considérable. L'auteur, comme on l'a vu, avait du talent pour écrire, et avait été témoin de la plupart des actions de Baugulfe, sous la direction duquel il avait passé plusieurs années de sa vie, puisqu'il ne mourut qu'en 815. — Du Cange cite sous le nom de Candide un autre ouvrage manuscrit, intitulé : *Candidi dicta de imagine mundi.* Il s'est longtemps conservé à la bibliothèque de Saint-Germain des Prés, sous le N° 561. Il est à croire qu'à l'époque de la révolution il aura été transféré dans quelqu'une de nos bibliothèques nationales. Les œuvres connues du moine de Fulde ont été reproduites dans le *Cours complet de Patrologie.*

CAPRÉOLUS, que le diacre Ferrand appelle un glorieux pontife et un célèbre docteur de l'Eglise, était évêque de Carthage, lorsque l'empereur Théodose II écrivit aux prélats d'Afrique pour les inviter au concile qu'il avait convoqué à Ephèse en 431. Quoique la lettre de convocation s'adressât surtout à saint Augustin, dont ce prince demandait particulièrement la présence dans ce concile, on ne peut guère douter qu'elle s'adressât aussi à Capréolus; ce qu'il y a de certain, c'est qu'elle lui fut remise par Ebagne, qui en était le porteur. Capréolus écrivit aussitôt à toutes les provinces d'Afrique pour assembler un concile national où l'on choisirait des députés pour le concile universel. Mais les ravages que les Vandales faisaient dans le pays, et le terme trop rapproché de la convocation du concile, ne permirent pas aux évêques de faire aucune assemblée. Capréolus, ne pouvant donc envoyer une députation solennelle, voulut au moins observer la discipline, et marquer son respect au concile universel; il envoya porter des excuses par un diacre dont le nom était Vésulas.

Dans la lettre dont il le chargea, il fait mention de celle qu'il avait reçue de l'empereur, et qui était adressée à saint Augustin, en disant qu'il ne l'avait ouverte que parce que ce saint évêque était mort depuis quelque temps. Ensuite, après avoir rendu raison de l'impossibilité où il se trouvait d'assembler les évêques d'Afrique, il conjure ceux d'Ephèse de résister courageusement, avec le secours du Saint-Esprit toujours présent, comme il l'espère, à chacune de leurs délibérations, de s'opposer à ceux qui voudraient introduire dans l'Eglise des doctrines nouvelles ou des erreurs déjà condamnées, et de ne point souffrir que l'on remette en question ce qui a déjà été jugé, ce que l'autorité du siège apostolique et le consentement unanime des évêques a reprouvé. « Car, dit-il, si l'on discute de nouveau sur ce qui a été décidé autrefois, ce sera faire douter de la foi même qui a été professée jusqu'ici. Il n'en est pas de même des choses qui n'ont pas encore été décidées : on peut les examiner, les recevoir ou les rejeter, suivant qu'elles sont bonnes ou mauvaises. Or il est important pour la postérité de maintenir fermes et inébranlables les décisions des saints Pères qui nous ont précédés, étant de règle que personne ne peut établir une doctrine de son autorité propre, mais avec celle des anciens, avec qui nous devons conformer nos sentiments, parce que la vérité est une dans tous les siècles. » Cette lettre, lue en plein concile, fut accueillie avec applaudissements, et insérée dans les actes, à la requête de saint Cyrille.

Capréolus écrivit à l'empereur Théodose, sur la mort de saint Augustin, une lettre dont il ne nous reste qu'un passage où, comme dans sa lettre au concile d'Ephèse, il pose pour principe qu'il n'y aura plus rien d'assuré dans le sacré comme dans le profane, dans l'Eglise comme dans l'Etat, si dans les siècles postérieurs l'on donne atteinte aux décisions des Pères. Le diacre Ferrand allègue ce passage contre le nouvel examen que demandaient les pélagiens.

La lettre à Vital et à Tonantius est une réponse qu'il leur fit sur certains points de doctrine sur lesquels ils l'avaient consulté. Il commence par les assurer que les erreurs qu'ils combattaient étaient celles de Nestorius, erreurs condamnées déjà avec leur auteur au concile d'Ephèse en 431. Il les renvoie aux actes de ce concile; mais, pour ne point leur refuser les éclaircissements qu'ils lui avaient demandés : « Nous confessons, leur dit-il, pour la seule et véritable doctrine, celle que l'antiquité évangélique tient et qu'elle nous a transmise, savoir : que le Fils de Dieu est vrai Dieu et vrai homme, quoique ce ne soit qu'une même et inséparable personne; qu'il n'a point habité dans Jésus-Christ comme dans les patriarches, les prophètes et les apôtres; mais qu'il a été fait homme réellement et toutefois d'une manière ineffable; en sorte que celui qui était et qui est encore le Fils unique du Père, est devenu, en se faisant homme, le premier-né entre plusieurs de ses frères; et que celui qui est engendré éternellement dans le ciel sans mère, a été formé du Saint-Esprit, sans père, dans le sein de la sainte Vierge; qu'on ne doit point, par conséquent, admettre plusieurs personnes en Jésus-Christ, l'une de Dieu, l'autre de l'homme, parce que cette distinction conduirait à admettre dans la divinité une quaternité au lieu de la trinité. Il fait voir ensuite que la distinction établie par saint Paul, entre le premier homme, qui a été formé de la terre, et le second, qui est descendu du ciel, ne peut subsister si Jésus-Christ n'est pas vrai Dieu, puisqu'il serait absurde de dire que la chair a été envoyée du ciel sur la terre, comme on l'affirmerait du Saint-Esprit. Le second Adam est donc appelé *céleste* par l'Apôtre, parce que le Verbe s'est fait chair et qu'il a habité parmi nous. Il prouve par divers passages de l'Ecriture sainte l'unité de personne dans les deux natures, en distinguant les propriétés de chacune. Il est dit dans l'Apocalypse : *Je suis le premier et le dernier. Je suis celui qui vis; j'ai été mort, et je vis maintenant dans les siècles des siècles.* Jésus-Christ est appelé le *premier* à cause de sa divinité, parce qu'il est le principe de tout ; et il est appelé le *dernier* à cause de son humanité, dans laquelle il a souffert la mort pour nous. » Capréolus ne croit point que le Verbe ait abandonné l'âme humaine qu'il s'était unie, ni que son corps ait souffert la moindre corruption; mais il ne doute pas qu'il ne soit descendu aux enfers, c'est-à-dire qu'il n'ait visité les saints qui y étaient captifs. Il rapporte à cette visite la résurrection de leurs corps marquée dans l'Evangile. Il allègue pour preuve de l'union inséparable des deux natures en Jésus-Christ les miracles qui parurent lors de sa mort. L'éternel, l'impassible, l'immortel, ne pouvait ni naître, ni souffrir, ni mourir sans se faire homme. Voilà la raison de son incarnation ; il fallait qu'il se fit homme pour racheter l'homme. S'il se trouvait quelque insensé qui dit que l'homme seul peut remettre les péchés, Capréolus leur oppose le témoignage des Juifs mêmes, qui soutenaient que c'était blasphémer que d'attribuer ce pouvoir à tout autre qu'à Dieu. Il relève beaucoup le témoignage que saint Pierre rendit à la divinité de Jésus-Christ, et montre que par le rapport de sa réponse à la question du Sauveur, on voit clairement qu'il ne reconnaissait en lui qu'une seule personne en deux natures. Il conseille à Vital et à Tonantius la lecture des livres saints et des écrits des docteurs de l'Eglise, les assurant qu'ils y trouveront mieux que dans sa lettre ce que la foi nous oblige de croire. Les lettres de Capréolus sont reproduites dans le *Cours complet de Patrologie*.

CASSIEN (Jean), issu d'une famille illustre et chrétienne, naquit au milieu du IVᵉ siècle, dans la Scythie, selon Gennade, et en Provence selon les autres. Cette dernière opinion est justifiée par divers endroits de ses écrits, où il fait le tableau de la beauté et de la fertilité de son pays natal, ce qui ne saurait convenir aux affreux déserts de la Scythie; par l'élégance de son style latin;

qu'il n'aurait pu acquérir dans une contrée où la langue latine était inconnue; enfin, par le désir qu'il témoigne de revoir ses parents en allant à Marseille. On ignore par quel événement il fut conduit dès sa plus tendre jeunesse dans le monastère de Bethléem en Syrie, où il cultiva les sentiments de piété qu'il avait puisés dans la maison paternelle, et se forma aux exercices de la vie ascétique. La haute réputation des solitaires qui habitaient les déserts de l'Egypte lui inspira, vers l'an 390, l'idée d'aller les visiter, accompagné de son ami Germain, qui avait quitté sa patrie pour le suivre. Le désir d'une plus grande perfection les conduisit dans la haute Thébaïde, et ils passèrent plusieurs années dans le monastère de Scété, où résidaient les plus parfaits de tous les moines du désert. Ils allaient nu-pieds, comme les anachorètes du pays, étaient pauvrement vêtus, subsistaient du travail de leurs mains, menaient une vie austère, et mangeaient à peine deux pains de six onces par jour. Après avoir admiré et étudié les hommes merveilleux de ces solitudes, Cassien retourna à Bethléem, où il ne séjourna pas longtemps, puis de là se rendit à Constantinople, en 403. Il reçut les instructions de saint Jean Chrysostome, qui l'ordonna diacre et l'agrégea au clergé de son église. Lorsque le saint patriarche fut exilé, Cassien fut chargé de porter à Rome les lettres dans lesquelles le clergé de Constantinople prenait la défense de son pasteur persécuté. On ignore ce qu'il devint jusqu'en 414, qu'il se retira à Marseille, où il fut ordonné prêtre. Il y fonda deux monastères, l'un pour les hommes, l'autre pour les femmes. Le premier est la célèbre abbaye de Saint-Victor, où l'on assure qu'il eut sous sa discipline jusqu'à cinq mille moines. Il y vivait encore en 433, selon la chronique de saint Prosper. Dom Rivet pense qu'il mourut en 434 ou 435, plein de jours et de vertus.

Ses ouvrages, que nous allons analyser, rendirent son nom célèbre dans les Gaules; mais ils y excitèrent des troubles par les erreurs qu'ils contenaient sur la grâce. En reconnaissant, avec saint Augustin, contre les pélagiens, l'existence du péché originel et la nécessité d'une grâce intérieure pour tous les actes de piété, il s'écarta de la doctrine du saint docteur sur la distribution de cette grâce, qu'il attribue aux mérites de l'homme, ce qui en détruisit la gratuité. Ce fut pour combattre cette erreur que saint Augustin composa les deux livres de la *Prédestination* et du *Don de la persévérance*, où il place la raison de l'inégale distribution de la grâce dans la volonté toute-puissante de Dieu, enveloppée d'un mystère impénétrable. La lecture de ces livres ne termina pas les disputes, qui se prolongèrent jusqu'au second concile d'Orange, en 529, où la doctrine de saint Augustin fut consacrée; et dès lors le semi-pélagianisme s'éteignit insensiblement, sans avoir causé de schisme, parce que les personnages respectables qui l'avaient professé ne s'étaient jamais séparés de l'unité.

Institutions monastiques. — Le premier ouvrage de Cassien est celui qui porte le titre d'*Institutions monastiques*. Composé en 420, il a toujours été regardé comme le meilleur et le plus utile de ses écrits par les Pères de la vie spirituelle, quoiqu'il y laisse déjà apercevoir le germe de ses erreurs sur la grâce. Elles contiennent les règles des monastères d'Orient, adaptées aux pratiques reçues dans ceux des Gaules. Cet ouvrage est divisé en douze livres, dont nous allons rendre un compte très-succinct, en ne reproduisant que ce qui se distingue des autres règles.

Dans le premier livre il parle des habits des moines, et commençant par la ceinture, il dit qu'il faut qu'un religieux, comme étant le soldat de Jésus-Christ toujours préparé au combat, ait continuellement les reins ceints; sur quoi il rapporte divers exemples de l'Ancien et du Nouveau Testament, où l'on voit les prophètes et les apôtres porter des ceintures sur leurs reins. A l'égard des habits, il veut qu'on n'y cherche qu'à se couvrir simplement le corps, qu'à cacher sa nudité, et à se défendre contre le froid, et non pas à satisfaire sa vanité ou à nourrir son orgueil; qu'ils soient tellement vils, qu'ils n'aient rien ni dans leur couleur, ni dans la nouveauté de leur forme, qui les fasse remarquer parmi les personnes de la même profession; qu'on n'y recherche point une saleté et une bassesse trop étudiée, et qu'ils puissent être sans scandale, destinés pour toujours à l'usage commun de tous les serviteurs de Dieu. Il n'approuve point que l'habit de dessus soit fait de poil de chameau ou de bouc, parce qu'il pourrait être une occasion de vanité, et ôter la liberté de travailler; mais il trouve à propos que celui de dessous en soit, pour mortifier la chair. Il détaille ainsi tout le reste de l'habillement qui n'offre rien de particulier, et finit par la chaussure, en disant que les moines marchaient ordinairement pieds nus, un bâton à la main. Mais dans les grands froids ou dans les grandes chaleurs, et lorsqu'ils étaient infirmes, ils se servaient de sandales, qu'ils quittaient lorsqu'ils célébraient ou recevaient les saints mystères, croyant devoir observer à la lettre ce qui fut dit à Moïse et à Josué : *Otez vos sandales, parce que le lieu où vous êtes est une terre sainte*.

Cassien marque, dans le deuxième livre, l'ordre des prières du jour et de la nuit : l'usage n'en était point uniforme partout; il y en avait qui se faisaient une loi de chanter chaque nuit vingt psaumes, d'autres trente, en les faisant précéder d'une antienne; d'autres en chantaient un plus grand nombre; quelques-uns se bornaient à dix-huit, et il y avait sur ce point presque autant de coutumes différentes que de monastères. La même variété se faisait remarquer dans les offices du jour, c'est à dire, de *Tierce*, *Sexte* et *None*. Quelques-uns proportionnaient le nombre des psaumes qu'ils devaient chanter à ces heures-là, à celui qui est marqué par l'heure même: en sorte qu'à Tierce ils en disaient trois, six à Sexte et neuf à None; mais d'autres en disaient six à chaque heure du jour......... Suivant la règle rapportée par Cassien, les moines s'assemblaient deux fois, le soir et vers le milieu de la nuit. Dans chacune de ces assemblées on chantait douze psaumes, suivant le nombre qui avait été marqué par un ange aux anciens pères. Tous les moines ne chantaient pas ensemble, mais un seul à la fois; et ils se succédaient isolément jusqu'à ce que le dernier psaume fût chanté. Ce n'était point l'usage en Egypte, comme dans les Gaules, de terminer le psaume par le verset *Gloria Patri*, etc.; mais on le finissait par une courte prière, à laquelle on ajoutait *Alleluia* à la fin du douzième psaume.

On voit dans le troisième livre l'ordre des prières que les autres moines orientaux, c'est-à-dire de la Palestine et de la Mésopotamie, faisaient pendant tout le jour; car il y avait entre eux et ceux d'Egypte cette différence, que les Egyptiens ne s'assemblaient que pour les offices de Vêpres et de la nuit, au lieu que les moines de la Palestine s'assemblaient aussi pour les offices de Tierce, de Sexte et de None; ils chantaient ou récitaient à chacun de ces trois offices du jour, trois psaumes. Cassien rend raison de l'institution des offices en ces heures-là, disant qu'on avait choisi l'heure de Tierce, à cause de la descente du Saint-Esprit; celle de Sexte, à cause de la passion de Notre-Seigneur, et celle de None, à cause de sa descente aux enfers en ces heures-là. Il trouve les heures des autres offices marquées dans l'Ancien Testament, où il est parlé des sacrifices que l'on offrait chaque jour dans les temps marqués le soir et le matin........ S'il arrivait qu'un moine ne se trouvât point aux heures de Tierce, de Sexte et de None avant la fin du premier psaume, il ne lui était pas permis d'entrer dans l'oratoire, ni de se mêler avec ceux qui psalmodiaient; mais il devait rester debout au dehors, jusqu'à ce que, tous sortant de l'oratoire, il demandât et obtînt, prosterné, le pardon de sa négligence. Mais dans les assemblées de la nuit on n'imposait cette pénitence qu'à ceux qui n'arrivaient pas avant la fin du second psaume.

Le quatrième livre est employé à décrire l'examen et la réception des moines, tels qu'ils se pratiquaient particulièrement à Tabenne, île du Nil dans laquelle saint Pacôme avait bâti un célèbre monastère. Il y avait, du temps de Cassien, plus de cinq mille moines à Tabenne gouvernés par un seul abbé; ils y vivaient dans une obéissance parfaite et la plupart persévéraient dans cet état jusqu'à une extrême vieillesse. Lorsque quelqu'un postulait pour être reçu dans le monastère, on ne lui en permettait point l'entrée qu'il n'eût demeuré durant dix jours ou davantage, couché à la porte, pour y donner en même temps des marques certaines de sa persévérance et de son désir, aussi bien que de son humilité et de sa patience. Il se prosternait aux pieds de tous les frères qui passaient; ils le rebutaient tous et le méprisaient à dessein, comme s'il eût désiré d'entrer dans le monastère, non par un mouvement de piété, mais pour éviter le besoin; on le chargeait même d'injures et de reproches, pour éprouver, par sa patience dans ces outrages, jusqu'où pourrait aller sa fermeté, et quel il serait un jour au milieu des tentations. Eprouvé de la sorte, on le recevait, mais après avoir examiné avec soin s'il ne retenait rien des biens qu'il avait possédés avant de se présenter. Cette précaution leur paraissait nécessaire, sachant par expérience que celui qui a le cœur attaché à l'argent et qui en conserve en secret ne peut acquérir les vertus d'humilité et d'obéissance, ni se contenter de la vie pauvre et sévère du monastère; ils ne voulaient pas même que celui qui était admis y donnât ses biens, dans la crainte que, enflé de cette offrande, il ne dédaignât les frères plus pauvres que lui, et aussi parce qu'il était arrivé dans d'autres monastères que quelques-uns avaient redemandé, au mépris de la religion, les biens qu'ils avaient donnés, et qui avaient déjà été employés à l'œuvre de Dieu. Pour marquer qu'ils se dépouillaient entièrement de toutes les choses qu'ils avaient possédées dans le monde, ils quittaient au milieu de l'assemblée des frères leurs propres habits et en recevaient des mains de l'abbé, dont on usait dans le monastère; toutefois l'économe gardait les habits qu'ils avaient quittés, afin de les leur rendre au cas qu'ils sortissent du monastère pour n'y avoir pas donné des preuves d'une véritable conversion. Celui qui était admis dans le monastère ne l'était pas pour cela à la communauté des frères; mais il logeait sous la conduite d'un ancien, dont la demeure n'était pas éloignée de la porte du monastère, et qui avait soin des étrangers. Si ce novice passait un an entier sans reproche, en servant lui-même les étrangers avec humilité et patience, alors on l'associait à la communauté et on le mettait sous la discipline d'un autre, choisi parmi les pères les plus consommés dans la vie monastique. Cassien s'occupe ensuite de la nourriture, des repas, du silence, de la prière, de l'humilité, de la mortification et de l'obéissance; puis, s'adressant à un novice, il l'avertit de ne point se laisser aller à la tiédeur par le mauvais exemple du plus grand nombre, mais de vivre et de marcher avec le petit nombre dans la voie étroite qui conduit à la vie. Il lui prescrit divers degrés pour arriver à la perfection : le premier est la crainte du Seigneur, les autres consistent dans l'ouverture du cœur à l'égard de son supérieur, dans l'obéissance, dans la douceur, dans la patience, dans l'observation de la règle commune et dans l'habitude de l'humilité. « Le principe de notre salut et de la sagesse, dit-il, est la crainte du Seigneur. De cette crainte naît une componction salutaire; de la componction du cœur procède le renoncement, c'est-à-dire, le dépouillement et le mépris de tous les biens temporels. Ce dépouillement produit l'humilité. De l'humilité vient la mortification des volontés, qui sert à déraciner et à faire mourir tous les vices; ensuite naissent les vertus, qui, en fructifiant, nous acquièrent la pureté du cœur, qui nous met en possession de la perfection de la charité apostolique. »

Dans les huit livres suivants, Cassien explique avec exactitude les causes et les origines des vices capitaux, et donne des instructions pour les combattre. Il réduit ces vices à huit, savoir, la gourmandise, l'impureté, l'avarice, la colère, la tristesse, la paresse, la vanité et l'orgueil. La gourmandise fait le sujet du cinquième livre, où il convient que l'on ne peut point établir une règle uniforme sur le jeûne, à cause de la différence des âges, des sexes, des tempéraments et de la santé. D'où vient que parmi les anciens il n'y avait rien de fixé généralement sur cette matière. Il y en avait qui jeûnaient des semaines entières, d'autres trois jours, et quelques-uns seulement deux. On en voyait au contraire plusieurs qui, à raison de leur maladie ou de leur grand âge, ne pouvaient qu'avec peine supporter le jeûne jusqu'au coucher du soleil. Il en était de même des aliments : les légumes cuits dans l'eau ne convenaient pas à tous, non plus qu'une réfection de pain sec. Quelques-uns mangeaient deux livres de pain sans être rassasiés, d'autres en mangeant qu'une livre ou même six onces s'en trouvaient chargés ; en sorte que la règle qui doit être commune à tous, est de prendre de la nourriture selon son besoin. L'ivresse ne consiste pas seulement dans l'excès du vin, mais de toute autre nourriture : d'où vient que le prophète a reproché à Sodome non la crapule du vin, mais d'avoir excédé dans la quantité du pain. Au reste, la pureté de cœur ne souffre rien de l'infirmité de la chair, quand elle ne cherche dans les aliments qu'à soutenir sa fragilité et non pas à satisfaire la volupté : c'est pourquoi l'Apôtre ne défend point de prendre soin de la chair, mais seulement de ne la pas contenter dans ses désirs. Il y a donc un milieu à garder, même dans le jeûne, et il est plus raisonnable de manger chaque jour avec modération que d'être par intervalle longtemps sans prendre de nourriture, les jeûnes immodérés affaiblissant ordinairement la constance de l'âme, et ôtant à la prière son activité. Cassien distingue trois sortes de gourmandises : l'une qui prévient l'heure fixée pour la réfection ; l'autre qui consiste à prendre de la nourriture avec excès, et la troisième qui se plaît dans les mets exquis et délicieux. Il veut qu'un moine combatte contre la première, en attendant l'heure destinée à la réfection ; contre la seconde, en ne se laissant point emporter par le plaisir de manger, et contre la troisième, en se contentant des aliments les plus vils.

Il traite dans le sixième livre de la manière de guérir le vice d'impureté : comme c'est dans le cœur que les pensées mauvaises prennent leur origine, il dit qu'il faut surtout s'appliquer à le purifier ; que les autres vices peuvent se corriger en fréquentant les hommes, mais que celui d'impureté trouve sa guérison dans une vie retirée et éloignée du commerce des hommes. Il met cette différence entre la chasteté et la continence, que celle-ci est le propos et celle-là l'exécution en sorte qu'on peut être continent de profession sans être chaste. Il enseigne que, pour acquérir la chasteté, la volonté de l'homme ne suffit pas, ni même les soins qu'il pourrait se donner à cet égard, mais qu'il est besoin d'un secours, d'une grâce particulière de Dieu, et que l'homme reconnaisse que les combats qu'il a à soutenir en ce genre sont au-dessus de ses forces. Cette doctrine, qui est celle des anciens, est confirmée par l'expérience de ceux qui ont mérité de posséder cette vertu. On fait des progrès dans les autres, et on surmonte tous les vices par la grâce de Dieu, mais à l'égard de la chasteté, elle ne s'acquiert que par un bienfait singulier et un don spécial de Dieu. Les remèdes qu'il prescrit contre l'impureté sont un jeûne continuel, mais modéré, une grande humilité, beaucoup de patience et une vigilance exacte sur toutes ses passions.

Il fait voir dans le septième livre qu'un moine doit être d'autant plus éloigné de l'avarice, que par sa profession il a renoncé à toutes les richesses ; mais ce vice, lorsqu'il s'est une fois emparé de l'âme, ne la quitte que difficilement. Il est la source d'une infinité de maux, un obstacle à toutes les vertus, et particulièrement à la stabilité dans un monastère. Il rappelle l'exemple des apôtres et des fidèles de la primitive Eglise, et le propose à l'imitation des moines. Cassien veut que, pour se garantir de ce vice, on se remette souvent en mémoire les châtiments qu'encoururent Ananie et Saphire, Giézi et Judas, et que l'on pense aussi au jour où le Seigneur viendra comme un larron, au milieu de la nuit, nous redemander notre âme.

Il commence le huitième livre par réfuter ceux qui soutenaient que la colère n'était point un mal, puisque l'Ecriture l'attribue à Dieu, et même la fureur, le zèle et l'indignation. Il montre que s'il fallait prendre à la lettre ces endroits de l'Ecriture, il faudrait aussi dire de lui qu'il dort, qu'il est assis, qu'il est debout, qu'il oublie, qu'il ignore, qu'il se repent, qu'il a des yeux, des bras et autres choses semblables qui sont dites de Dieu dans l'Ecriture, mais dans un sens impropre et métaphorique. Cassien semble interdire toutes sortes de colère, et s'appuyer en cela d'un passage de l'Epître aux Ephésiens ; mais en examinant bien tout ce qu'il dit sur ce sujet, on voit qu'il ne condamne qu'une colère vicieuse et désordonnée, c'est-à-dire celle qu'il compte parmi les péchés capitaux ; aussi distingue-t-il entre les motifs qui excitent en nous le mouvement de la colère, et il convient qu'il y a des occasions où ce mouvement est légitime, comme on le voit par ces paroles du psaume IV : *Fâchez-vous, mais ne péchez pas*. Il est vrai qu'il l'entend du mouvement de colère qui nous fâche contre nous-mêmes par le regret de nos péchés. Il explique dans le même sens ces paroles : *Que le soleil ne se couche point sur votre colère.* Il prouve à ceux qui gardaient pendant plusieurs jours des ressentiments contre leurs ennemis, qu'ils ne devaient pas même garder leur colère un instant, puisque l'Évangile met la réconciliation fraternelle au-dessus des sacrifices; puisque la loi de Moïse défend de conserver dans le cœur la haine et le souvenir des injures. Il ajoute à cela plusieurs passages de l'Évangile et des Épîtres des apôtres où l'on menace du jugement de Dieu et où l'on qualifie d'homicides ceux qui haïssent leurs frères. Entre les remèdes qu'il prescrit contre la colère, il veut que nous considérions qu'il ne nous est point permis de faire à Dieu nos prières en cet état, et que, mourant chaque jour, toutes ces bonnes œuvres ne nous feront point éviter les supplices éternels, si nous finissons notre vie avec une haine dans le cœur.

Le neuvième livre traite de la tristesse, que Cassien prend pour l'impatience, compagne presque inséparable de la colère; il en marque l'origine, les progrès et les remèdes, disant que nous pourrons chasser cette passion de notre cœur, si, continuellement occupés de la méditation de la vérité, nous relevons notre esprit et notre courage par l'espérance future de la béatitude qui nous est promise.

Il suit la même méthode dans le dixième livre, où il traite du vice de l'ennui ou de la paresse. Le remède le plus général qu'il propose pour le déraciner est le travail des mains. Il s'appuie en cela tant sur la doctrine de saint Paul que sur son exemple et sur celui des anciens moines, particulièrement de ceux d'Égypte, qui s'appliquaient continuellement au travail manuel. Il fait voir que saint Paul travaillait non-seulement pour avoir de quoi fournir à ses besoins particuliers, mais encore aux besoins de ceux qui étaient avec lui, et qui, tous les jours engagés en diverses affaires qui leur étaient inévitables, ne pouvaient gagner leur vie eux-mêmes en travaillant de leurs mains. A l'égard des solitaires d'Égypte, Cassien dit que, se réglant sur l'exemple et les ordonnances de ce saint apôtre, ils ne pouvaient souffrir que leurs religieux, et particulièrement les plus jeunes, demeurassent un moment sans rien faire. Il juge d'eux, dit-il, et du dedans de leur cœur, de leur progrès dans la vertu, de leur patience et de leur humilité par leur amour pour le travail; et, bien loin de permettre que quelqu'un d'entre eux reçoive d'un autre de quoi se nourrir, ils veulent au contraire nourrir de leurs travaux les survenants et les étrangers.

Le vice de la vanité qu'il combat dans le livre onzième règne non-seulement dans nos actions extérieures, mais encore dans celles qui sont intérieures et secrètes, en sorte qu'il agit au dehors et au dedans, à droite et à gauche. Tous les autres vices se flétrissent et se sèchent dès qu'on les a surmontés; plus on les dompte, plus ils s'affaiblissent; souvent les lieux et les temps diminuent leur violence; souvent l'opposition qu'ils ont aux vertus qui leur sont contraires fait qu'on les évite plus aisément; mais celui de la vanité ne s'élève jamais avec plus d'opiniâtreté que lorsqu'il se voit terrassé; lorsqu'on le croit tout à fait mort, on trouve dans cette mort une vie et une force toute nouvelle. Les autres péchés n'attaquent que ceux qu'ils ont déjà surmontés dans le combat; mais celui-ci répand toute sa rage contre ceux qui l'ont vaincu; plus on l'a foulé aux pieds, plus il reprend d'esprit et de vigueur dans la gloire même de la victoire qu'on a remportée sur lui. Entre autres moyens qu'il prescrit aux moines pour se mettre en garde contre ce vice, il leur recommande de ne point fréquenter les évêques, sans doute afin d'éviter la tentation de solliciter d'eux quelques degrés dans la cléricature. Il était assez ordinaire alors, qu'à défaut d'autres clercs, on employât des moines dans les monastères aux fonctions ecclésiastiques.

Quoique Cassien traite en dernier lieu du vice de l'orgueil, il le regarde néanmoins comme le premier, soit par rapport à son origine, soit par rapport au temps, parce qu'il est non-seulement la source de tous les autres péchés, mais qu'il a encore été commis le premier, soit par les anges, soit par les hommes. Il distingue deux sortes d'orgueil, l'une qui attaque les imparfaits, l'autre les plus parfaits. Il remarque que c'est le seul péché dont Lucifer se soit trouvé coupable, et qui l'ait réduit à la qualité de démon, d'archange qu'il était; mais que dans l'homme ce péché a produit la matière de toutes sortes de vices. Il dit que le mal de l'orgueil est si grand qu'il faut que Dieu même soit son ennemi, et que c'est par la vertu de l'humilité qu'un Dieu fait homme a éteint l'orgueil du démon; que c'est par la même vertu que nous devons surmonter cette passion en reconnaissant, avec l'Apôtre, que dans les progrès que nous faisons dans la vertu, ce n'est pas nous qui agissons, mais la grâce de Dieu avec nous, personne ne pouvant par ses propres forces parvenir à la perfection des vertus ni à la béatitude qui nous est promise. Qu'avons-nous en effet que nous n'ayons reçu, et si nous l'avons reçu, pourquoi nous en glorifier? Il fait un détail des vices que produit l'orgueil, et donne des indices auxquels chacun peut connaître s'il est possédé de ce défaut, dont on peut, dit-il, trouver le remède dans le bas sentiment de soi-même, en se persuadant pleinement que nous ne pouvons rien sans le secours de Dieu, en ce qui regarde la perfection. C'est là où Cassien en revient ordinairement dans ses *Institutions monastiques*. Il demande le secours de la grâce, pour l'accomplissement d'une bonne œuvre; mais c'est à la volonté de l'homme qu'il paraît attribuer le commencement de ces bonnes actions. Cassiodore dit, tant de ce livre que des précédents, que Cassien y décrit si parfaitement les mouvements déréglés de notre esprit, qu'il nous fait presque voir de nos yeux nos propres défauts, en nous excitant fortement à éviter des excès que jusque-là notre ignorance nous avait empêchés de reconnaître.

Conférences. — Les *Conférences* diffèrent des *Institutions*, en ce que, dans celles-ci, il n'avait guère décrit que la vie extérieure des moines, et dans celles-là il s'attache à former leur intérieur, en les élevant à la sublimité de la vie contemplative. C'est dans la treizième de ces *Conférences* plus que dans aucun autre de ses ouvrages, qu'il expose et développe son semi-pélagianisme. Ces *Conférences* sont distribuées en trois classes, dont chacune est précédée d'une préface en forme d'épître dédicatoire. La première classe renferme dix conférences, dans lesquelles il ne fait parler que des moines de Scété ; celles de la seconde classe sont au nombre de sept, et Cassien y fait parler les moines qu'il avait vus à son premier voyage d'Égypte. La troisième classe comprend sept autres conférences, adressées à quatre moines qui habitaient les îles appelées Stocades, aujourd'hui les îles d'Hyères sur les côtes de Provence. Les noms de ces quatre religieux étaient Jovien, Minerve, Léonce et Théodore, et ils étaient tous quatre en grande réputation de sainteté.

Première classe. — La première conférence, dans laquelle Cassien fait parler l'abbé Moïse, roule entièrement sur la fin ou le but que doit se proposer un solitaire. Chaque profession a une fin qui lui est propre : et celui qui désire d'y exceller souffre non-seulement avec patience tous les travaux, mais encore tous les périls et toutes les difficultés qui se rencontrent dans son entreprise. Un laboureur dont le but est de cultiver un champ, et ensuite d'en recueillir une moisson abondante, endure avec un courage infatigable les plus violentes ardeurs de l'été et les plus grandes rigueurs de l'hiver ; il ne craint point de tirer son blé de ses greniers pour le confier à la terre. Il en est de même de ceux qui s'adonnent au commerce ou à la profession des armes : tous sont insensibles aux périls et aux fatigues inséparables de ces professions. La nôtre, dit l'abbé Moïse, a aussi son but et sa fin particulière, pour laquelle nous souffrons constamment tous les travaux qui s'y rencontrent. C'est cette fin qui nous empêche de nous lasser dans la continuation de nos jeûnes, qui nous fait trouver du plaisir dans la fatigue de nos veilles, qui nous ôte le dégoût dans l'assiduité de la lecture et de la méditation de la parole de Dieu, qui nous fait supporter avec douceur et avec joie ce travail sans relâche dans lequel nous passons notre vie, cette pauvreté, ce dénuement, cette privation de toutes choses, et qui fait que nous n'avons point d'horreur de cette vaste et affreuse solitude. Le royaume du ciel est la fin générale que se proposent tous les chrétiens ; mais le moyen pour y arriver est la pureté de cœur, sans laquelle il est impossible que jamais personne arrive à cette fin. On doit donc embrasser tout ce qui peut produire cette pureté de cœur, et rejeter comme pernicieux tout ce qui peut en éloigner. Il entend par cette pureté du cœur la charité dont saint Paul décrit les effets dans sa première Épître aux Corinthiens, et qu'il déclare si essentielle que sans elle toutes les autres vertus ne sont rien. Or l'objet de cette charité est Dieu, qu'on peut contempler en lui-même ou dans ses créatures, puisqu'on le connaît dès ici-bas par la grandeur et l'excellence de ses œuvres, par la considération de sa justice, et par cette sagesse qu'il ne cesse de faire briller dans le gouvernement du monde. Toutes ces considérations et autres semblables sont comme de simples regards d'une âme qui voit Dieu, et qui le possède avec d'autant plus de perfection que sa vie est plus sainte et son cœur plus pur. Il est vrai que notre esprit trouve des obstacles à cette contemplation dans la multitude des pensées dont il est attaqué ; mais si nous ne pouvons les empêcher de naître dans nous, nous pouvons, avec le secours de Dieu, les discerner, et les rejeter ou les recevoir selon qu'elles nous paraîtront bonnes ou mauvaises. Il remarque que nos pensées viennent de trois sources ou de trois principes : de Dieu, du diable, ou de nous-mêmes. Elles viennent de Dieu, lorsqu'il daigne nous éclairer par l'infusion de son esprit, qu'il nous excite à nous avancer dans la vertu, et qu'il nous inspire de pleurer nos péchés ; elles viennent du démon lorsqu'il tâche de nous surmonter par le plaisir des vices ou par les piéges qu'il nous tend en secret. C'est ainsi qu'il tenta Ananie et Saphire pour les faire mentir au Saint-Esprit. Elles viennent de nous-mêmes, lorsque, par un effet naturel de notre esprit, nous nous souvenons des choses, ou que nous avons faites, ou que nous avons entendues. La règle à observer dans toutes ses actions, c'est de les examiner au poids du sanctuaire, c'est-à-dire selon les règles des prophètes et des apôtres, afin que si elles se trouvent conformes à la perfection qu'elles commandent, on les accomplisse avec joie, et qu'au contraire on s'en abstienne si elles s'y trouvent opposées. Après que l'abbé Moïse eut expliqué à Cassien, et à Germain qui l'accompagnait, tout ce qui regardait les moyens et la fin du salut, il les pria de prendre un peu de repos sur les mêmes nattes où ils étaient assis pendant qu'il leur parlait ; il leur donna pour appuyer leur tête, une sorte de chevet à l'usage des moines d'Égypte ; c'étaient des roseaux ajustés par petites bottes longues et menues, liées fort doucement, environ de pied en pied. Elles servaient également de siége lorsque les solitaires s'assemblaient. Ce petit meuble était d'autant plus commode, qu'il était facile à manier, qu'il se faisait sans peine et ne coûtait rien, étant libre à tout le monde d'en couper sur les bords du Nil, où il y en avait en abondance. Le lendemain dès la pointe du jour, l'abbé Moïse, voulant s'acquitter de sa promesse, fit un discours sur l'excellence de la vertu que l'Apôtre appelle la discrétion, et qu'il place entre les dons de Dieu. Il leur dit que c'était un des plus grands fruits et des plus grands effets de la grâce de Dieu dans nos âmes; que si un solitaire ne s'applique avec soin à acquérir cette vertu, et s'il ne se met en état de pouvoir discerner quels sont les esprits qui se glissent dans son cœur, il ne pourra se préserver de chute; il appuie d'abord cette proposition par le témoignage de saint Antoine, qui, dans une conférence qui se tenait chez lui, touchant la vertu la plus nécessaire à toutes sortes de personnes, conclut en disant que c'était la discrétion. Cette vertu de discrétion est la mère de toutes les autres; avec elle on peut monter au comble de la perfection sans des peines et des travaux extraordinaires, au lieu que sans elle on n'y arrive jamais, quelques efforts que l'on fasse. Il fait consister cette vertu dans une humilité sincère, dont la première preuve est de laisser le discernement de toutes nos actions et même de toutes nos pensées à la sagesse de nos supérieurs; il convient néanmoins qu'on doit user de réserve dans le choix de ceux à qui l'on veut découvrir le secret de son cœur. Ce n'est ni par le nombre des années, ni par la blancheur des cheveux, qu'on doit juger quels sont ceux qui méritent notre confiance, mais par la probité de leurs mœurs, par l'excellence de leur vie, par la régularité de leur conduite.

C'est l'abbé Paphnuce, également célèbre par son savoir et par sa vertu, qui parle dans la troisième conférence. Il montre que Dieu nous appelle de trois manières différentes, ou immédiatement et par lui-même, quand par ses inspirations divines il nous touche le cœur, nous fait aimer notre salut et nous inspire le désir de la vie éternelle; ou par l'entremise des hommes, lorsque l'exemple des saints ou leurs instructions nous touchent et nous enflamment du désir de notre salut; ou par quelque accident considérable, comme la perte de notre bien ou la mort de personnes qui nous étaient chères, ce qui nous oblige à nous jeter entre les bras de Dieu. Ce dernier degré de vocation est plus imparfait et plus défectueux que les deux autres; néanmoins il a réussi à plusieurs. Paphnuce traite ensuite des choses auxquelles il faut renoncer, et les distribue en trois classes, suivant la tradition des Pères et l'autorité de l'Ecriture. La première est de renoncer à tous les biens et à toutes les richesses de ce monde; la seconde, de renoncer à nous-mêmes, à nos vices, à nos mauvaises habitudes et à toutes les affections déréglées de l'esprit et de la chair; la troisième, de retirer notre cœur de toutes les choses présentes et visibles, pour ne s'appliquer qu'aux éternelles et aux invisibles. On trouve ces trois sortes de renoncements dans le commandement que Dieu fit à Abraham de sortir de sa terre, de sa parenté et de la maison de son père; car c'est comme si le Seigneur lui avait dit : Sortez de votre vie ordinaire et des inclinations mauvaises qui s'attachent à vous par la corruption de la chair et du sang; perdez la mémoire de toutes les choses de ce monde et de tout ce qui se présente à vos yeux. Le saint abbé montre que les deux premiers renoncements sont de peu d'utilité sans le troisième, auquel nous arriverons lorsque notre esprit, n'étant plus appesanti par la contagion de ce corps animal et terrestre, s'élèvera au ciel par la continuelle méditation des choses divines. L'abbé Paphnuce ajoute qu'à moins d'avoir accompli par une foi généreuse ces trois premiers renoncements, on n'arrivera jamais à ce qui ne nous est promis que comme une récompense de notre fidélité; c'est-à-dire à la terre des vivants que Dieu promet à ses serviteurs. D'où nous devons apprendre que le commencement et la consommation de notre salut doivent être attribués à Dieu. — En quoi consiste donc la liberté et le mérite de l'homme, reprit Germain, si l'on doit attribuer à la grâce de Dieu tout ce qui appartient à notre perfection et à notre salut, et si Dieu commence et accomplit la bonne action? L'abbé Paphnuce répondit à cette objection, en disant que le commencement de notre justification vient de Dieu seul, de même que le don de la persévérance jusqu'à la fin; mais que le progrès dans la vertu, ou l'augmentation de la grâce, de la justice, de la sainteté et de la perfection, qui tient comme le milieu entre le commencement de la justification et la persévérance finale, doit être attribué conjointement à notre libre arbitre et à la grâce. C'est à la grâce divine de nous fournir des occasions de salut; c'est à nous de faire valoir avec plus ou moins d'étendue les bienfaits que Dieu nous a accordés.

L'abbé Daniel, disciple de Paphnuce, parle dans la quatrième conférence. Germain et Cassien lui avaient demandé pourquoi, étant dans leurs cellules, ils se trouvaient quelquefois dans une ferveur extraordinaire, et d'autres fois dans une tiédeur si grande, qu'ils ne sentaient aucun goût pour la lecture, et que leur esprit, sans application et sans arrêt, se livrait à mille pensées même pendant la prière? — Ces sécheresses de l'âme, leur répondit l'abbé Daniel, viennent ou de notre négligence, ou des attaques du démon, ou de la conduite de Dieu, qui veut éprouver ses serviteurs; elles viennent par notre négligence, lorsque, ayant donné lieu par notre faute à quelque tiédeur, nous tombons dans l'indifférence, nous sommes dans le relâchement et dans une paresse qui fait que, l'esprit étant rempli de pensées mauvaises, nous ne pouvons nous appliquer à la contemplation et à l'oraison; elles viennent du démon, lorsque, appliqués sérieusement à l'oraison, cet esprit de malice fait par ses artifices que nous quittons insensiblement ou par ennui nos meilleures résolutions. Quand elles viennent de Dieu, il le fait pour deux raisons : l'une, pour nous empêcher de nous élever de la pureté du cœur qu'il nous avait donnée en nous visitant de sa grâce; l'autre, pour éprouver notre fidélité, notre persévérance et la fermeté de nos désirs. Il explique ce que c'est que la guerre entre la chair et l'esprit dont il est parlé dans le cinquième chapitre de l'Epître aux Galates. Il veut que, par le mot de *chair*, on entende la volonté de la chair et ses désirs déréglés, et par le mot d'*esprit* les bonnes et saintes affections de l'âme. La chair, par exemple, se plaît au luxe et à la sensualité ; l'esprit ne veut point consentir aux désirs même les plus naturels. La chair veut avoir tout avec abondance ; l'esprit a même quelque peine de voir que ce peu de pain dont il a besoin chaque jour, ne lui manque jamais. L'abbé Daniel trouve deux avantages dans la guerre de la chair contre l'esprit, dont le premier est qu'elle nous fait remarquer notre paresse et notre négligence ; le second, qu'elle nous fait ressouvenir que nous sommes toujours hommes, même après avoir ressenti longtemps les effets de la grâce de Dieu.

La cinquième conférence traite des huit principaux vices. L'abbé Sérapion, qui parle, est d'avis que, pour réussir dans le combat contre les vices, on ne doit pas entreprendre de les attaquer tous à la fois, mais en particulier celui qui nous fait une guerre plus acharnée ; employant contre lui l'austérité des jeûnes, les prières et les larmes ; et lorsque l'on sera venu à bout de l'abattre, on en attaque un autre et on entreprend de le détruire par les mêmes armes. C'est ainsi, dit cet abbé, qu'en commençant toujours par combattre les vices les plus enracinés, il nous sera facile de vaincre les autres ; parce que l'âme deviendra plus forte par cette longue suite de victoires ; mais au lieu de s'enorgueillir, il veut qu'elle en rapporte toute la gloire à Dieu, persuadée qu'elle doit tous ces avantages aux secours du Seigneur.

Dans la sixième conférence, Cassien s'entretient avec l'abbé Théodore sur la mort des saints anachorètes tués en Egypte par les Sarrasins. Ce fut dans un désert, voisin du bourg de Téchué, que furent massacrés ces pieux solitaires, qui vivaient paisiblement dans des monastères, séparés de tout bruit et de tout le tumulte du monde. Après leur mort, on leur témoigna un tel respect que les évêques, accompagnés de tout le peuple d'Arabie, vinrent enlever leurs corps, avec une vénération profonde, et les placèrent parmi les reliques des martyrs. Cassien et Germain, étonnés que Dieu eût laissé périr par la main des barbares des hommes si éminents en mérite et en vertus, demandèrent à l'abbé Théodore pourquoi Dieu consentait que des scélérats eussent tant de pouvoir sur ses serviteurs ? Avant de leur répondre, l'abbé leur dit qu'il fallait savoir avant toutes choses ce que c'est que le véritable bien ou le véritable mal ; car tout ce qui est en ce monde, dit-il, est bon ou mauvais, ou indifférent. Il n'y a rien de vraiment bon parmi les hommes que la vertu qui nous conduit à Dieu par une foi pure et sincère, et qui nous attache inséparablement à ce bien souverain et immuable ; il n'y a rien au contraire de véritablement mauvais que le péché qui nous sépare de Dieu, et nous lie très-étroitement au démon, qui n'est que malice. Les choses indifférentes sont celles qui tiennent le milieu entre le bien et le mal, et peuvent passer dans l'un ou dans l'autre, selon l'affection et la volonté de celui qui en use, comme sont les richesses, la santé, la vie même et la mort. En posant donc pour principe qu'il n'y a point d'autres biens que la vertu, ni d'autre mal que le péché, on ne peut dire que Dieu ait jamais envoyé par lui-même quelque mal à aucun de ses saints, ni même qu'il ait permis que les autres leur en fissent de cette nature. Le démon employa tous ses artifices pour faire tomber Job dans le péché, mais il ne put y réussir.

Cassien commence la septième conférence par l'éloge de celui qui doit y parler. Elle roule sur la nature de l'âme et sur sa mobilité. L'abbé Sérénus y fait voir que, ne pouvant de sa nature demeurer oisive, il est besoin d'en régler les mouvements en donnant de l'occupation à son activité par des objets qui la tiennent et qui l'arrêtent ; qu'autrement sa légèreté naturelle l'emporterait et la ferait courir d'objet en objet. Cette dissipation ne doit s'attribuer ni à la nature de l'homme, ni à Dieu, qui en est le créateur, mais à notre imprudence et à notre paresse. Pour fixer cette inconstance, cet abbé propose, sous la figure du centenier de l'Evangile, une figure d'une âme parfaite, qui commande à toutes ses pensées ; mais pour arriver à cette perfection, il faut auparavant travailler à combattre et à vaincre tous les vices, à éteindre les passions et à soumettre à l'empire de l'esprit, par la force de la croix de Jésus-Christ, cette foule de pensées et de puissants ennemis qui nous font une guerre si cruelle ; alors nous dirons aux mauvaises pensées : Allez-vous-en, et elles s'en iront. Nous dirons aux bonnes : Venez, elles viendront. Nous commanderons à notre serviteur, c'est-à-dire à notre corps, de garder toutes les lois de la continence et de la chasteté, et il nous obéira sans contredit, s'assujettissant à servir l'esprit en toutes choses. Saint Paul nous apprend quelles sont les armes nécessaires dans ces combats : *Les armes de notre milice ne sont pas charnelles, mais spirituelles et puissantes, par la force que Dieu leur imprime.* Il s'explique ailleurs en disant que ces armes sont le bouclier de la foi, la cuirasse de la charité et le glaive de l'esprit, c'est-à-dire la parole de Dieu. Germain désirant savoir comment les démons peuvent avoir quelque union avec nos âmes, l'abbé Sérénus lui répondit qu'on ne doit pas s'étonner qu'un esprit puisse s'unir à un autre esprit d'une manière insensible, et lui persuader invisiblement ce qu'il lui plaît, puisqu'il y a entre les âmes et les démons une affinité et une ressemblance de nature, et que tout ce qui se dit de la nature de l'âme se peut dire aussi de la nature de ces esprits. Ensuite, pour satisfaire à une autre question de Germain, qui lui avait demandé comment les démons découvraient nos pensées sans pouvoir pénétrer notre âme, il répond qu'ils ne peuvent les savoir, mais qu'ils les connaissent seulement par des conjectures prises du dehors, c'est-à-dire par la disposition dans laquelle ils nous voient, par nos paroles et par les remarques qu'ils font sur nos inclinations et nos désirs. Ce n'est pas, ajoute-t-il, une chose fort extraordinaire que de purs esprits puissent avoir ces connaissances, puisque tous les jours les hommes sages jugent ce qui se passe dans notre âme par le geste, la contenance extérieure du corps et tous les changements qui paraissent sur le visage.

Cassien et Germain, après avoir solennisé le jour du dimanche avec les frères, et pris leur repas dans la cellule de l'abbé Sérénus, le prièrent de leur expliquer ce passage de l'Epître aux Ephésiens : *Nous n'avons pas à combattre contre la chair et le sang, mais contre les puissances, les princes du monde et des ténèbres, et contre les esprits de malice qui sont en l'air;* et cet autre de l'Epître aux Romains : *Il n'y a point d'anges, ni de principautés, ni de vertus, ni aucune autre créature qui nous puisse séparer de la charité de Dieu, qui est en Jésus-Christ Notre-Seigneur.* Cet abbé fait d'abord remarquer que l'Ecriture parle quelquefois si clairement, que les moins intelligents comprennent tout d'un coup ce qu'elle veut dire selon la lettre ; mais qu'elle renferme aussi beaucoup de choses, qu'elle a couvertes à dessein d'une obscurité toute mystérieuse, afin d'exercer notre esprit dans la recherche longue et laborieuse des sens qu'elle y a cachés ; que par là elle a voulu empêcher que ses mystères sacrés ne fussent découverts autant aux profanes qu'aux fidèles; que, comme il y a des endroits où la lettre n'a rien d'obscur, comme celui-ci : *Vous aimerez le Seigneur votre Dieu,* il y en a d'autres que l'on doit expliquer dans un sens allégorique, comme ce qui est dit dans saint Matthieu : *Qui ne prend point sa croix pour me suivre n'est pas digne de moi.* Il entreprend toutefois de satisfaire à la question proposée, et dit que les anges existaient déjà avant que Dieu créât ce monde visible, et il le prouve par un endroit de l'Epître aux Colossiens, où saint Paul, rapportant par ordre les choses créées, met d'abord celles qui sont dans le ciel ; que les anges ont été créés bons de leur nature, et que ceux qui sont tombés n'ont pas conservé leurs principautés, mais abandonné l'heureux état où ils avaient été établis ; qu'il y a entre les démons une subordination à peu près semblable à celle qui se trouve dans la hiérarchie des anges; que le diable était déjà tombé avant la chute de l'homme, et que c'est lui qui est appelé serpent dans l'Ecriture, et dont il est dit : *Le serpent était plus rusé que tous les autres animaux de la terre;* que la première cause de sa chute fut son orgueil, et que l'envie qu'il conçut contre l'homme acheva de le perdre; que l'air que nous respirons, que tout cet espace, qui est entre le ciel et la terre, est rempli de démons ; qu'ils y sont dans une action et dans un mouvement continuels, mais que Dieu ne permet pas que nous les voyions, soit pour nous éviter la frayeur d'objets si horribles, soit pour nous soustraire à l'exemple continuel de leur dérèglement. Il croit aussi que chacun de nous a deux anges, l'un bon et l'autre mauvais, et il cite le livre du *Pasteur,* où l'on trouve en effet cette doctrine bien établie. Il répond à Germain, qui lui avait demandé si le diable a un père, parce qu'il est écrit : *Vous êtes les enfants du diable votre père,* qu'il est clair par l'Ecriture que notre corps vient d'un homme, mais que Dieu est l'unique père des âmes ainsi que des esprits.

La neuvième conférence traite de la prière et des dispositions qu'un solitaire doit avoir pour arriver à une prière continuelle. L'abbé Isaac, qui parle dans cette conférence, dit qu'on doit d'abord retrancher généralement tous les soins de la chair, bannir ensuite de son esprit et de sa mémoire toutes sortes d'affaires, éviter les médisances, purifier son cœur par la simplicité et l'innocence, acquérir une humilité profonde, empêcher son esprit de s'égarer en courant après des pensées volages, n'étant pas possible que ce que nous avons dans l'esprit avant l'heure de l'oraison ne revienne après dans la mémoire lorsque nous prions. Il appuie ces maximes sur diverses comparaisons et visions de saints anachorètes, et, après avoir marqué différentes sortes de prières rapportées dans les Epîtres de saint Paul, il explique de suite celle que Jésus-Christ a dictée lui-même. Il fait remarquer que dans toute cette prière il n'est parlé ni de richesses, ni d'honneur, ni de puissance et de force ; on n'y demande point la santé du corps ni les commodités de la vie, Dieu ne voulant point qu'un chrétien attende de l'Auteur de l'éternité rien de temporel et de périssable. A cette prière l'abbé Isaac en ajoute une plus sublime, dont Jésus-Christ nous a donné le modèle lorsqu'il passait la nuit en prière sur une montagne, ou lorsqu'il priait dans un profond silence, comme il fit au jardin dans son agonie, où il fut trempé d'une sueur de sang par le transport d'une attention et d'une douleur inimitable à tous les hommes. Cette sorte de prière ne se forme point par le son de la voix, ni par le mouvement de la langue, ni par la prononciation des paroles ; mais l'âme seule, éclairée par la lumière du Saint-Esprit, s'explique à Dieu par une effusion et une multiplication de mouvements et d'affections qui sortent du cœur comme d'une source abondante. A propos de ce passage de l'Evangile où il est écrit que nous devons prier *dans notre chambre la porte fermée,* il dit que nous accomplissons ce précepte lorsque, bannissant de notre cœur tout le tumulte et tout le bruit de nos pensées, nous l'ouvrons à Dieu pour le prier dans un silence profond et dans une sainte familiarité. Il nous est utile de prier ainsi, afin de cacher l'intention de notre prière à nos ennemis invisibles, qui choisissent ces moments-là pour multiplier leurs pièges. Il conseille les prières courtes, de peur que la longueur ne fatigue, regardant l'oraison courte et fervente comme le véritable sacrifice que Dieu demande de nous ; mais il veut qu'on la réitère souvent.

Après quelques réflexions sur l'hérésie des anthropomorphites, réflexions suggérées par les lettres du patriarche Théophile, qui soulevèrent quelque opposition de la part des solitaires d'Egypte, l'abbé Isaac s'appliqua à montrer, dans la dixième conférence, combien il fallait être dégagé de la vue et du souvenir des choses terrestres et sensibles en priant ; qu'à l'exemple de Jésus-Christ l'on devait monter à l'écart sur une montagne élevée pour y prier Dieu en secret, c'est-à-dire séparer notre âme du tumulte des passions et du mélange de tous les vices, l'établir dans une foi vive, et la faire monter au plus haut faîte des vertus. Il fait consister la prière parfaite et continuelle dans l'union inséparable avec Dieu et dans la méditation habituelle de ce verset des psaumes : *Mon Dieu, venez à mon aide, hâtez-vous, Seigneur, de me secourir.* Il ajoute que ce n'est pas sans raison que ce verset a été choisi dans toute l'Ecriture, puisqu'il convient admirablement à tous les états et à toutes les tentations de la vie. On y retrouve en effet un appel à Dieu contre toutes sortes de dangers, l'humilité d'une confession sincère, la vigilance qui naît de la crainte du péché, la considération de notre faiblesse, l'espérance d'être exaucés, une confiance toute chrétienne en la bonté de Dieu toujours prête à nous secourir, le feu de l'amour divin, une humble appréhension des pièges qui nous environnent, et une crainte des ennemis qui nous harcellent nuit et jour, et dont l'âme reconnaît qu'elle ne peut se délivrer qu'avec le secours de celui qu'elle invoque. Il prétend que le seul moyen d'arrêter la légèreté de notre esprit et l'égarement de nos pensées dans la prière, c'est de s'y préparer avec soin, et de tâcher, avant même de prier, d'être dans la disposition où nous souhaitons que Dieu nous trouve lorsque nous prions.

Deuxième classe. — Les sept conférences suivantes, qui forment la seconde classe, furent écrites à la prière de saint Honorat et d'Eucher. Cassien et Germain, se trouvant instruits par les pères de Scété, résolurent de passer en Egypte pour en voir les solitaires les plus fameux. A la suite d'une longue navigation, ils arrivèrent à Tenèse, où ils furent bien reçus par Archebius, qui, sachant qu'ils avaient dessein de pousser plus avant, prit pour les conduire son bâton et la peau qui lui servait de besace, les mena d'abord chez lui à Panephise, dont il était évêque. De là, il les conduisit chez les anachorètes Quérémont, Nesteros et Joseph, qui furent les premiers qu'ils connurent en Egypte. Quérémont était un vieillard plein d'humilité et d'une retenue extrême à parler des choses de Dieu, dans la crainte de ne pas faire ce qu'il disait aux autres. Mais Cassien lui fit tant d'instances, qu'il fut comme forcé de parler sur la perfection. Il leur dit donc que trois choses empêchaient d'ordinaire les hommes de s'abandonner aux vices : la crainte de l'enfer et de la sévérité des lois ; l'espérance et le désir du ciel ; l'amour du bien et l'affection des vertus. La crainte chasse le mal et la contagion des vices, selon qu'il est écrit : *La crainte du Seigneur hait l'iniquité ;* l'espérance nous retire de tous les péchés, selon cette parole du psaume : *Tous ceux qui espèrent en Dieu ne pécheront point :* et l'amour ne tombe point dans le vice, puisque saint Paul dit que *la charité ne tombe point* et qu'*elle couvre*, au contraire, *la multitude des offenses.* Il ajouta que pour être parfait il fallait sortir de ce premier degré de la crainte, qui n'est que servile, et passer par le degré de l'espérance pour arriver au degré de l'amour qui est propre aux enfants de Dieu. Il fait voir combien ce dernier état où l'on n'agit plus par crainte, mais par amour, est excellent et préférable à tous les autres. Celui qui ne fuit l'attrait des vices que par l'appréhension de la peine retournera bientôt au mal qu'il aime encore dans son cœur ; mais celui qui agit par le plaisir qu'il goûte dans la vertu, non-seulement bannit de son cœur tout ce qui lui est contraire, mais il le déteste encore avec une extrême horreur ; ce qui ne se trouve pas toujours dans celui qui ne réprime ses passions déréglées que par l'espérance d'en être récompensé. Il ne prétend pas toutefois que la pensée continuelle des supplices de l'enfer ou du bonheur promis aux saints soit inutile ; mais il veut qu'elle serve à les retirer de cette crainte servile et de cette espérance mercenaire, pour les élever à l'amour de Dieu et les faire passer à l'état des enfants, afin qu'étant parfaits déjà, ils grandissent encore en perfection. De là vient que l'Apôtre préfère la charité non-seulement à la crainte et à l'espérance, mais encore aux plus beaux dons du ciel.

Cette charité devant nécessairement produire une chasteté parfaite, le même abbé Quérémont entreprit, dans la douzième conférence, de montrer en quoi elle consistait. Il expliqua d'abord cet endroit de saint Paul : *Mortifiez vos membres qui sont sur la terre,* et fit voir que ce corps de péché est composé de plusieurs vices, qui en sont comme les membres, et que tous les péchés que l'on commet par pensées, par paroles et par actions, se rapportent à ce même corps, dont il est dit *que les membres sont sur la terre,* parce que ceux qui s'en servent ne peuvent dire avec vérité, comme le même apôtre : *Notre conversation est dans les cieux.* Ces membres, comme on le lit dans l'Epître aux Colossiens, sont la fornication, l'impureté, la concupiscence, tous les mauvais désirs et l'avarice. Il montre que, comme on éteint assez aisément l'avarice, on peut de même éteindre tout ce qui est contraire à la chasteté. Il marque six principaux degrés pour parvenir à la perfection de la chasteté, qui ont tous pour objet le calme du corps et de l'esprit ; mais il convient que personne ne peut bien les comprendre si, par une longue expérience et par une grande pureté de cœur, on ne s'est mis en état de pénétrer et de discerner tous les mouvements différents de ces deux substances. Il fait consister la véritable chasteté dans l'amour sincère qu'on a pour cette vertu, et le plaisir céleste qu'on y trouve, ne regardant pas comme des fautes certains accidents naturels et involontaires. Germain ayant souhaité de savoir combien de temps il faudrait pour acquérir la chasteté, Quérémont lui répondit qu'il y aurait de la témérité à vouloir déterminer un temps pour la perfection d'une vertu, puisqu'on n'en peut pas même fixer pour la perfection des sciences et des arts ; qu'une marque qu'on n'est pas éloigné d'acquérir la chasteté, c'est quand on commence à reconnaître qu'on ne la doit point attendre de son travail, mais de la miséricorde de Dieu, suivant cette parole de David : *Si le Seigneur n'édifie lui-même la maison, en vain travailleront ceux qui la bâtissent.* Que ceux qui pensent le contraire, en s'imaginant qu'ils ont contribué par leurs soins à obtenir ce don, retombent par cette complaisance même sous la tyrannie de l'impureté, jusqu'à ce que leur propre expérience leur apprenne qu'ils ne peuvent acquérir ce trésor si précieux par toutes leurs peines et par tous leurs travaux.

Ces dernières paroles de l'abbé Quérémont fournissent la matière de la treizième conférence, dans laquelle c'est encore lui qui parle, ou plutôt, comme on le prétend, le prêtre Cassien sous son nom. C'est de toutes la plus célèbre, à cause des disputes dont elle a fourni la matière, et du blâme qu'elle a attiré à son auteur parmi les catholiques. En effet, elle a fait mettre ses écrits au rang des apocryphes par un décret du pape Gélase, parce qu'on y voit une doctrine qui n'est point conforme à celle de l'Eglise sur la grâce ; l'auteur y marquant clairement que le commencement du mérite et de la bonne volonté vient de nous. Cela n'empêche pas qu'il n'établisse dans la même conférence plusieurs maximes entièrement conformes à ce qu'enseigne l'Eglise sur cette matière ; car Germain lui ayant demandé pourquoi nous n'attribuons pas à nos travaux et à nos soins nos progrès dans la vertu, comme on attribue aux soins du laboureur la fertilité des campagnes, l'abbé Quérémont lui répondit que le principe non-seulement de nos bonnes actions, mais encore de nos bonnes pensées, vient de Dieu qui nous inspire et les commencements d'une sainte volonté, et la force avec l'occasion de faire les choses que nous souhaitons, tout don parfait venant du Père des lumières, qui commence et achève en nous les bonnes actions; mais que c'est à nous de suivre avec humilité la grâce de Dieu, qui nous attire chaque jour. Aussi saint Prosper, qui a réfuté ces *Conférences*, ne dit rien des premiers chapitres..... L'abbé Quérémont, entrant dans le détail des exercices pénibles de la vie religieuse, dit que, comme nous ne pouvons pas même désirer de les remplir continuellement sans l'inspiration divine, de même aussi nous ne pouvons, sans son secours, nous en acquitter en aucune façon. Mais il ajoute que lorsque Dieu voit briller en nous une étincelle de bonne volonté, quelque petite qu'elle soit, il lui donne de la vigueur et de la force, voulant que tous les hommes soient sauvés ; que sa grâce est toujours préparée, qu'il appelle tous les hommes sans exception. C'est ici que le Collateur commence à se déclarer, en disant que le commencement de la volonté vient quelquefois de nous-mêmes, quoiqu'il avoue que Dieu la tire aussi du dur rocher de notre cœur ; mais il s'explique encore plus clairement dans la suite, en disant que, lorsque Dieu voit en nous un commencement de bonne volonté, il l'éclaire aussitôt, la fortifie et l'excite au salut, en donnant de l'accroissement à cette bonne volonté dont il est l'auteur, ou qu'il sait être produite de nous-mêmes. Mais il trouve de la difficulté à décider si Dieu nous fait miséricorde à cause que nous avons un commencement de bonne volonté, ou si la miséricorde de Dieu précède ce commencement, plusieurs étant tombés dans des erreurs contraires pour avoir voulu trop examiner ces choses, et pour avoir poussé leur décision au delà des bornes sur cette matière. Si nous disons que le commencement de la bonne volonté vient de nous, comment cela se vérifiera-t-il dans saint Paul et dans saint Matthieu, qui ont été attirés au salut, tandis que l'un n'était occupé qu'à répandre le sang innocent, et l'autre de violences et de rapines publiques. Si au contraire nous disons que la grâce de Dieu est toujours le principe de la bonne volonté, que dirons-nous de la foi de Zachée, et de la piété du bon Larron, qui l'un et l'autre ont prévenu les avertissements particuliers de la vocation, en faisant par leur désir une espèce de violence au royaume du ciel? A l'égard de la perfection des vertus et de l'accomplissement des commandements de Dieu, si nous l'attribuons à notre libre arbitre, comment dirons-nous à Dieu dans la prière : *Confirmez, Seigneur, ce que vous avez fait dans nous?* Après s'être formé ces difficultés, le Collateur se contente de dire que quoique ces deux choses, la grâce de Dieu et le libre arbitre, paraissent opposées, elles s'accordent néanmoins et doivent être reçues, de peur qu'en ôtant à l'homme l'une des deux, on ne paraisse avoir transgressé la règle de la foi. Confondant ensuite l'état de l'homme innocent avec celui de l'homme tombé, il avance qu'il n'est pas croyable que Dieu ait fait l'homme de façon qu'il ne veuille ou ne puisse jamais faire le bien. Il soutient même que par le péché l'homme n'a point perdu la science du bien, et il paraît ne pas douter que cette science, qui est la même que la lumière naturelle, ne suffise pour faire le bien et produire en nous le commencement des vertus. Ensuite il avance trois erreurs considérables : la première, en disant que Job fût pour un temps abandonné à lui-même et destitué de la grâce de Dieu, en sorte que ce fut par ses propres forces qu'il combattit contre le démon ; qu'ainsi sa patience était le fruit de sa liberté et de sa force naturelle, et non pas de la grâce de Dieu ; la seconde, lorsqu'il dit que la foi que Dieu éprouva et loua dans Abraham et dans le centenier n'était pas celle qu'il leur avait donnée, mais celle qu'ils pouvaient avoir eux-mêmes par les forces de leur libre arbitre ; la troisième, en ce qu'il croit que l'homme peut par lui-même combattre contre les ennemis spirituels de son salut, avouant toutefois qu'il doit dans ses victoires reconnaître la grâce de Dieu, et sa propre faiblesse, lorsqu'il est vaincu. Craignant toutefois d'être convaincu, par ses propres écrits, de croire avec Pélage que la grâce de Dieu nous est donnée selon nos mérites, et qu'ainsi la grâce n'est plus à proprement parler grâce, il semble rétracter en quelque sorte ce qu'il avait avancé sur ce sujet, et dit premièrement que son dessein n'a pas été de donner dans l'opinion profane de quelques-uns, qui, accordant tout au libre arbitre, enseignent que la perfection ou la consommation du salut consiste dans la foi que nous pouvons avoir de nous-mêmes ; mais que son sentiment est que la grâce nous est absolument nécessaire pour acquérir cette perfection et ce salut. Il dit en second lieu qu'il a reconnu souvent que cette grâce surpasse le mérite de notre foi, et il le prouve de nouveau par plusieurs exemples de l'Ecriture ; mais il ne révoque pas ce qu'il avait dit plus haut, que le commencement du salut est dans quelques-uns l'effet du libre arbitre, et dans quelques autres le fruit de la grâce prévenante. — On trouve à la suite de cette conférence une exposition de foi sur la grâce et le libre arbitre, par Denis le Chartreux, tirée presque tout entière des paroles de l'abbé Quérémont, mais dépouillée de tout ce qu'on y remarque de contraire à la doctrine catholique.

La quatorzième conférence est intitulée : *De la science spirituelle.* C'est l'abbé Nestéros qui y parle, l'un des trois anachorètes que Cassien vit en Egypte, dans la solitude près de Panephise. Cet abbé, voyant que Cassien et Germain, après s'être appliqués à la lecture de l'Ecriture, en souhaitaient l'intelligence, leur dit que cette science demandait deux choses, la pratique et la spéculation ; que la pratique consistait dans le soin de réformer ses mœurs et de se purifier de ses vices, et que la spéculation n'était autre que la contemplation des choses divines, et la connaissance des secrets et des mystères les plus cachés. Ces deux parties, leur dit-il, sont deux degrés subordonnés l'un à l'autre, par lesquels la bassesse de l'homme peut s'élever jusqu'aux choses les plus sublimes ; mais si l'on retranche ce premier degré, c'est-à-dire la pratique, on ne peut passer à l'autre qui est la spéculation. Il divise la vie active en plusieurs états différents dans lesquels chacun doit se sanctifier, et il signale en effet que dans chacun de ces états un grand nombre de personnes qui ont mérité par leurs vertus d'être mises au rang des plus grands saints. Nestéros venant ensuite à ce qui regarde la théorie ou la connaissance des vérités divines, dit qu'on la divise en deux points : savoir, en la connaissance de l'histoire et de la lettre de l'Ecriture, et en l'intelligence du sens spirituel. L'histoire renferme la connaissance des choses qui se sont passées sous les yeux ; le sens spirituel se divise en trois : le tropologique, l'allégorique et l'anagogique. La tropologie est une explication qu'on donne à l'Ecriture qui ne regarde que la morale, l'édification et la correction des mœurs. L'allégorie nous fait voir que des choses qui se sont passées effectivement, étaient la figure d'un autre mystère. L'anagogie nous fait passer d'un sens spirituel à un autre beaucoup plus élevé ; il trouve des exemples de ces quatre sens de l'Ecriture dans le seul mot de Jérusalem qui, dans le sens historique et littéral, se prend pour une ville des Juifs ; dans le sens allégorique pour l'Eglise de Jésus-Christ ; dans le sens anagogique pour l'Eglise du ciel ; dans le sens tropologique ou moral, pour l'âme de l'homme, que Dieu blâme ou loue souvent sous ce nom dans ses Ecritures. Germain se plaignit que la connaissance qu'il avait acquise des lettres humaines formait un obstacle à son salut ; la lecture des auteurs profanes avait tellement rempli son esprit, qu'il ne pouvait en chasser les souvenirs, et qu'il ne s'occupait que de fables, de combats et autres bagatelles, dans les moments mêmes qu'il voulait consacrer exclusivement à Dieu. Le remède que lui prescrivit l'abbé Nestéros fut de s'appliquer à la lecture et à la méditation des saintes Ecritures. Nécessairement, lui dit-il, votre esprit sera toujours occupé de ces futilités, jusqu'à ce qu'il se remplisse avec une ardeur égale des choses saintes, et qu'au lieu de toutes les pensées terrestres qui l'absorbent, il n'en conçoive plus que de spirituelles. Quand elles auront une fois jeté de profondes racines dans votre cœur, et que votre âme s'en sera longtemps nourrie, les autres s'éloigneront peu à peu et finiront par s'évanouir entièrement. Après avoir décrit longuement les qualités que doivent posséder ceux qui se destinent à enseigner les autres, il marque deux raisons principales pour lesquelles les discours que l'on tient sur la religion sont ordinairement inutiles aux âmes. L'une vient de ce que celui qui parle n'a aucune expérience de ce qu'il dit, et l'autre de ce que celui qui l'écoute étant plein de malice et de corruption, a le cœur fermé et inaccessible aux avis les plus salutaires. Il convient que Dieu ne laisse pas de donner quelquefois le don d'une science spirituelle à ceux qui ne se sont point disposés à la prédication de l'Evangile par une vie irrépréhensible ; mais que ce don ne leur est accordé que pour le salut et l'utilité de ceux qui les écoutent. — Cela conduisit naturellement l'abbé Nestéros à examiner les raisons des dons extraordinaires que Dieu fait aux hommes, soit pour guérir les malades, soit pour chasser les démons. Il distingue trois sortes de prodiges : la première est lorsque Dieu, voulant récompenser le mérite et la sainteté de ses serviteurs, leur donne la grâce de faire ces miracles, comme il l'accorda aux apôtres en leur disant : *Rendez la santé aux malades, ressuscitez les morts,* etc. ; la seconde est lorsque Dieu, voyant la grande foi de ceux qui présentent leurs malades ou des malades mêmes, fait pour l'édification de l'Eglise qu'ils sont miraculeusement délivrés de leurs maux par l'entremise et le ministère de ceux qui sont entièrement indignes de ces grâces. Ce sont ces personnes qui diront au jour du jugement : *Seigneur, n'avons-nous pas chassé les démons en votre nom?* et le Seigneur leur répondra : *Je ne vous connais point.* La troisième manière vient de l'illusion et de l'artifice des démons, qui tâchent de faire en sorte qu'un homme noirci et décrié par ses vices s'attire par quelques miracles l'admiration de tout le monde, et passe pour un grand serviteur de Dieu, afin qu'il porte tout le monde à imiter ses dérèglements, et que, donnant ainsi lieu aux scandales, tout ce désordre retombe sur la sainteté de la religion, ou qu'au moins celui qui croit avoir le don de ces miracles tombe, par cet élèvement, d'une chute encore plus grande. C'est de ces personnes qu'il est dit dans l'Evangile : *Il s'élèvera de faux christs et de faux prophètes, qui feront de si grands prodiges et de si grands miracles, que les élus mêmes, si cela se pouvait faire, en pourraient être trompés.* C'est donc moins les prodiges que l'on doit admirer dans les hommes, que leur vertu, la probité des mœurs ne leur étant point accordée à cause de la foi d'un autre ou pour d'autres raisons extérieures, et la souveraine perfection ne consistant point dans le don des miracles, mais dans la pureté de l'amour et de la charité.

Les deux conférences suivantes sont de l'abbé Joseph, la troisième des solitaires que Cassien connut en Egypte. Il était d'une très-noble famille, et des premiers de la province de Thumuis ; il savait parfaitement la langue grecque, ce qui leur donnait la facilité de s'entretenir sans truchement. — La seizième conférence est intitulée : *De l'amitié,* qui, selon l'abbé Joseph, est produite parmi les hommes en différentes manières. Elle vient quelquefois de la recommandation qu'on nous a faite d'une personne, d'autres fois de l'engagement dans les mêmes affaires, de la société dans un même commerce, de la profession des mêmes arts, et souvent de la loi naturelle, qui fait que nous aimons nos parents et nos concitoyens. La plus solide de toutes les amitiés est celle qui n'a pour principe que la seule ressemblance des mœurs ou de la vertu. Quand cette alliance s'est une fois contractée, il n'y a point de différence d'inclination, ni de contrariété de volontés ou de désirs qui soient à craindre, tandis qu'elle est également entretenue de tous les deux, car il est très-possible qu'étant affaiblie par la langueur de l'un, elle ne soit soutenue que par la force de l'autre, ou même qu'elle se rompe entièrement. Il propose six degrés par lesquels on peut s'élever à une parfaite amitié : le premier consiste dans le mépris des biens du monde ; le second, dans le renoncement entier à sa propre volonté ; le troisième, dans le sacrifice de tout ce qui est utile et même nécessaire, quand il faut l'abandonner pour le bien de la charité et de la paix ; le quatrième, dans la persuasion qu'il n'y a jamais aucun sujet pour lequel il soit permis de se mettre en colère ; le cinquième, dans l'attention à remédier à la mauvaise humeur et à la colère que notre frère a conçue contre nous sans sujet ; le sixième, à se persuader chaque jour qu'on doit mourir avant qu'il se passe. Il dit que, comme il n'y a rien qu'on doive préférer à la charité, il n'y a rien aussi qu'on ne doive faire et souffrir plutôt que de se mettre en colère ; qu'il ne suffit pas pour conserver une charité inviolable de retrancher la source des querelles qui naissent des choses terrestres et périssables, mais qu'il faut encore retrancher une autre source de querelles, qui vient de la diversité des sentiments dans les choses spirituelles, en assujettissant notre esprit au sentiment des autres ; qu'il est extrêmement dangereux de s'attacher trop à son sens ; qu'il est presque impossible de ne pas donner dans l'illusion lorsqu'on se fie trop à ses propres pensées ; que les plus sages mêmes et les plus éclairés, ne doivent point se croire exempts du besoin de consulter les autres. Il distingue deux degrés différents de charité, dont le premier se doit à tous, et même à nos ennemis ; mais pour le second, qui appartient à cette charité d'affection qu'on appelle amitié, on ne la rend, dit-il, qu'à peu de personnes, et seulement à ceux qui sont liés avec nous par un rapport de mœurs et de vertus.

Les instructions que Cassien et Germain avaient reçues dans les conférences précédentes, leur paraissaient un motif pressant pour ne point chercher ailleurs que parmi ces saints anachorètes des moyens de salut ; mais, retenus par la promesse qu'ils avaient faite à leurs supérieurs de retourner promptement à Bethléem, ils ne savaient quel parti prendre. Dans cette perplexité, ils ne trouvèrent rien mieux que de demander conseil à l'abbé Joseph, et de lui déclarer leurs pensées. Ce saint vieillard, après les avoir écoutés l'un et l'autre, leur fit voir le danger qu'il y avait à promettre avec trop de précipitation ; pourtant s'ils étaient pleinement persuadés que la demeure dans le désert leur était avantageuse pour leur salut, et qu'au contraire le retour à Bethléhem y serait un obstacle, ils pouvaient ne point exécuter une promesse qu'ils avaient faite avec témérité. Il donne quelques exemples de promesses inconsidérées et qui ont causé la perte de leurs auteurs. Ainsi la première chose est, dit l'abbé Joseph, de ne nous déterminer à rien qui ne soit très-juste ; s'il se trouve quelque défaut dans la résolution que nous aurons prise, nous devons la changer en mieux, et nous tendre en quelque sorte la main à nous-mêmes, pour nous tirer d'un pas où nous pourrions craindre notre chute. Si on n'a pas pris d'abord un bon conseil, il faut qu'une seconde résolution serve de remède à la première. C'est pourquoi en toutes choses il faut considérer la fin, et juger par là de toutes les résolutions que nous devons prendre. Il dit qu'il ne faut pas juger l'action d'un homme par le succès qu'elle a obtenu, mais par l'intention et la volonté que cet homme avait en la faisant. On connaît des actions qui ont été très-utiles, et qui néanmoins ont causé la perte de ceux qui les ont faites; d'autres, au contraire, qui paraissaient très-mauvaises, n'ont pas nui à ceux qui les avaient commises. De quelle utilité n'a pas été la passion du Sauveur? néanmoins, Judas, pour y avoir pris part, s'est attiré tant de maux qu'il eût été bon pour lui de n'être jamais né. Qu'y a-t-il de plus criminel que le mensonge? Jacob toutefois, bien loin d'avoir été condamné pour en avoir usé envers son frère, en a même acquis l'héritage d'une bénédiction éternelle. L'abbé Joseph s'applique ensuite à prouver, par divers exemples de l'Ecriture, qu'il est permis de changer de résolutions et de passer à ce qu'on aura trouvé de meilleur et de plus utile; mais il n'entend cela que des promesses ou des résolutions que l'on peut, sans aucun danger de salut, faire ou ne pas faire, et non de celles qui regardent les choses importantes de la religion : car à l'égard de celles-ci, comme il est permis d'en faire la matière de ses vœux, on doit aussi plutôt mourir que de ne point les accomplir. C'est de celles-là que parlait David lorsqu'il disait : *J'ai juré et j'ai résolu de garder les jugements de votre justice.* Il conclut qu'un religieux ne doit pas s'engager dans des pratiques extérieures de piété qui ne sont point essentielles à son état, parce qu'il s'engage par là dans une servitude dangereuse, dont il ne peut se délivrer qu'en violant la résolution que son imprudence lui avait fait faire.

Troisième classe. — Les sept conférences suivantes, quoiqu'adressées aux abbés Jovinien, Minerve, Léonce et Théodore, qui vivaient en odeur de sainteté dans les îles d'Hyères, sur les côtes de Provence, furent tenues cependant entre Cassien et les solitaires de cette partie du désert d'Egypte qui est située vers les embouchures du Nil. L'abbé Piammont, le plus ancien d'entre eux, en parle dans la dix-huitième conférence, qui a pour matière les divers genres de moines. Il commence son discours par une invective contre les moines vagabonds, qui courent de cellules en cellules, sous prétexte de s'édifier des vertus et des entretiens des saints solitaires, mais en effet pour se procurer par là un moyen plus facile de subsister. Il décrit ensuite trois sortes d'états religieux qui étaient alors dans le monde : le premier, des cénobites, qui vivent en communauté sous la conduite d'un supérieur; le second, des anachorètes, qui, ayant d'abord été formés dans les monastères, et s'étant rendus parfaits dans toutes les actions extérieures de piété, se retirent ensuite dans le désert; le troisième, des sarabaïtes, qui, se séparant de leur monastères, prennent chacun le soin d'eux-mêmes, et de pourvoir à leur subsistance. Il dit que la vie cénobitique n'est qu'une imitation de celle que menaient les premiers chrétiens de l'Eglise de Jérusalem, dont il est parlé dans le chapitre IV des Actes; que l'on donna à ceux qui l'embrassèrent le nom de *Moine*, à cause de leur vie pénitente et solitaire, et que leur union fit qu'on les appela cénobites. Ils s'abstenaient du mariage et vivaient éloignés de leurs parents et du monde. C'est de cette tige féconde que sortirent les anachorètes, dont les premiers fondateurs furent saint Paul et saint Antoine. Ceux-ci, retirés dans le désert, y retraçaient la vie des saints prophètes Elie et Elisée et du grand précurseur de Jésus-Christ. Le relâchement qui se glissa peu à peu dans un état si saint produisit ce que les Egytiens appellent sarabaïtes, dont toute la religion consistait dans l'habit et le renoncement extérieur aux biens de la terre. Ils demeuraient ordinairement chacun chez eux, ou s'ils se faisaient de petites cellules, c'était pour y vivre sans dépendre de personne, n'évitant rien plus que le joug de l'obéissance. S'ils travaillaient de leurs mains, c'était pour amasser de l'argent qu'ils réservaient pour eux-mêmes. — L'abbé Piammont distingue ensuite entre le mot *monastère*, qui ne signifie qu'un lieu de demeure, et celui de *cénobite*, qui marque en même temps la profession et la règle, comme aussi le lieu où vivent plusieurs personnes ensemble dans une parfaite union. Il traite de l'humilité et de la patience, dont il rapporte divers exemples, et montre qu'elles consistent moins dans des actions extérieures et dans des paroles, que dans un véritable sentiment du cœur.

On voit par le commencement de la dix-neuvième conférence que Cassien et Germain se trouvaient au monastère de l'abbé Paul, le jour même où l'on célébrait l'anniversaire du dernier abbé. Ils y rencontrèrent un vieillard, nommé Jean, qui s'y était retiré après avoir mené la vie des anachorètes. Cassien, curieux d'en connaître la raison, l'interrogea; le saint vieillard lui répondit que s'il avait quitté son premier état, ce n'était pas qu'il en eût du mépris, mais parce qu'il lui paraissait plus sûr d'embrasser une moindre profession et d'en remplir les devoirs, que d'en pratiquer imparfaitement une plus relevée. Ce qu'il trouve d'avantageux dans la vie cénobitique, c'est qu'on n'y a point l'embarras de prévoir ce qui est nécessaire pour le travail de chaque jour; qu'on n'y est point occupé du soin de vendre et d'acheter; qu'on y est délivré de cette nécessité inévitable de faire au moins sa provision de pain, et qu'on n'y a aucune de ces inquiétudes matérielles que l'on ressent si souvent dans les déserts, non-seulement pour soi, mais pour les étrangers. Il enseigne que la fin d'un religieux dans la vie cénobitique est l'humilité et l'obéissance; au lieu que celle d'un anachorète est d'avoir l'esprit dégagé de toutes les choses de la terre et de se tenir uni à Jésus-Christ autant que la faiblesse de l'homme peut le permettre. Pour être véritablement parfait dans l'un et l'autre de ces deux états, il faut pouvoir supporter avec une égale disposition d'esprit, dans le désert, l'horreur de la solitude, et dans une communauté les infirmités de ses frères. Il ne croit pas qu'il soit expédient à ceux qui n'ont pas encore été bien instruits dans les monastères, de passer dans le désert, où l'on peut à la vérité arrêter les efforts de ses passions et de ses vices, par la séparation des objets, mais non pas en retrancher la racine qui, cachée au fond de notre cœur, nous fait sentir de temps en temps qu'elle est encore toute vivante. Il donne divers moyens de connaître les maladies de l'âme, et des avis salutaires pour se guérir des péchés auxquels on est sujet. Un des principaux est d'en reconnaître les traces, de se reprocher à soi-même ses déréglements ; de se venger sur la chair des dérangements de l'esprit, et de la dompter par de grands jeûnes, par de longues veilles et par une exacte continence.

La vingtième conférence traite de la fin de la pénitence, et de la marque d'une véritable satisfaction. Cassien ne fait qu'y rapporter ce qu'il avait appris sur ce sujet de l'abbé Pynuphius. Il était prêtre, et gouvernait un grand monastère proche de Panephise. Il y est dit d'abord que la fin d'une véritable et parfaite pénitence est de ne plus commettre les péchés dont nous nous repentons ; que la marque d'une pleine satisfaction et du pardon qu'on a reçu est de chasser de notre cœur toute affection et toute attache à ces péchés. Quand donc celui qui travaille à satisfaire pour ses péchés verra que son cœur n'est plus sensible au plaisir qu'il trouvait à les commettre, et que son imagination n'en est pas même frappée, qu'il se croie alors dégagé de ses crimes, et qu'il en a obtenu le pardon. Ce n'est pas qu'on doive perdre le souvenir de ses péchés ; ce souvenir est même nécessaire à ceux qui sont dans l'action et le travail de la pénitence, afin que, frappant sans cesse leur poitrine devant Dieu, ils lui puissent dire avec vérité : *Je reconnais mon injustice, et mon péché est toujours devant moi*. Mais, lorsque, après une longue persévérance dans cette humilité de cœur et d'esprit, ce premier souvenir s'étouffe, et que Dieu par sa grâce arrache cette épine de nos cœurs, nous devons espérer alors avoir obtenu le pardon de nos péchés. Il marque entre les moyens que Dieu a laissés pour effacer nos fautes, le baptême, le martyre, la pénitence, la charité, l'aumône, les larmes, l'humble confession qu'on en fait, l'affliction du cœur et du corps, la correction de ses défauts et de sa mauvaise vie, et les prières des saints, ajoutant que Dieu ne nous a donné tant d'entrée à sa miséricorde qu'afin de nous convaincre que personne ne doit désespérer du pardon de ses péchés, ni se laisser aller à la défiance et à l'abattement ; car celui qui ne peut racheter ses péchés par de sévères pénitences peut les racheter au moins par l'aumône, par le changement de vie ou en recourant avec une profonde humilité à l'intercession des saints, afin que par leurs oraisons ils attirent de Dieu les remèdes nécessaires à nos plaies.

Cassien étant venu visiter l'abbé Théonas pendant le temps pascal, lui demanda pourquoi, dans son monastère, on ne se mettait point à genoux à la prière durant les cinquante jours de Pâques à la Pentecôte, et qu'on n'osait y jeûner jusqu'à l'heure de None. Théonas lui fit voir d'abord que le jeûne n'étant ni bon ni mauvais par lui-même, il ne devenait l'un ou l'autre que par l'intention de celui qui le pratique ; qu'il y a certains temps et certaines occasions où le jeûne ne peut avoir du mérite, comme lorsqu'il faut recevoir un étranger, ou qu'il arrive quelque fête solennelle ; que le jeûne étant moins considérable en lui-même que la miséricorde, la patience et la charité, ou autres vertus semblables, il faut les préférer au jeûne ; enfin, que l'usage des viandes qui lui est opposé n'est point un mal essentiel, et qu'il est permis d'en user avec modération. Ces principes établis, il prouve par l'Ecriture qu'on ne doit et qu'on ne peut jeûner toujours, remarquant que, quoique Jésus-Christ ait dit avant sa résurrection que ses disciples jeûneraient après qu'on l'aurait enlevé du milieu d'eux, il ne laissa pas de manger plusieurs fois avec eux pendant la cinquantaine de Pâques, et de les empêcher de jeûner alors par la joie que leur causait sa présence presque continuelle. Il est vrai qu'il ne demeura pas pendant quarante jours avec ses apôtres : d'où il serait naturel de conclure qu'on ne doit s'abstenir du jeûne que durant ce temps ; mais il est marqué dans les Actes que les apôtres, rentrés à Jérusalem depuis le moment de l'Ascension du Sauveur, y reçurent au bout de dix jours l'Esprit-Saint qui leur avait été promis ; c'est pour cette raison qu'on joint ces dix jours aux quarante, et qu'on les célèbre avec la même solennité et la même joie. Cette tradition, dit l'abbé Théonas, ayant été établie d'abord par des hommes apostoliques, et étant passée jusqu'à nous, doit être gardée dans le même ordre et avec la même exactitude. C'est pourquoi on ne s'agenouille pas pendant ces jours, parce que cette posture est une marque de douleur qui ne s'accorde pas avec la joie de la résurrection. Cassien lui ayant demandé pourquoi l'on ne mettait d'ordinaire que six semaines au carême, ou sept tout au plus, comme cela se pratiquait en quelques provinces où l'on était plus religieux. Je veux, lui répondit Théonas, vous faire voir que nos pères ne nous ont laissé par tradition que des choses tout à fait raisonnables. *Vous offrirez au Seigneur votre Dieu*, dit Moïse aux Israélites, *vos dîmes et vos prémices*. Si donc nous sommes obligés d'offrir à Dieu les dîmes de nos biens et de nos revenus, nous le sommes bien davantage encore de lui présenter la dîme de nos actions et de notre vie, ce qui s'accomplit parfaitement, puisque les trente-six jours du carême forment la dîme de l'année. Il veut qu'on ne se contente pas d'offrir à Dieu cette dixième partie de l'année, mais qu'on lui consacre encore tous les jours, à son réveil, ses premières pensées, ses premières paroles et ses premières actions. Il remarque que cette sainte coutume est observée avec soin même par des séculiers. Théonas semble dire que la loi du carême n'était point établie dans les premiers siècles de l'Eglise; les fidèles alors étaient si fervents qu'ils jeûnaient pendant tout le cours de l'année sans y être astreints par une loi; mais le zèle s'étant ralenti avec le temps, le carême fut établi plus tard du consentement de tous les évêques. Il est en contradiction là-dessus avec ce que nous apprennent les anciens, qui parlent du carême comme venant de tradition apostolique. Il fait consister la différence des ordonnances de la loi d'avec celle de l'Evangile, en ce que ceux qui sont sous la loi sont poussés par l'usage même des choses permises dans le désir de celles qui ne le sont pas; au lieu que ceux qui sont sous la grâce et dont le cœur est rempli de la charité de Dieu, méprisent même ce qui leur est permis, ne sont point tentés de faire ce qui leur est défendu.

La plus grande partie de la vingt-deuxième conférence roule sur les empêchements extérieurs à la sainte communion et sur la pureté intérieure et extérieure dans laquelle on doit être lorsqu'on se présente aux saints mystères. L'abbé Théonas, après avoir rapporté différentes causes de ces accidents qui nous font quelquefois gémir à notre réveil, dit qu'ils ne doivent point nous empêcher de communier, lorsqu'ils sont involontaires de notre part, et que la seule malice du démon nous les a causés. Mais il veut que nous demeurions très-persuadés que nous ne sommes pas dignes de la participation du corps de Jésus-Christ premièrement, parce que la majesté et la sainteté de cette manne céleste est si grande, que tout homme qui est environné d'une chair fragile ne peut en approcher par son propre mérite, mais par la bonté toute gratuite du Seigneur; secondement, parce qu'il n'y a point d'homme qui puisse être tellement sur ses gardes dans cette guerre inévitable où nous sommes en ce monde, qu'il n'en reçoive au moins quelque légère atteinte. Ç'a été un avantage tout singulier de Jésus-Christ, d'être exempt de tout péché. S'il a été tenté, ç'a été sans aucun péché, au lieu que nous ne le sommes point sans quelque péché. La raison de cette différence, c'est que quoiqu'il eût une chair véritable, il n'avait néanmoins que la ressemblance de la chair du péché, paraissant y être sujet et ne l'étant pas, au lieu que nous en avons la vérité. Les justes mêmes n'en sont point exempts, mais les fautes qu'ils commettent par faiblesse ne les empêchent pas d'être justes, ainsi que le déclare l'Ecriture, lorsqu'elle dit : *Le juste tombe sept fois le jour et il se relève* : car qu'entend-elle autre chose par cette chute que le péché? Et toutefois, en disant qu'il tombe sept fois, elle ne laisse pas de l'appeler juste, sans que sa chute lui ôte sa justice, parce qu'il y a une grande différence entre la chute d'un homme juste et la chute d'un pécheur. Etre surpris par une pensée qui n'est pas exempte de faute, pécher par ignorance ou par oubli, s'éloigner tant soit peu de la souveraine perfection par une malheureuse nécessité de la nature, ce sont là des péchés où le juste tombe sans cesser d'être juste; et quoiqu'ils semblent légers, ils suffisent pour lui donner lieu de faire pénitence tous les jours, et de prier Dieu pour ses péchés en lui demandant sincèrement pardon.

Sur la fin de la conférence précédente, Germain avait témoigné que plusieurs entendaient des pécheurs ce que dit saint Paul dans le VIe chapitre de son Epître aux Romains : *Je ne fais pas le bien que je veux, mais je fais le mal que je ne veux pas* : c'est ce qui engagea l'abbé Théonas à s'étendre beaucoup sur l'explication de ces paroles dans la vingt-troisième conférence, où il montre qu'elles ne peuvent s'appliquer qu'aux parfaits, ni convenir qu'à ceux qui approchent du mérite des apôtres. La preuve la plus sensible qu'il en donne, c'est qu'il n'est pas possible de les attribuer aux pécheurs, dont on ne peut dire en effet qu'ils ne font pas le bien qu'ils veulent, mais le mal qu'ils ne veulent pas : car qui est le pécheur qui se plonge malgré lui dans la fornication et dans l'adultère? Qui est le parjure qui soit contraint par une nécessité inévitable d'user de faux témoignage pour opprimer un innocent? Qui est l'ennemi qui tend à regret des pièges à son frère? Peut-on dire encore que ces paroles de l'apôtre au même endroit, puissent convenir aux pécheurs : *Quant à l'esprit, j'obéis à la loi de Dieu, mais quant à la chair j'obéis à la loi du péché*, puisqu'il est visible qu'ils n'accomplissent la loi de Dieu ni dans l'esprit ni dans le corps? Ce que saint Paul veut donc dire par ces paroles, c'est qu'il ne pouvait être uni continuellement à Dieu comme il l'aurait souhaité, et que personne ne peut, même au milieu des plus grands biens qu'il fait, y être uni, étant impossible à une âme accablée de soins en ce monde et agitée d'inquiétudes, de jouir de la vue de Dieu. C'est pourquoi le même apôtre dit dans une autre de ses Epîtres : *Je ne sais que choisir, et je me trouve pressé de deux côtés : car d'une part je désire d'être avec Jésus-Christ, ce qui est sans comparaison le meilleur pour moi; et de l'autre, il est utile et nécessaire pour votre bien que je demeure encore en cette vie.* Le vrai sens de ces paroles : *Je ne fais pas le bien que je veux*, etc., est marqué dans les suivantes : *Selon l'homme intérieur, je me plais dans la loi de Dieu; mais je sens dans les membres de mon corps une loi qui combat contre la loi de mon esprit.* — L'abbé Théonas fait voir que, quoique l'homme, par son péché, ait été vendu au démon comme un esclave, Dieu n'a pas perdu néanmoins le droit et la domination sur sa créature, puisque le démon lui-même est toujours son esclave, malgré qu'il ait tâché de secouer son joug; néanmoins Dieu a voulu différer pendant plusieurs siècles la guérison de l'homme et sa conversion, pour l'accomplir ensuite par le sang de son Fils, en le rétablissant dans l'état de sa première liberté. Il parle beaucoup des gémissements des justes sur la faiblesse de la nature et les défauts de leur vie; mais il ne croit pas que, quoiqu'ils ne soient jamais contents de leur progrès dans la vertu, ils doivent pour cela se séparer de la communion. Il indique plusieurs règles pour la communion, et il termine en disant: « Il est donc bien plus juste de nous approcher tous les dimanches de ce pain céleste, avec cette humilité de cœur qui nous fait reconnaître que nous ne pouvons jamais mériter une aussi grande grâce, que de nous persuader, par une vaine présomption, qu'à la fin de l'année nous serons redevenus dignes de participer à ces saints mystères.

Cassien et Germain, toujours agités de la tentation de retourner dans leur pays et de revoir leurs parents, découvrirent à l'abbé Abraham tout ce qui se passait dans leur cœur, lui avouant avec larmes qu'il leur était impossible de résister davantage si Dieu ne les assistait de son secours. A cette déclaration, le sage vieillard, connaissant qu'ils n'avaient pas encore entièrement renoncé aux désirs du monde ni mortifié leurs anciennes passions, leur dit que ces pensées auraient été depuis longtemps ensevelies dans leur cœur, sans qu'il en restât la moindre trace, s'ils avaient compris la principale raison qui fait chercher la solitude: c'est l'oubli du corps et des sens, l'oubli de la famille et de la fortune que l'on va chercher au désert, afin de procurer à son âme des avantages éternels; car c'est peu à un religieux d'avoir, au commencement de sa conversion, renoncé à toutes les choses présentes, s'il n'y renonce encore tous les jours.

— Comme Cassien et Germain ne comprenaient pas bien pourquoi le voisinage de leurs parents, que l'abbé Abraham n'avait pas évité lui-même, pourrait avoir pour eux de si dangereuses conséquences, il leur dit qu'il était dangereux de faire les choses par imitation, et que ce qui sauve les uns peut quelquefois perdre les autres. « Il faut donc, ajouta-t-il, que chacun mesure ses forces, et qu'il prenne ensuite un état qui lui soit proportionné. Toutes les professions, qui sont bonnes en elles-mêmes, ne sont pas propres à tout le monde. Examinez comment on vit en votre pays et en celui-ci, et jugez vous-même si vous pourrez y souffrir cette nudité et ce dépouillement où vous êtes; car on le dit glacé par le froid de l'infidélité. Pour nous autres, il y a si longtemps que nous sommes engagés dans cette profession, qu'elle nous est devenue comme naturelle; et si vous croyez avoir assez de vertu pour la soutenir, vous pouvez ne pas fuir plus que nous le voisinage de vos parents et de vos frères. » — Il traite ensuite de l'origine des vices, et fait remarquer que le démon nous attaque toujours du côté le plus faible, comme Balaam en usa autrefois envers le peuple de Dieu. Il dit aussi, en parlant de la douceur du joug de Jésus-Christ, qu'il ne peut rien y avoir de dur et de pénible pour celui qui, affermi dans une solide humilité et ne perdant jamais de vue les souffrances du Sauveur, se réjouit dans tous les affronts, dans toutes les pertes temporelles, dans toutes les persécutions et dit avec saint Paul: *Je me plais dans toutes mes infirmités et dans toutes les injures, dans toutes les nécessités et dans tout ce que je souffre pour Jésus-Christ; car quand je suis le plus faible c'est alors que je suis le plus fort.* Si ce joug nous paraît amer et le fardeau de Jésus-Christ pesant, c'est que nous ne sommes pas vraiment soumis à la volonté de Dieu, et que nous nous laissons abattre par la défiance et l'incrédulité, au lieu d'obéir à ses commandements. Il regarde comme un effet visible du centuple promis à ceux qui renoncent à tout pour suivre Jésus-Christ, les honneurs dont ils sont entourés même sur la terre. C'est ce qu'il prouve par l'exemple de l'abbé Jean, qui, né de parents pauvres, était devenu si vénérable à toute la terre, que les princes du monde ne le regardaient qu'avec respect, le considéraient comme leur maître, le consultaient comme un oracle, et attendaient du mérite de sa charité et de ses prières le salut de leurs âmes et la conservation de l'empire.

Traité de l'Incarnation. — Saint Léon n'étant encore qu'archidiacre de l'Eglise romaine, lui avait proposé d'écrire contre Nestorius. Cassien, en effet, était très-propre à remplir cette tâche. Il était théologien, savait parfaitement le grec, et avait été du clergé de Constantinople, où la nouvelle hérésie faisait des ravages. Saint Léon, en le chargeant en cette occasion de défendre la cause de l'Eglise, voulait faire voir aux Orientaux que, quoiqu'il y eût du rapport entre les erreurs de Nestorius et celles de Pélage, néanmoins ceux qui, en Occident, ne s'éloignaient pas de la doctrine de cet hérésiarque, ne laissaient pas d'être absolument opposés à Nestorius. Cassien composa donc son *Traité de l'Incarnation*, divisé en sept livres. Ce fut le dernier et le mieux écrit de ses ouvrages.

1er *Livre.* — Dans le premier livre, Cassien compare l'hérésie à l'hydre de la fable, dont les têtes se multipliaient à mesure qu'on les coupait; de même une hérésie lorsqu'elle paraît étouffée, en produit un grand nombre d'autres. Mais, dit-il, il est au pouvoir de Dieu de détruire l'hérésie, comme il fut au pouvoir d'Hercule de détruire le monstre de Lerne. Il rapporte ensuite les différentes hérésies qui ont attaqué le mystère de l'Incarnation, les uns en niant la divinité de Jésus-Christ, les autres en soutenant qu'il n'était homme qu'en apparence, d'autres en combattant l'union des deux natures qui fait qu'il est véritablement Dieu et homme tout ensemble. Au nombre de ces hérésies, il se contente de désigner celle des pélagiens sans la nommer, en disant qu'elle a tiré son origine des ébionites, puisqu'elle niait avec eux la divinité de Jésus-Christ que les pélagiens considéraient comme un pur homme. Cassien prétend aussi que les principes des pélagiens ont donné naissance à l'hérésie de Nestorius; car, dit-il, en croyant que l'homme, par ses propres forces, peut être sans péché, ils en infèrent de Jésus-Christ qu'il n'était qu'un pur homme, mais qu'il a si bien usé de son libre arbitre qu'il a évité tout péché; il est venu au monde, non pour racheter le genre humain, mais pour lui donner l'exemple des bonnes œuvres; afin que, marchant par les mêmes sentiers de vertus, ils reçussent les mêmes récompenses. Il est devenu Christ après son baptême, et Dieu après sa résurrection; il devait la première de ses prérogatives à l'huile mystérieuse dont il fut sacré, et la seconde aux mérites de sa passion. On voit par là que Cassien attribuait aux pélagiens quatre erreurs différentes: la première, que Jésus-Christ est un pur homme; la seconde, que chacun peut, sans le secours de la grâce, vivre sans péché; la troisième, que Jésus-Christ n'est pas venu pour racheter les hommes; la quatrième qu'il n'est pas Dieu par nature, mais par ses mérites. Il accuse Nestorius de ces erreurs, excepté peut-être de celle qui regarde les forces du libre arbitre; et le considérant non-seulement comme le collègue, mais comme le disciple de Pélage, il lui fait un reproche de la protection qu'il accordait à ceux de cette secte. Il lui propose l'exemple de Léparius, qui, après avoir confessé publiquement son erreur, en fit une rétractation authentique dont il lui cite un long passage. Léparius y confesse que Jésus-Christ est né de Marie dans le temps, et qu'il n'a pas été plus indigne de Dieu de naître d'une femme, et de prendre d'elle la nature humaine, quand il l'a voulu, que de former en elle cette nature; que d'admettre deux fils de Dieu et deux Christs, l'un Dieu, l'autre homme, c'est mettre une quatrième personne dans la Trinité; que l'incarnation du Verbe n'est ni un mélange ni une confusion des deux natures, un tel mélange étant la destruction de l'une et et l'autre partie; que le Fils seul s'est incarné, et non pas le Père ni le Saint-Esprit; que ce ne sont pas deux, l'un Dieu, l'autre homme, mais que le même est Dieu et homme, un seul Fils de Dieu Jésus-Christ; qu'on doit dire, par conséquent, qu'il n'y a qu'une personne de la chair et du Verbe, et croire sans hésiter que c'est le même Fils de Dieu, qui depuis son incarnation a toujours fait tout ce qui est de l'homme, et toujours possédé ce qui est de Dieu : *Car, encore qu'il ait été crucifié selon la faiblesse de la chair, il vit néanmoins par la vertu de Dieu.* Cassien ajoute que cette confession de foi, qui était celle de tous les catholiques, fut approuvée de tous les évêques d'Afrique et des Gaules; que personne, jusque-là, ne s'y était opposé; que ce consentement unanime devait donc suffire seul pour confondre l'hérésie, parce que l'autorité de tous est une démonstration de l'indubitable vérité.

IIe *Livre.* — Cassien fait voir dans le second livre que l'erreur de Nestorius étant la même que celles de tous les anciens hérésiarques, elle avait été condamnée en eux; qu'il est clair par les prophéties d'Isaïe, par l'Evangile et par les Epîtres de saint Paul, que Marie est non-seulement mère du Christ, mais aussi mère de Dieu; et que Jésus-Christ est véritablement Dieu. En vain Nestorius objectait que personne n'engendre plus vieux que soi; cet argument ridicule supposait qu'on devait penser de la naissance d'un Dieu comme on pense de la naissance des hommes; la grâce du salut nous ayant été donnée par Jésus-Christ, c'est encore une preuve qu'il est Dieu, et conséquemment que celle qui l'a enfanté est mère de Dieu. Le pouvoir de conférer la grâce n'est pas un don qui lui ait été accordé dans le temps, mais un privilége de sa naissance; il est né Dieu, et la plénitude de la majesté et de la puissance divines étant en lui de toute éternité, il n'en a jamais été séparé, soit lorsqu'il conversait avec les hommes sur la terre, soit lorsqu'il est né de la Vierge, soit lorsqu'elle le portait dans son sein.

IIIe *Livre.* — Il continue, dans le troisième livre, à montrer que Jésus-Christ est Dieu et homme; qu'il est né de la vierge Marie selon la chair; qu'il est Dieu par nature et non par adoption, étant, selon saint Paul, *Dieu élevé au-dessus de tout, et béni dans tous les siècles.* Il apporte, en preuve de la divinité de Jésus-Christ, ces paroles du même apôtre : *Si nous avons connu Jésus-Christ selon la chair, maintenant nous ne le connaissons plus de cette sorte.* C'est comme s'il disait : Lorsque j'étais juif et persécuteur de l'Eglise, je ne pensais pas sainement de Jésus-Christ, le regardant comme un pur homme; mais aujourd'hui je ne pense plus de même. Ce qu'il marque encore plus clairement au commencement de son Epître aux Galates, en disant qu'*il n'a pas été établi apôtre par les hommes ni par un homme, mais par Jésus-Christ, par Dieu son Père.* Dans le récit qu'il fait de la manière dont le Sauveur lui apparut sur le chemin de Damas, et dans l'Epître aux Romains, où il appelle le tribunal de Jésus-Christ devant lequel tous les hommes comparaîtront, *tribunal de Dieu*, il montre que Jésus-Christ est la vertu et la sagesse de Dieu; que si les gentils et les juifs ont rejeté la prédication de l'Evangile, c'est que les apôtres leur annonçaient que Jésus-Christ crucifié était Dieu; que Marthe l'a reconnu pour Fils du Dieu vivant; que saint Pierre, le prince de la foi et du sacerdoce, a confessé hautement sa divinité; que Jésus-Christ lui-même a confirmé le témoignage que cet apôtre lui avait rendu, en assurant que ce n'était ni le sang ni la chair, mais l'Esprit de Dieu qui lui avait inspiré cette doctrine; que la foi de saint Pierre est celle de toute l'Eglise; que c'est la même dont saint Thomas fit profession en touchant les cicatrices des plaies de Jésus-Christ ressuscité, et que Dieu le Père a lui-même rendu témoignage à la divinité de Jésus-Christ sur le bord du Jourdain, en disant de lui : *C'est mon Fils bien-aimé, dans lequel j'ai mis toute mon affection.*

IVᵉ *Livre.* — Il est dit dans l'Epître aux Galates que *Dieu a envoyé son Fils formé d'une femme.* Ce Fils était donc auparavant. Ainsi, quand Nestorius pose pour principe de son erreur que personne n'engendre point plus ancien que soi, c'est un principe faux, puisque le Fils de Dieu, qui était avant Marie, a été formé d'elle, selon que le dit l'Apôtre. Cassien prouve par divers passages de l'Ancien et du Nouveau Testament que Jésus-Christ est Dieu de toute éternité; qu'à cause de l'union hypostatique des deux natures on dit avec vérité de Jésus-Christ qu'il est homme et qu'il est Fils de Dieu; que le Verbe envoyé pour nous sauver est notre Sauveur, et qu'il est né dans la chair; que l'union des deux natures est si intime qu'elle fait que l'on dit de Jésus-Christ qu'il est le Verbe; qu'il n'y a qu'une personne en Jésus-Christ, comme on le voit par ce qui est dit dans l'Ecriture, que c'est par lui que toutes choses ont été faites; qu'il est descendu du ciel et qu'il y est monté; qu'ayant la forme et la nature de Dieu, il s'est anéanti lui-même en prenant la forme et la nature de serviteur; que si les livres saints l'appellent tantôt fils de l'homme, tantôt Fils de Dieu, quelquefois Jésus-Christ, et d'autres fois Verbe, nous ne devons reconnaître de différence que dans les noms et non dans les choses. Tous ces termes marquent une même vertu et une même personne. Il appuie cette vérité du témoignage des juifs convertis à la foi, qui, suivant la prédiction d'Isaïe, ont dit à Jésus-Christ : *Vous êtes notre Dieu, et nous ne le savions pas.*

Vᵉ *Livre.* — Nestorius disait que Jésus-Christ n'était pas Dieu, mais qu'il avait reçu Dieu en lui, et l'appelait pour cela *Theoducos*, de sorte qu'on ne devait point l'honorer pour lui-même, mais à cause du Dieu qu'il portait en lui, avec lequel il était uni d'une union intime, quoiqu'il en fût distingué personnellement. Il suivait de là, comme Cassien le fait voir, qu'il n'y avait point de différence entre Jésus-Christ et les saints, en qui Dieu habitait et parlait, comme dans les patriarches, les prophètes et les apôtres. En effet, saint Paul dit aux fidèles de Corinthe : *Vous êtes le temple du Dieu vivant, comme Dieu le dit lui-même dans l'Ecriture : J'habiterai en eux.* Mais le même apôtre leur dit aussi : *Ne connaissez-vous pas vous-mêmes que Jésus-Christ est en vous?* Ce qui prouve qu'il était d'un sentiment contraire à celui de Nestorius, et qu'il y a entre Jésus-Christ et les saints la même différence qu'entre la maison et celui qui l'habite. Tous les saints ont eu Dieu dans eux, et ont été fils de Dieu, mais différemment de Jésus-Christ. Il l'est par nature, ils ne l'étaient que par adoption; même avant que de naître dans la chair et de se montrer aux hommes, les prophètes l'ont toujours appelé Dieu, et le Dieu Très-Haut. Les évangélistes ont tenu le même langage, disant clairement que celui que les hommes ont touché, qu'ils ont ouï, qu'ils ont vu de leurs yeux, est le Verbe, la vie éternelle qui était dans le Père; qu'il est Dieu dès le commencement et de toute éternité. Cassien fait voir qu'à cause de l'union des deux natures en une seule personne, l'on peut attribuer à la personne de Jésus-Christ ce qui convient aux deux natures; que de cette manière on peut dire qu'il était avant de naître selon la chair; que *tout esprit qui divise Jésus-Christ,* c'est-à-dire, qui admet en lui deux personnes, n'est point de Dieu; que, comme le mari et la femme ne sont qu'une seule chair, de même la divinité et l'humanité sont tellement unies et une seule personne dans Jésus-Christ, qu'elles ne peuvent-être séparées; que si cette union n'était que morale, ou une habitation de la Divinité dans la nature humaine, comme dans un Temple ou dans une statue, les saints patriarches et les prophètes n'auraient pas témoigné tant d'empressement de la voir accomplie, puisqu'ils étaient eux-mêmes unis à Dieu de cette manière, ayant reçu de lui une certaine portion de son esprit; mais il n'en est pas ainsi de Jésus-Christ : toute la plénitude de la Divinité a habité corporellement, c'est-à-dire substantiellement en lui.

VIᵉ *Livre.* — Cassien prouve encore la divinité de Jésus-Christ par plusieurs de ses miracles rapportés dans l'Evangile, entre autres, par la multiplication des cinq pains. Il allègue contre Nestorius le Symbole de l'église d'Antioche, où cet hérésiarque avait été élevé, instruit, baptisé, voulant le combattre par ses propres armes, après l'avoir vaincu par la force des témoignages de l'Ecriture. Ce Symbole, à quelques termes près, est le même que celui de Nicée; c'est un recueil abrégé de toute la doctrine catholique contenue dans les livres saints, ce qui lui donne une autorité divine. C'est donc principalement sur l'autorité de ce Symbole que Cassien presse Nestorius. Ses arguments sont si vifs, si personnels, si convaincants, que, malgré la longueur du passage, nous n'avons pu résister au plaisir de le reproduire tout entier:

« Si vous étiez, lui dit-il, défenseur de l'hérésie arienne ou sabellienne, et que je ne me servisse pas contre vous de votre propre Symbole, je vous convaincrais par la voix de la loi même et par la vérité du Symbole reçu par tout l'univers. Je vous dirais que quand vous n'auriez ni sens, ni entendement, vous devriez du moins suivre le consentement de tout le genre humain, et ne pas préférer le sentiment de quelques particuliers à la foi de toutes les Eglises, qui ayant été établie par Jésus-Christ et transmise par les apôtres, doit passer pour la voix de la loi ou l'autorité de Dieu même. Si j'agissais ainsi avec vous, que diriez-vous? que répondriez-vous? Sans doute, que vous n'auriez point été élevé dans cette foi, que l'on ne vous en a pas instruit, que vos parents, que vos maîtres vous ont enseigné autrement ; que vous avez entendu dire autre chose dans votre Eglise ; que ce n'est point dans le Symbole que vous êtes régénéré et que vous avez été baptisé ; que vous vivez dans la foi dont vous avez fait profession à votre baptême. En répondant de la sorte vous croiriez apporter un argument très-fort contre la vérité, et il faut convenir que c'est la meilleure défense dont on puisse se servir dans une mauvaise cause; elle découvre du moins la source de l'erreur ; et cette disposition serait excusable, si elle n'était point accompagnée d'obstination. Si vous étiez dans les sentiments que vous auriez reçus dès l'enfance, il faudrait plutôt user de remontrance pour vous tirer de l'erreur, que de sévérité pour punir le passé ; mais, né comme vous êtes dans une ville catholique, instruit de la foi catholique, régénéré dans un baptême catholique, devons-nous agir autrement avec vous que comme avec un arien et un sabellien? Et plût à Dieu que vous l'eussiez été, nous aurions moins de douleur de vous savoir né dans le mal que déchu du bien, ancien hérétique que nouvel apostat. Votre exemple serait moins pernicieux à l'Eglise, comme simple particulier, qu'étant évêque. Nous ne vous demandons rien d'injuste ni de trop difficile. Faites dans l'Eglise catholique où vous êtes né ce que vous auriez fait pour l'hérésie. Suivez les instructions de vos parents ; ne vous écartez point de la vérité du Symbole que vous avez appris ; demeurez ferme dans la foi dont vous avez fait profession au baptême. Pourquoi ne feriez-vous point pour vous ce que d'autres font pour l'erreur ? C'est la foi de ce Symbole qui vous a fait admettre au baptême; c'est par elle que vous avez été régénéré ; c'est avec cette foi que vous avez reçu l'Eucharistie et la communion du Seigneur. Que faut-il davantage ? c'est par elle encore que vous avez été élevé aux ministères du diaconat, de la prêtrise et de l'épiscopat. Qu'avez-vous fait? Dans quel précipice vous êtes-vous jeté ? En perdant la foi du Symbole, vous avez perdu tout ce que vous étiez. Les sacrements de votre sacerdoce et de votre salut ne se soutenaient que par la vérité de ce Symbole. Il faut de deux choses l'une, ou que vous confessiez que celui qui est Dieu est né d'une Vierge, et alors que vous détestiez votre erreur ; ou, si vous ne voulez pas faire cette confession, il faut que vous renonciez au sacerdoce. Il n'y a point de milieu. Si vous avez été catholique, vous êtes présentement un apostat. Vous ne pouvez préférer l'un de ces partis à l'autre, sans le condamner en vous-même. Direz-vous que vous condamnez en vous ce que vous avez été d'abord ? Que vous condamnez le Symbole catholique et la foi de tout le monde? Que faites-vous donc dans l'Eglise, prévaricateur des dogmes catholiques ? Pourquoi souillez-vous l'assemblée du peuple, vous qui en avez renié la foi ? Avec cela vous osez occuper la chaire de vérité, faire les fonctions du sacerdoce, monter à l'autel, enseigner les autres. De quoi vous avisez-vous d'enseigner des chrétiens, vous qui ne croyez point en Jésus-Christ, qui niez qu'il soit Dieu? Pourquoi avez-vous été si longtemps dans l'Eglise catholique sans réclamer, sans contredire? C'est qu'apparemment vous êtes disciple quand vous voulez, catholique quand vous voulez, apostat quand vous voulez. Vous direz peut-être que vous avez été baptisé dans un âge où il n'était point en votre pouvoir de réclamer contre la profession de foi marquée dans le Symbole ; mais pourquoi, dans un âge plus avancé et dans l'adolescence, n'avez-vous point réclamé ? Elevé aux différents degrés du ministère ecclésiastique, n'avez-vous pas compris la doctrine que vous aviez vous-même prêchée aux autres ? Si la règle du salut vous déplaisait, pourquoi accepter un degré d'honneur dans l'Eglise dont vous n'approuvez pas la foi ? »

Nestorius objectait que le fils doit être consubstantiel à ses parents, c'est-à-dire de même nature. Le Christ n'est point consubstantiel à Marie, puisqu'il est Dieu éternel et tout-puissant ; il n'est donc point son fils. Cassien répond que Jésus-Christ est consubstantiel à Dieu, en tant que Dieu lui-même, mais en tant qu'homme il est consubstantiel à Marie, et cela suffit pour qu'elle soit soit sa mère et lui son fils. Il fait voir qu'en suivant cette erreur il était nécessaire d'admettre deux Christs, l'un né de Dieu, l'autre né de Marie, et conséquemment une quatrième personne dans la sainte Trinité, puisqu'il convenait que l'un et l'autre étaient adorables, le Fils de Dieu, parce qu'il était consubstantiel au Père, le Fils de Marie, à cause de son union intime mais non personnelle avec le Fils de Dieu. Il montre encore que Nestorius, en niant que Jésus-Christ soit véritablement Fils de Dieu, renversait tout le mystère et tout le mérite de l'incarnation. Il l'exhorte à rentrer en lui-même, à reconnaître son erreur, à faire profession de la foi dans laquelle il avait été baptisé, à avoir recours aux sacrements, afin qu'ils le régénèrent par la pénitence, comme ils l'avaient auparavant engendré par l'eau du baptême, à croire tous les articles du Symbole et l'entière vérité de la foi.

VII° *Livre.* — Après avoir invoqué le secours de Dieu, ce que doivent faire tous ceux qui entrent en discussion avec les hérétiques, il répond dans le septième livre aux objections de Nestorius et de tous ceux qui attaquaient le mystère de l'Incarnation. Ils avançaient que personne n'enfante plus ancien que soi. Cassien leur demande de quelle cause naturelle ils veulent parler, et s'ils croient pouvoir mesurer la puissance de Dieu sur celle des créatures ? Ils objectaient encore que le Fils doit être de même nature que sa mère. Cassien dit que ce principe ne fait rien à la question, puisque Jésus-Christ est consubstantiel à sa mère selon la nature humaine qu'il en a prise. Mais encore que ce principe se trouverait vrai pour toutes les causes naturelles, cela ne serait pas une raison pour qu'il dût s'appliquer à la naissance du Fils de Dieu, qui est surnaturelle ; celui-là a pu naître comme il a voulu, qui est l'auteur de la nature, et qui ne s'est point assujetti aux lois de la nature. Nestorius voulait que Jésus-Christ fût en tout semblable à Adam, en sorte qu'il n'eût au-dessus du premier homme que d'être l'image de la Divinité, et que sa naissance n'avait été connue de personne. Cassien prouve le contraire par les endroits de l'Ecriture qui marquent les prodiges qui l'ont fait connaître, par les prophéties qui parlent de sa venue comme d'un avénement sensible aux yeux des hommes, par les témoignages publics de son précurseur, par la voix qui se fit entendre au ciel lors de son baptême, et par l'aveu des démons. Il montre que l'Apôtre, en attribuant à Jésus-Christ ce qui est dit de Melchisédech, qu'il est né sans père, sans mère, sans généalogie, n'est point en cela contraire à saint Matthieu, qui a commencé son Evangile par la généalogie de Jésus-Christ. En effet, selon cet évangéliste, Jésus-Christ a une généalogie par rapport à sa mère, et selon l'Apôtre il n'en a point par rapport à son père. Ils s'accordent et distinguent en Jésus-Christ deux naissances. Né sans père selon la chair, il a une généalogie; né de Dieu sans mère, sa génération est inénarrable, ainsi que le dit le prophète Isaïe. Cassien continue, dans le reste du livre, à prouver la divinité de Jésus-Christ non-seulement par l'autorité de l'Ecriture, mais aussi par les témoignages de saint Hilaire, de saint Ambroise, de saint Jérôme, de Rufin, de saint Augustin, de saint Grégoire de Nazianze, de saint Athanase et de saint Chrysostome. Il finit son livre en déplorant les ravages que l'hérésie de Nestorius avait exercés dans l'Eglise de Constantinople, et en exhortant les fidèles à se séparer de ce novateur, pour s'attacher fortement à la doctrine de leurs anciens évêques, saint Grégoire, Nectaire et saint Jean Chrysostome. Il s'étend principalement sur les louanges de ce dernier, qui avait été son maître, et qui l'avait mis au rang des ministres sacrés en l'élevant au diaconat. Il donne le titre de concitoyens aux fidèles de Constantinople, et dit qu'il les aimait à cause de l'union de la patrie, les regardant comme ses frères par l'unité de la foi. Quoique absent, il leur était uni de cœur et d'esprit, et prenait part à leurs douleurs et à leurs souffrances.

Autant que nous avons pu les faire connaître par une analyse aussi rapide, on a vu qu'il ne fallait pas s'attendre à trouver dans les écrits de Cassien, un système bien suivi sur les matières de la grâce, quoiqu'il en parle en une infinité d'endroits. Il est vrai qu'il ne le fait pas toujours en son nom, ce qui pourrait le justifier, si, en rapportant les opinions des autres, il exprimait quelque blâme ou formait quelques difficultés contre elles; au contraire, il commence chacune de ses conférences par l'éloge du solitaire qu'il y fait parler, et les confond tous dans le même concert de louanges. Tout ce que l'on peut dire donc en faveur de Cassien, c'est que s'il a rapporté les mauvais sentiments de quelques-uns sans les désapprouver, il en a rapporté de contraires, c'est-à-dire de conformes à la foi, sans les combattre; ce qui montre qu'il n'a été dans l'erreur qu'à son insu, ou tout au moins sans opiniâtreté. Ce qu'il y a de remarquable, et ce qui fait voir combien Cassien était peu ferme, soit dans la vérité, soit dans l'erreur, par rapport à la doctrine de la grâce, c'est que, dans la treizième conférence, celle que saint Prosper a réfutée, il est tantôt orthodoxe, tantôt hérétique sur les mêmes matières; car, après y avoir enseigné avec toute l'Eglise que Dieu est le principe, non-seulement de toute bonne œuvre, mais encore de toute bonne pensée; que c'est lui qui nous donne la force et l'occasion de penser et de faire ce que nous voulons de bien, il y enseigne aussi que lorsqu'il voit en nous ce commencement de bonne volonté, soit qu'il vienne de nous, soit qu'il l'ait fait naître, il le fortifie et le fait fructifier; que quelquefois, nous nous portons de nous-mêmes à la vertu, quoique pour la pratiquer nous ayons toujours besoin d'être aidés de Dieu, parce que les commencements de bonne volonté qui naissent en nous et de nous par le bienfait du Créateur ne peuvent arriver jusqu'à la perfection des vertus, s'ils ne sont dirigés par le Seigneur; que quelques saints, comme Job, par exemple, ont surmonté par leurs propres forces les attaques du démon, quoiqu'on ne puisse pas dire qu'ils aient été abandonnés de la grâce; que toute créature raisonnable a naturellement des semences de vertu par le bienfait du Créateur, mais des semences qui ne peuvent produire un fruit parfait sans le secours du Seigneur; que Dieu procure entièrement le salut des uns, et ne fait qu'aider les autres; que, quoique les efforts humains ne puissent parvenir à la perfection de la vertu, nous pouvons par nos sueurs, par nos travaux et par notre volonté, obtenir que la grâce et la miséricorde de Dieu nous soient données, que Dieu n'en attend que l'occasion de notre bonne volonté, tenant toujours sa grâce à notre service, et étant toujours disposé à nous l'accorder. Néanmoins Cassien prouve, dans le même lieu, par un grand nombre de passages de l'Ecriture, que nous ne pouvons rien, en ce qui regarde notre salut, sans la grâce de Dieu; il reprend même fortement ceux qui sont dans un sentiment contraire, et leur oppose l'exemple de Jésus-Christ, qui dit: *Je ne puis rien faire de moi-même*. Il ajoute que non-seulement nous ne pouvons arriver à la perfection des vertus sans la grâce, mais même mettre en pratique les moyens qui y conduisent; que c'est à la grâce que nous devons les occasions de salut, les progrès dans le bien et la victoire des obstacles que nous y rencontrons. Il dit ailleurs, et le répète souvent, qu'au sentiment des anciens la grâce nous est nécessaire pour la perfection des vertus et pour parvenir à la félicité éternelle. Il n'y aurait pas là de quoi l'accuser d'erreur, si l'on ne savait que c'était le langage ordinaire des prêtres de Marseille, qui ne s'exprimaient ainsi que parce qu'ils croyaient que le commencement de la bonne action venait de notre volonté, au lieu que l'accomplissement venait de la grâce divine, ce qui leur fit donner le nom de semi-pélagiens, parce qu'ils ne suivaient qu'en partie la doctrine de ce novateur. Le concile romain, sous le pape Gélase, mit les livres de Cassien au rang des apocryphes, sinon pour en défendre absolument la lecture, du moins pour leur ôter l'autorité qu'ont les ouvrages irrépréhensibles des saints Pères, et pour annoncer qu'on doit les lire avec précaution; d'autant plus qu'indépendamment des erreurs sur la grâce, on y trouve un levain d'Origénisme sur la création des anges, qu'il met avant celle du monde; sur la nature de l'âme, qu'il fait corporelle; sur le mensonge, qu'il semble justifier dans Rahab, approuver dans Jacob et louer sans restriction toutes les fois qu'il s'agit d'un grand intérêt à sauver; sur la confession, à laquelle, en certaines circonstances, il semble substituer le repentir devant le Seigneur; mais on trouve dans saint Chrysostome quantité d'expressions semblables, et toutefois on ne peut douter que ce Père n'ait reconnu la nécessité de la confession des péchés au prêtre pour en recevoir l'absolution. Quant à la manière de Cassien, on peut dire que son style répond aux sujets qu'il traite; ses expressions sont nettes et choisies, et il donne à ses pensées un tour aisé, qui fait qu'on le lit avec agrément, qu'on entre sans peine dans les maximes qu'il établit et qu'on se sent porté à les embrasser. Tout son discours est disposé avec tant d'adresse et de prudence, qu'à mesure qu'il expose une vérité morale, il en inspire l'amour, soit par l'attrait du bien, soit par l'espérance des récompenses dues à la vertu; il a recours aussi à la terreur des supplices de la vie future, pour engager les pécheurs à la pénitence. Les huit derniers livres de ses *Institutions monastiques* sont très-utiles à ceux qui veulent embrasser la vie religieuse; les maximes en sont belles et solides, et Photius remarque que les monastères qui les avaient observées jusqu'à son temps étaient encore florissants, tandis que ceux qui les avaient négligées ne faisaient que languir. C'est dans ses écrits que les fondateurs des ordres monastiques ont puisé une partie de leurs règles, et ils en ont recommandé la lecture à leurs disciples, convaincus qu'ils y trouveraient tout ce qu'on peut dire de plus instructif sur la prière, la pénitence, la pureté de corps et d'esprit, l'oubli de soi-même, le détachement du monde et de la famille, en un mot, toutes les vertus qui rendent parfaite la vie du religieux dans un monastère. Cassien ayant écrit ses deux premiers ouvrages pour des moines gaulois qui ne savaient pas le grec, on ne peut douter qu'il ne les ait composés en latin, et d'ailleurs il prend soin de nous en avertir lui-même dans la préface qu'il a placée en tête de ses conférences; on ne sait donc sur quel document Trithème a pu s'appuyer, pour affirmer que Cassien ayant écrit en grec, ces deux ouvrages avaient été traduits en latin par Denis le Chartreux, d'autant plus que l'écrit de ce dernier n'est pas une traduction, mais une espèce de paraphrase. Pour ce qui regarde les livres de l'*Incarnation*, ils n'ont nullement l'air d'avoir été traduits. Le style au contraire est un des plus pur et plus poli que dans tous les ouvrages du même auteur. Nul doute donc que, comme ses aînés, cet ouvrage, entrepris à la prière de saint Léon le Grand, n'ait été composé en latin. Sans doute on en fit, ainsi que des autres, un grand nombre de traductions en grec, mais aucune n'appartient à l'auteur.

Parmi une foule innombrable d'éditions des Œuvres de Cassien, nous avons choisi l'édition de Gazée, suivie dans la *Bibliothèque des Pères* à Lyon, pour la reproduire dans le *Cours complet de Patrologie*.

CASSIODORE (Aurelius Senator), historien latin, et ministre de Théodoric, roi des Goths, naquit à Squillace, vers l'an 470, d'une famille considérée en Italie par son rang et par ses richesses. Son aïeul avait sauvé la Sicile de l'invasion des Vandales, et son père avait été secrétaire de Valentinien III, et ambassadeur de ce prince auprès d'Attila. Les talents de Cassiodore brillèrent dès sa tendre jeunesse, et l'Italie déjà presque barbare sous la domination des Hérules, le regarda comme un esprit universel, et s'étonna de voir un jeune homme de dix-huit ans doué d'un profond savoir et d'une prudence consommée. Odoacre, roi des Hérules, lui confia le soin de ses domaines et de ses finances; et lorsque ce prince eut été vaincu et tué par Théodoric, en 493, Cassiodore se retira dans son pays natal, et chercha dans l'étude des lettres l'oubli des malheurs auxquels l'Italie était en proie. Sa prudente éloquence détourna ses compatriotes et les Siciliens de la résistance inutile à laquelle ils se préparaient contre Théodoric. Ce prince reconnaissant le nomma aussitôt gouverneur de la Lucanie et du pays des Brutiens. Les vertus et la modération de Cassiodore parlaient en sa faveur mieux que n'aurait fait l'ambition la plus active, et Théodoric, qui voulait être le législateur et le restaurateur de l'Italie, et qui n'avait que les talents d'un soldat, crut, devoir s'assurer de ceux de Cassiodore, et le choisit pour être son organe et son aide dans l'accomplissement de ses sages projets. Il le nomma son secrétaire et lui donna toute sa confiance. Dans ce poste élevé, Cassiodore devint l'appui de son prince, le bienfaiteur de l'Italie et le modèle des grands ministres.

Les règlements fameux qu'il publia au nom de Théodoric, les lettres qu'il écrivit pour ce prince, attestent l'étendue de ses vues, la sagesse de son administration, et, à quelques déclamations près, la beauté de son génie. Théodoric le fit bientôt questeur; c'était alors la première charge de l'Etat. Cassiodore, sous un prince ardent, vigilant, infatigable, remplit toutes ses vues, exécuta tous ses projets, prévint toutes ses volontés, et sut encore charmer les loisirs de son maître par une conversation aussi agréable qu'instructive. Sa faveur s'accrut avec ses services. En 514, il obtint le consulat; il était en outre maître des offices et patrice; mais lorsque la vieillesse et les contrariétés commencèrent à altérer les grandes qualités de Théodoric, et que d'indignes courtisans s'emparèrent de son esprit, Cassiodore prévit les maux qu'il ne pourrait empêcher; il se démit de toutes ses charges, et se retira de la cour en 524. La mort tragique de Boëce et de Symmaque prouva bientôt la sagesse de ce parti. Après la mort de Théodoric, en 525, Cassiodore fut rappelé par Amalasonte, qui lui conféra le titre de préfet du prétoire, et lui donna même le commandement des troupes qui gardaient les côtes d'Italie. Cassiodore, dévoué à la fille de Théodoric et à son petit-fils Athalaric, servit l'Etat avec un zèle que ne ralentirent ni les désordres, ni la mort d'Athalaric, ni les malheurs d'Amalasonte, ni même l'incapacité de Théodat; mais enfin, accablé des revers et de la ruine des Goths, qu'il n'avait pu prévenir et qu'il ne pouvait empêcher, âgé de soixante-dix ans, et fatigué par cinquante années de travaux assidus, glorieux et désormais inutiles, il se retira dans sa patrie, et fonda le monastère de Viviers (en Calabre), auquel il donna une règle particulière qui différait peu de celle de saint Benoît. On ne sait pas au juste l'époque précise de sa mort; il vivait encore en 562, et on croit qu'il mourut l'année suivante, à l'âge de quatre-vingt-quatorze ans. Retiré dans son monastère, Cassiodore ne s'occupa plus que de son salut et de l'entretien des bonnes études. Il y forma une grande bibliothèque, dépensa des sommes considérables à recueillir de bons manuscrits, les faisait copier et les copiait quelquefois lui-même. On croit qu'il est le premier qui ait fait de ce genre de travail une occupation réglée des moines, et il n'est pas douteux qu'on ne lui doive la conservation d'une foule de monuments précieux qui auraient péri dans les désordres des guerres qui désolaient alors l'Italie. Il employait ses moments de loisir à divers ouvrages de mécanique; il faisait des cadrans, des clepsydres, et même, dit-on, des lampes perpétuelles. Il composa aussi dans le même lieu, ou du moins mit en ordre et compléta la plus grande partie de ses écrits, dont voici le compte rendu avec l'analyse.

Histoire Tripartite. — Cette histoire ecclésiastique est ainsi appelée parce qu'elle est composée de celles des trois auteurs grecs, Socrate, Sozomène et Théodoret. Cassiodore les fit traduire toutes les trois en latin par son ami Epiphane, afin que la Grèce ne se vantât pas de posséder seule un ouvrage si admirable et si nécessaire à tous les chrétiens. Lorsqu'elles furent traduites, il en forma un seul corps d'histoire divisé en douze livres, empruntant à chacune ce qu'elle avait de meilleur, se servant indifféremment de toutes les trois sans jamais surcharger son récit de répétitions. Pour éviter la confusion, il divisa son Histoire en chapitres, mit des titres à chacun, avec des indications qui marquaient d'où il avait tiré ce qu'il y racontait.

Chronique. — Cassiodore nous a laissé une autre Histoire, mais extrêmement abrégée, sous le titre de *Chronique*. Il l'entreprit par l'ordre de Théodoric, qui était bien aise de se trouver en qualité de consul à la suite de tant de grands hommes qui avaient été revêtus de la même dignité. Il compte depuis le commencement du monde jusqu'au consultat de ce prince 5721 ans; depuis Adam jusqu'au déluge, 2242 ans; depuis le déluge jusqu'à Ninus, premier roi des Assyriens, 899 ans. Après les rois des Assyriens, dont la monarchie ne dura que 852 ans, il met les rois latins, du nom de Latinus, qui fut le premier. Ce fut en la vingt-cinquième année de son règne que la ville de Troie fut prise. Il eut pour successeur Énée, qui s'était retiré auprès de lui après le sac de sa ville, et à qui il donna sa fille en mariage. Ces princes prirent le nom de Romains, aussitôt que Romulus fut monté sur le trône de Rome, qu'il venait de fonder. Leur monarchie finit à Tarquin le Superbe, sous le règne duquel Pythagore se rendit recommandable par son savoir. Aux rois succédèrent les consuls. Ils étaient ordinairement deux; mais ils n'avaient le gouvernement de la république que pour un an. Les premiers furent Junius Brutus et Tarquinius Collatinus. Sous le consulat de Lentulus et de Marcellus, Jules César, après avoir vaincu Pompée, prit le nom d'empereur romain. Cassiodore en compte quarante-huit jusqu'à Anastase, qui est le dernier empereur dont il parle dans sa *Chronique*. Il la finit par le récit des actions éclatantes de Théodoric, roi d'Italie. Ce prince donna en mariage sa fille Amalasonte, à Eutharic, qui fut consul en 519. La même année, Théodoric fit de grandes magnificences à Rome et à Ravenne. Cassiodore ne pousse pas plus loin son travail, ce qui est une preuve qu'il le composa et le finit cette année.

Comput pascal. — Nous ne savons au juste en quelle année Cassiodore écrivit son *Comput pascal*. Ce qui paraît certain, c'est qu'il n'était pas encore écrit en 562, puisqu'il n'en dit rien dans la nomenclature qu'il publia alors de ses œuvres. Il y enseigne à trouver pour chaque année, l'indiction, l'épacte, le nombre d'or, les concurrents, et enfin le jour de Pâques. Dans ce calcul, il commence l'ère chrétienne à l'Incarnation de Jésus-Christ, et non pas à sa naissance, devançant ainsi d'un an l'ère vulgaire qui ne commence qu'à la naissance du Sauveur.

Histoire des Goths. — Ce fut aussi sous le règne de Théodoric que Cassiodore composa son *Histoire des Goths*, divisée en douze livres. Nous ne l'avons plus. C'était un ouvrage d'une grande recherche. Il y tirait de l'oubli les anciens rois Goths, qui n'étaient plus connus; il y rétablissait la race royale des Amales dans leur premier éclat, et en comptait dix-sept générations entières, depuis qu'elle possédait le sceptre. En un mot, il avait coordonné et réuni en un seul corps de volume ce qu'il avait trouvé épars en plusieurs livres. Jornandès, évêque de Ravenne, fit un abrégé de cette histoire.

Commentaire sur les psaumes. — Ce commentaire est le premier ouvrage que Cassiodore composa depuis sa conversion; ainsi il faut le rapporter à l'année qui suivit la prise de Ravenne, c'est-à-dire à l'an 439. Il fait un grand éloge des psaumes, des beautés qu'ils renferment, des lumières qu'ils répandent, de la douceur et de la vertu qu'ils respirent de leur but, de leur utilité, et à ce propos il remarque l'usage où l'on était de les chanter à tous les offices de l'Eglise. Après quoi il fait quelques observations générales qui servent comme de prolégomènes à ces Commentaires. Après ces remarques, Cassiodore expose la méthode qu'il veut suivre dans son explication. Il déclare qu'il expliquera le titre du psaume, qu'il le divisera en toutes ses parties, pour éviter l'embarras que pourrait causer la diversité des matières qui s'y rencontrent, et quelquefois des personnages qui sont introduits dans un même psaume; qu'il l'expliquera suivant le sens littéral et historique, et aussi suivant le sens prophétique et spirituel; qu'il en fera connaître la fin et le but, particulièrement par rapport à la morale, c'est-à-dire par rapport à la fuite des vices et à la pratique de la vertu; qu'il fera des observations sur le nombre des psaumes, lorsqu'il y aura quelque chose de mystérieux renfermé dans ce nombre; enfin que, dans le sommaire de chaque psaume, il se proposera, autant que possible, quelques hérésies à combattre. Dans le cours de son Commentaire, il s'appliquera surtout à relever l'éloquence des livres sacrés. « Le langage du Psalmiste, dit-il, est chaste, d'une certitude infaillible, d'une vérité éternelle, immuable, pure, utile, remplie de force et propre à opérer le salut, comme on le voit par le psaume CXVIII, où le prophète dit au Seigneur : *Votre parole m'a donné la vie. C'est une lampe qui éclaire mes pieds, et une lumière qui me fait voir les sentiers où je dois marcher.* Vraie lumière, ajoute Cassiodore, puisqu'elle ne me commande rien qui ne me donne la vie, puisqu'elle ne me défend que ce qui est nuisible, puisqu'elle me détourne de l'amour des choses terrestres et me persuade de ne m'attacher qu'aux choses du ciel. » Sous des paroles toutes communes, l'Ecriture renferme de profonds mystères; mais sa simplicité même a de la grandeur. Pour peu qu'on se donne la peine de les approfondir, on découvre un sens caché sous chacune de ses paroles ; et si la vraie éloquence consiste à exprimer les choses en termes propres et convenables, on ne peut douter de l'éloquence de l'Ecriture. Venant ensuite à la louange des psaumes en particulier, il dit qu'il n'est point de sujet de consolation qu'on ne puisse y trouver. C'est un trésor qui profite et augmente toujours dans un cœur pur; ceux qui pleurent y trouvent de quoi se consoler, les justes des motifs solides de leurs espérances; les pécheurs des formules pour leur repentir; et ceux qui sont en péril, un refuge utile et assuré. Lorsque nous les chantons, ne nous semble-t-il pas, comme saint Athanase le dit à Marcellin, que les paroles du Saint-Esprit deviennent les nôtres et s'accommodent à tous nos besoins? Cassiodore avait dit auparavant, en parlant de la psalmodie qui se fait dans les veilles : « La voix des hommes éclate dans le silence de la nuit, et par des paroles chantées avec art et mesure, elle nous reporte à celui de qui le Verbe nous est venu pour le salut du genre humain. Il ne se forme qu'une seule harmonie de tant de voix qui chantent, et quoique nous ne puissions les entendre, nous mêlons notre musique au concert des anges, chantant les louanges du Seigneur. » Il joint à ces éloges celui de l'Eglise catholique, qui seule communique la vie de la grâce et de la sanctification. Hors d'elle, comme hors de l'arche qui en était la figure, on ne peut être que submergé. Pure dans sa doctrine, elle n'est souillée d'aucune erreur, quoique placée dans ce monde, pour y vivre au milieu des méchants. Elle est plus brillante que le soleil, plus blanche que la neige, sans aucune tache ni ride. Le Commentaire de Cassiodore est divisé en douze parties, selon l'ordre et le sens des psaumes, qui représentent Jésus-Christ et les différents états de son Eglise.

Institutions aux lettres divines. — Cassiodore, vivement touché de ce qu'il n'y avait point à Rome de maîtres publics destinés à enseigner les divines Ecritures, pendant que les auteurs profanes y étaient expliqués par des maîtres très-célèbres, fit son possible, avec le saint pape Agapet, pour établir en cette ville des chaires de professeurs dans les écoles chrétiennes. Mais les guerres continuelles et les troubles de l'Italie ne lui permirent pas de réaliser un si noble dessein. Ce fut pour y suppléer, en quelque sorte, qu'il entreprit, dans les premières années de sa retraite, de donner une introduction à l'étude de l'Ecriture sainte, dans le livre qu'il composa sous le titre d'*Institution aux lettres divines*. Son dessein, dans cet ouvrage, est de donner les principes de la science des Ecritures, et même des lettres humaines, non en suivant les lumières de son propre esprit, mais en s'attachant à la doctrine des anciens Pères, dont les commentaires sur les livres saints conduisent efficacement, selon lui, à la contemplation de Dieu. Pour observer quelque ordre dans ce travail, il pense qu'on doit commencer par apprendre de mémoire tous les psaumes, en les lisant dans des exemplaires fort corrects, de peur de confondre les erreurs des copistes avec le texte même de l'Ecriture. Il exhorte aussi à apprendre par cœur l'Ecriture sainte tout entière, et dit qu'il avait rencontré des personnes devenues si habiles par ce moyen, que, lorsqu'on leur proposait quelques questions sur le sens d'un passage, elles en citaient de suite plusieurs semblables, dont l'intelligence aidait à fixer le sens du texte douteux. En effet, il arrive souvent que ce qui est obscur dans un livre de l'Ecriture, est énoncé en termes plus clairs dans d'autres livres, et l'un fait comprendre l'autre. C'est ainsi que saint Paul en a usé dans son Epître aux Hébreux, où il explique les prophéties de l'Ancien Testament par l'accomplissement qu'elles ont eu dans le Nouveau. Cassiodore dit ensuite qu'après avoir acquis l'intelligence de l'Ecriture par son propre travail, on doit consulter les saints Pères qui l'ont expliquée. Il convient que quelques-uns sont devenus très-savants sans tous ces secours, et il rapporte, après Cassien et saint Augustin, que certaines personnes en ont reçu de Dieu l'intelligence par de ferventes prières; mais il est d'avis de suivre la voie commune, d'apprendre et de se faire instruire, de peur de tenter Dieu, ce qui n'empêche pas qu'on ait recours aux lumières du Saint-Esprit, en lui disant avec le prophète (*Psal.* cxviii, 77) : *Donnez-moi l'intelligence, afin que j'apprenne vos commandements et votre sainte loi.* Après ces remarques générales, chacun des volumes de son ouvrage est consacré à indiquer les principaux auteurs de la science ecclésiastique, les Pères, les théologiens, les écrivains ascétiques, qui ont commenté tous les livres de l'Ecriture, depuis la Genèse jusqu'à l'Apocalypse. Il cite leurs ouvrages, et donne quelquefois de longs passages de leurs commentaires. Après avoir désigné tous les commentateurs, il réunit en un seul corps tous les écrivains qui ont publié des introductions à l'Ecriture, parce qu'ils y donnaient pour ainsi dire la clef qui en ouvre les mystères et qui en laisse pénétrer les différents sens. Il parle ensuite des quatre premiers conciles généraux qui ont affermi les fondements de notre foi, qui en ont établi les vérités et nous ont appris à nous garantir de la mauvaise doctrine des hérétiques. Il donne aussi le canon des Ecritures d'après saint Jérôme. Il recommande l'étude de la cosmographie, comme très-utile pour leur faire connaître la situation des lieux dont il est parlé dans les saints livres. A l'exemple des saints Pères, il permet l'étude des lettres humaines, pourvu qu'on s'y livre avec modération et dans la vue d'en tirer du secours pour l'intelligence des livres sacrés. Il décrit ensuite son monastère de Viviers, encourage les travaux des copistes ou antiquaires, prescrit et règle le soin des malades, et termine son ouvrage par une prière à Dieu et une exhortation à ses moines, qu'il engage à faire de grands progrès dans les sciences divines, progrès d'autant plus faciles, qu'il a mis à leur disposition un grand nombre de livres, recueillis de toutes parts et des meilleurs auteurs.

Traité des arts libéraux, etc. — Ce traité suivit immédiatement le livre de l'*Institution.* Il en compte sept, qu'il décrit chacun dans un chapitre particulier. Ce sont la grammaire, la rhétorique, la dialectique, l'arithmétique, la musique, la géométrie et l'astronomie. Ces ouvrages sont très-superficiels; recommandables cependant plutôt par les idées que par le style. Son traité *du Discours* n'est autre chose que l'exposition des premières règles du langage, en définissant les différentes espèces de mots qui servent à le former. Il composa son traité *de l'Orthographe,* pour guider ses religieux dans la copie des manuscrits. Il leur donne donc toutes les règles de l'orthographe; mais ne voulant pas se faire honneur d'un ouvrage où il n'avait fait qu'abréger ceux des autres, il nomme consciencieusement tous les auteurs auxquels il avait emprunté, et il marque, dans des chapitres séparés, ce qu'il avait pris de chacun.

Traité de l'âme. — Ce fut à la prière de ses amis que Cassiodore composa son *Traité de l'âme.* Nous étudions avec application, lui disaient-ils, le cours des astres, la nature des éléments, la cause des pluies, des tempêtes, des vents et des tremblements de terre; la hauteur des astres, la profondeur des abîmes, la distance des planètes, les qualités et les vertus des plantes, et nous oublions de rentrer en nous-mêmes, afin d'étudier la nature de notre âme. Et cependant, pour la connaître il suffit de la consulter; pourvu qu'on l'interroge, elle ne manque jamais de répondre. Cassiodore l'interroge et répond par un traité divisé en douze chapitres.

La matière du premier consiste à savoir pourquoi l'âme est ainsi nommée. Il distingue l'âme de la vie; la vie des hommes est dans l'âme, la vie des bêtes est dans le sang; aussi fait-il dériver son nom du mot ἄναιμα, qui veut dire dégagée du sang, parce que, après la mort du corps, elle lui survit aussi parfaite que pendant leur union. D'autres veulent qu'elle soit appelée âme parce qu'elle anime la substance du corps et qu'elle la vivifie. Cassiodore distingue l'esprit de l'âme, parce que le terme d'*esprit* est un terme générique, qui se dit de Dieu, des anges et des puissances de l'air, comme il se dit de l'âme. Il fait venir le mot latin *animus,* qui désigne l'esprit, du mot grec ἄνεμος, qui signifie vent, à cause de la promptitude de ses pensées.

Dans le second chapitre, il enseigne qu'au sentiment des plus habiles philosophes, on peut définir l'âme de l'homme une substance particulière spirituelle, créée de Dieu, capable de donner la vie au corps, raisonnable, immortelle, et pouvant se tourner vers le bien ou vers le mal à son choix. Il explique ensuite en particulier tous les termes de cette définition, et se sert pour les prouver de tous les moyens que la philosophie de l'école mettait à sa disposition. Il ajoute que l'âme, sujette au changement pendant son union avec le corps, n'en est pas même exempte après sa séparation. Elle voit, elle entend, elle touche, non plus par des sensations, mais d'une manière spirituelle. Cassiodore se sert de cette mutabilité pour montrer qu'elle n'est point une portion de la substance de Dieu, comme quelques-uns l'avaient ridiculement avancé. Il dit qu'elle ne peut être non plus une partie de l'ange, parce que l'ange n'est pas de nature à être uni avec la chair, comme l'âme qui compose un tout avec elle. Il rejette l'opinion de ceux qui ont cru que les âmes existaient longtemps avant leur union avec le corps, et qu'on doit l'invention des arts aux idées qu'elles en avaient avant cette union, et dont elles se sont souvenues depuis.

Le troisième chapitre traite de la substance de l'âme. Il ne croit pas qu'elle soit de la nature du feu, comme quelques-uns l'ont imaginé, à cause de sa vivacité et de la célérité de ses mouvements; il pense qu'on doit plutôt l'appeler lumière, et il en donne deux raisons : la première, c'est qu'elle est l'image de Dieu, qui, selon l'Apôtre, demeure dans une lumière inaccessible, et qui, selon saint Jean, est lui-même la lumière qui éclaire tout homme venant en ce monde. Il tire la seconde raison de la clarté et de l'évidence des idées de l'âme, qui voit les choses clairement sans le secours d'aucune lumière extérieure; mais il convient que la lumière grandit dans l'âme par la grâce de Dieu, qui lui rend plus facile la perception des secrets de l'ordre naturel.

Le quatrième chapitre est intitulé : *De la forme de l'âme.* La forme de l'âme, suivant Cassiodore, est de n'en point avoir. Toute forme suppose nécessairement une superficie, et par conséquent un corps, et tout corps est de sa nature solide et palpable ; aucune de ces attributions ne convient à l'âme, dont il a démontré plus haut la spiritualité. Il s'objecte qu'il est dit de Jésus-Christ, qu'*ayant la forme de Dieu, il n'a pas cru que ce fût une usurpation d'être égal à Dieu;* et il résout lui-même l'objection en répondant que le terme de *forme* se prend, en cet endroit, pour marquer la nature même de Dieu.

Cassiodore consacre son cinquième chapitre aux vertus morales et naturelles de l'âme. Les vertus morales sont la justice, la prudence, la force, la tempérance. Il divise en cinq, avec les anciens philosophes, les propriétés qu'il appelle vertus naturelles. La première nous rend les choses sensibles; la seconde ordonne certains mouvements aux organes du corps; la troisième leur commande le repos, lorsque l'âme veut s'appliquer avec plus d'attention; la quatrième anime le corps ; la cinquième est l'appétit du bien et du mal. Il enseigne que toutes les âmes sont semblables, et que si elles ne fonctionnent pas toutes avec la même perfection, cela tient à l'organisation différente des corps qu'elles animent, les uns étant faibles comme ceux des enfants, les autres lésés en quelque partie, comme ceux des insensés. Il ne veut donc pas que l'on dise que les âmes des insensés diffèrent de celles des hommes raisonnables, ni que l'on pense que l'âme des enfants croisse avec eux. Ce n'est pas l'âme qui croit dans les enfants, mais la raison, à mesure que l'âge leur donne un plus long usage de la réflexion.

Dieu, dit Cassiodore, dans son septième chapitre, est seul auteur de l'âme. Il la donne à l'homme par le souffle de sa bouche, c'est-à-dire par son commandement. Il remarque que, pour expliquer plus facilement la doctrine de l'Église sur le péché originel, quelques-uns ont émis l'opinion que les âmes des enfants étaient engendrées de celles de leurs parents. Sans réfuter précisément cette opinion, il dit néanmoins que l'on doit croire fermement et sincèrement que Dieu crée les âmes, et qu'il leur impute, par des raisons justes quoique cachées, le péché du premier homme, dont elles sont véritablement coupables, si l'on en excepte l'âme de Jésus-Christ qui a été conçue par une opération divine. Né d'une vierge, il n'a rien tiré d'Adam, et il est venu dans le monde pour détruire son péché.

Il y avait des philosophes qui plaçaient le siège de l'âme au cœur, où se forment les esprits vitaux. Cassiodore, dans son huitième chapitre, croit qu'il est plus vraisemblable de le placer dans la tête, d'où elle dirige et gouverne l'homme. Entre plusieurs raisons qu'il en donne, celle qui paraît la meilleure, c'est qu'il suffit de penser sérieusement à une chose pour sentir que cette opération se fait dans la tête, parce qu'alors, pour s'y appliquer plus fortement, l'âme ferme pour ainsi dire toutes les issues qui la mettent en rapport avec les objets extérieurs.

Il fait, dans le chapitre neuvième, la description des principales parties du corps humain et de tous ses sens, dont il marque l'usage et les fonctions. Il en prend occasion de faire admirer la toute-puissance de celui qui l'a formé. Quelque matériel, quelque gâté que soit ce corps par les vices auxquels il est sujet, et par les blessures qu'il a reçues, il ne laisse pas de servir à de très-nobles fonctions. C'est le corps qui chante les saints cantiques, qui fait les martyrs, qui reçoit la visite de son Créateur, et qui reste comme le temple vivant de la Divinité, tant qu'il ne sert point de retraite au crime.

Il indique, dans les deux chapitres suivants, divers signes auxquels on distingue les bons d'avec les méchants. Ce sont deux tableaux très-bien tracés, qui se résument à peu près par cette double sentence : Les méchants n'éprouvent jamais de joie qui ne soit mêlée de tristesse; et les bons ne souffrent jamais de douleur qui ne soit tempérée par la paix de la conscience et par l'espérance de l'éternité.

Le dernier chapitre définit l'état de l'âme après la mort. La mort est la séparation de l'âme d'avec le corps; dans cet état, elle ne fait plus ni bien ni mal, mais seulement elle éprouve, jusqu'au jour du jugement, la joie ou la douleur de ses bonnes ou de ses mauvaises actions. Au jour du jugement elle sera réunie au corps par la résurrection, et la justice de Dieu s'accomplira tout entière. Il fait une description du ciel et de l'enfer, du bonheur des élus et des supplices des damnés; et il termine son traité par une très-belle prière, où il reconnaît que Dieu ne récompense en nous que ce que sa grâce y a mis, et qu'il est infiniment plus noble de le servir que de régner sur la terre, puisque d'esclaves il nous fait enfants, de pécheurs il nous fait justes, de captifs il nous rend libres.

Lettres. — Le plus considérable des ouvrages de Cassiodore est le recueil de ses lettres. Ses amis le pressèrent longtemps de les réunir, dans la persuasion qu'elles pourraient servir plus tard à écrire l'histoire de son temps. Il se défendit d'abord sur la multiplicité de ses occupations, qui ne lui laissaient pas même le temps d'achever tranquillement ce qu'il avait commencé; mais à la fin il céda à leurs instances, et les publia en douze livres. Les dix premiers ne contiennent que des dépêches officielles et des règlements sur l'administration de l'Etat, au nom des souverains dont il avait la confiance. On y trouve peu de chose qui intéresse notre sujet; il n'a d'écrites en son nom que celles des deux derniers livres: nous en analysons quelques-unes pour en donner une idée.

Au sénat de Rome. — Il lui fait part de sa promotion à la dignité de préfet du prétoire et lui représente la reine Amalasonte partageant son affection maternelle entre le roi Athalaric son fils, et ses sujets qu'elle aimait comme ses enfants. C'est une femme d'un génie supérieur, également vénérée dans son royaume et dans les autres Etats du monde. Sa vue imprime le respect, sa parole charme et ravit en admiration. Quelle langue peut-on citer qu'elle ne sache parfaitement? Elle parle le grec aussi purement qu'on le parlait autrefois à Athènes; elle brillerait parmi les plus célèbres orateurs romains; elle possède toutes les richesses et toutes les beautés de sa langue maternelle; il n'est point d'art, point de science dans lesquels elle n'excelle, et elle regarde la connaissance des belles-lettres comme un ornement plus riche que le diadème. Elle sait terminer en peu de mots les procès les plus épineux, conduire les affaires de la guerre sans rien perdre de sa tranquillité d'esprit, garder et faire garder aux autres un secret important, de sorte qu'on apprenait quelquefois le succès d'une entreprise avant d'avoir connu sa décision dans le conseil. Aussi, grâce au bon ordre qu'elle a maintenu dans ses armées, ont-elles été la terreur des peuples voisins, et fait sentir leur puissance à ceux qui ont osé attaquer leurs frontières.

Au pape Jean. — Dans cette lettre au souverain pontife, Cassiodore reconnaît que c'est par ses jeûnes et par ceux du clergé que les peuples ont été délivrés de la famine. Par leurs larmes précieuses devant Dieu, ils ont banni la tristesse publique, et c'est par les prières des saints que l'Etat s'est vu promptement déchargé d'un fléau qui l'accablait. Toutes ces considérations inspirent à Cassiodore la confiance de supplier le pape d'offrir à Dieu ses prières pour la conservation des princes. Il lui demande aussi de prier pour lui en particulier, afin que l'esprit de Dieu l'assiste, toujours de ses conseils. « Demandez, lui dit-il, que dans mes fonctions de juge je me montre toujours un digne enfant de l'Eglise. Etant le père commun, votre amour ne doit point avoir de bornes. Il est de votre honneur de procurer la sûreté et le repos à tous les peuples chrétiens dont la garde vous a été confiée de la part de Dieu. Nous n'avons entre nos mains que les affaires d'un Etat; vous avez, vous, les affaires de l'Eglise et du monde : c'est donc à vous de m'éclairer de vos conseils et de m'aider de vos prières. » Dans cette lettre, Cassiodore appelle *confession*, la partie de l'église dans laquelle on avait déposé, sous l'autel, les reliques des apôtres saint Pierre et saint Paul.

Aux évêques d'Italie. — Il écrivit à tous les évêques d'Italie, pour les supplier d'ordonner un jeûne, afin d'obtenir, par la voix puissante de la pénitence et de l'humilité la conservation des princes et la paix. Il les conjure d'être eux-mêmes les consolateurs des veuves et des orphelins contre les entreprises des hommes violents, sans toutefois renverser les lois de l'Etat par un excès de piété et de tendresse; de donner à leurs peuples des avis si utiles et si efficaces qu'il ne reste plus rien à faire pour les juges du siècle; de bannir de chez les chrétiens l'avarice, les larmes, la mollesse et tous les autres vices, en les assurant que s'ils ne cessent point de prêcher et d'exhorter, les peines et les supplices ne cesseront point. Il leur demande de lui donner en amis tous les avis qu'ils jugeront nécessaires pour sa conduite.

A Déusdedit. — Cette lettre à Déusdedit, greffier à Ravenne, est remarquable par le détail qu'il fait des avantages et des devoirs de cette charge. Par leur office, les greffiers sont les gardiens et les dépositaires des droits de tout le monde. Ils mettent le peuple à couvert des incendies, des vols et de la négligence des particuliers. La foi publique dont ils sont autorisés les met en état de réparer les pertes de chacun, en sorte qu'on peut regarder leur armoire comme la fortune et la sécurité de la république. L'héritier y trouve sans beaucoup de peine ce que ses ancêtres lui ont conservé. Comme on a recours aux actes du greffe, on peut dire en quelque sorte que le greffier décide plutôt les procès que ceux qui sont préposés pour en connaître. Cassiodore exhorte donc Déusdedit à remplir avec honneur les devoirs de sa charge, sans se laisser gagner par argent; à donner à ceux qui en demandent des copies des actes anciens de son greffe, mais à n'en point faire de nouveaux, et à avoir soin de sceller toutes ses expéditions d'un anneau imprimé sur la cire, et de garder une si grande uniformité dans son écriture que les copies ne diffèrent en rien de l'original.

A Ambroise. — L'altération des saisons

en 536, lui ayant fait prévoir quelques révolutions dans la production et la maturité des biens de la terre, il écrivit à Ambroise, que l'on croit avoir été vicaire de Rome, de faire de grandes provisions sur les récoltes de l'année précédente. Sur quoi il dit : « Les hommes sont dans de grandes inquiétudes lorsqu'ils voient l'ordre des choses changé; car il n'arrive rien sans cause, et le monde n'est pas gouverné ni conduit par le hasard, mais par les sages conseils de Dieu. Si donc nous sommes étonnés lorsque nous remarquons que les rois renversent ce qu'ils ont eux-mêmes établi, quelle doit être notre surprise et notre frayeur lorsque nous observons tant de vicissitudes et de changements dans le premier des astres qui nous refuse sa lumière et sa chaleur? » La stérilité eut lieu, et les Vénitiens s'étant trouvés dans la disette, il leur fit distribuer des vivres, et remettre les tributs, regardant comme une conduite cruelle de forcer les peuples à donner les choses dont ils ont un si pressant besoin. Ce serait exiger un tribut de larmes que de charger d'impôts un peuple qui est dans l'impuissance de le payer. Il paraît que les Milanais souffrit aussi de la famine. Cassiodore y fit envoyer de grandes quantités de blés ; mais, afin que la distribution s'en fît équitablement et en proportion de l'indigence, il en confia le soin à l'évêque Dacius, dont il connaissait la vertu. La lettre qu'il lui écrivit sur ce sujet est suivie d'un édit dans lequel, après avoir fait part aux Liguriens de la victoire que le roi avait remportée sur les Bourguignons et les Allemands, il leur dit que ce prince, faisant attention à leur indigence, leur avait fait remise de la moitié des tributs et ouvert ses greniers pour les soulager.

Les ouvrages de Cassiodore offrent cet attrait particulier, cet intérêt puissant, qui naît naturellement de la variété. En effet, ce sont ou des maximes de la plus sage politique, ou des instructions de la morale la plus épurée, ou des leçons pour s'avancer dans la connaissance des arts libéraux, ou des règles pour s'appliquer avec fruit à l'étude des divines Ecritures, ou un narré fidèle des événements les plus considérables de son temps. Il fut tout à la fois grand politique, habile philosophe, savant interprète, excellent orateur, historien exact et critique judicieux. Ajoutons qu'il fut aussi bon et solide théologien, puisqu'il s'est expliqué sur la plupart de nos mystères d'une manière qui ne laisse rien à désirer pour l'intégrité du dogme et la pureté de la foi.

Cependant son style se ressent de la barbarie de son siècle, et ses lettres surtout sont chargées de cadences, de rimes, de pointes et d'expressions de la basse latinité. Mais la fécondité merveilleuse des pensées, leur noblesse, leur élévation, le tour fin et délicat qu'il sait leur donner, effacent en quelque sorte ces défauts. Ses commentaires en ont moins, parce que le style en est plus naturel et plus coulant. Son *Traité de l'âme* est écrit avec beaucoup de netteté et d'érudition, et celui de l'*Institution* sera toujours un monument précieux pour quiconque désire s'instruire ou instruire les autres dans la science des divines Ecritures.

CASTOR (saint), évêque d'Apt dans les Gaules, gouverna cette église depuis l'an 419 jusqu'à l'an 431. Il nous reste de lui une lettre adressée à Jean Cassien, abbé de Saint-Victor de Marseille, et qui se trouve insérée parmi les écrits de cet auteur. Cette lettre sert de préface au livre des *Institutions monastiques*, dédié par Cassien lui-même au saint pontife. C'est dire assez quel en est le sujet. On la retrouve à cette place dans le *Cours complet de Patrologie*

CATWALON n'était encore que moine dans l'abbaye de Redon, au diocèse de Vannes, lorsqu'il fut choisi par l'abbé Mainard pour établir une communauté de moines à Belle-Ile, que Geoffroi, duc de Bretagne, avait donnée au monastère de Redon. On dit que Catwalon était frère de ce duc; il possédait au moins la vraie noblesse, qui est celle de la vertu. A la mort de l'abbé Mainard, arrivée en 1025, il fut élu pour lui succéder. Le monastère de Redon tombait en ruine; Catwalon le rétablit et le gouverna sagement, jusque vers l'an 1049.

Il n'avait pas encore commencé à en réparer les édifices, lorsqu'il reçut une lettre et des députés d'Hildegarde, comtesse d'Anjou, femme de Foulques Néra, pour lui demander de se souvenir d'elle dans ses prières. C'était apparemment parce que le comte, son mari, était alors en guerre avec Alain, duc de Bretagne. Catwalon, dans sa réponse, lui donne le titre de reine d'Anjou, et lui dit : « Si vous pensez que nous puissions vous rendre Dieu propice, soyez assurée que nous faisons tous les jours mémoire de vous auprès du Seigneur; car il y a longtemps que nous savons que vous lui rendez un culte sincère, et que vous favorisez ceux qui le servent. A défaut des louanges universelles, vos œuvres vous rendraient ce témoignage, car elles sont éclatantes. Il ne vous reste qu'à avancer de plus en plus dans le bien. » Il dit ensuite qu'il disposait tout pour commencer ses bâtiments au mois de mars prochain, et la supplie de lui obtenir la franchise des péages dans ses Etats, pour certaines denrées qui devaient y passer, et de prêter son secours au frère qui avait envoyé pour en faire emplette. — Nous avons une seconde lettre de Catwalon à Letgarde ou Leburge, abbesse de la Charité à Angers, qui s'était aussi recommandée à ses prières. Il s'en excuse d'abord, mais ensuite il lui promet de faire offrir pour elle le sacrifice solennel, tant à Redon qu'à Belle-Ile.

CÉADMON, Anglais d'origine et moine de l'ordre de Saint-Benoît, florissait vers le milieu du VIIe siècle, et mourut en 680. Cange en fait mention, et Bède parle de lui avec les plus grands éloges dans son *Histoire d'Angleterre*. « Par un don admirable de la Providence, dit-il, il possédait le talent de faire passer dans sa langue, et de traduire en vers pleins de grâce et d'onction tout ce que les interprètes lui apprenaient des saintes Ecritures. Ses vers inspiraient le mépris du siècle et réchauffaient dans les âmes le désir de la vie éternelle. Après lui, plusieurs de sa nation s'essayèrent dans la poésie religieuse, mais sans pouvoir jamais l'égaler. Il s'appropriait si bien les pensées de l'Ecriture, et savait donner tant de charmes à ses vers, que les plus savants docteurs se plaisaient à l'entendre. La création du monde, l'origine du genre humain, l'histoire de la Genèse, la sortie d'Egypte et l'entrée d'Israël dans la terre promise, l'incarnation, la passion, la résurrection, l'ascension du Sauveur dans le ciel, la descente du Saint-Esprit et l'illumination des apôtres faisaient tour à tour le sujet de ses chants. Il décrivait aussi à grands traits les terreurs du jugement futur, les horreurs de la géhenne éternelle, et le doux repos du céleste royaume; mais la peinture de la bonté de Dieu et de sa justice lui servit plus souvent encore à ramener les pécheurs à l'amour du bien et à la pratique de la vertu. » Le peu de vers qui nous restent de Céadmon nous ont été conservés par Georges Hickesius dans sa Grammaire anglo-saxonne. La paraphrase de la Genèse et des autres histoires de l'Ancien Testament, publiées sous son nom par François Junius, à Amsterdam, 1655, sont, au jugement d'Hickesius lui-même, d'une époque beaucoup plus récente. On retrouve les vers de Céadmon avec ceux qui lui sont attribués dans le *Cours complet de Patrologie.*

CÉCILIEN, diacre de Carthage, fut élu évêque de cette ville en 311, après Mensurius. Les évêques de Numidie n'ayant point été appelés à son ordination, se réunirent au nombre de soixante-six, et donnèrent le siége de Carthage à Majorin. Ils condamnèrent son compétiteur sans l'entendre et sans l'accuser d'autre chose que d'avoir été ordonné par des traditeurs, c'est-à-dire par ceux qui avaient abandonné les vases sacrés aux persécuteurs du christianisme. Donat, évêque de Casenoire, leva l'étendard du schisme, et plusieurs prélats africains le suivirent. L'empereur Constantin fit assembler à Rome un concile de dix-neuf évêques pour terminer cette affaire. Cécilien fut conservé dans tous ses droits, et son accusateur Donnat condamné. Un concile d'Arles assemblé un an après, en 314, confirma la décision de celui de Rome. Cécilien, absous par les évêques et soutenu par l'empereur, demeura en possession de l'évêché de Carthage. Il mourut vers l'an 347, et sa mort n'éteignit point le schisme; l'Eglise d'Afrique fut encore agitée pendant près de deux siècles. Le *Cours complet de Patrologie* a reproduit tout ce qu'il publia dans le cours de cette dispute, qui donna naissance à un schisme.

CÉDRÈNE (Georges), moine du xi° siècle, a écrit une espèce de chronique ou d'histoire universelle, depuis le commencement du monde jusqu'à l'an 1057 de Jésus-Christ. De la création du monde jusqu'au règne de Dioclétien, il n'a fait que copier Georges Syncelle, en y ajoutant quelque chose du livre de la Genèse. Ce qu'il dit des événements arrivés depuis Dioclétien jusqu'à Michel Curopalate, est tiré de la Chronique de Théophane; et il prend de Jean, protovestiaire, la suite des temps jusqu'à Isaac Comnène, c'est-à-dire jusqu'en 1057. Cédrène cite lui-même dans sa préface les auteurs auxquels il a emprunté, et il en cite en même temps plusieurs autres dont il avait lu les écrits. Il ne dissimule pas qu'il en avait profité pour son ouvrage; mais il dit aussi qu'il y a rapporté des faits dont ils n'ont point parlé, et qu'il avait appris par la tradition des anciens. On convient que ces faits sont en petit nombre, et qu'ils n'ajoutent rien au mérite de son ouvrage. C'est une compilation sans critique et sans jugement, dans laquelle on trouve les contes les plus absurdes mêlés aux récits de l'histoire ancienne. On en peut cependant tirer quelque parti pour l'histoire du Bas-Empire. Jean Scylitza, dit Curopalate, sert de continuateur à Cédrène, et ces deux historiens se trouvent réunis dans la belle édition du Louvre, grecque et latine, donnée avec des notes du P. Goar, et un Glossaire de Charles Annibal Fabrat, 2 vol. in-fol., en 1647. Cette édition fait partie de la collection historique connue sous le nom de Byzantine. On ne fait aucun cas des précédentes

CÉLERIN, prêtre de l'Eglise de Carthage, sous le pontificat de saint Cyprien, confessa la foi de Jésus-Christ vers le mois de mai de l'année 250. Après avoir souffert à Rome, pendant l'espace de dix-neuf jours, les plus cruelles tortures sans que son courage se fût un instant démenti, il sortit de prison et écrivit à un de ses amis, nommé Lucien, qui comme lui avait été du nombre des martyrs, et même le chef des martyrs de Carthage. Cette lettre est pleine de modération, de prudence, d'humilité et de respect pour la discipline de l'Eglise. Après les témoignages d'une sainte et ancienne amitié, Célerin lui marquait l'affliction extrême que lui faisait ressentir la mort spirituelle de sa sœur, qui avait trahi Jésus-Christ et sacrifié aux idoles pendant la persécution. « C'est ce qui a été cause, ajoute-t-il, que j'ai passé dans les larmes tout ce temps de Pâques, qui est un temps de joie, pleurant nuit et jour sous le sac et sous la cendre. Je persévérerai dans la même affliction, jusqu'à ce que par sa grâce, par votre intercession et par celle que vous obtiendrez pour elle de ceux de nos frères qui attendent la couronne, Notre-Seigneur Jésus-Christ lui accorde le pardon de son crime. Car je me souviens de votre charité, et je ne doute point qu'avec tous les autres vous soyez touché de la faute de nos sœurs Numérie et Candide, que vous connaissez. Si vous intercédez pour elles auprès de Jésus-Christ, vous qui êtes ses martyrs, je crois qu'il leur pardonnera en considération de la pénitence qu'elles ont faite et des secours charitables qu'elles n'ont cessé de prodiguer à nos frères, qui vous rendront eux-mêmes témoignage de leurs bonnes œuvres. » Célerin parle dans la même lettre d'une nommée Cétuse, qui s'était rachetée de l'obligation de sacrifier aux idoles en donnant de l'argent. Il la prie aussi de soumettre sa demande à tous ses frères les confesseurs. Il termine en lui disant que c'est avec bonheur qu'il lui apprend que Statius, Sévérien et tous les autres confesseurs, qui sont de retour à Carthage, lui adressent la même demande.

Cette lettre fut suivie d'une réponse, dans laquelle Lucien lui apprend qu'il accorde la paix, non-seulement à Numérie et à Candide, mais encore à toutes celles qui étaient tombées. Il lui donne les motifs d'une indulgence si générale, et lui affirme qu'il n'en use qu'en vertu d'une recommandation qui lui a été faite par le bienheureux martyr Paul. Cette lettre de Lucien fut suivie d'une lettre souscrite par tous les autres confesseurs et adressée à saint Cyprien, qui ne put retenir son indignation, parce qu'une telle condescendance tendait à ruiner toute discipline. Il convoqua un concile qui se réunit le 15 mai, et dans lequel on régla la conduite que l'on devait tenir à l'égard des tombés. (Voir la biographie du saint docteur, dans les Œuvres duquel cette lettre est publiée.)

CELESTIN Ier (saint), élu pape le 3 novembre 422, était Romain de naissance et fils de Priscus. Il succéda à Boniface Ier. Il convoqua le concile d'Ephèse, où saint Cyrille le représenta, et où Nestorius fut condamné. Ce fut lui qui ordonna que les psaumes de David seraient chantés dans l'église avant le sacrifice. Il mourut à Rome le 6 avril 432, après un pontificat de neuf ans et dix mois. Sa piété, sa prudence, ses lumières, honorent sa mémoire, et l'Eglise l'a placé au nombre des saints.

On a de lui une lettre adressée à Vénérius de Milan, à Léonce de Fréjus et à plusieurs évêques des Gaules, pour défendre et consacrer la doctrine de saint Augustin que quelques-uns d'entre eux rejetaient, en soutenant les erreurs de Pélage; un avertissement aux évêques du concile d'Ephèse, sous ce titre : *Commonitorium breve;* des Capitules de la grâce, composés par son ordre. *Auctoritates sedis apostolicœ episcoporum, de gratiâ Dei et libero voluntatis arbitrio;* c'est un recueil des décisions des papes, ses prédécesseurs, et des conciles d'Afrique sur la grâce et la liberté; une lettre décrétale de l'an 428, aux évêques de Vienne et de Narbonne, qui leur prescrit de ne point porter d'habits qui les singularise et qui les distingue du peuple; ce qui prouve qu'alors ce n'était point la coutume, en Occident, de voir un costume particulier aux ecclésiastiques. Cette même décrétale défend de refuser la pénitence aux mourants; enfin elle ordonne qu'on n'élise point un évêque étranger, et par conséquent désagréable au troupeau. Il doit avoir, dit-elle, le consentement du peuple, du clergé et des magistrats. On a encore de lui d'autres lettres touchant l'affaire de Nestorius, dont cinq en grec se retrouvent dans les actes du concile d'Ephèse. Nicéphore parle de trois autres lettres de ce pape, une à saint Cyrille, la seconde à Jean d'Antioche, et la troisième à Rufus de Thessalonique; mais comme elles regardent la confirmation de Proclus au siége de Constantinople, confirmation qui ne se fit que deux ans après la mort du pape Célestin, on doit les regarder comme supposées. On doit porter le même jugement du livre *de Secretis,* que le même Nicéphore attribue à ce pontife. Ce livre paraît fait par quelque partisan des papes, au temps où ils étaient brouillés avec les évêques de Constantinople. — Les lettres et les décrétales de saint Célestin se trouvent reproduites dans le *Cours complet de Patrologie.*

CÉLESTIN III, élu pape le 30 mars 1191, était connu sous le nom du cardinal Hyacinthe, diacre du titre de Sainte-Marie. Il était âgé de quatre-vingt-cinq ans, et succéda à Clément III. A son avénement, Henri VI, désigné empereur, était venu en Italie pour se faire couronner et pour réclamer ses droits sur la Sicile, du chef de Constance sa femme; mais comme il paraissait à la tête de ses troupes avec une attitude hostile, la consécration du pape fut différée, afin de retarder également le couronnement de l'empereur. Les Romains se rendirent au-devant de Henri, et lui promirent qu'il serait couronné s'il voulait rendre ses châteaux de Tusculum, qui inquiétaient le pays. Henri s'y engagea et tint parole. On dit qu'à son couronnement le pape poussa d'un coup de pied la couronne qu'on devait mettre sur la tête de ce prince, pour montrer qu'il avait le pouvoir de le déposer; mais, comme l'observe judicieusement Fleury, cette anecdote, rapportée par un écrivain anglais, est suspecte à bon titre, quand il s'agit de l'histoire d'un pape. Le pontife investit ensuite ce prince de la Pouille et de la Calabre, mais il lui défendit, comme suzerain de Naples et de Sicile, de penser à cette conquête; ce qui n'empêcha pas Henri de faire valoir ses droits par la force des armes. Après des vicissitudes assez remarquables, il obtint un succès complet, qu'il déshonora par des cruautés. Célestin, zélé pour la croisade, ne cessa d'animer les princes chrétiens à cette entreprise. Il approuva la création de l'ordre Teutonique, faite en Palestine. Il excommunia Léopold, duc d'Autriche, pour avoir tenu prisonnier le roi Richard, contre le droit des gens. Il forma quelques plaintes contre le divorce de Philippe Auguste, mais il n'y donna point de suite. La fin de cette affaire appartient à des temps postérieurs. Le pape Célestin mourut le 8 janvier 1198, après un pontificat de six ans, neuf mois et dix jours, et fut enterré dans la basilique de Saint-Jean de

Latran. C'était un pontife éclairé ; il reste de lui dix-sept lettres, dont nous allons faire connaître les principales.

Aux prélats d'Angleterre. — La première, adressée à tous les prélats d'Angleterre, porte que le roi Richard s'étant croisé pour aller au secours de la terre sainte, le comte de Mortain et quelques autres profitèrent de son absence pour attenter à son royaume et à la personne de Guillaume, légat du saint-siége, à qui Richard en avait confié la régence. Le pape, qui avait pris ces Etats sous la protection du saint-siége, ordonna aux évêques de s'assembler et de dénoncer excommuniés, au son des cloches et les cierges allumés, le comte et ses complices ; d'interdire aussi tout office divin dans les terres des coupables, jusqu'à ce qu'ils se présentassent au saint-siége pour se faire absoudre, avec des lettres testimoniales du légat, à qui la liberté aurait été rendue, et des évêques, qui attesteraient que le royaume a été remis dans son premier état. Cette lettre, datée du 2 décembre 1191, n'eut aucun succès.

Geoffroi, frère naturel du roi Richard et archevêque d'York, était accusé de négliger ses fonctions, de s'occuper de la chasse et autres vains amusements, de ne faire ni ordinations, ni dédicaces d'églises, ni bénédictions d'abbés ; de ne point tenir de synodes, de n'avoir aucun égard pour les appels à Rome, pour les jugements du saint-siége, pour les priviléges accordés par les papes, et de tomber encore dans beaucoup d'autres excès. Célestin III chargea des commissaires, choisis sur les lieux, d'informer sur tous ces chefs et d'en faire le rapport au saint-siége. L'information se fit le 8 de janvier 1195, dans l'église cathédrale, en présence du clergé. L'archevêque Geoffroi ayant appelé de la commission et pris le chemin de Rome, les commissaires, après avoir prolongé de six semaines le délai de trois mois accordé par le pape, y envoyèrent les informations. Ce prélat, toutefois, ne se présenta point au pape, ce qui engagea Célestin III à charger Simon, doyen de la cathédrale d'York, de la conduite du diocèse, et à priver Geoffroi de l'exercice de ses fonctions épiscopales.

Sur la croisade. — Nous réunissons dans un seul aperçu tout ce qui a trait à la croisade pour laquelle le pape Clément s'était prononcé avec ardeur. C'est dans le but de son succès qu'il écrivit, en 1192, aux évêques d'Angleterre, de travailler à la correction des mœurs dans leurs diocèses, en leur représentant que la terre sainte n'était tombée sous la domination des infidèles que parce que la plupart de ceux qui étaient allés pour la défendre avaient déplu à Dieu par leurs mauvaises actions. Il donna pouvoir aux évêques d'user des censures contre ceux qui, par les inimitiés et par des guerres particulières, empêcheraient le succès de la croisade. Célestin leur écrivit encore, en 1195, pour les engager à prêcher la croisade, en promettant à ceux qui se croiseraient de les faire participer aux indulgences accordées par lui et par ses prédécesseurs.

Il arriva que plusieurs de ceux qui avaient pris la croix refusèrent d'accomplir leurs vœux, ou se trouvèrent hors d'état de faire le voyage, faute d'argent ou de santé. Hubert, archevêque de Cantorbéry, ayant consulté là-dessus le saint-siége, le pape répondit que si les premiers ne fournissaient point une excuse légitime, il fallait les contraindre par les censures ecclésiastiques à accomplir un vœu qu'ils avaient fait librement ; que pour les autres on devait se contenter de leur imposer quelque pénitence et les laisser dans leur pays.

A Philippe de Dreux. — L'année suivante, Philippe de Dreux, évêque de Beauvais et petit-fils de Louis le Gros, voyant les Anglais s'avancer jusqu'aux portes de cette ville, en sortit pour les repousser à la tête de plusieurs nobles et du peuple ; il fut pris et mis en prison. Il s'en plaignit au pape Célestin, qui lui répondit qu'il n'avait que ce qu'il méritait, pour avoir voulu faire le guerrier contre le devoir de sa profession, et pris part à la guerre injuste que le roi de France faisait au roi d'Angleterre, pendant qu'il était absent pour la croisade. Le pape, toutefois, écrivit à ce prince en faveur de l'évêque de Beauvais. Richard, au lieu de se laisser toucher, se contenta d'envoyer à Célestin III la cotte de mailles avec laquelle Philippe de Dreux avait été pris, en lui écrivant : *Voyez si c'est la robe de votre fils ?* Il faisait allusion à la parole que les enfants de Jacob lui adressèrent en lui présentant la tunique ensanglantée de Joseph.

On cite trois bulles de Célestin III : l'une pour la canonisation de saint Ubalde ; l'autre pour celle de saint Jean Gualbert, et la troisième pour la confirmation de la congrégation du Mont-Vierge, de l'ordre de Saint-Benoît. Le pape Célestin III eut la faiblesse, dans ses derniers moments, de se désigner un successeur ; les cardinaux refusèrent de le confirmer, sous prétexte que l'élection devait être libre, mais en réalité parce que plusieurs d'entre eux aspiraient en particulier à son héritage. Quel que fût le motif de cette résolution, on peut dire qu'elle maintint la règle et qu'elle épargna à l'Eglise de nouveaux sujets de troubles et de division.

CELESTIUS, le premier et le plus célèbre des disciples de Pélage, répandit ses erreurs avec tant de succès, que plus tard on nomma indifféremment ceux qui les suivirent pélagiens ou célestins. On ne sait point quelle fut sa patrie, mais on croit que c'est lui que saint Jérôme appelle un *chien des Alpes*. Sa famille était illustre ; après avoir passé quelque temps dans le barreau, il embrassa la vie monastique. Ce fut de son monastère qu'il écrivit à ses parents trois lettres en forme de petit livre, où il donnait diverses instructions morales, nécessaires à tous ceux qui aiment Dieu. On a parlé diversement de son caractère, mais on peut 'en tenir à ce qu'en dit saint Augustin, c'est-à-dire qu'il l'avait très-vif et qu'il eût pu rendre de grands services à la foi, si on l'eût retiré de son erreur. Imbu de l'hérésie pélagienne par Rufin le Syrien, lorsqu'il était à Rome vers l'an 400, il la prêcha avec beaucoup de liberté; et dès l'an 402 il écrivit contre le péché originel. Mais sa hardiesse à propager publiquement l'hérésie, ne laissa pas d'être utile à la vérité. Comme il se cachait moins que son maître, il fut découvert à Carthage, en 412, dans le moment même où il aspirait à la dignité du sacerdoce. Quelques catholiques zélés pour la foi le dénoncèrent à Aurèle de Carthage, qui le fit comparaître devant un concile qui se tint peu de temps après en cette ville. Saint Augustin n'était pas du nombre des évêques qui y assistèrent; mais comme il avait une pleine connaissance de ce qui s'y était passé, il nous apprend que le principal adversaire de Célestius fut un diacre nommé Paulin. On présenta contre lui, au concile, deux requêtes qui contenaient les articles sur lesquels il était accusé. Ils étaient au nombre de sept. On l'accusait, dans le premier, d'enseigner qu'Adam avait été créé mortel, et qu'il devait mourir, soit qu'il péchât, soit qu'il ne péchât pas; dans le second, que la loi élevait au royaume des cieux, aussi bien que l'Evangile; dans le troisième, qu'avant la venue de Jésus-Christ il y avait eu des hommes qui n'avaient point péché; dans le quatrième, qu'il était faux que tous les hommes mourussent par la mort et la prévarication d'Adam, et qu'ils ressuscitassent tous par la résurrection de Jésus-Christ; dans le cinquième, que les enfants qui naissent sont dans le même état où était Adam avant son péché; dans le sixième, que le péché d'Adam l'a blessé seul et non le genre humain; dans le septième, que les enfants, quoiqu'ils ne reçoivent point le baptême, ne laissent pas de parvenir à la vie éternelle. Saint Augustin, qui rapporte en deux endroits quatre de ces articles, remarque qu'il ne se souvient pas qu'on les eût tous objectés à Célestius dans le concile de Carthage. Marius Mercator, qui avait en main les actes mêmes du concile, nous assure que Célestius y fut accusé sur tous ces chefs, et il marque expressément que les évêques les déclarèrent tous hérétiques et contraires à la vérité. Ils ordonnèrent à Célestius de les condamner, mais il n'en voulut rien faire : sur quoi le concile, le voyant endurci, incorrigible, et convaincu d'erreur, prononça contre lui la sentence qu'il méritait, c'est-à-dire l'excommunication. Célestius se retira d'Afrique et s'en alla à Ephèse : là il eut la hardiesse de se faire ordonner prêtre par surprise. Il vint ensuite à Constantinople, d'où l'évêque Atticus le chassa, après avoir découvert ses erreurs. Il écrivit même contre lui aux évêques d'Asie, à Thessalonique et à Carthage. Célestius, chassé de Constantinople, prit sa route vers Rome, où Zozime venait de succéder à Innocent. Il se présenta à ce pape pour se purger des impressions que l'on avait données de lui au saint-siège; mais Zozime confirma, comme nous l'avons dit, la sentence portée contre lui par le concile de Carthage. Célestius fut même chassé de Rome par Honorius et Constance; et comme il se présenta de nouveau au pape Célestin, en 424, pour lui demander audience, ce pape le fit chasser de l'Italie. Les erreurs de Célestius furent condamnées de nouveau dans un concile de Palestine, où Pélage même fut contraint de les anathématiser, après avoir dit qu'il ne savait si Célestius les avait enseignées. Elles étaient toutes différentes de celles qui sont renfermées dans les sept articles condamnés par le concile de Carthage, et regardaient particulièrement les matières de la grâce. Célestius y enseignait que la grâce de Dieu et son secours ne nous sont point donnés pour chaque action; que cette grâce consiste dans le libre arbitre, ou dans la loi et la doctrine; que la grâce nous est donnée selon nos mérites, Dieu ne pouvant, sans paraître injuste, l'accorder aux pécheurs; qu'ainsi cette grâce est entièrement à la disposition de la volonté. Comme les catholiques réfutaient ses erreurs par divers passages des Ecritures, il tâchait de les éluder en alléguant des passages qui lui paraissaient opposés. On trouve plusieurs fragments de ses écrits dans les Œuvres de saint Jérôme et de saint Augustin, comme on peut s'en convaincre en les consultant dans le *Cours complet de Patrologie.*

CELSE, était un chrétien instruit, des premiers siècles. Jugeant que le livre d'Ariston de Pella, intitulé : *Altercation ou Dispute entre Jason et Papisque,* pourrait être utile pour convaincre les Juifs, il le traduisit de grec en latin, et l'adressa à un saint évêque nommé Vigile, qui savait également les deux langues, afin qu'il pût juger de la fidélité de sa traduction. Nous avons encore sa préface; mais l'ouvrage, qui, au rapport d'Origène, était petit, n'est pas venu jusqu'à nous. Il paraît que le traducteur vivait dans le temps des persécutions, puisqu'il prédit à Vigile la couronne du martyre, et qu'il le prie de se souvenir de lui dans le ciel. Plusieurs auteurs prétendent que ce Vigile est le même qui fut évêque de Tapse, vers l'an 484; et dom Ceillier avoue qu'il serait difficile de prouver sans réplique que Celse lui ait été bien antérieur.

CELSE, philosophe épicurien du IIe siècle, publia sous Adrien un libelle plein de mensonges et d'injures contre le judaïsme et le christianisme, et osa lui donner le titre de *Discours de vérité.* Il reprochait aux juifs convertis d'avoir abandonné leur loi, et aux autres chrétiens d'être divisés en plusieurs sectes qui n'avaient rien de commun que le nom. Il ne voyait pas qu'il confondait les sectes séparées de l'Eglise avec l'Eglise même. Habile à donner un tour ridicule aux histoires de l'Ancien et du Nouveau Testament, saisissant avec art tout ce qui dans ces deux sources sacrées pouvait servir à inspirer aux gens du monde du mépris pour la nouvelle religion, il parodiait avec autant d'esprit que de perfidie les plus saintes maximes des apôtres, faisait des plus grands mystères un objet de dérision, et travestissait d'une manière grotesque les faits rapportés par les évangélistes. Son érudition n'était pas profonde, mais elle était assez étendue et assez variée pour alimenter ses talents, déjà trop insidieux par eux-mêmes. Celse est le premier auteur païen qui ait écrit contre la religion de Jésus-Christ, et l'on conçoit que, chez un peuple enclin à la raillerie comme les Grecs, il dut plus nuire aux chrétiens par ses sarcasmes et ses plaisanteries que n'aurait pu faire le dialecticien le plus habile par des discussions savantes. L'ouvrage de Celse ne nous est point parvenu; mais Origène nous a conservé tout ce qu'il contenait d'essentiel, dans la célèbre réfutation qu'il en fit paraître un siècle après, et qui est regardée comme l'apologie la plus complète et un des plus beaux monuments que nous ait légués l'antiquité ecclésiastique. C'est donc parmi les Œuvres de ce fervent apologiste qu'il faut chercher les fragments qui nous restent de l'écrit de Celse, reproduit dans le *Cours complet de Patrologie*.

CENSORINUS, au rapport de Mammert Claudien, était du nombre de ces grammairiens habiles qui font honneur à leur siècle. Aleuin, dans son livre *de septem artibus*, l'élève au rang des Palémon, des Probus et des Phocas. Quoique ignorant des mystères de la religion, il a laissé un livre très-remarquable sur la *Nativité de Jésus-Christ*. Cerellius, qui l'a fait connaître le premier, croit que l'auteur vivait au milieu du IIIᵉ siècle. Cet ouvrage se trouve reproduit dans le *Cours complet de Patrologie*.

CÉOLFRID, fut choisi en 690 pour succéder à saint Benoît Biscop dans le gouvernement des deux monastères qu'il avait fondés, l'un à Wiremouth, et l'autre à Jarow, le premier dédié à saint Pierre et le second à saint Paul. Céolfrid, devenu abbé de ces deux monastères, en accrut les revenus, bâtit plusieurs oratoires et les pourvut d'ornements et de vases sacrés. Il s'appliqua particulièrement à augmenter la bibliothèque que son prédécesseur avait commencée. On remarque qu'il y mit, entre autres, trois bibles de la version de saint Jérôme, qu'il avait rapportées de Rome, et un livre de cosmographie d'un travail merveilleux. Pour conserver la franchise de ses monastères, il obtint du pape Sergius un privilége semblable à celui que son saint prédécesseur avait obtenu du pape Agathon, et il eut soin dans un concile de le confirmer par la souscription des évêques et du roi Alfred. On voit, par un fragment du rescrit de Sergius, qu'il avait chargé cet abbé d'envoyer le prêtre Bède à Rome, pour assister à la discussion de certaines affaires ecclésiastiques, circonstance que Bède n'a point rapportée par modestie. On ne lit nulle part que Sergius ait invité Céolfrid à faire ce voyage avec Bède. Il se mit toutefois en chemin, après avoir fait nommer un autre abbé à sa place; mais les fatigues de la route, jointes à son grand âge, le forcèrent de s'arrêter à Langres, où il mourut le 25 septembre 716, à l'âge de soixante-quatorze ans, après avoir gouverné pendant vingt-huit ans les monastères de Wiremouth et de Jarow. Bède, qui avait été son disciple, le représente comme un homme d'un esprit subtil et pénétrant, prudent et laborieux, plein de zèle pour la religion, de fermeté pour le maintien de la discipline, et surtout très-instruit dans les lettres divines et humaines.

Lettres. — Ce fut à lui que Naïton, roi des Pictes ou Ecossais, s'adressa, vers l'an 710, pour l'aider à ramener son peuple à l'observance catholique touchant la célébration de la pâque. Céolfrid lui répondit par une longue lettre, dans laquelle il s'applique à lui prouver par l'Ecriture qu'il y a trois choses sur lesquelles il n'est pas permis de varier: savoir, qu'on doit célébrer la pâque le premier mois de l'année, la troisième semaine de ce mois, et toujours le dimanche. Il cite à ce propos divers passages, auxquels il joint plusieurs raisonnements qui tendent à établir l'usage de l'Eglise touchant la pâque. Puis il rapporte les cycles d'Eusèbe de Césarée, de Théophile d'Alexandrie, de saint Cyrille, et celui de Denis le Petit, qui durait encore de son temps. Venant ensuite à la tonsure cléricale, il convient qu'elle n'était point uniforme parmi les apôtres, qu'elle est une chose indifférente en elle-même; mais il ne laisse pas de soutenir que l'on doit suivre en ce point l'exemple de saint Pierre, qui portait une couronne entière, plutôt que celui de Simon le Magicien, dont la couronne n'était que par devant. Il avance ces faits comme appuyés sur une tradition constante. En remarquant que si l'usage de la couronne entière devait prévaloir, ce n'était point parce que saint Pierre l'avait portée ainsi, mais parce qu'il l'avait portée en mémoire de la passion de Jésus-Christ, à qui l'on mit une couronne entière d'épines. La lettre de Céolfrid ayant été lue en présence du roi Naïton, des seigneurs de la cour et de plusieurs doctes personnages, tous en rendirent grâces à Dieu; et il fut résolu que l'on se conformerait, pour la pâque, à l'usage de l'Eglise d'Angleterre, qui était celui de l'Eglise romaine; qu'à cet effet on ferait des copies du cycle pascal de dix-neuf ans, au lieu de quatre-vingt-quatre ans; et que, pour la tonsure, tous les clercs du royaume la porteraient tout entière.

CEPONIUS, moine du Vᵉ siècle, a laissé quelques poésies qui sont venues jusqu'à nous, et que l'on retrouve dans le *Cours complet de Patrologie*.

CÉRAMÉUS (THÉOPHANE), né à Taormine en Sicile, ou dans une ville voisine nommée Maschalis, y fut élevé dans les sciences, comme il le témoigne lui-même dans son homélie sur saint André. Admis dans le clergé, il fut fait archevêque de Taormine, sous le règne de Roger II, comte et depuis roi de la Sicile et de la Pouille. La puissance des

Sarrasins était alors considérable; aussi Théophane prie-t-il Dieu, dans deux de ses homélies, de protéger le roi Roger contre les assauts de ces enfants d'Agar, véritables Ismaélites qui s'efforçaient de détruire la vraie religion. Toutes ces circonstances servent à fixer l'époque de son épiscopat, qui n'a pu commencer qu'après 1130, puisque c'est en cette année qu'à l'occasion de son mariage avec sa sœur, l'antipape Anaclet accorda au comte Roger le titre de roi, qui lui fut confirmé en 1139 par le pape Innocent II.

On a de Théophane Céraméus un grand nombre d'homélies, savoir, quarante-cinq sur les dimanches et soixante-deux sur les diverses fêtes de l'année. Elles ont été traduites en latin par le jésuite François Scorfe, et on les trouve reproduites, avec ses notes, dans la Bibliothèque des Pères de Cologne et de Lyon. Théophane remarque dans la cinquième que depuis longtemps il était d'usage dans l'Eglise de lire l'Evangile de saint Jean depuis Pâques jusqu'à la Pentecôte; celui de saint Matthieu depuis cette solennité jusqu'à la fin de l'année; puis celui de saint Luc depuis le commencement de l'année jusqu'à Pâques. On réservait celui de saint Marc pour les jours de jeûne. La vingtième homélie est sur le premier dimanche de carême, jour où les Grecs célébraient la mémoire du rétablissement du culte des images. Cinq nouvelles homélies, découvertes plus récemment, ont été insérées par Baronius dans ses *Annales*, sur l'an 842.

CÉRÉALIS, Africain de nation et évêque de Castelloripse en Mauritanie, fut un des prélats catholiques de l'Eglise d'Afrique qui souscrivirent au livre d'Eugène. Il florissait en 485. Provoqué par Maximien, évêque arien des Ammonites, il eut avec lui, à Carthage, sur la foi à la Trinité, une dispute dans laquelle il renversa tous ses sophismes avec les seuls arguments de l'Ecriture. Voici quelle fut l'occasion de cette dispute. Comme il était à Carthage, dans le voisinage de ces villes ravagées par l'esprit d'erreur, Maximien vint le trouver et lui dit : « Voyez-vous ce qu'ont produit vos péchés? Dieu vous a donc abandonnés? — Pourquoi, répond Céréalis, nous aurait-il abandonnés plutôt que vous, qui avez rejeté la vraie foi, et qui tous les jours assassinez les âmes au nom du christianisme? — Eh bien, si vous professez la vraie foi, reprend Maximien, je vous soumettrai quelques questions sur votre symbole, et je ne demande contre chacune de mes propositions qu'un ou deux témoignages de l'Ecriture pour m'avouer vaincu. — Ce n'est pas un ou deux, mais une masse de témoignages que je me charge de vous produire, poursuit Céréalis. — Soit, répond Maximien, mais commencez par vous expliquer. » Et là-dessus Céréalis démontre comment le Fils est égal à son Père ; comment les trois personnes de la Trinité ne forment qu'un seul Dieu; comment le Père a envoyé son Fils, et comment il l'a glorifié. Il explique le sens de ces paroles de Jésus-Christ : *Mon Père est plus grand que moi*, et de ces autres paroles de l'Evangile où il est dit que le Père a livré son Fils. Il venge la libre puissance du Fils. Il répond à ceux qui placent le Père avant le Fils, sous prétexte que le générateur est antérieur à l'engendré, et à ceux qui soutenaient que le Père avait commandé au Fils pour s'en faire aider dans l'œuvre de la création. Il montre que l'Esprit-Saint est Dieu, qu'il est créateur, qu'il est vivificateur, qu'il est tout-puissant, d'une puissance et d'une volonté qui lui sont propres. Il prouve que la trinité en Dieu est essentiellement l'unité, et que le Fils de Dieu est invisible. Il détruit le système de ceux qui disaient que le Père a engendré son Fils, et que le Saint-Esprit a produit toutes choses. Si le Père est quelquefois nommé avant le Fils, il montre par plusieurs passages de l'Ecriture que le Fils est aussi souvent nommé avant le Père. Enfin il finit en expliquant cette parole de l'Ecriture où il est dit que le Père a tout soumis à son Fils, et il lui suffit de cette parole de l'Apôtre pour la justifier : *Cum tradiderit regnum Deo et Patri*. — Maximien, n'ayant rien à répondre à ces arguments, différait de jour en jour. Céréalis lui dit : « Avec la grâce de Dieu je vous ai répondu; pourquoi ne me répondez-vous pas? » Mais comme il continuait à garder le silence, le juge de la discussion dit à l'évêque Céréalis : « Retournez à votre Eglise ; si Maximien n'a rien répondu, c'est qu'il manquait de raisons ou qu'il n'a rien voulu répondre, mais Dieu a déjà jugé entre vous deux. »

CÉRINTHE, fameux hérésiarque du temps des apôtres, disciple de Simon le Magicien, commença à publier sa doctrine vers l'an 54. Né à Antioche d'une famille juive, il étudia à Alexandrie sous les philosophes qui faisaient alors la célébrité de cette école. Fier des connaissances qu'il y avait acquises, il alla à Jérusalem et y forma une faction entre les juifs, en cherchant à allier les cérémonies de la loi ancienne avec les préceptes de l'Evangile. Les troubles qu'il excita dans cette Eglise provoquèrent le zèle des apôtres. Il fut anathématisé, déclaré hérétique, et chassé de l'assemblée des fidèles. Furieux de se voir ainsi traité, il passa en Asie, et y forma une secte, mélange bizarre de la philosophie orientale, des idées judaïques et des dogmes du christianisme. Sans nous arrêter à ses erreurs sur la création du monde, qu'il attribuait à une puissance distincte du Dieu suprême, quoique élevée au-dessus de toutes choses; sur la production de certains génies chargés de gouverner l'univers, et dont l'un était devenu le législateur des Juifs sous le nom de Moïse, nous ferons remarquer qu'il attribuait la naissance de Jésus-Christ à cette même puissance. Il enseignait que Jésus-Christ était né de Joseph et de Marie par la voie ordinaire de la génération, mais qu'au moment de son baptême, le Christ était descendu sur lui en forme de colombe, lui avait communiqué la puissance de faire des miracles, et qu'il était resté ainsi avec lui jusqu'au moment de sa mort, époque à la quelle le Christ était remonté vers son Père. Cérinthe prétendait donc que le Christ et Jésus étaient deux êtres différents, dont le premier était un esprit et le second un homme. Cet hérésiarque exigeait de ses sectateurs qu'ils adorassent le Père du Christ avec le Christ lui-même, et qu'ils se conduisissent d'après les préceptes de Jésus. Pour les y encourager, il annonçait que Jésus redescendrait sur la terre, qu'il régnerait mille ans dans la Palestine, et que ce règne serait suivi pour eux d'une félicité éternelle. C'est là ce qui a fait considérer Cérinthe comme le premier auteur du millénarisme, mais bien différent de celui rêvé par quelques anciens Pères, et qui ne devait rien avoir de grossier et de sensuel. Saint Jean écrivit son Evangile à la prière des fidèles, pour le réfuter. On ajoute même qu'ayant rencontré Cérinthe dans des bains publics, il se retira en disant : « Fuyons, de peur que nous ne soyons abîmés avec cet ennemi de Jésus-Christ. » Il avait écrit aussi une *Apocalypse* qu'on a quelquefois prise pour celle de saint Jean. Cérinthe laissa après lui des disciples qui développèrent ses erreurs et qui se confondirent avec les marcionites et les autres sectes que saint Paul combat dans le premier chapitre de sa première Epître aux Corinthiens. Ce qui nous reste des écrits de cet hérésiarque se trouve reproduit dans le *Cours complet de Patrologie*.

CÉRULARIUS (MICHEL), patriarche de Constantinople après Alexis, en 1043, se déclara dix ans plus tard contre l'Eglise romaine, dans une lettre qu'il écrivit à Jean, évêque de Trani dans la Pouille, afin qu'il la communiquât au pape et à toute l'Eglise d'Occident. « Outre l'addition *Filioque* faite au Symbole, et l'usage du pain sans levain pour le sacrifice, Cérularius, dit le P. Longueval, faisait un crime aux Latins de manger de la chair le mercredi, des œufs et du fromage le vendredi, et de manger de la chair d'animaux étouffés ou immondes. Il trouvait même mauvais que les moines qui se portaient bien usassent de la graisse de porc pour assaisonner leurs mets, et qu'on servît de la chair de porc à ceux qui étaient malades; que les prêtres se rasassent la barbe, et que les évêques portassent des anneaux au doigt, comme des époux; qu'à la messe, au moment de la communion, le prêtre mangeât seul les azymes, et se contentât de saluer les assistants; enfin qu'on ne fît qu'une immersion au baptême. » Cérularius, trouvant dans ces différents reproches, la plupart frivoles, un prétexte pour consommer le schisme, fit fermer les églises des Latins à Constantinople, et ne garda plus de mesure. Léon IX commença par faire une réponse savante et étendue à la lettre de Cérularius; ensuite il envoya à Constantinople des légats qui l'excommunièrent. Ce patriarche les excommunia à son tour, et depuis ce temps-là l'Eglise d'Orient demeura séparée de l'Eglise romaine. Ce prélat ambitieux fit soulever le peuple contre Michel VI, qui ne se prêtait pas à toutes ses vues. Il favorisa l'élection d'Isaac Comnène, que les officiers de l'armée avaient mis à sa place. Cérularius ne cessa de demander des grâces au nouvel empereur; quand ce prince les refusait, il osait le menacer d'abattre l'édifice qu'il avait élevé. Il eut même la témérité de prendre la chaussure écarlate, qui n'appartenait qu'au souverain, disant qu'il n'y avait que peu ou point de différence entre l'empire et le sacerdoce. L'empereur Isaac Comnène, indigné de son audace et redoutant son ambition, le fit arrêter en 1058, et l'exila dans l'île Proconèse. L'empereur s'occupait des moyens de le faire déposer, lorsqu'il mourut la même année, dans le lieu de son exil, victime de son ambition et de son orgueil. Baronius nous a conservé de ce patriarche trois lettres qui se trouvent reproduites dans le *Cours complet de Patrologie*. Ces lettres ont trait aux affaires du schisme, et révèlent dans Cérularius l'homme que nous avons dépeint dans cet article, un ambitieux entêté et plein d'orgueil.

CÉSAIRE (saint), que l'Eglise de France met au nombre de ses docteurs, naquit dans le territoire de Châlons-sur-Saône, en 470, d'une famille distinguée par sa noblesse et où la piété était héréditaire. Le fils montra de bonne heure qu'il ne devait pas dégénérer. N'étant encore âgé que d'environ sept ans, il se sentait déjà tant de compassion pour les pauvres, qu'il se dépouillait de ses propres habits pour les en revêtir. Il répondit parfaitement aux soins que prirent ses parents de lui donner une éducation chrétienne. A l'âge de dix-huit ans, il alla s'offrir à son évêque, qui lui coupa les cheveux et s'empressa de l'agréger à son clergé; mais le désir d'une plus haute perfection le conduisit, deux ans après, au monastère de Lérins, célèbre par les hommes recommandables qu'il renfermait, et regardé comme la pépinière des évêques des Gaules. L'abbé Porcaire lui confia l'emploi de cellérier; l'exactitude avec laquelle il s'en acquitta déplut à quelques moines, et il ne put faire cesser leurs murmures qu'en se démettant de sa charge pour se livrer entièrement aux exercices de la vie monastique. Sa santé, dérangée par le climat malsain de l'île de Lérins, et affaiblie par ses austérités, obligea ses supérieurs de l'envoyer à Arles, pour y respirer un meilleur air et mettre quelque trêve à ses mortifications. L'évêque Eone, son compatriote et son parent, l'attacha à son église en lui conférant les ordres sacrés, lui donna la conduite d'un monastère situé dans une île du Rhône, et le désigna, en mourant, pour son successeur. Césaire, effrayé d'un tel fardeau, alla se cacher au milieu d'anciens tombeaux romains, dont on voit encore les ruines, à peu de distance d'Arles. Il y fut découvert, et obligé de céder aux vœux du clergé et du peuple, qui le portèrent malgré lui, en 501, sur le siége vacant. Sa première opération fut de se décharger du soin du temporel sur des diacres d'une probité reconnue, afin de se consacrer tout entier à son nouveau ministère. Il fit bâtir un vaste hospice, où les pauvres reçurent tous les secours que réclamait leur état. Il s'occupa ensuite à prémunir son peuple contre l'arianisme dont faisaient profession les Goths, maîtres du pays; à combattre les semipélagiens qui, depuis un demi-siècle, avaient fait de grands progrès en Provence; à extirper les restes des superstitions païennes qui avaient résisté au zèle de ses prédécesseurs. Il s'appliqua à faire fleurir les études dans le clergé, et, sous son pontificat, l'école d'Arles fut en grande réputation; à rétablir la discipline ecclésiastique; à régler la liturgie, en introduisant dans son église l'usage de chanter tous les jours les heures canoniales, qu'on ne chantait auparavant que les jours de vigiles et de dimanches, en excitant les laïques à accompagner le clergé dans le chant des hymnes et des psaumes, en faisant composer des prières en grec et en latin pour les fidèles; car les deux langues étaient alors vulgaires dans ce pays, où les Grecs avaient fondé Marseille. Il fonda, dans sa ville épiscopale un monastère de filles, dont le nombre s'éleva jusqu'à deux cents, et sa sœur en fut la supérieure. La règle qu'il leur donna, et qui fut introduite plus tard dans d'autres monastères, est la première qui ait été composée en Occident pour des religieuses; on y remarque surtout un article qui les obligeait à copier des livres, à l'exemple des moines. Saint Césaire était alors considéré comme le premier évêque des Gaules, moins encore par l'éminence de son siége, qui participait de la dignité métropolitaine, que par sa grande réputation de vertu, de zèle et de capacité. Un mérite si généralement reconnu ne le garantit point de la calomnie. Son zèle pour l'exécution des règlements de discipline dressés, sous son influence, en 505, dans le concile d'Agde, dont les évêques de la province Narbonnaise lui avaient déféré la présidence, souleva contre lui quelques esprits peu disposés à s'y soumettre. Licinien, l'un de ses secrétaires, se mit à la tête de la cabale, et pendant que ce saint prélat, prosterné aux pieds des autels, priait pour la paix des nations et pour le repos des villes, il fut dénoncé à Alaric comme coupable d'ourdir une intrigue pour livrer la ville d'Arles au roi de Bourgogne, dont il était né sujet. Le prince goth, sans examen, le relégua à Bordeaux; mais la calomnie ayant été découverte bientôt après, Césaire ne tarda pas à être rendu au vœu de son troupeau. Le peuple accourut en foule au-devant de lui, portant des croix, des flambeaux, et faisant retentir l'air du chant des psaumes. Son retour fut marqué par la grâce de ses calomniateurs, qu'il obtint comme on se disposait déjà à exécuter la sentence qui les condamnait à être lapidés. La même accusation se renouvela deux ans après, pendant le siège que les Francs et les Bourguignons mirent devant la ville d'Arles. Son innocence, presque aussitôt reconnue, ne lui procura une liberté momentanée que pour se voir de nouveau inculpé. Césaire, ne consultant que son ardente charité, à la vue des prisonniers francs et bourguignons, exposés à mourir de faim et de misère, épuisa les trésors amassés par ses prédécesseurs, fondit les vases d'or et d'argent qui servaient au service divin, vendit les meubles de son église pour payer leur rançon; et pendant qu'il dépouillait ainsi les temples matériels, pour conserver à Jésus-Christ ses membres spirituels, ses ennemis, travestissant cet acte de générosité chrétienne en une lâche trahison, le dénoncèrent à Théodoric, souverain du pays, comme ayant appauvri l'église et la ville d'Arles, pour fournir des soldats aux armées des puissances avec lesquelles on était en guerre. Traduit à Ravenne sous escorte, il en imposa tellement à Théodoric, par la dignité de son maintien, par l'air vénérable qui resplendissait sur toute sa figure, et par la noble franchise de ses discours, que ce prince visigoth, indigné de la frivolité des accusations, le renvoya chargé des dons de sa munificence. « Très-saint évêque, lui disait-il, en lui offrant un grand bassin d'argent pesant environ soixante livres, recevez ce présent, le roi votre fils vous prie de réserver ce vase pour votre usage et en souvenir de lui. » Césaire fit vendre le vase trois jours après, et du prix qu'il en retira il put racheter un grand nombre de captifs. Théodoric, à qui cette action fut rapportée, ne put s'empêcher de lui donner des louanges. Les courtisans imitèrent la munificence de leur maître, et le pieux prélat fit le même usage de leurs dons. Césaire profita de son voyage en Italie pour aller visiter les tombeaux des saints apôtres. Sa réputation l'avait depuis longtemps précédé dans la capitale du monde chrétien. Le pape Symmaque l'accueillit comme le personnage le plus illustre de l'Eglise d'Occident; il le décora du *pallium*, le nomma vicaire du saint-siége dans les Gaules et en Espagne, et confirma en sa considération les priviléges de l'Eglise d'Arles. Son épiscopat fut marqué par la tenue d'un grand nombre de conciles convoqués et présidés par lui. On y fit de bons règlements pour la réforme des mœurs, la discipline ecclésiastique, l'ordre de la liturgie sacrée, et même sur des questions dogmatiques. Le plus célèbre de ces conciles est le second d'Orange, en 529, où fut condamné le semi-pélagianisme qui dominait depuis longtemps dans cette partie des Gaules. On y fit vingt-cinq canons, tirés des propres expressions de saint Augustin, qui forment une des plus belles décisions de l'Eglise sur le péché originel, la nécessité et la grandeur de la grâce. Toutes ces matières épineuses y furent approfondies et traitées avec une fidélité scrupuleuse; tous les subterfuges des semi-pélagiens, développés et proscrits avec cette autorité qui accompagne ordinairement la vérité, lorsqu'elle est montrée dans tout son jour. Aussi, quoique ce concile ne fût composé que de douze évêques assemblés fortuitement pour la simple dédicace d'une église, ses décrets, confirmés par l'approbation de l'Église tout entière, ont-ils toujours servi de règles dans les disputes sur ces matières, comme s'ils avaient été faits dans un concile général, et dès ce moment les semipélagiens, qu'on avait tolérés, ont été mis irrévocablement dans la classe des hérétiques. Quelques années après, Contuméliosus, évêque de Riez, déposé dans un concile présidé par saint Césaire, trouva un protecteur dans le pape Agapet, qui ordonna la révision du procès, suspendit la sentence, défendit même à ses commissaires d'y avoir égard; mais le saint évêque d'Arles et ses collègues ne firent pas moins exécuter la sentence, approuvée par Jean II, prédécesseur du pape Agapet. Cet acte de vigueur épiscopale, que nous nous abstenons de qualifier, forme un des monuments qui servent de base aux libertés de l'Église gallicane. Césaire, épuisé de travaux, tomba malade au mois d'août. Dès qu'il sentit ses forces défaillir, il se fit porter dans le monastère de filles qu'il avait fondé, pour les consoler lui-même de sa mort prochaine; mais ce qu'il leur dit pour adoucir leur douleur ne servit qu'à la rendre plus vive, en leur faisant mieux sentir ce qu'elles perdaient. Après leur avoir donné la bénédiction et le dernier adieu, auquel elles ne répondirent que par leurs larmes et leurs sanglots, il se fit rapporter dans son église métropolitaine, où il mourut la veille de saint Augustin, le 27 août 542, entouré des évêques de sa province, de ses prêtres et de ses diacres, accourus pour lui rendre leurs derniers hommages et recevoir son dernier soupir. Il fut enterré solennellement dans l'église de son monastère, qui depuis porta son nom. Le deuil fut général à son convoi. Comme le saint évêque avait fait le bien indistinctement et sans acception de personnes, les juifs et les chrétiens réunirent leurs larmes pour le pleurer, et pendant les obsèques, ils interrompaient souvent le chant des psaumes, en s'écriant : Hélas! le monde n'était pas digne de conserver un si puissant intercesseur! Saint Césaire avait fait un testament, en forme de lettre, adressée à l'Église d'Arles, et dans lequel il instituait le monastère et l'évêque son successeur pour ses héritiers. Sa sainteté fut attestée par un grand nombre de miracles.

Écrits de saint Césaire. — A peine élevé à l'épiscopat, saint Césaire, à l'exemple des apôtres, se déchargea, comme nous l'avons dit, de l'administration des affaires temporelles sur des diacres et des économes, pour se livrer tout entier à la prédication. Il avait les fonctions de ce ministère si à cœur, que, non content de prêcher dans les assemblées qui se tenaient le matin et le soir, il composait encore d'autres discours qu'il envoyait dans les provinces pour y être lus par des évêques, qui apparemment ne possédaient pas eux-mêmes le don de la parole. On ne peut donc douter qu'il n'ait composé ainsi un très-grand nombre de discours, et qu'encore qu'il nous en reste beaucoup sous son nom, il y en a peut-être davantage de perdus ou attribués à d'autres auteurs. Il ne nous reste de bien authentiques qu'environ cent deux discours, insérés dans le Ve volume de l'édition de saint Augustin par les Bénédictins, reproduite par M. l'abbé Migne, dans son *Cours complet de Patrologie.*

Le premier discours est sur la vocation d'Abraham marquée dans le XIIe chapitre de la Genèse. Il y pose pour principe, ce qu'il répète souvent ailleurs, savoir que l'Ancien Testament a été la figure du Nouveau, et que ce qui s'est passé alors matériellement, se renouvelle spirituellement en nous. Ainsi le commandement que Dieu fait à Abraham de sortir de son pays, de sa famille, de la maison de son père, marque que nous devons sortir de nous-mêmes, c'est-à-dire de nos vices, de nos habitudes, de nos péchés, pour ne plus prendre de plaisir que dans la pratique de la vertu. — Le troisième traite du mariage d'Isaac avec Rébecca, qu'il dit avoir été la figure de celui de Jésus-Christ avec son Église. — A propos des deux enfants que Rébecca portait dans son sein, il dit dans le quatrième que, de même que ces deux enfants luttaient l'un contre l'autre dans le sein de leur mère, il y avait aussi dans l'Église deux peuples continuellement en lutte et en opposition, les bons et les méchants. S'il n'y avait dans l'Église, dit-il, que des bons ou des méchants, il n'y aurait qu'un seul peuple, mais comme on y trouve les humbles qui combattent les superbes, les chastes qui combattent les adultères, les miséricordieux qui combattent les avares, nous devons en conclure qu'il y a deux peuples figurés par Jacob et Esaü. Les bons s'efforcent de gagner les méchants pour les engager à la vertu; les méchants, au contraire, poussent les bons au mal, pour les entraîner dans leur réprobation. Il trouve dans ce qui se passe aujourd'hui entre les juifs et les gentils, l'accomplissement de cette prophétie : *L'aîné servira le puîné.* En effet, les Juifs, qui étaient le peuple aîné de Dieu, sont devenus les serviteurs des gentils convertis à la foi par la grâce de la rédemption. — Le cinquième et le sixième sont sur le patriarche Jacob. Saint Césaire remarque que les mariages des patriarches se sont souvent contractés auprès des puits et des fontaines, parce qu'ils étaient la figure du baptême, par lequel Jésus-Christ devait purifier l'Église, son épouse, de toutes sortes d'iniquités. — Dans le treizième, il explique ces paroles de l'Exode : *Le Seigneur endurcit le cœur de Pharaon.* Pourquoi, disaient quelques-uns, l'iniquité est-elle imputée à Pharaon, puisqu'il est dit que le Seigneur avait endurci son cœur? Avant de répondre, saint Césaire pose pour principe que dans un pécheur le désespoir vient du grand nombre de ses fautes, et que du désespoir naît l'endurcissement. Il suppose que Pharaon était dans ce cas, d'où il conclut que son endurcissement n'était point un effet de la puissance de Dieu, qui à son égard ne fit autre chose que de le laisser dans l'état où il l'avait trouvé. « Toutes les fois, dit-il, que l'eau glacée par un grand froid reçoit l'impression de la chaleur par les rayons du soleil, elle reprend sa première fluidité; mais aussitôt que le soleil disparaît, elle se glace de nouveau et s'endurcit une seconde fois. De même la charité de plusieurs se refroidit et se glace par le froid des péchés; mais survienne la chaleur de la divine miséricorde, et cette glace causée par les péchés se dissout. C'est de cette chaleur qu'il est parlé dans l'Ecriture : *Non est qui se abscondat a calore ejus.* — Dans le vingt-cinquième, sur ces paroles : *Que votre main gauche ignore ce que fait votre main droite*, il en fait l'application aux bonnes œuvres, et particulièrement à l'aumône : il veut qu'on ne la fasse jamais en public, de manière à s'attirer par là l'estime des hommes, mais seulement afin de plaire à Dieu. Il explique dans le même sens ce que l'Evangile ajoute : *Lorsque vous voudrez prier, réfugiez-vous dans un endroit retiré de votre maison.* Jésus-Christ ne défend pas les prières publiques où tout le peuple fléchit les genoux avec l'évêque, mais il nous défend de mêler à nos prières, à nos jeûnes et à nos aumônes, d'autre motif que celui de nous procurer la vie éternelle. — Parlant dans les trente-quatrième et trente-cinquième discours sur le miracle opéré aux noces de Cana, où l'eau fut changée en vin, il dit « que le plus grand miracle est la conversion du pécheur, puisque, par ce changement, l'homme, de pourriture qu'il était, est élevé à l'état des anges, et tiré de la corruption de la terre pour être placé dans le ciel. » Il ajoute que ceux-là se trompent qui s'imaginent qu'en bâtissant sur le fondement qui est Jésus-Christ, les péchés capitaux peuvent être purifiés par le feu passager du purgatoire. Il soutient que quand l'Apôtre dit que *celui dont l'ouvrage sera brûlé, ne laissera pas d'être sauvé, quoiqu'en passant par le feu*, cela ne doit s'entendre que des péchés légers; et il fait à cette occasion une énumération de ces deux sortes de péchés.

Nous avons trois discours de saint Césaire sur le carême. Dans le premier, il conjure ses auditeurs de se rendre avec exactitude, pendant tout ce saint temps, aux veilles de la nuit et aux heures de Tierce, Sexte et None, s'ils n'en sont empêchés par quelque raison importante de santé ou d'utilité publique. Il condamne dans le second le jeu de dés, pour lequel on témoignait trop d'ardeur, et la délicatesse des mets, disant : « qu'il ne sert de rien d'avoir jeûné tout le jour, si ensuite on accable son âme, ou par un excès de nourriture, ou par des aliments trop délicieux. » Il dit dans le troisième que nous devons donner aux pauvres ce que dans un autre temps nous aurions dépensé pour notre dîner, au lieu de nous en réserver le prix. Il regarde la main du pauvre, qui reçoit des riches, comme le trésor de Jésus-Christ qui met dans le ciel ce qu'on lui donne, de peur qu'il ne périsse sur la terre. — On voit par les deux sermons qu'il a faits sur les Litanies ou sur les trois jours des Rogations, que cette dévotion était dès lors établie dans toutes les Eglises du monde, et qu'on les regardait comme des jours destinés à guérir les plaies de l'âme par la pénitence et par la prière. On les passait dans le jeûne, dans l'oraison, dans le chant des psaumes et dans de saintes lectures. Le repas y était modique, comme en carême, et il y avait chaque jour dans l'église des assemblées publiques dont personne ne pouvait se dispenser. — Le cinquante-quatrième sermon est sur le Symbole et sur la nécessité des bonnes œuvres. Saint Césaire le commence par des termes et des façons de parler qui ont beaucoup de rapport au Symbole de saint Athanase. Il y distingue clairement les deux natures en Jésus-Christ, reconnaissant qu'il est égal à son Père selon la divinité, et moindre selon l'humanité qu'il a prise de Marie, toujours vierge avant et après son enfantement, et dont la vie a été exempte de toute tache et de toute contagion du péché. A l'égard du Saint-Esprit, il déclare que nous devons croire qu'il procède des deux, c'est-à-dire du Père et du Fils. — Dans le soixante-unième, il exhorte ses auditeurs à confesser leurs péchés, pour en obtenir le pardon, et arriver au port de la pénitence, comme ceux qui se trouvent dans un vaisseau brisé par la tempête, recourent à une planche pour se tirer d'une perte inévitable sans ce secours. Il les engage à ne se fier ni sur leur âge, ni sur leur santé, parce qu'on travaille à son salut toujours trop tard quand on est incertain de vivre. C'était encore l'usage de son temps que les personnes des deux sexes se soumissent à la pénitence publique et à la confession de leurs péchés devant l'assemblée. Il rend grâces à Dieu de la colère que les pécheurs témoignaient contre eux-mêmes dans ces occasions. Ils paraissaient couverts de cilices, marquant par ces vêtements, faits de poil de chèvre et de bouc, qu'ils se considéraient comme séparés de la société des fidèles et du nombre des agneaux. Ce Père convient qu'il était en leur pouvoir de faire secrètement pénitence de leurs fautes ; mais il croit que, ne se jugeant pas en état d'y satisfaire par eux-mêmes, ils ne demandaient la pénitence publique qu'afin d'avoir recours aux prières de tout le peuple chrétien. Pendant le temps de leur pénitence, ils s'abstenaient de vin et de chair ; ils ne devaient pas même manger de viande après leur réconciliation, mais se contenter de légumes, d'herbes et de petits poissons, soit lorsqu'ils mangeaient chez eux, soit ailleurs.

Le soixante-cinquième discours traite de la *foi*, qui, suivant saint Césaire, doit tirer son nom de *faire*, parce qu'elle est le soutien et la base de toutes les choses divines et humaines. Pour qu'elle soit entière, elle doit renfermer la croyance à l'accomplissement des promesses et des menaces de Dieu;

mais elle n'est vraie en nous que lorsque nous accomplissons par nos œuvres ce que nous avons promis par nos engagements. En vain dirons-nous que nous croyons ce que Dieu nous apprend de la béatitude et des supplices de l'autre vie, si nous ne faisons tous nos efforts pour mériter la vie et éviter la mort éternelle. L'activité de notre foi doit se déployer surtout dans l'accomplissement des promesses que nous avons faites au baptême. Si nous y manquons, peut-on compter que nous garderons celles que nous faisons aux hommes? Saint Boniface, évêque de Mayence, cite le discours soixante-dix-huitième sous le nom de saint Augustin; mais le style fait voir qu'il est de saint Césaire. Il y traite des augures et de diverses autres superstitions païennes; par exemple, à propos de voyages, sur les jours de départ et sur les jours de retour. « Sans vous arrêter à de semblables considérations, leur dit-il, contentez-vous, toutes les fois que la nécessité vous obligera de voyager, de vous signer au nom de Jésus-Christ et de réciter le Symbole ou l'Oraison dominicale. Après quoi mettez-vous en chemin et ayez confiance que Dieu vous aidera. Il serait beaucoup mieux et surtout plus salutaire, dans les maladies, au lieu de recourir à des pratiques superstitieuses, d'aller à l'église, d'y recevoir le corps et le sang de Jésus-Christ, de s'oindre d'huile bénite qui, selon l'expression de l'apôtre saint Jacques, procurerait la rémission des péchés et la santé du corps. »

Les sermons quatre-vingt et quatre-vingt-unième tendent à empêcher le peuple de sortir de l'église après la lecture de l'Evangile et avant la fin des mystères. Les auteurs de la vie de saint Césaire rapportent qu'ayant vu un jour quelques-uns des fidèles sortir avant qu'il eût prêché, il les arrêta en leur disant que, « lorsqu'ils seraient devant le tribunal de Jésus-Christ, il ne leur sera pas permis de faire la même chose. » Pour couper court à cet abus, il ordonna de fermer les portes de l'église aussitôt après la lecture de l'évangile. Le concile d'Agde, auquel il avait présidé, défendit par un canon exprès aux laïques de sortir de l'église avant d'avoir reçu la bénédiction de l'évêque, à la fin de la messe. Saint Césaire entreprend donc, dans ces deux homélies, de montrer que les chrétiens ne devaient point sortir de l'église avant qu'on n'eût fini la célébration des saints mystères. La messe ne consiste pas dans la lecture des livres saints, mais dans l'oblation des dons et dans la consécration du corps et du sang du Seigneur. On peut, dans sa maison, lire soi-même, ou entendre lire par d'autres les écrits des prophètes, des apôtres et des évangélistes; mais on ne peut ni voir ni entendre la consécration du corps et du sang du Seigneur ailleurs que dans la maison de Dieu. Donc celui qui veut entendre la messe en entier et à l'avantage de son âme doit demeurer dans l'église, le corps humblement prosterné, le cœur contrit jusqu'à ce qu'on ait donné la bénédiction au peuple. Celui qui, sans l'attendre, ne craint et ne rougit pas d'en sortir, se rend coupable de deux fautes: la première, en abandonnant les saints mystères; la seconde, en attristant le prêtre qui célèbre et qui prie pour lui. La bénédiction qui s'y donne par son ministère ne vient pas d'un homme, mais c'est une rosée céleste qui se répand dans les cœurs par la libéralité d'un Dieu. Le saint évêque exhorte ses auditeurs à faire part à leurs voisins et à leurs parents qui n'auraient pu se trouver à l'église, des instructions qu'ils y auraient entendues: « car, dit-il, de même qu'il serait coupable s'il négligeait de les instruire, ainsi, ils le deviennent eux-mêmes, s'ils négligent de communiquer aux autres ce qu'ils ont appris. »

On peut remarquer dans les onze derniers sermons de saint Césaire, que, comme il y a des pauvres colères, orgueilleux, avares, voluptueux, à qui la pauvreté ne sert de rien pour le ciel; il y a aussi des riches humbles et doux, à qui les richesses ne sont point un obstacle au salut, parce qu'ils en usent sans s'y attacher; que c'est par orgueil que les anges sont tombés du ciel dans l'enfer; que la cupidité n'est jamais sans orgueil, ni la charité sans humilité;.... que Dieu, par un effet de sa miséricorde, a permis qu'en ce monde la condition des hommes fût inégale, qu'il y eût des pauvres et des riches, afin que les uns se sauvassent par la patience, et les autres par l'aumône; que ce que les riches reçoivent des pauvres est beaucoup au-dessus de ce qu'ils leurs donnent, puisqu'en échange d'une pièce de monnaie, d'un morceau de pain, d'un vêtement, ils reçoivent de Jésus-Christ un royaume, la vie éternelle et la rémission de leurs péchés. On peut, ajoute-t-il, distinguer trois sortes d'aumônes, toutes les trois utiles pour le salut. La première consiste à donner au pauvre son superflu, la seconde à lui pardonner les injures, la troisième à aimer le prochain. Néanmoins aucune de ces aumônes ne suffit à ceux qui vivent dans le crime; il est nécessaire, pour obtenir le pardon de leurs fautes, qu'ils quittent l'habitude du péché, et qu'ils changent de mœurs; car, si l'on ne doit jamais désespérer du pardon de ses péchés, on ne doit pas non plus y persévérer avec sécurité, mais s'en retirer au plus tôt et en faire pénitence. On peut dire, en quelque sorte, que les orgueilleux, les adultères, les avares, les envieux sont possédés du démon. Saint Césaire s'exprime ainsi, à l'occasion d'un énergumène, qui, le dimanche précédent, avait épouvanté les fidèles pendant la célébration des saints mystères.

Règles de saint Césaire. — Dans le *Code des règles* nous en trouvons deux imprimées plus tard, sous le nom du saint évêque d'Arles, dans le tome VIII° de la *Bibliothèque des Pères.* L'une est pour des religieuses et l'autre pour des moines. Téride, neveu du saint et abbé d'un monastère dont le nom ne nous est pas connu, écrivit celle-ci, sous la dictée de son oncle, qui le chargea de la répandre en divers monastères. Saint Césaire écrivit lui-même la première, sinon dans son entier, au moins dans cette partie qu'il appelle récapitulation. Nous avons eu occasion de remarquer, dans sa notice, qu'il avait fondé un monastère de filles dans sa ville épiscopale. Aussitôt que les bâtiments en furent achevés, il rappela sa sœur Césarie de Marseille, où il l'avait envoyée, pour pratiquer dans un autre monastère, apparemment celui que Cassien y avait établi, ce qu'elle devait enseigner dans le sien. Césarie en prit possession avec deux ou trois compagnes ; mais en peu de temps un grand nombre de vierges vinrent de toutes parts se ranger sous sa conduite, pour se préparer avec elles à l'arrivée de l'Epoux. Saint Césaire leur composa une règle, qui paraît dictée par l'esprit de piété et de discrétion. Il y remarque dans sa préface, qu'entre plusieurs règlements qui sont en usage dans les monastères d'hommes et de filles, il a choisi ceux qui lui ont paru plus convenables à des vierges chrétiennes. Cette règle est divisée en quarante-trois articles dont voici le précis.

Règle pour les religieuses. — La clôture doit être perpétuelle, et si exacte qu'il ne soit jamais permis à une religieuse de sortir du monastère, ni même d'entrer dans la basilique extérieure. — On éprouvera les novices un an avant de leur donner l'habit. Les veuves ou les femmes mariées ne peuvent être reçues qu'après avoir entièrement renoncé à leurs biens. — Aucune sœur, pas même l'abbesse, ne pourra avoir de servante ; mais les jeunes sœurs pourront rendre aux autres les services nécessaires. Défense de prendre des pensionnaires ; mais on peut recevoir de jeunes filles de cinq à six ans pour être religieuses. — Chacune des sœurs aura son travail marqué par la supérieure. Elles coucheront toutes dans une chambre commune, mais dans des lits séparés, et celles qui sont âgées auront un autre dortoir que les jeunes. — Il leur est défendu de tenir un enfant sur les fonts de baptême. Celle qui viendra tard aux exercices de la communauté sera réprimandée par la supérieure, et si après deux ou trois avertissements elle ne se corrige pas, elle sera séparée de la communion ou de la table commune. Les grandes fautes étaient punies de la discipline ou flagellation. — Chaque sœur fera la cuisine et les autres travaux domestiques à son tour, excepté la supérieure. — Il est très-expressément défendu de recevoir ou d'envoyer des lettres ou des présents, sans la permission de la supérieure. On recommande un soin particulier pour les malades ; on veut qu'elles aient de meilleur vin que celui de la communauté, et on leur accorde même le bain, de l'avis du médecin. — On ne permet à personne d'entrer dans le monastère, excepté aux évêques, au proviseur, à un prêtre, un diacre et un sous-diacre, pour célébrer quelquefois les saints mystères. Les ouvriers ne peuvent entrer qu'avec le proviseur. — L'abbesse n'ira au parloir qu'accompagnée de trois sœurs ; les autres religieuses ne parleront qu'à leurs parents, et en présence des anciennes. — On ne donnera point de repas dans le monastère, pas même aux évêques ni aux femmes séculières, excepté aux mères des religieuses qui viendront voir leurs filles. — Les habits des religieuses doivent être simples, de couleur blanche, de laine, et faits dans le monastère ; leurs lits sans ornements, leur coiffure modeste. Les ornements même de l'autel ne seront que de laine, sans broderie. On n'aura d'argenterie que pour les vases sacrés. Les tableaux et peintures sont exclus, même de l'oratoire ; on ne les tolère que dans l'église extérieure, c'est-à-dire dans la basilique de la sainte-Vierge.

Saint Césaire, après une courte récapitulation de ses règlements, prescrit l'ordre de la psalmodie et des jeûnes. Il règle la psalmodie sur celle qui était en usage à Lérins, et qui était fort longue. Pour les jeûnes, depuis Pâques jusqu'à la Pentecôte, on ne doit faire qu'un repas le vendredi. Depuis la Pentecôte jusqu'au 1er septembre, la supérieure règle les jeûnes comme elle l'entend. Depuis le 1er septembre jusqu'au 1er novembre, on doit jeûner trois jours de la semaine, les lundi, mercredi et vendredi ; et tous les jours depuis le 1er novembre jusqu'à Noël, excepté les fêtes et le samedi.

Saint Césaire veut que l'abbesse ne puisse rien changer à ces règles, pas même par l'autorité de l'évêque. Si elle le tentait, il exhorte les religieuses à lui résister et à recourir au saint-siége. Il souscrivit cette règle de sa main, le 22 de juin de l'an 512. Cette Règle est la plus ancienne que l'on connaisse, et sainte Radegonde la transporta dans le monastère de Sainte-Croix, qu'elle avait fondé à Poitiers.

Règle pour les moines. — La règle que le saint évêque d'Arles établit pour les moines est beaucoup moins étendue. En voici quelques articles. Les jeûnes sont à peu près les mêmes que pour les religieuses. Il était défendu de parler pendant la psalmodie et pendant les repas ; on faisait une lecture afin que l'âme ne fût pas privée de ses aliments pendant que le corps prenait sa réfection. L'entrée du monastère était absolument défendue aux femmes. On appelait les frères aux divers exercices de la communauté par le son de quelque instrument. Ceux qui venaient tard étaient punis de leur paresse, en recevant plusieurs coups d'une férule sur la main. Il n'était pas permis de répondre, lorsque l'abbé ou le prévôt, ou quelque ancien faisait la correction. Saint Césaire marque aussi la distribution des offices, et la règle pour les dimanches et pour tous les jours.

Lettres. — On met au nombre des lettres de saint Césaire l'instruction qu'il envoya à Oratorie, abbesse du monastère d'Arlue, bâti sur la côte de la mer, par saint Nazaire, abbé de Lérins. Elle est en effet en forme de lettre. Le saint évêque y traite des qualités que doivent avoir celles qui sont chargées de la conduite des âmes. Elles doivent prendre soin du temporel des monastères, mais s'occuper beaucoup plus du spirituel; ne donner aux affaires extérieures que le temps nécessaire, et passer aussitôt à la prière ou à la lecture; se rendre le modèle de toutes sortes de bonnes œuvres, afin d'engager celles qui leur sont soumises à les pratiquer; avoir soin de donner de vive voix quelques instructions, mais ne jamais prescrire que ce dont on donne l'exemple. Il veut qu'une supérieure, avant d'imposer quelque mortification à sa communauté, éprouve par elle-même si l'austérité en est supportable. Restent encore beaucoup d'autres conseils qui rentrent absolument dans les prescriptions des règles que nous venons d'analyser.

Il reste deux lettres de saint Césaire à Césarie sa sœur, abbesse du monastère qu'il avait fondé à Arles, et à toutes les religieuses de sa communauté. Césarie s'occupait assidûment de la lecture des livres saints et de la méditation des vérités qu'ils renferment. Comme elle était parfaitement instruite de ses devoirs, le pieux évêque ne lui écrivit que dans la vue de la conduire à une plus grande perfection. La première chose qu'il lui recommande et à ses religieuses, est de savoir quelle est la volonté de Dieu; de combattre fortement contre le vice et l'orgueil, afin qu'ayant coupé cette tête de tous les péchés, les autres soient plus faciles à détruire. Il lui recommande aussi cette sincère humilité que Jésus-Christ a enseignée; il bannit la colère, l'envie et l'intempérance de la langue. Il défend toute familiarité avec des personnes d'un autre sexe, et il ne permet de s'en souvenir que dans une prière très-pure.

Testament de saint Césaire. Il faut mettre parmi les écrits du saint docteur le testament qu'il adressa aux prêtres et aux diacres de l'Eglise d'Arles et à l'abbesse Césarie, qui avait remplacé sa sœur dans le gouvernement de son monastère. Il le commence en souhaitant la paix à cette Eglise, après quoi il déclare qu'il veut qu'après sa mort le monastère de Saint-Jean demeure sous la puissance de l'évêque d'Arles, et soit l'héritier de tous ses biens; et, dans la crainte que quelques-uns de ses parents ne vinssent à inquiéter ce monastère ou l'évêque son successeur, il veut que, n'ayant possédé, étant évêque, aucuns biens de sa famille, ils se contentent de ce qu'il leur avait donné pour les reconnaître. Il prie son successeur, à qui il donne le titre d'archevêque, de vouloir bien recevoir de lui les habits dont il se revêtait aux fêtes de Pâques, et qu'il avait reçus en présent. Il lui lègue aussi quelques autres vêtements, avec la liberté de les distribuer, tant à ses clercs qu'aux laïques, peut-être à ceux qui l'avaient servi. Il ordonne que les autres donations qu'il pouvait avoir faites de vive voix ou par écrit aient leur accomplissement. Il conjure la sainte-Trinité d'empêcher que son monastère soit inquiété dans la jouissance de ses biens, de ses priviléges, de ses immunités. Il entre dans le détail de certaines terres, vignes et redevances qu'il lui avait données, voulant que si, par le malheur des temps, ce monastère venait à être détruit, tous ces biens revinssent à la mère-église, d'où il les avait tirés, avec le consentement de son clergé. Il fait quelques petits legs particuliers à l'abbesse Césarie et à quelques autres personnes, et recommande tous ses domestiques à l'évêque son successeur.

On a fait beaucoup de bruit, de nos jours, d'une prophétie attribuée à saint Césaire, et dont plusieurs écrivains religieux se sont occupés sérieusement. Sans infirmer en rien l'autorité de ce document, dont le manuscrit remonte au xiii° siècle, et aurait été publié, pour la première fois, par un moine nommé Jean de Vatiguerro, nous déclarons n'en avoir trouvé de traces, ni dans la nomenclature des ouvrages du saint docteur, ni dans les jugements qu'en ont porté les plus judicieux parmi les critiques anciens.

Tout plaît dans les écrits de saint Césaire. Le style en est simple, net, uni quelquefois même populaire, comme il l'appelle lui-même: *pedestri sermone*. Les raisonnements en sont solides et concluants, les exemples persuasifs, et toujours à la portée du commun des hommes. On voit cependant, par quelques endroits, qu'au besoin il savait s'élever à de nobles pensées, noblement exprimées, et qu'il aurait pu aspirer à la gloire de l'éloquence. La sienne est toute naturelle, il n'affecte ni termes extraordinaires, ni figures trop recherchées. Il s'appuie partout de l'autorité de l'Ecriture qu'il avait étudiée avec soin, et quelquefois des témoignages des Pères grecs et latins, dont il avait lu les écrits. On voit qu'il s'était particulièrement arrêté à ceux de saint Augustin, dont il faisait profession d'être le disciple. Non-seulement il en suit la doctrine, mais il en emprunte aussi les pensées et les termes, et quelquefois des passages entiers, auxquels il ne fait que joindre un exorde et une péroraison, pour en former un discours.

CÉSARIE (sainte), seconde abbesse de Saint-Jean d'Arles, avait succédé à la sœur de saint Césaire, et n'est guère connue que par le testament du pieux évêque en faveur de ce monastère qu'il avait fondé. Il reste d'elle une réponse à une lettre que sainte Radegonde lui avait adressée, pour obtenir la Régle de saint Césaire. Cette lettre est une exhortation à la pratique des vertus religieuses, dont la première est de demander assidûment à Dieu de nous enseigner lui-même à connaître sa volonté, et de diriger nos pas dans la voie de ses commandements; la seconde, d'écouter avec attention la parole de Dieu, lorsqu'on lit la sainte Ecriture; la troisième de rendre grâces à Dieu des bienfaits qu'on en a reçus. Elle lui représente que, quelque avantage qu'elle puisse retirer de la Règle de saint Césaire, elle en retirera beaucoup plus de la lecture de l'Evangile, dont la doctrine est au-dessus de celle des hommes, et infiniment plus précieuse; mais qu'elle ne doit pas s'arrêter simplement à ce que le Seigneur a enseigné, qu'il est encore nécessaire de suivre et d'imiter les exemples qu'il nous a laissés. Sachant qu'elle possédait de la libéralité des rois de quoi faire l'aumône, elle lui recommande de la faire abondamment; puis, venant au gouvernement de son nouveau monastère, elle l'avertit de n'y recevoir aucune fille à qui elle ne fasse apprendre les lettres et le Psautier par cœur. Elle l'assure en même temps que l'observation de la règle de saint Césaire, qu'elle lui envoie, lui procurera à elle et à ses filles la possession de la vie éternelle. Elle lui conseille de modérer ses austérités, disant qu'une abstinence trop rigoureuse la mettrait non-seulement hors d'état de gouverner sa communauté, mais l'obligerait même à s'accorder quelque soulagement, qui tiendrait un peu des délices du siècle, et à ne pouvoir plus suivre les heures des repas prescrites par la règle, qui doit lui servir de modèle en tout. Elle insiste beaucoup sur le danger qu'il y a pour des religieuses de converser familièrement avec des hommes, parce qu'encore qu'elles ne se sentent coupables de rien, elles ne peuvent s'assurer de ne point contribuer à la perte de ceux avec qui elles s'entretiennent de la sorte. Elle lui recommande une égale sollicitude pour chacune de ses sœurs; et, riches ou pauvres, elle veut qu'elles s'aiment entre elles avec la même charité. Cette lettre, qui est solidement écrite, est adressée aux saintes Richilde et Radegonde; ce qui donne lieu de croire que Richilde, que l'on ne connaît point d'ailleurs, était abbesse du monastère de Sainte-Croix avant que sainte Radegonde en eût donné le gouvernement à Agnès. Fortunat a fait en peu de mots l'éloge de sainte Césarie. Sa lettre se trouve dans le 1er tome des *Anecdotes* de dom Martène.

CHALCIDIUS, est mis par Jacques de Cessale au nombre des écrivains qui vivaient au IVe siècle; quoique sa religion n'ait jamais été bien authentiquement prouvée, on croit cependant avoir des motifs assez plausibles d'affirmer qu'il était chrétien. On a de lui une traduction latine d'une partie du *Timée* de Platon, qui se trouve à la fin du second volume des Œuvres de saint Hippolyte, imprimées à Hambourg en 1718. C'est ainsi qu'elle a été reproduite dans le *Cours complet de Patrologie*.

CHARLEMAGNE ou **Charles le Grand**, roi de France et empereur d'Occident, second fils de Pépin le Bref, naquit en 742, au château de Salzbourg, dans la haute Bavière. Nous ne rappellerons qu'à grands traits les points principaux de sa biographie, car ce n'est ni le roi ni le conquérant que nous avons à étudier ici, mais le savant chrétien et le restaurateur des lettres en France. Ses premiers exploits furent contre les Saxons, et après quelques alternatives de revers couronnés par les plus beaux succès, il eut la gloire de soumettre le fameux Vitikind et d'en faire pour l'État et pour la religion le plus zélé et le plus intrépide défenseur. Vainqueur de Didier, roi des Lombards, en 774, il se fit proclamer souverain de la Lombardie, et rendit au pape Adrien l'exarchat de Ravenne que ce prince avait usurpé. Par reconnaissance, le pape confirma au vainqueur la possession du patriciat de Rome, avec le droit d'ordonner de l'élection des papes et de la confirmer. Plus tard, devenu maître de l'Allemagne, de la France et de l'Italie, Charles marche à Rome en triomphe, se fait couronner empereur d'Occident par Léon III, en l'an 800, et renouvelle l'empire des Césars, éteint en 476, dans Augustule. On le déclara César Auguste; on lui décerna les ornements des anciens empereurs romains, surtout l'aigle impériale; en un mot, toutes les formules consacrées furent suivies en cette solennité. Nicéphore, empereur d'Orient, qui recherchait son amitié, lui envoya des ambassadeurs pour assurer la paix entre les deux empires. Charles les reçut avec un appareil imposant, et se plut à accumuler merveilles sur merveilles pour frapper leur imagination. Un traité avantageux pour le nouvel empereur fût le fruit de ce magnifique étalage. Il portait que Charlemagne et Nicéphore auraient également le titre d'Auguste, que le premier prendrait le titre d'empereur d'Occident, et le second celui d'empereur d'Orient. Depuis Bénévent jusqu'à Bayonne et de Bayonne jusqu'en Bavière, tout était sous la puissance de Charlemagne. Qu'on suive les limites de son empire, et l'on verra qu'il possédait toute la Gaule, la plus grande partie de la Catalogne, la Navarre et l'Aragon; la Flandre, la Hollande et la Frise; les provinces de la Westphalie et de la Saxe jusqu'à l'Elbe; la Franconie, la Souabe, la Thuringe et la Suisse; les deux Pannonies, c'est-à-dire l'Autriche et la Hongrie, la Dace, la Bohême, l'Istrie, la Liburnie, la Dalmatie et différents cantons de l'Esclavonie; enfin toute l'Italie jusqu'à la Calabre inférieure, puisqu'il avait conservé ses droits sur le duché de Rome et les autres parties des États de l'Église. Vainqueur partout, il s'appliqua à policer ses États, rétablit la marine, visita ses ports, fit construire des vaisseaux, forma le projet de réunir le Rhin au Danube par un canal, pour la jonction de l'Océan et du Pont-Euxin. Il avait donné des lois les armes à la main, il les soutint dans la paix et en ajouta de nouvelles. Mais ce n'est pas seulement par ses conquêtes qu'il fut grand, il le fut encore par l'amour des lettres, dont nous avons dit qu'il fût le protecteur et le restaurateur. Son palais fut l'asile des sciences. On tint devant lui des conférences qu'on peut regarder comme l'origine de nos académies. Les lumières alors n'étaient pas très-répandues. Alcuin, Eginhard, Pierre de Pise, Théophane de Constantinople et le patriarche Nicéphore, étaient à peu près tout ce qu'il y avait d'hommes instruits en Europe. Il faut pourtant y ajouter Laidrade, Théodulphe, les archevêques de Trèves et de Mayence, l'abbé de Corbie et Paul Diacre, qui lui enseigna la littérature grecque et latine. Tous ces savants furent comblés de biens et de caresses. L'Eglise lui dut le *chant Grégorien*, la convocation de plusieurs *conciles* la fondation d'un grand nombre de *monastères*. Outre l'école de Paris qu'il établit, il en érigea dans toutes les églises cathédrales, et fonda à Rome un séminaire. Charlemagne partagea ses Etats entre ses *trois fils*. « Ce qui est à remarquer dit le président Hainault, c'est que ce prince laissa à ses peuples la liberté de se choisir un maître après la mort des princes, pourvu qu'il fût du sang royal. » Mais ce qui est plus singulier encore, c'est la disposition portant que s'il s'élève quelque différend entre ses trois successeurs, ils auront recours, non à la bataille ou à la preuve par le duel, mais au jugement de la croix. On doit regarder cette disposition comme un tribut que son génie paya aux préjugés de son siècle. Charlemagne mourut le 28 janvier 814, dans la soixante-onzième année de son âge, et la quarante-septième de son règne. Suivant les historiens contemporains, c'était l'homme le plus haut de taille et le plus fort de son temps. On l'enterra à Aix-la-Chapelle, avec les ornements d'un chrétien pénitent et ceux d'un empereur et roi de France. Paschal III mit ce prince au nombre des saints en 1165 ou 1166, et Louis XI ordonna que sa fête serait célébrée le 28 janvier. On la solennise dans plusieurs églises d'Allemagne, quoiqu'en d'autres, comme à Metz, par exemple, on fasse tous les ans un service pour le repos de son âme. Quoi qu'il en soit, le paganisme lui aurait sans doute accordé l'apothéose, parce qu'il la méritait; mais pour lui rendre les honneurs de la sainteté, nous avons besoin que l'Eglise confirme, par ses usages, la décision d'un de ses pontifes. Maintenant que nous avons esquissé l'homme et le monarque, il nous reste le savant, et nous ne croyons le mieux faire connaître que par l'analyse de ses ouvrages.

Capitulaires. — Les plus connus et les plus importants de ses écrits sont ses Capitulaires. C'est ainsi qu'on nomme les ordonnances des rois à cette époque; règlements pleins de lumière et d'équité établis pour maintenir le bon ordre entre les divers pouvoirs de la monarchie. Les uns regardent les matières ecclésiastiques et les autres celles qui sont purement civiles. Tantôt ces ordonnances étaient rendues par les conciles, et alors le prince les autorisait; tantôt c'était le prince qui les dressait lui-même, et après les avoir fait confirmer par les évêques et les grands de son royaume, les faisait publier, afin qu'ils fussent observés comme une loi de l'État. Ainsi ces Capitulaires renferment donc en même temps et la collection des ordonnances de Charlemagne et les actes des conciles qui se tinrent sous son règne.

Benoît, diacre de l'église de Mayence, nous apprend de quelle manière on s'y prenait pour les dresser. C'étaient ordinairement les membres les plus savants du clergé qui étaient chargés de recueillir des livres de l'Ecriture, des anciens canons et des lois les plus autorisées de l'Eglise, du droit et des coutumes des nations ce qu'il y avait de plus convenable pour le gouvernement de l'État. De ces extraits on composait les Capitulaires, divisés par chapitres ou articles, dans lesquels on faisait entrer tout ce qui avait rapport, suivant les besoins présents, tant à la religion et aux mœurs qu'à l'exercice de la justice ecclésiastique et séculière.
— Le cardinal Baronius s'était imaginé que Charlemagne, malgré la longueur d'un règne de quarante-sept ans, n'avait publié qu'un petit nombre de Capitulaires; mais de nouvelles découvertes de ces monuments historiques empêcheraient cette opinion de pouvoir se soutenir, encore que Baluze ne l'aurait pas solidement réfutée. Avant la nouvelle édition des OEuvres complètes de Charlemagne faite par M. l'abbé Migne, la collection la plus volumineuse des Capitulaires de ce grand empereur était celle réunie par le savant que nous venons de nommer; mais le nouvel éditeur en a ajouté un grand nombre d'autres, fruits de récentes recherches bibliographiques et édités par Pertz, dans ses *Monumenta Germaniæ historica*. Nous allons, par ordre de date, donner l'analyse de quelques-uns des principaux.

Le premier que l'on possède sous le nom de Charlemagne est de 769, c'est-à-dire du commencement de son règne. Il est semblable en plusieurs points à celui que Carloman publia en 742. Charles le fit à la prière de tous les fidèles, et de l'avis des évêques et des prêtres. Il est divisé en dix-huit articles qui tous tendent au rétablissement et à la conservation de la discipline ecclésiastique. Il y est stipulé qu'on privera du sacerdoce les prêtres qui auront eu plusieurs femmes ou qui se seront rendus coupables de meurtre sur des chrétiens ou des païens. Il enjoint aux prêtres d'avoir grand soin d'engager les pécheurs à la pénitence, et de ne laisser mourir ni les pénitents ni les infirmes, sans les avoir réconciliés par l'onction de l'huile sainte et le divin viatique. Ils devront observer eux-mêmes et annoncer aux peuples les jeûnes des Quatre-Temps. Ils veilleront à ne célébrer la messe que dans des églises dédiées au Seigneur, ou, s'ils sont en voyage, dans des lieux et sur des tables de pierre consacrées par l'évêque. Aucun juge ne pourra punir un prêtre ou un diacre sans le consentement de l'évêque.

Le second, donné à Héristal au mois de mars 777, fut rédigé dans une assemblée d'évêques, de seigneurs et d'abbés. Il comprend vingt-trois articles qui regardent aussi la discipline ecclésiastique, mais qui s'occupent en même temps de la police séculière. Voici ce que nous y trouvons de plus remarquable. Les évêques suffragants seront soumis, suivant les canons, à la correction de leur métropolitain. Dans les monastères, soit d'hommes, soit de filles, la règle sera observée et le bon ordre maintenu. Chaque abbesse sera obligée de résider continuellement dans son monastère. Les évêques n'ordonneront point les clercs d'un autre diocèse, et, dans quelque degré que ce soit, ne les recevront dans leur clergé. Chacun payera la dîme, et ce sera à l'évêque d'en faire la distribution. L'Église ne prendra point la défense des homicides, ni de ceux qui sont coupables de mort selon les lois ; et s'ils se réfugient dans les temples, on ne leur donnera point à manger. On régla dans la même assemblée la manière de faire des prières pour le prince, et de percevoir les contributions, soit pour son armée, soit pour l'entretien des ponts.

Vers l'an 788, Charlemagne publia une constitution pour la correction des livres de l'Ecriture, altérés par la négligence ou l'ignorance des copistes, et pour la réforme des abus qui s'étaient glissés dans la célébration des offices ecclésiastiques. Il dit que depuis longtemps déjà il avait fait corriger avec beaucoup de soin tous les livres de l'Ancien et du Nouveau Testament, établi, à l'exemple de Pépin, le chant grégorien dans toutes les églises de ses États, et donné ordre à Paul Diacre de travailler à un nouveau cours d'offices pour toute l'année, en choisissant les plus beaux passages dans les œuvres des Pères catholiques, pour en faire des leçons qui eussent des rapports à la fête du jour ; ce qu'il avait exécuté. Charlemagne ajoute qu'ayant examiné l'ouvrage de Paul, distribué en deux volumes, il l'avait approuvé, et voulait qu'il fût lu dans toutes les églises.

En 788, le prince se trouvant à Ratisbonne, comme on le croit, fit rédiger un petit Capitulaire en huit articles, pour réprimer divers abus, la plupart par des peines pécuniaires ; il n'y a que le dernier article qui revienne sur la défense faite plus haut aux évêques de recevoir des clercs d'un diocèse étranger sans le consentement de leur évêque légitime.

L'année suivante vit éclore quatre ou cinq autres Capitulaires. Le premier et le plus considérable contient quatre-vingts ou quatre-vingt-deux articles, suivant l'édition des conciles. Il est daté d'Aix-la-Chapelle, et consacré presque en entier aux intérêts de la religion, toujours la première dans les préoccupations du grand empereur. Il est précédé d'une préface ou lettre adressée aux ecclésiastiques de ses États, qu'il exhorte à veiller sur les peuples confiés à leurs soins, et à les instruire des décrets résolus dans les saints conciles. Il leur déclare aussi qu'il leur adresse des Capitulaires dans lesquels il avait réuni tout ce qui lui avait paru le plus nécessaire pour leur instruction, se souvenant que Josias, après avoir reçu de Dieu le royaume, s'appliqua à faire fleurir son culte, en exhortant, corrigeant ou avertissant tous ceux qui étaient sous son empire. Les cinquante-huit premiers articles de ce Capitulaire sont tirés des canons des anciens conciles et des décrétales des papes. Les vingt-deux suivants sont des constitutions nouvelles, dans lesquelles il exhorte les évêques et les prêtres à instruire exactement leurs peuples dans la foi catholique, et à vivre en paix et en concorde non-seulement entre eux, mais avec les abbés, les comtes, les juges et toutes autres personnes. Il veut que les évêques s'informent si les prêtres préposés à la desserte des paroisses sont orthodoxes, s'ils administrent le baptême suivant la forme catholique, s'ils entendent les prières de la messe, si, en psalmodiant, ils observent la division des versets, s'ils comprennent l'Oraison dominicale, et la font comprendre aux autres. Il veut aussi qu'ils aient soin que, dans les églises de paroisse, les autels soient proprement tenus, que les vases sacrés soient conservés avec décence, et que les restes du sacrifice soient recueillis avec soin par ceux qui en sont dignes et conservés avec honneur. Il commande d'ouvrir des écoles, dans lesquelles on apprenne à lire aux enfants de condition libre ou servile, et, tant dans les monastères que dans les cathédrales, d'enseigner les notes, le chant, le comput du calcul et la grammaire. Il veut que les ministres des autels se servent de livres catholiques bien corrects, qu'ils obligent les enfants qu'ils instruisent à lire et à écrire bien correctement. S'il est nécessaire de transcrire l'Evangile, le Psautier, le Missel, on doit y employer des hommes d'un âge parfait, et qui écrivent avec toute l'exactitude possible. Le Capitulaire ordonne ensuite aux moines de vivre suivant leurs vœux et les obligations de leur règle : il fait la même recommandation aux clercs, et les soumet à la conduite de l'évêque. Il défend aux abbesses de donner des bénédictions aux hommes, en leur imposant les mains et en faisant sur eux le signe de la croix, et d'imposer le voile aux vierges en leur donnant la bénédiction sacerdotale. C'était un abus qui commençait à s'introduire parmi les abbesses, contre la discipline de l'Eglise. Il défend les œuvres serviles les jours de dimanche, avec ordre à tous d'assister à la célébration des saints mystères, ordre aux évêques et aux prêtres d'instruire les peuples, non en leur faisant des discours tirés de leur propre fonds, mais des divines Ecritures, et de leur expliquer les articles enfermés dans le Symbole.

La même année Charlemagne donna encore plusieurs autres Capitulaires. Le premier, composé de seize articles, est tiré presque tout entier de la règle de saint Benoît, et a pour but de contenir les moines dans le devoir. — Le second, qui contient vingt-un articles, ne publie que des règlements de police. — Le troisième est une espèce de constitution qui comprend trente-trois articles, qui sont autant de lois pour réduire les Saxons, et les conformer aux usages de l'Eglise, en les obligeant à vivre en chrétiens. — Le huitième de ces articles paraît étrange, en ce qu'il contraint ces peuples à se faire baptiser, sous peine de mort.

Après la défaite des Avares ou des Huns, en 791, Charlemagne publia un Capitulaire particulier pour le royaume d'Italie. Il est composé de dix-sept articles, la plupart concernant le gouvernement civil. Le second porte défense aux séculiers de gouverner les églises dans lesquelles on administre le sacrement de baptême. Le premier leur avait accordé la permission de régir les hôpitaux qu'ils avaient fondés eux-mêmes, avec charge de nourrir les pauvres, sinon de les quitter, pour faire place aux administrateurs que le roi y mettra avec le conseil de l'évêque. Le troisième permet aux évêques d'avoir des avocats ou avoués, c'est-à-dire des laïques chargés de la défense de leurs églises. C'est ce que les anciens canons nomment les défenseurs, qui d'ordinaire étaient des jurisconsultes, pour agir et pou suivre les affaires ecclésiastiques devant les tribunaux séculiers.

Le Capitulaire de Francfort, en 794, est tout autrement important que celui que nous venons de mentionner. C'est, à proprement parler, la collection des canons du concile qui se tint en cette ville la même année. On commença par y condamner l'hérésie des adoptianistes, c'est-à-dire de ceux qui n'acceptaient Jésus-Christ que comme le Fils adoptif de Dieu, hérésie défendue par les deux évêques espagnols Elipand de Tolède et Félix d'Urgel. Cette hérésie avait déjà occasionné quelques écrits, et en occasionna encore davantage par la suite, comme il est facile de s'en convaincre en lisant l'article de ses auteurs. Ensuite on passa à la question du culte des images : c'était le second et principal objet du concile, et on condamna le sentiment alors faussement attribué au second concile de Nicée, d'exiger qu'on rendît aux images la même adoration qu'à la Trinité. Les autres articles du Capitulaire roulent sur divers sujets de discipline, et rapportent plusieurs particularités qui se passèrent en ce concile, comme la réconciliation de Tassillon, duc de Bavière, la déposition d'un faux évêque nommé Gerbod, la manière singulière dont un évêque, nommé Pierre, se justifia du crime de perfidie. On apprend, par le quatorzième ou seizième canon, que la cupidité commençait à se glisser dans les cloîtres, et qu'on y vendait déjà et achetait la profession monastique. C'est ce que le Capitulaire, après le concile, proscrit, en ordonnant de recevoir les sujets qui se présenteront conformément à l'esprit de la Règle de saint Benoît.

Dans un Capitulaire, que l'on croit être de l'an 800, il est porté que les prêtres prieront chaque jour pour la santé de l'empereur et pour la prospérité de ses Etats, comme aussi pour l'évêque du diocèse; qu'ils auront soin de leurs églises et des reliques qui y reposent; qu'ils expliqueront l'Evangile au peuple les fêtes et les dimanches, avec l'Oraison dominicale, le Symbole et tout ce qui appartient à la religion; qu'ils les instruiront sur l'obligation et la manière de payer la dîme de leurs fruits; qu'ils mettront par écrit les noms de ceux qui l'auront payée, et qu'ensuite ils en feront le partage; qu'une partie sera employée pour les ornements de l'église, une autre pour les pauvres, et la troisième pour l'entretien des prêtres. Il leur enjoint de se conformer aux canons dans l'administration du baptême, de ne rien prendre ni pour le sacrement, ni pour aucun don spirituel, et de ne jamais quitter, pour aucun motif d'ambition, l'église pour laquelle ils auront été ordonnés. Ils devront user sobrement du vin, et éloigner d'eux toute femme étrangère. Celui qui aura possédé une église pendant trente ans de possession paisible la retiendra pour toujours. Les clercs ne porteront point d'armes, ne feront de procès à personne, n'iront jamais au cabaret, et ne feront point de serment. Ils imposeront une pénitence à tous ceux qu'ils confesseront, et, après avoir donné l'absolution aux malades, ils leur administreront le saint viatique avec l'onction sanctifiée, qu'ils accompagneront de prières.

Il y a deux Capitulaires de l'an 802. Le premier contient quarante-un articles, la plupart sur des matières civiles. Les plus importants en matière ecclésiastique sont le onzième, où il est dit que les évêques, les abbés et les abbesses gouverneront moins avec empire qu'avec amour et douceur. Le quinzième porte que les abbés et les moines seront soumis avec humilité aux évêques; le dix-neuvième défend aux évêques, aux abbés, aux prêtres et autres clercs d'avoir des chiens de chasse; le vingtième interdit aux abbesses de sortir de leurs monastères sans la permission de l'évêque. Le vingt-septième fait à tous, riches et pauvres, chacun suivant ses moyens, une obligation de la charité. Enfin, le quarante-unième contient les principaux articles de la foi. Le second Capitulaire dont nous avons parlé ne contient que des règlements généraux touchant l'obligation où sont les évêques, les prêtres, les diacres et les moines de vivre conformément aux canons et à leurs règles.

La même année 802 parurent les Capitulaires faits pour servir d'instruction aux envoyés de l'empereur. Il y en a deux, l'un de quarante-un articles, et l'autre de vingt-trois. Ces envoyés (*missi dominici*), si célèbres dans l'histoire de ce temps-là, étaient choisis, comme l'explique le premier article du premier de ces Capitulaires, entre les archevêques, les évêques, les abbés, ou même les seigneurs laïques qui avaient le plus de religion, pour veiller, dans des circonscriptions qui leur étaient indiquées, sur l'observation des lois et le maintien du bon ordre. Dans ce premier Capitulaire, sans contredit un des plus beaux et des plus instructifs de tout le recueil, Charlemagne s'étend avec de grands détails sur tous les principaux devoirs, tant des envoyés mêmes que des personnes de divers ordres de la société, sur lesquels s'étendait leur inspection. A la suite on lit une description abrégée mais intéressante des lieux et de leur territoire, mais seulement par rapport à la France et jusqu'à la Loire, avec deux modèles du serment de fidélité que les sujets devaient prêter à leur empereur.

L'an 803 fut une année féconde en décrets de ce genre. On en compte jusqu'à huit, qu'il faut rattacher à cette date. On remarque surtout le premier, qui prescrit, dans un de ses articles, que l'élection des évêques se fera par les suffrages du clergé et du peuple, suivant les usages du diocèse; mais ce Capitulaire, composé de sept articles, est particulièrement dirigé contre les corévêques, à qui il défend de donner la confirmation, d'ordonner des prêtres, des diacres et des sous-diacres, de donner le voile à des vierges, de bénir le saint chrême, de consacrer des églises ou des autels, le tout sous peine de nullité et de déposition de toute dignité ecclésiastique. Sa raison d'en ordonner ainsi, c'est que les corévêques n'avaient point le caractère épiscopal, puisqu'ils n'en avaient pas reçu la consécration des mains de trois évêques, et qu'ils n'avaient ni siége ni église cathédrale, et qu'ainsi ils ne pouvaient donner ce qu'ils n'avaient pas. — Le second ajoute onze articles à la loi Salique. Le troisième, composé de vingt-neuf articles, dont la plupart sont des règlements de police, porte, entre autres, l'obligation de restaurer les églises, et d'en construire partout où il en sera besoin. Il défend aussi d'ordonner des prêtres qu'auparavant ils n'aient été bien examinés, et de les excommunier sans une cause légitime. Le quatrième concerne la loi des Ripuariens; il est composé de douze articles, dont un prescrit ainsi les règles du serment. Ceux qui seront obligés de le prêter le feront dans l'église et sur les reliques des saints, ou bien en présence de sept personnes choisies, et même de douze, si cela est nécessaire. Le cinquième, qui est comme un supplément aux Capitulaires précédents, condamne quiconque est convaincu d'avoir fait une fausse charte, ou prêté un faux serment, à perdre la main, à moins qu'il ne la rachète à prix d'argent. Il défend aussi de vendre le saint chrême, et commande l'hospitalité envers tous les voyageurs, sans exception. Le sixième est plutôt une constitution qu'un Capitulaire, et doit être considéré comme une explication des Capitulaires faits pour l'instruction des envoyés, parce qu'un certain comte, qu'on ne nomme pas, y avait trouvé des ambiguïtés. Le septième, qui est très-court, ne contient presque que des défenses générales de commettre le crime; nous y remarquons seulement la recommandation de ne vendre et de n'acheter qu'à la mesure et au poids du prince, et d'observer le dimanche, suivant la loi du Seigneur. Le huitième, qui contient la prière adressée par les fidèles à l'empereur d'exempter les évêques et les prêtres du service de la guerre, et la réponse favorable qu'y fit Charlemagne, est accompagné d'une défense aux prêtres de porter les armes, avec l'exposé des raisons qui firent publier cette ordonnance. Voici, par exemple, une de ces raisons : le prince remarque que les peuples et les rois, qui avaient permis aux prêtres de combattre avec eux, n'avaient pas obtenu d'avantages dans leurs guerres. Il en donnait pour exemples ce qui était arrivé en Gaule, en Espagne et chez les Lombards. Il ajoute qu'en défendant aux évêques d'aller à l'armée, excepté deux ou trois choisis par les autres, ainsi que quelques prêtres pour célébrer la messe, prendre soin des malades, donner l'onction de l'huile sainte et le viatique, il ne prétendait diminuer ni la dignité des évêques, ni les biens des églises, sachant que plusieurs royaumes avaient été détruits avec leurs rois, pour avoir dépouillé les églises et les prêtres de leurs biens.

En 804, Charlemagne publia un petit Capitulaire pour régler quelques points de discipline et par rapport au clergé séculier et par rapport à l'ordre monastique, en faveur des églises de Salz, aujourd'hui Salzbourg. Il se compose de huit articles, et est adressé aux prêtres à qui le prince rappelle les obligations les plus indispensables de leur ministère. Ce Capitulaire est suivi d'un diplôme donné la même année à Aix-la-Chapelle, en faveur de l'église d'Osnabruck en Westphalie, à laquelle l'empereur avait fait diverses donations, et où il établit à perpétuité des écoles pour l'enseignement du grec et du latin.

Les Capitulaires de 805, faits et publiés dans l'assemblée de Thionville, ne sont pas d'une moindre importance. Ils s'occupent en effet de la restauration des lettres, prescrivent la manière de lire, d'écrire et de chanter; ordonnent l'étude de l'arithmétique, de la science des temps, de la médecine, et enjoignent aux évêques, aux abbés et aux comtes d'avoir des notaires ou secrétaires qui sachent écrire correctement. Outre ces règlements, il en contient encore quelques autres qui regardent la discipline monastique, et particulièrement celle qui doit s'observer dans les cloîtres. Le second et le troisième Capitulaires sont les mêmes presque mot à mot. Il n'y a guère de différence entre eux que le renversement de quelques titres, parce que l'un en contient vingt-cinq et l'autre vingt-quatre. Ce sont des règlements pleins de sagesse et de lumières qui concernent le bien public. Aussi sont-ils adressés en général à tous les sujets du prince. Le quatrième, compris en seize articles presque tous tirés des précédents, fut donné à Jessé, évêque d'Amiens, un des envoyés de l'empereur, pour en faire observer les règlements.

L'année 806 vit paraître six Capitulaires; nous ne trouvons quelque chose d'intéressant que dans le cinquième, intitulé : *Capitulaire de Noyon*. Il contient pour les envoyés d'excellentes instructions pour le maintien du bon ordre dans les Eglises et dans l'Etat et particulièrement pour réprimer la cupidité et pourvoir aux besoins des pauvres en temps de famine. Il défend l'usure et tous les gains sordides. Il ordonne aux évêques, aux abbés et abbesses de veiller avec soin sur les trésors de leurs églises, afin qu'il ne se perde rien des pierres précieuses et des vases sacrés par la négligence de ceux qui en ont la garde. Il défend également de diviser une province pour y mettre deux métropolitains, d'avoir deux évêques dans la même ville, et à un clerc d'exercer son ministère dans deux villes différentes. Le sixième et dernier Capitulaire de la même année ne comprend que des règlements généraux touchant la discipline ecclésiastique, l'observation des fêtes, des jeûnes de carême et des prières publiques.

Passant les Capitulaires de 807 à 810 qui ne font que répéter les autres sans y ajouter rien de bien important, nous arrivons à ceux qui parurent en 811. On en connaît trois, qui sont autant de monuments de la piété de Charlemagne, de son amour de la paix et de sa piété envers les pauvres. Les deux premiers contiennent des questions sur diverses matières, touchant le bon gouvernement ecclésiastique et politique, sur lesquels il exigeait que les évêques, les abbés, les comtes et les gouverneurs lui donnassent leurs avis, afin de les mettre par là dans la nécessité d'apprendre ce qu'il ne leur était pas permis d'ignorer. Le troisième est une liste des prétextes dont on couvrait divers abus qui se glissaient contre les lois ecclésiastiques et civiles. Ces Capitulaires sont fort utiles pour connaître les mœurs du siècle. Les deux premiers furent comme les guides des cinq conciles qui se tinrent deux ans plus tard.

Trois nouveaux Capitulaires parurent l'année suivante. Le premier et le second règlent le service des sujets en cas de guerre ; le troisième détaille les différentes manières de terminer les procès. Il est ordonné que si les évêques, les abbés et les comtes ont entre eux quelques difficultés et ne peuvent les résoudre, ils seront obligés de se pourvoir devant l'empereur et non ailleurs.

En 813, Charlemagne tint à Aix-la-Chapelle un parlement où il fut ordonné que l'on assemblerait cinq conciles dans les métropoles de son royaume, à Mayence, à Reims, à Tours, à Arles et à Châlons-sur-Saône, et que les décisions de ces conciles lui seraient rapportées. Les cinq conciles se réunirent en effet, et on y prit pour sujet de délibération les questions proposées dans les deux premiers Capitulaires de 811. Ce fut sur le résultat de ces cinq assemblées que Charlemagne dressa son Capitulaire. Il est divisé en vingt-huit articles, et porte en substance que les évêques auront soin de s'informer de la manière dont les prêtres administrent le baptême ; que les laïques ne pourront chasser les prêtres de leurs églises pour y en mettre d'autres ; qu'ils ne pourront non plus recevoir des prêtres aucuns présents pour leur avoir confié le soin de quelque église ; que les chanoines et les religieux vivront conformément à leur institut, qu'il ne sera pas permis au prêtre destiné à célébrer la messe dans un monastère de filles, d'y rester après avoir rempli cette fonction ; que les communautés de chanoines, de moines et de religieuses, ne recevront des sujets qu'autant qu'elles pourront en entretenir ; que l'on chassera de l'Eglise les incestueux, s'ils ne font pénitence ; que dans les temps de famine ou d'autres nécessités, chacun nourrira ceux qui lui appartiennent, et que dans ce cas il sera permis aux évêques de prendre dans le trésor de l'Eglise, mais en présence de témoins, de quoi nourrir les pauvres. Il déclare ensuite, qu'à l'exception des évêques, des abbés et de quelques prêtres d'une sainte vie, personne ne sera enterré dans l'Eglise ; que les clercs fugitifs seront obligés de retourner auprès de leur propre évêque ; que celui qui a un bénéfice sera obligé de fournir aux réparations de l'Eglise, et que les prêtres chargés d'enseigner le peuple commenceront par lui donner l'exemple d'une sainte vie. Le bruit s'était répandu qu'en Autriche les prêtres, pour de l'argent, découvraient les voleurs sur leur confession. Charlemagne veut que l'on s'informe sur la vérité du fait. Il ordonne encore qu'il soit informé contre ceux qui, en vertu du droit de *Faide*, connu chez les barbares, se croient autorisés à venger la mort d'un de leurs proches par celle du meurtrier, ce qui excitait souvent des tumultes et des troubles, principalement les jours de fêtes et de dimanches. — Les deux autres Capitulaires de la même année ne contiennent, sur la discipline de l'Eglise, presque rien qui n'ait été dit plusieurs fois dans les précédents.

Outre ces Capitulaires, qui ont une date fixe, il y en a cinq autres dont l'année est incertaine. Ils n'avaient jamais été publiés avant l'édition de Baluze, qui les a tirés de divers manuscrits. Quoiqu'ils ne portent pas tous le nom de Charlemagne, il ne doute pas toutefois qu'ils ne soient de ce prince. Voici ce qu'ils contiennent de plus remarquable : on ne donnera aux anges aucuns noms inconnus. Les livres canoniques seront les seuls qu'on lira dans l'église. On n'ordonnera personne sans l'attacher à une église particulière. Les lieux consacrés une fois à Dieu pour être des monastères, seront toujours et ne pourront être changés en habitations laïques. Les clercs coupables de quelques fautes ne pourront être jugés que par des ecclésiastiques. L'âge pour l'ordination d'un diacre et pour la consécration d'une vierge sera de vingt-cinq ans. Défense d'ordonner un prêtre avant l'âge de trente ans. Défense d'observer les augures et de pratiquer toutes autres superstitions aux arbres, aux fontaines ou ailleurs. Le jour du dimanche sera célébré d'un soir à l'autre. C'est un sacrilège d'enlever aux églises les oblations des fidèles et de les recevoir de la main de ceux qui les ont enlevés. Les privilèges accordés aux églises et aux clercs soit par les rois, soit par les évêques, demeureront acquis et stables à jamais. Il est hors de doute que tout ce que l'on offre au Seigneur est consacré ;

ce qui s'entend non-seulement de ce qui est offert sur l'autel par les fidèles, mais encore de tout ce qu'ils peuvent offrir soit en serfs, en champs, en vignes, en bois et en toutes autres choses. Il est défendu d'aliéner quoi que ce soit des biens de l'église sans la permission de l'évêque, à qui les canons en accordent l'administration. Ici finit le recueil des Capitulaires publié par Baluze en 1667.

Goldast en a inséré quelques autres dans son recueil de Constitutions impériales imprimé à Francfort en 1613, ce qui nous donne lieu d'être surpris que Baluze n'en ait point parlé dans sa collection. Quoique ces Capitulaires ne portent point le nom de Charlemagne, cependant on ne peut douter qu'ils ne soient de lui, puisque, dans le douzième article du premier, il appelle Pépin son père, et que le quatorzième commence ainsi : « Il nous a plu à nous Charlemagne, roi très-glorieux. » Les règlements de ce Capitulaire sont la plupart répétés de ceux que nous avons analysés précédemment. Voici ce que nous y trouvons de plus remarquable. On y défend aux évêques lorsqu'ils font la visite de leurs diocèses, d'exiger au delà de ce qui est assigné par l'ancienne coutume ou par les canons ; d'aller eux-mêmes à la chasse ou d'y être présents, et de permettre qu'on se livre en leur présence à des jeux défendus. Le second Capitulaire défend aux laïques d'accuser des évêques, des prêtres et des diacres, à cause du respect que doit leur inspirer leur caractère. Le troisième est une instruction de Charlemagne à ses envoyés, dans laquelle il leur recommande d'avoir soin que le clergé vive suivant les canons ; et à ce propos, après avoir répété plusieurs observations déjà consignées dans les Capitulaires précédents, il ajoute que les prêtres sont obligés de pourvoir leur église d'ornements nécessaires, savoir, d'un calice avec sa patène, d'une planète et d'une aube, d'un missel, d'un lectionnaire, d'un martyrologe, d'un pénitentiel, d'un psautier et de tous les autres livres suivant leurs facultés, d'une croix et d'un coffre. Il paraît que quelques-uns négligeaient de mêler de l'eau dans le calice, puisqu'il est ordonné d'y en verser toutes les fois qu'ils célèbrent le sacrement du corps et du sang du Seigneur. Il leur défend de prêter de l'argent à usure et d'exiger au delà du prêt. Il ajoute que si, lorsqu'ils vont voir un malade, ils le trouvent sans usage de la parole, ils ne doivent pas lui refuser ce qui dans ces circonstances s'accorde à un pénitent, pourvu toutefois qu'on leur rende témoignage que le moribond a témoigné le désir de se confesser. Lorsqu'ils vont en campagne, il leur est ordonné de porter avec eux le saint chrême et l'huile sainte, soit pour baptiser, soit pour oindre les infirmes.

Tout ce que nous venons de dire sur les Capitulaires de Charlemagne suffit pour donner une idée de l'estime qu'ils méritent. Ellies Dupin, à la fin de son VIII° siècle, et l'abbé Fleury, au XLIII° livre de son *Histoire ecclésiastique*, en ont fait un précis tout à fait propre à en inspirer une idée avantageuse. Le P. Le Cointe, dans le VI° et le VII° volume de ses *Annales ecclésiastiques de France*, en a éclairci un grand nombre par de courtes remarques aussi sages que judicieuses : travail qui a dû lui coûter d'autant plus que la collection de Baluze n'avait pas encore paru. Dom Mabillon en a usé comme le P. le Cointe, à l'égard des Capitulaires qui concernent la discipline monastique.

Lois. — Il est hors de doute que les principales lois que fit Charlemagne se trouvent comprises dans ses Capitulaires. Cependant il ne laissa pas de travailler sur les lois anciennes publiées avant lui par plusieurs de ses prédécesseurs. Il retoucha, comme on l'a dit, ou fit retoucher la loi Salique, et c'est pour cela que Baluze l'a insérée dans le recueil de ses Capitulaires. On prétend qu'il y ajouta onze articles en 803, et Mézeray prétend même qu'il y fit une addition de vingt-trois ordonnances ou règlements. On ne peut guère douter que ce sage monarque n'ait rendu le même service aux anciennes lois à l'usage des différents peuples de son empire ; et c'est peut-être tout ce que signifie le passage de Goldast où il est dit que Charlemagne établit des lois pour les Saxons, les Suèves, les Francs, les Ripuariens, les Bavarois et les Saliens. — Si nous nous en rapportons à un ancien annaliste qui s'est beaucoup étendu sur les faits du règne de ce grand prince, il faudra dire qu'il avait rédigé un code complet de toutes ces différentes lois. En effet, cet écrivain nous apprend qu'à l'issue d'un concile tenu à Aix-la-Chapelle en 802, dans lequel il avait fait revoir la Liturgie romaine par les évêques, Charlemagne assembla les ducs, les comtes et tout le reste du peuple chrétien avec les jurisconsultes, et qu'en leur présence il fit corriger les lois de son empire, et qu'il les réunit dans un recueil qu'il fit distribuer à tous les magistrats, afin qu'ils s'y conformassent en rendant la justice à tous ses sujets. Nous laissons sur ce point chacun libre de se former une opinion ; tout ce que nous pouvons dire, c'est qu'en dehors de ses Capitulaires, aucune loi de Charlemagne n'est arrivée jusqu'à nous.

Testament. — A la suite des Capitulaires, nous ne croyons pouvoir mieux faire que de reproduire à part l'analyse de son Testament. Charlemagne le fit en 811, dans la onzième année de son empire et la quarante-troisième de son règne en France. Le sage monarque, en réglant ainsi le partage de ses trésors et de ses meubles, se proposa pour but autant de faire des aumônes suivant l'usage des chrétiens que de prévenir les contestations entre ses héritiers. Il divisa ses meubles en trois parts, et des deux tiers, il fit vingt et une portions pour les vingt et une métropoles de son royaume, savoir Rome, Ravenne, Milan, Frioul, Grade, Cologne, Mayence, Salzbourg, Trèves, Sens,

Besançon, Lyon, Rouen, Reims, Arles, Vienne, Tarentaise, Ambrun, Bordeaux, Tours et Bourges. Dans chacune, l'archevêque devait partager l'aumône de l'empereur en trois, savoir, un tiers pour son église et les deux autres distribués entre les évêques ses suffragants. Quant au tiers du total, ce prince s'en réservait la disposition jusqu'à sa mort, et en destinait encore la moitié en aumône. Il défend de partager sa chapelle, c'est-à-dire les meubles destinés au ministère ecclésiastique, soit qu'il les eût fait faire lui-même ou achetés, soit qu'il les eût hérités de son père. Mais il ordonne de vendre sa bibliothèque, qui était très-nombreuse, et d'en donner le prix aux pauvres. Il y avait entre les curiosités de son trésor une table d'or et trois d'argent. Il donne à Saint-Pierre de Rome une de ces tables d'argent, qui était carrée, et contenait la description de la ville de Constantinople; à l'évêque de Ravenne la seconde qui était ronde, et sur laquelle on voyait la figure de Rome. La troisième, plus grande que les deux autres, contenait une carte universelle du monde. L'empereur la laisse avec la table d'or pour être partagée entre ses héritiers et les pauvres. Il fit ce testament en présence de plusieurs évêques, archevêques, abbés et comtes qui le revêtirent de leurs signatures. Il est rapporté par Eginhard dans la Vie de Charlemagne.

Lettres. — Le plus important recueil des écrits de Charlemagne, après ses Capitulaires, est la collection de ses lettres. Nous allons en réunir quelques-unes, qui suffiront pour donner l'idée des autres.

La plus longue et la plus intéressante en même temps est celle qu'il écrivit à Elipand, évêque de Tolède et aux autres évêques d'Espagne, à la suite du grand concile de Francfort, en 794. Elle fut écrite à l'occasion d'une lettre antérieure que ces prélats avaient adressée à Charlemagne, pour le prier de faire examiner en sa présence l'écrit dans lequel ils défendaient leurs erreurs touchant l'adoption de Jésus-Christ, erreurs que le concile venait de condamner. Après un assez long prélude sur l'excellence de la foi catholique, et l'avantage de rester unis de sentiments en fait de religion, ce prince les plaint d'avoir à souffrir l'oppression des Sarrasins, mais il se montre bien autrement touché de l'erreur qui régnait parmi eux. Il leur annonce qu'elle a été unanimement condamnée dans un concile de toutes les églises de son obédience. Il leur annonce qu'il leur envoie les écrits composés à ce sujet c'est-à-dire, la lettre du pape Adrien, le traité de Paulin d'Aquilée, où il parle au nom des autres évêques d'Italie; la lettre synodique des Gaules, de la Germanie et de la Grande-Bretagne, et il leur marque qu'ils trouveront dans ces écrits des réponses à toutes leurs objections. Leur lettre, leur dit-il, a été lue dans le concile, où l'on a décidé ce qu'il fallait croire sur ce point dogmatique. Il les conjure ensuite d'embrasser cette décision en esprit de paix, et de ne pas s'estimer plus savants que l'Église universelle, leur déclarant au reste que s'ils ne renoncent à leurs erreurs, ils seront regardés comme hérétiques et comme excommuniés. Cette lettre est aussi bien écrite que tout autre monument du même siècle. Elle ne respire que la charité et le zèle de voir tous les membres de l'Église réunis dans une même foi. Le prince la finit par une belle profession de foi sur les principaux mystères de la religion, et particulièrement sur le mystère de la Trinité, dans laquelle il rejette expressément la prétendue adoption des évêques espagnols.

Nous avons sous forme de lettre une autre profession de foi du même prince, ou plutôt un édit ou ordonnance de Charlemagne touchant la sainte Trinité et la foi catholique. Il y a beaucoup de rapports entre cette pièce et la précédente. Elles établissent l'une et l'autre la procession du Saint-Esprit; elles rejettent également la fausse adoption attribuée à Jésus-Christ, et l'épilogue de toutes les deux serait presque le même, si celui de la première n'était pas tronqué; mais elles diffèrent cependant en ce que celle-ci s'étend sur quelques articles qui ne se trouvent pas dans l'autre, et qu'elle condamne un plus grand nombre d'hérésies, particulièrement celle de Photin, d'Eutychès, de Jovinien, des manichéens et autres.

Une des mieux écrites parmi les lettres de Charlemagne est celle où il rend compte des noms de Septuagésime, de Sexagésime et de Quinquagésime qu'on donne aux trois dimanches qui précèdent le carême. Il ne prend dans l'inscription que le titre de *roi des Français, empereur des Lombards et patrice des Romains*, ce qui montre que la lettre fut écrite avant son avènement à l'empire. C'est une réponse à Alcuin qui avait traité le même sujet. Si Charlemagne n'y donne pas des raisons plus satisfaisantes que celles de son ministre, il y fait au moins paraître une érudition peu commune pour le temps. On peut y apprendre diverses particularités curieuses sur les jours d'abstinence et de jeûne alors en usage en différents pays.

Le zèle de Charles pour avancer le grand travail du renouvellement des études, l'engagea à faire dresser un Lectionnaire ou Homiliaire pour servir aux offices de l'Église. Paul Warnefride, diacre d'Aquilée, fut chargé de ce dessein, et après qu'il fut exécuté, le prince mit à la tête une lettre en forme de préface, qui n'est rien autre chose qu'une exhortation à l'étude. Afin de mieux piquer l'émulation de ses lecteurs, il se donne lui-même pour exemple, et rapporte quelques traits de ce qu'il avait déjà fait en littérature. Cette lettre, aussi belle qu'édifiante, est de 788.

Peu de temps après, Charles en écrivit une autre plus importante, intitulée : *De gratia septiformis Spiritus*. C'est une nouvelle preuve des moyens ingénieux qu'employait le roi Charles pour engager les évêques et les autres ecclésiastiques de ses États à s'appliquer à une étude convenable. Il paraît effectivement par cette lettre que ce prince avait proposé aux évêques diverses questions sur le sujet dont elle traite. Plusieurs y répondirent par des écrits que nous ne connaissons pas. Après ces réponses Charles en prit occasion d'adresser à ces prélats la lettre dont nous nous occupons. D'abord il y fait une petite récapitulation de leurs écrits. Il s'agissait en particulier de savoir si les justes de l'ancienne loi avaient reçu les sept dons du Saint-Esprit. Ces prélats avaient avancé que chacun d'eux en avait reçu quelque partie. Mais Charles fait voir qu'un des dons du Saint-Esprit ne peut être sans les autres dans un homme juste, et montre ensuite l'enchaînement que ces dons ont entre eux, et les effets qu'ils produisent dans ceux qui les possèdent. A la fin de la lettre se lisent deux petits fragments qui paraissent en avoir été détachés, on ne saurait dire pourquoi et comment ; mais il est visible qu'ils appartiennent à la pièce. C'est pour prouver par l'exemple de saint Pierre et de quelques autres apôtres de quelle manière on peut connaître que le Saint-Esprit communique ses dons. On peut dire que ce monument, précieux en lui-même, est une preuve de la piété et du savoir de son auteur.

Il est surprenant qu'il nous reste si peu de lettres de Charlemagne à ses femmes et à ses enfants, pour qui il avait une tendresse peu commune, et dont il se trouvait bien souvent éloigné. Outre celle qu'il écrivit à Pépin, son second fils, on ne nous en a conservé qu'une à la reine Fastrade. Charles l'écrivit en septembre 791, pour lui apprendre la victoire qu'il avait remportée sur les Avares, dont il lui détaille quelques particularités. Il lui parle des prières publiques qu'il fit faire à son armée pendant trois jours avant le combat, et lui laisse la faculté de faire, de son côté, ce qu'elle jugera à propos pour en rendre grâces à Dieu. Il la finit par des témoignages de tendresse.

Il n'est pas moins étonnant de ne trouver qu'une lettre de ce prince à Angilbert, son gendre et son confident. Elle est datée de 796, et lui est adressée à Rome, lorsque, après la mort du pape Adrien, il l'avait envoyé saluer de sa part Léon III, son successeur. Dans cette instruction le prince charge Angilbert d'avertir le nouveau pontife d'avoir soin de soutenir sa dignité par une conduite irréprehensible, de veiller à l'observation des saints canons, et d'extirper sur toutes choses l'ivraie pernicieuse de la simonie. Il le charge encore de lui communiquer le dessein qu'il avait formé avec le pape Adrien, de bâtir un monastère à Saint-Paul de Rome. Dans l'inscription de cette lettre, comme en quelques autres, Charles prend le titre de défenseur de l'Eglise, avec celui de roi par la grâce de Dieu.

Nous terminerons cette revue des lettres de Charlemagne par l'analyse d'une circulaire où la piété et la sollicitude du saint monarque éclatent d'une façon tout à fait sensible. Cette lettre est de 811, et est adressée à tous les métropolitains de ses Etats, pour les engager à lui faire savoir par écrit, eux et leurs suffragants, ce qu'ils pensaient et enseignaient sur le baptême et toutes les cérémonies qui l'accompagnaient en ce temps-là. Ce pieux empereur leur propose par ordre toutes les questions sur lesquelles ils devaient répondre, questions qui enveloppent aussi tous les articles du Symbole. Il le fait de manière à persuader qu'il savait bien sa religion, et qu'il n'avait qu'en vue de mettre les prélats de son obéissance dans l'heureuse nécessité de s'instruire et de s'assurer par lui-même de l'uniformité de leur doctrine.

Nous avons à regretter la perte d'un grand nombre de lettres que ce grand monarque n'a pu manquer d'écrire tant aux empereurs d'Orient qu'à plusieurs souverains pontifes, avec lesquels les besoins de l'Eglise et de l'empire le mettaient tous les jours en relation ; mais, par une espèce de dédommagement, on nous a conservé quantité de lettres patentes, diplômes, donations, etc., qui, bien qu'ils ne soient pas aussi intéressants que ses missives, contiennent néanmoins de grands traits de sa piété et de sa munificence.

Poésies. — Quoique Charlemagne fît de la poésie ses principales délices, néanmoins il nous reste peu des productions de sa muse. La plus connue est l'épitaphe du pape Adrien I*er*, en trente-huit vers élégiaques. Charles la fit graver en lettres d'or sur une table de marbre et l'envoya ensuite à Rome. Plusieurs savants lui disputent cette pièce, pour en faire honneur à Alcuin ; tout ce que nous pouvons dire, c'est que l'antiquité la lui a toujours attribuée. — On lui conteste aussi un autre poème à la louange du même pape, et qui se lit à la tête du Psautier dont il lui fit présent ; néanmoins il y a tout lieu de croire qu'il en est l'auteur ; comme aussi de deux autres, l'un en vers élégiaques et l'autre en vers hexamètres, à la louange de Paul Warnefride, retiré au Mont-Cassin. — Outre ces pièces de poésie, que Fabricius a fait imprimer sous le nom d'Alcuin, et que nous croyons appartenir à Charlemagne, il y en a deux autres. La première, en seize vers hexamètres, est un salut à Alcuin retiré de la cour et déjà vieux. Le prince l'y reconnaît pour son maître et son docteur, le félicite de ce qu'il a pris le parti de la retraite, et le prie de l'aider, par le secours de ses prières, à parvenir au bonheur éternel, dont il fait une courte description. La seconde pièce est une réponse à Paul Warnefride, dans laquelle l'auteur semble lui reprocher d'avoir refusé de le venir voir à son armée. Enfin, Lambecius a publié une épigramme en quatre vers hexamètres, qu'il croit être de Charlemagne, et en effet elle est vraiment digne de sa piété. Ce prince avait corrigé une explication manuscrite de l'Epître aux Romains attribuée à Origène, et il engage, à la fin du livre, en quatre vers des meilleurs du temps, les lecteurs à prier pour celui qui avait pris la peine de le corriger.

Eginhard nous apprend que Charlemagne prit soin de faire écrire d'anciennes poésies barbares qui traitaient des guerres et autres exploits des rois de l'antiquité. De là, sans doute, un écrivain du siècle passé a pris occasion d'affirmer que ce prince avait composé une *Histoire de France* en vers tudesques, et qu'il, l'ayant apprise par cœur, il avait acquis ainsi quelque ressemblance avec les anciens bardes gaulois. Mais le passage d'Eginhard bien entendu ne signifie autre chose, sinon que les anciennes chansons de guerre des rois de Germanie s'étant conservées dans la mémoire des hommes jusqu'au temps de Charlemagne, ce prince eut soin de les faire rédiger par écrit ou de les écrire lui-même.

Grammaire. — Le même historien ajoute que ce savant et laborieux prince commença une grammaire en sa langue maternelle, c'est-à-dire le tudesque; qu'il donna en la même langue des noms aux douze mois de l'année, qui jusque-là n'en avaient eu que moitié latins, moitié barbares; et qu'il rendit le même service aux douze vents, tandis qu'avant lui on avait à peine des termes pour exprimer les quatre principaux. Trithême rapporte en plus d'un endroit que Charlemagne, pour mieux réussir dans l'exécution de sa grammaire, consulta tout ce qu'il y avait d'hommes savants à sa cour; mais qu'après d'heureux commencements, des occupations plus importantes l'obligèrent de laisser cette entreprise imparfaite. Otfride, moine de Weissembourg, homme fort studieux et plein de zèle pour enrichir et accréditer sa langue, ne laissa pas de tirer de grands secours de ce travail incomplet. On prétend que c'est ce qui lui servit surtout à composer le grand nombre d'ouvrages en tudesque qu'il publia sous Charles le Chauve, et qu'il prit tant de goût pour cette langue qu'il acheva la grammaire commencée par Charlemagne.

Livres Carolins. — Un des plus fameux ouvrages qui portent le nom de Charlemagne sont les livres Carolins. C'est ainsi qu'on nomme, parce qu'il fut publié sous le nom de ce monarque, le traité divisé en quatre livres, sans compter la préface, qui fut composée immédiatement après le grand concile de Francfort, en 794, ou tout au plus l'année suivante, pour montrer quelle était la foi de l'Eglise de France sur le culte des images. Les critiques ne sont pas d'accord sur le véritable auteur de cet écrit, ce qui a fait imaginer à quelques-uns que c'était un ouvrage supposé. Mais leur sentiment se trouve démenti tant par la réponse qu'y fit le pape Adrien, que par l'autorité du concile tenu à Paris en 825. S'il faut dire ce que nous en pensons, il nous paraît que les livres Carolins sont un ouvrage commun, à la composition duquel plusieurs auteurs ont concouru en même temps. Par ce moyen, Alcuin, les plus habiles évêques qui assistèrent au concile de Francfort, et le prince lui-même sous les auspices duquel ils agissaient, pourront en revendiquer leur part.

Le but de l'ouvrage est, à proprement parler, d'expliquer le second canon de ce concile, et de réfuter les deux erreurs opposées dans lesquelles les Pères de Francfort croyaient alors les Orientaux; l'une établie par le concile de Constantinople en 754, et qui abolit les images; l'autre qui ordonne de les adorer, comme on adore la Trinité, erreur qu'on croyait avoir été établie par le second concile de Nicée, en 787. Après une très-longue discussion, l'ouvrage finit par conclure en tenant un milieu entre les deux erreurs. Par conséquent dans les Etats de l'obéissance du roi Charles, on permet de faire et de retenir des images dans les églises ou ailleurs, pour l'honneur de Dieu ou de ses saints; mais on n'oblige personne à les adorer; si quelqu'un voulait les briser, on l'en empêcherait.

Cet écrit, en sortant des mains de ses auteurs, fut aussitôt revêtu de l'autorité du prince, qui l'envoya par son confident, l'abbé Angilbert, au pape Adrien, lequel y fit, ainsi que nous l'avons dit, une ample réponse. La même matière ayant été agitée de nouveau dans un concile tenu à Paris en 825, cette assemblée approuva les livres Carolins, mais elle jugea en même temps la réponse du pape Adrien insuffisante. Le P. Le Cointe a avancé, mais sans preuves, que ces livres avaient été corrompus par les hérétiques

Le goût de Charlemagne pour les sciences, l'ardeur qu'il mit à les cultiver lui-même par l'étude, et les livres qu'il nous a laissés, tout cela suffit pour nous le faire admirer non-seulement comme un grand guerrier et un grand roi, mais encore comme un des écrivains les plus habiles et un des plus savants hommes de son royaume, qui alors comprenait l'Europe presque tout entière. Les plus anciens critiques lui accordent une grande disposition pour tous les beaux arts, et un grand nombre vantent les progrès qu'il y fit. Ses Capitulaires sont un vaste répertoire de jurisprudence civile et religieuse, où Louis XIV lui-même n'a pas dédaigné de puiser; et ses lettres nous laissent une idée également avantageuse de son esprit et de son cœur.

CHARLES II, à qui l'on donna depuis le surnom de CHAUVE, qui le distingue de tous les monarques du même nom, naquit à Francfort-sur-le-Mein, le 13 juin 823, de l'empereur Louis le Débonnaire et de Judith de Bavière, sa seconde femme. Avant sa naissance, l'empereur son père avait déjà distribué ses Etats entre les trois fils qu'il avait eus de son premier mariage, et la nécessité de revenir sur ce partage, pour faire un royaume au jeune Charles, avança le désordre qui devait résulter de la mauvaise situation politique de la France, surtout depuis l'usurpation de Pépin le Bref. L'un des fils du premier mariage de Louis le Débonnaire étant mort, sans égard pour les enfants qu'il laissait, l'Aquitaine fut donnée à Charles, et ce fut là une cause de division de plus dans la famille royale. Après la mort de l'empereur son père, il fut sacré roi de France dans la cathédrale d'Orléans, par Wenilon, archevêque de Sens, au milieu d'une nombreuse assemblée de prélats et de seigneurs. On sait quelles peines il eut à se maintenir dans ses Etats, et combien de guerres il eut à soutenir, tan de la part de ses frères et de ses neveux, que des autres princes ses voisins, et des Normands en particulier, qui ravagèrent les plus riches provinces de son royaume. Tous ces malheurs, joints à la faiblesse de son gouvernement, ouvrirent la porte à une infinité de désordres, et favorisèrent surtout la cupidité des seigneurs ambitieux. Jusque-là les ducs et les comtes avaient été des officiers amovibles au gré du prince régnant; mais, profitant alors des circonstances favorables, ils commencèrent à se regarder comme indépendants, et donnèrent naissance à toutes sortes de petites souverainetés qu'on vit éclore sur le sol de la France. Mais notre dessein n'est pas d'entrer dans le détail de tous ces événements ; nous nous bornons à ceux qui regardent les lettres. L'amour qu'il ne cessa de montrer pour elles, et l'affection qu'il porta à ceux qui les cultivaient, témoignent qu'il les avait étudiées dans sa jeunesse. Outre les secours qu'il tirait de l'école de son palais, il lui en venait encore d'étrangers. Ce fut pour lui que Fréculphe, évêque d'Evreux, continua son *Histoire générale*, et que Loup, abbé de Ferrières, entreprit une Histoire abrégée des empereurs, tant pour lui fournir un moyen facile d'apprendre l'histoire, que pour lui mettre sous les yeux des modèles qu'il pût imiter dans le gouvernement de ses Etats. Charles prit tant de goût pour la littérature, qu'il en fit un de ses principaux exercices. Hincmar loue en lui l'intelligence qu'il avait de l'Ecriture, et il possédait déjà la doctrine des Pères latins, lorsqu'il voulut entrer dans les mystères des Pères grecs; il chargea à cet effet Jean Scot de lui traduire les écrits de saint Denis l'Aréopagite. Non-seulement Charles aima et cultiva les lettres, mais il travailla aussi à les faire aimer et cultiver autour de lui; de sorte que s'il ne mérite pas, comme son aïeul, le titre de Restaurateur des sciences, on ne peut au moins lui refuser la glorieuse qualification de leur protecteur. Il n'épargna rien pour s'efforcer de les soutenir. Bienfaits, caresses, bon accueil, faveurs, récompenses, il employa tous les moyens pour piquer les beaux esprits, pour les tirer de leur engourdissement, et les porter à l'étude des choses divines et humaines. Il employa même son autorité et ses exhortations, qui, jointes à son exemple, produisirent de si heureux effets, que des papes et des savants étrangers, tels que Anastase le Bibliothécaire, lui écrivirent pour l'en féliciter. Un autre moyen qu'il mit en œuvre, et qui eut aussi son effet, fut de proposer quelquefois aux savants de son royaume des questions sur différentes matières, tant pour s'instruire lui-même que pour exercer leur plume et leur génie ; témoin les questions sur la nature de l'âme, qu'il envoya par écrit à Hincmar de Reims, et qui donnèrent occasion au traité de ce prélat sur le même sujet ; et les autres questions qu'il adressa par écrit à Loup de Ferrières, sur les points les plus épineux de la théologie, et qui attirèrent bientôt la longue et belle lettre de cet écrivain à ce prince, et, peu après, son beau traité touchant les trois questions. A tous ces moyens Charles enjoignit un autre qui fut tout aussi efficace, ce fut d'attirer à sa cour les savants étrangers. Il ne négligea pour cela ni promesses ni récompenses, et il les attira en si grand nombre, qu'il semblait avoir dépeuplé de savants les écoles étrangères, pour en peupler son royaume. Il réussit par là à faire de son palais comme une véritable académie, et à faire revivre en France, selon l'expression de Loup de Ferrières, l'amour de la sagesse. Un prince environné de savants, et devenu philosophe lui-même, ne devait manquer, ce semble, ni de sagesse, ni de politique pour gouverner ses Etats. Il donna, à la vérité, des marques de l'une et de l'autre dans le grand nombre de beaux règlements qu'il publia sous le titre de Capitulaires, et par cette multitude d'assemblées et de conciles qu'il convoqua pour remédier aux maux de l'Eglise et du royaume. Quelques-uns de ses panégyristes sont même allés jusqu'à louer en lui des vertus héroïques, qui le leur ont fait comparer à David, à Salomon, à Ezéchias et à plusieurs autres grands monarques de l'Ancien-Testament ; mais, il faut l'avouer, quelques bonnes intentions que Charles ait fait paraître, il n'eut ni assez de courage ni assez de force pour les exécuter. Peut-être aussi faut-il en rapporter la cause aux divers malheurs qui ont traversé son règne. Cependant il serait difficile d'excuser d'ambition la conduite de ce prince. Il n'eut pas plutôt appris la mort du jeune Lothaire, son neveu, qu'il se hâta de s'emparer de son royaume, au préjudice de ses autres héritiers, mais il fut obligé dans la suite d'en céder une portion à Louis le Germanique, son frère. De même, à la nouvelle de la mort de l'empereur Louis II, un de ses autres neveux, il passa les Alpes en diligence pour aller recueillir sa succession, et réussit, à force d'adresse et de libéralités, à se faire élire empereur par les Romains. Charles joignit ainsi la couronne impériale à celle de France, comme elle l'avait été sur la tête de Charlemagne et de Louis le Débonnaire. Son couronnement se fit à Rome par le pape Jean VIII, le jour de Noël 875, et son élection fut confirmée l'année suivante, d'abord à Pavie, dans un parlement célèbre, puis en France, au concile de Pontyon, et enfin à Rome, au commencement de février 877, au milieu des acclamations de tout un concile, où le pape prononça un grand discours à la louange du nouvel empereur. Charles ne jouit pas longtemps de sa nouvelle dignité. Rappelé en Italie, la même année 877, par le pape effrayé des incursions des Sarrasins, il ne put mener à son secours qu'un petit nombre de troupes. Arrivé à Pavie, où le saint-père était venu au-devant de lui, ils concertaient ensemble les moyens d'attaquer les infidèles, lorsqu'ils apprirent que Carloman, roi de Bavière, venait de fondre sur la Lombardie, avec une nombreuse armée. Dans l'impossibilité où il était de lui résister, Charles se hâta de revenir en France. La surprise, l'inquiétude, les regrets frappèrent tellement son imagination qu'il fut attaqué d'une fièvre violente, et qu'il mourut au village de Brios, dans une chaumière de paysan, le 6 octobre 877, dans la cinquante-cinquième année de son âge, la trente-huitième de son règne en France à compter de la mort de son père, et la deuxième depuis qu'il avait été couronné empereur. Les historiens assurent qu'un juif, nommé Sédécias, son médecin et son favori, l'empoisonna; à quoi Mézerai ajoute : « Accident assez ordinaire aux grands qui emploient de pareils gens à leur service. » Son corps fut d'abord inhumé au monastère de Nantua, dans le diocèse de Lyon, d'où, huit ans après, ses os furent transférés à Saint-Denis, qu'il avait désigné pour sa sépulture, parce qu'il en avait été abbé. Le jugement porté sur Charles le Chauve comme monarque, par presque tous les historiens, peut se réduire à ceci : c'était un prince plus puissant que digne de l'être; plus sensible à l'ambition qu'à la gloire; moins prudent que rusé, et plus avide de conquêtes que propre à régir et à défendre ses Etats. Tout ce qu'il eut de grand ou de singulier, c'est que dans l'alternative de prospérités ou d'adversités où il passa presque toute sa vie, il soutint beaucoup mieux les revers que la bonne fortune. Baluze a joint les Capitulaires de ce prince à ceux de Charlemagne, mais le *Cours complet de Patrologie* les a jugés dignes d'être publiés à part.

Capitulaires. — Il en est des écrits de Charles le Chauve comme de ceux de l'empereur Louis son père. Quoique décorés de son nom, ils sont moins pour la plupart la production de sa plume, que de celle des différents personnages qu'il employait dans les affaires publiques. Sans contredit, les plus intéressants sont ses Capitulaires.

Le premier de ces capitulaires fut fait la quatrième année du règne de Charles, c'est-à-dire en 843, après le mois d'août, ou dans les premiers mois de l'année suivante. Le titre porte qu'il fut dressé dans un village appelé *Colonia*, ce que le P. Sirmond a cru devoir entendre de Coulaine, à deux cents pas de la ville du Mans; mais il est plus vraisemblable que cette assemblée se tint à Coulaine en Touraine, qui est encore aujourd'hui un gros village, où il y avait un château considérable. C'était assez la route de Charles le Chauve, pour aller assiéger Toulouse, comme il le fit au printemps de 844; surtout, s'il s'y rendit de Rennes en Bretagne, où il avait fait un voyage; ce qu'il y a de certain, c'est que ce fut à son retour de Rennes que se tint cette assemblée. Quoi qu'il en soit du lieu, ce Capitulaire contient six articles intéressants, avec une belle préface, dans laquelle le roi, qui paraît parler lui-même, représente l'Eglise comme un vaisseau, jouissant d'une grande tranquillité, après avoir été agité par la tempête. Les règlements prescrits par cette assemblée roulent sur le culte qu'on doit à Dieu, le soin qu'il faut prendre des églises, la vénération due aux ministres des autels, la puissance royale, le respect, la soumission et les autres principaux devoirs des sujets envers leur souverain, et enfin la justice mutuelle que les particuliers se doivent entre eux. Le prince y défend, sous quelque prétexte spécieux que ce soit, de lui rien proposer de contraire à l'équité et à la droite raison, et charge, dans ce cas, ses plus fidèles sujets de l'en avertir, afin qu'il puisse y porter remède. Le titre de ces règlements porte qu'ils furent souscrits des évêques et des seigneurs; cependant on n'y voit aucune souscription. — Au mois d'octobre de la même année 843, dans une autre assemblée d'évêques à Lauriac en Anjou, on dressa quatre canons avec la peine d'anathème contre ceux qui méprisaient l'autorité ecclésiastique et royale. — L'année suivante, au mois d'octobre, les trois frères, Lothaire, Louis et Charles s'assemblèrent à Jeust, alors *Judicium*, près de Thionville, et y composèrent un Capitulaire en six articles, dans le but de remédier aux désordres que les querelles de ces princes avaient causés aux églises et aux monastères. — Au bout de deux mois, c'est-à-dire en décembre 844, Charles assembla à Verneuil-sur-Oise un concile des évêques de son royaume, auquel présida Ebroïn, archevêque de Poitiers, son archichapelain. Il nous en reste, avec une préface, douze canons qui contiennent des exhortations faites au roi, pour l'engager à remédier à divers abus que le malheur des temps avait introduits dans le clergé et dans l'ordre monastique. On y fit aussi des remontrances au roi, sur la longue vacance du siége épiscopal de Reims, et sur les prétentions de Drogon, évêque de Metz, qui, en vertu d'une lettre qu'il avait obtenue du pape, voulait se faire reconnaître vicaire apostolique dans le royaume. — Dès le mois de juin de la même année, après la prise de Toulouse, Charles y publia un Capitulaire en neuf articles, dans lesquels, sur la plainte des prêtres de Septimanie contre leurs évêques, il règle les droits respectifs des uns et des autres. — On en a un autre publié à Beauvais, dans un concile qu'il y réunit en 845, et dans lequel Hincmar fut élu archevêque de Reims. Il est divisé en huit articles, qui forment une espèce de capitulation entre le roi, ce nouveau prélat et les autres évêques, capitulation qu'il promit d'étendre à toutes les églises de son royaume. — Le Capitulaire d'Epernay, en 847, n'est qu'une compilation des canons de divers conciles tenus l'année précédente, et particulièrement du célèbre concile de Meaux. Ce Capitulaire contient soixante-douze articles qui font voir combien d'abus s'étaient glissés alors dans la discipline ecclésiastique, et combien, parmi les laïques, la corruption des mœurs faisait de progrès. On y voit l'origine des séminaires, tels à peu près qu'ils sont établis aujourd'hui dans nos diocèses. — Il y a un autre Capitulaire du mois de février de la même année, rédigé à Marne, près d'Utrecht. Il comprend les articles dont les trois princes régnants convinrent entre eux, pour assurer à leurs enfants la succession de leurs Etats après leur mort, et la formule du serment que se prêtèrent mutuellement Louis le Germanique et Charles le Chauve; le premier en langue teutonique ou tudesque, et le second en langue romane, qui était le français de ce temps-là. Ces deux morceaux sont devenus précieux, en ce qu'on les regarde comme les plus anciens monuments qu'on ait de ces deux langues. — Le Capitulaire qui suit contient deux parties. La première, en sept articles, n'est autre chose avec la préface que les six premiers canons du concile tenu à Soissons en 853, et auquel le roi assista; la seconde, qui comprend douze articles, est une instruction à ses envoyés pour les faire exécuter dans les provinces. — Il en publia un autre à Verberie, qui ne contient autre chose que les canons du concile tenu en ce lieu, la même année. — Au mois de novembre suivant, l'empereur Lothaire et le roi Charles, se trouvant ensemble à Valenciennes, firent quelques règlements pour le bon ordre de l'Etat et de l'Eglise : entre autres, que les évêques et les comtes agiraient de concert pour l'exécution de la justice et la célébration de l'office divin. Dans le cours du même mois, le roi Charles étant à Souviat, maison royale, dressa un autre Capitulaire, qui comprend diverses instructions pour ses envoyés; il leur en donna d'autres, mais moins étendues, l'année suivante au palais d'Attigny, en 854. Le Capitulaire suivant, qui est aussi de la même année, contient des protestations réciproques d'amitié que se firent les deux frères, en l'absence de Louis le Germanique, qui refusa d'y entrer. Enfin un petit Capitulaire, en date du mois de juillet, ne contient rien autre chose qu'un privilège accordé à l'église de Tournay. — On n'a point de Capitulaires de l'an 855. Les Capitulaires qui suivent, depuis le dix-huitième jusqu'au vingt-deuxième, sont de l'année 856. Le premier est une remontrance que les évêques assemblés à Bonœil au mois d'août lui adressèrent, afin qu'il tînt la main à l'exécution de ses Capitulaires déjà publiés, et qu'il mît par là des bornes aux désordres qui ne cessaient d'aller croissant. Ce fut pour y remédier, et surtout pour ramener à l'obéissance bon nombre de ses sujets d'Aquitaine et des autres provinces, qu'il leur adressa par ses envoyés trois autres Capitulaires. — Charles publia son vingt-troisième Capitulaire dans une assemblée d'évêques qui se tint à Quiercy, le 14 février 857. Il comprend trois parties : une lettre circulaire, au nom du roi, adressée à tous les évêques, les envoyés et les comtes; un recueil de passages de l'Ecriture et des Pères, et divers endroits des Capitulaires de Charlemagne et de Louis le Débonnaire, le tout tendant à réprimer les violences et les pillages qui se muliplaient à l'infini. — Suivent deux petits Capitulaires, l'un, du 1er mars 857, qui contient le traité d'union fait à Saint-Quentin, entre ce prince et le jeune roi Lothaire son neveu; et l'autre, du 22 du même mois de l'année suivante, qui comprend les formules de serment que le roi et les évêques se prêtèrent mutuellement à Quiercy. — Le vingt-septième est une fort belle lettre, adressée, au nom des évêques, à Louis, roi de Germanie, alors au palais d'Attigny. Comme il avait fait irruption en France avec une grande armée et convoqué tous les évêques à Reims pour le 25 de novembre, afin d'y traiter du rétablissement de l'Eglise et de l'Etat, plusieurs des prélats fidèles à Charles, au lieu de se rendre à cette invitation, s'assemblèrent à Quiercy à la même époque, et concertèrent entre eux la lettre en question. Elle est divisée en quinze articles, dont quelques-uns sont fort longs. Les évêques exhortent pathétiquement le roi Louis à se désister de son entreprise, et à ne pas faire à un frère ce qu'il ne voudrait pas qu'on lui fît à lui-même. Entre autres motifs qu'ils emploient pour le détourner, ils font valoir la fable de la prétendue damnation de Charles Martel. — A la suite de cette lettre en est une autre qui forme le vingt-huitième Capitulaire de Charles le Chauve. C'est la décision d'un concile tenu à Metz, le 28 mai 859, pour travailler à procurer la paix entre le roi Charles et le jeune Lothaire, son neveu, d'une part, et Louis le Germanique de l'autre. Cette décision n'est autre chose qu'une instruction adressée à Hincmar de Reims et à huit autres prélats, que le concile députait pour porter à ce dernier prince les conditions auxquelles ils devaient l'absoudre de l'excommunication qu'il avait encourue, pour les excès commis dans le royaume de Charles. — Les deux Capitulaires qui suivent font partie des Actes du concile de Savonnières; au diocèse de Toul, qui se tint au mois de juin 859. Le premier contient les treize canons qui y furent arrêtés pour le rétablissement de la paix entre les princes régnants; le second n'est autre chose que la requête que Charles présenta aux évêques du concile contre Wénilon, archevêque de Sens, dont la soumission à Louis le Germanique lui avait donné de justes sujets de plainte. Ce qu'on a de l'assemblée qui se tint à Coblentz, au mois de juin de la même année, forme le trente-unième Capitulaire de notre prince. On y distingue deux parties : la première contient le serment que devaient s'y faire mutuellement les trois rois qui se trouvaient en personne à l'assemblée; la seconde, les articles que leurs sujets devaient observer. Ce fut au retour de Coblentz, en 860, que Charles le Chauve donna son trente-deuxième Capitulaire, auquel il joignit sur la fin quelques extraits de ceux de Charlemagne et de Louis le Débonnaire. Le tout compose, pour ses envoyés, une instruction, par laquelle il les chargeait de faire exécuter dans leurs départements les décisions de cette assemblée. La même année, 860, se tint à Tousi, au diocèse de Toul, le 22 octobre, un grand concile auquel assistèrent des évêques de quatorze provinces, entre lesquels se trouvaient douze métropolitains en personne. On a de ce concile cinq canons, avec une préface contre les pillages, les parjures, et les autres crimes qui régnaient alors; une lettre synodale adressée à tous les fidèles pour les instruire de la nature des biens consacrés à Dieu, et les détourner des usurpations qui s'en commettaient alors si fréquemment; et enfin une autre lettre sur une affaire assez singulière portée à ce concile. Un seigneur de la cour, nommé Etienne, avait épousé la fille du comte Raimond, et refusait d'habiter avec elle, sous prétexte qu'il avait eu un commerce criminel avec une de ses parentes. La lettre rapporte le fait, et explique l'avis des évêques sur le droit pour décider la question. — L'an 862, il y eut un autre concile à Pistes-sur-Seine, à l'embouchure de l'Audelle, dans lequel Charles le Chauve publia son trente-quatrième Capitulaire. Il est conçu en quatre grands articles qui tous tendent à réprimer les pillages et à forcer les coupables à satisfaire suivant les lois. La même année 862, le 3 novembre, le roi Charles, oubliant les sujets de mécontentement que lui avait donnés son neveu Lothaire, le reçut et l'embrassa à Sablonières près de Toul. Louis de Germanie fut l'entremetteur de cette réconciliation. L'édit donné à Pistes en 864 a beaucoup de rapports avec celui publié à Quiercy trois ans plus tôt. Ce prince y témoigne sa reconnaissance des services que ses sujets lui avaient rendus dans l'invasion des Normands, et fait divers règlements pour le bon ordre de ses Etats, et spécialement pour ce qui regardait les monnaies qui devaient y avoir cours. Celui de 865 regarde également le bien de l'Eglise et de l'Etat dans le royaume de Bourgogne. On y voit qu'en temps de guerre les évêques, les abbés et même les abbesses étaient obligés de fournir une certaine quantité d'hommes armés. Il est suivi d'un arrangement pris entre le roi Charles et Louis de Germanie, dont la date est de Tousi, le 19 février. Par un autre édit, donné à Compiègne en 868, Charles ordonna à ses envoyés de s'informer des dommages causés par les Normands, dans les églises et dans les monastères, afin de chercher à les réparer. — Le Capitulaire fait à Pistes en 869 contient divers règlements pour le rétablissement de la discipline, des droits et des priviléges dont les évêques et les prêtres jouissaient sous les règnes précédents. On y exhorte les évêques à veiller à la conservation de ceux que leurs églises avaient obtenus du saint-siège, et qui avaient été confirmés par les rois. Le Capitulaire suivant concerne le couronnement de Charles à Metz, comme roi de Lorraine. Il y en a deux autres de 870 : le premier est l'accord fait à Aix-la-Chapelle entre Louis de Germanie et son frère Charles; le second est le partage qu'ils firent entre eux des Etats de Lothaire, leur neveu, mort roi de Lorraine. En conséquence de l'accord fait entre ces deux princes, les évêques et les autres nouveaux sujets du roi Charles lui prêtèrent serment de fidélité, en 872, dans le palais de Gondonville. L'année suivante, Charles fit à Quiercy un Capitulaire où, répétant quelques-uns de ceux qu'il avait faits précédemment, il prend les précautions nécessaires pour réprimer les désordres qu'il n'avait pu jusque-là bannir de ses Etats. Il ordonne surtout à ses envoyés de sévir contre ceux qui s'étaient joints à son fils Carloman l'année précédente et avaient causé de si grands maux à la nation. Le 1er de juillet de l'an 874, il donna un décret en faveur de l'évêque de Barcelone, qui était venu à Attigny se plaindre de l'usurpation que Tyrsus, prêtre de Cordoue, avait faite sur les droits de son église. Ce décret est appuyé des canons de Nicée, des conciles d'Afrique et de diverses autres autorités. Après que le roi Charles eut été couronné empereur à Rome par le pape Jean VIII, il vint à Pavie, où il tint, au mois de février 876, une diète dans laquelle il reçut, en sa nouvelle qualité, les hommages des évêques, des abbés et des seigneurs d'Italie. Ce prince, à son retour en France, convoqua un concile à Pontyon, où il fit confirmer tout ce qui s'était passé à Rome et à Pavie en sa faveur. On y lut les lettres du pape aux seigneurs français, pour les informer de l'élection de Charles à l'empire, et pour leur donner connaissance des actes de son couronnement et des hommages qu'il avait reçus en conséquence. Le discours que le pape Jean VIII prononça en l'honneur de l'empereur Charles, au mois de février 877, se trouve joint au règlement du concile de Pontyon; ce qui fait voir qu'on l'a ajouté après coup. — Au mois de mai de la même année, le roi Charles, pour éloigner les Normands qui avaient une nombreuse flotte dans la Seine, fit avec eux une convention au palais de Compiègne. Il fut obligé de frapper à ce sujet des impôts sur le clergé et sur le peuple. Le dernier Capitulaire que nous ayons de lui est divisé en trente-trois articles. Il le fit à Quiercy, aux calendes de juillet 877, au moment où il se disposait à repasser en Italie; c'est pourquoi il s'étend principalement sur les mesures à prendre pendant son absence, pour la sûreté de son royaume, tant contre les entreprises des rois ses neveux que contre les brouilleries qui pourraient s'élever dans l'intérieur de ses Etats. Il nomme divers seigneurs, évêques et abbés, pour composer le conseil de Louis, son fils, né de sa première femme Irmintrude. — Nous n'avons pour ainsi dire que donne les titres des Capitulaires de cet empereur, et cependant nous croyons en avoir dit assez pour en faire comprendre l'utilité et les avantages. Ils tendent tous, comme on voit, à maintenir ou à faire revivre le bon ordre dans le gouvernement de l'Eglise et parmi ses ministres, à conserver ou à rétablir la paix et la justice entre ses sujets, et la tranquillité dans les diverses provinces de ses Etats.

Lettres.—Charles le Chauve écrivit ou fit écrire en son nom un grand nombre de lettres, tant sur les affaires de l'Eglise que sur celles de l'Etat. Il n'y a pas lieu de douter qu'elles n'eussent formé un recueil aussi intéressant que curieux, si l'on avait eu soin de les conserver. Il ne nous reste de lui ou sous son nom que les suivantes : d'abord, quatre au pape Nicolas : la première en faveur d'Advence, évêque de Metz, qui avait encouru la disgrâce du pontife romain pour être entré dans l'affaire du divorce de Lothaire. Charles y intercède pour lui et nous apprend quelques traits de son histoire ; dans la seconde il expose à Nicolas les raisons qu'il a eues de faire élire Vulfade, archevêque de Bourges, et le presse de le rétablir, afin qu'il puisse entrer au plus tôt dans l'exercice de ses fonctions ; la troisième est une réponse dans laquelle Charles loue beaucoup l'attention qu'avait mise Hincmar de Reims à se conformer aux desseins de ce pontife ; enfin la quatrième, qui est la plus longue et la plus intéressante de toutes, est consacrée à faire au pape, avec un certain détail, la relation de la grande affaire d'Ebbon de Reims, dont ce prince nous apprend l'origine et divers autres traits de son histoire. Dans cette lettre et les deux premières, Charles donne à Nicolas le titre de *pape universel.*

On ne nous a conservé que deux lettres de ce prince au pape Adrien II. L'une et l'autre font paraître autant de fermeté qu'il avait montré de faiblesse dans la dernière au pape Nicolas. Dans la lettre d'Adrien, qui est perdue, il s'agissait particulièrement de deux points : l'un, qui regardait la déposition d'Hincmar de Laon et les accusations dont on l'avait chargé ; l'autre, la peine dont le roi avait puni trois de ses sujets, attachés à ce prélat et convaincus de parjure, de mensonge et d'infidélité envers leur souverain. Le mécontement qu'en avait conçu le pape le faisait parler avec une hauteur qui n'allait nullement à son caractère. Il s'oubliait même jusqu'à menacer le prince d'excommunication, s'il ne rappelait les trois sujets dont nous venons de parler.—Charles commence sa réponse par établir la distinction des deux puissances spirituelle et temporelle et la dépendance mutuelle où elles sont l'une de l'autre ; ce qu'il appuie du célèbre passage du pape saint Gélase. Il renvoie ensuite Adrien aux archives de l'Eglise de Rome, pour apprendre en quel style ses prédécesseurs écrivaient aux empereurs chrétiens et aux rois de France. Après quoi il lui cite saint Grégoire, qui dit que les rois de France, nés de race royale, n'ont jamais passé pour les lieutenants des évêques, mais pour les seigneurs de la terre. Il lui cite aussi saint Léon et un concile de Bourges, ou plutôt de Rome, qui attestent que les rois et les empereurs, établis de Dieu pour commander sur la terre, ont permis aux évêques de régler les affaires suivant leurs ordonnances, mais qu'ils n'ont jamais été les économes des évêques. Quant à l'excommunication dont Adrien le menaçait, Charles démontre par des passages de saint Augustin et de saint Grégoire, que ce n'est point la pratique de l'Eglise d'excommunier pour des sujets semblables. D'ailleurs une telle excommunication retomberait sur celui qui l'aurait prononcée ; comme il arrive toutes les fois que celui qui préside à l'Eglise suit le mouvement de son caprice, sans avoir égard au fond de la cause. Nous nous sommes arrêtés sur cette lettre, parce qu'elle est peu connue et qu'elle mérite de l'être. On la croit écrite par Hincmar de Reims, ainsi que la suivante, beaucoup plus prolixe encore que la première. L'empereur Charles l'emploie à repousser les reproches du pape Adrien, et surtout la hauteur avec laquelle il lui parle, en se servant des termes, *nous voulons, nous ordonnons par l'autorité apostolique.* Il s'agissait du refus que le roi faisait à Hincmar de Laon d'aller à Rome, pour y faire de nouveau examiner sa cause. L'auteur y répète plusieurs passages de la première, ce qui nous dispense d'en reproduire davantage. Seulement nous tenons à constater qu'elle produisit son effet, puisqu'elle attira à Charles une lettre par laquelle Adrien s'applique à l'apaiser à force de louanges, et par la promesse de l'empire à la mort de Louis II, son neveu.

Nous avons encore, sous le nom de Charles le Chauve, une longue lettre au pape Jean VIII, qu'on croit également écrite par Hincmar de Reims. Elle roule tout entière sur les appellations dès lors trop fréquentes des évêques et des prêtres de l'Eglise de France à Rome, et en signale les inconvénients et les abus. — Enfin, il nous reste une lettre très-courte du roi Charles à saint Adon, archevêque de Vienne, pour l'engager à ordonner Bernaire évêque de Grenoble.

Il reste de lui un grand nombre de décrets et de priviléges, rendus et accordés suivant les besoins généraux et particuliers de son temps. Il serait trop long d'en indiquer le sujet, même en les rapportant ; il est plus simple de renvoyer le lecteur à l'original. On prétend aussi que notre prince se plaisait quelquefois à composer des répons pour l'office de l'Eglise, et l'historien Nangis, au rapport du président Fauchet, lui attribue celui qui commence par ces mots : *Cives apostolorum,* qu'il fit, dit-il, à l'occasion de la translation des reliques de saint Corneille et de saint Cyprien à Compiègne, où l'on sait qu'il fonda une abbaye de Bénédictins, sous l'invocation de ces saints martyrs,

Néanmoins quelques savants prétendent que ce répons est antérieur à son règne.

Quoi qu'il en soit, il ne faut pas oublier en finissant, de rappeler, à la gloire de notre monarque, le soin qu'il prit d'enrichir de livres magnifiquement conditionnés la république des lettres. Les siècles postérieurs ont été soigneux de nous les conserver; au moins en partie; et ce qui nous en reste aujourd'hui fait encore l'admiration des amateurs. Lui-même il avait réuni pour son usage personnel une bibliothèque nombreuse, puisque, dans les dernières ordonnances qu'il publia avant son voyage d'Italie, il avait réglé qu'en cas de mort elle serait partagée en trois portions, entre le prince son fils, l'abbaye de Saint-Denis et celle de Compiègne. C'est donc à bon droit que nous avons placé l'empereur Charles le Chauve à la tête des plus zélés protecteurs des lettres. Ses Capitulaires et ses Privilèges se trouvent reproduits dans le *Cours complet de Patrologie*.

CHILPÉRIC I*er*, fils puîné de Clotaire I*er*, roi de France, possédait très-bien, dit-on, la langue latine; chose étonnante pour un siècle où les grands se faisaient un mérite de leur ignorance. Il avait écrit au sujet des disputes de l'arianisme, pour défendre de se servir, en parlant de Dieu, des noms de Trinité et de Personne; mais la résistance de quelques évêques lui fit abandonner cette entreprise. Les donations des rois ses prédécesseurs ayant trop enrichi le clergé, Chilpéric cassait la plupart des testaments faits en faveur des églises, et tournait les prélats en ridicule.

CHRISTODULE, prédécesseur immédiat d'Eutychius sur le siège patriarcal d'Alexandrie, fit, aussitôt après son ordination, des statuts dont Renaudot a donné des extraits dans son Histoire des patriarches de cette église. Ce sont des règlements de discipline extérieure. Il y est dit que personne n'entrera dans l'église que déchaussé et la tête découverte; que ceux qui recevront l'eucharistie ne mangeront point de pain ordinaire aussitôt après, mais seulement après la dernière oraison de la messe; qu'ils prendront garde de ne point laisser tomber de l'eau qu'on leur donne à boire après la communion, parce qu'elle est en quelque manière sanctifiée par l'attouchement de l'eucharistie; que les fidèles jeûneront le carême et passeront ce temps-là dans la continence et dans les pratiques de l'humilité; qu'on ne célébrera point de mariage en carême; que le jeudi et le samedi saints on ne donnera point la paix à la messe; qu'on jeûnera tous les mercredis et vendredis de l'année, à moins que le jour de Noël ne tombe à pareil jour; que le baptême ne sera administré aux enfants qu'à jeun, hors le cas de nécessité; que le prêtre qui ne se sera pas trouvé au commencement de la liturgie ne pourra monter à l'autel, ni rompre, ni même toucher de sa main le saint corps de Jésus-Christ.

CHRISTOPHE, antipape, Romain de naissance, devint chapelain de Léon V, et profita de la faiblesse de ce pontife et du peu de considération dont il jouissait pour le chasser et se faire consacrer à sa place, sans aucune élection, en 903. Il ne jouit pas longtemps de son usurpation; chassé à son tour, chargé de chaînes et relégué dans un monastère, il fut remplacé par Sergius III, en 904. On ne sait aucun autre détail sur la vie et la fin de cet intrus. Il nous reste de lui un privilége accordé à l'abbaye de Corbie, qui se trouve reproduit par le *Cours complet de Patrologie*.

CHRODEGANG (saint), l'un des plus illustres évêques du VIII*e* siècle, naquit au diocèse de Liége, d'une des premières familles de la noblesse française. Son père se nommait Sigramme et sa mère Landrade. Il fit ses premières études au monastère de Saint-Tron, d'où il fut envoyé à la cour de Charles Martel. Après s'y être formé pendant quelque temps aux exercices convenables à un gentilhomme de son rang, il exerça la charge de référendaire ou chancelier du prince. Son mérite était si connu, que le siège de Metz étant venu à vaquer par la mort de l'évêque Sigebalde, on jeta aussitôt les yeux sur lui pour le remplir, quoique, selon toute apparence, il ne fût encore que simple laïque. Son ordination se fit le 1*er* octobre 742, et il la soutint par toutes les vertus d'un bon pasteur. Dès les premières années de son épiscopat, il fonda dans son diocèse deux monastères, qu'il mit sous la règle de saint Benoît : l'un dédié à saint Pierre, que l'on croit être le même qui prit dans la suite le nom de Saint-Hilaire, et plus-tard de Saint-Avold; et l'autre la fameuse abbaye de Gorze, qui devint depuis une école si célèbre. Il eut aussi beaucoup de part à l'établissement de l'abbaye de Lauresheim, fondée au diocèse de Worms par une dame de sa famille, qui se déchargea sur lui du soin d'y établir la discipline régulière. Mais un acte plus éclatant de son épiscopat fut de former, dans son église cathédrale, une communauté de clercs ou chanoines, qu'il accoutuma à vivre dans un cloître et sous une règle presque monastique. C'est là dans l'histoire l'origine la mieux marquée des chanoines réguliers. Le saint prélat n'oublia rien de ce qui pouvait contribuer à affermir et à perfectionner ce nouvel établissement. Il y assigna des revenus suffisants, afin que, dégagés de tous les soins temporels, les chanoines eussent plus de liberté de s'appliquer aux exercices de piété, et il veilla lui-même à leur instruction. En 753, son mérite extraordinaire le fit choisir par le roi Pépin et par l'assemblée générale des États du royaume pour aller à Rome et ramener en France le pape Eugène II. Chrodegang s'acquitta si parfaitement de sa commission au gré du pontife romain, que celui-ci lui accorda l'honneur du *pallium* avec le titre d'archevêque. Ce fut probablement dans ce voyage que notre prélat prit goût au chant romain, qu'il établit dans son église à son retour. Saint

Chrodegang présida, en 765, à un concile ou assemblée générale de la nation française, à Attigny sur Aisne, au diocèse de Reims. On remarque entre les prélats qui la composèrent deux illustres métropolitains, saint Lulle de Mayence et Remedius ou Remi de Rouen, frère du roi Pépin ; ce qui montre que Chrodegang jouissait des prérogatives d'archevêque, puisqu'il y présida. Du reste, on ne nous a rien conservé de cette assemblée, que les souscriptions des vingt-sept pontifes, tant archevêques qu'évêques, et de dix-sept abbés qui s'y trouvèrent, avec une promesse mutuelle faite entre eux, qu'à la mort de chacun, les survivants feraient réciter cent psautiers et célébrer cent messes par leurs prêtres, avec obligation pour les évêques eux-mêmes d'acquitter trente messes à l'intention du défunt. Saint Chrodegang fut sans doute le premier qui profita du secours de ces suffrages, puisqu'il mourut dès le 6 mars de l'année suivante 766, après avoir dignement gouverné l'Eglise de Metz pendant vingt-trois ans, cinq mois et cinq jours. Il fut enterré à l'abbaye de Gorze, où il avait choisi lui-même sa sépulture.

Ce qui a contribué surtout à la célébrité de saint Chrodegang, c'est la règle qu'il composa pour ses clercs, et qu'il a tirée en grande partie de celle de saint Benoît, mais en l'appropriant, autant que possible, aux fonctions de chanoines destinés au service de l'Eglise. Cette Règle une fois connue, se répandit bientôt, et se communiqua à plusieurs autres églises, surtout dans le voisinage de Metz. L'historien Fleury prétend même que l'usage en devint aussi commun à tous les chapitres que celui de la Règle de saint Benoît à tous les monastères ; mais cette opinion ne nous paraît pas autrement fondée, et semble infirmée surtout par la conduite que tint le concile d'Aix-la-Chapelle, en 817, puisque cette assemblée, ayant résolu en effet de réformer en même temps les chanoines et les moines, ne fit que renvoyer ceux-ci à la pratique exacte de la Règle de saint Benoît, tandis que pour les premiers elle fit dresser une Règle particulière, dans laquelle il n'est même pas fait mention de celle de saint Chrodegang ; preuve sensible ou que cette Règle était alors peu connue, ou que le concile la regardait comme insuffisante pour la conduite de tous les chanoines, ou qu'il la considérait comme particulière à l'Eglise de Metz. Ce qu'il y a de vrai néanmoins, c'est qu'avant ce temps-là cette Règle était passée en Angleterre, où elle avait été introduite dans la cathédrale d'Exester par les soins de l'évêque Lefric ; mais on peut croire que ce prélat, élevé dans le pays auquel on donna plus tard le nom de Lorraine, en avait emporté avec lui cet usage. Il est vrai encore que soit avant, soit après le concile d'Aix-la-Chapelle dont on vient de parler, cette Règle fut observée en Italie, et probablement dans le diocèse même de Rome, puisqu'on en trouve des exemplaires accommodés aux usages de cette Eglise, *Juxta Romanam Ecclesiam*. C'est précisément ce qui a fait douter à quelques écrivains si saint Chrodegang ne l'aurait pas apportée de Rome, au lieu de la composer lui-même ; mais ce doute disparaît en la conférant avec l'éloge que Paul Warnefride, plus connu sous le nom de Paul Diacre, nous a laissé de ce prélat.

On doit donc regarder comme constant que cette Règle est l'œuvre authentique de saint Chrodegang. Elle ne contenait dans l'origine que trente chapitres, avec une préface dans laquelle l'auteur se plaint amèrement du mépris des canons et de la négligence des pasteurs, du clergé et du peuple. Ce fut pour les réveiller de leur assoupissement, et dans le but de faire revivre l'observation des saintes règles, qu'il entreprit de composer son ouvrage. On en trouve un extrait fort détaillé au XLIII° livre de l'*Histoire ecclésiastique* de Fleury. Tous les exercices de la communauté, tant pour l'office divin que pour le travail et le temps des repas, y sont prescrits à peu près comme dans la Règle de saint Benoît. Quiconque a une notion de celle-ci, peut se flatter d'avoir quelque connaissance de l'autre. On y remarque cependant plusieurs points dont il n'est nullement question dans la Règle de saint Benoît ; par exemple, que les clercs ou chanoines devaient se confesser à l'évêque deux fois l'année, au commencement du carême, et depuis la mi-août jusqu'au 1ᵉʳ novembre. Qu'ils pouvaient, dans les autres temps, se confesser aussi souvent qu'ils voudraient, soit à l'évêque ou au prêtre qu'il aurait désigné à cet effet. Que tous les dimanches et les jours de grandes fêtes, ils étaient obligés de recevoir le corps et le sang de Jésus-Christ, à moins que leurs péchés ne les en empêchassent. Il était permis à ceux qui étaient prêtres de recevoir et de disposer des aumônes ou rétributions qu'on leur donnait pour leurs messes ou autres fonctions ecclésiastiques. C'est là peut-être le plus ancien vestige que l'on trouve de ces sortes de rétributions. Si aux jours d'abstinence, qui étaient fréquents, il venait une fête, le supérieur pouvait, hors le temps du grand carême, permettre l'usage de la viande, même le vendredi, ce qui paraît singulier.

On doit aussi compter au nombre des écrits de notre saint prélat, tant à cause de la piété qui y brille que par les sages réflexions qu'il contient, le beau privilège qu'il accorda à son monastère de Gorze, et qui fut confirmé au concile de Soissons, en 757, avec la charte de fondation du même monastère. Mais on croit que les dates de l'une et de l'autre pièce, qui sont prises des années de l'Incarnation du Sauveur, y ont été ajoutées après coup, parce que l'usage de dater ainsi les actes publics n'était pas encore introduit en France. Le saint évêque eut aussi la plus grande part à l'acte ou lettre de fondation du monastère de Lauresheim, insérées dans les anciennes annales de cette abbaye. Il les souscrivit en prenant le titre d'archevêque, quoiqu'il y soit aussi qualifié d'abbé, non pour avoir gouverné par lui-même ce monastère, mais parce que, ainsi que nous l'avons dit, il fut chargé d'y établir la discipline régulière. Trithème accorde à saint Chrodegang d'autres ouvrages que ceux dont nous venons de parler; mais comme il n'en marque aucun en particulier, on est autorisé à croire que ce n'est là qu'un trait d'éloge, comme il en fait assez souvent entrer dans l'histoire des écrivains dont il se fait le panégyriste. Le P. Labbe, dans le VII° volume de sa collection des Conciles, a donné une édition de la Règle de saint Chrodegang telle qu'elle était originairement en usage dans l'Eglise de Metz, avec la charte de fondation de l'abbaye de Gorze, et le privilége dont nous avons parlé. Cette édition a été suivie de plusieurs autres qui n'ont fait que mutiler l'œuvre du saint prélat, en l'abandonnant à l'indiscrétion des anonymes; mais elle a été reproduite dans toute son intégrité par le *Cours complet de Patrologie*.

CHRODOBERT, évêque de Tours, vers l'an 670, a laissé un écrit sous ce titre : *Jugement d'une femme adultère*. Edité pour la première fois par Quesnel, dans ses Notes sur la lettre 83° du pape saint Léon le Grand, il a été reproduit dans le *Cours complet de Patrologie*.

CHROMACE (saint), que saint Jérôme appelle le plus saint et le plus savant des évêques, et que Rufin met au nombre des prélats les plus célèbres et les plus estimés de son temps, naquit d'une mère destinée à enfanter des saints; car il eut pour frère Eusèbe, et deux sœurs qui, victorieuses de leur sexe et du monde, consacrèrent à Dieu leur virginité. Heureuse maison, ajoute saint Jérôme, où l'on trouve la viduité d'Anne, les avantages des filles de saint Philippe, et un double Samuel. Saint Jérôme parlait ainsi vers l'an 374, et dès lors Chromace et Eusèbe étaient tous deux dans le clergé d'Aquilée, considéré alors comme une assemblée de bienheureux. Saint Chromace y tenait le rang de prêtre, et Eusèbe celui de diacre, sous la direction de saint Valérien, qui en était évêque. Il n'était encore que simple prêtre, lorsqu'il assista au concile d'Aquilée, en 381. On ne sait point au juste en quel temps il fut élevé à l'épiscopat, mais on présume que ce fut sur la fin de l'année 388, et que saint Ambroise fit le voyage d'Aquilée pour assister à son élection. Saint Chromace y reçut, en 398, la visite de Paulinien, qui allait en Dalmatie. Il fit des efforts pour apaiser la nouvelle querelle entre saint Jérôme et Rufin, mais sans pouvoir y réussir. L'an 404, saint Chrysostome fut dépouillé de son épiscopat par les violences de Théophile. Il écrivit à saint Chromace pour l'instruire des injustices commises contre lui, et en même temps pour lui demander du secours. Cette lettre était commune au pape Innocent et à Vénérius de Milan. Saint Chromace s'acquitta en cette occasion de ce qu'il devait à l'honneur de l'épiscopat et à l'innocence de saint Chrysostome, qui l'en remercia en ces termes : « La trompette éclatante de votre sincère et ardente charité s'est fait entendre jusqu'ici, et quelque grande que soit la distance qui nous sépare, elle résonne fortement à nos oreilles. Quoique nous soyons bien loin de vous, nous savons aussi bien que ceux qui en sont plus rapprochés quelle est la liberté sainte et généreuse qui vous a fait dire hautement la vérité. » Ce ne fut pas la seule marque de zèle que saint Chromace témoigna à saint Chrysostome; il écrivit encore en sa faveur à l'empereur Honorius; et ce prince, préférant cette lettre à plusieurs autres qu'il avait reçues de divers évêques, l'envoya avec celle du pape Innocent à son frère Arcade. Ughellus donne à saint Chromace dix-huit ans et neuf mois d'épiscopat; si donc on en met le commencement en 388, il a dû finir en 407; mais d'autres le prolongent jusqu'à 414, et lui donnent pour successeur Augustin.

Il est hors de doute qu'un évêque à qui saint Chrysostome et saint Ambroise accordent les plus grands éloges ait composé un grand nombre d'écrits, mais ils ne sont pas venus jusqu'à nous. Nous n'avons ni la lettre qu'il écrivit à saint Jérôme pour le réconcilier avec Rufin, après avoir condamné Origène, ni celle qu'il adressa à l'empereur Honorius dans la cause de saint Chrysostome. Il ne nous reste de lui que quelques fragments de Commentaires sur l'Evangile de saint Matthieu. Ces Commentaires sont en forme d'homélies. Outre l'explication des huit béatitudes, on y trouve encore celle de l'Oraison dominicale. L'auteur, en parlant du divorce, semble dire que l'on peut épouser une autre femme après avoir éloigné la première pour cause d'adultère; mais s'y l'on y prend garde, il ne décide nullement cette question, et n'ajoute rien aux termes de l'Evangile. Son but est de faire voir l'énormité du crime de ceux qui, au mépris de la défense que Dieu a faite à l'homme de se séparer de sa femme, répudiaient les leurs sans même qu'elles fussent coupables et en épousaient d'autres, s'appuyant sur la permission que leur en donnaient les lois civiles. Sur ces paroles de l'Oraison dominicale : *Donnez-nous aujourd'hui notre pain quotidien*, il dit que cette prière doit s'entendre, si l'on veut, à la lettre pour le pain matériel de chaque jour, mais on doit aussi, et surtout, lui donner un sens plus élevé, en sorte que nous demandions à Dieu en même temps qu'il nous rende dignes de manger chaque jour le pain céleste, c'est-à-dire le corps de Jésus-Christ, de peur que nous n'en soyons empêchés par quelque péché. Il dit que l'Oraison dominicale renferme la demande de toutes les choses nécessaires au salut, et qu'elle était figurée par la *parole abrégée* dont parle le prophète Isaïe. Il cite l'histoire de Judith, sans élever aucun doute sur l'authenticité du livre où elle est rapportée. Enfin saint Chromace explique les paroles de saint Jean à Jésus-Christ quand il lui dit : *C'est moi qui dois être baptisé par vous*. Il dit assez clairement que saint Jean reçut en effet le baptême, et qu'il en avait besoin parce qu'il ne pouvait être sans péché. En expliquant ce qui se passa au moment du baptême de Jésus-Christ, saint Chromace établit contre les ariens l'unité de la nature de Dieu en trois personnes, Père, Fils, et Saint-Esprit. Braida publia une édition de ce Traité en 1816, et c'est de là qu'on l'a reproduit dans le *Cours complet de Patrologie*.

CHUNON ou **CONRAD**, disent les auteurs de la *Gaule chrétienne*, d'abord moine de Saint-Blaise, fut élu abbé de Moury en Suisse, à la mort de l'abbé Ronzelin, arrivée en 1145. La même année, il obtint du pape Adrien IV une bulle qui lui permettait de célébrer l'office divin, pendant l'interdit jeté sur le pays, et en 1159 il se fit accorder une autre bulle, confirmative de tous les droits et privilèges de son monastère. Les anciens monuments de l'abbaye de Saint-Blaise marquent Conrad comme le cinquième abbé que cette abbaye avait donné à celle de Moury. Après y avoir rétabli l'étude des belles-lettres, un peu négligées auparavant, il se démit de son titre, vers l'an 1166, et mourut le 2 novembre 1188.

Actes de l'abbaye de Moury. — Chunon ou Conrad rendit un autre service à son monastère, en mettant par écrit l'origine de sa fondation, tous les biens qu'il avait reçus de ses fondateurs, et tous ceux que ce même monastère avait acquis, soit de son temps, soit sous les abbés ses prédécesseurs. Le fondateur de Moury fut Vernaire, évêque de Strasbourg. Le monastère fut mis sous la protection du saint-siége, avec l'obligation de payer un cens annuel à saint Pierre. L'acte de fondation est de l'an 1027. Il paraît, par les termes dans lesquels il est conçu, que Vernaire était fils de Radeboton, et non pas son frère. C'est ainsi que l'ont entendu les auteurs de la *Gaule chrétienne* et dom Mabillon, dans le tome IV° des Annales de l'ordre. Vernaire ordonna qu'on suivrait à Moury la règle de saint Benoît; que les moines auraient la liberté de choisir leur abbé dans la communauté ou dans un autre monastère; que l'abbé, de l'avis de ses religieux, choisirait un défenseur du monastère dans la famille du fondateur. La comtesse Itta, femme de Radeboton, fit beaucoup de bien à Moury, ce qui lui a fait donner, dans le Nécrologe, le titre de fondatrice, quoiqu'elle n'eût aidé le monastère que de ses bienfaits. L'auteur des Actes fait mourir Vernaire à Constantinople, en 1027. C'est une faute chronologique; la mort de cet évêque n'arriva que deux ans plus tard, le 28 octobre 1029.

Embricius, abbé de Notre-Dame des Ermites, prit soin du nouveau monastère, auquel il donna pour prieur ou prévôt le moine Reginbold. L'évêque de Constance favorisa ce nouvel établissement, à la prière de Radeboton et d'Itta. Reginbold amena avec lui des moines de Notre-Dame des Ermites, et apporta des reliques, des livres et des ornements sacerdotaux. Il acheta des cloches à Strasbourg, fit transcrire les livres de l'Ecriture et plusieurs ouvrages des Pères ; un Psautier, des Missels, un Antiphonier et une partie du Graduel; en un mot, il se donna tous les soins nécessaires pour former une bibliothèque et une sacristie. Le comte Radeboton étant mort, il le fit inhumer dans l'église, devant l'autel de la sainte croix. Il mourut lui-même en 1055, et les moines de Moury, de concert avec le comte Vernaire, fils de Radeboton, demandèrent un autre prieur à Hermann, abbé de Notre-Dame des Ermites. Mais après la mort de l'abbé Hermann, craignant que les moines de Notre-Dame des Ermites ne s'arrogeassent un pouvoir trop absolu sur le monastère de Moury, le comte Vernaire fit choisir pour abbé Burkard, qui mourut en 1072. On élut pour second abbé Luitfrid, moine de l'abbaye de Saint-Blaise. Dans un voyage qu'il fit à Rome, en 1096, il obtint des cardinaux, en l'absence du pape, l'exemption du cens annuel de saint Pierre. Le troisième abbé fut Udalric, à qui l'empereur Henri IV confirma, par un diplôme, tous les droits de l'abbaye, et spécialement le droit pour la communauté d'élire un abbé selon la règle de Saint-Benoît. Le nombre de reliques qu'il y avait à Moury était prodigieux; la bibliothèque aussi était très-bien fournie de livres ecclésiastiques et profanes, dont il donne le détail. Il recommande à ses moines d'avoir toujours soin de transcrire des livres et d'en augmenter le nombre, parce que, sans les livres, la vie des hommes spirituels n'est rien. L'auteur remarque que l'usage à Moury d'avoir des frères laïques ou convers, pour les travaux du dehors, venait de l'abbaye de Saint-Blaise; que de là il s'était répandu partout, et qu'on devait le maintenir en obligeant ces religieux à vivre sous la règle et l'obéissance du père spirituel. Il est aussi d'avis qu'on laisse subsister le monastère de filles bâti dans le voisinage de Moury, pourvu qu'il y ait entre ces deux maisons une distance convenable pour éviter tout soupçon, et qu'on donne à la maison des filles des personnes sages pour la diriger. On les transféra depuis dans un lieu appelé Hermenstwile, qui faisait partie de la fondation de Moury. Le quatrième abbé fut Ruppert, qui mourut en 1110. Il eut pour successeur Udalric II, à qui succéda Ronzelin, en 1119, et qui fut lui-même remplacé par l'auteur des Actes que nous analysons. Conrad finit son ouvrage en priant ceux qui viendront après lui de rédiger à leur tour ce qui se passera de remarquable dans le monastère.

Les Actes de la fondation de cette abbaye, située au diocèse de Constance, sur les bords de la rivière de Rintz, à six lieues de Bade, sont devenus célèbres par l'usage que les généalogistes en ont fait pour établir leur divers systèmes sur l'origine de la maison d'Hapsbourg, d'où descendent celles d'Autriche et de Lorraine. Ils furent accueillis avec joie, et dès le moment de leur publication plusieurs en firent autant de cas que des plus anciens originaux. Plusieurs critiques les citèrent avec éloges, et Eccard s'en autorisa pour faire descendre l'empereur Rodolphe de Gontran le Riche et de Radeboton, comte de Hapsbourg ; mais il est acquis aujourd'hui à l'histoire que cette généalogie est défectueuse en plusieurs points, et qu'elle a été ajoutée aux Actes de la fondation de Moury écrits par Conrad.

Autres écrits de Conrad. — On attribue encore à l'abbé Conrad une Chronique du monastère de Burglen, situé sur une haute montagne du Brisgaw, entre Bâle et Fribourg. Cette Chronique, conservée sous son nom dans la bibliothèque de Saint-Blaise, nous apprend que le monastère de Burglen fut fondé par Wernher de Cottinbach, d'une très-noble famille de la province, seigneur aussi recommandable par ses vertus que par ses libéralités envers les pauvres et le clergé. Il fit profession de la vie monastique à Saint-Blaise, sous le vénérable abbé Rustène, qui gouverna cette abbaye depuis l'an 1108 jusqu'à l'an 1125. Il rapporte aussi qu'Itta, sa femme, ne le cédait à son mari ni en noblesse ni en vertus, et qu'elle se consacra à Dieu dans un monastère de filles nommé Beraw, bâti par l'abbé Rustène. Avant la fondation de Burglen, il y avait au même lieu une ancienne église, desservie par un seul clerc. Vernher la donna à l'abbaye de Saint-Blaise avec une partie des terres qu'il possédait dans le Brisgaw, la Bourgogne et la Suisse, à la charge d'établir à Burglen une communauté de moines sous la règle de Saint-Benoît. Cette condition s'exécuta sous l'abbé Berthold, successeur de Rustène, malgré les oppositions de l'évêque de Constance, qui furent levées dans la suite par le pape Honoré II. Vernher mourut à Saint-Blaise en 1125, et Itta, sa femme, mourut à Beraw l'année suivante. Des deux enfants qu'ils avaient eus de leur mariage, l'aîné, Vernher, se fit moine à Saint-Blaise, et mourut en odeur de sainteté ; le cadet, qui se nommait Wipert, embrassa aussi la vie monastique et fut le premier prévôt de Berglen, dont il augmenta les fonds.

CHRYSOBERGE (Luc), nommé patriarche de Constantinople en 1155, et mort en 1169, présida au concile que l'empereur Manuel Comnène fit tenir en cette ville, l'an 1166, contre les erreurs d'un nommé Démétrius, qui, confondant les deux natures en Jésus-Christ, l'assimilait à tous égards à la Divinité. La même année il présida un autre concile, où il fut défendu de tolérer à l'avenir les mariages contractés au sixième ou septième degré de parenté, abus qui avait été introduit environ cent trente ans auparavant par le patriarche Alexis. Dans un synode particulier de l'an 1157, il fit défendre aux clercs de se mêler d'affaires particulières, aux évêques de faire des transactions au préjudice des droits de leurs églises, à ceux qui ont fait un faux serment de l'exécuter, aux parrains de rendre témoignage contre leurs fils spirituels, aux diacres et aux prêtres d'exercer l'art de la médecine et de s'occuper de gains sordides, au nombre desquels il comptait les métiers de parfumeurs et de baigneurs. Il abrogea aussi la fête qu'on appelait des *saints notaires*, et fit quelques autres constitutions synodales, que l'on peut voir dans le Droit grec-romain, avec celles dont nous venons de parler.

CHRYSOSTOME (saint Jean), également illustre par ses écrits et par les persécutions qu'il eut à souffrir, naquit à Antioche, vers l'an 344, de parents chrétiens et de noble condition. Il était encore enfant lorsque son père, qui se nommait Second, mourut après avoir commandé avec distinction les armées de l'empire. Il avait une sœur aînée, dont le nom nous est inconnu, et sa mère s'appelait Anthuse. Laissée veuve à l'âge de vingt ans, elle passa le reste de ses jours dans la viduité, et consacra ses soins à l'éducation de ses enfants. Ce n'était plus le temps où, comme le dit Fénelon, *chez les Grecs tout dépendait du peuple, et le peuple dépendait de la parole;* mais l'éloquence frayait encore la route aux premières dignités. Chrysostome l'étudia sous Libanius, le plus fameux des orateurs de son temps. L'élève ne tarda pas à égaler le maître et même à le surpasser. Libanius lisait un jour, devant une assemblée nombreuse, une déclamation composée par Chrysostome à la louange des empereurs; on applaudissait; il s'arrête et s'écrie : Heureux le panégyriste d'avoir de tels empereurs à louer ! Heureux aussi les empereurs d'avoir trouvé un tel panégyriste ! » Les amis de Libanius lui ayant demandé, dans sa dernière maladie, lequel de ses disciples il voudrait avoir pour successeur : « Je nommerais Jean, répondit-t-il, si les chrétiens ne nous l'avaient pas enlevé. » Après avoir étudié la philosophie sous Andragathius, Chrysostome se consacra à l'étude de l'Ecriture sainte. Distingué par ses talents et par sa naissance, il eût pu s'élever aux premières dignités de l'empire; mais, déjà mort aux vanités du monde, il avait résolu de se consacrer à Dieu dans les solitudes de la Syrie ; cependant il fréquenta le barreau à l'âge de vingt ans, et il y plaida plusieurs causes avec un succès extraordinaire ; mais, changeant bientôt de résolution, il se revêtit d'un habit de pénitent, et, le corps à peine couvert d'une misérable tunique, il s'enfonça dans un désert, et choisit pour retraite les montagnes voisines d'Antioche. S'y trouvant encore trop près du monde, il se retira dans une caverne ignorée, où il vécut deux ans sans se coucher. Ses veilles, ses mortifications et l'humidité de sa demeure l'ayant fait tomber dangereusement malade, il fut obligé de revenir à Antioche, où le saint évêque Mélèce l'ordonna diacre en 381, et saint Flavien, son successeur, l'éleva au sacerdoce en 383. Il le fit son vicaire, et le chargea d'annoncer au peuple la parole de Dieu, fonction qui jusque là n'avait été remplie que par les seuls évêques. Il nous apprend lui-même que la ville d'Antioche comptait à cette époque cent mille chrétiens parmi ses habitants. Ce fut alors que, n'ayant pas encore mûri sa manière jusqu'à la rendre simple, une pauvre femme du peuple lui dit, au sortir d'un de ses sermons : « Mon père, nous autres pauvres d'esprits, nous ne te comprenons pas. » Il profita de cet avis, se corrigea et remplit sa mission avec d'autant plus de fruit, qu'à une éloquence touchante et persuasive il joignait des mœurs austères. Aussi pendant douze ans il fut la main, l'œil et la bouche de son évêque. Son éloquence attirait également les juifs, les païens, les hérétiques; et les chrétiens d'Antioche suivaient ses sermons avec une ardeur et une admiration incroyables. On l'interrompait souvent par des acclamations et des battements de mains qui blessaient sa modestie. « De quoi me servent vos louanges, leur disait-il, puisque je ne vois pas que vous fassiez aucun progrès dans la vertu? Je n'ai besoin ni de ces applaudissements, ni de ce tumulte. L'unique chose que je désire, c'est qu'après m'avoir écouté paisiblement et m'avoir fait connaître que vous comprenez ces vérités, vous les mettiez en pratique. Voilà les seuls éloges que j'ambitionne. » Ses talents et ses vertus le firent distinguer par l'empereur Arcadius, qui pensa à l'élever sur le siège de Constantinople, après la mort de Nectaire. Si les habitants d'Antioche eussent connu les desseins de l'empereur, ils en auraient rendu l'exécution difficile. Chrysostome fut attiré hors de la ville par le comte d'Orient, sous prétexte de visiter avec lui les tombeaux des martyrs. C'est alors qu'il se vit saisi et remis entre les mains d'un officier, qui le conduisit à Constantinople, où il fut sacré, le 26 février 398, par Théophile, patriarche d'Alexandrie. Son premier soin, après sa promotion à l'épiscopat, fût de réformer le clergé. Il déracina l'abus qui s'était introduit parmi les ecclésiastiques de vivre avec des vierges qu'ils traitaient de sœurs adoptives, ou sœurs agapètes, c'est-à-dire charitables. Ce bon pasteur donna l'exemple à son troupeau, et se mit à la tête de toutes les œuvres de charité. Il fonda plusieurs hôpitaux, envoya un évêque missionnaire chez les Goths, un autre chez les Scythes nomades, et d'autres encore dans la Perse et dans la Palestine. Ses missions et ses abondantes charités exigeaient ou de grands revenus ou une grande économie. Le saint patriarche se réduisit à une vie très-sobre, ce qui lui donna le moyen de soulager tous ceux qui étaient dans l'indigence. Il distribuait ses aumônes avec tant de profusion, qu'elles lui méritèrent, dit Pallade, le surnom de Jean l'Aumônier. Sa charité et son application infatigable à remplir ses devoirs lui gagnèrent bientôt l'amour et la confiance de son peuple. Constantinople changea de face. Il vint à bout de corriger plusieurs désordres. Il établit l'office de la nuit dans les églises, introduisit le chant des psaumes dans les maisons mêmes des particuliers, en détourna plusieurs de l'oisiveté et des spectacles, et les rappela à une vie sérieuse et occupée. Cependant la véhémence avec laquelle il parlait contre l'orgueil, le luxe et la violence des grands ; son zèle pour la réforme du clergé et pour la conversion des hérétiques, lui attiraient une foule d'ennemis. Eutrope, favori de l'empereur, le tyran Gaïnas, à qui il refusa une église pour les ariens ; Théophile, patriarche d'Alexandrie, partisan des origénistes ; les sectateurs d'Arius, qu'il fit chasser de Constantinople, se réunirent tous contre l'archevêque. L'occasion de se venger de lui se présenta bientôt, et voici ce qui la fit naître : Chrysostome crut que son ministère l'obligeait à s'élever contre les prétentions de l'impératrice Eudoxie et de son parti. Il en parla indirectement dans un sermon sur le luxe des femmes. Ses ennemis ne manquèrent pas d'envenimer ses paroles auprès de l'impératrice, qui dès lors conçut pour lui une haine mortelle. Quelques courtisans présentèrent des mémoires contre lui. Eudoxie les appuya; elle fit tenir le fameux conciliabule du *Chêne*, en 403. L'archevêque y fut condamné par Théophile d'Alexandrie, qui s'était rendu à Constantinople avec un grand nombre d'évêques, qu'il avait appelés des Indes même. Chrysostome, après sa condamnation, fut chassé de son siége ; mais cet exil ne dura pas longtemps. La nuit qui suivit son départ, il arriva un tremblement de terre si violent, que le palais en fut ébranlé. Eudoxie, effrayée, va trouver Arcadius : « Nous n'avons plus d'empire, lui dit elle, si Jean n'est rappelé. » L'empereur révoque l'ordre qu'il a signé. Eudoxie écrit dans la nuit même à Chrysostome, pour l'inviter à revenir. La lettre contenait des témoignages d'estime et d'affection. Chrysostome consentit donc à revenir dans son église. Le peuple alla au-devant de son archevêque avec des flambeaux allumés, le conduisit en triomphe dans la ville, et dès qu'il eut reparu, ses ennemis prirent la fuite. Le calme fut rétabli; mais il ne fut pas de longue durée. Après huit mois de repos, et quoique sa réintégration eût été ratifiée dans une assemblée de soixante évêques, il lui fallut de nouveau prendre le chemin de l'exil. Ce fut à l'occasion d'une statue d'argent élevée en l'honneur de l'impératrice, sur la place, entre le palais du sénat et l'église de Sainte-Sophie. Tandis que le peuple célébrait l'inauguration de cette statue par des jeux publics et des superstitions extravagantes qui troublaient le service divin, Chrysostome attaqua ces abus, mais en ne blâmant que l'inspecteur des jeux, qui était manichéen, c'est-à-dire à moitié païen. On fit croire à Eudoxie qu'elle avait été outragée, et que l'archevêque avait commencé son sermon par ces mots : « Voici donc encore Hérodiade en furie ; elle danse, et demande de nouveau la tête de Jean. » Socrate et Sozomène rapportent ces paroles comme l'exorde de son discours; mais le P. Montfaucon a réfuté cette calomnie, inventée par les ennemis du saint, et en a prouvé la supposition. Eudoxie résolut de faire assembler un nouveau concile contre lui. Plusieurs évêques, gagnés par les libéralités de la cour, se firent ses accusateurs. Arcadius, connaissant la sainteté du prélat, dit à l'un d'eux que cette affaire lui inspirait de graves inquiétudes. L'évêque dévoué à Eudoxie lui répondit : « Seigneur, nous prenons sur notre tête la déposition de Jean. » Chrysostome fut condamné, et reçut un ordre exprès de partir pour le lieu de son exil. Il était alors dans son église : « Venez, dit-il à ceux qui étaient autour de lui, prions et prenons congé de l'ange de cette église. » Il dit adieu aux évêques qui lui étaient attachés; il entra dans le baptistère pour consoler sainte Olympiade et les diaconesses qui fondaient en larmes, et sortit secrètement pour empêcher le peuple de se révolter. Il fut conduit à Nicée, en Bithynie, où il arriva le 20 juin 404. Son exil fut suivi d'une persécution contre tous ceux qui défendaient son innocence. On imagina différents prétextes pour verser le sang, comme on avait fait sous les empereurs païens. Jean Chrysostome souffrit beaucoup dans son exil; toute sa consolation fut dans les lettres que lui écrivaient le pape Innocent Ier et les plus grands évêques d'Occident, qui prenaient part à son infortune. Cependant Eudoxie était morte le 6 octobre, quelques mois après le départ de Chrysostome. Les Isauriens et les Huns ravageaient les terres de l'empire. Arcadius écrivit à saint Nil pour lui demander le secours de ses prières : « Comment, répondit le saint, pourriez-vous espérer de voir Constantinople délivrée des coups de l'ange exterminateur, après le bannissement de Jean, cette colonne de l'Eglise, ce flambeau de la vérité, cette trompette de Jésus-Christ ? Vous avez exilé Jean, la plus brillante lumière du monde... Mais du moins ne persévérez pas dans votre crime. » L'empereur Honorius demandait aussi le rappel de Chrysostome dans les termes les plus pressants; mais, trompé par la calomnie, Arcadius ne changea point de résolution, et Arsace fut placé sur le siége de Constantinople. Chrysostome ne resta pas longtemps à Nicée. Eudoxie, avant sa mort, avait désigné, pour dernier terme de l'exil du saint, la petite ville de Cucuse en Arménie, dans les déserts du mont Taurus. Dès le mois de juillet 405, Chrysostome se mit en route, et après soixante-dix jours d'une marche pénible, sous un ciel brûlant, dévoré par la fièvre que produisirent les fatigues du voyage, la brutalité des gardes et la privation presque continuelle de sommeil, il arriva à Cucuse, où l'évêque et le peuple le reçurent avec respect. Après une assez longue détention dans cette petite ville, les incursions des Isauriens qui ravageaient l'Arménie l'obligèrent à la quitter un instant pour chercher un asile dans le château d'Arabisse, sur le mont Taurus; mais il y retourna dès que les barbares se furent retirés. Il était honoré de tout le monde chrétien. Le pape refusait de communiquer avec Théophile et les autres ennemis du saint. L'empereur, irrité, ordonna qu'il fût transféré sur les bords du Pont-Euxin, près de la Colchide, à Pityonte, ville située aux derniers confins de l'empire.

Deux officiers, chargés de le conduire, le faisaient marcher tête nue, et il était chauve, sous un soleil ardent ou par de fortes pluies. Ses forces étaient épuisées lorsqu'il arriva à Comane dans le Pont; on voulut le faire marcher encore, mais sa faiblesse devint si grande qu'on fut obligé de l'y ramener, et on le déposa dans l'oratoire de saint Basilisque, martyr. Alors il quitta ses habits pour en prendre de blancs; il reçut la communion, fit sa prière qu'il termina, selon sa coutume, par ces paroles : *Dieu soit glorifié de tout!* et ayant tracé sur lui le signe de la croix, il expira le 14 septembre 407, dans la dixième année de son épiscopat, et la soixante-troisième de son âge. Il y eut à ses funérailles un concours prodigieux de vierges, de religieux et de personnes de piété qui étaient venus de fort loin. Son corps fut enterré auprès de celui de saint Basilisque. Les ennemis de Chrysostome, poursuivant sa mémoire même après sa mort, refusèrent longtemps de mettre son nom dans les diptyques. Mais saint Cyrille d'Alexandrie, successeur de Théophile, imita enfin l'exemple des patriarches Alexandre d'Antioche et Attique de Constantinople, qui avaient témoigné publiquement leur vénération pour Chrysostome. Son culte prit chaque jour des accroissements. Théodose le Jeune ayant fait transporter son corps de Comane à Constantinople, il fut reçu en triomphe par le patriarche Proclès, par le clergé et par tout le peuple de la ville, le 27 janvier 438. L'empereur Théodose et sa sœur Pulchérie assistèrent à la cérémonie de cette translation. Les reliques furent déposées dans l'église des Apôtres, destinée à la sépulture des empereurs. Dans la suite, elles furent transférées à Rome et déposées sous l'autel qui porte son nom, dans l'église du Vatican. Les Grecs célèbrent sa fête le 13 de novembre, et les Latins le 27 janvier. — Le nom de Chrysostome, c'est-à-dire *Bouche d'or*, lui fut donné peu de temps après sa mort, puisqu'on le trouve dans les écrits de Cassiodore, de saint Ephrem et de Théodoret.

Saint Jean Chrysostome a été une des plus brillantes lumières de l'Eglise. Le pape Célestin, saint Augustin, saint Isidore de Peluse et plusieurs autres Pères l'appellent le sage interprète des secrets de l'Eternel. Ils disent que sa gloire brille, que la lumière de sa science éclaire toute la terre. Ils le comparent au soleil, dont l'univers tout entier ressent les heureuses influences. Ces éloges peuvent paraître mêlés d'un peu d'emphase, mais l'enthousiasme est permis lorsqu'on veut peindre un génie aussi admirable que celui de saint Jean Chrysostome

Il a laissé un grand nombre d'ouvrages. Nous suivrons, pour en rendre compte, l'édition des Bénédictins, qui, parmi les savants, passe pour être la plus complète.

Deux exhortations à Théodore. — Ces deux exhortations furent adressées à Théodore, dans la vue de le ramener à la vie monastique, qu'il avait quittée en 369. Ce Théodore était un homme illustre par sa naissance, possesseur de grands biens, écrivant et parlant avec beaucoup de grâce et de facilité, tous avantages qui lui offraient dans le monde de brillants succès et un mariage suivant son cœur. Saint Chrysostome, qui savait que ces liens ne sont plus permis à quiconque a contracté un engagement spirituel, lui écrivit pour le faire rentrer dans le devoir.

Dans la première de ces exhortations, il dit qu'on ne saurait trop déplorer la perte d'une âme, parce qu'à elle seule elle est d'un plus grand prix que tout le monde. Si celui qui observe la loi de Dieu vaut mieux que dix mille qui la transgressent, on ne doit donc pas s'étonner qu'il déplore plus haut la perte de Théodore, que Jérémie la ruine de Jérusalem, puisqu'il vaut mieux qu'une infinité de ceux que pleurait le prophète. Quoique la nécessité de mourir soit inévitable, on ne saurait accuser de lâcheté ceux qui pleurent les morts; mais il y aurait insensibilité cruelle à voir périr de sang froid une âme créée pour l'immortalité. Aussi a-t-il raison de pleurer, puisque celui qui peu auparavant ne respirait que le ciel, méprisait le monde et ses vanités, regardait les belles femmes comme des statues, et l'or comme de la boue; en un mot, qui avait renoncé à tous les plaisirs : en était devenu l'esclave, en sorte que son âme n'avait plus ni santé, ni force, ni beauté. Il fait une vive peinture du triste état de cette âme; mais, s'appliquant plutôt à le convertir qu'à le jeter dans le désespoir, il le presse de rentrer en lui-même. Pour l'encourager, il lui rappelle la chute et la pénitence d'un grand nombre de chrétiens qui, après avoir renoncé Jésus-Christ, avaient effacé le crime de leur apostasie, et mérité par leur courage d'être couronnés avec les saints. « Ne me dites pas, ajoute ce Père, que Dieu ne pardonne qu'à ceux qui ont fait des fautes légères ; donnez-moi le plus grand pécheur du monde, pourvu qu'il ne renonce pas à la foi, je soutiens que son salut n'est pas désespéré. Si Dieu se gouvernait par passion, il y aurait lieu de craindre de ne pouvoir apaiser une colère allumée par tant de crimes ; mais il est toujours maître de lui-même ; s'il châtie, c'est par bonté, et non par un esprit de vengeance : on ne doit donc jamais désespérer de rentrer dans ses bonnes grâces. »

Saint Chrysostome confirme cette doctrine par les exemples de Nabuchodonosor, d'Achab et de Manassès, qui tous les trois obtinrent grâce devant le Seigneur. « Les Ninivites, ajoute-t-il, effacèrent leurs crimes en un moment; un instant suffit au bon larron pour lui procurer l'entrée du ciel, parce que la pénitence ne se mesure point par le temps, mais par l'affection. Elle efface, tandis que l'on est en cette vie, les crimes les plus noirs : il n'y a que celle que l'on fait après la mort qui soit inutile, et il ne faut perdre l'espérance que lorsqu'on se voit dans l'enfer. Tâchez donc, dit-il à Théodore, de remonter au degré de perfection d'où vous êtes tombé; assurez-vous du moins de sortir du triste état dans lequel vous croupissez depuis déjà trop longtemps. Commencez un combat si utile, et vous ne perdrez pas vos peines. Les choses les plus aisées paraissent difficiles, quand on n'en a point fait l'essai; mais, après les premières démarches, la difficulté s'évanouit, l'espérance succède au désespoir, la langueur et la crainte diminuent, et l'on trouve des expédients auxquels on ne s'attendait pas. Bannissez toutes les pensées que le malin esprit vous suggère : ce fut lui qui empêcha Judas de faire pénitence; son crime, tout énorme qu'il était, n'était point au-dessus de l'efficacité de cette vertu. » L'enfer et le paradis sont des objets trop frappants pour être oubliés parmi les motifs de conversion d'un pécheur. Saint Chrysostome, après avoir dépeint les joies de l'un et les peines de l'autre avec les couleurs les plus vives, dit à Théodore : « Quand vous entendrez parler du feu de l'enfer, ne vous persuadez point qu'il ressemble à celui que vous voyez, qui diminue insensiblement et s'éteint ; celui de l'enfer brûle sans cesse avec une égale activité, sans qu'on puisse l'éteindre. Ceux qui ont péché sont revêtus de l'immortalité; mais ce n'est pas pour leur gloire, c'est afin qu'ils puissent toujours souffrir. Il n'y a point de termes pour exprimer un état si violent. Si la fièvre ou un bain trop chaud nous paraît si incommode, quel supplice d'être englouti dans un torrent de feu qui brûlera sans éclairer ! Qui pourrait expliquer les horreurs de ces ténèbres, et l'effroi qu'elles nous causeront? La violence des maux que nous souffrons en cette vie en abrége la durée, à cause de la faiblesse du corps, qui s'use à la fin; mais dans l'enfer l'immortalité suppléé à ce défaut, et rend les damnés capables de souffrir toujours sans que l'âme périsse ou que le corps soit consumé par les tourments. Quels plaisirs peut-on donc comparer à ces supplices? Seront-ce des plaisirs de cent ans? Mais qu'est-ce qu'un espace si court en comparaison d'une infinité de siècles? Les plaisirs de ce monde ne sont, à l'égard des éternels, que ce qu'est le songe d'une nuit à l'égard de toute la vie. Qui voudrait, pour jouir d'un songe agréable, renoncer à tous les plaisirs de la vie? Ceux de l'éternité sont inconcevables, et on ne peut s'en former qu'une idée grossière. La vie des bienheureux est exempte de douleur et de tristesse, ils goûtent une joie et une paix inaltérables, toujours environnés d'une gloire immortelle : tout cela, continue saint Chrysostome, n'est point pour vous porter à vous exposer maintenant aux fouets, aux chaînes, aux prisons, ni pour vous engager à passer les nuits en prières, ni à souffrir la faim et les autres mortifications : je n'ai d'autre désir que de vous délivrer de l'esclavage, et de vous rendre votre première liberté, en vous faisant ressouvenir, et des peines dont seront suivis les plaisirs que vous goûtez, et des récompenses destinées à vos premières vertus. »

Dans l'exhortation suivante, il dit que s'il pleure, s'il s'inquiète, ce n'est pas parce que Théodore a pris soin des affaires de sa famille; mais parce qu'il a rayé son nom du catalogue des frères, et violé les promesses qu'il avait faites à Jésus-Christ. « Il en est, dit-il, de la milice sainte comme de la milice du siècle; on punit à la dernière rigueur celui qui déserte après l'enrôlement. » Il présente à Théodore l'exemple de plusieurs qui, après de funestes chutes, se sont relevés heureusement. « L'ennemi vous a blessé, lui dit-il, mais la blessure qu'il vous a faite n'est pas mortelle. Ce n'est pas tuer un lion que de lui effleurer la peau; bien loin de le mettre hors de défense, une blessure si légère ne le rend que plus furieux. » Comme Théodore pouvait s'excuser sur sa faiblesse, en disant que le fardeau était au-dessus de ses forces, saint Chrysostome ne veut pas qu'on puisse trouver pénible un joug que Jésus-Christ a dit être doux, ni regarder comme pesant un fardeau qu'il a déclaré léger. — Venant ensuite au mariage que Théodore méditait, il convient qu'il est permis de se marier, mais non pas quand on a pris un engagement avec Jésus-Christ. « Vous ne pouvez plus disposer de vous-même depuis que vous avez fait vœu de servir sous le maître du monde. Si le corps d'une femme est en la puissance du mari qui l'a épousée, à plus forte raison celui qui s'est consacré au Seigneur doit dépendre de lui. » Il lui représente les supplices dont sa prévarication sera suivie, et l'inconstance des plaisirs, des richesses et des honneurs auxquels il s'est laissé séduire. « Il y a, ajoute-t-il, plusieurs saints personnages qui s'intéressent à votre conversion : Valère, son frère Florent, et Porphyre. Jour et nuit ils déplorent votre chute, et prient sans cesse pour vous, Vous auriez sans doute déjà vu l'effet de leurs prières, si vous-même aviez fait quelques efforts pour vous tirer des pièges de votre ennemi. Etes-vous excusable d'avoir moins de zèle pour votre salut qu'en ont vos frères, qui demandent continuellement à Dieu que le membre séparé de leur corps lui soit réuni? » Il expose aux yeux de Théodore les embarras du monde, les soins qu'entraînent une femme, des enfants, des domestiques; les plaisirs innocents et la joie que l'on goûte dans la solitude, et lui représente qu'on n'acquiert jamais une vraie liberté qu'en servant Jésus-Christ, et en ne vivant que pour lui.

Deux livres de la componction. — Démétrius, à qui le premier de ces deux livres est adressé, quoique arrivé à un haut point de perfection, se rabaissait néanmoins au niveau de ceux qui rampent à terre, et disait souvent à saint Chrysostome, en lui baisant les mains, qu'il arrosait de ses larmes : « Aidez-moi à amollir la dureté de mon cœur. » — L'énumération des péchés qui se commettent tous les jours dans le monde et l'infaillibilité des supplices qui leur sont préparés, servent de début à saint Chrysostome pour prouver, dans le premier livre, la nécessité de a componction. Il examine ensuite à quoi nous obligent les préceptes de l'Evangile, et quels sont les motifs de ceux qui les observent. « Il y en a, dit-il, qui n'en gardent aucun, et d'autres qui, pour les observer, n'en sont pas plus chrétiens, parce qu'ils n'agissent que par des motifs de vaine gloire. » Il regarde la violation de ce précepte : *Ne jugez point, afin que vous ne soyez point jugés*, comme presque générale parmi les hommes de toute condition. « Cependant, ajoute-t-il, la menace de Jésus-Christ est terrible : *Vous serez jugés comme vous aurez jugé les autres!* » Il se plaint qu'au lieu de chercher à entrer par la voie étroite, nous cherchons partout la plus large, et il s'avoue lui-même coupable en ce point, lorsque, ayant résolu de quitter le monde pour aller vivre dans la solitude, il s'informa s'il y trouverait non-seulement les choses nécessaires, mais encore les commodités de la vie. — « Un homme, dit-il, à qui on propose un emploi s'informe s'il est lucratif; dès qu'il en est assuré, il dévore toutes les difficultés qui s'y rencontrent; il n'y a que les biens du ciel qu'on veut acquérir sans peine et posséder sans travaux. Or, comme le feu ne peut s'allier avec l'eau, l'attachement aux plaisirs sensibles ne peut compatir avec la componction. L'une ne veut que des larmes, l'autre ne cherche que la joie. L'amour des plaisirs rend l'âme pesante, la componction lui donne des ailes pour s'élever au-dessus des choses créées. » Ensuite le saint docteur expose, à l'exemple de saint Paul, « les merveilles qu'opèrent dans une âme l'amour de Jésus-Christ et le mépris des vanités du monde. Toutefois cet apôtre était de même nature que nous; et si l'on répond que Dieu lui avait donné des grâces qu'il ne nous donne point, on doit aussi considérer que Dieu ne demande pas de nous que nous fassions des miracles, mais seulement que nous vivions saintement. Or, la grâce et l'esprit que nous avons reçus au baptême suffisent pour cela; et si nous ne le faisons pas, nous ne devons nous en prendre qu'à notre négligence. Ce serait même une erreur dangereuse d'attribuer la perfection des apôtres à la seule grâce de Dieu, indépendamment de leur coopération: car si la grâce faisait tout sans nous, Dieu ne faisant acception de personne, tous seraient de même. Mais comme elle exige que nous agissions, c'est la raison pourquoi elle demeure avec les uns, tandis qu'elle abandonne les autres, et qu'il s'en trouve de qui elle n'a jamais approché. » — Pour preuve que Dieu sonde nos dispositions avant de nous conférer sa grâce, saint Chrysostome se sert de ces paroles de Jésus-Christ à Ananie : *Celui-ci m'est un vase d'élection pour porter mon nom devant les peuples et devant les rois;* puis il y ajoute : « Si, comme saint Paul, nous ne recevons pas de Dieu le don des miracles, nous pouvons du moins imiter ses vertus. Il n'est pas nécessaire d'avoir un tempérament robuste pour sentir la componction, pour prier Dieu, pour se rappeler le souvenir de ses fautes, et pour avoir des sentiments d'humilité. On peut faire pénitence sans se couvrir de cilice, et sans se renfermer dans une cellule. On exige de nous que nous pensions à nos fautes, que nous sondions notre conscience, que nous nous représentions incessamment combien nous sommes éloignés du royaume du ciel; et, en pensant à l'enfer, que nous considérions quel malheur ce serait pour nous, quand même il n'y aurait point d'autres supplices à craindre, d'être privés de la présence de Jésus-Christ, privation qui seule est plus insupportable que tous les tourments. »

Dans le second livre, adressé à Stéléchius, le saint docteur lui dit que, pour bien écrire de la componction, il faudrait soi-même en être tout embrasé. C'est pourquoi il le supplie de lui obtenir de Dieu ce feu du ciel qui consume toute la faiblesse de l'homme, qui le tire de l'assoupissement de la chair, et qui lui donne des ailes pour s'élever jusqu'au ciel. Après avoir fait la description d'une âme vraiment touchée des choses d'en haut et pleine de mépris pour les misères d'ici-bas, il enseigne, que « la paix et la solitude du cœur sont bien plus nécessaires à la componction que les déserts et les lieux les plus reculés. David, au milieu des affaires d'un grand royaume, sentait un amour plus ardent pour Dieu et une componction plus vive que ceux qui habitent les plus affreuses solitudes. Où trouver, en effet, des solitaires qui, comme ce saint roi, passent les nuits entières à pleurer et à gémir? Les deux grands modèles que nous devons nous proposer pour acquérir la vertu de componction sont saint Paul et le roi-prophète; il faut qu'à leur imitation nous soyons pénétrés de douleur à la vue de nos péchés, et de reconnaissance pour le souvenir des bienfaits de celui que nous avons offensé. S'il se trouve si peu de chrétiens véritablement contrits, c'est qu'ils ne pensent point assez à la multitude de leurs fautes, et que la plupart se persuadent que par une bonne œuvre, souvent même faite à un mercenaire, et dans la vue de la récompense, ils se sont acquittés envers Dieu de tout ce qu'ils lui doivent. C'est là un effet de tout l'orgueil humain, que l'on ne peut mieux dompter qu'en se représentant souvent ses faiblesses et ses désordres passés. Saint Paul en usait ainsi, comme on le voit par son Epître à Tite, où il dit : *Jésus-Christ m'a jugé digne du ministère sacré, moi qui ai été un blasphémateur, et le persécuteur de son Eglise.* » Saint Chrysostome, en finissant ce livre, demande à Stéléchius le secours de ses prières et de son crédit auprès de Dieu.

Trois livres de la Providence. — Saint Chrysostome n'était que diacre lorsqu'il écrivit les trois livres *de la Providence*. Stagire, à qui il les adresse, était d'une naissance illustre et avait embrassé la vie monastique malgré son père. Sa ferveur, très-vive au début, se refroidit bientôt; il devint lâche, paresseux, et négligea la prière et l'étude pour s'occuper à cultiver les arbres d'un jardin. On crut même s'apercevoir que sa naissance lui enflait le cœur. Il en était là, lorsque, priant un jour avec les autres, le démon s'empara de lui et le terrassa. Ces premiers accès de possession, rares d'abord, se renouvelèrent souvent dans la suite; et, prières, jeûnes, veilles, pèlerinages aux tombeaux des martyrs, tout fut inutile pour sa délivrance, et son abattement devint complet. Saint Chrysostome, à qui Théophile, leur ami commun, avait raconté ce triste événement, écrivit à Stagire pour le consoler. Son écrit est divisé en trois livres intitulés : *De la Providence.*

Ce qui affligeait le plus Stagire dans son malheur, c'est qu'il ne lui était jamais rien arrivé de semblable lorsqu'il était dans le monde, quoiqu'il y vécût d'une façon moins régulière. Il ne comprenait pas que Dieu eût attendu à l'éprouver ainsi dans la solitude. Plusieurs, qui vivaient dans les délices, avaient subi la même affliction et en avaient été délivrés; tandis que lui, les prières même des plus saints solitaires n'avaient rien pu pour sa délivrance; ce qui le jetait dans des chagrins si violents que plusieurs fois déjà il avait été tenté de s'ôter la vie. Pour dissiper tous ces sujets de douleur, saint Chrysostome pose d'abord deux principes : l'un, que rien n'arrive ici-bas que par la permission de Dieu, qui prend un soin particulier des fidèles; et l'autre, que Dieu, en châtiant les hommes, n'a en vue que leur utilité. Le premier principe ne pouvait être révoqué en doute par Stagire, qui dès l'enfance avait été élevé à l'école de Jésus-Christ. Aussi le saint docteur se contente-t-il de donner des preuves du second, en exposant la conduite de Dieu envers le premier homme après son péché. — S'il lui défend de toucher à l'arbre de vie, s'il le condamne à mort, s'il le chasse du paradis terrestre, tout cela n'est que pour son salut. En effet, s'il ne lui fût arrivé aucun mal de sa désobéissance, il eût été tenté d'accuser Dieu de jalousie et de mensonge, et de regarder le démon comme son bienfaiteur; il se fût livré à toutes sortes de crimes en voyant le premier impuni. Si Dieu l'a condamné à une vie dure et laborieuse, c'est que l'oisiveté l'aurait jeté dans le désordre. Aussi saint Paul, quelque parfait qu'il fût, avouait-il que les afflictions lui étaient nécessaires pour le retenir dans le devoir. Jésus-Christ souffre que les prédicateurs de son Evangile soient exposés aux persécutions, et il nous avertit que la porte étroite est la seule par laquelle on entre dans le ciel. La bonté de Dieu éclate envers nous jusque dans la permission qu'il donne au démon de nous tenter, parce que les poursuites d'un ennemi si dangereux nous portent à chercher un refuge dans la protection de celui qui seul peut nous en délivrer. Il n'est pas jusqu'au déluge qui n'ait été utile tant à ceux qui y périrent qu'à ceux qui vinrent après : il fit cesser l'iniquité des premiers, et la mort diminua le nombre de leurs crimes; et les autres ne furent point gâtés par le commerce des méchants. De tout cela saint Chrysostome conclut que, quoique livré au démon après avoir renoncé à la douleur, Stagire ne doit pas s'abandonner à la douleur. « Quelle récompense, lui dit-il, est promise à ceux qui ont tout quitté pour suivre Jésus-Christ? N'est-ce pas la vie éternelle? Ce que vous souffrez maintenant est-il contraire à cette promesse? Nous l'a-t-il faite pour cette vie? Non; et quand il l'aurait faite, vous ne devriez point vous impatienter, mais vivre dans l'espérance de voir cette promesse accomplie. Abraham perdit-il l'espérance de voir Isaac le père d'une nombreuse postérité, lorsque Dieu lui commanda de le lui immoler? Quand Dieu a promis quelque chose, rien ne doit nous alarmer : il ne montre jamais mieux son souverain pouvoir qu'en faisant réussir ce qui paraissait désespéré. Si les impies prospèrent, tandis que les justes sont dans l'affliction, Jésus-Christ n'a-t-il pas prédit l'un et l'autre? Pourquoi donc s'en affliger? La conduite de Dieu à cet égard a toujours été uniforme; il a permis que les Israélites gémissent sous une dure captivité, tandis que les Babyloniens jouissaient d'une grande prospérité; il a permis que le Lazare manquât de tout, pendant que le mauvais riche vivait dans l'abondance. Il y aurait une extravagance de vouloir examiner pourquoi Dieu en use ainsi; et il nous suffit de croire qu'il ne fait rien que pour notre bien. »

Saint Chrysostome fait ensuite remarquer à Stagire que la bonté de Dieu ressort de l'affliction même qu'il lui a envoyée. « Maintenant, lui dit-il, vous passez les jours et les nuits dans les jeûnes, les veilles et la prière; vous excellez en humilité et en modestie : au lieu qu'autrefois, vous négligiez la lecture pour vous occuper de la culture des arbres; vous vous mettiez en colère contre ceux qui vous éveillaient la nuit pour prier, et vous tiriez vanité de votre naissance, des dignités et des richesses de votre père. »

Dans le second livre, le saint docteur s'applique particulièrement à dissiper la crainte où était Stagire que le démon ne le portât un jour à attenter à sa vie, comme déjà il en avait souvent été tenté. Il lui fait remarquer que ces noires pensées ne viennent pas toujours du démon, puisque plusieurs y ont succombé sans avoir été possédés. Il doit donc plutôt les attribuer à son chagrin, et il lui conseille de bannir la tristesse de son cœur. Comme la chose lui paraît difficile, il lui indique un moyen, c'est de ne pas juger de son état selon le moment, mais selon la raison, et de considérer que les maux qu'il avait soufferts jusque-là avaient effacé ses péchés passés. Quant à l'inquiétude que lui inspirait l'incertitude de sa guérison, il tâche de l'en délivrer, en travaillant à le convaincre que, quoi qu'il arrive, son affliction tournerait à son avantage. Il lui cite en effet l'exemple de plusieurs anciens patriarches, qui ne sont parvenus à un haut degré de perfection qu'après avoir été éprouvés par de grandes douleurs.

Dans le troisième livre, il lui rappelle le souvenir de plusieurs personnes de sa connaissance, et lui fait remarquer que ce qu'il souffrait n'était rien en comparaison des maux dont ces personnes étaient affligées. « Souvenez-vous, lui dit-il, du vieillard Démophile; sorti d'une famille illustre, il gémit dans la dernière pauvreté, et voici la quinzième année que, privé de l'usage de ses membres, il ne lui reste de sentiment que pour sentir vivement ses maux. Aristoxène de Bithynie n'est point entièrement perclus comme Démophile; mais il souffre des maux qui ne lui donnent de relâche ni jour ni nuit. A voir ses contorsions, ses roulements des yeux et ses cris, on le prendrait pour un insensé. Il y a six ans qu'il est dans cet état douloureux; sa pauvreté et la nature de son mal le privent de toute consolation : il est abandonné des médecins, méprisé de ses amis et sans espérance de guérir. Le démon peut-il faire souffrir quelque chose d'approchant à celui qu'il possède? Cependant ce ne sont là que des échantillons des maux auxquels les hommes sont sujets. Faites-vous ouvrir les hôpitaux et entrez dans les salles des malades, vous y trouverez des infirmités de toute espèce et des sujets de douleur qui vous sont inconnus. Allez de là dans dans les prisons, et après y avoir considéré le pitoyable état de ceux qui y sont enfermés, passez jusqu'au vestibule des bains pour y voir tous ces misérables, qui, prêts à mourir de faim et de froid, tâchent d'exciter, par leurs cris, la compassion de ceux qui y entrent. Ne vous arrêtez pas là; mais allez jusque dans la maison des pauvres, qui est à l'entrée de la ville, et vous verrez que votre malheur est léger comparé au leur ».

Deux livres contre l'habitation commune des clercs. — Socrate et Pallade ne sont pas d'accord sur l'époque à laquelle saint Chrysostome publia ces deux livres. Le premier pense qu'il n'était encore que diacre, et le second affirme qu'il était évêque. Nous nous rangeons à ce sentiment, d'autant plus volontiers que nous trouvons dans cet écrit toute l'énergie et toute la vigueur du caractère épiscopal.

Le premier de ces deux livres est contre les clercs qui logent des femmes dans leur maison; le second est contre les femmes qui logent avec les clercs. Le premier commence ainsi : « Nos ancêtres n'ont connu que deux raisons qui peuvent porter les hommes à habiter avec des femmes sous le même toit : l'une, le mariage, est juste et raisonnable puisqu'il a été institué de Dieu; l'autre, le concubinage, est injuste, contraire à la loi, et une invention du démon. Mais de nos jours, il s'est introduit une coutume qui n'est fondée sur aucun de ces deux motifs. On voit des hommes qui gardent chez eux de jeunes filles, non pour en avoir des enfants, puisqu'ils assurent n'entretenir aucun commerce avec elles; non pour en faire les complices de leurs débauches, puisqu'ils se posent comme les gardiens de leur intégrité. Si vous les pressez, en leur demandant pourquoi ils les tiennent chez eux, *ils vous* en donneront plusieurs raisons, dont aucune ne paraît légitime. » Saint Chrysostome soupçonne que la véritable, c'est le plaisir que trouvent les clercs en cette société; plaisir en un sens plus piquant que celui du mariage, dont l'habitude refroidit l'ardeur des passions. Il fait voir que ces sortes de sociétés sont pernicieuses; et, fussent-elles aussi innocentes qu'on cherche à le persuader, le scandale qu'elles causent devrait engager à les rompre; car on est toujours coupable lorsqu'on scandalise. C'est pour cela que saint Paul veut que l'on ait égard aux faibles. Rien ne peut donc autoriser les clercs à loger des femmes : car, ou ils sont faibles eux-mêmes, et alors ils doivent s'en séparer dans l'intérêt de leur innocence; ou s'ils sont assez forts pour n'avoir rien à redouter de ce commerce, ils doivent le rompre à cause de la faiblesse de leurs frères. « Mais comment se persuader, continue le saint, qu'on n'a point de passion pour une personne qu'on ne veut point quitter, quoique tout le monde en murmure, que la réputation en souffre, et que les infidèles en prennent occasion de calomnier l'Église? Comment croire innocent un commerce qu'on s'obstine à ne point rompre, quoiqu'on n'en retire aucun bien, et qui produit au contraire tant de maux dont on peut être affranchi en y renonçant? Job, tout saint qu'il était, n'osait regarder une vierge au visage, tant la vue lui en paraissait dangereuse. Saint Paul traitait rudement son corps, afin que la concupiscence n'eût aucune prise sur lui. Combien de solitaires, pour la dompter, ont mortifié leurs corps par les jeûnes et par les veilles, en se couvrant de chaînes et de cilice, en ne permettant à aucune femme d'approcher de leurs habitations, et qui, malgré toutes ces précautions, ont eu peine à la surmonter! Si l'on a vu des hommes devenir sensibles pour des statues, quel effet ne peut point produire la beauté d'une jeune personne? et qui croira que ceux qui sont toujours auprès des jeunes filles, n'en reçoivent aucune inquiétude ni suite fâcheuse? On ajoutera bien plutôt foi à un homme qui accusera un clerc d'un mauvais commerce avec une fille qu'il retient chez lui, qu'on ne le croira lui-même, lorsqu'il protestera qu'il vit avec elle dans l'innocence. Son obstination à la retenir est un préjugé contre lui; car qui est l'homme sensé qui voulût, de gaieté de cœur, souffrir les faiblesses, les caprices et toutes les autres imperfections d'une femme, s'il ne se sentait de l'amour pour elle? Si les clercs en ont d'autres raisons, qu'ils nous les apprennent. » La plupart prétextaient la misère de ces jeunes filles, et s'en autorisaient pour les retirer chez eux, parce que, n'ayant dans le monde aucun appui, elles avaient besoin que quelqu'un les protégeât. Mais le saint docteur, loin de se laisser prendre à ces prétextes, fait remarquer aux clercs qu'ils pouvaient rendre les mêmes services à des hommes, sans danger pour leur âme et sans souillure pour leur réputation; qu'ils pouvaient même à cet égard satisfaire leur charité envers les personnes du sexe, en retirant chez eux des femmes usées de vieillesse, de maladies, et réduites à la pauvreté; qu'il était donc honteux à quelques-uns de prétexter qu'une jeune fille leur était nécessaire pour veiller à leur ménage, et prendre soin de leur maison en cas d'absence. Parler ainsi, c'est parler en homme ivre qui dit tout ce qui lui vient à la bouche, puisqu'un ecclésiastique n'a ni repas somptueux à faire, ni meubles précieux à garder.

Le second livre est écrit avec la même force; nous avons dit, en commençant, qu'il était dirigé contre les vierges qui entretenaient des hommes chez elles, sous le prétexte que les clercs logeaient bien des vierges. « Je ne sais, dit ce Père, quel nom donner à cette société qui s'est formée d'hommes et de vierges; leur état est pire que celui des fornicateurs. On ne peut les regarder comme des vierges, puisqu'elles ne s'occupent point des choses de Dieu, et qu'elles sont l'occasion de plusieurs adultères; ni comme des femmes mariées, puisqu'une femme engagée dans le mariage ne cherche qu'à plaire à son mari, au lieu que ces vierges tâchent de plaire à plusieurs qui ne sont point leurs époux. Si l'on ne peut les mettre au rang des vierges ni des femmes mariées, on les mettra donc dans celui des femmes perdues : et c'est en effet le nom qu'on leur donne, lorsqu'on parle d'elles. On ne peut les appeler les mères de ces hommes qu'elles entretiennent, puisqu'elles ne leur ont point donné la vie; ni leurs sœurs, puisqu'elles ne sont point du même sang; ni leurs épouses, puisqu'il n'y a point entre eux de mariage légitime, ni d'aucun autre nom autorisé par les lois. Le seul qu'on peut leur donner, est celui de prostituées. » Et il s'applique à montrer qu'elles le justifient, encore qu'elles n'en auraient que l'apparence sans en avoir la réalité.

De la Virginité. — Le traité *de la Virginité* est un chef-d'œuvre d'éloquence, douce, pleine d'onction et de piété. Les vierges y trouveront partout de magnifiques éloges de leur état, avec des règles sûres pour diriger leur conduite. Et toutefois le saint docteur n'en parle pas d'une manière tellement exclusive, qu'il ne donne aussi au mariage les louanges convenables, en en défendant la sainteté contre les hérétiques qui le condamnaient.

Ce traité est composé de deux parties : dans la première, le saint fait voir qu'il n'y a point de véritables vierges parmi les hérétiques, parce qu'elles n'ont point la chasteté ordonnée par saint Paul, et qu'elles n'embrassent la virginité que par horreur du mariage. Saint Chrysostome convient que l'Église conseille de ne point se marier; mais il soutient en même temps qu'elle ne condamne pas le mariage; mais qu'au contraire, elle le loue et le regarde comme le port de la continence pour ceux qui veulent en bien user. « Mais il s'en trouve, continue ce Père, qui n'ont point besoin de ce secours, et qui apaisent les aiguillons de la concupiscence par les prières, les veilles et les jeûnes. Ce sont ces personnes que l'on exhorte dans l'Eglise à ne point se marier, sans toutefois le leur défendre. On ne les condamne pas même si elles refusent de suivre ce conseil. On chasse de l'Eglise les adultères et les fornicateurs : mais on loue ceux qui usent saintement du mariage. Le mariage est donc bon; mais la virginité est meilleure, et autant au-dessus du mariage que les anges sont supérieurs aux hommes. »

Dans la seconde partie, le saint évêque s'applique à montrer combien la virginité est avantageuse aux vrais enfants de l'Eglise. Il en apporte en preuve ces paroles de saint Paul aux Corinthiens, c. vii, v. 1 : *Bonum est homini mulierem non tangere.* « Si cela est, s'objecte ce Père, pourquoi Dieu a-t-il institué le mariage? pourquoi a-t-il créé les femmes? comment le genre humain pourrait-il se conserver, si tout le monde embrassait la virginité? Sans le secours du mariage, les villes, les maisons, les campagnes seraient abandonnées, tout périrait. » Il répond à ces difficultés que, « tandis que l'homme vécut dans l'innocence et dans le paradis terrestre, il ne fut point question du mariage; qu'il vécut vierge avec la femme qui lui fut donnée pour aide; qu'alors la terre n'était qu'un vaste désert, n'y ayant ni ville, ni maison; mais qu'ayant péché, ils perdirent la virginité avec tous leurs autres priviléges; qu'ainsi le péché qui a été la cause de la mort l'a été en même temps du mariage. Adam et Eve ne doivent pas leur naissance au mariage; il y a devant le trône de Dieu une multitude infinie d'anges qui n'ont point été multipliés par cette voie; pourquoi donc Dieu n'aurait-il pas pu entretenir et multiplier le genre humain sans le secours du mariage? » Saint Chrysostome ajoute que : « c'est bien moins l'usage du mariage qui multiplie les hommes que la bénédiction de Dieu; que le mariage n'étant que le remède apporté à la faiblesse de l'homme, il ne faut point le préférer à la virginité, ni même le faire aller de pair avec elle; que Dieu n'a permis le mariage que pour ceux qui ne peuvent aspirer à la plus haute perfection; qu'il n'eût point été nécessaire si Adam fût demeuré fidèle; que Dieu aurait multiplié le genre humain par quelque autre moyen qui nous est inconnu; qu'à présent le mariage est bien moins nécessaire pour la propagation, que pour remédier à l'incontinence; que c'est insulter à Dieu, que de décrier la virginité; et que ces paroles de saint Paul : *Il est avantageux à l'homme de ne toucher aucune femme*, suffisent pour confondre, et ceux qui blâment le mariage, et ceux qui le préfèrent à la virginité. » — Il fait voir ensuite que saint Paul, en disant que la continence est un don de Dieu, n'a pas prétendu pour cela que notre coopération fût inutile. Il n'a parlé ainsi que par humilité, en rapportant à Dieu toute la gloire de sa continence et de ses autres vertus. Il rapporte ensuite, dans un grand détail, toutes les raisons qui portaient saint Paul à détourner les fidèles de se marier, et il finit cette énumération par une peinture vive et effrayante des mariages mal assortis. « Ce n'est pas sans raison que l'on appelle le mariage *une chaîne*, à cause des soins, des inquiétudes, des ennuis qu'on y trouve, et aussi parce que les époux doivent être soumis l'un à l'autre. Il est vrai que l'homme doit commander à la femme, mais ce domaine n'empêche pas qu'il ne soit obligé de s'asservir en beaucoup de choses; ils sont comme des esclaves, qui attachés à la même chaîne, ne peuvent marcher l'un sans l'autre. Quoiqu'il soit plus facile à une vierge d'acquérir le royaume du ciel qu'à une personne mariée, la virginité ne laisse pas d'être difficile à soutenir, et elle a besoin de courage et de résolution. Une femme mariée qui s'obstine à garder la continence contre la volonté de son mari, non-seulement sera privée du prix destiné à cette vertu, mais elle sera coupable des adultères qu'elle lui donnera occasion de commettre, et en recevra un plus grand châtiment que lui, parce que, lui ayant refusé les devoirs qu'elle était obligée de lui rendre, elle l'a comme précipité dans l'abîme de l'impureté. Saint Paul, en disant : *Que ceux qui ont des femmes soient comme n'en ayant point*, n'autorise en aucune manière le refus du devoir mutuel, il ne veut dire autre chose, sinon qu'en toute autre occasion le mari peut vivre indépendamment de la volonté de sa femme, et la femme indépendamment de la volonté de son mari; c'est-à-dire qu'ils peuvent l'un et l'autre, s'habiller, se nourrir, renoncer aux plaisirs ou à l'embarras des affaires sans s'en demander mutuellement la permission. » — Qui peut empêcher, disaient quelques-uns, qu'un homme marié et chargé d'affaires ne mène une vie honnête et régulière? « Rien ne peut l'empêcher, répond saint Chrysostome, mais il y en a peu qui aient assez de vertu pour y réussir. » Il ajoute que dans la loi nouvelle on exige de nous plus de vertus que dans la loi ancienne, parce que la grâce du Saint-Esprit est plus abondante depuis que Jésus-Christ a paru sur la terre.

Six livres sur le sacerdoce. — Ce traité a toujours été regardé comme le chef-d'œuvre du saint docteur. Il est divisé en six livres, qui devinrent célèbres de son vivant et lui acquirent une grande réputation. Saint Isidore de Péluse, contemporain et admirateur du saint, dit qu'ils sont écrits avec tant d'art et d'exactitude, que tous, bons ou mauvais, sont forcés d'y reconnaître la peinture de leurs vices ou de leurs vertus. C'est le seul ouvrage dont saint Jérôme ait parlé dans son *Traité des hommes illustres*. — Voici quelle fut l'occasion de cet ouvrage : Dans le temps que Chrysostome vaquait encore aux exercices de piété dans la maison de sa mère, il se répandit un bruit que les évêques, assemblés à Antioche, avaient résolu de le choisir avec Basile, son ami, pour remplir deux siéges vacants. L'idée qu'il s'était faite de la grandeur du sacerdoce et de sa propre indignité le frappa de frayeur à cette nouvelle; il prit la fuite et se cacha. Basile fut fait évêque de Raphanée près d'Antioche. Il dut sa nomination à un pieux stratagème de son ami, et se plaignit amèrement de sa conduite. Ce fut pour se justifier de ses reproches qu'il composa les six livres dont nous parlons, non pas aussitôt après l'événement, mais quelques années plus tard, quand il eut été élevé au diaconat.

Ier *Livre.* — Ces livres sont en forme de dialogue. Dans le premier, saint Chrysostome raconte comment il avait lié amitié avec saint Basile ; il expose, en termes affectueux, la tendresse que cet ami avait pour lui, la conformité de leur condition, de leurs études, de leurs inclinations. Il rapporte aussi comment, étant jeune et résolu de quitter la maison, pour se retirer avec son ami dans la solitude, sa mère, qui était veuve, avait réussi par ses discours et ses caresses à le détourner de ce dessein, malgré les instances réitérées de Basile. Il répond au reproche d'avoir usé de ruse pour le faire ordonner évêque, en disant qu'il y a des ruses qui sont permises et même nécessaires, et qu'on ne doit pas donner le nom de trompeurs à ceux qui n'usent d'artifice que dans de bonnes intentions, et pour le plus grand bien de l'Eglise.

IIe *Livre.* — Il continue la même matière dans le second livre, et se justifie de la ruse dont il avait usé envers Basile, en montrant qu'elle n'avait servi qu'à établir un pasteur fidèle sur le troupeau de Jésus-Christ; « ce qui est, dit-il, la plus grande marque d'amour que l'on puisse donner à ce divin Sauveur; car, ayant demandé au prince des apôtres : *Pierre, m'aimez-vous?* et cet apôtre lui ayant répondu, *Je vous aime ; Si vous m'aimez,* répliqua Jésus-Christ, *paissez mes brebis.* Ce n'est pas que l'amour que saint Pierre avait pour lui lui fût inconnu, mais c'est qu'il voulait lui faire comprendre combien ce troupeau lui est cher, et combien il s'intéresse à sa conduite. Saint Chrysostome dit ensuite que plus le ministère épiscopal est élevé au-dessus des autres, plus celui qui en est honoré a besoin de force, de prudence et de courage pour l'exercer. Si vous traitez trop doucement celui dont la plaie a besoin, pour être guérie, qu'on y fasse une grande et profonde incision, il arrivera et que vous lui aurez fait du mal, et que vous ne l'aurez pas guéri. Si d'ailleurs, ne voulant point flatter son mal, vous lui faites une incision aussi profonde qu'il est nécessaire, il est à craindre que l'impatience de la douleur ne lui fasse perdre courage, et que, ne pouvant se résoudre à la souffrir, il ne rompe les liens dont vous avez voulu le retenir; qu'il ne rejette les remèdes dont vous vous servez pour le guérir, et que, secouant le joug, il ne se précipite dans le désespoir. Il ne faut donc pas apporter toujours à la correction des péchés des remèdes aussi forts qu'il paraît nécessaire ; mais il est bon quelquefois de sonder d'abord par quelques essais quelle est la disposition de l'esprit de celui qui a péché, de crainte qu'en voulant recoudre ce qui était déchiré, on ne cause une plus grande rupture, et qu'en travaillant à relever celui qui était tombé, on ne rende, par une conduite imprudente, sa chute plus dangereuse et irréparable. Un évêque doit donc examiner avec beaucoup de soin le caractère de ceux qu'il veut guérir, et les remèdes qu'il doit employer pour ne point perdre ses peines. Un autre de ses soins et qui n'est pas le moins important, doit être de réunir à l'Eglise les membres qui en sont séparés. Il ne doit employer pour cela ni la violence ni la crainte, mais la douceur et la persuasion, et faire tous ses efforts, sans se rebuter ni se lasser, pour ramener à la vérité ceux qui l'ont abandonnée. » Là-dessus Basile interrompt le saint pour lui demander s'il n'aime pas Jésus-Christ, lui qui a refusé la conduite de son troupeau? « Je l'aimerai toujours, réplique saint Chrysostome, mais quoique je l'aime, je crains de l'irriter en me chargeant de gouverner un troupeau, ce dont je me sens absolument incapable. Il dit que s'il eût accepté l'épiscopat, on aurait pu reprocher aux évêques qui l'auraient élu, de s'être laissé influencer par ses richesses, par sa naissance ou par quelques autres motifs humains. Beaucoup de gens se seraient plaints avec raison qu'on abandonnait à de jeunes étourdis les premières dignités de l'Eglise. Mais pour vous, dit-il à Basile, votre conduite confondra ceux qui penseraient à vous adresser de semblables reproches ; ils apprendront que la prudence n'attend pas toujours le nombre des années; que les cheveux blancs ne font rien à la sagesse, et qu'on ne doit pas écarter des hautes fonctions de l'Eglise les jeunes gens qui ont du mérite, mais ceux-là seulement qui n'ont ni expérience ni vertu.

IIIe *Livre.* — Dans son troisième livre, à ceux qui l'accusaient d'avoir refusé l'épiscopat par vanité, il répond qu'on ne peut avec quelque vraisemblance le soupçonner de mépris pour une dignité aussi supérieure à toutes celles de la terre. Si j'aimais la gloire autant qu'on le suppose, n'y avait-il pas de quoi flatter ma vanité, de me voir préférer à des gens d'un mérite reconnu, et de l'emporter sur eux par les suffrages de tout le monde? Mais pour montrer combien il a eu raison de fuir l'épiscopat, il en fait une peinture qui pourrait persuader aux plus sages qu'ils ne sont pas dignes d'y être élevés. « Le sacerdoce, dit-il, s'exerce sur la terre ; mais il tire son origine du ciel, et il faut le mettre au rang des choses célestes, puisque c'est le Saint-Esprit qui est l'auteur de cette dignité, et qui a fait l'honneur aux hommes de les élever à ce ministère angélique. C'est pourquoi un évêque doit être aussi pur que s'il était déjà placé parmi les esprits bienheureux. Peut-on, en effet, se figurer que l'on est parmi les hommes et sur la terre, lorsque l'on voit le Seigneur immolé, et le prêtre, qui, appliqué à cet auguste sacrifice, prie pour le peuple dont il est entouré, et sur lequel il répand des gouttes de sang précieux? N'a-t-on pas sujet de croire qu'on est transporté dans le ciel, et qu'on voit tout ce qui s'y passe? Quelle merveille et quel prodigieux effet de la bonté de Dieu! Celui qui est assis à la droite de son Père, est en même temps dans les mains de tout le monde, et il permet à tous ceux qui veulent le recevoir, de le toucher et de l'embrasser; ce que chacun fait avec les yeux de la foi. Pour mieux comprendre l'excellence de ces saintes cérémonies, continue saint Chrysostome, représentez-vous Elie au milieu d'une foule infinie de peuple qui garde un profond silence, tandis que le prophète offre le sacrifice pour tous, et le feu qui, tombant tout à coup du ciel, entoure et consume la victime; quelque digne d'admiration que soit ce spectacle, le sacrifice de la nouvelle loi renferme des prodiges bien plus extraordinaires. Le prêtre y est debout et fait descendre, non du feu, mais le Saint-Esprit. Il prie longtemps, non pour attirer une flamme; mais la grâce qui purifie les cœurs de ceux qui participent à ce sacrifice. » Il vient ensuite aux prérogatives du sacerdoce, et il montre les prêtres revêtus d'un pouvoir que Dieu n'a pas même accordé aux anges. Nous devons donc, non-seulement les honorer comme des rois et des princes, mais leur porter, s'il est possible, un respect plus grand encore qu'à nos pères mêmes; car nos pères ne nous ont engendrés que selon la chair et le sang; tandis que les prêtres sont les ministres de cette naissance qui nous vient de Dieu et de cette adoption divine qui nous fait devenir ses enfants. « Qui pourra donc avec justice, ajoute ce Père, me reprocher que j'ai méprisé une si éminente dignité? Personne n'a jamais eu pour Jésus-Christ un amour plus ardent que saint Paul, ni reçu plus de grâces que lui; cependant la dignité des prêtres le faisait trembler. Ceux qui ont ses sentiments peuvent sans crainte souffrir qu'on les honore de l'épiscopat, mais ceux qui comme moi sont infiniment éloignés de sa vertu doivent être regardés comme téméraires, s'ils ne refusent pas cette dignité quand on la leur offre. Je sais combien cet emploi est pesant et combien mes forces sont petites; et c'est par une grâce spéciale de la Providence que je suis demeuré dans l'état où Dieu m'avait placé. » Saint Chrysostome marque ensuite les qualités que doit avoir un évêque et les défauts qu'il doit éviter, et il termine cette énumération par les réflexions suivantes : « Comme les vertus et les bonnes œuvres des évêques ont un grand ascendant sur l'esprit des peuples, et leur donnent beaucoup d'émulation, leurs fautes causent de grands scandales, et poussent dans le désordre ceux qui y ont naturellement du penchant. Une faute même légère ternit le lustre et l'éclat de leur vertu; car le monde est injuste, et voudrait qu'un évêque, qui n'est qu'un homme comme les autres, fût entièrement exempt de faute comme les anges, et qu'il atteignît leurs perfections. »

IVe *Livre.* — Basile ayant répliqué que les sujets de crainte qui accompagnent l'épiscopat n'étaient que pour ceux qui avaient brigué cette dignité, et non pour Chrysostome qui s'y était soustrait par la fuite, saint Chrysostome emploie une partie du quatrième livre à montrer que non-seulement ceux qui s'ingèrent par ambition dans les dignités ecclésiastiques, mais aussi ceux qui y sont élevés sans les avoir recherchées, seront punis sévèrement des fautes qu'ils y auront commises; parce que, connaissant ces fonctions au-dessus de leurs forces, ils devaient les refuser. Saül, Moïse, Aaron, Héli, ne s'étaient pas ingérés d'eux-mêmes dans le ministère, et toutefois ils n'en furent pas moins punis des fautes dans lesquelles ils sont tombés. Ce n'est pas une excuse devant Dieu de dire qu'on nous a forcés d'accepter un emploi; car quand tout le monde nous y appellerait et voudrait même nous contraindre de l'accepter, nous ne devrions pas tant considérer les pensées des autres que examiner notre capacité, nos talents, nos forces. Quel pardon peut donc espérer celui qui accepte l'épiscopat en étant indigne? Saint Chrysostome fait voir ensuite que le talent de la parole et la connaissance des dogmes de la religion sont nécessaires à un évêque. « Sans cela, dit-il, il ne peut donner à son troupeau une nourriture convenable, ni réfuter les ennemis de l'Eglise. Ce n'est pas même assez qu'il soit instruit de la saine doctrine, il doit encore savoir toutes les manières d'attaquer les hérétiques et de se défendre de leurs mauvais raisonnements et de leurs ruses, parce que s'il en ignorait une seule, le démon s'en prévaudrait pour le surprendre. Que servirait-il à un évêque de confondre les gentils, s'il succombait sous les attaques des juifs ou des hérétiques? S'il n'est rompu dans la dispute, comment pourra-t-il satisfaire à la curiosité téméraire des catholiques mêmes, souvent plus capables d'embarrasser un évêque que ne sont tous les arguments des infidèles et des hérétiques? S'il veut imposer silence à ceux qui lui proposent de semblables questions, on l'accusera d'orgueil ou d'ignorance. Il doit donc, dans ces occasions, user de prudence et d'adresse : ce qu'il ne peut faire s'il manque de science et d'éloquence. » — Mais, objecte Basile, si l'éloquence est aussi nécessaire à un évêque, pourquoi donc saint Paul s'est-il mis si peu en peine de l'acquérir? Pourquoi se fait-il gloire de son ignorance? Saint Chrysostome avoue que cette considération avait séduit plusieurs personnes, qui s'en étaient fait un prétexte pour s'exempter de l'étude, faute d'avoir assez examiné l'élévation d'esprit de l'Apôtre, et le sens de ces paroles, qui ne signifient autre chose, sinon qu'il ne connaissait pas toutes les délicatesses de la langue; qu'il ne se piquait pas de la politesse d'Isocrate, de la force de Démosthène, de la majesté de Thucydide, de la sublimité de Platon. Mais en abandonnant aux profanes les vains ornements d'une éloquence pompeuse, le grand apôtre avait excellé dans un genre d'élocution dont personne ne peut lui contester la gloire; c'est celui qui consiste à mettre en évidence, par un discours simple et naturel, les dogmes de la religion. Et à l'appui de son sentiment, le saint docteur rappelle toutes les merveilles opérées par l'éloquence apostolique de saint Paul à Athènes, à Antioche, à Thessalonique, à Corinthe, à Éphèse et à Rome, les villes du monde où l'on se piquait le plus de savoir et d'éloquence. Il fait ensuite l'éloge des lettres de saint Paul, et il prouve par l'autorité même de celles à Tite, à Timothée, aux Colossiens, que « la science est nécessaire aux pasteurs, parce qu'il ne leur suffit pas de porter à la vertu par leurs bons exemples ceux qui leur sont confiés ; il est encore besoin qu'ils les y exhortent par de bons discours. De quelle utilité peut être la bonne vie, lorsqu'il s'agit de décider des dogmes disputés, surtout lorsque les deux partis s'appuient de l'autorité de l'Écriture? Quel danger pour la religion de voir un évêque vaincu et réduit à ne savoir quoi répliquer? Les simples, au lieu de s'en prendre à sa faiblesse et à son ignorance, croiront que les dogmes qu'il défend sont insoutenables; et dès lors, leur foi devenue flottante, ils commenceront à douter des points qu'ils croyaient auparavant avec une certitude inébranlable. »

v° *Livre*. —Dans le cinquième livre, Chrysostome donne des conseils aux prédicateurs sur la manière dont ils doivent user du talent de la parole. « Il faut, dit-il, qu'ils soient en même temps capables de deux choses : l'une, de mépriser les applaudissements du peuple, et l'autre, de pouvoir lui parler avec force ; car si l'une de ces deux qualités manque à un prédicateur, celle qu'il a lui est inutile. Et en effet, si en même temps qu'il est assez fort pour n'être pas ému des louanges humaines, il ne l'est pas assez pour instruire ses auditeurs, et que la manière dont il leur parle le rende méprisable à plusieurs, toute cette grandeur d'âme, qui l'élève au-dessus des louanges, lui est inutile. Si, au contraire, ayant le talent de s'exprimer avec force et avec grâce dans ses discours, il a la faiblesse de se laisser emporter aux louanges et aux applaudissements de ceux qui l'écoutent, il est capable de nuire aux autres et à lui-même, en ce que ce vain désir de louanges dont il est rempli le porte à employer tout son talent à se rendre agréable au peuple plutôt qu'à lui être utile. Semblable à un père qui n'est pas plus touché des caresses de ses enfants encore petits que des coups qu'ils lui donnent, il ne doit ni se laisser enfler le cœur par les louanges de ses auditeurs, ni s'abattre par le blâme qu'ils lui donnent sans raison. Il ne doit pas néanmoins absolument rejeter leurs louanges; mais aussi il ne faut pas qu'il les recherche, et il doit se contenter, pour la consolation et le fruit de ses travaux, du témoignage que lui donne sa conscience, et n'user de son éloquence et de sa doctrine que pour servir Dieu et lui plaire. »

vi° *Livre*. — On voit dans le sixième livre avec quelle rigueur les prêtres seront punis pour les péchés du peuple, sans qu'ils puissent s'excuser ni sur l'incapacité, ni sur l'ignorance, ni sur la violence qu'on leur a faite pour les élever au sacerdoce. On y voit aussi avec quelle précaution ils doivent vivre pour se préserver de la contagion du siècle, et conserver en son entier la beauté spirituelle de leur âme. Le saint docteur leur rappelle qu'ils sont les ambassadeurs de Dieu, non pas auprès d'un peuple, mais auprès de tous les peuples, afin de prier et pour ceux qui sont vivants et pour ceux qui sont morts, en offrant pour tous et pour chacun ce sacrifice de propitiation dont les anges n'approchent qu'en tremblant. Il leur recommande la prudence la plus attentive, afin de ne blesser aucun de ceux avec lesquels ils sont en rapport tous les jours, et leur propose l'exemple du grand apôtre qui se faisait tout à tous pour les gagner tous à Jésus-Christ. Comparant ensuite l'état d'un évêque avec les travaux des moines, saint Chrysostome estime qu'il est bien plus aisé de pratiquer la vertu dans la solitude que dans les emplois de l'Église qui exposent à des occasions fréquentes, et qui réveillent dans l'âme des vices et des défauts inconnus au désert. Basile fut si effrayé de ce tableau des devoirs d'un évêque, que peu s'en fallut qu'il ne se fît en lui une dissolution du corps et de l'âme, tant son esprit fut saisi de douleur. « Car, dit-il, faisant alors réflexion en moi-même sur la gloire, la sainteté, la beauté spirituelle, l'éclat et la sagesse de l'Épouse de Jésus-Christ, et de l'autre, considérant les défauts et les misères de mon âme, je ne cessais de fondre en larmes, et de déplorer mes maux et les siens, en me disant à moi-même ces paroles dans l'amertume de mon cœur : Quel peut avoir été l'auteur d'un si malheureux conseil? Quel mal a fait l'Église de Dieu pour mériter un tel châtiment? et qu'est-ce qui peut avoir attiré sur elle cette marque de l'indignation divine, de l'avoir abandonnée, pour sa honte et pour son malheur, à la conduite du plus indigne de tous les hommes. » Il fit sentir à saint Chrysostome, par une vive description, tous les maux dont il se trouvait accablé depuis qu'on l'avait élevé à l'épiscopat, et le pria de ne pas l'abandonner un moment à sa méchante conduite, mais de lui être uni plus que jamais. Ce Père le lui promit, et l'exhorta à ne pas perdre courage. « Je serai toujours, ajouta-t-il, auprès de vous dans les intervalles où vous aurez quelque loisir, et je vous rendrai tous les services que je pourrai. » Ce qui marque que l'évêché de Basile n'était pas fort éloigné d'Antioche.

Nous avons passé sous silence, parce qu'avec la meilleure volonté nous ne pouvons rendre compte de tout, trois livres *contre les ennemis de la vie monastique*, composés vers l'an 375, lorsque l'empereur Valens eut ordonné par une loi que les moines seraient enrôlés dans les armées romaines, comme les autres sujets de l'empire; la *Comparaison d'un roi et d'un moine*, où Chrysostome établit que la cellule du cénobite est préférable au palais du monarque; deux livres *à une jeune veuve*, où il relève les avantages de la viduité; et un *Discours prononcé le jour de son ordination*, dans lequel il conjure ses auditeurs de l'aider de leurs prières, afin qu'il puisse remplir dignement les fonctions d'un ministère qu'il n'avait embrassé que par charité.

Homélies contre les anoméens. — Il n'y avait pas longtemps que saint Chrysostome était prêtre, lorsqu'il conçut le dessein de combattre l'hérésie des anoméens; mais, s'étant aperçu que quelques-uns de ces hérétiques assistaient à ses sermons et l'écoutaient volontiers, il différa d'entrer en lice avec eux, jusqu'à ce qu'ils l'en invitassent eux-mêmes. Si donc il entreprit plus tard de les combattre, ce fut moins dans l'intention de les vaincre que de les relever, en leur apprenant que la nature de Dieu étant incompréhensible, ils s'attribuaient mal à propos une connaissance parfaite de la divinité. C'est pour cela que les cinq premières homélies qu'il prononça contre eux sont intitulées : *De la nature incompréhensible de Dieu*.

La première fut prononcée un jour de dimanche, en l'absence de l'évêque Flavien. Aussi saint Chrysostome, ne craignant pas de faire souffrir sa modestie, débuta par un éloge pompeux de ses vertus, après quoi il commença à réfuter l'hérésie des anoméens. Son premier raisonnement est fondé sur ces paroles de l'Apôtre aux Corinthiens : *La science sera abolie; car ce que nous avons maintenant de science est imparfait; mais lorsque nous serons dans l'état parfait, tout ce qui est imparfait sera aboli.* — Les anoméens, dit-il, prétendaient avoir une connaissance parfaite de la Divinité. Or, selon ces paroles de saint Paul, la connaissance que nous avons maintenant sera abolie dans le ciel. Donc, il ne restera alors aux anoméens aucune connaissance de la Divinité. Pour nous, continue ce Père, qui croyons que notre connaissance est imparfaite, nous ne courrons aucun risque de croire qu'elle sera abolie, parce que nous espérons la voir remplacée par une connaissance parfaite... Il prouve ensuite, par divers passages de l'Ecriture, que non-seulement Dieu est incompréhensible dans sa nature, mais aussi dans sa justice, dans sa sagesse, dans sa providence, en un mot, dans tous ses attributs.

Les anoméens objectaient aux catholiques, dans la quatrième homélie : Vous dites que la nature de Dieu vous est inconnue; donc vous adorez ce que vous ne connaissez pas. Saint Chrysostome répond à cette objection dans l'homélie suivante. « Cette difficulté, dit-il, ne méritait pas d'être relevée, puisqu'il ne s'agit entre les anoméens et nous que de la connaissance de Dieu selon sa nature. Mais, ajoute-t-il, comme nous cherchons moins à confondre nos adversaires qu'à les ramener à la vérité, faisons-leur voir que celui qui avoue ne point comprendre la nature de Dieu la connaît mieux en effet que celui qui prétend la comprendre. » Il se sert à cet effet d'une comparaison. « Mettons, dit-il, deux hommes qui disputent ensemble sur l'étendue du ciel que nous voyons, dont l'un soutient qu'il en connaît toutes les dimensions, et l'autre que cela est impossible à l'homme : je demande lequel des deux connaît mieux le ciel? lequel des deux en a une plus grande idée ? C'est celui-là sans doute qui avoue qu'il n'en sait pas l'étendue. Il en est de même des catholiques et des anoméens. »

Il suspendit pendant quelque temps le cours de ses homélies, et ne le reprit qu'au commencement de l'année 387. Il se plaint dans la sixième que les jeux du Cirque continuaient de lui enlever ses auditeurs, ce qui marque qu'il la prononça dans les premiers jours de janvier. Comme il avait montré dans la cinquième homélie qu'il n'y avait que le Fils et le Saint-Esprit qui connussent parfaitement l'essence du Père, parce qu'ils sont de même nature que lui, il entreprend de faire voir dans celle-ci que le Fils est non-seulement consubstantiel au Père, mais qu'il a encore la même puissance que lui. Il le prouve par plusieurs passages, ordinairement allégués quand on traite cette matière; et il ajoute qu'il est de la nature de toute génération que l'engendré soit de la même substance que son générateur. Il s'objecte les endroits de l'Ecriture qui, en parlant de Jésus-Christ, disent des choses indignes de sa divinité; à quoi il répond : «L'Ecriture n'en parle ainsi que pour prouver son humanité, dont la foi ne nous est pas moins nécessaire que celle de sa divinité; que pour nous apprendre à nous humilier, à l'exemple de notre Sauveur; que pour établir contre Sabellius la distinction des personnes divines, et pour plusieurs autres raisons : au lieu que le Sauveur n'en a eu aucune de s'égaler à son Père, comme il a fait plusieurs fois, s'il ne lui était pas véritablement égal. Si en d'autres occasions il a prié son Père, ce n'a été que pour établir la vérité de son Incarnation et de ses deux volontés. Enfin, sa vie a été un mélange d'actions et de paroles divines et humaines, afin qu'on ne prît point occasion des premières, de le croire seulement Dieu; ni des autres, de le prendre pour un pur homme. » — Cette homélie est citée par Théodoret, par Facundus et par le sixième concile œcuménique. Elle finit, comme plusieurs autres du saint docteur, par une exhortation morale à la prière, qu'il dit être le moyen le plus puissant et le plus efficace pour s'assurer l'assistance de Dieu. — Le lendemain, dans sa septième homélie, il répondit à une objection que les hérétiques lui avaient adressée la veille contre la puissance du Fils. Cette objection était tirée de ces paroles de Jésus-Christ aux enfants de Zébédée : *Mais pour être assis à ma droite ou à ma gauche*, ce n'est pas à moi de vous l'accorder. Saint Chrysostome oppose à ce passage les textes du même Evangile, où il est dit que Jésus-Christ a le pouvoir de juger les hommes, de les punir ou de les récompenser, et ce passage où saint Jean dit en propres termes que le Père ne juge personne, mais qu'il a laissé tout jugement au Fils. Venant ensuite aux paroles objectées, il affirme que « le sens est que Jésus-Christ ni même le Père, ne donnent point la première place du royaume des cieux par une volonté absolue, mais à proportion des bonnes œuvres et de ce qu'on aura souffert pour la vérité. » C'est ce qu'il rend sensible par une comparaison. « Que répondrait celui qui distribue les prix dans les jeux publics, à une mère qui viendrait le prier de donner les deux prix à ses deux fils? Ce n'est point à moi, lui dirait-il, à les donner : je ne puis que les distribuer à ceux qui remporteront la victoire. » Saint Chrysostome ajoute que « s'il ne dépendait que de Jésus-Christ de récompenser indépendamment du mérite, tous les hommes seraient sauvés et jouiraient d'un égal degré de gloire : car il les a tous créés, et il prend soin de tous. Mais saint Paul ne nous permet point de douter qu'il n'y ait dans le ciel divers degrés d'honneur, lorsqu'il dit : *Le soleil a son éclat, la lune le sien, et les étoiles le leur ; et entre les étoiles, l'une est plus éclatante que l'autre.* »

Contre les juifs et les gentils. — On a mis à la suite de ces homélies contre les anoméens un traité contre les juifs et les gentils, parce que saint Chrysostome l'écrivit à peu près dans le même temps. On voit par ce traité qu'il n'était pas évêque lorsqu'il l'écrivit, et qu'il ne demeurait pas à Constantinople. Son but est d'y prouver, aussi bien contre les juifs que contre les païens, que Jésus-Christ est véritablement Dieu. Les motifs de crédibilité qu'il propose comme les plus propres à convaincre ses adversaires, sont la fondation de l'Eglise, la propagation de l'Evangile, la conversion des Romains et des barbares à la foi chrétienne, opérée en peu de temps par douze pauvres pêcheurs, nus, ignorants, sans éloquence et sans armes. Peut-on à ces marques ne pas reconnaître qu'il est vraiment Dieu? Venant ensuite aux juifs, il se sert contre eux de l'autorité de l'Ancien Testament et n'oublie presque aucun passage qui prouve en faveur de son sujet. Il s'appuie surtout sur la prophétie d'Isaïe, s'étudiant à en développer le sens et à en dévoiler les mystères. Il allègue encore comme motif de crédibilité les honneurs qu'on rend partout à la croix, et la destruction du temple de Jérusalem, qui, malgré les efforts des juifs et des princes ennemis des chrétiens, n'a jamais pu être rebâti.

Discours contre les juifs. — Ces discours sont au nombre de huit, et ils ont tous pour but de prouver que Jésus-Christ a aboli les cérémonies légales, que l'Eglise a remplacé la Synagogue, et que les sacrifices anciens ont cessé d'exister depuis la destruction du temple de Jérusalem ; puisque, d'après le texte formel de la loi de Moïse, c'est là seulement qu'il est permis aux juifs d'immoler. Il s'élève avec force contre l'aveuglement et l'obstination des juifs, et il combat sans relâche la superstition qui avait porté quelques fidèles à les imiter et à jeûner avec eux. Il leur montre que ce jeûne est abominable, parce qu'il est fait contre la volonté de Dieu, qui seul peut sanctifier nos actions, et que toutes les fêtes des juifs, saintes dans leur origine, ne sont plus aujourd'hui qu'une profanation sacrilège, parce qu'ils n'ont plus ni victimes, ni prêtres, ni autels, ni sacrifices, ni religion.

Discours contre l'anathème. — Voici quelle fut l'occasion de ce discours, qui est très-vif et très-pressant. Plusieurs, parmi les catholiques d'Antioche, soit du parti de Flavien, soit du parti de Paulin, animés d'un zèle mal réglé, prononçaient anathème contre ceux qui n'étaient pas de leur communion, les déclarant hérétiques. Car ceux qui tenaient pour Flavien dans le siège épiscopal d'Antioche, traitaient de sabelliens les sectateurs de Paulin, et ceux-ci, à leur tour, accusaient d'arianisme ceux qui suivaient Flavien, parce qu'il avait succédé à Mélèce ordonné par les ariens. Ce fut donc pour réprimer ces excès que saint Chrysostome crut devoir traiter de l'anathème.

Après avoir expliqué la force de ce terme qui signifie exécration, abandonnement au démon, il dit à ceux qui en abusaient : « Pourquoi usurpez-vous une autorité dont les apôtres seuls ont été dépositaires, et ceux qui leur ont succédé dans le ministère, ayant été comme eux remplis de grâce et de vertu? Ils avaient les uns et les autres une si grande charité, qu'ils ne chassaient les hérétiques de l'Eglise qu'avec les mêmes précautions, et avec autant de douleur que s'ils se fussent arraché l'œil droit, pour retrancher de leur corps un membre pourri. Ils réfutaient avec soin les hérésies, et chassaient ceux qui en étaient infectés ; mais ils ne leur disaient point anathème. Saint Paul ne s'est même servi que deux fois de ce terme, y étant comme obligé : encore ne l'a-t-il fait qu'en général sans le déterminer à une personne. *Si quelqu'un*, dit-il, *n'aime pas Notre-Seigneur Jésus-Christ, qu'il soit anathème.* Et encore : *Si quelqu'un vous enseigne autre chose que ce que nous vous avons enseigné, qu'il soit anathème...* Nous pouvons nous réjouir d'être dans le chemin de la vérité, et gémir de voir les autres dans celui de l'erreur ; mais nous ne devons point les irriter par des injures. Il faut au contraire les rappeler à la vérité par la douceur, les instruire pour la leur faire connaître, et les engager à l'aimer en les traitant avec charité. S'ils méprisent nos remontrances, nous devons leur protester que nous sommes innocents de leur perte, sans cesser de les aimer et sans désespérer de leur conversion, mais au contraire, en la demandant à Dieu comme l'Eglise fait tous les jours. Il montre que Jésus-Christ, qui avait la plénitude de l'autorité et de la science, n'a point rompu le roseau brisé ; que rien n'est plus contraire à la doctrine de saint Paul que d'anathématiser ses frères ; que, quelque zèle qu'il eût pour la vérité, il n'a anathématisé personne, persuadé qu'en traitant les pécheurs avec tant de sévérité, il n'aurait jamais converti le monde. Celui que vous voulez anathématiser, continue ce Père, est ou mort, ou vivant : s'il vit encore, c'est une impiété à vous de séparer de l'Eglise celui qui peut se corriger. S'il est passé dans une autre vie, il est soustrait à la puissance humaine et il est devant Dieu, dont les jugements sont impénétrables. Contentez-vous donc, dit-il en finissant, de réfuter et d'anathématiser les dogmes contraires à la foi que nous avons reçue par tradition ; mais épargnez les personnes, et priez pour leur salut.

Discours sur les étrennes. — Les folies du premier janvier furent l'occasion de ce discours. Elles commençaient dès la nuit, que l'on passait en danses, en jeux et en débauches, que le saint appelle diaboliques. Le jour, on donnait des étrennes, qui étaient accompagnées aussi de beaucoup de désordres. Saint Chrysostome invective fortement contre cette coutume, et s'élève surtout contre ceux qui croyaient que le moyen de passer toute l'année dans la joie et dans les plaisirs était de s'y livrer dès le premier jour. Il montre que rien n'est si contraire à la loi de Dieu ; que le vrai moyen d'être heureux toute l'année, c'est de la commencer dans la crainte du Seigneur et par l'observation de ses commandements ; qu'il n'y a que la vertu qui puisse nous rendre certains jours heureux ; que, comme rien n'est mauvais par lui-même que le péché, il n'y a rien de bon que la vertu ; que quiconque a la conscience pure est toujours en fête, au lieu que celui qui l'a chargée de crimes est d'une pire condition que ceux qui pleurent, fût-il six cents fêtes ; enfin, que, soit que nous commencions l'année, soit que nous la finissions, nous devons tout faire pour la gloire de Dieu, suivant les paroles de saint Paul, dont il donne l'explication.

Sept discours sur Lazare. — Nous n'avons rien d'assuré touchant l'époque de ces discours ; seulement, par l'exorde du premier, nous voyons qu'il fut prêché le lendemain de l'homélie contre les étrennes, par conséquent, le second de janvier. Il fut suivi de près des six autres sur le même sujet, mais avec une certaine interruption cependant, à cause de quelques fêtes de saints dont Chrysostome fut obligé de faire l'éloge. Ces discours contiennent des instructions très-sages sur divers points de la morale chrétienne. Quelques extraits du troisième discours nous aideront à donner une idée de tous les autres. — Saint Chrysostome s'attache à ces paroles qu'Abraham répond au mauvais riche : *Mon fils, souvenez-vous que vous avez eu vos biens en votre vie, et que Lazare n'y a reçu que des maux.* Pour en expliquer le sens, il distingue les hommes en trois classes : la première est de ceux qui souffrent seulement en cette vie ; la seconde, de ceux qui ne souffrent qu'en l'autre ; la troisième, de ceux qui souffrent en l'une et en l'autre. Il examine lesquelles de ces personnes sont les plus malheureuses, et dit : « Il est hors de doute que celles de la première classe sont les plus heureuses, puisque ce qu'elles souffrent ici-bas sert à expier les péchés qu'elles peuvent avoir commis. La plupart s'imaginent, ajoute-t-il, que les personnes qui souffrent en cette vie et en l'autre sont les plus malheureuses de toutes ; mais ils se trompent, parce que plus un pécheur souffre en cette vie, moins il lui reste à souffrir en l'autre : d'où il conclut que celui-là est le plus malheureux, qui, ayant toujours vécu dans les délices comme le mauvais riche de l'Evangile, serait obligé de porter pendant l'éternité tout le poids de la sévérité de la justice de Dieu, sans pouvoir obtenir une goutte d'eau pour se rafraîchir, c'est-à-dire la moindre consolation dans ses souffrances. Il en infère encore que de deux pécheurs, le moins malheureux en l'autre vie est celui qui a le plus souffert en celle-ci ; que de deux justes, le plus heureux sera celui qui aura le plus souffert en ce monde ; et enfin, que personne ne peut être heureux en ce monde et en l'autre. » Comme on aurait pu lui objecter qu'Abraham, Isaac, Jacob, David, et d'autres justes de l'Ancien Testament, après avoir été heureux en cette vie, l'étaient encore en l'autre, il touche en quelques paroles les maux qu'ils avaient soufferts, et finit en disant : « ceux que Dieu n'afflige point en cette vie doivent s'affliger eux-mêmes par les travaux de la pénitence, l'unique voie qui puisse nous conduire à Dieu. »

Tous ces écrits de saint Chrysostome forment le Ier volume de la collection de ses Œuvres. Il est vrai qu'on lui en attribue quelques autres, qui se trouvent également reproduits dans ce volume ; mais la supposition est si flagrante, que nous ne nous croyons pas même obligé d'en rapporter les titres, à plus forte raison d'en dire un mot. Nous renvoyons au *Cours complet de Patrologie* ceux de nos lecteurs qui seraient curieux d'en connaître davantage.

Homélies sur la sédition d'Antioche et sur les statues. — Les impôts ordonnés par l'empereur Théodose, en 387, excitèrent à Antioche une sédition si violente, qu'on y brisa à coups de pierres les images de l'empereur. On renversa ses statues, celles de son père, de l'impératrice et de ses enfants, et on les traîna par les rues de la ville jusqu'à ce qu'elles fussent mises en pièces. Le saint évêque Flavien, prévoyant les vengeances que l'empereur allait tirer d'un pareil attentat, oublia son grand âge et la rigueur de la saison, et partit pour Constantinople, où il obtint de ce prince la grâce des coupables. L'intervalle entre le crime des séditieux et le temps qu'il fallut à Flavien pour en obtenir le pardon, parut à Chrysostome un moment favorable pour répandre la semence de la vérité dans des cœurs attendris par la crainte des châtiments. Ces Homélies sont au nombre de vingt et une.

I**re** *Homélie.* — La première fut prêchée quelques jours avant la sédition, dans l'église qu'on appelait la *Palée* ou l'*Ancienne*, et n'a aucun rapport avec ce fait. Elle roule tout entière sur ces paroles de saint Paul à Timothée : *Usez d'un peu de vin, à cause de votre estomac et de vos fréquentes infirmités;* et, de ce peu de mots qui paraissent si simples et si communs, l'orateur sut tirer d'excellentes instructions pour la consolation des justes. Saint Chrysostome montre que Dieu a ses raisons d'affliger les justes, soit pour empêcher que le grand nombre de leurs vertus ne leur enfle le cœur, et que les autres hommes ne soient tentés de les prendre pour des dieux, soit pour mettre leur patience à l'épreuve et nous enlever tout prétexte de nous dispenser de les imiter. Il termine ce discours par une sortie pleine de force et d'indignation contre les blasphémateurs.

II**e** *Homélie.* — Ce discours, quoique écouté avec beaucoup d'attention, ne produisit que peu ou point d'effet, puisque, huit jours après la sédition, saint Chrysostome, dans le discours suivant, attribue au peu de soin qu'on avait mis à réprimer le blasphème, la désolation où se trouvait la ville d'Antioche. C'est le premier qu'il fit pour consoler le peuple, après avoir gardé le silence pendant sept jours, à cause de l'abattement général. Il le commence en témoignant sa propre douleur, et, pour adoucir celle des autres, il invite les îles voisines à y prendre part. « Je pleure et je gémis, ajoute-t-il, non par la crainte du châtiment que l'on doit attendre de si grands excès, mais sur la folie d'un dérèglement si prodigieux. Quand l'empereur ne le punirait pas, le regret de nous y être abandonnés nous serait-il supportable ? Comment cette ville est-elle passée de l'état heureux, où nous l'avons vue, dans celui où nous la voyons aujourd'hui ? On peut dire d'Antioche ce qu'Isaïe disait autrefois de Jérusalem : *Notre cité est comme un thérébinthe qui a perdu ses feuilles, et comme un jardin qu'on n'a pas soin d'arroser;* car de même que les arbres faute d'eau ne peuvent porter ni feuilles ni fruit, ainsi cette ville, destituée du secours d'en haut, se voit privée de ses habitants; ses maisons et ses places sont abandonnées; le doux nom de patrie est devenu odieux; chacun fuit le lieu de sa naissance comme un incendie. C'est une énigme que notre malheur, nous fuyons sans qu'aucun ennemi nous poursuive; nous quittons notre patrie sans avoir combattu; nous n'avons point vu briller les armes, et nous souffrons tous les maux de l'esclavage. Nos citoyens, qui se réfugient dans les villes voisines, ont déjà publié partout notre malheur; mais ce n'est pas cela qui doit nous faire rougir, il est même à propos qu'elles soient informées de l'infortune de leur mère, afin que, joignant leurs prières aux nôtres, elles en obtiennent de Dieu le salut. » Après avoir fait une peinture très-vive de la consternation générale qui régnait dans Antioche, il s'efforce d'y relever les esprits abattus, et de leur rendre leur première tranquillité en les exhortant à laisser à Dieu la disposition de l'avenir, ne doutant point que cette résignation ne dût être un remède à leur douleur. Reprenant, après ce prélude, l'explication de la première Épître à Timothée, il s'arrête à ces paroles du sixième chapitre : *Avertissez les riches de ce siècle de n'être point orgueilleux;* et il s'élève contre l'orgueil qui produit l'avarice, contre l'avarice qui engendre la dureté, contre la dureté qui pétrifie le cœur, lui fait perdre le premier de ses sentiments, la charité, et oublier le premier de ses devoirs, l'aumône.

IV**e** *Homélie.* — Le premier lundi de carême, le peuple, après avoir passé tout le jour sans manger, accourut en si grande foule à l'église pour entendre Chrysostome, qu'il jugea à leur ardeur et par la joie qui éclatait sur tous les visages, que la tempête avait cessé et que le calme était revenu. Il en rendit grâces à Dieu, et loua ses auditeurs de ce que la crainte de la mort n'avait pas étouffé en eux les sentiments de l'amour divin. « Voilà, leur dit-il, l'avantage que nous tirons des afflictions; voilà l'utilité que nous apportent les disgrâces. L'adversité nous rend plus soigneux de notre devoir, elle rappelle l'esprit de ses erreurs, et le fait rentrer en lui-même. Ce n'est ni la prospérité ni le malheur qui nous perdent, c'est notre imprudence. Le bien et le mal sont également utiles à l'homme sage. La prospérité ne connaît point son cœur, et l'adversité le rend meilleur. Le méchant, au contraire, s'oublie dans la prospérité, et les disgrâces le rendent encore plus méchant. Les afflictions sont donc utiles à deux choses : elles effacent les taches du péché et ajoutent un nouvel éclat à la vertu. » Il emploie pour le prouver divers exemples, entre autres celui de Job et celui des trois enfants de Babylone, dont les souffrances ne servirent qu'à faire éclater davantage la vertu. Il le prouve encore par le fruit qu'ils avaient tiré eux-mêmes des calamités présentes. « Celui, dit-il, qui était insolent, est devenu modeste; l'orgueilleux est devenu humble, le paresseux diligent, et tel qui passait toute la journée au théâtre, passe maintenant dans l'église tout le temps qu'il employait à des spectacles profanes. Mais, me direz-vous, nous vivons en des alarmes continuelles; l'appréhension des supplices ne nous laisse aucun repos. Je vous réponds que ces inquiétudes vous ont rendu plus soigneux de plaire à notre maître. Dieu pourrait bien arrêter en un moment le cours de nos maux, mais ne croyez pas qu'il vous rende sa main secourable, s'il ne remarque en vous des preuves d'une véritable pénitence. Il permet les tentations, mais en même temps il leur donne un terme, ne permettant pas que nous nous endormions dans la prospérité, ni que l'adversité nous accable, et tempérant l'une et l'autre par sa prudence. »

XIIᵉ *Homélie*.—Saint Chrysostome prêcha ce discours un mercredi. Il annonce qu'il le commence, comme ceux des deux jours précédents, en bénissant Dieu et en le remerciant d'avoir fait succéder le calme à la tempête. « Huit jours auparavant, la plupart des habitants d'Antioche, saisis de frayeur, s'étaient sauvés dans les montagnes et dans les déserts ; ceux qui étaient restés se regardaient sans oser se parler, parce qu'ils se défiaient les uns des autres. Le peuple s'assemblait à la porte du palais, où l'on avait dressé un tribunal de juges ; dans la salle, on voyait des soldats armés d'épées et de massues qui faisaient faire silence, et veillaient au tumulte que les parents des accusés auraient pu exciter. Les menaces des juges, la voix des bourreaux, le son des coups de fouets, et les cris de ceux que l'on tourmentait, jetaient partout la frayeur. On voyait passer au milieu de la place les premiers de la ville chargés de chaînes ; leurs femmes chassées de leurs maisons, trouver à peine des retraites, parce que chacun craignait de devenir suspect. Ce fut alors, dit saint Chrysostome, que je m'écriai avec Salomon : *Vanité des vanités, et tout n'est que vanité.* Ces pitoyables objets me faisaient faire réflexion sur le terrible jugement de Dieu. Comment ! disais-je, ni une mère ni une sœur, quoique innocentes, ne peuvent obtenir des magistrats la grâce d'un criminel ? Qui se déclarera donc notre protecteur à ce jour épouvantable ? Qui nous arrachera aux supplices éternels ? L'Église joignait ses prières à celles des particuliers : elle demandait à Dieu qu'il lui plût de sauver ce qui restait d'Antioche, et d'empêcher son entière destruction ; tous le priaient de la même chose avec des torrents de larmes ; mais les juges n'en étaient pas moins rigoureux, et ne songeaient qu'à s'acquitter de leur commission avec diligence. » — Après cette description, que saint Chrysostome ne fait que pour attendrir ses auditeurs par le souvenir de leur infortune, il traite de nouveau la matière qu'il avait commencée dans le discours précédent, et prouve par de nouvelles raisons que la nature a gravé dans nos cœurs la loi du bien et du mal.

XXIᵉ *Homélie*.—Le retour de Flavien et le pardon qu'il avait obtenu de Théodose pour les habitants d'Antioche font le sujet de cette homélie, que saint Chrysostome semble avoir prononcée le jour de Pâques. Après avoir rendu grâces à Dieu de ce qu'il avait réuni le chef à ses membres, le pasteur à son troupeau, le pontife à ses prêtres, il le remercie en même temps du soin qu'il avait pris de cette cité dont le démon avait conjuré la ruine. Il loue Flavien d'avoir exposé sa vie pour le salut de son troupeau, et dit de Théodose que la couronne qu'il portait sur la tête ne lui avait jamais fait tant d'honneur que le pardon qu'il venait d'accorder à Antioche. Pour faire ressortir davantage le zèle et l'éloquence de Flavien, la clémence et la grandeur d'âme de l'empereur, il rapporte presque en entier la harangue que ce patriarche fit à Théodose et la réponse du prince, en disant qu'il tenait ce récit d'un témoin qui avait tout suivi et tout entendu. La ville d'Antioche, à la nouvelle du pardon, avait fait de grandes réjouissances ; saint Chrysostome exhorte ses auditeurs à les continuer toute leur vie, non en se couronnant de fleurs, mais de vertus, et en allumant par les bonnes œuvres, dans leurs âmes, les flammes de la reconnaissance et de la charité. « Vous n'êtes pas seulement, ajoute-t-il, obligés à Dieu d'avoir terminé vos maux, mais de les avoir fait naître : car l'un et l'autre sert à la gloire de cette ville. Annoncez toutes ces choses à vos enfants ; que jusqu'à la dernière postérité on sache de quelle clémence Dieu a usé envers vous, et qu'on admire la bonté de notre prince, qui nous a si généreusement présenté la main pour nous relever. »

Dans l'analyse de ces homélies, nous nous sommes arrêté presque uniquement, comme on l'a pu voir, à tout ce qui se rattachait au fait historique qui y a donné lieu. Une plus longue analyse nous aurait entraîné au delà des bornes. Nous suivrons la même règle par la suite. Saint Chrysostome a prononcé un si grand nombre de discours que nous croirons avoir rempli notre cadre et satisfait à nos engagements, en faisant connaître les principaux.

Deux catéchèses. — On appelle ainsi deux instructions que le saint docteur adressa aux catéchumènes, dans le cours du même carême 387. On voit qu'il cherche à s'insinuer dans l'esprit de ses auditeurs par des termes d'humilité et de charité. Il n'hésite point à les traiter de *frères*, à cause de la grâce qu'ils devaient recevoir bientôt. Il les prie de se souvenir de lui, lorsqu'ils l'auront reçue, et qu'on les aura revêtus de l'habit royal et de la pourpre teinte dans le sang du Seigneur. « Vous ignorez encore, leur dit-il, la vertu du calice qui contient le sang précieux ; mais on vous l'apprendra dans peu de temps, lorsque vous serez initiés. » Il loue de leur ardeur pour le baptême, et de ce qu'ils n'attendaient pas à la mort pour le recevoir, comme faisaient plusieurs, quelques-uns même ayant perdu la connaissance lorsqu'ils le demandaient. Ce Père croit que ceux qui en usaient ainsi ne recevaient point la grâce du baptême. « D'ailleurs, dit-il, le tumulte qui se fait en ces sortes d'occasions empêche que le malade ne soit dans les dispositions nécessaires pour recevoir le baptême, qui sont l'attention, le renoncement au monde et une joie sainte qui éloigne de l'esprit toute pensée profane. » Il marque les différents noms que l'Église donne au baptême, savoir, ceux de *bain*, de *régénération*, d'*illumination*, de *sépulture*, de *circoncision* et de *croix* ; la différence du baptême qui purifie l'âme, d'avec les ablutions anciennes qui ne purifiaient que le corps ; enfin, la vertu de ce sacrement pour remettre les péchés et nous rendre saints et justes, eussions-nous auparavant été coupables de tous les crimes que l'homme peut commettre. Si le baptême remet nos péchés, disaient quelques-uns, pourquoi ne l'appelle-t-on pas purgation ou rémission des péchés? « C'est, répond saint Chrysostome, que l'Eglise a emprunté de l'Ecriture les noms qu'elle donne au baptême, qui y est appelé le bain de la régénération et non de la purgation, parce que non-seulement il remet les péchés, mais qu'il fait régénérer ceux qui le reçoivent et les crée de nouveau, les formant non de la terre, mais de l'eau. »

Saint Chrysostome, dans la seconde catéchèse, explique le nom de fidèle que l'on recevait dans le baptême, et dit « qu'on le donnait aux nouveaux baptisés, parce qu'ils croyaient en Dieu, et que Dieu leur confiait la justice, la sainteté, la pureté de l'âme, l'adoption, le royaume des cieux, et parce que les nouveaux baptisés lui confiaient aussi de leur part leurs aumônes, leurs prières, leur humilité et toutes leurs autres vertus. »

Trois homélies sur le démon. — Saint Chrysostome fait voir, dans la première de ces trois homélies, « que l'homme étant sorti du paradis terrestre dépouillé de toute sa grandeur, Dieu lui a rendu en Jésus-Christ et par sa grâce, beaucoup plus qu'il n'avait perdu par son péché propre et par la malice du démon; que les châtiments mêmes dont Dieu a puni le péché d'Adam montrent sa miséricorde, puisqu'ils servent à nous humilier; que si Dieu a désuni les hommes par la diversité des langues, ça été afin qu'ils ne demeurassent pas unis pour le mal; enfin que la bonté de Dieu éclate, non-seulement dans ses bienfaits, mais encore lorsqu'il punit. » Il infère de là que la famine, la peste et les autres fléaux qui affligent le genre humain, viennent de sa miséricorde, parce qu'il ne les envoye que pour guérir l'âme en mortifiant le corps; ce qu'il prouve encore par ces paroles du prophète Amos : *Il n'y a point de maux dans la ville que le Seigneur n'ait faits.* Il va sans dire que le terme de *maux* ne s'entend ici que des calamités temporelles, et non du péché, qui ne vient pas de Dieu, mais de notre propre volonté. D'où il conclut que la providence de Dieu étant plus visible que le soleil, c'est une folie de la nier jusqu'à douter si ce ne sont point les démons qui gouvernent le monde. Et il montre par l'histoire de Job et par ce qui arriva aux pourceaux de Geraza de quelle manière les démons traiteraient les hommes s'ils les gouvernaient.

Plusieurs personnes se plaignaient que Dieu n'eût pas mis le démon hors d'état de nous séduire en l'anéantissant. Saint Chrysostome répond dans la seconde homélie, « que quand il n'y aurait point de démon, notre lâcheté suffirait pour nous perdre; que les tentations sont utiles aux forts pour les exercer; que notre mauvaise volonté abuse de tout, de l'œil pour convoiter, de la langue pour blasphémer, des mains pour voler; qu'elle trouve partout des sujets de scandale, dans les choses même les plus saintes. Saint Paul ne fut-il point une odeur de mort pour plusieurs? La croix salutaire de Jésus-Christ n'a-t-elle pas été un sujet de scandale aux juifs? et les gentils ne l'ont-ils pas regardée comme une folie? La malice du démon peut même nous être utile, si nous savons en profiter. Cela paraît par l'histoire de Job et par la conduite de saint Paul envers l'incestueux de Corinthe, qu'il livra à Satan pour le salut de son âme. Nous ne devons donc point rejeter nos fautes sur le démon, comme fit Eve, mais nous en reconnaître humblement coupables, et les effacer par une confession sincère, en pardonnant aux autres les injures, en priant avec ferveur et persévérance, en donnant l'aumône et en pratiquant l'humilité. » — Deux jours après, saint Chrysostome continua la même matière et apporta en preuve ce qui s'était passé à Antioche l'avant-veille. Pendant que les uns l'écoutaient à l'église avec attention, et s'y occupaient de choses spirituelles, les autres étaient au théâtre pour y jouir de toutes les pompes de Satan. « Qui donc, dit-il, a été l'auteur de cette conduite différente? Qui a porté ces mondains à se séparer du bercail. Est-ce le démon qui les a séduits? mais pourquoi ne séduisit-il pas aussi ceux qui se trouvèrent à l'église, car ils étaient hommes comme les autres? C'est donc parce que ceux-ci n'ont pas voulu être séduits, et que ceux-là l'ont voulu. Il fait ensuite ce raisonnement contre ceux qui rejettent leur mauvaise vie sur le démon, et prétend que rien n'est plus capable de les confondre : Ce juste est de même nature que vous, il est homme comme vous, il respire le même air, il se nourrit des mêmes viandes. Pourquoi donc n'êtes-vous pas vertueux comme lui! Il allègue pour prouver que c'est de nous-mêmes que nous péchons, le discernement que Jésus-Christ fera dans le dernier jour des boucs et des brebis; la parabole des dix vierges; la pénitence des Ninivites opposée à l'impénitence des Juifs; et enfin la comparaison d'Adam vaincu dans le paradis terrestre, avec Job victorieux sur son fumier; montrant que toutes les différences qui se trouvent dans ces parallèles, ne viennent ni du démon, ni du destin, mais de la volonté de l'homme. Il s'étend beaucoup sur la patience de Job, dans la vue de consoler ceux qui souffrent; c'est pourquoi il s'applique à faire voir que jamais personne ne souffrira autant que ce saint homme, ni avec autant de désavantage, ayant souffert dans un temps où la grâce du Saint-Esprit étant moins abondante, le péché était plus difficile à éviter.

Homélies sur la pénitence. — On ne convient ni du nombre des homélies de saint Chrysostome sur la pénitence, ni du temps où il les a prêchées. Nous en avons neuf de suite dans le *Cours complet de Patrologie* qui toutes sont dignes de lui, quoique pourtant les trois dernières n'aient pas la même élégance que les autres; mais on sait que ce

Père ne se tient pas toujours à la même hauteur.

Dans la seconde de ces homélies saint Chrysostome exhorte ses auditeurs à recourir, pour effacer leurs fautes, à la confession, aux larmes et à l'humilité. Ce fut en confessant son crime que David en obtint le pardon, tandis que Caïn fut condamné pour avoir voulu cacher le sien. Achab eut recours aux larmes, et Dieu lui pardonna; enfin l'humilité justifia le publicain, et il en présente le modèle dans saint Paul. La confession, les larmes, l'humilité, sont donc, aux termes de saint Chrysostome, les premières portes de la pénitence.

Il en établit une troisième dans l'homélie suivante; c'est l'aumône, qu'il appelle la reine des vertus. — En expliquant la parabole des dix vierges, il dit : « Le feu des lampes signifie leur virginité, et l'huile l'aumône. Comme le feu d'une lampe s'éteint faute d'huile, de même la virginité ne peut se soutenir sans l'aumône; les marchands de cette huile sont les pauvres qui sont à la porte de l'église, auprès desquels on en achète tant que l'on veut; le prix n'en est point fixé, pour ne pas rebuter ceux qui ne sont pas riches; on en donne pour une obole : ce qui est acheter le ciel à vil prix, non qu'il ne vaille pas davantage, mais parce que le Seigneur est bon. » Il ajoute : « Ne possédez-vous pas même une obole? donnez un morceau de pain. Ne l'avez-vous pas? donnez un verre d'eau froide, et vous n'en perdrez pas la récompense. C'est Jésus-Christ qui vous en assure. Si vous ne pouvez rien de tout cela, compatissez aux maux des autres; Dieu vous en tiendra compte. » Une cinquième porte à la pénitence, c'est la prière, mais une prière continuelle et qui s'enflamme de plus en plus lorsqu'elle n'est point exaucée. Pour montrer l'efficacité d'une prière persévérante, saint Chrysostome emploie la parabole de l'ami, qui, au milieu de la nuit, vient demander des pains à son ami, dont il ne les obtient qu'à force d'importunités, ensuite il enseigne qu'on ne doit point se décourager lorsqu'on retombe dans le péché, mais plutôt chercher, comme saint Pierre, un second baptême dans l'abondance et l'amertume des larmes. Cette troisième homélie est intitulée : *De l'Aumône*.

Le titre de la sixième homélie, comme de la précédente, est *sur le jeûne*. On pense qu'elle fut prêchée à la mi-carême, car il est dit dans un endroit que plusieurs chrétiens avaient jeûné jusqu'au soir, et malgré cela passé toute la journée au théâtre. Ce Père, après y avoir représenté la grandeur de ce désordre, fait une peinture affreuse du théâtre et de ses criminels divertissements, l'appelant l'école de la volupté, le collège de l'incontinence, le siège de pestilence, la fournaise de Babylone, où les gestes et les regards lascifs, les paroles sales et les chants luxurieux tiennent lieu de bois, d'étoupe, de poix et de bitume; il montre que le jeûne ne peut être d'aucune utilité à une âme qui se repaît de pareils plaisirs; que c'est renverser d'une main ce que l'on élève de l'autre, que pour être coupable d'adultère, il ne faut que regarder une femme d'un œil de concupiscence, ce qu'il est bien difficile de ne pas faire quand on assiste aux spectacles. Sur ce que plusieurs trouvaient ce précepte de Jésus-Christ impossible, saint Chrysostome s'applique à leur faire voir que l'observation non-seulement de celui-là, mais encore de tous les autres, est facile à ceux qui font moins d'attention à la difficulté qu'aux récompenses promises aux observateurs des lois de Dieu; que c'est lui faire injure de l'accuser de nous avoir ordonné des choses impossibles; que, loin que ces préceptes soient au-dessus de nos forces, il s'est trouvé quantité de saints personnages qui sont allés au delà en observant même les conseils évangéliques, comme la virginité et la pauvreté volontaire; que la difficulté que nous y trouvons vient de ce que nous sommes lâches et malades. Il finit en montrant contre les Juifs que Jésus-Christ est auteur des deux testaments.

Dans la huitième homélie, qui fut faite le soir, et par conséquent en carême, saint Chrysostome fait l'éloge de l'Eglise, « qui reçoit, dit-il, dans son sein des vautours, des loups et des serpents, comme l'arche de Noé; mais qui, par la pénitence, en fait des colombes, des brebis et des agneaux, ce que l'arche ne faisait pas. » Il ajoute, « qu'il ne parlait si souvent de la pénitence que pour multiplier ces heureuses métamorphoses. Vous êtes pécheurs : mais ne désespérez pas. Si vous péchez tous les jours, faites tous les jours pénitence. Vous me direz peut-être : La pénitence sauvera-t-elle celui qui a passé toute sa vie dans le crime? Oui, elle le sauvera : et si vous en voulez un garant, je n'en ai point d'autre que la miséricorde de Dieu. La pénitence seule ne peut rien, mais elle peut tout lorsqu'elle est jointe à la bonté de Dieu. La malice de l'homme, quelque grande qu'elle soit, est une malice bornée; mais la miséricorde de Dieu n'a point de bornes, puisqu'elle est infinie. La malice de l'homme se perd dans la miséricorde de Dieu, comme une étincelle dans la mer. »

Deux homélies sur la trahison de Judas. — Dans ses homélies sur la trahison de Judas, saint Chrysostome parle du malheur de cet apôtre et de ceux qui persécutent les justes, et il dit : « Ce ne sont point ceux qui sont persécutés qu'il faut pleurer, mais ceux qui persécutent, puisque les persécutions ouvrent aux premiers la porte du ciel, aux seconds celle de l'enfer. Cette considération doit porter ceux qui souffrent à prier pour ceux qui les font souffrir, comme Jésus-Christ les y oblige, non-seulement pour l'avantage de leurs ennemis, mais aussi pour le leur propre, puisque c'est un moyen d'obtenir la rémission de leurs péchés. » Saint Chrysostome avait à cœur cette matière, et il avait déjà employé quatre jours à exhorter ses auditeurs à prier pour leurs ennemis. Il se sert de la trahison de Judas, pour nous apprendre à ne nous négliger jamais, et à ne pas présumer de nous-mêmes, de peur de tomber dans l'apostasie comme cet apôtre. Il répète ce qu'il avait dit ailleurs, « que Jésus-Christ n'oublia ni avertissement, ni menaces, pour le retirer de son aveuglement, et le porter à ne point exécuter son détestable dessein. Mais Dieu, ajoute-t-il, qui veut que nous soyons vertueux avec liberté, et qui nous laisse les maîtres de nos actions, ne lui fit point de violence pour l'attirer à lui, quoiqu'il eût pu l'y attirer par sa seule vertu, comme il avait attiré saint Matthieu et la femme pécheresse. »

Homélie sur la résurrection du Sauveur. — Dans un discours prononcé pendant le carême, le saint docteur avait dit qu'il se pouvait qu'en jeûnant on ne jeûnât pas, parce que ce n'est pas jeûner véritablement de ne pas s'abstenir de péché; dans son homélie sur la résurrection, il se propose de montrer que, quoique le temps du jeûne fût passé, on pouvait le continuer par l'abstinence du péché, infiniment préférable à celle de tous les aliments corporels. « Je n'entendais, dit-il, pendant le carême, que des gens qui se plaignaient que la privation du bain leur était insupportable; que la boisson de l'eau les incommodait; que les légumes leur paraissaient insipides. Le jeûne que je vous propose aujourd'hui ne peut occasionner de semblables plaintes. Prenez le bain, mangez de la viande, buvez du vin avec modération, usez de tout; abstenez-vous seulement de pécher. On peut être ivre sans boire de vin, comme on peut boire du vin sans être ivre; car l'ivresse est un renversement de raison, qui peut venir de la cupidité et de la colère. » Saint Chrysostome dit beaucoup de choses sur l'ivresse, d'où vient que cette homélie est intitulée aussi quelquefois *contre les ivrognes*. Il relève ensuite la fête de la Résurrection par les grâces que nous y recevons et par la délivrance de la double mort du corps et de l'âme, que Jésus-Christ nous a procurée en ressuscitant. Pour exhorter les pauvres à prendre part à cette fête, il leur dit : « Les richesses n'y sont d'aucun usage, ce qui n'est pas dans les fêtes profanes, où le pauvre est dans la tristesse, parce qu'il ne peut faire les dépenses que font les riches pour leurs tables et pour leurs habits. Mais dans la fête que nous célébrons, ajoute-t-il, la table et les habits sont communs aux pauvres et aux riches; le dernier des indigents participe au même banquet que l'empereur, et peut-être avec plus d'assurance, parce qu'il a la conscience moins souillée. Il arrive même qu'un domestique et une servante fidèles y sont admis, tandis qu'on en éloigne le maître et la maîtresse, parce qu'ils ne sont pas initiés. Le vêtement qui se donne en ce jour au pauvre comme au riche est Jésus-Christ même, dont l'un et l'autre se revêtent dans le baptême, selon que le dit saint Paul, dans son Epître aux Galates. » Ensuite saint Chrysostome s'adresse aux nouveaux baptisés, qu'il exhorte à fuir les choses mêmes qui étaient ou paraissaient indifférentes, comme les ris, les regards indiscrets et la bonne chère, qui conduisent peu à peu aux plus grands désordres.

Sur la Pentecôte. — Dans une première homélie sur la Pentecôte, parlant de la grandeur du don que nous recevons en cette solennité, il l'appelle un don de réconciliation, dont la venue du Saint-Esprit a été le sceau. « C'est pour cela, dit-il, qu'il n'est descendu qu'après la glorification du Sauveur, c'est-à-dire après qu'il eut effacé par sa mort les crimes qui s'opposaient à notre réconciliation. Il en prouve la vérité et celle de la descente du Saint-Esprit par les miracles que les apôtres opérèrent après l'avoir reçu. Il se pose ensuite cette objection qu'il résout ainsi : « Si les miracles sont la preuve de la présence du Saint-Esprit, il n'est donc plus maintenant dans l'Eglise, puisqu'on n'y fait plus de miracles. » A quoi il répond : « Si le Saint-Esprit n'était point dans l'Eglise, les néophytes qui ont été baptisés la nuit précédente ne seraient point purifiés, puisque personne ne le peut être qu'en recevant le Saint-Esprit; nous ne pourrions non plus prier Jésus-Christ, puisqu'on ne peut le faire que par le Saint-Esprit, ainsi que l'enseigne saint Paul. Il n'y aurait dans l'Eglise ni docteur ni pasteur, puisque, selon le même apôtre, c'est le Saint-Esprit qui les établit; enfin, si le Saint-Esprit n'était point dans l'Eglise, comment pourriez-vous répondre à notre Père commun que voilà, lorsqu'il vous donne la paix (il parle de Flavien) : *Et avec votre esprit?* Qu'entendez-vous par ces paroles qui servent de réponse lorsqu'il vous donne la paix de dessus son trône, et lorsqu'il offre pour vous le redoutable sacrifice? sinon que ce n'est point le prêtre qui change les dons, ni qui opère ce sacrifice mystique, mais la grâce du Saint-Esprit qui descend sur ces dons. Au reste, si les signes visibles et miraculeux n'accompagnent plus la descente du Saint-Esprit, cela ne fait qu'honneur à notre foi, puisque Dieu la juge assez affermie pour n'avoir pas besoin de ces appuis extérieurs et sensibles, qui étaient nécessaires à des esprits grossiers et à des hommes qui avaient abandonné tout récemment le paganisme. »

Dans la seconde homélie il appelle la fête de la Pentecôte le comble de tous les biens, la première et la métropole de toutes les solennités, parce qu'elle est le but et l'accomplissement de toutes les autres. Après cela, il fait l'énumération de toutes les grâces que nous recevons par le Saint-Esprit, d'où il prend occasion d'établir sa divinité contre les macédoniens, en insistant principalement sur ces paroles de Jésus-Christ à ses apôtres : *Allez, enseignez toutes les nations, les baptisant au nom du Père, du Fils et du Saint-Esprit.*

Des panégyriques de saint Paul. — Dans le premier des panégyriques qu'il prononça à la gloire de saint Paul, saint Chrysostome entreprend de montrer « que saint Paul a rassemblé dans un degré éminent tout ce qu'il y a de bon et de grand, non-seulement parmi les hommes, mais parmi les anges ; qu'il a possédé lui seul les vertus de tous les autres ; qu'il les a pratiquées toutes ensemble plus parfaitement qu'aucun d'eux n'a pratiqué celle qui lui était particulière ; que son sacrifice a été plus parfait que celui d'Abel, puisqu'à la place des bœufs et des agneaux, c'est lui-même qui s'immole tous les jours ; que, comme Noé, il est demeuré juste et parfait au milieu de la corruption, et a sauvé le genre humain d'un déluge plus dangereux, non par le moyen d'une arche de bois, mais par la composition de ses Épîtres : arche dont les planches ne sont pas goudronnées avec du bitume et de la poix, mais par l'onction du Saint-Esprit, et que la tempête du vice n'a pu encore séparer. » Saint Chrysostome poursuit le parallèle de cet apôtre avec les autres patriarches, remarquant « que son détachement a surpassé celui d'Abraham ; qu'il a été plus doux qu'Isaac, plus patient que Jacob, plus chaste que Joseph ; qu'il a plus souffert que Job ; que sa charité a été plus grande que celle de Moïse, et ses travaux plus étendus ; qu'il a surpassé David en humilité, Élie en zèle, saint Jean-Baptiste en mortification, et qu'à l'imitation des anges, il s'est soumis à la parole du Tout-Puissant, et a gardé ses commandements, parcourant avec la même agilité que ces esprits célestes tout l'univers, et purifiant la terre comme un feu par l'ardeur de sa charité. »

Panégyrique de saint Babylas. — Le triomphe que saint Babylas remporta après sa mort sur Julien l'Apostat et sur ses dieux, fournit seul la matière de son éloge : un homme ordinaire ne fait rien de grand après sa mort, mais un martyr opère plusieurs prodiges, non pour se rendre plus illustre, il méprise la gloire humaine, mais pour apprendre aux incrédules que la mort des martyrs est moins une mort que le commencement d'une meilleure vie. « Ne regardons donc pas, dit saint Chrysostome, le corps de ce martyr sans mouvement et privé de son âme ; considérons qu'il est animé par une vertu plus puissante que son âme même, c'est la grâce du Saint-Esprit, qui, par les miracles qu'il opère, nous donne à tous une espérance certaine de la résurrection. » — Après ce préambule, ce Père rapporte ce qui se passa de son temps dans la translation des reliques de saint Babylas. Julien l'Apostat étant venu à Daphné, faubourg d'Antioche, pour y consulter l'oracle d'Apollon sur ce qui devait lui arriver, ne cessa de l'importuner par des prières, par des vœux et par des supplications. Mais ce grand dieu du paganisme ne lui fit point d'autre réponse, sinon : *Les morts m'empêchent de parler ; brisez leurs cercueils, déterrez leurs os, transportez leurs corps ailleurs.* Cet empereur impie comprit aussitôt que les reliques de saint Babylas fermaient la bouche à Apollon, ou du moins il le voulut faire croire. Il cherchait un prétexte pour se débarrasser des reliques de ce saint martyr qu'il redoutait. Laissant donc en repos tous les autres morts et ne remuant que les cendres de Babylas, il ordonna de les transporter dans la ville. Le démon ne fut pas pour cela plus en sûreté, car au moment où elles y entraient, la foudre tomba du ciel sur la statue d'Apollon, et consuma tout ce qui était autour d'elle. Julien, effrayé, laissa le temple dans cet état de ruine, n'osant le rétablir, dans la crainte de s'attirer une plus grande confusion en augmentant la gloire du généreux martyr.

Discours sur les martyrs. — Dans un premier discours sur les martyrs, saint Chrysostome remarque que Dieu ne les a pas placés seulement dans les villes, mais aussi, et même en plus grand nombre, dans les campagnes, sans doute dans le but de dédommager les bons cultivateurs de la rareté des prédications, en leur ménageant la voix des martyrs qui parlent du fond de leur tombeau. Les martyrs, malgré leur silence, font plus de conversions, par l'éclat et la sainteté de leur vie, que la plupart des orateurs dont l'éloquence et les discours ne font aucune impression sur les pécheurs. « Vous m'êtes témoins vous-mêmes de cette vérité, dit saint Chrysostome : car vous ayant souvent menacés, caressés, intimidés, exhortés, vous ne vous êtes pas réveillés de votre assoupissement : au lieu qu'étant venus à une église des martyrs, la seule vue de leurs tombeaux vous a fait répandre des torrents de larmes, et prier avec ferveur. N'est-ce pas la pensée des martyrs et le souvenir de leurs grandes actions qui a porté la componction dans votre conscience, et qui a fait sortir de vos yeux, comme d'une source, des ruisseaux de larmes ? » Il ajoute « que les châsses des martyrs sont des ports tranquilles, des fontaines d'eau spirituelle et des trésors inépuisables de richesses. Approchons donc avec foi de leurs tombeaux, excitons la ferveur dans notre âme, poussons des gémissements. Les martyrs ont répandu leur sang, répandons des larmes, qui peuvent éteindre les flammes de nos péchés. » En expliquant ces paroles de la première Épître aux Corinthiens : *Celui qui mange de ce pain et boit indignement de ce calice sera coupable du corps et du sang du Seigneur.* « Voici, dit-il, quelle est la pensée de l'Apôtre : ceux qui participent indignement aux saints mystères souffriront la même peine que ceux qui ont crucifié Jésus-Christ. Le corps du Seigneur est semblable à l'habit de l'empereur : or, c'est faire une égale injure à la pourpre impériale, et mériter par conséquent une égale punition, de la déchirer ou de la souiller avec des mains sales. Il en est ainsi du corps de Jésus-Christ, les juifs l'ont déchiré en l'attachant à la croix avec des clous. Et vous qui vivez dans le crime, vous le souillez en le recevant sur une langue et dans un cœur impurs. »

Homélie sur la parabole des dix mille talents. — Dans l'explication de cette parabole, saint Chrysostome dit que Jésus-Christ se proposait pour but d'apprendre à ses disciples à retenir les saillies de la colère en méprisant les injures. Il le confirme par la demande que

Pierre, le prince des apôtres, fit au Sauveur en ces termes : *Seigneur, combien pardonnerai-je à mon frère lorsqu'il aura péché contre moi ? sera-ce jusqu'à sept fois ?* Il remarque que quelques-uns expliquaient mal la réponse que fit le Sauveur et qu'ils se trompaient en disant « qu'il lui répondit qu'il fallait pardonner jusqu'à soixante-dix-sept fois ; que ce n'est point là le sens des paroles de Jésus-Christ et qu'elles signifient que nous devons pardonner sept fois septante fois, ce qui fait quatre cent quatre-vingt-dix fois. » Venant ensuite au compte que le roi exigea de ses serviteurs, il fait voir en détail que ce compte doit s'étendre à tout sexe, à tout âge, à toute condition, aux hommes et aux femmes ; que l'Evangile, en disant que le serviteur n'eut pas de quoi payer son maître, nous marque qu'il le trouva vide de bonnes œuvres, destitué de toutes sortes de vertus et hors d'état de satisfaire pour ses péchés : c'est pour cela que le maître commanda qu'on le vendît, non qu'il eût résolu de le traiter à la rigueur, mais de peur qu'en le tenant quitte avant qu'on l'en priât, il n'en devînt encore plus méchant, et afin qu'il fût plus humain envers ceux qui dépendaient de lui. *Le maître,* dit l'Evangile, voyant ce serviteur le prier avec instance d'attendre, *fut touché de compassion, et lui remit toute sa dette* ; la prière seule du serviteur ne fit pas tout, mais la bonté de Dieu la seconda et la rendit efficace. » Saint Chrysostome fait sentir toute l'ingratitude de ce serviteur, qui, oubliant ses péchés et la générosité de son maître, traita inhumainement ceux qui lui étaient redevables. Il ajoute, en expliquant ce qui se passa ensuite, que « le maître ayant appris les mauvais traitements que ce méchant serviteur avait faits à son compagnon, se mit en colère, pour nous faire comprendre que Dieu nous pardonne bien plus aisément les fautes qui le regardent, que celles qui regardent nos frères. » C'est ce que ce Père prouve par plusieurs autres endroits de l'Ecriture, qui montrent clairement que Dieu ne hait rien tant que ceux qui nourrissent leur colère et qui se ressouviennent des injures.

Dans l'homélie sur ces paroles : *Mon Père, s'il est possible, faites que ce calice passe,* saint Chrysostome combat les anoméens, comme nous l'avons vu faire lorsqu'il n'était encore que simple prêtre à Antioche. Puisque les prophètes n'ont ignoré aucune des circonstances de la passion de Jésus-Christ, et qu'ils en ont même parlé comme s'ils en avaient été témoins, il y aurait du blasphème à dire que lui, qui est la sagesse éternelle, ait ignoré s'il était possible ou non au Père d'éloigner ce calice. Il n'est pas permis non plus de dire que Jésus-Christ ait refusé de s'y soumettre, après la réprimande qu'il fit à saint Pierre qui voulait l'en détourner, et après ce qu'il avait dit lui-même : *Je suis le bon pasteur ; le bon pasteur donne sa vie pour ses brebis;* et encore : *Nul ne me ravit la vie, mais c'est de moi-même que je la quitte.* Un moment avant d'être crucifié, il disait à son Père : *L'heure est venue, glorifiez votre Fils,* comme si la croix devait faire toute sa gloire. « En effet, c'est la croix qui a réconcilié Dieu avec les hommes, qui a uni la terre au ciel, les hommes aux anges, qui a anéanti la puissance de la mort et du démon, qui a détruit le péché, banni l'erreur, ramené la vérité, aboli l'idolâtrie, renversé les temples, fait cesser les sacrifices, fait revivre les vertus et fondé l'Eglise. La croix est l'accomplissement de la volonté du Père, la gloire du Fils, le triomphe du Saint-Esprit ; la croix efface la lumière du soleil, elle brille tandis qu'il s'éclipse, elle a acquitté toutes nos dettes, elle a fermé les prisons de la mort ; la croix est le refuge des riches, elle met les pauvres en assurance, elle défend ceux à qui on dresse des embûches, elle calme les troubles, elle est le fondement de toutes les vertus ; la croix nous a ouvert le paradis, elle y a fait entrer un voleur, et tous les hommes à cause d'elle ont droit d'y prétendre. Pourquoi Jésus-Christ aurait-il appelé la croix un calice, s'il n'eût pas voulu le boire ? N'est-il pas allé au-devant de ceux qui le cherchaient pour le faire mourir ? Les demandes qu'il faisait donc à son Père, il les faisait comme homme, et non pas comme Dieu ; car la divinité est exempte de toute sorte de passions, et il était de sa bonté d'en agir ainsi. Le prodigieux abaissement de la majesté de Dieu dans l'incarnation paraissait incroyable, et parce que ce mystère est au-dessus de la portée de l'esprit humain, Dieu, pour le rendre croyable, l'a fait annoncer par ses prophètes ; il a paru lui-même dans le monde, et afin qu'on ne le prît pas pour un fantôme, il a donné tous les signes d'une véritable vie, et prouvé qu'il était vraiment homme, passant successivement par tous les âges, se nourrissant d'abord de lait comme les enfants ordinaires, souffrant toutes les incommodités attachées à la nature humaine, la faim, la soif, la nécessité de dormir, la lassitude ; enfin il a voulu sentir toutes les douleurs du supplice de la croix, et les gouttes de sueur ayant coulé de son corps, un ange vint le consoler dans la tristesse où il était. Si tous ces signes n'ont pu empêcher Marcion, Valentin, Manès et tant d'autres hérésiarques de révoquer en doute le mystère de l'incarnation, assurant que Jésus-Christ n'avait point pris la chair humaine, et qu'il n'en avait que la figure, n'eussent-ils pas poussé leurs blasphèmes plus loin, si Jésus-Christ eût été entièrement affranchi de ces infirmités ? »

Dans l'homélie sur ces paroles : *La porte est étroite,* saint Chrysostome se plaint que les hommes, négligeant le soin de leur âme, ne s'occupent que de ce qui regarde leur corps, sans penser que toutes les peines qu'ils se donnent pour le flatter, ne l'exempteront ni de la mort ni de la corruption. « Je souhaiterais, dit-il, être dans un lieu fort élevé, d'où je pusse contempler les différentes conditions des hommes, et avoir une voix qui pût se faire entendre aux quatre coins de la terre, et frapper les oreilles de tous ceux qui vivent : je crierais de toute ma force, en gémissant comme David : *Jusqu'à quand, enfants des hommes, aurez-vous le cœur endurci? Pourquoi aimez-vous la vanité, et pourquoi cherchez-vous le mensonge?* Vous abandonnez le ciel pour la terre, les choses éternelles pour les passagères, les incorruptibles pour celles qui sont sujettes à la corruption. » Il ajoute : « Parce que la plupart des hommes, occupés uniquement des plaisirs des sens, ne savent ce qu'ils doivent demander à Dieu, le Sauveur nous a laissé un modèle de prière où il nous enseigne ce qu'il faut dire précisément, et le chemin qu'il faut tenir pour arriver à la perfection. Dans cette prière, nous disons : *Notre Père qui êtes dans les cieux;* quelque misérables que nous soyons, terrestres, mortels, sujets à la corruption, il veut que nous l'appelions *notre Père*, lui qui est immortel, éternel, incorruptible, avant tous les siècles. Nous ne disons point, mon Père, mais *notre Père*, afin que, nous ressouvenant qu'ayant tous un Père commun, nous nous aimions comme frères. En disant, *qui êtes dans les cieux*, nous devons nous souvenir de l'obligation où nous sommes de mépriser la terre, et de n'avoir d'ardeur que pour le ciel, en y cherchant notre Père qui y habite.»

Homélies sur le livre des Actes. — Ce qui engagea saint Chrysostome à donner l'explication de ce livre, c'est qu'il était presque inconnu de son temps, et qu'il n'avait que très-peu de lecteurs. Dans la troisième de ces homélies, le saint docteur traite de l'utilité que l'on peut tirer de la lecture de l'Ecriture sainte, lorsqu'on la lit avec application. « Quelque violentes que soient nos passions, on trouve, en lisant la sainte Ecriture, de quoi en tempérer les ardeurs ; c'est un remède contre le feu de la colère et contre l'embrasement des pensées qui nous importunent ; avec ce secours nous nous retirons du milieu de ces flammes infernales. » Ensuite il marque les discours qu'il avait faits peu de jours auparavant sur l'inscription des Actes, sur l'auteur de ce livre, sur l'origine de l'Ecriture sainte, sur la différence qui est entre acte et miracle ; et comme il restait encore à expliquer ce que signifie le nom d'apôtre, il dit qu'il signifie puissance et autorité purement céleste et spirituelle ; que saint Paul met les apôtres dans le premier rang des ministres de l'Eglise, regardant l'apostolat comme la base des autres dignités. Le prophète n'est point apôtre, mais l'apôtre est prophète : il a le pouvoir de faire des miracles, de guérir les malades et de parler diverses langues. L'apostolat est comme le consulat entre les dignités profanes. Comme il est au pouvoir des magistrats d'emprisonner ou d'élargir les criminels, les apôtres ont le pouvoir de lier et de délier les âmes, et la vertu de leur sentence s'étend jusque dans le ciel.

Sur l'avantage des afflictions. — Dans ce discours, saint Chrysostome se propose de fortifier son peuple contre tout ce qui pourrait lui arriver de plus chagrinant. Pour cela, il entre dans le détail des travaux qu'un laboureur, un marchand, un soldat entreprenaient dans l'espérance d'une récompense souvent fort incertaine. « Il n'en est pas de même, ajoute-t-il, de ceux qui travaillent pour le ciel ; leurs espérances sont certaines, immuables, éternelles. La vue de ces récompenses faisait dire à saint Paul : *Nous nous glorifions dans nos maux*, c'est-à-dire, dans les travaux et dans les tribulations qu'il avait à essuyer, en qualité d'apôtre, pour publier l'Evangile par toute la terre, dissiper les erreurs qui la désolaient, détruire les lois injustes, bannir l'iniquité, renverser les idoles, les temples et les autels. Il avait encore recours à un autre motif pour adoucir l'aigreur des persécutions qu'il souffrait ; c'est-à-dire, à la brièveté du temps. Nous ne considérons pas, disait-il, les choses visibles, mais les invisibles, parce que les choses visibles sont temporelles, et les invisibles éternelles. »

Saint Chrysostome fit deux homélies sur cette recommandation de saint Paul aux Romains : *Saluez de ma part Priscille et Aquilas*. Il examine d'abord quels étaient cette Priscille et cet Aquilas qui excitaient tant d'intérêt dans le cœur du grand Apôtre. « Etaient-ce, dit-il, des consuls, des magistrats, de grands capitaines ? Possédaient-ils les premières charges ? Avaient-ils d'immenses richesses ? Non, ils étaient pauvres et ne vivaient que du travail de leurs mains. Toutefois, saint Paul, dont le nom effaçait la gloire des rois, et qui avait plus l'air d'un ange descendu du ciel, que d'un homme, n'eut point de honte de les reconnaître pour ses amis et d'ordonner à une grande ville de les saluer de sa part. Nos sentiments sont bien opposés : nous évitons la familiarité de nos parents, quand ils sont dans un état au-dessous du nôtre ; nous rougissons quand on vient à reconnaître qu'ils sont nos alliés ; ce n'est pas néanmoins l'éclat des richesses qui fait la véritable noblesse, elle consiste dans la vertu et dans la probité ; ceux qui n'ont que le mérite de leurs aïeux, et qui s'en glorifient, n'ont que l'apparence et les signes de la noblesse sans en avoir la réalité. Il y en a maintenant dans les plus hautes places, qui sont descendus d'un père ou d'un aïeul illustre ; mais s'ils remontaient plus haut, peut-être trouveraient-ils une origine obscure, de même parmi ceux qui sont à présent dans l'obscurité et dans la poussière, si on examinait leurs ancêtres, on en trouverait qui ont occupé les premières places. Saint Paul, qui connaissait cette bizarrerie de la fortune, n'estimait que la noblesse de l'âme, et il tâchait d'inspirer à tout le monde ses sentiments.

Sur l'aumône. — En traversant les rues et la place pour se rendre à l'église, saint Chrysostome rencontra à chaque pas des pauvres étendus dans les carrefours. Les uns avaient les mains coupées, les autres les yeux arrachés, tous étaient couverts d'ulcères depuis la tête jusqu'aux pieds. C'était en hiver, et il faisait un froid violent. Toutes ces circonstances engagèrent le saint à prêcher sur l'aumône. Le premier motif qu'il présente à ses auditeurs pour les engager à soulager les pauvres est tiré de la saison. « Le beau temps, dit-il, soulage les pauvres pendant l'été; ils n'ont rien à craindre, quoiqu'ils soient nus; les rayons du soleil leur servent d'habits; ils peuvent se coucher sur la terre sans s'incommoder, et passer la nuit à l'air; ils n'ont pas besoin de souliers ni de vin; un peu de pain suffit pour les nourrir avec de l'eau; la saison leur fournit des légumes; le travail est moins rude, et ils ne manquent pas d'ouvrage. Il n'en est pas de même pour eux dans l'hiver; la faim les désole; le froid est une peine insupportable; ils ont besoin d'une plus forte nourriture, et d'un habit plus chaud, de souliers, d'un lieu pour se retirer; ils ne trouvent point à travailler, et par conséquent ne gagnent rien ». — Il tire son second motif des termes honorables dont les pauvres sont qualifiés. Saint Paul, qui donne souvent le nom de profanes aux rois ennemis de Dieu, appelle saints les pauvres qui sont doux et débonnaires, saint Luc les qualifie de même. — Un troisième motif est emprunté à l'exemple des fidèles de Macédoine, de Rome et de la Galatie. Dans toutes ces contrées, chacun mettait à part chez soi, suivant le conseil de saint Paul ce qu'il avait résolu de donner pour l'entretien des pauvres. Saint Chrysostome remarque que saint Paul exhortait indistinctement tout le monde à donner l'aumône, et qu'il ne croyait pas que la pauvreté fût un sujet de s'en dispenser, puisqu'on voit par l'Ecriture que la veuve qui n'avait que deux oboles les donna, et que la femme de Sidon, qui n'avait qu'un peu de farine, en fit part au prophète. Cependant, il laisse aux fidèles la liberté de donner ce qu'ils voudront, sans taxer leur aumône en leur imposant une quantité. — Il tire un quatrième motif de l'intention de Dieu dans l'obligation de l'aumône. « Dieu, dit-il, en instituant l'aumône, n'a pas eu seulement en vue de remédier à la nécessité des pauvres; il a voulu procurer aux riches de grandes occasions de mériter : l'aumône est plus utile à celui qui la donne qu'à celui qui la reçoit; car, si Dieu ne considérait que l'intérêt des pauvres, il se serait contenté d'obliger les riches à leur fournir le nécessaire; il n'eût point fait mention de la promptitude avec laquelle il faut leur donner; mais l'Apôtre commande aux fidèles de faire leurs aumônes avec joie et promptement. Ne soyons donc pas fâcheux, ajoute saint Chrysostome, quand il sera question de faire l'aumône, et ne craignons pas de diminuer nos revenus. En donnant l'aumône, nous avons plus de soin de nos intérêts que des intérêts des pauvres, et nous recevons plus que nous ne donnons. Il en est qui examinent trop curieusement le pays, la vie et les mœurs des pauvres, leur métier, leur constitution, et qui leur font des crimes de leur santé : voilà pourquoi plusieurs sont contraints de contrefaire les estropiés; afin que cette feinte calamité nous touche et fléchisse notre dureté. Nous sommes plus criminels de manquer de charité pendant l'hiver : il ne faut pas leur savoir mauvais gré s'ils ne travaillent point; c'est qu'ils ne trouvent personne qui les occupe ou qui leur donne de l'ouvrage. Nous reprochons aux pauvres leur oisiveté dans une chose qui est excusable : mais nous nous pardonnons une oisiveté bien plus criminelle. *J'ai du bien,* dites-vous, *que mes ancêtres m'ont laissé* : croyez-vous donc qu'un pauvre doive mourir de faim, parce que ses ancêtres n'étaient pas riches? C'est pour cela qu'il doit exciter votre compassion. Vous reprochez encore aux pauvres qu'ils sont des fugitifs, des misérables, des vagabonds, des fripons qui ont abandonné leur pays pour venir inonder le nôtre. Est-ce pour cela que vous vous fâchez? Voulez vous priver cette ville de son plus grand avantage, puisqu'on la regarde comme l'asile de tout le monde? Ne flétrissez pas un si bel éloge. De quelle excuse pouvons nous couvrir notre inhumanité, si nous ne voulons pas nourrir ceux qui viennent nous chercher, et se jeter entre nos bras? Nous chassons les pauvres, nous voulons qu'on les punisse, nous à qui notre conscience reproche de si grands crimes; vous serez jugés comme vous aurez jugé les autres. Soyez charitables envers vos frères, et on vous pardonnera vos péchés, quelque griefs qu'ils puissent être. Imitez votre Père céleste, qui fait luire son soleil sur les bons et sur les méchants : assistez les pauvres, donnez à manger à ceux qui ont faim, consolez les affligés, et ne vous mettez point en peine du reste; car si vous vous amusez à examiner les mœurs de ceux qui demandent l'aumône, cette curiosité à contre temps refroidira votre charité. »

Sur ces paroles de saint Paul : Je lui résistai en face. — Saint Chrysostome indique bien clairement que ce fut à Antioche qu'il prêcha l'homélie dont nous venons de donner le texte et le sujet. Ce jour-là on avait lu dans l'Eglise le passage de l'Epître aux Galates où il est parlé de la difficulté qu'eurent ensemble les deux apôtres. Le saint docteur remarque que les sentiments étaient partagés. Les uns soutenaient que le Pierre dont il est parlé n'était pas le prince des apôtres, mais un disciple du même nom, tandis que les autres étaient persuadés que saint Pierre avait été véritablement repris par saint Paul. Il s'efforce de réfuter ces deux sentiments, et en épouse un troisième, que quelques-uns attribuent à Origène, savoir, que ce qui se passa entre ces deux apôtres était une chose concertée d'avance, pour désabuser plus facilement les juifs convertis de la fausse obligation où ils se croyaient d'observer les cérémonies légales. Il appuie cette opinion sur la constance inébranlable que saint Pierre fit paraître en tout temps pour la défense de la foi de Jésus-Christ, sur les marques d'honneur que saint Paul lui a données en toute occasion, et sur l'union parfaite qui régnait entre les deux apôtres ; considérations qui doivent éloigner d'eux tout soupçon de dispute et de contrariété de sentiment. Il dit, « que la raison pour laquelle saint Paul fut envoyé vers les gentils, et saint Pierre vers les juifs, c'est que Dieu l'avait ordonné ainsi, et que d'ailleurs saint Paul était odieux aux juifs; d'où vient encore qu'en leur écrivant il n'a pas mis son nom à la tête de son Epître, comme il a fait dans celles qu'il écrivit aux Romains, aux Corinthiens, et à divers autres peuples. » L'opinion que soutient saint Chrysostome fut adoptée depuis par saint Jérôme : mais saint Augustin la réfuta, en sorte que saint Jérôme fut obligé de changer de sentiment.

Contre ceux qui sont scandalisés. — Dans ce traité, saint Chrysostome pose en principe, dès le début, que le remède le plus excellent pour se prémunir contre les scandales que nous causent souvent les adversités, c'est de recourir à la prière. La cause des scandales que certaines personnes souffrent à l'occasion des malheurs qui arrivent aux gens de bien vient d'une curiosité indiscrète de connaître tous les ressorts de la Providence. « Saint Paul, dit-il, cet homme si habile et si éclairé, n'avait garde de vouloir pénétrer dans des secrets si fort au-dessus de la capacité de l'esprit humain. Il avoue de bonne foi que ces mystères le passent; qu'il ne peut comprendre pourquoi Dieu a réprouvé les juifs pour choisir les gentils; que les jugements de Dieu sont incompréhensibles et impénétrables; que l'homme est entre les mains de Dieu comme une masse d'argile entre les mains de l'ouvrier : que ce que nous savons doit être compté pour rien; que la plénitude de notre science est réservée pour l'autre vie. Il nous suffit de savoir que Dieu ne fait rien sans dessein, et que, prévoyant que plusieurs trouveraient à redire, dans la suite des temps, aux ouvrages de sa création, il donna son approbation à tout ce qu'il venait de mettre au jour, afin qu'après ce jugement solennel personne ne fût assez hardi pour improuver ce qu'il venait de faire. Une preuve de la faiblesse de la raison humaine, quand elle veut juger des œuvres de Dieu, se remarque sensiblement dans les jugements différents que la plupart des hommes ont portés de chaque objet. Les gentils ont adoré les créatures; les Manichéens au contraire, et d'autres hérétiques, les ont regardées la plupart comme l'ouvrage d'un mauvais principe ou d'une matière qui se meut au hasard. » — Pour faire ressortir d'une façon plus évidente l'action de la Providence envers les hommes, et l'amour que Dieu leur porte, saint Chrysostome cite les endroits de l'Ecriture où il dit que *Dieu ne peut pas plus oublier le genre humain, qu'une mère raisonnable son propre enfant.* Il montre en détail le bien et les avantages que les hommes tirent de ce qui est créé dans le ciel et sur la terre. Il ajoute « qu'outre ces grâces, Dieu a donné à l'homme une loi naturelle, dont les lumières ne s'éteignent jamais entièrement; qu'il leur a même donné une loi écrite, envoyé des prophètes, et enfin son Fils unique pour leur éclairer l'esprit et les convaincre de la vérité par une infinité de miracles. Comme un homme peu entendu qui voit un orfévre dissoudre de l'or pêle-mêle avec des pailles et de la cendre, croit que tout est perdu, s'il n'attend pas jusqu'au bout, nous nous trompons de même si nous jugeons la conduite de Dieu avant le temps, et sans attendre le succès des choses que nous ne comprenons pas encore. Lors donc, dit saint Chrysostome, que vous verrez l'Eglise prête à succomber sous les maux qui l'accablent, les fidèles tourmentés, les prêtres bannis, ne vous arrêtez point à ces tristes objets, songez aux récompenses que l'on mérite par ces persécutions. » Pour les encourager par des exemples, il leur rappelle les beaux traits de soumission calme et résignée que les patriarches Abraham, Joseph et le roi David témoignèrent aux ordres de la Providence. « Ils ont, dit-il, souffert avec courage et docilité les adversités qui leur sont survenues; ils ne se sont point scandalisés, ils se sont fiés à la parole de Dieu, leur patience a été récompensée. Si l'espérance de l'avenir ne nous contente pas et si nous voulions voir dès cette vie l'effet des promesses de Dieu, songeons que les biens solides, constants, éternels, sont réservés pour l'autre monde, et que ceux dont on jouit ici ne sont que comme des fleurs qui se flétrissent dans un jour. »

Lettres à sainte Olympiade. — Nous avons dix-sept lettres à sainte Olympiade écrites par saint Chrysostome dans son exil. Photius, qui les avait lues, dit qu'elles sont les plus utiles, mais les moins simples qui soient sorties de la plume du saint docteur. L'élévation des matières qu'il avait à traiter le mit pour ainsi dire dans la nécessité de faire violence aux lois de l'art d'écrire en sortant des limites du style épistolaire. Sainte Olympiade était de très-grande naissance, et possédait de grands biens : laissée orpheline, elle fut mariée jeune avec Nébridius, qui avait été préfet de Constantinople, et demeura veuve au bout de vingt mois : elle avait cultivé son esprit par les sciences, et était d'une rare beauté. L'empereur Théodose voulut la remarier à un nommé Elpide; mais elle le refusa, disant : « Si Dieu avait voulu que je vécusse avec un homme, il ne m'aurait pas ôté le premier. » Ce prince, irrité de son refus, ordonna au préfet de Constantinople de garder ses biens jusqu'à ce qu'elle eût trente ans : elle n'en fut point affligée, et remercia Théodose de l'avoir déchargée d'un pesant fardeau. « Vous ferez encore mieux, Seigneur, ajouta-t-elle, si vous ordonnez qu'on les distribue aux pauvres et aux églises; car il y a longtemps que je crains de tirer vanité de cette distribution, et de m'attacher aux biens de la terre au préjudice des véritables richesses. » Cette réponse toucha l'empereur, qui, informé de sa manière de vivre, lui fit rendre la libre disposition de ses biens.

Elle fut liée d'amitié avec plusieurs saints évêques, mais particulièrement avec saint Chrysostome, qui, ne voulant pas toucher aux revenus de son église, recevait d'elle sa subsistance, pour ne s'occuper que des soins de son ministère. Ce fut assez pour la rendre odieuse aux schismatiques, et pour la faire accuser, comme les autres amis du saint, d'avoir mis le feu à l'église. Le préfet la condamna même à payer une grande quantité d'or. Elle quitta Constantinople pour aller demeurer à Cyzique. Saint Chrysostome, informé dans son exil des persécutions que cette sainte veuve avait endurées, de l'affliction que lui causait son absence, et de la maladie dans laquelle elle était tombée, lui écrivit pour la consoler. Il lui représente, « que, quelque grandes que soient les calamités temporelles, elles ne doivent pas nous faire perdre l'espérance d'un meilleur sort, et que la coutume de Dieu est d'attendre que nos maux soient comme désespérés pour nous en délivrer; que rien en ce monde n'est à craindre que le péché; que tous les autres accidents de la vie, soit les inimitiés, soit les calomnies, soit la proscription des biens, soit l'exil, soit le tranchant de l'épée, ne sont qu'une fable et une comédie, et ne peuvent faire aucun tort à une âme qui veille sur elle-même. » C'est ce qu'il prouve par un endroit de l'Epître de saint Paul aux Corinthiens, où cet apôtre dit que *nous ne devons point considérer les choses visibles, parce qu'elles ne sont que temporelles.* Il fait voir la même chose par un passage d'Isaïe, où ce prophète nous exhorte à ne point appréhender les opprobres qui nous viennent de la part des hommes, et comme elle pouvait se plaindre en quelque manière de ce qu'ayant demandé à Dieu d'être délivrée des persécutions, elle ne l'avait point obtenu, il raconte comment Dieu, qui pouvait empêcher que les trois jeunes hommes de Babylone ne fussent exposés à une longue tentation, permit le contraire, pour rendre leur vertu plus illustre. Il raconte aussi toutes les persécutions que Jésus-Christ eut à souffrir depuis sa naissance jusqu'à sa mort, et celles que subit l'Eglise après le martyre de saint Etienne.

Homélies sur les Psaumes. — Les Commentaires de saint Chrysostome sur les Psaumes ne sont pas tous venus jusqu'à nous. Ceux qui nous restent, quoiqu'en petit nombre, font conjecturer par l'élévation des pensées, et les autres beautés qu'on y admire, que le saint docteur les a plutôt composés dans le loisir dont il jouissait à Antioche, que dans le tumulte des affaires qui, à Constantinople, absorbèrent tous ses instants.

Voici les remèdes qu'il prescrit contre la concupiscence dans l'homélie sur le psaume VI : « Les feux de la convoitise, dit-il, ne seraient pas si ardents, si vous ne les attisiez et ne les irritiez vous-mêmes; si vous n'aviez la dangereuse curiosité de regarder toutes les beautés étrangères; si vous ne les alliez chercher vous-mêmes dans les assemblées d'iniquités et jusque sur le théâtre, et si vous ne nourrissiez votre chair avec toute sorte de délicatesse et de délices. Cependant le seul retranchement de ces occasions dangereuses ne suffit pas pour éteindre l'ardeur de ces flammes; il faut y joindre l'assiduité de la prière, la fréquentation des gens de bien, les jeûnes modérés, la frugalité de la table, l'exercice des bonnes œuvres, et surtout la crainte de Dieu, la pensée de ses jugements, des supplices intolérables qu'il destine aux pécheurs, et les promesses des biens qu'il prépare aux justes. » Sur ces paroles : *Je laverai toutes les nuits mon lit de mes pleurs :* « Que ceux-là écoutent, s'écrie saint Chrysostome, qui ont des lits magnifiques, et qu'ils considèrent que le lit de ce saint roi n'était orné, ni d'or, ni de pierreries, mais un lit lavé dans les larmes, et où il passait toutes les nuits, non pas à se reposer, mais à pleurer ses péchés; donnant le jour aux affaires de l'Etat, il employait le repos de la nuit à confesser et à pleurer ses péchés. » On apprend dans l'homélie sur le psaume VII, « qu'il y a des prières que Dieu n'exauce pas, quand même elles viendraient de la part des justes, parce que ce qu'ils demandent ne leur est pas utile. C'est pour cela que Dieu n'exauça pas saint Paul, et qu'il lui dit : *Ma grâce vous suffit.* Il répondit de même à la prière que Moïse lui faisait d'entrer dans la terre promise : *Que cela vous suffise.* La persévérance dans le péché empêche encore l'effet de nos prières. C'est pourquoi Dieu disait à Jérémie : *Ne voyez-vous pas ce que fait ce peuple? Il n'a point quitté son impiété, et vous ne laissez pas de me prier toujours pour lui; mais je ne vous exaucerai point.* »

Saint Chrysostome attaque les anoméens dans l'homélie sur le Psaume VIII. Il montre que c'est de Jésus-Christ qu'il est écrit que *son nom est devenu admirable par toute la terre*, après qu'il a vaincu la mort, enchaîné les démons, ouvert le ciel, envoyé le Saint-Esprit, rendu libre ceux qui étaient esclaves, et fait participant de l'héritage céleste ceux qui y étaient étrangers. Il y combat aussi les juifs, en leur prouvant que ce psaume ne se peut entendre que de Jésus-Christ, puisque Dieu se plaint qu'ils faisaient blasphémer son nom parmi les Gentils. Il tire de l'état où ils se trouvaient alors, et où ils sont encore aujourd'hui, une preuve de la divinité de celui qu'ils ont mis à mort. « Vous êtes dispersés par toute la terre, dit-il aux juifs, afin que vous sachiez quelle est la puissance de Jésus-Christ; que vous appreniez de vos propres malheurs ce que vous n'avez pas voulu apprendre de la bouche des prophètes, et que vous serviez de témoins de l'accomplissement des prédictions que Jésus-Christ a faites touchant la ruine du temple de Jérusalem et de votre nation. »

Dans le psaume IX, le prophète prête ces paroles à l'impie : *Il a dit en son cœur ; Je ne serai point ébranlé, et de race en race je vivrai toujours sans aucun mal.* Sur quoi saint Chrysostome fait cette réflexion : « Y a-t-il une plus grande folie que celle d'un homme qui, étant né pour mourir, exposé par sa nature mortelle à tant de misères et de changements, s'imagine, à cause de cette prospérité passagère dont le fait jouir son impiété, qu'il sera toujours dans le même état? N'estimez point, et ne dites pas heureux les riches, ni ceux qui se vengent de leurs ennemis. Les richesses sont des abîmes qui précipitent dans le fond de l'impiété ceux qui ne sont point sur leurs gardes; craignez au contraire pour vous-mêmes, si, vivant dans la prospérité, vous viviez aussi dans le vice. Les richesses sont la source de beaucoup de maux si l'on n'y prend garde, de l'orgueil, de la paresse, de l'envie, de la vaine gloire, et de beaucoup d'autres défauts. »

Le psaume XLVII traite de la délivrance des juifs et du rétablissement de la ville de Jérusalem, après le retour de la captivité de Babylone. Saint Chrysostome appelle cette cité sainte *la maison de tout le monde*, et dit que c'était là où l'on apprenait tout ce qu'il y avait de bon et d'honnête. *Quel sujet aurai-je de craindre au jour mauvais? Ce sera*, dit le prophète au psaume XLVIII, *si je me trouve enveloppé dans l'iniquité de ma voie*. Ce n'est donc ni la pauvreté, ni la honte, ni les maladies, ni tous les autres maux temporels que nous devons appréhender, mais le péché seul. Lorsqu'il ajoute : *Que ceux qui se glorifient dans l'abondance de leurs richesses, entendent ceci*, il ne parle pas de ceux qui sont riches ou puissants, mais de ceux qui se confient en leurs richesses et en leur puissance. C'est d'eux encore qu'il a dit *que l'homme ne donnera point le prix de la délivrance de son âme*. En effet, le monde entier n'est pas le prix de notre âme, et le Fils unique de Dieu, voulant la racheter, n'a donné ni le monde, ni un homme, ni la terre, ni la mer, mais le prix inestimable de son sang. » Saint Chrysostome remarque en cet endroit que les prières des saints sont très-puissantes pour nous procurer des grâces, mais que nous devons les aider de notre concours.

Commentaire sur Isaïe. — Nous n'avons que le commencement de cet ouvrage, qui n'est pas achevé. On y trouve seulement les sept premiers chapitres et quelques mots sur le huitième. Il paraît que le saint docteur avait l'intention de l'expliquer en entier, mais plutôt en interprète qu'en orateur, car il ne fait jamais ni exorde ni péroraison. On croit avec beaucoup de vraisemblance qu'il le composa à Antioche, parce qu'il y combat très-souvent les juifs qui s'y trouvaient alors en grand nombre. Dans sa troisième homélie, il fait tomber son discours sur Ozias, dont il raconte l'histoire. Prince pieux dans le commencement de son règne, il mérita ensuite d'être puni de Dieu pour avoir usurpé les fonctions sacerdotales, et offert de l'encens dans le temple; mais comment une si longue vie a-t-elle eu une fin si malheureuse? « Rien ne doit surprendre dans un homme, dit saint Chrysostome; toujours faible et prêt à tomber; il est d'autant plus près de se perdre, qu'il est plus près de la couronne. Les autres vices attaquent les lâches, mais l'orgueil en veut à ceux qui ont le plus de mérite. Ce péché fut celui d'Ozias, lui qui, selon l'Ecriture s'était élevé à cause de sa force, c'est-à-dire à cause de sa prospérité et de sa grandeur. » Le saint fait voir que l'orgueil est la source de tous les maux, et que tout ce qui flatte l'orgueil des hommes étant un véritable précipice, l'état le plus bas est le plus sûr, et conséquemment le plus heureux.

Dans la sixième homélie saint Chrysostome enseigne que l'autel d'où un séraphin prit un charbon ardent pour en purifier les lèvres du prophète n'était que la figure de l'autel sur lequel nous offrons les sacrés mystères, et que le charbon n'était que l'image de ce feu spirituel que nous recevons dans nos mains pour nous communier. Il marque qu'il prêchait quelques jours avant le carême et dit : « Comme dans les jeux olympiques on distribue le prix à la fin du combat, ainsi on donne la communion à la fin du jeûne. Si donc nous en étions privés en ces saints jours, ce serait bien en vain que nous nous serions mortifiés par le jeûne, sortant de cette carrière sans recevoir de couronne et de récompense de tous nos maux. C'est principalement dans cette vue que les anciens Pères, qui nous ont précédés, ont étendu cette carrière du jeûne, et ont réglé le temps de la pénitence, afin qu'après que nous serions purifiés de toutes nos taches, nous puissions approcher avec pureté des saints mystères. Croyez, ajoute-t-il, quand vous approchez de la table sacrée, que le Seigneur de toute chose y est présent : car il y est en effet, et il connaît ceux qui s'en approchent avec la sainteté convenable, et ceux qui le font avec une conscience chargée de péchés. » Ce Père n'exclut pas néanmoins les pécheurs de la sainte communion : « autrement, dit-il, je m'exclurais moi-même; mais ceux qui persévèrent dans le péché. »

Sur l'Evangile de saint Matthieu. — Les homélies de saint Chrysostome sur l'Evangile de saint Matthieu ont toujours tenu le premier rang parmi ses écrits. On les a regardées avec justice comme un trésor de la morale chrétienne, et comme une répertoire où toutes sortes de personnes peuvent puiser des leçons qui leur fassent connaître les dogmes de la religion, et qui leur apprennent à régler leur conduite. Ces homélies sont au nombre de quatre-vingt-dix, et ont toutes été prêchées à Antioche.

Dans la première de ces homélies, saint Chrysostome traite de l'excellence et de l'utilité de la doctrine de l'Evangile. Notre vie devrait être si pure que nous n'eussions pas besoin du secours de l'Ecriture sainte, et que, la grâce seule nous tenant lieu de tous les livres, la loi de Dieu fût écrite dans le fond de notre cœur par l'impression du Saint-Esprit. C'est ainsi que Dieu parlait à Noé, à Abraham et aux anciens patriarches, à cause de la pureté de leur cœur; mais les crimes des juifs l'ont obligé à se servir de lettres et de table, et de traiter avec eux par écrit. Dans le Nouveau Testament Dieu a traité les apôtres comme il avait traité les patriarches; car Jésus-Christ ne leur a rien laissé par écrit, mais au lieu de livres il leur a donné la grâce de son Esprit-Saint. Le déréglement seul des hommes nous a rendu l'Écriture nécessaire, les uns par la dépravation de leur doctrine, les autres par la corruption de leur vie et de leurs mœurs. On a donné à cette Ecriture le titre d'Evangile, c'est-à-dire de bonne nouvelle, parce qu'elle annonce à tous, aux méchants, aux impies, aux ennemis de Dieu, et à des aveugles assis dans les ténèbres et dans l'ombre de la mort, la délivrance des peines, le pardon des péchés, la justice, la sanctification, la rédemption, l'adoption des enfants de Dieu, l'héritage de son royaume et la gloire de devenir les frères de son Fils unique. Si l'on demande pourquoi Jésus-Christ ayant eu tant d'apôtres, il n'y en a que deux qui aient écrit l'Evangile, et deux de leurs disciples, on peut répondre que c'est parce que ces hommes si saints ne faisaient rien par un désir de gloire, mais ils réglaient tout par l'utilité et par le besoin. Un seul évangéliste, dira-t-on, ne pouvait-il pas suffire? Sans doute, mais lorsque l'on voit quatre auteurs écrire chacun son Evangile en divers temps, en divers lieux, sans s'assembler ou conférer ensemble, et parler tous néanmoins comme s'ils n'avaient qu'une même bouche, cette union de sentiments et de paroles est une puissante preuve de la vérité. Et il ne faut pas s'étonner de ce qu'ils se trouvent différents en plusieurs choses : car cela même prouve qu'ils n'ont rien dit que de vrai. S'ils s'accordaient jusqu'aux moindres circonstances des lieux et des temps, les ennemis de l'Eglise n'auraient pas manqué de les accuser d'avoir écrit de concert. Il n'y a même entre eux aucune contrariété en ce qui regarde les vérités capitales de la religion. Ils disent tous qu'un Dieu s'est fait homme, qu'il a fait de grands miracles, qu'il a été crucifié et enseveli, qu'il est ressuscité et monté au ciel, qu'il viendra un jour pour juger le monde, qu'il a établi une loi très-sainte et nullement contraire à la première; qu'il est Fils unique de Dieu, et consubstantiel à son Père. Que si, en parlant de quelques miracles, les uns rapportent des circonstances omises par les autres, il ne faut pas s'en étonner : si un seul évangéliste avait tout dit, en vain il y en aurait eu plusieurs, et s'ils eussent tous dit des choses nouvelles et différentes, on n'aurait pu faire voir comment ils s'accordent entre eux. C'est pourquoi ils disent tous des choses communes à tous, et chacun d'eux en dit aussi qui lui sont propres, afin qu'il parût qu'il était nécessaire qu'il y en eût plusieurs, et afin que chacun d'eux, dans ce qu'il rapporte, rendît témoignage à la vérité. C'est la raison que saint Luc témoigne avoir eue d'écrire son Evangile, et nous apprenons de la tradition de nos pères que ce qui porta Jean à écrire le sien fut que les trois autres évangélistes ayant eu principalement pour but d'écrire de Jésus-Christ comme homme, il était important de laisser par écrit ce qui regardait sa divinité et sa génération éternelle. Saint Matthieu écrivit son Evangile à la prière des Juifs convertis à la foi; c'est pourquoi il l'écrivit en hébreu, et ne se mit en peine que d'y faire voir que Jésus-Christ descendait de la race d'Abraham et de David, au lieu que Luc, écrivant généralement pour tout le monde, fait remonter la génération de Jésus-Christ jusqu'à Adam. — Saint Chrysostome démontre l'union et la conformité que les Evangiles ont entre eux, par l'acceptation générale qui en a été faite dans toutes les parties du monde, et il prouve en même temps et avec une grande solidité de logique, que la doctrine qui y est enseignée, surpasse infiniment toutes les maximes que les faux sages du paganisme ont établies dans leurs écrits.

Dans la quatrième homélie, le saint docteur fait diverses réflexions sur les grands avantages que la naissance du Messie devait causer aux hommes, et en prend occasion d'exhorter ses auditeurs à faire éclater dans leur conduite les vertus qu'ils doivent pratiquer en qualité de chrétiens. « Je vous dis ceci, leur dit-il, afin que vous soyez réglés en toutes choses, non pour plaire aux hommes, mais pour les édifier. Néanmoins, lorsque je cherche en vous des marques de ce que vous êtes, j'en trouve de toutes contraires. Si j'en juge par le lieu, je vous vois passer tous les jours dans les spectacles, dans le cirque, dans le théâtre, dans les assemblées publiques, et dans la compagnie de personnes toutes corrompues. Si je considère votre extérieur, je vois des ris immodérés, et des effusions de joie semblables à celles des femmes perdues. Si je m'arrête à vos habits, je ne puis les distinguer d'avec les habits des comédiens. Si je juge de vous par ceux qui vous suivent, je ne vois que des flatteurs et des gens de bonne chère. Si j'examine vos paroles, je n'y vois rien d'utile, rien de sérieux, rien qui ressente ce que nous sommes. Enfin, si j'en juge par votre table, c'est encore où je trouve plus de sujet de vous accuser. » Il les exhorte à mépriser, à l'exemple des trois jeunes hommes de Babylone, la statue d'or que le démon veut nous faire adorer, c'est-à-dire l'amour de l'argent, et à descendre dans la fournaise où les pauvres sont brûlés, pour les y rafraîchir par leurs aumônes, comme l'ange y descendit pour soulager ces trois jeunes hommes.

Les trois tentations auxquelles Jésus-Christ fut exposé après son baptême font le sujet de la treizième homélie. Saint Chrysostome dit que « le Sauveur, qui était venu au monde pour nous servir de modèle, voulut bien se laisser conduire dans le désert, et lutter contre le démon, afin que les baptisés se voyant pressés de quelque grande tentation après le baptême, n'entrent point dans le trouble et le découragement, mais qu'ils souffrent cette épreuve avec constance, comme une suite nécessaire de la profession qu'ils ont embrassée. Si Dieu, ajoute-t-il, n'arrête point les tentations dont nous sommes attaqués, il le fait pour plusieurs raisons qui nous sont avantageuses. Premièrement il veut que nous reconnaissions par expérience que nous sommes devenus plus forts et plus puissants que notre ennemi. Il veut en second lieu que les maux qui nous menacent nous empêchent de nous élever de la grandeur des grâces que nous avons reçues. Une troisième raison pour laquelle Dieu permet que nous soyons tentés, est afin que notre âme se fortifie par la tentation, et que nous concevions, par les attaques de notre ennemi, combien est grand et précieux le trésor que Dieu nous a confié : car le démon ne nous attaquerait point avec tant de violence, s'il ne nous voyait élevés en un état plus glorieux que nous n'étions auparavant. D'où vient donc, me direz-vous, que Jésus-Christ nous a dit : *Priez, afin que vous n'entriez point dans la tentation?* C'est que nous ne devons pas nous jeter de nous-mêmes dans les tentations, mais les souffrir avec courage. Aussi Jésus-Christ n'alla pas de lui-même dans le désert; mais il y alla conduit par l'esprit. » Saint Chrysostome s'étend sur chacune des trois tentations, et en tire des moralités convenables, précautionnant partout ses auditeurs contre les artifices du démon. Il combat fortement ceux qui formaient des doutes sur ce qui se passe dans l'autre vie, et qui, pour les justifier, demandaient imprudemment : Qui est revenu de l'enfer, qui est revenu de l'autre vie pour nous apprendre ce qui s'y passe? « Ce n'est pas, leur répond-il, un homme qui est venu nous en instruire; on n'aurait pas voulu le croire; on aurait considéré comme des exagérations et des hyperboles tout ce qu'il nous aurait dit de cette vie. Mais c'est le Seigneur même des anges qui est venu nous donner une connaissance si particulière du véritable état de l'âme après notre mort. Il dit que la raison pour laquelle il ne punit pas tous les méchants dès ce monde, et qu'il laisse quelques crimes impunis, c'est de peur que nous ne cessions de l'attendre la résurrection, ou de craindre le jugement, comme si tous avaient été jugés dès cette vie. Il en est de même des bons, qui ne reçoivent point en ce monde la récompense due à leur vertu : Dieu, qui les a prévenus de tant de grâces qui les ont égalés aux anges, ne pourra les oublier, ni mépriser ce qu'ils auront souffert pour lui.

Saint Chrysostome consacre dix homélies, depuis la quinzième jusqu'à la vingt-cinquième, à expliquer le sermon de Jésus-Christ sur la montagne. Il remarque que le Sauveur fait comme une chaîne des huit béatitudes, dont la première sert, pour ainsi dire, d'anneau à la seconde, de manière à ce que toutes se tiennent et ressortent les unes des autres.

L'homélie dix-septième est sur ces paroles : *Vous savez qu'il a été dit aux anciens : Vous ne commettrez point d'adultère; mais moi je vous dis que quiconque regardera une femme avec un mauvais désir pour elle, a déjà commis l'adultère dans son cœur.* « Il est certain, dit saint Chrysostome, qu'on peut regarder une femme innocemment, et comme les personnes chastes la regardent; c'est pourquoi Jésus-Christ ne condamne pas en général toute sorte de regards, mais seulement ceux qui sont accompagnés d'un mauvais désir. S'il n'eût voulu faire ce discernement, il eût dit simplement : *Celui qui regarde une femme;* mais il ne parle pas ainsi, et dit : *Celui qui regarde une femme avec un mauvais désir,* c'est-à-dire, celui qui la regarde pour contenter ses yeux. Dieu ne nous a pas donné des yeux pour donner un passage à l'adultère dans notre âme, mais afin que, contemplant ses créatures, nous en admirions le Créateur. »

Le verset 47 du ve chapitre de saint Matthieu : *Si vous ne saluez et n'embrassez que vos frères, que ferez-vous en cela de particulier?* forme le fond de la morale de la dix-huitième homélie. « Quittons, dit saint Chrysostome, cette coutume ridicule de quelques personnes déraisonnables, qui attendent que ceux qui se présentent à eux dans les rues les saluent les premiers, négligeant ainsi ce qui les rendrait heureux, selon le précepte de Jésus-Christ, et affectant ce qui les rend ridicules. Car pourquoi ne saluez-vous pas le premier celui que vous rencontrez? C'est, dites-vous, parce qu'il s'y attend. N'est-ce pas pour cela même que vous devez vous hâter, afin qu'en le prévenant, vous receviez la récompense que Jésus-Christ a promise? Je ne le ferai pas, dites-vous, parce qu'il veut exiger cela de moi. Qu'y a-t-il de plus extravagant que cette pensée? Parce qu'il m'offre une occasion d'être récompensé de Dieu, je ne veux pas m'en servir. S'il vous salue le premier, vous ne gagnerez plus rien en le saluant; mais si vous le prévenez, sa vanité est votre mérite, et son orgueil sera votre couronne. Vous me direz peut-être : Si je lui rends cette déférence, les autres me mépriseront et me railleront. Quoi donc! de peur d'être méprisé par un extravagant, vous ne craindrez pas d'offenser Dieu ! »

Dans l'homélie suivante, saint Chrysostome donne en peu de paroles l'explication de l'Oraison dominicale, qu'il termine en y ajoutant ces mots, ainsi que le faisaient plusieurs anciens : *Parce qu'à vous appartient le règne, la puissance et la gloire dans tous les siècles.* Il dit, en parlant des fautes journalières, dont le nombre est si grand qu'à peine on peut les comprendre, « qu'on peut compter celles-ci : Qui n'a point eu de vanité, qui ne s'est point élevé, qui n'a point médit de son frère, qui n'a point eu de mauvais désirs, qui n'a point jeté un regard trop libre, qui n'a point senti quelque émotion et quelque trouble en se souvenant de son ennemi? Dieu nous a donné un moyen bien court et bien facile pour nous délivrer de tant de péchés; car quelle peine y a-t-il de pardonner à celui qui nous a offensé? Il y a de la peine à nourrir de l'aversion dans son cœur, mais il n'y en a point à pardonner. Mais si, au lieu de pardonner à votre ennemi, vous vous adressez à Dieu, afin qu'il vous venge de lui, quelle espérance vous restera-t-il de votre salut, puisque, lors même que vous devriez fléchir la colère de Dieu, vous l'irritez davantage? Vous êtes plus horribles à ses yeux par ces prières détestables, que vous ne le seriez aux yeux des hommes, si vous aviez la bouche pleine du sang et de la chair de vos ennemis. Comment donnerez-vous en cet état le baiser de paix à vos frères? comment pourrez-vous boire le sang de Jésus-Christ ayant le cœur si plein de poison? »

Dans la trente-unième homélie, à l'occasion de la mort de la fille du chef de la Synagogue, il fait voir que c'est blesser la foi et la raison de pleurer avec excès la mort des personnes qui nous sont chères. « Comment, dit-il, pardonner cette faiblesse à des chrétiens, après que la résurrection a été établie par tant de preuves si constantes, et par le consentement de tant de siècles? Pourquoi, après la mort de vos proches, assemblez-vous les pauvres? pourquoi appelez-vous les prêtres, afin qu'ils offrent, pour ceux que vous pleurez, leurs prières et leurs sacrifices? Vous me répondrez que c'est afin que celui qui est mort entre dans le repos éternel, et que son juge lui soit favorable. Cependant, vous ne cessez point de répandre des larmes. Ne vous combattez-vous pas vous-même? Vous croyez que votre ami est dans le port, et vous vous jetez vous-même dans le trouble et dans la tempête? Mais je perds mon héritier, me direz-vous. Donnez son héritage aux pauvres; s'il avait des péchés en mourant, ces biens que vous donnez pour lui en effaceront les taches; s'il était juste et innocent, ils augmenteront sa récompense. Ne considérez pas que vous ne reverrez plus votre fils qui est mort, mais pensez que vous irez bientôt le retrouver. S'il est mort dans le péché, la mort en arrête le cours; et si Dieu eût prévu qu'il eût dû en faire pénitence, il ne l'eût pas sitôt retiré du monde. Si, au contraire, il est mort dans la grâce et dans l'innocence, son innocence n'est plus en danger, et il en possède une récompense qui ne finira jamais. Vos larmes sont donc plutôt l'effet d'un trouble d'esprit et d'une passion peu raisonnable, que d'un amour sage et bien réglé. Si l'on voulait tirer votre fils d'auprès de vous pour le faire roi d'un grand royaume, refuseriez-vous de le laisser aller pour ne pas perdre le vain plaisir de le voir? et maintenant qu'il est passé en un royaume infiniment plus grand que tous ceux de la terre ensemble, vous ne pouvez souffrir d'être un moment séparé de lui? »

Après avoir rapporté, dans sa soixante-cinquième homélie, la leçon d'humilité que Jésus-Christ nous a faite dans la personne de ses apôtres, saint Chrysostome ajoute : « Ne craignez point que votre humilité vous déshonore; quoi que vous fassiez, vous ne sauriez jamais vous humilier autant que Jésus-Christ votre maître; et néanmoins son humiliation est devenue son plus grand honneur et le comble de sa gloire. Avant qu'il se fût fait homme, il n'était connu que des anges; mais depuis qu'il s'est revêtu de notre corps, et qu'il est mort sur une croix, non-seulement il n'a pas perdu cette première gloire, mais il en a ajouté une nouvelle en se faisant connaître et adorer de toute la terre. Les hommes ne sont grands que par une déférence étrangère que la nécessité et la crainte leur fait rendre; l'humble est grand par une grandeur intérieure qui tient de celle de Dieu même. L'humble n'est point esclave de ses passions; il n'est ni troublé par la colère, ni possédé par l'orgueil, ni déchiré par la jalousie; le superbe, au contraire, est comme exposé en proie à ces différentes passions : la colère, l'envie, la vaine gloire déchirent son cœur. Tant que l'ange a été humble, il a été élevé au plus haut du ciel, et son orgueil l'a précipité jusqu'au fond des enfers; l'homme, au contraire, lorsqu'il s'humilie, devient si grand qu'il foule aux pieds cet ange superbe, et s'élève jusqu'au ciel. Tout le contraire de ce que désire l'orgueilleux lui arrive; il veut être honoré de tous, et tous le méprisent. Il n'en est pas ainsi de l'humble : il est aimé de Dieu, et, sans qu'il le désire, il est honoré des hommes. »

Homélies sur saint Jean. — En passant de la lecture de ces homélies à celles qu'il écrivit sur l'Evangile de saint Jean, on ne s'aperçoit d'aucun changement dans le style; c'est toujours saint Chrysostome qui parle, et l'on retrouve partout le même génie, les mêmes locutions favorites, la même élévation de pensées, mais il y suit une méthode toute différente. Nous avons vu qu'après avoir expliqué à la lettre un ou plusieurs versets de l'Évangile de saint Matthieu, il faisait suivre ordinairement ses explications de quelques réflexions morales qui avaient rapport au texte de l'Ecriture et aux besoins spirituels de ses auditeurs. Dans ses homélies sur saint Jean, il explique en peu de mots le sens de la lettre, ne fait que très-peu de réflexions morales, et ne donne aux exhortations qu'il met à la fin de ses homélies qu'une très-petite étendue. Son attention principale est de donner le vrai sens des passages dont les ennemis de la divinité et de la consubstantialité du Verbe abusaient pour s'autoriser dans leurs erreurs. Il met leurs subterfuges en évidence, et fournit aux catholiques des armes pour la défense de la vérité. Les catholiques prouvaient ordinairement la divinité et la consubstantialité du Verbe par les passages suivants, répandus en divers endroits de l'Evangile selon saint Jean : *Le Verbe était Dieu. Je suis dans mon Père et mon Père est en moi. Il y a si longtemps que je suis avec vous, et vous ne me connaissez pas encore? Philippe, celui qui me voit voit mon Père. Afin que tous honorent le Fils comme ils honorent le Père : car comme le Père ressuscite les morts et leur rend la vie, ainsi le Fils donne la vie à qui il lui plaît. Mon Père, depuis le commencement du monde jusqu'aujourd'hui, ne cesse point d'agir, et j'agis aussi incessamment comme lui. De même que mon Père me connaît, je connais aussi mon Père. Mon Père et moi nous ne sommes qu'un.* Pour affaiblir ces autorités, les anoméens disaient que ces paroles de saint Jean : *Au commencement était le Verbe*, ne signifiaient pas qu'il fût de toute éternité ; de même que celles de Moïse : *Au commencement Dieu fit le ciel et la terre*, ne marquent pas que le ciel et la terre soient éternels. Saint Chrysostome répond que la signification de ces deux termes *était* et *fit* est bien différente ; qu'il n'est pas dit seulement que le Verbe *était*, mais qu'il était au commencement, et que le Verbe était Dieu. Lorsqu'on dit d'un homme, ajoute-t-il, qu'il est, on marque par là seulement le temps présent ; mais lorsqu'on le dit de Dieu, on exprime son éternité. Et, de peur que quelqu'un, en entendant ces paroles : *Le Verbe était au commencement*, ne s'imaginât qu'il n'était point engendré, l'Évangéliste prévient cette difficulté, en ajoutant que *le Verbe était avec Dieu*. Il fait même voir par l'article qu'il prépose au terme *Verbe*, que ce Verbe n'est pas comme les paroles des hommes, qui passent dans le moment qu'elles ont été proférées, ni même comme celles que le Seigneur adresse ou aux hommes ou aux anges lorsqu'il leur ordonne d'exécuter ses volontés, mais qu'il subsiste comme une personne distincte. » Saint Chrysostome fait voir ensuite « que le parallèle que les anoméens faisaient entre les paroles de saint Jean et celles de Moïse n'était pas exact, puisque celui-ci, en parlant du ciel et de la terre, dit que Dieu les a faits au commencement, afin que personne ne crût qu'ils n'avaient point été faits ; au lieu que celui-là en parlant du Verbe, ne dit pas qu'il a été fait, mais qu'il était au commencement. » — Ce Père prouve l'éternité du Verbe par les passages de l'Evangile selon saint Jean, que nous avons rapportés plus haut ; et pour donner aux plus simples une image, dans la nature, de l'égalité parfaite et de la coéternité du Fils de Dieu avec son Père, il rapporte celui de la lumière du soleil, qui, produite du soleil même, n'est point cependant moins ancienne que le soleil même, puisqu'il est absolument impossible de concevoir le soleil un seul moment sans la lumière qui naît de lui.

Dans le chapitre XII, qui forme le fonds de la vingtième homélie, saint Chrysostome explique comment les chrétiens doivent offrir leur corps comme une hostie vivante, sainte et agréable aux yeux de Dieu. « L'Apôtre, dit-il, ne veut pas qu'on pense à s'égorger soi-même comme on égorgeait les hosties de la loi ancienne, d'où vient qu'il appelle cette hostie *vivante*; et pour la distinguer encore de celle des juifs, il la nomme *sainte et agréable à Dieu*; car le culte des juifs, étant charnel, ne pouvait être agréable au Seigneur. C'est donc par les bonnes œuvres que notre corps doit devenir une hostie ; que nos yeux ne regardent rien de mal ; que notre langue ne tienne point de mauvais discours, et que nos mains ne commettent point d'iniquité, et tout notre corps formera une oblation très-sainte ; mais ce n'est pas encore assez, car il faut faire le bien, il faut que la main donne l'aumône, que la bouche bénisse ceux qui nous maudissent, que les oreilles soient occupées à entendre la parole de Dieu, et c'est ainsi qu'il ne restera rien d'impur dans l'hostie de notre corps. Que veut dire *le culte raisonnable* dont l'Apôtre parle ensuite, sinon un assujettissement spirituel à Dieu, et une vie conforme à Jésus-Christ ? Comme donc celui qui sert dans la maison de Dieu doit mener une vie plus chaste, de même nous devons régler toute notre vie comme les ministres et les prêtres de Dieu, savoir, en lui offrant tous les jours de nos biens, en faisant la fonction de prêtre pour lui sacrifier notre corps, et lui présenter en offrande les vertus de l'âme, la modestie, la douceur, la patience. C'est par un sacrifice de cette nature que nous offrirons à Dieu un culte raisonnable et spirituel, qui n'aura rien de corporel, de grossier ni de sensible. »

Sur la Ire Epître aux Corinthiens. — On place les homélies de saint Chrysostome, sur la première Epître aux Corinthiens, entre les plus excellents de ses ouvrages, pour l'élégance, la politesse et l'exactitude. On y voit un parfait orateur qui ne laisse rien échapper de son sujet, et qui sait tellement se proportionner au génie et à la portée de ses auditeurs, qu'il parvient presque toujours à les persuader et à captiver leur bienveillance.

Dans la quatrième homélie, il fait voir « que la mort de Jésus-Christ relève son triomphe, et qu'il est infiniment plus admirable de ce qu'après avoir été mort il a triomphé de la mort même, que s'il se fût exempté de la souffrir ; que, comme il a guéri l'aveuglement par une chose qui devait l'augmenter, savoir, avec de la boue, de même il a converti à lui tout le monde par la croix, qui par elle-même devait plutôt l'éloigner et lui causer du scandale ; que les évangélistes, en marquant dans leurs écrits la bassesse des apôtres, leur timidité et leurs défauts, ont fourni une grande preuve de la vérité de l'histoire évangélique ; que si Socrate et les autres sages du monde n'ont pu parvenir à établir leurs doctrines parmi les hommes, mais ont même perdu la vie pour en avoir introduit de nouvelles, on ne peut assez s'étonner que de simples pêcheurs aient soumis à la leur, non-seulement les Grecs, mais jusqu'aux nations les plus barbares. »

« N'arrive-t-il pas quelquefois, dit-il dans sa huitième homélie, que les laïques vivent avec piété pendant que les prêtres mènent une vie mauvaise ? Si donc Dieu ne communiquait ses grâces que selon le mérite de ses ministres, ni le baptême, ni le corps de Jésus-Christ, ni l'oblation des choses saintes ne se feraient jamais avec fruit par le ministère de ces sortes de personnes. Cependant Dieu opère tous les jours ses mystères par l'entremise des prêtres les plus indignes, et leur mauvaise vie ne blesse ni ne diminue aucunement la vertu du baptême ; autrement celui qui le recevrait de leurs mains indignes y recevrait moins de grâces. Ce que je dis, afin que les fidèles qui recherchent trop curieusement la vie des prêtres ne prennent point un sujet de scandale pour les mystères qu'ils leur voient célébrer ; car le prêtre ne met rien du sien dans ces saintes oblations ; tout ce qui s'y fait vient de la vertu divine, et c'est Dieu qui nous initie dans ces sacrés mystères. » *Personne ne peut poser d'autre fondement que celui qui a été posé, qui est Jésus-Christ.* « Voyez, dit le saint évêque, dans quelle vue vous bâtissez : si c'est par vaine gloire, ou pour vous faire des disciples parmi les hommes. Ne tenons aucun compte des hérésies : bâtissons sur le fondement qui est posé, et attachons-nous-y de la même manière que les branches sont attachées à la vigne, afin qu'il n'y ait rien d'intermédiaire entre Jésus-Christ et nous. Efforçons-nous non-seulement de nous unir à lui, mais même de nous y coller, s'il est permis de parler ainsi, puisque, si une fois nous en sommes séparés, nous périrons. Mais unissons-nous principalement à lui par nos actions. Il est notre tête, et nous sommes son corps ; il est le fondement, et nous sommes l'édifice ; il est la vigne, et nous sommes les branches ; il est le pasteur, et nous les brebis ; il est encore vrai de dire que nous sommes son temple, et que c'est lui qui y habite ; qu'il est le premier-né, et que nous sommes ses frères ; qu'il est la vie, et que nous vivons de lui ; qu'il est la résurrection même, et que c'est par lui que nous ressusciterons ; qu'il est la lumière, et que nous en sommes éclairés. Tout cela nous marque une unité qui ne souffre pas qu'il y ait entre lui et nous le moindre vide qui nous en sépare. »

Dans la vingt-cinquième homélie, saint Chrysostome enseigne que la souveraine perfection consiste à s'occuper des choses qui regardent le bien commun, et que, suivant saint Paul, rien ne nous rend si fort imitateurs de Jésus-Christ que de prendre soin de notre prochain. « Quand vous jeûneriez, dit-il, quand vous coucheriez sur la dure, quand vous passeriez toute votre vie dans les larmes, vous ne feriez rien en cela qui fût considérable, si en même temps vous n'étiez utile à personne, parce qu'il n'y a point de véritable vertu, ni rien de grand quand ce que l'on fait n'est pas joint au bien du prochain. On en voit la preuve dans le serviteur qui rendit tout entier à son maître le talent qu'il avait reçu de lui, et qui fut néanmoins sévèrement puni, parce qu'il ne l'avait point fait multiplier. » Ce Père prouve la même chose par l'exemple de Moïse, qui ne fit rien de si grand dans les prodiges qu'il opéra que d'intercéder auprès de Dieu pour ses frères, jusqu'à s'offrir d'être effacé pour eux du livre de vie. Il allègue aussi les exemples de David, d'Abraham et de saint Paul, et dit qu'il n'y a que des âmes grandes et généreuses, comme celle de cet apôtre, qui veuillent bien souffrir elles seules la misère, pour procurer le bonheur des autres.

Sur la IIe Épître aux Corinthiens.—Ces homélies ont la même politesse de style que les précédentes, mais il s'en faut de beaucoup qu'elles aient la même vivacité et la même ardeur. Saint Chrysostome s'y est conformé au style de cette seconde Épître, dans laquelle l'Apôtre, satisfait de la soumission des Corinthiens à ses ordres, leur écrit avec une grande douceur, pour les récompenser d'avoir chassé l'incestueux de leurs assemblées.

Dans la première homélie, saint Chrysostome dit, en expliquant ces paroles de l'Apôtre : *Dieu nous console dans tous nos maux,* que, « cela n'arrive pas une ou deux fois, mais toujours : car Dieu ne console pas dans un moment pour abandonner dans un autre ; il console toujours. Ne nous laissons donc point abattre, ajoute ce Père, et ne nous affligeons point avec excès quand il nous arrive quelque mal et quelque disgrâce, puisque cela nous apprend que c'est par le moyen des calamités que nous communiquons avec Jésus-Christ, que nous effaçons nos péchés, et que nous remportons des avantages considérables : car on ne doit rien estimer de fâcheux que de tomber dans la disgrâce de Dieu. » Il rapporte l'exemple de saint Paul et d'Abraham, qui étaient toujours remplis de joie au milieu des adversités de cette vie, et il insiste beaucoup sur la patience de Job, qui, suivant lui, a égalé celle des six cents martyrs, puisqu'il a été éprouvé dans ses richesses, dans ses enfants, dans son corps, dans sa femme, dans ses amis, dans ses ennemis, dans ses serviteurs : par la faim, par les songes, par les douleurs, par la pourriture.

Dans la troisième homélie, sur ces paroles : *C'est Dieu qui nous a oints de son onction, et marqués de son sceau,* saint Chrysostome dit que « Dieu, en nous donnant son Saint-Esprit, nous a faits prophètes, prêtres et rois : car on oignait ces trois sortes de personnes ; les fidèles possèdent non une seule de ces dignités, mais toutes les trois ensemble. En effet, nous sommes destinés à la jouissance d'un royaume ; nous sommes faits prêtres en offrant à Dieu nos propres corps comme une hostie vivante, et nous devenons prophètes en ce que les choses que l'œil n'a point vues, et que l'oreille n'a point entendues, nous sont manifestées dans les églises. On peut dire encore que nous sommes faits rois, lorsque nous commandons à nos passions, et cette manière de régner est même plus excellente que de porter le diadème. »

Saint Chrysostome se moque agréablement, dans sa dix-septième homélie, de ceux qui disent : Dieu me garde d'être jamais réduit à un état où je dépende des autres. « Ne voyez-vous pas, leur dit-il, que nous sommes venus au monde à condition d'avoir tous besoin les uns des autres ? Si vous êtes riche, c'est dans cet état que vous avez à faire de plus de gens et de ceux qui sont les plus pauvres; si donc vous voulez avoir peu besoin des autres, souhaitez la pauvreté; vous n'en dépendrez que pour un morceau de pain ou pour un habit : c'est même un effet de la Providence que les hommes ne puissent se passer les uns des autres, afin que la nécessité de ces assistances mutuelles les unisse plus étroitement par les liens de l'amitié; si chacun se suffisait à lui-même, les hommes seraient trop durs entre eux, puisque, assujettis les uns aux autres, ils ne laissent pas de s'entrechoquer tous les jours par des offenses et par des injures. »

Sur l'Epître aux Ephésiens. — Saint Chrysostome commence ses homélies sur l'Epître aux Ephésiens, en remarquant que cette ville était la métropole de l'Asie; qu'elle avait été dédiée à Diane dont elle possédait un temple qui fut brûlé plus tard, sans qu'on ait jamais connu le destructeur; que saint Jean l'Evangéliste y avait été relégué, et qu'il y était mort; que saint Paul y avait laissé Timothée, et que cette ville avait été la demeure d'un grand nombre de philosophes, dont quelques-uns l'avaient revendiquée comme patrie.

Sur ces paroles de saint Paul : *Pratiquant en toute chose l'humilité, vous supportant les uns les autres avec charité,* il dit, dans l'homélie neuvième, « qu'il ne faut pas se contenter de la marquer dans nos paroles et dans nos actions, mais même dans nos habits, dans nos gestes, et jusque dans le ton de notre voix, n'étant pas humbles envers les uns et arrogants envers les autres, mais humbles envers tous, soit amis, soit ennemis; soit grands, soit petits. Comment, me direz-vous, ajoute ce Père, peut-on supporter une personne qui est colère, qui est médisante? C'est pour cela, répond-il, que l'Apôtre dit que nous devons nous supporter les uns les autres dans la charité; si vous ne supportez pas votre prochain, comment Dieu vous supportera-t-il? si vous n'excusez point les défauts de celui qui est serviteur avec vous du même maître, le maître souffrira-t-il les vôtres? mais où la charité se rencontre, tout est supportable. »

Dans l'homélie dix-neuvième, il se propose cette question: Pourquoi y a-t-il dans le monde des régions inhabitables, et il y répond par une infinité de questions qui ne sont pas plus faciles à résoudre. « Et moi je vous demanderai pourquoi les nuits sont plus longues en hiver qu'en été, pourquoi le corps de l'homme est sujet à la mort, et beaucoup d'autres choses semblables. C'est un effet de la Providence que sa conduite nous soit cachée, et que nous ne puissions pas connaître les raisons qui la font agir; si elles nous étaient connues, peut-être que quelqu'un se serait imaginé que l'univers est l'ouvrage de l'homme. N'approfondissons donc pas les œuvres de Dieu, mais rendons-lui grâces pour toutes choses: si ceux qui nous gouvernent ordonnent bien des choses auxquelles nous nous soumettons, quoique nous n'en connaissions pas le motif, et que plusieurs même nous paraissent absurdes, à plus forte raison devons-nous nous soumettre à ce qui est ordonné de Dieu, en qui il n'y a rien d'absurde. »

Sur l'Epître aux Philippiens. — Saint Chrysostome commence cet ouvrage, en disant ce qu'étaient les Philippiens, dont il fait un grand éloge, et en rapportant les conversions qui s'accomplirent dans la ville, et les mauvais traitements que Paul et Silas y subirent de la part des ennemis de Jésus-Christ. Ces explications sont aussi en forme de discours, et le saint docteur les termine à l'ordinaire par des exhortations morales qui sont très-belles.

Il déclame, dans la neuvième homélie, contre ceux qui faisaient un reproche aux prêtres de posséder les choses nécessaires à la vie. Il dit « que ceux-mêmes qui faisaient ces reproches comptaient pour rien les maisons qu'ils bâtissaient et les terres qu'ils achetaient, tandis qu'ils appelaient riche un prêtre qui, par bienséance, s'habillait un peu proprement, qui avait les choses nécessaires à la vie, ou un domestique pour le servir. Si vous lui avez donné, ajoute-t-il, ce qu'il possède, pourquoi lui en faites-vous un crime? Il valait mieux ne lui rien donner que de lui en faire des reproches. Mais si c'est un autre qui lui a donné ce qu'il a, votre péché en est d'autant plus grand, puisque, n'ayant rien donné vous-même, vous tournez en mauvaise part les bienfaits d'autrui. Quoi donc, direz-vous, faut-il qu'un prêtre cherche son intérêt en ce monde? Mais dites-moi, je vous prie, répond saint Chrysostome, porte-t-il des habits de soie? se fait-il accompagner d'une grande troupe de domestique? va-t-il à cheval? se bâtit-il des palais? S'il fait tout cela, je l'en blâme, je ne lui pardonne point, et je demeure d'accord qu'il est indigne du sacerdoce. Car comment pourra-t-il apprendre aux autres à ne point s'occuper des choses inutiles et superflues, s'il ne peut apprendre lui-même à s'en passer? Mais je ne puis souffrir que vous fassiez un crime à un ecclésiastique de ce qu'il prend soin d'avoir les choses nécessaires à la vie lorsqu'elles lui manquent. »

Sur l'Epître aux Colossiens. — Nous avons douze homélies sur cette épître, et la troisième ne nous permet pas de douter qu'elles aient été prêchées à Constantinople; car saint Chrysostome s'y met clairement au nombre des évêques, soit en parlant du trône où il s'asseyait, soit en se qualifiant de ministre et d'ambassadeur de Dieu.

Dans l'homélie huitième, il dit « que rien n'est plus saint qu'une âme qui rend grâces à Dieu dans l'adversité, et que cette disposition n'est guère éloignée de celle d'un martyr. » Sur ce principe, il enseigne « qu'une mère qui, voyant son enfant malade, en rend grâces à Dieu, sans laisser échapper aucunes paroles de murmure, et qui, après la mort de cet enfant, rend de nouvelles actions de grâces, en surmontant une peine d'esprit qui n'est pas moins rude que les tourments du martyre, recevra un jour la récompense destinée aux martyrs. »

Dans la dixième homélie, saint Chrysostome combat le luxe des femmes, et particulièrement celui de l'impératrice, et leur dit à toutes : « Pour qui allez-vous chercher au dehors des parures d'or et de pierreries? Et pourquoi vous servir de déguisements, comme pour réformer et corriger l'ouvrage de Dieu? Voulez-vous être estimées belles, revêtez-vous de l'aumône, de la bénignité, de la modestie, de la tempérance, et dépouillez-vous de tout faste et de toute vanité. Ce sont là des parures bien plus précieuses que l'or et les diamants. » Il dit aux femmes qui apportaient pour excuse de leur luxe la nécessité de plaire à leurs maris : « Parez-vous donc dans votre maison; mais dépouillez-vous de tous vos ornements lorsque vous allez dans la place publique ou à l'église : car si vous voulez plaire à votre mari, ne cherchez point à plaire aux autres. »

Sur l'Epître aux Thessaloniciens. — Il y a deux endroits dans ces homélies où saint Chrysostome déclare assez nettement qu'il était évêque; ainsi nous sommes autorisés à croire qu'il les a prêchées à Constantinople. Voici ce qui nous y a paru de plus remarquable : « Personne, dit-il, ne doit se décourager, quoique depuis longtemps il n'ait fait aucun progrès dans la vertu, puisqu'il peut à l'avenir faire en peu de temps ce qu'il n'avait pas encore fait depuis tant d'années. Que personne aussi ne tombe dans la paresse, en se flattant d'acquérir la parfaite piété en peu de temps : car l'avenir est très-incertain, et le jour du Seigneur est comme un larron qui nous surprend et nous ravit tout pendant que nous sommes endormis. Les prières que les saints font pour nous sont d'un grand secours, mais c'est lorsque nous vivons bien. En effet, s'il ne fallait que des prières pour ouvrir aux hommes la porte du ciel, tous seraient sauvés, et les païens se feraient chrétiens, puisque dans l'Église nous prions pour leur conversion et le salut de tout le monde. »

Sur les deux Epîtres à Timothée. — Il est difficile de décider en quel lieu saint Chrysostome a prêché ces homélies; mais l'éloge qu'il y fait dans la quatorzième des monastères et des moines, nous fait présumer qu'il les prêcha à Antioche, ville qui avait dans son voisinage plusieurs monastères et un grand nombre de religieux recommandables par la pureté de leurs mœurs et la sévérité de leur discipline. On remarque que, dans les homélies prêchées à Constantinople, il ne parle que rarement des moines, et presque toujours en mauvaise part.

Voici le sujet des homélies quinzième, seizième et dix-septième : L'âme est la seule chose en ce monde qui soit d'une éternelle durée, et c'est néanmoins la seule que nous négligeons. Nous prenons grand soin de tout le reste, comme s'il devait toujours durer; et nous ne nous mettons non plus en peine de cette âme qui durera éternellement, que si elle devait bientôt finir. Que veut dire l'Apôtre lorsqu'il défend à Timothée d'imposer sitôt les mains à personne, sinon qu'on ne doit pas se contenter d'avoir éprouvé une première fois, ni même une seconde et une troisième, celui que l'on dispose au sacerdoce mais qu'il faut attendre, pour lui imposer les mains, qu'on l'ait examiné avec beaucoup d'exactitude durant un long temps : car il est très-dangereux d'ordonner trop promptement un ecclésiastique, puisque, par cette facilité, qui contribuera à ses malheurs, on se rendra coupable de tous ses péchés futurs et même passés. Ce n'est pas la science qui cause l'orgueil, mais plutôt l'ignorance : car celui qui connaît la vraie piété, sait se comporter avec modestie; et celui qui est bien instruit, est moins sujet à tomber.

Saint Chrysostome dit à ceux qui avaient peine à respecter des prêtres dont la conduite ne leur paraissait pas honorable : « Ne savez-vous pas que le prêtre est l'ange du Seigneur, et qu'il ne vous parle pas de lui-même? Si donc vous le méprisez, ce n'est pas lui, mais c'est Dieu même, qui l'a ordonné son ministre, que vous méprisez. Mais comment me direz-vous, prouvera-t-on que c'est Dieu qui l'a ordonné? Si vous ne le croyez pas, votre espérance est vaine : car si Dieu n'opère rien par lui, vous n'avez point de baptême, vous ne participez point aux mystères, vous ne jouissez point des bénédictions, vous n'êtes pas chrétiens. Quoi donc, ajouterez-vous, Dieu ordonne-t-il tous les pasteurs, même les indignes? Non, il ne les ordonne pas tous, mais il opère par eux tous, fussent-ils indignes, le salut de son peuple. Car s'il parla en faveur de son peuple par le ministère de l'ânesse, et par Balaam, qui était un méchant homme, à plus forte raison agit-il pour nous par le ministère des prêtres. Que ne fait pas Dieu pour notre salut? que ne dit-il pas? par qui n'opère-t-il pas? L'oblation sacrée de l'Eglise, qu'elle soit offerte par Pierre ou par Paul, ou par quelque autre prêtre que ce soit, est toujours la même que celle qui a autrefois été distribuée par Jésus-Christ à ses disciples, et que les prêtres continueront de consacrer jusqu'à la consommation des siècles. »

Sur l'Epître à Tite. — Saint Chrysostome commence ces homélies par l'éloge de Tite, qu'il conjecture avoir été d'origine corinthienne. Il croit cette Epître plus ancienne que celles à Timothée, qui ne furent écrites que sur la fin de la vie du grand apôtre.

On peut y remarquer que rien n'est plus utile à l'homme que de repasser souvent dans son esprit la pensée des bienfaits de Dieu, et surtout des grâces privilégiées qu'il en a reçues; car si le souvenir d'un service qu'un ami nous a rendu augmente notre amitié pour lui, la considération des dangers dont Dieu nous a tirés doit nous embraser pour lui d'un nouvel amour. Il dit encore que ceux qui sont chargés de prêcher aux autres les vérités divines doivent le faire avec beaucoup d'exactitude, de fermeté et de confiance, s'ils ne veulent pas que leurs prédications restent sans effet. Il ajoute que, saint Paul ne demandant rien autre chose d'un évêque, sinon qu'il soit irréprehensible, sobre, prudent, grave et modeste, aimant l'hospitalité et capable d'instruire, les hommes ne doivent pas en exiger davantage; qu'un pasteur ne doit point rechercher son propre honneur, mais l'utilité commune de son peuple; qu'il n'a pas besoin de paroles fastueuses pour persuader la vérité, mais d'un bon sens, d'une droite raison et d'une grande connaissance de l'Ecriture; saint Paul, ayant converti toute la terre, a infiniment plus fait à lui seul que Platon et tous les autres philosophes ensemble : qu'il est facile de mépriser les richesses, mais très-difficile de rejeter les honneurs que l'on nous fait.

Sur l'Epître aux Hébreux. — On ne doute point que les homélies sur l'Epître aux Hébreux ne soient le fruit de l'épiscopat de saint Chrysostome, puisque, dans la quatrième, il menace d'excommunication ceux qui loueront à l'avenir des femmes pour pleurer, et il se propose de faire punir ces femmes elles-mêmes si sévèrement qu'elles auront à pleurer pour elles et non pour les autres. On voit dans la même homélie qu'il parle aux prêtres comme ayant autorité sur eux; et sur la fin de la vingt-troisième, il se nomme le père de tous.

Voici le fonds de la septième et de la huitième homélie. — La foi est une chose si grande et si salutaire, qu'il n'est pas possible d'obtenir le salut sans elle; elle ne peut pas même nous le procurer seule, et il est besoin qu'elle soit accompagnée de bonnes œuvres, Sommes-nous moines, disaient quelques-uns à saint Chrysostome qui les exhortait aux travaux, aux saintes lectures, aux veilles et au jeûne? «Faites, leur répond-il, cette question à saint Paul, qui vous dit : *Veillez dans la prière, en l'accompagnant de toute patience;* et encore : *Ne cherchez pas à contenter votre sensualité, en satisfaisant à ses désirs déréglés.* L'Apôtre n'a pas écrit ces choses seulement pour les moines, mais pour tous ceux qui sont dans les villes. »

La première vertu du chrétien, selon saint Chrysostome, et celle qui comprend toutes les autres, c'est de n'être que comme un voyageur sur la terre, de ne point prendre de part aux choses et aux affaires de ce monde, et de les regarder sans attachement et comme nous étant étrangères. Il conseille à ceux qui veulent travailler sérieusement à régler leur vie, de n'acquérir les vertus que les unes après les autres. «Entreprenons, dit-il, durant ce mois-ci, de vaincre en nous la colère et l'emportement, puis nous passerons à l'acquisition d'une autre vertu, et quand nous en aurons acquis l'habitude, nous irons encore à une autre, passant de la patience au mépris des richesses, et de là à un détachement parfait des biens du monde, qui nous portera à les donner en aumônes. »

Il déclare dans l'homélie trente-quatrième, que « si ceux qui sont préposés pour notre conduite ne nous ordonnent rien contre Dieu, nous devons leur obéir, fussent-ils de mœurs corrompues, parce que si leur vie est déréglée, leur autorité est légitime : mais s'ils nous enseignent quelque chose contre la foi, alors nous devons les fuir, quand ce seraient des anges descendus du ciel. » Saint Chrysostome finit ses explications sur l'Epître aux Hébreux, en disant : «qu'il ne comprend pas comment il peut y avoir un seul pasteur de sauvé, voyant que, nonobstant les menaces effroyables et la lâcheté présente des chrétiens, il y en a encore qui courent après ces emplois, et qui se chargent si inconsidérément de l'énorme fardeau du gouvernement des âmes. Si ceux, ajoute-t-il, qui y ont été engagés comme par une espèce de nécessité, ne savent presque où avoir recours, ni quelles excuses ils pourront trouver un jour s'ils ne s'acquittent pas bien de leur administration, quel sera le danger du salut de ceux qui ont employé toute leur industrie pour obtenir ces emplois, et qui s'y sont si témérairement précipités? Car ces sortes de gens se privent eux-mêmes de toutes excuses et de tout pardon. »

Jugement des écrits de saint Chrysostome.

On peut regarder saint Jean Chrysostome comme le Cicéron de l'Eglise grecque. Son éloquence ressemble beaucoup à celle de ce prince des orateurs latins. C'est la même facilité, la même clarté, la même abondance, la même richesse d'expressions, la même hardiesse dans les figures, la même force dans les raisonnements, la même élévation dans les pensées. Jamais ce grand orateur ne se copie, et il est toujours original. Quelque grand homme que soit saint Augustin, on n'a pas assez loué saint Chrysostome, quand on n'a fait que le comparer à lui, du moins pour l'éloquence de la chaire. Celle du Père latin est défigurée quelquefois par des pointes, des jeux de mots, des antithèses qui formaient le goût de son pays et de son siècle; celle du Père grec aurait pu être admirée à Athènes et à Rome, dans les beaux jours de ces deux républiques. Il est vrai, dit Fleury, que saint Chrysostome n'est si aussi concis ni aussi serré que Démosthènes, et il montre son art; mais dans le fond sa conduite n'en est pas moins raisonnée. Il sait juger quand il faut parler ou se taire, ce qu'il faut dire et quels mouvements il faut exciter ou apaiser. Voyez comme il agit dans l'affaire des statues. Il reste d'abord sept jours en silence, pendant le premier mouvement de la sédition, et interrompt la suite de ses homélies, à l'arrivée des commissaires de l'empereur. Quand il commence à parler, il ne fait que compâtir à la douleur de ce peuple affligé, et attend quelques jours pour reprendre l'explication ordinaire de l'Ecriture. Voilà en quoi consiste le grand art de l'orateur, beaucoup plus qu'à se ménager des transitions délicates et de magnifiques prosopopées. La morale de **saint**

Jean Chrysostome est très-exact, excepté lorsqu'il se laisse emporter par l'envie de justifier quelques personnages de l'Ancien Testament, tels qu'Abraham, qu'il excusa d'avoir exposé la vertu de Sara, pour que le roi d'Égypte n'attentât pas à sa vie. Il fut le premier des prédicateurs et le premier écrivain du siècle le plus brillant de l'éloquence chrétienne. On lui attribue la rédaction des discours célèbres que Flavius adressa à l'empereur Théodose, lors de la sédition d'Antioche, et qui peuvent être comparés à ce que l'antiquité nous a laissé de plus pathétique et de plus touchant. Devancier de Bossuet, à quinze siècles de distance, comme lui il fit la guerre à tout ce qu'on traitait d'hérétique et brilla par l'éloquence et le talent de la controverse. Tous deux aimèrent la gloire, excitèrent l'admiration, furent les colonnes de leur communion et la terreur de leurs rivaux. Mais le prélat français triompha de ses ennemis, et le patriarche de Constantinople eut la douleur de voir un rival heureux occuper son siège, et l'arianisme insulter à sa disgrâce. Malgré sa piété, il ne dédaignait pas la lecture des auteurs profanes. Il lisait avec plaisir les poëtes comiques, qui ont peint avec énergie les vices et les ridicules. Il aimait beaucoup Aristophane, et Lucien lui fut d'un grand secours, puisque, selon le P. de saint Jure, il a fait entrer de longs fragments de ses dialogues dans quelques-unes de ses homélies.

Les œuvres de saint Chrysostome forment 13 tomes et 9 volumes dans le *Cours complet de Patrologie*.

CINNAM (JEAN), grammairien et notaire de la cour de Constantinople, suivit l'empereur Manuel Comnène dans plusieurs de ses expéditions, tant en Orient qu'en Occident. Après la mort de ce prince, arrivée en 1180, il entreprit d'écrire son Histoire qu'il publia en six livres, qui ne rapportent les faits que jusqu'à l'année 1176. L'ouvrage n'est pas terminé, soit que le temps ait manqué à l'auteur, soit qu'on en ait perdu une partie. Cinnam s'étend peu sur le règne de Jean Comnène, dont il n'avait qu'une connaissance imparfaite, n'ayant pas vécu de son temps; mais il rapporte avec de grands détails les actions de Manuel Comnène, et se flatte que personne n'a été plus à même que lui d'en rendre un compte fidèle, puisqu'il avait assisté aux conseils de ce prince et participé à leur exécution. Ce n'est pas là le seul mérite de l'histoire de Cinnam; ce qui la rend encore intéressante, c'est qu'on y trouve quantité de faits qui ont rapport à celle des empereurs d'Occident, et dont il n'est parlé dans aucun écrivain contemporain, soit de l'Italie, soit de l'Allemagne. L'histoire de Cinnam fait partie de la collection Byzantine. Son style est pur, grave, élégant et poli; mais, malgré ces qualités, il s'en faut qu'il soit comparable à Xénophon, ni à aucun des anciens historiens. La meilleure édition est celle que Du Cange a donnée avec des notes explicatives de l'auteur; Paris, in-fol., 1670.

CLARIUS, avait d'abord été moine de Fleury, d'où il passa à l'abbaye de Saint-Pierre-le-Vif, à Sens. Daimbert, archevêque de cette ville, et Arnaud, abbé de Saint-Pierre, empêchés pour cause de maladie d'assister au concile, indiqué à Beauvais, en 1120, envoyèrent présenter leurs excuses par Clarius. On lui permit d'assister aux séances du concile, faveur qu'il dut à sa réputation de savoir, et aussi à son titre de délégué de deux prélats. Il est auteur d'une Chronique de son abbaye, que dom Luc d'Achéry a fait entrer dans le II⁰ tome de son *Spicilége*, après en avoir retranché tout ce qui avait été emprunté des anciennes Chroniques d'Eusèbe, de saint Grégoire de Tours, de Sigebert et de quelques autres. Cette Chronique commence à la seconde année du pontificat de saint Léon, en 446, et finit à la mort de son abbé, en 1124. Clarius l'a rendue intéressante en y rapportant plusieurs lettres des papes, des cardinaux, des légats, et en y joignant la date des conciles. Il se trompe d'une année sur celui de Troyes, qui se tint en 1104 et non en 1105. C'est par erreur encore que, dans le cours de la même année, il fait rencontrer à Rome Arnaud, abbé de Saint-Pierre de Sens, et Richard de Cantorbéry; il veut parler de l'archevêque Anselme, qui s'y trouvait dès l'an 1103, et qui n'en revint que l'année suivante.

CLAUDE APOLLINAIRE (saint), évêque d'Hiéraple en Phrygie, vers l'an 172, se rendit célèbre par ses écrits et par ses vertus. Eusèbe le présente comme l'ornement de l'épiscopat, et l'un des plus fermes et des plus invincibles défenseurs de la foi contre l'hérésie. On lui conféra le titre de bienheureux peu de temps après sa mort, et l'Eglise l'a toujours offert à la vénération des fidèles comme un saint. Il a mérité le titre de docteur par de savants traités contre les hérétiques de son temps, où il s'attachait à montrer la source de leurs erreurs dans les anciennes sectes des philosophes; par cinq livres contre les païens, deux contre les juifs, deux *de la Vérité* contre Julien, où il combattait par la raison seule les fausses idées du paganisme sur la divinité; par des Commentaires sur plusieurs livres de l'Ancien Testament dont on trouve des extraits dans les recueils intitulés : *Catenæ Patrum*. On cite aussi sous son nom un discours sur la Pâque, dont il nous reste deux passages, qui font voir que l'auteur était persuadé que Jésus-Christ était mort le 14⁰ jour de la lune; mais les raisons qui lui font attribuer cet ouvrage ne nous paraissent pas convaincantes. Celui de ses livres qui le rendit le plus justement célèbre fut une éloquente *Apologie* pour les chrétiens, qu'il adressa à l'empereur Marc-Aurèle vers l'an 177. Elle produisit, du moins en partie, l'effet qu'on devait en attendre. Cette *Apologie* était remarquable en ce qu'il y prenait Marc-Aurèle lui-même à témoin du miracle opéré sous ses yeux par les prières de la légion Mélitine, toute composée de chrétiens, et auquel il avait dû le salut de son armée, dans la guerre contre les Quades. Les derniers écrits de Claude Apollinaire furent ceux qu'il composa contre les montanistes, qu'il combattit avec ardeur dès l'instant de leur naissance. C'est à tort qu'Eusèbe leur donna le titre de livres; Sérapion, évêque d'Antioche, qui en fait mention dans les écrits qu'il publia lui-même contre ces hérétiques, n'en parle que comme de lettres. « Pour vous faire voir, dit-il, que cette nouvelle prophétie, comme ils l'appellent, a été rejetée avec exécration de toute l'Eglise, je vous envoie les lettres du très-heureux Apollinaire, qui était évêque d'Hiéraple en Asie. On ignore l'époque de la mort de saint Apollinaire; on pense seulement qu'elle dut arriver sous le règne de Marc-Aurèle. Il ne nous reste que quelques fragments de ses écrits, mais Photius, qui les avait lus, en parle avec éloge, et affirme qu'ils étaient aussi remarquables par le style que par les choses.

CLAUDE, évêque de Turin, si fameux dans la suite par ses erreurs contre le culte des images, était originaire d'Espagne. Il passa à la cour de France, peu d'années avant la mort de Charlemagne, et entra d'abord, en qualité de prêtre du palais, au service de Louis le Débonnaire, qui n'était encore que roi d'Aquitaine. Après avoir demeuré pendant quelque temps à cette cour, qui se tenait quelquefois en Auvergne, Claude se vit chargé de l'école du palais lorsque ce prince eut succédé au roi son père, comme empereur. Il est aisé de comprendre combien il contribua à y nourrir l'émulation pour les lettres, par la profonde connaissance qu'il avait des saintes Ecritures et le grand nombre d'ouvrages qu'il composa pour la communiquer à ses auditeurs. Indépendamment de plusieurs autres livres qui sont restés manuscrits, nous avons de lui des *Commentaires* sur le *Lévitique*, sur le quatrième livre des *Rois*, sur l'Evangile de *saint Matthieu*, sur l'*Epître* de saint Paul *aux Galates*, et une *Chronologie* suivant la vérité du texte hébreu, depuis le commencement du monde jusqu'en 814. Ce fut pendant qu'il présidait à cette école que l'empereur Louis le fit ordonner évêque de Turin. A son entrée dans son diocèse, ce prélat y trouva le culte des images porté jusqu'à la superstition; mais, en voulant réprimer cet abus, il tomba dans un autre beaucoup plus déplorable ; il fit effacer, briser, ou enlever des églises toutes les images et toutes les croix ; et dans le carême de l'an 823, il attaqua publiquement le culte rendu à la croix, aux saints et à leurs reliques, et adressa son Commentaire sur le *Lévitique* à Théodemir, abbé de Psalmodi. C'est à la fin de cet écrit que, sur un passage de saint Augustin mal entendu, il se plaint qu'en défendant les erreurs qu'on lui attribuait, et que sa conduite n'avait que trop constatées, il était devenu un sujet d'opprobre à l'égard de ses ennemis, et un sujet de crainte pour ses amis eux-mêmes. Théodemir, quoique du nombre de ceux-ci, fut le premier qui prit la plume pour réfuter ses erreurs. Il le fit par une lettre forte et sévère, qui, avant le mois de mai 824, fut suivie d'un autre écrit auquel l'évêque iconoclaste se crut obligé de répondre. Claude répondit en effet par un écrit plein de hauteur et de fierté, qu'il intitula : *Apologie contre Théodemir*, et dans lequel il attaquait principalement le culte de la croix. Claude osa adresser ce livre à Louis le Débonnaire, qui le fit examiner par les théologiens de son palais, le désapprouva sur leur parole, et en envoya un extrait à Jonas, évêque d'Orléans, pour le réfuter. Pendant que ce novateur, le seul en Occident qui soutînt cette hérésie, travaillait à la répandre, l'empereur Michel, imbu de la même doctrine, envoya en 824 des ambassadeurs à Louis le Débonnaire pour tâcher de l'engager à entrer dans les mêmes sentiments. Louis, usant de prudence, renvoya l'affaire à un concile qu'il indiqua à Paris pour le 1er novembre de l'année suivante. Là, les évêques français réunis examinèrent la question, et firent à ce sujet un traité qui n'est qu'un tissu de passages des Pères, par lesquels ils établissent qu'il fallait conserver les images dans les églises pour l'instruction du peuple ; mais qu'il ne fallait ni les adorer ni leur rendre un culte superstitieux : sentiment dans lequel persista l'Eglise de France jusqu'à la fin du même siècle. Alors elle convint avec toutes les autres églises de rendre aux images un culte modéré, ce qu'auparavant elle avait refusé de faire sous le nom d'adoration, qu'elle prenait dans un sens trop rigoureux. C'est en se conformant à ces principes qu'Agobard composa vers le même temps son fameux *Traité sur les images*. Environ deux ans après, le solitaire Dunga réfuta l'Apologie de Claude de Turin, qui, aux erreurs contre le culte des images, en avait mêlé quelques autres qui semblaient ressusciter l'arianisme. Jonas, évêque d'Orléans, entreprit aussi, comme nous l'avons insinué plus haut, d'écrire contre le même prélat, mais il ne l'exécuta qu'après sa mort, dans trois livres que la postérité nous a conservés. Mais, de tous les écrivains de ce siècle qui traitèrent la matière des images, personne ne le fit avec plus de justesse que Walfride Strabon, au 4e chapitre de son ouvrage sur le culte ecclésiastique. Claude mourut vers l'an 839 ; nous reviendrons sur ses erreurs en traitant des écrivains qui les ont réfutées. Ceux de ses ouvrages que nous avons indiqués au commencement de cette notice se trouvent reproduits dans le *Cours complet de Patrologie*.

CLÉMENT 1er (saint), pape, que saint Paul dans son Epître aux Philippiens met au nombre des compagnons de ses travaux évangéliques dont les noms étaient écrits au livre de vie, était juif d'origine et de la race de Jacob. Il se trouvait à Philippes avec saint Paul, lorsque cet apôtre y annonça la foi, vers l'an 62, et il eut même quelque part à ses souffrances ; ce qui donne lieu de croire qu'il avait dès lors fait profession de la religion chrétienne. Il suivit saint Paul à Rome, où il assista aux prédications de saint Pierre et reçut la consécration épiscopale des mains de ce prince des apôtres, soit pour gouverner l'Eglise romaine, pendant les absences que leur imposait fréquemment la prédication de l'Evangile, soit pour aller l'annoncer lui-même à ceux qui ne le connaissaient pas encore. Saint Lin, que les apôtres avaient établi évêque particulier de Rome, et saint Anaclet son successeur, étant morts, saint Clément se vit contraint d'accepter la conduite de cette Eglise, l'an 91 de Jésus-Christ le dixième du règne de Domitien. De son temps, un mouvement violent éclata dans l'Eglise de Corinthe : des laïques se soulevèrent contre des prêtres, et en firent déposer quelques-uns, dont la vie était sainte et irréprochable. Pour rétablir la paix, Clément écrivit cette grande et admirable lettre que nous possédons encore aujourd'hui, et qui eut tout l'effet qu'il pouvait en attendre. C'est tout ce que nous savons de certain de son pontificat. On dit qu'il céda la chaire apostolique pour éviter un schisme, et qu'il ne mourut que longtemps après ; mais ce fait n'est pas constant. Il gouverna l'Eglise de Rome pendant près de dix ans, et mourut la troisième année de l'empire de Trajan, c'est-à-dire en l'an 100 de Jésus-Christ. Eusèbe et saint Jérôme parlent de sa mort, sans dire qu'elle lui soit arrivée par le martyre ; cependant Rufin et le pape Zozime le mettent au nombre des pontifes romains qui scellèrent de leur sang la foi qu'ils avaient reçue de saint Pierre et annoncée au peuple.

Epître aux Corinthiens. — On a attribué à saint Clément plusieurs écrits. Le seul aujourd'hui qui soit bien avéré, est son épître aux Corinthiens. Nous avons dit plus haut à quelle occasion elle fut écrite; en voici l'analyse. Après avoir salué les habitants de Corinthe, à peu près dans les mêmes termes que saint Paul met à la tête de toutes ses épîtres, Clément s'excuse auprès d'eux de n'avoir pas répondu, aussi promptement qu'ils l'auraient souhaité, aux questions qu'ils lui proposaient. Il fait ensuite l'éloge de leur vertu, et relève surtout la fermeté de leur foi, l'excellence de leur piété, la magnificence de leur hospitalité, la perfection de leur science, la sincérité de leur soumission envers leurs pasteurs, leur application à la parole de Dieu, leur zèle pour leur salut et pour celui de leurs frères et leur fidélité dans l'accomplissement des lois du Seigneur. Puis, venant au schisme qui avait obscurci de si grandes vertus, Il dit : « Vous étiez dans la gloire et dans l'abondance, et l'Ecriture s'est accomplie à votre égard : Il a bu et mangé, le bien aimé, il s'est engraissé dans l'abondance et il a regimbé. De là sont sorties la jalousie, la contention, la sédition. Les personnes les plus viles se sont élevées contre les plus considérables, les insensés contre les sages, les jeunes contre les anciens. Ainsi la justice et la paix se sont éloignées depuis que la crainte de Dieu a manqué, et que chacun a voulu suivre ses mauvais désirs, s'attachant à la jalousie injuste et impie, par laquelle la mort est entrée dans le monde. » Il rapporte plusieurs exemples de l'Ancien et du Nouveau Testament, pour montrer les mauvais effets de cette passion basse qui tue la justice dans le cœur de l'homme, et qui la remplace presque toujours par la cruauté. Pour rappeler les Corinthiens à l'esprit de leur vocation et à la pénitence, il leur met devant les yeux la sainteté à laquelle ils sont appelés, le sang de Jésus-Christ répandu pour leur salut, la fidélité et les autres vertus des anciens patriarches, l'humilité du Sauveur, la miséricorde du Dieu qui nous a créés, la soumission que les créatures inanimées ont pour ses lois, ses bienfaits envers tous les peuples, mais surtout envers les chrétiens, et poursuit ainsi : « Il est donc juste de se conformer à ses volontés saintes, et de chercher à lui plaire plutôt qu'à des hommes pervers, insensés et superbes qui s'élèvent et se glorifient par la vanité de leurs discours. Craignons le Seigneur Jésus-Christ qui a répandu son sang pour nous, respectons nos pasteurs, honorons nos anciens, instruisons les jeunes gens dans la crainte de Dieu, et que nos enfants apprennent quel est devant lui le pouvoir de la charité pure. » Il leur présente ensuite l'attente de la résurrection, la fidélité de Dieu à tenir ses promesses, l'impuissance où sont tous les pécheurs de se dérober à ses yeux, comme autant de motifs de craindre et d'espérer ; mais il ajoute que ce père de miséricorde nous ayant rendus membres d'un peuple saint, nous n'avons pas d'autre parti à prendre que d'embrasser toutes sortes de bonnes œuvres avec zèle et avec ardeur, à l'exemple de nos pères, Abraham, Isaac et Jacob, dont la foi, l'obéissance et l'humilité ont été si magnifiquement récompensées. — Pour montrer la nécessité de garder l'ordre et la subordination dans le ministère ecclésiastique, il leur rappelle ce qui se passe dans les armées, où tous ne sont ni préfets, ni tribuns, ni centurions, mais où chacun selon son rang, exécute les ordres de l'empereur et de ses chefs. Nous devons donc aussi faire avec ordre tout ce que Dieu nous a commandé. L'Eglise a sa hiérarchie comme l'armée ; il y a des fonctions particulières attribuées au souverain pontife ; les prêtres et les lévites ont aussi les leurs ; et les laïques mêmes ont leurs obligations à remplir. « Que chacun de nous donc rende grâces à Dieu dans le rang où il l'a mis, vivant avec pureté, sans sortir de la règle du ministère qui lui est prescrit. » Saint Clément démontre aussi que Dieu même est l'auteur de la hiérarchie ecclésiastique. Il a envoyé Jésus-Christ, et à son tour, Jésus-Christ a envoyé les apôtres. Ceux-ci affermis dans la foi par le Saint-Esprit, ont annoncé partout les approches du royaume du ciel, et établi les prémices de ceux qu'ils avaient convertis à l'Evangile, évêques et diacres pour l'annoncer à leur tour. Il décrit les contestations arrivées du temps de Moïse au sujet du sacerdoce d'Aaron, et fait voir que les Corinthiens n'ont pu sans péché rejeter du sacré ministère ceux à qui les successeurs des apôtres l'avaient confié, et qui s'en acquittaient non-seulement sans reproche mais avec honneur. « Votre division, ajoute-t-il, a perverti plusieurs personnes, en a découragé plusieurs autres, en a jeté un grand nombre dans le doute, et tous dans l'affliction. Il est honteux et indigne de la morale chrétienne d'entendre dire que l'Eglise de Corinthe, si ferme et si ancienne, se révolte contre les prêtres, par le fait d'une ou deux personnes. Ce bruit n'a pu venir jusqu'à nous, sans être recueilli par nos adversaires, de sorte que le nom du Seigneur a été blasphémé par votre imprudence. Otons donc promptement ce scandale du milieu de nous; jetons-nous aux pieds du Seigneur, et supplions-le avec larmes de vouloir bien nous pardonner, et nous établir dans la gloire de la charité fraternelle. » — Il s'étend ensuite sur les louanges de la charité, qu'il relève par l'exemple de Moïse, qui demandait d'être effacé du livre de vie, s'il ne pouvait obtenir le pardon du peuple ; et par l'exemple des païens mêmes qui se sont quelquefois livrés à la mort ou à l'exil pour le salut de la nation. Il leur propose plusieurs moyens de conserver l'union entre eux, et leur recommande particulièrement la correction fraternelle. « Vous donc, leur dit-il, qui avez commencé la sédition, soumettez-vous aux prêtres, et recevez la correction dans un esprit de pénitence. Il vaut mieux pour vous être petits, mais fidèles dans le troupeau de Jésus-Christ, que d'en être chassés, en vous mettant par votre opinion au-dessus des autres. » Enfin, il termine en leur souhaitant, de la part de Notre-Seigneur Jésus-Christ, la foi, la crainte, la paix, la patience et les autres vertus, et les prie de lui renvoyer avec diligence et avec joie Claude, Ephèbe, Valère, Vitton et Fortunat, porteurs de cette lettre ; afin, dit-il, qu'ils nous apportent l'heureuse nouvelle de votre paix et de votre concorde, ce que nous désirons si ardemment.

Autre lettre aux Corinthiens. — Plusieurs critiques attribuent à saint Clément une autre lettre aux Corinthiens, qui serait même antérieure à celle dont nous venons de rendre compte, et dont il ne nous reste qu'un long fragment, publié en latin par Godefroi de Wendelin, et en grec par Patricius Junius. Il paraît en effet qu'il en est véritablement l'auteur. Saint Denis de Corinthe, dans sa lettre à Soter, évêque de Rome, atteste que de temps immémorial on la lisait dans son église. Saint Irénée la qualifie de très-puissante et très-persuasive. Clément la rapporte dans ses *Stromates*, conforme au fragment que nous en avons. Origène la cite dans son Commentaire sur saint Jean et dans son livre *des Principes*, et il est faux, comme l'affirme Burigny, qu'Eusèbe la rejette absolument, puisqu'il n'en dit rien autre chose,

sinon qu'elle n'était pas célèbre comme la première. Or ceci n'a rien de surprenant ; la première était écrite au nom de l'Eglise, et celle-ci simplement au nom du pape. Du reste, on remarque, dans le fragment que nous possédons de cette lettre, beaucoup de conformité avec la première, le même air d'antiquité, les mêmes paroles et plusieurs passages tirés des livres apocryphes.

L'objet principal que saint Clément se propose dans cette lettre est d'exhorter les Corinthiens à mener une vie digne de leur vocation. C'est pourquoi il leur représente d'abord les sentiments qu'ils doivent avoir de Jésus-Christ, et qui sont les mêmes que nous avons de Dieu ; les motifs de reconnaissance qu'il leur a donnés, en les appelant à la lumière de son Evangile. Il montre que cette reconnaissance et ces actions de grâces ne consistent pas seulement à confesser hautement sa divinité, mais à marcher dans la voie de ses préceptes. Il ajoute que la vie de l'homme est partagée en deux temps ou deux siècles différents, l'un présent, l'autre futur, lesquels doivent être regardés comme deux ennemis irréconciliables : l'un ne prêche que le crime et les excès, l'autre au contraire les déteste et les condamne ; le siècle présent est destiné à la pénitence, afin de prévenir la colère et les supplices du siècle futur, dont l'avénement et le jour sont incertains.

On a encore attribué à saint Clément deux lettres *ad virgines*, qui évidemment ne sont pas de lui.

Les *Récognitions*, les *Constitutions apostoliques* étaient déjà citées sous son nom dès le second siècle, et ne furent reconnues comme apocryphes que du temps de saint Jérôme. Il en est de même de dix-neuf homélies, auxquelles on avait donné le nom de *Clémentines*, pour faire croire à leur authenticité ; et de l'*Epitome* ou histoire abrégée de la vie de saint Pierre. Il n'est aucun de ces livres dont on n'ait démontré la supposition. Il n'y a de réellement authentique que sa grande *Epître aux Corinthiens*, puisque, ainsi que nous l'avons vu, l'autre ne lui est attribuée que sur des probabilités.

Cette épître est un des plus beaux monuments de l'antiquité. Les Pères en ont fait les plus pompeux éloges, et, dès le second siècle, elle était généralement reçue de tout le monde. On la lisait publiquement dans l'église de Corinthe, plus de soixante-quinze ans après la mort de son auteur, comme nous le voyons par le témoignage de saint Denis ; et Eusèbe et saint Jérôme nous apprennent qu'on la lisait encore dans beaucoup d'autres églises de leur temps. Le style en est clair, simple, et sans aucun ornement étranger. C'est par là qu'il ressemble à celui des temps apostoliques, où l'on écrivait sans art et sans affectation. On y trouve aussi l'esprit et le caractère des épîtres de saint Paul, dont il emprunte les pensées et quelquefois même les expressions ; ce qu'on remarque surtout dans ce qu'il dit du devoir des évêques, de l'excellence du don de charité et de la foi qui justifie. Ce sont ces ressemblances sans doute qui ont fait supposer à plusieurs que saint Clément avait traduit l'Epître aux Hébreux, ou même qu'il en était l'auteur.

CLÉMENT II, élu pape au concile que le roi Henri le Noir avait rassemblé à Sutri, et sacré le jour de Noël 1046, succéda à Grégoire VI, dont l'élection avait été invalidée, attendu qu'elle était entachée de simonie, que Benoît IX et Silvestre III existaient encore, et qu'ils n'avaient pas été légalement dépossédés. Le jour même de son sacre, il couronna empereur le roi Henri et la reine Agnès, impératrice. Il tint à Rome un concile, où l'on prit quelques dispositions pour extirper la simonie qui régnait impunément dans tout l'Occident. Ensuite il accompagna dans la Pouille l'empereur qui le força d'excommunier les habitants de Bénévent, qui n'avaient pas voulu le recevoir. De là il le suivit encore en Allemagne, où il mourut le 9 octobre 1047. Il fut enterré à Bamberg, où l'on a conservé son tombeau. Aussitôt après son ordination, Clément II écrivit une lettre très-tendre à son Eglise de Bamberg, pour lui témoigner la douleur qu'il ressentait d'être séparé d'une épouse qu'il avait toujours chérie et qu'il chérissait encore. Il y dit nettement que les trois papes qui vivaient encore n'en avaient obtenu le titre que par rapines, et fait mention des priviléges que deux de ses prédécesseurs, Jean XVIII et Benoît VIII, avaient accordés à l'église de Bamberg, aux instances de l'empereur saint Henri. Eccard a donné cette lettre dans son II° tome des *Ecrivains du moyen âge*. — Il y a une autre lettre de Clément II, datée du 18 de février, de l'an 1047, et adressée à Jean, archevêque de Salerne, par laquelle il approuve sa translation de l'évêché de Pestane à celui de Salerne, à cause de la grande utilité qui en revenait à cette église. Dans le concile qu'il tint à Rome pour remédier aux abus de la simonie, on régla aussi la contestation de préséance entre l'archevêque de Ravenne et celui de Milan, qui revendiquaient l'un et l'autre le droit de siéger à la droite du pape dans les assemblées solennelles. Le patriarche d'Aquilée formait aussi la même prétention. On produisit un catalogue des archevêques qui s'étaient trouvés au concile du pape Symmaque, et où l'archevêque de Milan avait la première place après le souverain pontife. Mais on opposa un décret du pape Jean, successeur de Symmaque, portant que l'archevêque de Ravenne, pour cette fois seulement et avec réserve de son droit, avait cédé la préséance à celui de Milan. De son côté, le patriarche d'Aquilée montra un privilége de Jean XIX, qui lui accordait la séance à la droite. On alla aux voix, et les suffrages s'étant réunis en faveur de l'archevêque de Ravenne, le pape Clément décida que, suivant l'ancienne coutume, ce prélat serait assis à la droite, à moins que l'empereur ne fût présent; dans ce cas il siégerait à la gauche. — La lettre que le pape écrivit sur ce sujet est adressée à tous les enfants de l'Eglise.

CLÉMENT III, élu pape à Pise, le 19 décembre 1187, succéda à Grégoire VIII. Il se nommait Paulin, était Romain de naissance et cardinal évêque de Palestrine. Ses premiers soins, après son couronnement, furent de traiter avec les Romains à l'occasion de la ville de Tusculum, qui était de son domaine, mais que ceux-ci travaillaient à se soumettre depuis le pontificat d'Alexandre III. Les Romains firent promettre au pape de la leur remettre aussitôt qu'il en serait maître absolu, ce qui s'exécuta, comme on peut le voir à l'article de son successeur. Avant de quitter Pise, il reprit la négociation du recouvrement de la terre sainte commencée par Grégoire VIII. Il y exhorta les Pisans et confia l'étendard de saint Pierre à Ubalde, leur archevêque, avec le titre de légat. Il confirma en même temps l'indulgence accordée aux croisés par son prédécesseur. Il composa une formule des prières qu'ils devaient réciter chaque jour, et en ordonna de particulières pour la paix de l'Eglise, la délivrance de la terre sainte et des chrétiens retenus captifs chez les Sarrasins. Cette croisade fut la troisième qui eût lieu sous Philippe-Auguste et Richard. Il bâtit le monastère de Saint-Laurent hors des murs de Rome, et restaura le palais de Latran. A peine avait-il achevé ces travaux qu'il mourut le 27 mars 1191, après trois ans et trois mois de pontificat.

Nous avons de lui des lettres, des priviléges et des constitutions. La contestation au sujet de l'évêché de Saint-André en Ecosse durait toujours entre Jean et Hugues, qui se le disputaient. Celui-ci, cité au tribunal du pape Urbain III, ayant refusé de comparaître, Clément, en punition de sa contumace, lui retira son titre, le suspendit de ses fonctions épiscopales, déchargea ses diocésains de l'obéissance qu'ils lui avaient promise, fit ordonner au chapitre de Saint-André de choisir un nouvel évêque comme si le siége était vacant, et engagea les prélats d'Ecosse à faire réussir l'élection en faveur de Jean Donqueld, dont il leur fait l'éloge. Sa lettre est datée de Pise, du 16 janvier 1188.

Le même jour et sur la même affaire, il écrivit à Guillaume, roi d'Ecosse, pour l'exhorter à recevoir l'évêque Jean en ses bonnes grâces; à Henri, roi d'Angleterre, pour y contraindre ce prince par l'autorité qu'il avait sur lui; et au clergé de Saint-André, en l'obligeant à reconnaître Jean pour son évêque et à lui obéir en tout. Par une cinquième lettre, qui porte la même date, il ordonna à tous évêques d'aller à la cour de Guillaume, pour l'engager à oublier les sujets de mécontentement qu'il prétendait avoir contre Jean, et à le laisser jouir paisiblement de l'évêché de Saint-André; d'aller aussi à cette église, d'en assembler le chapitre, et d'examiner avec soin si tout y était en ordre et dans un état convenable. Ce différend se termina par la cession que Jean fit de l'évêché de Saint-André en faveur de

Roger, fils du comte de Leicester et chancelier de Guillaume. A ce prix il conserva son évêché de Donqueld, et le pape confirma le tout par une bulle datée du 13 mars 1188.

Le pape Clément III, informé par un grand nombre de lettres, émanées de personnes respectables, que Dieu, par l'intercession d'Otton de Bamberg, apôtre de la Poméranie, opérait plusieurs miracles, écrivit à tous les évêques de la province d'examiner avec soin la vérité de ces prodiges et l'histoire de la vie de ce pontife, et, au cas qu'ils trouveraient vrais les rapports qui lui avaient été faits, de le déclarer canonisé par le siège apostolique, et de fixer sa fête au jour de sa mort. Le même pape canonisa encore saint Etienne de Grandmont. — Le *Cours complet de Patrologie* a reproduit tout ce qui reste de ses écrits.

CLÉMENT (saint) d'Alexandrie (*Titus Flavius Clemens*), docteur de l'Eglise, vécut vers la fin du IIe siècle et dans les premières années du IIIe. Il naquit à Athènes, où il fit ses premières études, et il s'était déjà rendu savant dans les belles-lettres et dans la philosophie, lorsqu'il ouvrit les yeux à la lumière de l'Evangile. Une éloquence nouvelle commençait à s'élever avec une nouvelle religion. Des hommes qui avaient puisé dans leurs opinions, ou plutôt dans leur foi, des lumières supérieures à celles qui avaient éclairé Platon, Démosthènes et Cicéron, fixaient alors l'attention de tout l'univers. Clément, dont l'esprit était naturellement juste et le cœur droit, ne put les entendre parler sans chercher à les connaître, et ne put les connaître sans les admirer. Dès ce moment il ne songea plus qu'à se rendre habile comme eux dans les saintes Ecritures et dans la science du salut. Dans ce dessein, il parcourut la Grèce, l'Italie, l'Assyrie et la Palestine, pour voir les plus savants hommes de notre religion et apprendre d'eux la science de l'Eglise et la doctrine de la tradition. « L'un d'eux, dit-il, m'a instruit dans l'Ionie ; j'en ai vu deux autres dans la Grande-Grèce, l'un était Syriaque et l'autre Egyptien ; j'en rencontrai deux autres encore, en Orient, l'un Juif d'origine et un Assyrien ; mais celui que je rencontrai le dernier était le premier en mérite. Je le trouvai en Egypte, où je m'arrêtai enfin, l'étudiant sans qu'il s'en aperçût. » Cet illustre maître, selon Eusèbe, était saint Pantène, catéchiste d'Alexandrie, que notre saint compare à une abeille industrieuse, qui, suçant les fleurs de la prairie des apôtres et des prophètes, produisait, dans l'esprit de ses auditeurs un trésor immortel de connaissances. Les leçons de cet habile catéchiste achevèrent de lui dessiller les yeux sur l'extravagance du culte de ses ancêtres et sur la supériorité des dogmes du christianisme. Il se fit baptiser, et bientôt après il fut choisi par l'Eglise d'Alexandrie pour remplacer saint Pantène que l'évêque Démétrius venait d'envoyer en mission dans les Indes. Son zèle et ses talents le rendirent célèbre et donnèrent à son école une vogue prodigieuse. Sa méthode consistait à instruire d'abord ses élèves de ce qu'il y avait de plus judicieux dans la philosophie païenne, et principalement dans celle de Platon, dont il avait été autrefois le partisan zélé et pour laquelle il conserva toujours un secret attachement. Il insistait ensuite d'une manière particulière sur certains points de morale communs aux deux religions, tels que les principes de la loi naturelle, la haine du crime, l'amour de la vertu, l'existence d'un être suprême, l'immortalité de l'âme, etc. ; puis il arrivait par degrés à la doctrine évangélique, dont il développait, avec ses talents ordinaires, et les avantages sur toutes les doctrines philosophiques, et l'influence immédiate sur le bonheur des hommes. La persécution excitée par l'empereur Sévère l'atteignit l'an 202. Jugeant à propos de céder à l'orage et d'épargner un crime de plus aux bourreaux des chrétiens, il abandonna son école et Alexandrie pour se réfugier en Cappadoce ; de là il revint à Jérusalem, où la crainte des persécuteurs ne l'empêcha pas de prêcher la foi avec un éclat qui pouvait lui devenir funeste. De Jérusalem il se rendit à Antioche, la ville la plus considérable et la plus peuplée de l'Orient, où le christianisme naissant avait fait beaucoup de prosélytes, mais où les sophistes avaient aussi beaucoup de partisans. Clément en parcourut toutes les Eglises, eut de longues et fréquentes conférences avec les principaux néophytes, éclairant les uns par l'étendue de ses lumières, fortifiant les autres par l'intrépidité de son courage, les édifiant tous par la modestie de sa conduite. Enfin, la persécution cessant, il revint à Alexandrie, où il reprit ses fonctions de catéchiste qu'il exerça jusqu'à sa mort, arrivée en 217, sous le règne de Caracalla. Eusèbe, Photius, saint Jean Chrysostome et autres ont donné de grands éloges à son savoir et à sa vertu, et ces éloges nous paraissent justifiés par ses ouvrages, dont nous allons rendre compte.

Exhortation aux païens. — Nous mettons cet écrit à la tête des ouvrages de saint Clément, parce que, dès avant le pontificat de Victor, c'est-à-dire avant 192, il l'avait déjà rendu célèbre entre les défenseurs de la divinité de Jésus-Christ. Le but qu'il se propose dans cette exhortation est d'engager les païens à abandonner leurs fausses superstitions et à embrasser la foi du vrai Dieu. Il commence par leur faire voir le ridicule des fables qui faisaient la matière ordinaire de leurs chants et de leurs poésies dramatiques, et après leur avoir inspiré du mépris pour toutes les fictions des dieux inventées par les poètes, il les exhorte à n'écouter que la vérité seule, qui, toute éclatante de lumière, est descendue du ciel pour dissiper nos ténèbres, ôter les sujets de haine entre Dieu et les hommes et leur apprendre les voies de la justice.

Le premier défaut que les païens trouvaient dans la religion chrétienne, c'est qu'elle était nouvelle. Saint Clément prétend au contraire qu'il n'en est point de plus ancienne. Les chrétiens sont antérieurs à tous les peuples, puisque avant que le monde fût créé ils existaient déjà en Dieu, par la naissance spirituelle qu'ils devaient recevoir de son Verbe, qui est le principe de toutes choses. « Quoique le Verbe, dit-il, ne se soit fait chair que dans les derniers temps, cela n'empêche pas qu'il n'ait été touché de nos misères dès le commencement, puisque c'est lui qui, pour nous en délivrer et nous apprendre le chemin de la vertu, nous a parlé par Moïse et les prophètes, et est enfin venu lui-même. » Il insiste de nouveau sur la vanité des idoles, sur la fausseté de leurs oracles, sur les crimes des héros déifiés, et il apporte en preuve contre les païens la différence des sentiments de leurs philosophes sur le culte des dieux ; les uns en ayant reconnu la folie sans oser la combattre ouvertement ni embrasser la vérité, les autres ayant donné sur ce point dans les erreurs populaires ; d'autres enfin, honteux de rendre un culte divin à des figures de bois et de pierre, s'étant réduits à n'adorer que le feu, la terre et l'eau comme les principes de toutes choses. Il reconnaît toutefois qu'il y en a eu parmi eux qui n'ont admis qu'un seul Dieu, immortel et créateur de toutes choses ; entre autres Platon, Antisthène, Pythagore, Hésiode, Euripide et Orphée ; mais il dit qu'ils avaient pour la plupart reçu cette doctrine des Hébreux.

Il en prouve la vérité par le témoignage de Moïse, de David, de Salomon, d'Isaïe, de Jérémie, d'Amos et de saint Paul, qui tous ont écrit par l'inspiration de l'Esprit-Saint. Ensuite il répond à l'objection de la coutume, qui était le plus grand obstacle à la conversion des païens. Il leur fait voir qu'il est certains cas où il est permis d'abandonner les coutumes que nos pères nous ont transmises, surtout lorsqu'elles sont mauvaises, et aussi pernicieuses à ceux qui les suivent que l'est le culte des faux dieux, puisqu'il sera puni par des supplices éternels. Saint Clément conclut en les exhortant charitablement et avec force à se convertir au vrai Dieu, à croire en Jésus-Christ et à se faire baptiser, pour suivre sa doctrine, sa loi et ses conseils.

Livres du Pédagogue. — Saint Clément ayant appris à l'homme à connaître le vrai Dieu, dans le discours que nous venons d'analyser, en composa un autre, pour lui apprendre de quelle manière il doit vivre et régler ses mœurs ; c'est pourquoi il donna à ce second ouvrage le titre de *Pédagogue* ou *Précepteur*. Il le divisa en trois livres, que l'on a depuis distribués en chapitres.

Dans le premier livre, saint Clément explique d'abord ce qu'il entend par son pédagogue. C'est un maître destiné à former un enfant dans la vertu et à le faire passer à l'état d'homme parfait. Le maître qu'il nous propose n'est autre que Jésus-Christ. Ceux qu'il soumet à sa discipline sont les nouveaux baptisés. Ce divin pédagogue, comme Dieu, nous remet les péchés, et comme homme nous en préserve par ses instructions, qu'il donne également à tous, parce que tous n'ont qu'un même Dieu et ne composent qu'une même Eglise. Il réduit tous ses disciples à une heureuse enfance, qui consiste dans une foi pure, dans la simplicité du cœur, dans l'innocence de la vie, et surtout dans la soumission à suivre Jésus-Christ dans les voies du salut. C'est lui le vrai guide des peuples, dont Dieu dit à Moïse : *Mon ange marchera devant vous*. Mais au lieu qu'il conduisait les Israélites par la crainte, il conduit les chrétiens par l'amour. Si Dieu a pour les hommes un amour si tendre, disaient quelques-uns, pourquoi les punit-il et se met-il en colère contre eux ? « Ce n'est point, dit saint Clément, par aversion, puisque, étant en droit de les perdre, il a mieux aimé mourir pour les sauver ; mais ce sage conducteur use de tous les moyens pour redresser nos pas. S'il menace, c'est que la crainte rend attentif au devoir ; mais en différant de punir, il fait assez connaître la bonne volonté qu'il a pour nous. S'il nous punit, ce n'est ni par colère ni par vengeance ; mais c'est que sa justice l'exige et qu'il ne peut la violer pour nous. » C'est ce que saint Clément prouve par un grand nombre de passages de l'Ecriture, et il conclut ce premier livre en faisant voir que la vie chrétienne consiste dans la foi et dans la pratique des commandements de Dieu, et que la fin de la piété est le repos éternel dont on jouit en possédant Dieu.

Le second livre est employé à régler les mœurs en détail. Saint Clément veut que la nourriture se mesure, non sur le plaisir, mais sur la nécessité de vivre. Il veut qu'elle soit simple et qu'elle n'ait rien d'exquis et de délicieux. Il blâme ceux qui garnissent leurs tables de viandes, de poissons ou de légumes qu'ils font venir à grands frais des pays éloignés. S'il est nécessaire d'user de chair bouillie ou rôtie, on peut le faire, dit saint Clément ; on peut aussi user de quantité de mets que la nature nous fournit, pourvu que ce soit avec modération. Un repas par jour doit suffire, deux tout au plus, c'est-à-dire, outre le souper, un déjeûner de pain sec, sans boire. Quoique l'usage de toutes sortes de viandes soit indifférent en lui-même, on doit néanmoins s'abstenir de celles qui ont été immolées aux idoles, à cause de notre conscience qui doit rester pure, par la haine que nous devons porter aux démons, et pour éviter le scandale que notre conduite pourrait causer aux âmes faibles. » Il y avait des chrétiens qui convertissaient les agapes en festins ; saint Clément les blâme et leur dit qu'ils se trompent, s'ils se flattent d'obtenir l'effet des promesses de Dieu par des repas qui le déshonorent. Pour la boisson, il conclut de la permission que saint Paul accorde à Timothée, d'user d'un peu de vin à cause de ses fréquentes maladies, que l'eau est la boisson naturelle de ceux qui sont en santé. Il croit cependant que l'usage du vin est permis, et il le prouve même contre les encratites, par l'exemple de Jésus-Christ ; mais il conseille d'en boire peu, et seulement le soir, parce qu'alors les occupations moins sérieuses ne demandent plus une aussi grave attention. Il le défend absolument aux jeunes gens, l'ardeur du vin étant incompatible avec le feu d'un âge si bouillant ; mais il le permet aux vieillards pour réveiller leur vigueur que l'âge a ralentie, et rétablir, par ce remède innocent, leurs forces usées. Saint Clément définit l'ivrognerie, un usage immodéré du vin ; et pour en inspirer l'horreur, il en décrit toutes les suites de la façon la plus naturelle. Il défend tout ce qui sent le luxe dans les meubles et dans la vaisselle. Le Fils de Dieu demanda à boire à la Samaritaine qui puisait de l'eau dans un vase de terre ; il nous apprit, par son exemple, qu'on peut aisément se passer d'un vase précieux.

Il bannit des repas les instruments de musique et les chansons profanes, les éclats de rires qui annoncent trop de liberté. Pour ce qui est des mauvais plaisants, il veut qu'on les exclue de la république chrétienne ; cependant, il ne désapprouve point les paroles agréables, prononcées pour réjouir ; mais il interdit toute parole équivoque et ne permet pas même de s'occuper de bagatelles, parce qu'il est presque impossible de ne pas pécher en parlant beaucoup. Il donne ensuite plusieurs préceptes de civilité et de politesse à suivre dans les conversations et le commerce ordinaire de la vie ; et il condamne l'usage excessif des parfums et des fleurs, qu'il regarde comme des amorces de la volupté. Il règle aussi la manière de passer la nuit. Il veut qu'on dorme peu, afin d'allonger la vie dont le sommeil consume inutilement la moitié ; les lits ne doivent être ni trop moelleux ni trop durs, mais propres à nous garantir de la chaleur pendant l'été et du froid pendant l'hiver. Dans les chapitres suivants, il traite à fond la matière de la chasteté. La seule fin de l'union des deux sexes est d'avoir des enfants pour en faire des gens de bien. C'est agir contre la raison et contre les lois de ne rechercher que le plaisir dans le mariage ; mais on ne doit pas non plus s'abstenir dans la seule crainte d'avoir des enfants. Il traite ensuite des vêtements, et veut qu'ils soient simples, éloignés du faste, blancs et sans aucune teinture, ni trop longs ni trop courts, suffisants, en un mot, pour garantir du froid et de l'incommodité de la chaleur. Comme l'usage des vêtements est commun aux deux sexes, la forme en peut être commune ; seulement il permet un peu plus de délicatesse dans les habits des femmes, à cause de leur faiblesse ; mais il leur défend de découvrir aucune partie de leur corps, pas même leurs bras ni le bout de leurs pieds. Il condamne l'usage du fard et la passion que les femmes avaient pour les ornements d'or et d'argent et pour les pierres précieuses. « La pudeur et la modestie sont vos colliers et les tours de perles que Dieu vous ordonne de porter. Ne faites point percer vos oreilles pour y attacher des perles ; il n'est pas permis de violenter la nature qui a établi les oreilles comme deux conduits pour donner passage aux saintes instructions. »

Dans le troisième livre, il examine en quoi consiste la véritable beauté, et dit qu'il n'y en a point d'autre que celle qui est intérieure. Il la divise en deux espèces : la première est la faculté qu'a notre âme de raisonner ; la seconde est la charité. C'est donc à embellir l'âme qu'il faut mettre tous ses soins, et à la parer des ornements de la vertu ; mais il est indigne d'une honnête femme, et encore plus d'un honnête homme, de parer son corps avec tant d'art. Il blâme dans les femmes leur application continuelle à se rendre la chair molle et délicate, à changer la couleur naturelle de leurs cheveux, à se teindre les joues, les yeux, les sourcils ; dans les hommes, il reprend le trop grand soin de se couper les cheveux, de se peigner, de se raser, de se parfumer, et il dit que par là ils tombent dans la mollesse et deviennent tout efféminés. Il condamne la multitude des esclaves, la magnificence des bains, l'usage immodéré que les femmes en faisaient, et le peu de décence qu'elles y gardaient, même en présence des hommes. Il fait voir ensuite que le véritable riche n'est pas celui qui possède de grandes richesses, mais celui qui se sert de son bien et qui le communique. Les véritables richesses sont la justice, l'équité, la frugalité, la droite raison ; ainsi il n'y a que le chrétien qui soit véritablement riche. Il conseille aux hommes les exercices du corps et les durs travaux ; aux femmes le soin du ménage et les travaux domestiques. Il condamne tous les jeux de hasard, les spectacles du cirque et des théâtres, qui sont une source de corruption pour les mœurs. Lorsque les hommes et les femmes vont à l'Église, ils doivent y aller modestement, d'un pas grave, en silence, chastes de corps et de cœur, et disposés à bien prier. C'était alors la coutume de se donner le baiser de paix dans l'église ; saint Clément exhorte les chrétiens à n'en point abuser, et à pratiquer saintement une coutume toute mystique et toute sainte.

Le dernier chapitre est un tissu de passages tirés de l'Ecriture, et qui renferment les maximes et les devoirs de la vie chrétienne dans toutes les positions de la société. Saint Clément finit son *Pédagogue* par une prière qu'il adresse au Verbe divin, pour lui demander le secours de sa grâce, et déclare en ces termes sa croyance sur la trinité des personnes en Dieu : « Que le Saint-Esprit nous prévienne de ses grâces, et que nous passions notre vie à vous louer, à vous remercier, à reconnaître les bontés du Père et du Fils, qui a bien voulu être notre maître, qui est tout en toutes choses, qui comprend tout, qui a tout fait, qui conserve tout, dont nous sommes les membres, qui est le père de la gloire et des siècles, qui est souverainement bon et sage, la beauté même et parfait en toutes choses, et à qui la gloire appartient dans tous les siècles. »

Stromates. — L'ouvrage auquel saint Clément a donné le nom de *Stromates* ou *Tapisseries*, est un recueil en huit livres, sans méthode et sans suite, de pensées chrétiennes et de maximes philosophiques, que l'auteur paraît avoir écrites au jour le jour, et destinées à lui servir de répertoire et comme de supplément à sa mémoire. Il y traite pêle-mêle divers sujets de morale, de métaphysique et de théologie.

Le principal sujet du premier livre est de montrer l'utilité de la philosophie humaine à un chrétien, quand ce ne serait que pour la réfuter avec connaissance de cause. Il dit qu'elle a servi aux Grecs pour les préparer à l'Evangile, comme la loi de Moïse aux Hébreux. Il rapporte l'origine des sciences et des arts, et l'histoire de la philosophie chez tous les peuples. Il montre que celle des Hébreux est la plus ancienne de toutes, suivant la méthode de Tatien, qu'il cite en le nommant. Il marque exactement la chronologie, et compte depuis la naissance de Jésus-Christ jusqu'à la mort de l'empereur Commode 194 ans et un mois, ce qui revient à l'an 192 selon nous, car les Alexandrins mettaient la naissance de Jésus-Christ deux années plus tard. Il rapporte diverses opinions touchant le jour de la naissance du Sauveur et celui de sa passion.

Dans le second livre, il dit : « La foi que les Grecs décrient comme vaine et barbare, est un préjugé volontaire, un consentement pieux. » Il montre, contre les disciples de Basilide et de Valentin, que la foi n'est pas naturelle à certains hommes, mais qu'elle vient de leur choix. Il définit l'infidèle, celui qui aime volontairement le faux. Il montre que le commencement de toutes les sciences n'est pas la démonstration, mais la foi; que la foi vient de la pénitence ; qu'il y en a une première pour ceux qui ont vécu dans l'ignorance de la gentilité, et une seconde que Dieu accorde par sa bonté à ceux qui sont tombés dans quelque péché étant chrétiens. Il commence ensuite à traiter du mariage. Il rapporte là-dessus les diverses opinions des philosophes. Les épicuriens le rejetaient comme un embarras; les stoïciens le tenaient pour indifférent, les péripatéticiens l'admettaient comme un bien, mais de quelque manière qu'ils en parlassent, la plupart vivaient en débauchés. Il rapporte ces raisons pour approuver le mariage; et il en trouve d'autres dans la conformation naturelle des corps, dans l'intention du Créateur, *Crescite et multiplicamini*. C'est une perfection de produire son semblable, pour remplir sa place; et dans les maladies et la vieillesse, rien ne supplée aux secours de la femme et des enfants. Il recommande la sainteté de cette société.

Dans le troisième livre, il continue cette matière et réfute les hérétiques qui combattaient le mariage par des excès opposés. Les nicolaïtes voulaient que les femmes fussent communes comme les autres biens ; les marcionites, croyant la matière mauvaise, s'abstenaient du mariage pour ne pas emplir le monde fait par le Créateur; Tatien condamnait aussi le mariage, comme détournant de la prière et faisant servir deux maîtres, Dieu et la chair; Jules Cassien, disciple de Valentin, était de la même opinion, et plutôt que d'approuver la génération, il disait que Jésus-Christ n'avait eu qu'un corps fantastique. Les premiers hérétiques disaient qu'on pouvait vivre comme on voulait, et user indifféremment de la liberté de l'Evangile. L'autre genre d'hérétiques poussait la continence à l'excès, disant que toute union des sexes est criminelle, et condamnant même leur propre origine. Ils se vantaient d'imiter le Seigneur, mais ils ne considéraient pas que Jésus-Christ n'avait besoin ni de secours ni de postérité, puisqu'il était immortel et fils unique de Dieu. Saint Clément leur applique la prédiction de saint Paul, touchant ceux qui, dans les derniers temps, viendraient défendre le mariage, et leur oppose l'exemple de saint Pierre et de saint Philippe, qui étaient mariés et avaient des enfants. Il dit que « la continence des païens ne va qu'à combattre les désirs pour ne pas aller jusqu'aux œuvres, jouissant cependant du plaisir de la pensée; celle des chrétiens consiste à ne pas même désirer, mais on ne peut avoir cette continence que par la grâce de Dieu. »

Dans le quatrième livre, il traite du martyre, et premièrement il montre ce que c'est que la mort et comment on doit la mépriser; puis il témoigne que le vrai martyr ne donne pas sa vie seulement par la crainte des peines éternelles ou l'espérance des récompenses, mais par une vraie charité. Il combat deux sortes d'hérétiques : les uns disaient « que le vrai martyre était la connaissance du vrai Dieu, mais que celui qui le confessait, aux dépens de sa vie, était homicide de lui-même. » D'autres s'empressaient à se livrer eux-mêmes à la mort, en haine du créateur. Les païens disaient : Si Dieu a soin de vous, pourquoi permet-il que vous soyez persécutés et mis à mort? — Saint Clément répond : « Nous ne croyons pas que Dieu veuille les persécutions; mais il les a prévues et nous en a avertis, afin de nous exercer à la fermeté; et d'ailleurs, nous ne sommes pas seuls exposés à des supplices. » — Mais les autres, ajoutaient les païens, sont des criminels ? — « Ainsi, répond saint Clément, ils reconnaissent eux-mêmes notre innocence et l'injustice de notre châtiment; or l'injustice du juge ne fait rien contre la Providence. » — Mais enfin, continuaient les païens, pourquoi Dieu ne vous secourt-il pas? — « Eh! quel mal nous fait-on, reprenait saint Clément, de nous rendre par la mort la liberté de retourner au Seigneur? » Il réfute l'erreur de Basilide, qui, pour sauver la Providence, voulait que tous ceux qui souffraient eussent péché au moins dans une vie antérieure, et il soutient que la persécution n'arrive ni par la volonté ni contre la volonté de Dieu, mais par sa permission.

Il explique l'amour des ennemis, en distinguant le péché d'avec l'homme pécheur, et dit nettement que l'inimitié et le péché ne sont rien sans le pécheur et sans l'ennemi. Il dit que « la vertu est ce qui dépend le plus de nous, et que personne ne peut nous en détourner; car c'est un don de Dieu qui n'appartient qu'à lui seul. » En quoi il marque clairement l'accord de la grâce et du libre arbitre. Pour montrer la perfection du vrai chrétien, qu'il appelle *gnostique*, il dit que « si, par impossible, la connaissance de Dieu pouvait être séparée du salut éternel, il choisirait, sans hésiter, la connaissance... » — Il ajoute que « celui qui n'est juste que par la crainte de la peine ou de la haine des hommes, n'est bon que par intérêt ; comme aussi celui qui ne s'abstient du crime que par l'espérance de la récompense qu'il doit recevoir même de Dieu ;..... » et il finit en disant que « Dieu châtie par trois raisons : pour rendre meilleur celui qui est châtié, pour donner un exemple aux autres, et afin que celui qui souffre l'injure ne soit pas méprisé. »

Le cinquième livre des *Stromates* est principalement consacré à montrer que les Grecs avaient pris des barbares, et en particulier des Hébreux, toute leur sagesse et la manière de l'enseigner. Il montre l'usage et l'antiquité des symboles et des énigmes. Il en rend raison, et dit que c'est pour aider la mémoire par la brièveté, pour ne communiquer la vraie philosophie et la vraie théologie qu'à ceux dont la fidélité et les mœurs seraient éprouvées; afin que ceux qui voudraient s'instruire eussent besoin de maître; enfin pour leur rendre la vérité plus vénérable par la difficulté de s'en approcher. Il dit que « la grande difficulté de parler de Dieu vient de ce qu'il est le premier principe de tout; or, en chaque chose, le principe est difficile à trouver. Comment exprimer celui qui n'est ni genre, ni différence, ni espèce, ni individu, ni nombre, ni accident, ni sujet? Ce n'est pas même bien dit de l'appeler tout, car Dieu est le père de tout ; il ne faut pas dire non plus qu'il ait des parties, l'unité est indivisible; on ne peut lui assigner un espace, il est infini; on ne peut lui donner un nom, parce qu'il n'en est aucun qui lui soit propre. On connaît les choses, ou par ce qu'elles sont, ou par le rapport qu'elles ont les unes aux autres; et rien de tout cela ne convient à Dieu. On ne peut le comprendre non plus par aucune science démonstrative, car toute science est fondée sur ce qui est antérieur et connu, et rien ne précède l'éternel. Il ne reste donc pour le connaître que sa grâce et son Verbe. »

Il commence, dans le sixième livre, à donner l'idée de gnostique et de la vertu chrétienne, dont son *Pédagogue* ne contenait que les premiers éléments. « Le véritable gnostique, dit-il, tels que l'étaient les apôtres, sait tout et comprend tout, par une connaissance certaine. Cette science ou *gnose*, d'où il prend son nom, est le principe de ses desseins ou de ses actions, et s'étend même aux objets qui sont incompréhensibles aux autres hommes, parce qu'il est disciple du Verbe, à qui rien n'est incompréhensible. La foi est une connaissance sommaire des vérités les plus nécessaires. La science est une démonstration ferme de ce qu'on a appris par la foi; et la philosophie prépare à la foi, sur laquelle est fondée la science. »

Il trace ensuite un portrait du gnostique, qui résume l'idéal de toutes les perfections humaines élevées jusqu'à des proportions qui ne sont déjà plus de la terre, puisqu'il leur accorde presque la stabilité de l'éternité. Il s'est rendu maître de toutes les passions qui peuvent troubler l'âme, et il n'est plus sujet qu'à celles qui sont nécessaires pour l'entretien du corps. « Il aura besoin de peu, et de ce peu même il ne fera pas son capital et ne s'y appliquera qu'autant qu'il sera nécessaire. Il comptera pour une perte le temps qu'il sera obligé de donner à la nourriture. » Saint Clément montre ensuite quel usage son gnostique pourra faire de toutes les sciences humaines. Ce sera sa récréation, quand il voudra se reposer d'occupations plus sérieuses. — « C'est une faiblesse, dit-il, de craindre la philosophie des païens. La foi qui peut être ruinée par leur raisonnement est une foi bien fragile; la vérité est inébranlable; la fausse opinion s'efface. »... La philosophie n'a plu qu'aux Grecs, et non pas à tous. Chaque philosophe n'a eu que peu de disciples. La doctrine de notre maître n'est pas demeurée dans la Judée, elle s'est répandue par toute la terre; persuadant les Grecs, les barbares, en chaque nation, chaque ville, chaque bourgade. La philosophie païenne s'évanouit aussitôt que le moindre magistrat la défend; notre doctrine, depuis qu'elle a commencé d'être annoncée, est condamnée par les empereurs, les rois, les gouverneurs; toutes les puissances l'attaquent et font leurs efforts pour l'exterminer, et cependant elle fleurit de plus en plus. »

Dans le septième livre, saint Clément montre que le gnostique est seul véritablement pieux, et réfute ainsi la calomnie d'athéisme, dont les païens se faisaient un prétexte de persécutions. « La piété du gnostique, dit-il, paraît dans le soin continuel qu'il prend de son âme, et dans son application à Dieu par une charité qui ne cesse point. A l'égard des hommes, il y a deux sortes de services : l'un pour les rendre meilleurs, l'autre pour les soulager. Dans l'Eglise, les prêtres s'acquittent du premier et les diacres du second. Le gnostique sert ainsi Dieu dans les hommes, s'appliquant à les ramener à lui..... L'action du gnostique parfait est de converser avec Dieu par le grand pontife, auquel il s'efforce de ressembler. Les sacrifices agréables à Dieu sont les vertus..... Le culte extérieur était toute la religion des païens; Dieu ne cherche pas le luxe, mais l'affection dans le sacrifice. L'image de Dieu la plus ressemblante est l'âme du juste, formée sur le modèle de la loi éternelle du Verbe, qui est la première image de Dieu. » Ceci est dit pour opposer aux idoles l'image du vrai Dieu. « Le gnostique honore Dieu, non en certains lieux déterminés, ni en certains jours de fêtes, mais toute sa vie et en tout lieu..... Il fait du bien autant qu'il peut à tous les hommes. S'il est constitué en autorité, comme Moïse, il gouverne ceux qui lui sont soumis pour leur salut... Comme un homme vulgaire demande à Dieu la santé, ainsi le gnostique demande la persévérance dans la vertu..... Sa prière vocale ne consiste pas en beaucoup de paroles; il prie en tout lieu, mais en secret, dans le fond de son âme... Il rend toujours gloire à Dieu, comme les séraphins d'Isaïe. » Saint Clément répond ensuite à l'objection que les païens et les juifs tiraient de la multitude des hérésies, et montre qu'elles ne devaient détourner personne d'embrasser la foi, puisqu'il y avait aussi différentes sectes chez les juifs et chez les philosophes grecs; au contraire, c'est un motif pour s'appliquer plus fortement à chercher la vérité et à la distinguer de l'erreur. Il y a des règles infaillibles pour la discerner. La doctrine la plus exacte n'est que dans l'ancienne Eglise, la seule qui soit vraie et fondée sur les Ecritures. Les hérétiques se sont révoltés contre les traditions de l'Eglise, pour se jeter dans des opinions humaines. Ils se servent des Ecritures, mais ils en retranchent des livres entiers et tronquent les autres. Souvent, quand ils sont convaincus, ils ont honte de leurs dogmes et les nient. « Il est facile, dit le saint docteur, de montrer que leurs assemblées humaines sont plus nouvelles que l'Eglise catholique. Le Seigneur est venu sous Auguste et a prêché vers le milieu du règne de Tibère; la prédication de ses apôtres, jusqu'au ministère de Paul, finit au règne de Néron. Les auteurs des hérésies sont venus plus tard, vers le temps de l'empereur Adrien, et ont duré jusqu'au vieil Antonin; comme Basilide, quoiqu'il se vante d'avoir été disciple de Glaucias, interprète de saint Pierre; comme Valentin, qui se range parmi les auditeurs de Théodote, qui avait suivi saint Paul; comme Marcion et les autres du même temps. Cela étant, il est clair que ces hérésies et celles qui sont venues ensuite sont sorties de l'Eglise la plus ancienne et la plus vraie, après en avoir falsifié la doctrine; et que, par conséquent, il n'y a qu'une seule Eglise que les hérétiques s'efforcent de scinder, comme il n'y a qu'un seul Seigneur et un seul Dieu. » Il nomme les hérésies de son temps, celles de Valentin, de Marcion et de Basilide, les pératiques, les phrygiens, les encratites, les docites, les hématites, les caïnites, les ophianiens, les eutychites et les simoniens. Il rejette l'opinion de quelques-uns, qui disaient que la sainte Vierge était accouchée comme les autres femmes.

Dans le huitième livre des *Stromates*, l'auteur fait d'abord remarquer l'éloignement que les chrétiens et les anciens philosophes avaient pour les disputes et les contestations. Il expose ensuite les préceptes de métaphysique, pour établir contre les pyrrhoniens qu'il y a des connaissances certaines, et donner les moyens de les acquérir. Il veut que tous ceux qui s'appliquent soit à l'étude des divines Ecritures, soit aux sciences humaines, aient pour but de se rendre utiles. Ensuite il traite de la démonstration du syllogisme, de la définition, de la proposition, de la division, du genre, de l'espèce, de la différence et de toutes les règles de la dialectique.

Quel riche sera sauvé? — Ce discours est une explication des paroles que Jésus-Christ adressa à un jeune homme riche qui lui demandait ce qu'il fallait faire pour arriver à la perfection? *Allez, lui dit le Sauveur, vendez vos biens, distribuez-en le prix aux pauvres, et vous aurez un trésor dans le ciel.* Saint-Clément pense que ces paroles ne doivent pas être prises à la lettre; qu'il n'est pas nécessaire, pour être sauvé, de renoncer aux biens de la terre, mais qu'il est indispensable d'en faire un bon usage; subsidiairement, il y parle de l'amour de Dieu comme principe de vie, et de l'amour du prochain comme règle de nos actions. — Il débute par de fortes invectives contre ceux qui, au lieu d'apprendre aux riches l'usage qu'ils doivent faire de leurs richesses, leur donnent des louanges excessives. Ensuite il dit que la raison qui rend l'entrée du ciel plus facile aux pauvres qu'aux riches, c'est que ceux-ci perdent courage et se désespèrent en se faisant une application complète des paroles de l'Evangile, sans se mettre en peine d'examiner qui sont ceux que le Sauveur a désignés sous le nom de riches et dans quel sens ce qui est impossible aux hommes est possible à Dieu. — Après ce préambule, saint Clément explique à ses auditeurs le sens des paroles de Jésus-Christ touchant le péril des richesses, et fait voir qu'il ne prescrit point aux riches de se défaire de tout leur bien, mais de modérer la trop grande ardeur qu'ils témoignent à amasser des richesses. Il ajoute que le Sauveur n'ordonna point à Zachée de se défaire de ses trésors, mais qu'il en bénit en lui le bon usage. « Les richesses, dit-il, sont comme la matière et les instruments des bonnes œuvres; mais elles sont une occasion de chute à ceux qui en abusent. Et cependant, de leur nature, elles sont indifférentes et incapables par elles-mêmes de porter au crime. Ainsi, le précepte d'y renoncer regarde les mauvaises inclinations de l'âme dont nous sommes obligés de nous défaire. » Saint Clément montre ensuite comment les richesses peuvent devenir aux riches un gage de salut, s'ils sont fidèles à accomplir les commandements qui prescrivent l'amour de Dieu et du prochain. Il les exhorte à faire l'aumône, et il recommande en particulier les vieillards pieux, les orphelins de bonnes mœurs, les veuves d'une douceur éprouvée, et les hommes doués de charité. « Ce sont là, dit-il, les amis, les défenseurs que vous devez vous procurer auprès de Dieu, par le moyen de vos richesses. L'un priera pour votre salut, l'autre vous soulagera dans vos peines; celui-ci répandra des larmes et gémira pour vous devant le Seigneur, celui-là vous donnera des avis salutaires; enfin tous vous aimeront sans feinte et sans déguisement, d'une amitié sincère et désintéressée. » Pour engager encore plus fortement les riches à soulager les pauvres, il leur met devant les yeux l'amour de Dieu, poussé jusqu'à cet excès de donner sa vie pour chacun de nous; puis il ajoute : « La foi ne subsistera plus lorsque nous verrons Dieu à découvert; l'espérance changera lorsque nous jouirons des choses que nous attendons maintenant ; mais plus la charité croît, et plus elle se perfectionne. Quand on est animé de cette vertu, quelques mauvaises actions que l'on ait commises, de quelques crimes que l'on soit coupable, on peut les effacer par une sincère pénitence soutenue de la charité. Il donne pour modèle d'une vraie pénitence celle de ce jeune homme converti par saint Jean, confié après sa conversion à l'évêque d'Ephèse, qu'il quitta pour se faire chef de voleurs, et enfin ramené au bercail par le pieux apôtre qui ne dédaigna point de courir après la brebis égarée jusqu'à ce qu'il l'eut atteinte, réconciliée avec l'Eglise, rétablie dans la participation des sacrements, par des jeûnes et des mortifications continuelles qu'il s'imposa avec elle. Saint Clément conclut de ce grand exemple de pénitence, que ceux qui, après avoir péché, ne se mettent pas en peine d'en obtenir le pardon, doivent rejeter sur eux-mêmes la cause de leur perte, et ne s'en prendre ni aux richesses ni à Dieu.

Hypotyposes. — Cet ouvrage, dont il ne nous reste plus que des fragments, était originairement divisé en huit livres, comme les *Stromates*, avec le titre d'*Hypotyposes* ou *Instructions.* Saint Clément le composa peu de temps après sa conversion, et dans un moment où, peu instruit encore des dogmes de la religion chrétienne, il crut possible de les concilier et de les arranger avec les principes de la philosophie platonicienne. Cette erreur, qui lui a été souvent reprochée, était excusable et devait être facilement pardonnée, à cause du zèle et de la bonne foi du jeune catéchumène.

Il paraît par Eusèbe que saint Clément donnait dans cet écrit, qui n'est pas venu jusqu'à nous, une explication abrégée de toute l'Ecriture, même des livres contestés. Il y rapportait ce qu'il avait appris des anciens sur l'ordre des Evangiles, et disait que ceux qui contiennent la généalogie du Sauveur ont été écrits les premiers; que celui de saint Marc fut écrit à la prière de ceux qui avaient reçu la parole de Dieu de la bouche de saint Pierre ; que saint Jean ayant lu les trois Evangiles, et reconnu que la doctrine qui regarde l'humanité de Jésus-Christ, y était suffisamment expliquée, il entreprit, par l'inspiration de l'Esprit-Saint, d'en écrire un autre plus spirituel et plus relevé. Il y a encore un fragment dans les extraits des prophètes, où l'on voit ces paroles remarquables: « Les anciens prêtres n'écrivaient point, ne voulant pas se détourner du soin d'enseigner par celui d'écrire, ni employer à écrire le temps qu'ils avaient pour préméditer ce qu'ils devaient dire. Peut-être aussi ne croyaient-ils pas que le même naturel pût réussir également à composer et à instruire; car la parole coule facilement et peut enlever promptement l'auditeur, mais l'écrit reste exposé à la censure de chacun, qui peut l'examiner jusqu'à la dernière rigueur. L'écrit sert à assurer pour ainsi dire la doctrine, faisant passer à la postérité la tradition des anciens par le ministère des écrivains. Or, comme de plusieurs matières l'aimant n'attire que le fer, ainsi de plusieurs lecteurs les livres n'attirent que ceux qui sont capables de les entendre. Mais le gnostique n'est pas jaloux; il donnera à celui qui n'en est pas digne plutôt que de refuser à celui qui l'est; et quelquefois, par un accès de charité, il communiquera sa doctrine à un indigne qui l'en prie instamment, non à cause de sa prière, car il ne cherche pas la gloire, mais à cause de sa persévérance à prier, parce que cette persévérance est une disposition à la foi. »

Photius parle des *Hypotyposes* de saint Clément d'une façon tout à fait désavantageuse, mais on ne peut douter que les exemplaires qu'il avait entre les mains n'aient été corrompus, puisque ni Eusèbe ni saint Jérôme, qui ont parlé des mêmes livres, n'y ont remarqué aucune des erreurs dont Photius fait mention. Nous voyons au contraire que saint Jérôme en fait l'éloge dans une de ses lettres, où il dit : « Clément, prêtre de l'Eglise d'Alexandrie, qui, à mon sens, est le plus habile de tous ceux qui ont écrit sur la religion, a fait huit livres intitulés, des *Stromates*, et huit autres qui ont pour titre, *Expositions.* Qu'y a-t-il, dans tous ces ouvrages, qui ne soit plein d'érudition et de tout ce qu'il y a de plus curieux et de plus recherché dans la philosophie? » Dès le temps de Rufin, l'hérésie avait déjà corrompu les écrits de saint Clément, et, dans la suite des siècles, cette interpolation a souvent servi de prétexte pour accuser un écrivain si célèbre par sa science et si orthodoxe dans tous ses sentiments. De tous les auteurs anciens, il n'en est point cependant qui aient possédé une érudition plus vaste. Ses livres sont pleins de passages des auteurs sacrés et profanes, et il développe tout ce qu'il y a de plus mystérieux dans les lettres saintes, et de plus instructif dans les sciences humaines. Aussi est-il regardé dans l'Eglise comme le plus excellent maître de la philosophie chrétienne. Son style est toujours orné, souvent éloquent, quelquefois sublime; c'est la justice que lui rendent Eusèbe et Photius ; mais on trouve de l'obscurité, de la négligence et même de la dureté dans celui des *Stromates* et des *Hypotyposes.*

Saint Jérôme appelle saint Clément le plus savant des écrivains ecclésiastiques; Théodoret prétend que nul ne l'a surpassé en lumières et en éloquence; et saint Alexandre de Jérusalem donne les plus grands éloges à la sainteté de sa vie. D'après tant et de si respectables témoignages, on a raison d'être surpris que le nom de ce saint docteur ne soit pas inscrit dans le Martyrologe romain; on l'est bien davantage encore d'apprendre que le savant Benoît XIV a publié, en 1749, une dissertation tendant à prouver qu'il n'y a pas eu de raison suffisante de l'y établir; mais ni l'autorité de Benoît XIV ni celle du Martyrologe romain n'ont jamais empêché les Eglises de France de célébrer sa fête le 4 décembre, suivant le Martyrologe et l'autorité d'Usuard. Il y a plusieurs éditions des Œuvres de saint Clément; la plus complète et la mieux coordonnée est celle publiée par M. l'abbé Migne, dans son *Cours complet de Patrologie*, à la collection des Pères grecs. C'est la reproduction corrigée de celle de Jean Potter, imprimée à Oxford, en 1715.

CLÉOBIUS, hérétique contemporain de Simon le Magicien, combattit la religion chrétienne et fut le chef de la secte des Cléobiens. Cléobius niait l'autorité des prophètes, la toute-puissance de Dieu et la résurrection. Il attribuait la création du monde aux anges, et prétendait que Jésus-Christ n'était pas né d'une vierge ; mais la publication de ces erreurs ne nuisait en rien aux progrès de la foi, qui sut en triompher. Ce qui nous reste de Cléobius se trouve par fragments épars dans les ouvrages des écrivains sacrés du temps, qui l'ont réfuté, et par conséquent dans le *Cours complet de Patrologie*.

CLOTAIRE Ier, fils du grand Clovis, n'est connu, comme son père, dans le monde de la littérature et de la bibliographie, que par quelques édits et quelques chartes qui se trouvent reproduits dans le *Cours complet de Patrologie*.

CLOVIS, cinquième roi de France et premier roi chrétien, nous a laissé quelques édits et quelques chartes de fondations d'églises et de monastères, que le *Cours complet de Patrologie* nous a conservés.

COGITOSUS, qui se dit neveu de sainte Brigithe, abbesse de Kildar en Irlande, et morte, selon Sigebert, en 518, ou en 521, selon Martin le Polonais, vivait lui-même dans le VIe siècle. Il en écrivit l'histoire, partie sur ce qu'il avait vu de ses yeux, partie sur le témoignage de plusieurs anciens qui lui fournirent les plus précieux renseignements. Ceux qui veulent que cet auteur n'ait écrit que longtemps après la mort de la sainte, disent que, par ce témoignage de ses yeux, il faut entendre les miracles qu'il avait vus s'accomplir à son tombeau ; mais cela peut aussi s'entendre naturellement des miracles qu'il lui avait vu opérer avant sa mort. Ce dernier sens nous paraît d'autant plus recevable qu'il se dit neveu de la sainte, et qu'il réclame à ce titre les prières de ses lecteurs. *Orate pro me Cogitoso nepote culpabili*. Au reste, la Vie qu'il en a écrite est bien différente de celle qu'en a donnée Surius, au 1er février. On la trouve parmi les anciennes *Leçons* de Canisius.

COLOMBAN (saint), à qui l'ordre monastique dut des réformes utiles et de grands accroissements, naquit vers l'an 540, dans le pays de Leinster, en Irlande. La nature l'avait doué de toutes les qualités de l'esprit et de tous les agréments de la figure ; aussi, après avoir appris, dès sa jeunesse, les arts libéraux, la grammaire, la rhétorique et la géométrie, redoutant pour son salut les attraits de la volupté et des vains plaisirs du monde, il abandonna sa province et se mit sous la conduite d'un saint vieillard, nommé Silen, dans le monastère de Benchor. Cette abbaye, dirigée alors par saint Commangel, son fondateur, était en grande réputation dans toute l'Europe. Colomban y fit profession ; et, après quelques années consacrées à tous les exercices de la règle, le désir de se détacher de plus en plus du monde lui fit obtenir de son supérieur la permission de passer dans la Grande-Bretagne, et de là dans les Gaules, avec douze religieux. Il en parcourut les différentes provinces, et l'éloquence de ses prédications, sa charité, sa douceur, obtinrent partout les plus heureux succès. Les écoles épiscopales qui avaient cessé d'exister reprirent un nouvel éclat, d'autres furent rétablies, les églises furent réparées, et les cérémonies du culte observées avec la décence convenable. Saint Colomban se retira ensuite dans les Vosges; un vieux château ruiné leur servit de refuge, et il y construisit un monastère qui prit de ces ruines le nom d'Anagrates, aujourd'hui Anegray; mais le nombre de personnes qui accoururent dans ce désert se ranger sous sa discipline fut bientôt si grand, qu'en 590 il se vit obligé, pour les recevoir, de fonder un nouveau monastère à Luxeuil, dans un site qui lui parut propre à son dessein. Ce lieu, qui possédait déjà des bains d'eau chaude, présentait aussi les restes d'une ancienne forteresse, et, dans le plus épais du bois voisin, on retrouvait des idoles de pierre que les païens avaient adorées. Il en prit lui-même la direction, et l'école qu'il y établit, la plus célèbre du VIIe siècle, a été comme une pépinière de saints docteurs et d'illustres prélats. L'affluence de ceux qui venaient embrasser la vie monastique à Luxeuil fut si grande, qu'il se vit contraint d'en établir une troisième à une lieue de là, dans un endroit qu'il nomma Fontaine à cause de l'abondance des eaux. En quittant Anegray, il y laissa quelques-uns de ses disciples sous la conduite d'un supérieur; il en mit un également à Fontaine, et fit, pour ces trois maisons, une règle commune, qui fut adoptée par la suite dans la plupart des monastères des Gaules. On ne voit nulle part, dans cette règle, que le saint fondateur ait prescrit l'usage de chanter jour et nuit, sans aucune interruption, les louanges de Dieu dans son monastère. Saint Bernard, en le mentionnant dans la Vie de saint Malachie, s'est donc laissé induire en erreur par une fausse tradition. Cependant saint Colomban confirmait, à Luxeuil, l'usage qu'il avait apporté d'Irlande, de célébrer la Pâque le 14ᵉ jour de la lune. Les évêques de France l'inquiétèrent à ce sujet, et il en fut repris aussi par le prêtre Candide, que le pape saint Grégoire avait envoyé dans les Gaules, comme recteur du patrimoine de saint Pierre. Pour se mettre à couvert de tous reproches, il en écrivit à saint Grégoire, et ensuite au pape Boniface, son successeur, en leur demandant la liberté de suivre la tradition de ses anciens, si elle n'était pas contraire à la foi. On ne sait point quelle fut, à cet égard, la réponse du siége apostolique ; mais plus tard cette opinion, combattue par saint Irénée, fut condamnée par l'Eglise comme judaïque. Cependant Gontran, roi de Bourgogne, protecteur de saint Colomban, était mort, et Childebert, après un règne de trois années, avait laissé la couronne à Thierry, prince faible, qui fut aisément subjugué par Brunehaut, son aïeule. Brunehaut, déjà aigrie contre saint Colomban, qui avait osé reprocher à Thierry ses déréglements, et qui lui avait refusé à elle-même l'entrée de son monastère, mais plus irritée encore de la terrible prophétie par laquelle il avait annoncé la réunion de toutes les couronnes de France sur la tête de Clotaire, à l'exclusion des enfants naturels de Thierry, qu'il avait refusé de bénir comme issus de la débauche, le fit exiler d'abord à Besançon, puis enlever de là et conduire à Nantes, pour y être embarqué sur un vaisseau qui devait le transporter en Irlande. Le vaisseau, battu de la tempête pendant plusieurs jours, fut rejeté sur la côte, et Colomban traversa de nouveau la France et vint s'établir près de Genève, dans un pays dépendant du royaume d'Austrasie, possédé par Théodebert, frère de Thierry. Il y vécut tranquille pendant plusieurs années et profita de ce temps de calme pour y bâtir, sur les bords du lac, le monastère de Brégents ; mais la guerre qui éclata entre les deux frères, en 612, le força d'abandonner sa retraite et de se réfugier en Italie, où, accueilli par Agilulphe, roi des Lombards, il fonda l'abbaye de Bobio, qui acquit en peu de temps une grande célébrité. Il y mourut, le 21 novembre 615, après avoir vu sa prédiction réalisée et Clotaire seul roi des Français. Nous avons de lui plusieurs ouvrages dont nous allons rendre compte ; le principal est sa :

Règle. — Nous avons eu occasion de remarquer plus haut dans quelles circonstances le saint fondateur composa cette Règle, qui servit dans la suite de modèle à plusieurs autres ; ce fut après avoir groupé, dans une circonscription de quelques lieues, les trois monastères d'Anegray, de Luxeuil et de Fontaine, afin de maintenir les religieux qu'il y avait établis dans les pratiques de la même observance. L'auteur de sa Vie nous la présente comme inspirée du Saint-Esprit.

On peut la diviser en deux parties : la première regarde la pratique des vertus essentielles à un moine ; la seconde les pénitences qu'on doit lui imposer pour ses fautes. La première de ces vertus est l'obéissance. Elle doit être prompte, sans contrariété et sans murmures. Quelque dure que paraisse la chose commandée, il faut l'exécuter avec joie, avec ferveur, à l'imitation de Jésus-Christ, qui fut obéissant jusqu'à la mort. La seconde est le silence, qui ne doit être rompu que pour des choses utiles et même nécessaires. L'heure de prendre la nourriture doit être vers le soir, c'est-à-dire à None. Elle sera pauvre, mais pourtant proportionnée au travail, parce qu'une abstinence excessive n'est pas une vertu, mais un vice. On doit tellement régler les choses que chaque jour on jeûne, on travaille, on prie, on lise. La perfection d'un moine consiste : 1° dans le dénûment et le mépris des richesses ; 2° à se purifier de tous les vices ; 3° dans l'amour continuel de Dieu et des choses divines, qui succède en nous à l'oubli des choses de la terre. L'exemple de Satan, que l'orgueil a fait tomber du ciel, prouve combien la vanité est dangereuse ; jamais donc il ne doit sortir de la bouche d'un moine une parole de vaine gloire, de peur qu'en s'élevant il ne perde le fruit de son travail. Il lui servirait peu d'être chaste de corps, s'il ne l'était également de cœur ; les mauvais désirs ne sont pas moins défendus que les mauvaises actions. Saint Colomban prescrit ensuite l'ordre de la psalmodie. Ces règles varient suivant les saisons, mais sont disposées cependant de manière à ce que la communauté récite le même nombre de psaumes, d'antiennes et de répons tous les jours. Les mois de printemps et les mois d'automne, on diminuait ou l'on augmentait de trois psaumes par semaine, selon que les jours ou les nuits diminuaient ou augmentaient. A la fin de chaque psaume, les moines se mettaient à genoux. Indépendamment de la prière commune, ils en faisaient encore de particulières, chacun dans leur cellule. Les jours ordinaires ils travaillaient des mains ; mais aux heures de Tierce, Sexte, None, ils quittaient le travail manuel pour réciter trois psaumes, avec un certain nombre de prières réglées, pour la rémission des péchés, pour tout le peuple chrétien, pour les évêques, pour tous les ordres de l'Eglise, pour leurs bienfaiteurs, pour la paix des princes, pour leurs ennemis. Par la vertu de discrétion que saint Colomban recommande à ses moines, il entend la fuite de tous les partis extrêmes. Le dernier chapitre est intitulé : *De la mortification.* Cette vertu impose particulièrement trois obligations : l'une, de n'être en discorde avec personne ; l'autre, de ne pas dire tout ce qui vient à la bouche ; la troisième, de ne rien faire sans l'assentiment du supérieur.

La seconde partie de la Règle de saint Colomban était le *Pénitentiel,* c'est-à-dire les corrections des fautes ordinaires des moines. Il distingue deux sortes de péchés : les péchés mortels, que l'on confesse aux prêtres, et les péchés moindres, que l'on confessait à l'abbé ou à d'autres religieux avant de se mettre à table ou au lit. Les corrections ordinaires sont les coups de fouet; six pour les fautes légères; pour les autres, en proportion de leur gravité; quelquefois jusqu'à deux cents, mais jamais plus de vingt-cinq à la fois. On compte pour une faute légère, passible de six coups de fouet, l'oubli de répondre *Amen*, à la bénédiction de la table, une parole dite sans nécessité, et l'omission d'un signe de croix sur sa cuillère, sur sa lampe; car on sait que les moines en faisaient sur tout ce qu'ils prenaient. S'il arrivait que celui qui servait à la cuisine répandît quelque chose, il s'en humiliait dans l'église, après l'office; si ce qu'il avait répandu était considérable, il demeurait prosterné pendant douze psaumes : quelquefois même on lui prenait sur sa portion ordinaire de quoi réparer la perte qu'il avait causée à la communauté. En sortant du monastère, les moines demandaient à genoux la bénédiction du supérieur, et faisaient la même chose au retour; ceux qui y manquaient recevaient douze coups de fouet. En voyage, ils portaient de l'huile bénite sur eux pour en oindre les malades; le vaisseau qui la contenait s'appelait *chrismal;* et ils nommaient de même le vase dans lequel ils portaient l'eucharistie. Celui qui, au départ, oubliait le *chrismal*, recevait quinze coups de fouet, et cinquante au retour, même quand il était aussitôt retourné le chercher. L'oblation du sacrifice se faisait avec beaucoup d'ordre, de décence et de modestie. Il n'était pas permis au prêtre de l'offrir sans avoir rogné ses ongles, ni au diacre de servir à l'autel sans s'être fait raser la barbe. Quiconque avait perdu le sacrifice sans pouvoir le retrouver était en pénitence pendant un an; s'il en avait laissé corrompre les espèces, en sorte qu'elles fussent réduites en poussière, sa pénitence était de six mois; si les espèces, étant dans leur entier, il s'y trouvait un ver, celui par la négligence duquel cela était arrivé faisait pénitence pendant quarante jours; enfin, si les espèces étaient tellement changées qu'elles ne conservassent plus ni le goût, ni la couleur du pain, le coupable était puni de vingt jours de pénitence. Il y avait, outre les coups de fouet, une autre pénitence qu'on nommait *superposition :* c'était la condamnation à des jeûnes extraordinaires, à la récitation des psaumes et au silence. Un moine qui murmurait en répondant à son ancien : Je ne ferai point ce que vous dites, si l'abbé ou le prévôt ne me l'ordonnent, était condamné à trois superpositions. Celui qui disait au prévôt : Vous ne jugerez point ma cause, mais notre abbé, était mis en pénitence au pain et à l'eau pour quarante jours. Il y avait dans chaque monastère deux économes, un grand et un petit. Le grand était le prévôt, chargé des affaires intérieures, afin que l'abbé n'eût que le soin des âmes; le petit s'occupait du détail de la maison. C'était aux économes à veiller à la réception des étrangers. Les moines changeaient de vêtements pour la nuit et en reprenaient d'autres dès le commencement du jour. Celui qui n'avait pas entendu sonner l'heure de l'oraison devait réciter douze psaumes; il y en avait autant pour celui qui venait à l'oblation du sacrifice avec sa ceinture et son vêtement de nuit. On mettait en pénitence, pendant trois jours au pain et à l'eau, le moine qui avait couché dans une maison où il y avait une femme. Manger avant l'heure de None les mercredi et vendredi était une faute punie par deux jours de pénitence. Celui qui, témoin d'un péché mortel commis par son frère, ne l'en avertissait point, devait être regardé comme transgresseur de l'Evangile jusqu'à ce qu'il l'eût averti et que ce frère eût confessé son péché au prêtre. Le silence devait s'observer en tous lieux et pendant toute sorte de travaux. Ces paroles, *le mien, le tien*, étaient défendues sous peine de six coups de fouet. Il y en avait deux cents pour celui qui était trouvé causant seul familièrement avec une femme. Voilà ce que nous avons trouvé de plus remarquable dans le Pénitentiel de saint Colomban; nous en avons un autre sous son nom, mais celui-là est moins un nouveau règlement de discipline qu'un recueil des pénitences imposées par les anciens Pères, soit dans leurs écrits particuliers, soit dans les décrets des conciles.

Discours. — On conserve de saint Colomban seize discours sur les matières les plus importantes de la religion. Le premier est une instruction sur l'unité de Dieu et la trinité de personnes en Dieu. Il regarde ce mystère comme le fondement du salut; c'est pour cela qu'il en fait le sujet de son premier discours. Il le commence en disant que quiconque veut être sauvé doit croire en un Dieu, un et trois tout ensemble; un en substance et trois en subsistance; un en puissance et trois en personnes; un en divinité, qui est le Père, le Fils et le Saint-Esprit. Il prouve l'unité de Dieu par ces paroles du Deutéronome : *Ecoute, Israël, le Seigneur ton Dieu est un;* et il prouve la trinité des personnes par ces paroles du Sauveur : *Allez, enseignez toutes les nations, baptisez-les au nom du Père, du Fils et du Saint-Esprit.* Mais quelle est la nature de Dieu? Personne ne l'a vu comme il est. Il y aurait de la témérité à vouloir expliquer ce qui est incompréhensible.

Second discours. — Il recherche dans le second discours ce qui peut contribuer à la perfection de l'homme. Il dit que, comme le laboureur ne se contente pas de remuer la terre pour la préparer à recevoir la semence, mais qu'il en arrache encore toutes les mauvaises herbes; de même nous devons aussi déraciner dans notre âme les mauvaises inclinations et les vices, pour n'y laisser croître que les semences de la vertu. Les mortifications, les jeûnes, les veilles, toutes les œuvres de pénitence extérieure ne nous servent qu'à la condition que nous travaillerons à la correction de nos mœurs. La religion de l'homme extérieur sert de peu; la justice de l'homme intérieur le sauve; la vraie piété ne consiste point dans l'humiliation du corps, mais dans l'humilité du cœur.

Troisième discours. — Le mépris du monde et l'amour des biens éternels fait le fonds du troisième discours. Le monde par son instabilité est digne de mépris; il en est de même des biens qu'il présente. Il passera, il passe tous les jours; que contient-il qui ne doive finir? Nous devons donc le mépriser, en renonçant aux voluptés et aux richesses, et en nous méprisant nous-mêmes. Celui-là est victorieux du monde qui meurt à soi-même, à ses vices, à ses passions, avant que la mort naturelle ne vienne séparer son âme de son corps. L'homme sage ne doit rien aimer ici-bas, où rien n'est durable; son amour ne doit se proposer que ce qui est éternel.

Quatrième discours. — Un moyen d'acquérir ce bien unique, c'est de supporter avec patience et résignation les travaux et les adversités de la vie présente. Si l'on se donne tant de peines et tant de soins pour apprendre un art ou une profession, dans l'espérance d'en tirer quelques avantages temporels, à combien plus forte raison un chrétien doit-il se résigner à endurer les peines de la vie, dans l'espérance de jouir des biens de l'éternité? Jésus-Christ, par ses discours et par ses exemples, nous a appris qu'on ne passe point de la joie à la joie, mais de la tristesse et des tribulations au bonheur.

Cinquième discours. — C'est ce qu'il continue de montrer dans les deux discours suivants, où il fait voir que la vie présente ne mérite pas à proprement parler le nom de vie. Elle n'est qu'un chemin par lequel nous avons besoin de passer pour arriver à la patrie. D'où il suit qu'on ne doit point s'y arrêter, ni s'y reposer; le véritable repos ne se trouve que dans la patrie, et non dans le chemin qui y conduit. Il montre encore, d'après Job et le Psalmiste, que la vie de l'homme sur la terre disparaît comme un songe et une vision.

Septième et huitième discours. — Il emploie la septième instruction à déplorer l'aveuglement des hommes, qui, presque uniquement occupés des plaisirs du corps, négligent les jouissances de l'âme. Il leur représente l'inutilité des soins qu'ils se donnent pour contenter une chair qui ne dit jamais : C'est assez; et qui, après un plaisir, quelque grossier qu'il soit, en demande un autre. Il leur rappelle les peines et les récompenses de l'autre vie, et il en conclut, dans le huitième discours, que nous devons courir sans relâche vers la céleste patrie, et négliger les avantages de la vie présente, pour ne penser qu'au bonheur de la vie future, qui est la fin de celle-ci.

Neuvième et dixième discours. — Le jugement dernier fait la matière de deux instructions. Saint Colomban y fait voir que si cette vie offre quelque ressemblance entre les hommes quant à la manière de naître, de vivre, de souffrir et de mourir, l'autre vie n'en offrira plus entre les justes et les impies, parce que les uns et les autres y seront traités suivant leurs œuvres. Il dit que le moyen de paraître avec sécurité devant le souverain juge, c'est de mourir maintenant à soi-même, pour ne vivre qu'à Jésus-Christ, de sorte qu'on puisse dire avec saint Paul : *Je vis, ce n'est pas moi qui vis, c'est Jésus-Christ qui vit en moi.*

Onzième discours. — Ce discours traite de l'amour de Dieu et du prochain. Saint Colomban fonde l'obligation d'aimer Dieu, sur ce qu'il nous a créés à son image et à sa ressemblance; de sorte qu'en l'aimant nous ne faisons que lui rendre ce qu'il nous a donné dans la création. Cet amour, pour être véritable, ne consiste donc point à dire : Seigneur, Seigneur, mais à faire la volonté du Père qui est dans le ciel. L'amour du prochain ne saurait subsister avec les médisances, les calomnies et les détractions de toute sorte qu'il appelle les premiers nés de la haine.

Douzième discours. — Le douzième discours est une comparaison entre les soins et le mouvement que se donnerait un homme, pour éviter ici-bas un supplice auquel il pourrait être condamné, et les soins que nous devons prendre pour éviter le supplice du feu éternel. Il le finit par une prière à Dieu, où il lui demande de l'aimer uniquement et de toutes ses forces.

Treizième discours. — Le discours treizième est une invitation à ceux qui ont faim et soif de la justice de recourir à Jésus-Christ, qui est la fontaine vivante dont les eaux rejaillissent jusqu'à la vie éternelle, et le pain des forts qui communique la vie au monde.

Quatorzième, quinzième et seizième discours. — Toutes les instructions que nous venons d'analyser paraissent avoir été prêchées publiquement. La quatorzième est en forme de lettre : elle est adressé à un jeune homme à qui il avait donné un emploi dans une communauté de moines. Il compte tellement sur la solidité des instructions qu'il lui donne, qu'il l'assure qu'elles le rendront indifférent aux biens et aux maux de la vie présente, et qu'elles l'aideront à assurer son bonheur éternel. Voici les plus remarquables. Il lui recommande d'être simple dans la foi, docte dans la science des mœurs, lent à se fâcher, affable aux gens de bien, doux envers les infirmes, sobre, chaste, patient, libéral, courageux et constant dans les tribulations, hardi dans la cause de la vérité, infatigable dans les œuvres de la charité, miséricordieux envers les pécheurs, soumis aux anciens, et enfin continuellement attentif à s'avancer dans les voies du salut. Le quinzième discours est tiré d'un autre manuscrit que les précédents, et porte pour titre : *Exhortation aux frères assemblés.*

Saint Colomban veut que le souvenir de leur vocation les engage à en remplir avec exactitude tous les devoirs, à l'imitation des saints qui les ont précédés et qui leur ont donné l'exemple de la vertu. Le seizième est tiré de Waræus. C'est une exhortation dans laquelle le saint abbé, établissant un parallèle entre la rapidité avec laquelle passent les choses de la vie, et la stabilité des biens éternels, cherche à inspirer du mépris pour les uns et à fortifier l'amour des autres.

Lettres. — Il nous reste cinq lettres de saint Colomban : une adressée au pape saint Grégoire, et deux au pape Boniface, son successeur. Nous avons eu occasion de remarquer dans la notice que nous avons donnée de sa vie, qu'elles furent écrites à l'occasion de quelques disputes sur la célébration de la Pâque, dans lesquelles le saint abbé, fidèle aux traditions qu'il avait rapportées d'Irlande, défendait avec ardeur la pratique des quartodécimans. Il en adressa une également aux évêques des Gaules, rassemblés en concile, vers l'an 602, pour décider la même question. Elle est datée de son désert des Vosges, et il prie les évêques de supporter son ignorance avec paix et charité, en considérant qu'il n'était point l'auteur de cette diversité de pratique, et de lui permettre de vivre en silence au milieu des bois auprès de dix-sept de ses frères que la mort lui avait déjà ravis, depuis douze ans qu'il s'y était établi. Nous souhaitons, leur dit-il, de continuer de vivre dans les usages que nous avons vu pratiquer à nos anciens. Voyez ce que vous pouvez à l'égard de pauvres vieillards étrangers. Je pense que vous ferez mieux de les consoler que de les inquiéter. Je n'ai osé vous aller trouver, de peur de disputer en votre présence contre la défense de l'Apôtre qui dit : *Ne vous amusez point à de vaines disputes de paroles.*

Aux moines de Luxeuil. — Au moment de s'embarquer pour passer en Irlande, saint Colomban, ne comptant plus revoir ses moines de Luxeuil, leur écrivit de Nantes pour les consoler de son exil. Il les exhorte à supporter avec patience la persécution que le roi Thierry et la reine Brunehaut leur faisaient souffrir. Il leur recommandait surtout l'union entre eux, aimant mieux leur séparation que de les voir cesser un seul instant d'avoir un même cœur et une même volonté. Il leur laisse le choix ou de le venir trouver, ou de rester à Luxeuil, sous la direction d'Attale, son disciple, qu'il leur ordonne de reconnaître pour leur supérieur, ou bien Valdolène, au cas qu'Attale voudrait le suivre en Irlande. Puis, adressant la parole à Attale, en particulier, il lui enjoint de rester, s'il voit que le profit des âmes soit attaché à son séjour; ou de le venir trouver, s'il pense qu'en demeurant, il y ait danger que la question de la pâque ne mette la division dans la communauté. Il craignait que ses moines ne fussent plus si fermes à maintenir leur pratique sur ce sujet, depuis qu'il n'était plus au milieu d'eux. Sa tendresse pour Attale lui faisait verser des larmes en lui adressant la parole; mais il s'efforçait d'en arrêter le cours, en réfléchissant qu'il n'était pas d'un soldat valeureux de pleurer dans le combat. Il écrivait encore, lorsqu'on vint l'avertir que le vaisseau qui devait l'emmener était prêt. « Si, à l'exemple de Jonas, dit-il, l'on me jette à la mer, priez Dieu que quelque habile nautonier me rende le service de la baleine, et rejette votre Jonas sur la terre qu'il désire. La fin du parchemin m'oblige à clore ma lettre. L'amour n'a point d'ordre, c'est ce qui le rend confus. J'ai voulu tout dire en peu de mots, et je n'ai pu. Je me suis même abstenu d'écrire certaines choses dont j'avais d'abord eu le dessein de vous parler. » Il conjure ses disciples de ne point chercher en son absence une liberté qui les soumettrait à la servitude des passions, et leur conseille en cas qu'Attale ne pourrait suffire à les gouverner, de s'assembler tous et de se choisir un supérieur, leur promettant de les conduire encore lui-même, si c'était la volonté de Dieu.

Poésies. — Sigebert, en parlant des écrits de saint Colomban, dit qu'il en avait composé plusieurs renfermant des instructions très-utiles, et d'autres qui méritaient d'être chantés. Par les derniers il entend probablement ses poésies. Le plus important en ce genre est un poëme latin adressé à Hunalde, l'un de ses disciples. Il est précédé d'une petite préface en double acrostiche, dans laquelle le maître joint le nom de son disciple au sien, et de cette manière : *Columbanus Hunaldo.* Cette préface roule sur l'incertitude et la brièveté de la vie, sur l'inconstance de ses plaisirs et de ses honneurs. Le poëme qui la suit est une invective contre l'avarice. L'auteur y montre que les véritables richesses consistent dans la science de la loi de Dieu, dans la pratique de la vertu, dans le mépris des biens et des honneurs temporels, ou du moins dans un usage tellement modéré, que l'abus de ces biens devienne impossible. A la fin du poëme, il prie Hunalde de se souvenir de lui en lisant ses vers. Ils sont tous hexamètres.

Ceux du poëme à Fédolius ne sont que de deux pieds, excepté les six derniers, qui sont hexamètres. Saint Colomban y marque qu'il était parvenu à sa dix-huitième olympiade, c'est-à-dire à l'âge de quatre-vingt-dix ans. Il l'écrivit donc en ses dernières années, et à un moment où, comme il le dit lui-même, il était attaqué d'une violente maladie, ce qui montre que l'infirmité du corps, quelque grande qu'elle fût, ne lui avait rien enlevé de la liberté de l'intelligence et de la pensée. Il y donne en peu de mots les causes et les suites de la guerre de Troie, et les règles pour composer des vers dans la mesure du rhythme qu'il emploie. Mais ce trait de l'histoire profane ne semble placé là que pour lui fournir l'occasion de faire remarquer à Fédolius la vanité des choses humaines, et pour l'engager à s'attacher fortement à Jésus-Christ.

L'Épigramme sur la femme est en quatre vers élégiaques. C'est une antithèse, dans laquelle il oppose aux maux que la première femme a causés au genre humain, les avantages que la seconde lui a procurés en lui donnant un Sauveur. La morale qu'il en tire est que tout homme de bien doit se garder du venin qu'une mauvaise femme porte sur sa langue.

Quelques-uns ont contesté à saint Colomban le poëme intitulé : *Monostichon*, mais les meilleurs critiques le lui restituent avec raison ; en effet on y reconnaît son style, et on y trouve même plusieurs vers tirés tout entiers de ses autres poëmes. Le sujet du *Monostichon* est le combat entre les huit vices capitaux et les vertus qui leur sont opposées. Chaque vers, comme l'indique le titre, renferme une sentence ou maxime de morale. La plupart de ces sentences sont tirées d'Octavien, mais il y en a un grand nombre aussi empruntés à l'Écriture sainte.

Livres perdus. — Saint Colomban avait en outre composé plusieurs ouvrages, qui ne sont pas venus jusqu'à nous, entre autres : un *Commentaire sur les Psaumes et sur les Évangiles*, un *Traité contre les ariens*, deux livres *sur la célébration de la Pâque*, et une lettre ou traité sur l'affaire des *Trois Chapitres* contre Agrippin.

Quoique la science des saints fût pour ainsi dire la seule ambitionnée par saint Colomban, cependant il n'était point resté étranger aux sciences humaines. Il avait étudié l'antiquité ecclésiastique et profane, et appris dans les ouvrages des meilleurs maîtres à s'exprimer avec autant d'élégance que de noblesse sur toutes sortes de sujets, et dans tous les genres, aussi bien en prose qu'en vers. Les discours que nous avons de lui sont vifs, pressants, animés, naturels, pleins de grâce persuasive et d'onction. On voit qu'ils coulaient de source, et que le saint ne prêchait aux autres que ce qu'il pratiquait lui-même. Ses lettres offrent moins d'agréments, le tour en est plus embarrassé et le style plus enflé et plus guindé. C'est qu'apparemment, écrivant à des papes et à des évêques, pour y mettre plus d'art, il le faisait avec plus d'application. Comme il était moins gêné, il est aussi plus naturel dans la lettre à ses moines de Luxeuil. — Nous n'avons que deux éditions complètes des Œuvres de saint Colomban : l'une dans les *Collectanea sacra* de Fleming, imprimés à Augsbourg en 1621, in-8°, et réimprimés à Louvain en 1667 ; l'autre dans le XII° tome de la *Bibliothèque des Pères*, à Lyon en 1677. Sa Règle a été reproduite dans plusieurs recueils ; le principal est le *Code des règles de saint Benoît d'Aniane*, reproduit dans le *Cours complet de Patrologie*, à Paris en 1851. L'abbé Velly, dans son *Histoire de France*, a fort maltraité saint Colomban ; mais il est justifié d'une manière victorieuse des fausses imputations de cet écrivain, dans l'avertissement au XII° volume de l'*Histoire littéraire de France* par les Bénédictins de Saint-Maur.

COLUMBAN (saint), surnommé l'ANCIEN, bâtit, au commencement du règne de Justin le Jeune, le célèbre monastère de Dermarch, en Irlande, d'où il était originaire. En 565, il passa dans la Grande-Bretagne, pour se soustraire à la fureur du roi Dormicius, qui voulait le faire mourir. Il y prêcha la foi aux Pictes septentrionaux, et établit un second monastère dans l'île de Hy, au nord de l'Irlande et au couchant de l'Écosse. Ces deux monastères en produisirent plusieurs autres, dont celui de Hy resta toujours le chef, comme étant le plus considérable. Saint Columban en fut abbé ; et, comme il était prêtre, ce monastère fut dans la suite gouverné par un prêtre, avec le titre d'abbé et juridiction sur toute la province, même sur les évêques. On remarque que ses successeurs furent longtemps avant de se conformer aux autres églises pour la célébration de la Pâque, parce que privés de communication avec le reste du monde, ils n'avaient point eu connaissance des décrets de l'Église sur cette matière. Le saint vécut trente-quatre ans, depuis son passage dans la Grande-Bretagne, et mourut en 598, le 9 juin, jour auquel l'Église honore sa mémoire. Il fut enterré dans son monastère de Hy. Waræus, dans son premier livre des *Écrivains irlandais*, attribue à saint Columban une règle pour ses moines, une hymne à la louange de saint Kieran, abbé, et trois autres sur divers sujets.

COMESTOR, dont quelques-uns ont fait un frère de Pierre Lombard, était Français d'origine. L'opinion commune le fait naître à Troyes en Champagne. Étant encore jeune, il fut admis dans le clergé de cette église, et fait ensuite doyen de la cathédrale. Celle de Paris le choisit pour son chancelier, en 1164, et le chargea de l'école de théologie. Comestor la gouverna jusqu'en 1169, et la laissa à Pierre de Poitiers, mais sans abandonner son titre de chancelier. Sur la fin de ses jours, il se retira à l'abbaye de Saint-Victor, où il mourut en 1178 suivant quelques auteurs, et selon d'autres, le 21 octobre 1185. Il laissa par son testament tout ce qu'il possédait aux pauvres et aux églises, et fut enterré à Saint-Victor avec une épigraphe en quatre vers hexamètres dont voici le commencement :

Petrus eram quem petra tegit dictusque Comestor
Nunc Comedor, etc.

On pense qu'il fut nommé *Comestor*, non parce qu'il mangeait plus qu'un autre, mais parce qu'il avait lu et pour ainsi dire dévoré un grand nombre de livres. Il se fit une grande réputation de doctrine, et fut surtout renommé pour sa science théologique. Pierre, cardinal du titre de Saint-Chrysogone, dans une lettre au pape Alexandre III, et Vincent de Beauvais parlent de Comestor comme d'un des plus habiles docteurs de son temps.

Histoire scolastique. — Comestor est auteur du livre fameux intitulé : *Scholastica historia*. Il l'entreprit, s'il faut l'en croire, aux vives instances de ses amis, qui trouvaient insuffisantes les gloses qu'on avait alors sur l'Ecriture sainte. Il le dédia à Guillaume, archevêque de Sens. Cet ouvrage est l'*Histoire sainte*, suivie depuis le commencement de la *Genèse*, jusqu'à la fin des *Actes des apôtres*, et tiré du texte de l'*Ecriture* et des *Gloses*. L'auteur y joint quelques traits de l'histoire profane. — Ce livre est à la fois dogmatique et historique ; le récit est chargé de dissertations. Comestor mêle à l'histoire de la création les opinions des philosophes et des théologiens de son temps sur le ciel empirée, les quatre éléments, la formation du monde et sur l'état du premier homme. Il cite, mais vaguement, Platon, Aristote, l'historien Josèphe, et rapporte plusieurs histoires, sans les appuyer d'aucune autorité. Il donne diverses explications qu'il suppose vraies sans s'embarrasser de les démontrer. Par exemple, par la division de la lumière d'avec les ténèbres, il entend la séparation des bons et des mauvais anges, et marque, d'après les Hébreux, que Lucifer fut fait diable le second jour, à quoi il rapporte l'usage où l'on était dans quelques églises de célébrer, tous les lundis, une messe en l'honneur des anges qui ont persévéré dans la justice. Le texte de l'*Ecriture* est presque tout entier dans l'*Histoire scolastique ;* mais l'auteur s'écarte souvent du sens littéral, pour suivre des sens figurés, allégoriques, arbitraires et donne aux noms propres de fausses étymologies. Il raconte affirmativement des fables ridicules ; cependant son livre fut reçu avec enthousiasme, et pendant trois siècles, on le regarda, comme un excellent corps de théologie positive. Il était mis en parallèle avec le livre des *Sentences* de Pierre Lombard et avec le *Décret* de Gratien. On croyait posséder dans ces trois ouvrages tout ce qui est nécessaire pour devenir habile dans les deux théologies dogmatique et morale et dans le droit canon ; de sorte que ces trois auteurs paraissaient concourir à composer une théologie universelle. L'édition que l'on fit de cette *Histoire*, à Utrecht, en 1473, est un des premiers livres imprimés dans cette ville et même dans la Hollande. La dernière, imprimée à Venise en 1728, est dédiée aux évêques du concile qui se tenait alors à Bénévent.

Sermons. — Comestor a laissé des Sermons au nombre de cinquante-un. Dans le premier, sur l'Avent, il met au nombre des signes que Jésus-Christ donna de sa naissance temporelle une fontaine d'huile qui sortit de terre, ce jour-là même, à Rome, en prenant son cours vers le Tibre, et la chute du temple de la paix ; événement annoncé, dit-il, dès le moment même de sa construction, car l'oracle de Delphes avait répondu aux Romains qui le consultaient sur sa durée que ce temple subsisterait jusqu'à ce qu'une vierge eût enfanté. Dans un discours sur le Carême, il remarque que, pendant toute cette quarantaine, on suspend un voile entre le chœur et le peuple, afin que ceux qui psalmodiaient ne fussent pas distraits par les regards des assistants. Pour exciter la piété des fidèles, on faisait des processions d'une église à l'autre, et à Rome le pape y assistait presque tous les jours. Il parle, dans le discours du dimanche des Rameaux, de la rose d'or que le pape portait à la procession. Après avoir remarqué que, dans les premiers siècles de l'Eglise, l'eucharistie était reçue par tous ceux qui assistaient à la consécration du sacrifice, Comestor ajoute que de son temps l'usage s'introduisait de ne s'approcher de la communion qu'une fois l'année, et qu'encore qu'il n'y eût là-dessus aucun précepte de l'Eglise, on ne pouvait s'en dispenser sans péché. Il fait, dans le sermon de la Dédicace, le détail des cérémonies qui s'y pratiquent encore de nos jours. Dans un discours synodal, en parlant des devoirs des évêques et des prêtres, Comestor s'explique ainsi sur la présence réelle : « Ils consacrent le corps de Jésus-Christ, ils le mangent, et le distribuent aux autres pour s'en nourrir. Par leur ministère, le pain et le vin sont convertis à la chair de Jésus-Christ. Quelle doit être la sainteté de ceux dont la dignité exerce une puissance si efficace sur des choses aussi saintes. »

Voilà ce que nous avons trouvé de plus remarquable dans les sermons de Comestor. On y chercherait en vain l'éloquence et les grands mouvements qui caratérisent les orateurs parfaits, mais on y est dédommagé par une grande exactitude théologique. On possède encore de lui, dans ses diverses bibliothèques de l'Europe, un *Commentaire sur les Epîtres de saint Paul ;* un traité de la *Pénitence*, et un volume de *Discours*. Son sermon sur la Conception immaculée de la sainte Vierge fut imprimé à Anvers, 1536. Il fit aussi sur le même sujet un poëme, dont nous retrouvons quelques vers dans les Œuvres de Vincent de Beauvais et de saint Antonin.

COMMODIANUS, auteur latin et que l'on croit Italien d'origine, vivait du temps du pape saint Silvestre. Quelques-uns le nomment Gazæus, le croyant de Gaza en Palestine, et d'autres le supposent Africain. Quoi qu'il en soit, nous avons de lui une instruction aux gentils, sous ce titre : *Instructionum opus adversus paganos*. Gennade en parle ; le pape Gélase a mis cet ouvrage au rang des livres apocryphes, parce que l'auteur paraît y soutenir l'erreur des millénaires. Il est écrit en vers ou en forme de vers, puisque l'auteur n'y observe ni cadence ni mesure. Aucun critique ancien n'a parlé de Commodianus, et on ne peut fixer son existence au temps du pape saint Sylvestre, que parce qu'il exhorte les païens à se réunir au troupeau de ce pontife. Son ouvrage, publié d'abord par Rigaut en 1640, est reproduit dans le *Cours complet de Patrologie*.

COMNÈNE (Alexis), était le troisième fils de Jean Comnène, frère de l'empereur Isaac, et d'Anne Dalascène. Il naquit en 1048, apprit l'art militaire sous Romain Diogène, et fit ses premières campagnes sous la conduite d'Isaac, son frère aîné. Envoyé par l'empereur Nicéphore Botoniate contre Bryenne, gouverneur révolté, il remporta sur lui la victoire. Il ne fut pas moins heureux contre Basilace, nouveau rebelle qui venait de surprendre Thessalonique. L'année suivante, il étouffa encore la révolte des Patzinaces, peuple habitant les rives du Danube. Tant de services ne firent qu'exciter la haine des vils ministres qui entouraient Botoniate; on résolut dans le conseil la perte de Comnène. Alexis, prévenu de ce qui se passait, sortit de Constantinople avec son frère et quelques amis, se rendit au camp de Zurula, où l'armée lui était favorable; la noblesse de Constantinople et le césar Jean Ducas se joignirent à eux, et Alexis fut proclamé empereur, en 1081, du consentement d'Isaac, son frère aîné. Son premier soin fut de marcher sur Constantinople. La ville fut surprise le jeudi saint, et livrée à un pillage horrible. Pour adoucir l'odieux que ce désastre jetait sur lui, le nouvel empereur en témoigna un vif repentir et se soumit à une pénitence publique. Botoniate fut relégué dans un cloître. Entouré de factions et d'ambitieux, Alexis fut obligé de créer une multitude de grandes dignités pour satisfaire ses rivaux, ses parents, ses partisans; il fit couronner Irène, son épouse, et confia une partie de l'administration à sa propre mère, Anne Dalascène, princesse d'un grand mérite. La situation de l'empire réclamait toute l'activité et tous les talents d'Alexis; d'un côté, les Turcs ravageaient l'Asie; de l'autre, Robert Guiscard, duc de Pouille et de Calabre, et fils de Tancrède d'Hauteville, avait porté ses armes dans la Grèce, sous prétexte de rendre la couronne à un imposteur qu'il faisait passer pour un descendant des anciens rois. Guiscard assiégeait Dyrrachium, que défendait Georges Paléologue, un des meilleurs généraux d'Alexis. L'empereur vole au secours de cette ville, engage les Vénitiens à faire une diversion en sa faveur, et parvient à affamer le camp ennemi; mais il cède à l'impatience de livrer bataille, et Robert Guiscard taille en pièces la fleur de son armée, prend Dyrrachium, et fait venir de nouvelles troupes pour continuer ses conquêtes. Alexis, sans se laisser abattre, rassemble les trésors de sa famille, s'empare, non sans exciter quelques troubles, de l'argent des églises; obtient d'Henri, empereur d'Allemagne, d'attaquer l'Italie, et par là force Robert à y retourner. Cependant Bohémond, fils de Guiscard, continuait les conquêtes de son père en Illyrie; il battit deux fois Alexis, qui à son tour eut plusieurs avantages. Robert accourut furieux; mais les Vénitiens et les Grecs le défirent complètement, et, bientôt après, la mort délivra l'empire de ce dangereux ennemi. Dyrrachium et les autres places enlevées par lui retournèrent sous la domination d'Alexis, qui soutint aussitôt contre les Scythes une nouvelle guerre qu'il mena à une heureuse fin. Il revint à Constantinople, où il distribua une partie du butin aux militaires qui s'étaient le plus distingués, et put enfin se flatter d'avoir procuré quelque repos à l'empire. Mais un des plus grands événements dont l'histoire ait conservé le souvenir allait mettre Alexis dans la position la plus difficile. Il apprit d'abord avec joie, mais bientôt avec une extrême inquiétude, la nouvelle de la première croisade. En 1096, il vit, dans l'espace d'un an, l'Europe armée se diriger vers ses Etats, et les chefs des croisés, tantôt solliciter son appui, tantôt l'insulter dans son propre palais, commettre mille dégâts autour de Constantinople, le menacer d'une guerre dangereuse, ou lui demander impérieusement des places, qu'il leur promit pour s'en délivrer, qu'il ne put pas toujours leur donner, et qu'il leur refusa peut-être aussi quelquefois, dans l'intention de faire échouer des alliés si dangereux. Alexis, effrayé de leur présence dans sa capitale, se hâta de faciliter leur passage en Asie; il concourut même avec eux à la prise de Nicée, et aux premiers combats livrés aux mahométans; mais les croisés se plaignirent bientôt de ce qu'il gardait adroitement leurs conquêtes, et les laissait manquer de vivres. Alexis fit alors un armement considérable pour les secourir; mais en apprenant leur triste position dans Antioche, où ils étaient assiégés, il jugea plus prudent de se retirer. Les écrivains latins lui ont vivement reproché cette perfidie; et lorsque les chefs européens eurent achevé la conquête et le partage de la Syrie et de la Palestine, Alexis ayant réclamé les places qui lui avaient été promises, elles lui furent refusées, et Bohémond lui déclara la guerre; mais ce fier croisé se vit réduit à une telle extrémité, qu'après plusieurs combats, il fut obligé de demander la paix. Les Turcs ayant de nouveau ravagé l'Asie Mineure, Alexis les battit encore. Il eut aussi à combattre les manichéens, dont il avait voulu réprimer les erreurs; on lui reproche à cette occasion quelques traits d'une excessive sévérité. Cependant Alexis, en d'autres circonstances, montra beaucoup d'humanité; il fit grâce à plusieurs conspirateurs qui attentèrent à sa vie. L'amour de ses sujets, que ses talents et ses belles qualités lui avaient d'abord acquis, s'était refroidi dans ses dernières années, et la longueur de son règne semblait avoir fatigué la patience de Constantinople. Il mourut le 15 août de l'an 1118, d'une goutte qu'un froid très-vif fit remonter dans sa poitrine. Son règne avait duré trente-sept ans. Les historiens qui ont parlé de ce prince l'ont peint sous des couleurs bien différentes. Sa fille Anne Comnène, qui a écrit sa Vie, divisée en quinze livres, cherche à justifier toute sa conduite. Il est certain néanmoins qu'il eut trop souvent recours aux artifices d'une politique insidieuse; mais la faiblesse de ses Etats, et la difficulté des circonstances dans lesquelles il se trouva, peuvent servir à justifier cette conduite. Les histoires de Zonare et de Glycas finissent au règne de ce prince.

DICTIONN. DE PATROLOGIE. I.

Ses écrits. — Nous avons dans le tome II des *Monuments de l'Eglise grecque*, par Cotelier, une *Novelle* de l'empereur Alexis où il traite de l'élection et du devoir des évêques et des prêtres. Les peuples étaient alors dans l'ignorance de leur religion, parce que ceux à qui il appartient de les instruire, ne le faisaient pas ou n'en étaient pas capables. Il s'en trouvait qui avaient du savoir, mais leurs mœurs n'étaient pas assez pures. Il fut ordonné que l'on examinerait avec beaucoup de soin ceux qui par leur science et leurs mœurs seraient dignes du sacerdoce; qu'on éprouverait ceux qui témoignaient du zèle pour le service de l'Eglise, mais qui n'étaient encore ni assez sages, ni assez instruits; qu'à l'égard de ceux qui, après avoir été avertis de travailler à s'instruire et à se rendre capables, seraient demeurés dans l'indolence, on les rayerait du nombre des prêtres. Il paraît que cette ordonnance regardait principalement les clercs de la grande Église de Constantinople, et qu'elle fut faite dans un concile, l'empereur Alexis présent. L'empereur étend ses soins sur les régions voisines, et veut qu'on y établisse des prêtres capables, non-seulement d'instruire et d'édifier les peuples, mais de reprendre les délinquants et de les forcer à rentrer dans le devoir. Pour multiplier le nombre des clercs propres à instruire, il veut qu'on en prenne parmi les moines et les laïques, quand il s'en trouve de savants et de bonnes mœurs. Il ordonne la lecture du Nomocanon dans le concile, afin que chacun s'y retrempe par le souvenir de ses devoirs; il menace de censures canoniques ceux qui apporteront quelques obstacles à la réforme du clergé. Il exhorte les évêques à se joindre au patriarche de Constantinople pour le rétablissement de la discipline et le maintien des canons.

L'empereur Alexis fit plusieurs autres constitutions. On en trouve onze dans le Code Justinien publié par Godefroi, en 1628. — Dans celle qui est du mois de septembre de l'an 1086, ce prince règle ce que les laïques doivent chaque année à l'évêque comme prémices. Un village de trente-deux feux payait une pièce d'or, deux d'argent, un mouton, six boisseaux de farine, six boisseaux d'orge, six mesures de vin et trente poules. Les autres villages payaient à proportion du nombre de leurs habitants. — Dans la constitution du mois de mai 1087, faite en présence d'un concile, il est dit qu'il sera au pouvoir de l'empereur d'ériger les évêchés en archevêchés en métropoles, sauf le droit ordinaire des métropolitains. — Dans une autre constitution datée du mois de novembre, il permet à ceux qui sont élus pour des évêchés d'Orient dont les revenus étaient possédés par les infidèles, de garder les abbayes et tres bénéfices qu'ils avaient avant leur élection, parce qu'autrement ils n'auraient pas eu de quoi subsister. Les autres traitent de différentes matières qui tendent à régler les droits des ecclésiastiques.

L'empereur Auguste avait fait un tarif des monnaies, et fixé la manière de payer les tributs et les impôts; il se glissa dans ce tarif divers abus que l'empereur Alexis réforma par un nouveau. Ils ont été publiés l'un et l'autre à Paris, en 1688, avec les caractères et les notices des différentes espèces de monnaies qui avaient cours dans l'empire pour le payement des tributs et des impôts.

On cite d'Alexis Comnène un poëme qu'il avait adressé à Spanea, son neveu. Lambécius et Cave disent qu'il a été imprimé à Venise, sans marquer l'année de cette édition. La bulle d'or par laquelle il remit à sa mère le gouvernement de l'empire, pendant qu'il allait à la tête de son armée combattre les ennemis, est une preuve de son tendre attachement pour cette princesse, et de la confiance qu'il avait en sa prudence et ses lumières. Anne Comnène l'a rapportée, dans le troisième livre de son *Histoire*, où elle fait un éloge accompli de cette princesse, qui fut son aïeule. Elle relève surtout la pénétration de son esprit, la solidité de son jugement, la pureté de ses mœurs, son éloquence et sa piété. Elle était rompue au maniement des affaires, et elle usait ordinairement d'un sceau où la mort et la résurrection étaient représentées.

COMNÈNE (Irène), était de la famille des Ducas, et fut mariée fort jeune à Alexis Comnène, puisqu'elle n'avait que quinze ans lorsqu'elle fut couronnée impératrice par le patriarche Cosme. Elle eut pour père Andronic, fils aîné de Jean César. Bien faite de corps et belle de visage, elle ne plut pas moins par les qualités de son cœur et de son esprit, par la douceur de son naturel, par sa compassion pour les malheureux, par sa libéralité envers les pauvres, par son amour pour les sciences et les gens de lettres. Cette belle inclination lui était commune avec son mari; aussi était-ce avec confiance que les savants fréquentaient le palais. A la lecture des livres saints, elle ajoutait celle des Pères, surtout de saint Maxime, philosophe et martyr; moins curieuse d'y trouver le dénouement de quelque question philosophique, que l'explication des dogmes divins de la religion. Par attachement pour son mari, elle le suivit souvent à la guerre; ce fut une occasion pour ses adversaires de la diffamer, mais elle se mit au-dessus de la calomnie. Personne ne réussissait mieux qu'elle à apaiser les douleurs que ses accès de goutte lui faisaient souffrir. Elle le pansait elle-même, et ne cédait à personne le soin de le consoler. On ne saurait dire de combien d'années elle survécut à l'empereur Alexis.

Elle fonda à Constantinople un monastère de filles qu'elle consacra à la sainte Vierge sous le nom de *pleine de grâce*. Il était d'usage, dans l'Eglise grecque, que les fondateurs, quels qu'ils fussent, donnassent une règle à leur communauté; Irène en donna une qui se trouve reproduite, en grec et en latin, dans le premier tome des *Anecdotes* grecques traduites par dom Montfaucon, à Paris en 1688. Cette règle contient soixante-dix-huit chapitres. — Irène se réserva de gouverner elle-même ce monastère pendant sa vie, et ordonna qu'après sa mort il serait exempt de toute juridiction soit civile soit ecclésiastique, en sorte que la supérieure seule y aurait toute autorité. Elle y établit la vie cénobitique, dont le fondement est l'obéissance. L'entrée du monastère était interdite aux hommes, et chaque religieuse ne pouvait visiter un parent malade, qu'assistée par une compagne d'un âge mûr. La fondation faite par l'impératrice était pour vingt-quatre religieuses, avec pouvoir d'augmenter ce nombre jusqu'à quarante, si les revenus le permettaient. Il y avait en outre deux jeunes filles que l'on élevait jusqu'à ce qu'elles fussent en âge d'être religieuses, et six servantes pour toute la communauté. L'impératrice Irène, en se réservant le droit de gouverner le monastère, s'était aussi réservé celui d'y établir une abbesse s'il en était besoin; mais elle ordonna qu'après sa mort l'abbesse serait choisie par la communauté, en présence de la patronne ou protectrice du monastère. L'élection se faisait par bulletin, et chaque sœur y inscrivait trois sujets. Si l'égalité des suffrages y laissait l'élection indécise, la patronne la faisait tomber sur celle qui réunissait les suffrages de la plus saine partie de la communauté; on ne la déclarait qu'après beaucoup de cérémonies et de prières, puis on installait la nouvelle abbesse en lui mettant en main le Typique ou Règle, avec la crosse qui était le symbole de l'autorité; c'était le prêtre du monastère qui proclamait l'élection. Le choix des dignitaires appartenait à l'abbesse qui devait concéder ces fonctions moins à l'âge qu'au mérite et à la vertu.

Il y avait un économe pour les affaires du dehors, et deux prêtres capables d'instruire les religieuses. Tous les trois devaient être eunuques, ainsi que le père spirituel, qui seul recevait les confessions de toute la communauté. Quand l'abbesse donnait un emploi à une religieuse, elle le faisait en lui disant : L'immaculée et pleine de grâce Mère de Dieu vous destine à tel office. Tous les offices sont détaillés dans la Règle et se trouvent les mêmes que dans les monastères d'aujourd'hui. Les heures de l'office divin sont les mêmes que dans tous les couvents; et la règle inspirait surtout une grande dévotion pour le sacrifice du corps et du sang de Jésus-Christ : elle exhorte les religieuses à s'en approcher souvent, mais de l'avis du père spirituel et du consentement de l'abbesse.

Après la liturgie, les religieuses vont au réfectoire en récitant un psaume, lequel fini, elles se mettent à table et mangent ce qu'on leur sert, en silence et se rendant attentives à la lecture. Il n'est permis à aucune de se dispenser du réfectoire commun, excepté aux malades, à qui la supérieure doit donner une chambre avec une infirmière. La règle établit une différence entre les aliments des jours ordinaires et les aliments des jours de jeûne. On distinguait trois carêmes : le premier, qui commençait aux Cendres et finissait à Pâques; le second, appelé des Apôtres, commençait après les fêtes de la Pentecôte et finissait à celle de saint Pierre et de saint Paul; le troisième s'étendait depuis le 15 novembre jusqu'à Noël exclusivement. Quelques-uns, en ajoutaient un quatrième avant la fête de l'Assomption.

La Règle prescrit une pauvreté qui exclut toute propriété quelle qu'elle soit, mais aussi elle ordonne que tous les besoins seront fournis sur les revenus du monastère. Elle entre dans le détail des ornements et du luminaire pour la célébration des solennités; de la quantité d'aumônes qui doivent se faire chaque jour à la porte du monastère.—L'impératrice acheta pour la sépulture des religieuses, un petit monastère nommé Cellarée dépendant de la grande église, de sorte que leur cimetière était en dehors de la communauté. Elle y mit quatre religieuses avec un prêtre séculier, pour y faire le service divin. On y transportait le corps des défuntes au chant des psaumes, et le cortége funèbre était composé d'un certain nombre de religieuses, réglé par l'abbesse. On offrait pour la défunte des prières et des sacrifices, jusqu'au quarantième jour après sa mort. Il y a un chapitre particulier pour la commémoration des morts de la famille impériale, au jour de leur décès.

L'impératrice Irène n'ayant rien omis pour rendre son monastère régulier et sa règle commode, elle défendit d'y rien changer à l'avenir. Elle exhorte les religieuses à en remplir exactement tous les devoirs, à respecter leur abbesse, à s'aimer, à se prévenir mutuellement, à pratiquer l'obéissance et la pauvreté et à travailler assidûment à leur salut. Ce chapitre, qui est le dernier, est signé, dans le manuscrit original, de la main même de cette princesse, et en lettres rouges, comme il était ordinaire aux empereurs et impératrices de Constantinople.

COMNÈNE (Anne), fut le premier des enfants de l'impératrice Irène et de l'empereur Alexis. Elle naquit le 1ᵉʳ décembre de l'an 1083. Dès son enfance, on lui fit apprendre les belles-lettres, que l'empereur son père avait remises en honneur. Anne s'appliqua particulièrement à bien posséder la langue grecque; mais elle étudia aussi la rhétorique et les livres d'Aristote et de Platon. Elle ne se souvenait point d'avoir jamais manqué au respect et à l'amour qu'elle devait à ses parents, et se sentait disposée à sacrifier même sa vie pour leur conservation. Fiancée d'abord à Constantin Ducas, qui mourut avant la consommation du mariage, elle épousa le césar Nicéphore, de l'illustre famille des Brienne. Elle nous le dépeint comme un prince accompli : aussi l'aimait-elle tendrement, et sa mort, arrivée en 1137, lui causa tant de douleur, qu'elle fut longtemps sans voir personne, ne cherchant sa consolation qu'en Dieu et dans l'étude des lettres. Elle lui survécut de plusieurs années, et mourut elle-même en 1148, âgée de plus de soixante-cinq ans.

Ce fut vers ce temps-là qu'elle acheva son histoire intitulée *Alexiade*. Anne n'ignorait pas combien il est difficile de garder un milieu, quand il s'agit de louer ou de blâmer ceux qui le méritent. Elle demande qu'on ne l'en croie pas sur parole, mais que l'on juge par les faits qu'elle rapporte, si elle a excédé dans l'un ou l'autre genre. Presque tous les Latins qui ont écrit l'histoire de la croisade ont fait passer l'empereur Alexis pour un fourbe et un perfide; il peut y avoir de l'excès dans ce qu'ils en ont dit. Anne, sans violer les lois de l'histoire, dit de son père le bien et le mal qu'elle en savait par rapport au gouvernement de l'empire, car elle n'entre pas dans le détail de sa vie privée. Son histoire, comme on l'a déjà dit, est divisée en quinze livres, où l'on voit, non-seulement ce qu'a fait l'empereur Alexis, pendant son règne qui fut très-long, mais encore les grands événements de l'Asie et de l'Europe, tant sur terre que sur mer; l'histoire de la croisade, celle de l'Eglise de Constantinople, et les controverses religieuses des églises d'Orient. Elle commence à l'an 1081, le premier du règne d'Alexis, et finit à sa mort en 1118. Elle profita des matériaux laissés par Nicéphore, son mari, dans l'histoire incomplète qu'il nous a donnée du même empereur. Elle y ajouta ce qu'elle avait vu elle-même, et ce qui lui avait été communiqué par des témoins oculaires, dont la plupart avaient été acteurs dans les événements qu'elle racontait. Ce fut sous Manuel Comnène qu'elle fit toutes ces recherches, c'est-à-dire plus de vingt-cinq ans après la mort de l'empereur son père, et par conséquent, à une époque où la flatterie ne devait plus avoir de part dans les rapports qu'on lui faisait sur les actions de ce prince. Cette histoire a fait l'admiration des savants tant pour la beauté et la délicatesse du style que pour l'étendue et l'importance des matières. Marville, dans ses mélanges d'histoire et de littérature, la fait aller de pair avec l'histoire d'Alexandre, écrite par Quint-Curce, et la met au-dessus de toutes celles qui composent la collection byzantine. En effet, c'est presque la seule qui rappelle la dignité des anciens historiens; mais cependant il faut convenir qu'en beaucoup d'endroits elle a plutôt l'air d'un panégyrique que d'une histoire, quoique les fleurs qu'elle répand sur certains événements n'en altèrent point la vérité.

COMNÈNE (Isaac), de l'illustre famille de ce nom, succéda à Michel le Stratiotique le 31 mai 1057. Conduit au trône par les intrigues de Michel Cérularius, patriarche de Constantinople, il eut beaucoup de part aux différends qui s'agitèrent de son temps entre les Grecs et les Latins, et vit se consommer sous son règne le schisme et la séparation des deux églises. Cependant il eut bien vite occasion de regretter le trop grand crédit que la reconnaissance lui avait fait accorder au patriarche; Cérularius en abusa: il voulut prendre une autorité souveraine, et menaça l'empereur, s'il ne suivait ses conseils, de lui faire perdre la couronne qu'il lui avait mise sur la tête. L'empereur, qui redoutait le pouvoir de Cérularius sur l'esprit du peuple, le fit arrêter secrètement et l'envoya en exil où il mourut; mais le schisme était établi, et, pendant plusieurs siècles la haine ne fit que s'envenimer entre les Grecs et les Latins. Isaac n'occupa le trône que deux ans; il résigna l'empire à Constantin Ducas, l'un de ses généraux les plus dévoués, et se retira, en 1059, dans un monastère, où il s'abaissa, dit-on, jusqu'à remplir l'office de portier. C'était un prince qui ne manquait ni de qualités, ni de vertus; mais dominé par un ambitieux et la haine jalouse que les Grecs portaient à l'Eglise latine, il ne sut rien faire pour s'opposer au schisme. Il nous reste de ce monarque quelques écrits sur les affaires religieuses. *Le Cours complet de Patrologie* les a reproduits avec tous ceux qui traitent de cette grande querelle du schisme d'Orient.

CONRAD, élu évêque d'Utrecht après la mort de Guillaume, en 1076, était né en Souabe, où il avait servi de camérier à l'archevêque de Cologne, et pris soin de l'éducation du jeune roi Henri, dont il fut depuis le partisan déclaré contre le pape Grégoire VII, en 1085. Il prononça dans l'assemblée de Gerstungen, en présence des princes de l'empire, un discours pour le roi Henri, où il entreprit de démontrer, que quelque méchant que soit un prince souverain, ses sujets lui doivent l'obéissance et la fidélité, et qu'il n'est point permis aux ministres de l'Eglise d'user du pouvoir des clefs pour satisfaire leurs passions. Aventin le rapporte dans ses Annales Bavaroises, et c'est de là que Golstad l'a tiré pour l'insérer dans son Recueil apologétique du roi Henri, imprimé à Hainau en 1611. Parmi les statuts des évêques d'Utrecht, il y en a quelques-uns de Conrad, avec la confirmation de ceux de ses prédécesseurs datée du 1er novembre 1087. Le *Cours complet de Patrologie* a reproduit ce qui nous reste de cet auteur.

CONSTANCE II, fils et successeur de Constantin le Grand, dans cette partie de l'empire qui avait Constantinople pour capitale, se laissa séduire, après la mort de son père, par un prêtre arien qui réussit à lui faire protéger ceux de son parti. Il eut beaucoup de part aux troubles et aux agitations que cette erreur suscita dans l'Eglise de son temps, et il nous reste de lui quelques lettres et quelques édits dont elle fut l'occasion. On les retrouve dans le *Cours complet de Patrologie*.

CONSTANCE, évêque d'Albi en 631, et mort en 673, nous a laissé quelques lettres, entre autres deux adressées à saint Didier évêque de Cahors, et une troisième qui lui est commune avec le même saint Didier. Ce n'est qu'un simple billet adressé à saint Ouen, évêque de Rouen, pour le prier de se trouver en un lieu où ils devaient avoir une entrevue. Ces lettres sont reproduites dans le *Cours complet de Patrologie*.

CONSTANT, prêtre au huitième siècle, n'est connu que par un sermon qu'il a laissé sur la gloire et le martyre de saint Emmeran. Ce discours édité par dom Bernard Pez, au tome IV de ses *Anecdotes*, a été reproduit dans le *Cours complet de Patrologie*.

CONSTANTIN LE GRAND (*Caius Flavius Valerius Aurelius*,) empereur, fils de Constance Chlore et d'Hélène, naquit à Naïsse, ville de Dardanie, en 274. Lorsque Dioclétien associa son père à l'empire, il garda le fils à sa cour comme un otage qui lui répondît de la fidélité du nouveau souverain. Après que Dioclétien et Maximien Hercule eurent abdiqué l'empire, Galère, jaloux de ce jeune prince, l'exposa à toutes sortes de dangers pour se défaire de lui. Constantin se sauva auprès de son père. L'ayant perdu peu de temps après son arrivée, il fut déclaré empereur à sa place, le 25 juillet 306; mais Galère lui refusa le titre d'Auguste, quoiqu'il eût déjà celui de César. Il hérita pourtant des pays qui avaient appartenu à son père, des Gaules, de l'Espagne et de l'Angleterre. Ses premiers exploits furent contre les Francs, qui alors ravageaient les Gaules. Il fait deux de leurs chefs prisonniers, passe le Rhin, les surprend et les taille en pièces. Ses armes se tournèrent bientôt contre Maxence, ligué contre lui avec Maximin. Comme il marchait à la tête de son armée pour aller en Italie, tout à coup un peu après midi, il aperçut dans les airs, au-dessous du soleil, une croix lumineuse entourée de ces mots tracés en lettres de feu : *In hoc signo vinces*. Ce miracle, que quelques auteurs ont contesté, frappa toute l'armée et la remplit d'étonnement. Constantin adopta pour étendard, sous le nom de labarum, le signe merveilleux qui lui promettait la victoire; la garde en fut confiée aux plus braves de l'armée. Quelques jours après, le 28 octobre 312, ayant livré bataille près des murailles de Rome, il défit les troupes de Maxence, qui forcé de prendre la fuite se noya dans le Tibre; les Romains reçurent le vainqueur en triomphe. Constantin ne monta point au capitole pour rendre grâces à Jupiter, et cependant il accepta le titre de souverain pontife, usage qui fut encore pratiqué par quelques-uns de ses successeurs. L'Afrique et les provinces reconnurent le nouvel empereur qui s'occupa sur-le-champ de tout ce qui pouvait assurer la stabilité et le bonheur de son empire. L'année suivante 313 est remarquable par l'édit de Constantin et de Licinius en faveur des chrétiens. Ces princes donnaient la liberté de s'attacher à la religion qu'on croirait la plus convenable, et ordonnaient de faire rentrer les chrétiens dans la possession des biens qu'on leur avait enlevés durant les persécutions. Il fut défendu non-seulement de les inquiéter, mais encore de les exclure des charges et des emplois publics. C'est depuis ce rescrit que l'on doit marquer la fin des persécutions, le triomphe du christianisme et la ruine de l'idolâtrie. Licinius, jaloux de la gloire de Constantin, chercha les moyens de l'irriter en persécutant les chrétiens. Constantin vola aussitôt à leur secours; il gagna une première bataille à Cibales en Pannonie; une seconde livrée en Thrace près de Mardie n'eut point de résultat, mais Licinius effrayé demanda la paix, qui lui fut accordée; mais la guerre se ralluma bientôt. Licinius, irrité de ce que Constantin avait passé sur ses terres pour aller combattre les Goths, viola le traité de paix. Constantin remporta sur lui une victoire signalée près de Calcédoine, poursuivit le vaincu qui s'était sauvé à Nicomédie, l'atteignit et le fit étrangler, en 323. Constantin se montra moins rigoureux en matière de religion, qu'il ne l'avait été en matière politique. L'Église et l'Empire éprouvèrent de nouveaux troubles par l'hérésie d'Arius. Quelques-uns de ses sectateurs, furieux de ce que l'empereur n'embrassait pas leurs opinions, lapidèrent ses statues; Constantin, auquel on rapporta l'affaire de manière à l'irriter, se contenta de sourire en passant la main sur son visage, et en assurant qu'il n'avait point été blessé. Il convoqua, en 325, un concile général à Nicée. Arius et ses sectateurs y furent frappés d'anathème. Constantin les exila, et les évêques orthodoxes fixèrent irrévocablement les bases de la foi chrétienne, en dressant cette fameuse profession, qu'on appelle le *Symbole de Nicée*. Cependant Constantin avait formé depuis quelque temps le projet de fonder une nouvelle ville, pour y établir le siége de son empire. On croit qu'il y fut déterminé par des malheurs de famille, qui lui firent prendre en dégoût le séjour de Rome; mais ne serait-il pas aussi vraisemblable de penser, que dans les décrets éternels, Rome était destinée à n'avoir plus d'autres splendeurs que celles que lui donneraient le siége de son pontife, et sa qualité de capitale du monde chrétien. Les fondements de Constantinople furent jetés le 26 novembre 329, à Byzance, dans la Thrace, sur le détroit de l'Hellespont, entre l'Europe et l'Asie. Cette ville avait été presque entièrement ruinée par Sévère. Constantin la rétablit et lui donna son nom. On vit s'élever avec une promptitude étonnante, dans une enceinte immense, des bâtiments de toutes espèces, des places publiques, des fontaines, un cirque, des palais, de vastes citernes et des marchés. Il paraît que ces monuments furent construits avec plus de somptuosité que de goût, avec plus d'étendue que de solidité. La dédicace de la nouvelle Rome eut lieu le 11 mai 330; les solennités durèrent quarante jours. Quelque temps avant cette dédicace, Constantin avait vu mourir dans ses bras sa sœur Constantia, veuve de Licinius. Elle lui demanda en mourant, d'accorder sa protection et sa confiance à un prêtre arien, d'un esprit insinuant et dangereux. L'empereur se l'attacha, et bientôt cet homme obtint le rappel d'Arius, qui présenta une justification en termes équivoques dont Constantin fut la dupe, mais que les évêques orthodoxes, et entre autres saint Athanase, patriarche d'Alexandrie, refusèrent de reconnaître. Ce vertueux prélat fut persécuté par les Ariens et exilé à Trèves. Cependant d'autres soins avaient occupé Constantin; il avait pourvu aux besoins de différentes guerres, et réglé le partage de son empire entre ses trois fils et ses deux neveux, pour éviter toute division après sa mort. Mais, en 337, Sapor, roi des Perses, lui ayant adressé une de ces réclamations auxquelles les monarques ne répondent que par les armes, Constantin, chez qui l'âge n'avait pas abattu le courage, passa en Asie pour se mettre à la tête de ses troupes et porter lui-même sa réponse à Sapor. Mais il tomba malade près de Nicomédie, et sentant sa fin approcher, il ordonna, avant de mourir, le rappel d'Athanase et des évêques contre lesquels les ariens avaient excité son ressentiment, et suivant l'usage de ces temps, il se fit administrer le baptême par Eusèbe de Nicomédie, prélat arien dans le diocèse duquel il se trouvait, et lui remit son testament dont nous rendrons compte ainsi que de ses autres écrits. Il mourut âgé de soixante deux ans, le 2 mai 337, après un règne de trente-un ans. Tout l'empire se livra à la plus vive douleur; Constance, le seul de ses fils qui fut assez rapproché, accourut à Constantinople pour lui rendre les derniers devoirs. Il fût enterré avec pompe dans l'église des Apôtres; depuis, son tombeau fut déplacé par tant de fois différentes, qu'on ne sait plus aujourd'hui où en rechercher quelques vestiges dans la capitale qu'il avait fondée.

SES ÉCRITS.

Comme il nous reste plusieurs ouvrages de cet empereur, nous avons cru qu'il méritait de tenir sa place entre les auteurs ecclésiastiques. Eusèbe qui a écrit sa vie en cite plusieurs : Dabord, *un Discours à l'assemblée des saints.*

Constantin le prononça le jour de la Passion, en présence de plusieurs évêques au nombre desquels se trouvait l'évêque du lieu, dont il loue la pureté et la virginité. Ce discours est divisé en chapitres probablement par le fait de quelque compilateur. Constantin, entrant en matière après un exorde où il confesse son incapacité, prouve d'abord l'unité d'un Dieu et d'un principe de toutes choses, disant que s'il y en avait plusieurs, la mauvaise intelligence qui régnerait entre eux romprait l'harmonie qui fait le principal ornement du monde, qu'on ne saurait auquel d'entre eux attribuer la création de l'univers, ni adresser des prières; qu'en rendant grâces à un de ses bienfaits, il serait dangereux d'offenser celui qui nous aurait été contraire. Il montre que la religion des païens est pleine d'impureté et d'infamie, puisqu'ils adorent des hommes, dont ils ne peuvent désavouer les débauches et les adultères, et dont on montre encore les cercueils et les tombeaux. Il passe légèrement sur cet article, et traite plus au long ce qui regarde la création du monde, qu'il attribue à Jésus-Christ. Quelques-uns l'attribuaient au hasard, et faisaient dépendre tous les événements de la vie d'une certaine destinée et de la nature : mais ils ne prennent pas garde, dit-il, qu'ils avancent des choses, auxquelles on ne saurait donner aucun sens. Car si la nature produit toutes choses, que sera-ce que la destinée et le hasard? Si la destinée est une loi, elle dépend nécessairement de la puissance de Dieu, puisque toute loi dépend d'un législateur. D'ailleurs en admettant le hasard comme principe de tout ce qui est, il n'y aura plus d'actions bonnes ni mauvaises; les récompenses ni les châtiments n'auront plus de lieu. Comment encore se persuader que les parties de l'univers aient été rangées dans l'ordre où nous les voyons aujourd'hui, par l'effet du hasard, que les éléments, la terre, l'air, le feu, aient été produits par un événement fortuit? Que le retour si juste de l'hiver et de l'été, l'ordre des saisons par la succession continuelle des jours et des nuits, l'accroissement et la diminution de la lune, à mesure qu'elle s'éloigne du soleil, ou qu'elle s'en approche, ne se trouvent ainsi que par accident, et ne soient pas au contraire des preuves convaincantes de la providence de Dieu, dont la puissance éclate dans cette admirable vicissitude des choses nécessaires ou à la vie de l'homme, ou à la beauté de l'univers. Il parle en ces termes de l'incarnation, du baptême et de la mort du Sauveur : « La colombe est sortie de l'arche de Noé, et est descendue dans le sein de la Vierge : la sainteté de sa vie a répondu à celle de sa naissance; le Jourdain, qui lavait les taches des autres hommes, l'a reçu avec respect; en recevant l'onction royale, il a reçu la science et le pouvoir de faire des miracles, et de guérir toutes sortes de maladies : le temps de ses souffrances et de ses faiblesses n'a pas été exempt des miracles, qui ont été des preuves sensibles de sa force et de sa majesté : les ténèbres ont enveloppé le soleil; la frayeur a saisi les nations, qui, surprises de voir retomber l'univers dans la première confusion de son origine, étaient en peine de savoir par quel attentat le Seigneur de la nature avait été outragé. »

Parlant de la constance que les martyrs faisaient paraître dans la confession du nom de Jésus-Christ, il dit que loin de s'attribuer la gloire de leur victoire, ils en faisaient hommage à la grâce de Dieu. De là il passe à la vie de Jésus-Christ sur la terre, à ses miracles, à sa doctrine, à ses préceptes, et dit que son avénement a été prédit non-seulement par les prophètes, mais aussi par la sibylle dont il rapporte les vers et qu'il soutient avoir été connus de Cicéron et de Virgile, quoiqu'il avoue cependant que plusieurs en aient contesté l'authenticité.

Edit de Constantin. — Voici l'édit qu'il rendit en faveur des chrétiens de concert avec

Licinius. Il est écrit de Milan et porte la date du mois de janvier 313.

« Nous étant heureusement assemblés à Milan, moi Constantin Auguste, et moi Licinius Auguste, et traitant de tout ce qui regarde la sûreté et l'utilité publique, nous avons cru qu'un de nos premiers soins devait être de régler ce qui regarde le culte de la Divinité, et de donner aux chrétiens et à tous les autres la liberté de suivre telle religion que chacun voudrait ; afin d'attirer la faveur du ciel sur nous et sur tous nos sujets, nous avons donc résolu par un conseil salutaire de ne dénier à qui que ce soit la liberté d'attacher son cœur à l'observance des chrétiens, et à telle religion qu'il croirait lui être plus convenable ; afin que la souveraine Divinité, dont nous suivons la religion d'un cœur libre, puisse nous favoriser en tout de ses grâces ordinaires ; c'est pourquoi vous devez savoir (ils parlent aux officiers à qui l'édit est adressé) que nonobstant toutes les clauses des lettres qui vous ont été adressées touchant les chrétiens, il nous a plu maintenant d'ordonner purement et simplement, qu'un chacun de ceux qui ont la volonté d'observer la religion chrétienne, le fasse sans être inquiété ni molesté en façon quelconque. Ce que nous avons cru devoir vous déclarer nettement, afin que vous sachiez que nous avons donné aux chrétiens la faculté libre et absolue d'observer leur religion : bien entendu que les autres auront la même liberté, pour maintenir la tranquillité de notre règne. Nous avons de plus ordonné à l'égard des chrétiens, que si les lieux où ils avaient coutume de s'assembler ci-devant, et touchant lesquels vous aviez reçu certains ordres, par des lettres à vous adressées, ont été achetés par quelqu'un, soit de notre fisc, soit de quelque personne que ce soit, ils soient restitués aux chrétiens sans argent ni répétition de prix, et sans aucun délai ni difficulté. Que ceux qui les auront reçus en don, les rendent pareillement au plus tôt, et que tant les acheteurs que les donataires, s'ils croient avoir quelque chose à espérer de notre bonté, s'adressent au vicaire de la province, afin qu'il leur soit pourvu par nous : tous ces lieux seront incontinent délivrés à la communauté des chrétiens par vos soins ; et parce qu'il est notoire qu'outre les lieux où ils s'assemblaient, ils avaient encore d'autres biens appartenant à leur communauté, c'est-à-dire aux églises et non aux particuliers, vous ferez rendre à leurs corps ou communautés ces choses aux conditions ci-dessus exprimées sans aucune difficulté ni contestation, à la charge que ceux qui les auront restituées sans remboursement pourront espérer de notre grâce leur indemnité. En tout ceci, vous emploierez très-efficacement votre ministère pour la communauté des chrétiens, afin d'exécuter nos ordres au plus tôt, et procurer la tranquillité publique. Ainsi, la faveur divine que nous avons déjà éprouvée en de si grands événements, continuera toujours à nous attirer d'heureux succès, avec le bonheur des peuples. Et afin que cette ordonnance puisse être connue de tous, vous la ferez afficher partout avec votre attache, en sorte qu'elle ne puisse être ignorée de personne. »

Constantin ne se contenta pas de faire rendre les biens qui appartenaient aux églises, mais il leur fit encore de grandes largesses, comme on en peut juger par la lettre qu'il écrivit en particulier à Cécilien, évêque de Carthage, dont voici la teneur : « Ayant résolu de donner quelque chose pour l'entretien des ministres de la religion catholique, par toutes les provinces d'Afrique, de Numidie et de Mauritanie, j'ai écrit à Ursus, trésorier général d'Afrique, et lui ai donné ordre de vous faire compter trois mille bourses. Quand donc vous aurez reçu cette somme, faites-la distribuer à tous ceux que j'ai dit, suivant l'état qu'Osius vous a envoyé : que si vous trouvez qu'il manque quelque chose pour accomplir mon intention, vous ne devez point faire difficulté de le demander à Héraclidas, intendant de mon domaine, car je lui ai donné ordre de bouche, de vous faire compter sans délai tout l'argent que vous lui demanderiez. » Constantin ajoute, en parlant des troubles que les donatistes causaient en Afrique, qu'il avait donné ordre à Anulin, proconsul de cette province, et à Patrice, préfet du prétoire, de s'informer de ceux qui troublaient la paix de l'Eglise catholique, et qui s'efforçaient de corrompre le peuple par leurs erreurs. « Si donc vous remarquez, dit-il à Cécilien, que ces personnes persévèrent dans leur folie, vous vous adresserez à ces juges, pour avoir justice de ces insensés. »

Mais comme ils refusaient de se soumettre aux décrets du concile de Rome, parce qu'il avait été trop peu nombreux, Constantin, pour leur enlever tout prétexte, en convoqua un second à Arles en 314. Tous les évêques catholiques furent d'accord pour condamner leur doctrine, et il y en eut beaucoup parmi ces schismatiques qui revinrent à l'unité de l'Eglise. Constantin en ressentit une grande joie, mais en même temps il témoigna une vive indignation contre ceux qui demeurèrent obstinés dans le schisme. Il taxe de *folie* et d'*impiété* l'appel qu'ils avaient fait du concile à lui. « Ils veulent, dit-il, que je les juge, moi qui attends le jugement de Jésus-Christ, dont les évêques possèdent l'autorité ; quelle pensée peuvent avoir ces méchants, qui ne méritent pas d'autre nom que de serviteurs du diable ? Ils recherchent les tribunaux de la terre, et ils abandonnent ceux du ciel. O audace furieuse et enragée ! Ils ont interjeté un appel, comme des païens ont accoutumé de faire dans leurs procès : mais les païens appellent d'une moindre autorité à une plus grande ; et eux appellent du ciel à la terre, de Jésus-Christ à un homme. »

Il prie néanmoins les évêques catholiques, qu'il nomme ses *très-saints* et ses *très-chers frères*, d'avoir encore un peu de patience, et d'offrir aux schismatiques le choix, ou de rentrer dans l'Eglise avec leur dignité, ou d'être traités suivant la grandeur de leur crime. « Si vous voyez, leur dit-il, qu'ils persévèrent dans leur obstination, vous pourrez vous retirer dans vos églises, avec ceux qui auront quitté le schisme. » La condescendance des évêques fut inutile, et les donatistes, pour la plus grande partie, persévérèrent dans leur endurcissement : c'est pourquoi Constantin ordonna qu'on les amenât d'Arles à sa cour, afin qu'ils y vécussent continuellement dans la vue et dans la crainte d'une mort prochaine. Il écrivit en même temps au vicaire d'Afrique, de lui envoyer tous ceux qu'il saurait être complices de cette folie.

A saint Alexandre. — Constantin, ayant eu avis des troubles que les erreurs d'Arius causaient en Orient, travailla à y apporter remède et écrivit à cet effet, en 324, une lettre commune à saint Alexandre, évêque d'Alexandrie, et à Arius, pour les exhorter mutuellement à la paix. On voit par sa lettre qu'il avait été mal informé du fait qui mettait le trouble et la division dans cette Eglise. Voici comment il s'en exprime : « J'apprends que telle a été l'origine de votre dispute. Vous, Alexandre, demandiez aux prêtres ce que chacun d'eux pensait sur un certain passage de la loi, ou plutôt sur une vaine question : vous, Arius, avançâtes inconsidérément ce que vous deviez n'avoir jamais pensé, ou l'étouffer par le silence. Il fallait ne point faire une telle question, ou n'y point répondre. Ces questions, qui ne sont point nécessaires et qui ne viennent que d'une oisiveté inutile, peuvent être faites pour exercer l'esprit, mais elles ne doivent pas être portées aux oreilles du peuple. Qui peut bien entendre des choses si grandes et si difficiles, ou les expliquer dignement? et à qui d'entre le peuple pourra-t-il les persuader? Il faut réprimer en ces matières la démangeaison de parler, de peur que le peuple ne tombe dans le blasphème ou dans le schisme. Pardonnez-vous donc réciproquement l'indiscrétion de la demande et l'inconsidération de la réponse ; car il ne s'agit pas du capital de la loi, vous ne prétendez pas introduire une nouvelle religion : vous êtes d'un même sentiment dans le fonds, et vous pouvez aisément vous réunir. Etant divisés pour un si petit sujet, il n'est pas juste que vous gouverniez selon vos pensées une si grande multitude du peuple de Dieu ; cette conduite est basse et puérile, indigne de prêtres et d'hommes sensés. Puisque vous avez une même foi, et que la loi vous oblige à l'union des sentiments, ce qui a excité entre vous cette petite dispute ne doit point vous diviser. Je ne le dis pas pour vous contraindre à vous accorder entièrement sur cette question frivole quelle qu'elle soit : vous pouvez conserver l'unité avec un différend particulier, pourvu que ces diverses opinions et subtilités demeurent secrètes dans le fond de la pensée. Il veut néanmoins qu'ils n'aient qu'une même foi, et qu'ils en conservent inviolablement le dépôt. Ensuite, pour marquer jusqu'à quel excès il avait été affligé de ce différend, il ajoute : « Dernièrement, étant venu à Nicomédie, j'avais résolu d'aller en Orient (c'est-à-dire vers la Syrie et l'Egypte) ; mais cette nouvelle m'a fait changer d'avis, pour ne pas voir ce que je ne croirais pas même pouvoir entendre. Ouvrez-moi donc par votre réunion le chemin de l'Orient que vous m'avez fermé par vos disputes. » Osius, chargé de remettre cette lettre à son adresse, n'omit rien de ce qui pouvait faire réussir les desseins de l'empereur pour la paix. On accuse avec assez de vraisemblance Eusèbe de Nicomédie, le plus grand appui d'Arius et de son erreur, d'avoir écrit cette lettre, ou tout au moins d'avoir insinué à l'empereur toutes les fausses idées qu'il exprime au sujet de cette contestation.

A toutes les Eglises. — L'hérésie d'Arius commençant à lever le masque et à dogmatiser publiquement ; Constantin comprit qu'il fallait aviser au moyen de décider la question. Il convoqua le concile de Nicée et écrivit lui-même plusieurs lettres pour faire connaître cette convocation. On sait ce qui se passa dans ce concile. Quand la difficulté eut été tranchée par la condamnation d'Arius et de ses sectateurs, il écrivit de nouveau à toutes les Eglises, afin d'exhorter les catholiques à obéir à l'ordre du concile, et la raison qu'il en donne, c'est que tout ce qui se décide dans ces saintes assemblées, doit être rapporté à la volonté divine, parce qu'on n'y décide rien qu'après l'examen le plus exact, le plus mûr et le plus réfléchi. « Pour parvenir à un aussi grand bien, qui est l'union des esprits en une même foi, j'ai assemblé, dit-il, par la volonté de Dieu, la plupart des évêques à Nicée, avec lesquels moi-même, comme un d'entre vous, je me suis appliqué à l'examen de la vérité ; car je me fais un plaisir de servir le même maître. On a donc discuté très-exactement tout ce qui semblait donner prétexte à la division, et Dieu veuille leur pardonner les horribles blasphèmes que quelques-uns ont osé avancer touchant notre Sauveur, notre espérance et notre vie, professant une croyance contraire aux divines Ecritures et à notre sainte foi. Plus de trois cents évêques, très-vertueux et très-éclairés, sont convenus de la même foi, qui est en effet celle de la loi divine. Arius seul a été convaincu d'avoir, par l'opération du démon, semé cette doctrine impie, premièrement parmi vous et ensuite ailleurs. Recevez donc la foi que le Dieu tout-puissant nous a enseignée ; retournons à nos frères, dont un ministre impudent du démon nous avait séparés. Car ce que trois cents évêques ont ordonné n'est autre chose que la sentence du Fils unique de Dieu. Le Saint-Esprit a déclaré la volonté de Dieu par ces grands hommes qu'il inspirait. Donc que personne ne diffère ; mais revenez tous de bon cœur dans le chemin de la vérité. C'est ainsi que l'on proposait la décision du concile comme un oracle divin, après lequel il n'y avait plus à examiner ; car on ne doit pas douter que ces lettres de l'empereur ne fussent dictées par les évêques, ou du moins dressées suivant leurs instructions. »

A Arius. — Après sa condamnation, Arius, indigné de se voir traité de la sorte, écrivit à Constantin une lettre pleine d'aigreur et de fiel. Cachant son impiété sous une profession de foi très-artificieuse, il se vantait d'avoir pour lui un grand nombre de personnes, et d'être appuyé par toute la Libye. Constantin lui répondit par une lettre très-longue, écrite d'un style extrêmement figuré et véhément, où il se joue d'Arius en termes très-piquants, tournant en ridicule son extérieur sévère, négligé, son humeur mélancolique, la maigreur de son corps, la pâleur de son visage. Il y réfute son hérésie, par l'autorité des Ecritures et comme cet hérésiarque se vantait que sa doctrine était suivie dans la Libye, il lui applique une prétendue prophétie de la Sibylle d'Erythrée, où l'on voit que la foi et la piété des Libyens devaient être mises un jour à une dangereuse épreuve. Il prend Dieu à témoin qu'il a entre ses mains cette prophétie écrite en grec dans un ancien exemplaire, et qu'il l'enverra à Alexandre pour la confusion d'Arius. Il finit par des menaces contre ses sectaires, s'ils n'abandonnaient pas au plus tôt sa personne et ses erreurs. Cette lettre, transportée à Alexandrie par des courriers publics, fut lue dans le palais de la ville, lorsque Patère était préfet d'Egypte. Saint Epiphane, qui l'avait lue, dit qu'elle est pleine de sagesse et de paroles de vérité.

A l'Eglise de Nicomédie. — Après le maître, Constantin ne fit pas plus de grâce au disciple. Dans une lettre adressée à l'Eglise de Nicomédie, il fait une peinture satirique de l'évêque Eusèbe; il lui reproche d'avoir été le complice de la conduite inique de Licinius, et l'instrument de sa cruauté dans le massacre des évêques et dans la persécution des chrétiens. « Il a, dit-il, envoyé contre moi des espions pendant les troubles, et il ne lui manquait que de prendre les armes pour le tyran : j'en ai des preuves par les prêtres et les diacres de sa suite que j'ai pris. » Et ensuite : « Pendant le concile de Nicée, avec quel empressement et quelle impudence a-t-il soutenu, contre le témoignage de sa conscience, l'erreur convaincue de tous côtés, tantôt en m'envoyant diverses personnes pour me parler en sa faveur, tantôt en implorant ma protection, de peur qu'étant convaincu d'un si grand crime, il ne fût privé de sa dignité. Il m'a circonvenu et surpris honteusement, et a fait passer toutes choses comme il a voulu. » Constantin ajoute que c'est pour cela qu'il l'a banni, et avec lui Théognis, le complice de ses désordres. Il exhorte les fidèles de Nicomédie à demeurer fermes dans la vraie foi, et à recevoir avec joie des évêques dont la doctrine et les mœurs sont pures, à la place des mercenaires et des larrons qui dévoraient le troupeau.

A Macaire de Jérusalem. — Constantin écrivit, en 325, à Macaire, évêque de Jérusalem, pour lui recommander l'église qu'il avait ordonné de bâtir sur le tombeau du Sauveur. Il voulait qu'elle surpassât en beauté non-seulement toutes les autres églises, mais les plus beaux édifices des autres villes. « J'ai donné ordre, lui dit-il, à Dracilien, vicaire des préfets du prétoire et gouverneur de la province, d'employer, suivant vos ordres, les ouvriers nécessaires, pour élever les murailles. Mandez-moi quels marbres précieux et quelles colonnes vous jugerez plus convenables, afin que je les y fasse conduire. Je serai bien aise de savoir si vous jugez à propos que la voûte de l'église soit ornée de lambris, ou de quelque autre sorte d'ouvrage. Si c'est du lambris, on y pourra mettre de l'or. Faites savoir au plus tôt aux officiers que je vous ai nommés le nombre des ouvriers et les sommes d'argent qui seront nécessaires, les marbres, les colonnes et les ornements les plus beaux et les plus riches, afin que j'en sois promptement informé. » Sainte Hélène se chargea elle-même de l'exécution de ce superbe édifice, mais elle n'eut pas le bonheur d'en voir la fin, quoique pourtant la construction en fût terminée en six ans.

Au peuple d'Antioche. — Une partie importante de la population d'Antioche, que l'hérésie d'Arius avait infectée, venait de déposer saint Eustathe, leur évêque, et consentait à recevoir Eusèbe de Césarée à sa place. Eusèbe ne jugea pas à propos d'échanger son siége de Césarée pour celui d'Antioche, ce qui lui attira de la part de Constantin une lettre de félicitation qu'il nous a conservée, avec une autre sur le même sujet, adressée aux évêques qui avaient déposé saint Eustathe. Il dit dans cette dernière : « Après avoir été instruit très-exactement, tant par vos lettres que par celles des comtes Acace et Stratège, de ce qui s'est passé dans l'assemblée, et y avoir fait une très-sérieuse réflexion, j'ai mandé au peuple d'Antioche ce qui m'a paru plus conforme à la volonté de Dieu et à la discipline de l'Eglise. » Et ensuite : « Les lettres d'Eusèbe me paraissent très-conformes aux lois de l'Eglise; mais il faut aussi vous dire mon avis. J'ai appris qu'Euphronius, prêtre, citoyen de Césarée en Cappadoce, et George d'Aréthuse, aussi prêtre, ordonné par Alexandre d'Alexandrie, sont très-éprouvés pour la foi : vous pourrez les proposer avec les autres que vous jugerez dignes de l'épiscopat, pour en décider conformément à la tradition apostolique. » Ce George avait été déposé pour ses crimes et son impiété, par le même saint Alexandre. Mais les ariens, dont il était zélé partisan, obsédaient l'esprit de Constantin. Ils établirent Euphronius, évêque à Antioche, et George à Laodicée.

Constantin a laissé un grand nombre d'autres lettres que nous nous abstenons de rapporter ; il nous suffit d'avoir rendu compte des plus importantes. Il en est de même des édits, auxquels nous nous contenterons d'ajouter le rescrit qu'il rendit en faveur du comte Joseph. Il était Juif de naissance, et un des premiers de ceux de sa nation. Ayant été présent lorsque l'évêque de Tibériade donna le baptême à Hillel, patriarche des Juifs, et qu'il l'admit à la participation des saints mystères, les cérémonies qu'il y vit pratiquer troublèrent son esprit par diverses pensées. Il tomba ensuite sur les livres saints, en particulier sur l'Evangile de saint Jean, et les Actes des apôtres traduits en hébreu, avec l'Evangile de saint Matthieu en la même langue, dont la lecture augmenta l'agitation de son âme. Mais il fallut des miracles pour le convertir, et Dieu lui en accorda plusieurs. Ses affaires, ou plutôt les persécutions que les Juifs lui firent souffrir ensuite de son baptême, l'obligèrent d'aller à la cour, où Constantin, qui régnait en Orient depuis 323, le reçut avec beaucoup d'honneur et de bonté. Il donna à Joseph la qualité de comte, et l'assura qu'il ne lui refuserait rien de ses demandes. Joseph le supplia seulement de lui donner par écrit un pouvoir de faire bâtir des églises dans Capharnaüm, Tibériade, Nazareth, Diocésarée, Séphoris, et quelques autres places de la Galilée, où les Juifs ne souffraient personne qui ne fût de leur religion. Constantin lui accorda sa demande, avec ordre aux gouverneurs du pays de fournir des deniers de son épargne les choses nécessaires à un ouvrage si saint. Joseph vint à bout de ses desseins, et dans le temps qu'il demeurait à Scythopolis, il eut l'honneur de recevoir chez lui saint Eusèbe de Verceil, que Constance y avait relégué l'an 355.

Dans le cours de l'an 323, Constantin fit publier deux lois : la première défendait de consacrer de nouvelles idoles, de consulter les devins, et toutes sortes de sacrifices profanes. La seconde ordonnait de rétablir les églises, de les agrandir, ou d'en bâtir de nouvelles selon le besoin des habitants, voulant qu'on prît sur son domaine les dépenses nécessaires pour ces bâtiments sans rien épargner. Il composa lui-même un édit en latin, que nous avons dans Eusèbe, traduit en grec. Il est adressé à tous les peuples de l'empire, pour les porter à embrasser la foi de Jésus-Christ. Il se sert à cet effet de divers motifs, de l'espérance des biens à venir, du pouvoir des chrétiens sur les fausses divinités, des mœurs dépravées des princes qui les ont persécutés, de la bonté que divers peuples étrangers ont témoignée aux chrétiens chassés de leur pays, de la fin malheureuse de leurs persécuteurs, des victoires qu'il a remportées par la vertu de la croix.

On trouve deux lois de Constantin contre les Juifs, datées du 22 novembre 335. La première leur défend de faire aucune peine à ceux de leur nation qui auront embrassé la religion chrétienne. La seconde ordonne que si un Juif fait circoncire un esclave chrétien ou de quelqu'autre religion que ce soit, cet esclave sera mis en liberté. Constantin en fit une troisième en 336, qui défendait aux Juifs, sous peine d'amende, d'avoir des esclaves chrétiens; voulant que ces esclaves fussent mis en liberté, ou donnés à l'Eglise. Les Juifs ayant entrepris, sous son règne, de reconstituer leur royaume et de rebâtir le temple, il fit couper les oreilles aux plus coupables et les envoya en cet état se montrer partout à ceux de leur nation, pour leur apprendre à ne rien tenter de semblable dans la suite.

Eusèbe, après avoir rapporté les lois de Constantin contre les Juifs, ajoute que ce prince en fit plusieurs pour autoriser les jugements des évêques. Il en cite une par laquelle il confirmait les décrets que les évêques avaient faits dans les conciles, ne voulant pas qu'il fût permis aux gouverneurs des provinces d'en empêcher l'exécution, persuadé que les ministres de Dieu sont plus dignes d'honneur que ceux des princes. Sozomène en cite une semblable, et une autre qui permettait à ceux qui avaient des procès, de récuser s'ils voulaient les juges civils, pour appeler au jugement des évêques, ordonnant que les sentences rendues dans le tribunal ecclésiastique auraient la même force que si elles avaient été rendues par l'empereur, et que les gouverneurs des provinces et leurs officiers seraient obligés de tenir la main à ce qu'elles fussent exécutées.

Il est inutile de rapporter ici l'édit attribué à Constantin, en faveur du pape saint Silvestre, pour le rendre prince et maître absolu de Rome. C'est une pièce visiblement fabuleuse, et qui, de l'aveu de Baronius, fait plus de tort à l'Eglise romaine qu'elle ne peut lui procurer d'avantages. L'auteur qui paraît être le même que celui qui a fabriqué les fausses décrétales, laisse apercevoir à chaque phrase son imposture

On voit par les monuments qui nous restent de Constantin, que ce prince joignait à un génie vif et ardent beaucoup de prudence et de pénétration. Il aimait tous les arts libéraux et particulièrement les belles-lettres. Il n'était pas même étranger aux questions de théologie les plus sublimes, comme on peut s'en convaincre par les passages de ses discours où il traite de la divinité du Verbe. Mais on croit qu'il n'a pas écrit seul ce que nous trouvons dans ses édits et dans ses lettres. Il avait de l'érudition et ne manquait pas d'éloquence, mais tout cela était destitué de méthode et de suite. Son style, dans quelques-unes de ses lettres, n'est pas exempt de déclamation et paraît trop affecté ; mais dans ses lettres comme dans tous ses autres écrits, on voit qu'il avait un zèle ardent pour l'unité de l'Eglise et la pureté de la foi ; qu'il joignait à une piété tendre envers Dieu une horreur extrême des schismes et des hérésies; qu'il professait enfin un respect profond pour les évêques et les prêtres, comme aussi pour les saints solitaires et les vierges consacrées à Dieu. Théodoret l'appelle le *Zorobabel* des chrétiens, parce qu'il les avait délivrés de la captivité, et qu'en rétablissant leurs églises, il leur avait rendu la liberté de leur culte.

CONSTANTIN, élu pape le 4 mars 708, après la mort de Sisinius, était Syrien de naissance. Il eut la satisfaction d'apprendre, à son avénement, que par les soins de saint Céolfrid, abbé des célèbres monastères de Wiremouth et de Jarow, les Pictes ou Ecossais venaient d'être ramenés aux usages de l'Eglise universelle ; mais il reçut presque en même temps des nouvelles bien capables d'altérer sa joie. L'empereur Justinien, toujours fort ardent pour la réception de sa nouvelle discipline, invita le pape d'une façon qui avait tout l'air d'un commandement, à venir le trouver en Grèce. On n'avait point oublié à Rome ce qui était arrivé au pape saint Martin en pareilles circonstances. Cependant, malgré toutes les craintes qu'inspirait la violence naturelle de cet empereur, Constantin se résolut à partir, en remettant le soin de sa personne à la Providence. On ignore quel était l'objet et quel fut le résultat de ce voyage. L'empereur communia de la main du pape, confirma tous les priviléges de l'Eglise de Rome, et renvoya le pontife, dont l'absence avait duré un an ; il rentra à Rome en 711. Justinien ayant été tué, Philippique le remplaça. Ce nouvel empereur qui protégeait le monothélisme et qui avait fait brûler les actes du sixième concile général, envoya au pape une lettre, dans laquelle il exprimait son erreur ; Constantin la rejeta. Le peuple romain, en cette occasion, signala son zèle, en élevant dans l'église de Saint-Pierre une image qui représentait les six conciles généraux. Philippique, détrôné à son tour par une conspiration domestique, fut remplacé par Athanase qui écrivit aussitôt à Constantin une lettre par laquelle il faisait profession de la foi catholique, et rétablissait l'autorité du sixième concile. Le patriarche de Constantinople, de son côté, écrivit également au souverain pontife pour renouveler avec lui sa communion de croyance, et le pape les accepta. Pendant son pontificat, Benoît, archevêque de Milan, lui disputa le droit de consacrer l'évêque de Pavie ; mais il perdit sa cause contre le pape, à qui cette prérogative avait toujours appartenu. Constantin gouverna l'Eglise pendant sept ans et mourut le 9 avril 715, après avoir illustré la tiare par son zèle et ses vertus. Il nous reste de lui cinq lettres qui ont trait aux différents besoins de l'Eglise de son temps. Elles sont publiées dans le *Cours complet de Patrologie.*

CONSTANTIN LICHUDÈS, après la mort de Michel Cérularius, patriarche de Constantinople, fut élu pour lui succéder, du consentement des métropolitains, du clergé et du peuple. Il était protovestiaire ou maître de la garde-robe de l'empereur. C'était un homme très-versé dans les affaires de la cour et de l'Etat, savant, éloquent, d'un génie aisé et si disert, qu'il savait parfaitement accommoder ses discours aux matières qu'il avait à traiter. Noble, élevé, poli dans les discussions qui demandaient de l'éloquence, il était simple, clair et naturel, dans les conversations. Quoiqu'il eût été élu dès l'an 1058, l'empereur fit différer son ordination, jusqu'à ce qu'il se fût justifié, dans un concile, de certaines accusations portées contre lui. Il ne fut sacré patriarche que dans le mois de juin 1059. Il mourut, en 1064, après avoir occupé le siége de Constantinople quatre ans et six mois. Michel Psellus, son ami, fit une oraison funèbre, dans laquelle il dit que Constantin Monomaque se reposa entièrement sur Lichudès du soin de l'empire ; et que lui en ayant ensuite ôté le gouvernement, Isaac Commène le lui rendit. Il nous reste de ce patriarche quelques constitutions synodales, rapportées dans le Droit grec-romain avec celles de Michel Cérularius.

CONSTANTIN, troisième abbé de Saint-Symphorien de Metz, succéda dans cette dignité à Siraude, en 1004. Il reçut la bénédiction abbatiale des mains d'Adalberon II, évêque de cette ville, qui l'honora de son amitié et de sa confiance. Il gouverna l'abbaye de Saint-Symphorien, jusqu'à sa mort arrivée le 10 de septembre de l'année 1024. On le fait auteur de la vie de cet évêque, mort plusieurs années avant lui ; et cette opinion est fondée sur un endroit de cette vie où l'écrivain reconnaît qu'il avait succédé à Siraude dans la dignité d'abbé de Saint-Symphorien à Metz ; qu'il en était le troisième abbé, et qu'il avait été consacré par l'évêque Adalberon. Constantin ne pouvait se désigner plus clairement, à moins de mettre son nom à la tête de cette vie ; ce qu'il n'a pas jugé à propos de faire. Il rapporte la naissance d'Adalberon, qu'il fait sortir d'une famille illustre, son éducation dans l'abbaye de Gorza, son élévation au siége de Metz, après la mort de Déoderic, en octobre 984 ; il lui fait faire un voyage à Rome, sous le pontificat de Jean XV. Avant son départ, il avait rebâti le monastère de Saint-Symphorien, et à son retour il fonda l'hôpital de Metz. Il pourvoit de clercs un monastère que son prédécesseur avait fondé à Epinal, et les remplace ensuite par des religieuses de l'ordre de Saint-Benoît et leur donne des fonds pour subsister. Adalberon ne célébrait jamais les divins mystères que revêtu du cilice ; passait sans manger les veilles de Noël, de Pâques, de la Pentecôte et des principaux martyrs. Il aimait la société des serviteurs de Dieu, surtout des moines, les admettait souvent à sa table pour s'entretenir avec eux des choses de Dieu. L'auteur de sa vie se félicite d'avoir eu plusieurs fois cet avantage. Adalberon mourut au mois de décembre 1005. Sa vie a été imprimée dans le Ier tome de la Nouvelle Bibliothèque du P. Labbe ; son épitaphe se trouve dans le IVe tome des Mélanges de Baluze, mais sans nom d'auteur. On ne peut guère douter qu'elle ne soit de la façon de l'abbé Constantin, puisque cet évêque fut inhumé dans l'église de Saint-Symphorien, ainsi qu'il l'avait ordonné.

CONSTANTIN, moine du Mont-Cassin, acquit, sur la fin du XIe siècle, la réputation d'un nouvel Hippocrate qui le rendit célèbre dans tout l'univers. Il a laissé plusieurs ouvrages, mais aucun ne traite de matières ecclésiastiques. Ce sont des traités de médecine spéculative et pratique, où il prescrit des remèdes pour les maladies du corps; des livres de chirurgie et de botanique. Toutes ces connaissances méritaient à Constantin une place parmi les hommes illustres de son monastère, mais ce n'est qu'avec réserve que nous en parlons dans cet ouvrage, et uniquement pour nous conformer à Trithême et à quelques autres, qui ont travaillé sur les mêmes matières. Constantin ne laissa pas de se rendre habile dans l'intelligence des livres saints, dont l'étude lui était très-facile, puisqu'il avait appris les langues hébraïque, syriaque, chaldaïque, grecque, latine, italienne, persane, arabique, égyptienne, éthiopienne, indienne. Il parcourut exprès tous les pays où ces langues étaient en usage, et employa trente-neuf ans à les apprendre et à s'instruire à fond de la médecine. De retour à Carthage qui était le lieu de sa naissance, il y courut risque de la vie, ce qui l'obligea d'en sortir. Il se retira à Salerne, et de là au Mont-Cassin, où il fit profession de la règle de saint Benoît, sous l'abbé Didier. Dans ses moments de loisir il mettait en latin les livres de médecine écrits en langue étrangère, et il en composait lui-même. Le recueil de ses ouvrages est en 2 volumes in-fol., imprimés à Bâle en 1536. Constantin mourut au Mont-Cassin, dans un âge très-avancé.

CONSTANTIN (Manassès) composa, sous le règne de Manuel Comnène, une *Chronique* abrégée qui commence à la création du monde et finit à l'an 1081, où Nicéphore Botoniate fut déposé par Alexis Comnène, après un règne de trois ans. La chronique de Manassès est en vers et adressée à la princesse Irène, sœur de l'empereur et épouse d'Andronic Sebastocrator. Annibal Fabrotti a donné une édition de cette chronique parmi les écrivains de l'*Histoire byzantine*. Pour la rendre complète, il mit à la fin les notes de Lewunclavius et de Meursius, avec des variantes de Léon Allatius, et un Glossaire pour l'intelligence des termes peu usités.

CONSTANTIN, prieur augustin de l'abbaye d'Hérivaux au diocèse de Senlis, vécut au XIIe siècle, et laissa quelques opuscules publiés dans le *Cours complet de Patrologie*.

CORNEILLE (saint), élu pape, en juin 250 ou 251, seize mois après la mort de saint Fabien, était Romain de naissance, et avait déjà gouverné l'Eglise pendant la vacance occasionnée par la persécution de Dèce. C'était un homme d'une pureté virginale, d'un esprit tranquille et modeste, et d'une rare fermeté de caractère. Il avait passé par tous les degrés de la hiérarchie ecclésiastique, sans aspirer à aucune de ses dignités, et il fallut lui faire violence pour lui conférer l'épiscopat. Seize évêques, au nombre desquels deux évêques d'Afrique qui se trouvaient à Rome, eurent part à son élection qui fut aussitôt confirmée par le peuple et par le clergé, à l'exception du prêtre Novatien qui se posa en ennemi et en compétiteur. Cet homme, disciple et sectateur de Novat, excita un mouvement contre saint Corneille, se fit élire à sa place, et mérita ainsi, le premier, le titre d'antipape. Quoique Novat eût quitté l'Afrique pour venir au secours de son disciple, cependant le schisme ne fut pas de longue durée. Saint Corneille réunit à Rome, en 251, un concile où la doctrine de Novatien fut condamnée, et donna aussitôt avis de ces décisions aux autres Eglises.

A Fabius. — Il en écrivit en particulier à Fabius, évêque d'Antioche. Eusèbe, qui avait vu cette lettre, nous en a conservé une partie considérable dans son histoire ecclésiastique. Saint Corneille y traçait le portrait de Novatien, et racontait en détail les moyens qu'il avait employés pour se former un parti et se faire sacrer évêque. « Novatien, disait-il, brûlant depuis longtemps du désir d'être évêque, s'est uni à plusieurs saints confesseurs, afin de mieux cacher son ambition démesurée; mais Maxime, prêtre de notre église, et Urbain, comme lui fort célèbre pour avoir confessé deux fois Jésus-Christ devant les païens, Sidonius et Célerin, deux autres confesseurs, égarés un instant avec ceux de son parti, ayant découvert ses artifices, ses tromperies, ses mensonges, ses parjures, son humeur farouche et cruelle, sont revenus à l'Eglise, et ont publié, en présence des évêques, des prêtres et d'un grand nombre de laïques, son hypocrisie et ses crimes. Ils ont gémi de s'être séparés de l'Eglise pour suivre cet imposteur..... Ne l'avons-nous pas vu changer en un moment? Cet homme qui avait juré, avec des serments exécrables, qu'il ne souhaitait en aucune manière l'épiscopat, se produit tout à coup comme évêque. Ce docteur de la vérité, ce défenseur de la discipline,... fait enlever d'une des plus petites provinces de l'Italie,.... et amener à Rome trois évêques, trop simples pour se défier de ses ruses,.... et les met en présence d'une table splendidement servie; puis, sur les quatre heures du soir, lorsqu'il les croit pleinement saturés de viandes et de vin, il les contraint à lui imposer les mains par une ordination vaine et imaginaire. » — De ces trois évêques, saint Corneille remarque que deux furent excommuniés, et que le troisième, après avoir donné des marques de repentir, fut admis à la communion comme laïque. Faisant ensuite le dénombrement des ministres qui composaient le clergé de Rome, des veuves, des pauvres et des malades, il ajoutait, en parlant de Novat : « Voyons maintenant quelle a été sa vie, pour se juger digne de l'épiscopat? Est-ce pour avoir été élevé dans l'Eglise, pour avoir défendu la foi et souffert pour sa défense? Nullement. Il n'a fait de profession de foi qu'à l'occasion de la tyrannie que le démon exerçait sur lui depuis longtemps. Tombé malade pendant les exorcismes, il fut baptisé dans son lit, par infusion, si toutefois on peut appeler cela un véritable baptême. Après sa guérison, personne ne suppléa, selon l'ordre de l'Eglise, à ce qui lui manquait pour compléter ce sacrement. Il n'a pas même reçu le sceau du Seigneur de la main de l'évêque; et, ne l'ayant pas reçu, comment eût-il possédé le Saint-Esprit? Durant la persécution, la crainte de la mort lui fit nier qu'il était prêtre; car ayant été prié par les diacres de donner à ses frères en danger les secours et l'assistance qu'ils avaient droit d'attendre d'un prêtre, non-seulement il les refusa, mais il les renvoya avec colère, en disant, qu'il ne voulait plus être prêtre, et qu'il embrassait une autre philosophie. » Après plusieurs autres choses qu'Eusèbe n'a pas jugé à propos de transcrire, saint Corneille reproche encore à Novatien d'avoir abandonné l'église où il a reçu le baptême, et le sacerdoce que l'évêque ne lui avait accordé que par une faveur particulière, puisqu'il n'était pas permis alors d'ordonner ceux qui avaient été baptisés dans leur lit. Il l'accuse de faire jurer à ceux de son parti, en leur distribuant la communion, de ne jamais retourner à Corneille. « Maintenant, ajoutait le saint pontife, en finissant, il est seul, et la plupart des frères l'ont abandonné pour retourner à l'unité et rentrer au bercail. » Il donne, à la fin de sa lettre, les noms des évêques qui avaient assisté au concile de Rome, et de ceux qui, n'ayant pu s'y trouver, en avaient confirmé les décrets par leurs suffrages.

A saint Cyprien. — Novat voyant le parti de l'antipape se dissiper à Rome résolut de faire une tentative en sa faveur et chercha à l'aller ranimer en Afrique; mais, pendant son absence, les confesseurs qu'il avait séduits revinrent à eux, et se réunirent à l'église catholique. Le saint pontife en conçut une joie si vive, qu'il écrivit aussitôt à saint Cyprien, afin qu'avec lui il rendît grâce au Dieu tout-puissant de leur retour. Il témoigne qu'aussitôt que cette nouvelle fut connue du peuple, il accourut en foule au lieu de l'assemblée, où Maxime, Urbain, Sidonius, Macaire et les autres confesseurs rendaient grâces à Dieu, et avec des larmes de joie il les embrassa comme des frères, dont il ne pouvait trop fêter la délivrance. « Nous savons, disaient ceux-ci, que Corneille a été élu évêque de l'Eglise catholique par Dieu tout-puissant et par Jésus-Christ Notre-Seigneur. Nous confessons notre erreur; nous avons été surpris. Quoiqu'il nous parût que nous communiquions avec un homme schismatique et hérétique, toutefois notre cœur restait toujours uni sincèrement à l'Eglise; car nous n'ignorons pas qu'il n'y a qu'un Dieu, qu'un seul Seigneur Jésus-Christ que nous avons confessé, qu'un seul Esprit, et qu'il ne doit y avoir qu'un seul évêque dans l'Eglise catholique. » Saint Corneille ajoute que sur cette confession qui n'était que la reproduction de celle que ces saints confesseurs avaient faite devant les magistrats païens, avant de la répéter à l'Eglise, il avait ordonné au prêtre Maxime de reprendre sa place, et, aux grandes acclamations du peuple, reçu tous les autres à la communion, remettant le jugement de toutes choses à Dieu. Il finit en priant saint Cyprien de faire passer cette lettre aux autres Eglises, afin que tous ceux qui avaient gémi sur le schisme de Novatien apprissent avec bonheur qu'il se ruinait de jour en jour.

Autres lettres de saint Corneille. — Saint Jérôme fait mention de quatre lettres de saint Corneille à Fabius d'Antioche; les trois premières sont perdues; il ne nous reste que quelques fragments de la quatrième dans l'histoire ecclésiastique d'Eusèbe. Nous avons perdu aussi celle qu'il écrivit à saint Cyprien, pour lui donner, selon la coutume, avis de son élection, et celle qu'il lui adressa encore au sujet de Félicissime, et de ses prêtres schismatiques, excommuniés dans le concile d'Afrique. Ce saint pape écrivit à saint Denis, évêque d'Alexandrie, une lettre que nous n'avons plus, et Eusèbe n'en dit autre chose, sinon qu'elle était contre Novatien. Pour ce qui est de la lettre de saint Corneille à Lupicin, évêque de Vienne, et des deux Décrétales qu'on lui attribue, on convient généralement que ces pièces sont supposées.

Cependant l'empereur Dèce ayant été tué sur la fin de 251, Gallus son successeur ne fut pas longtemps sans persécuter les chrétiens. Une violente peste qui ravageait l'empire en fut l'occasion, et le motif fut le refus que firent les chrétiens de sacrifier aux faux dieux. Saint Corneille fut exilé à Civita Vecchia, où il finit sa vie dans les souffrances du bannissement et de la prison, ce qui l'a fait mettre au nombre des martyrs. Saint Jérôme dit qu'il fut ramené à Rome et qu'il y souffrit la mort, par ordre de l'empereur Gallus, le 14 septembre de l'an 252. Quoi qu'il en soit, saint Cyprien, dans sa lettre à Antonien, donne de grandes louanges au zèle et à la piété de saint Corneille, ainsi qu'au courage qu'il déployait, dans des circonstances si critiques pour un pasteur. Il invoque ce courage à affronter les supplices et à braver la haine des tyrans, pour le placer au rang des confesseurs et des plus illustres martyrs.

COSME, surnommé **INDICOPLEUSTE,** à cause de sa navigation dans les Indes, était Egyptien, originaire d'Alexandrie. Il fut d'abord marchand, et, tout occupé de son négoce, il s'embarqua pour l'Ethiopie, les Indes et les autres pays de l'Orient, où il espérait réaliser des gains considérables. Cependant, il était instruit dans les sciences, autant que son siècle le pouvait permettre. Le désir d'un état plus tranquille et dans lequel il pût s'occuper plus utilement de son salut, lui fit abandonner son commerce pour embrasser la vie monastique. Il profita de son repos pour composer divers ouvrages, dont le seul qui soit venu jusqu'à nous est intitulé :

La topographie chrétienne. — Le dessein de Cosme, dans cet ouvrage divisé en douze livres, est de combattre l'opinion de ceux qui donnent au monde une figure sphérique, et qui conséquemment admettent des antipodes. Il croyait, avec la plupart des anciens, que la figure du monde était plate, et que le ciel, en forme de voûte, joignait ses deux extrémités à celles de la terre. Ceux qui pensaient ainsi tournaient en dérision l'opinion contraire, devenue aujourd'hui évidente par les démonstrations des astronomes. Voici de quels arguments Cosme se servait pour la combattre : En supposant la rondeur de la terre, il faudrait dire qu'il y a des habitants diamétralement opposés les uns aux autres, et qui marchent pieds contre pieds; qu'il en est de même des pluies qui, dans ce système, doivent tomber les unes contre les autres ; ce qui est contraire à la droite raison. D'ailleurs, l'Ecriture nous représente, dans Isaïe, le ciel en forme d'une voûte dont les extrémités posent sur la superficie de la terre; et Job, comme une pierre en forme de carré. Il ajoute que le tabernacle que Moïse construisit par l'ordre de Dieu, était la figure du monde. Or, ce tabernacle était un carré long. Il en concluait donc que le monde était construit de la même manière. Et il cite, à l'appui de son opinion, un grand nombre de passages de l'Ecriture, particulièrement de la Genèse, de l'Exode, des prophètes et des apôtres. En disant que le monde est d'une figure plate, et que la superficie de la terre est un carré oblong, il dit en même temps que sa longueur, de l'orient à l'occident, est le double de sa largeur, qui prend du nord au midi. Il avait, dit-il, appris cette doctrine d'un vieillard nommé Patrice.

Toutes les preuves qu'il apporte pour l'établir se réduisent à celles que nous venons d'indiquer. Il ne s'agit donc plus que de remarquer ce qu'il y a d'intéressant dans son ouvrage. Il le commence par l'invocation à la Trinité, et confesse la divinité une et consubstantielle en trois hypostases ou personnes. Il enseigne qu'avant le déluge, l'usage de la chair était interdit, et que si on lit dans l'Ecriture qu'Abel gardait les troupeaux, ce n'était que pour en avoir le lait et la laine, et pour offrir à Dieu des sacrifices. Il parle de l'empire romain comme du plus considérable qui ait été dans le monde, parce qu'il est le premier qui ait embrassé la foi de Jésus-Christ. Cette foi fut ensuite portée dans la Perse par l'apôtre Thaddée, comme on le voit par la première Epître de saint Pierre. Une autre prérogative de l'empire romain, et qui marquait bien sa puissance, c'est que ses monnaies avaient cours dans tous les commerces et dans toutes les transactions. Cosme croit que les anges sont employés à diverses fonctions matérielles. Les uns meuvent l'air, les autres le soleil, quelques-uns la lune et les astres, et il y en a aussi qui préparent les pluies et les orages. Il y a des archanges administrateurs députés à la garde de chaque nation, et chaque homme a son ange gardien ; ce qu'il prouve par cet endroit des Actes des apôtres : Les anges de ces enfants voient sans cesse la face de mon Père, qui est dans le ciel.

Il regarde Moïse écrivant sous l'inspiration du Saint-Esprit, comme le premier écrivain du monde; avant lui on n'avait pas l'usage des lettres, et c'est Dieu qui les lui a apprises sur la montagne de Sinaï; ce qui est en contradiction évidente avec le XVII° chapitre de l'Exode. En parlant de l'état du christianisme dans toutes les parties du monde, il dit qu'il y avait dans la Perse des églises, des évêques, des chrétiens et des moines. Il assure que l'on voyait encore de son temps les traces des roues laissées par les chariots de Pharaon, depuis Asserloin jusqu'aux bords de la mer Rouge ; et que sur la rive opposée, on retrouvait, de distance en distance, de grosses pierres avec des inscriptions en langue hébraïque, constatant le passage des Israélites dans le désert.

Il remarque que personne n'est baptisé, qu'auparavant il n'ait fait profession de croire à la sainte Trinité et à la résurrection de la chair ; et que sans le baptême aucun n'est admis au nombre des fidèles et des chrétiens. Dieu n'a fait sa demeure dans les prophètes qu'en partie et à certains égards, mais qu'il est tout entier, pleinement et universellement dans Jésus-Christ. Après avoir cité presque tous les livres canoniques dans le cours de son ouvrage, il déclare qu'il passe sous silence les épîtres catholiques, en disant que dès les premiers siècles l'Eglise les mettait au rang des écritures douteuses. La preuve qu'il en donne, c'est que les commentateurs des saints livres n'en ont tenu aucun compte, ou les ont rangées parmi les écrits d'une autorité incertaine.

Entre les Pères dont il cite les ouvrages, pour montrer qu'ils pensaient comme lui sur la figure du monde, il met Philon, évêque de Carposie, à qui il attribue un commentaire sur le Cantique des cantiques, et un sur l'ouvrage des six jours de la création. Il cite encore Théodose, successeur de Timothée le jeune, dans le siége d'Alexandrie, et Timothée lui-même.

Cosme emploie son onzième livre à faire la description des animaux les plus rares, qu'il avait vus dans les Indes et dans l'Ethiopie. Il y parle aussi des poissons de mer et de quelques arbrisseaux qui portaient des graines odoriférantes. Dans le douzième, il rapporte les noms des anciens écrivains profanes qui ont cité quelque chose des livres de Moïse et des prophètes : Ceux qui ont écrit l'histoire des Chaldéens, dit-il, pouvaient parler avec certitude de la tour que les descendants de Noé construisirent avant de se disperser dans toutes les parties du monde, puisqu'il leur était facile de la voir de leurs yeux et d'en considérer toute la structure. Il combat le texte du Deutéronome et le sentiment commun, qui veulent que, par un miracle de la Providence, les vêtements et les souliers des Hébreux ne se soient pas usés, pendant quarante années qu'ils passèrent dans le désert. Il place le paradis terrestre dans une terre qu'il suppose être au delà de l'Océan. Il remarque qu'à

Jérusalem, on célébrait la naissance du Sauveur le jour de l'Epiphanie, c'est-à-dire le 6ᵉ de janvier ; mais que, dès les premiers temps, l'Eglise, craignant qu'en continuant de célébrer ces deux solennités le même jour, l'une ou l'autre ne tombât en désuétude, ordonna que l'on mettrait douze jours d'intervalle entre Noël et l'Epiphanie.

Cosme avait écrit plusieurs autres ouvrages, entre autres : un traité de *Cosmographie* générale, où il faisait la description de toutes les terres, tant en deçà qu'au delà de l'Océan. Il n'est pas venu jusqu'à nous. Nous avons perdu aussi ses *Tables astronomiques*, dans lesquelles il traçait le cours des astres, suivant le système qu'il avait adopté. Il en est de même d'un *Commentaire sur le Cantique des cantiques* et de plusieurs autres écrits qui lui sont attribués par les bibliographes. Son style est simple et peu châtié ; il traite les matières sans ordre et sans méthode. Tout le mérite de son ouvrage paraît consister dans la candeur avec laquelle il rapporte les choses qu'il avait vues, et dont la plupart sont très-intéressantes pour l'histoire des pays qu'il avait parcourus.

COSME l'Ancien, abbé de Jérusalem, ne doit pas être confondu avec un autre Cosme qui fut évêque de Majume en Palestine, vers l'an 743. C'est de ce dernier que Suidas affirme qu'il était homme d'esprit, et qu'il s'entendait si parfaitement à composer des hymnes et des cantiques spirituels, qu'il surpassait en ce genre tous ceux qui s'y étaient livrés avant lui. Il était contemporain et condisciple de saint Jean Damascène, et il en est parlé dans sa vie. Cosme, abbé de Jérusalem, était plus ancien ; c'est à lui que l'Eglise grecque attribue la plupart des hymnes qu'elle chante dans son office divin ; ce qui n'empêche pas Cosme, évêque de Majume, d'en avoir aussi composé ; mais il n'est pas aisé de les distinguer. Nous en avons treize dans le tome XIIᵉ de la *Bibliothèque des Pères*. Elles sont sur les principales fêtes de l'année, la plupart acrostiches, et toutes attribuées à Cosme de Jérusalem. Ce dernier avait aussi mis en vers les psaumes de David, et écrit un ouvrage sur Moïse. Jusqu'ici on n'a encore imprimé que les hymnes.

COSME DE PRAGUE, ainsi nommé parce qu'il fut doyen de l'église cathédrale de cette ville, naquit en 1045. C'est le plus ancien historien de Bohême dont le travail soit parvenu jusqu'à nous. Il étudia à Liége, sous maître Francon, écolâtre de l'église collégiale de Saint-Lambert, qui y enseignait la grammaire et la dialectique avec réputation. De retour à Prague, il se maria, eut un fils, et à la mort de son épouse, il embrassa, en 1099, l'état ecclésiastique. Il avait été secrétaire de l'empereur Henri IV, pour lequel il prit parti contre le pape Grégoire VII. A la recommandation de ce prince, il fut nommé chanoine, ensuite doyen de l'église de Saint-Vite, qui est aujourd'hui l'église métropolitaine de Prague. Les ducs de Bohême et les évêques de Prague lui confièrent des missions importantes.

Nous avons de lui une *Chronique de Bohême*. Elle est précédée de deux préfaces ou épîtres dédicatoires ; la première est adressée à Sévère, prévôt de l'église de Prague ; la seconde, à Gervaise, maître ès-arts libéraux, son ami. Cosme a divisé son histoire en trois livres. Dans le premier livre, suivant des traditions qu'il avoue lui-même n'être pas bien avérées, il parle des anciens temps de la monarchie bohémienne, jusqu'en 894, époque à laquelle Borzivvoy, premier duc chrétien des Bohémiens, se fit baptiser. Depuis cette année, il cite exactement les dates, s'attachant, dit-il, à l'*Epilogue de Moravie et de Bohême*, ainsi qu'au *Trépied de saint Venceslas*, ouvrages que nous n'avons plus. Le second livre est dédié à Clément, abbé de Breune. Il dit, en le commençant, qu'il ne racontera que ce qu'il a vu lui-même, ou entendu de témoins dignes de foi. Il s'excuse, en tête du troisième livre, de donner de grands détails sur certains événements qui intéressaient des personnes vivantes, et qui auraient exigé de lui des louanges que ces personnes ne méritaient pas. Il se plaint que les princes ne trouvaient plus dans leurs cours que des adulateurs, toujours prêts à les approuver en tout, plutôt qu'à leur donner des conseils salutaires. A l'année 1095, il parle de l'ardeur que l'on témoignait de tous côtés pour la croisade, et dit qu'elle était telle que, dans la France occidentale, les villes et les villages paraissaient abandonnés. Mais il témoigne que l'évêque Cosme désapprouva la conduite des croisés, envers les juifs, qu'ils forçaient à recevoir le baptême. Il blâme cet abus, qu'il aurait empêché s'il en avait eu le pouvoir, d'autant plus qu'il n'a produit que des profanations, chacun de ces infidèles étant retourné aussitôt à la loi de Moïse. Il finit son ouvrage en 1125, étant, comme il dit, âgé de quatre-vingts ans. Il mourut l'année d'après. On garda, à ce qu'on assure, dans l'église métropolitaine de Prague, le manuscrit autographe de cette histoire, qui a été publiée par Fréher, dans sa collection des auteurs bohémiens, Hanau, 1602 ; et par Menkenius, dans son Recueil des écrivains germaniques, Leipzig, 1728. Cette dernière est la meilleure édition. On a aussi attribué à Cosme une *Vie* de saint Adalbert, évêque de Prague, apôtre de Bohême, de Pologne et de Prusse, qui a paru avec sa Chronique. Dobner a prouvé que cette *Vie* a été écrite par un moine romain qui avait connu saint Adalbert, lorsque ce prélat, chassé de Bohême, était venu à Rome.

CRESCONIUS, évêque en Afrique, mais dont le siége épiscopal est inconnu, florissait sur la fin du VIIᵉ siècle. Il est auteur d'une Collection de canons divisée en deux parties. La première, intitulée : *Abrégé du Droit canonique*, contient sommairement toute la discipline de l'Eglise, avec les citations des canons sur chaque matière, et les noms des conciles d'où ces canons sont tirés. Cet Abrégé est précédé d'une préface en forme de lettre, dans laquelle il avertit Libérinus qu'il a suivi la méthode de Ferrand, diacre de Carthage. Outre les conciles, il cite aussi les lettres décrétales des papes. Justelle, dans son édition, a séparé cette première partie de la seconde, et placé entre les deux la collection de Martin de Brague. Dans cette seconde partie, précédée d'un prologue qu'on croit n'être pas de l'auteur, Cresconius, à l'exemple de Ferrand, rapporte les canons des conciles de Nicée, d'Ancyre, de Néocésarée, de Gangres, d'Antioche, de Laodicée et de Sardique, avec cette différence qu'il suit la version et l'édition de Denis le Petit, au lieu que Ferrand avait eu recours à des manuscrits plus anciens : ce qui produit quelque variété dans leur manière de rapporter les canons des mêmes conciles. Pour obvier à toute erreur, Justelle a relevé dans une table, en forme de concordance, l'accord et les différences qui existaient entre ces deux collecteurs. L'Abrégé de Cresconius a eu plusieurs éditions; la dernière a été publiée à Paris en 1661, dans l'appendice au premier tome de la Bibliothèque canonique de Justelle. Indépendamment de cet ouvrage, Cresconius avait aussi raconté en vers hexamètres les guerres et les victoires de l'empereur Léon contre les Sarrasins d'Afrique. Ce dernier écrit n'est pas parvenu jusqu'à nous.

CUMÉEN, surnommé Fota, c'est-à-dire le Long, naquit en 592, d'une famille princière qui régnait sur la partie occidentale de l'Irlande. Il embrassa assez tard la vie monastique, fut nommé abbé, et, selon d'autres, devint évêque en Hibernie, depuis 640 jusqu'à l'an 661, qui fut celui de sa mort. Nous avons de lui un Pénitentiel qui a beaucoup de rapport avec celui de saint Colomban ; mais il est à présumer, cependant, que sans renoncer à puiser dans celui de son prédécesseur, il a composé le sien avec les canons de divers conciles. L'endroit le plus remarquable de cet ouvrage est celui où Cuméen défend de manger la chair d'aucun animal suffoqué, soit bêtes à quatre pieds, soit oiseaux. Il se fonde sur la défense qui en fut faite dans le concile tenu par les apôtres à Jérusalem. On a encore, dans la collection des lettres hibernoises, une lettre adressée par Cuméen à Ségénius, abbé de Hi, dans laquelle il exhorte tous ceux de cette nation à renoncer à leurs usages sur la célébration de la Pâque, et une hymne qui commence par ces mots : *Juda, célébrez les fêtes de Jésus-Christ!* Le Pénitentiel de Cuméen, d'abord imprimé à Augsbourg en 1621, avec celui de saint Colomban, fut reproduit dans le tome XIII° de la *Bibliothèque des Pères*. Dom Mabillon en rapporte un fragment dans son Voyage en Allemagne. On le retrouve dans le *Cours complet de Patrologie*.

CYPRIEN (saint), était d'Afrique, et l'on croit même qu'il naquit à Carthage. Saint Grégoire de Nazianze dit qu'il appartenait à une famille sénatoriale de cette ville. Les Actes de son martyre le nomment *Thascius Cyprianus*, et lui-même, dans sa lettre à Donat, prend le nom de *Cæcilius*, par reconnaissance pour un prêtre de ce nom qui l'avait converti. Le diacre Ponce, qui a écrit sa Vie après avoir été attaché à sa personne, garde le silence sur tout ce qui s'est passé avant sa conversion. On sait seulement qu'il avait cultivé les lettres et professé avec beaucoup de distinction la rhétorique à Carthage. Cyprien, dans ses premières années, avait vécu en homme du monde. Des liaisons intimes avec le prêtre Cæcilius déterminèrent sa conversion. Il fut le Jonas qui convertit ce roi de Ninive, selon l'expression de saint Jérôme, et qui le fit descendre du trône de son orgueil, jusqu'à embrasser l'humilité et la simplicité du chrétien. Il fut baptisé à Carthage vers l'an 246. Son premier soin ensuite fut d'étudier les Écritures, et il le fit avec tout le zèle que la foi donne à un nouveau converti. Touché des louanges que Dieu accorde à la continence et au mépris des biens de la terre, il renonça pour toujours au mariage, vendit tous ses biens, jusqu'à d'agréables jardins qu'il possédait auprès de Carthage, et en fit distribuer le prix aux pauvres. Débarrassé de tout autre soin, il ne s'occupa que de sa sanctification, mortifiait son corps et le préparant d'avance aux luttes de la persécution. La bonne odeur que sa vertu répandait dans l'Eglise de Carthage le fit bientôt élever à la prêtrise, puis à l'épiscopat, par le suffrage du peuple et du clergé. Dès qu'il fut devenu évêque, il s'empressa de rétablir l'ordre dans son Eglise. Il fit de bons règlements pour la conduite des vierges, rechercha les abus, sut les réprimer, et travailla sans relâche à l'instruction de son peuple et au bien de la religion par la parole et par ses écrits. La persécution de Dèce, qui éclata en 250 et dont le pape Fabien fut une des premières victimes, donna un ample aliment au zèle de saint Cyprien. Il avait été dénoncé aux magistrats ; on avait même demandé en plein théâtre qu'il fût livré aux lions. Le saint évêque tint conseil avec lui-même, et prit la résolution qu'il crut la plus utile au salut de son peuple. Il voyait qu'il avait besoin d'être encouragé, et qu'il pouvait le servir plus par ses exhortations et ses soins que par le martyre, et il sortit de Carthage ; mais sa vigilance ne se ralentit point. Il consolait les fidèles par ses lettres, soutenait le courage de son clergé, envoyait de l'argent pour le soulagement des pauvres, et réglait tout comme s'il eût été présent. Il s'en fallut beaucoup, néanmoins, que tant de zèle eût un plein succès. La foi d'un grand nombre de chrétiens fléchit dans cette persécution. Les uns, pour se soustraire au martyre, prenaient des magistrats des billets qui attestaient qu'ils avaient sacrifié. On leur donna le nom de *libellatiques*. D'autres sacrifièrent en effet, ou mangèrent des viandes immolées aux idoles. La persécution ayant cessé, les uns et les autres cherchèrent à rentrer dans l'Eglise. Plusieurs de ces *tombés*, car c'est ainsi qu'on les appelait, pour s'exempter de la pénitence à laquelle ils devaient être assujettis, s'adressaient à ceux qui avaient confessé la foi, pour en obtenir des lettres de recommandation, au moyen desquelles on leur faisait grâce et on les réconciliait. Cette condescendance nuisait à la discipline; saint Cyprien, consulté à ce sujet, assembla un concile qui se réunit le 15 mai 251. On y régla la conduite que l'on devait tenir à l'égard des tombés. Il fut décidé que l'on réconcilierait ceux qui avaient pris des billets du magistrat sans avoir idolâtré, mais qu'on laisserait en pénitence ceux qui avaient offert de l'encens aux dieux ou commis quelques autres actes d'idolâtrie, à moins qu'ils ne fussent en danger de mort, et que préalablement ils n'eussent commencé leur pénitence. Quant aux ecclésiastiques dont la foi ne s'était pas soutenue, ils devaient être exclus du clergé, réduits à la communion laïque, et quelques-uns même, suivant la nature du délit, mis en pénitence. Le même concile excommunia le prêtre Félicissime et l'hérétique Privat, qui avaient excité le trouble dans l'Eglise de Carthage. Il se déclara, avec ses collègues, en faveur du pape saint Corneille, contre le schisme de Novat et de Novatien, et tint, en 252, un concile dans lequel on fit quelques règlements touchant le prêtre Victor et le baptême des enfants. L'année suivante, sous le pape Etienne, s'éleva la célèbre dispute sur la validité du baptême administré par les hérétiques. Saint Cyprien et les autres évêques d'Afrique voulaient qu'on rebaptisât ceux qui avaient reçu le baptême dans ces conditions; le pape saint Etienne, au contraire, conformément à la tradition de l'Eglise de Rome, soutenait la validité du baptême donné par les hérétiques. Il se tint à ce sujet plusieurs conciles de part et d'autre, et l'Eglise universelle se déclara, dans le siècle suivant, pour la doctrine du pape saint Etienne. Cependant la persécution avait recommencé sous l'empereur Valérien. Le 30 août 257, Cyprien fut mandé devant le proconsul Aspasius Paternus, et interrogé sur sa croyance. Il confessa généreusement sa foi, fut envoyé en exil à Curube, ville distante de Carthage d'environ douze lieues, et y demeura onze mois. Rappelé par Galère Maxime, qui avait remplacé Paternus dans son proconsulat, on lui permit de demeurer dans des jardins voisins de Carthage. Le 13 septembre 258, un officier public suivi de gardes vint l'arrêter et le conduisit au proconsul, qui était alors à Sexti, lieu très-voisin de la ville. Ce ne fut que le lendemain qu'il comparut devant Maxime. Ce magistrat lui intima, de la part de l'empereur, l'ordre de sacrifier. Saint Cyprien s'y étant refusé, Maxime lui lut sa sentence ainsi conçue : Nous ordonnons que Thascius Cyprianus ait la tête tranchée. — Dieu soit loué! répondit le saint; et les chrétiens présents en foule demandaient à grands cris la grâce d'être décapités avec lui. Conduit au lieu du supplice, il ôta lui-même ses vêtements, fit donner vingt-cinq écus d'or au bourreau, et consomma courageusement son sacrifice. Les fidèles recueillirent son sang sur des linges, et son corps demeura quelque temps exposé. Le soir, il fut enterré honorablement près du chemin de Mappalia, où dans la suite une église fut érigée en son honneur. Les écrits de saint Cyprien consistent en lettres et en divers traités dont nous allons rendre compte.

De l'unité de l'Eglise. — Le premier de ces traités par ordre de date, et un des plus importants, est celui qui porte pour titre, *De l'unité de l'Eglise*. Quoique le saint docteur y attaque particulièrement les erreurs de Félicissime et de Novatien, cependant il ne laisse pas de fournir des armes pour combattre tous les schismatiques. Il débute en recommandant à tous les chrétiens la prudence et la simplicité, et il les avertit de se mettre en garde, non-seulement contre les attaques ouvertes de la persécution, mais encore contre les ruses et les subtilités de l'ennemi du salut, qui, par les schismes qu'il soulève, cherche à les détacher de l'unité de l'Eglise en les jetant dans de nouvelles erreurs. « La cause de ce mal, dit saint Cyprien, c'est qu'on ne remonte point à la source de la vérité, qu'on ne cherche point le chef et qu'on ne garde pas la doctrine du maître céleste. Rien de plus facile, cependant; car le chemin de la vérité est court. Le Seigneur dit à Pierre : *Tu es Pierre, et sur cette pierre je bâtirai mon Eglise, et les portes de l'enfer ne prévaudront pas contre elle.* Ainsi, il a bâti son Eglise sur un seul, et, quoique après sa résurrection il donne à tous ses apôtres une puissance égale, néanmoins, pour montrer l'unité, il a établi une chaire unique, de laquelle dépendent toutes les autres. Sans doute les apôtres étaient ce qu'était Pierre; ils partageaient avec lui les mêmes honneurs et la même puissance; mais la source est dans l'unité, afin que l'on reconnaisse que l'Eglise de Jésus-Christ est une. » Pour démontrer cette unité, saint Cyprien cite le passage du Cantique des cantiques où il est dit que la colombe est unique, parce qu'elle est la figure de l'Eglise ou de l'Epouse de Jésus-Christ. Il rapporte encore celui de l'Epître aux Ephésiens, où saint Paul, marquant le sacrement de l'unité, dit qu'il n'y a parmi nous qu'un corps, qu'un esprit, qu'une espérance, qu'un Seigneur, qu'une foi, qu'un baptême, qu'un Dieu. Puis il ajoute: « L'épiscopat aussi est un et indivisible, et chaque évêque en possède solidairement une portion. L'Eglise, de même, est une, et se répand par sa fécondité en plusieurs personnes. Comme il y a plusieurs rayons du soleil, quoiqu'il n'y ait qu'une lumière; comme un arbre a plusieurs branches, mais un seul tronc; comme une source se divise en plusieurs ruisseaux, mais conserve toujours son unité dans son origine, ainsi l'Eglise, toute éclatante de la lumière du Seigneur, répand ses rayons par toute la terre. Cependant ce n'est qu'une seule lumière; elle étend ses branches par tout le monde et fait couler ses ruisseaux de tous côtés : c'est néanmoins un seul tronc, une seule origine, une seule mère extrêmement féconde et abondante. Celui qui se sépare de l'Eglise de Jésus-Christ ne recevra jamais les récompenses de Jésus-Christ ; c'est un étranger, c'est un profane, c'est un ennemi. Celui-là ne peut avoir Dieu pour père, qui n'a point l'Eglise pour mère : si quelqu'un a pu se sauver hors de l'arche de Noé, on peut se sauver aussi hors de l'Eglise. »

Il rapporte ensuite plusieurs figures de l'Ancien et du Nouveau Testament, qui ont un trait marqué à l'unité de l'Eglise. Ainsi la robe de Jésus-Christ, qui ne fut point divisée, mais tirée au sort et possédée tout entière par un seul ; ainsi la maison de Rahab, la seule où lors de la prise de Jéricho on pouvait éviter la mort ; ainsi l'agneau pascal, qui devait se manger par plusieurs réunis dans une même maison ; ainsi la colombe, dont le Saint-Esprit n'emprunte la figure que parce qu'elle est simple, qu'elle aime la concorde et la paix, simulaient l'Eglise, la simplicité de sa foi, la douceur de sa charité et l'union que tous les chrétiens doivent conserver entre eux par l'amour. « Que personne, dit-il, ne s'imagine que les bons puissent sortir de l'Eglise ; le vent n'emporte point le froment, mais seulement la paille légère, et Dieu ne permet qu'il s'élève tous les jours des hérésies et des schismes, qu'afin que, dès ici-bas, et avant le jour du jugement, les bons soient séparés des méchants et le froment de la paille. »

Venant ensuite à Novatien, il s'élève fortement contre son ordination schismatique, où toutes les règles des canons avaient été violées, et soutient que le baptême qu'il administrait n'engendrait pas des enfants à Dieu, mais au diable ; car il est impossible que ceux qui sont nés du mensonge puissent recevoir les promesses de la vérité. Comme Novatien pouvait s'autoriser de cette parole de Jésus-Christ, qui promet de se trouver partout où il y aura deux ou trois personnes assemblées en son nom, saint Cyprien répond d'abord « qu'il est clair, par les paroles qui précèdent le texte allégué, que Jésus-Christ a moins égard au nombre qu'à l'union de ceux qui le prient, puisqu'il ne se trouve au milieu d'eux que quand ils se sont réunis pour prier en son nom. » Il expose ensuite « qu'en cet endroit Jésus-Christ parle de son Eglise et de ceux qui y sont, qui y vivent avec crainte et simplicité, qui prient unanimement ensemble. Or, comment pourrait-on être d'accord avec quelqu'un, lorsqu'on est désuni d'avec le corps de l'Eglise et de tous les fidèles ? Comment deux ou trois peuvent-ils s'assembler au nom de Jésus-Christ (lorsqu'il est certain qu'ils se sont séparés de Jésus-Christ) et de son Evangile ? Quelle paix se promettent, de la part de Dieu, ceux qui n'ont point de paix avec leurs frères ? Croient-ils que Jésus-Christ soit avec eux lorsqu'ils sont ensemble, s'ils n'ont d'union que hors de l'Eglise ? Quand ils souffriraient la mort pour la confession de son nom, tout leur sang n'est pas capable d'effacer cette faute. Le schisme est un crime si énorme, que la mort même ne saurait l'expier. Celui-là ne peut être martyr, qui n'est point dans l'Eglise. Celui-là ne peut arriver au royaume, qui abandonne celle qui doit régner... Celui-là ne peut être martyr, qui ne garde pas la charité fraternelle. En vain seront-ils exposés au feu et aux bêtes, ce ne sera pas la couronne de leur foi, mais la peine de leur perfidie ; ce ne sera pas une mort glorieuse, mais un désespoir. Un homme de la sorte peut être tué, mais il ne peut pas être couronné. » La raison qu'en rend saint Cyprien, c'est que les schismatiques n'observant pas les commandements de Dieu, qui tous sont renfermés dans celui de la charité, ils ne peuvent parvenir au royaume des cieux, destiné aux seuls observateurs des lois du Seigneur. — Saint Cyprien fait remarquer ensuite qu'il n'est pas surprenant que quelques confesseurs se soient engagés dans le schisme, parce que la confession du nom de Jésus-Christ ne met pas à couvert des attaques du démon. La confession du nom de Jésus-Christ est le commencement de la gloire, mais elle n'en est pas la perfection. La perfection est dans la persévérance. Il conclut ce traité en ordonnant aux fidèles de fuir les schismatiques, de rompre tout commerce avec eux, et d'imiter l'union qui régnait parmi les chrétiens au temps des apôtres.

Des tombés. — La persécution ayant cessé tout à fait en Afrique, quelque temps avant Pâques de l'an 251, saint Cyprien, de retour à Carthage, se hâta d'y réunir un concile, pour régler l'affaire des *tombés*. Il composa en même temps, sur cette matière, un traité qu'il lut en plein concile. Il montra d'abord que si Dieu a éprouvé les chrétiens par le feu des persécutions, c'est qu'il était nécessaire d'en venir à des remèdes violents, pour réveiller leur foi languissante et engourdie. Une longue paix avait corrompu la discipline ; le zèle de la religion et la pureté de la foi s'étaient éteints dans le cœur des prêtres et des autres ministres de l'Eglise, et il n'y avait plus ni charité ni règlement de mœurs parmi les chrétiens. « Si coupables, ajoute-t-il, que ne méritions-nous pas de souffrir ? Cependant, aux premières menaces de l'ennemi, une partie de nos frères ont trahi leur foi ; et sans attendre que l'effort de la persécution les renversât par terre, ils s'y sont jetés d'eux-mêmes. Ils n'ont pas attendu qu'on les interrogeât pour renoncer à Jésus-Christ, ni qu'on se saisît d'eux pour brûler de l'encens sur les autels. Plusieurs ont été vaincus avant le combat, et sont montés volontairement au Capitole, pour commettre un sacrilége détestable. » C'est surtout contre ces derniers que le saint docteur s'élève avec une véhémence qui n'a d'égale que l'ardeur de sa foi. Il leur montre qu'il y a obligation pour tous de sacrifier patrie, fortune, existence, plutôt que de se souiller en mangeant des viandes immolées aux idoles. Cependant la longueur de leur résistance atténue leur faute et les rend moins coupables; tandis que rien ne peut excuser ceux qui, dans la seule crainte d'être tourmentés, ont sacrifié aux faux dieux. « Je ne dis point cela, continue saint Cyprien, pour exagérer la faute de nos frères, mais pour les porter davantage à prier qu'on la leur pardonne, et en faire une juste satisfaction. Un prêtre de Dieu ne doit pas tromper les chrétiens par une complaisance pernicieuse, mais les guérir par des remèdes salutaires. » Il se trouvait néanmoins des gens assez téméraires, qui, contre la rigueur de l'Évangile, contre la loi de Dieu et de Jésus-Christ, accordaient la paix et la communion à ces sortes de pécheurs, sous le nom spécieux de compassion et de miséricorde. Saint Cyprien montre que cette prétendue miséricorde est une véritable cruauté; qu'une telle paix est pernicieuse à ceux qui la donnent, et infructueuse à ceux qui la reçoivent; et qu'avant que les *tombés* aient expié et confessé publiquement leur crime, avant que leur conscience ait été purifiée par le sacrifice et l'imposition des mains de l'évêque, avant qu'ils aient apaisé un Dieu irrité qui les menace, il n'est point permis de les absoudre; autrement, ce pardon ne serait pas une paix, mais une guerre. Il exhorte ensuite les *tombés* à faire de dignes fruits de pénitence; et, pour leur inspirer une salutaire confusion, il leur rappelle les châtiments terribles dont Dieu avait puni quelques-uns d'entre eux aussitôt après leur chute.

Outre ceux qui avaient sacrifié aux idoles, sans y avoir été contraints par la violence des tourments, il y en avait d'autres qui sans avoir sacrifié donnaient ou recevaient des billets des magistrats attestant qu'ils l'avaient fait; c'est pourquoi on les appela *libellatiques*. Saint Cyprien soutient qu'ils sont coupables et qu'ils ont besoin de faire pénitence. « Cette protestation, dit-il, n'est que la déclaration d'un chrétien qui se désavoue pour ce qu'il est; car n'est-ce pas se rendre coupable d'un crime que de confesser qu'on l'a commis ? Il est écrit qu'*on ne peut servir deux maîtres*; or le libellatique n'a pas servi Dieu, puisqu'il a servi un homme, puisqu'il a obéi à ses édits, puisqu'il a exécuté ses commandements. Je veux qu'il soit moins coupable, parce qu'il ne s'est pas présenté devant les idoles, et qu'il n'a point profané la sainteté de la foi aux yeux d'un peuple qui s'en moque, parce qu'il n'a souillé ni ses mains ni sa bouche, par des sacrifices funestes et des viandes sacriléges; cela peut lui faire obtenir plus aisément le pardon de son crime, mais cela ne peut l'exempter d'être criminel. » Il les exhorte à confesser leur faute, à la réparer par une pénitence sincère et publique, afin que le pardon qui leur sera accordé par les prêtres soit plus agréable à Dieu. « Pensez-vous, leur dit-il, pouvoir sitôt fléchir le Seigneur après l'avoir renié si lâchement ? Il faut le prier continuellement, passer les jours et les nuits à pleurer et à soupirer, coucher sur la cendre, se couvrir d'un cilice, s'occuper de bonnes œuvres, faire beaucoup d'aumônes. Dieu peut avoir égard à ce que les martyrs demandent, et à ce que font les prêtres pour de tels pénitents. Celui qui satisfera ainsi au Seigneur tirera de sa chute même, avec l'aide de Dieu, un accroissement de courage et de foi, réjouira autant l'Église qu'il l'avait attristée, et ne méritera pas seulement le pardon, mais la couronne. »

De l'Oraison dominicale. — Un des plus célèbres ouvrages de saint Cyprien est celui qu'il composa pour expliquer l'Oraison dominicale. Saint Augustin le cite avec éloge en plusieurs endroits de ses écrits, et exhorte Valentin et les autres serviteurs de Dieu à le lire, pour y apprendre que ce que nous devons demander à Dieu avant tout, c'est la grâce d'accomplir ce qu'il commande. Il le lut lui-même aux moines d'Adrumet, et leur en conseilla la lecture pour s'instruire sur la nécessité de la grâce et de la prière. Saint Hilaire de Poitiers ne l'avait pas en moins grande estime, et il paraît même qu'il le regardait comme une pièce achevée, puisqu'il dit : « que cette explication de l'Oraison dominicale donnée par Cyprien de sainte mémoire le délivre de la nécessité de traiter la même matière. » Le diacre Ponce le met après le livre *De l'unité de l'Église*, et affirme « que ce saint évêque y enseigne aux enfants de Dieu la loi de la prière évangélique. » On croit que saint Cyprien le composa après la persécution de Dèce, vers la fin de l'année 251 ou au commencement de 252, dans un temps où il gouvernait son Église en paix.

Il y a trois parties dans ce traité. Dans la première, le saint docteur expose que l'Oraison dominicale est la plus excellente, la plus efficace, la plus spirituelle de nos prières, puisque c'est Jésus-Christ même qui nous l'a donnée afin que nous nous en servissions pour parler au Père; quand il disait que le temps était proche où les vrais adorateurs adoreraient le Père en esprit et en vérité, il avait en vue cette admirable prière qu'il devait laisser à ses disciples. « Ce n'est donc pas seulement une ignorance, ajoute-t-il, mais une faute de prier autrement qu'il nous l'a enseigné, puisqu'il reproche aux Juifs de rejeter le commandement de Dieu pour établir leur tradition : prions comme notre Maître et notre Dieu nous l'a appris. C'est une belle et une agréable prière que celle que nous adressons à Dieu comme venant de lui, que celle qui frappe ses oreilles par des paroles que Jésus-Christ même a formées : car puisqu'il nous assure que le Père nous accordera tout ce que nous lui demanderons en son nom, il nous l'accordera beaucoup plus tôt, si nous ne le lui demandons pas seulement en son nom, mais par ses paroles mêmes. » — Saint Cyprien veut que l'on prie avec beaucoup de respect et de retenue, en s'efforçant de plaire à Dieu aussi bien par son attitude que par le ton de la voix. Il croit qu'il convient mieux à la foi et à l'esprit de l'Evangile de prier en secret et dans des lieux retirés. Mais lorsqu'on s'assemble sous les yeux de l'évêque pour célébrer avec lui les divins mystères, il dit : « qu'on doit éviter le bruit confus des voix tumultueuses et adresser modestement ses prières à Dieu. »

La seconde partie contient l'explication de l'Oraison dominicale. Nous ne disons pas, remarque saint Cyprien, *Mon Père, qui êtes dans les cieux*, ni, *Donnez-moi aujourd'hui mon pain*, parce que notre prière est une prière publique et commune ; quand nous prions, ce n'est pas pour un seul, mais pour tout le peuple fidèle qui ne forme qu'un corps. En disant : *Notre Père, qui êtes dans les cieux*, nous témoignons que nous ne connaissons plus d'autre père que celui qui est aux cieux. Nous l'appelons *notre Père*, c'est-à-dire, le Père de tous ceux qui, renouvelés par la naissance spirituelle du baptême qui les sanctifie, commencent à devenir ses enfants. Nous disons ensuite : *Que votre nom soit sanctifié*, non que nous souhaitions que Dieu soit sanctifié par nos prières, mais nous lui demandons la grâce de conserver la sainteté que nous avons reçue au baptême. C'est dans ce même sens que nous lui disons : *Que votre règne arrive*, non pas pour demander que Dieu règne, mais pour obtenir l'avénement du royaume que Dieu nous a promis et qui nous est acquis par le sang et les souffrances du Sauveur. Nous ajoutons : *Que votre volonté soit faite sur la terre comme au ciel*, non pas afin que Dieu fasse ce qu'il veut, mais afin que nous-mêmes nous puissions faire ce qui lui plaît. Or, pour cela, nous avons besoin du secours de Dieu, parce que personne n'est fort par ses propres forces, mais par la communication de la force de Dieu. Nous demandons que cette volonté s'accomplisse sur la terre comme au ciel, parce que de l'un et de l'autre dépend la consommation de notre salut. Nous avons un corps qui a été pris de la terre, une âme qui tire son origine du ciel ; nous sommes terre et ciel tout ensemble, et nous prions Dieu que sa volonté s'accomplisse en l'un comme en l'autre, c'est-à-dire en notre âme comme en notre corps, afin qu'il lui plaise d'accorder ces deux parties continuellement en guerre, et que l'âme régénérée par lui puisse être sauvée. Après cela nous disons : *Donnez-nous aujourd'hui notre pain quotidien*, ce qui peut s'entendre spirituellement du pain de vie qui est Jésus-Christ, ou à la lettre du pain matériel qui sert de nourriture à notre corps. Nous demandons que ce pain nous soit donné tous les jours, afin que nous ne soyons point séparés du corps de Jésus-Christ. On peut encore entendre qu'après avoir renoncé au monde par la foi, à ses pompes et à ses richesses par la charité, nous ne demandons plus que la nourriture nécessaire pour chaque jour, sans étendre nos désirs jusqu'au lendemain. Ensuite, nous prions pour nos péchés, en disant à Dieu : *Pardonnez-nous nos offenses comme nous pardonnons à ceux qui nous ont offensés* ; paroles qui nous enseignent deux vérités : l'une, que nous sommes tous pécheurs ; l'autre que nous pouvons, par le moyen de la prière, obtenir le pardon de nos péchés. Il est vrai que Jésus-Christ y ajoute pour condition le pardon des offenses. Il veut que nous vivions en paix dans sa maison, et que ceux qui sont animés d'un même esprit n'aient aussi qu'une même volonté. Il veut que nous ajoutions encore : *Et ne nous induisez pas en la tentation*, ce qui montre que notre ennemi ne peut rien contre nous, si Dieu ne le lui permet. Or Dieu ne donne ce pouvoir au démon que lorsque nous péchons, et il ne le lui donne que pour nous punir ou nous éprouver. Enfin, l'Oraison dominicale finit par une demande qui comprend en abrégé toutes les autres ; car lorsque nous demandons à Dieu *de nous délivrer du mal*, il ne reste plus rien à lui demander. Munis de sa protection, nous n'avons rien à redouter de ce que le monde ou le démon peuvent tramer contre notre salut.

Dans la troisième partie, saint Cyprien traite des conditions de la prière. Il enseigne, 1° qu'on doit y être assidu, à l'exemple de Jésus-Christ qui passait les nuits à prier, non pour lui-même, puisqu'étant innocent il n'avait rien à demander, mais pour nos péchés ; 2° qu'il faut prier de tout son cœur, et, par conséquent, bannir toutes les pensées charnelles et séculières, et songer uniquement à ce que nous demandons. « C'est pour cela, dit-il, que le prêtre, avant de commencer l'oraison, y prépare les fidèles par ces paroles : *Elevez vos cœurs*, et que le peuple répond : *Nous les avons au Seigneur ;* » 3° que nous devons accompagner nos prières de bonnes œuvres et surtout d'aumônes, à l'imitation de Tobie et du centurion Corneille, dont la charité leur mérita d'être exaucés ; 4° qu'il n'y a point d'heures au jour où nous ne devions prier Dieu ; nous ne devons pas même excepter la nuit, car il n'y a pas de nuit pour les véritables chrétiens, qui sont toute lumière en Jésus-Christ. Aussi prétend-il que c'est au nom de l'Eglise que l'épouse dit dans le Cantique des cantiques : Je dors, mais mon cœur veille. Il ne laisse pas de marquer en particulier, pour heures ordinaires de la prière, celles de Tierce, de Sexte et de None, et il ajoute : « Qu'il faut encore prier le matin afin de célébrer la mémoire de la résurrection de Jésus-Christ ; et sur la fin du jour, quand le soleil se couche, pour demander au vrai soleil, qui est Jésus-Christ, de hâter son avénement, afin de nous donner la grâce de la vie éternelle. »

Des bonnes œuvres et de l'aumône. — Le saint évêque de Carthage consacre les premières pages de ce traité à montrer par un grand nombre de passages tirés de l'Ecriture, qu'après avoir perdu la grâce du baptême, nous pouvons la recouvrer par les œuvres de justice et de miséricorde ; car la pratique habituelle de ces œuvres renouvelle en quelque sorte la grâce et la vertu de ce sacrement. Ce sont les aumônes qui rendent nos prières efficaces, qui nous garantissent des dangers, qui délivrent nos âmes de la mort. Ce que le saint prouve par l'exemple de Tabithe, à qui les bonnes œuvres et les aumônes rendirent la vie. — Il vient ensuite aux excuses dont les riches se servent ordinairement pour se dispenser de faire l'aumône. « Vous appréhendez peut-être, leur dit-il, qu'en assistant les pauvres votre bien ne s'épuise, et que vous ne tombiez vous-mêmes dans la pauvreté? Mettez-vous en repos de ce côté-là. Les richesses ne s'épuisent point, lorsqu'on s'en sert pour Jésus-Christ : c'est Dieu même qui vous en assure, lorsqu'il dit par la bouche de Salomon : *Celui qui secourt les pauvres ne manquera jamais ; mais celui qui détourne les yeux de dessus eux, sera réduit à une extrême pauvreté.* Car les actions de grâces que les pauvres rendent à Dieu pour les aumônes que nous leur faisons attirent sa bénédiction sur nos biens, et les font croître. » Après avoir appuyé cette vérité de quelques endroits de l'Évangile, il s'élève avec beaucoup de zèle contre les riches avares, et leur dit : « Vous appréhendez que vos revenus ne viennent à manquer, si vous assistez libéralement les pauvres ; et vous ne savez pas, misérables que vous êtes, que tandis que vous craignez que votre bien ne vous manque, la vie et le salut vous manquent en effet. Vous prenez bien garde que vos richesses ne diminuent, et vous ne considérez pas que vous diminuez vous-mêmes, parce que vous aimez mieux votre argent que votre âme. Vous avez peur de perdre votre patrimoine, et vous vous perdez vous-mêmes pour votre patrimoine. C'est de vous que saint Paul parle, lorsqu'il dit : *Nous n'avons rien apporté en ce monde, et nous n'en pouvons rien emporter. Ayant donc la nourriture et le vêtement, soyons-en contents. Ceux qui veulent devenir riches tombent dans la tentation et dans les pièges du diable, et sont possédés de beaucoup de mauvais désirs, qui précipitent les hommes dans la mort et dans la damnation.* » — Une autre raison des riches pour s'exempter de faire l'aumône était le grand nombre de leurs enfants. Saint Cyprien leur répond : « que le précepte de l'amour de Dieu ne leur permet pas de préférer leurs enfants à Jésus-Christ, qui nous est représenté en la personne des pauvres ; que plus ils ont d'enfants, plus aussi ils ont de personnes pour lesquelles ils doivent prier Dieu, et dont ils sont chargés de racheter les péchés et sauver les âmes. » Ce qu'il prouve par l'exemple de Job, qui, ayant beaucoup d'enfants, offrait à Dieu beaucoup de sacrifices, et immolait tous les jours une victime pour chacun d'eux. D'où il conclut que « celui-là est un prévaricateur, et non un père, qui, peu attentif à procurer à ses enfants les biens éternels par ses aumônes, ne pense qu'à leur acquérir des richesses périssables. » — Il rappelle aux riches les menaces du Sauveur contre ceux qui l'auront méconnu dans la personne des pauvres, et les récompenses éternelles qu'il promet à ceux qui l'auront assisté dans leur faim, dans leur soif, dans leur nudité, dans leurs maladies. Il leur représente la foi vive et l'ardente charité des premiers chrétiens, qui, après avoir vendu leurs héritages, en donnaient généreusement le prix aux apôtres, pour le distribuer aux pauvres. Leurs bonnes œuvres entretenaient leur union, et resserraient entre eux les liens de la charité. Enfin il exhorte les riches à imiter dans leurs largesses l'exemple de Dieu qui n'exclut personne de ses bienfaits. « L'aumône, ajoute-t-il, est quelque chose d'excellent et de divin ; c'est la consolation des fidèles, le gage de notre salut, le fondement de notre espérance, le bouclier de notre foi, le remède de nos péchés ; c'est une chose grande et aisée tout ensemble ; c'est une couronne qu'on remporte dans le temps de la paix, et qui est exempte des périls de la persécution ; c'est un des plus grands dons de Dieu, nécessaire aux faibles, glorieux aux forts, et utile à tous les chrétiens pour obtenir les grâces du ciel, pour se rendre Jésus-Christ favorable au jour du jugement, et pour mettre Dieu même au nombre de nos débiteurs. »

Livre à Donat. — De l'aveu de tous les savants, ce livre est un des premiers fruits de la conversion de saint Cyprien. Il le composa n'étant encore que laïque, et peu de temps après son baptême, vers l'automne de l'an 246. C'est la suite d'un entretien qu'il avait eu avec Donat, son ami particulier, sur les périls que l'on court dans le monde, et sur la grâce que Dieu fait à une âme, quand il l'en retire pour l'appeler à son service. Il y décrit avec éloquence les perplexités dont il se trouvait agité avant son baptême, et les effets admirables que ce sacrement produisit en lui, relevant partout la bonté et la miséricorde de Dieu, dont la grâce lui avait rendu facile ce qu'il avait regardé jusque-là comme impossible. « Oui, c'est de Dieu, dit-il, que nous tenons tout ce qu'il y a de force en nous. C'est lui qui nous fait vivre, c'est lui qui nous anime, et qui, nous donnant une vie nouvelle, fait que dès ce monde nous avons des pressentiments de l'avenir. » S'adressant ensuite à Donat, il lui promet que s'il marche d'un pas égal dans la voie de la justice et de l'innocence, attaché à Dieu de tout son pouvoir, la grâce spirituelle s'augmentera en lui et lui donnera de nouvelles forces, puisque les dons célestes ne connaissent ni bornes ni mesures. Afin de lui mieux faire sentir encore le prix de la grâce que Dieu fait à ceux qu'il retire du siècle, il lui représente les tempêtes et les agitations du monde, ses périls et ses dangers, ses débordements et ses crimes, et ses exemples qui ne sont capables que de fomenter les vices et d'amener la ruine des mœurs. Le seul moyen de vivre en paix, conclut saint Cyprien, c'est de se mettre à l'abri des tempêtes du siècle, en se réfugiant dans l'Église comme dans un port.

De la vanité des idoles. — Nous ne trouvons rien dans ce traité qui puisse en fixer l'époque. Le style en est élégant et fleuri, mais moins châtié que celui de ses autres ouvrages. Les preuves qu'il y apporte pourraient être présentées avec plus d'art et plus d'avantage ; ce qui fait croire que saint Cyprien écrivit ce traité à la hâte, et apparemment dans le temps de la persécution, pour confirmer les chrétiens dans la foi et éclairer les païens sur la fausseté du culte qu'ils rendaient aux idoles. Saint Augustin le cite, et saint Jérôme en admire la concision, l'élégance des paroles, la beauté des pensées et la connaissance étendue qu'il révèle de l'histoire. Il est divisé en trois parties. La première prouve que les idoles ne sont pas des dieux ; la seconde, que Dieu est un, et la troisième, que Jésus-Christ est Dieu et auteur de notre salut. Ce traité n'est pour ainsi dire qu'un extrait de Tertullien et de Minutius Félix, et ce qu'il renferme de plus remarquable est tiré presque mot pour mot des écrits de ces deux auteurs.

Des témoignages. — Les trois livres des Témoignages ont été écrits à la prière de Quirin, nouveau converti, qui avait demandé au prêtre Cyprien quelques instructions tirées de l'Ecriture sainte, afin que, délivré des ténèbres et éclairé d'une lumière pure, il pût marcher dans le chemin qui conduit à la vie. Quoique le diacre Ponce ne fasse pas mention de cet ouvrage dans la vie du saint, cependant l'autorité de saint Jérôme, de saint Augustin, de Gennade, de saint Fulgence et de plusieurs autres qui les lui attribuent, ne nous permettent pas de douter qu'il n'en soit réellement l'auteur. Le premier livre est distribué en vingt-quatre chapitres. Saint Cyprien y fait voir, par l'autorité des Ecritures, que les Juifs, suivant la prédiction qui en avait été faite, s'étant éloignés de Dieu pour adorer les idoles, ont perdu ses grâces et ses lumières et se sont déshérités de ses promesses pour l'avenir ; tandis que les chrétiens, qui viennent à Dieu de toutes les nations, ont pris la place des Juifs qui ne peuvent plus obtenir le pardon de leur crime, ni se laver du sang de Jésus-Christ que par le baptême, en passant à l'Eglise et en se soumettant à ses lois.

Dans le second livre composé de trente chapitres, saint Cyprien traite de l'incarnation du Verbe, et montre que Jésus-Christ est le premier-né, la sagesse, la parole, la main, le bras et l'ange de Dieu ; qu'étant Fils de Dieu il est né d'une vierge, afin d'être Fils de Dieu et fils de l'homme tout ensemble, pour devenir le médiateur entre nous et son Père. Il est le juste que les Juifs devaient faire mourir, l'agneau destiné à être égorgé, la pierre angulaire qui, selon la prophétie de Daniel, deviendra une montagne qui remplira toute la terre, l'époux de l'Eglise de laquelle doivent naître les enfants spirituels. Il fait voir aussi que les prophètes ont prédit sa passion, sa mort, sa résurrection, son règne éternel et la vertu attachée au signe de la croix sur laquelle il est mort.

Les maximes établies dans le troisième livre sont au nombre de cent vingt. Elles concernent les devoirs de la religion et la conduite que doivent tenir les chrétiens. En voici quelques-unes : La foi est utile à tout ; nous pouvons autant que nous croyons, et nous obtenons souvent ce que nous désirons si notre foi est véritable ; c'est donc notre faute si nous n'éprouvons pas l'assistance de Dieu dans toutes nos afflictions. Personne n'est exempt de péchés ; ils sont tous effacés par le baptême. Les chrétiens doivent éviter de paraître devant un juge païen, pour y vider leurs différends. Ils ne doivent pas non plus contracter mariage avec des païens, ni s'entretenir avec des hérétiques. L'ordre de la charité demande que l'on ait plus de soin de ses proches que des autres, surtout quand ils sont chrétiens.

De la conduite des vierges. — Saint Jérôme appelle ce traité un livre excellent, et saint Augustin en cite quelques endroits, comme des modèles d'une éloquence vraiment sacerdotale ; mais il reconnaît en même temps que saint Cyprien n'y a pas employé toute la force de son éloquence, et la raison qu'il en donne, c'est qu'il ne s'agissait point là d'exhorter au vœu de virginité celles qui ne l'avaient point encore fait, mais de signaler les qualités que devaient avoir celles qui s'y étaient déjà engagées.

La première chose que saint Cyprien leur recommande, c'est de vivre dans une observance exacte des règles de l'Evangile. Il leur fait envisager la régularité des mœurs comme l'appui de leur espérance, le fondement de leur foi, le guide du chemin qui conduit au salut. Il relève ensuite les avantages de la virginité, et fait voir que les vierges formant la plus belle partie du troupeau de Jésus-Christ, elles ne doivent rien négliger pour accomplir le vœu qu'elles ont fait à Dieu, et pour achever un ouvrage dont la récompense est le royaume du ciel. Il veut que la pureté dont elles font profession soit telle que personne n'en puisse douter et qu'elle s'étende à toutes choses ; que le luxe des habits ne déshonore point l'intégrité du corps, car pourquoi s'ajuster comme si elles avaient des maris ou qu'elles espérassent en trouver ? Il n'est pas permis à une vierge de se parer pour paraître plus belle, ni de se glorifier de sa beauté, puisqu'elle n'a point de plus grand ennemi que son corps.

Comme plusieurs de celles qui étaient riches se prétendaient en droit de se servir de leurs biens pour s'orner davantage, saint Cyprien leur dit qu'il n'y a de vraies richesses que celles qui nous mènent à Dieu ; que dans le baptême nous avons renoncé aux pompes et aux délices du siècle ; que l'usage qu'il est permis de faire des biens temporels se borne, selon saint Paul, à se vêtir honnêtement et modestement ; et que selon saint Pierre, il est beaucoup plus à propos d'orner son cœur que de se parer d'or et d'habits précieux. Il ajoute, en s'adressant à celles qui se disaient riches : Servez-vous de vos richesses pour en faire de bonnes œuvres : que les pauvres sentent que vous êtes riches. Prêtez à Dieu et faites servir pour votre salut le bien qu'il vous a donné pour la charité. De grands biens sont une grande tentation, à moins qu'on n'en fasse un bon usage et qu'on ne s'en serve pour racheter ses péchés au lieu de les augmenter.

Saint Cyprien attribue aux démons d'avoir introduit dans le monde l'usage de teindre les laines en différentes couleurs, d'enchâsser les diamants dans l'or, de percer les oreilles aux jeunes filles pour y pendre des grains précieux, de se teindre les sourcils et les cheveux, de se farder, enfin de ne laisser aucune partie de la tête sans la déguiser. Si un grand artiste, dit-il, ayant peint quelqu'un au naturel, et parfaitement exprimé tous les traits de son visage, un autre entreprenait de mettre la main à son tableau pour le corriger, cette action vous semblerait une insulte, et vous jugeriez que le premier aurait raison de s'en fâcher. Et vous, vous croyez pouvoir retoucher l'image que Dieu a formée, sans qu'il vous punisse d'une si étrange témérité. Tous ces ornements ne vont qu'à détruire son ouvrage et à anéantir la beauté de la nature, la vérité de la création. Il se plaint qu'il y en eût parmi les vierges qui ne rougissaient point de se trouver à des festins de noces, à des spectacles profanes, à des bains publics, où elles étaient exposées à la vue des hommes. Il les exhorte à éviter des assemblées si pernicieuses, à n'aimer que les ornements des mœurs, et à ne s'occuper que de Dieu, en se donnant mutuellement des exemples de vertu ; en sorte que les plus âgées servent de maîtresses aux plus jeunes, et que les plus jeunes assistent les plus anciennes. Sur la fin, il prie les vierges de se souvenir de lui, lorsqu'elles auront reçu la récompense de leur virginité.

De la mortalité. — La grande peste qui ravagea l'empire sous Gallus donna lieu à saint Cyprien de composer le traité que nous avons sous le titre *de la Mortalité*. Le but du saint évêque dans cet ouvrage est de consoler et de soutenir ceux d'entre les fidèles qui, par un manque de foi, par amour de la vie, par faiblesse de sexe, ou ce qui est encore pis, par ignorance de la vérité, paraissaient ébranlés à la vue de ce fléau de la justice divine. Il leur représente que Jésus-Christ ayant prédit les diverses calamités qui affligent le monde, ils ne doivent pas être surpris de les voir arriver ; que craindre la mort, c'est manquer de foi et d'espérance, puisque c'est le temps d'aller régner avec Jésus-Christ. Il montre ensuite que quelques-uns s'étonnaient sans raison que la peste attaquât aussi bien les chrétiens que les païens ; comme s'ils n'avaient embrassé la foi que pour se délivrer du mal, et comme s'il ne fallait pas au contraire qu'ils souffrissent en ce monde pour être heureux en l'autre. Que celui-là appréhende de mourir qui n'est point régénéré par l'eau et par l'esprit et qui n'est point marqué du signe de la croix. La mortalité est une peste pour les Juifs et pour les gentils, mais c'est une heureuse issue pour les serviteurs de Dieu. Cette peste nous prépare au martyre en nous apprenant à ne point craindre la mort. Ce n'est pas un fléau pour nous, mais un exercice qui nous fait remporter la gloire de la constance, et nous dispose à recevoir des couronnes. Saint Cyprien répond aux vains prétextes dont quelques-uns se servaient pour autoriser leur crainte et leur douleur. Les uns s'affligeaient de pouvoir être privés du martyre par la mort ; les autres regrettaient le mérite et la probité des parents ou des amis qu'ils avaient perdus. Le saint évêque dit aux premiers que le martyre étant une grâce de Dieu, ils ne peuvent pas dire qu'ils l'ont perdu, puisqu'ils ne savent pas s'ils méritaient de le recevoir, qu'au surplus Dieu qui sonde les cœurs et découvre les choses les plus cachées, les récompensera de leur résolution et de leur courage ; car Dieu ne demande pas notre sang, mais notre foi. Il dit aux seconds que nous ne devons pas pleurer comme perdus ceux de nos amis ou de nos proches qui n'ont fait que passer de cette vie à la vie éternelle, mais au contraire, nous réjouir de leur départ, assurés de la vérité des promesses du Seigneur. Il rapporte une vision qu'eut un évêque, qui, dans une maladie grave avait demandé à Dieu qu'il lui plût de le laisser encore au monde. Un jeune homme se présenta à lui environné de lumière et plein de majesté, et lui dit d'un ton qui témoignait assez son indignation : Vous appréhendez la persécution, et vous ne voulez pas néanmoins sortir de ce monde, que voulez-vous que je fasse ? C'est ainsi, ajoute le saint docteur, que Dieu, voyant que la crainte des souffrances l'emporte sur le désir que nous avons d'aller à lui, ne consent pas à notre désir pour notre avantage. Il finit son traité par ces paroles remarquables : « Notre patrie, c'est le paradis ; nos parents sont les patriarches ; pourquoi donc ne courrons-nous point voir notre patrie et embrasser nos frères ? »

Exhortation au martyre. — Saint Cyprien composa ce traité à la prière de Fortunat, évêque de Tuccabar, le même qui parla avec beaucoup de chaleur contre le baptême des hérétiques dans le grand concile de Carthage. Ce n'est pour ainsi dire qu'un recueil de passages de l'Ecriture, divisé en douze chapitres et disposé de la même manière que les livres des Témoignages. Le saint n'y ajoute que peu de chose aux paroles du texte sacré, laissant à Fortunat et aux autres lecteurs la liberté d'étendre la matière, s'ils le jugent à propos. C'est ainsi qu'il en parle dans sa préface à Fortunat : « Je vous envoie, lui dit-il, non une robe toute faite, mais la laine même et la pourpre de l'agneau qui nous a rachetés et vivifiés. Vous vous en ferez un vêtement que vous aimerez d'autant mieux que vous l'aurez disposé vous-même à votre volonté. Je vous supplie aussi d'en faire part à nos autres frères, afin qu'ils puissent s'en servir à couvrir leur ancienne nudité, et que, revêtus de Jésus-Christ, nous soyons tous remplis de sa grâce. » Il dit encore qu'il lui envoie pour les frères qui doivent combattre, des armes prises dans les livres sacrés comme dans un arsenal divin. La raison qu'il donne de ce qu'il n'a presque rien ajouté au texte de l'Ecriture, c'est que quand il s'agit de faire des martyrs, il faut que les hommes se taisent pour laisser parler Dieu.

Après avoir montré que les idoles ne sont rien et que Dieu seul mérite d'être adoré, sans crainte des persécutions, dans la confiance qu'il est plus puissant pour nous protéger que le diable pour nous vaincre, il ajoute: Il a été prédit que le monde nous haïrait et susciterait des persécutions contre nous. Cela ne doit point paraître étrange à des chrétiens, puisque dès le commencement du monde les gens de bien ont souffert de la part des méchants. Ce qu'il prouve par plusieurs exemples de l'Ancien Testament. Si donc nous nous sommes véritablement donnés à Dieu, si nous marchons sur les traces des anciens justes, nous ne devons pas faire difficulté de passer par les mêmes épreuves, mais nous estimer heureux de nous rencontrer dans un temps où la foi et la vertu sont si florissantes, qu'on ne peut plus compter comme autrefois le nombre de ceux qui se signalent par le martyre.

Contre Démétrien. — On croit que ce Démétrien fut gouverneur d'Afrique ou assesseur du proconsul, au temps de la persécution de Dèce. Il accusait les chrétiens d'être la cause de tous les fléaux qui ravageaient l'empire; et saint Cyprien lui répond d'abord que tous ces maux viennent de l'affaiblissement de la nature et de la décadence d'un monde qui tend à sa fin. Ce qu'il essaie de démontrer par l'énumération de divers dérangements arrivés dans le cours ordinaire de la nature. Puis il ajoute: Croyez-vous qu'une chose qui est sur son retour puisse être aussi vigoureuse qu'elle l'était d'abord. Quand donc vous imputez aux chrétiens que dans la vieillesse du monde toutes choses empirent; c'est comme si les vieillards s'avisaient de lui imputer les incommodités de la vieillesse, et de dire qu'ils sont cause qu'ils n'entendent plus si clair, qu'ils n'ont plus si bonne vue, qu'ils ne sont plus ni aussi agiles, ni aussi robustes, ni aussi sains. Il répond ensuite que bien loin que les chrétiens soient la cause des calamités publiques, parce qu'ils n'adorent pas les faux dieux, ce sont les païens au contraire qui les attirent, en ne rendant pas au vrai Dieu le culte qui lui est dû, et en persécutant ceux qui l'adorent; que Dieu, pour punir leurs crimes et se venger du mépris qu'ils ont pour lui, les frappe de plusieurs plaies en cette vie, jusqu'à ce qu'il les punisse par des flammes éternelles en l'autre; que toutes ces choses ont été prédites par les prophètes. Puis, s'adressant à Démétrien: Vous vous mettez en colère, lui dit-il, de ce que Dieu est irrité contre vous, comme si en vivant mal vous méritiez qu'il vous fît du bien; et il énumère tous les crimes qui se commettent tous les jours, puis il conclut ainsi: Que chacun pense aux plaies de sa conscience, et il cessera de se plaindre de Dieu ou de nous, quand il reconnaîtra qu'il souffre ce qu'il mérite. C'est donc injustement, continue saint Cyprien, que vous persécutez ceux qui servent le vrai Dieu, et encore, il ne vous suffit pas de ne le point adorer, mais vous faites la guerre à ceux qui l'adorent. Pourquoi attaquez-vous ainsi la chair qui est faible? combattez contre l'esprit, renversez notre foi, surmontez-nous par la raison, si vous le pouvez; ou si vos dieux sont véritablement dieux, qu'ils se défendent et qu'ils se vengent eux-mêmes. Mais bien loin de pouvoir exercer cette vengeance, ils se laissent maltraiter tous les jours par les chrétiens qui les chassent malgré eux des corps de ceux qu'ils possèdent. Il avance comme un fait constant que jamais l'on ne persécute les chrétiens, que le ciel ne donne aussitôt des marques de son courroux; d'où il infère que les chrétiens ne sont la cause des fléaux de Dieu qu'autant qu'il les envoie pour les venger de leurs persécuteurs.

Du bien de la patience. — Ce traité a pour but d'entretenir la paix et la concorde entre les chrétiens et principalement entre les évêques, au sujet de la grande querelle de la rebaptisation des hérétiques. Saint Cyprien avance d'abord comme certain que la patience dont les philosophes faisaient profession était aussi fausse que leur sagesse; cette vertu est propre aux chrétiens, puisqu'elle leur est commune avec Dieu, et qu'elle vient du ciel. Ensuite il leur propose divers motifs qui doivent les engager à la pratiquer. Le premier est l'exemple de Dieu qui, quoique irrité tous les jours à cause de nos offenses, suspend les effets de sa colère, et attend patiemment que le temps qu'il a marqué pour sa vengeance arrive. Il donne ainsi aux pécheurs les moyens de se reconnaître et de sortir de leurs crimes, car il ne les punit que lorsque leur pénitence ne leur peut plus être utile. — Saint Cyprien tire son second motif de l'exemple de Jésus-Christ, dont toutes les actions depuis sa naissance jusqu'à sa mort portent le caractère auguste d'une patience infinie, patience qui survit à tous les souvenirs de souffrances, puisque après cela il reçoit encore ses meurtriers lorsqu'ils se convertissent et retournent à lui, et qu'il ne ferme l'entrée de son Eglise à personne, faisant ainsi de son sang une source de vie pour ceux qui l'ont répandu. Le troisième exemple est celui des patriarches, des prophètes et des justes de l'ancienne loi, et des martyrs de la loi nouvelle, qui tous n'ont été la figure de Jésus-Christ, et n'ont acquis leur couronne que par la patience. La charité, dit-il, est le lien qui unit les fidèles, le fondement de la paix, le ciment de l'unité; elle est plus grande que l'espérance et la foi; elle surpasse toutes les bonnes œuvres et le martyre même, et elle demeurera toujours avec nous dans le ciel. Cependant ôtez-lui la patience, et vous la verrez tomber et se perdre; ôtez-lui ce fondement, et elle demeurera sans force et sans vigueur; car selon la parole de l'Apôtre, la **charité souffre tout.** Il montre ensuite la nécessité de cette vertu pour l'accomplissement des préceptes évangéliques, et pour supporter toutes les épreuves de la vie. Afin de faire ressortir cette vertu dans tout son jour, il la met en opposition avec le vice contraire, cite des exemples de ceux qui par impatience sont tombés dans les plus grands crimes, et prouve que la patience nous rend dignes de jouir de Dieu. Elle calme nos passions, elle éteint le feu des divisions, elle retient la puissance des riches dans des bornes légitimes, console l'indigence des pauvres, conserve l'intégrité bienheureuse des vierges, la chasteté des veuves, l'union sainte et indissoluble des personnes mariées. Elle établit solidement les fondements de notre foi, elle élève l'édifice de notre espérance, et nous fait marcher sur les traces de Jésus-Christ.

De la jalousie et de l'envie. — Saint Cyprien écrivit ce traité dans les mêmes circonstances, en se proposant encore pour but d'écarter tout ce qui pourrait fomenter la division entre les chrétiens et les pasteurs. Saint Jérôme l'appelle un livre excellent, et saint Augustin le cite comme un écrit fort connu des peuples. — De tous les vices, dit le saint docteur, il n'en est point qu'un chrétien doive éviter plus soigneusement que l'envie, parce qu'il n'en est point de plus imperceptible, ni qui nous fasse périr plus sûrement sans que nous l'apercevions. Pour nous en convaincre, il remonte à l'origine de la chose, et dit que dès le commencement du monde c'est cette malheureuse passion qui a perdu le démon et l'homme avec lui. C'est l'envie qui anima Caïn contre Abel, Esaü contre Jacob, les enfants de ce patriarche contre Joseph, leur frère, Saül contre David, les Juifs contre Jésus-Christ, et qui tue tous ceux qui se rendent les imitateurs du démon, suivant cette parole de la sagesse : la mort est entrée dans le monde par l'envie du diable, et ceux qui sont de son parti l'imitent. Après avoir ainsi décrit les funestes effets de l'envie, il en marque l'étendue, en disant qu'elle est la source de toutes sortes de crimes et la matière de tous les péchés. C'est l'envie qui fait qu'on rompt le lien de la paix, qu'on viole la charité fraternelle, qu'on corrompt la vérité, qu'on déchire l'unité par des schismes et des hérésies, parce qu'on se croit offensé de n'avoir point été nommé évêque, ou qu'on refuse d'obéir à celui qui nous a été préféré. Quelle pitié d'envier la vertu à autrui, et de haïr en lui ou ses propres mérites ou les grâces de son Dieu? Tous les autres crimes ont une fin et se terminent quand ils ont atteint leur but. Ainsi un adultère est content quand il a joui de la personne qu'il aime; un voleur se tient en repos quand il a commis son vol. Mais l'envie ne s'arrête jamais. C'est un péché toujours subsistant, et plus celui à qui elle s'attache est heureux, plus elle s'irrite et s'enflamme. C'est un mal opiniâtre que de persécuter un homme que Dieu prend sous sa protection; c'est un malheur sans remède que de haïr un homme heureux. Saint Cyprien appuye ces vérités par la réponse que Jésus-Christ fit à ses disciples, inquiets de savoir quel était le plus grand d'entre eux. Celui, dit-il, qui sera le moindre parmi vous tous, celui-là sera grand. Il n'est donc plus permis à un disciple de Jésus-Christ d'être envieux; nous ne pouvons plus disputer de gloire et d'élévation entre nous, puisqu'on n'y arrive que par l'humilité. Aussi l'apôtre met l'envie entre les œuvres de ténèbres. La péroraison qui termine ce traité est une exhortation vive et pathétique aux chrétiens de son temps, pour les engager à se défaire de cette passion criminelle, incompatible avec la charité qui, selon l'Apôtre, n'est point jalouse, passion qui met celui qu'elle possède au rang des homicides; car quiconque est envieux hait son frère, et celui qui hait son frère est un homicide. Un chrétien n'a pas seulement à attendre la couronne du martyre; la paix aussi a ses couronnes qui sont la récompense des différentes victoires que nous remportons sur l'ennemi. Surmonter la volupté, dompter la colère, souffrir les injures, triompher de l'avarice, supporter en patience les afflictions, tout cela mérite une couronne. Celui qui ne s'enorgueillit point dans sa bonne fortune sera récompensé de son humilité; celui qui est aumônier et charitable aura un trésor dans le ciel; celui qui n'est point envieux et qui vit paisiblement avec ses frères recevra le prix de sa douceur.

Lettres. — Les lettres de saint Cyprien sont au nombre de quatre-vingt-une dans l'édition d'Oxford, et de quatre-vingt-trois dans celle de Pamélius, reproduites par le *Cours complet de Patrologie*, y compris quelques lettres en réponse. L'une des premières et qu'il a écrite peu de temps après son baptême, est adressée à Donat, son ami. Il y parle des périls du monde et des crimes qu'on y commettent, et du bonheur d'éviter ses dangers. Cette lettre, extrêmement fleurie, se sent encore de l'éloquence mondaine. Saint Cyprien adopta dans la suite un style plus mâle, plus grave, moins chargé d'ornements et plus chrétien.

A son clergé. — La persécution de Dèce s'étant fait sentir en Afrique vers le mois de février de l'an 250, saint Cyprien sortit de Carthage pour éviter la fureur du peuple qui demandait qu'on l'exposât aux lions. Mais, en quittant son troupeau, il ne l'abandonna point, et ne cessa pendant tout le temps de sa retraite de veiller à sa conservation, et de prendre autant qu'il était en lui le soin de sa conduite. Il nous apprend lui-même dans une de ses lettres adressée au clergé de Rome, qu'il en avait écrit treize pour le règlement de son peuple. Dans la première, qui est la cinquième selon l'édition d'Oxford, saint Cyprien dit aux prêtres et aux diacres de son Église : Puisque l'état des lieux ne me permet pas d'être présent, je vous conjure par votre foi et par votre piété de vous acquitter de vos fonctions et des miennes, de telle sorte que rien ne manque à l'ordre et à l'exactitude de la discipline. Quant à la dépense qu'il faudra faire, soit pour les confesseurs qui sont en prison, soit pour les pauvres qui persévèrent dans la foi, je vous prie que rien ne leur manque; puisque toute la somme qui a été amassée n'a été distribuée entre les mains des clercs qu'afin que plus de personnes eussent de quoi pourvoir aux besoins de chacun. Que si les frères, par l'ardeur de leur charité, s'empressent à visiter les saints confesseurs, je crois qu'ils doivent user de précautions, et n'y pas aller à grandes troupes, de peur qu'excitant l'indignation (des païens) on ne leur permette plus l'entrée de la prison; en sorte que nous perdions tout par l'avidité de trop avoir. Prenez donc garde qu'on en use avec discrétion afin qu'on puisse le faire avec plus de sûreté, et même que les prêtres qui offrent le sacrifice dans les prisons des confesseurs, y aillent tour à tour, parce que le changement les rendra moins odieux. Nous devons en tout être doux et humbles, comme il convient à des serviteurs de Dieu; nous accommoder au temps et procurer le repos du peuple

Aux martyrs et aux confesseurs. — Saint Mappalique ayant souffert le martyre le 17 avril 250, saint Cyprien écrivit aussitôt après à ceux qui avaient enduré des tourments, et aux confesseurs qui n'étaient encore qu'en prison, mais destinés au supplice. Il relève dans cette lettre la grandeur du courage de ces glorieux martyrs qu'aucune souffrance n'avait pu vaincre. Parlant de saint Mappalique, il s'exprime ainsi : « Une parole pleine du Saint-Esprit est sortie de la bouche d'un de ces martyrs, lorsque le bienheureux Mappalique a dit au proconsul au milieu des tourments : *Vous verrez demain un combat.* Le combat promis a été rendu, et le serviteur de Dieu y a été couronné. Saint Cyprien exhorte les martyrs et les confesseurs qui étaient en prison à suivre un si bel exemple, afin que la consommation d'une même vertu et la récompense d'une même couronne unissent après leur mort ceux que les liens d'une même confession et d'une même prison avaient joints pendant leur vie. Mais il ajoute que si, avant le jour de leur combat, Dieu donne la paix à son Eglise, ils ne doivent pas s'affliger d'être privés de la gloire extérieure du martyre, puisque le Seigneur, de qui ils attendent la couronne, connaît leurs intentions, et que pour mériter la couronne que Dieu nous a promise, le seul témoignage de celui qui doit nous juger suffit.

A son peuple. — L'année suivante, Félicissime ayant suscité un schisme dans l'Eglise de Carthage, saint Cyprien écrivit à tout son peuple, tant à ceux qui étaient tombés pendant la persécution, qu'à ceux qui étaient demeurés fermes, pour exhorter ceux-ci à persévérer constamment dans la communion de l'Eglise, et les autres à ne point se laisser séduire par les promesses fallacieuses d'une fausse paix. Il leur dit qu'il ne pourra retourner à Carthage qu'après la fête de Pâques, à cause de cette nouvelle tempête, qu'il regarde comme une persécution beaucoup plus dangereuse que celle des païens, et les assure qu'elle passera bientôt par la protection de Dieu. Il combat en ces termes le schisme de Félicissime : Il n'y a qu'un Dieu, qu'un Christ, qu'une Eglise, et qu'une chaire fondée sur Pierre, par la parole du Seigneur. On ne peut élever un autre autel, ni faire un sacerdoce nouveau, parce qu'il n'y a qu'un seul autel et un seul sacerdoce : quiconque assemble ailleurs, disperse. Tout ce que des hommes furieux veulent établir contre la disposition de Dieu, est adultère, impie et sacrilège. Ensuite il défend à son peuple d'avoir aucune communication avec les schismatiques, leurs discours étant aussi dangereux qu'un chancre et que la peste; et conclut en disant : S'il y en a quelqu'un qui, refusant de faire pénitence et de satisfaire à Dieu, passe au parti de Félicissime et de ses adhérents, qu'il sache qu'il ne pourra plus revenir à l'Eglise, ni communiquer avec les évêques et avec le peuple de Jésus-Christ.

Au pape saint Corneille. — Le pape saint Corneille fut le premier qui confessa Jésus-Christ dans la persécution de Gallus, et son exemple encouragea tellement les fidèles de Rome, que tous ceux qui apprirent son interrogatoire, accoururent aussitôt pour confesser avec lui. La nouvelle en étant parvenue jusqu'à Carthage, saint Cyprien lui écrivit pour le congratuler, et toute l'Eglise romaine avec lui, des témoignages si glorieux de son courage et de sa foi. « Par votre union et votre générosité, lui dit-il, vous avez donné un grand exemple à tous les fidèles. Vous avez montré au peuple à se tenir joint dans le danger à son évêque, et aux frères à ne se point séparer de leurs frères; qu'on ne peut être vaincu quand on est bien uni, et que le Dieu de paix accorde à ceux qui vivent en paix, tout ce qu'ils lui demandent en commun. Combien y en a-t-il de ceux qui étaient tombés, qui se sont relevés, et qui, touchés de regret et de honte, ont fait voir par leur fermeté dans le combat qu'ils avaient été surpris la première fois; de sorte qu'ils ne sont plus maintenant en peine d'obtenir le pardon, mais d'acquérir des couronnes? » Il remarque que les persécuteurs laissaient en repos les sectateurs de Novatien, dont il rend cette raison : que le diable n'attaque que ceux qui sont dans la véritable Eglise. Car il ne cherche pas ceux qu'il a déjà vaincus, et ne se met point en peine de renverser ceux qui sont à lui. L'ennemi de l'Eglise méprise comme des captifs ceux qu'il en a fait sortir, et il ne s'attache qu'à ceux en qui il voit que Jésus-Christ habite. Mais quand quelqu'un de ceux-là serait pris, il n'aurait pas sujet de se glorifier de la confession du nom de Jésus-Christ, puisqu'il est certain qu'à l'égard des personnes mises à mort hors de l'Eglise, la mort n'est pas une récompense de leur foi, mais une punition de leur perfidie; et que ceux-là n'habiteront pas dans la maison de Dieu avec ceux qui sont bien d'accord ensemble, qui s'en sont retirés par une fureur schismatique. Il conclut en disant : « Puisque le Seigneur nous avertit que le jour de notre combat approche, appliquons-nous sans cesse avec tout le peuple aux jeûnes, aux veilles et aux prières. Souvenons-nous les uns des autres, et qui que ce soit de nous qui sorte d'ici le premier par la miséricorde de Dieu, que notre charité continue auprès de lui, et que nos prières ne cessent point pour nos frères et pour nos sœurs. »

Dernière lettre de saint Cyprien à son clergé. — Dans la nouvelle persécution que Valérien suscita contre l'Eglise, en 257, saint Cyprien, d'abord exilé à Curube, puis rappelé à Carthage, l'année suivante, et relégué au fond d'un jardin qui lui avait appartenu, céda un instant aux conseils de ses meilleurs amis et consentit à se cacher, non qu'il voulût se soustraire au martyre, mais au contraire afin d'attendre le retour du proconsul et de pouvoir mourir à Carthage. Ce fut de là qu'il écrivit sa dernière lettre adressée aux prêtres, aux diacres et à tout le peuple de son Eglise. C'est ainsi qu'il leur explique le motif de sa retraite : « Il convient à un évêque, dit-il, de confesser le Seigneur dans la ville où est son Eglise, afin que tout le peuple soit honoré de la confession de son prélat. Car, ajoute-t-il, ce que l'évêque dit dans ce moment, tout son troupeau semble le dire avec lui. Ce serait flétrir l'honneur d'une Eglise aussi illustre que la nôtre, si je recevais ma sentence à Utique, et si je souffrais le martyre dans une ville dont je ne suis pas évêque. Aussi ne cessai-je point de désirer ardemment et de demander dans toutes mes prières, de confesser chez vous le Seigneur, d'y souffrir la mort, et d'en sortir pour aller à lui. Pour ce qui est de vous, mes frères, observez la discipline ; et suivant les préceptes du Seigneur et les instructions que je vous en ai si souvent données dans mes discours, gardez le repos et la tranquillité. Qu'aucun de vous ne fasse du bruit à cause de nos frères, ou ne se présente de lui-même aux païens ; il suffit qu'il parle lorsqu'il sera pris, puisqu'alors c'est le Seigneur qui parle en nous. »

Nous bornerons à ces quelques extraits l'analyse des lettres du saint docteur. Ce peu de fragments suffira pour inspirer le désir d'en connaître davantage, et nous avons atteint notre but, quand nous avons décidé nos lecteurs à lire dans l'original des écrits, que nous ne pouvons que si superficiellement analyser. Lactance remarque que saint Cyprien est un des premiers auteurs chrétiens qui ait été éloquent. Il avait, dit-il, un esprit subtil, agréable et une grande netteté, ce qui est une des plus belles qualités du discours. Son style est orné, son expression facile, son raisonnement doué de force et de vigueur. Il plaît, instruit, persuade, et fait si bien ces trois choses, qu'il serait difficile de dire dans lesquelles il excelle le plus. Saint Augustin dit que l'éloquence même de Cyprien ne suffirait pas à faire son éloge. Saint Grégoire de Nazianze affirme que tout ce que l'on en pourrait dire ne répondrait jamais à l'idée que son nom seul soulève dans l'esprit de chacun. Saint Jérôme, en parlant de ses écrits, dit qu'il n'a pas voulu en faire le catalogue, parce qu'ils sont plus connus que le soleil. Il compare son style à une source d'eau pure dont le cours est doux et paisible. D'autres l'ont comparé, peut-être avec plus de raison, à un torrent qui entraîne tout ce qu'il rencontre. Son éloquence, à la fois mâle et naturelle, et fort éloignée du style déclamateur, était capable d'exciter de grands mouvements. Il raisonne presque toujours avec autant de justesse que de force. Pourtant il faut avouer que, quoique généralement assez pur, son style a quelque chose du génie africain et de la dureté de Tertullien qu'il appelait lui-même son maître, quoiqu'il ait souvent embelli ses pensées et presque toujours évité ses défauts. Le pape Gélase a mis ses écrits à la tête de ceux des saints Pères que l'Eglise reçoit avec vénération. On y trouve les principaux dogmes de la religion solidement établis, les maximes de la morale évangélique présentées dans toute leur pureté, et plusieurs passages de nos livres saints dont il possédait une connaissance parfaite heureusement expliqués. Saint Augustin, prêchant à Carthage contre les pélagiens, lut en pleine assemblée une partie de la lettre de saint Cyprien à Fidus, afin de montrer, dans la question du péché originel, quel était le sens canonique et vraiment catholique des Ecritures. C'est donc avec raison que saint Jérôme regrette que notre saint docteur ne se soit pas appliqué davantage à l'explication des saints livres. Mais les fréquentes persécutions des païens ne lui en laissaient pas le loisir ; il avait besoin de se donner tout entier à affermir son peuple dans la foi et le maintenir dans la pratique de la vertu. La seule chose qui fasse peine en lisant les écrits de saint Cyprien, c'est l'erreur dans laquelle il est tombé au sujet du baptême des hérétiques. Mais s'il mérite quelques reproches, pour avoir employé tout ce qu'il avait d'esprit, d'éloquence et d'autorité à soutenir un sentiment que l'Eglise a condamné depuis, on lui doit aussi des éloges pour la conduite pleine de convenance et de dignité qu'il a soutenue dans toute cette dispute ; tous les saints Pères louent sa modération, et quand plus tard ce différend fut vidé sous le pontificat de saint Sixte, successeur de saint Etienne, saint Augustin remarque que ce fut l'amour de la paix qui l'emporta dans tous les cœurs. *Vicit pax in cordibus eorum.*

CYPRIEN, prêtre et moine du Mont-Cassin vers l'an 760, s'y distingua par sa science et son talent pour la poésie. Il est auteur d'un hymne sur les miracles de saint Benoît. Cet hymne qui commence par ce vers,

Aureo solis radio perennis,

qu'on peut traduire ainsi :

Aux rayons enflammés du soleil éternel,

nous a été conservé par Pierre Diacre, au chapitre vii de ses *Hommes illustres* du Mont-Cassin. On le retrouve tout entier dans le *Cours complet de Patrologie*.

CYPRIEN, archiprêtre de l'Eglise de Cordoue en Espagne, florissait vers l'an 929. On a de lui neuf épigrammes authentiques. On lui en attribue vingt-une autres, mais au jugement de Nicolas Antoine, dans son ancienne *Bibliothèque espagnole*, elles sont toutes supposées. Les premières nous ont été conservées par Ambroise Moralès et Michel Ruidzio, et Laurent Ramirès de Prado en fait beaucoup d'éloges. Elles se trouvent reproduites dans le *Cours complet de Patrologie*.

CYRICE ou **QUIRICE**, fut évêque de Barcelone en Espagne vers l'an 662. Il nous reste de lui deux lettres adressées à Ildefonse, évêque de Tolède, avec les réponses de ce dernier. Dans la première de ces lettres Cyrice le félicite du livre qu'il a écrit pour venger la virginité de la sainte mère de Dieu contre les erreurs de Jovinien et d'Helvidius. Elles sont reproduites dans le *Cours complet de Patrologie*.

CYRILLE (saint) de Jérusalem. — On ne peut assigner aucune date certaine à la naissance de saint Cyrille. On croit communément qu'il vint au monde vers l'an 315, puisqu'il vivait avant que l'empereur Constantin, de concert avec sainte Hélène sa mère, eût rendu à Jérusalem son ancien lustre, abattu toutes les idoles qui souillaient le Calvaire, et déblayé les terres et les immondices qui couvraient le Saint-Sépulcre, sur l'emplacement duquel ils construisirent l'Eglise magnifique qui subsiste encore de nos jours. Il parle, dans ses ouvrages, comme un témoin oculaire de ces transformations, comme un contemporain de ces monuments. De bonne heure, les livres saints furent l'objet de ses études, et il lut aussi les écrits des philosophes païens. Saint Maxime, archevêque de Jérusalem, l'ayant ordonné prêtre, vers l'an 345, le chargea de prêcher l'Evangile et d'instruire les catéchumènes qui ne recevaient alors le baptême qu'après deux ans d'épreuves. Cyrille remplissait avec autant de zèle que de succès les fonctions de catéchiste, lorsque vers la fin de 350, la mort de saint Maxime fit penser à lui pour lui succéder. Il fut élu canoniquement par les évêques de la province; du moins, c'est le témoignage que rendent de son élection les pères du second concile de Constantinople, dans leur lettre au pape Damase et aux autres évêques d'Occident. Le commencement de son épiscopat fut signalé par une apparition miraculeuse. Socrate, Philostorge et l'auteur de la *Chronique d'Alexandrie*, rapportent que le 7 mai 351, à neuf heures du matin, on vit dans le ciel une grande lumière en forme de croix, qui s'étendait depuis le Calvaire jusqu'à la montagne des Oliviers, dans un espace de quinze stades (environ trois quarts de lieue) et qui brilla pendant plusieurs heures avec tant d'éclat, que le soleil même ne pouvait l'obscurcir. Ce phénomène était entouré d'un Iris au cercle lumineux. Cyrille en donna lui-même la description, dans la lettre qu'il écrivit, à ce sujet, à l'empereur Constance et que Cave a recueillie. Sozomène, Théophane, Eutychius, Jean de Nicée et plusieurs autres, regardent cette lettre comme authentique. André Rivet croit qu'elle est supposée, mais un autre protestant, Blondel, est d'accord avec les catholiques pour l'attribuer au saint docteur. Quelques critiques modernes ont cherché à donner des explications naturelles à ces phénomènes miraculeux; mais les auteurs catholiques leur ont répondu, en prouvant que, d'après les principes mêmes de la physique, aucun des météores qui se produisent quelquefois dans l'atmosphère n'ont et ne peuvent avoir la forme d'une croix. Les Grecs ont consacré une fête, qui se célèbre le 7 mai, à la mémoire de cette apparition qui illustra l'avénement de Cyrille à l'épiscopat. Acace de Césarée, qui l'avait ordonné évêque, fut le premier à le troubler dans la libre possession de son siége. En sa qualité de métropolitain il prétendait à la suprématie de juridiction, sur le siége apostolique de Jérusalem. Cyrille défendit ses droits; il s'éleva entre les deux évêques une dispute assez vive, et la différence d'opinion sur la *Consubstantialité* du Verbe acheva de les diviser. Quoi qu'en dise Sozomène, Cyrille était attaché à la foi de Nicée. Acace, arien ou semi-arien, le cita plusieurs fois, mais il refusa de comparaître; et, ce fut après deux ans de citations inutiles, que, dans un concile qu'il présidait, l'archevêque de Césarée fit prononcer la déposition de l'évêque de Jérusalem. Les évêques ariens le condamnèrent comme ayant dissipé les biens de l'Eglise; et en effet, pendant une grande famine qui affligeait la Judée, Cyrille avait vendu une partie du trésor, des vases et des ornements sacrés, pour nourrir les pauvres qui périssaient de misère. Il appela de sa déposition à un tribunal supérieur; Acace, lui faisant un crime de cet appel, le chassa de Jérusalem. Cyrille se retira d'abord à Antioche, et ensuite à Tarse en Cilicie. Il fut rétabli, l'an 359, dans le concile de Séleucie, qui prononça la déposition d'Acace et de plusieurs autres évêques ariens; mais, l'année suivante, Acace et ses partisans réussirent à le faire déposer une seconde fois dans un concile tenu à Constantinople. Après la mort de l'empereur Constance, Julien, son successeur, ayant rappelé les évêques exilés, saint Cyrille retourna à Jérusalem, et reprit la direction de son Eglise vers l'an 361. On sait que pour donner un démenti aux prophéties de Daniel et de Jésus-Christ lui-même, ce prince apostat voulut relever les murs du temple de Jérusalem, et que le prodige qui empêcha l'exécution de ce dessein est attesté non-seulement par les auteurs ecclésiastiques, mais encore par Ammien Marcellin, par Libanius et par Julien lui-même, quoiqu'il ait cherché à le dissimuler. Cyrille, qui était alors à Jérusalem, vit, sans s'émouvoir tous les préparatifs pour la restauration du temple, et plein de confiance en la vérité infaillible des oracles divins, il assura qu'on en verrait bientôt l'accomplissement. C'est ce qui arriva en effet, au grand étonnement de tous, excepté du saint évêque, qui près de vingt-cinq ans auparavant, dans une de ses catéchèses, avait annoncé la possibilité d'une pareille tentative. Cette confiance inébranlable, dans les oracles de Dieu, le rendit odieux à Julien, qui avait résolu, suivant Orose, de sacrifier ce pontife à sa haine, après son retour de la guerre de Perse; mais il périt, comme on sait, dans cette expédition. Cyrille fut encore exilé, en 367, par l'empereur Valens qui avait embrassé l'arianisme. Cet exil dura plus de dix ans, et il ne revint à Jérusalem qu'en 378, c'est-à-dire lorsque Gratien, parvenu à l'empire, fit rétablir sur leurs siéges les évêques qui étaient unis de communion avec le pape Damase. Il gouverna son Eglise sans trouble pendant huit ans, sous le règne de Théodose, Il assista, l'an 381, au concile général de Constantinople, dont les pères lui rendirent ce témoignage particulier : « Pour l'Eglise de Jérusalem, nous reconnaissons le vénérable évêque Cyrille qui a beaucoup souffert, en divers lieux, de la part des ariens. » Cyrille souscrivit la condamnation des ariens et des macédoniens et mourut en 386, dans la soixante-dixième année de son âge et la trente-cinquième de son épiscopat. Il est honoré par les Grecs et les Latins, le 18 mars, qui fut le jour de sa mort. Ses ouvrages consistent en vingt-trois catéchèses, dont les cinq dernières sont intitulées *Mystagogiques*, soit parce qu'elles traitent particulièrement des mystères, soit parce qu'elles ont été prononcées en présence des personnes qui y étaient déjà initiées. On a encore de lui une homélie sur le paralytique de trente-huit ans et une lettre à l'empereur Constance. On lui attribue, en outre, une homélie sur la présentation de Jésus-Christ au temple, une lettre au pape Jules et une autre à saint Augustin; mais de l'aveu des meilleurs critiques, ces derniers écrits sont supposés.

Catéchèses. — Les calvinistes se sont donné bien du mouvement pour prouver que ces instructions étaient faussement attribuées à saint Cyrille ; ils ne sont pas même parvenus à convaincre les protestants d'Angleterre, qui tous en reconnaissent l'authenticité. D'ailleurs Théodoret, Léon de Byzance et le septième concile général, ne laissent aucun doute à cet égard. Le style de cet ouvrage est simple, clair et didactique ; le saint évêque de Jérusalem y établit solidement le dogme chrétien contre les erreurs des hérétiques, et son livre est universellement considéré comme l'abrégé le plus ancien et le plus parfait de la doctrine de l'Eglise.

Le saint docteur a fait précéder ses catéchèses d'un discours en forme de préface, dans lequel il prépare les catéchumenes à recevoir ses instructions. Il leur demande d'assister à l'Eglise non pas seulement de corps, mais d'esprit, et, qu'en donnant leurs noms pour être enrôlés dans la milice du Seigneur, ils aient des intentions plus pures que Simon le Magicien, dont les eaux du baptême firent un chrétien sans le rendre meilleur. Il veut que, dès le premier jour, ils commencent à quitter leurs mauvaises habitudes, que dans les suivants, ils s'empressent de venir entendre les instructions. Il leur recommande de recevoir soigneusement les exorcismes, rien n'étant plus salutaire ni plus propre à purifier l'âme. Il leur défend de rien dire aux infidèles de ce qu'ils auront appris, parce que les infidèles sont indignes de l'entendre. Il leur trace quelques règles particulières sur la manière dont ils doivent se tenir dans le temple ; il veut que les hommes soient avec les hommes, les femmes avec les femmes, qu'ils prient avec ferveur, qu'ils lisent quelque livre de piété ou qu'ils écoutent la lecture de l'un d'entre eux ; mais il recommande aux femmes et surtout aux filles, de lire ou de prier à voix si basse qu'on ne les entende point. Il les avertit qu'il observera soigneusement leur ardeur, leur zèle, leur assiduité, leurs progrès dans la vertu, et, pour les engager à s'y préparer saintement, il finit par un éloge pompeux du baptême. « C'est la délivrance de leur captivité, c'est la rémission et la mort de leurs péchés, c'est la régénération de l'âme, c'est le sceau ineffable de la sainteté. »

1re *Catéchèse.* — La première instruction roule sur le même sujet, que le saint docteur développe avec les mêmes raisons et en employant presque les mêmes termes. Aussi, dans tous les manuscrits, est-elle intitulée : *Introduction au baptême* ; et en effet ce n'est qu'une invitation à recevoir ce sacrement, dont elle démontre les grands avantages. Il choisit dans une lecture, qu'on avait faite d'un passage d'Isaïe, ces paroles : *Lavez-vous et soyez purs*, pour en faire la matière de son discours. Le titre porte qu'il le fit sur-le-champ ; peut-être en effet y avait-il apporté moins de préparation qu'aux discours qu'il donnait les dimanches, en présence du peuple et du clergé rassemblés. Il recommande aux catéchumènes de confesser, dès le commencement de la quarantaine, les péchés qu'ils avaient commis par paroles, par œuvres, la nuit, le jour, et de s'occuper le reste du temps à la lecture des saints livres.

2e *Catéchèse.* — Le texte de la seconde est emprunté à ces paroles d'Ezéchiel : *Qui fecerit judicium et justitiam, vita vivet et non morietur* ; et elle porte pour titre : *De la pénitence et de la rémission des péchés*. En effet, le but du saint catéchiste est d'engager ses auditeurs à la pénitence, et de les préparer au baptême qui les purifie, par la confession qui commence leur repentir. Il représente le péché comme une des plus aiguës maladies de l'âme, puisqu'il lui coupe les nerfs, lui enlève la vie de la grâce et la rend digne de la mort éternelle. Le péché ne vient pas de

Dieu, qui a créé l'homme juste et innocent; mais de nous-mêmes, c'est-à-dire de notre libre arbitre, et de la tentation du démon qui nous sollicite, mais qui ne nous force pas à le commettre. Puis il ajoute : « Cependant pour être tombé dans le péché, ce n'est pas une raison de désespérer de l'innocence : le plus grand crime de tous c'est de manquer de confiance en la bonté de Dieu et l'efficacité de la pénitence ; celui qui a tiré Lazare du tombeau où il pourrissait depuis quatre jours, peut encore renouveler pour nous dès cette vie même le miracle de la résurrection. » Pour rendre cette vérité plus sensible, il cite l'exemple d'un grand nombre de pécheurs, depuis Adam jusqu'à saint Pierre, à qui Dieu fit grâce en faveur de leur repentir.

3ᵉ *Catéchèse*. — La troisième catéchèse n'est que le développement de ces paroles de saint Paul aux Romains, vi, 3 : *An ignoratis quia quicunque in Christo Jesu baptizati sumus, in morte ipsius baptizati sumus?* Le moyen dont Dieu se sert pour remettre les péchés, c'est le baptême. En effet, par le baptême, notre âme devient l'épouse de Dieu ; l'eau du baptême lui confère la grâce du Saint-Esprit qui la purifie et en fait comme une figure de l'alliance spirituelle que Dieu contracte avec nous; saint Jean-Baptiste a été le premier ministre du baptême, et Jésus-Christ lui-même a voulu être baptisé de ses mains, avant d'en faire un précepte pour tous les hommes. « Il n'y a que les martyrs qui soient exceptés de cette loi, dit le saint docteur ; ils peuvent entrer au ciel sans avoir été baptisés ; car Jésus-Christ qui a racheté le monde, de son côté ouvert sur la croix a fait sortir du sang et de l'eau, afin que, quand l'Eglise est en paix, les uns fussent baptisés dans l'eau, et les autres dans leur propre sang, aux jours des persécutions. » Les effets du baptême sont la rémission des péchés, la communication de la justice, l'effusion de la grâce et la gloire du salut.

4ᵉ *Catéchèse*. — Après avoir parlé du baptême, mais avant d'expliquer aux catéchumènes les différents points du symbole qu'ils devaient y réciter, le pieux docteur jugea à propos de les instruire sommairement de la doctrine qu'il contient. Il y consacra sa quatrième catéchèse, où, après les avoir prémunis contre les enseignements des faux docteurs, il leur fait remarquer que la religion tout entière consiste à croire les vérités qu'elle enseigne, et à pratiquer toutes les bonnes œuvres qu'elle prescrit. Il en expose rapidement les principaux dogmes. Il y parle d'un Dieu unique, tirant son être de lui-même, sans commencement et sans fin, immuable, créateur des anges et des hommes, de nos âmes, de nos corps et de toutes choses. Il y parle de Jésus-Christ, de sa génération éternelle qui précède tous les siècles, et qui l'a rendu éternellement l'égal de son Père en puissance, en sagesse, en dignité ; de sa génération temporelle opérée par le Saint-Esprit, dans le sein d'une vierge qui l'a conçu, sans rien perdre de sa virginité; réunissant ainsi, dans une personne unique, deux natures, le Dieu et l'homme, l'homme qui a été crucifié, et le Dieu qui a sauvé le monde par sa croix. Ainsi, sa passion, sa mort, sa sépulture, sa résurrection, son ascension et jusqu'à son retour au jour du dernier jugement, tout y est exposé en termes clairs, précis et avec une exactitude théologique qui en fait comme un second symbole de la foi. Il traite ensuite de la croyance au Saint-Esprit, et il veut qu'on pense de lui, comme du Père et du Fils, et il exige pour lui les mêmes honneurs et les mêmes adorations, puisqu'il possède avec eux la même divinité et qu'il est, comme eux, unique, tout-puissant, indivisible. Il leur rappelle qu'ils sont composés de deux substances, d'une âme et d'un corps ; d'une âme créée à l'image de Dieu, douée d'immortalité, de raison, d'incorruptibilité ; d'un corps qui est comme l'instrument de l'âme et son vêtement, et dont le mécanisme admirable annonce qu'il ne peut être que l'ouvrage d'un Dieu. Il loue la chasteté, mais sans blâmer le mariage ; il ne condamne pas même les secondes noces ; cependant entre le mariage et la virginité, il met la différence qu'il y a entre l'or et l'argent. A l'égard des aliments, il déclare qu'il faut en user pour entretenir sa vie et non pour favoriser la mollesse et la volupté. Il recommande le jeûne de la viande et du vin, mais sans l'imposer comme une obligation à ceux pour qui leur faiblesse en ferait un danger. Il veut que les vêtements soient simples et sans luxe, leur destination n'étant pas de parer le corps, mais de couvrir sa nudité et de le mettre à l'abri des injures des saisons. C'est donc avec modération qu'il faut user de son corps, puisque c'est avec ce corps que l'on ressuscitera pour être jugé ; car la résurrection de Jésus-Christ est la preuve et l'argument irréfragable de notre future résurrection. Saint Cyrille fait après cela le dénombrement des livres canoniques, en avertissant ses auditeurs que c'est de l'Eglise seulement qu'ils doivent apprendre quels sont les vrais livres de l'Ancien et du Nouveau Testament. Il en compte vingt-deux, c'est-à-dire le nombre que renferme le Canon des Juifs. Il joint à ce catalogue quantité de préceptes moraux pour la conduite des catéchumènes. Il leur interdit la société des païens, les superstitions des astrologues et des augures, les représentations profanes, et la fréquentation des hérétiques et de leurs assemblées ; mais il leur conseille en même temps de s'affermir dans le bien par les jeûnes, les aumônes et la lecture des saints livres.

5ᵉ *Catéchèse*. — Ces paroles de l'Epître de saint Paul aux Hébreux, c. xi, v. 1 : *Fides est sperandarum substantia rerum*, fournissent au saint docteur l'occasion de présenter la foi comme le fondement des vertus. Il consacre sa cinquième catéchèse à relever sa dignité par l'honneur qu'elle nous procure de porter un nom que Dieu lui-même s'attribue, celui de fidèle. C'est à ses effets que l'on connaît sa force. La foi fait mépriser les richesses, fouler aux pieds les grandeurs; c'est elle qui engendre les vrais serviteurs de Dieu, qui soutient les martyrs, et qui communique aux vierges la force de défendre leur vertu jusqu'à la mort. C'est elle qui inspire les plus nobles dévouements, les plus généreux sacrifices, les plus sublimes perfections. C'est un œil qui éclaire les consciences par les lumières qu'elle y répand, et qui leur communique l'intelligence des mystères. Non-seulement elle est utile à tout, mais elle est nécessaire à tout, aux choses de la terre comme aux choses du ciel, aux choses du temps comme aux choses de l'éternité. Sans elle on ne peut ni servir Dieu, ni triompher du diable, ni opérer sa propre justification. Le savant catéchiste distingue deux sortes de foi, l'une qui est la foi proprement dite, par laquelle nous croyons aux vérités qui nous sont présentées; l'autre qui est comme le fruit, la récompense, la perfection de la première, et qui nous communique, par une grâce particulière de l'Esprit, le don de faire de grandes choses et d'accomplir même des prodiges. Il exhorte les catéchumènes à se souvenir du Symbole qu'il paraît leur avoir lu dans le cours de cette conférence, à le graver profondément dans leur mémoire et à méditer souvent ses mystères qui ne sont pas des hommes, mais de Dieu. Nous reproduisons ici ce Symbole, qui est distribué en douze articles et conçu en ces termes : « Nous croyons en un Dieu Père tout-puissant, créateur du ciel et de la terre, de toutes les choses visibles et invisibles; en un Seigneur, Jésus-Christ, Fils unique de Dieu, qui est engendré du Père, vrai Dieu avant tous les siècles, par qui toutes choses ont été faites ; qui est venu dans la chair, s'est fait homme, de la Vierge et du Saint-Esprit; qui a été crucifié et enseveli; est ressuscité le troisième jour, est monté au ciel et est assis à la droite du Père; et viendra dans la gloire juger les vivants et les morts; et son règne n'aura point de fin ; et en un Saint-Esprit consolateur, qui a parlé par les prophètes; et en un baptême de pénitence pour la rémission des péchés; et en une sainte Eglise catholique, et en la résurrection de la chair, et en la vie éternelle. » Ce Symbole était en usage dans l'Eglise de Jérusalem dès avant saint Cyrille, comme il le témoigne lui-même. Mais, dans sa dix-neuvième catéchèse, on voit que, indépendamment de ce Symbole, celui qui se présentait au baptême, aussitôt après la cérémonie des renoncements, en récitait un autre beaucoup plus court et qui ne contenait que ces quatre articles : Je crois au Père, au Fils et au Saint-Esprit, et en un baptême de pénitence.

6ᵉ *Catéchèse.* — Ce texte d'Isaïe : *Israël salvatus est in Domino salute æterna*, fournit au saint docteur le thème de sa sixième catéchèse, dans laquelle il parle de la monarchie de Dieu. A propos de ces premières paroles du Symbole : *Je crois en Dieu*, il dit qu'on ne peut penser à Dieu sans penser en même temps à la Trinité, afin de célébrer indivisiblement la gloire des trois personnes, puisque le Père et le Fils n'ont qu'une gloire, unique, égale et commune avec le Saint-Esprit. Quoi que nous disions de Dieu, nous ne pouvons jamais l'expliquer, lui seul se connaît, et il serait plus facile de mesurer la terre, de compter les étoiles et les gouttes de pluie qui tombent dans un orage, que de dire ce qu'il est. *Profundiora te ne quæsieris!* Il rapporte ensuite les fausses idées que se sont formées de la Divinité ceux qui ont voulu en approfondir la nature. Les uns ont cru que le feu était Dieu, et ont placé son trône dans le soleil ; d'autres se le sont représenté comme un homme qui avait des ailes, fondés sur ce passage du psaume XVI : *Sub umbra alarum tuarum protege me;* quelques-uns se sont imaginé qu'il avait sept yeux, parce qu'il est dit, non pas dans les *Lamentations* de Jérémie, comme plusieurs critiques l'ont prêté à saint Cyrille, mais dans la prophétie de Zacharie : *Septem isti oculi sunt Domini qui discurrunt in universam terram.* Mais l'idolâtrie a poussé le désordre bien plus loin, puisqu'elle a été jusqu'à dire à la pierre et au bois : *Vous êtes mon Dieu.* Après avoir gémi sur ces égarements des païens, il passe en revue les différentes erreurs que le christianisme a vues s'élever contre la nature de Dieu, et il en réfute la doctrine. Il demande à ceux d'entre ces hérésiarques qui admettaient deux dieux, ou deux principes, l'un bon et l'autre mauvais, si ces dieux étaient quelquefois ensemble ou toujours séparés? « Or, ajoute-t-il, on ne peut dire qu'ils soient quelquefois ensemble; car, suivant l'Apôtre, là où la lumière brille, les ténèbres disparaissent ; au contraire, s'ils sont séparés, ils ont donc deux lieux, deux demeures, deux séjours ; eh bien, où il n'y a qu'un Dieu, il est absurde d'en adorer deux. Et d'ailleurs, ajoute-t-il, ou le Dieu que vous appelez bon est puissant ou impuissant; s'il est puissant, comment le mal a-t-il pu se produire malgré lui? s'il est impuissant, il n'est pas Dieu. Saint Cyrille rapporte une partie de la conférence de Manès avec Archélaüs, et pour inspirer à ses auditeurs une sainte horreur des impuretés qu'on trouvait dans les livres des manichéens, il les rapproche et les compare avec la pureté de la doctrine catholique universellement enseignée dans l'Eglise, où tout est dans l'ordre, où la vie est grave, la chasteté honorée, le mariage saint et la virginité élevée pour ainsi dire jusqu'à la dignité des anges.

7ᵉ *Catéchèse.* — La lecture de ces paroles de saint Paul aux Ephésiens, c. III, v. 14, fournit au saint docteur le texte de sa septième conférence : *Hujus rei gratia flecto genua mea ad Patrem Domini nostri Jesu Christi.* Il s'adresse aux Juifs qui ne reconnaissent qu'un Dieu, pour leur prouver que ce Dieu est le Père de Jésus-Christ, et il le fait par l'autorité de l'Ancien Testament, et surtout des psaumes. C'est abuser des termes que de dire que Dieu est le Père de Jésus-Christ, comme il est le Père des élus qu'il a créés; il est le Père de ceux-ci par adoption, il est le Père de Jésus-Christ par nature. Comme Père parfait, il a engendré un Fils parfait, à qui il a communiqué tout ce qu'il a, c'est-à-dire, sa divinité. *Dominus dixit ad me: Filius meus es tu, ego hodie genui te (Psal.* II,7); *Ex utero ante Luciferum genui te (Psal.*CIX,3). Saint Cyrille rapporte encore plusieurs passages du Nouveau Testament, où Jésus-Christ appelle Dieu son Père, de manière à établir sans conteste sa génération éternelle. Il déplore l'aveuglement de ceux qui disent au bois: *Vous êtes mon père*, et à la pierre: *C'est vous qui m'avez engendré*; puis il exhorte ses auditeurs à se rendre dignes de la qualité d'enfants de Dieu dont le baptême doit leur conquérir et les bonnes œuvres leur assurer l'adoption.

8° *Catéchèse.* — Saint Cyrille, qui vient d'établir l'unité d'un Dieu contre les païens, et contre les Juifs sa paternité, continue d'expliquer le premier article du Symbole, et démontre sa toute-puissance, en s'appuyant sur ce texte de Jérémie: *Deus magnus et fortis Dominus.* Son but principal est de combattre les manichéens, qui enseignaient plusieurs erreurs contre la toute-puissance de Dieu. Ils admettaient un Dieu créateur de nos âmes, différent de celui qui forme nos corps. Ils soutenaient aussi que le démon est un esprit incréé, coéternel à Dieu et principe de tous les troubles et de tous les dérangements qui se manifestent dans le monde. Le saint catéchiste, pour détruire ces erreurs, s'applique à relever la patience infinie avec laquelle Dieu supporte les insultes des idolâtres, les blasphèmes des hérétiques, les désordres des mauvais chrétiens et tout ce que le démon entreprend pour s'opposer aux desseins de sa providence et en entraver l'accomplissement. Il fait voir contre les ariens que la puissance est égale entre les trois personnes de la Trinité, et qu'elles exercent un commun empire sur toutes les choses de la création. Il prouve, contre certains hérétiques, que les richesses viennent de Dieu, que par conséquent elles ne sont pas un mal, puisqu'au bon usage qu'on en fait Dieu promet lui-même sa récompense: *Esurivi et dedistis mihi manducare.*

9° *Catéchèse.* — Cette instruction est une suite de la précédente. Le saint docteur y montre que Dieu est le créateur de toutes choses, et que l'univers tout entier est une œuvre digne de sa sagesse infinie; mais c'est un créateur invisible, un être incorporel dont la présence ne peut tomber sous les yeux de la chair. Personne ne l'a vu, pas même Ezéchiel, à qui il ne fut donné que de contempler une faible ressemblance de sa gloire: *Similitudinem Domini.* Mais Dieu se révèle par ses œuvres, sa création le fait connaître, quoique sans le faire comprendre. Il combat ceux des hérétiques de son temps qui déniaient à Dieu et attribuaient à un autre principe la création du monde, à cause de la contrariété qu'ils remarquaient entre les éléments, et il fait une admirable peinture de l'œuvre du Créateur et du bel ordre qui régnait dans l'univers. Il décrit tout à tour la merveilleuse disposition du firmament, la nature du soleil et la vertu infinie de ses rayons qui répandent, en un clin d'œil, la lumière de l'orient à l'occident; le cours régulier des astres qui se lèvent et se couchent à l'heure indiquée par le Créateur; la douceur des crépuscules qui nous donnent et nous retirent la lumière, insensiblement et par degrés mesurés, comme pour accoutumer nos yeux au passage de la nuit au jour et du jour à la nuit; l'utilité des nuits qui se prolongent et qui s'abrègent pour le repos de l'homme ou pour l'heureuse production des moissons et des fruits que la terre porte dans son sein. Les pluies, les vents, les neiges, les glaces, tout a son origine et sa destination providentielles. La terre avec ses produits, l'Océan avec ses profondeurs et son étendue, le ciel avec ses hauteurs sublimes, servent de demeure, d'asile et de patrie aux oiseaux qui volent dans les airs, aux poissons qui nagent dans les eaux, et à tous les êtres de la création qui marchent, qui rampent ou qui végètent sur la terre; tout a sa raison d'être, et il n'est rien d'inutile dans la création. De tous ces objets, le saint docteur passe à la construction de notre corps, à la disposition admirable de ses parties, à la liaison étroite, intime qu'elles ont ensemble, pour nous prouver que Dieu seul peut en être le créateur.

10° *Catéchèse.* — C'est à la première Epître aux Corinthiens que saint Cyrille emprunte ce texte: *Unus Dominus Jesus Christus, per quem omnia et nos per ipsum* (Ch. VIII, v. 6), qui lui donna lieu de prouver le second article du Symbole par lequel nous faisons profession de croire en un Seigneur Jésus-Christ. Il commence par établir, contre les Juifs, la nécessité qu'il y a de reconnaître en Dieu un fils, et de l'adorer. Ensuite il rend raison de son unité, et il dit que nous affirmons qu'il est un, pour prévenir les mauvaises chicanes des hérétiques, qui supposaient perfidement une certaine pluralité de Christ, à cause des différents noms qui lui sont donnés dans l'Ecriture. Mais il démontre que ces dénominations diverses conviennent également à un seul; il insiste particulièrement sur celle de Seigneur, et il prouve, par plusieurs passages des deux Testaments, qu'elle convient réellement à Jésus-Christ. C'est au Fils que Dieu parlait au moment de la création, quand il dit: *Faciamus hominem ad imaginem et similitudinem nostram.* C'est au Fils que parle le Père dans le psaume CIX: *Dixit Dominus Domino meo: Sede a dextris meis.* Les anges lui donnent ce titre en annonçant sa naissance aux pasteurs: *Natus est vobis hodie Salvator, qui est Christus Dominus.* Les apôtres dans leurs actes l'appellent le Seigneur de toutes choses: *Hic est omnium Dominus*; et, après sa résurrection, l'ange envoie les saintes femmes annoncer aux apôtres que le Seigneur est ressuscité : *Euntes dicite discipulis quia surrexit Dominus.* Saint Cyrille traite ensuite des deux autres noms du Sauveur, l'un porté par Josué, et l'autre par Aaron, ces deux grands hommes ayant figuré, dans leur ministère, et le souverain sacerdoce et la dignité royale qui devaient se trouver réunis en Jésus-Christ. Il donne deux étymologies du nom de *Jésus*, tirées l'une de l'hébreu et l'autre du grec, dont le sens est que le Sauveur est en même temps le médecin des âmes et des corps; et il fait venir le nom de *Christ* de l'onction divine, par laquelle il a été établi prêtre de toute éternité : *Tu es sacerdos in œternum.* Les rois de la terre portent ordinairement des noms à part, qui les distinguent de leurs sujets ; Jésus-Christ, par une surabondance de miséricorde divine, veut que ses fidèles portent son nom et qu'ils s'appellent chrétiens ! « Reconnaissez donc, dit-il à ceux qui étaient déjà baptisés, reconnaissez la grandeur et l'excellence du nom qui vous a été donné ; respectez-le, et qu'il n'arrive jamais que par votre faute le nom de Jésus-Christ, qui est le Fils de Dieu, soit blasphémé. Faites, au contraire, que les hommes, voyant vos bonnes œuvres, glorifient le Père qui est dans le ciel, en Jésus-Christ Notre-Seigneur. »

11ᵉ *Catéchèse.* — Les autres paroles du second article du Symbole forment le sujet et le fond de cette instruction. Le saint docteur y traite de la double génération du Fils de Dieu, génération divine, génération humaine, l'une accomplie dans le temps, et l'autre précédant tous les siècles et accomplie dans l'éternité. Ici, par respect pour la vérité théologique, nous avouons qu'il nous semble plus prudent de traduire le savant catéchiste que de l'analyser. « Il n'en est pas des esprits comme des corps, dit-il ; un esprit est produit d'une manière spirituelle et incompréhensible. Dans la génération des corps, il faut qu'il y ait un certain intervalle de temps, par lequel celui qui engendre précède celui qui est engendré. La génération corporelle est toujours imparfaite ; la génération éternelle ne saurait souffrir d'imperfection. Le Fils est engendré d'une manière parfaite, il a toujours été ce qu'il est; tandis que les hommes ne reçoivent qu'avec le temps les perfections qu'ils ne pouvaient avoir au moment de leur formation. » Ces paroles du psaume II, v. 7 : *Dominus dixit ad me : Filius meus es tu, ego hodie genui te,* s'appliquent évidemment à l'éternité de sa génération, car le mot *hodie* signifie un jour sans veille et sans lendemain, et par conséquent un jour éternel. Aussi est-il écrit dans un autre psaume : *Ex utero ante Luciferum genui te.* « Le mystère de cette génération, poursuit le saint docteur, inconnu de toutes les créatures, n'est connu que du Père, du Fils, et du Saint-Esprit..... Le Fils est en tout semblable au Père; les caractères de la Divinité sont les mêmes dans le Père et dans le Fils, en sorte que le Père est parfait et le Fils est parfait; le Père qui engendre est Dieu, et le Fils qui est engendré est Dieu, et le Dieu de toutes choses est engendré d'une manière ineffable, avant tous les siècles, suivant cette parole du prophète Michée, ch. v, v. 2 : *Et egressus ejus ab initio, a diebus œternitatis.* Jésus-Christ dit de lui-même : *Je vous dis que j'étais avant qu'Abraham fût né;* et ailleurs, en parlant à son Père : *Glorifiez-moi maintenant de la gloire que j'ai eue en vous avant que le monde fût fait.* Or quelle peut être cette gloire, si ce n'est une gloire éternelle? » Saint Cyrille montre enfin, par plusieurs autorités de l'Ancien et du Nouveau Testament, que toutes choses ont été créées par le Fils, non que le Père ne possédât par lui-même la puissance de créer, mais parce qu'il a voulu s'associer son Fils dans l'exécution de ses œuvres et le faire régner avec lui sur toute la création.

12ᵉ *Catéchèse.* — Le saint docteur continue le Symbole, et traite, dans ce discours, du mystère de l'incarnation. La lecture du jour, empruntée à ces paroles d'Isaïe : *Virgo concipiet et pariet filium, et vocabis nomen ejus Emmanuel,* lui fournit le texte de son instruction. Il pose d'abord en principe qu'il est aussi nécessaire au salut de confesser l'humanité que la divinité de Jésus-Christ. Il réfute, sur ce point, les erreurs des Juifs et de plusieurs hérétiques, en leur opposant la doctrine raisonnée de l'Église sur l'incarnation. Il répond à ceux qui lui demandaient la raison de ce mystère : « Jésus-Christ est descendu du ciel et a pris un corps pour nous sauver, pour sanctifier les eaux du baptême, pour détruire l'idolâtrie, en se faisant rendre dans l'humanité l'adoration qui lui est due, pour vaincre le démon par les moyens mêmes qu'il avait employés pour nous perdre, et rendre ainsi l'homme déchu participant de la divinité. » Mais comment cela s'est-il accompli? Comme s'accomplissent tous les mystères, comme se sont accomplis tous les prodiges de l'Ancien Testament. En admettant les uns, parce que l'histoire les constate, on ne peut nier la possibilité de l'autre, qui est affirmé par la parole même de Jésus-Christ. Ensuite il montre qu'en Jésus-Christ toutes les prédictions des prophètes touchant le Messie se sont accomplies, et celles qui prédisaient son avénement, et celles qui fixaient l'époque et qui indiquaient le lieu de sa naissance, et celles qui dévoilaient le mystère virginal de son incarnation, et qui le faisaient descendre, comme homme, de la race de David. Les paroles mêmes de son texte lui servent à prouver la virginité de la mère du Sauveur : *Dabit Dominus vobis signum : ecce virgo concipiet,* etc. Si Marie eût cessé d'être vierge, son enfantement était naturel, ordinaire, et il n'y avait point de raison de le donner comme un prodige. Le mot de femme employé dans l'Écriture, pour désigner la mère de Jésus-Christ, ne détruit nullement sa virginité ; c'est un terme générique qui s'applique au sexe, et qui ne désigne pas plus les épouses que les vierges. Enfin, il termine son instruction par un éloge pompeux de la virginité.

13ᵉ Catéchèse. — La treizième catéchèse a pour titre : *Crucifixum et sepultum* ; mais le saint docteur traite principalement de la première partie de cet article du Symbole. Son but est de montrer les avantages que nous retirons de la mort de Jésus-Christ, d'en faire ressortir la réalité et d'en relever toutes les circonstances. Il exalte la croix, et la montre dans tous les siècles comme la gloire de l'Eglise, puisque c'est par elle que Jésus-Christ nous a procuré le salut. Il dit que si sa mort n'avait été qu'imaginaire, comme quelques hérétiques l'ont prétendu, les pharisiens mériteraient d'être crus lorsqu'ils dirent à Pilate : *Nous nous souvenons que ce séducteur a dit, quand il était encore en vie.* « Mais, dit-il, quand je voudrais nier qu'il ait été véritablement crucifié, cette montagne du Golgotha sur laquelle nous sommes assemblés m'en convaincrait, de même que le bois de sa croix, coupé par parcelles, en ce lieu, et déjà distribué dans tout l'univers. » Il rapporte ensuite quelques passages de l'Evangile, dans lesquels Jésus-Christ a prédit lui-même sa passion, sa croix, sa mort. Puis il montre que non-seulement sa mort, mais jusqu'aux plus petites circonstances de sa passion ont été prédites par les prophètes, avec une exactitude de fond et une vérité de détails qui en font comme une histoire écrite plusieurs siècles avant l'événement. Il réfute l'opinion de ceux qui soutenaient que Jésus-Christ n'avait été crucifié que comme un fantôme, et il n'a besoin que du récit évangélique pour les confondre. Il cite encore le témoignage des douze apôtres témoins de sa mort, la foi de l'Eglise, et les miracles opérés tous les jours par la vertu de la croix.

14ᵉ Catéchèse. — Cette conférence explique en même temps trois articles du Symbole : la *résurrection de Jésus-Christ*, son *ascension dans le ciel*, et la place d'honneur assignée à son humanité *à la droite du Père*. Le saint docteur prouve que sa résurrection a été annoncée par les prophètes, avec une exactitude aussi rigoureuse que sa passion et sa mort. Les témoignages les plus formels sont ceux qu'il rapporte des psaumes XXIX et LXXXVII, et celui de Sophonie, où Dieu dit, par la voix de son prophète : *Exspecta me, dicit Dominus, in die resurrectionis meæ in futurum*, ch. III, v. 8. Le prophète Osée est plus explicite encore : il assigne le jour et le moment précis de cette résurrection : *Vivificabit nos post duos dies, in die tertia suscitabit nos et vivemus in conspectu ejus.* Ensuite, par des faits que les Juifs ne pouvaient révoquer en doute, il prouve la possibilité de la résurrection. Il rapporte quelques-unes de celles qui sont consignées dans l'Ancien Testament, entre autres, celles opérées par Elie et par Elisée, aux prières desquels la mort a rendu ses victimes. Il cite le trait de Jonas, qui n'était que la figure de Jésus-Christ. Si Jonas dut à Dieu sa conservation et son salut, pourquoi le Seigneur n'aurait-il pu se restituer à lui-même sa propre vie ? A cette occasion, le saint docteur parle de la descente de Jésus-Christ aux enfers : il y est descendu seul, mais il en est ressorti accompagné d'un grand nombre de saints, dont il a réveillé les cadavres endormis du sommeil de la mort. Il démontre, contre les manichéens, qu'il n'y eut rien de fantastique dans la résurrection du Sauveur ; qu'il est vraiment ressuscité, non en apparence, comme ils le soutenaient, mais en réalité. Il allègue le témoignage des apôtres, qui vécurent avec lui ; des saintes femmes, qui lui baisèrent les pieds, et virent les suaires qui avaient enveloppé son corps ; des gardes, qui reçurent de l'argent des Juifs pour cacher ce miracle ; du sépulcre même, que l'on voyait encore de son temps, et du temple magnifique édifié sur cet emplacement par la piété de l'empereur Constantin. Comme le pieux orateur avait traité la veille, dans un discours particulier, de l'ascension du Sauveur, il n'en dit que quelques mots dans cette catéchèse. Il se contente de rappeler à la mémoire de ses auditeurs les passages de l'Ecriture qui établissent ce mystère : un du psaume XLVI, où nous lisons : *Ascendit Dominus in jubilo* ; un autre du psaume XXIII, où les vertus des cieux se disent entre elles : *Attollite portas, principes, vestras ;*... un troisième du psaume LXVII, où nous lisons : *Ascendit in altum, captivam duxit captivitatem* ; et, enfin, ce passage d'Amos, qui ne peut s'appliquer qu'à Jésus-Christ : *Qui ædificat in cœlum ascensionem suam.* Il dit quelques mots d'Habacuc, d'Enoch et d'Elie, pour marquer la différence qui existait entre eux et Jésus-Christ : ils avaient été enlevés au ciel, tandis que le Sauveur y était monté de lui-même et par sa propre vertu. La troisième partie de ce discours est plus succincte encore ; le saint docteur avait parlé aussi, dans le discours du jour précédent, de la place d'honneur que Jésus-Christ occupe à la droite de son Père. Il établit ce mystère sur ces paroles d'Isaïe : *Vidi Dominum sedentem super thronum excelsum*, ch. VI, v. 1 ; sur ce verset du Psalmiste : *Paratus thronus tuus ex tunc ; a sæculo tu es* (XCII, 2) ; et ailleurs (Psal. CIX) : *Dixit Dominus Domino meo : Sede a dextris meis ;* puis, enfin, sur cette affirmation positive de l'Evangile : *Abhinc videbitis Filium hominis sedentem a dextris virtutis Dei.*

15ᵉ Catéchèse. — Le second avénement de Jésus-Christ, le jugement dernier, son règne éternel, forment les trois divisions de cette conférence. Dans la première partie, le saint docteur distingue deux avénements de Jésus-Christ, et il en explique les similitudes et les différences. Le premier fut un avénement de victime, accompli dans les ignominies de la croix ; le second sera un avénement de gloire, accompli dans toute la majesté du juge qui vient demander compte de son sang. « C'est alors, dit saint Cyrille, qu'il renouvellera le monde de sa création, qu'il le purifiera des crimes qui l'ont souillé, qu'il roulera les cieux, non pour les anéan-

tir, mais afin de les rendre plus brillants. »
Dans la seconde partie, il décrit le jugement dernier, en l'entourant, d'après l'Evangile même, de toutes les circonstances qui doivent le précéder, l'accompagner et le suivre. Quoique présentée sous un jour saisissant, cette description n'ajoute rien aux idées que l'Ecriture nous donne de ce qui doit se passer à ces grandes assises de l'humanité. La conclusion pratique à en tirer, c'est de tâcher, par une bonne vie, d'aller avec confiance au-devant de Jésus-Christ notre roi, qui doit régner dans tous les siècles. Une hérésie s'était élevée depuis peu, qui enseignait que le règne de Jésus-Christ ne durerait que jusqu'à la fin du monde; qu'après ce terme, le Verbe, qui était sorti du Père par la génération, rentrerait dans son sein pour s'y absorber et s'y confondre. L'auteur de ces blasphèmes s'appuyait sur ce passage de l'Evangile : *Exivi a Patre et veni in mundum; nunc relinquo mundum et vado ad Patrem.* Le savant catéchiste n'a pas de peine à montrer que c'est l'ignorance toute seule des saintes Ecritures qui peut faire tomber dans de pareilles erreurs, puisqu'il est écrit en tant d'endroits que Jésus-Christ régnera à jamais sur la maison de Jacob, et que, comme son règne n'a point eu de commencement, il n'aura point de fin.

16° Catéchèse. — La croyance à l'Esprit consolateur, qui a parlé par les prophètes, fait le sujet de cette catéchèse et de la suivante. Comme cette question touchait aux principales erreurs de l'époque, le saint docteur crut devoir la traiter avec étendue. Il débute par cet aveu : qu'on ne peut parler correctement du Saint-Esprit, ni comprendre ce qu'on en dit et en profiter sans une grâce immédiate de Jésus-Christ. Or, voici, dit le saint docteur, ce que l'Eglise enseigne sur ce sujet; savoir : « Qu'il n'y a qu'un seul Saint-Esprit, comme il n'y a qu'un seul Père et un seul Fils; que l'Esprit qui a parlé dans les deux Testaments est le même, et qu'il faut l'honorer à l'égal du Père et du Fils, avec lesquels il est compris dans la sainte Trinité, au nom de laquelle Jésus-Christ a ordonné à ses apôtres de conférer le baptême. » — Il rapporte ensuite les différentes erreurs qui se sont élevées contre l'existence et la divinité du Saint-Esprit, mais il signale particulièrement celles de Simon le Magicien et de Manès, qui se sont donnés successivement comme le Paraclet envoyé de Jésus-Christ. Comme il y a plusieurs êtres à qui l'on donne le nom d'esprit, tels que les anges, notre âme, et généralement tout ce qui n'est pas corps, saint Cyrille, pour empêcher qu'on ne le confonde avec eux, nous révèle la nature du Saint-Esprit, par ses opérations merveilleuses, qui ne lui sont communes avec aucun être créé. Le Saint-Esprit, dit-il, ne nous inspire que du bien dans la vue de notre salut; sa venue est douce et son joug est léger. Avant d'entrer dans l'âme, il y répand les rayons de sa lumière et de la science; il vient pour nous protéger, nous préserver du mal, nous guérir, nous instruire, nous avertir, nous fortifier, nous consoler, nous éclairer, afin qu'ensuite nous puissions communiquer ses lumières aux autres. C'est pour cela qu'il est appelé *Paraclet* ou *Consolateur*..... Le Père donne au Fils, et le Fils communique au Saint-Esprit; mais les dons du Père ne sont pas autres que ceux du Fils et du Saint-Esprit; car il n'y a qu'un salut, qu'une puissance, qu'une foi : un Dieu le Père, un Dieu qui est son Fils unique, et un Esprit consolateur qui est également Dieu. Voilà ce qu'il suffit de savoir; ce serait une curiosité téméraire que de chercher à approfondir sa nature, et à expliquer sa substance. Enfin, le saint docteur termine cette première partie par le dénombrement des merveilles qu'il a accomplies dans les grands hommes de l'Ancien Testament.

17° Catéchèse. — Les opérations du Saint-Esprit dans les saints du Nouveau Testament forment la seconde partie et la dix-septième conférence. Le saint docteur en signale les merveilles : dans la sainte Vierge, qu'il sanctifia pour en faire la mère de Jésus-Christ; dans Elisabeth et dans Zacharie, qu'il combla de ses dons jusqu'à les faire prophétiser; dans Jean-Baptiste, dans le juste Siméon, et dans Jésus-Christ lui-même, lorsqu'il se communiqua à son humanité au moment de son baptême. La conversion des Juifs qui venaient de crucifier le Sauveur, la guérison des malades, la résurrection des morts, et la lumière de l'Evangile faisant le tour du monde, portée par la prédication des apôtres, et illuminant tout à coup l'univers, voilà les opérations merveilleuses du Saint-Esprit que le zélé catéchiste décrit rapidement, en en faisant plutôt l'énumération que la peinture et le tableau. Comme il avait déjà prêché une fois ce jour-là, le temps lui manqua pour entrer dans de plus grands développements, et multiplier les citations des livres du Nouveau Testament où il est parlé du Saint-Esprit. Il exhorte fortement ses auditeurs à demeurer fermes dans la foi en un seul Dieu Père Tout-puissant, en Jésus-Christ son Fils unique, Notre-Seigneur, et en un Esprit consolateur. Il ajoute que, lorsqu'on le comprend bien, la distribution seule des articles du Symbole suffit pour réfuter toutes les erreurs.

18° Catéchèse. — Cette conférence contient l'explication des derniers articles du Symbole, dans lesquels nous faisons profession de croire en une sainte Eglise catholique, en la résurrection de la chair et à la vie éternelle. Le saint docteur traite d'abord la grande question de la résurrection de la chair, qu'il appelle *la racine et le fondement de toutes nos bonnes œuvres.* Les gentils, les samaritains et plusieurs hérétiques niaient la possibilité de la résurrection. Il répond d'abord aux gentils : « Une chose n'est pas impossible à Dieu parce que nous ne pouvons pas la concevoir : il lui est aussi facile de retrouver les parties de notre corps et de les réunir, qu'à nous de tenir et de démêler dans notre main la graine de plusieurs plantes. Il est de sa justice de récompenser les bons et de punir les méchants : il faut donc bien que Dieu se réserve une autre vie dans laquelle il rendra à chacun selon ses œuvres, puisqu'il est évidemment démontré par les faits qu'il n'exerce pas toujours toute sa justice dans la vie présente. » Le saint docteur, après plusieurs autres écrivains ecclésiastiques, rapporte la fable du phénix selon l'opinion de son temps; mais il tire de la nature de l'homme même un exemple plus sensible de la résurrection des corps. Quels sont les principes de notre formation? dit-il. Une matière vile et abjecte, composée elle-même d'éléments faibles et confus. Néanmoins elle se convertit en chair, en os, en nerfs; il s'en fait des yeux, une langue, des mains, des pieds, tous les organes, en un mot, dont l'union est nécessaire pour en former un homme. » Aux samaritains, qui ne reconnaissaient pour authentiques que les seuls livres de Moïse, il répond par l'autorité de ces livres, et il établit le dogme de la résurrection. Dieu dit à Moïse : *Ego sum Deus Abraham, Deus Isaac et Deus Jacob*. Or, il s'appelle lui-même autre part le Dieu des vivants; si ces saints patriarches n'existaient pas ou ne devaient pas ressusciter, il ne serait donc que le Dieu des morts. — Ils existent quant à leurs âmes, répondaient les samaritains, mais ils ne peuvent plus exister quant à leurs corps. « Si la verge de Moïse, réplique le saint docteur, a pu être changée en serpent, à plus forte raison les corps des justes pourront-ils ressusciter, puisque l'un est contraire aux lois de la nature, tandis que l'autre n'y déroge pas. Et, d'ailleurs, dès le commencement, au moment de la création de l'homme, la poussière a bien été changée en chair; comment donc ce qui a été chair ne pourrait-il plus le devenir? » — Trois textes des saints livres fournissaient aux hérétiques leur thèse principale contre la résurrection des morts : Ce verset du psalmiste : *Non resurgent impii in judicio neque peccatores in concilio justorum* (*Psal.* v); cet autre de Job : *Sic qui descenderit ad inferos, non ascendet*; et enfin ce passage du psaume cxiii, v. 19 : *Non mortui laudabunt te, Domine*. — A cela le saint docteur répond que, suivant la pensée du Psalmiste, il y aura une grande différence entre la présence des justes et des impies au tribunal de Dieu : les uns y paraîtront pour en obtenir leur récompense et les autres pour entendre leur condamnation. Les pécheurs ne ressusciteront pas pour y être réunis à la société des saints. Quand, plus loin, dans le psaume que nous avons indiqué, il est dit que les morts ne loueront point le Seigneur, il faut évidemment l'entendre de ceux qui sont morts par le péché, puisque l'auteur sacré complète son verset par ces paroles qui suivent immédiatement : *Neque omnes qui descendunt in infernum*. L'objection tirée de Job est encore une objection de mauvaise foi, puisqu'il suffit du contexte pour la réfuter. Sans doute les morts ne sortiront pas du tombeau pour rentrer dans leur maison et dans la jouissance de leurs propriétés : *Nec revertetur ultra in domum suam, nec cognoscet eum amplius locus ejus*. Il joint à toutes ces réponses des passages tirés de Job lui-même, ch. xiv, v. 7; d'Isaïe, ch. xxvi, v. 19; d'Ezéchiel, ch. xxxvii, v. 12; de Daniel, ch. xii, v. 2, qui tous prouvent clairement la résurrection des corps, et il achève d'établir ce dogme chrétien, en rappelant les résurrections incontestables rapportées par l'Ancien et le Nouveau Testament.

Les deux autres articles ne sont touchés qu'à la superficie. La question de l'Eglise se réduit à démontrer son universalité. On l'appelle catholique, parce qu'elle est répandue par toute la terre; parce qu'elle enseigne universellement, et sans aucun danger d'erreur, tous les dogmes dont la connaissance est nécessaire aux hommes pour le salut; parce qu'elle assujettit au même culte les grands et les petits, les princes et les sujets; parce qu'elle a le pouvoir de remettre tous les péchés, de distribuer toutes les grâces et de perfectionner toutes les vertus. C'est son titre de catholique qui la distingue de toutes les sectes et de toutes les hérésies. Chaque erreur forme une assemblée particulière, à laquelle elle donne son nom; l'Eglise catholique seule réunit sous une dénomination unique la grande famille des chrétiens. Elle est la mère de tous les fidèles; parmi ses enfants, les uns l'ont enrichie par leurs souffrances aux jours de la persécution, les autres par leurs vertus dans les temps de calme et de paix. Enfin, elle seule a la vertu de conduire les hommes à la vie éternelle, puisque cette vie s'obtient par la foi en Jésus-Christ, par le martyre, par l'accomplissement des préceptes et par la pratique des bonnes œuvres.

Cette conférence est la dernière de celles que le saint catéchiste donna à ses catéchumènes avant de les présenter au baptême. Comme la fête de Pâques était proche, il leur promet de les réunir tous les jours de la semaine suivante, afin de leur expliquer le mystère des sacrements qu'ils auraient reçus. C'est cette explication qui fait le sujet des cinq catéchèses mystagogiques dont nous allons parler.

1re *Mystagogique*. — La première cérémonie, dans l'administration du sacrement de baptême, consistait à faire entrer les catéchumènes sous le portique du baptistère, et là, debout et les yeux tournés vers l'occident, d'où viennent les ténèbres, on leur faisait étendre la main et renoncer à Satan en ces termes : *Je renonce à toi, Satan*, comme au prince des ténèbres, au maître et au ministre de tout péché. *Je renonce à toutes tes œuvres*, c'est-à-dire à toutes les actions et même à toutes les pensées qui ne sont pas conformes aux principes de la morale, de la justice et de la droite raison. *Je renonce à toutes tes pompes*, c'est-à-dire aux spectacles, aux fêtes et à toutes les autres vanités du siècle. *Je renonce à tout le culte du diable*, c'est-à-dire à toute pratique superstitieuse, contraire à la foi et ressemblant à l'idolâtrie. Après ces renoncements, on les faisait tourner de l'occident à l'orient, d'où vient la lumière, pour leur apprendre que Dieu leur avait ouvert son paradis, qu'il a placé à l'orient, et d'où il a chassé notre premier père, pour le punir de sa désobéissance. C'est alors qu'on les avertissait de réciter le Symbole, ce qu'ils faisaient dans les termes que nous avons indiqués aux précédentes Catéchèses.

2e *Mystagogique.* — Aussitôt entrés dans le baptistère, on dépouillait les catéchumènes de leur tunique intérieure, pour leur apprendre qu'ils allaient se dépouiller du vieil homme, et représenter par leur nudité Adam innocent dans le paradis terrestre, et Jésus-Christ attaché nu à l'arbre de la croix. Dans cet état, on les oignait, depuis le haut de la tête jusqu'aux pieds, d'huile exorcisée, afin de les rendre participants de l'huile de l'olivier franc, qui est Jésus-Christ; on les conduisait ensuite à la sainte piscine, et, après leur avoir fait réciter leur profession de foi, on les plongeait trois fois dans l'eau, pour marquer par ces trois immersions les trois jours que Jésus-Christ passa dans le tombeau. Les néophytes étaient donc morts et vivants tout ensemble : l'eau baptismale était pour eux comme un sépulcre où ils étaient ensevelis, et comme une mère qui leur donnait une nouvelle existence. Ils trouvent leur salut dans le baptême, puisque Jésus-Christ ne l'a pas seulement institué pour remettre les péchés, comme celui de Jean-Baptiste, mais encore pour faire de tous les chrétiens les enfants adoptifs de Dieu.

3e *Mystagogique.* — Saint Cyrille, comme les autres écrivains grecs, appelle le sacrement du chrême la confirmation qui se conférait immédiatement après le baptême. Au sortir du sacré lavoir, on oignait de chrême les nouveaux baptisés; cette onction représentait celle dont Jésus-Christ lui-même a été oint par la vertu du Saint-Esprit, suivant cette parole du prophète : *Spiritus Domini super me, propterea unxit me.* On la faisait sur le front, pour effacer la honte que le premier homme portait depuis son péché : sur les oreilles, afin de les ouvrir à l'entendement des divins mystères ; sur le nez, afin que la présence de ce parfum spirituel nous rendît la bonne odeur de Jésus-Christ : *Christi bonus odor sumus ;* sur la poitrine, afin que, revêtus de la justice comme d'une cuirasse, nous pussions résister fortement à toutes les attaques du démon.

4e *Mystagogique.*—Doublement revêtus du sceau de Dieu par le baptême et la confirmation, les nouveaux chrétiens étaient admis à participer aux divins mystères, c'est-à-dire au corps et au sang de Jésus-Christ ; à son corps sous l'espèce du pain, et sous l'espèce du vin à son sang. Il emploie presque toute cette catéchèse à montrer que, quoique les sens nous persuadent le contraire, nous devons tenir pour constant que le pain et le vin sont réellement changés au corps et au sang de Jésus-Christ. Ensuite il établit le dogme de la présence réelle, 1° par le témoignage de saint Paul, dont on avait lu, ce jour-là, le passage de l'Epître aux Corinthiens, qui confirme l'institution de l'eucharistie ; 2° par l'autorité de Jésus-Christ, qui, en parlant du pain, déclare formellement que c'est son corps et que le vin est son sang ; 3° par le miracle des noces de Cana ; car, dit-il, si nous devons croire qu'il a changé l'eau en vin, qui a une certaine affinité avec le sang, pourquoi, sur sa parole, ne croirions-nous pas qu'il a réellement changé le vin en son sang ? 4° parce que dans le baptême il s'établit entre l'âme chrétienne et Jésus-Christ une union spirituelle dont l'eucharistie est la consommation. Il distingue les apparences de la réalité : sous la figure du pain, le corps nous est donné, et le sang sous la figure du vin ; afin que, nous nourrissant de l'un et de l'autre, nous devenions avec Jésus-Christ un même corps et un même sang. Il réfute l'objection des capharnaïtes qui entendaient dans un sens charnel et grossier le précepte du Seigneur. Il oppose le pain céleste et le breuvage salutaire de la loi nouvelle aux pains de proposition de la loi ancienne, et qui ont cessé avec elle. Il cite plusieurs endroits de l'Ecriture, dans lesquels ce banquet mystique était annoncé, et il finit sa conférence en exhortant ses auditeurs à se fortifier par la participation de ces mystères.

5e *Mystagogique.* — Cette dernière conférence est toute liturgique. Saint Cyrille y traite avec détail de toutes les cérémonies qui se pratiquaient dans la célébration du sacrifice de l'autel, et de la distribution qu'on en faisait aux assistants ; mais il ne commence sa description qu'au lavement des mains, c'est-à-dire au moment où, après avoir mis dehors tous ceux qui ne devaient pas être témoins de la perpétration des mystères, le prêtre allait commencer le canon. L'eau était présentée par un diacre qui donnait à laver au prêtre officiant et aux autres prêtres, qui, rangés autour de l'autel, célébraient avec lui. Après cette cérémonie, le diacre disait à haute voix : Embrassez-vous et donnez-vous le baiser de paix. *Vos invicem suscipite, osculaminique mutuo.* Ensuite se récitait, dans la forme commune, ce que nous appelons la préface de la messe, dans laquelle le prêtre s'unissait aux anges, dont il nommait les neuf chœurs. Il y faisait mention aussi du ciel et de la terre, du soleil, de la lune, des astres, et de toutes les créatures visibles et invisibles ; puis il la finissait, comme nous le faisons encore, par le cantique des séraphins, que le saint docteur appelle une *théologie sacrée.* C'était le prêtre qui commençait ce chant de tradition angélique, afin de nous mettre en communication avec toute la milice du ciel. L'invocation sur les dons proposés pour le sacrifice, l'oraison pour les vivants, l'intercession des saints, la prière pour les morts. l'Oraison dominicale, se récitaient comme elles se récitent encore de nos jours. Cette prière achevée, le prêtre s'écriait : *Sancta sanctis*, indiquant par là que les espèces divinisées sur l'autel par l'infusion du Saint-Esprit ne pouvaient être offertes qu'à ceux que sa grâce avait sanctifiés. Alors le peuple répondait : *Unus sanctus, unus Dominus Jesus-Christus*, et aussitôt le psalmiste chantait ce verset du psaume XXXIII : *Gustate et videte quoniam suavis est Dominus*, qui était un appel à la communion. Voici comment se distribuaient les divins mystères : « En vous approchant de la communion, dit saint Cyrille, n'étendez pas les mains et n'écartez pas les doigts, mais mettez votre main gauche sous votre main droite pour lui servir de trône, et, dans la cavité de cette main, recevez le corps de Jésus-Christ en disant *Amen*. Sanctifiez vos yeux par la contemplation de ce corps adorable; communiez et prenez garde de n'en rien perdre. Après la communion du corps, approchez-vous aussi du calice de son sang; inclinez-vous pour l'adorer, et en disant *Amen*, sanctifiez-vous par la communion du sang du Sauveur. Pendant que vos lèvres en sont encore humectées, portez-y la main pour consacrer votre front, vos yeux et les autres organes de vos sens. Enfin, en attendant la dernière prière, rendez grâces à Dieu, qui vous a rendus participants de si grands mystères. Retenez ces traditions dans leur pureté, et ne vous privez jamais de la communion par vos péchés. » Telle était la liturgie de l'Eglise de Jérusalem du temps de saint Cyrille. Mais, comme nous l'avons déjà remarqué, il n'en rapporte qu'une partie, qui est néanmoins la plus considérable. Il ne parle ni de l'oblation des dons sur l'autel, ni des prières dont elle était accompagnée, ni de celles qui précédaient ou suivaient la communion, ni des paroles que le prêtre prononçait en la distribuant, ni enfin de plusieurs autres rites qui étaient dès lors en usage dans la célébration des divins mystères.

Des autres ouvrages de saint Cyrille. — Outre les Catéchèses que nous venons d'analyser, nous avons encore du saint docteur de Jérusalem une homélie sur le paralytique de l'Evangile, une lettre à l'empereur Constance, et trois fragments de deux discours sur l'Evangile de saint Jean.

Homélie sur le paralytique. — Ce discours, perdu pendant longtemps dans l'Eglise, ne fut retrouvé que très-tard, et publié pour la première fois à Oxford, par les soins de Thomas Milles, en 1703. Une édition plus complète et corrigée sur un manuscrit de la Bibliothèque nationale parut à Paris, en 1720. Nul doute qu'il ne soit du saint docteur; chaque manuscrit porte le nom de saint Cyrille, en tête de son titre, et on peut affirmer qu'il ne se trouve rien, dans cette homélie, qui démente la vérité de cette inscription. La description que l'auteur y fait de la piscine probatique, du lieu appelé par les Grecs Λιθόστρωτος et par les Hébreux *Gabbata*, fait voir qu'il en avait une connaissance particulière, et que ces lieux étaient également familiers à ses auditeurs. Il marque ailleurs qu'il était prêtre, et que l'évêque devait prêcher après lui. Tout cela convient parfaitement à saint Cyrille. Du reste, le style de cette homélie, semblable à celui des Catéchèses, est simple, familier, sans beaucoup de liaison ni de suite, comme il arrive souvent à ceux qui parlent d'inspiration.

Il aborde son sujet en nous traçant de Jésus-Christ le portrait qu'il en a tracé lui-même. Il nous le montre comme le médecin des âmes et des corps, qui traverse le monde en répandant partout les miracles et les bienfaits. Cette question que le médecin suprême adresse au paralytique : *Visne sanus fieri?* est une preuve que, dans les maladies de l'âme, la grâce de Dieu a besoin du concours de la volonté. La réponse du paralytique, *Hominem non habeo*, fournit à l'orateur l'idée de nous présenter Jésus-Christ comme Dieu et comme homme, et de nous faire reconnaître en lui la divinité unie à l'humanité. La guérison du paralytique et les autres miracles de l'Evangile sont un témoignage de sa toute-puissance et de l'immense bonté de son cœur. Il remarque qu'il a guéri le paralytique sans le toucher, et par la seule efficacité de sa parole, et il reproche aux Juifs, qui l'accusaient de violer le sabbat, de ne l'avoir pas adoré comme le souverain libérateur. Enfin, de ce dernier mot du Sauveur : *Vade, noli amplius peccare, ne tibi deterius aliquid contingat*, il conclut que tous les maux de la vie tirent leur origine de nos péchés. C'est pourquoi il nous exhorte à les corriger ou à les fuir, et, dans toutes les maladies de l'âme et du corps, à recourir à Jésus-Christ, comme au médecin qui peut nous en accorder la guérison.

Lettre à Constance. — Nous avons parlé, dans la biographie publiée en tête de cet article, de l'apparition d'une croix miraculeuse au-dessus de la ville de Jérusalem. C'est la description de ce prodige qui fait le fond de la lettre que le saint docteur, devenu alors évêque, écrivit à l'empereur Constance. Il le lui signale comme une marque de faveur que Dieu accordait à son règne. — « Du temps du grand Constantin, votre père, lui dit-il, le bois salutaire de la croix fut trouvé à Jérusalem; Dieu accorda à un homme qui cultivait la piété la grâce de trouver les saints lieux, cachés sous les monuments dont l'impiété les avait couverts. De votre temps, très-pieux empereur, les miracles ne viennent plus de la terre, mais du ciel. Pendant les saints jours de la Pentecôte, aux Nones de mai, vers l'heure de Tierce, une croix lumineuse parut au-dessus de Jérusalem, s'étendant depuis le Golgotha jusqu'à la montagne des Oliviers. Elle s'est montrée, non à une ou deux personnes, mais à tout le peuple de la ville. Ce n'a pas été, comme on pourrait le croire, un phénomène passager. Il est resté pendant plusieurs heures visible à tous les yeux, et plus éclatant que le soleil, puisque sa lumière ne l'a pas effacé. Aussitôt, toute la population de la ville se précipite vers l'église avec une joie mêlée de crainte. Les jeunes et les vieux, les hommes et les femmes, les chrétiens du pays et les étrangers, tous, jusqu'aux païens, que l'éclat du prodige avait attirés, louaient Notre-Seigneur Jésus-Christ, le Fils unique de Dieu, le faiseur de miracles, convaincus par le fait même, que la doctrine des chrétiens n'est pas seulement appuyée sur les vains discours de la sagesse humaine, mais sur les effets marqués de la puissance de Dieu. » Le saint docteur ajoute que lui, et tous les habitants de Jérusalem, témoins oculaires du prodige, en ont rendu grâces à Dieu, et fait, sur l'emplacement même des saints lieux, des prières pour la prospérité du règne de l'empereur. Il finit sa lettre en faisant des vœux pour lui et pour sa famille, et en lui exprimant le désir qu'il glorifie, à jamais, la sainte et consubstantielle Trinité.

L'analyse des Catéchèses nous a mis à même d'apprécier la manière de saint Cyrille. Il suit presque partout la même méthode. Dans les matières controversées, il expose d'abord les sentiments des hérétiques ou des païens, qu'il combat, en appuyant la doctrine catholique de toute l'autorité qu'il peut emprunter aux témoignages de l'Ecriture et aux arguments de la raison. Comme il ne s'adressait qu'à des catéchumènes qui n'étaient pas encore devenus chrétiens par le baptême, il se sert habituellement des termes les plus simples, les plus usuels, évitant avec soin les expressions consacrées par la théologie, comme celles d'essence, d'hypostase, de personne, qui faisaient le sujet de toutes les controverses du temps. Son style est familier, mais net et sans embarras; c'est le style d'un maître qui parle à ses disciples, et qui s'applique moins à frapper leurs oreilles par la beauté des périodes et l'élégance du discours, qu'à les éclairer et à les convaincre par la lucidité et la force des raisonnements. Il s'élève néanmoins lorsque la grandeur du sujet le demande, comme dans la sixième catéchèse, où il établit l'unité de Dieu et d'un premier principe. Mais il s'applique plutôt à être exact et précis dans l'explication du dogme, et à formuler en peu de mots une profession de foi claire et à la portée de tout le monde. Aussi regarde-t-on ses Catéchèses comme l'abrégé le plus concis, et en même temps le plus complet, de la doctrine chrétienne.

CYRILLE (saint) d'Alexandrie. — Saint Cyrille, neveu de Théophile, patriarche d'Alexandrie, fut nourri dès son enfance de l'étude des saintes lettres et instruit de la saine doctrine de l'Eglise. Il lut avec avidité les écrits de Clément, de Denys, de saint Athanase et de saint Basile, et joignit la connaissance des auteurs profanes à celle des Pères de l'Eglise. Il paraît que son oncle l'avait fait entrer dans son clergé, dès avant l'an 403, puisqu'il l'accompagna la même année au conciliabule du Chêne, où saint Jean Chrysostome fut condamné. Théophile étant mort le 15 octobre 412, trois jours après, Cyrille fut installé sur son siège patriarcal, malgré le crédit d'Abundantius, général de l'armée d'Egypte, qui soutenait Timothée, son compétiteur, de toute son autorité. A peine installé sur son siège, il exerça les fonctions patriarcales avec une grande vigueur. Il commença par fermer les églises des novatiens, et s'empara de leurs trésors; ensuite il fit chasser les juifs et permit qu'on enlevât leurs biens et leurs synagogues, ce qui excita de grands troubles. Oreste, gouverneur de la ville, se sentait depuis longtemps choqué de la puissance des évêques, qui paralysait la sienne. Il trouva fort mauvais qu'une telle ville eût perdu tout à coup un si grand nombre d'habitants; il en fit son rapport à l'empereur, mais Cyrille écrivit de son côté et réussit à se justifier. L'inimitié entre l'évêque et le gouverneur étant devenue publique, Cyrille voulut se réconcilier avec Oreste, et l'en conjura même par le livre des Evangiles; mais Oreste demeura inflexible. Cette division fut suivie des plus funestes effets, qui, au rapport de Socrate, attirèrent de graves reproches à l'Eglise d'Alexandrie et à son évêque. Les moines de Nitrie, partisans du patriarche, entrèrent dans la ville au nombre de cinq cents, y attaquèrent Oreste, dispersèrent son escorte à coups de pierres, et le mirent lui-même tout en sang. Dans le même temps, Hypatia avait ouvert dans Alexandrie une école de philosophie platonicienne. Oreste voyait souvent cette fille, qui surpassait tous les philosophes de son temps. On sema bientôt le bruit qu'elle était le seul obstacle à la réconciliation du préfet et du patriarche; et, pendant le carême de l'an 415, des furieux, conduits par un lecteur, nommé Pierre, l'enlevèrent de son char, la traînèrent à l'église appelée la *Césarée*, la dépouillèrent de ses habits, la tuèrent à coups de pots cassés, et brûlèrent ses membres au lieu nommé *Cinaron*. Nous avons vu ce patriarche concourir en 403, avec son oncle Théophile, dans l'odieux conciliabule de Chêne, à la condamnation de saint Jean Chrysostome. Il s'obstina à soutenir que ce prélat avait été justement condamné, malgré les instances d'Atticus de Constantinople et de saint Isidore de Peluse; ce ne fut qu'après de longs délais et une résistance opiniâtre qu'il se soumit à cet égard au décret de l'Eglise catholique. L'élévation de Nestorius au siège de Constantinople, et ses premiers efforts pour propager ses erreurs, ouvrirent alors une plus vaste et plus noble carrière au zèle de Cyrille. Ce prélat dénonça la nouvelle hérésie aux chefs de l'empire et de l'Eglise, aux moines d'Egypte, à l'Orient et à l'Occident. Le pape Célestin fit condamner Nestorius dans un concile tenu à Rome l'an 430, et chargea Cyrille de faire exécuter la sentence de déposition. Cyrille écrivit à Nestorius plusieurs lettres pour le ramener par les voies de la douceur, mais Nestorius répondit avec emportement. Il avait des partisans à la cour de Constantinople. Cyrille écrivit à l'empereur Théodose et aux princesses ses sœurs de longues lettres, ou plutôt des traités sur la foi de Nicée. Enfin il adressa une lettre synodale à Nestorius, et le somma de souscrire douze anathématismes qui scandalisèrent Jean, patriarche d'Antioche, et furent combattus par André de Samosate et par Théodore de Tyr. Il fallut un concile pour terminer ce différend. Les Pères s'assemblèrent à Éphèse l'an 431. Cyrille partit d'Alexandrie avec cinquante évêques ses suffragants, et arriva à Éphèse quatre à cinq jours avant le terme fixé. Il employa le temps qui lui restait jusqu'à l'arrivée des autres évêques, à faire des extraits des écrits de Nestorius et à combattre ses sentiments. L'assemblée se tint dans la grande église d'Éphèse, dédiée à la Mère de Dieu. Cyrille présida le concile au nom du pape. On lut d'abord le Symbole de Nicée, et ensuite la seconde lettre de Cyrille à Nestorius, à laquelle tous les évêques donnèrent leur approbation. La réponse de Nestorius fut également lue et anathématisée avec son auteur; mais on ne s'expliqua point sur la dernière lettre de saint Cyrille, ni sur les douze anathèmes qu'il y avait joints. Nestorius déclina la juridiction des prélats, refusa de comparaître, et fut déposé par plus de deux cents pontifes. Mais, cinq jours après, un conciliabule composé de quarante-trois évêques, et présidé par Jean d'Antioche, qui venait d'arriver à Éphèse, anathématisa comme hérétiques les douze articles de Cyrille, prononça la destitution de ce prélat, et le traita de *monstre né pour la destruction de l'Eglise*. La sentence rendue contre Cyrille ne fut point publiée à Éphèse; mais les évêques l'envoyèrent à Constantinople, avec des lettres adressées à l'empereur, aux princesses, au clergé, au sénat et au peuple. Cyrille y était accusé d'avoir employé, pour dominer le concile par la violence, des marins d'Egypte et des paysans asiatiques. Théodose, prévenu, ordonna que le concile continuât ses sessions. Les légats du pape arrivèrent, et après avoir entendu la lecture des lettres de Célestin, les Pères s'écrièrent : « Un Célestin, un Cyrille, une foi du concile, une foi de toute la terre. » Cyrille fit condamner Jean d'Antioche : les esprits étaient divisés; le sang coula dans Éphèse, et la cathédrale même fut souillée par d'indignes combats. Théodose envoya des troupes et fit arrêter Cyrille et Nestorius. Les catholiques et les nestoriens lui écrivirent chacun de leur côté pour réclamer contre cette sentence; mais leurs réclamations eurent un résultat bien différent. Nestorius resta déposé, et Cyrille retourna triomphant à Alexandrie, le 30 octobre 431. Un de ses premiers soins à son arrivée fut de se justifier par une apologie qu'il adressa à l'empereur. Il se réconcilia avec Jean d'Antioche, et dissipa les préventions de saint Isidore de Péluse. Cette double paix procura tant de bonheur au saint prélat, qu'il ne put résister au désir de l'annoncer à son peuple, dans un petit discours qu'il fit le 23 avril 433. Les dernières années de sa vie ne sont marquées d'aucun fait considérable. Il mourut le 9 juin 444, après avoir gouverné l'Église d'Alexandrie quarante-deux ans. Saint Célestin lui donne le titre de *docteur catholique*, et les théologiens lui conservent celui de *docteur du dogme de l'Incarnation*. Sa fête est célébrée par les Grecs le 18 janvier, et par les Latins le 28 du même mois. Il a laissé un grand nombre d'écrits; nous allons rendre compte des principaux, et nous nous contenterons d'indiquer les autres.

De l'adoration en esprit et en vérité. — On ne peut douter que cet ouvrage ne soit de saint Cyrille, puisqu'il se trouve sous son nom dans tous les manuscrits, que l'on y remarque les mêmes façons de parler et la même doctrine que dans ses autres écrits qui ne lui sont pas contestés. D'ailleurs, il lui est attribué par Léon de Byzance, par André de Samosate, par saint Ephrem d'Antioche et par Photius. Cet ouvrage est divisé en dix-sept livres, écrits en forme de dialogues entre lui et un nommé Pallade. On peut le regarder comme un trésor d'explications allégoriques et morales, puisqu'il n'est presque rien dans les cinq livres de Moïse qui ne s'y trouve expliqué dans un sens mystique et spirituel. Il ne s'astreint pas toujours à observer rigoureusement l'ordre suivi par le saint législateur dans ses narrations, mais il se fait un ordre à sa manière en rattachant ordinairement aux passages de l'Ecriture qu'il veut expliquer, les autres passages soit de l'Ancien, soit du Nouveau Testament, qui offrent quelque rapport avec son sujet.

Dans le premier livre, par exemple, où il traite de la chute de l'homme, et lui enseigne les moyens qui peuvent l'aider à sortir de ses mauvaises habitudes pour embrasser une vie plus pure et plus parfaite, il rapporte un grand nombre de passages tirés des divers livres de l'Ecriture; puis, après les avoir expliqués allégoriquement, il en tire des inductions et des preuves qui rendent sensible la vérité qu'il s'est proposé de démontrer. Dans ce que l'Ecriture nous raconte d'Adam, d'Abraham, de Loth et des autres patriarches, il trouve moyen d'expliquer comment les hommes tombent dans le péché, et comment ils peuvent s'en relever. L'ordre que Dieu donna à Abraham de sortir de sa terre, de sa maison, de sa parenté, nous apprend dans quel détachement des biens et des plaisirs de la vie doivent se tenir ceux que la Providence veut bien honorer des regards privilégiés de son amour. Saint Cyrille joint au commandement fait à ce patriarche, celui que le Sauveur adresse à tous les chrétiens de n'aimer rien sur la terre plus que lui, et la sanction qui le confirme, c'est-à-dire la promesse de donner le centuple à ceux qui pour le suivre auront quitté leur père, leur mère, leur femme, leurs enfants et tous leurs biens. Loth sorti de Ségor se retira sur la montagne, où il demeura dans une caverne qui était la figure de l'Eglise, lieu d'asile où se réfugient tous ceux qui évitent le supplice du feu. Si Abraham ne fût sorti de l'Egypte, figure de l'intempérance et de toutes les voluptés, pour retourner dans le lieu que Dieu lui avait assigné pour demeure, il aurait succombé aux artifices du tentateur, figuré par Pharaon; mais délivré par la fuite de tous les pièges de cet ennemi, il ne s'occupa dans son ancienne habitation que de choses légitimes. Nous devons donc, à son exemple, retourner à notre première demeure, c'est-à-dire à la pureté de la vie dans laquelle nous avons été créés.

C'est en suivant la même méthode et en l'appliquant avec le même goût, que saint Cyrille démontre l'insuffisance de la loi de Moïse, et par conséquent la nécessité de la loi de Jésus-Christ pour arracher l'homme à l'esclavage du démon et aux horreurs de la mort, qui est la suite du péché. Cette démonstration forme le sujet du second livre; et il expose, dans le troisième, que c'est par Jésus-Christ que les hommes sont justifiés, et que leurs péchés leur sont remis surtout dans le baptême. Il y compare l'Eglise à l'aire d'Orna, achetée par David au prix de cinquante sicles, prix toutefois peu proportionné à celui que Jésus-Christ paya pour sa rédemption, puisqu'il s'est livré tout entier pour elle. Il retrouve les traces de cette rédemption, ainsi que du baptême, clairement marquées en divers endroits de la loi ancienne et des prophètes. Il prouve, dans la quatrième, que, bien qu'ils aient été rachetés par Jésus-Christ, les chrétiens ont encore besoin, pour être admis au banquet céleste, c'est-à-dire à la plénitude de la gloire et du bonheur, non-seulement de supporter les adversités de la vie, mais aussi de mortifier leurs passions, jusqu'à ce qu'ils les aient domptées, de renoncer à toutes les affections terrestres et d'embrasser exclusivement la pratique de la vertu; mais il fait remarquer en même temps que c'est à tort qu'on s'imaginerait les degrés de gloire égaux entre tous ceux qui y parviendront, parce qu'il est de la suprême équité que Dieu approche plus près de lui, dans son royaume, ceux qui l'ont servi en cette vie avec plus de fidélité et plus de zèle, comme ont fait les apôtres. Il explique, dans le cinquième, en quoi consiste la force d'un chrétien, et prétend que la vigueur et la générosité, déployées par les plus célèbres d'entre les Israélites, dans leurs combats et en plusieurs autres occasions, n'étaient que la figure de celles que les chrétiens doivent montrer lorsqu'il s'agit de combattre les vices, et de surmonter les obstacles qui se rencontrent dans la pratique de la vertu. Le sixième livre traite du culte et de l'amour de Dieu, et expose en même temps les différentes manières d'accomplir ou de transgresser ses volontés manifestées par les commandements, qui nous en font une obligation. Penser de Dieu ce qu'il n'est pas, décider des événements suivant la position ou le cours des astres, évoquer les mânes des morts, consulter les devins et les oracles, s'adonner à des pratiques superstitieuses, admettre pour principe la fortune et le hasard, sont autant d'actions contraires au précepte qui nous ordonne le culte et l'amour de Dieu. A ce commandement, que la loi nous prescrit dans les termes les plus formels, elle en ajoute un autre qui regarde l'amour que nous devons au prochain. Saint Cyrille en fait la matière du septième et du huitième livre. Il enseigne que si l'amour de Dieu doit être tellement réglé, qu'aucune considération humaine ne puisse nous faire négliger les choses qui y ont rapport, aucun prétexte de religion non plus ne nous autorise à négliger les obligations que l'amour du prochain nous impose. Il parle, dans les deux livres suivants, du tabernacle et de tous ses accessoires, de son usage, de sa structure, du livre de la loi, de la dédicace de l'autel et des offrandes, et, expliquant tout suivant sa méthode, il trouve une infinité de rapports entre le tabernacle et l'Eglise, dont il a été la figure. Il suit la même règle dans les trois livres qui viennent après, et, reproduisant les endroits de l'Ecriture qui parlent du sacerdoce, de la loi de Moïse et de ses rites, des vêtements des prêtres, de leur consécration, des sacrifices, des lévites et de leur ministère, il prouve qu'ils ont été autant de figures du sacerdoce de la loi nouvelle, où les prêtres, oints et sanctifiés comme ceux de l'ancienne, offrent à Dieu, avec des mains saintes et un cœur pur, des sacrifices spirituels, aidés du ministère des lévites ou des diacres, à qui il appartient de porter les vases nécessaires pour l'immolation de l'hostie non sanglante, d'avertir le peuple quand il est temps de chanter des hymnes, de l'exciter à la prière, et d'avoir soin qu'il se comporte dans l'église avec modestie et recueillement. Dans le livre quatorzième, le saint docteur s'applique à montrer que ceux qui sont coupables de quelques-uns de ces grands crimes, dont les défauts marqués dans la loi n'étaient que la figure, ne doivent point paraître devant le Seigneur, ni se montrer dans son tabernacle, surtout pour y remplir les fonctions du saint ministère. Mais en même temps qu'il réclame leur exclusion, il leur indique aussi, dans le livre suivant, les moyens que l'Eglise leur offre de se purifier, en leur rappelant que dans la loi nouvelle l'expiation se fait, ou par l'eau du baptême, ou par les travaux de la pénitence jointe à la conversion des mœurs. Il pose pour principe de cette expiation le sang de Jésus-Christ dont l'Eglise a été arrosée pour sa sanctification; en sorte que c'est par lui que grands et petits, prêtres et peuple, se trouvent lavés de leurs fautes. Il dit que la mort de l'âme, figurée par la lèpre corporelle, ne consiste point dans la seule concupiscence qui est une suite du péché, mais dans les actions et dans la fin qu'on s'y propose. D'où il conclut que celui-là n'est point attaqué de cette lèpre spirituelle qui a formé le dessein de vivre pour Jésus-Christ; qui met en pratique les préceptes de l'Evangile, et qui s'efforce de détruire le principe de mort déposé en lui par le péché. Le seizième livre établit par comparaison les rapports entre la loi ancienne et la loi nouvelle, en montrant que les sacrifices de la première n'étaient qu'une préparation aux oblations spirituelles de la seconde. Il entend par oblations spirituelles le sacrifice de bonne odeur que nous faisons à Dieu, quand nous lui dévouons tout ce que nous sommes, avec la résolution de mourir au péché, pour ne plus vivre qu'à la grâce et pour la vertu. Le dernier livre contient une explication des fêtes solennelles prescrites par la loi, et un détail de la manière dont on devait manger l'agneau pascal, qui figurait la communion chrétienne. Le saint prélat nous fait envisager toutes ces fêtes comme un emblème des récompenses célestes promises aux justes, suivant la diversité de leurs mérites, et en proportion de la grandeur de leurs vertus.

Glaphyres. — Cet ouvrage, ainsi appelé d'un mot qui signifie *profonds* et *agréables*, contient encore une explication allégorique des histoires du Pentateuque, qui ont un rapport visible à Jésus-Christ et à son Eglise. Il est divisé en treize livres, et chaque livre en différents titres. Saint Cyrille n'y donne point une explication du texte entier de Moïse; mais il en choisit seulement les plus beaux endroits, ceux qui lui paraissent avoir plus de rapport avec le sujet qu'il s'est proposé, qui est toujours de retrouver Jésus-Christ et l'Eglise représentés allégoriquement dans tous les livres de ce grand législateur, qui était en même temps le premier et le plus sublime des historiens. C'est ce qu'il fait en suivant à peu de différence près la même méthode que dans l'ouvrage précédent. Il donne à toutes les histoires des anciens patriarches qu'il rapporte, en commençant par Adam pour finir à Josué, des explications allégoriques et morales. Les *Glaphyres* sont cités avec honneur par Léonce de Byzance, par l'empereur Justinien et par saint Ephrem d'Antioche.

Commentaires sur Isaïe. — Les mêmes auteurs citent aussi les commentaires de saint Cyrille sur Isaïe, et Facundus en rapporte quelques passages. Il est divisé en cinq livres, et chaque livre en plusieurs discours qui sont également appelés tomes. Saint Cyrille ne suit pas dans ce commentaire la même méthode que dans les deux précédents. Il y donne ordinairement l'explication littérale de la prophétie, avant d'y chercher un sens allégorique et moral. Il espère par là non-seulement se rendre plus utile à ses lecteurs, mais encore ne leur rien laisser à désirer. Il remarque que le prophète a partout en vue Jésus-Christ, et qu'en annonçant la réprobation des juifs et la conversion des gentils, il parle si clairement de ce qui devait s'accomplir sous le Nouveau Testament, qu'on pourrait le regarder presque comme un apôtre. Les paroles par lesquelles il commence sa prophétie, *la vision qu'a eue Isaïe, fils d'Amos*, font penser à saint Cyrille qu'on pourrait avancer raisonnablement que non-seulement les saints prophètes ont reçu par l'inspiration du Saint-Esprit la connaissance des choses futures, mais qu'ils ont encore écrit plusieurs choses dont ils avaient été les témoins oculaires.

Ce Père ne se contente pas d'expliquer l'Ecriture lorsqu'il trouve quelque contrariété apparente entre les textes, mais il a soin aussi de lever la difficulté.

Commentaires sur les petits prophètes. — Comme pour les livres d'Isaïe, le saint docteur s'attache également au sens littéral dans ses commentaires sur les petits prophètes; c'est même par là qu'il commence ordinairement ses explications, mais il en donne aussi de spirituelles quand le sujet le permet. Il reconnaît que, plusieurs les avaient expliqués avant lui; mais il soutient en même temps que, dans des choses dont la connaissance est aussi nécessaire que celle de l'Ecriture, il est utile d'insister; à quoi il ajoute : qu'il peut se faire aussi que tous n'aient pas reçu de Dieu autant de connaissance qu'il en faut pour développer les mystères qui y sont renfermés. Léonce de Byzance et saint Ephrem citent particulièrement le commentaire sur le prophète Zacharie, et rapportent en même temps un long passage de l'explication de Malachie.

Commentaires sur saint Jean. — Il semble que saint Cyrille ne se soit déterminé à expliquer l'Evangile de saint Jean que sur les vives instances d'un de ses confrères qu'il ne nomme point. La difficulté de l'entreprise l'effrayait, et il était persuadé que son travail ne répondrait jamais au mérite de la matière. Soit que cet évêque ait redoublé ses instances, soit que la nécessité des temps le demandât, il ne se contenta pas seulement de donner le sens littéral et spirituel de cet Evangile, mais il se proposa aussi d'y réfuter les fausses opinions des hérétiques soit sur la Divinité, soit sur d'autres matières. Il est possible que ce dessein lui ait été inspiré par le premier chapitre où la divinité de Jésus-Christ est si clairement établie. Il divisa son travail en douze livres, dont dix seulement sont entiers. Il ne nous reste du septième et du huitième que des fragments tirés d'une chaîne de saint Jean. Dans le premier livre, saint Cyrille démontre par le texte même et par divers raisonnements, « que le Fils de Dieu est éternel, consubstantiel au Père; qu'il existe en sa propre personne, qu'on ne peut dire en aucune manière qu'il soit moindre que le Père, suivant sa nature divine; et que la parfaite ressemblance qu'il y a entre le Père et le Fils n'enferme aucune confusion ni mélange dans les personnes de l'un et de l'autre; en sorte que le Père qui engendre est une personne distinguée réellement du Fils qui est engendré. » — C'est ce qu'il prouve par ces paroles de saint Jean : *Je suis sorti de mon Père, et je m'en retourne à mon Père;* la raison nous apprenant que ce qui sort d'une chose est distingué de la chose même. Il montre ensuite dans le quatrième que la loi ancienne n'était qu'une figure de la nouvelle. Dans le cinquième, il réfute l'opinion du destin et montre que « c'est la providence de Dieu qui gouverne tout ; que c'est par notre propre volonté que nous agissons, soit dans le bien, soit dans le mal. » Il prouve, dans le neuvième, que c'est à cause de l'identité de nature qu'on dit que le Fils est dans le Père, et le Père dans le Fils ; et, dans le onzième, que le Saint-Esprit procède du Père par le Fils, et qu'il reçoit du Fils sa nature. Ainsi ce commentaire n'est pas moins théologique que littéral, spirituel et moral.

Traité de la sainte Trinité, — C'est sans aucune contestation qu'on attribue aujourd'hui à saint Cyrille le traité de la sainte et consubstantielle Trinité, qui dans quelques manuscrits porte le nom de saint Athanase. Plusieurs, parmi les anciens critiques, ont regardé cet ouvrage comme le meilleur de tous ceux de saint Cyrille. Photius convient qu'il est le plus clair de tous, et que ce saint évêque y réfute avec autant de force que de solidité les hérésies d'Arius et d'Eunome. C'est l'auteur lui-même qui lui a donné le titre de *Trésor*, à cause du grand nombre de vérités et de principes qu'il renferme. Le saint docteur le composa à la prière d'un de ses amis, nommé Némésin, mais aussi dans la vue d'être utile à l'Eglise par la manière dont il en établissait la doctrine contre ceux qui l'avaient attaquée. Ce traité est divisé en trente-cinq titres, dont chacun comprend plusieurs articles.

Dans le premier, le saint docteur explique ce que signifient les termes d'*engendré* et de *non engendré*, et prouve par plusieurs raisonnements qu'il est nécessaire que le Verbe de Dieu soit de la même substance que celui de qui il est le Verbe, ce qu'il appuie de ce passage de saint Jean où Jésus-Christ dit : *Mon Père et moi nous sommes une même chose;* par ces termes, *une même chose*, il marque l'identité de substance, et par cet autre, *sommes*, la distinction des personnes.

Les ariens disaient qu'il y avait eu un temps où le Fils n'existait point ; mais saint Paul ne dit-il pas que c'est le Fils qui a fait le temps et les siècles ? N'est-il pas écrit dans saint Jean que le *Verbe était au commencement, et que le verbe était Dieu?* Ne lit-on pas dans les psaumes, que son règne est de tous les siècles ? qu'il est avant la formation des montagnes et de toutes choses ? Si le Fils est éternel, objectaient les hérétiques, il est frère du Père. « Cela se pourrait dire, répond saint Cyrille, s'ils étaient l'un et l'autre d'un même principe. Mais il n'en est pas ainsi. Le Père est le principe du Fils ; il l'a engendré. »

Si le Fils est engendré, disait Eunome, il a donc un commencement. Saint Cyrille répond qu'il n'en est pas de la génération du Fils de Dieu comme de la nôtre ; qu'autant la nature divine est plus excellente que la nôtre, autant ses opérations sont au-dessus des nôtres ; le terme de génération ne marque que la manière dont le Fils est produit, sans que cette expression touche à son éternité ; que cette génération ne précède point son existence ; mais que, comme il est toujours, et de toute éternité, il est aussi toujours engendré ; être et engendré étant une même chose en Dieu.

Eunome trouvait deux inconvénients à admettre que le Fils fût engendré du Père. S'il est engendré, dit-il, il est donc une partie de la substance du Père ; ou si la substance du Père n'est point susceptible de partage, le Fils n'a donc rien de cette substance, et n'est pas né du Père. C'était raisonner de la génération divine comme de la génération humaine ; et dire que Dieu a besoin comme nous d'une matière préexistante pour opérer, lui qui de rien a créé toute chose. « Non, dit saint Cyrille, ce n'est pas ainsi que Dieu engendre son Fils. Il le produit sans temps et sans division, comme le soleil produit ses rayons et sa splendeur ; avec cette différence, que la splendeur du soleil n'a point de propre existence ni d'être distinguée de celui du soleil ; au lieu que le Fils de Dieu a une hypostase ou personne distinguée de celle du Père. Dieu le Père engendre son Fils, comme un savant produit ou invente un art, soit mécanique, soit libéral : or l'art n'est point séparé de la science dont il est le fruit et la production. »

La génération du Fils est-elle, disaient les hérétiques, un effet du hasard, ou d'une volonté précédente en Dieu ? Saint Cyrille répond que « l'Ecriture ne connaît point un pareil langage ; qu'elle se contente de dire qu'*au commencement était le Verbe, que le Verbe était en Dieu, et que le Verbe était Dieu*, ne marquant aucun temps pour la génération de celui qui a fait les temps et les siècles ; qu'au contraire, lorsqu'il s'agit des créatures, elle marque que la volonté, le conseil de Dieu ont précédé : ce qui paraît par ces paroles : *Faisons l'homme à notre image;* et, *Tout ce que Dieu a voulu il l'a fait*. D'où ce Père infère, que suivant le langage de l'Ecriture, le Fils de Dieu n'est point créature, puisqu'elle ne dit pas que sa génération ait été précédée de la volonté ni du conseil du Père.

Ce n'est pas au Père même que le Fils est semblable, ajoutaient ces hérétiques, mais à la volonté du Père. Saint Cyrille réfute cette absurdité par ce passage de l'Evangile, où le Fils de Dieu ne dit pas : *Celui qui me voit voit, la volonté de mon Père*, mais, *voit mon Père*. Eunome avançait une autre absurdité, en disant que, l'essence du Père n'étant pas engendrée, il fallait que ceux qui voulaient que le Fils fût engendré convinssent qu'il n'était point consubstantiel au Père. « Adam, lui répond saint Cyrille, n'était point engendré ; Abel l'était. Est-ce que Abel n'était point consubstantiel à Adam ? Il l'était sans doute. Rien donc n'empêche que le Fils de Dieu, qui est engendré, ne soit consubstantiel au Père qui n'est point engendré. »

On ne peut pas dire de ceux qui sont d'une même substance que l'un soit plus grand que l'autre ; or, poursuit Eunome, Jésus-Christ dit que son Père est plus grand que lui ; il n'est donc pas de la même substance que son Père. A ce raisonnement, saint Cyrille répond que Jésus-Christ, quoique de la même essence ou nature que son Père, et semblable à lui en tout, a pu l'appeler plus grand que lui, à raison de son origine. Le Père, en tant que non engendré, est considéré comme plus grand que le Fils, en tant qu'engendré. Saint Cyrille dit encore « que le Père est plus grand que le Fils, considéré comme homme, et que ce n'est qu'en cette qualité que Jésus-Christ a dit : *Mon Père est plus grand que moi.* »

Les ariens, à leur tour, ne concevaient pas comment ce qui procède n'est point séparé entièrement de ce dont il procède. Saint Cyrille leur rend cette pensée sensible par la lumière, qui n'est point séparée du soleil dont elle tire son origine, et par la chaleur, qui est indivisible du feu qui la produit.

Parce que Jésus-Christ s'est rabaissé et rendu obéissant jusqu'à la mort, Dieu l'a élevé et lui a donné un nom qui est au-dessus de tous les noms ; c'est donc par grâce, disaient-ils et non par nature qu'il a été élevé. Saint Cyrille répond que cette élévation regarde l'humanité de Jésus-Christ, et non pas la divinité. Il prouve qu'il n'est pas de même nature que les anges ; que s'il est dit de lui qu'il est meilleur que ces esprits célestes, ce n'est que par comparaison à l'office de médiateur, dont il s'est acquitté comme homme auprès de Dieu, pour le salut des hommes. — Ce Père se sert de la même solution pour éclaircir tous les autres passages de l'Ecriture qui marquent en Jésus-Christ de la soumission aux ordres de son Père, en les appliquant à sa nature humaine. C'est aussi selon cette nature qu'il dit : que Jésus-Christ a ignoré l'heure et le jour du jugement dernier. Comme Eunome objectait ces paroles : *Toutes choses m'ont été données par mon Père*, et quelques autres semblables, saint Cyrille répond : premièrement, « que le Fils dit aussi : *Toutes les choses qui sont à mon Père sont à moi.* » Il répond, en second lieu, « que le Fils les a reçues de son Père, parce qu'il en procède ; ce qui n'empêche pas qu'il n'ait eu par nature tout ce qui est au Père. » Cet hérésiarque objectait que Jésus-Christ avait pleuré ; que son âme avait été troublée, et qu'il avait appréhendé la mort. Saint Cyrille en convient ; mais il soutient que « toutes ces marques de faiblesse ne regardent pas le Verbe, mais seulement l'humanité, qui par sa nature craint la mort. » Il enseigne que « Jésus-Christ est appelé *Fils unique de Dieu*, en tant qu'il est Verbe du Père, et que lorsque l'Ecriture lui donne la qualité de *premier-né*, elle ajoute *entre plusieurs frères* ; ce qui marque que cette qualité ne lui est donnée que parce qu'il a pris une chair semblable à la nôtre ; et que parce qu'il a fait par sa grâce que plusieurs hommes soient devenus les enfants de Dieu. »

Mais comment le Fils est-il, selon sa nature, égal au Père, puisque, selon saint Paul, *lorsque toutes choses auront été assujetties au Fils, alors le Fils sera lui-même assujetti à celui qui lui aura assujetti toutes choses, afin que Dieu soit tout en tous ?* Saint Cyrille répond « que cet assujettissement ne produira aucun changement dans la nature du Fils : qu'il ne consistera que dans sa seule volonté, par laquelle, après avoir soumis tous les hommes à Dieu en faisant qu'ils obéissent aux préceptes de Dieu, il fera qu'ils participeront à sa gloire, et que c'est de cette sorte que Dieu sera tout en tous. Il n'est pas dit que le Fils sera soumis au Père, afin qu'il soit moindre que lui selon sa nature ; mais *afin que Dieu soit tout en tous*. Ce n'est pas non plus pour lui que Jésus-Christ dit à son Père : *Glorifiez votre Fils*, n'ayant pas besoin de gloire, puisqu'il est Dieu par nature ; c'est pour les hommes, qui en effet sont enrichis en lui et par lui de tous les biens. On peut dire encore qu'il demandait par cette prière que son Père fît connaître à ceux qui ne le regardaient que comme un homme ordinaire, qu'il était Dieu par nature. » — Saint Cyrille remarque que, quoiqu'il n'arrive rien de nouveau à l'essence de Dieu qui puisse la rendre parfaite, cependant, pour le rapprocher de nos connaissances, nous avons besoin quelquefois de nous représenter Dieu comme s'il lui arrivait quelque nouvelle qualité, par exemple, celle de créateur depuis qu'il a créé le monde. Il montre par plusieurs passages tirés tant des Epîtres de saint Paul que des autres livres du Nouveau Testament, que le Fils est Dieu par nature. — Il prouve par de semblables autorités la divinité du Saint-Esprit ; et parce que les hérétiques objectaient qu'il est dit des créatures, comme du Saint-Esprit, qu'elles sont de Dieu, saint Cyrille répond qu'elles ne sont censées être de Dieu que parce qu'elles sont faites par le Fils dans le Saint-Esprit ; au lieu que le Saint-Esprit est naturellement existant dans Dieu, et qu'il en procède essentiellement sans aucune division ou séparation, étant une même nature avec le Père et le Fils, mais distingué personnellement. Il enseigne qu'il procède non-seulement du Père, mais qu'il est encore du Fils et dans le Fils, qu'il opère avec le Fils. Ce qu'il confirme par un grand nombre de passages du Nouveau Testament. Il en allègue encore un plus grand nombre dont plusieurs sont tirés des prophètes, pour montrer que le Fils est engendré du Père de toute éternité ; qu'il est sorti de l'essence du Père non par séparation ni par division, mais d'une manière ineffable comme la splendeur de la lumière.

Dialogues sur la Trinité. — Le second ouvrage de saint Cyrille sur la divine et consubstantielle Trinité est composé de sept discours en forme de dialogues, entre lui et le prêtre Hermias, à qui ils sont adressés.

Dans le premier, le saint docteur fait voir que le Fils est coéternel et consubstantiel au Père ; et, pour le prouver, il apporte, outre les passages de l'Ecriture, le Symbole entier du concile de Nicée, où cette vérité est clairement établie. Il regarde ce Symbole comme l'oracle du Saint-Esprit et la règle certaine de notre foi; et il montre aux ariens qui rejetaient le mot *consubstantiel*, sous prétexte qu'on ne le trouvait point dans l'Ecriture, qu'ils tombaient dans le même défaut en se servant du mot *semblable en substance*, qui ne se lit nulle part dans les saints livres.

Le second dialogue est employé à montrer que le Fils est, selon sa nature, engendré du Père. En effet, Jésus-Christ appelle toujours Dieu son Père : *Père saint*, lui dit-il dans l'Evangile selon saint Jean, *conservez en votre nom ceux que vous m'avez donnés*; et encore : *Je vous rends gloire, mon Père, Seigneur du ciel et de la terre*; et encore : *Je suis sorti de mon Père, et je suis venu dans le monde.*

La matière du troisième est à peu près la même. Le but de saint Cyrille est d'y montrer que le Fils est Dieu comme le Père. Il rapporte sur cela plusieurs témoignages de l'Ecriture, remarquant en passant que c'est le comble de l'impiété de rechercher trop curieusement comment il est possible qu'il y ait un Dieu en trois personnes; qu'au contraire, il est de la piété de croire que dans la Trinité on n'adore qu'une seule nature de la Divinité. Un des passages qui fait le mieux ressortir la vérité de son sujet est celui où Jésus-Christ, pressé par saint Philippe de lui montrer le Père, répondit : *Qui me voit, voit aussi mon Père, parce que mon Père et moi sommes une même chose.*

Dans le quatrième dialogue, saint Cyrille montre que le Fils n'est point créature. *Nous savons*, dit l'apôtre saint Jean, *que le Fils de Dieu est venu, et qu'il nous a donné l'intelligence, afin que nous connaissions le vrai Dieu, et que nous soyons en son vrai Fils; c'est lui qui est le vrai Dieu et la vie éternelle.* Le même apôtre dit encore, *que Dieu a tellement aimé le monde, qu'il a donné son Fils unique, afin que tout homme qui croit en lui ne périsse pas, mais qu'il ait la vie éternelle.* Pourquoi saint Jean promet-il la vie éternelle à quiconque croit que le Verbe incarné est vrai Dieu, s'il ne l'est pas en effet?

Le sujet du cinquième est de faire voir que tout ce qui est essentiel à la divinité se trouve dans le Fils comme dans le Père. Saint Paul dit que *Jésus-Christ, ayant la forme et la nature de Dieu, n'a point cru que ce fût pour lui une usurpation d'être égal à Dieu; mais qu'il s'est anéanti lui-même en prenant la forme et la nature de serviteur, en se rendant semblable aux hommes.* Le texte de l'Apôtre semble indiquer qu'il distinguait pour ainsi dire deux temps; le premier où le Verbe avait la forme et la nature de Dieu, égal à son Père, et le second où il a pris la forme d'esclave en se faisant homme.

Le sixième dialogue est employé entièrement à distinguer ce que l'Ecriture affirme de Jésus-Christ, selon sa nature divine, d'avec ce qu'elle en dit selon sa nature humaine; il applique à celle-ci tous les endroits où nous lisons que le Fils a été sanctifié par le Père, élevé, glorifié et fortifié; et à cette occasion il explique le mystère de l'incarnation.

Enfin il prouve dans le septième que le Saint-Esprit est Dieu, qu'il procède de Dieu selon sa nature. Il commence sa preuve par les endroits de l'Ecriture qui donnent au Saint-Esprit le nom de Dieu. Ensuite il rapporte ceux où il est dit que nous ne devenons participants de la nature divine qu'en recevant le Saint-Esprit. Il en ajoute d'autres qui marquent que c'est par l'Esprit de Dieu que les cieux subsistent, ce qui suppose en lui un pouvoir créateur; mais ce qui montre surtout qu'il est d'une nature consubstantielle au Fils comme au Père, c'est ce que dit le Fils : *C'est lui qui me glorifiera, parce qu'il prendra de moi ce qui est à moi.* Si le Saint-Esprit était d'une nature différente, le Fils n'aurait pas dit : *Il prendra de moi ce qui est à moi;* mais il recevra de moi la sainteté et vous la communiquera, ce qui effectivement aurait marqué dans le Saint-Esprit une nature inférieure et différente de celle du Fils.

Sur l'Incarnation. — Outre les sept dialogues dont nous venons de parler, saint Cyrille en composa deux autres qui ne paraissent avoir ensemble aucune liaison, mais dont le premier semble une suite des sept précédents, puisqu'il déclare que c'est après avoir éclairci ce qui regarde la divinité du Fils, qu'il passe à son incarnation. Il s'y entretient encore avec Hermias et se propose de montrer que, selon les Ecritures, il n'y a qu'un Christ et qu'un Seigneur. Avant d'en venir à la preuve, il rapporte et réfute en peu de mots les hérésies de Marcel, de Photin, d'Arius et de tous ceux qui ont attaqué le mystère de l'incarnation, les uns en soutenant que le Verbe ne s'était point incarné dans le sein de la Vierge, et qu'il n'avait eu qu'un corps imaginaire et fantastique; les autres en enseignant que le Verbe n'est point coéternel au Père, et qu'il n'a commencé d'être que lorsqu'il s'est fait homme; d'autres, en prétendant que le Verbe n'a pris de l'homme que le corps, et non pas l'âme raisonnable. Mais il combat au long une autre hérésie, dont il ne nomme pas l'auteur, et qui consistait à séparer les deux natures en Jésus-Christ, et à en faire deux personnes. C'était celle de Nestorius, que saint Cyrille ne voulait pas nommer, parce que, apparemment, il écrivait ce dialogue avant la condamnation de cette hérésie et de son auteur dans le concile d'Ephèse. Il rassemble sur ce point plusieurs textes de l'Ecriture; après quoi de tous ces passages et d'un grand nombre d'autres, il conclut que « Jésus-Christ étant ce même Fils qui est la splendeur du Père, et qui est né selon la chair; qui est adoré des Anges, et qui a souffert pour nos péchés; qui est descendu du ciel, et qui y est monté; il n'y a en lui qu'un Fils, de qui, à raison des deux natures qui lui sont unies personnellement, l'Ecriture dit des choses opposées entre elles, mais propres à chacune de ses deux natures. » Il confirme cette conséquence par ces paroles de saint Paul : *Il n'y a pour nous qu'un seul Dieu, qui est le Père, et qu'un seul Seigneur, qui est Jésus-Christ, par lequel toutes choses ont été faites.*

Dans le dialogue suivant, intitulé : qu'*Il n'y a qu'un Christ*, saint Cyrille réfute nommément Nestorius. Il le fait même en termes fort durs, le traitant de dragon dont la langue est empoisonnée. Nestorius refusait de donner à la sainte Vierge la qualité de Mère de Dieu, puisque, suivant ses principes, elle n'avait enfanté qu'un homme. Son principal argument était que le Fils de Dieu existant avant elle, et de toute éternité, puisqu'il était coéternel à Dieu le Père, elle ne pouvait l'avoir conçu ni mis au monde. « C'est donc mal à propos, lui dit saint Cyrille, que l'évangéliste, en parlant du Fils que la Vierge devait concevoir et enfanter, dit qu'on lui donnera le nom d'*Emmanuel*, c'est-à-dire *Dieu avec nous.*» Mais, ajoutait Nestorius, si le Verbe s'est fait chair, il n'est donc plus ce qu'il était ? Saint Cyrille répond que « le Verbe s'est fait chair sans que sa divinité en ait souffert ni changement, ni altération. Il n'a même souffert aucun mélange de sa divinité avec l'humanité par l'incarnation; seulement il s'est abaissé jusqu'à s'unir à l'humanité, prenant un corps et une âme semblables au nôtre; et c'est ainsi qu'il est né de la Vierge d'une manière ineffable : d'où vient que nous assurons qu'elle est véritablement Mère de Dieu. » — Quoique les Nestoriens admissent deux Fils, c'est-à-dire deux personnes en Jésus-Christ, ils ne laissaient pas de dire qu'ils étaient unis; mais, pour marquer cette union, ils se servaient du terme de *conjonction* au lieu de celui d'*union*, qui a toujours été en usage parmi les saints Pères pour marquer l'unité de Fils en Jésus-Christ. Saint Cyrille leur dit donc que « cette conjonction qu'ils supposaient entre deux Fils en Jésus-Christ ne fait pas une union plus forte entre eux que celle que peut avoir avec Dieu un homme de vertu et de sagesse, et que celle d'un disciple avec son maître. Il soutient que ces deux natures sont tellement unies en lui en une seule personne, que l'on peut dire de Jésus-Christ qu'il est Dieu et Fils du vrai Dieu; qu'il est le seul Verbe né du Père avant tous les siècles, à raison de sa divinité; et né d'une Vierge dans les derniers temps, selon la chair. Il soutient que la nature divine n'a pas pour cela été changée en la nature humaine et qu'il ne s'est fait ni mélange ni confusion dans l'une ni dans l'autre.» Il prouve par l'autorité de l'Ecriture que c'est le même Fils qui, ayant la forme et la nature de Dieu, s'est abaissé jusqu'à prendre la forme d'esclave; qu'ainsi l'on ne peut dire que Jésus-Christ n'ait été Fils de Dieu que par adoption, l'Ecriture disant en termes exprès : *Que c'est par Jésus-Christ que toutes choses ont été faites;* ce qui ne peut se dire d'un homme.

Scholies sur l'Incarnation. — On a mis, à la suite de ces Dialogues, des Scholies ou éclaircissements de saint Cyrille sur l'Incarnation, et un petit traité de ce Père sur le même sujet. Ce sont autant de réponses aux difficultés qu'on lui avait proposées. Comme c'étaient apparemment des commençants, il leur explique d'abord les termes, puis il passe aux propositions simples et ensuite aux propositions complexes. Il y est dit que Jésus-Christ, le Verbe de Dieu, est appelé *Christ*, comme étant l'oint du Seigneur; mais que cette onction ne regarde que son humanité; qu'il est une seule personne composée de deux choses, de la nature divine et de la nature humaine, et que c'est le même qui, comme Verbe, est né du Père, et qui, comme homme, est né de la Vierge; que, quoique l'union de ces deux natures en une seule personne soit incompréhensible, elle ne doit pas pour cela être regardée comme incroyable, puisque nous ne doutons point de l'union de notre âme avec notre corps, quoique nous n'en connaissions pas la manière; que cette union fait que comme l'homme est un, quoique composé de l'âme et du corps, qui sont deux natures différentes; de même Jésus-Christ est un, quoique composé de deux natures parfaites, l'une divine, l'autre humaine ; qu'à raison de cette union, le Verbe s'approprie ce qui appartient à la chair, parce qu'elle est son corps, et non celui d'un autre. — Saint Cyrille rapporte diverses figures de cette union, marquée dans l'Ancien Testament, et prouve qu'elle n'a introduit aucune confusion dans les deux natures. Il prouve aussi que quoique Jésus-Christ soit vrai Dieu et soit vrai homme, ce n'est toutefois qu'un seul fils, et non pas deux, et que, lorsque l'Ecriture dit que *toute la plénitude de la divinité habite en lui corporellement*, cela ne signifie pas qu'elle habite en lui comme en un autre Christ, le Verbe s'étant uni à lui et s'étant approprié son corps, dans le sein même de la Vierge, où il a réellement habité pendant plusieurs mois. Il n'y a donc plus lieu de douter que la Vierge ne soit mère de Dieu.

Homélies sur la Pâque. — C'était la coutume aux évêques d'Alexandrie de faire chaque année un discours, ou de publier une lettre sur la fête de Pâques. Il nous reste encore quelques fragments de celles que saint Denis publia sur le même sujet; nous en avons aussi de saint Athanase et de Théophile. Ces lettres, qui étaient circulaires, s'envoyaient aux églises pour leur annoncer en quel jour elles devaient célébrer cette solennité. Ces prélats en adressaient une à l'Eglise de Rome, afin qu'elle le fît savoir à toutes les autres Eglises d'Occident. Cela avait été réglé ainsi au concile de Nicée, et l'Eglise d'Alexandrie chargée de fixer le retour annuel de cette solennité. Il paraît que saint Cyrille fut exact à remplir la commission attachée à sa charge, puisque nous avons autant d'Epîtres ou discours sur la Pâque qu'il est resté d'années sur son siége.

Dans la première Homélie, qui est pour l'an 414, il parle de son entrée dans l'épiscopat, et de la mort de Théophile son oncle, dont il fait en peu de mots un grand éloge. Il y explique la manière dont on devait se préparer à la célébration de la fête de Pâques, et relève surtout l'utilité du jeûne, qu'il fait consister non-seulement dans l'abstinence des aliments délicats et grossiers, mais dans l'éloignement du péché et dans la pratique de la vertu. Il donne six semaines au carême, qu'il fait commencer par le lundi, et en compte sept jusqu'au jour de la Pentecôte. Il ne relève pas moins le jeûne dans l'homélie suivante, le faisant regarder comme la source de tous les biens spirituels; mais il veut qu'il soit accompagné de charité, de miséricorde envers les pauvres et les prisonniers, et des devoirs de l'hospitalité. Le jeûne fait aussi la matière des autres homélies, comme étant propre à mortifier la chair, à purifier l'âme de ses péchés, et à la disposer à célébrer d'une manière convenable le saint jour de Pâques. Dans la onzième, il traite de la loi de la chair et de l'esprit, montrant que les meilleures armes pour vaincre le démon sont l'abstinence et la tempérance. Il y montre encore que la foi ne suffit pas sans les œuvres pour le salut. On croit que l'exhortation qu'il y fait à son peuple, de ne pas insulter au malheur des morts, de témoigner de la compassion et de la charité pour les affligés, a rapport à Caliste, préfet d'Egypte, massacré dans Alexandrie par les gens de sa maison, au mois de septembre 422. Il fait voir, dans la douzième, que « le Père a engendré son Fils de sa propre substance, en sorte qu'on ne peut point dire qu'il soit Fils adoptif. » Dans la dix-septième, il prouve que « le Père et le Fils sont deux personnes distinguées l'une de l'autre; qu'elles n'ont toutefois qu'une même essence. » Il y explique, en la manière qu'il est possible, l'union personnelle des deux natures en Jésus-Christ, donnant à la sainte Vierge la qualité de Mère de Dieu. Il s'étend dans la vingt-unième sur les avantages que nous a procurés le mystère de l'Incarnation. Il montre dans la vingt-deuxième, contre les Juifs, que Jésus-Christ est le vrai Messie. La vingt-troisième traite de la vocation des gentils. La suivante est encore pour établir la divinité de Jésus-Christ contre les juifs, dont l'exemple, comme il le dit dans la vingt-cinquième, doit nous rendre plus soigneux au culte de Dieu, dans la crainte qu'à leur exemple, après l'avoir abandonné, nous en soyons abandonnés nous-mêmes.

Toutes ces homélies ne sont presque qu'un tissu de passages de l'Ecriture, auxquels le pieux évêque donne des explications mystiques, ce qui les rend languissantes et pénibles à la lecture. Elles n'ont de bien intéressant que ce qui regarde l'histoire de l'Eglise, c'est-à-dire le temps de la célébration du carême, de la Pâque et de la Pentecôte pendant un assez grand nombre d'années. On ne laisse pas cependant d'y trouver plusieurs endroits remarquables sur le dogme, et en particulier sur les mystères de la Trinité et de l'Incarnation.

Homélies diverses. — Parmi les homélies sur des sujets divers, il y en a plusieurs que saint Cyrille prononça pendant le séjour qu'il fit à Ephèse, à l'occasion du concile; elles ont trait au mystère de l'Incarnation et à la maternité divine de la Vierge. Comme le saint docteur y reproduit les mêmes raisonnements qu'il a déjà présentés dans les traités dont nous avons rendu compte, nous nous croyons dispensé d'y revenir. Ces homélies sont au nombre de huit.

Dans la neuvième, le saint docteur donne une explication de la cène mystique qui se renouvelle tous les jours dans l'Eglise. Jésus-Christ s'immole volontairement, mais pas de la même manière qu'il l'a été par les Juifs, afin de nous marquer qu'il a souffert volontairement la mort pour notre salut; que dans cette cène il nous donne son corps à manger et son sang à boire, comme si c'étaient du pain et du vin; et que par là il a mis fin aux symboles et aux figures de l'Ancien Testament, en remplaçant l'agneau pascal par la chair de l'Agneau de Dieu. — On ne sait pas où a été prononcée cette homélie; mais il n'y a pas lieu de douter que la suivante l'ait été à Ephèse, puisque le saint docteur y parle devant une assemblée d'évêques et y invoque le nom de saint Jean, apôtre et protecteur de cette ville, où il semble dire que ses reliques reposaient. — Cette homélie est un éloge de la sainte Vierge, à qui il donne presque à chaque phrase le nom de Mère de Dieu. Il y témoigne une grande fermeté pour la défense de la foi catholique, qu'il prêchera, dit-il, en présence de l'empereur sans crainte d'être confondu. La fin est à peu près semblable à celle de l'homélie faite en présence des sept évêques qui avaient quitté le parti de Nestorius. Il y prend le pape Célestin à témoin de ses mouvements pour retirer ce nouvel hérétique de l'erreur. Mais il semble dire que Nestorius n'était point encore déposé, insinuant seulement qu'on allait le chasser de la ville royale, et du trône qu'il occupait sans l'avoir mérité.

La onzième est une explication de ce qui se passa au jour de la Purification de la sainte Vierge, lorsqu'elle porta Jésus à Jérusalem pour le présenter au temple. Dans la douzième il explique l'entrée triomphante de Jésus-Christ à Jérusalem, au jour que nous appelons les *Rameaux*. Il y prouve sa divinité contre les Juifs, et dit nettement que le Verbe n'abandonna point son corps même dans le tombeau, ni son âme lorsque Jésus-Christ descendit aux enfers pour y prêcher aux esprits qui y gémissaient dans la captivité l'heure de la délivrance qui devait leur ouvrir les portes de la patrie. Nous avons dans saint Epiphane une homélie assez semblable à celle-ci et pour les pensées, et même pour les expressions; mais celle de saint Cyrille est plus longue, et ce qu'il y dit contre les hérétiques qui niaient la consubstantialité du Verbe ne se lit point dans celle de saint Epiphane, ou plutôt dans celle qui nous reste sous son nom, car s'il faut s'en rapporter à plusieurs critiques, saint Epiphane n'en est pas l'auteur.

Des lettres. — Quelques solitaires d'Egypte

s'étant rendus à Alexandrie pour y célébrer, selon la coutume, la fête de Pâques, apprirent à saint Cyrille que les homélies de Nestorius avaient été portées jusque dans leur désert, et que le venin dont elles étaient remplies commençait déjà à corrompre quelques moines. Le saint pontife en fut extrêmement affligé, et craignant que l'erreur ne prît racine dans les monastères où elle avait déjà jeté le trouble, il écrivit une lettre circulaire qu'il adressa à tous les moines d'Egypte. Cette lettre, qui est devenue célèbre dans l'histoire, fut citée par tous les Orientaux dans leurs écrits contre saint Cyrille. Ce Père dit non-seulement aux moines, mais aux prêtres et aux diacres qui servaient dans les monastères « qu'ils auraient mieux fait de ne prendre point de part à des questions si difficiles; que les plus éclairés ne peuvent qu'entrevoir la vérité d'une manière fort obscure; que ce qu'il leur en écrit n'est pas pour entretenir leurs disputes inutiles, mais afin de leur donner de quoi défendre la vérité de la tradition contre ceux qui voudraient les séduire; et qu'ils pussent en instruire les autres, et les affermir dans la foi transmise aux Eglises par les saints apôtres. J'admire, continue-t-il, qu'il y ait quelques-uns de vous qui doutent si la sainte Vierge doit être appelée *Mère de Dieu*. Si Notre-Seigneur Jésus-Christ est Dieu, comment la sainte Vierge, qui l'a mis au monde, ne sera-t-elle pas appelée *Mère de Dieu*? C'est la foi que les divins disciples nous ont enseignée, quoiqu'ils ne se soient pas servis de ce terme: c'est aussi la doctrine de nos pères, dont nous avons été instruits. Le célèbre Athanase, qui a gouverné l'Eglise d'Alexandrie pendant quarante-six ans avec tant de sagesse et de courage, donne ordinairement ce titre à la sainte Vierge, et particulièrement dans le livre : *De la sainte et consubstantielle Trinité.* » Saint Cyrille montre ensuite que celui qui est né de cette Vierge est Dieu par nature. Il rapporta le Symbole de Nicée, où il est dit que le Fils unique de Dieu, engendré de sa substance, est lui-même descendu du ciel et s'est incarné. Il convient que, selon l'Ecriture, on peut donner le nom de Christ à ceux que Dieu a justifiés par la foi en Jésus-Christ et sanctifiés par le Saint-Esprit; qu'à cet égard on peut donner à leurs mères le titre de mères de Christ; mais il met entre eux et Jésus-Christ cette différence, que Jésus-Christ est vrai Dieu, et qu'ainsi sa mère seule peut être appelée *Mère de Dieu*. Il se pose lui-même cette objection : Vous direz peut-être : La Vierge est-elle donc mère de la Divinité? A quoi il répond, « qu'il est constant que le Verbe est éternel et de la substance du Père, mais que, dans l'ordre de la nature, encore que les mères n'aient aucune part à la création de l'âme, on ne laisse pas de dire qu'elles sont mères de l'homme entier, et non pas seulement du corps; que, comme ce serait une impertinente subtilité de dire: Elisabeth est mère du corps de saint Jean et non pas de son âme, nous disons de même de la naissance d'Emmanuel, puisque le Verbe, ayant pris chair, est nommé *Fils de l'homme*. Quoique l'enfant qu'une femme met au monde soit composé de deux natures différentes, de l'âme et du corps, c'est un même homme dont elle est la mère. Les deux natures, la divine et l'humaine, sont unies de la même manière en Jésus-Christ.» C'est ce que saint Cyrille montre par l'abaissement du Fils de Dieu, qui, comme le dit saint Paul, s'est anéanti pour prendre la forme d'esclave. Où serait son anéantissement, si, d'une nature semblable à la nôtre, il était comme nous du nombre des esclaves? Dire qu'il s'est anéanti en habitant dans l'homme qui est né de Marie, c'est lui attribuer un anéantissement imaginaire. N'est-il pas dit dans saint Jean que le Père comme le Fils habite et fait sa demeure dans celui qui garde ses commandements? En conclura-t-on que, par cette sorte d'inhabitation, le Père prend la forme d'un esclave comme le Fils l'a prise? Si l'on dit que le Fils de la Vierge n'a été nommé Christ que parce que Dieu l'a oint et sanctifié, c'est à ceux qui enseignent une pareille doctrine à montrer que cette onction, cette sanctification, suffit pour le dire d'une puissance, d'une autorité et d'une majesté égales à Dieu. Le saint docteur prouve encore l'unité de personnes et la pluralité de natures en Jésus-Christ par l'adoration que toutes les créatures, même célestes, lui rendent; par les noms de Seigneur et de Dieu que lui donne l'Ecriture; par le grand nombre et l'éclat de ses miracles; par la supériorité que saint Paul lui donne au-dessus de Moïse et de tous les prophètes, puisqu'il nous les fait envisager comme les domestiques de la maison de Dieu, tandis qu'à Jésus-Christ comme Fils il accorde une autorité sur cette maison; parce qu'il nous a rachetés de la mort par l'effusion de son sang; et parce que, s'il n'était pas véritablement Dieu, les Juifs pourraient se justifier de l'avoir mis à mort, et les gentils nous reprocher les adorations que nous prodiguons à un homme.

Cette lettre étant passée des solitaires à diverses personnes de Constantinople, contribua à en retirer un grand nombre de l'erreur. Nestorius engagea un de ses prêtres, nommé Photius, à la réfuter; ce que fit celui-ci, en adressant son ouvrage à un diacre appelé *Bufa-Martyrius*, qui résidait alors à Constantinople pour les affaires de l'Eglise d'Alexandrie. Cependant saint Cyrille, informé par des gens dignes de foi, et surtout par les lettres de saint Célestin et de plusieurs évêques, qu'on était fort scandalisé des sermons de Nestorius, et qu'on en murmurait dans presque toutes les églises d'Orient, eut la pensée d'assembler les évêques d'Egypte, et de déclarer à ce novateur, par une lettre synodale, qu'il ne pouvait plus avoir de communion avec lui s'il ne changeait de doctrine. Mais, faisant réflexion qu'on doit tendre la main à ses frères pour les relever quand ils sont tombés, il lui écrivit dans l'espoir que de simples remontrances pourraient le ramener à la vérité. Il lui témoigne avoir été extrêmement surpris d'apprendre que sa lettre aux solitaires l'eût offensé et qu'il la regardât comme la cause des troubles excités à Constantinople et en divers autres endroits. « Ce tumulte, ajoute-t-il, n'a pas commencé par ma lettre, mais par les écrits qui se sont répandus, qu'ils soient de vous ou de quelque autre, et qui causaient un tel désordre, que je me suis cru obligé d'y remédier. » Il dit ensuite « qu'il avait été chargé par le pape et les évêques de son concile de s'informer s'il en était effectivement l'auteur, et l'exhorte, en ce cas, à faire cesser le scandale qu'ils avaient causés, en déniant à la sainte Vierge le titre de *Mère de Dieu*. Au reste, ne doutez pas, lui dit-il, que je ne sois préparé à tout souffrir pour la foi de Jésus-Christ, même la prison et la mort. » Il se reconnaît pour auteur d'un traité de la sacrée et consubstantielle Trinité, où il dit « qu'il avait établi, dans le temps qu'Atticus gouvernait l'Eglise de Constantinople, la même doctrine touchant l'incarnation du Verbe, qu'il soutenait alors; mais qu'il n'en avait donné copie à personne, s'étant contenté de la lire à cet évêque et à quelques autres, soit du clergé, soit du peuple. » On met cette lettre de saint Cyrille sur la fin de juillet de l'an 429 : elle fut rendue à Nestorius par un prêtre d'Alexandrie, nommé *Lampon*.

Au commencement de l'année suivante, les clercs que saint Cyrille avait à Constantinople pour les affaires de son Eglise lui envoyèrent la réponse que le prêtre Photius avait faite à sa lettre aux solitaires, et quelques nouveaux discours de Nestorius. Ils l'informèrent en même temps des calomnies qu'on faisait circuler contre lui dans Constantinople, en lui faisant remarquer que, malgré leurs paroles de paix et de réconciliation, les partisans de Nestorius en étaient les auteurs. Ce fut ce qui détermina saint Cyrille à lui écrire une seconde lettre, où il lui dit d'abord qu'on l'avait averti des calomnies que l'on répandait contre lui, et qu'il en connaissait les auteurs. Mais, sans s'y arrêter, il l'exhorte, comme son frère en Notre-Seigneur, de corriger sa doctrine, de la proposer à son peuple avec plus de précaution, et de faire cesser le scandale en s'attachant à la doctrine des saints Pères, en particulier à ce qui a été déclaré dans le concile de Nicée sur la nature du Verbe et le mystère de l'Incarnation. Il explique ce mystère en montrant « qu'il faut admettre dans le même Jésus-Christ les deux générations : l'éternelle, par laquelle il procède de son Père; la temporelle, selon laquelle il est né de sa mère, non que sa divine nature ait pris de la sainte Vierge le commencement de son existence, étant coéternel à son Père; mais parce que pour notre salut il a voulu naître de la Vierge, en s'unissant hypostatiquement dans son sein à la nature humaine. » Il ajoute, que « quand nous disons que Jésus-Christ a souffert et qu'il est ressuscité, nous ne disons pas que le Verbe ait souffert en sa propre nature, qu'il ait été couvert de plaies ou percé de clous, car la Divinité est impassible; mais que le corps qu'il s'est approprié par son union avec la nature humaine a souffert. Il soutient que c'est pour cette raison seule que nous disons qu'il a souffert lui-même, comme nous disons aussi qu'il est mort. »

La réponse de Nestorius à saint Cyrille est longue et aigre. Il l'engage à lire plus attentivement les écrits des anciens, dont il n'a pas bien saisi le sens, et auxquels il l'accuse d'avoir mêlé beaucoup d'erreurs. Cependant il semble admettre avec lui l'union des deux natures en une seule personne; mais, au lieu d'employer le terme *union*, il se sert de celui de *connexion*, qui est loin de présenter le même sens, puisqu'il en infère que la sainte Vierge ne doit pas être appelée *Mère de Dieu*, mais seulement *Mère du Christ;* parce que encore que le corps de Jésus-Christ soit le temple de la Divinité et qu'elle lui soit jointe par un nœud admirable et divin, on ne peut toutefois lui attribuer les propriétés de la chair, sans tomber dans les erreurs des gentils, d'Apollinaire et d'Arius.

Au clergé de Constantinople. — Dans le même temps, saint Cyrille écrivit aux clercs qu'il avait envoyés à Constantinople, et qui lui avaient transmis des propositions de paix de la part de Nestorius. « J'ai lu, leur dit-il, le mémoire que vous m'avez envoyé, où j'ai vu que le prêtre Anastase, faisant semblant de chercher la paix, vous a dit : Notre croyance est conforme à ce qu'il a écrit aux solitaires. Puis aussitôt, allant droit à son but, il dit que je conviens que le concile de Nicée n'a point fait mention du mot de *Mère de Dieu*. Il est vrai que j'ai écrit que, quoique ce concile n'ait point employé ce terme, il n'a point en cela fait de faute, parce qu'on ne remuait pas alors cette question ; mais si l'on prend bien le sens de son Symbole, on verra qu'il dit, en effet, que Marie est Mère de Dieu, puisqu'il dit que le même qui est engendré du Père s'est incarné et a souffert. Saint Cyrille parlant ensuite d'un écrit de Nestorius : Il s'efforce, dit-il, de montrer que c'est le corps qui a souffert, et non pas le Dieu Verbe, comme si quelqu'un disait que le Verbe impassible est passible.

Saint Cyrille soutient qu'il n'est personne assez insensé pour dire que le Verbe impassible soit passible. Parce que son corps a souffert, on dit qu'il a souffert lui-même ; comme on dit que l'âme souffre dans l'homme quand le corps souffre, quoiqu'elle ne souffre point en sa propre nature, c'est-à-dire, quoique l'âme n'en soit point altérée. « Mais, ajoute-t-il, leur dessein est de dire deux Christs et deux Fils, l'un proprement homme et l'autre proprement Dieu, et de faire seulement une union de personnes : c'est pour cela qu'ils usent de détour, et qu'ils cherchent, comme dit le prophète, des excuses à leurs péchés. »

A saint Célestin. — Ce fut à la suite de cette lettre que le saint docteur en écrivit une au pape saint Célestin, parce que, suivant l'ancienne coutume de l'Eglise, c'était toujours au souverain pontife qu'il fallait communiquer des affaires de cette importance. Il y déclare « qu'il n'avait encore écrit sur ce sujet à aucun autre évêque ; que jusque-là il était demeuré dans un profond silence, voulant tout examiner avec maturité avant de faire quelque éclat. » Il fait au pape un récit de la manière dont Nestorius se comportait dans l'Eglise de Constantinople, et des erreurs qu'il y enseignait publiquement, et des moyens qu'il avait employés pour l'amener à n'enseigner qu'une doctrine conforme à celle des apôtres. Il ajoute « qu'un évêque, nommé Dorothée, homme intéressé, flatteur, étourdi, s'étant levé en pleine assemblée, lorsque Nestorius était assis dans sa chaire, avait dit à haute voix : *Si quelqu'un dit que Marie est Mère de Dieu, qu'il soit anathème!* qu'alors tout le peuple poussa un grand cri et s'enfuit hors du temple, ne voulant plus communiquer avec ceux qui tenaient de pareils discours. » Maintenant encore, continue saint Cyrille, « la population de Constantinople, à l'exception de quelques esprits légers et de quelques-uns de ses flatteurs, ne s'assemble point avec Nestorius ; presque tous les monastères, ainsi que leurs archimandrites et plusieurs du sénat ne fréquentent aucune de ces assemblées, dans la crainte de blesser la foi. » Ensuite il rend compte de ce qui s'était passé à l'occasion de sa lettre aux solitaires, de celles qu'il avait écrites à Nestorius, et des réponses qu'il en avait reçues, ainsi que des calomnies que cet évêque faisait débiter contre lui ; puis il ajoute : « Votre Sainteté doit savoir que tous les évêques d'Orient sont d'accord avec nous ; que tous sont choqués et affligés, principalement les évêques de Macédoine. Tous les évêques orthodoxes de toute la terre, même les laïques, reconnaissent que Jésus-Christ est Dieu, et ne font point difficulté d'appeler Mère de Dieu celle qui l'a engendré. Nestorius est le seul qui combatte cette vérité. Je n'ai pas voulu toutefois rompre ouvertement la communion avec lui, avant que de vous avoir donné part de tout ceci. Daignez donc déclarer votre sentiment : s'il faut encore communiquer avec lui, ou lui dénoncer clairement qu'il sera abandonné de tout le monde, s'il persiste dans la doctrine erronée qu'il prêche et qu'il favorise. Votre sentiment sur ce point doit être déclaré par écrit, non-seulement aux évêques de Macédoine, mais encore à ceux de tout l'Orient, afin que d'un commun consentement nous prêtions secours à la vraie foi, qui est attaquée. »

Dernière lettre à Nestorius. — Cependant saint Cyrille assembla à Alexandrie un concile de tous les évêques de la province d'Egypte, et, au nom de ce concile, il écrivit à Nestorius une lettre synodale pour servir de dernière monition, lui déclarant que si, dans le délai marqué par le pape, c'est-à-dire dix jours après la réception de sa lettre, il ne renonce à ses erreurs, ni lui ni aucun de ses frères ne voudront plus avoir de communion avec lui et cesseront de le tenir pour évêque. « Au reste, ajoute-t-il, il ne suffira pas que vous professiez le Symbole de Nicée, car vous savez y donner des interprétations violentes : il faut confesser par écrit et avec serment que vous anathématisez vos dogmes impies, et que vous croirez et enseignerez ce que nous croyons tous, nous et les évêques d'Occident et d'Orient, ainsi que tous ceux qui conduisent les peuples ; car le saint concile de Rome, et nous tous, sommes convenus que les lettres qui vous ont été écrites par l'Eglise d'Alexandrie sont orthodoxes et sans erreur. »

La lettre synodale contient ensuite la profession de foi : d'abord le Symbole de Nicée, puis une explication ample et exacte du mystère de l'Incarnation, conforme à ce que saint Cyrille en avait déjà dit ailleurs ; enfin, il répond aux principales objections de Nestorius, et pose un argument de l'eucharistie en ces termes : « Nous annonçons la mort de Jésus-Christ, et nous confessons sa résurrection et son ascension, en célébrant, dans les églises, le sacrifice non sanglant. Ainsi nous nous approchons des eulogies mystiques, et nous sommes sanctifiés, participants à la chair sacrée et au précieux sang de notre Sauveur Jésus-Christ, et nous ne la recevons pas comme une chair commune, à Dieu ne plaise, ni comme la chair d'un homme sanctifié et conjoint au Verbe par une union de dignité, ou en qui la Divinité ait habité, mais comme vraiment vivifiante, et propre au Verbe ; car lui qui est vie de sa nature, comme Dieu, étant devenu un avec sa chair, il l'a rendue vivifiante : autrement, comment la chair d'un homme serait-elle vivifiante de sa nature ? » Cette lettre finit par douze anathèmes, qui en renferment toute la substance. Nous ne croyons pouvoir nous dispenser de les reproduire intégralement. Les voici :

« 1° Si quelqu'un ne confesse pas qu'Emmanuel est véritablement Dieu, et par conséquent la sainte Vierge Mère de Dieu, puisqu'elle a engendré selon la chair le Verbe de Dieu fait chair, qu'il soit anathème.

« 2° Si quelqu'un ne confesse pas que le Verbe qui procède de Dieu le Père est uni à la chair selon l'hypostase, et qu'avec sa chair il fait un seul Christ, qui est Dieu et homme tout ensemble, qu'il soit anathème.

« 3° Si quelqu'un, après l'union, divise les hypostases du seul Christ, les joignant seulement par une connexion de dignité, d'autorité, ou de puissance, et non par une union réelle, qu'il soit anathème.

« 4° Si quelqu'un attribue à deux personnes ou à deux hypostases les choses que les apôtres et les évangélistes rapportent comme ayant été dites de Jésus-Christ par les saints ou par lui-même, et applique les unes à l'homme considéré séparément du Verbe de Dieu, et les autres comme dignes de Dieu, au seul Verbe procédant de Dieu le Père, qu'il soit anathème.

« 5° Si quelqu'un ose dire que Jésus-

Christ est un homme qui porte Dieu, au lieu de dire qu'il est Dieu en vérité, comme Fils unique et par nature, en tant que le Verbe a été fait chair, et a participé comme nous à la chair et au sang, qu'il soit anathème.

« 6° Si quelqu'un ose dire que le Verbe procédant de Dieu le Père est le Dieu ou le Seigneur de Jésus-Christ, au lieu de confesser que le même est tout ensemble Dieu et homme, en tant que le Verbe a été fait chair, selon les Ecritures, qu'il soit anathème.

« 7° Si quelqu'un dit que Jésus en tant qu'homme a été possédé du Verbe Dieu, et revêtu de la gloire du Fils unique, comme étant un autre que lui, qu'il soit anathème.

« 8° Si quelqu'un ose dire que l'homme pris par le Verbe doit être adoré, glorifié et nommé Dieu avec lui, comme l'un étant en l'autre : car y ajoutant toujours le mot *avec*, il donne cette pensée : au lieu d'honorer Emmanuel par une seule adoration, et lui rendre une seule glorification, en tant que le Verbe a été fait chair, qu'il soit anathème.

« 9° Si quelqu'un dit que Notre-Seigneur Jésus-Christ a été glorifié par le Saint-Esprit, comme ayant reçu de lui une puissance étrangère, pour agir contre les esprits immondes, et opérer des miracles sur les hommes, au lieu de dire que l'Esprit par lequel il les opérait lui était propre, qu'il soit anathème.

« 10° L'Ecriture divine dit que Jésus-Christ a été fait le pontife et l'apôtre de notre foi, et qu'il s'est offert pour nous à Dieu le Père, en odeur de suavité. Donc, si quelqu'un dit que notre pontife et notre apôtre n'est pas le Verbe Dieu lui-même, depuis qu'il s'est fait chair et homme comme nous, mais un homme né d'une femme, comme si c'était un autre que lui : ou si quelqu'un dit qu'il a offert le sacrifice pour lui-même, au lieu de dire que c'est seulement pour nous ; car il n'avait pas besoin de sacrifice, lui qui ne connaissait pas le péché : qu'il soit anathème.

« 11° Si quelqu'un ne confesse pas que la chair du Seigneur est vivifiante, et propre au Verbe, même procédant de Dieu le Père, mais l'attribue à un autre, qui lui soit conjoint selon la dignité, et en qui la Divinité habite seulement ; au lieu de dire qu'elle est vivifiante, parce qu'elle est propre au Verbe, qui a la force de vivifier toutes choses : qu'il soit anathème.

« 12° Si quelqu'un ne confesse pas que le Verbe de Dieu a souffert selon la chair, et qu'il a été crucifié selon la chair, et qu'il a été le premier-né d'entre les morts, en tant qu'il est vie et vivifiant comme Dieu, qu'il soit anathème. »

Voilà les douze fameux anathèmes de saint Cyrille contre toutes les propositions hérétiques que Nestorius avait avancées. La lettre synodale qui les contient se trouve datée du 30 novembre, mais on croit que cette date indique plutôt le jour où elle fut apportée à Constantinople. Elle était accompagnée de deux lettres, l'une au clergé et au peuple, et l'autre aux abbés des monastères de la même ville. Il leur marque qu'il a attendu à la dernière extrémité pour en venir à ce fâcheux remède de l'excommunication ; il les exhorte à demeurer fermes dans la foi, et à communiquer librement avec ceux que Nestorius avait excommuniés. Il députa pour porter ces lettres quatre évêques d'Egypte, Théopempte, Daniel, Potamon et Macaire, qui furent chargés en même temps de la lettre du pape saint Célestin à Nestorius.

Au clergé et au peuple d'Alexandrie. — Les lettres suivantes furent écrites après la fête de Pâques de l'an 431, c'est-à-dire après le 19 avril de la même année. La première est datée de Rhodes, où saint Cyrille arriva d'Alexandrie avec un vent favorable. On y remarque sa charité paternelle envers son clergé et son peuple. Il leur témoigne que, quoique absent de corps, il continue de rester au milieu d'eux par son cœur, et il leur demande le secours de leurs prières pour le succès des affaires de l'Eglise. Il écrivit la seconde incontinent après son arrivée à Ephèse, au commencement du mois de juin, quelques jours avant l'ouverture du concile. On y voit sa confiance en Jésus-Christ pour le maintien de la vraie foi. Il ne doute nullement que la bête qui ne dort point, mais qui rôde et qui s'agite, qui va et vient de tous côtés pour attaquer la gloire de ce divin Sauveur, ne se frappe elle-même et ne périsse avec ses semblables. Ce qu'il dit apparemment du démon, auteur de toutes ces hérésies, et peut-être aussi des cabales du parti de Nestorius.

Sur la déposition de Nestorius. — Après que sa sentence de déposition eut été signifiée à Nestorius, saint Cyrille écrivit aux évêques que nous avons nommés plus haut, et aux prêtres Timothée et Euloge, qu'il avait députés à Constantinople, pour les instruire de tout ce qui s'était passé dans le concile ; entre autres choses, de l'attente où étaient les évêques que Nestorius rétracterait ses erreurs, et en demanderait pardon au concile ; du retard affecté de Jean d'Antioche et des évêques d'Orient qui suivaient le parti de cet hérésiarque ; de sa contumace et de sa déposition. Il ajoute : « Puisque le comte Candidien a envoyé des relations de ce qui a été fait dans le concile, veillez et avertissez que les actes de la déposition de Nestorius ne sont pas encore entièrement mis au net ; c'est pourquoi nous n'avons pu envoyer la relation qui doit être présentée à l'empereur. » — Le saint évêque s'empressa d'annoncer la même nouvelle à son clergé et au peuple d'Alexandrie, en leur observant que l'assemblée où cette sentence avait été prononcée s'était tenue dans la grande église d'Ephèse, appelée *Marie mère de Dieu*, où s'étaient trouvés réunis au moins deux cents évêques ; que, depuis le matin jusqu'au soir, le peuple de la ville avait attendu avec anxiété la décision du concile, et qu'ayant appris la condamnation et la déposition de Nestorius, il en avait loué l'assemblée et rendu grâces à Dieu en reconduisant les évêques jusqu'à leurs logis avec des torches allumées et des flambeaux. — Saint Cyrille écrivit aussi au clergé et au peuple de Constantinople pour leur donner avis que la relation envoyée à l'empereur par le comte Jean était infidèle ; que cet officier avait employé mille moyens pour obliger le concile à communiquer avec les schismatiques, mais que jusque-là tous les évêques l'avaient refusé, ne déclarant la chose possible que quand ceux-ci auraient annulé ce qu'ils avaient fait contre les canons, demandé pardon au concile, et anathématisé par écrit les erreurs de Nestorius. « Le comte Jean, ajoute-t-il, n'ayant pas réussi dans son dessein, en a formé un autre, en demandant au concile de lui donner une exposition de foi par écrit, pour la faire souscrire aux autres, et pouvoir dire à son tour : Je les ai raccommodés ; ce n'étaient que des passions humaines qui les divisaient. Le concile, s'en étant aperçu, a résisté fortement, en disant : Nous ne leur faisons point d'injures, nous n'avons pas été appelés ici comme des hérétiques, mais pour soutenir la foi, comme nous avons fait : l'empereur n'a pas besoin de l'apprendre, il l'a fait ; et il y a été baptisé. Cette tentative n'ayant donc pas mieux réussi aux Orientaux, ils ont voulu dresser une exposition de foi qui les a divisés, et ils en disputent encore. Les uns veulent bien que l'on appelle la sainte Vierge *Mère de Dieu*, pourvu qu'on ajoute qu'elle est aussi mère de l'homme ; les autres disent qu'ils se feraient plutôt couper les mains que de souscrire à de pareilles expressions : par là ils se rendent ridicules et se montrent hérétiques. Faites connaître ceci à tout le monde, principalement aux abbés, de crainte que le comte Jean ne rapporte à son retour les choses différemment de ce qu'elles sont. Ne vous rebutez pas de travailler pour nous, et sachez que vous plairez par là à Dieu et aux hommes. Il y a même des évêques qui ne nous avaient jamais vus, qui sont prêts à donner leur vie pour nous, et viennent nous dire, en pleurant, qu'ils souhaitent d'aller en exil ou de mourir avec nous. Nous sommes tous dans une grande affliction, moi particulièrement, ayant des soldats qui nous gardent et qui couchent à la porte de nos chambres. Tout le reste du concile souffre extrêmement. Plusieurs sont morts, les autres sont réduits à vendre ce qu'ils ont pour fournir à la dépense. »

La paix étant conclue entre les Orientaux et saint Cyrille, en 433, Jean d'Antioche lui écrivit par Paul d'Emèse que, « pour ôter les scandales, il tenait pour déposé Nestorius, et qu'il approuvait l'ordination de Maximien ; qu'il anathématisait toutes les nouveautés profanes, et qu'il conservait la saine et droite foi, comme l'évêque Cyrille. » Aussitôt le pieux pontife lui répondit par une lettre devenue célèbre depuis, et dont les premières paroles sont : « Que les cieux se réjouissent, et que la terre tressaille. » Il inséra dans cette lettre la profession de foi que Jean lui avait envoyée, en protestant qu'il la trouvait très-pure, et qu'il pensait comme lui et les autres évêques d'Orient. Puis, venant aux éclaircissements qu'on lui demandait sur sa doctrine, il dit : « On m'accuse d'enseigner que le sacré corps de Jésus-Christ a été apporté du ciel, et non pas tiré de la sainte Vierge. Comment a-t-on pu le penser, puisque presque toute notre dispute a roulé sur ce que je soutenais qu'elle est Mère de Dieu ? Comment le serait-elle, et qui aurait-elle enfanté, si ce corps était venu du ciel ? Quand nous disons que Jésus-Christ est descendu du ciel, nous parlons comme saint Paul, qui dit : *Le premier homme était de terre et terrestre, le second est venu du ciel ;* et comme le Sauveur lui-même : *Personne n'est monté au ciel, que celui qui est descendu du ciel, le Fils de l'homme.* Car encore que ce soit proprement le Verbe qui soit descendu du ciel en s'anéantissant par la forme d'esclave qu'il a prise, on l'attribue néanmoins à l'homme à cause de l'unité de personnes, Jésus-Christ Notre-Seigneur étant un. » — On reprochait encore à saint Cyrille d'admettre un mélange ou une confusion du Verbe avec la chair ; il répond : « J'en suis si éloigné, que je crois qu'il faut être insensé pour le penser, et pour attribuer au Verbe divin la moindre apparence de changement et de vicissitude. Il demeure toujours ce qu'il est, sans avoir souffert ni pouvoir souffrir aucune altération. Nous reconnaissons tous encore qu'il est impassible, quoiqu'il s'attribue les souffrances de la chair ; comme saint Pierre a dit si sagement : *Jésus-Christ a souffert dans sa chair*, et non pas *dans sa divinité*. Il ajoute qu'il suit en tout la doctrine des saints Pères, particulièrement de saint Athanase, et celle du Symbole de Nicée, sans en altérer la moindre syllabe ni l'omettre, la regardant comme ayant été dictée par le Saint-Esprit. »

A Acace de Mélitine. — Il y eut des catholiques qui blâmèrent saint Cyrille, en prétendant qu'il s'était trop relâché dans la paix qu'il avait conclue avec les Orientaux. De ce nombre était Acace de Mélitine, son ami, qui lui écrivit pour s'en plaindre. Pour le désabuser, Cyrille, dans sa réponse, lui fait un précis de ce qui était arrivé dans la négociation pour la paix avec Jean d'Antioche et les autres évêques d'Orient ; de la consultation ordonnée par l'empereur pour arriver aux moyens de la procurer au plus tôt ; de la résolution, prise dans l'assemblée des évêques, de commencer cette négociation pour convenir de la foi, et obliger Jean d'Antioche d'approuver la déposition et d'anathématiser la doctrine de Nestorius ; de ce qui s'était passé dans ses entretiens avec Paul d'Emèse, envoyé par Jean d'Antioche, et des raisons qu'il avait eues de l'admettre à sa communion, puisqu'il anathématisait Nestorius et le tenait pour légitimement déposé. Il vient ensuite aux difficultés qu'on proposait contre la profession de foi des

Orientaux, qu'il avait approuvée, et, après avoir montré l'obligation où ils avaient été de la faire, il fait voir qu'elle est catholique, entièrement éloignée de l'hérésie de Nestorius, dont il rapporte les propres paroles pour en faire ressortir l'impiété, puisque ce novateur affirme positivement qu'il y a deux Christs, et que, dans le culte qu'on lui rend, on doit adorer l'homme avec Dieu.

A Successus. — Successus, évêque de Diocésarée dans l'Isaurie, pontife célèbre par son savoir, envoya vers le même temps à saint Cyrille un mémoire contenant quelques questions sur la foi, pour l'éclaircissement desquelles il le priait de lui communiquer ses lumières. Il lui demandait, entre autres choses, s'il fallait dire qu'il y a deux natures en Jésus-Christ, et comment il fallait distinguer la foi de l'Eglise de l'hérésie d'Apollinaire. Il disait encore quelque chose de l'opinion de ceux qui enseignaient que le corps de Jésus-Christ, après sa résurrection, était passé en sa divinité, en sorte que depuis ce moment l'homme s'est anéanti et n'a plus laissé subsister que le Dieu. — Saint Cyrille, avant de répondre, dit un mot de l'hérésie de Nestorius, dont il fait remonter l'origine à Diodore, évêque de Tarse. Ensuite il dit : « qu'instruit d'une autre doctrine, tant par les divines Ecritures que par les saints Pères, il croit que Jésus-Christ est un, soit devant, soit après l'incarnation. Il ajoute que cette union vient du concours des deux natures; qu'après l'union on ne les divise plus, et on ne sépare point en deux fils, le Fils unique indivisible ; mais qu'on dit qu'il est un et seul Fils, ou, comme disent les Pères, *une nature de Dieu Verbe incarné.* » Ce que saint Cyrille explique en ajoutant « qu'il y a deux natures unies; mais que Jésus-Christ Fils et Seigneur, le Verbe de Dieu le Père, fait homme et incarné, est un. » Il établit, contre Apollinaire, « que l'union du Verbe avec le corps s'est faite sans aucun mélange ni confusion de la divinité avec le corps; mais que le Verbe s'est uni au corps animé d'une âme raisonnable et intellectuelle, sans rien perdre de ce qu'il était avant cette union. » A l'égard de la question touchant ce qui s'est passé en Jésus-Christ depuis sa résurrection, saint Cyrille répond « que depuis ce moment son corps n'a point changé de nature, mais qu'il a été délivré des infirmités humaines; qu'à cet égard son corps peut être appelé divin, parce que, depuis sa résurrection, il a été glorifié d'une manière qui convient à Dieu, et qu'il est toujours le corps de Dieu. »

En envoyant cette lettre à Successus, saint Cyrille y joignit une copie de quelques écrits qu'il avait faits contre Nestorius, et de la véritable lettre d'Athanase à Epictète, différente de celle qui avait été corrompue par les hérétiques. La manière dont ce Père avait expliqué l'expression d'*une seule nature du Verbe* incarné ne contenta pas; on lui fit diverses objections, dont Successus lui envoya le mémoire. Saint Cyrille y répondit par une seconde lettre, qu'il commence en remarquant que la vérité se fait toujours connaître à ceux qui l'aiment, et qu'elle ne se cache qu'aux artificieux, c'est-à-dire à tous ceux dont les voies ne sont pas droites. Il fait voir ensuite qu'en disant une nature, il n'a rien dit de contraire à la foi des Pères, renfermée dans le Symbole, qui n'a admis aucune confusion ni aucun mélange, parce que la Divinité est immuable et que l'humanité demeure tout entière en Jésus-Christ, en conservant toutes ses propriétés naturelles, comme la Divinité conserve les siennes même après l'union, puisque ce n'est pas simplement *nature,* mais nature incarnée. Il montre que l'unité se rencontre non-seulement dans les choses qui sont simples de leur nature, mais encore dans celles qui sont unies par composition. L'homme, par exemple, est un, quoiqu'il soit composé de deux natures d'une essence différente, l'âme et le corps. Il convient que si, en parlant de Jésus-Christ, il s'était contenté de dire une *nature du Verbe,* sans ajouter *incarné,* comme pour exclure le mystère de l'Incarnation, les objections de ses adversaires auraient quelque fondement ; mais il soutient qu'elles n'en ont aucun, puisque cette expression, *une nature de Dieu Verbe incarné,* marque exactement deux natures unies, sans qu'on puisse inférer ni mélange, ni confusion, ni changement depuis leur union. On trouve une grande partie de cette lettre mot à mot dans celle du saint docteur à Acace de Mélitine, ce qui a fait juger que c'est par erreur qu'on l'a jointe à la seconde lettre à Successus.

A Valérien, évêque d'Icone. — Ce fut encore pour se justifier de sa réunion avec les Orientaux que saint Cyrille écrivit à Valérien, évêque d'Icone. Il réfute dans cette lettre les objections de ceux qui, voulant paraître orthodoxes, travaillaient, au contraire, à répandre dans les âmes simples le venin de l'impiété nestorienne. Comme ils enseignaient que le Verbe avait divisé le Fils de la Vierge, de sorte qu'il y aurait eu deux fils, l'un Fils de Dieu, né du Père avant tous les siècles, et l'autre fils de l'homme et né de Marie, il fait voir que Dieu le Verbe n'a pas été uni à l'homme, mais qu'il s'est fait homme de la race d'Abraham, et que c'est à raison de ce que Dieu s'est fait chair dans le sein de la sainte Vierge qu'elle est appelée *Mère de Dieu.* C'est sur ce principe qu'il combat ceux qui disaient que Dieu le Verbe avait demeuré dans le fils de la Vierge, comme dans quelqu'un des prophètes : erreur qui est détruite dans les saintes Ecritures, qui nous représentent l'incarnation comme un mystère, dans lequel Dieu le Verbe s'est anéanti en prenant la forme d'un esclave, anéantissement qui n'aurait point eu lieu s'il ne se fût fait chair et semblable à nous, et s'il se fût contenté d'habiter en Jésus-Christ comme en un temple. Il fait sentir le ridicule d'un particulier qui avait avancé que Jésus-Christ s'était réfugié dans le ciel, pour y trouver un asile contre les embûches du démon. Ensuite il rapporte comment Jean d'Antioche et les autres évêques d'Orient avaient condamné par écrit et d'une manière nette et précise les nouveautés profanes des nestoriens, confessé que la Vierge est Mère de Dieu; que c'est le même qui est Dieu et homme, Dieu parfait, homme parfait; et qu'il n'y a en lui qu'une personne, un Fils, un Christ, un Seigneur. « Si donc, ajoute-t-il, on les accuse d'être dans d'autres sentiments, ne le croyez pas; renvoyez ceux qui le diront, comme des trompeurs et des imposteurs; et si l'on montre des lettres en leur nom, tenez-les pour supposées. » — On met cette lettre de saint Cyrille à Valérien en 433.

Explication du Symbole de Nicée. — Vers l'an 438, le saint évêque, averti par le diacre et abbé Maxime, que la plupart des Orientaux continuaient de soutenir la doctrine de Nestorius, sous le nom de *Théodore*, et que, se vantant de s'en tenir au Symbole de Nicée, ils le tournaient à leur sens par de mauvaises interprétations, il entreprit de donner une explication claire et nette de ce Symbole, afin de ruiner toutes les fausses interprétations dont il était l'objet. Il adressa son écrit à l'abbé Maxime, aux autres supérieurs orthodoxes, et à tous les religieux qui vivaient avec eux dans leurs monastères, et en particulier à Anastase, Alexandre, Martinien, Jean, et Parégoire prêtre, qui lui avaient demandé cette explication. Après avoir remarqué que Jésus-Christ avait présidé au concile où ce Symbole avait été dressé conformément à la foi établie dans les divines Ecritures, et qu'il était en autorité dans toutes les Eglises de Dieu, il en rapporte le texte entier, qu'il mêle à son explication. « Les Pères de Nicée, dit-il, professent qu'ils croient en un seul Dieu, pour renverser de fond en comble les erreurs des gentils sur la pluralité des dieux; lorsqu'ils nomment ce Dieu Père tout-puissant, ils nous font connaître en même temps qu'il a un Fils qui lui est coéternel, par qui toutes choses ont été faites, soit dans le ciel, soit sur la terre. Ils ajoutent que ce Fils est engendré, et non pas fait, pour montrer qu'il est de l'essence même du Père, et non du nombre des créatures, ce qui est engendré étant nécessairement de la même substance que celle dont il est engendré; d'où il suit que le Fils est consubstantiel au Père, et conséquemment vrai Dieu. Mais après qu'ils ont dit que c'est par lui que toutes choses ont été faites, pour montrer que sa puissance est la même que celle du Père, ils ajoutent qu'il s'est fait homme, parce qu'il ne nous suffit pas de croire qu'il est Dieu de Dieu et consubstantiel au Père, nous devons croire encore qu'il est descendu et s'est incarné pour notre salut, en prenant, non une chair inanimée comme le disent quelques hérétiques, mais douée d'une âme raisonnable et intelligente. En se faisant homme, il n'a rien quitté ni perdu de ce qu'il était : seulement il s'est rendu propre ce qui appartient à la chair. Ce qui fait qu'on dit de lui qu'il a souffert, qu'il est mort et ressuscité le troisième jour, quoique, selon sa nature divine, il soit impassible et immortel. Les Pères de Nicée font aussi mention du Saint-Esprit, déclarant qu'ils croient en lui comme au Père et au Fils. Il leur est, en effet, consubstantiel : et comme il procède de Dieu et du Père comme d'une source, il a été aussi donné aux créatures par le Fils, ainsi qu'il est remarqué dans saint Jean, où nous lisons que Jésus-Christ souffla sur les saints apôtres, en disant : *Recevez le Saint-Esprit.* — Telle est, suivant saint Cyrille, la vraie foi des saints Pères. Il joint nommément Théodore avec Nestorius, ne doutant pas qu'ils ne fussent l'un et l'autre dans les mêmes sentiments.

A Acace de Bérée. — Dans une lettre qu'il écrivit à Acace, évêque de Bérée, au sujet de sa querelle avec les évêques orientaux, le saint docteur dit : « Pour moi, je veux bien oublier tous les outrages que j'ai reçus pour l'amour de Dieu, le respect dû à l'empereur qui le désire, et l'unité de l'Eglise, et pardonner comme à mes frères. Mais aussi c'est la volonté de Dieu et de l'empereur qu'ils approuvent la condamnation de Nestorius et qu'ils anathématisent ses blasphèmes. Il ne tient qu'à cela que la paix des Eglises ne soit rétablie; et parce que quelques-uns m'accusent de soutenir les erreurs d'Apollinaire, d'Arius ou d'Eunome, je déclare que, par la grâce du Sauveur, j'ai toujours été orthodoxe; j'anathématise Apollinaire et tous les autres hérétiques; je confesse que le corps de Jésus-Christ est animé d'une âme raisonnable; qu'il ne s'est point fait de confusion des deux natures; que le Verbe divin est immuable et impassible selon sa nature. Mais je soutiens que le Christ et le Seigneur, Fils unique de Dieu, est le même qui a souffert en sa chair, ainsi que le dit saint Pierre. Quant aux douze anathématismes, ils ne regardent que les dogmes de Nestorius, rejetant ce qu'il a enseigné de mauvais, soit de vive voix, soit par écrit. Il ajoute que, lorsque la paix sera faite, il les éclaircira, et tout ce qu'on pourra trouver obscur dans tous ses autres écrits : car notre doctrine, dit-il, et notre conduite sont approuvées de tous les évêques par tout l'empire romain, et nous devons avoir soin d'entretenir aussi la paix avec eux. » Il dit à Acace « qu'il fallait que, la paix se faisant aux conditions proposées par le concile d'Ephèse, c'est-à-dire en anathématisant Nestorius et sa doctrine, il écrivît aux principaux évêques de l'Eglise pour les prier d'accorder leur communion aux Orientaux; mais que si ceux-ci refusaient d'accepter ces conditions, on ne pourrait persuader à ces évêques de leur accorder cette grâce. »

A l'empereur Théodose. — La lettre que saint Cyrille écrivit à l'empereur en lui envoyant son explication du Symbole de Nicée, avec un autre écrit où il combattait les sentiments de Théodore de Mopsueste, avait pour but d'empêcher que ce prince ne se laissât surprendre par ce que les Orientaux lui avaient écrit en faveur de Théodore. Il ne nous reste qu'un fragment de cette lettre, où nous voyons que saint Cyrille atteste à l'empereur que Diodore de Tarse et Théodore de Mopsueste sont les véritables pères de l'hérésie de Nestorius; que leurs sentiments sont aussi certainement impies que ceux de l'hérésiarque; que les saints Pères Athanase, Grégoire et Basile, auxquels on veut les comparer, sont certainement orthodoxes. Il parle de la condamnation de Nestorius dans le concile d'Éphèse, et de l'exposition du Symbole de Nicée, qu'il avait faite à la prière des archimandrites d'Orient, pour ruiner tous les sens erronés que l'on donnait à ce Symbole.

Traité sur la foi à l'empereur Théodose. — Ce ne fut pas seulement par des lettres doctrinales que le saint évêque d'Alexandrie combattit l'hérésie de Nestorius, mais aussi par de savants traités où la foi catholique se révèle dans sa plus grande clarté; nous en avons déjà exposé quelques-uns : ceux qui nous restent à analyser ne les dépareront pas. Le premier est le *Traité sur la foi*, adressé à l'empereur Théodose. Saint Cyrille, craignant que Nestorius ne trouvât de l'appui auprès de ce prince, et qu'à la faveur de cette protection son hérésie ne fît de jour en jour de nouveaux progrès, crut qu'il était nécessaire de porter jusqu'au pied du trône la lumière sur le mystère de l'Incarnation, afin que le chef de l'État fût plus disposé à apaiser les troubles que cette nouvelle erreur suscitait dans toutes les Églises. Il composa donc un traité assez long qu'il adressa à l'empereur, à l'impératrice Eudoxie et à la princesse Pulchérie, leur sœur. Il y rappelle d'abord les diverses hérésies qui s'étaient élevées jusque-là contre le dogme de l'incarnation : celles de Manès, de Cérinthe, de Photin, d'Apollinaire et de Nestorius; puis il les réfute l'une après l'autre, sans toutefois nommer leurs auteurs, excepté Photin et Marcel d'Ancyre. Il s'applique surtout à combattre les erreurs de Nestorius, contre lesquelles il emploie les mêmes arguments que dans sa lettre aux solitaires. Néanmoins, à ces arguments il en ajoute plusieurs autres. Ainsi, après avoir rapporté quelques paroles des écrits de Nestorius ou de quelques-uns de son parti, il fait voir qu'elles contiennent une doctrine opposée non-seulement à celle des divines Écritures, mais encore à ce qu'ont enseigné les écrivains ecclésiastiques. Il insiste sur ces paroles du Père éternel : *Celui-ci est mon Fils bien-aimé, en qui j'ai mis ma complaisance; écoutez-le.* — « Remarquez, dit ce saint docteur, que le Père ne dit pas : En celui-ci est mon Fils, de peur que l'on ne croie qu'il y en avait deux, différents l'un de l'autre, mais : *Celui-ci est mon Fils*, afin que l'on entende que ce n'est qu'un. » Il ajoute que « l'on ne peut contester que la grâce du sacré baptême et la vie qui en est inséparable ne nous soient données dans le Saint-Esprit par Jésus-Christ, ce qui ne peut se faire que parce que Jésus-Christ est véritablement Dieu. » — Il insiste encore sur l'eucharistie, et dit que « Jésus-Christ nous y donne la vie comme Dieu, non-seulement par la participation du Saint-Esprit, mais par cela même qu'il nous donne à manger la chair du Fils de l'Homme, qui est la sienne propre. »

A ce traité, saint Cyrille en joignit un second pour les reines vierges et épouses de Jésus-Christ, comme il les appelle, c'est-à-dire Pulchérie, Arcadie et Marine, sœurs de l'empereur, qui toutes trois s'étaient consacrées à Dieu. Il en fait un grand éloge comme il en avait fait un de Théodose, et leur dit que « si Jésus-Christ n'était pas Dieu, mais seulement un homme rempli de son Esprit, comme l'ont été Abraham et les autres anciens patriarches, sa mort ne nous aurait servi de rien pour notre salut, de même que la leur n'a point été utile au genre humain. Il n'y a, ajoute-t-il, selon l'apôtre saint Paul, qu'un seul Seigneur, qu'une foi, qu'un baptême. S'il y a deux Fils, qui des deux sera le Seigneur? à qui des deux croirons-nous? au nom duquel serons-nous baptisés? Le Verbe de Dieu était Dieu par nature avant de se faire chair; et depuis qu'il s'est fait chair, il n'a point cessé d'être Dieu. Pourquoi donc refuserions-nous, en reconnaissant pour Dieu le Verbe fait chair, de confesser que la Vierge dont il est né selon la chair est *Mère de Dieu.* » Saint Cyrille rapporte les passages de plusieurs anciens pour montrer qu'ils ont donné à la sainte Vierge le titre de Mère de Dieu et reconnu l'unité de Fils en Jésus-Christ, savoir : de saint Athanase, d'Atticus de Constantinople, d'Antiochus, évêque de Phénicie, de saint Amphiloque, d'Ammon d'Andrinople, de saint Jean Chrysostome, de Séverin de Gabales, de Vital et de Théophile d'Alexandrie. Il joint à ces passages plusieurs endroits choisis du Nouveau Testament, pour prouver que Jésus-Christ est Dieu, qu'il est l'auteur de la vie, que sa mort a été le salut du monde, qu'il n'y a qu'un seul Fils et un seul Seigneur. Après chaque passage pour prouver ces articles, saint Cyrille fait un discours pour en montrer le sens et en faire sentir toute la force. Il commence cette démonstration par les Épîtres de saint Paul, la continue par les Épîtres catholiques et la finit par les Évangiles, en observant la même méthode pour chacun des articles.

A cet écrit, adressé aux princesses vierges, saint Cyrille en ajouta un autre, qui est le troisième sur la foi, où il s'applique particulièrement à réfuter les raisons de ceux qui attaquaient la divinité de Jésus-Christ, ou qui distinguaient deux fils, l'un fils de l'homme et l'autre Fils de Dieu. Ils alléguaient entre autres ce que Jésus-Christ dit dans saint Jean en parlant à la Samaritaine : *Vous adorez ce que vous ne connaissez point; pour nous, nous adorons ce que nous connaissons;* et ailleurs : *Je suis encore avec vous un peu de temps, et je m'en vais ensuite vers celui qui m'a envoyé;* et encore : *Lorsque vous aurez élevé en haut le Fils de l'Homme, vous con-*

naîtrez qui je suis; et dans saint Luc : *Jésus croissait en sagesse et en âge;* et dans saint Matthieu : *Nul autre que mon Père ne sait ce jour et cette heure, non pas même les anges du ciel.* Saint Cyrille répond qu'en tous ces endroits « Jésus-Christ a parlé selon sa nature humaine; et, en effet, il est vrai qu'il n'y a qu'un Christ, qui adore en tant qu'homme et est adoré de toutes les créatures en tant que Dieu. C'est encore en tant qu'homme qu'il est envoyé du Père pour prêcher la liberté aux captifs, et qu'il souffre, pour les racheter, le supplice de la croix. C'est selon cette même nature qu'il croissait en âge et en sagesse, qu'il ignorait le jour du jugement, et qu'il s'est soumis à toutes les faiblesses de notre nature, excepté le péché. Quant à ce que dit saint Paul, qu'*il a plu au Père que toute plénitude résidât en lui,* on ne peut en inférer que cet apôtre ait reconnu deux Fils, puisqu'il dit en termes exprès qu'*il n'y a pour nous qu'un seul Dieu, qui est le Père, et un seul Seigneur, qui est Jésus-Christ, par lequel toutes choses ont été faites.* Mais par ces paroles il a voulu nous enseigner que la plénitude de la divinité résidait en Jésus-Christ non comme dans un temple, ou seulement par participation, mais essentiellement, à raison de la vraie et naturelle union du Verbe avec la chair. » — Le reste du traité n'a rien de bien remarquable, et on peut résoudre les difficultés que saint Cyrille y propose en distinguant les propriétés des deux natures unies personnellement en Jésus-Christ. C'est suivant cette distinction qu'il dit « que Jésus-Christ, en tant qu'homme, fait les fonctions de prêtre, et que le sacrifice lui est offert en tant qu'il est Dieu. »

Cinq livres contre Nestorius. — Nestorius, résolu de répandre ses erreurs et d'en infecter l'Eglise tout entière, ne trouva pas de moyen plus sûr que de recueillir en un volume toutes les homélies dans lesquelles il les avait avancées, et de le faire passer dans différentes provinces. Ce recueil tomba entre les mains de saint Cyrille, qui eût bien voulu se dispenser d'en réfuter les erreurs, de peur de les rendre publiques et de transmettre ainsi à la postérité les blasphèmes dont elles étaient remplies. Mais ne doutant pas que le même recueil, qui était venu jusqu'à lui, ne se fût communiqué à beaucoup d'autres, il crut qu'il était de son devoir de découvrir le venin qui y était caché, d'empêcher les lecteurs d'en être infectés et de les mettre eux-mêmes en état de combattre Nestorius par ses propres écrits, en leur en faisant remarquer le peu de fond et les contrariétés. C'est ce qu'il fit dans un ouvrage exprès que nous avons encore. Il est divisé en cinq livres, et l'hérésiarque ne s'y trouve jamais nommé; ce qui fait croire qu'il le composa avant le concile d'Ephèse, c'est-à-dire avant l'an 431. Photius, qui le cite, remarque que le style en est plus simple et plus clair que celui des autres ouvrages de ce Père, quoiqu'on y retrouve partout son caractère et son génie particulier. Il est cité aussi par Cassiodore, par saint Ephrem d'Antioche, et par quelques anciens. Saint Cyrille y rapporte les propres paroles de Nestorius, et les réfute ensuite, soit par de simples raisonnements, soit par l'autorité de l'Ecriture, soit par le témoignage des Pères qui l'avaient précédé.

1er *Livre.* — Nestorius disait aux catholiques : *Croyez-vous que la Divinité soit née de la Vierge?* Cet argument lui paraissant sans réplique, il en concluait qu'on ne pouvait sans blasphémer appeler Marie *Mère de Dieu.* Il consentait néanmoins quelquefois qu'on l'appelât ainsi, mais il niait qu'elle fût réellement mère de Dieu, soutenant que Dieu n'avait fait que passer en elle; en sorte que Jésus-Christ, qui était véritablement né de Marie, devait être regardé non comme vrai Dieu, mais comme porte-Dieu. Saint Cyrille répond : « que le Verbe de Dieu a été fait chair, selon que le disent les divines Ecritures, c'est-à-dire uni hypostatiquement à la chair sans aucune confusion ; qu'il n'est point descendu dans une chair étrangère pour y habiter, comme il a habité dans les prophètes ; mais que, s'étant fait un corps dans le sein de la Vierge, celui-là même qui est né du Père avant tous les siècles, nous est devenu consubstantiel selon la chair en naissant de cette Vierge, qui conséquemment doit être appelée *Mère de Dieu.* » — Le saint docteur explique, en passant, le terme de *mélange* dont quelques saints Pères se sont servis en parlant de l'union des deux natures en Jésus-Christ, et dit « qu'ils ne l'ont employé que pour marquer combien cette union est étroite, quoiqu'elle soit sans aucune confusion des natures. » Nestorius disait : *Celui qui nous paraît enfant, né depuis peu, enveloppé de langes, est Fils éternel, créateur de toutes choses, et Dieu.* « Or, c'est celui-là même, reprend saint Cyrille, que la sainte Vierge a enfanté. Vous reconnaissez donc que Dieu est né selon la chair, et vous l'avez appris de l'Ecriture divinement inspirée. » *Les anges,* ajoutait Nestorius, *ont prédit que saint Jean serait rempli du Saint-Esprit dès le sein de sa mère : dira-t-on pour cela que Elisabeth est la mère du Saint-Esprit?* « Nous avouons, répond saint Cyrille, qu'Elisabeth a enfanté Jean-Baptiste, oint du Saint-Esprit dès avant sa naissance : s'il était écrit dans les saintes lettres que le Saint-Esprit a été fait chair dans le sein de cette femme, nous avouerions aussi qu'on doit l'appeler Mère du Saint-Esprit. Mais il n'est dit autre chose de cet enfant, sinon qu'il a été rempli du Saint-Esprit. Or ce n'est pas la même chose de dire que le Verbe a été fait chair, et que quelqu'un a été oint par le Saint-Esprit ; l'un est dit du Verbe, et l'autre de saint Jean. Donc on ne peut dire en aucune manière que Elisabeth soit la Mère du Saint-Esprit, parce qu'elle n'a enfanté qu'un prophète du Très-Haut; on doit dire, au contraire, que la sainte Vierge est véritablement Mère de Dieu, parce qu'elle a enfanté charnellement, c'est-à-dire, selon la chair, le Verbe uni à la chair. » Nestorius objectait : *Où il y a deux générations, il est nécessaire qu'il y ait deux fils.* — « Cela est vrai dans les hommes, répond saint Cyrille; mais ce n'est pas une conséquence qu'il en soit de même à l'égard du mystère de l'Incarnation, où les choses se passent d'une manière toute différente. Nous reconnaissons en Jésus-Christ deux naissances, l'une avant l'Incarnation, en tant que Verbe de Dieu, l'autre après l'Incarnation, en tant qu'homme ; et, dans ces deux naissances, un seul Fils. » Doctrine que Nestorius reconnaissait lui-même être celle de l'Eglise. Saint Cyrille convient avec lui que les Pères de Nicée n'ont point dit en termes exprès que Dieu ait été engendré de Marie ; mais il soutient qu'en déclarant leur foi en un Dieu Père tout-puissant, et en un Seigneur Jésus-Christ son Fils, c'est-à-dire véritablement né de lui selon sa nature divine, et en reconnaissant que ce même Fils, Dieu Verbe, s'est fait homme dans le sein de la Vierge, ils ont aussi confessé évidemment qu'il était né d'une vierge selon la chair. D'où il ne suit pas que les catholiques crussent, comme Nestorius les en accusait, que la vierge Marie fût avant la divinité même, puisqu'ils ne croient pas que le Fils de Dieu soit né d'elle selon sa Divinité, qui est avant tous les temps, mais seulement selon son humanité, qui a pris commencement dans le sein de cette Vierge.

II° *Livre.* — Quoique Nestorius admît en Jésus-Christ deux personnes ou hypostases entièrement différentes l'une de l'autre, il ne laissait pas de se conformer au langage de l'Ecriture, qui ne parle que d'un Fls, d'un Christ et d'un Seigneur ; mais il réduisait cette unité à celle de la dignité, de l'autorité, de la puissance qui était une en Jésus-Christ, et non pas à l'unité de personne en deux natures. Saint Cyrille fait voir qu'une parité de gloire et de dignité ne suffit pas pour faire une union véritable, et que, quoique saint Pierre et saint Jean fussent également apôtres et comblés des dons du Saint-Esprit, ils n'étaient pas pour cela un seul et même homme ; la vraie union des deux natures ne pouvant se faire que quand elles sont unies personnellement.

III° *Livre.* — Saint Cyrille montre que c'était à tort que Nestorius imputait aux catholiques d'enseigner que la qualité de pontife et d'apôtre en Jésus-Christ tombait sur la divinité, aucun d'eux n'ayant jamais rien dit de semblable ; mais qu'on peut également dire du Fils de Dieu qu'il est apôtre et pontife, comme il est dit que Dieu a envoyé son Fils formé d'une femme et assujetti à la loi; que la qualité de pontife et d'apôtre ne se dit de ce Fils que selon la nature humaine, à laquelle le Verbe s'est uni personnellement; que c'est pareillement à raison du corps que le Verbe a pris dans un descendant d'Abraham; que ce Fils est appelé *enfant d'Abraham*; qu'il a pris ce corps dans le sein de la sainte Vierge ; que parce que le Verbe s'est uni réellement avec ce corps animé d'une âme raisonnable, Jésus-Christ a dit qu'*il était avant qu'Abraham fût né*, et que l'Apôtre a dit aussi de lui, qu'*il était hier, qu'il est aujourd'hui, et qu'il sera le même dans tous les siècles;* que c'est du Verbe fait chair et semblable à nous qu'un prophète a dit : *Celui-ci est notre Dieu, et il n'y en a point d'autre ; il a paru sur la terre et conversé avec les hommes;* que lorsqu'il est dit dans l'Evangile qu'*il croissait en âge et en sagesse,* cela ne tombe point sur sa divinité, qui, au lieu de croître, s'est plutôt anéantie en se faisant homme ; qu'en vain Nestorius voulait distinguer en Jésus-Christ le Fils de Dieu d'avec le Fils de l'homme, puisque les Ecritures ne font point cette distinction et ne reconnaissent qu'un seul Fils. *Nul homme,* dit saint Jean, en parlant de Jésus-Christ, *n'a jamais vu Dieu : c'est le Fils unique, qui est dans le sein du Père, qui l'a fait connaître ;* et saint Paul : *Lorsque le Père introduit de nouveau son premier-né dans le monde, il dit : Que tous les anges de Dieu l'adorent :* d'où saint Cyrille infère qu'il est donc nécessaire de reconnaître un seul Seigneur et Christ, en qui les natures divine et humaine sont unies hypostatiquement, afin que l'on conçoive que c'est le même qui est le Fils unique du Père en tant que Dieu par sa nature, et son premier-né en tant qu'homme semblable à nous et de la race d'Abraham.

« C'est à raison de cette union, comme le dit ensuite saint Cyrille, que nous disons que le pontife et l'apôtre de notre confession est devenu semblable à nous, afin qu'il s'offrît au Père en sacrifice de bonne odeur, pour nous délivrer de nos péchés, nous faire triompher de la mort, nous rendre parfaits dans toutes sortes de vertus. »

IV° *Livre.* — Nestorius n'admettait en Jésus-Christ qu'une nature empruntée pour faire des miracles, disant qu'*il l'avait reçue du Saint-Esprit, comme les autres saints la reçoivent.* Il semblait aussi distinguer les opérations dans les trois personnes de la Trinité, en sorte qu'il y en eût de particulières au Saint-Esprit, à qui il attribuait la formation du corps de Jésus-Christ, à l'exclusion du Père et du Fils. Saint Cyrille réfute la première de ces erreurs, en montrant, par l'autorité de l'Ecriture, que le Saint-Esprit même tire son origine du Fils. En effet, nous lisons dans saint Jean que celui que Dieu a envoyé, c'est-à-dire Jésus-Christ, ne donne pas son Esprit par mesure ; et ailleurs, qu'il donna aux apôtres le pouvoir de chasser les démons et de guérir toutes sortes de maladies ; qu'il sortait de lui une vertu qui guérissait tous ceux qui s'en approchaient. Il combat la seconde en faisant voir, « qu'admettre trois opérations différentes dans la Trinité, c'est établir trois dieux distingués et différents l'un de l'autre ; que l'unité de nature dans la Trinité ne permet qu'une seule opération dans les trois personnes ; que tout ce que le Père fait, le Fils et le Saint-Esprit le font aussi ; qu'ainsi la formation du corps auquel le Verbe s'est uni est également l'ouvrage du Fils comme du Saint-Esprit et du Père. » — Il prouve ensuite que si la chair que Jésus-Christ nous donne à manger et le sang qu'il nous donne à boire n'étaient que la chair et le sang d'un pur homme, comme le prétendait Nestorius, et non la chair et le sang d'un Dieu, ils ne produiraient point la vie dans ceux qui les reçoivent; ce qui est contraire aux paroles de Jésus-Christ même.

V⁰ *Livre.* — L'Ecriture ne dit point, objectait Nestorius, que nous soyons réconciliés par la mort de Dieu Verbe, mais seulement par la mort du Fils de Dieu. « Quoi donc? répond saint Cyrille, fallait-il que l'apôtre dît que la vie avait souffert la mort? Pouvait-il s'exprimer d'une manière plus précise qu'en disant que, *lorsque nous étions ennemis de Dieu, nous avons été réconciliés avec lui par la mort de son Fils?* Si saint Paul s'exprime ainsi, c'est qu'il entendait que le Fils de Dieu avait souffert pour nous dans sa chair. En disant, comme le voulait Nestorius, que nous avons été réconciliés par la mort du Dieu Verbe, il eût parlé imprudemment : car, dans tout ce qui regarde l'économie du mystère de l'Incarnation, il faut toujours supposer l'union des deux natures en une seule personne. » — C'est par ce principe que saint Cyrille répond aux autres subtilités de Nestorius. Il condamne comme lui ceux qui enseignaient que par cette union il s'était fait un mélange des deux natures, la Divinité n'étant susceptible d'aucun changement, et tout ce qui paraît en marquer devant se rapporter à la nature humaine. C'est donc comme homme que Jésus-Christ a souffert et qu'il dit à son Père : *Pourquoi m'avez-vous abandonné?* Mais c'est comme Dieu qu'il a vaincu la mort et ressuscité le corps crucifié par les Juifs.

Explication des douze Anathématismes. — Saint Cyrille étant à Éphèse, en 431, fut prié par les Pères du concile auquel il présidait de donner des éclaircissements sur ses douze anathématismes, auxquels plusieurs trouvaient à redire, soit qu'ils ne les comprissent pas, soit qu'ils fussent du nombre de ceux qui prenaient le parti de Nestorius. Le saint docteur satisfit à ce qu'on demandait de lui, et fit voir qu'il n'avait rien enseigné que de conforme à la foi de Nicée et à la doctrine de saint Paul, en disant anathème à ceux qui refusaient de confesser que la sainte Vierge est Mère de Dieu; que le Verbe qui procède du Père est uni à la chair selon l'hypostase par une union réelle et non par une connexion de dignité de puissance ou d'autorité.

Apologie des Anathématismes. — Vers le même temps il réfuta un écrit d'André de Samosate contre les mêmes Anathématismes; mais comme cet évêque n'y avait pas mis son nom, saint Cyrille ne le nomma pas non plus en le réfutant. Il paraît qu'André avait écrit au nom des Orientaux; car saint Cyrille se les oppose toujours en général dans sa réfutation. Du reste les objections d'André se réduisaient à deux principales : la première, que si la sainte Vierge a engendré selon la chair, elle n'a donc pas engendré comme vierge, et d'une manière convenable à Dieu; la seconde, qu'en disant que le Verbe de Dieu a été fait chair, il semble avoir avoué que le Verbe a été changé et converti en chair. Saint Cyrille, avec l'apôtre saint Jean, répond à cela que ce qui est né de la chair est chair, et que la Vierge étant chair, elle a engendré selon la chair ; ce qui, dit-il, n'ôte rien à l'admirable naissance de Jésus-Christ, ni à l'opération par laquelle le Saint-Esprit a formé cette chair dans le sein de la Vierge. Il justifie l'autre expression en montrant que le même apôtre l'a employée au commencement de son Evangile en disant : *Le Verbe s'est fait chair.* Il rapporte ensuite quelques passages de saint Pierre d'Alexandrie, de saint Athanase, de saint Amphiloque, qui ont enseigné une doctrine semblable à la sienne, reconnaissant que le Verbe a été fait chair, qu'il est né selon la chair sans aucune confusion ni aucun changement.

Défense des Anathématismes contre Théodoret. — Jean d'Antioche, qui avait chargé André de Samosate de réfuter les Anathématismes, avait également donné la même commission à Théodoret, évêque de Cyr. Celui-ci s'en acquitta avec plus d'aigreur encore que n'avait fait André, mais en paraissant douter que saint Cyrille fût l'auteur des Anathématismes publiés sous son nom. Il prétexte de cette ignorance prétendue pour accuser le saint docteur de blasphème et d'hérésie. Saint Cyrille, après quelques hésitations, y fit une réponse où, comme dans la précédente, il insère tout entier le texte de son adversaire. Il y reprend plusieurs expressions qui sont en effet peu correctes et qui furent désapprouvées dans le concile de Chalcédoine. Du reste, ce que dit saint Cyrille pour soutenir l'orthodoxie de ses anathématismes ne présente rien qui ne se trouve dans ses autres ouvrages. Ce sont les mêmes preuves tournées différemment.

Apologie à l'empereur Théodose. — Saint Cyrille eut encore à justifier sa conduite au sujet de deux lettres ou traités qu'il avait adressés séparément, l'une à l'impératrice Eudoxie, et l'autre à Pulchérie sa sœur. Quelques-uns de ses ennemis et peut-être Nestorius lui-même firent entendre à Théodose qu'il n'avait pu écrire séparément aux princesses qu'en présumant qu'il y avait de la division dans la famille impériale, ou dans le but d'en exciter. Ce prince, aigri, en fit des reproches à Cyrille, qui crut devoir s'en justifier par une lettre apologétique. Il proteste qu'il ne lui est jamais venu en pensée de fomenter le trouble ni la division dans la famille impériale; que s'il a écrit séparément à l'empereur et aux princesses, ce n'a été que pour remplir les devoirs d'un évêque, à qui il appartient de confirmer dans la foi de Jésus-Christ ceux qui l'ont embrassée. Il rejette sur les erreurs de Nestorius et sur les troubles qu'elles avaient excités dans les Églises la nécessité où il s'était trouvé de les combattre, et d'écrire à l'empereur même pour l'engager à les secourir. Il fait en peu de mots le récit de ce qui s'était passé à l'égard de Nestorius, tant avant le concile d'Éphèse que pendant sa tenue ; racontant aussi de quelle manière Jean d'Antioche et les autres Orientaux avaient pris le parti de ce novateur ; ce qu'il avait fait lui-même pour les empêcher de soutenir une si mauvaise cause, et il finit son apologie en rapportant comment le moine Victor, accusé d'avoir publié contre lui des choses fâcheuses, était venu à Éphèse pendant la tenue du concile, et, les mains élevées au ciel, avait protesté par son baptême et les vénérables mystères de Jésus-Christ qu'il était innocent de ce dont on l'accusait.

Dix livres contre Julien l'Apostat. — Saint Cyrille avait sans doute regagné les bonnes grâces de Théodose lorsqu'il écrivit ses livres contre Julien, puisqu'il les lui adressa. Les trois livres de cet apostat contre les saints Évangiles et le culte respectable des chrétiens en avaient ébranlé plusieurs et fait un tort considérable à la foi. Néanmoins ces livres étaient demeurés jusque-là sans réplique. Saint Cyrille entreprit de leur en faire une, à la prière d'un grand nombre de personnes. Pour qu'on ne lui reprochât point d'avoir mal pris le sens de cet apostat, il rapporte ordinairement mot à mot ses propres termes, pour les réfuter ensuite, sans toutefois s'astreindre à les mettre tous.

I*er Livre.* — Le saint docteur, dans le premier livre, se propose de montrer que Moïse est le plus ancien des législateurs, que ce qu'il a enseigné de la Divinité et de la création de l'univers est vrai, que ses lois sur la piété et la justice sont admirables, et que tout ce que les auteurs grecs ont écrit sur les mêmes points, ils l'ont puisé dans les livres de ce prophète, en y mêlant ce qu'ils avaient inventé de fabuleux. Il donne un précis de l'histoire du déluge. Ce Père parcourt tous les évènements de l'histoire profane, et montre qu'ils sont postérieurs à Moïse ; que Solon, le législateur d'Athènes, et Platon ont voyagé en Égypte pour y acquérir de la science et se faire une réputation au-dessus des autres sages de la Grèce ; qu'ils ont admiré ses écrits et qu'il a été connu de ceux qui ont composé l'histoire des Grecs. Saint Cyrille vient ensuite à ce qu'on lit dans les écrits de Moïse touchant la nature de Dieu et la formation de l'univers ; et, après avoir comparé ce que les écrivains païens ont dit de l'un et de l'autre avec ce qu'en croyaient les Hébreux, il fait voir que les païens s'exprimaient toujours d'une manière uniforme sur ces deux points, tandis qu'ils ne s'entendaient presque jamais sur les autres matières, c'est une preuve certaine qu'ils ont puisé dans les écrits des Hébreux ce qu'ils ont enseigné sur ces deux articles, dont la connaissance ne peut s'acquérir par les seules forces de la raison à moins qu'elle ne soit guidée et éclairée par des lumières supérieures.

II*e Livre.* — Julien, après avoir dit dans le commencement de son ouvrage qu'il avait quitté la secte des galiléens, parce qu'elle est une invention humaine ; qu'elle n'a rien de divin et qu'elle est composée malicieusement pour abuser de la partie crédule et puérile de l'homme, en faisant croire comme vérité des fables prodigieuses, leur demande pourquoi ils ont préféré la doctrine des Hébreux à celle des Grecs ; et pourquoi, ne s'en tenant pas uniquement à celle des Hébreux, ils ont suivi un chemin particulier, et pris le mauvais des uns et des autres : des Hébreux le mépris des dieux ; des Grecs le mépris des cérémonies, c'est-à-dire des distinctions de viandes et de purifications ? A la première de ces deux questions saint Cyrille répond, « que la vraie cause pour laquelle les Chrétiens ont préféré la doctrine des Hébreux à celle des Grecs est que ceux-ci ont, de l'aveu de Julien, inventé des fables incroyables et monstrueuses de leurs dieux, en enseignant que Saturne avait mangé ses propres fils, et les avait vomis ensuite ; que Jupiter avait commis un inceste avec sa propre mère ; qu'il s'était marié ensuite avec la fille qui était née de cette conjonction illicite ; qu'il n'y avait rien de semblable dans la doctrine des Hébreux, et rien dont on ne pût rendre une raison probable ; que Moïse, et avec lui les prophètes et les apôtres, ne reconnaissent et n'adorent qu'un seul Dieu ; qu'ils nous exhortent à en faire de même, en nous prescrivant d'ailleurs un genre de vie pur et admirable. » — Comme Julien ajoutait que l'histoire de la création, qui porte le nom de Moïse, ne contenait rien de vrai, qu'elle était remplie de puérilités, et qu'il préférait ce que les sages de la Grèce ont dit sur la même matière, saint Cyrille en fait juge le lecteur, en rapportant d'un côté ce qu'on lit dans la Genèse de la création de l'univers, et de l'autre ce qu'en ont dit Pythagore, Thalès, Platon et les autres écrivains grecs, dont Julien était l'admirateur. Il insiste particulièrement sur la manière dont l'homme a été formé, suivant le récit de Moïse, et soutient qu'on ne peut rien de mieux que de dire que l'homme a été formé à l'image de Dieu. Il se moque de Julien, qui, pour prouver que le ciel est Dieu, alléguait ce qui se passe ordinairement parmi les hommes qui, soit dans leurs prières, soit dans les moments solennels de leur vie, lèvent les mains au ciel pour lui demander secours.

III*e Livre.* — Ce que la Genèse dit de la formation de la femme, de la conversation qu'elle eut avec le serpent, de la défense faite à nos premiers parents de manger le fruit de l'arbre situé au milieu du paradis terrestre, paraissait entièrement fabuleux à Julien. Mais saint Cyrille le renvoie aux plus sages philosophes des Grecs, qui n'ont pas fait difficulté d'admettre ce qu'Hésiode a écrit de l'origine des dieux, beaucoup moins vraisemblable que celle que Moïse atribue à la première femme. Qui croira en effet que Cœus et Hyppérion soient nés du Ciel et de la Terre, comme le dit cet auteur? Il excuse la crédulité d'Eve sur sa simplicité, et dit qu'elle croyait apparemment que le serpent et les autres animaux avaient reçu le don de parler comme les hommes. A quoi il ajoute que le serpent avait pu lui parler par l'opération du démon.

4ᵉ *Livre*. — Julien convenait que le Créateur est le père commun et le roi de tous les hommes; mais il voulait que, content d'avoir créé l'univers, il en eût laissé le gouvernement à d'autres dieux, à Mars, à Minerve, à Mercure, et que de là venait que chez les différents peuples on remarquait différentes qualités ou différentes passions, suivant que ces dieux les leur inspiraient. Saint Cyrille n'a pas de peine à faire sentir le ridicule d'une semblable imagination : il montre qu'elle déshonore la majesté d'un Dieu, qu'on ne peut supposer avoir besoin d'un secours étranger pour le gouvernement de l'univers sans l'accuser d'infirmité ou de faiblesse; que qui dit Dieu dit un être parfait de sa nature, la source de tout bien, et qui n'a besoin de personne. Dire que les Gaulois et les Germains sont hardis, les Grecs et les Romains polis et civils, les Égyptiens adroits, les Scythes prudents, mais meurtriers, les Chaldéens impudiques, parce qu'ils sont faits ainsi par les dieux qui les gouvernent, c'est déclarer inutiles les leçons des pères aux enfants, les soins des maîtres envers leurs disciples, et les lois qui prescrivent le bien et qui défendent le mal. Ce n'est pas ainsi qu'on ont jugé les plus habiles d'entre les païens mêmes. Porphyre reconnaît que ni le hasard ni les mauvais génies ne sont assez puissants pour détourner de la vertu celui qui l'aime et la pratique sincèrement. C'est donc en vain que les païens leur offraient des sacrifices pour les apaiser. Il prouve une seconde fois contre Julien qu'il y a une providence qui gouverne tout, et que si les hommes sont bons ou mauvais, ils n'y sont contraints ni par leur nature, ni par aucune divinité particulière, déléguée pour les gouverner, mais parce qu'ils le veulent ainsi.

vᵉ *Livre*. — Julien attaquait aussi les préceptes du Décalogue, et soutenait qu'étant connus et observés de toutes les nations, on ne devait point en faire honneur à Moïse. Sur quoi saint Cyrille demande de qui les nations les avaient appris, si c'était par les lumières de la nature qu'elles connaissaient ce qui est bien ou mal. Julien ne pouvait assigner un législateur plus ancien que Moïse, puisque Solon et Lycurgue, qui ont donné des lois aux Grecs, sont plus récents. Il convenait aussi que la nature de l'homme n'était point capable de connaître par elle-même ce qui est utile. Donc, conclut le saint docteur, tous les hommes avaient besoin d'être instruits, et conséquemment la loi de Moïse doit être regardée comme d'une grande utilité.

vıᵉ *Livre*. — Ensuite, pour lui faire rabattre de l'estime qu'il professait pour Platon, Socrate et les autres anciens philosophes, qu'il préférait à Moïse et aux prophètes, il rapporte d'après Porphyre, auteur non suspect, les vices honteux de Socrate et les emportements de Platon auxquels il oppose la douceur de Moïse et ses autres vertus. Il oppose aussi la modération des rois d'Israël qui, attachés à la loi de Moïse, se sont contentés de leurs Etats, sans empiéter sur leurs voisins, à Minos, qui, quoique instruit de Jupiter même, avait envahi les îles, réduit en servitude des peuples libres pour contenter son ambition et sa passion de régner. Il y a environ trois cents ans, disait Julien, que Jésus est renommé pour avoir persuadé quelques miracles, sans avoir rien fait de digne de mémoire, si ce n'est qu'on lui compte comme de grandes actions d'avoir guéri les boiteux, les aveugles et conjuré les possédés dans les bourgades de Bethsaïde et de Béthanie. Cet apostat reconnaissait donc la vérité de ces faits. Saint Cyrille lui reproche de chercher à obscurcir des miracles qui auraient dû au contraire faire le sujet de son admiration. « Car de quelle autre manière, dit-il, Jésus-Christ pouvait-il mieux prouver sa divinité que par ces faits merveilleux? Il en ajoute d'autres que Julien avait passés sous silence, comme la résurrection du Lazare enterré depuis plusieurs jours et déjà corrompu. Il montre que l'Apostat n'avait aucune raison d'appeler misérables les *chrétiens*, parce qu'ils avaient coutume de marquer leur front et leurs maisons du signe de la croix, puisque ce signe rappelait à leur mémoire le bois de la croix sur laquelle avait été consommé le sacrifice de leur rédemption. Comme Julien avouait que les fausses divinités avaient cessé de rendre des oracles, il fait voir que cela est arrivé depuis la venue de Jésus-Christ, qui par sa puissance a détruit la tyrannie des démons. — Il dit aussi que c'est par une semblable raison qu'il n'y a plus de prophéties parmi les Hébreux, parce que Jésus-Christ est la fin de la loi et des prophètes; mais que ce don n'a pas pour cela été anéanti, Dieu communiquant encore aujourd'hui son esprit, et découvrant les choses à venir aux âmes saintes dans lesquelles il veut bien habiter; que l'on voit encore des hommes respectables par leurs vertus chasser les démons et guérir les infirmes. « Nous ne reconnaissons point pour Dieu un pur homme, ajoute ce Père, et nous n'adorons pas celui qui n'est pas Dieu par sa nature, mais le Verbe même qui procède du Père, par qui toutes choses ont été faites; qui, dans le dessein de sauver le genre humain, s'est incarné et fait homme dans le sein de la Vierge. C'est là cet homme que nous confessons être le Verbe de Dieu, que nous révérons comme Dieu. Mais nous ne rendons point un culte semblable aux saints martyrs : ce n'est qu'un culte d'affection et d'honneur : nous ne les appelons pas dieux. — Julien objectait que saint Jean l'Evangéliste était le premier qui eût parlé de la divinité de Jésus-Christ. « Vous êtes si malheureux, dit-il aux chrétiens, que vous ne vous en êtes pas tenus à ce que les apôtres vous avaient enseigné ; mais ceux qui ont suivi ont encore poussé à une plus grande impiété : car ni Paul, ni Matthieu, ni Luc, ni Marc n'ont osé dire que Jésus fût Dieu ; mais le bon homme Jean, voyant que cette maladie avait déjà gagné une grande multitude en plusieurs villes de Grèce et d'Italie ; apprenant aussi, comme je crois, que l'on révérait, quoiqu'en cachette, les sépulcres de Pierre et de Paul, a osé l'avancer le premier ; puis, après avoir parlé un peu de Jean-Baptiste, il revient au Verbe qu'il annonce et dit : *Le Verbe a été fait chair, et il a habité parmi nous.* » A cette objection, qu'il propose deux fois, saint Cyrille répond « que saint Paul, dans son Epitre aux Romains, donne plusieurs fois à Jésus-Christ le nom de *Dieu*; que les disciples, le voyant marcher sur les eaux, dirent, étonnés du miracle : *Il est vraiment Fils de Dieu;* qu'il est appelé *Dieu* plus d'une fois dans saint Matthieu, que saint Marc le qualifie ainsi dès les premiers mots de son Evangile, et que saint Luc a en plusieurs endroits marqué clairement sa divinité. »

VIIe *Livre.* — Le saint docteur répond dans son septième livre à la seconde question que Julien avait posée dès le commencement de son premier livre : « Pourquoi les chrétiens, ne s'en tenant pas à la doctrine des Hébreux, avaient-ils suivi un chemin particulier, prenant des Hébreux le mépris des dieux, et des Grecs le mépris des cérémonies, c'est-à-dire des distinctions de viandes et de purifications ? — C'est par la loi et les prophètes que nous avons été conduits à Jésus-Christ, qui en était la fin ; c'est pourquoi nous révérons encore aujourd'hui cette loi et les prophètes, de qui nous avons appris à connaître la vérité, et par qui nous avons connu le Sauveur du genre humain. Quant aux aliments, nous n'en connaissons point d'impurs, et s'il y en a parmi nous qui, par le désir d'une plus grande perfection, s'abstiennent des choses très-utiles à la vie, contents de se nourrir de pain, d'eau et de légumes ou d'herbages, ce n'est pas qu'ils désapprouvent l'usage des autres aliments, ce n'est que pour dompter leur chair et mortifier leurs passions. » Il dit encore à Julien « que le baptême est institué pour guérir les maladies de l'âme et non celles du corps ; qu'ainsi c'était à tort qu'il objectait que cette eau salutaire n'avait encore guéri ni lèpre, ni goutte, ni dyssenterie ; qu'au reste il est au pouvoir de Jésus-Christ de donner au baptême la vertu de guérir ces maladies du corps, comme l'aveugle-né fut guéri dans les eaux de Siloé, où il l'envoya pour recouvrer la vue. »

VIIIe *Livre.* — Julien soutenait que ces paroles de Moïse : *Le Seigneur votre Dieu vous fera naître un prophète d'entre vos frères,* ne doivent point s'entendre de celui qui est né de Marie. « C'est à vous, lui répondait saint Cyrille, de nous désigner le prophète de qui elles sont dites, si ce n'est pas Jésus-Christ. » Il rapporte la suite des paroles de Moïse, et montre, par un détail des miracles du Sauveur, qu'elles ont eu en lui leur accomplissement. Julien soutenait encore que la prophétie de Jacob touchant le sceptre qui ne devait pas sortir de la tribu de Juda jusqu'à l'avénement du Messie avait été accomplie dans le roi Ezéchias. Mais notre saint docteur le convainc de mensonge évident par la suite de l'histoire sainte, où nous lisons que Zorobabel, fils de Salathiel, de la tribu de Juda, régnait depuis la captivité de Babylone, longtemps après la mort d'Ezéchias. Il ajoute « qu'il y eut des princes de Juda sur le trône jusqu'au règne d'Hérode, Juif de naissance par sa mère, mais né d'un père étranger ; et qu'alors naquit Jésus-Christ, l'attente des nations, lorsque les princes de Juda cessèrent de régner. » Comment, demandait Julien, peut-on dire que Jésus soit de la tribu de Juda, puisqu'il n'est pas né de Joseph, qui en était, mais du Saint-Esprit ? « La sainte Vierge et Joseph son époux étaient, ajoute saint Cyrille, de la tribu de Juda, comme en étaient Jessé et David. » Il le prouve par la loi rapportée au livre des Nombres, qui ordonnait que les mariages entre Israélites se feraient de deux personnes de la même tribu. — Soit, disait Julien, que Jésus-Christ ait été de la tribu de Juda, il n'est pas pour cela Dieu de Dieu, et toutes choses n'ont point été faites par lui. L'étoile qui devait sortir de Jacob, l'homme qui devait naître d'Israël, s'entendent de David et de ses successeurs. Saint Cyrille montre d'abord par l'autorité de l'Ecriture que le Verbe est Dieu de Dieu ; qu'il y a en Dieu plusieurs personnes, et il fait remarquer que les païens mêmes, comme Platon, ont reconnu en Dieu trois hypostases, sans admettre toutefois la consubstantialité dans ces trois hypostases. Puis, passant au mystère de l'Incarnation de ce Verbe Fils de Dieu, il en donne la raison et en montre l'accomplissement, après avoir rapporté les prophéties qui l'avaient annoncé. Il dit que « ce mystère, qui s'est accompli par l'union du Verbe avec la nature humaine dans le sein de la Vierge, avait été connu d'Abraham, et que c'est pour cela que Jésus-Christ disait aux Juifs : *Abraham votre père a désiré de voir mon jour, il l'a vu et il en a été comblé de joie.* Il avoue que la manière dont l'incarnation s'est faite est incompréhensible à la raison humaine ; mais il soutient qu'on ne peut se refuser aux miracles par lesquels Jésus-Christ a prouvé sa divinité ; qu'au reste l'union de Dieu avec la nature humaine s'est accomplie de manière à ce que la Divinité n'en souffrit ni changement ni altération, comme un rayon de soleil n'en subit aucune pour se répandre sur des corps d'une nature moins pure que la sienne.

IXe *Livre.* — Moïse, qui parle de plusieurs fils de Dieu, en les appelant, non pas des hommes, mais des anges, aurait-il omis de faire connaître le Verbe ou le vrai Fils de Dieu s'il l'avait connu lui-même ? A cette objection de Julien, saint Cyrille répond en rapportant plusieurs passages des livres de Moïse, où il parle du Fils de Dieu, en lui donnant tantôt le nom de *Verbe*, tantôt celui de *Seigneur*, et en disant que le Seigneur a parlé au nom du Seigneur. Il y joint un grand nombre d'autres citations, tant de l'Ancien que du Nouveau Testament, qui prouvent l'existence et la divinité du Verbe, Fils unique de Dieu. Il fait voir encore qu'il n'y a qu'une loi, qui est éternelle; que c'est la même qui a été donnée aux Juifs enveloppée de figures et de mystères, tandis que les chrétiens la possèdent dans sa plus lumineuse vérité; d'où il conclut que mal à propos Julien les accusait d'en avoir introduit une nouvelle. Il justifie saint Pierre du reproche d'hypocrisie que lui faisait cet apostat et dit que si cet apôtre, après avoir mangé avec les gentils, se sépara d'eux depuis l'arrivée de quelques Juifs, il usa en cela d'une sage condescendance, pour être plus utile à ceux qui venaient à lui.

X⁰ *Livre.* — Nous avons déjà remarqué que Julien était d'accord que saint Jean, dans son Evangile, établissait la divinité de Jésus-Christ, et qu'il y disait que le Verbe de Dieu s'est fait chair. Mais, rétractant aussitôt cet aveu, dont il prévoyait apparemment les conséquences, il mettait cet évangéliste en contradiction avec lui-même, en disant qu'après avoir avancé que Jésus-Christ avait été connu de Jean-Baptiste, il ajoutait quelques lignes après : *Nul homme n'a jamais vu Dieu; c'est le Fils unique, qui est dans le sein du Père, qui l'a fait connaître.* Saint Cyrille répond « que cet apôtre dit la vérité, que nul homme n'a jamais vu Dieu, puisque Dieu n'est point visible aux yeux des hommes; mais qu'il n'est pas pour cela tombé en contradiction avec lui-même, lorsqu'il a dit du Verbe fait chair qu'il avait été connu de Jean-Baptiste, parce que le Verbe Fils de Dieu fait homme est visible à nos yeux. » Il montre ensuite que si les chrétiens ne mettaient plus sur les autels de victimes sanglantes, parce que le temps des figures était passé, ils en offraient d'autres d'une odeur plus agréable à Dieu, et sur lesquelles descendait non un feu sensible pour les consumer, mais l'Esprit même de Dieu, procédant du Père par le Fils; que si Dieu reçut agréablement les présents d'Abel et rejeta ceux de Caïn, ce n'est pas, comme le prétendait Julien, qu'il prenne plus de plaisir dans les sacrifices d'animaux que dans les fruits de la terre; mais parce que Abel avait choisi ce qu'il y avait de meilleur parmi ses troupeaux, et que Caïn n'avait pas fait ce choix dans les fruits qu'il offrit au Seigneur; qu'il est vrai que les chrétiens ne se font point circoncire à la manière des Juifs, qu'ils n'observent ni le sabbat ni l'immolation de l'agneau pascal, ni les azymes; mais qu'ils ont été délivrés de toutes ces servitudes par la grâce du Saint-Esprit; que les azymes qu'ils observent consistent dans la pureté des mœurs; que le véritable agneau pascal est Jésus-Christ, qui est mort pour nous. Il justifie Abraham sur l'art des augures dont Julien voulait qu'il eût fait profession pour deviner l'avenir, de même qu'Eliézer son intendant; et dit que, « si ce dernier, voyageant en Mésopotamie pour chercher une femme à Isaac, connut à l'aspect de Rebecca que c'était celle qui devait épouser le fils de son maître, il n'acquit cette connaissance que par la bonté de celui qui sonde les reins et les cœurs, et à qui il avait demandé cette grâce par de ferventes prières. Il montre encore qu'il n'y eut aucune sorte de divination lorsque les oiseaux du ciel descendirent sur les victimes qu'Abraham sépara en deux après les avoir immolées suivant l'ordre du Seigneur; que le saint patriarche ne fit en cette rencontre que ce qui était en usage parmi les Chaldéens, lorsqu'il s'agissait d'affermir quelque alliance ou des serments; qu'au surplus il se comporta dans cette action de la façon qui lui avait été indiquée par le Seigneur.

Contre les anthropomorphites. — Le dernier ouvrage de saint Cyrille est celui qu'il composa contre les anthropomorphites, c'est-à-dire contre ceux qui croyaient que Dieu avait une forme humaine. Il est précédé d'une lettre adressée à Calosyrius, qu'il qualifie évêque d'Arsinoé, le même qui assista au faux concile d'Ephèse en 449, et ensuite à celui de Chalcédoine. Elle commence ainsi : « Quelques personnes étant venues chez nous du mont Calamon, je leur ai demandé comment vivaient les moines de ce lieu-là. Elles m'ont répondu qu'il y en avait plusieurs qui se distinguaient dans les exercices de piété, mais que d'autres allaient et venaient, troublant le repos de leurs frères par leur ignorance, et disant que, puisqu'on lit dans l'Ecriture que l'homme est fait à l'image de Dieu, il faut croire que Dieu a une forme humaine. » — Saint Cyrille fait voir l'absurdité et l'impiété extrême de cette opinion. Il convient avec eux que l'homme est fait à l'image de Dieu, mais il soutient que cette image et cette ressemblance n'a rien de corporel, Dieu étant esprit et sans aucune forme sensible. Il leur demande si Dieu a des pieds et des mains, et s'il passe d'un lieu dans un autre, lui qui dit dans l'Ecriture qu'il remplit le ciel et la terre. « Etre donc fait à l'image de Dieu, c'est, dit ce Père, être doué de raison par laquelle nous aimons la vertu, et nous commandons à tous les autres animaux qui sont sur la terre. J'apprends, ajoute saint Cyrille, que d'autres disent que l'eulogie mystique, c'est-à-dire l'eucharistie, ne sert de rien pour la sanctification, quand elle est gardée du jour au lendemain. Mais c'est une extravagance : Jésus-Christ n'est pas altéré ni son saint corps changé : la force de la bénédiction et la grâce vivifiante y demeurent toujours. » (C'est cet endroit qui a porté les calvinistes à rejeter cette lettre, mais ils n'en ont donné aucune raison.) Saint Cyrille continue : « D'autres prétendent qu'il ne faut s'appliquer qu'à l'oraison, sans travailler; mais qu'ils nous disent s'ils valent mieux que les apôtres, qui prenaient du temps pour le travail des mains, quoiqu'ils fussent occupés à la prédication de l'Evangile. » Il leur rappelle que saint Paul, ayant été averti qu'il s'en trouvait chez les Thessaloniciens qui s'exemptaient de cette obligation, leur ordonna de manger leur pain en travaillant en silence. Il ajoute que « l'Eglise n'admet point cette conduite, qui abandonne le travail pour vaquer à la prière; qu'il est du bon ordre que ceux qui vivent dans les monastères vaquent à la prière, mais qu'il est aussi très-à-propos qu'ils travaillent de leurs mains, pour n'être pas à charge aux autres et avoir de quoi fournir à leurs besoins et aussi aux besoins de ceux de leurs frères qui sont infirmes; enfin, si tous en usaient ainsi, qui les nourrirait ? » D'où il conclut que l'application continuelle à la prière n'est dans ces moines qu'un prétexte d'oisiveté et de gourmandise. — On a joint à cette lettre les réponses à plusieurs questions que les moines faisaient sur la création de l'homme, et sur divers autres objets; nous ne rapporterons ni les questions ni les réponses, parce qu'elles nous semblent fort peu importantes.

On chercherait en vain dans les ouvrages de saint Cyrille de l'élégance et de la politesse, un langage noble et châtié. Il s'était fait, suivant Photius, un style singulier et bizarre, sans choix dans les pensées, sans justesse dans les expressions, sans précision dans le discours. Plus pressé de produire que de polir sa phrase, il ne sait pas toujours la resserrer dans de justes bornes. Il entasse matières sur matières sans les avoir auparavant bien digérées; ce qui le rend verbeux et lui fait apporter souvent en preuve des témoignages qui ne rentrent que peu ou point dans son sujet. Ce défaut se remarque surtout dans ses livres sur l'Ecriture sainte, où, se laissant aller au penchant qu'il avait pour l'allégorie, il transcrit tous les passages que sa mémoire lui fournit, et les approprie à son sujet avec toute la liberté que permet ce système d'interprétation. Néanmoins, dans plusieurs de ses traités, il renonce à cette méthode pour donner le vrai sens de la lettre, et on doit convenir qu'il y réussit souvent. Il y a plus de suite aussi, plus de clarté, plus de précision dans ses ouvrages polémiques. Comme il était très-instruit dans la dialectique et qu'il possédait une grande connaissance des auteurs sacrés et profanes, il est rare que les subtilités de ses adversaires lui échappent, et qu'il ne les accable sous la force de ses raisonnements et sous le poids des témoignages qu'il allègue contre eux. Il use surtout de ces avantages dans ses livres contre Nestorius et Julien l'Apostat; aussi on peut dire que ces deux ouvrages sont mieux écrits que tous les autres.

Chacun des écrits du saint docteur a eu bien des éditions particulières; M. l'abbé Migne les a réunis tous dans son *Cours complet de Patrologie.*

CYRILLE de SCYTHOPLE, fut ainsi nommé d'une ville de Palestine où il avait pris naissance. Dès l'âge de seize ans il commença dans sa ville même à pratiquer les exercices de la vie monastique. Il en sortit quelque temps après pour aller visiter Jérusalem et les saints lieux. Sa mère, en partant, lui ordonna de se mettre sous la discipline de saint Jean le Silencieux, qui, après l'avoir éprouvé, l'envoya au monastère de Saint-Euthymius. Il y fut reçu au nombre des moines par l'abbé Léonce, qui avait été chargé du gouvernement de ce monastère, vers l'an 542. Il passa de là dans la laure de Saint-Sabas, près de Thécué, qu'on appelait *la Nouvelle,* pour la distinguer de la grande laure, qui portait aussi le nom du même saint. Il y avait déjà deux ans qu'il y demeurait lorsqu'il entreprit d'écrire la *Vie de saint Euthymius* et celle *de saint Sabas.* On peut donc fixer l'époque de ce travail vers l'an 556, puisqu'il n'alla dans cette nouvelle laure que quelque temps après la tenue du cinquième concile général assemblé à Constantinople. Il avait eu, pendant son séjour dans ces deux monastères, le temps de recueillir les principales circonstances de la vie de ces deux héros, puisqu'il s'y trouvait encore parmi les moines plusieurs témoins oculaires de leurs œuvres.

Saint Euthymius naquit sous le règne de l'empereur Valence. Sa mère, qui se nommait Dionyse, l'obtint de Dieu après une longue stérilité. Dès l'âge de trois ans l'évêque de Mélitène le consacra au Seigneur et lui fit apprendre les saintes lettres. Il fut élevé ensuite au grade de lecteur, et, après avoir passé successivement par tous les degrés du ministère ecclésiastique, il vint à Jérusalem dans la vingt-neuvième année de son âge. Il passa soixante ans dans la solitude, et mourut âgé de quatre-vingt-neuf ans, la 16e année du règne de l'empereur Léon, c'est-à-dire l'an 475. — Cyrille remarque que saint Euthymius, ayant lié amitié avec un autre solitaire nommé Théoctiste, chaque année, huit jours après la fête des Lumières, ils se retiraient ensemble dans le désert et y demeuraient jusqu'à la fête des Palmes, occupés à converser avec Dieu dans la prière et dans la méditation, sans aucun commerce avec les hommes. Ce temps écoulé, ils retournaient chacun dans leur cellule pour se préparer à la fête de Pâques et offrir à Jésus-Christ ressuscité d'entre les morts les présents d'un cœur pur. — Il remarque aussi que Pierre, évêque des Sarrasins, se rendant au concile général d'Ephèse, alla voir saint Euthymius et lui conseilla de se joindre à saint Cyrille d'Alexandrie, et à Acace de Mélitine, et de prendre, au sujet de la foi, le parti que ces deux évêques trouveraient bon. Le saint anachorète avait soixante-quinze ans lorsqu'on assembla le concile de Chalcédoine. Etienne et Jean, deux de ses disciples, qui y avaient assisté, lui en apportèrent les décrets avec diligence, pour savoir s'il les accepterait, afin de régler leur conduite sur la sienne. Il n'y trouva rien que de conforme à la foi catholique. Le bruit de son acceptation se répandit aussitôt dans tout le désert, où tous les solitaires auraient suivi son sentiment, s'ils n'en avaient été détournés par le moine Théodose, le même qui s'empara depuis de Jérusalem, et engagea l'impératrice Eudoxie dans l'hérésie d'Eutychès. Mais Euthymius la ramena bientôt à la foi catholique, et son exemple fut suivi par un grand nombre de moines et de laïques. Cyrille rapporte un grand nombre de miracles de saint Euthymius, et consacre le reste de son travail à décrire ce qui se passa de considérable dans son monastère, tant sous son gouvernement que sous celui des abbés ses successeurs.

Vie de saint Sabas. — Saint Sabas naquit en 439, dans une bourgade du territoire de Césarée en Cappadoce. A l'âge de huit ans, il entra dans le monastère de Flaviane, et dix ans plus tard il obtint de son supérieur la permission d'aller à Jérusalem. Saint Euthymius, le trouvant trop jeune pour demeurer avec les anachorètes, l'envoya au monastère situé au bas de sa laure, et, il s'y livra avec ardeur à tous les exercices de piété. A l'âge de trente ans, il passa dans le désert, où il demeurait seul dans une caverne, revenant au monastère chaque samedi rapporter son ouvrage, qui consistait en cinquante corbeilles. Peu à peu les disciples se pressèrent autour de lui. Salluste, patriarche de Jérusalem, l'ordonna prêtre; il vint ensuite à la laure du saint, en dédia l'église et y consacra un autel. Plus tard un grand nombre d'Arméniens s'étant joints à ses premiers disciples, il leur donna un oratoire et leur permit d'y faire leur office, à condition qu'après qu'ils auraient lu l'Evangile en leur langue, ils passeraient dans l'église des Grecs, au temps de l'oblation, pour communiquer avec eux aux saints mystères. Il fut envoyé deux fois en ambassade à Constantinople auprès de l'empereur Anastase, et deux fois il empêcha l'hérésie d'Eutychès de triompher à Jérusalem. Il mourut, en 531, à la suite d'un troisième voyage, où il avait obtenu les succès les plus miraculeux sur le cœur de l'empereur Justinien, qui donna des ordres et fournit des secours pour réparer tous les ravages que l'hérésie avait causés. — Cyrille, après l'histoire de saint Sabas, fait celle des révolutions qui arrivèrent dans sa laure sous l'abbé Mélitas et ses successeurs.

Vie de saint Jean le Silencieux. — Ce saint vivait encore lorsque Cyrille en écrivit l'histoire. Il était né à Nicople en Arménie. Il se consacra à Dieu à l'âge de dix-huit ans, dans un monastère qu'il bâtit. Dix ans après, il en fut tiré malgré sa résistance, et consacré évêque de Colonie; mais il n'en remplit les fonctions que dix ans, et obtint la permission de se retirer dans la solitude. Il choisit la laure de saint Sabas, qui ne connut que par révélation, et après plusieurs années de séjour, la dignité du fervent anachorète. La révolte qui survint dans cette laure l'obligea d'en sortir. Il passa neuf années dans le désert de Ruba, n'ayant de conversation qu'avec Dieu et ne vivant que de fruits et de racines qu'il trouvait dans cette solitude. Saint Sabas l'y vint trouver et le ramena à la laure, où il était encore lorsque Cyrille de Scythople vint à Jérusalem pour visiter les saints lieux. Il en reçut diverses instructions et fut témoin de quelques miracles qu'il opéra. Il en rapporte d'autres sur la foi d'autrui. Quant aux combats que le saint avait soutenus pour la défense de la vérité, Cyrille laisse à d'autres le soin de les raconter. Ces trois *Vies* ont été imprimées en grec et en latin. On les trouve, mais en latin seulement, dans Surius.

FIN DU PREMIER VOLUME.

TABLE

DU PREMIER VOLUME DU DICTIONNAIRE DE PATROLOGIE.

A

ABAILARD, notice biographique.	33
Lettres à Héloïse.	38
Règle du Paraclet.	39
Lettres à saint Bernard.	42
1re Apologie.	43
2e Apologie.	44
Commentaires.	45
Sermons.	45
Introduction à la Théologie.	46
Théologie.	48
Hexaméron.	50
Morale.	50
Autres écrits.	51
Jugement et critique.	51
ABANDUS, notice.	52
Ses sentiments sur l'Eucharistie.	53
ABBON (Saint), notice.	53
Lettre à saint Didier.	53
ABBON, moine, notice.	53
Siége de Paris, poëme.	54
Sermons.	55
ABBON DE FLEURY, notice.	56
Collection des anciens canons.	57
Apologie.	59
Lettres.	61
Abrégé de la vie des papes.	65
Vie de saint Edmond.	65
Poésies.	65
Cycles.	65
Jugement et critique.	66
ABDIAS, notice.	67
Histoire du combat des apôtres.	67
ABERCE, notice.	67
ABGARE, notice.	67
Sa lettre à Jésus-Christ.	68
ABIBUS, notice et lettre.	69
ABOUCARA, notice.	69
Plusieurs traités dogmatiques.	70
ABRAHAM, notice, etc.	71
ABSALON, notice.	71
Code ecclésiastique de Zélande.	72
ABSAMIAS, notice, etc.	72
ACACE, confesseur, notice.	72
Sa confession.	73
ACACE de Béré, notice.	73
Lettres.	74
ACACE de Césarée, notice, etc.	75
ACACE de Mélitine, notice.	77
Homélie et lettre.	78
ACACE d'Amida, notice et discours.	79
ACACE de Constantinople, notice.	79
Lettres.	80
ACCAS, notice et écrits.	81
ACHARD, notice et sermons.	81
ADABA, actes des martyrs.	81

TABLE.

ADALARD, notice.	81
Statuts et discours.	82
ADALARD, vie de saint Dunstan.	84
ADALBÉRON, notice.	85
Discours et lettres.	85
ADALBÉRON, notice.	86
Écrits en vers et en prose.	87
ADALBERT de Prague, notice, etc.	87
ADALBERT de Metz, notice, etc.	88
ADALBERT d'Hirsauge, notice, etc.	88
ADALBERT, notice, etc.	88
ADAM, notice et écrits.	89
ADAM de Brême, notice.	89
Histoire ecclésiastique.	90
ADAM de Petit-Pont, notice.	94
Ars disserendi.	94
ADAM SCOT, notice.	95
Soliloque de l'âme.	95
ADAMAN, notice.	96
Vie de saint Colomban.	97
ADELBERT, notice et écrits.	98
ADELBOLD, notice,	98
Vie de saint Henri.	99
Vie de sainte Walburge.	99
Traité de la sphère.	99
ADELHELME, notice.	100
Vie de sainte Opportune.	100
Recueil de bénédictions.	101
ADELGER, notice et écrits.	101
ADELMAN, notice.	102
Lettre à Bérenger.	102
Autres lettres et rhythmes.	104
ADÉMAR, notice.	105
Chronique.	105
Notice des abbés de S. Martial.	106
Lettre sur l'apostolat de S. Martial.	106
Discours.	108
Autres écrits.	108
ADHELME (Saint), notice.	108
Traité contre les Bretons.	109
Traité de la virginité.	109
Traité des huit vices.	110
Enigmes et lettres.	110
Jugement et critique.	110
ADON (Saint), notice.	111
Martyrologe.	111
Chronique.	112
Vie de saint Didier.	113
Vie de saint Theudier.	113
Autres écrits.	113
ADREVALD, notice.	113
Miracles de saint Benoît.	114
Vie de saint Aigulfe.	114
ADRIEN Ier, notice.	115
Lettre à l'empereur Constantin.	117
Aux évêques d'Espagne.	118
Réponse aux livres Carolins.	119
Lettre au roi Charles.	119
Priviléges.	121
Lettre à Tillepin de Reims.	121
ADRIEN II, notice et écrits.	122
Lettres.	123
Jugement et critique.	128
ADRIEN III, notice et écrits.	129
ADRIEN IV, notice.	129
Lettres.	130
Bulles.	132
Autres écrits.	132
Jugement et critique.	132
ADRIEN, notice.	132
Introduction à la sainte Ecriture.	133
ADSON, notice.	133
Traité de l'Antechrist.	134
Vie des saints.	135
ADVENTIUS, notice.	136
Ecrits et discours.	137
ADZENAIRE, notice et écrits.	138
ÆLRÈDE, notice.	138
Miroir de la charité.	138
De l'amitié spirituelle.	140
Sermons.	140
Œuvres historiques.	141
Jugement et critique.	142
AGANON, notice et écrits.	142
AGANON d'Autun, notice et écrits.	143
AGAPET Ier (Saint), notice.	143
Lettres.	144
Lettre synodale.	145
Jugement et critique.	147
AGAPET II, notice.	147
Deux lettres.	147
AGAPET, notice et charte.	148
AGATHON (Saint), notice, etc.	149
AGATHON, diacre, notice, etc.	150
AGIUS, notice.	150
Écrits.	151
AGNELLO, évêque, notice.	151
Lettre contre Arius.	152
AGNELLO ANDRÉ, notice.	153
Écrits historiques.	153
ACOBARD, notice.	154
Contre Félix d'Urgel.	155
Contre les Juifs.	155
Lettres.	155
Consultation contre les Juifs.	156
Contre la loi Gondebaud.	157
Priviléges et droits du sacerdoce.	158
Sur le tonnerre et la grêle.	158
Traité des images.	159
Des biens ecclésiastiques.	159
Livre des sentences.	160
De la vérité de la foi.	160
Du gouvernement, etc.	161
Apologie des enfants de Louis.	162
Différents traités.	163
Poésies, et critique.	164
AGRIPPA, notice et écrits.	164
AIGNAN, notice, etc.	164
AIGRADE, notice, etc.	165
AILERAN, notice.	165
AIMERI, notice, etc.	165
AIMOIN, notice.	166
Translation de saint Vincent.	166
Translation des martyrs de Cordoue.	166
Miracles de saint Germain.	167
AIMOIN DE FLEURY, notice.	167
Histoire des Français.	167
Histoire de la translation de saint Benoît.	168
Vie de saint Abbon.	169
Vie des abbés de Fleury.	169
AIMON, notice.	169
Sentence d'excommunication.	170
AJO, notice, etc.	170
ALAIN des Iles, notice	170
ALAIN de Farfe, notice.	171
Homiliaire.	171
ALBÉRIC, notice.	171
Apologie de Grégoire VII.	171
Traité du corps et du sang de Jésus-Christ.	171
ALBÉRIC de Reims, notice.	172
Réponse à Gauthier de Mortagne.	172
ALBERON, notice.	173
Deux lettres et une charte.	174
ALBERON, notice, etc.	174
ALBERT, notice, etc.	175
ALBERT d'Acqs, notice.	175
Histoire de l'expédition de Jérusalem.	175
ALBUIN, notice, etc.	175
ALCHER, notice.	176
De l'esprit et de l'âme.	176
De l'amour de Dieu.	176
Ecrits douteux.	177
ALCUIN, notice.	177
Commentaire sur la Genèse.	178
Explication des Psaumes.	180
Usage des Psaumes.	180
Bréviaire.	181
Commentaire sur l'Ecclésiaste.	181
Commentaire sur l'Evangile de saint Jean.	182
Poëme sur la Bible.	183
Traité de la Trinité.	183
De la procession du Saint-Esprit.	185
Contre Félix d'Urgel.	186
Contre Elipand.	188
Des vertus et des vices.	189
Des sacrements.	190
Des sept arts libéraux.	191
Vies de saints.	192
Lettres.	193
Poésies.	193
Confession de foi.	193
Livre du comte.	197
Homiliaire.	197
Ouvrages perdus.	198
Jugement et critique.	198
ALDELBALD, notice, etc.	199
ALDRIC, notice.	199
Privilége.	200
ALFRIC, notice.	201
Ecrits.	202
ALEXANDRE II, notice.	203
Lettre synodale.	205
Autres lettres.	206
ALEXANDRE III, notice.	208
Lettres.	211
Jugement.	215
ALEXANDRE d'Alexandrie, notice.	215
Lettres contre les ariens.	216
ALEXANDRE d'Hiérople, notice.	220
Ecrits.	220
ALEXANDRE de Jérusalem, notice.	222
Lettre à l'église d'Antioche.	222
ALEXANDRE de Chypre, notice.	223
Deux discours.	224
ALEXANDRE de Télési, notice.	224
Exploits mémorables de Roger.	224
ALEXANDRE de Liége, notice, etc.	224
ALEXANDRE, notice et écrits.	225
ALEXIS ARISTÈNE, notice.	225
Scholie sur la synopse des canons.	225
ALFRED le Grand, notice.	225
Recueil de lois.	227
Pastoral de saint Grégoire.	228
ALFRIC (Saint), notice.	228
Lettre à Vullin.	229
Homélies.	229
ALFRID, notice, etc.	231
ALGER, notice.	231
Traité de l'Eucharistie.	232
De la miséricorde et de la justice.	235
Du libre arbitre.	235
ALINARD, notice.	237
Lettres.	237
ALMANNE, notice.	237
Vie de saint Memmie.	238
Lamentations.	238
ALPHANE, notice et écrits.	239
ALULPHE, notice et écrits.	239
ALVAR, notice.	240
Lettres.	240
ALWALON, notice et écrits.	242
ALYPIUS, notice et écrits.	242
AMALAIRE (Fortunatus), notice.	242
Traité du baptême.	243
Confession de foi.	243
AMALAIRE Symphose, notice.	244
Règle pour les chanoines.	244
Des offices ecclésiastiques.	245
Antiphonier.	248
Sur l'office de la messe.	248
Lettres.	249
De l'observation du carême.	250
AMAND, notice.	250
Charte.	251
AMAND de Castello, notice, etc.	251
AMAURI, notice, etc.	252
AMBLARD, notice, etc.	252
AMBROISE (Saint), notice.	252
Hexaméron.	254
Du paradis.	255
Sur Caïn et Abel.	256
De l'arche de Noé.	257
Sur Abraham.	257
Sur Isaac.	258
Du bien de la mort.	258
De la fuite du siècle.	259
De Jacob.	260
De Joseph.	261
De la bénédiction des patriarches.	261
D'Élie et du jeûne.	263
Naboth.	265
De Tobie.	265
De la plainte de Job et de David.	265

DICTIONN. DE PATROLOGIE. I.   40

Apologie de David.	266	Huit discours.	344	Antoine, notice.	400
Explication de quelques psaumes.	266	Anastase bibliothécaire, notice.	347	Poëme contre les Gentils.	401
		Actes du viiie concile.	347	Antoine (Saint), notice.	402
Sur l'Evangile de saint Luc.	267	Actes du viie concile.	347	Sept lettres.	405
Traité des offices.	268	Vies de saints.	347	Antoine Mélisse, notice, etc.	407
1er livre.	268	Vies des papes.	348	Antoninus Honoratus, notice.	408
2e livre.	271	Histoire ecclésiastique.	348	Lettres.	408
3e livre.	272	Jugement et critique.	349	Antoninus, notice.	409
De la virginité, 1er livre.	273	Anastase, abbé, notice.	349	Voyage aux lieux saints.	409
2e livre.	274	Traité contre les Juifs.	349	Apollinaire hérésiarque, notice.	410
3e livre.	275	Anastase (Saint) ermite, notice.	351	Ses œuvres.	411
Livre des veuves.	275	Traité de l'Eucharistie.	351	Apollone (Saint), notice, etc.	414
Education d'une vierge.	276	Anastase de Césarée, notice.	352	Apollonius, notice, etc.	415
Exhortation à la virginité.	277	Du jeûne de la vierge.	352	Apollonius de Novarre, notice, etc.	415
De la chute d'une vierge.	278	Anatole (Saint), notice.	353	Aponius, notice.	416
Des mystères.	278	Cycle pascal.	353	Commentaire sur le Cantique, etc.	416
Des sacrements.	280	André de Samosate, notice, etc.	554		
De la pénitence.	281	André de Crète, notice.	355	Apricius, notice, etc.	417
De la foi.	283	Discours.	355	Aquila, notice, etc.	417
1er livre.	284	André de Césarée, notice.	356	Aquilius Severus, notice, etc.	418
2e livre.	284	Commentaires sur l'Apocalypse.	356	Arator, notice.	418
3e livre.	285	Thérapeutique.	356	Epitre à Florien.	419
4e livre.	286	Andrea, notice, etc.	356	Epitre au pape Vigile.	419
5e livre.	287	Andreas Leucander, notice, etc.	357	Actes des apôtres.	420
Du Saint-Esprit, 1er livre.	288	Andreas Sylvius, notice.	357	Epitre à Parthenius.	421
2e livre.	289	Histoire des Mérovingiens.	357	Jugement et critique.	422
3e livre.	290	Andronic Camatère, notice.	357	Arbogaste (Saint), notice.	422
De l'incarnation.	291	Contre la procession du Saint-Esprit.	358	Archelaus, notice.	423
Lettres.	295			Ecrits contre les manichéens.	423
Sur la mort de Satyre, 1er livre.	299	Andronicien, notice, etc.	358	Arculphe, notice.	424
2e livre.	300	Angélome, notice.	358	Description de la Terre-Sainte.	424
Oraison funèbre de Valentinien.	300	Commentaire sur la Genèse.	359	Ardon, notice.	426
Id. de Théodose.	301	Sur les quatre livres des Rois.	360	Vie de saint Benoît d'Aniane.	426
Hymnes.	303	Sur le Cantique des cantiques.	360	Arétas, notice.	427
Jugement et critique.	304	Sur l'Evangile.	361	Commentaire sur l'Apocalypse.	427
Ambroise, notice, etc.	305	Angelramne, notice.	361	Ariald, notice, etc.	428
Ambroise (Saint) de Cahors, notice.	305	Collection de canons.	361	Aribon Syrinus, notice, etc.	428
		Angilbert, notice.	363	Aribon, notice, etc.	428
Ouvrages qui lui sont attribués.	305	Poëmes.	364	Aridius (Saint), notice.	428
Ambroise de Milan, notice, etc.	306	Règlements.	365	Testament.	429
Ambroise Autpert, notice.	306	Angilbert, moine, notice, etc.	366	Aristée, notice.	430
Commentaire sur l'Apocalypse.	307	Annemond, notice et chartes.	366	Sur la traduction des Septante.	430
Combat des vices et des vertus.	309	Annien, notice.	367	Aristide, notice.	431
Vies de saints.	310	Cycle pascal.	367	Apologie.	431
Commentaires et Homélies.	311	Ansbert (Saint), notice.	367	Aristobule, notice, etc.	432
Jugement et critique.	312	Anschaire (Saint), notice.	368	Ariston, notice.	432
Amé, notice.	313	Lettres.	370	Altercation.	433
Lettres.	313	Vie de saint Willehad.	370	Arius hérésiarque, notice, etc.	434
Canons du concile de Gironne.	314	Sentences de l'Ecriture.	371	Arnalli, notice.	441
Amé du Mont-Cassin, notice, etc.	314	Anscher, notice, etc.	371	Lettre.	441
Amédée, notice, etc.	315	Ansegise (Saint), notice, etc.	372	Arnauld de Bonneval, notice.	441
Amolon, notice.	315	Ansel, notice, etc.	373	Vie de saint Bernard.	442
Lettre à Théobalde.	315	Anselme (Saint) de Cantorbéry, notice.	373	Des œuvres cardinales de J.-C.	442
Lettre à Gothescald.	316			Sermons.	443
Sur la grâce et la prédestination.	317	De la procession du Saint-Esprit.	376	Des sept paroles.	444
		De la chute du diable.	377	Ouvrage des six jours.	444
Recueil de sentences de saint Augustin.	318	Pourquoi Dieu s'est fait homme.	377	Autres écrits.	444
		De la conception virginale.	379	Annobe l'Ancien, notice.	445
Traité contre les Juifs.	319	De la vérité.	379	Contre les Gentils.	445
Ammon, notice.	319	De la volonté.	380	Jugement et critique.	451
Discours.	320	Du libre arbitre.	380	Arnobe le Jeune, notice.	451
Ammonius, notice.	321	Monologue de la Trinité.	381	Commentaire sur les psaumes.	452
Concorde des quatre évangélistes.	321	Prescience et prédestination.	381	Livres attribués.	455
		Du pain azyme, etc.	382	Arnold, notice et écrits.	456
Amphiloque (Saint), notice.	322	Homélies.	382	Arnold d'Halberstad, notice, etc.	456
Lettre aux évêques macédoniens.	323	Méditations.	382	Arnold, notice.	456
		Oraisons.	383	Lettre.	457
Jugement et critique.	324	Lettres.	383	Homélie.	458
Anastase Ier, notice.	325	Traité ascétique.	385	Arnolf, notice, etc.	458
Lettres contre les erreurs d'Origène.	326	Jugement et critique.	386	Arnon, notice.	458
		Anselme de Saint-Remi, notice.	386	Sur l'Eucharistie.	458
Jugement et critique.	331	Itinéraire de Léon IX en France.	386	Arnoul d'Orléans, notice.	459
Anastase II, notice.	331	Anselme de Liége, notice.	387	Discours au concile de Saint-Basle.	459
Lettre à l'empereur.	332	Histoire des évêques de Liége.	387		
Requête des Alexandrins.	333	Anselme (Saint) de Lucques, notice.	388	Arnoul de Reims, notice, etc.	461
Lettre au roi Clovis.	334			Arnoul, notice.	462
A Ursicin.	334	Apologie pour Grégoire VII.	389	Histoire de Milan.	462
Règlement.	335	Autres écrits.	390	Arnoul, notice.	462
Anastase III, notice.	335	Anselme de Laon, notice.	391	Chronologie.	462
Anastase IV, notice.	336	Ecrits.	392	Martyrologe.	462
Lettres.	336	Anselme de Ribemont, notice.	392	Des poids et des mesures.	462
Anastase le Sinaïte, notice.	336	Histoire de la guerre sainte.	393	Arnoul de Lizieux, notice.	463
Guide du vrai chemin.	337	Charte.	394	Traité du schisme.	464
Considérations anagogiques.	338	Anselme d'Havelberge, notice.	394	Sermons.	464
Les 154 questions.	339	Conférences avec les Grecs.	395	Lettres.	465
Discours.	340	Antiochus, moine, notice.	398	Poésies.	467
Jugement et critique.	342	Abrégé de l'Ecriture sainte.	399	Jugement et critique.	468
Anastase, P. d'Antioche, notice.	343	Antipatre de Bostres, notice, etc.	399	Arnould, notice.	468

Croisade contre les Maures. 468	Rétractations. 539	Conférence avec Maximin. 602
ARNULFE de Rochester, notice. 469	Confessions. 540	De la Trinité. 603
Deux lettres. 470	Ier livre. 541	Écrits contre les donatistes. 604
ARSÈNE (Saint), notice. 472	IIe livre. 542	Psaume Abécédaire. 606
Discours. 475	IIIe livre. 543	Contre la lettre à Parménien. 606
Instructions. 476	IVe livre. 544	Du baptême. 607
ARSÈNE, notice. 477	V^e livre. 545	Contre les lettres de Pétilien. 608
Collection des canons. 477	VIe livre. 545	Épître contre les donatistes. 608
ARTAUD, notice. 478	VIIe livre. 546	Contre Cresconius. 609
Relation de ses disgrâces. 479	VIIIe livre. 547	De l'unité du baptême. 609
ARZUNITA, notice, etc. 480	IXe livre. 548	Conférences de Carthage. 609
ASCELIN du Bec, notice. 480	X^e livre. 549	Discours au peuple de Césarée. 610
Contre Bérenger. 480	XIe livre. 549	Contre Gaudence. 611
ASCLÉPIADE, notice, etc. 481	XIIe livre. 550	Des écrits contre les Pélagiens. 611
ASCLÉPIUS, notice, etc. 481	XIIIe livre. 551	Du mérite des péchés et de leur rémission. 612
ASSER de Ménève, notice. 481	Livres contre les académiciens. 553	De l'esprit et de la lettre. 613
Vie du roi Alfred. 482	De la vie bienheureuse. 555	De la nature et de la grâce. 614
Chronique de saint Néod. 482	De l'ordre. 555	De la perfection de la justice. 614
ASTÈRE, notice, etc. 483	Soliloques. 556	Des actes de Pélage. 615
ASTÈRE Urbain, notice. 483	De l'immortalité de l'âme. 558	De la grâce et du péché originel. 616
Contre les montanistes. 484	De la quantité de l'âme. 558	Du mariage et de la concupiscence. 616
ASTÈRE (Saint), notice. 485	De la musique. 559	
Discours sur Lazare. 485	Livre du Maître. 559	Livres de l'âme. 617
Sur l'économe infidèle. 487	Du libre arbitre. 559	À Boniface, contre les pélagiens. 618
Contre l'avarice. 487	Des mœurs de l'Église catholique. 560	
Contre l'abus des étrennes. 489		Contre Julien. 620
Contre le divorce. 489	Des mœurs des manichéens. 561	De la grâce et du libre arbitre. 620
Sur Daniel et Suzanne. 490	De la vraie religion. 562	De la correction de la grâce. 621
Sur saint Pierre et saint Paul. 491	Règle aux serviteurs de Dieu. 563	De la prédestination des saints. 622
Sur saint Phocas. 492	Lettres, 1re classe 564	Ouvrage imparfait contre Julien. 624
Sur les saints martyrs. 492	2e classe. 566	Jugement et critique. 625
Martyre de sainte Euphémie. 493	3e classe. 569	AUGUSTIN (Saint), notice. 628
Sur la pénitence. 493	4e classe. 576	Charte et privilège. 630
Sur le commencement du jeûne. 494	De la doctrine chrétienne. 578	AUNAIRE (Saint), notice. 631
Sur saint Étienne. 495	Livre imparfait. 581	Actes du concile d'Auxerre. 631
Discours perdus. 495	Douze livres sur la Genèse. 581	AURÈLE PRUDENCE, notice. 632
Jugement et critique. 496	Locutions et questions. 582	Poëmes. Cathémérinon. 634
ASTÈRE, sophiste arien, notice. 496	Notes sur Job. 583	Apothéose. 635
ASTRONOME, notice. 497	Miroir de l'Écriture. 583	Hamartigénie. 635
Histoire de Louis le Débonnaire. 497	De l'accord des évangélistes. 583	Psychomachie. 636
ATHANASE (Saint), notice. 498	Sermon sur la montagne. 584	Dyttocheon. 637
Discours contre les païens. 501	Questions sur l'Évangile. 584	À Symmaque. 637
Discours sur l'Incarnation. 501	Traité sur l'évangile de saint Jean. 584	Péristéphanon. 639
Lettre aux évêques orthodoxes. 502		Jugement et critique. 640
Exposition de la foi. 502	Questions sur l'Épître aux Romains. 585	AURÈLE (Saint), év. de Carthage, notice. 640
Apologie. 503		
Décrets de Nicée. 503	Explication de l'Épître aux Galates. 586	Lettre encyclique. 641
Apologie de saint Denis. 504		AURÉLIEN (Saint). 642
Lettre à Dracone. 504	Explication des Psaumes. 586	Règles monastiques. 643
Circulaire aux év. d'Égypte, etc. 505	Sermons. 587	AURÉLIEN, notice. 643
Apologies contre les Ariens. 505	Solution de 83 questions. 588	Traité du chant et de la musique. 643
Lettres. 505	Livres à Simplicien. 588	
Quatre discours contre les ariens. 507	Huit questions à Dulcitius. 589	AURÉMOND, notice. 644
	De la croyance des choses que l'on ne voit point. 589	Vie de saint Junien. 644
Traité des synodes. 510		AUSPICE (Saint). 645
Vie de saint Antoine. 511	De la foi et du symbole. 589	Lettre au comte Arbogaste. 645
Traité de l'Incarnation. 511	De la foi et des œuvres. 590	AUTEMONDE, notice. 646
Livres contre Apollinaire. 512	Manuel de la foi, de l'espérance, de la charité. 590	Vie de saint Evre. 646
Commentaire sur les Psaumes. 513		AVESGAUD, notice. 646
Écrits perdus. 517	Du combat chrétien. 590	Lettre à saint Anselme. 647
Jugement et critique. 518	Traité du catéchisme. 591	AVIT (Saint) de Vienne, notice. 647
ATHÉNAGORE, notice. 519	Livre de la continence. 591	Lettres à Gondebaud. 648
Apologie des chrétiens. 519	Du bien du mariage. 592	À Victorius. 651
Traité de la résurrection des morts. 521	De la virginité. 592	À Apollinaire. 651
	De la viduité. 592	À Clovis. 653
Jugement et critique. 522	Des mariages adultérins. 593	Homélies. 655
ATHÉNODORE, notice, etc. 522	Du mensonge et contre le mensonge. 593	Poëmes. 656
ATHÉNOGÈNE. 523		Jugement et critique. 658
ATTICUS de Constantinople, notice. 523	Du travail des moines. 594	AUXILIUS, notice. 658
Lettre à saint Cyrille. 524	De la divination des démons. 594	Trois traités contre le pape Sergius. 659
À Pierre et à Édésius. 524	Du soin des morts. 594	
À Calliope. 525	De la patience. 595	Jugement et critique. 663
À l'Église d'Afrique. 525	De l'utilité du jeûne. 595	
Autres écrits. 525	Discours de la ruine de Rome. 595	B
Jugement et critique. 525	Traité des hérésies. 597	
ATTON, moine, notice. 526	Traité contre les Juifs. 598	BACHIARIUS, notice. 663
Capitulaire. 526	De l'utilité de la foi. 598	Livre apologétique. 663
Lettres. 529	Livre des deux âmes. 599	BACQUYLE, notice, etc. 663
Jugement et critique. 529	Contre Fortunat. 599	BALSAMON, notice. 663
ATTON, notice, etc. 530	Contre Adimante. 600	Commentaire sur les canons apostoliques. 664
ATTON de Troyes, notice. 530	Contre Fauste. 600	
Lettres. 531	Contre Félix. 600	Exposition du Nomocanon de Photius. 664
Contre les chanoines forains. 532	De la nature du bien. 601	
ATTON, notice, etc. 533	Contre Secondin. 601	Constitutions ecclésiastiques. 665
AUDENTIUS, notice. 533	Contre l'adversaire de la loi et des prophètes. 601	Réponses à diverses questions de droit. 665
AUDRADE, notice. 533		
Recueil de révélations. 534	Livre à Orose. 602	
AUGUSTIN (Saint) notice. 534	Contre un discours des Ariens. 602	

Lettres.	665	Commentaire sur Habacuc.	732	Vie de sainte Hunegonde.	825
Jugement et critique.	666	Histoire des abbés de Weremouth, etc.	733	Histoire de sa translation.	825
BARADAT (Saint), notice.	667			Relation de ses miracles.	825
Lettre à l'empereur Léon.	667	Lettres.	733	BERNON de Richnow, notice.	826
BARDESANES, notice.	667	Jugement et critique	733	Traité de la messe.	827
Dialogue sur le destin.	669	BELLATOR, notice, etc.	734	Du jeûne des Quatre-Temps.	828
BARDUS, notice, etc.	669	BENNON, cardinal, notice.	734	De l'Avent.	828
BARNABÉ (Saint), notice.	670	Satire contre Grégoire VII.	734	De la musique.	829
Actes et évangiles supposés.	670	BENOIT II, notice, etc.	735	Lettres.	829
BARTHÉLEMY d'Edesse, notice, etc.	670	BENOIT VIII, notice.	735	Vie de saint Udalric.	830
BARTHÉLEMY, notice.	671	Concile de Pavie.	736	Vie de saint Mégingrad.	830
Lettre à Arnauld.	671	Lettres.	737	Poésies.	830
BARTHÉLEMY de Laon, notice.	672	Bulles.	737	BERNOUIN, notice.	830
Lettre apologétique.	672	BENOIT IX, notice, etc.	737	Poésies.	831
BASILE (Saint), notice.	675	BENOIT (Saint), notice.	738	BÉROLD, notice, etc.	832
Hexameron.	677	Règle.	741	BERTCHRAM, notice, etc.	832
Homélies sur la Genèse.	677	Jugement et critique.	747	BERTHAIRE, notice, etc.	832
Homélies sur les Psaumes.	680	BENOIT (Saint), d'Aniane, notice.	749	Recueil de sentences.	833
Livre contre Eunome.	682	Code de règles.	751	BERTHAIRE de Verdun, notice, etc.	833
Homélies sur divers sujets.	686	Concorde des règles	752	BERTHOLD de Constance, notice.	834
Panégyrique de saint Mamas.	688	Contre Félix d'Urgel.	752	Chronique.	834
Ascétiques.	689	Lettres.	753	Différents écrits.	834
Règles.	691	BENOIT GUAIFER, notice, etc.	754	BÉRYLLE de Bostres, notice, etc.	835
Du Saint-Esprit.	691	BÉRENGAUD, notice, etc.	754	BOECE, notice.	835
Lettres.	694	BÉRENGER, notice.	754	Des deux natures et d'une personne en Jésus-Christ.	839
Epîtres canoniques.	697	Lettres.	758		
Du baptême.	698	Serment de Bérenger.	760	De l'unité de Dieu.	843
Jugement et critique.	700	Jugement et critique.	761	Si le Père, le Fils et le Saint-Esprit peuvent être affirmés substantiellement la divinité?	845
BASILE d'Ancyre, notice.	701	BÉRENGER, notice, etc.	761		
Exposition de foi.	703	BÉRENGOSE, notice et écrits.	761		
BASILE de Séleucie, notice	703	BERNARD de Saint-Gal, notice, etc.	762	Si tout ce qui existe est bon?	846
Discours.	704	BERNARD de Tolède, notice.	762	Confession de foi.	846
Lettre à l'empereur Léon.	705	Quatre discours.	763	Consolation de la philosophie.	848
Vie de sainte Thècle.	706	BERNARD d'Angers, notice.	764	Ecrits sur Porphyre.	851
Jugement et critique.	706	Recueil des miracles de sainte Foi.	764	Ecrits sur Aristote.	851
BASILE de Cilicie, notice, etc.	707			Ecrits sur Cicéron.	852
BASILE le Macédonien, notice, etc.	707	BERNARD de Cluny, notice, etc.	765	De l'unité et des mathématiques.	852
BASILE d'Acride, notice.	709	BERNARD de Corbie, notice, etc.	765	Jugement et critique.	852
Réponse au pape Adrien IV.	709	BERNARD (Saint), notice.	765	BONIFACE Ier, notice.	853
BASILIDE, notice, etc.	709	Lettres.	769	Lettres.	853
BAUDEMOND, notice, etc.	710	A son neveu Robert.	769	BONIFACE II, notice.	856
BAUDONIVIE, notice.	710	A l'abbé Suger.	773	Réponse à saint Césaire.	856
Vie de sainte Radegonde.	710	Aux chanoines de Lyon.	775	BONIFACE III, notice, etc.	857
BAUDOUIN, notice.	711	Contre les erreurs d'Abailard.	776	BONIFACE IV, notice, etc.	857
Lettre au pape Paschal.	712	A l'évêque de Constance.	779	BONIFACE V, notice.	858
BAUDOUIN, moine, notice.	713	Sur la croisade.	781	Lettres sur la conversion des Anglais.	858
Miracles de saint Gibrien.	713	A son oncle André.	782		
BAUDOUIN, comte de Flandre, notice.	714	De la considération, 1er livre.	784	BONIFACE (Saint), notice.	858
		2e livre.	785	Lettres.	861
Lettres.	715	3e livre.	786	Recueil de canons.	864
BAUDOUIN IV, notice, etc.	715	4e livre.	787	Homélies.	865
BAUDRI de Dol, notice.	716	5e livre.	789	Sur la pénitence canonique.	866
Histoire de la première croisade.	717	Des mœurs et des devoirs des évêques.	789	Ecrits perdus.	867
Chronique des évêques de Dol.	717			Jugement critique.	867
Vie de Robert d'Arbrissel.	717	De la réforme des clercs.	790	BONISON, notice.	867
Lettre aux moines de Fécamp.	718	Du précepte et de la dispense.	791	Chronique des pontifes romains.	867
Poésies.	718	Apologie.	792	BOUCHART, notice.	868
Jugement et critique.	719	Eloge de la nouvelle milice.	794	Décret.	868
BAUDRI de Térouane, notice.	719	Degrés d'humilité et d'orgueil.	795	Loi de famille.	870
Chronique de Cambrai.	719	De l'amour de Dieu.	795	Lettre à Alpert.	870
Chronique de Térouane.	720	De la grâce et du libre arbitre.	796	BOCON, moine, notice.	870
Vie de saint Gaucher.	720	Du baptême.	799	Vie de saint Bertin.	870
BAUDRI, notice.	721	Contre Abailard.	800	BRAULION (Saint), notice.	871
Quatre lettres.	721	Sermons.	803	Vie de saint Emilien.	872
BEATUS, moine espagnol, notice.	721	Jugement et critique.	811	Traité des étymologies.	872
Contre les erreurs d'Elipand.	722	BERNARD de Morlas, notice.	813	Ecrits divers.	872
BÈDE, (le Vénérable), notice.	723	Poëme sur le mépris du monde.	813	BRAVON FLORENT, notice.	872
De l'orthographe, etc.	725	De la vanité du monde, etc.	814	Chronique.	872
De la nature des choses.	725	Poésies diverses.	814	Généalogie des rois d'Angleterre.	873
De l'ordre des temps.	725	Discours sur l'économe infidèle.	814		
Des six âges du monde.	726	La perle du crucifix.	815	BRIDFERTH, notice, etc.	873
Histoire ecclésiastique des Anglais.	726	BERNARD d'Utrecht, notice, etc.	815	BRISTANUS, notice.	873
		BERNARD, moine, notice.	816	Description de l'incendie de son monastère.	875
Martyrologe.	728	Vie de saint Robert.	816		
Vie de saint Cuthbert, etc.	728	Vie d'Etienne, disciple de saint Robert.	816	BRUNO (Saint), notice.	875
Des lieux saints.	728			Commentaires sur les Psaumes.	875
Commentaire sur l'Ancien Testament.	728	Histoire des fondateurs de la Chaise-Dieu.	816	Sur les Epîtres de saint Paul.	876
				Lettres.	877
Commentaire sur le livre des Rois.	729	BERNARD de Varan, notice.	816	Jugement et critique	878
		Lettres.	817	BRUNON, notice, etc.	878
Commentaire sur Esdras et Néhémie.	729	BERNARD des Portes, notice.	818	BRUNON de Langres, notice.	881
		Lettres.	819	Lettres.	881
Commentaire sur Tobie, etc.	729	BERNARD de Chartres, notice.	819	BRUNON, moine, notice.	882
Commentaire sur le Nouveau Testament.	729	Formula vitæ honestæ.	821	Histoire de la guerre des Saxons.	882
		Lettre.	821		
Homélies.	730	Mégacosme et Microcosme.	822	BRUNON de Wurtzbourg, notice.	883
Explication du temple de Salomon.	732	Jugement et critique.	824	Commentaires.	883
		BERNER ou BERNIER, notice.	825	BAUNON d'Angers, notice.	884

Lettre à Béranger.	884	
BRUNON de Montier-en-Der, notice, etc.	883	
BRUNON (Saint), notice.	883	
Commentaires.	885	
Sermons.	886	
Traités.	886	
Des mystères.	886	
De l'état de l'Eglise.	887	
Vies de saints.	887	
Lettres.	888	
Des louanges de l'Eglise.	888	
Jugement et critique.	889	
BULGARANUS, notice, etc.	889	
BURCHAD, notice, etc.	890	
BURCHARD, notice, etc.	890	
BURGONDION, notice, etc.	890	

C

CAIUS, notice.	890	
Contre les erreurs de Montan.	890	
CAIUS, pape, notice, etc.	891	
CALDONE, notice.	891	
Lettre à saint Cyprien.	891	
CALIXTE II, notice.	891	
Lettres et priviléges.	893	
CANDIDE, notice, etc.	896	
CANDIDE de Fulde, notice.	896	
Vie de saint Eigil.	898	
Autres écrits.	898	
CAPRÉOLUS, notice.	900	
Lettres.	901	
CASSIEN, notice.	902	
Institutions monastiques.	904	
Conférences.	911	
1re classe.	911	
2e classe.	919	
3e classe.	927	
Traité de l'Incarnation.	934	
Jugement et critique.	941	
CASSIODORE, notice.	944	
Histoire tripartite.	945	
Chronique.	946	
Comput pascal.	946	
Histoire des Goths.	946	
Commentaires sur les Psaumes.	947	
Institutions aux lettres divines.	948	
Traité des arts libéraux.	949	
Traité de l'âme.	950	
Lettres.	953	
Jugement et critique.	955	
CASTOR, notice, etc.	956	
CAWALON, notice.	956	
Lettre.	956	
CÉADMON, notice, etc.	956	
CÉCILIEN, notice, etc.	957	
CÉDRÈNE, notice.	957	
Chronique universelle.	957	
CÉLERIN, notice.	958	
Lettre sur la persécution.	958	
CÉLESTIN Ier, notice.	959	
Lettres et autres écrits.	959	
CÉLESTIN III, notice.	960	
Lettres et bulles.	961	
CÉLESTIUS, disciple de Pélage.	962	
Fragments de ses écrits.	963	
CELSE, notice.	964	
Altercation, etc.	964	
CELSE, philosophe païen, notice.	964	
Discours de vérité.	964	
CENSORINUS, notice, etc.	965	
CÉOLFRID, notice.	965	
Lettres.	966	
CÉPONIUS, notice, etc.	966	
CÉRAMEUS, notice, etc.	966	
Homélies, etc.	967	
CÉRÉALIS, notice.	967	
Dispute avec les ariens.	967	
CÉRINTHE, notice, etc.	968	
CERULARIUS, notice.	969	
Lettre contre la procession du Saint-Esprit.	969	
CÉSAIRE (Saint), notice.	970	
Discours.	973	
Règles.	978	
Pour les religieuses.	979	
Pour les moines.	980	
Lettres.	980	

Jugement et critique.	982	
CÉSARIE (Sainte), notice.	982	
Lettre à sainte Radegonde.	982	
CHALCIDIUS, notice, etc.	983	
CHARLEMAGNE, notice.	983	
Capitulaires.	985	
Lois.	995	
Testament.	996	
Lettres.	997	
Poésies.	1000	
Grammaire.	1001	
Livres Carolins.	1001	
Jugement et critique.	1002	
CHARLES II dit le Chauve, notice.	1002	
Capitulaires.	1005	
Lettres.	1011	
Décrets et priviléges.	1012	
Jugement et critique.	1013	
CHILDÉRIC Ier, notice, etc.	1013	
CHRISTODULE, notice, etc.	1013	
CHRISTOPHE, notice, etc.	1014	
CHRODEGANG (Saint), notice.	1014	
Règle pour les clercs.	1015	
Privilége au monastère de Gorze.	1016	
CHRODOBERT, notice, etc.	1017	
CHROMACE (Saint), notice.	1017	
Commentaires sur l'évangile de saint Matth.	1018	
CHUNON, notice.	1019	
Actes de l'abbaye de Moury.	1019	
Autres écrits.	1021	
CHRYSOBERGE, notice, etc.	1021	
CHRYSOSTOME (Saint Jean), notice.	1022	
Deux exhortations à Théodore.	1026	
Livres de la componction.	1029	
Livres de la Providence.	1031	
Contre l'habitation commune des clercs.	1034	
De la virginité.	1036	
Livres sur le sacerdoce.	1038	
Homélies contre les anoméens.	1045	
Contre les Juifs et les Gentils.	1047	
Discours contre les Juifs.	1047	
Discours contre l'anathème.	1048	
Discours sur les étrennes.	1049	
Sept discours sur Lazare.	1049	
Homélies sur la sédition d'Antioche.	1050	
Deux catéchèses.	1054	
Trois homélies sur le démon.	1055	
Homélies sur la pénitence.	1056	
Homélies sur la trahison de Judas.	1058	
Homélies sur la résurrection du Sauveur.	1059	
Sur la Pentecôte.	1060	
Panégyriques de saint Paul.	1060	
Panégyriques de saint Babylas.	1061	
Discours sur les martyrs.	1062	
Homélie sur la parabole des dix mille talents.	1062	
Homélies sur le livre des Actes	1065	
Sur l'aumône.	1066	
Contre ceux qui sont scandalisés.	1069	
Lettres à sainte Olympiade.	1070	
Homélies sur les Psaumes.	1071	
Commentaire sur Isaïe.	1073	
Sur l'Evangile de saint Matthieu.	1074	
Sur l'Evangile de saint Jean.	1080	
Sur la Ire Epître aux Corinthiens.	1082	
Sur la IIe aux Corinthiens.	1084	
Sur l'Epître aux Ephésiens.	1085	
Sur l'Epître aux Philippiens.	1086	
Sur l'Epître aux Colossiens.	1086	
Sur l'Epître aux Thessaloniciens.	1087	
Sur les deux Epîtres à Timothée.	1087	
Sur l'Epître à Tite.	1088	
Sur l'Epître aux Hébreux.	1089	
Jugement et critique.	1090	
CINNAM, notice.	1091	

Histoire de Manuel Comnène.	1091	
CLARIUS, moine, notice.	1092	
Chronique.	1092	
CLAUDE APOLLINAIRE, notice.	1092	
Apologie en faveur des chrétiens.	1092	
Ecrits contre les Montanistes.	1093	
CLAUDE de Turin, notice.	1093	
Commentaires.	1093	
Chronologie.	1093	
Apologie contre Théodemir.	1094	
CLÉMENT Ier, notice.	1094	
Epître aux Corinthiens.	1095	
Autre lettre aux Corinthiens.	1097	
Récognitions et constitutions.	1098	
Jugement et critique.	1098	
CLÉMENT II, notice.	1099	
Lettre à l'Eglise de Bamberg.	1099	
CLÉMENT III, notice.	1100	
Lettres et priviléges.	1100	
CLÉMENT (Saint), notice.	1101	
Exhortation aux païens.	1102	
Livre du Pédagogue.	1103	
Stromates.	1107	
Quel riche sera sauvé? Discours.	1112	
Hypotyposes.	1113	
CLÉOBIUS, notice, etc.	1115	
CLOTAIRE Ier, notice, etc.	1115	
CLOVIS, notice, etc.	1115	
COCITOSUS, notice, etc.	1115	
COLOMBAN (Saint), notice, etc.	1116	
Règle.	1117	
Discours	1120	
Lettres.	1123	
Poésies.	1124	
Livres perdus.	1124	
Jugement et critique.	1124	
COLUMBAN, notice, etc.	1126	
COMESTOR, notice.	1126	
Histoire scholastique.	1126	
Sermons.	1127	
Jugement et critique.	1128	
COMNÈNE Alexis, notice.	1128	
Monuments de l'Eglise grecque.	1130	
Autres écrits.	1131	
COMNÈNE Irène, notice.	1132	
Règle pour les religieuses.	1132	
COMNÈNE Anne, notice.	1134	
Alexiade.	1134	
Jugement et critique.	1135	
COMNÈNE Isaac, notice, etc.	1135	
COMMODIANUS, notice.	1136	
Instruction aux Gentils.	1136	
CONRAD, notice, etc.	1136	
CONSTANCE II, notice, etc.	1136	
CONSTANCE d'Albi, notice, etc.	1136	
CONSTANT, notice, etc.	1157	
CONSTANTIN le Grand, notice.	1157	
Discours.	1139	
Edit.	1140	
Lettres.	1143	
Lois.	1147	
Jugement et critique.	1148	
CONSTANTIN, pape, notice, etc.	1148	
CONSTANTIN Lichudès, notice, etc.	1149	
CONSTANTIN, moine, notice.	1150	
Vie d'Adalbéron.	1150	
CONSTANTIN, moine, notice.	1150	
Ouvrages de médecine.	1151	
CONSTANTIN Manassès, notice.		
Chronique abrégée.		
CONSTANTIN, notice, etc.	1151	
CORNEILLE (Saint), notice.	1151	
Lettres.	1152	
COSME, notice.	1154	
Topographie chrétienne.	1154	
COSME l'Ancien, notice.	1157	
COSME de Prague, notice.	1157	
Chronique de Bohême.	1158	
CRESCONIUS, notice.	1158	
Abrégé du droit canonique.	1158	
CUMÉEN, notice.	1159	
Pénitentiel.	1159	
CYPRIEN (Saint), notice.	1159	
De l'unité de l'Eglise.	1162	
Des tombés.	1164	
De l'Oraison dominicale.	1166	

Des bonnes œuvres et de l'aumône.	1168	17e catéchèse.	1198	A Acace de Mélitine.	1232
Livre à Donat.	1170	18e catéchèse.	1198	A Successus.	1233
De la vanité des idoles.	1170	Mystagogiques.	1200	A Valérien évêque d'Icône.	1234
Des témoignages.	1171	1re mystagogique.	1200	Explication du symbole de Nicée.	1235
De la conduite des vierges.	1172	2e mystagogique.	1201	A Acace de Bérée.	1236
De la mortalité.	1173	3e mystagogique.	1201	Traité sur la foi à Théodose.	1237
Exhortation au martyre.	1174	4e mystagogique.	1201	Cinq livres contre Nestorius.	1239
Contre Démétrien.	1175	5e mystagogique.	1202	1er livre.	1240
Du bien de la patience.	1176	Homélie sur le paralytique.	1203	2e livre.	1241
De la jalousie et de l'envie.	1177	Lettre à Constance.	1204	3e livre.	1241
Lettres.	1178	Jugement et critique.	1205	4e livre.	1242
Jugement et critique.	1181	Cyrille (Saint) d'Alexandrie, notice.	1205	5e livre.	1243
Cyprien, moine, notice, etc.	1182	De l'adoration en esprit et en vérité.	1208	Explication des douze anathématismes.	1243
Cyprien de Cordoue, notice, etc.	1183	Glaphyres.	1211	Apologie des anathématismes.	1243
Cyricr de Barcelone, notice.	1183	Commentaires sur Isaïe.	1211	Défense des anathématismes.	1244
Deux lettres.	1183	Commentaire sur les petits prophètes.	1212	Dix livres contre Julien.	1245
Cyrille (Saint), de Jérusalem, notice.	1183	Commentaire sur saint Jean.	1212	1er livre.	1245
Catéchèses.	1185	Traité de la Trinité.	1213	2e livre.	1246
1re catéchèse.	1186	Dialogues sur la Trinité.	1216	3e livre.	1246
2e catéchèse.	1186	Sur l'Incarnation.	1218	4e livre.	1247
3e catéchèse.	1187	Scholies sur l'Incarnation.	1219	5e livre.	1247
4e catéchèse.	1187	Homélies sur la Pâque.	1220	6e livre.	1248
5e catéchèse.	1188	Homélies diverses.	1221	7e livre.	1249
6e catéchèse.	1189	Lettres aux solitaires d'Egypte.	1222	8e livre.	1249
7e catéchèse.	1190	Au clergé de Constantinople.	1226	9e livre.	1250
8e catéchèse.	1191	A saint Célestin.	1226	10e livre.	1251
9e catéchèse.	1191	A Nestorius.	1227	Contre les anthropomorphites.	1252
10e catéchèse.	1192	Lettre synodale.	1228	Jugement et critique.	1253
11e catéchèse.	1193	Au clergé et au peuple d'Alexandrie.	1230	Cyrille de Scythople (Saint), notice.	1253
12e catéchèse.	1194	Sur la déposition de Nestorius.	1230	Vie de saint Euthymius.	1254
13e catéchèse.	1195			Vie de saint Sabas.	1255
14e catéchèse.	1195			Vie de saint Jean le Silencieux.	1256
15e catéchèse.	1196				
16e catéchèse.	1197				

FIN DE LA TABLE DU PREMIER VOLUME.

www.ingramcontent.com/pod-product-compliance
Lightning Source LLC
Chambersburg PA
CBHW051319230426
43668CB00010B/1076